이상심리학 [제9판]

Abnormal Psychology in a Changing World, 9/E

Jeffrey S. Nevid
Spencer A. Rathus
Beverly Greene 지음

신성만 · 권선중 · 송원영 · 임영진
장문선 · 정여주 · 조현주 · 최윤경 옮김

박학사

Abnormal Psychology in a Changing World, 9/E

Jeffrey S. Nevid, Spencer A. Rathus, & Beverly Greene

Printed in Korea

ISBN 978-89-98521-48-6

역자 서문

이상심리학을 대학 학부에서 가르친 지 벌써 십수 년이 흘렀다. 초기 몇 년간은 미국에서 사용했던 영어 교과서로 영어 강의를 했었다. 대략 보아서 삼분의 일은 잘 알아들었고 삼분의 일은 고생하며 따라왔으며 삼분의 일은 포기하는 듯했다. 그래도 잘 배우며 따라오는 학생들이 있기에 보람을 느꼈고 잘하고 있는 줄로만 생각하고 있었다. 그런데 그런 만족감은 학생들을 병원이나 심리치료 장면에 인턴십을 보내면서 의아함으로 바뀌었다. 분명히 가르쳐서 잘 이해하고 있는, 심지어는 시험답안(물론 영어문제들이었다)도 훌륭하게 작성했던 학생들이 현장에 가서는 그런 정신장애나 증상들에 대해 마치 처음 듣는 것인 양 반응했다는 것이다. 기본적인 것을 잘 가르쳐 보내 달라는 현장 전문가들의 주문(?)도 있었다. 왜 이런 상황이 발생했는지 곰곰이 생각해 보지 않을 수 없었다. 문제는 학생들이 그 정신장애에 대해 비록 영어로 이해는 했지만 시간이 어느 정도 지난 후까지 그것을 기억하고 있지는 못하더라는 점이었다. 영어로 기억하고 있다 하더라도 한국말로 기억해 놓은 것이 없어서 이를 연결하여 다시 기억해 내기가 어려웠던 것이다. 즉, 내용에 대해 이해하기와 자신의 언어로 개념화, 이해된 것을 장기기억에 축적해 놓는 것, 그리고 그것을 기억해 적용하는 것은 전혀 다른 과정이었던 것이었다. 잘하는 줄 알았던 상위 삼분의 일 정도의 학생들도 단지 강의의 영어 내용을 이해한 것이지 그나마 모국어로 보다 용이하게 얻을 수 있는 앎과 적용의 연결, 습득 수준은 아니었던 것이다. 사회적 · 문화적 · 언어적(뉘앙스)이해가 되지 않은 '알아들음' 정도였다는 것이다. 그래서 강의를 한국말로 바꾸었다. 한국어 병명도 가르치고 한국문화와 사회적 특성도 대단히 많이 인용하고 실제 주변의 사례들을 들어 설명하였다. 그제서야 학생들은 제대로 기억할 수 있는 앎의 문턱에 도달하는 듯했다. 이는 이상행동의 학습에 있어서 문화와 환경, 사회와 언어의 중요성을 더욱 깊이 이해하게 된 계기가 되기도 하였다.

하지만 여전히 교과서만큼은 영어 교재를 고집할 수밖에 없었다. Nevid, Rathus, 그리고 Greene 교수가 공동저술한 *Abnormal Psychology*만큼 좋은 교과서를 도저히 찾을 수 없었기 때문이었다. 위스콘신대학교나 보스턴의 수많은 명문대학에서 이상심리학 교재로 널리 사용되고 있는 이 책을 나는 지난 십수 년간 애지중지하면서 강의교재로 사용해 왔다. 중언부언하지 않고 간결하면서도 흥미를 잃어버리지 않도록 하는 수많은 예시들, 풍부한 연구들을 포함하고 있으면서도 가장 최근의 연구들을 바탕으로 지속적으로 최근화(update)되는 이 책은 수십 권의 다양한 이상심리학 교재들 중 단연 최고라 생각되는 책이었다. 잘 숨겨 놓고 혼자 가르치고 싶을 정도로 탐이 나는 이상심리학 교재였다. 그러던 것이 우리나라에 수입되는 원서교재 가격의 대폭 인상이라는 예상치 않은 복병을 만났다. 정상적인 방법으로는 사랑하는 제자들에게 최적의 양서를 근간으로 한 교육을 할 수 없는 상황에 이르렀다. 그러나 도저히 이 방대하고 다양한 내용을 혼자 번역할 엄두를 내지 못하던 차에, 비슷한 고민을 가지고 계시던 존경하고 신뢰하는 교수님들 몇 분의 마음을 모을 수 있었다. 이 책은 함께 번역에 참여해 주신 일곱 분의 교수님들의 전폭적인 도움이 없었다면 불가능할 번역 프로젝트였다. 대표역자를 포함해 함께 해 주신 교수님들은 가나다순으로 열거하면 권선중(3장, 8장), 송원영(10장, 15장), 임영진(11장, 14장), 장문선(5장, 13장), 정여주(2장, 12장), 조현주(6장, 7장), 최윤경(4장, 9장) 교수님들이다. 대표역자가 그 외의 부분들과 전체 교정을 맡았다. 단기간에 번역을 마무리하고 용어를 통일하고 세부를 조정해야만 하는 과정에서 교수님들의 양해와 협조가 없었다면 이렇게 최신의 서적이 빠르게 번역 출간되는 것은 불가능했을 것이다. 또한 교수님들의 각각의 관심 영역을 중심으로 챕터 번역이 이루어져 최상의 결과물이 도출될 수 있었음에 대표역자로서 대단히 기쁘고 감사하게 생각한다.

용어의 사용에 있어서 DSM-5의 내용변화에 따라 적지 않은 부분이 완전히 새롭게 바뀌었고 그동안의 우리나라 정신건강 영역의 용어 변화에 맞게 새롭게 수정한 용어들도 있다. '정신분열병'을 '조현병'으로 바꾸거나 '분열'이라는 용어를 '조현'으로 바꾼 것이 가장 대표적인 변화일 것이다. '조현'이라는 말이 현의 조율과 관련한 말이며 분열을 보다 부드러운 말로 대체하고자 했다는 이야기를 풍문으로 들은 바 있다. 허나 이와 관련하여 정신건강 관련 다양한 학제의 전문가들이 함께 논의했다는 바를 한 번도 들은 적이 없고 정신의학계 주도로 일방적으로 개명을 실시한 것으로 안다. 명칭의 적합성에도 동의하지 않는 부분이 많으나 낙인지음이 덜한 언어를 사용하고자 하는 취지에 공감하여 번역 과정에 변화 내용을 포함시켰다.

대표역자가 미국의 전역에서, 병원과 정신보건센터, 연구기관과 교육기관 등에서 정신장애와 관련한 경험들을 하면서 언제나 부러웠던 것이 한 가지 있다. 그것은 정신장애를 가진 사람들을 돕기 위해 노력하는 심리학자, 의사, 간호사, 사회복지사, 공무원, 법률가, 가족단체와 옹호단체 등의 전문가들이 하나의 목표를 중심으로 서로 협력하고 때로는 견제하며 함께 일하는 모습들이었다. 각자의 전문 영역을 인정하고 존중하며 자신의 영역에서만큼은 정말 전문적인 역량을 빛나도록 발휘하는 그런 전문가들이 팀으로 함께 일하고 있다는 사실에 감동한 적이 많았다. 이것이 가능했던 이유는 정신건강 전문가들 서로가 상대방의 전문 영역과 학문 분야에 대해 이해하고 배우려는 태도를 견지하고 있었기 때문이 아니었나 생각한다. 제로섬 게임으로 경쟁해서 결국은 정신건강서비스의 질을 떨어뜨리는 것이 아니라 각자의 영역을 인정하고 협력할 때 상생할 수 있다는 진리를 이들은 일찍부터 터득한 것이 아닐까? 이를 위한 정부기관의 정책적 노력도 집요하고 대단한 것이었음을 기억한다. 사실 다학제적 태도와 협력이 실현될 수 있었던 보다 근본적인 이유는 그들이 함께 했던 그 하나의 목표, 즉 정신장애를 경험하는 분들에게 최선의 서비스를 제공하고자 하는 목표에서부터 비롯된 것이었다. 그 최선의 서비스는 전문가 당사자가 정신장애인의 입장이라면 받고 싶을 만한 그런 서비스에 다름없을 것이다. 이 책을 번역하면서 이 책을 통해 공부하는 심리학도들이 자신의 전문 영역에서 빛나는 전문가로 준비되었으면 하는 바람을 가지면서 동시에 이 책의 저자들이 서문에서 밝혔듯이 우리의 학문함과 돌봄의 대상이 우리와 같은 '사람'임을 잊지 않았으면 하는 마음을 품어 본다.

끝으로 번역교정 과정에 도움을 준 한동대학교 심리학과 대학원생들과 최유리에게 고마움을 전하고 구본하 사장님을 비롯한 박학사 편집부에도 감사드린다.

Integrity without knowledge is weak and useless, and knowledge without integrity is dangerous and dreadful.

— Samuel Johnson

2016년 봄, 포항 한동대 연구실에서
역자대표 신성만

저자 서문

9판의 새로운 점은 무엇인가?

변화하는 현대사회의 『이상심리학(Abnormal Psychology)』 9판을 통해 여러분을 만나게 되어서 대단히 기쁘게 생각한다. 우리는 독자들이 이상행동의 가장 현대적인 관점을 잘 배우고 이해할 수 있도록 돕기 위해 최신 연구들의 복잡한 내용을 최대한 알기 쉽고 흥미로운 방법으로 이 책에 소개하였다. 『이상심리학』 9판의 새로운 특징은 다음과 같다.

- DSM-5의 내용을 통합하였다.
- DSM-5 진단준거표를 제시하였다 — 일부 정신장애에는 진단준거표도 함께 제시하였다.
- 최근의 과학적 연구결과를 포함하였다 — 지난 8판 이후 진행된 1,000여 편의 새로운 연구논문 결과를 9판에 더 수록하였다.
- 새로운 정신질환에 대한 내용이 DSM-5에 의거하여 다수 포함되었다.
- '@Issue'를 통해 이상심리학의 다양한 주제에 대해 비판적으로 사고할 수 있도록 도왔다.
- '학습 목표' 항목을 두어 학습 이후에도 이 장을 통해 배워야 할 것을 정확히 습득했는지 확인해 볼 수 있도록 하였다.
- QR 코드를 통해 필요한 시청각 자료나 사례내용을 스마트폰이나 컴퓨터를 통해 접할 수 있도록 하였다(이 책에서는 해당되지 않습니다 — 역자 주).
- 보통 한 학기에 해당하는 주차를 맞추기 위해 15장으로 압축하였다. 이를 위해 이전에 분리되었던 이상심리학의 이론과 치료 부분을 2장에 하나의 장으로 모았다.

이상심리학을 연구함에 있어서 당사자들의 목소리를 중요시함

우리 역자들은 이상심리학을 가르침에 있어서 함께 공유하고 있는 중요한 목적 다섯 가지가 있다.

- 학생들이 정상행동과 이상행동을 구분할 수 있도록 돕고 이상행동의 패턴에 대해 잘 이해하도록 한다.
- 이상심리학을 공부함에 있어서 경험 당사자의 목소리를 들을 수 있도록 하고 그들이 경험하는 문제에 따른 고통과 노력에 대해 민감할 수 있도록 한다.
- 이상행동 패턴을 설명하는 개념적 근거를 잘 이해할 수 있도록 돕는다.
- 이상행동에 대해 우리가 알고 있는 지식이 어떤 경로를 통해 현장에서 연구되고 우리에게 알려지는지 이해하도록 돕는다.
- 심리적 장애가 어떻게 분류되고 치료되는지 이해하도록 돕는다.

우리는 이상심리학을 공부함에 있어서 기본이 되어야 하는 인간적 측면이 존재함을 인식하고 있다. 실제로 정신장애로 진단받은 다양한 사람의 사례와 영상 인터뷰를 제공하고 **'나'**라는 절을 통해 그들만의 독특한 목소리를 들을 수 있게 함으로써 학생들이 심리적 장애로 고통받고 그것을 극복하기 위해 노력하는 사람들의 삶의 현장을 체험해 볼 수 있도록 도왔다.

'나'라는 부분은 심리적 장애를 경험하면서 그것에 의해 영향을 받고 있는 사람들의 삶의 현장에 학생들이 들어가 볼 수 있도록 한다. **'나'**라는 부분은 자기 이야기를 하는 식으로 진행되어 있는데 자신의 경험을 자신의 언어로 표현하고 있다. 이렇게 자신의 이야기를 하도록 함으로써 학생들과 정신장애를 경험하는 사람 간에 생길 수 있는 '우리'와 '그들' 같은 심리적 분리를 피할 수 있도록 하였으며 학생들로 하여금 정신건강의 문제는 우리 모두의 문제라는 인식을 할 수 있도록 하였다. 각 장의 처음 부분에 이 강렬한 자신들의 이야기를 소개하였다. 학생들은 다음과 같은 이야기를 접할 수 있다.

- 고속도로에서 공황발작을 일으킨 제리
- 제시카의 작은 비밀
- 나는 당신이 듣지 못하는 것을 듣는다.
- 지금 이 순간이 마지막으로 주어진 최고의 시간이다.

'@Issue'에서 최근 논쟁이 되고 있는 이상심리학 분야의 주제들을 비판적 시각으로 살펴볼 수 있도록 하였다.

학생들은 이상심리학을 처음 접하면서 이 분야에 대한 학계의 지식이 완결되었고 비가역적으로 결정적이라는 생각을 가진 채 공부를 시작할 수도 있다. 얼마 지나지 않아 이들은 우리가 이상행동의 심리에 대한 새롭고 유용한 많은 지식을 쌓아 가고 있지만 아직 알아야만 할 것이 많이 있음을 깨닫게 될 것이다. 학생들은 또한 이 분야에서도 현재 대단히 다양한 주제가 논쟁 가운데 있음을 알게 될 것이다. 이러한 주제에 대해 이 절에서 깊이 있게 다루어 봄으로써 학생들이 이 부분에 대해 비판적 사고를 할 수 있고 또 다양한 관점을 이해할 수 있도록 도왔다.

이 책에서는 '@Issue'에 이러한 논쟁 주제를 모았고 비판적 질문을 통해 주요 논쟁점과 도전적 관점에 대해 배울 수 있도록 하였다. 수업을 진행하는 교수자는 학생들이 비판적으로 이러한 주제에 답해 볼 수 있도록 다양한 보충 자료들을 제공해 줄 수도 있을 것이다.

두 개의 '@Issue'는 저자들 이외에 그 분야를 선도하고 있는 전문가들이 집필하였다. 켄터키 대학의 Thomas Widiger 박사가 'DSM 정신의학계의 성경' 부분을, 콜로라도 주립대학의 Jerry Deffenbacher 박사가 '분노장애와 DSM' 부분을 저술하였다.

독특한 시각적 학습 도구로서의 이상심리학의 개념도

이상심리학의 개념도는 특정 장애와 관련 원인 요인 그리고 치료접근 간의 관계를 보다 알기 쉽게 이해할 수 있도록 시각적 지도 형식으로 제시한 것이다. 이 개념도를 통해 학생들은 각 요인 간의 관계를 보다 잘 이해할 수 있게 될 것이다.

지속적으로 변화하는 이상심리학 분야의 최신 연구를 포함

이 책은 이 분야의 최신의 연구결과와 과학적 발전 내용을 최대한 포함하여 학생들이 쉽게 이해할 수 있도록 하였다.

뇌신경과학에 초점을 맞춤

이상행동의 반복적 양상을 잘 이해하게 해 줄 수 있는 신경과학 영역의 새로운 연구와 발견을 최대한 이 책에 포함하고자 하였다. 이러한 노력은 이 책의 이전 판들부터 지속되어 온 노력의 결과이다. 조현병(정신분열병)의 유전적 표현형, 새롭게 발전하고 있는 유전발생학, 정신장애를 뇌 영상촬영을 통해 진단하는 방법, 명상하는 뇌에 대한 과학적 연구, 노출치료의 효과를 높이기 위해 사용할 수 있는 약물, 기억의 문제가 PTSD와 어떤 연관이 있는가 등과 같은 연구의 내용이 포함되어 있다.

다양한 부분이 적절히 통합된 교과서

DSM-5의 내용이 통합됨

수년의 노력의 결과로 드디어 DSM-5가 출간되었다. 우리는 이 『이상심리학』 9판을 DSM-5의 내용에 따라서 전체적으로 저술하였다. 강의자들은 이러한 전반적인 변화를 강의 내용에 담아내기 위해 적지 않은 수고를 해야 할 것이다. 그러나 저자들은 이러한 변화에 어려움 없이 적응해 갈 수 있도록 세심한 배려를 기울였다. DSM-5의 내용을 교과서 본문에 포함하면서 다수의 요약정리 부분을 책 전반에 포함시켰다. 저자들은 심리적 또는 정신장애의 진단과 분류에 있어서 DSM의 중요성을 충분히 인식하면서도 이상심리학 과목이 단지 정신장애 진단분류 세미나나 DSM 내용을 가르치는 수업이 되어서는 안 된다고 생각하였다. 또한 우리는 최신 DSM에도 한계와 문제점이 있음을 인식하고 있다.

다양성의 내용이 포함됨

우리는 이상행동을 이해하고 살펴봄에 있어서 인종, 문화, 성별, 성적 지향, 사회경제적 지위 등의 다양한 요인을 함께 고려하였다. 우리는 학생들이 이러한 다양한 요인이 이상행동을 개념화하는 데 어떤 영향을 미치며 정신장애를 진단하고 치료하는 데 어떻게 관계되는지를 이해할 수 있어야 한다고 믿는다. 또한 이러한 내용이 특정 장(chapter)이나 박스로 따로 떨어져 설명되어야 하는 것이 아니고 교과서의 주요 내용 속에 항상 포함되어 전달되어야 한다고 믿는다.

이론적 관점이 통합됨

학생들은 종종 하나의 이론적 관점이 결론적으로 옳으며 다른 관점은 틀렸을 것이라고 생각한다. 우리는 현대 이상심리학의 내용을 이해할 수 있도록 돕는 기본적인 이론을 모두 살펴보았고 학생들이 이러한 다양한 관점을 적절히 통합할 수 있도록 돕기 위해 노력하였다. '함께 연결 짓기'에는 그러한 내용을 충분히 담았다. 또한 심리적, 사회문화적, 생물학적 요인이 어떻게 상호작용하는지 살펴보고 정신장애의 원인을 찾아보고자 하였다. 우리는 이러한 노력을 통해 학생들에게 정신장애와 같이 복잡한 문제에 대해서 다양한 요인을 포함시켜 보는 관점이 대단히 중요하다는 사실을 일깨우고자 하였다.

우리는 이상심리학에 대한 이해가 더욱 깊어지도록 만든 수천 명의 탁월한 연구자와 학자들의 공로에 힘입은 바 크다. 우리의 책 초판부터 9판까지 각각의 초본을 읽어보고 평가와 조언을 해 준 수많은 동료 학자와 전문가들에게 감사한 마음을 표한다. 피어슨 사의 편집자들과 직원들에게도 감사의 말씀을 전한다. 특히 두 사람의 격려와 도움 없이는 이 책이 나올 수 없었음을 강조하고 싶은데 이들은 저자들의 아내인 Judith Wolf-Nevid와 Lois Fichner-Rathus이다.

또한 이 책으로 가르치거나 배우는 어느 누구든지 이 책에 대해 저자들과 의견을 주고받기를 원하는 사람들은 다음의 이메일로 여러분의 생각을 주저 말고 보내 주기를 부탁한다.

—J.S.N
New York, New York
jeffnevid@gmail.com
—S.A.R.
New York, New York
srathus@aol.com
—B.A.G.
Brooklyn, New York

저자 소개

Jeffrey S. Nevid

뉴욕 소재 세인트존슨 대학교의 심리학과 교수이다. 임상심리학 박사과정의 주임교수로 학부와 대학원에서 학생들을 가르치면서 임상실습에 슈퍼비전을 제공하고 있다. 올버니 대학교에서 임상심리학 박사 학위를 받았고 뉴욕 트로이 시의 Samaritan 병원에서 심리학자로 일했다. 이후에 노스웨스턴 대학교에서 국립정신보건연구원 박사후 과정으로 정신건강평가 연구를 수행하였다. 미국심리학회와 임상심리학회의 정회원이며 다수의 심리학 저널의 편집위원으로 봉사하고 있는데, 특히「상담-임상 심리학 저널(Journal of Consulting and Clinical Psychology)」의 부편집장으로 활동하고 있다. 70여 편 이상의 논문을 전문저널에 기고하였고 50여 종 이상의 심리학 관련 분야의 책을 단독 또는 공동으로 저술하였다.

Spencer A. Rathus

올버니 대학교에서 박사학위를 받았으며 뉴저지 대학의 교수이다. 심리평가, 인지행동치료, 일탈행동 등의 영역에 관심을 두고 있다. Rathus Assertiveness Schedule의 창시자이며 이 도구는 관련분야에서 널리 사용되고 있다. 심리학 관련 다양한 책과 논문을 저술하며 기고하고 있다.

Beverly A. Greene

세인트존슨 대학교의 심리학과 교수이다. 미국심리학회의 성격 및 사회심리학회분과와 임상심리학회분과의 대표회원이다. 자격을 받은 임상심리학자이며 다양한 학술저널의 편집위원으로 활동하고 있다. 임상심리학 박사학위를 애들피(Adelphi) 대학의 더너 심리연구대학에서 받았으며 다양한 학회 학술활동과 저술활동을 활발하게 하고 있다.

차례

5 불안장애와 강박 및 관련 장애 159

6 해리장애, 신체 증상 및 관련 장애, 신체건강에 영향을 미치는 심리적 요인 199

7 기분장애와 자살 241

8 물질 관련 및 중독장애 291

12 성격장애와 충동조절장애 439

13 아동기와 청소년기의 이상행동 479

1 개론과 연구 방법

1

학습 목표

1.1 심리적 장애를 정의한다.

1.2 전문가들이 행동의 이상을 판단하기 위해 사용하는 기준을 확인한다.

1.3 본문에서 논의된 사례에 이 기준을 적용한다.

1.4 이상행동의 문화적 배경을 서술한다.

1.5 서양 문화의 시대적 흐름에 따른 이상행동의 개념과 치료에 대한 역사적 변화를 서술한다.

1.6 이상행동을 바라보는 주요 현대적 관점에 대해 서술한다.

1.7 과학의 목표와 과학적 방법의 단계에 대해 서술한다.

1.8 심리학 연구를 이끄는 윤리 원칙을 서술한다.

1.9 과학자들이 이상행동을 연구하기 위해 사용하는 연구 방법론의 주요 유형을 서술하고 각 방법론의 강점과 약점을 평가한다.

1.10 이상행동 연구를 위한 비판적 사고의 주요 특징을 적용한다.

진실 또는 거짓

T□ F□ 매년 미국 성인 10명 중 1명 정도가 진단 가능한 정신적·심리적 장애를 겪는다.

T□ F□ 몇몇 심리적 장애에는 효과적인 치료 방법이 있지만, 여전히 대부분의 심리적 장애는 효과적인 치료 수단이 부족하다.

T□ F□ 흔치 않은 행동은 비정상적이다.

T□ F□ 다른 문화권에 사는 사람들은 우울증과 같은 심리적 문제를 다른 방식으로 경험한다.

T□ F□ 수백 년 전 런던에서는 밤에 지역 보호 수용소의 입원환자들을 구경하는 것이 유행했었다.

T□ F□ 사회 내에서 동성애자에 대한 태도가 변화하고 있음에도 불구하고, 정신의학 종사자들은 여전히 동성애를 정신장애로 분류한다.

T□ F□ 신체 내의 모든 세포의 세포핵에는 말 그대로 수백만 가지의 유전자가 있음을 나타내는 증거들이 최근 발견되었다.

T□ F□ 사례 연구는 죽은 사람을 대상으로 실시되어 왔다.

'나' '굉장히 소름끼치는 것'

나는 단 한 번도 내가 심리학자 또는 그와 비슷한 사람을 만날 거라고 생각해 본 적이 없다. 나는 경찰 사진작가이고 지금까지 여러 소름끼치는 것, 시체의 사진까지 찍었다. 범죄 현장은 텔레비전에서 보는 것과 사뭇 다르게 훨씬 더 끔찍하다. 아마 당신은 내가 이런 것에 익숙해졌을 거라 생각할 것이다. 처음에는 사실 그랬다. 이 일을 하기 전, 나는 텔레비전 뉴스를 위해 헬기를 타고 영상을 찍는 일을 했다. 우리는 화재나 구조 현장을 촬영하기도 했다. 지금의 나는 대단히 긴장한 채로 차 뒷좌석에 앉거나 엘리베이터를 타곤 한다. 또 어쩔 수 없는 상황이 아니면 엘리베이터 타지 않으려고 노력한다. 최근에는 비행할 생각조차 하지 않는다. 헬리콥터만이 아니라 어떤 형태의 비행이든 하지 않는다.

내 생각에 내가 더 어렸을 때에는, 더 활기가 넘치고 용감했었던 것 같다. 사진을 촬영하기 위해 어떤 일말의 두려움도 없이 헬리콥터에 매달리기까지 하면서 촬영에 오랜 시간을 보냈다. 지금은 비행을 한다는 생각 그 자체만으로도 가슴이 요동친다. 비행기가 충돌할까 봐 두려운 것이 아니다. 그것이 참 우습다. '하하' 하고 웃긴다는 것이 아니라, 어이가 없다는 말이다. 그저 비행기가 문을 닫고, 우리를 안에 가둔다는 그 사실에 몸서리가 쳐진다. 왜 그런지는 나도 알 수 없다.

출처: 저자의 파일에서

— 필, 42세, 경찰 사진작가

'나' 담요 아래에서 몸을 웅크리다

내 기분이 들뜨기 시작하면, 나는 내가 여느 주부가 아닌 특별한 사람처럼 느껴진다. 정돈되고 성취감을 지닌 가장 창의적인 나를 느끼기 시작한다. 또한 쉽게 시를 써 내려 갈 수 있고, 노력 없이 노래를 작곡할 수도 있으며, 그림을 그릴 수도 있다. 내 머리는 모든 것을 쉽게 느끼고 흡수해 버린다. 정신지체 아동의 상태를 개선하기 위한 아이디어, 예를 들면 이 아이들을 위한 병원을 어떻게 운영해야 하는지, 이 아이들이 행복하고 차분하고 불안하지 않도록 주위 환경을 어떻게 해야 하는지에 대한 수많은 아이디어를 가지고 있다. 나는 내 자신이 다른 사람을 위해 좋은 것을 많이 성취해 낼 수 있는 사람이라고 생각한다. 환경 문제가 어떻게 모두의 건강과 삶을 향상하기 위해 더 많은 운동을 할 수 있도록 만들지에 대한 셀 수 없이 많은 아이디어가 있다. 나의 가족과 타인을 위해 좋은 것을 굉장히 많이 성취해 낼 수 있다고 느낀다. 기쁨, 행복감 또는 들뜬 기분을 느끼는데, 이런 기분이 영원했으면 한다. 잠도 안 온다. 체중이 줄었지만 건강하게 느껴지고 이런 나 자신이 좋다. 방금 여섯 벌의 새 드레스를 샀는데, 이 드레스는 나에게 너무 잘 어울린다.

내가 섹시하기 때문에 남자들은 나를 쳐다본다. 결국 한 번 혹은 그 이상 바람을 피우게 될지도 모른다. 정치에 관해서도 얘기할 수 있고, 출마해도 잘할 수 있을 것 같다. 나와 비슷한 문제를 가지고 있는 사람들이 무력감을 느끼지 않도록 돕고 싶다.

이런 것을 느끼면 참으로 신이 난다. 들떠 있는 기분—고양된 기분—은 내가 밝고 모든 것에 기쁨이 가득하다고 느끼게 한다. 그렇지만, 이런 단계를 지나고 나면 조증이 되고, 이 창의성은 너무나 과장되어 실제가 아닌 것들이 보이기 시작한다. 예를 들어, 어느 날 밤에 나는 영화 한 편을 썼고, 출연자들도 완벽했다. 여전히 이 영화가 훌륭할 것이라고 생각한다. 실제로 이 사람들을 현실에서 보는 것처럼 선명하게 보았다. 또한 암살 장면을 막 촬영하려고 했던 것을 알았을 때에는, 실제로 일어나는 것처럼 완벽한 공포를 경험했다. 담요를 덮고 웅크렸고 사시나무 떨 듯 벌벌 떨고 있었다. 내 비명소리에 남편이 잠에서 깼고, 그는 우리가 침실에 있고 괜찮다고 안심시켜 주려 했다. 두려워해야 할 것은 아무것도 없었다. 그럼에도 불구하고, 다음 날 나는 병원에 입원하게 되었다.

출처: Fieve, 1975, pp. 27–28.

— 조울증을 가진 45세 여성의 이야기

'나' 목소리를 듣는 토마스

나는 망상형 조현병으로 진단받았고 임상적 우울증도 겪고 있다. 적절한 약물을 찾기 전에는 침대에서 자는 것이 무서워서 바닥에서 잠을 잤다. 나는 환청을 듣는데, 최근 이 사람 목소리 같은 소리는 도움이 되는 소리에서 공포에 떨게 하는 소리로 바뀌었다. 우울증도 느끼는데, 짜증을 내고, 두려워하고, 일에 대한 좌절감으로 화가 나고, 다른 사람의 문제를 내면화하는 것처럼 보이는 모습의 원인이 되었다.

그 목소리, 사람의 소리, 그리고 아파트 밖 가까운 거리에서 들리는 소리는 천천히 거의 모두 나쁜 소리로 바뀌었다. 나를 조롱하고, 나에 대한 음모를 세우고, 내가 나중에 직장이나 집에서 무언가를 잘못했을 때만 이해할 수 있는 노래를 부르는 것처럼 들린다. 내가 침대에 누워 있으면 고통스러운 일이 일어날 것 같아서 두려웠기 때문에 거실 바닥에서 잠을 자기 시작했다. 내가 침실에서 자면, 매일 밤 고문받는 듯 할 것이고, 잠을 못 잔 다음 날 낮엔 실수가 잦아질 것이다. 자신을 지방산(fatty acid)이라고 부르는 이 목소리는 탄산음료를 마시지 못하게 했고, 다른 목소리는 내 식사에서 단 한 조각의 빵만을 먹을 수 있게 했다.

출처: Campbell, 2000, National Institute of Mental Health의 허락하에 인용함.

— 토마스, 조현병과 주요 우울장애 진단을 받은 젊은 청년

1.1 심리적 장애를 정의한다.

이 세 사람은 이 책에서 앞으로 만나게 될 많은 사람들처럼 정신건강 전문가들이 심리적 또는 정신적 장애로 분류하는 문제를 겪고 있다. **심리적 장애**(psychological disorder)는 불안, 우울과 같은 심각한 정서적 고통을 경험하게 되거나, 현실과 환상을 구분하지 못하거나, 직업을 유지하는 것이 어려울 정도의 행동과 기능의 손상이 나타나는 이상행동의 지속적 양식이다. **이상심리학**(abnormal psychology)은 이상행동과 심리적 장애로부터 영향을 받은 사람들을 돕기

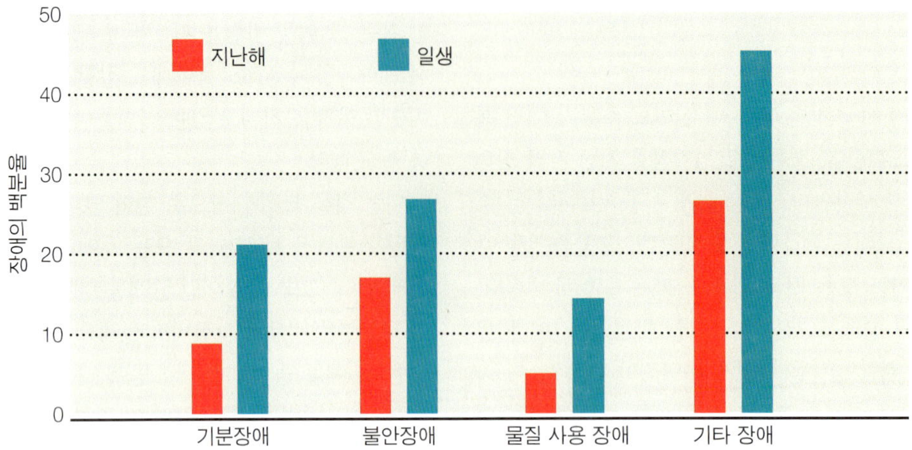

그림 1.1 일생 그리고 지난해의 심리적 장애 유병률. 이 그래프는 영어를 구사하는 18세 이상 미국 거주자의 전국적 대표 표본 9,282명에 기초한다. 우리는 지난해 동안, 또는 그들 삶의 어느 시점에서 여러 주요 진단적 범주에 대해 진단 가능한 심리적 장애를 가진 사람들의 백분율을 볼 수 있다. 기분장애의 범주에는 주요 우울 삽화, 조증 삽화 그리고 기분저하증(7장에서 논의)이 포함된다. 불안장애는 공황장애와 공황장애가 없는 광장공포증, 사회공포증, 특정공포증 그리고 범불안장애(5장에서 논의)를 포함한다. 알코올 또는 이외 약물을 포함한 물질 사용 장애는 8장에서 논의된다.

출처: Kessler, Chiu, Demler, & Walters, 2005; Kessler, Bergland, Demler, et al., 2005

위한 방법을 연구하는 심리학의 한 분야이다.

이상행동의 문제는 단지 몇몇 사람에게만 해당하는 것으로 보일 수도 있다. 어쨌든 상대적으로 적은 수의 사람들만이 정신병원에서 치료를 받으며 대부분의 사람은 심리학자 또는 정신과 의사와 같은 정신건강 전문가의 도움을 전혀 구하지 않는다. 그리고 극소수만이 정신이상을 이유로 자신의 범죄에 대해 무죄를 주장한다. 우리 대부분에게는 적어도 한 명 정도 '이상하다'고 느껴지는 친척이 있을 것이다. 하지만 정말 '미쳤다'고 할 만한 친척이 있는 사람은 사실 많지 않을 것이다. 그러나 이상행동이 우리 모두에게 어떻게든 영향을 미치는 것은 사실이다. 어느 정도인지 수치로 살펴보자.

만약 우리가 진단할 수 있는 정신장애로 이 논의를 제한한다면, 모든 미국인의 2명 중 거의 1명(46%)이 삶의 어느 시점에서 정신장애의 직접적인 영향을 받는다(Kessler, Berglund, Demler, Jin, & walters, 2005; **그림 1.1 참조**). 미국 성인 4명 중 1명(26%)이 매년 진단할 수 있는 심리적 장애를 경험한다(Kessler, Chiu, Demler, & Walters, 2005). **진실 / 거짓**

진실 또는 거짓

매년 미국 성인 10명 중 1명 정도가 진단 가능한 정신적 · 심리적 장애를 겪는다.

거짓 실제로 미국 성인 4명 중 약 1명 정도이다.

세계보건기구(World Health Organization)에 의하면, 조사 대상 17개국 중에서 미국이 진단 가능한 심리적 장애의 비율이 가장 높았다(Kessler et al., 2009). 미국 여성이 심리적 장애, 특히 기분장애(7장에서 논의)를 겪을 가능성이 더 높았다("Women More at Risk", 2012). 게다가 젊은 성인(18~25세)이 50세 이상의 성인보다 심리적 장애의 영향을 2배 더 많이 받고 있었다.

만약 가족 구성원, 친구 그리고 동료의 정신건강 문제를 포함하여, 세금 형태 및 건강보험료로 치료비용을 지불하는 사람뿐만 아니라 병으로 인한 휴가, 일시적 노동 불능에 의한 휴가, 그리고 결국 제품 비용을 올리도록 만드는 업무 능력의 저하까지 고려한다면, 우리 모두는 어떤 형태로든 분명히 심리적 장애의 영향을 받고 있다.

이상심리학의 연구는 과학 저널에서 보고된 심리적 장애의 원인과 치료에 대한 광범위한 연구뿐만 아니라, 이런 문제에 영향을 받은 사람들의 개인적인 이야기에 의해서도 밝혀진다. 이 책에서는 자신의 이야기를 자기의 말로 직접 들려주는 사람을 통해 배우게 될 것이다. 이 분야를 연구하는 연구자들은 1인칭의 이야기, 사례 및 비디오 인터뷰를 통해 기분, 사고, 행동에 영향을 미치는 다양한 유형의 심리적 장애를 겪고 있는 사람들의 세계를 살펴본다. 이 이야기 중 몇몇은 당신과 가까운 누군가와의 경험 또는 자기 자신의 경험을 상기시켜 줄 수도 있다. 우리는 이 장애들의 본질과 근원, 그리고 이 장애를 경험하고 있는 사람들을 도울 수 있는 방법에 대해 함께 살펴보고자 한다.

그 전에 용어가 내포하고 있는 중요한 차이에 대해 잠시 살펴보기로 하자. **심리적 장애**(psychological disorder)와 **정신장애**(mental disorder)라는 용어가 종종 서로 대체되어 사용될 수 있음에도 불구하고, 우리는 **심리적 장애**라는 용어를 선호한다. 그 이유는 바로 **심리적 장애**라는 용어가 이상행동의 연구를 명확하게 심리학 분야의 범위 내에 두기 때문이다. 더하여, **정신장애**(또는 **정신질환**이라고도 칭함)라는 용어는 이상행동 양식을 근본적인 질환의 증상으로 바라보는 **의료 모델**(medical model) 관점에서 파생되었기 때문이다. 비록 의료 모델이 이상행동을 이해하기 위해 사용되는 현대의 주요 모델이기는 하나, 우리는 심리학적 그리고 사회문화적 관점도 포함하여 이상행동을 더욱 넓게 바라보아야 할 필요가 있다고 생각한다.

정신건강에 대한 의무감의 보고서 미국 연방 정부 의무감(The U.S. Surgeon General)은 새 천 년의 전환기에 정신건강 문제에 대해 국가가 주의를 기울여야 한다는 관점에서 보고서를 발행하였다. 보고서의 몇 가지 주요 결론을 다음에서 살펴보자(Satcher, 2000; U.S Department of Health and Human Services, 1999).

- 정신건강은 뇌의 기능과 환경적 영향의 복잡한 상호작용을 반영한다.
- 심리치료와 상담 그리고 정신 약리학적 또는 약물치료와 같은 심리학적 개입을 포함하여 대부분의 정신장애에는 효과적인 치료법이 존재한다. 치료는 종종 심리적 그리고 정신 약리학적 치료가 병행될 때에 더욱 효과적이다. **진실 / 거짓**

> **진실 또는 거짓**
>
> 몇몇 심리적 장애에는 효과적인 치료 방법이 있지만, 여전히 대부분의 심리적 장애는 효과적인 치료 수단이 부족하다.
>
> **거짓** 좋은 소식은 대부분의 심리적 장애에 대한 효과적인 치료법이 존재한다는 것이다.

- 정신장애의 원인을 모르거나 이미 알려진 병의 영향을 완화시키는 방법을 아직 모르는 등의 이유로 정신건강 분야의 효과적인 예방 프로그램 개발이 상당히 더디게 진행되어 왔다. 그럼에도 불구하고, 몇몇의 효과적인 예방 프로그램이 개발되었다.
- 미국 성인의 15%가 매년 정신건강 문제 때문에 어떤 형태로든 도움을 받고 있지만, 도움이 필요한 많은 사람들이 아직도 도움을 받지 못하고 있다.
- 정신건강 문제는 우리가 폭넓은 이론적 관점과 문제가 발생한 사회적, 문화적 요인을 고려할 때 가장 잘 이해할 수 있다.
- 정신건강 서비스는 인종과 소수민족의 관점과 필요를 고려하는 방법으로 고안되고 전달되어야 한다.

이 의무감 보고서는 이상심리학 연구에 대한 배경을 제공한다. 이 책 전체에 걸쳐 보게 될 것과 마찬가지로, 우리는 생물학적 그리고 환경적 요인들의 상호작용을 고려하는 관점으로 이상행동을 볼 때, 이를 가장 잘 이해하게 될 것이라고 생각한다. 또한 이상행동을 이해하고 효과적인 치료 서비스를 개발하는 데 있어 사회적 및 문화적(또는 **사회문화적**) 요인이 고려되어야 한다고 생각한다.

이번 장에서는 첫 번째로 **이상행동**(abnormal behavior)을 정의하는 어려움에 대해 다룰 것이다. 우리는 인류 역사를 통해 이상행동이 각기 다른 관점으로 비춰져 왔음을 보게 될 것이고, 이상행동과 그 치료 개념의 발전을 연대순으로 살펴볼 것이다. 과거에는 치료가 이상행동이 있었던 사람을 위해서 무엇을 하는 것이라기보다는 그런 사람들에게 무언가를 하는 것이었다는 사실을 알게 될 것이다. 두 번째로 심리학자와 이외 학자들이 오늘날 이상행동을 연구하는 방법에 대해서도 살펴볼 것이다.

우리는 이상행동을 어떻게 정의하는가?

우리 모두는 가끔 불안하거나 우울해진다. 이것이 비정상인가? 하지만 중요한 면접이나 기말고사를 생각하면서 불안한 것은 완전히 정상이다. 자신과 가까웠던 사람을 잃었을 때 또는 시험에서 낙제하거나 직장에서 일을 망쳤을 때에 우울하게 느끼는 것도 적절하다. 그렇다면, 정상과 이상행동 간의 경계선은 어디일까?

한 가지 가능한 대답은 바로 불안과 우울과 같은 감정이 주어진 상황에 부적절할 때에 비정상이라고 간주한다는 것이다. 시험에서 낙제했을 때에 기분이 가라앉는 것은 정상이지만, 학점이 좋거나 훌륭할 때에도 그렇게 느끼는 것은 적절하지 않다. 대학 입학 면접 전에 불안한 것은 정상이지만, 백화점 안에 들어가거나 복잡한 엘리베이터에 타기 전에 공포를 느끼는 것은 비정상이다.

이상(Abnormality)은 그 강도에 따라서 말할 수 있다. 비록 취업 면접 전에 어느 정도의 불안을 느끼는 것은 충분히 정상이지만, 심장이 밖으로 튀어나올 것처럼 느껴지기 때문에 면접을 취소해야만 하는 것은 정상이라 할 수 없다. 이런 상황에서 옷이 땀으로 흠뻑 젖을 만큼 불안을 느끼는 것도 정상이 아니다. **진실 / 거짓**

> **진실 또는 거짓**
>
> 흔치 않은 행동은 비정상적이다.
>
> **거짓** 드물거나 통계적으로 벗어난 행동이 필연적으로 비정상은 아니다. 이례적인 행동 또한 정상에서 벗어난다.

이상을 결정하는 기준

정신건강 전문가들은 행동이 비정상인지에 대한 결정을 내리기 위해 다양한 기준을 적용한다. 가장 흔하게 사용되는 기준을 다음에서 살펴보자.

> **1.2** 전문가들이 행동의 이상을 판단하기 위해 사용하는 기준을 확인한다.

1. **이례성**(unusualness). 이례적인 행동은 종종 비정상으로 간주된다. 우리 중 오직 몇 명만이 실제로 없는 것을 보거나 듣는다고 보고한다. 존재하지 않는 '무언가를 보는 것' 그리고 '무언가를 듣는 것'은 우리 문화 내에서는 거의 비정상으로 간주되지만, 때때로 이런 경험들은 특정 형태의 영적 체험에서는 정상으로 간주된다. 더욱이 어떤 상황에서 목소리를 듣는 것이나 어떤 형태의 환각은 몇몇 문자 사용 이전의 사회에서는 이례적인 것으로 간주되지 않는다.

   그렇지만 백화점 안에 들어가거나 복잡한 엘리베이터에 탔을 때 공포감을 극복하지 못하는 것은 흔치 않고 비정상으로 간주된다. 그러나 흔치 않은 행동이라 해도 그 자체가 비정상은 아니다. 100미터 수영에서는 오직 단 한 사람만이 가장 빠른 기록을 보유할 수 있다. 최고 기록을 가진 운동선수는 일반 사람들과 다르지만, 비정상으로 간주되지 않는다. 따라서 드문 것 또는 통계적 규준에서 벗어난 것이 이상행동을 결정짓는 충분한 기준은 아니지만, 그럼에도 이상을 판단하는 데에 사용되는 척도 중의 하나이다.

2. **사회적 일탈**(social deviance). 모든 사회는 주어진 상황에서 용인될 수 있는 행동을 규정하는 규범(기준)이 있다. 한 문화에서 정상으로 여겨지는 행동이 다른 사회에서는 이상하게 보일 수도 있다. 예를 들어, 우리 문화에서 낯선 남성들을 모두 사악한 의도를 품고 접근하는 사람들로 간주하는 여성이 있다면 과하게 의심이 많은 사람이라고 여길 수도 있다. 하지만 이런 의심은 Margaret Mead(1935)라는 인류학자가 연구한 식인종 문두구모르족에게는 정당한 것이었다. 이 문화 내에서 모르는 남성은 실제로 다른 사람에게 전반적으로 악의가 있었고, 이들에게 불신감을 느끼는 것은 정상이었다. 특정 문화의 관례와 신념에서 나타나는 규범은 상대적인 기준이고, 보편적인 진실은 아니다.

   따라서 임상가는 무엇이 정상이고 그렇지 않은지를 결정할 때에 문화적인 차이를 따져 볼 필요가 있다. 게다가 한 세대에서는 비정상으로 느껴진 것이 다음 세대에는 정상으로 간주될 수도 있다. 예를 들어, 1970년대 중반까지 동성애는 정신의학 전문가에 의해 정신장애로 분류되었다(19~20쪽의 '이상심리학에 대해 비판적으로 사고하기'에서 '동성애는 정신장애인가?' 사진 참조). 그러나 오늘날 정신의학 전문가들은 동성애를 더 이상 정신장애로 분류하지 않고, 많은 사람이 동성애가 현대 사회적 기준에서 행동의 정상 범위에 포함되어야 한다고 주장한다.

   정상의 여부를 사회적 기준을 준수하는지의 여부로만 판단한다면, 기준에 따르지 않는 사람에겐 정신적으로 장애가 있는 것으로 부적절하게 꼬리표를 붙일 수도 있다. 즉, 우리를 불쾌하게 하거나 당황하게 하지만 정상일 수도 있는 행동을 받아들이기보다는 '아픈' 것으로 낙인찍는 것일 수도 있다.

3. **현실에 대한 잘못된 지각 또는 해석**(faulty perceptions or interpretations of reality). 일반적으로 감각 체계와 인지 과정은 우리에게 정신적으로 정확하게 환경에 대해 표현할 수 있게 해 준다. 존재하지 않는 것을 보거나 목소리를 듣는 것을 환각이라고 하는데, 우리 문화에서는 일반적으로 정신질환의 신호로 받아들인다. 유사하게, CIA나 마피아가 잡으러 온다는 피해 사고와 같은 근거 없는 생각을 갖는 것이나 **망상**(delusion)은, 그것이 실제가 아닌 이상(전 미국 국무장관 Henry Kissinger가 "심지어 피해망상을 가진 사람들에게도 적이 있다."라는 언급을 말한 바와 같이) 정신적 장애의 신호로 여길 수 있다.

   미국에서는 기도를 통해 하나님과 대화한다고 말

하는 것은 정상이다. 그렇지만 영감을 받았다고 말하는 것과는 대조적으로, 하나님을 보았다거나 하나님의 음성을 들었다고 주장하면 정신적으로 장애가 있다고 받아들여질 수도 있다.

4. **상당한 개인적 고통**(significant personal distress). 불안, 두려움, 또는 우울과 같은 고질적인 감정으로 야기된 개인의 고통은 비정상일 수 있다. 그러나 앞서 언급한 바와 같이, 때때로 불안과 우울은 상황에 따라 적절한 반응이다. 삶에서 위협이나 상실은 실제로 발생하고, 이에 대한 감정적 반응이 결여된 것은 비정상으로 간주할 수 있다. 적절한 괴로운 감정은 이런 기분이 고통의 근원이 사라진 후에 오랫동안(대부분의 사람이 적응을 한 이후까지) 지속되지 않는 한, 또는 개인의 기능이 손상을 입을 만큼 격렬하지 않은 이상 비정상으로 간주하지 않는다.
5. **부적응 또는 자기 파괴적 행동**(maladaptive or self-defeating behavior). 자기 충족을 향하기보다 불행하도록 만드는 행동은 비정상이라고 간주할 수 있다. 역할에 기대되는 기능을 제한하거나 환경에 적응하는 것을 제한하는 행동 또한 비정상이라고 여길 수 있다. 이런 기준에 따르면, 건강 또는 사회적 그리고 직업상 기능에 손상을 주는 상당한 정도의 알코올 소비는 비정상으로 보일 수 있다. 공공장소에 가는 것에 대한 강렬한 공포가 특징인 광장공포증 환자의 행동은 일과 가족 부양 의무를 충족시키는 능력을 손상하기 때문에 흔하지 않고 또한 부적응이라는 측면에서 비정상으로 여길 수도 있다.
6. **위험성**(dangerousness). 자신 또는 타인에게 위험한 행동도 비정상으로 간주될 수 있다. 여기에서도 사회적인 배경이 중요하다. 전시 중에 자신의 목숨을 희생하고, 자신의 안전에 대해서는 생각지도 않고 적을 공격하는 사람은 용감하고, 영웅적이며, 애국자라고 부를 수 있다. 하지만 일상생활의 압박 때문에 타인을 위협하거나 자살을 시도하는 사람은 보통 비정상으로 간주한다.

이 사람은 비정상인가? 이상의 판단은 그 사회의 사회적 그리고 문화적인 기준을 고려해야 한다. 이 사람이 몸을 치장하는 것이 이상의 신호라고 생각하는가? 아니면 단순히 독특한 것이라고 생각하는가?

때때로 상대 선수와 주먹다짐이나 언쟁에 휘말리는 축구나 하키 선수들은 충분히 정상일 수 있다. 이런 스포츠의 본질로 미루어 볼 때, 공격적이지 않은 축구나 하키 선수들은 대학 또는 프로 순위에서 오래 살아남지 못할 것이다. 그렇지만 빈번한 언쟁에 연루되는 선수는 비정상으로 여길 수도 있다. 신체적으로 공격적인 행동은 현대인의 삶에서 가장 부적응적인 것이다. 더욱이 신체적 공격성은 비록 드문 것은 아니더라도, 갈등을 해결하는 효율적인 방법은 아니다.

따라서 이상행동은 여러 가지 정의를 가진다. 경우에 따라서 몇몇 기준을 다른 것보다 더욱 중요하게 고려할

불안이 비정상인 경우는 언제인가? 불안과 같은 부정적인 감정은 과도하거나 상황에 부적절하다고 판단될 때에 비정상으로 간주된다. 일반적으로 면접을 보는 상황에서는 불안을 느끼기 마련인데, 이 감정이 면접자가 적절하게 면접을 받는 것을 방해할 정도로 심각하지 않는 한 보통 정상으로 여긴다. 그러나 엘리베이터를 탈 때마다 불안을 느낀다면 이는 비정상으로 간주한다.

수도 있다. 하지만 대부분의 경우, 이 기준들을 종합적으로 고려하여 이상을 정의한다.

> **1.3** 본문에서 논의된 사례에 이 기준을 적용한다.

기준 적용하기 이번 장의 초반부에서 소개했던 세 가지 사례를 다시 살펴보기로 하자. 이 삽화에서 기록된 행동의 이상을 판단하기 위해 이 기준을 적용할 수 있다고 생각해 보자. 한 가지 사실은 이 세 가지 사례에서 나타난 이상행동 양식이 통계학적인 면에서 흔하지 않다는 것이다. 비록 이런 문제가 드문 것은 아니지만, 대부분의 사람은 이런 문제와 마주하지 않는다. 또한 우리가 볼 수 있는 것과 같이, 이 문제행동들은 이상의 판단 근거를 소개한 다른 기준들에도 부합한다.

필은 폐쇄된 공간을 극도로 두려워하는 **폐소공포증**(claustrophobia)을 겪었다. (이는 불안장애의 한 예이고 5장에서 더 자세히 논의할 것이다.) 그의 행동은 드물고(상대적으로 적은 사람들이 갇히는 것에 대한 두려움을 느끼고 비행기나 엘리베이터를 타는 상황을 피한다.) 상당한 개인적인 고통을 느끼고 있다. 그의 두려움은 직업과 관련된 책임 또는 가족 부양 의무를 수행하는 능력을 저하한다. 그렇지만, 현실에 대한 잘못된 지각으로 방해받지는 않았다. 그는 자신의 공포가 이런 상황에서 현실적으로 평가된 위험보다 훨씬 더 심각하다는 것을 인식하고 있다.

담요를 덮고 웅크리고 있었던 여자의 사례에는 어떤 기준이 적용될까? 그녀는 기분이 의기양양하게 고조되고 보기에 한없는 에너지가 있는 것 같은 상태에서부터, 절망과 우울의 바닥까지 극도의 기분 전환을 경험하고 기분장애의 형태인 **양극성 장애**(bipolar disorder)를 진단받았다. (이 사례는 이 장애의 조증 단계를 기술하였다.) 7장에서 논의될 이 양극성 장애는 극도의 개인적 고통 그리고 정상적인 삶에서 효과적으로 기능하는 것의 어려움과 관련이 있다. 또한 자기 파괴적이고 위험한 행동, 예를 들어 조증 단계에서는 무모하게 운전을 하거나 과도한 소비를 하는 반면, 우울 단계에서는 자살을 시도하는 행동과 연관된다. 몇몇의 경우, 여기에서 제시된 사례의 주인공과 마찬가지로, 조증 단계의 사람들은 때로 환각이나 망상과 같이 현실을 부적절하게 인식하거나 해석한다.

토마스는 조현병과 우울증을 모두 겪었다. 동시에 하나 이상의 질병을 경험하는 경우를 우리는 자주 볼 수 있다. 정신의학 전문분야에서는 이런 환자들에게 **공존이환**(comorbid)(여러 질환이 동시에 존재하는) 진단을 내린다. 공존이환은 임상가가 둘 또는 그 이상의 장애에 초점을 두고 치료 접근을 적용해야 하기 때문에 복잡하고 어렵다. 조현병은 통계적으로 흔치 않은 것(일반 인구의 약 1%에 영향을 미친다)을 포함하여 이상의 여러 기준에 부합한다. 조현병의 임상적 특징에는 사회적 일탈 또는 기이한 행동, 현실에 대한 혼란된 지각 및 해석(망상과 환각), 부적응적 행동(일상생활에 필요한 책임을 수행하는 데에 어려움), 그리고 개인적인 고통을 포함한다. (조현병에 대한 더 자세한 내용은 11장에서 찾아볼 수 있다.) 예를 들어, 토마스는 분명 상당한 고통을 유발하는 청각적 환각(공포에 떨게 하는 목소리)에 시달렸고, 그의 사고 또한 망상적이었다. 왜냐하면 그는 침대에 '있는 것'이 그를 둘러싸는 '선한 힘을 고문하는 것'이고 낮 동안에 실수하게 만든다고 믿었기 때문이다. 토마스의 경우, 이 조현병은 개인적인 고통(과민과 두려운 느낌)을 수반하는 우울증 때문에 더욱 복잡했다. 우울증은 또한 축 처진 듯한 또는 풀이 죽은 듯한 기분, 부적응적 행동(직장 또는 학교에 가는 것 또는 심지어는 아침에 침대에서 나오는 것이 어려움), 그리고 잠재적인 위험성(잠재적인 자살적 행동)과 연관된다.

행동의 이상을 인식하고 그에 대한 진단명을 붙이는 것과 이를 이해하고 설명하는 것은 별개이다. 철학자, 의사, 자연 과학자, 그리고 심리학자들은 이상행동을 설명하기 위해 다양한 접근법, 또는 **모델**(model)을 사용해 왔다. 몇몇 접근법은 미신에 기초를 두었고, 다른 것은 종교적 해석을 적용했다. 현대의 관점은 상당수가 생물학적인 것이고, 이외는 심리학적인 것이다. 이상행동을 이해하기 위한 다양한 역사적 그리고 현대적인 접근법을 살펴보는 동안, 비정상적 행동 양식을 판단하는 데에 있어 문화적 신념이 갖는 중요성에 대해 먼저 알아보자.

이상행동의 문화적 배경

> **1.4** 이상행동의 문화적 배경을 서술한다.

언급한 바와 마찬가지로, 한 문화에서 정상인 행동이 다른 문화에서는 이상하게 생각될 수도 있다. 오스트레일리아 원주민은 조상의 영혼과 대화할 수 있고, 특히 가까운 친척과 같은 다른 사람과 꿈을 공유한다고 믿었다. 이런 믿음은 오스트레일리아 원

아메리칸 인디언 전통치료사. 많은 전통적 아메리칸 인디언들은 자신들의 문화 밖의 영향 때문에 나타났다고 믿는 질병('백인의 질병')과 전통적 부족의 삶과 사고의 조화가 부족하여 나타난 질병('인디언 질병')을 구분한다. 알코올 중독과 약물 중독처럼, 원인이 자신들의 지역사회 밖에 놓여 있는 문제는 '백인의 의술'을 통해 다룬다. 반면에 그림에서 볼 수 있는 전통치료사는 인디언 질병을 치료한다.

주민 문화에서는 정상으로 여겨진다. 그러나 미국 문화에서 이런 신념을 표현한다면, 전문가들이 흔히 조현병의 특징이라고 간주하는 망상이라고 여길 가능성이 높다. 따라서 이상행동을 판단하는 데에 사용하는 기준은 문화적 규범을 반드시 고려해야 한다.

Kleinman(1987)은 이상에 대한 판단은 문화적 맥락 안에서 이뤄져야 한다는 것을 강조하기 위해 아메리칸 인디언들 간에 '목소리를 듣는 것'에 대해 다음과 같이 말하고 있다.

> 동일한 평가 기술과 진단기준에 대한 교육을 거친 10명의 정신과 의사는 최근에 배우자, 부모, 또는 아이의 죽음을 경험한 100명의 아메리칸 인디언을 검사해 줄 것을 요청받았다. 그들은 이 사람들(인디언)이 죽음을 애도하는 첫 한 달 동안, 죽은 자의 영혼이 사후 세계로 올라갈 때 자신을 부르는 죽은 자의 목소리를 듣는다는 이야기를 거의 100%에 가까운 사람들이 일관성 있게 보고한다는 사실을 알게 될 것이다. 이런 이야기가 정신이상 상태의 징후인지에 대한 판단은 이 집단의 행동적 규범과 정상적 사별 경험의 범위에 대한 지식에 기초를 두고 해석되어야 한다. (p. 453)

이 아메리칸 인디언들의 경우, 죽은 자가 사후 세계로 올라갈 때 그 영혼이 자신을 부르는 소리를 듣는다고 이야기한 사람은 정상이다. 이런 상황이 발생한 문화적 배경 내에서 정상인 행동을 비정상으로 여겨서는 안 된다.

건강과 질병의 개념은 문화에 따라 서로 다르다. 전통적인 아메리칸 인디언 문화는 알코올 중독이나 약물 중독과 같이, 자신들의 문화가 아닌 외부로부터 들어왔다고 믿는 '백인 질병'과 전통적인 부족의 삶과 사고의 조화가 부족하여 나타난 '인디언 질병'을 구분한다(Trimble, 1991). 전통 치료사, 주술사, 그리고 치료 주술사들은 인디언 질병을 치료한다. 그러나 병의 원인이 공동체 외부에 있다고 생각되는 문제는 '백인의 의술'에서 도움을 얻는다.

이상행동 양식은 다른 문화에 걸쳐 다른 형태를 취한다. 예를 들어, 서양인은 주택 융자를 지불하는 것과 직업을 잃는 것에 대한 걱정의 형태로 불안을 경험한다. 하지만 "여러 아프리카 문화에서 불안은 꿈에서 나타난 출산의 실패나 마녀에 대한 불만으로 표현된다"(Kleinman, 1987). 오스트레일리아 원주민은 주술에 대한 강력한 두려움을 발전시키기도 하는데, 여기에는 악령 때문에 심각한 위험해 처해 있다는 생각이 동반되기도 한다(Spencer, 1983). 젊은 오스트레일리아 원주민 여성에게는 말이 없고, 몸을 움직이지 않으며, 반응이 없는 최면 상태가 다소 흔하게 일어난다. 만약 이 여성들이 수 시간 또는 최대 수일 동안 이런 상태에서 깨어나지 않으면, 치유를 위해 신성한 장소로 옮겨질 수 있다.

우울증(depression) 또는 **정신건강**(mental health)과 같이 심리적 장애를 표현하는 단어는 문화에 따라 전혀 다른 의미를 지니기도 한다. 이것이 다른 문화에서 우울증이 존재하지 않는다는 뜻은 아니다. 오히려 그들의 경험에 우리의 시각을 강요하기보다, 다른 문화에 있는 사람들이 우울과 불안을 포함하여 감정적인 고통을 어떻게 경험하는지 배워야 할 필요가 있음을 보여 준다. 중국과 극동 지역 나라의 사람들은 서양 문화의 사람들과 비교했을 때, 죄책감이나 슬픔 같은 감정보다는 보통 두통, 피로, 무기력과 같은 우울증의 신체적 증상을 더욱 강조한다(Kalibatseva & Leong, 2011; Ryder et al., 2008; Zhou et al., 2011). **진실 / 거짓**

진실 또는 거짓

다른 문화권에 사는 사람들은 우울증과 같은 심리적 문제를 다른 방식으로 경험한다.

진실 예를 들어, 서양 문화보다 동남아 문화권 사람들의 경우, 우울증은 신체적인 증상의 발달과 관련될 가능성이 높다.

이런 차이점은 우리의 이상행동 개념을 다른 문화에 적용하기 전에 이것이 유효한지 판단하는 것이 얼마나 중요한지를 보여 준다. 이와 같은 방식을 취하는 연구를 통해 우리의 조현병 개념과 유사한 이상행동 양식이 콜롬비아, 인도, 중국, 덴마크, 나이지리아, 그리고 구소련 연합처럼 먼 나라뿐만 아니라 이외 많은 나라에도 존재함을 알게 되었다(Jablensky, Sartorius, Ernberg, & Anker, 1992). 더불어, 문화에 따라 조현병의 비율은 연구된 나라들 간에 유사한 것으로 나타났지만, 몇 가지 특징에는 차이가 있다(Myers, 2011).

이상행동에 대한 관점은 사회마다 각기 다르다. 서양 문화에는 이상행동을 설명하는 데 있어 의학적 질병과 심리적 요인에 기초를 두는 모델이 주를 이룬다. 반면에, 전통적 토착 문화에서 이상행동의 모델은 종종 악마 또는 귀신 들린 것 같은 초자연적인 측면에서 원인을 찾는다. 예를 들어, 필리핀 전통 사회에서 심리적 문제는 종종 '영혼'의 영향이나 '약한 영혼'을 가지고 있는 것으로 설명한다(Edman & Johnson, 1999).

이상행동의 역사적 관점

1.5 서양 문화의 시대적 흐름에 따른 이상행동의 개념과 치료에 대한 역사적 변화를 서술한다.

서양 문화의 역사가 진행되어 오면서, 이상행동에 대한 개념은 특정 시기를 지배했던 세계관에 의해 일부 영향을 받았다. 수백 년 동안 초자연적인 힘, 악마 그리고 악령에 대한 믿음이 지배적이었고, (그리고 앞서 살펴본 바와 같이, 이런 믿음은 몇몇 사회에서 여전히 사실로 여긴다.) 이상행동은 악령에게 홀린 상태의 신호로 받아들여졌다. 그러나 비록 전 세계적이진 않지만, 현대에서는 과학과 이성에 대한 신념에 기초를 두는 세계관이 우세함에 따라 서양 문화에서 이상행동은 악령에게 홀린 상태가 아니라 신체적이고 심리사회적인 요인의 결과로 받아들여지기 시작했다.

귀신론 모델

누군가가 머리에 구멍을 냈다면 그 이유는 무엇이었을까? 인류학자들은 두개골에 계란 크기 정도의 구멍이 있는 석기시대 사람의 뼈를 발굴했는데, 이 구멍에 대한 설명 중 하나는 선사시대 조상들이 이상행동을 악령이 깃든 것으로 생각했을 것이라는 것이다. 이런 구멍은 불같은 성격을 가진 영혼을 빼내는 출구를 만들기 위해 두개골에 낸 **천공**(trephination)의 결과일 수도 있다. 새로운 뼈가 성장했다는 면에서, 그중 몇몇 사람은 이와 같은 '의학적 방법'의 대상이 되고도 일정 기간 생존했음을 보여 준다.

몇몇 사람은 천공의 위협만으로도 부족 규범을 따르도록 설득되었을 수도 있다. 천공의 목적에 대한 기록이 없기 때문에 다른 설명도 가능하다. 예를 들어, 아마 천공은 머리 부상 때문에 생긴 조각난 뼛조각이나 혈전을 제거하기 위한 단순한 수술의 형태일 수도 있다(Maher & Maher, 1985).

이상행동의 초자연적 원인에 대한 믿음, 또는 귀신론은 서양 사회에서 계몽주의 시대까지 보편적으로 받아들여졌다. 고대인은 자연현상을 신들의 행동이라고 설명했다. 바빌로니아인은 별과 행성의 움직임이 신들의 모험과 충돌이라고 믿었고, 그리스인은 신이 인간을 장난거리로 생각하는데, 무례하거나 오만한 사람들에게 광기를 심어 주고 대재앙을 불러일으킨다고 믿었다.

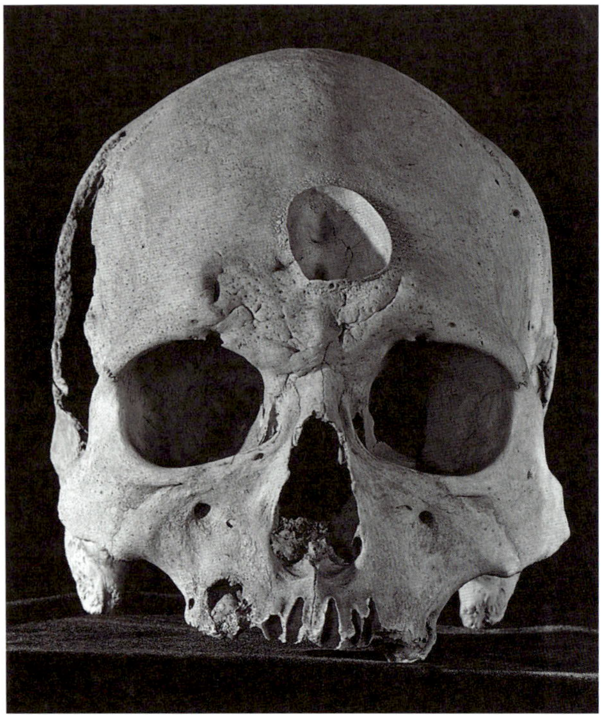

천공. 천공은 사람의 두개골에 구멍을 내는 방법을 말한다. 몇몇 연구자는 이것이 고대 수술의 형태를 보여 준다고 추측한다. 아마 천공은 이상행동의 원인이 되는 '악령'을 내보내기 위한 목적이었을 것이다.

출처: Photo by Biewert, American Museum of Natural History Library.

고대 그리스의 경우, 비정상적으로 행동하는 사람은 치유의 신인 아이스쿨라피우스의 성전으로 보냈다. 그리스인은 이 사람들이 성전에서 자는 동안 아이스쿨라피우스가 찾아올 것이고 꿈을 통해 회복을 위한 조언을 줄 것이라 믿었다. 휴식, 영양가 높은 식단, 운동 또한 이 치료의 일부였다. 치유할 수 없는 사람들은 돌로 쳐서 신전 밖으로 내몰았다.

의료 모델의 기원: '병든 체액'

모든 고대 그리스인이 귀신론의 모델을 믿었던 것은 아니다. 이상행동에 대한 자연주의적인 설명의 씨앗은 히포크라테스에 의해 심어졌고 고대 세계의 다른 의사들, 특히 갈레노스(Galen)에 의해 발전되었다.

히포크라테스(기원전 약 460~377)는 그리스 황금기의 유명한 의사였고, 신체와 정신의 질환이 자연요인의 결과이지, 초자연적인 영에 의한 점령 때문이 아니라고 주장하며 당대에 만연했던 믿음에 도전하였다. 그는 신체와 정신의 건강이 **체액**(humor) 또는 가래, 흑담즙, 혈액, 그리고 황담즙과 같이 신체 내에 있는 필수 유체의 균형에 달려 있다고 믿었다. 여기서 그는 체액의 불균형이 이상행동의 원인이 된다고 생각했다. 혼수상태에 있거나 느릿느릿한 사람들은 가래가 과도하다고 생각되었고, 여기에서 **침착한**(phlegmatic)이라는 단어가 유래했다. 흑담즙의 과다는 우울증 또는 **비애**(melancholia)를 유발한다고 믿었다. 과다한 혈액은 쾌활하고, 자신감 넘치며, 낙관적으로 해석되는 **다혈질적**(sanguine) 성향을 만든다. 황담즙이 과도한 것은 '칙칙한' 그리고 **성마른**(choleric)—화를 잘 내는—사람으로 만든다.

비록 과학자들이 더 이상 히포크라테스의 체액 이론을 지지하지는 않지만, 그의 이론은 이상행동에 대한 설명이 귀신론으로부터 벗어나는 계기가 되었다는 점에서 중요성을 지닌다. 이는 근본적인 생물학적 과정이 이상행동의 원인이 된다는 관점을 가지는 현대 의료 모델의 전조가 되었다. 히포크라테스는 현대적 사고, 실제로 현대 의료 행위에 또 다른 공헌을 했다. 그는 과도한 우울로 특징지어지는 **비애**, 이례적으로 흥분된 것을 뜻하는 **광기**(mania) 그리고 오늘날 조현병과 유사할 수 있는 기괴한 행동을 특징짓는 **착란**(phrenitis)(그리스어로 '뇌의 염증')과 같은 세 가지 주요 범주를 사용하여 이상행동 양식을 분류하였는데, 이는 오늘날에도 여전히 유효하게 사용된다. 지금까지도 의사들은 히포크라테스에서 비롯된 의학윤리 선서인 히포크라테스 선서를 통해 그의 과업을 기린다.

갈레노스(약 서기 130~220)는 로마 황제 및 철학자인 마르쿠스 아우렐리우스를 수행하고 히포크라테스의 가르침을 계승 발전시킨 그리스 의사이다. 갈레노스는 이전부터 내려온 동맥은 공기를 운반한다는 믿음에 반대하며, 혈액을 운반한다는 사실을 발견하여 현대 의학에 공헌했다.

중세시대

중세시대는 갈레노스가 죽은 후, 서기 약 476년부터 1450년경까지 유럽 역사의 천 년에 걸친 시기를 말한다. 초자연적인 원인에 대한 믿음, 특히 악령의 점령을 믿는 세력이 증가하였고 결국에는 중세시대의 사고를 지배하였다. 이런 신념은 이상행동을 악령 또는 악마에게 점령당한 징후로 간주하도록 만들었다. 이런 믿음은 로마 제국의 쇠퇴 이후 서유럽의 중앙 기관이었던 로마 가톨릭 교회의 가르침의 일부이기도 하였다. 비록 악령 점령에 대한 믿음이 교회 이전부터 있어 왔고 고대 이집트와 그리스의 문헌에서도 발견되었지만, 교회는 이런 믿음에 새로운 활력을 불어넣었다. 이런 영혼 점령에 대한 교회의 치료 방안은 퇴마(exorcism)였다. 퇴마사는 악령에게 '점령된' 신체에 더 이상 악령이 살 수 없는 곳이라고 설

퇴마. 중세시대의 목판화가 퇴마의식을 보여 주고 있다. 이는 사람을 점령했다고 여겼던 악령을 쫓아내기 위해 사용된 방법이다.

득하는 일을 하였다. 이런 설득 방법은 기도, 주문, 희생자에게 십자가를 흔들기 그리고 희생자를 때리거나 채찍질하는 것, 심지어 굶기는 행위를 포함하기도 하였다. 만약 이 희생자가 부적절한 행동을 계속 보이면, 이보다 더 설득력 있는 해결법, 예를 들어 고문을 위한 장비인 형벌대와 같은 것이 사용되기도 하였다. 이런 '해결책'을 적용받아야만 하는 사람들은 의심의 여지없이 이 악마가 바로 떠나기를 절실하게 바랐을 것이다.

고전적 학문, 예술 그리고 문학의 엄청난 부흥이 있었던 르네상스 시대는 1400년대 이탈리아에서 시작되었고 유럽 전체로 퍼져 나갔다. 아이러니하게도, 르네상스는 중세에서 현대로 가는 전환기로 여겨졌지만, 이 시기에도 마녀에 대한 두려움은 여전히 높았다.

마법의 시대

15세기 후반부터 17세기 후반은 이웃을 성가시게 하는 것이 대단히 위험한 시기였다. 이 시대는 특히 이웃에 의해 마녀라고 고발되었던 여성에게 엄청난 학대가 있었던 시기이다. 교회는 공식적으로 마녀가 악마와 계약을 맺고, 악마 의식을 행하며, 아이들을 먹고, 작물을 독으로 오염시킨다고 믿었다. 1484년, 이노켄티우스 8세는 마녀 처형을 명했다. 2명의 도미니크회 신부가 의심스러운 마녀들을 검사해야 하는 사람들에게 지침을 제공하기 위해 마녀사냥에 대한 악명 높은 매뉴얼을 편찬하였고, 이는 『마녀철퇴(Malleus Maleficarum, Witches' Hammer)』라고 불렸다. 이후 2세기 동안 수천 명이 마녀로 고소되었고 사형에 처해졌다.

마녀사냥은 창의적 '진단' 시험을 필요로 했다. 물에 뜨는 시험의 경우, 악령에 점령당했는지 아닌지를 증명하기 위해 혐의자를 연못에 빠트렸다. 이 시험은 순금속은 바닥에 가라앉지만, 불순물은 수면 위로 불쑥 솟아오르는 제련의 원칙에 기초한 것이다. 가라앉아서 연못에 빠지는 혐의자는 순수한 것으로 결정을 내렸고, 물 위로 계속 머리를 내미는 혐의자는 악마와 연합하였다고 판단하였다. 이것은 마치 "해도 죽고 안 해도 죽는다."라는 말과 같다.

현대 학자들은 소위 마녀라고 불렸던 사람이 실제로는 이상행동으로 인해 박해받았던 심리적 장애를 가진 사람이었다고 믿는다. 마녀로 의심받았던 많은 사람이 하늘을 날거나, 악마와 성관계를 하였다는 등의 기괴한 행동을 했다고 자백했다. 이는 현대에서 조현병 개념과 관

물에 띄우는 시험. 이 시험은 중세시대의 권위자들이 마녀나 악마에게 점령된 사람을 구별하기 위해 시도한 방법 중 하나였다. 수면 위로 떠오르는 것은 불순함의 신호로 생각했다. 그림의 오른쪽 아래에는 떠오르지 못한 불쌍한 한 사람의 손과 발이 묶여 있는 것을 볼 수 있다. 이런 사람들은 악마에게 점령되었다는 의심에서 벗어났을 것이다.

계되는 혼란된 행동 유형을 암시한다. 하지만 이런 자백은 가치가 없는데, 그 이유는 이들이 마녀라는 증거를 찾기 위해 작정하고 덤벼들었던 조사관에게 고문을 받던 중 나왔기 때문이다(Spanos, 1978). 우리는 고문의 위협이나 이외 다른 형태의 협박이 거짓 자백을 이끌어 내기에 충분하다는 것을 알고 있다. 비록 마녀라고 박해받았던 사람 중 몇몇은 아마도 정말 이상행동 양식을 보였겠지만, 대부분은 그렇지 않았다(Schoenman, 1984). 오히려 마녀에 대한 비난은 사회적인 골칫거리와 정치적인 경쟁자를 처리하거나 재산을 점유하고, 이단을 억제하기 위한 편리한 수단이었던 것으로 보인다(Spanos, 1978). 잉글랜드 마을에서 고소된 많은 사람이 가난하고 미혼이었던 나이 많은 여성들로, 이웃에게 음식을 구걸해야 했던 사람들이었다. 만약 도움 주는 것을 거절했던 사람에게 불운이 닥치면, 구걸했던 사람이 이 가정을 저주했음이 틀림없다고 비난했을 것이다. 만약 대부분의 사람이

이 여성을 별로 탐탁지 않게 여겼다면, 그녀에게 마녀라는 비난이 따랐을 가능성은 더욱 컸을 것이다.

사람들은 이상행동과 마녀 현상 모두에서 악마가 어떤 역할을 한다고 생각했다. 비록 악마에게 점령된 희생자 중의 몇몇은 자신이 한 잘못된 행위에 대한 벌로 고통을 받는 것으로 받아들여졌지만, 다른 사람은 자신의 잘못 없이 악마에게 점령된 결백한 희생자로 여겨졌다. 마녀는 신과의 관계를 끊고 자발적으로 악마와의 협약에 들어갔던 것으로 여겼기 때문에 마녀가 고문이나 사형을 받는 것에 대해 보통 당연하다고 생각했다(Spanos, 1978).

역사적인 경향은 일직선적이지 않다. 비록 중세시대와 대부분의 르네상스 시대 동안 귀신론적 모델이 지배적이었지만, 이것이 자연주의적 원인에 대한 믿음을 완전히 대체하지는 않았다. 예를 들면, 중세시대 영국의 경우 귀신의 점령은 법의 강권으로 한 사람이 미쳤다고 여기는 경우에만 드물게 적용되었다(Neugebauer, 1979). 예외적인 행동은 대부분 신체적 질병 또는 뇌의 트라우마와 같은 자연적인 원인으로 설명되었다. 실제로 영국에서는 혼란된 사람들을 온전한 정신을 되찾을 때까지 병원에 입원시키기도 하였다(Allderidge, 1979). 르네상스의 벨기에 의사 Johann Weyer(1515~1588)는 이상행동과 사고 양식은 신체적인 문제로 야기되는 것이라고 주장하며 히포크라테스와 갈레노스의 설명을 받아들였다.

보호 수용소

15세기 후반에서 16세기 초반, 보호 수용소(asylums) 또는 매드하우스(madhouse)가 유럽 전역에 걸쳐 발생하기 시작하였다. 대부분은 이전의 나병 요양소로, 중세시대 후반 이후로 나병이 감소하였기 때문에 더 이상 사용하지 않았던 곳이었다. 보호 수용소는 구걸자뿐만 아니라 정신적으로 혼란된 그리고 형편이 어려운 사람에게 도피처를 제공하기도 하였다. 거주자는 침상에 묶여 자신의 배설물 위에 그대로 방치되거나 또는 도움을 받지 못한 채 돌아다니기도 하였다. 몇몇 보호 수용소는 대중의 구경거리가 되었다. 일반 국민들은 마치 서커스의 사이드쇼나 동물원에서 동물을 보기 위해 돈을 내는 것처럼, 런던에 있던 한 보호 수용소인 세인트 메리의 베들레헴 병원(St. Mary's Bethelehem Hospital)—여기에서 난장판(bedlam)이라는 단어가 유래됨—에서 입원환자들의 괴상한 행동을 표를 사서 관찰할 수 있었다. 진실 / 거짓

진실 또는 거짓

수백 년 전 런던에서는 밤에 지역 보호 수용소의 입원환자들을 구경하는 것이 유행했었다.

진실 런던의 상류층 지역에는 밤에 종종 지역의 보호 수용소인 세인트 메리의 베들레헴 병원을 방문하여 환자들을 구경하는 오락거리가 있었다. 베들레헴 병원에서 난장판이라는 뜻의 bedlam이라는 단어가 유래되었다.

개혁 운동과 도덕적 치료

근대적인 치료는 18세기 후반에서 19세기 초반, 프랑스인 Jean-Baptist Pussin과 Philippe Pinel의 노력으로 시작된다. 이들은 이상행동을 보이는 사람들은 질병이 있으므로, 이들을 인도적으로 치료해야 한다고 주장했다. 그 당시 이런 관점은 일반적이지 않았고, 정신적으로 혼란된 사람들은 치료가 필요한 아픈 사람들이 아닌 사회의 위협으로 간주되었다.

비전문가였던 Pussin은 1784년부터 1802년까지 파리에 있던 대형 정신병원인 비세트르(La Bicêtre)에서 '치료가 불가능할 정도로 미쳤다'고 간주되는 사람들을 모아 놓은 병동에서 일했다. 비록 Pinel이 비세트르에 입원한 환자들의 사슬을 풀어 주었던 공로로 인정받고 있긴 하지만, 사실 공식적으로는 Pussin이 최초로 '치료 불가능할 정도로 미친' 사람들을 해방시켜 주었다. 그 당시 이 불행한 사람들은 사슬을 풀어 주기에는 너무 위험하고 예측할 수 없다고 여겨졌다. 하지만 Pussin은 이들을 친절하게 치료한다면 사슬이 필요 없을 것이라고 믿었다. 그가 예상한 대로, 출입이 불가능했던 대부분의 사람은 관리 가능했고 사슬을 풀어 준 이후 진정되었다. 이들은 병원 내부를 걸어 다니고 신선한 공기를 마실 수 있었다. Pussin은 또한 직원들이 입원환자들을 가혹하게 대하는 것을 금지했고, 이런 지시를 무시하는 고용인은 해고했다.

Pinel(1745~1826)은 1793년 비세트르의 난치환자 병동의 의료 실장이 되었고 Pussin이 시작했던 인도적인 치료를 이어 갔다. 그는 방혈(bleeding)과 구토유발(purging)과 같은 가혹한 관행을 막고, 사람들을 어두운 지하 병실에서 환기가 잘되고 채광이 좋은 방으로 옮겼다. Pinel은 또한 이해와 배려를 보이는 것이 정상 기능으로 회복할 수 있도록 도울 수 있다고 믿었기에 환자들과 이야기하는 데에 많은 시간을 보냈다.

「난장판(Bedlam)」 18세기 런던의 세인트 메리의 베들레헴 병원에 있는 환자들의 기괴한 행동은 그림 중앙에서 볼 수 있는 훌륭한 옷차림의 여성들과 같은 그 지역의 부유한 상류층 사람의 여흥거리였다.

18세기 프랑스 개혁자 Philippe Pinel이 비세트르의 입원환자들의 사슬을 풀고 있다. Pinel은 Jean-Baptist Pussin의 업적을 이어, 방혈과 구토유발과 같은 가혹한 관례를 중단하였고, 환자를 어두운 지하병실에서 환기가 잘되고 채광이 좋은 방으로 옮겼다. Pinel은 또한 이해와 관심이 정상 기능을 할 수 있도록 도울 것이라는 신념에서 입원환자들과 대화하는 데에 많은 시간을 보냈다.

이런 노력으로부터 나온 치료의 철학은 도덕적 치료(moral therapy)라고 명명되었다. 이는 편안하고 적절한 환경에서 인도적인 치료를 제공하는 것이 기능을 회복시키는 데에 도움이 될 것이라는 믿음에 기초하였다. 유사한 개혁은 이와 비슷한 시기에 영국에서 William Tuke 그리고 이후 미국에서 Dorothea Dix에 의해 도입되었다. 이외 영향력이 있었던 인물은 미국 의사이자 미국 독립선언서의 서명인인 동시에 반노예제도 운동의 초기 지도자였던 Benjamin Rush(1745~1813)가 있다. 미국 정신의학의 아버지라 불리는 러시는 1812년 *Medical Inquiries and Observations Upon the diseases of the Mind*라는 최초의 미국 정신의학 교과서를 집필하였다. 그는 광기는 뇌혈관의 울혈 때문에 생긴다고 믿었다. 그는 압력을 완화하기 위해, 방혈, 구토유발, 얼음처럼 차가운 목욕을 권장했고, 그의 필라델피아 병원(Philadelphia Hospital)의 직원들에게 환자들을 친절, 존중, 그리고 이해로 대할 것을 권장하는 인도적인 치료를 실시했다. 그는 또한 직업 치료나 음악과 여행을 치료적으로 사용하는 것을 지지했다(Farr, 1994). 그의 병원은 심리적 장애를 가진 환자들을 입원시키는 미국 최초의 병원이 되었다.

보스턴의 교사인 Dorothea Dix(1802~1887)는 정신적으로 혼란된 사람들이 있었던 감옥과 빈민 구호소의 개탄스러운 상태를 고발하기 위해 거의 전국을 방방곳곳 돌아다녔다. 그녀의 노력 덕분에 심리적 장애를 가진 환자들의 치료에 전념하는 32개의 정신병원이 미국 도처에 설립되었다.

퇴보의 시기

19세기 후반, 이상행동이 도덕 치료를 통해 성공적으로 치료되거나 낫게 될 수 있다는 믿음은 다시 냉대를 받기 시작했다. 이러한 무관심의 시기에 이상행동 양식은 치료 불가능한 것으로 여겨졌다(Grob, 1994, 2009). 미국의 정신과 시설의 규모는 증가했지만 구금의 돌봄 형태보다 나을 것이 없었고, 사정은 더 악화되었다. 정신병원은 두려운 장소가 되었다. 그 당시 뉴욕 공무원의 말처럼, "자신의 배설물에서 뒹굴고 있는" 입원환자들을 찾는 것은 그리 어렵지 않았다(Grob, 1983). 잘 흥분하거나 폭력성을 보였던 환자들을 제지하기 위해 구속복, 수갑, 난간이 있는 침대, 끈 그리고 여타 장비들이 사용되었다.

이처럼 안타까운 병원 환경은 20세기 중반까지 대단히 보편적으로 지속되었다. 1950년대 중반, 정신병원에 입원한 환자의 인구는 50만 명에 이르렀다. 비록 몇몇 주립 병원들이 적절하고 인도적인 돌봄을 제공했지만, 많은 수의 병원은 극도로 불결하고 끔찍한 장소였다. 심지어 기본적인 위생시설도 부족한 병동에 입원환자들이 가득 찼다. 퇴보하는 환경에 놓인 정신질환 환자들은 말하자면 정신병원에 방치당해 있는 것과 마찬가지였는데, 즉 이들을 재기 또는 지역사회로의 복귀에 대한 희망이나 기대감 없이 살도록 내버려뒀다는 것이다. 많은 사람이 전문적인 돌봄을 거의 받지 못했고, 환자들의 교육과 감독을 담당했던 직원들에게 학대받았다. 결국, 이런 끔찍한 상황은 정신보건 체계의 개혁을 불러일으키게 되었다. 이런 개혁은 돌봄의 부담을 주립 병원에서 지역사회 기반의 치료 환경으로 전환하는 정책이자, 주립 정신병원으로부터 수많은 환자를 빠져나오게 했던, **탈시설화**(deinstitutionalization) 운동을 이끌었다. 미국 전역에 걸친 정신병원의 입원 인구는 1950년대에는 거의 60만 명에 육박했었는데 크게 감소하여 오늘날에는 약 4만 명가량 된다("Rate of Patients", 2012). 몇몇 정신병원은 그 과정에서 완전히 문을 닫기도 했다.

정신병원에서의 대이동은 페노디아진(Phenothiazines)이라는 새로운 종류의 약물이 개발되었기 때문에 가능했다. 이 항정신성 약물군은 1950년대에 도입되었고, 조현병과 연관 있는 대부분의 정신적인 행동 양식을 가라앉히는 데 도움을 주었다. 페노디아진은 장기간의 병원 입원에 대한 필요를 줄여 주었고 조현병을 가진 많은 사람들이 중간 거주시설(halfway house), 그룹홈(group home)에서 생활하거나 퇴원하여 자립생활하는 것을 가능하게 했다.

오늘날 정신병원의 역할

오늘날 대부분의 주립 병원은 19세기와 20세기 초반의 병원보다 더욱 잘 관리되고 인도적인 돌봄을 제공하고 있지만, 여전히 곳곳에 끔찍한 환경이 지속되고 있다. 일반적으로 오늘날의 주립 병원은 치료 지향적이고 환자가 지역사회 내의 생활로 복귀할 수 있도록 준비시키는 데에 초점을 둔다. 주립 병원은 통합적이고 포괄적인 치료 접근법의 일부로 기능한다. 이 병원은 지역사회 환경에서 기능할 수 없는 사람들에게 구조화된 환경을 제공한다. 입원을 통해 환자가 더 나은 수준의 기능을 회복하면, 이 환자는 지역사회에 다시 통합되고 필요한 경우 후속조치와 과도적 거주 형태를 제공받게 된다. 만약 지역사회 기반의 병원을 이용할 수 없거나 더 폭넓은 돌봄이 필요한 경우, 환자는 필요에 따라 주립 병원에 재입원할 수도 있다. 정신장애 정도가 심각하지 않은 젊은 사람의 경우, 이들이 사회로 다시 돌아갈 수 있는 상태가 될 때까지만 주립 병원에 입원하게 되므로 보통 과거보다 입원기간이 더 짧다. 더 나이가 많고 만성인 환자의 경우 자립생활의 기본적인 과업(쇼핑, 요리, 청소, 기타 등등)을 수행할 준비가 되어 있지 않을 수 있는데, 이에 대한 부분적인 원인은 그들이 성인으로서 거주한 유일한 집의 형태가 주립 병원밖에 없었기 때문일 수도 있다.

지역사회 정신건강 운동

1963년 미국 의회는 전국적인 **지역사회 정신건강 센터**(Community mental health centers, CMHCs) 제도를 설립하였다. 이는 암울한 시설과 장기 구금 형태 돌봄에 대한 대안을 제공하고자 하는 목적이었다. CMHC는 주립 정신병원에서 퇴원한 이전 입원자들에게 지속적인 지원과 정신건강 돌봄을 제공할 책임을 지녔다. 그러나 안타깝게도 수많은 이전 입원환자의 필요를 충분히 채워 주고, 포괄적인 지역사회 기반의 돌봄 및 중간 거주시설(halfway house)과 같은 구조화된 거주 치료 환경을 제공하여 환자들의 재입원을 방지하기에는 설립된 CMHC의 수가 너무 부족했다.

지역사회 정신건강 운동 그리고 탈시설화 정책은 정신질환 환자가 지역사회로 복귀하면 더욱 자립적으로 성

정신병원. 탈시설화 정책으로 오늘날의 정신병원들은 필요한 경우 또는 위기 시에 안전한 치료 환경에서의 단기간 치료를 포함하여 다양한 서비스를 제공하고 있다. 또한 덜 제한적인 지역사회 환경에서 기능할 수 없는 사람들에게 구조화된 환경의 장기간 치료도 제공한다.

취감이 있는 삶을 살아갈 수 있을 것이라는 희망 속에 만들어졌다. 그렇지만 탈시설화는 그 높은 기대에 부응하지 못한다는 비난을 받아 왔다. 주립 병원에서 정신질환 환자를 퇴원시킴으로써, 적절한 거처와 기능에 부합하는 형태의 지원이 절대적으로 부족한 지역사회에 기능 수준이 낮은 수많은 사람들을 방치해 두게 되었다. 비록 지역사회 정신건강 운동이 몇 가지 측면에서 성공을 거두었지만, 심각하고 지속적인 정신건강 문제를 가진 많은 수의 환자들은 지역사회 생활에 적응하기 위해 그들이 필요로 하는 정도의 정신건강 및 사회 서비스를 받지 못했다(Frank & Glied, 2006; Lieberman, 2010). 지역사회 정신건강 제도가 마주하고 있는, 특히 주요한 과제 중의 하나는 정신질환 노숙인의 문제이다.

탈시설화와 정신질환을 가진 노숙 인구

도시의 거리를 배회하고 버스 터미널과 기차역에서 잠을 자는 많은 노숙인은 퇴원한 정신질환 환자거나 아마도 탈시설화 정책이 있기 이전에 입원해 있었던 혼란된 행동을 보이는 사람들일 것이다. 이들은 종종 이전 병원의 열악한 환경보다 더 비인간적인 상황을 길거리에서 마주하게 되기도 한다. 많은 노숙인은 코카인(crack)과 같은 불법 길거리 약물에 의지해서 문제를 더욱 악화시킨다. 또한 몇몇 젊은 정신질환 노숙인들의 경우 이전 시대에는 입원을 유지할 수도 있었겠지만, 지금은 탈시설화의 결과로 지역사회 지원 프로그램으로 보내진다. 정신질환 노숙인의 문제는 미국에만 국한된 것이 아니다. 덴마크의 최근 연구에서는 노숙 인구의 약 60%가 진단할 수 있는 정신의학적 장애를 가진 것으로 나타났다(Nielsen, Hjorthøj, Erlangsen, & Nordentoft, 2011).

연방 정부는 미국 내 성인 노숙인의 대략 1/3이 심각한 심리적 장애를 겪고 있는 것으로 추정한다(National Institutes of Health, 2003). 대부분의 노숙인이 기억 및 집중력 문제와 같은 직업을 찾고 유지하는 것을 어렵게 하는 상당한 정도의 신경심리학적 손상을 가지고 있다(Bousman et al., 2011; Rosenheck, 2012). 이용 가능한 주택이나 중간 돌봄 시설, 효과적인 사례관리의 부족은 정신의학적 문제를 가진 사람들이 노숙자로 전락하는 중요한 원인이 된다(Folsom et al., 2005; Rosenheck, 2012). 심각한 정신의학적 문제를 가진 몇몇 노숙인은 질병의 급성기 동안 지역사회 병원에 짧게 입원하고 퇴원하는 것을 반복한다. 이들은 마치 회전문에 끼어 있는 것처럼 병원과 지역사회를 왔다 갔다 한다. 흔히 이들은 거주 및 지역사회 돌봄이 적절하게 마련되어 연결되지 못한 채로 병원에서 퇴원한다. 몇몇 사람들은 그냥 스스로 살아가도록 방치된다. 비록 많은 주립 병원이 문을 닫았고, 다른 곳은 병상의 수를 대폭 줄였으나, 해당 주에서는 장기 입원의 필요를 대체할 수 있는 지역사회 서비스를 지원하기 위한 충분한 자금을 제공하지 못했다.

정신건강제도만으로는 정신질환을 가진 노숙 인구가 직면한 다면적 문제를 해결하는 데 필요한 자원을 갖추지 못한다. 정진질환을 가진 노숙인들이 노숙 상태로부터 벗어날 수 있도록 돕기 위해서는 정신건강과 알코올 및 약물 남용 프로그램, 적절하고 저렴한 가격의 주택 이용, 다양한 사회 서비스의 공급을 포함하는 통합적 노력으로 그들의 필요에 맞춘 서비스를 제공하는 것이 필요하다(Price, 2009; Rosenheck, Kawprow, Frisman, & Liu-Mares, 2003).

또 다른 어려움은 보통 심각한 심리적 문제를 가진 노숙인들이 정신건강 서비스의 도움을 찾지 않는다는 점이다. 많은 사람들이 적절한 치료를 받지 못했고, 존중이나 인도적인 느낌을 받지 못했거나 또는 단순히 무시를 받았던 이전 병상 입원 경험으로 인해 정신건강 서비스를 받을 권리를 스스로 포기하게 되었다(Price, 2009). 사회에는 노숙인이 필요한 서비스와 연계되도록 돕는 집중적인 지원과 개입의 노력뿐만 아니라 노숙인 개개인에게 더 나은 질의 돌봄을 제공할 수 있는 프로그램이 필요하다(Coldwell & Bender, 2007; Price, 2009). 이 모든 것이 한

정신질환을 가진 노숙인. 많은 노숙인이 심각한 심리적 문제를 가지고 있지만, 정신건강과 사회보장제도에서 소외되어 있다.

데 합쳐져, 정신질환을 가진 노숙인들의 문제는 정신건강 제도와 사회가 여전히 해결하지 못하고 있는 어려운 문제로 남아 있다.

탈시설화: 아직 성취되지 못한 가능성

비록 탈시설화의 결과가 아직 기대에 미치지 못했을 수도 있지만, 다수의 성공적인 지역사회 지향 프로그램이 개발되어 있다. 이런 프로그램 또한 자금이 부족하고 지속적인 지역사회 지원을 필요로 하는 많은 사람에게 제공되지 못한 채로 남아 있다는 데 있다. 탈시설화가 성공하기 위해서는 환자에게 적절한 주거지와 유급 고용, 사회기술과 직업 기술 훈련에 대한 기회가 필요하다. 조현병과 같은 심각한 정신의학적 장애를 가진 대부분의 사람이 자신의 지역사회 내에서 살고 있지만, 현재 이들 중의 절반가량만 치료를 받고 있다(Torrey, 2011).

예를 들어, 심리사회적 재활 센터, 가족 심리교육 집단, 지지 주거 및 직업재활 프로그램 그리고 사회기술교육과 같이 만성적인 심리적 장애를 가진 사람에게 지역사회 기반의 돌봄을 제공하기 위한 새롭고 유망한 서비스들이 있다. 지역사회 정신건강 운동의 원래 가능성을 성취하려면 지역사회 지원과 적절한 재정 자원을 확대시켜야만 한다.

이상행동에 대한 현대적 관점

> **1.6** 이상행동을 바라보는 주요 현대적 관점에 대해 서술한다.

앞서 언급한 악령의 점령 또는 귀신론에 대한 믿음은 사회가 자연적인 현상과 인간의 행동에 대해 이성과 과학적인 설명을 찾기 시작하던 18세기까지 지속되었다. 생물학, 화학, 물리학 그리고 천문학의 초기 과학은 관찰과 실험의 과학적 방법으로부터 파생한 지식을 약속했다. 과학적 관찰은 어떤 형태의 질병에 대한 미생물적 원인을 알아냈고 필요한 예방조치가 뒤따랐다. 생물학적, 심리학적, 사회문화적 그리고 생물심리사회적 관점을 대표하는 모델을 포함하여, 이상행동의 과학적 모델이 나타나기 시작했다. 역사적인 배경을 중점으로 이 모델들을 간략하게 살펴보고 2장에서 이 모델에 대해 더욱 자세히 알아보자.

생물학적 관점

의학 과학의 퇴보에 반하여, 독일 의사인 Wilhelm Griesinger(1817~1868)는 이상행동이 뇌의 질병에 기초를 두고 있다고 주장했다. Griesinger의 관점은 정신장애를 신체 질병과 연관 지었던 1883년 영향력 있는 정신의학 교과서의 저자이자 다른 독일 의사인 Emil Kraepelin(1856~1926)에게 영향을 주었다. Griesinger와 Kraepelin은 이상행동을 악령이 아닌 근본적인 생물학적 결함 또는 이상에 기초하여 설명하려 했던 현대 의료모델의 선구자들이었다. 의료 모델에 따르면, 이상행동을 보이는 사람들은 변별적인 원인과 증상에 따라 신체 질환과 같이 분류될 수 있는 정신질환 또는 장애를 겪는다. 의료 모델을 채택한 사람들이 필연적으로 모든 정신장애가 생물학적 결함의 산물이라고 믿는 것은 아니지만, 변별적인 특징이나 증상을 기초로 하여 식별 가능한 장애로 이상행동의 유형을 분류하기에 유용하다는 점을 지지한다.

Kraepelin은 정신장애 또는 정신질환을 두 가지 주요 범주로 분류한다. 바로 [(이른)조기의 정신이상 'precocious insanity'이라는 의미에 어원을 둔] **조발성 치매증**(dementia praecox)으로 현재 우리가 **조현병**(schizophrenia, 예전에는 '정신분열병'이라 불림)이라 부르는 것과 조울 정신이상으로 **양극성 장애**(bipolar disorder)라고 부르는 것이다(Zivanovic & Nedic, 2012). Kraepelin은 이런 조발성 치매증이 생화학적 불균형으로 야기되고 조울 정신이상은 신체 신진대사의 이상으로 나

Charcot의 교육 클리닉. 파리의 신경학자 Jean-Martin Charcot는 실신과 같은 히스테리와 관련된 매우 극적인 행동을 보이는 여성 환자를 즉석에서 보이고 있다. Charcot는 젊은 Sigmund Freud에게 중요한 영향을 미쳤다.

타난다고 생각했다. 그의 중대한 공헌은 현재의 진단적 체계의 초석을 형성하는 분류 체계를 개발시켰다는 것이다.

이 의료 모델은 상당히 진행된 단계의 **매독**(syphilis)에서 질병을 일으키는 박테리아가 뇌에 직접 침투하여, ('긴장이 풀린다'는 뜻의 그리스어 *parienai*라는 단어에서 나온) **진행마비**(general paresis)로 불리는 혼란된 행동 형태를 야기한다는 것을 발견하면서 19세기 후반에 지지를 얻었다. 진행마비는 성격과 감정의 변화를 포함하고, 점진적인 기억 기능과 판단의 악화가 나타나는 심리적 손상 및 신체적인 증상과 관련이 있다. 요즘은 매독을 치료하기 위한 항생물질이 출현했기 때문에 이러한 장애는 매우 드물게 관찰된다.

진행마비는 역사적 이유 때문에 대부분의 과학자가 흥미를 가졌다. 진행마비와 매독 간의 관계를 발견한 덕분에 과학자들은 다양한 유형의 혼란된 행동에 대한 다른 생물학적 원인도 곧 발견될 것이라고 낙관하게 되었다. 이후, 치매의 주요 원인인 뇌 질환 알츠하이머병(14장에서 논의)의 발견으로 사람들이 의료 모델을 더욱 신뢰하게 되었다. 하지만 현재 심리적 장애 대부분의 원인은 과학자들이 이해하기 위해 여전히 고군분투하는 복잡한 요인들이 뒤엉켜 있다고 알려져 있다.

이상심리학에서 사용하는 많은 전문용어가 '의학화' 되어 왔다. 의료 모델로 인해 우리는 이상행동을 보이는 사람을 흔히 정신질환이 있다고 말하고, 특정 이상행동의 특징이나 특성에 대해 말하기보다 이상행동의 증상들에 대해 언급한다. 정신의료 모델에서 파생된 이외의 용어에는 **정신건강**(mental health), **증후군**(syndrome), **진단**(diagnosis), **환자**(patient), **정신질환 환자**(mental patient), **정신병원**(mental hospital), **예후**(prognosis), **치료**(treatment), **치료법**(therapy), **치유**(cure), **재발**(relapse) 그리고 **차도**(remission) 등이 있다.

의료 모델은 귀신론을 넘어서는 중대한 발전이다. 이는 이상행동이 처벌의 대상이 되기보다는 박식한 전문가에게 치료를 받아야 한다는 아이디어를 고무시켰다. 증오, 두려움, 학대가 연민으로 바뀌었다. 그렇지만 의료 모델은 특정 행동 양식이 정신질환의 형태로 간주되어야 하는 정도에 대한 논란을 야기했다. 우리는 이 주제에 대해서는 '이상심리학에 대해 비판적으로 사고하기'에서 살펴볼 것이다.

심리학적 관점

비록 의료 모델이 19세기에 영향력을 얻었지만, 몇몇 과학자는 기질적 요인만으로는 이상행동의 다양한 형태를 설명할 수 없다고 주장했다. 파리의 저명한 신경학자였던 Jean-Martin Charcot(1825~1893)는 근본적인 신체적 원인으로 설명될 수 없는 마비 또는 무감각이 특징인 히스테리(hysteria)의 치료에 최면을 사용하였다. [흥미롭게, 히스테리의 사례는 빅토리아 시대에는 흔했지만 오늘날에는 드물다(Spitzer, Gibbon, Skodol, Williams, & First, 1989).] 그 당시에는 히스테리가 있는 사람들은 신경기관에 병이 있어, 이것이 증상을 야기한다고 생각했다. 하지만 Charcot와 동료들은 이런 증상들은 최면 암시를 통해 히스테리성 환자에게서 제거되거나, 반대로 정상 환자에게 유발될 수 있음을 입증하였다.

Charcot의 시연에 참여했던 사람들 중에는 Sigmund Freud(1856~1939)라는 젊은 오스트리아 의사가 있었다(Esman, 2011). Freud는 단순한 '생각의 제안'인 최면을 통해 히스테리 증상이 사라지거나 나타날 수 있다면, 그 근원이 생물학적인 것이 아니라 심리학적인 것이어야 한다고 추론하였다(E. Jones, 1953). Freud는 히스테리를 나타나게 하는 심리적 원인이 무엇이든지 간에, 이것은 의식의 범위 밖에 있음이 분명하다고 결론 내렸다. 이런 통찰력은 이상행동에 대한 최초의 심리학적 관점, **정신역동 모델**(psychodynamic model)의 기저를 이룬다. Freud는 Charcot와의 경험에 대해 "비록 인간의 의식 뒤에 숨겨진 채로 남아 있지만, 강력한 정신 과정이 있다는 가능성에 큰 인상을 받았다."(Sulloway에서 인용, 1983, p. 32)라고 했다.

Freud는 또한 14년 선배인 비엔나 출신 의사인 Joseph Breuer(1842~1925)에 의해 영향을 받았다. Breuer도 팔의 마비, 무감각 그리고 시각 및 청각의 장애와 같은 뚜렷한 의학적 이유는 없었지만 히스테리가 있었던 21세 여성 Anna O를 치료하기 위해 최면을 사용하였다(E. Jones, 1953). 그녀는 목의 '마비된' 근육 때문에 머리를 돌릴 수 없었고, 왼손의 손가락이 움직이지 않았기 때문에 스스로 먹을 수 없었다. Breuer는 그녀의 그러한 증상의 원인이 되는 강력한 심리학적 요소가 있을 것이라 믿었다. 그는 종종 그녀에게 최면을 걸고 자신의 증상에 대해 말해 보도록 했다. 증상의 발현과 관련된 사건, 특히 두려움, 불안 또는 죄책감을 불러일으키는 사건을 회상하고 말하는 것이 잠시 동안 증상을 완화시켜 주었다. 안나는 이 치료를 '대화 치료(talking cure)' 또는 장난스럽게는 '굴뚝 청소'라고 불렀다.

이 히스테리 증상은 잠시 잊혀졌지만 막혀 있던 감정이 신체적 불편함으로 전환되는 것을 나타낸 것이었다. 안나의 경우, 이 증상은 일단 감정이 수면 위로 올라와서 '배출'되면 사라졌다. Breuer는 이 치료적 효과를 **카타르시스**(catharsis, 깨끗하게 하다 또는 순수하게 하다는 의미의 그리스어 *Kathairein*에서 유래) 또는 감정의 배출이라

Sigmund Freud와 Bertha Pappenheim(Anna O). 이 사진 속의 Freud는 약 30세 정도이다. Pappenheim(1859~1936)은 'Anna O'로 심리학 문헌에서 더욱 널리 알려져 있다. Freud는 그녀의 히스테리 증상이 막혀 있던 감정을 신체적인 고통으로 전환하는 것을 보여 주는 것이라 믿었다.

이상심리학에 대해 비판적으로 사고하기

@Issue: 이상행동이란 무엇인가?

정상과 이상행동 간의 선을 어디에 그을 것인가에 대한 문제는 정신건강 분야뿐만 아니라 사회 전반을 통해 계속 논쟁하고 있는 주제이다. 의학적 질병과는 다르게, 심리학 또는 정신장애는 X-ray 상의 지점으로 식별되거나 혈액 채취를 통해 알 수 없다. 이런 장애를 분류하는 것은 사실을 발견하는 것이 아닌 임상적 판단을 수반하는 것이며, 앞서 언급한 바와 같이 시간에 따라 변화하거나 문화마다 서로 다를 수 있다. 예를 들어, 의학 전문가들은 한때 자위행위가 의학적 질병의 형태라고 여겼다. 비록 오늘날의 몇몇 사람이 도덕적 이유로 여전히 자위행위를 반대할 수 있지만 전문가들은 더 이상 이를 정신적 장애로 고려하지 않는다.

이 논쟁 중 가장 오래된 주제는 동성애에 대한 것이다. 1973년까지 미국 정신의학협회(American Psychiatric Association)는 동성애를 정신장애로 분류하였다. 그러나 1973년, 이 기관은 동성애를 진단 안내지침서인 『정신장애의 진단 및 통계 편람(Diagnostic and Statistical Manual of Mental Disorder 또는 DSM)』(3장에서 논의)의 분류된 정신장애 목록에서 빼기로 표결하였다. 하지만 동성애를 제외시키는 이 결정에 정신과 의사 모두가 합의한 것은 아니었다. 많은 사람이 이런 결정은 타당한 과학적 근거와 과정에 의한 것이 아니라 정치적인 이유로 인해 이루어졌다고 주장한다. 몇몇은 이런 결정을 투표에 의해 결정한다는 것에 반대한다. 의학적 질병으로 알려진 암을 투표에 근거하여 배제하는 것이 타당한 것인가? 일반 투표보다 과학적인 기준이 이런 유형의 결정을 판가름해야 하지 않는가?

당신은 어떻게 생각하는가? 동성애가 성적 성향의 정상 범주 안에 있는 변화인가? 아니면 이상행동의 형태인가? 당신 판단의 근거는 무엇인가? 판단의 기준은 무엇인가? 당신의 신념을 지지하는 증거는 무엇인가?

진실 또는 거짓

사회 내에서 동성애자에 대한 태도가 변화하고 있음에도 불구하고, 정신의학 종사자들은 여전히 동성애를 정신장애로 분류한다.

거짓 정신의학 전문가들은 1973년 정신장애의 목록에서 동성애를 제외시켰다.

DSM 체계에서 정신장애는 감정적 고통 그리고/또는 심리적 기능에서의 상당한 손상 둘 중의 하나와 관련되는 행동 양식에 기초하여 인정된다. 연구자들은 남성 동성애자 또는 여성 동성애자 성향을 가진 사람이 이성애 성향을 가진 사람에 비해 더 높은 자살 빈도, 특히 불안과 우울과 같은 감정적 고통의 상태를 가지는 경향이 있다고 생각한다(Cochran, Sullivan, & Mays, 2003; King, 2008). 그렇지만 남성 동성애자와 여성 동성애자들

(다음 쪽에 계속)

이 심리적 장애를 발전시킬 경향이 더 높음에도 불구하고, 이런 문제가 그들의 성적 성향의 필연적 결과는 아니다.

우리 사회의 동성애자 청소년들은 오래된 편견과 동성애자에 대한 분개에 맞서 자신들의 성적 취향을 받아들이려고 노력한다. 사회의 불관용이라는 배경에 맞서 자기수용을 성취하는 과정은 매우 어렵기 때문에 많은 동성애 청소년이 심각하게 자살을 고려하거나 시도한다. 성인으로서 여성 및 남성 동성애자는 가족 구성원으로부터 부정적인 반응을 얻기 때문에 때때로 자신의 성적 성향을 감추기도 하며, 반대로 자신을 향한 편견과 부정적인 태도에 정면으로 맞서기도 한다. 동성애자들이 마주하는 낙인, 편견 그리고 차별과 연관된 사회적 스트레스는 정신건강 문제를 직접 야기할 수도 있다(Meyer, 2003).

본문을 통해 살펴본 것처럼, 많은 동성애자가 심리적 문제를 발전시키는 것도 놀랄 만한 일은 아니다. 이 분야에서 정통한 심리학자 Michael Bailey(1999, p. 883)가 서술한 바와 같이, "동성애자들은 종종 경멸, 조롱, 애도 그리고 두려움의 대상이 되며 자신의 동성애 성향에 직면하는 것은 당연히 어려울 수밖에 없다."

그렇다면 우리는 사회의 불관용이 동성애적 성향을 가진 사람의 심리적 문제의 근본적인 이유라는 주장을 받아들여야 하는가? 비판적인 사고를 하는 사람으로서, 우리는 다른 요소도 수반될 수 있다는 점을 인식해야 한다. 과학자들은 남성 및 여성 동성애자들이, 특히 자살과 같은 심리적 문제를 일으킬 경향성이 높다는 결론을 내리기 위해서는 더 많은 증거가 필요하다.

동성애가 정상이고 이성애를 기피하고 경멸 또는 조롱하는 사회를 상상해 보자. 이성애자들이 심리적 문제를 가질 가능성이 더 높다고 생각하게 될까? 이런 증거가 이성애를 정신장애로 가정하도록 할까? 어떻게 생각하는가?

동성애는 정신장애인가? 동성애는 1973년까지 미국 정신의학협회에 의해 정신장애로 분류되었다. 특정 행동의 양식이 정신 또는 심리적 장애로 만들어졌는지 판단하기 위해 어떤 기준이 사용되어야 하는가?

이런 사안에 대해 비판적으로 생각할 때에 다음의 질문에 답해 보기 바란다.

- 사교적 음주 또는 심지어 쇼핑이나 인터넷 사용과 같은 어떤 행동에 정상과 이상의 선을 가르는 것을 어떻게 결정하는가?
- 모든 경우에 사용하는 기준들이 있는가? 당신의 기준은 본문에서 명시된 기준과 어떻게 다른가?
- 동성애가 비정상이라고 생각하는가? 왜 그렇게 생각하는가? 또는 왜 그렇지 않다고 생각하는가?

고 명명했다.

Freud의 이론적 모델은 이상행동에 대한 최초의 주요 심리적 모델이었다. 우리가 2장에서 살펴보게 될 것처럼, 행동적, 인본주의적 그리고 인지적 모델에 기초를 두는 이상행동에 대한 다른 심리적 관점이 뒤이어 나온다. 동시대의 의료 모델뿐만 아니라 이 관점도 각각 심리적 장애를 치료하기 위해 특정한 형태의 치료를 만들어 냈다.

사회문화적 관점

이상행동의 근원을 이해하기 위해 행동이 발생하는 더 넓은 사회적 배경도 고려해야 하지 않을까? 사회문화적 이론가들은 이상행동의 원인을 사람의 내적 요인보다는 사회적인 실패에서 찾아볼 수 있다고 생각한다. 그에 맞춰 심리적 문제는 실직, 가난, 가정 파괴, 불평등, 무지 그리고 기회의 결핍과 같은 사회적 불행에 기초를 둘 수도 있다. 반면에 사회문화적 요인은 성별, 사회적 계급, 민족성 그리고 생활양식과 같은 정신건강과 사회적 요인들 간의 관계에 초점을 둔다.

사회문화적 이론가들은 누군가에게 한 번 '정신적 질병이 있다'는 명명을 하게 되면 그 꼬리표는 쉽게 없어지지 않는다고 말한다. 이는 또한 '환자'에 대한 다른 사람들의 반응도 왜곡시킨다. 사람을 정신적인 질병이 있는 것으로 분류하는 것은 낙인을 찍는 것이고, 그 사람을 하찮은 존재로 만들어 버린다. 취업의 기회가 사라질 수도 있고, 우정이 끝날 수도 있고, 이 '환자'는 사회로부터 점차 소외되고 있음을 느낄 수도 있다. 사회문화적인 이론가들은 '정신질환자'로 꼬리표가 붙는 것의 사회적 결과에 대한 사람들의 관심에 초점을 둔다. 이들은 사회가 이들을 피하기보다는 장기적인 정신건강 문제를 가진 사람들에게 노동자, 학생 그리고 동료와 같은 의미 있는 사회적 역할에 접근할 수 있도록 하는 것이 필요하다고 주장한다.

생물심리사회적 관점

이상행동의 양식들을 하나의 모델 또는 관점으로만 이해하기에는 너무 복잡하지는 않는가? 많은 정신건강 전문가들은 이상행동이 생물학적, 심리학적, 그리고 사회문화적인 영역에 해당하는 여러 원인들을 고려할 때에 가장 잘 이해할 수 있다는 관점을 지지한다(Levin & Schmelkin, 2006). **생물심리사회적 모델**(biopsychosocial model) 또는 상호작용주의 모델은 이상행동의 근원을 이해하는 이 책의 접근법에 영향을 미친다. 우리는 심리적 장애를 발달시키는 생물학적, 심리학적 그리고 사회문화적인 요인들의 상호작용을 필수적으로 고려해야 한다고 생각한다. 비록 이런 요인에 대한 우리의 이해는 불완전할 수도 있지만 모든 가능한 경로를 고려하고 다양한 요인, 영향 그리고 상호작용을 설명해야 한다.

심리적 장애에 대한 관점은 설명뿐만 아니라 치료에 대한 틀을 제공한다(2장 참조). 과학자들이 사용하는 관점은 이상행동의 원인과 치료에 대한 연구나 조사를 이끌어 내는 예측과 가설(hypotheses)로 이어진다. 예를 들어, 의료 모델은 유전학적 그리고 생화학적 치료 방법에 대한 조사를 촉진하였다. 다음에서 우리는 심리학자들과 다른 정신건강 전문가들이 이상행동을 연구하는 방법에 대해 자세히 알아볼 것이다.

이상심리학의 연구 방법

1.7 과학의 목표와 과학적 방법의 단계에 대해 서술한다.

이상심리학은 심리학의 과학적 지식의 한 분야이다. 이 분야에 대한 연구는 **과학적 방법**(scientific method)의 적용에 기초한다. 이 과학적 방법의 기초 단계를 살펴보기 전에 대단히 중요한 과학의 목적 네 가지—서술, 설명, 예측, 통제—에 대해 숙고해 보기로 하자.

과학의 목적: 서술, 설명, 예측, 통제

이상행동을 이해하기 위해서는 이를 서술하는 것을 먼저 배워야 한다. 서술은 이상행동을 인식하고 이를 설명하기 위한 근거를 제공해 주고, 반드시 명확하고, 편향되지 않으며, 주의 깊은 관찰에 기반을 두어야 한다. 다음의 삽화는 심리학 교수가 책상 위에 실험실 쥐를 올려놓고 그 행동에 대해 기술하도록 심리학과 대학원생에게 묻는 장면으로, 스스로를 강의실에 있는 학생이라 생각하고 읽어 보기 바란다.

자신이 심리학과의 신입 대학원생이고 학기 첫날 연구 방법론 강의실에 앉아 있다고 상상해 보자. 약 50세의 유명한 여성 교수가 강의실로 들어온다. 교수는 흰쥐 한 마리가 들어 있는 작은 흰색 철망 우리를 들고 왔다. 교수는 그 쥐를 우리에서 꺼내 책상 위에 두고 학생들에게 쥐의 행동을 관찰하도록 했다. 당신은 진지한 학생이기에 열심히 집중하였다. 이 동물은 책상의 모서리 쪽으로 움직이다가 멈췄고, 모서리 너머를 유심히 살펴보았고, 아래의 바닥으로 수염을 흔드는 것처럼 보였다. 책상 모서리를 따라 조심스럽게 움직이며 책상 둘레를 따라 걸었다. 이 쥐는 가끔 멈춰 섰고 바닥 방향으로 아래를 향해 수염을 흔들었다.

교수는 쥐를 집어 들고 다시 우리 안으로 돌려보냈다. 그리고는 학생들에게 이 동물의 행동을 서술하라고 하였다.

한 학생이 "그 쥐는 탈출할 수 있는 방법을 찾는 것처럼 보였습니다."라고 대답했다.

다른 학생은 "환경을 정찰하고, 조사하였습니다."라고 말했다.

당신은 "정찰을 한다?"라고 생각한다. 그 학생은 너무 많은 전쟁 영화를 본 것이 분명하다.

교수는 칠판에 각 반응에 대해 적었다. 다른 학생이 손을 들었고, "그 쥐는 환경에 대한 시각적 탐색을 하고 있었습니다."라고 말했다. "아마도 음식을 찾던 것일 수도 있습니다."

교수는 다른 학생도 말하도록 했다.

누군가 "주변을 둘러보았습니다."라고 말했다.

다른 사람은 "탈출하려고 했습니다."라고 말했다.

당신의 차례가 왔다. 과학적으로 보이기 위해, "그 동기가 무엇일 수 있는지에 대해서는 말할 수 없습니다. 우리가 아는 것은 그저 환경을 살피고 있다는 것뿐입니다."라고 말한다.

"어떻게죠?"라고 교수가 묻는다.

"시각적으로요."라고 확신 있게 답한다.

교수가 그 대답을 적었고, 학생들 쪽으로 돌아서며 고개를 저었다. "학생들 모두 각각 쥐를 관찰했지만, 여러분 중 누구도 그 행동에 대해 서술하지는 않았습니다. 그 대신 쥐가 '내려갈 방법을 찾고 있다'라든지 '환경을 훑어보고 있다'든지 또는 '음식을 찾고 있다'와 같은 추론을 했습니다. 이것이 불합리한 추론은 아니지만, 어쨌든 추론이고 서술은 아닙니다. 또한 추론은 잘못될 수 있습니다. 이 쥐는 앞을 볼 수 없습니다. 태어날 때부터 그랬습니다. 적어도 시각을 통해 주변을 둘러볼 수는 없습니다."

눈이 먼 쥐에 대한 이 삽화는 행동에 대한 서술이 우리가 가진 기대에 영향을 받을 수 있다는 것을 조명한다. 우리의 기대는 행동에 대한 우리의 인지 또는 모델을 반영하고, 이는 쥐의 움직임과 다른 사람의 행동과 같은 사건을 특정한 방향으로 인식하도록 마음을 기울게 할 수도 있다. 강의실 내의 쥐를 '조사하다' 또는 '살펴보다'라고 기술한 경우는 동물이 어떻게 환경을 분석하는지에 대해 우리가 기존에 지니고 있었던 모델을 기초로 관찰하고 추론 또는 결론을 이끌어 내서 말한 것이다. 반대로, 서술은 책상 이리저리 돌아다니는 동물의 움직임, 쥐가 움직인 각 방향의 거리를 측정, 얼마나 멈추어 있었는지, 어떻게 머리를 좌우로 흔들었는지 등등에 대한 정밀한 설명을 포함하여 제시하는 것을 뜻한다.

그럼에도 불구하고 과학에서 추론은 중요하다. 추론은 우리가 특정한 것에서부터 일반적인 것으로 이동할 수 있도록 돕고, 행동의 **이론**(theory) 또는 모델을 구성할 수 있는 행동 법칙과 원리를 제안할 수 있도록 한다. 모델과 이론의 측면에서 현상에 대한 서술을 구조화하는 방법 없이는 관찰된 것이 서로 연결되지 않는 혼란한 상태로 남겨지게 될 것이다.

이론은 과학자가 복잡해 보이는 정보를 설명하고 이후의 정보를 예측하게 도와준다. 예측은 사건발생을 예측하는 요인을 찾을 수 있게 해 준다. 예를 들어, 지질학은 지구에 영향을 미치는 힘에 대한 단서, 지진과 화산폭발과 같은 자연현상을 예상할 수 있게 하는 설명을 찾는다. 이상행동을 연구하는 과학자는 다양한 치료에 대한 반응을 예상할 수 있는 요인뿐만 아니라 이상행동의 발달을 예측하기 위해 관찰된 행동, 생물학적 과정, 가족 상호작용 등에서 단서를 찾는다. 이론적 모델이 과학자가 이미 발생한 행동 또는 사건을 설명하거나 이해할 수 있도록 돕는 역할만 하고 있는 것은 아니다. 유용한 모델과 이론은 특정 행동의 발생을 예측할 수 있게 돕는다.

인간행동, 특히 심각한 문제를 가진 사람의 행동을 통제한다는 발상은 논란이 많다. 이상행동에 대한 사회적 반응의 역사 예를 들어, 퇴마와 잔혹한 형태의 신체적 규제는 특히 누군가에게 고통을 준다는 인상을 만든다. 그러나 과학 내에서의 **통제**(control)라는 단어는 마치 줄에 달린 인형과 같이, 다른 사람의 명령을 따르도록 강압하는 것을 뜻하지 않는다. 예를 들어, 심리학자는 인간의 존엄성을 지키기 위해 전념하고 있으며, 인간 존엄의 개념은 사람이 결정을 내리고 선택을 행할 수 있는 자유를 요구한다. 이런 맥락에서 **행동의 통제**(controlling behavior)라는 의미는 사람들이 자신의 목표를 형성하고 이를 성취할 수 있게 자신의 자원을 더욱 효과적으로 사용할 수 있도록 돕기 위해 과학적 지식을 사용하는 것을 말한다. 심지어 오늘날 미국에서는 전문가가 심각하게 혼란된 사람의 억제를 도울 때, 그 목표는 그 사람들이 이런 동요의 상태를 극복하고 자신들의 삶에서 의미 있는 선택을 할 수 있는 능력을 되찾도록 돕는 것이다. 연구 또는 임상 현장에서 누군가에게 손상을 입힐 수 있는 기술의 사용은 윤리적인 기준에 의해 금지된다.

심리학자와 다른 과학자들은 이상행동의 서술, 설명, 예측, 통제를 돕기 위해 **과학적 방법**(scientific method)을 사용한다.

과학적 방법

과학적 방법은 객관적인 증거를 모아 이 세상에 대한 가정과 이론을 시험한다. 객관적인 증거를 모으는 일은 철저한 관찰 그리고 실험적 방법을 필요로 한다. 실험에서 과학적 방법의 사용에 포함되는 기본 단계에 대해 초점을 두고 살펴보자.

1. **연구 질문 만들기**(formulating a research questions). 과학자는 이전의 관찰과 현재의 이론에서부터 연구 질문을 얻는다. 예를 들어, 심리학자는 우울증의 근본적인 메커니즘에 대한 임상적인 관찰과 이론적인 이해를 기반으로 특정 실험 약물 또는 특정 형태의 심리치료가 우울증을 극복하는 데에 도움이 되는지에 대한 질문을 만들어 낼 수 있다.
2. **가설의 형태로 연구 질문을 표현하기**(framing the research question in the form of a hypothesis). **가설**(hypothesis)은 실험에서 검증되는 예측이다. 예를 들어, 과학자는 임상적으로 우울한 사람이 플라시보(설탕 약)보다 실험 약물을 복용한다면 우울의 척도에서

더 큰 개선을 보일 것이라는 가설을 세울 수 있다.

3. **가설 검사하기**(Testing the hypothesis). 과학자는 변수가 통제되고 차이가 관찰되는 실험을 통해 가설을 검사한다. 예를 들어, 우울증이 있는 사람들의 한 집단에 약물을 주고 다른 집단에는 플라시보를 제공함으로써 실험 약물에 대한 가설을 검사할 수 있다. 그런 다음, 만약 실제 약물을 받은 사람이 시간이 경과함에 따라 플라시보를 받은 사람보다 더 나은 개선을 보였는지를 보기 위해 실험할 수 있다.
4. **가설에 대한 결론짓기**(Drawing conclusions about the hypothesis). 마지막 단계에서 과학자는 가설의 정확성에 대해 실험 결과로부터 결론을 끌어낼 수 있다. 심리학자는 집단 간의 차이가 우연에 의한 것이 아니라 유의미할 가능성을 판단하기 위해 통계적 방법을 사용한다. 심리학자는 우연만으로 차이를 설명할 수 있는 확률이 5% 이하인 경우, 집단 간의 차이가 우연 때문이 아니라 유의미함을 상당히 확신할 수 있다. 설계가 잘된 연구 결과들이 가설이 옳음을 증명하지 못하는 경우, 과학자는 가설이 도출된 이론을 재숙고한다. 연구 결과는 종종 이론의 수정, 새로운 가정 그리고 결과적으로는 새로운 연구를 이끌어 낸다.

심리학자와 이외 전문가들이 이상행동을 연구하는 데에 사용하는 주요 연구 방법에 대해 살펴보기 전에, 연구의 윤리적 행위를 안내하는 몇 가지 원칙에 대해 살펴보자.

연구 윤리

1.8 심리학 연구를 이끄는 윤리 원칙을 서술한다.

1.9 과학자가 이상행동을 연구하기 위해 사용하는 연구 방법론의 주요 유형을 서술하고 각 방법론의 강점과 약점을 평가한다.

윤리 원칙은 개인의 존엄성을 고취하고, 인간 복지를 보호하며, 과학적 성실성을 지키기 위해 고안되었다(American Psychological Association, 2002). 심리학자들은 직업윤리 기준에 의해 대상자 또는 내담자에게 심리학적 또는 신체적 해를 일으킬 수 있는 방법의 사용이 금지된다. 심리학자들은 또한 연구에서 동물 대상을 보호하는 윤리적 안내지침을 반드시 준수해야 한다.

대학교와 병원과 같은 기관은 **내부감사위원회**(institutional review boards, IRBs)라 불리는 심사위원회가 있고, 이 기관은 제안된 연구가 윤리 안내지침서를 고려하는지 검토한다. 연구원은 연구를 시작하기 전에 반드시 IRB 승인을 받아야 한다. 윤리 안내지침서가 기초를 두는 두 가지 주요 원칙은 (a) **사전 동의**(informed consent)와 (b) **비밀보장**(confidentiality)이다.

사전 동의(informed consent) 원칙은 사람들이 자유롭게 연구에 참여하기를 원하는지 선택할 수 있는 것이다. 이들은 참여 여부에 대해 정보를 잘 숙지하여 결정할 수 있도록 연구의 목적과 방법, 연구의 위험성과 혜택에 대해 미리 충분한 정보를 얻어야 한다. 연구 참여자들은 어떠한 불이익도 없이 어느 때든지 자유롭게 연구 참여를 중단할 수 있어야 한다. 연구자는 어떤 경우에는 모든 정보가 모일 때까지 특정한 정보를 주지 않을 수도 있다. 예를 들어, 실험적 약물에 대한 플라시보-통제 연구에 배정되는 참여자들은 그들이 활성 약물이 아니라 비활성의 플라시보를 받을 수 있다고 들을 수 있다. 정보를 주지 않거나 속임이 필요한 연구의 경우, 참여자는 차후에 그 사실에 대한 보고를 받을 수 있어야 한다. 즉, 실제 방법에 대한 설명과 연구의 목적 그리고 비밀을 유지해야 했던 필요성에 대해 반드시 정보를 얻어야 한다. 연구가 끝난 후, 플라시보를 받았던 참여자들은 원하는 경우에 실제 치료를 받을 수 있는 선택이 주어질 것이다.

연구 참여자는 또한 자신의 개인정보가 노출되지 않을 것이라 예상할 권리가 있다. 연구원은 참여자의 기록을 안전하게 보관하고 다른 사람에게 개인정보를 노출하지 않음으로써 **비밀보장**(confidentiality)을 준수해야 한다.

이제 우리는 이상행동을 조사하는 데에 사용되는 연구 방법에 대해 논의할 것이다.

자연적 관찰법

자연적 관찰(naturalistic observation)에서 연구원들은 행동이 일어나는 현장에서 행동을 관찰한다. 인류학자들은 인간의 다양성에 대해 연구하기 위해 비문화적 사회 내에서 행동 양식을 관찰해 왔다. 사회학자들은 도심 지역에서 청소년 범죄조직의 활동을 유심히 살펴보았고, 심리학자들은 기차역과 버스 터미널의 노숙인들의 행동을 관찰하는 데에 수 주의 시간을 할애해 왔다. 또한 비만에 대한 단서를 찾기 위해 패스트푸드 음식점에서 마른 사람과 과체중인 사람들의 식습관을 관찰하기도 했다.

과학자들은 관찰하는 행동에 대한 개입을 최소화할 필요가 있었고, 자연적 관찰에서 간섭을 최소화하려고 노력하였다. 그럼에도 불구하고 관찰자의 존재가 관찰되는 행동을 그르칠 수도 있으므로 반드시 이러한 가능성을 숙지해야만 한다.

자연적 관찰은 어떻게 사람들이 행동하는지에 대한 정보를 제공하지만, 왜 그런 행동을 하는지에 대해서는 알려 주지 않는다. 예를 들어, 남자가 술집에 자주 다니고 싸움에 종종 휘말린다는 것을 알아낼 수 있지만, 이러한 관찰은 폭력의 원인이 알코올이라는 것을 보여 주지는 않는다. 우리가 볼 수 있듯이 원인과 결과에 대한 질문은 통제된 실험으로 접근하는 것이 최선이다.

상관관계 연구법

이상행동을 연구하는 데에 사용되는 주요 방법론 중의 하나는 **상관관계 연구**(correlational method)로, 변수(variable)라 불리는 서로 다른 두 가지 또는 그 이상 요인 간의 관계를 검증하기 위해 통계적 방법을 사용한다. 예를 들어, 7장에서 우리는 부정적 사고와 우울 증상의 변수 간에 통계적 관계 또는 **상관관계**가 있음을 보게 될 것이다. 이 두 변수 간의 연관성 또는 상관관계를 표현하기 위해 상관계수(correlation coefficient)라는 통계 수치를 사용하는데, −1.00에서부터 +1.00의 연속 범위에 따라 달라질 수 있다. 한 변수의 더 큰 값(부정적 사고)이 다른 변수의 더 큰 값(우울 증상)과 연관되면, 이 변수 간에는 **정적 상관관계**(positive correlation)가 있다. 만약 한 변수의 더 큰 값이 다른 변수의 더 작은 값과 연관되면, 두 변수는 **부적 상관관계**(negative correlation)에 있다. 정적 상관관계는 양의 부호가 붙어 있고, 부적 상관관계는 음의 부호가 있다. −1.00 또는 +1.00 둘 중의 하나에 가까움을 뜻하는 더 큰 상관계수는 변수 간의 더 강력한 관계가 있음을 나타낸다.

상관관계 연구법은 관심 변수를 조작하지 않는다. 이전의 사례에서 실험자는 사람들의 우울 증상 또는 부정적인 사고를 조작하지 않았다. 그보다 연구자는 이 변수들이 서로 연관되는 경향이 어떠한지를 알아보기 위해 통계적 기법을 사용한다. 실험자가 이 변수를 직접 조작하지 않기 때문에, 두 변수들 간의 상관관계는 서로 인과적으로 관계되었음을 입증하지 않는다. 이는 두 변수가 상관관계에 있지만, 인과적인 연관성을 갖지 않는다는 뜻일 수 있다. 예를 들어, 어린이들의 발 크기는 그들의 어휘와 상관관계가 있을 수 있지만, 발 크기의 성장이 어휘의 성장을 야기하는 것은 아니다. 우울 증상과 부정적 사고는 7장에서 보게 되겠지만 상관관계가 있을 수 있다. 비록 부정적 사고가 우울증의 요인이 될 수도 있지만, 이런 인과관계의 방향이 반대로 일어날 가능성도 있다. 즉, 우울증이 부정적 사고를 야기하는 것이다. 또는 이 인과관계의 방향이 양방향으로 작용할 수도 있다. 즉, 부정적 사고가 우울증에 기여하고 우울증이 다시 부정적 사고에 영향을 미치는 것이다. 그런 다음, 다시 우울증과 부정적 사고가 스트레스와 같은 일반적인 요인에 영향을 미칠 수도 있고, 서로 전혀 인과적인 관계가 없을 수도 있다. 요약하면, 상관관계만을 가지고는 변수가 인과적으로 연결되었는지 아닌지를 말할 수 없다. 원인과 결과의 질문을 다루기 위해서 연구자는 실험자가 하나 또는

자연적 관찰. 자연적 관찰에서 심리학자들은 거리, 가정, 음식점, 학교 그리고 이외 행동이 직접 관찰될 수 있는 곳에서 연구를 한다. 예를 들어, 심리학자들은 폭력적인 또는 사회적으로 불안한 아동이 친구와 어떻게 상호작용하는지를 관찰하기 위해 학교 놀이터에서 눈에 띄지 않게 자리한다.

두 개의 관심 변수를 조작하고 다른 변수에 대한 영향 또는 통제된 조건하의 결과를 관찰하는 실험적 방법을 사용해야 한다.

비록 상관관계 연구법이 원인과 결과의 관계를 결정지을 수는 없지만, 예측이라는 과학적 목적에 기여한다. 과학자는 두 개의 변수가 상관관계에 있을 때, 이를 예측하는 데에 사용할 수 있다. 비록 인과관계가 복잡하고 다소 모호하지만, 예를 들어, 알코올 중독, 가족력 그리고 음주에 대한 태도 간의 상관관계를 알고 있는 것은 과학자들이 알코올과 관련된 문제를 발전시킬 위험에 있는 청소년을 예측하는 데에 도움이 된다. 어떤 요인이 이후의 문제를 예측하는지에 대해 아는 것은 고위험군에 대한 직접적 예방 노력에 도움이 된다.

종단적 연구 **종단적 연구**(longitudinal study)는 오랜 기간 아마도 수십 년 동안 주기적으로 대상자들을 실험 또는 평가하는 상관관계 연구의 한 유형이다. 연구자는 사람을 시간에 따라 연구하여, 우울증 또는 조현병과 같은 이상행동 양식의 이후 경과를 예측하는 사람들의 삶의 요인 또는 사건을 확인하고자 한다. 예측은 시간으로 분리되어 있는 사건 또는 요인 간의 상관관계에 기초를 둔다. 그러나 이런 형태의 연구는 시간과 비용을 많이 필요로 하므로 본래의 연구자들보다 문자 그대로 오래 지속될 수도 있는 헌신을 요구한다. 그렇기 때문에 장기간의 종단적 연구는 상대적으로 흔하지 않다. 11장에서 우리는 잘 알려진 종단 연구 중의 하나로, 어머니가 조현병을 겪고 있고 자신도 이 장애를 발전시킬 수 있는 높은 위험군에 속해 있던 한 집단의 아이들을 추적했던 덴마크의 고위험군 연구를 살펴볼 것이다.

실험적 방법

실험적 방법(experimental method)은 과학자로 하여금 결과에 영향을 미치는 다른 요인의 효과를 최소화하도록 통제된 조건하에 인과 요인을 조작하고 그 영향을 측정하여 인과적 관계를 증명할 수 있도록 한다.

실험(experiment)이라는 단어 때문에 몇 가지 오해가 생길 수도 있다. 대체로 실험은 가설의 실험 또는 검사이다. 이런 관점에서 자연적 관찰법과 상관관계 연구를 포함하여 가설을 실험하고자 하는 방법은 어떤 것이든 실험적이라고 간주할 수 있다. 하지만 보통은 연구자가 인과 요인을 직접 조작하므로 원인과 결과의 관계를 알아내고자 시도하는 방법을 뜻하는 것으로 실험적 방법(experimental method)이라는 단어를 제한하여 사용한다.

실험 연구에서는 인과적 역할을 하는 것으로 가정된 요인 또는 변수가 연구자에 의해 조작 또는 통제된다. 이런 변수를 **독립 변수**(independent variables)라고 한다. 독립 변수를 조작하여 결과를 알아내기 위해 관찰되는 요인은 **종속 변수**(dependent variables)라 한다. 조사자들은 종속 변수를 측정하되, 조작하지는 않는다. 이상행동을 연구하는 사람들이 관심을 갖는 독립 변수와 종속 변수의 예는 표 1.1에서 볼 수 있다.

실험에서 실험 대상은 독립 변수(independent variables), 예를 들어 실험 환경에서 소비하는 음료의 형태(알코올 대 비알코올)에 노출된다. 이들은 독립 변수가 그들의 행동에서 차이를 만들어 내는지, 더 정확하게 말하자면, 독립 변수가 종속 변수에 영향을 미치는지 알아보기 위해 관찰 또는 조사된다. 예를 들어, 만약 알코올을 마시면 더욱 공격적으로 행동하는지에 대해 알아보는

표 1.1

실험적 연구의 독립 변수와 종속 변수의 예

독립 변수	종속 변수
치료의 유형: 각기 다른 형태의 약물치료 또는 심리적 치료	행동적 변수: 적응, 활동 수준, 섭식행동, 흡연 행동의 측정.
치료 요인: 단기 대 장기간 치료, 입원 대 외래 치료	신체적 요인: 심박수, 혈압 그리고 뇌파 활동과 같은 신체적 반응 측정.
실험적 조작: 소비된 음료의 유형(알코올 대 비알코올)	자기보고식 변수: 불안, 기분 또는 결혼이나 삶의 만족도 측정

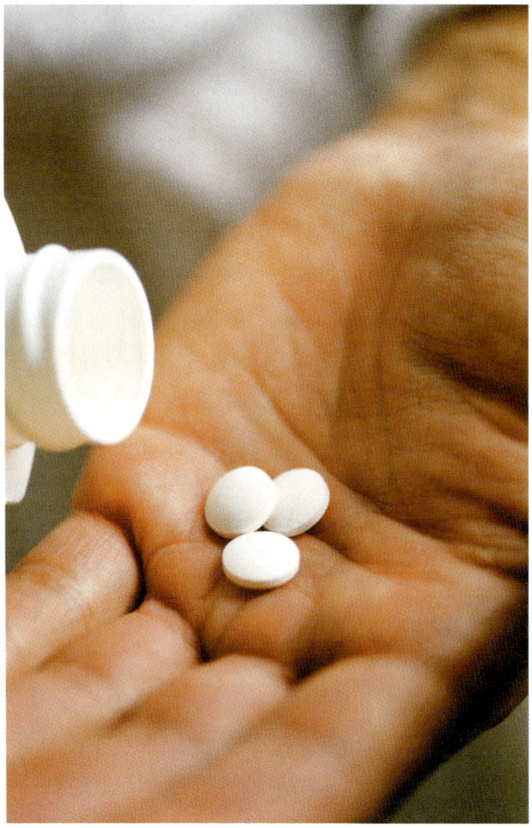

진짜인가 플라시보인가? 플라시보는 겉보기에 활성 약물과 유사한 비활성 약이다.

것이다. 연구에서 실험 집단 간의 차이가 통계적으로 유의미한지 알아보기 위해서는 충분한 수의 참여자(대상자)가 필요하다.

실험 그리고 통제 집단 통제가 잘된 실험은 대상을 실험과 통제 집단에 무작위로 배정한다(Mauri, 2012). **실험 집단**(experimental group)은 실험적 처치가 주어지는 반면, **통제 집단**(control group)은 그렇지 않다. 각 집단에게 다른 조건은 차이가 없도록 주의를 기울인다. 실험자들은 **무선할당**(random assignment)을 사용하여 다른 조건을 변함없이 유지하므로, 실험적 결과를 설명하는 것이 방안의 공기 또는 실험 집단, 통제 집단에 속한 사람 유형 간의 차이와 같이 통제되지 않은 요인이 아니라 실험적 처치 때문이라는 것을 상당히 확신할 수 있다.

왜 실험자는 대상 또는 실험적 그리고 통제 집단을 무작위로 배정해야 하는 것일까? 한 연구의 목적이 행동에 대한 알코올의 영향을 조사하는 것이고, 실험 참여자에게 알코올을 소비하는 실험 집단이나 비알코올 음료를 소비하는 통제 집단 중 원하는 곳을 스스로 결정하도록 했다고 가정해 보자. 이런 경우, 집단 간의 차이는 실험적 조작 때문이라기보다는 근본적인 **선택요인**(selection factor)에 기인한 것일 수도 있다.

알코올 음료를 **선택한** 대상자는 통제 음료를 선택한 사람과 성격에서 차이가 있을 수도 있다. 예를 들어, 이 사람들이 더욱 탐험을 추구하거나 위험을 감수하고자 할 수도 있다. 따라서 실험자는 독립 변수(음료의 유형) 또는 선택요인(집단을 이룬 대상자들의 차이) 중 무엇이 행동에서 관찰된 차이에 대한 궁극적인 원인이 되는지 알 수 없게 될 것이다. 무선할당은 대상자의 특성이 두 집단에 걸쳐 무작위로 분배되었음을 확실히 해주므로 선택요인을 통제한다. 그러므로 집단 간의 차이는 집단을 이룬 대상자의 차이 때문이 아니라 그들이 받은 처치의 결과임을 타당하게 추정할 수 있는 것이다. 여전히 명백한 치료 효과가 치료 그 자체의 활성 요소 때문이라기보다는 그들이 받은 치료에 대한 대상자의 기대로부터 나왔을 가능성이 있다. 다른 말로 하면, 음료 자체의 알코올 성분뿐만 아니라 알코올 음료를 받는 것을 아는 것이 행동에 영향을 미칠 수도 있다는 것이다.

대상자의 기대 통제하기 대상자의 기대를 통제하기 위해 실험자는 대상자가 **깨닫지 못하게**(blind) 하거나, 또는 그들이 받는 치료에 대한 정보를 제공하지 않는 절차를 사용한다. 예를 들어, 우울증에 대한 시험 약물을 실험하기 위해 고안된 연구의 참여자들은 그들이 실제 약물을 받는지, 아니면 활성 약물과 물리적으로 유사한 비활성 약물인 **플라시보**(placebo)를 받는지에 대한 정보를 얻지 못한다. 실험자는 약물 자체의 화학적 성질이나 심리치료에서 사용된 구체적인 특정 기술보다 개인의 기대로부터 치료 효과가 나타날 가능성을 통제하기 위해 플라시보를 사용한다(Bradford & Mestron, 2010; Moerman, 2011).

단순 맹목 플라시보–통제 연구(single-blind placebo-control study)의 경우, 참여자들은 활성 약물(실험 조건) 또는 비활성 플라시보(플라시보 통제 조건) 둘 중의 하나를 받는 치료 조건에 무작위로 배정되지만, 어떤 약물을 받는지에 대해 알지 못하거나, 그에 대한 정보를 제공받지 않는다. 결과에 영향을 미치는 연구자 자신의 기대를 예방하기 위해 대상자가 받는 약물에 대해서 연구자도 알지 못한 채로 있는 것도 도움이 된다. 따라서 이중 맹목 플라시보–통제 설계(double-blind placebo-control design)의 경우, 연구자 또는 대상자 모두 어느 집단이 활성 약물 또는 플라시보를 받는지에 대해 알지 못한다.

이중 맹목 연구는 대상자와 실험자의 기대를 모두 통제한다. 그렇지만 단순 맹목과 이중 맹목 연구의 주요 한계점은 참여자와 실험자가 때때로 이 맹목을 '간파'할 수 있다는 것이다(Mooney, WHite, & Hatsukami, 2004). 숨길 수 없는 부작용이나 명백한 약물 효과 또는 플라시보와 활성 약물 간의 맛이나 향의 차이가 활성 약물을 식별하는 단서를 제공할 수 있기 때문에, 이중 맹목법을 마치 슬랫(블라인드의 틈)이 비스듬히 열려 있는 상태의 베니션 블라인드와 같이 느껴지게 한다(Perlies et al., 2010). 그러나 여전히 이중 맹목 플라시보 통제는, 특히 약물치료 연구에서 가장 강력하면서 대중적인 실험 설계 중의 하나이다. 비록 플라시보가 임상적 연구에서 일상적으로 사용되지만, 일반적으로 플라시보의 효과는 약하다는 증거가 있다(Bailar, 2001; Hrobjartsson & Gotzsche, 2001). 플라시보 효과는 보통 통증 연구에서 가장 강력한데, 아마도 이는 통증이 혈압과 같은 객관적인 측정에 의존하는 것 이외에 신체적인 요인보다 연상의 힘에 의해 영향을 받을 수 있는 주관적인 경험이기 때문일 수 있다.

플라시보 통제 집단은 또한 대상자 기대를 통제하기 위해 심리치료 연구에서도 사용한다. 기분에 대한 치료 방법 A의 효과를 연구한다고 가정해 보자. 새로운 치료를 받는 치료 집단 또는 '대기자 명단' 통제 집단(비치료)에 연구 참여자들을 무작위로 배정할 수 있다. 하지만 이런 경우 실험 집단은 사용된 특정 치료 방법 때문이 아니라, 치료에 대한 참여가 희망찬 기대를 불러일으킬 수 있기 때문에 더 큰 개선을 보일 수도 있다. 비록 대기자 명단 통제 집단이 단순한 시간의 흐름으로 인한 긍정적인 영향을 통제할 수도 있지만, 이는 성공에 대한 희망과 기대감으로 인한 플라시보 효과를 설명하는 것은 아닐 것이다.

플라시보 효과를 통제하기 위해 실험자들은 종종 **치료-플라시보**(attention-placebo) 통제 집단을 사용하기도 한다. 이 집단의 참여자들은 모든 치료가 공유하는 일반적 요인, 예를 들어 치료사의 주의와 감정적 지지 같은 요인은 포함하지만, 유효한 치료에서 해당되는 특정 치료적 구성요소는 포함하고 있지 않은 그럴듯한 또는 믿을 만한 치료에 노출된다. 치료-플라시보 처치는 실험적 치료가 가진 특정한 구성요소를 받지 못하는 참여자에 대한 문제를 해결할 수 있다. 안타깝게도 조사자가 치료-플라시보 대상자에게 그들이 실험 치료를 받는지 모르게 할지라도, 치료사는 보통 진행되고 있는 치료에 대해 인식하고 있게 된다. 따라서 치료-플라시보 방법은 치료사의 기대를 통제하지 못할 수 있다.

실험 타당성 실험적 연구는 이 연구가 유효한지 또는 타당한지에 의해 평가된다. **내적 타당도, 외적 타당도, 구성 타당도**를 포함하여 여러 측면의 타당도가 있다. 실험과 측정의 맥락에서 기구가 측정하고자 하는 것을 얼마나 정확하게 했는가를 뜻하는 **타당도**(validitiy)라는 용어는 3장에서 살펴보게 될 것이다.

종속 변수(들)의 관찰된 변화가 독립 또는 치료 변수의 변화와 인과적으로 관련될 수 있을 때에 실험은 **내적 타당도**(internal validity)를 가진다. 우울한 대상자 집단이 새로운 항우울 약물로 치료(독립 변수)를 받고, 그들의 감정과 행동에서의 변화(종속 변수들)를 시간의 경과에 따라 추적하였다고 가정하자. 수 주의 치료 후에, 연구자들이 대부분의 대상자가 개선되었고 새로운 약물이 우울증에 효과적인 치료약이라고 주장한다. 섣불리 결론짓지 마라! 실험자가 어떻게 다른 요인이 아니라 독립 변수가 이 개선의 원인이 된다는 것을 알 수 있는가? 어쩌면 대상자는 시간이 지남에 따라 자연적으로 개선되었거나 또는 개선의 원인이 될 수 있는 다른 사건에 노출되었을 수도 있다. 결과에 대해 경쟁 가설을 제기할 수도 있을 정도의 기타 요인[**혼재 변수**(confounds) 또는 내적 타당도에 대한 위협]을 통제하지 못하면 그 실험은 내적 타당도가 부족한 것이다.

경쟁 가설을 통제하기 위해 실험자는 대상자를 치료 집단과 통제 집단에 **무선할당**(randomly assign)한다(Mitka, 2011). 무선할당은 지능, 동기, 연령, 인종, 기타 등등과 같은 대상자의 특성이 집단에 걸쳐 무작위로 분배되고 한 집단에 비해 다른 집단에 편중되지 않도록 도와준다. 무선할당을 통해 연구자들은 치료 집단과 통제 집단 간의 유의미한 차이가 혼란을 일으키는 선택요인에 의한 것이 아니라, 독립(치료) 변수의 효과를 반영하는 것이라고 타당하게 확신할 수 있다. 잘 설계된 연구는 실험 집단과 통제 집단 간에 통계적으로 유의미한 차이를 식별할 수 있도록 충분히 큰 연구 표본을 대상으로 해야 한다.

외적 타당도(external validity)는 실험 연구의 결과를 다른 대상자, 배경 그리고 시기로 일반화하는 것을 의미한다. 대부분의 경우 연구자는 특정 연구에 대한 결과(예: 우울한 사람 표본에 대한 새로운 항우울 약물의 효과)를 더 큰 인구 집단(일반 우울한 사람들)에게 일반화시키는 것에 관심이 있다. 연구의 외적 타당도는 대상 인구에 대한 **표본**(sample)의 대표성의 정도에 따라 강화된다. 예를 들어 도시 노숙인의 문제에 대한 연구의 경우, 참여가 가능했던 몇몇 노숙인에게 초점을 두기보다는 대표적인 표본이 될 수 있는 다수의 노숙 인구를 모집하는 것이 중요하다. 대표 표본을 얻는 한 가지 방법은 무선표집법이다. **무선표집**(random sample)에서 대상 인구의 모든 개개인은 선택될 수 있는 동일한 기회를 가진다.

연구자는 특정 연구의 결과가 **반복**(replication)을 통해 확장될 수 있기를 추구한다. 이는 다른 인구에서 추출된 표본 또는 다른 시기에 다른 배경에서 실험을 반복하는 과정을 말한다. 과잉행동에 대한 치료가 도심 지역 학교의 가난한 아동에게는 도움이 될 수 있지만, 부유한 교외 또는 시골 지역의 아이들에게는 그렇지 않을 수 있다. 만일 효과가 다른 표본 또는 환경에 일반화되지 않는다면, 이 치료의 외적 타당도에는 한계가 있을 수 있다. 이는 치료법이 덜 효과적이라기보다 효과성의 범위가 특정 인구 집단 또는 상황에 제한될 수 있음을 뜻한다.

구성 타당도(construct validity)는 개념적으로 더 높은 수준의 타당도이다. 이는 치료의 효과가 이론적 방법 또는 독립 변수가 나타내는 구성요인으로 설명될 수 있는 정도이다. 예를 들어, 한 약물이 예측 가능한 효과를 가질 수도 있지만 연구자에 의해 주장되는 이론적 원인에 의한 것이 아닐 수도 있다.

새로운 항우울 약물에 대한 가설적 실험 연구를 가정해 보자. 이 연구는 확실한 통제 방법을 통해 내적 타당도를 확보하고, 심각하게 우울한 사람의 표본을 통한 일반화의 방법으로 외적 타당도를 높일 수 있다. 그러나 만약 이 약물이 연구자에 의해 제안된 원인에 의해 작용하지 않는다면 구성 타당도가 결여된다. 어쩌면 연구자는 이 약물이 신경계의 특정 화학물질 수준을 높여 줄 것이라고 추측한 반면, 실제로 약물은 이 화학물질에 대한 수용기의 민감성을 증가시키는 작용을 했다. 우리는 "그래서 어쨌다는 것인가?"라고 물을 수도 있다. 결국 이 약물은 작용한 것이고, 직접적인 임상 응용의 측면에서는 충분히 그렇다. 하지만 이 약물이 왜 작용했는지에 대해 더 잘 이해하게 되면, 우울증에 대한 이론적 지식이 증진되고 더 효과적인 치료법을 개발할 수도 있다.

과학자는 결코 연구의 구성 타당도에 대해 완벽한 결론을 내릴 수는 없다. 이들은 왜 이런 결과가 나왔는지에 대한 현재의 이론이 결국에는 결과에 대한 더 나은 설명력을 가진 다른 이론에 의해 무너질 것이라는 점을 인식하고 있다.

역학 연구

역학 연구(epidemiological study)는 다양한 환경 또는 인구 집단에서 이상행동의 발생률을 조사한다. 한 유형의 역학 연구는 **설문지법**(survey method)으로 면담 또는 질문지에 의존한다. 설문지는 전체로서의 인구 그리고 인종, 민족, 성별 또는 사회 계급과 같은 요인에 의해 분류되는 다양한 하위 집단에서 다양한 질병의 발생 빈도를 알아내기 위해 사용한다. 특정한 장애의 발생 빈도는 **발생률**(incidence)로 표현되는데, 이는 특정 기간 동안 발생한 새로운 사례의 수이다. 그리고 **유병률**(prevalence)은 특정 기간 동안 인구 내에 존재하는 장애의 전체 수이다. 유병률은 새로운 그리고 지속적인 사례를 모두 포함한다.

비록 역학 연구가 실험의 검증력은 부족할지라도, 의학 질병과 심리적 장애의 잠재적인 인과 요인을 알려 줄 수 있다. 연구자들은 특정 집단 또는 지역에서 질병 또는 장애 '군집'을 발견하므로 고위험에 있는 이 집단 또는 지역에 놓인 구별된 특성을 확인할 수 있다. 그러나 이런 역학 연구는 선택요인을 통제할 수 없고, 따라서 고위험에 있는 특정 집단이 인식하지 못한 이외 요인이 인과적 역할을 할 가능성을 배제할 수 없다. 따라서 연상되는 가능한 인과적 영향력을 반드시 고려해야 하고, 이후 실험 연구에서 더 자세히 다루어져야 한다.

표본과 모집단 가능하다면 연구자는 관심 있는 모집단의 모든 사람을 조사하고자 할 것이다. 이런 방법이라면 조사 결과가 연구하고자 하는 인구를 정확하게 대표한다고 확신할 수 있다. 그러나 현실에서 관심 인구가 제한적으로 규정되지 않는 한(예: 당신 기숙사 층에 살고 있는 학생들을 관심 인구로 지정하는 것), 특정 인구의 모든 사람을 조사하는 것은 매우 어렵다. 심지어 인구조사원들도 모든 수의 인구를 셀 수 없다. 결과적으로, 대부분의 연구는 표본 또는 인구의 부분 집합에 기초를 둔다. 연구자들은 표본을 구성할 때에 표본이 표적 인구를 대표하도록 반드시 조치를 취해야 한다. 예를 들어, 늦은 밤 커피숍에서 커피를 마시는 사람을 면담하여 한 지역사회 내의 흡연율을 연구하기 위해 준비하는 연구자는 아마 실제 유병률을 과대평가하게 될 것이다.

대표 표본을 얻는 하나의 방법은 무선표집이다. **무선표**

집(random sample)은 관심 인구의 각 구성원이 선택될 수 있는 동일한 확률을 갖는 방법으로 추출된다. 역학 조사자들은 종종 표적 지역사회 내에서 정해진 수의 가정을 무작위로 조사하여 무선표집을 구성한다. 미국 지역사회의 무선표집에서 이런 과정을 반복하므로 전반적인 표본은 전반적인 인구의 매우 작은 백분율에 기초하여 일반 미국 인구에 근접해질 수 있다.

무선표집은 종종 무선할당과 혼동된다. **무선표집**(random sampling)은 표적 집단 내의 개개인을 조사 또는 연구에 참여하도록 무작위로 선택하는 과정을 뜻하는 것이다. 이와 대조적으로, 무선할당(random assignment)은 다른 실험적 조건 또는 치료법에 연구 표본 구성원들이 무작위로 배정되는 과정을 뜻한다.

친족 연구

친족 연구는 대상의 행동을 결정하는 데에 있어 유전과 환경의 역할을 구분하려고 노력한다. 유전은 광범위한 인간의 특성을 결정하는 데에 중요한 역할을 한다. 우리가 물려받은 구조가 우리의 행동을 가능하게 하고(사람은 말하고 뛸 수 있다), 동시에 우리를 제한한다(사람은 인공적 장비 없이 날 수 없다). 유전은 신체적인 특성(머리카락 색, 눈동자 색, 키, 기타 등등)뿐만 아니라 우리의 심리적 특성의 많은 부분을 결정하는 역할을 한다. 유전에 대해 연구하는 과학을 **유전학**(genetics)이라고 한다.

유전자(gene)는 유전의 기본 구성단위이고 특징이 발달되는 것을 통제한다. **염색체**(chromosomes)는 유전자를 담고 있는 막대 형태의 구조를 가지며, 신체 세포의 핵 속에 있다. 정상 인간 세포의 경우 23쌍으로 구성된 46개의 염색체를 포함하고 있다. 염색체는 크고 복잡한 **데옥시리보핵산**(deoxyribonucleic acid, DNA) 분자로 구성된다. 유전자는 염색체의 길이에 따라 다양한 부분으로 구성된다. 과학자는 인간 신체 세포의 핵 속에 대략 20,000에서 25,000가지의 유전자가 있다고 생각한다(Lupski, 2007; Volkow, 2006). 진실 / 거짓

진실 또는 거짓

신체 내의 모든 세포의 세포핵에는 말 그대로 수백만 가지의 유전자가 있음을 나타내는 증거들이 최근 발견되었다.

거짓 비록 정확한 수에 대해서는 여전히 아무도 확신할 수 없지만, 과학자들은 각 신체 세포의 핵 내에는 수백만 가지가 아니라, 대략 20,000에서 25,000가지의 유전자가 있다고 믿는다.

우리의 유전암호로 명시되는 특징을 **유전자형**(genotype)이라고 부른다. 우리의 외모와 행동은 유전자형만으로 결정되는 것은 아니며, 영양, 학습, 운동, 사고와 질병 그리고 문화와 같은 환경적인 요인에도 영향을 받는다. 관찰 가능한 또는 표현되는 특징들의 군집을 **표현형**(phenotype)이라고 한다. 표현형은 유전적 · 환경적 영향의 상호작용을 나타낸다. 특정 심리적 장애에 대한 유전자형을 가진 사람은 스트레스가 있는 삶의 사건, 신체적 또는 심리적 트라우마 또는 다른 환경적인 요인에 대한 반응으로 장애를 발전시킬 가능성이 더 높은 **유전적 성향**(genetic predisposition)을 가진다(Kendler, Myers, & Reichborn-Kjennerud, 2011).

사람은 관계가 가까울수록 더 많은 유전자를 공유한다. 아이는 부모로부터 유전자를 각각 절반씩 물려받는다. 따라서 부모와 자녀 간에는 50%의 유전자가 겹치게 된다. 이와 유사하게 형제간은 절반의 유전자를 공유한다.

누구나 유전자가 어떤 역할을 한다고 예상할 수 있듯이 연구자는 이상행동이 가족의 내력인지를 판단하기 위해 장애를 가진 사람을 찾고 이 장애가 가족 구성원 간에 어떻게 나타나는지를 연구한다. 처음으로 진단된 사례는 지침사례 또는 **발단자**(proband)라고 부른다. 만약 발단자의 가족 구성원 간에 장애의 분포가 촌수에 근접하다면, 이 장애에 대한 유전적 요소가 있을 수 있다. 그렇지만 더 가까운 친족일수록, 환경적인 배경을 공유할 가능성 또한 있다. 이런 이유로 쌍둥이와 입양아 연구는 특별한 가치를 지니게 된다.

쌍둥이 연구 때로 수정된 난세포(또는 **접합체**)가 두 개의 세포로 나뉘어 두 명의 다른 사람으로 성장하게 된다. 이런 경우 유전자 구성이 100% 겹치게 되므로, 이들은 **일란성 쌍둥이**(monozygotic, MZ)로 불리고 있다. 때로 여성은 두 개의 난세포 또는 난자를 같은 달에 배란하고, 이 두 개가 모두 수정될 경우 이 **접합체**는 **이란성 쌍둥이**(dizygotic, DZ)로 성장한다. 이란성 쌍둥이는 다른 형제자매의 경우와 마찬가지로 유전자 구성이 50%만 일치한다.

똑같은 또는 일란성 쌍둥이는 일란성 쌍둥이 간의 차이가 유전적이라기보다 환경적인 영향의 결과이기 때문에 유전과 환경의 상대적인 영향이 연구에 중요하게 고려된다. 쌍둥이 연구에서 연구자들은 일란성 쌍둥이 또는 이란성 쌍둥이이면서 특정 장애를 가진 사람을 확인하고, 그런 다음 이 사람의 다른 쌍둥이 형제를 연구한다. 일란성 쌍둥이(유전자가 100% 일치하는)가 이란성

쌍둥이 연구. 일란성 쌍둥이는 유전자를 100% 공유하는 반면, 이란성 쌍둥이 또는 이외 형제/자매들은 서로 50%의 유전자 일치를 보인다. 일란성 쌍둥이가 이란성 쌍둥이보다 특정한 장애를 공유할 가능성이 더 높다는 것을 규명하는 것은 그 장애에 유전적인 영향이 있다는 강한 증거를 제공한다.

쌍둥이(유전자가 50% 일치하는)보다 같은 질병을 공유할 가능성이 더 높을 때에 유전적 요인의 역할을 제안할 수 있다. 일치율(concordance rate)은 두 쌍둥이가 같은 특징 또는 장애를 가지는 경우의 백분율을 나타내는 용어이다. 연구자는 조현병과 주요 우울장애와 같은 일부 이상행동의 유형에 대해 이란성 쌍둥이보다 일란성 쌍둥이에서 더 높은 일치율을 나타낸다.

심지어 일란성 쌍둥이 간에도 환경적인 영향을 배제할 수는 없다. 예를 들어, 부모와 교사는 종종 일란성 쌍둥이에게 서로 비슷한 방향으로 행동하도록 부추긴다. 다른 말로 하면, 만약 쌍둥이 중 한 명이 어떤 행동을 하면, 모두가 다른 쌍둥이도 그 행동을 할 것이라고 기대한다. 이런 기대는 흔히 행동에 영향을 주게 되고, 자기 충족적인 예언을 만들게 한다. 쌍둥이가 일반 인구를 대표하지 않을 수 있기 때문에, 연구자는 쌍둥이 연구의 결과를 더 큰 인구 집단에 일반화시킬 때에 주의를 기울여야 한다.

입양아 연구 입양아 연구(adoptee studies)는 심리적 특징과 장애가 나타나는 데에 있어 유전적 요인의 역할에 대해 강력한 반론을 제공한다. 아이가 아주 어린 나이, 어쩌면 출생 때부터 양부모에게 양육되었다고 가정해 보자. 아이는 유전적인 관계가 없는 양부모와 환경적 배경을 공유한다. 그런 다음, 아이의 특징 및 행동 양상을 생물학적 부모 그리고 양부모와 비교한다고 가정하자. 만약 아이가 특정한 특성 또는 장애에서 양부모보다 생물학적 부모와 더 큰 유사성을 보인다면, 우리는 이 특성과 장애에서 유전적 요인들에 대해 더 강력한 증거를 갖게 된다.

서로 떨어져 양육된 일란성 쌍둥이 연구는 이상행동을 형성하는 데에 있어서 유전과 환경의 상대적인 영향에 대해 더욱 명백한 증거를 제공할 수 있다. 그렇지만, 이런 상황은 매우 드물어서 찾기 힘들다. 비록 입양아 연구가 이상행동 양상을 설명하는 데에 유전적 요인을 지지하는 강력한 증거를 나타낼 수도 있지만, 쌍둥이와 마찬가지로 입양아들이 일반 인구를 대표하지 않을 수 있다는 점을 염두에 두어야 한다. 이후에 우리는 여러 심리장애에서 유전과 환경적 영향을 찾아내는 데에 있어 입양아와 친족 연구의 역할을 살펴볼 것이다.

사례 연구

사례 연구는 이상행동에 대한 이론과 치료법의 개발에 중요한 영향을 미쳤다. Freud는 주로 Anna O와 같은 사례 연구에 기초를 두고 그의 이론적 모델을 발전시켰다.

사례 연구의 유형 사례 연구(case studies)는 개인에 대한 집중적인 연구이다. 몇몇 사례 연구는 수백 년 전에 죽은 대상자를 기록한 역사적 자료를 가지고 수행된다. 예를 들어, Freud는 르네상스 시대의 예술가이자 발명가인 레오나르도 다빈치에 대한 사례 연구를 진행했다. 사례 연구는 개인의 치료 경과에 대해 상세히 분석할 목적으로 이뤄지는 경우가 많다. 이 연구는 전형적으로 대상자의 배경과 치료에 대한 반응을 상세하게 담고 있다. 치료사는 특정한 내담자의 경험을 통해 심리 치료에 대한 지식을 얻고자 노력하는데, 이는 다른 치료사들이 유사한 사례의 내담자를 치료할 때에 도움이 될 수 있기 때문이다. 진실 / 거짓

사례 연구는 엄청난 양의 자료를 제공할 수 있음에도 불구하고, 연구 설계의 엄격성 면에서는 실험 연구가 더 우세하다. 사람이 지난 사건들, 특히 어린 시절의 기억을 이야기할 때에는 기억의 왜곡 또는 차이가 나타나게 된다. 몇몇 사람은 자신의 면담자에게 호의적인 인상을 주

진실 또는 거짓

사례 연구는 죽은 사람을 대상으로 실시되어 왔다.

진실 사례 연구는 수백 년 전에 죽은 사람들에게 실시되어 왔다. 한 사례가 바로 Freud의 레오나르도 다빈치 연구이다. 이런 연구는 면담보다는 역사적인 기록에 의존한다.

기 위해, 또 다른 사람은 과장된 또는 허구의 기억으로 면담자를 놀라게 하기 위해 사건을 의도적으로 조작할 수도 있다. 면담자는 자신의 이론적 편견을 반영하는 사건을 보고하도록 하기 위해 의도치 않게 대상자를 이끌 수도 있다.

단일사례 실험 설계 전형적인 사례 연구의 경우에는 사용할 수 있는 통제가 부족하기 때문에, 연구자들은 **단일사례 실험 설계**(single-case experimental designs)(또는 single-participant research design)라 불리는 보다 정교한 방법론을 발전시켰다. 이 연구 설계에서 대상자는 자기 자신에 대한 통제로서의 역할을 한다. 가장 흔한 유형의 단일사례 실험 설계 중의 하나는 A-B-A-B 또는 반전 설계(reversal design)이다(그림 1.2 참조). 이 방법은 네 가지 연속 단계에 걸쳐 반복하여 행동을 측정하는 것이다.

1.10 이상행동 연구를 위한 비판적 사고의 주요 특징을 적용한다.

1. 기저선 단계(A). 이 단계는 치료 전 단계로, 실험자가 실험을 시작하기 전에 행동에 대한 기초선을 설정할 수 있도록 해 준다.
2. 치료 단계(B). 이제 내담자가 치료를 받는 동안 목표 행동들이 측정된다.
3. 두 번째 기초선 단계(A 반복). 치료는 이제 임시로 철회되거나 중단된다. 이는 반전 설계에서의 반전 부분으로, 치료가 철회되었기 때문에 치료의 긍정적인 효과는 반전될 것이다.
4. 두 번째 치료 단계(B 반복). 치료를 다시 시작하고, 목표 행동을 다시 평가한다.

연구자는 치료가 시작된 후 관찰된 행동이 변화했다는 증거가 나타나기를 기대한다. 만약 문제행동이 치료가 진행되는 동안에는 (처음과 두 번째 치료 단계 동안) 감소하지만, 반전 단계 동안에 기초선 수준으로 되돌아간다면('반전한다면'), 실험자는 치료가 의도한 효과를 가진다고 타당하게 확신할 수 있다.

반전 설계는 9세 여아에게서 아주 짧은 시간에 눈을 심하게 찡그리는 형태의 심각한 틱장애를 제거하기 위해 통제된 눈 깜빡임 치료를 사용한 Azrin과 Peterson(1989)의 사례 연구에서 볼 수 있다. 이 틱은 여아가 집에 있는 경우에 1분에 20차례 정도로 나타났다. 클리닉에서 기초선 단계 동안 눈 틱 또는 눈을 찡그리는 현상률을 5초마다 측정한 후 이 여아에게 5초마다 눈을 부드럽게 깜빡이도록 했다(B). 실험자는 자발적인 '부드러운' 눈 깜빡임이 틱을 유발하는 것과 공존할 수 없는 운동(근육) 반응을 활성화해 틱을 억제할 것이라고 판단했다. 이 틱은 그림 1.3에서 볼 수 있는 것과 마찬가지로 양립 또는 경쟁할 수 없는 반응(부드러운 눈 깜빡임)을 하는 동안에는 사라졌지만, 경쟁 반응이 철회되었던 반전 단계(A) 동안에는 기초선 수준에 가깝게 되돌아왔다. 긍정적인 효과는 두 번째 치료 기간(B) 동안 빠르게 회복되었다. 아이에게 집에 있을 때 정해진 시간마다 혹은 틱이 일어날 것 같거나 눈을 찡그리고 싶은 충동이 느껴지면 3분 동안 깜빡임 반응을 연습하라고 지도하였다. 이 틱은 첫 6주의 치료 프로그램 동안 사라졌고, 2년 후 후속 평가에서도 계속 나타나지 않았다.

단일사례 설계는 설계가 얼마나 잘 통제되었고 또 그 결과가 얼마나 인상적이었는지에 관계없이, 한 사람에게 효과적인 치료가 다른 사람에게도 동일한 효과성을 가지는지 보여 줄 수 없기 때문에 외적 타당도가 약하다는 약점이 있지만 실험을 반복하여 외적 타당도를 강화시킬 수 있다. 그렇지만 개인으로 구성된 집단에서 진행된 통제된 실험 결과는 치료의 효과성과 일반화에 대한 더욱 설득력 있는 증거들을 제공해야 할 필요가 있다.

과학자는 자신이 관심을 가지는 현상에 대해 연구하기 위해 각자 다른 방법을 사용한다. 하지만 모든 과학자는

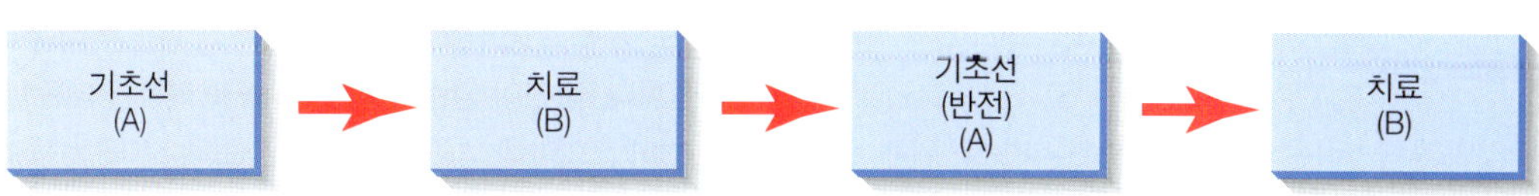

그림 1.2 A-B-A-B 반전 설계.

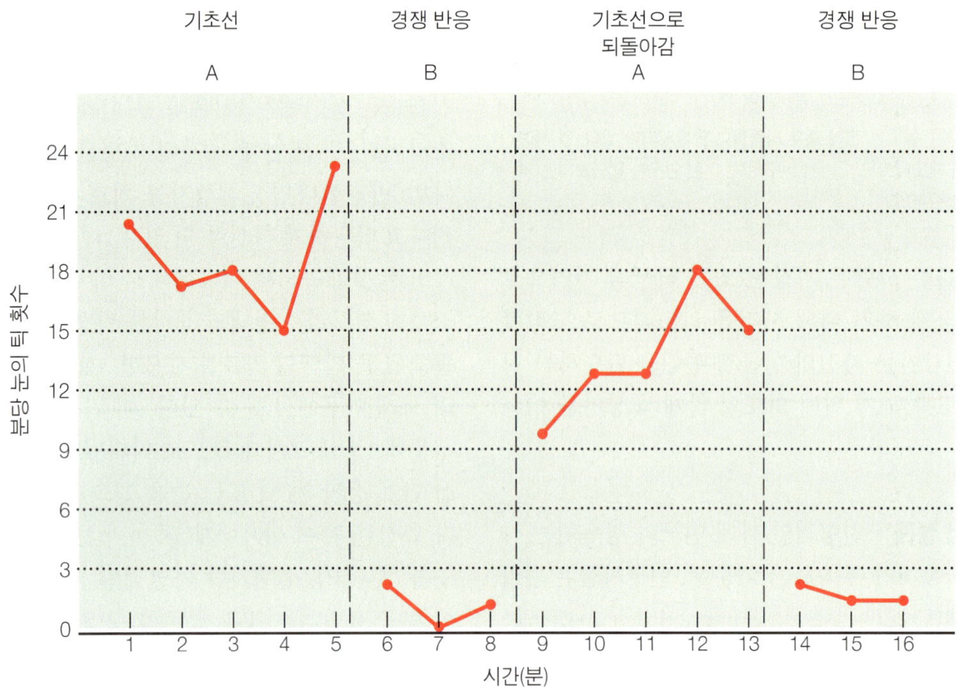

그림 1.3 Azrin and Peterson 연구에서 사용한 A-B-A-B 반전 설계. 분당 틱의 횟수인 대상 반응이 첫 B 단계에 경쟁 반응이 나타났을 때 어떻게 감소했는지에 주목하라. 반응 비율은 두 번째 A 단계에서 경쟁 반응이 철회되었을 때에 기초선 수준에 가깝게 증가했다. 이는 다시 두 번째 B 단계에서 경쟁 반응이 시작되었을 때 또다시 감소했다.

비판적 사고(critical thinking)라고 불리는 회의적이고 냉철한 사고 방법을 공유한다. 비판적으로 사고할 때에, 많은 사람이 당연한 것으로 생각하는 관습적 지혜에 기꺼이 도전하게 된다. 과학자는 개방적인 마음을 유지하고, 감정이나 직관에 의존하기보다는 신념 또는 주장을 지지 또는 논박할 **근거**(evidence)를 찾는다.

더 자세히 살펴보기

이상심리학에 대해 비판적으로 사고하기

우리는 텔레비전, 라디오, 인쇄 매체, 잡지, 신문, 점점 더 증가하는 인터넷과 같은 대중 매체를 통해 정신건강에 관한 수많은 정보를 접한다. 우리는 불안, 우울증 또는 비만 치료의 '돌파구'로 신약을 홍보하지만, 소위 이 돌파구는 결국 기대에 미치지 못하거나 심각한 부작용을 가진 것으로 밝혀지는 뉴스 기사를 접할 수 있다. 미디어에서 보고되는 몇몇 기사는 정확하고 신뢰할 만하지만, 반면에 오도되거나, 편파적이거나 반쪽 진실, 과장된 주장이나 뒷받침할 만한 증거가 없는 결론을 포함하고 있는 것들도 있다.

이 엄청난 양의 혼란스러운 정보를 자세히 살펴보기 위해 우리가 듣고 읽은 정보에 대해 질문하는 태도를 취하는 비판적 사고 기술을 사용해야 한다. 비판적 사고를 하는 사람들은 논의되는 주장이 면밀한 조사에도 잘 견딜 수 있는지 확인하기 위해 증거를 따져본다. 비판적인 사고를 한다는 것은 제기된 주장을 있는 그대로 믿지 않고 논쟁의 두 가지 측면을 모두 살펴보는 것을 뜻한다. 우리 대부분은 특정한 '진실'을 당연하게 받아들이는 반면, 비판적으로 사고하는 사람들은 주장에 대해 스스로 평가해 본다.

당신도 이 책을 공부할 때에 비판적 사고 기술을 적용시켜 보기를 권한다. 당신이 얻는 정보에 대해 회의적인 태도를 적용하라. 용어의 의미에 대해 주의 깊게 검토해 보라. 논쟁의 논리적 기반을 평가하라. 사용할 수 있는 증거를 고려하여 주장을 평가

(다음 쪽에 계속)

해 보라. 다음은 비판적 사고의 몇 가지 주요 특징이다.

1. **회의적 태도 유지하기.** 어떤 것도 그대로 받아들이지 마라. 심지어 훌륭한 과학자나 책의 저자가 주장한 것이라도 말이다. 증거에 대해 스스로 숙고해 보라. 추가적인 정보를 찾아보라. 자신의 자료의 신뢰성에 대해 조사해 보라.

2. **용어의 정의에 대해 숙고하기.** 사용된 용어가 어떻게 정의되었는지에 따라 표현이 사실일 수도 거짓일 수도 있다. "스트레스는 당신에게 나쁘다."라는 문장을 생각해 보자. 만약 우리가 스트레스를 '대처 능력을 최대한 발휘해야 하는 직장에서의 귀찮은 일 또는 가족의 압박'이라는 면에서 정의할 때에는 합당하다. 그렇지만 우리가 스트레스에 대해 적응을 필요로 하는 신혼이나 출산과 같은 삶의 사건을 포함하는 상황으로 정의한다면(4장 참조), 이런 특정한 형태의 스트레스는 비록 어렵더라도 긍정적일 수 있다. 아마도 우리 모두는 활기차고 기민한 상태를 유지하기 위해 어느 정도의 스트레스가 필요할 것이다.

3. **주장의 기초가 되는 가정 또는 전제를 따져보기.** 사회 내의 인종 또는 민족 집단에 걸친 심리적 장애의 유병률을 비교하는 사례를 생각해 보자. 우리가 차이점을 발견했다고 가정했을 때, 우리는 인종 또는 민족 독자성이 이 차이의 원인이라고 결론을 내려야 할까? 만일 하나의 인종 또는 민족 집단으로부터 다른 민족 및 인종을 구분 짓는 이외 모든 요인을 완전하게 통제했다고 가정하면 이런 결론은 유효할 수도 있다. 그렇지만, 미국과 캐나다 내의 인종 또는 민족 소수집단은 불균형적으로 가난한 사람들을 대표하고, 이 가난한 사람들은 더욱 심각한 심리적 장애를 발전시키기 쉽다. 따라서 우리가 인종 또는 민족 집단 간에 발견한 차이는 인종 또는 민족성 때문이 아니라, 가난 때문일 수도 있다. 이런 차이는 또한 장애의 근본적인 비율에서의 실제 차이라기보다는 진단적 판단을 내리는 임상가가 가진 민족성에 대한 고정관념에 의한 것일 수도 있다.

4. **상관관계가 인과관계가 아니라는 점을 염두에 두기.** 우울증과 스트레스 간의 관계에 대해 생각해 보자. 이 변수들 간에 정적인 상관관계를 보여 주는 증거가 있다. 즉, 우울한 사람이 더 높은 수준의 스트레스에 마주할 경향이 있다는 것이다(예: Drieling, Calker, & Hecht, 2006; Kendler, Kuhn, & Prescott, 2004). 하지만 스트레스가 우울증을 유발하는가? 아마도 그럴 수 있다. 또는 어쩌면 우울증이 더 큰 스트레스를 유발할 수도 있다. 결국, 우울증의 증상은 그들에게 스트레스이고, 학교나 직장에서의 과업을 완수하는 것과 같은 삶의 책임을 감당하기 점점 어려워지는 것을 발견하기 때문에 추가적인 스트레스를 만들어 낼 수도 있다. 아마 이 두 변수는 인과적으로 전혀 연결되어 있지 않지만, 근본적인 유전 요인과 같은 제3의 변수를 통해 연결될 수 있다. 우울증과 스트레스 모두에 더욱 취약하도록 만드는 유전자 군집을 물려받는 것이 가능한 것일까?

5. **결론의 근거가 되는 증거의 유형 생각해 보기.** 몇몇 결론은 심지어 '과학적인' 결론처럼 보이는 것들로, 견고한 연구에 의한 것이 아니라 삽화나 개인적인 지지에 근거를 둔다. 오늘날에는 소위 회복된 기억이라고 하는 현상이 많은 논란을 불러일으키고 있는데, 이는 보통 어린 시절 부모나 가족에게 당한 성학대 경험을 내용으로 하며, 성인기에 심리치료나 최면을 받는 도중 갑자기 기억해 냈다고 보고하는 경우가 많다. 이런 회복된 기억은 정확한 것인가?(6장을 참고하라.)

6. **지나치게 단순화하지 말 것.** "알코올 중독은 유전된다."라는 문장을 생각해 보자. 우리는 8장에서 적어도 남성에게서 유전적 요인이 알코올 중독의 성향을 만들 수 있음을 암시하는 증거에 대해서 살펴보게 된다. 그렇지만 알코올 중독의 근원은 조현병, 우울증 그리고 암과 심장 질환과 같은 신체건강상의 문제와 마찬가지로 복잡한 생물학적・환경적 요인들의 상호작용을 반영한다. 예를 들어, 사람들은 특정 질병을 발전시킬 수 있는 성향을 유전 받을 수도 있지만, 건강한 환경에서 살거나 또는 스트레스를 효과적으로 관리할 수 있는 법을 배운다면 이런 질병을 발전시키지 않을 수도 있다.

7. **지나치게 일반화하지 말 것.** 우리는 6장에서 이후에 다중 인격을 발달시킨 사람들의 대부분이 어린 시절에 겪은 심각한 학대의 경험을 가지며, 이것이 매우 중요한 요인이라는 증거를 살펴보게 된다. 이것이 학대받은 대부분의 아동이 다중 인격을 발전시키게 된다는 의미인가? 모두 그렇지는 않다. 실제로, 이는 매우 적은 수에게만 해당된다.

1 요약

우리는 이상행동을 어떻게 정의하는가?

1.1 심리적 장애를 정의한다.

심리적 장애는 뚜렷한 개인의 고통 또는 손상된 기능이나 행동을 수반하는 이상행동의 양식이다.

1.2 전문가들이 행동의 이상을 판단하기 위해 사용하는 기준을 확인한다.

심리학자는 다음의 기준에 부합할 때에 행동이 비정상이라고 간주한다. 행동이 (a) 이례적이거나 통계적으로 드문 경우, (b) 사회적으로 용인되지 않거나 또는 사회적인 규범을 위반하는 경우, (c) 현실에 대한 잘못된 인식 또는 해석이 현저한 경우, (d) 심각한 개인적인 고통 상태와 관련되는 경우, (e) 부적응적이거나 자기 파괴적인 경우, (f) 위험한 경우이다. 심리적 장애는 감정적 고통 또는 손상된 행동이나 기능의 상태와 관련된 이상행동의 양식이다.

1.3 본문에서 논의된 사례에 이 기준을 적용한다.

필의 경우는 갇힌 공간에 과도한 두려움을 수반하는 폐소공포증이라는 심리적 장애를 나타낸다. 그의 행동은 이례성, 개인적 고통 그리고 직업과 가족 부양 의무에 대한 기능 손상이라는 기준에 기초하여 비정상이다. 담요 아래에 웅크리고 있던 여성의 사례는 개인적 고통과 효과적인 기능의 어려움뿐만 아니라 자멸적인 행동 및 위험한 행동(자해)의 가능성, 그리고 이 경우에서는 현실에 대한 잘못된 인식 및 해석이라는 특징으로 설명되는 심리적 장애인 양극성 장애의 진단을 받았다. 토마스는 조현병과 우울증을 겪고 있었다. 그의 행동은 이례성(일탈적 또는 기괴한 행동), 현실에 대한 혼란된 인식 또는 해석, 부적응적 행동(일상의 책임을 충족시키기 어려움), 그리고 개인적인 고통을 보여 준다. 이런 장애는 자살 행동과 같은 위험한 행동을 수반할 수도 있다.

1.4 이상행동의 문화적 배경을 서술한다.

한 문화 내에서 정상이라고 여기는 행동들이 다른 문화에서는 이상행동으로 간주될 수도 있다. 건강과 질병의 개념 또한 문화에 따라 다르다. 또한 이상행동 양식은 다른 문화에서 다른 형태를 취할 수 있고, 이상행동을 설명하는 사회적인 관점 또는 모델도 문화에 따라 서로 다르다.

1.5 서양 문화의 시대적 흐름에 따른 이상행동의 개념과 치료에 대한 역사적 변화를 서술한다.

고대 사회에는 이상행동을 신 또는 초자연적인 힘에 대한 결과로 보았다. 중세시대에서 이상행동은 악마에게 점령된 신호로 여겼고, 퇴마의식은 사람을 괴롭게 하는 악령을 내쫓기 위해 행해졌다. 19세기 독일 의사 Wilhelm Griesinger는 이상행동이 뇌의 질병으로 인해 생기는 것이라고 주장하였다. 그와 그를 따르던 다른 독일 의사 Emil Kraepeline은 이상행동 양식을 신체적 질병에 비유하는 현대 의료 모델의 발전에 영향을 미쳤다.

15세기 후반과 16세기 초반에 유럽 전역에 걸쳐 보호 수용소 또는 매드하우스가 나타났으나 보호 수용소의 환경은 매우 끔찍했다. 그러나 19세기 도덕적 치료가 나타남에 따라 정신병원의 환경은 개선되었다. 도덕적 치료의 지지자들은 존엄성과 이해를 바탕으로 치료한다면, 정신병 환자의 기능이 회복될 수 있을 것이라 믿었다. 19세기 이후의 도덕적 치료의 쇠퇴는 '미친 사람들'은 성공적으로 치료될 수 없다는 신념을 이끌어 냈다. 이 무관심의 기간 동안, 정신병원은 악화되었고 구금 형태의 돌봄과 거의 다를 바 없었다. 20세기 중반에 이르러서야 정신병 환자들의 역경에 대한 대중의 관심이 생겨나고 장기간 입원에 대한 대안으로 지역사회 정신건강 센터가 발전하기 시작했다.

오늘날의 정신병원은 급성 환자 그리고 지역사회에서 적응하여 살아갈 수 없는 사람들에 대한 구조화된 치료 환경을 제공한다. 탈시설화는 주립 정신병원의 인구를 상당히 감소시켰지만, 퇴원한 환자들에게 지역사회 내에서 적절한 삶의 질을 회복하기에 필요한 높은 질의 돌봄을 제공하고자 했던 약속에는 여전히 미치지 못하고 있다. 여전히 해결되어야 할 문제 중의 하나는 바로 심각한 심리적 문제를 가진 많은 노숙인들이 지역사회 내에서 적절한 돌봄을 받지 못하고 있다는 것이다.

이상행동에 대한 현대적 관점

1.6 이상행동을 바라보는 주요 현대적 관점에 대해 서술한다.

의료 모델은 이상행동 양식을 신체적 질병과 마찬가지로 생물학적 특징이라고 여겨지는 뚜렷한 원인을 가진 증상군(증후군이라고 불림)이라는 측면에서 개념화했다. 심리학적 모델은 이상행동의 심리학적 근원에 초점을 두고 정신분석, 행동적, 인간주의적 그리고 인지적 관점으로부터 파생된다. 사회문화적 모델은 이상행동이 일어난 사회적 맥락을 고려하는 더 넓은 관점을 강조한다. 오늘날 많은 이론가들은 생물학적, 심리학적 그리고 사회문화적 영역을 대표하는 여러 원인이 이상행동 양식의 발달에 상호작용을 하는 생물심리사회적 모델을 지지한다.

이상심리학의 연구 방법

1.7 과학의 목표와 과학적 방법의 단계에 대해 서술한다.

과학적 접근법은 서술, 설명, 예측, 통제의 네 가지 일반적인 목표에 초점을 둔다. 과학적 방법에는 연구 질문 만들기, 가설의 형태로 연구 질문 형성하기, 가설을 실험하기, 그리고 가설의 상관관계에 대해 결론짓기라는 네 가지 단계가 있다. 또한, 심리학자들은 연구를 운영하는 전문가 윤리 원칙을 따른다.

1.8 심리학 연구를 이끄는 윤리 원칙을 서술한다.

심리학 연구의 안내 윤리 원칙에는 (a) 사전 동의, (b) 연구 참여자들의 기록을 보호하고 타인에게 참여자의 정보를 공개하지 않는 비밀보장의 원칙이 포함된다.

1.9 과학자들이 이상행동을 연구하기 위해 사용하는 연구 방법론의 주요 유형을 서술하고 각 방법론의 강점과 약점을 평가한다.

연구자는 자연적 관찰법을 사용하여 자연적으로 발생하는 상황하에 주의 깊게 행동을 관찰한다. 상관관계 모델의 연구는 이후 행동에 대해 예측하고 행동의 근본적인 잠재 원인을 제시하는 데 도움이 될 수 있는 두 변수 간의 관계를 연구한다. 그렇지만 상관관계 연구가 원인과 결과라는 관계를 직접적으로 입증하는 것은 아니다. 종단 연구는 오랜 시간에 걸쳐 일정한 간격의 주기로 대상자를 반복적으로 연구하는 상관관계 방법으로, 때로 수십 년에 걸쳐 진행되기도 한다.

실험 연구 방법에서 연구자는 인과관계를 확인하기 위해 통제된 환경에서 독립 변수를 조작 또는 통제한다. 실험은 실험적 치료를 받는 대상자(실험 대상자라고 불림)와 그렇지 않은 대상자(통제 대상자라고 불림)를 결정하는 기준으로 무선할당을 사용한다. 연구자들은 잠재적 대상자와 실험자 기대를 통제하기 위해 단순 맹목 그리고 이중 맹목 연구 설계를 사용할 수도 있다. 실험은 내적, 외적 그리고 구성 타당도의 면에서 평가된다.

역학 연구는 다양한 집단 또는 배경에서 이상행동의 발생 빈도를 조사한다. 이 연구는 잠재적인 인과관계를 보여 줄 수는 있지만 인과 요인을 분리하기 위한 실험적 연구의 검증력이 부족하다. 쌍둥이 연구와 입양아 연구와 같은 친족 연구는 행동에 대한 환경과 유전의 기여를 구별하려고 노력한다. 환경적 요인은 쌍둥이 연구에 영향을 미칠 수 있는 반면, 입양아는 일반 인구를 대표하지 못할 수도 있다.

사례 연구는 풍부한 자료를 제공하지만, 정확하고 편향되지 않은 내담자의 역사를 얻는 데에 어려움이 있고, 치료자의 편향이 개입될 가능성이 있으며, 통제 집단이 없기 때문에 한계가 있다. 단일사례 실험 설계는 이런 몇몇 한계를 극복하는 데에 도움이 된다.

1.10 이상행동 연구를 위한 비판적 사고의 주요 특징을 적용한다.

비판적 사고의 특징은 회의적 태도 유지하기, 용어의 정의에 대해 숙고하기, 주장의 기초가 되는 가정 또는 전제를 따져보기, 상관관계와 인과관계를 구분 짓기, 결론이 기초를 두고 있는 증거를 조사하기, 지나치게 단순화하거나 일반화하는 것을 피하기가 포함된다.

비판적 사고 질문

이번 장에서 배운 것을 기초로 다음의 질문에 답해 보라.

- (본문에서 나온 행동 이외에) 한 문화에서는 정상이지만 다른 문화에서는 그렇지 않을 수 있는 행동의 예를 한 가지 들어 보라.
- 이상행동에 대한 신념이 시간이 지남에 따라 어떻게 변화하였는가? 사회가 이상행동을 하는 사람들을 처우하는 방식에서 어떤 변화들이 있었는가?
- 두 변수가 상관관계에 있기 때문에 인과적으로 연결되었다고 가정해서는 안 되는 이유는 무엇인가?
- 플라시보-통제 연구의 두 가지 주요 유형은 무엇인가? 무엇을 통제하는가? 이 설계의 주요 한계점은 무엇인가?
- 연구자는 이상행동 연구에서 유전과 환경적 영향을 어떻게 구분하는가?

핵심 용어

가설(hypothesis)
과학적 방법(scientific method)
구성 타당도(construct validity)
내적 타당도(internal validity)
단일사례 실험 설계(single-case experimental designs)
독립 변수(independent variables)
맹목(blind)
무선할당(random assignment)
무선표집(random sample)
반전 설계(reversal design)
발단자(proband)
발생률(incidence)
비밀보장(confidentiality)
비판적 사고(critical thinking)
사례 연구(case studies)
사전 동의(informed consent)
상관계수(correlational coefficient)
상관관계 방법(correlational method)
생물심리사회모델(biopsycosocial model)
선택요인(selection factor)
설문법(survey method)
실험 방법(experimental method)
실험 집단(experimental group)
심리적 장애(psychological disorder)
역학 연구(epidemiological studies)
외적 타당도(external validity)
유병률(prevalence)
유전자형(genotype)
의료 모델(medical model)
이론(theory)
이상심리학(abnormal psychology)
입양아 연구(adoptee studies)
자연적 관찰(naturalistic observation)
정신역동모델(psychodynamic model)
조발성 치매증(dementia praecox)
종단 연구(longitudinal study)
종속 변수(dependent variables)
진행 마비(general paresis)
천공(trephination)
체액(humors)
탈시설화(deinstitutionalization)
통제 집단(control group)
표현형(phenotype)
플라시보(placebo)

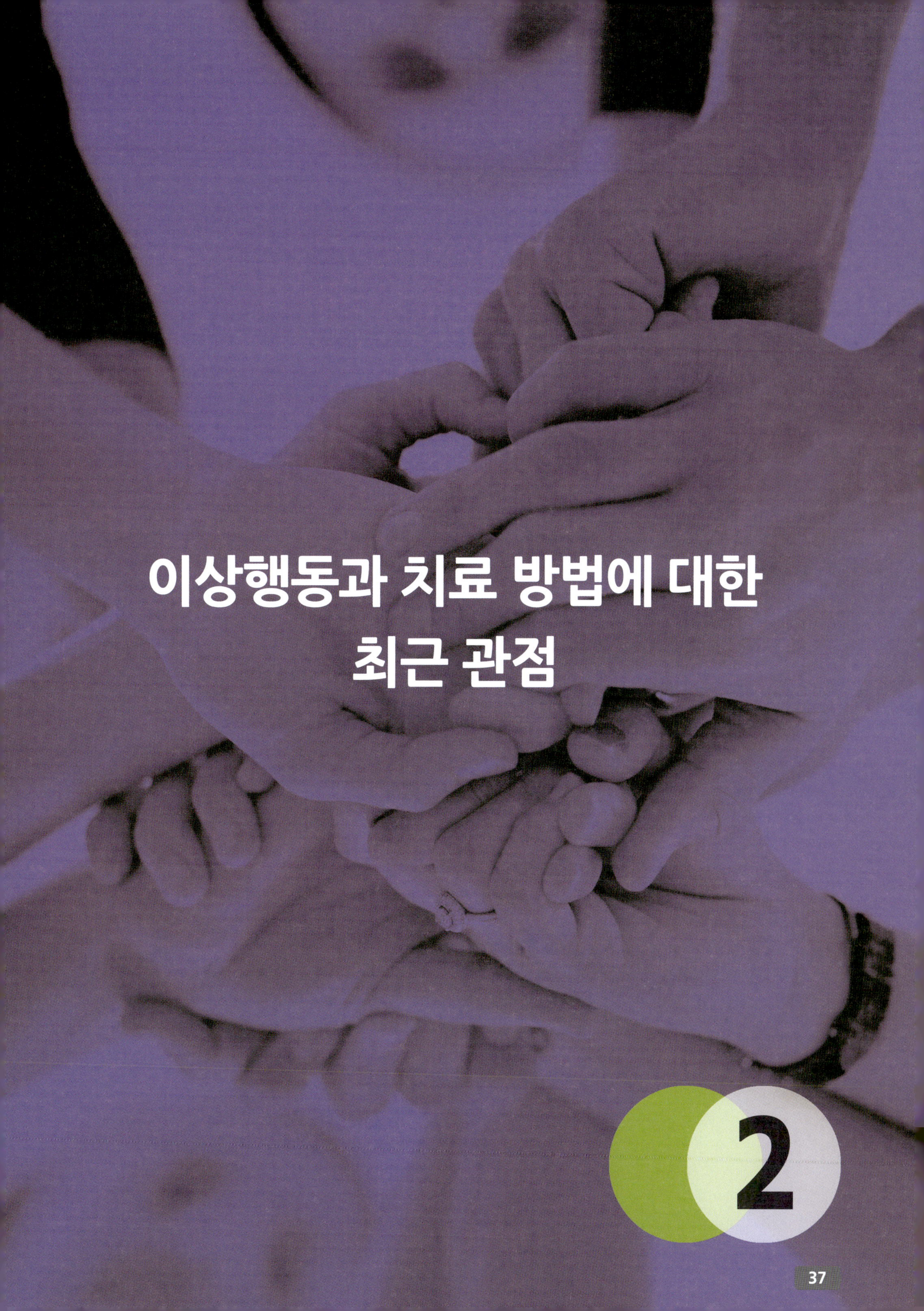

이상행동과 치료 방법에 대한 최근 관점

2

2

학습 목표

2.1 신경세포의 구조를 살펴보고 기능을 설명한다.

2.2 신경체계와 대뇌 피질의 중요한 영역을 살펴보고 기능을 설명한다.

2.3 이상행동에 대한 생물학적 관점을 평가한다.

2.4 이상행동에 대한 주요 심리학적 모델을 설명하고, 주요 이론가를 살펴보며, 각 모델을 평가한다.

2.5 사회문화적 관점을 설명하고 이상행동을 이해하는 데 있어서의 중요성을 살펴본다.

2.6 생물심리사회적 관점을 설명하고 이상행동을 이해하는 데 있어서의 중요성을 살펴본다.

2.7 관련 전문가의 주요 유형을 살펴보고 훈련 배경과 전문적 역할을 설명한다.

2.8 정신역동치료, 행동치료, 인간중심치료, 인지치료, 인지행동치료, 절충치료, 집단치료, 가족치료, 부부치료와 같이 다양한 심리치료의 목표와 기법에 대해서 설명한다.

2.9 심리치료의 효과성과 치료에 있어서 일반적인 요소의 역할을 평가한다.

2.10 심리치료에 있어서 다문화적 요소의 중요성과 윤리적 소수자들이 정신건강 서비스를 활용할 때의 장벽을 설명한다.

2.11 향정신병 또는 정신의학 약물의 주요 범주와 각 유형별 예시 약물을 설명하고, 강점과 약점을 평가한다.

2.12 전기 충격 치료와 정신 수술에 대해서 설명하고 그 효과성을 평가한다.

2.13 생물의학적 치료 접근을 평가한다.

진실 또는 거짓

T□ F□ 불안은 소화 불량을 일으킬 수 있다.

T□ F□ 과학자들은 정신의학적 질병을 일으키는 특별한 유전자를 발견하지 못할 것이다.

T□ F□ 아동은 다른 사람들이 자기에게 기대하는 바를 반영하여 왜곡된 자기개념을 가지지만 이것이 실제 자신을 반영하지는 않는다.

T□ F□ 인지 이론가들에 따르면 삶의 경험 자체보다 경험에 대한 왜곡된 신념이 정서적 문제를 일으킨다.

T□ F□ 어떤 심리학자들은 약물 처방에 대한 훈련을 받는다.

T□ F□ 전통적 정신분석 접근에서 내담자는 무엇이든지 생각나는 대로 표현할 수 있고 아무리 사소한 것이나 우스운 것이라도 표현할 수 있다.

T□ F□ 정신분석은 단순하게 시간이 흘러가서 자연히 문제가 해결되도록 두는 것보다 더 효과적이지는 않다.

T□ F□ 항우울제는 우울증 치료에만 사용된다.

T□ F□ 뇌에 전기 충격을 주는 방법은 심각한 우울증 치료에 도움이 될 수 있다.

'나' 제시카의 '작은 비밀'

나는 켄(약혼자)이 이 사실을 몰랐으면 좋겠어요. 이 문제를 결혼생활에까지 지속시키고 싶지 않아요. 아마도 이 말을 그에게 해야겠지만 그렇게 할 수가 없어요. 말할 거라고 생각할 때마다 몸이 얼어붙어 버려요. 결혼 전에는 이것을 극복해야 한다고 생각하죠. 폭식하고 토해 내는 것을 멈춰야만 해요. 그렇지만 나 자신을 멈출 수가 없어요. 당신도 알다시

피 나도 멈추고 싶어요. 그렇지만 내가 먹은 음식에 대해서 생각하게 되면 그 음식들이 날 괴롭게 해요. 엄청나게 살이 찌고 뚱뚱해지는 모습을 상상하게 되고 화장실로 달려가서 다 토해 버려요. 그리고 또다시 폭식을 하고 그다음에 또 다 토해 버리죠. 내가 이런 행동을 스스로 통제할 수 있다고 느끼지만, 실제로는 전혀 그렇지 않아요.

나는 토할 때 하는 의식을 가지고 있어요. 화장실로 가서 세면대에 물을 틀어 놓는 거죠. 아무도 내가 토하는 것을 듣지 못하게 말이에요. 이것은 내 작은 비밀이에요. 화장실에서 나오기 전에 아주 깨끗하게 씻어 내고 리졸(방향제)을 뿌려요. 아무도 내가 문제를 가지고 있다고 의심하지 않아요. 아, 그렇지는 않네요. 의심하는 유일한 사람은 내 치과의사예요. 그 의사는 내 이가 위산으로 인해서 녹아내리고 있다고 했어요. 난 겨우 스무 살인데 벌써 이가 썩고 있어요. 끔찍하지 않나요?

이제는 폭식하지 않을 때조차도 토하기 시작했어요. 저녁만 먹어도 토하게 될 때가 많아요. 난 그냥 음식을 몸 밖으로 재빨리 내보내고 싶어요. 저녁을 먹은 후에 바로 화장실을 가겠다고 사람들에게 양해를 구하죠. 적어도 일주일에 여러 번 그래요. 어떤 때는 점심 먹은 후에도 그렇죠. 도움이 필요하다는 것도 알아요. 여기에 오는 것까지도 오랜 시간이 걸렸어요. 그렇지만 난 3개월 안에 결혼을 하게 될 것이고, 그 전에 멈춰야 해요.

출처: 저자의 파일에서.

— 제시카, 20세, 정보통신전공

제시카는 저녁 식사 자리에서 양해를 구하고 나와 욕실로 가서 목에 손가락을 집어넣고 저녁 식사 때 먹은 것을 토해 낸다. 가끔은 먼저 폭식을 한 후 억지로 토해 내기도 한다. 당신은 1장에서 정신건강 전문가들이 이상행동 패턴을 분류할 때 일반적으로 사용하는 기준에 대해 살펴본 것을 기억할 것이다. 제시카의 행동은 분명히 이러한 몇 가지 기준에 부합한다. 폭식과 구토는 개인적 고통의 근원이 된다. 또한 이것이 결혼에 미칠 부정적 영향을 두려워하여 비밀을 지키려 하는 점에서 심각한 사회적 결과를 초래하며 치아 부식과 같은 심각한 건강 문제를 초래할 수 있다는 점에서 부적응적이다(9장 참조). 그리고 당신이 생각하는 만큼은 아니겠지만 통계적으로 자주 나타나는 일은 아니다. 제시카는 우리가 9장에서 논의할 섭식장애의 한 유형인 **신경성 폭식증**으로 진단받았다.

우리는 어떻게 독특하고 부적응적인 행동을 이해할 수 있을까? 태초부터 인간은 종종 미신이나 초자연적인 설명을 통해 이상하거나 비정상적인 행동을 설명하려 노력해 왔다. 중세시대에 지배적인 견해는 이상행동이 귀신이나 다른 초자연적인 힘에 의해 나타난다는 것이었다. 그러나 오래전 고대시대에도 히포크라테스와 갈레누스같이 이상행동을 자연적으로 설명하려 노력한 사람들이 있었다. 물론 오늘날 미신과 악마론은 자연과학과 사회과학의 이론적 모델로 대체되었다. 이러한 접근은 이상행동의 과학적 기반의 이해뿐만 아니라 심리적 장애를 가진 사람을 치료하는 방법으로도 쓰이고 있다.

이 장에서는 생물학적, 심리적 그리고 사회문화적 관점에서 이상행동을 이해하는 현대적인 접근 방법을 검토한다. 오늘날의 많은 학자들은 이상행동 양식이 복잡한 현상이며, 이를 가장 잘 이해하기 위해서는 다양한 관점을 함께 고려해야 한다고 믿는다. 각각의 관점은 이상행동을 조사하기 위한 창을 제공하지만, 어떤 것도 완벽한 관점을 갖지는 못한다. 이 장의 후반부에서 보게 되겠지만, 이상행동에 대한 생물학적, 심리적 관점은 이 문제에 대한 특정한 치료법의 발전에 기여하게 되었다.

생물학적 관점

히포크라테스 시대 이후 과학자와 의사에게서 영감을 받은 **생물학적 관점**은 이상행동에 대한 생물학적 토대에 초점을 맞추고, 심리적 장애를 치료하는 데 있어 약물치료와 같이 생물학적 기초를 둔 접근법에 집중했다. 생물학적 관점은 이상행동의 현대적인 이해에 강력한 설명력을 제공하는 **의료 모델**의 발전에 기여했다. 의료 모델을 채택한 사람들은 이상행동이 **정신질환**이라고 불리는 생물학적 원인을 가진 장애나 질환의 증상으로 나타난다고 생각한다. 그러니 의료 모델은 생물학적 관점과 동의어가 아니다. 우리는 의료 모델의 원리를 수용하지 않더라도 생물학적 관점에서 말할 수 있다. 예를 들면, 수줍음과 같은 행동 양식은 강한 유전적(생물학적) 요인을 가지지만, 어떠한 근원적 '장애'나 '질병'의 증상으로 여겨지지는 않는다.

최근 몇 년간 이상행동의 생물학적 기반에 대한 이해가 높아졌다. 1장에서는 유전 또는 유전학의 역할에 대한 연구 방법에 초점을 맞추었다. 아래의 본문에서 설명하는 바와 같이 유전학은 다양한 이상행동의 형성에 중요한 역할을 한다.

또한 우리는 생물학적 요인 중 특히 신경계의 기능이 이상행동의 발달에 관여한다는 것을 안다. 이상행동 양식에 있어서 신경체계의 역할을 더 잘 이해하기 위해서는 먼저 신경계가 어떻게 구성되어 있고, 신경세포가 어떻게 서로 교류하는지를 배울 필요가 있다. 4장에서는 스트레스에 대한 신체 반응에 중요한 역할을 하는 또 다른 신체체계인 **내분비계**에 대해 알아볼 것이다.

신경계

2.1 신경세포의 구조를 살펴보고 기능을 설명한다.

아마 신경계가 없다면, 당신은 긴장이나 초조감도 느끼지 못할 것이다—또한 보고, 듣고, 움직이고, 느끼지도 못할 것이다. 그러나 아주 차분한 사람이라 할지라도 신경계를 가지고 있다. 신경계는 몸 전체에 신호 또는 '메시지'를 송신하는 **신경세포**(neuron)인 뉴런으로 구성된다. 이러한 메시지는 우리가 벌레에 물려 가려움을 느끼고, 스케이트를 탈 때 시각과 근육을 조율하고, 연구 논문을 쓰고, 수학 문제를 풀 수 있도록 하며, 현실에 존재하지 않는 것들을 보고 듣는 환각을 경험하게도 한다.

모든 신경세포는 세포핵을 포함하는 세포체를 가지며, 세포의 작업을 수행하기 위한 산소 대사가 이루어진다(그림 2.1 참조). **수상돌기**(dendrite)라고 불리는 짧은 섬유는 인접한 신경세포에서 메시지를 받는 세포체에서 돌출한다. 각 신경세포에는 세포체에서 줄기처럼 돌출되는 **축색**(axon)이 있다. 축색은 척수 간에 메시지를 전달하는 경우 길이를 몇 피트까지 확장할 수 있다(1피트=약 30cm). 축색은 **종말**(terminal)이라고 불리는 작은 가지 같은 구조에서 끝난다. 일부 신경세포는 신경 자극의 고속 전송을 도와주는 절연층인 **수초**(myelin sheath)로 덮여 있다.

신경세포는 수상돌기나 세포체로부터 축색과 축색종말 쪽 방향으로 메시지를 전달한다. 메시지는 축색종말로부터 다른 신경세포, 근육 또는 땀샘으로 전달된다.

신경세포는 **신경전달물질**(neurotransmitter)이라는 화학물질에 의해 다른 신경세포에 메시지를 전송한다. 신경전달물질은 수신 신경세포의 화학적 변화를 유도한다. 이러한 변화는 축색이 메시지를 전기 신호로 전환하도록 한다.

신경세포 간의 연결 부분은 **시냅스**(synapse)이며 이것은 접합점 혹은 송수신 신경세포 간의 작은 간극이다. 이 메시지는 불꽃처럼 시냅스 사이를 뛰어넘어 이동하지 않는다. 대신, 축색종말은 수많은 선박이 바다에 흩어지

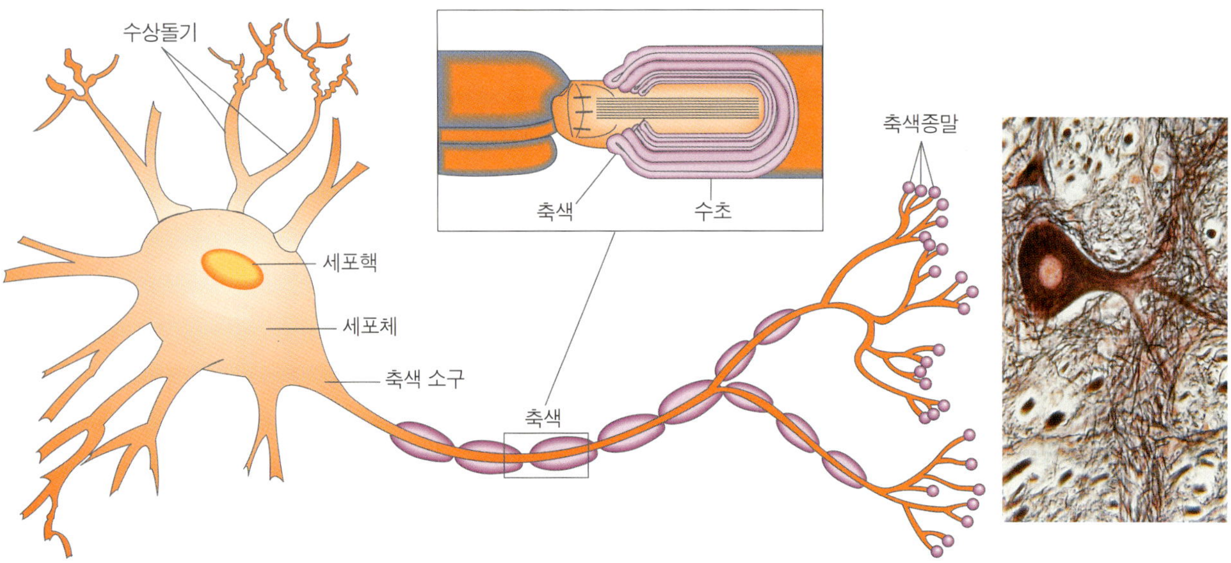

그림 2.1 신경세포의 해부학적 구조. 신경세포의 세 가지 기본 구조로는 세포체, 수상돌기, 축색이 있다. 신경세포의 축색은 수초에 싸여 있으며, 신경세포와 신경 자극(신경세포 내를 여행하는 메시지)의 전송을 용이하게 한다.

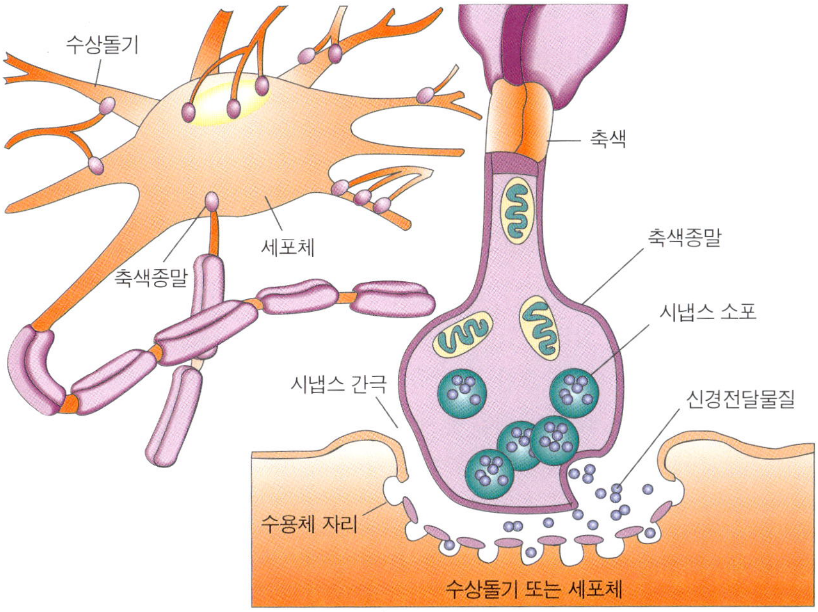

그림 2.2 시냅스에서 신경 자극(neural impulses)의 전송. 신경세포의 구조와 신경세포 사이의 신경 자극의 전송 방식을 보여 주고 있다. 신경세포는 (1) 전시냅스 세포(송신세포)의 축색종말, (2) 각 뉴런 사이의 틈 또는 시냅스, (3) 후시냅스 세포(수신세포)의 수상돌기로 이루어진 시냅스를 통해 메시지나 신경 자극을 전달한다. '메시지'는 시냅스에서 방출되고, 신경세포 수용체 자리에 의해 흡수되는 신경전달물질에 의해 수행된다. 수천의 신경세포가 점화되는 패턴은 생각과 정신적 이미지와 같은 심리적 사건을 활성화시킨다. 이상행동의 다양한 형태는 신경 메시지 송수신의 불규칙성과 연관된다.

는 것처럼 갈라진 틈으로 신경전달물질을 방출한다(그림 2.2).

신경전달물질은 종류에 따라 각각의 특징적인 화학 구조를 가지며, 각각은 신경세포를 수용하는 **수용체**(receptor site)에 맞춰진다. 자물쇠와 열쇠의 비유를 생각해 보자. 알맞은 열쇠(신경전달물질)만이 자물쇠를 열 수 있고, 후시냅스 신경세포(수신세포)가 수신한 메시지를 전달하게 만들 수 있다.

신경전달물질이 방출되면, 신경전달물질의 일부 분자가 다른 신경세포의 수용체 부위에 도달한다. 흡수되지 않고 '남겨진(loose)' 신경전달물질은 효소에 의해 시냅스에서 분해되거나 축색종말(재흡수 과정)로 재흡수되어 송신세포의 점화를 막는다.

불안, 우울증, 조현병을 치료하는 데 사용되는 약물을 포함한 정신병 약물은 뇌의 신경전달물질의 가용성에 영향을 미친다. 그 결과, 뇌의 신경전달물질 시스템의 작동에 불규칙성이 나타나고 이상행동 양식의 발달에 중요한 역할을 하는 것으로 보인다(표 2.1 참조).

2.2 신경체계와 대뇌 피질의 중요한 영역을 살펴보고 기능을 설명한다.

예를 들어 우울증은, 특히 세로토닌 같은 여러 신경전달물질의 기능적 불규칙성을 포함하는 뇌의 화학적 불균형과 연결된다(7장 참조). 세로토닌은 기분 조절에 관여하는 중요한 뇌의 화학적 기제(신경전달물질)이므로 우울증과 관련된다는 것은 놀라운 일이 아니다. 가장 널리 사용되는 두 가지 항우울제—프

표 2.1
이상행동 패턴에 대한 신경전달물질의 기능과 관계

신경전달물질	기능	이상행동 참조
아세틸콜린	근육 수축 제어와 기억의 형성	알츠하이머병을 가진 환자에게서 수준 감소 확인(14장 참조)
도파민	근육의 수축과 학습, 기억, 감정을 포함하는 정신적 처리 과정 조절	뇌에서 과도하게 활성화되면 조현병으로의 발전과 연결될 수 있음(11장 참조)
노르에피네프린	학습과 기억에 관련된 정신적 처리 과정	불규칙성은 우울증과 같은 기분장애와 연결됨(7장 참조)
세로토닌	기분 상태, 포만감, 수면 조절	불규칙성은 우울증과 섭식장애에 연관됨(7, 9장 참조)

로작과 졸로프트—는 뇌에서 세로토닌의 가용성을 증가시키는 약물의 부류에 속한다. 세로토닌은 불안장애, 수면장애, 섭식장애와 연관된다.

기억과 인지 기능의 진행성 상실을 가져오는 뇌 질환인 알츠하이머병은 뇌의 신경전달물질인 아세틸콜린 수준의 감소와 연관되어 있다(14장 참조). 신경전달물질인 도파민과 관련된 불규칙성은 조현병과 연루된다(11장 참조). 조현병 치료에 사용되는 항정신병 약물은 명백하게 뇌에서 도파민 수용체를 차단함으로써 작용한다.

신경전달물질 체계가 많은 정신장애와 연관이 있음에도 불구하고 정확한 인과관계는 아직 확인되지 않고 있다.

신경계의 주요 부분 신경계는 두 개의 주요 부분, 즉 **중추 신경계**(central nervous system) 및 **말초 신경계**(peripheral nervous system)로 구성되어 있다. 중추 신경계는 뇌와 척수, 신체 기능의 제어 및 감각, 지각, 사고 및 문제해결 같은 고등 정신 기능을 수행할 책임이 있는 신체의 주요 제어부로 구성된다. 말초 신경계는 (a) 감각 메시지를 송수신하는 신경(예: 눈과 귀 같은 감각 기관의 메시지), (b) 뇌와 척수에 메시지를 전송하여 호르몬을 분비하게 하는 신경으로 구성되어 있다. 그림 2.3은 신경계의 구성을 보여 준다.

중추 신경계 척수와 뇌가 만나는 머리 뒤쪽 부분에서 시작하여 중추 신경계에 대해 살펴보도록 하자(그림 2.4 참조). 뇌 또는 후뇌의 아랫부분은 연수, 뇌교, 소뇌로 구성되어 있다. **연수**(medulla)는 심장박동, 호흡, 혈압과 같은 중요한 생명 유지 기능의 역할을 한다. **뇌교**(pons)는 몸의 움직임에 대한 정보를 전송하고, 주의, 수면, 호흡에 관련된 기능에 참여하고 있다.

뇌교 뒤에 **소뇌**(cerebellum, '작은 뇌'에 대한 라틴어)가 있다. 소뇌는 균형과 (근육의) 움직임을 통제한다. 소뇌의 손상은 움직임을 조정하는 능력을 훼손시킬 수 있는데, 이로 인해 비틀거리거나 근육의 정상적인 상태를 잃게 될 수 있다.

중뇌는 후뇌 위에 위치하고 있는데, 후뇌와 전뇌라고

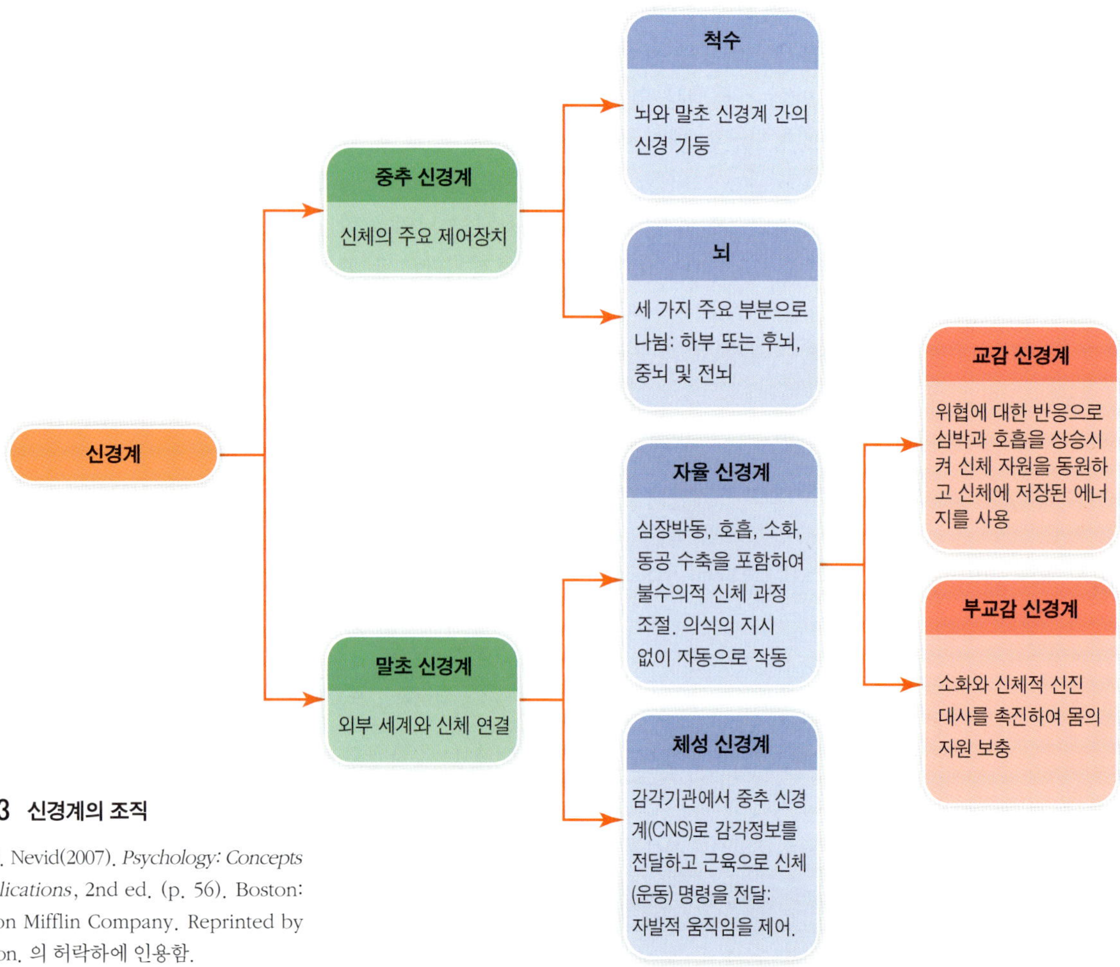

그림 2.3 신경계의 조직

출처: J. S. Nevid(2007). *Psychology: Concepts and applications*, 2nd ed. (p. 56). Boston: Houghton Mifflin Company. Reprinted by permission. 의 허락하에 인용함.

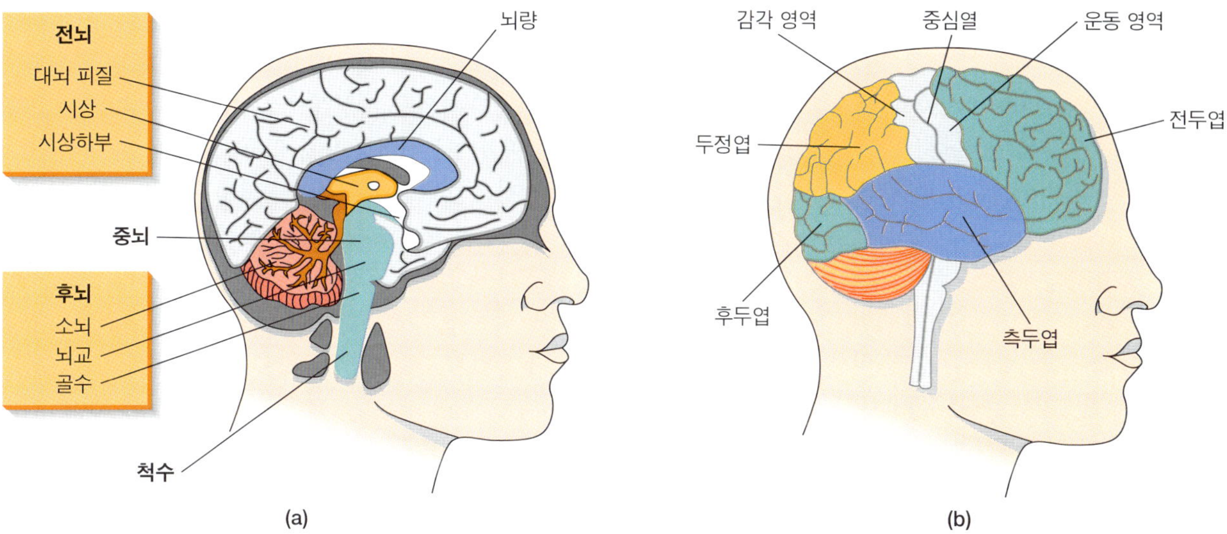

그림 2.4 뇌 지도 출처. (a)는 후뇌, 중뇌 및 전뇌의 일부를 보여 준다. (b)는 대뇌 피질의 네 가지인 전두엽, 두정엽, 측두엽, 후두엽을 보여 준다. (b)에서 감각 영역과 운동 영역은 서로 중심열을 두고 맞은편에 위치한다. 연구진은 다양한 이상행동의 패턴과 뇌구조의 형성이나 기능의 이상 간의 잠재된 관련성에 대해 조사중이다.

불리는 뇌의 상부 영역을 연결해 주는 신경 경로를 포함하고 있다. **망상체 활성화 시스템**(reticular activating system, RAS)은 후뇌에서 시작하여 중뇌를 통해 전뇌의 아랫부분 속으로 올라간다. RAS는 거미줄과 비슷한 신경 네트워크인데 수면, 주의 그리고 각성 상태를 조절하는 중요한 역할을 한다. RAS의 자극은 각성수준을 상승시킨다. 한편, 알코올과 같은 진정제의 사용은 중추 신경계의 활동을 무디어지게 하는데, 이는 RAS 활동을 감소시켜서

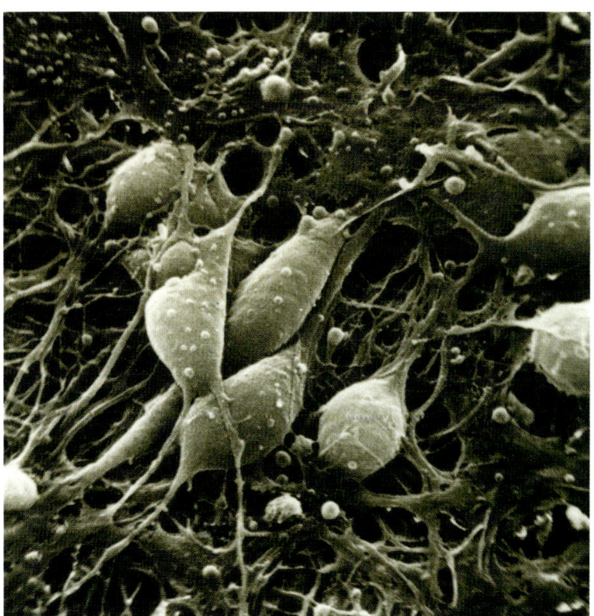

이 놀라운 전자현미경 사진은 뉴런들 간의 연결을 보여 주고 있다.

몸을 가누지 못하거나 심지어 무감각 상태에 이르게 할 수도 있다. (진정제 및 기타 약물의 효과는 제8장에서 자세히 설명한다.)

뇌의 앞부분에 있는 넓은 영역은 전두엽이라고 불리며, 시상(視床), 시상하부, 기저핵과 대뇌 등과 같은 구조를 포함하고 있다. **시상**(thalamus)은 감각 정보(예: 촉각과 시각 자극 등)를 뇌의 윗부분에 전달한다. 시상은 RAS와 협력하여 수면과 주의 집중의 조절에도 관여 한다.

시상하부(hypothalamus)(*hypo*는 '아래'를 의미)는 시상의 아래에 위치하고 있는데 아주 작은 완두콩 크기의 구조이다. 작은 크기에도 불구하고, 시상하부는 감정과 동기 부여 상태뿐만 아니라 체온 조절, 혈류의 농도와 생식 과정을 조절하는 등 다양한 핵심적 신체 기능에서 중요한 역할을 한다. 동물의 시상하부 부분에 전극을 주입하고 그 효과를 관찰하는 연구에서, 전류가 켜져 있을 때 시상하부가 굶주림, 갈증, 성, 부모 역할, 공격성 등을 포함하는 다양한 유형의 동기 부여 및 행동에 연관되어 있다는 것이 발견되었다

시상하부는 시상 및 인근의 다른 상호 구조와 함께 뇌의 **변연계**(limbic system)를 구성한다. 변연계는 감정 처리와 기억에서 중요한 역할을 하며 또한 굶주림, 갈증 그리고 공격성 등과 관련된 더 기본적인 추동을 조절하는 중요한 기능을 제공한다. **기저핵**(basal ganglia)은 전뇌의 바닥에 위치하고 있는데 자세의 움직임을 조절하며 협응에 관여한다.

대뇌(cerebrum)는 뇌에서 최고로 중요한 부분이다. 대뇌는 사고, 문제 해결과 같은 더 고차원적인 정신적 기능을 책임질 뿐만 아니라 인간의 머리가 보기 좋은 둥근 모양을 가질 수 있도록 해 준다. 대뇌의 표면은 능선과 계곡으로 둘둘 감겨 있고, 이 표면적은 **대뇌 피질**(cerebral cortex)이라 불린다. 이곳은 의식과 자아관념이 자리하고 있는 곳일 뿐만 아니라 사고, 계획 등과 관련된 뇌의 집행 중추이다.

뇌 구조의 구조적 또는 기능적 이상은 다양한 형태의 이상행동에 관여한다. 예를 들어, 조현병 환자의 대뇌 피질과 변연계의 일부에서 이상을 발견한 연구가 있다(11장에서 논의됨). 시상하부는 수면장애의 특정 유형에 연루되며(9장 참조), 기저핵의 악화는 헌팅턴병—퇴행성 질환으로 정서 불안, 편집증, 심지어는 치매에까지 이르게 하는—과 연관된다(14장 참조). 이와 같은 것들은 뇌와 행동의 관계에서 아주 일부분에 불과하며, 이 교재의 후반부에서 더 논의할 것이다.

말초 신경계 말초 신경계는 신경망으로 뇌를 분비선과 근육뿐만 아니라 눈이나 귀와 같은 감각 기관과 연결시켜 주는 역할을 한다. 이러한 신경 통로는 우리가 주변의 세상을 감지하고 팔다리를 움직이는 근육을 사용하여 그에 대응하는 행동을 할 수 있도록 해 준다. 말초 신경계는 체성 신경계 및 자율 신경계라는 두 개의 주요 부분으로 구성되어 있다(그림 2.3 참조).

체성 신경계(somatic nervous system)는 우리의 감각 기관에서 두뇌로 메시지를 전송하여 시각, 청각, 촉각 그리고 다른 감각의 경험으로 이어지는 처리를 가능하도록 한다. 뇌에서 나오는 명령은 척수를 통해 근육과 연결된 체성 신경계의 신경으로 내려가서 팔을 들거나 걷는 것과 같은 자발적 움직임을 통제할 수 있도록 해 준다.

심리학자들은 감정 처리 과정에서의 역할 때문에 **자율 신경계**(autonomic nervous system, ANS)의 작용에 관심을 갖는다. 'autonomic'은 '자동'이라는 의미이다. ANS는 우리가 잠들어 있을 때조차도 분비선(腺)과 동맥 및 심장박동, 호흡, 소화 그리고 눈동자의 동공 팽창과 같은 불수의적 과정을 조절한다.

ANS는 **교감 신경계**(sympathetic nervous system)와 **부교감 신경계**(parasympathetic nervous system)로 구성되어 있으며, 이들은 주로 반대의 효과가 있다. 많은 기관과 (분비)선(腺)은 자율 신경계의 두 가지 신경계(교감 신경계와 부교감 신경계)에 의해 운영된다. 교감 신경은 당면한 위협이나 위험에 대처하기 위해 저장된 에너지를 끌어낼 때와 같이 스트레스에 대한 노력이나 반응을 하는 동안 신체의 자원을 활성화시키는 과정에 관여한다(4장 참조). 위협이나 위험한 상황에 맞닥뜨리게 되면, ANS의 교감 신경은 심박수와 호흡의 속도를 가속화하는 기능을 발휘함으로써 신체로 하여금 위협적인 스트레스 상황에 대항하여 싸우거나 도망칠 수 있도록 준비시켜 준다. 위협적인 자극에 직면했을 때 교감 신경의 활성화는 두려움이나 불안과 같은 정서적 반응과 관련된다. 이완되었을 때에는, 부교감 신경이 심박수를 감소시킨다. 부교감 신경은 소화와 같은 에너지 저장량을 보충하는 과정에서 가장 활성화된다. 두려워하거나 불안할 때면 교감 신경의 지배를 받기 때문에, 두려움이나 불안은 소화 불량을 초래할 수 있다. 교감 신경계의 활성화는 소화 활동에 대한 부교감 신경의 통제력을 저해한다. **진실 / 거짓**

진실 또는 거짓

불안은 소화 불량을 일으킬 수 있다.

진실 불안은 교감 신경계의 각성 증가를 수반하며 이는 부교감 신경이 소화를 관장하는 데 방해가 될 수 있다.

대뇌 피질 뇌에 위치한 영역은 사고와 언어 사용과 같은 고등 정신 기능을 담당하는데, 우뇌와 좌뇌 **반구**라고 불리는 두 개의 커다란 덩어리로 이루어져 있다. 바깥층, 즉 각 반구의 표면은 대뇌 피질이라고 부른다. (*cortex*라는 단어는 문자 그대로 '껍질'을 의미하는데, 대뇌 피질은 나무의 껍질에 비유될 수 있기 때문에 cortex라는 단어가 사용된다.) 그림 2.4에서 보여 주듯, 각각의 반구는 **로브**(lobes, 엽)로 불리는 네 개의 부분으로 나누어져 있다. **후두엽**은 주로 시각 자극의 처리에 관여하고, **측두엽**은 소리나 청각 자극에 관여한다. **두정엽**은 촉각, 온도, 통증의 감각 처리에 관여한다. 두정엽의 **감각 영역**[感覺領, sensory area]은 몸 전체의 피부 수용체로부터 메시지를 받는다. **전두엽**에 있는 운동 영역의 신경세포(**운동 피질**이라고도 함)가 근육의 움직임을 제어하는 덕분에 우리는 걷거나 팔다리를 움직일 수 있다. **전전두 피질**(운동 피질 앞에 있는 전두엽의 일부)은 사고, 문제 해결, 언어의 사용과 같은 고등 정신 기능을 조절한다.

이상행동에 대한 생물학적 관점의 평가

우리가 다음 장에서 살펴볼 생물학적 구조와 처리 과정

> **2.3** 이상행동에 대한 생물학적 관점을 평가한다.

은 다양한 패턴의 이상행동과 관계가 있다. 신경전달물질의 문제 그리고 뇌 기능 이상이나 결함뿐만 아니라 유전적인 요인 역시 다양한 정신적인 장애에 관련된다. 예를 들어, 알츠하이머병과 같은 몇 가지 장애는 생물학적 과정이 직접적인 원인이 된다. (하지만 그렇다 하더라도 정확한 원인은 알 수 없는 채로 남아 있다.) 그러나 대부분의 질환에 대해, 우리는 생물학적 및 환경 요인의 상호작용을 살펴볼 필요가 있다.

우리는 각자 고유한 유전자 코드를 가지고 있는데, 이는 다양한 신체적, 정신적 장애를 발전시킬 수 있는 위험성을 결정한다(Hyman, 2011; Kendler et al., 2011b). 유전적 요인이 광범위한 영역의 심리적인 장애, 즉 조현병, 양극성(조울증) 장애, 주요 우울증, 알코올 중독, 자폐증, 알츠하이머병으로 인한 치매, 불안장애, 난독증 그리고 반사회적 인격장애 등과 관련이 있다는 증거가 매우 많다(예: Bassett, Scherer, & Brzustowicz 2010; Kendler et al., 2011a; NIMH 2003; Psychiatric GWAS Consortium Bipolar Disorder Working Group, 2011; Vacic et al., 2011). 심리적 장애의 위험을 증가시키는 유전적인 특성은 유전자 변형(사람들 가운데 특정 유전자의 변이)과 유전적 돌연변이(세대에서 세대로 유전자 변화)를 포함한다. 그리 머지않은 장래에 결함이 있거나 해로운 유전자의 작용을 막을 수 있거나 혹은 유익한 유전자의 활동을 강화시킬 수 있게 되길 희망한다.

과학자들은 조현병, 기분장애, 자폐증과 같은 심리적 장애와 관련된 특별한 유전자를 찾고자 연구하고 있다(예: Boot et al., 2012; Dennis et al., 2012; Sakai et al., 2011; Serretti & Mandelli, 2008).

이상행동의 유전적인 바탕에 대한 의문은 심리학의 오래된 논쟁, 틀림없이 가장 오래된 논쟁인 소위 **양육 대 자연**에 관한 논쟁을 다루었다. 이 논쟁의 초점은 양육과 반대되는 자연적 적응 과정에 대한 주제에서 우리 행동 중 얼마나 많은 부분이 본성(유전자)에 의한 것이며, 얼마나 많은 부분이 양육(환경)에 의한 것인지에 관한 견해로 바뀌어 왔다. 오늘날 과학자들은 유전자와 환경적 요인 간의 복잡한 상호작용을 연구하고 있는데 그 결과 이상행동 양식의 결정 요인을 더 잘 이해할 수 있게 되었다(Hardy & Low, 2011; Karg, Burmeister, Shedden, & Sen, 2011; Kendler, 2011b; Lee, Glass, James, Bandeen-Roche, & Schwartz, 2011). 논쟁이 지속되고 있기 때문에, 이와 관련하여 주목해야 할 몇 가지 요점을 살펴보자.

1. **유전자는 행동의 결과를 좌우하지 않는다.** 심리적 장애에 있어서 유전적 원인의 증거는 조현병의 경우 틀림없이 가장 강하다. 그러나 11장에서 논의되었듯, 심지어 유전자가 100% 중복되는 일란성 쌍둥이의 경우조차도 한 명이 조현병을 가질 때 다른 한 명이 같은 장애를 가질 확률은 50%보다 약간 작다. 다시 말하자면, 유전자가 단독으로 조현병, 혹은 다른 심리적인 질환의 원인이 되는 것은 아니다. 선도적인 유전학 연구자인 Kenneth Kendler는 이에 대해 "우리는 정신 질환을 일으키는 '유전자'를 지닌 것이 아니며, 앞으로도 발견할 수 있을 것 같지 않습니다."라고 설명했다(Kendler, 2005, p. 1250).
2. **유전적 요인은 특정한 행동, 혹은 장애로 발전하게 될 (확실성이 아닌) 소인 또는 가능성을 만든다.** 유전자가 직접적으로 심리적 장애를 유발하지는 않는다. 오히려, 유전자는 특정 질환의 발생 위험성 또는 가능성을 증가시키는 성향을 만든다. 우리는 임신 순간부터 염색체에 유전자를 지니게 되는데, 이것은 환경에 의해 직접적으로 영향을 받지는 않는다. 그러나 몸과 정신에 미치는 유전자의 영향은 삶의 경험, 가족 관계, 그리고 생활 스트레스 같은 환경적인 요인에 의해 달라질 수 있다(Kendler, 2005; Moffitt, Caspi, & Rutter, 2006). 민족과 성별도 유전자가 신체에 어떻게 작용하는지에 영향을 미칠 수 있다(Williams et al., 2003).
3. **복합 유전자 결정론은 심리적 장애에 영향을 미친다.** 유

인간에 대한 해석. 여기에서 우리는 인간의 유전자 코드인 인간 게놈의 일부를 이해한다. 과학자들은 유전자가 많은 심리적 특성 및 장애에 대한 성향을 결정하는 데 중요한 역할을 한다는 것을 알고 있다. 그러나 이러한 성향의 발현 여부는 유전적, 환경적 영향의 상호작용에 따라 달라진다.

전적 요인이 중요한 역할을 하는 질병에서는 다수의 유전자가 개입되어 있으며 개별적인 유전자가 단독으로 활동하는 것이 아니다(Hamilton, 2008; Uhl & Grow, 2004). 과학자들은 단일 유전자의 결함 또는 변형에 의해 설명될 수 있는 그 어떤 심리적 장애도 아직 찾지 못했다. **진실 / 거짓**

진실 또는 거짓

과학자들은 정신의학적 질병을 일으키는 특별한 유전자를 발견하지 못할 것이다.

진실 과학자들은 어느 하나의 유전자가 아닌, 많은 유전자가 심리적인 장애와 관련된 복합적인 행동 패턴에 기여한다고 믿는다.

4. 유전적 요인 및 환경적 영향은 우리의 성격을 형성하고 심리적 장애에 대한 우리의 취약성을 결정하는 데 있어 서로 상호작용한다. 자연-양육 논쟁의 현대적 견해는 '자연 대 양육'이 아니라 자연과 양육이 함께 작용한다는 관점에서 가장 잘 설명된다.

유전자-환경 상호작용의 한 예는 유전자가 환경의 영향에 대한 민감성을 증가시킬 때 나타난다(Dick, 2011). 예를 들어, 가혹하거나 방임하는 양육 방식은 심리적 문제를 일으킬 수 있다. 그러나 가혹한 양육에 노출된 모든 아이들에게 심리적 장애가 발생하는 것은 아니다. 어떤 사람들은 이러한 환경적 영향의 부정적인 효과에 더 민감한 유전적 경향성을 지닌다(Polanczyk et al., 2009). 여기에 대한 이해를 더 복잡하게 만드는 것은 환경적 영향 또한 유전적 특성의 발현에 영향을 미칠 수 있다는 것이다. 이 주제는 후성 유전학의 '더 자세히 살펴보기'에서 살펴볼 것이다.

2.4 이상행동에 대한 주요 심리학적 모델을 설명하고, 주요 이론가를 살펴보며, 각 모델을 평가한다.

우리가 이상행동 양식의 생물학적 기초에 대해 더 많이 알게 되었기 때문에, 생물학 및 행동 사이의 접촉이 양방향으로 이루어진다는 점을 인식해야 한다. 연구자들은 심리적 요인과 여러 신체장애 및 신체상태 간의 연결고리를 발견했다(4장 참조). 연구자들은 또한 우울증, 불안장애, 약물 남용 장애와 같은 문제를 해결하기 위해 심리치료와 약물치료를 조합해서 사용하는 것이 두 가지 방법 중 하나를 단독으로 사용하는 것보다 더 효과적인지에 대해 연구하고 있다.

심리학적 관점

이상행동을 설명하는 관점으로 생물학이 지배적이었던 19세기 후반 무렵, 이상행동을 이해하는 또 다른 관점이 나타나기 시작했다. 이상행동의 심리학적 근원을 강조하는 이 관점은 오스트리아 의사인 Sigmund Freud에 의해 생긴 것으로 잘 알려져 있다. Freud 이후에는 다른 심리학적 모델로서 행동주의, 인본주의, 인지주의적 전통이 출현하게 되었다. 먼저 Freud의 공헌과 정신역동 모델의 발달을 먼저 살펴보도록 하자.

정신역동적 모델

정신역동 이론은 Sigmund Freud와 그를 따르는 추종자들에 의해 발전했다. Freud의 **정신분석 이론**(psychoanalytic theory)은 심리 문제의 원인을 아동기의 무의식적 동기와 무의식적 갈등에 두고 있다. Freud는 무의식에 대한 연구를 세상에 널리 알렸다(Lothane, 2006). Freud의 이론에서 무의식적 동기와 갈등은 원시적 성 본능과 공격 본능, 그리고 이러한 원시적 충동이 의식에 영향을 주지 않도록 하려는 욕구가 중심이 된다. 충동이 의식적 자각으로부터 숨겨져 떨어져 있어야 하는 이유는 무엇인가? 만약 우리가 근친상간적 충동과 폭력적 충동과 같이 가장 기본적인 성적 충동과 공격적 충동(urge)을 완전히 자각하게 된다면 우리의 의식적 자기는 강한 불안에 휩싸이게 될 것이기 때문이라고 Freud 학파는 설명하고 있다. Freud 학파에 따르면 이상행동 양식은 무의식 내에서 발생하는 역동적인 쟁투가 '증상'으로 표현된 것이다. 환자는 증상은 자각하지만, 그 근원에 기저하는 무의식적 갈등은 알아차리지 못한다. 정신분석 이론의 핵심 구성요소들을 좀 더 자세히 살펴보자.

정신의 구조 Freud의 정신역동 모델에서 의식은 수면 위에 보이는 빙산의 일각으로 비유할 수 있다(그림 2.5). Freud는 '수면 위'의 이 영역을 정신의 **의식**(conscious)이라 하였다. 이는 정신에서 현재 의식하고 있는 부분에 해당한다. 정신의 더 큰 부분은 의식의 수면 아래에 남아 있다. 의식의 수면 아래에 있는 이 영역을 전의식과 무의식이라 하였다.

전의식(preconscious)은 현재 의식에 있지는 않지만 주의를 기울이면 의식으로 가져올 수 있는 기억을 의미한

더 자세히 살펴보기

후성 유전학 – 환경이 유전자 발현에 미치는 영향에 대한 연구

유기체의 DNA에 각인된 유전자 코드는 유기체를 구성하기 위한 일련의 지침을 제공한다. 예를 들어, 유전자 코드는 눈동자의 색, 키, 머리 색상 및 피부결과 같은 물리적 특성뿐만 아니라, 특정 세포가 (물고기를 위한)아가미가 아니라 (인간을 위한)폐로 분화하는 것을 결정한다. 유전자 코드는 다양한 심리 장애로 발전하는 지능, 성격 특성 및 행동 경향을 포함하는 행동 특성의 발달에도 영향을 미친다. 이 책을 통해, 우리는 불안장애에서 기분장애, 정신분열에 이르기까지 수많은 장애에서 유전자의 역할을 검토한다. 정신장애의 대다수는, 어쩌면 몇몇에서부터 심지어 모두가 유전적 요인에 의해 영향을 받는다. 그러나 그 반대는 어떠한가? 환경이 유전자의 작용에 영향을 미칠 수 있는가? 실제로 영향을 미칠 수 있다.

후성 유전학(epigenetics) 분야는 환경적 요인이 유전자 발현에 어떻게 영향을 미치는가에 초점을 두고 있다(Dick, 2011; Labonte et al., 2012; Mischel & Brooks, 2011). 물리적 또는 행동적 특성에 영향을 미치는 유전자의 기능은 그것이 적극적으로 표현되는지의 여부에 달려 있다. 정자와 난자는 유전적 구성요소의 절반만을 포함하는데, 이를 제외한 모든 세포는 완전한 유전자 세트를 가진다. 그러나 세포 내에서는 주어진 유전자 중 약 10~20%만이 활성화된다(Coila 2009). 따라서 눈 색깔의 정보를 가진 유전자는 눈에서 활성화되지만 간과 같은 신체의 다른 부위에서는 활성화되지 않는다. 비록 유전적 구성요소(유전적 코드)가 변하지 않더라도, 환경적 영향은 신체에서 유전자의 작동을 돕거나 저해하는 특정한 화학물질을 방출하도록 하여 유전자 표현에 영향을 미칠 수 있다.

이렇게 생각해 보라. 당신의 컴퓨터에는 인터넷 서핑을 위한 웹 검색 프로그램과 이를 수행하도록 지시하는 코드(소프트웨어)가 내장되어 있다. 그러나 소프트웨어에 내장된 명령을 활성화하기 위해 당신은 먼저 전원을 켜야 한다. 그렇지 않으면, 컴퓨터는 당신이 전원 스위치를 켤 때까지 그 자리에 놓여 있는 블랙박스에 불과하다. 비슷한 방식으로, 우리의 유전자에 포함된 코드는 일종의 생물학적 소프트웨어이다. 하지만 그들이 표현되거나 활성화될지의 여부는 이러한 유전적 스위치를 끄거나 켜는 환경적 영향에 의해 좌우될 수 있다(T. B. Franklin et al., 2011; Murphy et al., 2013). 예를 들어, 스트레스, 식습관, 성적 또는 신체적 학대, 그리고 독성 화학물질에의 노출 등 어린 시절의 경험들이 이후 삶에서 특정 유전자의 스위치를 켤지 혹은 휴면 상태로 유지할지를 결정할 수 있다. 연구자들은 유아기의 몇몇 심각한 학대는 유전자의 표현을 변화시킬 수 있으며, 우울증이나 다른 정신적 장애로 발전하는 단계가 될 수 있다는 것을 발견하였다(Labonté et al., 2012).

환경적인 요인은 체내의 화학 과정을 촉진할 수 있는데, 유전자 코드 또는 DNA 서열 자체를 변경하지 않은 채 특정 유전자가 활성화하거나 억제되도록 '꼬리표(tag)'를 붙이거나 표시하는 것이다. 이러한 '꼬리표'는 미래 세대의 유전자 작용에 영향을 미치고, 자손에게 전달되는 유기체의 유전적 유산의 일부가 될 수도 있다(Cloud, 2010). 최근에 과학자들은 조현병 환자에게서 DNA의 기능에 영향을 미치는 화학적 변화를 발견하였다(Melas et al., 2012).

후성 유전학 분야는 아직 초기 단계이지만, 과학자들은 환경적 요인이 유전자 발현에 영향을 미치는 방법에 대한 자세한 내용을 연구하여, 그들이 언젠가는 특정 유전자를 억제하거나 심신의 장애를 예방하거나 방지하기 위한 연구를 촉진할 수 있게 되기를 희망한다(Dempster et al., 2011; Dubovsky, 2010; Nestler, 2011).

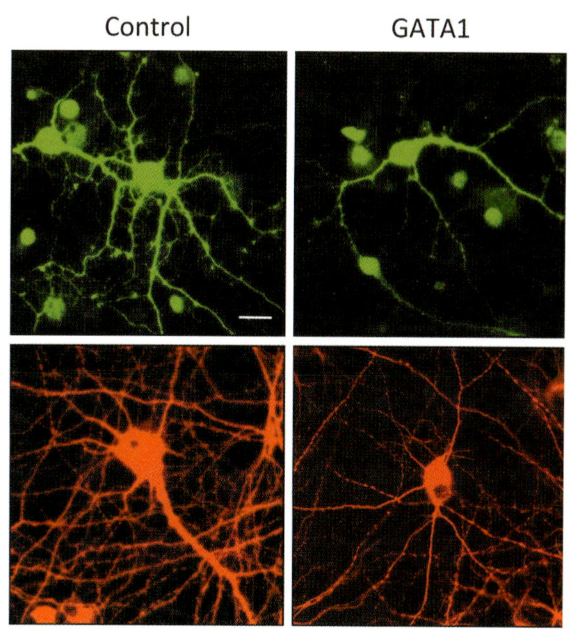

심리적 장애의 유전자 발현. 과학자들은 우울증과 같은 심리적 장애에서 유전자의 발현을 연구하고 있다. 일부 유전자는 다른 사람들에 비해 우울한 사람들의 뇌에서 다르게 발현(On/Off)된다. 연구자들은 인간의 우울증과 연관된 특정 유전자를 활성화하는 것이 쥐의 뇌에서 (왼쪽) 컨트롤에 비해 (오른쪽) 시냅스 연결의 밀도를 감소시킨다는 것을 발견하였다. 시냅스 연결의 증가는 인간의 우울증에 영향을 주는 것 같다. 이러한 방향을 따라 연구가 계속 이루어진다면, 우울이나 다른 정신장애의 치료에 도움이 되는 새로운 목표를 발견하게 될 것이다.

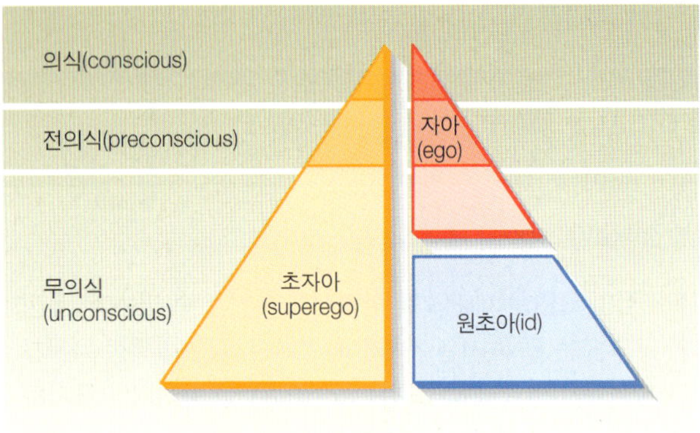

그림 2.5 Freud에 따른 정신의 영역. 전통적인 Freud 학파 이론에서는 인간의 정신을 빙산에 비유한다. 빙산의 작은 일부만이 의식적 자각 위로 떠오를 수 있다. 전의식에 있는 자료는 주의를 집중할 때 의식으로 떠올릴 수 있지만, 원초아의 충동과 소망은 무의식의 깊숙한 곳에 미스터리로 남아 있다. 자아와 초자아는 의식의 세 가지 수준에서 모두 작동하지만, 원초아는 무의식에서만 작동한다.

다. 예를 들어 전화번호는 주의를 기울이기 전까지 전의식 속에 머물러 있다. **무의식**(unconscious)은 정신의 가장 큰 부분으로 신비에 싸여 있다. 무의식의 내용은 의식으로 가져올 수 있다 하더라도 매우 어렵다. Freud는 무의식을 인간의 기본적인 생물학적 충동이나 추동인 본능, 그중에서도 주로 성적인 본능과 공격적 본능의 저장소라고 생각했다.

성격의 구조 Freud의 성격의 구조 이론에 따르면 성격은 세 가지 정신적 실체 또는 정신 구조인 원초아(id), 자아(ego), 초자아(superego)로 구성된다.

원초아(id)는 출생 때부터 존재하는 근원적인 심리구조이다. 이는 배고픔이나 갈증, 성, 공격성 등의 기본적인 추동과 본능적 충동이 있는 곳이다. 원초아는 전적으로 무의식 속에서 작동하고, **쾌락원칙**(pleasure principle)을 따른다. 쾌락원칙은 사회적 규범이나 관습, 또는 타인의 욕구를 무시한 채 본능의 즉각적인 만족을 요구한다.

생후 1년 동안 유아는 모든 요구가 즉각적으로 만족되지 않는다는 것을 알게 된다. 유아는 만족을 지연하는 법을 배워야 한다. 이 첫해 동안 좌절에 대처하는 합리적인 방법을 구성하면서 **자아**(ego)가 발달한다. Freud의 '이성과 감각(reason and good sense)'(1933/1964, p. 76)에 따르면 자아는 원초아의 요구를 저지하고 사회 규범이나 기대에 맞는 행동을 할 수 있도록 지시한다. 사회 기대에 어긋나는 행동을 하지 않으면서 만족을 달성할 수도 있다. 원초아가 극심한 배고픔으로 의식을 침범했다고 가정해 보자. 원초아는 손에 쥐어진 어떤 음식이든 게걸스럽게 먹게 할 수도 있고 다른 사람 요리를 훔치게 할 수도 있다. 하지만 자아는 냉장고로 걸어가서 샌드위치를 만든 뒤 우유 한 잔을 따르는 생각을 하게 만들 것이다.

자아는 **현실 원칙**(reality principle)의 지배를 받는다. 자아는 원초아의 충동뿐만 아니라 실용적이고 현실 가능한 것을 고려한다. 자아는 구별된 개인으로서의 의식적 자기감을 발달시킬 수 있는 토대를 마련한다.

초자아(superego)는 중기 유아기 동안에 부모님이나 주요 타인의 가치와 기준이 내면화됨으로써 발달한다. 초자아는 양심이나 도덕적 수호자의 역할을 수행함으로써 자아를 감시하고 옳고 그름에 대한 판단을 내린다. 만약 자아가 초자아의 도덕 기준에 어긋나게 되면 죄책감이나 수치심의 형태로 처벌을 가한다. 자아는 원초아와 초자아 사이에 위치한다. 자아는 초자아의 도덕적 기준을 위반하지 않으면서 원초아의 욕망을 만족시키기 위해 노력한다.

방어기제 자아의 일부는 의식 위로 떠오르지만, 자아의 또 다른 일부의 활동은 무의식적으로 수행되기도 한다. 무의식 속에서 자아는 원초아의 충동으로부터 보호하는 감시인이나 센서 같은 역할을 수행한다. 자아는 **방어기제**(defense mechanisms, 심리적 방어)를 사용하여 사회적 기대에 어긋나는 충동이 의식상으로 떠오르지 못하도록

부인이란? 부인이란 자아가 위협을 자각하지 않는 방식으로 불안을 방어하는 방어기제이다. 흡연으로 인해 생기는 건강 문제에 대한 경고를 받아들이지 않는 것은 부인의 한 형태라고 볼 수 있다.

표 2.2

정신역동 이론의 방어기제 유형

방어기제	설명	예시
억압	받아들일 수 없는 열망, 소망 또는 충동을 무의식으로 추방함	어떤 남성이 자신의 아버지를 향한 증오 또는 파괴적인 충동을 인식하지 못함
부인	위협적 충동 또는 위험한 행동을 현실로 받아들이는 것을 거부함	심장 질환이 있는 사람이 상황의 심각성을 인정하기를 거부하고 의사의 진료를 받거나 자신의 생활방식에 건강한 변화를 거부함
합리화	자기기만의 형태로서, 받아들일 수 없는 행동에 대해 자기 자신을 정당화함	강간 혐의로 기소된 남자가 여자가 너무 도발적으로 옷을 입고 행동해 '자업자득'이라는 생각으로 자기 스스로 행동을 정당화함
전치	위협적인 대상에 대한 받아들일 수 없는 충동을 더 안전하거나 덜 위협적인 대상에게로 향하게 함	직장에서 상사에게 호되게 꾸짖음을 당한 여자가 이후, 집에 돌아와서 딸에게 싸움을 거는 것
투사	자신의 충동이나 소망의 원인을 다른 사람에게로 돌림	적대적이고 논쟁적인 사람은 다른 사람을 그들의 기질을 제어하기 어려운 사람으로 인식함
반동형성	실제 자신의 충동을 억압하기 위해서 자신의 소망이나 믿음에 대해 반대 입장을 취함	자신의 성적 충동을 받아들이는 것이 어려운 여자가 포르노 퇴치 운동을 전개함
퇴행	스트레스 상황이 되면 현재보다 이전 단계의 발달 단계에 관련된 행동으로 돌아감	결혼생활을 끝낸 후, 남자는 자신의 부모에 완전히 의존하게 됨
승화	자신의 수용될 수 없는 충동을 사회적으로 적합한 추구나 활동으로 돌림	한 여성이 자신의 공격적인 충동을 예술적인 추구로 방향을 전환함

방지한다. 만약 방어기제가 없다면 아동기의 어두운 죄나 원초아의 원시적 요구, 초자아의 질책이 우리를 심리적인 장애를 가진 사람으로 만들었을 것이다. 받아들이기 어려운 소망이나 충동, 열망이 무의식으로 추방하는 억압이나 의도적인 망각은 가장 기본적인 방어기제라 할 수 있다(Boag, 2006). 다른 방어기제는 표 2.2에 설명되어 있다.

따라서 역동적인 무의식적 분투는 원초아와 자아 사이에서 발생한다. 생물학적인 추동(원초아를 표현하려는 노력)은 자아와 대항하게 된다. 자아는 이러한 추동을 제지하거나 사회적으로 용인 가능한 방향으로 방출할 수 있도록 안내한다. 이러한 갈등이 원만히 해결되지 않으면 행동문제나 심리적 장애로 이어지게 된다. 무의식을 직접적으로 볼 수 없기 때문에 Freud는 정신분석이라는 정신 탐색적 작업 방법을 개발하였다(이에 대해서는 이후의 장에서 다루기로 한다).

이러한 방어기제는 원초아의 충동을 제지하여 일상생활을 지속할 수 있도록 해 준다. Freud는 말실수와 건망증이 억압에 의해 숨겨진 무의식적 동기를 의미한다고 주장하였다. 만약 친구가 "네 말을 듣고 있어."라는 의미로 말하려고 했지만 "네 말이 듣기 싫어."라는 말이 튀어나왔다면 그 친구는 억압된 증오의 충동을 표현하고 있는 것이다. 만약 폭풍우가 몰아치는데 연인이 화가 나 우산을 두고 밖에 나갔다면, 이는 아마도 연인이 무의식적으로 다시 돌아올 구실을 만들고 있다고 할 수 있다. 하지만 방어기제는 이상행동을 유발할 수도 있다. 엄청난 스트레스 상황에서 유아기적 상태로 퇴행하는 사람은 그 상황에서 분명히 적응적으로 행동하고 있지 못한 것이다.

심리성적 발달 단계 Freud는 성적 추동이 성격 발달에서 주요한 요소이며, 심지어 아동기에도 적용된다고 주장했다. Freud는 생애 초기 몇 년 동안에는 세상에 대한 아동의 기본적인 관계는 감각적이고 성적인 쾌락추구와 관련해서 조직화된다고 주장하였다. Freud의 관점에서 모든 활동은 신체적으로 쾌락적이다. 음식을 섭취하거나 배변활동을 하거나 하는 행동은 본질적으로 '성적'이라 할 수 있다. (Freud가 말하는 '성적'이라는 말의 의미는 오늘날 '감각적'이라는 말과 유사할 것이다.)

Freud의 관점에서는 성적 쾌락에 대한 추동을 삶의 본능에 대한 표현으로 보았다. 이러한 삶의 본능을 에로스라고 하는데, 삶을 유지하고 영속시키려는 기본적인 추동을 의미한다. 그는 에로스에 포함되어 그 기능을 할 수 있게 하는 에너지를 **리비도** 또는 성적 에너지라고 불렀다. Freud는 리비도 에너지가 아동이 성숙함에 따라 신체의 다른 부위, 즉 **성감대**를 통해 표현된다고 주장하였다. 하나의 성감대에서 다른 성감대로 리비도 에너지가 이동해 가기 때문에 인간의 발달 단계를 심리성적이라고 표현하였다. Freud는 심리성적 발달 단계를 구강기(생후 1년), 항문기(생후 2년), 남근기(생후 3년부터 시작), 잠복기(6세에서 12세까지), 성기기(사춘기부터 시작)의 5단계로 나누었다.

구강기는 생후 1년까지로, 유아는 엄마의 젖을 빨고 가까이에 있는 모든 것을 입으로 가져가면서 성적 쾌락을 얻는다. 빨거나 깨물 수 있는 형태의 모든 구강 자극은 성적 만족뿐만 아니라 자양분의 원천이 된다. **항문기**의 아동은 신체 노폐물 제거를 통제하는 괄약근의 구축과 이완을 통해서 성적 만족을 경험한다.

심리성적 발달의 다음 단계인 **남근기**는 보통 3세에 시작되고, 이 단계에서 주요 성감대는 성기 부분이다(남아의 음경, 여아의 음핵). 아마도 Freud의 이론에서의 가장 논쟁거리는 남근기 단계의 아동이 이성의 부모에 대해 무의식적인 근친상간의 욕망을 키우고 동성의 부모에게 경쟁심을 보이기 시작한다는 것이다. Freud는 이러한 갈등을 **오이디푸스 콤플렉스**라고 불렀다. 자신의 아버지인 줄 모르고 아버지를 죽이고 어머니와 결혼한 그리스의 왕 오이디푸스의 전설에서 그 이름을 따온 것이다. 오이디푸스 콤플렉스의 여성 버전은 Freud 추종자들이 이름을 지어 엘렉트라 콤플렉스라고 하였다. **엘렉트라 콤플렉스**는 그리스 전설에서 따온 것으로, 엘렉트라는 아버지 아가멤논 왕을 죽인 자신의 어머니와 이에 가담한 어머니의 연인을 살해함으로써 아버지의 죽음을 복수한다는 내용이다. Freud는 오이디푸스 갈등이 초기 아동기의 심리적 갈등의 핵심이며, 이러한 갈등을 성공적으로 해결하지 못하면 이후의 삶에서 심리적 문제가 나타날 수 있다고 주장하였다.

오이디푸스 콤플렉스의 성공적인 해결은 소년이 어머니에 대한 근친상간의 욕망을 억압하고 아버지와 동일시하는 것이다. 이 같은 동일시는 전통적인 남성적 역할과 관련되어 적극적이고 독립적인 성격의 발달을 가져온다. 여자의 경우, 성공적인 해결은 아버지에 대한 근친상간의 욕망을 억압하고 어머니와 동일시하는 것이다. 이는 전통적인 여성적 역할과 관련되어 더 수동적이고 의존적인 특성을 가져온다.

오이디푸스 콤플렉스는 그것이 완전히 해결되었든 해결되지 않았든 간에 5, 6세가 되면 해결 지점에 이르게 된다. 동성 부모와의 동일시를 통해 부모의 가치관을 내재

심리성적 발달 단계의 구강기란? Freud에 따르면 초기 유아는 입을 통한 경험을 통해 세상과 만난다.

구강기 고착이란? Freud는 심리성적 발달 단계의 특정 단계에 욕구 충족이 너무 결핍되거나 과잉될 때 고착 성격이 나타날 수 있고, 거식증과 같이 어떤 단계와 연관된 성격 문제가 생길 수 있다고 보았다.

화하게 되는데, 이는 초자아의 형태에서 나타난다. 그런 뒤 잠복기에 진입하게 되면서, 후기 아동기 동안에는 성적 충동이 잠재된 상태로 남아 있게 되고 이들의 관심 분야는 학교와 놀이 활동으로 향하게 된다.

성적 추동은 성기기에 다시 한 번 강해진다. 성기기는 사춘기에 시작되어 성숙한 성과 결혼 그리고 출산이라는 결실에 도달하는 시기다. 잠재기 동안에 억압했던 이성 부모에 대한 성적 감정은 이제 사회적으로 적합한 이성에게 대치되거나 전이되게 된다. Freud는 결혼관계 내에서 이성 배우자와 성관계를 맺음으로써 성적 만족감을 획득하는 것이 성기기 동안의 성공적인 적응이라고 보았다.

Freud의 주요 신념 중 하나는 아동이 심리성적 발달의 각 단계마다 갈등에 봉착하게 된다는 사실이다. 예를 들면 구강기에서 나타나는 갈등은 유아가 구강 만족이 충분히 이루어졌느냐 이루어지지 않았느냐에 초점을 둔다. 너무 많은 만족은 이후의 삶에서 모든 것이 자신의 노력 없이도 주어질 것이라고 기대하게 한다. 반대로 너무 일찍 젖떼기를 한 경우에는 이후의 삶에서 좌절과 연관될 수 있다. 어떤 단계에서든 만족이 너무 적게 이루어지거나 너무 과도하게 이루어지면 그 단계에 **고착**(fixation)되고, 그 단계의 특성이 성격으로 발전된다. 구강기 고착은 '구강적 활동'에 대한 과한 욕망을 나타내게 되고 이후의 삶에서 흡연이나 알코올 남용, 과식, 손톱 물어뜯기로 나타날 수 있다. 구강적 쾌락의 만족과 생존을 위해 엄마의 가슴에 의존하는 유아처럼, 구강기에 고착된 성인은 대인관계 내에서 의존하거나 타인에게 매달리는 등의 행동을 나타낼 수 있다. 남근기 갈등을 성공적으로 해결하지 못한 경우(오이디푸스 콤플렉스)에는 전통적인 남자(또는 여자)의 역할을 거부하고 동성애 성향을 나타낼 수 있다.

다른 정신역동 이론가 정신역동 이론은 Freud의 확고한 신조를 공유하는 정신역동 이론가들의 공헌에 의해 수년에 걸쳐 완성되어 왔다. 이들은 행동이 무의식적인 동기와 내면의 갈등, 불안에 대한 방어적 반응의 작용을 반영한다는 관점을 공유하고 있다. 그러나 정신역동 이론가 중 많은 사람이 Freud가 제시한 여러 주제에 대해 큰 이견을 두고 있다. 이들은 성과 공격성, 의식적 선택과 자기 주도성, 창의성에 대한 강조 등 기본적 본능에 대해 Freud보다 덜 강조하는 경향이 있다.

Carl Jung 스위스의 정신과 의사 Carl Jung(1875~1961)은 Freud 학파의 주요 일원이었다. 그는 분석 심리학이라는 자신의 정신역동 이론을 개발하면서 Freud와 결별하게 되었다. Jung은 인간행동을 이해하기 위해서는 원초아의 충동과 방어기제의 통합뿐만이 아니라 자기인식과 자기방향성의 통합이 반드시 이루어져야 한다고 믿었다. 그는 우리가 억압된 기억과 충동의 저장소인 개인 무의식뿐만 아니라 집단 무의식도 상속받았다고 믿었다. 집단 무의식은 전지전능한 신, 다산과 양육하는 어머니, 젊은 영웅, 현명한 노인, 어둠, 그림자 악마 그림 그리고 중생 또는 부활의 테마와 같은 막연하고 신비로운 신화적 이미지를 포함한 인류의 역사를 반영하는 원시적인 이미지 또는 **원형**(archetypes)을 포함한다. Jung의 관점에서는 비록 원형이 무의식 속에 남아 있을지라도, 그것은 우리의 사고, 꿈 그리고 감정에 영향을 주고 이야기와 영화 속의 문화적 주제에 우리를 반응하게 한다.

Alfred Adler Alfred Adler(1870~1937)도 Jung과 같이 Freud 학파의 주요 일원이었지만 Freud의 주장에 반하여, 사람들은 성적 본능이 아닌 열등감에 의해 기본적으로 사람들이 추동된다는 그의 신념을 발달시키면서 멀어졌다. 어떤 사람이 열등감을 느끼는 것은 신체적 결함에 의한 것이고 그 결과 그 열등감에 대한 보상이 필요하게 된다. 우리 모두는 아동기에 체구가 작기 때문에 어느 정도의 열등감을 느끼는데, 이러한 감정은 명성과 사회적인 권력을 성취하도록 우리를 동기화시키는 우월성을 위한 강력한 추동으로 이어지게 된다. 그러나 건강한 성격에서는 권력을 위한 분투가 다른 사람을 위한 헌신에 의해 약화된다.

Adler는 Jung처럼 자기인식은 인격 형성에 중요한 역할을 한다고 믿었다. Adler는 장애물을 극복하고 개인의 잠재력을 개발하기 위해 노력하는 성격의 자기인식 측면인 창조적 자아에 대해서 이야기했다. 창조적 자아의 가설과 더불어, Adler는 정신역동 이론의 중점을 원초아에서 자아로 이동시켰다. 우리의 잠재력은 독특한 개성이기 때문에, Adler의 견해는 개인 심리학으로 명명되었다.

Karen Horney Karen Horney(1885~1952), (발음 HORN-eye)와 같은 일부 정신역동 이론가들은 정서적 문제의 발달에 자녀-부모 관계의 중요성을 강조했다. 그녀는 부모가 모질거나 무관심한 경우, 아동은 기본 불안이라고 불리는 뿌리 깊은 형태의 불안을 발달시킨다고 주장하였다. 그녀는 기본적 불안을 "잠재적으로 적대적인 세상에서 고립되고 무기력한"(Quinn 1987, p. 41에서 인용) 느낌이라고 설명하였다. 부모를 향해 뿌리 깊

Karen Horney

Erik Erikson

은 분노를 품은 아이들은 적대감의 한 형태를 발달시키는데 그녀는 이를 **기본적 적대감**이라 불렀다. 그녀는 부모를 잃을 수 있다는 근본적인 두려움이나 보복 혹은 처벌의 괴로움 때문에 부모에 대한 적대감을 억누른다는 Freud의 견해를 공유하였다. 그러나 억압된 적대감은 더욱더 심한 불안과 불안정을 발생시킨다. Horney와 함께 Freud를 따르는 다른 정신역동학자들은 성과 공격적 추동에서 발달의 사회적 영향력을 면밀히 살펴보는 것으로 초점을 전환하였다.

최근의 정신역동 모델은 Freud의 모델보다 자기와 자아를 더 강조하고 성적 본능을 덜 강조한다. 오늘날, 대부분의 정신분석학자들은 사람이 두 단계에 의해 동기화된다고 보았는데, 원시적이고 갈등에 지배받는 원초아의 추동에 의해서뿐만 아니라 자아의 성장 지향적이고 의식적인 추구에 의해서 동기화된다고 보았다. Heinz Hartmann(1894~1970)은 자아가 스스로의 동기와 에너지를 가지고 있다고 가정하는 **자아심리학**(ego psychology)의 창시자 중 한 사람이다. 교육을 추구하고, 예술과 시에 자신을 헌신하는 것은 Freud가 본 것처럼 단지 승화의 방어적인 형태가 아니다.

Erik Erikson Erik Erikson(1902~1994)은 Freud로부터 영향을 받았지만, 그 자신 또한 중요한 이론가가 되었다. 그는 Freud가 심리성적 발달 단계를 강조한 것과 달리 심리사회적 발달에 초점을 두었다. Erikson은 무의식의 과정보다 사회적 관계와 개인의 정체성 형성이 더 중요하다고 하였다. Freud의 발달 이론은 생식기 단계로 끝나는 반면, Erikson의 발달이론은 초기 청소년기에 시작되며, 인격은 우리가 삶의 각 시기에 직면하는 심리적 도전이나 위험을 다루면서 성인기에 걸쳐 계속 형성된다고 가정한다. Erikson의 관점에서, 예를 들면 청소년들이 직면한 주요 심리사회적 도전은 **자아 정체성**의 발달인데, 그들이 누구인지, 그들이 믿는 것은 무엇인지를 명확하게 정의하는 것이다.

Margaret Mahler **대상관계 이론**(object-relations theory)은 인기 있는 현대 정신역동적 접근의 하나로, 아동들이 자신의 삶에서 중요한 타인, 특히 부모를 어떻게 상징적인 표상으로 삼는지에 초점을 두었다(Blum, 2010). 대상관계 이론가 Margaret Mahler(1897~1985)는 아동의 성격 발달에 중요한 생애 초기 3년간 어머니로부터 분리된 아동의 성장 과정을 관찰하였다(12장에서 논의).

정신역동 이론에 의하면 우리는 우리의 삶 속에서 부모 모습의 일부를 우리 자신의 성격에 포함하거나 무의식적으로 받아들인다. 예를 들어, 당신은 아버지의 강한 책임감이나, 다른 사람을 기쁘게 하려는 어머니의 열망을 내사했을 수 있다. 내사는 우리가 거절이나 죽음에 의해 다른 사람을 잃어버릴 것 같은 공포를 느낄 때 더욱 강력해진다. 따라서 우리는 우리를 반대하거나 우리와 다른 시각을 가진 사람들의 일부분을 특별히 받아들이는 경향이 있다.

Mahler의 관점에 의하면 다른 사람의 기억과 이미지로부터 정형화된 이러한 상징적인 표현은 우리의 인지와 행동에 영향을 미치게 된다. 우리는 내사된 사람의 사고방

Margaret Mahler

원형의 힘. 해리포터나 스타워즈 소설 같은 어드벤처 이야기가 매우 강요하고 있는 한 가지 전제는 선과 악의 캐릭터 사이의 싸움으로 묘사되는 원형을 나타내는 것이다.

식과 우리 자신의 사고방식이 싸우게 될 때 내적 갈등을 경험하게 된다. 우리의 인식 중 몇몇은 왜곡되거나 비현실적으로 느껴지고, 충동이나 행동 중 일부는 마치 갑자기 나타난 것처럼 우리 자신과 다른 것처럼 보인다. 이러한 갈등으로 인해 우리는 다른 사람들의 영향이 어디에서 끝나고 우리의 '진짜 자기'가 어디에서 시작하는지 말할 수 없게 된다. Mahler의 치료적 접근법의 목적은 내담자로 하여금 내사된 대상의 것으로부터 자신의 생각과 감정을 분리하여 개별적 존재로 발달하도록 돕는 것이다.

정상과 이상에 대한 정신역동적 관점 Freud 학파 모델에서 정신적 건강은 원초아, 자아, 초자아의 정신적 구조 사이에서 역동적으로 균형감을 가지고 기능하는 것이다. 정신적으로 건강한 사람의 자아는 원초아의 본능을 제어하고, 초자아의 비난을 견딜 만큼 강하다. 결혼생활을 통한 성숙한 성욕의 표출과 같이 원시적인 충동을 표출할 수 있는 허용 가능한 배출 수단의 존재는 원초아 안의 압박을 감소시키고, 동시에 남아 있는 충동을 억압하고 있는 자아의 짐을 가볍게 해 준다. 합리적이고 관대한 부모에게 양육된다면 초자아가 과하게 가혹하고 처벌적이게 되는 것을 막을 수 있다.

정신장애를 가진 사람은 심리 구조 사이의 균형이 한쪽으로 치우쳐져 있다. 어떤 무의식적 충동이 '흘러나와' 불안 또는 히스테리, 공포와 같은 정신장애를 유발할 수 있다. 증상은 성격의 한 부분에 있는 갈등이 표현되는 것인데 이 증상은 내적인 혼란에 대해 인식하는 것으로부터 자기(self)를 보호한다. 예를 들어, 칼에 대한 공포증을 가지고 있는 사람은 칼을 이용해 다른 사람을 죽이거나 자신을 해치고자 하는 공격 본능을 인식하는 것으로부터 보호된다. 그래서 증상이 유지되는 동안(즉 칼을 피하는 동안) 살인이나 자살에 대한 충동은 저지된다. 만약 초자아가 과하게 강하다면 지나친 죄책감을 만들어 우울해질 수 있다. 죄책감 없이 다른 사람을 고의로 해치는 사람은 초자아가 발달하지 않은 것으로 여겨진다.

Freud는 정신장애를 일으키는 근본적인 갈등은 아동기로부터 기인하고, 무의식의 깊은 곳에 묻혀 있다고 믿었다. 그는 정신분석을 통해 사람들이 근본적인 갈등을 드러내고, 그것을 다룰 수 있도록 돕기 위해 노력했다. 이런 방법으로 그들은 드러나는 증상을 유지하고 싶은 욕구로부터 스스로를 자유롭게 할 수 있었다.

그러나 끊임없는 경계와 방어가 그들에게 피해를 준다. 자아는 약해질 수 있고, 극단적인 경우에 원초아를 억제하는 능력을 상실하게 된다. 원초아의 충동이 약화되거나 덜 발달된 자아로 인해 통제되지 않고 외부로 나타나게 되면 **정신증**(psychosis, **현실 감각의 상실**)이 나타나게 된다. 일반적으로 정신증은 환각과 같이(존재하지 않는 것을 보거나 소리를 듣는) 현실에 대한 잘못된 인지에 의한 이상행동과 생각을 하는 특징을 보인다. 말은 논리적이지 않으며, 기괴한 자세와 몸짓을 취한다. 조현병이 대표적인 정신병의 형태이다(11장 참조).

Freud는 사랑하고 일할 수 있는 능력을 정신건강과 같은 것으로 보았다. 정상적인 사람은 다른 사람에 대한 깊은 관심과 친밀한 관계 속에서 성적 만족감을 찾을 수 있으며, 생산적인 일에 몰두할 수 있다. 이러한 목표를 달성하기 위해 성적 충동은 이성과의 관계 속에서 표출되어야 한다. 다른 충동은 일, 예술이나 음악의 즐거움, 창조적인 표현과 같은 사회적으로 생산적인 일로 전환(승화)되어야 한다. Jung이나 Adler와 같은 다른 정신역동 이론가들은 분화된 자기를 발달시켜야 하는 필요성에 대해 강조하였다. 분화된 자기는 통합하는 힘으로 행동의 방향성을 제공하고, 개인의 잠재성을 발달하도록 돕는다. Adler는 심리적 건강은 하나 또는 그 이상의 장에서 뛰어나기 위해 분투함으로써 열등감을 보상하려고 하는 노력을 포함한다고 주장했다. 유사하게 Mahler의 경우 이상행동은 구별되고 개별화되는 정체성의 발달이 실패함으로써 기인하는 것이라 보았다.

정신역동 모델의 평가

정신역동 이론은 일반 문화에 스며들어 있다(Lothane, 2006). 심지어 Freud에 대해 읽어 보지 않았던 사람들일지라도 말실수 속에서 상징적인 의미를 찾고, 이상 증상을 초기 아동기로부터 기인한 것으로 추정한다. 비록 Freud가 의도한 것과 완전히 일치하지는 않지만 자아나 억압 같은 용어는 흔한 것이 되었다.

정신역동 모델은 우리가 스스로에 대해 잘 알지 못한다는 것을 깨닫게 하였는데(Panek, 2002), 이는 우리의 행동이 우리가 인지하지 못하거나 아주 희미하게 인지할 수 있는 숨겨진 추동과 충동에 의해 동기화되기 때문이다. 게다가, 아동의 성과 관련한 Freud의 신념은 많은 관심을 받았지만 동시에 논란이 되었다. Freud 이전에 아동은 순수하고 성적 욕구가 없는 것으로 인식되었었다. 그러나 Freud는 어린 아동들뿐만 아니라 심지어 유아들조차도 구강, 항문, 남근 영역의 자극을 통해 쾌락을 추구한다고 여겼다. 그러나 원시적 추동이 근친상간의 욕구, 가족 내 경쟁과 갈등을 일으킨다는 그의 믿음은 정신역동 집단에서조차 논란으로 남아 있다.

많은 비평가들과 Freud의 몇몇 추종자들마저도 그가 성적이고 공격적인 충동을 너무 많이 강조하면서 사회적 관계에 대해서는 충분히 강조하지 않았다고 생각한다. 또한 비평가들은 정신 구조인 원초아, 자아, 초자아가 내면의 갈등을 표현하는 데 유용한 방법인 소설이나 시에 불과한 것이라고 주장하였다. 예를 들어 상담자는 내담자가 회기에 참석하기 싫어서 무의식적으로 약속을 잊어버렸다고 추측할 수 있다. 그러한 무의식적 동기는 과학적인 입증의 대상이 되지 않는다. 반면 정신역동을 지향하는 연구자들은 많은 Freud의 개념들을 실험하기 위한 과학적 접근을 개발해 왔다. 그들은 점점 늘어나는 연구 근거들이 억압과 같은 방어기제를 포함하여 보통의 의식 외부에 존재하는 무의식적 과정의 존재를 지지한다고 믿는다(Cramer, 2000; Westen & Gabbard, 2002).

학습 기반 모델

Freud와 그의 추종자들의 정신역동 모델은 이상행동에 대한 최초의 주류 심리학적 이론이었다. 그리고 또 다른 의미 있는 심리학 이론이 20세기 초에 나타났다. 이는 행동적 관점으로 조건 반사의 발견자인 러시아 심리학자 Ivan Pavlov(1849~1936)와 **행동주의**(behaviorism)의 아버지인 미국인 심리학자 John B. Watson(1878~1958)에 의해 알려졌다. 행동주의적 관점은 정상과 이상 모두를 설명하는 학습의 역할을 강조한다. 학습적 관점에서 이상행동은 부적절하거나 부적응적인 행동을 배우거나 습득한 것임을 의미한다.

의학적 그리고 정신역동적 관점에서 이상행동은 각각 내재된 생리적, 심리적 문제의 징후이다. 그러나 학습적 관점에서 이상행동은 행동 그 자체의 문제이다. 이런 관점에서 이상행동은 정상행동과 상당히 유사한 방식으로 학습된다. 왜 어떤 사람들은 이상행동을 할까? 그 이유는 아마도 그들의 학습 경험이 대다수 사람들의 학습 경험과 다르기 때문일 것이다. 예를 들어 어떤 사람이 어릴 때 자위행위에 대해서 과도한 벌을 받았다면 어른이 되었을 때 성생활에 대해서 불안해할 수 있을 것이다. 실수에 대한 변덕스러운 처벌, 좋은 행동을 보상하고 칭찬하는 것에 대한 실패와 같은 미숙한 육아 방식은 반사회적 행동으로 이어질 수 있다. 부모로부터 관심을 받지 못하거나 학대받는 아이들은 바깥 세계보다는 내면의 판타지에 더 많은 관심을 가지게 되며, 판타지와 현실을 구별하는 데 어려움을 겪는다.

Watson과 하버드 대학의 심리학자인 B. F. Skinner(1904~1990)는 인간 행동이 유전적 요인과 환경적·상황적 영향에 의한 산물이라고 믿었다. Freud와 같이 Wat-

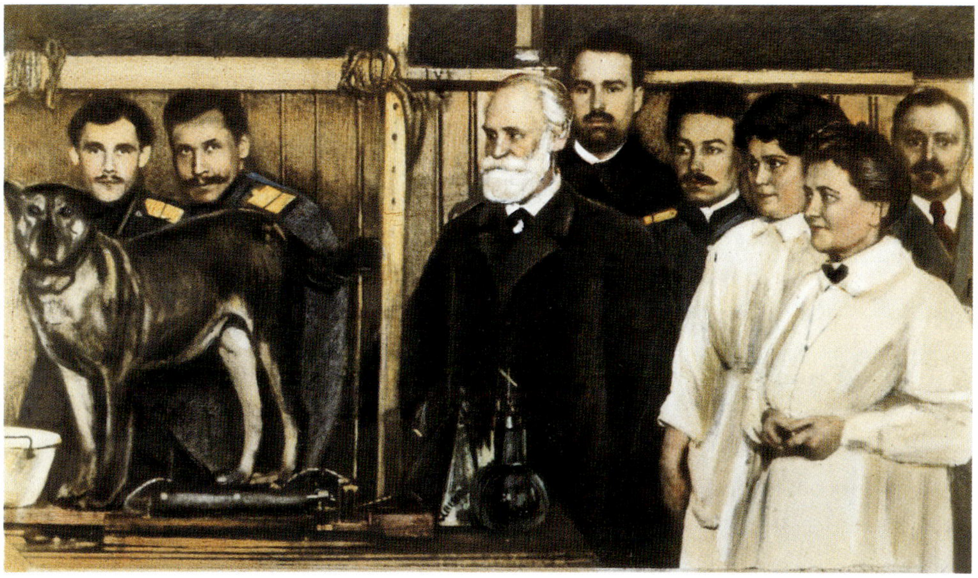

Ivan Pavlov. 러시아 심리학자 Ivan Pavlov(가운데, 흰 수염)는 그의 고전적 조건 장치를 학생들에게 시범 보여 주었다. 어떻게 고전적 조건의 원리가 심리학자들이 공포라고 말하는 지나치며 비이성적인 두려움을 습득하게 되는지 설명한다.

son과 Skinner는 인간의 자유, 선택, 자기관리와 같은 개념을 버렸다. 그러나 Freud가 우리를 무의식적 마음에 있는 힘에 의해 추동되는 것으로 본 반면, 행동주의자들은 우리를 행동을 조작하고 형성하는 환경적 영향의 산물로 보았다. 행동주의자들은 또한 심리학 연구의 초점을 내재된 동기에 집중하기보다는 행동 그 자체에 제한해야 한다고 믿었다. 이러한 관점에서 치료는 마음의 작용에 대한 통찰을 얻는 것보다 행동을 구체화하는 것을 통해 이루어진다. 행동주의자들은 정상행동과 이상행동을 모두 만들어 내는 두 가지 형태의 학습 역할에 집중한다. 이를 고전적 조건과 조작적 조건이라 부른다.

B. F. Skinner

고전적 조건의 역할 Ivan Pavlov는 조건 반사(지금은 조건 반응으로 불린다)를 아주 우연히 발견했다. 실험실에서 그는 먹이에 대한 침 흘리는 행동을 연구하기 위해 그

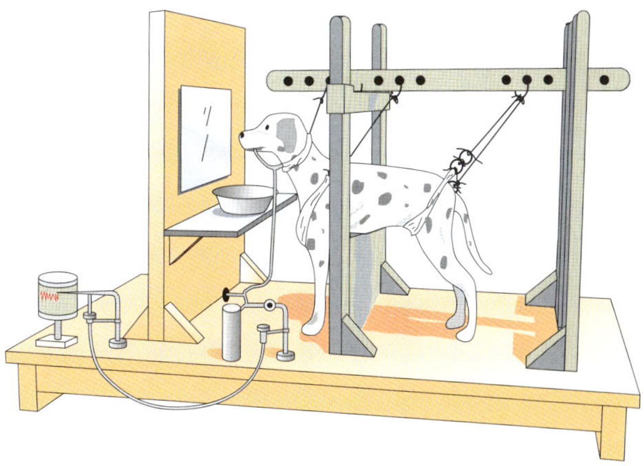

그림 2.6 Ivan Pavlov의 조건화 실험에 사용된 장치. Ivan Pavlov는 조건화의 과정을 보여 주기 위해 이와 같은 장치를 사용하였다. 왼쪽에 연구자가 뒤에서 종을 울리기 위한 양방향 거울이 있다. 종이 울린 이후에는 개의 혀 위에 고기가 올려졌다. 여러 차례 종소리와 고기의 연합이 실행된 후 개는 종소리에 대한 반응으로 침 흘리는 것을 학습하였다. 개의 침은 튜브를 통해 병에 담겨졌고, 병 속의 침의 양은 조건화된 반응의 강도로 측정되었다.

림 2.6과 같은 장치에 개를 매었다. 관찰 결과 개는 먹이를 먹기도 전에 침을 흘리고 위액을 분비하였다. 이러한 반응은 음식 카트가 방으로 들어오는 소리에 의해 유도되는 것으로 나타났다. 따라서 Pavlov는 종소리와 같은 다른 자극이 먹이를 주는 자극과 연합될 때 동물이 침 흘리는 행동을 학습할 수 있다는 것을 보여 주는 실험을 수행했다.

개는 일반적으로 종소리에 침을 흘리지 않기 때문에 Pavlov는 개가 이런 반응을 습득했다고 추론했다. 그는 이것을 **조건적 반응**(conditioned response, CR) 또는 조건적 반사라고 명명했는데, 그것이 자연스럽게 침을 흘리도록 유도하는 자극인 **무조건적 자극**(unconditioned stimulus, US)과 짝을 이루기 때문이다. 이 실험에서는 음식으로 자연스럽게 침을 흘리게 유도한다(그림 2.7 참조). 침(타액)은 음식에 대한 반응으로 학습이 필요없는 반응이기 때문에 **무조건적 반응**(unconditioned response, UR)으로 불렸고, 앞서 중성적인 자극인 종소리는 **조건 자극**(conditioned stimulus, CS)으로 불렀다.

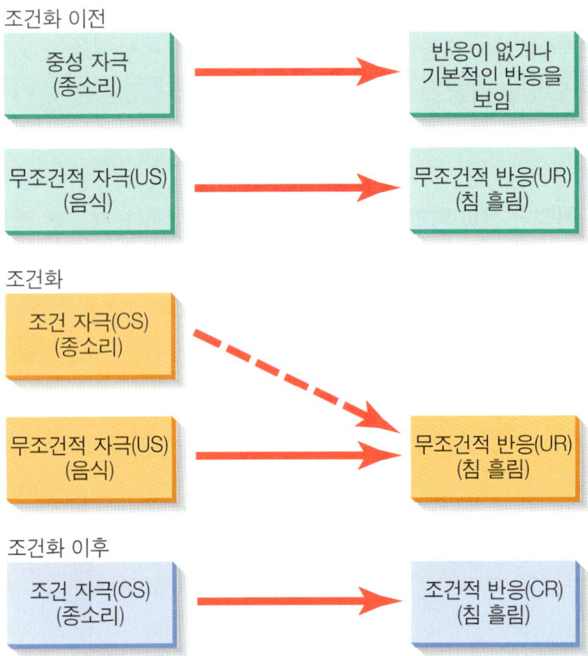

그림 2.7 고전적 조건의 도식 묘사. 조건화 이전에 개의 혀 위에 올려진 먹이(무조건적 자극 또는 US)는 자연스럽게 침 분비(무조건적 반응 또는 UR)를 이끌어 낸다. 그러나 종은 침 분비가 아닌 정향적 반응을 이끌어내는 중립적 자극이다. 조건화가 진행되는 동안 먹이(US)가 개의 혀 위에 올려져 있을 때 종(조건적 자극 또는 CS)은 울렸다. 여러 차례의 조건화 시도가 일어난 이후 비록 먹이(US)가 수반되지 않더라도 종이 울리면 종(CS)은 침 분비(조건적 반응 또는 CR)를 유도할 것이다. 개는 조건화되었다고 말하거나 또는 조건적 자극(CS)에 대한 반응으로 조건적 반응(CR)을 보여 주게끔 학습되었다고 말한다. 학습 이론가들은 무해한 자극에 대한 비이성적이고 과도한 두려움은 고전적 조건화의 원리를 통해 습득된 것이라고 주장해 왔다.

당신은 매일의 삶에서 **고전적 조건화**(classical conditioning)의 예들을 찾을 수 있는가? 당신은 대기실에서 치과용 드릴의 소리에 움찔하지 않는가? 드릴 소리는 두려움과 근육 긴장과 같은 조건 반응을 유도하는 조건 자극이 될 것이다.

공포나 지나친 두려움은 고전적 조건화에 의해 습득된다. 예를 들어 엘리베이터에 대한 트라우마를 갖고 있던 사람은 엘리베이터를 탈 때 공포감이 커진다. 이 예에서 중성적인 자극(엘리베이터)은 혐오 자극(트라우마)과 연합되거나 짝지어지는데 트라우마는 조건 반응(공포)을 이끈다.

Watson은 그 자신이 고전적 조건을 통하여 어떻게 두려움의 반응이 습득되는지 보여 주었다. 나중에 그의 아내가 되는 연구 보조자인 Rosalie Rayner와 함께 Watson은 'Little Albert'로 잘 알려진 11개월 남자아이가 흰 쥐에 대한 두려움을 느끼도록 고전적으로 조건화하였다(Watson & Rayner, 1920). 조건화에 앞서 그 아이는 쥐에 대한 공포 반응을 보이지 않았고, 실제로 쥐를 만지기 위해 팔을 뻗기도 하였다. 다음으로 아이가 쥐에게 손을 뻗칠 때 아이의 머리 바로 뒤에서 망치로 금속 막대를 때려 혐오스러운 소음을 만들었다. 소음과 쥐의 등장이 반복적으로 짝지어지자 아이는 쥐가 나타나는 것만으로도 두려운 반응을 보이면서 조건화된 반응을 보여 주었다.

학습 이론의 관점에서 정상행동은 조건적 자극을 포함한 자극에 적절하게(적응적으로) 반응하는 것을 말한다. 결국 우리가 뜨거운 난로에 한두 번 손을 데이거나 거의 데일 뻔한 경험을 통해 난로에 손을 너무 가까이 대는 것에 대한 두려움을 배우지 않았다면 우리는 불필요한 화상의 고통을 반복적으로 경험할 것이다. 반면 조건화로 인한 부적절하고 부적응적인 공포를 습득하는 것은 세상에서 적절히 기능하기 위한 우리의 노력을 무용지물로 만들 것이다. 5장에서는 조건화가 공포와 같은 불안장애를 어떻게 도울 수 있는지에 대해 설명할 것이다.

조작적 조건형성의 역할 고전적 조건형성을 통해 음식과 연합된 자극에 침을 흘리는 것이나 고통스럽거나 부정적인 자극과 짝지어진(연합된) 자극에 대한 정서반응(두려움)과 같이 단순하고 반사적인 반응을 설명할 수 있다. 그러나 고전적 조건형성은 공부, 일, 사회화, 음식 준비와 같은 보다 복잡한 행동을 설명할 수 없다. 행동주의 심리학자 B. F. Skinner(1938)는 이러한 종류의 복잡한 행동을 **조작적 반응**이라 불렀는데 그 이유는 효과나 결과를 만들어 내기 위하여 환경을 조작하기 때문이다. **조작적 조건화**(operant conditioning)에서 반응은 반응의 결과에 의해 습득되고 강화된다.

우리는 교실에서 손을 드는 것과 같은 반응이나 기술을 배우고, 이를 통해 **강화**(reinforcement)를 받게 된다. 강화물은 앞선 행동의 빈도를 증가시키는 환경(자극)의 변화이다.

결과에 대한 보상을 일으키는 행동은 강화된다. 즉, 행동을 다시 일으키기가 좀 더 쉽다는 것이다. 오랜 시간 후 그런 행동은 습관이 된다(Staddon & Cerutti, 2003). 예를 들어 처음 손을 들었을 때 선생님이 당신에게 반응을 보였던 초등학교 때의 경험에 기초하여, 당신이 교실에서 손드는 습관이 습득되었을 수 있다.

강화물(강화 요인)의 종류 Skinner는 두 가지 종류의 강화물을 찾았다. **정적 강화물**(positive reinforcers)은 일반적으로 **보상**이라 불리는데 보상이 제시되거나 주어졌을 때 행동의 빈도를 상승시킨다. Skinner 연구의 대부분은 비둘기와 같은 동물에 대한 조작적 조건을 연구하는 데 집중되었다. 만약 비둘기가 버튼을 쪼았을 때 먹이를 얻을 수 있다면 비둘기는 배가 부를 때까지 계속해서 버튼을 쪼을 것이다. 우리가 다른 사람을 위해 창문을 열어 둔 채로 있을 때 그들로부터 우호적인 반응을 얻는다면 우리는 다른 사람을 위해 창문을 열어 놓는 습관을 발달시킬 것이다. **부적 강화물**(negative reinforcers)은 **제거했을 때** 행동의 빈도가 증가하는 강화물이다. 만약 우는 아이를 달래기 위해 들어 올릴 때 아이가 울음을 멈춘다면 그 행동(아이 들어 올리기)은 부적으로 강화된다. 들어 올리는 행동이 부정적인 강화물(울음, 부정적 자극)을 제거하기 때문이다. [울음: 부적 강화물] [아이 들어 올리기: 증가하는 행동]

적응적이고 정상적인 행동은 강화를 이끄는 반응이나 기술을 배우는 것을 포함한다. 우리는 음식이나 돈, 인정 같은 보상이나 강화물을 얻는 행동을 배우고, 고통이나 거절과 같은 부정적인 강화물을 피하거나 제거하는 데 도움이 되는 행동을 배운다. 만약 학습 환경이 새로운 기술을 학습할 수 있는 기회를 제공하지 않았다면 우리는 강화를 얻기 위해 필요한 기술을 발전시키기 위한 노력하기 어려웠을지도 모른다. 예를 들어 사회적 기술의 결핍은 다른 이들로부터의 칭찬(칭송)과 인정 같은 사회적 강화를 위한(얻을 수 있는) 기회를 감소시킬 것이고, 우울이나 사회적 고립으로 이어질 수 있다. 7장에서 우리는 강화 수준이 변화함에 따라 어떻게 우울이 높아지는지에 대한 연관성을 살펴볼 것이다. 11장에서는 조현병 환자의 적응적 사회 행동을 돕기 위한 학습기반 치료 프로그램에 강화의 원리가 어떻게 통합되는지를 살펴볼 것이다.

처벌 대 강화 **처벌**(punishment)은 강화의 이면으로 간주된다. 처벌은 행동의 빈도를 **줄이는** 혐오 자극이다. 처벌은 많은 형태를 띠는데 찰싹 때리기나 고통스러운 자극을 이용한 신체적 처벌, 텔레비전 끄기와 같이 강화 자극을 제거하는 것, 주차위반 시 벌금을 부과하는 것, 외출 금지와 같은 권리 빼앗기, 타임아웃과 같은 강화 환경으로부터의 제거 등이 있다.

이제 종종 혼동을 일으키는 두 용어인 **부적 강화**와 **처벌**을 구별해 보자. 혼동이 오는 이유는 혐오적이거나 고통스러운 자극이 상황에 따라 부적 강화나 처벌의 역할을 모두 할 수 있기 때문이다. 처벌의 경우 혐오 자극이나 고통스러운 자극을 **가하거나 적용시킴으로써** 처벌이 따르는 행동을 약화시킨다. 반면에 부적 강화의 경우 혐오 자극이나 고통스러운 자극의 제거로 부적 강화가 따르는 행동을 강화한다. 만약 아기가 울 때, 아기에 대한 무관심 같은 행동이 약화된다면 아기의 울음은 무관심에 대한 처벌이 될 수 있다. 울음을 그치게 하기 위해 아기를 들어 올리는 행동이 강화된다면 아기의 울음은 부적 강화가 될 수 있다.

처벌, 특히 신체적 처벌은 바람직하지 않은 행동을 제거하기보다 일시적으로 억제할 수 있다. 처벌이 사라지면 행동은 다시 되돌아올 것이다. 처벌의 또 다른 제한점은 좀 더 바람직한 대안적 행동의 계발을 이끌어 낼 수 없다는 것이다. 처벌은 학습적 상황에서 사람들이 뒤로 물러나도록 이끌 것이다. 처벌을 받은 아이들은 교실에서 배제되며, 학교에서 소외되거나 내쫓길 것이다. 게다가 처벌은 건설적인 학습보다 분노나 적대감을 만들어 내고, 특히 반복되거나 심할 경우에는 남용의 경계를 넘나들 수 있다. 아동 학대는 성격장애(12장)나 해리장애의 유형을 포함한 많은 비정상적인 행동을 나타나게 한다(6장 참조).

심리학자들은 강화가 처벌보다 유익하다고 생각한다.

좋은 행동을 강화하기 위해서는 잘못된 행동뿐만 아니라 좋은 행동에 대해서도 주의를 기울여야 한다. 품행 문제를 일으키는 몇몇 아이들은 오로지 잘못된 행동을 할 때만 다른 이로부터 관심을 얻는다. 결과적으로, 이들은 의도치 않게 바람직하지 않은 행동을 강화하게 될 수 있다. 학습 이론가들은 어른들이 어린이들에게 바람직한 행동을 가르쳐 줄 필요가 있고, 그것을 습득하도록 하기 위해 지속적으로 강화해야 한다고 지적한다.

이제 학습과 행동의 인지적 요소의 역할을 고려한 사회인지 이론(과거에는 사회학습 이론으로 알려짐)이라고 알려진 현대 학습 모델에 대해 생각해 보자.

사회인지 이론 **사회인지 이론**(social-cognitive theory)은 Albert Bandura(1925~), Julian B. Rotter(1916~) 그리고 Walter Mischel(1930~) 등의 공헌으로 나타났다. 사회인지 이론가들은 사고와 인지 그리고 관찰학습을 망라하는 **모델링**(modeling)(Bandura, 2004)의 역할을 포함하면서 전통적인 학습 이론을 확장해 나갔다. 예를 들어 거미 공포증은 현실이나 텔레비전, 영화 속에서 나타난 다른 사람들의 공포 반응을 관찰하면서 학습될 수 있다.

관찰학습. 사회인지 이론에 따르면 많은 사람의 행동은 모델링 또는 관찰학습을 통해 획득된다.

사회인지 이론가들은 환경이 마치 사람들에게 영향을 미치듯이 그들도 환경에 영향을 미칠 수 있다고 믿는다(Bandura, 2004). 사회인지 이론가들은 인간의 특성을 관찰된 행동으로 연결시키려는 Watson과 Skinner와 같은 전통적 행동주의자들의 이론에 동의했다. 그러나 그들은 인간행동을 설명하기 위해서는 관찰 학습만큼이나 **기대**(expectancy)와 특별한 목적을 추구하는 가치와 같은 사람과 관련한 요소 또한 필요하다고 주장한다. 예를 들어 8장에서는 약의 효과에 대한 긍정적인 기대를 가지는 사람이, 긍정적인 기대를 덜 가지는 사람보다 약을 더 쉽게 사용하거나 더 많은 양의 약을 사용하는 것을 볼 수 있다.

학습 모델 평가하기

학습적 관점은 바람직하지 않은 행동을 체계적으로 바꾸도록 도와주는 학습 원리를 적용한 **행동치료**[behavior therapy, **행동수정**(behavior modification)이라고도 함]와 같은 치료 모델을 양산해 왔다. 행동치료 기술은 공포, 불안장애, 성기능 장애 그리고 우울증을 포함한 광범위한 심리적 문제를 극복하도록 도와주었다. 더욱이 프로그램에 기반한 강화는 현재 부모가 보다 나은 양육 기술을 학습하거나 교실에서 학생들이 학습하는 것을 돕는 데 광범위하게 사용된다.

행동주의만으로는 인간의 행동을 풍부하게 설명할 수 없을 뿐더러, 인간의 경험은 관찰된 반응으로 감소될 수 없다고 비판하는 사람들도 있다. 또한 많은 학습 이론가, 특히 사회인지 이론가들은 보상 및 처벌과 같은 환경의 영향으로 행동을 기계적으로 통제할 수 있다는 엄격한 행동주의적 관점에 만족하지 않는다. 인간은 생각과 꿈을 가지고 목표와 포부를 만들어 내는데, 행동주의는 그것이 인간에게 의미하는 많은 부분을 다룰 수 없다. 사회인지 이론이 전통적인 행동주의의 범위를 확장시켜 왔으나, 행동에 대한 유전적 공헌을 강조하지 못했고 의식의 흐름, 자기인식과 같은 주관적인 경험을 충분하게 설명하지 못했다고 주장했다. 이어서 살펴보겠지만, 주관적 경험은 인본주의적 모델의 중요한 위치를 차지하고 있다.

인본주의 모델

인본주의 심리학은 20세기 중반에 출현하였다. 이는 정신역동적 모델과 학습 기반의 행동적 모델에서 분리하여 목적과 의미를 추구하며 삶을 살아가는 개인의 의식적 선택과 자유를 강조하였다. 인본주의 심리학의 중요한 두 인물인 미국 심리학자 Carl Rogers(1902~1987)와 Abraham Maslow(1908~1970)는 인간은 될 수 있는 모든 것을 실현하고자 하는 **자아실현**(self-actualization)을 향한 경향성을 타고 난다고 믿었다. 우리는 각자 감정, 욕구, 자신의 삶에 대한 관점을 제공하는 특성과 재능의 군집체를 가지고 있다. 진정한 욕구와 감정을 인식하고 수용하며 또한 자신에게 진실함으로써 우리는 의미와 목적이 있는 진실한 삶을 살 수 있다. 우리는 자신이 원하고 바란다고 해서 그대로 행동에 옮기며 살지는 않는다. 그러나 진실한 감정에 대한 의식과 주관적인 경험은 우리가 의미 있는 선택을 할 수 있도록 도와준다.

인본주의 심리학의 관점에서 이상행동을 이해하기 위해, 우리는 사람들이 자아실현과 진정성을 향해 갈 때 직면하게 되는 장애물을 이해할 필요가 있다. 이를 위해서, 심리학자는 내담자가 세상을 바라보는 관점을 이해해야

자아실현. 인본주의 이론가들은 자아실현, 즉 우리가 될 수 있는 모든 것을 실현하고자 하는 욕구가 있다고 믿는다. 자아실현의 과정은 각 개인의 고유한 것으로 같을 수 없다.

Carl Rogers(위)와 Abraham Maslow(아래). 인본주의 심리학에서의 주요한 권위자 중 두 명.

한다. 왜냐하면 내담자가 세상을 보는 주관적인 관점이 그들의 경험을 자기 강화나 자기 패배의 방식으로 해석하고 평가하도록 이끌기 때문이다. 인본주의적 관점은 사람들의 주관적 경험, 즉 '세상에 존재하는 것'에 대한 의식적 경험의 흐름을 이해하려 한다.

이상행동을 바라보는 인본주의적 개념 Rogers는 이상행동이 왜곡된 자기감에서 기인한다고 본다. 부모는 언제든 아이들이 자신의 행동과 상관없이 사랑받을 만하다는 사실을 보여 주고 확인시켜 주어야 하는데, 이러한 **무조건적 긍정적 존중**(unconditional positive regard)을 제공함으로써 아이들이 긍정적인 자아개념을 발달시켜 나가도록 도울 수 있다. 부모는 특정한 행동을 거부할 수 있으나 그 행동이 바람직하지 않은 것일 뿐, 아이 자체가 그러한 것이 아님을 알려 주어야 한다. 그러나 부모가 원하는 행동을 할 때에만 아이를 받아들여 주는 **조건적 긍정적 존중**(conditional positive regard)을 보여 주게 될 때 아이들은 부모가 거절하는 자신의 모든 생각, 감정, 행동을 차단할 것이고, 가치의 조건을 발달시키는 법을 배울 것이다. 그들은 부모에게 용납되는 특정한 방식으로 행동할 때에만 자신이 가치 있다고 생각하게 될 것이다. 예를 들어, 말을 잘 들을 때에만 가치 있게 대해 주는 부모 밑에서 자란 아이는 분노를 느끼는 스스로의 모습을 부정할 것이다. 어떤 가정의 아이들은 부모의 관점이 아닌 자신만의 생각을 갖지 못할 것이다. 부모와 다른 생각을 하면, 그들은 스스로를 '나쁜' 사람으로 볼 것이고, 스스로 문제 있고, 이기적이고, 심지어 악한 사람으로 느끼기도 할 것이다. 스스로의 자아존중감을 유지하기 위해 아이들은 자신의 진실된 감정을 부정하고 자신의 일부를 끊어 낼 것이다. 그 결과 아이들은 진정한 자신의 모습으로부터 이방인이 되어가는 왜곡된 자기개념을 가질 수 있다.

Rogers는 우리의 감정과 생각이 타인의 기대를 반영한 왜곡된 자기개념과 불일치한다는 것을 인식할 때 불안을 느낀다고 생각했다. 예를 들어, 부모님은 아이에게 고분고분하고 말 잘 듣기를 기대하지만, 아이는 분노와 반항심을 느낄 수 있다. 불안은 불쾌한 감정이므로, 아이는 이런 느낌과 생각이 존재한다는 것조차 부인하려 들 수도 있다. 그리하여 자기의 진정한 자아실현은 유보된다. 이렇게 되면 우리는 자신의 심리적 에너지를 성장이 아니라 계속적인 부인과 자기방어에 쓰게 되는데 이런 상황에서는 자신의 진정한 가치나 재능을 인식할 수 없게 된다. 그 결과 좌절과 불만족을 느끼게 되며, 이는 이상행동의 시작점이 된다.

인본주의자들은 인간은 타인의 소망을 모두 이루어 줄 수도, 자신에게 항상 진실할 수도 없다고 본다. 이는 자아실현이 불가피하게 타인과의 갈등으로 이어진다는 뜻은 아니다. Rogers는 인간이 자신의 고유한 잠재성을 실현하려는 노력에 좌절을 겪게 될 때에만 타인을 해치고 반사회적인 행동을 한다고 믿었다. 부모와 다른 사람들이 아이의 다름을 사랑과 인내로 대해 준다면 아이들은 비록 부모와 조금 다른 가치관이나 선호를 가질지라도 다른 사람을 사랑하고 인내할 줄 아는 사람으로 성장할 것이다. **진실 / 거짓**

진실 또는 거짓

아동은 다른 사람들이 자기에게 기대하는 바를 반영하여 왜곡된 자기개념을 가지지만 이것이 실제 자신을 반영하지는 않는다.

진실 Rogers에 따르면, 아이들은 다른 사람들이 그들에게 기대하는 것을 반영하여 거울과 같은 왜곡된 자기개념을 개발할 수 있다.

Rogers의 관점에서 자아실현에 이르는 통로는 자기발견과 자기수용의 과정을 포함하고, 자신의 진실한 감정과 마주하며, 이를 자신의 것으로 받아들이며, 감정을 진실되게 반영하는 방식으로 행동하는 과정을 포함한다. 이것이 Rogers 심리치료의 목표이며, **내담자 중심치료** 혹은 인간중심치료로 불린다.

인본주의 모델의 평가

이상행동을 이해하는 데 있어서 인본주의 모델의 강점은 의식적 경험을 강조하며 사람들로 하여금 자기 다양성과 자기수용을 할 수 있게 돕는다는 점이다. 인본주의 운동은 현대 심리학에 자유 선택, 개인적 책임감, 진실성과 같은 개념들을 도입했다. 인본주의적 접근의 가장 큰 강점이 의식적 경험에 대한 강조임에도 불구하고, 역설적이게도 이것은 가장 큰 약점이 되었다. 의식적 경험은 개인적이고 주관적인 것으로 수량화하거나 객관적으로 연구하기 어렵다. 그렇다면 상담자들이 내담자의 눈을 통해 이 세상을 정확하게 지각하고 있다고 어떻게 확신할 수 있는가? 인본주의자들은 의식을 관찰하는 것이 어렵더라도 포기해서는 안 된다고 대답할 것이다. 이를 포기하면 사람이 된다는 것이 의미하는 본질적 측면을 부정하게 되기 때문이다.

Maslow와 Rogers의 이론적 기초가 되는 자아실현의 개념이 증명되거나 부정될 수 없다는 것에 대해 비판을 제기하는 사람들도 있다. 자아실현이란 다른 정신 구조와 같이 직접적으로 측정되거나 관찰될 수 없다. 이는 눈에 보이는 것을 통해 추론할 수 있을 뿐이다. 자아실현은 또한 행동에 대한 순환적 설명만을 만들어 낸다. 누군가가 노력하는 것을 보고, 그 노력의 원인이 자아실현 경향성에 의한 것이라고 가정한다면, 이를 통해 우리는 무엇을 배울 수 있는가? 그러한 경향성의 근원이 무엇인지는 여전히 알려지지 않은 채로 남아 있다. 이와 유사하게, 누군가가 노력하지 않는 것을 관찰했을 때, 좌절된 자아실현 경향성으로 인한 노력의 결핍 때문이라고 가정하여 우리가 얻는 것은 무엇인가? 이러한 좌절의 근본적인 원인이 무엇인지 또한 여전히 알려지지 않은 채로 남아 있다.

무조건적 긍정적 존중은 어떻게 만들어지는가? Rogers는 그들의 순간적인 행동과 무관하게 내적 가치에 기반한 보상을 하는 무조건적 긍정적 존중을 보여 줌으로써, 부모가 자존감을 개발하도록 도울 수 있으며 자아실현을 향한 길을 제시할 수 있다고 믿는다.

인지 모델

인지라는 단어는 라틴어에서 '지식'을 의미하는 *cognitio*에서 유래하였다. 인지 이론가들은 비정상적인 행동에 수반되거나 잠재되어 있는 사고, 신념, 기대 그리고 태도와 같은 인지를 연구하였다. 그들은 현실이 우리의 기대, 태도 등에 의해 어떻게 왜곡되는지, 세계에 대한 부정확하거나 편견을 가진 정보처리 과정이 어떻게 비정상적인 행동을 유발하는지에 초점을 맞춘다. 인지 이론가들은 우리 삶에서 일어나는 사건 그 자체가 아닌, 사건에 대한 우리의 해석이 감정적 상태를 결정한다고 믿는다.

정보처리 모델 인지 심리학자들은 인간이 어떻게 정보를 처리하고, 이러한 처리 과정에 어떠한 오류가 생겨서 이상행동과 같은 문제를 일으키는지 설명하기 위해 컴퓨터 과학의 개념을 인용하기도 한다. 컴퓨터 용어를 살펴보면 정보는 키보드를 통해 컴퓨터에 기입될 수 있도록 부호화되어 입력되고, 통계적 · 수리적 작업을 수행하는 것과 같이 문제 해결을 위해 조작할 수 있도록 작업 기억 속에 저장된다. 또한 정보는 하드 드라이브나 플래시 드라이브 같은 저장 장치에 영구적으로 저장될 수 있는데, 이는 나중에 컴퓨터 영상 또는 프린트를 통해 재생되는 방식으로 산출/출력될 수 있다.

사람은 외부 세계에 대한 정보를 감각적 또는 인지적 과정을 통해 **입력**, **조작**(해석된 또는 처리된), **저장하고**(기억에 담아두며), **인출하며**(기억으로부터 가져오며) 그리고 정보에 의거하여 행동하는 형태로 **출력**한다. 심리적 장애는 정보처리 과정이 방해를 받거나 중단되는 것을 나타낼 수 있다. 입력 장애나 왜곡, 또는 정보 저장, 인출, 조작의 실패는 왜곡된 출력의 원인이 될 수 있다(예: 기괴한 행동). 예를 들어 조현병을 가진 사람들은 사고에 접근하거나 이를 조직함에 있어 어려움을 겪을 수 있고, 이로 인해 앞뒤가 맞지 않는 말이나 망상적 사고의 형태로 혼란스러운 출력을 할 수 있다. 그들은 주의를 집중하거나 소음과 같은 외부 자극을 선별하는 데 어려움을 겪을 수 있는데, 이는 감각에서의 초기 입력 과정에 문제가 있음을 나타내는 것일 수 있다.

정보의 조작은 인지치료자들이 **인지적 왜곡** 또는 **사고의 오류**로 정의한 것들에 의해 왜곡될 수 있다. 예를 들어, 우울한 사람들은 그들이 경험하는 부정적 사건(직장에서 낮은 평가를 받거나, 데이트 상대에게 거절당하는 것)의 중요성을 과대평가하므로 개인적 상황에 대해 지나치게 부정적인 관점을 갖는 경향이 있다. Albert Ellis(1913~2007)와 Aaron Beck(1921~) 같은 인지 심리학자들은 왜곡되거나 비합리적인 사고의 패턴은 감정적 문제나 부적응적인 행동을 야기한다고 주장한다.

인지 이론에 대한 기본적인 아이디어를 공유하는 사회인지 심리학자들은 사회적 정보가 부호화되는 방식에 초점을 맞춘다. 예를 들어, 공격적인 소년 또는 청소년들은 다른 사람의 행동을 위협적인 것으로 부정확하게 부호화할 것이다(13장 참조). 그들은 그렇게 하지 않으면 다른 사람이 자신을 아프게 할 것이라고 생각한다. 공격적인 아이나 어른은 다른 사람의 강압적이고 공격적인 행동을 이끌어 내는 방식으로 행동할 것이고, 이는 그들이 가진 공격적 기대를 확고히 하는 역할을 하게 될 것이다. 강간범, 특히 데이트 강간범은 여성의 표현한 바람을 잘못 이해한다. 예를 들어, 여성이 "싫어."라고 말한다면 그들은 이것을 "좋아"라고 받아들이며 단순히 "관심 없는 척하는 것"으로 잘못 생각한다.

ALBERT ELLIS 저명한 인지 이론가인 심리학자 Albert Ellis(예: Ellis, 1977, 1993; Ellis & Ellis, 2011)는 문제 사건이 그 자체로 불안, 우울, 그리고 행동 문제를 일으키지 않는다고 믿는다. 오히려 부정적 감정과 부적응적 행동을 일으키는 것은 사람들이 불행한 경험에 대해 가지고 있는 비합리적 신념이다. 직장을 잃고 불안해하며 의기소침한 사람을 생각해 보라. 해고가 불행의 직접적인 원인인 것처럼 보이겠지만, 불행은 실직에 대한 그 사람의 신념으로부터 나온 것이지 실직 그 자체에서 나온 것은 아니다.

이러한 불행을 설명하기 위해 Ellis는 **ABC 접근**을 이용한다. 해고는 **선행 사건**(A)이다. 최종적인 산물, **결과**(C)는 감정적 고통이다. 그러나 선행 사건(A)과 결과(C)는 다양한 **신념**(B)에 의해 중재된다. 이러한 신념은 '저 일은 내 삶에 전부야.', '나는 가치 없는 실패한 사람이다.', '내 가족은 굶주리게 될 것이다.', '나는 이렇게 좋은 직장을 다시는 찾지 못할 거야.', '나는 할 수 있는 것이 아무것도 없어.'를 포함할 것이다. 이러한 과정과 비합리적 신념은 우울, 무력감을 심화시키며, 사람들이 무엇을 해야 할지 평가하는 것을 방해한다.

이러한 상황을 도식화하면 다음과 같다.

선행 사건 → 신념 → 결과

Albert Ellis. 인지 이론가 Albert Ellis는 부정적인 감정은 사건 그 자체가 아니라 우리가 경험하는 사건에 대한 판단으로부터 일어난다고 믿는다.

Ellis는 사람들이 실직에 직면하게 되었을 때 갖는 미래에 대한 이해나 실망의 감정은 정상적이라고 지적하였다. 그러나 비합리적 신념의 선택은 사람들이 그들의 실망을 재앙화(catastrophize)하여 고민과 우울의 상태를 심화시키도록 한다. '나는 나에게 중요한 사람들 모두에게 사랑받고 칭찬받아야 한다' 또는 '나는 가치 없고 사랑스럽지 않은 사람이다'와 같은 비합리적 신념은 문제 처리 능력을 약화시킨다. 그의 이후 저술에서, Ellis는 우리 스스로에게 '~해야 한다.'와 '~해야 마땅하다.'는 것을 부과하는 비합리적이거나 자기 패배적인 신념의 요구적인 속성을 강조하였다(Ellis, 1993). Ellis는 다른 사람의 칭찬에 대한 갈망은 이해할 수 있지만, 살기 위해 그리고 가치롭게 느끼기 위해 그것이 반드시 필요하다는 것은 비합리적이라고 하였다. 우리가 하는 모든 일에서 탁월할 수 있다면 놀라운 일이지만, 스스로에게 그것을 요구하거나 또는 도달하지 못했을 때 견딜 수 없다고 믿는 것은 어리석은 일이다. Ellis는 **합리-정서행동치료**라고 불리는 치료 모델을 발전시켰는데, 이는 사람들이 비합리적 신념을 논박하거나 보다 합리적인 것으로 대체할 수 있도록 도와준다. (이후 장에서 논의될 것임) **진실 / 거짓**

진실 또는 거짓

인지 이론가들에 따르면 삶의 경험 자체보다 경험에 대한 왜곡된 신념이 정서적 문제를 일으킨다.

진실 Ellis는 정서적인 고민이 사건 그 자체가 아니라 그들이 경험하는 사건에 대해 사람들이 가지고 있는 신념으로부터 결정된다고 믿었다.

Ellis는 유년시절의 경험이 비합리적 신념의 형성과 관련이 있다는 것을 알았다. 그러나 사람을 계속해서 비참하게 만드는 것은 '지금, 여기'에서 이러한 신념(비합리적 신념)이 반복되는 것이라고 주장했다. 불안하고 우울한 대부분의 사람들이 더 큰 행복을 얻기 위해서는, 마음속 깊이 자리 잡은 갈등을 밝히고 해결하는 것이 아니라, 비합리적인 자기 요구를 깨닫고 수정해야 하는 것이다.

AARON BECK 저명한 인지 이론가이자 정신과 의사

Aaron Beck. 인지 이론의 선구자인 Aaron Beck은 불행한 사건에 직면했을 때, 사고의 오류 또는 인지적 왜곡이 부정적 정서 반응에 어떻게 기여하는지에 초점을 맞췄다.

인 Aaron Beck은 우울이 스스로의 결함이나 실패에만 근거하여 자신을 판단하거나 (마치 파란색 안경을 쓰고 보는 것처럼) 부정적인 관점으로 사건을 해석하는 것과 같은 '인지적 왜곡' 또는 사고의 오류에서 비롯될 것이라고 주장하였다(1979). Beck은 정서적 고통을 일으키는 네 가지 인지적 왜곡의 유형을 강조하였다.

1. **선택적 추상화**(selective abstraction). 사람들은 자신의 결점을 드러내는 경험을 **선택적으로 추상화**(그것에만 집중)하며 자신의 유능함을 나타내는 다른 증거는 무시한다. 예를 들어 수학 과목에서 좋지 않은 점수를 받은 한 학생이 다른 과목에서 받은 높은 점수는 무시한 채, 오로지 수학 성적에만 집중하는 것이다.
2. **과잉 일반화**(overgeneralization). 사람들은 혼자만의 경험을 과잉 일반화한다. 예를 들어 한 사람이 데이트에서 거절당한 후, 이 경험을 통해 자신은 절대 결혼하지 못할 거라고 믿는 것이다.
3. **과대평가**(magnification). 사람들은 불행한 사건의 중요성을 과장/극대화하거나 부풀릴 수 있다. 예를 들어 시험에서 나쁜 성적을 받은 한 학생은 이를 재앙화하여 자신이 대학 입시에 실패할 것이며, 자신의 인생이 파탄났다고 비약적인 결론을 내릴 것이다.
4. **절대적 사고**(absolutist thinking). 절대적 사고란 세상을 흑백논리로 바라보는 것이다. 예를 들어, 절대적 사고를 하는 사람은 업무 평가에서 모두에게 칭찬받지 못하면 완전히 실패했다고 생각할 것이다.

Ellis와 같이 Beck은 인지치료라고 불리는 **치료 모델**을 개발하였는데, 심리적 장애를 가진 개인이 잘못된 생각 양식을 확인하고 교정하는 데 도움을 준다.

인지 모델 평가

다음 장에서 설명하겠지만, 인지 이론가들은 이상행동 양식에 대한 이해와 치료적 접근의 발달에 엄청난 영향을 주었다. 자기 파괴적인 사고 및 행동수정에 초점을 맞추는 **인지행동치료**의 등장은 학습 기반 접근법과 인지적 접근법의 공통점을 가장 잘 드러낸다.

인지적 관점과 관련된 주요 쟁점 중 하나는 그것의 응용 범위에 대한 것이다. 인지치료자는 크게 불안과 우울에 관련된 정서장애에 초점을 둔다. 그들은 조현병과 같이 더 심각한 형태의 장애를 위한 치료적 접근이나 개념적 모델을 발달시키는 데 있어서는 큰 영향을 미치지 못했다. 게다가 7장에서 보게 되겠지만, 우울의 경우 왜곡된 사고 패턴이 우울을 야기시키는지, 아니면 우울의 영향으로 왜곡된 사고 패턴을 가지는 것인지 불명확하게 남아 있다.

사회문화적 관점

2.5 사회문화적 관점을 설명하고 이상행동을 이해하는 데 있어서의 중요성을 살펴본다.

이상행동은 정신역동 이론가들이 주장한 것처럼 개인 내적 요인에 의해 발생하는 것인가? 아니면 학습 이론가들이 주장한 것처럼 부적응적인 행동의 학습으로 인해 발생하는 것인가? 아니면 **사회문화적 관점**에서 제안하는 것처럼 민족, 성, 사회적 지위와 관련된 요인을 포함한 사회, 문화적 요인의 역할에 대해 고려해야 할 필요가 있는 것인가?

1장에서 언급한 것처럼, 사회문화적 이론가들은 개인보다는 오히려 사회에서 이상행동의 이유를 찾는다.

Thomas Szasz 같은 보다 급진적인 이론가 몇몇은 심리적 장애나 정신질환 자체를 부정한다. Szasz(1961, 2000)는 '이상(abnormal)'은 다만 사회적 규범으로부터 일탈된 행동에 사회가 꼬리표를 붙인 것이라고 주장했다. Szasz에 따르면 이러한 꼬리표 붙이기는 사회적 일탈을 낙인찍기 위해 사용된다.

본문 전체에 걸쳐, 우리는 이상행동 양식과 성, 민족, 사회경제적 지위 같은 사회문화적인 요인 사이의 관계에 대해 검토할 것이다. 또한 우리는 민족성과 정신건강과의 관계에 대한 최근 연구를 살펴볼 것이다.

민족성과 정신건강

다민족 인구가 점차 증가하는 상황에서, 연구자들은 민족 간의 심리적 장애의 유병률 차이에 대해 연구해 왔다. 치료자들이 한 장애가 각 집단에 불균형적인 영향을 미칠 수 있다는 점을 안다면, 각 집단의 필요에 가장 알맞은 예방 및 치료 프로그램을 제공할 수 있을 것이다(Pole et al., 2005).

우리는 민족 간 특정 장애 유병률 차이를 비교할 때, 각 민족의 소득 수준과 사회경제적인 지위를 고려할 필요가 있다. 인종적 소수 집단은 낮은 사회경제적 집단을 대표하는 경향이 있다. 가정 소득 수준이 빈곤 수준 이하인 사람은 소득 수준이 높은 사람보다 기분장애, 약물 관련 장애를 비롯한 다양한 심리장애를 발전시킬 위험성이 더 높은 것으로 나타났다(Sareen, Afifi, McMillan, & Asmundson, 2011).

연구자들은 또한 히스패닉계 미국인, 아시아계 미국인으로 구성된 민족의 하위 집단과 같은 동일 민족 내 하위 집단 간 차이도 설명할 필요가 있다. 예를 들어, 교육적 배경의 차이를 고려한다 하더라도 우울은 멕시코에서 이주한 사람들보다 중앙아메리카에서 이주해 온 히스패닉계 이민자들에게서 더욱 현저하게 나타난다(Salgado de Snyder, Cervantes, & Padilla, 1990).

연구자들은 민족 간 심리적 장애 진단 비율을 해석할 때 조심스럽고 비판적으로 생각할 필요가 있다. 이런 차이가 민족 또는 인종의 차이를 반영할 수 있으며, 사회경제적 수준, 생활 환경, 문화적 배경같이 집단 간 차이를 보이는 다른 요인을 반영할 수도 있다.

민족 간 정신장애 비율 차이에 대한 분석은 흥미로운 양상을 보인다(Breslau et al., 2005). 대표적인 미국 성인 표본을 사용하여, 연구자들은 비히스패닉계 흑인 미국인과 히스패닉계 미국인 같이 전통적으로 혜택을 누리지 못한 소수민족의 정신장애 비율이 유의하게 낮거나, 유럽계 미국인(히스패닉계가 아닌 백인)과 유사한 수준이라는 것을 발견했다(그림 2.8 참조) 그러나 만성적 정신장애의 지속성 측면에서 봤을 때 히스패닉계 미국인과 흑인 미국인은 유럽계 미국인에 비해 정신장애를 더 지속적으로 경험하는 경향이 있다는 것을 발견했다.

우리가 정신장애의 지속성에 대한 이러한 발견으로 무

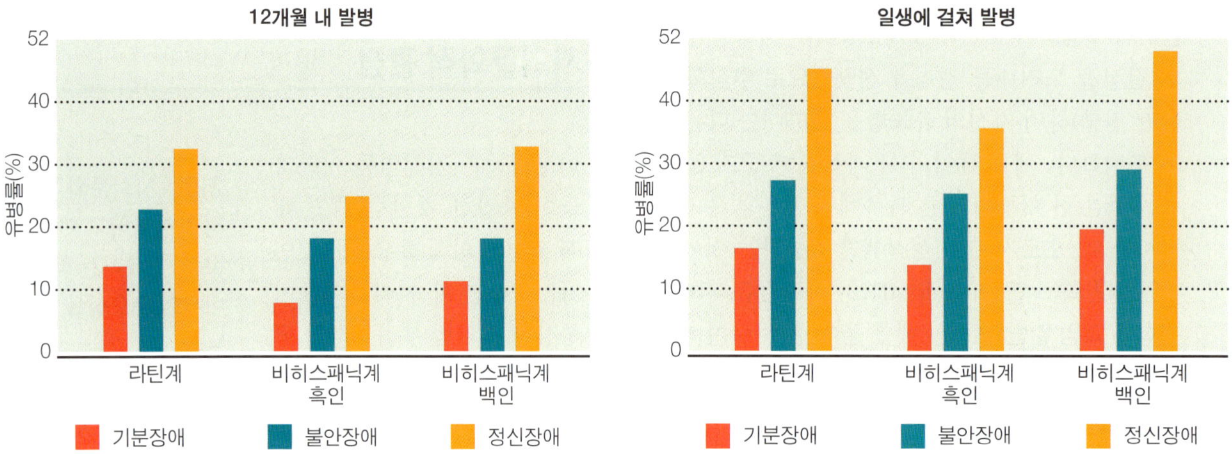

그림 2.8 민족성 그리고 미국에서의 심리적 장애들. 유럽계 미국인(비히스패닉계 백인)이 히스패닉계 백인(라틴계)이나 비히스패닉계 흑인보다 더 높은 심리장애의 유병률을 가지는 경향이 있다는 것을 볼 수 있다. 이러한 모든 차이가 통계적으로 유의미한 것은 아니었으나, 통계자료를 볼 때 히스패닉계 미국인과 흑인 미국인들의 유병률이 유럽계 미국인들의 유병률보다 통계적으로 유의미하게 높다고 할 수 없다.

출처: Breslau et al., 2005, National Comordibity Survey(NCS)의 자료에 근거함.

엇을 할 수 있을까? 추가적인 분석에서 정신장애 지속성의 차이는 사회경제적 수준에 의한 것이 아니라고 보고되었다. 그렇다면 민족(인종)에 따라 양질의 돌봄을 받을 수 있는 접근 용이성의 차이점을 반영한 것일까? 이 질문은 앞으로 연구에서 고려할 필요가 있다. 하지만 백인 유럽계 미국인이 양질의 정신건강 돌봄에 더 쉽게 접근할 수 있으며, 이것이 심리적 장애의 지속기간을 줄인다는 것은 설득력 있는 주장이다.

아메리칸 원주민은 전통적으로 혜택을 받지 못한 소수민적으로 높은 정신장애 비율을 보인다(Gone & Trimble, 2012). 이러한 현상은 역시 미국과 캐나다에서 가장 가난한 민족에서 나타난다. 아메리칸 원주민은 가장 흔히 알코올 의존증, 외상후 스트레스 장애, 우울증에서 다른 민족보다 더 만연한 정신건강 문제를 겪고 있다(Beals et al., 2005). 아메리칸 원주민의 알코올 관련 장애 비율은 다른 미국인보다 6배 높다(Rabasca, 2000). 10~14세 사이 청소년의 자살에 의한 사망률은 아메리칸 원주민의 비율이 다른 민족보다 4배 정도 더 높다. 남자 아메리칸 원주민 청소년의 자살률은 국제적으로 높은 수준이다(USDHHS, 1999).

아시아계 미국인은 일반 미국 인구보다 전형적으로 낮은 정신장애 비율을 보인다(Sue, Yan Cheng, Saad, & Chu, 2012). 그러나 예외가 있다. 당신이 훌라댄스, 하와이식 파티 그리고 넓은 열대 해변과 같은 고정관념을 가졌을 때 당신은 하와이 원주민은 근심이 없는 사람들이라고 생각할 수 있다. 그러나 실제 그림은 다르다. 민족성과 이상행동 사이의 관계를 연구하는 한 가지 이유는 잘못된 고정관념을 드러내기 위해서이기도 하다. 다른 아메리칸 원주민처럼 하와이 원주민은 경제적으로 불이익을 겪고 있으며 불균형적인 신체 질병과 정신건강 문제를 겪고 있다. 하와이 원주민들은 고혈압, 암 그리고 심장병과 같은 심각한 질병의 위험성이 높기 때문에, 하와이의 다른 거주민들보다 젊은 나이에 사망하는 경향이 매우 높다(Johnson et al., 2004). 그들은 또한 흡연, 알코올 중독 그리고 비만과 같이 삶을 위협하는 질병과 관련된 위험 요인에서 높은 비율을 보인다. 하와이에 사는 다른 사람들과 비교했을 때 하와이 원주민들은 높은 남성 자살률, 높은 알코올과 약물 남용 그리고 높은 비율의 반사회적 행동과 같은 정신 문제에서 역시 높은 비율을 보인다.

이상행동의 원인? 사회문화적 관점의 이론가들은 이상행동의 원인이 한 개인이 아니라 가난, 사회적 부패, 인종이나 성차별, 경제적 기회 부족과 같은 사회적 문제에 있다고 본다.

하와이 원주민을 포함한 아메리칸 원주민의 경제적 불이익뿐만 아니라 그들의 정신건강 문제는 유럽 문화에 의한 식민화의 결과로 삶과 터전에서 특권을 박탈당한 소외의 상태를 나타낸다(Rabasca, 2000). 원주민들은 종종 우울증과 알코올 중독과 같은 정신건강 문제를 식민지화로 인한 그들의 전통문화 붕괴에 따른 결과로 보고 있다. 인종 간의 정신병리학적 차이가 무엇이든 간에 유럽계 백인 미국인보다 소수민족 사람들이 정신건강 서비스를 더 적게 이용하는 경향이 있다(USDHHS, 1999, 2001). 예를 들어 아메리칸 원주민은 대체로 정신건강 전문가보다 전통적 치유사(힐러)에게서 도움을 구한다(Beals et al., 2005). 의료 서비스를 찾는 원주민은 이른 시기에 치료를 포기하는 경향이 있다. 이 장의 뒷부분에서 우리는 미국 내 다양한 소수민족의 정신건강 서비스 이용에 장애물이 되는 요인에 대해 생각해 볼 것이다.

사회문화적 관점에 대한 평가

코네티컷 주의 뉴헤이븐에서 이루어진 연구는 사회 계급과 심각한 정신장애 사이의 관계에 신빙성을 더해 주는데, 사회경제적 지위가 낮은 집단이 정신의학적 문제로 인해 더 빈번하게 입원한다는 사실을 보여 주었다(Hollingshead & Redlich, 1958). 최근 영국 런던에서 이루어진 연구는 경제적 어려움, 낮은 교육 수준, 높은 범죄율, 인구 과잉 그리고 큰 빈부 격차로 인해 고통받는 지역에서 심각하고 오래 지속되는 유형의 심리적 장애인 조현병의 유병률이 더 높다고 보고했다(Kirkbride et al., 2012).

심각한 정신장애 문제와 낮은 사회경제적 지위(socio economic status, SES)의 연결성을 설명하기 위해 두 가지 주요한 이론적 관점이 발전해 왔다. 한 가지 관점은 **사회적 원인 모델**(social causation model)로 이 모델은 낮은 사회경제적 집단에 속한 사람들은 빈곤 속에 살면서 높은 수준의 사회적 스트레스를 경험하기 때문에 부유한 사람보다 낮은 사회경제 계층의 사람들이 극심한 행동 문제의 위험을 안고 있다고 본다(Costello et al., 2003; Wadsworth & Achenbach, 2005). 또 다른 관점은 **하향 이동 가설**(downward drift hypothesis)로 이 가설은 알코올 중독과 같은 문제행동이 사람들을 낮은 사회적 상태로 하향시킨다고 보면서 낮은 사회경제적 상태와 극심한 문제행동 사이의 관계를 설명한다.

사회문화적 이론가들은 이상행동을 일으킬 수 있는 사회적 스트레스 요인에 충분한 관심을 기울여 왔다. 책 전체를 통해 우리는 성별, 인종, 민족, 생활양식과 관련된 사회문화적 요인이 이상행동에 대한 우리의 이해와 정신질환을 겪는 사람들에 대한 우리의 반응에 어떠한 정보를 제공할 수 있는지 살펴볼 것이다. 또한 이 장의 뒷부분에서 우리는 인종, 문화, 민족과 관련된 주제들이 치료적 과정에 어떤 영향을 미치는지 생각해 볼 것이다.

생물심리사회적 관점

> 2.6 생물심리사회적 관점을 설명하고 이상행동을 이해하는 데 있어서의 중요성을 살펴본다.

이상행동의 현대적 관점은 생물학적, 심리학적, 사회문화적 관점을 반영하는 다수의 모델 또는 관점에 영향을 받는다. 같은 현상을 바라보는 다양한 관점이 존재한다는 사실은 하나의 모델만이 반드시 옳고 다른 것들은 틀렸다는 것을 의미하지 않는다. 어떤 이론적 관점에도 우리가 논의하게 될 다양하고 복잡한 이상행동 양식을 모두 설명하지 못한다. 각각의 관점은 우리의 이해에 어느 정도 도움을 주지만, 그 어느것도 완벽한 견해를 제공하지 못한다. 표 2.3은 이러한 관점의 개관을 제시한 것이다.

우리가 논의하게 될 마지막 관점은 생물심리사회적 관점으로, 다른 모델들보다 이상행동에 대한 더 넓은 시야를 가진다. 이 관점은 심리적 장애의 발달에 있어서 생물학, 심리학, 사회문화적 영역을 포함하는 다양한 요인의 영향뿐만 아니라 그것들의 상호작용까지 검토한다. 다음 장에서 우리가 보게 될 내용과 같이, 대부분의 심리적 장애는 다양한 유발 요인뿐만 아니라 이러한 요인들의 상호작용을 포함한다.

조현병, 양극성 장애, 자폐증 같은 몇몇 장애에서는 생물학적 영향이 중요한 인과적 요인으로 나타난다. 불안장애, 우울증과 같은 다른 장애에서는 생물학적, 심리적, 환경적 유발 요인이 복잡하게 연관되어 있음을 알 수 있다(Weir, 2012).

연구자들은 이 책에서 논의하는 많은 장애의 복잡한 요인들을 이제 막 풀기 시작했을 뿐이다. 장애의 주원인이 생물학적인 것이라고 밝혀진 장애의 경우에도 심리적 · 환경적 요인의 영향을 주고받는다. 예를 들어, 어떤 공포증은 특정한 대상과 연관된 고통스러운 트라우마 경험으로 인해 학습된 행동인데, 어떤 사람들은 조건화된 공포증을 습득하거나 발달시키는 데 취약한 특정한 기질을 물려받기도 한다.

여기서 우리는 생물심리학 모델의 가장 중요한 예인 취약성-스트레스 모델을 좀 더 면밀하게 살펴볼 것이다. 이 모델은 정신장애가 취약성 요인과 생활 스트레스 경험의 상호작용을 통해 발생한다고 보고 있다.

취약성-스트레스 모델

취약성-스트레스 모델(diathesis-stress model)은 조현병을 이해하기 위해 발달되어 온 체계이다. 이 모델은 조현병과 같은 특정한 심리적 장애가 **취약성**(diathesis, 장애에 대한 취약성 또는 소인, 주로 유전적)과 생활 사건 스트레스의 상호작용으로 인해 발생한다고 주장한다(그림 2.9 참조). 취약성-스트레스 모델은 최근 우울증과 ADHD를 포함한 다른 정신적 장애에 적용되어 왔다(예: Pennington et al., 2009 참조).

실제적인 장애의 발달 여부는 개인이 가진 취약성의 성질과 개인이 삶에서 경험하는 스트레스의 강도 및 유형에 의해 결정된다. 장애를 발달시키는 스트레스 요인은 출산 합병증, 트라우마 또는 유년기의 심각한 질병, 유년기의 성적 신체적 학대, 계속된 실업, 사랑하는 사람

표 2.3

이상행동에 대한 관점

모델		주요 관심사	핵심 질문
생물학적 관점	의료 모델	• 이상행동의 생물학적 원인	• 신경전달물질은 이상행동의 발현에 어떤 역할을 하는가?
심리학적 관점	정신역동 모델	• 무의식적 갈등과 이상행동의 기저에 숨겨진 동기	• 특정한 증상이 어떻게 무의식적 갈등을 상징화하는가? 개인이 가진 문제에 대한 어린 시절의 근원은 무엇인가?
	학습 모델	• 이상행동의 발달을 조형한 학습 경험	• 어떻게 이상행동 양식이 학습되었나? • 이상행동을 설명함에 있어 환경의 역할은 무엇인가?
	인간중심 모델	• 자기인식과 자기수용을 방해하는 장애물	• 개인의 정서적 문제가 왜곡된 자기 이미지를 어떻게 반영하는가? • 개인이 자기수용과 자아실현으로 가는 과정에서 마주치는 장애물은 무엇인가?
	인지 모델	• 이상행동 기저에 있는 사고의 오류	• 특정 유형의 심리적 장애를 가진 사람들은 어떠한 특징적 사고 양식을 가지는가? • 개인적 신념, 사고, 사건을 해석하는 방식은 이상행동의 발달에 어떤 역할을 하는가?
사회문화적 관점		• 이상행동의 발달에 기여하는 사회적 질병(빈곤, 인종차별, 장기화되는 실업) 등 • 이상행동과 민족성, 성별, 문화와 사회경제적 지위와의 연관성	• 사회적 지위와 심리적 장애의 위험 사이에는 어떤 관계가 있는가? • 다양한 장애에서 성별 또는 민족적 집단에 따른 차이가 있는가? 이러한 것을 어떻게 설명할 것인가? • 정신질환자로 이름 붙여진 사람들의 낙인이 어떤 효과를 나타내는가?
생물심리사회적 관점		• 이상행동의 발달에 있어서 생물학적, 심리학적, 사회문화적 요인 간의 상호작용.	• 생활 스트레스에 직면했을 때 개인의 유전적 또는 기타 요인들이 심리적 장애의 발병에 어떠한 방식으로 취약성을 갖게 하는가? • 복잡한 이상행동 양식의 발달에 생물학적, 심리학적, 사회문화적 요인이 어떻게 상호작용하는가?

출처: Nevid, J. S.(2013)에서 발췌. *Psychology: Concept and applications*(4th ed.). Belmont, CA: Cengage Learning.

을 잃는 것, 심각한 의학적 문제를 포함한다(Jablensky et al., 2005).

어떤 경우에는 조현병 같은 특정 장애에 대한 취약성이 있는 사람들도 삶의 스트레스 정도가 낮거나 스트레스를 효과적으로 다룰 수 있는 능력을 키운다면 장애를 경험하지 않거나, 경험하는 장애의 수준을 낮출 수 있

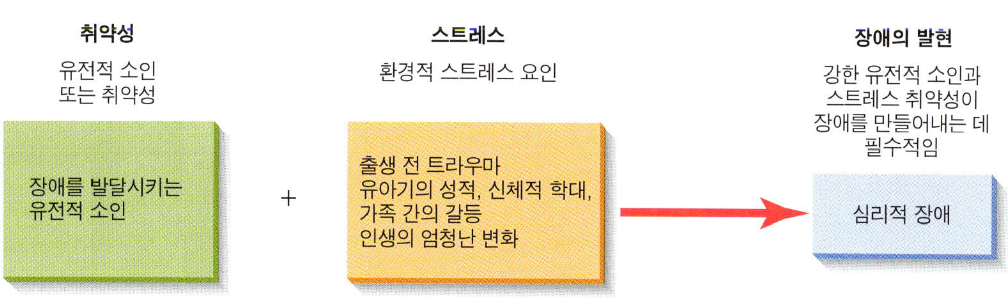

그림 2.9 취약성-스트레스 모델

다. 그러나 취약성이 강할수록 장애를 발병시키는 데 필요한 스트레스의 정도가 낮아진다. 어떤 경우에는 취약성이 너무 강해서 대부분 편안한 환경에서도 장애가 발생한다.

취약성 또는 소인은 대개 유전적 특징을 뜻하며, 이는 특정 장애의 발달 위험성을 높이는 유전적 변인을 갖는 것과 같다. 그러나 다른 종류의 취약성 또한 존재하는데, 부적응적 성격 특성과 부정적 사고와 같은 심리적 취약성은 생활 사건에 직면했을 때 심리적 장애의 발달 가능성을 증가시킬 수 있다(Morris, Ciesla, & Garber, 2008; Zvolensky et al., 2005). 예를 들어 이혼이나 실직과 같은 부정적인 사건으로 인해 자기 자신을 비난하는 경향은 스트레스 사건에서 우울을 경험할 위험성을 상당히 증가시킨다(7장 참조)(Just, Abramson, & Alloy, 2001).

생물심리사회적 관점의 평가

복잡성은 생물심리사회 모델의 가장 큰 강점인 동시에 가장 큰 약점일 수 있다. 이 모델은 몇 가지 예외를 제외하고는 정신적 장애 또는 이상행동 양식이 여러 가지 원인에 의해 발생하는 복잡한 현상이라는 견해를 가지고 있다. 예를 들어 우리는 조현병 또는 공황장애의 원인을 단 한가지로 찾아낼 수 없다. 게다가 사람마다 서로 다른 유발 요인의 영향으로 같은 장애를 가질 수 있다. 그러나 이상행동 양식의 근본 원인을 이해하는 것이 복잡하다 해도, 연구자는 이러한 노력을 포기해서는 안된다. 지식의 축적은 지속적인 과정이다. 오늘날 우리는 몇 년 전보다 더 많은 것을 알고 있고, 또 몇 년 후에는 지금보다 더 많은 것을 알게 될 것이다.

제시카 사례—최종 결론

이 장의 초반에 소개했던 섭식장애를 가지고 있는 젊은 여성 제시카의 사례로 돌아가 보자. 생물심리사회 모델은 섭식장애의 원인을 설명할 수 있는 생물학적, 심리학적, 사회문화적 요소들을 고려하도록 돕는다. 9장에서 더 언급하겠지만 이와 관련된 연구 결과들은 유전적 요인 등의 생물학적 영향과 신경전달물질의 불균형적인 작용이 이 장애에 관여한다고 주장한다. 또한 젊은 여성들에게 날씬함에 대한 비현실적 기준을 강요하는 사회적 압력, 자기 신체에 대한 불만족감 같은 심리적인 영향, 완벽주의, 이분법적인 인식, 근원적인 감정적 · 대인관계적 문제 또한 원인으로 나타난다. 아마, 많은 요인들이 상호작용하여 신경성 폭식장애와 다른 섭식장애에 영향을 미칠 것이다. 예를 들어 신경성 폭식증의 잠재적 인과 모델을 구성하는 데 취약성-스트레스 모델을 적용해 볼 수 있다. 이러한 관점을 통해, 우리는 뇌의 신경전달물질 조절에 영향을 미치는 유전적 소인(취약성)과 사회, 가족 압력 형태로 나타나는 스트레스가 상호작용하여 섭식장애를 발달시킨다고 주장할 수 있다.

우리는 9장에서 이러한 유발 요인에 대해 더 논의할 것이다. 지금은 단순히 신경성 폭식증 같은 심리적 장애가 복잡한 현상이며, 다양한 요인의 상호작용과 그 영향력을 함께 고려할 때 가장 잘 설명할 수 있다는 점을 알아 두자.

치료 방법

대학교 1학년인 19세 카를라는 며칠 동안 끊임없이 울고 있었다. 그녀는 자신의 인생이 무너지고 있다고 느껴져 대학생활에 대한 열망이 없었고, 부모에 대해 실망하였으며 자살까지 생각하고 있었다. 그녀는 아침에 침대 밖으로 나올 수 없었고, 친구들로부터도 멀어졌다. 그녀의 이러한 비참한 생활은 어느날 불쑥 찾아왔는데, 그녀는 이것이 낮은 학점이나 최근 남자친구와의 이별, 룸메이트와의 불화와 같은 생활에 대한 스트레스의 부담 때문이라고 생각했다.

그녀를 평가한 심리학자는 우울장애라는 진단을 내렸다. 만약에 다리가 부러졌다면 그녀는 검증된 전문의로부터 표준화된 치료를 받았을 것이다. 그러나 카를라와 같이 심리적 장애를 가진 경우에는 장애의 유형뿐만 아니라 치료자의 배경에 따라 치료 방법이 매우 다양하다. 정신과 의사는 아마도 심리치료와 함께 항우울 약물치료를 권했을 것이고, 인지 심리학자들은 카를라를 돕기 위해 그녀의 우울의 기저 원인이 되는 역기능적인 생각을 확인하도록 인지치료를 권했을 것이다. 반면 정신역동적 치료사들은 그녀의 우울의 뿌리일지도 모르는 아동기의 내면적 갈등을 찾는 치료를 시작하라고 권할 것이다.

다음 장에서는 심리적 장애의 치료 방법에 대해 살펴볼 것이다. 그러나 정신건강 서비스의 유용성에도 불구하고, 정신장애 진단을 받은 많은 사람이 치료를 받지 않고 있거나 제대로 치료받지 못한 채로 남아 있기 때문에, 치료에 대한 필요가 충족되지 못하는 상황이다(Kessler et al., 2005c; González et al., 2010).

이후 몇 장에 걸쳐 우리는 특정한 장애의 치료에 대해 살펴볼 것이다. 하지만 여기서 우리는 치료 그 자체에 주목할 것이다. 또한 우리는 이상행동에 대한 생물학적 · 심리학적 관점이 이와 유사한 치료적 접근법에 영향을 미쳤음을 살펴볼 것이다. 가장 먼저 우리는 심리적 · 정신적 장애를 치료하는 정신건강 전문가의 주요 유형과 그들의 다양한 역할에 대해 생각해 볼 것이다.

치료 전문가의 유형

2.7 관련 전문가의 주요 유형을 살펴보고 훈련 배경과 전문적 역할을 설명한다.

정신건강 서비스를 제공하는 다양한 유형의 전문가들이 있으며, 이들의 자격과 전문성에 따른 차이가 분명히 존재함에도 불구하고 많은 사람들이 이를 혼동하고 있다. 사람들이 혼동하는 것은 당연하다. 왜냐하면 훈련 배경과 실무 영역이 광범위하며 이를 대표하는 정신건강 전문가의 유형이 다양하기 때문이다. 예를 들어 임상심리학자와 상담심리학자들은 심리학 석사 과정을 밟고 심리학 실습 자격증을 취득한다. 정신과 의사는 의사로서 진단과 심리, 감정 장애에 전문성을 지닌다. 임상심리사, 상담심리사, 정신과 의사, 사회복지사, 간호사, 상담사 등 전문적으로 도움을 주는 주요한 전문가 집단은 다음 표 2.4에 설명되어 있다.

불행하게도 많은 주에서 **치료사**나 **심리치료사**라는 용어의 사용을 전문적 훈련을 받은 사람에게만 제한하지 않는다. 어떤 주에서는 누구나 심리치료사로서 상담소를 열 수 있으며, 자격 없이도 '치료'를 할 수 있다. 그러므로 도움을 구하는 사람은 도움을 주는 전문가들의 훈련 내역과 면허교부 여부를 조사해야 한다. 우리는 이제 심리치료의 핵심 유형들과 그것에서 파생된 이론적 모델과의 관계에 대해 살펴보고자 한다. **진실 / 거짓**

진실 또는 거짓

몇몇 심리학자들은 약처방 교육을 받는다.

진실 몇몇 심리학자들은 정신과 약을 처방하기 위한 특별 교육을 받기도 한다.

심리치료

보통 '언어치료'로 알려진 **심리치료**(psychotherapy)는 심리학적 틀에 기반을 둔 치료의 형태로 구성되어 있고 내담자와 치료사 사이의 한 번 또는 그 이상의 대화로 이루어진다. 심리치료는 심리적 장애를 다룸으로써 내담자의 부적응행동을 변화시키고 일상생활의 문제 해결이나 그들의 독특한 잠재성을 발전시키는 것을 돕는다.

정신역동치료

2.8 정신역동치료, 행동치료, 인간중심치료, 인지치료, 인지행동치료, 절충치료, 집단치료, 가족치료, 부부치료와 같이 다양한 심리치료의 목표와 기법에 대해서 설명한다.

Sigmund Freud는 정신적 장애를 가진 사람들을 치료하는 데 사용하기 위한 심리치료의 첫 번째 모델을 발전시켰고, 이를 **정신분석**(psychoanalysis)이라고 불렀다. 정신분석은 또한 **정신역동치료**(psychodynamic therapy)의 초기 형태였으며 정신치료의 일반적인 용어로 사용되었다. 전통적 Freud 학파 사람들은 무의식이 이상행동의 뿌리를 이룬다고 여겼으며, 그 속에 억압되어 있는 역동적 투쟁이나 갈등에 대해 사람들이 통찰력을 얻고 문제를 해결할 수 있도록 도왔다. 이러한 갈등을 극복하기 위해 자아는 방어기제를 통해 공포증, 강박적 충동적 행동 그리고 히스테리 증상과 같은 내적 혼란의 인식을 막는다.

Freud는 정신분석의 목표를 "원초아가 있는 곳에 자아가 있어야 한다."라는 말로 요약하였다. 부분적으로 이것의 의미는 정신분석가들이 인식을 명확히 하는 것을 원초아 안에 있는 내적 작용을 의식적 자아를 통해 도울 수 있다는 것을 의미한다. 이 과정을 통해서 사람들은 지배적이거나 거절하는 엄마를 향한 풀리지 않은 화가 성인 시기에 여자들과의 가까운 관계를 맺는 데 방해가 된다는 것을 깨닫게 된다. 의학적으로 설명할 수 없는 손의 감각 상실을 보이는 여자는 자위행위에 대한 숨겨진 죄책감을 볼 수 있다. 손의 감각 상실이 그녀가 이러한 욕구에 대해 행동하는 것을 막고 있다. 그들이 생산하는 숨겨진 충동과 갈등을 직면하는 것을 통해 내담자는 그들의 감정을 구분(sort)하는 것과 그들의 충동과 소원을 다루는 생산적이고 사회적으로 수용 가능한

표 2.4
치료 전문가의 주요 유형

유형	설명
임상심리사	임상심리사들은 인가받은 대학이나 대학교에서 받은 심리학 박사 학위를 가지고 있다[PH. D.(철학박사), Psy. D.(심리학 박사), 또는 Ed.D.(교육학 박사)]. 임상심리사 훈련은 일반적으로 4년의 대학원 과정과 1년의 인턴십 과정 그리고 박사 학위 논문을 완성하는 것을 포함한다. 임상심리사들은 심리 검사를 하고 심리적 질병을 진단하며 심리치료를 실행하는 것을 전문적으로 다룬다. 최근까지 임상심리사가 정신의학약물을 처방하는 것이 금지되어 있었다. 그러나 이 글을 쓰는 현재, 2개의 주(뉴멕시코와 루이지애나)는 전문가 과정 프로그램(Bradshaw, 2010; De Leon, 2012)을 이수한 심리학자들에게 처방 권한을 부여하는 법을 제정하였다. 심리학자들에게 처방 권한을 부여하는 것은 심리학자와 정신과 의사 사이, 심리학 분야에서 경쟁이 치열한 쟁점으로 남아 있다.
상담심리사	상담심리사 또한 심리학의 박사 학위를 가지고 있으며 대학 상담센터와 정신건강시설에서 훈련 과정을 수료하여 그들의 경력을 준비한다. 그들은 보통 임상심리사에게 치료를 받는 사람보다 대학 적응의 어려움이나, 진로 선택의 불확실성과 같은 가벼운 수준의 정신적 문제를 가지고 있는 사람들에게 상담을 제공한다.
정신과 의사	정신과 의사는 의학박사 학위(M.D.)를 가지고 있으며, 정신과에서 레지던시 프로그램을 수료한 이들이다. 정신과 의사들은 정신적 장애의 진단과 치료를 전공한 의사다. 의사 면허를 가지고 있으므로, 정신의학 약물을 처방할 수 있고 전기 충격 치료(ECT)와 같은 다른 의학적 개입을 사용할 수 있다. 또한 그들이 체류 프로그램이나 전문화된 훈련 기관에서 받은 훈련을 기반으로 하여 다른 정신치료를 실행한다.
임상 또는 정신보건 사회복지사	임상 또는 정신보건 사회복지사는 사회복지학 석사학위를 가지고 있고(M.S.W.) 심각한 정신장애를 가진 사람들이 필요한 서비스를 받도록 돕기 위해 지역사회와 기관에 대한 지식을 사용한다. 예를 들어, 그들은 조현병을 앓는 사람이 병원을 떠나 지역사회에 더욱 성공적인 적응을 할 수 있도록 돕는다. 많은 임상 사회복지사들은 심리치료나 부부치료나 가족치료와 같은 특정 형태의 치료를 제공한다.
정신분석가	정신분석가들은 일반적으로 정신분석학을 집중적으로 추가 훈련받은 정신과 의사나 심리학자이다. 그들은 훈련의 일환으로 정신분석을 받아야 한다.
상담사	상담사들은 일반적으로 상담 분야에서 훈련 프로그램을 이수함으로써 석사학위를 받는다. 상담사들은 개인 영업, 학교, 대학, 상담 센터 그리고 병원과 헬스클리닉 등 다양한 환경에서 일한다. 그들 중 많은 이들은 적성 평가, 부부치료나 가족치료, 재활 상담 또는 물질 남용 상담 등을 전문적으로 다룬다. 상담사들은 가벼운 수준의 불안행동이나 만성적인 질병 또는 쇠약하게 만드는 질병과 싸우는 사람들에게 심리적 도움을 주는 데 집중한다. 그들 중 몇몇은 개인적 문제를 겪고 있는 교구민들을 돕기 위해 목회 상담 프로그램에서 훈련받는 성직자들이다.
정신의학 간호사	정신의학 간호학의 석사 과정을 수료한 정신의학 간호사들은 간호사(R.N.s)로 등록되어 있다. 그들은 정신의학 시설이나 집단 의료 행위에서 심각한 정신장애로 고통받는 사람을 다룬다.

출처: Nevid, J. S. (2013)에서 발췌. *Psychology: Concepts and applications*(4th ed.). Belmont, CA: Cengage Learning.

방법을 찾는 것을 배운다. 자아는 더 건설적인 것들에 관심을 갖게 된다.

Freud가 이러한 목표를 이루기 위해 사용한 주요한 방법은 자유연상과 꿈 분석, 전이 관계 분석이다.

자유연상 자유연상(free association)은 마음속에 떠오르는 생각을 가감 없이 표현하는 과정이다. 자유연상은 점진적으로 무의식의 과정을 막고 있는 방어를 무너뜨린다고 믿는다. 내담자는 생각을 검열하거나 걸러 내지 않고 말할 뿐만 아니라 생각에서 생각으로 그들의 마음을 자유롭게 배회하게 된다. 자유연상은 비록 작은 이야기로 시작할지 모르지만 결국 좀 더 개인적이고 의미 있는 주제로 옮겨 간다.

자아는 계속하여 위협적인 충동과 갈등을 인지하는 것

으로부터 스스로를 보호하기 위해 노력한다. 더 깊고 갈등적인 주제를 건드릴수록, 자아는 **저항**, 즉 불편하거나 위협적인 주제에 대해 회상하거나 이야기하기 싫어하거나 할 수 없게 되는 방식으로 '사고 정지 신호'를 표현한다. 내담자는 가족 구성원을 향한 혐오스런 감정이나 성적 갈망과 같은 민감한 영역을 다룰 때, 그들의 마음이 갑자기 어떤 것도 생각나지 않는다고 말할지도 모른다. 그들은 갑자기 주제를 바꾸거나 지나치게 개인적이거나 말하기 당황스러운 주제를 캐묻고자 하는 분석가를 비난하기도 한다. 아니면 그들은 민감한 주제를 건드린 회기 다음의 일정 약속을 스스로 편해지기 위해서 잊어버릴 수도 있다. 저항의 사인은 종종 의미 있는 주제를 시사한다. 때때로, 분석가는 이 주제를 해석함으로써 내담자의 관심을 끌어 내담자의 잠재의식이나 내적에 자리 잡은 감정이나 갈등에 대해 더 나은 통찰을 얻는 것을 돕는다. 진실 / 거짓

진실 또는 거짓

전통적 정신분석에서는 내담자에게 생각나는 것은 무엇이든지 사소하거나 우스운 것이라도 표현하게 한다.

진실 전통적 정신분석에서는 내담자에게 생각나는 것은 무엇이든 이야기하도록 요구한다. 이 기법이 자유연상이다.

치료적 관계 성공적인 심리치료 과정에서 치료적 관계는 치료사와 내담자 사이에서 만들어진다. 치료사는 내담자가 표현하고 전달하려고 시도하는 것을 가능한 한 명확하게 이해하기 위해 집중하여 듣는 것을 사용한다. 숙련된 치료사는 또한 내재되어 있는 감정이나 갈등을 가리키는 내담자의 몸짓과 표정과 같은 비언어적 신호에 민감하다.

꿈 분석 Freud에게 꿈은 무의식으로 가는 왕도를 나타낸다고 보았다. 잠자는 동안 자아의 방어는 약해지고 수용되지 못한 충동이 꿈에서는 자유롭게 표현된다. 방어가 완전히 제거되지 않았기 때문에 충동은 위장되거나 상징화된 형태로 나타난다. 정신분석 이론에 따르면 꿈은 두 가지 수준의 내용을 가진다.

1. 분명한 내용: 꿈꾸는 사람이 경험하고 보고하는 꿈의 주제
2. 잠재된 내용: 꿈이 상징하고 나타내는 무의식적 주제

비행기를 타고 나는 꿈을 꾸는 남자의 경우 나는 것은 드러나는 꿈의 내용이다. Freud는 나는 것은 발기를 상징한다고 믿었다. 아마도 무의식 속에 있을 발기부전의 두려움을 나타낸다. 그러한 상징은 사람마다 매우 다양하기 때문에 분석가는 자유연상을 통해 내담자의 잠재된 내용에 대한 실마리를 얻기 위해 표면적 및 구체적으로 나타낸 현상에 대해 자유연상을 시켜야 한다. Freud의 믿음대로 꿈에 심리학적인 의미가 있다고 하더라도, 꿈이 정말로 어떤 의미인지 밝혀 내기 위한 객관적인 방법이 부족한 실정이다.

전이 Frued는 내담자들이 자신을 대할 때 개인적인 반응뿐만 아니라 자기의 삶에서 중요한 사람들에 대한 감정과 태도도 동시에 드러낸다는 것을 발견했다. 어린 여성 내담자는 그에게 아버지를 대하듯 반응하였다. 전치나 전이를 통하여 Freud에게 그녀의 아버지를 향한 감정을 드러냈다. 한 남성 역시 Freud를 아버지로 보고 그에게 경쟁자를 대하는 듯한 태도를 보였는데, Freud는 이러한 행동을 그 남성의 해결되지 않은 오이디푸스 콤플렉스를 반영하는 것이라고 믿었다.

전이관계(transference relationship)를 통한 분석과 작업 과정은 정신분석의 필수적인 요소로 여긴다. Freud는 전이관계가 어린 시절 부모와의 갈등을 재현하는 매개물을 제공한다고 믿었다. 내담자는 분석가에게 그들이 부모에게서 느꼈던 동일한 화, 사랑 또는 질투의 감정을 재연한다. Freud는 이러한 어린 시절의 갈등을 재현하는 것을 **전이 신경증**이라고 했다. 내담자가 정신분석에 성

공하기 위해서는 신경증이 반드시 성공적으로 분석되고 작업되어야 한다.

어린 시절의 갈등은 보통 해결되지 않은 화, 거절의 감정 또는 사랑의 욕구와 연관된다. 예를 들어, 상담자의 아무리 작은 비난이라도 파괴적인 타격으로 해석하여 자기혐오로 발전시키는 내담자는, 어린 시절 경험한 부모의 거절을 억압해 왔을 수도 있다. 전이는 내담자가 배우자나 상사와 같은 다른 사람과 관계 맺는 것을 왜곡하여 해석할지도 모른다. 내담자는 배우자를 부모와 연결시켜, 너무 많이 의존하거나 둔감하고 무관심하다며 적절하지 못한 비난을 해 왔을지도 모른다. 아니면 과거에 사랑하는 사람에게 학대당했던 내담자는 새로운 친구나 사랑하는 사람에게 공평한 기회를 주지 않았을 수도 있다. 분석가는 내담자가 전이관계를 알아차리도록 도움으로써 특별히 치료관계에서의 전이를 알아차리도록 하여, 지금 자기 파괴적 행동을 하도록 이끄는, 여전히 남아 있는 어린 시절의 감정과 갈등에 대해서 작업한다.

Freud에 따르면 전이는 양방향이다. Freud는 자신의 기저에 깔려 있는 감정이 내담자에게 전이되는 것을 느꼈다. 아마도 어린 남자를 경쟁자로 보고, 어린 여자에게 사랑의 관심을 거절하는 것일 것이다. Freud는 상담자가 가지는 내담자를 향한 감정을 **역전이**(countertransference)라고 불렀다. 정신분석가는 훈련 과정에서 그들 스스로 정신분석하도록 되어 있는데, 이는 치료적 관계에서 역전이가 생기도록 하는 동기를 밝히도록 돕기 위해서이다. 훈련 과정에서 정신분석가는 치료 과정에서 나타나는 자신의 감정을 관찰하도록 배운다. 그래서 언제 그리고 어떻게 역전이가 치료 장면에서 발생하는지를 잘 알아차리도록 한다.

비록 역전이의 분석은 정신분석 치료의 결정적인 요소이지만, 보통 몇 개월 또는 수년에 걸쳐 전이관계를 통해 발생하고 해결된다. 이것이 정신분석이 일반적으로 장기적 과정이 되는 하나의 이유이다.

이것의 의미는 무엇입니까? Freud는 꿈을 '무의식으로 가는 왕도'라고 믿었다. 꿈 해석은 Frued가 사용했던 무의식 세계를 발견하는 중요한 기술 중의 하나였다.

현대 정신역동적 접근 몇몇 정신분석가는 Freud가 했던 동일한 방식의 전통적 정신분석을 이어 가고 있지만 간략하고 덜 집중적인 형식의 정신역동치료가 떠오르고 있다. 좀 더 짧고 저렴한 치료 수단(아마도 일주일에 한 번이나 두 번)을 찾는 내담자에게 맞을 수도 있다(Grossman, 2003).

전통적인 정신분석가처럼, 현대의 정신역동치료사는 양파 껍질을 벗기는 과정이라고 묘사할 수 있는 내담자의 정신적 방어와 전이관계를 탐색한다(Gothold, 2009). 그렇지만 전통적 정신분석학과는 다르게 그들은 성적인 주제에는 덜 집중하고 내담자의 현재 관계에 더 집중한다(Knoblauch, 2009). 또한 내담자에게 다른 사람과 관계 맺는 적응적인 변화를 만드는 것에 큰 강조점을 두고 있다. 현대의 많은 정신역동치료사는 Freud의 아이디어보다는 Erik Erikson, Karen Horney와 다른 정신역동치료사의 아이디어를 더 중요시한다. 치료는 내담자의 방어와 전이관계에 대해 전통적인 사례에서보다 더 개방적인 대화와 직접적인 표현을 필요로 한다. 내담자와 치료사는 보통 얼굴을 마주 보고 앉고, 치료사는 더 자유롭게 내담자와 대화를 주고받는다. 치료사가 내담자인 MR. ARIANES를 돕기 위해 어떻게 해석을 사용하는지, 그리고 MR. ARIANES가 부인과의 관계를 어떻게 그의 어린

현대 정신역동치료. 현대의 정신역동치료는 전통적인 Freud 학파 정신분석보다 보통 짧고 좀 더 직접적이고 내담자와 면대면 상호작용으로 참여한다.

시절 어머니와의 관계로 전이하여 연결시켰는지를 통찰하게 되는지 주목하라.

해석의 제공

MR. ARIANES: 의사 양반, 나는 당신이 이해했다고 생각합니다. 나와 내 아내는 의사소통을 하지 않습니다. 나는 아내에게 무엇이 잘못된 것인지 내가 무엇을 원하는지 말하지 않았습니다. 나는 내가 말하지 않아도 그녀가 이해해 주기를 기대했을지도 모릅니다.

치료사: 어린아이가 엄마에게 바라는 것과 비슷하군요.

MR. ARIANES: 엄마는 아니고요.

치료사: 네?

MR. ARIANES: 네. 나는 항상 엄마가 나에 대해 지나치게 과도한 관심을 보여서 너무 많은 문제를 만들고 있다고 생각했습니다. 한 번은 내가 자전거를 타다가 다쳐서 피투성이가 된 채 엄마에게 돌아갔습니다. 엄마가 나를 보자마자 화를 내고 소리를 치면서 아빠 때문에 몹시 바쁠 때 문제를 더 크게 만들었다고 했습니다.

치료사: 그때 당신이 어떻게 느꼈는지 기억합니까?

MR. ARIANES: 기억이 확실하지는 않지만 그 사건 이후로 엄마에게 내 문제를 말하지 않았던 것을 압니다.

치료사: 그때 나이가 몇 살이었습니까?

MR. ARIANES: 아홉 살. 아홉 번째 생일날 자전거를 선물 받았기 때문에 기억합니다. 그 자전거가 나한테 조금 커서 타다가 다쳤습니다.

치료사: 아마도 당신은 이러한 태도를 결혼생활에까지 가져왔나 봅니다.

MR. ARIANES: 어떤 태도를 말씀하십니까?

치료사: 당신 엄마처럼 아내가 당신의 어려움에 대해 공감해 주지 않는다고 느끼는 감정. 그녀가 너무 바쁘거나 다른 것에 몰입되어 있어서 당신에 대해 말하는 것이 의미가 없다고 여기는 태도이지 않을까요?

MR. ARIANES: 하지만 내 아내는 엄마와 많이 다른데요. 나에게는 그녀가 제일 중요해요.

치료사: 한 측면에서 보면 당신은 그것을 알아요. 하지만 다른 더욱 깊은 면에서 보면 당신은 여자들, 아니면 당신과 가까운 여자들에게 당신의 필요를 거절당하는 것에 대한 두려움이 틀림없이 있습니다.

MR. ARIANES: 선생님 말이 맞을 수 있는데, 그것은 아주 오래전 일이에요. 지금 나는 다 회복된 것 같습니다.

치료사: 우리 마음은 그렇지 않습니다. 충격이나 실망이 클 때 그것은 영구적으로 우리의 인지와 기대를 굳혀 버립니다. 마음을 제외한 우리의 나머지 부분은 자라는데—우리가 경험하고 보는 것, 다른 사람의 읽는 것을 통해 우리는 배우고 자라지만—당신이 상처받은 부분은 자라지 않고 변하지 않습니다. 내가 의미하는 것은 당신이 이해를 받고 위로를 받고 싶은 순간에는 9세 때의 거절의 상처와 경험이 현재까지 지속되고 있다는 것입니다.

해석 제공하기: M. F. Basch, *Doing Psychotherapy*(Basic Books, 1980), pp. 29–30. Basic Books, a member of Perseus Books Group의 허락하에 인용함.

어떤 현대 정신역동적 치료사들은 원초아의 역할보다 자아의 역할에 더 초점을 맞췄다. Heinz Hartmann과 같은 치료사는 일반적으로 **자아 분석**과 같은 것을 설명하였다. Margaret Mahler와 같은 다른 현대 정신분석자들은 정신역동치료와 **대상관계** 접근을 동일시하였다. 그들은 사람이 자신의 생각과 감정을 스스로 받아들이거나 내사한 주요 요소로부터 생각과 감정을 분리하도록 도와준다. 내담자들은 다른 사람들의 기대에 부응하려고 노력하기보다 그들 스스로를 한 개인으로 더 발전시킬 수 있다.

정신역동적 치료가 더 이상 예전처럼 지배적인 힘이 강하지는 않지만, 여전히 널리 행해지고 있고, 효과성의 증거가 축적되면서 지지되고 있다(예: Knekt et al., 2011; Leichsenring & Rabung, 2008; Levy & Scala, 2012; Town et al., 2012; Wolitzky, 2011). 우리는 지금부터 행동치료를 시작으로 다른 치료의 형태들을 살펴보기로 하자.

행동치료

행동치료(behavior therapy)는 심리적 장애 치료에 대해 학습의 원리를 체계적으로 적용한다. 초점은 행동의 변화에 있기 때문에 성격의 변화나 과거에 대한 깊은 탐색을 하지 않는다. 행동주의는 비교적 짧으며 전통적으로는 몇 주나 몇 달 동안 이어진다. 다른 치료사처럼 행동주의 치료사들은 내담자와의 따뜻한 치료적 관계를 개발시키기 위해 노력하지만, 그들은 치료적 관계의 본질보다는 학습에 기초한 기법에서 나오는 특별한 효과를 믿는다.

행동치료는 원래 두려움과 공포증을 겪는 사람을 도와주는 수단으로 널리 주목받았고, 통찰지향 치료법으로는 해결할 수 없는 문제를 극복한 치료 방법이다. 이 치료 방법 중에는 체계적 둔감화, 점진적 노출 및 모델링이 있다. **체계적 둔감화**(systematic desensitization)는 내담자가 점진적으로 더 두려운 자극이 제시되는 동안 깊이 이완되도록 구성된 노출하는(상상 또는 사진이나 슬라이드에 의한) 치료 프로그램을 포함한다. 먼저 내담자는 깊이 이완되기 위해 점진적인 이완(6장에서 논의된)과 같은 이완 기법을 사용한다. 내담자는 점진적으로 더욱 불안을 불러일으키는 장면을 상상(하거나 슬라이드 모음을 통해 보도록)하도록 지시받는다. 만약 공포가 떠오른다면, 내담자는 편안한 상태를 회복하는 이완 훈련을 반복해서 연습한다. 이 과정은 내담자가 불안 없이 그 장면을 견딜 수 있을 때까지 반복된다. 그런 다음 내담자는 공포 자극 위계의 다음 장면으로 진행한다. 이 절차는 공포 자극 위계에서 가장 고통스러운 장면을 상상하면서 편안한 상태를 유지할 수 있을 때까지 계속한다.

점진적 노출(gradual exposure)에서(또한 '삶에서' 체내의 노출이라고도 불리는) 사람은 실제로 삶에서 마주칠 수 있는 두려운 자극들이 포함되어 있는 상황에 스스로 자신을 놓아 공포증을 극복하고자 한다. 체계적 둔감화처럼, 사람들은 자신만의 속도로 점점 더 불안을 불러일으키는 자극의 위계를 통과한다. 예를 들어, 우선 뱀 공포증이 있는 사람은 방 건너편에서 우리에 갇힌 무해한 뱀을 볼 수 있다. 그러고 나서 점진적으로 뱀에게 접근하고, 이전 단계에서 완전히 진정되는 느낌이 들 때에만 다음 단계로 진행하는 점진적인 단계를 거쳐 뱀과 상호작용한다. 점진적 노출은 불안을 유발하는 비합리적인 생각을 합리적인 생각으로 바꾸는 것에 초점을 두는 인지 기법과 자주 결합한다.

당신은 아내를 내치겠다고 말했지만, 제겐
그저 관심 좀 가져달라는 말로 들리는군요.

모델링(modeling)에서 개인은 다른 사람의 행동을 관찰하여 원하는 행동을 학습한다. 예를 들어 내담자는 공포를 유발하는 상황이나 물체와 성공적으로 상호작용하는 다른 사람을 관찰한 다음 모방한다. 모델링 대상을 관찰한 다음, 내담자는 치료사나 목표 행동을 수행하는 사람에게 도움을 받거나 안내받을 수 있다. 내담자는 각각의 시도에서 치료사에게 충분한 보상을 받는다. 모델링은 Albert Bandura와 동료들에 의해 개척되었다. 그들은 다양한 공포증, 특히 뱀이나 개와 같은 동물에 대한 공포증을 가진 아이들에게 모델링 기법을 사용하여 놀랄 만한 성과를 보였다.

행동치료사들은 또한 바람직한 행동을 만드는데 조작적 조건화에 기초한 강화 기법을 사용한다. 예를 들어 부모와 교사는 적절한 행동은 칭찬하고 부적절한 행동은 무시함으로써 아이들이 체계적으로 강화시키는 훈련을 받을 수 있다. 제도적인 환경에서는 **토큰 경제**(token economy) 시스템이 자신을 몸단장하고 그들 자신의 침대를 만드는 것과 같은 적절한 행동을 수행하는 것에 대해 토큰으로 보상하는 것을 통해 적응행동을 증가시킨다. 토큰은 결국 원하는 보상으로 교환될 수 있다. 토큰 시스템은 품행장애를 가진 아동의 치료에도 사용되어 왔다.

이후의 장에서 논의되는 행동치료의 다른 기술은 **혐오 조건**(흡연과 알코올 중독과 같은 약물 남용 문제의 치료에 사용)과 **사회기술 훈련**(조현병과 관련된 기술 부족과 사회불안의 치료에 사용)을 포함한다.

인본주의 치료

정신역동치료사는 내담자의 내적인 갈등과 같은 무의식적인 과정에 초점을 맞추는 경향이 있다. 반면, 인본주의 치료사는 내담자의 주관적 의식의 흐름에 초점을 맞춘다. 인본주의 치료의 주요 형태는 심리학자 Carl Rogers가 개발한 **인간중심치료**(person-centered therapy, **내담자중심치료라고도 불림**)이다(Rogers, 1951; Raskin, Rogers, & Witty, 2011).

인간중심치료 Rogers에 따르면 심리적 장애는 대부분 자아실현을 향한 우리들의 여정에 다른 사람들이 놓은 장애물로부터 비롯된다. 우리 어린 시절의 감정과 행동에 대해서 다른 사람들이 선택적으로 승인할 때, 우리는 비판의 대상이 되는 자신의 어떤 측면을 끊어내 버릴 수도 있다. 사회적 승인을 얻기 위해, 우리는 사회적 가면이나 외관을 쓰기도 한다. '보고 듣지 못하는' 것을 배우고 자신 내부의 목소리를 듣지 못할 수 있다. 시간이 지남에 따라 우리는 자신이 만들고 생각한 것이 아닌, 다른 사람의 견해와 일치하는 왜곡된 자아개념을 형성할 수 있다. 그렇게 되면, 우리는 현실에 잘 적응하지 못하며, 불행하다 느끼고, 우리가 누구이며 어떤 존재인지 혼란스러워하게 된다.

인간중심치료는 따뜻한 태도와 수용적인 치료관계를 만든다. 그것은 내담자가 좀 더 자신의 참 자아를 인식하고 받아들이는 데 도움을 줄 수 있게 한다. Rogers는 치료사가 내담자에게 자신의 목표나 가치를 강요해야 한다고 생각하지 않았다. 그의 초점은 이름에서 알 수 있듯이 인간이다.

인간중심치료는 비지시적이다. 치료사가 아닌 내담자가 치료의 과정을 이끌고 진행해 나간다. 치료사는 반영기법—내담자가 표현한 감정을 해석하거나 평가하지 않고 다시 말하거나 다른 말로 바꾸어 표현하는 것—을 사용한다. 내담자는 자신의 감정을 더 깊이 탐색하도록 지지받고, 자신의 깊은 감정과 사회적 비난 때문에 부인했던 자신과 접촉한다.

Rogers는 따뜻한 치료적 관계를 만드는 것의 중요성을 강조한다. 그것은 내담자가 자기노출과 자기표현을 하도록 격려한다. 인간중심치료의 효과는 네 가지 기본 속성—무조건적 긍정적 존중, 공감, 진실성과 일치성—을 가지고 있다. 첫째, 치료사는 내담자에게 무조건적 긍정적 존중을 표현할 수 있어야 한다. 내담자가 과거에 부모와 다른 사람에게 조건적 인정을 받은 것과 대조적으로 치료사는 내담자의 선택이나 행동이 못마땅할지라도 무조건적 수용을 해야 한다. 무조건적 긍정적 존중은 내담자가 비판의 두려움 없이 자신의 감정을 탐색하도록 격려받는 안정감을 준다. 내담자가 자신이 수용되고 존중받는다고 느낄 때, 그들은 차례차례 자신을 받아들이게 고취된다.

공감(empathy)을 표현하는 치료사는 내담자의 경험과 감정을 정확하게 비추거나 반영할 수 있다. 치료사는 내담자의 눈이나 참조틀을 통해 세상을 보려고 노력한다. 그들은 내담자의 이야기를 신중히 듣고 사건에 대해 자신의 판단이나 해석은 배제한다. 공감을 보여 주는 것은 내담자가 희미하게 자각할 수 있는 감정에 접촉하도록 격려한다. **진실성**(genuineness)은 치료사의 감정에 대해 개방하는 능력이다. Rogers는 자신의 치료 회기에서 때때로 지루함과 같은 부정적인 감정을 느꼈다는 것을 인정했다. 하지만 그는 이러한 감정을 숨기기보다 개방적으로 표현하려고 시도했다(Bennett, 1985). **일치성**(congruence)은 자신의 생각, 느낌, 행동 간 일치성이나 일관성에 주목한다. 일치성이 있는 사람은 행동, 사고와 감정을 통합시키고 일관적인 사람들이다. 일치적인 치료사는 자신의 내담자에게 심리적 진실성의 모델이 된다.

인지치료

> 원래 좋고 나쁜 것은 다 생각하기 나름이다.
>
> —Shakespeare, Hamlet

셰익스피어가 말한 불행이나 질병은 고통이 없거나 다루기 쉽다는 것을 의미한 말은 아니었다. 그가 말하고자 하는 바는 불편한 사건을 우리가 어떻게 평가하느냐에 따라 불편함이 고조되기도 약화되기도 하고 그 사건을 다루는 우리의 능력에도 영향을 준다는 것을 의미하는 것 같다. 수백년 후에, Beck과 Ellis 같은 인지치료사는 치료에 대한 그들의 접근의 신조로서 이 단순하고 명쾌한 표현을 취하였다.

인지치료사는 내담자가 정서적 문제를 야기하고 기여하는 잘못된 생각, 왜곡된 신념과 자기 파괴적 태도를 인식하고 교정하는 것을 돕는 데 주력한다. 그들은 사건 그 자체가 아닌 사람이 그 사건을 불상사에 놓여 있다고 이해함으로써 불안, 우울과 같은 부정적 정서를 야기한다고 주장한다. 여기서 우리는 **인지치료**(cognitive therapy)의 주요한 두 형태에 대해 초점을 맞췄다—Ellis의 합리적 정서행동치료와 Beck의 인지치료.

합리적 정서행동치료 Ellis(1993, 2001, 2011)는 불안이나 우울과 같은 부정적 정서는 부정적 사건 그 자체에 의해서가 아니라 우리가 부정적 사건으로 이해하거나 판단하는 비합리적 방법에 의해 야기된다고 믿었다. 중요한 사람으로부터 항상 받아야 한다고 생각하는 비합리적 신념에 대해 살펴보자. Ellis는 다른 사람의 인정과 사랑을 원하는 것을 이해하지만, 우리가 그것 없이 생존할 수 없다고 믿는 것은 비합리적이라고 주장한다. 다른 비합리적 신념은 우리가 성취하고자 하는 사실상 모든 것을 성취하고 완전히 능숙해야만 한다는 것이다. 우리는 결국 그들의 비합리적인 기대에 미치지 못하도록 운명 지어져 있다. 그리고 그렇게 할 때, 우리는 우울과 낮아진 자부심과 같은 부정적 감정의 결과를 경험할 수도 있다. 불안, 우울과 같은 정서적인 어려움은 부정적 사건에 의해 직접적으로 야기되는 것이 아니라 오히려 우리가 자기 파괴적인 믿음을 가지고 검은 안경을 통해 그들을 봄으로써 그 사건의 의미를 어떻게 왜곡하느냐에 달려 있다. Ellis의 **합리적 정서행동치료**(rational emotive behavior therapy, REBT)에서 치료사는 내담자의 비합리적 신념과 내담자가 생각하는 기본가정을 활발히 논박하고 내담자가 그것을 대체하고 적응 가능한 신념을 발달시키도록 돕는다.

합리적 정서행동치료사는 내담자가 자기 파괴적이거나 잘못 적용된 행동을 좀 더 효과적인 대인 행동으로 바꾸도록 돕는다. Ellis는 종종 내담자에게 상대적으로 거만하게 동의하지 않거나 누군가에게 데이트를 요청하는 것처럼 특정 임무나 과제를 부과한다. 그는 또한 내담자들이 적응행동을 연습하거나 실행할 수 있도록 도왔다.

Beck의 인지치료 정신과 의사인 Beck(예: Beck, 2005; Beck & Weishaar, 2011)은 합리적 정서행동치료와 같이 사람들이 잘못되거나 왜곡된 생각을 변화하는 것을 돕는 것에 초점을 맞춘 인지치료를 개발하였다. 인지치료는 오늘날 정신치료에서 가장 빠르게 성장하고 가장 널리 연구되는 모델이다(Beck & Dozois, 2011).

인지치료사는 내담자가 개인 업적을 최소화하고 부정적 사건의 중요성을 확대하는 경향과 같은, **인지 왜곡**이라 불리는 사고의 오류를 인지하고 변화하도록 장려한다. Beck은 생각의 자기 파괴적 방식은 우울과 같은 부정적 정서 상태의 기저를 이룬다고 보았다. 색안경처럼 이들 왜곡된 또는 잘못된 사고는 삶의 경험의 인지와 외부 세계에 대한 반응을 특징짓는다(Smith, 2009). 인지치료사들은 내담자가 속상한 사건에 반응하여 그들의 사고를 기록하고 그들의 정서적 반응과 사고 사이에 관계를 적어두도록 요구한다. 그다음에 그들은 내담자가 왜곡된 사고에 반박하고 그들이 합리적 대안으로 대체하도록 돕는다.

인지치료사들은 또한 억압된 사람이 그들의 자유로운 시간을 집에서 일을 하거나 정원 가꾸기를 하는 것 같은 구조화된 활동으로 채우도록 장려하는 행동적 과제를 사용한다. 과제의 다른 유형은 내담자들이 현실을 고려하여 그들의 부정적 믿음을 시험하는 **현실검증**을 포함한다. 예를 들어, 모든 사람에게 원치 않는 기분을 느끼는 우울한 내담자가 두세 명의 친구에게 전화를 걸어 전화에 대한 친구들의 반응을 모으도록 요구할 수도 있다. 그러고 나서 치료사는 내담자가 과제에 대해 발표하도록 요구할 수도 있다. 그들이 전화를 즉시 끊던가요? 아니면 당신의 전화를 기쁘게 받던가요? 그들이 다시 당신과 전화를 하거나 때때로 다시 만나자는 관심을 보였나요? 당신에게 흥미를 느끼는 사람이 없었다고 결론을 내릴 만한 증거가 있나요? 그러한 연습은 내담자가 왜곡된 믿음을 합리적 대안으로 대체하도록 돕는다.

Beck과 Ellis에 의해 발달된 치료는 우리가 다음에 다룰 치료적 접근인 인지행동치료의 형태로 구분될 수 있다. 그러고 나서 우리는 치료의 다른 학파들로부터 유래한 기술과 원칙은 결합시키는 방향으로 치료학자들 사이의 움직임을 고찰할 것이다. 더 읽기 전에, 심리치료의 주요한 접근법을 요약한 표 2.5를 다시 살펴볼 수 있다.

인지행동치료

오늘날 대부분의 행동치료사들은 **인지행동치료**(cognitive-behavioral therapy, CBT)라 불리는 행동치료를 더 확장된 모델로 인식한다. 인지행동치료는 개인들이 공공연한 행동뿐만 아니라 근본적인 생각, 믿음, 사고방식의 변화를 일으키는 데 도움을 주는 치료 기술을 통합시키려고 시도한다. 인지행동치료는 생각의 패턴과 믿음이 행동에 영향을 주고 이런 인식의 변화는 바람직한 행동과 감정의 변화를 일으킬 수 있다는 가정하에 이뤄진다. 인지행동치료사는 내담자의 비합리적 신념과 그들의 정서적 문제의 기저를 이룰 수 있는 부정적이고 자동적 사고를 인식하고 교정하는 것을 돕는 데 집중한다.

인지행동치료사는 부적응적 사고의 변화와 같은 인지의 기술과 두려움을 유발하는 상황에 대한 노출과 같은 행동의 기술을 함께 사용한다. 인지행동치료는 우울증, 공황장애, 범불안장애, 사회공포증, 심리적 외상후 스트레스 장애, 광장공포증, 강박장애와 같은 다양한 정서장애뿐만 아니라 폭식증, 성격장애와 같은 다른 장애를 치료하는 대조 연구에서 인상적인 결과를 보여 왔다(예: DiMauro et al., 2012; Hofmann, Asnaani, Vonk, Sawyer, & Fang, 2012; McEvoy, Nathan, Rapee, & Campbell,

표 2.5
심리치료의 주요 유형 개괄

치료 유형	주요 인물	목표	치료 기간	치료사의 접근	주요 기법
전통적 정신분석	Freud	통찰을 얻고 무의식의 심리적 갈등을 해결	길고, 일반적으로 몇 년 지속됨	수동적, 해석	자유연상, 꿈의 분석, 해석
현대 정신역동 접근	다양함	통찰력의 개발에 초점을 두지만 전통적인 정신분석보다 자아의 기능, 현재의 대인관계와 적응행동을 더 강조	전통적인 정신분석보다 짧음	내담자의 방어를 좀 더 면밀히 밝혀내고, 여러 모로 논의	내담자의 방어와 전이 관계에 대한 분석
행동치료	다양함	학습에 기반한 기술의 사용을 통해 직접 문제 행동을 바꿈	상대적으로 짧음, 일반적으로 10~20회기 진행	지시적이고 적극적인 문제 해결	체계적 둔감화, 점진적 노출법, 모델링, 강화 기술
인본주의, 내담자 중심치료	Rogers	자기수용과 개인의 성장	다양하지만 기존 정신분석보다 짧음	비지시적, 내담자가 주도권을 가지는 것을 허용하면서 치료사는 공감하며 귀 기울여 들음	반영, 따뜻한 분위기, 치료적 관계 수용
Ellis 합리적 정서행동치료	Ellis	비합리적 신념을 합리적 대안과 신념으로 교체, 적응행동 변화로 만듦	상대적으로 짧음. 일반적으로 10~20회기 진행	지시적이고, 때로는 내담자의 비합리적 신념에 도전적인 대립을 함	비합리적 신념을 확인하고 도전, 행동 과제
Beck 인지치료	Beck	왜곡과 자기 파괴적인 생각, 신념을 확인하고 수정하며 적응행동 변화를 만듦	상대적으로 짧음. 일반적으로 10~20회기 진행	사고와 신념의 논리적인 검토 과정에 있는 공동의 참여자 내담자와 그것을 시험함	왜곡된 사고를 확인하고 수정, 현실검증을 포함하는 행동 과제
인지행동치료	다양함	부적응행동과 사고를 변화시키기 위해 인지와 행동 기술을 사용함	상대적으로 짧음. 일반적으로 10~20회기 진행	지시적이고 적극적인 문제 해결	인지와 행동 기법의 조합

2012; Resick, Williams, Suvak, Monson, & Gradus, 2012; Roy-Byrne et al., 2010; Stewart & Chambless, 2009). 그러나 약물치료를 포함한 다른 형태의 치료에서와 같이, 몇 년 후 평가 시 증상이 보이거나 치료에 대한 반응이 실패한 많은 내담자에서 인지행동치료가 모든 경우에 효과를 보이진 않는다(David & Szentagotaia, 2006; Durham, Higgins, Chambers, Swan, & Dow, 2012). 이것은 현재 치료 접근법을 더 향상하기 위한 노력이 필요함을 분명히 보여 준다.

절충치료

이상행동에 대한 각각의 주요한 심리 모델은 그들 각자의 접근—정신역동, 행동주의, 인본주의, 인지적인 접근들—을 통해 심리치료를 이뤄 왔다. 비록 많은 치료사들이 하나 또는 다른 치료 학파를 인정하지만, 몇몇 다른 학자들은 특별한 내담자를 치료하는데 최고의 이익을 얻을 수 있다고 믿는 다른 치료로부터 원칙과 기술을 세우는 **절충치료**(eclectic therapy)를 실행한다(Norcross & Beutler, 2011; Prochaska & Norcross, 2010). 예를 들면, 절충 또는 통합 치료사는 내담자가 문제의 어릴 적 근원에 대한 식견을 갖는 데 도움을 줄 수 있는 정신역동의 기술과 함께, 내담자의 특별한 부적응적 행동을 변화시키는 데 도움을 줄 수 있는 행동치료 기술을 사용할지도 모른다. 절충적 혹은 통합적 치료사는 내담자의 특정 부적응행동을 변화시키기 위해 행동치료 요법을 사용할 수도 있다. 예를 들면, 문제의 근원을 유아기의 통찰을 통해 내담자를 돕는 정신역동적 요법이 있다.

오늘날 인지적 접근(31%)을 제외한다면 절충/통합적 접근을 동일시하는 임상심리학자(22%)들이 가장 큰 비중을 차지한다(Norcross & Karpiak, 2012)(**그림 2.10** 참조). 절충적 접근을 선택한 치료사들은 나이와 경험이 많은 경향이 있다(Beitman, Goldfried, & Norcross, 1989). 아마도 그들은 경험을 통해 치료행위가 다양한 공헌을 하는 것의 가치를 배웠을 것이다.

일반적인 절충주의에는 **기술적 절충주의**와 **복합적 절충주의** 두 가지가 있다. 기술적 절충주의 치료사는 다양한 이론적 배경에서 나온 기술들을 사용하는데, 그러한 기술을 만들어 낸 이론적 입장을 반드시 받아들이지는 않는다. 그들은 사용하는 기술이 다른 관점의 치료적 접근보다 실용적 접근이라고 생각한다. 그들은 내담자에게 제공될 가능성이 높다고 믿는다.

다양한 이론적 접근법을 통합하고 종합하려고 애쓰는 절충적인 치료를 하는 치료사는 다른 이론적 개념과 접근을 하나의 통합적 모델로 가지고 온다.

통합적 심리치료에 다양한 접근 방법이 제안되었지만, 아직 현장에서는 이론과 실제 치료적 통합에 합의를 이루지 못하고 있다. 모든 치료사가 통합적 치료 관점이 바람직하거나 성취 가능한 목표라는 것에 동의하지는 않는다. 그들은 다른 치료적 접근의 초보적 연합–개념적 기본 틀의 응집력이 부족한–이 기술의 뒤범벅(잡탕-혼란)으로 이어질 것이라고 믿는다. 여전히, 전문가 집단은 치료적 통합에 대한 관심이 커지고 있으며, 다른 접근법의 기여를 함께 묶는 목표를 가진 새로운 모델을 기대하고 있다.

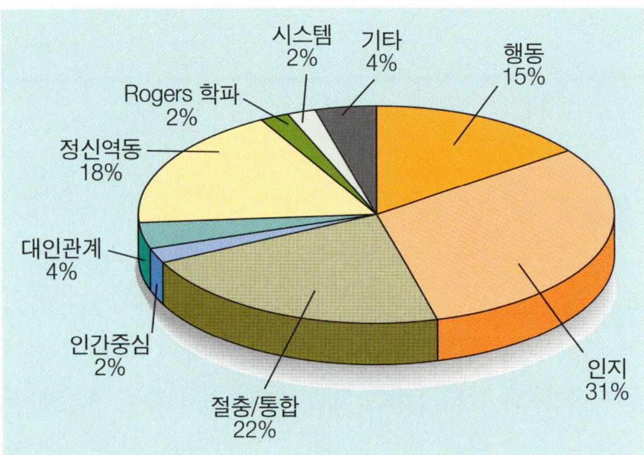

그림 2.10 임상심리사의 치료 방향 최근 미국 내 조사에 따르면 인지와 절충/통합적 치료 방향이 오늘날 임상심리사들에게 가장 대중적인 것으로 나타난다.

출처: Norcreoss & Karpiak(2012)에서 발췌.

집단, 가족 그리고 부부치료

어떤 치료적 접근은 집단의 사람, 가족, 부부를 포함하는 것으로 치료의 초점이 확대되었다.

집단치료 **집단치료**(group therapy)의 경우 내담자 집단을 한 명의 치료사 혹은 한 쌍의 치료사들이 함께 만난다. 집단치료는 개인치료보다 여러 가지 이점을 가지고 있다. 그중 하나는 집단치료는 개인 내담자보다 비용이 적게 든다. 왜냐하면 몇몇의 내담자가 같은 시간에 치료하기 때문이다. 많은 임상의는 또한 집단치료가 불안과 관련된 불만, 우울, 사회적 기술의 부족 혹은 이혼에 대한 적응, 혹은 다른 삶의 스트레스 등과 같은 비슷한 문제를 가진 내담자 집단의 치료에 더 효과적이라고 믿는다. 내담자는 치료사뿐만 아니라 집단으로부터 비슷한 문제를 가진 사람들의 대처하는 방법을 배우고 사회적 지원을 받는다. 집단치료는 또한 집단원에게 그들의 문제를 풀 수 있는 기회를 제공한다(다른 사람과의 관계 안에서). 예를 들어, 치료사나 다른 집단원들은 집단 회기

집단치료. 개인치료와 다른 집단치료의 장점은 무엇인가? 단점은 무엇인가?

내에서의 특별한 집단원의 행동이 집단 밖에서 그 사람의 행동을 반영한다는 것을 지적할 수 있다. 집단원들은 또한 다른 사람들의 지지적인 분위기에서 사회적 기술을 연습할 수 있다.

이런 이점에도 불구하고, 내담자는 다양한 이유로 개인치료를 선호한다. 내담자는 자신의 문제가 집단에서 개방되는 것을 원하지 않을 수도 있다. 몇몇 내담자는 치료사의 개인적 관심을 더 선호한다. 다른 사람들은 집단 상황에서 편안함을 잘 느끼지 못하도록 사회적으로 억압되어 있다. 그런 우려 때문에 집단치료사(집단 상담자)는 비밀을 유지하고, 집단 구성원들 간에 서로 지지하고 수용적인 관계를 맺으며, 서로 관심을 기울여 줄 것을 요청한다.

가족치료 **가족치료**(family therapy)에서 개인이 아닌 가족이 치료의 한 부분이다. 가족치료의 목적은 그들의 갈등과 문제를 풀 수 있도록 문제가 있는 가족을 돕고 가족 개개인과 가족 단위로의 가족 기능을 향상시키고, 가족 갈등으로부터의 스트레스를 줄이는 것이다. 가족치료에서 가족 구성원은 좀 더 효과적인 의사소통을 배우고, 건설적인 논쟁을 할 수 있다(Gehar, 2009). 가족 갈등은 하나 혹은 그 이상의 구성원의 변화로 가족 패턴이 변화되는 생활 주기의 전환점에서 종종 발생한다. 예를 들면, 부모와 자녀 사이의 갈등은 청소년기의 아이들이 더 큰 독립성이나 자율성을 추구할 때 종종 나타난다. 낮은 자아존중감을 가진 가족 구성원은 가족의 다른 구성원의 다른 태도나 행동을 견딜 수 없어 하므로, 더욱 독립적으로 되거나 변화하려는 활동으로 저항할 것이다. 가족치료사는 가족과 함께 그들의 갈등을 해결하고, 그들이 생활 변화에 적응할 수 있도록 돕는 역할을 한다.

가족치료. 가족치료에서는 개인이 아니라 가족 구성원이 치료의 단위이다. 예를 들어 가족 구성원에게 상처를 주지 않는 방식으로 반대 의견을 표현하도록 하면서 가족 구성원들이 더 효과적으로 소통하도록 돕는다. 치료사는 또한 가족 문제를 해결하는 데 가족 구성원 중 한 사람이 희생양이 되지 않도록 돕는다.

가족치료사는 가족 구성원 중 하나를 문제의 근원으로 삼아 희생양을 만드는 가족의 성향, 혹은 '문제아로 지목된 내담자(identified client)'에 민감해야 한다. 문제가 생긴 가족은 문제의 내담자만 변하면 가족은 다시 기능을 회복할 것이라는 일종의 신화를 믿는 듯하다. (미꾸라지 한 마리가 온 웅덩이를 흐린다고 생각한다.) 가족치료사는 하나의 구성원을 희생양으로 하는 대신에 그들의 분쟁과 갈등을 가족 모두가 함께 풀 수 있도록 가족들을 격려한다.

많은 가족치료사는 가족 작업과 가족 내에서 발생할 수 있는 문제를 이해하기 위해서 **시스템적 접근**을 적용한다. 그들은 가족 구성원 개인의 문제행동이 가족 내의 역할관계와 의사소통 시스템이 파괴된 것을 나타내는 것으로 본다. 예를 들면, 한 아이가 부모의 관심에 대해 다른 형제들과의 경쟁을 느끼고, 부모의 관심을 끌기 위한 하나의 수단으로 유뇨증 혹은 야뇨증이 발생한다. 시스템적 관점에서 가족치료사는 아이의 행동에 숨겨진 메시지를 가족 구성원이 이해하고, 아이의 요구에 좀 더 적절하게(충분히) 반응하여 그들의 관계를 바꿀 수 있도록 돕는 것에 초점을 둔다.

부부치료 **부부치료**(couple therapy)는 결혼을 한 부부나 결혼하지 않은 커플을 포함하여 곤란에 처한 커플들의 갈등을 해결하는 것에 초점을 둔다(Baucoma, Sevier, Eldridge, Doss & Christensen, 2011: Christensen et al., 2010). 가족치료처럼 부부치료는 의사소통의 개선과 역할 관계의 분석에 초점을 둔다. 예를 들어, 한쪽 파트너가 지배적인 역할을 하며 권력을 나누자는 요청에 저항할 수도 있다. 부부치료사는 이런 역할관계를 개방하고, 좀 더 만족스러운 관계로 이어질 수 있는 다른 대체 방법을 찾을 수 있도록 도움을 준다.

심리치료의 방법에 대한 평가

> **2.9** 심리치료의 효과성과 치료에 있어서 일반적인 요소의 역할을 평가한다.

심리치료의 효율성은 무엇인가? 심리치료를 시행할 것인가? 어떤 치료가 다른 치료보다 더 효과적인가? 어떤 치료

이상심리학에 대해 비판적으로 사고하기

@Issue: 치료사는 내담자를 온라인에서 치료해야 하는가?

단지 키보드 몇 번 두드리는 것만으로 정신건강이 나아질까? 오늘날 당신은 콘서트 티켓 예매부터 음악이나 도서 다운로드(물론 합법적으로)까지 거의 모든 것을 인터넷에서 할 수 있다. 또한 상담이나 치료 행위를 온라인 치료사로부터 받을 수 있다. 온라인 상담가와 치료사는 이메일뿐만 아니라 스카이프와 같은 화상 채팅 서비스 그리고 다른 전자·통신 서비스를 정서 문제와 관계상의 문제를 가지고 있는 사람들에게 도움을 주기 위해 사용한다. 온라인 상담 서비스의 수가 지속적으로 증가함에 따라 온라인 상담에 대한 논란 역시 증가하고 있다.

많은 전문가는 온라인 상담이 지니는 임상적, 윤리적, 법적 문제점에 대해 염려의 목소리를 내고 있다(Gabbard, 2012; Harris & Younggren, 2011; Van Allen & Roberts, 2011; Yuen, Goetter, Herbert, & Forman, 2012). 그중 한 가지 문제점은 심리학자들이 어떤 주에서 활동하기 위해서는 그 주에서 발급하는 허가증이 필요한데 인터넷 공간에서의 소통은 쉽게 주의 경계를 넘나들 수 있다는 것이다. 따라서 심리학자나 다른 정신건강 전문가들이 면허를 받지 않은 지역의 환자들에게 합법적으로 온라인 서비스를 제공할 수 있는지는 여전히 불분명하다.

또 심리학자와 전문가들이 환자와 면대면으로 만나지 않는 상태에서 의료 행위를 제공할 때 윤리적, 법적 책임과 관련한 문제가 발생할 수 있다. 많은 전문가들은 환자를 오로지 컴퓨터나 전화와 같은 도구를 통해서만 접촉하는 것은 단지 키보드를 두드리며 입력된 단어나 수화기 너머 들리는 대화보다 더 중요한, 어쩌면 환자의 극심한 고통의 표출이 될 수도 있는 비언어적 표현을 확인할 길을 막는 것일 수 있다고 염려했다.

그러나 치료사들은 환자 기록에 허락받지 않고 접근하거나, 소셜 웹사이트에 환자의 정보를 포스팅하는 것과 같은 컴퓨터 기술 사용 시 발생하는 윤리적 문제에 대해 매우 염려하고 있다. 그러나 어떤 문제에 있어서는, 온라인 상담자들이 먼 거리에 살고 있는 내담자를 상담하거나 내담자가 정서적 위기 상황일 때 더 집중적으로 상담하는 데 이런 컴퓨터 기술을 사용할 수 있다. 전문가들은 또한 훈련받지 않은 실습생이나 사기꾼이 내담자에게 접근할 수 있다는 점에 대해 우려를 표하기도 한다. 아직은 자격증이 있는 전문가만 온라인 치료를 할 수 있는 체계가 마련되어 있지 않다.

반면에 치료사들은 외상후 스트레스 장애, 공황장애, 불면증, 사회공포증, 강박장애, 병적 도박, 알코올 중독, 흡연 중독을 포함한 광범위한 문제를 위해 안내되는 자조적 치료 프로그램을 배포하기 위해 인터넷을 사용하는 것이 치료상 장점이 있다고 주장한다. 이러한 경우에는 치료사가 그들이 제공하는 온라인

(다음 쪽에 계속)

가 어떤 유형의 내담자에게 혹은 어떤 유형의 문제에 다른 치료보다 더 효과적인가?

메타분석의 사용 심리치료가 효과적이라는 것은 연구 논문으로부터 강력한 지지를 받고 있다. 과학적 문헌 연구에 많은 수의 연구 결과 효과성의 전반적인 수준을 결정하여 평균을 내는 **메타분석**이라는 통계 기법이 자주 사용된다.

메타분석의 고전적인 예는 각각의 심리 요법(다른 종류의, 정신역동, 행동, 인간중심을 포함하는)을 통제 집단과 비교한 375개의 연구의 심리치료 결과를 분석한 것이다(M. L. Smith & Glass, 1977).

이런 연구들을 통해 심리치료를 받은 고객들이 심리치료를 받지 않은 고객보다 평균 75% 더 좋아진 것으로 나타났다. 더 큰 475개의 결과를 분석한 연구는 평균적으로 치료를 끝까지 받은 사람이 치료를 끝까지 받지 않은 사람보다 80% 더 좋아진 것으로 나타났다(M. L. Smith, Glass, & Miller, 1980). **진실 / 거짓**

> **진실 또는 거짓**
>
> 심리치료는 단순히 시간이 지나가도록 되는 것보다 효과적이지 않다.
>
> **거짓** 시간이 지나가도록 기다린 대기자 명단에 속한 통제 집단에 비해 심리치료를 받은 집단이 더 좋은 효과를 거둔 연구 결과가 있다.

이후 메타분석 또한 인지행동치료와 정신역동치료를 포함한 특정 형식의 치료들의 긍정적인 결과를 보여 준다(예: Butler et al., 2006; Cuijpers, Hofmann et al., 2010; Shedler, 2010; Tolin, 2010; Town et al., 2012). 심리치료가 임상연구 센터뿐만 아니라 좀 더 평범한 형태의 치료에도 효과가 있다는 것이 입증되었다(Shadish et al., 2000).

심리치료의 가장 큰 효과는 일반적으로 치료 초반 몇

치료의 질을 감독한다. 어떤 경우에는 온라인 치료 계획서를 보충하기 위해 이메일 사용 또는 주기적인 전화 연결, 컴퓨터 소프트웨어 프로그램을 사용하는 것과 같은 방법으로 추가적인 지원을 제공한다. 정신건강 전문가들은 또한 컴퓨터화된 치료 도구를 전통적인 치료 프로그램으로 포함한다.

온라인 치료의 한 가지 장점은 부끄러움과 쑥스러움 등으로 도움을 찾아 나서는 것을 원치 않는 환자들에게 쉽게 접근할 수 있다는 점이다. 온라인 상담은 환자가 치료사를 만나는 첫 번째 발판을 제공해 주면서 몇몇 사람에게는 도움을 받는 데 더 편안함을 느끼게 해줄 것이다. 온라인 치료와 화상회의 서비스는 외딴 지역에 살거나 거동이 불편하여 도움을 받을 수 없던 사람들에게 필요한 서비스를 제공할 것이다. 최근 연구에서는 치료를 거의 받지 않은 불안장애를 동반한 청소년 치료에 사용되는 온라인 치료가 정기적으로 치료사와 면대면으로 만나는 것만큼 효과적이며 상담소 방문에 어려움을 겪는 가족에게 큰 도움이 된다고 밝혔다.

대체로, 심리학자들은 치료에 있어서의 전자 도구를 가치 없다고 보지 않는다. 다만 그들은 그것의 사용에 대해 주의를 기울인다. 심리학자들은 인터넷과 컴퓨터화되고 전자화된 방법으로 심리적 서비스가 보편화되기 전에(유포되고 널리 퍼져 사용되기 전에) 내담자를 보호하기 위한 방법을 찾고 있다.

온라인 심리적 서비스의 가치에 대해 어떻게 생각하는가? 이 문제에 대해 비판적으로 생각하고 다음 질문에 답하라.

인터넷 치료. 온라인 치료적 서비스가 인터넷에 나타나고 있다. 인터넷 기반 상담 혹은 치료 서비스가 치료적 이점을 가지고 있을지라도, 많은 정신건강 전문가들은 이러한 서비스에 잠재적 임상, 윤리적 및 법적 문제와 관련된 우려를 표명한다.

- 온라인 치료를 제공한 치료사들이 가진 윤리적이고 실무적인 문제는 무엇인가?
- 온라인 치료의 잠재적 이점은 무엇인가? 잠재적 위험은 무엇인가?
- 만약 당신이 심리적 서비스가 필요하다면 당신은 인터넷 기반 치료를 받을 것인가? 그 이유는 무엇인가?

개월에 걸쳐 일어난다. 적어도 통제된 연구의 50%는 약 13회기 치료에서 임상적으로 중요한 개선을 보여 주었다. 26회기에는 80% 이상의 수치가 증가하였다(E. M. Anderson & Lambert, 2001; Hansen, Lambert, & Forman, 2002; Messer, 2001a). 그러나 우리는 많은 내담자가 치료적 효과가 나타나기 전에 너무 빨리 그만둔다는 것을 깨달아야 한다.

비록 증거가 심리치료의 효과성을 뒷받침해 주지만, 연구자는 왜 그것이 효과가 있는지, 어떤 요인이나 과정이 치료적 변화를 설명하는지 명확하게 설명하지 못한다(Carey, 2011). 치료의 다른 형태는 각각의 통제 집단과 비교했을 때 같은 수준이나 크기의 효과를 만들어 낸다.

이는 다양한 형태의 심리치료가 갖는 효과성이 각 이론을 구별짓는 특징적 기술보다 이론을 아우르는 공통적인 요인과 보다 더 관련 있음을 시사한다.

비특이적 혹은 일반적 요인에는 치료 효과에 대한 기대와 치료사와 내담자의 관계적 특성과 같은 것이 있다. (1) 치료사가 보여 주는 공감, 지지, 집중, (2) **치료적 동맹**, 즉 내담자가 치료사 혹은 치료 과정에 대해 갖는 애착, (3) **작업 동맹**, 즉 치료사와 내담자가 함께 중요한 문제와 관심사를 파악하고 직면하는 과정에서 효과적 치료 관계의 발달(Crits-Christopy, Gibbons, Hamilton, Ring-Kurts, & Gallop, 2001; Prochaska & Norcross, 2010; Smith, Msetfi, & Golding, 2010). 이런 요인들은 그 자체로 치료적 효과를 가지고 있고, 특정 형태의 치료와 관계된 특정 효과와 상당히 떨어져 있다(Bjornsson, 2011; Goldfried, 2012).

치료사들 간에 치료 효과 차이가 없다고 할 수 있을까? 반드시 그런 것은 아니다. 치료사로서의 전반적인 역량은 치료사마다 다를 수 있다. 그러나 어떤 치료사들은 어떤 유형의 문제에 대해서는 더 잘 다루기도 한다. 치료의 효과성은 특정 유형의 치료보다 치료사의 효과성과 더 관련이 있다는 것을 받아들여야 한다(Wampold, 2001).

대체로, 몇몇 유형의 치료가 다른 치료보다 더 효과

적인지에 대한 의문은 여전히 풀리지 않았다. 연구자들이 대인관계 기술, 공감 능력, 좋은 치료적 관계, 내담자와 작업 동맹을 맺는 능력과 같이 다른 치료사들보다 더 효과적인 치료사로 만드는 요인에 대한 연구에 힘을 쏟아야 한다(Karver et al., 2006; Prochaska & Norcross, 2010). 특히 치료 초기에 강한 치료적 동맹이 형성되었을 때 좀 더 나은 치료 결과와 연관된다(Crits-Christoph et al., 2011; Strunk et al., 2012; Zuroff & Blatt, 2006).

또 다른 연구자들이 갖는 의문은 특정 치료가 연구실에서뿐만 아니라 치료소에서도 역시 효과가 있는가에 대한 것이다. 연구의 두 가지 유형인 **효능 연구**(efficacy study)와 **효과 연구**(effectiveness study)는 두 가지 형태로 효과를 조사한다. 효능 연구는 실험실에서 엄격하게 통제된 조건하에서 특정 치료가 효과가 있는지 없는지에 대한 쟁점을 설명한다. 하지만 이런 치료 작업이 실험실에서 효과가 있었다는 사실이 반드시 실제 상담실 환경에서도 효과가 있다는 것을 설명하지는 못한다. 이 의문은 치료사가 일상적인 내담자를 일상적 치료 상황에서 만났을 때 치료 효과를 조사하는 효과 연구에서 다루어진다.

표 2.6

경험적으로 지지된 치료의 예

치료	치료 효과가 있는 증상
인지치료	두통(6장) 우울(7장)
행동치료 또는 행동수정	우울(7장) 발달장애(13장) 아뇨증(13장)
인지행동치료	공황장애(5장) 범불안장애(5장) 폭식증(9장)
노출치료	광장공포증 또는 특정공포증(5장)
노출 또는 반응방지	강박장애(5장)
관계중심 심리치료	우울(7장)
부모 훈련 프로그램	반사회적 행동(13장)

주: 자세한 내용은 괄호의 장에서 다루고 있다.

경험적으로 지지된 치료 경험적으로 지지된 치료는 정교하게 설계된 연구를 통해 특정한 유형의 문제 행동이나 장애를 다루는 데 있어서 효과적이라고 증명된 특정한 심리치료를 말한다(표 2.6 참조)(APA Presidential Task Force on Evidence-Based Practice, 2006; Lohr, 2011; Wells & Miranda, 2006). 다른 치료법이 특정 유형의 문제를 다루는 데 효과적이라는 과학적 증거가 발견되어 경험적으로 지지된 치료의 목록이 바뀌게 될 수도 있다. 그러나 경험적으로 지지된 치료의 목록에 어떤 치료법이 포함되어 있다고 해서, 그 치료법이 모든 사례에서 효과적이라는 뜻이 아님을 유의해야 한다.

어떤 치료 작업이 좋은지에 대해서는 불충분하다. 대신에 우리는 다음과 같은 것을 물어볼 필요가 있다. 문제에 따른 좋은 치료 방법은 어느 것인가? 아동에게 가장 잘 맞는 치료 방법은 무엇인가? 특이한 치료 방법의 이점과 한계점은 무엇인가? 비록 경험적으로 지지된 치료를 확인하려는 노력이 있지만 특정 장애에 맞는 치료 방향을 선정하고, 치료 방법을 선정하고 누구에 의해 실행될 것이며 내담자에게 가장 효과적인 환경이 무엇인지는 여전히 어려운 과제로 남아 있다.

대체로 심리치료는 적응적인 변화를 일으키기 위한 공통 요인과 특수 기법을 통합한 복잡한 과정이다. 치료사들은 이러한 요인들 간의 상호작용뿐만 아니라 치료를 통한 변화에 있어서 특수 요인과 공통 요인이 각각 어떤 역할을 하는지 고려해야 한다(Gibbons et al., 2009).

심리치료의 다문화적 문제

2.10 심리치료에 있어서 다문화적 요소의 중요성과 윤리적 소수자들이 정신건강 서비스를 활용할 때의 장벽을 설명한다.

우리는 다양하고 다문화적인 사회에서 살아가고 있기 때문에 사람들의 배경과 개인적 경험뿐만 아니라 문화적 학습과 규범, 가치에서 치료법을 가져올 필요가 있다. 정상적인 행동과 비정상적인 행동은 문화와 지역사회의 맥락에서 발생한다. 치료사는 사람들의 다양한 문화적 배경을 고려하여 그에 맞는 적절한 서비스를 능숙하게 제공할 수 있어야 한다(Stuart, 2004).

치료사는 문화적 차이와 그것이 어떻게 치료 과정에 영향을 미치는지에 대해 민감할 필요가 있다. 문화적 감수성은 단순히 환자에게 선의를 갖는 것 이상이다. 치

문화적 민감성. 치료사들은 문화적 차이와 그것이 어떻게 치료 과정에 영향을 미치는지에 대해 민감할 필요가 있다. 또한 그들은 민족적 고정관념과 가치와 언어 그리고 그들과 다르다는 인종적 또는 민족 집단 구성원의 문화적 신념에 민감하게 반응하지 않아야 한다. 영어를 유창하게 하지 못하는 내담자는 그 내담자가 사용하는 언어를 사용할 수 있는 치료사에 의해 효과를 얻을 수 있다.

료사는 또한 적절한 문화적 요인에 대한 지식을 가질 필요가 있으며, 치료 방볍에 접근하는 데도 문화적인 감수성을 효과적으로 사용할 수 있는 능력이 필요하다(Comas-Diaz, 2011a,b; Hwang, 2011; Leong & Kalibatseva, 2011; Sue, Zane, Hall, & Berger, 2009). 또한 치료사는 민족적 고정관념과 가치와 언어 그리고 그들과 다르다는 인종적 또는 민족적 집단의 구성원의 문화적 신념에 민감하게 반응하지 않아야 한다. 치료사의 다문화적 능력을 높이 평가하는 내담자는 치료사를 공감적이고 유능하다고 평가하는 경향이 있다(Fuertes & Brobst, 2002). 그러나 전문 심리학자들을 대상으로 한 연구에 따르면 실제 현장에서 문화를 고려하여 심리치료를 적용하는 경우는 적은 것으로 드러났다(Hansen et al., 2006).

어떤 치료법이 특정 집단에 효과적이었다고 해서 다른 집단에서도 효과적이라는 보장은 없다. 연구자들과 치료사들은 특정 치료가 각 집단에 대해 효과적인지, 특정한 문화에 적합하도록 수정한 치료법이 수정하지 않은 치료법보다 더 나은 것인지 명쾌하게 알려줄 수 있는 증거가 필요하다(Hayes, Muto, & Masuda, 2011; Franko et al., 2012; López, Barrio, Kopelowicz, & Vega, 2012). 최근 연구는 공포증을 치료하는 데 특정 문화를 반영한 형태의 행동치료가 기존의 행동치료에 비해 아시아계 미국인들, 특히 미국 문화에 덜 동화된 내담자에게 좀 더 효과적이라고 보고했다(Pan, Huey, & Hernandez, 2011). 이는 확립된 기존의 치료법을 사용하는 치료사가 다양한 인종과 민족적 배경을 가진 사람들을 치료하는 데 있어서 어떻게 하면 특유의 문화적 요소를 고려하여 치료적 이득을 높일 수 있을지 고민해야 함을 시사한다(Burrow-Sanchez & Wrona, 2012; Comas-Diaz, 2011b).

다음으로, 미국 사회의 주요 소수 인종인 아프리카계 미국인, 아시아계 미국인, 히스패닉계 미국인, 아메리칸 원주민들을 치료할 때 영향을 미치는 요인들에 대해서 알아보자.

아프리카계 미국인 아프리카계 미국인들의 문화적 역사는 반드시 계속된 인종 차별의 맥락과 그것이 유색인종의 심리적 적응에 미친 악영향을 고려하여 이해해야 한다(Greene, 2009). 아프리카계 미국인은 그들이 고용과 주택공급, 교육과 보건관리의 영역에서 접하게 되는 인종 차별을 다루기 위해 대응기제를 개발해야 했다(Greene, 1993a, 1993b; Jackson & Greene, 2000). 예를 들어, 아프리카계 미국인들의 잠재적인 학대와 착취에 대한 민감성은 생존 전략이자 의심과 신중함의 수준을 높이는 형태로 드러날 것이다. 그렇기 때문에 치료사는 아프리카계 미국인 내담자가, 특히 치료 초기 단계에 그들의 취약성으로 인해 자신을 드러내는 것을 기피하는 경향이 있다는 것을 알아차릴 필요가 있다(Sanchez-Hucles, 2000). 치료사들은 의심이 많은 것을 편집증과 혼동하면 안 된다.

치료사는 아프리카계 미국인 내담자가 보이는 심리적 문제와 더불어 이들이 일상에서 겪는 인종적 장벽에 대응하기 위한 기제를 발전시킬 수 있도록 도와주어야 한다. 어떤 이들이 믿는 것과는 반대로, 아프리카계 미국인이 대통령에 당선되었어도 사회 계층에 상관없이 많은 아프리카계 미국인들이 일상적으로 겪는 편견과 차별은 바뀌지 않았다. 또한 치료사들은 주류 문화에 계속해서 존재하는 흑인에 대한 부정적인 고정관념을 내면화시켜 버리는 일부 아프리카계 미국인들의 경향성에 적절히 대응해야 한다.

아프리카계 미국인이 마주하는 인종 차별의 형태는 다양하다. 예를 들어 집을 구할 때나 일자리를 구할 때 의심의 여지없이 노골적인 차별을 당한다. 그러나 어떤 차별은 대형 마트의 안전 요원이 의심의 눈초리로 쳐다보는 것과 같이 식별하기 미묘하고 어려운 형태를 띠기도 한다. Sue(2010)는 이런 경우 실제로 인종 차별적 의도가 있었다고 하더라도 어떻게 대응해야 할지 모르는 피해자로 만들어 버리므로 더 큰 악영향을 미친다고 지적했다.

문화적으로 유능하기 위해 치료사는 그들이 일하고 있는 곳에 있는 구성원의 언어와 문화적 전통을 이해할 수 있어야 할 뿐만 아니라, 그들이 가지고 있는 인종적 민족적인 태도를 이해해야 하며 내면에 있는 태도가 그들에게 어떠한 영향을 미칠지에 대해서도 생각해 봐야 한다. 치료사는 다른 사람들이 그런 것처럼 아프리카계 미국인에 대한 부정적 고정관념에 노출되므로, 만약 치료사 자신의 고정관념을 검토해 보지 않는다면 아프리카계 미국인들과 맺는 치료적 관계를 형성하는 데 부정적 영향이 있을 것임을 반드시 인식해야 한다. 다양한 인종이 어울려 사는 사회에서 내담자와 함께 작업하기 위해서는 자기 자신의 인종적 태도와 이러한 태도가 치료적 과정에 미칠 수 있는 영향에 대해 개방적으로 검토해 보려고 하는 의지가 필수적이다. 덧붙여서, Snowden(2012)은 치료사들이 아프리카계 미국인들의 양질의 건강관리에 대한 접근의 부재와 같은 정신적 · 신체적 건강에 영향을 주는 환경적 위험 요소를 알아야 한다고 지적하였다.

또한 치료사는 생물학적으로 관련이 없는 사람들도 가족의 일원으로 받아들이는 강한 친족 유대감, 강한 종교적 · 영적 성향, 대가족 문화, 성 역할에 대한 적응과 유연성(아프리카계 미국인 여성들은 오랫동안 집 밖에서 일해 온 역사가 있다), 모든 가족 구성원들이 육아에 대해 공동책임을 지는 것과 같은 아프리카계 미국인들의 문화적 특성을 반드시 인식하고 있어야 한다.(Greene, 1990, 1993a; Jackson & Greene, 2000; USDHHS, 1999).

아시아계 미국인 문화적으로 예민한 치료사는 다른 문화의 가치와 신념을 이해할 뿐만 아니라 그 지식을 치료 과정에 통합시켜야 한다. 일반적으로 말하는 일본 문화를 포함하여 아시아 문화는 자신에 대해서나 자신의 생각을 다른 사람 앞에 나서서 나타내지 않는 것을 가치 있게 여긴다. 또한 아시아 문화에서는 공개적으로 감정을 표현하는 것을 막기 때문에 아시아 내담자는 치료 장면에서 자신의 감정을 드러내는 것을 억제한다. 전통적인 아시아 문화는, 특히 부정적 감정을 포함하여 자신의 감정을 유지하지 못하는 것은 잘못된 것으로 인식하며, 그 사람의 형편없는 가정교육을 반영한다고 받아들인다. 서양의 기준으로 판단했을 때 소극적이고 감정적으로 차분한 아시아 내담자는 그들의 적절한 문화적 방법으로 응답할 경향이 있기 때문에, 그것이 치료사에게 비협조적이고 수줍고 회피적이라고 판단해서는 안 된다(Hwang, 2006).

임상심리사는 또한 아시아 내담자가 가슴이 뻐근하거나 심장이 뛰는 것과 같은 신체적 증상이나 불안과 같은 심리적 불편감을 종종 표현한다고 보고한다(Hinton et al., 2009). 그러나 감정을 **신체화하는** 문제는 부분적으로는 의사소통 방식의 차이에 의한 것으로 설명할 수 있다(Zane & Sue, 1991). 즉 아시아인들은 정서적인 스트레스가 신체적인 증상으로 옮겨 갈 수 있다.

어떠한 경우에는 치료의 목적이 특정 문화적 가치와 충돌할 수도 있다. 자기의 성장에 초점을 두는 많은 종류의 심리치료가 미국 사회의 개인주의로 표현되는데, 이것은 집단과 가족 중심의 아시아의 가치와 충돌할 가능성이 있다. 아시아 내담자와 함께 작업하는 치료사는 나에 대해 집중하기보다 우리를 강조할 수 있으며 아시아 내담자들의 사회적 유대감을 중요시할 필요가 있다(Hayes et al., 2011).

마음과 몸과 영혼이 강한 연관성을 갖고 있다고 보는 아시아적 문화를 강조하는 것과 같이, 문화적으로 적절한 치료 조건을 형성하여 내담자의 관계를 돈독하게 할 수 있다(Hwang, 2006). 치료사들은 예를 들어 **마음챙김 명상**과 같은 동양의 철학 또는 문화 전통을 반영하는 기술을 포함할 수 있다(Hall, Hong, Zane, & Meyer, 2011). (4장 참조) 그들은 또한 치료에서 문화적으로 관련이 있는 자원, 예를 들어 토속신앙, 대가족, 문화적으로 특이한 소통 방법을 이용할 필요가 있다(Hays, 2011).

히스패닉계 미국인 히스패닉계 미국인의 다양한 하위 문화는 각각 여러 면에서 달라 보이기는 하지만 존경과 위엄뿐만 아니라 가족과 혈연관계에 놓이는 다양한 영역과 같은 문화적 가치와 신념을 포함하여 많은 것을 공유한다(Calzada, Fernandez, & Cortes, 2010). 치료사는 전통적인 히스패닉계 미국인의 가족 내의 상호 의존성은 미국의 주류 문화인 자립의 가치 및 자립성과 충돌할 가능성이 있음을 인식해야 한다(De la Cancela & Guzman, 1991).

치료사는 주류 문화의 가치를 주입하려고 시도하기보다는 가치의 차이를 존중할 필요가 있다. 또한 치료사는 심리적 장애가 민족 간의 차이에서 발생했을지도 모른다는 것을 인식해야 한다. 예를 들어 최근 브롱크스, 뉴욕, 산후안, 푸에르토리코의 아이들에 대한 연구에 따르면 문화기반 증상인 **아타케 데 네르비오스**(ataques de nervios, 3장 참조)는 히스패닉계 아이들 약 5%에게서 나타났다(López et al., 2009).

히스패닉계 미국인 공동체를 대상으로 일하려 한다면, 치료사는 자기 사무실에만 갇혀 있지 말고 이들이 일상적인 삶을 살아가는 터전이자 영향을 받는 환경인 술집, 식료품점, 미용실이나 이발소에도 자유롭게 다닐 수 있도록 훈련받아야 한다.

아메리칸 원주민 전통적으로 부당한 취급을 받아 왔던 유색 인종들은 정신건강 치료 서비스에 대해 충족되지 못한 욕구가 매우 크다(Wang et al., 2005). 대표적인 사례로 아메리칸 원주민을 지원하기 위해 설계된 인디언 건강 서비스(Indian Health Service)에 대한 충분한 지원 부족을 들 수 있다(Gone & Trimble, 2012). 서비스 제공자와 아메리칸 원주민 간의 문화적 격차는 정신보건 서비스가 균등하게 제공되지 못하는 이유 중 하나로 꼽힌다(Duran et al., 2005). 만약 정신건강 전문가들이 아메리칸 원주민들의 관습과 문화, 가치에 유의하고 이를 바탕으로 일을 한다면 아메리칸 원주민을 성공적으로 도울 수 있을 것이다(Gone & Trimble, 2012). 예를 들어 많은 아메리칸 원주민은 치료사가 많은 말을 할 것이고 자신들은 치료에서 수동적인 역할을 하게 될 것이라고 기대한다. 이러한 기대는 현대 치료의 많은 유형인 내담자 중심 접근 방법에 모순되는 아메리칸 원주민 문화의 전통적 치유(원주민 치료사)의 역할이다. 또한 치료사와 환자 사이의 효과적인 의사소통을 지연케 할 수 있는 몸짓, 눈 맞춤, 얼굴 표정 그리고 다른 비언어적 표현의 형태에 차이가 있을 수 있다(Renfrey, 1992).

심리학자들은 부족의 문화 요소를 원주민의 정신건강 프로그램에 가져오는 것이 중요하다는 것에 동의한다(Csordas, Storck, & Strauss, 2008). 예를 들어 치료사들은 환자 문화의 일부이거나 또는 종교적 전통인 토착 의식을 사용할 수 있다. 아프리카계 쿠바인 사회의 **산테리아**(Santeria), 브라질 사회의 **움반다**(Umbanda) 그리고 아이티인들의 **부두**(Vodou)와 같은 정화·정제 의식은 미국과 여러 나라에 살고 있는 많은 원주민에게 치료적 가치를 가지고 있다(Lefley, 1990). 악의 영혼을 달래는 데 실패했거나 의무적인 종교의식을 행하는 데 실패했기 때문에 문제가 발생된 것이라고 믿는 사람들은 정화·정제 의식을 찾는다.

문화적 차이에 대한 존중은 문화적으로 세심한 치료의 핵심이다. 다문화 치료의 실습은 점차 치료 프로그램에 널리 통합되는 중이다. 문화적으로 세심한 치료는 사람들에게 자신들의 문화 이야기뿐만 아니라 개인적인 이야기도 할 수 있도록 용기를 북돋우는 존중의 태도를 사용한다(Coronado & Peake, 1992).

소수민족 집단의 정신건강 서비스 이용 시 장애

미국 보건총감보고서는 소수인종과 소수민족 사람은 전형적으로 정신건강 보살핌을 덜 받게 되고 다른 미국인들보다 질이 낮은 보살핌을 받게 된다고 보고했다(US-DHHS, 2001). 이런 차이의 주된 이유는 소수민족 집단의 아주 많은 사람들이 보험에 가입하지 않았거나, 보험이 부족하여 정신건강 서비스의 비용을 지불하지 못하기 때문이다(Snowden, 2012). 결론적으로, 소수민족은 정신건강 문제를 진단받거나 치료받지 못하는 더 큰 짐을 지게 된다(Neighbors et al., 2007).

소수민족 집단은 부분적으로는 정신건강 전문가들을 통해 정신질환의 낙인을 받는 것을 피하고자 심리학자나 정신과 의사 이외에 다른 통로로 심리적 문제에 대한 도움을 얻고자 한다(Kouyoumdjian, Zamboanga, & Hansen, 2003; Vega, Rodriguez, & Ang, 2010). 이들은 정신건강 전문가들보다 교회나 응급실, 일반 병원에 먼저 찾아갈 것이다.

소수민족 집단이 치료를 받는 것을 꺼리게 만드는 장애물들에 대한 다음의 검토를 통해, 소수민족 집단이 정신보건 외래진료 서비스를 사용하는 비율이 낮은 이유를 이해할 수 있을 것이다(Cheung, 1991, Lopez et al., 2012, Sanders Thompson, Bazile, & Akbar, 2004, Sue et al., 2012; Venner et al., 2012와 다른 자료들에 기초함).

1. 문화적 불신. 소수민족 사람들은 불신으로 인해 종종 정신건강 서비스를 이용하려 하지 않는다. 불신은 문화적·개인적 탄압과 차별의 역사 또는 서비스 제공자가 이들의 요구를 무시했던 경험으로부터 생겨난다.
2. 정신건강 문해 능력. 라틴계 사람들은 그들이 정신장애와 그 치료법에 대한 지식 부족 때문에 정신건강 서비스를 이용하지 않는다. 예를 들어 라틴계 사람들의 조현병과 우울증의 특징에 관한 대중 지식을 향상시키게 되면 심리적 문제 해결을 위해 정신건강 전문가에게 찾아가게 될 것이다.
3. 기관의 장벽. 시설은 소수민족의 거주지와 시설의 위치가 동떨어져 있거나 대중교통의 부족으로 접근하기 쉽지 않다. 더군다나 소수민족은 종종 그들이 치

료 과정과 친숙하지 못하다는 이유로 직원들이 우습게 본다고 느끼며, 도움을 요청해도 불필요한 행정적 절차로 인해 빙글빙글 돌기만 한다고 여긴다.

4. **문화적 장벽.** 최근의 많은 이주민, 특히 동아시아에서 온 이주민들은 정신보건 전문가를 만난 경험이 거의 없다. 그들은 정신건강 문제에 대해 다른 신념을 갖고 있거나 정신건강 문제를 신체 문제보다 덜 심각한 문제로 인식하고 있다. 몇몇 소수민족의 하위 문화에서는 외부의 도움을 거부하고 가족이 정신질환을 앓고 있는 구성원을 돌보기를 기대한다. 다른 문화적 장벽은 소수민족의 전형적으로 낮은 사회경제적 지위와, 대다수의 백인 중산층의 문화적 차이와 소수민족의 정신과 치료에 관한 낙인과 부끄러움을 포함한다.
5. **언어장벽.** 언어에서의 차이점은 소수민족이 그들의 문제점을 설명하거나 필요한 서비스를 제공받는 데 어려움을 갖게 한다. 정신의료 기관은 그들이 사는 지역에 소수민족의 언어를 유창하게 할 수 있는 정신의료 전문의를 고용할 만한 자원이 부족하다.
6. **경제적 접근성의 장벽.** 앞서 언급한 것처럼, 경제적인 부담은 경제적인 어려움을 겪는 지역에 사는 대부분의 소수민족 집단이 정신보건 서비스를 이용하는 데 주요한 장애물이다. 더군다나 많은 소수민족은 지방에 살거나 정신의료 서비스가 부족하거나 서비스를 받기 어려운 고립된 지역에 살고 있다.

정신보건 체계가 문화적인 요인을 고려한 프로그램을 개발하고 공동체에 거주하는 사람들이 사용하는 언어를 유창하게 구사할 수 있는 소수민족 집단 출신의 직원 혹은 전문가와 같이 문화적 역량을 갖춘 실천가를 채용할 수 있게 되면 보다 많은 소수민족 집단의 사람들이 정신보건 서비스를 이용하게 될 것이다(Le Meyer et al., 2009; Sue et al., 2012). 정신보건 체계에 대해 소수민족 집단의 구성원들이 갖는 불신으로 인해 많은 정신보건 전문가들이 소수민족 집단의 구성원들을 인종차별적으로 평가하고 치료한다고 여기게 된다.

생물의학 치료

미국 정신의학계에서 생물의학 치료, 특히 **향정신성 의약품**(또는 정신의학 의약품) 사용의 중요성이 증가되고 있다. 최근 2001년부터 2010년까지 약 20% 증가하여 대략적으로 미국인 성인 5명 중 1명이 향정신성 의약품을 복용하고 있다. 생물의학 치료는 일반적으로 정신의학이나 **정신약리학**(psychopharmacology)을 전문적으로 훈련받은 많은 의학박사에 의해 이루어진다. 많은 가정 주치의나 일반 의사들도 담당 환자에게 정신치료성 약물을 처방한다.

생물의학적 접근은 이상행동 유형을 치료하는 데 있어 극적인 성공을 거뒀지만 또한 한계도 있다. 한 가지는, 약물로 인해 원치 않는 위험한 부작용이 따를 수도 있다는 점이다. 정신외과는 초기 절차의 심각한 부작용 때문에 현재는 거의 사용하지 않는다.

약물치료

2.11 향정신병 또는 정신의학 약물의 주요 범주와 각 유형별 예시 약물을 설명하고, 강점과 약점을 평가한다.

다양한 종류의 향정신성 혹은 정신의학 의약품이 많은 종류의 정신적 장애 치료에 쓰인다. 그러나 모든 종류의 약물은 신경세포에서 신경세포로 신경 자극을 전달하는 화학물질의 섬세한 균형에 영향을 미치는 방식으로 뇌 속 신경전달물질계에 작용한다. 향정

잃어버린 부분 DAVE BLAZEK

신성 약물은 흔히 마음 혹은 정신적 장애를 고치지는 못하지만 곤란한 증상이나 이들 장애의 증상을 조절하는 데 도움을 줄 수 있다. 정신의학 의약품의 주요 종류인 항불안제, 항정신병 약물과 항우울제뿐만 아니라 리튬과 기타 약물들은 양극성 장애를 가진 사람들의 조증과 기분 변화를 치료하기 위해 사용된다. 흥분제 같은 다른 향정신성 의약품의 사용은 후반부 장들에서 논의될 것이다.

항불안제 **항불안제**[antianxiety drugs, 또한 '불안'이라는 의미를 가진 그리스어 *anxietas*와 '끝을 맺는'이라는 의미를 가진 그리스어 *lysis*에서 유래하여 항불안약(anxiolytics)이라고도 불린다]는 불안 악화를 방지하고 근육 긴장 상태를 줄여 준다. 그들은 **벤조디아제핀** 종류와 같은 가벼운 진정제, 예를 들어, **디아제팜**(발륨)과 **알프라졸람**(제넥스)뿐만 아니라 **트리아졸람**(할시온) 같은 최면 진정제를 포함한다. 미국에서 제넥스는 현재 가장 잘 팔리는 정신과적 약물이다(Henig, 2012).

항불안제는 중추 신경계의 특정 부분의 활동 수준을 떨어뜨린다. 그 결과로 중추 신경계는 불안과 긴장의 완화 상태를 줄이고 심장박동과 호흡률을 줄여 교감 신경계 활동 수준을 떨어뜨린다.

항불안제 사용의 부작용으로는 피로, 졸림 그리고 자동차 운전을 한다거나 혹은 일상을 살아가기 위한 능력을 손상시킬 수 있는 운동 조절 능력 손상이 있다. 또한 남용의 가능성이 있다. 가장 흔히 처방하는 가벼운 진정제 중 하나인 발륨은 심리적으로 또 생리적으로 의존하는 사람이 매우 많다. 단기간 사용될 때, 항불안제는 불안과 불면증을 치료할 수 있다. 그러나 약물 그 자체가 사람들에게 문제를 더욱 적응적으로 처리하기 위한 방법이나 새로운 기술을 가르쳐 주지 않는다. 대신, 사람들은 단순히 자신의 문제에 대처하기 위해 화학 약품에 의존하는 것을 배울지도 모른다. **불안 재발**(rebound anxiety)은 진정제의 일반적 사용과 관련된 또 다른 문제이다. 정기적으로 항불안제를 사용하는 많은 사람들이 한 번 약을 끊으면 더 심각한 형태의 불안이나 불면증이 재발한다고 보고한다.

항정신병 약물 **항정신병 약물**[antipsychotic drugs, 또한 **신경 이완제**(neuroleptics)라고도 불리는 항정신성 약물]은 일반적으로 환각, 망상 및 혼란 상태와 같은 조현병 및 기타 정신장애의 더 심각한 증상을 치료하는 데 사용된다. 1950년대에 화학물질 중 페노티아진 종류에 속하는 **클로르프로마진**(소라진), **티오리다진**(멜레릴) 및 **플루페나진**(프롤릭신)을 포함한 많은 약물이 도입되었다. **페노티아진**은 뇌의 수용체 부위에서 신경전달물질인 도파민의 작용을 차단하여 정신 기능을 제어하는 것으로 보인다. 조현병의 근본 원인은 알 수 없지만, 연구진은 뇌의 도파민 시스템의 불규칙성이 연관된 것일지도 모른다고 의심한다(11장 참조). 페노티아진과는 다른 화학물질 종류 중 신경 이완제인 **클로자핀**(클로자릴)은 다른 신경 이완제에 반응하지 않는 증상이 나타나는 많은 조현병 환자의 치료에 효과적이다. 그러나 클로자핀의 사용은 잠재적인 위험한 부작용 때문에 신중하게 다루어야 한다.

신경 이완제의 사용은 심각하게 불안한 환자들을 위해 벽면에 패드를 댄 방에 구속하고 통제되는 것 같은 더욱 제한적인 치료 형태의 필요성을 크게 줄여 주고 장기간 입원의 필요성을 줄여 준다.

신경 이완제는 근육의 경직과 떨림과 같은 잠재적 부작용을 포함한 문제를 가지고 있다. 이러한 부작용이 다른 약물의 사용에 의해 일반적으로 제어되지만, (아마 클로자핀을 제외한)항정신병 약물의 장기 사용은 **지연성 운동장애**라는 잠재적으로 비가역 및 비활성화된 운동장애를 만들어 낼 수 있다(11장 참조). 이것은 눈 깜빡임, 얼굴 찡그림, 입술 쩝쩝거리기 그리고 다른 입, 눈, 사지의 불수의 운동을 제어할 수 없는 것이 특징이다.

항우울제 오늘날에는 주로 네 가지 종류의 **항우울제**(antidepressants)가 사용되고 있다. **삼환계**(삼환계 항우울제), **모노아민 산화효소**(MAO) **억제제**, **선택적 세로토닌 재흡수 억제제**(SSRI), **노르에피네프린 및 세로토닌 재흡수 억제제**(SNRI). 삼환계 항우울제와 모노아민 산화효소 억제제는 뇌의 신경전달물질인 노르에피네프린과 세로토닌의 가용성을 향상시킬 수 있다. 흔히 일반적으로 사용되는 삼환계 항우울제는 **이미프라민**(토프라닐), **아미트립틸린**(엘라빌)과 **독세핀**(시네칸)이다. 모노아민 산화효소 억제제는 **페넬진**(날딜)과 같은 약물을 포함한다. 이들은 적은 잠재적으로 심각한 부작용을 일으키기 때문에 삼환계 항우울제는 모노아민 산화효소 억제제 이상으로 선호된다.

선택적 세로토닌 재흡수 억제제는 뇌의 세로토닌 수준에 대한 보다 특별한 효과를 가지고 있다. 이러한 종류의 약물은 **플루옥세틴**(프로작)과 **세르트랄린**(졸로프트)을 포함한다. **선택적 세로토닌 재흡수 억제제**는 전달 뉴런에 의한 세로토닌 재흡수를 방해하여 뇌 내 세로토닌 가

표 2.7
주요 향정신성 의약품

	일반 명칭	브랜드 명칭	임상적 사용	가능한 부작용 혹은 합병증
항불안제	디아제팜 클로르디아제폭시드 로라제팜 알프라졸람	발륨 리비륨 아티반 제넥스	불안, 불면증	졸음, 피로, 손상된 협응 능력, 메스꺼움
항우울제	**삼환계 항우울제(TCAs)**			
	이미프라민 아미트립틸린 독세핀	토프라닐 에라빌 시네칸	우울증, 폭식증, 공황장애	혈압 변화, 심장 불규칙, 구강 건조, 혼란, 피부 발진
	모노아민 산화효소 억제제(MAOIs)			
	페넬진	날딜	우울증	어지럼증, 두통, 수면장애, 흥분, 불안, 피로
	선택적 세로토닌 재흡수 억제제(SSRIs)			
	플루옥세틴 세르트랄린 파록세틴 시탈로프람 에스시탈로프람	프로작 졸로프트 팍실 세렉사 렉사프로	우울증, 폭식증, 공황장애, 강박장애, 심리적 외상후 스트레스 장애(졸로프트), 사회적 불안장애(팍실)	메스꺼움, 설사, 불안, 불면, 땀, 구강 건조, 현기증, 졸음
	노르에피네프린 및 세로토닌 재흡수 억제제(SNRIs)			
	듀록세틴	심발타	우울증, 일반화된 불안장애	메스꺼움, 복통, 식욕부진, 구강 건조, 흐릿한 시야, 졸림, 근육 관절 통증, 체중 증가
	벤라팍신	이펙사	우울증	메스꺼움, 변비, 구강 건조
	데스벤라팍신	프리스틱	우울증	졸림, 불면증, 어지럼증, 불안
	기타 항우울제			
	부프로피온	웰부트린 자이반	우울증, 니코틴 의존	구강 건조, 불면증, 두통, 메스꺼움, 변비, 떨림

(다음 쪽에 계속)

용성을 증가시킨다. 벤라팍신(이펙사)과 같은 세로토닌-노르에피네프린 재흡수 억제제는 신경세포를 전송함으로써 이러한 화학물질의 재흡수를 방해하여 세로토닌 및 노르에피네프린과 같은 기분 상태를 연결하는 두 가지 신경전달물질의 수준 증가에 특히 작용한다.

항우울제는 공황장애, 사회공포증, 강박장애(5장 참조), 앞서 제시카의 사례를 통해 설명한 섭식장애의 한 유형인 폭식증(9장 참조)을 포함한 광범위한 정신장애의 치료에 효과가 있다. 이 질환의 근본적인 원인에 대한 연구가 계속될 때, 우리는 뇌에서 기능하는 신경전달물질의 문제가 정신장애의 발달에서 핵심 역할을 한다는 것을 발견할지도 모른다. 진실 / 거짓

진실 또는 거짓

항우울제는 우울증 치료에만 사용된다.

거짓 항우울제는 많은 불안장애와 폭식증의 치료를 포함한 많은 정신병에 쓰인다.

리튬과 항경련제 알약 형태의 금속 리튬염인 탄산 리튬은 조증 증상을 치료하고 양극성 장애(이전에는 조울증)를 가진 사람들의 기분의 변화를 안정화하는 데 도움이 된다(7장에서 자세히 설명). 그러나 양극성 장애를 가진 사람들은 장애를 제어하기 위해 무기한 리튬을 복용해야 할지도 모른다. 또한, 리튬과 관련된 잠재적인 독성 때문에, 약물을 지속적으로 복용하는 사람들의 혈중 농도는

표 2.7
주요 향정신성 의약품 (계속)

	일반 명칭	브랜드 명칭	임상적 사용	가능한 부작용 혹은 합병증
항정신병 약물	**페노티아진**			
	클로로프로마진 티오리다진 트리플루오페라진 플루페나진	소라진 멜라릴 스텔라진 프로릭신	조현병 및 기타 정신장애	운동장애(예: 지발성 운동장애), 졸음, 불안, 구강 건조, 시력 저하, 근육 경직
	비정형 항정신성 약물			
	클로자핀	클로자릴	조현병 및 기타 정신장애	잠재적인 치명적 혈액질환, 발작, 빠른 심장박동, 졸음, 현기증, 메스꺼움
	리스페리돈	리스페달	조현병 및 기타 정신장애	가만히 앉아 있을 수 없는 느낌, 변비, 현기증, 졸음, 체중 증가
	올란자핀	자이프렉사	조현병 및 기타 정신장애	저혈압, 현기증, 졸음, 심장 두근거림, 피로, 변비, 체중 증가
	아리피프라졸	아빌리파이	조현병, 조증, 항우울제와 함께 사용했을 때 우울증	두통, 신경 과민, 졸음, 현기증, 가슴앓이, 변비, 설사, 복통, 체중 증가
	기타 항정신병 약			
	할로페리돌	할돌	조현병 및 기타 정신장애	페노티아진과 유사
항조증 약물	탄산 리튬	에스카리스	양극성 장애의 조증 삽화와 기분 안정화	떨림, 갈증, 설사, 졸음, 약해짐, 조절 부족
	디발프로엑스나트륨	데파코트	조증 삽화와 양극성 장애의 기분 안정화	메스꺼움, 구토, 현기증, 복부 경련, 불면증
각성제	메칠페니데이트	리탈린, 콘서타	주의력결핍 과잉행동장애(ADHD)	신경질, 불면증, 구역질, 현기증, 심장 두근거림, 두통, 일시적으로 성장 지연
	덱스트로암페타민과 암페타민	에더랄		

출처: J. S. Nevid(2013). *Psychology: Concepts and applications*, 4th ed., p. 629. Belmont, CA: Cengage Learning. 허락하에 인용함.

주의 깊게 살펴봐야 한다. 간질 치료에 사용되는 항경련제(예: 데파코트) 또한 조증 및 기분 안정 효과가 있고 때때로 리튬을 복용할 수 없는 양극성 장애를 가진 사람들에게 쓰인다(7장 참조).

표 2.7은 약의 종류와 범주에 따라 향정신성 의약품을 목록화한 것이다.

전기 충격 치료

전기 충격 치료(electroconvulsive therapy, ECT)의 사용은 야만적으로 여겨져 논란이 되고 있다. 환자의 뇌를 통해 보낸 전기 충격은 간질 환자에게서 발견된 형태의 경련을 유도하기에 충분하다. 비록 항우울제에 반응하지 못한 주요 우울증을 가진 많은 사람들이 ECT에 따라 상당한 개선을 보여 주지만(Ebmeier, Donaghey, & Steele, 2006; Faedda et al., 2009; UK ECT Review Group, 2003), 전기 충격 치료를 하면 치료 시기에 단기 기억상실이 발생할 수 있고, 높은 재발률을 보이기도 한다(7장 참조). ECT는 일반적으로 다른 치료법을 적용해 보고 실패한 후 사용하는 최후의 치료로 여겨진다. **진실 / 거짓**

2.12 전기 충격 치료와 정신 수술에 대해서 설명하고 그 효과성을 평가한다.

진실 또는 거짓

사람의 뇌에 전기의 충격을 보내는 것은 종종 심한 우울증을 완화하는 데 도움이 될 수 있다.

진실 일반적인 다른 치료로 효과가 나타나지 않는 몇몇 우울증 환자들은 종종 전기 충격 치료로 빠른 호전을 보여 준다.

정신과 수술

정신과 수술은 ECT보다 더 논란의 여지가 있고 오늘날 거의 활용되지 않는다. 오늘날 더 이상 수행되지 않는 가장 흔한 정신과 수술 형태로는 **전두엽 백질 절제술**이 있다. 이 절차는 뇌의 전두엽에 시상을 연결하는 신경 경로를 외과적으로 절제하는 것을 포함한다. 이 수술은 매우 심한 증상을 보이는 환자들이 시상이나 시상하부와 같은 뇌하부 중심에서 발생하는 감정적 자극 기제의 과흥분으로 인해 고통받는다는 이론에 근거한다. 이 수술을 통해 시상과 대뇌 피질의 전두엽 뇌상부 중심 간의 연결을 단절함으로써, 환자의 공격적 경향이 제어될 수 있다고 믿었다. 그러나 이 방법은 효과가 있다는 증거가 부족했으며, 종종 심각한 합병증과 사망에 이르는 부작용을 초래한다 하여 현재는 사용하지 않는다. 1950년대에 출현한 정신병 약은 폭력적이거나 장애행동을 제어하는 데 사용되었지만 정신과 수술은 폐기되었다(Hirschfeld, 2011).

오늘날, 보다 정교한 정신과 수술 기술이 도입되었다. 강박장애 같은 특정 장애와 관련한 뇌 구조에 대한 지식을 기반으로 하여, 현대의 수술 기술은 전두엽 백질 절제술보다 적은 손상을 만들고 뇌의 작은 부분을 대상으로 한다. 이러한 기술은 다른 치료법으로는 호전되지 않는 중증의 강박장애, 양극성 장애, 주요 우울장애를 가진 환자들을 치료하는 데 사용한다(Carey, 2009b; Shields et al., 2008; Steele et al., 2008). 그러나 이러한 절차의 효과성과 안전이 입증되지 못해, 현재로서는 실험적인 치료로 여기는 것이 가장 적절할 것이다(Anderson & Booker, 2006; Lipsman, Neimat, & Lozano, 2007).

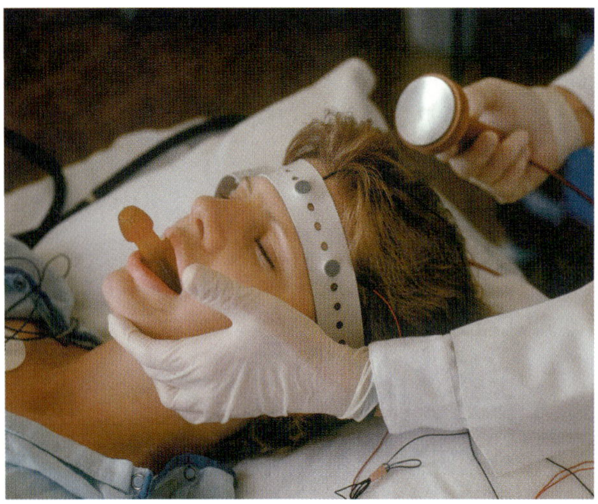

전기 충격 치료(ECT) ECT는 다른 형태의 치료에 반응하지 않는 중증 혹은 장기간의 우울증에 많은 도움이 된다. 아직도 이것은 치료 형태의 논쟁으로 남아 있다.

생물의학적 접근에 대한 평가

2.13 생물의학적 치료 접근을 평가한다.

생물의학적 치료는 심각한 정신 문제를 가진 많은 사람을 도와준다는 것에는 일말의 의심의 여지도 없다. 이전에 입원한 수천 명의 조현병 환자들은 항정신성 의약품 때문에 지역사회에서 기능할 수 있게 되었다. 항우울제는 많은 종류의 우울증을 완화하는 데 도움을 줄 수 있고 공황장애, 강박장애와 섭식장애 같은 기타 장애를 치료하는 데 효과를 나타낸다. 전기 충격 치료는 다른 치료에 반응하지 않는 많은 사람의 우울을 줄여 주는 데 도움이 된다. 그러나 정신의학 의약품과 전기 충격 치료와 같은 기타 생물의학적 치료는 병을 낫게 하는 것도, 만병통치약도 아니다. 발륨과 같이 생리적 의존성의 잠재적 위험과 전기 충격 치료와 약물치료의 부작용도 자주 일어난다. 게다가 심리치료는 불안장애와 우울증 치료에서 약물치료만큼 효과적일 것이다(5장과 7장 참조).

의료종사자들은 때때로 심리치료를 권하거나 환자들이 그들의 삶을 평가하는 것을 돕거나 신중하게 평가를 실시하기보다는 처방전의 약을 복용하고 빠르게 호전되기를 추구하는 경향이 있다(Boodman, 2012). 약이 우리 삶에서 직면한 모든 문제를 풀어 줄 것이란 기대를 해서는 안 된다(Sroufe, 2012). 물론 의사들은 인생의 문제를 해결하기 위해서 화학적 해결책을 찾는 환자들에 의해 종종 압박을 느낀다. 연구자들은 또한 우울증, 불안장애와 약물 남용 장애와 같은 문제에 대한 심리치료와 약물치료의 결합이 아마도 한 가지 치료보다 더욱 도움이 될지도 모른다는 것을 보여 주는 증거를 모으고 있다(예: Cuijpers et al., 2011; Lynch et al., 2011; Oestergaard & Møldrup, 2011; Schneier et al., 2012 Sudak, 2011).

2 요약

생물학적 관점

2.1 신경세포의 구조를 살펴보고 기능을 설명한다.

신경계는 화학 메신저를 통해 서로 커뮤니케이션하는 신경세포이자 신경세포 사이에서 시냅스는 작은 틈을 통해 신경 자극을 전달받는 신경전달물질이라고 불리는 신경세포로 구성되어 있다. 신경세포는 세포의 신진대사 기능을 수행하는 세포체, 인접 신경세포로부터 메시지(신경 자극)를 받아들이는 가는 실과 같은 모양의 수상돌기, 긴 밧줄처럼 생겼으며 신경세포를 가로질러 신경 자극을 전달하는 축색, 축색의 끝에 튀어나온 작은 가지모양의 구조인 종말 버튼, 절연층으로서 신경 자극의 전달을 보다 빠르게 하는 수초로 이루어져 있다.

2.2 신경계와 대뇌 피질의 주요 영역을 확인하고 그 기능을 설명한다.

신경계는 크게 중추 신경계와 말초 신경계의 두 부분으로 구성되어 있다. 중추 신경계는 뇌와 척수로 구성되어 있고, 신체 기능을 제어하고 더 높은 정신적 기능을 수행한다. 말초 신경계는 두 가지 주요 구획으로 구성되어 있다. 중추 신경계와 감각 기관 그리고 근육 사이에서 메시지를 전달하는 체성 신경계는 비자발적인 신체 기능을 제어한다. 자율 신경계는 교감 신경과 부교감 신경으로 나눌 수 있다. 이 두 가지는 정반대의 효과를 내며 신체적 자원을 동원할 수 있는 자율 신경계는 스트레스에 반응하거나 신체적 피로에 필요하다. 부교감 시스템은 휴식 시간 동안 신체적 자원을 보충하고 제어를 한다.

대뇌 피질은 네 부분 또는 엽으로 구성되어 있다. (1) 시각적 자극을 처리하는 것을 관여하는 후두엽, (2) 소리나 청각 자극을 처리하는 데 관여하는 측두엽, (3) 촉감, 온도, 통증의 감각을 담당하는 두정엽, (4) 근육 운동(운동 피질)을 제어하고 더 높은 정신 기능(전두엽 피질)을 담당하는 전두엽.

2.3 이상행동에 대한 생물학적 관점을 평가한다.

뇌, 유전에서 신경전달물질의 기능 장애와 같은 생물학적 요인은 기저에 있는 뇌 이상이 비정상적인 행동의 발달에 관여한다. 하지만 생물학은 확실히 예측할 수 없고 유전자는 행동의 결과를 가르쳐 주지 않는다. 비정상적인 행동의 발달에는 본성과 양육, 환경과 유전 간의 복잡한 상호작용이 있다. 유전은 취약성 및 가능성을 만들고 특정한 행동 패턴과 장애를 발달시킬 것이다. 유전적 요인이 제 역할을 하고 있다는 것은 개별 유전자가 아닌 여러 유전자가 참여하고 있다는 것이다.

심리학적 관점

2.4 이상행동의 주요 심리학적 모델을 설명하고 주요 이론가를 살펴보며, 각 모델을 평가한다.

정신역동적 관점은 전통적으로 Freud와 Carl Jung, Alfred Adler, Karen Horney, Erik Erikson, Margaret Mahler와 같이 Freud를 전통적으로 따르던 사람들의 관점이다. 그리고 그들은 이상행동이 성격 안에서 개인의 역동에 깔려 있는 심리학적 원인에서 야기한다고 믿었다. 행동 이론가 B. Watson과 B. F. Skinner는 학습원리가 이상행동과 정상행동 둘 다 설명할 수 있다고 주장했다. Carl Rogers와 Abraham Maslow 같은 인본주의 치료자들은 사람들이 자아실현과 신뢰성를 향해 노력함으로써 발생하는 장애를 이해하는 것이 중요하다고 믿었다. 인지 이론가 Aaron Beck과 Albert Ellis는 이상행동을 설명함에 있어 왜곡되거나 자기 패배적 생각의 역할에 대해 초점을 맞추었다.

정신역동적 모델은 결국 정신역동적 치료 모델을 발달시켰고 무의식적 과정의 중요성에 집중하였다. 하지만 성과 공격성을 지나치게 강조하였으며, 이 이론에서 제시하는 추상적인 개념을 과학적인 방법으로 연구하는 데 한계가 있다고 하여 비판받았다. 학습 관련 이론은 행동치료와 사회인지 이론이라 불리는 보다 넓은 개념적 모델로 이어졌으나, 자기인식과 주관적인 경험, 유전적 요인의 중요성을 충분히 고려하지 않았다는 점에서 비판을 받았다. 인본주의 모델은 의식의 중요성과 주관적인 경험에 대한 관심을 증가시켰지만, 객관적인 방식으로 각 개인의 정신적 경험과 자아실현을 연구하는 것은 어렵다는 비판을 받아 왔다. 인지 모델은 치료에 있어 인지적 접근과 인지행동치료의 출현을 만들어 냈다. 하지만 정서 관련 장애에 대해 너무 좁은 관점을 보이며 왜곡된 생각이 우울증의 원인인지 아닌지에 대한 끊임없는 비판을 받아 왔다.

사회문화적 관점

2.5 사회문화적 관점을 설명하고 이상행동을 이해하는 데 있어서 사회문화적 관점의 중요성에 대해 평가한다.

사회문화적 이론가에 의해 심리학적 장애 발달과 연관된 사회 계층의 역할, 민족, 가난과 인종 차별에 대한 노출을 포함한 사회문화적 요인을 고려하면서 이상행동에 대한 관점을 확장시켰다. 사회문화적 이론가들은 이상행동에서 사회적인 스트레스의 역할에 초점을 맞추었다. 연구는 사회 계층과 심각한 심리학적 장애 사이의 연관성을 보여 준다.

생물심리사회적 관점

2.6 생물심리사회적 관점을 설명하고 이상행동을 이해하는 데 있어서의 중요성을 살펴본다.

생물심리사회적 관점은 생물학적 · 심리학적 · 사회문화적인 요인들의 상호작용을 기반으로 한 이상행동의 이해를 추구한다. 그 예로, 취약성-스트레스 모델이 있다. 그것은 한 사람이 특정한 이상행동의 소인, 체질을 가질 수도 있다는 것을 보여 준다. 개인의 소인은 스트레스를 유발하는 삶의 경험과의 상호작용을 통해 정신장애로 발현된다. 비록 생물심리사회적 모델이 가장 영향력 있는 개념적 모델로 등장했다 할지라도 이 모델의 복잡성은 가장 큰 단점으로 지적된다.

치료 방법

2.7 관련 전문가의 주요 유형을 살펴보고 훈련 배경과 전문적 역할을 설명한다.

임상심리학자들은 일반적으로 박사 수준에서 임상심리학을 수련하게 하는 대학원 교육을 완수한다. 정신과 의사는 정신과에서 전문성을 갖춘 의사이다. 임상 또는 정신과와 관련된 사회복지사는 석사 수준에서 사회복지 또는 사회복지 대학원에서 수련한다.

2.8 정신역동치료, 행동치료, 인간중심치료, 인지치료, 인지행동치료, 절충치료, 집단치료, 가족치료, 부부치료와 같이 다양한 심리치료의 목표와 기법에 대해서 설명한다.

정신역동적 치료는 Freud에 의해 개발된 치료 방법에 접근한 정신분석학에서 유래되었다. 정신분석가는 자유연상, 꿈분석과 같은 기법을 이용하여 환자가 자신의 무의식적 갈등에 대한 통찰을 얻고 성숙한 성격을 통해 이를 훈습하도록 한다. 현대 정신역동적 치료는 보통 더 짧은 경향이 있으며, 내담자의 방어와 전이관계를 보다 직접적으로 탐색한다.

행동치료는 사람들이 적응할 수 있는 행동 변화를 만드는 것을 돕기 위해 학습의 원리를 적용한다. 행동치료 기법은 체계적 둔감화, 점진적 노출, 모델링, 조작적 조건 방법, 사회기술 훈련을 포함한다. 인지행동치료는 행동 및 인지 접근법을 통합시킨 것이다.

인본주의 치료는 내담자의 '지금-여기'에서 겪는 주관적이고 의식적인 경험에 초점을 맞춘다. Rogers의 인간중심치료는 내담자가 사회적인 비난과 단절을 겪을 때 경험하는 자기 내면의 감정을 보다 잘 인식하고 수용할 수 있도록 돕는다. 효과적인 인간중심치료자는 무조건적 긍정적인 존중, 공감, 진실성 그리고 일치성의 자질을 갖추어야 한다.

인지치료는 정서적 문제와 자기 패배적 행동의 기저에 있는 부적응적인 인식을 수정하는 데 초점을 맞추고 있다. Ellis의 합리적 정서행동치료는 정신적 고통을 야기하는 비합리적 신념에 대한 논쟁과 합리적인 신념과 행동으로 대체하는 것에 초점을 맞춘다. Beck의 인지치료는 내담자가 문제를 파악하고 도전하며, 개인의 성취감을 최소화하고 부정적인 사건을 확대하는 경향과 같은 왜곡된 인지를 교체할 수 있도록 돕는 데 초점을 맞춘다. 인지행동치료는 인지와 행동의 치료 기법을 통합시켰기 때문에 행동치료보다 폭넓은 형태이다.

절충치료는 보통 다양한 치료 이론으로부터 다양한 기법을 끌어오는 실용적 접근인 기술적 절충주의와 다양한 이론적 접근을 병합하고 통합하려는 통합적 절충주의 모델이 있다.

집단치료는 집단 환경 속에서 상호 지지와 학습 경험을 나누는 경험을 제공하여 개인이 자신의 심리적 어려움을 극복하고 보다 적응적인 행동을 개발할 수 있도록 돕는다. 가족치료사들은 갈등을 겪고 있는 가정으로 하여금 가족 구성원이 서로 다름으로 인해 생기는 문제를 해결할 수 있도록 돕는다. 가족치료사는 가족의 의사소통 방식을 명확하게 하고 역할 갈등을 해결하며 개별적인 구성원이 희생양이 되지 않도록 보호하고 가족 구성원이 더 큰 자율성을 가질 수 있도록 돕는 데 초점을 맞춘다. 부부치료사는 그들의 의사소통 방식을 개선하고 그들의 차이를 해결하면서 부부를 돕는 데 초점을 맞춘다.

2.9 심리치료의 효과성과 치료에 있어서 일반적인 요소의 역할을 평가한다.

심리치료의 결과에 대한 연구들을 종합한 메타 연구는 심리치료의 효과를 강하게 지지하는 증거를 제시한다. 하지만 다양한 심리치료 접근법들 간에 효과성의 차이가 존재하는지에 대한 물음은 여전히 남는다. 경험적으로 지지되는 치료 방법은 과학적 연구를 통해 통제 절차와 비교했을 때 유의미한 효과를 나타낸다.

공감, 지지, 치료사로부터의 관심과 치료적 동맹, 작업 동맹 형성과 같은 비특이적 요인은 다양한 치료 접근이 공유하는 요인이다. 치료적 이득에서 어느 정도가 특이적 요인에 의한 것이며, 또 어느 정도가 비특이적 요인에 의한 것인지는 여전히 의문으로 남는다.

2.10 심리치료에 있어서 다문화적 요소의 중요성과 윤리적 소수자들이 정신건강 서비스를 활용할 때의 장벽을 설명한다.
치료사는 문화적 차이와 치료사 자신의 태도가 치료 과정에 미치는 영향에 민감해야 한다. 어떤 형태의 치료법은 다른 문화적 집단에 적용되었을 때 그 효과성이 달라지기도 한다. 문화의 차이를 인정하고 존중하는, 문화적으로 유능한 치료사는 치료에 긍정적 영향을 미칠 수 있을 것이다. 소수민족 집단의 구성원들이 정신건강 서비스를 제한적으로 사용하는 이유에는 다른 형태의 도움에 대한 선호, 정신건강 시스템에 대한 문화적 불신, 문화적 장벽, 언어적 장벽 그리고 경제적, 접근 장벽과 같은 문화적 요인들이 포함되어 있다.

2.11 향정신성 또는 정신의학 약물의 주요 범주와 각 유형별 예시 약물을 설명하고, 강점과 약점을 평가한다.
정신과 약물은 주로 항불안제, 항우울제, 향정신성 약물로 분류한다. 발륨과 같은 항불안성 약물은 단기간의 불안을 완화할지도 모르지만 사람들에게 그들의 문제를 해결하거나 스트레스에 대처하는 데 직접적으로 도움이 되지 않는다. 프로작과 졸로프트와 같은 항우울제는 우울증을 완화하는 데 도움이 되지만, 치료할 수는 없으며 부작용의 위험도 감수해야 한다. 항불안제와 항우울제는 심리치료보다 효과가 없을 수도 있다. 리튬 및 항경련 약물은 양극성 장애를 가진 사람들의 기분 변화를 안정화하는 데 유용하다. 항정신병 약물은 명백한 정신병 증상을 제어하는 데 도움을 주지만 이러한 약물의 정기적 사용은 심각한 부작용을 일으킬 수 있다.

2.12 전기 충격 치료와 정신외과의 사용을 설명하고 그것의 효과를 평가한다.
전기 충격 치료(ECT)는 뇌에 일련의 전기 충격을 주어 다른 치료에 반응하는 데 실패했던 사람이 심각한 우울증에서 극적인 구제로 이어질 수 있는 관리를 포함한다. 그러나 ECT는 높은 재발률과도 연관이 있으며 외과적인 치료 형태로, 특히 치료하는 시간에 발생하는 사건에 대한 기억상실의 위험이 있다. 정신외과 수술은 부정적인 치료 결과로 인해 현재 시행되지 않고 있다.

2.13 생물의학적 치료 접근을 평가한다.
약물치료와 ECT와 같은 방법으로 생물의학적 치료는 불안, 우울증, 조증과 같은 골치 아픈 증상을 완화하는 것을 도울 수 있었다. 그리고 양극성 장애 환자의 기분 변화를 안정화하는 것을 돕고 조현병 환자의 망상과 환각을 제어하는 것을 도울 수 있다. 하지만 그것은 치료가 아니다. 심리치료는 약의 부작용과 가능한 생리학적인 의존성의 위험 없이 불안과 우울과 관련한 많은 문제를 치료하는데 약 처방만큼 효과적일지도 모른다. 일부의 경우, 심리치료와 약물의 조합은 두 치료 방법을 각각 사용할 때보다 더 효과적일 수 있다.

비판적 사고 질문

이번 장에서 배운 것을 기초로 다음의 질문에 답해 보라.

- 당신 자신의 행동 또는 다른 사람의 행동 중 하나 또는 두 가지의 예를 들어 어떤 방어기제가 역할을 할 수 있는지에 대해 이야기해 보라. 특히 어떤 특정한 방어기제를 쓰고 있는가?
- 당신의 개인적인 경험에서 어떤 생각이 Beck의 선택적 추상화, 과잉 일반화, 절대적 사고, 과장 중 하나 또는 그 이상의 인지 왜곡이 반영되었는지를 예를 들어 보라.
- 이러한 생각의 패턴이 당신의 기분 및 동기 수준에 어떤 영향을 주었는가? 이러한 경험에 대한 당신의 생각을 어떻게 바꿀 수 있는가?
- 비정상적인 행동을 설명하기 위해서 다각적인 관점을 고려하는 것이 왜 필요한가?
- 정신건강 전문가의 다른 유형들이 그들의 수련 배경과 그들이 수행하는 역할에서 어떻게 차이점을 보이는가?
- 만약 당신이 심리적 문제에 대한 치료를 받으려 한다면 당신은 어떤 유형의 치료를 더 선호할 것 같으며, 그 이유는 무엇인가?
- 치료사들이 다양한 집단의 구성원을 치료할 때 문화적 요소를 고려하는 것이 왜 중요한가? 어떤 문화적 요인을 고려하는 것이 중요한가?

핵심 용어

가족치료(family therapy)
강화(reinforcement)
고전적 조건화(classical conditioning)
고착(fixation)
공감(empathy)
교감 신경계(sympathetic nervous system)
기대(expectancy)
기저핵(basal ganglia)
뇌교(pons)
대뇌(cerebrum)
대뇌 피질(cerebral cortex)
대상관계 이론(object-relations theory)
말초 신경계(peripheral nervous system, PNS)
망상체 활성화 시스템(reticular activating system, RAS)
모델링(modeling)
무의식(unconscious)
무조건적 긍정적 존중(unconditional positive regard)
무조건적 반응(unconditioned response, UR)
무조건적 자극(unconditioned stimulus, US)
방어기제(defense mechanism)
변연계(limbic system)
부교감 신경계(parasympathetic nervous system)
부부치료(couple therapy)
부적 강화물(negative reinforcers)
불안 재발(rebound anxiety)
사회인지 이론(social-cognitive theory)
사회적 원인 모델(social causation model)
소뇌(cerebellum)
수상돌기(dendrite)
수용체(receptor site)
수초(myelin sheath)
시냅스(synapse)
시상(thalamus)
시상하부(hypothalamus)
신경세포(neuron)
신경전달물질(neurotransmitter)
심리치료(psychotherapy)
역전이(countertransference)
연수(medulla)
원초아(id)
원형(archetypes)
의식(conscious)
인간중심치료(person-centered therapy)
인지치료(cognitive therapy)
인지행동치료(cognitive-behavioral therapy, CBT)
일반적 치료 요인(nonspecific treatment factors)
일치성(congruence)
자아(ego)
자아실현(self-actualization)
자아심리학(ego psychology)
자유연상(free association)
자율 신경계(autonomic nervous system, ANS)
전기 충격 치료(electroconvulsive therapy, ECT)
전의식(preconscious)
전이관계(transference relationship)
절충치료(eclectic therapy)
점진적 노출(gradual exposure)
정신분석(psychoanalysis)
정신분석 이론(psychoanalytic theory)
정신약리학(psychopharmacology)
정신역동치료(psychodynamic therapy)
정신증(psychosis, 현실 감각의 상실)
정적 강화물(positive reinforcers)
조건 자극(conditioned stimulus, CS)
조건적 긍정적 존중(conditional positive regard)
조건적 반응(conditioned response, CR)
조작적 조건화(operant conditioning)
종말(terminal)
중추 신경계(central nervous system, CNS)
진실성(genuineness)
집단치료(group therapy)
처벌(punishment)
체계적 둔감화(systematic desensitization)
체성 신경계(somatic nervous system)
초자아(superego)
축색(axon)
취약성(diathesis)
취약성-스트레스 모델(diathesis-stress model)
쾌락원칙(pleasure principle)
토큰 경제(token economy)
하향 이동 가설(downward drift hypothesis)
합리적 정서행동치료(rational emotive behavior therapy, REBT)
항불안제(antianxiety drugs)
항우울제(antidepressants)
항정신병 약물(antipsychotic drugs)
행동주의(behaviorism)
행동치료(behavior therapy)
현실 원칙(reality principle)
후성 유전학(epigenetics)

3 이상행동의 분류 및 평가

3

학습 목표

3.1 진단분류 체계인 DSM의 주요 특징을 이해한다.
3.2 민속문화 증후군 혹은 정체성의 개념을 이해한다.
3.3 DSM의 최신판인 DSM-5와 관련된 논쟁을 이해한다.
3.4 DSM 체계의 강점과 약점을 평가한다.
3.5 임상적 평가의 표준을 이해한다.
3.6 임상적 평가의 주요 방법에 대한 이해: 임상면담, 심리검사, 신경심리평가, 행동평가, 인지평가 그리고 생리적 측정.
3.7 객관적 검사와 투사검사에 대한 이해와 그 유용성을 평가한다.
3.8 심리평가의 사회문화적 측면의 역할을 이해한다.

진실 또는 거짓

T□ F□ 인도에 사는 일부 남성들은 정자를 잃는 것에 대한 불안 때문에 심리적 장애를 겪고 있는 경우가 있다.

T□ F□ 심리검사의 신뢰도가 매우 높아도 타당도는 낮을 수 있다.

T□ F□ 비록 과학적 근거가 약하긴 하지만, 개인의 두상을 측정한 값으로 성격 특성을 예측할 수 있다.

T□ F□ 가장 광범위 하게 사용되는 성격검사 중 하나는 사람들로 하여금 일련의 잉크반점 자극들이 무엇처럼 보이는지 해석하게 하는 것이다.

T□ F□ 기술의 진보에도 불구하고, 의사들은 여전히 뇌의 작동양상을 이해하기 위해 대부분 외과적 수술을 시행한다.

T□ F□ MRI 스캐너 안에 들어가는 것은 거대한 자석 속에 들어가는 것과 유사하다.

T□ F□ 코카인에 중독된 사람이 갈망을 느낄 때 활동하는 뇌 부위는 평소 즐거운 정서를 경험할 때 활동하는 부위와 연결되어 있다.

T□ F□ 뇌영상 기술의 진보 덕에 의사들은 조현병을 진단할 때 MRI 기계를 활용할 수 있게 되었다.

'나' 제리는 고속도로에서 공황발작을 경험했다

면담자: 어디가 불편해서 찾아오셨나요?

제리: 글쎄요…. 올해 초에 공황발작이 시작된 것 같습니다. 그런데 그게 정확히 무엇인지 모르겠네요.

면담자: 그래요…. 당신이 경험한게 정확히 어떤 증상이죠?

제리: 음, 심장이 요동치고 빨리 뛰는게…

면담자: 심장박동이 급격하게 빨라졌다는 이야기군요.

제리: 그리고 그다음엔, 극장이나 교회와 같은 한 장소에 머물러 있기 어려웠는데… 무언가 큰 일이 일어날 것 같아서 그곳을 떠날 수밖에 없었습니다.

면담자: 그런 증상이 처음으로 발생한 때가 언제인지 기억나시나요?

제리: 음, 제가…

면담자: 당신이 경험했던 것을 기억나는 대로 처음부터 천천히 이야기해 주세요.

제리: 고속도로 위를 달리기 시작한 지 한 10분에서 15분 정도 후에 그 일이 벌어진 것 같네요.

면담자: 그렇군요.

제리: 그 두려움은 갑작스럽게 찾아왔고요. 그때부터 심장이 빨리 뛰기 시작한 것 같네요.

면담자: 당신이 두려움을 느꼈다는 것을 인식할 수 있었나요?

제리: 네.

면담자: 심장이 빠르게 뛰기 시작했고 식은땀이 흐르고, 그 다음은?

제리: 식은땀이 흐르고… 그리고 더 이상 고속도로에서 운전할 수 없다는 두려움을 느꼈어요. 더 이상 견디기 어려웠고 더 이상 운전할 수 없었어요.

면담자: 그래서 어떻게 행동했죠?

제리: 가장 가까운 출구를 통해 고속도로를 빠져나와 차를 멈추고 밖으로 나왔습니다. 난생 처음 겪는 일이었죠.

면담자: 그것은 마치…

제리: 정말 뜬금없는 경험이었어요.

면담자: 뜬금없는 경험이라고요? 그때 어떤 생각이 스쳐 지나갔죠?

제리: 아무 생각도 나지 않았어요.

제리: 아마 심장마비가 오는 건 아닌지 라는 생각을 했던 것 같아요.

면담자: 그렇군요.

면담자: 잘 알겠습니다.

출처: Excerpted from "Panic Disorder: The Case of Jerry,"Videos in *Abnormal Psychology*, Pearson Education, 2010.

제리는 면담자의 도움을 받아 자신의 이야기를 시작했다. 심리학자를 포함한 정신건강 분야 전문가들은 임상 면담과 함께 심리검사, 행동평가, 생리적 측정 등의 다양한 방법을 통해 이상행동을 평가한다. 임상 면담은 이상행동을 평가하고 진단적 소견(이 경우에는 공황장애)을 수립하는 데 중요한 역할을 한다. 임상가는 현재 문제와 진단적 소견 형성에 필요한 준거 관련 특징을 비교한다.

심리적 장애 혹은 정신장애의 진단은 각 장애의 주요 증상 목록과 환자의 이상행동 패턴을 비교하고 분류하는 작업이다. 이상행동의 분류는 오랜 역사를 지니고 있다. 히포크라테스는 체액(humors)에 관한 자신의 이론에 따라 이상행동을 분류했다. 그의 이론은 여러 가지 문제점이 있지만, 정신건강 문제에 대한 히포크라테스의 분류 체계는 오늘날 일부 임상가들이 사용하는 진단범주와 유사성이 있다(1장 참조). 예를 들어, 멜랑콜리아(melancholia)에 대한 그의 기술은 현재 활용되고 있는 우울증 개념과 유사하다. 중세시대에는 '권력을 가진 일부 집단(종교지도자)'이 이상행동을 두 종류로 구분했는데, 귀신이 들려서 나타나는 현상이나 자연 현상 중 하나로 보았다.

19세기 독일 의사인 Emil Kraepelin은 이상행동 패턴(1장 참조)과 관련된 구분 가능한 특징 혹은 증상에 기초하여 포괄적인 분류 모형을 개발한 최초의 근대 이론가다. 오늘날 Kraepelin의 작업을 확장시켜 가장 널리 활용하고 있는 진단분류 체계는 미국정신의학회에서 출간한 『정신질환의 진단 및 통계 편람(Diagnostic and Statistical Manual of Mental Disorders, DSM)』이다.

이상행동을 분류하는 것이 왜 중요할까? 그 이유 중 하나는 분류가 과학의 핵심이기 때문이다. 이상행동의 패턴에 대한 조직화나 분류(진단명 부여) 없이는 연구자들 간 소통이 불가능하기 때문에 특정 장애에 대한 연구 성과를 수렴시켜 지식의 진보를 이루는 것 또한 불가능해진다. 또한 중요한 의사결정은 분류에 기초해서 이루어진다. 특정 심리적 장애에 더 효과적인 심리치료 혹은 약물이 있는데, 그 정보 확인 혹은 의사결정은 분류 없이는 할 수 없다. 분류는 임상가로 하여금 행동을 예측할 수 있도록 돕는다. 마지막으로, 분류를 통해 연구자는 유사한 이상행동 패턴을 보이는 모집단을 확인할 수 있다. 예를 들어 우울한 증상을 보이는 사람을 분류하여 연구하므로 우울증의 근원을 설명할 수 있는 공통 요인을 찾아낼 수 있다.

이번 장에서는 DSM을 시작으로 이상행동을 분류하고 평가하는 것에 대해 개관하려 한다.

이상행동의 패턴을 어떻게 분류할 수 있는가?

DSM 첫판은 1952년에 출간되었다. 가장 최근 버전은 2013년에 출간된 DSM-5이다. DSM은 미국에서 널리 활용되고 있지만 전 세계적으로 가장 널리 활용되고 있는 진단 편람은 현재 10번째 판까지 출간되어 있는 『질병과 건강 문제에 대한 국제 통계 분류표(International Statistical Classification of Diseases and Health Problems, ICD)』이다(Clay, 2012). 세계보건기구에 의해 출간된 ICD는 정신장애와 신체장애를 모두 포함하는 체계다. ICD는 개정판이 출간될 것으로 예상된다(2016년 1월 현재 미출간). DSM은 비교 가능성을 높이기 위해 ICD와 유사한 체계를 따르고 있어 두 체계는 상호 교환이 가능하다.

DSM은 정신건강 전문가들이 광범위하게 활용하고 있는 체계이기 때문에 살펴볼 가치가 있다. 물론 많은 심리학자들과 또 다른 정신건강 전문가들이 DSM에 대해 다양한 비판의 목소리(예: 과도하게 의료 모델에 의존하고 있는 점 등)를 내고 있다는 것을 기억하며 말이다.

DSM에 따르면 이상행동 패턴은 정신장애로 분류할 수 있다. **정신장애**는 정서적 고통(특히, 우울 혹은 불안), 심각하게 손상된 기능(일이나 가정 혹은 사회에서 적절한 역할을 못하는 것) 혹은 개인적 고통이나 무능, 죽음(예: 자살 시도, 위험한 약물의 반복적 복용)에 자신을 노출하는 행동 등을 포함한다.

물론 DSM에서는 그 반응이 주요한 기능 손상을 유발하더라도 사랑하는 누군가와 사별한 슬픔이나 애도와 같이 문화적으로 허용되는 스트레스 반응(행동 패턴)을 장애로 분류하지 않는다. 그러나 일반적으로 수용 가능한 기간을 지난 시점에도 기능 손상이 유지된다면 정신장애로 진단할 수 있다.

DSM과 이상행동의 모델

3.1 진단분류 체계인 DSM의 주요 특징을 이해한다.

DSM 체계는 의료 모델처럼 이상행동을 장애나 병리를 반영한 징후나 증상으로 본다. 그러나 DSM은 이상행동이 늘 생물학적 원인이나 결함에 의해 출현하는 것은 아니라는 관점을 취한다. 정신장애의 원인에 대한 이해는 여전히 빈약한 수준에 머물고 있다는 것을 기억할 필요가 있다. 어떤 장애는 순전히 생물학적 요인에 의해 발생하지만 어떤 장애는 심리적 요인에 의해 발생할 수도 있다. 하지만 대부분은 생물학적 요인과 심리, 사회(사회경제, 사회문화, 그리고 인종), 물리적 환경 요인이 상호작용한 결과 나타난 것이기 때문에 다중요인 모형이 최적의 설명 모형이다.

DSM의 개발자들은 정신과 신체 문제를 구분하는 것이 결코 쉬운 일이 아니라는 측면에서 **정신장애**라는 용어 사용의 문제점을 인식하고 있다(American Psychiatric Association, 2000). 그들은 **정신장애**에는 우리가 생각하는 것보다 더 많은 신체적 요소가 관여하고 있고, 신체장애에는 더 많은 정신적 문제가 관여하고 있다는 것을 지적한다. 그럼에도 불구하고 DSM은 여전히 정신장애라는 용어 사용을 고집하고 있는데, 이는 개발자들이 적절한 다른 용어로 교체하는 것에 동의하지 않기 때문이다. 하지만 이 책에서는 **정신장애**(mental disorder) 대신 **심리적 장애**(psychological disorder)라는 표현을 사용하려 한다. 이상행동은 심리적 맥락에서 이해하는 것이 더 타당하며, **심리적**이라는 용어는 정서, 사고, 신념, 태도 등과 같은 '정신적' 경험뿐만 아니라 행동 패턴까지 포괄하는 이점이 있기 때문이다.

DSM은 사람이 가지고 있는 장애를 분류하는 체계이지 사람 자체를 분류하는 체계는 아니다. 즉, 임상가들은 **분열된 사람**이나 **우울한 사람**과 같은 표현으로 사람 자체에 특정한 정체성을 부여하지 않기 위해 **조현병**을 가진 개인 혹은 우울증을 앓고 있는 사람 등의 표현을 사용한다. 이러한 용어 사용의 차이는 단순히 표현의 문제가 아니라 한 개인의 정체성을 그 사람이 가진 장애로 정의하는 낙인의 문제와 관련 있기 때문이다.

DSM의 특징 DSM은 장애의 특징을 **기술할 뿐** 이를 설명하지는 않는다. 즉, DSM은 이상행동의 진단적 특징(혹은 의료 용어로 증상)을 기술할 뿐, 그 기원을 설명하거나 정신역동 혹은 학습 이론과 같은 특정 이론적 틀을 적용하지 않는다. 임상가들은 DSM 분류 체계를 활용하여 특정 정신장애를 정의하는 구체적인 준거와 내담자의 행동을 비교한 후 진단을 내린다. DSM-5는 불안장애, 조현병 및 기타 정신증, 성격장애 등을 포함하는 20개의 상위 범주 정신장애로 구성되어 있다. **표 3.1**은 DSM-5에 제시되어 있는 20개의 진단범주 혹은 장애 목록을 구체적인 진단명과 더불어 이 책 몇 장에서 다루고 있는지 소개하고 있다. 이어지는 DSM-5 진단표는 범불안장애로 불리는 불안장애 하위 유형의 진단준거를 보여 주고 있다.

임상가들은 특정 증상이나 문제행동이 DSM의 특정 장애(예: 주요 우울장애 혹은 조현병) 진단준거와 부합하는지 평가한다. 진단은 그 진단의 준거가 요구하는 최소 기준의 증상 개수를 충족시킬 때 내릴 수 있다. DSM은 해당 장애가 현재 존재하는지 여부를 '있다-없다'의 이분법적 기준에 따라 판단하는 범주 모형(categorical model)에 기초하고 있다. 암에 '걸렸다 혹은 아니다'와 같은 범주적 판단(진단)은 현대 의학에서 주류를 차지하고 있다. 그러나 범주 모형은 장애의 심각성 수준을 반영할 수 없다는 한계를 가지고 있다. 두 사람이 공통 증상을 가지고 있어서 같은 진단을 받더라도, 장애의 심각성 수준에서 분명한 차이를 보일 수 있으나 범주 모형은 이를 반영하지 못한다.

DSM-5가 이전 판(DSM-IV)과 크게 달라진 점은 다축 체계라는 틀을 버린 것이다. DSM-IV는 단순한 진단을

표 3.1
DSM-5의 정신장애 목록

진단범주(이 책의 장)	하위 장애의 예
신경발달장애(13장)	자폐 스펙트럼 장애 특정학습장애 의사소통장애
조현병 스펙트럼 및 기타 정신병적 장애(11장)	조현병 조현양상장애 조현정동장애 망상장애 조현형 성격장애
양극성 및 관련 장애(7장)	양극성 장애 순환성 장애
우울장애(7장)	주요 우울장애 지속성 우울장애(기분저하증) 월경 전 불쾌감장애
불안장애(5장)	공황장애 공포증 범불안장애
강박 및 관련 장애(5장)	강박장애 신체이형장애 수집광 발모광(털뽑기장애)
외상 및 스트레스 관련 장애(4장)	적응장애 급성 스트레스 장애 외상후 스트레스 장애
해리장애(6장)	해리성 기억상실 이인성/비현실감 장애 해리성 정체성장애
신체 증상 및 관련 장애(6장)	신체 증상 장애 질병불안장애 인위성 장애
급식 및 섭식장애(9장)	신경성 식욕부진증 신경성 폭식증 폭식장애
배설장애(13장)	유뇨증 유분증

(다음 쪽에 계속)

표 3.1
DSM-5의 정신장애 목록 (계속)

진단범주(이 책의 장)	하위 장애의 예
수면-각성 장애(9장)	불면장애 과다 수면장애 기면증 호흡관련 수면장애 일주기 리듬 수면-각성장애 악몽장애
성기능부전(10장)	남성 성욕감퇴장애 발기장애 여성 성적 관심/흥분 장애 여성 극치감장애 사정지연 조기 사정
성별 불쾌감(10장)	성별 불쾌감
파괴적, 충동조절 및 품행장애(12, 13장)	품행장애 적대적 반항장애 간헐적 폭발장애
물질 관련 및 중독장애(8장)	알코올 사용장애 자극제 사용장애 도박장애
신경인지장애(14장)	섬망 경도 신경인지장애 주요 신경인지장애
성격장애(12장)	편집성 성격장애 조현성 성격장애 연극성 성격장애 반사회성 성격장애 경계성 성격장애 의존성 성격장애 회피성 성격장애 강박성 성격장애
변태성욕장애(10장)	노출장애 물품음란장애 복장도착장애 관음장애 소아성애장애 성적피학장애 성적가학장애
기타 정신장애(10장)	기타 특정 정신장애

출처: American Psychiatric Association(2013).

DSM-5 범불안장애 진단기준

DSM-5

A. (직업이나 학업과 같은) 수많은 일상 활동에 있어서 지나치게 불안해하거나 걱정(우려하는 예측)을 하고, 그 기간이 최소 6개월 이상이며 그렇지 않은 날보다 그런 날이 더 많아야 한다.

B. 이런 걱정을 조절하기 어렵다고 느낀다.

C. 불안과 걱정은 다음의 여섯 가지 증상 중 적어도 세 가지 이상의 증상과 관련이 있다(지난 6개월 동안 적어도 몇 가지 증상이 있는 날이 없는 날보다 더 많다).

주의사항: 아동의 경우 한 가지 증상만 만족시켜도 됨.

1. 안절부절못하거나 낭떠러지 끝에 서 있는 느낌
2. 쉽게 피곤해짐
3. 집중하기 힘들거나 머릿속이 하얗게 되는 것
4. 과민성
5. 근육의 긴장
6. 수면 교란(잠들기 어렵거나 유지가 어렵거나 밤새 뒤척여 불만족스러운 수면 상태)

D. 불안이나 걱정 혹은 신체 증상이 사회적, 직업적 또는 다른 중요한 기능 영역에서 임상적으로 현저한 고통이나 손상을 초래한다.

E. 장애가 물질(예: 남용 약물, 치료 약물)의 생리적 효과나 다른 의학적 상태(예: 갑상선기능항진증)로 인한 것이 아니다.

F. 장애가 다른 정신질환으로 더 잘 설명되지 않는다(예: 공황장애에서 공황발작을 일으키는 것, 사회불안장애[사회공포증]에서 부정적 평가, 강박장애에서 오염이나 다른 강박 사고, 분리불안장애에서 애착 대상과의 분리, 외상후 스트레스 장애에서 외상 사건을 상기시키는 것, 신경성 식욕부진증에서 체중 증가, 신체 증상 장애에서 신체적 불편, 신체이형장애에서 지각된 신체적 결점, 질병불안장애에서 심각한 질병, 조현병이나 망상장애에서 망상적 믿음의 내용에 대해 불안해하거나 걱정하는 것).

출처: Diagnostic and Statistical Manual of Mental Disorders, Fifth Edition, (Copyright 2013). American Psychiatric Association의 허락하에 인용함.

넘어 임상가들이 환자의 심리적 기능을 종합적으로 평가할 수 있도록 돕는 5개의 축(차원)을 포함하고 있었다. 5개의 축에는 정신장애(축 I과 II)에 대한 평가와 현재 의학적 상태(축 III)를 나타내는 증상, 환자의 심리적 기능에 영향을 미칠 수 있는 심리사회적/환경적 문제 혹은 스트레스(축 IV) 그리고 전반적인 기능 수준(축 V)을 평가할 수 있는 평정 척도 등이 포함되어 있었다. 그러나 이러한 다축체계를 활용하는 것이 주는 부담 때문에 DSM-5 개발자들은 진단적 판단만을 남긴 단일체계 형태로 단순화시켰다.

도움이 필요한 수준 결정하기. 개인의 기능에 대한 평가는 일상의 삶을 얼마나 책임 있게 관리할 수 있는가를 기준으로 수행된다. 그림 속에는 정신지체가 있는 사람들이 가정을 기반으로 교육을 받고 있는 장면이 묘사되어 있다. 사진 속 인물들은 가정생활에 필요한 기능에 대해 교육받고 있다.

DSM-5의 또 다른 주요 변화는 평가와 진단에 차원적 요소를 적용했다는 것이다. 앞에서 DSM은 특정 장애의 진단기준을 충족시키는 최소한의 증상을 확인했을 때 비로소 진단 가능한 범주 모형을 활용하고 있다고 설명했던 것을 회상해 보라. 즉, DSM의 이전 판에서는 한 개인에게 특정 정신장애가 있는지 없는지를 범주 형태로 판단하는 진단 규칙을 활용했다. 예를 들어 임신 여부를 기준으로 특정 여성을 '임신한 여성' 혹은 '임신하지 않은 여성'으로 분류하는 경우 범주 모형을 활용한 것이다.

DSM-5는 범주 모형을 유지하면서 많은 장애에 차원적 요소를 포함하는 확장을 시도했다(Frances & Widiger, 2012; Shedler et al., 2010). 차원적 요소는 평가자에게 '감춰진 영역'을 규정할 수 있는 기회를 제공한다. 이를 통해 평가자들은 현재 그 장애가 있는지 뿐만 아니라 그 장애 증상의 심각성 정도를 '낮음(mild)'에서 '매우 높음(very severe)' 사이에 평정할 수 있게 되었다.

민속문화 증후군 **민속문화 증후군**(culture-bound syndromes)으로 불리는 특정한 패턴의 이상행동은 몇몇 문화권에서만 관찰된다.

3.2 민속문화 증후군 혹은 정체성의 개념을 이해한다.

민속문화 증후군은 특정 문화권에서 보편적으로 관찰되는 미신적 관습이나 신념 패턴이 과장된 형태로 드러나는 것으로 보인다. 예를 들어, 타이진 교후쇼(taijin-kyofusho, TKS)로 불리는 정신장애는 젊은 일본 남성들에게서만 관찰된다. 이 장애의 특징은 타인에게 해를 입힐 것에 대한 과도한 두려움이다(Kinoshita et al., 2008). 이 증후군은 타인에게 불편을 끼치지 않는 것을 가치 있게 여기는 일본의 전통 문화와 관련 있다. TKS로 고통받는 남성들은 자신이 느낄 당황스러움 때문이 아니라 타인을 당황스럽게 만들까 봐 사람들 앞에서 얼굴이 붉어지는 것을 두려워한다. 또한 이들은 혹여라도 타인에게 해를 입힐까봐 자신의 생각을 중얼거리며 말하는 것조차 두려워한다.

미국에서 관찰되는 민속문화 증후군에는 신경성 거식증(9장 참조)과 해리성 정체성장애(6장에서 다루며 이전에는 다중 인격장애로 불림)가 포함된다. 이러한 이상행동 패턴은 산업화가 덜 진행된 문화의 경우 거의 알려져 있지 않다. 표 3.2는 DSM에 명시된 민속문화 증후군을 소개하고 있다.

DSM 체계에 대한 평가 유용한 진단체계는 높은 수준의 **신뢰도**(reliability)와 **타당도**(validity)를 확보해야 한다. 만약 DSM 체계가 수용할 만한 수준의 신뢰도를 갖추고 있다면 서로 다른 평정자가 진단한다 하더라도 그 대상을 동일하게 진단할 가능성이 높다. 만약 DSM이 타당한 체계라면 진단명이 예측하는 행동을 그 대상으로부터 기대할 수 있을 것이다. 예를 들어, 누군가가 사회불안장애로 진단받았다면 사회적 상황에서 비정상적인 수준의 불안 반응을 보일 것이다. 타당도 중 하나인 예측타당도는 그 진단명이 예측하는 경과나 치료 반응이 예측대로 나타나는 정도를 의미한다. 예를 들어 누군가 양극성 장애로 진단받았다면 리튬의 치료적 효과를 기대할 수 있고(7장 참조), 기대했던 효과가 확인된다면 예측타당도의 증거가 될 수 있다. 이와 유사하게 누군가 특정공포증(예: 고소공포)으로 진단받았다면 공포를 감소시키는 행동주의 전략의 효과를 기대할 수 있을 것이다(5장 참조). **진실 / 거짓**

진실 또는 거짓

인도에 사는 일부 남성들은 정자를 잃는 것에 대한 불안 때문에 심리적 장애를 겪고 있는 경우가 있다.

진실 닷 증후군은 인도에서 발견되는 민속문화 증후군으로 자신의 정자를 잃을지도 모른다는 강한 공포가 핵심 증상이다.

종합하면, 다양한 불안장애와 기분장애, 물질 관련 장애의 경우 DSM 체계가 신뢰롭고 타당하다는 증거를 축적하고 있다(예: B. F. Grant et al., 2006; Hasin, Hatzenbuehler, Keyes, & Ogburn., 2006). 그러나 여전히 나머지 장애의 타당도에 대해서는 의문이 제기되고 있다(예: Smith et al., 2011; Widiger & Simonsen, 2005). 많은 임상가들은 DSM 체계가 문화적 인종적 요인의 중요성에 좀 더 민감해질 필요가 있다고 주장한다(예: Alarcón et al., 2009). DSM 체계에 포함된 준거의 대부분은 미국에서 훈련받은 정신과 의사와 심리학자, 사회복지사의 의견을 반영하여 선정된 것이다. 만약 미국정신의학회에서 아시아나 라틴아메리카에서 훈련받은 전문가들의 의견을 좀 더 반영했다면 몇몇 진단준거와 범주는 지금과 달랐을 것이다.

그러나 공평하게 말하면 DSM의 최근 판은 이전 판에

이상행동 패턴의 문화적 기초. 민속문화 증후군은 종종 문화적 신념이나 가치가 집약된 형태로 나타난다. '타이진 교후쇼(taijin-kyofusho)'라는 증후군은 타인에게 해를 입힐 것에 대한 과도한 두려움을 특징으로 한다. 이 증후군은 주로 젊은 일본인들에게서 관찰되며 타인에게 불편을 끼치지 않는 것을 가치 있게 여기는 일본의 전통 문화와 관련 있다.

표 3.2
다양한 문화권에서 보고된 민속문화 증후군

민속문화 증후군	특징
Amok	동남아와 태평양군도 지역의 남성들에게 발생하는 문화 증후군으로, 평범한 사람이 어느 날 갑자기 해리 상태에서 누군가에게 극단적인 폭력을 행사하고 심지어 살인까지 저지르는 행동 증상을 보인다. 이러한 삽화가 나타나는 동안 행위자는 마치 로봇처럼 자동적으로 행동하고, 그 후 다시 일상적인 상태로 돌아온다. 서양사회에서 통제력을 잃고 폭력적 행동을 하는 사람들을 대상으로 '날뛰다(running amuck)'라는 표현을 사용한다.
아타케 데 네르비오스 Ataque de nervios ('신경발작')	라틴계 후손들에게 나타나는 문화 증후군으로, 급성불안, 분노 또는 슬픔, 통제 불가능한 비명, 고함치기 등을 포함하여 감정의 격렬한 동요 등의 증상을 보인다. 이 증후군의 일반적인 특징은 통제 불능감이다. 삽화 발생 후 빠르게 일상적 기능을 회복하며 그 기간 동안 벌어진 일을 회상하지 못한다.
닷 증후군 Dhat syndrome	남아시아(인도)에서 젊은 남성 환자들이 다양한 증상을 정액 방출로 귀인 하는 공통적인 임상 증상 발현을 설명하기 위해 만들어진 용어로(6장에서 자세히 기술함), 불안, 피로, 허약, 체중 감소, 발기부전, 다양한 신체 증상 호소, 우울 기분 등을 호소했던 환자들에 대한 문화적 설명으로 볼 수 있다. 진실 / 거짓
다툼 혹은 의식 잃음 Falling out or blacking out	미국 남부 지역 혹은 카리브 해 주변에서 주로 발생하는 문화적 증후군으로 갑작스러운 허탈감을 느끼거나 기절하는 증상을 보인다. 전조 증상 없이 갑작스럽게 발생하며, 그 기간 중에 주변 사람들의 말소리를 듣거나 무슨 일이 일어나는지에 대한 자각 모두 가능하지만 움직일 수 없는 무력감을 경험한다.
신병 Ghost sickness	인디언들에게 주로 발생하는 문화적 증후군으로, 영적인 이유로 인한 죽음을 미리 예견하는 현상과 함께 악몽, 약해지는 느낌, 식욕 상실, 공포, 불안, 절망감 등의 증상을 포함한다. 환각이나 의식상실 또는 혼란 등의 증상을 동반하기도 한다.
코로 Koro	중국과 동남아시아에서 발견되는 문화적 증후군으로 성기가 수축되며 몸속으로 파고 들어가서 결국에서는 죽음에 이를 거라는 급성 불안 삽화를 보인다.
자르 Zar	북아프리카와 동아시아의 몇 나라에서 관찰되는 문화적 증후군으로 귀신들린 현상이라고도 불리는데, 소리를 지르고 벽을 향해 머리를 찧으며 웃고 노래하고 우는 등의 증상을 보인다. 이들은 식사를 거부하고 일반적인 책임 있는 행동도 수행하지 않는다.

출처: *DSM-5*(American Psychiatric Association, 2013); Dzokoto & Adams(2005); 기타 자료.

비해 문화적 요인을 더 많이 강조하고 있다. DSM 체계는 진단 대상이 된 개인의 문화적 배경에 임상가가 민감하지 못할 경우 정상 범주 안에 있는 현상을 비정상으로 분류할 위험성이 있다는 것을 강조하고 있다. 또한 이상행동 역시 문화마다 서로 다른 형태로 나타날 수 있다는 사실을 강조하고 있다(표 3.2 참조). 지금까지 출간됐던 DSM 체계들도 여러 논란을 불러일으켰지만 지금부터 소개할 DSM-5는 더 많은 논란의 중심에 서 있다.

DSM-5에서의 변화 DSM 체계가 처음 소개된 1952년 이후 주기적으로 개정판이 발간되었다. 가장 최근 판은 2013년에 출간된 DSM-5이다. 최신판이 개정될 때 개정위원회에서는 이전 판을 면밀하고 신중하게 개관하고 연구자와 임상가로부터 제기되었던 비판을 반영하여 어떤 진단체계에 문제가 있는지 분석한 후 임상적 활용도를 높이기 위한 개정작업을 수행했다.

3.3 DSM의 최신판인 DSM-5와 관련된 논쟁을 이해한다.

몇 가지 새로운 장애가 DSM-5에 추가되었고(표 3.3 참조), 기존에 있던 몇 가지는 재분류되거나 새로운 진단명 하에 재편되었다. 예를 들어 아스퍼거 장애와 자폐장애는 자폐 스펙트럼 장애(13장 참조)라는 좀 더 큰 새로운 범주로 재편되었고, 발모광은 충동조절장애에서 새로운 범주인 강박 및 관련 장애로 이동했다(5장 참조). 충동조

표 3.3
DSM-5에 소개된 새로운 장애

장애	주요증상	진단범주	해당 장
수집광	책이나 옷, 가정용품, 심지어 스팸 메일조차도 강박적으로 모아두려는 욕구	강박 및 관련장애	5장
파괴적 기분조절부전장애	아동기에 발생하는 빈번하고 극단적인 분노폭발	우울장애	13장
주요 및 경도 신경인지장애	생각, 기억 및 주의를 포함한 정신 기능의 심각한 저하	신경인지장애	14장

절장애로 분류되던 병적(강박적) 도박은 새로운 범주인 물질 관련 및 중독장애(8장 참고)로 이동했고, 불안장애로 분류되던 외상후 스트레스 장애(PTSD)는 새 범주인 외상 및 스트레스 관련 장애(4장 참조)로 이동했다.

오랜 기간 동안 논쟁하고 수정하며 검토했음에도 불구하고 DSM-5에 대한 논란은 여전히 남아 있다. 그 논란은 DSM 이전 판부터 이어져 온 것으로 위원회의 합의라는 결정 규칙이 가진 한계에서 비롯된 것이다.

DSM-5에 관한 쟁점 일부를 소개하면 다음과 같다.

- **과도하게 증가하고 있는 진단명**: 가장 많은 비판을 받고 있는 것은 새로운 정신장애가 너무 쉽게 포함된다는 것으로, 진단명의 인플레이션 현상이라 불린다(Frances & Widiger, 2012). 월경 전 불쾌감장애와 폭식장애(7장과 9장 참조)의 경우 이전 판에서 부록에 기재되어 더 많은 연구가 필요하다고 언급됐던 것인데, DSM-5에서는 공식 정신장애로 분류되었다. 경도 신경인지장애(14장 참조)와 같이 새롭게 추가된 장애 또한 존재한다. 진단명이 증가할 경우 정신장애나 질환으로 고통받는 사람들의 통계치를 부풀릴 수 있고, 불필요하게 너무 많은 사람들을 환자로 진단할 가능성이 높아진다.
- **정신장애 분류의 변화**: 자주 제기되는 또 다른 비판은 분류 체계의 과도한 변화에 관한 것이다. 이미 언급한 바와 같이 아스퍼거 장애를 포함하여 너무 많은 장애가 더 큰 상위 범주로 재편되었다. 아스퍼거 장애 환자의 가족들은 그 장애가 더 이상 독립적인 장애로 인정받지 못할 때 발생할 수 있는 문제에 대해 걱정하고 있다. 이전 분류 체계를 활용하고 있던 정신건강 분야 전문가들은 새로운 분류 체계의 타당성에 의문을 표하고 있고 그러한 변화가 진단 과정의 혼란을 가중시킬 뿐이라고 비판하고 있다(예: Tanguay, 2011). DSM이 다시 한 번 개정될 때까지 이 논란은 지속될 것이다.
- **특정 장애에 대한 진단 준거의 변화**: 또 다른 비판은 DSM-5에 포함된 여러 장애의 세부 진단 준거 및 규칙의 변화에 관한 것이다. 문제는 그러한 변화에 대한 타당한 근거를 충분히 제시하지 못하고 있다는 것이다. 특히 자폐 스펙트럼 장애의 경우 준거의 변화가 미칠 파급력이 상당함에도 불구하고 그 타당성을 충분히 검토하지 않았다는 비판을 받고 있다(Carey, 2012).
- **개발 과정**: 또 다른 비판은 개정판에 관한 작업이 너무 비밀스럽게 진행되었다는 것이다. 그로 인해 해당 분야 주요 연구자와 임상가의 의견이 충분히 반영될 수 없었고, 변화의 근거에 대한 타당한 경험적 근거(연구)를 명료하게 제시하지 못하고 있다.

DSM-5의 주요 변화 중에서 그나마 수용되고 있는 것은 장애를 진단할 때 차원적 관점을 반영하려고 노력했다는 점이다. 단순히 그 장애가 '있다 혹은 없다'로 개념화하는 것이 아니라 '자살 위험이나 불안 수준이 어느 정도 높은가'와 같이 역기능적 행동(증상)을 차원(연속성)의 개념으로 변경한 것이다. 물론 많은 심리학자는 여전히 DSM-5가 범주 모형을 일부 유지하고 있다는 점을 비판하고 있다(특히, 성격장애에 대한 차원모형을 소개한 12장에서 더 자세히 논의됨).

탁월한 심리학자 Marsha Linehan은 DSM-5 출간을 위한 점검이 끝났던 해가 바로 논쟁이 시작된 해라고 말한 바 있다("Critic Calls", 2012). 아이러니한 것은 DSM-

IV판의 총책임자였던 정신의학자 Allen Frances가 바로 DSM-5판에 대한 비판을 주도하고 있는 인물 중 하나라는 것이다. Frances는 DSM-5판이 출간된 날이 바로 "정신의학계가 슬퍼해야 할 날"이라고 부른 바 있다("Critic Calls", 2012에서 인용). Frances의 비판을 요약하면, 새로 추가된 장애나 기존 장애의 변화 방향이, 아동의 반복적인 분노표현 행위와 같은 행동 문제나 노인에게 발생할 수 있는 경도의 인지적 변화나 망각 현상 등을 과도하게 의료 서비스 대상으로 규정하고 있다는 것이다.

심리학자와 정신의학자들에게 이와 같은 변화와 논쟁이 왜 중요할까? 그 질문에 대한 답은 다음과 같은데, 이와 같은 진단 매뉴얼은 임상가로 하여금 정신장애 혹은 심리적 장애에 과잉 대응하도록 만들기 때문이다. 이러한 변화는 더 큰 부정적 결과를 초래할 수 있는데, 예를 들어 Allen Frances는 아동의 반복적인 분노표현 문제를 장애로 규정한 것을 언급하며 "아동에 대한 과도하고 부적절한 약물처방을 증가시키는 위험을 초래할 수 있다."("Critic Calls", 2012에서 인용)라고 주장한 바 있다. 어쨌든 진단 관련 정보는 환자에 대한 서비스를 향상시키는 방향으로 변해야 한다. DSM-5가 가장 널리 활용되는 진단체계로 남아 있게 될 것인지 아니면 ICD와 같은 다른 체계에 그 자리를 내주게 될지는 시간이 답해 줄 것이다.

DSM-5는 지속적으로 업데이트될 예정이고 전문가들은 그 변화를 감시할 것이며 비판적 주장 역시 지속될 것이다.

DSM 체계의 강점과 단점

3.4 DSM 체계의 강점과 약점을 평가한다.

DSM 활용의 이점은 구체적인 진단 준거를 제공한다는 것이다. DSM은 환자가 호소하는 불편감이나 증상이 어떤 진단명에 가장 부합하는지 결정할 수 있는 틀을 제공한다. 예를 들어 환청과 망상은 조현병의 핵심 증상이다.

물론 DSM 체계에 대한 비판도 상당하다. 특정한 장애 유무를 결정하는 규칙, 예를 들어 주요 우울장애를 진단하기 위해서는 관련 증상이 2주 이상 지속되어야 한다는 규칙이 적절한지에 대한 비판은 여전하다. 또한 DSM의 근간을 이루는 의학모형이 타당한지에 대한 비판도 지속되고 있다. DSM 체계는 신체 증상의 기저에 신체 질병이 존재한다는 의학모형을 따르고 있어서 문제행동의 기저에 정신장애가 존재한다고 가정한다. 의학모형이 이상행동 분류에 적합한 모형이라는 가정하에 진단이라는 용어를 사용하고 있는 것이다. 그러나 일부 임상가들은 이상행동이 너무 복합적이어서 개별 증상 단위로 다루는 것이 더 의미 있다고 주장한다. 그들은 또한 의학모형이 너무 개인 내적 요인만 강조한 나머지 문제 발생과 관련된 사회적 요인(사회경제적, 사회문화적, 인종적 요인)이나 환경적 요인의 영향력을 경시하는 문제를 가지고 있다고 주장한다.

또 다른 문제점은 의학모형이 개인행동의 강점과 약점을 기술하기보다 심리적(혹은 정신) 장애가 있는지 없는지 구분하는 데 과도한 초점을 맞추고 있다는 것이다. 이와 유사하게 많은 연구자들은 진단 모형이 범주 구조(장애가 있다 혹은 없다 형태)를 유지하는 것이 타당한지 의문을 제기하고 있다. 아마도 이들은, 불안이나 우울, 성격장애에서 관찰되는 이상행동 패턴이 일반인들에게서 관찰되는 성격 특질이나 정서 상태의 극단에 해당한다고 보는 차원적 관점이 더 타당하다고 주장하고 싶을 것이다(예: Akiskal & Benazzi, 2006; First, 2006). 또 다른 전문가들은 DSM-5와 같이 범주 및 차원 요소를 통합한 **혼합 모형**을 선호하기도 한다(예: Drabick, 2009; Kamphuis & Noordhof, 2009; Maser et al., 2009).

행동주의적 관점을 선호하는 심리학자들은 이상행동이든 아니든 행동을 설명할 때 개인과 환경의 상호작용을 고려하는 관점을 중시한다. DSM 체계의 목적은 진단 대상자가 장애를 가졌는지 여부를 확인하는 것이지 그가 처한 상황 속에서 얼마나 잘 기능하고 있는지 확인하는 것은 아니다. 하지만 행동주의 모형은 한 개인이 가지고 있는 내적 상태보다 어떤 행동을 했는가에 초점을 맞춘다. 물론 행동주의자나 행동주의 치료사들 모두 DSM을 활용하기도 하는데, 주로 정신건강센터나 보험에서 진단 코드를 활용하도록 권하고 있고 다른 전문가들과 원활한 소통을 해야 하기 때문이다. 많은 행동주의 치료사들은 DSM 코드를 이상행동 패턴을 좀 더 편히 다루기 위한 도구로 활용하고 있을 뿐, 실제로는 주 호소 문제와 관련된 강도 높은 행동분석을 수행한다.

DSM 체계에 대한 또 다른 비판은 정신과적 진단명을 통해 낙인을 찍을 위험이 있다는 것이다. 우리 사회는 정신적 질환이 있는 사람들에 대한 강한 편견을 가지고 있다. 그들은 종종 타인에 의해 외면당하거나 인종주의, 성차별, 연령에 따른 차별 등과 같이 편견의 대상이 되어 고용상의 불이익을 당하기도 한다[예: **정상주의**(sanism), Perlin, 2002-2003].

이러한 비판에도 불구하고 DSM 체계는 미국 정신건

강 현장에서 중요한 기능을 하고 있다. 대부분의 정신건강 전문가들이 일상에서 반복적으로 열어 보는 참고 서적이기도 하다. 이 책의 '이상심리학에 대해 비판적으로 사고하기'에서 '정신의학계의 성경'으로 불리는 DSM에 대해 이 분야의 저명한 연구자인 Thomas Widiger의 관점을 살펴볼 것이다. Widiger 박사는 반사회성 성격장애와 같은 성격장애 평가에 관한 차원적 접근에 대해서도 논의하고 있다(반사회성 성격장애와 나머지 성격장애의 특징에 관한 설명은 12장을 참고하라).

지금부터 이상행동을 평가하는 다양한 방법에 대해 살펴볼 것이다. 우선 평가 도구나 방법이 기본적으로 갖춰야 할 신뢰도와 타당도에서 시작하자.

이상심리학에 대해 비판적으로 사고하기

@Issue: DSM 체계 – 정신의학계의 성경, Thomas Widiger

만약 당신이 임상심리학자라면 아마도 미국정신의학회의 진단편람을 선호하지 않는 많은 이유를 가지고 있을 것이다. 첫 번째로 임상심리학자들을 전문적이고 경제적인 측면의 경쟁에 있어서 정신의학자의 통제하에 있게 만드는 문제가 있다. 두 번째로 보험회사들이 임상 서비스의 범위를 제한하는 수단으로 활용하는 문제가 있다. 예를 들어 보험회사는 환자의 진단명에 따라 치료 회기를 제안하려 할 것이다(심지어 어떤 장애의 경우 치료적 서비스를 제공하지 않으려 한다). 나는 이러한 두 가지 문제 자체가 DSM을 배척할 타당한 이유라고 생각하지는 않지만, DSM이 받는 비판에 일정 부분 기여한 면이 있다고 믿는다. 그러나 가장 근본적이고 중요한 세 번째 문제가 있는데, DSM이라는 진단체계가 실제로는 그다지 타당하지 않다는 것이다. 특정한 장애로 진단했다는 것은 그 장애가 가정하고 있는 병인을 확인했다는 것이고, 그것은 특정한 치료를 통해 개선될 것을 기대할 수 있다는 의미를 내포한다. 그러나 DSM 체계를 활용해 진단된 정신장애의 경우, 적어도 아직까지는 이와 같은 공식이 성립하지 않는다.

이와 같은 결점에도 불구하고 DSM은 필요한 책이다. 임상가와 연구자들은 정신병리적 패턴에 대해 소통할 수 있는 공통의 언어가 필요하며 DSM의 1차 기능은 이를 공급해 주는 것이다. DSM 첫판이 출간되기 전까지 임상 현장은 동일한 현상에 대해 서로 다른 명칭을 사용하거나 서로 다른 현상에 동일한 명칭을 사용하는 문제로 인해 무질서 상태였다.

많은 전문가들은 DSM이 사람에게 제공하는 낙인 효과에 비판적이다. 우리는 내담자들과 공동의 작업을 해나가고 있기 때문에 그들을 분류하고 진단명으로 부르는 것을 원하지 않는다. 그럼에도 불구하고 진단명은 필요하다. 진단명으로 활용되는 용어(범주) 자체는 내담자가 현재 가지고 있는 문제를 기술하는 기능을 할 뿐이다. 문제는 정신과적 진단명이 내포하고 있는 부정적 이미지와 정신과 환자들에 대한 사회적 편견이다. 이와 관련된 문제는 곧 다시 한 번 논의할 것이다.

유감스럽게도 정신과적 진단을 받거나 치료를 받는 많은 사람이 수치심을 느끼거나 곤혹스러워한다. 이와 같은 느낌은 정신장애 진단을 받을 만한 심리적 문제를 가진 사람들이 소수에 불과할 거라는 잘못된 생각에서 비롯되는 경우가 많다. 나는 왜 보통 사람들이 정신건강 문제로 인해 고통받지 않을 거라고 믿는지 이해할 수 없다. 우리 모두는 살면서 몇 가지 신체건강 문제를 경험한다. 왜 정신건강 문제는 이와 다를 거라 생각하는 걸까? 우리 중 어느 누구도 완벽한 유전자를 가지고 태어났거나 완벽한 부모에 의해 양육된 사람은 없고, 스트레스, 외상 혹은 심리적 문제에 대한 경험이 없는 사람도 없다.

고정관념이 내포한 문제는 심각하다. 정신과적 진단을 받은 사람들은 서로 다른 특성을 가지고 있는 경우에도 동일한 진단명으로 인해 유사한 특성을 가진 것으로 규정되어 유사한 처치를 받을 위험성이 높다. DSM 진단체계는 개인이 가진 독특한 정신병리적 특징 혹은 증상을 반영하지 못한다.

전부는 아니더라도 대부분의 정신장애는 생물학적 취약성과 환경적, 심리사회적 요인들이 긴 시간 동안 복잡하게 상호작용한 결과물이다. 정신장애의 증상과 병인은 다양한 종류의 신경생물학적 요인과 대인관계 요인, 인지적 요인 등의 영향을 통해 형성되며, 개인의 고유한 정신병리적 패턴을 반영하는 증상과 고통을 형성하는 데 기여하기도 한다. 이처럼 복잡하게 얽혀 있는 인과적 요인들과 개인의 독특한 정신병리적 패턴을 단일 진단명으로 표현하는 것은 문제가 있다. 따라서 나는 개인적인 특징을 기술하는 데 더 유용한 차원 모형(예: 성격장애를 분류하기 위한 5요인 모형)을 선호한다.

5요인 모형은 외향성, 우호성, 성실성, 신경증적 경향성(정서적 불안정성), 경험에 대한 개방성을 포함하는 다섯 개의 상위 성격 특성을 가정한다. 그리고 각 성격 특성은 더 세분화된 하위 요인을 가지고 있다. 예를 들어 우호성은 신뢰↔불신, 진솔↔기만, 자기희생↔착취, 응종↔공격, 겸손↔거만, 상냥한↔냉담한 등의 하위 요인으로 구성되어 있다.

임상심리학과 관련해서 무엇보다 중요한 것은 모든 성격장애를

(다음 쪽에 계속)

5요인과 그 하위 특성으로 기술할 수 있다는 것이다. 예를 들어, 반사회성 성격장애의 경우 낮은 성실성과 관련된 여러 종류의 하위 특성(낮은 수준의 신중함, 자기관리, 의무감)과 낮은 우호성과 관련된 여러 하위 특성(낮은 수준의 상냥함, 자기희생, 응종)을 통해 묘사할 수 있다. 정신병질적 특성에서 관찰되는 자신만만하며 언변에 능하고 매력적인 모습은 자의식, 불안, 취약성 등으로 구성된 신경증적 경향성이 비정상적으로 낮은 상태로 묘사할 수 있다. 이러한 접근은 환자 개인의 특성에 초점을 맞춘 기술을 가능케 하고 정신장애 진단이 초래하는 낙인 효과를 줄이는 데 도움이 된다. 모든 사람들은 신경증적 경향성이나 우호성, 성실성 차원의 어딘가에 존재한다. 이런 관점은 성격장애로 진단받은 사람들을 질적으로 다른 비정상적 기능을 보이는 존재로 규정하는 것을 거부한다. 그 대신 일반적인 성격 특성이 상대적으로 극단적인 수준에 있거나 부적응적 변이를 일으킨 상태로 볼 수 있도록 해 준다.

이 쟁점에 관한 비판적 사고를 활용하여 다음 질문에 답해 보라: (1) 우리에게 권위 있는 진단 편람이 필요한가? 그렇게 생각한 이유는? (2) 우리 사회에 형성된 정신장애 진단에 대한 편견을 해소할 수 있는 방법은 무엇일까?

Thomas A. Widiger는 미국 켄터키 대학의 심리학 전공 교수다. 그는 오하이오 주에 있는 마이애미 대학에서 임상심리학으로 박사 학위를 받았고 코넬 대학 병원에서 임상 경험을 쌓았다. 그는 현재 *Journal of Abnormal Psychology*, *Journal of Personality Disorders*, *Annual Review of Clinical Psychology*와 같은 논문집의 부편집장으로 활동 중이며, DSM-IV 개정팀의 구성원과 연구 코디네이터 역할을 담당하기도 했다.

평가의 기초

임상가들은 분류와 평가에 기초해서 중요한 의사결정을 한다. 예를 들어 내담자가 보이는 행동 증상에 대한 평가정보를 활용하여 개입 기술의 종류를 결정한다. 그러므로 평가 방법 혹은 도구는 진단 준거처럼 **신뢰롭고 타당해야** 한다.

> **3.5** 임상적 평가의 표준을 이해한다.

신뢰도

평가 도구의 신뢰도(reliability)는, 진단체계와 마찬가지로 일관성을 의미한다. 예를 들어 어떤 사람의 키에 대한 측정 결과가 매번 다르다면 그 측정에 사용된 도구는 신뢰하기 어려울 것이다. 마찬가지로 사람들이 키를 잴 때 사용하는 줄자의 기준이 온도에 따라 변한다면 그 줄자를 활용하여 측정한 키도 신뢰하기 어려울 것이다. 이상행동에 대한 신뢰로운 측정 도구는 측정 상황이 달라져도 동일한 결과를 산출할 수 있어야 한다.

내적 일관성(internal consistency)을 갖춘 평가 도구는 서로 다른 하위 구성요소(예: 측정 문항)라 할지라도 일관성 있는 결과를 산출한다. 예를 들어 우울증을 측정하는 척도의 하위 문항들 간에 상관관계가 높지 않다면 그 문항들은 우울증이라는 공통 상태가 아닌 서로 다른 상태를 측정하고 있는 것이다. 반면에 몇몇 검사는 서로 다른 특성이나 상태를 측정하기 위해 설계되기도 한다. 예를 들어 많은 사람들이 활용하고 있는 미네소타 다면적 인성검사(MMPI, 현재 개정판은 MMPI-2로 불림)는 이상행동과 관련된 다양한 특성을 측정할 수 있는 하위 요인으로 구성되어 있다.

만약 어떤 검사 도구를 서로 다른 상황에서 반복적으로 사용했을 때 유사한 측정값을 제공한다면 **검사-재검사 신뢰도**(test-retest reliability)가 높은 것이다. 우리가 목욕탕에서 몸무게를 잴 때마다 다이어트를 하는 상황이 아님에도 불구하고 다른 값을 얻게 된다면 그 체중계를 믿지 않을 것이다. 동일한 원칙이 심리평가 도구나 방법에도 적용된다.

마지막으로 평가 도구는 어떤 평가자가 활용해도 일관성 있는 결과를 산출해야 하는데 이를 **평정자 간 신뢰도**(interrater reliability)라 부른다. 즉, 그 도구가 신뢰롭다면 평정자 간에 높은 수준의 일치도를 보여야 하는 것이다. 예를 들어, 교사 두 명에게 우수한 수준의 평정자 간 신뢰도를 갖춘 도구를 활용하여 한 학생의 공격성과 과잉 활동성 그리고 사회성을 평가하도록 요구했다면 그 학생에 대한 두 교사의 측정치는 유사해야 한다.

타당도

평가 도구나 기술은 타당해야만 한다. 여기서 타당하다는 의미는 그 도구가 측정하고자 의도한 것을 측정한다는 것이다. 만약 우울증을 측정하기 위한 도구가 실제로는 불안을 측정했다고 가정해 보자. 그 도구를 활용한 전문가는 필시 잘못된 진단을 하게 될 것이다. 타당도를 평가할 수 있는 여러 방법이 있는데 그중에 대표적인 것은 **내용의 타당성**, **준거와의 관련성** 그리고 **구성 개념의 타당성** 등을 평가하는 것이다. **진실 / 거짓**

진실 또는 거짓

심리검사의 신뢰도가 매우 높아도 타당도는 낮을 수 있다.

진실 신뢰도가 높은 심리검사도 타당도가 낮을 수 있다. 음악적 재능에 대한 검사가 높은 신뢰도를 갖추고 있더라도 실제 측정하는 내용이 성격 혹은 지능이라면 타당도가 낮다고 볼 수 있다.

평가 도구의 **내용타당도**(content validity)는 측정 지표에 반영된 특성과 연결된 행동들이 측정하고자 하는 내용을 반영하는 정도를 의미한다. 예를 들어 우울증은 슬픈 기분과 즐거운 활동을 거부하는 특징을 포함한다고 가정해 보자. 만약 우울증 평가 도구가 슬픈 기분과 즐거운 활동 거부 수준을 측정할 수 있는 내용을 포함하고 있다면 그 도구의 내용타당도가 우수한 것으로 볼 수 있다.

준거타당도(criterion validity)는 평가 도구와 독립적이면서도 유사한 내용을 포함하고 있는 외적 준거와의 관계 정도를 통해 확인할 수 있다. **예측타당도**(predictive validity)는 준거타당도 중 하나인데, 특정 도구의 측정치를 통해 미래 수행이나 행동을 잘 예측할 수 있다면 그 도구는 우수한 예측타당도를 갖춘 것으로 볼 수 있다. 예를 들어 반사회적 행동을 측정하는 검사에서 높은 점수를 받은 사람이 추후 확인 결과 낮은 점수를 받은 사람에 비해 더 많은 범죄행동을 저지르는 것으로 나타났다면 그 도구는 예측타당도가 높은 것이다.

특정 장애에 대한 진단평가의 준거타당도를 측정하는 또 다른 방법은 평가된 대상이 그 장애의 진단 준거를 충족시키는지 확인하는 것이다. 두 가지 중요한 개념이 있는데 그것은 바로 민감도와 특이도다. **민감도**(sensitivity)는 실제 장애를 가지고 있는 사람을 장애가 있다고 평가할 가능성을 의미한다. 검사 도구의 민감도가 낮은 경우 실제 장애를 가지고 있는 사람에게 장애가 없다는 결론을 내리는 **부정 오류**(false negatives) 숫자가 많아질 것이다. **특이도**(specificity)는 장애가 없는 사람을 장애가 없는 것으로 평가할 가능성을 의미한다. 검사의 특이도가 낮은 경우 실제 장애가 없는 사람에게 장애가 있다는 결론을 내리는 **긍정 오류**(false positives) 숫자가 많아질 것이다. 민감도와 특이도 정보를 통해 임상가는 해당 검사 도구의 분류 능력을 확인할 수 있다.

구성 개념타당도(construct validity)는 측정하고자 하는 구성 개념이나 특성이 가정하고 있는 이론적 모형과 일치하는 정도를 통해 확인할 수 있다. 불안을 측정하기 위한 검사가 있다고 가정해 보자. 불안은 구체적인 대상이나 현상은 아니다. 직접 측정하거나 셈하거나 무게를 재거나 만질 수도 없다. 불안은 심장이 뛰거나 데이트를 하자고 누군가에게 청해야 함에도 불구하고 갑작스럽게 말이 나오지 않는 상태 등을 설명하기 위한 이론적 구성 개념이다. 불안은 자기보고 방식(내담자가 자신의 개인적 불안 수준을 평정하는 것)이나 생리적 측정 기술(내담자의 손바닥에 땀이 나는 수준을 측정하는 것)을 통해 간접적으로 측정할 수 있다.

불안검사의 구성 개념타당도는 측정된 결과가 또 다른 행동을 얼마나 잘 예측하고 불안에 대한 이론적 모형과 얼마나 일치하는지를 통해 검증할 수 있다. 당신의 이론적 모형에 따르면 '혼자 연습할 때는 그렇지 않지만 사회적으로 불안한 대학생은 실제로 누군가에게 데이트를 하자고 말할 때 차분한 학생에 비해 더 큰 어려움을 느낄 것'이라는 예측이 가능하다고 가정해 보자. 특정한 실험 절차나 평가 도구를 통해 이와 같은 예측이 사실로 확인된다면 그 절차나 도구는 구성 개념타당도가 높은 것으로 평가할 수 있다(Smith, 2005).

비록 신뢰도가 높은 검사(일관성 있는 결과를 제공해 주는 검사)라 할지라도 측정의 목적을 충실히 달성하지 못할 수 있다(타당도가 낮을 수도 있다). 예를 들어 19세기 골상학자들은 두개골의 융기를 측정하여 개인의 성격을 평가할 수 있다고 믿었다. 그들의 측정 기구는 개인의 융기 및 돌기에 대한 신뢰로운 측정치를 제공했지만 그것은 타당한 성격 측정치로 인정받기 어렵다. 쉽게 말해서 골상학자들은 헛수고한 셈이다. **진실 / 거짓**

진실 또는 거짓

비록 과학적 근거가 약하긴 하지만, 개인의 두상을 측정한 값으로 성격 특성을 예측할 수 있다.

거짓 골상학자들의 신념은 신뢰하기 어려운 것으로 이미 밝혀졌다.

평가 방법

임상가들은 진단을 위해 다양한 평가 방법(임상면담, 심리검사, 자기보고 질문, 행동측정, 생리측정 등)을 활용한다. 평가는 진단분류 이상의 목적을 가지고 있다. 신중한 평가는 내담자의 성격과 인지 기능에 대한 풍부한 정보를 제공한다. 이러한 정보는 내담자의 문제에 대한 폭넓은 이해와 적절한 치료법 선택에 도움을 준다. 구조화된 평가를 실시할 경우 대부분 진단적 가설과 치료 계획 수립을 위한 임상면담을 실시한다. 좀 더 구조화된 몇몇 경우에는 심리검사를 통해 내담자의 심리적 문제와 지적, 성격적, 신경심리적 기능에 대한 평가를 실시한다.

3.6 임상적 평가의 주요 방법에 대한 이해: 임상면담, 심리검사, 신경심리평가, 행동평가, 인지평가, 그리고 생리적 측정.

임상면담

임상면담(clinical interview)은 널리 활용되는 평가 방법 중 하나다. 면담은 일반적으로 임상가가 내담자를 처음 대면할 때 실시한다. 임상가는 가장 먼저 내담자로 하여금 본인의 언어로 주 호소 문제를 설명하도록 하는 "가장 최근 경험한 문제에 대해 설명해 주시겠어요?"와 같은 질문을 던진다(치료사는 이러한 질문을 던질 때 '차를 타고', '사회복지사 선생님과 함께'와 같이 엉뚱한 답을 하도록 만들 수 있는 "어떻게 오셨어요?"와 같은 잘못된 질문을 던지지 않도록 훈련을 받는다). 임상가들은 이상행동이나 불편한 느낌, 문제 발생에 영향을 끼친 환경, 증상의 역사 등을 포함하는 주 호소 문제를 점검하고 그러한 문제가 일상 기능에 얼마나 영향을 미치는지 확인한다. 임상가는 생활 환경의 변화와 사회적 관계, 고용 혹은 학교생활 등 문제를 일으킬 만한 사건을 탐색하기도 한다. 면담자는 내담자 스스로가 자신의 관점과 언어로 문제를 설명할 수 있도록 격려한다. 예를 들어 면담자는 이 장의 도입부에 제리와의 면담 과정을 소개한 것처럼, 내담자로 하여금 도움을 청하게 만든 걱정거리에 대해 이야기하도록 요청한다.

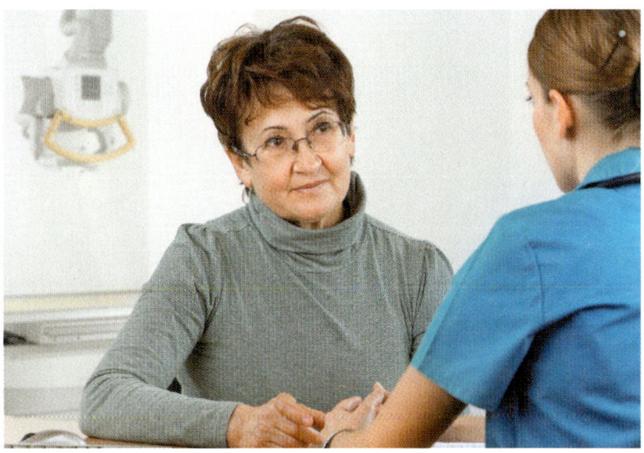

신뢰관계(라포) 형성하기. 유능한 면담자는 내담자와 적절한 신뢰관계를 형성하여 내담자로 하여금 편안하고 적극적인 대화가 가능하도록 유도한다.

비록 다양한 형식이 존재하지만 대부분의 면담은 다음과 같은 공통 주제를 다룬다.

1. **개인 식별 자료.** 주소와 전화번호, 결혼 상태, 연령, 성별, 인종, 종교, 고용 상태, 가족 구성 등을 포함하는 인구통계학적 정보를 의미한다.
2. **주 호소 문제.** 내담자는 자신의 문제를 어떻게 지각하고 있는가? 행동과 사고, 느낌에 어떤 문제가 발생했는가? 그 문제들이 내담자의 기능에 어떻게 영향을 끼쳤는가? 그 문제는 언제부터 나타났는가?
3. **심리사회적 성장 배경.** 내담자의 성장 과정에 대한 정보: 교육, 사회적, 직업적 배경, 초기 가족관계.
4. **신체 및 정신건강 문제에 대한 과거력.** 내담자가 신체건강이나 정신건강 문제로 치료를 받거나 입원한 경험이 있는지 확인한다. 만약 그렇다면 그 문제는 어떻게 다뤄졌는지? 성공적이었는지 아닌지? 그 이유는?
5. **현재 가지고 있는 의학적 문제나 치료 상황.** 현재 가지고 있는 의학적 문제나 약물 복용을 포함한 치료 상황을 확인한다. 임상가는 의료적 문제가 심리적 문제에 영향을 미쳤을 가능성을 주의 깊게 살펴야 한다. 예를 들어 특정 의학적 문제를 위해 처방된 약물은 환자의 기분이나 각성 수준에 영향을 끼칠 수 있다.

면담자는 내담자의 언어적 표현 외에 비언어적 행동에도 주의를 기울여야 하는데, 복장이나 차림새, 드러난 기분 그리고 주의 집중력 등이 적절한지 살펴야 한다. 임상가들은 내담자의 사고와 지각 과정 그리고 지남력 수준 혹은 자신과 주변에 대한 자각(자신이 누구이고 어디에 있으며 지금은 언제인지) 등의 명료성을 평가해야 한다. 이와 같은 임상적 판단은 내담자의 정신 상태에 대한 평가 초기에 중요한 부분을 차지한다.

면담 형식 임상적 면담의 유형은 크게 세 종류로 구분할 수 있다. 먼저 **비구조화된 면담**(unstructured interview)은 표준 형식을 따르기보다 임상가 자신의 스타일에 따라 자유롭게 질문을 던지는 형식으로 진행된다. **반구조화된 면담**(semistructured interview)의 경우 핵심 정보를 모으는 과정은 표준 형식을 따르는 반면 나머지 정보를 모으는 과정은 비교적 자유로운 형식의 질문과 순서에 따라 진행된다. 마지막으로 **구조화된 면담**(structured interview)은 일정한 형식에 따라 준비된 질문을 던지는 형태로 진행된다.

비구조화된 면담의 장점은 자율성이 보장된다는 것과 대화 형태로 진행된다는 것이다. 면담자가 틀에 박힌 질문을 던지지 않아도 되기 때문에 내담자와 자연스러운 주고받기가 가능하다. 하지만 핵심 문제는 표준화되어 있지 않다는 것이다. 면담자마다 서로 다른 방식으로 질문할 수 있다. 예를 들어 어떤 면담자는 "최근 들어 얼마나 우울했습니까?"라고 묻는 반면, 또 다른 면담자는 "지난 2주 사이에 지속적으로 눈물을 흘린 기간이 얼마나 됩니까?"라고 물을 수 있다. 내담자의 반응은 그 질문이 어떤 단어들로 구성되어 있는가에 따라 달라질 것이다. 대화 형태의 면담은 자살 위험과 같은 중요한 임상적 진단 정보를 누락시킬 위험성이 있다.

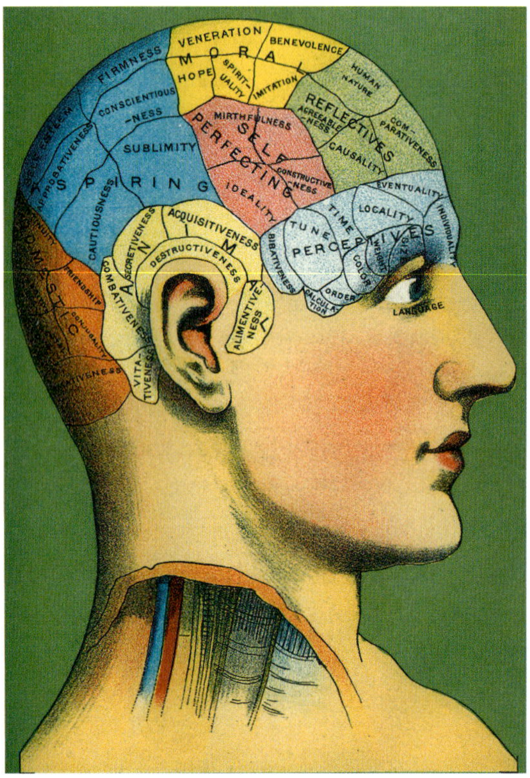

골상학. 19세기 골상학은 개인의 성격과 정신적 기능들이 뇌의 특정 영역의 크기와 관계 있다고 믿었고 머리의 융기의 패턴을 측정하여 평가할 수 있다고 믿었다.

반구조화된 면담은 더 많은 구조와 통일성을 제공하지만 여전히 자율성을 가지고 있다. 일부 임상가들은 표준 지침을 따르면서도 중요한 시점에 형식을 벗어나 좀 더 유연하게 질문하는 것을 선호한다.

구조화된 면담(**표준화된 면담**이라고도 불림)은 진단적 판단이란 면에서 가장 높은 수준의 신뢰도를 보이기 때문에 연구 장면에서 자주 활용된다. 『DSM을 위한 구조화된 임상면담 도구(Structured Clinical Interview for the DSM, SCID)』는 각 장애에 대한 DSM의 진단 준거를 반영한 객관식(closed-ended) 질문과 내담자가 자신의 문제와 느낌을 상세히 설명할 수 있도록 자극하는 주관식(open-ended) 질문으로 구성되어 있다. SCID는 면담 과정에서 임상가가 진단적 가설을 검증할 때 유용하게 활용할 수 있다. SCID는 다양한 임상 장면에서 그 신뢰도가 검증된 바 있다(Zanarini et al., 2000).

어떤 유형의 임상면담을 수행하든 면담자는 면담 정보와 내담자의 배경, 현재 호소 문제 등 가능한 모든 정보를 모아 진단적 가설을 설정하게 된다.

컴퓨터를 활용한 면담

임상면담은 훈련된 실제 면담자에 의해 수행되어야만 할까? 오늘날 대부분의 사람들은 은행 업무나 항공권 구입, 일정 관리 등을 위해 온라인 전자기기(컴퓨터)를 활용한다. 그렇다면 임상면담도 컴퓨터가 대신하게 될까?

그것이 곧 사람(면담자)을 대체한다는 의미는 아니지

컴퓨터를 활용한 면담. 당신이라면 자신의 문제를 사람보다 컴퓨터에게 좀 더 솔직하게 이야기할 것 같습니까? 전산화된 임상면담은 지난 25년간 활용되었고, 일부 연구 결과에 따르면 사람보다 문제를 더 효과적으로 평가하기도 한다.

만 컴퓨터를 활용한 평가는 점점 더 많이 활용되고 있다. 컴퓨터를 활용한 임상면담은 내담자가 화면을 보며 심리적 증상이나 관련 문제에 대한 질문에 답하는 형태로 진행된다. 이와 같은 면담은 내담자로 하여금 사람들 앞에서 말하기 쉽지 않은 증상에 대해 보고하도록 유도하는 데 도움이 된다(Taylor & Luce, 2003). 사람들은 실제로 면담자보다 컴퓨터에게 더 많은 정보를 제공하는 경향이 있다. 아마도 사람들은 다른 누군가(예: 면담자)가 없는 상태에서 응답을 할 때 자의식을 덜 느끼는 것 같다. 혹은 컴퓨터에 응답할 경우 시간적 압박을 덜 느껴서 좀 더 많은 정보를 제공하게 되는 것일 수도 있다.

반면, 컴퓨터는 내담자의 깊은 공포와 관계 문제, 성문제 등과 같이 민감한 사안에 대한 깊은 이해에 필요한 관계 형성이 불가능하다. 컴퓨터는 내담자가 말을 통해(혹은 글을 통해) 전달하는 정보보다 더 많은 것을 담고 있는 얼굴 표정의 뉘앙스 또한 읽어 내지 못한다. 그럼에도 불구하고 컴퓨터 프로그램을 통해 숙련된 임상가만큼 유능하게 내담자로부터 정보를 얻어 내고 정확한 진단을 할 수 있다는 증거가 있다(Taylor & Luce, 2003). 컴퓨터 프로그램은 임상전문가에 비해 더 싸고 시간 효율성이 높다.

내담자보다 임상가들이 컴퓨터 활용 면담에 더 저항적인 것 같다. 일부 임상가들은 눈빛을 교환할 수 있는 대면평가가 내담자의 핵심 문제를 찾아내는 데 더 효과적이라고 믿는다. 임상가들은 컴퓨터를 활용한 진단면담이 잘못된 결과를 내기도 하기 때문에 숙련된 임상가의 임상적 판단이 병행될 필요가 있다고 생각한다(Garb, 2007). 컴퓨터가 사람을 완전히 대체하는 일은 없다 하더라도 그 둘의 조합은 효율성과 민감성을 함께 높이는 데 도움이 될 것이다.

또 다른 변화는 온라인 평가의 발달과 함께 찾아오고 있다. 일부 심리학자들은 현재 이메일이나 비디오콘퍼런스, 인터넷 등을 통해 심리평가를 실시하고 있다(Naglieri et al., 2004; Shore, Savin, Orton, Beals, & Manson, 2007).

심리검사

심리검사는 일반적으로 지능이나 성격과 같이 안정성이 높은 특성을 평가하는 데 활용되는 구조화된 도구이다. 검사는 일반적으로 대규모 표집을 통해 표준화 과정을 거치고 규준을 제작하여 내담자로 하여금 본인이 평균과 비교할 때 어느 수준에 위치하는지 확인할 수 있도록 해준다. 연구자들은 심리적 장애가 없는 사람과 있는 사람의 검사 결과를 비교하여 이상행동 반응 패턴의 유형에 대한 통찰을 얻기도 한다. 연구자들은 의료 장면에서 사용하는 검사가 가장 신뢰롭고 타당하다고 생각하는 경향이 있지만, 심리검사 역시 실제로 의료 장면의 검사 못지 않게 준거 변인을 잘 예측하는 것(신뢰롭고 타당한 것)으로 알려져 있다(Meyer et al., 2001).

이어서 우리는 대표적인 심리검사 두 가지를 살펴볼 것이다. 지능검사와 성격검사.

지능검사 이상행동에 대한 평가는 종종 내담자의 지능에 대한 평가를 포함한다. 구조화된 지능검사는 지적 기능저하(이전에는 정신지체로 불렸음)를 진단하는 데 유용하다. 지능검사는 뇌손상으로 인해 초래된 기질적 정신장애를 포함하여 여러 유형의 장애로 인한 지적 손상을 평가할 수 있다. 이 검사를 통해 내담자의 역량에 맞는 치료 계획 수립에 유용한 지적 강점과 약점 등을 평가할 수 있다.

지능을 정의하려는 시도는 오랜 논쟁의 역사를 가지고 있다. 지능검사 도구 중 가장 널리 활용되고 있는 웩슬러 지능검사를 개발한 David Wechsler(1975)는 지능을 "세상을 이해하는 능력… 그리고 도전에 대처하는 자원의 풍부함"으로 정의했다. 그의 관점에 따르면 지능은 사람들이 가진 (a) 세상에 대한 정신적 표상이고, (b) 그 세상의 요구에 적응하는 방식(혹은 능력)이다.

역사적으로 가장 처음 사용된 구조화된 지능검사는 프랑스 사람인 Alfred Binet(1857~1911)에 의해 개발되었다. 1904년 Binet는 파리 교육청으로부터 일반 학급에 적응하기 어려워 특수 학급으로 배정되어야 할 학생들을 선별할 수 있는 검사를 개발해 달라는 요청을 받았다. Binet와 동료 Theodore Simon은 아동의 일상 적응력을 평가할 수 있는 기억 과제 및 정신적 역량에 관한 소검사로 구성된 지능검사를 개발했다. 이 검사의 가장 최신판은 스탠퍼드-비네 지능검사로 불리며 아동과 성인 초기 집단의 지능 측정에 널리 활용되고 있다.

지능검사를 통해 얻은 개인의 지능점수는 일반적으로 '지능지수(intelligence quotient, 이하 IQ)'로 표현된다. IQ 점수는 검사를 받은 사람이 속한 연령 평균에서 그 사람이 얼마나 떨어져 있는가에 기초하여 계산된다. 100점은 평균을 의미한다. 검사를 받은 사람이 속한 연령대에

표 3.4
성인용 웩슬러 지능검사 질문의 예

이해: 왜 사람들은 교통법규를 지켜야 합니까? "일찍 일어나는 새가 벌레를 잡는다."라는 속담의 의미는 무엇입니까?

산수: 존은 31.5달러짜리 셔츠를 사고 싶지만 현재 17달러밖에 갖고 있지 않습니다. 그 셔츠를 사려면 얼마나 더 필요할까요?

공통성: 스테이플러와 클립의 공통점은 무엇입니까?

숫자: 바로 따라 외우기. 지금부터 불러주는 숫자를 다 듣고 순서대로 따라 외워 보세요: 6 4 5 2 7 3; 거꾸로 따라 외우기. 지금부터 불러 주는 숫자를 다 듣고 거꾸로 따라 외워 보세요: 9 4 2 5 8 7.

어휘: '변덕스러운'의 뜻은 무엇입니까?

빠진 곳 찾기: 그림 3.1과 같은 그림을 보고 빠진 곳을 찾아보세요.

토막 짜기: 그림 3.1에 있는 블록을 활용하여 그림에 있는 모양을 맞춰보세요.

순차연결: 연속해서 부르는 숫자와 문자를 듣고, 숫자의 경우 가장 작은 수부터 큰 수의 순서로, 문자의 경우 알파벳 순서대로 회상해 보세요: S-2-C-1.

출처: J. S. Nevid(2013). *Psychology: Concepts and applications*, 4th ed., p. 270. Belmont, CA: Wadsworth/Cengage Learning. 허락하에 인용함.

비해 검사에서 더 많이 맞추면 100점 이상을 얻게 되고, 반대로 덜 맞추게 되면 100점 미만의 점수를 받게 된다.

웩슬러 지능검사는 현재 지능평가 분야에서 가장 널리 사용되는 검사다. 연령별로 몇 개의 버전이 존재하며, 각기 다른 지능 영역을 측정하는 소검사로 구성되어 있다(표 3.4는 성인 버전의 하위 검사의 예를 보여 주고 있다). 따라서 웩슬러 지능검사는 단순히 지능 총점만 확인할 수 있는 것이 아니라 동년배 집단과 비교해 상대적 강점과 약점도 확인할 수 있도록 구성되어 있다.

웩슬러 척도는 언어 기술, 지각추론, 작업기억, 처리속도 등의 소검사로 구성되어 있다. 이러한 소검사 점수를 합하여 전체 지능지수를 산출한다. [그림 3.1은 성인용 웩슬러 지능검사의 지각추론 소검사에 사용되는 질문 두 가지를 수정하여 제시한 것이다.]

웩슬러 IQ 점수는 동일한 연령대가 획득한 평균 점수로부터 한 개인이 얼마나 떨어져 있는가에 기초하여 계산된다. 전체 검사 점수의 평균은 100으로 정의한다. 웩슬러 IQ 점수는 모집단의 50%가 평균 90~110 사이에 분포하도록 구성되어 있다.

사람들의 IQ 점수는 평균 주변에 몰려 있다(그림 3.2 참조). 130점이 넘거나 70점 이하는 전체 인구의 5%에 불과하다. 웩슬러 검사는 130점이 넘는 사람을 '매우 우수'한 집단으로 분류하고 70점 이하인 사람은 '지적 결함'이 있는 집단으로 분류한다.

임상가는 내담자의 지적 자원을 평가하고 정신지체 여부를 평가하기 위해 IQ 검사를 활용한다. 'IQ 70점 미만'

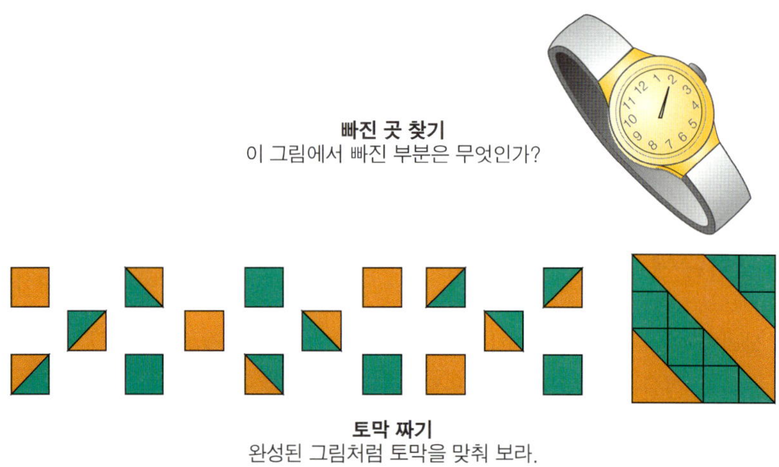

그림 3.1 WAIS 지각적 추론 소검사의 예. 지각적 추론 소검사는 비언어적 추론 능력, 공간지각 및 문제 해결 기술, 시각 단서에 대한 지각 능력 등을 측정한다.

출처: Wechsler Intelligence Scales for Adults and Children. Copyright © 1949, 1955, 1974, 1981, 1991, 1997, 2003, by The Psychological Corporation, a Harcourt Assessment Company. 허락하에 인용함. 불법복제 불허. Wechsler®는Psychological Corporation registered in the United States of America and/or other jurisdictions의 상표이다.

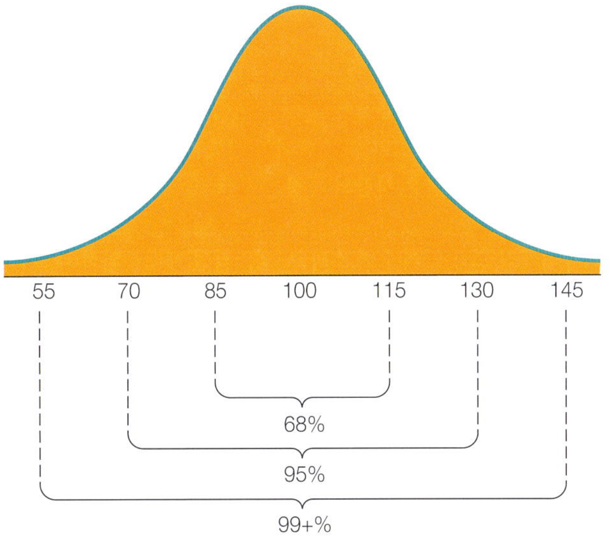

그림 3.2 IQ 점수의 정상분포. IQ 점수의 분포는 심리학자들이 정상분포라 부르는 종 모양의 커브와 유사하게 생겼다. Wechsler는 IQ를, 평균 100점을 기준으로 15점 기준의 1표준편차를 갖는 분포상의 어느 지점으로 정의했다. 표준편차는 평균을 기준으로 점수가 퍼져 있는 정도를 통계적 수치로 표현한 것이다. 그림에서 우리는 총 3단계의 표준편차 점수 분포를 확인할 수 있다. 그림을 보면 사람들의 2/3가량이 1표준편차 안(85점에서 115점 사이)에 속해 있다는 것을 알 수 있다.

이라는 기준은 지적 장애(intellectual disability)를 진단할 때 활용하는 준거 중 하나다.

다음으로 성격 평가에 활용하는 두 가지 주요 검사 방법(객관적 검사, 투사적 검사)을 살펴보자. 임상가는 내담자의 성격 특성과 욕구, 흥미, 고민 등을 이해하기 위해 성격검사를 실시한다.

> **3.7** 객관적 검사와 투사검사에 대한 이해와 그 유용성을 평가한다.

객관적 검사 당신은 자동차에 관한 잡지를 좋아하는가? 밤에 소음으로 인해 쉽게 놀라는가? 불안이나 떨림 때문에 고통스러웠던 적이 있는가? **객관적 검사**(objective test)는 정서적 불안정성, 남성성/여성성, 내향성 등과 같은 성격 특성 측정 목록과 유사한 아이템을 활용하는 자기보고식 성격검사다. 사람들은 자신의 느낌이나 생각, 걱정, 태도, 흥미, 신념 등을 구체적으로 묻는 질문에 응답하게 된다.

왜 성격검사는 객관적인가? 체중계가 몸무게를 객관적으로 측정한다는 것과 비교해서 생각해 보면 성격검사는 객관적이지 않다. 성격검사는 개인의 주관적 흥미나 기분 상태 등을 측정하는 도구다. 연구자들이 '객관적'이라는 용어를 사용하는 이유는 응답의 범위가 정해져 있고 객관적인 점수로 환산할 수 있다는 의미를 전달하기 위함이다. 또한 그 검사의 타당도가 경험적 연구를 통해 검증되었다는 의미를 전달할 목적도 있다. 피검자들은 '그렇다' 혹은 '아니다' 중 하나를 선택하거나 여러 설명문 중 해당되는 것 하나를 선택하거나 '항상 그렇다', '가끔 그렇다' 혹은 '전혀 아니다' 중 하나를 선택하는 방식으로 응답한다. 예를 들어 "나는 여러 사람들과 함께 있을 때 불편함을 느낀다."라는 진술문에 '그렇다' 혹은 '아니다' 중 하나를 선택하게 된다. 지금부터 가장 널리 활용되는 두 종류의 객관적 성격 특성 검사(미네소타 다면적 인성검사, 밀런 임상적 다축검사)를 살펴보자.

미네소타 다면적 인성검사 미네소타 다면적 인성검사(Minnesota Multiphasic Personality Inventory, MMPI)의 개정판인 MMPI-2는 심리적 장애를 반영하는 흥미, 습관, 가족관계, 신체건강 문제, 태도, 신념, 행동 관련 문항 567개로 구성되어 있으며 '그렇다' 혹은 '아니다' 중 하나를 선택하도록 만들어져 있다. 이 도구는 임상가들이 이상행동 패턴을 진단하는 데 도움을 줄 수 있는 성격검사로 널리 활용된다. MMPI-2는 신중하게 선정된 임상 집단(조현병 혹은 우울증 환자 집단)을 참조 집단과 변별해 주는 문항들로 구성된 몇 개의 개별 척도를 포함하고 있다.

그렇기 때문에 MMPI-2에는 모호 문항들이 포함되어 있다. 예를 들어 '나는 추리 소설을 자주 읽는다.'라는 문항에 우울증 환자 대부분이 '그렇다'고 응답한 반면 참조 집단에서는 대부분 '아니다'라고 응답했다면 그 문항은 우울증 척도에 포함될 수 있다. MMPI-2는 여러 개의 임상 척도로 구성되어 있다(표 3.5 참조). 각 소척도의 T점수가 65점 이상일 경우 임상적 문제가 있는 것으로 해석한다. MMPI-2는 응답자가 자신을 문제없는 상태로 보이려는 경향(긍정 왜곡)이나, 반대로 문제가 많은 것으로 보이려는 경향(부정 왜곡)을 탐지할 수 있는 타당도 척도를 포함하고 있다. 내용 척도(content scales)로 불리는 또 다른 소척도들은 불안이나 분노, 가족 문제, 낮은 자존감과 같은 세부적인 증상을 측정한다.

MMPI-2는 개별 소척도의 상승이나 여러 소척도 간의 상호작용 양상(예: 동반 상승)을 해석한다. 예를 들어 2-7 프로파일은 치료를 받으러 온 사람들 사이에서 흔히 관찰되는 것으로, 2번('우울증')과 7번('정신쇠약') 척도가 임상적으로 유의한 수준까지 동반 상승한 상태다. 임

표 3.5
MMPI-2의 임상 척도

척도 번호	척도 명칭	문항 예(실제 문항은 아님)	높은 점수를 받은 사람의 특징
1	건강염려증 (Hypochodriasis)	위가 자주 아프다. 때때로 온몸이 쑤신다.	신체적 고통을 자주 호소하고, 냉소적인 패배주의적 태도를 보이며, 종종 짜증스러워하며 의존적인 행동을 보인다.
2	우울증 (Depression)	그 어느 것에도 흥미를 느끼지 못한다. 걱정 때문에 자주 잠을 설친다.	우울한 기분, 비관주의, 근심, 의기소침, 무기력 등의 증상을 보인다.
3	히스테리 (Hysteria)	나는 가끔 특별한 이유 없이 몸이 화끈거릴 때가 있다. 사람들이 나에게 잘해 줄 때 그대로 믿는다.	가볍고 자아 중심적이며 문제에 대한 통찰이 낮고 미성숙하며, 스트레스를 받을 경우 신체 증상을 통해 이를 드러낸다.
4	반사회성 (Psychopathic Deviation)	나의 부모님은 내 친구들을 싫어하셨다. 나는 학교에서 문제를 일으킨 적이 있다.	사회적 가치를 위해 협력하기 어렵고 반항적이며 충동적이고 반사회적 경향을 보이며 가족관계에 어려움이 있고 일이나 학교생활에서 문제를 일으킨 경험이 있다.
5	남성성-여성성 (Masculinity -Feminity)	전자기기에 관한 책을 읽는 것을 좋아한다(남성). 연극무대에서 일하는 것을 선호한다(여성).	남성의 경우 여성적 태도(문화와 예술에 대한 흥미가 많고, 유약하며, 감수성과 수동성이 높음)를 가지고 있으며, 여성의 경우 남성적 태도(공격적, 자신감, 활동성, 주장성 등)를 가지고 있다.
6	편집증(Paranoia)	사람들이 나에게 좀 더 공정했다면 나는 지금보다 성공했을 것이다. 현시대에는 누군가를 신뢰하기 어렵다.	의심이 많고 방어적이며 타인을 비난하고 화를 잘 내며 냉담하고 편집적 망상을 가지고 있는 경우도 있다.
7	강박증 (Psychasthenia)	나는 근심이 많다. 나는 다른 사람들보다 더 자주 두려움을 느낀다.	불안과 공포, 긴장, 근심 등이 많고 집중하기 어려우며 강박적이고 자신을 신뢰하지 못하는 특징을 보인다.
8	조현병 (Schizophrenia)	때때로 비현실적인 느낌이 든다. 나는 가끔 남들이 듣지 못하는 소리를 듣는다.	혼란스럽고 비논리적인 사고를 하고, 낯선 기분과 잘못된 이해를 하기도 하며, 환각이나 망상과 같은 정신증적 증상을 두드러지게 보이기도 하고 그로 인해 사회로부터 고립된 생활을 하기도 한다.
9	경조증 (Hypomania)	나는 때때로 내가 감당할 수 있는 일 이상을 할 때가 있다. 사람들은 가끔 내 말이 너무 빨라진다고 말한다.	에너지가 넘치고 충동적이며 낙관적이고 사회적이며 활동적이고 불안정하며 과도한 자기상을 가지고 비현실적 계획 등을 세우기도 한다.
10	사회적 내향성 (Social introversion)	나는 사람들이 북적이는 모임이 싫다. 나는 학급 활동에 소극적이었다.	부끄러움을 많이 타고 내성적이며 자신감이 낮고 사회적 상황에서 불안해한다.

상가들은 다양한 프로파일에 대한 해석이 소개된 자료를 참고하기도 한다.

MMPI-2 척도는 검사가 반영하고 있는 진단적 범주와 관련된 성격 특성을 차원의 개념으로 다룬다. 예를 들어, 4번 척도(반사회성)에서 높은 점수를 받을 경우, 반사회성 성격장애가 있는 사람들에게서 흔히 관찰되는 비규범적 신념이나 반항성 수준이 평균보다 높을 것으로 예상할 수 있다. 그러나 각 척도들이 해당 진단명의 DSM 준거와 일치하는 것은 아니기 때문에 진단을 위한 용도로 활용되지는 않는다. 1930년대와 1940년대에 개발된 MMPI가 현재 DSM 체계(DSM-5)와 일치하는 진단적 정보를 제공해 줄 거라고 기대하는 것은 무리다. 그럼에도 불구하고 MMPI 프로파일은 기존에 축적된 증거를 통해 진단에 유용한 정보를 제공하기도 한다. 하지만 많은 임상가들은 MMPI를 통해 진단을 위한 정보보다 피검자들의 심리적 문제 기저에 있는 성격 특성과 유관 요인에 관한 일반적인 정보를 얻는다.

MMPI의 타당도를 지지하는 매우 많은 연구 결과가 있다(Butcher, 2011; Graham, 2011). MMPI의 측정치는 정신과 환자들과 통제 집단을 잘 변별하고, 불안장애 환자와 우울증 환자를 잘 변별한다. 특히 MMPI-2의 내용 척도는 임상 척도가 제공하는 정보 외에 내담자의 구체적인 문제 이해에 도움이 되는 추가 정보를 제공한다(Graham, 2011).

밀런 임상 다축검사 밀런 임상 다축검사(Millon Clinical Multiaxial Inventory, MCMI)는 임상가들이 성격장애를 진단하는 데 활용하도록 만들어진 검사다(Millon, 1982). 현재 3판까지 개정된 MCMI(MCMI-III)는 성격장애에 특화된 유일한 객관적 성격검사 도구다. 반면에 MMPI-2는 기분장애나 불안장애, 조현병 등 여러 임상장애와 관련된 성격 특성에 초점을 맞추고 있다. 몇몇 임상가는 내담자의 성격 특성을 폭넓게 이해하기 위해 두 검사를 모두 활용하기도 한다. 물론 MCMI-III도 우울증과 불안을 측정하는 소척도를 포함하고 있지만 그 소척도의 타당도에 대해서는 비판이 제기되고 있다(Saulsmana, 2011).

객관적 검사에 대한 평가 객관적 혹은 자기보고식 검사는 쉽게 실시할 수 있다. 검사자가 내담자에게 지시문을 읽어 주고 문항을 읽고 이해할 수 있는지 확인한 후 내담자 스스로 질문에 답하도록 놔두면 된다. '그렇다 혹은 아니다'처럼 지정된 반응 양식에 응답하도록 요구하기 때문에 평정자 내 신뢰도는 높을 수밖에 없다. 이 검사를 통해 임상면담이나 행동관찰에서는 확인할 수 없었던 정보를 추가로 얻을 수 있다. 예를 들어, 자기 자신에 대한 부정적 견해(자기 지각)는 밖으로 직접 드러나지 않는 경우가 많기 때문에 행동관찰이나 면담 중에 확인하기 어렵다. 이처럼 정보의 성질에 따라 자기보고가 더 잘 측정할 수 있는 경우가 있고 면담이 더 잘 측정할 수 있는 경우도 있다(Cuijpers, Hofmann, & Andersson, 2010). 결론적으로 여러 평가 방법을 종합적으로 활용할 필요가 있다.

자기보고 검사의 문제점은 정보의 출처가 당사자 자신밖에 없다는 것이다. 따라서 응답한 사람 개인이 가진 반응 편향(예: 자신의 진실한 감정을 드러내기보다 사회적으로 바람직하게 보이는 방향으로 응답하려는 경향)이 측정치에 반영될 수 있다. 그런 이유 때문에 MMPI 같은 자기보고 검사는 반응 편향을 탐지하는 데 도움이 되는 타당도 척도를 가지고 있다. 그럼에도 불구하고 검사 도구 안에 포함되어 있는 타당도 척도만으로는 모든 편향을 다 잡아낼 수 없다. 따라서 임상가는 내담자에 대해 잘 아는 또 다른 사람들과 협력하여 추가 정보를 모아야 한다.

더하여 만일 검사의 목적이 내담자에게 내려야 할 진단명을 확인하는 것이라면 그 도구를 활용하는 것보다 구조화된 임상면담과 같은 도구를 활용하는 것이 더 경제적이다. 임상가가 진단 분류보다 성격 특성 및 문제행동, 대인관계 양상, 흥미 패턴 등의 기저에 있는 풍부한 정보를 원한다면 MMPI와 같은 도구를 활용하는 것이 적절하다. 그러나 정신역동적 관점을 취하는 전문가들은 자기보고 도구가 무의식적 과정에 대해 거의 정보를 주지 못한다고 비판한다. 또한 자기보고 검사는 읽고 말로 표현하며 지루함을 견딜 수 있는 비교적 고기능 상태의 내담자에게 특화되어 있다는 한계를 가지고 있다. 심리적으로 불안정하고 혼란을 경험하고 있는 내담자는 자기보고 검사를 끝내지 못할 수도 있다.

투사검사 객관적 검사와 달리 **투사검사**(projective test)는 명확하고 구체적인 반응 양식을 제시하지 않는다. 내담자는 잉크반점과 같은 모호한 자극을 보고 주관적인 답을 해야 한다. 투사라는 단어는 정신역동 관점에서 사용하는 용어로, 사람들은 모호한(불충분한) 자극을 해석할 때 자신의 무의식 속에 있는 심리적 욕구와 추동, 동기 등을 활용(투사)한다고 가정한다.

정신역동 모형에 따르면 사람들은 방어기제를 활용하여 성이나 공격성 같은 위험한 본성을 의식 밖으로 밀어낸다. 투사검사와 같은 간접적인 방식은 무의식적 과정을 이해할 수 있는 단서를 제공한다. 그러나 엄격한 행동주의자들은 투사검사 결과의 해석이 객관적 증거에 기초하기보다 임상가의 주관적 해석에 의해 더 많은 영향을 받는다고 비판한다.

많은 투사검사가 부족한 문장을 완성하거나 사람 등의 그림을 그리는 형태를 띤다. 그럼에도 임상가에게 가장 주목을 받은 검사는 Rorschach 잉크반점 검사와 주제통각검사다.

Rorschach 잉크반점 검사 Rorschach 검사(Rorschach test)는 스위스 정신과 의사 Hermann Rorschach(1884~1922)에 의해 개발되었다. Rorschach는 아이들처럼 종이에 잉크를 떨어뜨려 반으로 접어 대칭을 만드는 게임을 하고 있었다. 그러던 중에 사람들이 동일한 잉크반점에 각기 다른 반응('지각')을 하는 것을 보게 되었고, 그 반응은 반점의 자극을 받은 성격 특성을 반영한다는 것을 알게 되었다. Rorschach 동료의 별명은 Klex였는데, 독일어로 잉크를 의미한다. 정신과 의사였던 Rorschach는 수백 개의 잉크반점을 가지고 어떤 반점이 심리적 문제 진단에 유용한지 확인하기 위한 실험을 진행했다. 그는 결국 목적을 잘 달성하는 15개의 반점을 찾아냈고 한번 검사할 때 모두 활용하도록 구성했다. 오늘날 10개의 반점이 활용되고 있는데, 이는 Rorschach의 출판인이 자금이 부족하여 책의 첫판에 15개의 반점을 다 넣지 못했기 때문이다. Rorschach는 자신의 잉크반점 검사가 얼마나 널리 그리고 영향력 있게 활용되는지 볼 기회가 없었다. 슬프게도, 그의 이름을 담은 검사가 처음 출간되고 7개월이 지난 후 충수 파열로 인한 합병증으로 37세의 나이에 세상을 떠났다(Exner, 2002).

잉크반점 중 5개는 흑백으로 되어 있고 나머지 5개는 색을 포함하고 있다(그림 3.3 참조). 각 잉크반점은 서로 다른 카드에 그려져 있으며 일정한 제시 순서를 갖는다. 10개의 카드 한 벌이 피검자에게 제시되면 우선 각 카드가 무엇처럼 보이는지 답하게 되고, 10개에 모두 답을 하고 나면 처음 카드로 돌아가서 왜 그렇게 보았는지, 즉 어떤 요소(색, 형태, 질감) 때문에 그렇게 보았는지 설명하게 한다. 진실 / 거짓

그림 3.3 '무엇처럼 보이십니까?' Rorschach 검사는 사람들에게 잉크반점 형태의 모호한 자극을 보여 주고 무엇처럼 보이는지 기술하게 만든다. Rorschach는 사람들이 이러한 반응을 할 때 자신의 성격적 측면을 투사할 것이라고 가정했지만 그러한 가정이 과학적으로 타당한지 여부에 대한 논쟁은 지속되고 있다.

진실 또는 거짓

가장 광범위하게 사용되는 성격검사 중 하나는 사람들로 하여금 일련의 잉크반점 자극이 무엇처럼 보이는지 해석하게 하는 것이다.

진실 잉크반점을 보고 반응을 하도록 구성된 Rorschach 검사는 널리 활용되는 성격검사 도구다.

Rorschach 검사를 활용하는 임상가들은 반응 내용과 형태에 기초해서 해석한다. 예를 들어 각 카드에 반응할 때마다 잉크반점 전체를 활용한 경우, 경험을 의미 있는 방식으로 통합할 수 있는 능력이 있는 것으로 해석한다. 잉크반점의 일부에 과도하게 초점을 맞추는 반응은 강박적 특성을 반영하며, 카드의 빈 공간(흰색 부분)을 활용하여 반응한 경우 경험 해석에 있어서의 자기중심성과 반항성, 완고함 등을 시사한다.

반응이 잉크반점의 형태나 윤곽과 일치한다면 **현실검증력**(reality testing)이 양호함을 시사한다. 잉크반점에서 움직임을 읽어 낸 사람들은 지적 능력과 창의성이 높은 것으로 해석할 수 있다. 내용분석은 내적 갈등을 이해하는 데 도움이 된다. 예를 들어 동물 반응은 있으나 사람 반응이 없는 경우 대인관계 문제가 있을 가능성이 시사된다. 정신역동 이론에 따르면 내담자가 사람을 지각하였으나 성별을 구분하지 못할 경우 성정체감에 문제가 있을 가능성이 있다.

주제통각검사 주제통각검사(thematic apperception test, TAT)는 하버드대 심리학자인 Henry Murray에 의해 1930년대에 개발되었다. 통각(apperception)은 프랑스어로 '기존 아이디어(인지 구조)와 과거 경험을 바탕으로 해석(새로운 아이디어 혹은 인상)하기'로 번역할 수 있다. TAT는 모호한 일련의 장면이 그려진 카드로 구성되어 있다(그림 3.4 참조). 카드에 반응할 때 내담자의 경험과 욕구 및 갈등이 반영된 해석 틀이 활용될 것이라고 가정한다.

피검자는 각 장면마다 현재 어떤 일이 벌어지고 있는지, 그리고 과거에는 어떤 일이 있었으며 앞으로는 어떻게 될 것인지 등을 이야기하고, 장면 속 인물이 무엇을

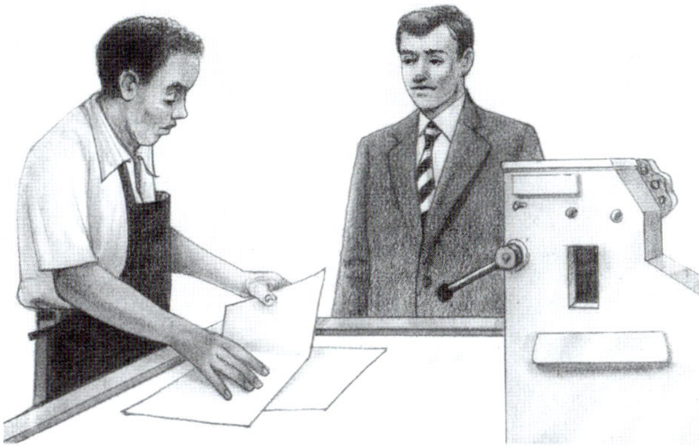

그림 3.4 '이야기를 만들어 보세요.' TAT는 그림에서 보는 것처럼 피검자에게 일련의 그림들을 보여 주고 어떤 일이 일어나고 있는지 이야기를 지어 보도록 요구하는 검사다. 피검자는 그 일이 일어나기 전에 어떤 일이 있었고(과거), 앞으로 어떻게 될 것인지(미래)도 지어내야 한다. 당신이 지어낸 이야기가 어떻게 당신의 성격을 반영할 수 있는 걸까?

출처: Henry A. Murray, Thematic Apperception Test, Cambridge, Mass.: Harvard University Press, © 1943 by the President and Fellows of Harvard College, © 1971 by Henry A. Murray. 저자의 허락하에 인용함.

생각하고 어떻게 느끼고 있는지를 이야기한다. 정신역동 이론가들은 피검자가 자신이 만든 이야기 속 주인공에게 자신의 심리적 욕구와 갈등을 투사하여 반응할 것이라고 가정한다. 달리 말하면 TAT 반응은 피검자가 이야기 속 내용과 유사한 상황에 놓일 경우 어떻게 해석하고 행동할지를 말해 주고 있다는 것이다. TAT 결과는 타인(특히 가족 구성원과 배우자)에 대한 피검자의 태도 또한 반영하고 있는 것으로 해석한다.

투사검사에 대한 평가 투사 기법의 신뢰도와 타당도는 지속적인 연구 주제이며 논쟁의 대상이기도 하다. 문제는 반응에 대한 해석에 검사자의 주관적 판단이 개입한다는 것이다. 즉, 동일한 Rorschach 반응이나 TAT 반응도 누가 해석하느냐에 따라 그 의미가 달라질 수 있다는 것이다.

Rorschach의 경우 표준화된 종합 채점체계가 개발되어 있으나 신뢰도에 대한 비판은 지속되고 있다. Rorschach 반응에 대한 채점 자체가 신뢰롭다 하더라도 그 반응의 의미에 대한 해석은 여전히 비판의 대상이 되고 있다(Garb, Wood, Lilienfeld, & Nezworski, 2005).

하지만 Rorschach 반응에 대한 특정한 해석은 유용하다는 증거가 있다(예: Baer & Blais, 2010; Meyer, 2001). 예를 들어 로르사하 정보는 서로 다른 심리적 장애를 구분하는 데 유용하고(Dao & Prevatt, 2006), 의존하고 싶은 내적 욕구(Garb et al., 2005)와 사고장애(Lilienfeld, Fowler, & Lohr, 2003)를 평가하는 데 유용하다는 증거가 있다. Rorschach 검사의 가치를 옹호하는 사람들은 전반적으로 MMPI와 같은 다른 심리검사 도구에 준하는 타당도를 갖췄다고 주장하지만(예: Meyer et al., 2001; Weiner, Spielberger, & Abeles, 2003), 과학적 도구로서의 기초를 갖추지 못했고 타당도 또한 수용할 수 없는 수준이라는 비판은 지속되고 있다(예: Garb, Wood, Lilienfeld, & Nezworski, 2002; Hamel, Shafer, & Erdberg, 2003; Hunsley & Bailey, 2001). Rorschach 검사의 타당도와 임상적 가치 전반에 대한 지지자와 비판자 사이의 논란은 지속될 것으로 보인다.

TAT의 타당도(피검자의 마음 상태와 정신병리적 특성을 측정한다는 측면의 타당도) 역시 여전히 논쟁거리로 남아 있다. 검사에 대한 피검자의 반응은 그 사람의 기저 성격이나 묘사된 특징 이상을 말해 주는 것 같다.

투사적 방법을 옹호하는 사람들은, 투사검사가 요구하는 자유로운 표현 방식이 사회적으로 바람직하게 보이려는 반응 편향을 줄이는 데 기여할 수 있다는 점을 강조한다. 심리학자 George Stricker(2003, p. 728)는 이러한 논쟁에 대해 중립적인 입장에서 다음과 같이 평가한 바 있다. "이 영역은 신자와 불신자로 나뉘어 있어서, 믿음의 유무에 따라 자신이 내세우는 근거는 수용하고 상대편의 관점을 지지하는 근거는 폄하하는 현상이 벌어질 수 있다."

신경심리평가

신경심리평가(neuropsychological assessment)에서는 어떠한 심리학적 문제가 근본적인 신경계 손상이나 뇌손상을 나타내고 있는 것인지를 판단하기 위해 다양한 검사를 활용한다. 신경계 손상이 의심되면, **신경학자**(neurologist)는 신경학적 평가를 고려할 것이다. 또한, 의심되는 뇌손상의 증거를 찾기 위해 임상 신경심리학자와 상담을 통해 신경심리평가, 예를 들면 행동 관찰, 심리검사 등을 수행할 수도 있다. 신경심리 시험은 뇌 기능과 근본적인 이상 간의 관계를 밝히기 위해 MRI 및 CT와 같은 뇌 영상법과 함께 수행되기도 한다. 이러한 신경심리 시험의 결과를 통해 우리는 환자가 뇌손상으로 인한 고통을 겪고 있는지를 짐작할 수 있을 뿐만 아니라 뇌의 어느 영역까지 영향을 받고 있는지 확인할 수 있다.

벤더 시각 운동 게슈탈트 검사 가장 널리 사용되는 신경심리검사 중 하나인 벤더 시각 운동 게슈탈트 검사는 두 번째 개정(Bender-Gestalt II, Brannigan & Decker, 2006)을 거쳐 현재에 이르고 있으며 계속해서 발전하고 있다. 이 벤더 검사는 지각 상에서의 다양한 게슈탈트 원리를 보여 줄 수 있는 기하학적 도형으로 이루어지는데, 우선 피험자에게 이 기하학적 무늬를 모사하도록 한다. 이때, 도형을 회전시켜 그린다거나 그 형태를 왜곡한다거나 그 크기를 다른 도형에 비해 작거나 크게 그리는 것은 뇌손상의 가능성을 나타내는 징후이다(그림 3.5 참조). 그다음 피험자에게 그 무늬를 기억에만 의존하여 모사하도록 하는데, 이는 신경계 손상이 기억 능력을 떨어뜨린다는 점에서 착안한 것이다. 현재에도 벤더 검사는 의심되는 기질적 손상을 간편하고 경제적으로 식별할 수 있는 수단이지만, 같은 역할을 수행할 수 있는 보다 정교한 검사 배터리들이 개발되고 있으며, Halstead-Reitan 신경심리검사(Halstead-Reitan Neuropsychological Battery)도 그 중 하나이다.

Halstead-Reitan 신경심리검사 기질적 손상을 겪은 환자들의 뇌-행동 관계를 연구하기 위해, 심리학자 Ralph Reitan이 그의 스승이자 실험 심리학자인 Ward Halstead가 사용했던 여러 검사를 조합하여 개발한 도구다. 이 검사에는 지각적/지적/운동 기능 및 능력을 측정하는 소검사가 포함된다. 일련의 소검사를 담고 있는 검사 도구를 통해 심리학자는 패턴을 관찰할 수 있는데, 능력 결핍을 나타내는 어떠한 패턴(예: 두부 외상 이후 나타나는)은 특정 뇌 결함을 짐작할 수 있게 해준다(Allen, Thaler, Ringdahl, Barney, & Mayfield, 2011; Holtz, 2011; Reitan & Wolfson, 2012). Halstead-Reitan 검사는 다음을 포함하는 여러 소검사를 포함하고 있다.

1. 범주검사. 서로 다른 자극을 연관시키는 원리나 범주를 피험자가 얼마나 능숙하게 만들어 내는지를 통해 추상적 사고 능력을 측정하기 위한 검사다. 그 형태, 크기, 위치, 색상 및 기타 특성이 서로 다른 일련의 자극군을 스크린 상에 비춰 준 뒤, 피험자가 자극군들이 연결되어 있는 원리(형태 또는 크기와 같은)를 파

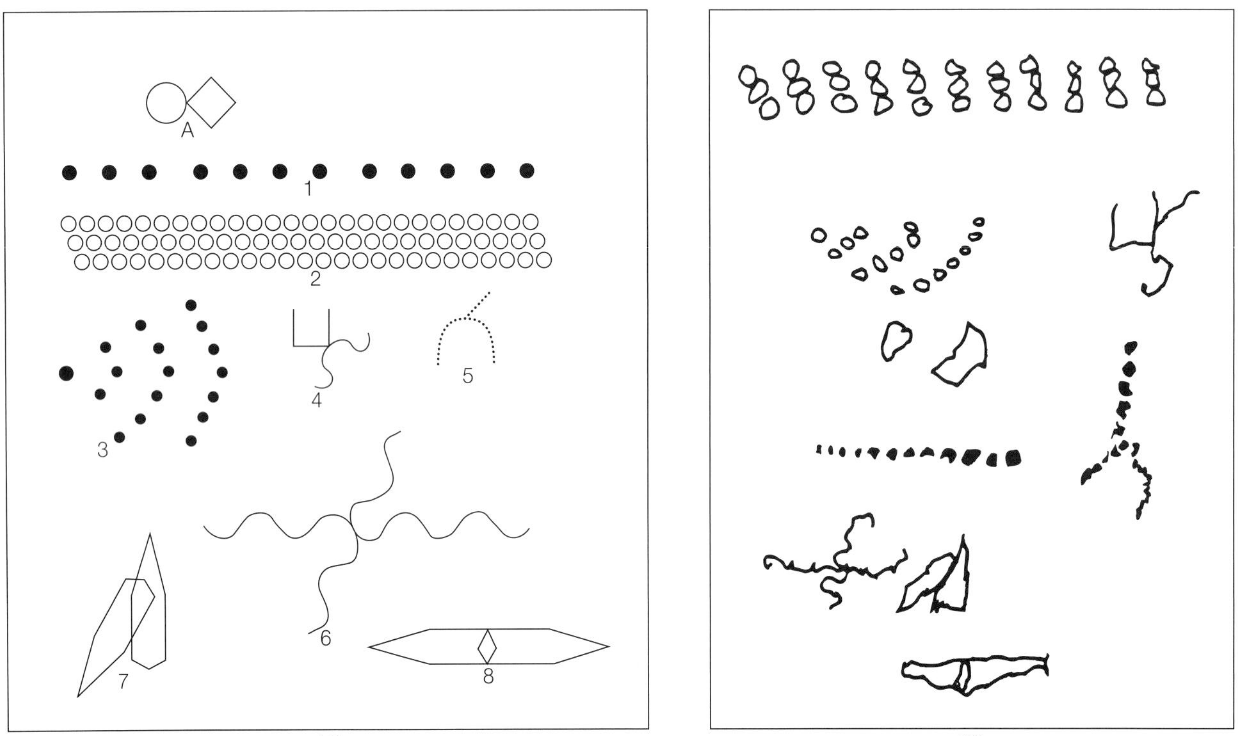

(A) (B)

그림 3.5 벤더 시각 운동 게슈탈트 검사 벤더 검사는 기질적 손상을 판단하는 데 그 목적이 있다. 그림에서 (A)는 피험자가 모사할 도형이다. (B)는 이 도형을 뇌손상을 입은 것으로 알려진 환자가 모사한 그림이다.

악하여 어떤 자극군이 올바른 범주를 나타내는지 키를 눌러 선택하도록 한다. 정답 및 오답의 패턴을 분석함으로써, 일반적으로 피험자는 정답을 결정하는 원리를 식별하는 법을 학습하게 된다. 이 검사 상에서의 능력은 대뇌 피질의 전두엽의 기능을 반영한다고 여겨진다.

2. **리듬 검사.** 집중력과 주의력 검사로 30쌍의 녹음된 리드미컬한 비트를 피험자에게 들려준 뒤, 각각의 비트 쌍이 서로 동일한 것인지 아닌지를 응답하도록 한다. 이러한 능력의 결핍은 대뇌 피질의 오른쪽 측두엽 손상과 관련이 있다.
3. **촉각 능력검사.** 눈가리개를 한 피험자가 서로 다른 모양의 나무 블록을 형판 상의 해당 요부(凹部)에 끼워 맞추도록 한다. 그다음 기억에 의존하여, 즉 시각 기억으로 전환하여 형판을 그리도록 한다.

행동평가

MMPI, Rorschach 검사 및 TAT와 같은 전통적인 인성 검사는 기저에 깔린 심리적 특성 및 성향을 판단하기 위해 설계되었다. 검사 반응은 이러한 특성 및 성향의 **표지**로 해석되는데, 이들은 인간의 행동을 결정하는 데 중요한 역할을 하는 것으로 여겨진다. 예를 들면, Rorschach 검사 반응은 심리적 의존성과 같은, 사람들이 서로 관계를 맺는 방법에 영향을 미치는 것으로 여겨지는 기저 특성을 나타내는 것으로 해석된다. 반면, **행동평가**(behavioral assessment)는 평가 결과를 기저 인성 특성의 **표지**가 아닌 특정 상황에서 발현되는 행동의 표본으로 다룬다. 행태론적 접근법에 따르면 행동은 기저 특성이 아닌 자극 신호(cue), 강화와 같은 환경 또는 상황 요인에 의해 주로 결정된다.

행동평가는 특정 배경, 예를 들면 학교, 병원 또는 가정에서의 상황에서의 행동에 대한 임상적 또는 행동적 관찰에 초점을 맞춘다. 또한 실생활에서의 상황과 최대한 유사하게 설정된 배경에서의 한 개인의 행동 표본을 획득하는 것을 목표로 하기 때문에, 검사 상황과 기준 간의 관련성을 최대화한다. 가정, 학교 또는 직장 환경과 같은 다양한 배경에서 행동이 관찰되고 측정될 수 있으며, 평가자는 또한 개인이 일상생활에서 직면하는 문제와 유사한 상황을 병원 또는 연구실에서 시뮬레이션해 볼 수도 있다.

평가자는 문제행동에 대해 **기능적 분석**(functional analysis)을 수행할 수 있는데, 이는 문제행동을 촉발하는 선행 요인 또는 자극 신호 및 그 결과 또는 이를 지속시키는 강화 인자에 대한 분석이다. 문제행동이 발생하는 환경 조건에 대한 지식은 치료사로 하여금 환자와 그 가족과 함께 문제행동이 발현되고 유지되는 조건에 변화를 주도록 도움을 줄 수 있다. 평가자는 문제행동의 이력 및 상황적 요인을 이해하기 위한 질문으로 이루어지는 **행동면담**(behavioral interview)을 수행할 수 있다. 예를 들어, 공황발작을 겪는 환자가 도움을 청하면, 행동면담 진행자는 환자에게 공황발작을 어떻게 겪고 있는지, 즉 언제, 어디서, 얼마나 자주, 어떤 상황하에서 발작이 일어나는지에 대해 질문할 수 있다. 이는 발작을 일으키는 사고 패턴(예: 죽거나 통제력을 잃는다는 생각) 또는 환경적 요인(예: 백화점에 들어가는 상황)과 같은 촉발 신호를 찾기 위한 것이다. 면담 진행자는 또한 발작을 지속시키는 강화 요인에 대한 정보를 찾아야 한다. 발작이 발생했을 때 환자가 그 상황에서 벗어나려 하는가? 그러한 회피가 불안 완화로 이어지는가? 발작이 발생하는 상황에의 노출을 회피함으로써 예기 불안을 경감시키는 법을 환자가 학습하였는가?

평가자는 또한 문제행동과, 그 행동을 지속시키는 자극 및 강화 인자 사이의 관련성을 찾기 위한 관찰법을 사용할 수도 있다. 케리의 사례를 생각해 보자.

케리: '최강 악동'

케리는 그의 부모의 함께 평가를 위해 방문한 7세 소년이다. 그의 어머니는 그를 '최강 악동'으로 묘사하고, 그의 아버지는 케리가 누구의 말도 듣지 않는다고 하소연한다. 케리는 슈퍼마켓에서 갖고 싶은 장난감을 부모님이 사 주지 않으면 소리를 지르고 발을 구르면서 분노 발작을 나타낸다. 집에서는 장난감을 벽에 던지면서 새 장난감을 사 달라고 조르기도 한다. 그러다가도 어쩔 때는 시무룩해져서 수 시간 동안이나 아무 말도 하지 않는다. 학교에서는 내성적이고, 집중하는 데 어려움을 겪는 모습을 보이기도 한다. 학교에서의 학습 진도는 느리고, 읽기 능력은 떨어진다. 담당 교사는 주의 지속 시간이 짧고 의욕이 없어 보인다고 걱정한다.

담당 심리학자는 케리와 그의 부모 간의 상호작용을 평가하기 위해 직접적인 가정 관찰을 사용할 수 있다. 또는 병원에서 반투명 거울(one-way mirror)을 통해 케리와 부모를 관찰할 수도 있다. 이러한 관찰법을 통해 왜 케리가 그렇게 말을 듣지 않는지를 설명해 줄 수 있는 상호작용을 찾을 수 있다. 예를 들면, 부모가 모호한 말을 한다거나[예: 부모가 "(마음껏/조심히) 놀아라."라고 말하면 케리는 마음껏 장난감을 던진다], 모순되는 말을 한다거나(예: 부모가 "장난감 가지고 노는 대신 어지럽히지 말아라."라고 말하면 케리는 장난감을 흩뿌려 놓는다) 하면 케리가 말을 듣지 않는 것이다. 관찰을 통해 케리의 부모에게 의사소통을 개선하고, 케리로부터 바람직한 행동을 이끌어 내고 강화하는 방법에 대해 조언해 줄 수 있을 것이다.

직접 관찰 또는 행동 관찰은 행동평가만의 특징이다. 치료사는 직접 관찰을 통해 문제행동을 관찰하고 수량화할 수 있다. 관찰 과정은 행동 패턴에 대한 추후 분석을 위해 녹화될 수 있다. 관찰자들은 행동상의 요주의 패턴을 식별하고 기록하는 방법을 교육받으며, 행동 부호화 체계는 기록의 신뢰도를 높이기 위해 발전을 거듭하고 있다.

직접 관찰에는 장점과 단점 모두 존재한다. 장점 중 하나는 직접 관찰이 환자 본인이 작성한 호감 또는 비호감을 남기기 위해 왜곡될 가능성이 있는 자기보고에 의존하지 않는다는 점이다. 문제행동에 대한 이러한 정확한 판단뿐만 아니라, 문제행동의 중재를 위한 전략을 제안할 수도 있다. 어느 아이의 엄마가 아이가 너무 과잉행동적이라 숙제를 끝내지 못할 정도로 자리에 오래 앉아 있지 못한다며 의뢰를 해 왔다고 가정하자. 반투명 거울 관찰을 통해 치료사는 아이가 자신이 바로 해결할 수 없는 문제에 직면했을 때에만 불안감을 표출한다는 것을 발견할 수 있을 것이다. 이 경우 아이에게 좌절감에 대처하는 방법과 특정 학업적 문제를 해결하는 방법을 가르쳐 줌으로써 문제를 해결할 수 있다.

직접 관찰에는 단점도 존재한다. 한 가지 문제는 문제행동을 정의하는 데 있어서 의견 합의가 부족할 수 있다는 점이다. 예를 들면, 아이의 행동을 과잉행동으로 부호화함에 있어서, 그 아이의 행동의 어떤 측면이 과잉행동을 나타내는지에 대해 복수의 치료사들의 의견 합치가 있어야 한다. 잠재적인 또 다른 문제점은 다른 시간대 또는 다른 관찰자에 따라 나타나는 비일관성으로 인한 판단의 신뢰성 부족이다. 관찰자가 특정 행동을 부호화함에 있어서 일관성이 부족하다거나, 두 명 이상의 관찰자가 하나의 행동에 대해 모순적으로 부호화를 진행할 때 신뢰도가 떨어지게 된다.

또한 관찰자가 반응에 대해 편견을 나타내는 문제가 있을 수도 있다. 아이가 과잉행동일 것이라고 예상하고 있는 관찰자는 정상적인 범주 내의 행동 변화도 과잉행동의 미세 신호라고 간주하여 이러한 변화를 과잉행동의 발현으로 잘못 기록할 가능성이 있는 것이다. 치료사는 관찰 대상에 대한 정보를 관찰자가 알지 못하도록 함으로써 이러한 편견을 최소화할 수 있다.

반응성(reactivity) 또한 문제가 될 수 있다. 반응성이란, 관찰되고 있는 행동이 그 행동을 측정하는 방식에 영향을 받는 경향을 말한다. 예를 들면, 사람들은 자신이 관찰되고 있다는 것을 인지하면 좋은 인상을 주려고 노력할 수 있다. 은닉 관찰 기법, 예를 들면 카메라나 일방경을 숨겨 놓고 관찰하는 방법을 통해 이러한 반응성을 줄일 수 있다. 그러나 윤리적 문제나 현실적 제약 때문에 이러한 은닉 관찰은 실현 불가능하다. 실제 관찰 데이터를 수집하기 전에 관찰을 여러 번 수행함으로써 피험자가 관찰에 익숙하게 만드는 것이 대안이 될 수 있다. 또 다른 가능성 있는 문제는 **관찰자 표류**(observer drift)인데, 이는 시간이 지날수록 관찰자 또는 평가자들이 그들이 교육받은 부호화 체계에서 벗어나는 경향을 뜻한다. 이 문제를 다루는 방법 중의 하나는 해당 부호화 체계를 준수하도록 관찰자를 주기적으로 재교육하는 것이다(Kazdin, 2003). 또한 시간이 흐를수록 관찰자는 피로해지거나 집중력이 떨어질 수 있는데, 관찰 지속 시간을 제한하거나 휴식 시간을 자주 부여하는 것이 도움이 된다.

행동 관찰은 외현적 행동까지만 측정할 수 있는 반면 치료사들은 주관적이고 개인적인 경험—예를 들면, 우울감, 불안감 또는 왜곡된 사고 패턴—까지 평가하기를 원한다. 그리하여 치료사는 직접 관찰과 함께 환자의 내면적 경험을 드러낼 수 있는 평가 방법을 병행하기도 한다. '충성스런' 행동치료사들은 자기보고를 신뢰하지 않고 직접 관찰을 통해서만 데이터를 수집하는 경향이 있다.

행동면담과 직접 관찰과 더불어, 자기점검, 인위적 또는 유사 상황 판단, 행동평가 척도 등과 같은 다른 기법이 행동평가에 사용될 수 있다.

자기점검 환자에게 자신의 일상생활에서의 문제행동을 기록하고 점검하는 방법을 가르쳐 주는 것은, 문제행동을 그것이 발생하는 배경과 연관 짓기 위한 방법의 하나이다. **자기점검**(self-monitoring)에서는 환자에게 그 행동이 자연적으로 발생하는 배경에서의 문제행동을 평가하는 역할을 부여한다.

쉽게 그 빈도를 측정할 수 있는 행동, 예를 들면 음식 섭취, 흡연, 손톱 물어뜯기, 머리 쥐어뜯기, 공부 시간, 사회 활동 등은 자기점검에 적합하다. 이러한 행동은 기억을 통해 재구성하는 것이 아니라 발생하는 대로 기록할 수 있기 때문에, 자기점검은 매우 정확한 측정 결과를 산출해 낼 수 있다.

대상 행동을 지속적으로 파악할 수 있는 다양한 장치가 있다. 예를 들면 행동 다이어리 또는 일지를 통해 섭취 칼로리 또는 피운 담배 개수 등을 간편하게 기록할 수 있다. 이런 일지에는 문제행동의 빈도 및 그 상황(시간, 배경, 감정 사태 등)에 대해 파악할 수 있도록 행과 열이 체계적으로 구성되어 있다. 예를 들면 음식 섭취 기록 일지에는 음식 종류, 칼로리 수치, 음식을 먹은 장소, 음식을 먹을 때의 감정 상태, 섭취 후 결과(예: 섭취 후 환자가 느끼는 감정) 등을 기입하는 항목이 포함될 수 있다. 작성된 일지를 치료사와 함께 검토해 보면서, 환자는 문제가 되는 음식 섭취 패턴(예: 지루함을 느낄 때 먹는다든지, 텔레비전 음식 광고에 반응하여 먹는다든지)을 식별하고, 이러한 신호에 대처하는 더 좋은 방법을 강구할 수 있다.

또한 행동일지는 적극적인 행동이나 데이트와 관련된 행동 등과 같은 바람직하지만 발생 빈도가 낮은 행동의 발현을 증가시키는 데에도 도움이 된다. 예를 들면, 내성적인 환자가 당당한 모습을 보이게 만들 것으로 보이는 상황을 파악하여 각 상황별 환자의 실제 반응을 기록하게 한다. 그리고 환자와 치료사가 그 기록을 검토하여 문제를 일으키는 상황에서 당당하고 적극적인 반응을 표출하는 예행연습을 시도하는 것이다. 데이트에 대한 불안감을 느끼는 환자에게는 잠재적인 데이트 파트너와의 사회적 접촉을 기록하게 하는 것이 도움이 될 것이다. 치료 활동을 측정하기 위해 치료사는 치료가 시작되기 전에 환자로 하여금 기저선 기간 자기점검을 수행하도록 하기도 한다. 최근 치료사들은 환자의 특정 행동을 추적하기 위해 스마트폰과 같은 휴대용 전자기기를 사용하는 추세이다('더 자세히 살펴보기' 참조).

자기점검에도 단점은 존재한다. 신뢰도를 떨어뜨리거나 정확한 기록을 유지하지 않는 환자들이 있을 수 있는데, 자기점검 활동을 잊어버리거나 대충 수행하기도 하고, 과식이나 흡연과 같은 바람직하지 않은 행동을 수치스럽다거나 비판에 대한 두려움으로 인해 실제보다 적게 기록하는 경우가 그것이다. 환자의 동의하에, 환자의 배우자와 같은 제3자로부터 정보를 수집하여 자기점검의 정확도를 입증한다면 이러한 왜곡된 결과를 상쇄할 수 있을 것이다. 허나 이러한 방법으로는 환자가 혼자서 음식을 먹거나 흡연을 하는 등의 사적인 행동을 입증할 수 없다. 그래서 이런 행동을 파악하기 위해서 생리적 측정과 같은 다른 보강 수단이 이용될 수 있다. 예를 들면, 음주 행위에 대한 자기보고를 입증하기 위해 혈중 알코올 농도를 측정한다거나, 금연에 대한 자기보고를 입증하기 위해 환자의 호흡 내 일산화탄소 수치를 분석하는 것이다.

바람직하지 않은 행동을 기록함으로써 환자는 그 행동을 변화시켜야 하는 필요성에 대해 더욱 자각하게 된다. 따라서 자기점검은 그것이 적응적인 행동 변화—예를 들면, 체중 관리 프로그램 대상자로 하여금 그들이 섭취하는 음식의 칼로리 수치에 초점을 맞추도록 하는 변화—를 이끌어 낼 수 있다면, 문제행동의 치료 수단으로도 이용될 수 있다. 그러나 자기점검만으로는 바람직한 행동 변화를 이끌어 내기에 부족할 수 있으며, 변화에 대한 동기 부여 및 행동 변화를 일으키는 데 필요한 기술 또한 필요하다.

유사상황 측정 유사상황 측정(analogue measure)은 어떤 행동이 자연적으로 발생하는 배경을, 실험실 또는 통제 상황 내에서 모의실험하기 위한 것으로, 역할 수행 활동은 그중 하나이다. 대학 교수와 같은 막강한 권위에 도전하는 행동에 어려움을 겪고 있는 환자를 가정해 보자. 치료사가 환자에게 다음과 같이 상황 설명을 한다. "당신은 굉장한 노력을 기울여서 학기 말 논문을 작성했어요. 그런데 D나 F같이 형편없는 성적을 받았어요. 그래서 당신은 그 교수에게 다가갑니다. 교수가 묻습니다. '무슨 문제라도 있나?' 당신은 뭐라고 말할 건가요?" 이런 상황에서 환자가 연기하는 행동이 환자의 자기표현 능력 결핍을 보여 주게 되면, 이는 치료 또는 자기 주장 훈련으로 이를 극복할 수 있다.

행동접근과제(Behavioral Approach Task, BAT)는 뱀과 같은 공포 대상에 대한 공포증 환자의 접근 정도를 측정하기 위해 널리 쓰이는 유사상황 판단 수단이다(예: Ollendick, Allen, Benoit, & Cowart, 2011; Vorstenbosch, Antony, Koerner, & Boivin, 2011). 접근행동은 반응의 정도에 따라 세분화될 수 있다(예: 6m 떨어져 있는 뱀을 바라보기, 뱀이 들어 있는 상자를 만지기, 뱀을 만지기). BAT는 통제 상황하에서의 자극에 대한 반응을 직접적으로 측정할 수 있다. 피험자의 접근행동은 그 정도에 따라 점수를 부여함으로써 수량화될 수 있다. BAT는 치료의

더 자세히 살펴보기

스마트폰 시대에서의 증상 점검

치료사들은 이제 환자의 문제행동 및 증상을 스마트폰을 이용하여 실시간으로 점검한다. 그들은 트위터, 문자 메시지 혹은 다른 방식을 통해 환자로 하여금 현재 기분, 증상, 약물 사용 및 흡연 내역에 대해 보고하도록 하고 있다(Aguilera & Muñoz, 2011; Ehrenreich, Righter, Rocke, Dixon, & Himelhoch, 2011; Swendsen Ben-Zeev, & Granholm, 2010; Yager, 2011). 최근 사례를 예로 들면, 섭식장애를 겪고 있는 환자가 치료사에게 메시지로 증상에 대해 보고하면, 치료사는 현재 상황에 맞는 피드백 및 제안 사항을 환자에게 제공하는 방식이 사용되기도 한다(Bauer, Okon, Meermann, & Kordy, 2012). 또 다른 예로, 집 안에 온갖 책, 잡지, 판지 상자 등의 물건을 산더미처럼 쌓아 두는 저장 강박증을 보이는 환자에게 그녀의 집 내부 사진을 찍어 치료사에게 보내도록 하여 증세의 진행 상황을 관찰할 수 있게 하는 사례도 있었다(Eonta et al., 2011).

불안, 우울증과 같은 광범위한 문제를 위한 스마트폰에서 실행 가능한 다양한 치료 앱도 만들어지고 있다(Carey, 2012; Clough & Casey, 2011; Kazdin & Blasé, 2011; Shapiro et al., 2010). 일례로, Mobile Therapy라는 앱을 통해 환자로 하여금 해당 일의 특정 시간대에서의 기분 상태를 mood map 상의 아이콘을 터치하여 치료사에게 보고하도록 하는 방식이 수행된 바 있다(Morris et al., 2010).

또 다른 예로, PTSD 환자가 자신의 증상을 관리하고 증상에 따라 필요한 서비스로 연결해 주는 기능을 수행하는, 미국 정부가 개발한 PTSD Coach 앱을 들 수 있다(Kuehn, 2011b). 이 앱은 전문가의 정규 치료 프로그램에 보조하는 역할을 수행하도록 고안된 것이다.

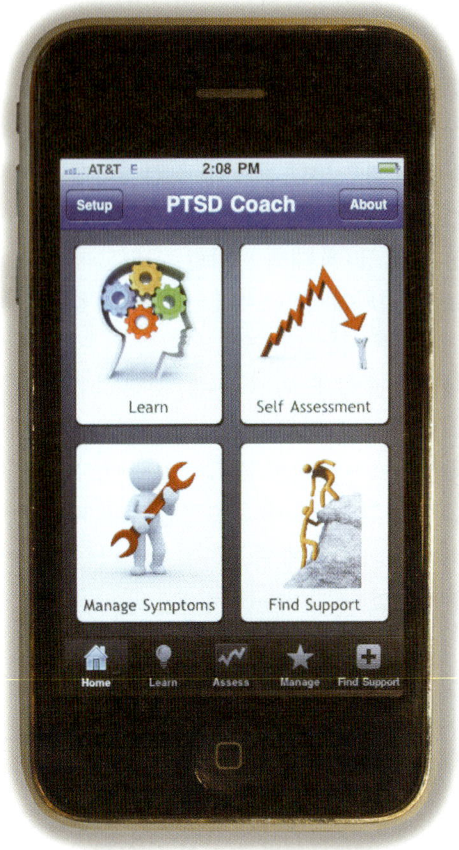

PTSD 코치. 미국 정부는 PTSD 환자들의 증상 관리와 필요한 서비스에 대한 접근을 돕는 앱을 개발했다.

출처: U.S. Department of Veterans Affairs.

한 금연 치료 프로그램에서는, 참가자가 강한 흡연 욕구를 느낄 때마다 치료사에게 '갈망'이라는 문자 메시지를 보내면, 치료사가 흡연 욕구에 저항할 수 있는 방법을 답장으로 보내는 방식이 쓰이기도 했다(Free et al., 2011). Field Coach라는 앱은 12장에서 언급된 성격장애의 하나인 경계성 성격장애를 겪고 있는 환자를 돕기 위해 설계되었다. 이 앱은 환자가 일상생활에서 마주하는 어려운 상황들을 헤쳐 나가도록 도와주는 비디오/오디오 메시지와 같은 서비스를 제공한다(Dimeff, Paves, Skutch, & Woodcock, 2011). 이러한 치료 도구로서의 앱은 개발자와 치료사의 상상만이 그 한계를 결정할 정도로 가능성이 무궁무진하다.

실효성을 입증하는 데 널리 사용되는데, 이는 치료 기간 동안 공포증 환자가 공포 대상에 얼마나 더 가까이 접근할 수 있는지에 대한 측정을 기반으로 이루어진다.

행동 평정 척도 행동 평정 척도(behavioral rating scale)는 문제행동의 빈도, 강도 및 범위에 대한 정보를 제공하는 체크 리스트이다. 행동 평정 척도는 그 항목이 성격 특성, 관심사, 태도가 아닌 특정 행동에 대해 판단한다는 점에서 자기보고 성격검사와는 다르다.

행동 평정 척도는 부모가 아이의 문제행동을 판단할 때

행동접근과제. 공포증에 대한 행동평가의 한 형태로서, 공포 자극에 대한 접근 또는 상호작용 정도를 측정한다. 위 사진은 뱀 공포증을 가진 여성이 손으로 (무해한) 뱀을 만지는 장면이다. 뱀 공포증을 가진 사람들은 뱀을 만지기는커녕 우리 밖으로 나온 뱀과 같은 공간에 있는 것조차 불가능할 것이다.

흔히 이용된다. 예를 들면, 아동 행동 체크 리스트(Child Behavior Checklist, CBCL)(Achenbach & Dumenci, 2001; Ang et al., 2011)는 부모로 하여금 다음을 포함하는 100개 이상의 특정 문제행동에 대해 아이를 평가하도록 한다:

- ❒ 식사를 거부한다.
- ❒ 반항적이다.
- ❒ 때린다.
- ❒ 협동성이 부족하다.
- ❒ 자기 물건을 부순다.

이 척도는 문제행동에 대한 전체 점수 및 비행, 공격성 및 신체적 문제 등과 같은 부류에 대한 하위 점수를 산출한다. 치료사는 환아의 점수를 같은 나이 또래의 기준 점수와 비교한다.

인지평가

인지평가(cognitive assessment)는 인지, 즉 사고, 신념, 및 태도에 대한 측정을 수반한다. 인지치료사는 자기 파멸적이거나 역기능적 인지 결과물을 지니고 있는 사람은, 인생에서 스트레스 또는 실망스러운 경험을 겪게 됐을 때 우울증과 같은 정서 문제에 훨씬 취약할 것이라고 믿는다. 이 치료사는 환자가 역기능적 사고 패턴을 자기 고양적이고 합리적인 사고 패턴으로 바꿀 수 있도록 도와준다.

여러 인지평가 방법이 개발되었는데, 가장 간단한 것 중의 하나는 생각 기록 또는 다이어리이다. 우울증 환자는 이런 다이어리를 들고 다니며 역기능적 사고가 떠오를 때마다 이를 기록한다. 초기 연구에서 Aaron Beck (Beck, Rush, Shaw, & Emery, 1979)은 역기능적 사고를 매일 기록하는 생각 다이어리를 고안했는데 이는 문제 정서 상태와 연결되는 사고 패턴을 밝히기 위한 목적이었다. 분노 또는 슬픔과 같은 부정적인 정서를 느낄 때마다 환자는 다음 항목을 작성하였다.

1. 부정적인 정서 상태가 발생한 상황
2. 머리에 떠오르는 자동적 사고 또는 파괴적 사고
3. 자동적 사고(들)가 나타내는 장애적 사고의 종류나 범주(예: 선택적 추상화, 과잉 일반화, 과장 또는 절대주의적 사고—2장 참조)
4. 문제 사고에 대한 합리적인 반응
5. 정서적 결과물 또는 최종 정서 반응

생각 다이어리는 환자에게 역기능적 사고를 합리적인 사고 대안으로 대체하는 방법을 학습시키는 치료 프로그램에서도 역할을 수행할 수 있다.

자동적 사고 질문지[ATQ(Automatic Thoughts Questionnaire)-30-Revised](Hollon & Kendall, 1980)는 작성자로 하여금 30개의 부정적인 자동적 사고에 대한 발생 빈도 및 그 생각의 강도를 모두 평가하도록 한다. (자동적 사고는 머릿속에 바로 떠오르는 생각이다.) ATQ의 항목에는 다음과 같은 것이 있다.

- 더는 못할 것 같아.
- 내 자신이 싫어.
- 내가 사람들을 실망시켰어.

각 항목의 발생 빈도를 합산하여 총점을 산출하며, 높은 점수는 우울한 사고 패턴을 시사한다. 표 3.6에 ATQ와 비슷한 항목들이 나열되어 있다. ATQ는 치료, 특히 인지행동치료 중에 있는 우울증 환자의 인지상 변화를 측정하는 데 널리 사용된다(예: Hamilton et al., 2012).

또 다른 인지 측정의 예인 역기능적 태도 척도(Dysfunctional Attitudes Scale, DAS)(A. N. Weissman & Beck, 1978)는 우울증과 관련된 기저에 깔린 비교적 차분한 태도 또는 전제로 이루어진 목록표이다. 이러한 항목의 예로는 "내가 사랑하는 사람이 나를 사랑하지 않으면 나는 내가 아무것도 아니라고 느낀다." 등이 있다. 작성자는 각 항목별로 그렇다고 느끼는 정도를 7개의 등급에 따라 체크한다. DAS는 우울증을 발현하게 만드는 것으로 여겨지는 기저 전제를 드러나게 함으로써, 우울증에 대한 취약점을 감지하는 데 유용하게 사용될 수 있다(Chioqueta & Stiles, 2007).

인지평가는 심리학자에게, 파괴적 사고와 비정상적 행

표 3.6
자동적 사고 질문지의 예

부정적인 자동적 사고는 머릿속에 갑작스럽게 떠오르는 생각으로 다음과 같은 내용을 담고 있으며 기분을 우울하게 만들고 동기를 저하시킨다. 치료사들은 ATQ와 같은 질문지를 사용하여 내담자의 자동적 사고를 확인하고 이를 합리적인 대안적 생각으로 전환한다.

- 나는 실패자다.
- 나랑 무슨 상관인지 모르겠다.
- 내가 생각하는 최악의 상황이 발생할 것 같다
- 뭐가 잘못된 거지?
- 모든 일은 항상 잘못되어 간다.
- 나는 가치 없다.
- 나는 무능하다.
- 나는 다른 사람이 되고 싶다.
- 나는 실패할 것이다.
- 나는 다른 사람처럼 괜찮은 사람이 아니다.
- 나는 결코 성공하지 못할 것이다.
- 나는 자신에게 정말 실망했다.

동의 연관 방식에 대한 이해에 있어서의 새로운 영역을 열어 주었다. 사고 및 태고가 어떻게 정서 상태 및 행동에 영향을 미치는지를 파악하기 위해 인지치료사 및 인지행동치료사가 B. F. Skinner가 블랙 박스라 부른 것—사람의 내적 상태—에 대한 탐구를 시작한 것은 불과 20여 년 전의 일이었다.

인지 기법에서의 행동에 관련된 장해물은 바로 환자의 주관적 경험, 생각 및 신념을 입증할 직접적인 수단이 치료사에게는 없다는 점이다. 이러한 개인적 경험은 보고서에 작성될 수는 있지만 직접적으로 관찰되거나 측정될 수 없다. 그러나 사고가 개인적인 경험이라 해도, 인지 결과물은 평가 척도 또는 체크 리스트의 형태로 작성되어 외부 기준에 따라 수량화되고 입증될 수 있다.

생리학적 측정

생리학적 평가(physiological assessment)는 인간의 생리적 반응에 대한 연구이다. 예를 들면, 불안은 자율 신경계의 교감부의 각성과 관련된다(2장 참조). 따라서 불안 증세를 나타내는 사람은 높은 심박수와 혈압을 나타내며, 이들은 맥박과 혈압계 밴드를 이용하여 직접적으로 측정할 수 있다. 또한 불안 증세에 있는 사람은 평소보다 더 많은 땀을 흘린다. 땀을 배출하게 되면 피부가 습해져 전기 전도율이 높아지게 된다. 땀의 분비는 **피부 전기 반응 또는 전기 피부 반응**(galvanic skin response, GSR)을 통해 측정될 수 있다("Galvanic"은 전기 연구 분야의 선구자인 이탈리아 국적의 물리학자이자 의사인 Luigi Galvani의 이름에서 유래하였다). GSR의 측정은 피부 표면(주로 손)의 두 점을 통과하는 전기의 양을 판단하여 이루어진다. 사람의 불안 정도는 피부를 통해 전도되는 전기의 양과 상관관계에 있다고 연구자들은 추정하고 있다.

GSR은 인체에 연결된 탐침 또는 센서를 통해 측정되는 생리학적 반응의 한 예이다. 또 다른 예로는 **뇌파계**(electroencephalograph, EEG)가 있는데, 이는 두피에 전극을 부착하여 뇌파를 측정하는 방법이다(그림 3.6 참조).

근육 긴장도의 변화 또한 불안 또는 긴장 상태와 자주

그림 3.6 뇌파계(EEG) EEG는 조현병 또는 기질적 뇌손상과 같은 문제를 겪고 있는 사람의 뇌파와, 정상인의 뇌파 간의 차이를 연구하는 데 사용된다.

연관된다. 대상 근육군에 부착된 센서를 통해 근육 긴장도를 모니터링하는 **근전계**(electromyograph, EMG)를 통해 이러한 변화를 감지할 수 있다. 또한 근전계 탐침을 이마에 위치시키면 긴장성 두통과 관련된 근육 긴장도를 얻을 수 있다.

뇌 영상 및 기록 기법 의료 기술의 발달에 의해 수술 없이도 뇌를 연구할 수 있는 길이 열렸다. 가장 일반적인 방법 중 하나는 뇌의 전기적 활성의 기록인 뇌파계이다. 뇌파계는 두피에 부착한 전극 사이로 전도되는 뇌 내의 전기적 활성 또는 뇌파의 미세한 양을 감지한다. 특정 뇌파 패턴들은 이완과 같은 정신 상태 및 수면 단계와 관련이 있다. 뇌파계는 조현병과 같은 정신질환 및 뇌손상과 관련된 뇌파 패턴을 시험하는 데 사용될 수 있다. 뇌파계는 또한 의료 종사자가 종양과 같은 뇌 이상을 파악할 때에도 사용된다.

뇌 영상 기법은 뇌의 구조 및 기능을 보여 주는 영상을 생성할 수 있다. 컴퓨터 단층 촬영(CT) 스캔에서는 머리에 가는 X선이 투과된 후(그림 3.7), 투과된 방사선이 여러 각도에서 측정된다. CT 스캔[CAT(computerized axial tomography) 스캔으로도 불림]은 뇌 형태 및 구조 상의 이상을 나타낼 수 있는데, 이를 통해 병변, 혈전 또는 종양을 유추할 수 있다. 컴퓨터를 통해 측정 결과를 통합하여 뇌의 3차원 사진을 얻을 수도 있다. 과거에는 오직 수술을 통해서만 확인할 수 있었던 뇌손상의 증거는 이제 모니터를 통해 발견할 수 있게 된 것이다. 진실 / 거짓

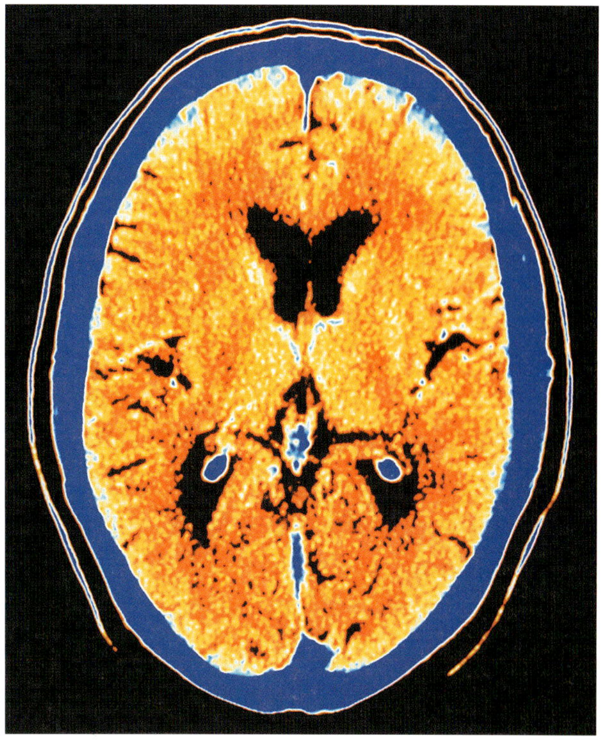

그림 3.7 컴퓨터 단층 촬영(CT) 스캔 CT 스캔은 머리에 가는 X선을 투과한 후 그 방사선을 여러 각도에서 측정함으로써 이루어진다. 컴퓨터를 통해 측정 결과를 통합하여 뇌의 3차원 영상을 구현할 수 있다. CT 스캔을 통해 이상행동의 다양한 패턴과의 연관 가능성이 있는 뇌의 구조적인 이상을 확인할 수 있다.

진실 또는 거짓

기술의 진보에도 불구하고, 의사들은 여전히 뇌의 작동 양상을 이해하기 위해 대부분 외과적 수술을 시행한다.

거짓 뇌 영상 기법의 발달 덕에, 침습적인 수술 없이도 뇌의 활동을 관찰할 수 있게 되었다.

또 다른 영상 기술은 **양전자 방사 단층 촬영**(positron emission tomography, PET) 스캔으로 뇌의 다양한 영역의 기능을 연구하는 데 사용된다(그림 3.8). 이 방법에서는 소량의 방사성 화합물, 즉 추적자를 글루코스와 희석하여 혈류 내로 주입한 뒤, 추적자가 뇌에 도달하면 추적자에 의해 방출되는 양전자(양전하를 띤 입자)를 측정하여 신경 활동의 패턴을 영상화한다. 뇌의 여러 영역에서 대사작용을 거친 글루코스가 신경 활동을 나타내는 컴퓨터 영상을 생성하게 되는 것이다. 활동이 왕성한 영역일

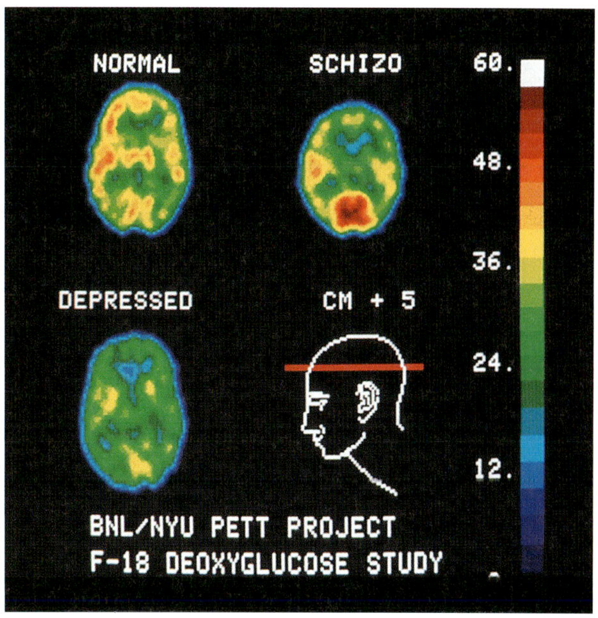

그림 3.8 양전자 방사 단층 촬영 (PET) 스캔. 사진의 PET 스캔 영상은 조현병 환자와, 심리적 장애가 없는 대조군의 뇌의 대사 활동상의 차이를 보여 준다.

수록 더 많은 글루코스의 대사가 이루어진다. PET 스캔은 음악을 듣거나, 수학 문제를 풀거나, 언어를 구사하는 등의 활동을 할 때 뇌의 어느 영역이 가장 활동적인지를 연구하기 위해 사용된다. PET 스캔은 또한 조현병을 앓고 있는 사람의 뇌 활동 이상을 밝히기 위해 사용되기도 한다(11장 참조).

세 번째로 소개할 영상 기술은 **자기 공명 영상**(magnetic resonance imaging, MRI)이다. MRI의 촬영 시, 대상자는 강력한 자기장을 생성하는 도넛 모양의 터널로 들어간다. MRI의 기본 발상은 발명자의 말 그대로 거대한 자석에 사람을 넣는 것이다(Weed, 2003). 그리고는 특정 주파수의 전파가 대상자의 머리로 투과된다. 그러면 뇌가 신호를 방출하게 되는데 이 신호들을 여러 각도에서 측정하는 것이다. CT 스캔과 마찬가지로 이 신호는 컴퓨터를 통해 통합되어 뇌의 영상을 생성하게 된다. 이 영상을 통해 조현병 및 강박장애와 같은 심리장애와 관련된 뇌 이상을 밝혀낼 수 있다. **진실 / 거짓**

진실 또는 거짓

MRI 스캐너 안에 들어가는 것은 거대한 자석 속에 들어가는 것과 유사하다.

진실 MRI는 거대한 자석과도 같은데, 강력한 자기장을 생성하여 특정 전파가 머리에 투과되었을 때 뇌의 영상을 생성하게 된다.

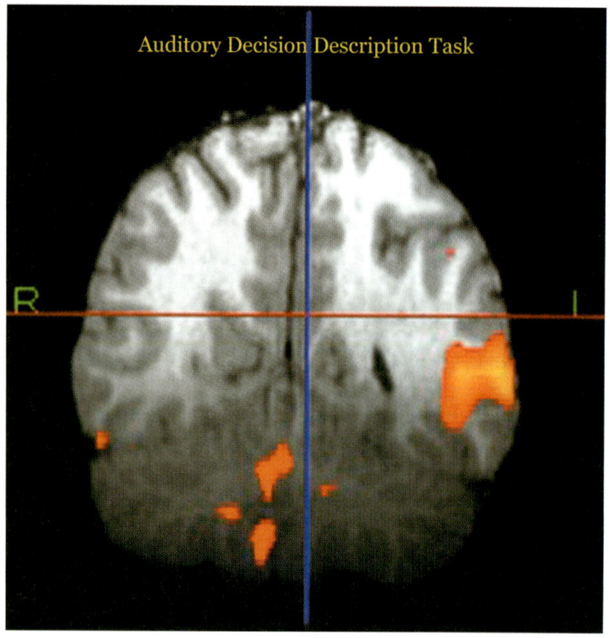

그림 3.9 기능적 자기 공명 영상(fMRI) fMRI는 특별한 일을 수행할 때 활성화되는 뇌의 영역을 밝히기 위해 사용되는 MRI의 특화된 종류이다. 사진에서 오렌지/빨간색으로 표시된 영역은 대상자가 낱말 쌍 맞추기를 하고 있을 때 활성화된 영역을 나타낸다. 좌반구(사진에서는 오른쪽)의 오렌지/빨간색 영역의 대부분은 언어 처리에 관여되는 대뇌 피질의 영역에 해당한다.

MRI의 한 종류인 **기능적 자기 공명 영상**(functional magnetic resonance imaging, fMRI)은 특정한 일, 예를 들면 보기, 기억 떠올리기, 말하기 등과 같은 행동을 취할 때 활성화되는 뇌의 영역을 밝히기 위해 사용된다(그림 3.9). fMRI는 뇌의 각 영역별 산소 요구량을 추적하는데, 이는 특정 일을 수행하는 동안의 해당 영역의 활동 또는 관여도를 상대적인 방식으로 나타낸다. 어느 fMRI 연구의 사례에서는 코카인 중독자가 코카인 흡입 욕망을 경험할 때 높은 활동을 나타내는 뇌의 영역이, 정상인이 우울한 내용의 비디오를 시청했을 때 관여되는 뇌의 영역과 동일하다는 것이 밝혀지기도 하였다(Wexler et al., 2001). 이는 우울한 감정이 약물 욕망을 촉발하는 데 관련이 있다는 점을 시사한다. **진실 / 거짓**

진실 또는 거짓

코카인에 중독된 사람이 갈망을 느낄 때 활동하는 뇌 부위는 평소 즐거운 정서를 경험할 때 활동하는 부위와 연결되어 있다.

거짓 오히려 반대이다. 코카인 욕망은 정상인이 슬픈 내용의 비디오를 시청했을 때 활성화되는 뇌의 영역과 연관되는 것으로 나타났다.

마지막으로, 조현병 및 다른 심리장애를 겪는 사람의 뇌의 다양한 영역에서의 전기적 활동을 나타내는 영상을 얻기 위해, 연구자들은 정교한 EEG 기록 기법을 사용하기도 한다. 그림 3.10은 컴퓨터로 대상자의 뇌 활동에 대한 정보를 보내기 위해 두피 상의 여러 영역에 부착된 전극들의 모습을 보여 준다. 컴퓨터는 신호들을 분석하여, 활동 중인 뇌의 전기적 활동을 선명한 영상으로 화면에 보여 준다. 다음 장에서, 현대의 영상 기술들이 어떻게 과학자들로 하여금 여러 종류의 심리장애들을 더욱 깊게 이해할 수 있게 해주었는지에 대해 설명할 것이다.

뇌 스캔으로 정신질환을 진단할 수 있을까? 이 흥미로운 질문에 대해서는 128쪽의 '더 자세히 살펴보기'에서 알아본다. **진실 / 거짓**

진실 또는 거짓

뇌 영상 기술의 진보 덕에 의사들은 조현병을 진단할 때 MRI 기계를 활용할 수 있게 되었다.

거짓 아직은 아니지만, 머지않아 뇌 영상 기법을 이용하여 심리장애를 진단할 수 있을 것이다.

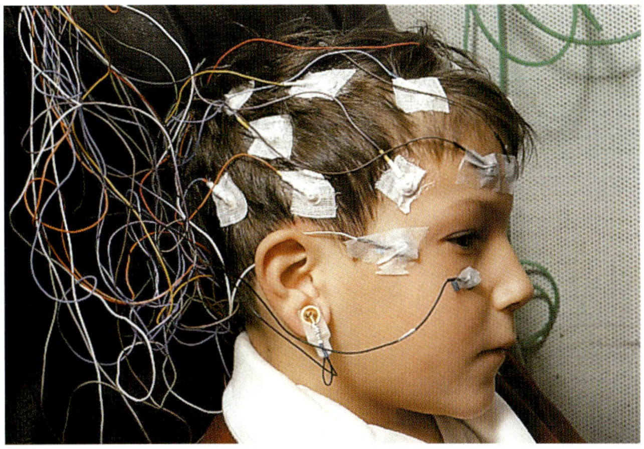

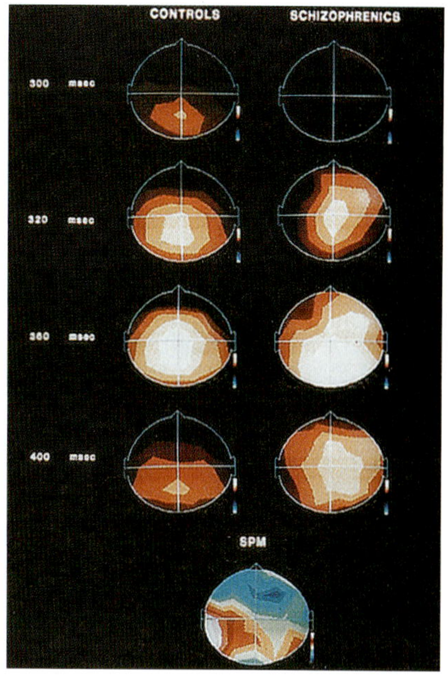

그림 3.10 뇌의 전기적 활동의 지도 제작. 전극을 두피에 부착시킨 뒤(왼쪽), 뇌파계를 사용하여 뇌의 다양한 영역에서의 전기적 활동을 기록할 수 있다. 오른쪽 사진에서, 왼쪽 열의 뇌 스캔은 4시간 간격으로 촬영된 10명의 정상인(대조군)의 뇌의 전기적 활동의 평균을 나타낸다. 오른쪽 열은 같은 시간의 조현병 환자의 전기적 활성의 평균을 나타낸다. 활동이 활발할수록 노란색, 빨간색, 흰색 순으로 표시된다. 맨 아래 중앙의 영상은 정상인의 뇌와 조현병 환자의 뇌의 활동 차이를 나타낸 것이다. 차이가 작은 영역은 파란색으로, 차이가 큰 영역은 밝은색으로 나타난다.

심리평가에서의 사회문화적 요인

3.8 심리평가의 사회문화적 측면의 역할을 이해한다.

조사원과 치료사들은 성격 특성 및 심리장애를 판단하는 데 있어서 반드시 대상자의 사회문화적, 민족적 요인을 염두에 두어야 한다. 예를 들어, 다른 문화권의 대상을 평가할 때는 본래의 의미를 정확히 포착하기 위한 세심한 번역이 필수적이다. 또한, 평가 기법이 어느 한 문화권에서는 신뢰할 수 있고 효과적일지라도, 다른 문화권에서는 정확하게 번역이 되었다고 해도 그렇지 않을 수도 있다는 점을 치료사는 인지하고 있어야 한다(Cheung, Kwong, & Zhang, 2003).

연구자는 정신병과 사회문화적 요인을 구분함으로써 평가에 있어서 문화적인 편견이 개입되지 않도록 해야 한다. 평가 도구의 번역에 있어서 단순히 단어를 번역히는 데 그치지 않고 평가자로 하여금 문화적 사고, 규범 및 가치 등의 중요성을 인식할 수 있도록 하는 설명이 제공되어 평가사가 비정상적 행동 패턴의 평가를 신행할 때 대상자의 문화적 배경을 고려할 수 있도록 해야 한다. 평가자는 신념 또는 관습상의 문화적 차이를 비정상적 행동의 증거로 간주해서는 안 된다.

또한, 조사원은 심리학적 도구를 문화권별로 세분화할 필요가 있다. 예를 들면, 미국에서 널리 사용하는 우울 증세 검사 도구인 벡 우울척도(Beck Depression Inventory, BDI)는 미국 및 전 세계 다른 문화권 내 소수민족 집단을 대상으로 하는 우울 증세가 있는 사람을 식별하는 데 효과적이다(Grothe et al., 2005; Yeung et al., 2002). 중국의 한 최근 연구에서는 MMPI-2는 중국 군대에서의 병영 생활에 대한 신병의 적응력을 예측할 수 있다는 결론이 도출된 바 있다(Xiao, Han, & Han, 2011).

다른 연구에서는 MMPI-2에서의 입원 및 통원 상황에서의 아프리카계 미국인과 유럽계 미국인(비히스패닉계 백인) 비교 실험에서, 임상적으로 중요한 문화적 편향성을 나타내는 어떠한 증거도 찾지 못했음이 밝혀졌다(Arbisi, Ben-Porath, & McNulty, 2002). 또한, MMPI-2가 아메리칸 인디언 부족원을 대상으로 문제행동 및 증상을 감지하는 데 매우 탁월하다는 연구 결과도 있다(Greene, Robin, Albaugh, Caldwell, & Goldman., 2003; Robin, Greene, Albaugh, Caldwell, & Goldman, 2003).

치료사는 다문화 간 평가를 진행할 때, 환자가 선호하는 언어를 고려하는 것이 매우 중요하다는 것을 반드시 인지하고 있어야 한다. 번역 과정에서 원래의 의미가 누락되거나, 심한 경우 왜곡될 수 있다. 일례로 스페인어

더 자세히 살펴보기

뇌 스캔으로 조현병을 발견할 수 있을까?

완전한 해답은… 아직은 아니지만, 연구가 잘 진행되고 있다(예: Bullmore, 2012; Ehlkes, Michie, & Schall, 2012). 기분장애, 조현병, 주의력 결핍/과잉행동장애와 같은 심리장애를 더 수월하게 진단하고 치료하는데 뇌 스캔이 도움을 줄 수 있기를 과학자들은 기대하고 있다. 오늘날, 영상 기술을 사용하여 내과의들이 종양, 조직 손상 및 뇌손상을 파악하는 것과 같이, 뇌 스캔에서의 정신질환의 명백한 징후를 찾기 위해 연구자들은 노력하고 있다. 진실 / 거짓

정신건강 커뮤니티를 휩쓸었던, 뇌 스캔이 심리적 문제의 진단에 새로운 지평을 열 것이라는 초창기의 열광적인 믿음은 시기상조였던 것으로 드러났다. 하버드 대학교 교수이자 미국 국립정신보건원 수장이었던 스티븐 하이만 박사는 이를 이렇게 설명했다. "주목할 만한 예외를 제외하고, 영상 기술이 얼마나 빨리 정신의학에 큰 영향을 미칠지에 대해 과학자들 사이에서 지나친 낙관이 있었던 것 같아요…. 그러한 열광 속에서 사람들은 인간의 뇌가 인체 연구의 역사 속에서 가장 복잡한 연구 대상이라는 것과, 그 안에서 벌어지는 잘못된 일을 알아내기란 결코 쉽지 않다는 것을 잊어버렸던 것입니다"(Carey, 2005).

연구자들이 직면하고 있는 문제들 중 하나는 이러한 장애에서의 뇌 이상 징후들이 감지하기 힘들거나, 일반 대중에게서 나타나는 정상적인 변화 범주 내에 있다는 점이다. 또한 어떤 이상은 다른 장애에서도 발생하기도 한다. 그러나 조현병의 초기 단계에서의 뇌 스캔을 통해 감지할 수 있는 식별 가능한 뇌 이상의 증거들이 발견되고 있다(Ehlkes, Michie, & Schall, 2012). 연구자들은 정교한 뇌 영상 기법을 이용하여 이러한 뇌 이상의 확실한 지표를 찾기 위해 노력하고 있다. 오늘날 뇌종양을 진단하듯이, 앞으로 언젠가는 조현병을 진단하는데, 뇌 스캔이 폭넓게 사용되는 날이 올 것이라고 기대할 수 있다.

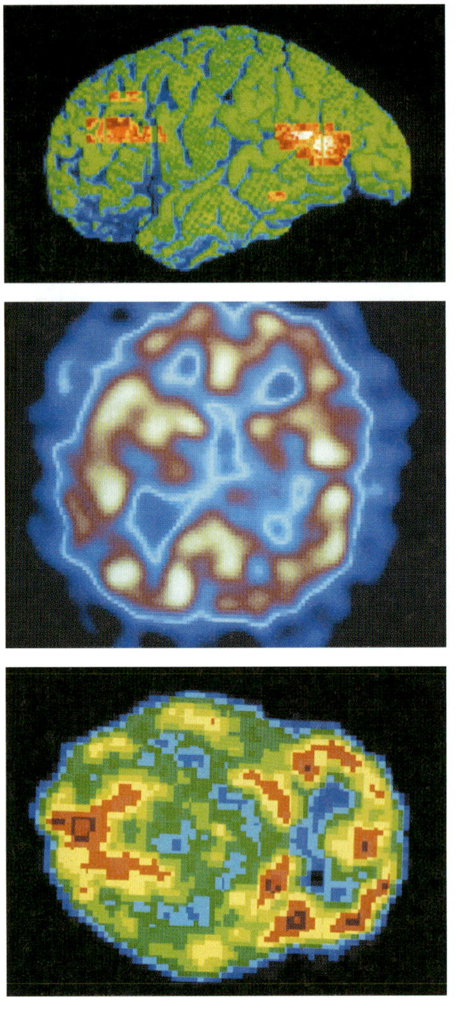

어떤 뇌 스캔이 조현병을 보여 주는 것일까? 현재로서는 알 수 없지만, 언젠가 조현병이나 우울증과 같은 정신질환들을, 뇌 스캔을 통해 얻은 해당 질환들의 명백한 징후를 통해, 진단할 수 있을 것이라고 연구자들은 기대하고 있다.

화자가 영어로 면담을 진행할 경우, 의미상의 방해가 스페인어의 경우보다 더 많이 발생한다고 판단된다(Fabrega, 1990). 치료사 또한 다른 언어의 관용적 표현이나 미묘한 차이를 인식하지 못할 수 있다. 예를 들어, 모국어가 영어가 아닌 외국에서 태어나고 외국에서 교육받은 정신과 의사를 상상해 보자. 그는 어떤 환자가 신체를 빠져나가는 망상적 사고를 가지고 있다고 진단했는데, 이는 환자에게 "불안감을 느끼나요?"라고 질문하자 관용적 표현을 활용해 불안하다고 답한 것("I feel like I'm jumping out of my skin at times")을 가지고 "가끔씩 몸 밖으로 뛰쳐나가는 느낌이에요."라고 잘못 해석한 탓이었다.

3 요약

이상행동 패턴은 어떻게 분류할 수 있는가?

3.1 진단분류 체계인 DSM의 주요 특징을 이해한다.

현재 5판이 발간된 DSM(DSM-5)은 많은 종류의 이상행동 패턴을 정신장애라는 범주 용어로 묶어 분류하고 있으며 각 장애에는 세부적인 진단준거가 포함되어 있다.

3.2 민속문화 증후군 혹은 정체성의 개념을 이해한다.

민속문화 증후군은 특정 문화에서 주로 발견되는 이상행동 패턴을 의미한다. 예를 들어 코로 증후군은 중국에서, 닷 증후군은 인도에서 주로 발견된다.

3.3 DSM의 최신판인 DSM-5와 관련된 논쟁을 이해한다.

DSM-5와 관련하여 진단 가능한 장애의 종류가 너무 많아진 것과 개별 정신장애의 분류 체계나 준거가 너무 자주 또 많이 바뀐 것, 연구 증거가 빈약한 상태에서 섣부르게 결정한 것 등에 대한 비판이 제기되고 있다.

3.4 DSM 체계의 강점과 약점을 평가한다.

DSM의 강점은 각 장애마다 구체적인 진단준거를 제공해 주고 있다는 점이다. 약점은 신뢰도 및 타당도에 대한 증거가 빈약하다는 것과 이상행동 패턴을 기술하기 위해 의학모형을 활용했다는 점이다.

평가 표준

3.5 임상적 평가의 표준을 이해한다.

평가 도구(방법)는 신뢰롭고 타당해야 한다. 평가 도구의 신뢰도에는 내적일관성, 검사-재검사 신뢰도, 평정자 간 신뢰도 등이 있다. 타당도에는 내용타당도, 준거타당도 그리고 구성 개념타당도 등이 있다.

평가 방법

3.6 임상적 평가의 주요 방법에 대한 이해: 임상면담, 심리검사, 신경심리평가, 행동평가, 인지평가 그리고 생리적 측정.

임상면담은 사람들이 치료시설을 찾은 사람들에 관한 명확한 정보를 획득할 수 있는 일련의 질문들로 구성되어 있다. 임상면담의 세 가지 유형은 비구조화된 면담(특정한 규칙을 따르기보다 임상가 본인의 스타일로 질문을 던지는 형태), 반구조화된 면담(일부 규칙에 따라 질문하기도 하지만 상황에 따라 임상가 본인 스타일로 질문을 던지는 형태), 그리고 구조화된 면담(미리 결정된 질문을 충실히 던지는 형태)이다.

심리검사는 구조화된 평가 도구로 지능이나 성격 같은 비교적 안정적인 특성을 평가하는 데 활용된다. 웩슬러 검사 같은 지능검사는 지적 결함 혹은 인지 손상, 강점 및 약점 평가 등을 목적으로 활용되는 임상검사다.

신경심리평가는 신경학적 손상이나 뇌손상의 가능성을 반영하는 심리적 특성을 검사하는 것이다. Halstead-Reitan 신경심리검사 도구는 뇌손상을 반영하는 기술 결함을 측정할 수 있다.

행동평가 방법(도구)에는 행동면담, 자기점검, 대화 측정치 활용, 직접 관찰, 행동 평정 척도 등이 포함된다. 행동주의 검사자는 문제행동과 관련된 선행 요인이나 결과 등에 대한 기능분석을 실시한다.

인지평가는 왜곡된 생각 패턴을 확인하는 데 도움이 되는 사고, 신념 그리고 태도를 측정하는 데 초점을 맞춘다. 인지평가 도구에는 생각에 대한 녹음이나 다이어리 등이 포함되고, 자동적 사고 척도나 역기능적 태도 척도와 같은 평정 척도도 포함된다.

생리적 기능 측정의 대상에는 심장박동, 혈압, 전기 피부반응, 근 긴장, 뇌파 활동 등이 포함된다. EEG나 CT 스캔, PET 스캔, MRI 및 fMRI와 같은 뇌 영상 기록 기술은 뇌의 내부 구조와 작동 양상을 확인할 수 있도록 해 준다.

3.7 객관적 검사와 투사검사에 대한 이해와 그 유용성을 평가한다.

MMPI와 같은 객관적 검사는 불안이나 우울, 남성성-여성성과 같은 심리적 특성을 측정할 수 있는 구조화된 문항을 사용한다. 이러한 검사는 문항에 가능한 응답 범위를 규정했다는 측면과 검사의 구성 방법이 경험적이거나 객관적이라는 측면 때문에 객관적 검사라 부른다. 객관적 검사는 실시하기 간편하고 객관적 점수화가 가능한 특정 반응 양식을 가지고 있기 때문에 신뢰도가 높다. 그러나 객관적 검사는 반응 편향 문제로부터 자유롭지 못하다. Rorschach 검사나 TAT와 같은 투사적 성격검사는 피검자들이 모호한 자극에 반응할 때 무의식적 심리 과정을 활용할 것이라고 전제한다. 그러나 투사검사의 신뢰도와 타당도에 대한 논쟁은 여전히 지속되고 있다.

심리평가의 사회문화적 요인

3.8 심리평가의 사회문화적 측면의 역할을 이해한다.

특정 문화권에서 신뢰롭고 타당했던 검사를 아무리 정확하게 다른 문화권의 언어로 번역했다 하더라도, 그 문화권에서 신뢰롭고 타당하게 번역되었다는 확신을 하기 어렵다. 검사자는 다른 민족 혹은 문화적 배경을 가진 사람들을 평가할 때 문화적 편향이 개입하지 않도록 주의해야 한다. 예를 들어 피검자의 문화권이나 인종 집단에서는 정상적인 행동을 검사자의 기준과 다르다고 비정상으로 규정해서는 안 된다.

비판적 사고 질문

이번 장에서 배운 것을 기초로 다음의 질문에 답해 보라.

- 심리적 장애를 진단할 때 문화적 요인을 고려하는 것이 중요한 이유는?
- 투사검사에 대한 논쟁을 회상해 보라. 당신은 잉크반점이나 모호한 자극에 사람들이 반응할 때 성격적 특성이 반영될 거라 믿는가? 그렇게 생각하는 이유는?
- 당신은 지능검사나 성격검사와 같은 심리검사를 받아 본 적이 있는가? 그때 어떤 경험을 했고, 그 경험으로부터 무엇을 배웠는가?
- 제이미는 지난해 교통사고로 오빠를 잃은 후 우울한 기분으로 힘들어하고 있다. 그녀의 정신적 상태를 평가하기 위해 심리학자들은 어떤 평가 방법을 활용해야 하는가?

핵심 용어

객관적 검사(objective tests)
구성 개념타당도(construct validity)
구조화된 면담(structured interview)
내용타당도(content validity)
민속문화 증후군(culture-bound syndromes)
반구조화된 면담(semistructured interview)
비구조화된 면담(unstructured interview)
생리적 평가(physiological assessment)
신경심리평가(neuropsychological assessment)
신뢰도(reliability)
인지평가(cognitive assessment)
자기점검(self-monitoring)
정상주의(sanism)
준거타당도(criterion validity)
타당도(validity)
투사검사(projective test)
행동평가(behavioral assessment)
현실검증력(reality testing)

4

스트레스 관련 장애

4

학습 목표

4.1 스트레스가 건강에 미치는 영향에 대해 평가한다.
4.2 일반 적응 증후군의 단계를 살펴보고 서술한다.
4.3 생활 변화와 심리적 · 신체적 건강의 관계에 관한 증거를 검토한다.
4.4 심리적 적응 중 '문화적응 스트레스'의 역할을 평가한다.
4.5 스트레스의 영향을 조절하는 심리적 요인을 살펴본다.
4.6 적응장애의 개념을 정의하고 이 장애의 주요 특징을 서술한다.
4.7 급성 스트레스 장애와 외상후 스트레스 장애의 주요 특징을 서술한다.
4.8 외상후 스트레스 장애를 이해하고 치료하는 방식을 서술한다.

진실 또는 거짓

T□ F□ 놀랍게도, 스트레스는 감기에 대한 저항력을 증가시킨다.
T□ F□ 당신이 이 페이지를 읽고 있는 동안에도, 당신의 몸속에 있는 수백만의 작은 용사들이 외부 침입자를 찾아내 퇴치하기 위한 '수색-섬멸' 작전을 수행하고 있다.
T□ F□ 외상 경험에 관한 글쓰기는 당신의 신체적 및 심리적 건강에 이로울 수 있다.
T□ F□ 이민자 집단은 자신의 문화적 유산을 버리고 주류 문화를 받아들일 때 심리적 적응을 더 잘한다.
T□ F□ 최근 연인과의 이별을 경험한 후 학업에 집중하는 것이 어렵다면, 당신은 심리장애를 경험하고 있을 수 있다.
T□ F□ 참전 경험은 외상후 스트레스 장애와 연관된 가장 보편적인 외상이다.

"무슨 일 있어?" 2001년 9월 11일 아침, 나는 뉴욕의 세인트 존스 대학교에 있는 강의실에 들어서며 물었다. 그 끔찍한 날로부터 여러 해가 지났지만, 내 기억은 아직도 생생하게 남아 있다. 학생들은 창문 주변에 모여 있었다. 아무도 내 질문에 답하지 않았지만, 그중 한 여학생이 겁에 질린 표정으로 창문을 가리키던 모습을 나는 결코 잊지 못할 것이다. 잠시 후, 나는 서쪽으로 불과 24km 정도 되는 거리에서 또렷하게 보이는 세계무역센터 빌딩 중 하나에서 연기가 솟아오르는 것을 두 눈으로 지켜보았다. 그리고 난 후 두 번째 빌딩이 갑자기 화염에 휩싸였다. 우리는 놀라서 할 말을 잃은 채 그 상황을 지켜보고 있었다. 그때 상상도 할 수 없는 일이 일어났다. 갑자기 한 빌딩이 붕괴되었고, 그러고는 남은 하나의 빌딩마저 힘없이 주저앉았다. 강의실에 막 들어온 학생이 "쌍둥이 빌딩이 어디로 갔지?"라고 물었고, 다른 학생이 사라졌다고 대답했다. "그게 무슨 말이야, 사라졌다고?"

우리는 눈앞에서 펼쳐지는 참상을 멀리서 지켜보았다. 그러나 많은 뉴욕시민들은 세계무역센터 재난을 직접 경험했으며, 여기에는 사람들을 구하기 위해 위험을 무릅쓴 뉴욕시 경찰관인 테리 토빈과 같은 수천 명의 사람들이 포함되었다. 여기, 경찰관인 토빈이 자신의 경험을 이야기한다.

'나' "도망 가! 빌딩이 무너지고 있어!"

그때 사람들이 소리를 지르며 나를 향해 뛰어오고 있었어요. "도망가요! 빌딩이 무너지고 있어요!" 고개를 들어 보니, 정말로 빌딩이 무너지는 게 보이더군요. 곧 잔해가 저를 덮쳐 버릴 것만 같았어요. 그때 차로 돌아가 뒷좌석에 뛰어들어 피할 수도 있겠다는 생각이 들었어요. 하지만 내가 움직이기도 전에 폭발의 위력으로 신발이 벗겨진 채, 나는 콘크리트

방호벽 너머 길 반대편까지 날아갔어요. 나는 파이낸셜 센터 밖 잔디밭에 떨어졌고, 거대하고 검은 연기에서 나오는 잔해가 나를 뒤덮었어요.

그러고 나서 무언가가 머리를 강타하여 헬멧이 '탁' 하고 부서지는 소리가 났어요. 헬멧이 금이 가서 반으로 갈라지고, 내 머리에서 떨어져나갔어요. 그때 나는 방금 내 머리가 정말 큰 충격을 받았다는 것을 깨달았어요. 내 뒷목으로 피가 흘러내리는 것을 느꼈고, 그 주변에 손을 대자 뒤통수에서 7~10cm 정도 툭 튀어나와 있는 시멘트 덩어리를 느꼈어요. 완전히 내 두개골 안에 박혀 버린 거죠.

그때 갑자기 주변이 칠흑같이 변하면서, 나는 '내가 의식을 잃어가고 있는 건지도 몰라. 사방이 캄캄하잖아'라고 생각했어요. 하지만 나는 다시 생각했어요. '내가 의식이 없다면 주변이 얼마나 어두운지에 대해 생각도 못하겠지.' 정말로 숨쉬기가 어려웠어요. 사람들의 울부짖음, 공포의 절규, 모든 종류의 울음소리만 들릴 뿐이었어요. 그 순간 나는 생각했어요. '아아, 모두 길 위에서 죽게 될 거야.'

— Hagen & Carouba, 2002

스트레스, 특히 9/11처럼 수천 명의 사람이 경험한 외상성 스트레스에 노출은 우리의 정신적 및 신체적 건강에 강력하고 지속적인 영향을 미칠 수 있다. 이 장은 외상성 스트레스뿐만 아니라 매일의 삶의 경험과 관련된 스트레스를 포함해서 스트레스가 우리의 몸과 마음에 미치는 영향에 초점을 맞춘다.

직장생활 유지, 시험 준비, 가계비의 균형 맞추기 또는 아픈 자녀나 사랑하는 사람 돌보기와 같은 스트레스처럼, 많은 경우 스트레스를 불러일으키는 원인은 심리 혹은 상황과 관련한 것들이다. 여러 스트레스의 근원은 우리의 신체적, 정서적 건강에 막대한 영향을 미칠 수 있다. 스트레스를 포함한 심리적 요인과 신체적 건강 사이의 상호관계에 대해 연구하는 심리학자를 **건강심리학자**(health psychologists)라 부른다.

스트레스가 미치는 영향에 대해 검토하기 전에 우선 핵심 용어의 개념을 정의해 보자. **스트레스**는 신체에 가해지는 힘 또는 압력을 의미한다. 물리적 세계를 예로 들면, 산사태로 인해 땅에 떨어져 박살이 난 몇 톤의 돌이 그 자리에 구덩이나 압흔을 만들면서 스트레스가 충격을 야기할 수 있다. 심리학에서는 유기체가 적응해야 할 때 겪게 되는 압박 및 요구를 언급하기 위해 **스트레스**(stress)란 용어가 사용된다. **스트레스 요인**(stressor)은 스트레스의 근원이다. 스트레스 요인에는 학교 시험과 사회적 관계의 어려움 같은 심리적 요인 그리고 사랑하는 사람의 죽음이나 이혼, 실직과 같은 생활 변화가 포함된다. 또한 교통 체증 같은 일상의 골칫거리와 극한 기온이나 극심한 소음에 노출 같은 물리적 환경 요인이 포함된다. 스트레스라는 용어는 신체적 또는 정신적 고통이나 괴로움 상태를 뜻하는 **디스트레스**(distress)와 구분되어야 한다. 약간의 스트레스는 우리를 활성화하고 기민한 정신상태를 유지하도록 도움으로써 우리를 건강하게 한다. 그러나 만성적이거나 강렬한 스트레스는 우리의 대처 능력을 약화시키고 피로와 두통 같은 신체적 증상뿐만 아니라 불안이나 우울 같은 정서적 고통 상태를 유발할 수 있다.

스트레스는 광범위한 신체적 · 심리적 문제와 연관되어 있다. 우리는 스트레스와 건강의 관계를 논의함으로써 스트레스의 영향에 관한 학습을 시작하고자 한다. 그런 다음 스트레스에 대한 부적응적인 반응을 포함해서 스트레스와 관련된 심리적 장애를 살펴볼 것이다.

스트레스와 건강

> **4.1** 스트레스가 건강에 미치는 영향에 대해 평가한다.

스트레스의 심리적인 근원은 우리의 적응력을 약화시킬 뿐만 아니라 우리의 건강에 악영향을 줄 수 있다. 많은 병원 방문, 아마도 대다수는 스트레스 관련 질병 때문일 수 있다. 스트레스는 소화 불량부터 심장 질환에 이르기까지 다양한 유형의 신체 질병의 위험 증가와 관련 있다.

많은 미국인은 그들의 삶에서 스트레스 수준이 증가하는 추세라고 느낀다. 최근 미국심리학회에서 수행한 전국적 규모의 연구에 따르면, 미국인의 거의 절반가량이 과거 5년 동안 스트레스 수준이 증가되었고 대략 3명 중 1명은 극심한 수준의 스트레스에 직면했다고 답했다(American Psychological Association, 2007a, 2007b, 2010). 미국인들은 스트레스가 해가 된다는 것을 인식하고 있다. 많은 사람이 스트레스로 인해 피로와 같은 신체적 증상과 더불어 과민성이나 분노와 같은 심리적 증상을 경험하고 있다고 말한다(그림 4.1 참조).

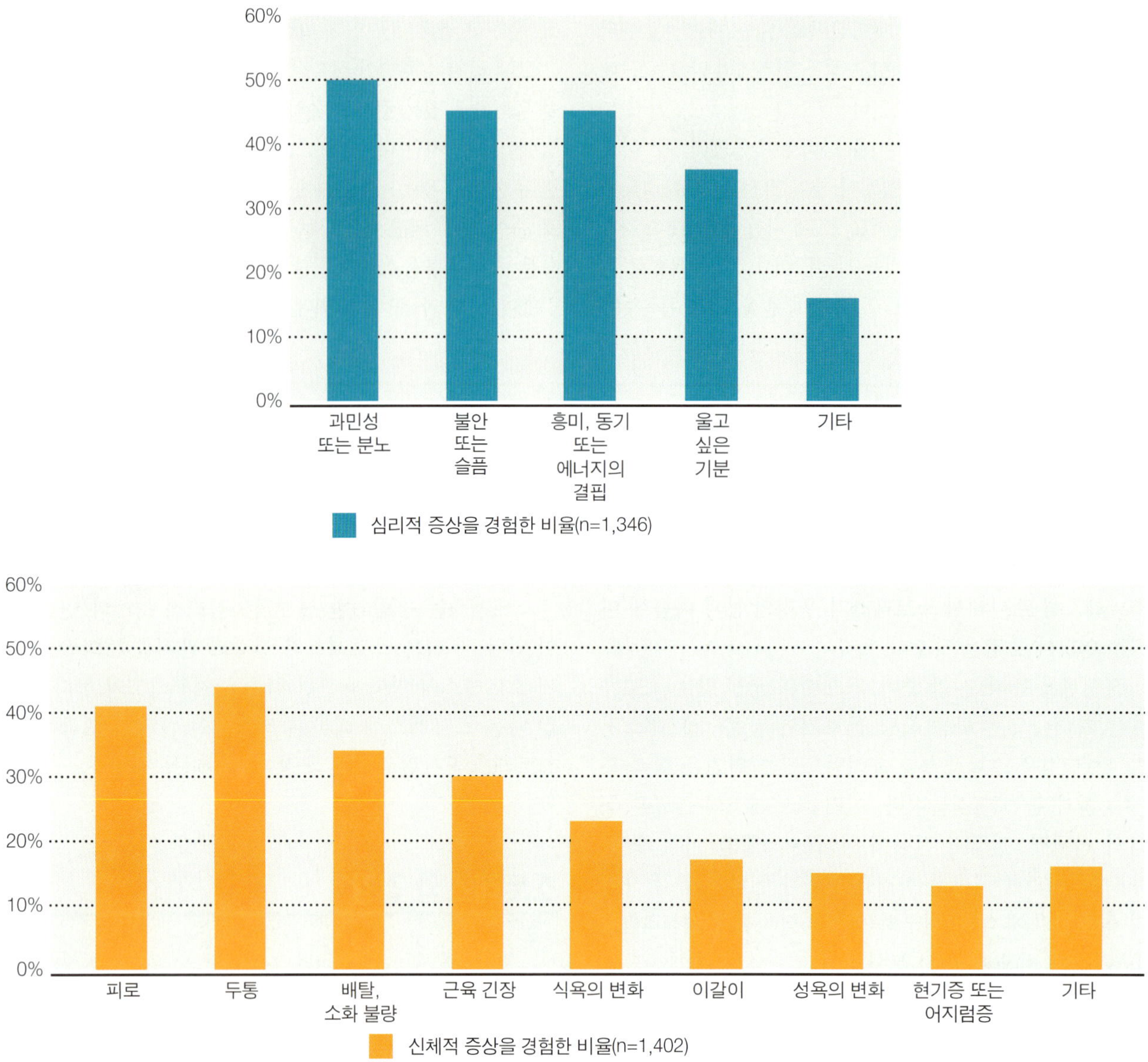

그림 4.1 스트레스에 의해 유발된 심리적 및 신체적 증상. 미국인들은 과민성, 분노, 불안 같은 심리적 증상, 그리고 피로, 두통, 배탈 같은 신체적 증상을 비롯한 광범위한 스트레스 증상들을 보고한다. 여러분에게 스트레스는 어떤 영향을 미치고 있는가?

출처: American Psychological Association(2010). *Stress in America 2011: Executive summary*. http://www.apa.org/news/press/releases/stress-exec-summary.pdf.

정신신경면역학은 심리적 요인, 그중 특히 스트레스와 면역체계 작용 간의 관계에 대해 연구한다(Kiecolt-Glaser, 2009). 여기서 우리는 이러한 관계에 대해 연구자들이 알게 된 것을 검토할 것이다.

스트레스와 내분비계

스트레스는 **호르몬**(hormones)이라 불리는 분비물을 직접 혈류로 방출하는 분비선들로 구성된 신체 시스템, 즉 **내분비계**(endocrine system)에 도미노 효과를 미친다. (타액을 생산하는 침샘과 같은 다른 분비선은 그들의 분비물을 혈관계에 방출한다.) 그림 4.2는 신체 전역에 분포한 주요 내분비선을 보여 준다.

일부 내분비선들은 스트레스에 대한 신체의 반응과 관계 있다. 먼저, 뇌 안의 작은 구조물인 시상하부는 인근의 뇌하수체가 부신피질 자극 호르몬(adrenocorticotrophic hormone, ACTH)을 분비하도록 자극하는 호르몬을 방출한다. ACTH는 차례로 신장의 바로 위에 위

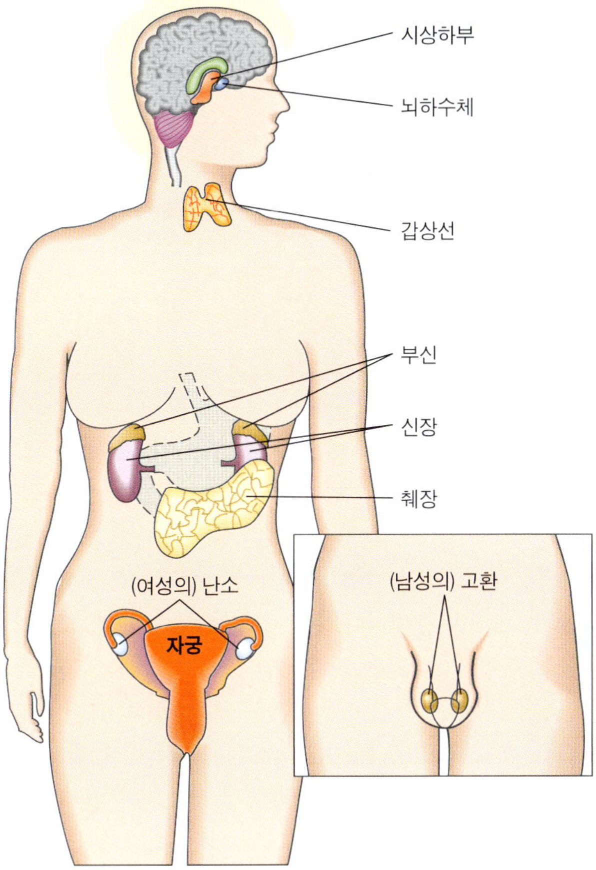

그림 4.2 내분비계의 주요 분비선. 내분비선은 호르몬이라 불리는 그들의 분비물을 혈류에 곧바로 방출한다. 호르몬은 온몸을 돌아다닐 수 있지만 그들은 오직 특정 수용기에만 작용한다. 많은 호르몬이 스트레스 반응과 다양한 양상의 이상행동과 관계 있다.

치한 부신을 자극한다. ACTH의 영향하에서 **부신피질**, 즉 부신의 외층은 **부신피질 스테로이드**(cortical steroids)라 불리는 일군의 호르몬(예: 코르티솔과 코르티손)을 방출한다. 부신피질 스테로이드[**코르티 코스테로이드**(corticosteroids)라고도 불림]는 신체에서 다양한 기능을 한다. 그들은 스트레스에 대한 저항력을 증가시키고 근육 발달을 돕고 간이 포도당을 방출하도록 하는데, 이는 위협적인 스트레스 요인(예: 숨어 있는 포식자 또는 공격자)이나 응급 상황에 반응하는 데 필요한 에너지 분출을 유발한다. 그들은 또한 알레르기 반응과 염증으로부터 신체를 보호한다.

자율 신경계(autonomic nervous system, ANS) 중 교감 신경계는 **부신수질**이라 불리는 부신의 내층을 자극해서 에피네프린(아드레날린)과 노르에피네프린(노르아드레날린)의 혼합물을 방출한다. 이 화학물질들은 혈류에 방출될 때 호르몬으로 작용한다. 노르에피네프린은 신경계에서도 생산되는데, 여기서는 신경전달물질로 작용한다. 이와 더불어, 에피네프린과 노르에피네프린이 심박을 증가시키고 간이 저장된 포도당(인체 내 세포들의 연료로 사용되는 일종의 당분)을 방출하도록 자극함으로써 위협적인 스트레스 요인을 다룰 수 있도록 신체를 동원한다. 부신에 의해 생산된 스트레스 호르몬은 신체가 임박한 위협이나 스트레스 요인에 대처하도록 준비시킨다. 일단 스트레스 요인이 사라지면 신체는 정상 상태로 되돌아온다. 이는 지극히 정상적이고 적응적인 과정이다. 그러나 스트레스가 지속적이거나 반복될 경우 신체는 많은 양의 스트레스 호르몬을 규칙적으로 분비하고 다른 시스템을 동원하는데, 이는 시간이 흐를수록 신체의 자원을 소모하고 건강을 손상시킬 수 있다(Gabb, Sonderegger, Scherrer, Ehlerr, 2006; Kemeny, 2003). 만성 또는 반복되는 스트레스는 심혈관계(심장과 동맥)와 면역체계를 포함한 많은 신체체계를 손상시킬 수 있다.

스트레스와 면역체계

인체의 복잡성과 과학 지식의 급격한 진보로 인해 질병을 치료하기 위해서는 고도로 훈련된 의학 전문가에게 의존해야 한다고 생각할 수 있다. 그러나 우리의 몸은 면역체계의 작용을 통해 스스로 대부분의 질병에 대응한다.

면역체계(immune system)는 질병에 대항하는 신체의 방어체계이다. 당신이 이 책을 읽고 있는 동안에도, 당신의 몸은 끊임없이 수색-섬멸 작전(search-and destroy

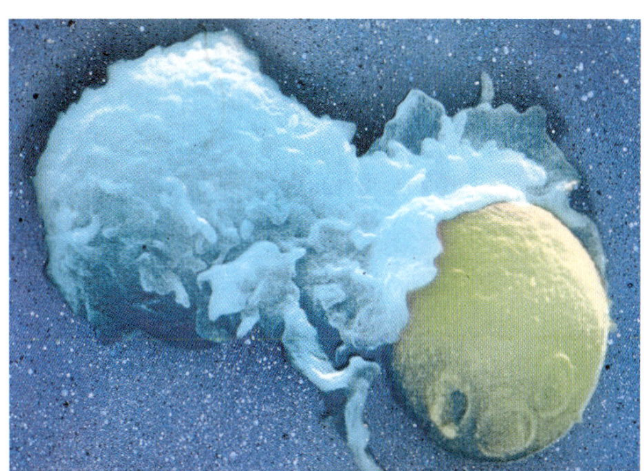

내전. 여기(파란색) 병원균을 공격하고 에워싸고 있는 백혈구는 박테리아와 바이러스, 기타 침입 유기체에 대한 신체의 방어체계의 중요한 부분을 형성한다.

missions)에 참여하고 있다. 이 초소형 전투에서 수백만 개의 **백혈구**(leukocytes)는 면역체계의 보병들이다. 백혈구는 박테리아, 바이러스, 곰팡이와 같은 병원균, 낡은 체세포, 장차 암으로 진행될 수 있는 세포들을 포위하여 파괴한다.

백혈구는 그들의 표면 조각으로 **항원**(antigens, 문자 그대로 항체 생성기)이라 불리는 병원균의 침입을 탐지한다. 일부 백혈구는 특수한 단백질인 '**항체**(antibodies)'를 생성한다. 항체는 항원과 결합하여 표시를 남기는데, 이는 수색-섬멸 작전을 수행하는 특공대인 '킬러' 림프구('killer' lymphocytes)가 항원을 파괴하도록 한다(Greenwood, 2006; Kay, 2006). **진실 / 거짓**

진실 또는 거짓

놀랍게도, 스트레스는 감기에 대한 당신의 저항력을 높인다.

거짓 스트레스는 감기에 걸릴 위험을 증가시킨다.

특수한 '기억 림프구'(림프구는 백혈구의 일종이다)는 파괴를 위해 이물질에 표시를 하거나 그들에 대항하여 싸우기보다 비축되어 있다. 이들은 수년 동안 혈류에 남아 침입자가 다시 출현할 때 빠른 면역 반응을 하기 위한 토대를 구축할 수 있다(Jiang & Chess, 2006).

가끔씩 스트레스를 받는 것은 건강에 큰 해가 되지 않지만 지속적 또는 장기간의 스트레스는 결국 신체의 면역체계를 약화시킬 수 있다(Fan et al., 2009; Kemeny, 2003). 면역체계의 약화는 감기와 독감을 비롯한 많은 질병에 걸리기 쉽게 만들고, 암과 같은 만성질환의 발생 위험성을 증가시킬 수 있다.

심리적 스트레스 요인은 면역체계의 반응을 약화시킬 수 있으며, 특히 스트레스가 강하거나 지속적일 때 더욱 그렇다(Segerstrom & Miller, 2004). 기말고사처럼 비교적 단기간의 스트레스도 만성적 또는 장기적인 스트레스보다는 그 영향이 제한적이지만 면역체계를 약화시킬 수 있다. 면역체계에 타격을 주어 질병에 더욱 취약하게 만드는 생활 스트레스 요인에는 부부갈등, 이혼, 장기간의 실직 그리고 자연재해와 테러 공격 같은 외상성 스트레스 요인들이 포함된다(예: Kiecolt-Glaser, McGuire, Robles, Glaser, 2002).

그러나 스트레스와 같은 심리적 요인이 어떻게 신체적 건강 문제로 전환될까? 연구자들은 염증으로 인한 것이라고 믿고 있다(Cohen et al., 2012; Gouin, Glaser, Malarkey, Beversdorf, Kiecolt-Glaser, 2012). 일반적으로, 면역체계는 감염이나 손상에 대한 신체의 염증성 반응을 조절한다. 스트레스 상태에서 면역체계는 염증 반응을 감소시키는 기능이 저하되고, 이로 인해 심혈관계 질환과 천식, 관절염을 포함한 많은 신체질환의 발생에 기여하는 지속적인 염증을 유발하게 된다(Cohen et al., 2012).

스트레스와 감기. 당신은 시험 기간과 같이 스트레스를 받는 동안에 당신이 더 자주 감기에 걸린다는 사실을 알고 있는가? 연구자들은 극심한 스트레스하에 있는 사람이 감기 바이러스에 노출된 후 감기에 더 걸리기 쉽다는 것을 밝혀냈다.

사회적 지지는 스트레스가 면역체계에 미치는 유해한 영향을 조절 또는 완화할 수 있다. 초기의 몇몇 연구는 친구가 거의 없는 의 · 치대생과 외로운 학생들처럼 가용한 사회적 지지가 적은 집단에서 면역체계의 기능이 더 떨어짐을 보여 주었다(Glaser, Kiecolt-Glaser, Speicher, Holliday, et al., 1985; Jemmott et al., 1983; Kiecolt-Glaser, Speicher, Holliday, Glaser, 1984). 이 연구에서 밝혀진 실상은 외로움이 건강을 해칠 수 있다는 것이다. 최근의 역학 연구의 결과는 외롭고 사회적으로 고립된 사람들의 수명이 더 짧고, 감염과 심장 질환 같은 신체적 질병으로 더 자주 고통받는 경향이 있음을 보여 줌으로써 이러한 관점을 지지하고 있다(Miller, 2011).

스트레스에 노출되는 것은 감기에 걸릴 위험이 높은 것과 관계 있다. 그러나 연구자들은 자발적으로 감기 바이러스 주사를 맞은 후, 사교적인 사람들이 비사교적인 사람들보다 감기에 대한 저항력이 더 높다는 사실을 발견했다(Cohen, Doyle, Turner, Alper, Skoner, 2003). 이 결과는 사회화 또는 사회적 지지가 스트레스의 영향을 완화하는 역할을 할 수 있음을 암시한다. **진실 / 거짓**

우리는 정신신경면역학의 많은 연구가 상관관계에 대한 것이라는 사실에 주의해야 한다. 연구자들은 스트레

진실 또는 거짓

당신이 이 책을 읽고 있는 동안에도, 당신의 몸에 있는 수백만의 작은 용사들이 침입자를 찾아내어 제거하기 위한 수색-섬멸 작전을 수행하고 있다.

진실 당신의 면역체계는 언제나 미생물의 침입을 경계하고 전염성 미생물을 탐지하고 제거하기 위해 특수 백혈구를 계속해서 파견한다.

스의 각 지표와 관련된 면역 기능을 조사하지만 피험자의 면역체계 또는 전반적인 건강에 대한 스트레스의 영향을 관찰하기 위해 스트레스를 직접 조작하지는 않는다(그럴 수도 없다!). 상관 연구는 과학자가 변인 간의 관계를 더 잘 이해할 수 있도록 돕고 가능한 기저의 원인을 암시할 수 있지만, 그 자체로 인과관계를 증명할 수 없다.

대처 반응으로서 스트레스와 외상에 대한 글쓰기

삶의 스트레스 또는 외상적 사건에 관한 글쓰기를 통해 감정을 표현하는 것은 심리적, 신체적 건강에 긍정적인 영향을 줄 수 있는 대처 반응이다(Frattaroli, 2006). 많은 연구는 표현적 글쓰기가 심리적, 신체적 증상을 감소시킬 수 있음을 보여 준다(예: Low, Stanton, & Danoff-Burg, 2006; Sloan, Marx, & Epstein, 2005; Sloan, Marx, Epstein, Lexington, 2007). **진실 / 거짓**

진실 또는 거짓

외상 경험에 관한 글쓰기는 당신의 신체적·심리적 건강에 이로울 수 있다.

진실 당신의 감정에 대해 말하기 또는 글쓰기는 심리적·신체적 안녕감을 향상시키도록 돕는다.

과학자들은 표현적 글쓰기가 건강에 어떻게 이로운지를 아직 알지 못한다. 한 가지 가능성은 심한 스트레스나 외상적 사건에 대한 생각과 감정을 비밀에 부친 채 마음에 담고 있는 것이 자율 신경계상에 부담이 되고, 그것이 면역체계를 약화시키고 스트레스 관련 장애에 대한 취약성을 증가시킬 수 있다는 것이다. 스트레스와 관련된 생각과 감성에 관한 글쓰기는 면역체계에 미치는 영향을 감소시킬 수 있다.

테러 관련 외상

미국에서 9/11 테러 공격은 모든 것을 바꿔놓았다. 9/11 이전에는 우리 집과 사무실, 다른 공공장소들이 테러의 위험으로부터 안전하다고 느꼈다. 그러나 지금은 테러가 우리의 안전과 안보 의식을 지속적으로 위협하고 있다고 생각한다. 그럼에도 불구하고, 우리는 우리 삶에서 정상 감각을 유지하려고 노력한다. 항상 존재하는 안전 규정이 테러에 대한 높은 우려를 끊임없이 생각나도록 하지만 우리는 여행을 하고 공적인 모임에 참석한다. 9/11로 직접 피해를 입었거나 친구나 사랑하는 사람을 잃은 많은 사람은 그날의 정서적 상처를 극복하려고 아직도 노력을 기울이고 있을 것이다. 홍수와 토네이도 같은 다른 유형의 외상을 경험한 이들과 마찬가지로, 많은 생존자는 외상후 스트레스 장애(posttraumatic stress disorder, PTSD)와 같은 지속적이고 역기능적인 스트레스 반응을 경험할 수 있다. 미시간 주에서 실시된 지역사회 기반의 연구 결과는 9/11 테러 이후 몇 달 내에 자살 시도 횟수가 급증했음을 보여 주었다(Starkman, 2006).

외상 사건에 노출된 대부분의 사람들이 PTSD로 진행되지 않지만, 많은 사람이 집중곤란과 과각성과 같은 PTSD 관련 증상을 경험한다. 뉴욕시 가정 중 9/11 테러로 자녀가 혼란을 경험했다고 보고한 부모가 60% 이상이었다. 테러 이후로, 많은 미국인은 외상성 스트레스의 정서적 결과에 더 예민해지고 있다. 138쪽의 '더 자세히 살펴보기'는 외상 관련 스트레스에 대한 대처를 다루고 있다.

외상성 스트레스에 대한 반응은 사람마다 다르다. 스트레스에 직면해서 회복 탄력성을 설명하는 요인을 찾고자 하는 연구자는 긍정 정서가 중요한 역할을 담당할 수 있다고 제안한다. 9/11 이래로 축적된 증거는 감사와 사랑과 같은 긍정 정서의 경험이 스트레스의 영향을 완화시킬 수 있음을 보여 준다(Fredrickson, Tugade, Waugh, & Larkin, 2003).

일반 적응 증후군

4.2 일반 적응 증후군의 단계를 살펴보고 서술한다.

스트레스 연구자 Hans Selye (1976)는 지속적 또는 과도한 스트레스에 대한 보편적인 생물학적 반응 양상을 기술하기 위해 **일반 적응 증후군**(general adaptation syndrome, GAS)이라는 용어를 만들었다. Selye는 스트레스의 근원이 병원균의 침입, 이혼, 홍수의 여파이든, 다양한 종류

더 자세히 살펴보기

외상 관련 스트레스에 대처하기

사람들은 외상에 직면하면 보통 심리적 고통을 경험한다. 위기나 재난 시에 별 반응이 없는 것이 오히려 비정상일 수 있다. 미국심리학회는 외상 경험에 대처하기 위해 다음과 같은 제안을 제공하고 있다.

내가 나 자신과 가족을 어떻게 도와야 하는가?

재난이나 다른 외상을 경험한 후 정서적 안녕감과 통제감을 회복하도록 돕기 위해 당신은 다음과 같은 단계를 취할 수 있다.

- **자신에게 적응할 수 있는 시간을 주어라.** 이 시간이 당신의 인생에서 힘든 시간이 될 수 있을 것이라 예상하라. 당신이 경험한 상실에 대해 애도할 수 있도록 자신을 허락하라. 당신의 감정 변화를 인내하려고 시도하라.
- **당신을 보살피고 당신의 상황에 귀 기울이고 공감할 수 있는 사람에게 지지를 구하라.** 그러나 당신과 친밀한 사람도 외상을 경험했거나 목격했다면 당신의 전형적인 지지체계가 약화될 수 있음을 명심하라.
- **당신의 경험에 대해 소통하라.** 가족이나 친한 친구들과 이야기하거나 일기를 쓰는 것처럼, 무엇이든 당신이 편안하게 느끼는 방식으로 소통하라.
- **자주 이용 가능한 지역사회의 지지 집단을 탐색하라.** 자연재해나 다른 외상 사건으로 인해 고통을 받았던 사람들의 모임 같은 지지 집단은 개인적 지지체계가 제한된 사람에게 특히 유용할 수 있다.
- **적절한 훈련을 받고 숙련된 전문가가 이끄는 집단을 찾아보라.** 집단 토론은 동일한 상황에 놓인 다른 사람들이 종종 유사한 반응과 정서를 경험한다는 사실을 깨닫도록 돕는다.
- **과도한 스트레스에 대처하는 당신의 능력을 향상시키는 건강한 활동에 참여하라.** 균형 잡힌 식사를 하고 충분한 휴식을 취하라. 만일 지속적인 불면증이 있다면 이완 기법을 통해 약간의 완화를 경험할 수 있을 것이다. 술과 약물은 피하라.
- **규칙적인 식사와 운동 프로그램 같은 일과를 설정하거나 재설정하라.** 취미나 다른 즐거운 활동을 함으로써 일상생활의 요구에서 벗어나 여유를 가져라.
- **가능한 한 직업이나 직장을 바꾸는 것처럼 인생의 중요한 결정을 피하라.** 이러한 활동은 상당히 스트레스를 유발하는 경향이 있다.

2개월 이상 지속되고 일상생활에서 기능하는 개인의 능력에 타격을 주는 스트레스 반응은 걱정의 원인이 될 수 있다. 만일 당신이나 친밀한 사람이 외상성 스트레스로 인해 지속적인 정서적 어려움을 경험하고 있다면 전문가의 정신건강 도움을 받는 것이 유용할 수 있다. (당신이 대학생이라면) 교내 진료 서비스를 통해 또는 훈련된 전문가들의 네트워크를 통해 도움을 받을 수 있다. 만일 더 많은 정보나 의뢰가 필요하면 거주지역의 미국 적십자사 또는 미국심리학회(202-336-5800)로 연락하기를 바란다.

출처: "Managing traumatic stress: Tips for recovering from disasters and other traumatic events", American Psychological Association의 허락하에 인용함. http://www.apa.org/helpcenter/recovering-disasters.aspx

의 불쾌한 스트레스 요인에 우리 신체가 유사하게 반응한다는 점에 주목했다. GAS 모델은 스트레스하에서 우리 몸은 에너지가 거의 고갈될 때까지 멈추지 않는 알람 시계와 같다고 제안한다.

GAS는 세 단계, 즉 경고 반응, 저항 및 소진 단계로 구성된다. 즉각적 스트레스 요인(예: 고속도로에서 당신 앞으로 방향을 튼 자동차)의 지각은 **경고 반응**(alarm reaction)을 촉발한다. 경고 반응은 신체를 동원해서 당면 과제나 스트레스에 대비하도록 한다. 우리는 이것을 위협적인 스트레스 요인에 대한 신체의 일차 방어선으로 생각할 수 있다. 신체는 교감 신경계의 활성화를 비롯해서 복잡하고 통합된 반응을 보이는데, 이것은 신체 각성을 증가시키고 내분비계에 의한 스트레스 호르몬의 방출을 촉발한다.

1929년에 하버드 대학교의 생리학자인 Walter Cannon은 이 반응 양상을 **싸움 또는 도주**(fight-or-flight) 반응이라고 명명했다. 우리는 앞에서 내분비계가 스트레스에 어떻게 반응하는가를 언급했다. 경고 반응 동안 뇌하수체에 의해 통제되는 부신은 신체의 방어체계를 동원하도록 돕는 부신피질 스테로이드(cortical steroids)와 스트레

표 4.1
경고 반응과 관련된 스트레스 관련 신체 변화

- 코르티코스테로이드(corticosteroids: 부신피질호르몬=부신피질스테로이드)가 방출된다.
- 에피네프린과 노르에피네프린이 방출된다.
- 심박 속도, 호흡 속도 및 혈압이 증가한다.
- 근육 긴장.
- 내장 기관에서 골격근으로 혈액이 이동한다.
- 소화가 억제된다.
- 간에서 당이 방출된다.
- 혈액 응고 작용이 증가된다.

스 호르몬을 방출한다(표 4.1 참조).

싸움 또는 도주 반응은 아마도 인류의 초기 조상들이 당면한 많은 위험에 대처하는 데 도움이 되었을 것이다. 그 반응은 포식자를 보거나 덤불 속 바스락 거리는 소리에 의해 유발되었을 수 있다. 그러나 우리 조상들은 대개 경고 반응의 활성화를 지속적으로 경험하지는 않았다. 민감한 경고 반응은 그들의 생존 가능성을 증가시켰다. 그들이 포식자를 격퇴하든, 아니면 빠르게 도망가든, 위협이 일단 제거되면 신체는 낮은 수준의 각성 상태로 회복된다. 즉각적인 위험이 사라진 후에는 높은 각성 상태가 지속되지 않았다. 이와 달리, 오늘날에는 출근길 전쟁부터 학업과 일의 병행이나 잦은 이직까지 스트레스 요인이 계속해서 쇄도하고 있다. 결과적으로 우리의 경보 체계는 항상 켜져 있게 되고, 결국 스트레스 관련 장애로 진행될 가능성이 증가된다.

In The Bleachers © 2006 Steve Moore. Universal Press Syndicate의 허락하에 인용함. 불법복제 불허.

스트레스 요인이 지속될 때 GAS의 **저항 단계**(resistance stage) 또는 적응 단계로 진행된다. 내분비계와 교감 신경계의 반응(예: 스트레스 호르몬의 방출)은 높은 수준에서 유지되지만 경고 반응 단계만큼 높지는 않다. 저항 단계 동안 신체는 소모된 에너지를 회복하고 손상을 복구하려고 시도한다. 그러나 스트레스 요인이 계속되거나 새로운 스트레스 요인이 나타날 때 GAS의 마지막 단계인 **소진 단계**(exhaustion stage)로 진행된다. 스트레스에 대한 저항력에 개인차가 있음에도 불구하고, 우리 모두는 신체 자원을 결과적으로 고갈시킬 것이다. 소진 단계에는 자율 신경계 중 부교감 신경계의 우세가 특징적으로 나타난다. 결과적으로, 심박과 호흡 속도가 감소한다. 이러한 휴지기가 우리에게 이로울까? 반드시 그렇지 않다. 만일 스트레스의 근원이 지속된다면, Selye가 적응 질환(diseases of adaptation)이라고 명명한 상태로 진행될 수 있다. 이것은 알레르기 반응부터 심장 질환까지 다양하고 때로는 사망에 이르기도 한다. 여기에서 얻은 교훈은 만성 스트레스가 우리의 건강을 해치고 다양한 질환과 신체적 건강 문제에 우리를 더욱 취약하게 만들 수 있다는 것이다.

지속적인 스트레스가 결국 건강 문제를 초래하는 이유 중 하나는 부신피질 스테로이드이다. 부신피질 스테로이드는 신체가 스트레스에 대처하는 데 도움이 되지만, 면역체계의 활동을 억제하기도 한다. 그것이 간헐적으로 방출될 경우에는 효과가 경미하지만, 계속적인 분비는 항체 생성을 방해함으로써 면역체계를 약화시키고, 이것은 시간이 지남에 따라 감기와 다른 감염에 대한 취약성을 증가시킬 수 있다.

비록 Selye의 모델이 스트레스에 대한 신체의 보편적인 반응 양상을 설명하고 있지만, 특정 종류의 스트레스 요인에 대해서 다른 신체 반응이 나타날 수 있다(Denson, Spanovic, & Miller, 2009). 예를 들어, 극심한 소음에 대한 노출은 이혼이나 별기 같은 심리적인 스트레스 요인이나 인구 혼잡과 같은 다른 스트레스의 근원과 다른 신체 과정을 불러일으킬 수 있다.

좋거나 나쁘거나. 결혼과 사랑하는 사람의 죽음 같은 생활 변화는 적응을 요구하는 스트레스의 근원이다. 배우자의 사망은 사람이 직면하는 가장 스트레스가 심한 생활 변화 중 하나일 수 있다.

스트레스와 생활 변화

4.3 생활 변화와 심리적 · 신체적 건강의 관계에 관한 증거를 검토한다.

연구자들은 생활 변화(생활 사건이라 불리는) 측면에서 생활 스트레스를 수량화함으로써 스트레스와 질병 사이의 관계를 조사하였다. 생활 변화는 우리에게 적응을 요구하기 때문에 스트레스의 근원이 된다. 그들은 사랑하는 사람의 죽음과 같은 부정적 사건은 물론, 결혼 같은 긍정적인 사건을 포함한다. 당신은 141쪽의 대학생활 스트레스 설문지(College Life Stress Inventory)를 작성하면서 지난해 당신이 경험했던 생활 변화의 스트레스 수준에 대한 통찰을 얻을 수 있다.

생활 사건을 적게 경험한 사람들보다 생활 변화를 더 많이 경험한 사람들은 심리적 · 신체적 건강 문제로 고통받을 가능성이 크다(Dohrenwend, 2006). 그러나 연구자들은 이런 결과를 해석할 때 주의해야 할 필요가 있다. 여기서 보고된 관계는 실험이 아니라 상관관계에 기초한다. 다시 말해, 연구자들은 높은 또는 낮은 수준의 생활 변화가 시간이 흐름에 따라 건강에 어떤 영향을 주는지 살펴보기 위해 어느 한 조건에 피험자를 할당하지 않았다. 오히려, 현존하는 자료는 생활 변화와 신체적 건강 문제의 관계에 관한 관찰에 기반한다. 그런 관계는 다른 해석의 여지가 있다. 신체적 증상은 그 자체로 스트레스의 근원일 수 있고, 더 많은 생활 변화를 초래할 수 있다. 신체적 질병은 수면장애나 재정적 부담 등을 유발할 수 있다. 이런 이유로, 적어도 일부 사례에서 이런 인과적 방향이 역전될 수 있다. 즉, 건강 문제가 생활 변화를 초래할 수 있다. 과학자들은 가능한 원인과 결과 관계를 아직 밝힐 수 없을 것이다.

긍정적 · 부정적 생활 변화가 모두 스트레스가 될 수 있지만 긍정적인 생활 변화가 부정적인 생활 변화보다 일반적으로 덜 파괴적이라고 가정하는 것이 당연하다. 다시 말해, 이혼이나 별거보다 결혼으로 인한 스트레스가 더 적은 경향이 있다. 달리 표현하면, 더 좋은 변화는 성가신 일이 더 적은 변화일 수 있다.

문화적응 스트레스: 미국에서 살아남기

4.4 심리적 적응 중 '문화적응 스트레스'의 역할을 평가한다.

미국으로 이주한 힌두교 여성들은 사리를 벗고 캘리포니아의 평상복을 입어야 하는가? 러시아 이주자들은 가정에서 자녀들에게 러시아어를 계속 가르쳐야 하는가? 아프리카계 미국인의 자녀들은 아프리카인들의 음악과 미술을 잘 알아야 하는가? 전통적인 이슬람 사회에서 이주한 여성들은 베일을 벗고 경쟁적인 직장에 뛰어들어야 하는가? 문화적응 스트레스는 이주자와 그 가족의 심리적 안녕감에 어떤 영향을 주는가?

사회문화 이론가들은 이상행동을 설명하는 데 있어 사회적 스트레스 요인의 중요성에 대해 주의를 환기시켰다. 이주자 집단이나 더 큰 주류 문화에서 살고 있는 원주민 집단이 경험하는 스트레스의 일차적 근원 중 하나는 새로운 문화에 적응해야 한다는 것이다. 문화적응

설문지

변화 겪기

최근 당신의 생활은 얼마나 스트레스였는가? 다음 목록의 생활 변화 또는 사건은 적응에 부담이 되는 스트레스가 될 수 있다. 이 생활 사건은 대학생 표본이 보고한 것과 유사하고 그들이 부여한 스트레스 수준에 따라 척도화되었다(Renner & Mackin, 1998). 지난해 동안 당신이 경험한 사건에 체크하라. 그리고 당신의 점수를 해석하기 위해 이 장의 끝에 있는 가이드를 보라(해당되는 것은 모두 체크하라).

낮은 수준의 스트레스

________ 수업에 등록하는 것
________ 사교모임이나 동아리에 가입하는 것
________ 새 친구를 사귀는 것
________ 직장이나 학교에 통근하는 것
________ 첫 데이트에 나가는 것
________ 새 학기를 시작하는 것
________ 누군가와 꾸준하게 데이트를 하는 것
________ 아픈 것
________ 안정적인 연애 관계를 유지하는 것
________ 처음으로 집을 떠나 생활하는 것

중간 수준의 스트레스

________ 당신이 싫어하는 수업을 듣는 것
________ 약물을 복용하는 것
________ 룸메이트와의 갈등
________ 남자 친구나 여자 친구를 속이고 바람 피우기
________ 이직이나 직장에서 성가신 일을 맡는 것
________ 잠을 못 자는 것
________ 부모님과의 갈등
________ 새로운 거주지에 이사하거나 적응하는 것
________ 술이나 약물로 인한 부정적인 결과를 경험하는 것
________ 수업시간에 발표하는 것

높은 수준의 스트레스

________ 친한 친구나 가족 구성원의 사망
________ 늦잠을 자서 시험 시간에 못 간 것
________ 과목에서 낙제한 것
________ 오래 사귄 관계를 끝내는 것
________ 남자 친구나 여자 친구가 당신을 속이고 바람 핀 것을 알게 된 것
________ 재정 문제를 겪는 것
________ 심각한 질병이 있는 친구나 가족 구성원을 돌보는 것
________ 부정행위를 하다가 적발된 것
________ 강간을 당하는 것
________ 누군가가 당신을 강간으로 기소한 것

(acculturation)이란 이민자들과 원주민 집단, 소수민족 집단이 행동과 태도의 변화를 통해 새로운 문화 또는 주류 문화에 적응하는 과정으로 정의된다. **문화적응 스트레스**(acculturative stress)는 주류 문화의 삶에 적응하기 위해 이민자와 원주민, 소수민족 집단에게 부과된 요구에서 비롯된 압력이다. 문화적응 스트레스는 1세대와 2세대 이민자 집단의 불안과 우울 같은 정서적 문제와 관련된 요인일 수 있다(Katsiaficas et al., 2013).

문화적응과 심리적 적응의 관계를 다룬 두 가지 일반 이론이 있다. **용광로 이론**(melting pot theory)은 사람들이 주류 문화의 삶에 적응하는 데 문화적응이 도움이 된다고 본다. 이 관점에 따르면 라틴계 미국인들은 스페인어를 영어로 대체하고 미국의 주류 문화와 연관된 가치와 관습을 받아들임으로써 적응을 더 잘할 수 있다. 그러나 이와 필적하는 **이중문화 이론**(bicultural theory)에서는

민족 정체성을 유지하기. 이민자들은 그들 자신의 전통 문화와 지속적인 유대감을 유지하면서 적응하기 위한 노력을 기울일 때 새로운 문화에 대한 적응 스트레스에 더 잘 대처할 수 있다.

전통 문화와 주류 문화 두 가지 모두를 받아들이는 것이 심리문화적 적응의 특징이라는 관점을 견지한다. 즉, 지지적인 문화 전통과 민족 정체감에 토대를 두고, 정착한 사회의 새로운 삶의 방식을 받아들이는 개인의 능력은 성공적인 적응으로 이어질 것이다. 이중문화 관점에 따르면, 이민자들은 주류 문화의 언어와 관습에 적응하는 것을 배우는 한편, 자신의 민족 정체성과 전통적인 가치를 유지한다.

문화적응과 심리적 적응의 관계 문화적응과 심리적 적응 사이의 관계는 복잡하다. 더 높은 문화적응 상태가 심리적 문제로 발달될 가능성을 증가시킨다는 연구도 있고 이와 상반된 연구도 있다. 먼저, 라틴계 미국인을 대상으로 문화적응의 심리적 영향을 탐색한 연구에서 도출된 몇 가지 결과에 주목하자.

- 여성의 과도한 음주 위험성의 증가. 주류 문화에 더 많이 동화된 라틴계 미국인 여성일수록 그렇지 않은 여성보다 과음자가 될 가능성이 큰 것으로 나타났다(Caetano, 1987). 라틴계 미국 문화에서 남성은 여성에 비해 술을 더 많이 마시는 경향이 있는데, 이는 음주에 대한 젠더 기반의 문화적 금기가 여성의 음주를 제한하기 때문이다. 미국의 '주류' 태도와 가치를 받아들인 라틴계 미국인 여성들 사이에서는 이런 제약이 약화된 것처럼 보인다.
- 청소년의 흡연과 성교 위험성의 증가. 라틴계 청소년의 경우, 높은 수준의 문화적응은 흡연(Ribisl et al., 2000) 및 성행위의 증가와 관련이 있다(Adam, McGuire, Walsh, Basta, & LeCroy, 2005; Lee & Hahm, 2010).
- 섭식장애의 위험성 증가. 주류 문화에 더 많이 동화된 라틴계 미국인 여고생의 섭식 태도 질문지(Pumariega, 1986) 점수는 거식증(심한 저체중과 살찌는 것에 대한 공포가 특징적인 섭식장애—8장 참조)과 더 큰 관련성을 보였다. 문화적응은 이 소녀들이 현대 미국인의 이상인 (매우!) 날씬한 여성이 되기 위해 노력해야 한다는 요구에 더욱 취약하게 만든다. 더 최근에, 연구자는 문화적응 스트레스가 서부 텍사스 주의 라틴계 남녀 대학생들의 부정적인 신체상과 이상적인 마른 체형의 내면화와 관련이 있음을 발견했다(Menon & Harter, 2012).

이러한 연구 결과를 통해, 문화적응이 전통적인 가족 관계망과 가치를 손상시킴으로써 스트레스를 겪을 때 심리적 장애에 대한 취약성을 증가시켜 심리적 적응에 부정적인 영향을 미칠 수 있다고 볼 수 있다(Ortega, Rosenheck, Alegria, & Desai, 2000). 그러나 우리는 이중문화적 동일시의 심리적 이익에 관한 다른 결과를 고려함으로써 관점의 균형을 맞출 필요가 있다. 이중문화적 정체성을 가진 사람들은 그들의 전통적인 문화와 정체성을 유지하는 동시에 주류(미국) 문화에 적응하고자 한다. 고령의 멕시코계 미국인을 대상으로 한 초기 연구에서 연구자들은 주류 문화에 더 적게 동화된 피험자가 더 많이 동화된 또는 이중문화적인 피험자에 비해 우울 수준이 더 높다는 사실을 발견했다(Zamanian et al., 1992). 더 최근에, 67개의 아메리칸 인디언 부족에서 아메리칸 인디언 청소년에 대한 대규모 연구는 이중문화에 능숙한 사람들(예: 인디언과 백인 문화 모두에 적응하는 능력을 가진 경우)이 한 문화에만 유능감이 있거나 어느 것에도 유능감을 가지지 못한 사람에 비해 절망감의 수준이 낮다는 것으로 보여 주었다(LaFromboise, Albright, & Harris, 2010).

왜 낮은 문화적응 상태가 우울증의 위험성 증가와 관계가 있는가? 그 답은 낮은 문화적응 상태가 종종 낮은 사회경제적 지위(socioeconomic status, SES)의 지표일 수 있기 때문이다. 문화적응이 잘 안 된 사람들은 종종 경제적 어려움에 직면하고, 사회경제적 지위에서 더 낮은 계층을 차지하는 경향이 있다. 재정적 어려움, 주류 언어의 능력 부족 및 경제적 기회의 제한에서 비롯된 사회적 스트레스는 주류 문화에 대한 적응 스트레스를 가중시키고, 이 모든 것은 우울증과 기타 심리적 문제의 위험성을 증가시킬 수 있다(Ayers et al., 2009; Yeh, 2003). 놀랄 것 없이, 한 연구는 영어에 더 능숙한 멕시코계 미국인들이 영어에 덜 능숙한 이들에 비해 우울 및 불안의 징후를 더 적게 보인다는 사실을 발견했다(Salgado de Snyder, 1987). 그러나 사회경제적 지위와 언어 능력이 이주민 집단의 정신건강에 대한 유일한 또는 필수적으로 가장 중요한 결정 요인은 아니다. 북부 캘리포니아의 표본을 대상으로 한 연구 결과를 살펴보면, 미국에서 태어난 멕시코계 사람들에 비해 멕시코인 이주자 집단이 더 큰 사회경제적 불이익에 직면했음에도 불구하고 더 양호한 정신건강 프로파일을 보였다(Vega et al., 1998). '미국화'는 주류 문화에 적응하는 소수민족 집단들의 정신건강에 해로운 영향을 줄 수 있으나 그런 영향은 문화적 전통을 유지함으로써 어느 정도 완화될 수 있다. 진실 / 거짓

진실 또는 거짓

이민자 집단은 자신의 문화적 유산을 버리고 주류 문화를 받아들일 때 심리적 적응을 더 잘한다.

거짓 문화적 전통을 유지하는 것은 새로운 문화에 적응하는 것과 관련된 스트레스에 대한 보호 또는 '완충' 효과를 지닐 수 있다.

요약하면, 이주자 집단의 문화적응에 수반될 수 있는 전통적인 가족 관계망과 가치의 손상은 심리적 문제의 위험성을 증가시킬 수 있다(Ortega et al., 2000). 연구 결과는 전통 문화와 결속을 유지하는 동시에, 더 큰 문화에 적응하는 것이 이로울 수 있음을 시사한다. 예를 들어, 소수민족의 자녀의 경우 강한 민족 정체성과 자부심의 발달이 더 높은 자존감과 더 양호한 적응과 관계 있다(Oyserman, 2008; Rodriguez, Umaña-Taylor, Smith, Johnson, 2009; Smith, Levine, Smith, Dumas, Prinz, 2009). 또한 미국 내 아시아계 이민 청소년을 대상으로 한 연구 결과에 주목하라. 이 연구는 두 문화, 즉 미국과 전통 문화 사이에서 소외되거나 얽힌 느낌이 정신건강 문제를 초래할 수 있음을 보여 주었다(Yeh, 2003).

일부 결과는 신중한 해석을 요한다. 예를 들어, 주류 문화에 더 많이 동화된 미국의 라틴계 여성이 과음할 가능성이 높다는 결과는 여성에게 더 많은 사회적 제약을 가해야 함을 뜻하는가? 아마도 제약의 완화는 양날의 검일 수 있는데, 남성이든, 여성이든, 라틴계이든 아니든, 모든 사람은 새로운 자유를 얻었을 때 적응 문제에 직면할 수 있다.

마지막으로, 우리는 문화적응에 있어 성차를 고려할 필요가 있다. 초기 연구에서 여성 이민자는 남성 이민자에 비해 더 높은 수준의 우울을 나타냈다(Salgado de Snyder, Cervantes, & Padilla, 1990). 여성이 보이는 높은 수준의 우울은 미국 사회의 자유로운 남녀 성역할과 같은, 이민자들이 일반적으로 겪게 되는 새로운 가족 양상과 개인적 문제의 변화에 적응하는 데 여성이 더 큰 스트레스를 경험하는 것과 관련이 있을 것이다. 그들은 남성이 가장이 되고 여성이 주부인 문화에서 자랐기 때문에, 여성 이민자들이 직장에 들어갈 경우, 그들이 경제적 필요나 개인적 선택 때문에 일하는 것과는 상관없이 더 많은 가족 갈등과 내적 갈등에 직면할 수 있다. 이러한 요인을 고려하면, 더 많이 동화된 멕시코계 미국인 부부의 아내가 적게 동화된 부부의 아내보다 결혼생활로 인한 더 큰 고통을 보고하는 경향이 있다는 것이 놀랍지 않다(Negy & Snyder, 1997). '더 자세히 살펴보기'에서 이 연구의 주저자인 센트럴 플로리다 대학교의 심리학자 Charles Negy는 라틴계 미국인들 사이에서 문화적응의 역할을 살펴보자.

더 자세히 살펴보기

미국에 이주한 라틴계 미국인의 사례 – Charles Negy

멕시코계 미국인 청년인 나는 동부 로스앤젤레스의 식료품점에서 일했고, 내가 만난 다양한 멕시코계 사람들에게 관심을 가지게 되었다. 최근 멕시코에서 온 많은 이민자들은 그들이 아는 짧은 영어를 열심히 연습하고 주류 미국 문화를 더 많이 배우는 것에 흥미를 보였다. 나는 많은 이민자를 알고 있는데, 이들 중 다수는 20년 이상 캘리포니아에 거주했는데도 영어로 간신히 말하고 지역사회를 벗어나는 모험을 거의 하지 않는다.

내가 대학원에 들어갔을 때, 라틴계 또는 히스패닉계 미국인들의 문화적응에 대해 연구하는 것이 당연한 것처럼 느껴졌다. 문화적응은 주류 문화의 가치, 태도 및 행동을 받아들이는 것을 의미한다. 내 초기 연구들에서 나는 다른 연구자들이 이미 발견한 결과, 즉 미국 문화에 대한 라틴 아메리카인들의 문화적응 수준이 매우 다양하다는 것을 빠르게 관찰했다. 일반적으로, 미국에서 오래 살수록 더 많이 동화되는 경향이 있고, 더 많이 동화될수록 비히스패닉계 백인들의 가치와 태도, 관습을 더 많이 닮는다.

나의 초기 연구(예: Negy & Woods, 1992a; 1993)에서 멕시코계 미국인 대학생들이 더 많이 동화될수록 표준화된 성격검사의 점수가 비히스패닉계 백인들과 더 유사하다는 사실을 발견했다. 더 많이 동화된 사람들이 더 높은 사회경제적 배경 출신인 경향이 있다는 사실은 별로 놀랍지 않았다(Negy & Woods, 1992b). 나는 또한 우울증의 징후를 보이는 저소득층 멕시코계 미국인 청소년들이 더 많이 동화될수록 자살 사고를 경험하기가 더 쉽다는 사실을 발견했다(Rasmussen, Negy, Carlson, & Burns, 1997).

이후에 나는 멕시코계 미국인 부부와 백인 부부 그리고 멕시코

(다음 쪽에 계속)

인 부부를 비교함으로써 부부관계에서 인종적 차이를 검토하는 연구를 시작했다(Negy & Snyder, 1997; Negy, Snyder, & Diaz-Loving, 2004). 멕시코인 부부는 멕시코계 미국인 부부보다 부부관계에서 더 많은 언어적, 신체적 공격성을 보고했고, 멕시코계 미국인 부부는 (비히스패닉계) 백인 부부보다 더 많은 공격성을 보고했다. 나는 또한 멕시코계 미국인 부부가 멕시코인 부부보다 더 평등한 관계를 유지하고 더욱 높은 수준의 결혼만족도를 보이는 것을 관찰할 수 있었다(Negy & Snyder, 2004). 나는 이 결과로부터 멕시코계 미국인들의 미국 거주가 상호 존중과 의사결정 공유와 같은 미국의 이상에 가까운 관계 유형과 관련 있다는 것을 알 수 있었다.

이 결과는 더 많이 동화된 히스패닉계 부부가 갈등이 더 적고, 더 평등하고, 더 만족스러운 결혼생활을 하는 경향이 있음을 제시한다. 반면에, 문화적응은 우울증을 다루는 방식으로 자살 사고의 위험성 증가 같은 몇몇 건강 문제와 관련이 있다. 라틴계 미국인 사이에서 문화적응의 혼재된 양상은 이 장에서 보고된 문화적응과 정신건강의 관계를 검토한 연구에서 도출된 복잡하고 때로는 상반된 결과와도 일치한다.

나는 또한 멕시코계 미국인 부부를 대상으로 한 연구에서 더 많이 동화된 여성이 덜 동화된 여성보다 관계의 성적 측면에서 더 적은 만족감을 보고한다는 사실을 발견했다. 이 결과는 미국 문화가 결혼에서 여성의 성적 만족에 대한 더 큰 기대를 갖게 만들고 이런 기대가 충족되지 않을 때 만족도가 더 낮아지는 것은 아닌지 하는 의문을 불러일으킨다.

이런 연구 결과를 해석할 때 명심해야 할 중요한 문제가 있다. 먼저, 이 연구는 사실상 상관에 기초한다. 상관 자료에 대해 기억하고 있는 것처럼, 한 변인이 다른 변인의 원인이 된다고 말할 수 없다. 예를 들어, 부부를 대상으로 한 나의 연구 결과에 기초해서 문화적응이 더 평등한 결혼생활의 발달과 인과관계가 있다고 결론을 내릴 수 없다. 왜냐하면 원인이 반대 방향으로 작용할 가능성도 있기 때문이다. 즉, 평등한 결혼생활이 문화적응에 영향을 줄 수 있다. 어떻게 가능할까? 더 평등한 관계를 유지하는 멕시코계 미국인 부부가 주류 사회에 더 잘 수용될 수 있고, 그들이 일반 사회에서 타인과 더 많은 상호작용을 할수록 동화될 기회 또한 증가한다고 생각할 수 있다. 따라서 평등한 결혼생활과 문화적응 간에 상관관계는 있어도 인과관계는 없다.

더 최근 연구에서 동료들과 나는 라틴계 이주민의 문화적응 스트레스의 역할에 초점을 맞추었다. 우리는 가장 높은 수준의 문화적응 스트레스를 보고한 라틴계 이주민이 이주 전에 가졌던 기대에서 크게 벗어난 미국 생활을 경험한 경향이 있었음을 발견했다(Negy, Schwartz, & Reig-Ferrer, 2009). 히스패닉계 이주 여성을 대상으로 한 또 다른 연구에서 우리는 문화적응 스트레스가 연인들 사이에 있었던 이전의 관계 문제를 악화시키고 결혼한 여성의 스트레스를 유발하는 것처럼 보인다는 사실을 발견했다(Negy, Hammons, Reig-Ferrer, Carper, 2010). 가장 최근에, 나는 엘살바도르의 삶으로 되돌아가기 위해 분투하고 있는 추방당한 엘살바도르인에 관한 연구를 수행했다. 나는 그가 조국으로 돌아갔음에도 불구하고 엘살바도르에서 미국으로 이주할 당시 두고 간 생활에 다시 적응해야 하는 것과 관련해서 중간 정도의 스트레스를 경험한다는 사실을 발견했다.

많은 라틴계 미국인들이 가족관계를 유지하는 동시에 더 나은 삶을 위해 분투하는 과정에서 겪게 되는 적응과 문화적응의 어려움에 대해 연구하는 것은 임상가들이 라틴계 개인과 가족에게 제공할 수 있는 치료 프로그램과 개입에 대해 알리는 데 도움을 줄 것이다.

Charles Negy 박사는 센트럴 플로리다 대학교 심리학과의 부교수이며, 플로리다 주에서 자격을 인준한 심리학자이다. 그의 연구는 주로 히스패닉계 미국인의 문화적응에 초점을 맞추고 있다.

스트레스를 조절하는 심리적 요인들

> **4.5** 스트레스의 영향을 조절하는 심리적 요인을 살펴본다.

스트레스는 어쩔 수 없는 현실일 수 있지만, 우리가 스트레스를 다루는 방식은 그것에 대처하는 우리의 능력을 결정하도록 돕는다. 사람들은 스트레스 사건에 부여하는 의미와 같은 심리적 요인에 따라 스트레스에 각기 다르게 반응한다. 예를 들어, 임신과 같은 주요 생활 사건을 생각해 보자. 그것이 긍정적 또는 부정적 스트레스 요인인지는 아이에 대한 부부의 바람과 아이를 돌볼 수 있는 준비도에 따라 달라진다. 임신과 같은 스트레스는 부부의 관점에서 지각된 아이의 가치와 그들의 자기효능감(즉, 아이를 키울 수 있는 능력에 대한 자신감)에 의해 조절된다고 볼 수 있다. 우리가 다음에 보게 될 대처 양식, 자기효능감 기대, 심리적 강인성, 낙관성, 사회적 지지 및 민족 정체성과 같은 심리적 요인은 스트레스의 영향을 중재 또는 완충할 수 있다.

대처 양식 심각한 문제에 직면했을 때 당신은 어떻게 하는가? 문제가 없는 척하는가? 고전영화 《바람과 함께 사라지다》의 스칼렛 오하라처럼, "그것은 내일 생각하자."라고 혼잣말을 하고, 당신의 마음에서 그것을 몰아내는가? 아니면 책임을 지고 정면승부하는가?

문제가 없는 척하는 것은 일종의 부인(denial)이다. 부인은 **정서 중심 대처**(emotion-focused coping)의 한 예다(Lazarus & Folkman, 1984). 정서 중심 대처에서 사람들은 그 존재를 부인하거나 상황으로부터 철수하는 것같이 스트레스 요인의 영향을 즉시 줄이는 방법을 취한다. 그러나 정서 중심 대처는 스트레스 요인(예: 심각한 질병)을 제거하거나 그 개인이 그것을 더 효과적으로 다룰 수 있는 방략을 발달시키도록 돕지는 않는다. 반대로, **문제 중심 대처**(problem-focused coping)에서 사람들은 그들이 직면한 스트레스 요인을 검토하고 그것을 변화시킬 만한 어떤 행동을 하거나 스트레스 요인이 보다 덜 해롭게 작용할 수 있도록 자신의 반응을 수정한다. 이러한 기본적인 대처 양식, 즉 정서 중심과 문제 중심 대처는 사람들이 질병에 반응하는 방식에 적용될 수 있다.

질병의 부인은 다음과 같이 다양한 형태를 취할 수 있다.

1. 질병의 심각성에 대해 인식하지 못하는 것
2. 질병이 초래한 정서적 고통을 최소화하는 것
3. 증상을 다른 원인으로 잘못 돌리는 것(예: 혈변이 국소적인 찰과상에 불과하다고 가정함)
4. 질병에 대한 위협적인 정보를 무시하는 것

필요한 의학적 치료를 회피하거나 불응하도록 만든다면, 부인은 당신의 건강을 위태롭게 할 수 있다. 회피(avoidance)는 또 다른 형태의 정서 중심 대처이다. 회피는 부인과 마찬가지로, 의학적 치료를 막아 건강 상태를 악화시킬 수 있다. 증거는 회피적 대처의 부정적인 결과를 지지한다. 한 연구에서 암에 대해 회피적 대처(예: 암에 대해 생각하거나 말하지 않으려는 경우)를 한 사람들은 질병에 직접적으로 직면한 사람보다 1년 후 평가에서 더 큰 악화를 보였다(Epping-Jordan, Compas, & Howell, 1994). 또 다른 연구자들은 참전 군인들의 회피를 이후 우울증과 PTSD(외상후 스트레스 장애)의 발달과 연결시켰다(Holahan, Moos, Holahan, Brennan, Schutte, 2005; Stein et al., 2005).

정서 중심 대처의 또 다른 형태인 소망 충족의 공상(wish-fulfillment fantasies)은 심각한 질병에 대처하는 데 있어 부적응과 연관되어 있다. 소망 충족 공상의 예에는 질병이 일어나지 않았다고 반추하고 더 좋은 시간을 고대하는 것이 포함된다. 소망 충족의 공상은 환자에게 상상으로의 도피 이외에 삶의 어려움에 대처하는 방법을 제공하지 않는다.

그렇다면 이것은 사람들이 자신의 질병에 관한 모든 사실을 아는 것이 항상 더 좋다는 의미인가? 반드시 그렇지는 않다. 모든 사실을 아는 것이 더 나을지 여부는 당신이 선호하는 대처 양식에 좌우될 수 있다. 개인의 대처 양식과 제공된 정보량의 불일치는 회복을 방해할 수 있다. 중요한 초기 연구에서 (부인에 의존하는) 억압적인 대처 양식을 사용하는 심장병 환자들은 자신의 상태를 잘 알지 못하는 경우보다 자신의 상태에 대한 정보를 제공받은 경우에 합병증이 더 많이 발생하였다(Shaw, Cohen, Doyle, Pelesky, 1985). 때로는 무지가 사람들이 스트레스를 일시적으로 관리하는 것을 돕는다.

문제 중심 대처에는 자가 공부와 의학적 자문을 통해 질병에 대한 정보를 찾는 것처럼, 스트레스의 근원을 다루는 전략이 포함된다. 암 진단을 받은 사람은 의료진에게 성공적인 치료 결과에 대한 정보를 받음으로써 더 낙관적이고 희망적으로 느낄 수 있다.

자기효능감의 기대 **자기효능감의 기대**(self-efficacy expectancies)는 우리가 직면한 과제에 대처하고 어떤 행동을 능숙하게 수행하고 삶에 긍정적 변화를 만드는 능력에 관한 기대를 의미한다(Bandura, 1986, 2006). 만일 우리가 효과적으로 대처하는 자신의 능력에 자신감이 있다면(높은 자기효능감의 기대를 가진 경우) 우리는 질병에 대처하는 스트레스를 포함해서 스트레스를 더 잘 관리할 수 있다. 곧 있을 시험은 좋은 성적을 성취할 수 있다는 자신의 능력에 대한 자신감에 따라 더 많은 또는 더 적은 스트레스가 될 수 있다.

고전적 연구에서 심리학자 Albert Bandura와 동료들은 거미공포증을 가진 여성이 공포 대상과 상호작용할 때(예: 거미가 그녀의 무릎 위를 올라가게 하는 것) 스트레스 호르몬인 에피네프린과 노르에피네프린의 수준이 상승함을 발견했다(Bandura, Taylor, Williams, Medford, Barchas, 1985). 그러나 이 과제에 대처하는 그들의 자신감 또는 자기효능감의 기대가 증가했을 때, 스트레스 호르몬의 수준은 감소했다. 이 호르몬은 우리로 하여금 떨리고 두근거리고 전반적으로 불안하게 느끼도록 한다. 높은 자기효능감의 기대는 스트레스 호르몬의 더 적은 분비와 관련 있기 때문에 자신의 문제에 대처할 수 있다고 믿는 사람들이 더 적은 불안을 느끼는 경향이 있다.

심리적 강인성 **심리적 강인성**(psychological hardiness)은 사람들이 스트레스를 관리하도록 돕는 특성의 군집을 의미한다. Suzanne Kobasa(1979)와 동료들은 심한 스트레스에도 불구하고 질병에 대한 저항력이 높은 기업체 경영진을 연구했다. 세 가지 핵심 특성이 심리적으로 강인한 경영진의 특징이었다(Kobasa, Maddi, & Kahn, 1982, pp. 169-170).

1. 전념(commitment). 강인한 경영진은 자신의 일과 상황에서 소원하기보다 온전히 전념했다. 즉, 그들은 자신이 하고 있는 일에 대한 믿음을 가졌다.
2. 도전(challenge). 강인한 경영진은 안정을 위한 안정 또는 아무 소득이 없는 무변화가 아닌 도전이 정상적인 상태라고 믿었다.
3. 삶에 대한 통제감(control over their lives). 강인한 경영진은 삶의 보상과 처벌을 통제하는 데 있어 자신이 무력하기보다 영향력이 있는 것처럼 믿고 행동했다. 사회인지 이론가인 Julian Rotter(1966)가 제안한 용어에 의하면, 심리적으로 강인한 사람들은 **내적 통제 소재**를 가진다.

심리적으로 강인한 사람들은 더 적극적이고 문제 해결적인 접근을 사용함으로써 스트레스에 더 효과적으로 대처하는 것처럼 보인다. 또한 그들은 스트레스에 직면해서 강인하지 않은 사람들보다 신체적 증상이나 우울을 더 적게 보고하는 경향이 있다(Pengilly & Dowd, 2000).

스트레스 대처. 심리적으로 강인한 사람들은 적극적이고 문제 해결적인 접근을 사용하고 고도의 스트레스 상황을 스스로 선택했다고 지각함으로써 스트레스에 더 효과적으로 대처하는 것처럼 보인다.

Kobasa는 강인한 사람들이 스트레스 유발 상황을 스스로 선택했다고 지각하기 때문에 스트레스를 더욱 잘 다룰 수 있을 것이라고 했다. 그들은 자신이 직면한 스트레스 요인을 단지 압박을 더하는 부담으로 여기는 것이 아니라 삶을 더욱 흥미롭고 도전적으로 만드는 것으로 지각한다. 통제감은 심리적 강인성의 핵심 요인이다.

낙관주의 물 컵의 반이 빈 것이 아니라 차 있다고 보는 것은 더 좋은 신체적 건강과 정서적 안녕감과 연결된다(Carver, Scheier, & Segerstrom, 2010; Forgeard & Seligman, 2012). 예를 들어, 최근의 한 연구는 낙관적인 여성일수록 심장 질환에 걸릴 위험이 더 낮고 장수할 가능성이 더 높음을 보여 주었다(Tindle et al., 2009).

갑작스레 질병이 재발한 이후, 비관적 사고를 더 많이 표현한 통증 환자는 긍정적 사고를 가진 환자보다 더 심한 통증과 고통을 호소하는 경향이 있다(Gil, Williams, Keefe, Beckham, 1990). 이런 비관적 사고의 예시에는 "나는 더 이상 아무것도 할 수 없어", "내 통증에 대해 아무도 관심이 없어", "내가 이렇게 살아야 하는 건 불공평해." 같은 것이 포함된다. 현재까지 연구는 낙관주의와 건강의 상관만을 보여 준다. 그러나 아마도 우리는 곧 물 컵의 반이 차 있다고 보는 것 같은 태도 변화에 대한 학습이 건강의 유지 또는 회복에 있어 인과적 역할을 하는지 여부를 발견하게 될 것이다. 당신은 147쪽의 낙관주의 척도를 작성함으로써 자신의 낙관주의 수준을 평가할 수 있다.

낙관주의에 관한 연구는 **긍정 심리학**(positive psychology)이라는 심리학의 더 광범위한 최신 동향에 해당된다. 이 흐름의 선구자들은 심리학이 정서장애, 약물 남용, 폭력 문제처럼 인간적 요인의 결핍보다는 인간 경험의 긍정적인 측면에 초점을 맞추는 데 더 주력해야 한다고 믿는다(Donaldson, Csikszentmihalyi, & Nakamura, 2011; McNulty & Fincham, 2012; Seligman, Steen, Park, Peterson, 2005). 연구자들이 정서적 문제에 대한 연구를 등한시하면 안 되지만, 낙관주의와 사랑, 희망 같은 긍정적인 속성이 만족스럽고 충만한 삶을 살 수 있는 능력에 어떤 영향을 미치는지에 대해서 탐구할 필요가 있다. 인간 경험의 또 다른 긍정적인 측면은 사회적 지지처럼, 어려움에 처한 타인에게 도움을 주고 타인의 도움을 받는 능력이다.

사회적 지지 배우자, 가족 및 가까운 친구들이 있는 것,

설문지

당신은 낙관주의자인가?

당신은 사물의 밝은 면을 보는 사람인가? 아니면 나쁜 일이 일어날 것이라 기대하는가? 다음 질문지는 당신이 낙관주의자인지 아니면 비관주의자인지에 대한 통찰을 제공할 것이다.

지시문: 다음과 같이 빈칸에 숫자를 기입함으로써 당신의 생각을 표현하라. 이 장의 끝에 채점 방법을 참조하라.

5=매우 그렇다
4=그렇다
3=보통이다
2=아니다
1=전혀 아니다

1. _____ 나는 사람들이 행운을 타고 났거나, 아니면 나처럼, 불운하게 태어났거나 둘 중 하나라고 믿는다.
2. _____ 나는 뭔가 잘못될 수 있다면 아마도 잘못될 것이라고 여긴다.
3. _____ 나는 내가 비관주의자보다는 낙관주의자에 더 가깝다고 생각한다.
4. _____ 나는 일반적으로 모든 일이 결국 잘 될 것이라 기대한다.
5. _____ 나는 내가 결국 성공할지 의심스럽다.
6. _____ 나는 나에게 펼쳐질 미래에 대해 희망적이다.
7. _____ 나는 "쥐구멍에도 볕 들 날 있다."고 믿는 경향이 있다.
8. _____ 나는 내가 물 컵에 반이 차 있다고 보기보다 반이 비어 있다고 보는 현실주의자라고 생각한다.
9. _____ 나는 미래가 장밋빛일 것이라 생각한다.
10. _____ 일은 대개 내가 계획한 대로 되지 않는다.

사회적 조직에 소속된 것처럼 사회적 관계망이 넓은 사람은 좁은 사람보다 감기 바이러스에 대한 저항력이 더 높을 뿐만 아니라 더 오래 사는 경향이 있다(Cohen & Janicki-Deverts, 2009; Cohen, Doyle, Turner, Alper, Skoner, 2003). 다양한 사회적 관계망은 스트레스에 대한 완충기로 작용하여 신체의 면역체계를 보호하도록 돕는 광범위한 사회적 지지를 제공할 수 있다.

민족 정체성 아프리카계 미국인은 평균적으로 유럽계 미국인에 비해 비만, 고혈압, 심장 질환, 당뇨병, 특정 유형의 암과 같은 만성적 건강 문제를 겪을 위험이 더 높다(Brown, 2006; Ferdinand & Ferdinand, 2009; Shields, Lerman, & Sullivan, 2005). 아프리카계 미국인들이 자주 겪는 인종 차별, 빈곤, 폭력, 인구가 밀집된 거주 상태와 같은 특정 스트레스 요인들은 심각한 건강 관련 문제의 위험성을 증가시킬 수 있다.

연구에 따르면 소수민족에서 지각된 차별이 더 나쁜 정신적·신체적 건강 및 더 높은 비율의 물질 남용과 관련 있음을 보여 준다(Chou, Asnaani, & Hofmann, 2012; Delgado, Updegraff, Roosa, Umaña-Taylor, 2010; Huynh, Devos, & Dunbar, 2012; Torres, Driscoll, & Voell, 2012). 라틴계 및 나바호족 청소년들을 대상으로 한 연구는 자신의 전통 문화와 강한 결속을 맺거나 문화에 기반한 성향과 가치가 강한 부모의 영향을 통해 차별

스트레스의 영향에 대한 중재 요인으로서의 민족적 자부심. 그들의 민족 또는 민족 정체성에 대한 자부심은 개인이 민족 차별과 편견에 대한 스트레스를 이겨내도록 돕는다.

의 부정적 영향이 어느 정도 상쇄될 수 있음을 보여 준다(Delgado et al., 2010; Galliher, Jones, & Dahl, 2011).

아프리카계 미국인들은 종종 스트레스에 대처하는 데 있어 높은 수준의 회복 탄력성을 보여 준다. 가족과 친구의 강한 사회적 관계망, 스트레스를 다루는 자신의 능력에 대한 믿음(자기효능감), 대처 기술 및 민족 정체성은 아프리카계 미국인들의 스트레스를 완화시키는 요인이다. 흥미롭게도, 사회적 지지를 추구하는 데 더 적극적이었던 아프리카계 미국인은 덜 적극적인 사람보다 중요한 생활 스트레스 요인인 지각된 인종 차별의 영향을 더 적게 받는 경향이 있었다(Clark, 2006).

민족 정체성은 아프리카계 미국인의 더 좋은 삶의 질에 대한 지각과 관계가 있고(Utsey, Payne, Jackson, Jones, 2002) 백인보다 아프리카계 미국인 사이에서 심리적 안녕감과 더 강한 관계가 있는 것처럼 보인다(Gray-Little & Hafdahl, 2000). 민족 정체성과 문화 유산에 대한 자부심을 얻고 유지하는 것은 아프리카계 미국인과 다른 소수민족이 민족 차별에 관한 스트레스를 이겨 내는 데 도움이 될 수 있다. 연구에 따르면 아프리카계 미국인의 높은 민족 정체성이 더 낮은 수준의 우울과 관련이 있음을 시사한다(Settles, Navarrete, Pagano, Abdou, Sidanius, 2010). 반대로, 자신의 문화나 민족 정체성과 소원한 아프리카계 미국인과 다른 소수민족은 스트레스의 영향에 더 취약하고, 이는 신체적 및 정신적 건강 문제의 위험을 증가시킬 수 있다.

적응장애

4.6 적응장애의 개념을 정의하고 이 장애의 주요 특징을 서술한다.

적응장애는 우리가 이 책에서 논의할 가장 첫 번째 심리장애로, 가장 경미한 편에 속한다. 적응장애는 DSM-5에서 외상 및 스트레스 관련 장애의 범주에 분류되며, 이 범주에는 급성 스트레스 장애와 외상후 스트레스 장애 같은 외상성 스트레스 장애들이 또한 포함된다. 우리는 적응장애부터 시작할 것이다.

적응장애(adjustment disorder)는 고통스러운 생활 사건이나 스트레스 요인에 대한 부적응적인 반응으로, 스트레스 요인이 시작된 후 3개월 이내에 발생한다. 스트레스 사건은 심각한 상해를 동반한 교통사고와 자연재해 같은 외상 경험이나, 연인과의 이별, 대학 입학 같은 비외상성 생활 사건이 될 수도 있다. DSM에 따르면 부적응적 반응은 사회적, 직업적 또는 학업과 같은 다른 중요한 기능 영역에서의 유의한 손상과 스트레스 요인에 대처할 때 일반적으로 기대되는 것 이상의 뚜렷한 정서적 고통을 특징으로 한다. 일반 인구에서 이 장애의 유병률 추정치는 상당히 다양하다. 그러나 이 장애는 외래로 정신건강 서비스를 받는 사람들에게 흔하며, 정신건강 서비스를 받는 외래환자의 5~20%가 적응장애의 진단을 받는 것으로 추정된다(APA, 2013). **진실 / 거짓**

> ### 진실 또는 거짓
>
> 당신이 최근 연인과의 이별 후 학업에 집중하는 것이 어렵다면, 당신은 심리장애를 경험하고 있는 것일 수 있다.
>
> **진실** 만일 연인과의 이별 후 학업에 집중하는 데 어려움이 있다면, 적응장애라는 경미한 형태의 심리장애를 겪고 있는 것일 수 있다.

만일 누군가와 관계가 파경에 이른 후(확인된 스트레스 요인) 평정심을 유지하지 못해 성적이 떨어졌다면, 적응장애에 해당될 수 있다. 만일 삼촌 해리가 숙모와 이혼한 후 우울하고 비관적이 되었다면, 그는 적응장애로 진단될 가능성이 크다. 아울러 사촌인 빌리가 수업을 결석하고 학교 벽에 스프레이로 음란한 글을 쓰거나 다른 비행의 징후를 보인다면 그 또한 적응장애일 수 있다.

정신장애(mental disorder)로서 '적응장애'의 개념은 무엇이 정상이고 무엇이 그렇지 않은지를 정의하려는 시도에서 몇 가지 어려움을 강조한다. 삶에서 중요한 무언가가 잘못될 때 그것에 대해 기분이 좋지 않을 것이다.

집중 곤란인가, 적응장애인가? 적응장애는 공부에 집중하기 어려운 것처럼, 학교나 직장에서 기능 손상의 형태를 취하는 스트레스 요인에 대한 부적응적 반응이다.

표 4.2
적응장애의 특정 유형

장애	주요 특징
우울한 기분을 동반한 적응장애	슬픔, 울음, 절망감
불안을 동반한 적응장애	걱정, 신경과민, 초조함(또는 아동의 경우, 일차 애착 대상과 분리에 대한 두려움)
불안 및 우울한 기분을 동반한 혼재성 적응장애	불안과 우울의 혼재
품행 문제를 동반한 적응장애	타인의 권리에 대한 침해, 연령에 적절한 사회 규범의 위반, 대표적인 행동에는 공공 기물 파손, 무단결석, 싸움, 난폭 운전, 및 법적 의무 불이행(예: 위자료 지급 중지)이 포함된다.
정서 및 품행 문제를 동반한 혼재성 적응장애	우울이나 불안 같은 정서적 문제와 품행 문제
상세불명의 적응장애	하위 유형 중 어느 것에도 속하지 않는 사람들에게 적용되는 기타 범주

출처: *DSM-5*(American Psychological Association, 2013).

사업에 위기를 맞이한다면, 우리가 범죄피해자가 된다면 또는 홍수나 엄청난 허리케인이 발생한다면, 불안하고 우울해지는 것은 당연하다. 사실, 우리가 적어도 일시적으로 '부적응적인' 방식으로 반응하지 않는다면 우리는 더 심각하게 악화될 수도 있다. 그러나 우리의 정서적 반응이 기대된 반응을 넘어서거나 기능할 수 있는 능력이 손상된다면(예: 사회적 상호작용의 회피, 아침에 기상하는 데 어려움, 학업 부진) 적응장애로 진단될 수 있다. 따라서 당신이 연인과의 이별 후 학업에 집중하는 데 어려움을 겪고 성적이 떨어진다면 당신은 적응장애를 겪고 있는 것일 수 있다. 적응장애는 부적응적 반응의 유형에 따라 몇 가지 유형으로 구분된다(표 4.2 참조).

적응장애로 진단되려면 스트레스 관련 반응이 외상성 스트레스 장애들(급성 스트레스 장애, 또는 외상후 스트레스 장애), 불안장애 또는 기분장애(5장과 7장 참조)와 같은 다른 임상적 증후군의 진단기준을 충족시켜서는 안 된다. 스트레스 요인이 사라지거나 그것에 대처하는 방법을 습득한다면 부적응적 반응이 치유될 수 있다. 만일 적응장애가 스트레스 요인(또는 그 결과)이 사라진 이후 6개월 이상 지속된다면, 진단은 바뀔 수 있다. DSM 체계가 다른 임상적 증후군과 적응장애를 구별하고 있기는 하지만, 우울증과 같은 다른 장애와 확실히 구분되는 적응장애의 특징을 파악하는 것은 어려울 수 있다(Casey et al., 2006).

외상성 스트레스 장애

> **4.7** 급성 스트레스 장애와 외상후 스트레스 장애의 주요 특징을 서술한다.

적응장애에서 사람들은 사업이나 결혼생활의 문제, 연인과의 이별, 사랑하는 사람의 죽음과 같은 스트레스가 되는 생활 사건에 적응하는 데 어려움을 겪을 수 있다. 그러나 외상성 스트레스 장애에서 초점은 사람들이 재난과 다른 외상 경험에 어떻게 대처하는가로 전환된다. 외상에 노출되는 것은 사람들의 적응 능력에 부담을 줄 수 있다. 외상 경험은 어떤 이들에게 외상성 스트레스 장애를 발달시키는데, 이 장애는 외상에 대한 반응으로 뚜렷한 고통이나 유의한 기능 손상을 포함한 부적응적 행동 양상을 특징으로 한다. 여기서 우리는 외상성 스트레스 장애의 두 가지 주요 유형, 즉 **급성 스트레스 장애**와 **외상후 스트레스 장애**에 초점을 맞출 것이다. 표 4.3은 이 장애에 대한 개관을 제공하고, 표 4.4는 일부 공통적인 특징을 구분한다.

급성 스트레스 장애

급성 스트레스 장애(acute stress disorder)에서 개인은 외상 사건에 노출된 후 3일에서 1개월 기간 동안 부적응적 행

표 4.3
외상성 스트레스 장애의 개관

장애의 유형	일반 인구에서 평생 유병률	기술	관련 특징
급성 스트레스 장애	외상의 유형에 따라 매우 다양함	외상 사건 이후 수 일에서 수 주 내에 나타나는 급성 부적응 반응	외상후 스트레스 장애(PTSD)와 유사한 특징을 보이지만 외상에 직접 노출되거나, 타인이 외상에 노출된 것을 목격하고, 가까운 가족 구성원이나 친구가 외상을 경험한 것에 대해 알게 된 후 1개월 이내로 기간이 제한됨
외상후 스트레스 장애(PTSD)	약 9%	외상 사건에 대한 지속적인 부적응 반응	외상 사건의 재경험, 외상 관련 단서나 자극의 회피(전반적 또는 정서적 마비, 과각성, 정서적 고통 및 기능 손상)

출처: American Psychological Association, 2013; Conway, Compton, Stinson, & Grant, 2006; Kessler, Sonnega, Bromet, et al., 1995; Ozer & Weiss, 2004.

표 4.4
외상성 스트레스 장애의 일반적 특징

회피행동	개인은 외상 관련 단서나 상황을 회피할 수 있다. 강간 생존자는 자신이 강간을 당한 동네에 가는 것을 회피할 수 있다. 참전 군인은 군인들과 모임 또는 전쟁이나 전투에 관한 영화나 특집 기사 보는 것을 회피할 수 있다.
외상의 재경험	개인은 전장이나 공격자에게 쫓기는 순간적인 플래시백, 침습적 기억, 반복되는 악몽의 형태로 외상을 재경험할 수 있다.
정서적 고통, 부정적 사고 및 기능 손상	개인은 지속적으로 부정적 사고와 정서를 경험하고, 타인으로부터 분리되거나 소원한 것처럼 느끼고, 효과적으로 기능하기 어려울 수 있다.
과각성	개인은 과경계와 같은 증가된 각성의 징후를 보일 수 있고 수면 및 집중의 어려움을 가지고 과민해지거나 분노 폭발을 보이고 갑작스런 소음에 화들짝 놀라는 것처럼 과장된 놀람 반응을 보일 수 있다.
정서적 마비	외상후 스트레스 장애에서 사람들은 내면이 '마비된' 것처럼 느끼고, 사랑과 같은 감정을 느끼는 능력을 잃게 된다.

동 양상을 보인다. 외상 사건에는 실제 죽음, 심각한 사고, 성폭력이나 그러한 위협에 노출된 경우가 포함될 수 있다. 외상에 직접적으로 노출되었거나, 타인이 외상을 경험하는 것을 목격했거나, 아니면 가까운 친구나 가족 구성원이 폭력이나 사고와 같은 외상 사건을 경험했다는 것을 알게 된 이후 급성 스트레스 장애가 될 수 있다. 시신을 수습해야 할 책임이 있는 응급구조대원이나 아동학대에 관한 상세한 내용을 정기적으로 면담하는 경찰관들 또한 급성 스트레스 장애를 겪을 수 있다.

급성 스트레스 장애가 있는 사람들은 '멍하거나' 세상이 마치 꿈처럼 또는 실재하지 않는 곳처럼 보인다고 느낄 수 있다. 급성 스트레스 장애는 전쟁 외상이나 자연재해 또는 기술 재해 노출에 대한 반응으로 발생할 수 있다. 끔찍한 전투를 겪은 군인이 전쟁의 중요한 특징을 기억하지 못하고 환경으로부터 분리되고 무감각한 느낌을 경험할 수 있다. 허리케인으로 부상을 입거나 거의 죽을 뻔한 사람들은 이후 수 일에서 수 주일 동안 '어찌할 바를 모른 채' 혼란스러워하고 재난과 관련된 침습적 심상과 플래시백, 악몽으로 괴로워하고, 그 사건이 다시 일어나고 있는 것처럼 재경험할 수 있다.

급성 스트레스 장애의 증상이나 특징은 다양하다. 여기에는 외상에 관한 혼란스럽고 침습적인 기억이나 꿈, 플래시백 형태의 외상 재경험, 주변 환경이나 자신과 분리된 느낌이나 비현실감('해리'), 외상의 외부 단서(외상과 관련된 사람이나 장소 같은)에 대한 회피, 수면 문제, 과민하거나 공격적인 행동 또는 갑작스런 소음에 대한 과장된 놀람 반응이 포함될 수 있다.

외상을 경험한 즈음에 해리 증상을 더 강하고 지속적으로 경험하는 것은 이후에 외상후 스트레스로 진행될 위험성의 증가와 관련 있다(Cardeña & Carlson, 2011). (해리 경험은 6장 해리장애에서 더 논의될 것이다.) 급성 스트레스 장애의 증상은 다음에 살펴볼 외상후 스트레스 장애와 관련된 외상의 장기적 효과와 유사하다.

외상후 스트레스 장애

급성 스트레스 장애는 외상 사건 이후 몇 주로 제한된 것에 반해, **외상후 스트레스 장애**(posttraumatic stress disorder, PTSD)는 외상 경험 후 1개월 이상 지속되는 부적응 반응이다. PTSD는 급성 스트레스 장애와 유사한 증상의 특징을 보이지만 몇 개월, 몇 년, 심지어 수십 년간 지속될 수 있고, 외상 사건 이후 몇 개월이나 몇 년이 지나서 발생할 수도 있다.

급성 스트레스 장애를 가진 모든 사람은 아니지만 많은 사람이 PTSD로 진행된다(Kangas, Henry, & Bryant, 2005). 연구자들은 전쟁에 노출된 군인과 강간 생존자, 심각한 교통사고나 기타 사고의 피해자, 홍수나 지진, 태풍과 같은 자연재해 또는 철도나 항공기 충돌과 같은 기술적 재해로 자신의 집과 공동체가 파괴되는 것을 목격한 사람들에게서 두 유형의 외상성 스트레스 장애를 발견했다. 마가렛의 경우 외상은 끔찍한 트럭 사고와 관계 있었다.

외상. PTSD의 발생과 연관된 외상에는 전쟁, 테러 행위 또는 코네티컷 주의 뉴타운과 버지니아 공대에서 대량 살인 범죄를 포함한 폭력적인 범죄가 포함될 수 있다. 그러나 PTSD와 연관된 가장 빈번한 외상의 원인은 심각한 자동차 사고이다.

'나' 세상의 종말이 왔다고 생각했어요": PTSD의 사례

마가렛은 54세 여성으로 뉴욕 주 북부의 작은 마을에서 그녀의 남편인 트래비스와 함께 살고 있었다. 두 해 전 겨울, 한밤중에 연료 트럭이 주민센터로 통하는 얼어붙은 경사로 중 하나로 미끄러져 내려왔다. 트럭이 잡화점에 충돌했을 때, 두 블록 떨어져 있던 마가렛은 폭발에 의해 잠에서 깼다("나는 세상의 종말이 왔다고 생각했어요"). 그 잡화점과 그 위의 아파트는 화염에 휩싸였고, 불은 옆 건물인 교회로까지 번졌다. 마가렛의 첫 번째 그리고 가장 지속적인 시각적 인상은 붉고 검은 파편들이 공기 중에 피어오르는 섬뜩한 발레였다. 파편들은 떨어지면서 지옥의 불로 교회 묘지의 오래된 비석들을 뒤덮었다. 12명의 사람들이 사망했고, 그들 대부분은 잡화점 위층과 뒤편에 살던 사람들이었다. 교회 관리인과 트럭 운전사도 사망했다.

마가렛은 마을 사람들과 상실감을 나누었고, 일시적으로 집을 잃은 사람들을 자신의 집에서 지내게 했으며, 그녀가 해야 할 몫을 했다. 몇 개월이 지나서 잡화점이 있던 자리에 추모공원이 조성되고 교회가 복구된 이후, 마가렛은 삶이 낯설어지고, 주변 세계가 다소 비현실적으로 느껴지기 시작했다. 그녀는 친구들과 멀어지기 시작했고, 그날 밤의 화재 장면이 그녀의 마음을 가득 채웠다. 때로는 밤에 그 장면에 대한 꿈을 꾸었다. 그녀의 주치의는 수면제를 처방하였으나, 그녀는 '꿈에서 깰 수 없었기' 때문에 복용을 중단하였다. 그녀의 주치의는 그녀가 하루를 잘 지내도록 돕기 위해 발륨(신경안정제)으로 약을 변경했다. 그 약은 잠시 도움이 되었지만 "나는 갈수록 더 많은 양이 필요해서 약을 끊었어요. 영원히 약을 먹을 순 없잖아요?"

1년 6개월에 걸쳐, 마가렛은 재난에 대해 생각하지 않으려고 최선을 다했으나, 침습적 기억과 악몽은 수시로 떠올랐다. 마가렛이 도움을 청할 때까지 거의 2개월 동안 그녀는 심각한 수면 문제를 겪었고 기억은 여전히 생생했다.

—저자의 파일에서

급성 스트레스 장애처럼 PTSD와 연관된 외상 사건에는 죽음, 심각한 신체적 상해 또는 성폭력을 포함한 실제 외상이나 그러한 위협에 직접 노출되는 경우, 다른 사람이 외상을 경험한 것을 목격한 경우 또는 친한 친구나 가족 구성원이 사고나 폭력적 외상 사건(자연사는 적용되지 않음)을 경험했다는 사실을 알게 되는 경우가 포함된다. 그러나 일부 사례에서는 폭발이나 폭격 이후 시신을 수습하는 응급구조대원과 같이 외상의 영향을 받는 사람이 외상 사건의 끔찍한 결과에 노출된다.

PTSD는 다양한 문화권에서 발견된다. 2010년 파키스탄 대지진의 생존자와 같이 많은 국가의 지진 및 태풍 생존자뿐만 아니라, 1970년대 캄보디아의 Pol Pot가 자행한 '킬링필드', 1990년대 발칸반도 분쟁과 이라크전과 같이 전쟁의 피해로 고통받아 온 민간인들에게서도 높은 비율의 PTSD가 발견된다(예: Ali, Farooq, Bhatti, Kuroiwa, 2012; Wagner, Schulz, & Knaevelsrud, 2011). 문화적 요인은 외상성 스트레스 반응에 대한 취약성과 특정 형태의 장애 발생뿐만 아니라 사람들이 어떻게 외상을 다루고 대처하는가를 결정하는 데 중요한 역할을 담당할 수 있다.

PTSD는 전쟁 경험과 밀접한 관련이 있다(Polusny et al., 2011). 베트남전에 참전한 미국 군인에서 PTSD의 유병률은 5명 중 1명꼴이었다(19%)(Dohrenwend et al., 2006). 이와 유사하게 이라크와 아프가니스탄 전쟁에서 돌아온 참전 군인의 약 13%가 PTSD를 겪었다(Kok, Herrell, Thomas, Hoge, 2012). 전체적으로, 이라크와 아프가니스탄 전쟁에서 복귀한 무려 30만 명의 미국 군인들이 PTSD 또는 우울증 증상을 나타냈다(Miller, 2011). PTSD를 겪고 있는 군인들은 약물 남용, 부부 문제, 나쁜 직업 이력 그리고 일부 사례에서는 친밀한 관계에서 파트너에 대한 신체적 폭력과 같은 문제행동을 자주 보였다(Taft, Watkins, Stafford, Street, Monson, 2011).

외상후 스트레스 장애를 겪는 참전 군인의 상담. 스토어프런트 상담 센터는 PTSD로 고통받는 참전 군인에게 지지적인 서비스를 제공하기 위해 미국 전역에 설립되었다.

전쟁이나 테러에 대한 노출은 다수가 PTSD와 가장 강력하게 연결되는 외상 유형일 수 있지만 PTSD와 관련된 가장 흔한 외상 경험은 심한 자동차 사고이다(Blanchard & Hickling, 2004). 그러나 테러와 기타 폭력적 행위, 특히 강간과 폭행을 포함한 외상은 다른 형태의 외상보다 PTSD를 유발할 가능성이 더 높다(Norris et al., 2003; North et al., 2012). 예를 들어, 연구자들은 테러 생존자가 자동차 사고 생존자에 비해 PTSD의 비율이 2배나 높다는 사실을 발견했다(Shalev & Freedman, 2005). **진실 / 거짓**

진실 또는 거짓

참전 경험은 외상후 스트레스 장애와 관련된 가장 보편적인 외상 경험이다.

거짓 자동차 사고가 외상후 스트레스 장애와 관련된 가장 일반적인 외상이다.

2/3 이상의 사람들이 생애의 어느 시점에서 외상 경험으로 고통스러워하는 것처럼, 외상 사건은 실제로 꽤 흔하다(Galea, Nandi, & Vlahov, 2005). 그러나 대부분의 사람은 외상성 스트레스에 직면하더라도 회복 탄력성이 있어서 전문가의 도움 없이도 회복한다(Amstadter, Broman-Fulks, Zinzowa, Ruggiero, Cercone, 2009; Elwood et al., 2009). 10명 중 1명보다 적은 소수의 사람들이 PTSD로 발달하게 된다(Delahanty, 2011a).

연구자들은 외상성 스트레스 요인에 초점을 맞춰 PTSD로 진행될 위험을 증가시키는 특정한 요인을 확인했다(표 4.5 참조). 몇 가지 취약성 요인은 외상에 노출된 정도 같은 외상 사건 자체와 관련이 있는 반면, 다른 요인은 개인 또는 사회적 환경과 관련이 있다(Delahanty, 2011b; Furr, Comer, Edmunds, Kendall, 2010; Gabert-Quillen, Fallon, & Delahanty, 2011; North et al., 2012). 외상에 더 직접적으로 노출될수록 PTSD로 진행될 가능성은 더 높아진다. 미국에서 허리케인 카트리나에 더 직접적으로 노출된 걸프 코스트 지역의 아동은 직접 노출이 더 적었던 아동보다 평균적으로 더 많은 PTSD 증상을 경험했다(Weems et al., 2007). 9/11 테러 당시 공격을 받았던 빌딩에 있던 사람들은 공격을 목격했지만 빌딩 밖에 있던 사람들보다 PTSD로 진행될 가능성이 거의 2배나 높았다(Bonanno, Galea, Bucciarelli, Vlahov,

표 4.5
외상 생존자들의 PTSD 예측요인

사건과 관련된 요인	개인 또는 사회적 환경과 관련된 요인
외상에 노출된 정도	• 아동기 성학대의 과거력
외상의 심각도	• 유전적 소인 또는 취약성 • 사회적 지지의 부족 • 외상성 스트레스 요인을 다룰 수 있는 적극적 대처 반응의 부족 • 수치심 • 외상 직후의 분리 또는 '해리' 또는 정서적 마비 • 과거의 정신과 병력

출처: Afifi et al., 2010; Elwood et al., 2009; Goenjian et al., 2008; Koenen, Stellman, & Stellman, 2003; North et al., 2012; Ozer, Best, Lipsey, Weiss, 2003; Xie et al., 2009.

2006). 테러 공격 당시, 쌍둥이 빌딩에서 대피한 3천명 이상의 사람들 중 거의 모두(96%)가 몇 가지 PTSD 증상을 발달시켰고 약 15%는 재난 후 2~3년이 지나서도 PTSD 진단을 받았다("More Than 3,000", 2011).

PTSD로 진행될 가능성과 관련된 또 다른 요인은 성별이다. 남성이 외상을 더 많이 경험함에도 불구하고, PTSD를 발달시킬 가능성은 여성이 2배 정도 더 높은 것으로 나타났다(Parto, Evans, & Zonderman, 2011; Tolin & Foa, 2006). 그러나 여성이 PTSD에 대한 취약성이 더 높은 이유는 성별 자체가 아니라 성피해의 발생률이 더 높고 더 어린 연령에서 외상을 경험하는 것과 관련이 있다(Cortina & Kubiak, 2006; Olff, Langeland, Draijer, Gersons, 2007).

다른 취약성 요인은 개인 및 생물학적 요인과 관련된다. 스트레스에 대한 신체 반응을 조절하는 데 관여하는 유전적 요인은 외상의 결과로 PTSD에 대한 개인의 취약성을 결정하는 역할을 하는 것으로 보인다(Afifi, Asmundson, Taylor, Jang, 2010; Xie et al., 2009). 최근에 연구자들은 PTSD가 없는 군인보다 PTSD가 있는 참전 군인 집단에서 신체의 공포 반응을 촉발하는 뇌 변연계의 작은 구조물인 **편도체**(amygdala)가 더 작은 경향이 있다고 보고했다(Morey et al., 2012). 더 많은 연구가 필요하지만 이 흥미로운 결과는 생물학적 요인이 외상에 직면해서 어떤 이들은 왜 PTSD로 진행되고 다른 이들은 그렇지 않은지를 설명할 수 있음을 시사한다.

PTSD의 취약성을 증가시키는 다른 요인은 아동기 성학대의 개인력, 사회적 지지의 부족 및 대처 기술의 제한이 포함된다(Lowe, Chan, & Rhodes, 2010; Mehta et al., 2011; Mercer et al., 2011). 낮은 자기효능감과 높은 수준의 적대감과 같은 성격 요인 또한 PTSD의 위험성 증가와 관계가 있다(Heinrichs et al., 2005). 외상이 일어나는 동안 또는 직후에 사건이 전개되는 상황을 비현실적으로 느끼거나 영화처럼 자기 자신을 지켜보는 듯 느끼는 것 같이, 비정상적인 증상을 경험한 사람은 다른 외상 생존자보다 PTSD로 발달할 위험성이 더 크다(Ozer & Weiss, 2004). (이 비정상적인 반응은 해리 경험으로 불린다. 6장 참조) 반면에, 외상 경험에서 목적 의식이나 의미를 발견하는 것, 예를 들어 사람들이 싸우는 전쟁이 정당하다고 믿는 것은 스트레스를 유발하는 상황에 대처할 수 있는 능력을 향상시키고, PTSD의 위험성을 감소시킨다(Sutker, Davis, Uddo, Ditta, 1995).

이론적 관점

4.8 외상후 스트레스 장애를 이해하고 치료하는 방식을 서술한다.

PTSD의 주요 개념적 이해는 행동주의나 학습 이론에서 유래한다. 고전적 조건형성의 틀에서 외상 경험은 외상과 연관된 장면, 소리, 심지어 냄새 같은 중립(조건) 자극과 연합된 무조건 자극이다(예: 강간이나 폭행을 당한 장소). 결과적으로, 불안은 외상 관련 자극에 노출로 유발된 조건 반응이다.

부정적인 각성이나 불안을 재활성화시키는 단서는 외상에 관한 생각이나 기억, 꿈의 이미지, 누군가 외상에 대해 말하는 것을 듣는 것, 또는 외상 현장에 방문하는 것과 관련된다. 조작적 조건형성을 통해 개인은 외상 관련 자극과의 접촉을 회피하는 것을 학습할 수 있다. 회피 행동은 불안의 경감에 의해 부적 강화되는 조작적 반응이다. 불행하게도, 외상 관련 단서를 회피함으로써 개인은 기저의 공포를 극복할 수 있는 기회 또한 회피한다. 고통스러운 무조건 자극 없이 조건 자극(외상과 연합된 단서)을 직면할 때만 조건화된 불안의 소거(점진적 약화 또는 제거)가 일어날 수 있다.

더 자세히 살펴보기

고통스런 기억을 지울 수 있는가?

PTSD를 겪고 있는 사람들의 고통스런 기억을 지우거나 적어도 그들의 정서적 영향을 약화시키는 것이 가능할까? 그런 제안이 수년 전까지만 해도 설득력 없는 것처럼 보였으나, 최근의 과학적 발견들은 그런 가능성을 제공한다.

연구자들은 고통스런 기억을 차단하거나 외상 경험과 관련된 불안이나 공포를 감소시킬 수 있는 약물을 찾고 있다(Andero et al., 2011). 한 연구에서 만성 PTSD가 있는 사람들에게 PTSD와 관련된 외상 사건의 구체적인 내용을 회상해서 기술하도록 요구하고 난 다음 일반적인 혈압약인 프로프라놀롤 또는 아무런 효과가 없는 플라시보를 주었다(Brunet et al., 2007). 일주일 후, 그들에게 외상 사건과 연관된 정신적 심상을 떠올리도록 하고 연구자들은 심박수와 근긴장도를 포함한 그들의 생리적 반응을 관찰했다. 프로프라놀롤 복용 집단은 플라시보 집단에 비해 더 낮은 생리적 활성화를 나타내었다. 약물이 외상 기억에 대한 신체의 생리적 반응을 감소시킨 것처럼 보였다.

프로프라놀롤은 또한 습득된 공포 반응을 감소시킬 수 있다. 네덜란드의 연구자들은 60명의 건강한 대학생에게 거미 사진을 보여 주는 동안 가벼운 전기 충격을 줌으로써 공포 반응을 조건화했다(Kindt, Soeter, & Vervliet, 2009). 학생들은 조건화된 공포 반응을 빠르게 습득했다. 그들은 전기 충격 없이 통제 자극에 노출되었을 때보다 전기 충격 없이 공포 자극(거미 사진)에 다시 노출되었을 때 큰 소음에 대해 더 강한 놀람 반응을 보였다. 다음 날 참가자들은 공포 자극을 다시 봄으로써 공포 반응이 재활성화되기 직전, 프로프라놀롤이나 플라시보를 복용했다. 그다음 날, 플라시보 집단보다 약물 집단의 학생들은 거미 사진을 보는 동안 더 약한 놀람 반응을 보였다. 실험자들은 공포가 재활성화되었을 때 약물이 공포 기억의 처리를 방해해서 공포 자극에 대한 행동 반응을 약화시키거나 제거했다고 생각했다. 더욱이, 학생들이 거미 사진과 전기 충격이 다시 연합되는 2차 조건형성에 노출되었을 때, 플라시보를 받은 학생들의 공포 반응이 재발되었으나 프로프라놀롤을 받은 학생들은 그렇지 않았다.

지금부터 이런 효과를 이해하기 위해 신체가 스트레스에 어떻게 반응하는지 고려할 필요가 있다. 전기 충격과 같은 고통스러운 자극이나 외상에 노출될 때, 신체는 아드레날린(에피네프린으로 명명되기도 함)이라는 스트레스 호르몬을 방출한다. 아드레날린은 뇌의 공포 처리 기관인 편도체를 활성화시키는 것을 포함해서 신체에 많은 영향을 미친다. 프로프라놀롤은 편도체의 아드레날린 수용기를 차단하는데, 이것이 공포 자극에 대한 기억을 약화시킨다.

불안이나 공포 문제가 있는 사람의 편도체는 위협이나 공포, 거절과 관련된 단서에 과잉 반응하는 것 같다. 프로프라놀롤과 같은 약물은 공포 자극에 대한 뇌의 반응을 조절해서 공포 반응을 약화시키거나 제거하고 그들의 재발을 차단한다. 조만간 곧, 프로프라놀롤과 같은 약물이 PTSD 또는 불안장애처럼 불안과 관련된 여러 문제가 있는 사람들의 불안 반응을 진정시키기 위해 임상가가 사용할 수 있는 치료적 도구의 일부가 될 것이라 생각할 수 있다. 연구자들은 그런 약물이 고통스러운 기억을 영구적으로 지울 수 있는지, 아니면 이러한 개인적 기억조차 지우려고 시도해야 하는지 아직은 알지 못한다. 그러나 이 약물이 정서적 기억을 보관하는 뇌 속의 네트워크에 작용한다면, 기억으로 인한 고통을 줄이는 데 유용할 수 있다.

약물이 전쟁에서 외상적인 부상을 당한 군인들의 PTSD 증상을 예방하는 데 사용될 수 있을까? 연구자들은 다친 군인들의 통증을 치료하는 데 사용되는 강력한 아편제제인 모르핀의 사용이 PTSD를 유발할 수 있는 고통스러운 기억의 형성을 막을 수 있는지를 탐색하고 있다(Holbrook, Galarneau, Dye, Quinn, Dougherty, 2010). 더 많은 연구 결과에 따르면 모르핀은 단지 다친 군인들의 통증을 치료할 뿐만 아니라 이후 PTSD 증상의 출현을 예방하기 위해 사용될 수 있다. 다른 연구자들은 실험쥐의 수면 박탈이 외상과 연합된 PTSD 유사 기억을 방해한다는 것을 발견했다(Cohen et al., 2012). 수면 박탈이 외상에 노출된 사람들에게도 유사한 효과를 지닐 것이라 상상할 수 있다.

관련 연구 동향에 따르면, 기억의 분자 구조를 조사하는 과학자들은 특정 기억과 관련된 특정 뇌 회로를 분리해서 억제시키려

수면 박탈이 외상 기억을 예방할 수 있는가? 쥐를 대상으로 한 실험 연구는 수면 박탈이 외상에 관해 새로이 형성되는 기억의 응고화를 방해할 수 있다고 제안한다. 이런 결과가 인간에게 적용된다면, 외상을 경험한 사람들은 고통스런 기억의 형성을 막기 위해 하루 동안 잠을 포기하기로 결정할 수 있다.

(다음 쪽에 계속)

는 시도를 하고 있다. 최근 연구자들은 혐오 자극에 대한 실험쥐의 회상을 차단하는 데 진전을 보고하고 PTSD를 겪는 사람들의 고통스러운 기억을 차단하는 방식을 유발할 수 있는 잠재적인 두뇌 경로를 밝혔다(Lauzon et al., 2013). 다른 연구자들은 장기 기억을 형성하는 데 필요한 생물학적 과정을 방해하는 화학물질을 사용해서 바다우렁이의 특정하게 학습된 반응을 제거할 수 있었다(Cai, Pearce, Chen, Glanzman, 2011). 기억이 생화학적인 수준에서 어떻게 작용하는지 탐색하는데 바다우렁이가 사용된다. 다른 진화된 동물보다 바다우렁이의 신경계는 더 단순하지만, 새로운 기억이 바다우렁이의 신경 회로에 저장되는 기본 과정은 학습된 반응의 기억을 포함해서 포유류의 뇌에서 기억 형성과 관계 있다.

과학자들의 실험 연구는 PTSD 치료에 희망을 줄 것이다. 삶의 경험에 대한 다른 기억은 온전한 반면, 외상 기억을 저장하고 있는 특정 뇌 회로를 확인해서 효과적으로 통제할 수 있는 날이 올 것이다.

과학의 진보는 의료진들이 언젠가 외상 생존자의 외상 기억을 차단하거나 억제할 수 있도록 할 것이다. 그러나 생화학적 수준에서 기억을 통제하는 능력을 가지는 것은 사회와 개인 모두에게 중요한 도덕적, 법적, 윤리적 문제를 제기한다. 깊이 생각하고 토론하기 위해 다음과 같은 질문이 제기된다.

- 외상 직후 기억을 차단시키는 약물을 사용할 것인지 여부는 누가 결정해야 하는가? 전장 지휘관이나 의료진? 건강 서비스 공급자? 아니면 외상 생존자?
- 외상 생존자가 의식이 없거나 이런 결정을 내릴 능력이 없다면? 법은 누가 그리고 어떤 조건에서 이런 결정을 하는지를 규정하는 사전에 명시된 의료대리권 또는 법적 동의를 요구하는가?
- 이후의 정서적 고통을 예방하기 위해 중요한 생활 사건에 관한 개인의 기억을 없애는 것이 옳은가?
- 당신은 외상 기억을 완전히 제거하기를 원하는가? 아니면 당신의 기억을 유지하면서 드러나는 정서적 결과를 다룰 것인가?

치료적 접근

PTSD의 치료에서 인지행동치료는 인상적인 결과를 만들어 왔다(예: Ehlers et al., 2010; Henslee & Coffey, 2010; Resick, Williams, Suvak, Monson, Gradus, 2012). 기본적인 치료 요소는 외상과 연합된 단서와 정서에 대한 반복 노출이다. 인지행동치료에서 개인은 안전한 상황에서 외상 사건과 연합된 불안을 점진적으로 재경험하는데, 그 과정에서 소거가 일어난다. PTSD 환자로 하여금 외상 경험에 대해 반복해서 말하고 심상을 통해 외상의 정서적 측면을 재경험하고 관련 사진이나 영상을 보거나 외상 사건과 관련된 장소에 방문하도록 격려한다. 사고 이후 운전을 회피해 온 심각한 교통사고의 생존자들은 동네 근처에서 짧은 운전 여행을 하라는 지시를 받는다(Gray & Acierno, 2002). 그들은 또한 그들이 경험한 사고와 정서적 반응을 반복해서 묘사하도록 요구받을 수 있다. 전쟁과 관련된 PTSD의 경우, 전쟁 기념비를 방문하거나 전쟁 영화를 보는 것이 노출 기반의 과제로 할당될 수 있다. 증거는 인지적 재구성(왜곡된 사고나 신념에 도전하고 합리적 대안으로 대체하는 것)에 노출을 보완하는 것이 치료 이득을 향상시킬 수 있음을 보여 준다(Bryant, Moulds, Guthrie, Dang, Nixon, 2003). 노출치료는 또한 급성 스트레스 장애를 치료하는 데도 효과가 있다(Bryant et al., 2008)

치료사는 지속 노출(prolonged exposure)이라 불리는 더 강력한 형태의 노출치료를 적용할 수 있는데, 이때 내담자는 불안을 회피하지 않고 치료 회기 동안에 심상을 통해 또는 현실에서 외상과 관련된 상황에 직접 직면함으로써 외상 사건을 반복해서 재경험한다(Leiner, Kearns, Jackson, Astin, Rothbaum, 2012; Resick et al., 2012; Schneier et al., 2012; Sharpless & Barber, 2011). 강간 생존자들에게 지속 노출은 지지적인 치료 장면에서 끔찍한 경험에 대해 반복적으로 자세히 말하는 것을 의미한다.

자가 이완과 같은 스트레스 관리 기술의 훈련은 과각성과 외상 관련 자극으로부터 회피와 같은 고통스런 PTSD 증상을 다루는 내담자의 능력을 향상시킬 수 있다. 또한 분노 관리 기술의 훈련은 PTSD를 겪는 참전 군인에게 특히 도움이 될 수 있다. 세르트랄린(졸로프트) 또는 파록세틴(팍실)과 같은 항우울제 치료는 PTSD의 불안을 감소시키는 데 도움이 된다.

156쪽의 '이상심리학에 대해 비판적으로 사고하기'는 논란의 소지가 있는 PTSD의 치료법인 안구운동 둔감화 및 재처리 요법(eye movement desensitization and reprocessing, EMDR)에 대해 논의한다. EMDR이란 무엇인가? 그것은 효과가 있는가? 만일 그것이 효과가 있다면, 그 이유는 무엇인가?

이상심리학에 대해 비판적으로 사고하기

@Issue: EMDR은 유행인가? 발견인가?

PTSD의 치료에 논란의 소지가 있는 기법, 즉 **안구운동 둔감화 및 재처리 요법**(eye movement desensitization and reprocessing, EMDR)이 등장했다(Shapiro, 2001). EMDR에서 치료사가 약 20~30초 동안 내담자의 눈앞에서 손가락을 반복해서 좌우로 움직이는 동안, 내담자는 외상과 관련된 정신적 심상을 떠올리도록 요구받는다. 마음속에 심상을 떠올리는 동안, 내담자는 치료사의 손가락의 움직임에 따라 자신의 눈동자를 움직여야 한다. 그런 다음 내담자는 이 절차 동안 경험한 이미지, 느낌, 신체감각 및 생각을 치료사에게 이야기한다. 환자가 고통스런 기억의 정서적 영향에 둔감해질 때까지 이 절차가 반복된다.

세심하게 통제된 연구의 증거는 PTSD의 치료에서 EMDR의 치료적 이점을 보여 준다(예: Leiner et al., 2012; Oren & Solomon, 2012; Sharpless & Barber, 2011; Tarquinio, Rydberg, & Oren, 2012). 논란이 되는 것은 EMDR이 효과가 있는가가 아니라, 그것이 왜 효과가 있고 이 기법의 핵심 특징인 안구운동이 그 효과를 설명하는 데 필수 요소인가 하는 것이다(Karatzias et al., 2011; Lohr, Lilienfeld, & Rosen, 2012; van den Hout et al., 2011).

빠른 안구운동이 PTSD 증상을 완화시키는 이유를 설명하는 설득력 있는 이론적 모델이 부족하고, 이것은 일부 임상가들이 현장에서 이 치료를 사용하기 꺼리는 이유를 설명하는 데 중요한 요인이다(Cook, Biyanova, & Coyne, 2009). EMDR의 치료 효과가 안구운동과 관련이 있는지 여부도 이와 관련된 우려이다. EMDR이 효과적인 것은 치료에 대한 내담자의 희망과 긍정적 기대를 동원하는 것처럼, 다른 치료법과 공통적인 비특이적 요인 때문일 수 있다. 또 다른 가능성은 PTSD와 다른 불안장애에 잘 확립된 치료인 일종의 노출치료이기 때문에 EMDR이 효과가 있다는 것이다(Taylor et al., 2003). EMDR의 효과 요인은 빠른 안구운동이 아니라 외상적 심상에 대한 반복 노출일 수 있다. EMDR에 대한 논란이 아직 종식되지는 않았지만, 이 기법은 새로운 방식의 노출 기반 치료에 불과한 것일 수 있다. 한편, 또

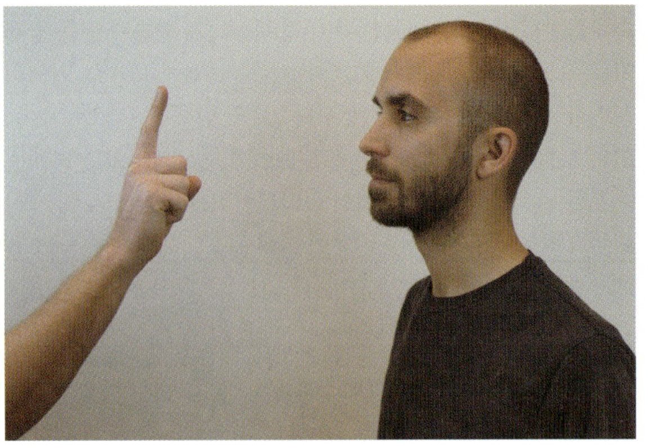

EMDR. 상대적으로 새롭고 논란이 되는 PTSD 치료인 EMDR에는 내담자가 마음속에 외상 경험의 심상을 유지하는 동안 치료사의 손가락 움직임을 따라 안구운동을 하는 것이 포함된다.

다른 연구 결과는 적어도 치료를 완료한 사람들에게 더 전통적인 노출치료가 EMDR에 비해 회피행동을 줄이는 데 더 양호하고 빠른 효과를 나타내었음을 보여 주었다(Taylor et al., 2003).

EMDR을 둘러싼 논쟁이 계속되고 있지만, 유명한 격언인 오컴의 면도날 또는 절감의 법칙을 고려할 필요가 있다. 이 원칙은 오늘날 가장 널리 사용되고 있는 형태로, 설명이 간단할수록 더 좋다는 것이다. 즉, 연구자들이 노출에 근거하여 EMDR의 효과를 설명할 수 있다면, 외상적 심상에 대해 내담자를 둔감화시키는 데 안구운동의 효과를 포함한 더 복잡한 설명을 가정할 필요가 없다는 것이다.

이 쟁점에 대해 비판적으로 생각하면서 다음 질문에 답하시오.

- 단지 치료가 효과 있는지가 아니라, 효과가 있는 이유를 결정하는 것이 왜 중요한가?
- 빠른 안구운동이 EMDR의 효과에서 중요한 요소인지 여부를 판단하는 데 어떤 유형의 연구가 필요한가?

4 요약

스트레스와 건강

4.1 스트레스가 건강에 미치는 영향에 대해 평가하라.
연구에 따르면 스트레스에 대한 노출을 면역체계 기능의 약화와 연관 있는데, 이는 신체적 질병에 대한 취약성을 증가시킬 수 있다. 그러나 이런 증거는 상관 연구이기 때문에 인과관계의 문제는 아직 남아 있다.

4.2 일반 적응 증후군의 단계를 살펴보고 기술하라.
Hans Selye가 주창한 일반 적응 증후군은 지속적인 스트레스에 대한 신체의 일반적인 반응 양상이며, 3단계를 특징으로 한다. (1) 경고 반응 단계에서는 스트레스 요인에 대항하여 신체의 자원을 동원한다. (2) 저항 단계에서는 신체적 각성이 높게 유지되지만 신체는 계속적인 스트레스의 요구에 적응하려고 시도한다. (3) 소진 단계에서는 지속적이고 강한 스트레스에 직면해서 신체적 자원이 위험할 정도로 고갈되고, 스트레스 관련 장애나 적응 관련 질병이 발생할 수 있다.

4.3 생활의 변화와 심리적 · 신체적 건강의 관계에 관한 증거를 검토하라.
관계가 비록 상관에 기초하지만, 연구에 따르면 생활 변화의 형태로 더 많은 생활 스트레스와 일상의 혼란을 경험한 사람들이 신체적 건강 문제를 발달시킬 위험이 높음을 보여준다.

4.4 심리적 적응 중 '문화적응 스트레스'의 역할을 평가하라.
문화적응의 압력이나 문화적응 스트레스는 정신적 · 신체적 기능에 영향을 줄 수 있다. 문화적응 수준과 심리적 적응의 관계는 매우 복잡하지만 연구에 의하면 자신의 전통적인 민족적 또는 문화적 정체성을 유지하면서 주류 문화에 적응하려는 노력을 포함해서 이중문화의 문화적응 양상을 발달시키는 것이 중요함을 시사한다.

4.5 스트레스의 영향을 조절하는 심리적 요인을 살펴보라.
효과적인 대처 양식, 자기효능감의 기대, 심리적 강인성, 낙관주의 그리고 사회적 지지는 스트레스의 영향을 조절한다.

적응장애

4.6 적응장애의 개념을 정의하고 이 장애의 주요 특징을 기술하라.
적응장애는 확인된 스트레스 요인에 대한 부적응적 반응이다. 해당 상황에서 정상적으로 기대되는 것보다 더 강한 정서적 반응 또는 유의미한 기능 손상의 증거가 적응장애의 특징이다. 손상은 대개 직장이나 학교에서 또는 사회적 관계나 활동에서 문제의 형태를 취한다.

4.7 급성 스트레스 장애와 외상후 스트레스 장애의 주요 특징을 기술하라.
외상성 스트레스 장애의 두 가지 유형은 급성 스트레스 장애와 외상후 스트레스 장애이다. 두 가지 모두 외상성 스트레스 요인에 대한 부적응적 반응을 포함한다. 급성 스트레스 장애는 외상 사건에 노출된 후 수 일에서 수 주 이내에 발생한다. PTSD는 외상을 경험한 후 수개월, 수년, 심지어 수십 년간 지속되고 사건 후 몇 개월이나 몇 년이 지나기까지 발생하지 않을 수도 있다.

4.8 외상후 스트레스 장애를 이해하고 치료하는 방식을 기술하라.
학습 이론은 외상 관련 자극에 대한 공포의 조건형성과 회피행동을 유지하는 데 부적 강화의 역할을 이해하기 위한 틀을 제공한다. 그러나 PTSD에 대한 취약성을 결정하는 데 중요한 역할을 하는 다른 요인으로는 외상에 노출된 정도와 아동기 성학대의 개인력이나 사회적 지지의 부족과 같은 개인적 특성이 있다.

주요 치료적 접근은 인지행동치료인데, 이것은 외상과 연합된 단서에 대한 반복적인 노출에 초점을 맞추고, 이는 인지적 재구성과 스트레스 및 분노 관리 기술 훈련과 결합될 수 있다. 안구운동 둔감화 및 재처리 요법(EMDR)은 비교적 새롭지만 논란이 되고 있는 PTSD 치료 방법이다.

비판적 사고 질문

이번 장에서 배운 것을 기초로 다음의 질문에 답해 보라.

- 본문에 제시된 증거는 미국 문화에 대한 용광로 모델을 찬성 또는 반대하는가? 강한 민족 정체성을 유지하는 것이 이로울 수 있다고 제안하는 증거는 무엇인가?
- 자신의 행동 양상을 검토하라. 당신은 일상생활에서 당신의 행동이 스트레스를 다루는 능력을 향상시키거나 손상시킬 수 있다는 것을 믿는가? 당신의 생활방식에서 더 건강한 행동을 택하기 위해 당신은 어떤 변화를 취할 수 있는가?
- 당신의 삶에서 스트레스 수준을 고려해 보라. 스트레스가 당신의 신체적 또는 심리적 건강에 어떤 영향을 주는가? 당신은 어떤 방식으로 당신의 삶에서 스트레스 수준을 감소시킬 수 있는가? 스트레스를 더 효과적으로 다루기 위해 당신이 배울 수 있는 대처 전략은 무엇인가?

핵심 용어

건강심리학자(health psychologist)
경고 반응(alarm reaction)
급성 스트레스 장애(acute stress disorder)
긍정 심리학(positive psychology)
내분비계(endocrine system)
면역체계(immune system)
문제-중심 대처(problem-focused coping)
문화적응 스트레스(acculturative stress)
소진 단계(exhaustion stage)
스트레스(stress)
스트레스 요인(stressor)
심리적 강인성(psychological hardiness)
싸움-또는-도주 반응(fight-or-flight reaction)
안구운동 둔감화 및 재처리 요법(eye movement desensitization and reprocessing, EMDR)
외상후 스트레스 장애(posttraumatic stress disorder, PTSD)
일반 적응 증후군(general adaptation syndrome, GAS)
자기효능감의 기대(self-efficacy expectancies)
저항 단계(resistance stage)
적응장애(adjustment disorder)
정서-중심 대처(emotion-focused coping)
호르몬(hormones)

'변화 겪기' 질문지의 채점 방식

당신의 반응에 대한 검토는 당신이 지난해 동안 얼마나 많은 생활 스트레스를 경험했는지 계산하도록 도울 수 있다. 모든 사람은 일정 수준의 스트레스를 경험하지만, 만일 당신이 이 문항의 다수에 체크하였고, 특히 높은 스트레스 수준에 체크했다면 당신은 지난해 비교적 높은 수준의 스트레스를 경험했을 가능성이 크다. 그러나 같은 수준의 스트레스라도 사람에게 미치는 영향이 다를 수 있다는 사실을 유념하라. 스트레스에 대처하는 당신의 능력은 당신의 대처 기술과 당신이 이용 가능한 사회적 지지의 수준을 포함해서 많은 요인에 의해 결정된다. 만일 당신이 높은 수준의 스트레스를 경험하고 있다면, 당신 삶에서 스트레스의 근원을 살펴볼 필요가 있다. 아마도 당신은 당신이 경험하는 스트레스 수준을 줄이거나 회피할 수 없는 스트레스의 근원을 좀 더 효과적으로 다루는 것을 배울 수 있을 것이다.

낙관주의 척도의 채점 방식

총점을 구하기 위해 당신은 먼저 1, 2, 5, 8, 10번 문항을 역채점해야 한다. 이것은, 1점은 5점으로, 2점은 4점으로, 3점은 3점으로, 4점은 2점으로, 5점은 1점으로 채점하는 것을 의미한다. 그런 다음 점수를 합산한다. 총점은 10점(가장 낮은 낙관주의)에서 50점(가장 높은 낙관주의)의 범위에 있다. 30점 전후의 점수는 당신이 크게 낙관적이지도, 비관적이지도 않다는 것을 의미한다. 이 척도의 규준이 없지만 31~39점 범위의 점수는 중간 수준의 낙관주의를 가진 것으로 간주하는 반면, 21~29점 범위의 사람들은 중간 수준의 비관주의를 나타낸다고 볼 수 있다. 40점 이상은 더 높은 수준의 낙관주의를 나타내는 반면, 20점 이하는 더 높은 수준의 비관주의를 나타낸다.

5 불안장애와 강박 및 관련 장애

5

학습 목표

5.1 불안장애의 신체적, 행동적, 인지적 특징을 알아본다.
5.2 공황장애의 핵심 특징을 알아본다.
5.3 공황장애의 주요 개념 모델에 대해 알아본다.
5.4 공황장애의 치료 방법에 대해 알아본다.
5.5 특정공포증 유형의 핵심 특징을 서술하고 발생 원인을 설명한다.
5.6 공황장애의 치료 방법에 대해 알아본다.
5.7 범불안장애의 핵심 특징과 치료 방법에 대해 알아본다.
5.8 불안장애 유병률의 인종적 차이에 대해 알아본다.
5.9 강박장애의 핵심 특징과 이해 및 치료 방법에 대해 알아본다.
5.10 신체이형장애의 핵심 특징을 설명하고 이러한 장애가 왜 강박장애 스펙트럼으로 분류되는지 알아본다.

진실 또는 거짓

T□ F□ 공황발작을 경험하는 사람은 흔히 자신이 심장발작을 겪고 있다고 생각한다.
T□ F□ 항우울제는 우울 증상은 없지만 다양한 불안장애로부터 고통받는 사람을 치료하기 위해 사용된다.
T□ F□ 공포증을 겪는 사람은 그들의 공포가 합리적이라고 믿는다.
T□ F□ 어떤 사람은 집 밖으로 나가는 것이 너무 두려워서 집 앞 우체통에 편지를 넣는 것조차 할 수 없다.
T□ F□ 우리는 위협을 주는 대상에 대한 공포를 유전적으로 습득하는 경향이 있다.
T□ F□ 만약 방 안에 거미가 있다면, 거미 공포증을 지닌 사람이 거미를 먼저 발견하고 가리킬 것이다.
T□ F□ 치료자는 환자가 공포증을 극복하는 것을 돕기 위해 가상현실을 사용한다.
T□ F□ 강박적 사고는 불안을 완화하는 데 도움을 준다.
T□ F□ 피부에 상처를 내는 사람의 일부는 자살을 고려한다.

'나' "바로 그때, 전 그곳에서 죽을 것만 같은 기분이 들었어요."

한 번도 이런 적이 없었어요. 차 안에 앉아 있었는데, 갑자기 심장이 마치 터질 것처럼 미친 듯이 빠르게 뛰는 것을 느꼈어요. 정말 아무 이유 없이 갑자기요. 숨을 가쁘게 쉬었는데도 답답하고 숨을 쉬기가 힘들었고 저와 차 사이의 간격이 점점 좁혀지는 느낌이었어요. 바로 그때, 그곳에서 죽을 것 같은 기분이 들었어요. 가슴이 심하게 떨리고 땀이 흘렀어요. 심장이 마비될 것만 같았죠. 차 밖으로 탈출해서 도망쳐야 한다는 강한 충동을 느꼈어요.

여하튼 힘들게 차를 도로변에 세웠지만, 뛰쳐나가진 못하고 그저 차에 앉아 그 느낌이 지나가기만을 기다렸어요. '여기서 이대로 죽는구나.' 하고 혼자 생각했어요. 누가 날 도와주러 올 때까지 버틸 수 있을까 싶었어요. 그러나 이내 그 느낌은 사라졌고 저는 대체 무슨 일이 일어났던 건지 생각하며 오랫동안 혼이 나가 있었어요. 공황은 갑자기 찾아왔고, 또 갑자기 사라졌어요. 제 호흡과 심장박동은 서서히 정상으로 돌아왔어요. 어쨌든 저는 죽지 않고 살아 있었어요.

— "마이클의 사례", 저자의 파일에서

공황발작이란 무엇일까? "나는 열쇠를 잃어버려서 공황에 빠졌다."라는 말처럼 사람들은 공황이라는 단어를 막연히 사용하는 경향이 있다. 비록 내담자가 묘사하는 것이 종종 가벼운 정도의 불안 반응에 속하는 것일지라도 치료 과정에서 내담자는 흔히 공황발작에 대해 보고한다. 공황발작 동안에는 마이클이 묘사한 것처럼 불안이 극심한 공포의 수준까지 증가한다. 당신이 공황발작을 겪어 보지 않았다면, 공황발작이 얼마나 강렬한

지 공감하기 어려울 것이다. 이것을 겪는 사람은 공황발작을 여태까지 살면서 겪었던 일 중 가장 무서운 경험으로 묘사한다. 공황발작은 불안장애의 심각한 유형인 공황장애의 기본적인 특징이다.

건강, 사회적 관계, 시험, 직업, 국제관계, 주변 환경과 같이 불안을 유발하는 요인은 많지만 실제로 이런 일이 발생할 확률은 높지 않다. 삶의 이러한 측면에 대해 어느 정도 걱정하는 것은 일반적이고 심지어 적응적이라 할 수 있다.

불안(anxiety)은 걱정과 불길한 예감의 일반화된 상태이다. 불안은 우리가 정기검진을 받도록 유도하거나 시험에 대비하여 공부할 수 있도록 동기를 부여하기 때문에 유용하다. 그러므로 불안은 위협에 대한 정상적인 반응이지만, 위협의 실재보다 지나치거나 갑작스럽게 나타나는(즉, 생활 사건과 관련이 없는) 불안은 비정상적이다.

마이클의 사례에서 공황발작은 어떠한 경고나 계기 없이 자발적으로 발생했다. 상당한 정서적 괴로움이나 장해를 야기하는 부적응적인 불안 반응은 **불안장애**(anxiety disorder)로 분류된다. 다양한 유형의 불안장애 간의 공통점인 불안은 공황발작과 같은 강렬한 공포에서부터 범불안장애에서 나타나는 불길한 예감이나 걱정에 이르기까지 다양한 방식으로 경험될 수 있다. 불안장애는 매우 흔하게 나타나는데, 미국 성인의 거의 20%에 해당하는 40만 명 이상에게서 발생한다(Torpy, Burke, & Golub, 2011).

불안장애의 개관

5.1 불안장애의 신체적, 행동적, 인지적 특징을 알아본다.

불안은 신체 · 행동 · 인지적 영역에 영향을 미치는 다양한 증상을 특징으로 한다.

a) **신체적 특징**은 안절부절못함, 떨림, 긴장, 복부와 가슴의 압박감, 심한 발한, 땀에 젖은 손바닥, 약한 현기증, 구강 건조증, 호흡곤란, 두근거림, 식은땀, 배탈 혹은 구토, 다른 신체적 증상 등을 포함한다.
b) **행동적 특징**은 회피행동, 매달리거나 의존적인 행동, 불안한 행동 등을 포함한다.
c) **인지적 특징**은 근심, 계속되는 미래에 대한 걱정이나 두려움, 신체감각에 대한 몰두, 통제력 상실에 대한 두려움, 불안을 유발하는 사고의 반복, 무질서하고 혼란스러운 생각, 집중적 사고의 어려움, 통제할 수 없는 것에 대한 생각 등을 포함한다.

불안장애를 겪고 있는 사람이 위의 모든 특징을 반드시 경험해야 할 필요는 없지만, 이러한 특징은 왜 불안이 고통스러운 것인지 이해하는 데 유용하다. DSM은 불안장애의 주요 유형을 공황장애, 공포증, 범불안장애로 분류한다. 불안장애의 범주로 분류되던 다른 몇몇 장애는 DSM-5에서 공통된 특징을 공유하는 다른 장애의 진단범주에 포함되었다. 강박장애는 이 장의 후반부에서 다루게 될 강박 및 관련 장애라는 새로운 진단범주로 분류된다. 4장에서 다루었던 급성 스트레스 장애와 외상후 스트레스 장애는 외상 및 스트레스 관련 장애라는 새로운 진단범주로 분류된다.

표 5.1은 불안장애 주요 유형의 개관에 대한 설명을 제공한다. 불안장애는 상호 배타적이지 않다. 정상적인 사람도 흔히 진단기준의 하나 이상을 충족한다. 더욱이 불안장애를 겪는 많은 사람은 다른 유형의 장애, 특히 기분장애를 앓고 있다.

불안장애는 해리장애와 신체 증상 및 관련 장애(6장 참조)와 더불어 19세기 대부분 시기 동안 신경증으로 분류되었다. **신경증**이라는 용어는 '비정상적이거나 병적인 상태의 신경계'라는 의미에서 유래한다. 18세기에 스코틀랜드 의사 William Cullen은 **신경증**이라는 용어를 만들었다. 어원이 암시하듯이 신경증은 생물학적 기원을 지닌다고 가정했고, 신경증을 신경계의 고통으로 보았다.

20세기 초에 Freud의 정신역동적 견해가 Cullen의 유기체적 가정을 대체했다. Freud는 신경증적 행동이 받아들일 수 없는 불안유발 사고의 발현에서 생긴다고 주장했다. Freud에 따르면, 불안과 해리 및 신체 증상 장애를 포함한 장애는 자아가 불안에 대응하여 스스로를 보호하려는 시도이다. 이러한 Freud의 견해는 신경증의 일반적인 범주하에서 신경증의 기원에 대한 가설을 통합했다. Freud의 개념은 1900년대 초반에 널리 수용되었고, 『정신장애의 진단 및 통계 편람(Diagnostic and Statistical Manual of Mental Disorder, DSM)』 첫 두 판의 분류 체계에 대한 기준을 구성했다.

1980년부터 DSM은 **신경증**으로 칭했던 범주를 진단체계에 포함시키지 않았다. 오늘날의 DSM은 이론적 가설보다 관찰할 수 있는 행동과 뚜렷한 특징 간의 유사성에 기초한다. 하지만 많은 임상가는 Freud가 묘사한 방식으로 **신경증**과 **신경증적**이라는 용어를 사용한다. 몇몇 임상가는 상대적으로 양호한 현실감을 유지하고 있는 사람의

표 5.1
불안장애 주요 유형의 개관

장애유형	평생 유병률(%)	특징	관련 증상
공황장애	5.1%	반복되는 공황발작(심각한 심리적 증상, 임박한 위험이나 종말에 대한 생각, 탈출하고 싶은 충동을 수반하는 극심한 공포 삽화)	반복되는 발작에 대한 공포는 발작과 관련된 상황이나 도움이 불가능한 상황의 회피를 유도한다. 발작은 예측할 수 없지만 특정 단서나 상황과 관련이 있을 수 있다. 광장공포증이나 공공장소의 일반적인 회피를 동반한다.
범불안장애	9%	특정 상황에 국한되지 않은 지속적인 불안	과도한 걱정, 신체각성, 긴장, 안전부절못함과 같은 고조된 상태
특정 공포증	12.5%	특정 대상이나 상황에 대한 과도한 공포	공포 자극이나 상황의 회피, 고소공포증, 폐소공포증, 혈액·동물·곤충에 대한 공포를 포함한다.
사회불안장애	12.1%	사회적 상호작용에 대한 과도한 공포	사회적 상황에서의 거절, 창피함, 부끄러움에 대한 잠재적인 두려움을 특징으로 한다.
광장공포증	약 1.4~2%	개방된 공공장소에 대한 공포 및 회피	죽음, 별거, 이혼처럼 지지적인 대상의 상실로 인해 이차적으로 발생할 수 있다.

출처: APA, 2013; Conway et al., 2006; Grant et al., 2005a; Grant et al., 2006b, 2006c; Kessler et al., 2005a, Weiss, 2003; Xie et al., 2009.

가벼운 행동 문제를 구분하기 위해 신경증이라는 용어를 사용한다. 조현병과 같이 정신증은 현실 검증력의 손상, 기이한 행동, 기이한 생각, 환각이 대표적으로 나타난다.

불안은 더 이상 전통적으로 사용하던 신경증의 진단범주에 한정되지 않는다. 적응 문제, 우울증, 정신증적 장애를 지닌 사람은 불안과 관련된 문제도 겪을 수 있다. 이제 각 불안장애의 특징과 증상, 원인, 치료 방법에 대해 알아보자.

공황장애

5.2 공황장애의 핵심 특징을 알아본다.

공황장애는 공황발작이 갑작스럽고 반복적으로 나타나는 것을 특징으로 한다. 공황발작은 두근거림, 빠른 호흡, 호흡곤란, 심한 발한, 현기증과 같은 강렬한 불안 반응을 포함한다(표 5.2 참조). 공황장애는 다른 유형의 불안장애보다 심각한 신체적 증상을 지닌다. 공황발작은 극심한 공포, 임박한 위험이나 종말, 탈출하고 싶은 충동, '미칠 것 같다' 혹은 '죽을 것 같다'와 같은 통제력 상실에 관한 생각을 동반한다.

공황발작을 겪는 사람은 자신의 심박수 변화를 예민하게 알아차리고, 실제로 심장에 아무런 이상이 없음에도 자신이 심장발작을 겪고 있다고 생각하는 경향이 있다. 하지만 공황발작 증상은 심장발작이나 심각한 알레르기 반응처럼 보일 수 있기 때문에 반드시 의학적 평가를 실시해야 한다. 진실 / 거짓

진실 또는 거짓

공황발작을 경험하는 사람은 흔히 자신이 심장발작을 겪고 있다고 생각한다.

진실 공황발작을 경험하는 사람은 심장에 문제가 없음에도 자신이 심장발작을 겪고 있다고 생각한다.

마이클의 사례처럼 공황발작은 일반적으로 어떠한 경고나 촉발 사건 없이 갑작스럽고 자연스럽게 발생한다. 발작은 10~15분 이내에 그 증상이 최고조에 도달하고, 보통 수 분 동안 지속되지만 몇 시간 동안 지속될 수도 있다. 공황발작은 발작이 발생한 장소에서 탈출하고 싶은 강한 충동을 동반하는 경향이 있다. 공황장애로 진단하기 위해서는 갑작스럽고 반복적으로 발생하는 공황발작이 반드시 존재해야 한다. 그러나 미묘한 신체적 증상은 공황발작에 선행하여 나타날 수 있다(Meuret et el,. 2011).

표 5.2

공황발작의 핵심 특징

공황발작은 극심한 공포나 불편함과 관련된 삽화로 갑작스럽게 발생하고 몇 분 이내에 정점에 도달한다. 공황발작은 다음과 같은 특징을 나타낸다.
• 두근거림 • 진땀, 떨림 • 호흡이 곤란하거나 숨이 막힐 것 같은 경험 • 통제력 상실과 '죽을 것 같거나 미칠 것 같은' 생각에 대한 두려움 • 가슴 통증이나 불편함 • 손발 저림 혹은 마비 증상 • 메스꺼움, 속 쓰림 • 현기증, 어지러움, 실신 • 비현실감이나 이질감처럼 자신과 분리된 느낌 • 통제력 상실이나 '미칠 것 같은' 생각에 대한 두려움 • 안면홍조나 오한

최초의 공황발작은 갑작스럽게 발생하지만, 시간이 흐르면서 붐비는 백화점, 기차와 비행기 탑승과 같은 특정 상황이나 단서와 연관되어 발생할 수 있다. 공황발작을 겪는 사람은 이러한 상황을 과거의 공황발작과 연관시키거나 공황발작을 유발하는 상황에서 탈출하는 것이 어렵다고 인식할 수 있다.

공황발작을 겪는 사람은 보통 공황발작을 자신의 인생에서 최악의 경험으로 묘사한다. 공황발작 앞에서 이들의 대처 능력은 무력해진다. 이들은 달아나야 한다고 느낄 수 있지만 만약 탈출이 소용없는 것처럼 보이면, 몸이 얼어붙을 것이다. 이들은 도움을 요청하기 위해 타인에게 의존하는 경향이 있다. 공황발작을 겪는 몇몇 사람은 혼자서 외출하는 것을 두려워한다. 반복되는 공황발작에 대처하는 것이 너무 어려워서 자살로 이어지기도 한다. 공황장애 환자는 공황발작이 일어날 수 있거나 두려움을 느낄 수 있거나 도움받을 수 없는 장소에 가는 것은 회피하려고 한다. 결과적으로 공황장애는 회피하기 어렵거나 도움이 불가능한 공공장소에 있는 것을 과도하게 두려워하는 **광장공포증**(agoraphobia)으로 이어질 수 있다(Berle et al., 2008). 그러나 광장공포증을 동반하지 않는 공황장애가 광장공포증을 동반하는 공황장애보다 좀 더 흔하다(Grant et al., 2006b).

광장공포증. 광장공포증 환자는 개방된 공간이나 붐빈 공간에 가는 것을 두려워한다. 심한 경우, 안전한 집 밖으로 나가는 것을 두려워한다.

표 5.2의 모든 특징이 공황발작 동안에 나타나는 것은 아니다. 건강한 사람의 10%는 한 해 동안 한 번의 공황발작을 경험할 수 있다(USDHHS, 1999). 공황장애로 진단받기 위해서는 예기치 못한 공황발작을 반복적으로 경험해야 하며, 1번 이상의 공황발작에서 다음의 두 가지 증상 중 하나 이상이 최소 1개월 이상 나타나야 한다(APA, 2013).

a) 공황발작이나 통제력 상실, 심장발작, 정신이상과 같은 후유증에 대한 지속적인 두려움

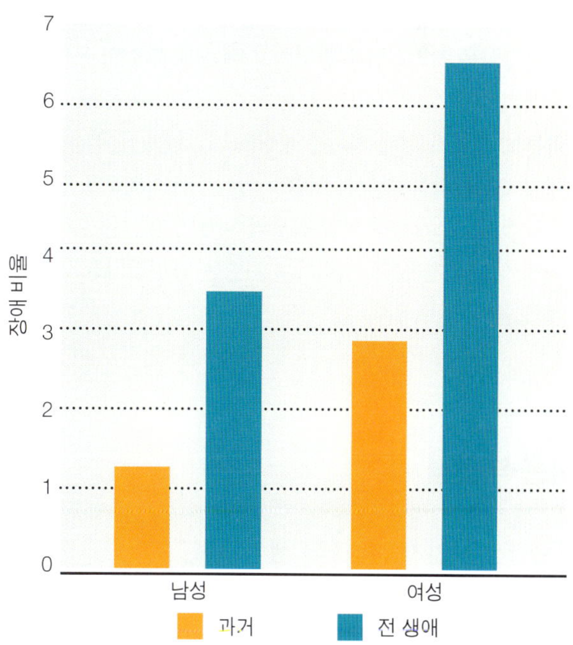

그림 5.1 공황장애 유병률의 성차. 여성의 공황장애 비율은 남성보다 두 배가량 높다.

출처: Grant et al., 2006b.

b) 공황발작에 대한 두려움으로 인해 활동을 제한하고, 외출이나 공공장소에 가는 것을 꺼리는 등의 현저하게 부적응적인 행동의 변화

최근 이루어진 대표적 조사에 따르면, 미국인의 공황장애 평생 유병률은 5.1%이다(Grant et al., 2006b). 일반적으로 공황장애는 청소년 후기에서 30대 중반 사이에 발병하고, 남성보다 여성에게서 약 2배 정도 흔하게 나타난다(Grant et al., 2006b; Katon, 2006). **그림 5.1**에서 볼 수 있는 공황장애의 성차는 남성보다 여성에게 흔하게 나타나는 불안장애의 일반적인 양상을 잘 드러낸다(McLean & Anderson, 2009; Seedat et al., 2009).

'골프장에서의 공황'

운동선수는 통증, 고통, 심지어 부상을 지니고 경기를 하는 것에 익숙하다. 하지만 이 경우는 좀 다르다. 2012년 프로골프대회에서 신인 선수였던 찰리 벨잔은 경기도중 공황발작을 일으켰는데, 증상이 너무 강렬해서 심장발작이 일어난 줄 알고 두려워했다(Crouse & Pennington, 2012). 그날 저녁 벨잔은 골프화를 신은 채로 병원에서 의학 검사를 받았고, 다행히 심장에는 아무런 문제가 없는 것으로 밝혀졌다. 놀랍게도 벨잔은 다른 36라운드를 토너먼트로 진행하여 생애 첫 우승을 차지했다. 벨잔의 공황발작은 이번이 처음이 아니었다. 몇 개월 전 벨잔은 비행 도중 기장에게 비상착륙을 요청하여 치료를 받을 수 있었다. 일반적으로 공황발작은 자연스럽게 발생하기 때문에, 벨잔이 토너먼트 중에 발작을 일으킨 것은 불운의 일치였다. 혹은 프로대회라는 스트레스 상황이 빠른 심장박동, 호흡곤란과 같은 신체의 신경화학적 변화에 대한 취약성을 지속적으로 높였을 수도 있다. 추가적인 의학 검사와 더불어 벨잔은 심리학자에게 상담을 받았다. 심리치료 기법은 공황발작을 다루는 데 도움이 될 수 있다.

— 저자의 파일에서

이론적 관점

5.3 공황장애의 주요 개념 모델에 대해 알아본다.

공황발작은 인지적 요소와 생물학적 요소의 결합, 귀인오류와 생리적 반응의 결합과 관련되어 있다는 두 가지 견해가 지배적이다. **그림 5.2**는 공황장애의 인지-생물학적 모델의 도식을 나타낸 것이다. 마이클의 사례처럼 심장발작의 징후로 신체적 증상이 나타나는 것을 두려워하는(공황장애에 취약한) 사람은 신체감각의 사소한 변화를 공황발작의 원인으로 잘못 해석하는 경향이 있다. 예를 들어, 이들은 일시적인 현기증, 어지러움, 두근거림 등의 신체적 증상을 임박한 심장발작, 통제 상실, 정신이상의 징후로 여길 수 있다.

그림 5.2에서 볼 수 있듯이 신체감각에 대한 인식은 불안을 유발하는데, 이는 교감 신경계의 활성화를 동반한다. 부신은 교감 신경계의 통제하에 스트레스 호르몬(에피네프린, 노르에피네프린)을 방출한다. 스트레스 호르몬은 빨라지는 심박수, 가빠진 호흡, 식은땀과 같이 신체감각을 격렬하게 만든다. 결국, 이러한 신체적 변화는 임박한 공황발작이나 재앙의 단서로 잘못 해석될 수 있다("맙소사, 심장발작이야!"). 신체감각에 대한 파국적 오해석은 불안을 일으키는 위협에 대한 지각을 증대시키고, 이는 불안과 관련된 신체 증상으로 이어진다. 이러한 파국적 오해석의 악순환은 곧 빠르게 공황발작으로 발전한다. 요약하면, 공황장애는 인지적 요소와 생물학적 요소의 결합, 귀인오류와 생리적 반응의 결합과 관련되어 있다는 견해가 우세하다(Teachman, Maker, & Clerkin, 2010).

공황발작을 유발하는 신체감각의 변화는 **과호흡**(급박한 숨쉬기), 온도 변화, 특정 약물에 대한 반응 등이 원인이다. 일반적으로 신체적 변화는 의식하지 못한 채 순식간에 발생한다. 하지만 공황에 취약한 사람은 이러한 신체적 단서를 공황발작을 유발하는 근본적인 원인으로 생각할 수 있다.

왜 몇몇 사람은 공황장애에 더 취약할까? 그것은 바로 생물학적 요소와 인지적 요소가 함께 작동하기 때문이다.

생물학적 요인 유전적 요인은 공황장애의 취약성에 기여한다(예: Spatola et al., 2011). 유전자는 공황장애를 비롯한 심리장애가 발생할 수 있는 가능성을 높인다. 사고 패턴과 같은 다른 요인 또한 중요한 역할을 한다(Casey, Oei, & Newcombe, 2004). 예를 들면, 공황장애 환자는 신체감각을 임박한 재앙의 징후로 잘못 해석한다. 공황에 취약한 사람은 두근거림과 같은 자신의 신체감각에 민감한 경향이 있다.

공황발작의 생물학적 근거로는 변연계, 전두엽과 같이 위험에 대응하는 민감한 내부 경보체계 등이 포함될 수 있다(Katon, 2006). 정신과 의사 Donald Klein(1994)은

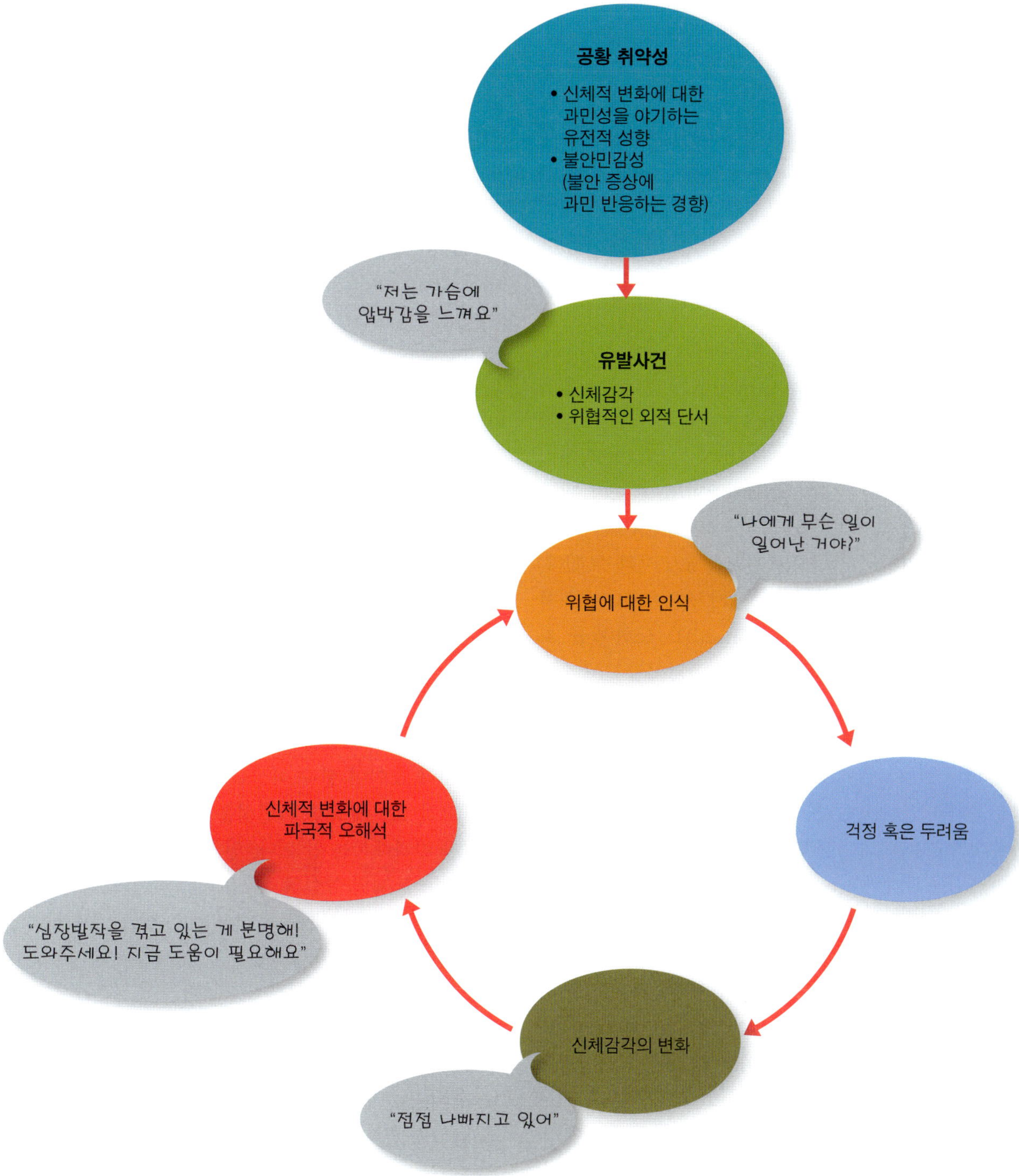

그림 5.2 공황장애의 인지-생물학적 모델. 공황에 취약한 사람의 내·외적 위협에 대한 인식은 신체감각의 변화를 동반하는 걱정이나 두려움으로 이어진다(예: 두근거림). 신체감각의 파국적 오해석은 위협에 대한 인식을 높이는데, 이는 더 강한 불안과 신체적 변화를 초래하여 결국에는 공황발작으로 이어질 수 있다. 불안에 대한 민감성은 신체적 단서나 불안 증상에 과민하게 반응할 가능성을 높인다. 공황발작은 이전에 공황발작이 일어났던 상황이나 타인의 도움을 받기 어려운 상황을 회피하도록 만든다.

출처: Clark, 1986; 기타 자료.

경보 모델의 변형된 형태인 **질식오경보 이론**을 제안했다. Klein은 뇌의 호흡신호체계 결함이 질식의 사소한 신호에 대해 잘못된 경보를 내린다고 주장했다. 이 이론에 따르면, 과호흡으로 인한 혈중 이산화탄소 수치의 작은 변화는 질식을 유발한다. 이러한 호흡 방식은 호흡 경보를 유발하고, 공황발작과 관련된 신체적 증상(호흡곤란, 질식, 현기증, 두근거림, 떨림, 안면홍조, 메스꺼움)으로 이어진다. Klein의 이론은 지금까지 실시된 연구와 문헌에서 엇갈린 지지를 받고 있으며 추가적인 연구가 필요하다(예: Vickers & McNally, 2005).

신경전달물질 중에서 GABA(gamma-aminobutyric acid)의 역할에 대해 알아보자. GABA는 **억제성** 신경전달물질로서 중추 신경계의 활동 수준을 낮추고, 스트레스에 대한 신체적 반응을 안정시킨다. GABA의 활동이 부족할 때 신경세포는 과도하게 활동할 수 있으며, 발작을 일으킬 수 있다. 덜 극단적인 사례에서 GABA의 불충분한 활동은 불안이나 신경성 긴장을 고조시킬 수 있다. 공황장애 환자는 뇌의 특정 부분에서 낮은 GABA 수치를 보이는 경향이 있다(Goddard et al., 2011). 또한 발륨, 자낙스와 같은 벤조디아제핀 계열의 항불안제는 GABA 수용기가 화학물질에 민감하게 반응하도록 만들어 신경전달물질의 진정 효과를 높인다.

또 다른 신경전달물질인 세로토닌은 정서 상태를 조절하는 데 유익하다(Weisstaub et al., 2006). 뇌의 세로토닌 활동에 영향을 미치는 항우울제는 우울뿐만 아니라 몇몇 불안에도 효과적이다.

공황장애에 대한 생물학적 증거는 공황장애 환자와 정상인 간 반응의 차이가 혈중 **젖산나트륨**이나 이산화탄소 등의 수치 변화에 의한 것이라는 생물학적 요인을 검증한 연구에서 찾을 수 있다. 이산화탄소 수치는 의도적인 과호흡(혈중 이산화탄소 수치를 낮춤)이나 이산화탄소 흡입(이산화탄소 수치를 높임)에 의해 변한다. 연구에 따르면 공황장애 환자는 이러한 생물학적 가설에 대응하여 불안이나 공황장애를 겪을 가능성이 더 높다(예: Coryell et al., 2006).

인지적 요인 1930년대 세계 대공황으로 인한 불안에 대해, 프랭클린 루스벨트 대통령은 취임사에서 "우리가 두려워할 것은 두려움 그 자체뿐이다."라고 말했다. 이 연설은 **불안민감성**이 불안장애 발병에 미치는 영향을 상기시킨다(Busscher et al., 2013; Ho et al., 2011; Naragon-Gainey, 2010; Wheaton et al., 2012).

두려움에 대한 두려움, 즉 불안민감성은 개인의 감정과 통제할 수 없는 신체감각에 대한 두려움으로 나타난다. 불안민감성이 높은 사람은 불안에 대한 신체적 증상(예: 호흡곤란)을 경험하고, 이를 심장발작과 같은 임박한 재앙에 대한 징후로 인식한다. 이러한 파국적 사고로 인해 불안 수준이 높아지고 공황발작이 일어나는 악순환이 거듭된다. 또한 이들은 과거에 불안을 경험했던 상황을 회피하는 경향이 있는데, 이는 광장공포증을 동반한 공황장애 환자에게 흔히 나타나는 양상이다(Wilson & Hayward, 2006).

불안민감성은 유전적 요인의 영향을 받지만(Zavos et al., 2012), 인종, 민족 등과 같은 환경적 요인의 영향도 받는다. 고등학생을 대상으로 한 연구에서 아시아와 라틴 아메리카 학생이 백인 학생보다 평균적으로 높은 수준의 불안민감성을 지닌 것으로 나타났다(Weems et al., 2002). 하지만 아시아와 라틴 아메리카 학생의 불안민감성은 백인에 비해 공황장애와의 연결성이 그리 강하지 않다. 다른 조사에서 북아메리카 인디언 대학생과 알래스카 원주민 대학생이 백인 대학생보다 높은 수준의 불안민감성을 지닌 것으로 나타났다(Zvolensky et al., 2001). 이러한 발견은 이상행동의 원인을 탐구할 때 인종 간 차이를 고려해야 함을 시사한다.

인지적 요인이 혈중 이산화탄소 수치의 조절과 같은 생물학적 요인에 대한 과민성을 결정할 때 끼칠 수 있는 영향을 간과해서는 안 된다. 인지적 요인은 임박한 심장발작이나 통제력 상실의 징후로 잘못 해석할 수 있는 강렬한 신체감각을 유발한다. 이러한 오해석은 공황발작을 일으킬 수 있는 높은 수준의 불안 증가를 초래한다.

공황발작이 갑작스럽게 일어난다는 사실은 공황발작이 생물학적 요인에 의해 유발된다는 믿음을 지지한다. 그러나 공황발작은 외적 자극보다 신체감각의 변화와 같은 내적 자극에 의해 유발된다. 파국적 사고와 결합된 내적 단서의 변화는 공황발작에 이르는 극심한 불안으로 이어진다.

치료적 접근

5.4 공황장애의 치료 방법에 대해 알아본다.

가장 널리 쓰이는 공황장애 치료 방법은 약물치료와 인지행동치료이다. 항우울제는 우울증을 치료하기 위해 사용하지만 불안과 공황에도 효과가 있다. 이처럼 항우울제는 우울증 이외에도 광범위하게 영향을 미치기 때문에 부적절한 명칭일 수 있다.

항우울제는 뇌의 신경전달물질 활동을 정상화함으로써(회복시켜) 불안을 조절한다. 공황장애를 치료하기 위해 사용되는 항우울제는 삼환계 이미프라민(Tofranil), 클로미프라민(Anafranil), 선택적 세로토닌 재흡수 억제제(Paxil), 세르트랄린(Zoloft) 등이 있다(Katon, 2006). 하지만 많은 환자들이 항우울제 복용으로 인한 부작용(진땀, 두근거림 등) 때문에 약물치료를 중도에 그만둔다. 알프라졸람(Xanax)은 벤조디아제핀 계열의 항우울제로 높은 효능을 지니고 있으며 공황장애, 사회불안장애, 범불안장애 치료에도 효과적이다. 진실 / 거짓

진실 또는 거짓

항우울제는 우울 증상은 없지만 다양한 불안장애로부터 고통받는 사람을 치료하기 위해 사용된다.

진실 항우울제는 항불안 효과도 있어서 불안장애(공황장애, 사회불안장애 등)와 강박장애를 치료하는 데 사용된다.

약물치료의 잠재적인 문제는 환자가 임상적 개선의 원인을 자신의 노력이 아닌 약물 효과 때문이라고 생각하는 것이다. 정신과 약물은 증상을 완화하는 것이지 병을 완전히 치료하는 것은 아니며, 흔히 약물치료를 중단하면 증상이 다시 재발한다는 사실을 명심해야 한다. 인지행동치료가 신체감각에 대한 과잉 반응을 조절하는 데 도움을 주지 못하면 공황은 재발할 수 있다(Clark, 1986).

공황장애 치료를 위한 인지-행동적 접근은 공황발작 대처법, 신체각성 상태를 감소시키기 위한 호흡 재훈련과 이완 훈련, 공황발작과 관련된 상황 및 신체적 단서에 대한 노출 등 다양한 기법을 활용한다. 치료자는 내담자가 현기증 또는 두근거림과 같은 신체적 단서를 다른 방식으로 생각할 수 있도록 돕는다. 내담자는 신체적 단서를 임박한 심장발작의 징후로 여기지 않고 일시적인 감각으로 인식함으로써 신체적 단서에 대처하는 방법을 배운다. 내담자는 파국적 사고와 자기진술("나는 심장발작을 겪고 있다.")을 합리적인 방식으로 대체한다("침착해. 이건 단지 스쳐 지나가는 느낌이야."). 공황발작으로 고통받는 사람은 의학 검사를 통해 신체적으로 건강하고 이러한 증상이 심장병의 징후가 아니라는 것을 확인함으로써 안심할 수 있다.

호흡 재훈련은 혈중 이산화탄소 수치를 정상으로 회복시키는 기법으로, 환자는 느리고 깊은 호흡을 실시함으로써 이산화탄소를 몸 밖으로 배출한다. 몇몇 치료 프로그램은 의도적으로 공황장애 환자의 증상을 유발시켜 환자가 이에 대처하는 방법을 배우게 도와주며, 기법으로는 통제된 치료 상황하에서 과호흡 해 보기 또는 회전의자에 앉기와 같은 방법이 있다.(Antony et al., 2006; Katon, 2006). 공황장애 증상의 직접적인 경험을 통해 환자는 스스로를 진정시키고, 공황장애에 대처하는 방법을 배운다. 공황장애 치료에 흔히 사용하는 인지행동치료 기법은 표 5.3과 같다.

이 장의 서두에서 소개했던 마이클은 30세에 처음으로 공황발작을 겪었다. 마이클은 먼저 심장 상태를 점검

표 5.3
공황장애 치료를 위한 인지행동 프로그램

자기관찰	공황발작을 유발할 수 있는 자극 상황을 밝혀내기 위해 공황발작 일지를 기록한다.
노출	공황발작을 일으켰던 상황에 대한 점진적 노출법이다. 걷잡을 수 없는 불안을 예방하기 위해 노출법을 시행하는 동안 참가자에게 자기이완과 합리적인 자기대화를 실시한다. 몇몇 프로그램에서 참가자는 공황발작과 관련된 신체감각의 변화를 견뎌내는 법을 배운다. 참가자는 회전의자에 앉아 현기증을 유발함으로써 이러한 감각이 위험하지 않고 임박한 재앙의 징후가 아니라는 것을 배운다.
대처 기술의 개발	불안 신호나 심혈관 감각에 대한 과민 반응은 공황발작 동안 최고조에 달하는데, 환자는 이 악순환을 중단하기 위한 대처 기술을 개발하는 방법을 배운다. 행동적 기법은 깊고 규칙적인 호흡과 이완 훈련에 초점을 두고, 인지적 기법은 신체 변화의 파국적 오해석을 수정하는 데 초점을 둔다. 호흡 재훈련은 과호흡을 방지하기 위해 사용할 수 있다.

더 자세히 살펴보기

공황발작에 대처하기

공황발작을 겪고 있는 사람은 대개 대처하기 힘들고 압도당할 것 같은 두근거림을 느낀다. 이들은 일반적으로 공황발작을 일으키는 상황을 가능한 빨리 벗어나고 싶은 충동을 느낀다. 만약 탈출이 불가능하다면, 이들은 발작이 사라질 때까지 온몸이 굳어버릴 것이다. 공황발작이나 극심한 불안 반응으로 고통받고 있다면 당신은 무엇을 할 수 있는가? 여기 몇 가지 대처 방법이 있다.

- 당신의 호흡이 곤란해지지 않도록 하라. 천천히 그리고 깊게 호흡하라.
- 종이가방을 이용하여 호흡하는 것을 시도하라. 가방 내 이산화탄소가 산소와 이산화탄소의 균형을 회복시킴으로써 당신을 진정시켜 줄 것이다.
- **당신 스스로에게 다음과 같이 말하라.** 스스로에게 진정하라고 말하라. 스스로에게 죽지 않을 것이라고 말하라. 스스로에게 괜찮다고 말하라.
- 공황발작 동안 당신을 도와줄 누군가를 찾아라. 당신이 신뢰할 수 있는 사람에게 전화를 걸어라. 스스로를 통제할 수 있을 때까지 무엇이든 얘기하라.
- 미래의 공황발작을 방지하기 위해 꼼짝 않고 집에만 있지 마라.
- 흉부압박과 같은 감각이 신체적 원인에 의한 것인지 확실하지 않을 때는 즉시 의료진을 찾아라. 발작이 오직 불안에 의한 것일지라도 당신 스스로 진단하는 것보다 의료적 평가를 받는 것이 더 안전하다.

당신은 반복적으로 발생하는 공황발작과 통제력 상실에 대한 두려움으로 고통받지 않아도 된다. 공황발작이 지속적이거나 두렵다면, 전문가를 찾아라. 의심스러울 때에도 전문가를 찾아라.

하기 위해 심장 전문의를 찾아가서 의료 상담을 받았다. 그는 건강증명서를 받고서야 안심하였다. 발작이 잠깐씩 지속되었지만, 마이클은 이를 통제할 수 있는 능력을 얻었다. 다음은 이 과정이 실제로 어떠했는지 마이클이 묘사한 것이다.

'나' "공황발작이 사라져서 기뻐요.": 마이클의 사례

저는 공황발작이 더 이상 두렵지 않게 되었어요. 죽지 않을 것이라는 사실은 제게 공황발작을 다스릴 수 있다는 자신감을 주었어요. 발작이 일어날 것 같은 느낌이 들면, 발작이 일어나는 내내 호흡을 실시하고 제 스스로에게 말을 걸었어요. 정말로 발작이 제 몸 밖으로 빠져나가는 것 같았어요. 처음에는 발작이 매주 일어났지만, 몇 개월이 지난 후에는 한 달에 한 번 정도로 줄어들었고 결국 완전히 사라졌어요. 어쩌면 제가 잘 대처해서 공황발작이 사라진 것일 수도 있고, 어쩌면 공황발작이 시작할 때처럼 신기하게 사라진 것일 수도 있어요. 어쨌든 공황발작이 사라져서 기뻐요.

— 저자의 파일에서

많은 연구가 공황장애 치료에 대한 인지행동치료의 효과를 입증한다(예: Craske et al., 2009; Gloster et al., 2011; Gunter & Whittal, 2010). 조사자는 인지행동치료의 성공 비율이 사례의 평균 60% 이상이라고 말한다(Schmidt & Keough, 2010). 공황장애를 정신과 약물로 가장 잘 치료할 수 있다는 사고가 일반적이지만, 인지행동치료는 단기적으로 약물치료에 비해서 유용하고 장기적인 예후가 좋다(Otto & Deveney, 2005; Schmidt & Keough, 2010).

왜 인지행동치료가 장기적으로 좋은 결과를 보일까? 아마도 인지행동치료는 치료가 끝난 후에도 환자가 사용할 수 있는 기술을 습득하도록 도와주기 때문일 것이다. 정신과 약물이 공황장애 증상을 완화하는 데 도움을 줄 수 있지만, 약물치료가 중단되었을 때 사용할 수 있는 새로운 기술을 개발하는 데 도움을 주지는 않는다. 그러나 몇몇 사례에서 심리치료와 약물치료를 병행하는 것이 가장 효과적이었다는 것이 밝혀졌다. 다른 심리치료 기법 또한 치료에 효과적일 수 있다. 최근의 연구는 공황 증상을 치료하기 위해 특별히 고안된 정신역동치료가 효과적이라고 보고한다(Milrod et al., 2007).

공포증

> **5.5** 특정공포증 유형의 핵심 특징을 서술하고 발생 원인을 설명한다.

공포증(phobia)의 어원은 '두려움(fear)'을 의미하는 그리스어 *phobos*에서 유래하였다. 두려움과 불안의 개념은 밀접하게 관련된다. 두려움은 개인이 특정한 위협에 대해 반응할 때 겪는 불안이다. 공포증은 대상 혹은 상황이 주는 실제 위협을 과도하게 느끼는 두려움이다. 당신의 자동차가 고장이 나 통제가 안 되는 상황에서 느끼는 두려움은 공포증이라고 할 수 없는데, 왜냐하면 당신이 실제로 위험에 처해 있기 때문이다. 하지만 공포증을 겪고 있는 사람이 느끼는 두려움은 그 위험에 대한 어떠한 합리적인 설명이나 평가도 넘어서는 것이다. 예를 들어, 운전 공포증을 가진 사람은 교통량이 적은 화창한 날, 고속도로에서 제한 속도보다 느리게 달리고 있더라도 두려움을 느낄 것이다. 혹은 이들은 아예 운전을 하지 않거나 옆 좌석에 타려고도 하지 않을 것이다. 모든 사람이 그런 것은 아니지만 공포증을 가진 대부분의 사람은 그들이 느끼는 두려움이 너무 지나치거나 비합리적임을 알고 있다.

공포증에 대한 한 가지 의문은 왜 특별한 사건이 아닌 엘리베이터를 타거나 고속도로를 운전하는 것과 같은 평범한 생활 사건에서 개인이 두려움을 느끼는가 하는 점이다. 버스, 비행기, 기차 타기, 운전하기, 쇼핑하기 또는 외출하기와 같은 일상적인 생활을 개인이 영위하기 힘들 때 공포증은 장애로 발전할 수 있다.

표 5.4에서 보는 바와 같이 다양한 유형의 공포증은 각기 발병 연령이 다르다. 발병 연령은 인지 발달의 수준과 삶의 경험을 반영한다. 예를 들어, 동물에 대한 두려움은 종종 어린아이들의 환상에서 흔한 주제이다. 반면 광장공포증은 성인 초기의 공황발작 경험 이후에 시작된다.

공포증의 유형

DSM에서는 세 가지 유형의 공포증—**특정공포증**, **사회불안장애(사회공포증)**, **광장공포증**—을 명시하고 있다.

특정공포증 **특정공포증**(specific phobia)은 실제로 특정 대상 혹은 상황이 주는 위험 정도보다 개인이 그 위험을 더 심각하게 받아들여서 지속적이고 과도하게 느끼는 두려움이다. 다음과 같이 특정공포증에는 다양한 유형이 있다(APA, 2013).

- **동물형**: 거미, 벌레, 개 등
- **자연환경형**: 높은 곳(고소공포증), 태풍, 물 등
- **혈액–주사–상처형**: 바늘 또는 피부에 대한 침습적인 의료 절차 등
- **상황형**: 폐쇄된 공간(폐소공포증), 엘리베이터 또는 비행기 등

표 5.4
다양한 공포증의 일반적인 발병 연령

	평균 발병 연령
동물 공포증	7
혈액 공포증	9
주사 공포증	8
치과 공포증	12
사회공포증	15
폐소공포증	20
광장공포증	28

출처: Grant et al., 2006c; Öst, 1987, 1992.

사법고시는 통과했으나 법원 계단은 통과하지 못하는 칼라: 특정공포증 사례

사법고시 합격은 칼라의 삶에 중요한 사건이었으나, 지방법원에 발을 들이는 것은 그녀를 힘들게 한다. 그녀는 적대적인 판사나 패소당하는 것에 대한 두려움은 없으나 법정이 있는 2층으로 향하는 계단을 두려워한다. 27세 칼라는 고소공포증을 겪고 있다. "참 우습죠? 하늘을 날고, 3만 피트 상공에서 밖을 내다보는 것도 아무렇지 않아요. 그런데 상가의 에스컬레이터는 저를 한없이 나락으로 떨어뜨려요. 발코니나 난간도 마찬가지예요."

불안장애가 있는 사람들은 그들이 두려움을 느끼는 대상이나 상황을 회피하려고 한다. 칼라는 원래 출근하기로 한 날보다 일찍 가서 법원을 둘러보았다. 그러면서 계단을 대신할 엘리베이터를 찾았다. 그녀는 함께 사건을 맡은 동료 변호사에게 자신이 계단을 오를 수 없음을 말하였다. 동료 변호사는 엉뚱하게도 "대단해. 난 여기 엘리베이터가 있는 줄 몰랐어. 고마워."라고 하였다.

— 저자의 파일에서

공포증을 가진 사람은 공포를 주는 대상과 맞닥뜨렸을 때 높은 수준의 두려움과 생리적 각성을 경험하게 되는데, 이는 그 상황과 두려운 자극으로부터 회피하거나 도망가고자 하는 강한 충동을 유발한다. 다음의 예시를 보자.

장애로 진단받을 만큼 수준이 심해지면 공포증은 개인의 생활양식과 기능에 심각한 영향을 미칠 것이며 상당히 고통스러울 것이다. 당신이 뱀을 무서워할 수는 있으나, 그 두려움이 당신의 일상생활을 방해하거나 정서적인 괴로움을 주지 않는다면, 공포증으로 진단받기는 어려울 것이다.

특정공포증은 주로 아동기에 발병한다. 대다수의 아이들이 특정 대상과 상황에 대한 공포를 경험한다. 그러나 그중 몇몇은 만성적이면서 임상적으로 심각한 공포증으로 발전한다. 폐소공포증은 평균 발병 연령이 20세 이후로, 다른 특정공포증에 비해 늦게 발병한다(표 5.4 참조).

특정공포증의 평생 유병률은 9%로 비교적 흔한 심리장애이다(Conway et al., 2006). 특정공포증과 관련된 두려움, 불안, 회피 등은 6개월 이상 지속되며, 치료적 개입이 없으면 수년에서 길게는 10년 이상 지속될 수도 있다.

대부분의 불안장애와 몇몇 공포증은 남성보다 여성에게 더 흔히 나타난다(McLean & Anderson, 2009). 공포증의 성차는 '여성은 용감하거나 모험적이기보다는 조심스러워야 한다'는 것과 같이, 사회화 과정에서 여성의 의존성을 더 강조하는 문화적 영향을 반영한다. 임상가들은 진단적 판단을 내릴 때 이러한 문화적 요인을 반드시 고려해야 한다. 마력이나 영혼에 대한 두려움은 어떤 문화에선 흔한 현상이므로 그에 대한 두려움이 너무 과도하거나 정서적 괴로움, 기능적 손상을 초래하지 않는다면 공포증으로 진단해서는 안 된다.

특정공포증을 가진 사람들은 그들이 가진 두려움이 과장되고 근거 없다는 것을 안다. 주사를 두려워하여 결혼할 수 없다는 다음 여성의 예처럼, 공포증을 가진 사람들은 비합리적임을 알면서도 두려워한다. **진실 / 거짓**

공포증의 세 가지 유형. 아래의 사진 속 왼쪽 남성은 진화적인 원인으로 인한 일반적인 공포증의 형태인 개에 대한 특정공포증을 가지고 있다. 오른쪽 상단의 젊은 여성은 사회적인 비난이나 거절에 대해 강한 두려움을 느끼는 사회불안으로 인해 친구들과 함께하고 싶지만 가까이 다가가진 못하고 있다. 오른쪽 하단의 여성은 2층 발코니에 있는 것조차 불편함을 느끼는 고소공포증을 가지고 있다.

진실 또는 거짓

공포증을 겪는 사람은 그들의 공포가 합리적이라고 믿는다.

거짓 공포증을 가진 많은 사람은 실제로 그들이 느끼는 두려움이 과장되고 근거 없다는 것을 알지만, 여전히 두려워한다.

'나' "미친 것처럼 들릴지 모르겠지만…": 특정공포증 사례

미친 것처럼 들릴지 모르겠지만, 저는 혈액 검사를 받을 수 없기 때문에 결혼을 못 할 것 같아요. [당시엔 매독을 판별하기 위한 혈액 검사를 해야만 했다.] 저는 용기를 내서 의사에게 에테르 또는 바비트레이트(신경마취제의 일종)를 알약으로 먹은 후 혈액 검사를 해도 되겠냐고 물었어요. 처음엔 의사도 이런 저를 못 믿는 듯 했어요. 저를 연민의 눈으로 바라보았으나, 마취는 위험하므로 해줄 수 없다고 했어요. 보고서에 가짜로 기재해 달라고 부탁했지만 의사는 절차상 힘들다고 대답했어요.

의사는 제가 더욱 걱정할 만한 말을 했어요. 혈액 검사는 정말 별것 아니며, 그저 팔에 혈관주사 한 번이면 결혼 문제뿐만 아니라 의학적인 문제도 빠르게 발견할 수 있을 것이니 조금만 두려움을 참아 보라고 했어요. 의사가 이 말을 제게 할 때, 저는 거의 실신할 뻔하였기에 의사도 포기해 버렸어요.

다행히도 이 이야기는 어느 정도 좋게 해결되었어요. 더 이상 채혈을 하지 않아도 되는 주에서 결혼했기 때문이에요. 하지만 의사가 말한 의학적 문제가 제게 발생한다면, 혹은 심하게는 생명을 위협하는 다른 이유로 혈액 검사가 필요하다면, 제가 검사를 정말로 할 수 있을지는 저도 모르겠어요. 아마 제가 혈액 검사를 하다가 기절한다면 피를 뽑아가도 제가 못 느끼지 않을까요?

아시다시피, 사람들은 제가 이상하다고 해요. 그들은 제가 잠깐의 고통을 무서워한다고 생각해요. 고통을 좋아하는 것은 아니지만(특히 피학대 성애자도 아닙니다), 고통 자체는 저에게 아무것도 아니에요. 피멍 들 때까지 내 팔을 꼬집어도 얼마든지 참을 수 있어요. 꿈쩍도 안 하고 참아 볼 수 있지만 바늘로는 하지 말아 주셨으면 합니다. 바늘만큼은 도저히 견딜 수 없을 것 같네요.

— 저자의 파일에서

사회불안장애(사회공포증) 데이트하기, 파티나 사교모임에 참석하기, 수업이나 모임에서 발표하기 등의 사회적 상황에서 어느 정도의 불안을 경험하는 것은 그리 이상한 일이 아니다. 하지만 **사회불안장애**(social anxiety disorder; 사회공포증으로도 불림)를 가진 사람은 모든 사회적 상황을 회피하거나 심한 고통을 안은 채로 견뎌내야만 하는 사회적 상황에 대한 강렬한 두려움을 겪는다. 이들이 주로 겪는 문제는 거절에 대한 두려움, 창피함, 당혹스러움 등 타인의 부정적 평가에 과도한 두려움을 느끼는 것이다.

사회불안장애가 어떤 것일지 상상해 보라. 무언가 창피하거나 당혹스러운 일을 하거나 말할 때 당신은 항상 두려움을 느낄 것이다. 마치 수천 개의 눈이 당신을 바라보고 있는 것처럼 느낄 것이다. 항상 당신 스스로 행동에 엄격해지고 다른 사람과 상호작용할 때 당신의 행동이 타인에게 어떻게 비칠지 신경 쓰게 될 것이다. "내가 똑바로 말을 했나? 다른 사람들이 나를 바보라고 생각할까?"와 같은 부정적인 생각이 떠오를 것이다. 심지어 당신은 사회적 상황에서 공황발작을 경험하게 될 것이다.

무대 공포증, 발표 불안, 데이트에 대한 두려움은 사회불안의 일반적인 형태이다. 사회불안을 가진 사람들은 사회적 상황을 맞닥뜨리지 않기 위한 구실을 만든다. 직장동료와의 사회적 상호작용을 피하기 위해 책상에서 혼자 식사를 하며, 새로운 사람과 만나는 일을 회피한다. 그들은 사회적인 상황에 놓여 있다는 사실을 감지했을 때, 불안으로 인한 징후가 나타나기 전에 그 상황을 벗어나려고 애쓴다. 불안의 완화는 도피 행동을 부적으로 강화하며, 도피 행동은 불안을 유발하는 상황을 어떻게 대처해야 하는지를 깨닫지 못하게 만든다. 불안을 유발하는 상황을 피하는 것은 사회적 상황과 불안 간의 연결을 더욱 강화할 뿐이다. 사회불안을 가진 몇몇 사람은 음식점 직원과 함께 간 동료가 자신의 음식 주문 방법이나 발음을 비웃지 않을까 두려워하기도 한다.

사회불안 혹은 두려움은 개인의 일상적인 기능과 삶의 질을 심각하게 손상시킨다. 두려움은 교육적인 목표를 달성하지 못하게 하고, 직업적으로 더 나은 수행을 하지 못하게 하며, 다른 사람과 함께 상호작용해야 하는 직장을 얻지 못하게끔 방해한다. 사회적 상황에 대한 두려움은 무대 공포증, 발표 상황과 같이 타인 앞에서 말하거나 직업적인 수행을 하는 것을 어렵게 한다. 이러한 사회불안장애를 가진 사람들은 오히려 새로운 사람 만나기, 사교 모임에 나가기 등 직업적 수행이 없는 사회적 상황에 대해서는 두려움을 느끼지 않는다.

사회불안이 있는 사람들은 사회적 상호작용 장면에 진정제나 알코올을 사용함으로써 대처하고자 한다(그림

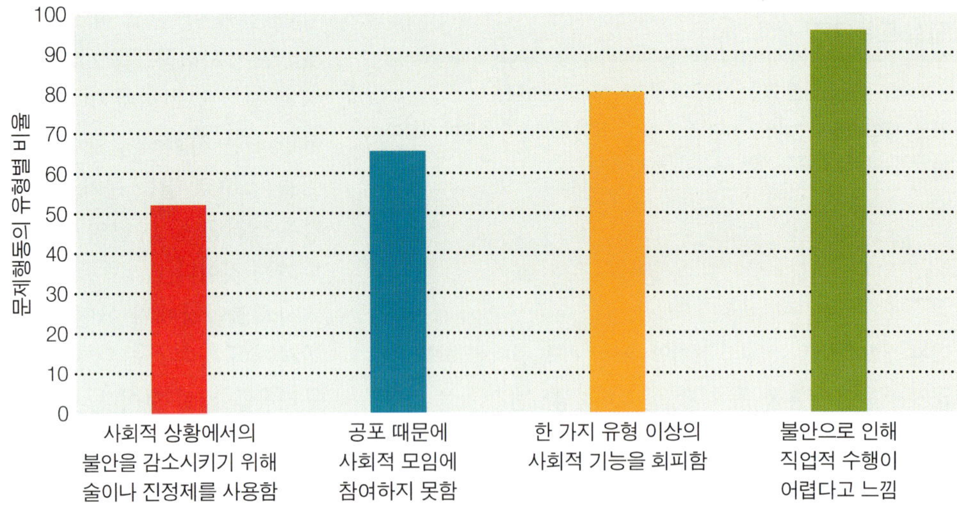

그림 5.3 사회불안을 가진 사람들의 사회적 상황에 따른 두려움의 비율. 90% 이상의 사람들이 직업장면에서 사회불안으로 인해 불편감을 호소함.

출처: Turner & Beidel(1989).

5.3 참조). 극단적인 경우, 타인과의 사회적 상호작용을 심하게 두려워하여 집 밖으로 나가지 못하기도 한다.

미국 성인의 사회불안장애 평생 유병률은 5%에 이른다(Conway et al., 2006; Grant et al., 2006c). 이 장애는 남성보다 여성에게서 더 흔하게 나타나는데, 이는 타인을 즐겁게 하고 그들의 인정을 받아야 한다는 커다란 사회문화적 압력이 주로 젊은 여성에게 작용하기 때문이다.

사회불안장애의 평균 발병 연령은 15세이다(Grant et al., 2006c). 이들 환자의 80% 정도는 약 20세까지 병이 악화된다(Stein & Stein, 2008). 사회불안은 어린 시절의 수줍음과 강한 연관성이 있다(Cox, Macpherson, & Enns, 2004). 취약성-스트레스 모델(2장 참조)과 같이 수줍음은 개인이 외상적인 사회적 장면(다른 사람 앞에서의 당혹스러운 경험)과 같은 스트레스 경험에 직면할 때 사회불안을 더욱 가중시키는 취약성인 병적 체질 혹은 병적 성향을 나타낸다. 사회불안은 평균적으로 약 16년간 지속되는 만성적인 장애이다(Grant et al., 2006c). 이른 발병 시기와 사회적 기능에서의 많은 부정적인 영향에도 불구하고 사회불안 환자들에 대한 첫 개입은 평균 27세 정도에 이루어진다(Grant et al., 2006c).

광장공포증 광장공포증(agoraphobia)의 어원은 개방되어 있고 붐비는 장소에 대한 두려움인 '시장(marketplace)에 대한 두려움'을 뜻하는 그리스어에서 유래하였다. 광장공포증을 가진 사람들은 붐비는 상점에서 물건 사기, 사람들이 많은 거리를 걸어가기, 다리를 건너기, 버스, 기차, 자동차 등으로 여행하기, 음식점에서 식사하기, 영화관에 가기, 심지어 집 밖으로 나가기조차 두려워한다.

광장공포증을 가진 사람들은 두려운 상황에 노출되는 것을 회피하는 방향으로 생활을 계획하며, 어떤 경우에는 수개월에서 수년까지 집 밖으로 나가지 못하여 집 입구의 우체통에 편지를 넣는 것조차 할 수 없다. 광장공포증은 모든 공포증 유형 가운데 정상적인 생활을 가장 심하게 손상시키는 공포증이다. 광장공포증 환자들은 공황 상태나 공황발작이 생기는 상황 혹은 공황이 발생했을 때 주변의 도움을 받을 수 없는 상황에서 벗어나기 힘들지 않을까 하는 두려움이 있다. 연령이 높은 광장공포증 환자들은 그들이 쓰러져서 도움을 받지 못하는 상황을 회피하려는 경향이 더욱 강하다. 진실 / 거짓

진실 또는 거짓

어떤 사람은 집 밖으로 나가는 것이 너무 두려워서 집 앞 우체통에 편지를 넣는 것조차 할 수 없다.

진실 광장공포증인 사람들은 집 밖으로 나가지 못하며 심지어 우체통에 편지조차 넣으러 나가지 못한다.

광장공포증은 남성과 여성이 비슷하게 발병하며(APA, 2013), 만성적인 경과를 지니는 경향이 있다. 광장공포증은 청소년기 후반이나 성인기 초반에 주로 발병하며, 공황장애가 수반되기도 하고 수반되지 않기도 한다. 항상 그런 것은 아니지만 광장공포증은 종종 공황장애와 함께 발병한다. 광장공포증이 동반된 공황장애 환자는 끊임없이 발작에 대한 두려움을 안고 살아가며 발작이 발생하거나 발생할지도 모르는 공공장소를 회피한다. 어느 장소에서든 공황발작이 일어날 수 있기 때문에, 다른 사람들에게 구경거리가 되거나 도움을 받지 못하게 되는 것

이상심리학에 대해 비판적으로 사고하기

@Issue: 언제부터 '수줍음'을 넘어 '사회불안장애'라 부르는가?

이 장의 서두에서 우리는 불안이 안전과 안녕을 위협하는 상황에 적응하기 위해 느끼는 일반적인 정서적 경험임을 배웠다. 면접이나 중요한 시험을 앞두고 있을 때 우리가 불안을 느끼는 것은 당연하다. 그러나 실제적인 위협이 없음에도 불안을 느끼거나, 실제 위협보다 더 과민하게 반응하고 그 불안이 개인의 사회적, 직업적 혹은 다른 기능들, 예컨대 고소공포증으로 인해 고층건물에서의 직업 수행이 불가능한 사람처럼 일상생활을 현저히 방해한다면, 이때의 불안은 부적응적이라 할 수 있다.

하지만 일반적인 성격 특성인 '수줍음(shyness)'은 어떤가? 많은 사람이 수줍음을 자주 느끼지만, 우리는 언제 일반적인 수줍음과 사회불안장애를 구분해야 할까? 인디애나 대학의 수줍음 연구전문가인 베르나르도 카두치는 "수줍음은 질병도, 정신장애도, 성격적 결함도, 치료되어야 할 특성도 아니다."라고 하였다(Nevid & Rathus, 2013). 찰스 다윈, 아인슈타인, 해리포터의 저자인 J.K. 롤링 등 역사적으로 많은 유명 인물들 역시 수줍음이 많았다(Cain, 2011). 카두치는 수줍음이 많은 사람들이 그들의 수줍은 특성 자체를 바꾸는 것이 아니라 오히려 자원봉사단체에서 활동하고, 대화의 기술을 배우고, 사회적 연결망을 넓힘으로써 수줍음을 그대로 지닌 채로도 성공적으로 살아갈 수 있다고 하였다. "수줍음이 많은 사람이라도 그 특성 자체를 변화시킬 필요는 없다. 수줍음이 있다고 특별한 문제를 지닌 것이 아님을 알아야 한다. 이들은 자신의 사고와 행동 방식을 성공적으로 바꿀 수 있다. 그들은 자신보다는 타인에 대해 더 생각하고, 타인중심적으로 행동한다"(Nevid & Rathus, 2013).

우리는 수줍음의 경우처럼, 일반적인 성격 특성의 범주를 벗어나지 않는 사람을 '병을 가진' 사람으로 보는 것 혹은 태생적으로 타고난 수줍음을 치료가 필요한 심리적 장애로 바라보는 것을 경계해야 한다. DSM에서 불안장애는 기능의 현저한 손상과 뚜렷한 개인적 불편감이라는 근거에 기반하여 진단한다. 어쩌면, 수줍음이 많은 사람에게 필요한 것은 심리치료나 약물치료가 아니라 '대중 앞에서 말하기' 훈련일 것이다(Cain, 2011).

위의 @issue: 언제부터 '수줍음'을 넘어 '사회불안장애'라 부르는가?'에 대해 비판적으로 생각해 보면서 다음 질문에 답해 보라.

- 주변 지인 중 혹은 자신이 수줍음으로 고통받고 있는가? 그 사람을(혹은 자신을) 심리장애로 진단할 수 있는가? 그렇지 않다면 왜 그런가?
- '성공적으로 수줍은 것'은 어떤 것이라 생각하는가?

이 두려워 그들 스스로 활동 반경을 제한한다. 이들은 도움을 받을 수 있는 사람이 곁에 있을 때에만 위험을 무릅쓰고 외출한다. 광장공포증 환자 중 소수만이 극심한 불안에도 불구하고 혼자 밖으로 나간다.

공황장애 병력이 없는 광장공포증 환자들은 현기증과 같은 경미한 공황 증상을 겪는데, 이는 그들이 안전하다고 느끼는 장소 이외의 곳에 가지 못하게 하는 원인이다. 이들 또한 도움을 받을 수 있는 사람에게 의존하게 되는 경향이 있다. 공황장애를 보인 적이 없는 광장공포증 환자에 대한 다음의 예시는 광장공포증이 의존과 강하게 관련될 수 있음을 보여 준다.

헬렌: 광장공포증의 예

미망인인 59세 헬렌은 남편과 사별하고 3년 후부터 광장공포증 증상이 나타나기 시작했다. 치료를 시작하기 전까지, 그녀는 집에서 한 발짝도 나가지 않았고, 딸인 32세 메리가 억지로 끌고 나가지 않으면 집을 떠나지 않았으며, 메리와 항상 동행할 때에만 외출했다. 메리와 아들인 36세 피트가 그녀에게 필요한 물건을 사다주곤 하였다. 그러나 모든 일보다 우선하여 헬렌을 돌보는 것은 자녀들에게도 크나큰 짐이었다. 그들은 어머니에게 치료받기를 권하였지만, 헬렌은 이를 못마땅해 하며 마지못해 승낙하였다.

헬렌은 평가 회기 동안 메리와 함께 왔다. 메리의 팔을 꼭 잡은 채 상담실로 들어온 헬렌은 너무나 가냘파 보였으며, 메리가 면담 내내 옆에 있게 해 달라고 졸랐다. 헬렌은 어머니와 남편을 3개월 사이에 모두 잃었으며 아버지는 20년 전에 돌아가셨다고 하였다. 그녀는 공황발작을 겪은 적은 없지만, 스스로를 안전하지 못하고 두려움이 많은 사람이라고 여겼다. 남편과 어머니가 죽기 전까진 그녀는 가족과의 관계에서 적절히 기능하며 살았으나, 남편과 어머니가 죽은 이후에는 홀로 쓸쓸히 버림받은 듯한 느낌을 받았다. 이제 그녀는 '그저 모든 것'에 대해 두려워하게 되었으며, 밖에 혼자 나가는 것을 무서워하고 나쁜 일이 일어나 그에 제대로 대처하지 못할까 두려워하게 되었다. 집에 있을 때조차도, 그녀는 메리와 피트를 잃을까 걱정한다. 그녀에겐 자신보다 자녀들이 먼저 죽지 않을 거라고 안심시켜 주는 말이 절실하다.

— 저자의 파일에서

이론적 관점

공포증의 발생을 이해하기 위한 이론적 접근은 심리학에서 오랜 역사를 가지고 있으며, 정신역동적 관점에서 시작된다.

정신역동적 관점 정신역동적 관점에서 불안은 성 본능 또는 공격 본능(살인 혹은 자살)을 위협하는 충동이 의식 수준으로 떠오르고 있다는 위험 신호이다. 이러한 위협적인 충동을 막아 내기 위해 자아는 방어기제를 발동한다. 공포증에서는 Freud가 주장한 **투사** 방어기제가 작동한다. 공포 반응은 자신이 가진 위협적인 충동을 공포 대상에게 투사함으로써 나타난다. 예를 들어, 칼이나 날카로운 물건에 대한 두려움은 공포 대상에 자신의 파괴적인 충동을 투사한 것이다. 공포증은 간혹 유용한 기능을 제공한다. 날카로운 물건과의 접촉을 회피하는 것은 자기나 타인을 파괴하고자 하는 소망이 실제 의식으로 떠올라 그대로 행동하는 것을 예방한다. 위협적인 충동은 억압된 채로 무의식 속에 남아 있게 된다. 이와 유사하게, 고소공포증을 가진 사람은 높은 곳을 가지 않음으로써 무의식적 소망이 발현되지 못하게 한다. 공포 대상 또는 상황은 이러한 무의식적 소망 혹은 욕망을 상징적으로 나타낸다. 공포증을 가진 사람은 자신이 공포증을 겪고 있다는 사실을 알지만, 그것이 무의식적 소망의 상징적인 발현이라는 것을 알진 못한다.

학습적 관점 공포증의 고전적인 학습적 관점은 심리학자 O. Hobart Mowrer(1960)가 제안하였다. Mowrer의 **2요인 모델**(two-factor model)에는 공포증의 발달에 고전적 조건형성과 조작적 조건형성이 모두 관여한다. 공포증의 핵심 요소인 두려움은 고전적 조건형성을 통해 습득되며, 이전에는 중립적이었던 대상 혹은 상황이 불쾌함을 주는 자극으로 바뀐다. 개가 짖는 소리에 놀란 아이는 개에 대한 공포증을 형성한다. 주사를 맞을 때 심한 고통을 느꼈던 아이는 주사기에 대한 공포증이 생긴다. 공포증을 가진 많은 사람들은 그들에게 공포를 주는 대상에 대한 불쾌한 경험을 한 적이 있다(엘리베이터에 갇힌 경험 등).

32세 작가이자 두 아이의 엄마인 필리스의 예를 보자. 그녀는 16년 동안 엘리베이터를 타지 않았다. 그녀는 고층에서 약속이나 모임을 잡지 않게 되었다. 그녀는 8세 때 할머니와 함께 엘리베이터에 갇혔던 일을 겪은 이후 엘리베이터를 무서워했다. 조건형성의 관점에서 볼 때 무조건 자극은 엘리베이터에 갇혔던 불쾌한 경험이고, 조건 자극은 엘리베이터 그 자체이다.

Mowrer가 지적했듯이 공포증에서의 회피행동은 조작적 조건형성, 특히 **부적 강화**에 의해 습득되고 유지된다. 즉, 불안의 완화는 두려운 자극에 대한 회피행동을 **부적으로 강화하며**, 그에 따라 회피반응은 더욱 심해진다. 필리스는 엘리베이터 대신 계단을 택함으로써 불안을 완화한다. 회피행동은 불안을 완화해 주지만, 큰 대가가 따른다. 공포 자극(엘리베이터)을 회피함으로써, 두려움은 수년 혹은 평생 지속된다. 반면, 반복적으로 공포 자극에 노출되거나 공포 자극에 직면했을 때 아무런 일도 일어나지 않는다면 두려움은 약화되거나 사라질 수 있다. 고전적 조건형성에서 무조건 자극(불쾌한 자극) 없이 조건 자극(공포 대상 혹은 자극)만 반복적으로 나타난다면 조건 반응(공포증에서의 두려움)의 강도는 점차 약해지는 현상을 소거라고 한다.

하지만 조건형성으로 공포증을 전부 설명할 순 없다. 특정공포증을 가진 많은 사람은 그들이 두려워하는 대상에 대한 불쾌한 경험을 잘 기억하지 못한다. 학습 이론가들은 시간의 흐름에 의해(기억의 소멸) 또는 언어로 표현할 수 없는 생애 초기의 조건형성에 의해 기억은 희미할 수밖에 없다고 반박한다. 동시대의 다른 학습 이론가들은 두려움이 조건형성 없이도 **관찰학습**을 통해 생길 수 있다고 주장했다. 이 학습 이론에서는 부모님이나 중요한 타인이 두려움을 주는 자극에 대해 어떻게 반응하는지를 관찰함으로써 공포 반응을 습득할 수 있다고 주장한다. 거미에 공포증을 가진 사람 42명을 상대로 실험한 결과, 조건형성보다 관찰학습이 공포증 습득에 더 큰 부분을 차지하였다(Merckelbach, Arnitz & de Jong, 1991). 게다가, 단순히 타인이 특정 자극에 대해 표현하는 것을 듣기만 해도 공포증을 습득할 수 있다(Merckelbach et al., 1996).

학습 이론 모델은 공포증의 발달을 설명하는 데 도움을 준다(Field, 2006). 하지만 왜 어떤 사람은 공포 반응이 더 쉽게 습득되는가? 생물학적 관점과 인지적 관점이 이 의문에 해답을 줄 수 있을 것이다.

생물학적 관점 유전적 요인은 공황장애와 공포증과 같은 불안장애의 유발에 관여한다(Coryell et al., 2006; Kendler, 2005; Smoller et al., 2008). 유전자는 어떻게 불안장애의 유발과 연관되어 있을까?

먼저, 우리는 특정 유전자의 변형에 의해 어떤 사람은 더 공포 반응을 잘 보이고, 두려움을 극복하기 어렵다는 것을 배웠다(Lonsdorf et al., 2009). 예를 들어, 두려움을 느끼게 하는 자극에 노출된, 특정 유전자의 변형을 보인 사람들은 대뇌변연계의 **편도체**(아몬드 모양)에서 많은 활동량을 보였다(Hariri et al., 2002). 대뇌 피질 아래에 위치한 대뇌변연계는 기억을 형성하고 정서적 반응을 만들어 내는 과정에 관여하는 상호 연결된 기관으로 구성되어 있다.

편도체는 의식적인 사고 과정 없이 두려움을 촉발하는 자극에 대한 반응을 만들어 낸다(Agren et al., 2012; Forgas, 2008). 위협이나 위험한 상황에 직면할 때마다 편도체는 '정서적인 컴퓨터'로 작동한다(Coelho & Purkis, 2009)(**그림 5.4** 참조). 상위 뇌 기능의 중심, 특히 **전전두 피질**은 외부 자극이 어느 정도로 위협적인지 판단하는 기능을 한다. 2장에서 언급했듯이, 이마 바로 아래에 있는 전전두 피질은 사고, 문제 해결, 추론, 의사결정 등 많은 고등 정신 기능에 관여한다. 만약 당신이 길 위에서 뱀처럼 생긴 물체를 본다면, 편도체가 활성화되면서 당신을 그 자리에 멈추거나 뒤로 물러나게끔 공포 반응을 유발할 것이며, 두려움으로 인한 전율이 당신의 몸을 타고 흐를 것이다. 하지만 얼마 후, 전전두 피질이 위협을 주는 대상을 좀 더 자세히 들여다볼 수 있게 해줄 것이며, 안도의 한숨을 내쉴 수 있게 도와줄 것이다("그냥 막대기일 뿐이야. 진정해.").

그러나 불안장애를 가진 사람들은 경미한 위협을 주는 상황이나 환경 단서에도 편도체가 과잉 활동하며 큰 공포 반응을 보인다(Nitschke et al., 2009). 연구자들은 이러한 관점을 지지하는 근거를 사회불안장애를 가진 사람과 PTSD를 가진 참전 군인에게서 발견하였다(Stein & Stein, 2008). 또 다른 최근의 연구에서 불안 수준이 높은 청소년이 통제 집단의 청소년에 비해 두려움을 유발하는 표현을 접했을 때의 편도체 활성화 정도가 더 컸다(Beesdo et al., 2009). 불안장애를 가진 사람은 위협을 주는 단서, 두려움을 유발하는 단서 그리고 거절에 대한 단서에 편도체가 과잉 활동한다.

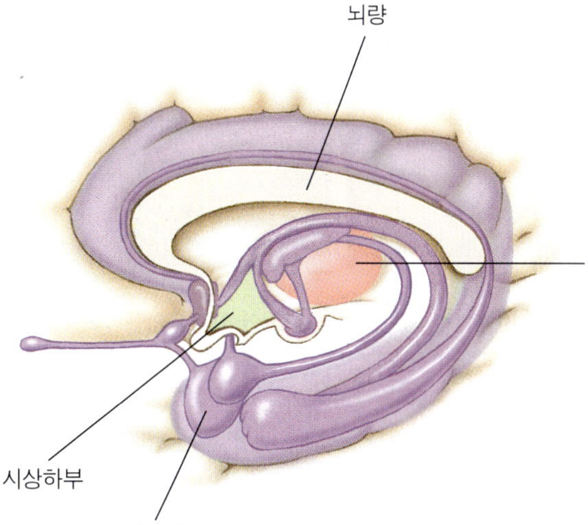

그림 5.4 편도체와 대뇌변연계. 편도체는 뇌에서 공포를 유발하는 데 중심 역할을 하는 대뇌변연계의 한 부분으로, 대뇌 피질 아래 위치하며 시상, 시상하부, 그 외 다양한 기관과 상호연결되어 있다. 대뇌변연계는 기억 형성과 정서적 반응의 처리 과정에 관여한다. 최근 대뇌변연계 관련 연구는 편도체의 과잉 활동이 불안장애와 연관된다고 밝혀냈다.

연구자들은 fMRI 영상을 통해 부정적인 사회적 단서에 사람들이 어떻게 반응하는지를 연구하였다(Blair et al., 2008). 이들은 사회불안의 전형적인 형태를 가진 사람과 공포증이 없는 통제 집단으로 나누어 이들에게 부정적인 말("너 못생겼어.")을 한 후 뇌 반응을 비교하였다. 사회공포증을 가진 사람은 편도체와 전전두 피질의 일부분에서 높은 수준의 활동을 보였다(**그림 5.5** 참조). 편도체는 부정적인 사회적 단서를 듣자마자 곧바로 반응을 보였으나, 전전두 피질은 그러한 단서를 스스로에게 반영("저 사람이 왜 내게 저런 말을 하지? 내가 정말 못생겼나?")한 이후에 반응을 나타냈다.

또한 연구자들은 쥐와 같은 동물을 대상으로 한 실험을 통해 공포 자극에 대한 뇌 반응을 알아보았다. 영향력 있는 한 연구는 쥐의 전전두 피질 일부분에서 편도체로 공포 반응을 가라앉혀도 된다는 일종의 '경보 해제' 신호를 보낸다는 사실을 밝혀냈다(**그림 5.6** 참조)(Milad & Quirk, 2002). 연구자는 먼저 쥐에게 소리와 충격을 동시에 반복적으로 제시하여 소리에 공포 반응을 보이도록 조건형성하였다. 쥐는 소리가 날 때마다 그 자리에 가만

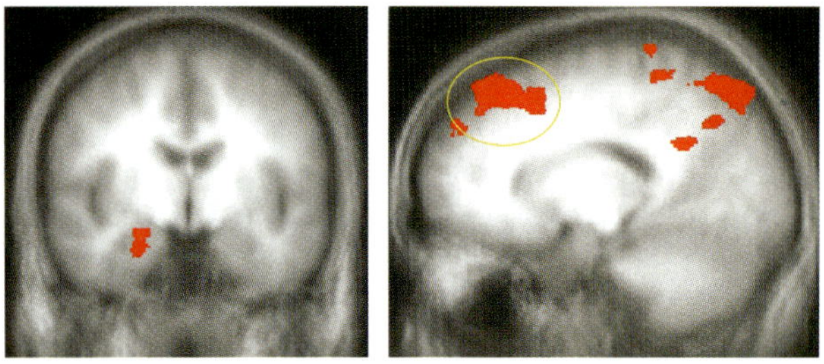

그림 5.5 비난받는 상황에서 전형적인 사회불안을 가진 사람의 뇌 반응. 자신이 비난받고 있을 때 사회불안을 가진 사람이 보이는 fMRI 영상을 통해 이들에게 편도체의 엄청난 활동(왼쪽)과 전전두 피질의 부분적인 활동(노란색 원, 오른쪽)이 나타남을 알 수 있다.

출처: NIMH, 2008.

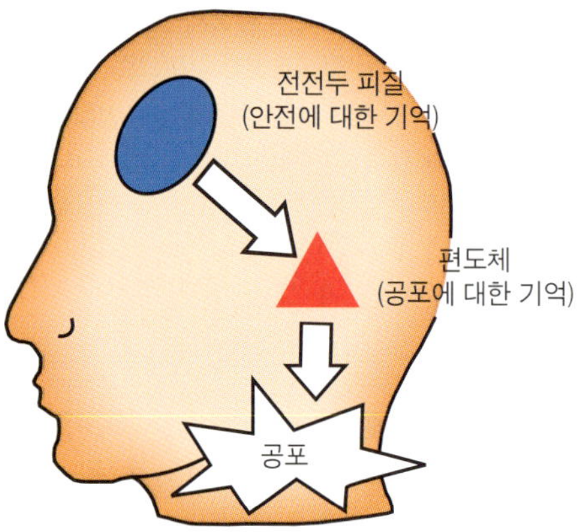

그림 5.6 '경보 해제' 신호가 두려움의 수준을 낮춘다. 동물연구는 전전두 피질에서 편도체로 전달되는 경보 해제 신호가 공포 반응을 억제한다고 밝혔다. 이 발견은 인간의 공포 반응 수준을 낮추는 치료에 영향을 미쳤다.

출처: Milad & Quirk, 2002. '쥐의 공포 반응을 없애는 뇌의 경보 해제 흉내 내기'에서 인용함, *NIH News Release*, 2002년 11월 6일 자료.

히 서 있었다. 그런 다음, 연구자는 충격 없이 소리만 제시함으로써 조건형성을 소거한다. 소거 직후에 전전두 피질의 가운데에 있는 신경세포는 소리가 날 때마다 발화하였으며, 편도체로 신호가 전달되었다. 발화하는 신경세포의 수가 많아질수록, 소리가 날 때 쥐가 가만히 서 있는 정도도 줄어들었다(NIH, 2002). 전전두 피질에서 편도체로 안전 신호가 전달된다는 이러한 발견은 공포증인 사람들의 뇌에 경보 해제 신호를 켜는 새로운 치료 방법을 고안해 내도록 도와주었다.

두려움에 관한 생물학적 기반의 연구가 진행 중이다. 예를 들어, 연구자들은 두려운 기억에 관여하는 특정 신경세포의 유형에 관해 연구한다. 실험실 쥐에게서 이러한 유형의 신경세포를 파괴함으로써 말 그대로 이전에 학습된 공포 반응에 대한 기억을 지우는 것이다(Han et al., 2009). 쥐를 대상으로 한 연구를 통해 인간의 공포증을 극복하려는 노력은 지속적으로 이루어지고 있는데, 동물실험의 성과는 인간의 공포 반응을 부분적으로 막거나 방해하는 약물의 개발로 이어질 수 있다.

인간은 유전적으로 특정 부류의 자극에 대한 공포 반응의 유발에 취약한가? 예를 들면, 사람은 토끼보다는 뱀이나 거미에 더욱 공포 반응을 잘 보인다. 특정 유형의 대상이나 상황의 생물학적인 취약성(**준비성**, prepared conditioning)에 대한 믿음은 인류의 조상들이 커다란 동물, 뱀, 거미, 벌레, 높은 곳, 폐쇄된 장소, 심지어 낯선 사람과 같은 잠재적으로 위협적인 대상에 대한 두려움을 더 잘 습득할 수 있도록 진화되었음을 보여 준다. 준비성 모델은 총이나 칼과 같이 (비록 거미, 높은 곳보다 총과 칼이 더 직관적으로 위협적이긴 하나) 진화적으로 나중에 생긴 위협적인 물건보다 거미나 높은 곳에 대한 공포가 왜 더 잘 유발되는지를 효과적으로 설명한다. **진실 / 거짓**

진실 또는 거짓

우리는 위협을 주는 대상에 대한 공포를 유전적으로 습득하는 경향이 있다.

진실 몇몇 이론가는 우리가 커다란 동물이나 뱀과 같은 특정 대상에 대한 공포를 유전적으로 습득하는 경향이 있다고 믿는다. 특정 공포 대상에 대한 준비된 습득 능력은 인류 조상에게도 충분히 생존적 가치가 있었을 것이다.

인지적 관점 최근 연구들은 위협적인 단서에 대한 과민성, 위험에 대한 과잉 예측, 자기 파괴적인 사고와 비합리적 신념과 같이 공포증이 더 잘 유발되기 쉬운 인지적 요인들을 강조한다(Armfield, 2006; Schultz & Heimberg, 2008; Wenzel et al., 2005).

1. 위협적인 단서에 대한 과민성. 공포증을 가진 사람은 엘리베이터 타기, 다리 위를 운전하여 지나가기와 같이 보통 사람들은 안전하다고 느끼는 상황을 위험하다고 느낀다. 비슷하게, 사회불안을 가진 사람은 타인의 거절과 부정적인 평가와 같은 사회적 단서에 과민하다(Schmidt et al., 2009).

사람들은 모두 외부의 위협적인 단서에 대한 저마다의 내적 경보체계가 있다. 대뇌변연계의 편도체는 초기 경보체계에서 핵심적인 역할을 한다. 이 체계는 인간에게 적대적인 환경으로부터 살아남기 위해 인류의 조상들이 가졌던 진화적 이점이다. 천적이 갑자기 튀어나올 것을 암시하는 수풀의 부스럭거림과 같은 위협의 징후에 빠르게 대응했던 초기의 인류는 경보체계가 덜 민감한 사람보다 더 준비된 대응(싸우거나 도망가거나)을 할 수 있었을 것이다.

두려움이라는 정서는 경보체계의 핵심요소이며 그들이 살아남을 수 있도록 보다 빠르게 방어태세를 취할 수 있는 원동력이었을 것이다. 특정공포증과 다른 불안장애를 가진 사람들은 위협적인 단서에 과민한 내적 경보체계가 유전되었을 것이다. 그들은 매번 위협적인 대상이나 자극에 대해 높은 수준의 경계를 취할 것이다. 방에 거미가 있다면, 거미 공포증인 사람이 가장 먼저 발견하고 가리킬 것이다(Purkis, Lester, & Field, 2011). 또 다른 연구에서는 거미 공포증이 있는 사람은 거미를 실제 크기보다 더 크게 지각한다고 밝혔다(Vasey et al., 2012). **진실 / 거짓**

"제 머리만큼 컸어요, 진짜!" 연구자들은 거미에 대한 두려움이 큰 사람일수록 거미를 실제 크기보다 더 크게 지각한다고 보고하였다.

진실 또는 거짓

만약 방 안에 거미가 있다면, 거미 공포증을 지닌 사람이 거미를 먼저 발견하고 가리킬 것이다.

진실 특정공포증을 가진 사람들은 두려운 자극이나 대상을 감지하는 데 있어서 높은 경계 수준을 유지한다.

2. 위험에 대한 과잉 예측. 공포증을 가진 사람들은 두려움이 유발되는 상황에서 겪는 두려움이나 불안을 과잉 예측하는 경향이 있다. 예를 들어, 뱀 공포증을 가진 사람은 우리 안에 든 뱀을 보더라도 벌벌 떨 것이다. 치과 공포증인 사람은 진료 동안 받을 고통에 대해 과장되게 생각할 것이다. 일반적으로 말해, 공포 자극에 노출되어 실제로 두려움을 느껴 보는 것이 단지 두려움에 대해 예상하는 것보다 낫다. 그럼에도 최악의 상황을 예상하는 경향성은 두려운 자극을 회피하게 하며, 이는 불안에 대처하고 극복하는 방법을 학습하는 것을 막는다.

   치과 진료 시의 고통과 두려움에 대한 과잉 예측으로 방문 치료를 연기하거나 취소하게 되면, 점차 더 심각한 치아 문제를 유발할 것이다. 하지만 두려운 상황에의 실제 노출은 개인의 두려움 수준 정도를 정확하게 예측하게 해 준다. 반복 노출 기법의 임상적 함의점은 불안장애를 가진 사람들이 공포 유발 자극에 대한 기대를 감소시킴과 동시에 그 유발 정도를 정확하게 예측할 수 있게 해준다는 점이다. 즉, 공포 자극에 대한 회피 경향성을 감소시킬 것이다.

3. 자기 파괴적인 사고와 비합리적 신념. 자기 파괴적인 사고는 불안장애와 공포증의 수준을 높이고 지속시킨다. 공포 유발 자극을 마주했을 때, 사람들은 '당장 도망쳐야 해', '가슴이 터져 버릴 것 같아'와 같은 생각을 한다. 이러한 사고는 자동적으로 심해지며, 무언가를 계획하는 것을 방해하고, 그 자극에 대한 혐오를 키우고, 회피행동을 심화시키며, 주어진 상황에 대한 통제 능력을 저하시킴으로써 자기효능감의 저하를 초래한다. 이와 유사하게, 사회불안을 가진 사람은 많은 사람 앞에서 이야기할 때마다 '분명 내 발음이 이상할 거야'라고 생각할 것이다(Hoffmann et al., 2004). 이러한 자기 파괴적인 사고는 사회적 참여를 못하도록 막을 것이다.

공포증이 있는 사람들은 Ellis가 나열한 비합리적 신념을 그렇지 않은 사람에 비해 더 자주 보인다(2장 참조). 이러한 비합리적 신념에는 모든 사람을 만족시켜야 한다는 욕구와 자신에 대해 부정적인 평가가 내려질지도 모르는 상황을 회피해야 한다는 욕구 등이 있다. "다른 사람 앞에서 불안 발작을 일으키면 어쩌지? 내가 미쳤다고 생각할거야. 난 그 시선을 견디기 힘들거야."와 같은 신념에 대해 고민해 보라. 데이트 신청을 거절당하는 것이 최악(단지 운이 없는 경우를 제외하고)이라 믿는 대학생이 거절을 덜 두려워하는 학생에 비해 사회불안을 보인다는 초기의 연구는 현대의 연구 결과와 비슷하다(Gormally et al., 1981).

그림 5.7은 유전적 성향이나 인지적 요인과 같은 취약성이 학습적 요소와 어떤 상호작용을 거쳐 공포증을 유발하는지 보여 준다.

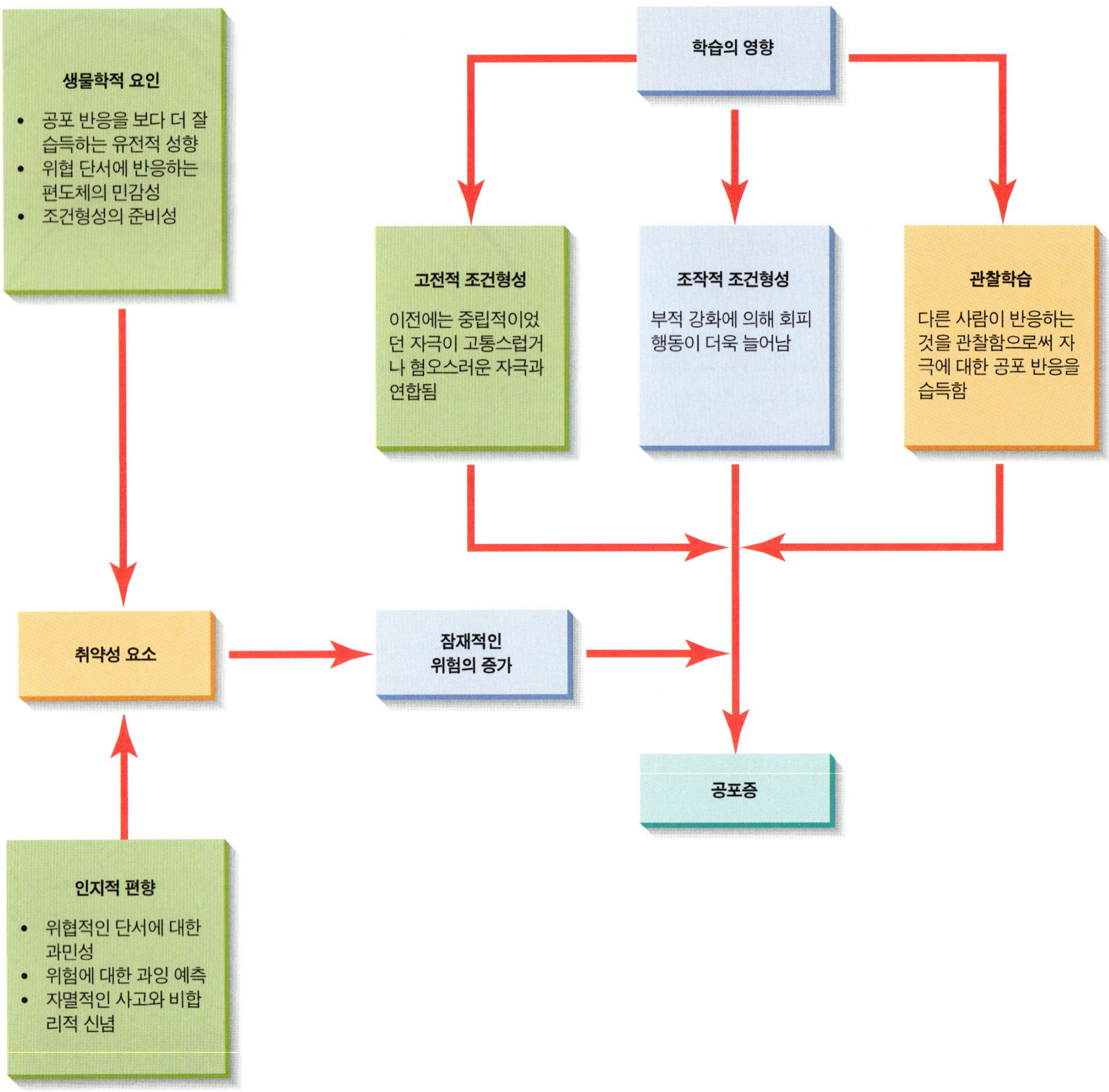

그림 5.7 공포증의 다원적 모델. 학습적 요소는 공포증의 습득에 핵심적인 역할을 한다. 그러나 학습 경험이 공포증을 유발하는 과정은 유전적 성향이나 인지적 요소와 같은 취약성 요소에 달려 있다.

치료 접근법

> **5.6** 공황장애의 치료 방법에 대해 알아본다.

전통적인 정신분석은 내담자에게 두려움이 상징하는 내적 갈등이 무엇인지 인식시켜서 자아가 억압을 위해 쓰는 에너지를 감소시킨다. 현대 정신역동치료 또한 내적 갈등에 대한 내담자의 인식을 고취시켰다. 전통적인 접근은 불안의 원인을 현재의 대인관계 문제에서 찾는다. 반면에, 현대의 정신분석은 좀 더 다양한 원인을 고려하고 내담자가 적응적 행동을 할 수 있도록 장려한다. 현대의 정신분석 기법은 전통적인 정신분석보다 특정한 문제에 대해 더 간결하고 직접적이다. 정신역동치료가 몇몇 불안장애를 치료하는 데 도움이 된다고 입증되었지만, 전반적인 효능을 입증하는 설득력 있는 경험적 증거는 적다(USDHHS, 1999).

다른 불안장애와 마찬가지로 특정공포증에 대한 주된 치료는 학습, 인지, 생물학적 관점을 기반으로 한다.

학습기반 접근 많은 연구는 다양한 불안장애치료에 대한 학습기반 접근의 효과성을 입증한다. 이런 접근의 핵심은 개인이 불안유발 대상과 상황을 좀 더 효과적으로 다룰 수 있도록 돕는 것이다. 학습기반 접근의 예로 체계적 둔감화, 점진적 노출, 홍수법이 있다.

아담은 주사 공포를 극복하는 것을 학습한다.
아담은 주사를 맞는 것에 대한 공포증이 있다. 행동치료사는 그가 편안한 의자에서 치료를 받도록 했다. 근육이 깊이 이완된 상태에서 아담은 스크린을 통해서 슬라이드를 본다. 간호사가 주삿바늘을 들고 있는 슬라이드를 한번에 30초씩 세 번 보여 준다. 각 시행마다 아담은 불안해하지 않았다. 그래서 약간 더 불편한 슬라이드(간호사가 누군가의 맨 팔에 주삿바늘을 겨누고 있는 모습)를 제시했다. 15초 후 아담은 불쾌한 통증을 알아차리고 손가락으로 신호를 보낸다(말을 하는 것은 근육 이완을 방해할 수 있다). 프로젝터를 조종하는 사람이 불을 끄고 아담은 해변에 누워 뜨거운 태양의 빛을 쬐고 있는 '안전한 장면'을 2분간 상상한다. 그 후에 그 슬라이드를 다시 보여 준다. 이번에 아담은 불안을 느끼기 않고 30초 동안 슬라이드를 본다.

— Rathus, S. A., *Essentials of Psychology* (6th ed.) p. 537. Copyright © 2001. Thomson Learning의 Wadsworth Group Brooks/Cole의 허락하에 인용함.

아담이 실시받고 있는 것은 **체계적 둔감법**(systematic desensitization)으로, 정신과 의사 Joseph Wolpe(1958)가 공포를 감소시키기 위해 1950년대에 개발한 절차이다. 체계적 둔감법은 내담자가 편안한 상태에서 고통스러운 자극을 다루는 방법을 배우는 과정인데, 자극이 주는 고통은 점차 커진다. **공포 자극 위계표**(fear-stimulus hierarchy)는 불안을 유발하는 강도에 따라 10~20개의 자극을 순서대로 배열한 것이다. 내담자는 위계표에 있는 자극을 상상하거나 사진으로 보게 되는데, 자극은 점점 목표 행동(주사를 맞거나 폐쇄된 공간에 있을 수 있음)에 가까워진다.

체계적 둔감법에서는 공포를 학습된 반응이나 조건화된 반응으로 여기는데, 불안에 대한 경쟁 반응을 통해 공포 반응을 상쇄시킬 수 있다고 가정한다. 근육 이완은 보편적으로 사용되는 경쟁 반응으로, Wolpe의 제자는 내담자가 이완 기술을 배우는 것을 돕기 위해 점진적 근육 이완 훈련을 사용했다. 이러한 이유로 치료자는 불안을 유발하는 주삿바늘 슬라이드부터 이완 기법을 아담에게 적용했다.

체계적 둔감법은 공포 반응을 소거할 수 있는 일련의 조건을 만든다. 이 기법은 공포 자극을 반복적으로 상상하게 함으로써 소거를 유발한다.

점진적 노출법(gradual exposure)은 공포증 환자에게 자신이 두려워하는 대상이나 상황에 점차적으로 직면할 수 있도록 단계적 접근을 사용한다. 회피 사건의 부재('어떤 나쁜 일도 일어나지 않은') 속에서 공포 자극에 대한 반복적인 노출은 공포 반응의 소거나 점차적인 약화로 이어질 수 있고 심지어 공포 반응을 제거할 수도 있다. 점진적 노출은 인지적 변화를 불러일으킨다. 공포증 환자는 이전의 공포 대상이나 상황을 더 이상 해롭지 않은 것으로 인식하고, 공포 상황을 더욱 효과적으로 다룰 수 있다.

노출치료는 **상상적 노출**(스스로 두려운 상황을 상상하는 것)과 **실제적 노출**(실생활에서 공포 자극에 실제로 맞닥뜨리는 것) 등 몇 가지 형태가 있다. 실제적 노출이 상상적 노출보다 더 효과적일 수 있으나 두 가지 기법 모두

점진적 노출법. 내담자는 실제 상황에서 치료자나 보조역할을 해줄 수 있는 친구를 동반하여 단계적으로 공포 자극에 직면할 수 있다. 내담자가 스스로 노출 과제를 완수하는 것을 장려하기 위해 치료자나 친구는 직접적인 도움을 점차 줄여나간다. 점진적 노출은 종종 내담자의 불안유발 사고와 믿음을 합리적인 사고로 대체하는 인지적 기법과 결합된다.

치료에서 자주 사용한다. 공포증의 노출치료 효과는 잘 입증되어 있어서, 노출치료는 다양한 공포증에서 치료법으로 활용된다(예: Gloster et al., 2011; Hofman, 2008; McEvoy, 2008).

사회불안치료 과정을 예로 들어 보자. 노출치료에서 사회공포증 환자는 스트레스를 주는 사회적 상황(동료와 카페에서 식사를 하고 대화를 나누는 상황)에 참여하여 불안과 탈출하고 싶은 충동이 줄어들 때까지 견뎌낸다. 노출치료를 시행하는 동안 치료자는 환자를 도와줄 수 있는데, 직접적인 도움을 점차 줄임으로써 환자가 스스로 상황을 통제할 수 있도록 유도한다. 일반적으로 광장공포증의 노출치료는 환자를 두려움이 점점 커지는 상황에 노출시키는 단계적 코스를 활용하는데, 혼잡한 거리를 통과하거나 백화점에서 쇼핑하는 상황 등이 있다. 노출치료가 진행되는 동안 환자가 신뢰할 수 있는 친구나 치료사가 옆에서 지켜봐 주기도 한다. 궁극적인 목표는 환자가 각 상황을 불편함이나 탈출하고 싶은 충동 없이 스스로 대처하도록 하는 것이다. 다음은 점진적 노출법을 사용하여 폐소공포증을 치료한 사례이다.

엘리베이터에 대한 두려움과 싸우는 케빈: 폐소공포증 사례

케빈의 사례는 특이하지만, 폐소공포증(폐쇄된 공간에 대한 두려움)은 매우 드문 일은 아니다. 케빈의 폐소공포증은 엘리베이터에 타는 것에 대한 두려움이었다. 케빈의 사례가 특이한 이유는 그의 직업 때문이다. 그는 엘리베이터 정비사로 일했다. 케빈은 근무시간을 엘리베이터를 수리하는데 보냈다. 정말로 필요한 상황이 아니라면, 케빈은 어떻게 해서든 엘리베이터를 타지 않고 수리를 끝마쳤다. 그는 엘리베이터가 멈춰 있는 층까지 계단으로 올라가서 엘리베이터를 수리하고 내려가는 버튼을 눌렀다. 그는 아래로 뛰어내려 오면서 엘리베이터가 제대로 작동하는지 확인했다. 엘리베이터 안에서 작업하다 문이 닫혀버리기라도 하면, 케빈은 극심한 공포를 느꼈다. 케빈은 문이 열리기 전까지 기절하지 않게 해달라고 기도했다.

케빈의 공포증은 3년 전에 전복된 차에서 한 시간가량 갇혀 있었던 사건과 관련이 있다. 그는 무력감과 질식할 것만 같은 느낌을 기억했다. 그 후 케빈은 탈출하지 못하는 상황(비행기를 타거나, 터널을 통과하거나, 대중교통을 이용하거나, 엘리베이터를 타는 것 등)에 대한 두려움을 느끼는 폐소공포증을 겪었다. 케빈은 공포증 때문에 정상적인 활동을 할 수 없어서 재정적 손해가 있더라도 이직을 심각하게 고려했다. 케빈은 엘리베이터를 수리해야 하는 전날 밤마다 공포증을 잘 이겨낼 수 있을지 걱정하며 잠들지 못했다.

케빈의 치료는 공포가 점차적으로 커지는 점진적 노출 프로그램으로 구성된다. 엘리베이터 공포증 환자를 치료하기 위한 전형적인 불안위계는 다음과 같은 단계를 따른다.

1. 엘리베이터 밖에 서 있기
2. 엘리베이터 문을 열고 안에 서 있기
3. 엘리베이터 문을 닫고 안에 서 있기
4. 엘리베이터를 타고 한 층 내려가기
5. 엘리베이터를 타고 한 층 올라가기
6. 엘리베이터를 타고 두 층 내려가기
7. 엘리베이터를 타고 두 층 올라가기
8. 엘리베이터를 타고 두 층 내려갔다가 올라가기
9. 엘리베이터를 타고 지하로 내려가기
10. 엘리베이터를 타고 최고층까지 올라가기
11. 엘리베이터를 타고 모든 층을 내려갔다가 올라오기

내담자는 1단계를 침착하게 진행할 수 있을 때까지 2단계로 넘어가지 않는다. 만약 내담자가 불안해한다면 근육 이완 훈련을 실시하거나 안전한 심상에 집중하여 안정을 되찾을 수 있다. 안정감을 되찾고 유지할 때까지 이러한 과정을 반복한다. 그 후 다음 단계로 넘어가서 계속 진행한다.

케빈은 노출법을 시행하는 동안 스스로 이완 훈련을 실시하고, 침착함을 유지하라고 스스로에게 말하는 연습을 했다. 조금이라도 불안을 느낄 때마다 케빈은 스스로에게 진정하라고 말했다. 엘리베이터가 추락할 것이라는 파괴적 생각이 들 때마다 "침착해. 조금 불안할 수는 있지만 이전처럼 아무 일도 없을 거야. 조금만 지나면 괜찮아질 거야."라는 합리적인 진술로 대처할 수 있다.

케빈은 공포증을 서서히 극복하였지만 여전히 예전의 공포를 상기시키는 신호로 해석되는 약간의 불안을 경험하기도 했다. 그는 이러한 감정의 중요성을 과잉 해석하지 않았다. 때때로 자신이 수리하는 엘리베이터가 한번쯤 공포를 일으킨다는 생각이 떠올랐다. 치료 후 어느 날, 케빈은 30m 지하에 있는 은행의 금고 엘리베이터를 수리했다. 지하로 계속해서 내려가는 것은 두려움을 불러일으켰지만 그는 공황에 빠지지 않았다. 케빈은 "조금만 지나면 나는 곧 밖으로 나갈 것이다."라고 스스로 되뇌었고, 두 번째로 내

려갈 때엔 더 차분해졌다.

— 저자의 파일에서

홍수법(flooding)은 환자를 상상이나 실제 상황 속에서 높은 단계의 공포 유발 자극에 노출하는 노출치료법의 한 형태이다. 왜 이런 기법을 쓸까? 불안은 공포 자극에 대한 조건 반응이고, 충분히 오랜 시간 동안 공포 상황을 견뎌내고 해로운 결과가 뒤따르지 않는다면, 불안이 사라질 것이라는 믿음 때문이다. 대부분의 공포증 환자는 공포증을 피할 수 없을 때, 공포 자극과 마주치는 것을 피하거나 처음부터 재빨리 도망간다. 그 결과 공포 반응을 제거할 기회가 부족하다. 홍수법에서는 사회불안장애 환자의 불안을 해소하기 위해 환자를 사람들로 가득 찬 점심식사 테이블에 오랫동안 앉아 있게 한다. 홍수법은 사회불안과 PTSD 등 다양한 불안장애를 치료하는 데 효과적이다(Moulds & Nixon, 2006).

가상치료: 실제적 노출법에 대한 차선책 영화《매트릭스》에서 키아누리브스가 연기한 주인공은 자신이 진짜라고 믿었던 세계가 한낱 환상에 불과했고, 복잡한 가상 환경은 실물과 너무 똑같아서 사람들이 그것을 진짜가 아니라고 말할 수 없음을 깨닫게 된다.《매트릭스》는 공상 과학 영화이지만 치료도구로 가상현실을 이용하는 것은 과학적 사실이다.

가상현실치료(virtual reality therapy, VRT)는 컴퓨터로 만들어진 가상 환경을 치료도구로 사용하는 행동치료 기법이다. 고소공포증 환자는 컴퓨터와 연결된 특수 헬멧과 장갑을 착용하여 가상세계에서 공포 자극과 마주할 수 있다. 예를 들어, 가상세계에서 유리로 된 호텔 엘리베이터를 타고 최고층까지 올라가고, 20층에서 발코니 너머를 자세히 들여다보고, 금문교를 건넌다. 공포가 점점 커지는 일련의 가상 자극에 노출시키되 각 단계에서 공포가 감소했을 때만 다음 단계로 진행함으로써, 환자는 점진적 노출법과 거의 같은 방식으로 가상현실에서 두려움을 극복하는 법을 배울 수 있게 된다. 진실 / 거짓

진실 또는 거짓

치료자는 환자가 공포증을 극복하는 것을 돕기 위해 가상현실을 사용한다.

진실 가상현실치료는 고소공포증 등의 공포증을 극복하는 데 효과적으로 사용될 수 있다.

가상치료는 고소공포증, 비행공포증 등 공포증을 치료하는 데 효과적으로 사용되고 있다(Coelho et al., 2009; Parsons & Rizzo, 2008). 한 조사 연구에 따르면 가상치료는 실제적 노출만큼 비행공포증을 치료하는 데 효과적이며, 두 가지 치료법이 치료를 하지 않는 통제 조건보다 치료적 결과가 더 좋았다(Rothbaum et al., 2002). 가상치료 참가자의 92%는 치료 후 1년 안에 비행기를 타는 것에 성공했다. 최근의 연구는 가상치료를 통해 불안장애를 치료하는 것이 상당한 치료적 이점이 있음을 보여준다. 실제로 가상치료의 치료적 효과는 실제적 노출보다 약간 더 크다(Powers & Emmelkamp, 2008).

가상현실치료는 기존의 노출기반치료에 비해 몇 가지 장점이 있다. 먼저, 비행기의 이착륙을 반복하는 것처럼 가상현실에서 조성할 수 있는 노출 경험이 현실에서는 재현하기 어렵거나 불가능할 수 있다. 또한, 가상현실치료는 참가자가 노출치료에 사용하는 자극의 강도와 범위를 조절할 수 있다(Zimand et al., 2002). 마지막으로, 참가자는 현실에 비해 가상현실에서 두려운 과제를 기꺼이 수행하려고 한다.

가상치료의 선구자인 심리학자 바바라 로드바움은 가상치료를 효과적으로 사용하기 위해서 참가자는 반드시 가상현실에 몰두해야 하며, 특정 시점에서 자신이 단지 비디오테이프를 보는 것이 아니라 현실을 경험하고 있다고 믿어야 한다고 말했다. 로드바움은 "만약 참가자가 헬멧을 쓰고 '무섭지 않네요.'라고 말하면 아마도 효과를 보기가 힘들 것이다. 하지만 참가자는 실제장소에서 겪을 수 있을 만한 생리적 변화(두근거림, 땀 등)를 경험한다."라고 말한다(재인용, Goleman, 1995b, p. C11). 오늘날, 가상현실 기술의 발전과 함께 가상 환경이 두려움이 많은 사람들에게 강력한 불안을 일으킬 수 있다는 사실은

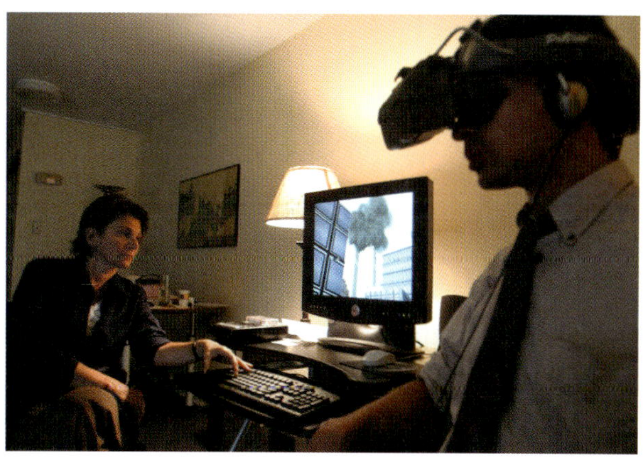

가상현실을 통한 공포 극복. 가상현실은 공포증을 극복하는 데 사용할 수 있다.

충분히 설득력이 있다(Lubell, 2004).

우리는 이제야 가상 기술의 잠재적인 치료적 사용을 탐구하기 시작했다. 치료자는 다양한 공포증, 외상후 스트레스 장애, 사회불안장애, 자폐 스펙트럼 장애 등 다른 장애를 치료하는 데 가상치료를 사용한다(DeAngelis, 2012b). 치료자는 물질 남용 환자를 회복시키기 위해서 이들을 가상 주점이나 중독 행동과 관련된 다른 가상 상황에 노출시킨다. 가상의 전쟁 장면을 활용하는 가상치료는 현역 군인과 참전 군인의 전투와 관련된 PTSD 증상을 줄이는 데 효과적이다(예: Reger et al., 2011). 또 가상치료는 중요한 인물과의 해결되지 않은 갈등을 가상 환경에서 직면시켜 도움을 줄 수 있다.

인지치료 Albert Ellis는 합리적 정서행동치료를 통해, 사회불안장애 환자에게 사회적 인정에 대한 비합리적 욕구와 완벽성이 사회적 관계에서 어떻게 불필요한 불안을 만들어 내는지 보여 주었다. 사회적 인정을 위한 과장된 욕구를 없애는 것은 분명 핵심적인 치료적 요소이다.

인지치료자는 역기능적이고 왜곡된 신념을 찾아내어 수정하려고 시도한다. 예를 들어, 사회불안장애 환자는 파티에서 자기와 얘기하고 싶어 하는 사람은 아무도 없고, 남은 일생을 혼자서 외롭게 보내야 한다고 생각한다. 인지치료자는 내담자가 자신의 사고의 논리적 결함을 인식하고 상황을 합리적으로 볼 수 있도록 돕는다. 인지치료에서 내담자는 자신의 신념을 증명할 수 있는 증거를 수집하는데, 이를 통해 비현실적 믿음을 변형시킨다. 치료자는 사회불안장애 환자가 사교모임에 참가하여 대화를 통해 타인의 반응을 관찰함으로써 '자신은 무시, 거절, 조롱의 대상'이라는 믿음을 검증하도록 한다. 치료사는 내담자가 대인관계 효과를 증대시킬 수 있는 사회적 기술을 발달시키고, 사회적 거절을 당했을 때 대처할 수 있도록 도움을 준다.

인지적 기술의 한 예는 **인지적 재구성**(cognitive restructuring)인데, 치료사는 내담자가 자기 패배적 사고를 정확히 찾아내고 불안유발 상황에 대처할 때 사용할 수 있는 합리적 대안을 생성하도록 돕는다. 예를 들어, 케빈은 자기 패배적 사고를 합리적 사고로 대체하고, 노출 시행 동안 이성적이고 침착하게 말하는 방법을 배웠다.

인지행동치료는 행동치료 기법과 인지치료 기법이 결합된 치료적 접근을 지칭하는 용어다. 인지행동치료사는 노출법과 같은 행동치료 기법과 Ellis, Beck 등의 인지치료 기법을 결합하여 사용한다. 예를 들어, 사회불안을 치료할 때 치료자는 흔히 노출치료와 불안유발 사고를 안전한 사고로 대체시키는 데 도움을 주는 인지적 재구성 기법을 결합한다(Rapee, Gaston, & Abbott, 2009). 사회불안, 폐소공포증 등 많은 종류의 공포증을 치료하는 데 있어 인지행동치료의 효과성을 지지하는 연구가 있다(예: Choy, Fyer, & Lipsitz, 2007; McEvoy et al., 2012; Rachman, 2009).

약물치료 사회불안장애 치료에 세르트랄린(졸로프트)과 파록세틴(팍실) 등의 항우울제가 효과적이라는 연구가 있다(Liebowitz, Gelenberg, & Munjack, 2005; Schneier, 2006). 몇몇 사례에서 심리치료와 약물치료를 병행하는 것이 개별적인 치료보다 더 효과적일 수 있다고 보고되었다(Blanco et al., 2010).

범불안장애

> **5.7** 범불안장애의 핵심 특징과 치료 방법에 대해 알아본다.

범불안장애(generalized anxiety disorder, GAD)는 어느 한 대상, 상황, 활동에 국한되지 않은 과도한 불안과 걱정을 특징으로 한다. 불안은 무언가 위협적이고 즉각적인 주의를 필요로 할 때 나타나는 일종의 신체적 경고체계인데, 일반적으로 적응적이다. 하지만 범불안장애 환자는 불안이 과도하여 통제하기 어렵고, 초조함, 흠칫함, 근육 긴장 등의 신체적 증상을 동반한다(Donegan & Dugas, 2012; Torpy, Burke, & Golub, 2011).

GAD의 핵심 특징은 과도한 걱정이다(Newman & Llera, 2011; Starcevic et al., 2012). GAD 환자는 만성적으로 걱정을 하는 경향이 있는데, 심지어 평생 동안 걱정을 한다. 이들은 자신의 건강, 재정, 사회적 관계와 자녀의 복지 등 많은 것을 걱정한다. 또한 이들은 교통체증 등의 사소한 사건이나 파산처럼 있을 것 같지 않은 미래의 사건에 대해 매일 걱정하는 경향이 있다. 이들은 뭔가 나쁜 일이 일어날 것으로 예상되는 상황이나 사건을 피하려 한다. 혹은 타인에게 모든 것이 괜찮다는 것을 계속해서 확인하려 한다. GAD로 진단하기 위해서는 두드러진 정서적 고통이나 일상생활 기능의 심각한 손상이 나타나야 한다. 범불안장애 아동은 학업, 운동, 학교생활의 사회적 측면을 걱정하는 경향이 있다.

더 자세히 살펴보기

치료자를 만나기 전에 이 약을 드세요.

결핵을 치료하기 위해 사용하는 **D-사이클로세린**(DSQ) 항생제는 언젠가 심리치료의 효과를 증대시키는 목적으로 사용될 것이다. 이 약이 학습과 기억 과정에 관여하는 뇌의 시냅스 연결에 작용하기 때문에, 어떤 연구자들은 이 약이 인지행동치료와 같은 행동기반 치료의 효과를 증대시킨다고 생각한다. 자세한 내용은 잠시 후 알아보고, 먼저 몇 가지 배경에 대해 살펴보자.

쥐 실험 연구는 어떤 물체와 물체가 놓여 있던 장소에 대한 기억검사에서 DSQ가 기억 능력을 향상시킨다는 것을 보여 준다(Zlomuzica et al., 2007). 다른 쥐 실험 연구는 DSQ가 불안 반응의 소거를 촉진함을 보여 준다(Davis et al., 2005). 소거는 무조건적 혐오 자극(예: 고통스럽거나 불쾌한 자극)이 없는 상태에서, 조건 자극(예: 공포 대상이나 상황)에 대한 반복적 노출로 인해 조건화된 공포 반응이 약해지는 과정이다.

약물은 중추 신경계를 흥분시키고 활성화시키는 화학물질인 글루타메이트 수용기에 작용한다. 카페인도 클루타메이트 활동을 증가시키는데, 이 때문에 많은 사람이 각성 수준을 높이기 위해 카페인이 풍부한 커피와 차로 아침을 시작한다.

불안 반응의 소거에 대한 DSQ의 효과를 설명하는 근본적인 뇌 기제는 명확하지 않지만, 연구자는 공포를 유발하는 뇌의 영역인 편도체가 관여한다고 생각한다(Davis et al., 2006). 한 가지 가능성은 소거 과정을 촉진하기 위해 DSQ가 편도체의 글루타메이트 수용기에 작용한다는 것이다(Britton et al., 2007).

DSQ가 불안장애에도 유사한 효과를 보일 수 있을까? PTSD 치료(특히, 장기간의 치료를 필요로 하는 심각한 사례)에서 DSQ가 노출치료의 효과를 증대시킬 수 있다는 증거가 있다(Cukor et al., 2009; de Kleine et al., 2012). DCS가 노출치료를 촉진하여 노출치료의 효과를 높였다(Chasson et al., 2010).

다른 연구는 노출치료와 DSQ를 결합한 사회불안장애 치료에서 DSQ의 촉진 효과를 발견했다(Guastella et al., 2008; Hofmann et al., 2006). 다른 연구에서 고소공포증 환자는 가상현실을 활용한 노출치료에 참가하기 전에 DSQ와 플라시보를 처방받았다. 활성 약물을 처방받은 참가자가 플라시보를 처방받은 참가자보다 증상이 더 개선되었다.

심리적 개입을 촉진할 수 있는 약물의 사용은 아직 초기 단계지만, 행동치료자를 만나기 전에 약을 먹는 것이 일상적인 것이 될 때가 올 것이다.

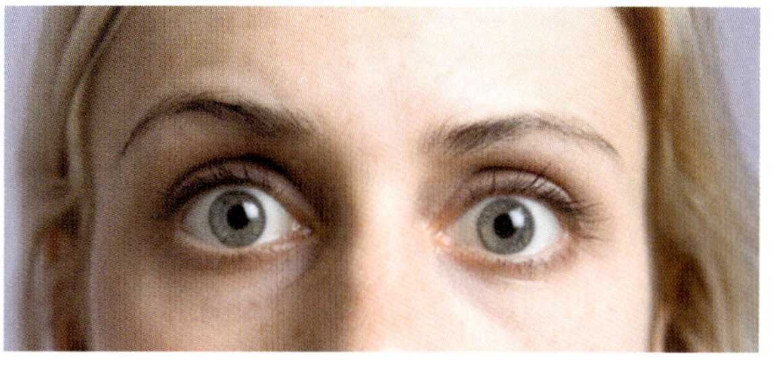

약물이 행동치료의 효과를 증대시킬 수 있는가? D-사이클로세린이 공포증과 다른 불안장애에서 행동치료의 효과를 증대시킬 수 있는지 연구 중이다.

GAD와 관련된 정서적 고통은 개인의 일상생활을 크게 방해한다. GAD는 종종 우울증, 다른 불안장애, 강박장애와 함께 발생한다. 그 밖의 특징은 초조함, 긴장감, 피로함, 집중의 어려움, 성급함, 근육의 긴장, 수면장애 등이 있다.

GAD는 지속적인 장애로 10대 중반에서 20대 중반에 처음 발병하고, 일반적으로 평생 동안 이어지는 경향이 있다. 미국 인구의 GAD 평생 유병률은 약 4%로 추정되는데, 여성이 남성보다 약 두 배 더 많다(Conway et al., 2006). 매년 성인의 약 2%는 GAD로 고통받고 있다(Grant et al., 2005). 다음 사례에서 범불안장애의 다양한 특징을 찾을 수 있다.

'걱정에 대한 걱정': 범불안장애 사례

자동차 공장 관리자인 52세 얼은 말을 할 때마다 손이 떨렸고, 얼굴은 창백했다. 얼은 소년처럼 생겼는데, 이 때문에 그의 흰머리는 근심으로 가득 찬 것처럼 보였다.

얼은 '스타'는 아니더라도 직장에서 꽤 성공적인 사람이었다. 최근 30년 동안의 결혼생활은 "상당히 좋았지만", 성관계는 "손을 너무 많이 떨어서 성관계에 집중할 수 없었기 때문에 즐겁지 않았다."고 말했다. 주택융자는 큰 부담거리가 아니며, 5년 내에 상환할 수 있지만, "저도 모르게 항상 돈에 대해 생각해요." 세 자녀는 잘 자라고 있었다. 한 명은 취직을 했고, 한 명은 대학생, 나머지 한 명은 고등학생이었다. 하지만 "요즘 모든 일이 잘 풀린다고 해서 어떻게 그것에 대해 걱정하지 않을 수 있나요? 나는 몇 시간씩 아이들 미래를 걱정해요."

"하지만 이건 정말로 이상해요."라며 얼은 고개를 흔들었다. "저는 머릿속이 텅 비어 있을 때 걱정을 하고 있는 제 모습을 발견해요. 이걸 어떻게 설명해야 할지 모르겠어요. 이건 마치 걱정을 먼저 하게 되면, 그다음에 걱정할 만한 무언가가 머리에 떠오르는 식이에요. 제가 무언가를 생각하다가 나쁜 점을 발견하여 걱정하는 방식은 아니에요. 그 후 당연히 손이 떨리기 시작하고, 저는 걱정하는 것을 걱정해요. 아무도 저를 볼 수 없는 곳으로 도망치고 싶어요. 손을 떤다면 직원을 제대로 통제할 수 없을 거예요."

출근하는 것이 너무 부담스러워졌다. "저는 조립라인의 소음을 참을 수 없어요. 저는 항상 안절부절못해요. 이건 제 스스로 무언가 끔직한 일이 일어나기를 기대하는 것 같아요. 심해질 때는 손이 떨려서 하루 이틀은 일을 할 수가 없어요."

얼은 할 수 있는 모든 것을 다 해보았다. "의사가 피, 침, 소변 검사 등 온갖 검사를 실시했어요. 의사는 이야기를 듣고서 몇몇 것들을 몸에 넣었어요. 다른 사람들이 저를 지켜보게 했어요. 저에게 커피와 술을 끊으라고 했어요. 그다음에는 차(tea)를 끊으라고 하고, 소량의 카페인 때문에 초콜릿과 코카콜라도 끊으라고 했어요. 의사가 저에게 발륨(Valium; 항불안제 혹은 신경안정제)을 처방했을 때 잠시나마 제가 천국에 있다고 생각했어요. 그러더니 얼마 지나지 않아 약의 효과가 없어졌고, 의사는 다른 약을 처방했어요. 그 약도 효과가 없어지자 의사는 '약물은 자신의 전공이 아니라면서' 정신과 진료를 받는 것이 더 좋을 것 같다고 말했어요. 이건 어린 시절 문제에서 비롯된 것 같아요."

— 저자의 파일에서

이론적 견해

Freud는 범불안장애를 '부동불안'으로 묘사했는데, 상황이 바뀔 때마다 불안이 옮겨 다니는 것처럼 보이기 때문이다. 정신역동 관점에 따르면, 범불안장애는 받아들일 수 없는 성적, 공격적 충동과 소망이 의식으로 흘러나오는 것이다. 우리는 불안을 인식할 수 있지만 근본적인 원인은 인식할 수 없다. 불안의 무의식적 기원을 추측하는 것은 과학적 실험이 불가능하다는 점에서 어려움이 있다. 우리는 무의식적 충동을 직접적으로 관찰하고 측정할 수 없다.

학습 이론에 의하면, 범불안장애는 불안이 다양한 상황에 일반화된 것이다. 재정, 건강, 가족 문제 등 광범위한 삶의 주제에 대해 걱정하는 사람은 다양한 상황에서 불안과 걱정을 경험할 가능성이 있다. 그리하여 불안은 거의 모든 환경이나 상황에 연결된다.

범불안장애에 대한 인지적 관점은 왜곡된 사고와 신념의 역할을 강조하는데, 특히 불안의 기저를 이루는 신념을 중요시한다. 범불안장애 환자는 모든 것을 걱정하는 경향이 있다. 이들은 위협적인 단서에 몹시 주의를 기울이며(Amir et al., 2009), 언제 어디서나 재앙을 초래할 수 있는 위험을 탐지하려고 한다. 위협이나 위험에 대응한 교감 신경계의 활성화는 신체적 각성과 불안을 동반하기 때문에, 결과적으로 범불안장애 환자는 지속적으로 불안을 느낀다.

인지적, 생물학적 관점은 범불안장애 환자에게 나타나는 편도체 기능의 불규칙성과 편도체와 전전두 피질 연결의 불규칙성에 집중한다(Etkin et al., 2009)(그림 5.8 참조). 범불안장애 환자의 경우, 전전두 피질은 편도체의 과활동으로 유발된 공포에 대처하기 위해 '걱정하기'라는 인지 전략에 의존할 수 있다.

우리는 범불안장애의 원인으로 불규칙적인 신경전달물질 활동을 고려할 수 있다. 디아제팜(발륨), 알프라졸람(자낙스)과 같은 벤조디아제핀 계열의 항불안제는

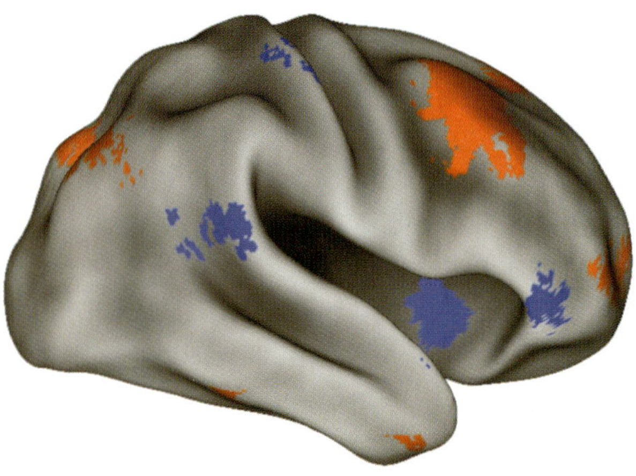

그림 5.8 그림의 뇌 영상에서 앞쪽의 빨간 영역은 전전두 피질이 통제 집단의 편도체보다 범불안장애 환자의 편도체와 더 큰 연관성이 있음을 보여 준다. 전전두 피질은 부주의 및 걱정과 관련된 처리를 한다.

GABA(중추 신경계 각성을 완화하는 억제성 신경전달물질)의 영향을 증대시킨다. 유사하게, 범불안장애 환자가 파록세틴(팍실)처럼 세로토닌에 영향을 주는 항우울제에 쉽게 반응한다는 증거는 세로토닌 신경전달물질의 불규칙성이 범불안장애의 원인이 될 수 있음을 시사한다(Sheehan & Mao, 2003). 신경전달물질은 불안 등의 정서적 상태를 조절하는 뇌 구조에 작용하는데, 뇌 구조의 과잉 반응도 나타날 수 있다.

치료 접근법

범불안장애 치료의 주요 유형으로 정신과 약물과 인지행동치료가 있다. 세르트랄린(졸로프트), 파록세틴(팍실)과 같은 항우울제는 불안 증상을 완화하는 데 도움을 줄 수 있다(Allgulander et al., 2004; Liebowitz et al., 2002). 그러나 정신과 약물이 불안을 완화하는 데 도움이 될 수는 있지만, 근본적인 문제를 치료하는 것은 아님을 명심해야 한다. 약물을 중단하면, 증상은 재발한다.

인지행동치료자는 범불안장애를 치료할 때 이완 훈련, 침투적 사고를 적응적 사고로 대체하는 훈련, 탈파국화(최악을 가정하는 경향에서 탈피) 훈련 기법을 결합하여 사용한다. 통제된 연구에서 얻은 증거는 인지행동치료의 상당한 치료적 이점을 보여 주었다(DiMauro et al., 2013; Donegan & Dugas, 2012; Newman et al., 2011). 인지행동치료의 효과는 약물치료와 비슷하지만, 낮은 치료 탈락률은 심리치료가 내성이 더 뛰어나다는 것을 나타낸다(Mitte, 2005). 행동치료, 인지치료, 인지행동치료를 받은 범불안장애 환자의 대다수는 더 이상 진단기준을 충족시키지 않았다(Borkovec et al., 2002).

불안장애에서의 인종적 차이

불안장애는 광범위한 연구에서 주제로 선정되었지만, 유병률의 인종적 차이를 직접적으로 조사한 연구는 거의 없다. 불안장애는 특정 인종에게 더 흔하게 나타나는가? 우리는 아프리카계 미국인이 직면할 수 있는 스트레스 요인(인종 차별, 경제적 어려움 등)이 불안장애 유병률을 높일 것이라고 생각할 수 있다. 다른 주장으로, 아프리카계 미국인은 자신이 직면한 스트레스에 대응하기 위해 불안장애로부터 자신을 보호해 주는 회복력을 발달시킨다. 대규모 역학조사의 여러 증거는 이 주장을 지지한다.

가장 유용한 대규모 국가조사인 전국공존질환조사(NCS-R)에 따르면, 아프리카계 미국인(혹은 비히스패닉계 흑인)과 라틴계 미국인은 유럽계 미국인(비히스패닉계 백인)에 비해 불안장애와 범불안장애 유병률이 낮았다(Breslau et al., 2006). 유럽계 미국인이 라틴계, 아프리카계, 아시아계 미국인에 비해 공황장애의 평생 유병률이 높다는 대규모 국가조사는 아직까지 이루어지지 않았다(Grant et al., 2006b).

불안장애는 미국 문화에만 존재하는 것이 아니라는 사실을 명심하자. 예를 들어, 공황장애는 다양한 국가에서 발생하는 것으로 알려져 있다. 그러나 호흡곤란이나 죽음에 대한 공포 등 공황발작의 독특한 특징은 문화마다 다를 수 있다. 아타케 데 네르비오스(ataque de nervios)와 같은 문화적 요인에 의한 증후군은 공황발작과 유사한 특징을 지닌다(3장의 표 3.2 참조).

강박장애 및 관련 장애

> **5.9** 강박장애의 핵심 특징과 이해 및 치료 방법에 대해 알아본다.

DSM-5의 강박 및 관련 장애 범주는 강박적이고 반복적인 행동 패턴을 공통적으로 지니며, 상당한 주관적 고통이나 일상생활의 요구를 충족하는 데 있어 어려움을 겪는 것과 관련된다(표 5.5). 다음으로 이 범주의 세 가지 주요 장애인 강박장애, 신체이형장애, 수집광에 중점을 둘 것이다. 발모광(털뽑기장애)와 피부뜯기장애는 표 5.5에 설명되어 있다.

강박장애

강박장애(obsessive-compulsive disorder, OCD) 환자는 반복적인 강박사고나 강박행동, 혹은 둘 다로 인해 고통받는데, 이로 인해 시간을 많이 소모하거나(예: 하루에 한 시간 이상 지속) 개인의 일상생활, 직업 또는 사회적 기능을 방해하거나 상당한 고통을 야기한다(APA, 2013; Parmet, Lynm, & Golub, 2011). **강박사고**(obsession)는 개인의 통제 능력을 벗어난 것처럼 보이는 반복적이고 지속적인 원치 않는 생각, 충동 또는 심상이다. 강박사고는 일상생활을 방해하기에 충분히 강력하고 지속적일 수 있

함께 연결 짓기

많은 심리학자는 불안장애의 근원이 환경적, 생리적, 심리학적 요소의 복잡한 상호작용과 관련이 있다고 믿는다. 더 복잡한 문제는 원인이 각 사례마다 다를 수 있다는 점이다. 다양한 원인이 작용한다는 점을 고려하면, 불안장애 치료에 대한 다양한 접근이 생겨나는 것은 놀라운 일이 아니다.

설명을 위해 공황장애의 원인이 될 수 있는 경로를 제시해 보겠다. 어떤 사람은 유전적 소인이나 체질을 물려받을 수 있는데, 이것은 그들로 하여금 신체감각의 작은 변화에 대해서 매우 민감하게 반응하도록 한다. 또한 인지적 요소도 포함된다. 현기증, 몸의 저림, 마비와 같이 이산화탄소 수준의 변화와 관련된 신체감각은 질식, 심장마비, 통제력 상실과 같은 불운이 다가오는 신호로 잘못 해석될 수 있다. 오해석으로 인한 불안 반응은 도미노가 일렬로 쓰러지는 것처럼 공황발작으로 빠르게 악화될 수 있다.

공황장애의 발생 여부는 또 다른 취약성 요소인 개인의 불안민감성 수준에 의해 결정될 수 있다. 높은 수준의 불안민감성을 가진 사람은 그들의 신체감각 변화에 대한 반응으로 공황상태에 빠질 가능성이 더 많다. 몇몇 사례에서는 유전적 소인이 없어도 너무 높은 불안민감성 때문에 공황상태가 일어날 수 있다. 공황발작은 두근거림 혹은 기차나 엘리베이터 탑승과 같은 과거의 공황발작과 관련된 내적 혹은 외적 단서에 대한 노출로 인해 발생할 수 있다. 이 단원의 도입부에서 본 마이클의 사례에서 알 수 있듯이 신체감각의 변화는 완전한 공황발작으로 귀결될 수 있는 생리적 반응과 파멸적 사고의 순환의 장을 마련하기 때문에 급성 심장발작의 징후로 잘못 해석될 수 있다. 공황장애 환자가 불안 증상을 파국화하지 않고 다룰 수 있는 보다 효과적인 대처 기술을 개발하도록 돕는 것이 악순환의 고리를 끊는 것을 촉진할 수 있다.

으며, 상당한 괴로움과 불안을 야기할 수 있다. 예를 들어 강박장애 환자는 자신이 문을 잠그거나 창문을 닫았는지에 대해서 끊임없이 의심할 수 있으며, 배우자를 해치려는 욕구에 사로잡힐지도 모른다. 젊은 어머니는 자신의 자녀가 학교에서 집으로 오는 길에 교통사고를 당했을 것이라는 반복적인 상상과 같은 침투적인 심상이나 환상을 가질 수 있다. 강박사고는 주로 불안이나 고통을 야기하지만 모든 경우에 그런 것은 아니다(APA, 2013).

강박행동(compulsion)은 반복적인 행동(예: 손 씻기, 문 잠그기) 혹은 정신 작용(예: 기도하기, 특정 단어 반복하기, 숫자 세기)을 수행하는 것에 시달리거나 사로잡히게 한다(APA, 2013). 강박행동은 일반적으로 강박적인 사고에 대한 반응으로 일어나며 일상생활을 방해하거나 상당한 고통을 야기하기에 충분히 강력하고 빈번하게 일어난다. 표 5.6은 상대적으로 흔한 강박사고와 강박행동을 보여 준다. 다음 사례는 한 남성이 자신의 행동이 다른 사람에게 해가 되는 것을 강박적으로 걱정하는 것을 1인칭 시점으로 묘사한 것이다.

'고통스러운 생각이나 비밀스러운 의식'

제 부주의로 인해 어떤 사람을 해칠 수 있다는 두려움이 제 강박행동의 원인이에요. 이것은 항상 동일하게 나타나는 정신적으로 복잡한 절차예요. 문이 잠겼는지, 가스 불이 꺼졌는지 확인해요. 저는 불이 꺼졌는지 확인할 때 스위치를 적당한 압력으로 누르기 때문에 전기와 관련된 문제를 일으키진 않아요. 자동차 기어를 반드시 깔끔하게 바꾸기 때문에 기계를 손상시키지 않죠.

저는 남태평양에 있는 섬을 발견해서 혼자 사는 것에 대한 공상에 잠겨요. 공상에 빠져 있는 동안은 어떤 사람을 다치게 한다면 저도 다치게 될 것이라는 압박감을 덜 수 있어요. 그러나 벌레도 문제가 될 수 있기 때문에 혼자 있더라도 여전히 걱정할 거예요. 가끔씩 쓰레기를 버리러 갈 때 개미를 밟을까봐 두려워요. 저는 개미가 고통스럽게 발버둥치고 꿈틀거리지는 않는지 보기 위해 늘 발밑을 살펴요. 저는 저번 주에 호수로 산책을 갔지만, 이를 즐길 수 없었어요. 왜냐하면 지금이 번식기라는 것이 생각났고 농어나 송어의 알을 밟을 수도 있다는 걱정이 들었거든요.

다른 사람은 이러한 행동을 하지 않는다는 것을 알아요. 저는 무언가를 해친다는 죄책감을 겪고 싶지 않아요. 그런 점에선 이기적이라 할 만하죠. 제가 느끼는 것만큼 그들이 죄책감을 느끼지 않는 것에 대해 저는 신경 쓰지 않아요.

— Osborn, 1998

표 5.5
강박장애 및 관련 장애 개요

유형	평생 유병률	설명	관련 특징
강박장애	약 2~3%	반복되는 강박사고(반복되고 침투적인 생각)와 강박행동(수행할 수밖에 없도록 만드는 반복적인 행동)	강박사고는 불안을 만들어 내며 이것은 적어도 부분적으로 강박적인 의식을 통해 감소된다.
신체이형장애	알 수 없음	과장되거나 왜곡된 신체적 결함에 대한 몰두	지각된 결점 때문에 다른 사람이 자신을 하찮게 본다고 믿는다. 지각된 결점을 바로잡기 위해 과도하게 치장하는 것과 같은 강박적인 행동을 한다.
수집광	2~5%	물건의 가치와 상관없이 소유물을 축적하는 것에 대한 강한 욕구, 물건을 버리는 것에 대한 지속적인 어려움과 고통	책이나 옷가지, 잡기들, 심지어 필요 없는 우편물과 같은 수집품으로 집을 어수선하게 만든다. 생활공간을 사용하는 데의 어려움, 가족이나 다른 사람과의 갈등을 포함한 다양한 유해한 영향을 끼칠 수 있다. 쓸모없거나 불필요한 물건을 축적하거나 보유함으로써 안전감을 느낀다. 명확한 증거에도 불구하고 저장 행동이 문제라는 것을 인식하지 못한다.
발모광(털뽑기장애)	알 수 없음	모발 손실을 초래하는 반복적이고 강박적인 모발 뽑기	모발 뽑기는 두피 혹은 다른 부분에 있는 털을 포함하며 눈에 띄는 대머리 반점이 생길 수 있다. 모발 뽑기는 자기 진정 효과를 가지며 불안이나 스트레스를 해결하는 대처 반응이 될 수 있다.
피부뜯기장애	성인의 1.4% 이상	강박적이고 반복적인 피부 벗기기는 피부병변이나 상처를 초래하며 이것은 반복적인 딱지 떼기로 인하여 완벽하게 나을 수 없음	피부를 긁고, 떼어 내고, 파고, 문지르는 것을 포함한다. 피부 벗기기는 피부에 있는 작은 결함이나 이상한 점을 없애려고 하는 시도로서, 불안이나 스트레스에 대한 대처 반응으로 사용될 수 있다.

출처: APA, 2013; Mataix-Cols et al., 2010, 기타 자료.

대부분의 강박행동은 청결 의식과 확인 의식이라는 두 가지 범주로 분류된다. 강박행동은 생활의 중심이 될 수 있다. 강박적으로 손을 씻는 코린은 꼼꼼하게 손을 씻는 의식에 열중했다. 그녀는 세면대에서 매일 3, 4시간씩 보내면서도 "제 손은 바닷가재 집게발 같아요."라고 불평했다. 몇몇 사람은 집을 떠나기 전에 가전제품이 모두 꺼졌는지 확인하고 재확인하는데 실제로 몇 시간을 보내면서도 여전히 의심한다.

확인하는 강박행동을 지닌 또 다른 여성은 쓰레기를 버릴 때 남편이 수행해야 하는 복잡한 의식에 대해 설명했다(Colas, 1998). 이 부부는 아파트에 살았는데, 공동 쓰레기장에 쓰레기를 버렸다. 이 여성의 의식은 이웃집의 세균이 자신의 집안으로 들어오지 못하도록 막는 것에 있었다. 남편은 쓰레기 수거함에 손을 대지 않고 쓰레기를 버린 다음, 집으로 돌아와 신발을 벗고, 비누 분사기를 더럽히지 않기 위해 손을 깨끗하게 씻은 뒤에야 분사기를 눌러 비누칠을 할 수 있었다. 남편은 20개의 쓰레기 봉투를 버리는데, 하나를 버릴 때마다 이 의식을 반복해야 했다. 만약 그녀가 남편의 셔츠에서 갈색 얼룩을 발견한다면, 남편은 쓰레기장으로 돌아가서 그 얼룩이 무엇인지 알아내기 위해 얼룩이 나온 쓰레기 봉투를 찾아야 했다. 만약 남편이 거절하면 그녀는 남편이 뜻을 굽힐 때까지 몇 시간이고 따라다니며 괴롭힐 것이다.

강박행동은 종종 강박사고를 동반하고, 적어도 부분적

표 5.6
강박적 생각과 행동의 예시

강박적 사고 패턴	강박적 행동 패턴
반복적으로 손을 씻었음에도 불구하고 여전히 자신의 손이 지저분하다고 생각한다.	작업해야 할 것들을 반복적으로 확인한다.
사랑하는 사람이 다치거나 죽을 수 있다는 생각을 떨치기 어렵다.	외출하기 전에 문이나 가스버너를 재확인한다.
문을 잠그지 않고 집을 나왔다고 반복적으로 생각한다.	깨끗하고 세균이 없는 상태를 유지하기 위해 지속적으로 손을 씻는다.
가스버너를 껐는지 지속적으로 걱정한다.	
사랑하는 사람에게 끔찍한 일이 일어날 것이라고 반복적으로 생각한다.	

강박사고란? 강박사고의 한 유형은 반복적이고 침투적인 재앙의 심상을 수반하며, 이는 자신의 부주의로 인해서 발생한다고 여긴다. 예를 들어 한 사람은 기기를 무심코 켜 놓음에 따라 누전이 발생하여 화재가 날 것이라는 심상을 떨쳐 버릴 수 없을 것이다.

으로는 강박사고에 의해 발생된 불안을 경감시킨다. 강박적으로 손을 씻는 사람들은 매번 공공 손잡이를 만질 때마다 4~50번씩 연이어 손을 씻음으로써 약간이나마 불안을 누그러뜨리기도 하는데, 이러한 불안은 세균이나 때가 여전히 피부 주름 사이에 남아 있다는 강박사고 때문에 발생한다. 그들은 강박적인 의식이 세균 오염과 같은 두려운 사건을 예방하도록 도울 수 있다고 믿는다. 하지만 강박행동의 반복적인 특성은 합리적인 예방책으로 여기기에는 그 정도를 훨씬 넘어선다. 실제로는 그 해결책(예: 강박적인 의식을 수행하는 것)이 문제가 된다(Salkovskis et al., 2003). 강박적인 의식을 일으키는 걱정스럽고 침투적인 사고의 악순환에 빠지게 한다. 강박장애 환자는 일반적으로 자신의 강박적인 걱정이 지나치고 비합리적이라는 것을 알지만, 그것을 멈출 수 없다고 느낀다(Belkin, 2005).

강박장애는 일반 인구의 2~3%에 대해서 인생의 어느 시점에 영향을 미친다(Keeley et al., 2008). 이는 대개 청소년기나 성인 초기에 시작되지만 아동기, 심지어는 초기 아동기에도 발생할 수 있다(Parmet, Lynm, & Golub, 2011). 스웨덴에서 시행된 연구는 대부분의 강박장애 환자가 약간의 호전을 보임에도 불구하고, 강박장애 증상이 삶의 과정 동안 계속 지속된다는 사실을 발견했다. 강박장애의 발생 비율은 남녀 모두 동일하다(Skoog & Skoog, 1999). 잭의 사례는 확인하는 강박행동을 보여 준다.

이론적 접근 전통적 정신역동 이론에서 강박사고는 무의식적 욕구나 충동이 의식으로 누출되는 것을 반영하며, 강박행동은 이러한 충동을 억압하도록 돕는 행동이다. 먼지나 세균에 의해 오염되는 것에 대한 강박사고는 자신을 더럽히거나 배설물을 가지고 놀고 싶은 무의식적인 유아적 소망이 발현되는 것에 대한 위협을 반영할 수 있다. 이러한 강박행동은(이 사례에서는 청결 의식) 그러한 소망이 발생하지 못하도록 돕는다. 무의식적 충동과 갈등의 존재를 설명하기 위한 과학적 방법을 여전히 결정하기 어렵기 때문에(어떤 사람은 불가능하다고 말한다), 정신역동모델은 많은 부분에 있어 대체적으로 추측에 근거한다.

강박장애에 대한 취약성은 부분적으로 유전적 요인에 의해 결정된다(Taylor, 2011; Taylor & Jang, 2011). 강박장애와 관련이 있는 유전자가 정확히 무엇인지에 대해서는 여전히 연구 중이지만, 연구 결과는 적어도 몇몇 사례에서 유전자가 **글루타메이트**와 같은 특정한 신경전달물질의 활동을 누그러뜨릴 수 있다는 가능성을 지적한다(Arnoldet al., 2006; Dickel et al., 2006). 많은 강박장애 환자, 특히 아동기에 발병한 환자는 틱장애 병력이 있는데, 이는 연구자로 하여금 틱장애와 강박장애의 유전적 관계가 있다고 믿게 만든다(Eichstedt & Arnold, 2001; Stewart et al., 2007).

또 다른 가능성은 특정한 유전자의 활동이 뇌의 화학적 균형에 영향을 미치고 이는 지각된 위협에 대한 반응으로서 위험 신호를 보내는 신경망과 걱정 회로라고 불리는 신경세포의 연결망을 과도하게 각성시킬 수 있다는 것이다. 강박장애에서 뇌는 걱정 회로나 신경회로를 통해 어떤 것이 잘못되어 즉각적인 주의가 필요하다는 메시지를 계속적으로 보낼 수 있는데, 이것은 강박적이고 걱정스러운 생각과 반복적이고 충동적인 행동을 일으킨다. 이러한 신호는 뇌의 공포 촉발 중추, 즉 변연계의 한 부분인 편도체로부터 발생한다. 보통 전전두 피질은 편도체와 다른 하위 뇌구조의 입력을 조절한다. 하지만 강박장애와 다른 불안장애 환자는 전전두 피질이 불안과 걱정을 유발하는 편도체의 지나친 신경 활동을 통제하지 못해 이 과정이 제 기능을 못 할 수 있다(Harrison et al., 2009; Monk et al., 2008).

강박장애의 생물학적 근거에 관한 다른 흥미로운 가능성을 고려해 보자. 추후 연구가 필요한 한 가지 가능성은 보통 강박장애의 강박적인 측면이 반복적인 행동을 제어하는 역할을 하는 뇌 회로의 비정상에 의해 야기된다는 것이다. 결과적으로 강박장애를 가진 사람은 마치 수렁에 빠지듯 반복적인 행동을 수행해야 한다는 생각이 들 수 있다(Leocani et al., 2001).

대뇌 피질에서 전두엽은 신체운동을 통제하는 하위 뇌 중추를 조절한다. 뇌 영상 연구는 강박장애가 전두엽과 관련된 뇌 회로의 비정상적 활동 패턴과 상관이 있음을 보여 준다(Harrison et al., 2009; Szeszko et al., 2008). 아마도 이러한 신경 경로상의 단절은 강박적인 행동을 하는 사람이 반복적이고 의식적인 행동을 억제하는 데 실패하는 것을 설명할 수 있을 것이다. 인지행동치료 효과가 있었던 환자에게서 전두엽 활동 패턴의 변화가 발견되었으며, 이는 인지행동치료가 직접적으로 강박장애와 관련된 뇌 부위에 영향을 줄 수도 있다는 것을 암시한다(Ingram & Siegle, 2001).

기저핵을 포함한 뇌의 다른 부위도 강박장애와 관련될 수 있다. 기저핵은 신체운동을 통제하는 것과 관련되는데, 이 부위의 기능장애는 강박장애 환자에게 나타나는 의식적인 행동을 설명할 수 있다.

강박장애의 심리학적 모델은 인지적이고 학습에 기초한 요소를 강조한다. 강박장애를 지닌 사람은 자신의 생각에 너무 중점을 두는 경향이 있다(Taylor & Jang, 2011). 이들은 심적 고리를 끊을 수 없는 것처럼 보이는데, 이 고리에서 침투적이고 부정적인 생각이 이들 마음속에 계속 증폭된다. 이들은 또한 불운한 사건이 발생할 것이라는 위험에 대해 과장하는 경향이 있다. 강박장애를 지닌 사람은 끔찍한 일이 발생할 것이라고 예상하기 때문에 이를 방지하기 위한 의식에 열중한다. 회계사는 고객의 세금양식에 약간의 실수로 끔찍한 결과를 초래할지도 모른다는 걱정 때문에 업무를 계속해서 확인할 수도 있다. 의식은 스트레스 사건에 대해 통제할 수 있다는 잘못된 지각을 유발할 수 있다(Reuven-Magril, Dar, & Liberman, 2008).

잭의 사소한 행동 습관: 강박장애 사례

성공적인 화학 엔지니어인 잭은 아내인 메리로부터 '사소한 행동 습관'을 고치기 위해서 도움을 받도록 강요받았다. 그 습관은 그녀가 엄청 성가시다고 생각한 것이었다. 잭은 강박적으로 확인했다. 그는 아파트를 나설 때, 불이나 가스버너가 꺼졌는지 혹은 냉장고 문이 닫혔는지 확인하기 위해 돌아가 봐야겠다고 말하곤 했다. 때때로 엘리베이터 앞에서 아내에게 미안하다는 말과 함께 의식절차를 행하기 위해 아파트로 돌아오곤 했다. 그는 메리가 씩씩대면서 화내도록 내버려 두고 아파트로 돌아왔다. 특히 잭에게는 휴가를 떠나는 것이 어려웠다. 떠나는 날 아침 대부분을 의식절차를 행하는 데 사용했다. 그래도 그는 여전히 의심에 시달렸다. 메리 또한 잭이 밤마다 하는 일상적인 일, 즉 문과 창문이 닫혔는지 재확인하기 위해서 침대 밖으로 뛰어나가는 것에 적응하려고 노력했다. 하지만 결국 그녀의 인내심은 바닥났다. 잭은 그의 행동이 부부관계를 악화시킬 뿐만 아니라 메리에게 고통을 야기한다는 사실을 깨달았다. 하지만 그는 치료받기를 주저했다. 그는 자신의 강박적 행동이 사라지기를 바란다는 빈말을 하였지만, 그와 동시에 그를 편안하게 해주는 강박행동을 포기하게 되면 통제할 수 없는 불안에 빠져들게 만들 것이라고 두려워하였다.

— 저자의 파일에서

강박장애의 발달과 관련되는 또 다른 인지적 요소로 완벽하게 수행해야 한다는 신념이나 완벽주의가 있다(Moretz & McKay, 2009; Taylor & Jang, 2011). 완벽주의적 신념을 가지는 사람은 덜 완벽한 수행으로 인한 결과를 과장하고, 모든 세부사항이 완벽해질 때까지 노력해야 한다는 압박에 시달린다.

학습적 관점에서는 부정적으로 강화된 강박행동은 강박사고가 발생시킨 불안이 감소함에 따라 조건화된 반응으로 볼 수 있다. 간단히 말해서 "강박사고는 불안을 증가시키고 강박행동은 이를 감소시킬 수 있다." 만일 한 사람이 먼지나 이물질이 다른 사람의 손을 오염시킨다는 것에 대해 강박적으로 생각한다면, 악수를 하거나 손잡이를 돌리는 것은 강한 불안을 일으킨다. 강박적 손 씻기 행동은 지각된 오염물질에 대한 노출 후 나타나는데, 이는 불안을 약간 경감시킨다. 강화물이 정적이든 부적이든 그것에 선행하는 행동을 강화시킨다. 따라서 그 사람은 추후 악수하기나 손잡이를 만지는 것과 같은 불안을 일으키는 단서에 노출될 때 강박적인 의식 행위를 반복할 가능성이 높아진다. **진실 / 거짓**

진실 또는 거짓

강박사고는 불안을 완화하는 데 도움을 준다.

거짓 강박사고는 사실상 불안을 유발한다. 하지만 강박적 의식을 수행하는 것은 부분적으로 강박사고와 관련된 불안을 감소시킨다. 그렇게 함으로써 주기를 만드는데, 이는 강박사고가 불안 감소에 의해 강화된 의례적인 행동을 촉진시킨다.

왜 어떤 사람들은 다른 사람이 하지 않는 강박사고를 발달시키는지에 대한 질문이 여전히 남아 있다. 아마도 강박장애가 발달된 경우 사소한 위험 징후에 대해서 지나치게 행동하도록 신체적 민감성을 나타내는 것 같다. 이러한 맥락에서 우리는 뇌의 걱정회로가 위험 징후에 매우 민감할 수도 있다고 추측한다. 기억의 결함 역시 원인으로 작용할 수 있다. 예를 들어, 강박적으로 확인하는 사람은 퇴근하기 전에 토스터를 끄는 것 같은 일을 정확하게 완료했는지 기억하는 데 어려움을 가진다. 하지만 손상된 기억이 강박적인 확인행동에 기여한다는 가설은 충분히 검증되어야 한다(Cuttler & Grafa, 2009; Harkin & Kessler, 2011).

치료적 접근 행동치료사들은 **노출 및 반응방지법**(exposure with response prevention, ERP)으로 강박장애를 치료하는 데 있어서 상당한 치료 성과를 이루었다(예: Franklin & Foa, 2011). **노출법**의 구성요소는 강박사고를 야기하는 상황에 대한 노출을 포함한다. 많은 사람들에게 이러한 상황은 피하기 어렵다. 예를 들어, 집을 나서는 것은 가스버너가 꺼지거나 창문과 문이 잠겼는지에 대한 강박사고를 유발할 수 있다. 혹은 내담자가 집을 지저분한 상태로 내버려 두거나 자신의 손을 먼지에 비벼댐으로써 강박사고를 고의적으로 유발하도록 지시받을 수 있다. **반응방지법**의 구성요소는 강박행동이 발생하지 않도록 돕는 것을 수반한다. 더럽혀진 손을 반복해서 닦는 내담자는 지정된 시간 동안 손을 비비지 않아야 한다. 강박적으로 잠금장치를 확인하는 사람은 문이 잠겼는지 확인하는 행동을 하지 않아야만 한다.

노출 및 반응방지법을 통해서 강박장애 환자는 강박적인 의식을 수행하는 것을 억제하면서 강박사고에 의해 유발된 불안을 참는 것을 학습한다. 노출 시도를 반복함에 따라 결국 불안이 가라앉고 의식을 수행할 필요성을 덜 느끼게 된다. 기본적인 원리는 소거이다. 강박사고와 이에 수반되는 불안을 유발하는 요인이 계속해서 나타남에도 불구하고 나쁜 일이 일어나지 않는다고 느낄 때, 이러한 요인과 불안 반응 사이의 경계는 분명 약화될 것이다.

인지적 기법은 인지행동치료 프로그램에서 노출 및 반응방지법과 종종 결합된다(Abramowitz, 2008; Hassija & Gray, 2010). 인지적 구성요소는 가능성을 과대평가하는 경향성과 두려운 결과에 괴로움과 같은 왜곡된 사고 방법을 수정하는 것을 수반한다(Whittal et al., 2008).

선택적 세로토닌 재흡수 억제제(selective serotonin reuptake inhibitors, SSRI)는 강박장애에 대해서도 치료

노출 및 반응방지법. 노출 및 반응방지법에서 치료사는 내담자가 먼지처럼 강박사고를 유발하는 자극을 직면하되 강박적 의식을 수행하지 않도록 함으로써 강박 충동의 악순환을 끊을 수 있도록 돕는다.

이거 안 보여요? 신체이형장애를 가진 사람은 거울 앞에 서서 자신의 외모에 신체적 결함이 있다고 상상하거나 과장하면서 몇 시간이나 보낸다.

효과를 보인다(Pampaloni et al., 2009; Simpson et al., 2008). 약물의 종류로는 플루옥세틴(프로작), 파록세틴(팍실), 클로미프라민(아나프라닐)이 있다. 이 약물은 세로토닌 신경전달물질의 유효성을 증가시킨다. 이러한 약물의 효과는 적어도 일부 사례에서는 세로토닌 전달의 문제가 강박장애 발달에 중요한 역할을 한다는 것을 암시한다. 하지만 세로토닌 재흡수 억제제로 치료받은 사람의 대부분이 두드러진 강박장애 증상을 계속 경험하며, 일부는 모든 약물에서 치료 효과가 없었다는 사실을 명심하라(Simpson et al., 2008). 또한 인지행동치료로 도움을 받지 못한 환자들도 많이 있었다는 사실에 주목해야만 한다(Fisher & Wells, 2005).

5.10 신체이형장애의 핵심 특징을 설명하고 이러한 장애가 왜 강박장애 스펙트럼으로 분류되는지 알아본다.

인지행동치료는 적어도 선택적 세로토닌 재흡수 억제제(SSRI)를 포함한 약물치료만큼이나 많은 이점을 가진다(Franklin & Foa, 2011). 불안장애의 다른 형태와 함께 강박장애를 가진 일부 사람들에게는 심리치료와 약물치료의 병행이 효과적일 것이다(Simpson et al., 2008). 다음 192쪽의 '더 자세히 살펴보기'에서는 뇌의 심층 구조에 대한 전기적 자극을 포함하여 강박장애와 다른 심리장애의 실험적 치료에 대해 살펴보겠다.

신체이형장애

신체이형장애(body dysmorphic disorder, BDD)를 가진 사람은 피부 잡티, 주름, 얼굴 붓기, 몸의 사마귀나 반점 등, 그들의 생김새에 대해 과장되거나 상상된 신체적 결함에 사로잡혀 있으며, 이는 그들이 못생겼거나 심지어 흉하다고 느끼게 한다(Buhlmann, Marques, & Wilhelm, 2012; Marques et al., 2011). 이들은 자신이 지각하는 흠이나 결점에 근거하여 타인이 자신을 부정적으로 판단하는 것을 두려워한다(Anson, Veale, & de Silva, 2012). 신체이형장애를 가진 사람은 거울로 자신을 확인하는 데 몇 시간씩 보내거나 자신이 지각한 결함을 고치기 위해 불필요한 성형수술과 같은 극단적인 선택을 한다. 이들 중 몇몇은 자신의 외모에서 두드러진 결함을 떠올리지 않기 위해 집에 있는 거울을 모두 없애버린다. 신체이형장애 환자는 타인이 자신을 못생겼거나 기형으로 본다고 생각하며, 자신의 신체적 단점 때문에 자신을 부정적으로 대할 것이라고 믿는다.

신체이형장애를 가진 사람은 자신이 지각한 결함에 대해 집착하고, 거울로 자신의 외모를 끊임없이 확인하며, 결함을 매만지고 가리거나 수정하는 것을 목표로 하는 강박적인 행동을 하는 데 열중하기 때문에, 강박 및 행동장애 스펙트럼으로 분류된다. 다음에 소개하는 신체이형장애 사례에서 나타나는 강박행동은 반복적으로 몸단장을 하고 몸을 씻으며 머리를 다듬는 양상을 보인다.

'나' "머리가 단정하지 않으면 저는 미쳐버릴 것 같아요."

24세 법률비서 클라우디아에게는 거의 매일매일이 '머리스타일이 형편없는 날'이었다. 그녀는 치료사에게 "하루라도

더 자세히 살펴보기

뇌의 조율기는?

정신외과적 수술은 여전히 실험적이고 논란이 많은 치료 방법이지만, 최근 연구 결과는 심각한 강박장애 환자의 치료에 뇌심부자극술(Deep Brain Stimulation)과 같은 수술 기법의 가능성에 주목하고 있다(Denys et al., 2010). 뇌심부자극술은 강박장애와 같은 특정 장애와 관련된 뇌 회로에 시행하는 수술이다(Beck, 2012)(그림 5.9 참조). 뇌심부자극술에서 전극은 뇌의 특정 영역에 삽입된 이후 흉부벽에 있는 작은 배터리에 부착된다. 이 전극들이 페이스메이커와 같은 장치에 의해 자극을 받으면, 전극은 주변 뇌 조직에 직접적으로 전기적 신호를 전달한다. 신경과학자들은 정확하게 뇌심부자극술이 어떤 방식으로 효과를 나타내는지 설명하진 못하지만, 뇌의 비정상적인 신호를 방해하는 것과 관련될 것이라고 설명한다(Beck, 2012).

뇌심부자극술의 시행에서 한 가지 해결되지 않은 의문점은 전극을 뇌의 어디에 배치할 것인가 하는 것이다. 국립보건원의 정신과 의사 웨인 굿맨은 "우리는 강박장애의 증상을 줄이기 위한 뇌의 정확한 작용점이 어디인지 아직 정확하게 알 수는 없습니다. 만약 당신의 이웃이 바로 근처에 있다고 가정하더라도, 아마 한 블록 정도는 떨어져 있을 것입니다. 그러나 뇌에서의 한 블록은 고작 1밀리미터밖에 되지 않습니다."라고 말했다("Pacemaker for Brain",에서 인용, 2008).

뇌심부자극술은 여전히 실험적인 치료법이지만, 최근 연구는 강박장애뿐만 아니라 다른 장애의 치료에 이 기법을 사용할 수 있음을 지적한다. 연구자는 우울증이 심각해서 다른 치료 기법으로는 효과가 나타나지 않는 환자들을 치료함에 있어, 뇌심부자극술을 사용하는 것이 희망적이라는 결과를 발견했다(예: Blomsted et al., 2011; Hirschfeld, 2011b; Holtzheimer et al., 2012; Kennedy et al., 2011; Keshtkar et al., 2012). 이는 비현실적인 예측이 아니며, 곧 적용 가능할 수도 있다. 심각한 강박장애, 우울증 혹은 다른 심리적 장애를 가진 사람은 자신의 고질적인 증상을 통제하기 위해 뇌의 정확한 영역에서의 전기적 활동을 스스로 조절할 수 있게 될 것이다. 이와 관련하여 연구자들은 MRI 기계에 의한 뇌 자극이 뇌심부자극술과 유사한 치료적 효과를 나타내는지에 대해서도 조사하고 있다. 이러한 유형의 뇌 자극에 대한 앞선 연구 결과는 주요 우울장애 환자의 우울 수준이 감소된다는 것을 보여 주었다는 점에서 고무적이다(Vaziri-Bozorg et al., 2012).

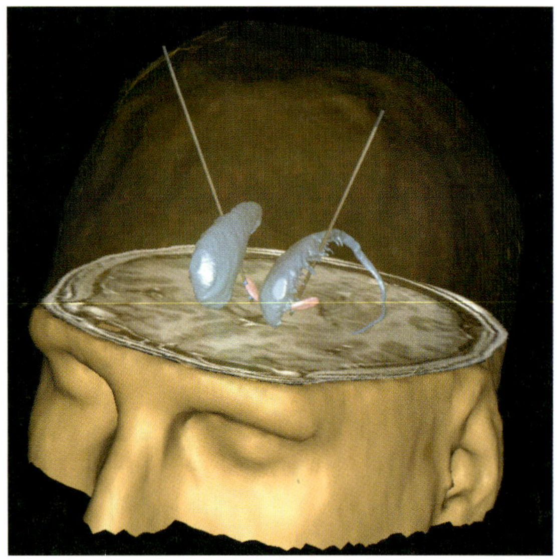

그림 5.9 강박장애를 위한 뇌심부자극술. 이 그림은 두 전극의 배치를 보여 주는데, 이 전극은 시상 아래에 있는 세포체의 핵에 삽입되며 강박장애 환자의 뇌를 자극한다.

출처: "Pacemaker for Brain", 2008.

제 머리가 단정하지 않으면, 저는 너무나 불편해요.", "제 머리가 헝클어져 보이지 않나요?"라고 말했다. 그녀는 계속해서 설명했다. "너무 단정하지 않아요. 이 부분은 더 짧아져야 하고 이건 그냥 거기에 있어야 해요. 사람들은 제가 미쳤다고 생각하지만 저는 제 머리 모양을 이런 상태로 내버려 둘 수 없어요. 머리 모양 대문에 제가 흉하게 보이잖아요. 사람들이 제가 말한 걸 알지 못해도 상관없어요. 제겐 보여요. 그게 중요한 거죠." 몇 달 전 클라우디아는 머리카락을 잘랐는데, 그녀는 이를 재앙 같았다고 말했다. 이 때문에 그녀는 자살까지 생각하였다. "제 심장을 찌르고 싶었어요. 제 자신을 보기 힘들었죠."

클라우디아는 하루에 셀 수도 없을 만큼 거울로 자주 머리 모양을 확인했다. 그녀는 머리를 손질하는 데 매일 아침 두 시간이나 보냈지만, 여전히 만족할 수 없었다. 머리카락을 끊임없이 자르고 또 확인하는 것은 강박적인 의식이 되었다. 그녀는 치료사에게 "저도 머리를 만지고 확인하는 것을 멈추고 싶지만 그게 잘 안 돼요."라고 말했다.

머리스타일이 나쁜 날은 친구들을 만나러 밖에 나가지 못하고 끊임없이 거울로 자신을 확인하며 머리를 손질해야 했다. 때로 그녀는 지난 머리 손질에서의 실수를 만회하기 위해 자신의 머리를 스스로 잘랐다. 하지만 이는 상황을 더 나쁘게 만들 뿐이었다. 클라우디아는 그녀에게만 보이는 결함을 고치기 위해 끊임없이 완벽한 머리 모양을 찾아 헤매었다. 몇 년 전에 그녀는 자신이 완벽하다고 생각한 머리 모양을 했던 적이 있었다. "딱 그거였어요. 세상을 다 얻은 기분이었죠. 하지만 머리카락이 자라면서 단정해 보이지 않게 되었어요." 그녀는 계속해서 완벽한 머리 모양을 원했기에 맨해튼에 있는 세계적으로 유명한 헤어스타일리스트의 미용실을 어렵게 예약했다. 그의 고객 중에는 유명인도 많았다. "사람들은 그에게 머리 손질을 받기 위해 제 월급에서 375달러나 지불한 것을 이해할 수 없을 거예요. 하지만 그들은 이것이 얼마나 저에게 중요한지 알 수 없어요. 저는 할 수만 있다면 어떤 비용이라도 지불할 거예요." 불행하게도, 이 유명한 헤어스타일리스트조차 그녀를 실망시켰다. "롱아일랜드에 있을 때 자주 찾아갔던 헤어스타일리스트는 머리 손질에 25달러인데, 그게 지금 이 머리 모양보다 나을 것 같네요."

클라우디아는 어린 시절 경험했던 신체적 외모에 대한 또 다른 집착을 이야기했다. "고등학교 재학 시절, 저는 제 얼굴이 접시 같다고 느꼈어요. 너무 평평했거든요. 저는 어떤 사진도 찍는 걸 원하지 않았고 사람들이 저를 어떻게 생각하는지에 대한 고민도 많았어요. 사람들이 제가 괜찮아 보인다고 말해도, 그것은 단지 예의상 하는 거짓말일 뿐이에요." 클라우디아는 신체적인 아름다움이 곧 행복이라고 배웠다고 한다. "저는 성공하기 위해선 아름다워져야 한다고 들었어요. 저는 이런 관점을 가진 사람인데, 어떻게 해야 전 행복할 수 있을까요?"

— 저자의 파일에서

신체이형장애는 상대적으로 흔하게 나타난다고 여겨지지만, 이 장애를 지닌 많은 사람이 도움을 받는 데 실패하거나 자신의 증상을 비밀로 하기 때문에, 유병률에 대한 구체적인 자료는 알려져 있지 않다(Cororve & Gleaves, 2001; Phillips et al., 2006). 신체이형장애를 가진 사람의 자살 사고 및 시도 비율이 높다는 연구 결과들이 보고되어 왔기 때문에, 신체이형장애와 관련된 정서적 고통을 간과해서는 안 된다(Buhlmann, Marques, & Wilhelm, 2012; Phillips & Menard, 2006). **진실 / 거짓**

진실 또는 거짓

피부에 흠집을 내는 사람의 일부는 자살을 고려한다.

진실 신체이형장애를 가진 사람은 스스로 지각된 결함에 의해 사로잡힐 수 있다. 심지어 작은 피부 잡티일지라도 환자는 모든 것을 끝내는 것에 대해 진지하게 생각할 수 있다.

노출 및 반응방지법은 신체이형장애의 치료에도 사용된다. 노출을 통해 환자의 눈에 보이는 결함을 화장이나 옷으로 감추기보다 자신의 결점을 의도적으로 드러나게 한다. 반응방지법은 지속적으로 거울을 확인하거나 지나치게 치장하는 것을 하지 않으려는 노력(예: 집안의 거울을 가리는 것)과 관련된다. 노출 및 반응방지법은 일반적으로 인지적인 재구조화와 결합되며, 치료사는 내담자가 자신의 신체적 외모에 대한 왜곡된 신념을 바꾸고 현실적인 증거를 고려하여 스스로를 평가하도록 돕는다 (Phillips & Rogers, 2011).

수집광

DSM-5에서 **수집광**(hoarding disorder)이라는 명칭으로 새롭게 적용되는 강박적 저장은 불필요하고 쓸모없어 보이는 소유물들을 축적하는 것과 이를 유지하려는 욕구가 특징이다. 또한 수집광은 개인에게 현저한 장해가 되며 안전하고 쾌적한 생활공간으로 집을 유지하는 것을 어렵게 한다. 물건 더미는 화재의 위험이 되며 생활공간의 효율적인 사용을 방해한다. 집을 방문한 손님은 잡동사니들을 피해 주의 깊게 길을 찾아야 한다. 수집광인 사람은 자신의 소유물에 집착하는데, 이는 필요 없는 쓰레기를 버리도록 강요하는 가족이나 타인과의 갈등을 초래한다. 최근 조사에 따르면 수집광의 유병률은 전체 인구의 약 2~5%에 해당된다(Mataix-Cols et al., 2010).

수집광은 안전감을 느끼기 위해 소유물을 축적하고 유지하려는 욕구와 같은 중요한 정서적 요소와 관계 있다. 수집광인 사람은 소유물에 대해 큰 애착을 가지며 이를 잃어버릴까 두려워한다. 이는 그 물건이 왠지 가치 있거나 중요할지도 모른다는 잘못된 신념에서 비롯된다. 일반적으로 수집광인 사람은 다음 사례에서처럼 저장 행동이 문제라고 인식하지 못한다.

더 자세히 살펴보기

"제가 보는 것을 그들은 볼 수 없나요?" 신체이형장애를 가진 사람들의 얼굴에 대한 시각적 처리 과정

뇌 영상 연구를 통해 얻은 결론은 많은 임상가가 신체이형장애에 대해 가지는 의견의 집합체이다. 얼굴 대응 과제를 하는 동안 신체이형장애 집단과 비신체이형장애 집단의 기능성 자기공명영상(fMRI)을 정밀 촬영하였다(Feusner et al., 2007)(그림 5.10 참조). 연구자는 참가자에게 일련의 남녀 얼굴을 보여주고 각각의 얼굴을 바로 아래에 제시되는 세 개의 비교 얼굴 중 하나와 짝을 짓도록 하였다. 뇌 촬영 사진을 관찰한 결과, 대응 과제를 하는 동안 신체이형장애 집단과 통제 집단의 뇌 활성화는 상이한 패턴을 보였다.

신체이형장애 환자는 통제 집단 참가자에 비해 대뇌 좌반구가 더 많이 활성화되었다. 대부분의 사람들에게 좌반구는 분석적이고 평가적인 과정을 요구하는 과제에 우세한 반면 우반구는 얼굴 재인과 같이 전반적인 과정에 대해 우세하다. 우리는 보통 단편적인 방식으로 얼굴의 구성요소를 하나하나 짜 맞추기보다는 얼굴을 전체 패턴으로서 재인하는 것과 같은 전체적인 과정으로서 지각한다.

신체이형장애를 가진 사람의 뇌의 시각적 처리 과정은 세부적이고 단편적인 분석을 담당하는 좌반구의 활성화와 연관된다. 다시 말해, 신체이형장애 집단은 전체적인 패턴으로서 얼굴을 재인하기보다 얼굴의 부분들을 짜 맞추면서 시각적 세부사항에 과도하게 주의를 기울이는 경향이 있다. 외모의 세부사항에 신경을 쓰는 이러한 경향은 신체이형장애의 핵심적인 임상적 특징이다.

신체이형장애를 가진 사람은 자신처럼 다른 사람도 세부사항에 집중하여 외모를 지각한다고 잘못 가정한다. 이를 통해 신체이형장애를 가진 사람이 자신의 얼굴을 지각할 때 또렷하게 드러나는 작은 잡티나 신체적 결함에 대해 다른 사람들도 주목할 것이라고 잘못 가정하는 이유를 설명할 수 있다.

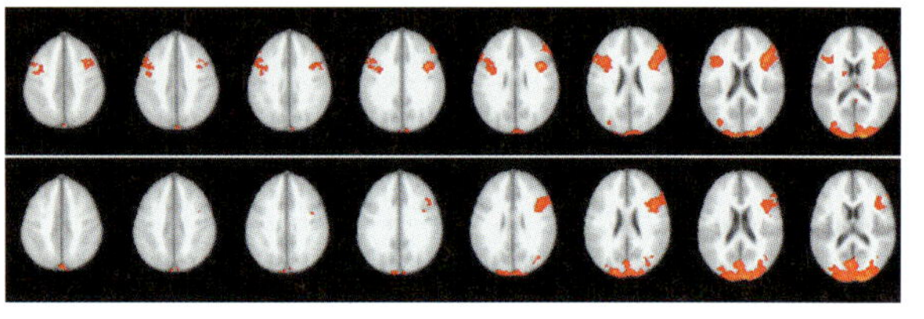

그림 5.10 신체이형장애를 가진 사람의 뇌 활성화 패턴. 이러한 뇌 영상 사진은 얼굴 자극에 반응하여 신체이형장애 집단(윗줄)과 통제 집단(아랫줄)의 활성화되는 뇌 부위(빨간색 영역)를 보여준다. 신체이형장애 환자는 좌우 전전두엽이 활성화되는 반면 통제 집단의 참가자들은 우측 전전두엽에서만 활성화를 보인다.

출처: Dr. Jamie Feusner가 무료로 제공하는 이미지

이웃의 불평: 강박적 저장 사례

55세 이혼남은 그의 저장 행동이 문제가 있다고 생각하지 않았지만, 화재가 일어날 것을 걱정한 이웃 주민이 계속해서 그에게 불만을 제기했기 때문에, 그는 치료에 대한 압박을 느끼고 있었다(그는 연립주택에서 살고 있었다). 그의 집을 방문한 사람들은 금방 사태의 심각성을 알아차렸다. 방에는 오래된 음식 캔, 신문이나 잡지 묶음, 서류 더미, 심지어 헝겊 조각까지 온갖 종류의 쓸모없는 물건들로 가득 차 있었다. 대부분의 가구는 잡동사니로 완전히 가려져 있었고 잡동사니 주위의 좁은 통로는 화장실과 그의 침실만을 이어 주고 있었다. 주방은 너무 어지럽혀져 있어 어떤 주방용품도 이용할 수 없었다. 그는 주방을 꽤 오랫동안 사용하지 않았으며 주로 밖에서 식사를 해결한다고 하였다. 집 구석구석에 악취가 배여 있었다. 그에게 모든 물건을 왜 가지고 있으려고 하는지에 대해 질문하자, 그는 중요한 서류와 언젠가 필요할지도 모르는 물건을 혹시나 버리게 될까 봐 두렵다고 했다. 하지만 방문객이 보기에 물건들 중 어떠한 것도 왜 중요하거나 필요한지 설명하기는 어려워 보였다.

출처: Rachman & DeSilva, 2009

수집광은 강박장애와 밀접하게 관련된다Frost, Steketee, & Tolin, 2012). 수집광의 강박적 특징은 물건을 수집하는 것에 대한 반복적인 생각과 그것을 잃어버릴까 두려워하는 생각이 함께 떠오른다는 점이다. 강박적 특징은 물건 더미를 반복적으로 재배치하는 것과 더불어 물건을 버릴 것을 강하게 종용하는 다른 사람들과 마주치더라도 물건을 폐기하지 않으려고 완강히 거부하는 것과 관련된다. 하지만 수집광과 강박장애는 중요한 차이점이 있다(Frost, Steketee, & Tolin, 2012). 첫째, 강박장애의 경우 자신이 원하지 않는 신경을 거스르는 사고로 고통받는 것과 달리 수집광의 강박적 사고는 그렇지 않

다. 수집광인 사람은 이러한 생각을 일반적이고 정상적인 사고 흐름 속에서 경험한다(Mataix-Cols et al., 2010). 또한, 수집광인 사람은 불안감을 주는 생각을 통제하기 위해 의식적인 절차를 수행하려는 욕구를 경험하지 않는다. 저장 행동과 관련된 고통은 거슬리고 강박적인 생각으로 인한 것이 아니라, 잡동사니에 대한 다른 사람과의 갈등과 물건 더미 속에서 지내는 것에 대한 적응적 어려움의 결과다. 강박장애와의 또 다른 차이점은 강박장애의 강박사고가 불안과 관련된 것과 달리, 수집광인 사람은 소유물을 모으고 그것에 관한 생각을 함으로써 일반적으로 기쁨이나 즐거움을 경험한다는 것이다.

저장 행동의 근본적인 원인은 계속해서 연구되고 있으며, 최근에는 신경학적 기저에 대한 연구가 진행 중이다. 소유물을 모으고 버리는 것에 대해 생각할 때, 수집광인 사람은 의사결정과 자기조절 과정과 관련된 뇌 부위에서 비정상적인 활성화 패턴을 보인다(Tolin et al., 2012). 저장 행동을 치료하기는 어렵지만, 최근 연구는 인지행동치료에 대한 희망적인 결과를 보인다. 인지행동치료는 소유물을 유지하고 축적하려는 욕구와 관련된 부적응적인 신념을 수정하는 것을 돕고 물건을 버리기 위한 계획을 세우기 위해 노력하는 데 초점을 맞춘다(Steketee et al., 2010).

저장(hoarding). 수집광인 사람은 쓸모없거나 필요 없는 물건을 강박적으로 모으고 보유하며, 정서적으로 자신의 소유물에 대해 애착을 가지고 이와 분리되는 것을 두려워한다.

5 요약

불안장애 개관

5.1 불안장애의 신체적, 행동적, 인지적 특징을 알아보자.

불안장애는 불안한 행동 패턴을 특징으로 하며 불안이 가장 중요한 특징이다. 신체적 증상으로는 초조함, 땀에 젖은 손바닥, 심장의 두근거림 혹은 쿵쾅거림, 행동적 특징으로는 회피행동, 집착하거나 의존적인 행동, 인지적 특징으로는 미래에 대한 불안, 걱정, 무서움, 통제력 상실에 대한 두려움이 있다.

공황장애

5.2 공황장애의 핵심 특징을 알아보자.

공황장애는 보통 꼼짝하지 못함, 반복되는 공황발작을 특징으로 하는데, 이는 극심한 신체적 특징과 뚜렷한 심혈관계 증상을 수반한다. 그리고 극심한 공포와 통제력 상실, 미치거나 죽을 것 같은 두려움이 동반될 수 있다. 보통 공황발작으로 고통받는 사람들은 반복되는 발작에 대한 두려움 때문에 야외 활동을 제한한다. 이것은 공공장소에 돌아다니는 것을 두려워하는 광장공포증으로 이어질 수 있다.

5.3 공황장애의 주요 개념 모델에 대해 알아보자.

지배적인 모델은 인지적 요인(예: 신체감각에 대한 파국적 오역, 불안민감성)과 생물학적 요인(예: 유전적 취약성, 신체단서에 대한 민감성 증가)의 조합의 측면에서 공황장애를 개념화한다. 이런 관점에서 공황장애는 생리적이고 심리적인 요인을 수반하는데 이것은 공황장애가 완전히 만성화되도록 악화시킬 수 있다.

5.4 공황장애 치료 방법에 대해 알아보자.

가장 효과적인 치료 방법은 인지행동치료(Cognitive-Behavioral Therapy, CBT)와 약물치료다. 공황장애를 위한 인지행동치료는 자기감시법, 신체감각을 포함하는 공황관련 단서에 대한 통제된 노출, 신체적 단서에 대한 파국적인 잘못된 해석 없이 공황발작을 다루는 대처 반응 개발과 같은 기법들을 포함한다.

공포증

5.5 특정공포증 유형의 핵심 특징을 서술하고 그 공포증이 어떻게 발생하는지 설명하시오.

공포증은 특정 대상이나 상황에 대한 과도하고 비이성적인 두려움이다. 공포증은 공포 자극에 관한 노출과 관련된 불안의 신체적이고 인지적인 특징뿐만 아니라, 공포 자극에 대한 회피와 같은 행동적 구성요소를 수반한다. 특정공포증은 쥐, 거미, 좁은 공간이나 고층과 같은 특정한 대상이나 상황에 대한 과도한 두려움이다. 사회불안은 다른 사람들의 부정적 평가에 대한 극심한 공포를 수반한다. 광장공포증은 공공장소에 가는 것에 대한 두려움을 포함하며, 공황장애와 함께 혹은 단독으로 발생할 수 있다. 학습 이론가들은 공포증을 조건화의 원리와 관찰학습에 기초하여 획득된 학습된 행동으로 설명한다. Mowrer의 2요인 모델은 공포증에 대한 설명으로 고전적 조건 형성과 조작적 조건 형성을 포함한다.

공포증, 예를 들어 위험한 단서에 대한 과민성, 위험에 대한 과도한 예측 그리고 파국적 사고 및 비합리적 신념은 인지적인 요소에 의해 조절되는 것으로 보인다. 몇몇 연구자는 선사시대 조상들에게 생존가치가 있었던 특정한 공포증 유형을 우리가 유전적으로 획득하는 경향이 있다고 믿는다.

5.6 공황장애 치료 방법에 대해 알아보자.

사회불안을 치료하기 위한 가장 효과적인 치료 방법은 항우울제(예: 졸로프트, 팍실)를 사용하는 것과 같은 약물치료와 인지치료뿐만 아니라 체계적 둔감법과 점진적 노출 같은 학습에 기초한 접근이다.

범불안장애

5.7 범불안장애의 핵심 특징과 치료법에 대해 알아보자.

범불안장애는 불안장애의 한 종류로서 특정 상황과 관련이 없거나 또는 자유롭게 떠다니는 듯한 지속적인 불안을 수반한다. 정신역동 이론가들은 불안장애를 위협적인 충동의 의식적 출현을 통제하기 위한 자아의 시도로 본다. 불안은 위협적인 충동이 의식에 가까워지고 있다는 경고신호로 보인다. 학습에 기초한 모델은 자극 상황에 걸친 불안의 일반화에 초점을 둔다. 인지 이론가들은 범불안장애를 걱정이 기저를 이루는 잘못된 생각이나 신념의 측면에서 설명하려고 한다. 생물학적 모델들은 뇌에서 작용하는 신경전달물질의 이상에 초점을 둔다. 두 가지 주요한 치료적 접근은 인지행동치료와 약물치료다(일반적으로 파록세틴을 처방한다).

불안장애에 대한 인종적 차이

5.8 불안장애 유병률의 인종적 차이에 대해 알아보자.

미국의 성인 대표 표본을 전국적으로 조사한 결과, 소수인종 집단은 백인(비히스패닉계)과 비교했을 때 몇몇 불안장애가 일반적으로 낮게 발병하는 것으로 나타났다.

강박 및 관련 장애

5.9 강박장애의 핵심 특징과 이해 및 치료 방법에 대해 설명하시오.

강박장애는 반복되는 강박사고나 행동 혹은 둘의 조합을 수반한다. 강박사고는 사라지지 않고 지속되는 생각들로 이것은 불안을 초래하며 개인의 통제력을 벗어나는 것으로 보인다. 강박행동은 저항할 수 없는 반복적인 충동으로 화장실 사용 후 손을 계속해서 꼼꼼히 씻는 것과 같은 특정한 행동을 하고자 하는 것이다.

전통적 정신역동 이론에서는 강박사고를 무의식적 욕구나 충동이 의식으로 새어 나가는 것으로 보고, 강박행동은 이러한 억압된 충동을 유지하는 것을 도우려는 행동으로 설명한다. 생물학적 요인에 대한 연구들은 위험에 대한 신호를 주고 반복적인 행동을 통제하는 것과 관련된 뇌 기제와 유전의 역할을 강조한다. 연구자들은 자기 생각에 과도하게 골몰하는 것, 불행한 사건에 대한 과장된 지각 그리고 완벽주의와 같은 인지적 요소의 역할에 의한 결과도 보여 준다. 학습 이론가들은 충동적 행동을 조작적 반응으로 보는데 이는 강박적인 생각을 통해 생산된 불안을 제거함으로써 부적으로 강화된 것이다.

주요한 현재의 치료적 접근법은 학습에 기초한 모델과 인지치료(노출 및 반응방지법), 선택적 세로토닌 재흡수 억제제 유형의 항우울제 사용을 포함한다.

5.10 신체이형장애의 핵심 특징을 설명하고 이러한 장애가 왜 강박장애 스펙트럼 내에 분류되는지 알아보자.

신체이형장애에서 사람들은 그들의 신체적 외모에 관해 상상하거나 과장한 결함에 집착한다. 신체이형장애를 가진 사람들은 일반적으로 그들의 신체적 외모와 관련하여 강박적인 생각과 강박적인 확인행동을 경험하며, 신체적 문제를 수정하거나 이를 가리려는 시도를 하기 때문에 이 장애는 강박장애 스펙트럼 내에 분류된다. 수집광은 소유물을 과도하게 축적하고 보유하려는 것을 특징으로 하는데, 이로 인해 개인이 안전하게 거주할 수 있는 생활공간의 유지를 어렵게 만들고 개인적인 고통을 야기한다. 수집광인 사람은 그들이 모은 물건에 대해 강한 애착을 가지고 그것을 버리는 것을 어려워한다. 수집광은 강박장애의 특징을 공유한다. 예를 들면 소유물을 재배치하는 것을 포함한 강박적 행동과 물건을 치우려는 것에 대해 완강하게 반대하는 것뿐만 아니라, 물건을 모으는 것에 대한 강박사고와 그것을 잃어버릴까에 대한 두려움이 있다.

비판적 사고 질문

이번 장에서 배운 것을 기초로 다음의 질문에 답해 보라.

- 불안은 몇몇 상황에서는 정상적인 정서적 반응이지만 다른 상황에서는 그렇지 않을 수 있다. 불안이 정상적인 반응이거나 또는 부적응적 반응이 될 수 있는 상황에 대해 생각해 보시오. 어떠한 차이점이 있는가? 정상적인 혹은 비정상적인 불안 반응을 구별하는 데 어떤 규준을 사용할 것인가?
- 작은 동물, 벌레, 높은 곳, 혹은 폐쇄된 공간에 대한 두려움 같은 어떠한 특정공포증을 가지고 있는가? 공포증이 발전하는 데 어떠한 요인이 기여하는가? 공포증은 당신의 삶에 어떻게 영향을 미치는가? 당신은 그것을 어떻게 해결하는가?
- 존은 지난 몇 달간 갑작스러운 공황발작을 불규칙하게 경험했다. 발작 동안 그는 숨쉬기가 어렵고 심장이 통제할 수 없을 정도로 뛰는 것에 대해 두려워했다. 의사가 그를 진료하고는 심장이 아닌 신경과 관련된 문제라고 그에게 말했다. 존이 이 문제를 해결하는 것을 도울 수 있는 가능한 대안적 치료는 무엇인가?
- 불안장애나 강박장애 치료를 받은 사람을 알고 있는가? 결과는 어떠했는가? 다른 대안적 치료로는 무엇이 가능할 것 같은가? 만약 당신이 유사한 문제로 고통받게 된다면 당신은 어떤 치료적 접근을 찾을 것인가?

핵심 용어

가상현실치료(virtual reality therapy)
강박사고(obsession)
강박장애(obsessive-compulsive disorder, OCD)
강박행동(compulsion)
공포-자극 위계(fear-stimulus hierarchy)
공포증(phobia)
공황장애(panic disorder)
광장공포증(agoraphobia)
범불안장애(generalized anxiety disorder, GAD)
불안(anxiety)
불안장애(anxiety disorder)
수집광(hoarding disorder)
사회불안장애(social anxiety disorder)
신체이형장애(body dysmorphic disorder, BDD)
인지 재구조화(cognitive restructuring)
점진적 노출(gradual exposure)
체계적 둔감법(systematic desensitization)
특정공포증(specific phobia)
홍수법(flooding)
2요인 모델(two-factor model)

6 해리장애, 신체 증상 및 관련 장애, 신체건강에 영향을 미치는 심리적 요인

6

학습 목표

6.1 해리장애의 주요 유형의 핵심 특징을 설명한다. 해리성 정체성장애, 해리성 기억상실, 이인성/비현실감 장애

6.2 해리성 정체성장애의 개념이 논란이 많은 이유를 설명한다.

6.3 해리장애의 이론적 관점의 차이를 설명한다.

6.4 해리성 정체성장애의 치료를 설명한다.

6.5 신체 증상 및 관련 장애 유형들의 핵심 특징을 설명한다. 신체 증상 장애, 질병불안장애, 전환장애, 허위성 장애

6.6 꾀병과 허위성 장애의 차이점을 설명한다.

6.7 코로 증후군과 닷 증후군의 핵심 특징을 설명한다.

6.8 신체 증상 및 관련 장애의 이론적 이해를 설명한다.

6.9 신체 증상 및 관련 장애에 사용되는 치료 방법에 대해 설명한다.

6.10 두통, 심혈관계 질환, 천식, 암, 에이즈와 같은 신체 건강 문제에서 심리적 요인의 역할을 설명한다.

진실 또는 거짓

T□ F□ 이중 인격은 조현병과 관련된다.

T□ F□ 다중 인격을 지닌 사람들은 일반적으로 두 개의 다른 인격을 지닌다.

T□ F□ 아주 적은 수의 사람들이 자신의 신체나 사고 과정에서 분리되는 기이한 감각을 느끼는 삽화를 경험한다.

T□ F□ 다중 인격을 지닌 대부분의 사람은 평범하고 큰 사건이 없는 아동기를 보냈다.

T□ F□ 일부 사람들은 특정한 의학적인 문제가 없음에도 불구하고 그들의 손이나 다리의 모든 느낌을 잃는다.

T□ F□ 일부 남성들은 음경이 축소되고 신체 내부로 움츠려 들어가는 것에 대한 두려움으로 특징지어지는 정신장애를 가지고 있다.

T□ F□ 히스테리라는 용어는 고환을 뜻하는 그리스어에서 유래되었다.

T□ F□ 사람들은 손가락의 온도를 높임으로써 편두통을 완화할 수 있다.

T□ F□ 미국에서 관상동맥 심장 질환으로 인한 사망이 증가하고 있으며, 이는 대부분 흡연 비율 증가가 그 원인이다.

'나' '우리는 하나의 몸을 공유한다.'

일라이나는 임상치료사이고, 코니는 간호사이다. 시드니는 오래된 마요네즈 통에 곤충을 수집하는 것을 좋아하는 쾌활한 소녀이다. 린은 부끄럼을 많이 타고 자신의 이야기를 잘 하지 못하며 그리고 헤더—헤더는 성장하려고 노력하는 10대이다. 우리는 아주 다른 사람들이지만, 한 가지 매우 중요한 공통점을 가지고 있는데, 우리는 하나의 몸을 공유한다….

우리 안에 수많은 사람이 다른 삶을 살아가고 있으며, 각자는 개인의 기억, 재능, 꿈 그리고 두려움을 가지고 있다. 우리의 일부는 일하거나 놀거나 요리하거나 또는 자기 위해 '나타난다.' 우리의 일부는 내부에서만 볼 수 있고 또 우리의 일부는 근친상간과 학대로 가득 찬 극심한 고통에 시달렸던 과거에서 여전히 헤매고 있다. 그곳에는 이러한 과거에 너무나 많은 상처를 받고 내부 깊은 곳으로 도망간 사람, 그리고 그곳에 결코 도달하지 못할 것을 두려워하는 많은 사람이 있다.

우리의 많은 교대 인격은 학대에서 기인한다. 몇몇은 필요해서 나왔고 다른 몇몇은 보호하기 위해 나타났다.

레아라는 인격은 언제든 아버지의 "나와 함께 잠깐 동안 누워 있자."라는 말을 들을 때마다 나타난다. 만약 그녀가 나타난다면, 우리의 다른 교대 인격은 아무도 그가 원하는 것을 해주지 않아도 되는 것이다. 레아는 우리를 위해 그것을 할 것이고, 우리의 아동기 일부를 보호한다.

출처: 자신 안에 몇 개의 인격이 살고 있다고 주장하는 여성이 쓴 "고요한 폭풍"에서

이것은 아동기 때의 극심한 학대로 인해 많은 부분으로 쪼개어진 분열된 인격의 직접적 표현이다. 조각의 일부는 학대의 기억을 견디고 있는 반면에 다른 조각은 고통과 외상을 잊은 채 일상을 살아갈 수 있게 한다. 이렇게 분열된 부분들이 그들 스스로 특정한 성격으로 발달하는 것을 상상해 보아라. 계속 이렇게 변화하는 인격들은 서로의 존재를 알지 못한 채 구분되는 것도 상상해 보아라. 심지어 핵심 인격조차도 다른 인격들을 알지 못할 수 있다.

이것은 흔히 '다중 인격'으로 알려진 **해리성 정체성장애**를 묘사한 것이다. 이 장애는 아마 모든 정신장애 중에서 가장 당혹스럽고 흥미로울지도 모른다. 진단은 DSM 체계에서 공식적으로 인정되지만, 여전히 이 장애의 존재나 원인이 역할 연기의 형태라는 의구심을 가지는 많은 전문가 사이에서 논란이 되고 있다. 해리성 정체성장애는 전체 성격을 형성하는 자아 기능—정체성, 기억 또는 의식—의 변화 또는 왜곡이 특징으로 나타나는 정신장애인 **해리장애**의 유형으로 분류된다.

일반적으로 말해 우리는 우리가 누구인지 알고 있다. 철학적 의미에서 우리 존재에 대한 확신이 없을 수 있지만 우리의 이름, 거주지, 어떤 일을 하는지에 대해서는 잘 알고 있다. 또한 우리는 삶에서의 중요한 사건을 기억하는 경향이 있다. 모든 세부사항을 기억하기는 힘들 수 있으며, 목요일에 저녁으로 무엇을 먹었는지, 월요일에는 무엇을 했는지 잘 모를 수도 있다. 그러나 지난 며칠간, 몇 주간, 몇 년간에는 무엇을 했는지에 대해서는 개괄적으로는 알고 있다. 일반적으로 말하면, 이것은 자기감을 일으키는 의식의 통합이다. 우리는 공간과 시간을 통과하는 진행 과정으로서 스스로를 인식한다. 해리장애를 가진 사람은 일상생활의 이러한 양상의 하나 또는 그 이상이 왜곡된다. 때로는 아주 기이하다.

이번 장에서는 해리장애에 대해서 알아볼 뿐만 아니라 우리를 곤혹스럽게 만드는 **신체 증상 및 관련 장애**에 대해서도 알아보고자 한다. 이 장애를 가진 사람들은 의학적 설명으로는 불가능한 신체적 불편감을 가지고 있으며 이러한 증상은 기저의 심리적 갈등 혹은 문제와 관련되는 것으로 여긴다. 이 장애를 가진 사람은 신체기관의 원인을 발견할 수 없음에도 불구하고 시력의 상실 또는 마비를 보고할 수 있다. 다른 경우로, 신체 증상 및 관련 장애를 보이는 사람은 의학적으로 치료가 가능함에도 불구하고 생명을 위협하는 질병의 신호로 받아들이는 것과 같이 신체 증상의 심각도에 대해 과장된 신념을 가지고 있다.

DSM의 이전 판에서는, 해리장애와 신체 증상 및 관련 장애들이 '신경증'의 하위 범주인 불안장애로 분류되었다. 이러한 분류는 정신역동적 모델에 기반을 둔 것으로 부적응적 방식으로 불안을 다루는 해리장애, 신체 증상 및 관련 장애와 5장에서 다루었던 불안장애를 포함하고 있다. 불안장애와 불안감을 주는 수준의 불안을 가지는 것은 공포증을 가지고 있는 사람이 공포 대상이나 상황을 두려워하는 것에서 볼 수 있는 회피와 같은 직접적인 행동으로 표현된다. 반면에, 해리장애와 신체 증상 및 관련 장애에서 불안의 역할은 행동에서 직접 **관찰되기보다는 간접적으로 암시된다**. 해리장애를 가지고 있는 사람들은 기억의 상실 또는 정체성의 변화와 같은 심리적 문제를 가지지만, 일반적으로 분명한 불안의 징후는 보이지 않는다. 정신역동 모델에서는 해리 증상은 과한 성적 또는 공격적 욕구나 충동과 같이 불안을 유발하는 내부 갈등에 대한 의식적인 지각으로, 불안으로부터 자신을 보호하는 심리적 역할을 제공한다고 본다. 유사하게, 신체 증상 및 관련 장애의 범주로 분류된 전환장애를 가진 일부 사람들은 우리 대부분이 가장 크게 걱정하는 시력 상실과 같은 신체적 문제에는 이상하게도 무관심하다. 여기에서 또한, 우리는 '증상들'을 불안의 무의식적 근원에 감춘다는 이론을 세울 수 있다. 일부 이론가들은 증상의 무관심에 대해 이러한 증상들이 근원적인 이점을 가진다는 의미로 해석한다. 즉, 이러한 무관심이 불안이 의식으로 드러나는 것을 막는 데 도와준다는 것이다.

DSM-5는 신경증의 다른 고전적인 범주로부터 불안장애를 분리한다. 해리장애와 신체 증상 및 관련 장애는 역사적으로 연결되어 있다. 하지만 많은 전문가는 불안장애, 해리장애 그리고 신체 증상 및 관련 장애를 유용한 체계로 함께 묶음으로써 신경증의 광범위한 개념을 계속 사용하고 있다.

해리장애

6.1 해리장애의 주요 유형의 핵심 특징을 설명한다. 해리성 정체성장애, 해리성 기억상실, 이인성/비현실감 장애

주요 **해리장애**(dissociative identity disorder)는 해리성 정체성장애, 해리성 기억상실 그리고 이인성/비현실감 장애를 포함한다. 각각의 장애에서는 자아의 기능, 기억 또는 전체를 형성하는 일반적인 의

표 6.1
해리장애의 개요

장애의 유형	평생 유병률	내용	관련 특징
해리성 정체성장애	알려져 있지 않음.	둘 또는 그 이상의 분리된 인격 출현	• 교대 인격들은 지배를 위해 서로 경쟁할 수 있음 • 아동기에서의 극심한 학대나 외상에 대한 심리적 방어 현상으로 나타날 수 있음
해리성 기억상실	알려져 있지 않음.	의학적 원인으로 설명될 수 없는 중요한 개인적 정보의 기억 불능	• 기억하지 못하는 정보는 흔히 외상이거나 극심한 스트레스 경험들임. • 하위 유형으로 국지적 기억상실, 선택적 기억상실 그리고 전반적 기억상실이 있음. • 새로운 지역으로 떠나서 그 곳에서 다른 인격으로 새 삶을 시작하는, 흔하지 않은 해리성 둔주와 연관될 수 있음.
이인성/비현실감 장애	2%	개인의 자아나 신체에서 분리되는 것 같은 느낌 또는 개인의 환경에 대한 비현실적인 감각(현실감 상실)	• 자신이 꿈속에 살고 있다고 느끼거나 로봇처럼 행동할 수 있음. • 비현실감 삽화는 만성적이거나 재발하고 상당한 고통이 야기됨.

출처: APA, 2013.

식들의 분열 또는 해리(쪼개어지는 것)가 나타난다. 표 6.1은 교재에서 논의된 해리장애의 전체 개요를 보여 준다.

해리성 정체성장애

오하이오 주 캠퍼스의 거주민들은 4명의 여대생을 인질로 잡고, 현금 수표를 강탈하거나 자동 현금 입출금기에서 돈을 갈취한 후 여대생들을 강간한 사건으로 공포에 떨었다. 의문의 전화 한 통은 해군을 불명예 제대하고 여기저기를 전전하던 23세의 빌리 밀리건을 체포하도록 이끌었다.

빌리는 현재 **해리성 정체성장애**(DID)로 불리는 다중 인격장애를 진단받았다. 해리성 정체성장애는 둘 또는 그 이상의 인격—각각은 그들 자신만의 구분되는 특징, 기억, 버릇 그리고 심지어는 화법까지—이 한 사람을 '차지하는' 것이다. 일반 사람들에게서 흔히 다중 인격 또는 분리된 인격이라고 불리는 해리성 정체성장애는 조현병과 혼동되어서는 안 된다. 조현병('조현병'을 의미하는 그리스어에서 유래된)은 다중 인격보다 더 흔히 발생하고 인지, 정서 그리고 행동의 '분열'을 포함한다. 조현병 환자들은 생각과 행동 사이 또는 현실에 대한 인식과 무엇이 실제로 발생했는지 사이에 일치가 부족하다. 또한 혼란한 상황이나 환각 또는 망상을 이야기할 때 아주 들뜰 수 있다(11장 참조). 그러나 다중 인격 환자들은 인격이 분명하게 둘 또는 그 이상의 인격으로 분리되지만, 각 인격들의 인지 기능, 정서 그리고 행동 수준은 조현병 환자보다 보통 더 통합된 모습을 보여 준다. 진실 / 거짓

진실 또는 거짓

이중 인격은 조현병과 관련된다.

거짓 이중 인격은 조현병이 아닌 다중 인격과 관련이 있다.

유명한 다중 인격의 사례는 유명 대중매체에서 묘사되었다. 1950년대 영화《이브의 세 가지 얼굴》은 이 주제를 다루었다. 영화에서 이브 화이트는 두 명의 다른 인격: 성적으로 도발적이고, 반사회적 인격인 이브 블랙과, 그녀의 성적 욕구를 사회적으로 수용 가능하게 균형을 맞출 수 있는, 균형적이고 성숙한 인격 제인을 가지고 있는 소심한 주부이다. 결론적으로 세 가지 얼굴은 한 명—제인—에게로 병합되는 '해피엔딩'으로 끝난다. 크리스

사이즈모어라는 이브의 실제 인물은 통합된 인격을 유지하는 데 실패했다. 소문에 의하면 그녀는 차후에 22명의 인격으로 분리되었다고 한다.

옆집에 사는 사람은 소년이 아니에요.: 해리성 정체성장애 사례

빌리는 옆집 소년이 전혀 아니다. 그는 재판을 기다리는 동안 2번이나 자살 시도를 해서, 그의 변호사가 심리평가를 의뢰했다. 빌리를 평가한 심리학자와 심리치료사들은 그의 안에 10개의 인격이 존재한다고 추정하였다. 그중 8개는 남성이었고 2개의 인격은 여성이었다. 빌리의 인격은 그의 잔혹했던 아동기로 인해 분열되었다. 그의 인격들은 다양한 얼굴 표정, 기억 그리고 목소리의 형태를 보여 주었다. 그들은 성격과 지능검사에서 각기 다른 수행을 보였다.

영국 억양을 사용하는, 분별력 있지만 냉정한 인격의 아더. 정물화가인 14세의 데니. 평범하지만 다소 불안감을 느끼는 13세의 크리스토퍼. 크리스틴이라는 이름의 3세 미국 여아가 나타나기도 한다. 16세의 토미는 반사회성 성격을 가진 탈출의 명수이다. 해군에 입대 신청을 한 것은 토미였다. 알렌은 18세의 놀고먹는 백수이며, 담배도 피웠다. 아드레나는 19세의 내향적인 레즈비언으로 강간을 저지른 것은 아드레나였다. 의문의 전화를 건 사람은 아마 데이비드였을 것이다. 데이비드는 초기 아동기 트라우마로 인해 괴로워하는 불안한 9세 소년이다. 그의 두 번째 자살 시도 이후에, 빌리는 구속복을 입었다. 하지만 감시관이 그의 방을 확인했을 때, 그는 구속복을 베개 삼아 잠들어 있었다. 토미는 이후에 빌리가 탈출한 것은 자신의 책임이라고 설명하기도 했다.

변호사는 빌리가 다중 인격장애로 고통받고 있다고 주장했다. 그의 안에는 몇몇의 번갈아 나오는 인격들이 살고 있다. 번갈아 나오는 이런 인격들은 빌리에 대해 알고 있었지만, 빌리는 그들을 알지 못했다. 핵심 또는 지배 인격인 빌리는 어릴 때 아빠의 성적, 신체적 학대를 피하기 위한 방법으로 잠에 드는 것을 학습할 수 있었다. 심리치료사들은 범죄가 **행해졌을** 때, '잠드는 것'과 비슷하게 일종의 '정신적 코마'를 보이기 때문에 빌리는 정신이상을 이유로 무죄판결을 받아야 한다고 주장했다.

빌리는 정신이상을 이유로 무죄가 결정되었다. 그는 정신질환 보호시설로 구금되었다. 보호시설에서 14개의 추가적인 인격이 나타났다. 열세 번째 인격은 반항적이었으며 아더에 의해 '위험인물'로 이름 붙여졌다. 열네 번째 인격은 유능하며 다른 모든 인격이 통합되어 나타나는 것으로 추정되는 '선생님'이었다. 빌리는 6년 후에 석방되었다.

— Keyes, 1982

임상적 특징 해리성 정체성장애(DID)는 개인을 통제하기 위한 것으로 보이는 경쟁하는 둘 혹은 그 이상의 분리된 인격이 나타나는 것으로 특징지어진다. 하나의 지배적이거나 핵심적인 인격이 있고 몇몇의 부수적인 인격이 있을 수 있다. 하나의 인격이 다른 인격으로 갑작스럽게 변화하는 것은 귀신에게 홀린 상태와 같은 형태로 경험될 수 있다. 다른 인격들은 일반적으로 다양한 연령의 아동, 반대쪽 성의 청소년, 매춘부 그리고 레즈비언과 게이를 포함한다. 인격들의 일부는 환청과 망상적인 생각으로 나타나는 현실과의 단절로 정신병리적인 증상을 보일 수 있다

일부의 경우 주(주요) 인격은 다른 인격들의 존재를 인식하지 못하지만, 다른 인격들은 주 인격의 존재를 인식한다. 다른 경우에서는 교대로 나타나는 인격들이 또 다른 인격들의 존재를 전혀 인식하지 못한다. 극히 일부의 경우에는 서로 다른 인격들(교대 인격이라고도 함)이 심지어 안경 도수도 다르고, 다른 알레르기 반응 그리고 다른 약물 반응을 나타내기도 한다(예: Birnbaum, Martin, & Thomann, 1996; Spiegel, 2009). 해리성 정체성장애(DID) 환자들은 또한 다른 인격에 의해 경험된 사건과 일상생활 장면뿐만 아니라 중요한 개인 정보(예: 어디 고등학교, 대학교를 다니는지) 혹은 외상 이전의 경험을 포함한 기억의 공백을 보일 수도 있다(APA, 2013).

대체로, 교대 인격들의 무리는 상충되는 욕구와 문화적 주제의 축소판 역할을 한다. 성에 대한 양면 가치(성적 개방 대 구속)와 성적 기호의 변화에 대한 주제가 특히 흔하다. 이런 갈등하는 내적 충동은 공존할 수 없거나 한쪽이 지배적일 수 없는 것 같다. 그로 인해 각각의 충동들이 교대 인격의 주된 특질로 표현된다. 임상의는 때때로 그들을 불러냄으로써 교대 인격들을 끌어낼 수 있고, 알려진 그들 자신에 대해 "너의 어떤 부분을 나에게 말하고 싶니?"라고 질문함으로써 그들 자신을 소개하게 한다.

많은 경우에서 지배적인 인격은 교대 인격들의 존재를 인식하지 못한다. 따라서 무의식 과정의 통제 기저에 기제는 분열 또는 의식의 분리(쪼개짐)로 나타나는 것 같다. 이것은 보통, 교대 인격을 죽이는 것은 모두의 죽음

해리성 정체성장애. 해리성 정체성장애는 같은 사람에게서 각각 자신의 명확한 성격과 기억을 가지는 다중 인격이 나타난다.

이라는 사실을 무시한 채, 하나의 인격이 다른 인격들의 죽음을 열망하는 '대인관계적 경쟁'일 수 있다.

여성에게서 해리성 정체성장애가 더 흔히 진단될지라도, 일반 인구의 유병률에서의 성별 차이는 명확하게 알려지지 않았다. 해리성 정체성장애의 경우에는 일반적으로 2명 이상의 교대 인격들, 때로는 20명 또는 그 이상의 인격들이 함께 나타난다. 해리성 정체성장애의 핵심 특징은 표 6.2에서 볼 수 있다. **진실 / 거짓**

진실 또는 거짓

다중 인격을 지닌 사람들은 일반적으로 두 개의 다른 인격을 지닌다.

거짓 대부분이 몇몇의 교대 인격, 때로는 심지어 20명 이상의 교대 인격을 나타낸다.

6.2 해리성 정체성 장애의 개념이 논란이 많은 이유를 설명한다.

논쟁점 다중 인격이 대부분의 사람들에게 드물다고 하지만, 이 장애의 존재는 계속적으로 논란을 불러일으킨다. 많은 전문가는 진단의 타당성에 대해 의심을 가진다.

표 6.2
해리성 정체성장애(이전의 다중 인격장애)의 핵심 특징

- 한 사람 내에 둘 혹은 그 이상의 구분되는 인격들이 존재한다.
- 교대 인격들은 서로 다른 나이, 성별, 흥미 그리고 타인과의 관계 방식을 나타낼 수 있다.
- 둘 혹은 그 이상의 교대 인격들은 계속해서 각자의 행동을 완전히 통제한다.
- 일상생활과 중요한 개인 정보에 대한 망각은 일반적인 건망증으로 설명될 수 없다.
- 주 인격 또는 지배 인격은 교대 인격들의 존재를 알 수도 있고 모를 수도 있다.

1920년에서부터 1970년까지 전 세계적으로 오직 소수의 사례만이 보고되었지만, 그 이후 보고된 사례의 수는 무수히 급증하였다(Spanos, 1994). 이것은 다중 인격이 초기에 생각되었던 것보다 더 흔하다는 것을 나타내는 것일 수 있다. 그러나 또 한편으로는 장애를 가지고 있을 수 있다는 제안을 쉽게 수긍하는 매우 우유부단한 사람들에게 과잉 진단되었을 가능성도 있다. 최근 몇 년 사이의 이 장애에 대한 대중의 관심 증가 역시 유병률을 높이는 원인으로 설명할 수 있다

이 장애는 문화적 경계에서 그리고 주로 북아메리카에 제한되어 나타난다(Spanos, 1994). 그 밖에 비교적 소수의 사례가 영국과 프랑스와 같은 서부 나라들에서 보고되었다. 최근 일본의 조사에서는 한 사례도 발견하지 못했고, 스위스 심리치료사들의 여론조사에서는 그들의 90%가 이 장애의 사례를 본적이 없다고 응답했다(Modestin, 1992; Spanos, 1994). 심지어 북아메리카에서도, 적은 수의 심리학자와 심리치료사만이 다중 인격장애 사례를 접했다. 대부분의 사례는 이 장애의 존재를 강하게 믿는 상대적으로 소수의 연구자들과 임상가들에게서만 보고된 것이다. 비평가들은 그들이 추적하는 어떤 것을 지어내도록 도와주는 것은 아닌가 하는 의문을 가진다.

최근의 심리학자 Nicholas Spanos와 같은 일부 권위자들은 그렇다고 생각한다. Spanos와 다른 사람들은 해리성 정체성장애의 존재에 대해 이의를 제기했다(Reisner, 1994; Spanos, 1994). Spanos에 의하면, 해리성 정

체감은 별개의 장애가 아니고 처음에는 자기 자신을 다양한 자기를 가진 것으로 이해하다가 그 장애의 개념과 일치하는 방식으로 행동하게 되는 역할 연기의 한 형태라는 것이다. 결국 그들의 역할 연기는 몸에 깊게 베이게 되고 이것은 그들의 현실이 된다. 아마도 치료사나 상담사들은 작업하면서 환자의 혼란스러운 감정과 행동이 다른 인격체로 나타날 수 있지 않을까 하는 마음속 생각이 자신도 모르게 주입될 수 있다. 외부의 영향을 쉽게 받는 사람들은 텔레비전과 영화를 통해 타인의 행동을 관찰하면서 장애를 가진 사람의 역할 연기를 학습할 수도 있다. 《이브의 세 가지 얼굴》과 《시빌(Sybil)》 같은 영화는 다중 인격의 특징적 행동의 예시를 상세하게 보여 주었다.

역할이 한 번 형성되면, 이것은 타인의 관심과 수용될 수 없는 행동에 대한 책임 회피와 같은 사회적 강화를 통해서 유지될 수 있다. 그렇다고 당신이 학생, 배우자 혹은 직원의 일상수행을 연기하지 않는 것처럼, 다중 인격이 '가짜'라고 제안하는 것은 아니다. 다만 당신은 역할의 본질에 따른 행동을 조직화하는 것을 학습하고, 그렇게 함으로써 보답을 받게 되기 때문에 학생으로서의 역할을 연기할 수 있다는 것이다(예: 수업 시간에 열심히 참여하기, 이야기를 하고 싶을 때는 손을 들기). 다중 인격을 가진 사람은 그 역할에 너무 면밀하게 동일시하여 그것이 그들의 현실이 될 수 있다.

비교적 소수의 다중 인격 사례에서 범죄행동을 보이는데 다중 역할 연기가 개인의 행동에 대한 형사 책임을 덜어주지는 않는다. 그러나 여전히 다중 인격 역할 연기는 심리치료사들이 다중 인격을 발견하는 데 흥미와 관심을 표현하므로 지각된 이득이 있을 수 있다. 다중 인격을 가진 사람들은 종종 아동기 때에 상상력이 아주 풍부했다. "…인 척하기" 놀이에 익숙했던 그들은, 특히 만약 그들이 다중 인격의 연기 방법을 학습하고 임상의들의 관심과 우려와 같은 유효한 외적 자극이 있다면 교대 인격을 쉽게 받아들일 수 있다.

사회적 강화 모델은 왜 일부 임상의들이 다른 임상의들보다 다중 인격의 사례를 더 많이 '발견'하는지를 설명해 줄 수 있다. 이러한 임상의들은 환자들의 다중 인격 역할 연기에 대한 단서를 알아차리지 못할 수 있고 특별한 관심과 우려로 이런 수행을 강화할 수 있다. 이런 단서를 알아챈 환자들은 그들의 임상의들을 기쁘게 해주기 위해 다중 인격 역할을 취할 수도 있다. 일부 권위자들은 역할 연기 모델에 이의를 제기하고(예: Gleavers, 1996), 임상 장면에서 얼마나 많은 사례를 이 모델이 설명할 수 있는지 지켜보아야 한다고 주장한다. 해리성 정체성장애가 실제 현상이든지 역할 연기의 형태이든지 간에 이러한 행동을 보이는 사람들이 심각한 정서적, 행동적 어려움을 갖는 것은 의심의 여지가 없다.

우리는 입원한 다중 인격 환자들의 주장을 개인적으로 주목하는 경향이 있다. 일례로 우울과 자살 생각으로 입원한 매춘부 수잔은 그녀 안에 있는 '다른 사람'이 나타나 그녀를 지배할 때에만 성매매를 할 수 있다고 주장했다. 이것을 들은 다른 여성 지니—그녀의 딸이 사회적 복지로 가정에서 구제된 이후에 우울증으로 입원을 했었던 아동 학대자—는 내부의 다른 인격이 그녀를 지배할 때에만 학대를 하였다고 주장했다. 수잔의 입원 차트는 그녀가 다중 인격장애(장애를 나타냈을 때 사용된 용어)로 진단받았음을 보여 주었지만, 지니는 우울장애와 성격장애를 진단받았으나 다중 인격장애는 진단받지 않았다.

해리장애는 다발성 자살 시도를 포함하여 자살 시도의 위험 증가와 연관이 있다(Foote et al., 2008). 자살 시도는, 특히 다중 인격을 지닌 사람들에게서 더 흔하다. 한 캐나다 연구에 따르면 72%의 다중 인격장애 환자들이 자살을 시도하였고, 약 2%가 목숨을 잃었다고 한다(Ross et al., 1989).

해리성 기억상실

해리성 기억상실은 해리장애의 가장 흔한 유형이라고 여겨진다(Maldonado, Butler, & Spiegel, 1998). 기억상실증(amnesia)은 '아니다'를 의미하는 그리스어 *a*-와, '기억하다'를 의미하는 *mnasthai*에서 유래되었다. **해리성 기억상실**(dissociative amnesia, 이전의 심인성 기억상실증)은 흔히 충격적 사건이나 큰 스트레스를 포함한 중요한 개인 정보를 기억해 내지 못하는 것으로, 단순한 건망증으로 설명되지 않는다. 이러한 기억의 손실은 머리에 가해진 충격이나 특정 질병과 같은 특정 기관이 원인이 된다거나 약물이나 알코올의 직접적인 영향이 원인이 될 수 없다. 몇몇 점진적 형태의 기억 손상(알츠하이머와 관련한 치매, 14장)과는 달리 해리성 기억상실에서의 기억상실은 며칠, 몇 주 또는 심지어 몇 년이 걸릴 수도 있지만 원상태로 되돌아갈 수 있다. 며칠 동안 전투의 기억을 떠올리지 못하는 군인이 이후에 전쟁터에서 병원으로 수송되는 길에 갑작스럽게 기억하게 되는 것과 같이 기억의

"혹시 나 아는 사람 있나요?" 해리성 기억상실을 진단받은 40세의 잉그램은 한 달 이상을 그가 누구인지에 대해 말해 줄 수 있는 사람을 찾아다녔다. 그는 마침내 텔레비전 뉴스 프로그램에서 그를 본 가족들로부터 자신이 누구인지 알게 되었다. 집에 돌아간 이후에도, 그는 그의 정체성에 대한 어떤 기억도 없었지만 그의 집처럼 느껴진다고 말했다. 그의 어머니에 따르면 그는 어린 시절 기억상실의 사고를 겪었고 그의 기억이 완전히 회복되지 않았다고 한다.

회복은 점진적일 수 있지만 흔히 갑작스럽고 자발적으로 나타난다.

아동기 성적 학대의 기억은 때때로 심리치료나 최면 과정 동안 회복된다. 갑작스럽게 나타나는 이런 기억은 210쪽의 '이상심리학에 대해 비판적으로 사고하기'에서 살펴본 것처럼, 치료 장면과 일반 공동체에서 중요한 논란의 요소가 된다.

기억상실은 누군가의 이름이나 차 키를 어디에 두었는지를 잊어버리는 것과 같은 일반적인 건망증이 아니다. 기억상실에서의 기억 손실은 더 극심하거나 광범위하다. 해리성 기억상실은 기억 문제의 유형에 따라 다섯 가지 유형으로 나뉜다.

1. **국소적 기억상실증**(localized amnesia). 대부분 국소적 기억상실의 형태를 보이는데 이들은 특정한 기간 동안 일어난 사건들을 기억하지 못한다. 예를 들어, 전투나 차 사고와 같은 극심한 스트레스 또는 외상적인 사건 이후에 몇 시간 또는 며칠간 그 사건을 기억해 내지 못한다.
2. **선택적 기억상실증**(selective amnesia). 선택적 기억상실증을 보이는 사람들은 어떤 기간 동안 충격적인 특정 부분만을 기억하지 못한다. 개인은 그가 혼외정사를 했다는 것을 기억할 수 있지만, 사건 자체에 대한 죄책감은 기억하지 못할 수 있다. 어떤 군인은 전쟁의 대부분을 기억할 수 있지만, 그의 전우가 죽은 것을 기억하지는 못할 수 있다.
3. **일반화된 기억상실증**(generalized amnesia). 일반화된 기억상실증을 보이는 사람들은 그들의 삶 전체—자신이 누군지, 무엇을 하는지, 어디서 사는지, 누구와 함께 사는지—에 대해 기억하지 못한다. 그러나 이러한 유형의 기억상실은 매우 드물다, 물론 만일 당신이 주간 연속극을 보았다면 그렇게 생각하지 않을 수 있겠지만 말이다. 일반화된 기억상실증을 지닌 사람들은 개인적 정보를 기억해 내지 못하지만, 그들의 습관, 입맛 그리고 기술은 여전히 유지하는 경향이 있다. 만약 당신이 일반화된 기억상실증을 겪는다면, 초등학교 선생님을 기억하지는 못하지만 여전히 글자를 읽을 수는 있다. 당신은 여전히 구운 감자에 감자튀김—또는 그 반대를 여전히 선호할 수 있다.
4. **지속성 기억상실증**(continuous amnesia). 이 유형의 기억상실증은 개인이 특정한 시간부터 현재를 포함하여 지금까지 일어난 시간들을 모두 기억하지 못하는 것이다.
5. **체계적 기억상실증**(systematized amnesia). 체계적 기억상실증에서, 기억의 손실은 개인의 가족에 대한 기억 또는 개인 일상에서의 특정한 사람과 같이 특정 범주의 구체적 정보를 기억하지 못하는 것이다.

해리성 기억상실을 지닌 사람들은 보통 충격적인 사건 또는 공포나 죄책감 같은 강한 부적 정서를 유발하는 삶의 부분을 기억하지 못한다. 롯거의 경우를 살펴보자.

롯거: 해리성 기억상실 사례

그는 낯선 사람에 의해 병원 응급실로 실려 왔다. 그는 멍한 상태로 자신이 누구인지 또는 어디에 사는지 알지 못한다고 주장했고, 그를 데리고 온 사람은 그가 거리를 헤매고 있었다고 했다. 그는 혼란스러워 보였지만, 술이나 마약에 취한 것처럼 보이지는 않았다. 그의 기억상실증은 신체적 외상 때문일 수 있었다. 그는 병원에서 며칠간 머무른 후에, 고통 속에서 깨어났다. 그는 기억이 다시 돌아온 것이다. 그의 이름은 롯거였고 처리해야 할 급한 용무가 있었다. 그는 왜 자신이 입원해 있었는지 알기를 원했으며 퇴원을 요구하였다. 입원을 했을 때에, 롯거는 일반화된 기억상실증으로 고통받고 있는 것으로 보였다. 그의 정체성 또는 그의 삶에서의 개인적인 사건들을 기억하지 못했다. 퇴원할 무렵에는 응급실에 실려 왔을 때부터 기억을 회복한 아침 이전의 사건들을 기억하지 못하는 국지적 기억상실증을 보였다.

롯거는 경찰로부터 그가 입원하기 전에 있었던 일에 대해 이야기를 들었다. 기억상실증이 시작된 그 날, 롯거는 자동차로 보행자를 치어 죽였다. 경찰은 그곳에 있었던 목격자로부터 그가—정서적으로 엄청난 충격을 주기는 하였지만—그 사고에 책임이 없다는 말을 들었다. 롯거는 이 이야기를 들었지만 사건보고서와 조서를 작성해야만 했다. 아주 놀란 상태였지만 친구의 집에서 조서를 작성하였다. 그리고 그는 우연히 그의 지갑과 신분증을 그곳에 두고 나왔었다. 롯거는 조서를 우편함에 넣은 이후, 멍해졌고 기억을 잃었다.

비록 롯거가 사고에 책임이 없다 하더라도, 그는 보행자의 죽음에 대해 끔찍함을 느꼈었다. 그의 기억상실증은 아마 죄책감, 사고의 스트레스, 심문에 대한 걱정과 연관되어 있었을지도 모른다.

— 성격 발달과 정신병리: 역동적 접근.
Camern, 1963, pp. 355-356

물 속의 여인:해리성 기억상실 사례

스테이튼 아일랜드 페리호의 선장은 맨해튼의 남쪽 끝으로 상당히 멀리 떨어져 있는 급류 속에서 움직이고 있는 머리를 보았다. 여성의 얼굴이 물 위에 떠 있었는데 놀랍게도 살아 있었다. 승무원이 그녀를 구조하였고 그녀는 저체온증과 저산소증을 치료하기 위해 병원으로 이송되었다. 이와 같은 이야기는 좀처럼 끝을 잘 알 수가 없다. 젊은 여성이 미스터리하게 사라졌고, 물 위에 떠 있는 채로 발견되었다. 그 사람은 실종된 여성에 대한 묘사와 일치하였다. 경찰은 살인이나 자살을 의심하였다. 하지만 이 경우는 달랐다, 매우 달랐다.

이 사례는 23세 뉴욕의 학교 선생님으로 조깅을 하러 나갔다가 3주 후에 강에서 구조되었던 한나 에밀리 업의 이야기이다. 그녀가 놓친 3주 동안 무슨 일이 있었는지는 미스터리로 남아 있다. 그녀의 의사는 이렇게 설명하였다. 해리성 둔주는 해리성 기억상실의 하위 유형으로 갑작스럽게 자신의 정체성에 대한 기억을 상실한 채 다른 곳으로 떠나거나, 때로는 완전히 새로운 정체성을 형성한다. 이런 개인적 기억의 상실은 몇 시간, 며칠, 심지어는 몇 년간 지속될 수 있다.

한나는 어떻게 물속에 있었을까? 우리가 말할 수 있는 것은 그녀가 삶을 끝내기 위해 부두에서 뛰어내렸던 것은 아니며 누군가에 의해 빠진 것도 아니라는 것이다. 혼란스러운 정신 상태와 몇 주 동안 맨해튼 주변을 걸어서 생긴 발에 있는 큰 물집을 보았을 때, 그녀는 따뜻한 8월의 밤에 강물을 향해 걸어감으로써 고통을 완화하고자 했을 수도 있다. 한나는 이후에 회상하며 "그들은 내가 길 위를 돌아다닌 것과 물속을 거닐었던 것에 대해서만 생각한다…. 나는 내가 어떤 목적을 가지고 있었다고 생각하지 않는다.

저녁에 가까운 공원으로 조깅을 나갔다가 사라진 후 1개월 후에 구조된 한나 에밀리 업.

사람들은 때때로 범죄 행위, 타인과의 약속 등과 같이 그들 삶의 구체적인 부분을 기억해 내지 못한다고 주장한다. 책임을 회피하기 위해 가짜 증상을 호소하거나 개인의 이득(업무에서의 이득은 제외)을 위한 허위 주장처럼, 거짓으로 주장하는 기억상실증을 꾀병(malingering)이라고 한다. 임상의들은 꾀병과 해리성 기억상실을 구별하는 확실한 방법을 가지고 있지 않다. 그러나 숙련된 임상의들은 꽤 잘 들어맞는 추측을 할 수 있다.

그렇지만 정말 큰 물집이 생겼고, 그래서 아마 나는 더 이상 신발을 신기를 원하지 않았을 수도 있다"(Marx & Didziulis, 2009, p.CY7에서 인용).

많은 질문이 있지만, 거기에 대한 답은 많이 부족하다. 그녀는 어떻게 몇 주 동안 돈이나 신분증 없이 생존할 수 있었을까?(그녀의 지갑, 휴대폰 그리고 신분증은 그녀의 아파트에서 발견되었다.) 한나는 스스로 몇 가지 대답을 제공할 수 있었다. 그녀가 구조된 후 몇 달 뒤에 있었던 첫 번째 인터뷰에서, 그녀는 자신의 실종에 대한 책임감을 이야기했다. "당신은 어떤 일을 저질렀는지 모르는 상황에서 어떻게 죄책감을 느끼나요? 그것은 당신의 잘못이 아니지만 그것은 여전히 당신의 모습입니다. 따라서 이 일은 분명히 나의 모든 것을 다시 생각하게 만들었습니다. 나는 전에 누구였나요? 그때의 나는 누구인가요?-나의 한 부분인가요? 지금 나는 누구인가요?"(Marx & Didziulis, 2009, p.CY7에서 인용) 몇 달 후, 한나는 그녀의 친구와 가족들을 되찾았고, 그녀의 과거의 조각을 맞추고, 그녀가 누구인지 받아들이려는 법을 배우기 위해 노력하였다.

해리성 기억상실의 비교적 드문 하위 유형은 둔주(fugue) 또는 '계속 돌아다니는 기억상실증'으로 특징지어진다. 둔주는 '도망가다(flight)'를 의미하는 라틴어 *fugere*에서 유래되었다(*fugitive*도 기원이 같다). 해리성 둔주를 경험하는 개인은 갑작스럽고 뜻하지 않게 자신의 집이나 직장을 떠날 수 있다. 이러한 여정은 특정 지역으로 가려는 목적이 있거나 갈피를 잡지 못하고 이곳저곳을 배회하는 형태로 나타날 수 있다. 둔주 상태 동안 개인은 이전의 개인적 정보를 기억해 낼 수 없으며, 정체성에 대해 혼란스러워하고 새로운 정체성을 보일 수 있다(부분적이거나 완전한). 이러한 기이한 행동에도 불구하고, 개인은 '정상'처럼 보이며 어떠한 정신장애 징후를 나타내지 않는다(Maldonado, Butler, & Spiegel, 1998). 개인은 과거에 대해 생각하지 않거나, 그것이 가장된 것이라는 사실을 인지하지 못한 채 거짓된 과거의 기억을 보고할 수 있다.

기억상실증을 지닌 사람들은 목적 없는 배회가 나타나는 반면에, 둔주 상태의 사람들은 더욱 목적 의식 있는 행동을 보인다. 일부 사람들은 집 근처에 머무른다. 그들은 공원이나 극장에서 오후를 보내기도 하고 밤에는 다른 명의로 호텔에 머무르기도 하며 일반적으로 타인과의 접촉을 피한다. 그러나 새로운 정체성은 불완전하고 잠깐 동안 나타나므로 원래의 자아는 수 시간 혹은 수 일만에 되돌아온다. 몇 달 혹은 몇 년간 지속되고, 먼 곳으로 여행을 떠나며 새로운 자아가 장악하는 형태의 해리성 둔주는 그리 많지 않다. 이러한 개인은 전형적으로 '조용하고', '평범한' 이전의 자아보다 더 자발적이고 사교적인 모습을 보이는 정체성을 나타낼 수 있다. 그들은 새로운 가족을 만들고 성공적인 사업을 형성할 수도 있다. 이러한 사건들이 상당히 특이하게 들리더라도, 이 장애를 가진 사람들이 꽤 정상적으로 사고하고 행동할 수 있기 때문에—즉, 그들의 새로운 삶에서 둔주 상태는 정신증으로 사료되지 않는다. 어느 날, 아주 갑자기, 그들의 이전 정체성에 대한 인식이 되돌아오고, 이전의 기억들로 넘쳐난다. 이제 그들은 보통 둔주 상태 동안 있었던 일들에 대해 기억하지 못한다. 새로운 정체성과 새로운 삶은—모든 관련성과 책임졌던 일들을 포함하여—기억에서 사라진다.

해리성 기억상실은 비교적 흔하지 않지만, 대부분 전시나 다른 유형의 재난 또는 극심한 스트레스 사건에 뒤이어 나타나기 쉽다. 근본적 개념은 분열이 외상적인 기억 또는 정서적으로 고통스러운 경험이나 갈등의 원인에서 개인을 보호해 준다는 것이다(Maldonado, Butler, & Spiegel, 1998).

또한 해리성 기억상실은 꾀병과 구분하기 어렵다. 즉, 예전의 삶이 불만족스러운 사람들이 그들의 새로운 정착지와 새로운 정체성을 발견했을 때 기억상실증에 걸렸다고 주장할 수 있다. 다양한 해석이 가능한 다음의 사례를 살펴보도록 하자.

이인성(depersonalization). 이인성 삽화의 특징은 자신으로부터 분리된 느낌이다. 꿈속을 걷는 것처럼 느끼거나 또는 개인의 신체 외부에서 환경이나 자신을 관찰하는 듯한 느낌을 가질 수 있다.

버트인가? 진인가? 해리성 둔주 사례인가?

42세의 남성은 자신이 일하고 있는 작은 식당에서 싸움을 일으켰다. 경찰이 출동하였고, ID를 가지고 있지 않았던 이 남성은 자신이 버트 테이트라고 하였다. 그는 이 도시에 몇 주 전에 정착했지만 이곳에 정착하기 전에 살았던 곳이나 일했던 곳은 기억나지 않는다고 말했다. 그에게 어떠한 혐의도 없었지만, 경찰은 응급실로 가서 정신적 평가를 받아보도록 설득하였다. '버트'는 언제 이 도시에 왔는지, 현재 날짜에 대해 알고 있었으며 자신의 과거를 기억하지 못하는 것이 어느 정도 이상하다는 것을 인지하고 있었지만, 그것에 대해서 염려하는 기색은 보이지 않았다. 심리적 외상, 두부 손상 또는 약물이나 알코올 남용의 어떠한 흔적도 없었다. 경찰은 몇 가지 질문을 하였고, 곧 버트가 이곳에서 약 3,200km 정도 떨어진 곳에서 한 달 전, 실종신고가 된 진 선더스라는 것을 알아차렸다. 선더스 부인이 찾아와서 버트가 정말로 그녀의 남편이라는 것을 확인하였다. 부인은 자신의 남편이 제조 회사의 중간 관리자였으며, 그가 실종되기 전에 직장에서 어려움을 겪고 있었다고 말했다. 그는 승진에서 제외되었고 감독관으로부터 능력에 대해 비난을 받았다. 직업 스트레스는 가정에서의 그의 행동에도 영향을 미치는 듯했다. 한때 느긋하고 사교적이었던 그가 자신의 세계에 틀어박혀 부인과 자식들을 비난하기 시작했다. 그리고 실종되기 직전에는 18세의 아들과 격렬한 말다툼이 있었다. 아들은 그를 "실패자"라고 부르며 문을 박차고 나갔다. 이틀 뒤 그는 사라졌다. 그는 자신의 부인과 다시 만났을 때 부인을 알지 못한다고 주장했지만, 눈에 띄게 긴장한 모습이었다.

— Spitzer et al., 1994, pp. 254-255

임상가들은 현재 해리성 둔주의 진단을 지지하는 증거가 있을지라도, 새로운 삶을 시작할 수 있게 해주는 허위 기억상실증과 진짜 기억상실증을 구분하는 것이 아주 어렵다고 생각한다.

이인성/비현실감 장애

이인성(depersonalization)은 현실에서 일반적 감각의 일시적인 상실이나 변화이다. 이인성 상태에서 사람들은 그들 자신과 그들을 둘러싸고 있는 환경에서 분리됨을 느낀다. 그들은 마치 꿈을 꾸고 있거나 로봇처럼 행동한다고 느낄 수 있다(Sierra et al., 2006).

비현실감(derealization)은 개인을 둘러싸고 있는 환경이나 시간의 흐름에 대한 지각에서 기이한 변화뿐만 아니라 외부 세계에 대한 비현실적인 감각이다. 사람과 대상의 크기나 모양 그리고 청각적인 측면이 다르게 느껴질 수 있다. 이러한 모든 느낌은 현기증, 정신이 나가 버리게 될 것이라는 공포를 포함한 불안감 또는 우울증과 연관될 수 있다.

이러한 감각이 생소할지라도, 이인성/비현실감 장애를 가진 사람들은 현실과의 접촉을 유지하며 심지어 이인성 삽화 기간 동안에도 비현실에서 현실을 구별할 수 있다. 그들은 일반화된 기억상실증과 둔주와 달리, 자신이 누구인지 안다. 그들의 기억은 온전하고 비록 현재 상태를 좋아하지 않는다고 하더라도 자신이 어디에 있는지 알고 있다. 보통 이인성의 느낌은 갑작스럽게 나타나고 서서히 사라진다.

지금까지는 오직 이인성의 일반적인 느낌만을 설명하였다. 그러나 건강한 사람들도 흔히 이인성과 비현실감의 일시적인 삽화를 경험한다(Hunter et al., 2003). DSM-5에 따르면 모든 성인의 약 절반 정도는 그들의 삶의 어떤 시점에서 적어도 한 번은 이인성/비현실감 삽화를 경험한다고 한다(APA, 2013). 진실 / 거짓

진실 또는 거짓

소수의 사람들이 자신의 신체나 사고 과정에서 분리되는 기이한 감각을 느끼는 삽화를 경험한다.

거짓 전체 성인의 약 절반 정도는 때때로 자신의 신체나 사고 과정에서 분리되는 느낌인 이인성 삽화를 경험한다.

해리 증상의 경우가 공통적으로 나타난다는 것을 고려했을 때, 다음에 제시되는 사례에서 리치의 경험은 이례적인 것이 아니다.

디즈니 월드에서 경험한 리치의 이인성/비현실감

우리는 방과 후에 아이들과 함께 올랜도(Orlando)에 갔었다. 그동안 스스로를 많이 몰아붙여 왔기 때문에 이 여행은 나를 풀어 주는 시간이었다. 우리는 3일간 디즈니 월드에서 '보냈는데', 미키 마우스와 도널드 덕 의상을 입고 디즈니 노래를 부른 것이 하이라이트였다. 세 번째 날 중부 아메리카인 아이보리 비누 색의 10대가 신데렐라 성 앞에서 노래를 부르고 춤을 추는 것을 보는 동안 나는 비현실적이고 불편한 것을 느끼기 시작했다. 그 날은 시원했는데 나는 땀을 흘렸고, 떨리고 어지러웠다. 결국 [아내에게] 어

이상심리학에 대해 비판적으로 사고하기

@Issue: 회복된 기억은 믿을 만한가?

한 기업체 고위급 간부의 평탄한 삶은 19세 딸이 자신이 어릴 때 아버지로부터 반복적인 성추행에 시달렸다고 고발했을 때 한순간에 무너져 내렸다. 이 간부는 결혼생활과 40만 달러의 연봉의 직장도 잃게 되었다. 하지만 그는 자신의 주장이 사실이 아니라는 그 혐의에 대해서 강력히 맞섰다. 그는 딸의 이러한 기억 회복을 도왔던 치료사에게 소송을 걸었다. 결국 배심원은 이 사업가의 편을 손을 들어, 두 명의 치료사들이 피해 보상금으로 50만 달러를 배상하라는 판결을 내렸다.

이러한 사례는 아동기 때의 성학대 기억을 최근에 알아차리기 시작했다고 주장하는 많은 성인의 사례 중 하나이다. 전국적으로 수백 명의 사람들이 아동기 학대에 대한 기억을 회복했다는 근거로 재판에 회부되고, 상당수가 확실한 증거가 없음에도 불구하고 유죄로 장기형을 선고받는다. 기억의 회복은 보통 치료사나 최면술사의 암시적인 탐색에 따라 나타난다. 회복된 기억에 대한 문제는 심리학자들과 광범위한 공동체 집단에서 계속적으로 열띤 논쟁이 되어 왔다. 논란의 중심은 "회복된 기억은 믿을 만한가?"라는 질문이다. 아동의 성학대는 우리 사회가 직면하는 아주 중요한 문제라는 것에 의심의 여지가 없다. 그러나 회복된 기억을 곧이곧대로 믿어야만 하는가?

몇몇 증거는 회복된 기억의 타당성에 대해 의문을 가진다. 실험적 연구에 따르면, 특히 최면술사나 심리치료사들에 의한 의미 있는 탐색 또는 유도의 영향하에서 허위 기억이 생성될 수 있다는 것을 보여 주었다(Gleaves et al., 2004; McNally & Garaerts, 2009). 일어난 적이 없는 사건에 대한 기억은 실제로 만들어질 수 있고, 마치 현실적 사건의 기억으로 진실된 것처럼 보일 수 있다(Bernstein & Loftus, 2009). 만일 어떤 실제 외상적 사건이 아주 잘 기억될지라도 세부적인 사항을 묘사하기는 쉽지 않다(McNally & Garaerts, 2009). 기억 관련 전문가로서 선두자인 심리학자 Elizabeth Loftus는 회복된 기억 맹신의 위험성에 대해 기술하였다.

> 수많은 환자가 허위 기억이 형성된 후에 가족이 해체되어 고통을 받고, 아무 죄가 없는 몇몇의 사람들이 교도소로 보내졌다. 이것은 환자가 그들에게 일어났던 끔찍한 일을 잊어버릴 수 없다는 말이 아니다. 대부분은 확실히 잊어버릴 수도 있다. 사실상 환자들이 완전히 기억하지 못했던 광범위한 학대의 역사를 치료 동안 나타냈다는 생각을 지지할 만한 증거는 거의 없으며, 단지 학대 혐의를 그들의 무의식으로부터 되살아나도록 도운 것일 수 있다.

그럼 회복된 기억은 가짜라고 봐야 하는가? 반드시 그렇지는 않다. 허위 기억과 회복된 진짜 기억이 모두 존재할 수 있다(Gleaves et al., 2004). 아마 회복된 기억의 일부는 사실인 반면에 다른 기억은 의심할 여지없이 거짓이다(Erdleyi, 2010).

요약하면, 우리는 뇌를 실제로 일어난 사건의 스냅 사진을 저장하는 마음의 카메라처럼 생각하지 않아야 한다. 기억은 개인이 그 기억이 정확하다고 확신할지라도, 때때로 사건의 왜곡을 일으킬 수 있는 것처럼 정보의 조각들을 종합하는 것보다 훨씬 더 큰 재구성 과정이다. 불행하게도, 과학자들은 거짓된 기억에서 진실된 기억을 뚜렷하게 구별하는 데에 필요한 도구를 가지고 있지 않다.

이 주제에 대해 비판적으로 생각해 보고, 다음의 질문에 답해 보라.

1. 왜 우리는 회복된 기억을 그대로 받아들여서는 안 되는가?
2. 인간의 기억 작업이 카메라가 사건과 경험을 저장하는 것과 어떻게 다른가?

떠한 설명도 없이 4세 정도 되어 보이는 아이 옆의 시멘트에 주저앉았다. 걸어다니는 사람들과 아이들과 [어른들]의 다리가 사방에 있었고, 어떤 이상한 이유로 나의 시선은 바닥에 떨어져 있는 팝콘에 고정되었다. 갑자기 내 주변의 사람들이 모두 바보 같은 기계적 생물처럼, '소인국'의 [전시된] 인형들 또는 '정글 크루즈'의 동물처럼 여겨졌다. 그런 것이 뭐랄까, 마치 마리화나를 피울 때처럼 사람들이 둔해 보였고, 나와 다른 모든 것들 사이에 보이지 않는 무명의 벽이 있는 것 같았다.

공연이 끝나자, 부인이 "무슨 일이야?"라고 하면서 조명 퍼레이드와 불꽃놀이를 더 보고 싶은지 아니면 어디가 아픈지 물었다. 그 순간 나는 만약 내가 미쳐가고 있고 아프다고 말하면, 아내가 나의 손을 잡고 운전을 해서 Sonesta Village[모텔]로 나를 데려갈지 궁금해졌다. 왜 그런지 모르겠지만 우리는 모노레일로 돌아갔고 군중 속으로 향했다. 나는 정거장에서 마치 죽은 사람처럼 기다렸고, 눈을 게슴츠레

Elizabeth Loftus. Loftus와 그 외 사람들의 연구는 실제로 일어난 적이 없는 사건의 거짓 기억들이 실험적으로 유도될 수 있다는 것을 보여 주었다. 이러한 연구는 회복된 기억 진술의 신뢰성에 대해 의문을 야기한다.

표 6.3

이인성/비현실감 장애의 핵심 특징

- 이인성과 비현실감 중 하나 또는 둘 모두의 삽화를 반복한다.
- 삽화는 개인의 사고, 느낌 또는 감각에서 떨어져 나오는 느낌(이인성)이나 개인을 둘러싸고 있는 환경에서 분리되는 느낌(비현실감)으로 특징지어진다.
- 삽화는 자기 자신의 외부관찰자로 보는것과 같은 양상을 가질 수 있다.
- 삽화는 마치 꿈꾸는 것 같은 양상을 지닐 수 있다.
- 이러한 삽화 동안에도 여전히 개인은 비현실에서 현실을 구분할 수 있다.

뜨면서 아이들 너머로 미키 마우스의 귀와 미키 마우스 풍선을 바라보았다. 모노레일의 기계음이 나와 거의 가까워졌을 때는 정말 가슴이 떨렸다.

나는 매직 킹덤으로 다시 돌아가기 싫어서 가족과 함께 씨월드로 갔다. 그리고 다음 날 [아내]와 아이들을 매직 킹덤에 데려다주고 저녁에 다시 데리러 갔다. 아내는 이것에 대해 내가 꾀병을 부리거나 뭔가 다른 일이 있다고 생각해서 크게 싸웠다. 우리는 예전의 삶으로 돌아가야 하고 우선적으로 내 정신을 온전하게 해야만 한다.

— 저자의 파일에서

리치의 비현실감 경험은 하나의 삽화에 국한되므로 **이인성/비현실감 장애**(depersonalization/derealization disorder)의 진단기준을 충족시키지는 못한다. 이러한 경험들이 지속적이거나 반복되고 현저한 고통 또는 일상 기능의 손상이 나타날 때에만 장애로 진단된다. 이인성/비현실감 장애는 만성적이거나 장기간 지속되는 문제가 될 수 있다. DSM은 이인성-비현실감 장애는 표 6.3에 있는 기준에 따라 진단한다. 다음 사례 예시를 살펴보자.

이인성/비현실감 장애의 사례

20세의 한 대학생은 자신이 미치광이가 되는 것을 두려워하고 있었다. 지난 2년 동안, 그는 자신의 '외부'에 있다는 느낌이 점점 잦아졌다. 그는 이러한 삽화 동안 자신의 신체가 '죽은 것 같은' 느낌과 불안정감을 경험하였으며 자주 가구에 부딪히곤 했다. 그가 공공장소로 외출할 때, 특히 그가 긴장감을 느낄 때에는 더 자주 균형을 잃었다. 이러한 삽화 동안, 그의 사고는 5년 전에 맹장수술로 진통제를 맞았을 때의 정신적 상태처럼 '안개가 낀 것' 같았다. 그는 이런 현상들이 발생할 때 자신에게 "그만"이라고 말하고 머리를 흔듦으로써 이러한 상황과 맞서 싸워 이기려고 노력했다. 이 방법은 일시적으로 그의 머리를 맑게 해주었으나 자신의 외부에 있다는 느낌과 죽은 것 같은 느낌은 금세 다시 돌아왔다. 불안감을 주는 느낌은 몇 시간에 걸쳐 점점 사라진다. 이러한 삽화는 그가 치료를 받을 때까지 한 주에 약 두 번 정도, 각각 3~4시간 정도 지속되었다. 그의 학점은 떨어지지 않았고 더 많은 시간을 공부하는 것으로 보냈기 때문에 심지어 지난 몇 달 동안 향상되기까지 했다. 그러나 그의 문제를 알고 있는 여자 친구는 그가 자기 자신에게 완전히 몰두하기 시작했기 때문에 만약 그가 변화하지 않는다면 자신과의 관계가 깨어질 수도 있다고 느꼈다. 결국 그녀는 다른 남자와 데이트하기 시작했다.

Spitzer et al., 1994, pp. 270-271

이인화와 비현실증은 관찰 가능한 행동과 연관된 특징에서 해리장애보다는 공포증과 공황장애와 같은 불안장애와 더 밀접하게 관련될 수 있다. 이인성과 비현실감은 불안으로부터 자신을 보호하려는 것처럼 보이는 해리장애의 다른 유형들과 달리, 불안을 끌어낼 수 있고 리치의 사례에서 봤듯이 회피행동이 나타날 수 있다.

문화적 영향은 이인성/비현실감 장애와 같은 해리성

증후군을 포함하여 비정상적인 행동 패턴의 발달, 표현과 중요한 관련이 있다. 예를 들어, 이인성과 비현실감 경험은 집단 정체성과 개인의 사회적 역할과 의무의 책임감을 강조하는 집단주의적 문화보다는 미국과 같이 개성 또는 자기 정체성을 강조하는 개인주의적인 문화에서 더 흔하게 나타날 수 있다(Sierra et al., 2006). 바로 다음에 살펴보는 것처럼 해리성 장애는 각 문화마다 아주 다른 형태로 나타난다.

문화-관련 해리성 증후군

서양 개념인 해리장애와 특정한 문화 관련 증후군 간에 유사성이 세계의 다른 나라들에서 발견된다. 예를 들어 주로 동남아시아와 내륙 태평양 문화에서 발생하는 문화 관련 증후군인 'amok'은 최면상태에 걸려 있는 듯이 갑작스럽게 극도로 흥분하여 타인을 맹렬하게 공격하거나 물건을 파괴한다(3장의 표 3.2 참조). 이렇게 '닥치는 대로 마구 폭행하는' 사람은 이후에 그 일을 기억하지 못하거나 혹은 자신이 로봇처럼 행동했다는 느낌을 기억해 내기도 한다. 다른 예로 'zar'는 북아프리카와 중동 지역에서 해리상태를 경험한 사람들이 귀신에 홀린 상태를 묘사하기 위해 쓰이는 용어이다. 이들은 이러한 상태에서 소리를 지르거나 머리를 세게 벽에 부딪히는 증상에 이르기까지 다양한 범위의 비정상적인 행동을 보인다.

이론적 관점

> **6.3** 해리장애의 이론적 관점의 차이를 설명한다.

해리장애는 아주 흥미롭고 복잡한 현상이다. 어떻게 하나의 정체성이 다중 인격으로 발전되고, 기억의 큰 부분을 완전히 덮어버리거나 새로운 정체성을 발달시킬 수 있을까? 해리장애가 많은 부분에서 풀리지 않은 미스터리로 남아 있지만, 몇 개의 단서가 장애의 근원을 이해하는 데 도움을 준다. **진실 / 거짓**

> **진실 또는 거짓**
>
> 다중 인격을 지닌 대부분의 사람은 평범하고 큰 사건이 없는 아동기를 보냈다.
>
> **거짓** 다중 인격을 지닌 대부분의 사람은 아동기 시절 동안 극심한 신체적 혹은 성학대의 경험을 보고한다.

정신역동적 관점 정신역동적 이론가들은 해리장애는 상당한 억압을 수반하며, 그 결과 전형적으로 부모의 학대와 같은 받아들이기 힘든 충격과 고통스러운 기억이 의식에서 분리된 것으로 본다(Ross & Ness, 2010). 해리성 기억상실은 외상 경험 혹은 그 이외의 고통스럽거나 갈등적인 심리적 요소로부터 오는 개인의 의식적 자기와의 연결을 끊거나 분리하는 데 적응적인 기능을 제공할 수 있다. 해리성 기억상실과 둔주에서 자아는 그 자체로 충격적인 기억을 완전히 덮어버리거나, 성적 혹은 공격적 본능의 위협적인 충동을 분리함으로써 불안으로부터 자아를 보호한다. 해리성 정체성장애에서 사람들은 이러한 받아들일 수 없는 충동을 교대 인격의 발달을 통해 표현할 수도 있다. 이인화에서 사람들은 그들 자신의 바깥-내부의 정서적인 혼란으로부터 안전한 거리에 서 있다.

가상친구. 가상친구는 심지어 가상의 친구를 가지고 있더라도 역할 놀이를 하는 아동에게 일반적이다. 하지만 다중 인격의 경우에는 역할 놀이와 가상적 놀이 친구를 만들어 내는 것은 학대에 대한 심리적 방어일 수 있다. 연구들은 다중 인격을 가진 대부분의 사람이 아동기 때 학대를 겪은 적이 있다고 보고한다.

설문지

해리 경험의 항목

순간적인 이인화 경험과 같은 경미한 해리 경험은 일반인에게서 꽤 흔하다(Bernstein & Putnam, 1986; Michal et al., 2009). 때때로 많은 사람들이 경험한다. 잠깐 동안의 해리적 경험은 꽤 흔할지도 모르지만, 해리장애를 가진 사람들에게서 보고된 경험은 일반 대중들이 경험한 것보다 더 빈번하고 문제가 많다(Waller & Ross, 1997). 해리장애는 지속적이고 극심한 분열 경험을 수반한다.

다음은 일반인 중 많은 사람이 경험하는 것과 유사한 해리 경험의 예시이다. 다음과 같은 일시적인 경험은 정상군과 비정상군 모두에서 가지각색의 빈도로 보고된다는 것을 명심하여야 한다. 하지만 만약 이러한 경험이 지속적이거나 매우 자주 나타나거나 혹은 당신에게 걱정이나 괴로움을 야기한다면, 전문가와 상의해 볼 것을 제안한다.

당신은 다음과 같은 것들을 경험해 본적이 있는가?

1. 주변에 있는 대상이나 사람들이 비현실적인 것처럼 느꼈다.
2. 마치 안개 속이나 꿈속을 걷고 있는 것처럼 느꼈다.
3. 잠을 자고 있는지 깨어 있는지 확신할 수 없었다.
4. 거울 속의 자신을 알아볼 수 없었다.
5. 어딘가를 걷고 있는 자신을 발견했지만, 어디를 가고 있었던 것인지 또는 무슨 일을 했는지 기억하지 못했다.
6. 자신을 먼 거리에서 보고 있는 것처럼 느꼈다.
7. 자신과 분리되거나 연결되지 못함을 느꼈다.
8. 특정 순간에 자신이 누구인지 또는 어디에 있는지 알지 못했다.
9. 당신 주변에서 일어나고 있는 일로부터 멀리 떨어져 있거나 분리됨을 느꼈다.
10. 친숙했던 공간이 친숙하지 않거나 낯설었다.
11. 어떤 장소에 있었지만 어떻게 그곳으로 갔는지 기억하지 못한다.
12. 생생한 환상이나 백일몽처럼 보였던 것이 어느 순간에 실제로 일어났다.
13. 그 순간을 다시 경험하는 것처럼 보이는 사건의 기억이 있다.
14. 무언가를 하고 있는 자신을 마치 내가 다른 사람을 보고 있는 것처럼 느낀다.
15. 누군가와 이야기하고 있을 때 멍해지고 그 사람이 말하고 있는 것의 전부 혹은 일부를 이해하지 못한다.
16. 우편물을 실제로 보냈는지 혹은 편지를 썼는지 혹은 편지를 보내야 한다고 생각만 했는지 같이, 당신이 그것을 끝냈는지 또는 그것을 해야 하는지에 대해 생각만 했는지에 대해 혼란스럽다.

사회인지 이론(social-cognitive theory) 사회인지적 관점에서 우리는 해리성 기억상실과 둔주 형태의 해리를 개인의 충격적인 기억 혹은 정서로부터 심리적 거리감을 두는 행동을 포함한 학습된 반응으로 개념화할 수 있다. 의식으로부터 그들을 분리하는 것과 같이, 자신을 이러한 문제로부터 심리적 거리감을 두는 습관은 불안으로부터 안정과 혹은 죄책감이나 수치심의 제거로 부적 강화된다. 예를 들어, 과거의 신체적 또는 성적 학대와 연관된 기억이나 정서로부터 그들을 일반적인 의식에서 단절(해리)함으로써 자신을 보호하는 것은 불안이나 부적절한 죄책감을 회피하는 방법을 야기할 수 있는 경험이다.

후기 Nicholas Spanos와 같은 몇몇 사회인지 이론가들은 해리성 정체성장애를 관찰학습과 강화를 통해 획득된 역할 연기 형태로 본다. 이것은 척하기 또는 꾀병과는 상당히 다르다. 사람들은 그들이 관찰한 특정한 역할에 따른 행동적 패턴을 실제로 조직화할 수 있다. 그들은 또한 자신의 역할을 '잊을 수' 있도록 역할 연기에 몰두할 수도 있다.

뇌의 기능적 장애 해리 행동은 근본적인 뇌의 기능적 장애와 관련되어 있지 않을까? 이러한 맥락의 연구는 여전히 초기에 있지만, 예비 연구들은 해리성 정체성장애를 가진 환자와 건강한 비임상군 간에 기억과 정서에 관여하는 뇌 영역의 구조적 차이가 있다는 것을 보여 주었다(Vermetten et al. 2006). 이것이 아주 흥미로울지라도, 해리성 정체성장애(DID)를 설명하는 데 있어서 이러한 유의미한 차이점은 추후에 결정되어야 하는 것으로 남아 있다. 또 다른 연구는 이인성/비현실감 장애를 가진 임상군과 건강한 비임상군 간에 뇌 대사 활동의 차이를 보여 준다(Simeon et al., 2000). 신체적 지각에 관여하는 뇌 부분의 기능적 장애를 시사할 수 있는 이러한 발견은 이인화의 특징인 개인의 신체로부터 단절되는 느낌을 설명하는 데 도움이 된다.

또한 최근의 증거는 수면 중 뇌의 기능에서 또 다른 불규칙성을 보여 준다. 연구자들은 정상적인 수면-각성 순환의 붕괴가 각성된 상태에서 꿈을 꾸는 것과 같은 침투적 경험을 불러오고, 결과적으로는 개인의 신체로부터 분리된 느낌과 같은 해리 경험이 일어난다는 것을 제안한다(van der Kloet et al., 2012). 따라서 수면-각성 순환의 조절은 해리 증상을 예방해 주거나 치료해 줄 수 있다.

취약성-스트레스 모델(diathesis-stress model) 해리성 정체성장애를 지닌 사람들의 대부분이 아동기 때 극심한 신체적 또는 성적 학대를 받았다는 광범위한 증거에도 불구하고(Dale et al., 2009; Foote et al., 2005; Spiegel, 2006), 극심한 정신적 외상을 겪은 아동들의 아주 적은 수만이 최종적인 다중 인격으로 발달한다. 취약성-스트레스 모델은 공상에 잠기는 경향이 있고, 최면에 더 쉽게 걸리고, 의식 변성(變性) 상태에 더 개방적인 사람은 외상적 학대 상황에서 다른 사람보다 더 쉽게 해리 경험으로 발전할 수 있다(216쪽의 '함께 연결 짓기' 참조). 개인의 이런 성격적 특질은 해리장애로 이어지지 않는다. 사실 이런 사람들은 일반인들 사이에서 상당히 흔하다. 하지만 이런 성격적 특질은 심각한 외상 경험이 생존 기제로서 해리 현상을 발달시키는 위험을 증가시킬 수 있다(Dalenberg et al., 2012). 연구자들은 외상에 대한 반응에서 해리의 위험 요인으로 공상적 성향의 역할에 대해 계속해서 논쟁해 왔다(Dalenberg et al., 2012). 지금까지 하나의 가능성은 공상에 쉽게 빠지지 않는 사람들은 해리장애를 가진 사람보다 정신적 외상 스트레스에 따른 외상후 스트레스 장애(PTSD)와 연관된 불안, 침투적 사고를 경험할 것이라는 것이다(Dale et al., 2009).

아마도 우리들의 대부분은 의식을 나눌 수 있고, 적어도 일시적으로 우리가 주의를 기울였던 일에 대해 알지 못하기도 한다. 아마도 우리들의 대부분은 불쾌한 기분을 우리의 마음으로부터 밀어낼 수 있고, 상황의 요구에 충족하는 다양한 역할—부모, 자식, 연인, 직장 동료 그리고 군인—을 연기할 수도 있다. 놀라운 것은 의식이 분리될 수 있다는 것이 아니라 인간의 의식은 일반적으로 의미 있는 전체로 통합되어 있다는 것이다.

해리장애의 치료

> **6.4** 해리성 정체성장애의 치료를 설명한다.

해리성 기억상실과 둔주는 보통 갑작스럽게 끝나는 잠깐 동안의 경험이다. 이인화 삽화는 재경험되고 지속적일 수 있으며 가벼운 불안 또는 우울증을 경험할 때 더욱 발생하기 쉽다. 이러한 경우에, 임상가들은 일반적으로 불안이나 우울증을 관리하는 데 초점을 둔다. 연구가 제한적이긴 하지만, 유효한 증거는 해리장애를 치료하는 것이 해리 증상, 우울증 그리고 고통스러운 느낌을 줄이는 데 도움이 된다는 것을 보여 준다(Brand et al, 2009, 2012a).

해리성 정체성장애의 치료에 관심을 두는 많은 연구는 성격 구조 결합을 통한 대체 인격의 통합에 초점을 둔다. 이것을 성공적으로 이루기 위해 치료사는 초기 아동기의 정신적 외상 사건(트라우마)의 기억을 통해 환자가 기억을 가린 덮개를 벗고 작업할 수 있도록 돕는 것을 추구한다. 그렇게 하면서, 종종 그들은 지배 인격과 대체 인격들 간의 연결성을 확립할 수 있도록 한다(Chu, 2011b; Howell, 2011). 치료사들은 환자에게 눈을 감고 대체 인격이 나타날 때까지 기다리기를 요청할 수 있다(Krakauer, 2001). Wilbur(1986)는 치료사는 치료 회기에 드러나는 어떠한 인격들과도 작업할 수 있어야 함을 지적했다. 치료사는 나타나는 모든 인격에게 그들의 갈등적 기억과 꿈에 대해서 이야기하기를 요청하고, 그들에게 치료사가 그들의 불안감을 돕고, 외상 경험을 안전하게 '재경험'하고, 그들이 온전한 의식으로 변할 것이라는 것을 장담한다. 치료 과정에서 학대 경험을 드러내는 것은 필수적으로 고려되는 사항이다(Krakauer, 2001). Wilbur는 대체 인격은 아마도 강렬한 불안에 대처하기 위한 수단으로 발달되었기 때문에 치료 회기 동안에 불안을 경험하는 것이 인격의 교대를 불러올 수 있다는 것에 주목하였다. 치료가 성공적이라면, 환자는 외상 기억을 통한 작업이 가능하게 되고 외상과 연관된 불안을 회피하기 위해 대체 '자아'로 탈출할 필요가 더 이상 없을 것이다. 따라서 인격들의 재통합이 가능해진다.

통합 과정을 거치면서 이질적인 또는 대체 인격들은 응집적 자기로 짜여진다. 여기, 찢겨진 자기의 부분에서 '나를 만드는' 과정에 대해 이야기하는 환자가 있다.

'나' '모두가 여전히 이곳에 있다.'

통합은 처음으로 내가 살아 있음을 느끼게 만들었다. 내가 지금 느끼고 있을 때 이것들을 느끼고 있음을 안다. 나는 내가 느끼는 모든 느낌이, 그것이 불쾌한 것일지라도 괜찮다는 것을 천천히 깨달았다. 뜻밖의 즐거움은 유쾌한 기분 또한 느끼기 시작했다는 것이다. 또한 나는 나의 정신 상태에 대해 더 이상 걱정하지 않는다.

평생을 '일부'로 살아온 누군가에게 통합의 의미가 무엇인지를 이해시키는 것은 정말 어렵다. 나는 여전히 어떤 면에서는 '우리'라고 이야기한다. 몇몇 나의 '통합 전' 친구들은 그것이 무엇이든지 이제 '나'로 돌아갈 수 있다고 가정한다. 그들은 통합이 세 존재 전부라는 것을 깨닫지 못한다. 나는 이전에 '내가' 한 번도 해보지 않았기 때문에 어떤 상황에서 어떻게 행동해야 할지 알지 못한다. 혹은 어떻게 반응해야 하는지 분열된 방식으로만 안다. 기분을 계속적으로 느끼지 못했던 사람에게 '슬픔'은 무엇을 의미하는가? 나는 때때로 슬플 때 정말 슬퍼해야 하는지 모르겠다. 오직 나에게만 책임이 있다는 것이 혼란스럽고 두렵다.

나에게 가장 위로가 되는 통합의 요소들과 다른 인격들이 알 수 있도록 원하는 것은[이것이다] 아무도 죽지 않는 것이다. 모든 인격은 여전히 여기 나의 안에 있고, 독립적으로 나의 신체를 통제하는 것 없이 적절한 장소에서 존재한다. 하나만 제외하고 모두가 떠나는 상황이 아니다. 나는 현저하게 다른 '완전히 새로운' 사람이다. 나는 나의 다른 인격들의 기술과 정서로의 접근 방식을 배우기 위해 몇 달을 보냈고, 지금은 나의 것이 되었다. 나는 균형을 잡았고 이전에는 없었던 새로운 시각으로 볼 수 있게 되었다. 나는 행복하고 만족한다. 이것은 죽음에 대한 것이 아니다. 이것은 삶이 가장 충만해진 것을 축하하는 것이다.

— Olson, 1997

Wilbur는 해리성 정체성장애를 지닌 여성의 사례에서 또 다른 치료 목표를 설정하는 것에 대해 기술하였다.

'아이들'은 수치스러워하지 않아야 한다.

인생 전체를 해리성 정체성장애로 고통받은 45세 여성이 있다. 그녀의 지배 인격은 소심하고 남의 시선을 의식하였으며 그녀 자신에 대해서 얘기하기를 상당히 꺼렸다. 그러나 그녀는 치료에 들어가면서 바로 펑펑 우는 '작은 아이들'의 모습을 드러냈다. 치료사는 인격체계에 있는 현재 존재하는 인격들을 명확하게 해줄 수 있는 중요한 누군가와의 대화를 요청하였다. 몇 명의 아이들이 포함된 인격들이 나타났고, 이들 모두는 9세 이하였으며 삼촌, 큰고모 그리고 외할머니에 의해 극심한 고통과, 고통스러운 성학대 경험이 있었다. 큰고모는 관음장애가 있는 레즈비언 친구를 둔 레즈비언이었다. 아이들은 성학대, 두려움 발생, 고통, 폭력, 굴욕 그리고 수치심을 지켜보곤 했다.

그들이 그러한 학대를 저항하기에는 너무 무력했기 때문에 수치심을 느끼지 않아도 된다는 것을 이해하기 위해서는 그 '아이들'을 불러오는 것이 치료에서 필수적인 과정이었다.

— Wilbur, 1986, pp. 138-139

해리성 정체성장애의 치료는 효과가 있는가? 일반적인 결론을 지지하기 위한 충분한 경험적 증거는 아직 존재하지 않는다(Brand, 2012b). 초기 연구에서 Coons(1986)는 14~47세 사이의 20명의 '다중 인격'을 초

이브의 세 얼굴. 고전 영화 《이브의 세 얼굴》의 여배우 조앤 우드워드(사진)는 이브의 세 가지 인격을 연기하여 아카데미 주연상을 수상하였다. 소심한 주부로 두 대체 인격의 은신처인 이브 화이트(왼쪽), 성적이고 반사회적 인격의 이브 블랙(중앙) 그리고 그녀의 성적이고 공격적인 욕구를 수용하지만 적응적인 행동으로 사회적 활동을 수행하는 통합된 인격의 제인(오른쪽). 영화에서 치료사는 그녀의 세 인격을 통합하는 데 성공하지만 실제로, 조앤 우드워드는 이후에 22개의 인격으로 분리되었다고 전해진다.

함께 연결 짓기

연구자들이 해리 현상에 대해 서로 다른 개념화를 형성할지라도, 많은 경우에 증거들은 아동기 때의 학대 경험을 시사한다. 해리성 정체성장애의 가장 보편화된 관점은 장애가 일반적으로 5세 이전에 시작된 극심하고, 반복적인 아동기 학대의 생존 전략으로 나타났다는 것이다(Burton & Lane, 2001; Foote, 2005). 아주 심하게 학대받은 아이는 견딜 수 없는 학대에 대항하는 심리적 방어로서 대체 인격 안으로 철수할 수 있다. 이러한 대체 인격들의 형성은 아동을 심리적으로 회피할 수 있게 해주거나 그들의 고통으로부터 멀어지게 해줄 수 있다. 이번 장의 첫 번째 사례에서, 대체 인격 레아는 다른 모든 대체 인격들을 위해 최악의 학대를 견디며 나아간다. 해리는 다른 어떠한 방법도 사용할 수 없을 때 회피의 기회를 제공해 줄 수 있다. 지속적인 학대 상황에서, 이러한 대체 인격은 안정될 수 있고, 통합된 인격을 유지하는 것을 어렵게 만든다. 성인기에, 다중 인격자들은 그들의 외상적 아동기 기억과 이에 대한 정서적 반응을 차단하기 위해서 대체 인격을 사용함으로써 과거를 잊고 새롭게 출발하고 대체 인격으로 가장하여 새로운 삶을 시작한다. 대체 정체감 혹은 인격은 또한 큰 스트레스 상황에서 대처할 수 있도록 도와줄 수 있고, 개인의 주요 인격 내부에서 통합할 수 없는 뿌리 깊은 분노를 표현할 수 있게 도울 수 있다. 그림 6.1에 나타낸 것처럼, 취약성-스트레스 모델은 소인적 원인(취약성)과 외상적 스트레스 사건의 결합에 기초하여 해리성 정체성장애 발달의 이해를 돕는 개념적 틀을 제공한다.

경험적 연구들은 보통 친척이나 양육자에 의한 아동기 외상 경험의 노출은 해리장애, 특히 해리성 정체성장애의 발달을 수반한다고 보고하였다. 해리성 정체성장애는 아동기 때의 성적 또는 신체적 학대의 내력과 강하게 연결되어 있다. 일부 표본에서는, 아동기 때 신체적 또는 성적 학대를 당했다고 보고하는 비율의 범위가 76~95%에 달한다(Ross et al., 1990; Scroppo et al, 1998). 터키의 한 연구에서 문화 간 유사성에 대한 증거가 나타났다. 이 연구에서 해리성 정체감 환자들의 대부분이 어린 시절 아동기 성적 또는 신체적 학대를 보고하였다(Sar, Yargic, & Tutkun, 1996). 아동기 학대는 또한 해리성 기억상실과도 연결되어 있다(Chu, 2011a).

아동기 학대는 해리성 장애와 연결된 외상의 유일한 요인이 아니다. 민간인과 군인 모두에게서 전쟁의 외상은 해리성 기억상실의 일부 사례에 영향을 미친다. 심각한 경제적 문제와 같은 현저한 생활 스트레스와 사회적으로 용인될 수 없는 행동에 대한 처벌 회피의 욕구는 해리성 기억상실이나 이인화를 촉발할 수 있다.

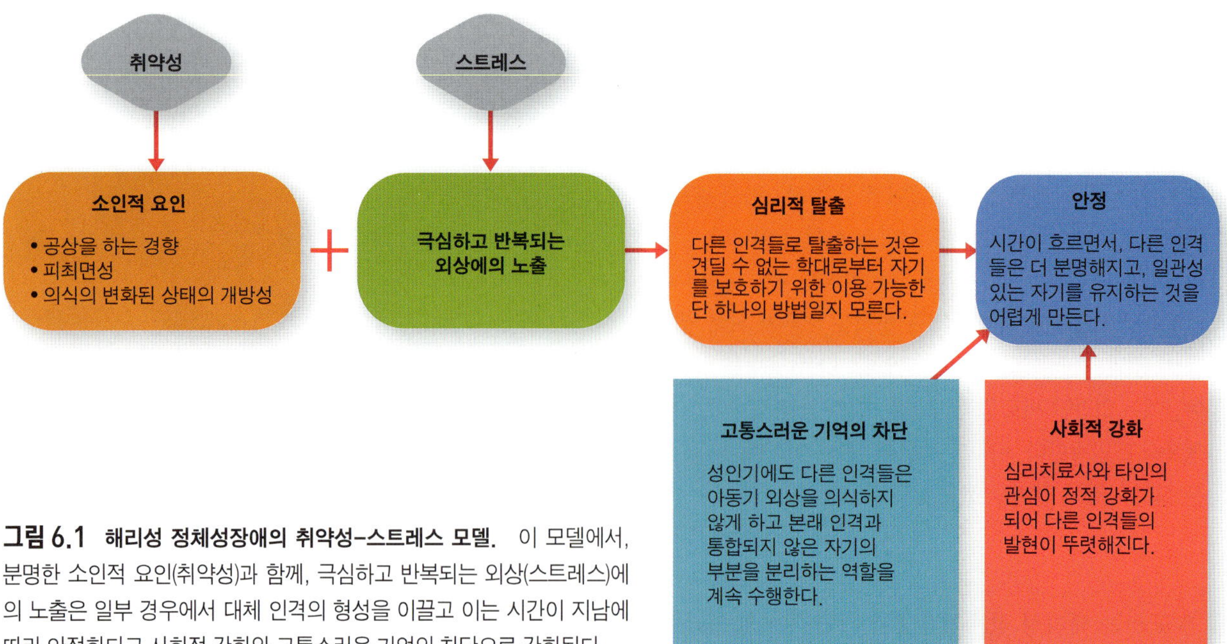

그림 6.1 해리성 정체성장애의 취약성-스트레스 모델. 이 모델에서, 분명한 소인적 요인(취약성)과 함께, 극심하고 반복되는 외상(스트레스)에의 노출은 일부 경우에서 대체 인격의 형성을 이끌고 이는 시간이 지남에 따라 안정화되고 사회적 강화와 고통스러운 기억의 차단으로 강화된다.

기 면접에서부터 평균 3년 3개월간 추적하였다. 오직 5명만이 그들 인격의 완전한 통합을 이루었다. 그러나 치료사들은 통합을 이루지 못한 환자들에서도 해리 증상과 우울 증상의 측정에서 유의미한 개선을 보인다고 보고했다. 그럼에도 불구하고 더 큰 증상의 개선은 통합을 이룬 사람들에게서 보고된다(Ellason & Ross, 1997).

정신역동 그리고 행동치료와 같은 다른 유형 치료들의 효과는 비통제 사례 연구에 의존한다. 해리성 정체성 장애 또는 다른 유형의 해리장애 치료의 통제 연구는 아직 보고되지 않았다. 비교적 드문 장애는 각기 서로 다른 치료 형태를 통제 집단과 비교하는 통제된 실험을 수행하는 노력을 방해한다. 과학자들은 정신의학 약물이나 다른 생물학적 접근이 다양한 대체 인격의 통합을 이루는 데 효과가 있다는 증거를 가지고 있지 않다. 항우울제인 프로작과 같은 정신의학 약물들이 이인성/비현실감 장애의 치료에 사용되고 있지만, 플라시보보다 더 효과적인지에 대해서는 아직 충분한 증거가 없다(Simeon et al., 2004; Sierra et al, 2012). 이러한 반응성의 부재는 이인성/비현실감 장애가 우울증의 2차적 특성일 수 있다는 것을 제안한다.

신체 증상 및 관련 장애

*somatic*이라는 단어는 그리스어로 '신체'를 뜻하는 그리스어 *soma*에서 유래되었다. **신체 증상 및 관련 장애**(somatic symptom and related disorders, 이전에는 **신체형 장애**로 불림)가 있는 사람은 확인 가능한 신체적 원인 없이 신체('somatic') 증상을 호소하거나 증상의 유형이나 의미에 대해 과도하게 걱정할 수 있다. 신체 증상은 현저하게 개인의 일상을 방해하므로 종종 그들의 질병과 치료법을 설명해 줄 수 있는 의사를 찾을 것이라는 희망으로 '닥터 쇼핑(doctor shopping)'을 하게 된다(Rief & Sharpe, 2004). 그들은 문제가 없다는 의사의 말에도 자신이 중병이라는 신념을 가지고 있을 수 있다. 일부 개인들은 분명한 이유 없이 의학적인 치료를 받기 위해 신체 증상을 속이거나 조작할 수 있다.

신체 증상 및 관련 장애는 심리적 과정이 신체 기능에 영향을 미친다고 간주한다. 예를 들어, 일부 사람들은 호흡이나 음식을 삼키는 것 또는 '목이 메는 것 같은' 문제를 호소한다. 대체로 불편감을 호소하며 의사를 찾는 사람들의 최소 20%는 의학적으로 설명이 불가능하다(Rief & Sharpe, 2004).

신체 증상 및 관련 장애의 몇 가지 유형이 있다. 여기서 우리는 다음과 같은 주요 유형들을 고려한다. 신체 증상 장애, 질병불안장애, 전환장애, 그리고 허위성 장애. 표 6.4는 이들 장애의 개관을 제공한다.

신체 증상 장애

> **6.5** 신체 증상 및 관련 장애 유형들의 핵심 특징을 설명한다. 신체 증상 장애, 질병불안장애, 전환장애, 허위성 장애

대부분의 사람은 살아가면서 신체 증상을 나타낸다. 개인의 신체 증상에 대해 염려하고 치료를 받고자 하는 것은 정상이다. 하지만 **신체 증상 장애**(somatic symptom disorder, SSD)가 있는 사람들은 문제가 되는 신체 증상만 있는 것이 아니라 증상을 지나치게 걱정하여 그들의 사고, 기분 그리고 행동에까지 영향을 미친다. 따라서 진단은 신체 증상의 심리적 특징과 원인 또는 증상의 원인이 의학적으로 설명될 수 있는지 없는지를 강조한다. 신체 증상 장애(SSD)의 진단은 신체 증상이 반복적이어야 하고(한 가지 증상만이 지속적으로 나타나지 않더라도), 일반적으로 6개월 또는 그 이상 지속되며 증상이 개인에게 현저한 고통을 일으키거나 일상의 기능을 방해하여야 한다. 증상은 위(복부) 경련과 다양한 통증과 고통을 포함한다.

신체 증상 장애(SSD) 환자들은 증상의 심각성에 대해 과도하게 걱정할 수 있다. 그들은 증상의 의미에 대한 계속적인 불안으로 괴로워할 수 있고 치료를 받거나 자신의 걱정이 타당하다는 것을 확인하기 위해 이 의사 저 의사를 찾아다니는 데 아주 많은 시간을 소비할 수 있다. 이들의 걱정은 수년간 지속될 수 있어서, 그들 자신뿐만 아니라 가족들과 의사들의 지속적인 불만의 원인이 될 수도 있다(Holder-Perkins, & Wise, 2002). 과도한 신체적 걱정으로 의학적 관리를 받는 환자들을 추적한 결과, 이들이 의학적 도움을 굉장히 많이 받는다는 것을 발견하였다(Orav, & Bates, 2005).

DSM의 이전 판에서는 반증하는 의학적 설명에도 불구하고 증상이 암 또는 심장 질환과 같은 심각하고 발견되지 않은 질병으로 인한 것이라고 믿고 신체 증상을 호소하는 사람들에게 진단되는 **건강염려증**(hypochondria-

표 6.4
주요 신체 증상 및 관련 장애의 개관

장애의 유형	평생 유병률	설명	관련 특징
신체 증상 장애	알려져 있지 않으나, 일반 성인 인구의 5~7% 정도에 영향을 미칠 것이다.	신체 증상과 관련된 비정상적인 행동, 사고 또는 감정 패턴	• 증상들은 즉각적으로 병원을 자주 찾도록 만들거나 현저한 기능의 손상을 야기한다.
질병불안장애	알려져 있지 않음.	심각한 질병에 걸렸다는 신념에 대한 집착	• 질병의 공포는 반증되는 의학적 설명에도 불구하고 지속된다. • 신체적 감각 또는 가벼운 몸살을 심각한 질병의 신호로 해석하는 경향
전환장애(기능적 신경학적 증상장애)	알려져 있지 않으나, 신경학 진료와 관련된 환자의 5% 이내로 보고된다.	의학적으로 설명이 불가능한 신체적 기능의 변화 또는 상실	• 심리적 기원에 신빙성을 부여하는 갈등이나 스트레스 맥락에서 발생한다. • 증상 무관심증 증상의 심각성에 비해 환자의 무관심과 연관될 수도 있다.
허위성 장애	알려져 있지 않으나, 병원 현장에서 진단될 수 있는 임상 환자의 1%로 추정한다.	명백한 동기 없이 신체적, 심리적 증상의 왜곡 또는 조작	• 꾀병과 달리, 증상은 명백한 이득의 결과를 가지지 않는다. • 두 가지 주요 유형으로 자신에게 부과하는 허위성 장애(자신의 증상을 꾸미거나 유도하는 것으로 흔히 뮌하우젠 증후군이라고도 함)과 타인에게 부과하는 허위성 장애(타인의 증상을 꾸미거나 유도하는 것)이 있다.

출처: APA, 2013.

sis) 장애가 포함되어 있었다. 예를 들어, 두통을 호소하는 사람은 이것이 뇌종양의 징조라는 생각으로 두려워할 수 있고, 그것이 근거 없는 두려움이라고 말하는 의사가 잘못되었다고 믿는다. 건강염려증의 핵심은 신체 불안으로, 개인의 신체적 증상이 아주 끔찍한 건강 문제의 징조라는 것에 사로잡혀 있는 것이다(Abramowitz & Braddok, 2011; Skriskaya et al., 2012). 건강염려증은 일반 인구의 약 1~5%에 발생하고 환자의 약 5%는 의학적 도움을 추구한다(Abramowitz & Braddock, 2011; Barsky & Ahern, 2004). **건강염려증**이라는 용어는 여전히 많은 곳에서 사용되지만, 더 이상 DSM-5에서는 별개의 진단이 아니다. 이전에 건강염려증으로 진단받은 대부분의 경우들이, 아마 3/4 정도의 많은 경우는 현재 신체 증상 장애로 진단될 것이다(APA, 2013).

건강염려증을 지닌 사람들은 그들의 증상을 의도적으로 꾸며 내지 않는다. 그들은 흔히 소화기 계통이나 신체 전반에 걸쳐 종합적 통증과 고통을 포함한 실제 신체적 불편감을 느낀다. 그들은 아주 미약한 심장박동의 변화와 가벼운 통증과 같은 신체적 감각의 가벼운 변화에도 과도하게 민감할 수 있다(Barsky et al., 2001).

하지만 신체 증상에 대한 불안은 그 자체로 그들의 신체적 감각을 초래할 수 있으므로—예를 들어, 지나친 땀 흘림과 현기증, 심지어 기절까지—악순환이 뒤따를 수 있다. 환자는 의사가 그들의 두려움이 신체 증상을 야기할 수 있다고 이야기할 때 억울해한다. 그들은 능숙하고 동정적인 의료진들이 너무 늦기 전에 그들에게 관심을 가질 것이라는 희망을 가지고 자주 의사를 찾아 이곳저곳을 다닌다(닥터 쇼핑). 의사 또한 다음에 제시된 경우와 같이 건강염려증을 발전시킬 수 있다.

아픔을 느끼는 의사: 건강염려증 사례

38세의 방사선 전문의인 로버트는 유명한 진단 센터에서 10일 동안 머무르면서 전체 위장관의 다양한 검사를 받고

무엇을 복용할까? 건강염려증은 개인의 신체적 호소를 설명할 수 있는 유기적인 원인이 없음에도 불구하고, 심각한 질병에 대한 지속적인 걱정이나 두려움을 뜻한다. 이 장애를 지닌 사람은 일반의약품을 자주 복용하고 그들의 건강이 위급하지 않다는 의사들의 언급에서 약간의 위안을 얻는다.

돌아왔다. 검사 결과 위험한 신체적 질병이 없는 것으로 나타났지만, 그는 안심하기보다는 억울하고 이러한 결과에 대해 실망한 것처럼 보였다. 그는 몇 달 동안 가벼운 복부 통증, '더부룩한' 느낌, '위장 문제' 그리고 '복부 쪽에 딱딱한 덩어리가 있는' 느낌을 포함하여 다양한 신체 증상에 시달렸다. 그는 자신의 증상이 대장암 때문이라고 확신했고 일주일에 한 번씩 대변을 아주 세밀하게 검사하기 시작하였으며 하루에 몇 시간씩을 침대에 누워서 복부 쪽 '덩어리'를 주의 깊게 만져보곤 했다. 또한 그는 아무도 모르게 자신을 대상으로 엑스레이 촬영사진을 연구하였다. 그가 13세 때는 심잡음이 발견되었고, 그의 남동생은 어릴 때 선천성 심질환으로 죽은 병력이 있었다. 그의 심잡음이 아주 미약한 것이라고 진단되었음에도 불구하고, 그는 무엇인가 간과되었을 것이라고 걱정하기 시작했다. 자신의 심장이 아주 잘못되어 가고 있다는 두려움을 키웠고 이러한 두려움이 가라앉아도 모든 두려움이 완전하게 사라지지 않았다. 그는 의대를 다니면서는 병리학에서 배운 질병에 대해 걱정했었다. 졸업한 이후에도, 다음과 같은 전형적인 형태로 자신의 건강에 관한 걱정을 지속적으로 경험했다. 어떤 증상에 주목하고, 그 증상이 무엇을 의미하는지에 대해 집착하지만 신체 검사에서는 음성 판정을 받았다. 그는 9세 된 아들과 있었던 일로 인해 정신과를 찾아가 보기로 결심했다. 그가 자신의 복부를 만져 보고 있는데, 아들이 갑자기 다가와서 "이 시간에 대해 어떻게 생각해요, 아빠?"라고 물었다. 그는 이 일에 대해 이야기하면서 눈물을 흘리면서 자신에게 수치심과 분노를 느꼈다고 말했다.

— Spitzel et al., 1994, pp. 88-90

건강염려증 환자들은 흔히 어릴 때 아팠다고 보고하고, 건강상의 이유로 학교를 결석하기도 하며, 아동기에 신체적 폭력과 같은 성적 학대 외상 경험을 보고하기도 한다(Barsky et al., 1994). 건강염려증과 다른 유형의 신체 증상 장애는 몇 년 동안 지속될 수 있고 흔히 다른 심리적 장애, 특히 주요 우울장애와 불안장애와 함께 나타난다.

건강염려증 환자들의 4명 중 1명은 진단기준에 부합하지 않는 비교적 가볍거나 경도의 증상을 호소한다. 그들의 증상은 가볍기 때문에 신체 증상 장애로 진단되지 않는다(APA, 2013). 그러나 이들은 높은 수준의 건강 불안을 나타내거나 자신의 의학적 상태를 걱정하므로, DSM-5에서 새롭게 인지된 장애인 **질병불안장애**로 진단받을 가능성이 높다.

질병불안장애

흔히 건강염려증이 있는 사람들의 신체 증상이 '가짜'이거나 '그들의 상상 속에 있는 것'이라고 오해한다. 그러나 대다수 사례에서 건강염려증이 있는 사람들은 현실적인 고통을 야기하는 실제 증상이 있고, 이는 신체 증상 장애(SSD) 진단에 부합하다. 하지만 건강염려증이 있는 사람 중에는 비교적 가벼운 혹은 경도의 증상을 호소하여 심각한 미확정 질병의 신호로 여겨지는 하위 집단이 있다. 이 하위 집단을 적용하기 위해 DSM-5에서는 **질병불안장애**(illness anxiety disorder, IAD)라는 새로운 진단범주를 추가하였다. 이는 증상이 야기하는 고통보다 오히려 질병과 관련된 불안을 강조한다. 이 환자들은 괴롭다고 여기는 증상(막연한 아픔과 고통 또는 복부나 흉부에서 느끼는 압박감) 그 자체보다는 오히려 그 증상이 의미하는 것에 대한 두려움이 있다. 어떤 경우에는 증상을 전혀 보고하지 않지만 여전히 심각한 진단 미확정 질병을 가지고 있는 것에 대해 몹시 걱정을 표현하기도 한다.

질병불안장애가 있는 일부 사례에서 심각한 질병(예: 알츠하이머병)의 가족력이 있지만, 주로 그 질병을 앓게 되거나 천천히 진행되는 것이라는 과장된 걱정에 사로잡혀 있다. 이들은 두려운 질병의 신호를 찾기 위해서 신체검사에 집착하게 될지도 모른다.

이 장애에는 두 가지 일반적인 하위 유형이 있다. 한 유형은 의학적 **진료를 회피하는 유형**(care-avoidant subtype)으로, 어떤 질병이 발견될지도 모른다는 높은 수준의 불안 때문에 병원 방문 또는 실험실 검사를 미루거나 회피하는 사람들에게 해당된다. 두 번째 하위 유형은 의학적 **진료를 추구하는 유형**(care-seeking subtype)으로 의사를 쇼핑하러 다니고, 기본적으로 최악의 두려움을 확인해 줄 수 있는 전문 의료진을 찾을 수 있다는 희망으로 이 의사 저 의사를 찾아 뛰어다니는 사람들을 말한다. 이러한 사람들은 그들의 두려움이 부적절하다고 설득하려는 의사에게 화를 내기도 한다.

전환장애

전환장애[conversion disorder; DSM-5에서 **기능적 신경학적 증상장애**(functional neurological symptom disorder)라 불림]는 수의적 운동을 통제하는 능력에 영향을 미치거나(예: 걷거나 팔을 움직일 수 없음) 보거나 듣지 못하거나 촉각 자극(접촉, 압박, 따뜻함 또는 통증)을 느낄 수 없는 것처럼, 감각 기능에 손상이 있는 증상 또는 결함이 있는 것이 특징적이다. 심리장애로서 이러한 문제는 의학적 질환이나 질병과 부합하지 않거나 혹은 양립할 수 없는 신체적 기능의 상실 또는 손상을 준다. 결과적으로 전환장애는 정서적 고통이 운동 또는 감각 영역에서 유의미한 증상으로의 전환 또는 변화를 포함하는 것으로 여겨진다(Becker et al., 2013; Reynolds, 2012). 그러나 어떤 경우에는 전환장애로 보이는 것이 실제로는 어떤 외부적 이득을 위해 의도적인 거짓말을 하거나 증상을 조작하는 것(꾀병)으로 나타나기도 한다. 불행히도 임상가들은 누군가가 거짓말을 하고 있다는 것을 정확히 결정할 능력이 부족하다.

전환장애에서 신체 증상은 대개 스트레스 상황에서 갑자기 등장한다. 가령, 군인의 손은 치열한 전투 동안에 '마비'될지도 모른다. 전환 증상이 처음에 갈등 또는 스트레스원의 맥락에서 나타나거나 악화된다는 사실은 심리적 연결성을 시사한다. 전체 인구에서 이 장애의 유병률은 아직 알려지지 않았지만, 신경학 진료실로 보내진 환자들의 약 5%라고 보고된다(APA, 2013). 해리성 정체성 장애와 같이 전환장애는 많은 경우에 어린 시절의 트라우마 또는 학대 경험과 관련된다(Sobot et al., 2012).

전환장애는 억압된 성적 또는 공격적 에너지가 신체 증상으로 전달된다는, 즉 **전환**(conversion)을 나타내는 정신역동적 믿음 때문에 그렇게 불린다. 전환장애는 이전에 **히스테리**(hysteria) 또는 **히스테리성 신경증**(hysterical neurosis)으로 불렸으며, Freud의 정신분석 발전에 중요한 역할을 했다(2장 참조). 히스테리성 또는 전환장애는 오늘날보다 Freud 시대에 훨씬 더 보편적이었던 것 같다.

DSM에 따르면 전환 증상은 수의적인 운동(움직임) 또는 감각 기능의 문제를 포함한 신경학적 또는 일반 의학적 질환의 조건처럼 보인다. 몇 가지 전형적인 증상 패턴은 마비, 간질, 협응 문제, 실명과 터널 시야, 청각 또는 후각의 손상 혹은 팔다리 감각의 손상(무감각증)과 같은 형태를 취한다. 전환장애에서 발견되는 신체 증상들은 흔히 그들이 말하는 의학적 질환과 일치하지 않는다. 예를 들어, 진짜 간질 환자와 달리 **전환 간질**(conversion epileptics)은 발작 중에 방광에 대한 통제를 유지할 수 있다. 시력이 가상으로 손상된 사람들은 가구와 부딪치지 않으면서 진료실을 걸어 다닐 수 있다. 서 있거나 걷는 것이 '불가능'하게 된 사람들은 그럼에도 불구하고 정상적으로 다른 다리를 움직일 수 있다. 따라서 히스테리와 전환 증상은 때때로 근본적인 의학적 질환이 있는 것으로 잘못 진단된다(Stone et al., 2005). **진실 / 거짓**

진실 또는 거짓

어떤 사람들은 의학적으로 문제가 전혀 없음에도 불구하고, 그들의 손과 발의 모든 감각을 잃어버린다.

진실 전환장애가 있는 몇몇 사람은 의학적으로 그들에게 문제가 없어도 감각 또는 운동 기능을 상실한다(실제로 전환장애로 가정되는 어떤 사람들은 인식되지 않는 의학적 문제를 가지고 있을 수 있다).

만약 당신이 시력을 갑자기 잃거나 더 이상 다리를 움직일 수 없다면, 아마도 당연히 걱정할 것이다. 하지만 해리성 기억상실이 있는 사람처럼 전환장애가 있는 몇몇 사람은 그들의 증상에 대해 현저히 무관심한데, 이 현상을 **증상 무관심**(la belle indifference; '기분 좋은 무관심')이라고 부른다(Stone et al., 2006). 그러나 DSM에서는 진단을 내리는 한 요소로 증상에 대한 무관심에 의존하는 것을 반대한다. 왜냐하면 많은 사람이 자신의 고통이나 걱정을 부인하거나 최소화하는 방식으로 진짜 신체장애에 대처하기 때문이다. 이것은 적어도 일시적으로 불안을 완화시킨다.

허위성 장애

6.6 꾀병과 허위성 장애의 차이점을 설명한다.

허위성 장애(factitious disorder)는 곤혹스럽다. 이 장애가 있는 사람들은 신체적 또는 심리적 증상을 위장하거나 만들어 내지만, 어떤 분명한 동기가 없다. 때때로 그들은 노골적으로 거짓말을 하는데, 팔이나 다리를 움직일 수 없다고 주장하거나 실재하지 않는 고통을 주장한다. 때때로 그들은 자해하거나 문제를 일으키는 약물을 복용하는데, 심지어 생명을 위협하는 증상을 일으키기도 한다. 그런 곤혹스러움은 거짓 행동에 대한 동기 부족과 관련된다. 허위성 장애는 **꾀병**(malingering)과 같지 않다. 왜냐하면 꾀병은 외부 보상이나 유인가로 동기화되기 때문에 DSM 체계 내에서 심리적 장애로 고려되지 않는다. 꾀병을 지닌 사람들은 일을 피하거나 장애 혜택의 자격을 얻기 위해 신체 질병이 있는 체할 수 있다. 그들은 기만적이고 심지어 정직하지 못할 수 있지만, 그들이 심리장애로 고통받는다고 여겨지지는 않는다.

꾀병과 달리 허위성 장애 증상은 명백한 이득이나 외부 보상을 일으키지 않는다. 그래서 허위성 장애에서 환자 역할을 가장하는 것은 기저의 심리적 욕구에 따르는 것이다. 이러한 이유로 허위성 장애는 정신병 혹은 심리장애의 유형으로 분류된다.

허위성 장애의 주된 두 가지 하위 유형은 (1) **자신에 대한 허위성 장애**(스스로에게 증상을 꾸미거나 유발하는 것이 특징), (2) **타인에 대한 허위성 장애**(다른 사람에게 증상을 유발하는 것이 특징)가 있다.

자신을 이용하는 허위성 장애는 이 장애의 가장 흔한 유형이며, 일반적으로 **뮌하우젠 증후군**(Münchausen syndrome)이라고 언급된다. 이 증후군은 꾀병의 한 형태로 아픈 척하거나 아니면 독성 물질을 먹는 것과 같이 자신의 건강을 해친다. 비록 신체 증상 장애가 있는 사람들이 신체적 증상으로부터 어떤 이익을 얻을지도 모르지만(예: 다른 사람으로부터 동정을 끌어내기), 그들은 의도적으로 이익을 만들어 내지는 않는다. 그들은 다른 사람을 속이려고 하지 않는다. 하지만 뮌하우젠 증후군은 허위성 장애의 한 형태로서 환자 역할을 가장하고, 다른 사람으로부터 동정과 지지를 받는 것과 별개로 계획된 거짓말이나 분명한 이득이 없으면서 겉보기에 그럴듯한 신체적 통증이라는 유인책이 있다.

뮌하우젠 증후군은 역사상 위대한 거짓말쟁이 중 한 사람인 칼 폰 뮌하우젠 남작의 이름을 땄다. 18세기 독일 육군 장교인 친절한 남작은 터무니없는 모험 이야기로 친구들을 즐겁게 해주었다. 자국어로 Münchausenism은 과장된 이야기를 하는 사람을 나타낸다. 임상적 용어로 뮌하우젠 증후군은 의사에게 믿기 어려운 이야기 혹은 터무니없는 거짓말을 하는 환자를 말한다. 뮌하우젠 증후군이 있는 사람은 대개 병원에서 병원으로 쫓아다닐 때 깊은 괴로움을 경험하고, 스스로 부적절하고, 고통스러워하며, 때때로 위험한 의학적 치료, 심지어 수술을 받는다. '더 자세히 살펴보기'에서 이 특이한 장애를 좀 더 깊이 살펴본다.

'나' 병에 걸렸어요: 타인을 이용한 허위성 장애

『병에 걸렸어요』라는 제목의 자서전에서 줄리 그레고리는 어릴 때 어떻게 수많은 X-ray와 수술을 받았는지 이야기하면서, 이는 자신에게 문제가 있어서가 아니라 자신의 어머니 마음속에서 존재했던 질병의 원인을 찾기 위해서였다고 말한다(Gregory, 2003). 13세 때 줄리는 침습적 의학 절차인 심장 조영술을 받았는데, 이는 "…이것의 진짜 원인을 알아내야 해."라고 말하는 엄마의 고집 때문이었다. 심장병 전문의가 줄리의 엄마에게 검사 결과는 정상 범위 안에 있다고 알렸으나 엄마는 심장 절개 수술을 포함하여 훨씬 더 상세한 검사를 해야 한다고 주장했다. 의사가 거절했는데 줄리의 엄마는 그에게 맞섰다. "전 믿을 수 없어요! 도저히 믿을 수가 없어요! 당신은 철저히 조사하지도 않고 심장 절개를 하려고 하나요? 전 우리가 이것을 마지막까지 시행하는 데 동의했다고 생각했어요. 당신은 이 일에 전념

더 자세히 살펴보기

뮌하우젠 증후군

한 여성이 입에서 피를 흘리고, 배를 움켜잡고, 고통으로 울부짖으며 뉴욕시 병원의 응급실로 비틀거리며 들어왔다(Lear, 1988). 쉴 새 없이 피를 흘리며 움켜잡는 사람과 울부짖는 사람을 다루는 응급 환경에서조차도 그녀는 주목의 대상이 되는 엄청난 스타성이 있었다. 그녀는 소름 끼치는 학대와 정신적 트라우마에 대해 말했다. 한 남자가 그녀를 유혹한 후, 그녀를 묶고 때리고, 돈과 보석을 가져오도록 강요했다. 그녀는 하반신의 고통과 극심한 두통을 포함한 다른 신체적 증상이 있었다. 그녀는 병원에 입원한 후 검사를 했으나, 소용이 없었다. 그녀의 출혈과 고통의 신체적 원인을 전혀 찾을 수 없었다. 그러나 병원 관계자는 그녀의 침대 옆 탁자 위에 주사기와 혈액 희석제를 포함한 어떤 물건이 있다는 것을 알아챘다. 그렇다, 그녀는 병원에 들어오기 전에 출혈을 일으키는 혈액 희석제를 자기 손으로 주입하였다. 그녀는 침대 옆 탁자에 있는 물건은 자신의 것이 아니라고 주장하면서 모든 것을 부인했다. 누군가가 테이블 위에 그것들을 놓아두었다고 주장했다. 하지만 그녀는 자신을 믿는 사람이 아무도 없다는 사실을 알고, 곧 스스로 병원을 나갔으며, 자신을 정말로 보살펴 줄 다른 의사들을 찾을 것이라고 주장했다. 그 후, 그녀는 최근 동일한 증상을 보고하면서 다른 2개의 병원에 입원했음이 밝혀졌다.

뮌하우젠 환자들은 비록 자신에게 잘못된 것이 없다는 것을 알고 있더라도 예비 수술에 동의하는 것과 같이 확실한 진단을 받기 위해 모든 노력을 기울일지도 모른다. 어떤 사람들은 피부 발진과 같은 증상을 유발하기 위해 약물을 스스로 주입한다. 그들은 속임수의 증거에 직면하게 되면, 폭력적이 되면서 자신의 주장을 계속 고수한다. 또한 그들은 통증이 진짜라는 것을 다른 사람에게 납득시킬 정도로 충분히 숙련된 배우들이다.

뮌하우젠 증후군이 있는 환자는 왜 꾀병을 부리거나 스스로를 아프게 하거나 다치게 하여, 위험에 처하도록 하는가? 아마도 보호적인 병원 환경에서 환자 역할을 연기하는 것은 어린 시절에 결핍되었던 안전감을 제공해 주기 때문일 것이다. 어쩌면 병원은 어릴 때부터 있었던 의사와 부모님에 대한 분함을 행동화할 수 있는 무대가 된다. 그들은 자주 아팠던 부모님과 동일시하려고 노력하는 중인 듯하다. 아니면 어릴 때 그들은 반복된 성적 학대 또는 다른 외상 경험에서 도피하기 위해 환자 역할 연기를 학습했고, 성인이 되어서도 스트레스원을 피하기 위해 그 역할을 지속하고 있을 수도 있다. 어느 누구도 확신하지 못하며, 이 장애는 굉장히 난해한 이상행동의 형태 중 하나로 남아 있다.

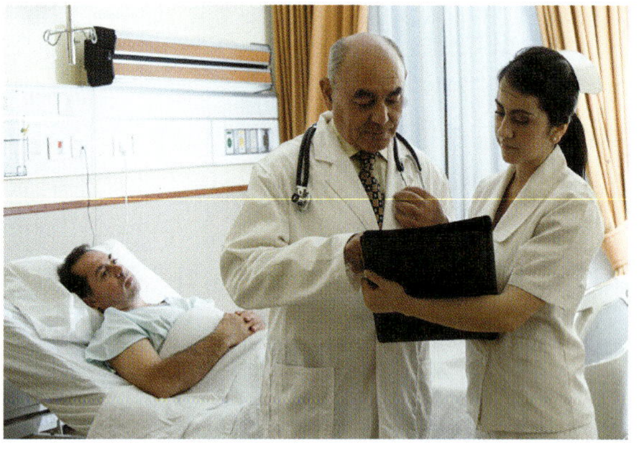

이 환자는 정말 아픈가요? 뮌하우젠 증후군은 의학적 통증으로 거짓말하는 것이 특징으로, 이들의 분명한 목적은 병원에 입원하는 것이다. 어떤 뮌하우젠 환자들은 의사를 속이기 위한 시도로 생명을 위협하는 증상을 보여 줄지도 모른다.

하겠다고 말하지 않았나요?"

"그레고리 부인, 전 줄리의 병을 찾는 데 충실했지만 심장 수술이 필요하지 않아요. 보통은 부모님들이 기뻐하는데…." "아, 그게 당신이 하려고 하는 최선인가요? 저를 난감하게 만드네요? 세상에, 제 말은 왜 저는 다른 엄마들처럼 정상적인 아이를 가질 수 없는 건가요? 전 좋은 엄마인데…"

나는 엄마의 왼쪽 다리 뒤에 서서, 의사 선생님을 뚫어지게 보며 SOS 신호를 보내고 있었다. "저를 보내지 말아 주세요, 엄마가 저를 데려가게 놔두지 말아 주세요."

"그레고리 부인, 전 당신이 좋은 엄마가 아니라고 말하지 않았어요. 전 여기에서 할 수 있는 건 다 했어요. 당신은 심장 수술을 그만둬야 해요." 그리고는 그는 휙 돌아섰다.

"당신은 후회하게 될 거야!" 엄마는 괴성을 내질렀다. "이 아이가 당신 앞에서 죽을 때. 그건, 당신이 무능하기 때문이라고 고소할 거야. 13세 소녀에게 무슨 문제가 있는지조차도 찾을 수 없다니! 당신은 미쳤어! 아이가 아픈데, 내 말 알아들었어? 아이가 아프다고!"

출처: Gregory, 2003

줄리의 사례는 대리인에 의한 뮌하우젠 증후군(Münchausen syndrome by proxy)으로 불리는 가장 치명적인 형태의 아동 학대이다. DSM-5에서는 이를 타인을 이용한 허위성 장애(factitious disorder imposed on another)라고 부른다. 이 장애가 있는 사람은 고의적으로 신체적 혹은 정서적 질병을 조작하거나 유발하며, 일반적으로(그리고 놀랍게도) 아동이나 도움이 필요한 사람에게 부상을 입힌다(Feldman, 2003).

그들은 자녀에게 병을 유발하는 부모 혹은 돌보는 사람들은 아픈 아이를 돌봄으로써 가능한 동정심을 얻거나 통제력을 경험하려고 할 수 있다. 이 장애는 논란이 많으며, 정신의학 단체에 의해 연구 중에 있다. 많이 논란이 되는 것은 이 장애가 학대 행동으로 진단명을 붙이는 것 같기 때문이다. 그러나 분명한 것은 이 장애는 아이들을 상대로 한 극악무도한 범죄와 관련된다는 것이다(Mart, 2003). 한 사례에서, 한 엄마는 고의적으로 그녀의 3세 아이에게 반복된 설사를 일으킨 혐의를 받고 있었다(Schreier & Ricci, 2002). 안타깝게도 그 아이는 정부 당국이 개입하기 전에 사망했다. 다른 사례에서, 양어머니가 칼륨과 나트륨이 함유된 약을 지나치게 많이 주어 아이 3명을 죽게 했다는 혐의를 받고 있다. 그 화학물질은 질식사나 심장마비를 유발했다.

학술 문헌에 보고된 대리인에 의한 뮌하우젠 증후군의 451가지 사례 검토에서 피해자의 6%가 사망했음을 보여주었다(Sheridan, 2003). 전형적인 희생자들은 4세 또는 그 이하였다. 네 사례 중 세 사례에서 어머니가 가해자였다. 대리인에 의한 뮌하우젠 증후군의 사례는 흔히 이해하기 힘든 고열, 원인 불명의 발작, 유사한 증상을 포함한다. 의사들은 일반적으로 그 병이 특이하고, 오래 지속되며, 설명되지 않는다고 알고 있다. 그들은 가해자 측에 어떤 의학적 처방을 요구한다.

코로와 닷 증후군: 극동 지역의 신체 증상 장애

> **6.7** 코로 증후군과 닷 증후군의 핵심 특징을 설명한다.

미국에서는 건강염려증이 발병한 사람들이 암과 같은 심각한 질병이 있다는 생각으로 걱정하는 것은 흔한 일이다. 극동 지역의 코로(Koro) 증후군과 닷(Dhat) 증후군은 건강염려증의 어떤 임상적인 특징을 공유한다. 비록 이러한 증후군들이 북아메리카의 독자들에게 낯설지도 모르지만, 각각은 그들의 전통 문화와 관련된다.

코로 증후군 문화 관련 증후군(culture-bound syndrome)은 주로 중국과 다른 극동 국가들에서 발견되는데, **코로 증후군**(koro syndrome)이 있는 사람들은 그들의 생식기가 오그라들고, 신체 안으로 들어가 버리는 것을 두려워하고, 결국 사망에 이를 것이라고 믿는다(Bhatia, Jhanjee, & Kumar, 2011). 비록 몇몇 사례들은 중국과 극동 지역 밖에서도 보고되었지만, 코로는 문화 관련 증후군으로 분류된다(예: Alvarez et al., 2012; Ntouros et al., 2010). 이 증후군은 주로 젊은 남성에게서 확인되었지만, 몇몇 사례에서는 여성에게서도 보고되었다. 코로 증후군은 금방 사라지며, 자신의 생식기가 움츠러들고 있다는 극심한 불안 삽화를 포함하는 경향이 있다. 극심한 공포가 다가온다는 불안의 생리학적 징후는 흔하며, 이는 많은 땀, 숨이 가쁨, 가슴 두근거림을 포함한다. 코로를 앓고 있는 남성들은 페니스가 신체 안으로 들어가 버리는 것을 예방하려는 시도로 기계 장치를 사용하는 것으로 알려져 있다(Devan, 1987).

코로 증후군은 기원전 3,000년으로 거슬러 올라가 중국 문화 내에서 조사되었다. 수백 명 또는 수천 명의 사람들이 겪은 유행병이 중국, 싱가폴, 태국, 인도에서 보고되었다(Tseng et al., 1992). 중국 광동 지방에서 2,000명 이상의 사람들이 겪은 코로의 유행은 1980년대 동안 발생했다(Tseng et al., 1992). 코로가 발생한 광동 지역 주민들은 유행병의 희생자가 되지 않았던 사람들보다 더 미신을 믿으며, 지능이 낮고, 코로와 관련된 민간 신앙(페니스의 수축이 치명적일 것이라는 믿음처럼)을 좀 더 받아들이는 경향이 있었다(Tseng et al., 1992). 그러한 두려움들이 근거가 없다는 의학적 안심시키기(medical reassurance)는 흔히 코로 삽화들을 가라앉힌다(Devan, 1987). 정정하는 정보를 받아들이지 않는 사람들 사이에서 코로 삽화는 시간이 지나면서 끝나기도 하지만 재발할지도 모른다. 진실 / 거짓

> **진실 또는 거짓**
>
> 몇몇 남성은 오그라들고 신체 안으로 들어가 버리는 페니스에 대한 두려움으로 특징지어지는 심리장애가 있다.
>
> **진실** 극동 지역에서 발견되는 이러한 문화 관련 증후군은 적어도 5,000년 동안 중국에서 존재해 오고 있다.

닷 증후군 젊은 아시아계 인디언 남자들에게 발견되는

닷 증후군(dhat syndrome)은 몽정, 소변 또는 자위를 통한 정액 손실에 대한 과도한 공포와 관련 있다(Bhatia, Jhanjee, & Kumar, 2011; Mehta, De, & Balachandran, 2009). 또한 이 증후군을 가진 어떤 남성들은 정액이 소변과 섞여 배뇨 작용을 통해 배설된다고 (잘못) 믿고 있다. 닷 증후군이 있는 남성은 몽정 또는 배설된 소변과 섞인 정액의 (상상된) 손실을 막기 위해 도움을 구하러 이 의사 저 의사로 돌아다닐지도 모른다. 인도 문화(그리고 다른 근동과 극동 문화) 내에 널리 퍼진 신념이 있는데, 이는 정액의 손실은 신체적, 정신적 에너지의 부분을 감소시키기 때문에 해롭다는 것이다. 다른 문화 관련 증후군처럼 닷은 문화적 맥락 내에서 이해되어야 한다(Akhtar, 1988, p. 71).

> 인도에서 몽정과 정액의 손실에 대한 뿌리 깊은 신념은 이 땅의 성서까지 거슬러 올라간다… [심지어 고전 인도 섹스 매뉴얼인 카마수트라(Kama Sutra)까지 거슬러 올라가는데, 이것은 서기 3~5세기경에 현자 바츠야야나(Vatsayana)가 쓴 것으로 알려졌다]…. 정액은 신체적이고 신비적인 면 두 가지 측면에서 불로장생으로 생각되므로 그것의 보존은 건강과 장수를 보장할 것이다.

"40번의 식사가 한 방울의 피를 만들고, 40개의 핏방울이 결합하여 골수 한 방울을 형성하고, 40 방울의 골수가 정액 한 방울을 생산한다."라는 것은 힌두교의 흔한 신념이다(Akhtar, 1988, p. 71). 생명을 보존하는 힘이 정액이라는 문화적 신념을 기반으로 보면, 인도 남성들이 몽정을 통한 불수의적인 체액 손실에 대해 극도의 불안을 경험한다는 것은 놀라운 일이 아니다(Akhtar, 1988). 또한, 닷 증후군은 발기를 성공하거나 유지하는 데 어려움이 있는 것과 관련되는데, 이는 분명히 사정을 통한 정액 손실에 대한 과도한 걱정 때문이다(Singh, 1985).

이론적 견해

전환장애, 즉 '히스테리'는 고대 그리스의 훌륭한 의사인 히포크라테스에 의해 알려졌는데, 그는 신체적 이상 증상이 돌아다니는 자궁(그리스어로 *hystera*)때문이며, 이것은 내부의 혼란을 가져온다. 히포크라테스는 이 통증이 미혼 여성보다 기혼 여성 사이에서 더 드물다는 것에 주목했다. 그는 이러한 관찰들과 더불어 임신이 자궁의 필요성을 충족시키고, 그 자리에 있는 장기를 고정시킬 것이라는 이론적 가정 아래 결혼을 '치유법'으로 처방하였다. 임신은 월경 통증이 있는 몇몇 여성들에게 도움이 되는 호르몬과 구조적 변화를 돕지만, 히포크라테스의 '돌아다니는 자궁'이라는 잘못된 신념은 몇 세기에 걸쳐 신체적 문제에 대한 여성의 통증을 모멸적으로 해석하는 원인이 되었다. 히스테리가 오직 여성의 문제라는 히포크라테스의 신념에도 불구하고, 남성에게서도 발생한다. 진실 / 거짓

진실 또는 거짓

용어 히스테리(hyteria)는 그리스어 '고환(testicle)'에서 유래된다.

거짓 그 용어는 그리스어 '자궁(hystera)'에서 유래된다.

신체 증상 및 관련 장애들의 생물학적 근거에 대해서는 알려진 바가 많지 않다. 히스테리성 마비(건강한 근육과 신경이 있음에도 사지를 움직일 수 없다고 주장하는 사람)가 있는 환자들의 뇌 영상 연구들은 움직임과 정서 반응 통제에 책임이 있는 뇌 회로의 붕괴 가능성을 암시한다(Kinetz, 2006). 이 영상 연구는 움직임의 정상적

돌아다니는 자궁. 고대 그리스 의사 히포크라테스는 히스테리성 증상들이 돌아다니는 자궁에 의해 야기된 오로지 여성의 문제라고 믿었다. 그러나 히포크라테스는 제2차 세계대전 동안에 위험한 야간 임무를 하지 못하도록 만드는 '히스테리성 야맹증'이 유발된 남성 비행사를 치료할 기회가 없었다.

인 통제는 정서를 처리하는 데 관여하는 뇌 회로의 활성화에 의해 억제될 수도 있다고 제안한다. 과학자들은 전환장애의 생물학적 기반을 이해하는 겨우 첫 단계에 있으며, 많은 것이 아직 알려지지 않은 상태에 있다는 것에 주의해야 한다. 해리장애와 같이 전환장애와 신체 증상 장애의 다른 형태에 관한 과학적인 연구는 주로 심리학적인 관점에서 접근되었으므로, 우리는 여기에 중점을 둔다.

6.8 신체 증상 및 관련 장애의 이론적 이해를 설명한다.

정신역동치료 히스테리성 장애는 19세기의 심리적 그리고 생물학적 이론 사이의 논쟁의 쟁점이 되었다. Charcot, Breuer 그리고 Freud의 최면을 통한 히스테리성 증상 경감은—흔히 일시적이지만—히스테리가 신체적 원인보다는 오히려 심리적 원인에 뿌리가 있다는 믿음에 기여했으며, 이는 무의식 이론 개발로 이끌었다(2장 참조). Freud는 자아(ego)가 억압(repression)과 같은 방어기제를 통해 이드(id)에서 일어나는 용납할 수 없거나 위협적인 성적, 공격적 충동을 간신히 통제한다고 주장했다. 그러한 통제는 만약 자신이 그러한 충동을 알아차릴 수 있다면, 발생할지도 모를 불안을 막아 줄 것이다. 어떤 경우, 위협적인 충동으로부터 '숨막히는' 혹은 단절되어 처리되지 못한 정서는 히스테리성 마비 또는 실명과 같은 신체 증상으로 **전환된다**. 비록 히스테리의 초기 정신역동적 개념화가 여전히 널리 받아들여지고 있지만, 경험적 증거가 부족하다. Freud 학파 관점의 한 가지 문제는 무의식적 갈등에서 처리되지 않은 에너지가 어떻게 신체 증상으로 전환되는지 설명하지 않는다는 것이다(E. Miller, 1987).

정신역동 이론에 따르면 히스테리성 증상은 기능적이다. 그 증상은 그 사람이 **일차적 이득**(primary gains)과 **이차적 이득**(secondary gains)을 얻도록 한다. 히스테리성 증상의 일차적 이득은 개인이 내적 갈등을 억압된 상태로 있게 만든다는 것이다. 그 사람은 신체 증상은 자각하지만, 그 증상이 나타내는 갈등은 의식하지 못한다. 그런 경우에 그 '증상'은 내적인 갈등을 상징하며, 증상에 대한 '부분적인 해결책'을 제공한다. 예를 들어, 히스테리성 팔 마비는 억압된 용납할 수 없는 성적(예: 자위행위를 하는) 혹은 공격적(예: 사람을 죽이려 드는) 충동을 상징하며, 이러한 충동에 따라 행동하는 것을 막으려는 것일지도 모른다. 억압은 무의식적으로 일어나기 때문에 개인은 내적인 갈등을 의식하지 못한 상태에 있다. Charcot에 의해 처음 언급된 **증상 무관심**(la belle indifférence)은 신체 증상이 불안을 유발하기보다는 줄이는 데 도움을 주기 때문에 발생하는 것으로 생각되었다. 정신역동적 관점에서 해리성 장애처럼 전환장애도 목적이 있다.

히스테리성 증상의 이차적 이득은 개인이 부담스러운 책임감을 피하고, 그들 주변으로부터—비난보다는—지지를 얻도록 한다. 예를 들어, 군인들은 때때로 갑작스러운 손 '마비'를 경험하는데, 이것 때문에 전쟁 시 발포를 할 수 없으므로 그들은 적군의 발포에 맞서는 대신 회복을 위해 병원으로 보내질 수도 있다. 그런 경우, 그 증상은 꾀병처럼 계획적인 것으로 생각하지 않는다. 제2차 세계대전 동안 많은 폭격기 조종사들은 위험한 야간 임무 수행을 막아 줄 히스테리성 '야맹증'을 앓았다. 정신역동적 관점에서 그들의 실명은 민간 지역에 폭탄을 떨어뜨리는 것과 관련된 죄책감으로부터 그들을 보호하는 일차적 이득을 성취하도록 했을지 모른다. 또한 그것은 위험한 임무를 피하도록 도움으로써 이차적 목적을 달성해 왔을지도 모른다.

학습 이론 정신역동 이론과 학습 이론 모두 이론적 공식은 전환장애를 설명하는데 불안의 역할에 초점을 둔다. 그러나 정신역동 이론가는 무의식적 갈등에서 불안의 원인을 찾지만, 학습 이론가는 증상의 특징을 직접적으로 강화하는 것과 불안유발 상황을 회피하거나 도피하도록 돕는 증상의 이차적인 역할을 강조한다.

학습 관점에서 보면, 신체 증상 및 관련 장애가 있는 사람은 '환자 역할'에서 이점을 얻거나 그 특성을 강화한다. 예를 들어, 전환장애가 있는 사람은 직장 혹은 집안의 허드렛일이나 책임감에서 벗어날 수 있다. 아프면 대부분 동정과 지지를 얻는다. 전환장애에 대한 정신역동과 학습 이론 개념화에 대한 도식 설명인 **그림 6.2**를 보라.

학습 경험의 차이는 왜 전환장애가 역사적으로 남성보다 여성 사이에서 훨씬 더 자주 보고되는지를 설명할 수 있다. 서구 문화에서 여성은 남성보다 환자 역할을 연기함으로써 스트레스에 대처하도록 사회화되었을 가능성이 있다(Miller, 1987). 그렇다고 전환장애가 있는 사람이 사기꾼이라는 말은 아니다. 다만 우리는 그들이 고의적으로 그러한 역할을 연기하려고 애쓰든 아니든 상관없이 단지 결과를 강화하는 쪽의 역할을 학습할지도 모른다는 것을 지적하는 것이다.

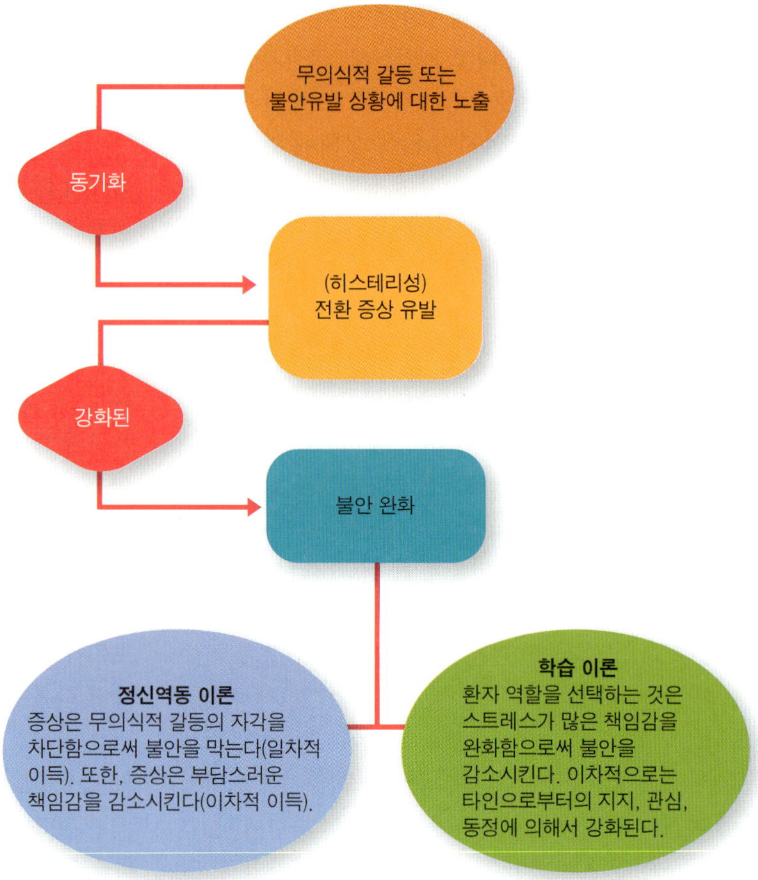

그림 6.2 전환장애의 개념적 모델. 전환장애의 개념적 모델을 제공한 정신역동과 학습 이론은, 불안으로부터의 도피 또는 완화를 이끄는 전환 증상의 역할을 강조한다.

어떤 학습 이론가들은 건강염려증을 강박장애와 관련시킨다(예: Weck et al., 2011). 건강염려증을 가진 사람들은 현재 신체 증상 장애나 질병불안장애로 분류되는데, 이들은 종종 자신의 건강 상태에 대해 강박적이고, 불안을 유발하는 생각으로 괴로워한다. 이 의사에서 저 의사로 찾아다니는 것은 강박행동의 한 형태일 수 있다. 그들은 그들의 두려움이 부적절하다고 안심시키는 의사를 통해 잠시나마 불안이 완화되는 경험을 강화한다. 그러나 곧 그들의 고질적인 생각이 돌아와서 진료실을 반복적으로 찾게 만든다. 악순환이 반복된다.

인지 이론 인지적 관점에서 건강염려증은 어떤 경우에는 자기 결함 전략(self-handicapping strategy)의 한 유형으로, 좋지 못한 성과를 건강이 약해진 탓으로 돌리는 방법이다. 또 다른 경우에는 신체적 고통으로 주의를 전환하는 것이 다른 삶의 문제에 대해 생각하는 것을 회피하는 수단을 제공할지도 모른다.

또 다른 인지적 설명은 왜곡된 사고의 역할에 초점을 두고 있다. 건강염려증이 있는 사람은 가벼운 신체적 통증의 중요성을 과장하는 경향이 있다(Fulton, Marcus, & Merkey, 2011; Hofmann, Asmundson, & Beck, 2011). 그들은 양성 증상을 심각한 질병의 징후로 잘못 해석하는데, 이것이 그들의 불안을 일으킨다. 그들은 자신이 끔찍한 질병에 걸렸다는 사실을 알아내기 위해 이 의사에서 저 의사로 쫓아다닌다. 불안 그 자체 만으로도 불쾌한 신체적 증상을 일으킬 수 있으며, 중요도에 있어서도 비슷하게 과장되며, 훨씬 더 걱정스러운 인식을 만들어 낸다.

건강 문제에 대한 불안은 건강염려증과 공황장애의 공통된 특성이다(Abramowitz, Olatunji, & Deacon, 2008). 이론가들은 두 장애 모두 신체감각의 작은 변화를 곧 다가올 재앙의 징후로 잘못 해석하도록 만드는 왜곡된 사고방식이 공통적으로 나타난다고 지적한다(Salkovskis & Clark, 1993). 그 두 장애 간의 차이는 신체적 단서에 대한 잘못된 해석이 불안의 급격한 상승을 일으키는 임박한 위협에 대한 지각을 동반하는지(공황장애) 아니면 내적인 질병 진행 과정에 대한 두려움을 이끄는 장기적인 위협에 대한 지각을 동반하는지(건강염려증)에 달려 있다. 연구자들은 건강염려증에서 주어진 불안의 중요한 역할이 지금처럼 신체 증상 장애 또는 질병불안장애의 한 형태로 분류되어야 하는지 아니면 불안장애의 범주로 옮겨야 하는지에 대해 의문을 갖는다(Creed & Barsky, 2004; Gropalis et al., 2012).

뇌 기능 장애 최근에 연구자들은 전환 증상이 특정 기능(예: 언어)을 통제하거나 불안을 조절하는 뇌 영역 간의 신경연결의 분리 혹은 손상과 관련될지도 모른다고 제안했다(Bryant & Das, 2012). 신체 증상 및 관련 장애들의 생물학적 근거에 관한 연구는 초기 단계에 있지만 불안과 뇌 기능 사이의 연결을 설명하는 데 도움이 될 수 있다.

신체 증상 및 관련 장애 치료

6.9 신체 증상 및 관련 장애에 사용되는 치료 방법에 대해 설명한다.

Freud가 개척한 치료 접근인 정신분석은 히스테리 치료에서 시작했으며, 이것은 현재 전환장애(conversion disorder)로 불린다. 정신분석은 어린 시절에서 비롯된 무의식적 갈등을 의식적으로 알아차리도록 도와준다. 한 번 그 갈등이 떠오르고 극복된다면, 더 이상의 증상은 필요 없으며 사라질 것이다. 정신분석적 방법은 사례 연구에 의해 지지되며, 몇몇은 Freud에 의해 그리고 나머지는 그의 추종자에 의해 보고된다. 그러나 현대에서 전환장애의 발병은 드물어 정신분석 기법에 대한 연구가 제한되어 수행하기 어렵게 되었다.

치료에 대한 행동적 접근은 신체적 통증과 관련될지도 모르는 이차적 강화(또는 이차적 이득)의 근원을 제거하는 데 초점을 둔다. 예를 들어, 가족 구성원과 다른 사람들은 흔히 이 장애가 있는 사람들이 병약하고, 일반적인 책임감을 수행할 수 없다고 지각한다. 이것은 의존적이고 불평을 호소하는 행동을 강화한다. 행동치료사는 가족 구성원이 가장된 책임에 대한 시도를 보상하고, 잔소리와 불평을 무시하도록 가르칠 수 있다. 또한 행동치료사는 직접적으로 환자와 작업하여 스트레스나 불안을 다루는 좀 더 적응적인 방법을 배울 수 있도록 돕는다(예: 이완과 인지 재구조화를 통해).

인지행동치료는 건강염려증에서 좋은 성과를 이루어왔으며, 건강염려증은 현재 신체 증상 장애나 질병불안장애로 분류된다(예: Abramowitz & Braddock, 2008; Kroenke, 2009; Thomson & Page, 2007). 왜곡된 생각을 재구조화하는 인지적 기술은 환자가 과장된 질병 관련 신념을 확인하고, 이성적인 대안으로 대체하도록 돕는다. 5장에서 논의된 행동 기술인 **노출과 반응 예방**은 신체 증상 장애와 질병불안장애가 있는 환자들이 걱정스럽고 건강과 관련된 우려를 경험할 때마다 안심시키기 위해 의사에게 달려가는 패턴을 끝내도록 도울 수 있다. 또한 이러한 사람들은 반복적으로 인터넷으로 질병 관련 정보를 검색하고, 사망 기사를 읽는 등의 문제되는 습관을 고치는 데 도움을 받을 수 있다(Barsky & Ahern, 2004). 그러나 불행히도 이런 장애 유형의 많은 사람들은 그들의 문제가 사실상 신체가 아니라 심리적인 것이라고 들을 때 치료를 그만둔다. 최고의 전문가인 Arthur Barksy 박사에 따르면 "그들은, '전 이것에 대해 이야기할 필요가 없어요, 단지 제 간에 생체검사 바늘을 찔러 넣을 수 있는 사람이 필요할 뿐입니다. CAT 스캔을 반복할 필요가 있어요'라고 말한다"는 것이다("Therapy and Hypochondriscs", 2004, p. A19). 비록 인지행동치료가 신체 증상 및 관련 장애에서 최고로 인정받는 치료일지라도, 몇몇 연구들은 건강염려증과 허위성 장애(뮌하우젠 증후군)를 치료하는 데 항우울제 역시 치료적 가치가 있음을 지지한다(Kroenke, 2009; Phillips, Albertini, & Rasmusse, 2002; Rief & Sharpe, 2004).

대체로 해리성 장애와 신체 증상 및 관련 장애는 가장 흥미롭고 가장 잘 알려지지 않은 이상행동의 패턴으로 남아 있다.

신체건강에 영향을 미치는 심리적 요인

6.10 두통, 심혈관계 질환, 천식, 암, 에이즈와 같은 신체건강 문제에서 심리적 요인의 역할을 설명한다.

신체 증상 및 관련 장애들은 신체건강에 대해 불안한 생각, 행동, 감정의 역할에 대한 문을 여는 것이다. 이번에 우리는 신체건강에서 심리적 요인의 역할에 대해 좀 더 거시적으로 알아볼 것이다. 신체 증상 및 관련 장애가 사실상 행동적 또는 심리적인 문제지만, 신체장애는 다음에 논의할 심리적 요인의 영향을 받는다. 심리적 요인이 원인 또는 기여의 역할을 한다고 생각되는 신체장애는 전통적으로 **정신신체**(psychosomatic)장애라고 불렸다. 정신신체

(psychosomatic)는 그리스 어원으로 '영혼' 또는 '지적 능력'을 의미하는 **마음**(psyche), 그리고 '신체'를 의미하는 **신체**(soma)에서 유래되었다. 천식과 두통과 같은 장애는 심리적 요인이 장애의 발생에서 중요한 역할을 한다는 믿음 때문에 전통적으로 정신신체라고 이름 붙여졌다.

궤양은 전통적으로 정신신체장애로 확인된 또 다른 질병이다. 궤양은 미국에서 10명 중 약 1명에게 발생한다. 그러나 정신신체장애로서의 위치는 최근 박테리아, 위염균(H. pylori)이 스트레스나 음식이 아닌 **소화성 궤양**(peptic ulcers)이라고 불리는 궤양 유형의 주된 원인이라는 것을 보여 준 획기적인 연구를 통해 재평가되었는데, 소화성 궤양은 위 내벽이나 소장의 윗부분에 통증을 준다(Jones, 2006). 궤양은 박테리아가 위 또는 소장의 보호벽에 손상을 줄 때 일어난다. 항생물질 요법 치료는 직접적으로 박테리아를 공격하여 궤양을 치료할 수 있다. 과학자들은 왜 박테리아가 있는 사람들 중 몇몇은 궤양이 나타나고, 다른 사람들은 나타나지 않는지 아직 알지 못한다. 특정한 종류인 **위염균**의 독성이 감염자의 위궤양 발생을 결정할지도 모른다. 비록 과학자들은 스트레스가 취약성에 기여한다는 명확한 증거가 부족하다고 하지만, 스트레스 역시 취약성에 중요한 역할을 할 것이다(Jones, 2006).

정신신체 의학 분야는 마음과 신체 사이의 건강과 관련된 연결성을 연구한다. 오늘날 연구 결과는 전통적으로 정신신체라고 분류된 것보다 훨씬 더 광범위한 신체 장애에서 심리적 요인들의 중요성을 지적한다. 이번에는 전통적으로 정신신체장애로 정의된 몇 가지와 질병의 진행이나 치료에서 심리적 요인이 중요한 역할을 하는 다른 장애들—심혈관계 질환, 암, HIV/AIDS—에 대해 논의한다.

두통

두통은 많은 의학적 장애의 증상이다. 그러나 다른 증상이 없이 두통이 일어난다면 스트레스와 관련된 것으로 분류될 수 있다. 단연코 두통의 가장 흔한 종류는 **긴장성 두통**(tension headache)이다. 스트레스는 두피, 얼굴, 목, 어깨 근육의 지속적인 수축을 초래하는데, 이는 주기적 또는 만성적인 긴장성 두통을 발생시킨다. 그러한 두통은 점차적으로 발생하며, 일반적으로 머리의 양쪽 부분에서 둔하고 지속적인 고통과 압박감 또는 긴장감이 그 특징이다.

편두통(migraines)은 약 3,000만 명의 미국인들에게 영향을 주는 것으로, 단순한 두통 그 이상이다. 편두통은 몇 시간 또는 며칠 동안 지속되는 복잡한 신경학적 장애이다(Bigal et al., 2008; Dodick & Gargus, 2008). 비록 편두통이 남녀 모든 연령층의 사람들에게 영향을 미칠 수 있지만, 세 사례 중 두 사례는 15~55세 사이의 여성에게서 발생한다.

편두통은 매일 일어날 정도로 자주 발생하거나 또는 두 달에 한 번 정도로 드물게 발생할 수 있다. 이는 머리 한쪽에만 혹은 눈 뒤편 중심에서 찌르거나 욱신거리는 감각으로 특징지어진다. 그 감각은 너무 강렬해서 견디지 못할 수도 있다. 환자는 발병에 앞서 어떤 **조짐**(aura)이나 예고하는 감각의 무리를 경험한다. 조짐은 번쩍이는 빛, 기이한 이미지 또는 맹점과 같은 지각적 왜곡이

편두통(migraine). 편두통은 머리 한쪽 편의 강렬하고 지끈거리는 고통을 수반한다. 이는 호르몬 변화, 강한 빛에 대한 노출, 기압 변화, 배고픔, 꽃가루와 레드 와인에의 노출, 특정 약물과 심지어 글루탐산소다(MSG)의 사용과 같은 많은 요인에 의해 유발될 수 있다.

대표적이다. 굉장한 편두통 발병의 고통을 다루는 것은 삶의 질을 손상시키고, 수면, 기분 그리고 사고 과정에 방해를 초래하며 큰 타격을 줄 수 있다.

이론적 관점 두통의 내적 원인은 분명하지 않으며, 이에 대해 지속적으로 연구를 하는 중이다. 긴장성 두통에 기여하는 한 가지 요인은 얼굴과 머리에서 뇌로 통증 신호를 보내는 신경 통로의 민감성 증가일 수 있다(Holroyd, 2002). 편두통은 뇌에 있는 신경과 혈관계를 포함한 내적인 중추 신경계 장애를 수반할 수 있다. 또한 신경전달물질 세로토닌도 한 원인임을 보여 준다. 세로토닌 수준의 감소는 뇌혈관 수축(좁고)과 그런 다음 팽창(확장)을 일으킬 수 있다. 이 신축성은 민감한 신경 종말을 자극하는데, 이는 편두통과 관련된 욱신거리고 찌르는 감각을 일으킨다. 또한 연구는 편두통에 강한 유전적 기여 요인이 있음을 시사한다("Scientists Discover", 2003).

많은 요인이 편두통 발병을 유발할 수 있다. 예를 들면 정서적 스트레스, 밝은 빛과 형광등과 같은 자극, 월경, 수면 부족, 높은 고도, 날씨와 계절 변화, 꽃가루, 특정 약물, 맛의 풍미를 높이는 데 흔히 사용되는 화학적 글루탐산소다(MSG), 알코올, 배고픔과 같은 것들이 있다(Sprenger, 2011; Zebenholzer et al., 2011). 여성의 경우 월경 주기와 관련된 호르몬 변화 역시 발병을 유발할 수 있어서 여성들 사이에서 편두통 발병률이 남성의 약 2배인 것은 놀라운 것이 아니다.

치료 아스피린, 소염 진통제 그리고 해열 진통제는 보편화된 통증 완화제로서 긴장성 두통과 관련된 고통을 줄이거나 없앨 수 있다. 뇌에서 팽창된 혈관을 수축시키거나 세로토닌 활동을 조절하는 것을 돕는 약물은 편두통으로 인한 고통을 치료하는 데 사용된다.

많은 경우, 심리치료가 긴장성 두통이나 편두통을 완화하는 데 도움을 준다. 이 치료는 바이오피드백, 이완, 대처 기술 훈련 그리고 인지치료의 어떤 형태를 포함한다(Holroyd, 2002; Nestoriuc & Martin, 2007). **바이오피드백 훈련**(Biofeedback training, BFT)은 사람들이 근육 긴장과 뇌파와 같은 다양한 신체적 기능에 대한 통제를 얻도록 도와주는데, 그 기능에 대한 정보를 청각 신호(예: '삐 소리') 또는 영상 표시의 형태로 제공함으로써(피드백) 이루어진다. 사람들은 원하는 방향으로 신호를 변화할 수 있도록 학습한다. 바이오피드백과 결합된 이완 기술을 사용하도록 훈련시키는 것은 효과가 있다. **근전도**(electromyographic, EMG) 바이오피드백은 이마의 근긴장도에서 정보를 얻는 바이오피드백 훈련(BFT)의 한 형태이다. 그래서 근전도(EMG) 바이오피드백은 이 영역에서 근긴장도의 자각을 고조시키며, 사람들이 그것을 줄이도록 학습하는 데 사용될 수 있는 단서를 제공한다. **진실 / 거짓**

> **진실 또는 거짓**
>
> 사람들은 손가락의 온도를 올려 편두통의 고통을 완화시킬 수 있다.
>
> **진실** 어떤 사람은 손가락의 온도를 올려 편두통을 완화했다. 이 바이오피드백 기술은 신체의 혈류 패턴들을 바꾼다.

심혈관계 질환

심혈관계 시스템은 당신의 심장과 혈관을 연결하는 네트워크로, 생명의 고속도로이다. 불행히도 이 고속도로를 따라 **심혈관계 질환**(cardiovascular disease, CVD) 또는 심장과 동맥 질환의 형태로 사고가 일어난다. 미국에서 심혈관계 질환(CVD)은 주요한 사망 원인으로, 매년 830,000명의 생명을 앗아가고, 사망자 3명 가운데 1명꼴을 차지하는데, 대부분 심장마비 또는 심장발작의 결과이다(미국심장협회, 2009). **관상성 심장 질환**(coronary heart disease, CHD)은 심혈관계 질환의 주요 형태로, 관상성 심장 질환으로 인한 사망자가 거의 5만 명에 이른다. 관상성 심장 질환은 남성과 여성 모두의 주된 사망 원인이며, 유방암보다 훨씬 더 많은 여성의 목숨을 빼앗아간다.

관상성 심장 질환은 심장으로 가는 혈액의 흐름이 심장에서 요구하는 것을 충족시키기에 불충분하다. 관상성 심장 질환(CHD)의 기저 질환 과정은 **동맥 경화증**(arteriosclerosis) 또는 '동맥의 경화(hardening of the arteries)'로 불리며, 이는 동맥 내벽이 더 두꺼워지고, 더 단단해지고, 덜 탄력적인 상태이며, 혈액이 자유롭게 흐르는 것을 더 어렵게 만든다. 동맥경화증의 주요한 기저 원인은 동맥 내벽을 따라 지방 침착물의 축적을 포함한 과정인 죽상동맥경화증(atherosclerosis)이며, 이는 동맥을 막히게 하는 질병의 형성을 초래한다. 만약 질병에 의해 좁아진 동맥에서 혈전이 형성된다면 심장으로의 혈액 흐름을 거의 또는 완전히 막을 수 있다. 그 결과 산소가 풍부한 혈액의 부족 때문에 심장 조직이 죽게 되는 생명 위협 사건인 심장마비[또한 **심근경색**(myocardial infraction)으로

더 자세히 살펴보기

각성을 낮추는 심리학적 방법

스트레스는 교감 신경계의 과도한 각성 수준과 같은 신체적 반응을 유발한다. 이런 반응이 지속되면, 최적으로 기능하는 우리의 능력을 손상시켜 스트레스 관련 질병의 위험성을 증가시킨다. 심리치료는 스트레스로 촉발되는 신체적 각성을 낮추도록 만들어 준다. 여기에서 우리는 각성을 낮추는 데 널리 사용되는 두 가지 심리적 방법(명상과 점진적 이완)을 논의할 것이다.

명상(Meditation)

명상은 외부 세계의 스트레스원을 완화하기 위해 의식을 좁히는 몇 가지 방법으로 구성된다. 요가 지도자(요가 철학 추종자)는 꽃병의 디자인 또는 만다라를 연구한다. 고대 이집트인들은 석유 램프에 주의를 쏟았는데, 이것은 알라딘 램프 이야기의 영감이 되었다. 우리는 명상이 많은 심리적, 신체적 장애들을 치료하는 데 중요한 이점이 있다고 배웠는데, 특히 스트레스는 고혈압, 만성 통증, 불면증은 물론이고 불안 및 우울과 같은 문제의 원인이 된다(예: Arch et al., 2013; Chiesa & Serretti, 2011; Kenga, Smoski, & Robins, 2011; Manicavasgar, Parker, & Perich, 2011; Rapgay et al., 2011; Rosenberg, 2012; Sedlmeier et al., 2012; Treanor, 2011; Walsh, 2011). 최근 심장병을 가진 아프리카계 미국인 환자들에 대한 연구는 매일 명상을 하는 것이 건강교육(통제) 조건에 비해 심장마비 위험성과 사망을 줄였음을 보여 주었다(Schneider et al., 2012).

많은 명상 방법이 있지만, 그 방법들은 모두 반복적인 자극에 초점을 두어 주의를 좁게 만드는 공통된 요소를 가지고 있다. 이로 인해 문제 해결하기, 걱정하기, 계획하기, 일상적인 걱정이 일시적으로 중단되고, 결과적으로 교감 신경계의 각성 수준이 감소한다.

수많은 미국인들이 정기적으로 **초월명상**(transcendental meditation, TM)을 연습하는데, 이 명상은 1959년에 마하리시 마헤시 요기(Maharishi Mahesh Yogi)에 의해 미국으로 가져온 간소화된 종류의 인도식 명상이다. 초월명상(TM) 훈련자들은 **만트라**(mantras)—이잉(ieng)과 옴(om)과 같이 마음을 느긋하게 해 주는 소리—를 반복한다.

마음챙김 명상(mindfulness meditation)은 티베트 불교도에 의해 훈련되는 명상의 한 형태로, 판단하거나 평가하지 않은 채 매 순간 자신의 생각, 느낌, 감각에 대한 자각을 높이는 데에 초점을 둔다. 그것은 강물의 흐름을 관찰하는 것으로 비유할 수 있다. 명상은 명상 자체로 고혈압, 만성 통증, 불면증, 불안, PTSD, 우울증과 같은 문제를 치료하는 데 도움이 되거나 명상과 다른 심리적 또는 의학적 치료와 결합했을 때 도움이 된다.

기능적 자기 공명 영상법(fMRI)은 최근에 훈련을 받기 시작한 명상가들의 뇌와 비교했을 때, 장기간 명상을 훈련한 사람들의 뇌는 주의력과 의사결정과 관련된 영역에서 더 높은 수준의 활동성이 있다는 것을 보여 준다(Brefczynski-Lewis et al., 2007)(그림 6.3 참조). 이러한 연구 결과는 과학자들이 정기적인 명상 훈련이 주의력 유지에 어려움을 겪는 **주의력결핍 과잉행동장애**(attention deficit/hyperactivity disorder, ADHD)가 있는 아이들에게 치료적일 수 있는 방식으로 뇌 기능을 바꾼다는 것을 추측하게 한다(ADHD는 13장에서 좀 더 논의된다).

기능적 자기공명영상(fMRI)의 선두 연구자 중 한 사람이며, 위스콘신 대학교의 심리학자인 Richard Davidson은 주의력을 포함한 특정 인지 처리 과정의 수행이 좀 더 효율적이기 위해서는

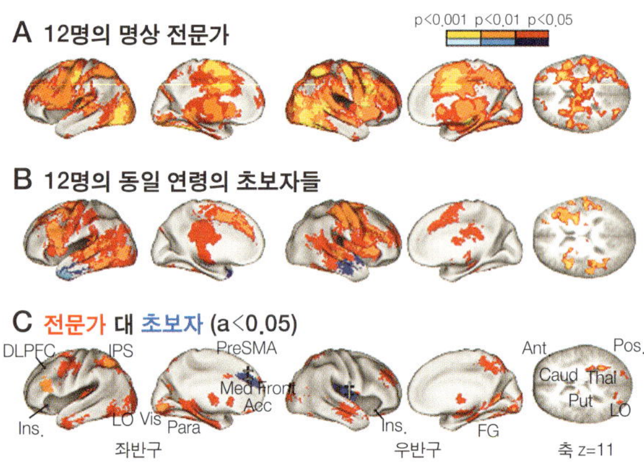

그림 6.3 잘 훈련된 뇌. 여기에서 우리는 주의력 과제를 하는 동안에 명상 전문가와 초보 명상가 집단들의 뇌 사진을 확인할 수 있다. 좀 더 활성화된 영역은 주황색과 빨간색으로 제시된다. C열은 집단 간 유의미한 차이가 있는 뇌 영역을 보여 주는데, 전전두피질(뇌 이미지의 우측면을 향한)을 포함하여 주의 처리 과정과 관련된 여러 뇌 영역에서 좀 더 활성화되어 있다.

DLPFC(dorsolateral prefrontal cortex): 배외측 전전두 피질, IPS(Intraparietal sulcus): 두정엽 안쪽 고랑, Ins(Insula): 섬엽, Lo(left occipital): 왼쪽 후두엽, PreSMA(Pre-supplementary motor area): 전 보조운동 영역, Med Front(Medidal frontal) 내측 전두엽, ACC(anterior cingulate cortex): 전측대상 피질, Vis(Visual): 시각, Para(Parasympatheic); 부교감, FG(Fusiform Gyrus): 방추상회, Ant. Anterior(전측), Pos. Posterior(후측), Caudate cleus Putaman(미상핵), Thalamus(시상)

출처: Brefczynski-Lewis et al., 2007(National Academy of Sciences).

(다음 쪽에 계속)

정기적인 훈련을 통해 뇌를 훈련하는 것이 가능하다고 말한다. 우리는 정기적인 훈련을 통해 신체를 훈련할 수 있으므로 아마도 주의력 기술에 대한 체계적인 훈련을 통해 뇌도 훈련할 수 있다. 이러한 연구 결과처럼 가능성이 있기 때문에 우리는 심리적 기술이 뇌의 주의 처리 과정을 변화시킬 수 있는지 밝혀낼 체계적인 연구들을 기다린다.

비록 명상 기술 사이에도 차이점이 존재하지만, 다음에 제시된 것은 일반적인 안내지침이다.

1. 하루에 한 번 또는 두 번 정도로 한 번에 10~20분 동안 명상합니다.
2. 명상할 때 뭔가를 하는 것보다 하지 않는 것이 더 중요합니다. 수동적인 태도를 받아들이세요. 스스로에게 "일어난 일은 일어난 일이다."라고 말하세요. 명상에서 겪은 것을 받아들이세요. 더 경험하려고 애쓰지 마세요. 애쓰는 것은 명상을 방해합니다.
3. 조용하고 고요한 장소에 앉으세요. 가령, 빛이 직접적으로 닿지 않도록 하세요.
4. 명상하기 전에 1시간 동안 먹지 마세요. 적어도 명상하기 2시간 전에 (커피, 티, 청량음료 그리고 초콜릿에 있는) 카페인을 피하세요.
5. 편안한 자세를 취하세요. 필요에 따라 몸이 편해지도록 바꾸어 보세요. 만약 충동을 느낀다면, 긁거나 하품을 할 수 있습니다.
6. 당신은 호흡에 집중하거나 혹은 식물이나 향불과 같은 조용한 대상 앞에 앉을 수 있습니다. 벤슨은 숨을 내쉴 때마다 한 단어를 '지각하는 것'('마음속으로 말하는 것'이 아닌)을 제안합니다. 즉, 단어를 생각하되, 보통 때보다 '덜 적극적으로' 한다. 다른 연구자들은 당신이 숨을 들이마시고 내쉴 때 또는 숨을 내쉴 때 그 단어를 생각하거나 숨을 내쉴 때 아-라고 하라고 제안합니다. 또한 그들은 (ah-nam, rah-mah, shi-rim)과 같은 만트라를 제안합니다.
7. 명상을 준비할 때, 당신의 만트라를 여러 번 크게 반복하세요—만약 당신이 만트라를 사용하고 있다면, 즐기세요. 그런 다음, 점점 더 부드럽게 만트라를 말하세요. 눈을 감으세요. 만트라에 집중하세요. 만트라 생각을 점점 더 '수동적'이 되도록 하고, 만트라를 생각하기보다는 오히려 지각하세요. 다시 '일어난 일은 일어난 일이다'의 태도를 수용하세요. 계속해서 만트라에 집중하세요. 만트라는 좀 더 부드러워지거나 커지거나 사리지고, 그런 다음 다시 나타날 수 있습니다.
8. 만약 당신이 명상하는 동안에 불안한 생각이 떠오르면, '지나가도록' 허락하세요. 그런 생각을 억누르려고 하는 것에 대해 걱정하지 마세요. 그렇지 않으면 긴장하게 될 수 있습니다.
9. 잊지 말고 있는 그대로를 경험하십시오. 명상과 이완은 강요될 수 없습니다. 당신은 명상의 이완 효과를 강요할 수 없습니다. 수면과 같이, 당신은 단지 그것을 위한 무대만 마련할 수 있으며, 그런 다음 자연스럽게 일어나도록 두십시오.
10. 스스로를 내버려 두세요. (당신이 사라져 버리지는 않습니다.) 일어난 일은 일어난 일이다.

점진적 이완

점진적 이완은 1938년 시카고 대학의 의사인 Edmund Jacobson에 의해 창조되었다. Jacobson은 사람들이 스트레스 상황에서 근육을 긴장시키며, 이는 불안을 심화시킨다는 것을 알아냈다. 그러나 그들은 이러한 수축을 알지 못하는 경향이 있다. Jacobson은 만약 근육 수축이 긴장의 원인이라면 근육 완화는 긴장을 줄일 것이라고 추론했다. 그러나 흔히 근육을 완화하는 데 집중하도록 요청받은 내담자들은 종종 무엇을 해야 할지 모른다.

Jacobson의 점진적 이완 방법은 사람들이 근육 긴장과 완화를 관찰하는 방법을 가르친다. 이 방법으로 사람들은 처음에 팔, 안면부, 흉부, 위, 등 하부 근육, 엉덩이, 넓적다리, 종아리 등등 선택된 근육을 긴장시키고, 그런 다음 이완한다. 이 순서는 근육 긴장의 자각을 고조시키며, 사람들이 긴장과 이완의 감각을 구분하도록 돕는다. 이 방법은 한 근육에서 다른 근육으로 나아가면서 기술을 훈련한다는 점에서 점진적이다. 1930년대 이래로 점진적 이완은 Joseph Wolpe와 Arnold Lazarus(1966)를 포함한 많은 행동치료사들에 의해 사용되었다.

Wolpe와 Lazarus(1966, pp. 177-178)의 다음 안내는 그 기술이 팔을 이완하는 데 어떻게 적용되는지를 설명한다. 이완은 호의적인 분위기에서 훈련되어야 한다. 안락의자, 소파, 베개가 있는 침대에 편안히 앉는다. 방해받지 않을 것 같은 시간과 장소를 선택한다. 방을 따뜻하고 편안하게 만든다. 빛이 있는 곳의 밝기를 낮춘다. 꽉 끼는 옷을 느슨하게 한다. 만약 당신이 최선을 다한다면, 근육의 약 2/3 정도를 가능한 최대로 긴장시킨다. 만약 경련이 일어날 것 같다고 느낀다면, 당신은 과도하게 긴장하고 있는 것이다. 긴장한 후에는 완전히 놓아 버려라.

팔 이완(시간: 4~5분)

당신이 할 수 있는 한 편안히 기대세요. 최대한 긴장을 푸세요…. 지금 당신이 힘을 뺀 것처럼, 오른 주먹을 꽉 쥐고, 점점 더 단단히 주먹을 움켜잡으면서, 그렇게 할 때의 긴장 상태를 살피세요. 주먹을 계속 움켜쥔 채 오른 주먹,

(다음 쪽에 계속)

손, 팔뚝의 긴장감을 느끼세요…. 그리고 이제 긴장을 푸세요. 오른손의 손가락들이 느슨해지도록 하고, 감정의 차이를 관찰하세요…. 이제 스스로를 내버려두며, 구석구석을 좀 더 이완시키도록 노력하세요…. 다시 한 번 더 오른 주먹을 정말 단단히 움켜쥐고… 그 상태로 있으면서, 다시 긴장 상태를 살펴보세요…. 이제 주먹을 풀고, 긴장을 푸세요. 손가락을 바로 하고, 다시 한 번 더 그 차이를 느끼세요…. 이제는 왼쪽 주먹으로 반복하세요. 신체의 나머지 부분들이 이완되는 동안 왼쪽 주먹을 움켜지세요. 그리고 주먹을 더 단단하게 움켜쥐고 그 긴장 상태를 느끼세요…. 그리고 이제 긴장을 푸세요. 한 번 더 그 차이를 즐기세요…. 한 번 더 반복하고, 왼쪽 주먹을 움켜지고, 단단히 조이고 긴장시키세요…. 이제 긴장의 반대를 해보겠습니다—긴장을 풀고, 그 차이를 느끼세요. 그렇게 잠시 동안 계속 이완하세요…. 두 주먹 모두를 좀 더 단단히 움켜지고, 두 주먹 모두 긴장시키고, 팔뚝을 긴장시키고 그 감각을 살펴보세요…. 그리고 긴장을 푸세요, 손가락들을 바로 하고, 그 긴장 완화를 느껴 보세요. 손과 팔에 긴장을 점점 더 계속해서 푸세요…. 이제 지금 팔꿈치를 구부리고 이두박근을 긴장시키고, 좀 더 강하게 긴장시키고 그 긴장감을 살펴보세요…. 좋습니다. 오른쪽 팔 모두를 바로 하고, 긴장을 풀고 다시 그 차이를 느껴 보세요. 긴장을 발전시키세요…. 다시 한 번 더 이두박근을 긴장시키고 그 긴장을 유지하고, 주의 깊게 관찰하세요…. 팔을 바로 하고, 긴장을 풀고, 할 수 있는 한 최대로 긴장을 푸세요…. 긴장될 때와 긴장을 풀 때마다 감정에 주의를 기울이세요. 이제 팔을 쭉 뻗으면 팔 뒷부분을 따라 있는 삼두근에서 가장 큰 긴장을 느껴 보세요…. 그리고 이제 긴장을 푸세요. 편안한 자세로 팔을 되돌려 놓으세요. 그 자체로 긴장을 계속 완화하세요. 당신이 그 팔의 긴장을 푸는 만큼 그 팔이 편안하게 무거워짐을 느껴야 합니다. 다시 한 번 더 팔을 쭉 뻗어 삼두근의 긴장을 느껴 보세요. 쭉 뻗으세요. 그 긴장 상태를 느끼세요…. 그리고 긴장을 푸세요. 이제 어떠한 긴장감도 없이, 팔의 순수한 이완 상태에 집중해 보세요. 당신의 팔이 편안하도록 그리고 점점 더 긴장을 풀어 보세요. 계속해서 좀 더 팔의 긴장을 푸세요. 팔의 긴장감이 완전히 풀린 것같이 느껴질 때조차도 조금 더 긴장을 푸세요. 그리고 점점 더 깊은 이완 수준에 이르도록 하세요.

몰입하기. 명상은 외부 세계의 스트레스원을 신체적 각성 상태를 감소시킴으로써 관리하는 대중적인 방법이다. 이 젊은 여성은 명상의 한 형태인 요가를 훈련하고 있다. 그녀는 '몰입하기'를 하고 있으며, 이는 환경에 대한 산만한 주의가 자신의 감각으로 향하게 하고, 그 감각 속에서 '지나가도록' 한다. 그녀의 명상하는 상태와 대조적으로 뒤에 앉아 있는 젊은 남성은 한눈에 보기에 스트레스가 많은 모습이다.

불림)가 오게 된다. 혈전이 뇌로 가는 동맥의 혈액 공급을 막을 때 뇌 조직의 죽음을 일으키는 발작(stroke)이 발생한다. 이는 뇌의 일부분에 의해 통제되는 기능의 상실, 혼수상태 또는 사망까지 이를 수 있다.

우리는 직접적으로 통제할 수 있는 위험 요인들을 줄임으로써 심혈관계 질환의 유발 위험성을 좀 더 낮출 수 있다. 나이와 가족력과 같은 어떤 위험 요인들은 실제로 어떻게 할 수가 없다. 그러나 다른 주요 위험 요인들은 의학적 치료를 받고 건강한 생활양식 변화를 통해—저밀도 지방 단백질(LDL) 혈관의 높은 콜레스테롤 수준, 고혈압, 흡연, 과식, 과음, 고지방식을 먹는 것, 앉아서 일하는 생활양식을 하는 것과 같은 요인들—통제가 가능하다(예: Cannon, 2011; Djoussé, Driver, & Gaziano, 2009; Mitka, 2012).

다행스럽게도 좀 더 건강한 행동의 채택은 심장과 순환계에 유익한 효과가 있을 수 있다(Roger, 2009). 심지어 오랫동안 가만히 앉아 텔레비전만 보는 사람(couch potatoes)도 신체적으로 좀 더 활동적이게 하면 심혈관계 질환의 위험성을 줄일 수 있다(Borjesson & Dahlof, 2005). 추가적으로 좋은 소식은 관상성 심장 질환(CHD)으로 인한 사망이 1980년대 이래로 하락해 왔는데, 이는 향상된 의료 혜택과 흡연과 같은 위험 요인의 감소 덕분이다(Levy, 2012; CDC, 2011a; 국립보건 통계센터, 2012a).

부정적 정서 분노, 불안, 우울 형태의 빈번한 정서적 고통은 심혈관계에 치명적인 결과를 초래할 수 있다(예:

Glassman, Bigger, & Gaffney, 2009; Lichtman et al., 2008; Whooley et al., 2008). 여기에서 우리는 만성적인 분노의 영향에 중점을 둔다.

우발적인 분노는 건강한 사람들의 심장에는 손상을 주지 않을 수도 있으나 만성적인 분노는–많은 시간 화를 내는 것처럼 보이는 사람들의 유형–관상성 심장 질환(CHD)의 증가된 위험성과 관련된다(Chida & Steptoe, 2009; Denollet & Pedersen, 2009; Pressman & Cohen, 2005). 분노는 적대감–화를 빨리 내고, 타인을 비난하고, 세상을 부정적인 용어로 지각하는 경향성으로 특징짓는 성격 특질–과 밀접하게 관련된다. 적대적인 사람들은 성미가 급하고, 쉽게 화를 잘 내는 경향이 있다. 적대감은 **A 유형 행동 패턴**(type A behavior pattern, TABP)의 구성요소이며, 이 유형은 정력적이고, 야심 있고, 쉽게 짜증내고, 매우 경쟁심이 강한 사람들로 특징짓는 행동 유형이다. 비록 초기 연구들은 A 유형 행동 패턴(TABP)과 관상성 심장 질환(CHD)의 높은 위험성을 관련시켰으나, 이후 연구들은 이 일반적인 행동 패턴과 관상동맥 위험성 사이의 관련성에 의혹을 제기했다(Geipert, 2007). 반면, 결과는 A 유형 행동 패턴(TABP)의 구성요소인 적대감을 증가된 심장병 위험성과 다른 부정적인 건강 결과들과 관련시킨다(Chida & Steptoe, 2009; Denoller & Pedersen, 2009; Olson et al., 2006).

적대감이 높은 사람들은 많은 시간 동안 화를 내는 경향이 있다. 하지만 분노나 다른 부정적인 정서가 어떻게 관상성 심장 질환의 증가된 위험으로 나타나는가? 우리가 확신을 가지고 말할 순 없지만 스트레스 호르몬인 에피네프린과 노르에피네프린이 중요한 역할을 하는 것 같다. 불안과 분노는 부신에 의해 이 스트레스 호르몬의 방출을 유발한다. 이 호르몬은 심박수, 호흡률, 혈압을 증가시키고, 결과적으로 더 많은 산소의 주입을–위협적인 스트레스 요인에 직면했을 때 투쟁하거나 도피하는 방어적인 행동 준비에 필요한 근육에 더 풍부한 혈액–초래한다. 분노나 불안과 같이 강렬한 부정적 정서를 자주 경험하는 사람은 신체에 스트레스 호르몬을 반복적으로 주입하는 것과 같으며, 결국 심장과 혈관을 손상시킨다.

정서와 심장. 불안과 분노와 같이 지속되는 부정적인 형태의 정서적 스트레스는 심장 관련 문제들의 위험 요인이다.

만성 심장병이 있는 사람의 극심한 분노 삽화는 실제로 심장마비와 급성 심장사를 일으킬 수 있다(Clay, 2001a). 게다가 적대감의 심리적 특질이 더 높은 사람은 덜 적대적인 사람보다 비만과 흡연과 같이 더 많은 심혈관 위험 요인들을 가지고 있는 경향이 있다(Bunde & Suls, 2006). 또한 불안과 분노는 동맥을 막고, 심장마비의 위험성을 증가시키는 콜레스테롤과 지방질의 혈액 수준을 증가시킴으로써 심혈관계를 위태롭게 할 수도 있다(Suinn, 2001).

자극적인 상황에서 화난 사람들이 평정을 유지하는 것을 배우도록 하는 것은 심장뿐만 아니라 마음에 유익한 효과가 있을 것이다. 또한 우울증은 신체에 스트레스를 부가하기 때문에 이것이 관상성 심장 질환의 원인이 될 수 있다(Gordon et al., 2011; Huffman et al., 2008). 이 분야의 선두 연구자인 하버드 의대의 Jeff Huffman은 "만약 어떤 사람이 심장마비 후에 우울증이 나타난다면, 그들은 다음 몇 달, 몇 년 이내에 심장병 원인으로 죽을 가능성이 있다는 충분한 근거가 있다."라고 말했다("우울증이 위험성을 높인다; Depression Ups Risk", 2008에서 인용된). 하지만 주요 우울증을 앓았지만 이전에 만성화된 심장 질환이 없는 사람이 심장 관련 원인으로 사망했지만 우울증이 없는 사람보다 더 위험한 상태에 있는 것 같다(Penninx et al., 2000). 대체적으로 정서적 건강을 돌보는 것은 부가적으로 신체건강에 대한 이득을 얻게 할지도 모른다.

사회 환경적 스트레스 사회 환경적 스트레스(social environmental stress) 역시 관상성 심장 질환(CHD)의 위험성을 높이는 것처럼 보인다(Krantz et al., 1988). 추과 근무, 조립 라인 노동 그리고 대립되는 요구사항에 대한 노출과 같은 요인은 관상성 심장 질환(CHD)의 증가된 위험과 관련된다(C. D. Jenkins, 1988). 그러나 스트레스와 관상성 심장 질환(CHD)의 연결성은 간단하지 않다. 예를 들면 부담이 큰 직업의 영향은 심리적 강인성(psychological hardiness)과 사람들이 직업에서 의미를 찾는

더 자세히 살펴보기

상심으로 인해 죽을 수도 있는가?

당신은 아마도 실패한 연인관계와 관련하여 사용되는 "상심"이라는 표현을 들어 봤을 것이다. 상심 증후군은 잠재적으로 치명적일 수 있는 실제적인 질병이다. 정서적 스트레스가 높은 상태에서 신체는 다량의 스트레스 호르몬 에피네프린과 노르에피네프린을 혈류로 방출한다. 의사는 이러한 호르몬이 실제로 심장에 충격을 가하여, 정상적으로 분출하지 못하도록 막는다고 추측한다(Wittstein et al., 2006). 증상은 흉통과 호흡에 문제가 생기는 것을 포함한 실제 심장마비의 증상과 매우 유사하다("As Valentine's Day Approaches", 2012; 발렌타인날이 다가오면). 사례 보고를 생각해 보자.

> 환자의 심장이 나빠지고 있다. 그녀는 겨우 45세지만 심장마비가 있다는 모든 신호를 보였다. 하지만 심장마비가 아니었다. 심장마비였다면 심장으로 제공되는 동맥을 통한 혈류의 막힘이 있었을 것이다. 그러나 혈액은 그녀의 심장으로 자유롭게 흘러갔다. 아니다, 이 사례의 여성은 이틀 전에 교통사고로 남편을 잃은 정서적 충격 때문에 심장이 나빠지고 있었다. 그녀는 사고 현장으로 달려갔고 그의 시신 옆에서 쓰러져, 슬픔을 가누지 못하고 울면서 그를 깨우기 위해 필사적으로 노력했지만 불행히도 깨어나지 못했다. 이틀 후, 그녀는 흉통과 호흡곤란을 호소하면서 병원으로 옮겨졌다. 이 여성의 심장은 정상 혈액량의 일부만이 주입되고 있었다. 다행히도 여성은 스트레스 호르몬 수준이 약해지고, 심장이 거의 정상적인 수준에서 움직이자 살아났다. 후에 그녀는 기자에게 "만약 누군가가 나에게 상심으로 인해 죽을 수 있다고 말했더라면… 나는 절대 믿지 못했을 것이다. 그러나 나는 거의 죽을 뻔했다."라고 말했다(Sanders, 2006, p. 28)

비록 강렬한 슬픔과의 관련성 때문에 상심 증후군이라고 이름이 붙여졌지만, 불안, 공포 또는 갑작스러운 놀람처럼 강렬한 정서 반응과 관련된 스트레스 사건에 의해서 유발될 수 있다(Naggiar, 2012). 다행히 상심 증후군은 드물게 발생하지만, 예상치 못한 배우자의 사망과 같은 정서적 충격 이후, 드문 경우 갑작스러운 죽음을 맞이하는 것을 설명할 수 있다. 심장병의 이전 병력이 없는 사람들에게 상심 증후군 증상은 대개 수명이 짧고, 진짜 심장마비와 달리 영구적으로 심장을 손상하지 않는다("As Valentine's Day Approaches", 2012). 하지만 관상성 심장 질환이 있는 환자들은 특히 심각해지기 쉬운데, 생명을 위협하는 관상동맥 사건이 강한 정서적 스트레스에 대한 반응으로 일어나기 때문이다(Strike et al., 2006).

지 아닌지와 같은 요인에 의해 조절될 수 있다(Krantz et al., 1988).

스트레스의 또 다른 유형 역시 증가된 심혈관의 위험성과 관련 있다(Walsh, 2011). 가령, 스웨덴에 있는 연구자들은 여성들 사이에서 결혼 스트레스가 심장마비와 심장사를 포함한 심장발작 재발의 위험성을 3배로 만든다고 여긴다(Foxhall, 2001; Orth-Gomer et al., 2000).

민족성과 관상성 심장 질환 관상성 심장병은 동등한 파괴자가 아니다. 유럽계 미국인(비히스패닉계 백인)과 아프리카계 미국인(비히스패닉계 흑인)은 관상성 심장병으로 인한 사망률이 가장 높다(그림 6.4 참조)(Ferdinand & Ferdinand, 2009). 비만, 흡연, 당뇨병, 고혈압과 같은 요인은 관상성 심장 질환(CHD)의 상대적인 위험과 관상성 심장 질환(CHD)과 관련된 사망을 결정하는 데 중요한 역할을 한다(CDC, 2011; Taubes, 2012). 예를 들어, 아프리카계 미국인은 다른 미국인 집단에 비해 더 높은 고혈압률뿐만 아니라 더 높은 비만과 당뇨병의 비율을 보인다. 관리의 이중 표준이 소수 집단원들에 대한 양질의 건강관리 접근을 제한하는 것 같다. 심근마비, 뇌졸중 또는 심부전을 앓고 있는 심장병이 있는 흑인 미국인들은 일반적으로 백인과 동일한 수준의 관리를 받지 못하거나 최신 심장 관리 기술에 대한 접근이 많지 않으며, 이는 심혈관계 질환으로 인한 더 높은 전체 사망률에 기여한다(Chen et al., 2001; Peterson & Yancy, 2009). 이러한 관리의 이중 표준은 차별을 반영할 뿐만 아니라 많은 아프리카계 미국인들 사이에서 의학 시설을 향한 불신과 같이 서비스 이용을 제한시키는 문화적 요인을 반영할지도 모른다.

우리는 고무적인 소식으로 이번 장을 끝낼 것이다. 이제 미국들은 심혈관계 건강을 더 관리하기 시작했다. 관상성 심장 질환(CHD)의 발생과 심장병으로 인한 죽음은

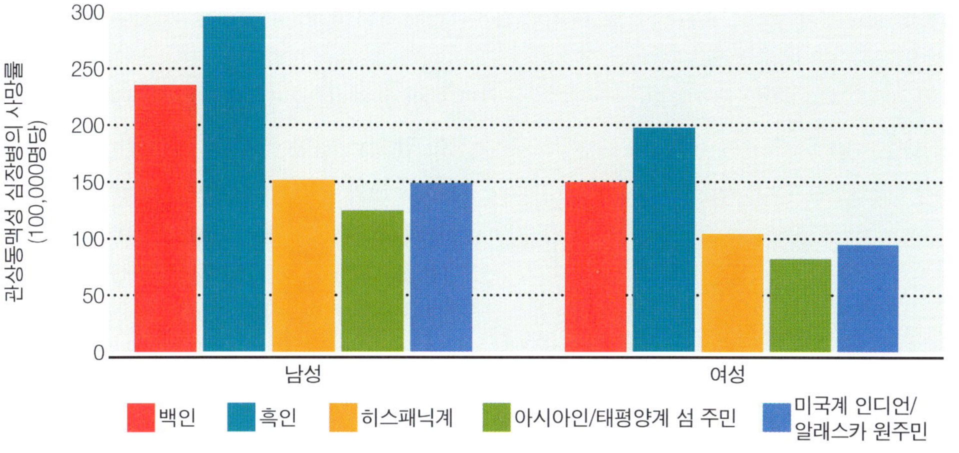

그림 6.4 인종과 민족성에 관한 관상성 심장병 사망률. 우리 사회에서 CHD로 인한 죽음은 백인 남성과 흑인(비히스패닉계) 남성 및 여성에서 불균형적으로 떨어지고 있다.

출처: National Center for Health Statistics(2012b). *Health, United States, 2011: With Special Feature on Socioeconomic Status and Health*. Hyattsville, MD.

지난 50년 동안 꾸준히 하락해 오고 있는데, 주로 흡연의 감소, 관상성 심장병의 향상된 치료법, 그리고 아마도 식이지방 섭취 감소와 같은 다른 생활양식의 변화 덕분이다. 또한, 더 나은 교육을 받은 사람들이 건강하지 않은 행동 패턴을 바꾸고, 이로 인한 변화의 이점들을 누린다. 이 장에서 당신을 위한 교훈이 있는가? **진실 / 거짓**

> **진실 또는 거짓**
>
> 미국에서는 관상성 심장병으로 인한 죽음이 증가하고 있는데, 이는 주로 증가된 흡연률 때문이다.
>
> **거짓** 반대의 경우가 사실이다.

천식

천식은 호흡기의 주요 관들이—기관지—수축되고 염증이 생기며, 다량의 점액이 분비되는 호흡기 장애이다. 천식 발작 동안에 사람들은 쌕쌕거리고, 기침하고, 충분한 공기로 숨을 쉬려고 몸부림친다. 그들은 숨이 막히는 것처럼 느낄지도 모른다.

천식은 미국에서 대략 1,600만 명의 어른들과 700만 명의 어린이들에게 영향을 미친다(CDC, 2009b). 천식의 비율은 증가하고 있으며, 지난 30년 동안에 2배 이상이 되었다. 발작은 몇 분에서 몇 시간까지 지속될 수 있으며, 그 강도에 있어서 다양하다. 일련의 발작은 기관지계를 손상시킬 수 있는데, 이는 점액을 모이게 하고 근육 탄력성을 잃게 만든다. 때때로 발작이 치명적인 경우 기관지계가 약화된다.

이론적 관점 알레르기 반응, 담배 연기와 스모그를 포함한 환경오염물질의 노출, 유전적, 면역학적인 요인을 포함하여 많은 유발 요인이 천식과 관련되어 있다. 민감한 사람들의 천식 반응은 꽃가루와 곰팡이 포자, 동물 비듬의 노출, 춥고 건조한 공기, 덥고 습한 공기, 분노 또는 너무 심하게 웃는 것과 같은 정서적 반응에 의해서 유발될 수 있다. 스트레스, 불안, 우울증과 같은 심리적 요인은 천식 발작에 대한 민감성을 증가시킬 수 있다(Schreier & Chen, 2008; Voelker, 2012 참조). 게다가 천식은 심리적인 결과이다. 몇몇 환자는 산소 요구량이 증가하는 것과 발작이 진행되는 것에 대한 두려움 때문에, 운동을 포함하여 격렬한 활동을 피한다.

치료 비록 천식은 치유될 수 없지만, 알레르기 유발 항원에 대한 노출을 줄임으로써 통제될 수 있다. 이는 신체가 알레르기 유발 항원에 대한 저항력을 좀 더 습득할 수 있도록 돕는 탈둔감화 치료('알레르기 신행'), 흡입기 사용, 기관지 발작 동안 기관지 관을 열어 주는 약물(기관지 확장제라고 불리는)과 기관지 관이 열린 상태에 있도록 도움으로써 미래의 발작을 줄이는 다른 약물(소염제라고 불리는)들을 통해 이루어진다. 행동 기술은 천식 환자가 호흡과 이완 기술을 개발하여 그들의 호흡을 향상시키고, 스트레스 상황에서 좀 더 효과적으로 대처하기 위해 돕는 데 사용될 수 있다(예: Brody, 2009).

암

암(cancer)이라는 단어는 영어에서 거의 틀림없이 가장 두려운 단어이며, 이는 당연하다. 미국에서 4명 중 한 사람이 암으로 사망한다. 매년 미국의 약 50만 명이, 90초마다 한 명씩 암으로 사망한다. 우리 삶의 어떤 순간에 암이 발병할 확률이 있는데, 남성은 1/2이며, 여성의 경우 그 가능성이 1/3이다. 그러나 좋은 소식도 있다. 최근 더 나은 검사와 치료 덕분에 암 사망률이 조금씩 줄었다는 것이다(Jemal et al., 2007).

암은 변종 혹은 돌연변이가 발생하여 종양을 만들어 내는 세포가 건강한 조직으로 퍼지는 것이다. 암세포는 어디든—혈액, 뼈, 폐, 소화기관 그리고 생식기—뿌리를 내릴 수 있다. 이것이 초기에 억제되지 않을 때, 암은 전이(metastasize)되거나 몸 곳곳에 군집을 만들어 사망에 이르게 된다.

암을 일으키는 많은 요인은 유전적 요인, 화학적 발암물질의 노출, 심지어 어떤 바이러스의 노출을 포함한다. 그러나 모든 암의 절반 이상은 사람들이 건강한 행동, 특히 흡연을 피하고, 지방섭취를 제한하고, 과체중을 조절하고, 알코올 섭취를 억제하고, 정기적으로 운동을 하고, 햇빛에 노출을 제한한다면(즉, 자외선은 피부암을 유발한다) 예방될 수 있다(예: Colditz, Wolin, & Gehlert, 2012; Li et al., 2009). 가령, 암으로 인한 사망률은 지방, 특히 동물성 지방을 더 많이 섭취하는 미국보다 일본에서 훨씬 더 낮다는 것을 생각해 보자. 그 차이는 유전적 또는 인종적인 요인이 아니라 생활방식과 식단과 관련 있다. 전형적인 미국인의 식단과 거의 비슷하게 포화지방을 섭취하는 일본계 미국인은 다른 미국인들처럼 유사한 암 사망률을 보여 준다.

스트레스와 암 약화되거나 면역 반응이 제대로 발휘되지 못하는 면역계는 암에 대한 민감성을 증가시킬지 모른다. 우리는 스트레스에 대한 노출과 같은 심리적 요인들이 면역계에 영향을 미칠지도 모른다고 여긴다. 그래서 스트레스에 대한 노출이 암에 걸릴 위험성을 증가시킬 수 있다는 것은 당연하다. 그러나 스트레스와 암 사이의 연결성은 결론에 이르지 못한 상태이며, 추후 연구가 필요하다(Cohen, Janicki-Deverts, & Miller, 2007; Dougall & Baum, 2001).

반면에 심리 상담과 집단지지 프로그램은 암 환자들이 암으로 인한 정서적 결과에 대처하도록 도울 수 있다는 충분한 근거가 있는데, 이는 흔히 우울증, 불안, 절망감을 포함한다(예: Antoni, 2012; Brothers et al., 2011; Hopko et al., 2011; Piet, Würtzen, & Zachariae, 2012). 연구자들 역시 최근에 마음챙김 명상 훈련 요소가 포함된 인지치료가 암 환자들의 우울과 불안을 개선했다고 보고했다(Foley et al., 2010). 오하이오 주립대학에서 11년에 걸쳐 연구한 전도유망한 연구 결과에 따르면, 대처 기술 훈련과 스트레스 학습 관리 기술에 참여하는 것이 유방암이 있는 여성들의 생존율을 증가시켰음을 보여 주었다(Anderson et al., 2008).

또한 암 환자들은 스트레스와 화학치료의 불쾌한 부작용을 다루는 것처럼 암 치료로 인한 통증을 완화하는 것을 목표로 하는 대처 기술 훈련 프로그램을 통해 혜택을 얻을 수 있다. 병원 환경 자체와 같은 화학적 치료와 관련된 단서는 약물이 투여되기 전에도 메스꺼움과 구토를 유발하는 조건화된 자극이 될 수 있다. 이러한 단서들을 이완, 즐거운 이미지, 주의 분산과 짝 짓는 것은 화학치료와 연관된 메스꺼움과 구토를 줄이는 것을 도울 수 있다(Redd & Jacobsen, 2001).

후천성 면역결핍증후군

후천성 면역결핍증후군(AIDS)은 **인체면역결핍바이러스**(human immunodeficiency virus, HIV)에 의해 유발되는 질병이다. 인체면역결핍바이러스(HIV)는 면역체계를 공격하여, 질병을 저지해야 할 면역체계를 무기력하게 만든다. HIV/AIDS는 역사상 가장 나쁜 전염병 중 하나이다. HIV/AIDS는 미국에서 43만 명 이상의 생명과 전 세계적으로 약 2,400만 명의 생명을 앗아갔다(Bongaarts, Pelletier, & Gerland, 2010a). 전 세계적으로 3,000만 명 이상의 사람들이 HIV에 감염되었다고 생각된다(Kaiser Family Foundation, 2012). 매년 미국에서 새롭게 인체면역결핍바이러스(HIV)에 감염된 사람이 대략 55,000명으로 보고되고 있다(CDC, 2011a).

신체 질병의 심리적 요인에 대한 논의에서 HIV/AIDS를 포함한 데에는 두 가지 주요한 이유가 있다. 첫째, HIV/AIDS가 있는 사람들은 흔히 그 질병을 안고 생활에 적응하는 데 중요한 심리적인 문제가 생긴다. 둘째, 위험한 성적, 주사 행위와 같은 행동 패턴은 사람들이 바이러스에 걸리고 이를 전염시키는 위험성을 결정하는 데 중요한 역할을 한다.

인체면역결핍바이러스(HIV)는 성적 접촉에 의해서 전염될 수 있는데, 즉 질, 항문 성교 또는 구강 성교, 감염된 혈액의 직접적인 투입, 감염된 혈액의 수혈, 즉 이전에 감염된 사람에게 사용했던 바늘이나 마약 투약자들 사이에서 공유한 바늘로부터 우연한 찌름 또는 임신이나 분만 동안, 모유 수유를 통해 감염된 엄마로부터 아이에게 전염될 수 있다. 후천성 면역결핍증후군(AIDS)은 헌혈, 공기로 전염되는 병원균, 곤충 혹은 공중 화장실 사용, 감염된 사람들과 손을 잡거나 껴안기, 그들과 식사 그릇을 함께 쓰거나, 그들과 함께 살거나 학교에 가는 것과 같은 일상적인 접촉에 의해 걸리지 않는다. 인체면역결핍바이러스(HIV)가 있는 사람을 위한 혈액 공급의 정기적인 검진으로 수혈로 인한 감염의 위험성을 거의 0으로 줄어들었다. 인체면역결핍바이러스(HIV) 감염에 대한 치유법이나 백신은 없지만 매우 효과적인 항레트로바이러스 약물의 도입은 이 질병 치료에 혁명을 일으켰다(Thompson et al., 2012). 비록 치료가 아닐지라도 이러한 약물은 수십 년간 이 질병의 접근을 막을 수 있다(Cohen, 2012). 다행히 전 세계적으로 후천성 면역결핍증후군(AIDS)과 관련된 사망자 수는 최근 항바이러스성 치료가 널리 보급됨에 따라 하락해 왔다. 그러나 치료나 효과적인 백신의 부족은 위험한 성적, 주사 실행을 줄이거나 없애는 것에 초점을 둔 예방 프로그램이 전염병을 통제하는 데 가장 좋은 대책임을 의미한다.

HIV/AIDS가 있는 사람들의 적응 인체면역결핍바이러스(HIV)와 후천성 면역결핍증후군(AIDS)가 있는 사람들이 질병 그 자체나 그로 인한 오명으로부터 고통받는 것을 고려해 볼 때, 분명히 전부는 아니지만 인체면역결핍바이러스(HIV)가 있는 많은 사람에게 심리적 문제, 흔히 불안과 우울증이 발생한다는 것은 놀라운 것이 아니다.

심리학자들과 다른 정신건강 전문가들은 HIV/AIDS에 감염된 사람들에게 치료 서비스를 제공하는 일에 참여해 왔다. 대처 기술 훈련과 인지행동치료는 면역 반응을 향상시키고, 우울과 불안을 감소시키고, 스트레스를 다루는 능력을 향상시키고, HIV/AIDS가 있는 환자들의 삶의 질을 향상시킬 수 있다(McCain et al., 2008; Scott-Sheldon et al., 2008; Stout-Shaffer & Page, 2008). 치료는 이완 훈련과 긍정적인 심상의 사용과 같은 스트레스 관리 기술뿐만 아니라 침투적인 부정적 사고와 사로잡고 있는 생각을 조절하는 인지적 전략들을 포함시킬 수 있다.

항우울제 약물은 역시 HIV/AIDS 환자들이 질병을 가지고 살아가는 것에 대한 빈번한 정서적 결과—우울증—를 대처하도록 도울 수 있다. 우울증 또는 스트레스 관리 훈련의 치료가 인체면역결핍바이러스(HIV)와 후천성 면역결핍증후군(AIDS)이 있는 사람들의 면역 기능을 향상하거나 생명을 연장시킬 수 있는지는 미해결로 남아 있다.

위험한 행동을 줄이기 위한 심리적 개입 위험 감소에 대한 정보만을 제공하는 것은 성적 행동의 광범위한 변화를 유발하는 데 충분하지 않다. 위험에 대한 자각에도 불구하고, 많은 사람은 안전하지 않은 성적, 주사 실행을 계속한다. 다행히 심리적 개입은 사람들이 위험한 행동을 바꾸도록 돕는 데 효과적이다(예: Albarracin, Durantini, & Ear, 2006; Carey et al., 2004). 이러한 프로그램들은 위험 행동에 대한 자각을 높이고, 사람들이 좀 더 적응적인 행동, 예를 들어 안전하지 않은 섹스 참여 초대를 적극적으로 거절하고, 안전한 성행위에 대해 파트너와 좀 더 효과적으로 대화하기와 같은 것을 연습해 보도록 돕는다. 또한 안전한 성행위에 참여할 가능성은 섹스하기 전 알코올과 약물을 피하는 것과 안전한 섹스가 또래 집단 내의 사회적 기준(예상된 행동)을 반영한다는 지각과 관련된다.

우리는 스트레스와 건강 사이의 관련성과 건강과 관련된 심리적 요인에 중점을 두었다. 심리학은 신체장애의 이해와 치료에 제공할 것이 더 많이 있다. 심리적 접근은 두통 및 관상성 심장병과 같은 신체장애의 치료에 도움이 된다. 또한 심리학자들은 사람들이 심혈관 장애, 암, 후천성 면역결핍증후군(AIDS)과 같은 심각한 건강 문제의 발병 위험성을 감소시키는 더 건강한 행동을 개발하도록 도울 수 있다. 정신신경면역학(psychoneuroimmunology)과 같은 최근 생겨나고 있는 분야들은 마음과 신체 사이의 복잡한 관련성에 대한 지식을 좀 더 향상시킬 것 같다.

6 요약

해리장애(Dissociative Disorders)

6.1 해리장애의 주요 유형의 핵심 특징을 설명한다. 해리성 정체성장애, 해리성 기억상실, 이인성/비현실감 장애

해리성 정체성장애에서 각각 명확한 특성과 기억을 가지고 있는 두 가지 또는 그 이상의 별개의 인격은 개인 내에 존재하며, 개인의 행동을 반복적으로 지배한다. 해리성 기억상실은 사람이 유기적인 원인에 의해 설명될 수 없는 개인적인 정보에 대한 기억의 상실을 경험한다. 둔주가 있는 해리성 기억상실에서 사람은 갑자기 집 또는 직장을 떠나 이동하고, 그 또는 그녀의 개인적인 과거에 대한 기억상실을 보여 주고, 정체성 혼란을 경험하거나 새로운 정체성을 가진다. 이인성/비현실감 장애에서 커다란 고통 또는 기능에서의 손상을 일으키는 충분한 심각성의 이인성 또는 비현실감의 지속적 또는 반복되는 삽화들을 경험한다.

6.2 해리성 정체성장애의 개념이 논란이 많은 이유를 설명한다.

몇몇 이론가는 해리성 정체성장애가 진짜 장애인지 아니면 오히려 치료사를 포함한 다른 사람들로부터의 관심과 흥미에 의해 강화된 '다중 인격'의 정교한 역할 연기의 형태인지에 대해 질문한다.

6.3 해리장애의 이론적 관점의 차이를 설명한다.

정신역동적 치료사에 따르면 자아는 괴로운 기억과 용납할 수 없는 충동을 의식에서 지움으로써 스스로를 지키는 심리적 방어의 형태로서 해리장애를 본다. 해리장애와 초기 어린 시절 트라우마 사이의 연결성에 대한 증거들이 증가하고 있는데, 이는 해리가 괴로운 기억으로부터 자기(self)를 보호하는 데 도움이 된다는 견해에 대한 지지를 제공한다. 학습과 인지치료사들은 해리 경험이 죄책감 또는 수치심을 초래하는 어떤 괴로운 행동 또는 생각에 대해 생각하지 않는 학습 방식을 포함한다. 불안으로부터의 안심은 이러한 해리 패턴을 부적으로 강화한다. 몇몇 사회인지치료사들은 다중 인격이 역할 연기 행동의 형태를 반영할지도 모른다고 제안한다.

6.4 해리성 정체성장애의 치료를 설명한다.

치료의 주요 형태는 해리성 정체성장애가 있는 사람들이 어린 시절로부터의 해리된 고통스러운 경험을 털어놓고 통합시키도록 돕는 데에 중점을 둠으로써 성격의 재통합을 성취하는 것을 목표로 하는 심리치료이다.

신체 증상 및 관련 장애

6.5 신체 증상 및 관련 장애의 핵심 특징을 설명한다. 신체 증상 장애, 질병불안장애, 전환장애, 허위성 장애

신체 증상 장애는 일상생활에서 자신의 사고, 감정, 행동에 영향을 미치는 정도까지 신체 증상에 대한 지나친 관심이 있는 환자들에게 적용된다. 질병불안장애는 반대되는 의학적 증거에도 불구하고 심각한 내적인 질병이 나타난다는 믿음에 사로잡히게 되는 작은 신체 증상이 있는 환자들에게 적용된다. 전환장애는 의학적 질환 또는 질병으로 알려진 것으로 설명될 수 없는 운동 또는 감각 기능의 증상 또는 결핍이 있는 환자에게 적용된다.

6.6 꾀병과 허위성 장애의 차이를 설명한다.

꾀병(malingering)은 이득을 얻거나 원치 않는 책임감을 회피하기 위해 증상을 꾸미거나 과장하려는 고의적인 노력을 포함하고, 그래서 심적 또는 심리적 장애로 고려되지 않는다. 허위성 장애의 증상도 허구이다. 그러나 어떤 명백한 이득의 부재 때문에 허위성 장애의 증상은 내적인 심리적 욕구를 반영한다고 믿으며, 이런 이유로 그들은 심적 또는 심리적 장애의 특징을 나타낸다. 뮌하우젠 증후군은 허위성 장애의 주요 형태이며, 환자 역할을 연기하는 것 이외에 분명한 이유가 없다는 것 때문에 신체 증상의 고의적인 가장으로 특징된다.

6.7 코로 증후군과와 닷 증후군의 핵심 특징을 설명한다.

문화 관련 증후군의 두 가지 예가 있다. 중국에서 주로 발견되는 코로 장애(Koro disorder)은 자신의 생식기가 오그라들고 신체 안으로 들어가버린다는 지나친 두려움으로 특징된다. 주로 인도에서 발견되는 닷 증후군(Dhat syndrome)은 정액의 손실에 관한 남성의 지나친 두려움을 포함한다.

6.8 신체 증상 및 관련 장애에 대한 이론적 지식을 설명한다.

신체 증상 및 관련 장애들의 많은 이론적 중점은 건강염려증에 집중되었으며, 이는 현재 신체 증상 장애 또는 질병불안장애 중 하나로서 분류되었다. 한 학습 이론 모델은 건강염려증을 강박장애 행동에 비유한다. 건강염려증의 인지적 요인은 자기 결함 전략(self-handicapping strategy)과 자신의 건강 중요도의 과장된 지각을 포함한 인지적 왜곡을 포함한다. 전환장애의 정신역동적 모델은 자아가 의식에 도달하는 것을 막으려는 용납할 수 없거나 위협적인 충동에서 고립된 남은 정서나 에너지가 신체적 증상으로 전환이 나타난다고 주장한다. 그 증상은 그 사람이 일차적 이득과 이차적 이득 둘 다를 성취하도록 허락한다는 점에서 기능적이다. 학습 이론가들은 '환자 역할'을 채택하는 것의 결과를 강화하는 것과 같은 전환장애와 관련된 강화물에 초점을 둔다.

6.9 신체 증상 및 관련 장애에 사용되는 치료 방법에 대해 설명한다.

정신역동적 치료사는 신체 증상 및 관련 장애의 근본에 있는 것으로 생각되는 어린 시절에서 기원한 내적인 무의식적 갈등을 털어놓고, 의식의 수준으로 이끌어 가려고 시도한다. 갈등이 드러나고 극복된다면 증상이 내적인 갈등에 대한 부분적인 해결책으로서 더 이상 필요하지 않기 때문에 사라져야 한다. 행동적 접근은 이상행동 패턴을 유지할지도 모르는 강화의 내적인 근원을 제거하는 데 초점을 둔다. 좀 더 일반적으로 행동치료사들은 신체 증상 및 관련 장애가 있는 사람들이 스트레스가 많거나 불안을 일으키는 상황을 좀 더 효과적으로 다루도록 학습하는 것을 돕는다. 게다가 노출과 반응 예방과 인지 재구조화와 같은 인지행동 기술의 결합은 건강염려증을 치료하는 데 사용될 수 있다. 항우울제 약물은 신체 증상 및 관련 장애 환자를 치료하는 데 도움이 된다고 증명될 수 있다.

신체건강에 영향을 미치는 심리적 요인

6.10 두통, 심혈관계 질환, 천식, 암, 에이즈와 같은 신체건강 문제에서 심리적 요인의 역할을 설명한다.

가장 흔한 두통은 긴장성 두통이며, 이는 종종 스트레스와 관련된다. 완화 훈련과 바이오피드백의 행동적 방법은 다양한 두통의 유형을 치료하는 데 도움이 된다. 관상동맥성 심장병의 위험을 증가시키는 심리적 요인은 건강하지 않은 식습관 패턴, 주로 앉아서 하는 생활방식, 지속적인 부정적 정서를 포함한다. 스트레스, 불안, 우울증과 같은 심리적 요인은 예민한 개인에게 천식 발작을 유발할 수 있다. 비록 스트레스와 암의 위험성 사이의 관련성이 연구 중에 있지만 암에 대한 행동적 위험 요인은 건강하지 못한 식습관(특히, 고지방 섭취), 높은 도수의 알코올 사용, 흡연, 과도한 햇빛 노출을 포함한다. 심리적 개입은 암 환자들이 질병의 증상과 치료에 잘 대처하도록 돕는다. 또한 심리학자들은 인체면역결핍바이러스(HIV) 감염을 유발할 수 있는 위험 행동을 감소시키는 예방 프로그램, HIV/AIDS에 감염된 사람을 돕기 위해 고안된 대처 기술 훈련과 인지행동치료와 같은 치료 프로그램을 개발하는 것과 관련되어 있다.

비판적 사고 질문

이번 장에서 배운 것을 기초로 다음의 질문에 답해 보라.

- 해리성 정체성장애 진단에 왜 논란이 많은가? 당신은 해리성 정체성장애가 있는 사람들이 단지 그들이 학습해 온 역할을 하고 있다고 믿고 있는가? 그렇다면 혹은 그렇지 않다면 이유는 무엇인가?
- 해리성과 신체 증상 및 관련 장애가 꾀병과 어떻게 구별되는가? 이러한 결정을 하는데 어떤 어려움이 발생하는가?
- 전환장애는 왜 이상심리학의 연대기에서 보물로 고려되는가? 그 장애가 이상행동의 심리학적 모델 발전에서 어떤 역할을 해 왔는가?
- 코로 또는 닷 증후군이 당신에게 이상한 것처럼 보이는가? 당신의 반응이 어떻게 당신이 자라온 문화에 따라 다를 수 있는가? 당신의 문화에서의 다른 문화 구성원들에게 이상한 것처럼 보일 수 있는 행동 패턴의 예를 들어 볼 수 있는가?

핵심 용어

건강염려증(hypochondriasis)
꾀병(malingering)
닷 증후군(dhat syndrome)
뮌하우젠 증후군(Münchausen syndrome)
바이오피드백 훈련(biofeedback training, BFT)
비현실감(derealization)
신체 증상 및 관련 장애(somatic symptoms and related disorders)

신체 증상 장애(somatic symptom disorder)
심혈관계 질환(cardiovascular disease)
이인성(depersonalization)
이인성/비현실감 장애(depersonalization/derealization disorder)
전환장애(conversion disorder)
정신신체(psychosomatic)
질병불안장애(illness anxiety disorder)
코로 증후군(koro syndrome)
해리성 기억상실(dissociative amnesia)
해리성 정체성장애(dissociative identity disorder)
해리장애(dissociative disorder)
허위성 장애(factitious disorder)
A 유형 행동(Type A behavior pattern, TABP)

7

기분장애와 자살

7

학습 목표

7.1 기분장애의 용어를 정의하고, 주요 우울장애의 핵심 특징을 설명한다.
7.2 여성들에게서의 우울증 비율의 증가를 설명할 수 있는 요인에 대해서 평가한다.
7.3 지속성 우울장애와 월경 전 불쾌감장애의 핵심 특징에 대해 설명한다.
7.4 양극성 장애와 순환성 장애의 핵심 특징에 대해 설명한다.
7.5 우울증에서 스트레스의 역할 기능에 대해 평가한다.
7.6 우울증의 주요 심리학적 모델을 설명한다.
7.7 우울증의 생물학적 요소를 설명한다.
7.8 양극성 장애의 유발 요인을 설명한다.
7.9 기분장애 치료에 사용되는 방법을 알아보고 설명한다.
7.10 자살의 위험요소를 알아본다.
7.11 자살의 주요 이론적 관점을 알아본다.
7.12 당신이 알고 있는 누군가가 자살 생각을 하고 있다면 자살 요인에 대한 지식을 적용하여 개입할 수 있다.

진실 또는 거짓

T□ F□ 슬프거나 우울한 기분을 느끼는 것은 비정상이다.

T□ F□ 주요 우울증은 수백만의 미국인들에게 영향을 주고 있지만, 다행스럽게도 대부분 그들이 필요한 도움을 받는다.

T□ F□ 주요 우울 삽화를 경험한 대부분의 사람은 또 다른 삽화를 경험하지 않는다.

T□ F□ 겨울의 음산한 빛은 일부 사람들을 진단 가능한 우울 상태로 끌어들인다.

T□ F□ 주요 우울증의 발달 가능성은 남성이 여성보다 약 2배 높다.

T□ F□ 신체적 활동은 몸을 탄탄하게 할 뿐만 아니라 우울증을 방지하는 데에도 도움이 된다.

T□ F□ 식생활에서 다량의 생선 기름(fish oil)을 섭취하는 것은 양극성 장애의 발병률 증가와 관련 있다.

T□ F□ 고대 그리스인과 로마인은 급격한 기분 변화를 억제하기 위해 화학물질을 사용해 왔으며 이것은 현재까지도 여전히 사용되고 있다.

T□ F□ 두피 위에 강력한 전자석을 올려두는 것은 우울증 해소에 도움이 될 수 있다.

T□ F□ 자살하겠다고 위협하는 사람은 기본적으로 관심을 받고자 하는 사람이다.

'나' 보이는 어둠

책 『Nat Turner의 고백(The confession of Nat Turner)』과 『소피의 선택(Sophie's Choice)』의 유명한 저자, 60세의 William Styron(1925~2006)은 자살 시도를 계획할 만큼의 심각한 우울증으로 고통받았다. 그는 1990년 회고록에서 개인적인 암흑기를 이겨 내고 삶에 대한 헌신을 되찾게 된 것에 대해 이렇게 말했다.

"나는 필요한 준비를 시작하면서 공포와 흥분이 뒤섞인 곳에 있는 나 자신을 보았다. 근처의 변호사를 찾아갔으며(유언장을 다시 쓰기 위해), 며칠간의 오후를 자식들에게 작별 편지를 쓰는 데 할애했다. 나는 써야만 한다는 필요성에 사로잡혔던 자살 노트를 작성하는 것이 지금까지 씨름해 왔던 집필 과제 중에 가장 어려웠던 것임을 알 수 있었다….

몇 자 되지 않는 글들이 장황하게 느껴졌고, 모든 노력이 수포로 돌아가는 것 같고, 해결의 실마리는 어둠 속으로 사라졌다. 몹시도 추운 늦은 저녁, 다음 날에도 기력을 회복할 수 없으리라는 것을 알면서 거실에 앉았는데 난로가 꺼졌는지 한기가 오싹 들었다. 아내는 이미 침실로 들어간 뒤였고, 난 젊은 배우가 나오는 영화를 억지로 보고 있었는데, 그 배우는 나처럼 작은 역할의 배역을 맡고 있었다. 늦은 19세기 보스턴을 배경으로 한 이 영화에서 배우들이 음악원을 지나칠 때 벽 뒤에서 보이지 않는 음악가로부터 브람스의 알토 랩소디의 한 소절이 들려왔다.

모든 음악처럼—사실은, 모든 즐거운 음악처럼—이 소리는 몇 달간 무감각한 내 가슴을 칼로 관통하는 듯했으며, 내가 알고 있었던 가정에서의 모든 즐거운 기억들이 빠르게 쏟아져 내렸다. 자기 방으로 뛰어가는 아이들, 축제, 사랑과 일, 달콤했던 숙면, 목소리와 빠르게 여기저기 움직이는 사람들, 사시사철 고양이와 개 그리고 새 무리들… 이 모든 것은 내가 포기한 것이었다. 그러나 기억이 튀어 오르면서 그것들이 아주 가깝게 다가왔다. 그리고 그 순간 스스로 자살할 수 없다는 사실을 강하게 깨달았다. 나는 내가 빠졌던 곤경의 공포 차원을 지각하는 데 지난 빛나는 기억을 이용했다. 나는 아내를 깨우고 곧 전화를 했다. 다음 날 나는 병원에 등록했다."

— Willam Styron, 『보이는 어둠(Darkness Visible)』

한 유명한 저자의 삶이 벼랑 끝에 서 있다. 그를 완전히 덮어 버리고 그 자신의 인생이 희생되는 우울증—이것이 **보이는 어둠이다**—은 수백만 명의 인생에서 반갑지 않은 동행자이다. 우울증은 삶의 많은 부분에서 길고, 깊은 그림자를 드리우게 하는 기분의 혼란이다.

기분(mood)은 우리의 심리적인 삶에 채색을 하는 것 같은 감정 상태이다. 우리는 대부분 기분의 변화를 경험한다. 높은 성적을 받았을 때, 승진할 때 또는 이상적인 남성 혹은 여성에게서 애정을 받을 때 행복감을 느낀다. 이와 달리 데이트 신청을 거절당했을 때, 시험에서 떨어졌을 때 또는 경제적으로 고통을 받을 때 기분이 가라앉거나 우울감을 느낀다. 희망을 주는 사건에 대해 행복함을 느끼는 것이나, 울적한 사건으로 인해 우울함을 느끼는 것은 아주 일반적이고 적절하다. 비극적이거나 몹시 실망스러운 사건 혹은 상황에 직면했을 때 기분이 가라앉지 않거나 우울함을 느끼지 않는다면 이것은 확실히 정상적이지 않은 것일 수 있다. 그러나 **기분장애**(mood disorders)를 가진 사람들은 기분을 경험하는 것에 방해를 받게 되는데 이것은 심각하거나 장기적이고 정상적인 책임감을 가지는 능력에 대한 손상을 의미한다. 어떠한 사람들은 심지어, 모든 것이 잘되고 있는 것처럼 보이거나 다른 사람들은 수월하게 헤쳐 나갈 수 있는 약간의 속상한 사건에도 심하게 우울해질 수 있다. 또 다른 사람들은 극도의 기분 변화를 경험한다. 그들은 정서적 롤러코스터를 타고 현기증이 날 만큼 높이 오르고, 그들을 둘러싼 세계가 평온하게 유지될 때 끝 모를 깊이로 내려간다. 기분장애의 다른 유형들을 검토함으로써 이러한 정서적 문제의 유형들을 공부해 보도록 하자.

William Styron. 극도의 우울로 고통을 겪은 유명한 저자 Willam Sytron의 『보이는 어둠』은 그를 자살의 벼랑 끝으로 이끌었다.

기분장애의 유형

7.1 기분장애의 용어를 정의하고, 주요 우울장애의 핵심 특징을 설명한다.

이 장에서는 두 가지 주요 기분장애의 유형인 우울장애와 양극성 장애(기분 변화 장애)를 알아본다. DSM의 이전 판과는 달리, DSM-5에서는 기분장애를 일반적 범주로 포함하지 않는다. 대신 기분장애는 '우울장애'와 '양극성 및 관련 장애'의 분리된 범주로 분류된다. 기분장애에 대한 연구는 두 가지로 분리된다. 우울장애의 주요 두 가지 유형—**주요 우울장애**(major depressive disorder)와 **지속성 우울장애**(persistent depressive disorder)—과 양극성 장애의 주요 두 가지 유형—**양극성 장애**(bipolar disorder)와 **순환성 장애**(cyclothymia)—이 있다. 또한 우리는 양극성 장애에서 두 가지로 구분

표 7.1
기분장애의 개요

	장애의 유형	평생 유병률*	주요 특징 또는 증상	추가 사항
우울장애	주요 우울장애(MDD)	남성 12%, 여성 21%, 전체 16.5%	풀이 죽은 기분으로 특징지어지는 극심한 우울 삽화, 무망감과 무가치감, 수면 패턴과 식욕의 변화, 동기의 상실, 일상 활동에서의 즐거움 상실	우울 삽화 후에는 일상적인 기능 상태로 돌아오지만, 재발이 흔하다. 계절성 정서장애(SAD; 동절기 햇빛 부족으로 인한 우울증적 증상)는 주요 우울의 한 유형이다.
	지속성 우울장애(기분저하증)	4.3%	우울증의 만성적 형태	개인은 만성적으로 경도 혹은 주요 우울을 겪거나 대부분의 시간 동안 "의기소침"을 느낀다.
	월경 전 불쾌감장애(PMDD)	알려져 있지 않음.	월경 전 여성의 뚜렷한 기분의 변화	DSM-5의 새로운 진단범주로, 비평가들이 현저하게 월경 전 증상이 있는 여성들을 정신적/심리적 장애가 있는 것으로 꼬리표를 붙이는 것은 불공평하게 낙인찍는 것이라고 주장함으로써 여전히 논란으로 남아 있다.
양극성 장애	양극성 장애	제I형 양극성 장애와 제II형 양극성 장애의 약 1%	기분과 에너지 수준, 활동 수준이 조증과 우울증 사이에서 이동하는 기간 보통의 기분 기간도 사이에 들어온다. 일반적인 하위 유형 두 가지로 제I형 양극성 장애(하나 또는 그 이상의 조증 삽화 존재)와 제II형 양극성 장애(주요 우울 삽화와 경조증 삽화, 완전한 조증 삽화는 없다)가 있다.	조증 삽화는 언어 압박, 크게 증가된 에너지 또는 활동 수준, 사고의 비약, 흐린 판단력, 산만한 행동과 높은 수준의 흥분성 그리고 과장된 기분과 팽창된 자아로 특징짓는다.
	순환성 장애	약 0.4%~1.0%	기분 변화는 양극성 장애보다 그 심각도가 덜하다.	순환성 기분장애는 대개 후기 청소년기 또는 초기 성인기에 시작되고 몇 년에 걸쳐 지속되는 경향이 있다.

*평생 유병률은 삶의 어떤 시점에서 장애에 의해 영향을 받는 인구의 비율을 말한다.

출처: APA, 2013; Conway et al., 2006; Merikangas et al., 2007; Merikangas & Pato, 2009; Van Meter, Youngstrom, & Findling, 2012. 표는 Nevid, J. S. (2009). *Psychology: Concepts and applications*(3rd ed., p. 257)(Boston: Houghton Mifflin Co.)에서 개정되고 적용됐다. 허락하에 인용함.

되는 제I형 양극성 장애와 제II형 양극성 장애에 대해서도 알아볼 것이다.

우울장애는 **단극성 장애**라고도 불리는데, 이는 기분 혼란이 한쪽의 정서적 방향이나 극단적으로 아래쪽으로만 가기 때문이다. 반면에 기분 변화 장애(mood swing disorders)는 **양극성 장애**라고 불리는데, 이는 우울과 고양 두 상태 모두를 가지며 종종 교차되는 패턴이 나타나기 때문이다. 표 7.1은 이러한 장애의 개요를 보여 준다. 기분장애에 해당하는 기분 상태의 차이를 쉽게 개념화하기 위해 그림 7.1에서 기분 온도계로 보여 준다.

우리 중 많은 사람이—아마 거의 모두가—가끔씩은 슬픔을 느낀다. 우리는 의기소침해져서 울적해질 수도 있고, 울고 싶거나 일에서 흥미를 잃어버리거나 집중하는 데 어려움이 있을 수도 있고, 최악의 일이 일어날 것 같아 심지어 자살을 생각할 수도 있다. 우리 중 대부분은 기분의 변화가 빠르게 지나가거나, 일상생활이나 적응적인 기능에 영향을 미칠 만큼 충분하게 심각하지 않다. 우울장애나 양극성 장애를 포함하여 기분장애를 가진 사람

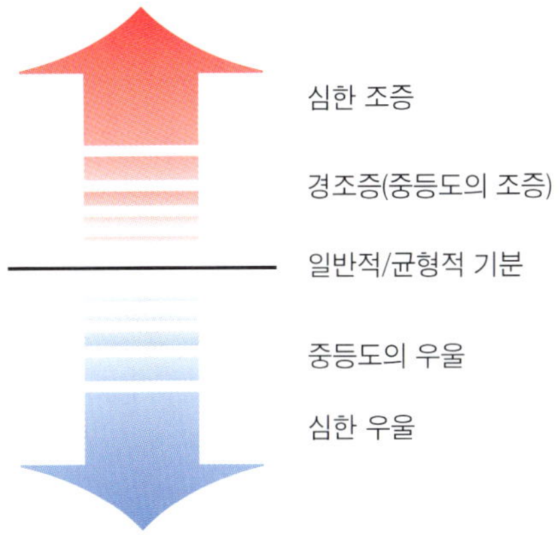

그림 7.1 기분 온도계. 기분 상태는 스펙트럼 또는 연속체를 따라 변화함으로써 개념화될 수 있다. 양극성 장애의 주요한 특징으로, 한 쪽 끝은 심한 우울을 나타내고 또 다른 쪽은 심한 조증을 나타낸다. 중등도의 우울은 종종 우울감(blues)으로 불리지만 만성적으로 나타날 때에는 '기분저하(dysthymia)'로 분류된다. 스펙트럼의 중간은 일반적이거나 균형적인 기분이다. 약하거나 중간 정도의 조증은 경조증이라 불리고 순환성 기분장애의 특징을 가진다.

출처: NIMH, 2001.

은 기분 변화가 더 심각하거나 장기적으로 지속되고 일상 기능에 영향을 미친다. **진실 / 거짓**

진실 또는 거짓

슬프거나 우울을 느끼는 것은 비정상이다.

거짓 우울한 사건이나 상황적인 맥락에서 우울을 느끼는 것은 비정상이 아니다.

주요 우울장애

주요 우울장애(major depressive disorder, MDD; 주요 우울증으로도 불림)의 진단은 **조증**(mania) 또는 **경조증**(hypomania) 삽화가 한 번도 없었으면서 최소 한 번의 주요 우울 삽화(major depressive episode, MDE)가 발생했을 때에 근거한다. 주요 우울 삽화는 최소 2주의 기간 동안 우울한 기분(슬픈 기분, 무망감, 또는 '우울에 빠져 있는 의기소침')과/또는 모든 혹은 대부분의 활동에서 홍미나 즐거움의 상실을 포함하여 다양한 우울 증상을 수반한 임상적으로 유의미한 기분의 변화와 관련된다(APA, 2013). 표 7.2는 우울증의 공통적 특징의 일부 목록이다. DSM 진단표에 나온 주요 우울장애의 진단기준은 247쪽에 나와 있다.

주요 우울장애는 단순히 슬프거나 우울감을 느끼는 상

기분의 변화가 비정상이라고 간주될 때는 언제인가? 일상에서 기분의 변화가 오르락내리락하는 것은 지극히 정상적인 것일 수 있지만, 기분의 변화가 지속적이거나 극심한 경우, 혹은 극단적인 고양과 우울의 순환이 나타난다면 기분장애로 볼 수 있다.

태가 아니다. 주요 우울장애(MDD)가 있는 사람은 식욕부진과 체중의 상당한 증가 또는 감소, 수면 문제를 가지고 있으며 잠이 많아지고 신체적으로 불안해지거나—다른 방향의 극단으로—운동(움직임)활동이 저하된다. 여기에, 우울—그녀는 이것을 '짐승'이라고 말한다—이 자신의 모든 정신에 어떻게 영향을 미치는지에 대해 이야기하는 여성이 있다.

'나' '짐승이 돌아왔다.'

나의 몸은 간헐적으로 파도가 치거나, 혹은 마치 말라리아에 걸린 것처럼 아픔이 찾아온다. 나는 식욕을 느끼지 못하고 그냥 먹는다. 맛있는 음식을 먹는 것에 대한 기쁨이 줄어들었기 때문이다. 나는 피곤하다, 너무 피곤하다. 어제 저녁에는 마치 쌓인 낡은 옷처럼 퍼져 있었고, 데이비드가 침대로 왔을 때에도 조금도 동요되지 않았다. 내게 섹스는 이질적인 개념이다. 요즘 직장에서 건망증 증세를 보인다. 문장을 만드는 데 문제가 있고, 중간중간 계속 놓치고, 단어는 계속 꼬인다. 나는 오늘 해야 할 목록을 계속해서 바라만 보고 있다. 아무 일도 일어날 것 같지 않다. 이러한 것이 슬프다. 오늘 아침에는 Sears(:시어스 회사)에 인조 레이스 커튼을 사러 갔다고 말한 이전 집의 여자가 생각났다. 이런 모습이—1페니(penny: 영국의 화폐 단위)를 아껴야 하고, 진품 레이스 커튼을 살 형편이 되지 않는—처량한 행동으로 보였다. (왜? 어떤 목소리가 머릿속에서 물었다. 사실 그녀가 산 커튼은 완벽하게 멋져 보였다.) 나는 나의 뇌

표 7.2

우울의 공통적 특징

정서 상태의 변화	• 기분의 변화(끊임없이 지속되는 처지는 기분, 우울, 슬픔 또는 우울감) • 눈물을 글썽이거나 소리 내어 울 • 과민성, 신경 거슬림의 증가 또는 참을 수 없는 화
동기의 변화	• 무동기감 또는 아침 기상이나 잠자리에서 일어나는 것의 어려움 • 사회적 참여 수준 또는 사회 활동의 흥미 감소 • 즐거운 활동에서의 즐거움 또는 흥미 상실 • 성(sex)적 흥미 감소 • 칭찬이나 강화 반응의 실패
기능과 운동 행동의 변화	• 평상시보다 더 느린 움직임과 말의 속도 • 수면 습관의 변화(너무 많은 또는 너무 적은 수면 시간, 평소보다 더 빨리 일어나고 이른 아침 시간에 다시 잠드는 것의 어려움—이른 아침 기상이라고 한다) • 식욕의 변화(너무 많거나 적은 식사량) • 체중의 변화(체중의 증가나 감소) • 직장 또는 학교에서 효율적인 기능의 감소, 맡은 일에서의 책임감 상실과 개인의 신체적 외모 방치
인지 변화	• 또렷하게 집중하거나 생각하는 것의 어려움 • 자신과 미래에 대한 부정적인 생각 • 과거의 잘못된 일에 대한 죄책감과 후회 • 자신감 부족 또는 부적절한 기분 • 죽음이나 자살에 대한 생각

가 순환이 거의 이루어지지 않는 원형질 덩어리처럼 느껴지고, 신경연결이 짤막짤막하게 유지되는 것처럼 느껴졌다. 거기에는 아주 미미한 전기 발화만 있고 신경세포가 연소되고 붕괴되어 바싹 말라 있다….

나는 심지어 지금의 이런 상황이 언제 시작되었는지 알 수 없다—일주일 전? 한 달 전? 시작은 아주 서서히 진행되었고, 이러한 일들을 말하기 힘들었다. 내가 아는 것이라곤 그 짐승이 돌아왔다는 것뿐이다.

이것을 우울증이라 불렀고, 이러한 경험이 나의 삶을 채웠는데—성격이 변했고, 모든 친밀한 관계에 영향을 미쳤으며, 직장생활에서의 방향을 변화시켰다—나 자신도 이러한 삶의 방식을 결코 제대로 인식하지 못할 것이다.

— Thompson, 1995

주요 우울장애는 사람들이 삶에서 일상적인 책임을 마주하는 능력을 손상시킨다. 주요 우울장애를 가진 사람들은 그들의 평상시 활동과 취미생활의 대부분에서 흥미를 잃고, 집중하거나 결정을 내리는 데에 어려움을 겪으며, 계속해서 떠오르는 죽음에 대해 생각함으로써 자살 시도를 할지도 모른다. 그들은 심지어 가상의 운전 시험에서도 운전 기술의 손상을 보인다(Bulmash et al., 2006).

1841년, 우울증의 깊은 수렁에 빠졌던 에이브러햄 링컨은 자신에 대해 이렇게 말했다. "나는 지금 가장 비참한 사람이다. 만약 내가 느끼는 기분을 모든 사람에게 똑같이 나누어 준다면, 지구상에는 즐거운 얼굴을 한 사람은 단 한명도 없을 것이다"(Lincoln 1841/1953, p. 230). 이러한 절망적인 말은 우울증이 그들을 얼마나 무능하게 만들 수 있는지를 사무치게 표현한다(Forgeard et al., 2011).

많은 사람은 단순하게 '털어버리기'나 '기운 내기'를 하지 못하는 '임상적으로 우울한 사람들'을 이해하지 못하는 것처럼 보인다. 여전히 많은 사람은 '우울증'을 진단할 수 있는 장애로 보지 않고 나약함의 신호로 본다. 주요 우울장애를 가진 많은 사람들은 그들 자신의 문제를 스스로 처리할 수 있다고 믿는다. 이러한 태도는 안전하게

주요 우울장애의 진단기준 DSM-5

A. 다음의 증상 중 5개(또는 그 이상)의 증상이 2주 동안 동일하게 나타나고, 이전 기능으로부터의 변화가 나타난다. 적어도 하나의 증상은 '(1) 우울한 기분' 또는 '(2) 흥미나 즐거움의 상실'이다.

주: 명백하게 다른 의학적 조건들로 인한 증상은 포함하지 않는다.

1. 하루의 대부분, 거의 매일 지속되는 우울한 기분의 본인의 주관적 보고(예: 슬픈 기분, 공허함, 무망감)나 또는 다른 사람들의 관찰(예: 울고 있는 것)로도 나타난다(**주:** 아동, 청소년의 경우 짜증스런 기분으로 나타날 수 있다).
2. 거의 모든 일상 활동에 대한 흥미나 즐거움이 하루의 대부분 또는 거의 매일 뚜렷하게 저하되어 있다(주관적인 설명이나 또는 다른 사람의 관찰로도 나타난다).
3. 체중 조절을 하고 있지 않는 상태에서 현저한 체중 감소나 체중 증가가 나타나거나(예: 1개월 동안 체중의 5% 이상의 변화), 식욕 감소나 식욕 증가가 거의 매일 나타난다(**주:** 아동의 경우, 기대되는 체중 증가에 미치지 못한다).
4. 거의 매일 불면이나 과다 수면이 나타난다.
5. 거의 매일 정신운동성 초조나 지연이 나타난다(단지 차분하지 못함 또는 처진다는 주관적 느낌뿐만 아니라 다른 사람에 의해서도 관찰이 가능).
6. 거의 매일 피로감이나 활력 상실이 나타난다.
7. 거의 매일 무가치감 혹은 과도하거나 (망상일 수 있는) 부적절한 죄책감을 느낀다(단순히 아픈 것에 대한 자책이나 죄책감이 아님).
8. 거의 매일 사고력이나 집중력의 감소, 혹은 우유부단함이 나타난다(주관적인 설명이나 또는 다른 사람의 관찰로 나타난다).
9. 죽음에 대한 반복적인 생각(단지 죽음에 대한 두려움이 아님), 특정한 계획 없이 반복되는 자살 사고 또는 자살 시도나 자살 시도에 대한 구체적인 계획을 세운다.

B. 이러한 증상들이 사회적, 직업적 또는 다른 중요한 기능 영역에서 임상적으로 심각한 고통이나 손상을 초래한다.

C. 이런 삽화가 물질이나 다른 의학적 질환의 생리적 효과로 인한 것이 아니어야 한다.

주: 기준 A~C는 주요 우울 삽화를 나타낸다.

주: 의미 있는 상실(예: 가족의 사망, 경제적 파산, 자연재해로부터의 손실, 심각한 의학적 질병 또는 장애)에 대한 반응으로 기준 A에 언급된 극심한 슬픔, 상실에 대한 반추, 불면, 떨어진 식욕, 체중 감소가 나타날 수 있으며 이는 우울 삽화와 유사하다. 이러한 증상들이 상실에 대해 당연하다거나 적절하다고 고려될지라도, 의미 있는 상실에 대한 정상적인 반응에 더하여 주요 우울 삽화의 존재에 대한 부분 또한 신중히 고려되어야 한다. 이러한 판단에서는 개인의 역사와 문화적 규준을 기반으로 한 상실 경험의 고통 표현을 임상적 판단하는 것이 필연적으로 요구된다.

D. 주요 우울 삽화의 발생이 조현정동장애, 조현병, 조현양상장애, 망상장애 또는 기타 정신분열 스펙트럼 장애로 더 잘 설명되지 않아야 한다.

E. 조증 삽화나 경조증 삽화가 있었던 적이 없어야 한다.

주: 만약 조증과 유사하거나 경조증과 유사한 삽화가 물질로 인한 것이거나 다른 의학적 질환의 생리적 효과로 인한 것이라면, 예외는 적용되지 않는다.

출처: Diagnostic and Statistical Manual of Mental Disorders, Fifth Edition, (Copyright 2013). American Psychiatric Association의 허락하에 인용함.

사용할 수 있는 효과적인 치료가 있음에도 불구하고, 주요 우울장애를 가진 미국인들의 약 절반이 왜 정신건강 전문의로부터 도움을 받지 못하고 있는지를 설명해 준다(Gonzalez et al., 2010). 라틴계와 아프리카계 미국인은 다른 집단보다 돌봄을 받을 가능성이 더 적다. 이러한 돌봄의 부족을 설명하는 다른 원인은 많은 우울장애 환자들이 흔히 우울증을 인지하지 못하거나 정신건강 전문의와 연계하지 못하고 가정의학과에서 도움을 구하기 때문이기도 하다(Simon et al., 2004). 진실 / 거짓

진실 또는 거짓

수많은 미국인이 주요 우울을 느끼지만, 다행스럽게도 대부분은 그들이 필요한 도움을 받는다.

거짓 최근 연구에 따르면, 주요 우울을 겪는 미국인의 약 절반만이 전문적 치료를 받는다.

주요 우울장애는 기분장애의 가장 흔한 유형이다. 최근의 국가 표본 조사는 기분장애의 평생 유병률이 남성에서 약 12%, 여성 21% 그리고 전체 16.5%임을 보여 준

우울한 대통령. 에이브러햄 링컨은 인생의 많은 시간을 우울증에 시달렸다.

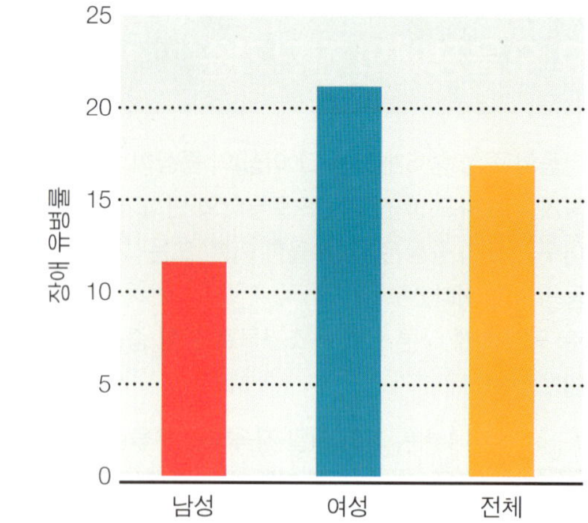

그림 7.2 주요 우울장애의 평생 유병률. 주요 우울 삽화는 여성이 남성의 약 2배 정도 영향을 받는다.

출처: Conway et al., 2006.

다(Conway et al., 2006; Forgeard et al., 2011)(그림 7.2 참조). 미국 성인의 약 8%가 현재 기분장애로 고통받고 있다(National Center for Health Statistics, 2012). 대개, 주요 우울장애는 흔히 불안장애와 같은 다른 심리적 장애와 함께 나타난다(Nolen-Hoeksema, 2008). 우울과 불안의 동시 발생이 빈번하기 때문에, DSM-5에서는 임상가에게 우울 또는 양극성 장애를 진단받은 개인의 불안으로 인한 고통 수준 평가를 요구한다.

주요 우울장애는 심리적 기능에 영향을 미칠 뿐만 아니라 개인의 학교, 직업, 가족 그리고 사회적 책임 능력에 손상을 끼치는 주된 공공건강 문제이다(Pratt & Brody, 2008). 그림 7.3에서 볼 수 있듯이 중등도에서 중증도 우울을 가진 사람들의 80%가 직업, 가족 또는 사회적 기능에서 손상이 있었다고 보고한다.

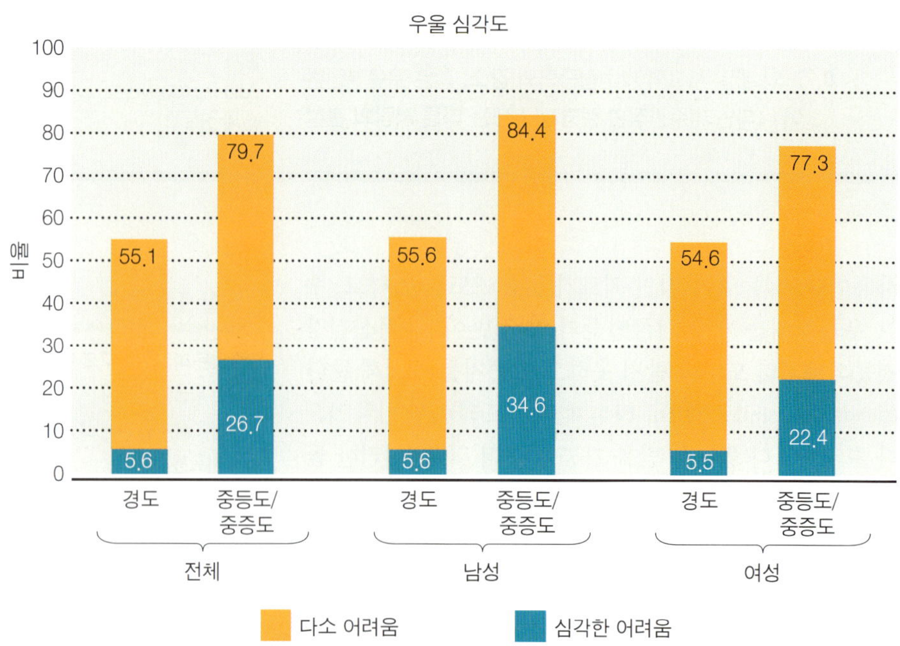

그림 7.3 성별과 우울 심각도에 따라 12세 이상의 사람들이 보고한 그들의 직업, 가정 그리고 사회적 활동에 대한 어려움의 비율. 우울장애는 다양한 장면에서 사람들에게 영향을 미친다. 대부분의 사람(경도 우울의 55.1%, 중등도 또는 중증도 우울의 79.7%)이 직업, 가정 또는 사회적 활동에서 어려움을 겪는다고 보고한다.

출처: Pratt & Brody, 2008

우울장애의 경제적 비용은 믿기 어려울 정도로, 손실된 생산 작업 시간에서 수십억의 비용이 소모된다. 우울로 고통받는 직장인은 비슷한 직업에서 그렇지 않은 직장인들보다 평균 약 10%정도 수입이 적다(McIntyre et al., 2011). 주요 우울증은 노동자들에게서 1년당 평균 약 27.2일의 근무시간을 빼앗는다—양극성 장애에서는 평균적으로 65일이 손실된다(Kessler et al., 2006).

우울장애의 경제적 비용은 심장 질환이나 당뇨병과 같이 주요 의학적 질환의 비용까지는 아니더라도 상당하다(Stewart et al., 2003). 반면에, 우울의 효과적인 치료는 심리적 기능의 향상뿐만 아니라 사람들을 더 생산적인 수준으로 되돌릴 수 있는, 더 안정적인 직업과 수입의 증가도 가져온다.

주요 우울증, 특히 중증 삽화의 경우에는 신체의 일부가 질병으로 인해 서서히 죽어가고 있는 망상과 같은 정신병적 특징을 동반할 수도 있다. 또한 주요 우울증을 가진 사람은 지각된 악행에 대한 비난의 목소리가 '들리는' 환청 같은 정신병적 행동을 드러낼 수도 있다.

다음의 사례는 주요 우울장애와 관련된 특징의 범위를 설명한다. 진실 / 거짓

진실 또는 거짓

주요 우울 삽화를 경험한 대부분의 사람은 또 다른 삽화를 경험하지 않는다.

거짓 주요 우울 삽화를 겪은 사람들의 대부분은 재발을 경험한다.

그녀 자신을 서서히 죽이는: 주요 우울장애 사례

38세의 사무직에서 일하는 한 여성은 13세 때부터 반복적으로 재발하는 우울증으로 힘들어하고 있다. 가장 최근에, 그녀는 직장에서 울음을 터뜨린 것으로 고민하고 있고, 가끔씩 이러한 일이 갑작스럽게 일어날 때면 다른 사람들에게 눈물을 보이지 않으려고 여성 휴게실로 뛰어들어 가지만 시간이 충분하지 않았다. 그녀는 일에 집중하는 것이 어려우며 이전에 즐겨하던 일들이 현재는 즐겁지 못하다고 느끼고 있다. 그녀는 최근 더욱더 심해진 비관적이고 화난 느낌에 머물게 되면서 살이 찌고, 당뇨를 관리하는 것이 소홀해졌다. 그녀는 자신의 건강을 잘 돌보지 않음으로써 자기 자신을 천천히 죽이고 있다는 죄책감을 느낀다. 그녀는 가끔 자기가 죽어 마땅하다고 느낀다. 지난 일 년 반 동안, 과도한 수면에 시달렸고, 지난 달에는 졸음운전으로 인해 전신 주를 들이받는 사고로 면허가 중지되었다. 그녀는 거의 매일 아침, 몸을 가누지 못할 정도로 비몽사몽 '정신이 없는' 상태로 깨어났으며 졸린 느낌이 하루 종일 남아 있었다. 그녀는 남자 친구와 꾸준한 관계를 이어 나가지 못했고 가족 외에 가까이 지내는 친구 없이 엄마와 함께 집에서 조용히 살고 있다. 그녀는 인터뷰 동안, 자주 울고 낮은 단조로운 목소리로 답하였으며, 계속 바닥만 응시하고 있었다.

— Spitzer et al., 1989, 59-62

주요 우울 삽화는 몇 달 만에 회복되거나 1년 혹은 그 이상까지 지속될 수 있다. 어떤 사람들은 주요 우울증의 단일 삽화를 경험하고 나서 그들의 정상적인 심리적 기능 영역으로 되돌아온다(Eaton et al., 2008). 하지만 주요 우울장애(MDD)를 가진 사람의 대부분은 평생 주요 우울 삽화를 간간히 경험한다(Holzel et al., 2011; Reifler, 2006). 삽화의 재발은 유전적 영향과 다른 주요한 의학적 또는 정신의학적 질병의 존재와 관련되어 있다는 증거들이 있다(Burcusa & Iacono, 2007; Richards, 2011). 그러나 좋은 소식은 주요 우울 삽화로부터의 회복기간이 길수록 재발 위험성이 낮아진다는 것이다(Solomon et al., 2000).

주요 우울장애의 위험 요인 연령(첫 발병 시점은 초기 성인기가 흔함), 사회경제적 지위(사회경제 계층에서 낮은 곳에 위치한 사람들이 형편이 더 나은 사람들보다 훨씬 위험함), 결혼 상태(별거하거나 이혼한 사람들이 기혼/미혼인 사람들보다 우울이 더 높은 비율로 나타남) 등 많은 요인들이 우울장애의 위험 증가와 관련되어 있다.

주요 우울장애(주요 우울증)의 진단에서 여성의 비율은 남성의 약 2배이다(Addis, 2008; Hasin et al., 2005). 여성에게서 우울증의 큰 위험은 초기 청소년기(13~15세)에 시작해 최소 중년기 때까지 지속된다(Costello et al., 2008; Hyde, Mezulis, & Abramson, 2008). 성차의 존재가 우울증 진단의 하나가 된다는 것에 주목하자. 성차에 대한 상당히 다른 설명은 '이상심리학에 대해 비판적으로 사고하기'를 보라.

7.2 여성들에게서의 우울증 비율의 증가를 설명할 수 있는 요인에 대해서 평가한다.

계절성 정서장애 당신은 음울한 날에 침울한가? 당신은 겨울에 잠시 동안 퉁명스러운 성향을 보이는가? 당신은 길고 어두운 겨울밤 동안 음울

이상심리학에 대해 비판적으로 사고하기

@Issue: 무엇이 우울증의 성차를 설명할 수 있는가?

임상적 우울증의 비율은 남성 약 12%, 여성 약 21%로, 여성이 남성의 약 2배 정도 더 고통받는다(Conway et al., 2006; Hyde, Mezulis, & Abramson, 2008). 최근, 세계보건기구(WHO)의 국제적 연구에 따르면 세계 각지의 15개국에서 우울증이 여성들에게 더 많이 퍼져 있는 것을 볼 수 있다(Seeds et al., 2009). 궁금증은 왜? 그런가이다.

연구자들은 몇 가지 요인이 있다고 믿는다(Eagly et al., 2012). 몇몇의 경우에 호르몬 변동이 우울증에 기인했을 수 있지만, 또한 우리사회 여성들이 짊어지는 불평등에 대한 스트레스 부담과 정서적 고통에 대처하는 개인의 방식을 고려해야 한다. 여성은 남성에 비해 신체적·성적 학대, 가난, 편부모 가정, 그리고 성차별과 같이 우울증의 취약성을 높일 수 있는 스트레스성 생활요소를 더 많이 경험할 가능성이 높다. 우울한 여성, 특히 청소년기의 여성은 우울한 남성보다 더 부정적인 생활 사건을 보고하는 경향이 있다–사랑하는 사람의 상실 또는 생활 환경의 변화와 같은 사건(Harkness et al., 2010). 반면에, 최근 세계 보건기구의 국제적 연구에서는, 주요 우울증에서 성차이가 좁혀지고 있는 것을 보여 주는데, 아마도 이것은 많은 문화에서 전통적 여성의 역할이 완화되었기 때문일 것이다.

심리학자, 고(故) Susan Nolen-Hoeksema는 성차에 따른 대처 유형에 관심을 두었다. 그녀는, 여성은 그들의 문제에 대해 더 많이 반추하고 곱씹는 경향이 있는 반면에 남성은 그들의 문제를 잊어버리게 하는, 자주 오락실에 가는 것과 같이 그들이 즐겨하는 어떤 활동을 함으로써 자신의 주의를 딴 데로 돌리는 경향이 더 많을 것이라고 주장했다. 반추는 정서적 고통을 증가시키고, 불안과 같이 다른 부정적인 정서와 우울증을 쉽게 유발하는 경향이 있다. 하지만 알코올 또는 다른 약물에 의지함으로써 개인의 문제로부터 자신을 벗어나게 하는 것은 물질 관련 정신질병과 사회문제를 야기할 수 있다.

우울증의 성차에 대한 또 다른 관점은 여성의 자존감–어떻게 자신을 바라보는지–은 남성보다 전적으로 그들의 또래, 친구, 그리고 연인과의 대인관계에 달려 있을 수 있다는 것이다(Cambron, Acitelli, & Pettit, 2009). 대인관계에서의 긍정적인 사건은 그들의 자존감을 올려줄 수 있지만, 문제가 발생했을 때에(즉, 다툼, 거부) 그들의 자존감은 곤두박질칠 것이다. 이것은 결과적으로 그들이 무엇이 잘못된 것인가에 대한 반추를 일으키고, 자기 가치감을 확신하기 위한 지나친 요구와 같은 부정적인 대인관계 행동을 일으켜 우울증을 유발할 수 있을 것이다.

반추는 여성에게만 한정되지 않는다. 개인의 문제에 대한 반복하기나 곱씹기는 남성과 여성 모두에게서 우울증에 더 잘 걸리는 성향과 우울증의 장기적인 지속 기간과 관련되어 있다(Joormann, Levens, & Gotlib, 2011; Koster et al., 2011; Lo et al., 2008). 계속적으로 그들의 문제에 대해 숙고하는 사람은 부정적인 생각에 묶이는 경향이 있다. 마이애미 대학교(University of Miami)의 심리학자 Jutta Joormann은 "그들은 기본적으로 이미 일어난 일에 대해 반복적으로 다시 경험하는 사고방식에 빠져 있다…. 비록 그들이–'오! 이것은 도움이 되지 않아, 나는 이 생각을 하는 것을 당장 멈춰야만 해, 앞으로의 나의 인생을 더 잘 보내야 해'–라고 생각할지라도, 이것을 멈출 수가 없다."라고 말했다("People with Depression"에서 인용, 2011).

반추하기는 그 순간에 사람들이 경험하는 감정이 어떠한 것이든지 간에 그것을 더 악화시키는 경향이 있으며, 만약 그들이 기분이 처지거나 더 화가 난다면, 더 화가 나거나 짜증이 난다면, 그들을 더 슬프거나 더 우울하게 만든다(Nolen-Hoeksema, 2008). 반추하기는 불안장애와 폭식을 포함하여 이상행동의 다른 형태로 역할을 할 수도 있다(Nolen-Hoeksema, Wisco, & Lyubomirsky, 2008).

우울증에서의 성차는 우울증을 축소하여 보고하는 남성의 보고 편향으로 설명될 수 있는가? 우리 문화에서, 남성들은 강인하고 회복력이 있을 것으로 기대한다. 그 결과, 그들은 우울증을 적게 보고하거나 우울증의 치료를 위해 치료 장면을 찾는 것을 덜할

우울증에서의 성별 차이. 주요 우울은 남성보다 여성에게서 약 2배 정도 많다. 왜 그런 것일까?

(다음 쪽에 계속)

수 있다. 심지어 의사들도 이러한 사회적 기대로부터 자유롭지 못하다. 한 남성 의사는 이렇게 말했다. "나는 존 웨인 세대입니다…. 나는 우울증을 나약함이라고 생각합니다—우울증에 대해 어떤 수치스러움이 있습니다. 진짜 남자는 우울증을 극복해야 합니다"(Wartik에서 인용, 2000). 우울증과 연관된 이러한 오명은 우울증이 줄어든 징후를 보여 주지만 그렇다고 우울증이 사라지는 것은 아니다. 긴 시간 동안 남자들에게 우울증이 개인의 나약함의 표시로 보였을지라도, 많은 남성이 도움을 구하기 위해 찾아온다. 남성의 자아는 기업 축소와 재정적 불안성의 증가로부터 공격을 받고 몹시 시달려 왔을 것이다. 진실 / 거짓

진실 또는 거짓

주요 우울증의 발달 가능성은 남성이 여성보다 약 2배 가까이 높다.

거짓 실제로 여성의 주요 우울증이 남성보다 거의 2배 정도 많다.

더 많은 연구에서 우울증의 성차에 대한 충분한 이해가 필요하다. 예컨대 호르몬의 영향, 스트레스 부담 그리고 반추 유형과 같은 요소에서의 연구들은 여성들의 우울증 치료를 위한 더 구체적으로 목표된 개입의 발달을 가져올 것이다. 또한 임상의들이 문화적으로 스며 있는 남성의 우울증 보고에 대한 저항을 이해함으로써, 장애에 대해 낙인찍지 않도록 도울 수 있다. 이는 우울증으로 힘들어하고 있는 더 많은 남성이 고통 속에서 침묵하고 있는 것보다 기꺼이 치료를 받으러 나설 수 있도록 도울 것이다(Cochran & Rabinowitz, 2003).

이 주제에 대해 비판적으로 생각해 보고, 다음 질문에 답해 보자.

- 전통적 심리생물사회적 이론가들은 우울증의 성차를 어떻게 설명하는가?
- 우울증의 성차를 일으키는 원인들에 대한 많은 지식들이 어떻게 치료적 접근을 개선시킬 수 있는지 예시를 들어 보아라.
- 우울증의 성차에 대해 다른 측면은 무엇이 있는가. 왜 많은 우울한 남성들이 도움을 찾는 것을 꺼리는 것처럼 보이는가?

해지고, 봄과 여름의 맑은 날에는 그런 기분이 되돌아오는가?

우리의 기분은 계절에 따라 다양해질 수 있지만, 여름에서 가을과 겨울로의 계절 변화는 우울증을 일으킬 수 있는데 이것을 **계절성 정서(기분)장애**[seasonal affective (mood) disorder, SAD]라고 한다(Madsen, Dam & Hageman, 2011). 대부분의 경우, 봄에는 우울증이 사라진다. SAD는 그 자체로 진단적 범주는 아니지만 우울장애의 특수범주 또는 하위 범주이다. 예를 들어, 계절적으로 나타나는 주요 우울장애는 계절 패턴에 따른 주요 우울장애로 진단될 수 있다. SAD의 원인이 무엇인지는 아직 밝혀진 것이 없으나, 하나의 가능성은 계절 변화에서의 빛이 신체 온도와 수면-각성의 순환 과정을 조절하는 신체 기저의 생물학적 리듬을 바꿀 수 있다는 것이다(Gordijn, Mannetje, & Meesters, 2012). 또 다른 가능성은 계절 변화가 겨울 몇 달 동안, 우리의 뇌에서 기분 조절 신경전달물질인 세로토닌의 사용과 유효성에 영향을 미칠 수 있다는 것이다. 인지적 요인도 일부 역할을 할 수 있는데, SAD를 가진 사람은 우울하지 않은 통제 집단보다 더 자동적 부정적 사고를 보고하는 경향이 있다(Rohan, Sigmon, & Dorhofer, 2003). 진실 / 거짓

진실 또는 거짓

겨울의 음산한 빛은 일부 사람들을 진단 가능한 우울 상태로 끌어온다.

진실 계절의 변화는 일부 사람들의 주요 우울장애와 연결된다.

근본적인 원인이 무엇이든지 간에, **광선 요법**(phototherapy)이라고 불리는 밝은 인공조명을 이용한 치료법은 흔히 SAD에서 우울을 완화하는 데 도움이 된다(Gordijn, Mannetje, & Meesters, 2012; Reeves et al. 2012). 인공조명은, 빛을 받지 못한 사람에게 결핍된 햇빛을 보충해 준다. 우울증 환자는 광선치료 회기 동안 대

광선 요법. 가을이나 겨울 동안 하루 몇 시간 정도 밝은 인공조명을 쬐는 것은 종종 계절성 정서장애의 완화를 가져온다.

개 일상 활동(예: 먹기, 읽기, 또는 쓰기)을 수행할 수 있다. 일반적으로 치료를 시작한 후 며칠 이내로 호전되지만, 치료는 종종 겨울 내내 지속되어야 할 필요가 있다. 프로작(Prozac)과 같은 항우울제 또한 계절성 정서장애를 가지고 있는 환자들의 우울증을 완화시키는 데에 도움이 될 수 있다(Lam et al., 2006).

산후 우울증 첫아이를 낳은 산모들의 약 80% 정도가 출산 후에 기분 변화를 경험한다(Friedman, 2009; Payne, 2007). 이러한 기분의 변화는 흔히 '임산부 우울감(maternity blue)', '산후 우울감(postpartum blues)', 또는 '산후 우울증(baby blues)'이라고 한다. 이는 대개 며칠간 지속되고 출산과 관련된 호르몬 변화의 정상적인 반응일 수 있다. 이렇듯 호르몬의 급격한 변화를 고려하여, 출산 후 짧은 기간 동안의 감정 상태 변화는 대부분의 여성에게 '비정상적인' 것으로 보지 않는다. 하지만 최근 추정치에 따르면 처음으로 엄마가 된 사람들 중의 일부는 약 7명 중 1명꼴로(Friedman, 2009), 기분장애의 **산후 우울증**(postpartum depression, PPD)으로 범주화될 수 있는 더 극심한 기분의 변화를 경험한다(Navarro wt al., 2008).

산후(postpartum)는 라틴어에서 유래된 것으로, *post*는 '이후(after)'를, *papere*은 '낳다(to bring forth)'를 의미한다. 산후 우울증은 출산 후 첫 1년 동안 약 10~15%의 미국 여성들에게 영향을 미친다(CDC, 2008). 이는 몇 달 간 혹은 심지어 1년이나 그 이상 동안 지속될 수 있다. PPD는 흔히 식욕과 수면장애, 낮은 자존감 그리고 주의 집중 유지의 어려움을 동반한다.

산후 우울증을 겪는 여성은 출산 후 4주 이내에 주요 우울 삽화를 경험한다. 하지만 이 경우의 절반(50%)은, 실질적으로 출산 전에 우울 삽화가 시작되고 산후 기간에도 계속된다(APA, 2013). 다행스럽게도, 산후 우울증의 삽화 대부분은 일반적으로 주요 우울증의 다른 삽화만큼 장기간 지속되지 않고 덜 심각한 경향이 있다. 하지만 일부 자살 시도는 산후 우울증과 연결되어 있다.

이전에 기분장애를 겪었거나 임신 기간 동안 우울감을 경험한 여성들은 산후 우울증의 위험이 증가한다. 또 다른 위험 요소로는 다음과 같은 것들이 있다(Kornfeld et al., 2012; Leibenluft & Yonkers, 2010; Phillips et al., 2010; Reck et al., 2009; Viguera et al., 2011).

- 미혼모이거나 첫아이 출산 시
- 경제적 문제가 있거나 결혼생활에 문제가 있을 경우
- 가정 폭력에 시달릴 경우
- 배우자와 가족 구성원들로부터 사회적 지지가 부족할 경우
- 원하지 않은 임신, 장애아이거나 기질적으로 까다로운 아이일 경우

유전적 요소 또한 PPD 취약성의 원인이 될 수 있다(Friedman, 2009; Mahon et al., 2009). PPD는 여성이 미래에 우울증 삽화를 겪게 될 위험을 증가시킨다. 다행스럽게도, 다양한 심리치료와 항우울제 약물을 포함한 효과적인 치료들이 사용될 수 있다(Sockol, Epperson, & Barber, 2011).

산후 우울증은 흔하지는 않지만 환청, 망상 그리고 비합리적 신념과 같은 증상을 경험하고 현실 감각을 상실하는 것과 같은 더 심각한 반응을 보이는 산후 정신증과 구별해야 할 필요가 있다.

> **7.3** 지속성 우울장애와 월경 전 불쾌감 장애의 핵심 특징에 대해 설명한다.

산후 우울증은 미국 문화에만 한정되지 않는다. 연구자들은 남아프리카 공화국의 여성들(Cooper et al., 1999)과 홍콩의 중국 여성들(D.T.S. Lee et al., 2001)에게서 산후 우울증의 높은 비율을 발견했다. 남아프리카 공화국의 표본에서는, 아버지의 심리적이고 경제적인 지원 부족이 장애의 위험 증가와 연관되어 있었고, 미국 표본에서도 이를 보여 주었다.

지속성 우울장애(기분저하증)

주요 우울장애는 극심하고 개인의 기존 상태에서 비교적 갑작스럽게 변화가 나타나며, 몇 주 또는 몇 달의 기간 뒤에는 차도를 보인다. 하지만 어떤 유형의 우울증은 몇 년 동안 지속될 수 있는 만성적인 상태로 나타나기도 한다. 지속성 우울장애(persistent depressive disorder)의 진단은 최소 2년간 지속되는 만성적인 경우에 분류된다. 지속성 우울장애를 겪는 개인은 만성적 형태의 주요 우울장애 또는 만성적이지만 우울증의 약한 형태인 기분저하증을 보인다. 기분저하증은 일반적으로 아동기나 청소년기에 발병하고 성인기 동안 만성적인 과정으로 지속되는 경향이 있다. *dysthymia*는 그리스어에서 유래된 것으로 *dys*-는, '좋지 않은(bad)' 또는 '힘든(hard)'을 의미하고, *thymos*는 '정신(spirit)'을 의미한다.

기분저하증을 겪는 사람은 대부분의 시간 동안 '좋지

설문지

당신은 우울한가?

이것은 당신이 우울증으로 인해 고통받고 있는지, 아닌지에 대한 이해에 도움이 될 수 있는 자가 검진 검사이다. 이것은 당신 스스로를 진단하기 위한 것은 아니지만 자신에 대한 자각력을 높이는 데 사용된다. 더 자세한 것은 전문가와 상의할 수 있다.

	예	아니요
1. 나는 항상 혹은 거의 대부분의 시간 동안 극도로 우울하다.	______	______
2. 나는 활력이 없다.	______	______
3. 나는 혼자 있을 때 많이 운다.	______	______
4. 나는 이전에 즐겨했던 대부분의 일에서 흥미를 잃었다.	______	______
5. 나는 평상시보다 더 많이(혹은 더 적게) 잔다.	______	______
6. 나는 갑자기 체중이 많이 늘었다(또는 줄었다).	______	______
7. 나는 집중하기, 기억하기 그리고 결정을 내리는 것에 어려움이 있다.	______	______
8. 나는 미래에 대해 희망이 없다고 느낀다.	______	______
9. 나는 무가치함을 느낀다.	______	______
10. 나는 불안하다.	______	______
11. 나는 자주 짜증이 나고, 이전에는 이런 적이 없었다.	______	______
12. 나는 죽음과 자살에 대해 생각한다.	______	______

응답에 대한 평가: 두 개 또는 그 이상의 증상에 '예'라고 답했고, 그것이 최소 2주간 지속되었다면, 당신은 더 완전한 평가를 위해 정신건강 전문의의 자문을 구하여야 한다. 만약 당신이 죽음과 자살 생각에 '예'라고 답했다면, 당신은 즉시 자문을 구하여야 한다. 만약 당신이 의지할 누군가를 알지 못한다면, 대학 상담 센터, 인근 정신건강 센터 또는 의료인을 찾아가 보라.

출처: D. Blum & M. Kirchner(1997). Depression at work. *Customs Today*, Winter issue. Quotes used with permission of the National Mental Health Association. The Blum & Kirchner article is used with the authors' permission.

않은 정신' 또는 '의기소침해져 가라앉는' 기분을 느끼지만, 주요 우울장애처럼 심각한 우울증은 아니다. 주요 우울장애는 더 증상이 극심하고 시간 제한적인 경향이 있는 반면에 기분저하증은 상대적으로 경미한 증상이 보통 몇 년 동안 없어지지 않고 지속된다. 재발위험은 주요 우울장애의 위험만큼 꽤 높다(Keller et al., 2000). 기분저하증의 약 90%가 최종적으로 주요 우울장애로 발전한다(Friedman, 2002).

기분저하증은 일생의 어느 시점에서 일반인의 약 4%가 겪는다. (Conway et al., 2006). 주요 우울장애처럼, 기분저하증은 남성보다 여성에게서 더 흔하다(그림 7.4). 양극성 장애의 특징인 조증이나 경조증 삽화를 이전에 보인 적이 없는 개인에게만 진단된다(APA, 2013).

기분저하증의 사람들은 우울증에 대한 불평이 삶 속에 고착되어, 그것이 성격과 맞물려 있는 것처럼 보인다. 이러한 불평이 지속되면 다른 사람들에게 투덜대고 불만이 많은 사람으로 받아들여질 수 있다. 비록 기분저하증이 주요 우울장애보다 덜 심각하다고 할지라도, 우울한 기분의 지속과 낮은 자존감은 다음과 같은 사례처럼 개인의 직업과 사회적 기능에 영향을 미칠 수 있다.

기분저하증의 사례

중간 경영진인 28세 여성은, 16~17세 때부터 만성적인 우울 기분을 호소하였다. 그녀는 대학에서의 좋은 성적에도 불구하고, 다른 사람들이 얼마나 '똑똑한지'에 대해 곱씹었

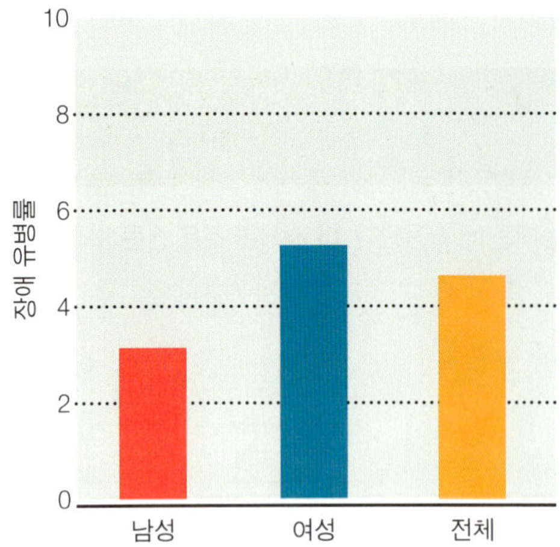

그림 7.4 기분저하증의 평생 유병률. 주요 우울증과 유사하게 기분저하증은 남성보다 여성에게서 약 2배 정도 더 많이 나타난다.

출처: Conway et al., 2006

다. 그녀는 자신이 열등하고 겁에 질려 있기 때문에 자신이 좋아하는 남자와의 데이트를 절대로 계속해 나갈 수 없다고 느꼈다. 그녀가 대학생 때와 대학원생일 때 많은 치료를 받았지만, 그녀가 우울증을 느끼지 않았던 때를 기억해 낼 수 없었다. 그녀는 대학을 졸업한 직후 당시 만나고 있는 남자가 특별하다고 생각하지 않았지만 그와 결혼을 하였다. 그녀는 단지 남편과의 우정이 필요했고 그는 거기에 적합했다. 그러나 곧 그들은 다투기 시작했고, 최근에 그녀는 그와 결혼한 것이 실수라고 생각하기 시작했다. 그녀는 직장에서 일을 '대충'하게 되면서 어려움을 겪었고 그녀에게 요구되는 기본적인 것 외에는 다른 일을 별로 하지 않았고 동기도 부족하였다. 그녀의 꿈은 명예와 부를 얻는 것이지만 이들과 연결성이 부족하기 때문에 자신이나 남편이 직장에서 승진하리라 기대하지 않았다. 그녀의 사회생활은 남편의 친구들과 친구들의 배우자에 의해 지배되었고, 그녀는 다른 여성들이 그녀의 관심사를 발견해 줄 것이라고 생각하지 않았다. 그녀는 삶에 대한 전반적인 흥미가 부족했고 모든 생활양식—결혼, 직장, 사회생활—에서 불만족을 드러냈다.

— Spitzer et al., 1994, pp. 110–112

일부 사람들은 기분저하증과 주요 우울증 두 가지 모두에서 동시적으로 영향을 받는다. **이중 우울증**(double depression)은 오랜 시간 지속되는 기분저하증에 주요 우울 삽화가 중첩되는 사람들에게 적용된다. 이중 우울증을 겪는 사람들은 일반적으로 주요 우울 삽화만 보이는 사람들보다 더 심각한 우울 삽화를 가진다(Klein, Schwartz, et al., 2000).

월경 전 불쾌감장애

월경 전 불쾌감장애(premenstrual dysphoric disorder, PMDD)는 DSM-5에서 진단적 범주로 소개된다(Epperson, 2013). DSM의 이전 판에서는 이후의 연구에서 진단적 요구가 필요한 것으로 분류되었다. 이러한 새로운 진단범주의 포함은 월경 전 기간과 연관된 기분 변화 문제에 더 주목하려는 의도를 나타내고, 이러한 유형의 문제로 힘들어하는 여성들에게 줄 수 있는 도움이 늘어날 수 있다.

PMDD는 여성의 월경 전 기간 동안 나타나는 신체와 기분과 관련된 증상 집합체인 **월경 전 증후군**(PMS)의 더 극심한 형태이다. PMDD의 진단은 생리 전 기간에 주목할 만한 심리적 증상을 겪는(그리고 월경이 시작된 후 며칠 이내로 호전된다) 여성들에게 적용이 고려된다. PMDD의 진단에는 기분 변화, 갑작스러운 눈물 또는 슬픈 기분, 우울한 기분 또는 무망감, 짜증 혹은 분노, 불안, 긴장, 곤두선 신경, 거절 신호에 대한 과한 민감성 그리고 자신에 대한 부정적인 생각과 같은 증상들의 범위가 나타나야 한다. 이러한 증상은 또한 현저한 정서적 고통 혹은 여성의 직장, 학교 또는 일상적인 사회 활동에서의 기능적 능력 방해와 관련되어 있어야 한다.

PMDD의 진단은 정상과 비정상적인 행동 사이의 구체적인 경계선 확립의 어려움에 초점을 둔다. 대부분의 여성은 월경 전 증상으로 기분의 변화를 겪고 그중 많은 여성은(50% 이상) 심각한 증상의 완화를 경험한다(Freeman, 2011). 연구자들은 거의 5명 중 1명의 여성이 직장에서 잦은 결근을 야기하거나 현저한 정서적 고통을 일으키는 것과 같이 그들의 일상적 기능이 방해를 받을 만큼 충분히 심각한 월경 전의 신체적 혹은 기분과 관련된 증상을 보인다고 보고한다(Halbreich et al., 2006; Heinemann et al ., 2010).

월경 전 증후군과 월경 전 불쾌감장애 모두의 원인은 여전히 불확실하게 남아 있다. 연구자들은 PMS가 가진 여성 성호르몬과 신경전달물질 간의 복잡한 상호작용을 의심한다(Backstrom et al., 2008; Kiesner, 2009). 여성들의 월경에 대한 태도와 같은 심리적 요소 또한 그 역할을 할 수 있다. 최근의 연구들은 정상적인 수준의 여성 성호르몬이 PMDD의 여성에게서 부정적인 정서 반응을 촉발할 수도 있지만, 건강한 여성에게는 그렇지 않다고 제안한다(Baller et al., 2013; Epperson, 2013).

PMDD의 진단은 여전히 논란으로 남아 있다. 비평가들은 여성의 자연스러운 월경 주기가 병리적으로 되어버리는 것과 월경 전에 심각한 심리적 변화를 보이는 여성에게 정신증적 진단을 내림으로써 낙인찍는 것에 대해 염려한다. PMDD의 새로운 진단이 있을지라도, 전체 여성의 2~5%만이 적용되는 것으로 추정되고("PMDD Proposes", 2012), 월경 전 증후군의 진단이 월경 전 증상의 넓은 범위로 괴로워하는 여성을 과진단하게 되지 않을지 의문의 여지가 있다. 게다가, 비교적 적은 여성들이 PMDD로 진단받는다고 할지라도, 신체적인 상태로 인해 힘들어하는 그들을 정신적 장애로 특징짓는 것이 과연 정당한가? 정신건강 전문의는 임상 장면에서 PMDD 진단을 적용할 때 이러한 질문에 신중해질 필요가 있을 것이다.

우리는 주요 우울장애를 알아보고, 기분저하증은 기분장애가 오직 한 방향, 하향으로만 간다는 의미에서 우울장애로 본다. 그럼에도 기분장애를 가진 사람들은 평상시보다 과하게 흥분되어 있고 일상생활에서 축 처져 있는 양방향 모두에서 기분 변화를 겪을 수 있다. 이러한 유형의 장애를 양극성 장애라고 한다. 이제, 우리는 기분 변동 장애의 주요 유형 (1) 양극성 장애와, (2) 순환성 장애에 초점을 맞춘다.

양극성 장애

> **7.4** 양극성 장애와 순환성 장애의 핵심 특징에 대해 설명한다.

양극성 장애(bipolar disorder)는 극심한 감정기복, 에너지와 활동 수준에서의 변화가 특징이다. 감정기복은 일반적으로 극도의 고양과 극도의 우울 간의 이동이다. 첫 번째 삽화에서는 조증이나 우울증이 나타날 수 있다. 조증 삽화는 보통 몇 주 혹은 한두 달 정도 지속되고, 대부분 주요 우울 삽화보다 더 짧고 갑작스럽게 끝난다. 양극성 장애를 가진 일부 사람들은 조증 단계에서 '내리막길에 들어선' 시기에 자살을 시도하기도 한다. 그들을 기다리고 있는 우울증의 수렁으로부터 벗어나기 위해 무엇이든 할 것이라고 말한다. 양극성 장애를 가진 사람들은 정서의 롤러코스터를 타고 있다.

양극성 장애의 일부 환자들은 조증과 우울증 삽화 모두의 특징을 띠는 혼재된 상태를 경험하기도 한다(APA, 2013). 이러한 혼재된 상태 동안 환자들의 기분은 급격하게 조증과 우울증 사이를 이동할 수 있다(Swann et al., 2013). 게다가, 일부 주요 우울장애를 가진 사람들은 양극성 장애 진단을 받을 만큼 충분한 진단적인 충족이나 증상을 보이지 않지만 조증의 특징을 띠는 혼재된 상태를 경험한다.

심리학자이자 양극성 장애 치료의 권위자인 Kay Redfield Jamison은 자신 또한 양극성 장애로 힘들어했다. Jamison이 UCLA의 정신의학 전공 조교수로 임용된 후 첫 3개월 동안 그녀의 표현으로 '미쳐 날뛰는 정신병자'가 되었다. Jamison은 10대였을 때부터 양극성 장애로 힘들어했지만 28세가 될 때까지 진단을 받지 못했었다(Ballie, 2002).

> ### '나' 산만한 마음
>
> Jamison은 1995년도 회고록 『산만한 마음(An Unqiet Mind)』에서 조증의 초기 경도 삽화를 "기쁨을 최고조로 올려 주며, 비교할 수 없는 사고의 흐름을 일으키며, 새로운 아이디어를 논문과 프로젝트로 옮기는 끊임없는 에너지가 생기는 완벽한 흥분 상태"로 묘사했다(p. 5). 하지만 "… 낮이 지나고 또다시 밤이 오면, 기분은 급강할 것이고, 마음은 또다시 서서히 멈출 것이다. 학교 일, 친구, 독서, 산책 또는 공상 모두에서 흥미를 잃어버린다. 무슨 일이 일어날 것인지에 대해 아무런 생각이 없고, 또 다른 하루를 어떻게든 헤쳐가야 한다는 극심한 두려움과 함께 다음 날 아침에 일어날 것이다. 강의를 할 충분한 힘을 낼 수 없어서, 대학 도서관에 매 시간 앉아 있을 것이다. 창문 밖만 멍하니 쳐다보다가, 책으로 시선을 돌려 그것들을 정리하고, 그 주변만 배회하며 책을 펼쳐 보지도 않을 것이다. 그러고는 학교를 떠날 생각만 할 것이다…. 나는 이러한 일에 대해 거의 이해하지 못했고, 나를 둘러싸고 있는 이러한 압도적인 불쾌함과 암흑과 같은 기분에서 자유롭게 해주는 것은 오직 죽음뿐이라고 느꼈다."
>
> — Jamison, 1995

DSM-5에서는 양극성 장애를 **제I형 양극성 장애**와 **제II형 양극성 장애** 두 유형으로 구분한다. 이러한 구분은 혼동 될 수 있으므로 분류해서 살펴보도록 하자.

두 장애의 구분은 완전한 조증 삽화를 한 번이라도 경

험했는지 여부에 기초한다(Youngstrom, 2009). 제I형 양극성 장애의 진단은 그들이 살아온 어떤 순간에서 최소한 한 번의 **완전한 조증 삽화**를 경험한 사람들에게 적용된다. 일반적으로, 제I형 양극성 장애는 정상적 기분에서 조증 삽화와 주요 우울장애 사이의 급격한 감정기복을 수반하지만, 주요 우울 삽화를 한 번도 경험하지 않은 사람에게도 해당될 수 있다. 이러한 경우에는 과거에 주요한 우울을 놓치고 지나갔다거나 이후에 주요 우울장애로 발전될 것이라고 가정한다.

제II형 양극성 장애는 **경조증 삽화**(그리스어 접두사 *hypo*-는 '이하' 또는 '보다 덜'을 의미한다)를 경험한 사람뿐만 아니라 지금까지 완전한 조증 삽화를 한 번도 경험하지 않았으면서 최소 한 번의 주요 우울 삽화를 경험한 사람에게 진단한다. 경조증 삽화는 조증 삽화보다 덜 극심하고 완전한 조증 삽화와 연관되는 극도의 사회적 또는 직업적 문제를 동반하지 않는다(Tomb et al., 2012). 경조증 삽화 동안의 사람들은 평상시와 다르게 충만한 에너지를 느끼고, 과장된 활동 수준과 과장된 자존감을 나타내며, 과각성되고 쉼이 없으며 평상시보다 더 쉽게 짜증을 낸다. 또한 적은 피로감을 느끼거나 수면을 필요로 하지 않으면서도 더 긴 시간을 일할 수 있다.

제II형 양극성 환자의 일부는 제I형 양극성 장애로 발전한다(Nusslock et al., 2012). 하지만 제I형 양극성과 제II형 양극성 장애를 구분된 장애로 봐야 하는 것인지 또는 단순하게 단일 양극성 장애의 심각도 스펙트럼에서 다른 부분에 위치하는 것은 아닌지에 대한 의문은 여전히 남아 있다. 미국 성인 인구의 약 1%가 그들 삶에서의 어떤 순간에 제I형 양극성 장애나 제II형 양극성 장애의 영향을 받고 있다(Kupfer, 2005b; Merikangas et al., 2007). 양극성 장애는 일반적으로 남성과 여성 모두에게서 20세 전후로 발생하고, 만성화되는 경향이 있으며 재발로 인한 장기적인 치료가 요구된다(Frank & Kupfer, 2003; Tohen, Zarate, et al., 2003).

주요 우울장애와 달리, 제I형 양극성 장애는 남성과 여성에게서 거의 동일한 비율로 나타난다(Merikangas & Pato, 2009). 하지만 남성의 제I형 양극성 장애의 발병은 일반적으로 조증 삽화로 시작되는 반면에, 여성의 경우에는 보통 주요 우울 삽화로 나타난다. 이러한 성별 차이의 근본적인 원인은 알려져 있지 않다. 성차에 따른 제II

캐서린 제타존스. 이 여배우는 양극성 장애를 겪은 것으로 밝혀졌다. 그녀는 자신의 상태를 알려서 대중이 양극성 장애에 관심을 두게 되기를 희망했다고 말했다.

천재와 미치광이는 종이 한 장 차이인가? 사진 속의 인물인 유명 소설가 헤밍웨이와 화가 빈센트 반 고흐를 포함해, 많은 예술가들이 기분장애를 가지고 있었다. 예술성과 기분장애 사이의 연결성이 어떻든지 간에, 우리는 대다수의 창의적인 작가와 화가들이 심각한 기분장애를 겪지 않았다는 것을 염두에 두어야 한다.

형 양극성 장애 비율은 명확하지 않다(APA, 2013).

양극성 장애의 일부에서는, 1년 이내에 정상적인 기간 없이 둘 혹은 그 이상의 완전한 조증과 우울의 순환을 경험하는 '급속 순환' 패턴이 나타난다. 급속 순환은 비교적 드물지만 남성보다 여성에게서 더 자주 나타난다(Schneck et al., 2004, 2008). 급속 순환은 보통 1년 또는 그 이하의 기간으로 제한적으로 나타나지만, 더 극심한 유형의 장애와 더 심각한 정도의 자살 시도와 관련된다.

많은 관찰자들은 기분장애, 특히 양극성 장애와 창의성의 연결 가능성에 주목한다(예: McDermott, 2001; Nettle, 2001; Johnson et al., 2011). 많은 유명작가, 예술가 그리고 작곡가들이 주요 우울증이나 양극성 장애로 고통받았던 것으로 보인다. 기분장애로 고통받았던 유명 인사로는 예술가인 미켈란젤로와 빈센트 반 고흐부터, 작곡가 슈만과 차이코프스키, 소설가 버지니아 울프와 헤밍웨이, 그리고 시인 알프레드 테니슨, 에밀리 디킨슨, 휘트먼, 실비아 플라스까지 널리 뻗어 있다. 아마도 이러한 경우에 일부 창조적인 사람들은 조증과 관련된 외관상 무한한 에너지와 사고의 빠른 흐름을 창조적 표현을 하는 데 쏟을 수 있다. 하지만 거의 대부분의 작가와 예술가들이 중증의 기분장애를 가졌던 것은 아니라는 점과 창의성이 전형적으로 심리적인 장애에서부터 야기되는 것이 아니라는 것을 인지하고 있어야 한다. 게다가 모든 연구가 심리적 장애와 창의성 사이의 연결을 보이는 것은 아니므로, 이들 관계성에 대한 판단은 보류하는 것이 최선이다(Bailey, 2003).

조증 삽화 **조증 삽화**(manic episode)는 일반적으로 갑작스럽게 시작되고 수 일 이내에 그 증상이 점점 강해진다. 경조증 삽화와 마찬가지로 조증 삽화의 전형적인 특징은 활동이나 에너지 수준이 증가한다는 것이다(APA, 2013). 그들은 과도하게 충동적이고 무한한 에너지를 가진 사람으로 보인다. 완전한 조증 삽화와 경조증 삽화와의 기본적인 차이점은 정도와 심각성이다. 조증 삽화 기간 동안의 개인은 갑작스런 기분의 상승과 팽창을 경험하고, 아주 힘이 넘치며, 큰 기쁨과 낙관적이 기분을 느낀다. 타인을 향해 굉장히 요구가 많고 지배적일 수 있을지라도 굉장히 사교적인 사람이 된다. 타인은 개인의 일상생활을 고려하였을 때 갑작스런 기분의 변화가 지나치다는 것을 인지한다. 아주 의기양양함을 느낄 수 있는 한 가지 상황은 로또에 당첨되었을 때다. 다른 기분으로는 수요일이기 때문에 느끼는 행복감이 있다. 여기에 양극성 장애를 가지고, 그 자신을 "Electroboy"라고 부르는 조증 삽화가 곧 자신인 것 같은 한 남자가 있다(Behrman, 2002).

'나' Electroboy이다.

조울증은 새벽 4시에 브로드웨이의 식료품점에서 윈덱스(Windex) 8병과 하인즈 케첩(Heinz ketchup) 12병(1 더즌)을 막 사고, 춥고 더운 날씨의 균형을 맞추기 위해 3일 내에 취리히에서 바하마까지 날아갔다가 다시 취리히로 돌아온다[나의 양극성 장애의 '새콤달콤한(sweet and sour)' 이론]. 입국을 하여 100달러짜리 지폐로 20,000달러를 신발 속에 넣고 도쿄로 돌아가서, 바에서 여섯 번째에 앉아 있는 사람을 골라 그 혹은 그녀가 단지 그곳에 앉아 있었다는 이유만으로 성관계를 맺는다. 이런 찰나적이고 광적인 용트림, 순간의 완전한 망상, 더없는 행복감, 그리고 비이성적이고 위험한 선택은 쾌락과 흥분을 고조시키고 통제감을 보증하게 만든다. 조울증의 증상은 그 강도와 규모가 다양하게 나타난다. 조증이 다가오는 날들만큼 나를 파멸할 수 있다—25,000달러로 흥청망청 쇼핑하기, 4일간의 마약 남용 또는 전 세계 여행하기. 어떤 날에는 단순하게 드웨인 리드(Duane Reade)에서 칫솔이나 타이레놀 병을 훔치는 것만으로도 충분하다. 나는 이 사실을 인정한다. 정신적 질병, 특히 조울증과 연관된 조증은 상당한 쾌락을 가진다. 이것은 흥분과 생기, 소음과 속도로 가득 찬 Oz(오스트레일리아)에서의 정서 상태—감각적 상황의 과부화—와 유사한 반면 캔자스에서의 제정신 상태에서는 솔직하고 간단하며, 명백하고 지루하며 평탄하다. 조증은 조증 삽화와 내가 꾼 꿈을 혼동하는 것과 같은, 마치 꿈과 같은 특성을 가진다….

조증은 필사적으로 더욱 열정적인 삶을 추구하도록 하고, 두 번째 때로는 세 번째로 음식, 알코올, 약, 성관계 그리고 돈의 도움으로 하루를 인생의 전부인 것처럼 살려고 하는 것이다. 나의 경험에 비추어 볼 때, 순수한 조증은 죽음에 가깝다. 희열은 기쁨과 두려움 모두이다. 나의 조증은 급격하게 변하는 아이디어와 욕구의 변화로 가득하다. 나의 머릿속은 강렬한 색채와 거친 이미지, 기이한 생각, 급격한 정보, 비밀 암호, 상징 그리고 외국어로 산만하다. 나는 모든 것을 집어삼키고 싶다—파티, 사람, 잡지, 책, 음악, 예술, 영화, 텔레비전.

— Andy Behrman, *Electroboy*

조증 삽화에서의 사람들은 흐린 판단력과 논쟁적인 모습을 보이는 경향이 있으며 때때로 재산을 파산하게 되기도 한다. 룸메이트는 그들이 거칠다는 것을 발견하고 거리를 둘 것이다. 그들은 아주 관대해져서 여유가 없어질 정도의 큰 금액을 기부하거나, 값비싼 물건들을 기부할 수도 있다.

조증 삽화에서의 사람들은 아주 빨리 말하는 경향이 있다[언어 압박(pressured speech)]. 그들의 생각과 언어는 사고의 비약으로 주제와 주제 사이를 빠르게 뛰어넘을 수 있다. 다른 사람들은 그들이 말할 때 끼어드는 것이 힘들다는 것을 발견한다. 그들은 일반적으로 지나친 자신감에서부터 광범위한 과대망상의 영역에 이르기까지 팽창된 자존감을 경험한다(Schulze et al., 2005). 그들은 국제적인 문제를 해결할 수 있다거나 어떤 특별한 지식이나 재능 없이도 교향곡을 작곡할 수 있다고 느낀다. 그들은 국제 기아 문제 해결이나 새로운 세계의 질서 확립과 같이 잘 알지 못하는 문제에 대해서도 막힘없이 이야기할 수 있다. 그들이 체계적이지 못하고 계획을 달성하는 것이 불가능하다는 것은 금방 명확해진다. 그들은 또한 아주 산만하다. 그들의 주의는 시계가 똑딱거리는 소리나 옆방에서 들리는 이야기 소리와 같이 무관한 자극에도 쉽게 분산된다. 그들은 자신이 다룰 수 있는 것보다 더 많은 일을 하는 경향이 있다. 이들은 로스쿨 입학을 위해 갑자기 사직서를 낼 수도 있고, 야간에 서빙 알바를 할 수도 있고, 주말에는 자선 운동을 준비할 수도 있고, '나머지 시간'에는 위대한 미국 문학에 공들일 수도 있다. 그들은 쉴 틈이 없고, 거의 대부분 수면 욕구가 감소됨을 보여 준다. 그들은 충분히 쉬었다거나 에너지가 가득하다고 느끼지 못함에도 불구하고, 일찍 일어나는 경향이 있다. 때로는 며칠간 잠을 자지 않지만 피곤함을 느끼지 않는다. 그들은 많은 에너지를 가지고 있을 수 있지만, 그들의 노력을 건설적으로 체계화하는 것이 불가능한 것처럼 보인다. 그들의 고양된 기분은 그들의 직업과 정상적인 관계를 유지하는 능력에 손상을 입힌다.

조증 삽화에서의 사람들은 그들의 행동에 대한 결과를 얻는 데 실패한다. 낭비와, 난폭 운전 또는 무모한 성행위의 결과로 곤경에 처할 수 있다. 심각한 경우에는 환각을 경험하거나 자신이 신과 특별한 관계를 유지하고 있다는 것과 같은 극도의 망상, 신념을 가질 수도 있다.

순환성 장애

순환성(cyclothymia) 장애는 '순환(cycle)'을 의미하는 그리스어 *kyklos*와, '정신(spirit)'을 의미하는 *thymos*에서 유래되었다. 이 장애는 최소 2년 동안 지속되는(아동과 청소년의 경우에는 1년) 가벼운 기분 변화로 특징지어지는 기분장애의 만성적 순환 패턴이 나타나기 때문에, 정신의 순환적 움직임이라는 개념은 적절한 표현이다.

순환성 장애(cyclothymia disorder; 순환 기질이라고도 불림)는 보통 후기 청소년기 또는 초기 성인기에 발병하고 수년간 지속된다. 극히 드물게 일부의 경우는 정상적인 기분 주기가 1달이나 2달 이상 지속되기도 한다. 하지만 고양되거나 우울한 기분의 기간은 양극성 장애 진단만큼 엄격하지 않다. 비록 양극성 장애에서의 순환성 장애가 가장 흔하고 순환성 장애의 보고된 유병률은 0.4~1.0%이지만, 순환성 장애는 임상 현장에서 과소 진단되는 경향이 있다(APA, 2013; van Meter, Youngstrom, & Findling, 2012).

최소 2년의 기간 동안, 순환성 장애를 가진 성인은 경조증 삽화의 진단을 충족시키기에는 충분하지 않은 정도의 많은 경조증 증상들의 주기와, 주요 우울 삽화에는 미치지 않는 가벼운 우울 증상의 주기를 많이 나타낸다(APA, 2013). 사실상, 중간 정도 고양의 '높음'과 중간 정도 우울의 '낮음' 간에 기분 변동이 나타난다. 순환성 장애의 사람들이 '고양'되어 있을 때는 다양한 직업적 또는 대인관계적인 계획의 완수를 위한 직접적인 활동 수준의 상승이 나타난다. 그러나 기분이 뒤바뀌면, 그들은 계획을 완수하지 못하고 철수할 수 있다. 그때 그들은 가벼운 정도의 우울 기분으로 들어서고 무기력과 우울을 느끼지만, 전형적인 주요 우울 삽화 정도로 심하지는 않다. 사회적 관계는 이러한 기분의 변화로 인해 불편할 수 있고, 직업적으로도 영향을 받을 수 있다. 성적 흥미는 개인의 기분에 따라 커지거나 줄어든다.

양극성 장애와 순환성 장애의 경계선은 명확하게 확립되어 있지 않다. 어떤 유형의 순환성 장애는 양극성 장애의 초기 유형으로 나타날 수도 있다. 순환성 장애가 양극성 장애보다 덜 심각하지만 개인의 일상적 기능을 심각하게 손상시킬 수 있다(Van Meter, Youngstrom, & Findling, 2012). 순환성 장애에 걸린 사람들의 약 3명 중 1명은 양극성 장애로 발달한다고 추정한다(USDHHS, 1999). 임상의들은 현재 어떠한 사람들이 양극성 장애로 더 발달하기 쉬운지 구분하는 데에 한계를 가진다. 다음의 사례는 전형적인 순환성 장애의 특징인 가벼운 정도의 기분 변화를 보여 준다.

'행복한 시간과 불행한 시간': 순환성 장애 사례

자동차 영업사원으로 근무하는 29세의 한 남성은, 14세부터 '행복한 시간과 불행한 시간'의 주기적인 변동을 경험했다고 말했다. 보통 4~7일 정도 지속되는 '불행한' 시간 동안, 그는 마치 자신이 '그저 무기력한 사람'처럼 잠을 과도하게 많이 자고 자신감, 에너지 그리고 동기가 부족함을 느낀다. 그리고 그의 기분은 3~4일 동안 급격히 바뀌어, 매일 아침 일찍 일어나게 되고, 자신감과 기민한 정신적 능력으로 활기가 넘침을 느낀다. 이러한 '행복한' 시간 동안에 그는 난잡한 성생활과 과음에 빠지게 되고, 그렇게 함으로써 행복감이 더 커지고 밤에 수면을 취할 수 있게 해 준다. '행복한' 기간은 가끔 7~10일 이상 지속되고, 다시 '불행한' 시간으로 바뀌기 전에는 일반적으로 적대적인 행동과 짜증이 급격하게 증가한다.

— Spitzer et al., 1994, pp. 155-157

우울장애의 유발 요인

우울장애는 생물학과 심리사회학적 영향의 복합적 상호관계로 가장 잘 이해된다(NIMH, 2003). 현재 우울장애와 양극성 장애의 원인에 대한 완전한 이해가 우리의 능력 밖에 있을지라도, 연구자들은 이러한 장애의 중요 요인을 많이 확인하기 시작했다. 다음 부분에서 우리는 현재 이해되고 있는 우울장애와 양극성 장애의 유발 요인에 대해 알아보고자 한다. 스트레스성 생활 사건과 생물학적 요인을 포함하여 많은 요인이 이러한 장애의 발달에 원인이 되고 있다.

스트레스와 우울증

7.5 우울증에서 스트레스의 역할 기능에 대해 평가한다.

스트레스성 생활 사건은 양극성 장애와 주요 우울장애와 같은 기분장애들의 위험성을 증가시킨다(Kendler & Gardner, 2010; Monroe & Reid, 2008; Risch et al., 2009). 대부분의 주요 우울장애 환자들은—대략 80% 정도에서—장애 발병 전에 생활 스트레스의 주요 요인을 경험한다고 보고한다(Monroe & Reid, 2009). 사랑하는 사람의 상실, 연인과의 이별, 장기간 취업 실패와 경제적 곤란, 심각한 신체적 질병, 결혼 혹은 관계적 문제, 별거나 이혼, 인종 차별, 안전하지 않은 생활공간, 이웃과의 갈등을 포함한 생활 스트레스의 요인은 우울과 관계가 있다(예: Drieling, van Calker, & Hecht, 2006; Kõlves, Ide, & De Leo, 2010; 국립 보건 통계 센터, 2012b). 사랑하는 사람의 죽음, 관계 실패 또는 퇴직과 같이 의미 있는 상실은 우울증을 일으킬 수 있다(APA, 2013).

DSM-5는 의미 있는 상실의 반응으로 큰 슬픔에 빠지는 것은 정신적 장애가 아니라는 것을 고려한다(APA, 2013). 그러나 슬픔과 우울증이 상실 후에 함께 나타나거나, 극심하고 격렬한 어떤 슬픔의 반응(자살 생각이나 기능의 손상과 같은 경우)은 주요 우울장애로 볼 수 있다. 하지만 전문가들이 사별한 개인에게서 정상적이거나 예상할 수 있는 슬픔 반응인지 아니면 슬픔의 고통이 쌓이고 쌓인 우울장애인지를 구별할 수 있는가에 대해서는 여전히 불확실하다.

최근 연구에서는 친구, 가족, 연인 간의 대인관계 문제와 관련된 스트레스는 젊은 사람들에게 우울증을 유발하는데, 이는 부정적으로 생각하는 경향이 있는 사람들에게만 그렇다고 한다(Carter & Garber, 2011). 이것은 우울증과 같은 정신적 장애를 유발하는 경로를 이해하기 위해 다양한 요인들의 복합적인 상호작용—이 경우에는 부정적인 생각과 스트레스—을 고려해야 할 필요성을 상기시켜 준다. 분명하지 않은 이유로 인해, 스트레스성 생활 사건이 이후의 삽화보다 첫 번째 주요 우울 삽화와 더 가깝게 연결되어 있다(Monroe et al., 2007; Stroud, Davila, & Moyer, 2008).

스트레스와 우울증의 관계는 양방향적이다. 스트레스성 생활 사건이 우울증의 원인이 될 수 있지만, 우울 증상이 그들 자신에게 많은 스트레스가 되거나 이혼 또는 실업과 같은 다른 스트레스 요인을 야기할 수도 있다(Liu & Alloy, 2010; Uliaszek et al., 2012). 예를 들어, 당신이 우울해진다면 업무를 열심히 하기 더 힘들 것이며, 이는 업무를 보강해야 한다는 더 큰 스트레스를 만들 수 있다. 실업, 경제적 어려움과 관련된 스트레스도 우울증으로 이어질 수 있지만 우울증 또한 실업과 낮은 수입을 야기할 수도 있다(Whooley et al., 2002).

스트레스가 흔히 우울증의 원인이 되더라도, 스트레스를 받는 모든 사람이 임상적 우울장애를 겪는 것은 아니다. 대처 기술, 유전적 기질, 사회적 지지의 유용성과 같은 요소들은 스트레스 상황에 직면했을 때 우울증에 걸릴 가능성을 줄여 줄 수 있다. 우리는 또한 우울증과 자살 행동에서 유전자와 환경 간의 상호작용을 고려할 필요가 있다(Monroe & Reid, 2008; Shinozaki et al., 2013). 2장에서 보았던 취약성-스트레스 모델(diathesis-stress model)과 일치하게, 특정 유전자의 변형이 있는 사람들은 아동기 학대와 같은 극심한 스트레스성 경험이 있을 때 더 쉽게 우울증에 빠진다(Fisher et al., 2013).

우리는 더 나아가 생애 초기 경험의 역할을 고려해야 할 필요가 있다. 유아기 또는 아동기 동안, 양육자와의 안정애착 부족 또한 이후의 좌절, 실패 또는 다른 스트레스성 생활 사건에 따른 우울증의 취약성에 기여할 수 있다(Morley & Moran, 2011). 부모의 이혼 또는 신체적 학대와 같은 인생 초기의 부정적인 경험 또한 성인기 높은 우울증의 취약성과 연관이 있다(Wainwright & Surtees, 2002).

일부 심리사회적 요인들은 스트레스의 완충 역할을 하고 우울증을 완화해 줄 수 있다. 예를 들어, 강한 부부관계는 스트레스를 받는 동안 지지 자원이 될 수 있다. 부부관계에서 지지가 부족한, 이혼하거나 별거 중인 사람이 결혼생활을 유지하는 사람보다 우울증과 자살 시도 비율이 더 높은 것은 놀라운 일이 아니다(Weissman et al., 1991). 혼자 살고 있거나 사회적 지지 자원에 한계가 있는 사람들 또한 우울증의 위험에 마주하기 쉽다(Pulkki-Raback et al., 2012).

정신역동 이론

> **7.6** 우울증의 주요 심리학적 모델을 설명한다.

Freud(1917/1957)와 그의 지지자들(예: Abraham, 1916/1948)의 우울증에 대한 고전적 정신역동 이론은 우울증이 중요한 타인에게 대항하기보다는 분노가 내적으로 향할 때 나타나는 것이라고 본다. 분노는 실제적이거나 중요한 타인의 상실의 위협이 자신에게로 향한 것이다.

Freud는 애도나 일반적인 사별은 죽음, 별거, 이혼, 또는 다른 이유로 인해 상실한 사람으로부터 최종적으로 자기 자신을 심리적으로 분리하는 건강한 과정으로 본다. 하지만 병리적 애도는 적응적인 분리를 촉진하지 않는다. 대신에 우울증을 지속시킨다. 병리적 애도는 이미 세상을 떠난 사람에게 강한 양가감정—긍정적인 감정(사랑)과 부정적인 감정(분노, 적개심)—을 동시에 가지고 있거나 헤어짐이 두려운 사람에게서 더 쉽게 나타난다. Freud는 상실을 경험하거나, 상실의 두려움을 느낄 때 양가적임을 느끼고, 화난 감정은 격렬한 분노로 변한다는 중요한 모습을 이론화했다. 그러나 격렬한 분노는 죄책감을 유발하고, 결과적으로 상실한 사람('대상'이라고 불리는)에게 직접적으로 분노를 표현하는 것을 막는다.

상실한 대상과의 심리적 연결을 유지하기 위해, 대상에 대한 심적 표현으로 내사하거나 자신의 내면으로 가져온다. 따라서 그들은 타인을 자기 자신의 일부로 포함한다. 이제 분노는 내부로 돌리고, 상실 대상이 내적으로 나타나는 자신의 일부분에 대항한다. 이는 결과적으로 우울증을 야기하는 자기혐오로 나타난다.

정신역동의 관점에서 양극성 장애는 자아와 초자아 사

'친구가 필요해요.' 친구와 가족으로부터 받는 사회적 지지는 스트레스의 효과를 완화하고 우울의 위험을 감소시켜 줄 수도 있다. 중요한 관계가 부족하거나 사회적 활동을 거의 하지 않는 사람들은 더 쉽게 우울에 빠진다.

상실과 우울. 정신역동 이론에서는 우울의 발달에서 상실의 주요 역할에 초점을 둔다.

이에서 지배적인 개인의 성격 이동으로 나타나는 것으로 본다. 초자아가 지배적인 우울 단계에서는 범법행위에 대한 과도한 생각과 개인의 죄책감과 무가치함의 홍수 상태가 만들어진다. 이후 자아가 튀어 오르고 우위를 점하게 되는데 이때는 조증 단계의 특징인 고양된 기분과 자신감이 만들어진다. 자아의 지나친 표현은 궁극적으로 죄책감의 계기가 되고, 이는 또다시 개인을 깊은 우울증으로 빠져들게 한다.

그들이 상실의 중요성을 강조한다고 하더라도, 보다 더 최근의 정신역동 모델은 개인의 자기 가치감이나 자존감에 초점을 둔다. **자기-초점 모델**은 사랑하는 사람의 죽음이나 개인적인 실패 또는 상당한 좌절감과 같은 상실 이후에 그들이 주의 과정을 어떻게 분배하는지를 고려한다(Pyszczynski & Greenberg, 1987). 이 관점에서 우울한 사람들은 그들 자신과 그들의 상실 경험 외에 다른 어떤 것을 생각하는 것에 어려움을 느낀다.

실패한 연인관계의 종료에 대처해야만 하는 한 사람을 생각해 보자. 우울해지기 쉬운 개인은 (다시 그 관계를 회복하기 위한)노력의 무가치함을 인식하고 자신의 삶으로 돌아가기보다는 그들의 관계와 재결합에 대한 생각에만 갇혀 있다. 게다가 우울해지기 쉬운 개인은 자존감을 유지하기 위해 파트너에게 의지하는데, 헤어진 연인은 정서적 지지의 원천이기도 했다. 헤어짐 후에, 그들은 자신의 긍정적 기분을 상실한 대상에 의존했기 때문에 희망과 긍정의 박탈을 느낀다. 자존감과 안전감의 손상은 그 자체로 관계의 끊어짐이 아닌, 우울증을 촉발한다. 유사하게, 명확한 직업적 목표의 상실은 자기 초점적이게 되고 결론적으로는 우울증을 촉발할 수 있다. 오직 대상이나 목표 상실에 항복하고, 대체 자원으로의 정체성과 자기 가치감을 발전시키는 것이 이 순환을 끊을 수 있다.

연구 증거 정신역동 이론가들은 우울증에서 상실의 역할에 집중한다. 중요한 타인의 상실(예: 죽음이나 이혼을 통해)은 우울증 위험의 증가와 연관된다는 증거가 있다(Kendler, Hettema, et al., 2003). 또한 개인의 상실은 다른 심리적 장애를 불러올 수도 있다. 하지만 사랑하는 사람을 향한 분노의 억압이 내적 우울증으로 변한다는 Freud의 관점을 지지하는 연구는 아직 부족하다.

증거는 자기 초점적 양식—내부적이거나 자기 몰두적인 주의 집중—과 우울증과의 관련성을 지지하는데, 특히 여성에게서 그러하다(Mor & Winquist, 2002; Muraven, 2005). 하지만 자기 초점적 주의는 우울증에만 국한되지 않고 흔히 불안장애나 다른 심리학적 장애에서도 찾을 수 있다. 따라서 자기 초점적 주의와 정신병리의 일반적인 연결은 우울증의 주요 모델로서의 가치에 한계가 있을 수 있다.

인간중심 이론

인간중심 관점에서는 사람들이 그들의 존재 의미를 가득 채우지 못하고 자아실현을 위한 진정한 선택을 하지 못할 때 우울해진다고 본다. 그들의 세상은 생기가 없어진다. 의미 찾기는 삶에 활력과 본질을 가져다준다. 죄책감은 그 가능성에 부응하지 못한다고 믿을 때 생길 수 있다. 인간중심적 심리학자들은 우리의 삶을 철저하게 돌아볼 수 있도록 요구한다. 그들은 가치 있고 풍요로운가? 아니면 활력이 없고 판에 박혀 있는가? 만약 후자라면, 자아실현을 위한 우리의 욕구는 좌절될 것이다. 우리는 가라앉을 수 있고, 일생을 허비하게 될 것이다. 가라앉는다는 것은 우울 행동—무기력, 침울한 기분, 철수—을 경험하게 하는 쓸쓸한 기분을 불러일으킬 수 있다.

정신역동 이론과 같이 인간중심 이론도 친구나 가족을 잃거나 직업적 방해를 받을 때 일어날 수 있는 자존감의 손상에 초점을 둔다. 자기 정체감과 자기 가치감은 부모, 학생, 배우자 또는 직업인으로서의 사회적 역할과 연결되는 경향이 있다. 배우자의 죽음, 아동의 학업 중단 또는 직업의 상실을 통해 이러한 역할 정체성이 상실될 때, 우리의 목적 의식과 자기 가치감은 산산조각 날 수 있다. 우울증은 흔히 이러한 상실의 결과이다. 이것은 우리의 자존감이 직업적 역할이나 성취에 기초할 때 더욱 그렇다. 특히 그들의 가치를 직업적 성취에 두는 사람들에게 실업, 강등 또는 승진의 실패는 우울증의 촉진 요인이다.

학습 이론

정신역동적 관점에서는 내면, 종종 무의식과 원인에 초점을 두는 반면에, 학습 이론가들은 긍정적인 강화의 상실과 같은 상황적 요소를 강조한다. 우리는 강화의 수준이 우리의 노력과 상응할 때 최고의 수행을 보여 준다. 강화의 빈도나 효과에서의 변화는 균형을 깨트려 삶의 비보상이 된다.

강화의 역할 학습 이론가 Peter Lewinson(1974)은 우울증이 행동과 강화 간의 불균형으로부터 온다고 제안했다. 개인의 노력에 대한 강화의 부족은 동기를 약화시키고 우울한 기분을 유발할 수 있다. 무활동과 사회적 철수는 강화의 기회를 감소시킨다. 강화의 부족은 철수를 악화시킨다.

전형적 우울증 환자들의 활동 비율 저하는 2차 강화의 근원이 될 수도 있다. 즉, 가족 구성원과 다른 사람들은 우울증으로 힘들어하는 사람을 업신여기고 그들을 책임으로부터 벗어나게 할 수 있다. 그러나 이러한 동정은 우울 행동을 유지하게 하는 강화의 원인이 될 수 있다.

강화 수준의 감소는 많은 이유로 일어난다. 심각한 질환이나 상처를 집에서 치료하는 사람들은 아주 적은 회복만이 가능하다. 사회적 지지는 강화를 주던 친밀한 사람이 죽음 혹은 이별로 떠날 때 급격하게 감소한다. 사회적 상실을 겪은 사람들은 새로운 관계를 형성할 사회적 기술이 부족할 때 더 우울해지기 쉽고, 일부 대학 신입생들은 새로운 관계형성 기술이 부족해서 향수병에 걸리거나 우울해지기도 한다. 과부와 홀아비들은 새로운 관계를 어떻게 시작해야 하는지에 대해서 감을 잡지 못할 수도 있다.

생활 환경의 변화 또한 노력과 강화의 균형을 달라지게 할 수 있다. 장기간 지속되는 실업 상태는 경제적 강화를 감소시키고, 이는 결국 삶에서 고통스러운 재정적 감축을 강요할 수 있다. 장애나 큰 질병 또한 강화를 안정되게 유지할 수 있는 개인의 능력을 손상할 수 있다. Lewinson의 모델은 우울증이 낮은 수준의 긍정적 강화와 연결되어 있다는 연구 결과와 우울증 환자를 보람 있는 활동에 참여할 수 있도록 격려하고 목표 지향적 행동을 하도록 하는 것이 우울증 완화에 도움이 된다는 중요한 연구에 의해 지지되었다(Otto, 2006). 우울증 환자들이 규칙적인 신체적 활동이나 운동을 할 수 있도록 하는 것 또한, 특히 큰 생활 스트레스에 직면해 있는 사람들에게서 우울증을 방지하는 데 도움이 된다(Mata et al., 2012; Walsh, 2011; Wipfli et al., 2010). **진실 / 거짓**

진실 또는 거짓

신체 활동은 몸을 탄탄하게 할 뿐만 아니라 우울증을 방지하는 데에도 도움이 될 수 있다.

진실 규칙적인 신체 활동이나 운동이 우울증의 치료에 이득이 있다는 것을 지지하는 증거들이 있다.

상호작용 이론 대인관계 문제는 정적 강화 부족을 설명하는 데 도움이 된다. 심리학자 James Coyne(1976)에 의해 발전된 상호작용 이론은, 우울한 사람과 함께 살아가는 것의 적응은 매우 스트레스가 많을 수 있어서 배우자나 가족 구성원이 지속적으로 덜 강화할 수 있다고 제안한다.

상호작용 이론은 **호혜성 상호작용**의 개념에 기초한다. 우리의 행동은 타인이 우리에게 어떻게 반응하는지에 영향을 주고, 그들이 우리에게 어떻게 반응하는지는 우리가 그들에게 어떻게 반응하는가에 영향을 준다. 이 이론은 우울해지기 쉬운 사람은 스트레스에 파트너와 중요한 타인으로부터의 안심과 지지를 구하는 방식으로 반응한다고 본다(Evraire & Dozois, 2011; Rehman, Gollan, & Mortimer, 2008). 처음에는 이러한 지지를 얻으려는 노력이 성공적일 수 있다. 하지만 이후에는 정서적인 지지를 위한 지속적인 요구가 지지의 표현보다 더 큰 분노와 짜증을 끌어내기 시작한다. 따라서 파트너가 부정적인 감정을 가지게 될 수 있는데 그런 감정이 미묘하게 표현되어 거절로 전달될 수 있다. 우울한 사람들은 거절의 신호에 대해 더 깊은 우울 감정으로 반응할 수 있고 안심을 위해 더 큰 요구를 함으로써 더 큰 거절과 더 깊은 우울의 악순환을 촉발한다. 그들은 또한 가족에게 고통을 주었다는 것에 대해 죄책감을 느끼고, 이는 그들 자신에 대한 부정적인 감정을 악화시킬 수 있다.

가족들은 우울한 사람의 행동, 특히 나중에 철수하는 행동, 무기력, 절망 그리고 안심을 위한 끊임없는 요구에

운동의 해답. 최근의 증거들은 규칙적인 신체적 활동이나 운동이 특히 큰 생활 스트레스에 직면해 있는 사람들의 우울증 방지에 도움이 된다는 것을 보여 준다.

적응하는 데 스트레스를 받는다. 우울증 치료를 받은 사람의 배우자가 보통보다 정서적 고통 수준이 더 높은 경향이 있다는 증거는 놀라운 일이 아니다(Benazon, 2000; Kronmüller et al., 2011).

연구 결과는 우울한 사람들의 지나친 안정에 대한 욕구가 안정과 지지를 찾으려고 했던 사람들로부터의 거절로 이어진다는 Coyne의 모델을 지지한다(Rehman, Gollan, & Mortimer, 2008; Starr & Davila, 2008). 사회기술의 부족은 이러한 거절을 가장 잘 설명할 수 있다. 우울한 사람들은 타인과 상호작용을 할 때 반응이 없고, 무관심하고, 심지어 무례한 경향이 있다. 예를 들어, 그들은 타인을 거의 바라보지 않고, 반응하는 데 아주 많은 시간이 걸리고, 타인에 대한 인정이나 신뢰가 거의 없고, 그들의 문제와 부정적인 생각을 곱씹는 경향이 있다. 그들은 심지어 처음 보는 사람과 대화할 때에도 그들의 부정적 느낌을 곱씹는다. 사실상, 그들은 다른 사람들을 지루하게 하고 거절하게끔 만든다. 그럼에도 관계는 양방향으로 작용할 수 있다. 파트너가 서로의 심리적 요구를 충족하지 못하거나 서로 비난하거나 상처를 주면 서로의 정서적 안녕감에 영향을 줄 수 있다(Ibarra-Rovillard & Kuiper, 2010).

인지 이론

인지 이론가들은 우울증의 기원과 유지를 자신과 그들을 둘러싼 세상을 보는 방식과 관련된다고 본다. 가장 권위 있는 인지 이론가 중 한 명인 정신과 의사 Aaron Beck(Beck & Alford, 2009; Beck et al., 1979)은 우울증의 발달과 생의 초기 채택한 부정적 편향이나 사고의 왜곡을 연관시켰다—**우울증의 인지 3요인**(cognitive triad of depression; 표 7.3 참조). 인지 3요인은 자신('나는 괜찮은 사람이 아니다')과 환경 또는 전반적인 세상('이 학교는 끔직하다'), 그리고 미래('어떠한 것도 내게 맞게 변하지 않을 것이다')에 대한 부정적인 신념을 포함한다. 인지 이론에서는 이러한 부정적인 신념을 가지고 있는 사람들은 학사경고, 실업과 같은 스트레스 상황에 직면했거나 일상에서 좌절을 경험할 때 우울해질 위험이 크다고 본다.

Beck은 이러한 정신적 표상으로서의 자신과 세상에 대한 부정적인 개념은 초기 학습 경험에 근거하여 아동기 때 형성된다고 본다. 아동들은 그들이 어떠한 것을 하든지 간에 자신의 부모님이나 선생님을 기쁘게 하는 데에는 충분하지 않다는 사실을 깨닫게 될 것이다. 결과적으로 그들은 자신이 기본적으로 무능하다고 여기게 되고 미래에 대한 가능성을 어둡게 받아들인다. 이러한 신념은 이후의 삶에서 어떤 실패나 실망을 기본적으로 자신이 잘못되거나 자신이 받아들여지지 않는 거절로 해석할 수도 있다. 심지어 작은 실망조차도 강력한 충격이나 완전한 패배감이 되어 우울 상태에 빨리 이를 수 있다.

표7.3
우울증의 인지 3요인

자신에 대한 부정적인 시각	자신에 대해 무가치하고, 불충분하고, 부적절하고, 사랑받을 수 없다고 인지하고 행복을 성취하는 데에 필요한 기술이 부족하다고 지각함
환경에 대한 부정적인 시각	환경에 대해 지나친 요구를 부과하거나 계속적인 실패나 상실을 끌어내는 극복 불가능한 어려움을 나타낸다고 지각함
미래에 대한 부정적인 시각	미래를 무망하다고 지각하고, 개인은 어떤 것을 더 나은 상태로 변화시키기 위한 어떠한 힘도 없다고 믿는다. 미래에 대한 기대는 오직 계속되는 실패와 끊임없는 고통과 곤란뿐이다.

주: Aaron Beck에 따르면, 우울증에 취약한 개인은 습관적으로 부정적인 생각의 유형—우울증의 인지 3요인—을 취한다.

출처: Beck & Young, 1985; Beck et al., 1979.

사소한 실수의 중요성을 과장하는 경향은 인지 오류의 예시로 Beck이 이름 붙인 인지 왜곡이다. 그는 인지 왜곡이 개인적인 상실이나 부정적인 생활 사건과 마주했을 때 우울증을 불러일으킨다고 보았다. Beck의 동료이자, 심리학자인 David Burns(1980)는 몇 가지의 우울증과 관련된 인지 왜곡을 확인하였다.

1. 양자택일적 사고(all-or-nothing thinking): 사건에 대해 전부 좋거나 또는 전부 나쁜 것으로 보는, 또는 회색이 없이 흑과 백(양 극단)으로만 보는 것이다. 예를 들어, 어떤 사람은 끝이 난 관계에서도 나타날 수 있는 어떠한 긍정적인 감정이나 경험에도 불구하고, 완전한 부정적 경험으로서 좌절로 받아들인다. 완벽주의는 이러한 이분법적 사고의 대표적 예시이다. 완벽

주의자들은 완벽한 성공적 결과가 아니면 완전한 실패로 받아들인다. 이들은 B 학점이나 심지어 A 학점도 F 학점과 똑같이 받아들인다. 완벽주의는 우울증의 취약성 증가와 연관되어 있을 뿐만 아니라, 치료의 예후도 좋지 않다.

2. 과잉일반화(overgeneralization): 나쁜 사건이 일어난다면, 이것은 미래에 비슷한 상황에서 또다시 쉽게 일어날 것이라는 믿음이다. 어떤 하나의 부정적인 사건을 무한한 일련의 부정적 사건의 전조라고 해석한다. 예를 들어, 잠재적인 고용주로부터 불합격 통지를 받으면 다른 모든 지원회사에서도 똑같이 불합격 통지를 받을 것이라고 추측한다.
3. 정신적 여과(mental filter): 오직 사건의 부정적 부분에만 초점을 둠으로써, 경험의 긍정적 부분을 무시한다. 잉크 한 방울이 점차적으로 퍼지면서 컵 안의 물을 전부 변하게 하는 것처럼, 하나의 부정적인 부분만 보는 것은 개인의 모든 현실적 시각을 어둡게 할 수 있다. Beck은 이러한 인지적 왜곡을 개인이 어떤 사건에서 부정적인 부분만을 선택적으로 추출해서 보고 긍정적인 특징은 무시한다는 의미로 **선택적 추론**(selective abstraction)이라고 불렀다. 이러한 이유로 어떤 사람은 자신의 자존감을 긍정적인 특징이나 장점과 단점을 균형적으로 보기보다는 나약하고 실패한 것으로 지각한다. 예를 들어, 업무 평가보고서에서 긍정적, 부정적 평가를 모두 받지만, 오직 부정적인 평가에만 초점을 두는 것이다.
4. 긍정 박탈(disqualifying the positive): 승리의 문턱에서 개인의 성취를 중립적으로 여기거나 부정함으로써 패배만 받아들이는 것이다. 하나의 예로, 직업적인 성취에서 "이게 무슨 대수라고! 이건 바보도 할 수 있는 일이야."라고 말하거나 생각함으로써 축하를 묵살해 버리는 것이다. 사실상, 타인이 칭찬을 할 때 그 칭찬을 받아들이는 것은 긍정적인 미래를 끌어내는 신념의 변화를 이루어 냄으로써 우울증을 극복하는 것을 돕는다.
5. 억측하기(jumping to conclusion): 증거가 부족함에도 불구하고 사건을 부정적으로 해석하는 것이다. 이 유형은 '독심술'과 '점쟁이의 오류' 두 가지 예시가 있다. 독심술의 경우, 친구들이 한동안 전화하지 않은 것에 대해 거절로 해석하는 것처럼 다른 사람이 동의하지 않거나 존중하지 않는 결론을 독단적으로 내리는 것이다. 점쟁이의 오류는 일어나는 모든 것은 나쁜 일일 것이라고 예측하는 것이다. 재앙의 예견을 믿는 사람들은 그 재앙을 지지하는 증거가 없음에도 그것이 사실이라고 생각한다. 예를 들어, 가슴의 긴장을 느낀 사람은 덜 심각할 수 있는 원인의 가능성을 무시해버리고 분명 심장병일 것이라고 생각한다.
6. 극대화와 극소화(magnification and minimization): 두더지가 파놓은 두둑을 하나의 산으로 만드는 경향이다. 파국화로 불리기도 한다. 이 유형의 왜곡은 부정적인 사건의 의미, 개인의 약점과 두려움 또는 실수를 과장하는 경향이 있다. 축소는 거울에 비치는 상으로 어떤 긍정적인 부분을 최소화하거나 과소평가하는 인지 왜곡의 유형이다.
7. 정서 추론(emotional reasoning): 정서의 추론에 기초한다. 예를 들어 이러한 인지 왜곡을 가지고 있는 사

'나는 왜 항상 망칠까?' 인지 이론가들은 자기 패배감을 가지고 있거나 일상 사건에서 왜곡된 해석을 하는 개인은 다른 요인들에 대한 고려 없이 자신을 비난하는 경향성이 있다. 이는 일상에서 실망감에 직면했을 때 우울증으로 빠지는 근거를 마련해 준다.

람은 "내가 죄책감을 느낀다면 그것은 분명히 무언가가 매우 잘못했기 때문에 반드시 그럴 것이다."라고 생각한다. 어떤 사람은 타당한 증거에 의한 고려보다는 정서에 기초하여 감정과 사건을 해석한다.

8. **'해야만 한다' 진술('should' statements)**: 개인의 강박적인 생각 또는 자기 통제-'해야만 한다.' 또는 '반드시-'의 형성이다. 예를 들어, '나는 항상 1등으로 들어와야만 해!' 또는 '나는 크리스를 나처럼 만들어야만 해!'와 같은 생각들이다. 비현실적인 기대를 만드는 것은 (musterbation-Albert Ellis가 이름 붙인 사고의 유형) 조금만 부족했을 때에도 우울해지게 할 수 있다.
9. **낙인찍기와 잘못된 낙인(labeling and mislabeling)**: 자기 자신이나 타인에게 부정적인 라벨을 붙임으로써 행동을 설명하는 것이다. 학생들은 시험에서의 낮은 점수가 단순하게 시험 준비를 하지 않았다거나 아마 컨디션이 안 좋았을 것이다로 생각하기보다는 자신이 '게으르다' 또는 '멍청하다'라는 생각으로 설명할 수 있다. 다른 사람들을 '멍청한' 또는 '센스 있지 못한'으로 이름 붙이는 것은 그들을 향한 적대감을 불러일으킬 수 있다. 잘못된 라벨링은 누군가를 다른 사람보다 더 많이 먹는다는 이유로 '돼지'라고 부르는 것과 같이 감정적이며 부적절한 라벨의 사용을 포함한다.
10. **개인화(personalization)**: 타인의 문제와 행동을 자신에게 책임이 있는 것으로 추측하는 것이다. 예를 들어서 그 또는 그녀의 파트너나 배우자가 울고 있을 때 다른 이유가 있을 것이라고 인지하기보다는 자신의 탓을 하게 될 것이다.

다음의 사례는 이러한 인지의 오류를 보여 준다.

크리스티의 인지 오류

부동산 매매 일을 하고 있는 33세의 여성 크리스티는 빈번한 우울 삽화로 괴로워하고 있었다. 그녀는 계약이 실패로 돌아갈 때면, "내가 더 열심히 일했더라면… 협상을 더 잘할 수 있었을 텐데… 더 설득력 있게 말을 하고… 계약을 성사할 수 있었을 거야."라며 자신을 비난하곤 했다. 몇 번의 연속적인 좌절 이후에, 자기 질책이 이어졌고 전부 다 그만두고 싶어졌다. 그녀의 생각은 더욱 우울해지고, 자존감을 잃게 만드는 부정적인 생각에 점점 더 지배되었다. "나는 패배자야…. 나는 절대 성공할 수 없을 거야…. 이건 다 나의 잘못이야…. 나는 잘하지 못하고, 어떠한 것도 성공할 수 없을 거야."

크리스티의 생각은 다음과 같은 인지 오류를 포함하고 있다. (1) 개인화(그녀 자신이 부정적인 사건의 유일한 원인이라는 믿음), (2) 라벨링과 잘못된 라벨링(그녀 자신을 패배자라고 부르는 것), (3) 과잉일반화(현재의 좌절감에 기초하여 암울한 미래를 예측함), (4) 정신적 여과(그녀의 좌절감에 기초하여 그녀의 전적인 성격을 판단함). 치료 과정에서 크리스티는 더 현실적으로 생각하는 것을 연습하였고, 계약에 실패할 때나 좌절감에 기초하여 그녀의 전반적인 성격을 판단하거나 그녀 자신의 약점을 인지할 때, 자동적으로 그녀가 잘못됐다는 억측을 내리지 않는 것을 학습했다. 자기 패배적인 인지 유형을 대신하여, 그녀는 좌절감이 일어날 때 자신에게 "맞아. 난 지금 실망스럽고, 좌절했어. 나는 형편없어. 하지만 그래서 뭐? 이것이 내가 앞으로 절대 성공하지 못한다는 것을 의미하지는 않아. 무엇이 잘못되었는지 찾아보고 다음번에는 더 잘해 보자. 나는 앞을 내다볼 수 있을 거고, 과거의 좌절에 머물러 있지 않을 거야."라고 말하는 것과 같이 더 현실적으로 생각하기 시작했다.

— 저자의 파일에서

왜곡된 인지는 흔히 그 생각이 머리에 불쑥 튀어 오르는 것처럼 자동적으로 발생하는 경향이 있다. 자동적인 사고는 사건 해석의 의견이나 습관적인 방법으로 받아들이기보다는 사실적인 진술로 더 받아들일 수 있다. 왜곡된 인지는 특정 문화에 한정되지 않는다. 최근 중국 연구에서는 후난성의 청소년들이 갖는 부정적인 인지 유형(즉, 높은 수준의 역기능적 부정적 생각)이 부정적인 일상 경험 이후의 심각한 우울 증상을 예측한다고 보고했다(Abela et al., 2011).

Beck과 동료들은 자동적 사고의 다른 유형에 따라 특징지어지는 각기 다른 장애를 제시하는 **인지 특수성 가설**(cognitive-specificity hypothesis)을 만들었다. Beck과 동료들은 우울과 불안장애를 가지고 있는 사람에게서 자동적 사고의 유형에 차이점이 있다는 흥미로운 사실을 발견했다(Beck et al., 1987)(표 7.4 참조). 우울장애를 진단받은 사람들에게서는 더 흔히 상실과 관련된 걱정, 자기 비난 그리고 비관적인 자동적 사고가 나타났고, 불안장애를 가지고 있는 사람들은 더 자주 신체적인 위험과 또 다른 위협에 대한 걱정이 자동적인 사고로 나타났다.

표 7.4
우울, 불안과 관련된 자동적 사고

우울과 연관된 공통된 자동적 사고	불안과 연관된 공통된 자동적 사고
1. 나는 쓸모없는 사람이다. 2. 나는 다른 사람들의 관심이나 애정을 받을 만큼의 가치가 없는 사람이다. 3. 나는 절대로 다른 사람처럼 잘하지 못할 것이다. 4. 나는 사회 실패자이다. 5. 나는 사랑받을 만한 가치가 없다. 6. 사람들은 나를 더 이상 존중하지 않는다. 7. 나는 내 문제를 절대로 극복하지 못할 것이다. 8. 나는 나의 친구들을 모두 잃었다. 9. 삶은 살아갈 가치가 없다. 10. 나는 다른 사람보다 더 불행하다. 11. 내 곁에는 나를 도와줄 사람이 아무도 없다. 12. 내가 살든 죽든 아무도 관심이 없다. 13. 어떠한 일도 내게는 잘 풀리지 않는다. 14. 나의 신체는 매력적이지 않다.	1. 내가 아프거나 병에 걸리면 어떻게 하지? 2. 나는 다칠 것이다. 3. 내가 도움이 필요할 때 사람이 아무도 오지 않으면 어떡하지? 4. 나는 궁지에 몰렸다. 5. 나는 건강한 사람이 아니다. 6. 나는 사고를 당할 것이다. 7. 나의 외모를 망가뜨릴 어떠한 일이 일어날 것이다. 8. 나는 심장마비에 걸릴 것이다. 9. 어떤 끔찍한 일이 일어날 것이다. 10. 내가 누군가를 신경 써야 할 어떤 일이 생길 것이다. 11. 나는 정신없다.

출처: Beck & Young, 1985; Beck et al., 1979.

인지와 우울증에 대한 연구 증거 Beck의 모델을 지지하는 연구에서 우울증 환자들은 그렇지 않은 사람들보다 더 왜곡되거나 역기능적인 사고를 보여 주는 경향이 있다는 것을 발견했다(예: Beevers, Wells, & Miller, 2007; Carson, Hollon & Shelton, 2010; Riso et al., 2003). 양극성 장애 환자 또한 비임상군보다 더 높은 수준의 역기능적 사고를 보여 주는 경향이 있었다(Goldberg et al., 2008).

다른 증거는 어떤 유형의 부정적인 생각—상실과 실패의 주제와 관련된—은 우울 증상과 강하게 연관되어 있는 반면에, 거절 또는 비난의 사회적 위협과 관련된 부정적인 생각은 불안 증상과 더 강하게 관련되어 있다는 인지 특수성 가설의 기본적 원리를 지지한다(Schniering & Rapee, 2004).

그러나 연구자들은 인과관계를 고려해야 할 필요가 있다. 역기능적 생각들(부정적인, 왜곡된 또는 회의적인 생각)이 우울한 사람에게서 흔하게 나타나는 경향이 있지만, 그 기저의 인과 경로는 여전히 불확실하게 남아 있다. 부정적이거나 왜곡된 사고가 우울을 야기하거나 또는 우울이 부정적이고 왜곡된 사고를 야기할 수도 있다. 일부 증거들은 그 반대로, 우울이 부정적인 생각을 야기한다는 것을 나타내기도 한다(LaGrange et al., 2011). 하지만 다른 연구들은 왜곡되고 우울한 인지가 흔히 정서적 고통에 선행하고, 우울 발달의 확실한 원인이 될 수 있다고 주장한다(Baer et al., 2012). 분명한 것은, 원인과 효과를 구분하는 더 많은 연구가 필요하다는 것이다.

우리는 또한 인과관계가 양방향으로 일어난다는 것을 인정해야 한다. 달리 말하면, 사고가 정서에 영향을 미칠 수도 있고, 정서가 사고에 영향을 미칠 수도 있다. 예를 들어, 우울한 기분은 부정적, 왜곡적인 사고를 유발할 수 있다. 더 부정적이고 왜곡적인 우울한 개인들의 사고는 자신을 더 우울한 사람으로 느끼고, 기분은 점점 더 우울해지고, 더 역기능적인 사고를 보일 수 있다. 하지만 아마 실망스러운 삶의 경험에 대응하여 똑같은 방식으로 역기능적 사고가 이 순환의 서두에 올 수 있는데, 이것은 의기소침한 기분으로 이어진다. 이것은 결국 부정적 사고 등을 강조할 수 있다. 연구자들은 여전히 원인의 순서로 왜곡적인 사고나 우울한 정서 중 어떤 것이 처음에 오는가를 결정해야 하는 딜레마인 "닭이 먼저냐, 계란이 먼저냐"와 같은 고전적인 질문으로 논쟁 중이다. 아마 거의 대부분의 경우, 우울 유발 요인들의 망에서 왜곡된 인지와 부정적 정서는 복합적으로 상호작용한다.

학습된 무기력(귀인)이론

학습된 무기력(learned helplessness) 모델은 사람들은 자신의 삶이 더 나은 방향으로 변화할 수 없다는 무력함으로 스스로를 바라보도록 학습됐기 때문에 우울해진다고 본다. 학습된 무기력 개념의 창시자인 Martin Seligman (1973, 1975)은 개인적 경험을 토대로 자신을 무기력하게 인지한다고 주장한다. 따라서 학습된 무기력 모델은 행동과 인지를 아우른다. 다시 말해 상황적 요소들이 우울증을 유발하는 태도를 조성한다.

Seligman과 동료들은 학습된 무기력 모델을 초기 동물 실험 연구에 기반을 둔다. 이 연구에서 탈출할 수 없는 전기 충격에 노출된 개는 이후에 탈출이 가능한 상황에서도 탈출을 학습하는 데 실패하는 **학습된 무기력 효과**를 보여 준다(Overmier & Seligman, 1967; Seligman & Maier, 1967). 통제할 수 없는 힘에 대한 노출은 이후 변화된 상황에서도 동물들에게 무기력을 학습시켰다(Forgeard et al., 2011). 학습된 무기력을 발달시킨 동물들은 무기력, 동기의 부족 그리고 새로운 기술 습득의 어려움을 포함하여 우울한 사람들과 비슷한 행동을 보였다(Maier & Seligman, 1976).

Seligman(1975, 1991)은 사람들에게서 어떤 우울의 유형은 외관상으로 통제 불가능한 상황의 노출에서 온 결과일 것이라고 제안했다. 이러한 경험들은 미래의 결과가 그들의 통제 능력 밖에 있을 것이라는 예상("왜 시도하지? 난 또다시 실패로 끝날 것인데")을 주입시킬 수 있다. 고통스럽고 공격적인 순환은 우울해질 때 작동하며, 몇 번의 실패는 무력감과 계속되는 실패의 예상을 형성할 수 있다. 아마도 당신은 수학과 같은 일부 과목에서 실패하는 사람을 알고 있을 것이다. 그들은 스스로 자신이 수학 과목에서 좋은 점수를 받을 수 없을 것이라는 믿음을 가지게 될 수도 있다. 따라서 그들은 대학원 입학시험(GRE)의 양적 부분을 위한 공부는 시간낭비라고 결정할 수 있다. 그러고 나서 그들은 저조한 학점을 받게 되고, 무력감이 더욱 강화되고, 낮은 기대감을 유발하는 등의 자기 충족적 예언을 하게 되는 악순환에 빠지게 된다.

이 이론이 흥미롭지만, Seligman의 모델은 우울한 사람들의 전형적인 낮은 자존감을 설명하지는 못한다. 왜 우울이 어떤 사람에게는 지속되지만 또 어떤 사람에게는 그렇지 않은지에 대한 설명도 없다. Seligman과 동료들(Abramson, Seligman, & Teasdale, 1978)은 이러한 단점을 보완하기 위해 이론의 재공식화를 제안했다. 개정된 이론은 미래의 강화나 보상에 대한 통제 부족의 인식만으로 우울증의 지속과 정도를 설명할 수 없다고 간주한다. 이것은 또한, 특히 그들의 실패와 자신에 대한 실망을 설명하기 위한 인지적 요소의 고려를 필요로 한다.

Seligman과 동료들은 사회 심리학적 개념의 **귀인 유형**과 관련하여 무기력 이론(절망 상태 이론)을 재구성하였다. 귀인 유형은 설명의 개인적 양식이다. 좌절하거나 실패했을 때, 우리는 그것들을 다양한 특징으로 설명할 수 있다. 우리는 스스로를 비난할 수도 있고(내적 귀인), 우리가 직면한 상황을 비난할 수도 있다(외적 귀인). 우리는 안 좋은 경험을 일반적인 사건으로 볼 수도 있고(안정 귀인), 단 한 번의 분리된 사건으로 볼 수도 있다(불안정 귀인). 우리는 그것들을 광범위한 문제의 증거라고 볼 수도 있고(전체 귀인), 정밀하고 제한적인 결점의 증거로도 볼 수 있다(부분 귀인). 재구성된 무기력 이론(절망 상태 이론)은 부정적인 사건(직업, 학업 또는 연인관계에서의 실패와 같은)의 원인을 다음 세 가지 유형의 귀인으로 해석하는 사람들이 우울에 가장 취약하다고 본다.

1. 내부 요인: 실패는 외부 요인 또는 상황적인 요소로 인해 야기되었다기보다 그들의 부적절함을 반영한다

"나만 그래요?" 개정된 무기력 이론에 따르면, 부정적인 사건과 관련된 귀인의 종류는 우리를 우울증에 더욱 혹은 덜 취약하게 만든다. 관계가 끝났을 때 내부적('내가 그렇지 뭐'), 전체적('나는 정말 쓸모없어'), 안정적('모든 일은 결국 나에게 안 좋게 일어나는구나')인 반응은 우울증을 일으킬 수 있다.

는 신념.

2. 전체 요인: 실패는 부분 요인 또는 기능적 영역의 한계를 반영한다는 믿음보다 성격의 전반적인 결함을 반영한다는 신념.
3. 안정 요인: 불안정 요인 또는 실패를 끌어낸 요인은 바뀔 수 있다는 신념보다 실패는 고정된 성격적 요인이라는 신념.

데이트를 망친 대학생의 사례와 함께 이러한 인지 유형을 설명해 보자. 데이트를 망친 이후에 그는 왜 데이트를 망쳤는지에 의문을 가지고, 자신의 경험을 이해하려고 시도한다. "나는 정말 엉망진창이야!"와 같이 자기 비난으로 특징되는 안 좋은 일의 내부 귀인이 있다. "어떤 커플은 사이가 좋지 않기도 해." 또는 "그녀는 오늘 분명 기분이 나빴을 거야."와 같이 다른 곳으로 비난을 하는 외부 귀인이 있다. 안정 귀인은 변할 수 없는 문제에 대해 "이건 나의 성격이야."라고 말하는 반면에, 불안정 귀인은 "아마 나의 코감기 때문일 것이야."라고 일시적인 상황을 말한다. 실패에 대한 전체 귀인은 "나는 사람들과 함께 있을 때 내가 무엇을 해야 할지 전혀 모르겠어."와 같이 문제의 범위를 확대한다. 반면에, 부분 귀인은 "내 문제는 관계를 이어 나가기 위해 작은 대화를 어떻게 시작해야 하는 것인가이다."와 같이 문제의 크기를 작은 범위로 축소한다.

개정된 이론은 각 귀인의 관점이 무망감에 기여한다고 간주한다. 부정적 사건에 대한 내부 귀인은 낮은 자존감과 연결된다. 안정 귀인은 무망한 인지의 지속—또는, 의학적 용어로 만성을 설명하는 데 도움이 된다. 전체 귀인은 부정적인 사건 후에 따르는 일반적이거나 침투적인 무망감과 연관되어 있다. 부정적인 귀인 유형(즉 부정적인 생활 사건에 대한 내부, 안정적 그리고 전체 귀인)의 적용은 우울증의 위험 요인으로 알려져 있을 뿐만 아니라 불안장애의 위험 증가와도 연관되어 있다(Riso et al., 2003; Safford, 2008).

생물학적 요인

> **7.7** 우울증의 생물학적 요소를 설명한다.

우울장애로 발달하는 데 생물학적 요인, 특히 유전학과 신경전달물질의 기능이 중요한 역할을 한다는 증거들이 증가하고 있다.

유전적 요인 유전적 요인은 우울장애로 발달하는데 개인적 위험성을 결정하는 중요한 역할을 한다(예: Duric et al, 2010; Malhotra et al., 2011; Nes et al., 2012). 연구자들은 우울증과 관련된 특정한 유전자를 자세하게 분석할 수 있게 되었다(예: Kohli et al., 2011; Pinacho et al., 2011; Spijker et al., 2011; Zou et al., 2012). 이 분야에서 최근 생겨난 모델은 주요 우울장애와 다른 기분장애의 유전과 환경적 요인 간의 상호작용을 중시하고 있다(Jokela et al, 2007). 연구자들은 생물학적이고 심리사회적인 요인의 상호작용의 중요성을 강조하면서, 세로토닌을 조절하는 특정 유전자의 변이가 생활 스트레스를 받을 때 우울증의 위험성을 높인다는 것을 발견하였다(Karg et al., 2011; NIMH, 2003). 세로토닌은 프로작(Prozac)과 졸로프트(Zoloft)와 같은 항우울제의 표적이 되는 신경전달물질이므로 우울증 취약성에 중요한 역할을 할 것임은 놀라운 일이 아니다.

우울증 발달에 생활 스트레스 요인이 미치는 효과는 유전적 위험이 높은 사람들에게서 더 크다는 것이 밝혀졌다(Lau & Eley, 2010). 우울증 발생에 기여하는 특정 유전자에 대한 이해를 높이는 것은 표적화된 유전자 기능에 직접적으로 영향을 줌으로써 우울증 치료에 유전자 치료를 활용하도록 이끈다(Alexander et al., 2010).

주요 우울장애에서의 유전적 요인의 역할을 지지하는 근거를 좀 더 다가가 살펴보자. 주요 우울증은 유전되는 경향성이 있을 뿐만 아니라 유전적 관계를 많이 공유할수록 그들이 우울장애를 공유할 가능성도 커진다. 가족들은 유전적 유사성뿐만 아니라 환경적 유사성도 공유한다. 연구자들은 유전적 요인의 영향을 알아내기 위해 쌍둥이 연구를 해오고 있다. 그들은 이란성 쌍둥이와 비교하여 일란성 쌍둥이가 공유하는 공통된 특질이나 장애의 상대적 비율을 조사한다. 유전된 특질과 장애가 있는 것으로 확인된 쌍둥이들이 그 특질이나 장애를 가진 사례의 비율을 일치율이라 한다. 일란성 쌍둥이의 유전적 공통성이 100%인데 비해 이란성 쌍둥이는 50%이므로, 일란성 쌍둥이의 높은 일치율은 유전적 기여를 지지하는 강력한 증거이다.

이러한 맥락에서 일란성 쌍둥이가 이란성 쌍둥이보다 주요 우울증에 대한 일치율이 2배가 넘는다는 획기적인 연구가 보고되었다(Kendler et al., 1992b, 1993). 이러한 연구 결과는 유전적 요인에 대한 강한 지지를 제공했지만, 유전학이 유일한 우울증의 원인일 것이라고 기대한 100% 일치율에는 미치지 못한 것이었다. 비록 유전이 주요 우울증에 중요한 역할을 할지라도 유일한 결정 요인이 아니며, 심지어 가장 중요한 결정 요인이 아닐지도 모른다. 유전과 환경적 영향의 상호작용뿐만 아니라 환경적 요인도 주요 우울증 발달에 훨씬 더 중요한 원인이 될지도 모른다(Kendler et al., 1999).

우리는 더 나아가기에 앞서, 다양한 심리적 장애들이 공통된 유전적 연결성을 공유할지도 모른다는 것을 주목해야 한다. 2013년에 보고된 획기적인 연구는 5개의 개별 장애들(주요 우울증, 양극성 장애, 조현병, 자폐증, 주의력결핍 과잉행동장애) 모두가 공통된 특정 유전 변이(genetic variation)를 공유한다는 것을 보여 주었다(Cross-Disorder Group of the Pyschiatric Genomics Consortium, 2013). 두 사람이 똑같은 유전적 위험 요인을 공유할지 모르지만 그들은 특별한 일상 경험이나 다른 요인에 따라서 전혀 다른 장애로 발전한다(Kolata, 2013). 다양한 심리적 장애에 걸쳐 있는 공통된 유전적 위험 요인에 대한 이해를 발전시키는 것은 증상 표현의 차이뿐만 아니라 기저의 유전적 패턴을 고려해서 장애를 구별하는 새로운 방법으로 이끌 수 있다.

생화학적 요인과 뇌 비정상성 기분장애의 생물학적 기반에 대한 연구는 주로 뇌에서 일어나는 신경전달물질 활동의 비정상성에 중점을 둔다. 50여 년 전의 초기 연구는 우리가 지금 **항우울제**(antidepressants)라고 부르는 약물이 뇌에서 신경전달물질인 노르에피네프린과 세로토닌의 수준을 증가시켜 흔히 우울증을 완화하는 데 도움을 준다고 밝혔다. 우울증이 단순히 뇌의 주된 신경전달물질 부족에서 기인한 것일까? 연구자들은 부분적으로 이 견해를 고려하지 않는다. 왜냐하면 항우울제는 복용할 때 또는 수 일 이내에 뇌의 신경전달물질 수준을 증가시키지만, 완전한 치료 효과가 이루어지기까지 몇 주 혹은 몇 달이 걸리기 때문이다(Cyan & O'Leary, 2010). 또한, 주요 우울증이 있는 사람들에게서 노르에피네프린과 세로토닌 부족이 나타나지 않았다(Belmaker & Agam, 2008). 결과적으로 우울증은 단순히 세로토닌의 결핍에 기인하거나 항우울제가 뇌에서 신경전달물질의 수준을 단순히 증가시키는 것을 통해 작용할 것 같지는 않다.

우울증에서 신경전달물질의 역할에 대한 좀 더 복잡한 견해들이 나타나고 있다. 흥미로운 가능성 가운데, 우울증은 신경전달물질이 도착하는 수용성 신경세포에 있는 (너무 많거나 너무 적은) 수용기 수의 이상, 특정한 신경전달물질에 대한 수용기 민감성의 이상 또는 화학물질이 수용기에 결합하는 방법의 이상을 포함한다(Oquendo et al., 2007; Sharp, 2006). 수용기의 수, 수용기의 밀도 혹은 신경전달물질에 대한 민감성을 변화시킴으로써 우울증을 완화하는 항우울제 작용이 가능하다. 즉, 항우울제가 퍼지는 데 걸리는 시간의 과정(이런 이유로 항우울제 효과가 나타나기까지 몇 주 동안의 지체 시간)을 말한다. 비록 뇌에서 세로토닌 사용 방법의 비정상성이 우울증과 관련되는 것처럼 보이지만(Carver, Johnson, & Joormann, 2008, 2009), 연구자들은 여전히 세로토닌이나 다른 신경전달물질이 우울증에서 하는 정확한 역할이나 항우울제의 치료적 효과를 설명하는 기제에 관한 최종적인 답변을 얻지 못하고 있다.

기분장애에 대한 생물학적 근거로 또 다른 연구 방법은 뇌의 비정상성에 중점을 둔다. 뇌 영상법 연구에서 기분장애 환자들은 전전두 피질과 변연계를 포함하여 사고 과정과 기분을 조절하는 데 관여하는 뇌 영역이 감소되고, 더 낮은 대사 활동을 보였다(예: Duman & Aghajanian, 2012; Kieseppä et al., 2010; Lorenzetti et al., 2010; Wang et al., 2012). 전전두 피질은 대뇌 피질의 전두엽에 있으며, 생각, 문제 해결, 의사결정, 생각과 행동을 조직화하는 것과 같이 고차원적 기능들을 책임지는 뇌 영역이다. 변연계의 일부분은 새로운 기억을 형성하는 데 관여한다. 신경전달물질 세로토닌과 노르에피네프린은 전두 피질에서 신경 자극을 조절하는 데 중요한 역할을 하므로 뇌의 이 영역에서의 이상을 고려하는 것은 놀라운 일이 아니다.

뇌 영상 기술을 사용하는 연구가 시작됨에 따라 연구자들은 기분장애가 있는 사람의 뇌가 건강한 사람의 뇌와 어떻게 다른지에 대한 좀 더 분명한 사진을 현상할 것이며, 이러한 장애를 더 잘 진단하고 치료하는 방법을 발견할 것이다. 내분비계와 같은 신체의 다른 시스템 역시 기분장애의 발생에서 중요한 역할을 하여 향후 연구를 하는 데 분명히 도움이 될 것이다. 불안장애와 조현병같이 다른 복잡한 이상행동 형태처럼 우울증의 근본 원인도 십중팔구 다양한 요인을 포함한다(Belmaker & Agam, 2008).

양극성 장애의 유발 요인

많은 연구자들은 복합적이고 다양한 원인들이 양극성 장

7.8 양극성 장애의 유발 요인을 설명한다.

애의 발생에 관여한다고 믿는다. 연구는 양극성 장애가 있는 사람들이 타인의 감정에 대한 얼굴 단서를 인식하는 데 인지적 결함이 있음을 지적한다—이들에게서 전전두 피질과 대뇌 변연계의 작용에서 이상과 연결성 부족이 나타난다(Izard et al., 2009; McClure-Tone, 2009). 뇌 영상 연구는 뇌의 많은 영역, 특히 감정을 처리하는 데 관여하는 영역의 이상을 뒷받침하는 결과를 발견한다(Degabriele & Lagopoulos, 2009; Henin et al., 2009).

유전적 요인은 양극성 장애에서 중요한 역할을 한다(Hyman, 2011). 필란드의 대규모 인구 기반 연구에서 연구자는 일란성 쌍둥이가 이란성 쌍둥이보다(각각 43% 대 6%) 7배 이상의 일치율을 보인다는 것을 발견했다(Kieseppä et al., 2004). 유전학은 주요 우울장애보다 양극성 장애에서 훨씬 더 강력한 역할을 하는 것 같다(Belmaker & Agam, 2008).

2008년, 스웨덴에서 발표된 흥미롭고 새로운 연구는 양극성 장애의 높은 위험성과 출생 시 아버지의 나이가 많은 것, 특히 아버지의 나이가 55세 이상과 관련 있다는 것이다(Frans et al., 2008). 여기서 우리는 산모 연령이 자식의 양극성 장애와 관련성이 덜 분명하다는 것에 주목해야 한다. 아버지와의 관련 가능성 대한 설명은 유전적 결함이 나이 많은 남자들의 정자에서 좀 더 자주 일어

더 자세히 살펴보기

물고기에 대한 미심쩍은 이야기

당신은 식단에서 어떤 종류의 생선 기름, 특히 고농도의 오메가-3 지방산이 심혈관계 질환의 비율을 더 낮추는 것과 관련 있다고 들었을 것이다. 하지만 생선 기름의 높은 섭취 수준이 주요 우울증과 양극성 장애의 위험성 역시 감소시킨다는 것은 알지 못했을 것이다(Yager, 2003). 오메가-3 지방산은 뇌가 최적으로 기능하기 위해 필요한 필수 영양소이다. 더 많은 연구가 필요하지만 증가하고 있는 일련의 결과에 따르면, 오메가-3 지방산은 우울증 치료에 포함할 만큼 가치 있다고 지적한다(예: Carney et al., 2009; Lin et al., 2012; Martins et al., 2012; Montgomery & Richardson, 2008). 현재 오메가-3 지방산 보조제는 단독 치료가 아닌 정기적인 관리의 보조제로 가장 적합할지도 모른다(Walsh, 2011).

Go fish. 생선 기름이 기분장애를 예방하는 데 도움을 줄 수 있는가? 우리가 확실한 대답을 가지고 있지는 않지만 어떤 연구 결과는 우울증을 치료하는 데 어떤 종류의 생선 기름, 특히 오메가-3 지방산을 식단에 넣는 것이 중요할 수 있다고 제안한다.

또한, 국가 간 비교 연구 결과에서 오메가-3 지방산이 풍부한 해산물의 높은 소비와 기분장애의 낮은 비율 사이의 관계를 확인할 수 있다(Parker et al., 2006). 국가 간 비교 연구에서, 해산물을 가상 많이 소비하는 나라인 아이슬란드는 양극성 장애의 비율이 낮은 반면에, 독일, 스위스, 이스라엘과 같은 해산물 소비 수준이 낮은 나라들은 양극성 장애 비율이 높음을 보여 주었다(Noaghiul & Hibbeln, 2003). 진실 / 거짓

진실 또는 거짓

생선 기름 수준이 높은 식단은 양극성 장애의 위험성을 증가시키는 것과 관련된다.

거짓 실제로 생선 기름 섭취 수준이 높은 것이 우울장애 비율이 낮은 것과 관련된다는 연구가 있다.

우리는 다음과 같은 것에 주의해야 한다. 생선을 먹는 것과 기분장애의 위험을 낮추는 것 사이의 인과관계는 관찰된 관계에 의해 확정될 수 없다는 것이다. 그럼에도 불구하고, 이러한 관찰된 관계만을 근거로 건강 보조 식품이 실제로 두뇌에 좋은 음식으로 인기를 얻어도 될 만한 제품인지에 대해서는 좀 더 연구가 필요할 것으로 보인다. 그러는 동안, 연어는 누구에게나 권장되는가?

나는 경향이 있으며, 그러한 결함은 그들의 자녀에게 양극성 장애를 포함한 어떤 심리적 장애의 경향을 갖게 한다는 것이다.

연구자들은 양극성 장애와 관련 있는 특정한 유전자를 활발히 찾아내고 있다(Lee et al., 2013). 그러나 유전자는 모든 것을 말해 주지 않는다. 양극성 장애가 전적으로 유전에 의해서 발생한다면 이 장애를 가진 사람의 일란성 쌍둥이는 항상 이 장애가 발생할 것이지만, 실제로는 그렇지 않다. 스트레스 취약성 모델(diathesis-stress model)과 일관되게, 스트레스가 많은 생활의 변화와 근본적인 생물학적 영향이 양극성 장애의 취약성을 증가시키는 유전적 소인과 상호작용할 것이다. 게다가 연구자들은 스트레스성 생활 사건이 양극성 장애가 있는 사람들의 기분 삽화를 유발할 수 있다는 것을 알았다(Miklowitz & Johnson, 2009). 부정적인 생활 사건(예: 실직, 부부 갈등)이 우울 삽화 이전에 선행할 수 있는 반면에, 부정적이고 긍정적인 생활 사건(예: 새 직장을 구하는 것) 모두가 경조증 혹은 조증 삽화에 앞서 나타날 수 있다는 것이다(Alloy et al., 2009).

연구자들은 또한 양극성 장애에 대한 심리사회적 요인의 역할에 대해 좀 더 알아보고 있다(Bender & Alloy, 2011). 예를 들어, 가족 구성원과 친구들의 사회적 지지는 스트레스의 부정적인 효과에 대한 완충 역할을 함으로써 양극성 환자들의 기능 수준을 향상할 수 있다. 게다가 사회적 지지의 효용성은 기분 삽화로부터의 회복 시간을 촉진하고, 반복되는 삽화들의 발생 가능성을 줄이는 역할을 하는 것 같다(Alloy et al., 2005).

기분장애 치료

> **7.9** 기분장애 치료에 사용되는 방법을 알아보고 설명한다.

이론적 접근에 따라 기분장애 발생과 관련되는 요인이 다양하게 지적되는 것처럼, 치료에 대해서도 다양한 접근이 제시되었다. 여기에서 우리는 가장 중요한 동시대적인 접근에 중점을 둔다.

우울증 치료

우울장애는 일반적으로 정신역동치료, 행동치료나 인지치료 혹은 항우울제 약물 또는 전기 충격 치료(ECT)와 같은 생물의학적 치료 형태의 심리치료로 치료한다. 때때로 치료 접근들의 결합이 제일 효과적이다(Cuijpers et al., 2010; 2011b; Maina, Rosso, & Bogetto, 2009).

정신역동치료 전통적인 정신분석은 우울한 사람들이 그들의 삶에서 상실한 중요한 사람 혹은 상실 위협이 있는 사람에 대해 깔려 있는 양가감정을 이해하도록 돕는 것을 목표로 한다. 상실한 대상을 향한 분노 감정을 작업하면서, 사람들은 상처가 곪아 터지고 내부로 향하는 것보다 감정을 언어적 표현을 통해 분노를 외부로 돌릴 수 있게 된다.

전통적인 정신분석은 무의식적 갈등을 드러내고 다루는 데 몇 년의 시간이 걸릴 수 있다. 현대 정신분석적 접근도 무의식적 갈등에 초점을 두지만, 좀 더 직접적이고, 비교적 간결하며, 과거 갈등관계뿐만 아니라 현재 갈등관계에도 중점을 둔다(Rosso et al., 2012). 또한 몇몇 정신역동치료사는 행동적 방법을 사용함으로써 내담자가 좀 더 넓은 사회 연결망을 개발하는 데 필요한 사회적 기술을 습득하도록 돕는다. 최근 연구 결과에 대한 메타 분석 연구는 우울증 치료에서 단기 정신역동치료의 효과성을 지지한다(Driessen et al., 2010).

좋은 연구 아이디어로 주목받고 있는 정신역동치료 모델의 한 형태는 **관계중심 심리치료**(interpersonal psychotherapy, IPT)이다. 비교적 짧은 치료로(대개 9~12개월 이상 지속되는) 우울증에서 대인관계 문제의 역할을 강조하고, 내담자가 그들의 관계 속에서 건강한 변화가 일어나도록 돕는다(Weissman, Markowitz, & Klerman, 2000). IPT는 주요 우울증의 효과적인 치료로 등장했으며, 기분저하증(dysthymia), 신경성 식욕 항진증(bulimia), 외상후 스트레스 장애를 포함하여 다른 심리장애들 또한 치료할 가능성을 보여 준다(Markowitz et al., 2008; Rieger et al., 2010; Schramm et al., 2008; Weissman, 2007). 연구자들은 또한 IPT가 사하라 사막 이남의 아프리카를 포함하여 세계 다른 지역의 우울 환자를 치료하는 데에도 효과적이라고 한다(Bolton et al., 2003).

비록 IPT는 전통적인 정신역동 접근의 몇 가지 특성(주로 어린 시절의 경험과 엄격한 성격적 특질이 심리적 적응에 영향을 준다는 믿음)을 공유하지만, 어린 시절 기원의 무의식적인 내적 갈등보다는 오히려 내담자의 현재 관계에 초점을 맞추는 점에서 전통적인 정신역동치료와 차이가 있다.

관계중심 심리치료. IPT는 대개 개인의 현재 대인관계에서의 문제에 초점을 둔 짧은 정신역동적 치료이다. 전통적인 정신역동적 접근처럼 IPT는 초기 생활 경험이 적응에 있어 중요한 문제임을 가정하지만, 지금-여기, 현재에 중점을 둔다.

IPT는 현재 관계에서의 역할 갈등뿐만 아니라 사랑하는 대상의 죽음 이후에 해결되지 않거나 지연된 애도 반응(grief reactions)을 다루도록 돕는다. 또한 치료사는 내담자들이 현재 관계에서 경험하는 갈등 영역을 확인하고, 근본적인 문제를 이해하고, 그것들을 해결하는 방법을 고려하도록 돕는다. 만약 관계 문제가 회복할 수 없을 정도라면 치료사는 내담자가 그 관계를 끝내고 새로운 관계를 맺는 방법을 고려하도록 돕는다. 부부 갈등과 관련된 우울증이 있는 31세의 Sal D.의 사례를 살펴보자.

우울증 사례에 대한 관계중심 심리치료

살은 5회기에서 그의 부부 문제를 탐색하기 시작했다. 자신의 '무감각해진 감정' 때문에 아내에게 감정을 표현하기가 어렵다고 이야기하면서 눈물이 고였다. 그는 자신의 감정이 '멈춰져 있었다'고 느꼈고, 이것이 아내로부터 그를 멀어지게 만들고 있었다. 다음 회기에서 그는 자신과 아버지 사이의 유사점에 초점을 맞추면서, 특히 자신이 아내와 거리를 두는 방식이 아버지가 자신에게 거리를 유지한 방식과 유사하다는 것을 알게 되었다. 7회기에서 전환점에 도달했다. 살은 그와 아내가 지난주 동안에 어떻게 '감정적'으로 되고 서로에게 더 다가설 수 있었는지, 어떻게 좀 더 개방적으로 자신의 감정을 이야기할 수 있었는지, 그리고 그들이 한동안 근심했던 재정적인 문제에 대해 어떻게 공동의 결정을 내릴 수 있었는지를 이야기했다. 이후 그는 해고당했을 때, 자신의 직업 문제를 아내에게 떠맡기고 시비를 걸기보다는 오히려 아내와 상의하였다. 그가 자신의 감정을 표현했을 때 아내가 '폭력적'일 거라고 예상했던 것과 달리, 긍정적으로 반응하는 것을 발견하고 놀라워했다. 마지막 치료 회기에서(12회기), 살은 치료가 어떻게 마음속에 담아두기만 했던 감정—아내와 관계에서 이루길 원했던 솔직함—이 자기 안의 '일깨워짐'으로 이끌었는지에 대해 이야기했다.

— Klerman et al., 1984, pp. 111-113

행동치료 일반적으로 행동치료사들은 우울한 환자들이 좀 더 효과적인 사회적 또는 대인관계적 기술을 개발하도록 돕고, 즐거운 혹은 보상이 있는 활동에 참여하는 것을 늘리는 데 초점을 둔다. 행동치료 모델에서 가장 널리 사용되는 치료법을 **행동 활성화**(behavioral activation)라고 부르는데, 환자들에게 보상이 있거나 즐거운 활동의 빈도를 증가시키도록 권한다(Chartier & Provencher, 2013; Kanter et al., 2010). 행동 활성화는 우울증을 치료하는 데 상당한 효과가 있을 수 있다(Carlbring et al., 2013; Dimidjian et al., 2011; Houghton, Curran, & Ekers, 2011; Hunnicutt-Ferguson, Hoxha, & Gollan, 2012). 행동적 접근은 종종 인지행동치료(**인지적 행동치료**라고도 불림)라고 불리는 더 넓은 치료 모델의 인지치료와 함께 사용되는데, 이는 아마도 오늘날 우울증에 가장 널리 사용되는 심리치료이다.

인지행동치료 인지행동치료사들은 왜곡된 사고(인지적 왜곡)가 우울증 발생에 중요한 역할을 한다고 믿는다. 우울한 사람은 전형적으로 기분 상태에 깔려 있는 사고보다는 어떻게 느끼고 있는지에 중점을 둔다. 즉, 그들은 대개 우울한 기분을 유발하거나 유지하는 생각보다 그들이 얼마나 기분이 나쁜지에 좀 더 주의를 기울인다. Aaron Beck과 동료들(Beck et al., 1979)은 인지행동치료(cognitive-behavioral therapy, CBT)의 선두 형태인 인지치료(cognitive therapy)를 개발했는데, 이는 사람들이 역기능적인 사고 패턴을 인식하고 교정하도록 돕는 데 중점을 둔다. **표 7.5**는 인지적 왜곡 유형을 대표하는 왜곡되고, 자동적인 사고와 그러한 사고를 대체하는 데 사용될 수 있는 이성적인 대안적 반응의 몇 가지 공통적 예를 보여 준다.

인지치료와 다른 형태의 인지행동치료는 일주일에 1회로 14~16주간 진행되어 상대적으로 짧다. 치료사는

표 7.5
인지 왜곡과 합리적인 반응

자동적 사고	인지 왜곡의 종류	합리적인 반응
나는 외톨이야.	양자택일적 사고	외톨이가 된 것처럼 느낄 수도 있지만 나를 생각해 주는 몇 명의 사람들이 있어.
되는 일이 하나도 없어.	과잉일반화	미래를 내다볼 수 있는 사람은 아무도 없어. 현재에 집중하자.
나는 못생겼어.	극대화	완벽한 외모는 아닐지라도 희망이 없는 것은 아니다.
내 인생은 끝장났어. 나는 감당할 수가 없어.	극소화	때때로 나는 압도당한다고 느끼지만, 예전에도 이와 비슷한 일들을 감당해 왔어. 한 번에 한 걸음씩 내디디면 괜찮아질 거야.
나는 형편없는 사람이야.	낙인찍기와 잘못된 낙인	실패자가 될 운명을 타고난 사람은 아무도 없어. 스스로를 폄하하는 것을 멈춰야 해.
나는 겨우 3.6kg이 빠졌어. 그만 잊어버려야겠어. 나는 성공할 수 없어.	부정적 초점화/극소화/긍정성 격하/억측하기/양자택일적 사고	3.6kg은 좋은 시작이야. 하룻밤에 이렇게 체중이 늘지 않았으니, 빼는 데도 그만큼 시간이 걸릴 거라고 예상해야지.
내가 이렇게 끔찍하게 느끼는 것을 보니 정말로 뭔가가 잘못되고 있는 게 틀림없어.	정서 추론	뭔가를 느끼는 대로 일이 진행되는 것은 아니야. 만약 내가 분명히 알고 있지 않다면, 내 감정 역시 왜곡될 거야.
나는 이 과목에서 낙제할 거야.	점쟁이 오류	부정적인 결론으로 성급하게 단정 짓지 말고, 이 과목에 합격하는 데에만 집중하자.
존의 문제는 정말 나 때문이야.	개인화	나는 다른 사람들의 문제에 대해서 나 자신을 비난하는 것을 멈추어야 해. 존의 문제가 나와 관련 없다는 이유는 많아.
내 나이대의 사람들은 나보다 더 잘하고 있어야 해.	'해야만 한다' 진술	다른 사람과 나를 비교하는 것을 멈추어야 해. 나 스스로에게 기대할 수 있는 모든 것은 최선을 다하는 거야. 다른 사람과 나를 비교하는 것이 무슨 소용 있겠어? 의욕이 생기기보다 스스로를 계속 비난하는 쪽으로 이끌기만 할 뿐이야.
대학에 입학하기엔 내 머리는 나빠.	낙인찍기와 잘못된 낙인	스스로를 "바보 같아"라고 부르는 것을 그만하자. 나는 내가 생각하는 것보다 훨씬 더 많은 것을 성취할 수 있어.
모든 것은 내 잘못이다.	개인화	내가 또 이러고 있네. 스스로를 비난하는 이런 게임은 이제 그만하자. 탓할 곳은 많아. 더 좋은 것은 책임을 전가하는 건 잊어버리고, 이 문제를 해결할 방법을 생각하려고 노력하는 거야.
수가 나를 거절한다면 끔찍할 거야.	극대화	속상할 수 있지만, 내가 그렇게 만들지 않는다면 끔찍해 할 필요가 없어.
사람들이 진짜 내 모습을 안다면, 나를 싫어할 거야.	독심술	그런 생각에 무슨 근거가 있지? 나에 대해 알게 되는 더 많은 사람들은 나를 싫어하기보다 나를 좋아해.
좀 더 나아지는 게 없다면, 나는 미쳐버릴 거야.	억측하기/극대화	나는 무너지지 않은 채 이 문제를 오랫동안 해결해 왔어. 굴하지 않고 꿋꿋이 버텨야해. 겉으로 보이는 것처럼 나쁘지만은 않아.
얼굴에 여드름이 하나 더 생겼다니! 내 주말은 엉망이 될 거야.	정신적 여과	진정해, 여드름 때문에 세상이 끝나진 않아. 주말을 망칠 일도 없을 거야. 다른 사람들도 여드름이 있지만 좋은 시간을 보내잖아.

출처: Beck et al., 1987.

행동과 인지적인 기술을 결합하여 사용함으로써 내담자들의 역기능적인 사고를 확인하고 바꾸어 좀 더 적응적인 행동을 개발하도록 돕는다. 가령, 그들은 내담자가 사고나 일상을 기록하게 하여 하루 동안 그들이 경험한 자동적인 부정적 사고를 관찰함으로써 사고 패턴과 부정적 기분을 연결하도록 돕는다. 내담자는 부정적인 사고가 언제, 어디에서 일어나며 그들이 그때 어떻게 느끼는지에 주목한다. 그 후에 치료사는 내담자가 부정적인 사고에 도전하여 더 적응적인 사고로 대체할 수 있게 돕는다. 다음 사례는 인지치료사가 내담자와 작업하여 **선택적 추상화**(selective abstraction: 성격의 특정한 약점이나 결점에 근거하여 전적으로 자신을 판단하는 경향성)로 불리는 인지적 왜곡을 반영하는 사고의 타당성에 어떻게 도전하는지 보여 준다. 내담자는 다이어트를 하는 동안 사탕 하나를 먹었기 때문에 자신은 자제력이 완전히 부족하다고 판단했다.

우울증의 인지치료

내담자: 저는 전혀 자제가 되지 않아요.

치료사: 무슨 근거로 그렇게 말하나요?

내담자: 누군가 저에게 사탕을 주었는데, 거절하지 못했어요.

치료사: 당신은 매일 사탕을 먹고 있나요?

내담자: 아니요, 이번 한 번만 먹었어요.

치료사: 지난 한 주 동안 식단을 지키기 위해 도움되는 노력을 했나요?

내담자: 음, 전 가게에서 사탕을 볼 때마다 사려는 유혹에 빠지지 않았어요…. 또 사탕을 받았던 그때를 제외하고는 전혀 먹지 않았고, 그건 거절할 수 없었어요.

치료사: 만약 자제했던 횟수와 마지못해 응했던 횟수를 세어 보면, 그 비율이 어떻게 되나요?

내담자: 대략 100대 1.

치료사: 만약 당신이 100번을 자제했고 단지 1번을 자제하지 못했다면, 그것은 당신이 하나부터 열까지 나약하다는 표시가 될 수 있을까요?

내담자: 아닌 것 같아요. 하나부터 열까지는 아니에요. (미소)

Beck et al., 1979, p. 68

Beck의 인지치료를 포함하여 인지행동치료는 주요 우울증을 치료하고 반복되는 삽화의 위험성을 줄이는 인상적인 성과를 만들어 냈다(예: Beck & Dozois, 2011; Hans & Hiller, 2013; Hollon & Ponniah, 2010; Rehm, 2010). 인지행동치료의 이점은 우울증 치료에서 항우울증 약물에, 심지어 경도에서 중증의 우울증 치료에 맞먹는 것처럼 보인다(Beck & Dozois, 2011; Fournier et al., 2009; Siddique et al., 2012). 그러나 어떤 사례에서는 심리치료와 항우울제 약물의 조합이 어느 한쪽만 하는 치료보다 더 효과적일 수 있다(Cuijpers et al., 2009, 2010).

생물의학적 치료

기분장애를 치료하는 가장 흔한 생물의학적 접근은 우울증에서 항우울제 약물과 전기 충격요법이고, 양극성 장애에서 탄산 리튬(lithium carbonate)의 사용이다.

항우울제 약물 최근 미국에서 항우울제 약물의 사용이 급상승했는데, 성인 10명 중 1명 이상이 현재 약물을 복용하고 있을 정도로 많다(Kuehn, 2011; Smith, 2012). 항우울제 사용은 1988년 이래로 약 400% 급증하였다(Hendrick, 2011). 한 통계 자료에 따르면 40~59세 연령대인 미국 여성의 4명 중 거의 1명(23%)이 현재 항우울제를 복용하고 있다고 한다(Mukherjee, 2012). 항우울제 사용이 증가한다는 의미 있는 결과는 1990년대와 비교했을 때, 오늘날 심리치료를 받는 우울증 환자가 더 적다는 것이다(Dubovsky, 2012; Fullerton et al., 2011). 비록 항우울제가 주로 우울증을 치료하는 데 사용되지만, 불안장애(5장 참조)와 신경성 식욕 항진증(9장 참조)을 포함하여 다른 심리장애를 막는 데도 사용된다.

항우울제는 뇌에서 특정 신경전달물질의 유효성을 증가시키지만, 다양한 방식으로 작용한다(그림 7.5 참조). 2장에서 설명한 것처럼, 4개의 주요 항우울제 약물이 있다. (1) 3환계 항우울제(TCAs), (2) MAO 억제제, (3) 선택적 세로토닌 재흡수 억제제(SSRIs), (4) 세로토닌-노르에피네프린 재흡수 억제제(SNRIs).

이미프라민(토프라닐 Tofranil), 아미트리프틸린(엘라빌 Elavil), 데시프라민(노르프라민 Norpramin), 독세핀(시네칸 Sinequan)을 포함하는 3환계 항우울제는 3개의 고리로 이루어진 분자 구조 때문에 그렇게 불린다. 항우울제는 화학적 전달자의 재흡수 과정(전달세포에 의한 재흡수)을 방해함으로써 뇌의 신경전달물질 노르에피네프린과 세로토닌의 수준을 증가시킨다.

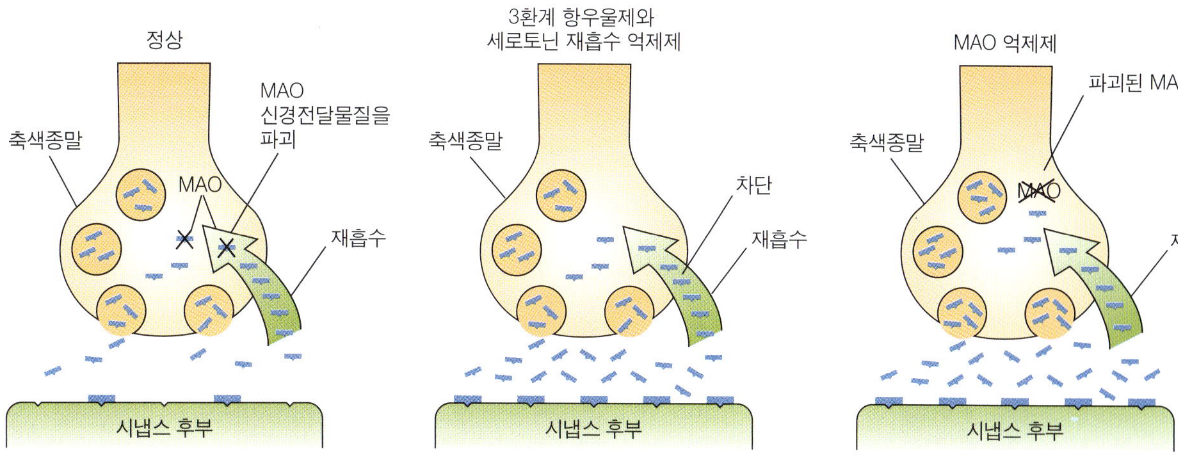

그림 7.5 시냅스에서 다양한 유형의 항우울제 활성화. 3환계 항우울제와 선택적 재흡수 억제제(SSRIs와 NSRIs)는 시냅스전 신경세포에 의한 재흡수를 막음으로써 신경전달물질의 전달 가능성을 증가시킨다. MAO 억제제는 보통 시냅스 틈에 있는 신경전달물질을 파괴하는 효소인 모노아민 산화효소의 활성화를 억제함으로써 작용한다.

페넬진(나르딜 Nardil)과 같은 MAO 억제제는 보통 시냅스에서 신경전달물질을 파괴하거나 분해하는 모노아민 산화효소(MAO)의 활성화를 억제함으로써 신경전달물질의 접근성을 증가시킨다. MAO 억제제는 잠재적으로 특정 음식 및 알코올 음료와의 상호작용이 많기 때문에 다른 항우울제보다 널리 사용되지 않는다.

플루옥세틴(프로작 Prozac)과 세르트랄린(졸로프트 Zoloft)과 같은 선택적 세로토닌 재흡수 억제제(SSRIs)는 신경전달물질의 재흡수를 방해함으로써 3환계 항우울제(TCAs)처럼 유사한 방식으로 작용하지만 세로토닌에 대해서는 좀 더 특정한 효과가 있다. 벤라팍신(이펙사 Effexor)과 같은 세로토닌-노르에피네프린 재흡수 억제제(SNRIs)는 노르에피네프린과 세로토닌 두 가지 모두의 재흡수를 선택적으로 표적화하여, 뇌에서 이 신경전달물질의 수준을 증가시킨다. 이러한 이중 표적화 활성화가 치료반응에서 임상적으로 다른 항우울제보다 의미있는 개선을 일으킬지는 불분명하다(Dubovsky, 2008a; Nemeroff et al., 2008).

연구자들은 항우울제가 어떻게 신경전달물질 수준에 영향을 주는지 이해하고 있지만, 위에서 지적한 바와 같이 항우울제가 어떻게 우울증 완화에 작용하는지를 설명하는 근본적인 기제는 여전히 분명하지 않다. 3환계 항우울제와 MAO 억제제의 잠재적인 부작용은 입이 마르고, 운동 반응의 둔화, 변비, 흐릿한 시야, 성 기능 장애 그리고 드물게는 요폐, 마비성 장폐색증(장의 마비로 내용물이 이동하는 통로가 손상을 받고 있음), 혼란, 섬망, 혈압 하강과 같은 심혈관계 합병증을 포함한다. 또한, 3환계 항우울제는 독성이 높으며, 관리 감독 없이 약물이 사용된다면 과다 복용으로 자살을 유발할 가능성이 있다.

연구들은 항우울제가 주요 우울증과 기분저하증(dysthymia)의 증상 완화를 돕는다고 한다(Imel et al., 2008; Kennedy et al., 2009a,b; Wolf & Hopko, 2008). 그러나 텔레비전에서 선전하는 제약회사 광고의 극적인 효과에도 불구하고, 임상 실험에서 완전한 증상 완화(차도)는 대략 한 차례의 항우울제 처방을 받은 환자 가운데 단 한 명에게서 나타난다(예: Kennedy, Young, & Blier, 2011; Morehouse, MacQueen, & Kennedy, 2011; McClintock et al., 2011). 많은 환자들은 불면증, 슬픔, 주의 집중의 문제와 같은 오래된 증상을 계속해서 경험한다. 게다가 연구자들은 항우울제 전체 효과의 약 2/3는 플라시보 효과로 설명될 수 있다는 것을 발견했다(Rief et al., 2009).

한 가지 항우울제로 증상이 완화되지 못할 때, (아빌리파이: Abilify와 같은) 다른 항우울제로 바꾸거나 다른 항우울제 혹은 정신과 약물을 추가하는 것이 좀 더 호전적인 반응을 일으킬 수 있다(Blier & Blondeau, 2011; Coryell, 2011; Nelson et al., 2010). 최근 연구에서, 한 가지 항우울제에 반응하지 않는 환자들에게 다른 약물로 바꾸면서 인지행동치료를 추가하는 것은 약물만 바꾸는 것보다 훨씬 더 효과적인 것으로 나타났다(Brent et al., 2008).

항우울제의 효과를 평가할 때 우울증의 심각성 역시 고려될 필요가 있다. 6개의 대규모 무작위 통제 연구들

(randomized controlled studies)에 대한 개관은 플라시보(비활성의 '설탕 약')과 비교하여 항우울제의 상대적인 이점이 경증의 우울증을 보이는 사람들보다 중증의 우울한 사람을 치료할 때 더 크다는 것을 보여 주었다(Fournier et al., 2010). 그러나 최근에 다른 연구자들은 항우울제가 경증과 더욱 심각한 우울증을 치료하는 데 모두 효과가 있었다고 보고했다(Gibbons et al., 2012). 항우울제의 이점이 개인의 우울증 수준에 달려 있는지 아닌지를 확인하기 위해 더 많은 연구가 필요하다.

무엇보다 근거들은 다양한 유형의 SSRIs 사이에 혹은 SSRIs와 구식의 3환계 항우울제 사이의 효과성에는 차이가 거의 없음을 보여 준다(Gartlehner et al., 2008; Serrano-Blanco et al., 2006). 그렇긴 하지만 SSRIs는 오래된 약물들을 넘어서는 2개의 중요한 이점이 있는데, 이것이 주로 SSRIs로 대체해 온 이유이다. 첫 번째 이점은 SSRIs가 독성이 약하기 때문에 과다 복용 시 덜 위험하다는 것이다. 두 번째로 심혈관에 미치는 영향과 3환계 항우울제와 MAO 억제제와 관련된 (입이 마르고, 변비, 체중 증가와 같은) 다른 일반적인 부작용이 더 낮다. 하지만 프로작(Prozac)과 다른 SSRIs가 배탈, 두통, 불안, 불면증, 성욕감퇴, 성적 반응성 장애를 유발할 수 있기 때문에 부작용으로부터 자유롭지 않다(예: Nurnberg et al., 2008; Schweitzer, Maguire, & Ng, 2009 참조). 실제로 항우울제는 수면 문제와 같은 우울증 관련된 증상을 악화시킬 수 있다(Morehouse, MacQueen, & Kennedy, 2011). 또 하나, 더 심각한 우려는 항우울제의 사용이 몇몇 아이들, 청소년, 젊은 층에서 자살 사고 증가와 관련 있다는 것이다—중요한 문제이므로 13장에서 좀 더 논의하겠다.

마지막으로 항우울제 약물 사용에 대한 또 하나의 중요한 문제는 약물을 끊었을 때 재발률이 높다는 것이다(Kellner et al., 2006; Mulder et al., 2009). 재발은 약물을 지속적으로 복용한 환자에게서조차 발생할 수 있지만, 재발의 위험성은 증상이 가라앉은 후 몇 달 동안 약물을 계속 복용했을 때 감소될 수 있다(Kim et al., 2011).

인지행동치료는 전형적으로 항우울제 약물보다 재발을 낮출 수 있는데, 아마도 심리치료 환자는 약물만 처방받는 환자들과 달리 이후에 발생할 생활 스트레스 요인과 낙담에 대처할 수 있는 기술을 배우기 때문일 것이다(Beshai et al., 2011; Dobson et al., 2008; Spielmans, Berman, & Usitalo, 2011). 인지행동치료는 첫 복용 후 한참 뒤에도 보호가 지속적으로 제공되어 일종의 심리적인 주입(psychological inoculation)에 비유되어 왔다(Smith, 2009). 약물치료에 심리치료를 추가하는 것은 치료 효과를 높여 줄 뿐만 아니라 정신과 약물을 끊은 후에도 재발의 위험성을 감소시킨다(Friedman et al., 2004; Oestergaard & Møldrup, 2011).

전반적으로 외래진료로 치료한 우울증 환자의 대략 50~70%는 심리치료나 항우울제 약물 둘 중 하나에 유리한 효과가 나타난다(USDHHS, 1999). 심리적 접근에 효과가 나타나지 않는 몇몇의 사람들은 항우울제에 반응하고, 반대로 항우울제에 반응하지 않는 일부 사람들은 심리치료에 잘 반응한다.

전기 충격 치료 흔히 충격 치료(shock therapy)라고 불리는 **전기 충격 치료**(ECT)는 계속해서 논란을 불러일으킨다. 누군가의 뇌로 전류가 흐른다는 생각은 야만적인 것처럼 보인다. 그러나 연구는 ECT를 중증의 우울증에 있어서 대개 안전하고 효과적인 치료라고 지지하고, 주요 우울증 완화에, 심지어 약물치료에 실패한 사례에서조차 도움이 될 수 있음을 보여 준다(Bailine et al., 2010; Faedda et al., 2010; Kellner et al., 2012). 매년 100,000명의 미국인들이 ECT를 받고 있는 것으로 추정된다(Dahl, 2008).

ECT에서 70~130V 사이의 전류가 **대발작 간질성 경련**과 유사한 경련을 유도하기 위해 뇌에 적용된다. ECT는 몇 주에 걸쳐 일주일에 3번 정도로, 6~12번 치료로 관리

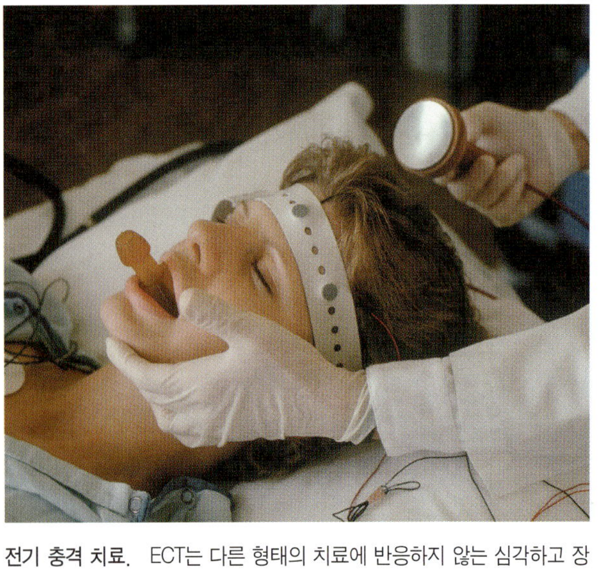

전기 충격 치료. ECT는 다른 형태의 치료에 반응하지 않는 심각하고 장기간 지속된 우울증을 가진 많은 사람들에게 도움이 된다. 하지만 ECT의 사용에는 여전히 논란이 있다.

된다. 환자는 짧은 시간 지속되는 전신 마취약으로 마취되고, 부상으로 이어질 수 있는 격렬한 경련을 피하기 위해 근육 이완제를 처방받지만 결과적으로 경련은 관찰자가 거의 인지할 수 없다. 환자는 시술이 끝난 직후에 깨어나고 대개는 시술에 대해 전혀 기억하지 못한다. ECT가 초기에 조현병과 양극성 장애를 포함하여 매우 다양한 심리장애 치료에서 사용되었지만, 미국 정신의학회(American Psychiatric Association)는 ECT가 항우울제 약물에 반응하지 않는 사람에게만 주요 우울장애를 치료하기 위해 사용되어야 한다고 권한다.

ECT는 항우울제 약물로는 효과가 없는 주요 우울증 환자 대다수에서 두드러진 향상을 가져온다(Hampton, 2012; Medda et al., 2009; Reifler, 2006). 또한, 자살 사고를 줄이는 데 극적인 효과를 나타낼 수 있다(Kellner et al., 2005). ECT가 어떻게 작용하는지 정확하게 아는 사람은 없지만, 한 가지 가능성은 ECT가 뇌에서 신경전달물질의 활동을 정상화하도록 돕는다는 것이다.

ECT가 중증 우울증에 효과적인 단기 치료가 될 수 있으나, 만병통치약은 아니다. 가능한 위험성에 대해 환자, 친척, 전문가들은 당연히 우려할 수 있는데, 특히 치료할 시점에 발생한 사건에 대한 기억상실이다(Meeter et al., 2011). 계속되는 또 다른 문제는 치료 이후의 높은 재발률이다(Sackeim et al., 2001). 많은 전문가들은 ECT를 다른 치료적 접근들의 시도 및 실패 이후에만 고려될 수 있는 마지막 수단으로 본다.

대체로 실질적인 심리치료와 약물치료는 우울장애 치료에 이용될 수 있다(Imel et al., 2008). 심리치료와 약물치료는 일반적으로 효용성(effectiveness) 수준에서 비슷하다(Wolf & Hopko, 2008). 그러나 어떤 경우, 심리치료와 약물치료의 결합은 어느 한쪽 치료만 하는 것보다 더 효과적일 수도 있다. ECT와 같이 좀 더 외과적인 치료는 다른 접근에 효과가 나타나지 않는 중증의 우울증 환자들에게도 이용 가능하다.

양극성 장애의 치료

일반적으로 양극성 장애는 먼저 약물로 치료하며, 기분의 두드러진 변화를 안정화하는 데 목표를 둔다.

리튬과 다른 기분 안정제 고대 그리스인과 로마인은 화학치료의 형태로 리튬을 사용한 최초의 사람들이었다고 말할 수 있다. 그들은 격한 감정 기복이 있는 사람들에게 리튬이 함유된 광천수를 처방했다. 오늘날에는 금속 원소 리튬의 분말 형태인 **탄산 리튬**(lithium carbonate) 약물이 양극성 장애를 치료하는 데 널리 사용된다. **진실 / 거짓**

진실 또는 거짓

고대 그리스인과 로마인들은 격한 감정의 두드러진 변화를 억제하기 위해 오늘날에도 널리 사용되고 있는 화학물질을 사용했다.

진실 고대 그리스인과 로마인들은 감정의 두드러진 변화를 조절하기 위해서 오늘날에도 널리 사용되는 화학물질을 사용했다. 아직도 널리 사용되는 감정 기분을 조절하기 위한 이것은 리튬이라고 불린다.

리튬은 양극성 장애 환자들의 조증을 줄이고, 기분을 안정화시키며, 재발 위험성의 감소를 돕는다(Lichta, 2010; Shafti, 2010). 당뇨병 환자들이 그들의 병을 조절하기 위해 계속해서 인슐린을 사용하는 것처럼, 양극성 장애가 있는 사람들도 그들의 감정 기복을 조절하기 위해 무기한으로 리튬을 사용할지도 모른다. 40년 이상 치료제로 사용되었음에도 불구하고 연구자들은 여전히 리튬이 어떻게 작용하고 있는지 확신을 가지고 말할 수 없다.

이러한 이점에도 불구하고 리튬은 만병통치약이 아니다. 많은 환자가 약물에 효과가 나타나지 않거나 약물을 견디지 못했다(Nierenberg et al., 2013). 리튬 치료는 잠재적인 중독성과 다른 부작용 때문에 면밀히 관찰되어야 한다. 리튬은 또한 가벼운 기억 문제로 이끌 수 있는데, 이는 사람들이 리튬 복용을 멈추는 쪽으로 이끌 수 있다. 부작용은 체중 증가, 무기력, 비틀거림뿐만 아니라 운동기능의 전반적인 감퇴를 포함한다. 장기간 사용은 위장통을 유발하고, 간 기능의 문제를 초래할 수 있다.

비록 리튬이 아직까지 널리 사용되지만, 약물의 한계 때문에 대안치료를 찾는 데 노력해 왔다. 예로, 간질 치료에 사용되는 항경련제 약물이 양극성 장애 환자의 조증을 줄이고 기분을 안정시키도록 도울 수 있다(Smith et al., 2010; van der Loos et al., 2009). 이러한 약물에는 **카바마제핀**(테그레톨 Tegretol), **디발프로엑스**(데파코트 Depakote), **라모트리진**(라믹탈 Lamictal)가 있다.

항경련제 약물들은 리튬에 반응하지 않거나 부작용을 견딜 수 없는 양극성 장애 환자들을 도울 수 있다. 항경련제 약물들은 일반적으로 리튬보다는 더 적거나 덜 심각한 부작용을 일으킨다(Ceron-Litvoc et al., 2009). 대부분의 조증 환자들은 어떤 한 가지 약물에 적절히 반응하지 않기 때문에, 조현병 치료에 사용되는 항정신병 약물

함께 연결 짓기

기분장애

기분장애는 다양한 요인들의 상호작용으로 나타난다. **스트레스 취약성 모델**(diathesis-stress model)에 따르면, 우울증은 생물학적 요인들(예: 유전적 요인, 신경전달물질 이상 또는 뇌 비정상성), 심리적 요인(예: 인지적 왜곡 또는 학습된 무기력), 사회 환경적 스트레스 요인(예: 이혼 또는 실직)의 상호작용을 반영할 수 있다.

그림 7.6은 스트레스 취약성 모델을 근거하여 가능한 원인 경로를 보여 준다. 한번 살펴보자. 오래 지속된 실업 또는 이혼과 같은 스트레스성 생활 사건은 뇌에서 신경전달물질 활동을 감소시켜 우울증을 초래한다. 이러한 생물의학적 효과는 우울증의 유전적 소인 혹은 취약성을 가진 사람들에게 발생할 가능성이 있거나 더욱 두드러지는 경향이 있다. 그러나 우울장애는 스트레스 상황을 대처하는 데 좀 더 효과적인 대처 자원을 가진 사람에게는 발생하지 않거나 가벼운 형태로 발생할 수 있다. 예를 들어, 다른 사람들로부터 정서적 지지를 받는 사람은 혼자 힘으로 해야 하는 사람들보다 스트레스를 좀 더 잘 견딜 것이다. 삶에서 직면하는 시련을 적극적으로 대처하는 사람들도 마찬가지로 스트레스를 좀 더 잘 견딜 것이다.

사회문화적 요인은 기분장애의 발생 또는 재발에 영향을 미치는 방해 요인이 될 수 있다. 이러한 요인은 가난, 과밀, 인종 차별, 성차별, 편견에 대한 노출, 가정이나 지역사회에서의 폭력, 여성에게 불균형적으로 주어진 높은 스트레스성 부담, 가족 붕괴를 포함한다. 기분장애에 기여할 수 있는 다른 방해 요인은 실직, 질병의 발생, 이성관계의 이별, 사랑하는 대상의 상실과 같은 부정적인 생활 사건들을 포함한다.

우울증에 대한 소인은 우울증적인 사고방식을 포함하는 심리적 취약성의 형태를 꼽을 수 있다. 이들의 사고방식은 부정적인 사건의 결과를 과장하고, 스스로 많이 비난하고, 긍정적 변화 결과를 가져오는 것에 대해 자신이 무력하다고 인식하는 경향이 있다. 이 인지적인 소인은 부정적인 생활 사건에 직면했을 때, 우울증의 위험을 증가시킬 수 있다. 이러한 인지적 영향은 스트레스성 생활 사건 이후에 유전적 소인과도 상호작용하여 우울증의 위험을 좀 더 증가시킬 수 있다. 다른 사람들로부터의 사회적 지지의 유용성은 힘든 시기 동안 스트레스에 대한 개인의 저항을 강화하도록 도울 수 있다. 좀 더 효과적인 사회적 기술을 가진 사람은 다른 사람으로부터 사회적 강화를 얻고 유지할 수 있으며, 따라서 사회적 기술이 부족한 사람보다 우울증에 좀 더 저항할 수 있다. 하지만 뇌에서 생물의학적 변화는 사람들이 스트레스성 생활 사건에 효과적으로 대처하고 회복하는 것을 좀 더 어렵게 만든다. 만성적인 생물의학적 변화와 우울한 감정이 무력감을 악화시켜 최초의 스트레스 요인에 대한 영향력을 더 심각하게 만들 수 있다.

대처 방식에서 성 차이 역시 작용한다. Nolen-Hoeksema와 동료들(Nolen-Hoeksema, 2006, 2008; Nolen-Hoeksema, Morrow, & Fredrickson, 1993)에 따르면, 정서적인 문제에 부딪혔을 때 여성들은 반추하기 쉬운 반면, 남성들은 알코올을 남용하기 쉽다. 대처 방식에서 이러한 차이는 여성의 경우 한차례의 우울증을 장기간 더 심각하게 몰고 가는 반면, 남성의 경우 음주 문제의 발생에 전초적 단계가 될 수 있다. 그림 7.6에서 보는 바와 같이, 기분장애의 발생에 여러 요인이 복잡하게 얽혀 있을 가능성이 있다.

을 포함하는 약물의 조합이 환자의 반응을 향상시킬 수 있을 것이다(The BALANCE Investigators, 2010; Suppes et al., 2009, 2010).

그러나 현재 이용 가능한 약물은 단지 보통의 치료적 이득을 만들어 내는 경향이 있기 때문에 조증에 대한 좀 더 효과적인 치료를 개발할 필요성이 남아 있다(Calabrese & Kemp, 2008). 또한 좀 더 많은 연구들이 양극성 장애에서 우울 단계를 치료하는 데 초점을 둘 필요가 있는데, 이 단계는 양극성 순환을 더 지속시키는 단계이며, 종종 현재 사용하는 약물에 저항적인 단계이다(Frye, 2011; Nivoli et al., 2011; Suppes, 2011; Yatham, 2011).

심리치료 양극성 장애를 대상으로 심리치료의 효과에 대한 대규모 연구는 이미 진행 중이다. 초기 연구들은 인지행동치료, 관계중심 심리치료, 가족치료와 같은 심리사회적 치료들이 약물치료와 함께 사용될 때 더 도움이 될 수 있다고 주장한다(Alloy et al., 2005; Frank et al., 2005; Gonzalez-Isasi et al., 2010; Miklowitz et al., 2007). 또한 심리치료는 양극성 장애 환자들에게 약물 프로그램에 참여를 격려하는 데에도 도움이 된다(Rougeta & Aubry, 2007).

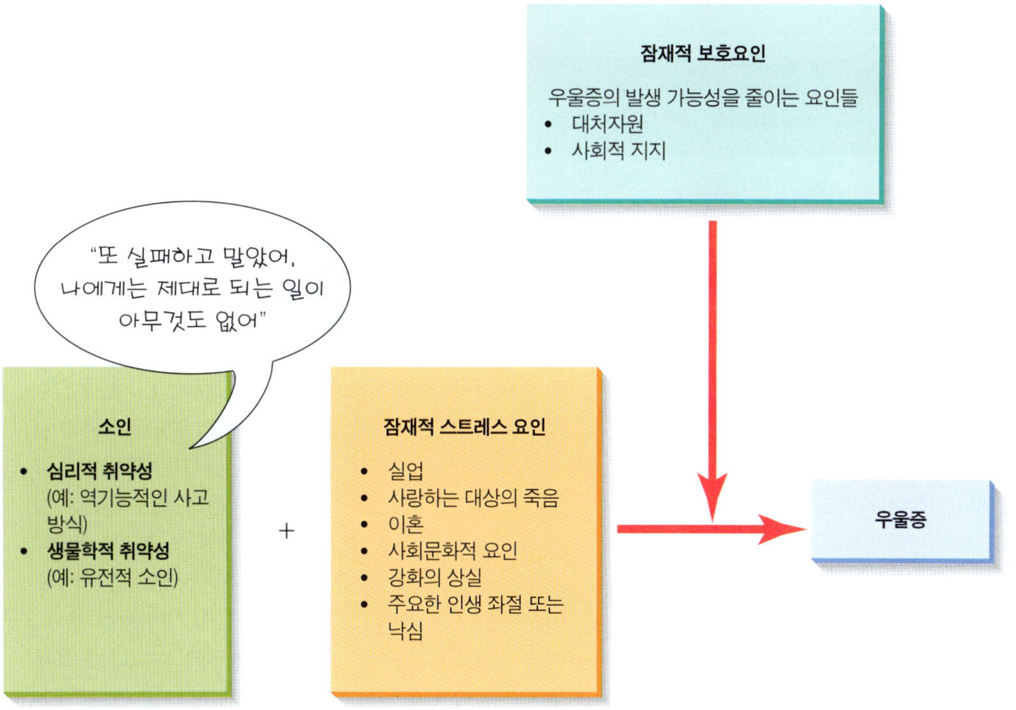

그림 7.6 우울증의 스트레스 취약성 모델

자살

7.10 자살의 위험 요소를 알아본다.

자살 사고는 흔히 있는 일이다. 많은 사람들이 극심한 스트레스를 받을 때 짧은 순간 자살을 생각한다. 전국 대표 조사에 따르면, 미국 성인의 13%가 자살을 생각했으며, 4.6%는 자살 기도를 했다고 보고했다(Kessler, Borges, & Walters, 1999). 자살 생각을 한 대부분의 사람이 그 생각에 따라 행동하지 않은 것은 행운이다. 여전히 미국에서는 매년 500,000명의 사람들이 자살 기도를 하여 병원 응급실에서 치료를 받고, 33,000명 이상이 자살하는 데 '성공'한다(CDC, 2007; Mokdad et al., 2004). 자살로 인한 사망은 HIV/AIDS보다 2배 더 높다(NIMH, 2003). 자살의 절반 이상이 총기 사용과 관련된다(Miller & Hemenway, 2008). 미국 공중위생국(U.S. Surgeon General)에서 보고된 통계에서 볼 수 있듯이 자살은 국가에 심각한 타격을 가한다(표 7.6 참조).

자살 행동 자체는 심리장애가 아니다. 그러나 자살 행동은 근본적인 심리장애의 특징 혹은 증상으로 흔히 기분장애에 해당되므로(Bernal et al., 2007), 우리가 이번 장에서 자살을 논의해야 하는 이유가 된다. 당연히 자살 시도는 주요 우울증이 있는 사람들에게 주요 우울 삽화 사이보다는 삽화 기간 동안에 더 발생하는 경향이 있다(Holma et al., 2010). 자살한 사람 중 약 60%가 기분장애를 앓고 있다고 추정한다(자살 예방을 위한 국가전략, 2011 National Strategy for Suicide Prevention, 2011).

누가 자살을 하는가?

대학생들 사이에서 자동차 사고 다음으로 사망에 이르는 두 번째 원인이 무엇이라고 생각하는가? 약물? 살인? 정답은 자살이다. 매년 18~24세의 대학생들 사이에서 대략 1,000건의 자살과 24,000건의 자살 시도가 이루어진다고 추정한다(Lamberg, 2006; Rawe & Kingsbury, 2006).

노인 자살 비록 청소년과 자살이라는 비극에 관심이 모아지고 물론 그렇게 되어야 하지만, 실제로 자살률은 65세 이상의 성인, 특히 백인 노인 사이에서 가장 높다(CDC, 2009c; Mills et al., 2013; **그림** 7.7 참조)(우리는 13장에서 청소년 자살을 논의할 것이다.)

의료 혜택으로 수명이 연장되는 진전에도 불구하고, 몇몇 노인들은 삶이 만족스럽기보다는 오히려 삶의 질

더 자세히 살펴보기

우울증의 자기장 자극 치료

Mesmer는 매우 자랑스러울 것이다. Franz Friedrich Mesmer(1734~1815)는 18세기 오스트리아 의사이며, **최면술**(mesmerism)이라는 용어는 그의 이름에서 유래되었다(우리는 여전히 가끔씩 어떤 것에 의해 '매혹되는' 사람에 대해 이야기한다). 그는 히스테리가 신체에 있는 자성유체(a magnetic fluid)의 분배에서 근본적인 불균형 때문에 일어나고, 이러한 문제는 금속막대로 신체를 찌름으로써 바로잡을 수 있다고 믿었다. 그 시대의 과학 위원회는 Mesmer의 주장을 뒤집었고, 그가 얻었던 어떤 치유책들이 자연적인 회복 또는 자기기만(오늘날 우리가 암시의 힘이라고 부르는)의 결과라고 보았다. 그 위원회의 회장은 다름 아닌 바로 벤자민 프랭클린(Benjamin Franklin)이었는데, 그는 새로 독립한 미국에서 프랑스 대사로 활동했다. Mesmer의 이론과 실제는 신빙성이 없었으나, 자기력을 치료적으로 사용한 최근 증거들은 그가 어떤 치료를 해 왔을 것이라는 것을 나타낸다.

200년으로 돌아가 보자. 오스트레일리아 의사들은 다양한 종류의 항우울제에 반응하지 않는 60명의 주요 우울증 환자들을 확인했다(Fitzgerald et al., 2003). 이중 맹목 대조 설계(a double-blind controlled design)에서 이 환자들은 머리에 강한 자기장 자극[**경두개 자기장 자극**(transcranial magnetic stimulation, TMS)] 또는 가짜 치료 중에 하나로 처치 받았는데, 가짜 치료는 뇌에 자기장 자극이 가는 것을 막기 위해 전극을 비스듬히 부착한 것을 제외하고는 자기장 활성화 치료와 모두 동일했다. TMS에서 두피에 놓인 강력한 전자석은 강한 자기장을 일으켜, 두개골을 지나 뇌의 전기적 활동에 영향을 미친다.

치료 2주 후, TMS를 받은 환자들은 통제 집단에서 보이는 미세한 변화와는 대조적으로 우울증의 임상적 향상을 보였다. 그러나 그 향상이 적었고 모든 환자에게서 일어나지 않아, 연구자들은 보다 더 긴 치료(최소 4주)가 의미 있는 치료적 이점을 낳는 데 필요하다고 믿는다. 이 연구는 TMS의 항우울 효과를 지지하는 증거들이 늘어나는데 추가되었다(예: Fitzgerald et al., 2012; George et al., 2010; Kennedy et al., 2009b; Peng et al., 2012; Raya et al., 2011). 치료적 효과를 내기 위해 필요한 TMS의 구체적 형태와 강도는 연구 중에 있다. 우리는 또한 TMS가 발작 가능성과 같은 몇몇 잠재적 위험이 수반된다는 것을 알아야 한다. 그러나 발작의 위험은 저주파의 자극을 사용함으로써 줄일 수 있다.

요컨대, TMS는 중등도 우울증의 새로운 치료 형태로서 전망성을 보여 준다. 캐나다에서는 의학적인 사용으로 승인을 받았지만 미국에서는 여전히 실험 단계이다. 또한 약물치료에 반응하지 않는 주요 우울 환자들에게 ECT의 대안으로 전망이 있는 것으로 보인다. TMS가 우울증을 치료하는 데 특별히 도움이 될 수 있다. 왜냐하면, 우울증 환자의 경우 좌반구에서 전전두 피질이 덜 활성화되고, 이 부분이 TMS에 의해 직접적으로 영향을 받을 수 있기 때문이다(Henry, Pascual-Leone, & Cole, 2003). 그러나 TMS의 효과성과 안전성을 지지하기 위해서, ECT와 같은 치료의 대안으로 더 효과적인지를 결정하기 위해서는 더 많은 근거들이 필요하다는 것에 주의해야 한다. 이는 TMS가 심각한 우울증 치료에 좀 더 보편적으로 사용하는 것으로 권고되기 전에 이루어져야 한다(Knapp et al., 2008). TMS는 외상후 스트레스 장애(Cohen et al., 2004)와 노인성 치매(Jorge et al., 2008)의 형태처럼 다른 장애를 치료하는 데에도 치료적인 효과가 있을 수 있다. 진실 / 거짓

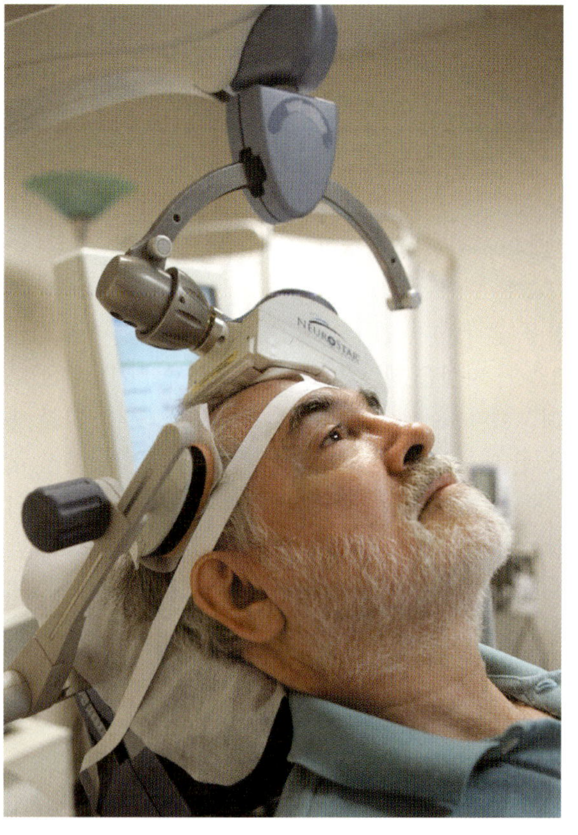

경두개 자기장 자극 치료. TMS는 전망 있는 치료적 접근으로 우울증 완화를 돕는 데 강력한 자기장을 사용한다.

출처: NIH Photo Library. http://infocenter.nimh.nih.gov/il/public_il/searchresults.cfm

진실 또는 거짓

두피에 강력한 전자석을 두는 것은 우울증을 완화하는 데 도움이 될 수 있다.

진실 많은 연구 자료에서 머리에 자기장 자극을 주는 것이 항우울제 효과가 있는 것으로 드러났다.

이 낮아졌음을 발견했다. 노인들은 암과 알츠하이머(퇴행성 뇌 질환)와 같은 질병에 더 걸리기 쉬운데, 이는 그들을 무력하고 절망스러운 상태로 만들어 결국 우울증과 자살 사고를 불러일으킬 수 있다(Starkstein et al., 2005).

또한, 많은 노인들은 친구와 사랑하는 대상의 상실이 늘어가면서 고통이 축적되어 사회적 고립을 초래한다(Stroebe, Stroebe, & Abakoumkin, 2005). 주변 사람들에 대한 상실과 더불어 건강을 잃고 지역사회에서 책임 있는 역할의 상실은 삶에 대한 의지를 약화시킬 수 있다. 노인들의 높은 자살률이 미망인이나 사회적으로 고립된 사람들 중에 있는 것은 놀라운 일이 아니다. 노인들의 자살 증가는 사회적 용인도 일조한다. 원인이 무엇이든지 간에, 노인들에게 자살 위험성이 증가하고 있다. 이제 사회는 노인들에게 제공하는 삶의 질에 관심을 기울여야 하며, 부가적으로 장수를 도울 수 있는 의료 혜택을 제공하는 것에도 주의를 기울여야 한다.

성(性)과 민족/인종 차이 많은 여성이 자살을 기도하지만 자살 성공률은 남성들이 더 높다(Hawton et al., 2013). 여성 1명이 자살할 때, 남성은 약 4명이 자살한다. 많은 남성이 대부분 성공하는 이유는 권총처럼 빠르고 더 치명적인 수단을 선택하는 경향이 있기 때문이다.

표 7.6

자살에 대한 미국 공중위생국의 보고서: 국가 비용

- 17분마다 또 다른 생명이 자살로 사망한다. 매일 거의 100명의 미국인들이 자살하고 1,500명 이상이 자살을 기도한다.
- 현재 미국에서 자살은 사망의 여덟 번째 주요 원인이다.
- 미국에서 살인 피해자가 2명인 것에 비해, 자살로 인한 죽음은 3명이다.
- HIV/AIDS보다 자살로 인한 죽음이 2배 더 많다.
- 1952년에서 1995년 사이에 청소년과 청장년층의 자살 발생률이 거의 3배로 늘었다.
- 노인의 75%가 자살하기 전달에 의사를 방문했다.
- 모든 자살 중 절반 이상이 25~65세의 연령층의 성인 남성에게서 발생한다.
- 자살 기도를 하는 많은 사람은 자살 시도 직후에 전문적인 도움을 절대 찾지 않는다.
- 남성은 자살할 경향성이 여성보다 4배 더 높다.
- 10대들과 청장년층들은 암, 심장병, AIDS, 선천적 결손증, 뇌졸중, 폐렴과 독감, 만성 폐 질환보다 자살로 죽는다.
- 자살은 매년 30,000명 이상의 미국인들의 생명을 빼앗아 간다.

출처: Center of Mental Health Services, 2001.

자살은 아프리카계 미국인, 아시아계 미국인 또는 히스패닉계 미국인들보다 (비히스패닉계) 백인 미국인과 미국 원주민 사이에서 훨씬 흔하다(Garlow, Purselle, &

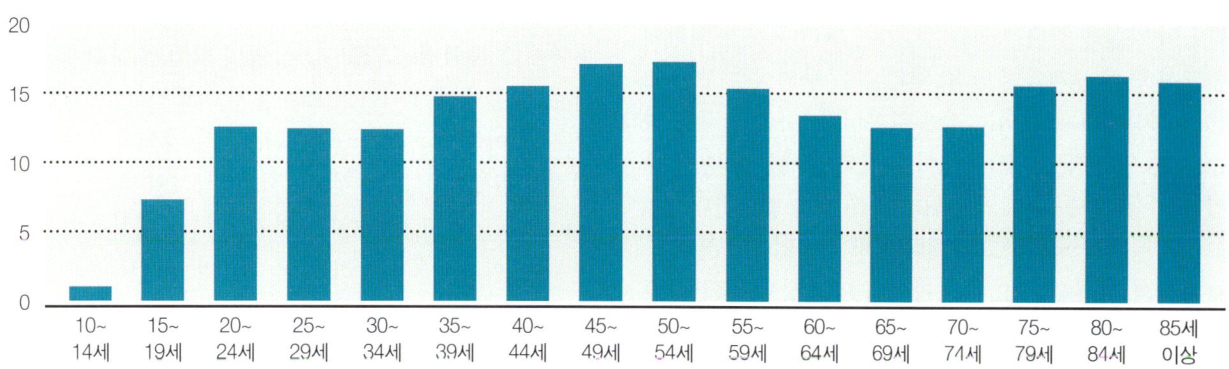

그림 7.7 나이에 따른 자살률. 청소년 자살이 좀 더 널리 알려져 있지만 성인, 특히 노인들의 자살률이 더 높다.

출처: U.S. Department of Health and Human Services, Centers for Disease Control and Prevention, National Center for Injury Prevention and Control, June 11, 2009.

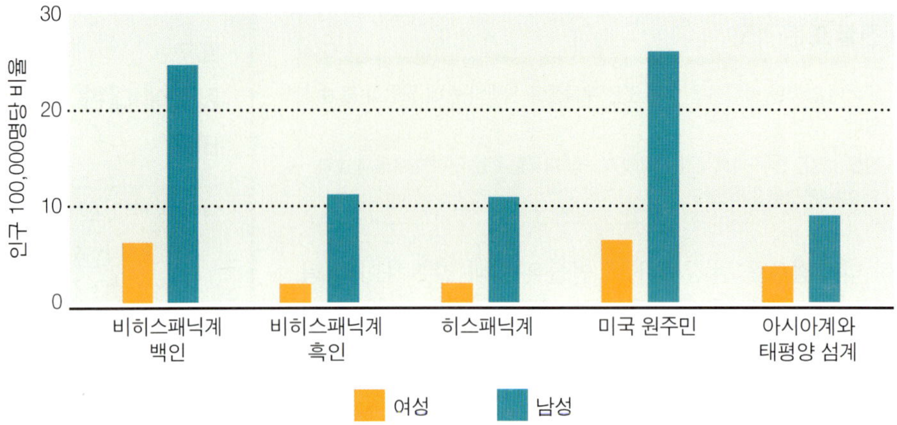

그림 7.8 민족성과 자살률. 자살률은 여성보다 남성이 더 높고, 다른 민족보다 비히스패닉계 미국인과 미국 원주민들이 더 높다.

출처: *National Suicide Statistics at a Glance*, Centers for Disease Control, National Center for Injury Prevention and Control, 2009.

Heninger, 2005; Gone & Trimble, 2012) (**그림 7.8** 참조). 백인 미국인들은 아프리카계 미국인들보다 자살할 확률이 2배 더 많다(Joe et al., 2006).

미국 원주민 청소년들에서 절망감, 자살 시도와 자살한 사람에 대한 노출이 자살 위험성을 증가시키는 것으로 나타났다. 가장 큰 위험에 처해 있는 미국 원주민 청소년들은 주로 미국 사회에서 격리되어 있는 지역사회에서 자라온 경향이 있다. 그들은 자신이 큰 사회에 노동자로 참여하는 데 필요한 기술을 얻을 기회가 상대적으로 적다고 인식하고 있으며, 알코올 남용을 포함한 물질 남용을 하기가 상대적으로 더 쉽다. 그들이 또래가 자살을 시도했거나 자살했다는 것을 알게 됨으로써 자살을 심리적 고통으로부터의 가시적인 탈출로 여기게 만든다.

사람들은 왜 자살을 하는가?

일반적으로 사람들은 자살이 너무 극단적인 행동이라서 (현실과 동떨어져 있는 사람을 의미하는) '정신이상인' 사람들이 자살을 한다고 믿는 것 같다. 그러나 자살 생각이 반드시 현실 세계와의 단절, 뿌리 깊은 무의식적 갈등 또는 성격장애와 관련되는 것만은 아니다. 자살 생각을 하는 것은 일반적으로 사람들이 자신의 문제를 해결할 수 있다고 생각하는 선택의 범위가 좁은 것을 반영한다. 즉, 그들은 문제에 낙담하고 빠져나갈 방법이 없다고 본다.

자살의 위험은 주요 우울장애와 양극성 장애와 같은 중증의 기분장애가 있는 사람들에게서 훨씬 높다(Gonda et al., 2012; Hawton et al., 2013). 좀 더 심각하고 만성적인 기분장애를 앓고 있는 사람들과 주요 우울 삽화를 반복하는 사람들은 훨씬 더 위험하다(Witte et al., 2009). 하지만 우리는 자살이 중증의 기분장애가 있는 사람들에게 제한된다고 생각해서는 안 된다. 자살과 자살 시도는 알코올 중독, 약물 의존, 불안장애, 신경성 식욕부진증, 조현병, 공황장애, 성격장애, 외상후 스트레스 장애, 경계성 성격장애를 포함한 많은 다른 심리장애와 관련된다(예: Bolton et al., 2008; Ceskova, Prikryl, & Kasparek, 2011; Restifo, Harkvay-Friedman, & Shrout, 2009; Wilcox, Storr, & Breslau, 2009).

과거 자살 시도는 이후 자살 시도의 중요한 예측변인이다(Bolton et al., 2010; Hawton et al., 2013). 안타깝게도 첫 번째 시도에서 실패한 사람들은 종종 이후의 시도에서 성공한다. 자살 시도에 대해 양가적으로 표현하는 사람들보다 자살 시도에서 생존했으나 다른 사람에게 그때 죽었어야 했다고 표현하는 사람들은 계속 시도해서 결국 자살할 가능성이 더 높다(Henriques et al., 2005). 일반 청소년 인구와 비교했을 때, 자살 시도 전력이 있는 청소년들은 이후 자살할 위험성이 여성은 14배, 남성은 22배로 더 높다(Olfson et al., 2005).

모든 자살이 심리장애와 관련 있는 것은 아니다. 만성 통증이나 불치병을 앓고 있는 몇몇 사람은 자살을 통해 더 큰 고통에서 벗어나려고 애쓸지도 모른다. 이러한 자살은 더 이상 계속되는 고통 속에서 살 가치가 없다는 이성적인 결정에 근거한 것이라서 "이성적인 자살(rational suicides)"이라고 명명한다. 하지만 이들 대부분이 우울증 같은 심리장애가 깔려 있어 그들의 생각과 추론 능력에 영향을 주었을 가능성이 있다. 다른 자살자들은 뿌리 깊은 종교적 또는 정치적 신념에 의해서 동기화되기도 하는데, 정부에 항의하는 행동으로 자신을 희생시키거나 자신의 행동이 내세에서 보상될 것이라 믿고 자살 폭탄 테러로 자신과 다른 사람을 죽이는 경우도 있다.

자살 시도는 종종 큰 스트레스 생활 사건, 특히 배우자, 가까운 친구 또는 친척의 죽음, 이혼 또는 헤어짐, 가족 구성원의 가출, 가까운 친구의 상실과 같은 비상 상황에서 발생한다. 또한 실업은 높은 자살 위험성과 관련 있다(Barr et al., 2012). 즉 스트레스를 받을 때 자살을 생각하는 사람들은 문제 해결 능력이 부족하고, 스트레스 요인에 대처할 대안적인 방법을 찾을 수 없는 것일 수도 있다.

자살의 이론적인 관점

7.11 자살의 주요 이론적 관점을 알아본다.

고전적 정신역동 모델은 우울증을 상실한 사랑하는 대상의 내적표상(internal representation)을 향한 분노가 내부로 향한 것으로 본다. 그렇다면 자살은 내부를 향한 분노가 잔인하게 바뀌었음을 나타낸다. 그러니까, 자살 충동을 느끼는 사람은 스스로를 파괴하는 것을 추구하는 것이 아니다. 대신, 그들은 사랑하는 대상에 대해 내재화된 표상을 향해 분노하려고 한다. 그렇게 하면서 물론 자신도 죽는다. 이후 Freud는 저서에서 자살은 태어나기 전에 긴장이 없는 상태로 돌아가고자 하는 경향성, '죽음의 본능'이 원인이 될 것이라고 추정했다. 실존주의 이론과 인간중심 이론은 자살을 삶이 무의미하고 공허하고 본질적으로 절망적인 상태가 된다는 자각과 관련된다고 한다.

19세기에 사회 사상가인 Emile Durkheim(1897/1958)는 **아노미**(anomie)—정체감 없이 방황하고 불안정한—를 경험한 사람들은 자살할 가능성이 많다는 것에 주목했다. 사회문화 이론가들도 비슷하게 소외감이 자살에서 어떤 역할을 할 수 있다고 믿는다. 모바일 사회인 현대에서 사람들은 흔히 학교와 직장으로 수백 또는 수천 마일을 이동한다. 많은 사람들은 사회적으로 고립되거나 지지 집단으로부터 고립된다. 게다가 도시 거주자들은 과밀, 과잉 자극, 범죄에 대한 두려움 때문에 비공식적 사회적 접촉을 제한하거나 막는 경향이 있다. 많은 사람이 위기를 겪을 때 지지 자원이 거의 없는 것은 당연하다. 어떤 경우에는 가족의 지지는 구할 수 있지만 도움이 되지 않는다. 가족 구성원들이 해결책의 일부가 아닌 문제의 한 부분으로 지각될 수도 있다.

학습 이론은 주로 중요한 생활 스트레스를 다루는 문제 해결 능력의 부족에 초점을 둔다. Shneidman(1985)에 따르면, 자살을 기도하는 사람들은 견딜 수 없는 심리적 고통에서 벗어나기를 원하면서 빠져나갈 방법이 없다고 여길 수 있다. 또한 자살하겠다고 위협하거나 자살을 기도하는 사람들은 사랑하는 대상과 다른 사람으로부터 동정과 지지를 받는데, 아마도 미래에—더 치명적인—시도할 가능성이 있다. 이것은 자살 기도나 자살 소동을 무시해야 한다고 제안하는 것은 아니다. 자살하겠다고 위협하는 사람은 단지 관심을 끌고자 하는 것은 아니다. 비록 자살하겠다고 위협하는 사람들이 행동으로 실행하지 않더라도, 그들을 심각하게 받아들여야 한다. 자살하는 사람은 흔히 자살 의도를 말하거나 단서를 제공한다. 게다가 많은 사람은 그들이 실제 자살 기도로 가기 전에 자살 시도를 중단한다.

사회인지 이론가들은 자살이 개인의 기대, 예를 들어 다른 사람이 그 사람을 그리워하거나 생존자가 그 사람을 학대한 것에 대해 죄책감을 느끼거나 또는 자살이 자신의 문제나 다른 사람의 문제까지도 해결해 줄 것이다(예:"그는 더 이상 나를 걱정하지 않아도 될 것이다.")라는 믿음 때문에 일어날 수 있다고 제안한다.

또한, 사회인지 이론가들은 다른 사람의 자살 행동을 관찰하는 잠재적 모델링 효과에 주목했는데, 특히, 학업과 사회적 스트레스 요인들로 스트레스를 받는 10대들에게 주목했다. **사회적 전염**(social contagion), 즉 지역사회에서 자살이 확산되는 것은 광범위한 언론의 관심을 받은 자살을 따라서 일어날 수 있다. 특히 이러한 모델링 효과에 취약한 10대들은 심지어 자살 행동을 영웅적인 용기의 하나로 근사하게 만들지 모른다. 10대들 사이의 자살률은 때때로 자살에 관한 보도가 뉴스에 나간 이후의 기간에 현저히 증가한다. 모방 자살은 자살에 대한 보도가 과장될 때 더 발생할 가능성이 있다. 10대들은 그들의 죽음이 가족과 지역사회에 의미 있는 영향력을 미칠 것으로 기대할지도 모른다.

생물학적 요인들 역시 자살과 관련되는데, 유전적 요인과 기분조절 화학물질인 세로토닌을 포함한 신경전달물질의 불균형을 포함한다(Crowell et al., 2008; Kohli et al., 2010; Uher & Perround, 2010). 세로토닌이 우울증과 관련되기 때문에 자살과의 관련성이 있는 것은 놀라운 일이 아니다. 세로토닌이 신경계 활동을 제한하거나 억제하여, 아마도 세로토닌 활동이 감소된 취약한 사람들은 자살 행동을 일으키는 충동적인 **탈억제**(disinhibition) 행동을 일으킬 수 있다. 또한 뇌에서 세로토닌 조절에 영향을 미치는 유전자가 자살과 관련된다(Crowell et al.,

빈센트 반 고흐. 유명한 예술가 고흐는 중증의 우울증을 한 차례 앓았고, 결국 37세의 나이에 스스로 총을 쏘아 자살했다. 이 자화상에서 반 고흐는 그가 견뎌 왔던 깊은 절망감을 관람자가 느끼도록 우울한 자세를 취하고 있다.

2008; Must et al., 2009).

그리고 가족 구성원의 기분장애와 부모님의 자살도 자살 위험성과 관련된다. 그러나 그 인과관계가 무엇인가? 자살을 기도하는 사람들은 자살과 관련 있는 기분장애의 취약성을 물려받았나? 아니면 가족 분위기가 절망감을 높인건가? 한 가족 구성원의 자살이 다른 구성원들의 생각(자살)에도 영향을 미치는가? 한 구성원의 자살이 다른 구성원들이 자살할 운명이라는 인상을 주는가? 이 모든 것은 연구자들이 다루어야 할 중요한 질문들이다.

자살은 자주 견딜 수 없는 정서적 고통에서 달아나고자 하는 욕구가 원인이 된다. 여기 유명한 여배우 패티 듀크가 있다. 그녀는 어린 시절 영화 《미라클 워커(The Miracle Worker)》에서 헬렌 켈러의 역할로 호평을 받았고, 인생의 대부분을 양극성 장애와 싸웠다. 그녀는 고통에서 벗어나고자 한 욕구가 어떻게 수많은 자살 시도로 이끌었는지 이야기하고 있다.

'나' '제발 멈추도록 해주세요.'

나는 얼마나 많은 자살 시도를 했는지 기억조차 할 수 없다. 실제로 알약을 먹거나 먹은 약이 소화되기도 했다. 거의 대부분 약을 먹었지만 가끔 보여 주기 위해 면도칼을 사용하려고 했다가 항상 겁이 나서 그만두었다. 몇 번은 주행 중인 자동차에서 뛰쳐나가려고도 했다. 그러나 나는 스스로에게 신체적인 고통을 가할 용기가 없었던 것 같다. 몇몇의 자살 시도는 주목을 끄는 방법으로 했는데, 다른 방법들은 고통이 너무 커서 멈추고 싶었다. 나의 상태를 좀 더 다채롭고 심오한 방법으로 설명하고 싶었지만, 나에게 떠오른 유일한 생각은 '제발 멈추도록 해주세요. 차라리 죽을 수 있는 용기를 가져서 이 괴로움을 멈추도록 해주세요.'였다.

— Duke, P., & Hochman, G. (1992). A brilliant madness. New York: Bantam Dell.

자살은 복잡한 요인들의 연결되어 있어서, 이를 예측하는 것은 단순하지 않다. 게다가 자살에 대해 미신도 많지 않은가?(표 7.7 참조) 그럼에도 자살 충동을 느끼는 사람들이 우울증, 양극성 장애, 조현병, 알코올과 물질 남용을 포함한 근본적인 장애에 대한 치료를 받는다면, 분명히 많은 자살들을 막을 수 있다. 나아가 우리에게는 심각한 스트레스를 경험하는 동안 희망 유지를 강조하는 전략들이 필요하다.

자살을 예측하는 것

"도저히 못 믿겠어요. 바로 지난주에 그를 봤고, 괜찮아 보였어요."

"그녀는 엊그제까지만 해도 우리와 여기 같이 앉아 웃고 있었어요. 그녀가 어떤 상태였는지 우리가 어떻게 알았겠어요."

"그가 우울하다는 건 알고 있었지만, 이렇게 하리라곤 전혀 생각하지 못했어요. 나는 몰랐어요."

"그녀는 왜 나를 부르지 않았을까요"

친구와 가족 구성원들은 흔히 자살 소식에 대해 믿지 못하거나 임박한 행동의 징후를 알아채지 못한 것에 대해 죄책감을 갖는다. 훈련된 전문가조차도 자살 가능성이 있는 사람을 예측하는 것은 쉽지 않다.

연구 결과에 따르면 자살 생각과 자살 시도를 예측함에 있어 미래에 대한 절망감이 중요한 역할을 한다고 지적한다(Kaslow et al., 2002; Hawton et al., 2013). 그러나

표 7.7
자살에 대한 미신

미신	사실
자살하겠다고 위협하는 사람들은 관심만을 추구한다.	그렇지 않다. 연구자들은 자살하는 대부분의 사람이 이전에 그들의 의도에 대한 암시를 주었거나 미리 의료진과 상담을 했었다고 보고한다(Luoma, Martin, & Pearson, 2002). 진실 / 거짓
자살을 시도하는 사람은 틀림없이 미쳤을 것이다.	자살을 기도하는 대부분의 사람은 절망감을 느낄 수 있지만 그들이 미친 것(즉, 현실과 동떨어진)은 아니다.
우울한 사람이 자살에 대해 이야기하는 것은 그 사람의 자살 시도를 촉발할 수 있다.	우울한 사람이 자살에 대해 솔직한 논의를 하는 것은 그 사람이 자살 시도를 하도록 만들지 않는다. 사실, 정신건강사에게 전화를 하거나 방문하기 전에 자살을 시도하지 않을 것이라는 약속을 받아 내는 것이 자살을 좀 더 예방(prevent)할 수 있다.
자살을 시도하고 실패한 사람들은 자살하는 것에 대해 심각하지 않다.	자살하는 대부분의 사람은 이전에 실패한 시도들이 있었다.
누군가가 자살을 하겠다고 위협한다면 무시하여 반복되는 위협을 독려하지 않도록 하는 것이 최선이다.	비록 몇몇 사람들이 말뿐인 위협을 통해 다른 사람을 조종할지라도, 모든 자살 위협을 실제로 다루고, 적절한 조취를 취하는 것이 현명하다.

출처: Nevid, J. S. (2013). *Psychology: Concepts and applications*(4th ed.). Belmont, CA: Cengage Learning. 허락하에 인용함.

진실 또는 거짓

자살하겠다고 위협하는 사람들은 기본적으로 관심을 추구하는 사람들이다.

거짓 자살하겠다고 위협하는 사람들이 행동으로 실행하지 않더라도, 그들의 위협을 심각하게 받아들여야 한다. 자살을 시도할 계획인 사람들은 흔히 단서를 남기거나 다른 사람들에게 그들의 의도를 말한다.

절망감이 언제 자살로 이어지는가?

자살하는 사람들은 그들의 의도를 암시하는 경향이 있는데, 흔히 주변 사람들에게 자살 생각을 이야기하는 것과 같이 매우 솔직하게 이야기한다. 그러나 몇몇은 그들의 의도를 숨긴다. 행동적인 단서가 자살 의도를 드러낼지도 모른다. 자살에 대해 저명한 연구자인 Edwin Shneidman은 자살한 사람들 중 90%가 그들의 소지품을 없애는 것과 같이 분명한 단서를 남겼음을 알아냈다(Gelman, 1994). 또한, 자살을 고려하는 사람들은 유언장의 초안을 작성하거나 묘지를 사는 것과 같이 그들의 일을 갑자기 정리하려고 시도할지도 모른다. 그들은 이전에 화기에 대한 관심이 부족했음에도 불구하고 총을 구매할 수도 있다. 곤경에 처한 사람들이 자살하기로 결정했을 때 갑자기 평화로운 것처럼 보일 수 있는데, 더 이상 삶의 문제들과 씨름할 필요가 없기 때문에 안심한 것일 수 있다. 이 갑작스러운 평온은 희망의 신호로 잘못 해석될지도 모른다. 자살 위험을 증가시키는 다른 요인

자살 핫라인(Suicide hotlines). 전화 핫라인은 자살 생각이나 충동이 있는 사람들에게 긴급 지원과 의뢰 서비스(referral services)를 제공한다. 만약 자살 생각을 하고 있거나 자살하겠다고 위협하는 사람을 안다면, 정신건강 전문가에게 이야기하거나 지역사회에 있는 자살 핫라인에 전화하여 조언을 얻어라.

더 자세히 살펴보기

자살 예방

친한 대학 친구인 크리스와 친밀한 대화를 한다고 상상해 보자. 당신은 크리스에게 안 좋은 일이 있음을 알고 있다. 크리스는 할아버지와 매우 가까웠는데 할아버지가 6주 전에 돌아가셨다. 크리스의 성적은 떨어지기 시작했고, 이성관계 역시 악화되는 듯했다. 크리스가 조용히"더 이상 견딜 수 없어. 삶이 너무 고통스러워서 더 이상 살고 싶지 않아. 내가 할 수 있는 유일한 것은 자살 밖에 없어."라고 말하는데, 당신은 준비가 되어 있지 않았다.

누군가가 자살을 생각하고 있다고 밝힐 때, 커다란 짐이 어깨에 놓인 것처럼 당황하고 겁먹을지도 모른다. 누군가가 당신에게 자살 생각에 대해 털어놓는다면, 당신은 그 또는 그녀가 전문가를 만나도록 설득하거나 아니면 되도록 빨리 전문가에게 조언을 얻어야 한다. 하지만 자살하는 사람이 다른 사람에게 말하는 것을 거부하고, 당신이 그러한 협의에서 독립 할 수 없다고 느낀다면, 바로 그 자리에서 당신이 할 수 있는 몇 가지가 여기에 있다.

1. **그 사람이 말하도록 하라.** Shneidman은 "무슨 일이니?""어디서 상처를 받았니?""네게 무엇이 일어날 것 같니?"와 같은 질문을 준비하도록 권한다(Schneidman 1985, p. 11). 그러한 질문은 사람이 좌절된 심리적 욕구를 말로 표현하도록 유도할 수 있고, 안도감을 제공할 수 있다. 또한 당신이 위험성을 평가하고, 나음 행동에 대해 생각할 시간을 준다.
2. **공감하라**(Be sympathetic). 그 사람이 얼마나 걱정하는지 당신이 헤아리고 있음을 보여 줘라. "바보 같아. 정말로 하는 말은 아니겠지."와 같은 말은 하지 마라.
3. **그 당시에는 분명하지 않더라도 문제를 해결하기 위해 자살 이외의 다른 방법들을 찾을 수 있다고 제안하라.** Shneidman(1985)은 자살하는 사람들은 대개 곤경에 대해 두 가지 해결책—자살 또는 마법 같은 해결책—만 볼 수 있다고 말한다. 전문가들은 그들이 이용 가능한 다른 대안을 찾도록 돕기 위해 노력한다.
4. **자살을 어떻게 할 것인지를 물어봐라.** 분명한 수단(예: 총 또는 약물)을 가지고 있는 사람은 굉장히 위험하다. 총, 약물 또는 무엇이든지 간에 잠시 동안 당신이 그것을 가지고 있을 수 있는지 물어보라. 때때로 그 사람은 동의한다.
5. **지금 당장 당신과 함께 전문가에게 상담하러 갈 것을 제안하라.** 많은 학교 캠퍼스, 마을, 도시들은 당신 혹은 자살하는 사람이 익명으로 전화할 수 있는 핫라인(hotlines)이 있다. 다른 가능성으로는 종합병원 응급실, 캠퍼스 건강센터나 상담센터, 아니면 캠퍼스 경비원이나 지역 경찰이 있다. 만약 당신이 자살하는 사람과 연락을 유지할 수 없다면, 당신이 떨어져 있자마자 바로 전문적인 도움을 받아라.
6. **"너 제정신이 아닌 것 같아"와 같은 말을 하지 마라.** 그러한 언급은 개인의 자존감에 모멸적이고 해롭다. 부모님이나 배우자와 같이 특정한 사람들에게 연락하라고 압박하지 마라. 이 사람들과의 갈등이 자살 생각을 생기게 했을지도 모른다.

무엇보다도 당신의 주요 목적은 도움을 주는 전문가와 협의하는 것임을 명심하라. 당신이 해야 하는 것 이상으로 혼자 힘으로 하지 마라.

들은 물질 남용, 재정적인 문제, 최근 위기, 의학적인 문제 그리고 관계 문제를 포함한다(logan, Hall, & Karch, 2011).

자살 예측은 경험이 많은 전문가에게도 정확히 맞아떨어지는 과학이 아니다. 절망감과 같은 관찰 가능한 많은 요인이 자살과 관련된 것 같지만, 절망적인 사람이 자살을 시도한다고 하더라도 언제 할 것인지 정확히 예측할 수 없다.

7.12 당신이 알고 있는 누군가가 자살 생각을 하고 있다면 자살 요인에 대한 지식을 적용하여 개입할 수 있다.

7 요약

기분장애 유형

7.1 기분장애의 용어를 정의하고, 주요 우울장애의 주요 특징을 설명한다.

기분장애는 드물게 장기적이거나 중증이고, 대개 일상 기능을 손상할 정도로 심각한 기분의 동요(disturbances in mood)이다. 기분장애는 두 가지 주요한 유형으로 분류된다. (1) 단극성 장애(주요 우울장애, 지속성 우울장애, 월경 전 불쾌 장애, 아래로 향하는 기분 동요로 특징짓는 모든 것), (2) 양극성 장애(양극성 장애와 순환성 장애)는 기분 변화(mood swings)로 특징짓는다.

주요 우울증에서는 개인의 기능하는 능력을 손상하는 기분의 엄청난 변화가 있다. 주요 우울장애의 관련된 특징에는 풀이 죽은 기분, 식욕의 변화, 잠드는 것의 어려움, 이전에 즐거웠던 활동들에 대한 감소된 즐거움, 피로감이나 활력 상실, 무가치감, 과도하고 부적절한 죄책감, 집중하고 분명하게 생각하거나 결정하는 것의 어려움, 죽음이나 자살에 대한 반복된 생각, 자살 기도, 심지어 정신병적인 행동(환각과 망상)이 있다.

7.2 여성들에게서의 우울 비율의 증가를 설명할 수 있는 요인에 대해서 평가한다.

주요 우울증을 앓는 여성은 남성의 거의 2배 정도이다. 그 이유는 복잡하지만 많은 요인이 있을 수 있다. 많은 여성의 어깨에 지어진 큰 스트레스, 호르몬 영향, 대처 유형에서의 성차(반추 대 주의 전환), 자존감에 있어 대인관계의 영향력은 여성이 더 크며, 남성은 우울증의 낮은 보고가 있다.

7.3 지속성 우울장애와 월경 전 불쾌감장애의 핵심 특징에 대해 설명한다.

지속성 우울장애는 주요 우울장애 또는 약한 우울증의 만성적인 형태를 포함한다. 우울증의 이러한 유형은 심각성에서 다양하지만 둘 다 사회적이고 직업적인 역할의 손상된 기능과 관련된다. 월경 전 불쾌감장애는 여성의 월경 전의 기간 동안 기분의 현저한 변화로 특징짓는다.

7.4 양극성 장애와 순환성 장애의 핵심 특징에 대해 설명한다.

양극성 장애에서 사람들은 기능하는 능력을 방해하는 변동하는 기분 상태를 경험한다. 제I형 양극성 장애는 하나 또는 그 이상의 조증 삽화와 전형적으로 주요 우울증의 삽화가 번갈아 나오는 것으로 확인된다. 조증 삽화는 갑작스런 증가 또는 기분의 팽창, 자만심, 거의 무한한 에너지의 느낌, 활동항진(hyperactivity), 지나친 사교성으로 특징짓는데, 종종 요구가 많고 남을 지배하려는 형태를 취할 수 있다. 조증 삽화에 있는 사람들은 압박받거나 빠른 말, 빠른 '사고 비약' 그리고 감소된 수면 요구가 나타나는 경향이 있다. 제II형 양극성 장애는 완전한 조증 삽화 없이 적어도 하나의 주요 우울 삽화와 하나의 조증 삽화의 발생으로 특징짓는다. 순환성 장애는 때때로 양극성 장애로 진행되는 가벼운 기분의 두드러진 변화의 만성적인 패턴으로 특징지어진다.

우울장애의 유발 요인

7.5 우울에서 스트레스의 역할 기능에 대해 평가한다.

생활 스트레스의 노출은 증가된 기분장애, 특히 주요 우울증의 유발 또는 재발과 관련된다. 그러나 몇몇 사람들은 사회적 지지와 같은 심리적 요인 때문에 스트레스에 직면했을 때 좀 더 회복력이 있다.

7.6 우울의 주요 심리학적 모델을 설명한다.

고전적 정신역동 이론에서 우울증은 내부로 향한 분노로 본다. 그들이 상실한 사람들을 향한 강한 양가감정이 있는 사람 혹은 누군가의 상실이 위협받는 사람들은 자신 안에 통합되지 않거나 내사화된 사람들의 내부 표상을 향해 해결되지 않은 분노가 향할 수도 있는데, 이는 자기혐오(self-loathing)와 우울증을 유발한다. 양극성 장애는 자아와 초자아 사이에서 균형을 바꾸는 것으로 정신역동적 이론 내에서 이해된다. 자기-초점 모델(self-focusing model)과 같은 좀 더 최근 정신역동적 모델은 사랑하는 대상의 상실에 대한 자기 몰두(self-absorption)로 우울증을 설명하는 정신역동과 인지적인 측면 둘 다를 통합한다.

인간중심 이론가들은 우울증을 개인의 삶에서 의미와 진실성(authenticity)의 부족을 나타낸 것으로 본다. 학습 이론가들은 강화 수준의 변화와 같은 상황적인 요인에 초점을 둠으로써 우울증을 설명한다. 강화가 감소되었을 때 그 사람은 동기가 없고 우울한데, 그것은 무기력을 야기하고 더 나아가 강화의 기회를 감소시킬 수 있다. Coyne의 상호작용 이론은 우울한 사람들의 가족 구성원이 그들을 덜 강화하게 하도록 이끌 수 있는 부정적인 가족 상호작용에 중점을 둔다.

Beck의 인지 이론은 우울증에서 부정적이거나 왜곡된 사고의 역할에 초점을 둔다. 우울한 경향(depression-prone)이 있는 사람들은 자신, 환경, 미래에 대한 부정적인 신념을 가지고 있다. 우울증의 인지 3요소(cognitive triad)는 부정적인 사건들에 반응하여 사고에서 특정 오류, 즉 인지적 왜곡(cognitive distortions)을 유발하며, 이는 차례로 우울증을 초래한다.

학습된 무기력 모델은 사람들이 그들의 환경에서 강화를 통제(control)하거나 자신의 삶이 더 나은 방향으로 변하기에는 무력한 것으로 스스로를 바라볼 때 우울해진다는 믿음에 기초한다. 그 이론의 개정된 버전은 사람들이 부정적인 사건에 직면하여 그 사건을 설명하는 방식—귀인(attributions)—은 우울증으로 진행되기 쉬운 경향성을 결정한다고 주장한다. 부정적인 사건에 대한 내적(internal), 전체적(global), 안정적(stable)인 귀인의 조합이 우울증에 가장 취약한 사람을 만든다.

7.7 우울증의 생물학적 요소를 설명한다.

유전학은 뇌에서 신경전달물질 활동의 불균형으로 주요 우울장애를 설명하는 역할을 하는 것으로 보인다. 스트레스 취약성 모델은 생물학적 또는 심리학적 소인이 어떻게 주요 우울증과 같은 기분장애 유발에서 스트레스와 상호작용하는지를 보여 주는 설명적 틀이다.

양극성 장애의 유발 요인

7.8 양극성 장애의 유발 요인을 설명한다.

유전학은 양극성 장애에서 중요한 역할을 하는 것으로 보이지만, 스트레스성 생활 경험들 역시 원인이 된다. 양극성 장애는 아마도 스트레스 취약성 모델 내에서 함께 일어나는 다양한 원인들로 가장 잘 설명된다. 사회적 지지는 기분 삽화들로부터 회복을 촉진하고, 재발의 위험성을 줄이는 데 중요할 수 있다.

기분장애의 치료

7.9 기분장애 치료에 사용되는 방법을 알아보고 설명한다.

우울증의 정신역동적 치료는 전통적으로 우울한 사람이 상실한 대상을 향한 양가감정을 알아내고 해결하도록 돕고, 그렇게 함으로써 내부로 향한 직접적인 분노를 줄이는 데 초점을 둔다. 현대 정신역동적 접근은 좀 더 직접적이고 간결하며, 자기 가치를 성취하고, 관계중심적 갈등을 해결하는 적응적인 방법을 개발하는 데에 좀 더 중점을 두는 경향이 있다. 학습 이론 접근은 우울증이 있는 사람들이 그들이 참여하는 즐거운 활동의 비율을 증가시키는 것과 같은 방법을 통해 그들의 삶에서 강화 빈도를 증가시키도록 돕는 데 초점을 둔다. 인지치료사들은 사람들이 왜곡되거나 역기능적인 사고를 확인하여 바꾸고, 좀 더 적응적인 행동을 배우도록 돕는 데 중점은 둔다. 생물의학적 치료는 항우울제 약물과 전기 충격 치료와 같은 다른 생물학적 치료의 사용에 초점을 둔다. 항우울제 약물은 뇌에서 신경전달물질 기능을 정상회하는 데 도움을 줄 수 있다. 양극성 장애는 흔히 리튬 또는 항경련제 약물로 치료된다.

자살

7.10 자살의 위험요소를 알아본다.

기분장애는 종종 자살과 관련된다. 비록 여성이 자살을 시도할 가능성이 높지만, 남성의 경우 좀 더 치명적인 방법을 선택하기 때문에 실제로 더 많이 성공한다. 젊은 사람이 아닌 노인은 자살할 가능성이 조금 더 높다. 자살을 시도하는 사람은 흔히 우울하지만, 그들은 일반적으로 현실에 접촉된 상태이다. 그러나 그들은 효과적인 문제 해결 기술이 부족하고, 자살 외에 생활 스트레스를 다룰 수 있는 다른 방법이 없다고 볼 수도 있다. 절망감도 자살과 현저히 관련된다.

7.11 자살의 주요 이론적 관점을 알아본다.

고전적 정신역동 모델에서 분노가 내부로 향한다는 관점, 사회적 소외의 역할, 학습, 사회인지적 그리고 생물학적인 관점들이 있다.

7.12 당신이 알고 있는 누군가가 자살 생각을 하고 있다면 자살 요인에 대한 지식을 적용하여 개입할 수 있다.

당신은 자살하겠다는 사람의 위협을 절대로 무시해서는 안 된다. 비록 자살하겠다고 위협하는 사람 모두가 이를 실행하는 것은 아니지만, 많은 사람이 그렇게 한다. 자살하는 사람은 흔히, 예를 들어 그들의 자살 생각에 대해 다른 사람에게 말함으로써 의도에 대해 신호를 보낸다. 만약 당신이 아는 누군가가 자살을 생각하고 있다면, 그 또는 그녀가 감정에 대해 이야기하도록 이끌고, 공감적이 되고, 머지않아 그 문제를 해결할 수 있는 것에 대해 자살 이외의 방법들을 제안하고, 그 또는 그녀의 의도에 대해 묻고, 가장 중요한 것은 전문적인 도움을 받도록 지금 당장 함께 동행하는 것이다.

비판적 사고 질문

이번 장에서 배운 것을 기초로 다음의 질문에 답해 보라.

- '여성은 선천적으로 남성보다 우울증에 걸리기 쉽다.' 동의는가, 아니면 동의하지 않는가? 당신의 대답을 설명해 보라.
- 조나단은 직업과 여자 친구를 잃은 후, 임상적으로 우울해진다. 우울증에 대한 다양한 이론적 관점들을 기반으로 이러한 상실이 어떻게 조나단의 우울증과 관련되는지 설명해 보라.
- 만약 당신이 임상적으로 우울해졌다면, 어떤 치료 과정을 선호하는가?—약물, 심리치료, 아니면 두 치료의 결합? 설명해 보라.
- 텍스트를 읽고 난 후, 당신의 친구나 사랑하는 사람이 자살하겠다고 위협할 때 어떻게 다룰 것인지에 대한 생각이 변했는가? 그렇다면, 어떻게 변했는가?

핵심 용어

경조증(hypomania)
기분장애(mood disorders)
산후 우울증(postpartum depression, PPD)
순환성 장애(cyclothymic disorder)
양극성 장애(bipolar disorder)
우울증의 인지 3요인(cognitive triad of depression)
이중 우울(double depression)
인지 특수성 가설(cognitive-specificity hypothesis)
조증(mania)
조증 삽화(manic episode)
주요 우울장애(major depressive disorder)
지속성 우울장애(persistent depressive disorder)
학습된 무기력(learned helplessness)

8

물질 관련 및 중독장애

8

학습 목표

8.1 DSM-5에 제시된 주요 물질 관련 장애의 정의와 일반적 특징을 확인한다.

8.2 중독이나 강박행동의 비화학적 형태를 서술한다.

8.3 생리적 의존과 심리적 의존의 차이를 설명한다.

8.4 중독으로 가는 경로의 일반적 단계를 확인한다.

8.5 향정신성 약물의 주요 범주와 각 범주에 해당하는 특정 약물 및 그 효과와 위험을 확인한다.

8.6 물질 사용 장애의 이해를 위한 주요 이론적 관점을 서술한다.

8.7 코카인이 뇌에 미치는 영향을 설명한다.

8.8 물질 사용 장애의 치료법을 평가한다.

8.9 도박장애의 특징 및 치료법을 평가한다.

진실 또는 거짓

T□ F□ 법적으로 사용 가능한 물질이 불법 물질을 모두 합한 것보다 더 자주 사망 원인이 된다.

T□ F□ 약물에 대한 생리적인 의존을 동반해야만 심리적으로 의존될 수 있다.

T□ F□ 10대와 청년층은 어떤 다른 원인보다도 알코올 관련 교통사고로 더 많이 사망한다.

T□ F□ 술을 마시고 쓰러진 사람은 그냥 자도록 내버려 두는 것이 안전하다.

T□ F□ 적당한 음주조차도 심장마비의 위험을 증가시킨다.

T□ F□ 코카콜라에는 원래 코카인이 들어 있었다.

T□ F□ 오늘날은 술이나 담배보다 마리화나를 사용하는 10대들이 더 많다.

T□ F□ 다른 사람보다 '술이 센' 사람들은 문제성 음주자가 될 위험이 적다.

T□ F□ 헤로인 중독에 널리 사용되고 있는 치료법은 중독된 물질을 다른 중독성 약물로 대체하는 방법이 포함되어 있다.

'나' '그 어떤 물건이나 사람도 코카인보다 중요하지 않아.'

내가 코카인을 한 달 넘도록 사용하지 않았다는 것을 아내에게 겨우 확신시킨 줄 알았는데 그녀는 곧이어 나를 정말 당황스럽게 했다. 물론 나는 거의 매일 코카인을 흡입했지만, 평소보다 조금씩 덜하도록 조절하는 데 성공했다. 그녀는 코카인인지 자신인지 둘 중 하나를 선택해야 할 거라고 말했다. 그 말이 끝나기도 전에 나는 그다음에 무슨 일이 벌어질지 알았고 그래서 그녀에게 그다음 말을 좀 더 신중하게 하라고 했다. 분명한 것은, 이건 나에게 선택의 문제가 아니라는 것이다. 나는 아내를 사랑하지만 코카인을 버리고 아내를 선택할 수가 없다. 마음이 아프지만 인생의 문제들은 이런 식으로 다가온다. 그 어떤 물건이나 사람도 나에게 코카인보다 중요하지가 않다.

— Weiss & Mirin, 1987, p. 55

앞서 소개한 41세의 건축가 유진의 이야기는 코카인 같은 약물이 사람들의 삶 속에서 얼마나 강력한 영향을 미치는지를 강조하고 있다. 우리 사회에는 이런 향정신성 물질이 넘쳐나는데, 이것은 우리의 기분을 바꾸고 지각을 왜곡시킨다. 하늘에 붕 떠 있게도 하고, 진정시키기도 하고, 뒤죽박죽으로 만들어 놓기도 한다. 많은 젊은 사람이 이런 물질을 동료의 압박 때문에 사용하기도 하고, 그러지 말라고 말하는 부모나 권위적인 인물이 하지 말라고 했기 때문에 시작한다. 유진같이 약물에 중독된 사람들에게는 약물의 추구와 사용이 그들 삶의 중심에 자리 잡고 있어서 가족이나 일 또는 자신의 행복보다도 더 중요한 것이 된다.

이 단원에서는 주요 약물의 생리적, 심리적 영향을 검토하고, 정신건강 전문가들이 물질 관련 장애를 어떻게 분류하는지, 그리고 물질 사용과 물질 남용을 가르는 기준이 무엇인지를 탐색한다. 그리고 이런 장애의 근본 원인에 대한 현대적 이해와 장애와 싸우고 있는 사람들을 정신건강 전문가들이 어떻게 돕고 있는지에 대해 살펴볼 것이다.

물질 관련 및 중독장애의 분류

8.1 DSM-5에 제시된 주요 물질 관련 장애의 정의와 일반적 특징을 확인한다.

사람의 정신에 영향을 미치는 향정신성 물질을 사용하는 것은 정상이다. 적어도 통계적 빈도수와 사회적 기준에 의해 측정되는 한은 그렇다. 커피나 차 같은 카페인 음료로 하루를 시작하는 것, 음식을 섭취할 때 와인이나 커피를 마시는 것, 퇴근 후 술집에서 친구를 만나는 것, 자기 전 술 한잔 마시는 것 등은 이런 의미에서 정상적인 행동이다. 이와 같은 물질은, 즉 카페인 같은 경우는 우리를 더 초롱초롱하게 하고, 알코올이 들어간 음료는 우리를 더 편안하게 만듦으로써 우리의 정신에 영향을 미친다. 우리 중에 많은 사람은 진정제나 진통제를 의사의 처방에 따라 복용한다. 미국인의 약 1/5이 담배를 피운다는 점에서 흡연으로 인한 혈액 내 니코틴 과다 함량도 정상이다. 그러나 코카인이나 마리화나, 헤로인 같은 향정신성 물질의 사용은 이것이 불법이고 그러므로 사회적 기준에서 벗어난다는 점에서 비정상이다. 모순적이게도, 성인이 합법적으로 사용할 수 있는 두 가지 물질인 담배와 술이, 질병이나 사망으로 인한 사고에 있어 모든 불법 물질을 합친 것보다 더 큰 원인으로 작용한다. 진실 / 거짓

진실 또는 거짓

법적으로 사용 가능한 물질이 불법 물질을 모두 합한 것보다 더 자주 사망 원인이 된다.

진실 합법적인 물질인 술과 담배가 사망의 더 큰 원인이 된다.

DSM 진단체계에서 물질 사용 장애의 분류는 그 약물이 불법이냐 아니냐에 의한 것이 아니라, 그 약물을 사용할 때 한 사람의 생리적, 정신적 기능을 얼마나 손상하느냐에 따라 분류가 이루어진다. DSM-5에서는 물질 관련 장애를 2개의 주요 범주, 즉 물질-유도성 장애와 물질 사용 장애로 구분한다.

물질-유도성 장애(substance-induced disorders)는 향정신성 물질 사용에 의해 유발된 비정상적인 행동의 패턴을 보인다. 물질-유도성 장애의 두 가지 주요한 유형은 물질 중독과 물질 금단이다. 다른 물질은 다른 영향을 미친다. 그래서 어떤 물질장애는 한 가지 아니면 몇 가지 물질에 의해 유발되거나 또는 거의 모든 물질의 의해 장애가 유발되기도 한다. 14장에서는 코르사코프 증후군이라고 불리는 물질-유도성 장애에 대해 살펴볼 텐데, 이것은 수년간의 만성 알코올 남용 후에 회복 불가능한 기억 상실을 가져온다.

물질 중독(substance intoxication)은 반복되는 중독 삽화 패턴을 포함하고 있는 물질-유도적 장애다. 이런 중독 삽화는 특정 약물 사용에 의해 초래된 취한 상태 또는 '붕 떠 있는' 상태를 말한다. 중독은 복용한 약물의 종류와 양, 복용자의 생물학적 반응 그리고 복용자의 기대감이 어느 정도냐에 따라 그 특징이 다르게 나타난다. 중독은 주로 혼란, 공격성, 손상된 판단, 부주의, 그리고 운동기술과 공간적 기술의 손상으로 그 징후를 드러낸다.

중요한 것은 알코올, 코카인, 오피오이드(마취제) 그리고 펜시클리딘(PCP)의 과다 복용이 사망을 초래할 수 있다는 것에 주의를 기울여야 한다(그렇다. 지나친 과음 때문에 죽을 수도 있다). 사망의 원인은 복용한 물질의 생화학적 효과 때문이거나 또는 심리적 고통이나 약물 사용으로 인한 손상된 판단력과 관련된 행동(자살과 같은) 패턴 때문이다. 과실 약물 과다 복용은 미국에서 매년 27,000명 이상의 사망자를 내는 두 번째로 큰 사망 원인이다(첫 번째 원인은 자동차 사고)(Okie, 2010).

사람이 장기간 물질을 과다하게 사용해 오다 갑자기 특정 약물을 중단할 때 여러 가지 증상이 발생하는데 이런 증상을 모두 포함하는 물질-유도적 장애를 **물질 금단**(substance withdrawal)이라고 한다. 어떤 물질을 반복적으로 사용하면 신체의 생리적 반응이 바뀔 수 있다. 이는 내성과 같이 물질에 대한 생리적 효과에 변화를 초래하기도 하고 금단 증후군 또는 단약 증후군(abstinence syndrome)이라고도 불리는 상태를 경험하게 하기도 한다.

내성(tolerance)이란 어떤 약물에 대해 신체적으로 습관화된 상태를 말한다. 약물을 자주 사용한 결과, 같은 효과를 내기 위해 더 많은 복용량이 필요해지는 것과 같다. 알코올 금단 증상은 발한이나 빠른 맥박, 손떨림, 일시적인 환각이나 환상, 불면, 메스꺼움이나 구토, 초조한 행동, 불안 그리고 발작의 가능성을 포함하고 있다. 카페인 금단은 일반적으로 좀 더 가벼운 편이다. 두통, 두드러지게 나타나는 졸음, 우울한 기분, 집중력 관련 문제

그리고 근육통이나 근육 경직, 메스꺼움같이 독감과 비슷한 증상들이 나타난다. 금단 증후군을 경험한 사람들은 금단 때문에 생기는 이런 불편을 덜기 위해 종종 다시 물질 사용으로 돌아가게 되므로 결국 금단은 중독의 패턴을 유지하게 만드는 역할을 한다.

몇몇 만성적 알코올 과다 섭취자들에게서 금단은 섬망이나 **진전 섬망** 상태를 일으킨다. 진전 섬망은 일반적으로 수년 동안의 과다 음주 후 드라마틱하게 알코올 섭취를 낮춘 만성적, 알코올 과다 섭취자들에게 한정된다. 진전 섬망은 강렬한 자율 신경계의 항진(과다 발한과 빈맥)과 **섬망**—모순적 발언, 방향감각 상실 그리고 극단적인 초조감을 특징으로 하는 정신적 혼란의 상태—을 포함한다. 주로 소름끼치게 우글거리는 동물을 보는 무서운 환각은 현존하는 것일 수도 있다.

어떤 물질을 정기적으로 또는 장기간 사용하면 **금단 증후군**(withdrawal syndrome)을 일으킬 수 있는데 이것은 물질 사용을 갑작스럽게 중단할 때 따라오는 심리적, 신체적 증상의 묶음을 말한다. 금단 증후군을 일으킬 수 있는 향정신성 물질에는 각성 니코틴을 함유하고 있는 담배, 마리화나, 수면 성분이 들어 있는 진정제와 수면 유도제, 그리고 코카인과 암페타민 같은 각성제, 알코올과 오피오이드 등이 있다. 풀이나 스프레이 같은 흡입제, LSD, 펜시클리딘(PCP) 같은 환각제가 일으키는 갑작스러운 금단은 임상적으로 심각한 금단 효과가 없기 때문에, 인식 가능한 금단 증후군을 발생시키지 않는 것으로 인정된다(APA, 2013).

물질 사용 장애(substance use disorders)는 상당한 수준의 기능 손상이나 개인적 고통을 야기하는 향정신성 물질의 부적응적 사용 패턴을 보인다. **물질 사용 장애**는 일반적으로 진단적 분류를 말하는 용어지만, **알코올 사용 장애**와 같이 구체적으로 물질명을 포함하는 진단은 그 특정한 물질의 문제적 사용과 관련되어 있음을 말해 준다. 향정신성 물질의 문제적 사용의 결과로 나타난 심각한 고통이나 기능 손상의 증거 외에도, 물질 사용 장애 진단이 내려지기 위해서는 이전 1년 동안 발생한 두 가지 또는 그 이상의 구체적인 특징이나 증상이 있어야 한다. 구체적인 특징은 약물의 종류에 따라 다양하게 나타난다. 예를 들어 알코올 사용 장애는 다음에 언급한 증상이 모두 나타나야 하는 것은 아니지만, 이 증상들을 포함하고 있는 특징의 범위에 따라서 그 성질이 결정된다.

- 지나치게 많은 시간을 알코올을 찾거나 마시거나 또는 알코올 남용으로 발생한 피해를 복구시키는 데 사용함
- 알코올을 줄이거나 조절하길 원함에도 불구하고 그렇게 하는 데 지속적인 어려움을 겪음
- 생각했던 음주량을 넘어 지나치게 많은 양의 알코올을 마심
- 음주로 인해 학생, 직장인 또는 가족 구성원으로서의 적절한 역할을 하는 데 어려움을 겪음
- 음주로 인한 의학적, 심리적, 대인관계적, 사회적 문제에도 불구하고 음주를 계속함
- 음주와 관련된 금단 증후군이나 내성을 높임.
- 지속적인 음주 운전과 같이, 자신이나 타인의 안전에 위험을 초래하는 상황에서도 술을 마심
- 알코올에 대한 강하고 지속적인 충동이나 갈망을 느낌
- 음주 때문에 일상적인 활동을 회피함

개정 이전판인 DSM-IV에서는 물질 사용 장애를, 증상이 좀 더 약한 물질 남용 장애와 좀 더 심각한 물질 의존 장애 두 가지로 구별했다. 그러나 두 가지 범주를 분류할 명확하게 명시된 기준이 없기 때문에, DSM-5에서는 이 두 범주를 물질 사용 장애 하나의 범주로 결합시켰다. DSM-5는 임상 현장에서 의사가 증상이 약한지, 중간인지 아니면 심각한지 명시함으로써 장애의 심각성 정도를 표기하도록 허용했다.

사람들은 다양한 향정신성 물질이 포함되어 있는 물질 사용 장애를 일으킬 수 있다. 향정신성 물질은 담배, 코카인과 암페타민 같은 각성제, 수면유도제 진정제 또는 오피오이드(헤로인과 모르핀 같은 아편제)와 알코올을 포함한다. 가장 널리 사용되고 있는 향정신성 물질인 카페인(커피, 차, 콜라, 그리고 심지어 초콜릿에서조차 가벼운 각성제가 발견된다)은 물질 사용 장애와 연결하지 않는다. 왜냐하면 이런 것들은 개인적인 고통이나 기능 손상을 일으키는 문제적 사용과 직접적으로 연결되지 않기 때문이다. 그러나 DSM-5은 진단 매뉴얼의 부록에서 카페인 사용 장애를 더 많은 연구가 필요하다고 제안된 진단으로 목록에 올려놓았다. 다른 한편으로, DSM-5는 정기적인 카페인 섭취가 물질 금단 장애로 이어질 수 있음을 인정했다. 장기간 동안 매일 카페인을 섭취해 오다가 갑작스럽게 중단할 때 이런 장애가 발생할 수 있다.

물질 사용 장애 진단을 내리기 위해서는 이 모든 증상이 나타나야 하는 것도 아니고 심지어 관련된 특징 대부

알코올 사용 및 남용의 두 얼굴. 술은 우리가 가장 널리 사용하는 그리고 남용하는 약물이다. 많은 사람들이 위의 왼쪽 사진처럼 행복한 일이 생길 때나 성공을 축하하기 위해 술을 마신다. 불행하게도, 위 오른쪽 사진의 남자처럼 어떤 사람들은 자신의 슬픔을 달래기 위해 술을 마신다. 하지만 그건 문제를 복잡하게 만들 뿐이다. 물질 사용이 끝나고 물질 남용이 시작되는 명확한 시점은 언제인가? 손상된 결과로 이어질 때, 물질 사용은 물질 남용이 된다.

분이 나타나야 하는 것도 아니다. 결과적으로 같은 진단을 받은 사람이 모두 똑같은 증상을 보이는 것은 아니다. 예를 들어, 헨리는 여러 번의 시도에도 불구하고 음주를 줄이는 데 지속적인 어려움을 겪고 있고 금단 증후군의 분명한 사인을 보여 준다. 한동안 술을 마시지 않을 때 내성이나 금단 증상의 증거를 보이지 않음에도 불구하고, 제시카의 음주는 학교나 직장에서의 반복적 문제 발생으로 이어지고, 이런 해로운 결과에 대해 알고 있음에도 음주를 지속할 수 있다.

물질 사용 및 남용

약물이나 향정신성 물질의 사용이 끝나고 물질 남용이 시작되는 시점은 어디인가? DSM-5는 물질 사용의 양상이 개인의 직업적, 사회적 또는 일상적인 기능에 심각한 손상을 주거나 또는 개인적인 고통을 심각하게 야기하는 시점을 기준으로 선을 긋는다. 손상된 기능을 보여 주는 예는 다음과 같은 양상을 포함한다.

- 학생, 직장인 또는 부모로서의 역할에 책임을 나하는 것에 문제가 발생함.
- 음주 운전과 같이 신체적으로 위험한 행동에 연루됨.
- 술 마셨을 때 반복적으로 싸움에 말려드는 등 사회적, 대인관계적으로 반복된 문제를 일으킴.

사람들이 술에 취하거나 잠에 곯아떨어져서 반복적으로 학교나 직장을 빠지는 행동을 하면, 이것은 물질 사용 장애가 진전되고 있음을 보여 주는 표시가 된다. 친구의 결혼식에서 지나치게 술을 마신 한 번의 사건만으로는 진단을 내릴 자격이 안 된다. 소량에서 중간 정도의 양의 알코올을 정기적으로 섭취하는 것은 어떤 기능 손상과도 관련이 없어 오랫동안 알코올 남용으로 생각되지 않았다. 물질 사용 장애 여부를 분명히 밝히는 열쇠는 섭취한 약물의 유형이나 양도 아니고, 그 약물의 불법 여부와도 상관없다. 오히려 물질 사용 장애를 결정하는 특징은, 개인의 고통과 일상생활을 유지하는 데 있어서 심각한 문제를 발생시킴에도 불구하고 약물 사용 행동을 지속하는지 아닌지에 달려 있다.

불행하게도 물질 사용 장애는 우리 사회에서 일반적이다. 미국 성인 10명 중 약 1명(10.3%)이 생애 어느 시점에서 불법 약물을 포함한 물질 사용 장애를 나타내고 있다(Compton, Conway, Stinson, Colliver, & Grant, 2005). **그림 8.1**은 불법 약물 의존을 포함한 물질 사용 장애를 나타내고 있는 미국 성인의 비율을 보여 주고 있다. 그러나 약물 의존과 대부분 일반적으로 관련된 물질은 합법적으로 복용 가능한 물질, 즉 알코올과 담배다.

약물 관련 문제는 미국 내 소수민족 사이에 더 많이 존재한다는 고정관념이 널리 퍼져 있지만 이런 믿음을 지지해 줄 증거는 없다. 반대로, 아프리카계 미국인과 라틴아메리카 사람들의 물질 사용 장애 비율은 유럽계 미국

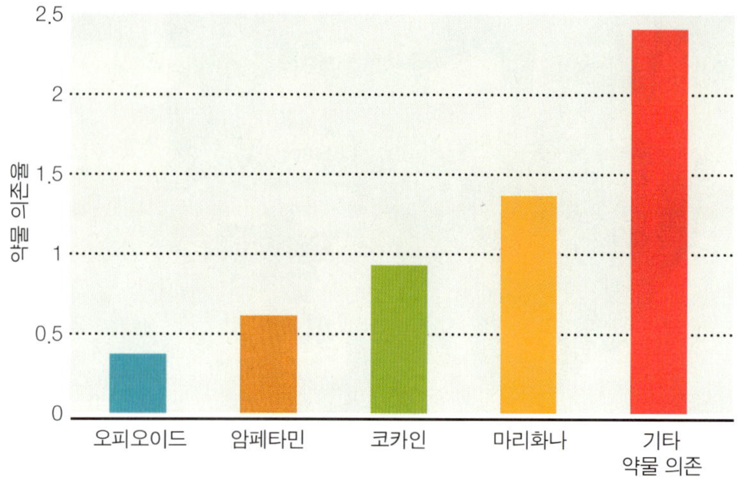

그림 8.1 불법 약물 유형에 따른 약물 의존의 평생 유병률. 미국 성인의 약 2.5%가, 약물 사용과 신체적 의존에 대한 통제력 손상을 특징으로 하는 약물 의존의 영향하에 있다. DSM-5에서 약물 의존은 물질 사용 장애로 분류된다. 마리화나 의존은 가장 일반적인 유형이다.

출처: Conway et al., 2006

인(비라틴계 백인)의 비율과 유사하거나 오히려 더 낮다(Breslau, Kendler, Su, Gaxiola-Aguilar, & Kessler, 2005; Compton et al., 2005).

비화학적 중독과 다른 유형의 강박행동

8.2 중독이나 강박행동의 비화학적 형태를 서술한다.

DSM-5는 물질 관련 및 중독장애라는 새로운 진단범주를 소개한다. 이는 물질 사용장애와 **도박장애**(개정 전 명칭은 **병적 도박**) 모두를 포함하는 진단범주로 비화학적 형태의 중독으로 간주된다. 병적 혹은 강박적 도박의 경우 개정 전 DSM-IV에서는 충동조절장애라는 진단범주로 분류되었는데, 충동조절장애는 **절도광**과 **방화광**같이 충동적 행동을 누르거나 조절하는 데 어려움을 겪는 것을 특징으로 하는 다른 문제행동도 또한 포함하고 있었다.

진단분류 체계의 변화는 어떤 충동적 또는 중독적 행동 패턴이 물질 관련 문제와 중요한 특징을 공유하고 있음을 이해하면서부터 시작되었다. 강박적 도박, 강박적 쇼핑 그리고 강박적 인터넷 사용조차도 약물 중독이나 약물 의존의 전형적인 특질을 공유한다. 물질 사용을 갑작스럽게 중단했을 때 나타나는 불안과 우울과 같은 금단 증상의 발생이나 행동 조절 능력의 손상 등이 그 전형적인 특질이다. 앞으로 개정될 DSM-5 이후 판에서는 장애로 인정된 강박적 쇼핑 또는 강박적 인터넷 사용과 같은 다른 행동적 중독을 통합시킬 수도 있다. 그러나 지금은 추가적인 연구가 요구되는 장애의 범주로 분류되고 있다.

용어 정리

8.3 생리적 의존과 심리적 의존의 차이를 설명한다.

신체적 의존 또는 약물 의존이란 무엇인가? 약물 중독이라는 용어를 우리는 어떤 의미로 사용하는가? 심리적 의존은 무엇인가? 약물 사용 문제를 설명하기 위해 전문가와 비전문가들이 사용하는 용어에 혼란이 존재한다.

우리는 **신체적 의존**(physical dependence)(또는 화학적 의존이나 생리적 의존이라고 불림) 이라는 용어를 약물 사용 행동의 패턴을 언급하는 데 사용한다. 한 사람의 몸은 약물의 정기적 사용 결과 변하게 되고, 그런 사람은 같은 효과를 내기 위해 더 많은 양의 약물을 원하게 되거나(내성), 아니면 약물을 줄이거나 중단하려고 할 때 나타나는 금단 증상으로 괴로워하게 된다(금단 증후군).

그러나 신체적 의존은 **중독**과는 다르다. 보편적으로 받아들여지는 그 어떤 **중독**의 정의도 과학자들에게는 부족하다. 이 책에서는 **중독**을 신체적 의존을 동반하는 물질의 충동적인 사용으로 정의할 것이다. 중독이란 약물 사용으로 인한 해로운 결과를 알면서도 약물 사용에 대한 조절력을 상실하는 것을 포함한다. 약물에 중독된 사람들은 그들이 사용하는 약물의 양이나 복용 횟수를 조절하는 데 어려움을 겪는다. 그들은 물질 사용을 줄이거나 끊으려고 많은 시도를 했지만 실패했거나, 지속적으로 끊고 싶어 했지만 실천으로 이어지지 않았을 것이다.

DSM-5 개정자들은 진단을 내리기 위해서 중독장애라는 용어보다는 오히려 **물질 사용 장애**라는 용어를 사용하기로 했다. **물질 사용 장애**라는 더욱 중성적 용어가 **중독**보다 경멸과 낙인 효과가 덜하다고 믿었다. **중독적**이라는 용어는 문제적 도박 같은 비화학적 형태의 강박행동에 적용했다. 중독이란 용어는 전문가나 비전문가 사이에 모두 널리 퍼져 있다고 여겨진다.

사람들은 신체적으로(또는 화학적으로) 약물에 의존할 수 있지만 중독으로 가지는 않는다. 예를 들어 수술 후 회복 단계에 있는 사람은 종종 아편에서 추출한 마약 성분이 든 진통제를 처방받는다. 어떤 사람은 내성과 금단 증후군 같은 심리적 의존의 징후를 보일 수 있지만, 약물 사용에 대한 조절 실패를 보이지는 않는다. 통증 조절을 위해 더 이상 그 약물이 필요하지 않을 때는 중단해도 아무런 문제가 없다. 정기적으로 그 물질(커피에 포함된 것을 말함)을 사용하며, 만약 하루 이틀 그 물질 없이 지낼 때 '활기 없음'을 느끼거나 두통이 생긴다면, 당신(그리고 이 책의 저자도)은 카페인에 화학적으로 의존됐을 수 있다. 그러나 그 약물의 양이나 빈도수를 조절하는 데는 아무 문제가 없고 작정하고 전심전력을 다한다면 중단할 수 있다.

충동적인 도박 같은 **비화학적 중독**을 진전시키는 사람도 생각해 보자. 그들은 화학적 중독을 가진 사람들이 약물 사용 조절에 어려움을 갖고 있는 것과 비슷한 양상으로 문제행동에 대한 조절 능력의 손상을 보인다. 또한, 문제행동을 멈추거나 줄이면 금단 증상의 흔적을 보이기도 한다. 그러나 그런 사람들의 금단 증상은 사실상 생리적(떨림, 손떨림, 메스꺼움)이라기보다는 일반적으로 심리적인(불안, 성급함 또는 긴장) 증상이다.

문제적 약물 사용의 또 다른 패턴은 약물에 대해 **심리적으로 의존하는** 것이다. 심리적으로 의존적인 사람들은 일상적인 스트레스나 불안에 대처하기 위해 약물에 의존하는 것과 같이, 자신들의 심리적 욕구를 채우기 위해 충동적으로 약물을 사용한다. 그들은 약물에 화학적 또는 심리적으로 의존됐거나 중독됐거나 아니면 안 됐을 수도 있다. 우리는 일상생활의 스트레스를 대처하기 위해 마리화나(또는 카페인이나 다른 약물)를 사용하고 싶은 충동을 느끼는 사람을 생각할 수 있다. 하지만 사용을 중단할 때 금단 증상의 고통을 경험하지도 않고 기분이 나아지기 위해 더 많은 양의 물질을 요구하지도 않는다. **진실 / 거짓**

진실 또는 거짓

약물에 대한 생리적인 의존을 동반해야만 심리적으로 의존될 수 있다.

진실 약물에 대해 생리적으로는 의존되어 있지 않지만, 심리적으로 의존할 수 있다.

중독으로 가는 경로

8.4 중독으로 가는 경로의 일반적 단계를 확인한다.

실험적으로 시작한 어떤 것이 약물 의존이나 중독을 향한 일련의 단계를 진전시킬 수 있다. 같은 목적지에 도달하기 위한 다른 루트가 있는 것처럼, 중독으로 향하는 다른 경로가 존재한다. 여기서 중독으로 가는 세 가지 단계를 포함한 일반적인 경로를 생각해 보려고 한다[Weiss, R. D., & Mirin, S. M. (1987). Cocaine. Washington, DC: American Psychiatric Association].

1. **실험적 사용.** 약물을 가끔씩 사용하거나 또는 실험적으로 사용하는 동안에는 사용자는 기분이 좋고, 극도의 희열감조차 느낀다. 이때 사용자는 약물 사용을 조절할 수 있다고 느끼고 언제든지 멈출 수 있다고 믿는다.
2. **정기적인 사용.** 반복적 사용 기간인 그다음 단계 동안, 사람들은 약물의 추구와 사용을 중심으로 자신의 삶을 재편하기 시작한다. 이 단계에서는 '부인'이 주요

중독. 그 어느 누구도 자진해서 약물 중독이 되려는 사람은 없음에도 불구하고, 사용자가 약물의 사용을 통제할 힘을 느끼지 못할 때, 습관적인 약물 사용은 중독으로 이어질 수 있다.

한 역할을 하는데 마치 사용자가 자기 자신과 타인에게 자기 행동의 부정적인 결과를 감추는 것과 같다. 가치변화, 이전에 중요했던 것들, 예를 들면 가족과 일이 이제는 약물보다 덜 중요해진다.

다음 사례는 부인하는 것이 어떻게 현실을 가릴 수 있는지를 설명해 준다(Weiss & Mirin, 1987). 48세 사업가가 아내에게 이끌려 상담을 받으러 왔다. 그 아내는 한때 성공적이었던 남편의 사업이 그의 엉뚱한 행동 때문에 위태롭게 되었다고 불평했다. 불평 많고 기분이 변덕스러웠던 남편이 지난달 코카인을 사는 데만 7천 달러를 썼기 때문이다. 또 지난 두 달 동안 코카인 때문에 근무 시간 중 1/3 이상을 일을 하지 않았다. 그는 아주 여러 날 동안 일하지 못한 것은 그리 큰일이 아니고 자기 없이도 회사는 잘 돌아간다고 상담자에게 말하면서, 아직도 자신이 코카인 때문에 문제가 있다는 것을 계속해서 부인했다. 더 큰 압박이 가해질 즈음, 여전히 자신의 약물 문제를 인정하려고 하지 않았지만, 그저 약물에 대해 생각하고 싶지 않았다고 고백했다.

일상적인 약물 사용이 지속될 때, 문제는 서서히 증가한다. 약물 사용자는 더 많은 자원을 약물에 쏟아붓는다. 가족의 은행 계좌를 황폐하게 만들고, 이유를 날조해 가족과 친구들에게 돈을 임시변통하려고 하고, 가족의 소중한 가치인 가보와 패물을 판다. 약물 사용을 은폐하기 위해 사람들에게 거짓말하고 교묘하게 조종하는 것이 삶의 방식이 되어 버린다. 남편은 텔레비전을 팔기도 하고 주거침입처럼 보이려고 현관문을 일부러 열어 놓기도 한다. 아내는 금목걸이나 약혼반지가 없어진 것을 설명하기 위해 강도를 당했다고 주장하며 보상금을 청구한다. 부인하면서 덮어 왔던 가면이 산산조각 나면서 가족 간의 관계는 껄끄러워지고, 약물 남용의 결과는 가시적으로 드러나기 시작한다. 직장을 빠지고, 집에는 설명할 수 없는 이유로 부재중이고, 급격한 기분 변화, 가족의 재정 고갈, 내지 못하고 쌓이는 청구서들, 식구들의 물건을 훔치고, 자녀들의 생일 파티나 가족 모임에 빠지게 된다.

3. **중독이나 의존.** 사용자가 그 약물의 효과를 경험하고 싶거나 아니면 금단으로 인한 증상을 피하기 위해서든 약물 사용에 대한 저항에 있어 무기력을 느낄 때, 일상적인 약물은 중독이나 의존으로 이어진다. 우리가 이 단원을 시작할 때 다루었던 유진의 사례에서 보았듯이, 이 단계에서는 거의 아무것도 문제가 되지 않는다.

이제, 다른 유형의 약물 남용 효과와 이와 관련하여 발생하는 결과를 검토해 보자.

약물 남용

> **8.5** 향정신성 약물의 주요 범주와 각 범주에 해당하는 특정 약물 및 그 효과와 위험을 확인한다.

약물 남용은 일반적으로 이 세 가지 주요 그룹으로 분류된다. (a) 알코올과 오피오이드 같은 억제제, (b) 암페타민과 코카인 같은 각성제, 그리고 (c) 환각제.

억제제

억제제(depressant)는 중추 신경계의 활동을 늦추거나 제한하는 약물로서, 긴장감과 불안을 낮추고, 움직임을 둔화시키고, 인지적 처리를 손상시킨다. 많이 복용하면 생체 기능을 저해시킬 수 있고 사망의 원인이 될 수도 있다. 가장 널리 사용되는 억제제, 알코올은 많은 양을 마실 때 호흡에 미치는 억제 효과 때문에 사망 원인이 될 수 있다. 또 다른 효과는 억제제의 종류에 따라 다르다. 예를 들면, 헤로인 같은 억제제는 황홀감을 일으킨다. 여기서 억제제의 주요 유형 몇 가지를 살펴보자.

알코올 알코올은 미국과 세계적으로 가장 널리 남용되고 있는 물질이다. 알코올이 매우 일반적이기 때문에 약물로 생각하지 않을지도 모른다. 아마도 주사를 놓거나 연기로 흡입하는 대신에 마시기 때문에 약물이 아니라고 생각할 수도 있다. 그러나 와인이나 맥주 그리고 위스키 같이 알코올이 들어간 음료에는 에틸알코올(또는 에탄올)이라는 억제 약물이 포함되어 있다. 약물의 농도는 음료의 종류에 따라 다양하다(와인과 맥주에는 순수 알코올이 진, 보드카 같은 증류주에 비해 적게 들어 있다). 알코올은 억제제로 분류되는데 알코올에 항불안제나 소신경안정제인 벤조디아제핀의 효과와 비슷한 생화학적 효과가 있기 때문이다. 이런 안정제로는 잘 알려진 약물인 디아제팜(발륨)과 클로르디아제폭시드(리브리움) 등이 있다. 우리는 알코올을 처방전 없이도 살 수 있는 안정제 정도로 생각할 수 있다.

대부분의 미국 성인이 적어도, 가끔씩 중간 정도 양의 알코올을 마신다. 그러나 많은 사람들이 알코올로 인한 심각한 문제로 진전시킨다. 많은 수의 비전문가와 전문가들이 **알코올 중독**(alcoholism)과 알코올 의존이라는 용어를 서로 혼용해서 사용하고 있고, 이 책에서도 그럴 것이다. 우리는 생리적으로 약물에 의존된 사람에게서 나타나는 알코올 사용 조절력의 손상 패턴을 언급할 때 둘 중 어느 하나의 용어를 사용한다. 800만 명으로 추산되는 미국 성인이 알코올 중독으로 고통당하고 있다(Kranzler, 2006).

알코올 중독에 대해 가장 널리 받아들여지는 견해는 질병 모델이다. 즉, 알코올 중독이 의학적 질병이나 질환이라고 믿는 것이다. 이 관점으로 보면 알코올 중독인 사람이 술을 마실 때, 뇌에서 그 약물의 생화학적 효과가 영향을 미쳐 더 마시고 싶은 저항할 수 없는 신체적 갈망을 일으킨다. 질병 모델은 알코올 중독을 만성적이고 영구적 상태로 본다. 익명의 알코올 중독자 모임(AA)은 이런 관점에 동의한다. 이런 관점은 "한 번 알코올 중독은 영원한 알코올 중독"이라는 그들의 슬로건에도 나타나 있다. AA는 알코올 중독으로 고통당하는 사람들을 술을 마시고 있는 사람 또는 '회복되고 있는' 사람으로 보지 결코 '치료된' 사람으로 보지 않는다. 비록 어떤 의료인이 적어도 몇몇 알코올 남용자는 '금주 결심을 깨지 않고' 책임감 있는 음주를 배울 수 있다고 믿을지라도, 그 확신은 여전히 그 분야에서 논쟁의 여지를 남긴다.

알코올 중독의 개인적, 사회적 비용은 불법 약물을 모두 합친 비용을 초과한다. 알코올 남용은 저생산성, 실직 그리고 사회경제적 지위의 하향세와 연결되어 있다. 알코올은 폭행 및 살인 그리고 미국에서 매년 180,000건 이상 발생하는 강간과 성폭력을 포함한 많은 폭력 범죄에서 그 역할을 하고 있다(Bartholow & Heinz, 2006; Buddie & Testa, 2005). 미국 내 자살의 약 1/3과 비의도적 부

설문지

알코올 중독 심리검사: 알코올에 의존되어 있습니까?

알코올에 의존되어 있습니까? 한동안 술을 안 마실 때, 당신이 몸을 흔들고 떨며 '지옥'의 고통을 지나가야 한다면, 답은 아주 명확합니다. 그러나 때때로 단서를 찾는 건 더 미묘합니다. 다음 질문의 각 항목에 예 또는 아니요로 표시하세요. 그리고 이 단원의 끝에서 답을 확인하세요.

	예	아니요
1. 제대로 된 식사를 안 하거나, 또는 술을 마실 때 식사를 안 합니까?	____	____
2. 술을 마신 후 우울한 기분이 듭니까?	____	____
3. 당신이 아는 대부분의 사람들보다 술을 더 많이 마십니까?	____	____
4. 평소보다 더 많이 술을 마시고 있습니까?	____	____
5. 가끔 폭음을 합니까?	____	____
6. 자고 일어나면 전날 밤 마신 술이 깹니까?	____	____
7. 술 때문에 결근이나 결석 또는 지각한 적이 있습니까?	____	____
8. 술 때문에 당황스럽거나 죄책감을 느껴 친구나 가족을 피한 적이 있습니까?	____	____
9. 술 없이 하루나 이틀을 보내는 것이 어렵습니까?	____	____
10. 단지 술에 취하기 위해서 점점 술을 더 많이 마셔야 합니까?	____	____
11. 음주 때문에 더 짜증을 낸 적이 있습니까?	____	____
12. 술 때문에 나중에 후회했던 일을 한 적이 있습니까?	____	____

상(교통사고 같은)으로 의한 사망률의 1/3이 모두 알코올 사용과 관련되어 있다(Sher, 2005; Shneidman, 2005). 더 많은 10대와 젊은이들이 어떤 다른 원인보다 알코올 관련 자동차 사고로 사망한다. 약 85,000명의 사람들이 미국에서 매년 알코올 관련 원인으로 사망하고, 이 사망자의 대부분이 알코올 관련 자동차 충돌과 질병의 결과로 발생했다(Kleiman, Caulkins, & Hawken, 2012; Lerner, 2011). **진실 / 거짓**

진실 또는 거짓

10대와 청년층은 어떤 다른 원인보다도 알코올 관련 교통사고로 더 많이 사망한다.

진실 알코올 관련 자동차 사고는 10대와 청년층 사이에서 사망의 주요 원인이다.

'사회 밑바닥의 술주정뱅이' 같은 알코올 중독자의 대중적인 이미지에도 불구하고, 극소수의 알코올 중독자만이 이런 전형적인 모습을 가지고 있다. 대다수의 알코올 중독자들은 아주 평범하다—당신의 이웃, 직장 동료, 친구 그리고 당신의 식구처럼. 알코올 중독자는 사회 각계각층에서 그리고 모든 사회적 · 경제적 계층에서 볼 수 있으며 대부분이 가족과 좋은 직장이 있고, 꽤 편안하게 살고 있다. 그러나 알코올 중독은 잘 지내고 있는 사람들에게도 가난한 사람에게 미치는 영향만큼이나 대단히 파괴적인 영향을 미칠 수 있다. 직장생활이나 결혼생활을 깨뜨리고, 교통사고나 다른 사고를 일으키고, 생명을 위협하는 심각한 물리적 장애를 얻게도 한다. 뿐만 아니라 엄청난 정서적 대가를 치러야 하는 가혹한 영향을 미칠 수 있다. 알코올 중독은 또 가정 폭력과 이혼 위험의 증가와도 관련되어 있다(Foran & O'Leary, 2008).

하나의 음주 패턴만이 배타적으로 알코올 중독과 연관되어 있는 것은 아니다. 어떤 사람은 매일매일 엄청나게 술을 마시고, 또 다른 사람은 주말에만 폭음을 한다. 어떤 사람은 장기간 단주를 할 수도 있지만 주기적으로 끊었던 술을 다시 마시고 몇 주나 몇 달 동안 지속되는 폭음 삽화를 경험한다.

코카인이나 다른 물질과는 다르게 알코올은 오늘날 젊은 층 사이에서 선택 가능한 약물이며, 약물 남용으로 이어지는 약물이다. 대학생 대부분은 술을 마실 수 없는 미성년자들이지만, 음주는 대학생활과 매우 밀착되어 있어서 주말에 축구나 농구 게임을 하는 것만큼이나 실질적으로 일반적인 대학생활의 일부가 되었다. 코카인이나 헤로인, 마리화나는 아니지만, 알코올은 캠퍼스에서 가장 흔히 소비되는 약물이다.

대학생들 사이에서 음주는 주로 주말에 한정돼서 마시고, 수업이나 과제의 부담이 적은 학기 초에 더 많이 마시는 경향이 있다(Del Boca, Darkes, Greenbaum, & Goldman, 2004). 대학생은 대학에 다니지 않는 같은 나이 또래보다 술을 더 많이 마시는 경향이 있다(Slutske, 2005). 연구자는 대학생들 사이의 지속적인 알코올 관련 문제의 범위가 수업을 빠지는 것 같은 약한 데에서부터 음주로 인해 체포당하는 극단적인 데까지 이른다고 설명한다(Ham & Hope, 2003). 문제적 음주의 한 유형인 폭음은 오늘날 대학 캠퍼스에서 주요 문제로 대두되었다. 이 폭음에 초점을 맞춰 자세히 살펴볼 것이다.

알코올 중독의 위험 요인 알코올 중독과 알코올 관련 문제를 일으킬 고위험에 사람들을 노출시키는 많은 요인이 있다.

1. **성별.** 남성은 중독에 빠질 가능성이 여성보다 두 배 정도 더 높다(Hasin et al., 2006). 이런 차이를 만드는 이유는 아마도 여성들에게 훨씬 엄격한 사회적 제약이 가해지기 때문일 것이다. 또 일반적으로 여성이 남성보다 몸무게가 덜 나갈 뿐만 아니라 여성에게 알코올이 더 빨리 영향을 미치기 때문이다. 알코올은 남성보다 더 빨리 여성을 우쭐하게 만드는 것으로 보인다. 또 하나의 이유는 여성은 위장에 있는 알코올 분해 효소가 남성보다 더 적다. 같은 알코올을 마시더라도, 여성은 남성보다 혈류에서 알코올을 더 많이 흡수하고 그 결과, 남성보다 적게 마셔도 더 빨리 취하게 된다.
2. **나이.** 초기 성인기에 알코올 의존으로 발전된 많은 사례를 보면 전형적으로 20~40세 사이이다. 여성이 남성보다 더 높은 연령에서 알코올 사용 장애가 발달되는 경향이 있지만, 이런 문제를 가진 여성들은 비교 상대 남성의 중간 정도부터 비슷한 건강, 사회적, 직업적 문제를 경험한다.
3. **반사회성 성격장애.** 청소년기나 성인기에 나타나는 반사회적 행동은 후에 알코올 중독이 될 위험을 증가시킨다. 반면, 많은 알코올 중독자들은 청소년기 때는 반사회적 경향성을 보이지 않았고, 많은 반사회적 청소년들은 성인이 되었을 때 알코올이나 다른 약물을 남용하지 않는다.
4. **가족력.** 성인의 음주 문제 발생에 대한 최고의 예측

인자는 알코올 남용 가족력에서 나타난다. 술을 마시는 가족 구성원이 모델로서의 역할을 한다(나쁜 예를 만드는 것). 더 나아가, 알코올 의존자들의 생물학적 친척은 알코올 관련 문제를 더 많이 일으킬 수 있는 소인을 유전시킨다.

5. **사회 인구학적 요인.** 알코올 의존은 혼자 사는 사람들에게서 전반적으로 나타나며, 교육과 임금 수준이 낮은 사람들 사이에서 더 일반적이다.

알코올 사용과 남용 그리고 민족성 알코올 사용과 중독의 비율은 미국의 소수민족 및 인종 집단에 따라 다양하다. 유대인, 이탈리아인, 그리스인 그리고 아시아인 같은 집단은 비교적 낮은 알코올 중독 비율을 나타내는데, 이것은 지나친 음주나 미성년 음주에 대해 대체로 엄격한 사회적 통제의 결과이다. 아시아계 미국인은 일반적으로 다른 인구 집단에 비해 덜 심하게 마신다(Adelson, 2006). 지나친 음주에 대한 아시아계 가정의 강한 문화적 제지뿐만 아니라, 기본적인 생물학적 요인이 알코올 사용을 억제하는 데 일조했을 것이다. 아시아계 미국인들은 다른 집단에 비해 알코올을 마실 때 **홍조** 반응을 보일 가능성이 더 높다(Peng et al., 2010). 홍조는 얼굴의 홍조와 열감, 그리고 더 많이 복용할 경우 메스꺼움, 빠른 심장박동, 현기증과 두통을 특징으로 한다. 알코올의 대사를 통제하는 유전자는 홍조 반응을 조절하는 역할을 하는 것으로 알려졌다(Luczak, Glatt, & Wall, 2006). 사람들은 이런 불쾌한 경험을 피하고 싶어 하기 때문에 메스꺼움, 두통 같은 홍조는 지나친 알코올 섭취를 제한하는 자연적인 방어로서의 역할을 한다.

라틴계 미국 남성과 비라틴계 백인 남성은 알코올 소비와 알코올 관련 신체상 문제에 있어 비슷한 비율을 보이지만 라틴계 미국 여성은 술도 덜 마시고 비라틴계 백인 여성보다 알코올 사용 장애로 발전될 가능성도 훨씬 낮다. 왜 그럴까? 중요한 요인은 아마도 문화적 기대감 때문일 것이다. 전통적인 라틴계 미국인 문화는 여성의 음주, 특히 과다 음주를 심각하게 제한한다. 그러나 빠른 문화적 적응으로 라틴계 미국 여성이 알코올 사용과 남용 비율에 있어서 명백히 유럽계 미국여성과 훨씬 비슷해져 가고 있다.

아프리카계 미국인들은 알코올 남용으로 인한 대가를 톡톡히 치르고 있다. 예를 들어, 알코올 관련 치명적 간질환인 **간경화** 비율이 아프리카계 미국인 사이에서 비라틴계 백인보다 거의 2배가 높다. 그러나 아프리카계 미국인의 알코올 남용과 알코올 의존 비율은 비라틴계 백인들보다 낮다. 그러면 왜 아프리카계 미국인들은 알코올 관련 문제로 더 많이 고통당하고 있는가?

사회경제적 요인이 이런 차이를 설명하는 데 도움이 될 수 있다. 아프리카계 미국인은 실직과 경제적 어려움을 만날 가능성이 더 높고, 스트레스는 과음으로 인한 신

여성과 알코올. 여성은 알코올 중독으로의 발전 가능성이 더 낮다. 왜냐하면 부분적으로 여성들은 지나친 음주에 대해 더 많은 문화적 제약을 받고 있고, 남성보다 혈류의 순수한 알코올 흡수율이 높아서 같은 양의 알코올 섭취 시 나타나는 효과에 생물학적으로 더 민감해지기 때문이다.

알코올과 민족적 다양성. 알코올 남용의 해로운 영향은 아프리카계 미국인과 아메리칸 원주민들에게 가장 무거운 대가를 치르게 하는 것으로 나타난다. 아프리카계 미국인들이 알코올 남용이나 알코올 의존 장애를 발달시킬 가능성이 백인보다 더 낮음에도 불구하고, 알코올 관련 간질환의 유병률은 아프리카계 미국인이 백인보다 거의 2배나 높다. 유대인계 미국인은 알코올 관련 문제가 비교적 적게 발생한다. 어린 시절부터 자녀들을 와인을 사용하는 의식에 노출시키는 경향이 있고, 또 지나친 음주에 대한 강한 문화적 규제를 시행하고 있기 때문일 것이다. 아시아계 미국인들은 대부분 다른 미국인들보다 더 적게 마시는 경향이 있다. 부분적으로 이것은 문화적 제약 때문이며, 알코올에 대한 더 많은 홍조 반응이 보여 주듯이 알코올에 대한 아시아계 미국인들의 생물학적 내성이 더 약할 가능성 때문이다.

더 자세히 살펴보기

폭음, 대학생활의 위험한 취미

오늘날 대학 캠퍼스의 주요 약물 문제는 폭음이다. 일반적으로 여자가 한 번에 네 잔 이상, 남자는 다섯 잔 이상 마시는 것을 폭음으로 정의한다. 지난 한 달 동안 폭음 삽화가 있었다고 보고한 대학생이 전체 2/5 정도가 된다(Patrick & Schulenberg, 2011; Squeglia et al., 2012). 또한 고등학생 약 4명중 1명이 폭음으로 보고되고 있다(Johnston, Mash, Miller, & Ninowski, 2012). 전체적으로 거의 1/5가량의 미국 성인(17%)이 지난 한 달 동안 폭음 삽화가 있었다고 보고했다(CDC, 2012a).

폭음에 대한 우려가 분명하게 드러나고 있다. 폭음은 아주 폭넓은 문제들과 연결되어 있다. 경찰과 관련된 말썽에 휘말리고, 안전하지 못한 성행위를 하게 되고, 심각한 자동차 사고 및 다른 사고, 계획하지 않은 임신, 폭력, 성적이 점점 떨어지고, 그리고 약물 사용 문제의 발달 등을 포함한다(예: Hingson, Zha, & Weitzmanet, 2009; CDC, 2012a; Wechsler & Nelson, 2008). 그리고 버지니아 대학생인 레슬리의 비극적인 사례에서 그랬던 것처럼, 상황은 점점 더 악화된다. 레슬리는 교수들이 그녀의 작품에 대해 장래성의 조짐을 보인다고 인정받는 미술전공 학생이었다. 평균 3.67의 성적을 유지하고 있었고, 폴란드 출신의 조각가에 대한 졸업 논문이 끝나 가고 있었다(Winerip, 1998). 그러나 레슬리는 졸업 논문을 마치지 못했다. 폭음한 다음 날 계단에서 굴러떨어져 사망했기 때문이다. 우리는 헤로인이나 코카인의 과다 복용으로 인한 청소년의 사망 소식을 더 많이 들을지도 모른다. 그러나 레슬리 같은 대학생이 매년 1,000명 이상 음주 과다와 알코올 관련 사고같이 알코올이 원인이 되어 사망한다(Yaccino, 2012).

폭음은 아주 일반적이며, 심지어 법적으로 음주 가능한 21세가 된 것을 축하하는 날의 의례적인 행사가 되었다(Neighbors et al., 2012). 최근 미주리 대학에서 이루어진 설문조사에서 남자 대학생의 1/3, 여대생의 1/4이 스물한 번째 생일날 적어도 21잔 이상의 술을 마셨다고 보고했다. 이것은 혼수상태나 사망같이 중대한 건강상 위험에 이를 수 있는 심각한 중독(intoxication) 수준을 보여 준다(Rutledge, Park, & Sher, 2008). 미주리 대학 연구 결과의 대부분은 아마도 많은 대학 캠퍼스에서 보편적일 것이다.

한 리뷰기사에서 심리학자인 Lindsay Ham와 Debra Hope (2003)는 문제적 음주자가 될 위험을 가장 분명하게 보여 주는 대학생의 일반적 하위 유형 두 가지를 규명했다. 첫 번째 유형은 대부분 사교적 또는 즐거움을 목적으로 술을 마시는 학생들이다. 이런 사람들은 유럽계 미국인 남성일 가능성이 많고, 과음이 사회적으로 수용되는 그리스 공동체나 다른 사교적 공동체 소속 경향이 있다. 두 번째 유형은 또래 압력으로 음주를 하거나, 부정적인 감정 완화를 위해 알코올을 사용하는 학생들이다. 이들은 여자인 경우가 더 많고, 불안이나 우울을 동반한 문제로 어려움에 빠지는 경향이 있다. 이런 프로파일을 만드는 이유는 상담자와 의료 서비스 제공자들이 문제적 음주 위험이 증가하고 있는 청소년층을 확인하고 돕도록 하기 위함이다.

폭음과 음주 관련 게임을 하는 사람들은 알코올 남용으로 인해 사망할 심각한 위험에 놓일 수 있다. 이런 게임을 하는 많은 학생들은 너무 아프거나 너무 많이 마셔서 더 이상 지속할 수 없을 때까지 멈추지 않는다. 만약 당신 친구나 아는 사람이 술을 너무 많이 마셔서 옴짝달싹 못 하거나 기절한다면 어떻게 하겠

알코올로 인한 사망. 19세의 콜로라도주립대학 학생인 서맨사 스페디는 친구들과 술을 마시다 의식을 잃었고 다시 깨어나지 못했다. 서맨사는 과음을 해서 알코올 과다 복용으로 사망했다. 당신은 알코올 과다 복용의 징후들을 알아보겠는가? 과다 복용의 징후를 보이는 친구나 지인을 돕기 위해 당신은 어떤 단계를 밟을 수 있는가?—어떤 단계를 밟아야 하는가?

(다음 쪽에 계속)

는가? 그냥 자도록 내버려 두겠는가? 어떤 한 사람이 술을 너무 많이 마셨는지 아닌지 말할 수 있는가? 당신은 그저 당신 일에만 신경 쓰겠는가 아니면 다른 사람에게 도움을 주려고 돌이키겠는가?

그 사람이 술을 너무 많이 마셨는지 아닌지 단순히 보기만 해서는 알 수 없지만, 의식이 없거나 반응이 없는 사람은 즉각적인 치료가 필요하다. 그 사람이 단순히 잠들어 버렸을 거라고 추측하지 마라. 결코 다시 깨어나지 못할 수도 있다. 다음 리스트에서 언급한 과다 복용 가능성의 징후들을 잘 숙지하고 있으라(adapted from Nevid & Rathus, 2013).

- 말을 걸고 소리를 질러도 반응이 없다.
- 꼬집거나 흔들거나 찔러도 반응이 없다
- 스스로 혼자 서 있을 수 없다.
- 깨우지도 정신을 차리게 하지도 못한다.
- 피부가 자줏빛으로 푸르스름하거나 축축한 느낌이 난다.
- 빠른 맥박, 불규칙적 심장박동, 낮은 혈압 또는 호흡곤란이 있다.

만약 과다 복용이 의심되면, 그 사람을 절대 혼자 두지 말아야 한다. 의료진의 도움이나 응급처치를 요청하고, 도와줄 사람이 도착할 때까지 함께 있어 주어야 한다. 가능하면 그 사람을 옆으로 눕히거나, 머리를 숙인 상태로 앉아 있게 한다. 음식이나 음료도 절대 주지 말고, 토하게 유도하지도 말아야 한다. 그 사람이 반응이 있으면, 알코올과 상호작용을 일으킬 수 있는 무슨 약이나 약물을 복용했었는지 물어본다. 또 당뇨나 간질 등 이 문제에 영향을 미칠 만한 기저 질환이 있는지도 확인한다. 진실 / 거짓

진실 또는 거짓

술을 마시고 쓰러진 사람은 그냥 자도록 내버려 두는 것이 안전하다.

거짓 안타깝게도, 그 사람은 결코 깨어나지 못할지도 모른다. 술 때문에 기절한 사람은 의료적 응급 상황으로 처치를 받아야 한다.

아무것도 하지 않고 그냥 지나쳐 버리는 게 더 쉬울 수도 있다. 그러나 당신이 알코올 과다 복용의 징후를 보일 때 다른 사람이 어떻게 해주기를 바라는지 당신 자신에게 물어보라. 친구 중 한 사람이 당신의 생명을 구하고자 개입해 주기를 원하지 않겠는가?

위험한 취미. 폭음은 빠르게 알코올 과다 복용으로 이어지는데, 이는 생명에 지장을 줄 치명적인 결과를 가져올 만한 응급 상황이다. 많은 대학들은 폭음이 캠퍼스 내 주요한 약물 문제라고 언급한다.

체의 손상을 악화시킬 수 있다. 아프리카계 미국인은 또한 의료 서비스 접근성이 떨어지는 경향이 있고, 알코올 남용으로 인한 의료적 문제를 더 빨리 치료받을 가능성이 낮을 수도 있다.

알코올 남용 및 의존 비율은 종족 간 다양하게 나타난다. 그러나 아메리칸 인디언들은 전체적으로 높은 알코올 중독률을 보이고, 다른 민족 집단보다 더 많은 알코올 관련 문제로 고통당하고 있다—간경화와 태아 이상, 그리고 자동차나 그 외 사고 관련 사망 등(Henry et al., 2011; Spillane & Smith, 2009). 최근 청소년 대상 전국 설문조사에서 알코올과 약물을 포함한 물질 사용 및 물질 사용 장애 비율이 아메리칸 인디언 청소년에게서 가장 높은 것으로 드러났다(Wu, Woody, Yang, Pan, & Blazer, 2011).

많은 아메리칸 인디언은 높은 음주 관련 문제의 책임이 자신들의 전통 문화 상실에 있다고 믿는다(Beauvais, 1998). 전통적인 아메리칸 인디언 문화의 붕괴는 다양한 원인에 의해 일어났다. 아메리칸 인디언의 주류 문화 접촉 기회를 차단한 것이 심각한 사회적, 문화적 해체라는 결론을 야기함과 동시에 인디언들의 땅을 무단으로 전용하고, 또 유럽계 미국인 사회가 아메리칸 인디언을 자신의 문화적 전통으로부터 단절시키려고 했기 때문이다(Kahn, 1982). 이런 문제로 괴롭힘을 당했기 때문에 아메리칸 인디언은 어렸을 때 학대받고 방치되기 쉽다. 학대와 방임은 청소년들에게 무망감과 우울을 경험하게 하고, 이런 느낌으로부터 탈출을 꾀하기 위해 알코올과 다른 약물을 사용하기도 한다.

알코올의 심리적 효과 알코올이나 다른 약물의 효과는 사람에 따라 다양하게 나타나며, 전반적으로 (a) 그 물질의 생리적 효과와, (b) 그러한 효과에 대한 우리의 해석의 상호작용을 반영한다. 사람들은 대부분 알코올에서 무엇을 기대하는가? 사람들은 흔히 알코올이 긴장을 완화하고 즐거운 경험을 향상시키고 걱정을 씻어버리고, 대인관계 기술을 강화해 줄 것이라고 기대하고 있다. 그러나 실제로 알코올이 주는 것은 무엇인가?

생리적 수준에서 알코올은 신경전달물질인 GABA을 활성화함으로써 벤조디아제핀(항불안제 계열)과 같은 일을 하는 것으로 나타난다(5장 참조). 왜냐하면 GABA는 신경전달물질 억제제(신경 조직 활동을 진정시킨다)로 GABA의 활동 증진은 긴장감이 완화되도록 한다. 사람들이 술을 마실 때, 감각은 흐릿해지고 몸의 균형과 조절에 지장이 생긴다. 과다 복용은 여전히 심박수, 호흡 속도, 체온과 같은 비자발적 생체 기능을 조절하는 뇌의 일부분에 작용한다.

사람들은 술을 마실 때, 취하지 않았을 때는 하지 않을 많은 행동을 한다. 이유의 한 부분은 약물에 대한 기대감 때문이고, 다른 부분은 뇌에 미치는 약물의 영향 때문이다. 예를 들어, 더 유혹적이고 성적으로 적극적이 되거나 나중에 후회할 말이나 행동을 할 수도 있다. 이런 행동은 알코올이 해방 효과가 있고 의심스러운 행동에 대한 외적 변명을 제공해 줄 거라는 기대감을 반영하는 것일 수 있다. 후에, 그들은 "그건 내가 아니라 술 때문이었어."라고 주장할 수 있다. 약물은 아마 정보처리 기능에 방해를 일으켜서 충동적 행동, 위험 부담이 높거나 폭력적인 행동에 대한 억제력을 손상시킬 수 있다. 연구자들은 가정 폭력이나 성폭행을 포함한 다양한 형태의 폭행과 알코올 사용 사이에 강력한 연관성을 발견했다(Abbey, Zawackia, Bucka, Clinton, & McAuslan, 2004; Fals-Stewart, 2003; Marshal, 2003).

알코올은 사람을 더 편안하게 하고 자신감을 주지만, 행동의 결과를 따져 보는 것을 더 어렵게 만들어 판단력을 손상시키기도 한다. 알코올의 영향력 아래서 사람들은 위험한 성적 행동같이 그들이 평소에는 거부했을 만한 선택을 하게 될 수 있다(Bersamin, Paschall, Saltz, & Zamboanga, 2012; Orchowski, Mastroleo, & Borsari, 2012; Ragsdale et al., 2012). 만성적 알코올 남용은 기억력, 문제 해결 능력, 주의력과 같은 인지 능력을 손상시킬 수 있다.

알코올의 유혹 중 하나는 단기적 행복감과 함께 자기의심과 자기비판을 삼켜 버릴 의기양양한 기분을 준다는 것이다. 또한 행동의 불행한 결과를 인식하는 능력을 저하시키기도 한다. 알코올 사용은 성적 자극이나 흥분을 저해할 수 있고, 성기능을 손상시킬 수 있다. 중독 대상물로서 알코올은 또한 조정 및 운동 능력을 방해한다. 이러한 효과들은 미국에서 사고사의 약 1/3이 왜 알코올 남용과 연루되어 있는지를 잘 설명해 준다.

신체적 건강과 알코올 만성적 과다 알코올 사용은, 직접적으로든 간접적으로든, 거의 모든 조직과 신체체계에 영향을 미친다. 과다 알코올 사용은 간 질환, 특정 유형의 암 발생률 증가, 관상 동맥성 심장 질환 그리고 신경학적 장애와 같이 다양하고 심각한 건강 문제가 발생할 위험의 증가로 연결되어 있다. 알코올 관련 간질환의 두 가지 주요한 유형은 **알코올성 간염**과 간경화다.

알코올성 간염은 증상이 심각하고, 생명을 위협할 가능성이 있는 염증이다. 간경화는 치명적일 수 있는 질환으로 건강한 간세포가 반흔조직(scar tissue)으로 대체되는 질환이다. 습관적인 음주자들은 영양 부족이 되기 쉽고, 영양 결핍으로 인한 합병증의 위험에 놓이게 할 수 있다. 그래서 만성적인 음주는 영양적인 면에서 장애와 관련되어 있다. 예를 들면, 간경화(단백질 결핍과 연결된)와 **코르사코프 증후군**(비타민 B의 결핍과 관련된) 등이 그것인데, 확연한 혼란, 방향 감각의 상실 그리고 최근 사건에 대한 기억상실 등을 특징으로 한다(14장 참조).

임신 중 음주 여성들은 태아를 유아 사망, 선천적 결손증, 중추 신경계 기능장애 그리고 학업 문제 등의 위험에 빠지게 한다. 엄마가 임신 중 술을 마신 어린이들은 **태아 알코올 증후군**(fetal alcohol syndrome, FAS)과 평평한 코, 넓은 눈 간격, 상악 미발달 등 얼굴 생김새를 특징으로 하는 증후군뿐만 아니라 정신지체와 사회기술 부족도 발달시킬 수 있다(O'Connor & Paley, 2006). 태아 알코올 증후군(FAS)은 태아 1,000명당 1명 내지 3명꼴로 영향을 미친다.

임신 기간 동안 과다 음주를 한 여성들 사이에서 태아 알코올 증후군의 위험이 더 높지만, 일주일에 한 잔 또는 반 잔 정도만 마신 산모의 아이들에게서도 나타났다(Carroll, 2003). 임신 중인 여성이 마셔도 안전한 알코올의 양이 정립되지 않았기 때문에, 임신 가능하거나 임신 중인 여성에게 가장 안전한 길은 술을 마시지 않는 것이다(Feldman et al., 2012; Stein, 2012). 태아 알코올 증후군은 전적으로 예방 가능한 선천적 결손증이다.

적당한 음주: 건강상의 유익이 있는가? 과음과 연관된 부작용의 리스트에도 불구하고, 상관 연구에서 나타난 증거는 적당한 알코올의 사용(여자: 약 하루 한잔, 남자: 약 하루 두 잔)을 전반적으로 낮은 사망률뿐만 아니라 심장발작과 뇌졸중의 낮은 위험성과도 연결시키고 있다(Brien, Ronksley, Turner, Mukamal, & Ghali, 2011; King, Mainous, & Geesey, 2008; Ronksley, Brien, Turner, Mukamal, & Ghali, 2011). 그것은, 우리가 정기적인 알코올 과다 복용과 높은 치사율의 관련성을 지적해야 한다고 말한다. 진실 / 거짓

진실 또는 거짓

적당한 음주조차도 심장마비의 위험을 증가시킨다.

거짓 최근 연구에서는 적당한 음주가, 심장발작과 사망률의 낮은 위험성과 관련되어 있다고 밝혔다.

적당한 알코올 사용이 심장과 순환계에 보호 효과가 있을 가능성에도 불구하고, 공중보건 관계자들은 알코올 사용을 지지하지 않는다. 왜냐하면, 이런 보호 효과로 인해 공중보건 당국이 알코올 사용을 지지할 경우, 문제적 음주의 위험을 증가시킬 수도 있다는 전반적인 우려 때문이다. 또한, 실험 연구를 통해 알코올 사용이 낮은 건강 위험과 인과적으로 관련이 있다는 명확한 증거도 부족하다(Rabin, 2009). 또한 우리는 적당한 음주조차도 여성의 유방암 발생 위험에 근소한 영향을 미칠 수 있음을 인정해야 한다(Chen, Rosner, Hankinson, Colditz, & Willett, 2011; Kaunitz, 2011; Narod, 2011). 건강증진을 위한 노력은 알코올 소비를 격려하는 방법보다는 음주는 적당히 하고, 담배는 끊고, 지방과 콜레스테롤의 섭취는 낮추고, 정기적 운동을 하는 등 더 안전한 방법을 찾는 방향으로 가는 것이 좋다.

신경안정제 약 1%의 미국 성인은 인생의 어떤 시점에서 물질 사용 장애를 발달시키는데, 사용하는 약물은 신경안정제, 수면제, 항불안제 등을 포함한다. 아모바비탈, 펜토바르비탈, 페노바르비탈, 세코바르비탈과 같은 **신경안정제**(barbiturates)는 진정제이다. 이 약물들은 불안과 긴장 완화, 고통 경감, 간질과 고혈압 치료 등 여러 가지 의료적 용도로 쓰이고 있다. 신경안정제의 사용은 내성과 금단 증후군 모두의 형태로 나타나면서 빠르게 심리적, 생리적 의존에 이르게 한다.

신경안정제는 또한 편안함을 주고 가벼운 정도의 행복감이나 또는 고양감을 초래하기 때문에 인기 있는 불법 약물이다. 알코올처럼 신경안정제의 과다 복용은 졸음, 불명료한 언어 사용, 운동장애, 과민성 그리고 판단력 부족을 초래한다—특별히 약물 복용과 자동차 운전이 결합되면 그 효과의 조합은 치명적이 된다. 신경안정제의 효과는 3시간에서 6시간 동안 지속된다.

상승 효과 때문에 신경안정제와 알코올을 동시에 복용하면 각각 따로 사용하는 것보다 그 효과가 4배나 더 강력하다. 알코올과 신경안정제의 결합은 여배우 메릴린 먼로와 주디 갈런드의 사망에 연루되어 있었다. 매우 널리 사용되는 발륨과 리브리움 같은 항불안제조차도 위험할 수 있고, 알코올과 결합되면 과다 복용으로 이어질 수 있다. 물론 발륨과 리브리움은 단독으로 사용될 경우 안전의 여지가 많은 것은 사실이다.

생리적으로 의존적인 사람들은 안정제나 신경안정제, 항불안제를 조심스럽게 줄여야 하고 반드시 의료적 감독하에서만 진행해야 한다. 급격하게 끊을 경우 환시, 환촉이나 환청 그리고 사고 과정 장애와 의식 장애를 포함하는 섬망 상태가 초래될 수 있다. 더 오래 약물을 사용할수록, 더 많은 양을 복용할수록, 더 엄청나게 심각한 금단을 가져온다. 치료받지 않고 급격한 금단을 겪는 사람은 간질 발작을 일으키고 사망에조차 이를 수 있다.

오피오이드 오피오이드는 **마취제**(narcotics)—통증 완화와 수면 효과의 강한 중독성이 있는 마취제—로 분류된다. 오피오이드는 양귀비에서 자연 발생적으로 추출된 아편제(모르핀, 헤로인, 코데인)와 아편 같은 효과를 가진 합성의약품(예: 데메롤, 비코딘) 둘 다를 포함하고 있다. 고대 수메르 사람들은 이 양귀비 식물 아편을 '기쁨의 식물'이라는 의미로 명명했다.

오피오이드는 급격하거나 강렬한 쾌락을 일으키는데, 이것이 불법 약물로서 이 약물이 인기를 얻는 주된 이유이기도 하다. 이 약물은 또한 개인적인 문제를 인식하는 것을 무디게 하는데 이것은 스트레스로부터 심리적 탈출을 추구하는 사람들에게 매력적인 요소로 작용한다. 이런 즐거운 효과는 뇌의 쾌락 회로를 직접적으로 자극하는 이 약물의 효능에서 나오는 것이다—같은 부위의 뇌 회로망은 성적 즐거움이나 만족스러운 음식을 먹음으로써 느끼는 즐거움에 반응한다.

주요한 의학적 효과는—자연적 아편이든 합성 아편이든 간에—통증 완화 또는 통각 상실이다. 그러나 오피오이드의 과다 복용은 의식불명이나 사망에까지 이를 수 있기 때문에 의학적으로 주의 깊게 사용하도록 규제된

다. 많은 치명적 과다 복용, 사고들이 거리에서 행해지는 오피오이드의 무분별한 사용과 연관되어 있다. 미국의 많은 도시에서 젊은이들이 자동차 사고에 비해 헤로인 과다 복용으로 사망할 가능성이 더 높다.

12세 이상 미국인의 약 1.6%가 생애 어떤 시점에서 헤로인을 사용하고, 0.2%(1,000명 중 2명)가 지난 한 해 동안 마약을 사용했다고 보고한다(SAMHSA, 2012). 일단 약물 의존이 시작되면, 일반적으로 만성이 되고, 잠시 동안 약물을 절제해야만 벗어날 수 있다. 추가적 문제는 통증 완화에 사용되는 처방받은 오피오이드도 불법적으로 거리에서 판매될 때 약물 남용을 일으킬 수 있다는 것이다(Friedman, 2006).

1970년대 이루어진 두 가지 발견을 통해 뇌가 아편과 같은 효과를 가진 자체 화학물질을 생성한다는 것이 밝혀졌다. 첫 번째 발견은 뇌에 있는 신경세포가 수용체를 가지고 있는데 여기에 자물쇠에 맞는 열쇠처럼 아편제가 맞는다는 것이다. 두 번째 발견은 인간의 신체가, 아편이 하는 것처럼 똑같은 수용체에 도킹하는 아편 같은 물질을 스스로 생성한다는 것이다. 이런 자연 물질이나 **엔도르핀류**(endorphins)는 즐거움과 고통의 자연적인 상태를 조절하는 중요한 역할을 한다. 오피오이드는 엔도르핀을 위해 고안된 수용체에서 도킹하면서 통증을 무디게 하고 즐거운 감각을 생산하는 뇌 중심을 자극하는 등 엔도르핀의 활동을 모방한다. 이것은 마취제가 왜 행복감(도파민의 방출은 또 다른 요인이다)을 생산하는지 설명하는 데 도움이 된다. 뿐만 아니라, 연구자들은 최근 음주가

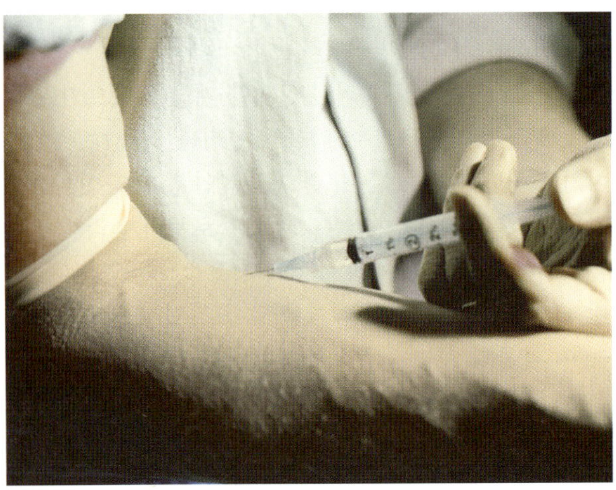

마약 정맥 주사. 헤로인 사용자들은 종종 헤로인을 정맥에 직접 주사한다. 헤로인은 과도한 행복감을 일으킬 수 있는 강력한 억제제이다. 헤로인 사용자들은 헤로인을 사용할 때 너무 기뻐서 음식이나 섹스에 대한 그 어떤 생각도 근절시킬 수 있다고 주장한다.

뇌의 엔도르핀 방출을 자극한다는 사실을 알게 되었다. 이것은 왜 알코올이 기분을 좋게 하는지 설명하는 데 도움이 된다(Mitchell et al., 2012).

오피오이드와 관련된 금단 증후군은 심각할 수 있다. 마지막으로 복용한 지 4~6시간 안에 그 증상이 시작된다. 불안, 초조감, 불안정, 약물에 대한 갈망 등을 동반한 독감 같은 증상 나타난다. 며칠 안에 증상들은 빠른 맥박, 고혈압, 경련, 떨림, 발열, 구토, 불면증, 설사 등으로 발전된다. 이런 증상들은 불편감을 줄 수는 있지만 특별히 증상 완화를 위해 다른 약물을 처방받을 경우, 일반적으로 파괴적이지는 않다. 더 나아가, 신경안정제의 금단과는 달리 금단 증후군은 거의 사망에 이르지는 않는다.

모르핀 그리스 신화 중 잠의 신인 Morpheus에서 그 이름이 유래된 **모르핀**(morphine)은 미국 남북 전쟁 시기 즈음에 소개되었다. 강력한 아편 유도체인 모르핀은 부상으로 인한 고통을 없애기 위해 자유롭게 사용되었고 모르핀에 대한 생리적 의존은 '군인 병'으로 알려지게 되었다. 모르핀이 법으로 규제된 약물이 되기 전까지는 모르핀 의존에 붙여진 오명은 거의 없었다.

헤로인 가장 널리 사용되는 마취제인 **헤로인**(heroin)은 과도한 행복감을 일으킬 수 있는 강력한 억제제이다. 헤로인 사용자들은 헤로인을 사용할 때 너무 기뻐서 음식이나 섹스에 대한 그 어떤 생각도 근절시킬 수 있다고 주장한다. 헤로인은 모르핀만큼 효과적이지만 중독을 일으키지 않는 통증 완화 약물을 찾던 중 1875년에 개발되었다. 화학자 Heinrich Dreser는 모르핀을 변형시켜 헤로인을 만들었는데, 중독 없이 통증을 완화시킬 수 있는 'heroic(영웅 같은)'한 효과를 가진 것으로 믿었고, 이런 이유로 이름도 헤로인이라고 지었다. 불행하게도, 헤로인은 강력한 생리적 의존을 초래했다.

약 400만 명의 미국인들이 생애 일정 시점에 헤로인을 사용했고, 30만 명 정도는 현재도 사용하고 있다(SAMHSA, 2012). 현재 사용자의 반 이상이 헤로인에 중독되었다. 헤로인 사용자 대부분은 25세 이상의 남성이며, 최초 사용 시의 평균 나이는 약 22세이다. 헤로인은 일반적으로 피부 아래 직접적으로 주사하거나, 정맥에 주사한다.

그 효과는 즉각적이다. 급격하게 밀려오는 강력한 만족감, 도취감이 5~15분 동안 지속되고, 행복감이 3~5시간가량 이어진다. 이런 상태에서 모든 긍정적인 욕구가 채워지는 것처럼 보인다. 죄책감, 긴장 그리고 불안 같은 모든 부정적인 느낌이 사라진다. 장기간 사용하면

중독으로 발전될 수 있다. 헤로인에 의존된 많은 사람들은 매춘(헤로인 판매)이나 도난당한 물품 판매 등을 통해 헤로인을 지속적으로 사용한다. 헤로인은 억제제이긴 하지만, 그 화학적 효과가 범죄나 공격적인 행위를 직접적으로 자극하지는 않는다.

흥분제

흥분제(stimulants)는 중추 신경계 활동을 증가시키는 정신활성화 물질로 각성 상태를 강화시키고 즐거운 감정과 고양된 기분까지도 초래할 수 있다. 그 효과는 특정 약물에 따라 다양하다.

암페타민 **암페타민**(amphetamines)은 합성 흥분제의 한 부류이다. 불법 시장에서 판매될 경우 스피드(speed), 어퍼스(uppers), 베니(bennies), 메스(meth) 그리고 덱스(dexies) 등으로 불리기도 한다.

암페타민은 과도한 행복감을 주는 효과 때문에 고용량으로 사용된다. 이것은 종종 알약 형태로 복용되거나 얼음이나 크리스탈 메스로 불리는 비교적 순수한 형태인 연기로 흡입된다. 암페타민의 가장 강력한 형태인 액체 메스암페타민은 정맥에 직접적으로 주사되고, 강렬하고 즉각적인 쾌감을 생성한다. 어떤 사용자는 더 높은 효과를 유지하기 위해 끝없이 메스암페타민을 주사한다. 결국 이런 고양감은 끝이 난다. 고양된 기분 상태에 있었던 사람들은 때로 '폭발(crash)'하고 깊은 잠이나 우울에 빠진다. 어떤 사람들은 고양된 상태의 내리막길에서 자살을 시도한다. 고용량의 복용은 초조감, 불안정, 환각, 편집망상, 식욕상실 그리고 불면증을 야기한다.

한 연구에서 12세 이상 미국인의 약 5%가 생애 어떤 시점에 크리스탈 메스(meth)를 사용한다고 보고했고, 0.3%(1,000명 중 3명)가 지난해 약물을 사용했다고 보고했다(SAMHSA, 2012). 모두 합쳐 1,200만 명 이상의 미국인이 생애 어떤 시점에 크리스탈 메스를 사용한 적이 있다(Jefferson, 2005). 암페타민을 복용하면 생리적 의존을 발달시킬 수 있는데 이런 생리적 의존은 불쾌하고 생생한 꿈, 불면이나 수면과다(과도한 수면), 식욕 증가 그리고 느려진 운동 행동이나 동요뿐만 아니라 우울과 피로를 특징으로 하는 금단 증후군을 초래한다(APA, 2013). 암페타민을 스트레스나 우울을 대처하는 하나의 방법으로 사용하는 사람들에게서 가장 자주 나타나는 것은 심리적 의존이다.

메스암페타민 남용은 다른 작용 외에도 학습과 기억에 결함을 초래해서 뇌손상을 야기할 수 있다(Thompson et al., 2004; Toomey et al., 2003). 장기적 사용은 또한 우울, 공격적 행동 그리고 사회적 소외의 증가와 관계가 있다(Homer et al., 2008). 또 특별히 약물을 흡입하거나 정맥으로 주사했을 때, 충동적 폭력이 발생할 수 있다. **암페타민 정신증**(amphetamine psychosis)에 인한 환각과 망상은 편집성 조현병의 환각 및 망상과 비슷해 보인다. 그래서 많은 연구자들은 조현병의 기저 원인에 가능한 단서로서 암페타민에 의해 유도된 화학적 변화들을 살펴보고 있다.

엑스터시 엑스터시 약물 또는 MDMA(3, 4-methylene-dioxymethamphetamine)는 암페타민 화학구조와 비슷한 화학적 싸구려 **합성 마약**(designer drug)이다. 엑스터시는 가벼운 고양감 환각을 일으킨다. 2000년대 초 몇 년 동안 10대들의 엑스터시 사용이 크게 감소했고, 그러고 나서 몇 년 동안은 증가했다가 2012년에 다시 크게 감소했다(Johnston et al., 2012). 엑스터시의 위험에 대한 메시지는 아마 젊은 층에게 전달되기 시작하고 있다.

엑스터시는 우울, 불안, 불면 그리고 편집증이나 정신병을 포함하는 부정적인 심리적 영향을 초래할 수 있다. 이 약물은 주의력, 학습 능력 그리고 기억력을 포함한 인지적 작업 수행에 손상을 주는 뇌손상을 야기할 수 있다(Di Iorio et al., 2011; de Win et al., 2008). 더 많은 양을 사용할수록, 뇌의 장기적 변형으로 고통을 겪을 위험이 더 커진다. 과학자들은 일상생활에서 즐거움을 얻는 능력과 기분 상태 조절에 관여하는 뇌의 주요 화학물질인 도파민과 세로토닌 신경전달물질을 생산하는 신경세포를 이 약물이 죽이고 손상한다고 의심한다(Di Iorio et al., 2011; van Zessen et al., 2012). 신체적 부작용은 높은 심장박동수와 고혈압 그리고 체온 상승이나 오한을 포함한다. 과다 복용시 치명적이 될 수 있다.

코카인 코카콜라의 원래 제조법에 **코카인**(cocainc) 추출물이 포함되어 있었다는 걸 알고 놀랐을 것이다. 하지만 1906년에 제조사는 비밀 제조법에서 코카인을 제외시켰다. 이 음료는 원래 일부 포함된 코카인 내용물 때문에 '뇌를 위한 지적인 음료'로 묘사되었다. 코카인은 코카 잎에서 추출된 자연 흥분제다—이 식물에서 이 탄산음료의 이름을 얻었다—코카콜라는 여전히 코카 식물의 추출

물로 맛을 내지만, 그 안에 정신활성화 효과가 있다는 한 가지 사실은 알려지지 않았다. 진실 / 거짓

진실 또는 거짓

코카콜라에는 원래 코카인이 들어 있었다.

진실 코카콜라의 원래 제조법에는 코카인 추출물이 포함되어 있었다.

코카인은 신체적으로 중독되지 않는다고 오랫동안 믿어 왔다. 하지만 이 약물은 내성 효과와 식별할 만한 금단 증후군, 곧 우울한 기분과 수면 및 섭식장애를 특징으로 하는 증상들을 초래한다. 또 약에 대한 강렬한 갈망과 즐거움을 경험하는 능력의 상실이 나타날 수도 있다. 금단 증후군은 일반적으로 기간이 짧고, 갑작스런 금단 이후 따라오는 충격이나 깊은 우울과 소진의 기간이 포함되기도 한다.

코카인은 주로 분말 형태로 코로 흡입하거나, 크랙(crack) 형태를 연기로 흡입한다. 크랙 형태는 더 딱딱한 형태로 75% 이상 순수하다. 크랙 'rocks'는—작고 하얀 자갈처럼 보이기 때문에 이렇게 불린다—작고 연기로 흡입하기 적당한 양으로 사용할 수 있고 가장 습관성이 되기 쉬운 불법 약물로 간주된다. 크랙은 강렬하고 신속한 고양감을 생성하고 이것은 수 분 안에 사라진다. 분말 코카인 흡입 시 생성되는 고양감은 좀 더 순하고, 고양감으로 발전되기까지 시간이 좀 걸리지만 크랙에서 생성된 고양감보다 더 오래 머무는 경향이 있다.

마약 순화(freebasing)는 또한 코카인의 효과를 격렬하게 한다. 마약 순화에서 분말 코카인은 에테르로 가열되고, 약물의 기저에 있는 향정신성 화학물질을 없애고 난 후 연기를 피운다. 그러나 에테르는 가연성 높은 물질이다.

마리화나 다음으로 코카인은 미국에서 가장 널리 사용되는 불법 약물이다. 12세 이상 미국인의 거의 15%가 코카인을 사용한 적이 있고, 약 2%가 지난 한 해 동안 사용했다고 보고했다(SAMHSA, 2012).

코카인의 효과 헤로인처럼, 코카인도 뇌의 보상체계나 쾌락 회로를 직접적으로 자극한다. 또한 갑작스런 혈압 상승 및 빨라지는 심박수를 초래하는데 이는 잠재적으로 위험하고 치명적이기조차 한 불규칙한 심장 리듬을 야기할 수 있다. 과다 복용은 초조감, 불면, 두통, 메스꺼움, 경련, 떨림, 환각, 망상, 그리고 호흡기나 심혈관 붕괴로 인한 갑작스러운 사망까지도 초래할 수 있다. 정기적으로 코카인을 코로 흡입하면 코 안에 궤양을 포함한 심각한 문제로 이어질 수 있다.

코카인의 반복적 사용과 과다 복용은 우울과 불안을 야기할 수 있고, 이때 우울은 자살 행위를 시도할 수 있을 만큼 심각할 수 있다. 폭발이 장기, 과다 사용자들에게 더 일반적이지만, 초기 사용자 및 반복적 사용자 모두 폭발(과다 복용후 우울한 감정) 삽화를 보고하고 있다. 암페타민뿐만 아니라 코카인 사용으로도 유발될 수 있는 정신병적 행동은 지속적으로 사용할 때 더 심각해지는 경향이 있다. 정신병적 증상은 강렬한 환시, 환청 그리고 피해망상을 포함할 수 있다.

니코틴 습관적 흡연은 단지 나쁜 습관에 불과한 것이 아니다. 이것은 담배, 시가 및 무연 담배를 포함한 담배 제품에서 발견되는데 홍분제 니코틴에 대한 신체적 중독이다. 흡연은 또한 미국에서만 매년 거의 45만 명에 달하는 사람들의 목숨을 앗아갈 만큼 치명적이다. 이들은 대부분 심장 혈관(심장동맥) 질환뿐만 아니라 폐암 및 다른 폐질환으로 사망했다(Tobacco Use, 2010). 흡연은 미국에서 주요한 건강 위험 요인으로 인정되고 있고, 흡연자들의 평균 수명을 10년이나 깎아내리면서 어떤 다른 원인보다 더 높은 조기 사망의 원인이 되고 있다(Jha et al., 2013; Schroeder, 2013). 종합적으로, 미국인 5명 중 1명의 사망 원인을 흡연이 차지하고 있고, 79세 이전에 사망할 위험도 2배로 만들고 있다(Benowitz, 2010; Jha et al., 2013). **그림 8.2**는 미국에서 흡연으로 기인된 사망 원인의 내역을 보여 주고 있다(CDC, 2009). 좋은 소식은 어떤 연령에서든 담배를 끊으면 흡연관련 사망의 증가된 위험을 크게 감소—위험 제거는 아니지만—시킬 수 있다는 것이다(Jha et al., 2013; Thun et al., 2013).

세계보건기구는 전 세계적으로 1억 명의 사람들이 담배를 피우고, 300만 명 이상이 매년 흡연관련 원인으로 사망한다고 추산했다. 좋은 소식은, 지난 50년간 미국 흡연자의 비율이 1960년대 중반 43%에서 오늘날 약 19%로 현저하게 감소했다는 것이다(CDC, 2011; Koh & Sebelius, 2012). 10대들 사이의 흡연도 마찬가지로 감소하고 있다(Kuehn, 2013; Rattue, 2012). 건강의 관점에서 나쁜 소식은, 미국 성인 5명 중 1명이 여전히 담배를 피우고 있고, 흡연 감소율이 사실상 둔화되고 있다는 점이다(Koh & Sebelius, 2012).

유방암을 포함한 어떤 다른 종류의 암보다 폐암으로 더 많은 여성이 사망한다는 사실을 알면 놀랄 것이다. 담

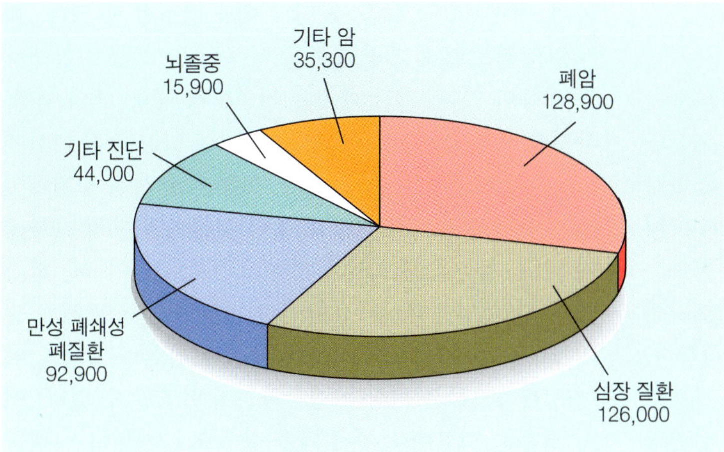

그림 8.2 흡연으로 인한 미국의 연간 사망자 수. 흡연은 연간 약 45만 명의 미국인의 생명을 앗아갔다. 그들 대부분은 폐암, 심장 질환, 만성 폐쇄성 폐질환으로 사망했다.

출처: Centers for Disease Control, 2008.

배를 끊을 경우 여성과 남성 모두에게 분명히 건강상의 유익을 주지만, 불행하게도 비흡연자와 같은 수준으로 위험을 감소시키지는 않는다. 교훈은 분명하다. 당신이 현재 담배를 피우지 않는다면 흡연을 시작하지 말고, 피운다면 끊으라는 것이다.

흡연율의 민족적 차이는 **그림 8.3**에서 볼 수 있다. 아메리칸 원주민(아메리칸 인디언/알래스카 원주민)의 경우를 제외하고, 각 민족의 여성은 같은 민족 내 남성에 비해 흡연 가능성이 낮다. 흡연은 또한 저소득과 낮은 교육 수준에 있는 사람들 사이에서 점점 더 집중적으로 행해지고 있다(예: Blanco et al., 2008).

니코틴은 담배 제품의 사용을 통해 몸속으로 전달된다. 흥분제로서, 니코틴은 각성을 증가시키지만 동시에 감기, 끈적끈적 피부, 메스꺼움과 구토, 어지러움과 현기증, 그리고 설사를 야기할 수 있고 이것들은 모두 초보 흡연자들이 경험하는 불편감의 이유가 된다. 니코틴은 에피네프린의 분비를 자극하는데, 이 에피네프린은 빠른 심장박동을 일으키고 혈액에 당 비축량을 방출하고, 자율 신경계 활동의 쾌감을 생산하는 호르몬이다. 니코틴은 식욕을 억제하고 심리적 '열망'을 초래한다. 또한 뇌에서 만들어지는 마약과 유사한 호르몬인 엔도르핀 분비를 이끈다. 이것이 담배 사용 관련 쾌락에 대한 설명이 될 수 있다.

니코틴의 습관적 사용은 이 약물에 대한 생리적 의존을 초래한다. 니코틴 의존은 내성(복용량은 평준화되기 전까지는 하루에 한 팩이나 두 팩까지 상승한다)과 특징적인 금단 증후군 모두와 관련되어 있다. 니코틴의 금단 증후군은 매우 다양한 모습을 포함한다. 에너지 부족, 우울한 기분, 성마름, 좌절, 긴장, 주의 집중의 손상, 어지러움과 현기증, 졸음, 두통, 피로, 불면, 경련, 심장박동 감소, 두근거림, 식욕 증가, 체중 증가, 발한, 떨림, 그리고 담배에 대한 강한 갈망 등의 증상을 보인다. 이틀 이상 담배를 끊은 담배 사용자의 약 50%는 담배 금단 장애의 증거를 보여 준다(APA, 2013).

흡연은 거의 즉각적으로 자극적인 니코틴의 '효과'를 경험하게 해 준다. 흡연 시 포함된 니코틴은 처음 몇 번의 흡입부터 뇌에서 니코틴 수용체를 차지하기 시작한다.

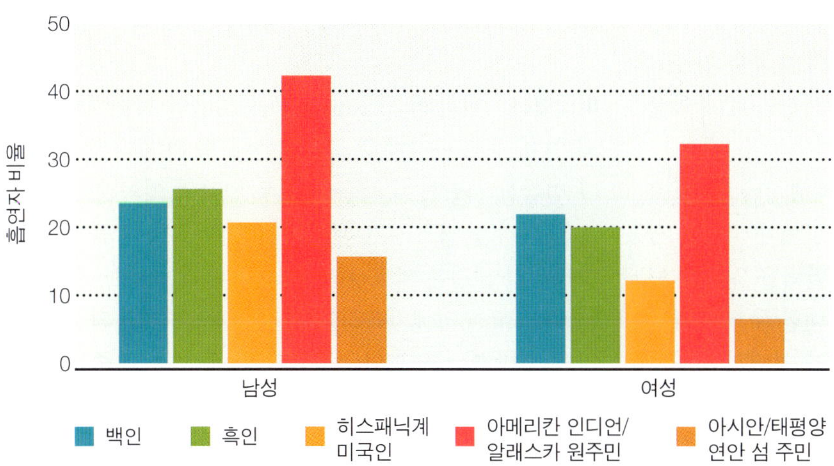

그림 8.3 미국 성인의 시가 흡연율의 성별 및 민족 차이. 미국의 흡연율은 여성보다 남성이 더 높고, 다른 주요 인종/민족 집단보다 아메리칸 원주민(아메리칸 인디언과 알래스카 원주민)에게서 더 높게 나타난다.

출처: Centers for Disease Control, 2009.

환각제

사이키델릭(psychedelics)으로도 알려진 **환각제**(Hallucinogens)는 색상인식과 청력에 나타난 주요 변화를 포함한 감각의 왜곡이나 환각을 일으키는 종류의 약물이다. 환각제는 또 다른 효과를 나타낼 수도 있는데, 이완 효과와 행복감, 어떤 경우에는 공황과 같은 증상을 보이기도 한다.

환각제는 LSD(lysergic acid diethylamide), 실로사이빈(psilocybin) 그리고 메스칼린(mescaline)을 포함한다. 환각제와 비슷한 효과를 내는 향정신성 물질에는 마리화나와 펜시클리딘(PCP)이 있다. 페이요티(peyote) 선인장에서 추출한 메스칼린은 미국 남서부, 멕시코, 중앙아메리카에 사는 아메리칸 원주민들이 종교 제의에서 수 세기 동안 사용해 왔다. 실로사이빈도 마찬가지였는데 이것은 어떤 버섯에서 추출된 것이다. LSD, PCP 그리고 마리화나는 미국에서 가장 흔하게 사용되는 환각제다.

환각제에 대한 내성이 발전될 수 있음에도 불구하고 연구자들에게는 지속적이거나 임상적으로 중요한 금단 증후군의 증거가 부족하다(APA, 2013). 그러나 금단 이후 이어지는 약물에 대한 갈망이 발생할 수 있다.

LSD LSD는 합성 환각 약물로 선명한 색깔의 퍼레이드에 더하여 시각적 왜곡을 초래할 수 있다. 사용자들은 이것이 '의식을 확대시키고' 새로운 세상을 열어 준다고 말한다—마치 그들이 일상적 현실 너머의 어떤 현실을 보고 있는 것처럼—때로 LSD '환각 체험(trip)'을 하는 동안 사용자들은 위대한 통찰을 얻었다고 믿지만, 약에서 깨어나면 일반적으로 통찰을 통해 발견한 것을 관철하지 못하거나, 그런 기억을 상기시키지도 못한다.

LSD의 효과는 예측할 수 없고, 사용자의 기대감, 성격, 기분 그리고 환경뿐만 아니라 섭취한 양에 따라 다르게 나타난다. 그 약물에 대한 사용자의 사전 경험도 중요한 역할을 하는데, 사전 경험을 통해 약물의 효과를 다루는 것을 배운 사용자들은 처음 사용하는 사람들보다 약물 사용을 더 잘 준비한다.

어떤 사람은 약물을 사용하면서 불쾌했거나 또는 '무서운 환각 체험'을 경험하기도 한다. 공황이나 극심한 공포감을 느낄 수도 있고, 통제감이나 분별력을 잃을까 봐 두려울 수도 있다. 어떤 사람은 죽음에 대한 무서운 공포를 경험하고, 때로는 LSD 환각 체험 동안 치명적인 사고가 발생하기도 한다. 회상은 일반적으로 그 '환각 체험'에 대해 어느 정도 지각적 왜곡을 재경험하는 것을 포함하는데, 며칠, 몇 주 혹은 몇 년 후에도 발생할 수 있다. 회상은 갑작스럽게 그리고 종종 아무런 경고 없이 발생하는 경향이 있다. 지각 왜곡은 기하학적 형태, 색의 섬광, 강렬한 색깔, 잔상 또는 사람들 사이에 있는 특정 대상에 대한 후광 효과 등을 포함한다. 이전 약물 사용 경험에서 야기된 뇌의 화학적 변화로 이런 것들이 비롯될 가능성이 있다. 회상을 일으키는 촉발 요인으로는 어두운 환경에의 진입, 약물 사용, 불안이나 피로 또는 스트레스 등이 있다. 잠재적인 성격 문제 같은 심리적 요인들도 왜 어떤 사용자들은 회상을 경험하는지 설명할 수 있다. 어떤 경우는 회상이 LSD 경험을 상상으로 재현하는 것을 포함하기도 한다.

펜시클리딘 마약상들 사이에서 '천사의 먼지(angel dust)'라고 불리는 **펜시클리딘**(phencyclidine)은 1950년대에 마취제로 개발되었지만, 환각을 초래하는 부작용이 발견되면서 사용이 중단되었다. 흡연에 적합한 형태의 PCP는 1970년대 길거리 약물로 인기가 높았다. 하지만 이후, 약물의 예측할 수 없는 효과 때문에 그 인기가 약해졌다.

대부분의 약물처럼 PCP의 효과도 복용량과 관련이 있다. 환각을 일으킬 뿐만 아니라 심박수와 혈압을 높이고, 발한, 홍조, 마비를 일으킨다. PCP는 섬망 발생 약물—섬망 상태를 조성할 가능성이 있는 약물—로 분류된다. 또 사용자들이 마치 자신과 환경 사이에 뭔가 보이지 않는 장애물이 있는 것처럼 느끼게 만드는 해리 효과가 있다. 해리는 사용자의 기대감, 기분, 배경 등에 따라 즐겁거나, 마음을 사로잡거나, 또는 무서워하는 기분으로 체험될 수 있다. 과다 복용하면 졸음, 멍한 응시, 경련을 일으킬 수 있고, 간혹 혼수상태를 가져올 수도 있다. 편집증과 공격적 행동, 중독 기간 동안 지각 왜곡이나 손상된 판단으로 인한 비극적 사고도 일어날 수 있다.

마리화나 **마리화나**(marijuana)는 대마인 식물에서 추출되었다. 주로 환각제로 분류되는데, 특히 과다 복용하거나 민감한 사람들이 사용할 경우 지각의 왜곡 또는 마일드한 환각을 일으키기 때문이다. 마리화나에 들어 있는 향정신성 물질은 테트라하이드로카나비놀(delta-9-tetrahydrocannabinol, THC)이다. THC는 이 식물의 가지와 잎에서 발견되는데 암그루의 송진에 매우 집중되어 있다. 해시시 또는 해시도 송진에서 추출되는데 이것은 마리화나보다 더 강력하지만 효과는 비슷하다.

12세 이상 미국인 약 10명 중 4명이 마리화나나 해시시를 생애 어떤 시점에서 사용해 본 적이 있다고 보고했고, 약 11.5%가 지난 한 해 동안 이 약물을 사용했다고 보고했다(SAMHSA, 2012). 현재 미국 성인 인구의 약 1.5%가 마리화나 사용 장애로 고통당하고 있다(APA, 2013). 남성이 여성에 비해 마리화나 사용 장애로 발전되기 쉽고, 18~30세 사이의 사람들에게서 유병률이 가장 높게 나타난다.

오늘날은 술이나 담배보다 마리화나를 사용하는 10대가 더 많다는 사실을 알고 있는가? 비록 2012년에 상승 추세가 멈추긴 했지만, 미국 청소년들의 마리화나 사용이 몇 년 동안 상승해 왔다(Johnston et al., 2012; Kuehn, 2011a, 2013; Wu et al., 2011). 고등학교 3학년생 1/3 이상이(36%) 작년 한 해 동안 마리화나를 사용했다고 보고했다(Johnston et al., 2012; Kuehn, 2013). 마리화나 사용의 증가는 청소년의 코카인 사용의 지속적인 감소와 날카로운 대조를 이룬다. 진실 / 거짓

진실 또는 거짓

오늘날은 술이나 담배보다 마리화나를 사용하는 10대들이 더 많다.

진실 10대들 사이에서 오늘날은 알코올이나 담배보다 마리화나가 더 인기 있다.

소량의 약물 복용은 음주할 때와 비슷하게 편안한 감정을 생성할 수 있다. 어떤 사용자들은 보고하기를 소량의 약물만 복용할 시 사교 모임 등에서 더 편안하게 느낀다는 것이다. 그러나 더 많은 복용량은 사용자들을 자기 자신 안으로 침잠하도록 이끈다. 어떤 사용자들은 약물이 자기통찰 능력이나 창조적인 사고를 높인다고 믿는다. 비록 약물의 영향 때문에 얻은 그 통찰력이 약물 효과가 사라진 때에는 그다지 통찰력 있어 보이지 않음에도 불구하고 말이다. 사람들은 인생 문제나 스트레스를 만날 때 잘 대처하고 기능하도록 도움받기 위해서 마리화나로 향한다. 다른 약물도 마찬가지 이유로 복용한다.

강하게 중독(intoxication)된 사람들은 다른 사람에 비해 시간이 더 천천히 가는 것처럼 인식한다. 몇 분 길이의 노래가 한 시간 동안 지속되는 것처럼 보이고 심장박동 같은 신체감각에 대한 의식이 예민해진다. 흡연자들도 강한 중독(intoxication)이 성적 감각을 고조시킨다고 보고했다. 환시도 일어날 수 있다.

강한 중독은 흡연자를 정신적 혼란에 빠뜨릴 수 있다. 만약 그들이 행복감에 도취되어 있다면, 정신적 혼란은 우주와 조화를 이룬 것으로 해석될 수 있다. 그러나 일부 흡연자들은 강한 중독이 불안을 가져다준다는 걸 안다. 점점 빨라지는 심박수와 예민한 신체감각 인식은 일부 흡연자로 하여금 자기 심장이 '도망'가지 않을까 하는 두려움을 일으킨다. 어떤 사람들은 그들이 '돌아오지 않을 것' 같은 두려움과 혼란 때문에 겁을 먹는다. 높은 수준의 중독은 때때로 메스꺼움과 구토를 유도한다.

마리화나 의존은 생리적 의존보다는 오히려 충동적 사용이나 심리적 의존과 더 관련이 있다. 만성적 약물 사용 시 내성이 발생할 수 있지만, 어떤 사용자는 반복적으로 사용할 때 약물의 효과를 더 민감하게 느끼도록 하는 역내성 혹은 민감화 증상을 보고했다. 분명한 금단 증후군이 확실하게 입증되지는 않았지만, 증거는 갑작스럽게 약물 사용을 중단한 장기 과다 사용자들에게 한정할 수 있는 금단 증후군을 가리키고 있다(Allsop et al., 2012; Mason et al., 2012). 더 나아가 마리화나를 정기적으로 사용하면 학습과 기억의 손상으로 이어질 수 있는데, 특히 과다 복용자나 장기간 사용자들 사이에서 나타난다(Bossong et al., 2012; Han et al., 2012; Meier et al., 2012). 더 큰 문제는 최근 연구를 통해 드러난 증거

IQ를 낮추는 길로 가고 있는가? 청소년기부터 시작한 마리화나 사용이 중년기 IQ 감소와 관련 있다는 증거가 최근 드러났다.

에 있다. 이 증거는 청소년기부터 시작된 지속적인 마리화나의 사용이 중년기 IQ의 감소와 관련 있다고 말한다(Kuehn, 2012; Meier et al., 2012).

또한 마리화나의 사용이 이후 헤로인과 코카인 같은 더 강력한 약물을 사용하게 되는 것과도 관계가 있다고 말한다(Kandel, 2003). 마리화나의 사용이 더 강력한 약물 사용을 이끄는 유발물질인지 아닌지는 현재 명확하지 않다. 그러나 분명한 것은 마리화나는 인식력과 운동 협응 능력을 손상시켜서 자동차 운전이나 중장비 작동을 위험하게 만든다. 최근에 드러난 증거는 3시간 이내에 마리화나를 사용하고 운전한 사람이, 약물로 인한 손상이 없는 사람에 비해 사고를 일으킬 확률이 거의 2배임을 보여 준다(Asbridge, Hayden, & Cartwright, 2012).

마리화나 사용이 많은 사용자에게 긍정적인 기분전환을 유발하지만, 어떤 사람은 불안과 혼란을 보고한다. 가끔 편집증이나 정신병적 반응을 일으켰다는 보고도 있다. 마리화나는 심박 수와 혈압을 높이고 심장 질환자들의 심장마비 위험 증가와 관련이 있다. 그리고 담배처럼, 마리화나를 피우는 것은 폐조직을 손상시키고, 만성 기관지염같이 심각한 호흡기 질환으로 이끌 수 있으며, 폐암의 위험을 증가시킬 수도 있다(Singh et al., 2009; Zickler, 2006).

이론적 관점

> **8.6** 물질 사용 장애의 이해를 위한 주요 이론적 관점을 서술한다.

여러 가지 이유로 사람들은 향정신성 물질을 사용하기 시작한다. 어떤 청소년들은 또래집단의 압력 때문에, 또는 약물이 그들을 더 세련되고 성숙하게 보이도록 만든다고 믿기 때문에 약물을 사용한다. 일부는 부모님이나 사회 전체에 대한 반항의 일환으로 사용한다. 사람들이 약물을 시작하는 동기와는 상관없이 약물 사용으로 얻는 즐거움을 끊기 어려워 계속 사용하게 된다. 그러나 대부분의 청년은 성인이 되기 위해서가 아니고, 고수가 되기 위해 술을 마신다. 많은 사람이 담배를 피우는 것은 담배가 주는 즐거움 때문이다. 어떤 경우는 긴장을 완화시키기 위해 피우고, 역설적인 경우로 피곤할 때 힘을 얻기 위해 담배를 피우기도 한다. 많은 사람이 담배 끊기를 바라지만 탐닉을 멈추기 어렵다는 것을 알게 된다.

직장이나 사회생활에서 불안을 느끼는 사람들은 알코올, 마리화나(특정 용량에서), 신경안정제 그리고 진정제 등의 진정 효과에 끌렸을 것이고, 자존감이나 자신감이 낮은 사람들은 암페타민과 코카인의 자아보호 효과에 끌렸을 것이다. 어리고 가난한 사람들은 헤로인과 유사한 약물을 사용함으로써 빈곤, 고통 그리고 도시생활의 갑갑함에서 탈출을 시도한다. 비교적 잘 지내는 청소년의 경우는 의존적인 삶에서 독립적인 삶으로 전환하고, 일이나 대학생활 혹은 생활양식과 관련된 삶에 변화를 주고자 약물에 의존할 수 있다. 다음 장에서는 약물 사용 및 남용에 있어서 중요한 이론적 관점을 다루고자 한다.

생물학적인 관점

연구자들은 약물 사용 및 남용의 생물학적인 기초(근간)에 대해 훨씬 더 많이 알고자 한다. 최근의 연구는, 특히 도파민이나 유전적 요인 같은 신경전달 측면에 관심을 갖게 되었다.

신경전달물질 니코틴, 알코올, 헤로인, 마리화나, 특히 코카인과 암페타민 등 많은 약물 남용의 경우가 뇌의 쾌감회로 혹은 보상회로에 관여하는 주요 화학물인 도파민의 효능을 증가시키는 효과를 주어서 쾌감을 유발한다(Flagel et al., 2011; Voruganti & Awad, 2007; Whitten, 2009). 우리가 배고파서 먹고, 목이 말라서 마시는 행위를 할 때, 뇌의 보상경로는 도파민이 분비되면서 삶을 유지하는 데 관련된 쾌감을 느끼게 된다. 신경과학자들은 알코올 의존증이 있는 사람의 경우 술에 관련된 말만 들고도 쾌감을 유발하는 연결 신경들의 네트워크와 뇌의 보상기전이 활성화된다는 것을 발견했다(**그림 8.4 참조**).

도파민의 역할은 훨씬 복잡하다. 도파민은 배고플 때 음식 같은 것이나 혹은 위험 동물, 위협적인 상황 등과 같이, 보상에 관련된 행동과 기초적인 생존욕구에 관련된 것에 집중하게 해주는 역할을 한다(Angier, 2009). 탐닉의 경우 약물 사용으로 도파민의 공급이 일정하게 되면, 설사 약물 자체로 더 이상 쾌감유발이 안 된다고 해도, 약물을 사용하고 얻기 위한 일 외에 다른 어떤 것에도 집중하기 힘들어진다.

코카인, 알코올, 헤로인 같은 약물을 상용하면서 시간이 지나면, 뇌 자체의 도파민 생산을 서서히 고갈시킨다. 결국, 뇌의 자연보상 체제—포만감과 기타 즐거운 활동

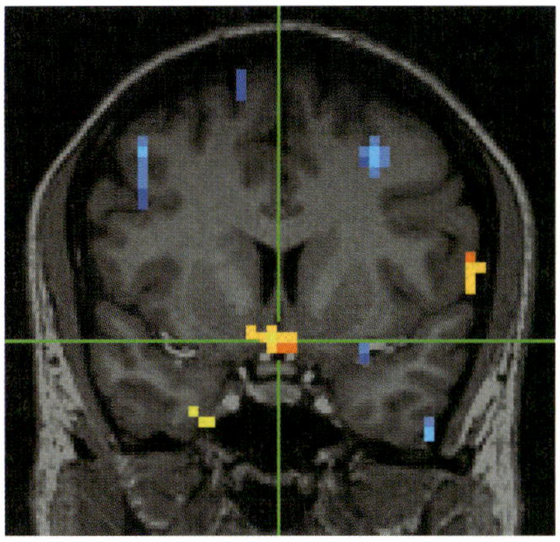

그림 8.4 알코올이라는 말에 반응하는 뇌 사진. 최근 fMRI 연구에 따르면, 알코올 의존군에 속한 여성들의 경우, 가벼운 사교적인 음주를 하는 여성군보다(오렌지/노란색으로 표시된) 뇌의 변연계와 전두엽에서 뇌의 활성 수준이 더 커지는 것을 보였다. 이곳은 알코올이나 다른 약물을 사용할 때 보상경로를 활성화하는 데 관여되는 뇌의 영역이다. 이러한 소견은 알코올 의존증이 있는 사람이 단지 알코올과 관련된 단어만 봐도 약물 자체와 유사한 효과가 뇌에서 일어날 수 있다는 것을 시사한다.

출처: Tapert, Brown, Baratta, & Brown, 2004

같이 통상적인 삶의 보상 활동과 관련된 쾌감을 일으키는 쾌감회로—가 무뎌지게 된다(Dubovsky, 2006).

뇌영상적 증거에서 코카인 의존자의 뇌에서는 도파민의 자연 생산량이 감소되는 것을 보여 준다(Martinez et al., 2009). 탐닉자의 뇌는 쾌감 만족감을 느끼기 위해 약물에 의존하게 된다(Denizet-Lewis, 2006). 약물 없이는 삶의 가치도 없는 것같이 느낀다.

도파민 체제의 변화는 약을 끊었을 때 수반되는 불안과 약에 대한 강한 집착, 그리고 금단을 유지하기 어려워하는 사람들을 이해하는 데 도움을 준다. 세로토닌이나 엔도르핀 등의 다른 신경전달물질도 마찬가지로 약물 남용 및 의존에 중요한 역할을 하는 것으로 알려졌다(Addolorato et al., 2005; Buchert et al., 2004).

엔도르핀은 헤로인 같은 마약과 유사하게 통증을 차단하는 신경전달물질로서 작용한다고 사료된다. 앞서 논의된 바와 같이, 엔도르핀이나 아편제는 뇌에서 같은 수용체를 이용한다. 정상적으로 뇌는 정신적으로 일정 상태의 편안함과 잠재적인 기쁨을 유지하기 위해 어느 정도의 엔도르핀을 생산한다. 그러나 몸이 마약성 약물에 습관을 들이면, 엔도르핀의 생산이 멈출 수도 있다. 때문에 약물 의존자들은 평안함, 고통 완화, 쾌감을 얻기 위해 마약성 약물에 의존하게 된다. 습관적인 사용자가 헤로인이나 그 외 마약성 약물을 중단하면, 몸에서 적정량의 엔도르핀 생산이 재개될 때까지 불쾌감, 경미한 고통과 통증이 증폭되기도 한다. 이러한 불쾌감으로 헤로인이나 그 외 마약성 약물을 경험한 사람들의 불쾌한 금단 증상의 일부를 설명할 수 있겠다. 그러나 이 모형은 아직 가설로 남아 있기 때문에 엔도르핀 생산과 금단 증상에 관한 직접적인 연구가 더 필요하다.

유전적 요인 알코올, 암페타민, 코카인, 헤로인 및 담배 등에 관련된 일련의 약물 남용 질환에서 유전적 요인이 중요한 역할을 하는 것은 증명되었다(예: Ducci et al., 2011; Frahm et al., 2011; Hartz et al., 2012; Kendler et al., 2012; Ray, 2012). 가족력이 있는 경우 약물 사용 관련 질환의 발생 위험은 4~8배가량 높아진다(Urbanoski & Kelly, 2012). 가족 간의 영향력, 또래 집단의 압력 등 환경적 요인도 초기 청소년기 약물 사용을 시작할 때 중요한 역할을 하는 것으로 나타나지만, 유전적 요인은 초기 및 중년기에 약물을 계속 사용하는 데 중요한 역할을 한다(Kendler et al., 2008).

연구자들은 알코올 및 약물 의존이나 남용에 관여하는 특정유전자를 찾고 있다(Ray et al., 2012; Sullivan et al., 2013). 이것이 가장 큰 연구 관심사가 되어 왔기에 여기서는 알코올 의존에 대한 유전적 원인에 초점을 맞추고자 한다. 그러나 알코올 중독에 관련된 몇몇 유전자는 코카인, 니코틴(정기 흡연자) 및 헤로인의 남용 등 다른 약물 남용에도 관여한다(Ming & Burmeister, 2009).

8.7 코카인이 뇌에 미치는 영향을 설명한다.

알코올 중독은 가족력 경향을 보인다. 유전적 관계가 가까울수록 위험도 크다. 가족적인 패턴은 유전자뿐만 아니라 가족이라는 환경도 공유된 것이므로, 유전적 요인에 대해서는 단지 추정적인 증거일 수도 있다. 보다 명확한 증거는 쌍둥이 입양아 연구에서 볼 수 있다. 일란성 쌍둥이는 유전자 전부가 같지만, 이란성 쌍둥이는 유전자의 반이 같다. 만약 유전적 요인이 관여되었다면, 일란성 쌍둥이에서 알코올 중독 여부에 대한 일치 비율이 이란성 쌍둥이보다 높을 것을 예상할 수 있다. 알코올 중독에 중요한 유전적 요인이 작용하고 있음을 증언한다(MacKillop, McGeary, & Ray, 2010). 우선, 이란성 쌍둥이보다 일란성 쌍둥이에서 알코올 중독 여부 일치 비율이 높다는 것도 알코올 중독에 유전적 요인의 기여가 일치성을 보인다는 가장 큰 증거이다. 둘째로는 알코올 중독이 없는 가정에 입양되었을 때, 가족력 있는 아이들의 경우가 가족력 없는 아이들보다 알코올 중독으로 발전하는 확률이 크다는 것이다.

만약, 음주 문제와 알코올 중독이 유전적 요인에 영향을 받는다면, 정확히 무엇이 유전된 것인가? 몇몇 실마리가 풀렸다(예: Corbett et al., 2005; Radel et al., 2005). 알코올 중독, 니코틴 의존 및 마약 탐닉은 뇌에서 도파민 수용체 구조에 관여하는 유전자와 연관이 있다. 도파민이 쾌감을 조절하는 데 관여하므로 한 가지 가능성은 알코올로부터 오는 쾌감을 유전적 요인이 향상시킨다는 것이다.

알코올 중독에 대한 유전적 취약성은 알코올로 얻어지는 쾌감의 증대와 약물에 대한 생물학적인 내성 증가가 복합적으로 관여되어 있는 것 같다. 위에 거부감이나 어지럼증, 두통 없이 더 큰 용량의 알코올 내성을 가진 사람들의 경우 술을 끊고자 할 때 어려움을 느끼게 된다. 결국, 주량이 좋은 사람일수록 음주 문제 발생의 위험이 커지게 된다. 그런 사람은 음주를 조절하기 위해 마신 술잔을 계산 하는 등의 계기가 필요하다. 과잉 음주에 제동을 쉽게 걸 수 있는 사람의 경우는 음주를 조절하는 데 문제가 발생할 확률이 적다. **진실 / 거짓**

> **진실 또는 거짓**
>
> 최상보다 좀 더 나아지고자 술을 잡은 사람들은 문제성 음주자가 될 위험이 더 낮은 축에 속한다.
>
> **거짓** 술에 대해 신체적으로 내성이 높은 것이 문제성 음주 습관 단계로 규정될 수 있는 과잉 음주를 야기할 수 있다.

알코올 의존이나 다른 형태의 물질 의존에서 유전적 역할이 어떠하든지, 유전자로 행동을 해석할 수는 없다. 유전적이고 환경적인 요인의 상호작용이 그러하듯이 환경 또한 그 역할을 수행한다. 예를 들어, 연구자들은 유전적으로 약물 남용 문제가 고위험군인 젊은 사람들에서 높은 지지를 해주는 부모가 있을 경우 약물 사용이 감소하는 것을 보고하였다(Brody et al., 2009). 유사하게, 다른 연구에서도 유전적으로 알코올 관련 문제 위험이 높은 사람들을 금주하는 부모가 키울 경우 알코올 관련 질환으로 발전할 위험이 더 낮아짐을 보고하였다(Jacob et al., 2003). 효과적으로 좋은 부모는 나쁜 유전자의 영향을 감소시킬 수 있다. 요약하면, 유전적 요인은 물질 남용 관련 질환으로 발전하는 데 환경적 · 정신적 요인과 함께 작용한다고 말할 수 있다.

학습 관점

학습 이론가들은 물질 남용 행동이 다분히 학습적이고, 이론적으로, 학습되지 않을 수 있다고 한다. 그들은 자발적이고 고전적인 조건화와 관찰적인 학습의 역할을 강조한다. 약물 관련 문제가 질병의 증상이 아니라, 오히려 문제적 습관이라고 여기는 것이다. 비록 학습 이론가들이 유전적 혹은 생물학적 요인이 물질 남용 문제를 증가시킬 수 있다는 것을 부정하진 않지만, 이들 문제적 행동을 유지 발전하는 데 있어서 학습의 효과를 강조하고 있는 것이다. 또한 우울이나 불안으로 고통당하는 사람들이 다만 일시적인 해방일지라도, 이런 감정 상태를 벗어나고자 술을 마시게 되는 것도 알고 있다. 불안이나 우울 같은 감정적인 스트레스는 종종 약물 관련 문제를 일으키는 단계가 된다.

약물은 쾌감이 생기거나(긍정적 강화), 불안이나 우울 같은 부정적인 감정으로부터 일시적인 해방(부정적인 강화)으로 인해 습관적이 되기도 한다. 코카인같이 뇌에서 직접 자극에 의한 쾌감을 나타내는 약물로 생기는 긍정적인 강화는 직접적이고 강력하다.

도구적 조건화 사람들은 사회적인 영향, 시행착오나 사회적 관찰로 인해 처음 약물을 사용하게 된다. 사람들은 알코올이 행복감 등의 효과는 강화시키고, 불안과 긴장은 감소시키는 것을 알게 된다. 또 행동을 억제하는 것도 감소시킬 수 있다. 알코올은 우울증을 없애려고 하거나(짧게나마 도취감을 일으키는 기전에 의해), 긴장을 완화하거나(진정제와 같은 기능에 의해), 도덕적 갈등의 차선책으로 도움이 될 때 강화될 수 있다. 약물 남용 또한, 술이나 다른 자극제의 경우에서 대인기피증을 (일시적으로)극복하거나 약물 남용하는 동료를 인정하는 경우와 같이, 사회적인 강화제가 될 수 있다.

알코올과 긴장 완화 학습 이론가들은 알코올 사용의 가장 주된 강화는 긴장 상태로부터 또는 각성된 불쾌한 상태로부터의 해방이라고 오랜 기간 주장해 왔다. 긴장 감소 이론에 따르면, 긴장이나 불안 감소를 위해 음주를 자주 하는 사람일수록 더욱 강하게 습관화된다고 한다. 이런 형태의 알코올이나 약물 사용은 이른바—자가 처방(self-medication)—정신적인 고통을 일시적으로 잊고자 알약 혹은 술병을 사용하는 수단이 된다는 것이다(Robinson, Sareen, Cox, & Bolton, 2009). 다음 사례에서처럼

더 자세히 살펴보기

코카인이 뇌에 어떻게 작용하는가

코카인은 뇌에서 도파민을 이용하는 데 작용한다(그림 8.5 참조). 코카인은 과잉의 도파민이 신호를 전달하는 신경세포에 재흡수되는 과정을 방해한다. 그 결과, 고농도의 도파민이 뇌신경 연결망에서 시냅스 간극에 활성 상태로 남아 있게 되어 쾌감을 조절하고, 과잉 자극된 신경에서는 코카인 사용과 관련된 과다한 도취감을 일으키게 된다. 효과상으로 보면, 도파민을 이용하여 뇌에서의 보상이나 쾌감 네트워크에 영향을 주기 때문에 코카인이나 헤로인, 알코올 등 도파민에 마찬가지로 영향을 주는 다른 약물들도 좋은 기분을 느끼게 한다. 그러나 장기간 코카인을 상용하는 경우 뇌는 그 자체의 도파민 생산능력이 떨어지게 된다. 궁극적으로는 뇌 자체에서 쾌감을 생산하는 물질의 공급이 결여되기 때문에 약물 사용을 중단하면, 코카인 남용자들은 무너지게 된다.

1. 도파민 같은 신경전달물질은 공급 신경세포의 시냅스 낭에 저장되어 있다가 신경 간극으로 분비된다. 정상적으로 수용체에서 받지 못하고 과잉 공급된 신경전달물질은 공급 신경세포에 의한 재생 과정으로 '재흡수'된다.

2. 코카인(그림에서 오렌지색으로 표시된 원)은 공급 신경세포에 의한 도파민 재흡수를 차단한다.

3. 시냅스(신경 간극)에 도파민이 축적되면 뇌에서 기쁨을 고조시키는 보상경로에 있는 신경이 과잉 자극된다. 시간이 흐르면, 뇌는 쾌감을 만드는 자체 능력이 상실되게 되고, 약물을 중단할 경우 사용자들은 조바심을 느끼게 된다.

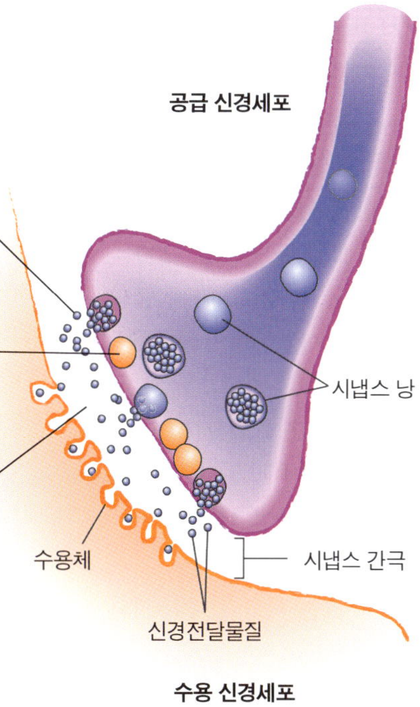

그림 8.5
뇌에서의 코카인 작용.

출처: National Institute on Drug Abuse, U.S. Department of Health and Human Services, National Institutes of Health, Research Report Series: Cocaine Abuse and Addiction, NIH Publication Number 99-4342, revised November 2004. J.S. Nevid, *Psychology: Concepts and Applications*, 2009, Cengage Learning의 허락하에 인용함.

부정적인 강화의 패턴(정신적인 고통으로부터의 해방)을 볼 수도 있다.

'나' '내가 느끼는 고통을 멀리 떨쳐버리기'

"나는 내면에 느껴지는 고통에서 벗어나려고 그것(약과 알코올)을 사용했어요."라고 두 아이의 엄마이자 남편 필에게 신체학대를 당했던 36세 조세린이 말했다. 그녀는 "나는 자존감이 없어요. 아무 일도 할 수 있을 것 같지가 않아요."라고 치료사에게 말했다. 조세린은 더 나은 삶을 위해 17세에 결혼하면서 약물 남용 가정에서 벗어났다. 처음 몇 년 동안은 약물 남용을 하지 않고 잘 지냈지만, 남편 필이 직장을 잃고 술에 취하면서 상황이 바뀌었다. 그때까지 조세린은 어린 두 아이가 있었고, 집에 갇힌 느낌으로 살았다. 그녀는 남편 필의 음주에 대해서도, 아들의 학습장애 등 불행한 가정생활에 대해서도 자신을 책망했다. "내가 할 수 있는 것이라고는 술 마시고 약을 먹는 것 밖에 없었어요. 최소한 잠시나마 다른 생각할 필요가 없으니까".

> 비록 약물 사용으로 그녀의 정서적인 고통이 무뎌지긴 했지만, 그로 인해 장기간 중독으로 인한 부담이 더욱 커지고 말았다.
>
> — 저자의 파일에서

니코틴, 알코올, 그 외 다른 약물들이 일시적으로 감정적 고민을 약화시킨다 해도 기저에 있는 인성이나 감정 문제를 해결할 수는 없다. 알코올이나 다른 약물을 자가 처방적 형태로 사용하는 사람은 이런 문제를 해결하기 위해 배우려고 하기보다는 대개 추가적인 약물 사용 문제에 직면하게 된다.

부정적인 강화와 금단 일단 사람들이 신체적으로 의존적이 되면, 부정적인 강화가 약물 습관을 유지하는 역할을 한다. 다시 말하면, 사람들은 불쾌한 금단 증상에서 벗어나고자 약물 사용을 재개할 수 있다. 자발적 조건화라는 측면에서 불쾌한 금단 증상은 약물을 재사용하는 부정적인 강화 요인이다(Higgins, Heil, & Lussier, 2004). 예를 들어 흡연 중독자가 갑자기 끊었다가도 다시 금단 증상 불쾌감에 못 이겨 다시 흡연하는 경우라 하겠다.

갈망에 대한 조건화 모형 고전적인 조건화로 몇몇 약물에 대한 갈망을 설명할 수 있다. 어떤 경우, 갈망이란 이전에 사용했던 물질과 관련된 환경적인 계기에 대해 조건화된 반응으로 나타날 수 있다(Kilts, Gross, Ely, & Drexler, 2004). 약물 관련 문제가 있는 사람이 주사기와 바늘을 본다든가, 알코올성 음료의 냄새를 맡거나 보는 것 같은 계기가 강력하게 약물을 갈망하는 조건화된 반응으로 이끄는 조건화된 자극이 된다. 예를 들면, 어떤 친구들('술친구')과 어울리는 것이나, 그냥 술집을 지나치는 것만으로도 술에 대한 조건화된 갈망을 끌어낸다. 이 이론을 뒷받침해 주는 것으로, 알코올 중독으로 고통하는 사람들은 알코올성 음료 그림만 봐도 식욕, 주의, 감정을 조절하는 뇌의 영역에서 명확한 활성 변화를 보인다(George et al., 2001). 반면, 사교로 음주하는 사람에서는 이러한 뇌의 활성 패턴이 보이지 않는다.

자가 처방? 자가 치료? 불안한 감정을 없애고자 알코올이나 다른 약물을 선택하는 사람들이 물질 남용 질환으로 발전되면 문제가 복잡해진다.

과거 약물이나 알코올을 사용에 연관된 불안이나 우울 같은 부정적인 감정 상태 또한 갈망을 초래한다. 다음의 사례는 환경적인 계기에 조건화된 갈망을 보여 주고 있다.

> **조건화된 약물 갈망의 어느 사례**
>
> 29세 남성이 헤로인 중독을 치료하고자 입원했다. 4주간의 치료 후 예전에 하던 일을 하려고 갔는데, 그러려면 이전에 약물을 사곤 했던 가게가 있는 역을 지나는 지하철을 타야 했다. 매일 그 역에 문이 열릴 때마다 눈물, 콧물, 복통, 온몸에 소름 등이 수반된 엄청난 헤로인 갈망 증상을 경험했다. 문이 닫히면, 증상이 사라져서 일하러 갈 수 있었다.
>
> — Weiss, R. D., & Mirin, S. M. (1987). *Cocaine*. Washington, DC: American Psychiatric Association.

마찬가지로, 어떤 사람들은 자극에 의한 흡연가가 되기도 한다. 이런 사람들은 담배에 관련된 자극, 즉 누가 담배 피는 것을 본다든지, 담배 냄새가 난다든지 그런 담배 관련된 자극이 있을 때 담배를 찾는다. 흡연은 대개 텔레비전을 본다든지, 저녁식사 끝난 후라든지, 차 운전, 연구, 음주 혹은 친구와의 사교모임, 섹스 혹은 어떤 경우는 욕실 사용 등 어떤 상황과 반복적으로 연관이 되기 때문에 아주 강력한 조건화된 습관이 된다.

갈망에 대한 조건화 모형은 알코올 냄새를 맡거나 보는 것만으로 알코올 중독자에게 침이 분비되는 성향을 보이는 초기 연구들에서 지지를 받고 있다(Monti et al., 1987). Pavlov의 고전적인 실험은 음식을 제시하면서(무조건 자극) 들려주는 종소리(조건 자극)에 반복적인 연관성을 형성된 개가 침을 흘리는 반응을 조건화시킨 것이다. 알코올 중독으로 발전된 사람들에서 침 흘리기는 알코올 관련 단서에 대한 조건화된 반응으로도 볼 수 있다. 알코올 계기에 가장 큰 침 흘리기 반응을 보이는 사람들은 재발의 위험도 최고일 것이다. 이들은 또한 알코올 관련 계기가 되는 반응을 소멸시키도록 고안된 조건화에 근거를 둔 치료에서도 유익할 수 있다.

알코올 중독 치료의 한 형태인 이른바 **단서 노출 훈련**에서는, 예를 들면 사람을 앉혀놓고 앞에서 알코올음료를 열지만, 마시지는 못하게 하는 등, 알코올에 연관된 단서를 제시한다(Dawe, Rees, Mattick, Sitharthan, Heather, 2002). 이렇게 단서(알코올이 함유된 병)와 강화부재(마시지 못하게 막는 것)가 이미 조건화된 갈망을 지우도록 유도할 수 있다. 그러나 다시 통상의 상황으로 돌아가게 되면, 갈망 반응은 치료 후라도 다시 돌아온다(Havermans & Jansen, 2003).

관찰학습 모델링이나 관찰학습은 약물 관련 문제 위험을 결정하는 데 중요한 역할을 한다. 부적절한 모델 혹은 과잉 음주 혹은 불법 약물을 사용하는 부모로 인해 그 자식들은 잘못된 약물 사용을 하게 된다(Kirisci, Vanyukov, & Tarter, 2005). 부모가 흡연을 하는 청소년에게서는 양부모 모두 흡연을 하지 않는 가정에서 자란 청소년들보다 높은 흡연 위험에 직면하게 된다(Peterson et al., 2006). 다른 연구자들도 흡연하는 친구가 있다는 것이 청소년기 흡연을 시작하는 데 영향을 끼친다는 것을 발견하였다(Bricker et al., 2006).

인지적 관점

약물 관련 문제에 대한 인지적 요인, 특히 기대치의 역할에 대한 증거가 있다(Doran, Schweizer, & Myers, 2011). 음주로 인해 더욱 대중적이고, 외향적이게 된다고 믿는 경우처럼, 약물 사용에 대한 긍정적 기대를 가지면 약물 사용 가능성이 커진다(예: Cable & Sacker, 2007; Mitchell et al., 2006). 10대 아이들의 성과에 대한 기대는—그들이 기대하는 약물 효과라는 것—친구와 부모를 포함한 주변 사회 환경에 있는 사람들이 가진 신념에 따라 강하게 영향을 받는다(예: Donovan, Molina, & Kelly, 2009; Gunn & Smith, 2010).

알코올이나 다른 약물을 사용하면 **자기 효율적 기대**—우리가 성공적으로 일을 수행하는 능력에 대해 가지는 개인적인 기대—또한 추가될 수 있다. 만약 우리가 틀 밖으로 나가 다른 사람들과 사회적으로 관계하고자 한두 번(혹은 그 이상)의 음주가 필요하다고 믿는다면, 아마도 사회적 상황에서 알코올에 의존하게 될 것이다.

'한 번 음주 효과(장기 음주 남용자가 일단 마시게 되면 폭음하게 되는 경향)'를 기대로 설명할 수 있다. 최근 정신과학자 G. Alan Marlatt(1978)은 한 번 음주 효과를 자기만족 예견 유형으로 설명하고 있다. 알코올 관련 문제가 있는 사람이 단 한 번만 마셔도 통제 불가 상태가 될 것을 안다면, 술을 마실 때에 이미 결정된 사항처럼 그 결과를 수용할 것이다. 단 한 번의 음주로도 그렇게 폭음으로 이어진다. 이런 유형의 기대가 Aaron Beck이 말한 **절대자의 사고**의 예이다. 우리가 회색 그림자보다 흑백논리로 세상을 본다면—완전 실패 내지는 완전 성공—디저트 한입만 먹고 절식하거나 담배 한 개피로 다시 중독에 빠진 증거로 해석할 것이다. "그래 내가 바보짓 했어. 하지만 여기까지야, 더는 안 해."라고 스스로 말하기보다 짧은 실수를 마치 재앙에 빠진 양 그리고 마치 중독이 재발된 양 해석하게 된다. 한 번만 마셔도 폭음할 거라고 믿는 알코올 중독자들은 잘 절제하도록 권고받는다.

정신역동적 관점

전통적인 정신역동 이론에 따르면 알코올 중독은 **구강기에 의존하는 인격**을 반영한다. 의존과 우울처럼 과음 또한 구강기 성향과 관련된 것으로 간주하고 유아기 정신성적 발달상 항문기에 고착된 성향의 근거를 추적한다. 청소년기 과음이나 흡연은 구강 만족을 얻기 위한 개개인의 노력을 상징한다.

이러한 정신역동적 개념을 지지하는 연구들은 일관성 있는 결과를 제시하지 못하고 있다. 비록 알코올 중독으로 발전한 사람들이 의존적 성향을 보이긴 하지만, 이러한 의존 성향이 문제의 음주를 일으켰는지 그것 때문에 생겼는지가 불분명하다. 만성적인 음주를 예로 들면 일자리를 잃거나 사회적인 추락 이 두 가지 다 음주자가 도움 줄 사람에게 믿음을 갖게 한다. 더우기 알코올 중독이 유아 발달기로 추적할 수 있는 구강기 고착을 반영한다는 것이 의존성과 알코올 중독 간에 경험적 연결이 되지는 못한다.

그다음 전부는 아니지만 알코올 중독으로 고통받는 상당히 많은 사람이 사회적 법적으로 소외되고 처벌되어 독립성을 찾는 특성을 가진 반사회적 성향을 갖고 있다는 것이다. 전체적으로 볼 때, 어떤 단일한 알코올성 성격을 규정하기는 어렵다.

더 자세히 살펴보기

역치하 단서 자극에 대한 코카인 남용 환자의 뇌 반응

약물과 관련된 계기에 노출될 경우, 예를 들어 스카치위스키 병을 보거나 주사기와 바늘을 보면 약물 관련 문제가 있는 사람은 약물에 대한 갈망을 갖게 된다는 것을 언급한 바 있다. 그러나 최근 코카인 남용 환자를 대상으로 한 연구에서는 한 단계 진보하였다. 연구자들은 환자가 의식적으로 느끼기 힘든 속도로 코카인 관련 이미지를 짧게 보였다(그림 8.6 참조). 그러나 이렇게 '보지 못한' 자극에도 뇌의 변연계 부분이 활성화된다는 것은 뇌 내부의 상호연결 부위가 기본적인 감정 반응을 전달하며, 바로 약물에 대한 갈망과 약물을 구하고자 하는 행동을 설명하는 것이다(Childress et al., 2008) (그림 8.7 참조). 국립 약물 남용연구소(NIDA) 디렉터인 Nora Volkow 박사에 의하면, "미처 인식하지 않은 계기에 의해서도 약물을 갈망하는 행동의 회로가 빠르게 활성화될 수 있음을 시사하는 첫 증거"라고 하였다(cited in "Subliminal Signals", 2008).

이 연구는 코카인과 다른 물질 남용 문제를 가진 환자들이 당면한 문제를 과소평가한 것이다. 그들은 매일매일 즉각적으로 갈망 반응을 야기하는 뇌의 네트워크를 활성화시키는 이미지, 힐끔 스쳐 가는 이미지에 노출될 수 있다. NIDA 디렉터인 Volkow는 "환자들은 종종 언제, 왜 약물을 갈망하기 시작했는지 알 수 없다. 어떻게 뇌가 약물에 대한 창궐하는 갈망을 시작했는지를 이해하는 것은 중독을 치료하는 데 필수적인 것이다."라고 하였다.

약물 관련 잠재적인 계기에 의해 뇌의 일부가 활성화되는 것이 성적인 이미지에도 활성화를 보인다는 것은 문제를 더 복잡하게 한다. 약물에 대한 갈망은 성적만족과 음식 소비 같은 기본적인 보상에 관련된 것과 마찬가지로 같은 보상체계를 자극할 수 있다.

그림 8.6 역치하 단서를 연구할 때 사용되는 시각적 자극. 자극 자체가 미처 보이기도 전에 뇌의 보상경로에 속한 뇌의 회로가 반응하는지를 알아보고자 남자 코카인 환자에게 보여 준 시각적 자극의 예이다.

출처: Childress et al., 2008.

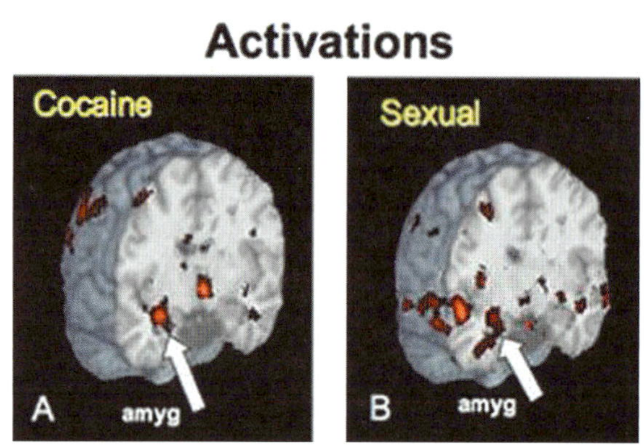

그림 8.7 변연계는 '보이지 않은' 약물 관련 자극에 반응한다. 편도체(amyg로 표시됨)를 포함하여, 변연계의 일부에서 의식적으로는 느낄 수 없는 빠른 속도로 깜빡 지나간 코카인 관련 영상에도 활성신호가 잡혔다. 이와 유사한 활성신호는 '보이지 않는' 성적 자극에도 발견되며, 이는 성적 자극과 유사한 보상경로가 약물 관련된 자극에도 반응함을 시사한다.

출처: Childress et al., 2008.

사회문화적 관점

어디에 살고 어떤 종교를 갖고, 우리 행동을 통제하는 사회문화적인 기준이 무엇인가에 의해 음주가 부분적으로 결정된다. 문화적인 태도는 문제의 음주를 권장할 수도 억제할 수도 있다. 앞서 보았듯이 알코올 남용 비율은 민족 간, 종교 집단 간에 다르게 나타난다. 몇몇 다른 사회문화적 요인들을 보자. 예를 들어 교회출석이란 일반적으로 금주와 연관되어 있다. 아마 교회 가기같이 문화적으로 선별된 행동에 참여하기 원하는 사람일수록 과음을 하지 않는다.

또래 압력과 약물을 사용하는 하위 문화 또한 초기 성인기와 청소년기에 물질 남용을 결정하는 데 중요한 영향을 미친다(Dishion & Owen, 2002; Hu, Davies, & Kandel, 2006). 15세 이전 음주를 시작한 경우는 더 나이 들어서 시작한 경우보다 청년기에 알코올 의존성으로 발전할 위험이 5배 이상 높아진다(Kluger, 2001). 그러나 히스패닉과 아프리카에서 온 미국 청년들을 대상으로 한 연구에서는 가족 구성원의 지지가 청소년기 담배와 다른 약물에 대한 동료들의 부정적인 영향을 감소시킬 수 있다고 하였다(Farrell & White, 1998; Frauenglass, Routh, Pantin, & Mason, 1997).

물질 사용 장애의 치료

8.8 물질 사용 장애의 치료법을 평가한다.

물질 남용 및 의존 문제를 치료 하는 방법은 비전문적이고, 생물학적이고, 정신과적인 접근을 포함하여 광범위하다. 그러나 치료는 종종 엄청난 노력을 필요로 한다. 많은 혹은 대개의 사례에서, 약물 의존자들은 약물 사용 행동을 변화시킬 준비가 안 되어 있거나 동기가 낮거나 그들 스스로 치료를 찾지 않을 것이다. 물질 남용 상담자들은 내담자의 삶 속에 변화를 유도하는 조건을 촉진하기 위한 **동기강화상담**(Motivational Interviewing) 같은 기술을 사용할 것이다(Martins & McNeil, 2009; Miller & Rollnick, 2002). 직면시키는 방법보다는 지지적인 방법으로 상담자들은 내담자들이 약물 사용에 의해 야기되는 문제와 계속 사용 시 직면할 위험을 인식하게 돕는다. 그다음은 내담자의 현재 상황과 그들이 그들의 삶에서 원하는 삶의 모습 간의 괴리를 깨달을 수 있도록 도와줌으로써 변화를 이루어 가는 데 필요한 다음 단계가 무엇인지 찾을 수 있게 해 준다.

약물 의존자들이 약에서 자유로워지는 순간을 만들기 위한 중요한 첫 단계는 금단 증상을 잘 넘기도록 돕는 것이다. 그러나 그들이 좋아하는 약물이 결핍된 삶을 추구하게 돕는 것은 더 문제를 야기한다. 치료는 치료사의 사무실, 지지 집단, 거주자센터 혹은 병원 등의 장소에서 이루어지며, 금단이 중요하고 권장된다. 그다음 개개인의 일, 가족, 거리 환경 등 전에 남용과 의존이 유발/유지되었던 곳으로 돌아간다. 따라서 재발할 경우의 문제는 첫 치료 시점보다 더 큰 문제가 될 수 있다.

또 다른 공병 문제로는 약물 관련 문제를 겪는 많은 사람이 다른 정신적 질환도 가지고 있다는 것이다. 그러나 대개의 외래 및 치료 프로그램은 모든 문제를 동시에 치료하기보다 약물 혹은 음주 문제 혹은 정신질환 문제 한 가지 치료에만 주력한다. 이런 좁은 접근 때문에 이중진단을 가진 사람들이 재입원하게 되는 등 치료 결과가 좋지 않다.

생물학적 접근

물질 남용 질환을 치료하는 데 생물학적 접근 범위가 증가하고 있다(Quenqua, 2012; Wessell & Edwards, 2010). 화학물질에 의존하는 사람들에게 생물학적 치료는 흔히 **해독**(detoxification)으로 시작한다—이런 치료는 중독 물질로부터 빠져나오는 과정 동안 사람들을 도울 것이다.

해독 해독은 종종 병원에서 더 안정되게 수행되어 왔다. 알코올이나 신경안정제에 중독된 사례에서 입원시켜서 의료진이 경련 같은 잠재적으로 발생할 수 있는 위험한 금단 증상을 치료하고 관찰할 수 있도록 한다. 벤조디아제핀 계열의 리브리움, 발륨 같은 항불안 약물로 경련과대 섬망 같은 심각한 금단 증상을 막을 수 있다. 알코올 해독은 일주일가량 걸린다. 해독은 깨끗이 유지하기 위한 첫 단계이지만, 이것은 단지 시작에 불과하다. 약물 남용자의 절반가량이 해독한 지 1년 이내에 재발한다(Cowley, 2001). 가능한 치료 약물의 사용, 행동상담, 계속해서 지지 및 구조화된 치료를 병행할 때 장기간에 걸쳐 성공할 가능성이 크다.

수많은 약물이 화학물질 의존성을 가진 사람들 치료에 사용되고 있고, 더 많은 화학물질이 시험 단계에 있다. 여기서는 오늘날 사용되는 주요 치료 약물 중 몇 가지를 소개하고자 한다.

디설피람 항남용제(antabuse)라고도 불리는 디설피람(disulfiram)은 약물과 알코올을 동시에 투여할 때 오심, 두통, 빈맥, 구토 등 역한 반응을 일으키기 때문에 알코올 소비를 그만두게 만든다. 몇몇 심한 사례에서는 디설피람과 알코올을 동시에 먹고 거의 쇼크나 죽기 직전까지 혈압이 급강하 하였다. 디설피람은 알코올 중독 치료에 광범하게 쓰여 왔지만, 많은 환자들이 단순히 약물 사용을 중단하고 계속 음주를 원하기 때문에 그 효과는 제한적이다. 다른 경우는 약물 없이도 금주할 수 있다고 믿기 때문에 약물치료를 중단한다. 불행히도 많은 사람들이 통제 불가 형태로 음주하게 된다. 또 다른 단점은 이 약물이 대개 알코올 중독자들이 앓고 있는 간질환을 가진 사람에서 독성효과를 가진다는 것이다. 또 약물을 오래 사용한 경우 효과에 대해 지지할 수 있는 증거도 거의 없다.

항우울제 항우울제는 코카인 금단 시 수반되는 갈망을 감소시키는 데 도움을 준다. 이 약물은 매일의 경험에서 파생되는 쾌감을 증대하도록 신경전달 과정을 자극한다. 만약 코카인 사용자가 약물과 관련되지 않은 행동에서 쾌감을 느낄 수 있다면, 코카인 사용으로 재발될 가능성이 적다. 그러나 항우울제가 코카인 의존성의 재발률을 낮춘다는 일치되는 결과는 아직 없으므로 그 효능에 관한 판단은 아직 성급하다. 항우울제 부프로피온(자이반)은 다른 약물이 코카인에 대한 갈망을 줄이는 데 사용하는 것과 상당히 유사한 방식으로 니코틴에 대한 갈망을 둔화시킨다. 이 약물은 성공적인 금연을 하도록 사람들을 도와주는데 중간 정도 유익하다(Croghan et al., 2007).

바레니클린(상품명 챈틱스)은 금연하는 데는 도움이 될 수 있지만 과학적 연구상 그 효능성은 다소 온유한 것으로 나타났다(예: Dubovsky, 2011; Garza et al., 2011). 약물은 니코틴으로 인한 쾌감 효과를 감소시키고, 금연 시 수반되는 니코틴에 대한 갈망도 방지한다(Franklin et al., 2011). 그러나 다른 금연치료제와 마찬가지로 심각한 합병증으로 우울증 위험, 자살 충동 등이 있다("Chantix Unsuitable", 2011; Moore, Furberg, Glenmullen, Maltsberger, & Singh, 2011).

니코틴 대체치료제 대부분의 흡연자들의 아마도 상당 니코틴에 의존성을 가진다. 니코틴 대체제는 처방된 껌 형태(Nicorett), 피부 접착용 패치, 비강분무제의 형태로 흡연자들이 담배에 대한 갈망으로 인해 겪는 불쾌한 금단 증상을 피하도록 도움을 준다(Strasser et al., 2005). 담배를 끊은 후 과거 흡연자들은 스스로 대체품도 서서히 줄여나간다. 니코틴 대체치료의 치료상 유익은 비록 여성보다 남성에서 더 유익을 보이긴 하지만, 이미 증명된 바 있다(예: Japuntich, Piper, Leventhal, Bolt, & Baker, 2011; Strasser et al., 2005).

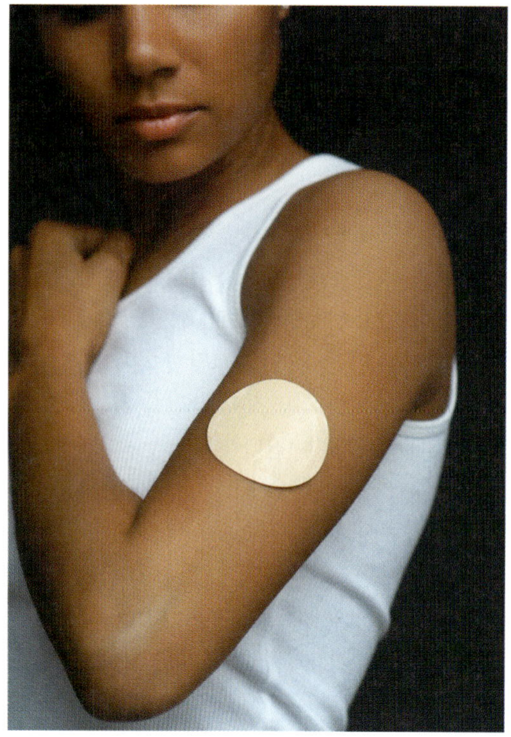

금연 패치는 효과적인가? 니코틴 대체요법의 형태로 여기서 보이는 니코틴 피부 패치와 니코틴 씹는 검은 담배를 끊었을 때 니코틴을 계속 공급해 준다. 니코틴 대체요법이 플라시보 효과로 금연하게 하는 것보다 훨씬 효과적임에도 불구하고, 술을 마시면서 담배를 피우는 행동같이 니코틴 중독에 관련된 행동학적 요소를 해결하지 않는다. 이러한 이유에서 니코틴 대체요법을 흡연 행동에 변화를 주력하는 행동치료와 병행한다면 훨씬 효과적이다.

비록 니코틴 대체가 생리적인 금단 증상을 막는 데 도움을 줄 수 있지만, 예를 들어 술을 마시면서 혹은 사교하면서 흡연하는 행동 같은, 중독 행동에는 효과가 없다. 결론적으로 니코틴 대체는 적응행동 변화를 촉진하도록 주력하는 행동치료와 병합됨에도 불구하고 장기간의 변화를 증진시키는데는 비효율적인 것 같다.

메타돈 유지 프로그램 메타돈(methadone)은 헤로인에 대한 갈망을 완화하는 일종의 합성 마약으로서 금단에 수반되는 불쾌한 증상을 감소시키는 데 도움이 된다. 메타돈이 통상치료용량에서는 사용자가 약에 취하거나 고농도 증상을 나타내지 않기 때문에 헤로인 중독자가 직업을 가지고 삶에 돌아갈 수 있게 해준다(Schwartz et al., 2006). 그러나 메타돈은 다른 마약과 마찬가지로 중독성이 높다. 이런 이유 때문에 메타돈으로 치료하는 경우, 한 약물의 의존성을 대치하는 다른 약물에 대한 의존성을 유발하는 효과를 갖게 된다. 아직 대부분의 메타돈 프로그램이 공공부문 재원을 받으므로 헤로인에 중독된 사람들이 그 약물행동을 유지하고자 범죄행위에 참여할 필요가 없게 한다. 비록 메타돈이 헤로인보다 안전하다 해도 과잉 사용은 치명적일 수 있고 거리 약물처럼 남용될 수 있으므로 그 사용에 대해 강력하게 모니터할 필요가 있다(Veilleux, Colvin, Anderson, York, & Heinz, 2010).

메타돈 치료법이 도입된 이래 마약 의존으로 인한 연간 사망률은 유의하게 감소해 왔다(Krantz & Mehler, 2004). 메타돈 치료에 대한 많은 비평 중 하나는 많은 참가자들이 약물을 끊기보다는 무기한, 잠재적으로는 전 생애 동안 약물을 계속 사용하게 된다는 것이다. 그러나 메타돈 치료를 지지하는 사람들은, 이 성공적인 치료의 척도는 사람들이 자신과 가족을 잘 돌보고 책임감 있게 행동하는가 아닌가에 달린 것이지 약물치료를 얼마나 오래 받는가는 아니라고 지적한다(Marion, 2005). 그렇다 해도, 모든 사람이 치료에 성공하진 않는다. 어떤 환자의 경우는 고양감을 느끼려고 코카인 같은 다른 약물을 사용하거나, 헤로인을 다시 사용한다. 나머지 경우는 메타돈 프로그램을 멈추고 헤로인을 다시 시작한다.

부프레놀핀은 또 다른 합성 마약으로서 모르핀과 화학적으로 유사하게, 강한 최면 효과 없이 금단 증상과 갈망을 차단한다(Ling et al., 2011; Veilleux et al., 2010). 부프레놀핀은 진정 효과가 적으면서 일주에 세 번만 투여하는 반면, 메타돈은 매일 액체 형태로 투여해야 하므로 많은 치료제공자는 메타돈보다 부프레놀핀을 선호한다. 레보메타딜은 또 다른 합성 항마약 약물로 메타돈보다 오래 지속되고 일주에 세 번만 주면 된다. 상담 및 재활 서비스 같은 정신사회적 치료로서 메타돈이나 다른 치료 약물과 병행 추가될 수 있다(Veilleux et al., 2010). **진실 / 거짓**

> **진실 또는 거짓**
>
> 헤로인 중독에 널리 사용되고 있는 치료 방법은 중독된 물질을 다른 중독성 약물로 대체하는 방법이 포함되어 있다.
>
> **진실** 메타돈은 합성 마약으로 헤로인 중독에 광범위하게 사용되고 있다.

날트렉손 **날트렉손**(naltrexone)은 알코올, 헤로인 같은 마약, 암페타민에 의한 쾌감 및 상승감을 차단하는 데 도움된다. 술이나 다른 약물을 쓰는 것을 막지는 못하지만, 이들 약물에 의한 갈망을 둔화시키는 것 같다(Anton, 2008; Myrick et al., 2008). 약물에 의해 생기는 쾌감을 차단하는 것은 술을 마시거나 약물을 투여하여 더 나은 것을 갈망하는 마음을 키우는 악순환을 깨는 데 도움이 된다. 그러나 알코올, 마약, 암페타민 의존을 치료하는 날트렉손 같은 약물의 효과는 어떤 연구에서는 유익한 결과를 다른 연구에서는 그렇지 못한 결과를 보여서 증거가 혼합되어 있다(예: Anton et al., 2011; Jayaram-Lindström, Hammarberg, Beck, & Franck, 2008; Woody et al., 2008; Veilleux et al., 2010).

날트렉손, 디설피람 및 메타돈 같은 약물의 성가신 문제는 약물 중독으로 고통하는 사람들이 치료 프로그램에서 떨어져 나가거나 치료 약물 사용을 그냥 중단하거나 곧 물질 남용 행동으로 다시 돌아가 버리는 것이다. 이들 약물은 약물 남용에서 유발되는 쾌감을 대치할 수 있는 긍정적인 강화에 대한 대체적인 방법을 제공하지 않는다. 이들 치료 약물은 직업 및 스트레스 관리 교육 같은, 정신상담 및 삶의 기술 요소 등을 포함한 보다 광범한 치료 프로그램과 맥락을 같이할 때만 효과적이다. 이러한 치료는, 사람에게 약물 없이 스트레스를 대처할 수 있는 방법을 발견하고 또 주류 문화에 합류하여 삶을 영위하는 데 필요한 기술을 제공해 준다(Fouquereau, Fernandez, Mullet, & Sorum, 2003).

알코올 중독에 대한 문화 민감화 치료

소수민족 집단에 속한 사람들은 사회에 전폭적으로 참여하는 것에서 소외되는 느낌 때문에 전통적인 치료 접근에 저항할 수 있다. 아메리칸 원주민 여성을 예로 들면, 백인 여성보다 전통적인 치료에 친근하지 않게 반응할 수 있다(Rogan, 1986). Hurlburt와 Gade(1984)는 이런 차이를 아메리칸 원주민 여성이 '백인 남성의' 권위에 저항한 결과로 보고, 이런 저항을 극복하는 데는 아메리칸 원주민 상담자가 치료하는 것이 훨씬 성공적이라고 제안했다.

내담자와 같은 민족 집단에 속한 상담자를 활용하는 것은 **문화 민감화 치료 접근**의 한 예이다. 인간성에는 사람의 자존감을 높이고, 화학적 물질을 사용해서 스트레스를 해소해 보려는 유혹에 저항하도록 돕는 측면이 있으며, 인종적 문화적 정체성도 이런 측면에 포함된다. 문화 민감화 프로그램은 이런 인간성의 모든 측면을 다룬다. 문화 민감화 치료 접근법은 금연 프로그램을 포함해서 다른 형태의 약물 의존에도 확대 응용되어 왔다(예: Nevid & Javier, 1997; Nevid, Javier, & Moulton, 1996).

치료제공자 또한 고유의 힐링 형태를 인식하고 치료

이상심리학에 대해 비판적으로 사고하기

@Issue: 약물 남용을 치료하기 위해 약물을 써야 할까?

다양한 치료 약물들이 약물 남용을 치료하는 데 쓰이고 있는데 알코올 중독 치료에 디설피람을 사용하고, 흡연 의존자에게 니코틴 대체물을 사용하고, 코카인 의존에 항우울제, 그리고 무엇보다도 헤로인 중독증을 치료하고자 마약성 약물 메타돈을 쓰는 것 등이다.

약물 남용 치료를 위한 치료 약물 사용에 대한 비판적 시고를 가지고 다음 질문에 답해 보라.

- 약물 중독치료를 위한 치료 약물을 사용함에 있어서 혹시 어떤 문제를 발견했는가?
- 헤로인 중독자에게 정부가 메타돈 형태로 비교적 덜 중독적인 아편제를 무료로 주어야 하는가? 왜 그래야 하는가? 또는 왜 그러지 말아야 하는가?
- 메타돈 치료가 필요한 사람들에게 제한을 두어 일정기간 지난 후 약물을 줄여나가야 하는가? 아니면 필요한 만큼 장기간 계속 사용을 허가해야 하는가?

에 통합한다면 더욱 성공할 수 있다. 예를 들어, 전통적인 아메리칸 원주민 사이에서는 영성이 매우 중요하므로 심령술사가 자연적인 치유에 중요한 역할을 해 왔다. 심령술사의 도움을 구한다면 상담관계가 진취적이 될 것이다. 마찬가지로 아프리카 출신과 라틴계 미국인 문화를 고려할 때 교회는 중요하므로, 알코올 남용 환자를 다루는 상담자가 인적 재원으로 교역자나 교인을 이용한다면 보다 성공할 수 있을 것이다.

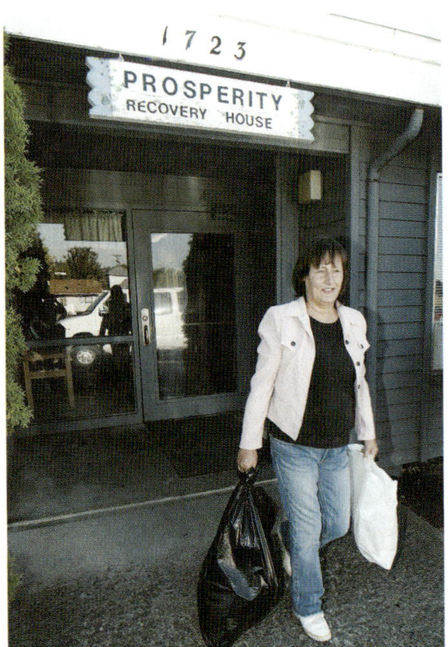

문화 민감화 치료. 문화 민감화 치료는 사람의 문화적 개성이 갖는 민족적 요소 및 자부심 함양을 포함한 인성 전반의 것에 중점을 둔다. 민족적 자긍심은 알코올과 다른 약물에서 초래된 스트레스를 견뎌야 하는 시험을 잘 이기도록 해 준다.

비전문가 지지 집단

약물 남용에 기여하는 요인들이 복잡하게 얽혀 있음에도 불구하고 치료 서비스는 대개 비전문가나 문외한들에 의해 이루어져 왔다. 이들은 그들 스스로 같은 문제를 겪은 적이 있는 경우가 많다. 예를 들어, 자가 도움을 위한 그룹 미팅은 익명의 알코올 중독자 모임, 약물 중독자 모임 같은 조직이 스폰서가 된다. 이들은 금욕을 권장하고 멤버들에게 지지 집단 환경을 통해 느낌과 경험을 함께 토의할 수 있는 기회를 제공한다. 보다 경험 많은 집단의 멤버(스폰서)가 자발적인 헌신을 통해 위기 혹은 잠재적인 재발 가능 시기를 겪고 있는 신참 멤버를 도와준다.

익명의 알코올 중독자 모임(AA)은 가장 광범위한 비전문적 프로그램으로 알코올 중독이 죄가 아닌 하나의 질병이라는 신념을 가지고 있다. AA의 철학은 알코올 중독으로 고통받는 사람은 얼마나 오래 금주하는가에 상관없이 치료되지 않는 고통 가운데 있다고 생각하며, '절주 상태의 말끔한 정신 상태'에 있는 사람을 '회복기에 있는 알코올 중독자'로 간주한다.

또한 알코올 중독을 앓고 있는 사람이 음주 습관을 통제할 수 없으므로 금주할 수 있도록 도움이 필요하다고 본다. AA는 미국 북부에 50,000개 이상의 지부를 가지고 있으며 전문조력자의 개념으로 깊이 심취되어 있어서 많은 사람이 새로운 해독 프로그램 참여자를 추후관찰자로서 AA에 가입하도록 자발적으로 추천하고 있다.

AA 멤버 중 반 이상은 불법 약물이나 알코올 문제를 가지고 있다. AA의 경험은 일부는 영적이며, 일부는 집단 지지적이며, 일부는 인지적이다. AA는 12단계의 접근법을 통해 개인이 알코올을 통제하는 데 무기력함을 인지하고 본인의 의지를 변화하고 인생 전반에 걸쳐 보다 높은 자제력을 구사하는 데 주력한다. 이러한 영적 부분은 어떤 참가자들에게는 도움이 되지만 다른 사람에게는 거부감을 줄 수도 있다[다른 일반 조직으로 '이성적인 회복(Rational Recovery)에서는 비영적인 접근법을 채택하고 있다]. AA 접근법의 후반부에는 다음과 같은 것에 주력한다. 성격 결함을 검사하고, 실책을 받아들이고, 인성적 결함을 극복하도록 돕는 더 큰 힘에 열려 있고, 잘못한 것에 대해서 사람들에게 보상을 하고, 12단계에서는 알코올 중독으로 고통당하고 있는 다른 사람들에게 AA 메시지를 전하는 것 등에 집중한다.

멤버들은 기도나 수도를 통해 높은 자제력을 보유하도록 노력하게 된다. 미팅 그 자체가 집단 지지를 제공한다. 그렇게 친구, 스폰서, 체제 자체가 멤버 각각이 마시고 싶은 충동을 느낄 때마다 서로 도움을 청하는 연락을 하도록 독려한다.

AA는 멤버의 기록을 보존하지 않을 뿐만 아니라 AA 체제에서는 무작위 임상시험을 할 수 없기 때문에 AA의 성공률은 의문으로 남아 있다. 그러나 AA에 참여하는 것이 음주의 강도와 빈도를 낮춘다는 증거는 존재한다(Ferri, Amato, & Davoli, 2006; Ilgen, Wilbourne, Moos, & Moos, 2008). 그러나 많은 사람이 AA나 다른 프로그램에서 중도 탈락한다. AA에서 잘 해내는 사람일수록 금주도 잘 해내고, 알코올 사용과 관련된 고위험 상황을 기

회복을 향한 경로. AA 같은 자조 집단은 알코올과 약물 남용 문제와 씨름하고 있는 사람들에게 도움을 제공하고 있다.

피하는 의지도 표현하며 프로그램에 더 오래 머물기 쉽다(예: McKellar, Stewart, & Humphreys, 2003; Moos & Moos, 2004).

1951년 시작된 Al-Anon은 AA의 파생단체로서 알코올 중독을 앓고 있는 가족과 친구들을 돕고 있다. 또 다른 AA의 파생단체인 Alateen은 부모가 알코올 중독인 아이들을 돕는 단체로서 부모의 음주로 아이들이 자책하지 않고 죄책감에 빠져들지 않도록 돕는다.

거주 치료 접근

치료 시 거주 치료 접근은 병원이나 요양원에 머물러야 가능하다. 물질 남용자가 통상의 환경에서 자제가 불가능하거나 금단 증상을 견딜 수 없거나 자기 파괴 혹은 위험한 행동을 나타낼 때는 입원할 것을 권장한다. 금단 증상이 그리 심하지 않거나, 환자가 행동수정을 할 수 있을 때, 가족 같은 기타 지지체계가 있어서 알코올 의존 환자에게 약을 쓰지 않고 생활방식을 전환하도록 도울 수 있을 때는 비교적 저렴한 외래 방문치료를 권할 수 있다. 대다수의 알코올 의존 환자들은 외래 환자로서 치료를 받고 있다.

대부분의 내원 환자는 연장된 28일 해독 기간을 적용한다. 처음 며칠 동안 치료는 금단 증상을 보이는 환자를 돕는 데 주력한다. 그다음은 상담치료로 옮겨 알코올의 파괴적인 효과와 왜곡된 사고나 합리화를 없애는 것에 집중한다.

그러나 알코올 사용 장애를 가진 대부분 환자는 입원이 필요 없다. 고전적인 리뷰 연구에 따르면 입원환자나 외래환자나 재발률은 비슷한 것으로 나타났다(Miller & Hester, 1986). 그러나 의료보험이 외래치료를 항상 커버하지는 않기 때문에, 외래 치료가 더 유익할 수 있는 사람도 외래치료 대신 입원치료를 받게 된다.

수많은 거주 요양시설들이 활용될 수 있다. 어떤 시설은 시간제나 정규 전문요원들이 근무하고 있지만 어떤 시설은 전적으로 일반인들에 의해 운영되기도 한다. 시설에 수용된 사람들은 약물을 사용하지 않는 채로 머물게 되고, 그들의 행동에 대해 책임을 질 것으로 기대된다. 종종 그들 스스로 책임성을 갖도록 노력하고 약물 남용으로 인해 생기는 손해에 대해 인지하게 된다. 삶의 경험을 공유하면서 각자 스트레스를 다루는 생산적인 방식을 개발해 나가도록 서로서로 돕는다.

AA와 마찬가지로 거주치료 프로그램의 효율성을 증명하는 통제된 연구 증거는 부족하다. 또 AA와 마찬가지로 초기에 치료 공동체에서 많은 수가 탈퇴한다. 게다가, 많은 사람들이 바깥세상으로 돌아가면 재발하게 된다.

정신역동적 접근

정신분석학자들은 알코올이나 약물 문제를 어린 시절 경험에 기반한 갈등의 증상으로 본다. 치료사는 내담자가 좀 더 성숙한 형태의 감사 표현을 찾을 때 남용 행동이 감소될 것이라고 가정하고 내담자 기저에 있는 갈등을 해소하고자 시도한다. 많은 정신역동 사례 연구에서 약물 남용 문제를 성공적으로 해결했지만, 이에 대해 잘 통제되고 신뢰성 있는 연구는 부족한 형편이다. 결국, 알코올 및 약물 관련 문제를 치료하는 정신역동적 방법의 효율성 또한 여전히 입증된 것은 아니다.

행동적 접근

알코올 및 약물 관련 문제의 행동적 접근은 남용적이고 의존적인 행동을 수정하는 데 중점을 둔다. 알코올 및 약물 관련 문제를 질병으로 볼 것인가 하는 것뿐만 아니라 남용자가 약물 사용 유혹에 직면했을 때 변화된 행동을 하도록 학습이 가능한지가 이들 행동치료사들의 주요한 의문이다.

자기 통제 전략 자기 통제 수련은 남용자들이 학대 행동을 변화시킬 수 있는 기술을 개발하도록 돕는다. 행동치료사들은 물질 남용의 ABC 세 가지 요소를 강조한다.

1. 남용을 유발하거나 촉진하는 선재된 계기 혹은 자극(As)
2. 충동적인 행동 그 자체(Bs)
3. 남용을 유지하거나 감소시키는 결과(Cs)를 강화하거나 처벌하기

표 8.1은 물질 남용의 ABC를 변화시키는 데 사용될 수 있는 전략들을 보여 준다.

수반성 관리 프로그램 학습 이론가들은 우리의 행동이 보상과 처벌에 의해 형성된 것이라고 믿는다. 수업 참여부터 빨간불에 멈추기, 월급을 벌기 위해 일하기 등등에 이르기까지 당신이 하는 모든 것이 어떻게 강화나 보상(돈, 칭찬, 인정), 처벌(교통범칙금, 비난)과 연계되어 영향을 받은 것인지 생각해 보라. CM(Contingency management) 프로그램은, 예를 들어 소변검사에서 약물이 검출되는 않은 것같이, 바람직한 행동 수행 여부에 따라 강화(보상)를 제공한다(Petry, Alessi, Marx, Austin, & Tardif, 2005; Poling et al., 2006; Roll et al., 2006). 한 예로서, 일련의 환자들이 추첨을 통해 금전적 보상을 받거나, 1달러부터 100달러 가치의 상금(보상)을 타는 기회를 얻었다(Petry & Martin, 2002). 금전적 보상은 임의의 검사에서 코카인이나 마약에 음성반응이 나와야 주어지는 것이다. 평균 contingency management(보상)을 받은 집단은 표준화된 메타돈 치료 집단보다 계속적인 절제 기간을 더 길게 달성했다. 연구자들은 절제에 대해서 더 온유한 보상을 주어도 물질 남용자들의 치료 결과를 증진시키는 데 도움을 줄 수 있다는 것을 발견하였다(Dutra et al., 2008; Higgins, 2006).

혐오 조건화 혐오 조건화는 약물 관련 자극에 대해 부정적인 감정 반응이 야기되도록, 물질 남용에 관련된 자극을 고통이나 혐오스런 자극과 조건화시키는 것이다. 음주 문제를 예로 들면, 알코올성 음료를 마실 때 전기 자극이나 구토, 오심을 유발하는 약물을 함께 쓰는 것이다. 결국 알코올이 명백하게 불쾌한 감정적, 신체적 반응을 일으킬 수 있다. 불행히도 혐오감의 조건화 효과는 대개 일시적이거나 혐오스런 자극이 더 이상 투여되지 않는 현실 세계에 일반화시킬 수 없다. 그러나 보다 광범위한 치료 프로그램의 구성요소로서는 유용할 수도 있다.

사회기술 훈련 사회기술 훈련은 약물 남용을 유발하는 사회적 상황에서 대인관계를 효율적으로 발전시키는 데 도움이 된다. 예를 들어, 단호한 태도를 훈련시키는 것은 음주에 대한 사회적 압력을 이기도록 알코올 남용자를 훈련시키는 데 사용될 수 있다. 부부행동치료는 부부간 대화를 증진할 방법을 찾고 물질 남용으로 인해 유발된 부부 스트레스를 해소하는 데 목적을 두고 있다. 부부는 행동 계약을 쓰는 법을 배우기도 한다. 예를 들어, 물질 남용 문제가 있는 사람이 금주 혹은 남용 방지 약물을 투여하기로 합의를 하고 그동안 배우자는 예전에 음주 습관과 미래 재발 가능성에 대한 비판을 하지 않기로 합의할 수 있다.

표 8.1
물질 남용의 ABC를 수정하기 위한 자기 통제 전략

1. 약물 남용 선행조건 통제 전략

남용하거나 향정신성 물질에 의존하는 사람들은 광범위한 외부(환경) 및 내부(신체상태) 자극에 조건화된 반응을 한다. 다음과 같은 방법으로 자극-반응 간의 연결고리를 끊을 수 있다.

- 알코올성 음료, 맥주잔, 포도주잔, 재떨이, 성냥, 담배갑, 라이터 등 집안에 음주와 흡연에 관련된 모든 것을 없애기
- 차고, 욕실 혹은 지하실 등과 같이 집안에 자극이 없는 장소에서만 물질을 사용하도록 함으로써 음주나 흡연이 허락되는 자극적인 환경을 제한하기. 물질 사용과 연결될 수 있는 모든 자극은 이런 장소에서 없앤다—예를 들어 텔레비전, 읽을거리, 라디오 또는 전화기가 없다. 이런 방식으로 물질 남용은 많은 자극으로부터 분리되어 간다.
- 술집, 거리 혹은 볼링장 등 물질 남용과 관련된 상황을 피하고, 물질 남용 문제를 가진 사람들과는 어울리지 않기
- 술을 팔지 않는 음식점을 이용하고 물질 남용하지 않는 사람들과 어울리고, 강의, 콘서트, 운동, 박물관, 야간 수업 등 약물 남용과 상관없는 장소를 자주 이용하기
- 남용을 유발하는 내재적 자극을 관리하기. 자기 이완, 명상, 긴장 시 약물을 쓰지 않는 법, 분노감정을 표현하는 대신 써내려 가거나, 물질 투약이 아닌 자기주장 관철, 지속적인 우울감정을 다스리고자 알코올, 약 혹은 담배가 아닌 상담을 찾기

2. 약물 남용 반응(행동) 통제 전략

다음과 같이 약물 남용을 방지할 수 있다.

- 반응방지 사용하기—남용 습관을 깨뜨리기—물질 사용을 어렵게 만들거나 신체적으로 물질 사용 행동의 발생을 예방함으로써 물질 남용 습관을 차단하기(예: 술을 집에 가져오지 않기, 차에 담배를 두지 않기)
- 유혹이 생길 때 경쟁 반응 사용하기, 적절한 방안으로 물질을 사용하고 싶은 상황에 대해 준비해 놓기—민트, 무설탕 껌 등, 샤워나 목욕, 개를 산책시키거나 동네 산책을 하거나, 드라이브하거나, 친구를 불러내거나, 물질이 없는 환경에서 시간을 보내거나, 명상이나 이완법을 연습하거나, 유혹받는 상황에서 물질을 사용하기보다 운동하기 등등
- 물질 남용을 더 힘들게 만들기—한 번에 맥주 한 캔만 사기, 성냥, 재떨이, 담배를 따로따로 멀리 보관하기, 담배를 호일로 싸고 또 싸서 흡연을 성가시게 만들기, 음주와 흡연 또는 다른 물질 사용에 대한 갈망에 사로잡힐 때 10분 동안 멈추고 스스로 질문하기 '내게 정말로 이것이 필요한가?'

3. 약물 남용의 결과 통제 전략

약물 남용은 불안 및 금단 증상으로부터의 해방, 쾌감과 흥분같이 즉각적이고 긍정적인 결과를 낳는다. 사람들은 다음과 같은 방법을 통해 이러한(약물로 인한 부정적) 내적 보상에 대항하고, 남용으로부터 벗어나려는 통제력을 균형적으로 발전시켜 갈 수 있다.

- 남용 시 스스로 처벌하고, 남용하지 않았을 때 보상하기
- 맥주회사와 담배회사를 싫어하는 회사로 바꾸기
- 점차적 물질 사용 감소 목표를 설정하고 성공 시 스스로에게 보상하기
- 물질 사용 감소 목표달성 실패 시 스스로 처벌하기. 스스로를 분석하고 각각의 실패에 대해 특별히 금전적인 처벌을 설정해서 싫어하는 처남이나 시누이의 생일 선물로 현금을 준다든지 하는 것
- 동기를 부여하는 생각이나 자기 진술문 등을 연습하기—다음의 예와 같이 담배를 끊어야 하는 이유를 카드에 쓰는 등등
    - 담배를 피우지 않는 하루하루는 내 수명을 그만큼 연장시킨다.
    - 담배를 끊는 것은 다시 깊은 숨을 쉴 수 있게 도와준다.
    - 담배를 끊으면 음식의 냄새와 맛이 더 좋아질 것이다.
    - 금연으로 얼마나 돈을 많이 절약할 수 있는지 생각하라.
    - 담배를 피우지 않아서 내 치아와 손가락이 얼마나 더 깨끗해질지 생각하라.
    - 나는 다른 사람들에게 그 습관을 버렸다고 자랑스럽게 말할 것이다.
    - 내가 금연하는 매일 매일 내 폐는 더 깨끗해질 것이다.
- 흡연자들은 이와 같은 진술문 20~25개 정도를 가지고 다니며, 하루에 여러 번 씩 읽을 수 있다. 이것은 목표를 지속적으로 상기시켜 주는 하루 일과가 될 수 있다.

조절된 음주: 실행 가능한 목표가 될 수 있는가? 알코올 중독의 질병 모델에 따르면 한 번의 음주로도 알코올 중독 환자는 통제 불가능한 상태로 되돌아갈 수 있다. 그러나 어떤 전문가들은 알코올 남용이나 의존을 앓은 많은 사람들이 스스로를 통제하는 음주 습관을 개발할 수 있다고 반박한다(Sobell & Sobell, 1973a, 1973b, 1984). 그러나 이 부분은 아직 상호 대립적이다. 알코올 중독 질병 모델의 제안자들은 통제된 사회적 음주를 가르치는 시도마저 강력히 반대한다. 그러나 이같이 통제된 음주 프로그램은 금주만을 고집하는 치료 프로그램에 들어가길 원치 않는 사람들에게 술을 끊을 수 있는 방안을 제시할 수도 있을 것이다(Tatarsky & Kellogg, 2010). 그래서 통제된 음주 프로그램이 음주를 완전히 끊을 수 있는 첫 단계가 될 수도 있다. 좀 온유한 치료 목표를 제시함으로써 절대적인 금주만을 고집하는 치료 프로그램에 참여를 거부하는 사람들에게 통제된 금주 프로그램에 참여하게 할 수 있기 때문이다.

재발예방훈련

재발이라는 말은 라틴어에서 '뒤로 미끄러지다'라는 뜻을 가진다. 물질 남용 프로그램은 재발률이 높기 때문에 인지행동치료사들은 **재발예방훈련**에 해당하는 수많은 방법을 고안해 왔다. 이 교육은 물질 남용자로 하여금 고위험 상황을 깨닫고 알코올이나 물질을 재사용하지 않고 이런 상황을 극복하는 효율적인 기술을 배우도록 한다(Witkiewicz & Marlatt, 2004). 고위험 상황이란 우울, 분노 불안 같은 부정적인 감정 상태, 상호관계 갈등, 예를 들면 부부 문제 혹은 고용주와의 갈등, '남자들끼리 함께하는' 것 같은 사회적으로 유도된 상황 등을 포함한다(Chung & Maisto,2006). 예를 들어, 참여자들은 음주해야 하는 사회적 압력에 대항하는 법을 배우고 불안을 조절하는 이완법을 배워서 이러한 상황에 대처하도록 학습한다. 또한 친구한테 전해 주기 위해 술을 보관하는 행동 등 음주를 다시 시도할 수 있는 행동을 피하는 방법을 배운다.

재발예방훈련 또한 재발을 막아 완전히 약물 남용 상황이 재연되지 않도록 하는 데 주력한다. 내담자들은 금주나 금연 후 첫 음주나 첫 흡연이 의미하는 것의 중요성을 배운다. 또한 재발에 대해서 어찌 생각하는지를 변화시켜서 재발 자체에 대해 과잉 반응하지 않도록 교육받는다. 예를 들어, 재발한 사람들이 재발된 이유가 개인적 약함 때문이라고 여기고 수치와 죄의식을 경험한다면, 재발의 원인이 그냥 외부 자극이나 일시적인 사고라고 생각하는 사람들보다 더 쉽게 재발한다는 것을 배우게 된다(Marlatt & Gordon, 1985).

스케이트 선수가 미끄러진 것을 단지 단발성으로 일어난 교정 가능한 사건으로 보느냐 혹은 궁극적인 실패의 증거로 삼느냐에 따라 이후 경기를 계속하는 데 큰 영향을 주는 것과 같다. 과거 흡연자는 금단 증상을 못 이겨 다시 담배를 피기 때문에, 다시 담배를 피우지 않고 이런 증상에 대처할 수 있는 방안을 개발하도록 돕는 것은 중요하다(Piasecki, Jorenby, Smith, Fiore, & Baker, 2003). 재발예방훈련 참여자들은 재발이라는 것을 일시적인 후퇴로 여기며 어떤 상황이 시험을 주는지, 어떻게 대처할지, 어떻게 피해 나갈지를 배우는 기회라고 여기게 된다. 만약 이들이 '그래, 수렁에 빠졌지만, 그게 모든 것을 잃은 상태를 의미하진 않아.'라고 생각할 수 있다면, 재발에 빠질 위험은 훨씬 줄어들 것이다.

종합적으로, 알코올과 약물 문제를 가진 사람을 치료하려는 많은 노력은 최선의 결과를 혼합한 것이다. 많은 환자들이 가능하다면 부정적인 결과를 피할 수 있길 원함에도 불구하고, 실제로는 약물을 중단하길 원치 않는다. 그러나 12단계와 인지행동적 접근을 포함한 많은 치료 접근법은 환자들에게 잘 적용되고 또 환자 개개인이 변화를 갈망할 때 좋은 결과를 맺는다(DiClemente, 2011; Moos & Moos, 2005).

효율적인 치료 프로그램에는 물질 남용자들의 욕구, 우울증, 인격장애같이 공존하는 심리적 문제 등 그들이 겪는 광범위한 문제에 부합하는 다방면의 접근법을 포함하고 있다(Grant et al., 2004; Watkins et al., 2011). 물질 남용 장애와 다른 정신과적 장애, 특히 기분장애의 공존은 예외적이라기보다는 물질 남용자를 위한 치료소에서는 하나의 규칙처럼 당연한 것으로 알려져 있다(Pettinati, O'Brien, & Dundon, 2013; Quello, Brady, & Sonne, 2005). 때문에 약물 남용 치료는 종종 다른 심각한 심리적 문제의 존재로 인해 매우 복잡해진다. 뒤에 나오는 사례에서 언급하고 있는 바와 같이, 물질 남용의 공존은 다른 심리적 장애의 치료를 매우 복잡하게 만든다.

절대로, 맥주를 의미할 리 없어!

양극성 장애와 알코올 중독을 앓고 있는 30세 남자는, 조증 증상을 치료하고자 스스로 알코올을 끊으려고 씨름하고 있었다. 이후 그는 그가 반복적인 조증 삽화로 자주 입원을 했던 수년간의 암흑기 동안 알코올, 특히 맥주가 얼마나 그에게 절친이었는지 열거하기 시작했다. 입원 기간 중 어느 날 그는 알코올을 끊어야 한다는 통보를 받았다. 그는 당시 자신의 반응을 선명하게 기억하고 있었다. "절대로 맥주를 (끊어야 한다고) 의미할 리 없어." 그는 알코올이 얼마나 그의 몸에 해로운지, 양극성 장애 치료에 저해가 되는지를 완전히 부인했었다.

그의 부모가 또 한 번 음주 때문에 입원하면 정서적 지지와 금전적 지원을 끊겠다고 위협한 후에야, 결국 그는 AA 모임에 참여하기로 결정했다. 시간이 지남에 따라, 그는 결국 금주할 수 있었고 양극성 장애 치료약도 효과적으로 작용될 수 있었다. 맥주를 포함한 알코올의 사용을 중단한 것이 성공적인 회복의 단계에 이르게 했고, 의료진과 함께 노력하여 그의 기분이 극단적으로 바뀌는 것도 통제할 수 있게 되었다.

출처: *NYC Voices*, 온라인 지지 사이트에 올린 증거 자료.

효율적인 치료 프로그램을 이용할 수 있고, AA가 정의한 치료를 포함할 만큼 치료의 정의가 광범위해진다 해도, 오직 소수의 알코올 의존 환자만이 치료를 받는다(Kranzler, 2006). 캐나다의 연구도 마찬가지 소견을 보였다. 캐나다 온타리오에서 알코올 남용이나 의존 질환을 가진 1,000명 이상의 사람을 표본 추출한 연구에 따르면 세 명 중 한 명만이 어떤 치료를 받은 적이 있다고 하였다(Cunningham & Breslin, 2004).

약물 관련 문제를 가진 사람들을 돕기 위해서는 더 많은 것이 필요하다는 것은 명백한 사실이다. 거리 환경상 약물과 무망감에 사로잡힌 도심 청소년(inner-city youth)들의 사례처럼, 그들을 보다 생산적인 사회 역할을 감당하도록 돕기 위해서는 문화적 감수성을 고려한 상담과 직업훈련이 고려되어야 한다. 도전 과제는 명백하다. 물질 남용의 부정적인 효과를 인식하고 약물이 제공하는 강력하고 즉각적인 강화를 삼가하도록 환자를 돕는 비용 대비 효율적인 방안을 개발하는 것이다.

도박장애

미국에서 도박 중독이 오늘날처럼 유명했던 적은 일찍이 없을 것이다. 합법적 도박은 다양한 도박 유형을 망라하고 있는데, 주에서 발행하는 복권부터 종교나 공제회에서 후원하는 카지노의 밤, 애틀랜타와 라스베이거스 같은 도박의 메카까지 다양하다. 최근 몇 년 사이 사법 당국의 단속에도 불구하고, 스포츠와 경마에서의 인터넷 베팅, 온라인 카드게임 등 온라인 도박을 할 수 있는 기회가 급증했다(예: Hodgins, Stea, & Grant, 2011; King et al., 2013).

도박하는 대부분의 사람들은 자기 통제가 가능하고 원할 때면 언제든 멈출 수 있다. 그러나 나머지 사람들은 다음 페이지에 나오는 사례의 남자처럼 문제적 도박이나 충동적 도박에 빠진다. DSM-5에서는 이것을 중독장애의 한 유형으로 구분하고 **도박장애**(gambling disorder)라고 명명했다.

충동적 도박의 형태는 카드게임과 카지노 또는 경마에서 지나치게 내기를 하는데서부터 스포츠 경기에 과대한 베팅을 하고 불확실한 주식을 사는 데까지 다양하게 나타난다. 많은 충동적 도박자들은 이혼이나 파산 등 재정적, 정서적 위기에 빠져 있는 경우에만 비로소 이런 식의 문제 해결을 탐색한다.

문제적 도박의 종류에 관한 첫 번째 전국 조사는 미국의 14~21세 사이의 청소년 약 2%(총 75만 명)가 작년 한 해 동안 문제적 도박을 하고 있음을 보여 주었다(Welte, Barnes, Tidwell, Hoffman, 2008). 문제적 도박은 자신의 계획보다 더 많은 돈을 걸거나 도박을 위해 돈을 훔치는 것 같은 행동으로 나타난다. 인구의 약 0.4%~1.0%가 생애 어떤 시점에서 도박장애로 발전할 수 있다(APA, 2013). 충동적 도박이나 문제적 도박은 상승가도에 있고,

도박, 미국 스타일의 도박. 미국에서 도박은 거대한 사업이다. 대부분의 사람은 자신의 도박 행동을 통제할 수 있지만, 충동적 도박자들은 도박 충동에 저항할 수가 없고, 도박 때문에 재정적, 정서적으로 위기에 빠졌을 때에야 비로소 도움을 구한다.

부분적으로는 합법적 유형의 도박 확산 추세가 그 원인이 된다(Carlbring & Smit, 2008; Hodgins, Stea, & Grant, 2011). 문제는 오락으로 하는 도박과 충동적 도박의 경계선을 어디에 그어야 하는가이다.

충동적, 병적 도박자들은 종종 처음 도박을 시작할 때쯤 크게 한 번 땄거나 몇 번 연속적으로 돈을 딴 경험이 있었다고 보고한다. 그러나 마침내 손실은 쌓이기 시작하고, 행운을 되찾고 손실을 만회하기 위한 절박감에 이끌려 베팅을 하고 있는 자신을 발견하게 된다. 도박으로 인한 손실은 때로 첫 번째 베팅에서 시작된다. 충동적 도박자들은 자주 베팅의 부정적 소용돌이의 덫에 걸리게 는데, 그들의 손실—그리고 빚—이 엄청나게 늘어날 때조차 손실을 만회하기 위해 더 자주 도박을 하게 된다. 어느 지점에선가 충동적 도박자 대부분은 도박 통제 상실, 재정적 파산, 자살 시도, 가정 파탄을 특징으로 하는 절망적인 상태로 바닥을 치게 된다. 결국 그들을 '파멸'로 몰고 갈 '한 방'을 기대하면서, 엄청난 손실을 도박으로 만회하고자 더 자주 시도할 수도 있다. 때로는 과한 자신감과 에너지가 넘치고 다른 때는 불안하고 절망에 차 있다. 충동적 도박자였던 에드는 재정적 위기에서 벗어나기 위해 얼마나 '한 방'을 갈망했는지 설명했다.

'나' '한 방(대박)'

빚을 진 금액을 보면서 나는 일을 해서 이 돈을 갚을 길은 없다고 생각했고, 돈을 갚기 위해 대박을 내야만 했습니다. 사람들은 늘 수렁으로 더 빠지고 있는 걸 깨닫지 못하고 계속 쫓아갑니다. 도박을 통제하지 못하고 대신 도박이 당신 행동을 통제할 때 삶은 수습이 어려워집니다. 저는 돈을 빌렸어요. 당신은 그러면 안 됩니다. 저는 도박 때문에 거짓말을 했어요. 당신은 그러지 마세요. 도박은 제 인생에서 다른 것들도 가져가 버렸어요. 가정생활, 직장생활, 모든 것이 도박 때문에 고통당하고 있었습니다.

출처: Excerpted from Speaking Out: *Videos in Abnormal Psychology*, Pearson Education, 2008. 불법복제 불허.

많은 충동적 도박자들이 낮은 자존감으로 고통당하고 있고, 어린 시절 부모에게 거절당했거나 학대를 받았다(Hodgins et al., 2010). 도박은 대박을 터뜨려서 그들의 자존감을 북돋우는 수단이 될 수도 있다. 그러나 대박은 터지지 않고 손실만 쌓여 간다. 실패는 우울과 자살까지 부를 수 있는 부정적 자아상을 강화시킬 뿐이다. 여기서 에드가 도박에서 돈을 따는 것이 어떻게 자신의 자존감을 북돋워 주었는지 그리고 손실은 어떻게 됐는지 잘 해명해 주고 있다.

'나' '전 다른 사람들보다 똑똑했어요.'

지금 제가 아는 것 몇 가지는 제 성격에 결함이 있었다는 거예요. 저는 운동선수로도 제대로 활동하지 못했고 학생으로도 실패했어요. 성직자가 되려고 했던 저의 원래 목표도 달성하지 못했어요. 무엇을 해야 성공할 수 있었을까요? 저는 그레이하운드 경주의 전문가로 성공하려고 했어요. 열정적으로 최선을 다했어요. 저는 성공할 것이고 경주 전문가가 되어 많은 돈을 벌 거라고 느꼈어요.

가장 큰 쾌감은 대박 터진 환상적인 액수나 그런 것이 아니라 내가 옳았다는 사실이었어요. 사람들이 몰려와서 물을 거예요. 어떻게 그걸 뽑았어? 그리고 그건 다른 사람보다 더 똑똑한 나의 지능 때문이었어요. 저는 거의 그레이하운드 경주가 시작되기 전… 긴장된 기대감 같은 분명한 흥분을 느꼈어요. 경기가 진행되는 동안 무슨 일이 벌어질지 긴장된 황홀감 속에서 결과를 지켜보죠. 그건 승리의 황홀감이거나 낙담 둘 중 하나였어요. 당신이 잘못된 선택을 했다면 모르겠지만, 그렇지 않다면 결국 그 효과를 누리게 되겠죠. 저는 사람들이 저를 보고 "와! 어떻게 그걸 해냈어? 너 정말 똑똑하구나."라며 저의 성공담은 듣지만 결코 제 실패담은 듣지 않는 것을 봤지요.

출처: Excerpted from *Speaking Out: Videos in Abnormal Psychology*, Pearson Education, 2008. 불법복제 불허.

비화학적 중독으로서의 강박적 도박

강박적 도박은 비화학적 중독의 한 부류로 볼 수 있다. 강박적 도박은 물질 의존(중독)과 증상을 공유하는데, 행동 조절력 상실, 고조된 각성 상태나 행동 수행 시 경험되는 쾌락적 흥분 그리고 강박적 행동을 멈추거나 감소할 때 나타나는 두통, 불면증과 식욕상실 등의 금단 증상들이다.

강박적 도박자와 화학물질 남용자의 성격 특성 또한 중복된다. 두 집단의 심리 테스트 프로파일은 둘 다 충동성, 자기중심성, 자극의 필요성, 정서적 불안정, 좌절에 대한 낮은 내성 그리고 조작적 성격 등의 특질을 모두 보여 준다(예: Billieux et al., 2012; Clark, 2012; MacLaren, Best, Dixon, & Harrigan, 2011; Oleski et al., 2011).

강박적 도박자와 알코올 의존 환자들은 신경심리검사에서, 충동행동 제어를 책임지는 뇌의 부분인 전두엽피질의 뇌 기능 장애를 암시하는 비슷한 결함을 보인다(Goudriaan, Oosterlaan, de Beurs, & van den Brink, 2006). 연구자들은 강박적 도박과 물질 사용 장애 사이에 높은 공병률을 보이는 것을 밝혀냈다(예: Dannon, Lowengrub, Aizer, & Kotler, 2006). 많은 비정상적인 행동 양식들이 그런 것처럼, (연구)증거도 강박적 도박 행동에 영향을 미치는 주요 유전적 성분이 있음을 보여 주고 있다(Shaffer & Martin, 2011; Slutske, Zhu, Meier, & Martin, 2010, 2011).

DSM-5에서는 도박중독을 물질 관련 및 중독장애의 범주 안에 분류해 놓고 있지만, 모든 강박적 도박자들이 중독 모델로 설명될 수 있는 것은 아니다. 강박적 도박의 특정 유형은 중독장애보다 기분장애나 강박-충동장애에 더 가깝다.

강박적 도박의 치료

강박적 도박의 치료는 아직 도전 과제로 남아 있다. 성격장애와 물질 사용 장애를 가진 강박적 도박자는 부적응적인 선택을 하고 자신의 문제에 대한 통찰이 거의 보이지 않는다. 전문가를 돕는다는 것은 이런 사람들을 치료하는 힘든 싸움을 직면하는 것이라고 할 수 있다. 이 사람들은 치료를 시작하는 것을 주저하고 도움을 주려는 타인의 노력을 거절할 수도 있다. 그러나 도박자들의 인지적 편견의 수정을 돕는 데 집중된 인지행동 프로그램 등을 포함한 성공적인 치료적 노력도 보고되고 있다(인지적 편견의 예는, 우연에 의해 지배되는 도박의 결과를 자신이 조절할 수 있다는 믿음과 도박 손실을 중요치 않은 것으로 해명하면서 대박을 터트릴 거라 생각하는 경향성 등)(예: Gooding & Tarrier, 2009; Okuda, Balán, Petry, Oquendo, & Blanco, 2009; Petry et al., 2008; Shaffer & Martin, 2011). 항우울제와 기분안정제를 사용하여 치료했던 유망한 결과도 보고된 바 있으며, 그 결과 강박적 도박과 기분장애가 유사성을 갖고 있다는 증거로 활용되기도 했다(예: Dannon et al., 2006; Grant, Williams, & Kim, 2006).

많은 치료 프로그램들이 AA를 참고한 '익명의 도박중독자 모임(GA)' 같은 동료지원 프로그램을 포함하고 있다. 이런 프로그램은 행동에 대한 개인의 책임을 강조하고, 구성원들의 경험을 나누고 참여를 장려하기 위해 구성원들의 익명성을 보장한다. 구성된 지지 집단 안에서 구성원들은 자신의 자기 파괴적 행동에 대한 통찰을 얻게 된다. 어떤 경우는 강박적 도박자를 격리시켜서 자신의 일상적이고 파괴적인 틀을 벗어날 수 있도록 하기 위해 병원 또는 거주시설에 입소시켜 치료 프로그램을 진행하기도 한다.

중독에서 벗어난 후에, 환자들은 GA나 그 비슷한 프로그램에 참여하면서 치료를 지속하도록 권장된다. 익명성을 보장하기 위해 GA 같은 비전문적 프로그램은 참여자의 기록을 보관하지 않는다. 그래서 프로그램의 성공여부를 평가하기가 어렵다. GA가 많은 경우 도움이 될 수 있음은 알려져 있지만 참여자들 사이의 절제 비율은 불행히도 낮다(Petry et al., 2006; Tavares, 2012).

어떤 강박적 도박자는 스스로 호전되고, 어떤 경우는 어떤 공식적 치료를 받지 않고도 증상에서 자유로워진다. 문제는 도박중독자들이 어떤 문제에서 스스로 호전될 가능성이 많은지 연구자들은 모른다는 것이다. 미국 전역을 대표하는 두 가지 표본을 분석한 결과, 강박적 도박자의 4/10가 작년 한 해 동안 증상이 없었던 것으로 밝혀졌다(Slutske, 2006).

함께 연결 짓기

물질 의존의 생물심리사회 모델

물질 사용 장애는 물질 남용과 의존의 부적응적 패턴을 포함하며, 생물학적, 심리학적, 환경적 요인의 상호작용을 반영한다. 이런 문제들은 각 개인별 사례에 적용되는 독특한 요인 집단을 조사함으로써 가장 잘 이해된다. 한 가지 모델이나 몇 가지 요인으로는 각각의 사례를 설명할 수 없다. 이런 이유 때문에 치료사는 각 개인의 고유한 성격, 개인력, 상황에 맞는 직접적 치료 상황 등을 이해할 필요가 있다. 그림 8.8은 이런 인과 요인의 상호작용을 보여 주는 물질 의존 생물심리사회 모델을 표로 그려 설명하고 있다.

그림 8.8에서 볼 수 있듯이, 유전적 요인은 약물 관련 문제를 발달시킬 소인이나 소질을 일으킬 수 있다(Young-Wolff, Enoch, & Prescott, 2011). 어떤 사람들은 알코올에 대해 음주 조절을 어렵게 만드는 선천적 내성을 지니고 태어나기도 한다—'언제가 그때라고 말할지' 생각하기 위해. 또 다른 사람들은 몹시 긴장하거나 불안한 상태로 만드는 유전적 경향성을 가지고 태어난다. 아마도 그들은 긴장을 완화하기 위해 알코올이나 다른 약물을 의지할 것이다. 유전적 소인은 환경적 요인과 상호작용하여 약물 남용과 의존을 증가시킬 수 있다—약물 사용에 대한 또

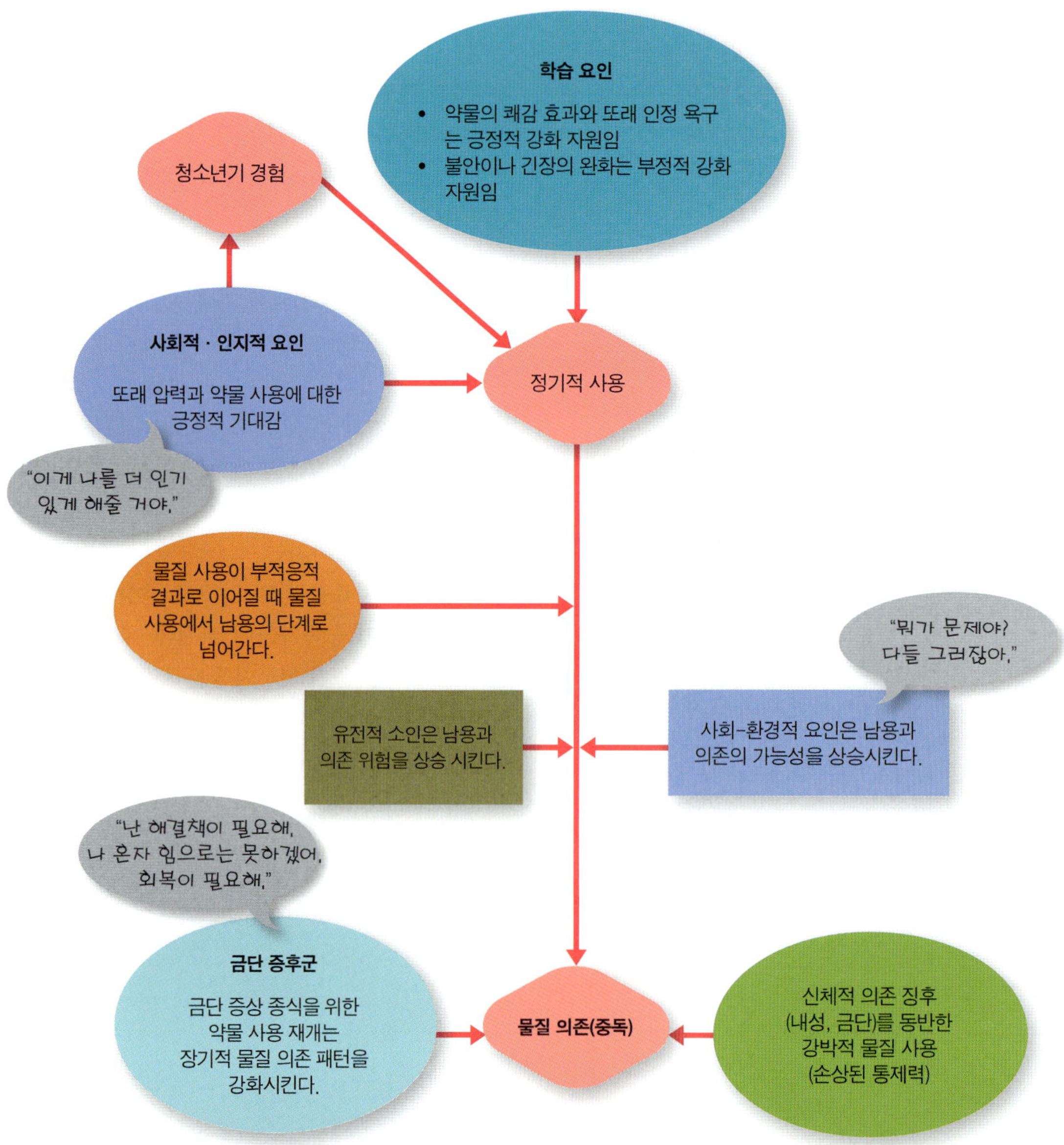

그림 8.8 물질 의존에 대한 생물심리사회 모델.

(다음 쪽에 계속)

래 압력, 과도한 음주나 지나친 약물 사용에 대한 부모의 모델링, 그리고 효율적인 지도와 지지의 결핍을 가져오는 가족붕괴 등의 요인들.

인지적 요인은 특별히, 긍정적 약물 경험(예: 약물 사용이 인간관계 기술이나 성적 기량을 강화시킨다는 믿음)이 알코올이나 약물 사용 문제 가능성을 높인다. 청소년기나 성인기에 약물에 대한 이런 긍정적 기대감을 갖는 것은, 사회적 압박과 문화적 통제의 부족이라는 요인과 함께, 젊은 사람들이 약물을 사용하고 유지하는 결정을 하는 데 영향을 미친다. 비정상적인 행동 패턴을 설명하는 데 있어 유전적, 환경적 요인의 상호작용이 얼마나 중요한가에 대해 공감하기 때문에, 연구자들은 유전적 요인이 스트레스 상황에서 사람들을 알코올이나 다른 약물로 향하도록 하는 위험을 높일 수 있다고 믿는다(Dong et al., 2011; Yager, 2011).

사회문화적, 생리학적 요인들, 즉 알코올이나 다른 약물의 효용성, 문화적 제약의 존재 여부, 유명한 미디어에서의 약물 미화, 그리고 알코올 섭취 후 좀 더 쉽게 홍조가 올라오는 유전적 경향성(아시아인들 같이) 등이 이런 요인 행렬에 포함된다(Luczak, et al., 2006).

학습 요인도 또한 중요한 역할을 한다. 약물 사용은 쾌락적 효과에 의해 긍정적으로 강화될 수 있다(아마도 엔도르핀 수용체의 활성화나 뇌 속 도파민의 방출에 의해 매개될 것이다). 알코올, 헤로인, 그리고 신경안정제 같은 억제 약물이 발생시킬 수 있는 긴장과 불안의 완화로 인해서도 부정적으로 강화될 수 있다. 슬프지만 아이러니하게도 약물에 의존된 사람들은, 약물을 끊고 살아가면서 맞닥뜨리는 금단 증상과 갈망에 대해 방심했다는 이유 하나 때문에 약물 사용을 다시 계속할 수도 있다.

8 요약

물질 관련 및 중독장애 분류

8.1 DSM-5에 제시된 주요 물질 관련 장애의 정의와 일반적 특징을 확인한다.

DSM-5는 물질 관련 장애를 두 가지 주요 진단 범주로 분류하고 있는데, 물질-유도장애(반복되는 약물 중독 삽화나 금단 증후군의 발전)와 물질 사용 장애(심리적 고통이나 기능 손상을 야기하는 부적응적 물질 사용)가 그것이다.

8.2 중독이나 강박행동의 비화학적 형태를 서술한다.

강박적 도박과 쇼핑, 그리고 과도한 인터넷 사용조차도 강박행동 패턴의 예가 될 수 있으며, 중독의 비화학적 형태를 전형적으로 보여 줄 수 있다. 이런 행동 패턴은 약물 의존이나 중독의 전형적 징후와 관련되어 있다. 갑작스런 약물 사용 중단 시, 불안이나 우울 같은 행동 및 금단 증상에 대한 통제력 손상이 이런 징후에 포함된다.

8.3 생리적 의존과 심리적 의존의 차이를 설명한다.

물질의 정기적 사용의 결과로 생긴 내성의 발달과 금단 증후군 등과 같이 신체상에 나타난 변화는 생리적 의존에 포함된다. 생리적 의존의 동반 여부와 상관없이, 심리적 욕구를 충족시키기 위해 습관적으로 물질을 사용하는 것은 심리적 의존에 해당된다.

8.4 중독으로 가는 경로의 일반적 단계를 확인한다.

일반적으로 알려진 약물 의존으로 가는 세 가지 단계는 (1) 경험, (2) 반복적 사용, (3) 중독이나 의존이다.

약물 남용

8.5 향정신성 약물의 주요 범주와 각 범주에 해당하는 특정 약물 및 그 효과와 위험을 확인한다.

안정제는 신경계 활동을 떨어뜨리거나 둔화시키는 약물이다. 알코올, 진정제, 소량의 신경안정제, 그리고 오피오이드 등이 이런 약물에 해당되는데, 약의 효과는 중독, 손상된 조절력, 불명료한 언어 그리고 손상된 인지 기능 등을 포함한다. 만성적 알코올 남용은 코르사코프 증후군, 간경변, 치명적 알코올 증후군 그리고 다른 신체건강 문제를 포함한 건강상 위험과 관련이 있다. 알코올 같은 이런 약물은 운전 능력을 손상시킬 수 있고, 과용 시 위험할 수 있는데, 특히 신경안정제를 알코올과 함께 복용했을 때 더욱 그렇다. 모르핀과 헤로인 같은 오피오이드는 양귀비에서 추출되지만 다른 약물은 합성된 것이다. 오피오이드는 의학적으로 통증 완화제로 사용되지만 중독성이 강하고 치명적인 과다 복용의 결과로 이어질 수 있다.

흥분제는 중추 신경계 활동을 증가시킨다. 암페타민과 코카인은 흥분제로서 쾌감과 각성이 고조된 상태로 이끌면서,

뇌에서 신경전달물질의 효력을 증가시킨다. 고용량의 약물 복용은 편집성 조현병과 모방적 특징을 지닌 정신증적 반응을 생성할 수 있다. 습관적 코카인 사용은 다양한 건강 문제를 야기할 수 있고, 코카인 과다 복용은 갑작스러운 사망의 원인이 될 수 있다. 담배에서 발견된 약한 자극제인 니코틴을 반복적으로 사용하면 생리적으로 의존하게 된다.

환각제는 감각 인식을 왜곡시키고 환각을 일으킬 수 있는 약물이며, 이런 약물에는 LSD, 실로사이빈 그리고 메스칼린이 해당된다. 비슷한 효과를 보이는 다른 약물로는 마리화나와 펜시클리딘이 있는데, 이들은 정신적 혼란이나 섬망 상태를 유도할 수 있는 물질이다. 환각제는 생리적 의존으로 이끌지는 않지만 심리적 의존을 일으킬 수는 있다. 마리화나를 많이 사용하는 사람들에게 있어 학습 능력과 기억력에 영향을 미치는 뇌손상 가능성에 대한 관심도 높아지고 있다.

이론적 관점

8.6 물질 사용 장애의 이해를 위한 주요 이론적 관점을 서술한다.

생물학적 관점은 생리적 의존 기제를 설명할 수 있는 생물학적 경로를 발견하는 것에 초점을 두고 있다. 이러한 관점은 알코올 중독 그리고 다른 형태의 약물 의존은 질병 과정임을 상정하는 질병 모델을 낳았다. 학습 관점은 물질 남용 문제를 고전적, 도구적 조건화와 관찰학습의 역할에 의한 학습된 행동의 패턴으로 본다. 인지적 관점은 물질 사용과 남용을 설명하는 데 있어 태도, 신념 그리고 기대감의 역할에 초점을 맞추고 있다. 사회문화적 관점은 약물 사용 패턴의 기저에 있는 문화적, 집단적 그리고 사회적 요인을 강조하고 있는데, 여기에는 사춘기 약물 사용에 결정적 역할을 하는 또래 압력도 포함된다. 정신역동 이론은 지나친 음주와 습관적 흡연 등 물질 사용 문제를 구강기 고착의 징후로 본다.

8.7 코카인이 뇌에 미치는 영향을 설명한다.

코카인은 신경세포를 전달함으로써 도파민의 재흡수를 차단한다. 즉, 더 많은 도파민은 시냅스 사이에 남아서 쾌감을 조절하는 뇌의 조직망에서 신경세포 수용을 과다 자극함으로써 병적 도취감을 생성한다.

물질 사용 장애의 치료

8.8 물질 사용 장애의 치료법을 평가한다.

물질 사용 장애에 대한 생물학적 접근에는, 디설피람, 메타돈, 날트렉손 그리고 항우울제 같은 약물치료와 해독 및 니코틴 대체요법 등이 있다. 거주치료 접근법은 입원과 치료적 거주지를 활용한다. AA 같은 비전문적 지원 집단은 지지적인 집단 안에서 환자들의 금욕을 증진시킨다. 정신역동적 치료사들은 물질 사용 문제의 뿌리가 유아기 시기에서 유래된 내적 갈등에 있다고 믿고 그것을 찾는 데에 집중한다. 물질 사용 문제를 가진 사람들을 돕는 행동주의 치료사들은 자가 통제 훈련, 혐오감 조건화, 기술 훈련 접근법 등의 테크닉을 사용해서 문제적 행동을 변화시키는 것에 중점을 둔다. 치료 기술의 초기 성과와 상관없이, 재발은 물질 남용 문제를 가진 사람들의 치료에 있어 시급한 문제로 남아 있다. 재발예방 훈련은 물질 남용 환자들이 물질 사용의 위험이 높은 상황을 잘 대처하도록 하고, 실수할 때도 피해가 적은 방식으로 해석함으로써 재발 방지를 돕는 인지행동 기술을 이용하여 훈련한다.

8.9 도박장애의 특징 및 치료법을 평가한다.

도박장애 혹은 강박적 도박은 비화학적 중독의 한 유형이다. 비화학적 중독 상태에서 사람들은 세 가지를 경험한다. 첫째는 도박 행동에 대한 통제력 상실, 둘째는 도박을 할 때 느끼는 높은 각성 상태나 즐거운 흥분, 마지막으로 도박을 중단할 때 금단 증상을 경험한다. 이 장애를 가진 사람들은 흔히 다른 질환을 동반하는데, 특히 물질 사용 장애와 기분장애를 동반한다. 강박적 도박에 대한 다양한 치료적 접근이 시도되고 있는데, 항우울제나 기분안정제를 처방하는 약물치료와 인지행동치료 등이 있다. 특히 인지행동치료에서는 강박적 도박 패턴의 기저에 있는 인지적 편견을 수정하는 데 초점을 맞춘다. 많은 강박적 도박자들은 GA 같은 동료지지 집단에 참여하고 있으며, 이런 지지 집단은 도박자들이 자기 파괴적 행동에 대한 통찰을 얻고, 강박행동 패턴을 변화시키도록 도움을 준다.

비판적 사고 질문

이번 장에서 배운 것을 기초로 다음의 질문에 답해 보라.

- 약물 사용이 약물 남용이나 의존으로 넘어가는 시기를 결정하는 근거는 무엇인가? 당신이나 주위 사람이 약물 사용과 남용의 경계선을 넘어 본 적이 있는가? 무엇을 근거로 그렇게 판단을 하는가?
- 당신이나 아는 사람이 강박적 쇼핑, 도박 혹은 성행동 같은 비화학적 형태의 중독 증거를 보이는가? 이런 행동이 당신(또는 그 사람)의 삶에 어떤 영향을 미치는가? 그것을 극복하기 위해서 당신(그 사람은)은 무엇을 할 수 있는가?
- 마약인 헤로인 중독을 치료하기 위해 또 다른 마약 물질인 메타돈을 사용한다는 개념에 대해 어떻게 생각하는가? 이런 접근 방식의 강점과 약점은 무엇인가? 메타돈 유지 프로그램을 정부에서 지원해야 한다고 생각하는가? 왜 그런가? 아니면 왜 그렇지 않은가?
- 오늘날 10대 자녀보다 더 어린 시절 스스로 마리화나를 피우거나 다른 약물을 사용했던 부모를 둔 청소년들이 많이 있다. 만약 당신이 그런 부모 중 한 사람이라면, 약물에 대해서 당신의 자녀들에게 무슨 말을 해주겠는가?

핵심 용어

금단 증후군(withdrawal syndrome)
날트렉손(naltrexone)
내성(tolerance)
도박장애(gambling disorder)
마리화나(marijuana)
마약(narcotics)
메타돈(methadone)
모르핀(morphine)
물질 금단(substance withdrawal)
물질 사용 장애(substance use disorders)
물질 유도 장애(substance-induced disorders)
물질 중독(substance intoxication)
신경안정제(barbiturates)
신체적 의존(physical dependence)
심리적 의존(psychological dependence)
안정제(depressant)
알코올 중독(alcoholism)
암페타민(amphetamines)
암페타민 정신증(amphetamine psychosis)
엔도르핀(endorphins)
중독(addiction)
코카인(cocaine)
크랙(crack)
해독(detoxification)
헤로인(heroin)
환각제(hallucinogens)
흥분제(stimulants)

"알코올에 의존되어 있습니까?" 질문에 대한 채점의 열쇠

"예"라고 한 모든 답변은 당신이 알코올에 의존됐을지도 모른다는 것을 말해 준다. 만약 모든 질문에 긍정적 답변을 했다면, 음주가 당신에게 무엇을 의미하는지 진지하게 검사하고, 상담가나 의료인에게 이 부분을 상담해 볼 것을 권한다.

9

섭식장애와 수면-각성 장애

학습 목표

9.1 섭식장애의 세 가지 유형, 즉 신경성 식욕부진증, 신경성 폭식증 및 폭식장애의 핵심 특징을 서술한다.
9.2 신경성 식욕부진증과 신경성 폭식증과 관련된 원인을 서술한다.
9.3 섭식장애를 치료하는 데 사용되는 방법을 평가한다.
9.4 비만과 관련된 건강의 위험을 검토한다.
9.5 비만과 관련된 요인을 검토한다.
9.6 수면-각성 장애의 구체적인 유형을 살펴보고 서술한다.
9.7 수면-각성 장애를 치료하는 데 사용되는 방법을 평가한다.
9.8 건강한 수면 습관에 관한 지식을 적용해서 더 적응적인 수면 습관을 발달시키기 위해 조치를 취한다.

진실 또는 거짓

T□ F□ 신경성 식욕부진증이 있는 젊은 여성은 다른 사람들이 극도로 말랐다고 하는데도 불구하고, 계속해서 자신을 너무 뚱뚱하다고 본다.

T□ F□ 식욕부진증이 심각한 심리적 장애임에도 불구하고, 이를 겪는 여성들은 일반 여성들에 비해 실제로 자살 시도를 적게 하는 경향이 있다.

T□ F□ 폭식증이 있는 여성은 폭식을 한 이후에만 구토를 유도한다.

T□ F□ 비만은 미국에서 가장 흔한 심리적 장애 중 하나이다.

T□ F□ 사람들이 상당한 체중 감량을 시작할 때, 몸은 굶주리고 있는 것처럼 반응한다.

T□ F□ 산타클로스 이후에, 어린이들에게 가장 잘 알려진 인물은 로널드 맥도날드이다.

T□ F□ 많은 사람들이 예고 없이 갑자기 잠에 빠지는 수면발작으로 고통받고 있다.

T□ F□ 어떤 사람들은 잠을 자는 동안 수백 번이나 숨을 제대로 못 쉬지만 그것을 깨닫지 못한다.

'나' "이게 말이나 되나요?"

구토를 한 밤마다 나는 내 심장이 멈추거나 무슨 일이 일어날까봐 두려울 수밖에 없었어요. 나는 구토가 날 죽이기 전에 내가 구토를 멈출 수 있기를 바라면서 기도했어요. 나는 이 폭식증을 증오하지만 멈출 수가 없어요. 이제는 폭식하고 토하는 것이 어렵고(냉장고가 잠겨 있어서요) 더 이상 할 수도 없어요. 더 이상 전처럼 많은 음식을 빨리 먹을 수도 없고 토할 수도 없어요. 정말 그러고 싶지도 않아요. 한때 내가 그런 적이 있었지만 그렇게 자주 하지는 않았어요. 새로운 양상은 아침에 내가 정말 끔찍한 기분에 휩싸이게 해요. 나는 저녁을 먹고 너무 배가 부르다고 느끼거나 내가 너무 많이 먹었다고 생각한 후에도 계속해서 음식(간식)을 먹었어요. 그런 다음 1시간 남짓 잠을 자고 일어나서 토해야 한다고 생각해요. 내 안에는 구토를 하고 싶은 마음과 그러길 원하지 않는 마음이 있는데, 대부분은 결국 구토를 하게 되요. 잠을 자보려고 노력도 하지만, 결국 밤중 어느 시간에 일어나 구토를 하게 되는 것 같아요.

음식이나 지방, 칼로리가 나를 엄습할까봐 단지 그 근처에 있는 것 자체를 두려워하는 것처럼, 함께 있는 누군가가 아주 단 음식을 먹고 있는 사실만으로 내가 공황발작을 겪을 때면 난 내가 제 정신이 아닌 것처럼 느껴져요. 줄리는 며칠 전 우리 반에 나를 데리러 왔는데, 그녀는 큰 스푼으로 그릇 안에 있는 달지 않은 설탕 쿠키를 떠먹고 있었어요. 나는 공황 상태에 빠졌어요. 온몸이 떨리고 땀이 나고 숨을 쉬기 어렵고 머릿속에 생각이 너무 많이 지나가서 집중할 수가 없었어요. 나는 쿠키를 먹지 않았지만, 그 냄새를 맡고 보았을 뿐만 아니라, 그녀가 그것을 한입 가득 입에 넣고 씹을 때 설탕이 부서지는 소리를 들었어요. 그러고 나서 그녀는 컵케이크를 먹기 시작했어요. 나는 어떻게 할 수가 없었어요. 그녀는 나에게 케이크를 조금 주려고 하였고, 나는 그녀의 제안을 단지 생각하는 것만으로도 심각하게 구역질이

났어요. 그녀가 차로 나를 데려다주었을 때, 나는 몰려오는 엄청난 폭식 욕구를 통제하기 위해 집으로 뛰어들어 갔어요. 소름이 끼쳤고 메스꺼웠으며, 나의 왜곡된 시각으로는 내가 살찐 것처럼 보였어요. 아무것도 먹지 않았음에도 불구하고, 내 안에 느껴지는 금지된 음식을 모두 제거하기 위해 즉시 설사약을 먹었어요.

진정된 후, 현실을 깨닫고, 내 자신이 멍청하고 제정신이 아니고 완전히 실패한 것처럼 느껴졌어요. 이제는 폭식하지도 않았는데 몸에서 음식물을 빼내려고 해요. 도대체 이게 말이나 되나요? 아무도 날 괴롭힐 필요 없어요. 지금 내 스스로가 충분히 날 괴롭게 하고 있거든요.

— Costin, 1997, pp. 62–63

이 글을 쓴 젊은 여성은 폭식과 제거행동의 반복된 삽화를 보이는 섭식장애인 **신경성 폭식증**(bulimia nervosa)을 경험하고 있다. 심각한 의학적 결과, 심지어 사망을 초래할 수 있는 자가 굶주림(self-starvation)의 심리장애, 즉 **신경성 폭식증**이나 **신경성 식욕부진증** 같은 섭식장애를 어떻게 설명할 수 있을까? 섭식장애는 고등학생이나 대학생 연령대, 특히 젊은 여성에게 주로 발생한다. 주변에 섭식장애 진단을 받은 사람은 없다 하더라도, 간헐적인 폭식과 과도한 다이어트처럼 문제성 섭식행동이 있는 사람은 쉽게 만나 볼 수 있을 것이다. 또한 아마도 대부분의 현대인들에게 영향을 주는 주요 건강 문제인 비만으로 고통받고 있는 사람들을 당신은 많이 알고 있을 수도 있다.

이 장에서는 세 가지 유형의 섭식장애, 즉 신경성 식욕부진증, 신경성 폭식증, 폭식장애를 살펴볼 것이다. 또한 우리 사회에서 급속도로 확산되고 있는 건강 문제인 비만에 기여하는 요인을 검토할 것이다. 이 장에서 우리는 청장년층에서 흔히 발생하는 또 다른 문제인 수면-각성 장애에 초점을 맞출 것이다. 가장 흔한 수면-각성 장애인 불면장애는 생산적인 삶을 살고자 노력하고 있는 젊은이들에게 영향을 주고, 그들의 걱정과 염려를 침대로까지 확장시키도록 만드는 경향이 있다.

섭식장애

9.1 섭식장애의 세 가지 유형, 즉 신경성 식욕부진증, 신경성 폭식증 및 폭식장애의 핵심 특징을 서술한다.

모든 것이 풍요로운 나라에서 문자 그대로 스스로 굶어서 때로는 사망에 이르는 사람들이 있다. 그들은 흔히 자신의 체중에 집착하고 과도하게 마른 이미지를 성취하고자 한다. 음식을 폭식하고 나서 구토를 유발하는 것처럼, 과도한 섭식 후에 먹은 음식을 제거하려는 시도를 반복하는 사람들도 있다. 이러한 역기능적 양상은 각각 섭식장애의 두 가지 주요 유형, 즉 **신경성 식욕부진증**(anorexia nervosa)과 **신경성 폭식증**(bulimia nervosa)이다.

섭식장애(eating disorders)는 혼란된 섭식행동과 부적응적 방식의 체중 조절과 관련이 있다. 섭식장애는 종종 우울증, 불안장애 그리고 물질 사용 장애와 같은 다른 심리적 장애와 함께 발생한다(Jenkins et al., 2011). **표 9.1**은 섭식장애의 세 가지 유형에 대한 개관을 제시한다.

신경성 식욕부진증과 폭식증 사례는 대부분 젊은 여성에게 발생한다. 중기 또는 후기 성인기에도 섭식장애가 발생할 수 있지만, 이 장애는 날씬해야 한다는 압력이 최고조에 이르는 청소년기 또는 초기 성인기에 보통 시작된다. 이런 사회적 압력의 증가와 더불어, 섭식장애의 비율 또한 증가하고 있다. 대규모 지역사회 기반의 설문조사에서는 여성의 약 0.9%(대략 100명 중 1명)가 신경성 식욕부진증을 겪고 있는 것으로 나타났다(Hudson et al., 2006). 또한 신경성 폭식증은 약 0.9~1.5%의 여성에게 영향을 주고 있는 것으로 보고되고 있다(Smink, van Hoeken, & Hoek, 2012). 더불어 식욕부진증이나 폭식증의 몇 가지 행동을 보이지만 섭식장애로 진단받을 만한 수준은 아닌 사례도 상당수 존재한다.

남성의 경우 신경성 식욕부진증은 대략 0.3%(1,000명당 3명), 신경성 폭식증은 0.1~0.5%(1,000명당 1~5명)로 추정된다(Hudson et al., 2006, 2007; Smink, van Hoeken, & Hoek, 2012). 신경성 식욕부진증이 있는 많은 남성들은 레슬링처럼 체중을 일정하게 유지해야만 하는 스포츠에 참여하곤 한다.

신경성 식욕부진증

신경성 식욕부진증: 카렌의 사례

카렌은 저명한 영문과 교수의 딸로 22세이다. 그녀는 17세 때, 장래가 유망한 대학생활을 시작했으나, 2년 전 '사회

표 9.1
섭식장애의 개관

장애의 유형	평생 유병률(근사치)	기술	관련 특징
신경성 식욕부진증	여성 1,000명당 9명 또는 0.9%, 남성 1,000명당 3명 또는 약 0.3%	자신의 연령, 성별, 키, 신체건강 및 발달 수준에 비해 비정상적으로 낮은 체중을 초래하는 자가 굶주림	• 체중이 증가하거나 살찌는 것에 대한 강한 두려움 • 왜곡된 자기상(극도로 말랐음에도 불구하고 스스로를 뚱뚱하다고 지각함) • 두 가지 일반적인 하위 유형: 폭식/제거형 및 제한형 • 잠재적으로 심각하고 심지어 치명적인 의학적 합병증 • 전형적으로 젊은 유럽계 미국 여성들에게 발생함
신경성 폭식증	여성의 경우 0.9~1.5%, 남성의 경우 0.1~0.5%	폭식과 그에 뒤따르는 제거행동의 반복적인 삽화	• 체중은 대개 정상 범위 내에서 유지됨 • 체형과 체중에 대한 과도한 걱정 • 폭식/제거 삽화는 심각한 의학적 합병증을 유발할 수 있음 • 전형적으로 젊은 유럽계 미국 여성들에게 발생함
폭식장애	여성의 경우 3.5%, 남성의 경우 2%	보상적인 제거행동이 없는 반복적인 폭식	• 폭식장애가 있는 사람들은 빈번하게 충동적인 과식자로 묘사됨 • 신경성 식욕부진증이나 폭식증을 가진 사람들보다 나이가 많고 뚱뚱한 여성들에게 전형적으로 발생함

유병률의 출처: Hudson et al., 2006, 2007; Smink, van Hoeken, & Hoek, 2012.

적 문제'가 발생한 후, 고향으로 돌아와 지역 대학에서 부담이 적은 학업 과정을 점진적으로 밟고 있다. 카렌이 원래 과체중이었던 적은 없지만, 약 1년 전부터 그녀의 어머니는 카렌이 점점 '뼈만 앙상해지고 있다는 것'을 알아차렸다.

카렌은 부모님과 어린 형제자매에게 맛있는 음식을 대접하기 위해 슈퍼, 정육점, 베이커리에서 매일같이 쇼핑을 하는 데 많은 시간을 보냈다. 그녀의 생활양식과 섭식습관에 대한 논쟁은 가족들을 둘로 분열시켰다. 그녀의 아버지가 주도하는 쪽은 인내심을 가지고 지켜보자고 한 반면, 어머니로 대표되는 쪽은 직면을 요구했다. 어머니는 아버지의 보호적 태도가 결국 그녀를 죽음에 이르게 할까 봐 두려웠고 카렌이 "그녀 자신을 위해" 입원 치료를 시작하길 원했다. 부모님은 결국 외래 평가를 받아 보는 것으로 타협했다.

키가 152cm인데도, 카렌은 사춘기가 오지 않은 11세 소녀처럼 보였다. 그녀의 코와 광대뼈는 또렷하게 돌출되어 있었다. 그녀의 입술은 볼록했으나 립스틱의 붉은색은 장례식을 위해 시신에 너무 짙은 색을 칠한 것처럼 부자연스러웠다. 카렌의 체중은 겨우 35kg에 불과하였으나 멋스런 실크 블라우스와 스카프, 배기팬츠로 잘 가리고 있어서 마른 몸매가 크게 드러나지 않았다.

카렌은 자신에게 문제가 있다는 것을 완강히 부인했다. 그녀의 모습은 "자신이 원했던 그대로"라고 했으며 매일 에어로빅도 하기 시작했다. 카렌은 더 이상 체중이 줄지 않고 적어도 40kg를 유지할 때까지 외래치료를 받기로 합의하였다. 집단치료와 하루 두 끼의 식사로 구성된 낮 병원 프로그램이 치료에 포함되었다. 그러나 카렌은 음식을 먹지 않고 잘라서 조금 핥다가 접시에 옮기는 것처럼 음식을 가지고 장난한다는 얘기가 들렸다. 3주 후 카렌의 체중은 다시 줄었다. 그제서야 그녀의 부모는 그녀를 설득해서 섭식행동을 더 면밀하게 모니터할 수 있는 입원 치료 프로그램을 시작하도록 했다.

— 저자의 파일에서

식욕부진증(anorexia)이란 단어는 '없다(without)'는 뜻의 *an*-과 '[음식]에 대한 욕망(a desire for)'의 뜻을 가진 *orexis*라는 그리스어에서 유래한다. 따라서 식욕부진증은 '[음식]에 대한 욕구가 없다'는 뜻이지만 신경성 식욕부진증이 있는 사람들에게 '식욕' 상실은 드물게 나타나기 때문에 이 명칭은 사실 잘못된 것이다. 그러나 그들은 음식에 혐오를 느끼고 자신의 연령과 키에 비해 최소한의 체중만을 유지하려 하며, 이를 위해 절대적으로 필요한 양 이상은 먹지 않으려고 한다. 그들은 종종 위험할 정도로 쇠약해질 때까지 스스로를 굶긴다. **신경성 식욕부진증**[일반적으로 **식욕부진증**(anorexia)으로 언급]이 더 일찍 혹은 더 늦게 시작되는 경우도 있지만 대개 12~18세 사이에 발생한다.

신경성 식욕부진증의 가장 뚜렷한 징후는 현저한 칼로리 섭취 제한이나 자가 굶주림으로 인한 심각한 체중 상실이다. 다른 일반적인 특징들은 다음과 같다.

- 비정상적으로 말랐음에도 불구하고, 체중이 증가하거나 살찌는 것에 대한 극심한 두려움
- 다른 사람들은 마른 것으로 지각하지만 스스로는 자신의 신체나 신체 일부분에 대해 뚱뚱한 것으로 지각하는 왜곡된 신체상
- 비정상적으로 낮은 체중을 유지함으로써 나타나는 위험성에 대한 인식 실패

식욕부진증은 소녀들이 자신의 체중이 증가한 것을 알아차리고 그것을 줄여야 한다고 주장하는 초경 이후에 시작되는 것이 보편적이다. 여자 청소년들의 체지방의 증가는 정상적이다. 적응적 관점에서 볼 때에도 출산과 모유 수유 준비에 체지방의 증가는 필요하다. 그러나 식욕부진증이 있는 여성들은 신체에 증가된 체중을 제거하려고 하고, 그래서 극심한 다이어트와 과도한 운동에 의존하게 된다. 문제는 초기의 체중 감량 목표가 성취된 이후에도, 심지어 가족과 친구들이 염려를 표현함에도 불구하고 이러한 노력이 수그러들지 않는 데 있다. 또 다른 보편적인 양상은 젊은 여성들이 집을 떠나 대학교에 입학해서 대학생활에 적응하고 독립적으로 사는 데 어려움을 겪을 때 나타난다. 신경성 식욕부진증은 또한 발레나 모델과 같이 비현실적으로 마른 체형의 유지를 매우 강조하는 분야와 관련된 일을 하는 젊은 여성들에게 흔하다.

신경성 식욕부진증이 있는 청소년 소녀와 여성은 체중이 너무 많이 줄고 있다는 사실을 대개 부인한다. 그들은 스트레스가 많은 운동에 참여하는 능력이 자신의 체력을 증명하는 것이라 주장하기도 한다. 섭식장애가 있는 여성은 일반 여성보다 더 왜곡된 신체상을 가지기 쉽다. 다른 사람들은 그들을 '피골이 상접한 것'으로 보지만 신경성 식욕부진증이 있는 여성은 여전히 자신이 너무 뚱뚱하다고 여긴다. 그들은 말 그대로 자신을 굶기고 있지만 하루의 대부분을 음식에 대해 생각하고 이야기하고 심지어 다른 사람을 위해 정성들인 식사를 준비하면서 보내기도 한다. 진실 / 거짓

진실 또는 거짓

다른 사람들은 그들을 극단적으로 말랐다고 보지만 신경성 식욕부진증을 겪는 젊은 여성은 여전히 자신이 너무 뚱뚱하다고 본다.

진실 다른 사람들은 그들이 '피골이 상접한 것'으로 보지만 식욕부진증이 있는 여성들은 왜곡된 신체상을 가지고 있고 자신이 여전히 너무 뚱뚱하다고 여긴다.

신경성 식욕부진증의 하위 유형 이 장애는 두 가지 하위 유형, 즉 폭식/제거형과 제한형으로 구분된다. 폭식/제거형은 3개월 동안 폭식이나 제거행동(자신이 유도한 구토, 하제나 이뇨제, 관장제 남용 같은)의 빈번한 삽화가 특징이다. 제한형에서는 폭식이나 제거행동의 삽화가 없다. 신경성 식욕부진증의 하위 유형의 구분은 성격 양상

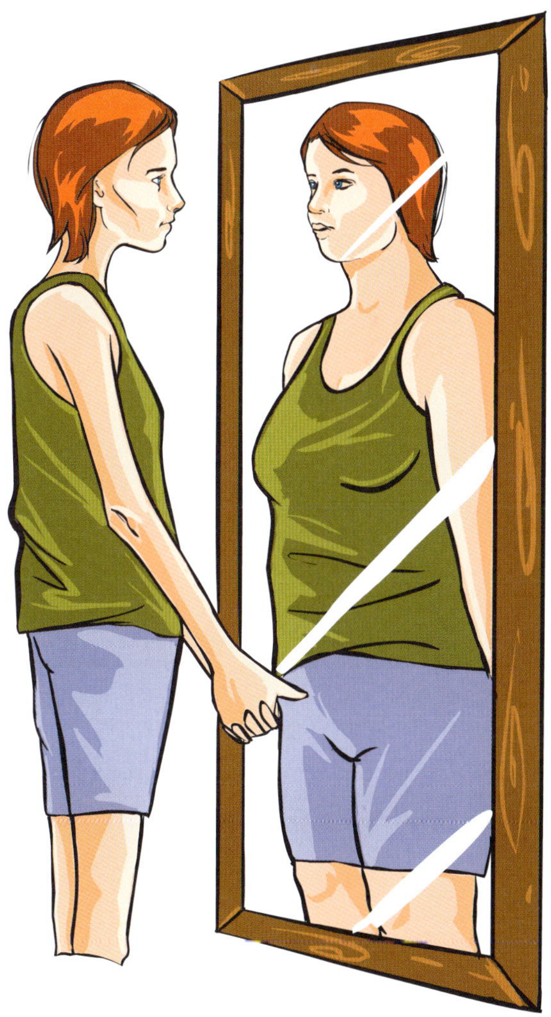

나는 나 자신을 어떻게 보는가? 왜곡된 신체상은 섭식장애의 일반적인 특징이다.

의 차이로 지지된다. 폭식/제거형의 경우 폭식 삽화에 더해 물질 남용이나 도벽을 포함한 충동조절 관련 문제를 보이기도 한다. 그들은 엄격한 통제와 충동적 행동의 기간이 번갈아 나타나는 경향이 있다. 제한형의 경우 다이어트와 외모를 엄격하게, 심지어 강박적으로 통제하는 경우도 흔하다.

신경성 식욕부진증의 의학적 합병증 신경성 식욕부진증은 심각한 의학적 합병증을 유발하며 극단적인 경우 치명적일 수 있다. 체중의 35%가 손실되면 빈혈이 생길 수 있다. 또한 신경성 식욕부진증으로 고통받는 여성은 피부 문제를 겪는 경향이 있는데, 여기에는 건조하고 갈라진 피부, 가는 솜털, 체중이 회복된 후에도 수년간 지속되는 피부의 누런 변색이 포함된다. 심혈관계 합병증에는 심박 불규칙, 저혈압과 때때로 일시적인 의식상실을 야기하는 기립성 현기증이 포함된다. 음식 섭취의 감소로 변비와 복통, 장폐색이나 마비와 같은 위장관 장애가 발생할 수 있다. 무월경(월경의 부재 또는 억제)과 마찬가지로 여성의 불규칙한 월경은 식욕부진증의 사례에서 일반적이다. 또한 근육 약화와 골격의 비정상적인 성장이 나타나서 키가 줄거나 골다공증이 발생할 수 있다.

그리고 안타깝게도 사망 위험도 증가하는데, 신경성 식욕부진증 사례의 5~20%는 자살이나 굶주림으로 인한 영양실조 때문인 것으로 추정된다(Arcelus, 2011; Haynos, & Fruzzetti, 2011). 신경성 식욕부진증이 있는 젊은 여성은 일반 인구에서 젊은 여성보다 자살할 가능성이 8배 높다(Yager, 2008). 신경성 식욕부진증을 겪었거나 여전히 겪고 있는 수백 명을 대상으로 한 연구(95%가 여성이었음)에서 5명 중 1명(17%)이 자살을 시도했다(Bulik et al., 2008). **진실 / 거짓**

> **진실 또는 거짓**
>
> 신경성 식욕부진증이 심각한 심리적 장애임에도 불구하고, 이를 겪는 여성의 자살 시도는 일반 여성에 비해 실제로 더 적은 경향이 있다.
>
> **거짓** 실제로, 일반 인구에서 젊은 여성에 비해 신경성 식욕부진증이 있는 젊은 여성의 자살 시도 비율이 더 높다.

신경성 폭식증

> **신경성 폭식증: 니콜의 사례**
>
> 니콜은 막 눈을 떴는데 잠자리에 들 시간이기를 소망한다. 그녀는 최근의 다른 날들과 같은 날이 될까봐 하루를 보내는 것이 두렵다. 매일 아침 그녀는 음식에 대한 생각에 집착하지 않고 하루를 보낼 수 있을지 아니면 오늘도 결국 게걸스럽게 먹으면서 하루를 보낼 것인지 생각한다. 오늘은 그녀가 스스로에게 약속한 새로운 출발을 시작하는 날이다. 오늘 그녀는 보통 사람처럼 살기 시작할 것이다. 그러나 그녀는 정말로 이것이 자신이 통제할 수 있는 일인지 확신이 들지 않는다.
>
> 니콜은 달걀과 토스트로 하루를 시작한다. 그런 다음 쿠키를 먹고 도넛, 버터와 크림치즈, 젤리를 얹은 베이글, 그래놀라, 막대 사탕, 그리고 시리얼과 우유, 이 모든 것을 45분 안에 먹어 치운다. 그리고는 더 이상 음식을 먹을 수 없으면 자신이 먹은 것을 제거하는 것에 주의를 돌린다. 그녀는 욕실로 가서 머리카락을 뒤로 묶고 자신이 낼 소리가 들리지 않도록 샤워기를 틀고 물을 한 잔 마신 후 음식을 게워 낸다. 그 후 그녀는 "내일부터 시작하자, 난 반드시 달라질 거야."라고 맹세한다. 그러나 그녀는 내일 단지 똑같은 날들이 다시 반복될 것이라는 사실도 이미 알고 있다.
>
> — Boskind-White & White, 1983, p. 29

니콜은 **신경성 폭식증**(일반적으로 **폭식증**으로 언급됨)을 겪고 있다. **폭식증**(bulimia)이란 단어는 '황소(ox)' 또는 '암소(cow)'를 뜻하는 *bous*와 '굶주림(hunger)'을 뜻하는 *limos*라는 그리스어에서 유래한다. 이 단어의 어원에서 비롯된 그다지 매력적이지 않은 모습은 되새김질하는 소처럼 쉬지 않고 먹는 모습이다. 신경성 폭식증은 많은 양의 음식을 폭식하고 난 후 체중 증가를 막기 위해 부적절한 방식으로 과식에 대한 보상행동이 뒤따르는 삽화가 반복되는 섭식장애이다.

신경성 폭식증의 특징은 폭식과 이후에 스스로 유발한 구토, 하제나 이뇨제, 관장제의 남용, 금식, 과도한 운동과 같은 보상행동이 뒤따르는 삽화의 빈번한 발생이다. 신경성 폭식증에서 발생하는 다른 보편적인 특징에는 다음과 같은 것이 포함된다.

- 폭식 삽화 동안 먹는 것에 대한 조절 능력의 상실을 느낌
- 체중 증가에 대한 극심한 두려움
- 자기상에 있어 체형과 체중이 과도한 영향을 미침

신경성 폭식증에 대한 DSM-5 진단은 폭식 삽화와 그에 동반되는 보상행동이 지난 3개월 동안 평균적으로 일

주일에 적어도 1회는 발생할 것을 요구한다(APA, 2013). 폭식증이 있는 사람은 구토와 하제처럼 두 가지 이상의 제거 전략을 사용할 수 있다. 신경성 식욕부진증이 있는 사람들은 극도로 말랐지만 신경성 폭식증이 있는 이들은 대개 정상 체중을 유지한다. 그러나 그들은 자신의 체형과 체중을 과도하게 걱정한다.

신경성 폭식증으로 고통받는 사람들은 대개 입안에 뭔가를 넣어 구토를 유도한다. 대다수는 자신의 행동을 숨기려고 시도한다. 체중 증가에 대한 두려움도 지속적인 요인이다. 그러나 신경성 폭식증이 있는 사람들은 신경성 식욕부진증에서 특징적으로 보이는 극도로 마른 체형을 추구하지는 않는다. 그들이 이상적으로 생각하는 체중은 섭식장애로 고통받지 않는 여성들과 비슷하다.

전형적으로 폭식은 애매한 오후나 저녁 시간에 비밀리에 자주 발생한다. 폭식은 30~60분까지 지속될 수 있고, 일반적으로 달고 지방이 풍부한 금지된 음식의 소비와 관련된다. 폭식자들은 전형적으로 그들의 폭식에 대한 조절 능력의 부족을 느끼면서 무려 5,000~10,000칼로리를 섭취한다. 한 젊은 여성은 냉장고 안에 먹을 수 있는 모든 것, 심지어 용기에 담긴 마가린까지 손가락으로 긁어먹었다고 말한다. 이 삽화는 폭식자가 완전히 에너지를 소비 또는 소진하거나, 위의 팽창으로 인해 괴로워하거나, 구토를 하게 되거나, 음식이 바닥날 때까지 지속된다. 일반적으로 졸음이나 죄책감, 우울증이 뒤따르지만, 폭식은 음식 제한으로부터 자신을 해방시키는 순간이기 때문에 초기에는 유쾌할 수 있다.

신경성 폭식증은 체형과 체중에 대한 불만족과 다이어트에 대한 관심이 최고조에 이르는 후기 청소년기 또는 초기 성인기의 여성에게 전형적으로 발생한다. 섭식장애, 특히 신경성 식욕부진증이 부유한 사람들 사이에서 가장 보편적이라는 통념이 만연되어 있음에도 불구하고, 사회경제적 지위와 섭식장애의 관련성을 지지하는 강력한 증거는 아직 존재하지 않는다(Gibbons, 2001; Z. Wang et al., 2005). 섭식장애가 높은 사회경제적 지위와 관계 있다는 신념은 부유한 환자들이 더 많이 치료를 받는 경향을 반영하는 것일 수 있다. 그보다도 젊은 여성이 극도로 마른 이상적 체형을 성취하도록 하는 사회적 압력이 모든 사회경제적 수준에 걸쳐 지금은 일반화되어 있다.

신경성 폭식증의 의학적 합병증 신경성 식욕부진증과 같이, 신경성 폭식증은 다수의 의학적 합병증을 동반한다. 위산의 빈번한 접촉으로 인한 구강 주변의 피부 염증, 침샘관의 폐색, 치아 에나멜의 부식, 충치와 같은 대부분의 합병증은 반복적인 구토로 인해 발생한다. 토할 때 분비되는 위산은 입천장의 미각 수용기를 손상시키고, 이는 반복적인 제거행동을 할 때 토사물의 맛에 대해 덜 민감하도록 만들 수 있다. 토사물의 혐오적인 맛에 대한 민감성 감소로 제거행동이 더 지속될 수 있다. 폭식과 구토의 주기는 월경장애뿐만 아니라 복통, 식도열공탈장 및 여러 복부의 불편감을 유발할 수 있다. 췌장에 부담은 의학적 응급상태인 췌장염을 유발할 수 있다. 과도한 하제 사용은 혈성 설사와 하제 의존을 야기할 수 있어 하제가 없으면 정상적인 장운동이 일어나지 않는다. 극단적인 경우, 대변의 압력에 의한 대장의 반사적 배설 반응이 상실될 수 있다. 짠 음식을 다량 폭식하는 것은 경련과 부종을 유발할 수 있다. 반복적인 구토 또는 하제의 남용은 칼륨 결핍을 초래하고, 이는 근육 약화, 심박 불규칙, 심지어 돌연사로 이어질 수 있다. 특히, 이뇨제를 사용한 경우 식욕부진증처럼 월경이 중단될 수 있다. 또한 식욕부진증 환자처럼 신경성 폭식증 환자는 일반 인구에 비해 자살, 물질 남용 및 의학적 질환과 같은 다양한 원인에 의한 사망을 포함해서 더 높은 조기 사망률을 보인다(Crow et al., 2009b). 폭식증 환자들은 25~35%로 추정되는 매우 높은 비율의 자살 시도를 보이지만 완결된 자살률이 평균보다 더 높은지 여부는 아직 명확하지 않다(Franko & Keel, 2006).

신경성 식욕부진증과 신경성 폭식증의 원인

9.2 신경성 식욕부진증과 신경성 폭식증과 관련된 원인을 서술한다.

다른 심리적 장애와 마찬가지로 신경성 식욕부진증과 신경성 폭식증은 다양한 요인의 복잡한 상호작용을 포함한다. 아마도 가장 중요한 요인은 젊은 여성들이 신체적 외모, 특히 체중에서 자기 가치감을 느끼도록 하는 사회적 압력일 것이다.

사회문화적 요인 사회문화 이론가들은 우리 사회의 젊은 여성에게 부과된 사회적 압력과 기대가 섭식장애에 기여하는 요인이라고 지적했다(McKnight Investigators, 2003; Mendez, 2005). 마르고 싶은 욕구와 신체 불만족은 섭식장애에서 현저하게 중요하다(Brannan, & Petrie,

신체 불만족은 생의 초기에 시작된다. 연구자들은 8세의 남아보다 여아가 더 높은 신체 불만족을 보인다는 것을 발견했다.

2011; Chernyak & Lowe, 2010). 외모 측면에서 자신의 신체를 비판적으로 타인과 비교하는 것은 신체 불만족을 초래할 수 있다(Myers & Crowther, 2009). 젊은 여성은 깡마른 모델과 연예인처럼 미디어 이미지에서 표현된 '완벽한 몸', 다시 말해 비현실적으로 마른 기준과 자기 자신을 비교하기 시작하고 이는 신체 불만족의 시초가 된다(Bell & Dittmar, 2011; Dalley, Buunk, & Umit, 2009; Rodgers, Salés, & Chabrol, 2010). 신체 불만족은 결국 과도한 다이어트와 섭식행동의 문제를 야기할 수 있다. 연구자들은 심지어 8세 아동에서도 남아보다 여아가 자신의 신체 불만족을 더 많이 표현한다는 사실을 발견했다(Ricciardelli & McCabe, 2004). 이상적인 마른 체형을 가져야 한다는 압력은 대학생 표본을 대상으로 한 연구의 결과에서 명확하게 나타난다. 이 연구에서 여성 7명 중 1명(14%)은 가게에서 초코바 하나를 살 때도 망설인다고 말했다(Rozin, Bauer, & Catanese, 2003). 또한 마른 체형에 집착하는 친구들에게서 받는 또래 압력은 젊은 여성의 폭식행동에 대한 강한 예측 요인인 것으로 밝혀졌다(Young, McFatter, & Clopton, 2001). 신체 불만족은 또한 젊은 남성의 섭식장애와도 연관된다(Olivardia et al., 2004).

미스 아메리카 대회 우승자들의 **체질량지수**(body mass index, BMI)의 변화는 여성의 마른 체형에 대한 이상화를 잘 보여 준다(Rubinstein & Caballero, 2000)(**그림 9.1** 참조). BMI는 키를 보정한 체중의 측정치인데 해가 갈수록 하강 추세임에 주목하라. 이것이 젊은 여성과 남성에게 여성의 미(美)에 관해 어떠한 메시지를 주는가?

젊은 미국 여성들 사이에서 날씬해야 한다는 압력이 너무 만연되어 있어 다이어트가 규범적인 섭식 양상이 되었다. 미국의 젊은 여성 5명 중 4명이 열여덟 번째 생

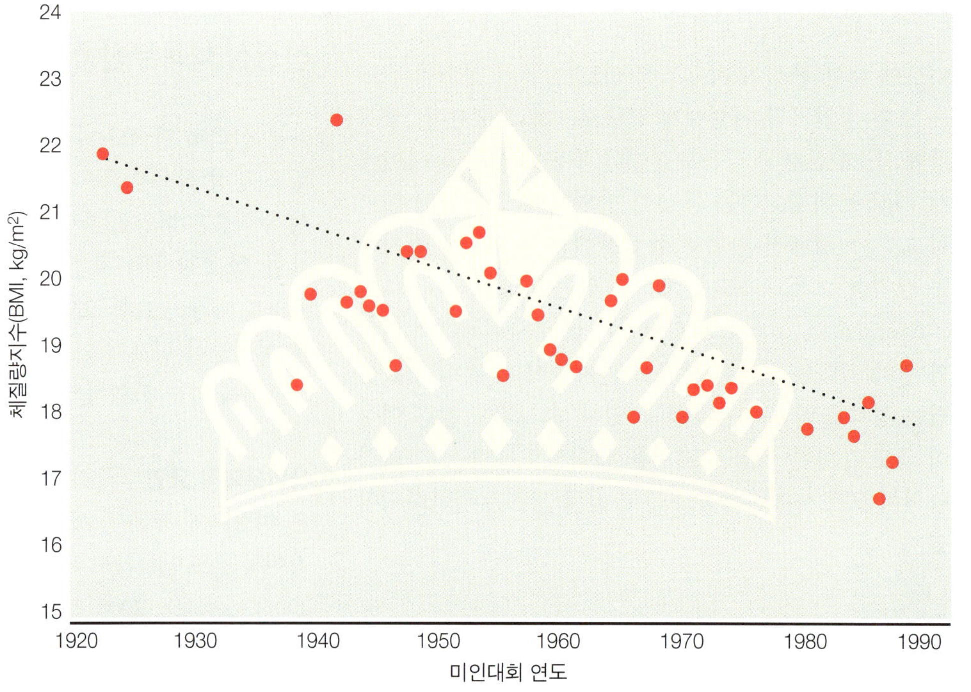

그림 9.1 날씬하게, 더 날씬하게. 시간이 흐름에 따라 미스 아메리카 대회 우승자들의 BMI 수준이 감소 추세임에 주목하라. 이런 자료가 이상적인 여성상에 대한 사회적 관점의 변화에 대해 무엇을 시사하는가?

출처: Rubinstein & Caballero, 2000.

일이 될 때 다이어트에 돌입했다. 최근의 조사에서 대다수(약 80%)의 여대생이 그들의 체중과 상관없이 다이어트를 하고 있다고 보고했다(Malinauskas et al., 2006). 날씬해야 한다는 사회적 압력에 대한 우려는 극도로 마른 동경의 대상 중 아마도 가장 유명한 바비 인형을 포함해서 소녀들에게 노출된 이상화된 신체상에 대해 경고하고 있다(346쪽의 '이상심리학에 대해 비판적으로 사고하기' 참조).

사회문화적 모델을 지지하는 결과는 여성의 미(美)를 마른 체형과 연합시키지 않는 비서구권 국가에서는 섭식장애가 그렇게 보편적이지 않음을 보여 준다(Giddens, 2006). 그러나 동아프리카처럼 비서구 문화에서조차, 서구의 미디어에 대한 노출과 서구 국가에 여행을 더 많이 한 젊은 여성일수록 섭식장애 증상의 비율이 더 높은 경향을 보였다(Eddy, Hennessey, & Thompson-Brenner, 2007). 또한 연구자들은 한국의 남녀 중학생에서 높은 수준의 신체 불만족과 섭식행동의 문제를 발견했다(Jung, Forbes, & Lee, 2009). 또 다른 연구자들은 대만의 젊은 여성들 사이에서 신체 불만족이 체중을 줄이려는 의도를 예측한다는 사실을 발견했다(Lu & Hou, 2009).

개발도상국의 섭식장애는 체중에 대한 강박적인 걱정 이외의 다른 요인들과도 관련이 있을 수 있다. 예를 들어, 연구자들은 아프리카 가나의 젊은 여성 사이에서 극심하게 마른 체형은 체중에 대한 걱정보다 종교적 이유에 의한 금식과 관련되어 있음을 발견했다(Bennett et al., 2004).

또한 섭식행동 문제와 섭식장애의 비율은 미국의 인종 집단에 따라 다양한데, 아프리카계 미국인과 다른 소수인종의 청소년보다 유럽계 미국인 청소년 사이에서 그 비율이 더 높은 것으로 밝혀졌다(Lamberg, 2003; Striegel-Moore et al., 2003). 이러한 차이가 나타난 데 대한 납득할 만한 이유는 소수인종 여성의 신체상과 신체 불만족이 체중과 덜 밀접한 관련이 있다는 것이다(Angier, 2000b). 그렇지만 연구자들은 유럽 중심의 여성의 미(美) 개념에 대한 노출이 증가하면서 젊은 유색인종 여성들의 섭식장애 유병률이 증가될 것이라고 예상한다(Gilbert, 2003). 또한 우리가 알고 있는 것보다 아메리칸 원주민을 포함한 소수인종집단에서 섭식행동 문제가 더 보편적일 수 있다(Shaw et al., 2004). 신경성 식욕부진증이 남성보다 여성에게 더 흔함에도 불구하고, 점차 많은 수의 젊은 남성이 섭식행동 문제, 심지어 신경성 식욕부진증을 보이고 있다. 젊은 여성과 마찬가지로, 젊은 남성의 섭식행동 문제와 관련된 요인은 완벽주의에 대한 욕구, 체중을 줄이라는 타인의 압력, 마른 체형을 높이 평가하는 스포츠에 참여하는 것을 포함한다(Ricciardelli & McCabe, 2004).

심리사회적 요인 극도로 날씬한 여성상에 동조하게끔 하는 문화적 압력이 섭식장애에 중요한 역할을 하지만, 이런 압력에 노출된 대다수의 젊은 여성에게 섭식장애가 발생하는 것은 아니다. 다른 요인들이 관련될 수 있다. 먼저, 신경성 폭식증과 신경성 식욕부진증이 있는 여성에게는 지나치게 엄격한 다이어트 양상이 일반적이다. 섭식장애가 있는 여성은 자신이 무엇을, 얼마나 많이 그리고 얼마나 자주 먹을 수 있는지에 대해 매우 엄격한 섭식 규칙과 실행을 택하는 것이 전형적이다. 그러나 섭식장애는 불안전감, 신체 불만족 그리고 다음 여성의 설명이 보여 주는 것처럼, 정서적 만족감을 얻으려고 먹는 것을 포함해서 더 깊은 정서적 주제를 포함한다는 것을 인식하는 것이 중요하다.

'나' '내 목소리, 도와달라는 외침'

열세 살에 다이어트를 시작했어요. 지금 돌아보면, 나는 대인관계와 나의 정체성, 성적 취향을 고민하는 것으로 드러난 불안전한 느낌을 그때 겪었던 것 같아요. 그 당시에는 내가 너무 뚱뚱한 것처럼 느껴졌어요. 보통의 덜 자란 아이에서 곡선미가 있는 여성으로 내 몸이 변하기 시작할 때, 나는 대중매체에서 아름답다고 보았던 매우 마르고 늘씬하고 단단한 이상적인 몸매의 환상에 매달리게 되었어요. 내 몸은 뭔가 잘못되었다고 느꼈어요. 내 모든 감정의 고통과 불안전감은 내 몸 때문이라고 생각했어요. 다이어트를 시작하면서 나는 내 몸에 대한 지식과 진실에 대해 듣는 것을 그만뒀어요. 대신에, 도달하기 불가능한 문화적 기준을 따르도록 나 자신에게 강요하기 시작했어요. 내 인생에서 너무 저항하기 어렵고 혼란스러운 시기에 내 영혼은 사랑과 확신, 안정, 정서적 위로를 간절히 원했어요. 내가 아는 한도에서 나 자신을 위로하는 유일한 방법은 먹는 것이었고 내가 인정받을 수 있는 유일한 방법은 다이어트였어요. 내 목소리, 도와달라는 나의 외침은 다이어트와 폭식, 폭식 및 제거행동에 대한 강박증에 묻혀 버렸어요.

출처: Normandi & Rorak, 1998.

신경성 폭식증은 또한 대인관계 문제와 관련 있다. 신

경성 폭식증이 있는 여성은 수줍은 경향이 있고 친한 친구가 거의 없다. 폭식증이 있는 여성의 사회적 기술이 향상됨에 따라 그들의 대인관계의 질이 증가되고 부적응적인 방식으로 음식을 먹는 경향이 감소할 것이다.

정서적 요인 신경성 식욕부진증이 있는 사람은 그들의 신체에 대한 숙달감이나 통제감을 얻고자 함으로써 혼란스러운 정서를 완화시키려 하고 이를 위한 잘못된 시도로서 음식 섭취를 제한할 수 있다(Merwin, 2011). 다이어트를 하는 다른 사람들보다 신경성 폭식증이 있는 젊은 여성은 종종 더 많은 정서적 문제와 더 낮은 자존감을 경험한다(Jacobi et al., 2004). 불안과 우울 같은 부정적인 정서적 상태가 폭식 삽화를 촉발하기도 한다(Reas & Grilo, 2007). 신경성 폭식증에는 종종 우울증과 강박장애, 물질 관련 장애와 같이 진단받을 만한 장애가 동반된다. 이것은 폭식의 일부 형태가 정서적 고통에 대한 대처 시도임을 시사한다. 불행하게도, 폭식과 제거행동의 순환은 정서적 문제를 완화하기보다 더욱 악화시킨다. 또한 다른 여성에 비해 폭식증이 있는 여성은 아동기 성적 · 신체적 학대를 더 많이 경험한 것으로 알려져 있다(Kent & Waller, 2000). 몇몇 사례에서는 학대에 대한 비효과적인 대처 방법으로 신경성 폭식증이 발달하였음이 관찰되기도 하였다. 폭식행동은 부정적 감정을 다루거나 진정시키는 시도로 나타날 수 있다. 최근의 증거는 부정적 정서 상태와 폭식 삽화가 연결됨을 보여 준다(Haedt-Matt & Keel, 2011).

학습 이론의 관점 학습 이론의 관점에서 섭식장애는 일종의 체중 공포증으로 개념화될 수 있다. 이 모델에서 불안의 경감은 부적 강화로 작용한다. 신경성 폭식증이 있는 여성은 폭식증이 발생하기 전에 다소 과체중인 경향이 있고, 폭식-제거행동의 주기는 체중을 줄이려는 엄격한 다이어트 기간 후에 대개 시작한다.

전형적인 시나리오에서 엄격한 음식 제한은 실패하기 마련이고, 이는 폭식 삽화를 촉발하는 억제의 상실(탈억제)을 초래한다. 폭식행동은 체중 증가에 대한 두려움을 유발하고, 이것은 다시 스스로 구토를 유도하거나 과도한 운동을 하게 만든다. 심지어 폭식증이 있는 어떤 사람들은 식사를 한 후 매번 구토에 의존한다. 제거행동은 체중 증가에 대한 불안을 안도감, 또는 부분적인 안도감으로 바꾸어 주기 때문에 부적 강화로 작용한다. 진실 / 거짓

음식 제한은 신경성 폭식증의 유전적 위험성이 높은 여성에게 좀 더 분명한 역할을 하는 것 같다(Racine et al., 2011). 이것은 심리적 장애의 발달에서 유전적 요인과 심리사회적 요인(음식 제한)의 상호작용을 검토해야 할 필요성을 다시 한 번 보여 준다.

> **진실 또는 거짓**
>
> 신경성 폭식증이 있는 여성은 폭식을 한 후에만 일부러 구토한다.
>
> **거짓** 일부 폭식증 여성은 식사를 한 후 매번 구토를 유도한다.

인지적 요인 완벽주의와 실수하는 것에 대한 과도한 걱정은 섭식장애의 두드러진 특징이다(Deas et al., 2011; Wade & Tiggemann, 2013). 섭식장애가 있는 사람은 '완벽한 몸'에 도달하기 위해 자신에게 완벽주의적인 압력을 가하고, 불가능하게 높게 설정된 기준에 도달하지 못하면 자신을 비난할 수 있다. 그들의 극심한 다이어트는 그들에게 삶의 다른 측면에서 결핍되었다고 느끼는 통제감과 독립심을 제공할 수 있다. 다음에 소개하는 신경성 폭식증이 있는 젊은 여성은 먹지 않고 살기로 결정한 후 경험한 힘에 대해 말하고 있다.

> **'나'** '나는 힘을 느꼈어요'
>
> 나는 나 자신을 사람들과 끊임없이 비교했어요…. 어쩔 수가 없었어요…. 그저, 모든 사람을 보면서 나 자신에 대해 생각해요, "세상에나, 내가 그렇게 보인단 말이야?" … 내 눈에는 오직 가장 날씬한 사람만 보였어요…. 가장 마른 사람에게만 눈이 갔어요…. 그것은 "나는 그들처럼 되고 싶어."라고 말하는 것이에요, 나는… 그저 체중이 계속해서 줄기를 원했고 그렇게 되지 않는다면 뭔가 잘못된 것이 있다는 거예요. 아니면 내 청바지가 딱 맞거나 충분히 헐렁하지 않다면… 또는 내 허벅지가 서로 맞닿는다면(그건 가장 심각한 일이죠) … 아니면 나의 팔뚝살이 출렁이는 것… 그러나 내 생각에 팔뚝살이 출렁이는 것은 피부가 움직이는 것인데… (그리고 당신의 몸이 출렁인다면, 그것은 무슨 뜻이겠어요?) … 그건 내가 뚱뚱하다는 것이죠…. 만일 내 몸이 출렁이는 걸 느꼈다면, 그것은 낮이나 밤, 아니면 주말, 얼마가 되었든, 내가 결정한 기간 동안 먹지 않을 것이란 뜻이에요. 그런 경우에 나는 사람들이 말하는 힘, 즉 통제감을 느꼈고, 그건 내 스스로 무엇을 할지를 결정했다는 느낌이죠.
>
> 출처: Excerpted from Speaking Out: Videos in *Abnormal Psychology*, Pearson Education, 2008. 불법복제 불허.

신경성 폭식증이 있는 사람들은 이분법적 또는 '흑백' 논리로 사고하는 경향이 있다. 그래서 그들은 엄격한 다이어트 규칙을 완벽하게 지키기를 기대하고, 조금이라도 규칙을 어기면 자신을 완전한 패배자로 판단한다. 그들은 폭식과 제거행동의 삽화에 대해 가혹하게 자신을 판단한다. 그들은 또한 체중 증가의 부정적인 결과에 대한 과장된 신념을 유지할 수 있으며, 이는 더 나아가 섭식장애에 기여할 수 있다. 연구자들은 섭식장애가 있는 여성이 일반적으로 부정적인 사건에 대해 자신을 매우 비난하는 경향이 있고 자기 비난은 그들의 섭식장애 행동을 유지하는 데 가장 크게 기여한다는 것을 발견했다(Morrison, Waller, & Lawson, 2006).

신체 불만족 또한 섭식장애에서 중요한 요인이다. 신체 불만족은 바라는 체중이나 체형에 도달하려는 (절식과 제거행동을 통한) 부적응적인 시도를 야기할 수 있다. 섭식장애가 있는 여성은 자신의 체중과 체형에 대해 극심하게 걱정하는 경향이 있다(Jacobi et al., 2004). 체중과 관련된 과도한 걱정은 많은 아동에게도 영향을 주고, 이는 청소년기나 초기 성인기에 섭식장애로 발달하는 발판이 될 수 있다.

굶주림에 의한 사망(기아사). 촉망받는 브라질의 패션 모델이었던 아나 카롤리나 레스턴이 2006년 거식증에 의한 합병증으로 사망했을 때 그녀는 불과 21세였다. 키 174cm였던 레스턴의 사망 당시 체중은 40kg밖에 되지 않았다. 신경성 식욕부진증은 오늘날 패션 모델계에 광범위한 문제로 남아 있다.

정신역동적 관점 정신역동 이론가들은 신경성 식욕부진증이 있는 소녀가 가족들과 분리되어 자신만의 개인화된 정체성을 강화하는 데 어려움이 있다고 제안한다(예: Bruch, 1973; Minuchin, Rosman, & Baker, 1978). 아마도 식욕부진증은 사춘기 이전의 아이로 남고자 하는 소녀의 무의식적인 노력일 수 있다. 사춘기 소녀는 아동기의 모습을 유지함으로써 가족과의 분리와 독립성 증가, 성적 성숙, 성인으로서 책임감과 같은 성인의 문제 다루기를 피할 수 있다.

가족 요인 섭식장애는 가족 문제와 갈등 같은 환경적 요인을 배경으로 빈번하게 발생한다. 일부 이론가들은 절식이 부모에게 미치는 잔인한 효과에 초점을 맞춘다. 그들은 일부 청소년들이 가정에서 경험한 외로움과 고립감 때문에 자신의 부모를 처벌하려고 먹기를 거부한다고 제안한다.

섭식장애가 있는 젊은 여성은 종종 역기능적인 가족 배경을 보고하는데, 그 특징은 가족 갈등이 많고, 부모가 과잉보호하거나 아니면 양육과 지지가 적다는 것이다(예: Giordano, 2005; McGrane & Carr, 2002). 부모는 종종 자신의 딸에게 독립을 장려하거나 심지어 자율성을 허용하는 데 어려움이 있는 것 같다. 그러나 이런 가족 양상이 섭식장애의 발달에 기여하는지, 아니면 섭식장애가 이런 방식으로 가족 역동을 방해하는지는 확실하지 않은 채로 남아 있다. 아마도 두 가지가 상호작용한다는 것이 맞을 것이다. Humphrey(1986)의 제안처럼, 폭식은 딸이 가족에게서 받지 못했던 양육과 위로를 음식을 통해 얻으려 하는 은유적인 노력은 아닐까?

체계론적 관점에서 가족은 갈등에 대한 개방적 표현을 최소화하고 변화의 욕구를 감소시키는 방식으로 스스로를 조절하는 체계이다. 이 관점에서 신경성 식욕부진증을 발달시킨 소녀는 가족 갈등 및 결혼 긴장에서 자신에게로 관심을 돌림으로써 역기능적 가족에서 발견되는 불안한 균형과 조화를 유지하는 데 기여하는 것으로 보일 수 있다. 실제로는 가족 단위가 역기능적이지만 소녀가 확인된 환자(identified patient)가 될 수 있다.

섭식장애를 시작하게 만든 요인과 상관없이 사회적 강화물은 장애를 유지시킬 수 있다. 섭식장애가 있는 아동은 그렇지 않았나면 부족했을 부모의 관심을 받게 됨으로써 빠르게 가족의 관심의 초점이 될 수 있다.

생물학적 요인 과학자들은 배고픔과 포만감을 통제하

이상심리학에 대해 비판적으로 사고하기

@Issue: 바비는 금지되어야 하는가?

현대판 보스턴 차 사건처럼, 바비와 그 친구들을 바다로 던지거나 상점에서 인기 만점의 인형 판매를 금지하자고 제안하는 것은 아니다. 그러나 이런 도발적인 질문을 함으로써 해부학적으로 잘못된 이런 인형이 젊은 여성들의 정신에 미치는 영향에 대해 비판적으로 생각할 수 있게 되길 바란다. 지금 50세 이상이 된 바비를 단순히 이전 세대의 기이한 유물이라고 생각하지 말아야 하는데, 그녀는 여전히 세계에서 가장 높은 수익을 올리는 인형으로, 연간 수익이 약 12억 달러에 달한다(Towner, 2009).

작가인 Laura Vanderkam(2003)이 "여성주의자 이슈로서 바비와 비만(Barbie and Fat as a Feminist Issue)"이란 글에서 언급한 것처럼, 바비는 비정상적으로 말랐지만 가슴이 큰 여성에 대한 남성의 이상화된 공상에 맞도록 고안되었으며, 그렇게 보이기를 원하면서 성장하는 소녀들에게 주로 팔린다. 『당신의 자녀가 섭식장애를 겪고 있을 때』의 저자이자 사회복지사인 Abigail Natenshon은 바비와 극도로 마른 여성 모델과 배우의 이미지는 젊은 여성의 마음에 '어떻게 하면 그들처럼 보일 수 있을지'와 같은 열망을 만든다고 주장했다. 의심할 여지 없이 많은 요인이 섭식장애에 기여하지만, 부모는 바비 인형에 접근을 막고 집에 인형을 가져오지 말아야 하는가? 아니면 바비를 허용하지만 그녀의 극도로 마른 몸매가 여성의 이상이 아니라는 것을 딸에게 알려 주고, 자존감은 체중계로 측정되지 않는다는 것을 이해시켜야 하는가?

바비처럼 되기. 바비 인형은 미국 문화에서 이상화된 풍만하지만 날씬한 여성의 상징을 오랫동안 대표하고 있다. 바비 인형이 어린 소녀들에게 어떤 메시지를 전달한다고 생각하는가?

그 점에 대해서 부모는 비대한 레슬링 선수와 근육질의 영화 주인공, 비디오 게임의 액션 캐릭터는 그들이 갈망해야 할 모범이 아니라는 것을 남자 아이들에게도 알려 줘야 하는 것이 아닌가? 심지어 지아이 조의 액션 캐릭터(즉, 인형)조차 초기보다 최근 버전이 더 많은 근육질을 가진 것처럼 보인다.

지나치게 남자다운 남성상에 노출되는 것은 소년의 섭식 문제 행동으로 이어질 수 있는 압력을 만들기도 한다. 연구 결과들은 많은 남성이 그들의 신체에 대해 불만족을 표현한다는 것을 보여 준다(Murray et al., 2013; Tiggemann, Martins, & Kirkbride, 2007). 남성과 여성 모두 대중매체와 광고의 '완벽한' 몸에 노출되는 것은 '평범한' 몸이 수용될 수 없다는 생각을 강화하는 것으로 보인다.

반면, Vanderkan은 빈대 잡으려다 초가삼간 태우지 말라고 경고한다.[1] 우리 사회가 직면한 비만의 유행에 비추어 보아, 아마도 우리는 바비가 구현하는 능동적이고 에너지가 넘치는 생활양식을 옹호해야 할 것이라고 주장한다. 당신은 어떻게 생각하는가?

이슈에 대해 비판적으로 생각하면서 다음 질문에 대답해 보라.

- 당신이 어린 소년이나 소녀의 부모라고 가정하자. 적절한 신체 사이즈와 체중을 고려해서 당신은 구입할 장난감의 종류를 제한할 것인가? 그렇게 답한 이유는 무엇인가?
- 아이들이 주기적으로 접하는 과도하게 날씬하거나 근육질인 이미지에 대해 부모는 아이에게 어떤 메시지를 전달해야 하는가?

[1] (역주) 원문은 ...not to the throw the "Barbie" out the bathwater(목욕물 버리려다 바비까지 버리지 마라)로, 원래 속담에서의 baby 대신에 발음이 비슷한 Barbie로 대체하고 말장난에 대해 사과를 표현하였음. 원문의 의미를 잘 살리는 우리 속담으로 대체하였으나 저자의 위트를 살리지는 못했음.

는 뇌 기제의 이상이 신경성 식욕부진증과 관련 있으며, 거기에는 세로토닌이라는 뇌 화학물질이 포함될 것이라고 추정한다. 세로토닌은 기분과 식욕(특히, 탄수화물에 대한 갈망)을 조절하는 핵심적인 역할을 담당한다(Hildebrandt et al., 2010). 세로토닌의 수준이나 그것이 뇌에서 사용되는 방식의 불규칙성은 폭식 삽화에 기여할 수 있다. 이러한 생각은 프로작과 졸로프트 같은 세로토닌을 표적으로 하는 항우울제가 폭식증에서 폭식 삽화를 감소시키는 데 도움이 된다는 결과에 의해 지지되었다(Walsh et al., 2004). 또한 우리는 섭식장애가 있는 많은 여성들이 우울하거나 우울증의 병력을 가지고 있으며, 우울장애에 세로토닌의 불균형이 내재되어 있다는 것을 알고 있다.

유전은 섭식장애의 발달에 중요한 역할을 담당하는 것 같다(Baker et al., 2009; Kaye, 2009). 섭식장애는 가계에 유전되는 경향이 있고, 이는 유전적 기여와 일치한다(Hitti, 2006). 또한 2,000명 이상의 여성 쌍둥이를 대상으로 한 중요한 초기 연구에서 유전적 증거가 있다(Kendler et al., 1991). 연구자들은 23% 대 9%로, 일란성 쌍둥이가 이란성 쌍둥이보다 신경성 폭식증의 일치율이 더 높다는 것을 발견했다. (일치율이란 쌍둥이 모두 해당 특질이나 장애를 공통적으로 가지고 있는 쌍둥이의 비율임을 기억하라.) 신경성 식욕부진증의 경우 50% 대 5%로 일란성 쌍둥이가 이란성 쌍둥이보다 일치율이 더 높았다(Holland, Sicotte, & Treasure, 1988). 그럼에도 불구하고 유전적 요인은 섭식장애의 발달을 완전히 설명할 수 없다. 취약성-스트레스 모델에 따라 뇌의 신경전달물질 활동의 조절에 영향을 주는 유전적 소인은 사회 및 가족의 압력과 연합된 스트레스와 상호작용해서 섭식장애의 위험을 증가시킬 수 있다.

신경성 식욕부진증과 신경성 폭식증의 치료

> **9.3** 섭식장애를 치료하는 데 사용되는 방법을 평가한다.

신경성 식욕부진증과 폭식증은 종종 치료하기가 어렵고 많은 사례에서 치료 결과는 덜 만족스럽게 유지된다(Castellini et al., 2011; Haynos & Fruzzetti, 2011; Yager, 2011). 그래도 이 도전해 볼 만한 장애를 치료하는 데 진전이 있다고 말하는 것이 타당하다. 불행하게도, 이런 섭식장애가 있는 대부분의 사람들은 그들의 특정 장애에 대해 적절한 의학적 또는 심리적 치료를 받지 않는다(Hart et al., 2011; Labbe, 2011; Swanson et al., 2011).

신경성 식욕부진증의 치료에 입원이 포함될 수 있는데, 특히 체중 손실이 심각하거나 체중이 갑자기 줄어든 사례에서 그렇다. 환자들은 병원에서 대개 면밀하게 모니터되는 재급식 요법을 받는다. 재급식 계획을 잘 지킬 경우 보상이 뒤따르는 행동치료가 보편적으로 사용된다. 일반적으로 사용되는 강화물에는 병동의 특권과 사회적 기회가 포함된다. 그러나 재발이 흔해서 신경성 식욕부진증으로 치료받은 입원환자의 50% 이상이 퇴원한 지 1년 이내에 재입원한다(Haynos & Fruzzetti, 2011).

심리적인 갈등을 탐색하기 위해 정신역동치료는 때때로 행동치료와 결합된다. 또한 기저의 가족 갈등을 해결하는 것을 돕기 위해 가족치료가 시행될 수 있다. 지속적인 보살핌을 제공하기 위해 입원 이후 개인 또는 가족치료의 형태로 치료를 계속하는 것이 권고된다.

또한 신경성 폭식증에서 폭식-제거행동의 주기를 깨는데 입원이 도움이 될 수 있지만 섭식행동을 확실히 통제할 수 없고 외래 치료가 실패했을 경우, 또는 극심한 의학적 합병증, 자살 사고나 자살 시도, 물질 남용이 있는 경우에만 필수적인 것처럼 보인다.

연구 증거는 신경성 폭식증을 치료하는 데 인지행동치료(cognitive-behavioral therapy, CBT)의 이점을 지지한다(Byrne et al., 2011; Crow et al., 2009a; Lampard et al., 2011; Masheb, Grilo, & Rolls, 2011). 최근의 대규모 연구는 인지행동치료가 핵심 증상이 폭식인 섭식장애 환자의 2/3에서 폭식 삽화를 제거했음을 보여 주었다(Striegel-Moore et al., 2010).

인지행동치료사들은 폭식증이 있는 사람들이 다이어트와 체중에 대한 비현실적이고 완벽주의적인 기대와 같은 자기 패배적 사고와 신념에 도전하도록 한다. 또 다른 보편적인 역기능적 사고 양식은 이분법적 사고(전부 아니면 전무)로, 이것은 그들이 엄격한 다이어트 패턴에서 조금이라도 벗어날 때 제거행동을 하게 만든다. 또한 인지행동치료는 자기 가치를 결정하는데 외모를 지나치게 강조하는 경향에 도전한다. 치료사는 강박장애 환자를 치료하기 위해 개발한 **노출 및 반응방지법**(exposure with response prevention)과 같은 행동적 기법을 사용해서 스스로 유도한 구토를 조절하도록 할 수 있다. 이 기법에서 신경성 폭식증이 있는 사람은 금지된 음식을 먹는 상황에 노출되는데, 치료사는 제거하려는 충동이 지나갈 때까지 구토를 막으면서 곁을 지킨다. 따라서 폭식증이 있는 사람은 제거행동에 의존하지 않고 그들의 엄격한 다이어트 규칙의 위반을 견디는 것을 배운다.

또한 관계중심 심리치료(interpersonal psychotherapy, IPT)는 구조화된 형태의 정신역동치료로, 신경성 폭식증을 치료하는 데 도움이 되고 인지행동치료에 반응하지 않는 사례에 유용할 수 있다(Rieger et al., 2010). IPT는 좀 더 효과적인 대인관계 기능이 더 건강한 식습관과 태도를 채택하도록 할 것이라는 신념에 기초해서 대인관계 문제의 해결에 초점을 맞춘다. 프로작과 같은 항우울제는 신경성 폭식증을 치료하는 데 치료적 이득을 보여 주었다(Walsh et al., 2004). 이런 치료제는 식욕을 조절하는 뇌 속의 화학물질인 세로토닌의 수준을 정상화함으로써 폭식 욕구를 감소시킨다. 그러나 신경성 식욕부진증의 치료에서 항우울제 효과에 대한 결과는 비일관적인 양상을 보이고 있다(Walsh et al., 2006).

9.4 비만과 관련된 건강의 위험을 검토한다.

'더 자세히 살펴보기'에서 우리는 폭식행동과 밀접한 것으로 간주되는 건강 문제인 **비만**(obesity)에 초점을 맞춘다.

9.5 비만과 관련된 요인을 검토한다.

섭식장애의 치료에 진전이 있었지만 더 나아져야 할 여지가 상당 부분 남아 있다(Fairburn et al., 2009). 폭식증 치료에 가장 효과적인 치료로 알려진 인지행동치료조차 상당수의 환자를 치료하지 못한다(Wilson, Grilo, & Vitousek, 2007). 때때로 약물치료는 인지행동치료에 반응하지 않는 폭식증 환자에게 도움이 된다(Walsh et al., 2000). 인지행동치료 또는 약물치료의 단독치료보다 두 치료의 병합이 더 효과적인지는 아직 말할 수 없다.

섭식장애는, 특히 체중에 대한 과도한 두려움과 신체상의 왜곡이 적극적인 치료를 넘어서서 지속될 경우 끈질기고 지속적인 문제가 될 수 있다(Fairburn et al., 2003). 식욕부진증에서 회복이 길고 불확실한 과정일 수 있지만 인지행동치료가 재발을 지연시키거나 방지할 수 있다는 최근의 증거는 고무적이다(Carter et al., 2009).

섭식장애 치료의 어려움은 효과적인 예방 프로그램을 개발할 필요가 있음을 확언할 뿐이다. 최근 연구들은 문제성 섭식행동과 태도를 표적으로 한 프로그램에 참여 후 섭식장애의 위험 감소를 보여 준다(예: Becker et al., 2008; McMillan, W., Stice, E., & Rohde, 2011; Stice et al., 2011).

폭식장애

폭식장애(binge-eating disorder, BED)가 있는 사람들은 반복적인 폭식 삽화를 보이지만, 신경성 폭식증과 달리 체중을 줄이기 위한 이후의 보상행동(예: 스스로 유발한 구토, 과도한 설사제의 사용 또는 운동)은 하지 않는다. BED에서 폭식 삽화는 평균적으로 3개월 동안 1주일에 적어도 1번 발생한다(APA, 2013). 이런 삽화의 특징은 먹는 것에 대한 통제력 상실, 일정 시간 동안 사람들이 전형적으로 먹는 것보다 더 많은 양의 음식을 먹는 것이다. 폭식을 하는 동안, 개인은 평소보다 더 빨리, 더 많은 음식을 먹고 속이 불편한 데도 계속해서 먹는다. 다른 사람들 앞에서 과도하게 먹는 것이 창피하기 때문에 혼자서 폭식할 수도 있다. 그들은 이후, 자신에게 혐오감을 느끼고 우울해 하거나 죄책감에 시달릴 수 있다.

BED는 식욕부진증이나 폭식증보다 더 흔하며, 인생의 어느 시점에서 여성의 3.5%, 남성의 2%에게 영향을 준다(Hudson et al., 2006). 대략 8백만 명의 미국인들이 BED를 겪고 있는 것으로 추정된다(Ellin, 2012). BED가 있는 사람들은 식욕부진증이나 폭식증이 있는 사람들보다 연령이 더 높은 경향이 있고, BED는 인생의 후반, 종종 30~40대에 발생하는 경향이 있다. 최근의 연구 결과는 과체중의 개인과 비교할 때, BED가 있는 사람들은 더 높은 수준의 우울증과 더 많은 섭식 문제행동을 보이는 경향이 있음을 보여 주었다(Griet al., 2008).

신경성 폭식증이 있는 사람들이 대체로 정상 체중 범위에 해당되지만 (전부는 아니고) 많은 BED 환자들은 과체중이거나 비만이다(Bulik et al., 2012; Hudson et al., 2006). 또한 BED는 초과 체중을 줄이고 그 상태를 유지하려는 시도의 실패 이력 및 우울증과 관계 있다. 다른 섭식장애처럼 BED 역시 여성에게 더 빈번하게 발생하고 유전적 요인을 가질 수 있다. 그러나 다른 섭식장애가 있는 경우보다 BED는 남성에게 더 빈번하게 발생한다. 여기에 BED가 있는 39세의 남성은 그의 폭식을 자신에 대한 부정적인 감정과 연결지었다. "결국, 그것은 망연자실과 자기혐오에 관한 것이었어요…. 내 머릿속 목소리는 '너는 쓸모없어, 무가치해'라고 말했어요. 그리고 나는 음식에 의지했어요."(Ellin, 2012).

BED는 강박적 도박과 물질 사용 장애와 같은 부적응적 행동에 대한 통제력의 손상이 특징인 더 광범위한 강박적 행동의 영역 내에 속할 수 있다. 다이어트의 개인력은 BED의 일부 사례에서 역할을 담당하지만 신경성 폭

더 자세히 살펴보기

비만: 국가적 유행병

비만의 문제는 몸과 마음의 복잡한 상호관계를 다시 한 번 맥락으로 가져온다. 비만은 심리적 장애가 아닌 의학적 상태로 분류되지만 심리적 요인이 비만의 발달과 치료에 중요한 역할을 담당하므로 비만이 우리 관심의 초점이 된다. 진실 / 거짓

진실 또는 거짓

비만은 미국에서 가장 흔한 심리적 장애 중 하나이다.

거짓 비만은 심리적 장애가 아닌 의학적 장애이다.

비만은 미국뿐만 아니라 전 세계에 급속도로 확산되었다. 미국 정부가 1960년대부터 비만을 추적하기 시작한 이래로, 어느 때보다 오늘날 미국인의 과체중이 더 많은 상태이다. 미국인의 대략 1/3이 비만이고 다른 1/3이 과체중에 해당된다(Bray, 2012; CDC, 2011; Flegal et al., 2012; Mitka, 2012). 현재 추세가 지속된다고 가정하면 2030년에는 거의 2억 명의 미국 성인이 비만이 될 것이다(Gorman, 2012). 현재, 미국 아동과 10대의 약 1/3이 과체중 또는 비만이다(Tavernise, 2012; Weir, 2012).

비만은 심장 질환, 뇌졸중, 당뇨병, 호흡기 질환, 일부 종류의 암을 포함해서 많은 만성적이고 생명을 위태롭게 할 수 있는 질병의 위험 요인이기 때문에(Gorman, 2012; Khoo et al., 2011; Taubes, 2012) 보건당국은 비만에 대해 우려하고 있다. 비만은 통틀어, 매년 16만 명 이상의 초과 사망을 설명하고, 평균 기대 수명을 6~7년 낮춘다(Flegal et al., 2005; Fontaine et al., 2003; Freedman, 2011). 그러나 비만이 아닌 과체중의 사람들은 어떤가? 최근의 결과는 임상적으로 비만이 아닌 과체중인 사람이 정상 체중의 사람보다 실제 조기 사망의 위험이 더 낮음을 시사하기 때문에(Flegal et al., 2013; Heymsfield & Cefalu, 2013), 그 답은 완전히 명확하지 않다.

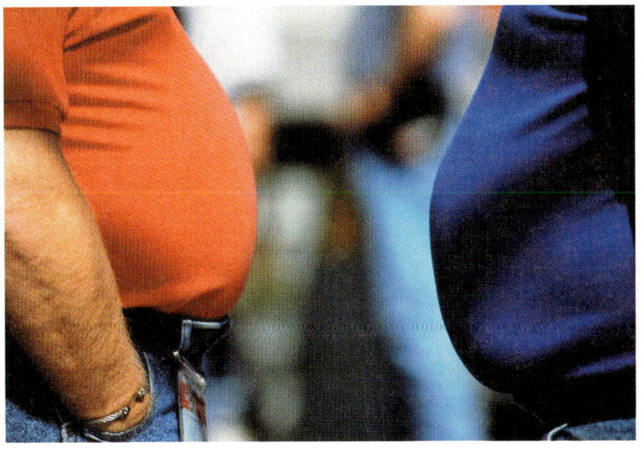

위험한 허리둘레. 비만은 건강과 장수에 정말로 치명적이다.

체중은 필연적으로 에너지 균형의 함수이다. 칼로리 섭취가 에너지의 출력보다 많으면, 초과된 칼로리가 지방의 형태로 체내에 저장이 되고, 이것이 비만을 초래한다(그림 9.2 참조). 체중 감량 상품과 프로그램에 많은 돈과 노력을 들임에도 불구하고, 집단적 허리둘레는 점점 더 늘어만 간다. 건강 전문가들은 미국인들이 너무 많은 칼로리를 섭취하고 운동을 거의 하지 않은 결과라고 믿는다(Lamberg, 2006; Pollan, 2003). 오늘날 미국인들은 30년 전보다 하루에 평균 530칼로리를 더 많이 섭취한다(Gorman, 2003). 그 이유는 무엇인가? 고지방, 고칼로리 그리고 점차 늘어나 최대화된 1인분 분량을 포함한 식단.

비만을 예방하는 열쇠는 에너지(칼로리) 섭취에 맞춰 에너지를 소비하는 것이다. 불행하게도, 이렇게 말하기는 쉽지만 실제로 행하기는 어렵다. 연구는 유전, 대사 요인, 생활양식 요인, 심리적 요인, 사회경제적 요인을 포함해서 비만에 내재된 많은 요인들이 에너지 섭취와 소비 간의 불균형에 기여함을 보여 준다.

그림 9.2 체중: 균형 잡기. 체중은 음식 칼로리의 형태로 섭취되는 에너지와 신체적 활동과 체내 과정의 유지를 통해 하루 동안 소비된 에너지 사이의 균형으로 결정된다. 음식에서 섭취된 칼로리가 소비된 칼로리보다 많으면 체중이 증가하므로 체중을 줄이기 위해서는 우리가 소모하는 것보다 더 적은 칼로리를 섭취할 필요가 있다. 체중 조절은 섭취된 칼로리와 소비된 칼로리의 균형을 포함한다.

출처: Physical Activity and Weight Control, National Institutes of Diabetes and Digestive and Kidney Diseases(NIDDK), http://win.niddk.nih.gov/publications/physical.htm.

(다음 쪽에 계속)

유전적 요인

비만은 다중 원인이 관련된 복잡한 상태이다(Hamre, 2013). 증거는 유전의 역할을 강조하지만 유전자가 모든 것을 설명하지는 못한다(Friedman, 2011; Small et al., 2011). 환경적 요인들(식단과 운동) 또한 중요한 기여 요인이다.

대사 요인

대사율(신체가 칼로리를 연소하는 비율)의 유전적 차이는 비만의 위험을 결정하는 데 중요한 역할을 담당한다. 그리고 사람들이 상당한 체중을 감량하기 시작할 때 우리 몸은 에너지 자원을 보존하기 위해 대사율을 낮춤으로써 마치 굶주리고 있었던 것처럼 반응한다. 이것은 계속해서 더 많은 체중을 줄이거나 심지어 줄어든 체중을 유지하는 것조차 어렵게 만든다. 뇌 기제는 유전적으로 영향을 받은 **설정점**(set point)에 가까운 체중을 유지하도록 신체 대사를 조절한다. 칼로리 섭취가 감소할 때 대사율 저하에 적응하는 신체의 능력은 기근의 시기에 인류의 조상이 생존하도록 도왔을 것이다. 그러나 이 기제가 오늘날 체중을 감량하거나 음식을 멀리하려고 하는 사람들에게는 해가 된다. 진실 / 거짓

> **진실 또는 거짓**
>
> 사람들이 상당한 양의 체중을 줄이기 시작할 때 인체는 굶주리고 있었던 것처럼 반응한다.
>
> **진실** 신체는 대사율 저하에 반응해서 다이어트를 하는 사람들이 체중을 더 줄이거나 감량한 체중을 유지하기 더 어렵게 만든다.

사람들은 점진적으로 체중을 줄이고 더 격렬한 운동 요법을 따름으로써 이런 대사 적응을 보완할 수 있다. 격렬한 운동, 특히, 체중 지지 활동을 포함한 운동 프로그램은 칼로리를 직접 연소하고 지방 조직을 근육으로 대체함으로써 대사율을 증가시킨다. 또한 같은 양이라도 근육 조직은 지방 조직보다 더 많은 칼로리를 연소한다. 운동 요법을 시작하기 전에, 어떤 유형의 활동이 당신의 전반적인 건강 상태에 가장 적합한지 결정하기 위해 주치의와 상의하라.

지방 세포

지방 세포는 지방이 저장되어 있는 세포로 신체의 **지방 조직**(adipose tissue)을 구성한다. 비만한 사람은 비만이 아닌 사람보다 더 많은 지방 세포를 가지고 있다. 정상 체중의 사람이 250~300억 개의 지방 세포를 가지고 있는 데 비해 심각한 비만인은 약 2,000억 개나 되는 세포를 가지고 있다. 이것이 왜 문제가 될까? 식사 후 시간이 지남에 따라 혈당 수준이 떨어지면서 신체에 더 많은 양분을 공급하기 위해 이 세포에서 지방을 방출하게 된다. 뇌의 시상하부는 지방 세포에서 지방의 고갈을 감지할 때 공복감을 유발한다. 공복감은 섭식을 동기화하는 추동이며, 이것이 지방 세포를 채우게 한다. 불행하게도 체중을 줄여도 지방 세포가 없어지지 않는다(Hopkin, 2008). 이는 지방 조직이 더 많고 그래서 지방 세포의 수가 더 많은 사람의 몸은 지방 세포의 수가 적은 사람보다 지방 고갈의 신호를 뇌에 더 많이 보낸다. 그 결과, 그들은 공복감을 더 빨리 느끼고, 이것이 체중을 줄이거나 줄어든 체중을 유지하기 더 어렵게 만든다.

생활양식 요인

식사 습관은 변화하고 있지만 더 나아지고 있는 것은 아니다. 텔레비전 광고와 지면 광고 등에서 끊임없는 음식 관련 단서의 공세는 개인 및 집단의 허리둘레에 해가 될 수 있다. 오늘날 레스토랑은 누가 커다란 접시에 가장 많은 음식을 쌓을 수 있는지를 서로 경쟁하고 있다. 피자 전문점은 더 큰 팬을 사용하고 패스트푸드 레스토랑은 메뉴를 최대화하고 있다. 이 모든 것이 허리둘레에 해가 된다. 1.8리터의 '대용량' 청량음료는 믿기 어렵게도 800칼로리나 된다(T. K. Smith, 2003)! 그리고 산타클로스 이후, 아이들에게 가장 저명한 캐릭터는? 그 답은 로널드 맥도날드일 것이다(Parloff, 2003). 진실 / 거짓

> **진실 또는 거짓**
>
> 산타클로스 이후에, 아이들에게 가장 저명한 인물은 로널드 맥도날드이다.
>
> **진실** 로널드는 아이들에게 두 번째로 가장 잘 알려진 인물이다. 그의 인기는 패스트푸드에 사로잡힌 문화와 어떤 관계가 있는가?

허리둘레 팽창에 기여하는 또 다른 요인은 미국의 도시외곽 주거형태의 성장과 이에 수반된 자동차 의존 문화이다(McKee, 2003). 도시 거주자들은 동네 주변을 하이킹하면서 여분의 칼로리를 소모할 수 있지만 교외 거주자들은 교외의 확장으로 넓어진 지역사회에서 이동하기 위해 자동차에 의존해야 한다.

심리적 요인

정신역동 이론에 따르면 섭식은 기본적인 구강기 활동이다. 정신역동 이론가들은 의존과 독립의 갈등에 의해 구강기에 고착된 사람들이 스트레스 상황에서 과식과 같은 과도한 구강 활동으로 퇴행되는 경향이 있다고 믿는다. 과식 및 비만과 연결된 다른 심리적 요인들에는 낮은 자존감, 자기효능감 기대의 결핍, 가족 갈등, 부정 정서가 포함된다. 분노, 두려움, 슬픔과 같은 정서는 과도한 섭식을 촉발할 수 있다.

사회경제적 요인

비만은 소득 수준이 낮은 사람들에게 더 만연되어 있다. 우리 사회의 유색 인종의 사람들이 (비라틴계) 백인 미국인보다 사회경제적 지위가 더 낮은 집단이기 때문에, 유색 인종, 적어도 유색 인종 여성에게 비만율이 더 높다는 사실이 놀랍지는 않다(그

(다음 쪽에 계속)

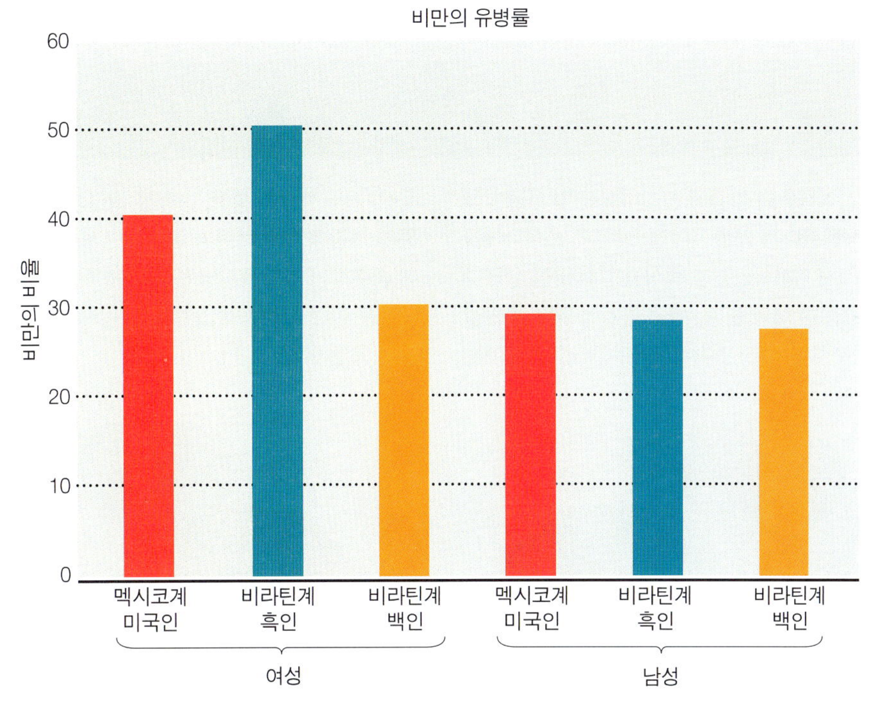

그림 9.3 비만의 비율(20세 또는 그 이상). 이 그림은 미국 성인의 인종과 민족에 따른 비만의 비율을 보여 준다.

출처: *Health, United States, 2003*, Centers for Disease Control and Prevention, National Center for Health Statistics, National Health and Nutrition Examination Survey.

림 9.3 참조).

사회경제적 계층이 더 낮은 사람들의 비만 위험이 왜 더 높은가? 먼저, 부유한 사람들은 영양과 건강에 대한 정보에 더 많이 접근하고 건강 교육 과정을 이수할 가능성이 높다. 그들은 또한 의료기관을 더 많이 이용한다. 가난한 사람들은 부유한 사람들보다 규칙적인 운동을 더 적게 한다. 부유한 사람들은 운동을 할 수 있는 시간과 소득, 여유를 가질 가능성이 더 높다. 도심지역에 사는 많은 가난한 사람들은 빈곤, 차별, 과밀, 범죄와 같은 스트레스에 대처하는 방법으로 음식에 의존한다.

문화적응 또한 비만에 기여하며, 적어도 주류 문화의 건강하지 못한 식습관을 채택할 때 그렇다. 캘리포니아와 하와이에 거주하는 일본계 미국인 남성이 일본인 남성보다 고지방 음식을 더 많이 먹는다는 사실을 고려해 보자. 일본에 거주하는 남성보다 일본계 미국인 남성의 비만 유병률이 2~3배 더 높다는 것은 놀라운 사실은 아니다(Curb & Marcus, 1991).

비만의 도전에 직면하기

처음에는 흥미로울지 몰라도, 속성 다이어트는 효과가 없다. 다이어트를 하는 대다수, 아마도 10명 중 9명 이상은 감량한 체중이 회복된다. 기껏해야 일시적인 효과를 제공하고 때로는 심한 부작용이 있을 수 있기 때문에, 항비만 또는 다이어트 약도 정답이 되지 않는다. '살과의 전쟁'에서 장기적으로 성공하려면 규칙적인 운동과 더불어, 현저한 저칼로리, 저지방 식단을 따르면서 지속적으로 전념해야 한다(Bray, 2012; Freedman, 2011; Sacks et al., 2009). 심지어 비만에 반하는 유전자를 가진 사람조차 광범위한 한계 내에서 분별 있는 식단을 채택하고 활동과 운동 수준을 증가시키고 더 건강한 식사 습관을 발달시켜야 체중을 조절할 수 있다.

식증만큼은 아닐 수 있다.

인지행동치료는 BED의 치료에 유용하고 우선적인 치료법으로 인식되고 있다(Griet et al., 2011; Grilo, Masheb, & Crosby, 2012; Munsch, Meyer, & Biedert, 2012; Striegel-Moore et al., 2010; Wilson et al., 2010). 또한 항우울제, 특히 프로작과 같은 선택적 세로토닌 재흡수 억제제(selective serotonin reuptake inhibitors, SSRIs)는 뇌 안의 세로토닌 수준을 정상화함으로써 폭식 삽화를 줄일 수 있다(Apopolinario et al., 2003). 세로토닌은 식욕을 조절하는 뇌 연결망의 신경전달물질이다. 그러나 치료 후

함께 연결 짓기

섭식장애

우리는 문제성 섭식행동의 발달에 심리사회적 및 생물학적 영향이 상호작용한다는 다원적인 틀 안에서 섭식장애를 개념화할 수 있다. 그림 9.4는 신경성 폭식증의 발달을 설명하는 잠재적인 인과 경로를 보여 준다. 체중 증가에 대한 불안을 경감시키는 형태의 부적 강화는 신경성 식욕부진증의 경우에는 음식-거부 행동을 통해, 신경성 폭식증의 경우에는 제거행동을 통해 체중을 조절하는 부적응적인 방식을 강화하고 유지하는 데 중추적인 역할을 담당하는 것에 주목하라. 불행하게도, 부적 강화는 이런 부적응적인 행동을 유지하는 데 기여하는 강력한 영향 요인이다.

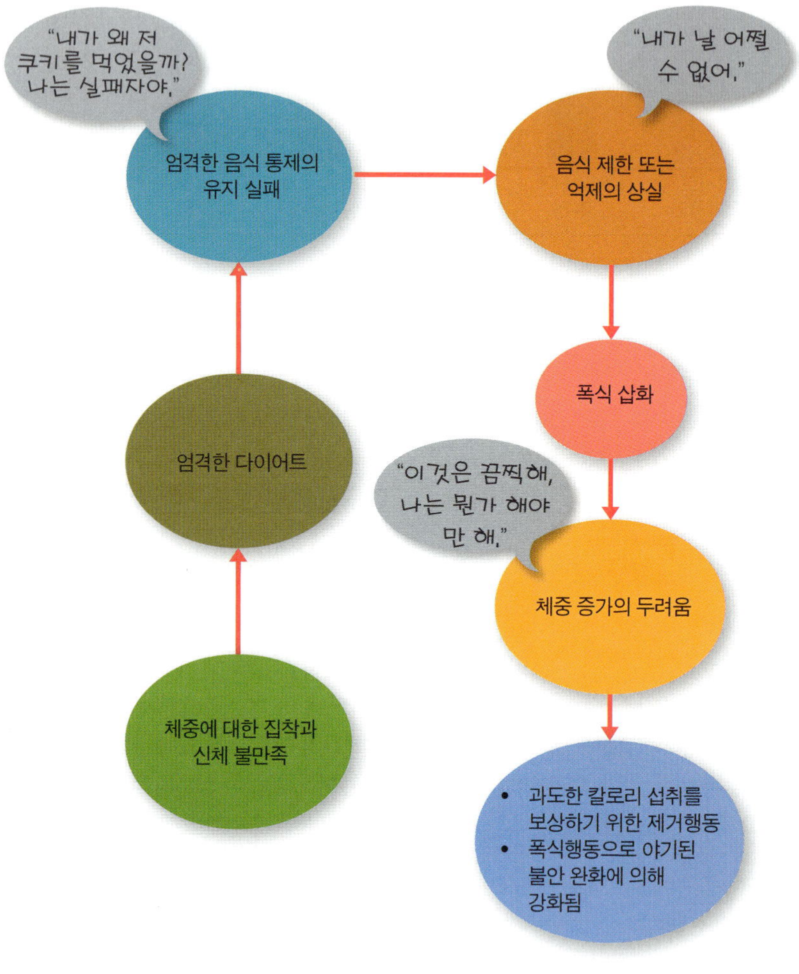

그림 9.4 신경성 폭식증의 잠재적인 인과 경로

12개월이 지나서 추적 평가를 했을 때 항우울제 약물보다 인지행동치료의 결과가 더 양호한 것으로 나타났다 (Griet et al., 2012).

수면-각성 장애

수면은 어떤 측면에서 미스터리로 남아 있는 생물학적 기능이다. 우리는 수면이 원기를 회복시키고 우리 대부

표 9.2

주요 수면-각성 장애의 개요

장애의 유형	인구당 평생 유병률(근사치)	설명
불면장애	6~10%	수면을 개시하고 유지하고 휴식이 되는 충분한 수면을 취하는 것의 지속적인 어려움
과다 수면장애	1.5%	지속적으로 낮에 과도한 졸음 양상
기면증	0.02%(만 명당 2명)~0.04%(만 명당 4명)(탈력발작을 가진 경우)	낮에 급작스런 수면발작
호흡-관련 수면장애	아동의 1~2%, 노인의 경우 20% 이상으로, 연령에 따라 다양하다.	호흡의 어려움으로 수면이 반복해서 방해를 받는다.
일주기 리듬 수면-각성 장애	일반 인구에서 1% 이하이지만 청소년에서는 더 흔하다.	수면 양상의 시간 변화로 인한 내부 수면-각성 주기의 붕괴
	사건 수면	
야경증	알려져 있지 않음	급작스러운 각성을 초래하는 반복적인 야경증 경험
수면보행증	아동의 1~5%로 추정됨	반복적인 수면보행 삽화
REM 수면 행동장애(RBD)	0.38~0.5%	REM 수면 동안에 발성과 복합운동행동
악몽장애	알려져 있지 않음	악몽으로 인해 반복적으로 잠에서 깸

출처: APA, 2013; Bootzin & Epstein, 2011; Ohayon, 1999; Ohayon, Dauvilliers, & Reynolds, 2012; Smith & Perlis, 2006.

9.6 수면-각성 장애의 구체적인 유형을 살펴보고 서술한다.

분 최상의 기능을 유지하기 위해서 7시간 이상의 수면이 필요한 것을 알고 있다. 하지만 수면의 회복 기능을 설명하는 수면을 취하는 동안 특정 생화학적 변화를 확인할 수 없다. 우리는 또한 일부 수면 문제의 원인이 명확히 규명되지 않았지만 많은 이들이 수면 문제로 고통을 겪는다는 사실을 안다. 개인의 현저한 고통이나 사회적, 직업적 또는 다른 역할에서 기능의 손상을 유발하는 심각하고 빈번한 수면 문제는 DSM 체계에서 **수면-각성 장애**(sleep-wake disorders)로 범주화되었다. 이 장애들이 수면 동안 또는 수면과 각성의 경계에서 발생하는 문제를 포함한다는 사실을 강조하기 위해서 **수면장애**라는 이전의 진단명이 **수면-각성 장애**라는 용어로 교체되었다. 수면-각성 장애는 또한 우울증과 같은 다른 심리적 장애 및 심혈관계 문제와 같은 의학적 상태와 함께 발생하는 경우가 빈번하므로 수면-각성 문제에 대해 평가할 경우 심리학적 및 의학적 평가를 종합적으로 실시하는 것이 중요하다.

수면 문제는 미국 근로자의 2억5천만 일(day) 이상의 병가를 포함해서 직장의 결근 증가 및 낮은 생산성의 결과로 주요 경제적, 심리적인 손실을 초래한다("Sleep Problems", 2012). 불면증과 관련된 생산성의 손실로 미국의 산업이 지불하는 비용의 추정치는 약 630억 달러에 달한다(Weber, 2013). **표 9.2**는 이 장에서 논의될 수면-각성 장애의 주요 유형에 관한 개요를 제공한다. 우리가 여기서 논의할 주요한 유형, 예를 들어 불면장애, 과다수면장애, 기면증, 호흡-관련 수면장애, 일주기 리듬 수면-각성 장애 및 사건 수면을 포함해서 다른 유형의 많은 수면-각성 장애가 존재한다.

전형적인 진료실 상황에서 가능한 것보다 수면 관련 문제에 대한 더 종합적인 평가와 진단을 제공하기 위해 미국과 캐나다 전역에 고도로 전문화된 **수면 센터**가 설립되었다. 수면-각성 장애가 있는 사람들은 수면 센터에서 며칠 밤을 보내면서 잠을 자거나 잠이 들려고 하는 동안

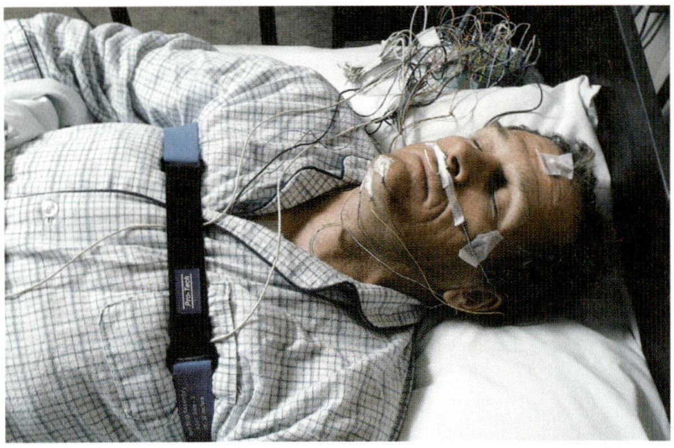

수면 센터. 수면-각성 장애가 있는 사람들은 종종 그들이 잠을 잘 때 생리적 반응을 관찰할 수 있는 수면 센터에서 평가를 받는다.

뇌파, 심박 및 호흡수 기타 등등과 같은 생리적 반응을 추적하는 장치를 부착하게 된다. 이러한 형태의 평가는 뇌파, 안구운동, 근육의 움직임, 호흡을 포함해서 다양한 생리적 반응 양상을 동시에 측정하기 때문에 **수면다원검사**(polysomnographic recording, PSG)라고 부른다. 수면 양상의 생리적 모니터링에서 얻은 정보는 의학적 및 심리학적 평가, 수면장애에 대한 주관적 보고와 수면 일기(즉, 수면 문제가 있는 개인이 잠자리에 들어 잠들기까지의 시간 길이, 잠을 잔 시간, 밤에 잠을 깬 빈도, 낮잠 등을 기록한 일기)에서 얻은 정보와 결합된다. 의사와 심리학자들로 구성된 다학제팀은 진단을 위해 이런 정보를 꼼꼼하게 검토하고 현재 문제를 다루기 위한 치료적 접근을 제안한다.

불면장애 불면증(insomnia)이란 용어는 '아니다(not)' 또는 '없다(without)'는 의미를 가진 *in*-과 '수면(sleep)'을 의미하는 *somnus*라는 라틴어에서 유래되었다. 가끔씩, 특히 스트레스 시기 동안의 불면증은 비정상이 아니다. 그러나 잠이 들거나 잠을 유지하는 데 반복적인 어려움을 보이는 지속적인 불면증은 비정상적인 행동 양상이다(Harvey & Tang, 2012). 미국 성인의 약 6~10%가 가장 보편적으로 발생하는 수면-각성 장애, 즉 **불면장애**(insomnia disorder)[이전에는 **일차성 불면증**(primary insomnia)이라고 불림]로 고통받는다(Bootzin & Epstein, 2011; Smith & Perlis, 2006). 불면장애의 진단을 받으려면 그 문제가 적어도 3개월 동안 나타나야 하고 일주일에 3일 밤 이상 발생해야 한다(APA, 2013). 만성 불면장애는 우울증, 물질 남용 또는 신체질환과 같은 기저의 신체적 문제나 심리적 장애의 특징일 수 있다. 기저의 문제가 성공적으로 치료되면 정상적인 수면 양상으로 회복될 기회가 있다. 반복적인 불면증 문제는 주로 40세 이상에게 영향을 주지만 많은 청소년과 청년들 또한 영향을 받을 수 있다(Roberts, 2008). 불면장애가 있는 사람은 수면의 양 또는 질에 대해 불만을 호소한다. 그들은 잠이 들고 수면을 유지하고 회복 수면(개운하고 기민한 느낌을 주는 수면)에 도달하는 것이 어렵거나, 너무 이른 아침에 잠에서 깨어 다시 잠들 수 없다. 이 장애는 현저한 주관적 고통이나 일상의 책임을 충족시키는 기능의 손상, 예를 들면 주기적인 피로감, 졸리는 느낌 또는 낮은 에너지의 호소, 학교나 직장에서 기억이나 주의 집중의 어려움, 우울감 또는 과잉 활동이나 충동성, 공격성과 같은 행동적 문제가 동반된다. 대체로, 불면증의 문제는 삶의 질에도 상당한 악영향을 미칠 수 있다.

불면장애가 있는 젊은이들은 대개 잠드는 데 시간이 오래 걸리고, 고령인 사람들은 밤중에 빈번하게 잠을 깨거나 너무 이른 아침에 깬다고 호소하는 경향이 많다. 흥미롭게도 많은 불면증 환자는 실제로 잠을 잔 시간을 과소평가를 하는데, 그들은 실제 졸고 있을 때 잠들지 않고 누워 있었다고 생각한다(Harvey & Tang, 2012).

불면증과 관련된 수면 박탈이 치러야 하는 대가가 있다. 연구 증거는 수면 박탈된 뇌에서 주의 집중, 빠른 반응, 문제 해결, 최근에 습득한 정보의 기억 능력이 저하된다는 것을 보여 준다(Florian et al., 2011; Lim & Dinges, 2010). 정기적으로 잠을 거의 못자는 만성 수면 박탈은 면역체계의 기능 저하를 포함해서 광범위한 심각한 신체적 건강 문제와 관계 있다(Carpenter, 2013). 면역체계는 질병으로부터 신체를 보호한다. 그래서 연구자들이 밤에 7시간 미만의 잠을 자는 사람이 8시간 이상 잠을 자는 사람에 비해 감기 바이러스에 노출되었을 때 감기에 걸릴 위험성이 3배 더 높다고 보고하는 것이 그렇게 놀랍지 않다(Cohen et al., 2009; Reinberg, 2009).

만약 우리가 몇 시간 잠을 못잤다면 다음 날 정신이 약간 혼미한 것을 느낄 수 있지만, 아마도 그럭저럭 버틸 수 있을 것이다. 그러나 시간이 흐르면서 지속된 수면 박탈은 낮에 피로감을 유발하고 평소의 사회적, 직업적, 학업적 또는 다른 역할을 수행하는 것을 어렵게 만들고 최상으로 기능하는 능력을 방해한다. 놀랍지 않게, 불면장애가 있는 사람들은 다른 심리적 문제, 특히 불안과 우울을 종종 함께 경험한다.

심리적 요인은 일차성 불면증에 기여한다. 불면장애를 겪는 사람은 그들의 불안과 걱정거리를 잠자리까지

가지고 오는 경향이 있는데, 이는 자연스런 수면을 방해할 수 있는 정도로 신체적 각성을 증가시킨다. 불안의 또 다른 근원은 수행 불안의 형태이거나 다음 날 기능할 수 있으려면 밤에 충분한 수면을 취해야 한다는 생각에서 나온 압박감에서 비롯된다(Sánchez-Ortuño & Edinger, 2010). 불면증을 겪고 있는 사람은 자신에게 잠을 잘 것을 강요하는데, 이는 더 많은 불안과 긴장을 초래하고, 수면을 취하기 더 어렵게 만든다. 수면이 강요될 수 없다는 것을 인식할 필요가 있다. 반대로, 피곤하고 이완되었을 때 잠자리에 들어 자연스럽게 잠이 오도록 함으로써 수면을 시작할 수 있다.

고전적 조건형성의 원리는 만성 불면증의 발달을 설명하는 데 도움이 될 수 있다(Pollack, 2004b). 불안하고 잠 못드는 밤이 침실과 관련된 자극과 몇 번 연합된 후에는 단순히 밤에 침실에 들어가는 것이 수면의 시작을 방해하는 신체적 각성을 유발하는 데 충분할 수 있다. 그래서 고조된 각성 상태는 침실(단순히 침대를 보는 것)이라는 조건 자극에 의해 유발된 조건 반응이 된다.

과다 수면장애 과다 수면(hypersomnolence)이란 용어는 '초과(over)' 또는 '평균 이상(more than normal)'을 의미하는 그리스어 *hyper*와 '수면(sleep)'을 의미하는 라틴어 *somnus*에서 유래한다. 몇 가지 주요 유형의 '평균 이상의 수면' 또는 **과다 수면장애**(hypersomnolence disorder)가 있지만 그들은 낮에 과도한 졸림이나 갑작스런 수면 삽화를 호소한다는 공통점이 있다.

과다 수면장애[이전에 **일차성 과다 수면증**(primary hypersomnia)으로 명명]는 때때로 '잠에 취한 상태'로 언급되는데, 적어도 3개월 동안 일주일에 3일 이상 발생하는 낮 동안에 과도한 졸림 양상을 말한다(APA, 2013). 과다 수면장애가 있는 사람은 밤에 9시간 이상 잠을 자지만 잠에서 깨어났을 때 개운한 기분을 느끼지 못한다. 그들은 낮 동안 수면에 대한 억누를 수 없는 욕구를 느끼거나 반복적으로 낮잠을 자고 아니면 깨어 있어야 할 때 잠이 들거나 텔레비전을 보는 동안 의도치 않게 꾸벅 조는 것 같은 삽화를 반복해서 경험할 수 있다(Ohayon, Dauvilliers, & Reynolds, 2012). 낮잠은 종종 한 시간 이상으로 지속되지만 그 수면은 개운한 느낌을 주지 않는다. 이 장애는 밤에 불충분한 수면의 양, 다른 심리학적 장애나 신체장애 또는 약물이나 치료제 사용으로 설명될 수 없다.

우리들 대부분은 가끔씩 낮에 졸음을 느끼고 심지어 독서하거나 텔레비전을 보면서 가끔씩 잠이 들기도 하지만, 과다 수면장애가 있는 사람들은 지속적인 졸음을 경험하고 이는 중요한 회의를 놓치는 것같이 일상적인 기능의 어려움이나 주관적 고통을 야기한다. 최근의 추정에 따르면, 일반 인구의 약 1.5%가 과다 수면(늦잠)의 일반적인 진단기준을 충족시키는 것으로 나타났다(Ohayon, Dauvilliers, & Reynolds, 2012).

이 장애는 뇌 안의 수면-각성 기제의 결함과 관계 있을 수 있으며, 종종 낮 동안에 각성을 유지하도록 돕는 흥분제 처방으로 치료된다(M. Beck, 2012). 최근의 발견은 과다 수면장애의 일부 사례에서 졸음을 유발하는 뇌 신경전달물질인 GABA(감마아미노뷰티르산)의 활동이 증가됨으로써 뇌 안의 물질이 자연 수면제처럼 작용한다고 제안한다. GABA는 발륨(Valium)과 자낙스(Xanax)와 같은 항불안제의 사용에 영향받는 뇌 화학물질이다(Rye et al., 2012).

기면증 **기면증**(narcolepsy)이란 용어는 '혼미(stupor)'를 의미하는 *narke*와 '발작(attack)'을 의미하는 *lepsis*라는 그리스어에서 유래한다. 기면증이 있는 사람들은 3개월 동안 적어도 일주일에 3회 이상 발생하는 참을 수 없는 수면 욕구나 갑작스런 수면발작 또는 낮잠을 경험한다. 수면발작 동안 개인은 예고도 없이 갑자기 잠에 빠지고, 15분가량 잠든 상태가 유지된다. 개인은 대화 도중에 빠르게 잠들어 한순간에 바닥에 털썩 쓰러질 수 있다.

기면발작은 각성 상태에서 REM(rapid eye movement) 또는 빠른 안구운동 수면(주로 꿈꾸는 것과 관련된 수면단계)으로 즉각 이행하는 것과 관계 있다. 감긴 눈꺼풀 아래에서 눈동자가 매우 빠르게 움직이는 경향이 있기 때문에 REM 수면이라 명명된다. 일반적으로, 수면 중인 사람은 REM에 들어가기 전에 다른 수면 단계들을 거친다. 가장 보편적인 유형의 기면증을 **기면증/하이포크레틴 결핍 증후군**(narcolepsy/hypocretin deficiency syndrome)이라고 부르는데, 이 유형은 수면-각성 주기를 조절하는 데 중요한 역할을 담당하는 시상하부에서 생성되는 단백질 분자, 즉 하이포크레틴(또는 오렉신)의 결핍과 관계 있다.

기면증은 종종 **탈력발작**(cataplexy)과 관계 있는데, 이는 다리 근육의 경미한 약화에서부터 사람을 주저앉게 만드는 근육 통제의 완전한 상실에 이르는 근긴장의 소실을 경험하는 의학적 상태이다. 탈력발작은 기면증이 있는 사람들에게 (항상은 아니지만) 매우 자주 발생한다. 이것은 기쁨, 눈물, 분노, 갑작스러운 공포 또는 심한 웃음처럼 강한 정서적 반응에 의해 촉발된다. 기면증과 같이, 탈력발작은 뇌 속 화학물질인 하이포크레틴의 결핍과 관계 있다. 탈력발작의 삽화를 겪는 동안, 바닥에 털썩 쓰러지고 몇 초에서 아마도 몇 분 동안 움직일 수 없지만 의식은 유지된다. 탈력발작 삽화를 경험하는 사람들은 시야가 흐려지는 경험을 하지만 주변에서 무슨 일이 일어나고 있는지 듣고 이해할 수 있다. 그러나 탈력발작 삽화를 경험하는 일부 사례는 갑자기 REM 수면에 빠질 수도 있다. 오랫동안 기면증에 시달린 여성인 말리가 그녀의 탈력발작 삽화에 대해 다음과 같이 기술하고 있다.

'나' '꼭두각시처럼'

탈력발작은 (강한) 정서에 대한 반응으로 일어나는 갑작스러운 근긴장 소실이에요…. 그것은 사실 모든 사람이 REM 수면 상태에서 경험하는 근긴장 소실과 같은 것이에요. 마치 줄이 끊어진 꼭두각시 인형과 비슷해요. 하지만 당신은 사람들이 대개 다치지 않는… 보드에 떨어지는 것이 아니죠. 마치 누군가가 전등 스위치를 확 젖힌 것처럼 쓰러지게 돼요. 모든 근육의 긴장이 소실되었다가 몇 초, 아마도 몇 분 후에는 돌아오게 돼요. 나는 모든 사람이 말하는 모든 것을 들을 수 있고, 탈력발작에서 빠져나오면 모든 것을 그대로 반복할 수 있어요. 그래서 탈력발작을 지켜본 누군가에게는 그 사람이 정신이 나가고 잠든 것처럼 보일지라도, 정신 상태는 말짱해요.

출처: Excerpted from Speaking Out: Videos in *Abnormal Psychology*, Pearson Education, 2010. 불법복제 불허.

또한 기면증이 있는 사람들은 잠에서 깬 다음에 움직이거나 말할 수 없다고 느끼는 일시적인 상태인 **수면 마비**(sleep paralysis)를 경험할 수 있다. 그들은 또한 **입면 환각**(hypnagogic hallucinations)을 보고하는데, 이는 잠들기 직전이나 잠에서 깬 직후 종종 발생하는 놀랄 만한 환각이다. 여기, 말리가 수면 마비와 입면 환각의 경험에 대해 기술한다.

'나' '비정상적 시간에 정상적인 일'

REM 수면에서 정상으로 간주되는 근긴장의 소실이 수면 마비에서도 똑같이 나타나요. 그런데 수면 마비에서 비정상적인 것은 의식이 있고 깨어 있지만 모든 근육이 마비되어 당신이 말하거나 움직일 수 없다는 것이죠…. 그것은 나에게 꽤 평범한 일이 되었지만 여전히 무서웠어요. 나에게 수면 마비는 종종 입면 환각과 함께 일어났는데, 그것은 다시 비정상적인 시간에 정상적인 일이에요. REM 수면에 있을 때… 당신은 무의식 상태이고 꿈을 꾸고 있어요. 만일 나중에 꿈을 기억한다면 그것은 당신이 꾼 꿈에 대한 기억이에요. 기면증이 있는 사람들은 이런 두 개의 세계를 동시에 경험할 수 있어요. 그래서 꿈을 꾸고 있을지라도, 뇌 일부는 의식이 깨어 있는데, 이것이 꿈을 아주아주 현실적으로 만들지요. 그래서 만일 부정적이거나 무서운 꿈을 꾸고 있다면 그것은 끔찍한 일일 수 있어요. 나는 무서운 꿈을 많이 꾸기보다 내가 진짜 누구와 대화를 했는지… 내가 진짜 그렇게 행동했는지, 내가 진짜 그렇게 말했는지 분간이 안 되는 꿈을 많이 꿔요…. 나는 아침에 일어나서 머리를 저으며 무엇이 현실이고 무엇이 현실이 아닌지 의아해해요.

출처: Excerpted from Speaking Out: Videos in *Abnormal Psychology*, Pearson Education, 2010. 불법복제 불허.

탈력발작을 동반한 기면증은 남성과 여성에게 동일하게 영향을 주며 일반 성인 인구의 0.02%(만 명 중 2명)에서 0.04%(만 명 중 3명)로 추정된다(APA, 2013). 과도한 졸음의 기간 이후 낮잠 삽화가 뒤따르는 과다 수면증과 달리, 기면발작은 갑자기 발생하고 개운한 느낌을 가지고 깨어난다. 발작은 위험하고 무서울 수 있는데, 운전 중이거나 무거운 장비나 날카로운 도구를 사용할 때 발작이 발생한다면 특히 그렇다. 기면증이 있는 사람 중 약 2/3는 운전하다가 잠이 든 적이 있고, 4/5는 직장에서 잠이 든 적이 있다(Aldrich, 1992). 놀랄 것도 없이 장애가 일상의 역기능과 종종 관계 있는 것은 하이포크레틴이다. 가정에서 추락사고 또한 흔하다. 기면증의 원인은 아직 알려지지 않았지만 유전적 요인을 비롯하여 각성 상태를 유지하도록 돕는 뇌 화학물질인 하이포크레틴을 생성하는 시상하부의 뇌세포 손실 때문인 것으로 추정되고 있다(Goel et al., 2010; Hor et al., 2011). 진실 / 거짓

진실 또는 거짓

많은 사람들이 예고 없이 갑자기 잠에 빠져드는 수면발작으로 고통받고 있다.

거짓 수면발작은 비교적 흔치 않다. 그것은 기면증이라는 장애의 특징이다.

호흡-관련 수면장애 **호흡-관련 수면장애**(breathing-related sleep disorders)가 있는 사람들은 호흡 문제 때문에 수면 중단을 반복해서 경험한다. 이런 빈번한 수면의 중단은 불면증이나 낮에 과도한 졸음을 초래한다.

이 장애의 하위 유형은 호흡 문제에 내재된 원인에 따라 구분된다. 가장 흔한 하위 유형은 **폐쇄성 수면 무호흡 저호흡 증후군**(obstructive sleep apnea hypopnea syndrome)(일반적으로 **폐쇄성 수면 무호흡**이라고 더 많이 불림)으로, 잠을 자는 동안 숨 쉴 때 콧소리를 내거나 헐떡거리고 호흡을 멈추거나 비정상적으로 얕은 숨을 쉬는 삽화가 전형적으로 반복된다['무호흡(apnea)'이란 단어는 '아닌(not)' 또는 '없는(without)'을 의미하는 그리스어 접두사 *a*-와 '호흡(breath)'을 의미하는 *pneuma*에서 유래한다]. **저호흡**(hypopnea)(문자 그대로 '낮은 호흡')은 전체성 무호흡증만큼 심각하지 않지만 얕은 또는 감소된 호흡을 뜻한다.

폐쇄성 수면 무호흡은 일반적으로 크게 코 고는 소리가 동반되고 대략 2,800만 명의 미국인에게 영향을 주는 비교적 흔한 문제이다(O'Connor, 2012). 잠자는 동안의 이런 호흡 문제는 수면 중 호흡의 완전 또는 부분 폐쇄 때문이다. 이 장애는 또한 충분히 수면을 취할 수 있는 기회가 있음에도 불구하고, 과도한 낮 시간의 졸음, 피로감, 또는 개운하지 않은 수면에 대한 호소를 야기한다.

폐쇄성 수면 무호흡은 중년층에서 가장 흔한데 약 50세까지는 남성에게 더 빈번하게 발생하지만 그 이후에는 남녀의 비율이 비슷하다. 이 장애는 비만한 사람들에게 더 흔하게 발생하는데, 연부 조직이 확장되어 있어 상부 기도가 좁아지는 경향이 있기 때문이다.

수면 무호흡증. 코골이는 밤에 잠을 잘 때 500번가량 일시적으로 호흡을 중단하는 호흡-관련 수면장애인 폐쇄성 수면 무호흡의 징후일 수 있다. 동침자들이 말하는 코골이는 산업 소음 공해의 수준이며 호흡이 중단 또는 정지되었을 때 순간적인 침묵과 교대로 나타날 수 있다.

호흡의 어려움은 상부 기도에서 공기흐름이 차단되기 때문인데, 이는 종종 지나치게 두꺼운 입천장이나 비대한 편도선과 인두편도와 같은 구조적 결함이 그 원인이다. 완전 폐쇄의 경우 수면자는 밤에 15~90초씩 500번 정도 호흡을 멈출 수 있다! 이런 호흡 중단이 발생할 때 수면자는 갑자기 일어나 앉아 숨을 몰아쉬고 몇 차례 깊은 숨을 쉰 후 호흡이 중단되었다는 것을 알아차리거나 잠에서 깨지 않고 다시 잠을 자게 된다. 진실 / 거짓

진실 또는 거짓

어떤 사람들은 자기도 모르게 잠자는 동안 수백 번 숨을 헐떡인다.

진실 수면 무호흡이 있는 사람들은 잠을 자는 동안 수백 번 숨을 헐떡이고 그것을 깨닫지 못한다.

이런 짧은 호흡 중단 이후 숨을 몰아쉬도록 하는 생물학적 반사 반응이 나타나지만 무호흡으로 인한 정상 수면의 빈번한 방해는 다음 날 졸리게 만들고 효과적으로 기능하기 어렵게 만들 수 있다.

수면 무호흡이 있는 사람들이 대개 삶의 질의 손상을 보고하는 것은 놀라운 일이 아니다. 또한 그들은 일반인보다 더 높은 수준의 우울증을 경험하는 경향이 있다(Peppard et al., 2006). 수면 무호흡은 또한 심혈관계 문제로 인한 사망 및 고혈압의 위험성 증가와 관계 있기 때문에 건강상 우려가 될 수 있다(Campos-Rodriguez et al., 2012; Kapur & Weaver, 2012; Marin et al., 2012). 최근의 연구들은 우려의 또 다른 원인을 지적한다. 무호흡 삽화 동안 산소의 반복적인 차단은 사고 능력을 포함해서 심리적 기능에 영향을 주는 미묘한 형태의 뇌손상을 유발할 수 있다(Macey et al., 2008; Thorpy, 2008). 또 다른 우려는 수면 무호흡이 있는 사람들이 암에 걸릴 위험성이 더 높다는 것이다(O'Connor, 2012). 불행하게도, 대략 4명 중 3명의 사례가 치료를 받지 않는다(Minerd & Jasmer, 2006).

수면-관련 호흡 장애의 또 다른 하위 유형은 **중추성 수면 무호흡증**(central sleep apnea)으로, 이 장애에서는 잠을 자는 동안의 호흡 문제가 호흡 저항(기도 폐색)에 덜 의존하고 오히려 심장-관련 문제나 만성적인 아편제 사용과 관계 있다. 또 다른 하위 유형인 **수면 관련 환기저하**(sleep-related hypoventilation)(환기저하는 '저호흡'을 의미함)는 종종 폐기능에 영향을 주는 신경근 문제나 폐질환에서 비롯된 호흡 문제를 특징으로 한다.

일주기 리듬 수면-각성 장애 대부분의 생체 기능은 일주기 리듬(circadian rhythm)이라는 약 24시간 지속되는 순환주기나 체내 리듬을 따른다(Borgs et al., 2009). 심지어 계획된 활동과 업무에서 벗어나 시간을 인식할 수 없는 환경에 처한 사람들조차 비교적 정상적인 수면-각성 주기를 따른다.

일주기 리듬 수면-각성 장애(circadian rhythm sleep-wake disorders)는 자연스런 수면-각성 주기의 지속적인 붕괴와 관계 있다. 정상적 수면 양상에서 이런 붕괴는 불면증이나 과다 수면을 유발하고, 낮에 졸음을 초래할 수 있다. 이 장애는 현저한 수준의 고통을 초래하거나 사회적, 직업적 또는 다른 역할에서 기능하는 능력의 손상을 야기한다. 시간대 여행에 동반되는 시차는 보통 일시적이기 때문에 해당되지 않는다. 그러나 시간대의 빈번한 변화나 교대근무(예: 간호사)로 인한 반복적인 변화는 더 지속적이고 반복적인 문제를 유발할 수 있고, 이는 일주기 리듬 수면-각성 장애의 진단을 이끌 수 있다. 치료에는 일주기 체계가 수면-각성 스케줄의 변화에 맞춰 조정된 수면 스케줄에 대한 점진적 적응 프로그램이 포함될 수 있다.

수면 박탈. 교대 근무에서 빈번한 변화는 신체의 자연스런 수면-각성 주기를 방해하고, 그 결과로 수면이 박탈된 느낌을 줄 수 있는 일주기 리듬 수면-각성 장애를 초래할 수 있다.

사건 수면 수면은 얕은 수면에서 깊은 수면으로, 그런 다음 꿈을 꾸는 REM 수면으로 이어지는 약 90분 주기로 진행되는 것이 전형적이다. 그러나 어떤 사람의 경우 잠을 자는 동안 부분적인 또는 불완전한 각성으로 인해 수면이 중단된다. 이런 부분적인 각성 동안, 개인은 환경과 분리되거나 동떨어지고 혼란스러운 것처럼 보일 수 있다. 수면은 다른 사람이 그들을 깨우거나 안심시키려는 시도에 반응하지 않을 수 있다. 수면자는 전형적으로 부분적 각성의 삽화에 대한 기억 없이 다음 날 일어난다.

DSM-5는 부분적 또는 불완전한 각성과 관련된 비정상적인 행동 양상을 수면-각성 장애의 범주인 **사건 수면**(parasomnias)으로 기술하는데, 이는 더 나아가 REM 수면 관련 장애와 비REM 수면 관련 장애로 구분된다. '사건 수면'이란 용어는 말 그대로 '여기저기에 수면(around sleep)'을 의미하며, 각성과 수면의 경계에서 일어나는 부분적 또는 불완전한 각성을 포함한 비정상적 행동을 뜻한다. 다른 수면-각성 장애처럼 사건 수면은 현저한 주관적 고통을 야기하거나 기대되는 사회적, 직업적 또는 다른 중요한 역할을 수행하는 개인의 능력을 방해한다. 여기서 우리는 비REM 수면(야경증, 수면보행증)과 REM 수면(REM 수면 행동장애, 악몽장애) 관련 사건 수면의 주요 유형에 대해 살펴볼 것이다.

야경증 **야경증**(sleep terrors)은 대개 겁에 질린 비명으로 시작되는 공포 유발성 각성의 반복적인 삽화를 특징으로 한다(APA, 2013). 각성은 밤중에 크고 날카로운 울음이나 비명으로 시작된다. 이 때문에 아주 곤히 잠든 부모도 마치 대포가 발사되는 것처럼 자녀의 침실로 뛰어가게 될 것이다. 아동(대부분의 사례는 아동을 포함함)은 침대에서 일어나 앉아 있거나 공포에 질린 것처럼 보이거나 빠른 심박과 호흡을 동반한 과다 발한 같은 극도의 각성의 징후를 보일 수 있다. 아동은 헛소리를 하거나 완전히 깨지 않은 상태에서 거칠게 몸부림치기 시작할 수 있다. 만일 아이가 완전히 깨었다면 아이는 부모를 알아보지 못하거나 밀어내려고 한다. 몇 분 후 아동은 다시 깊은 잠에 빠지고 아침에 일어나서는 아무것도 기억하지 못한다. 이런 끔찍한 발작 또는 야경증은 일반적인 악몽보다 더 강렬하다. 악몽과 달리 야경증은 야간 수면의 첫 1/3과 깊은 비REM 수면 동안 발생하는 경향이 있다.

만일 야경증 삽화 동안 깨어난다면 대개 몇 분간 지남력을 잃고 혼란스러워 보일 것이다. 그 사람은 발작에 대한 모호한 느낌을 가지고 일부 파편화된 꿈 이미지를 보고할 수 있지만 악몽에 전형적인 상세한 꿈은 아니다. 대부분, 그 사람은 다시 잠들고 다음 날 아침에 아무것도 기억하지 못한다.

야경증이 있는 아동이 청소년기가 되면 그 장애가 사라지는 것이 전형적이다. 소녀보다 소년이 더 많은 영향을 받지만 성인의 성비는 비슷하다. 성인의 경우, 이 장애는 삽화의 빈도와 강도가 시간이 흐르면서 악화와 호전이 반복되는 만성적인 경과를 따르는 경향이 있다. 이 장애의 유병률에 대한 자료는 부족하지만 개별적인 야경증 삽화는 18개월 된 아동의 약 37%, 30개월 된 아동의 20%, 성인의 약 2%에서 발생하는 것으로 추정된다(APA, 2013). 야경증의 원인은 아직 밝혀지지 않았다.

수면보행증 **수면보행증**(sleepwalking)에서 잠을 자고 있는 사람들은 잠이 든 상태에서 집안을 걸어 다니는 반복적인 삽화를 경험한다. 이 삽화 동안, 개인은 부분적으로 깨어서 잠자리에서 일어나 다른 방으로 걸어가는 것처럼 복잡한 운동 반응을 수행할 수 있다. 이런 운동행동은 의식적 자각이 없이 수행되고 그 사람은 다음 날 잠에서 완전히 깬 후 그 사건을 전형적으로 기억하지 못한다. 이런 삽화는 꿈을 꾸지 않는 깊은(비REM) 수면 단계에서 발생하는 경향이 있기 때문에, 수면보행 삽화는 꿈의 실연과 관계 있는 것 같지는 않다.

수면보행 장애는 아동에게 가장 흔한데, 일부 추정에 따르면 아동의 1~5%에 영향을 준다(APA, 2013). 아동의 10~30%는 적어도 하나의 수면보행 삽화를 경험한 것으로 생각된다. 이 장애의 성인 유병률이나 그 원인은 밝혀지지 않았다. 가끔의 수면보행 삽화는 비정상적인 것이 아니다. 성인의 약 4%가 지난해에 수면보행 삽화를 경험했다고 보고한다(Ohayon et al., 2012). 그러나 지속적 또는 반복적 삽화는 수면보행 장애로 진단될 수 있다. 여기 한 남성이 아동기부터 겪은 많은 수면보행증 삽화 중 하나에 대해 이야기한다.

'나' '그는 단지 몽유병일 뿐이에요'

나의 다섯 여자형제들은 나를 가족 몽유병자로 기억해요. 나의 누나인 섀넌은 어느 늦은 밤 내가 나타나 서재에서 빨래를 개는 엄마를 도와주었던 것을 기억해요. 아마 향긋한 세탁물의 향기가 나를 이끌었나 봐요. 나는 잠옷을 입은 채 텔레비전 앞에 멈춰서 눈을 뜨고 소리를 지르기 시작했어요. 섀넌은 그것이 헛소리였지만 그 뒤에 숨막히는 분노가 놀라웠다고 기억했어요. 그 행동이 기이했지만, 그 이야기에서 내가 가장 흥미롭게 느낀 측면은 엄마의 반응이에요. 신문이 저녁 늦게 배달된 것처럼 흔한 일이라는 듯 엄마는 당황하지 않고 "그는 몽유병일 뿐이에요."라고 중얼거렸어요. 나는 엄마가 "섀넌, 자, 수건을 개자!"라고 차분하게 말하는 것을 상상해요.

— Hayes, 2001

우리는 수면보행증의 원인을 알지 못하지만 연구자들은 유전과 (불특정) 환경적 요인의 결합이 관여되어 있다고 생각한다(Brooks & Kushida, 2002). 수면보행자들은 그들의 얼굴을 멍하니 응시하는 경향이 있다. 그들은 전형적으로 사물과 부딪히는 것을 피하지만 가끔씩 사고가 발생한다. 수면보행자들은 일반적으로 다른 사람에게 반응이 없고 잘 깨지 않는다. 다음 날 아침에 깨었을 때 그들은 수면보행 경험에 대해 거의 기억하지 못한다. 만약 그들이 삽화 동안 깨어난다면, 야경증의 사례처럼 몇 분 동안 지남력이 없거나 혼란을 느낄 수 있지만, 온전한 정신이 곧 회복된다. 삽화 동안 수면보행자를 깨우는 것이 해로울 수 있다는 믿음에는 전혀 근거가 없다. 폭력행동의 단일 사건은 수면보행증과 관계 있지만 이것은 드물고 다른 형태의 정신병리와 관련 있을 수 있다.

REM 수면 행동장애 **REM 수면 행동장애**(REM sleep behavior disorder, RBD)는 REM 수면 동안 꿈의 일부를 이야기하거나 몸부림치는 형태로 꿈을 행동화하는 반복적인 삽화를 포함한다. 일반적으로 호흡과 다른 필수적인 신체 기능에 필요한 것을 제외하고 신체 근육이 마비될 정도로 REM 수면 동안에는 근육 활동이 중단된다. 근육의 마비는 꿈꾸는 사람이 꿈을 갑자기 행동화한다면 발생할 수 있는 부상을 예방하기 때문에 다행이라 할 수 있다. 그러나 REM 수면 행동장애 사례에서 근육 마비가 없거나 불완전하여 REM 수면 동안에 갑자기 발로 차거나 팔을 미구 움직일 수 있는데, 이는 잠재적으로 자기나 동침자의 부상을 야기할 수 있다.

RBD는 성인 인구의 약 0.5%에게 영향을 주고, 일반적으로 파킨슨병처럼 신경퇴행성 장애의 결과로 나이 든 사람에게 가장 자주 발생한다(Ohayon, 1999; Sixel-Döring et al., 2011). 그것은 또한 알코올 금단이나 특정 약물의 부작용에 의해 야기될 수 있다. 사실, RBD는 파킨슨병 발달의 초기 징후일 수 있다(Postuma et al., 2012). RBD의 조절을 돕기 위해서 약물이 사용될 수 있다(Aurora et al., 2010).

악몽장애 악몽장애(nightmare disorder)가 있는 사람들은 REM 수면 동안 매우 불쾌하고 생생하게 기억나는 악몽의 반복 삽화를 경험한다. 이런 악몽은 긴 이야기 같은 꿈으로, 꿈꾸는 사람은 쫓기거나 공격을 당하거나 부상을 입는 것처럼, 즉각적 위협이나 신체적 위험을 피하려고 시도한다. 개인은 깨어난 후 대개 생생하게 악몽을 회상한다. 공포가 가장 일반적인 정서적 영향이지만 불쾌한 꿈은 분노, 슬픔, 좌절, 죄책감, 혐오 또는 혼란과 같은 다른 부정적 반응을 야기하기도 한다. 꿈꾸는 사람은 악몽을 꾸는 동안 갑자기 깰 수 있지만 끔찍한 꿈으로 초래된 공포감이 지속되어 다시 잠을 청하는 데 어려움을 겪을 수 있다. 이 악몽 같은 꿈이나 꿈으로 인한 수면의 붕괴는 현저한 주관적 고통을 초래하거나 중요한 일상 영역에서 기능을 방해할 수 있다.

많은 사람이 가끔씩 악몽을 꾸지만 강렬하고 반복적인 유형의 악몽을 꾸고 악몽장애로 진단받은 사람들의 비율은 아직 알려지지 않았다. 악몽은 외상적 경험과 종종 관계 있고 스트레스를 받을 때 일반적으로 발생한다.

일반적으로 대부분의 꿈이 일어나는 수면의 단계인 REM 수면 동안 악몽이 발생한다. REM 수면의 기간이 더 길고, REM 수면 동안 나타난 꿈은 야간 수면의 후반부에 더욱 강렬해지는 경향이 있어 악몽은 대개 늦은 밤이나 아침 무렵에 발생한다. 공격자로부터 도망가는 악몽처럼, 악몽이 꿈 자체에 상당량의 초조한 움직임을 포함할 수 있지만 꿈꾸는 사람은 근육 활동을 거의 보이지 않는다. 악몽을 포함해서 꿈을 활성화시키는 생물학적인 과정은 신체의 움직임을 억제하여 일종의 마비를 야기한다. 이것은 꿈꾸는 사람이 꿈 속 공격자의 추격을 피하기 위해 침대에서 뛰쳐나가 옷장이나 벽으로 돌진하는 것을 방지하기 때문에 참으로 다행스럽다.

수면-각성 장애의 치료

> **9.7** 수면-각성 장애를 치료하는 데 사용되는 방법을 평가한다.

미국에서 수면-각성 장애를 치료하는 가장 일반적인 방법은 수면제의 사용이다. 그러나 이런 약물과 관련된 문제 때문에 주로 인지행동치료와 같은 비약물적 치료 접근이 대두되고 있다.

생물학적 접근 벤조디아제핀(benzodiazepines)이라 불리는 항불안제 종류(예: 발륨, 아티반)를 포함해서 항불안제가 불면증을 치료하는 데 종종 사용된다. (이 정신과 약물은 5장에서 본 불안장애의 치료에 광범위하게 사용된다.) 다른 수면-유도제에는 졸피뎀(상표명은 앰비엔)이 포함되는데, 이는 불면증이 있는 사람이 잠드는데 걸리는 시간을 줄이고 수면 시간을 증가시키는 데 효과적이다(Roth et al., 2006).

수면제가 불면증의 단기 치료에 사용될 때 일반적으로 잠드는 데 걸리는 시간을 줄이고, 총수면시간을 증가시키고, 밤에 잠에서 깨는 것을 줄일 수 있다. 수면제는 각성을 줄이고 차분한 느낌을 유도함으로써 수면에 더 수용적이 되도록 한다. 수면제는 주로 중추 신경계의 활동을 약화시키는 신경전달물질인 GABA의 활동을 증가시킴으로써 작용한다(5장 참조)(Pollack, 2004a).

이런 이점에도 불구하고, 수면제는 불면증을 치료하는 데 상당한 결점을 가지고 있다. 그들은 REM 수면을 억제하는 경향이 있는데, 이는 수면의 회복 기능의 일부를 방해할 수 있다. 그들은 또한 다음 날에 이월이나 '후유증'을 야기할 수 있고, 이는 낮 시간의 졸음과 수행 감소와 관계 있다. 또한 반동성 불면증은 약물의 중단으로 발생할 수 있는데, 이는 원래보다 불면증을 더 악화시킬 수 있다. 갑자기 약물을 중단하기보다 서서히 감량함으로써 반동성 불면증을 줄일 수 있다. 이런 약물은 같은 수준의 용량에서 효과가 빠르게 상실되므로 동일한 효과를 얻으려면 점진적으로 더 많은 용량을 사용해야 한다. 고용량은 위험할 수 있으며, 특히 취침시간에 알코올 음료와 함께 복용할 경우 더 위험하다.

또한 수면제는 장기간 동안 규칙적으로 사용할 경우 화학적 의존과 내성을 초래할 수 있다(Pollack, 2004a). 일단 의존이 되면, 사람들이 약물 사용을 중단할 때 불안, 떨림, 메스꺼움, 두통 그리고 심할 경우 망상이나 환각을 포함한 금단 증상을 경험한다.

또한 사용자들은 수면제에 심리적으로 의존할 수 있다. 즉, 그들은 약물에 대한 심리적 욕구를 발달시키고 수면제가 없으면 잠들 수 없을 것이라 가정할 수 있다. 걱정은 신체적 각성을 높이기 때문에, 그런 자기 회의가 자기 충족적 예언이 되기 쉽다. 더욱이 사용자들은 성공적으로 잠든 것이 자기 자신이 아니라 수면제 때문이라고 여길 수 있으며, 이는 약물에 대한 의존성을 강화하고 약물 사용을 포기하는 것을 더 어렵게 만든다.

수면제에 대한 의존은 문제의 근본 원인을 해결하거나 더 효과적인 대처 방식을 배우도록 돕지 못한다. 수면제를 사용한다면 벤조디아제핀과 같은 수면제는 오직 단기간, 기껏해야 몇 주 동안만 사용해야 한다. 치료의 목표는 일시적인 유예기간을 제공하는 것이고, 따라서 치료사는 불면증에 기여하는 스트레스와 불안의 근원을 내담자가 더 효과적으로 다루는 방법을 찾도록 도울 수 있다.

또한 벤조디아제핀 계열의 항불안제와 삼환계 항우울제는 야경증과 수면보행증과 같은 깊은 수면장애를 치료하는 데 사용된다. 그들은 깊은 수면의 시간 길이를 줄이고 수면 단계 간에 부분적인 각성을 줄이는 데 효과가 있는 것처럼 보인다. 일차성 불면증처럼, 이 장애에서 수면제의 사용은 생리적, 심리적 의존의 위험을 초래한다. 따라서 수면제는 오직 심각한 사례에서만 그리고 '악순환을 깨는' 일시적인 수단으로만 사용되어야 한다.

종종 흥분제는 기면증이 있는 사람의 각성을 높이기 위해 그리고 앞서 보았던 것처럼, 과다 수면증으로 고통받는 사람들의 낮 시간의 졸음을 방지하기 위해 종종 사용된다(Morgenthaler et al., 2007). 또한 매일 10~60분의 낮잠과 정신건강 전문가나 자조 집단으로부터의 지지적 대처는 기면증을 치료하는 데 도움이 될 수 있다.

수면 무호흡의 일차적 치료는 잠자는 동안 상부 기도의 통로를 열고 호흡을 유지하도록 돕는 기계 장치를 사용하는 것이다(Holley et al., 2011; Marin et al., 2012; Sawyer et al., 2011). 일부 사례에서 상부 기도를 확장하기 위한 수술이 시행될 수 있다.

심리적 접근 심리적 접근은 대체로 일차성 불면증의 치료에 한정되어 왔다. 인지행동적 기법은 신체의 각성을 낮추고 규칙적인 수면 습관을 확립하고 불안을 유발하는 생각을 더 적응적인 생각으로 대체하는 것을 강조하고 초점을 맞추며 단기적으로 사용된다. 인지행동치료사들은 전형적으로 자극 통제, 규칙적인 수면-각성 주기의 선택, 이완 훈련, 합리적 재구성을 포함한 기법을 결합하여 사용한다.

자극 통제(stimulus control)는 수면과 연합된 환경의 변화와 관계 있다. 우리는 일반적으로 침대와 침실을 수면과 연합하는 경우, 이런 자극에의 노출이 졸리는 느낌을 유발한다. 그러나 침대에서 식사, 독서, 하루의 활동 계획, 텔레비전 시청과 같은 많은 다른 활동을 할 경우에

이 사진에서 무엇이 잘못된 것일까? 자신의 침대에서 수면 외에 식사, 독서, 텔레비전 시청을 포함한 많은 활동을 할 경우 침대에 눕는 것은 수면을 위한 단서로서 가치를 상실한다. 행동치료사는 불면장애가 있는 사람이 수면과 관련된 자극 환경을 만드는 것을 돕기 위해 자극 통제 기법을 사용한다.

침대는 졸음과의 연합을 상실한다. 더욱이, 불면증이 있는 사람이 더 오랫동안 잠자리에서 몸을 뒤치락거리고 잠 못드는 것에 대해 걱정을 많이 한다면, 침대는 불안과 좌절의 조건화된 자극이 된다.

자극 통제 기법은 침대에서의 활동을 가능한 한 수면 용도만으로 제한함으로써 침대와 수면의 연합을 강화한다. 즉, 더 건강한 수면 습관을 확립하기 위해서는 침대를 수면(과 섹스)의 용도로만 사용해야 한다(Bootzin & Epstein, 2011). 전형적으로, 잠을 자려고 할 때 10~20분 이상 침대에서 시간을 보내지 말라고 지시한다. 이 시간 동안 잠들지 못하면 침대를 떠나 다른 방에 가서 예컨대, 조용히 앉아 있거나 책을 읽고 이완 훈련을 연습함으로써 편안한 마음을 회복한 후 다시 침대로 돌아가야 한다.

인지행동치료사들은 내담자들이 일관된 수면-각성 주기를 확립함으로써 그들의 신체를 계획하도록 돕는다. 이것은 주말과 휴일을 포함하여 매일 같은 시각에 잠자리에 들고 일어나는 것을 포함한다. 취침시간 전에 사용되는 이완 기법(6장에서 기술된 점진적 이완 기법 참조)은 수면을 유도할 정도로 생리적 각성 상태가 감소하도록 돕는다.

합리적 재구성(rational restructuring)은 자기 패배적, 부적응적 사고나 신념을 합리적 대안으로 대체하는 것을 포함한다('더 자세히 살펴보기' 참조). 양질의 야간 수면을 취하지 못하는 것이 다음 날 불행하고 심지어 처참한 결과를 초래할 것이라는 신념은 그 자체가 불안 수준을

더 자세히 살펴보기

잠드는 것은 아마도 꿈을 꾸는 것

많은 사람들이 가끔씩 잠이 들거나 수면을 유지하는 데 어려움을 겪는다. 수면은 자연스런 기능이고 강요될 수 없지만 우리는 수면에 더 수용적이 되도록 돕는 적응적인 수면 습관을 발달시킬 수 있다. 그러나 불면증이나 다른 수면-관련 문제가 지속되거나 낮 동안 기능의 어려움과 관계 있다면 이 문제에 대해 전문가의 평가를 받는 것이 도움이 된다. 여기 더 건강한 수면 양상을 발달시키기 위해 당신이 취할 수 있는 몇 가지 단계가 있다.

1. **규칙적인 수면-각성 주기를 확립하라.** 매일 같은 시각에 잠에 들고 일어나라. 부족한 잠을 보충하기 위해 늦잠을 자는 것은 당신의 체내 시계를 혼란시킬 수 있다. 당신이 몇 시간을 잤던, 매일 아침 같은 시각에 알람을 맞춰 놓고 일어나라.

2. **수면을 위해 가능한 한 침대에서 하는 활동을 제한하라.** 침대에서 텔레비전을 시청하거나 책을 읽는 것을 피하라.

3. **침대에 누운 지 10~20분 후에도 잠들지 못한다면, 침대에서 일어나 다른 방으로 가서 책 읽기, 차분한 음악 듣기 또는 자기 이완 연습하기를 함으로써 편안한 기분이 되게 하라.**

4. **낮잠을 피하라.** 당신이 오후에 잠을 잔다면, 취침시간에 졸음을 덜 느끼게 될 것이다.

5. **침대에서 반추하는 것을 피하라.** 당신이 잠을 자려고 할 때, 문제에 주의를 기울이지 마라. 내일에 대한 걱정은 내일 할 것이라고 자신에게 말하라. 정신적 공상이나 마음의 여행에 참여함으로써 당신이 수면에 적절한 마음을 가지거나, 의식에서 모든 생각이 사라지도록 하라. 중요한 생각이 당신에게 떠오르더라도, 마음속에서 그것을 시연하지 마라. 단지 그것을 잃지 않도록 작은 메모지에 메모해 두라. 그러나 생각이 지속된다면 일어나 다른 곳에서 생각을 이어 가라.

6. **잠자기 전에 편안한 마음을 가져라.** 잠자리에 들기 전에 독서를 통해 긴장을 푸는 사람도 있고, 텔레비전을 보거나 조용히 휴식을 취하는 것을 선호하는 사람도 있다. 당신을 가장 편안하게 하는 것은 무엇이든 하라. 명상이나 점진적 이완과 같이 이 책의 초반에 언급한 당신의 각성 수준을 낮추기 위한 기법을 규칙적인 취침시간의 일과 내에 통합하는 것이 도움이 될 수 있다.

7. **규칙적인 주간 운동 계획을 수립하라.** 낮의 규칙적인 운동(취침시간 직전이 아닌)은 잘 즈음에 졸음을 유도하는 데 도움이 될 수 있다.

8. **저녁과 늦은 오후에 커피와 차 같은 카페인 음료를 마시는 것을 피하라.** 또한 알코올음료를 마시는 것을 피하라. 알코올은 심지어 그것을 취침하기 6시간 전에 마셨더라도, 정상적인 수면 양상을 방해할 수 있다(총수면시간, REM 수면 및 수면 효율성의 감소).

9. **합리적 재구성을 연습하라.** 자기 패배적 사고를 합리적인 대안으로 대체하라. 여기 몇 가지 예가 있다.

자기 패배적 사고	합리적 대안
"나는 지금 바로 잠들어야 해, 아니면 나는 내일 엉망이 될 거야."	"내가 전에 잠을 거의 못 자 피로감을 느낄 수 있지만 어떻게든 해 나갔잖아. 나는 내일 일찍 잠자리에 들어서 그것을 보충할 수 있어."
"내가 잠들지 못하는 건 나에게 어떤 문제가 있는 게 아닐까?"	"나는 잠들지 못하는 것에 대해 나 자신을 비난할 수 없어. 나는 수면을 통제할 수 없어. 나는 무슨 일이 일어나든 일어나도록 할 거야."
"만약 내가 지금 바로 잠에 들지 못한다면, 나는 내일 시험(회의, 미팅 등)에 집중하지 못할 거야."	"나의 집중력은 조금 떨어질 수 있겠지만, 완전히 무너지진 않을 거야. 작은 일을 과장해서 생각해 봤자 소용이 없어. 여기 누워서 이것에 대해 생각하기보다 잠시 일어나서 텔레비전을 조금 보는 편이 낫겠어."

높이기 때문에 잠들 가능성을 감소시킨다. 우리가 잠을 잘 못 자거나 심지어 하룻밤을 못 잔다고 해도, 우리 대부분은 꽤 잘 기능한다.

인지행동치료는 불면증에 가장 우선적으로 사용하는 치료 접근이 되었다(Smith & Perlis, 2006). 인지행동치료는 잠드는 데 걸리는 시간을 감소시키고 수면의 질을 향상함으로써 상당한 치료적 이득을 산출한다(Bootzin & Epstein, 2011; Buysse et al., 2011; Harris et al., 2012;

Schwartz & Carney, 2012; Vincent & Walsh, 2013). 또한 수면제보다 장기적으로 더 좋은 결과를 얻을 수 있게 해 주는 것으로 보고되고 있다(Roy-Byrne, 2007; Wu et al., 2006). 어쨌든, 약을 복용하는 것은 불면증이 있는 사람이 적응적인 수면 습관을 배우도록 하는 데는 별다른 도움이 되지 않는다. 수면제가 빠른 효과를 낼 수 있지만 행동치료는 더 지속적인 효과를 야기하는 경향이 있다(Pollack, 2004a, 2004b). 그러나 인지행동치료에 약물치료를 결합하는 것은 인지행동치료만을 사용하는 것보다 치료 이득을 단기적으로 증가시킬 수는 있지만 수면제를 수개월에 걸쳐 계속 복용하게 되면 인지행동치료의 효과는 사라지는 것으로 보인다(Morin et al., 2009).

9.8 건강한 수면 습관에 관한 지식을 적용해서 더 적응적인 수면 습관을 발달시키기 위해 조치를 취한다.

9 요약

섭식장애

9.1 섭식장애의 세 가지 유형, 즉 신경성 식욕부진증, 신경성 폭식증 및 폭식장애의 핵심 특징을 기술하라.

신경성 식욕부진증의 특징은 절식과 정상체중을 유지하는 것의 실패, 과체중이 되는 것에 대한 과도한 두려움, 왜곡된 신체상이다. 신경성 폭식증은 체중 조절과 체형에 대한 집착, 반복적인 폭식 그리고 체중을 줄이기 위한 정기적인 제거행동과 관계 있다. 폭식장애(BED)는 제거행동과 같은 보상행동이 동반되지 않는 반복적인 폭식 양상을 포함한다. BED가 있는 사람들은 신경성 식욕부진증이나 폭식증이 있는 사람들보다 더 연령이 높고 비만이 될 가능성이 더 많은 경향이 있다.

9.2 신경성 식욕부진증과 신경성 폭식증과 관련된 원인을 기술하라.

섭식장애는 일반적으로 청소년기에 시작되고, 남성보다 여성에게 더 많은 영향을 준다. 신경성 식욕부진증과 신경성 폭식증은 체중 조절에 대한 집착과 체중을 줄이기 위한 부적응적 방식과 관계 있다. 비현실적으로 날씬한 기준에 맞추라는 젊은 여성에 대한 사회의 압력, 조절의 문제, 기저의 심리적 문제, 가족 갈등(특히 자율성의 주제)을 포함한 여러 많은 요인이 이 장애의 발달과 관계 있다.

9.3 섭식장애를 치료하는 데 사용되는 방법을 평가하라.

심각한 식욕부진증 사례는 재급식 요법이 면밀하게 관찰될 수 있는 입원 장면에서 종종 치료된다. 또한 행동수정과 기타 심리적 개입(심리치료와 가족치료 포함)이 도움이 될 수 있다. 대부분의 신경성 폭식증 사례는 외래환자 토대로 치료되며, 인지행동치료(CBT), 관계중심 심리치료(IPT), 항우울제의 치료적 이득을 지지하는 증거들이 있다. CBT와 항우울제는 BED의 치료에 효과적인 것으로 보인다.

9.4 비만과 관련된 건강의 위험을 검토하라.

비만은 심혈관계 질환, 당뇨병, 호흡기 질환 그리고 일부 암을 포함한 많은 건강상 위험과 관계 있다. 비만은 미국에서 매년 16만 명 이상의 초과 사망을 설명한다.

9.5 비만과 관련된 요인을 검토하라.

유전적 요인, 대사 요인, 지방 세포, 생활양식 요인, 심리적 요인 및 소득 수준과 문화적응과 같은 사회경제적 요인을 포함한 많은 요인이 비만과 관계 있다.

수면-각성 장애

9.6 수면-각성 장애의 구체적인 유형을 살펴보고 기술하라.

불면장애는 종종 걱정과 불안, 특히 충분히 잠을 자지 못한 것에 대한 과도한 걱정과 관련된 수행 불안과 관계 있다. 과다 수면장애는 낮의 과도한 졸음과 관계 있는 반면, 기면증은 깨어 있는 시간 동안 갑작스런 수면발작의 발생과 관계 있다. 기면증은 각성을 조절하는 화학물질의 생산과 연관된 시상하부의 뇌세포 소실 및 유전적 요인과관계 있을 수 있다. 호흡-관련 수면장애는 수면 동안에 순간적인 호흡 중단의 반복적인 삽화를 포함하고, 종종 낮의 졸음과 관계 있다. 호흡-관련 수면장애의 가장 보편적인 유형인 폐쇄성 수면무호흡 저호흡 증후군은 전형적으로 잠자는 동안 정상적인 호흡을 방해하는 호흡 문제에 의해 야기된다. 부분적 각성의 장애는 비REM 수면 동안에 발생하는 야경증(수면 동안에 극심한 공포의 반복적인 삽화)과 수면보행증(수면 중 반복적인 보행) 그리고 REM 수면 동안에 수면장애와 관련된 REM 수면 행동장애 또는 RBD(REM 수면 중 말을 하거나 몸부림치는 것) 및 악몽장애(지속적인 악몽)를 포함한다.

9.7 수면-각성 장애를 치료하는 데 사용되는 방법을 평가하라.
수면-각성 장애를 위한 가장 흔한 치료는 항불안제의 사용이다. 그러나 이 약물은 심리적, 신체적 의존을 비롯한 잠재적인 문제 때문에 제한된 시간 내에 사용되어야 한다. 인지행동적 개입은 만성 불면증이 있는 사람을 돕는 데 상당한 이점이 있는 일차적 치료로 대두되고 있다.

9.8 건강한 수면 습관에 관한 지식을 적용해서 더 적응적인 수면 습관을 발달시키기 위해 조치를 취하라.
규칙적인 수면-각성 주기를 확립하라. 수면을 위해 가능한 한 침대에서 하는 활동을 제한하라. 잠자리에 든 지 10~20분 후에도 잠들지 못한다면, 침대를 떠나 편안한 마음 상태를 회복하라. 낮잠이나 침대에서 반추하는 것을 피하라. 규칙적인 주간의 운동 계획을 수립하고 저녁과 늦은 오후에 카페인 음료의 섭취를 피하라. 자기 패배적 사고에 대한 합리적 재구성을 연습하라.

비판적 사고 질문

이번 장에서 배운 것을 기초로 다음의 질문에 답해 보라.

- 신경성 식욕부진증과 신경성 폭식증이 있는 사람들이 의학적 합병증에도 불구하고 자기 패배적 행동을 왜 지속한다고 생각하는가? 설명하라.
- 섭식장애에서 사회문화적 요인들은 어떤 역할을 하는가? 젊은 여성에게 섭식 습관의 장애를 초래하는 사회적 태도와 압력을 어떻게 변화시킬 수 있는가?
- 당신은 비만이 의지 결핍 때문이라고 생각하는가? 그렇게 생각한 이유는 무엇인가?
- 당신의 수면습관은 당신의 수면에 도움이 되는가, 아니면 방해가 되는가? 설명하라.

핵심 용어

과다 수면장애(hypersomnolence disorder)
기면증(narcolepsy)
불면장애(insomnia disorder)
불면증(insomnia)
비만(obesity)
사건 수면(parasomnias)
섭식장애(eating disorders)
수면 마비(sleep paralysis)
수면-각성 장애(sleep-wake disorders)
수면보행증(sleepwalking)
신경성 식욕부진증(anorexia nervosa)
신경성 폭식증(bulimia nervosa)
악몽장애(nightmare disorder)
야경증(sleep terrors)
일주기 리듬 수면-각성 장애(circadian rhythm sleep-wake disorders)
입면 환각(hypnagogic hallucinations)
체질량지수(body mass index, BMI)
탈력발작(cataplexy)
폐쇄성 수면 무호흡 저호흡 증후군(obstructive sleep apnea hypopnea syndrome)
폭식장애(binge-eating disorder, BED)
호흡-관련 수면장애(breathing-related sleep disorders)
REM 수면 행동장애(REM sleep behavior disorder)

10 성 그리고 성생활에 관련된 장애

10

학습 목표

10.1 성별 불쾌감의 핵심 특징을 기술한다.
10.2 성별 불쾌감과 동성애의 차이점을 설명한다.
10.3 트랜스젠더 정체성의 주요 이론적 관점을 기술한다.
10.4 성기능 장애를 정의하고 성기능 장애의 세 가지 주요 범주와 각 유형 속의 구체적 장애들을 알아본다.
10.5 성기능 장애에 관련된 원인 요소를 기술한다.
10.6 성기능 장애를 치료하는 데 사용되는 방법을 기술한다.
10.7 변태성욕을 정의하고 변태성욕장애의 주요 형태를 알아본다.
10.8 변태성욕과 잠재된 원인 요소에 관한 이론적 관점을 기술한다.
10.9 변태성욕장애를 치료하는 방법을 기술한다.
10.10 강간의 주요 유형을 살펴보고, 강간의 영향을 기술하고 강간에 관련된 요인들을 알아본다.

진실 또는 거짓

T□ F□ 남자 게이와 레즈비언은 자기와 반대되는 성(sex)의 성(gender) 정체성을 지니고 있다.
T□ F□ 극치감은 반사 작용이다.
T□ F□ 하루에 2마일 가량을 빠르게 산책하면 남성들의 발기부전 위험이 절반으로 줄어들 수도 있을 것이다.
T□ F□ 항우울제는 사람의 극치감 반응을 방해할 수도 있다.
T□ F□ 노출이 심한 수영복을 입는 것은 일종의 노출장애이다.
T□ F□ 어떤 사람들은 고통이나 굴욕감을 당해야만 성적으로 흥분할 수 있다.
T□ F□ 여대생들은 그들이 아는 남자가 아닌 모르는 남자에게 더 강간당하기 쉽다.
T□ F□ 마음 깊숙이, 대다수 여성들은 강간 당하고 싶은 욕망이 있다.
T□ F□ 강간범들은 정신적으로 문제가 있다.

Jayne Thomas 박사는 2002년에 생을 마감할 때까지 캘리포니아 소재 미션대학(Mission College)에서 심리학을 가르쳤다. Thomas는 남성으로 태어났으며 성전환 수술을 받기 전까지는 항상 자신을 남자의 신체에 갇힌 여성이라고 느껴 왔다. 그녀는 주목할 만한 자신의 인생 여정에 대한 관점을 저자들과 나누었는데, 그것을 여기에 발췌했다.

Jayne Thomas 박사

'나' "나는 당신들 중 누구도 알 수 없을 어떤 것을 안다."

내 생애를 통틀어, 내 자신이 여성임을 속으로 알았을 때 나는 내가 잘못된 성(남성)으로 태어났다는 아주 강력한 확신을 품었다. 그렇다 할지라도… 나는 뭔가 잘못되었다는 이 깊은 느낌을 안고서 생애에 걸친 노력을 계속 이어 갔다. 나는 학교 생활을 잘했고, 전국 수영 챔피언이 되었고, 학사 학위를 받았으며, 두 번 결혼했고(두 번의 결혼에서 모두 아빠로서 자녀를 보살폈으며), 직장에서는 유능하고 좋은 사람(man)으로 존경받았다. 그러나 지속적이고 가차 없는 내 삶의 부당함은 계속되었다. 나는 40세가 되어서야 비로소 나의 성별 문제를 진정으로 언급할 수 있게 되었다.

Thomas는 1985년 겨울, 성전환 수술을 받고 공식적으로 Jayne Thomas 박사가 되었으며, 이후의 세월을 통해 많은 사람들이 처해 있는 곤경에 대해 새로운 눈을 뜨게 되었다….

통념을 타파하면서 나는 남성성과 여성성 모두에 대한 도전을 시도했다. "나는 당신네 여성들은 누구도 모르고 또는 평생 알 수도 없을 뭔가를 압니다." "나는 한때 한 남자로 살았고 평등한 한 존재로 대접을 받아 왔습니다." 당신들은 그러한 평등을 가져본 적도 없을 뿐더러 경험할 수도 없을 것입니다." 혹은 한 번은 한 남학생이 내 수업 보조로 들어와서는 잘못된 비디오 재생 장치를 고치면서 그다음에는 만족한 남성만이 취할 수 있는 의젓한 자세로 그의 좌석에 버티고 앉을 때, 나는 가까이 있는 여성에게 놀리듯이, "나도 과거 한때에는 저렇게 할 수 있었거든요."라고 한마디 했다.

남자로서 살아 봤고, 현재 여자로 살고 있기 때문에, 나는 진실로 남자 그리고 여자로서 우리의 사회적/심리학적/생물학적 존재의 심오한 차이점들을 알아챘다고 말할 수 있다. 현재 나는 숱한 방식으로 여성이 남성보다 못한 취급을 받는 것을 경험하고 있다. Jay는 로스앤젤레스의 대형 은행을 상대하는 컨설턴트로 근무했고 그가 성전환을 한 후에는 여자로서 그 역할을 계속했다. 놀랍게도 세상 자체가 전혀 다른 시각으로 다가왔다. Jay였을 때는, 경영에 관한 그의 기술적 프레젠테이션은 대부분 긍정적으로 받아들여졌고, 업무 능력도 충분히 인정받았다. 지금 Jayne일 때는 경영에 대한 접근 기회가 줄었으며, 노력에 대한 평가도 박해졌다. 전반적으로, 자신이 남자였을 때보다 각각의 미팅에 대해 더 혹독하게 대비하고 있음을 알아차렸다. 남자였을 때, 그녀의 강력하고 열정적인 프레젠테이션은 일종의 자산이었으나 이제 그것은 일종의 약점처럼 보인다.

한 번은 Jayne으로서 내가 중요한 쟁점이라 여기는 문제에 대해 열정적으로 나의 입장을 강변했을 때, 내 취지가 전달되지 않고 있다고 느끼는 데 대한 감정과 실망감(내 목소리에 좌절감이 묻어나오고 있었다)을 가까이 있던 동료(남자)가 알아채고는 내 팔을 건드리려 팔을 뻗으며, "저기, 저기, 진정해, 문제없을 거야."라는 위로의 말을 했다. 단언컨대, 이런 일은 Jay에게는 절대 일어나지 않았다. 또 한 번은 내가 가장 열성적으로 경영에 관한 발표를 하고 있었음에도 부사장이 내가 발표하는 기술적인 안건보다도 내 향수의 향기에 더 관심을 갖는다는 것을 알게 된 경우도 있었다.

… 동일한 생애에서 남자로 그리고 여자로 살아 봤기 때문에, 한 가지 개인적인 진실은 분명한 듯 보인다. (여자들은 좀 더 논리적으로 되어야 하고, 남자들은 자신의 감정을 더 공유해야 한다고) 나는 커플들이 애쓰는 것을 흔히 보지만, 각 성이 서로를 자기 쪽으로 바꾸고 변화시키려고 애쓰기보다는, 각자 자신들 성의 독특함과 힘을 바탕으로 서로의 관계를 보다 생산적으로 함께할 필요가 있을 것이다. 남자와 여자는 서로 다른 시각을 지니고 있는데, 이 서로 다른 시각들은 살면서 겪는 쟁점들을 처리하는데 아주 성공적으로 활용될 수 있다.

— Jayne Thomas 박사, 자신의 말 중에서

당신이 타고난 성으로 인해서 당신에게 이방인처럼 느껴지는 신체 속에서 사는 것이 어떤 모습일지 상상해 보라. 자녀가 태어나면, 손가락 발가락 수를 세어 보기도 전에 산부인과 의사는 말할 것이다, "딸(혹은 아들)입니다." 이 장에서 우리는 성 정체성과 관련된 광범위한 심리학적 장애뿐만 아니라, 성적 이끌림의 일탈 유형 혹은 이례적 유형들 그리고 성적 흥미 혹은 성적 반응의 결여와 관련된 문제들을 탐구한다. 우리는 또한 심리적 장애로 분류되지는 않지만 피해자에게 정서적, 신체적으로 파괴적인 충격을 줄 수 있는 일종의 비정상적 행위인 강간에 대해 고찰해 볼 것이다.

다른 유형의 행위에서와 마찬가지로, 성적 행위에 있어서 정상과 비정상 사이의 구분 선에 대해 늘 의견이 일치하거나 혹은 정확한 것은 아니다. 먹는 것처럼 섹스는 자연적인 기능이다. 또한 먹는 것처럼 성적 행위는 개인과 문화에 따라 매우 다양하다. 우리의 성적 행위는 문화적, 종교적 그리고 도덕적 신념에 따라서 관습, 전통문화 그리고 미신에 의해서 심대한 영향을 받는다. 성적 행위의 영역에서 무엇이 정상이고 무엇이 비정상인지에 대한 우리의 개념은 가족, 학교 그리고 종교 기관을 통해 전수받은 문화적 가르침에 의해 영향을 받는다.

자위, 혼전 성교, 구강 성교와 같은 다양한 유형의 성적 행위들은, 혹 그 발생 빈도수에 따라 다르게 평가될지는 모르겠지만, 현재의 미국 사회에서는 정상이다. 그러나 빈도수가 정상 행위의 유일한 기준은 아니다. 행위는 사회의 규범으로부터 벗어날 때 빈번하게 비정상이라는 꼬리표를 단다. 가령, 키스는 서구 문화에서는 매우 흔히 행해지지만 남아메리카와 아프리카의 일부 문자 사용 이전의 사회에서는 일탈 행위로 간주된다(Rathus, Nevid, & Fichner-Rathus, 2011). 아프리카 통가 부족민은 유럽인 방문객이 키스하는 것을 처음 보았을 때 충격을 받았다. 한 사람이 비명을 질렀다, "저들을 봐—서로의 침과 먼지를 먹네." 우리는 통가 사람들에게 키스가 그렇게 보였던 것처럼 정신건강 전문가의 눈에는 비정상으로 보이는 섹스 관련 행동들을 몇 가지 살펴보게 될 것인데—예를 들면, 파트너보다 의류에 의해 성적으로 더욱 흥분하는 경우 혹은 충분한 자극이 있음에도 불구하고 섹스에 대한 흥미를 잃거나 성적으로 흥분되지 못하는 경우 등이다.

또한 우리는 어떤 행위가 만약 자멸적이고, 남에게 해를 끼치거나, 개인적인 고통을 유발할 때는 비정상이라고 간주할 수도 있다. 이 장에서 논의하는 심리적 장애가 어떻게 이러한 비정상 기준들에 부합하는지를 볼 것이다. 이 장애들을 탐구하면서, 우리는 비정상성과 정상성의 경계를 탐색하는 질문을 간단히 다룬다. 예를 들면, 성적으로 흥분되거나 극치감에 이르는 데 어려움이 있는 것은 비정상인가? 정신건강 전문의는 노출장애와 관음장애를 어떻게 정의하는가? 다른 사람이 옷을 벗는 것을 지켜보는 것은 언제가 정상이며 언제가 비정상인가? 우리는 어디에 그 구분선을 긋는가?

먼저 성적 존재로서 가장 기본적으로 느끼는 부분—즉 남성 혹은 여성이라는 느낌—에 대해 다루는 진단 가능한 장애인, **성별 불쾌감**을 살펴보기로 한다.

성별 불쾌감

> **10.1** 성별 불쾌감의 핵심 특징을 기술한다.

성 정체성(gender identity)은 자신이 남성 혹은 여성이라는 심리적 느낌이다. 대다수의 사람들에게 있어 성 정체성은 그들의 신체적 혹은 유전적 성과 일치한다. **성별 불쾌감**(gender dysphoria)[이전에는 **성 정체성 장애**(gender identity disorder)라고 불렸다] 진단은 자신의 해부학적 성과 자신의 성 정체성—즉, 남성다움 혹은 여성다움의 느낌—이 서로 충돌함으로써 개인적으로 고통을 겪거나 또는 제대로 기능하지 못하는 사람들에게 적용된다. **불쾌감**(dysphoria)('견디기 힘든'이라는 의미의 그리스어 *dysphoros*에서 유래)이라는 단어는 불만족스럽다고 혹은 불편하다고 느끼는 것을 말하는데, 이 경우에는 정해진 자신의 성을 불편해하는 것과 관련이 있다.

우리가 사용하는 용어를 명확히 하자면, **성**(gender)은 **성 역할**(gender roles)(즉, 남자와 여자에게 적합하다고 사회적으로 기대되는 행동들) 그리고 **성 정체성**(gender identity)—즉, 스스로를 여성 혹은 남성이라고 심리적으로 지각하는 느낌—에서처럼 남성다움과 여성다움을 구별하는 심리사회학적 개념이다. **성**(sex) 또는 **성적**(sexual)이라는 용어는 성기를 *gender organs*이라 하지 않고 *sexual organs*이라고 하는 데서 보듯, 종의 수컷(males)과 암컷(females) 사이의 생물학적 분할을 말한다.

트랜스젠더(성전환자) 정체성(transgender identity)을 가

챠즈 보노. 유명한 연예인인 셰어와 소니 보노의 딸인 그녀는 늘 자신이 남성이라고 느꼈다. 최근에 남성으로의 성전환 수술을 한 챠즈는 이렇게 말한다. "나는 처음으로 내 몸 안에 내가 살아 있는 것을 느껴요. 그리고 이 기분 정말 좋아요."

진 사람들은 자신이 지니고 있는 성기와 반대되는 성에 속한다는 심리적인 느낌을 갖고 있다. 트랜스젠더 정체성을 지닌 사람들 모두가 성별 불쾌감 혹은 다른 어떤 진단될 만한 장애를 갖고 있는 것은 아니다. 트랜스젠더 정체성을 지닌 것에 관련돼서 심대하게 불편한 경우에만 성별 불쾌감으로 진단한다. 심각하게 불편한 이런 느낌에는 중대한 정서적 스트레스 혹은 기능 장애(impaired functioning)가 뒤따른다. 성별 불쾌감 진단은 논란의 소지가 있는데, 특히 성 정체성이 자신들의 해부학적 성과 어긋난 것이 자연의 실수라고 믿는 트랜스젠더 사이에서 그러하며, 성별 불쾌감을 정신건강 문제로 다루지 않도록 해야 한다(370~371쪽의 '이상심리학에 대해 비판적으로 사고하기' 참조).

성별 불쾌감 진단은, 흔히 이것이 아동기에 시작됨에도 불구하고 아동이나 성인에게 적용될 것이다. 성별 불쾌감이 있는 아동은 그들의 해부학적 성이 집요하고 지독한 고통의 원천이라고 여긴다. 진단을 내리는 것은 단순히 '선머슴 같은' 여자아이와 '계집애 같은' 남자아이라는 꼬리표를 붙이고자 하는 것이 아니다. 그보다는 표 10.1에 서술되어 있듯이, 수많은 방법으로 자신들의 생물학상의 특성과 관련된 특성을 거부하는 아동에게 적용하기 위해서다.

우리에게는 보통의 성별 불쾌감이 어떠한 것인지에 대한 믿을 만한 지식은 없지만, 이것이 상대적으로 드문 것이라고 추정하는 것이 타당하다. 우리는 성별 불쾌감이 서로 다른 과정을 밟을 수 있다는 것을 안다. 아동기의 성별 불쾌감은, 아동이 자신의 해부학적 성을 보다 더 수용하게 되거나 아니면 트랜스젠더 정체성을 갖고 있다는 것을 받아들이는 법을 배움으로써, 사춘기가 되기 전에 사라질 수도 있다. 아니면 자신의 트랜스젠더 정체성과 계속해서 갈등하면서 청소년기를 지나 혹은 성인이 되어서도 지속될 수도 있다. 많은 트랜스젠더들은 또한 자신들을 지탄하고, 구박하고 차별하는 세상에서 살면서 우울증에 시달린다(Bockting et al., 2013).

10.2 성별 불쾌감과 동성애의 차이점을 설명한다.

성 정체성을 성적 지향(sexual orientation)과 혼동해서는 안 된다. 게이와 레즈비언은 자기 자신이 속한 성의 구성원에게 성애적인 흥미를 지니고는 있지만, 그들의 성 정체성(스스로가 남성이냐 여성이냐는 느낌)은 그들의 해부학적 성과 일치한다. 그들은 우리가 성별 불쾌감을 지닌 사람들에게서 전형적으로 발견하는 것과 같은, 상대 성의 구성원이 되고 싶어 하지도 않으며 자신들의 성기를 경멸하지도 않는다. 진실 / 거짓

진실 또는 거짓

게이와 레즈비언은 자신들의 반대편 성에 정체성을 지니고 있다.

거짓 성 정체성을 성적 지향과 혼동하면 안 된다. 게이와 레즈비언은 자신이 속한 성의 구성원에게서 성애적 관심을 갖지만, 그들의 성 정체성은 그들의 해부학적 성과 일치한다.

표 10.1

아동기 성별 불쾌감의 핵심 특징

- 자신의 성이 아닌, 다른 성의 구성원이 되고 싶어 하는 강렬한 바람 혹은 다른 성(또는 어떤 대안적 성별)의 구성원이라는 믿음을 강하게 표현
- 다른 성의 구성원과 함께 어울리는 것 그리고 다른 성에 연관된 장난감, 게임, 활동에 대한 강한 선호도
- 자기 몸의 성적 구조에 대한 혐오와 개인적인 고통을 강하게 느낌
- 자신이 경험했던 성과 연결된 신체적 특징(즉, 최초의 혹은 2차의 성적 특징)을 갖고 싶어 하는 강력한 바람
- 가장 놀이 혹은 공상 놀이에서 다른 성의 역할을 맡는 것을 강하게 선호
- 전형적으로 다른 성에 관련된 의류를 강하게 선호하며 자기 자신의 성과 관련된 의류를 거부

성전환 수술

성별 불쾌감을 가진 모든 사람이 성전환 수술을 원하는 것은 아니다. 성전환 수술을 원하는 사람들을 위해서 외과 전문의들은 상대 성의 외성기와 아주 비슷하게 만들어 주려고 노력한다. 여성으로의 성전환 수술은 남성으로의 수술보다 일반적으로 더욱 성공적이다. 호르몬 요법은 전환 후 성 특징의 발달을 촉진시키는데, 여성의 경우에는 기슴의 지방 조직이 자라고, 남성의 경우에는 턱수염과 체모가 자라는 것이 그러한 예이다.

성전환 수술을 받은 사람들은 성적 행위를 할 수도 있고 극치감에도 이를 수 있지만, 그들이 새로이 이룬 성에는 내부 생식기관이 없기 때문에 임신을 하거나 출산을 할 수가 없다. 연구진들은 성전환 수술을 받은 트랜스젠더[**성전환자**(transsexual)라고도 불린다]의 심리적 적응

과 삶의 질에 관해서 전반적으로 긍정적인 영향을 발견한다(Parola et al., 2009; Wierck et al., 2011). 성전환 수술을 받은 32명을 대상으로 한 최근의 연구는 수술에 대해 아무도 후회하지 않았으며 거의 모두가 전반적으로 결과에 만족하고 있음을 보여 주었다(Johansson et al., 2010).

남성으로 성전환을 한 경우가 수술 후 적응성이 더욱 좋은 경향을 보인다(Parola et al., 2009). 그 이유 중 하나는 아마도 남자가 되고 싶어 하는 여자를 사회가 더 잘 수용하는 경향이 있기 때문일는지 모른다(Smith et al., 2005). 남성으로 성전환 수술을 한 사람의 경우는 수술 전에도 어쩌면 더 잘 적응하고 있었을지 모른다. 따라서 이들의 수술 후 적응성이 더 높은 것은 어쩌면 선별 요인(selection factor)때문일 수도 있다.

이 장의 도입부에서 소개한 Jayne Thomas 박사는 그녀가 성전환 수술 이후에 경험한 심리적 적응 그리고 성 역할의 변화에 대해서 이야기했다.

'나' "우리들 모두는 독특하게 태어나지만, 대부분 비슷하게 죽는다"

... 내 부모님은 그들의 장남이 이렇게까지 생애 문제에 대해 고심하고 있다는 것을 전혀 깨닫지 못하셨다. 그 분들은 내 문제의 어마어마함을 받아들였거나 혹은 충분히 이해하셨을까? 유감스럽지만 그렇지 않다. 여성으로 살아온 지 거의 15년이 지난 후에도, 아버지는 계속해서 나를 남자 이름으로 부른다. 나는 부모님 혹은 자녀들이 나를 사랑한다는 것을 믿어 의심치 않지만, 성 정체성의 진정한 중요성에 대해 우리는 무지해서 완전히 이해한다는 것은 광년의 거리만큼 멀리 있는 듯 보인다. 나는 내 의뢰인이 직장을 잃고, 가족들과 멀어지고, 자녀 방문권을 잃고, 대개 사회적 낙오자로 밀려나는 것을 종종 본다. 어떤 사람이 언젠가 말하길 "우리들 모두는 독특하게 태어나지만, 대부분 비슷하게 죽는다."—개인의 정직함에 대한 대가로 그리고 그들이 그렇게 살아야 한다고 사회에서 여겨지는 그런 생각대로 살지 않은 대가로 내 고객들이 치르는 엄청난 비용이다.

— Jayne Thomas 박사

이상심리학에 대해 비판적으로 사고하기

@Issue: 트랜스젠더 정체성을 지닌 사람들은 정신장애를 앓는가?

DSM(정신질환의 진단 및 통계 편람) 시스템을 괴롭혀 온 가장 논란이 된 논점 중 하나는 트랜스젠더 정체성을 정신장애로 분류할 것이냐 아니냐 하는 것이었다(Cohen-Kettenis & Pfäfflin, 2010). 이전 DSM 판인, DSM-IV는 트랜스젠더 정체성을 지닌 사람들이 그들의 직업 생활 혹은 사회적 관계 속에서 정서적 고통이나 기능 손상을 겪을 경우에는 성 정체성 장애(GID, gender identity disorder)로 진단했다. 그러나 트랜스젠더 공동체를 옹호하는 많은 지지자를 포함한 수많은 사람은 '다름'이 '질병'과 같은 것으로 취급되어서는 안 된다고 주장하고 더욱이 성 정체성 장애라는 용어는 마치 트랜스젠더들이 자신들의 성 정체성 때문에 정신장애를 앓는다는 식의 암시를 풍김으로써 자신의 정체성이 사회규범과 다른 사람들을 부당하게 매도하는 것이라고 주장했다.

우리가 언급했듯, **성 정체성 장애**라는 용어는 트랜스젠더인 사람이 자신의 성 정체성과 그들이 가지고 태어난 성 사이의 불일치로 인해 겪었을지 모를 극심한 불편감 혹은 고통을 강조하기 위해서 DSM-5에서는 새로운 진단 용어, **성별 불쾌감**으로 대체되었다. 이 변경이 강조하는 바는 성 정체성 자체는 정신장애가 아니라는 것이다. 그러나 보다 더 중립적인 성별 불쾌감이라는 용어를 사용한다고 해서 논쟁이 가라앉을지는 미지수다. 일부의 사람들은 트랜스젠더 정체성을 지닌 사람이 겪는 고통은 그들의 성 정체성으로 인한 몸부림을 반영하는 것이 아니라, 오히려 자신들을 매도하고 깎아내리는 사회에 적응하면서 당면하는 어려움을 반영하는 것일지 모른다고 주장한다.

성 정체성을 인식하는 것이 갖는 함의를 정신질환이라는 렌즈를 통해서 보다 더 넓게 고찰해 보자. 성 개념은 문화 안에서 그리고 각 문화마다 다르며 같은 문화라 하더라도 시대에 따라서 다르다. 예를 들면, 한때는 고등교육은 특권을 가진 남성의 영역이라 인식되어서 여성이 우리 사회에서 박사 과정을 밟는 것이 금지되던 시절이 있었다. 그렇지만 오늘날에는 심리학 박사 프로그램을 포함하여, 수많은 대학원 및 전문대학원에서 여성이 다수를 구성하고 있다. 우리가 성 정체성에 관하여 만들어내는 대부분의 추정은 성이라는 것을 남성 아니면 여성이라는 이분법적이고, 상호 배타적인 범주로서 사회적으로 형성된 성에 그 바탕을 두고 있다. 그렇지만 이 추정은 전형적인 남성 혹은 여성 역할 또는 성 정체성에 들어맞지 않는 사람들을 사회적

(다음 쪽에 계속)

으로 인정하는 문화의 연구에 의해서 반론이 제기되고 있다. 이들 개인은 자신들의 사회에서 수용될 만한 역할을 갖고 있으며 장애가 있거나 혹은 위험인물로 여겨지지 않는다.

예를 들면, 1800년대 후반까지 줄곧 미국 대평원의 인디언들과 수많은 다른 서부 인디언 부족들은 자신과 반대되는 성의 전형적인 성 역할을 취하는 젊은 구성원들을 받아들였다(Carocci, 2009; Tafoya, 1996; Wade & Tavris, 1994). 현존하는 모국어의 과반수 이상에서 남성도 여성도 아닌 제3의 성을 타고난 개인을 서술하는 단어들이 있다. 토착 부족 구성원들은 인간은 남성과 여성의 요소를 모두 갖고 있다고 믿는다. 여러 부족에서 자신의 남성 영혼과 여성 영혼을 보다 높은 수준으로 통합해서 담아내는 사람들을 지칭할 때 두 개의 영혼(two-spirit)이라는 용어를 사용했다. 때때로, 두 개의 영혼인 사람은 부족에서 여성의 성 역할을 하는 생물학적 남성이지만 남성으로도 여성으로도 간주되지 않았다. 다른 한편으로 여성의 경우는 부족의 남성과 관련된 성 역할과 행동을 할 수 있었다. 이런 여성은 남성으로서 사춘기를 시작할 수 있었고 여성과의 결혼을 포함해서, 남성의 역할과 행동을 취할 수 있었다.

이러한 문화적 차이는 장애행동에 대한 판단을 내릴 때 문화적 맥락을 고려하는 것이 중요하다는 것을 강조한다. 각 문화에 걸쳐 목격하는 성 역할 및 정체성의 유연성을 감안하면, 우리는 트랜스젠더 정체성을 심리적 장애의 한 형태로 개념 잡는 것이 타당한지에 대한 의문을 제기하게 될지 모른다.

자신의 생물학적 성에 불만인 사람은 이례적이거나 혹은 대다수와 다른 것인지 모르겠지만, 그렇다고 해서 그들의 행위가 정신병의 한 형태임을 의미할까? 어쩌면, 그들이 겪는 정서적 고통은 사람들에게 두 가지 성 중 임의로 타고난 자신들의 한 가지 성 범주에 부합하도록 강요하고, 여기에 응하지 않는 사람을 매몰차게 위협하는 사회 속에서 받는 적대적인 처우의 결과이다. 현재의 진단 체계를 비판하는 이들은 트랜스젠더 아동이 겪는 고통의 상당 부분은 그들의 성 정체성 그 자체에서 오는 것이 아니라, 다른 어린이들과 잘 어울리지 못하는 어려움과 그들로부터 받아들여지지 못하는 데서 온다고 주장한다(Hausman, 2003).

트랜스젠더인 개인의 곤경은 레즈비언 및 게이의 곤경과 비교될 수 있다. 많은 레즈비언과 게이가 그들의 성적 지향과 관련해서 경험하는 고통의 원인은 그들이 보다 넓은 사회에서 마주치는 적대감과 비난 때문일 것이다. 이 관점에서 보면, 그들의 고통은 자신들의 성적 지향에 대한 내적 갈등의 직접적 결과가 아니라, 그들이 남들로부터 심지어는 사랑하는 이로부터 받는 부정적인 대우에 대한 이해할 만한 반응이다. 이와 비슷하게, 정신과 진단 체계에 대해 비판하는 사람들은 임상가들이 정신장애를 진단함에 있어 스스로의 성별에 대한 사람들의 불만족을 기준으로 사용하지 말 것을 주장한다. 오히려, 그들은 이례적인 성 정체성 유형을 지닌 사람들에게 정서적 고통을 유발하는 것은 성 정체성 그 자체가 아니라, 잘못된 대우라고 주장한다(Reid & Whitehead, 1992). 상호 배타적인 성 범주라고 하는 사회적 구성 개념이 없다면, 이 장애도 존재하지 않을 것이다. 시간이 지나면서 성적 지향에 대한 신념이 바뀐 것처럼, 어쩌면 인류가 트랜스젠더 개인에 대해 보다 더 관용하고, 성별 표현의 다양성에 대해 좀 더 공감한다면 우리는 성 정체성을 보다 더 유연하게 개념화할 수 있게 될 것이다. 이렇게 될 때까지는 의료/정신질환 그리고 트랜스젠더 공동체는 서로의 주장을 계속 이어 갈 것이다.

이 논점에 대해 비판적으로 사고하면서, 다음의 질문에 답하라.

- 당신은 어떤 사람이 자신의 생물학적 성에 불만족한 것을 이상행동으로 간주해야 한다고 믿는가? 아니면 성 표현의 한 변화라고 간주해야 한다고 믿는가? 당신의 대답을 설명하라.
- DSM 체계 속에서 성별 불쾌감 진단 항목은 바꿔야 하는가(그렇다면 어떻게?) 아니면 단순히 빼버려야 하는가? 설명하라.

성전환을 추구하는 남성은 약 3:1의 비율로 여성보다 많다(Spack, 2013). 남성으로의 성전환을 원하는 대부분의 사람들은 완전한 성전환 수술을 하려 하기보다는 우선 가슴의 지방 조직과 함께 자신들의 내성기(난소, 나팔관, 자궁)를 제거하고자 한다(Bockting & Fung, 2006). 테스토스테론(남성 호르몬) 요법은 근육량을 증가시키고 수염을 자라게 한다. 그렇지만, 인공 음경(penis)을 만드는 데 필요한 일련의 수술을 받는 남성으로의 성전환자는 극히 일부인데, 주된 이유는 만들어진 음경이 제대로 구실을 하지 못하고 수술 비용이 비싸기 때문이다. 그래서 대부분의 남성 성전환 트랜스젠더의 신체 변경은 자궁 절제술, 유방 절제술 그리고 테스토스테론 요법으로 국한된다(Bailey, 2003b).

트랜스젠더 정체성에 관한 이론적 관점

트랜스젠더 정체성의 기원은 여전히 분명치 않다. 정신역학 이론가들은 극단적으로 가까운 모자 관계, 부모와

무엇이 정상이고 무엇이 비정상인가? 성적인 행위 그리고 성적으로 관련된 행위의 영역에서 무엇이 정상이고 무엇이 비정상인지를 정의하려면 반드시 문화적 맥락이 고려되어야 한다. 이들 사진 속의 사람들은—그리고 그들이 자신들의 몸을 가리거나 혹은 노출한 방식들은—각각의 서로 다른 사회에서는 맞지 않는다.

10.3 트랜스젠더 정체성의 주요 이론적 관점을 기술한다.

의 관계 부재, 그리고 부재 중이거나 무심한 부친을 그 원인으로 지목한다(Stoller, 1969). 이러한 가족 환경은 어린 남성의 내면에서 모친의 정체성이 강하게 발전되도록 할 것이고, 이렇게 해서 기대되는 성 역할과 정체성의 반대로 이끌었을 것이다. 약하고, 무능력한 모친과 강한 남성적인 부친을 둔 소녀들은 어쩌면 전반적으로 그들의 부친과 동일시하고 자신이 '어린 남자'라는 심리적 느낌을 발달시킬 수도 있다.

학습 이론가도 소년의 경우 비슷하게 부친의 부재—즉 강력한 남성 역할 모델의 이용 불가능성(unavailability)을 지목한다. 현재의 자녀와는 다른 성별의 자녀를 원했기에 반대 성별을 오가는 옷과 놀이 유형을 강력하게 권장하는 부모 아래서 자란 어린이들은 자신의 반대 성에 연관된 성 정체성의 사회화 유형을 배우고 발전시킬 수도 있다.

그럼에도 불구하고, 정신역학 이론가와 학습 이론가들이 기술한 가족력의 유형을 가진 사람의 절대 다수에게서 트랜스젠더 정체성이 발생하지는 않았다. 아마도 심리사회적 영향이 생물학적 소인과 상호작용해서 트랜스젠더 정체성이 생겨나도록 영향을 준 경우일지도 모른다. 트랜스젠더 정체성을 지닌 수많은 성인이 아주 어릴 때부터 장난감, 게임 그리고 의류에 대해서 성 경계가 없는 선호도를 보였음을 우리는 알고 있다(Drummond et al., 2008; Zucker, 2005a, 2005b). 결정적인 조기의 학습 경험이 어떤 역할을 한다고 하면, 이 경험은 아마도 그들이 매우 어렸을 때 일어난 것이 틀림없다.

트랜스젠더인 일부 남성은 그들이 인형을 가지고 노는 것을 선호하고 주름 많은 드레스를 입는 것을 즐기고 거친 신체놀이를 싫어했던 어린 시절을 회상한다. 트랜스젠더인 일부 여성은 그들이 어렸을 때 드레스를 싫어했고 선머슴처럼 행동했다고 보고한다. 그들은 '남자애들의 놀이'를 하며 남자아이들이랑 노는 것을 더 좋아했다. 트랜스젠더인 여성은 트랜스젠더인 남성보다는 적응 시간이 조금 더 편했을 수 있는데, 왜냐하면 '선머슴'이 '계집애 같은 남자애'보다는 일반적으로 더 쉽게 받아들여지기 때문이다. 성인이 되었을 때조차도, 여성 성전환자는 남성 옷을 입고 약간 체격이 좋은 사람으로 '통'하는 것이, 건장한 남자가 거대한 여자로 통하는 것보다는 더 쉬울 것이다.

트랜스젠더 정체성이 생기는 것은 아마도 태아 성장기 동안 발달하는 뇌에 남성 호르몬이 영향을 준 결과일지 모른다(Diamond, 2011; Savic et al., 2010). 증거는 태아 성장기의 높은 테스토스테론 수준이 아동기의 보다 남성적인 놀이(즉, 거친 신체놀이에 대한 선호)와 연관되어 있음을 알려 준다(Auyeung et al., 2009). 우리는 임신 기간 중 내분비(호르몬의) 환경에서의 교란으로 인해 두뇌가 성 정체성과 관련해서 한 방향으로 분화하도록 이끄는 반면 성기 발달은 정상적으로 다른 방향으로 이끈다고 추측할 수 있다. 연구진들은 트랜스젠더인 사람들의 뇌에서 차이점을 발견하지만, 트랜스젠더 정체성이 생기는 데 있어 이 차이점이 무엇을 의미하는지는 추후에 판단할 문제로 남아 있다(Luders et al., 2009; Veale, Clarke, & Lomax, 2010). 중요하게도, 우리에게는 트랜스젠더 정체성의 발현을 설명할 수 있는 태아 성장기 동안의 호르몬 균형 이상의 직접적인 증거가 여전히 부족하다. 설사, 그러한 호르몬 요소가 입증된다 해도 이것이 단독 원인은 아닐 것이다.

요약하면, 트랜스젠더 정체성이 나타나도록 하는데는, 유전적이고 호르몬적인 영향이 어린 시절의 경험과 상호작용하여 그러한 기질을 만들어 냈을지 모른다(Glicksman, 2013). 그러나 트랜스젠더 정체성의 발현을 설명한다고 해서 우리가 성별 불쾌감을 결정하는 요소에 대해 직접적으로 알 수 있게 되는 것은 아니다. 트랜스젠더인 다수의 사람들은 성별 불쾌감 진단에 해당되지 않는데, 왜냐하면 그들에게는 진단기준을 충족시키는 데 필요한 일상 기능상의 장애라든가 심각한 고통의 증거가 전혀 보이지 않기 때문이다. 현재로서 우리에게는 트랜스젠더인 사람들을 성별 불쾌감으로 이끄는 그들 내면의 발현 궤적을 이해하는 데 필요한 지식 기반이 부족하다.

성기능 장애

성기능 장애(sexual dysfunctions)는 성적 흥미, 흥분 혹은 반응의 지속적인 문제다. 표 10.2는 이 장에서 살펴볼 성기능 장애의 개요를 제공한다.

> **10.4** 성기능 장애를 정의하고 성기능 장애의 세 가지 주요 범주와 각 유형 속의 구체적 장애들을 알아본다.

성기능 장애의 유병률

성적 문제는 전 세계적으로 광범위하게 보고되고 있다. 최근의 보고에 따르면 전 세계적으로 성인 여성의 경우 40~45%, 성인 남성의 경우 20~30%가 그들 삶의 어떤 시점에 성기능 장애를 경험하고 있다(Lewis et al., 2010). 구체적인 성적 문제의 형태에 따른 유병률 추정치가 표 10.2에 나타나 있다.

여성의 경우 섹스의 통증, 오르가즘에 이르지 못함, 그리고 성적 욕망의 결여에 관해서 주로 보고한다. 남성의 경우에는 너무 빨리 극치감에 이르는(조기 사정) 문제에 대해 더 많이 보고하고 있다. 우리는 표에서 제시된 성적 문제에 관한 보고가 의미하는 바가 어떤 심각한 문제가 보고되었다는 것이지 반드시 진단 가능한 장애가 있어야 함을 의미하는 것은 아님을 알아야 한다. 우리는 여전히 일반 사회에서 진단 가능한 성기능 장애의 기본 비율에 대한 명확한 증거가 부족하다.

성기능 장애. 성기능 장애의 서로 다른 유형은 무엇인가? 성적 문제를 겪는 사람들을 도울 수 있는 치료법은 무엇인가?

성기능 장애는 두 가지 일반 범주에 따라 분류될 수 있는데, 일생 동안의 장애 대 후천적으로 습득된 장애와 상황적 장애 대 일반적 장애다. 한 사람의 평생에 걸쳐 존재하는 성기능 장애의 경우를 **평생 성기능 장애**(lifelong dysfunctions)라고 부른다. **후천적으로 습득된 장애**는 정상적으로 기능하는 시기 다음에 시작한다. **상황적 장애**에는 어떤 상황(예: 배우자와 함께할 때)에서는 발생하지만 다른 상황(예: 연인 혹은 자위를 할 때)에서는 그렇지 않거나, 어떤 시점에는 발생하지만 다른 시점에는 발생하지 않는 경우를 말한다. 일반적인 성기능 장애는 성적 행위를 하는 모든 상황과 모든 시점에 발생한다.

성기능 장애가 광범위하게 퍼져 있다고 믿어짐에도 불구하고, 상대적으로 극소수의 사람만이 이 문제에 대한 치료법을 찾는다. 어쩌면 사람들은 유효한 치료를 받을 수 있다는 것을 모르거나, 혹은 어디에서 도움을 받을 수 있는지 모르거나, 성적인 어려움을 인정하는 것에 대해 오랜 세월 동안 부가되어 온 오명으로 인해 도움을 구하는 것을 단념하는지도 모른다.

성기능 장애의 유형

표 10.2에 나타나 있듯, 우리는 성기능 장애를 일반적으로 3개의 범주로 묶을 수 있다.

1. 성적 흥미, 욕망 혹은 흥분의 문제를 수반하는 장애
2. 극치감 반응의 문제를 수반하는 장애
3. (여성에게서) 성교 혹은 삽입 중 느끼는 고통을 수반

표 10.2
성기능 장애의 개요

장애 유형	유병률 근삿값	처방
성적 관심의 결여 혹은 성적 흥미 또는 흥분의 결여에 수반된 장애		
남성 성욕감퇴장애	연령대에 걸쳐 약 8~25%까지 분포하며, 연령대가 높은 남성들의 유병률이 더 높음	성행위에 대한 성적 흥미 혹은 성욕 결핍 혹은 결여
여성 성적 관심/흥분 장애	연령대에 걸쳐 약 10~55%까지 분포하며, 연령대가 높은 여성들의 유병률이 더 높음	성적 흥미 혹은 성 충동의 결핍 혹은 결여 그리고 성적 흥분을 얻거나 유지하는 문제
발기장애	연령대에 따라 큰 폭으로 변함, 40세 미만에서 1~10%까지 추정, 60대에서 20~40% 그리고 더 높은 연령대에서는 더 높음	성행위 도중 발기를 하거나 유지하는 어려움
극치감 반응이 제대로 이루어지지 않는 장애		
여성 극치감 장애	연구에 따라 10~42%	여성에서 극치감의 어려움
사정 지연	연구에 따라서 1% 미만에서 10%	남성에서 극치감 혹은 사정의 어려움
조기 사정	연구에 따라서 30%를 상회하는 남성이 빠른 사정 문제가 있으며, 1~2% 가량은 삽입 후 1분 이내에 사정한다고 보고함	남성에서 너무 일찍 절정(사정)에 도달
(여성들에서) 성교 혹은 삽입 중의 고통을 수반하는 장애		
생식기-골반의 통증/삽입 장애	연구마다 차이가 있지만, 북미 여성의 약 15% 가량이 성교 중 반복적인 통증을 보고한다.	성교 중 또는 삽입 시도 중의 통증 또는 성교나 삽입과 연관된 통증에 대한 두려움, 또는 삽입을 어렵게 하거나 고통스럽게 만드는 골반근의 긴장 혹은 조임

출처: 유병률은 세계적으로 가장 최신의 연구에 바탕을 둔 Lewis 등(2010)의 연구에서 얻었으며, *DSM-5*(APA, 2013)에 기초해서 갱신되었다.

주: 유병률은 해당 문제를 보고한 성인들의 비율을 반영하며 성기능 장애라고 임상적으로 진단된 것과는 일치하지 않을 수 있다. 성교통 그리고 너무 이른 절정감에 관한 보고는 직전 12개월 동안 성적으로 왕성했던 개인들을 바탕으로 했다.

하는 장애

성기능 장애라고 진단을 내릴 때, 임상가들은 반드시 그 문제가 약물 혹은 의약품 사용 때문이 아닌지, 다른 질병 때문은 아닌지, 파트너의 폭력 같은 관계의 심각한 스트레스 때문은 아닌지, 또는 다른 심각한 스트레스 요인 때문이 아닌지 판단해야 한다. 이 장애는 또한 심각한 수준의 개인적 스트레스 혹은 일상 기능의 손상을 야기해야 한다.

성적 흥미와 흥분장애 이 장애는 성적 흥미나 흥분의 결함을 수반한다. **남성 성욕감퇴장애**(male hypoactive sexual desire disorder, MHSDD)를 겪는 남성은 성적 행위에 대한 욕망이 있다고 해도 대단히 부족하거나 성적 혹은 성애적 생각이나 환상이 결여돼 있을 수 있다. 성욕의 결여는 남성보다 여성 사이에서 더 흔하다(Géonet, De Sutter, & Zech, 2012). 그럼에도 불구하고 보편적으로 받아들여지고 있는 '남성은 언제나 섹스를 갈구한다'는 생각은 근거 없는 믿음이다.

여성 성적 관심/흥분 장애(female sexual interest/arousal disorder, FSIAD)를 겪는 여성은 성적 흥미, 성충동, 혹은 성적 흥분이 결여되어 있거나 혹은 현저한 수준으로 감소된 것을 경험한다. 이 문제를 겪는 여성은 성적 흥분에 통상 동반되는 성적 즐거움 혹은 흥분의 느낌이 결여되어 있을 수 있다. 어쩌면 그들은 성적 흥미 혹은 즐거움을 거의 경험하지 못하거나 아예 경험하지 못할 수도 있다. 성적 흥미 또는 성충동 수준이 낮은 여성에 대한 한 연구를 보면 그들은 그 장애를 겪지 않는 여성보다 적극적인 섹스가 더 적고 성적 관계에 덜 만족한다는 것을 볼 수 있다(Leiblum et al., 2006).

임상가가 '정상'이라는 결정을 하는 데 반드시 성욕 수준을 그 기준으로 삼을 필요는 없다. 그들은 FSIAD를 진단할 때에 다양한 요소, 가령 환자의 생활방식(예: 어린 자녀와 씨름하는 부모라면 섹스에 대한 흥미를 일으킬 에너지가 부족할 수도 있다), 사회문화적 요소(사회적으로 엄격한 태도로 인해 성욕 혹은 성적 관심이 억눌릴 수도 있다), 관계의 질(관계에 문제가 있는 경우 섹스에 대한 흥미가 결여될 수 있다), 그리고 환자의 연령(성욕은 보통 나이가 들면서 쇠퇴한다)에 무게를 둘 수도 있다(McCarthy et al., 2006; West et al., 2008).

섹스 연구자들은 성기능 장애를 어떻게 정의해야 할지, 특히 여성의 경우 어떻게 해야 할지에 대한 논쟁을 지속하고 있다(Clay, 2009). 예를 들면, 일부 연구자들은 성욕이 결여된 여성에게 성기능 장애라는 꼬리표를 붙이는 것은 남성 중심의 연구 결과를 여성에게 강요하는 것이라고 주장한다(Bean, 2002). 또한 연구진들은 여성의 성기능 장애를 성욕의 결여 혹은 극치감에 도달하지 못하는 것을 바탕으로 진단할지 아니면 이러한 경험을 스트레스를 유발하는 것으로 인식하는 여성의 지각에 따라 진단해야 할지에 대해서도 논쟁한다(Clay, 2009). 두 파트너가 모두 섹스에 관심이 없다면 건강전문가들은 환자의 성욕이 결여된 것에 신경을 쓰게 되지 않는다는 것에 주의할 필요가 있다. 섹스에 관심이 적은 파트너가 있어서 성기능장애로 꼬리표가 붙을 때에야 전문가들은 신경을 쓰게 된다. 그러나 '정상적인' 것과 '이상이 있는' 성충동 혹은 성적 관심의 수준 사이 어디에 구분선을 그어야 할지에 대한 문제는 여전히 존재하게 된다.

남성의 성적 흥분 문제는 전형적으로 발기를 하지 못하거나 또는 성적 활동을 완전히 마치기에 충분할 만큼의 발기를 유지하지 못하는 형태를 띤다. 거의 모든 남성은 이따금씩 섹스 중에 발기를 하거나 혹은 유지하는 데 어려움을 겪을 때가 있다. 그러나 지속적으로 발기에 어려움을 겪는 남성은 **발기장애**(erectile disorder, ED)[**발기 부전**(erectile dysfunction)이라고도 함]로 진단될 수 있다. 이들은 발기를 하거나 혹은 성행위를 마칠 때까지 발기를 유지하는 데 어려움이 있거나, 혹은 효과적으로 사용할 만큼 단단하지 않다. 이를 진단하려면 이 문제가 약 6개월 혹은 그 이상 존재해야 하고, 성행위를 할 때마다 매번 혹은 거의 매번(약 75~100%) 발생해야 한다.

발기를 하고 유지하는 문제가 어쩌다가 생기는 것은 피로, 알코올 또는 새로운 파트너에 대한 불안 등과 같은 요소로 인해 충분히 있을 수 있는 일이다. 남성이 자신의 섹스 능력에 대해 걱정하면 할수록, 더욱더 잘할 수 있을까 하는 **수행불안**(performance anxiety)에 시달리기 쉽다. 앞으로 더 알아보겠지만, 수행불안은 반복되는 실패의 원인이 될 수 있고, 근심의 악순환이 되어 문제가 더 심화될 수 있다.

발기장애의 위험은 연령에 따라 증가한다(Alderman, 2009). 40~70대 연령 범위의 남성 중 거의 50%가량이 일정 정도의 발기장애를 경험한다(Saigal, 2004).

극치감 장애 극치감 혹은 성적 절정감은 골반 근육의 율동성 수축 운동의 결과로 나타나는 불수의(무조건) 반사이며 보통 강렬한 쾌감을 동반한다. 남자의 경우, 이러한 수축 운동은 정액의 분출을 동반한다. 극치감에 도달하는 것과 관련된 문제를 수반하는 장애 유형은 세 가지가 있는데, **여성 극치감 장애**(female orgasmic disorder), **사정 지연**(delayed ejaculation) 그리고 **조기 사정**[premature (early) ejaculation]이다. 진실 / 거짓

진실 또는 거짓

극치감은 반사 작용이다.

진실 사람들이 애쓴다고 혹은 강제한다고 극치감이 오는 것이 아니다. 그들은 또한 발기와 질의 윤활과 같은 다른 성적 반사 또한 억지로 강제할 수 없다. 이러한 반응을 강제하면 통상 역효과를 낳고 불안만 증가한다.

여성 극치감 장애와 사정 지연의 경우, (여성의 경우) 극치감 혹은 (남성의 경우) 사정에 이르는 것이 뚜렷하게 지연되거나 혹은 극치감이나 사정이 드물거나 없다. 이들 장애에 대한 진단을 내리려면 그 문제가 약 6개월 혹은 그 이상 존재하고, 그 증상이 심각한 수준의 정신적 고통(스트레스)을 야기하거나 성행위를 할 때마다 매번 혹은 거의 매번 발생할 것을(그리고 남자의 경우, 사정을 늦추고 싶어 하지 않았음을) 필요로 한다. 임상가들은 정상의 성적 반응에서 존재하는 광범위한 다양성을 고려하면서, 극치감에 도달하는 데 필요한 '충분한' 양과 형태의 자극이 있었는지에 대해 판단할 필요가 있다

(Ishak et al., 2010). 한 여성이 그녀의 파트너와 극치감에 이르지 못하는 것이 극치감 장애라기보다는 유효한 성적 자극의 부족 때문은 아닌가 살펴보아야 한다. 많은 여성은 예를 들면, 극치감에 이르려면 질내 삽입 중 (자신의 손 또는 파트너의 손으로) 클리토리스를 직접 자극해 주어야 한다. 이것을 이상한 것으로 간주하면 안 되는 것은 성애적으로 여성에게 가장 민감한 기관은 질이 아니라 클리토리스이기 때문이다.

DSM-5는 여성 극치감 장애에 극치감의 극치감이 급격히 줄어드는 경험을 한 여성의 경우를 포함하면서 이 기준을 확장시켰다. DSM-5의 입안자들은 극치감이란 '전부가 아니면 전무인' 경험이 아니고 여성 중 일부는 극치감의 강렬함의 정도가 약화되는데 이것이 그녀들에게는 문제가 될 수 있다고 주장한다.

사정 지연은 임상 문헌에서 거의 관심을 받지 못했다. 이 문제를 겪는 남성은 일반적으로 자위를 통해서 사정할 수는 있지만 파트너와의 성교 중에는 사정하는 데 어려움이 있거나, 사정을 하지 못한다. 이 장애는 비록 남성이 성행위를 더 오래하게 해주긴 하지만, 이런 경험은 보통 양측 파트너 모두에게 좌절감을 안겨 준다(Althof, 2012).

조기 사정은 질내 삽입 후 약 1분 내에 그리고 남성이 원하기 전에 사정이 일어나는 반복적인 행태로 특징된다(APA, 2013). 일부의 경우, 삽입 전 혹은 겨우 몇 번의 삽입 후 급속히 사정이 일어난다. 새로운 파트너와 함께 한 경우, 오랜만에 성적 접촉을 한 경우, 혹은 매우 흥분된 경우 등은 비정상으로 간주하지 않는다. 그 문제가 지속적인 문제가 되고 진단에서 제시하는 정신적 고통을 야기하는 경우에 해당된다.

성기-골반통증/삽입장애 이 장애는 질내 성교 또는 삽입 시 성적인 통증 그리고/또는 생식기나 골반의 통증을 겪는 여성에게 적용된다. 일부의 경우, 여성은 질내 성교 혹은 삽입 시도 중 생식기나 골반의 통증을 경험한다. 이 통증은 근본적인 임상 질환으로는 설명될 수가 없어서 어떤 심리적 요소를 지니는 것으로 믿어진다. 그러나 대부분은 아니더라도, 성교 중 통증의 많은 경우는, 윤활 작용이 충분치 않거나 또는 요로감염 등과 같이 근본적인 임상 질환을 추적해 볼 수 있기 때문에, 성교 혹은 삽입 중의 성교통이 정진 장애로 분류되어야 하는가에 대한 논란은 여전히 계속되고 있다(Binik, 2005; Spitzer, 2005; van Lankveld et al., 2010).

성기-골반통증/삽입장애(genito-pelvic pain/penetration disorder)의 일부 경우는 **질경련**(vaginismus)을 포함하는데, 이 증상은 질내 삽입을 시도할 때마다 질을 둘러싼 근육이 의지와 상관없이 수축해서 성교를 고통스럽게 하거나 불가능하게 만든다. 질경련은 임상 질환은 아니지만, 여성의 생식기에 음경을 접촉하면 질 근육계의 비자발적 경련을 일으켜서 삽입을 방해하거나 삽입을 시도할 때 통증을 유발하는 조건 반사다.

이론적 관점

10.5 성기능 장애에 관련된 원인 요소를 기술한다.

심리학적 · 생물학적 · 사회문화적 관점을 대변하는 요소들을 포함해서, 수많은 요소가 성기능 장애의 발생에 연관되어 있다.

심리학적 관점 성기능 장애를 바라보는 당대의 심리학적 주류의 관점은 근심, 성적 기술의 결여, 비이성적 믿음, 사건에 대해 인식된 원인 그리고 관계의 문제를 강조한다. 이제, 우리는 여러 가지 잠재적 원인 경로를 살펴본다.

신체적 또는 심리적으로 성적 경험과 관련하여 입은 정신적 외상(트라우마)은 성적 접촉을 흥분과 즐거움이 아닌 근심으로 이어지게 한다. 성적 트라우마 혹은 강간의 전력에서 비롯되는 조건화된 불안(conditioned anxiety)은 성적 흥분이나 극치감의 문제로 나타나거나 여성에게 삽입 시의 통증으로 이어진다(Colangelo & Keefe-Cooperman, 2012; Ishak et al., 2010). 성적으로 흥분하는 데 문제가 있는 여성은 또한 그들의 파트너를 향해 깊이 자리한 분노를 품고 분개하게 될 수 있다(Moore & Heiman, 2006). 섹스에 대해 잠재된 죄책감, 그리고 파트너의 효과적이지 못한 자극 또한 성적 흥분을 어렵게 하는 원인일 수 있다.

어릴 때의 성적 트라우마가 있는 경우 남성 혹은 여성이 친밀한 관계를 만들어 갈 때 성적으로 반응하는 것을 어렵게 만들 수 있다. 성적 트라우마의 과거가 있는 사람은 무력함, 해결되지 않은 분노 혹은 부적절한 죄책감의 홍수에 묻힐 수 있다. 또한 그들은 성적 관계를 맺으려 할 때 학대받은 경험이 생생히 떠오르면서, 이로 인해 성적으로 흥분되거나 극치감에 이르는 것이 방해받을 수 있다. 다른 심리학적 문제들 또한, 가령 우울증과 근심은 성적 흥미, 흥분 혹은 반응의 손상을 수반하는 성기능 장애를 야기할 수 있다(Laurent & Simons, 2009).

성기능 장애에서 근심의 또 다른 주요 형태는 **수행불안**(performance anxiety)인데, 이는 잘해낼 수 있는 능력에 대한 지나친 염려를 나타낸다. 수행불안은 사람들이 성적인 행위를 하면서 문제를 경험하고 그들의 능력을 의심하기 시작하면서 발생한다. 수행불안으로 고생하는 사람들은 섹스 중에 참여자라기보다는 관중이 된다. 그들의 관심은 그들의 신체가 성적인 자극에 어떻게 반응하느냐(혹은 반응하지 않느냐)에 집중된다. 그들은 자신들의 성애적 경험에 집중하기보다는 적절하게 해내지 못했을 때의 예견된 부정적인 결과에 대한 파괴적인 생각("그녀가 나를 어떻게 생각할까?")에 괴로워한다. 수행불안에 시달리는 남성은 발기 혹은 발기 유지에 어려움이 있거나 혹은 너무 일찍 사정해 버릴 수 있고, 여성은 충분히 흥분되지 못하거나 혹은 극치감에 이르는 데 어려움이 있을 수 있다(Althof et al., 2010; Goldstein et al., 2006). 악순환의 고리가 뒤를 이어서 각각의 실패 경험은 더 깊은 의심이 스며들게 하고, 이는 성적 접촉 동안 더 깊은 불안으로 이어지며, 이러한 실패는 계속해서 반복적으로 일어나게 된다. 이 악순환은 첨부된 그림에 나타나 있다(그림 10.1 참조)

서구 문화권에서는 남성의 성 역량과 스스로의 남성다움에 대한 자부심 사이에는 뿌리 깊은 연결고리가 있다. 성적으로 반복적으로 실패하는 남성은 자존감의 상처를 입을 것이고, 우울해지거나, 자신이 더는 남자도 아니라고 느낄 것이다. 그는 어쩌면 그가 살면서 이룬 다른 성취에도 불구하고, 그 자신을 완전한 실패자로 볼 수도 있다. 성적인 기회는 그의 남성다움에 대한 시험으로 여겨지므로, 그는 전력을 다해 발기를 위해 애를 씀으로써(발기되도록 강제하면서) 이 시험에 반응하려 할 것이다. 발기하려고 전력을 다하면 역효과가 날 수도 있는데 왜냐하면 발기는 강제할 수 없는 반사 작용이기 때문이다. 그가 사랑을 하려 할 때마다 자존감이 위태위태해져서 수행불안이 그의 발기를 가로막을 정도로 차오른다 해도 놀랄 일이 아니다. 발기 반사 작용은 자율 신경계의 부교감 신경에 의해 조절된다. 교감 신경 시스템의 활성화는 우리가 근심에 쌓이거나 스트레스를 받을 때 나타나는데, 발기 반사 작용이 일어나는 것을 막으면서, 부교감 신경의 조절을 차단할 수 있다. 사정은 이와 반대로 교감 신경의 통제 아래 있어서, 높은 수준으로 흥분되면, 수행불안의 경우에서와 마찬가지로 빠른 사정(조기 사정)을 촉발할 수 있다(Hellstrom et al., 2006; Janssen & Bancroft, 2006). 수행불안과 성기능 장애의 관계는 악순환이 될 수 있다.

> 발기부전으로 고통받는 한 의뢰인이 성적인 불충분함에 대한 그의 느낌을 이런 식으로 기술했습니다. 나는 나 자신을 증명해야 하는 시험대에 오른 것처럼 늘 열등감을 느꼈다. 마치 벽을 대하고 있는 느낌이었다. 이게 얼마나 당황스러운 것인지 당신은 상상할 수 없을 것이다. 이것은 마치 당신이 나체주의자 대회라 생각하고 관중들 앞을 걷고 있는데 알고 보니 턱시도 대회인 것과 같다.
>
> 저자의 파일에서

또 다른 의뢰인은 자신이 큰 대회를 앞두고 정신 대비를 하고 있었음에도 불구하고 어떻게 수행불안 때문에 성적 관계를 준비하게 되었는지를 기술했다.

'나' '불안으로 마비되었다'

직장에서, 나는 내가 하는 일을 장악하고 있다. 섹스와 관련해서, 나는 나의 성기를 장악하고 있지 못하다. 나는 내 손이 하는 것을 내 마음이 통제할 수 있다는 것을 안다. 그러나 이 사실이 내 음경에 대해서는 적용되지 않는다. 나는 섹스를 농구 게임으로 보기 시작했다. 나는 대학에서 경기를 하곤 했다. 내가 게임을 준비하고 있을 때면 나는 늘 생각했다. "내가 그 밤에 누구를 수비하고 있었지?" 나는, 이 친구를 어떻게 요리할지 내 머릿속에 그려 보면서 모든 가능한 움직임과 플레이를 생각하면서, 내 마음을 꿰뚫어 보려고 노력하였다. 나는 섹스에 대해서도 똑같이 시작했다. 내가 누군가와 데이트를 한다면, 나는 잠자리에서 무슨 일이 일어날지에 관해서 그 저녁 전체를 생각하였다. 나는 늘 그 결과를 준비했는데, 어떻게 그녀에게 접촉할 것인지, 그녀에게 무엇을 하자고 물을 것인지를 머릿속에 그리곤 했다. 그러나 항상 저녁 혹은 영화를 보는 내내, 내가 거시기를 발기시킬 수 없으리라는 걱정을 하였다. 나는 그녀의 얼굴을 그리고 그녀가 얼마나 실망할지 상상하는 상태로 있었다. 우리가 잠자리에 갈 즈음이면, 나는 불안으로 마비되었다.

— 저자의 파일에서

여성들 또한 마찬가지로 빈번하게 극치감이 있도록 극치감에 이르는 자신의 능력을 자존감과 동일시할 수도

그림 10.1 수행불안과 성기능 장애: 악순환 고리

있다. 그러나 남성과 여성이 자기 자신이 흥분하도록 또는 윤활 작용이 생기도록 애를 쓰거나 혹은 극치감을 강제할 때면, 그들은 노력하면 할수록 이런 반응들이 그들을 피해 가는 것을 알게 될 것이다. 몇 세대 전에는 섹스와 관련된 압박감은 보통 "내가 그랬어야 혹은 그렇지 않았어야 했을까?"라는 문제를 중심으로 돌아갔다. 그러나 오늘날 남성과 여성의 압박감은 흔히 극치감에 이르고 자신의 섹스 파트너의 성적 욕구를 충족시키는 것과 관련된 목표를 수행해 내는 데 더 바탕을 두고 있다.

성적인 성취는 또한 성적 기술에 대한 배움을 바탕으로 한다. 성적 기술이나 성적 역량은 다른 기술의 유형과 마찬가지로, 새로운 학습의 기회를 통해 습득된다. 우리

즐거움의 원천이 비참함의 근원이 될 때. 성기능 장애는 극심한 개인적 고통의 원천이 될 수도 있고 파트너 간의 마찰로 이어진다. 의사소통의 부족이 성기능 장애가 발현되고 지속되는 주요인이다.

는 우리 자신의 몸과 파트너의 몸이 성적으로 어떻게 다양한 방식으로 반응하는지를 파트너와의 시행착오를 포함한(자위에서처럼) 자기 탐험을 통해 배우고 성적 기법에 대해 읽음으로써 그리고 어쩌면 다른 사람에게 이야기하거나 도색 영화 혹은 비디오를 봄으로써 배울 수 있다. 그러나 성에 대해서 죄의식을 느끼도록 혹은 걱정하도록 양육된 어린이들은 성적 지식이 발전할 기회가 부족하기 때문에 성적인 만족을 얻기 위해 자신에게 필요한 자극의 형태에 대해 여전히 모르고 있을 수 있다. 그들은 또한 성적인 기회를 맞았을 때 흥분되고 즐겁게 반응하기보다 불안과 수치심으로 반응할 수 있다.

Albert Ellis(1977)와 같은 인지 이론가들은 잠재적인 비이성적인 믿음과 태도가 성기능 장애의 원인이 될 수 있다고 지적한다. 그러한 비이성적 믿음 두 가지를 고찰해 보자. (a) 우리는 항상 우리에게 중요한 모든 사람의 승인을 얻어야 한다. (b) 우리는 우리가 하는 모든 것에 대해 완전히 능숙해야 한다. 어쩌다가 남들이 실망하는 것을 우리가 받아들이지 못한다면, 우리는 성공적이지 못한 성적인 한 삽화(사건)를 대단히 중요한 최악의 상황으로 상정하게 될지도 모른다.

그런 일의 원인으로 인식된 것들과 관련해서 우리가 상황을 어떻게 평가하느냐 하는 것 또한 영향을 미친다. 발기장애의 원인을 상황("술을 많이 마셨지…." "피곤했어….") 탓으로 돌리기보다 자기 자신("내가 뭐가 잘못된 거지?")에게 돌린다면 앞으로의 성적 기능을 약화시킬 수 있다.

관계 문제 또한 성기능 장애의 원인이 될 수 있는데, 특히 분노와 갈등이 있는 관계일 때 그렇다(Fabrizi & Gambino, 2008; Moore & Heiman, 2006). 관계의 압박은 실직, 가족 위기 혹은 심각한 질병과 같은 다른 스트레스 가득한 일상의 사건들처럼 성욕에 큰 지장을 줄 수 있다(Heiman, 2008). 성적 관계의 질은 대개 관계 혹은 결혼생활의 다른 양상과 다르지 않다. 서로 상대방에 대해 분노를 품고 있는 커플은 섹스의 무대에서 다툼을 선택하게 된다. 의사소통의 문제는 나아가서 전반적인 결혼생활의 불만족과도 연결된다. 자신들의 성적 욕구를 대화로 소통하는 데 어려움을 느끼는 커플은 더 능숙한 연인이 되도록 서로를 도울 수 있는 방법이 부족할 수 있다.

다음 사례는 성적 흥분장애가 어떻게 관계 속의 문제와 연결되는지 보여 준다.

피트와 폴라의 사례

6개월간의 동거 후, 피트와 폴라는 결혼을 진지하게 고려하는 중이다. 그러나 한 가지 문제가 있어서 그들은 성 치료 클리닉을 찾았다. 폴라는 치료사에게 피트가 지난 두 달 동안 삽입 중 발기를 유지하지 못하고 있다고 설명한다. 피트는 26세로 변호사이고, 폴라는 24세로 대형 백화점의 바이어다. 그들은 모두 교외의 중산층 가정에서 자랐고, 서로의 친구를 통해 소개받았으며 교제 몇 달간 어려움 없이 성교를 시작했다. 폴라가 재촉해서 피트는 벌써 그렇게 해도 될지에 대한 확신 없이 그녀의 아파트로 이사를 했다. 일주일 후, 그는 파트너에게 강렬한 성적 욕구를 느낌에도 불구하고, 성교 도중 발기 상태를 유지하는 것이 어려워지기 시작했다. 그의 발기 상태가 약해지면 그는 다시 시도하였지만, 성욕을 잃고 다시 발기하지 못했다. 이와 같은 일이 몇 번 있은 후, 폴라는 피트의 가슴을 치고 그에게 소리칠 만큼 화를 내게 되었다. 91kg으로 체중이 폴라의 두

배인 피트는 그냥 걸어나가 버리고, 이것이 폴라를 더욱 화가 나게 했다. 성이 그들 관계에서 유일한 문제점이 아님이 분명해졌다. 폴라는 피트가 그의 친구들과 지내는 것을 더 좋아하고, 그녀와 함께 시간을 보내는 것보다 야구 게임을 더 좋아한다고 불평했다. 둘이 집에 있을 때면, 그는 텔레비전의 스포츠 경기에만 몰두하기 시작했고, 그녀가 좋아하는 활동—극장에서의 영화 관람, 박물관 관람—등에는 관심을 보이지 않았다. 성적 문제가 신체 장기의 문제 혹은 우울증 때문이라는 증거가 없었으므로, 남성 발기장애라는 진단이 내려졌다. 피트와 폴라 중 누구도 치료사에게 그들의 섹스 외적인 문제에 대해서 이야기하려 하지 않았다. 비록 성적인 문제는 Masters와 Johnson이 개발한 기법을 모델화한 성 치료 양식으로 성공적으로 치료되었고, 이 커플은 후에 결혼했지만, 피트의 양가감정은 계속되었고, 그 후로도 성적 문제들이 되풀이되었다.

— Spitzer et al., 1994, pp. 198–200

생물학적 관점 낮은 수준의 테스토스테론과 질병과 같은 생물학적 요인들이 성욕을 약화시키고 민감성을 감소시킬 수 있다. 남성 성호르몬인 테스토스테론은 남성과 여성 모두에게서 성욕과 성적 행동에 활력을 돋우는 데 있어 중추적 역할을 한다(Braunstein, 2007; Davis et al., 2008). 여성이 남성보다 양이 적기는 하지만, 남녀 모두 체내에서 테스토스테론을 만들어 낸다. 남성의 경우, 테스토스테론 생성의 감소는 성적 흥미와 행위의 감소로 이어질 수 있고 발기를 어렵게 할 수 있다(Maggi, 2012; Montorsi et al., 2010). 부신과 난소는 여성의 체내에서 테스토스테론이 만들어지는 부위이다(Buvat et al., 2010). 침습성 질환의 이유로 이들 기관을 외과적으로 절제한 여성들은 더 이상 테스토스테론을 만들어 내지 못하고 점차 성적 흥미를 잃어가거나 성적 반응 역량이 감소된다(Davis & Braunstein, 2012; Wierman et al., 2010). 우리는 또한 낮은 테스토스테론 수치가 특정 우울증의 사례로 이어진다는 증거를 가지고 있는데, 우울증은 성욕을 약화시킬 수 있다(Stephenson, 2008a). 그러나 일반적으로 성기능 장애를 겪는 사람들의 몸 속에 흐르는 성호르몬의 수준은 정상이다.

음경으로 가는 그리고 음경을 흐르는 혈류의 장애를 수반하는 심혈관 질환은 발기장애를 유발할 수 있는데—이 문제는 남성이 나이가 들면서 더욱 흔해진다(Miner et al., 2011). 발기장애는 심혈관 장애(심장 및 동맥 질환)와 공통의 위험 요인을 공유하기 때문에, 발기장애는 의료진이 의학적으로 평가해야 하는 기저의 심장 질환을 조기에 알리는 경고 사인이 된다(Alderman, 2009).

발기장애는 또한 (심혈관계 질환이 그러하듯) 비만인 남성 그리고 전립선 질환 및 요로 질환이 있는 남성과 관련이 있다(Shabsigh et al., 2005; Tan et al., 2012). 비만은 순환 계통의 문제와 연관이 있으므로, 비만이 발기장애(ED)와 연관이 있다고 해도 놀랄 일이 아니다. 희소식이 있는데, 비만인 사람이 체중을 감량하고 활동 수준을 높이면 발기 기능이 호전되는 것을 경험할 수 있다는 점이다(Esposito et al., 2004).

진성 당뇨병을 앓는 남성들 또한 발기장애의 위험성이 증가하는 상황에 놓여 있다(Eardley et al., 2010). 당뇨병은 혈관 및 신경에 손상을 입히는데, 음경을 지나는 혈관 및 신경도 포함된다. 발기장애를 겪는 남성은 발기장애가 없는 남성보다 두 배 이상 당뇨를 앓을 확률이 높다(Sun et al., 2006).

발기장애 및 사정 지연은 또한 다발성 경화증으로 인해 나타날 수 있는데, 이 질환은 신경세포가 신경 자극을 원만하게 전달하도록 촉진하는 보호막을 상실하게 되는 질환이다(Baranzini et al., 2010). 신경 손상의 다른 형태 즉, 만성 신부전증뿐만 아니라, 고혈압, 암 그리고 폐기종 또한 내분비 장애들이 테스토스테론의 생성을 압도할 수 있기 때문에 발기 반응을 악화시킨다(Buvat et al., 2010; Eardley et al., 2010; Koehler et al., 2012; Miner et al., 2011).

하버드 대학교 공중보건학과의 Eric Rimm(2000)이 수행한 2,000명의 남성들에 대한 중요한 연구에서 발기장애가 넓은 허리 둘레, 신체적인 운동 부족 그리고 과음(또는 술을 전혀 마시지 않거나)과 연관이 있음이 밝혀졌다. 이들 요소의 공통 연결고리는 아마도 높은 콜레스테롤 수치일 것이다. 콜레스테롤은 심장으로 향하는 혈류를 지연시키는 것과 똑같이 음경으로 향하는 혈류를 지연시킨다. 운동, 체중 감량 그리고 적절한 음주는 모두 콜레스테롤 수치를 낮추는 데 도움이 되지만, 우리는 금주자들이 발기 문제를 피하기 위해서 혹은 치료하기 위해서 음주를 시작하는 것을 권하지 않는다. 그러나 매사추세츠 남성 노화 연구(MMAS)의 연구 성과는 규칙적인 운동이 발기장애의 위험을 줄일 수 있음을 시사한다(Derby, 2000). 이 연구에서 하루에 3.2km가량을 빠른 속도록 매일 걸었을 때 도달할 수 있는 수치인, 200칼로리 혹은 그 이상을 신체 운동으로 소모한 남성은 자주 앉아 있는 남성보다 발기장애의 위험이 절반가량 낮았다. 운동은 아마도 동맥의 막힘을 예방하고, 음경으로 향하는 혈류가 잘 통하도록 혈관을 깨끗이 유지시켜 주는 것 같다. 진실 / 거짓

진실 또는 거짓

하루에 약 2시간가량 빠른 걸음으로 산책하면 남성의 발기장애 위험을 약 절반 정도 줄일 수 있다.

진실 최근의 연구 결과는 주로 앉아서 근무하는 사람이 하루에 약 2시간의 빠른 산책에 해당하는 수준의 운동을 하면 발기장애의 위험을 절반 정도로 줄여 준다는 것을 보여 주었다.

여성 또한 혈관장애나 신경장애가 발생하고, 이는 생식기의 혈류를 손상시켜서 윤활 작용과 성적 흥분을 감소시키고, 성교를 고통스럽게 만들며, 극치감에 이르는 능력을 감소시킨다. 남성과 마찬가지로, 이들 질환은 여성이 나이가 들면서 더 흔히 발생한다.

심리학적 요소에 대한 논의로 넘어가기 전에, 우리는 항우울제와 항정신병약을 포함한 처방약과 향정신성 약물이 발기 기능을 손상시킬 수 있고 극치감 장애를 유발할 수 있음을 언급할 필요가 있다(Olfson et al., 2005). (졸로프트 혹은 팍실 같은) 선택적 세로토닌 재흡수 억제제(SSRI) 항우울제를 사용하는 여성 세 명 중 약 한 명은 극치감 반응이 손상되거나 완전히 결여된 경험을 한다(Ishak et al., 2010). 발륨과 자낙스 같은 진정제는 남성 혹은 여성 모두에게서 극치감 장애를 유발할 수 있다. 고혈압과 혈중의 고콜레스테롤을 치료하는데 쓰이는 일부 의약품은 또한 발기 반응을 방해할 수 있다. 진실 / 거짓

진실 또는 거짓

항우울증제를 사용하면 극치감 민감성에 영향을 줄 수 있다.

진실 SSRI- 유형의 항우울증제는 극치감 민감성을 손상시킬 수 있다.

알코올, 헤로인, 모르핀과 같은 억제제 약물들은 성욕을 감퇴시킬 수 있고 성적 흥분을 손상시킬 수 있다. 헤로인과 같은 마취제는 테스토스테론의 생성을 억제해서 성욕을 감소시킬 수 있고 이는 발기 실패로 이어진다. 정기적으로 코카인을 사용하면 남성과 여성 모두에게서 성욕감퇴가 일어나고, 남성에게서 발기장애 혹은 사정 지연이 유발될 수 있다. 일부 사람들은 코카인을 처음 사용했을 때 성적 쾌감이 증가했다고 보고하지만, 반복적으로 사용하면 성적 흥분을 약물에 의존하게 되고, 오랜 기간 사용하면 성적 쾌감이 줄어들게 된다.

사회문화적 관점 20세기로 들어설 무렵, 어느 영국 여성은 남편이 그녀에게 결혼생활의 의무를 실행하려고 다가오면 '두 눈을 감고 영국을 생각'하곤 했다고 전해진다. 이 구식의 고정관념이 시사하는 바는 성적 즐거움이 한때는 남성의 배타적 전유물—즉, 섹스는 여성에게는 주로 의무였다는 것이다. 엄마는 딸이 결혼하기 전에 보통 부부관계의 의무를 알려 주었고, 딸은 섹스를 그저 여성이 다른 사람의 욕구에 서비스하는 한 방식으로만 처리했다. 여성의 성생활에 대해 그러한 고정관념적 태도를 품은 여성은 자신의 성적 잠재력을 알아차리기 어렵다. 게다가, 성적인 불안감은 부정적인 예상을 자기 충족적 예언으로 바꿀지 모른다. 남성의 성기능 장애 또한 극단적으로 엄격한 사회문화적 신념과 성적 금기와 연결되어 있을 수 있다. 성생활에 대한 다른 부정적인 신념, 가령 출산 연령을 지난 나이 든 성인의 성욕은 부적절하다는 믿음과 같은 것이 성욕을 방해할 수 있다(Géonet, De Sutter, & Zech, 2012).

우리의 동료 심리학자인 Rafael Javier(1993)는 많은 히스패닉 문화에서의 이상인 **마리아니즈모**(marianismo)라는 성처녀 마리아(Virgin Mary)에서 유래한 이름의 고정관념에 주목한다. 사회문화적 관점에서 볼 때, 이상적인 고결한 여자는 자신의 욕구와 욕망을 자신의 남편과 자녀들에게 깊이 감추면서 '조용히 감수한다.' 그녀는 심지어 그녀 자신의 고통이나 좌절에 직면해서도 기쁨을 제공하는 존재이다. 이런 고정관념적인 기대를 받아들인 여성들이 성적 희열을 바라는 스스로의 욕구를 주장하기 어렵다는 것을 알고 성적으로 반응이 없도록 됨으로써 이 사회적 이상에 대한 저항을 표현할지도 모른다.

사회문화적 요소들은 발기장애에도 중요한 역할을 한다. 조사원들은 여성들 사이의 혼전 정사, 결혼생활 중의 정사 그리고 혼외정사에 대해서 보다 더 엄격한 성적 태도를 취하는 문화에서 발기장애가 현저히 더 많음을 발견하였다(Welch & Kartub, 1978). 이런 문화 속에서 남성은 성적 활동을 방해하는 성적 불안 혹은 죄책감을 갖기 쉽다.

인도에서는, 정액의 손실을 남성의 생명력을 고갈시키는 것과 연결함으로써 **딧 증후군**(dhat syndrome), 즉 정액 손실에 대한 비이성적인 두려움이 자라나는 기저를 이룬다(6장에서 논의된). 이 질환을 겪는 남성들은 이따금씩 그들의 소중한 정액을 낭비하는 것에 대한 두려움

이 성적 활동을 수행하는 능력을 방해해서 발기장애가 발생한다(Shukla & Singh, 2000).

성기능 장애의 치료

10.6 성기능 장애를 치료하는 데 사용되는 방법들을 기술한다.

1960년대에 유명한 성 연구자인 William Masters와 Virginia Johnson의 획기적인 연구가 있기 전까지, 대부분의 성기능 장애에 대한 효과적인 치료법이 없었다. 정신분석은 성기능 장애에 간접적으로 접근했다. 성기능 장애는 잠재적인 갈등을 표현하는 것이라고 추정되었고, 따라서 치료법은 정신분석을 통해서 그러한 갈등을 해결하는 데 초점을 맞추었다. 이 접근법의 효능감에 대한 증거가 부족하다는 것이 보다 더 직접적으로 성적 문제에 초점을 맞추는 방법론의 발달로 이어졌다.

현대 대다수 치료전문가들은 커플의 성적 상호작용을 직접적으로 교정함으로써 성적 기능장애를 치료할 수 있다고 상정한다. Masters와 Johnson(1970)을 선두로 성 치료법은 개인이 자신의 성적 역량(성적 지식과 기술)을 확대시키고 수행불안 감소를 위한 간략한 치료 양식으로 인지행동 기법을 사용한다. 비록 오늘날의 치료사들이 Masters와 Johnson의 기법을 엄격히 고수하지는 않겠지만, 지금도 이들의 많은 치료 기법이 사용되고 있다(Althof, 2010). 가능한 경우, 양 파트너가 모두 치료에 참여한다. 그러나 일부의 경우에서는 개인 치료가 더 낫다.

Masters와 Johnson, 성기능 장애 치료사

구체적인 이 방법론을 고찰하기 전에 우리가 언급하고자 하는 것은, 성적 문제는 종종 문제가 많은 관계의 맥락 속에 끼어 있기 있기 때문에, 치료전문가들 또한 커플이 서로의 관계 속에서 힘을 공유하고, 의사소통 기술을 개선하고, 다름에 대해 협상하도록 돕기 위해 부부치료를 사용할 수도 있으리라는 점이다(Coyle, 2006; McCarthy, Ginsberg, & Fucito, 2006).

지난 25년 사이에 성기능 장애의 치료법에서 중대한 변화가 일어났다. 오늘날, 성적 문제의 발현에서 생물학적 혹은 기질적 요소를 강조하며, 남성 성기능 장애를 치료하는데, 실데나필(비아그라)과 같은 약물처럼, 의학적 치료가 더 강조되고 있다. 발기 약물은 이제 대단히 대중적인 것이 되어서 제약업자들에게는 50억 달러의 수입원으로 대변되고 있으며 수천만 명의 남성들이 사용하고 있다(Wilson, 2011). 이제 구체적인 장애 유형에 대한 더 보편적인 몇몇 치료 기법을 살펴보자.

낮은 성충동 또는 성욕 성 치료전문가는 성욕이 저조한 사람을 돕기 위해서 성적 환상과 함께 자기-자극(자위) 운동을 통해 성욕에 불을 붙이려 노력할 것이다. 커플을 상대로 치료할 때는, 치료사는 해당 커플이 집에서 할 수 있는 서로를 즐겁게 하는 활동을 처방하거나 그들의 성생활에 참신함과 흥미진진함을 더할 수 있게끔 섹스 레퍼토리를 확장시키도록 북돋는다. 성욕이 부족한 이유가 우울증 때문이라면, 치료는 기저에 놓인 우울증을 치료하는 데 초점을 맞춘다. 커플을 함께 치료하는 것은 성욕이 부족하게 만들었을지 모를 관계의 문제를 풀어내기 위함일 것이다(Carvalho & Nobre, 2012). 성욕 혹은 성적 흥미가 낮은 문제의 원인이 깊숙이 자리 잡은 이유에서 뻗어 나온 경우, 일부 성 치료사들은 잠재된 문제를 밝히고 해결하도록 돕기 위해서 통찰력-지향의(정신역학의) 접근법을 사용한다.

성욕이 저조한 일부의 경우는 호르몬 부족, 특히 남성 성호르몬인 테스토스테론의 결핍과 연관이 있다. 피부에 붙여 호르몬을 투여하는 테스토스테론 겔 패치는 사용하면 테스토스테론 수치가 비정상적으로 낮은 남성에게서 성욕과 성 기능이 향상될 수 있다(Buvat et al., 2010; Granata et al., 2012; Montorsi et al., 2010). 테스토스테론 치료 요법은 간 손상과 전립선 암의 가능성 등의 잠재적으로 심각한 합병증을 유발할 수 있으므로 매우 신중히 처방해야 한다. 테스토스테론 치료 요법의 장기 안전성은 충분히 확정된 바가 없다(Heiman, 2008).

테스토스테론은 또한 성욕이 저조한 폐경기의 여성에게서 성적 충동과 흥미를 끌어올리는 데 도움을 주지만 폐경 전의 여성에게 효과가 있는지는 여전히 불분명하다(Brotto et al., 2010; Kingsberg, 2010). 그러나 장기간의 테스토스테론 치료 요법이 여성들의 유방암과 기타 임상 질환에 미치는 영향에 대해서는 알려진 바가 없기 때문에, 테스토스테론 치료법을 찾는 여성들은 그들의 임상 치료 제공자들과의 상담을 통해 잠재적 위험 및 효과를 가늠해 볼 필요가 있다. 이들 호르몬 치료법은 또한 수염과 여드름이 자라게 할 수도 있다.

성적 흥분장애 성적 흥분은 혈액이 음부에 몰리면서 이루어지며, 남성을 발기시키고 여성의 질에 윤활 작용을 한다. 혈류의 이러한 변화는 성적 자극에 대한 반사적 반응으로 일어나는 것이라 의지로 조절할 수 있는 일이 아니다. 성적으로 흥분하는 데 어려움이 있는 여성과 발기 문제를 겪는 남성은 가장 먼저 그들이 흥분하기 위해서 아무것도 '할' 필요가 없다는 사실을 배워야 한다. 그들의 문제가 기질적인 것이 아닌 심리학적인 문제인 한 그들은 그저 그들을 괴롭히는 생각과 불안이 반사적 반응을 방해하지 않게끔, 느긋하고 압박감이 없는 상태로 성적 자극에 스스로를 열어 두기만 하면 된다.

Masters와 Johnson은 한 커플을 대상으로 **감각 집중 훈련**(sensate focus exercises)을 함으로써 수행불안에 대응하도록 하였다. 이 훈련은 성적 접촉을 필요로 하지 않는—질의 윤활 작용이라든가 발기 형태의 성적 흥분을 필요로 하지 않는—오감 훈련이다. 파트너들은 성기를 만지지 않고 서로를 마사지하기 시작한다. 파트너들은 말로 해서 알려 주고 따르면서, 서로의 손을 이끌어 주면서 서로를 '즐겁게' 해주고 '즐거워지는' 법을 배운다. 이 방법은 의사소통과 성적 기술을 동시에 촉진하며 성적 흥분을 필요로 하지 않기 때문에 불안감을 물러나게 해 준다. 여러 회의 강습을 거친 후, 즐겁게 해주는 것에 성기의 직접 마사지가 포함된다. 성적 흥분의 신호(윤활 혹은 발기)가 분명하게 나타났다 하더라도, 성교로 돌입해서는 안 된다. 왜냐하면 성교는 수행 요구사항(performance demand)을 만들어 낼 수도 있기 때문이다. 흥분이 지속적으로 이루어지고 난 다음에, 커플은 편안한 다른 성적 행위의 순서를 밟아 나가면서 결국 성교에 이른다.

발기장애를 겪는 개인들을 성 치료 기법을 이용해 치료했을 때의 성공률은 가변적이며, 여전히 우리에게는 치료 기법의 전체적인 효과를 뒷받침할 심도 있는 방법론적 연구들이 부족하다(Binik & Meana, 2009; Leiblum & Rosen, 2000). 사례는 발기장애를 치료하기 위한 성 치료 기법을 보여 준다.

빅터: 발기장애 사례

44세의 바이올리니스트인 빅터는 순회공연에 대하여 치료사가 작성한 검토 서류를 몹시도 보고 싶어 했다. 유명한 오케스트라의 솔로 바이올리니스트로서 빅터의 삶은 연습, 공연 그리고 치료사가 검토한 서류를 읽어 보는 것을 중심으로 돌아갔다. 그는 그의 화려한 기법과 연주의 열정으로 관중들을 눈부시게 했다. 공연 음악가이기 때문에 빅터는 그의 몸, 특히 손을 정교하게 잘 다룰 줄 알았다. 그런데 그는 그의 발기 반응만큼은 똑같은 방식으로 다룰 수가 없었다. 7년 전 이혼한 이후로, 빅터는 반복적인 발기 실패로 고통받아 왔다. 몇 번이고 계속해서 그는 새로운 관계를 맺곤 했으나 성적으로 잘해낼 수 없다는 것을 확인할 뿐이었다. 되풀이되는 것이 두려워서 그는 관계를 단절하곤 했다. 그는 오직 한 명의 관중을 마주할 수가 없었다. 한동안 그는 건성으로 만남을 가졌는데, 그때 그는 미셸을 만났다.

미셸은 음악을 사랑하는 작가였다. 음악가인 빅터는 문학을 사랑했기 때문에 이들은 환상의 궁합이었다. 35세의 이혼녀인 미셸은 자극적이고, 저속하고 관능적이며 솔직했다. 이들은 곧 뗄래야 뗄 수 없는 사이가 되었다. 그녀가 글—주로 시를 썼지만 짤막한 잡지 기고글도 썼다—을 쓰는 동안 그는 연습을 하곤 했다. 빅터가 만났던 바르톡으로 시작해서 바흐를 알지 못하던 일부 여자들과 달리 미셸은 뉴욕의 유명한 레스토랑인 사르디에서 저녁 식사 늦게까지 빅터의 친구와 동료 음악가들과 함께 대화하는 자리에서 자기 자신의 음악적 입장을 견지하였다. 그들은 각자의 아파트를 소유했는데, 이는 빅터가 연습을 위한 자기만의 공간을 필요로 했기 때문이다.

그들이 교제한 9개월간, 빅터는 그에게 가장 문제가 되었던 무대—덮개 있는 그의 침대—에서 제대로 수행할 수가 없었다. 이것은 그가, "나는 발기가 되었으나 그다음 삽입하려고 접근하는 순간, 펑! 그것이 내 위로 주저앉았습니다."라고 말할 정도의 좌절이었다. 야행성의 발기 그리고 가벼운 애무 중의 발기라고 하는 빅터의 이력은 그가 기본적으로 수행불안에 시달리고 있음을 시사한다. 그는 마치 고난도의 바이올린 작품에 대한 운지법을 배우기 위해 노력하듯이, 발기를 하기 위해서 전력을 다하고 있었다. 매일 밤 빅터는 자기 자신의 가장 신랄한 비평가 역할을 하는 연주자가 되었다. 그의 파트너에게 집중하기보다 그의 관심은 자신의 성기 크기에 고정되었다. 위대한 피아니스트인 고 블라디미르 호로비츠가 언급했듯이, 피아니스트가 할 수 있는 최악의 실수는 자신의 손가락을 바라보는 것이다. 아마도, 발기 문제를 겪는 남자들이 할 수 있는 최악의 것은 자신의 성기를 바라보는 것이리라.

불안, 발기 실패, 그리고 더 깊은 불안의 악순환을 깨뜨리고자 빅터와 미셸은 Masters와 Johnson의 치료 요법을 거울삼아 만든 성 치료 프로그램(Rathus & Nevid, 1977)을 따랐다. 목표는 성행위의 즐거움을 회복하고, 불안에서 해방되는 것이었다. 두 사람은 처음에 빅터를 수행불안에 대한 압박감으로부터 자유롭게 해주기 위해서 성교 시도를 자제하라는 지침을 받았다. 커플은 일련의 단계를 거치며 나아갔다.

1. 두 사람이 함께, 독서를 한다던가 텔레비전을 시청할 때, 서로 만지지 않고 알몸으로 편안하게 있기.
2. 감각 집중 훈련(sensate focus exercises)
3. 극치감에 이르도록 서로 손으로 혹은 입으로 성기를 애무
4. 요구사항 없는 성교(남자가 그의 파트너를 만족시켜야 한다는 어떠한 압박감도 없이 하는 성교). 남자는 그다음 그의 파트너가 극치감에 이를 수 있도록 손으로 혹은 입으로 애무해 줄 수 있을 것이다.
5. 적극적인 성교(서로의 만족감에 주안점을 둔 보다 격렬한 삽입과 선택 가능한 체위 혹은 기법을 수반하는 성교) 재개. 해당 커플은 어쩌다 일어날 수 있는 문제에 대해 최악의 상상을 하지 않도록 지시를 받았다.

치료 프로그램은 빅터가 그의 발기장애를 극복하도록 도움을 주었다. 빅터는 명령에 따라 발기를 해서 그 자신을 증명해야 할 필요로부터 자유로워졌다. 그는 비평가로서의 지위를 내려놓았다. 잠자리에 대한 스포트라이트가 한 번 사라지자, 그는 관중이 아닌 참여자가 되었다.

— 저자의 파일에서

극치감 장애 극치감 장애가 있는 여성은 성이란 더럽고 죄악스런 것이라는 내재된 믿음을 흔히 품고 있다. 그들은 자신의 몸을 만지지 않도록 배웠을 것이다. 그들은 성에 대해 불안해하며, 시행착오를 통해서 어떤 종류의 성적 자극이 자신들을 흥분시키고 극치감에 이르도록 하는지 배우지를 못했다. 이런 경우의 치료법은 성에 대한 부정적인 태도의 교정을 포함한다. 극치감 장애가 파트너에 대한 그녀의 느낌 또는 파트너와의 관계를 반영할 때는 치료법은 그 관계를 강화하는 것을 포함한다.

어떤 경우든 간에, Masters와 Johnson은 커플로 치료하면서 수행불안을 줄여 주기 위해 오감 집중 훈련을 하고, 의사소통의 통로를 열고, 해당 커플이 성적 기술을 습득하도록 돕는 것을 선호한다. 여성은 자신의 파트너가 자신을 자극하는 애무와 기술을 사용하도록 이끈다. 책임을 맡음으로써 여성은 고정관념에 사로잡힌 수동적이고 복종적인 여성의 역할로부터 심리적으로 자유로워진다.

Masters와 Johnson은 여성 극치감 장애인 경우 커플로 치료하는 것을 선호하지만, 다른 치료 전문가들은 여성이 개인적으로 자위를 연습하도록 지도함으로써 여성 한 명만 따로 치료하는 것을 선호한다. 지시받은 자위는 여성이 자신의 속도에 맞춰 자신의 몸에 대해 배울 수 있는 기회를 주게 되므로 70~90%의 성공률을 보인다(Leiblum & Rosen, 2000). 이는 여자들이 파트너에게 의존하거나 혹은 파트너를 즐겁게 해야 한다는 필요로부터 자유롭게 해 준다. 여성이 일단 극치감에 이르도록 믿을 만하게 자위를 할 수 있다면, 커플 지향의 치료는 파트너와 극치감에 이르도록 훈련하는 것을 촉진할 수 있다.

사정 지연은 임상 문헌에서 거의 관심을 받지 못했으나, 공포, 불안, 적개심 그리고 관계의 어려움과 같은 요소들을 수반할지 모른다(Rowland et al., 2010) 내재된 기질적 문제를 가로막는 표준 치료법은 성적 자극을 증진시키고, 수행불안을 감소시키는 것에 초점을 맞춘다(Althof, 2012; Leiblum & Rosen, 2000).

조기 사정를 치료하기 위해 널리 사용되는 행동적 접

근법은 멈췄다가 출발하기 혹은 멈췄다가 가기 기법으로도 불리는데, James Semans라는 아주 흥미로운 이름의 비뇨기과 전문의에 의해 도입되었다. 파트너는 남성이 사정에 임박했을 때 성적 행위를 잠시 중단하고 그의 감각이 가라앉았을 때 다시 재개한다. 이를 반복적으로 훈련하면 남자는 사정 반사 작용이 일어나기 전의 신호에 대해 민감해짐으로써, 자신의 사정이 촉발되는 시점인 '돌이킬 수 없는 시점'에 대해 보다 더 잘 인식하도록 함으로써, 사정을 조절할 수 있게 해 준다. 치료사는 멈췄다가 출발하기 방법의 성공 수준이 높다고 보고하지만, 재발률이 높은 경향이 있다(Segraves & Althof, 1998).

성기 통증장애 고통스런 성교를 치료할 때는 고통을 유발할 수 있는 요로 감염과 같은 어떤 내재된 신체적 질환이 있는지를 판단하고 치료하기 위한 의료적 관여를 필요로 한다(van Lankveld et al., 2010). 질경련이 통증의 원인이라면, 질경련에 대한 심리학적 치료가 고통을 줄이는 데 도움이 될 것이다.

질경련은 질 입구의 자동적인 수축을 수반하는 조건반사이다. 이는 임상적 질환이라기보다는 심리학적 근간에 기반한 삽입의 두려움을 나타낸다. 질경련의 치료에는 여성이 편안한 상태로 머물면서 질 속으로 손가락 혹은 플라스틱 확장봉을 몇 주간에 걸쳐 그 크기를 점점 크게 하면서 삽입하는 과정을 갖도록 함으로써 질 근육 조직이 삽입에 둔감해지도록 하는 이완 기법과 점진적 노출기법을 포함한 행동적 방법론의 조합을 포함한다(Reissing, 2012; ter Kuile et al., 2009). 비록 치료사가 종종 점진적 노출법의 좋은 결과를 보고하기는 하지만, 우리는 이의 효과성을 점검하는 통제된 연구 시도를 통해 확보한 충분한 증거가 부족하다(van Lankveld et al., 2010). 성적 고통 혹은 질경련을 겪는 수많은 여성들이 강간 혹은 성적 학대를 당한 전력이 있기 때문에, 트라우마의 심리적 결과를 다룰 치료 프로그램에 심리치료가 포함될 수 있다.

성기능 장애의 생물학적 치료 발기장애는 흔히 기질적 원인에서 비롯되므로, 그 치료가 점차 의료적 치료가 된다 해도 놀랄 일이 아니다.

남녀 모두의 성적 흥분은 성기에 혈액이 몰리면서 일어난다. 비아그라와 시알리스 등과 같은 음경에 혈류를 증가시키는 약제는 발기장애를 겪는 남성이 보다 안정적으로 발기할 수 있도록 하는 데 있어 안전하고 효율적이다(Lue et al., 2010; Qaseem et al., 2009). 그러나 여러 증거들이 비아그라와 같은 약제와 함께 심리치료를 결합하면 약제만 사용했을 때보다 더 효과가 좋을 수 있음을 보여 준다(Aubin et al., 2009). 알약을 삼키는 것이 효과가 없다면, 음경이 혈류를 증가시키는 약물을 음경에 직접 주사한다든가 음경 펌프처럼 작동하는 진공 발기 장치와 같은 대안적 방법이 보다 더 유용할 수 있다(Alderman, 2009; Montorsi et al., 2010).

연구원들은 여성 성기능 장애를 치료하기 위해, 비아그라와 같은 발기장애 치료 약물의 사용을 포함한 생의학적 치료법을 연구하고 있다. 극치감 장애를 겪는 여성에 대한 이러한 약제의 효과에 대한 연구는 엇갈린 결과를 나타내지만, 일부의 경우에는 도움이 될 수도 있다(Ishak et al., 2010).

이미 언급되었듯, 남성 성호르몬인 테스토스테론은 성욕 혹은 흥미가 감소된 남성 그리고 폐경 전의 여성의 성욕을 증가시킬 수 있다. 그러나 우리는 성욕이 낮은 모든 경우에 대해 호르몬 치료를 해야 한다고 생각하지는 않는다. 선두의 어느 성 건강 전문가가 말하듯, "… 어떤 여성이 만약 그녀의 배우자와 있는 것이 불행하다면, 아무리 많은 테스토스테론이라도 그것을 고칠 수는 없다"(Clay, 2009, p. 34). 성욕의 문제는 단독으로 다루어져서는 안 될 것이며 심리학적, 문화적 그리고 대인관계의 맥락을 고려하는 보다 넓은 맥락에서 다루어져야 한다(Leiblum, 2010a). 가령, 성욕의 결함이 관계의 문제를 반영할 수도 있는데, 이런 경우 부부치료는 관계 자체에 집중하는 데 이용되어야 한다. 현재 상태 그대로, 성욕 문제의 치료는 훨씬 더 복잡하며 다른 형태의 성기능 장애의 치료보다 효과가 적다(LoPiccolo, 2011).

혈관이 막혀서 음경으로 향하는 혈류를 막는다든가 혹은 음경에 구조적인 결함이 있는 매우 드문 경우에는 수술이 효율적일 수도 있다. 항우울제인 프로작(Prozac: fluoxetine), 팍실(Paxil: paroxetine), 졸로프트(sertraline: Zoloft) 등의 SSRI(세로토닌 재흡수 억제제)는 신경전달물질인 세로토닌의 활동을 증가시킴으로써 작용한다. 뇌에서 세로토닌의 활용 가능성이 늘어나면 사정을 지연시키는 부작용이 일어나는데, 이는 조기 사정 문제를 겪는 남성에게 도움이 될 수 있다(Mohee & Eardley, 2011; Rowland et al., 2010; Waldinger, 2011).

성기능 장애에 대한 임상적 치료는 대단히 기대할 만하지만, 어떠한 약제나 생역학 장치도 관계의 질을 강화하지는 못한다. 개인이 자신의 파트너와 심각한 관계의 문제를 겪고 있다면 약을 복용하거나 크림을 바르는 것으로 그들의 문제가 해결될 것 같지는 않다. 결론적으로 심리학적 혹은 생물학적 접근법을 통해 성기능 장애를 치료했을 때의 성공률에 대한 보고는 상당히 고무적인데, 특히 몇 세대 전만 해도 효율적인 치료법이 없었다는 것을 기억할 때 더 그렇다.

변태성욕장애

10.7 변태성욕을 정의하고 변태성욕장애의 주요 형태를 알아낸다.

변태성욕이라는 말은, '~의 옆으로'라는 의미의 그리스어인 *para*와 '사랑하는 것'을 뜻하는 *philos*에서 나왔다. **변태성욕**(paraphilia)인 사람들은 (정상적으로 흥분시키는 자극들의 '옆으로') 비전형적인 자극에 반응하는 성적 흥분('사랑하는 것')을 수반하는 특이하거나 이례적인 형태의 성적 끌림(attraction)을 갖고 있다. 이들 이례적인 성적 흥분의 유형은 사람들로부터 일탈적이거나(deviant), 엽기적이거나(bizarre), 또는 '변태적(kinky)'이라는 꼬리표가 붙을 수 있다. 변태성욕은 6개월 혹은 그 이상의 환상, 충동 혹은 (충동에 따라 행동하는) 행위에서 보여지듯 이례적인 자극에 대한 강력하고 반복적인 성적 흥분을 수반한다. 이례적인 자극의 범위는 속옷, 신발, 가죽 혹은 비단 등과 같은 인간 외적인 대상에서부터 자기 자신 혹은 파트너 혹은 아이들 그리고 이를 수락하지 않거나 혹은 수락할 수 없는 다른 사람들의 수치심이나 고통의 경험까지 포함한다(Fisher et al., 2011)

DSM-5는 **변태성욕장애**라고 불리는 정신장애의 한 분류를 포함한다. 변태성욕(paraphilia)과 변태성욕장애(paraphilic disorder) 사이에는 중요한 구분점이 있다. 물품음란장애(fetishism) 혹은 (성적 흥분을 찾아서 이성의 옷을 입는) 복장도착장애와 같은 변태성욕적 행동의 일부 형태들은 자기 자신이나 다른 사람에게 폐해를 주거나 정신적 고통을 주는 결과와는 연관이 없으므로 정신적 혹은 심리학적 장애로 분류되지 않는다. 변태성욕장애로 진단하려면, 변태성욕이 일상적 기능의 중요한 영역에서 개인적인 정신 압박 혹은 장애를 유발하거나 혹은 (이것은 다른 진단범주와는 다른데) 성충동을 충족시키는 행위가 다른 사람에게 피해를 주거나 혹은 피해를 줄 위험을 수반하는 현재 또는 과거의 행위를 포함해야 한다(APA, 2013). 이렇듯 변태성욕의 존재는 변태성욕장애의 진단에 필요조건이지만 충분조건은 아니다.

일부 개인들에 있어서는 변태성욕 행위가 성적 희열에 이르는 유일한 수단이다(Lehne, 2009). 그들은 현실 속에서 혹은 환상 속에서, 이러한 자극이 없으면 성적으로 흥분될 수가 없다. 다른 사람들은 어쩌다가 혹은 스트레스를 받을 때 이러한 이례적이거나 일탈적인 자극에 의지한다. 변태성욕과 변태성욕장애의 유병률은 알려지지 않았지만, 이러한 행동들이 일부 성적피학장애의 경우와 다른 장애의 일부 외떨어진 사례를 제외하고는 여자들에게서는 거의 진단되지 않는다(Seligman & Hardenburg, 2000).

변태성욕의 유형

일부 변태성욕은 상대적으로 무해하며 피해자도 없다. 이들 부류에 물품음란장애와 복장도착장애가 있다. 노출장애, 소아성애장애 그리고 관음장애 등과 같은 유형은 원치 않는 피해자가 있어서 타인에 대한 해를 가하는 것에 대해 혹은 피해의 위험에 대한 진단기준을 충족한다. 변태성욕의 가장 해로운 형태는 동의하지 않는 파트너와 함께 행동을 취할 때의 성적가학장애(sadism)이다. 여기서, 우리는 변태성욕 그 자체에만 집중하지만 변태성욕장애의 진단이 현재에서든 혹은 과거의 변태성욕적 사건에서든 개인적인 정신의 고통이라든가, 기능의 장애라든가, 타인에 대한 피해라든가, 피해의 위험을 야기하는 변태성욕을 필요로 한다는 것을 알아 두도록 한다.

노출장애 **노출장애**(exhibitionism, 일명 '바바리맨')이라는 이상장애는 성적 흥분을 목적으로 자신의 성기를 이상한 낌새를 채지 못한 개인에게 노출시키는 강력하고 반복적인 충동, 환상 혹은 행위로 특징된다. 전형적으로 이런 사람은 피해자를 놀래키고 충격을 주고 성적으로 흥분시키고자 한다. 이런 사람은 자기 자신(거의 대부분의 경우 남성과 관련이 있음)을 노출시키는 공상을 하면서 혹은 실제로 노출하면서 자위를 할 수도 있다. 피해자는 거의 대부분 여성이다. 경찰에 신고되는 것은 상대적으로 적은 수의 사례이다.

전국적 조사에서 남성의 약 4%(여성의 2%) 정도가 성적 흥분을 얻기 위해 자신의 성기를 노출시켰다고 나타났다(Murphy & Page, 2008). 노출장애로 진단받은 사람은 보통 피해자와 성적 접촉을 하려고 하지 않는다. 그럼에도 불구하고, 자신의 성기를 노출시키는 일부 사람들은 성폭행이라는 보다 심각한 범죄를 저지르기도 한다(McLawsen et al., 2012). 노출하는 사람이 신체적 접촉을 추구하든 추구하지 않든, 피해자는 그녀 자신이 위험에 처했다고 믿고 그 행위로 인해 정신적 외상을 입게 된다. 피해자들은 휙 나타나는 사람에게 아무런 반응을 나타내지 않고, 가능하다면 그냥 가던 길을 가는 것이 가장 좋다. 그 노출장애 환자에게서 폭력적인 반응을 유발하지 않도록, 그를 모욕하지 않는 것이 현명하다. 또한 우리는 과장된 충격 혹은 두려움을 보여 주지 말도록 권하는데, 그리하면 그 행위를 강화하는 경향이 있기 때문이다.

노출적 행위를 하는 남성은 아마도 과거에 여성에게 홀대(거부)받았던 인식 때문에 여성을 향한 적개심을 간접적으로 표현하기 위한 수단으로 그러한 행동을 한다. 노출적 행위를 하는 남성은 수줍음을 잘 타고, 외롭고, 의존적이며, 대인관계 기술이 부족한 경향이 있으며 여성과 연결되거나 혹은 여성과의 관계를 확립하는 데 어려움이 있을 수 있다(Leue et al,. 2004; Murphy & Page, 2012). 일부는 자신들의 남성성을 의심하거나 열등감을 품고 있다. 피해자들의 혐오감 혹은 공포감은 그들이 상황을 장악하고 있다는 느낌을 키워 주고 그들의 성적 흥분을 높여 준다. 다음 노출장애의 사례를 고찰해 보자.

노출장애. 노출장애는 전혀 낌새를 채지 못하는 피해자들에게 자신을 노출함으로써 성적 흥분 혹은 희열을 찾는 사람들을 특징하는 변태성욕의 유형이다. 자신을 노출하는 사람들은 피해자들과의 실제 성접촉에는 보통 관심이 없다.

마이클: 노출장애 사례

마이클은 26세의 잘 생기고, 동안이며 3세 된 딸을 둔 유부남이다. 그는 그의 삶의 4분의 1을 소년원과 교도소에서 보냈다. 사춘기 때 그는 방화범이었다. 젊은이였을 때, 그는 스스로를 노출하기 시작했다. 그는 부인 몰래 치료받으러 왔는데, 왜냐하면 그는 점점 더 자주—하루에 거의 세 번씩—자신을 노출시키고 있었고, 이러다가 체포돼서 다시 교도소에 수감될까 두려웠기 때문이었다.

마이클은 부인과의 섹스를 좋아하지만, 자신을 노출하는 것만큼 흥미진진하지는 않다고 말했다. 그는 노출을 막을 수가 없었는데, 특히 지금 그가 실직 상태로 다음 달 가족들의 월세를 어디서 구해야 할지 걱정인 이때 더욱 그랬다. 그는 딸을 그 무엇보다 사랑했고 딸아이와 헤어질 수도 있다는 생각을 하면 견딜 수가 없었다.

마이클의 전략은 다음과 같았다. 그는 청소년기의 날씬한 여성을 보통 인근의 중고등학교에서 찾아 다니곤 했다. 그는 한 소녀 혹은 작은 무리의 소녀들 앞으로 차를 몰아가면서 바지에서 성기를 꺼내 가지고 놀곤 했다. 그는 차문 유리를 낮추고, 음란 행위를 계속하면서 그녀들에게 길을 묻곤 했다. 때때로 소녀들은 그의 성기를 보지 못했다. 그것은 괜찮았다. 가끔 그녀들은 그것을 보았고 반응하지 않았다. 그것도 괜찮았다. 그녀들이 그것을 보고 당황하고 겁을 먹으면 그것은 최고였다. 그는 더 심하게 자위를 하고 있고, 그리고 때때로 소녀들이 떠나기 전에 그는 그럭저럭 사정을 할 수 있었다.

마이클의 과거는 불안정했다. 그의 아버지는 그가 태어나기 전에 집을 떠났고 어머니는 술을 심하게 마셨다. 그는 아동기 내내 양부모의 집을 드나들었다. 그가 10세가 되기 전에, 그는 이웃집 소년들과 함께 성적 행위에 관련되었다. 가끔씩 소년들은 이웃의 소녀들에게 애무를 강요했고, 마이클은 소녀들이 당황해할 때 복잡한 느낌이 들었다. 그는 그녀들을 안쓰럽게 느꼈지만 그 또한 그것을 즐겼다. 몇 번 정도 소녀들은 그의 성기의 크기에 몸서리치는 듯 보였고, 이는 그가 '정말로 남자가 된 듯한 느낌'이 들도록 했다. "여자가 아닌, 알다시피, 날씬한 소녀의 표정을 보기 위해, 이후 나는 그런 경험을 통해 이렇게 되었다."

— 저자의 파일에서

일부의 경우 여성 중에도 보고되기는 하지만, 사실상 거의 모든 노출장애 사례는 남성과 관련이 있다(Hugh-Jones, Gough, & Littlewood, 2005). 노출장애에 관여하는 사람들은 관찰자에게 충격을 주고 당황스럽게 하는 데서 동기를 얻는 것이지 그들의 몸의 매력을 과시하려는 것이 아니다. 따라서 노출이 심한 수영복 혹은 몸을 드러내는 기타의 의류를 입는 것은 이 용어의 임상적 의미에서 노출장애의 한 형태가 아니다. 스트립 댄서들 또한 전형적으로 노출장애에 대한 임상적 기준에 맞지 않다. 일반적으로 이들은 아무런 낌새도 채지 못한 낯선 사람들을 흥분시키거나 혹은 놀래켜 주기 위해서 스스로를 노출시키고 싶어 하는 욕망에 동기 부여 되지 않는다. 스트립 댄서의 가장 중요한 동기는 일반적으로 생계 때문이다(Philaretou, 2006). **진실 / 거짓**

진실 또는 거짓

몸매가 드러나는 수영복을 입는 것은 일종의 노출장애이다.

거짓 몸매가 드러나는 수영복을 입는 것은 해당 용어의 임상적 의미에서 볼 때 노출장애의 일종이 아니다. 이 장애로 진단받는—사실상 거의 모두 남자들인데—사람들은 자신들의 매력을 발산하려는 것이 아니라 전혀 낌새를 채지 못한 구경꾼들을 놀래켜 주고 경악시키려는 동기에서 그러는 것이다.

물품음란장애 프랑스 어인 *fétiche*는 '마법적 매력'을 지칭하는 포르투갈어인 *feitico*에서 유래한 것으로 생각된다. 이 경우, '마법적인'은 성적으로 흥분시키는 대상의 능력 속에 놓여져 있다. **물품음란장애**(fetishism)의 주요 특징은 (브라, 팬티, 양말류, 부츠, 신발, 가죽, 비단 그리고 이와 유사한) 의류 같은 무생물 대상을 수반하는 반복적이고, 강력한 성적 충동, 환상 혹은 행동들이다(Kafka, 2010). 남성이 연인의 속옷을 보고, 느끼고 냄새에 성적으로 흥분하게 되는 것은 이상한 것이 아니다. 물품음란장애가 있는 남성은 그 사람보다 그 대상을 더 선호할 수 있고 그것 없이는 성적으로 흥분하지 못할 수도 있다. 그들은 때때로 그 대상을 애무하거나, 부비거나 혹은 냄새를 맡으면서 자위를 하면서 혹은 성행위 때 자신의 파트너에게 그것을 입도록 함으로써 성적 극치감을 경험한다.

여러 사례에서 물품음란장애의 시작은 유아기로 거슬러 올라간다. 초기의 연구 표본에서 고무 페티시가 있는 대다수의 사람들은 고무에 페티시 같은 매력을 처음으로 경험한 시점을 4~10세 사이의 어느 때라고 회상할 수 있었다(Gosselin & Wilson, 1980).

복장도착장애 **복장도착장애**(transvestism, 복장도착적 물품음란장애라고도 불린다)이라는 변태성욕은 이성의 옷차림에 의해 성적으로 흥분되는 반복적이고 강력한 충동, 환상 혹은 행동을 지닌 사람들을 일컫는다. 페티시를 지닌 다른 남성은 자위하는 동안 여성의 옷과 같이 만질 수 있는 물건에 의해 만족할 수 있지만, 복장도착의 남성은 그것을 입고 싶어 한다. 그들은 여성 복장을 완전히 갖추거나 화장을 하거나 또는, 여성의 스타킹과 같은 특정한 품목의 의류를 좋아한다. 비록 일부 복장도착장애인 사람이 게이이기는 하지만, 복장도착장애는 보통 이성애자에게서 발견된다(Långström & Zucker, 2005; Taylor & Rupp, 2004). 전형적으로 남성은 다른 사람이 없는 데서 이성의 복장을 하고 자위를 하는 동안에 그 자신을 그가 쓰다듬어 주는 여성이라고 상상한다. 일부는 복장도착자들의 클럽을 자주 다니거나 변태성욕적 하위 문화에 관련된다. 일부 복장도착 남성은 그들 자신의 몸이 여성이라는 공상에 성적으로 자극을 받는다(Bailey, 2003b).

트랜스젠더 정체성을 지닌 남성은 아마도 여성으로서 '통하려고' 이성의 복장을 하거나 혹은 남성의 옷을 입는 것이 불편하기 때문이다. 일부 게이 남성 또한 이성의 복장을 하는데, 이는 전반적으로 엄격한 성 역할에 대한 표현(statement)일 수 있고, 그들이 성적으로 흥분하려고 그러는 것은 아니다. 게이 남성과 트랜스젠더인 사람이 이성의 복장을 하는 것이 성적 흥분이나 성적 희열을 위한 것이 아니기 때문에, 그들의 행위는 복장도착의 페티시로 분류되지 않는다. 공연의 목적으로 여장을 하는 남성 배우들 또한 복장도착장애라고 간주되지 않는다.

대부분의 복장도착장애 남자들은 결혼을 하고 그들의 배우자들과 성행위를 하지만, 그들은 다음의 사례에서처럼 여성의 복장을 통해서 추가적인 성적 희열을 추구한다.

아키: 복장도착장애 사례

아키는 여러 해 동안 이성의 복장을 했었던 55세의 배관공이었다. 그에게는 여자로서 공공의 자리에 나가곤 하던 시절이 있었지만, 공동체에서 그의 평판이 자라면서 그는 발각되는 것을 점점 두려워하게 되었다. 그의 아내 미르나는 특히나 그가 그녀의 옷을 많이 빌려 갔기 때문에 그의 '사소한 잘못'을 알고 있었고, 그녀 또한 그의 '괴상함'을 돕겠다고 하면서, 그가 집안에 머무르도록 격려했다. 여러 해 동안 그의 변태성욕은 집안으로 한정되었다.

이 부부는 부인이 재촉해서 치료를 받으러 왔다. 미르나는 아키가 어떻게 자신의 의지를 20년 동안 그녀에게 강요했는지 말했다. 아키는 그녀의 속옷을 입곤 했으며 그녀가 그에게 그가 얼마나 역겨운지에 대해 말하는 동안 자위를

했다. (이 부부는 또한 정기적으로 '정상적인' 성교를 했으며, 미르나는 이를 즐겼다.) 이성 복장의 사태는 그들이 아키의 환상을 연출하는 동안 10대인 딸이 부부의 침실로 걸어 들어왔기 때문에 그 위기의 정점을 맞았다.

진찰실 밖에서 미르나와 함께 아키는 자신이 여러 명의 누나가 있는 가정에서 자랐다고 설명했다. 그는 속옷들이 어떻게 목욕탕의 사방에 끊임없이 널린 채 건조되고 있었는지에 대해 설명했다. 사춘기 때, 아키는 속옷에 대고 부비는 시도를 했고, 다음엔 입어 보는 시도를 했다. 어느 날 그가 거울 앞에서 팬티를 입어 보고 있을 때 누나 한 명이 걸어 들어왔다. 그녀는 그에게 그가 '사회 파괴'라고 말했고, 그는 즉시 유례가 없던 전무후무한 성적 흥분을 경험했다. 그는 그녀가 방을 나갔을 때 자위를 했고, 그의 극치감은 그의 젊은 기간을 통틀어 최고였다.

아키는 그가 여자의 속옷을 입고 자위하는 것이 조금도 잘못되었다고 생각하지 않는다. 그는 결과적으로 그의 결혼생활이 파탄 난다 하더라도 상관없이 이를 포기할 생각이 없다. 미르나의 주 관심사는 최종적으로 그녀 자신이 아키의 '병'에서 분리되는 것이었다. 그녀는 그가 혼자서 그러는 것은 그가 무엇을 하든 더 이상 상관하지 않았다. "충분해, 이제 그만." 그녀는 말했다.

그것이 이 커플이 결혼생활 치료법에서 만들어 낸 절충안이었다. 아키는 그 혼자서 그의 환상에 잠긴다. 그는 미르나가 집에 없는 시간을 선택하면 되고, 그녀는 그의 행위에 대해 알지 않을 것이다. 그는 또한 그의 친구들이 주위에 없는 시간대를 고르기 위해 매우, 매우, 매우 신중할 것이다.

6개월 후 이 부부는 함께 왔고 만족했다. 아키는 그의 환상에 대한 미르나의 조언을 복장도착의 사도마조키스트적인 잡지로 대체했다. 미르나는 "나는 어떤 폐해(evil)도 보지 않고, 듣지 않고, 냄새 맡지도 않아요."라고 말했다. 그들은 계속적으로 잠자리를 가졌다. 얼마 후, 미르나는 어떤 속옷이 사용되었는지를 확인하는 것조차 깜빡하게 되었다.

— 저자의 파일에서

관음장애 관음장애(voyeurism, 엿보기)이라는 변태성욕은 다른 사람이 아무런 낌새도 알아채지 못한, 일반적으로 낯선, 나체 혹은 옷을 벗는 중인 혹은 성행위를 하는 사람들을 관찰하면서 성적으로 흥분되는 강력하고 반복적인 성적 충동, 환상 혹은 행위를 수반한다. 관음장애에 빠진 사람은 전형적으로 그가 관찰하는 사람 혹은 사람들과의 성적 행위를 추구하지 않고, 다만 지켜보는 행위를 통해 성적으로 흥분하게 된다. 노출장애와 마찬가지로, 사실상 거의 모든 관음장애는 남성 사이에서 발생한다(Langstrom, 2010).

당신의 파트너가 옷을 벗는 모습을 지켜보는 행위 혹은 노골적인 성행위가 있는 영화를 시청하는 것이 일종의 관음장애인가? 대답은 아니라는 것이다. 관찰되는 사람들은 그들의 파트너들이 혹은 영화의 관람자들이 자신들을 지켜본다는 것을 안다. 성적 자극을 목적으로 스트립 클럽에 다니는 것 또한 이상한 것으로 간주되지 않는데, 왜냐하면 이것은 낌새를 눈치 채지 못한 사람들을 관찰함으로써 성적 흥분을 얻으려는 것과 관련이 없기 때문이다. 사람들은 또한 성적인 만족감이 아닌 다른 이유, 예를 들면 친구와의 유대감을 경험하려는 이유로 스트립 클럽을 드나들기도 한다(Montemurro et al., 2003)

관음장애가 있는 사람은 통상 지켜보면서 혹은 지켜본다는 상상을 하면서 자위를 한다. 관음장애가 있는 사람은 흔히 성적 경험이 부족하고 열등감 혹은 무능감을 깊이 품고 있을 수 있다(Leue et al., 2004). 엿보기는 아마도 관음장애가 있는 사람의 유일한 성적 배출구일 수 있다. 일부의 사람들은 그들 자신을 자칫 위험한 상황에 두는 관음장애에 빠진다. 발각되거나 다칠 수도 있다는 예측은 명백하게 그들의 흥분을 상승시킨다.

마찰도착장애 프랑스 단어인 *frottage*는 높이 올린 물체에 대고 비벼대서 그림을 그리는 예술 기법을 가리킨다. 마찰도착장애(frotteurism) 변태성욕의 주요 특징은 낌새를 알아채지 못하는 사람에 대고 비벼 대거나 만짐으로써 성적으로 흥분되는 반복적이고 강력한 성적 충동, 환상, 혹은 행위들이다. 마찰도착장애는 또한 mashing이라고도 불리는데 지하철 버스 혹은 엘리베이터와 같은 붐비는 장소에서 종종 발생한다. 행위에서 강압적인 면이 없는, 비비기 혹은 만지기는 남자를 성적으로 흥분시킨다. 그는 혼자서 피해자와의 배타적이고, 애정 어린 성적 관계를 즐기고 있다고 상상할 수도 있다. 신체적 접촉이 잠시 동안 슬쩍 일어나기 때문에 접촉도착 행위를 하는 사람들은 공권력에 붙잡힐 기회가 아주 적다. 피해자조차도 그때는 무슨 일이 벌어졌는지 알아채지 못하거나 혹은 항의할 거리를 많이 기억해 내지 못할 수도 있다. 다음의 사례에서, 한 남자가 수년간에 걸쳐 1,000여 명의 여자들을 피해자로 삼았지만 체포된 건 오직 두 번이었다.

지하철에서 부딪히기: 마찰도착장애의 한 사례

한 정신과 의사가 45세의 남자를 보았고 그다음에는 그가 지하철에서 한 여자를 상대로 비벼 대다가 두 번째로 체포되는 것을 보았다. 그는 지하철에 들어서는 20대의 여성을 주요 목표 대상으로 골랐다. 그는 플랫폼에서 그녀의 바로 뒤에 서서 기차가 역으로 들어오길 기다렸다. 그다음에 그는 그녀를 따라 지하철 객차 안으로 들어가고 문이 닫히면, 그녀의 엉덩이에 부딪히곤 했는데, 그러면서 그들이 애정 어린 그리고 합의하에 성교를 즐기고 있다고 공상했다. 약 30분쯤 후 그는 극치감에 이르곤 했다. 그다음 그는 출근길을 계속 이어 갔다. 이따금씩 극치감에 이르지 못했을 때면, 그는 열차를 갈아타고 또 다른 희생자를 찾곤 했다. 각각의 일을 벌이고 난 다음 죄책감을 느끼는 동안에도, 그는 곧 다음 차례의 사람에 대한 생각에 사로잡히는 것이었다. 그는 피해자들이 그가 그들에게 한 짓에 대해 느낄 수 있었을 느낌에 대해서는 염두에 두지 않았다. 비록 그는 한 여자와 25년간 결혼생활을 이어 오고 있지만, 그는 말하자면 사회적으로, 특히 여자들에게 부적절하고 내성적인 듯 보인다.

— Spitzer et al., 1994, pp. 164–165

이 남자 뭘 한 거냐? 눌러댐 혹은 달갑지 않은 성적인 비빔, 혹은 만지기는 러시 아워에 지하철 같은 붐비는 곳에서 종종 발생한다.

소아성애장애 소아성애장애(pedophilia)라는 말은 '어린이'를 뜻하는 그리스어 *paidos*에서 유래되었다. 소아성애장애를 지닌 사람은 어린이(전형적으로 13세 혹은 이보다 어린)와의 성적 행위를 수반하는 반복적이고 강력한 성적 충동 혹은 환상 혹은 행위를 갖는다. 소아성애장애로 진단하는 조건은 남자가 최소 16세 이상이어야 하고 이 사람이 성적으로 끌리거나 혹은 피해자로 삼은 어린이나 어린이들보다 최소 5살 이상 많아야 한다. 그러나 이 진단은 후기 청소년기로 12세 혹은 13세 어린이와 지속적인 관계를 갖는 사람에게는 적용되지 않는다(APA, 2013). 일부 소아성애장애자는 오직 어린이에게만 끌린다. 다른 경우의 소아성애장애자는 어린이와 성인 모두에게 끌린다.

비록 대부분의 소아성애장애가 어린이들에게 성적 매력을 느끼는 남자들을 수반하지만, 소아성애장애가 남아 혹은 여아와의 성적 접촉을 추구하는 남자 혹은 여자 모두를 수반할 수도 있음에 주목해야 한다. 소아성애장애를 지닌 일부 사람은 어린이를 바라다보거나 혹은 옷을 벗기는 것으로 그들의 일탈 행위를 제한하는 반면에 다른 사람들은 노출장애, 키스하기, 쓰다듬기, 구강 성교 그리고 항문 성교, 여아의 경우 질을 통한 성교를 한다. 세상의 이치를 잘 모르기 때문에, 어린이들은 종종 자신에게 그들이 자신들을 '가르치는 거라고', '뭔가를 보여주는 거라고' 혹은 그들이 '좋아'할 뭔가를 하는 거라고 말하는 치한에게 이용당한다.

소아성애장애자의 일부는 자신들의 어린이와의 성적 행위를 가족 구성원과의 근친상간으로만 제한하고 다른 소아성애장애자는 가족이 아닌 어린이만을 추행한다. 어린이 성추행은 범죄 행위이고 마땅히 범죄로 여겨져야 한다. 그러나 모든 아동 추행들이 소아성애장애를 지닌 것은 아니다. 소아성애장애라고 하는 임상적 정의는 오로지 사춘기 이전 혹은 초기 사춘기 어린이에 대한 성적 끌림이 성인에 대한 성적 끌림과 동등하거나 혹은 이보다 더 클 때에만 영향력이 미친다. 일부 어린이 추행범은 아주 드물게 혹은 기회가 있는 동안 소아성애 충동을 느끼는데 따라서 소아성애장애라는 진단이 타당하지 않을 것이다.

고정관념에도 불구하고, 대부분의 소아성애장애 사례들은 우비를 입고 학교 운동장을 배회하는 '나이 든 추한 사람'과 관련이 없다. 이 장애를 가진 남자들(사실상 모두 남자들이다)은 일반적으로 (그렇지 않으면) 30~40대의 법을 준수하는 존경받는 시민들이다. 대다수가 결혼했거나 혹은 이혼했으며 자녀를 두고 있다. 그들은 일반적으로 피해자들과 잘 아는 얼굴인데, 전형적으로 친척 혹은 가족의 친구들이다. 대다수의 소아성애장애의 사건은 단일 사건이 아니다. 어린이가 매우 어렸을 때 보통 시작해서 그들이 발각되거나 혹은 관계가 끝날 때까지 수년간 계속된다.

소아성애장애의 원인은 복잡하고 다변적이다. 일부의 경우, 약하고, 부끄럼 많고, 사회적으로 부적절하고, 고립된 남자가 성숙한 이들과의 관계에서 위협받다가, 어린이들이 덜 비판적이고 덜 요구하기 때문에 어린이에게 방향을 틀어서 성적 희열을 추구한다는 고정관념에 들어맞는다. 사례 연구에 바탕을 둔 증거는 소아성애장애를 지닌 남자가 다른 남자보다 로맨틱한 관계가 적으며, 그들이 갖는 인간관계가 덜 만족스러운 경향이 있음을 보여 준다(Seto, 2009). 일부의 사례에서 어린 시절에 다른 어린이와 맺은 성적 경험이 너무도 즐거웠기 때문에, 어른이 되어서도 어린 시절의 흥분을 되찾으려 든다. 일부의 사례에서, 아동기에 성적 학대를 당한 남자들이 지배감(feelings of mastery)을 확고히 하려고 노력하는 와중에 상황을 뒤바꿔서 가해자가 된다.

성적 학대가 아동에게 미치는 영향 최근 몇 년간의 뉴스 중에서 눈에 띄는 사건, 가령 펜실베이니아 주의 전 축구 코치였던 Jerry Sandusky의 유죄판결 같은 경우는 아동에 대한 성적 학대의 문제를 부각시켜 왔다. 아동에 대한 성적 학대는 많은 사람이 의심하는 것보다 훨씬 더 흔하다.

기존 연구를 최근에 검토한 결과는 성인 남자들 중 거의 8% 그리고 성인 여자들 중 거의 20%가 18세 이전에 일종의 성적 학대를 보고했음을 보여 주었다. 최근의 다른 추정치는 아동기 동안의 성적 학대의 빈도—여아 30%와 남아 15%로—를 훨씬 더 높은 수준으로 생각한다(Irish, Kobayashi, & Delahanty, 2010). 전형적인 가해자는 속담 속에 나오듯 어둠 속에 숨어 있는 낯선 이가 아니라, 어린이의 친척 혹은 의부 친척, 가족의 친구 또는 이웃들—즉 아동의 신뢰를 얻고 나서 그다음 학대한 누군가였다.

성적 학대는 그것이 가족 구성원, 지인 혹은 낯선 이에 의해서 자행됐든 상관없이 엄청난 심리적 폐해를 가할 수 있다. 학대당한 아동은 분노, 불안, 우울증, 섭식장애, 부적절한 성적 행위, 공격적 행동, 약물 남용, 자살 기도, 외상후 스트레스 장애, 낮은 자존감, 성기능 장애 그리고 분리(detachment) 감정을 수반하는 일련의 심리학적 문제들로 인해 고통을 받을 수 있다(예: Maniglio, 2011; Stoltenborgh et al., 2011). 아동기에 성적 학대를 받았던 성인은 심리적 장애 그리고 중대한 신체적 건강 문제뿐만 아니라, 기억과 인지 기능의 장애가 발현될 위험이 훨씬 더 높다(Gould et al., 2012; Irish, Kobayashi, & Delahanty, 2010). 영국의 한 연구는 어릴 때 6번에서 10번가량 성적 학대를 겪은 이력이 있는 사람들은 성인이 되어서 자살 행동(자살하겠다고 위협하는 것 혹은 자살 시도를 하는 것)을 할 가능성이 더 많음을 보여 주었다(Bebbington et al., 2009).

우리가 또한 주목해야 할 것은 성적 학대가 아동에게 미치는 심리학적 영향은 다변적이며 그 어떤 단일 유형도 모든 사례에 적용될 수 없다는 점이다. 성적 학대는 또한 성기의 상처 그리고 복통과 두통 등의 정신 신체적 문제를 야기할 수도 있다.

나이가 더 어린 아동은 때때로 짜증이나 공격적인 혹은 반사회적 행동으로 반응하는 반면에 나이가 더 많은 아동은 종종 물질 남용 문제를 일으킨다. 학대받은 일부 아동들은 사회적으로 위축되고 공상 속으로 도피하거나 집을 벗어나는 것을 거부한다. 학대받은 아동은 또한 엄지손가락을 빨고, 어둠을 겁내고, 낯선 사람을 두려워하는 등의 퇴행적 행동을 보일 수도 있다. 아동기에 성적 학대를 겪은 많은 생존자에게서 외상후 스트레스 장애가 발생한다. 그들은 회상, 악몽, 정서적인 무감각으로 인해 고통받으며 다른 사람들로부터 소외감을 느낀다(Herrera & McCloskey, 2003).

성적 학대를 경험한 아동들의 성적 발달은 점차 기능장애 쪽으로 방향이 틀어질 수 있다. 예를 들면, 성적 학대를 겪은 아동은 너무 이르게 성적으로 적극적으로 될 수 있거나, 청소년기에 혹은 성인이 되어서 성적으로 문란할 수 있다(Herrera & McCloskey, 2003). 성적으로 학대를 받은 청소년기의 소녀들은 또래보다 성적으로 적극적인 경향이 있다.

아동기 성적 학대의 영향은 소년과 소녀들에게서 비슷한 경향이 있다(Maikovitch-Fong & Jaffee, 2010). 두 경우 모두 걱정이 많아지는데, 예를 들면 잠자리가 뒤숭숭한 경우이다. 그러나 일부 연구진은 학대의 영향에서 성별에 따른 차이가 있음을 발견했다고 보고하는데, 그중 가장 두드러진 것은 소년들이 더 자주 신체적 공격을 통해서 자신의 문제를 외면화한다는 점이다. 반면 소녀들은 종종 더 자신의 어려움을 내면화하는데, 예를 들면 점점 우울해진다(Edwards et al., 2003).

심리학적 문제는 청소년기와 성인기까지 외상후 스트

레스 장애, 불안, 우울증, 약물 남용 그리고 인간관계 문제의 형태로 계속될 수 있다. 후기 청소년기와 초기 성인기는 아동 성적 남용의 피해자들에게는, 특히 힘든 시기인데 왜냐하면 채 풀리지 않은 분노와 죄책감 그리고 깊은 불신의 감정이 친밀한 관계의 발달을 방해할 수 있기 때문이다. 성적 학대의 경험에 대해서 스스로를 자책하는 여자들은 자책하지 않는 여자들보다 자존감이 상대적으로 더 낮고 우울증이 더 심하다는 것을 증거는 보여 준다(Edwards et al., 2003). 아동기의 성적 학대는 또한 나중에 경계성 인격장애의 발현으로 이어지는데, 이 질환은 12장에서 논의한 심리적 장애의 한 유형이다.

성적피학장애 성적피학장애(sexual masochism)는 오스트리아의 소설가인 Ritter Leopold von Sacher Masoch(1835~1895)의 이름에서 유래했는데, 그가 쓴 이야기와 소설은 주로 채찍질의 형태(맞거나 채찍으로 맞는)로 스스로에게 고통을 가함으로써 여자로부터 성적 극치감을 추구하는 남자에 대한 것이었다. 성적피학장애는 사람이 굴욕을 당하거나, 묶이거나, 매를 맞거나 혹은 다른 방식으로 고통을 겪도록 만들어짐으로써 성적으로 흥분되는 강력하고 반복적인 성적 충동, 환상 혹은 행위를 수반한다. 성적피학장애의 경우에서, 성적 충동은 연출된 것이거나 아니면 심각한 개인적 괴로움을 유발한다. 성적피학장애의 어떤 사례에서는 고통이나 굴욕이 없으면 성적 희열을 얻을 수 없다. 성적피학장애는 비록 남자들 사이에서 더 흔하기는 하지만, 여자들에게서도 어느 정도 빈번히 발견되는 변태성욕의 한 형태이다(Logan, 2008).

어떤 경우에서 성적피학장애는 묶거나 혹은 자위 중에 혹은 성적 공상을 하는 중에 스스로의 몸을 훼손하는 것을 수반한다. 다른 경우에서는 한 파트너가 그 사람을 구속하거나(신체 결박), 안대로 가리거나(감각 구속), 찰싹 때리거나 채찍질한다. 일부 파트너는 매춘부이고, 다른 쪽은 사디스트의 역할을 수행하도록 요청을 받는 합의하의 파트너이다. 어떤 경우에 그는 성적 희열을 목적으로 소변을 싸거나 혹은 대변을 보거나 혹은 악담을 열망할 수도 있다. 진실 / 거짓

진실 또는 거짓

어떤 사람들은 자신이 고통 혹은 굴욕감을 당해야만 성적으로 흥분될 수 있다.

진실 이런 사람은 성적피학장애라 불리는 일종의 변태성욕을 지니고 있다.

성적피학장애의 가장 위험한 표현은 저산소 도착증(hypoxyphilia)인데, 이는 참여자가 산소를 빼앗김으로써—가령, 자위와 같은 성적 행동을 하면서 올가미를 사용하거나, 플라스틱 가방을 사용하거나, 화학약품 혹은 흉부 압박을 함으로써 성적으로 흥분되는 것을 말한다. 산소 박탈은 통상 질식 혹은 연인으로부터의 질식당하는 환상을 동반한다. 이런 행위를 하는 사람들은 보통 그들이 의식을 잃기 전에 중단하지만, 이따금씩 질식으로 인한 사망이 보고된다.

성적가학장애 성적가학장애(sexual sadism)는 악명 높은 Marquis de Sade의 이름에서 왔는데, 그는 18세기의 프랑스인으로 타인에게 고통이나 굴욕감을 안김으로써 성적인 희열에 이르는 즐거움에 대한 이야기를 썼다. 이것은 사람이 또 다른 사람에게 신체적 혹은 심리적 고통 혹은 굴욕감을 가함으로써 성적으로 흥분되는 반복적이고 강력한 성적 충동, 환상 혹은 행위로 특징된다.

성적으로 가학증적 환상을 가진 사람들은 때때로 협력 파트너를 구하는데, 이런 파트너는 피학증적 흥미가 있는 연인 또는 부인이거나 혹은 피학증적 역할을 맡는 조건으로 돈을 받는 매춘부일 수도 있다. 그러나 일부 성적 사디스트들은—소수인데—이에 동의하지 않는 피해자를 집요하게 추근대고 공격하고 그들에게 고통이나 괴로움을 가하면서 성적으로 흥분된다(Yates et al., 2008). 가학증적 강간범은 이 마지막 집단에 해당한다. 성적 사디스트들은 성적으로 얽힌 상황에서 폭력적인 장면 혹은 피해자에게 상해를 입히는 장면에 의해 성기가 흥분되는 경향이 있음을 실험 증거는 보여 준다(Seto et al., 2012). 그러나 대다수의 강간범은 고통을 가하는 것에 의해 성적으로 흥분하지 않는다. 많은 강간범은 피해자의 고통을 보면 심지어 성적 관심을 잃기도 한다.

많은 사람은 가끔씩 가학증적이거나 피학증적 환상을 가지고 있거나 혹은 자신의 파트너와 흉내 낸 형태 혹은 가벼운 형태의 가학피학증(sadomasochism)을 수반하는 성적 유희를 갖는다. 가학피학증이란 가학증과 피학증 행위 모두를 수반하면서 서로가 만족하는 성적 상호작용의 수행을 가리킨다. 자극을 주는 데는 가죽 솔을 사용해서 파트너를 '때리는' 형태를 취하는 것이므로 실제로는 어떤 고통도 가해지지 않는다. 이것 그리고 여타의 변형, 즉 키스 자국, 머리카락 잡아 당기기, 그리고 상호 간에 동의한 관계 맥락 속에서 부드럽게 긁는 것 등은 인간의 정상적인 성적 교류의 범주에 속한다(Laws &

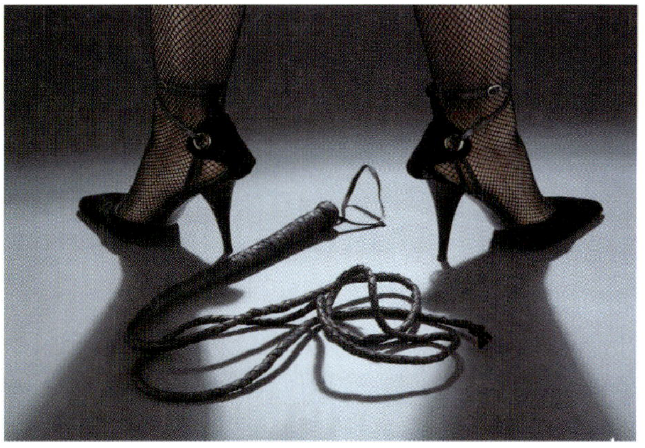

역할극일까 변태성욕일까? 가학피학증은 이를 수락한 파트너 간의 성적 역할극의 한 형태다. 이 행위가 언제 선을 넘어서 변태성욕이 되는 것일까?

O'Donohue, 2012). '주인님과 노예' 게임과 같은 의식은, 마치 그것이 연극의 장면인 것처럼 무대에 올려진다. 가학피학증에 엮인 사람들은 자주 역할을 교체한다. **성적피학장애** 또는 **성적가학장애**는 이들 성적 행위, 충동 혹은 환상이 사람들에게 정신적 고통을 주거나 혹은 사람들이 사회적, 직업적 혹은 다른 역할의 기준을 충족하며 기능하는 능력에 부정적인 영향을 준다거나 혹은 다른 사람을 위험하게 했다거나, 해를 입히지 않았다면 임상적 진단에 영향을 미치지 않는다.

기타 변태성욕 수많은 다른 변태성욕이 있다. 이 중에는 음란한 전화걸기(전화 외설증), 사체성애(사체와의 접촉을 수반하는 성적 충동 혹은 환상), 편애(가슴과 같은 신체의 한 부분에만 오로지 집중), 수간(동물과의 접촉을 수반하는 성적 충동 혹은 환상), 배설물과 연관된 성적 흥분(기분증), 관장(관장애) 그리고 소변(소변 애호증)등이 포함된다.

396~397쪽의 '더 자세히 살펴보기'에서 우리는 새로운 심리학적 장애가 될 사이버섹스 중독에 대해 논의한다.

이론적 관점

수많은 심리학적 장애의 경우에서 그러하듯, 변태성욕의 원인을 이해하기 위한 접근법은 심리학적 요소와 생물학적 요소들을 강조한다.

> **10.8** 변태성욕과 잠재된 원인 요소에 관한 이론적 관점을 기술한다.

심리학적 관점 심리역학 이론가들은 많은 변태성욕을 성심리 발달상 남근기로부터 잔존한 거세 불안에 대한 방어로 본다(2장 참조)(Friedman & Downey, 2008). Freud 학설에서 어린 소년은 모친에 대한 성적 욕망이 생기고 부친을 경쟁자로 인식한다. 거세 불안—즉 자위를 통한 성적 즐거움과 연결되어 온 성기를 부친이 제거해서 복수할지 모른다는 잠재의식의 두려움 때문에 이 소년은 모친에 대한 근친상간적인 열망을 포기하게 되고 공격자인 부친과 동일시하게 된다. 그러나 이 갈등을 성공적으로 풀어내지 못하면 성인이 되어서 거세 불안이 남아 있게 될 수 있다. 잠재의식은 성인 여성과 성기로 성교하는 중에 음경이 안 보이는 것을 거세 위험과 동일시한다. 무의식 단계에서 거세 불안이 남아 있는 남성은 이로 인해 자신의 성적 흥분을 '보다 안전한' 성적 행위, 예를 들면 여성의 속옷과 성적인 접촉을 갖는다든가, 남들이 옷을 벗는 장면을 몰래 본다든가 혹은 자신이 쉽게 통제할 수 있는 어린이와 성교를 한다든가 하는 것으로 대체하도록 촉발된다. 자신의 성기를 노출시키는 노출장애인 사람은 자신의 성기가 안전하다는 것을 무의식적으로 확인하고 싶어 하는 것일 수 있는데, 마치 "봐라! 나 음경 있어!"라고 선언하는 듯하다. 변태성욕 기원에 대한 심리역학적 관점은 여전히 추측에 근거하며 논란이 많다. 우리에게는 변태성욕을 지닌 남성들이 잔존하는 거세 불안장애를 앓는다는 직접 증거가 절대 부족하다.

더 최근에, 이론가들은 성적피학장애와 같은 변태성욕이 평범한 자아로부터의 일시적인 도피가 아닐까 추측했다(Knoll & Hazelwood, 2009). 그 순간의 고통스럽고 즐거운 느낌에 그리고 성적 대상이 된다는 경험에 집중하면, 성숙하고 책임감 있는 자아 의식을 유지해야 한다는 책임감으로부터 잠시 유예될 수 있을지 모른다.

학습 이론가들은 변태성욕을 조건화(conditioning)와 관찰학습(observational learning)의 측면에서 설명한다. 어떤 대상 혹은 행위가 무심코 성적 흥분과 결합된다. 이 대상 혹은 행위는 이제 성적 흥분을 이끌어 내는 역할(capacity)을 얻는다. 예를 들면, 성 연구가인 June Reinisch(1990)는 성적 흥분 혹은 (발기와 같은)반응에 대한 가장 이른 인식(awareness)이 고무 팬티 혹은 기저귀와 연관되었을 수 있다고 추측한다. 그는 둘 사이에서 연관성을 만들어 내는데, 이로써 고무 페티시가 발현되는 단계가 마련되는 것이다. 혹은 어느 소년이 자위를 하는 도중에 타올 걸이에 놓인 모친의 스타킹을 힐끔 본다면 이 소년은 스타킹 페티시가 발현된다(Breslow, 1989).

대상을 앞에 두고 느끼는 극치감은, 특히 반복적으로 일어날 때 그 대상과의 성애적 관계를 강화시킨다. 그러나 페티시가 역학적으로(mechanical) 연관됨으로써 습득되는 것이라면, 우리는 무심코 그리고 반복적으로 성적 행위와 연결된 흥분제, 가령 침대 시트, 베개, 심지어 천장 등에 대한 페티시가 생겨날 것이라고 예측해야 할 것이다. 그러나 이런 것에서 페티시가 생기지는 않는다. 흥분제(stimulus)의 의미가 중요한 역할을 하는데, 페티시의 발현은 색정을 불러일으키는 어떤 유형의 흥분제(여자들의 속옷과 같은)가 있어야 하며 이것을 성적 상상과 자위 의식(ritual) 속에 포함시킴으로써 이루어지는 것이다.

가족관계도 일종의 역할을 하는 것으로 보인다. 복장도착장애인 일부 남성은 어릴 때 '속치마 처벌'을 받은 이력이 있다고 보고한다. 이는, 즉 그들에게 여자아이의 복장을 입힘으로써 그들이 수치심을 느꼈다는 것이다. 어쩌면, 이 복장도착장애 성인은 여성의 복장을 입었음에도 불구하고 발기를 하고 성적 행위를 함으로써 심리적으로 굴욕감을 지배감으로 전환하려고 애쓰고 있는 것일 수 있다.

생물학적 관점 연구자들은 변태성욕 행위에 있어 생물학적 요소들의 역할에 대해 연구하고 있다. 변태성욕을 지닌 남자들은 더 높은 빈도의 성적 환상과 충동, 자위를 통한 극치감에 이르고 난 다음의 더 짧은 **불응기**(즉, 재흥분되는 데 걸리는 시간의 길이) 등 평균 이상의 성충동이 있는 것이 증명되었고 연구자들은 더 많은 증거를 찾고 있다(Haake et al., 2003; Jordan et al., 2011). 일부 전문가들은 저활동성 성욕장애의 반대인 **과잉성욕 흥분장애**(hypersexual arousal disorder)로서 일부 변태성욕증 사례에 적용할 수 있는 고조된(heightened) 성충동을 고려한다. 이런 경우에서는 매춘부를 단골로 찾아간다거나, 공공 장소에서 자위를 한다거나 혹은 무절제한 음란물의 사용 등과 같은 불법적이거나 문제적인 행동을 일으키려는 충동을 조절하는 데 반복적인 어려움을 겪을 수 있다(Levine, 2012).

다른 연구자들은 변태성욕인 남성과 대조군 남성 사이에서 변태성욕적(페티시의 그리고 가학피학증의) 이미지와 대조군 이미지(나체의 여성, 성기 성교, 구강 성교)에 대해 반응하는 뇌파의 차이를 찾는다(Waismann et al., 2003). 이들 차이점의 의미는 아직은 분명하지 않지만, 변태성욕인 남성의 경우 그렇지 않은 남성보다 다른 유형의 성적 자극에 뇌가 달리 반응할 가능성이 있다. 최근에, 연구자들은 나체 어린이들의 이미지와 나체 여성의 이미지에 대한 뇌의 반응을 fMRI 스캔으로 측정하고, 검토함으로써 소아성애장애를 지닌 남자들과 (소아성애장애가 아닌)건강한 남성을 거의 100%의 정확도로 구별할 수 있음을 알아냈다(Ponseti et al., 2012). 다른 연구자들은 소아성애장애를 지닌 남성이 성적 자극에 반응하는 두뇌 회로에서 비정상적인 두뇌 작용의 증거를 보여 준다는 것을 찾는다(Cantor et al., 2008). 비록 추후 연구가 필요하지만, 성적 흥분과 관련한 뇌 네트워크의 장애 혹은 어쩌면 어릴 적 트라우마 혹은 학대를 당한 과거가 있는 남성에게서 전반적으로 소아성애장애에 걸릴 위험이 증가하는 듯싶다(Cowley, 2008).

시간이 흐름에 따라 우리는 변태성욕 행위의 생물학적 근거에 대해 보다 많이 알 수 있을 것이라 기대할 수 있다. 다른 성적 유형과 마찬가지로, 변태성욕에는 복합적인 생물학적, 심리학적 그리고 사회문화적 기원이 있을 것이다. 이것에 대해 이해하기 위해 복합적인 관점을 포함하는 이론적 틀에서부터 접근하는 것이 최선의 방법일까? 성 의학자인 John Money(2000)는 변태성욕의 기원을 아동기까지 추적했다. 그는 아동기의 경험은 뇌 속에 패턴을 새겨 넣는다고 말했는데, 그는 이것을 **사랑의 지도**(lovemap)라고 불렀다. 사랑의 지도는 성적으로 흥분되는 자극의 유형과 행동을 결정한다. 변태성욕에서는 사랑의 지도가 어릴 적의 트라우마로 인해 비뚤어지거나 '훼손(vandalized)'될 수 있다. 증거는 수많은 사례에서 어린 시절의 감정적 혹은 성적 트라우마를 이후의 변태성욕의 발현과 결부시킨다(Barbaree & Blanchard, 2008). 그레고리 레네가 언급하듯, "성적으로 학대된 소년은 소년과의 성적 행위를 수반하는 변태성욕적 환상이 생겨날지 모른다…. 어린 소년이었을 때 이성 복장을 함으로써 벌을 받거나 혹은 당혹스럽게 되면 일부 소년들은 그 경험에서 성욕을 느끼게 될 수도 있고, 이는 후에 복장도착으로 표현된다"(2009, p. 15).

변태성욕장애의 치료

> **10.9** 변태성욕장애를 치료하는 방법을 기술한다.

변태성욕장애(paraphilic disorders)를 치료하는 데 가장 주요한 문제는 이런 행위를 저지르는 많은 사람이 일반적으로 변하려고 하지 않는다는 것이다. 그들은 치료가 그들을 투옥 혹은 가정생활의 상실 등의 심각한 처벌로부터 구제해 주리라는 확실한 믿음 없이는 그들의 행동을 바꾸려 하지 않을지 모른다. 결과적으로, 전형적으로 그들은 치료하려고 스스로 찾아 나서지 않는다. 보통 그들은 노출장애, 관음장애 혹은 아동 성추행 등과 같은 성범죄를 저지른 후 감옥에서 치료를 받거나 또는 법원을 통해 치료사에게 보내진다. 이런 환경 아래서는 성범죄자들이 치료에 저항하는 것이 놀라울 것도 없다. 치료전문가들은 환자가 자신의 행동을 바꾸려는 동기가 부족해 치료가 효과를 내지 못할 수 있음을 인정한다. 그럼에도 불구하고, 주로 인지행동적 치료법인 일부의 치료 양식은 자신의 행동을 바꾸고자 하는 성 범죄자들에게 도움이 될 것이다(Abracen & Looman, 2004).

정신분석 정신분석가들은 아동 시절의 성적 갈등(전형적으로 오이디푸스 콤플렉스 본성)을 인식의 영역으로 끌어내어 성인이 된 개인의 인격에 의해 풀어낼 수 있도록 시도한다(Laws & Marshall, 2003). 개인의 사례 연구에서 좋은 결과가 가끔씩 문헌에 나오지만, 변태성욕의 심리역학적 치료의 효과를 뒷받침할 잘 통제된 연구가 부족하다.

인지행동치료법 전통적인 정신분석은 문제의 뿌리를 아동기로 탐험해 가는 방대한 분량의 과정을 수반한다. 인지행동치료법은 이보다는 간략하며 직접적으로 문제 행동을 바꾸는 데 집중한다. 인지행동치료법은 변태성욕적 행동을 줄이고 적절한 성적 행동을 강화하도록 도와주기 위한 구체적인 수많은 치료법, 가령 혐오감 조건화(aversive conditioning), 내재적 민감화(covert sensitization) 그리고 사회적 기술 연습 등과 같은 방법을 포함하고 있다(Krueger & Kaplan, 2002). 많은 경우에 서로 기법을 조합해서 사용한다.

혐오 조건화(혐오 치료라고도 불린다)의 목표는 용납할 수 없는 흥분 자극 혹은 상상에 대해 부정적인 정서 반응이 나타나도록 유발하는 것이다. 조건화 모델을 적용할 때, 변태성욕적인 자극에 대해서 조건화된 혐오감이 발현되기를 바라면서, 어린이를 수반한 성적 자극을 혐오스런 자극(예: 암모니아와 같은 불쾌한 냄새)과 반복적으로 짝을 맺어 준다(Seto, 2009). 혐오감 유발법은 어린이를 자극으로 반응하는 성적 흥분을 감소시킬 수 있으나, 이런 효과들이 얼마나 지속될지에 대한 의문은 여전히 남는다(Marshall & Laws, 2003; Seto, 2009).

내재적 민감화(covert sensitization)는 혐오감 유발법의 한 변형으로서 변태성욕적 환상은 여기서 상상 속 혐오스런 자극과 짝이 맞춰지게 된다. 획기적인 한 연구에서 소아성애장애를 지닌 남성과 노출장애를 저질렀던 남성은 처음에 소아성애장애적 혹은 노출적인 장면을 상상하도록 지시받았다(Maletzky, 1980). 그다음

> 어느 지점에서… 성적 즐거움을 불러일으켰을 때, 혐오스런 이미지가 제시된다…. 표본 중에는 소아성애장애자가 아이에게 펠라티오를 할 때, 아이의 성기 위에서 곪아 터진 종양을 발견하는 것을 포함하거나, 노출장애 환자가 여성 앞에서 노출하지만 부인 혹은 경찰에게 갑자기 들키거나, 소아성애장애자가 어린 소년을 들판에 눕히지만, 그의 옆에 놓여 있는 것은 개똥인 경우 등을 포함한다(Maletzky, 1980, p. 308).

위와 유사한 치료를 받은 7,275명의 성범죄자에 대한 25년간의 추적 연구에서, Maletzky와 Steinhauser(2002)는 많은 노출장애 환자에게서는 치료 효과가 유지되었으나, 소아성애장애자는 거의 그렇지 않음을 발견했다. 하지만 그만큼의 세월이 흐른 후 연락이 닿은 사람들은 처음 참여자의 50%도 안 되었다.

사회적 기술 훈련은 성인 파트너와의 관계를 발전시키고 유지하는 능력을 향상시키는 데 도움을 준다. 치료사는 처음에 여자에게 데이트를 신청하거나 거절을 다루는 등의 바람직한 행동 표본을 만들어야 한다. 그러면 환자는 여자의 역할을 하면서 치료사의 행동을 리허설한다. 치료사는 피드백과 추가적인 안내 그리고 표본을 제공해 주어서 환자가 그의 사회적 기술을 더 개선하도록 돕는다.

인지행동 기법의 효과에 대한 연구는 치료받지 않은 대조군이 없음으로 인해 제한적이다(Seto, 2009). 결과적으로 우리는 법률적인 결과에 대한 두려움과 같은 다른 요소들이 결과에 영향을 미쳤는지에 대한 가능성을 무시할 수가 없다.

> **10.10** 강간의 주요 유형을 살펴보고, 강간의 영향을 기술하고 강간에 관련된 요인들을 알아본다.

생의학적 치료법 변태성욕장애에 대한 마법의 알약이라든가 다른 의학적 치료법은 없다. 그럼에도 프로작(Prozac)과 같은 SSRI 항우울제로 노출장애, 관음장애 그리고 물품음란장애를 치료했을 때 진전이 보고된다(Bradford, 2001;

더 자세히 살펴보기

'사이버 섹스 중독' — 새로운 심리학적 장애인가?

최근에 인터넷의 사용이 급증했으며 이렇게 성장한 주요소 중 하나가 사이버 섹스이다. 사람들은 인터넷 대화방에서 사람들과 온라인 섹스를 벌이며, 때로는 온라인에서 만난 사람과 현실에서의 성적 만남으로 진전되기도 하면서, 인터넷상의 성인 사이트를 계속 접속하고 있다.

일부에게는 사이버 섹스에 대한 끌림은 어쩌면 상대적으로 피해가 적은 여가 추구일 수도 있다. 그러나 전문가들은 다른 이들에게는 사이버 섹스의 쉬운 접근성이 사이버 섹스 중독이라는 새로운 유형의 심리적 장애를 키우고 있다고 염려를 표시한다(Green et al., 2012; Philaretou et al., 2005). 성인 인터넷 사용자의 6% 정도로 추정되는 사람들은 그들이 일정 시간 동안 인터넷에서 멀어져 있을 때 금단 증상을 경험하는 등, 그들의 온라인 행위에서 성적 강박감의 증거를 보여 준다(Bailey, 2003a).

사이버 섹스 강박인 사람들은 마약 중독에 비유될 수 있는데, 약물 중독이 약물을 선택하는 것과 똑같은 방식으로 희열을 얻고자 인터넷을 사용한다(Cooper et al., 2004; Schneider, 2005). '섹스를 찾아 인터넷을' 사용한다고 인정한 9,265명의 남자와 여자에 대한 설문조사를 바탕으로 심리학자 Al Cooper와 동료들(2000)은 인터넷은 최소한 1% 이상의 응답자들이 온라인 섹스에 강력하게 중독된, '성적 강박의 크랙 코카인'이라고 결론을 내렸다. 일부의 연구에서는 온라인 섹스에 중독된 사람들이 현실 세상에서도 섹스의 기회가 충분하다는 것을 발견하지만, 다른 연구에서는 중독자들이 다른 사람들보다 더 외롭다는 것을 발견한다(Yoder et al., 2005).

의사인 Jennifer Schneider(2003, 2004)는 사이버 섹스 중독의 영향을 받은 94명의 가족 구성원에 대해 수행한 설문조사에서 이 문제가 대인관계가 괜찮은 사람 중에서도 그리고 성적인 기회가 풍부한 사람에게서도 발생할 수 있음을 발견했다. "인터넷상의 섹스는 정말로 유혹적이며 너무도 쉽게 이것을 대할 수 있어서 취약한 사람들은 그들이 알지도 못하는 사이 걸려들 수 있다"(cited in Brody, 2000).

Schneider(2005)는 사이버 섹스 중독을 '통제력의 상실, 심각하게 곤란한 결과에도 불구하고 행위를 지속하는 것 그리고 약물을 손에 넣거나 그 행동을 추구하는 데 대한 몰두 혹은 집착'으로 특징되는 실제의 중독으로 보는 시각을 옹호한다. 비록 행동 중독은 약물을 취하는 것을 수반하지 않지만, 이것은 모르핀 마약처럼 보이는 작용을 하는 뇌의 화학물질인 엔도르핀을 분비해서, 그 행동을 지속하게 하는 뇌 변화를 일으킬 수도 있을 것이다.

사이버 섹스 중독. 사이버 섹스에 대한 쉬운 접근성은 아마도 사이버 섹스 중독이라고 불리는 새로운 종류의 심리적 장애가 확산되도록 한 가장 큰 이유일 것이다. 온라인에서 성적 컨텐츠들을 강박적으로 이용하고 있는 대부분의 사람들은 자신의 문제를 인정하려 하지 않으며 심지어 직업이나 일상생활을 영위하기 어려운 상태가 되어도 자신의 문제를 부인한다.

성적 흥분과 극치감은 그 행동을 강화한다. 연구자인 Mark Schwartz가 언급하듯 "최소한의 자판 두드림으로부터 얻는 강렬한 극치감은 강력하게 강화한다. 사이버 섹스는 이상적인 파트너와의 의례적인 무수한 만남을 쉽고 저렴하게 접근하도록 해준다(cited in Brody, 2000).

다른 중독에서와 마찬가지로, 사이버 섹스 자극에 대한 내성이 나타날 수 있고, 이는 처음의 최고치를 되찾기 위해서 더욱더 많은 위험을 감수하도록 유도한다. 처음에는 무해한 여가로 시작했던 온라인 보기는 모든 것을 소진시키게 될 수도 있으며 심지어는 온라인에서 만난 사람들과 실제로 성적 만남으로 이어질 수도 있다. 사이버 섹스 강박이 있는 사람들은 때때로 자신의 파트너와 자녀를 무시하고, 직업까지 위태위태하게 한다. 많은 회사는 고용인의 온라인 활동을 모니터하므로, 성적인 사이트에 방문하면 직업을 잃을 수도 있다. Schneider는 다른 곤란한 결과를 보고하는데, 여기에는 관계의 결별도 포함된다. 파트너는 종종 배신당하고, 무시당하고 그리고 온라인의 환상에 견주어지지 못하는 감정을 보고한다.

결혼 14년 차인 34세의 한 여성은, 남편이 자신과의 잠자리 때 머릿속에 담아서 데려오는 그 모든 무명의 여자들과 무슨 수로 경쟁할 수 있겠느냐며 의아해한다. 그녀는 한때 그들만을 위한 친밀함의 공간이었던 침대가 이제는 온통 얼굴 모를 이방인으

(다음 쪽에 계속)

로 넘쳐나는 것처럼 느낀다(Brody, 2000).

사이버 섹스 중독은 아직은 공식적인 진단범주로 인정되지 않는다. 또한 우리는 인터넷상에서의 성적 소재를 여가적으로 이용하는 것이 어디서 끝나고, 성적 강박이 어디서 시작하는지도 알 수가 없다. 그렇지만, 사이버 섹스 강박의 문제는 꾸준히 자라고 있으며, 특히 광대역을 활용하게 되면서 전 세계에 걸친 컴퓨터 화면에 외설적인 성적 비디오 프로그램을 전송할 수 있게 된 지금 특히 그렇다.

Thibaut, 2011). 왜 SSRI인가? 우리는 5장에서 SSRI가 반복적인 강박과 충동으로 특징지어지는 심리적 장애인 강박장애를 치료하는데 종종 도움이 된다는 점을 언급했다. 변태성욕은 이들 행동 유형을 반영하는 것처럼 보이는데, 이런 점은 변태성욕이 어쩌면 행동의 강박-충동 범주 안에 들어맞을 수도 있음을 시사한다. 변태성욕을 지닌 사람들은 종종 어린 아동들의 거슬리고 반복적인 기억된 이미지 같은, 변태성욕의 대상 혹은 자극의 강박적인 생각과 이미지를 경험한다. 많은 이들은 또한 변태성욕적인 행동을 반복적으로 실행하도록 강요하는 충동을 느낀다.

항남성호르몬(antiandrogen) 약물은 혈류에서 테스토스테론의 수치를 줄여 준다. 테스토스테론은 성적 충동을 활성화시키기 때문에, 특히 이 약물을 심리적 치료법과 함께 결합해서 사용하면, 성적인 범죄 및 관련된 환상에 대한 충동을 포함하는, 성욕과 성적 충동을 줄여 줄 것이다(Briken et al., 2011; Houts et al., 2011; Thibaut, 2011). 그러나 항남성호르몬은 이성성애적 충동을 완전히 없애주지도 못할 뿐더러 환자가 이끌리는 성애적 자극의 유형을 바꾸지도 못한다.

다음으로 넘어가기 전에, 어쩌면 당신은 변태성욕의 개요를 제공하는 표 10.3을 재검토하고 싶어 할지도 모르겠다.

강간

파티에서 젊은 남자를 만난 대학생 앤은 강간에 대한 다음의 이야기를 들려주었다.

'나' "이런 일이 나에게 벌어질 줄은 생각도 못 했어요."

나는 파티에서 그를 처음 만났다. 그는 성발로 살생겼고 미소가 정말 멋졌다. 나는 그를 만나고 싶었으나 어떻게 해야 할지 확신이 없었다. 나는 너무 설치는 것처럼 보이고 싶지 않았다. 그때 그가 왔고 자신을 소개했다. 우리는 이야기를 나누었고 공통점이 대단히 많다는 것을 발견했다. 나는 정말로 그가 좋았다. 그가 그의 자리에서 술 한잔 하자고 물었을 때, 나는 괜찮을 거라고 생각했다. 그는 정말 말을 잘 들어 주는 사람이었고, 나는 그가 다시 한 번 나에게 나가자고 해주기를 바랐다.

우리가 그의 방에 이르렀을 때, 앉을 곳이라곤 그의 침대 위뿐이었다. 나는 그가 잘못된 맘을 먹는 것을 바라지 않았지만, 그 밖에 내가 무엇을 할 수 있었겠는가? 우리는 잠시 이야기를 나누었고 그다음 그는 행동을 일으켰다. 나는 엄청 놀랐다. 그는 키스부터 시작했다. 나는 그를 정말로 좋아했고 키스는 좋았다. 그러나 그다음 그는 나를 침대 위로 밀었다. 나는 일어나려고 애쓰며 멈추라고 말했다. 그는 훨씬 더 크고 더 강했다. 나는 겁을 먹고 울기 시작했다. 나는 얼어붙었고 그는 나를 강간했다.

겨우 몇 분이 걸렸고 끔찍했으며, 그는 너무 거칠었다. 일이 끝났을 때 그는 계속 뭐가 잘못되었냐고 물었는데, 마치 모르는 것 같았다. 그는 자신의 몸을 내 위에 거칠게 밀어붙였는데 그래도 된다고 생각하는 듯했다. 그는 나를 집까지 바래다주었고 나를 다시 만나고 싶다고 말했다. 나는 그를 다시 만나는 것이 너무 무서웠다. 나는 이런 일이 나에게 벌어질 줄은 생각도 하지 못했다.

— 저자의 파일에서

강간, 특히 데이트 강간은 대학 캠퍼스에서 시급한 우려사항인데, 수천 명의 여성들이 대학 캠퍼스에서 데이트 도중 혹은 지인에 의해 강간당하고 있다. 남자 대학생들은 빈번하게 데이트에서 파트너가 보이는 저항을 서로 적대적인 섹스 게임의 일부라고 인지한다. 앤을 강간했던 짐의 견해를 살펴보자.

'나' "왜 그녀는 그토록 완강히 저항했을까?"

나는 그녀를 파티에서 처음 만났다. 그녀는 정말 흥분되게

표 10.3
변태성욕의 개요

변태성욕의 주요 유형: 성적 희열의 이례적이고 일탈적인 유형, 피학증을 제외하면 이들 장애는 거의 배타적으로 남성에게서 만 일어난다.	
노출장애	자신의 성기를 공공의 장소에서 노출하는 데서 오는 성적 희열
관음장애	아무런 낌새도 알아채지 못한 다른 사람들이 나체이거나, 옷을 벗거나 혹은 성적으로 흥분해 있는 것을 관찰하는 데서 오는 성적 희열
성적피학장애	굴욕감 혹은 고통을 받는 것과 결합된 성적 희열
물품음란장애	무생물 대상 혹은 특정한 신체 부위에 성적으로 이끌림
마찰도착장애	그리하라고 동의해 주지 않은 낯선 이들에게 부딪히거나 비벼 대는 행위와 결합된 성적 희열
성적가학장애	남들에게 굴욕감 혹은 고통을 주는 것과 연관된 성적 희열
복장도착장애	이성의 복장을 입는 것과 연관된 성적 희열
소아성애장애	아동에 대한 성적 끌림
유발 요소: 복합적인 원인이 연관되어 있을 것이다.	
학습 관점	• 이례적인 자극은 이전에 이것들이 성적 행위와 짝으로 맞춰진 결과로서 조건화된 성적 흥분 자극이 되는 것이다. • 이례적인 자극은 이것들을 성애적이고 자기도취적인 상상 속에 집어 넣음으로써 성애적인 자극이 된다.
심리역학적 관점	• 아동기로부터 잔존해 남아 있는 거세 불안 때문에 성적 흥분이 보다 안전한 대상이나 행위로 대체된다.
다요인(多要引) 원인적 관점	• 아동기의 성적 신체적 학대가 정상적인 성적 흥분 방식들을 변질시킬 것이다
치료 접근법: 결과에 대한 의문은 여전히 남는다.	
생의학적 치료	• 일탈적인 성적 충동을 통제할 수 있도록 혹은 성욕을 감소시키도록 도와주는 약물
인지행동적 치료법	• 혐오감 유발법(일탈적인 자극을 혐오스런 자극과 짝을 맺어 주기), 내재적 민감화(바람직하지 않은 행동을 상상 속에서 혐오스런 자극과 짝을 맺어 주기) 그리고 보다 더 적응할 수 있는 행동들을 습득하도록 돕는 사회적 기술 훈련과 같은 비혐오 방법

생겼고, 그녀의 훌륭한 몸을 과시하는 섹시한 드레스를 입고 있었다. 우리는 바로 대화를 시작했다. 나는 그녀가 이야기하는 내내 웃음을 잃지 않고 내 팔을 만지는 것으로 봐서 그녀가 나를 좋아한다는 것을 알았다. 그녀는 상당히 긴장이 풀린듯 보였고, 그래서 나는 술 한잔 하러 내 공간으로 가자고 했다…. 그녀가 그러자고 했을 때, 나는 내가 운이 좋으리라는 것을 알았다!

내 공간으로 왔을 때, 우리는 키스하면서 침대 위에 앉았다. 처음에는 모든 것이 대단했다. 그다음 내가 그녀를 침대 위에 눕히려 하자, 그녀는 몸을 돌리면서 하고 싶지 않다고 말하는 것이었다. 대다수의 여자들은 너무 쉬운 여자처럼 보이는 것을 좋아하지 않기에, 나는 그녀가 그저 시늉을 하는 것임을 알았다. 그녀가 저항을 멈췄을 때, 나는 우리가 성교를 하기 전에 그녀가 눈물 몇 방울 흘리는 것은 그냥 으레적인 것이라고 생각했다.

성관계 후에도 그녀는 여전히 매우 속상해 있었으며, 나는 정말 그녀가 왜 그러는지 이해할 수가 없었다. 그녀가 섹스를 원하지 않았으면, 왜 나와 함께 방안에 들어왔을까? 그녀가 입은 복장과 행동을 보면 숫처녀가 아니란 것을 누구든지 알 수 있는데, 그녀가 왜 그토록 완강히 저항했는지 나는 도무지 알 수가 없다.

— 저자의 파일에서

강간(rape)은 DSM 체계에서 정신장애로 분류되지 않으며, 강간범들은 여하한 진단 가능한 장애에 시달릴 필요는 없다. 그렇지만 그 폭력적인 본질 그리고 피해자에게 종종 입히는 파괴적인 영향으로 인해 강간 및 기타 형태의 성폭행은 이상행동의 틀 안에 정확하게 자리한다. 게다가 강간 생존자들은 종종, 정신적으로나 신체적으로 모두 다양한 건강 문제를 겪는다.

많은 강간 생존자는 그 경험으로부터 정신적 외상을 입는다(Bryant-Davis, 2011; Gannon et al., 2008; Kaczmarek, LeVine, & Segal, 2006). 그들은 불면에 시달릴 수도 있고 빈번히 울 수도 있다. 그들은 섭식장애, 방광염, 두통, 과민성, 기분 변화, 불안과 우울증 그리고 생리 불순을 보고할 수도 있다. 강간 생존자들은 내성적으로 되고 침울하고 남을 불신하게 될 수도 있다. 강간당하는 여자들은 최소한 부분적으로 스스로를 비난할 수 있고, 이는 죄책감과 수치심으로 이어질 수 있다. 정서적인 고통은 그 공격 이후 약 3주까지는 절정을 이루는 경향이 있으며 수그러들기 시작하기 전에 한 달 정도의 기간 동안은 일반적으로 높은 상태로 남아 있다(Duke et al., 2008; Littleton & Henderson, 2009). 그러나 많은 생존자는 지속적인 문제에 맞닥뜨린다. 강간과 신체적 학대에서 생존했던 여군에 대한 연구에서 그러한 성폭행 이후 약 10년이 지난 후에도 심리적 문제 및 건강 관련 문제를 발견하였다(Sadler et al., 2000). 일부 생존자들은 신체적 상처와 성적으로 전염되는 감염병, 심지어는 에이즈(HIV/AIDS)에 시달린다.

미연방수사국(FBI)은 미국에서 해마다 거의 90,000건의 물리력을 동반한 강간이 발생한다고 보고한다(Rabin, 2011). 그러나 이 통계 수치는 실제의 강간 사건을 대단히 낮춰 잡은 것인데, 왜냐하면 대다수의 강간은 당국에 보고되지 않거나 기소되지 않기 때문이다. 수많은 여성은 형사사법제도에 의해 수치를 당할 것이 두려워 신고하지 않는다. 일부는 그들의 가족 혹은 강간범 본인으로부터 보복을 당할까 두려워한다. 많은 여성은 강간범이 모르는 사람이거나 혹은 무기를 사용했을 때에만 강제 강간이 되는 것으로 잘못 믿고 있다.

최근의 국가적인 조사에 따르면 거의 20%의 여성이 강간을 당하거나 강간 시도를 겪었다고 보고했다(Rabin, 2011). 이 조사를 바탕으로, 우리는 연간 약 130만 명의 여성이 강간 혹은 강간 시도를 당하고 있다고 추산할 수 있다. 다른 추정치는 미국 여성 중 25%가 그들의 삶의 어느 시점에 강간을 당하리라는 것을 시사한다(Campbell & Wasco, 2005). 모든 연령대의 여성이 강간의 위험에 놓여 있기는 하지만, 강간의 66.7%는 11~24세의 젊은 여성이 수반되어 있으며, 80% 정도는 25세 미만의 소녀들과 젊은 여성이 수반되어 있다(CDC, 2011).

강간의 유형

강간의 주요 유형은 낯선 사람에 의한 강간, 아는 사람에 의한 강간, 부부 사이의 강간 그리고 남성 강간을 포함한다. 낯선 사람에 의한 강간은 피해자와 일면식이 없는 가해자(혹은 가해자들)에 의해 저질러지는 것이다. 낯선 강간범은 취약해 보이는—즉 혼자 사는 여자 혹은 인적이 없거나 가로등이 희미한 길을 걷는 여자 혹은 잠들어 있거나 약물에 취한—여자를 범행 대상으로 고르는 경향이 있다.

미 사법부에 따르면(2006), 80% 이상의 강간이 아는 사람에 의한 강간, 즉 피해자가 알고 있는 사람에 의해 저질러진 강간이었다. 강간의 생존자들은 지인에 의한 성폭행을 강간이라고 인식하지 못할 수도 있다. 설령 경찰 조사를 한다고 해도, 이것이 폭력 범죄라기보다는 '오해' 혹은 '사랑 싸움'으로 취급될 수도 있다. 대규모의 국가적 대학 조사에서 성폭행을 당했던 여대생 중 겨우 25%만이 스스로를 강간의 피해자로 보았다(Koss & Kilpatrick, 2001; Rozee & Koss, 2001). 이것은 되풀이할 가치가 있는데 4명의 여대생 중 오직 1명만이 그들이 성폭행을 당할 때 그들에게 일어났던 그 사건에 대해 강간이라는 라벨을 붙였다.

그림 10.2는 여대생들에 대한 동일한 국가적 조사를 바탕으로 강간범과 피해자의 관계 유형을 보여 준다. 이 조사에서 강간(15.4%) 혹은 강간 시도를 겪었다고 보고한 여대생의 비율이 충격적으로 높다는 것이 드러났다. 대학교 표본 속 강간의 거의 90%에서 여자는 가해자와 안면이 있었다. 어느 해를 들여다보아도, 미국의 여대

생 중 약 3%는 강간 혹은 강간 시도에 시달린다(Fisher et al., 2003). 진실 / 거짓

진실 또는 거짓

여대생들은 자신들이 아는 사람보다는 모르는 사람들에게 더 강간당하기 쉽다.

거짓 대규모의 대학 조사에 따르면, 여대생 강간의 대부분은 그들이 아는 남자들에 의해 저질러졌다.

데이트 강간은 아는 사람에 의한 강간의 일종이다. 4명 중에서 무려 1명의 여대생이 데이트 도중 강제적으로 성교를 하게 된다는 것을 조사는 보여 준다(McAnulty, 2012). 데이트 강간은 해당 커플이 술을 마신 후 남자의 차 안에 머물거나 혹은 그의 방으로 되돌아갈 때 더 발생하기 쉽다. 남자들은 데이트를 하려고 그의 집으로 가는 것을 성관계를 하려는 신호로 인식하는 경향이 있다. 데이트 강간을 저지르는 대다수의 남자들은 여자들의 반항을 힘으로 제압했다.

국가적인 대학 조사에 따르면, 여대생들에 대한 강간의 대부분은 데이트 파트너, 연애하는 사이가 아닌 지인, 그리고 가족 구성원을 포함해서 여자들이 알고 있는 남자들에 의해 저질러졌다(그림 10.2 참조).

일부 데이트 강간범은 데이트 수락을 기꺼이 성관계를 할 수 있다는 암시로 잘못 받아들인다. 그들은 자신들이 저녁식사를 하러 데리고 나가는 여자가 섹스로 대가를 지불해야 한다고 믿을는지도 모른다. 남자들은 홀로 바 혹은 그런 곳을 드나드는 여자들은 자동적으로 섹스를 하려 들 것이라 생각하는지도 모른다. 일부 데이트 강간범들은 진도를 나가려 할 때 여자들이 저항하는 것을 단순히 '쉬워' 보이지 않으려고 그러는 것이라 믿는다. 이런 남자들은 저항을 '섹스라는 전투'에서의 술책이라고 잘못 이해한다. 자신의 기숙사에서 앤을 강간한 짐처럼 그들은, 특히 성적인 관계가 펼쳐졌을 때 여자들이 말하는 부정은 긍정을 의미하는 것이라 믿을 수 있다.

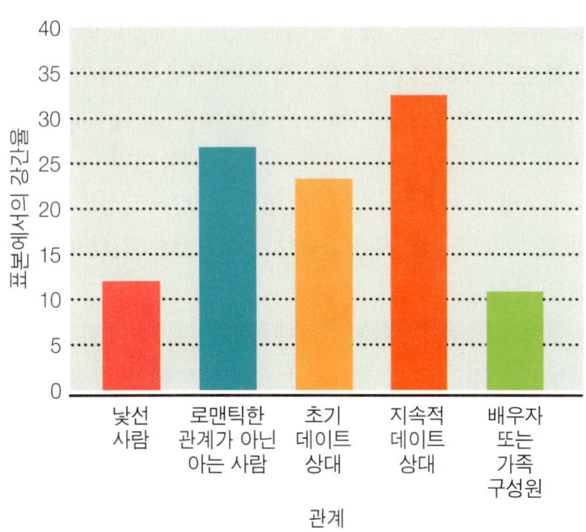

그림 10.2 **낯선 사람에 의한 강간율과 아는 사람에 의한 강간율.**

연구자들은 기혼 여성의 10~14%가 남편으로부터 강간을 당한다고 보고한다(Martin, Taft, & Resick, 2007). 전통적인 사고방식을 가진 남편이라면 그가 원할 때면 언제라도 그의 아내와 섹스를 할 권리가 있다고 생각할 수도 있다. 그는 어쩌면 섹스란 아내가 하고 싶지 않을 때조차도 아내의 의무라 여길지도 모른다. 그러나 여자의 배우자 관계와 상관없이 강간은 강간이다. 교육 수준이 더 높고 남자와 여자의 관계에 대한 전통적인 고정관념에 덜 사로잡힌 남자들이 부부 사이의 강간을 범할 가능성이 더 적다(Basile, 2002).

윤간범들은 그들의 피해자에게 힘을 행사할 거리를 찾으며 전형적으로 거친 '건장한 남자'의 고정관념에 따름으로써 자신의 친구들에게 깊은 인상을 주려고 한다. 자신의 친구인 피트와 복수의 강간을 벌인 커트의 사례를 살펴보자.

'나' **"나는 겁을 먹고 꽁무니를 뺄 수 없었다"**

나는 늘 피트를 우러러 봤으며 내 자신을 그보다 못하다고 느꼈다. 나는 그에게 신세를 지고 있다고 느꼈으며 강간을 저지를 때 꽁무니를 뺄 수가 없었다. 나는 그를 경배했다. 그는 내가 아는 최고의 싸움꾼이었고, 연인이었으며, 수상스키를 잘 탔으며, 오토바이의 명수였다. 성폭행에 참여할 때면 나는 그와 동등하다고 느꼈다…. 나는 친구가 아무도 없었고 아무것도 아닌 것처럼 느꼈다…. 그는 나를 그의 오토바이 클럽에 데리고 갔다. 그는 나를 어엿한 누군가로 만들어 주었다.

나는 쇼핑 센터로 가면서 희생자를 찾곤 했다. 나는 칼이나 총을 가지고 그녀에게 접근해서 그다음엔 그에게로 데리고 갔다. 그가 먼저 강간을 하고 그다음에 내가… 우리는 4달에 걸쳐서 약 8명의 소녀들을 강간했다.

— Groth & Birnbaum, 1979, p. 113

일반적으로 생각되는 신화는 바로 남자들은 강간의 피해자가 될 수 없으리라는 것이다(Peterson et al., 2010).

비록 여자들이 훨씬 더 강간당하기 쉽지만, 최근의 추정치는 남자들 중 일부 1~3% 정도가 일생 동안 어느 한 시점에—강제된 구강 혹은 항문의 음경 삽입으로 정의된—강간의 피해자가 됨을 가리킨다(Rabin, 2012). 남성 강간을 저지르는 남자들은 대부분 이성애자들이다. 그들의 동기는 주로 지배와 통제, 복수와 앙갚음, 가학증과 수모 그리고—강간이 범죄 조직의 구성원에 의해 저질러질 때는—등급과 가입을 포함한다(Krahe, Waizenhofer, Moller, 2003). 성적인 동기는 흔히 아주 적거나 없다. 강간을 당하는 여자들과 마찬가지로 남성 강간 생존자들은 종종 심각한 신체적, 심리적 영향에 시달린다(Peterson et al., 2010; Rabin, 2012).

이론적 관점

강간에는 많은 동기가 깔려 있다. 남녀 평등주의자(Feminist)들은 강간을 남자가 여자를 지배하고 깎아 내리려는 욕망, 여자를 대상으로 의심할 여지가 없는 힘과 우월성을 확립하려는 욕망의 표현이라고 본다. 다른 이론가들은 많은 종류의 강간, 구체적으로 아는 사람 사이의 강간, 데이트 강간 그리고 부부 사이의 강간에서 성적 동기(motivation)가 핵심 역할을 한다고 주장한다(Baumeister, Catanese, & Wallace, 2002; Bushman et al., 2003). 이런 경우에 있어서 그 동기는 크게 보아서는 성적인 것이겠지만 분명히 말하는데—어떠한 형태든 강압적인 섹스는 폭력 행위이다. 강간은 다른 형태의 폭력적 행동의 맥락 속에서 종종 발생한다(Gannon et al., 2008). 일부 강간범들에게는, 폭력적인 신호가 성적 흥분을 높이는 듯 보이는데, 이것이 그들로 하여금 섹스와 공격성을 묶게 하는 동기가 된다. 어릴 때 성적 학대를 겪었던 일부 강간범들은 분노를 표출하고 여자들에 대한 힘을 표출하는 방식으로 그리고 복수하는 방식으로 여자들에게 굴욕감을 주는 것일 수 있다.

사회적 태도와 문화적 근거 없는 믿음 또한 높은 강간 사건의 원인이다(Davies et al., 2012). 많은 사람은 "여성이 말하는 '아니요'는 '예'를 뜻한다"와 같은 강간에 대한 신화를 믿는다. 또 하나의 근거 없는 믿음은 마음 깊숙이 여성은 강간을 원한다는 것이다. 유행하는 이런 믿음에 대한 명백한 책임은 대중매체에게 있는데, 이는 대중매체에서 남성이 진도를 나갈 때 여성이 처음엔 저항하지만 그다음엔 남성의 압도적인 남성성에 굴복하는 모습으로 그려질 때 그렇다. 이런 잘못된 믿음은 폭행에 대해서 피해자를 비난하고 공공의 시각에서 강간을 정당화하는 영향을 미친다. 남성과 여성 모두 강간에 대한 잘못된 믿음을 일부 믿지만, 연구자들은 남자 대학생이 여자 대학생보다 그러한 믿음을 갖기 쉽다는 것을 발견한다(Maxwell, Robinson, & Post, 2003; Osman, 2003). 옆에 있는 설문지는 강간을 정당화하는 효과를 가지고 있는 잘못된 믿음을 당신이 믿는지 믿지 않는지에 대해 들여다볼 수 있게 해줄 것이다. 진실 / 거짓

진실 또는 거짓

마음 깊숙이, 대다수 여자들은 강간당하고 싶은 욕망이 있다.

거짓 이것은 강간에 대한 잘못된 믿음의 한 예다. 이런 믿음을 품고 있으면 성폭행의 피해자를 비난하고 가해자에게 면죄부를 주는 것으로 이어질 수 있다.

비록 일부의 강간범들이 심리검사에서, 특히 반사회적 혹은 정신병적 특성과 같은 정신병의 증거를 보여 주긴 하지만, 대다수는 그렇지 않다(Lalumière et al., 2005a). MMPI(3장 참조)와 같은 심리검사는 성격 특성에 기초한 구체적인 강간범 프로파일을 아무것도 찾아내지 못했다(Gannon et al., 2008). 많은 강간범이 심리학적 검사에서 정상이라는 바로 그 점은 어린 남자들의 사회화가 성폭행 기질을 만들어 내는 데 중요한 역할을 한다는 점을 시사한다. 진실 / 거짓

진실 또는 거짓

강간범들은 정신질환을 앓고 있다.

거짓 강간은 폭력 범죄이지 정신장애의 증상이 아니다. 많은 강간범들은 정신병적인 소견을 보이지 않는다. 강간은 일종의 사회적 일탈이며, 강간범들은 자신들의 폭력 행위에 대해서 법적인 책임을 져야 할 것이다.

어쩌면, 일부 연구자들이 주장하듯 우리 사회가 남자들이 사회적으로 성적으로 주도적인 역할을 하도록 사회화시킴으로써 강간범들을 길러 내는지도 모르겠다(Malamuth, Huppin, & Paul, 2005; Steinfeldt & Steinfeldt, 2012). 남자들은 아동기 때부터 종종 공격적이고 경쟁적인 행동이 강화된다. 그들은 자신들이 시합장에 있든 혹은 침실에 있든 어떻게 해서든 '득점'하도록 배울지 모른다. 그러한 사회화 영향은 또한 공격성을 억누를 수 있을 부드러움과 공감과 같은 '여성적인' 특성을 기부하는 것으로 이어질 수 있다. 게다가 혼합 가루에 알코올을 더하면 성폭행의 위험을 증가시킨다(Cole, 2006). 강간범은 바로 옆집 소년과 똑같을 수 있다. 실제로 그는 옆집 소

설문지

강간을 지지하는 분위기를 만들어 내는 믿음

다음 각각의 진술이 참 혹은 거짓이라고 당신이 믿는 바를 T 혹은 F에 동그라미를 쳐서 나타내시오. 그다음 이 장의 끝에 있는 채점 기준을 사용해서 당신의 응답을 해석하시오.

1. T F 바에서 남자와 술을 마시는 여자는 그저 섹스를 요청하는 것이다.
2. T F 여자들은 자신들이 섹스를 원했다는 것을 스스로 인정할 수 없을 때 강간이라고 외친다.
3. T F 여자가 어떤 방식으로 남자를 만질 때, 그녀는 남자가 갈 데까지 가도록 허락해야 한다.
4. T F 매혹적인 옷을 입은 여자들은 기본적으로 그저 '그것을 원하고 있는' 것이다.
5. T F 대부분의 여자는 정말로 원한다면 남자가 자신을 이용하지 못하게 막을 수 있다.
6. T F 여자가 "안 돼."라고 말할 때, 일반적으로 이것은 남자가 자신을 쉬운 여자라고 생각하는 것을 원하지 않기 때문이다.
7. T F 여자가 인정하기는 정말 힘들겠지만, 여자는 정말로 남자가 자기를 힘으로 압도해 주기를 바란다.
8. T F 데이트 강간은 기본적으로 남자와 여자의 의사소통의 문제이다.
9. T F 자신이 정말로 섹스를 원하지 않는다고 말하는 많은 여자들은 그저 스스로를 속이고 있는 것일 뿐이다.
10. T F 데이트 후에 여자가 성관계를 정말로 원치 않았다면 남자를 따라 그의 방으로 가지 않을 것이다.

년일 수도 있다. 우리는 어떤 사려 깊은 토론을 불러일으켰으면 하고 바라는 두 개의 질문으로 마무리하고자 한다. 우리는 우리의 아들들에게 무엇을 가르치고 있는가? 우리는 그들을 어떻게 다르게 가르칠 수 있을까?

10 요약

성별 불쾌감

10.1 성별 불쾌감의 핵심 특징을 기술한다.

성별 불쾌감이 있는 사람들은 자신들의 생물학적 성을 지속적이고 극심한 정신적 고통의 원천이라고 느낀다. 이 장애를 겪는 사람들은 그들의 성기를 이성의 것과 닮게 하려고 바꾸려 할 것이고 많은 사람은 이런 목적을 이루고자 호르몬 치료법 그리고/또는 수술을 감행한다.

10.2 성별 불쾌감과 동성애의 차이점을 설명한다.

성별 불쾌감은 자신이 남성 혹은 여성이라고 하는 심리적인 느낌과 해부학적 성이 서로 맞지 않음으로 인한 심각한 정신적 고통 혹은 불편함과 연결된다. 성적 지향성은 자신이 성적으로 끌리는 방향—즉 자신의 성에 속한 구성원이냐 혹은 이성이냐 하는 것에 연결돼 있다. 성별 불쾌감을 겪는 사람들과는 달리, 게이라든가 레즈비언의 성적 지향성을 지닌 사람들은 자신들의 생물학적 성과 일치하는 성별 정체성을 갖고 있다.

10.3 트랜스젠더 정체성의 주요 이론적 관점을 기술한다.

비록 트랜스젠더 정체성의 원인은 여전히 알려져 있지 않지만, 심리역학적 이론가들은 극단적으로 가까운 모자관계 그리고 부재중이거나 무심한 부친의 역할이 크다고 강조하는 반면, 학습 이론가들은 성 경계가 없는(cross-gender) 행동의 발현을 부추기는 사회화 유형에 초점을 맞춘다. 생물학적 설명은 남성 혹은 여성의 성장 라인에 따른 뇌 형성을 수반하는 태아 성장기의 성호르몬 분비에 영향을 미치는 유전적 요소에 초점을 맞춘다. 태아 성장기 동안 작용하는 생물학적 요소들은 아마도 트랜스젠더 정체성의 발현으로 이어지는 유년기의 경험과 결합하는 잠재적 소인(predisposition)을 만들어 내는지 모른다.

성기능 장애

10.4 성기능 장애를 정의하고 성기능 장애의 세 가지 주요 범주와 각 유형 속의 구체적 장애들을 알아본다.
성기능 장애는 성욕의 결여, 성적으로 흥분되지 못하는 문제, 그리고/또는 극치감에 이르지 못하는 문제를 수반하는 지속적이고 반복적인 패턴이다. 성기능 장애는 세 가지의 일반 범주로 구분할 수 있는데 (1) 낮은 성욕 혹은 제대로 흥분하지 못하는 장애(여성 성적 관심/흥분 장애, 남성 성욕감퇴 장애, 발기장애), (2) 극치감 반응이 제 기능을 못하는 것을 수반하는 장애(여성 극치감 장애, 사정 지연, 조기 사정장애), 그리고 (3) 성적 통증을 수반하는 장애(성기-골반통증/삽입장애).

10.5 성기능 장애에 관련된 원인 요소를 기술한다.
성기능 장애는 (피로, 질병, 노화, 혹은 알코올과 기타 약물의 영향과 같은)생물학적 요소에서, (수행불안, 성적 기술의 부족, 비이성적 믿음이나 인지, 관계의 문제와 같은)심리적 요소에서 그리고 (성적으로 엄격하고 제한된 문화와 같은) 사회문화적 요소들에서 기인할 수 있다.

10.6 성기능 장애를 치료하는 데 사용되는 방법을 기술한다.
인지행동 접근법은 자기 효능감 기대를 강화시킴으로써, 성적 기술을 가르침으로써, 의사소통을 개선함으로써, 그리고 수행불안을 줄임으로써 사람들이 성기능 장애를 극복하도록 돕는다. 생의학적 접근법은 호르몬 치료법 그리고 가장 일반적으로는 음부에 혈류를 촉진하거나 혹은 사정을 지연시키기 위한 약물(비아그라와 이와 유사한 화학 약물) 사용을 포함한다.

변태성욕장애

10.7 변태성욕을 정의하고 변태성욕장애의 주요 형태를 알아본다.
변태성욕은 무생물 대상(예: 신발 혹은 의류), 굴욕감 혹은 자신 또는 파트너 혹은 아동의 고통에 대한 경험과 같은 이례적인 자극에 흥분하는 유형을 수반하는 성적 일탈이다. 변태성욕은 노출장애, 물품음란장애, 복장도착장애, 관음장애, 마찰도착장애, 소아성애장애, 성적피학장애 그리고 성적가학장애를 포함한다. 비록 (페티시처럼) 일부의 변태성욕들은 본질적으로 무해하지만, 동의하지 않는 개인들과의 소아성애 그리고 성적가학장애는 분명히 피해자에게 해를 끼친다.

10.8 변태성욕과 잠재된 원인 요소에 관한 이론적 관점을 기술한다.
정신분석가들은 변태성욕을 거세 불안에 대한 방어라고 본다. 학습 이론가들은 변태성욕을 초기에 학습된 경험에서 기인한 것으로 본다. 생물학적 관점에서는 변태성욕을 겪는 사람들의 정상보다 높은 성충동과 퇴폐한 성적 흥분과 관계가 있다고 본다.

10.9 변태성욕장애를 치료하는 방법을 기술한다.
정신분석 치료법, 혐오감 유발법, 내재적 민감화 그리고 사회적 기술 훈련을 수반하는 인지행동치료법 그리고 SSRI 항우울증제와 항호르몬 약물의 사용을 포함하는 생물학적 치료법을 포함한 다양한 치료 프로그램이 다양한 성공률을 보이며 사용되고 있다.

강간

10.10 강간의 주요 유형을 살펴보고, 강간의 영향을 기술하고 강간에 관련된 요인들을 알아본다.
강간의 주요 유형에는 모르는 사람에 의한 강간, 아는 사람에 의한 강간, 데이트 강간, 부부 사이의 강간 그리고 남성 강간이 있다. 많은 강간 생존자들은 외상후 스트레스 장애 등과 같은 정신적 그리고/또는 심리적 트라우마에 시달린다. 그들은 불면증을 겪으며, 자주 울고, 침울하고 남을 불신하거나, 스스로를 비난할 수도 있다. 성기와 신체 다른 부위에 상처가 생길 수도 있고 피해자가 성적으로 옮겨지는 감염병에 걸릴 수도 있다. 남자들은 여자들을 지배하는 한 방식으로, 그리고 여자들에게 성적 행위를 강요하는 방식으로써 강간한다. 강간에 대해 잘못된 문화적 믿음은 희생자를 비난하도록 영향을 줄 수도 있고, 강간을 정당화하는 분위기를 만들 수도 있다. 일부의 강간범에게 있어서 성적 흥분과 폭력은 같이 융합된다.

비판적 사고 질문

이번 장에서 배운 것을 기초로 다음의 질문에 답해 보라.

- 트랜스젠더 정체성과 게이 또는 레즈비언의 성적 지향은 무엇이 다른가?
- 당신은 아동을 대상으로 하는 노출장애, 관음장애 그리고 성적 행위를 벌이는 사람들이 처벌받아야 한다고 믿는가, 치료받아야 한다고 믿는가 혹은 둘 모두인가? 설명하시오.
- 당신의 삶에서 수행불안의 영향을 받은 사례에 대해 떠올릴 수 있는가? 당신은 이에 대해 어떻게 했는가?
- 당신이 성기능 장애를 겪게 된다면, 기꺼이 도움을 찾아 나설 의향이 있는가? 어째서 그런가 혹은 그렇지 않은가?

핵심 용어

가학피학증(sadomasochism)
강간(rape)
관음장애(voyeurism)
남성 성욕감퇴 장애(male hypoactive sexual desire disorder)
노출장애(exhibitionism)
마찰도착장애(frotteurism)
물품음란장애(fetishism)
발기장애(erectile disorder)
변태성욕(paraphilias)
복장도착(transvestism)
사정 지연(delayed ejaculation)
성기-골반통증/삽입장애(genitor-pelvic pain/penetration)
성기능 장애(sexual dysfunctions)
성별 불쾌감(gender dysphoria)
성별 정체성(gender identity)
성적가학장애(sexual sadism)
성적피학장애(sexual masochism)
소아성애장애(pedophilia)
여성 극치감 장애(female orgasmic disorder)
여성 성적 관심/흥분 장애(female sexual interest/arousal disorder)
저산소 도착증(hypoxyphilia)
조기 사정[premature(early) ejaculation]
질경련(vaginismus)
트랜스젠더 정체성(transgender identity)

강간 통념 척도에 대한 채점 기준

이 척도는 강간에 대해 일반적으로 품고 있는 일단의 잘못된 믿음으로 구성된다. 이 항목들 중 어느 것에라도 당신이 '참'이라고 답한다면, 당신은 당신의 믿음을 재검토하기 위해서 당신의 비판적 사고 기술을 사용하고 싶어질지도 모른다. 예를 들면, 여자들이 정말로 남자들에게 압도되는 것을 원한다는 믿음은 강간범들이 자신들의 행위를 정당화하기 위해 흔히 사용하는 합리화이다. 다른 사람이 표현하지도 않았는데 어떻게 그 사람이 정말로 원하는 것을 알 수 있단 말인가? 강간과 관련된 잘못된 믿음은 용납할 수 없는 행동을 변명하는 자기 정당화로 종종 사용된다. 완벽하게 확실히 하자면, 성적인 맥락에서 누군가 "안 돼."라고 말할 때, 이는 '안 돼'를 뜻하는 것이다. 아마가 아니고, 어쩌면이 아니고, 잠시 후가 아니고, 두말할 것 없이 아니다이다. 덧붙여서 어떤 형태의 친밀한 접촉이라도 그것이 키스이든, 애무이든, 또는 구강 성교이든 간에 이것이 성기 성교 혹은 다른 성행위에 대한 동의를 의미하는 것은 아니다. 사람은 항상 언제라도 "안 돼."라고 할 권리 혹은 그가 기꺼이 하려는 행동의 제한선을 설정할 권리를 보유한다.

11 조현병 스펙트럼 장애

11

학습 목표

11.1 용어 조현병에 대해 정의한다.
11.2 조현병의 발전 과정을 서술한다.
11.3 조현병의 핵심 증상을 서술한다.
11.4 조현병에 대한 정신역동적 이론과 학습 이론을 서술한다.
11.5 조현병의 생물학적 기제를 서술한다.
11.6 조현병의 가족 요인의 역할을 서술한다.
11.7 조현병 발생에 취약성-스트레스 모델을 적용한다.
11.8 조현병 치료에 사용되는 방법을 평가한다.
11.9 조현병 스펙트럼 장애의 일반적 특성을 서술한다.

진실 또는 거짓

T□ F□ 환시('무언가를 보는 것')는 조현병 환자들이 가장 자주 경험하는 환각이다.
T□ F□ 밤에 환각을 경험하는 것은 정상적이다.
T□ F□ 부모가 모두 조현병을 앓고 있으면 그 자녀는 틀림없이 조현병에 걸린다.
T□ F□ 입양한 부모 중 한 명이 조현병을 앓을 경우, 입양한 자녀가 조현병에 걸릴 확률은 생물학적 부모가 조현병을 앓고 있는 경우와 동일하다.
T□ F□ 과학자들은 단일한 특정 유전자의 결함이 조현병을 일으킨다고 믿고 있다. 하지만 아직까지 결함이 있는 유전자를 밝히지는 못했다.
T□ F□ 조현병은 뇌 장애로 널리 알려져 있지만, 조현병 환자의 비정상적인 뇌 기능에 대한 증거는 여전히 부족하다.
T□ F□ 조현병을 치료할 수 있을 뿐만 아니라 완치할 수 있는 약물이 현재 나와 있다.
T□ F□ 어떤 환자는 유명인사가 자기를 사랑한다는 망상을 갖기도 한다.

조현병(정신분열병)은 후기 청소년기 혹은 초기 성인기에 흔히 발병한다. 이 시기는 한 젊은이가 가정에서 벗어나 사회로 첫발을 내딛는 때이다(Dobbs, 2010; Tandon, Nasrallah, & Keshavan, 2009). 로리 실러(Lori Schiller)에게 지난해 여름 캠프 때 첫 번째 **정신증 삽화(psychotic episode)**가 찾아 왔다.

'나' '나는 당신이 듣지 못하는 것을 듣는다'

1976년 8월 17세 되던 한여름의 더운 밤에 초대받지 않은 그 목소리가 예고도 없이 내 인생에 들어 왔다.

나는 당시 고등학교 고학년이었고 여름 캠프에서 마지막 해를 보내고 있었다. 대학, 직장, 성인기, 책임감 등의 단어에 직면해 있던 시기였다. 그러나 그때 나는 여름을 즐기는 것 말고는 준비된 것이 없었다. 확실히 내 인생을 영원히 변하게 만든 그 사건에 준비가 되어 있지 않았다.

"너는 죽어야만 해."라고 한 목소리가 끼어들었다. "너는 죽어야만 해! 너는 죽을 거야!"

처음에는 내가 어디에 있는지 인식하지 못했다. 호수였었나? 잠들었었나? 깨어 있었나? 그때 갑자기 현재로 돌아왔다. 나는 이곳 캠프에 홀로 있었다. 서머타임(summertime) 방종이 오래전, 2년 전에 지나갔다. 오래된 그 장면이 마음을 지치게 했다. 그러나 침대에서 내가 깨어 있다는 것을 깨달은 그 순간—내 룸메이트는 여전히 평화롭게 자고 있었다—도망가야 한다는 것을 깨달았다. 이 끔찍한 악마의 목소리로부터 피해야만 했다.

그때 이후로 그 목소리로부터 완전히 자유로웠던 적은 없었다. 여름이 시작될 무렵, 나는 기분 좋은 행복하고 건강한 소녀였고 내 머리와 심장은 정상이었다. 여름이 끝날 때쯤, 나는 아팠고 내게 무슨 일이 일어났는지, 왜 이런 일이 일어난 것인지 정확히 알지 못했다. 그 목소리가 질병—나중에 조현병이라는 것을 알았다—으로 발현됐을 때, 평안이 깨지고 때로는 침착함이 사라졌으며 내 인생마저도 앗아갔다.

그런 식으로 나는 많은 것을 잃었다. 원했던 진로도, 결혼할 남편도, 언젠가는 가질 수 있었던 자녀도 잃었다. 친구들이 결혼하고 아기를 낳고 내가 한때 꿈꾸었던 곳으로 이사하는 수년 동안, 나는 닫힌 문 뒤에서 허락도 없이 내 인생을 앗아가 버린 그 목소리와 싸우고 있다.

— Schiller & Bennett, 1994

뷰티플 마인드. 영화 《뷰티플 마인드》에서 러셀 크로우가 분한 노벨상 수상자인 존 내쉬(사진)는 훌륭한 수학 공식을 발견한 우수한 수학자였지만, 조현병에 걸려 망상과 환각에 시달리며 어려움을 겪었다.

조현병은 가장 당혹스럽고 사람을 무능하게 만드는 심리학적 질병이다. 정신착란(madness)이나 정신이상(lunacy)이 이 장애와 가장 일치하는 상태이다. 조현병의 심리학적 및 생물학적 원인을 밝히는 연구가 있었지만, 상당 부분은 여전히 미스터리로 남아 있다. 이 장에서는 조현병에 대해 알려진 사실과 앞으로 밝혀 나가야 할 것에 대해 논의할 것이다. 현실과 동떨어진 상태에 이르는 정신장애는 비단 조현병만이 아니다. 이 장에서는 단기 정신병적 장애(brief psychotic disorder)와 조현양상장애(schizophreniform disorder), 조현정동장애(schizoaffective disorder), 망상장애(delusional disorder) 등 다른 정신장애도 함께 살펴볼 것이다. DSM-5에서는 이들 장애와 조현병, 조현형 성격장애(schizotypal personality disorder)를 조현병과 관련된 스펙트럼으로 묶어 '조현병 스펙트럼 장애와 기타 정신장애(Schizophrenia Spectrum and Other Psychotic Disorders)'로 분류하고 있다. 조현형 성격장애는 12장에서 논의하고 있으며, 이 장에서는 조현형 성격장애를 제외한 장애에 초점을 맞출 것이다. 먼저 조현병부터 시작해 보자.

조현병

11.1 용어 조현병에 대해 정의한다.

조현병(schizophrenia)은 환자의 모든 삶의 측면에 영향을 주면서 반성적인 경과로 악화되는 질병이다. 조현병 환자들은 점차 사회와 단절된다. 학생, 직장인, 배우자 또는 가족의 일원으로서 수행해야 하는 역할을 더 이상 할 수 없게 되고 주변 사람들도 환자의 이상한 행동을 점점 참을 수 없게 된다.

조현병의 급성기 삽화(acute episode) 동안 현실과 동떨어진 망상이나 환각, 비논리적인 사고와 같은 증상이 나타난다. 급성기 삽화의 사이사이에도 여러 증상은 사라지지 않는데, 명확하게 사고할 수 없고 무미건조한 어조로 이야기하고 다른 사람들의 목소리나 얼굴 표정에 드러난 정서를 지각하기 어려워하며 감정이 얼굴 표정에 거의 나타나지 않는 것과 같은 증상이 그러하다(Comparelli et al., 2013; Gold et al., 2012). 증상이 지속되기 때문에 환자는 직장생활을 포함해 일상생활에서 적절히 기능하기 어렵다. 한 가지 다행인 것은 환자의 40% 이상이 1년 이상의 기간 동안 증상이 진정되는 경험을 한다는 것이다(Jobe & Harrow, 2010). 어떤 환자들은 수년 동안 약을 먹지 않고도 증상이 사라지기도 한다(Jobe & Harrow, 2010; Harrow & Jobe, 2007).

조현병은 동정과 걱정보다는 두려움과 오해, 비난을 유발한다. 사고와 감정의 연결고리가 끊어지고 왜곡된 지각과 잘못된 생각, 비논리적인 관념이 마음을 채운다. 다음은 이에 대한 사례이다.

안젤라의 지옥에서 온 사람(hellsmen)

안젤라는 19세였고 손목을 칼로 그은 뒤, 남자 친구 제이미와 함께 응급실에 왔다. 질문을 해도 그녀는 주의를 집중하지 못했다. 보이지 않는 어떤 생물체와 그녀에게만 들리는 어떤 소리가 그녀를 꼼짝 못 하게 하는 것 같았다. 그녀는 마치 투명 이어폰을 끼고 있는 듯 보였다.

안젤라는 지옥에서 온 사람의 명령으로 손목을 칼로 그었다고 설명했다. 그녀는 공포에 질려 있었다. 후에 그녀는 지옥에서 온 사람이 자신의 존재를 알리지 말라고 경고했는데, 안젤라가 그들의 존재를 알렸기 때문에 자기를 벌할 것이라고 두려워했다.

제이미는 안젤라와 거의 1년 가까이 함께 살고 있다고 말했다. 그들은 처음에는 시내에 있는 작지도 않고 크지도 않은 아파트에 살았었다. 그러나 안젤라가 여러 사람들이 있는 곳에 사는 것을 싫어해서 시골에 있는 작은 집으로 이사 가자고 졸랐다. 거기에서 안젤라는 괴물과 도깨비를 그리며 많은 시간을 보냈다. 안젤라는 가끔씩 흥분하기도 하고 보이지 않는 것으로부터 명령을 받는 것처럼 행동하기도 했다. 그녀가 하는 말은 뒤죽박죽이었다.

제이미는 도움을 받자고 설득했지만 그녀는 완강히 거부했다. 그리고 지금으로부터 약 9개월 전에 손목을 긋는 일이 시작되었다. 제이미는 칼과 칼날이 있는 것은 모조리 없앤 뒤 이젠 안전할 것이라고 믿었다. 그러나 안젤라는 날카로운 물건을 항상 찾아냈다.

제이미는 안젤라의 저항에도 불구하고 그녀를 병원으로 데려왔다. 손목을 바늘로 꿰매고 얼마간은 관찰하에 지냈으며 약을 복용했다. 그녀는 지옥에서 온 사람이 넌 나쁜 사람이어서 죽어야 한다고 말해서 손목을 그은 것이라고 했다. 병원에서 며칠을 지낸 후 그녀는 지옥에서 온 사람의 존재를 부인하며 퇴원을 고집했다.

제이미는 그녀를 집으로 데려갔다. 그녀의 행동은 계속 반복되었다.

— 저자의 파일에서

발달 경과

11.2 조현병의 발전 과정을 서술한다.

조현병은 청소년기 후기나 성인기 초기에 가장 많이 발병한다(Walker & Tessner, 2008). 어떤 경우는 급성으로 발병하는데, 로리 실러의 사례가 그러했다. 수 주나 수개월 내에 갑자기 발생할 수 있고, 잘 적응해 오다가 행동에 몇 가지 이상 징후가 나타날 수도 있다. 그 후 성격과 행동이 급격히 변화하면서 급성기 정신증(psychotic) 삽화가 나타난다.

대부분의 경우 기능이 서서히 감퇴하는데, 17세부터 조현병을 앓아온 청년인 이안 초빌의 사례가 그러했다. 이안은 이 장애에 걸린 사람들이 그가 견뎌내야 했던 경험을 겪지 않기를 바라는 마음에서 자신의 이야기를 공개했다.

'나' "나와 나, 춤추는 바보들, 세상에 결투를 신청하다"

'음흉한'은 내가 경험한 조현병의 발병(onset)에 딱 맞는 표현이다. 인간관계가 서서히 끊어졌다. 첫 여자 친구가 떠났고, 다음은 가족, 그리고 친구와 직장 동료들이 떠났다. 정서적 혼란과 사회적 불안감이 컸다. 어쨌든 캐나다 온타리오주의 피터버러에 있는 트렌트 대학은 졸업했다. 그러나 작년에는 거의 매일 대마초를 피웠다. 나는 창의적이었지만, 책을 읽는 게 점점 어려워졌다. 라스파타리안(Rastafarian) 사회생물학자가 되고 싶었다. 첫 여자 친구와 헤어진 뒤로 연인 관계를 오랫동안 유지할 수 없었다. 할리팍스에 있는 대학원에 있을 때 병원에 2주간 입원했다. 아마도 신경쇠약이었던 것 같다. **클로로프로마진**을 복용하다가 **트라이플루오페라진**(항정신병 약물)을 복용했지만, 그 누구도 나나 아버지, 가족 주치의에게 조현병을 언급하지 않았다. 학년을 마치려고 노력했지만 일부 과정을 끝내지 못했고, 대학원을 포기해야 했다.

2년이 지나지 않아 나는 캘거리에서 노숙자가 되어 공원이나 미혼 남성 호스텔에서 잤다. 먹을 것을 구하지 못한 날이 정말 많았기 때문에 배가 고팠다. 1918년에 생긴 인플루엔자 때문에 제2차 세계대전이 발발했다는 것을 발견했다는 이유로 전쟁의 한 영웅이 나를 해치려 했다. 내가 탄드라의 정신력으로 마운트 세인트 헬렌스 화산을 폭발시켰기 때문에 티벳의 불교인들은 내가 어디를 가든지 내 마음을 읽으려 했다. 10년 동안 나는 친구 하나 없이 망상에 휩싸여 가난하게 살았다. 처음에는 부처가 되려고 했지만, 이 후 인간성의 운명을 결정할 전쟁, 즉 성찬성론자(sexuals)와 성반대론자의 비밀 전쟁에서 인질이 되었다. 이 후 미래의 외계인과 내가 접촉했다는 사실을 깨달았다. 대륙을 산산조각 낼 핵폭탄 대학살이 일어날 예정이었고, 바다는 용암으로 인해 증발하려 했다. 외계인은 나와 한 여자를 불렀다. 모든 생물체가 파괴되기 직전이었다. 미래의 내 아내와 나는 외계인이 되어서 영원한 삶을 살 것이다.

그 무렵 나의 실제 상황은 이와 정반대였다. 나는 토론토 시내의 한 하숙집에서 바퀴벌레를 벗삼아 큰 백화점에서 구한 타버린 백열전등을 교체하면서 살고 있었다. 내가 할 수 있는 직업이 있었지만 정말 하기 싫었다. 적들이 나를 동성애자로 바꿀까 봐 걱정되었고 미래의 아내와 텔레파시로 계속 대화를 나눴으며 남는 시간에는 로큰롤을 들으며 외계인에게 보내는 메시지에 귀를 기울였다. 어느 날 밤, 내 마음을 다른 사람의 몸에 넣지 않은 것 때문에 외계인이 격노하게 되었고, 그로 인해 나는 법적인 문제를 겪게 되었다. 판사는 정신과에 가는 조건으로 집행유예 3년을 선고했다.

… 대학교 때 시를 한 편 써서 학생 신문에 게재했는데, 첫 줄이 "나와 나, 춤추는 바보들, 세상에 결투를 신청하다."였다. 나는 최선을 다해 세상에 도전할 것이다. 나와 같은 사람들이 가장 효과적인 치료 전략을 통해 삶의 질을 높일 수 있을 때까지….

— Chovil, 2000. 미국 National Institute of Mental Health의 허락하에 인용함.

이 사례처럼 정신증은 여러 해에 걸쳐 서서히 나타나지만, 질병의 악화를 의심할 수 있는 징후가 초기에 나타난다(Fusar-Poli et al., 2012; Mechelli et al., 2011; Walker et al., 2010; Ziermans et al., 2012). 서서히 악화되는 이 기간을 **전구단계**(prodromal phase) 또는 **전구기**(prodrome)라고 부른다. 이 기간에는 특이한 사고나 비정상적인 지각(그러나 망상이나 환각은 아니다), 사회활동에 대한 관심 감소, 일상생활에서 책임을 완수하기 어려움 등과 관련된 미세한 증상들이 나타나고, 기억력이나 주의력, 언어 사용, 활동을 계획하고 조직하는 능력 등 인지 기능이 감퇴한다.

전구기의 첫 번째 징후 중 자주 나타나는 것은 자신의 외모에 대해 주의를 기울이지 못하는 것이다. 규칙적으로 목욕하지 않거나 같은 옷을 계속 입기도 한다. 시간이 갈수록 행동이 점점 이상해지고, 직장이나 학교에서 실수를 하며, 말이 모호해지고 산만해진다. 성격 변화는 서서히 진행되기 때문에 처음에는 친구나 가족들이 그리 염려하지는 않는다. 이런 변화는 환자가 겪어야 하는 '단계(phase)'일 수 있다. 급성기가 시작되면 행동은 보다 기괴해져서 음식을 모으거나 쓰레기를 수집한다거나 길거리에서 혼잣말을 하는 것과 같은 행동이 나타난다. 이후 정신병적 증상들이 발전하면서 환각이나 망상, 훨씬 기괴한 행동 등이 나타나게 된다.

급성기 삽화 이후 일부 조현병 환자들은 **잔류기**(residual phase)로 들어간다. 잔류기에 환자의 행동은 전구기 수준으로 돌아간다. 심각한 정신병적 행동은 사라지지만, 인지 기능의 손상과 사회적 기능의 손상, 정서적 결함은 남아 있다. 따라서 무감동이나 명확하게 사고하거나 말하는 데 어려움, 텔레파시나 투시력과 같은 기이한 사고는 지속된다. 인지 기능 및 사회적 기능의 손상으로 인해 환자들은 사회적 및 직업적 역할을 효율적으로 수행하기 어려워진다(Harvey, 2010; Hooley, 2010). 다음 사례는 조현병 환자인 이안 초빌이 1인칭 화법으로 기술한 내용이다. 그는 항정신병 약물인 **올란자핀**으로 치료한 뒤 증상이 호전되었음에도 기능이 여전히 감퇴되어 있음을 경험하고는, 이를 '빈곤(poverties)'이라고 묘사했다.

'나' '빈곤'

올란자핀을 복용하면서 삶은 매년 조금씩 좋아지고 있었지만, 내 자신에 대해 여전히 확신할 수가 없었다. 내가 '빈곤'이라고 부르는 것들이 여전히 존재했다. 사고의 빈곤, 정서의 빈곤, 친구와 현금의 빈곤이 그것이다. 사회적 삶은 가장 천천히 좋아지는 것 같다. 어울리는 친구가 3~4명 있었지만 정신장애가 없는 사람은 1명뿐이었고, 자주 만나는 사람도 1명뿐이었다. 얼마동안은 로즈마리와 함께 방이 두 개인 아파트에서 살았는데, 정부가 동거에 대한 정책을 바꾸는 바람에 매월 약 400달러를 더 내야 해서 결국 따로 살게 되었다. 지금은 꽤 괜찮은 후원 아파트에서 살고 있으며, 올란자핀을 복용하고 옴우드에 일자리를 마련한 덕택에 처음으로 무척 행복하다. 일자리를 통해 나는 많은 사람들과 만나게 되었다.

— Chovil, 2000. 미국 National Institute of Mental Health의 허락하에 인용함.

조현병은 만성질환이지만 환자의 1/2~2/3는 시간이 흐르면 꽤 호전된다(USDHHS, 1999). 정상 수준으로 완전히 돌아오는 사례가 많지는 않지만 존재한다. 대개의 경우 급성기 삽화가 간헐적으로 나타나면서 인지 기능과 정서, 동기에 손상을 입게 되는 만성적인 경과를 밟는다(Walker et al., 2004).

조현병의 발병률

조현병은 미국 인구의 약 1%, 전 세계 인구의 약 0.3~0.7%가 경험하는 질환이다(APA, 2013; Insel, 2010; Kapur, 2009; NIMH, 2009). 미국에서는 거의 백만 명의 환

표 11.1
조현병과 관련된 장해의 유형

사고 처리의 장애	망상(잘못된 생각의 고착)과 사고장애(혼란된 사고와 지리멸렬한 언어)
주의장애	관련 자극에 주의를 기울이면서 관련 없는 자극은 여과시키기가 어려움
지각장애	환각(외부 자극이 없는 데도 감각적 자극을 경험함)
정서장애	둔마(둔화)되거나 부적절한 정서
기타 장애	자아 정체성의 혼란, 의지 결여, 흥분한 행동이나 무감각 상태, 이상한 동작이나 기이한 얼굴 표정, 타인과관계 맺는 능력의 결함, 긴장성 행동 및 운동 기능이나 지남력의 현저한 장해(행동이 무감동 상태로 느려지지만 갑자기 매우 초조한 상태로 전환될 수 있음)

자가 매년 치료를 받으며, 이들 중 약 1/3은 입원이 필요하다. 세계보건기구는 전 세계적으로 약 2,400만 명이 조현병을 앓고 있을 것으로 추정하고 있다(Olson, 2001).

발병률은 여성보다 남성이 다소 높고, 발병 연령은 남성보다 여성이 조금 늦다(NCA, 2005; Tandon, Keshavan, & Nasrallah, 2008). 정신병적 증상이 처음 나타나는 연령은 남성의 경우는 20대 초중반, 여성의 경우는 20대 후반이 가장 많다(APA, 2013). 여성은 남성에 비해 병전 기능이 더 좋고 경과도 덜 심각한 경향이 있다. 남성 환자들은 여성 환자들에 비해 인지감퇴와 행동 결함이 심각하며 약물치료에 대한 반응도 좋지 않다. 이러한 성차에 대해 연구자들은 남성과 여성에게 나타나는 조현병의 유형이 다른 경향이 있는 것으로 추측하고 있다. 장애의 유형이나 특성에서 성차가 나타나는 이유에 대해 조현병과 관련된 뇌 영역이 성별에 따라 다를 수도 있다는 설명도 가능할 것 같다.

조현병은 문화에 상관없이 보편적으로 발생할 가능성이 크지만 장애의 경과나 증상의 형태는 문화에 따라 다를 수 있다. 예를 들어 환시는 일부 비서구권 문화에서 빈번히 나타나는 것 같다(Ndetei & Singh, 1983). 아울러 종교나 인종에 따라 망상과 환각의 주제가 다를 수 있다(Whaley & Hall, 2009).

진단적 특성

조현병은 인지, 정서, 행동 등 여러 심리적 처리 과정에 광범위하게 영향을 미치는 질환이다. DSM에 기술된 조현병의 진단기준에 따르면, 정신증적 행동들이 장애가 진행되는 동안 한 시점에서 나타나야 하고, 장애의 징후가 적어도 6개월 동안 나타나야 하며 최소 한 달간(잘 치료되지 않았을 경우)은 증상이 활성화되고 현저해야 한다. 정신증이 단기간 나타나면 단기정신증장애(brief psychotic disorder, 이 장의 뒷부분에서 논의할 것이다)와 같이 다른 장애로 진단한다.

> **11.3** 조현병의 핵심 증상을 서술한다.

조현병에 대한 개관을 표 11.1에 제시하였다. 조현병의 진단기준은 412쪽에 기술하였다. 주목할 만한 점은 DSM-5에서는 적어도 2개 이상의 증상이 나타나야 조현병으로 진단할 수 있고(망상적인 신념이나 환각이 단독으로 나타나는 것이 아니어야 한다), 이 증상 중 적어도 1개는 망상이나 환각, 와해된 언어(연결이 느슨하고 지리멸렬하며 기괴한 언어)를 포함해야 한다.

조현병 환자는 직업 및 사회적 기능이 눈에 띄게 저하된다(Ekinci et al., 2012; Kim et al., 2011). 대화를 유지하거나 친구 관계를 맺는다거나 직업을 유지하거나 개인적인 위생을 챙기는 일에 어려움을 겪을 수 있다. 그러나 각각의 증상은 조현병 환자에게만 나타나는 것은 아니다. 환자들이 보이는 망상이나 연상적 사고의 문제, 환각은 나타났다가 사라지기도 하며, 반드시 동시에 나타나지는 않는다. 증상은 개인마다 다르고 다양해서 어떤 연구자는 조현병이 사실은 상이한 장애의 집합일 것으로 추측하기도 한다(Tandon, Nasrallah, & Keshavan, 2009).

조현병은 사고, 언어, 주의, 지각적 처리 과정, 정서적 처리 과정, 수의적 행동 등 광범위한 행동에 이상을 보인다. 조현병의 특성은 양성 증상(positive symptoms)과 음

발달 과정. 조현병은 젊은이들이 세상을 향해 나아가는 사춘기 후기나 성인기 초기에 발병한다.

성 증상(negative symptoms)으로 나눠 구분할 수 있다(Gold, 2011; Tandon, Nasrallah, & Keshavan, 2009):

- **양성 증상**(positive symptoms)은 현실검증력이 손상되고 환각과 망상적 사고가 나타난다.
- **음성 증상**(negative symptoms)은 일상생활을 수행하는 데 영향을 미치는데, 감정이나 정서 표현의 결여(정서 표현이 없는 상태를 유지), 동기 결여, 즐거운 활동에서 즐거움을 느끼지 못함, 사회적 철수나 고립, 제한된 언어 표현('언어의 빈곤') 등의 증상을 포함한다(Kring et al., 2013; Strauss et al., 2012). 음성 증상은 양성 증상이 완화된 뒤에도 사라지지 않는 경향이 있으며 양성 증상보다 개인의 기능에 미치는 영향이 큰 경우가 많다(Barch, 2013; Rabinowitz et al., 2012). 항정신병 약물에 대한 반응도 음성 증상이 양성 증상에 비해 좋지 않다(Barch, 2013).

이제부터는 조현병과 관련된 여러 증상과 주요 특성을 자세히 살펴보겠다.

사고와 언어장애 조현병은 사고장애와 함께 생각을 일관성 있고 의미 있게 표현하지 못하는 것과 같은 양성 증상을 보인다. 일탈적 사고가 내용과 형태 모두에서 나타날 수 있다.

일탈적 내용의 사고 망상은 사고의 내용에 있어서 장애를 경험하는 상태이다. 사고가 비논리적이며, 증거가 부족함에도 불구하고 환자의 마음에 박힌 잘못된 신념은 좀처럼 변하지 않는다. 이런 신념은 반대 증거가 나타난 후에도 변하지 않는 경향이 있다. 망상의 형태는 다양하다. 가장 흔한 유형은 다음과 같다.

- 피해망상 또는 편집증적 망상(예: "CIA가 나를 잡으려 하고 있다.")
- 관계망상("버스에 탄 사람들이 내 얘기를 하고 있다." 또는 "텔레비전에 나온 사람들이 나를 비웃고 있다.")
- 통제되고 있다는 망상(자신의 생각과 감정, 충동, 행동이 악마의 사신과 같은 외부적 힘에 의해 통제되고 있다고 믿는 것)
- 과대망상(자신이 예수라거나 특별한 사명을 받았다고 믿거나, 세계를 구하기 위해 거대한 그러나 비논리적인 계획을 갖는 것)

다른 망상으로는 자기가 용서받을 수 없는 죄를 지었다는 믿음, 끔찍한 질병으로 인해 썩어가고 있다는 믿음, 세계나 자신이 실제로 존재하지 않는다는 믿음, 자신이 사람들을 반드시 도와야 한다는 신념 등이 있다. 다음은 자기가 사람들을 반드시 도와야 한다는 신념을 가진 환자의 사례이다.

북극에 있는 병원: 조현병 환자 사례

조현병 환자들은 악마나 음모에 쫓긴다고 느끼기도 하지만, 마리오의 망상은 구원자적 성격을 띠고 있었다. 그는 정신과 의사에게 "나는 여기에서 나가야 해요."라고 말했다. "왜 나가야 합니까?"라고 의사가 물었다. 마리오는 "제 병원이요. 병원으로 돌아가야 해요."라고 말했다. "어떤 병원이요?"라고 의사가 물었다. "제 병원이요. 전체가 하얀색이에요. 우리는 사람들의 문제를 모두 치료할 치료법을 찾고 있습니다." 의사는 그 병원이 어디에 있는지 물었다. 마리오는 "위로 쭉 올라가 북극에 있습니다."라고 대

조현병의 진단기준 DSM-5

A. 다음 증상 중 2개 이상이 1개월 동안(잘 치료된 경우는 이보다 짧게) 상당 시간에 걸쳐 나타나야 한다. 이 증상 중 하나는 (1), (2), (3) 중에 하나여야 한다.

1. 망상
2. 환각
3. 와해된 언어(예: 잦은 탈선이나 지리멸렬)
4. 상당히 혼란되거나 긴장된 행동
5. 음성 증상(즉, 감정 표현이나 의지의 감소)

B. 장애 발병 후 상당 시간 동안, 직업과 대인관계, 자기 돌봄과 같은 주요 영역 중 1개 이상에서 기능 수준이 병 전 수준보다 저하되어 있다(아동기나 청소년기에 발병했을 경우에는 대인관계나 학업, 직업 기능 수준이 기대한 것에 미치지 못한다).

C. 장애의 징후가 적어도 6개월 동안 지속적으로 나타나야 한다. 6개월 중 적어도 한 달간(잘 치료된 경우는 이보다 짧게)은 A 기준을 충족해야 하며(즉, 활성기 증상들), 6개월에 기준에 전구기나 잔류기 증상이 나타나는 시기가 포함될 수 있다. 전구기나 잔류기 동안에는 음성 증상만 나타나거나, A 기준에 포함된 2개 이상의 증상이 약화된 형태(예: 이상한 신념, 특이한 지각적 경험)로 나타날 수 있다.

D. 다음 중 하나라도 해당되지 않는다면, 조현정동장애와 정신증적 양상을 지닌 우울 또는 양극성 장애가 배제되어야 한다. (1) 주요 우울 삽화와 조증 삽화가 활성기 증상과 동시에 나타나지 않는다. (2) 기분 삽화가 활성기 동안 발생했다면 활성기와 잔류기를 합한 기간에서 차지하는 시간이 짧다.

E. 장애는 약물의 생리적 영향(예: 약물 남용, 약)이나 다른 의학적 상태로 인한 것이 아니다.

F. 자폐 스펙트럼 장애나 소아기 의사소통장애의 병력이 있는 경우, 조현병으로 추가 진단하기 위해서는 진단에 필요한 다른 조현병 증상과 더불어 현저한 망상이나 환각이 적어도 한 달 동안(잘 치료된 경우는 이보다 짧게) 나타나야 한다.

출처: Diagnostic and Statistical Manual of Mental Disorders, Fifth Edition, (Copyright 2013). American Psychiatric Association의 허락하에 인용함.

답했다. 의사가 물었다. "그런데 거기에 어떻게 가지요?" 마리오는 대답했다. "그냥 거기에 도착합니다. 방법은 몰라요. 그냥 거기에 도착해요. 제 일을 해야 합니다. 사람들을 도울 수 있게 언제 내보내 줄 건가요?"

— 저자의 파일에서

자주 발생하는 또 다른 망상으로는 **사고중계**(thought broadcasting: 자신의 생각이 외부 세계에 전송되어 다른 사람들이 자신의 생각을 엿듣는다고 믿는 것), **사고주입**(thought insertion, 다른 사람이 어떤 생각을 자기의 마음에 주입했다고 믿는 것), **사고철수**(thought withdrawal, 자신의 생각을 누군가가 빼갔다고 믿는 것)가 그것이다. 다음은 Mellor(1970)가 제시한 사례들이다.

- **사고중계**: 21세의 환자가 다음과 같이 말했다. "내 마음이 종이테이프가 되어 내 머리에서 떠나는 것 같아요. 주변에 있는 모든 사람이 자기들 마음에 그 테이프를 넣으면 제 생각을 모두 알게 되지요."
- **사고주입**: 29세 주부인 이 환자는 창문 밖을 내다봤을 때 다음과 같이 생각했다. "정원도 멋지고 잔디도 훌륭했어요. 그런데 어떤 남자의 생각이 내 마음에 들어왔어요. 다른 생각은 거기에 없었고 그 남자의 생각만 있었지요. 그는 내 마음을 스크린으로 삼아 사진을 비추듯 자기의 생각을 내 마음에 비쳤어요."
- **사고철수**: 22세 여성 환자가 다음과 같은 경험을 했다. "엄마에 대해 생각하고 있었는데, 갑자기 머리를 청소하는 진공청소기가 내 마음을 빨아들여서 마음속에 아무것도 남지 않고 머리가 텅 비게 되었어요."

일탈적 형태의 사고 꿈을 꾸거나 일부러 생각을 헤매지 않는다면, 우리의 생각은 촘촘히 묶이는 경향이 있다. 생각은 논리적이고 일관적으로 연결되어 있다. 하지만 조현병 환자들은 혼란되고 비논리적인 방식으로 사고하는 경향이 있다. 조현병 환자들은 사고 내용뿐만 아니라 구조나 형태에서도 장애를 보인다. 임상가들은 이 유형의 장애를 **사고장애**(thought disorder)라고 부른다.

사고장애는 사고의 조직화, 처리 과정, 통제가 와해되어 나타나는 조현병의 양성 증상이다. 연결이 느슨해지는 것은 사고장애의 한 징후이다. 언어는 혼란스럽거나 뒤죽박죽 섞이는 경우가 많은데, 단어가 뒤죽박죽으로 섞이거나 한데 묶여 의미 없는 운율을 만들어 낸다. 말이 한 주제에서 다른 주제로 갑자기 비약하기도 한다. 사고장애를 보이는 환자는 대개 자신의 사고와 행동이 비정상적임을 인식하지 못한다. 많은 경우 환자의 말은 완전히 지리멸렬해지거나 이해할 수 없게 된다.

흔히 나타나는 또 다른 사고장애의 유형은 **언어의 빈곤**(말이 일관적이지만 너무 느리고 말 수가 제한되어 있으며 전달하는 정보가 거의 없어 의미가 명확하지 않다)이다. 이보다 덜 자주 나타나는 징후로는 **신조어**(neologisms, 의미가 거의 또는 전혀 없는 말을 만드는 것), **보속성**(같은 말이나 일련의 생각을 부적절하게 계속 반복하는 것), **음연상**(clanging, 단어나 소리를 운율에 따라 붙여 말하는 것, 예를 들어 "I know who I am but I don't know Sam"), **차단**(갑자기 말이나 생각을 중단하는 것) 등이 있다.

모든 환자에게 나타나지는 않지만, 많은 환자들이 사고장애를 보인다. 어떤 환자들은 일관되게 사고하고 말하는 것 같지만 망상과 같은 형태로 사고 내용에 장애를 보인다. 조현병에서만 독특히 나타나는 사고장애는 없다. 정신장애가 없는 사람들도 경미한 사고장애를 보일 수 있는데, 특히 피곤하거나 스트레스를 받으면 그럴 수 있다. 사고장애는 조울증과 같은 다른 정신과 질환에서도 나타난다. 그러나 조증 삽화에서 나타나는 사고장애는 단기간에 나타났다가 회복되는 경향이 있는 반면에 조현병에서는 사고장애가 보다 지속적이고 재발하는 경향이 있다. 사고장애는 급성기 삽화에서 가장 많이 발생하지만 잔류기 동안에도 나타날 수 있다.

조현병 환자들은 기억, 학습, 추론, 주의와 같은 여러 인지 기능에서 손상을 보인다. 손상은 질환이 발전되고는 있지만 환각이나 망상, 사고장애와 같은 심각한 증상이 발생하기 훨씬 전인 아동기부터 나타나곤 한다(Reichenberg et al., 2010). 오랫동안 종단 연구를 시행한 덴마크의 최근 연구에 따르면, 소아 조현병 환자들이 아동기 초기에 혼자 힘으로 걷기와 같은 정상적인 발달단계에서 지연을 보인 것으로 나타났다(Sorensen et al., 2010). 이러한 결과는 아동기 초기부터 조현병 프로세스가 발전되기 시작됨을 시사한다("Team Finds Childhood Clues", 2010).

주의장애 당신이 이 책을 읽기 위해서는 주변의 소음과 다른 환경적 자극을 배제해야 한다. 주의는 관련하는 자극에 집중하면서 관련 없는 자극은 무시하는 과정으로, 학습과 사고의 기초가 된다. 조현병 환자들은 관련 없는 자극을 여과하는 데 어려움을 보이는데, 이는 주의 집중과 사고의 조직화, 불필요한 정보의 여과를 어렵게 한다. 다음은 조현병 아들을 둔 한 엄마가 외부의 소리를 여과하지 못하는 아들의 행동을 기술한 것이다.

> 아들의 청각은 아플 때 달라진다. 증상이 악화되면 아들의 청각이 예민해졌음을 가장 먼저 인식하게 된다. 아들은 그 무엇도 여과할 수 없었다. 주변의 모든 소리를 동일한 강도로 듣는다. 거리에서 오는 소리, 마당의 소리, 집에서 나는 소리를 평소보다 훨씬 더 크게 지각한다.
>
> 익명인, Freedman et al., 1987, p. 670에서 인용됨.

조현병 환자들은 장애의 초기 단계에 특히 외부 소리에 과민해지거나 지나치게 예민해지는 것 같다. 급성기 삽화 동안에는 이런 자극에 휩싸여 주변 환경을 감지하는 능력이 압도적이게 된다. 조현병과 관련된 뇌 이상이 소리와 기타 외부 자극을 여과하는 능력을 손상시키는 것으로 보인다. 연구자들은 조현병에서 감각 여과 기능

남성 조현병 환자의 그림. 조현병 환자들이 그린 그림이나 드로잉을 보면 기괴한 사고 패턴과 공상세계로 철수한 것을 자주 볼 수 있다.

이 손상되는 과정을 유전 요인으로 설명할 수 있다고 믿는다(Hong et al., 2007).

조현병에서 나타나는 주의장애는 주의의 정신생리적 측면에 초점을 둔 여러 연구들에서 증명된 바 있다. 다음은 이 연구들을 개관한 내용이다.

안구운동의 이상 많은 조현병 환자들은 천천히 움직이는 목표물을 시각장을 따라 천천히 눈으로 추적하는 것과 같은 **안구운동**에 문제를 보인다("Eye Movements", 2012). 눈이 목표물을 꾸준히 따라가지 못하고, 목표물을 놓쳤다가 다시 따라잡기를 반복하며 불연속적으로 움직인다. 안구운동의 이상은 시각적 주의력을 통제하는 뇌 영역의 결함 때문에 발생하는 것으로 보인다.

안구운동의 이상은 조현병 환자와 환자의 일차직계 가족(부모, 자녀, 형제자매)에서 자주 나타난다. 이 사실은 조현병에서 나타나는 안구운동의 이상이 유전되며 관련 유전자와 연합된 **생물학적 지표**임을 시사한다(Keshavan et al., 2008). 연구자들은 최근 안구운동 측정을 통해 조현병 환자와 건강한 대조군을 98%의 정확도로 감별할 수 있다고 보고했다(Benson et al., 2012). 그러나 안구운동의 이상이 조현병에서만 나타나는 현상이 아니기 때문에, 조현병의 생물학적 지표로서 안구운동을 적용하는 데는 제한점이 있다. 양극성 장애와 같은 다른 정신장애에서도 종종 이상이 나타난다. 게다가 조현병 환자나 그 가족들이 모두 안구운동의 이상을 보이는 것은 아니다. 안구운동 이상이 조현병을 일으키는 여러 유전 경로에 대한 생물학적 지표자가 될 수 있는지는 앞으로 연구되어야 할 부분이다.

외부 자극 여과하기. 거리에서 들리는 소리와 같이 중요하지 않은 자극을 여과하는 것이 당신에게는 그리 어렵지 않을 것이다. 그러나 조현병 환자들은 관련 없는 자극으로 인해 주의가 산만해지고 이를 여과하지 못한다. 그 결과, 주의 집중과 사고 조직화에 어려움이 나타난다.

사건관련전위의 이상 소리나 불빛과 같은 외부 자극이 입력되면 **사건관련전위**(event-related potentials, ERP)라고 불리는 뇌파 패턴이 발생한다는 사실이 많은 연구에서 입증되었다. ERP는 자극이 제시된 후 다양한 구성 요인(components)이 다른 시간대에 나타남을 보여 준다(Guillaume et al., 2012). 자극이 반복적으로 제시되면 뇌에서 감각을 처리하는 기제가 ERP를 억제하는데, 이는 자극이 제시된 후 0.1초 내에 일어난다. 이 기제를 통해 뇌는 시계 소리와 같이 관련 없는 자극은 무시할 수 있게 되는데, 조현병 환자의 경우 이 기제가 효과적으로 작동하지 않는 것 같다(Kéri, Beniczky, & Kelemen, 2010; Sánchez-Morla et al., 2013). 그 결과 환자는 관련 없는 자극을 여과하기가 어려워져 **감각 과부화**에 이르고 결국 감각의 혼란을 경험하게 된다.

아울러 조현병 환자들은 소리나 불빛이 제시된 뒤 0.3초쯤에 나타나는 ERP 패턴이 약한 특성을 보인다(Vohs et al., 2008; Xiong et al., 2010). 이 ERP는 제시된 자극이 의미하는 바를 추출하기 위해 주의를 집중할 때 나타난다.

ERP 연구를 통해 입증된 사실은 많은 조현병 환자가 감각 기관으로 들어오는 수많은 감각 정보의 홍수에 빠져 있으며 자극으로부터 유용한 정보를 추출하는 데 큰 어려움을 보인다는 점이다. 이로 인해 환자들은 혼란을 느끼고 관련 없는 자극을 여과하기가 어려워진다.

지각적 이상

목소리, 악마 그리고 천사

면담 동안 샐리는 자주 자신의 오른쪽 어깨너머로 사무실 문을 바라보고는 미소 지었다. 왜 계속 문을 보냐고 묻자, 문 밖에서 이야기하는 소리가 들리는데 자기에 대한 이야기를 하고 있어서 무슨 얘기를 하고 있는지 듣고 싶다고 말했다. "그럼 미소는 왜 지었습니까?"라고 묻자, 샐리는 "재미있는 이야기를 하고 있었거든요. 만약 당신이 나를 귀엽다고 생각하면 재미있는 것과 비슷한 거죠."라고 대답했다.

톰은 정신과 복도에서 자기 팔을 세게 때리고 있었다. 이마에서 땀이 흘러내리고 눈은 초조하게 움직이고 있었다. 흥분을 가라앉히기 위해 그는 묶인 채 할로페리돌 주사를 맞았다. 주사를 맞자마자 그는 소리치기 시작했다. "아버지 그들은 모릅니다. 그들을 용서해 주세요…. 아버지…" 말이 뒤죽박죽이었다. 이후 안정된 뒤 그는 병동 수행원이 악마나 사악한 천사처럼 보였다고 했다. 악마는 붉은색이었고 불타고 있었으며 입에서 연기를 내뿜고 있었다고 했다.

— 저자의 파일에서

환각 조현병에 수반되는 지각적 이상 중 가장 보편적인 것은 **환각**(hallucinations)이다. 환각은 실제로는 존재하지 않는 감각 자극을 인식하는 것이다. 예를 들어 샐리는 진료실 밖에서 들리는 목소리가 실제 같다고 보고했지만, 진료실 밖에는 아무도 없었다. 환각은 여러 감각을 아울러서, 조현병 환자는 존재하지 않는 것을 보고 느끼고 듣고 냄새를 맡을 수 있다. 네 명의 조현병 환자 중 세 명이 보고하는 환각인 환청은 가장 보편적인 환각이다(Goode, 2003b). 톡톡 쏘고 찌릿찌릿하며 화끈거리는 느낌의 환촉(幻觸)과 뱀이 신체 내부로 기어들어오는 것과 같은 신체적 환각 또한 드물지 않다. 존재하지 않는 것을 보게 되는 환시, 존재하지 않는 것의 맛을 느끼는 환미, 그리고 실재하지 않는 것의 냄새를 경험하는 환후는 상대적으로 드물다. 진실 / 거짓

진실 또는 거짓

환시('어떤 것을 보는 것')는 조현병 환자들에게 가장 자주 나타나는 환각이다.

거짓 환시가 아니라 환청이 조현병 환자들에게 가장 자주 나타나는 환각이다.

조현병 환자들은 여성이나 남성의 목소리가 들리는 환청을 경험할 수 있다. 이런 소리는 환자의 머리 안에서 또는 밖에서 들릴 수 있다. 환청을 경험하는 환자들은 잘잘못을 논쟁하며 대화하는 음성을 듣기도 한다. 어떤 목소리는 지지적이고 우호적이지만 대개 비판적이고 위협적이다.

일부 조현병 환자들은 **명령환각**(command hallucination)을 경험하기도 하는데, 자신이나 타인을 해하라는 것과 같이 특정한 행동을 수행할 것을 지시하는 음성을 듣는다. 예를 들면 안젤라는 지옥에서 온 남자가 자살하라는 지시를 내렸다고 보고했다. 명령환각을 경험하는 환자들은 자신이나 타인을 해할 수 있다는 우려로 입원하는 경우가 많다. 실제로 명령환각이 폭력행동을 증가시킬 위험이 높은 것으로 연구 결과 나타났다(Shawyer et al., 2008). 명령환각을 경험하는 일부 환자들은 명령을 행동으로 옮긴다(Braham, Trower, & Birchwood, 2004). 그러나 명령환각은 전문가들의 눈에 잘 띄지 않는다. 왜냐하면 환자들이 명령을 부정하거나 그것에 대해 이야기하기를 꺼리기 때문이다.

환각이 조현병에서만 나타나는 것은 아니다. 주요 우울장애와 조울증 환자들도 때로 환각을 경험한다. 놀라운 것은 일반 사람들도 가끔씩 환각을 경험하며 환각이 반드시 정신병리의 징후는 아니라는 것이다(Vellante et al., 2012). 정신장애가 없는 사람이 경험하는 환각은 고열이나 사별(사망한 사랑하는 사람의 목소리를 듣는 것), 방음된 어두운 방에서 오랜 시간 누워 있거나 사막이나 아무도 없는 길을 운전하고 있을 때와 같이 감각 자극의 수준이 매우 낮을 때 자주 나타난다(Sacks et al., 2012). 사막을 여행하는 사람들이 신기루를 경험하는 것이 한 예이다. 이러한 환각은 정신병적 장애에서 나타나는 환각과는 달리 현실이 아니라는 사실을 인식한다. 진실 / 거짓

진실 또는 거짓

밤에 환각을 경험하는 것은 정상이다.

진실 환각—외부 자극이 없음에도 불구하고 시각적 형상이나 냄새 등을 지각적으로 경험하는 것—은 꿈의 형태로 밤에 나타난다.

종교적 체험 및 의식 중에도 환각을 경험할 수 있다. 환각은 빠르게 지나가는 꿈처럼 시각적 형상이나 다른 이상한 지각적 체험으로 나타날 수 있다. 사람들은 또한 외부 자극이 없는 상태에서 밤에 꿈을 꾸는 동안 무언가를 듣거나 보는 것과 같은 환각을 경험한다.

깨어 있을 때 경험하는 환각은 LSD와 같은 환각제로 인해 발생할 수 있다. 약물로 유발된 환각은 대개 환시일 때가 많고, 원이나 별 모양, 빛과 같이 추상적인 모양일 때가 많다. 반면, 조현병에서 나타나는 환각은 형태가 보다 완전하고 복잡하다. 만성 알코올 중독의 금단 증상으로 자주 발생하는 **진전망상** 동안에도 환각(예: 피부에 벌레가 기어 다니는 것)을 경험한다. 또 파킨슨병과 같은 신경학적 장애나 약물 부작용으로도 나타날 수 있다.

환각의 원인 정신병적 환각의 원인은 아직 명확히 밝혀지지 않았지만 가설은 많다. 뇌 화학물질의 이상이 그중 하나다. 신경전달물질인 도파민이 거론되고 있는데, 왜냐하면 도파민 활동을 차단하는 항정신병 약물이 환각을 감소시키기 때문이다. 반대로 코카인처럼 도파민의 생산을 증가시키는 약물은 환각을 유발할 수 있다. 환각

이 꿈을 꾸는 상태와 비슷한 만큼, 꿈의 이미지가 현실로 경험되지 않도록 하는 뇌 기제가 손상되어 발생하는 것일 수 있다.

조현병 환자에게서 나타나는 환청은 내적 언어(inner speech, 조용한 자기 말)의 반영일 수 있다(Jones & Fernyhough, 2007). 사람들은 때로 혼잣말을 할 때 들리지 않게 속으로 웅얼거리거나 자기 목소리인 것을 인식한다. 조현병에서 나타나는 강력한 환청은 환자 자신의 내적인 목소리이거나 자신의 말(self-speech)이 외부로 투사된 것일 수 있다.

뇌가 내적 언어를 외부의 소리로 착각했을 가능성을 생각해 볼 수 있다. 연구자들은 청각 자극을 처리하는 뇌 영역인 청각 피질이 소리가 없는 상태에서 환청을 경험하는 동안 활성화된다는 사실을 발견했다(Hunter et al., 2006). 어떤 이유로 인해 내적 언어가 자기 것이 아니라 외부에서 온 것이라고 귀인하여 환청을 경험하는 것일 수 있다(Arguedas, Stevenson, & Langdon, 2012; Jones & Fernyhough, 2007). 이러한 연구를 바탕으로 인지행동치료사들은 환청을 환자 자신의 목소리로 재귀인하도록 교육하고 목소리에 반응하는 태도를 변화시키려 한다 (Turkington & Morrison, 2012) (예: 목소리 때문에 화나지 않는다. 나를 화나게 만드는 것은 내가 목소리를 어떻게 생각하는가이다). 환자는 환각과 연합된 상황적 단서를 인식하는 훈련을 받는다. 다음은 그 예이다.

환청. 환청은 조현병 환자에게서 가장 흔히 관찰되는 환각이다. 환청은 개인의 내적 언어가 외부 대상에게 투사된 것이라는 증거가 최근 발견되고 있다.

> 한 여성 환자는 자신의 목소리가 가족과 다툰 후에 악화되는 경향이 있음을 인식했다. 그녀는 환청 내용이 가족에 대해 자기가 느끼고 생각은 하지만 표현할 수 없는 것임을 인식하게 되었다. 이에 따라 가족과의 어려움을 표현할 수 있도록 격려하는 것에 치료의 초점을 두었으며, 이 목표를 위해 시연이나 문제 해결, 인지재구성과 같은 기법을 도입하였다.
>
> Bentall, Haddock, & Slade, 1994, p. 58

인지행동치료는 환각을 통제하고 망상적 사고를 다루기 위해 약물치료와 함께 사용하면 유용하다(Grant et al., 2012; Lincoln et al., 2012; Waller et al., 2012). 내적 언어와 환청을 연관시키는 이론은 과학적인 연구에 기초하고 있지만, 시각이나 촉각, 후각과 같은 다른 감각에서 나타난 환각은 설명하지 못하는 한계를 갖는다.

환각을 일으키는 뇌 기제는 아마도 수많은 상호연결(interconnected) 체계와 관련되어 있을 것이다. 뇌 깊숙이 존재하는 구조물의 손상으로 인해 새로운 현실이 창조되었을 수 있다. 대뇌 피질의 전두엽에 있는 고차원적 사고 센터는 생성된 이미지가 현실인지, 상상한 것인지, 아니면 환각에 의한 것인지를 분별하는데, 이 센터가 '현실검증'을 제대로 하지 못하면 현실이 창조될 수 있다. 그 결과, 자신의 내부에서 만들어진 목소리가 외부에서 왔다고 오인하게 된다. 나중에 보겠지만, 뇌 영상 연구에서 조현병 환자들은 전두엽에 이상을 보이는 것으로 나타났다.

정서장애 조현병 환자들이 보이는 정서적 반응은 둔화된 정서(blunted affect)나 **무감각**(flat affect)처럼 정상적인 정서 표현이 결여된 음성 증상과 관련된다. 무감각 상태일 때 환자는 얼굴이나 목소리에서 감정이 느껴지지 않는다. 모노톤으로 이야기하고 얼굴 표정이 없어서 가면을 쓴 것 같기도 하다. 사람이나 사건에 대해 정상적인 정서 반응을 보이지 못한다. 아울러 과다하거나 부적절한 정서처럼 양성 증상을 보일 수도 있다. 예를 들어, 이유 없이 웃거나 안 좋은 소식에 낄낄대고 웃는다.

그러나 환자가 보이는 정서적 둔화가 정서를 표현하지 못하거나, 느낀 정서를 보고하지 못하기 때문인지, 아니면 실제로 정서를 경험하지 못하기 때문인지 아직 명확하지 않다. 연구에 따르면 환자는 정상 대조군에 비해 부정적 감정을 더 강하게 경험하고 긍정적인 감정은 보다 약하게 경험하는 것으로 나타났다(Myin-Germeys, Delespaul, & deVries, 2000). 다시 말해, 조현병 환자는 얼굴 표정이나 행동으로는 외부 세계와 소통하지 않지만, 정서(특히 부정적 정서에 그렇다)를 강하게 경험한다. 환자들은 자신의 정서를 밖으로 표현하는 능력이 결여되어 있을 수 있다.

다른 유형의 손상 조현병 환자는 자아 정체성—자신을 한 개인으로 규정하고 삶에 의미나 방향을 제시하는 특질 또는 성격—에 혼란을 느낀다. 또한 스스로를 고유한 개인으로 인식하지 못하고 자신의 경험이 얼마만큼 자신의 것인지 정확히 판단하지 못한다. 정신역동적 이론에서는 이러한 증상을 자아 경계(ego boundaries)의 상실로 간주한다. 환자들은 또한 제 3자의 관점을 이해하는 데 어려움을 보인다. 자신의 행동과 말이 특정한 상황에서 사회적으로 부적절하다는 것을 지각하지 못하는데, 이는 타인의 관점을 이해하지 못하기 때문이다(Carini & Nevid, 1992). 환자들은 타인의 정서를 인식하거나 지각하는 데도 어려움을 보인다(Penn et al., 2000).

의지장애는 잔류기나 증상이 만성화되었을 때 가장 자주 나타난다. 음성 증상 중의 하나로 목표 지향적인 활동을 자발적으로 추구하지 않는 특성을 일컫는다. 조현병 환자는 계획을 수행하지 못하고 관심이나 추동이 부족하다. 행동으로 옮길지 말지에 대해 양가 감정이 명확히 나타나는데, 이러한 태도가 목표지향적인 활동을 하지 못하게 막는다.

어떤 환자의 경우에는 인지 및 운동 기능이 심각하게 손상되는 긴장성 행동이 나타날 수 있다. **긴장성 행동**(catatonia)을 보이는 환자는 환경을 인식하지 못하게 되고 고정되거나 경직된 자세를 유지한다. 기이하면서도 어려운 자세를 유지하여 사지가 뻣뻣해지거나 부풀어 오르기도 한다(Daniels, 2009). 이상한 자세나 기이한 얼굴 표정을 짓기도 하고 반응을 보이지 않기도 하며 자발적인 운동이 감소한다. 매우 흥분하면서 목적 없는 행동을 하기도 하며 혼수상태로까지 반응이 느려지기도 한다. 과거 DSM에서는 긴장성 강직이 조현병의 하위 유형 중 하나였지만, DSM-5에서는 정신과적 상태를 기술하는 용어로 분류되었다(APA, 2013).

인상적이지만 자주 나타나지 않는 긴장성 강직으로는 납굴증(waxy flexibility)이 있다. 이 증상은 다른 사람이 만들어 준 자세를 계속 유지하는 것이 특징이다. 이 증상이 나타나는 동안 환자는 질문이나 말에 반응하지 않는데, 수 시간 동안 지속될 수 있다. 그러나 증상이 끝나고 나면 환자는 당시 다른 사람들이 말하는 것을 들었다고 보고한다.

긴장성 강직. 긴장성 강직을 보이는 환자들은 유별나고도 어려운 자세를 몇 시간 동안 유지하기 때문에 사지가 뻣뻣해지고 부풀어 오르기도 한다. 긴장성 삽화 동안 주변 환경을 인식하지 못하고 사람의 말에 반응하지 못한다.

긴장성 강직 사례

24세 남성이 자신의 삶에 대해 골똘히 생각하고 있었다. 그는 기분이 좋지는 않았으나 설명하기 어려웠다고 고백했다. 입원한 동안 처음에는 다른 사람들과 접촉하려고 했으나, 며칠 후 발을 이상하게 비틀고는 위엄 있는 자세를 취하기 시작했다. 사람들과 이야기하기를 거부하였고 보거나 들을 수 없는 것처럼 행동했다. 얼굴은 표정 없는 가면을 쓰고 있는 것 같았다. 며칠 후 그가 말하기 시작하였으나, 메아리나 흉내 내는 말뿐이었다. 예를 들면 "이름이 뭐

> 예요?"라는 질문에 "이름이 뭐예요?"라고 말했다. 스스로를 돌보거나 음식을 먹을 수 없었다.
>
> — Arieti, 1974, p. 40

긴장성 강직은 조현병에서만 나타나는 것은 아니고, 뇌 질환이나 약물 중독, 신진대사 장애 등에서도 나타날 수 있다. 실제로 조현병보다 기분장애에서 더 자주 관찰된다(Taylor & Fink, 2003).

조현병 환자는 대인관계에서도 상당한 손상을 보인다. 사회적 상호작용으로부터 철수하고 개인적인 사고와 환상에 골몰한다. 반대로 어떤 환자는 불편감을 느끼는 사람에게 지나치게 점착(粘着)하기도 한다. 자신의 환상에 지배되어서 외부 세계와 교류하지 못한다. 환자들은 정신병적 행동이 나타나기 전부터 내향적이고 독특한 경향이 있다. 이러한 증상의 조기 징후는 조현병에 대한 취약성을 높이는데, 장애로 발전할 유전적 위험을 지닌 사람들에게는 더욱 그렇다.

이론적 관점

> **11.4** 조현병에 대한 정신역동적 이론과 학습 이론을 서술한다.

여러 주요 이론적 관점이 조현병을 설명한다. 조현병의 원인은 아직 명확하지 않지만, 심리적, 사회적, 환경적 영향이 결합하여 뇌 이상을 일으켰을 것으로 추측하고 있다(USDHHS, 1999). 우선, 정신역동적 이론과 학습 이론의 관점부터 살펴보기로 하자.

정신역동적 관점 정신역동적 관점에 따르면 조현병은 이드(id)가 일으키는 원초적인 성적 추동이나 공격적 추동에 자아(ego)가 압도당한 것이라고 설명한다. 이러한 추동들은 자아를 위협하고 정신들 간에 강력한 갈등을 일으킨다. 그런 위협하에서 개인은 기본적 자기애(primary narcissism)와 관련되는 구순기(oral stage) 초기로 퇴행한다. 구순기에 유아들은 세상이 자기와 구별된다는 사실을 아직 모른다. 자아는 자기와 외부 세계 간의 관계를 중재하기 때문에 자아의 기능이 깨어지면 현실로부터 분리되는데, 이것이 바로 조현병에서 나타나는 현상이다. 이드의 활동은 환상을 일으켜 현실을 착각하게 하고 환각과 망상을 초래한다. 원초적인 추동이 일반적인 사회적 규준보다 강해져서 기괴하고 사회적으로 부적절한 행동을 초래한다.

Freud의 견해를 따랐던 Harry Stack Sullivan은 정신 내적 요인보다 대인관계 요인을 강조하였다. Sullivan(1962)은 조현병 연구에 평생을 바쳤는데, 엄마-자녀 관계의 손상이 타인으로부터 점진적으로 철수하게 만든다고 설명했다. 아동기 초기에 자녀와 부모 간의 상호작용이 불안하고 적대적이면 아이는 자신만의 공상 세계로 회피한다. 아이가 철수하면 할수록 타인에 대한 신뢰나 친밀감의 형성에 필요한 사회적 기술을 발달시킬 기회가 적어지는 악순환이 발생한다. 아이와 타인 간에 유대감이 약해지면 사회적으로 불안감을 느끼게 되어 철수하게 된다. 이 악순환은 청년기까지 지속되다가 학교나 직장에서처럼 친밀한 관계에 대한 요구가 증가하는 상황에 직면하면 불안에 휩싸이게 되고 공상의 세계로 완전히 철수하게 된다.

Freud를 비판하는 관점은 조현병의 행동과 유아기 행동이 서로 다르기 때문에 조현병을 퇴행으로 설명할 수 없다고 주장한다. Freud와 현대 정신역동적 입장을 비판하는 견해는 정신역동적 설명이 사후적 설명이거나 소급된(retrospective) 설명이라고 지적한다. 초기의 아동-성인 관계가 장기간에 걸쳐 관찰되기보다 성인기 시점에 회상되는 것이기 때문이다. 정신분석자들은 아동기 초기의 경험이나 가족 패턴이 조현병을 초래한다는 가설을 증명하지는 못했다.

학습 이론 관점 학습 이론이 조현병을 완벽하게 설명하지 못하지만, 조건형성과 관찰학습의 원리에 기초해 조현병의 일부 형태가 어떻게 발전하는지를 이해할 수 있다. 이 관점에 따르면, 조현병 환자는 정상행동보다 기괴한 행동에 강화를 받아서 기괴한 행동을 보이는 것을 학습하게 된다.

조작적 조건형성의 고전적인 사례 연구를 떠올려 보자. Haughton와 Ayllon(1965)은 만성 조현병 환자인 54세의 여성이 빗자루에 집착하도록 조건형성하였다. 연구자는 처음에 그녀에게 빗자루를 주고 잡으라고 했고 그녀가 잡으면 다른 연구자가 그녀에게 담배(강화물)를 주었다. 이것을 여러 번 반복했고, 이윽고 여자는 빗자루에서 떨어질 수 없었다. 이처럼 강화물은 특이한 행동을 보이는 사람에게 영향을 주는 것 같다. 그러나 조현병 환자의 기괴한 행동이 강화물로 인해 형성된다는 것은 연구를 통해 입증되지 못했다.

사회인지적 이론에 따르면, 환자는 함께 입원한 다른

환자의 이상한 행동을 따라하면서 행동을 모델링하기 시작한다고 주장한다. 병원 직원들도 환자가 기괴한 행동을 보이면 더욱 주의를 기울이기 때문에 환자의 행동이 강화된다. 이러한 설명은 학교에서 선생님이 바람직한 행동을 하는 아이보다 규칙을 위반하는 아이에게 주의를 더 기울인다는 사실과 일맥상통한다.

조현병에서 나타나는 일부 행동은 모델링과 강화로 설명할 수 있다. 그러나 많은 환자는 과거에 다른 조현병 환자를 만난 적이 없어도 증상을 보인다. 사실 입원으로 인해 조현병이 발병할 가능성보다는 조현병 행동이 발병하여 입원할 가능성이 더 크다.

11.5 조현병의 생물학적 기제를 서술한다.

생물학적 관점 조현병에 기저하는 생물학적 기제에 대해서는 앞으로 연구가 많이 이뤄져야 하겠지만, 연구자들은 생물학적 요인이 장애의 발달에 중요한 역할을 한다고 믿고 있다.

유전적 요인 조현병 발달에 있어 유전적 요인이 중요한 역할을 한다는 사실은 많은 연구에서 밝혀졌다(Brown & Patterson, 2012; Grant et al., 2012; Hyman, 2011; Keshavan, Nasrallah, & Tandon, 2011; Pogue-Geile & Yokley, 2010). 조현병 환자와 촌수가 가까울수록 조현병이 발병할 가능성은 크다. 대개 직계혈족(부모, 자녀, 형제자매)에 조현병 환자가 있으면 조현병 발병 위험이 일반인구에 비해 약 10배가 높다(APA, 2000).

그림 11.1은 1920~1987년에 조현병 가족 발병률을 조사한 유럽 연구들을 종합한 것이다. 그러나 가족들은 유전자뿐만 아니라 환경도 공유하기 때문에 유전이 조현병에 미치는 영향을 밝히기 위해서는 연구가 더 필요하다.

유전적 요인의 증거는 쌍둥이 연구에서 보다 확실히 나타나는데, 일란성 쌍둥이의 경우 **일치율**(concordance rates, 쌍둥이 모두 장애가 발병하는 비율)이 약 48%로,

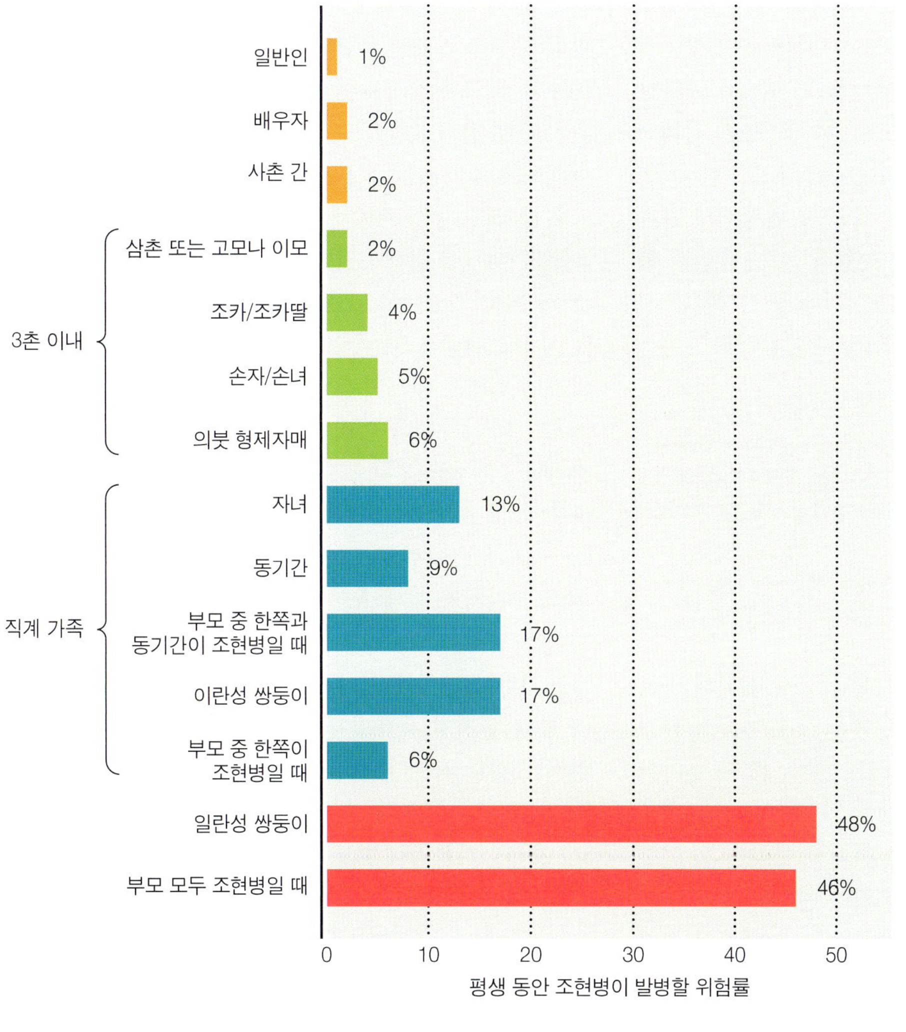

그림 11.1 조현병의 가족 발병률. 일반적으로 조현병 환자가 가까운 친족일수록 조현병으로 발전할 위험은 높아진다. 유전적으로 동일한 일란성 쌍둥이는 유전적 유사성이 50%인 이란성 쌍둥이보다 조현병 일치율이 2배 이상 높다.

출처: Gettesman et al., 1987.

이란성 쌍둥이(약 17%)보다 2배 이상 높았다(Gottesman, 1991; Pogue-Geile & Yokley, 2010). 그러나 쌍둥이 연구를 과대평가하는 것은 조심해야 한다. 일란성 쌍둥이는 유전적 유사성이 100%이기도 하고 사람들은 이란성 쌍둥이보다 일란성 쌍둥이를 더 닮은 것으로 대하기 때문이다. 따라서 일란성 쌍둥이에서 나타나는 높은 일치율은 환경적 요인으로 인한 것일 수도 있다. **진실 / 거짓**

진실 또는 거짓

부모 모두 조현병이면 그 자녀는 틀림없이 조현병에 걸린다.

거짓 양쪽 부모가 조현병인 경우, 그 자녀들이 장애로 발전할 확률은 50% 이하이다(그림 11.1에서 가장 아래쪽에 있는 막대).

환경적 요인과 유전적 요인을 분리하기 위해 연구자들은 고위험 아동들(친부모 중 1명 이상이 조현병인 아동들) 가운데 출생 직후 입양되어 친부모로부터 떨어져 조현병이 없는 양부모 밑에서 자란 입양 연구로 눈길을 돌렸다(Wicks, Hjern, & Dalman, 2010). 연구 결과, 조현병 발병 위험은 입양된 아동의 친부모가 조현병을 가졌는지와는 상관이 있지만 양부모와는 상관없는 것으로 나타났다(Tandon, Keshavan, & Nasrallah, 2008). 또한 경제적으로 궁핍한 가정(한 부모 가정이나 부모가 실직한 가족)에 입양된 고위험군 아동이 보다 편안한 환경에서 자란 고위험군 아동에 비해 발병률이 높았다. 이는 유전과 환경 모두 조현병에 영향을 미친다는 관점을 지지하는 것이다(Wicks, Hjern, & Dalman, 2010). **진실 / 거짓**

진실 또는 거짓

만약 당신이 조현병 환자인 양부모 밑에서 자란다면, 당신이 조현병에 걸릴 확률은 친부모가 조현병 환자인 사람이 조현병에 걸릴 확률과 거의 동일하다.

거짓 친부모가 조현병이 아닌 입양된 아동이 조현병인 양부모 밑에서 자랄 경우, 조현병에 걸릴 확률은 양부모의 자녀들에 비해 높지 않다.

다른 연구자들은 유전에 대한 해답을 찾기 위해 다른 방식으로 접근하였다. 미국 연구자인 Seymour Kety는 덴마크 연구자들과 함께(Kety et al., 1975, 1978) 덴마크의 공식적인 기록을 사용해 인생 초기에 입양되어 후에 조현병으로 진단된 33개의 아동 사례를 찾아냈다. 연구자들은 이들의 생물학적 친족과 입양 친족의 조현병 발병률을 조사하여 정신과적 병력이 없는 입양아의 친족 발병률과 비교하였다. 연구 결과는 유전적 요인을 강하게 지지하였다. 즉, 생물학적 친족의 발병률은 조현병에 걸린 입양아가 정신과적 병력이 없는 입양아들보다 높았다. 그러나 입양한 친족의 조현병 발병률은 조현병에 걸린 입양아와 대조군에서 유사하게 나타났다. 이러한 결과는 조현병이 환자의 가족들에게도 나타나는 이유가 유전을 공유하고 있기 때문이지 환경을 공유한 때문은 아님을 시사한다.

유전과 환경의 영향을 분리하는 또 다른 연구 방법은 **횡단적 입양 연구**(cross-fostering study)이다. 이런 연구에서는 친부모가 조현병인 아동과 조현병이 아닌 아동 간에 조현병 발병률을 비교하는 한편, 양부모가 조현병인 아동과 조현병이 아닌 아동 간에 발병률을 비교한다. 덴마크의 Wender와 동료들은(Wender et al., 1974) 입양아의 발병률이 친부모의 조현병 여부와는 관련 있지만 양부모와는 관련이 없다고 보고하였다. 고위험 아동(친부모가 조현병인 아동)이 조현병에 걸릴 가능성은 친부모가 조현병이 아닌 아동에 비해 거의 두 배 가까이 높았다. 이때 양부모가 조현병인지 여부는 상관이 없었다. 주목할 만한 점은 친부모가 조현병이 아닌 입양아는 조현병인 양부모 밑에서 자랄지라도 양부모가 조현병이 아닌 아동과 비교해 발병률이 높지 않았다. 요약하면 조현병 환자와 유전적 소인을 공유하면 장애로 발전할 위험이 현저하게 높아지는 것 같다.

최근 연구를 살펴보자. 연구자들은 조현병이 특정한 유전자 때문에 발생하지는 않는 것으로 보고 있다(Boot et al, 2012; Girgenti, LoTurco, & Maher, 2012; Guan et al., 2012; Hill & Bray, 2012). 중요한 것은 하나의 유전자가 조현병을 일으키지 않는다는 점이다(Walker et al., 2012). 과학자들은 여러 다양한 유전자가 환경과 상호작용해 뇌 이상을 일으켜 조현병이 발생한다고 주장한다(Hamilton, 2008; International Schizophrenia Consortium, 2009). 이런 유전자들 하나하나는 효과가 작지만 여러 유전자가 함께 효과를 발휘하면 조현병에 걸릴 위험이 커질 수 있다.

특정한 유전자에서 자주 발생하는 변이(유전적 변이)나 특정 유전자 세트의 결함이 복합적으로 일어나면 조현병에 걸릴 위험이 높아진다(Levinson et al., 2011; Li et al., 2011; McIlroy, 2010; Sigurdsson et al., 2010; Vacic et al., 2011). 과학자에 따르면, 나이 든 아버지 밑에서 태어난 자녀들이 조현병과 자폐증에 걸릴 위험이 높은데, 이는 남성이 나이가 들면 유전적 변이가 일어날 가능성이 커지기 때문이다(Kong et al., 2012). 그러나 여성의 경우에는 연령에 따라 유전적 변이의 위험성이 증가하지 않는 것으로 나타났다(Carey, 2012b).

다음 주제로 넘어가기에 앞서, 유전이 조현병에 걸릴 위험을 완전히 설명하지 못한다는 점을 언급해야 할 것 같다. 환경 또한 중요한 역할을 한다. 유전적으로 조현병에 걸릴 위험이 높은 사람 중 상당수가 조현병에 걸리지 않음을 고려해야 한다. 실제로 앞에서 살펴보았듯이 일란성 쌍둥이는 유전자가 완전히 동일한데도 발병 일치율이 50%를 넘지 못했다. 조현병에 대해 현재 설득력 있는 관점은 취약성-스트레스 모델(diathesis-stress model) 이다(428~429쪽의 '함께 연결 짓기' 참조). 이 모델은 조현병에 대한 취약성이나 유전적 소인을 물려받은 사람이 살면서 스트레스에 직면했을 때를 강조한다. 예를 들어, 특정한 유전자의 결함이나 변이를 갖고 있다가 인생 초기에 스트레스를 경험하게 되면 뇌 발달에 문제가 생겨 후에 조현병에 걸릴 위험이 증가할 수 있다(Kim et al., 2012; Walker et al., 2010).

이제 조현병의 생물학적 요인들—생화학적 요인, 바이러스 감염, 뇌 이상—의 역할을 살펴보자. 진실 / 거짓

> **진실 또는 거짓**
>
> 과학자들은 특정한 유전자의 결함이 조현병을 일으킨다고 믿고 있지만, 그 유전자가 무엇인지는 아직 모른다.
>
> **거짓** 과학자들은 단일한 유전자가 아니라 여러 유전자가 조현병의 발병 위험을 높이는 복잡한 프로세스와 연관된다고 믿는다.

생화학적 요인 조현병이 복잡한 뇌 신경 네트워크에 작용하는 도파민 체계가 이상과 관련된다는 견해는 많은 연구에서 검증되었다(Howes et al., 2012; Keshavan, Nasrallah, & Tandon, 2011). **도파민 가설**(dopamine hypothesis)은 조현병에 대한 주요 생화학적 모델로 조현병이 대뇌 도파민의 과다 분비와 관련된다고 설명한다.

> **11.6** 조현병의 가족 요인의 역할을 서술한다.

도파민 모델의 중요한 증거들은 신경이완제(neuroleptics)라 불리는 항정신병 약물의 효과에서 나타났다. 가장 널리 사용되는 신경이완제로는 페노티아진(phenothiazines)계 약물인 토라진(Thorazine)과 멜라릴(Mellaril), 프롤릭신(Prolixin)과 같은 약이 있다. 신경이완제는 도파민 수용기를 차단해 도파민의 활성화 수준을 낮춘다. 즉, 신경이완제는 조현병 증상을 일으키는 신경세포 활동의 과도한 전달을 억제해 준다.

도파민이 조현병에 미치는 영향에 대한 또 다른 증거는 흥분 약물의 일종인 암페타민의 활동에서 찾을 수 있다. 암페타민 약물은 전(前) 시냅스 신경세포의 재흡수를 막음으로써 도파민의 집중도를 증가시킨다. 일반인에게도 이 약물을 대량으로 투여할 경우, 편집형 조현병과 유사한 증상이 유발된다.

도파민 모델을 증명한 또 다른 연구는 조현병 환자의 뇌에서 도파민을 이용하는 신경 경로가 이상이 있음을 보여 주었다—신경 경로의 이상은 유전적으로 결정될 수 있다(Hirvonen et al., 2006; Huttunen et al., 2008). 신경 경로의 이상이 어떤 특성을 갖는지는 현재 연구 중에 있다. 조현병 환자의 뇌에 도파민이 지나치게 많다기보다는 뇌의 도파민 체계가 도파민 수용기의 자극에 과도하게 반응하는 것 같다(Grace, 2010; Valenti et al., 2011). 또 후속연구가 필요한 또 다른 설명은 도파민 수용기의 과민 반응이 양성 증상을 일으키는 반면, 과소 반응은 음성 증상을 일으킬 수 있다는 것이다. 도파민 외 다른 신경전달물질인 세로토닌, 아세틸콜린, 글루타메이트, 가바(GABA) 등의 역할에 대해서도 연구가 이루어졌다(Dobbs, 2010; Rasmussen et al., 2010; Walker et al., 2010). 이 신경전달물질들이 조현병에 어떤 영향을 미치는지에 대해서는 더 많은 연구가 필요하다.

바이러스 감염 조현병은 태아와 신생아의 뇌를 천천히 공격하는 바이러스로 인해 발생할 수도 있다. 바이러스 감염인 풍진(독일 홍역)은 정신지체의 원인이다. 조현병을 일으키는 바이러스에는 또 어떤 것이 있을까? 이에 대한 답변은 아직 알려지지 않았다. 그러나 연구에 의하면, 산전 감염과 조현병 발병 간에 관련이 있을 가능성이 있다. 임신 후 첫 3개월 동안 태아가 인플루엔자 바이러스에 노출될 경우 조현병에 걸릴 확률이 7배나 높아진다는 보고가 있다(Brown et al., 2009). 또한 북반구에서는 독감이 창궐하는 시기인 겨울과 초봄에 태어나는 아이가 장래 조현병에 이환될 가능성이 높다(King, St-Hilaire, & Heidkamp, 2010). 이러한 결과가 여러 연구들에서 확증된다면, 바이러스가 조현병의 발생 위험을 높이는 방식으로 태아 초기에 뇌 발달에 영향을 줄 수 있음을 의미한다. 그러나 바이러스의 영향이 발견된다고 해도, 조현병의 일부 사례만을 제한적으로 설명할 수 있을 것이다.

뇌 이상 뇌 영상 연구에 의하면, 조현병 환자는 뇌의 물리적 구조와 뇌 기능 모두에서 이상을 보인다(Borg-

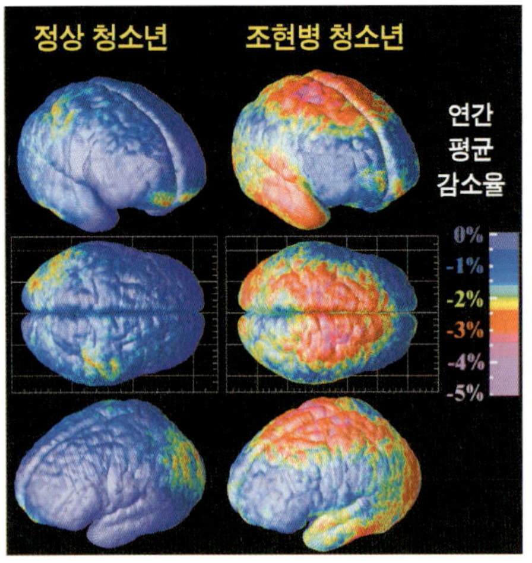

그림 11.2 생애 초기에 조현병이 발병한 청소년들에게서 나타난 뇌 조직의 감소. 생애 초기에 조현병이 발병한 청소년의 뇌(오른쪽 영상)에서 회백질이 상당히 감소한 것을 볼 수 있다. 청소년기에 회백질이 감소하는 것은 정상적인 현상이지만, 조현병 환자에게서는 보다 심각하게 감소되어 있다.

출처: Thompson et al., 2001.

wardt, McGuire, & Fusar-Poli, 2011; Hulshoff Pol et al., 2012; Kubota et al., 2013; Schultz et al., 2010). 조현병 환자에서 관찰되는 뇌 구조의 이상에 있어 가장 눈에 띄는 결과는 정상 대조군에 비해 뇌조직(회백질)이 감소되어 있는 것이다(Arango et al., 2012; Keshavan, Nasrallah, & Tandon, 2011). **그림 11.2**는 생애 초기(아동기)에 조현병이 발병한 청소년 환자의 뇌 사진이다. 비정상적으로 확장된 뇌실(뇌에서 비어 있는 공간)이 뇌 조직의 감퇴를 가장 명확하게 보여 주는 징후이다(**그림 11.3**)(Kempton

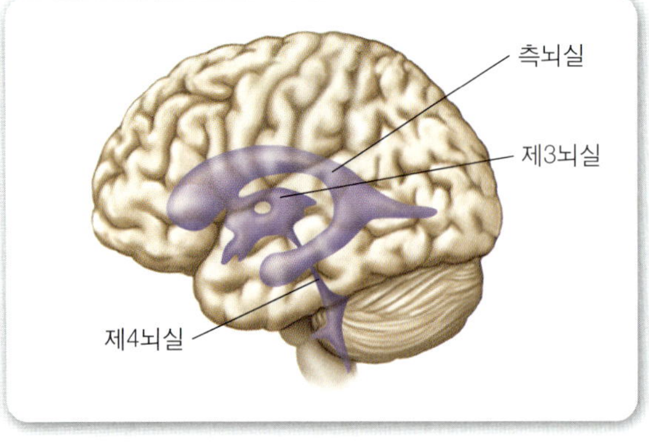

그림 11.3 뇌실. 조현병 환자들의 뇌실은 대개 비정상적으로 확장되어 있는데, 이는 뇌조직의 감소나 악화의 징후이다. 뇌실은 뇌에서 완충이나 쿠션 역할을 해주는 액체를 담고 있는 뇌의 빈 공간이다.

et al., 2010).

조현병 환자의 뇌는 유전적 요인과 환경적 영향(예: 바이러스 감염이나 태아가 충분히 영양섭취를 못한 것), 출산 시 외상 또는 이들이 복합적으로 작용해 태아기 동안 손상을 입거나 정상적으로 발달하지 않았을 수 있다(King, St-Hilaire, & Heidkamp, 2010; Walker et al., 2010). 태아기에 이런 현상이 발생했음을 보여 주는 지표 중의 하나가 저체중 출산—태아기 발달에 문제가 있었음을 보여 주는 지표—과 조현병 발병 간의 관계이다. 그러나 간과하지 말아야 할 것은 모든 조현병 환자가 뇌 조직 구조에 손상을 보이는 것은 아니라는 사실이다. 조현병의 형태에 따라 인과 프로세스가 다를 수 있다.

최근의 뇌 영상 증거에 의하면 조현병 환자들은 **전전두 피질**(prefrontal cortex)이 감소되어 있고 그 기능도 비정상적인 것으로 드러났다(Kong et al., 2012; Mechelli et al., 2011; Ursu et al., 2011). 전전두 피질은 사고, 계획, 조직화의 센터로 '집행 센터(executive center)'로 불리기도 한다. 전전두 피질은 대뇌 피질의 전두엽 내 이마 바로 뒤쪽과 운동 피질(수의적 신체 운동을 통제하는 뇌 영역) 바로 앞에 위치한다. 전전두 피질은 주의 조절, 사고 및 행동의 조직화, 정보의 중요 순위 결정, 목표 형성과 같은 고차원적인 실행 기능을 담당하는데, 조현병 환자는 이러한 기능에 자주 손상을 보인다(Barch & Smith, 2008). 연구자들은 전전두 피질 이상이 유전과 깊은 관련이 있을 수 있다고 생각한다(Bakken et al., 2011).

전전두 피질은 행동을 이끌고 조직화하는 데 필요한 정보를 보유하는 일종의 마음의 클립보드와 같은 역할을 한다. 전전두 피질의 손상은 조현병 환자들이 **작업기억**(working memory)—정보를 일시적으로 보유하고 그 정보를 활용해 작업하는 기억 체계—에 왜 손상을 보이는지 설명해 준다(Hahn et al., 2012; Coleman et al., 2012; Mammarella et al., 2012). 작업기억은 속으로 산수문제를 풀거나 어떤 음성을 마음속으로 오랫동안 생각하다가 소리를 내서 말할 때처럼 머릿속에 정보를 보유하면서 작업할 때 사용된다. 작업기억이 손상되면 조현병 환자에게 자주 나타나는 혼돈과 혼란된 행동이 나타날 수 있다. 작업기억의 손상은 장애의 임상 증상이 처음 나타나기 전부터 발생할 때가 많다(Haenschel et al., 2007). **진실 / 거짓**

뇌 영상 연구에 따르면, 조현병 환자들이 정상 대조군에 비해 전전두 피질의 일부 영역에서 뇌 활성화 수준이 감소되어 있는 것으로 나타났다(Minzenberg et al.,

진실 또는 거짓

조현병이 뇌 질환인 것으로 널리 알려져 있지만, 환자들이 뇌 기능에 이상이 있다는 증거는 여전히 부족하다.

거짓 많은 조현병 환자들의 뇌 구조 및 기능에 이상이 있음을 보여 주는 증거들은 많다.

2009). 일례로 조현병 환자들은 수학 문제를 풀 때 정상인보다 전전두 피질이 덜 활성화되었다(Hugdahl et al., 2004). 뇌 활성화 수준이 감소되어 있다는 것은 뇌 조직의 손상으로 인해 뇌에 구조적 이상이 있음을 시사하는 것일 수 있다. 연구자들은 최근 또 다른 가설을 제기했는데, 신경세포들 간에 의사소통을 통해 정보를 전달하는 경로(일종의 도로)가 전전두 피질에 상대적으로 적게 분포한다는 것이다(Cahill et al., 2009). 이로 인해 정보가 뇌에서 '교통체증'에 막혀 전달되지 못하게 된다(마치 운전자들이 고속도로 위에서 공사 때문에 한 차로에 빽빽히 몰려 있는 것과 같다). 이러한 상태는 혼돈스럽고 혼란스러운 사고를 초래한다("Traffic Jam", 2009).

아울러 연구들은 변연계(정서와 기억을 조절하는 영역)를 포함한 피질하 영역과 전전두 피질을 잇는 뇌 회로에 이상이 있음을 보여 주었다(Ferrarelli et al., 2012; Kubota et al., 2013; Woodward, Karbasforoushan, & Heckers, 2012). 사고에 관여하는 뇌 영역과 정서 및 기억을 조절하는 뇌 영역 간에 연결이 끊어져 있을 수 있다(Freedman, 2012; Park & Thakkar, 2010). 신경 네트워크가 손상되면 주의 집중력, 명확히 사고하는 능력, 효과적으로 계획하는 능력, 활동을 조직화하는 능력, 정서 처리 과정 등에 어려움을 겪을 수 있다. 요약하면, 연구 결과는 조현병이 특정 뇌 영역의 손상과 병리로 인한 것이라기보다 여러 영역의 네트워크가 손상되어 발생함을 보여주고 있다(Guller et al., 2012; Shenton et al., 2009). 427쪽에 제시한 '더 자세히 살펴보기—조현병의 내적 표현형 찾기'에서는 조현병에 기저하는 생물학적 기제에 대해 좀 더 논의하였다.

앞으로도 조현병의 생물학적 기제를 탐색하는 연구가 나오겠지만, 정신과 질병의 개념에 반대한 정신과 의사인 Thomas Szasz와 같이 다양한 견해가 있다는 점은 인식하고 있어야 한다.

가족 이론 손상된 가족 관계가 조현병 발병과 경과에 어떤 역할을 하는가? 초기의 가족 이론은 **조현병을 유발하는 엄마**(schizophrenic mother)의 역할에 초점을 두었지만 신빙성을 잃었다(Fromm-Reichmann, 1948, 1950). 일부 여성주의자들은 정신과적 성차별로 보기도 하는데, 조현병을 만드는 엄마는 차갑고 냉담하고 과잉보호하며 지배적인 성향인 것으로 묘사되었다. 이러한 엄마는 자녀의 자존감을 박탈하고 독립성을 차단하며 자신에게 의존하도록 강요한다. 아버지가 수동적이고 엄마의 병리적 영향을 막지 못하면 이런 엄마 밑에서 자란 아이는 조현병에 걸릴 위험이 특히 높다고 여겼다. 다행스럽게도 '조현병을 유발하는 엄마'의 개념은 신빙성이 없는 것으로 연구 결과 밝혀졌다. 조현병 환자의 엄마가 이런 고정된 패턴에 딱 들어맞지 않았다(Hirsch & Leff, 1975).

가족들의 영향력에 관심을 갖는 현대의 연구자들은 조현병 가족 구성원을 향한 가족들의 강요적이고 부정적인 비판뿐만 아니라 가족들 간에 비정상적인 커뮤니케이션 패턴에 주의를 기울이고 있다.

의사소통의 문제 의사소통의 문제(communication deviance, CD)는 의사소통이 불명확하거나 애매하거나 분열되어 있거나 파편화되어 있는 특성으로, 조현병 환자의 부모나 가족에게서 자주 관찰된다. 의사소통의 문제가 생기면 말을 알아듣거나 의미를 추출하기 어려워진다. 심각한 의사소통의 문제를 보이는 부모는 자녀의 말에 집중하기 어렵다. 이들은 자녀를 건설적으로 비판하기보다 말로 공격한다. 또한 강요적이고 부정적인 비판으로 자녀를 괴롭게 한다. 자녀 스스로 생각과 감정을 형성하도록 유도하기보다 부모가 실제로 생각하는 것을 자녀에게 말하는 경향이 있다. 연구에 따르면 조현병 환자의 부모는 조현병 환자가 없는 가족의 부모에 비해 의사소통의 문제를 보이는 비율이 높은 경향이 있었다(Docherty et al., 2004).

의사소통의 문제와 조현병 간의 인과관계는 양방향일 수 있다. 의사소통의 문제로 인해 유전적으로 취약한 사람이 조현병으로 발전할 위험이 높아질 수 있다. 그러나 의사소통의 문제는 장애가 있는 자녀의 행동에 대한 부모의 반응일 수도 있다. 부모는 곤란한 상황을 계속 만드는 자녀의 행동에 대처하기 위해 이상한 언어를 사용하는 것을 학습했을 수도 있다.

11.7 조현병 발생에 취약성-스트레스 모델을 적용한다.

표출정서 가족 간 의사소통 문제의 또 다른 형태는 **표출정서**(expressed emotion, EE)이다. 표출정서는 조현병을 앓는 가족 구성원에게 적대적이고 비판적이며 비지지적

이상심리학에 대해 비판적으로 사고하기

@Issue: 정신병은 신화인가?

1961년, 정신과 의사인 Thomas Szasz(1920~2012)는 정신병이 존재하지 않는다는 대담한 주장을 제기해 정신과 협회를 충격에 빠뜨렸다. 그의 문제작인 『정신병의 신화(Myth of Mental Illness)』에서 Szasz는 정신병이 신화이며 행동이 이상하거나 기괴한 사람들을 낙인찍고 복종시키기 위해 사회가 사용하는 편리한 허구라고 주장했다(Szasa, 1961, 2008, 2011). 그의 이러한 주장은 정신과 협회로부터 오랫동안 비판을 받아왔다. Szasz는 정신병이 인플루엔자나 고혈압, 암과 같은 질병이 아니며, '삶에서의 문제'에 불과하다고 설명했다. 그는 조현병이나 다른 정신과적 장애로 진단받은 사람들의 행동이 독특하거나 손상된 것이라는 주장에 대해서는 이의를 제기하지 않았다. 또한 환자들이 정서적 문제로 고통받거나 사회에 적응하기 어려워한다는 점도 부인하지 않았다. 그러나 그는 이상하거나 별난 행동이 질병의 산물이라는 전통적 관점에 반대하였다. Szasz는 행동 문제를 '질병'으로 다룸으로써 정신과 의사들은 사회적 기준에서 벗어난 사람을 의료 시설에 입원시킬 수 있게 되었다고 주장했다. 비자발적인 입원은 치료라는 이름으로 위장한 폭군이라고 그는 지적했다. 입원은 인간의 존엄성을 박탈하고 가장 중요한 인권인 자유를 앗아간다.

조현병 환자들의 여러 문제—망상, 환각, 지리멸렬한 언어—는 단지 '인생의 문제'인가, 아니면 질병의 증상인가? 정신병이 신화나 사회적 구성물이라는 신념은 조현병 환자가 뇌 구조 혹은 기능에 이상을 보이고 유전적 요인이 질병의 위험성을 높인다는 수많은 연구 결과에는 잘 들어맞지 않는다.

Szasz가 정신병이 존재하지 않는다고 주장한 이래, 정신장애나 심리학적 장애에 기저하는 생물학적 기제에 대해 부족하지만 많은 사실이 밝혀졌다. 알츠하이머병과 암 등 여러 질병에 있어서도 원인이 정확히 밝혀지지 않았지만 정확히 밝혀지지 않았다고 해서 이들 질병이 질병이 아닌 것은 아니다. 많은 연구자는 정신병이 사회적으로 비정상적인 사람들을 낙인찍기 위해 위조된 것이라는 급진적 이론가들의 주장이 지나치다고 생각한다.

조현병, 기분장애, 자폐증 등 많은 이상행동 패턴에서 생물학적 요인의 역할이 중요하다는 증거들이 나오고 있다. 그러나 질병 모델을 얼마나 더 확장시켜야 할까? 반사회성 성격장애는 질병인가? 주의력결핍 과잉행동장애는? 비행기 공포증과 같은 특정 공포증은? 비정상적인 행동 패턴을 질병으로 다루는 것과 인생의 문제로 보는 관점이 시사하는 바는 무엇인가?

DSM 자체는 정신장애가 생물학적 기초를 지니고 있다는 입장을 채택하지 않는다. 대신 대부분의 정신장애의 원인이 아직 명확하지 않다고 설명한다. 일부 장애는 생물학적 요인에 의해서만 발생할 수 있고 일부 장애는 심리학적 요인에 의해서 발생할 수 있다. 그러나 대부분의 다른 장애들은 생물학적 요인, 심리학적 요인, 사회-환경-심리적 요인의 상호작용에 의한 것이다.

Szasz의 견해와 그에 대한 정신과 단체의 비판은 정신과 환자들의 권익 보호에 상당한 진보를 가져왔다. 아울러 이상행동에 대한 사람들의 반응에 내포된 사회적 및 정치적 의미에 대해 생각할 기회를 제공하였다. 아마도 가장 중요한 기여는 비정상적인 행동을 적응의 문제가 아닌 질병의 징후로 명칭화하고 다루는 것에 대해 사람들의 생각을 돌아보도록 자극한 것일 것이다.

이 쟁점에 대해 비판적으로 생각하면서 다음의 질문에 답하라.

- 조현병이 질병이라기보다 삶의 문제라고 말하는 것은 어떤 의미일까? 치료에 시사하는 바는 무엇인가? 비정상적 행동을 보이는 사람들에게 사회는 어떻게 반응하는가?
- Szasz가 그의 저서에서 처음 주장한 이후에 나온 연구들에 기초하면 정신장애는 삶의 문제로 분류되어야 하는가, 아니면 질병으로 분류되어야 하는가?

Thomas Szasz. 정신과 의사인 Thomas Szasz는 정신과 의사 단체와 오랫동안 논쟁하였다. 그는 정신병이 신화에 불과하며 정신보건의 문제들이 삶의 문제일 뿐 의학적 질병은 아니라고 주장했다.

인 방식으로 반응하는 패턴을 일컫는다(A. Weisman et al., 2006). 표출정서 수준이 높은 가족 환경에서 성장한 조현병 환자는 표출정서 수준이 낮은(보다 지지적인) 가족 환경에서 자란 환자에 비해 재발률이 두 배 이상 높다(Hooley, 2010).

표출정서 수준이 높은 가족은 낮은 가족에 비해 덜 공감하고 인내력과 융통성이 약하며 조현병 환자들이 이상행동을 스스로 통제할 수 있다고 믿는 경향이 있다(Weisman et al., 2000). 가족들의 표출정서 수준이 높으면 주요 우울장애나 섭식장애, 외상후 스트레스 장애 등 다른 장애에서도 악화된 결과를 보인다(Barrowclough, Gregg, & Tarrier, 2008). 표출정서 수준이 높은 가족과 사는 것은 정신장애에 취약한 사람에게 더 큰 스트레스가 되는 것 같다(Chambless et al., 2008).

표출정서 수준이 낮은 가족은 조현병을 앓는 가족 구성원을 외부 스트레스의 영향으로부터 보호하고 완충하며 삽화가 재발되지 않도록 도와준다(그림 11.4). 가족 간의 상호작용은 두 방향으로 진행될 수 있다. 가족과 환자는 서로에게 영향을 주기도 하고 영향을 받기도 한다. 조현병 가족 구성원의 이상행동으로 인해 다른 가족이 좌절감을 느끼게 되면 덜 지지적이고 보다 비판적이면서 적대적인 방식으로 환자에게 반응할 수 있다. 이럴 경우 조현병 환자의 이상행동이 악화될 수 있다.

조현병 환자 가족들이 보이는 표출정서의 빈도와 행동

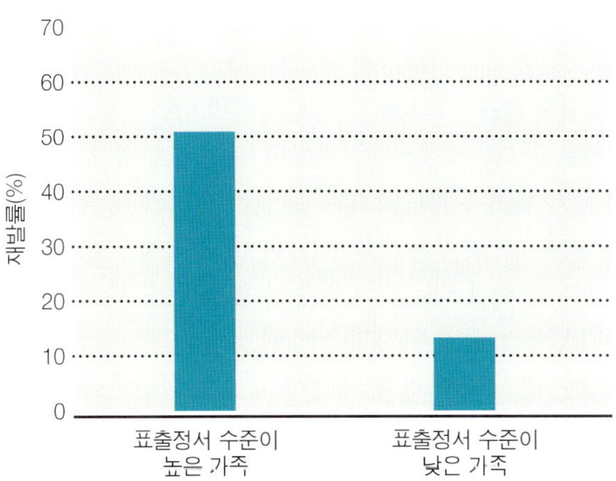

그림 11.4 표출정서 수준이 높은 가족과 낮은 가족에 있어 조현병 환자의 재발률. 가족의 표출정서 수준이 높은 조현병 환자가 낮은 환자에 비해 재발률이 높았다. 표출정서 수준이 낮은 가족은 조현병 가족 구성원을 환경적인 스트레스로부터 보호하는 반면, 표출정서 수준이 높은 가족은 추가적인 스트레스를 부가하는 것 같다.

출처: King & Dixon, 1999.

이 환자에게 미치는 효과와 관련해 문화적 차이를 좀 더 자세히 들여다볼 필요가 있다. 연구에 따르면 표출정서 수준이 높은 가족들은 인도와 같은 개발도상국보다 미국이나 캐나다와 같은 선진국에 더 많은 것으로 나타났다(Barrowclough & Hooley, 2003).

비교문화 연구에 따르면 멕시코계 미국인과 영국계 미국인, 중국계 미국인 중 표출정서 수준이 높은 가족은 수준이 낮은 가족에 비해 조현병을 앓는 가족 구성원이 정신증을 스스로 통제할 수 있다고 믿는 것으로 나타났다(Weisman et al., 1998; Yang et al., 2004). 표출정서 수준이 높은 가족은 환자가 증상을 잘 통제할 수 있으며 통제해야만 한다고 지각하기 때문에 분노하고 비판적인 태도를 보이게 된다.

표출정서에 대한 문화적 차이를 비교한 연구에 따르면, 영국계 미국인의 경우 표출정서 수준이 높으면 환자의 치료 결과가 더 안 좋은 것으로 나타났다. 그러나 멕시코계 미국인에서는 이러한 현상이 나타나지 않았다(Lopez et al., 2004). 멕시코 미국인의 경우에는 가족의 온정 정도가 조현병 가족 구성원의 좋은 경과와 상관이 있었지만, 표출정서 수준과는 상관이 없었다. 반면 영국계 미국인의 경우에는 가족의 온정 정도가 좋은 경과와 상관을 보이지 않았다. 또 다른 연구에서는 아프리카계 미국인이 표출정서 수준이 높으면 치료 결과가 더 좋아지는 것으로 나타났다(Rosenfarb, Bellack, & Aziz, 2006). 이 문화적 차이는 어떻게 설명할 수 있을까? 연구자들은 아프리카계 미국인이 가족으로부터 강요적이고 비판적인 말을 들으면 이를 거부가 아닌 돌봄과 염려로 지각하는 것 같다고 논평했다. 또 다른 연구에서 유럽계 백인 환자와 라틴계 환자는 가족이 환자를 얼마나 많이 비판하는지와 가족의 비판을 환자가 어떻게 지각하는지가 서로 상관이 있는 것으로 나타났다. 그러나 아프리카계 미국 환자에게서는 이러한 상관이 나타나지 않았다(Weisman et al., 2006). 이러한 연구는 이상행동을 문화적 측면에서 살펴보는 것이 중요함을 환기시켜 준다.

조현병 환자의 가족은 대부분 스트레스에 대처하여 스스로를 돌볼 준비가 거의 안 되어 있다. 높은 표출정서 수준이 어떤 영향을 주는지에 집중하기보다는 가족 구성원들이 건설적인 방법을 학습하고 상호작용하며 지지적이 될 수 있도록 도와야 한다. 가족들이 표출정서 수준을 낮출 수 있도록 도움을 줄 수 있음을 보여 준 증거가 있다(Dixon, Adams, & Lucksted, 2000).

조현병에서 가족 요인: 스트레스의 원인인가 스트레스원인가? 그간의 연구는 가족 간에 부정적인 상호작용이 조현병을 직접적으로 일으킨다는 관점을 증명하지 못했다. 반면 유전적 소인을 갖고 있는 사람이 스트레스를 많이 주는 가족 환경에서 살면 장애로 발전할 가능성이 더 큰 것으로 보고되었다(Reiss, 2005; Tienari et al., 2004).

가족이 정신장애를 어떻게 개념화하느냐에 따라 정신장애를 겪는 환자와 상호작용하는 방식이 달라질 수 있다. 예를 들어, 조현병이라는 용어는 낙인을 찍고 장애가 지속될 것이라는 생각이 들도록 한다(Jenkins & Karno, 1992). 반면, 멕시코계 미국인들은 조현병 환자를 신경과민(nerves)에 걸린 것으로 지각한다. 신경과민은 불안, 조현병, 우울 등 다양한 문제행동에 대한 문화적 통칭으로, 조현병이라는 명칭보다 편견이 덜하고 보다 긍정적인 기대를 갖게 한다(Jenkins & Karno, 1992). 신경과민이라는 명칭은 조현병 환자의 가족들이 편견을 갖지 않게 하는 효과를 지닌 것 같다.

가족이 조현병 환자의 행동이 일시적이거나 치료될 수 있다고 생각하는 경우와 환자의 행동이 지속적인 뇌 이상 때문이라고 생각하는 경우에 조현병 환자에 대한 가족의 반응에 있어 차이를 보일 수 있다. 조현병 환자가 질병을 스스로 얼마나 통제할 수 있는지에 대해 가족이 지각하는 정도가 환자에게 반응하는 가족의 태도를 결정짓는 중요한 요인일 수 있다. 조현병 환자에게 있어 일부 행동은 통제 가능하지만 일부 행동은 질병의 산물이라는 균형 있는 관점을 조현병 환자의 가족이 지닌다면 가족은 환자의 문제에 더 잘 대처할 수 있다. 조현병 환자의 가족이 조현병을 이해하는 방식과 조현병 환자의 재발률이 어떠한 관련을 지녔는지는 계속 연구되어야 할 부분이다.

이름에는 많은 것이 담겨져 있다. 멕시코계 미국인들은 조현병 환자들이 신경과민(nerves)을 앓고 있다고 생각한다. 신경과민이라는 명칭은 조현병이라는 명칭에 비해 편견이 적고 장애에 대해 보다 긍정적인 기대를 갖게 한다.

치료적 접근

11.8 조현병 치료에 사용되는 방법을 평가한다.

조현병의 치료제는 아직 없다. 치료는 일반적으로 약물치료, 심리치료, 재활치료를 통합해 다차원적으로 이루어진다. 정신보건시설에서 치료를 받는 환자들은 대부분 항정신병 약물을 처방받는데, 약물은 환각과 망상과 같은 증상을 통제하고 삽화가 반복되는 비율을 줄이기 위해 사용된다.

생물학적 접근 1950년대에 항정신병 약물—주요 신경안정제로 불리기도 함—이 개발된 것은 조현병 치료에 혁신을 가져왔고 덕분에 많은 정신과 환자가 병원에서 나와 지역사회로 돌아갈 수 있었다. 항정신병 약물 덕택에 망상과 환각과 같은 이상행동을 통제할 수 있게 되었고 장기 입원도 줄일 수 있게 되었다.

많은 만성 조현병 환자에게 입원은 회전문을 통과하는 것과 같다. 환자는 입원과 퇴원을 반복한다. 많은 환자들이 일단 약물을 통해 안정되면 거리로 나오게 되는데 추후 관리를 거의 받지 못한다. 이로 인해 병원에 짧게 입원했다가 만성적인 노숙자가 되는 양상이 발생하게 된다.

제1세대 항정신병 약물로는 페노티아진계 클로르프로마진(토라진), 티오리다진(멜라릴), 트라이플루오페라진(스

더 자세히 살펴보기

조현병의 내적 표현형 찾기

비록 초기 단계이기는 하지만 **내적 표현형**(endophenotypes)을 찾기 위한 과학적인 연구가 시작되었다(Allen et al., 2009). 내적 표현형은 측정 가능한 프로세스나 기제로서, 인간의 맨눈으로는 확인할 수 없다. 이것은 유기체의 DNA에 입력된 유전적 배열이 관찰 가능한 유기체의 특성(원형, phenotype)에 어떤 영향을 미치는지를 설명해 준다(Gottesman & Gould, 2003). 원형은 안구 색깔이나 관찰된 행동과 같이 기질에 대한 외부 표현형이다. 내적 표현형은 어떤 유전자가 어떤 행동 및 신체의 기질로 표현되는지, 또 어떤 장애로 표현되는지를 설명해 주는 기제이자 중요한 연결점이다.

연구자들은 조현병의 내적 표현형으로 뇌 회로의 장애, 작업기억의 손상, 주의 및 인지 과정의 손상, 신경전달물질의 이상 등을 제안하고 있다(Greewood et al., 2011; Hall et al., 2007; Martin et al., 2008; Zhao et al., 2011). 한 예로 뇌 회로의 장애는 잠재적 내적 표현형일 수 있다. 전전두 피질과 변연계를 포함한 피질하 영역을 연결하는 뇌 회로는 사고의 조직화와 지각, 정서, 주의 기능과 관련된다. 이러한 회로의 장애는 기능을 처리하지 못하게 해 환각과 망상, 사고장애와 같은 조현병의 양성 증상을 초래할 수 있다.

조현병이 어떻게 발전하는지를 더 잘 이해하기 위해서는 유전자가 기저하는 프로세스에 어떻게 영향을 미치는지를 보다 깊이 조사해야 한다. 그래야 이 프로세스가 어떻게 장애를 유발하는지를 설명할 수 있다(Goldman, 2011). 이러한 연구를 시행하는 연구자는 조현병에서 나타나는 기억과 주의장애 등과 관련된 20개 이상의 유전자가 어떤 역할을 하는지를 탐색하고 있다. 이 유전자들은 모두 전전두 피질에 영향을 미친다(Greenwood et al., 2011).

그림 11.5는 잠재적 유전자와 내적 표현형 간의 관계를 보여 주는 모델로, 조현병에 대한 취약성이 어떻게 나타나는지를 설명하고 있다. 아직 밝혀지지 않는 기제에 대한 연구가 잘 진행되고 있지만, 모든 조현병 환자에게서 나타나는 뇌 이상을 아직은 발견하지 못했다. "한 사이즈가 모두에게 맞는다(one size fits all.)"라고 가정하는 모델을 적용할 수 없다는 것은 놀랄 만한 일은 아니다. 조현병은 다양한 하위 유형과 여러 증상이 나타나는 복잡한 장애로, 뇌에서 인과 프로세스가 조현병의 유형에 따라 다를 수 있다. 우리가 지금 조현병이라고 부르는 장애는 실제로는 단일한 장애가 아닐 수도 있다.

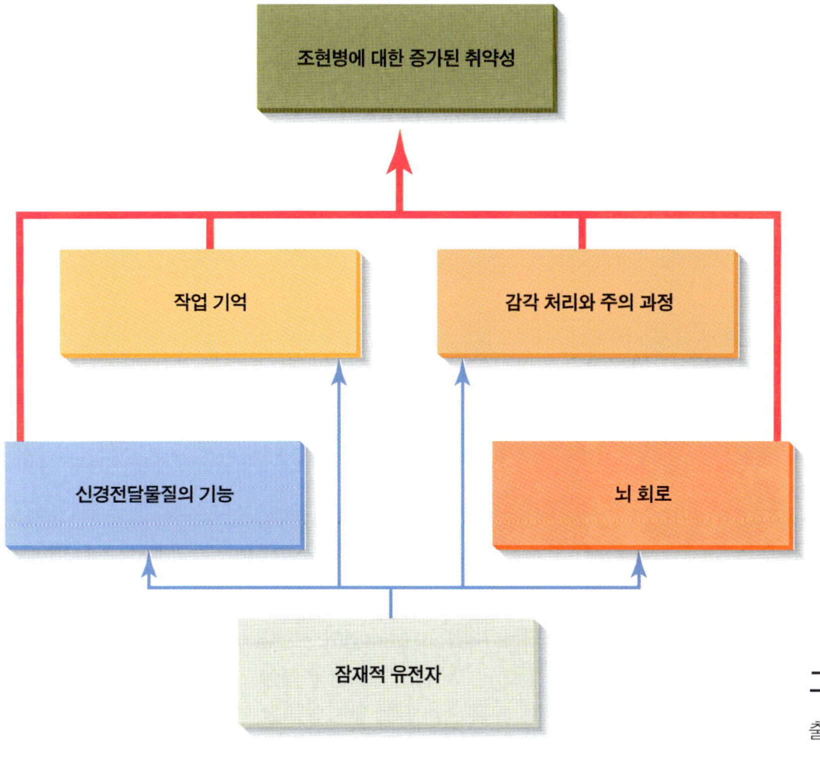

그림 11.5 유전자에서 취약성까지.

출처: Gottesman & Gould, 2003.

함께 연결 짓기

취약성-스트레스 모델(Diathesis-Stress Model)

1962년에 Paul Meehl은 통합적인 조현병 모델을 제안하였고, 이 모델은 취약성-스트레스 모델의 발전을 이끌었다. Meehl은 조현병에 대한 유전적 소인을 갖고 있는 개인이 스트레스를 주는 환경에서 자랄 때에만 증상이 발현될 수 있다고 주장했다(Meehl, 1962, 1972).

이후 Zubin과 Spring(1977)은 취약성-스트레스 모델을 확립해 소인(유전적 요인)과 인생의 스트레스 요인, 특히 개인의 스트레스 역치 수준(대처 능력)을 초과하는 환경적 스트레스가 서로 상호작용함으로써 조현병이 발생한다고 밝혔다(그림 11.6에 조현병에 대한 취약성-스트레스 모델이 제시되어 있다). 질병으로부터 보호해 주는 요인을 갖고 있으면 스트레스의 효과가 완화될 수 있으며, 이를 통해 유전적 소인이 장애로 발전할 가능성이 줄어들게 된다.

환경적 스트레스는 어린 시절의 뇌 외상과 같은 물리적인 요인뿐만 아니라 가족 갈등, 아동 학대, 정서 박탈, 지지적 인물의 상실과 같은 심리적 요인을 포함한다. 다시 말해, 환경적 스트레스가 개인이 견뎌 낼 수 있는 정도이면 조현병이 절대 발생하지 않으며, 심지어 유전적 소인을 갖고 있는 경우에도 그럴 수 있다.

고위험군 아동의 보호 요인. 지지적 환경은 고위험군 아동의 발병 가능성을 낮출 수 있다.

취약성-스트레스 모델을 지지하는 연구 결과

다양한 증거가 취약성-스트레스 모델을 지지한다. 조현병이 발병하는 시기가 대개 청소년기 후기나 성인기 초기라는 사실이 한 증거이다. 이 시기에 젊은이들은 대개 독립해 인생에서의 역할을 찾으려 시도하면서 스트레스 수준이 증가하게 된다. 또 다른 증거는 표출 정서(가족들에게 비판을 듣는 것)와 같이 심리적인 스트레스가 조현병의 증상을 악화시키고 재발률을 높인다는 결과에서 찾을 수 있다. 경제적 어려움을 겪거나 고통을 주는 이웃과 사는 것과 같은 스트레스 원(原)들 또한 유전적 소인과 상호작용해 조현병 발병에 기여할 수 있다. 그러나 스트레스가 유전적으로 취약한 사람에게서 조현병을 직접적으로 유발하는지는 아직 명확하지 않다.

취약성-스트레스 모델에 대한 보다 직접적인 증거는 유전적 소인을 갖고 있어서(부모 중 한 명이나 두 명 모두 조현병) 조현병에 발전할 위험이 높은 사람을 대상으로 실시한 종단 연구에서 나왔다. 종단 연구의 결과는 환경과 유전의 상호작용이 조현병 발전을 결정한다는 취약성-스트레스 모델의 가장 핵심적인 주장을 지지하였다. 종단 연구는 유전적 소인을 갖고 있는 사람들을 오랜 기간 동안 추적 조사하였다. 추적 조사는 장애나 의심이 되는 행동 패턴이 나타나기 전에 그리고 조현병이 발병하기 전부터 시작되었다. 이런 방식으로 연구자는 조현병 발병을 예측할 수 있는 생애 초기의 특성을 규명할 수 있었다. 이런 연구는 수년이 소요되며 비용 또한 상당히 많이 든다. 일반 인구에서 조현병 발병률이 약 1%에 불과하기 때문에 연구자는 유전적 소인을 갖고 있는 아동을 대상으로 연구를 진행하였다. 부모 중 한 명이 조현병인 아동이 조현병으로 발전할 확률은 10~25%이고, 부모 모두 조현병인 아동이 후에 조현병으로 발전할 확률은 45%이다(Erlenmeyer-Kimling et al., 1997; Gottesmann, 1991).

가장 잘 알려진 종단 연구는 1962년에 덴마크에서 Sarnoff Mednick과 동료들이 진행한 것이다. 연구자들은 207명의 유전적 고위험군 아동들(엄마가 조현병인 아동들)과 엄마가 조현병이 아닌 104명의 대조군을 대상으로 성별이나 사회적 지위, 연령, 교육 수준 등을 맞춰서 비교 분석했다(Mednick, Parnas, &

(다음 쪽에 계속)

Schulsinger, 1987). 두 집단의 아동들은 모두 10~20대였고 평균 연령은 15세였다. 처음 면담을 진행했을 때 장애의 징후를 보인 아동은 없었다.

5년 후 참자가의 평균 연령이 20세가 되었을 때, 아동들을 재조사하였다. 당시 유전적 고위험군 아동 중 20명이 조현병 삽화를 반드시 충족한 것은 아니었으나 이상행동을 보이는 것으로 조사됐다(Mednick & Schulsinger, 1968). 이상행동을 보인 아동들을 '아픈' 고위험군 집단으로 명했다. 연구자들은 여러 변인의 수준을 매칭한 여전히 잘 기능하고 있는 고위험군 아동('잘 기능하는' 고위험군으로 칭함) 20명과 저위험 대조군 20명을 '아픈' 고위험군 집단과 비교하였다. 그 결과, '아픈' 고위험군 엄마와 저위험 대조군 엄마에 비해 '잘 기능하는' 고위험군 아동의 엄마가 임신과 출산 시 어려움을 덜 경험한 것으로 나타났다. '아픈' 고위험군 아동의 엄마 중 70%가 임신이나 출산 시 심각한 문제를 겪은 것으로 드러났다. 이러한 결과는 취약성-스트레스 모델과 일치하는 것으로, 임신이나 출산 또는 출산 직후에 문제를 경험한 것과 같은 스트레스 요인이 뇌손상을 일으키고, 이러한 손상이 유전적 취약성과 복합적으로 작용해 후에 심각한 정신장애를 야기한다.

또 다른 선행 연구인 핀란드 연구에서도 태아기 및 출생 이후의 문제가 조현병의 발병과 관련되어 있는 것으로 나타났다(Jones et al., 1998). 앞의 덴마크 연구에서 '잘 기능하는' 아동들은 임신과 출산 시 별문제가 없었는데, 이는 정상적인 임신과 출산이 고위험군 아동을 조현병으로부터 보호하는 요인일 수 있음을 시사하는 것이다(Mednick et al., 1987).

보다 최근의 덴마크 연구는 140만 명에 이르는 출생아들을 추적 조사해 태아기 동안 엄마의 스트레스가 미치는 영향에 대해 흥미로운 결과를 보고하였다. 임신 후 첫 3개월 동안 친족의 죽음과 같이 큰 스트레스에 노출되었던 엄마에게서 태어난 자녀들은 조현병 발병률이 더 높았다(Khashan et al., 2008). 이러한 결과는 임신 초기에 심각한 스트레스를 경험하면 태아의 뇌 발달에 악영향을 미칠 수 있음을 시사한다.

좋은 양육과 같은 긍정적인 환경 요인은 고위험군 아동이 장애로 발병하는 것을 막아 줄 수 있다. Mednick과 동료들은 나중에 조현병으로 발전한 고위험군 아동이 조현병으로 발전하지 않은 고위험군 아동에 비해 부모와 관계가 좋지 않았다(Mednick et al., 1987). 이러한 결과는 생애 초기의 환경적 요인들이 영향을 미칠 수 있음을 보여 준다. 고위험군 아동이 아동기에 행동 문제를 보이는 것은 후에 조현병과 관련된 장애로 발전할 가능성을 보여 주는 지표가 될 수 있다(Amminger et al., 1999).

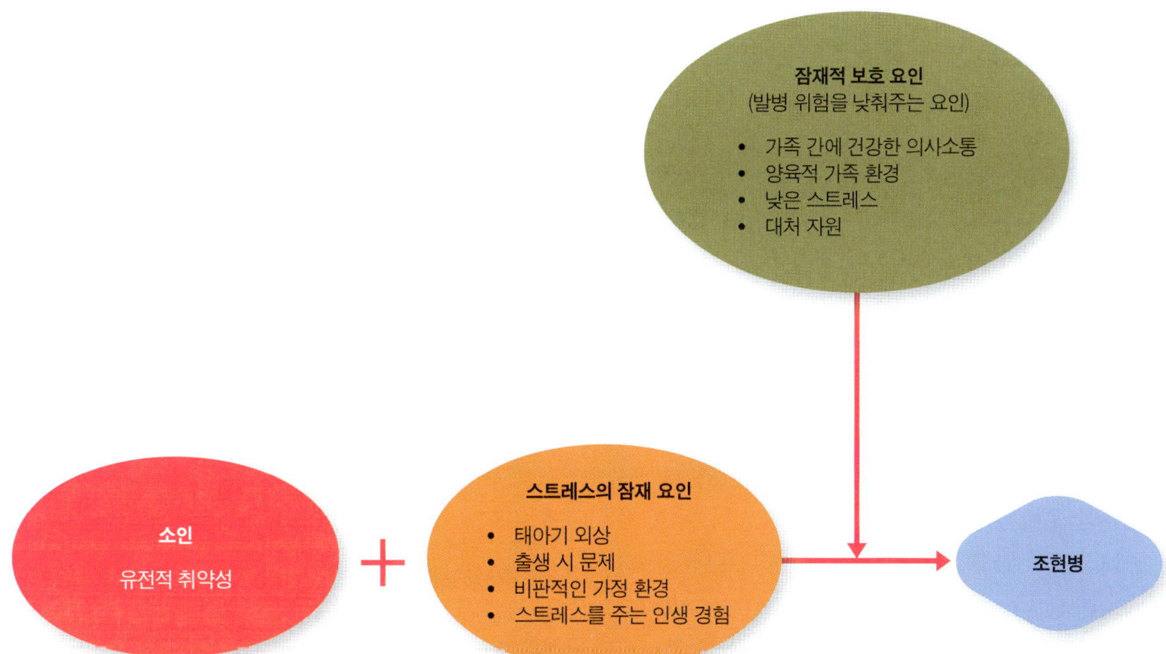

그림 11.6 조현병의 취약성-스트레스 모델.

텔라진), 플루페나진(프롤릭신), 할로페리돌(할돌) 등이 있으며 페노티아진과는 화학적으로 다르지만 효과는 유사하다.

항정신병 약물은 뇌에서 도파민 수용기를 차단해 도파민의 활동을 감소시키고 환각과 망상과 같은 현저한 증상들을 가라앉힌다. 항정신병 약물의 효과는 이중 맹목(double-blind)과 플라시보 통제 조건을 사용한 연구에서 반복적으로 증명되었다(Geddes, Stroup, & Liebermann, 2011; Nasrallah et al., 2009). 그렇지만 이러한 약이 모든 환자에게 효과가 있는 것은 아니며 재발할 수도 있고 심지어는 약을 계속 먹는 데도 재발되기도 한다.

신경안정제를 장기간 복용하면 **지연성 운동장애**(tardive dyskinesia, TD)라 불리는 심각한 부작용이 나타난다. 지연성 운동장애는 다양한 형태로 나타날 수 있는데, 가장 자주 나타나는 것이 눈을 자주 깜박이는 행동이다. 흔히 나타나는 징후로는 불수의적인 씹기 및 눈 움직임, 입술을 핥거나 오므리기, 얼굴 찡그리기, 사지와 몸통의 불수의적인 움직임 등이 있다. 어떤 경우에는 운동장애가 너무 심각해서 숨쉬기나 말하기, 먹는 것조차 어려워질 수 있다. 많은 경우 약물을 중단한 후에도 증상이 지속된다.

지연성 운동장애는 노인과 여성에게 가장 빈번하게 나타난다. 지연성 운동장애가 수년에 걸쳐 점차적으로 개선되거나 안정되는 경향이 있지만, 많은 환자가 지속적이고도 심각한 증상으로 고통을 받는다. 현재까지 이 심각한 부작용을 치료하는 효과적이고도 안전한 치료법은 없다. 심각한 부작용의 위험이 있는 만큼, 의사들은 부작용의 위험과 장기간 약물치료의 이득을 주의 깊게 저울질해야 한다.

제2세대 항정신병 약물은 **비전형성 항정신병 약물**(atypical antipsychotics)이라 불리며 제1세대 약물을 상당부분 대체하고 있다(Friedman, 2012; Tandon, Nasrallah, & Keshavan, 2010). 비전형성 항정신병 약물은 제 1세대 약물만큼 효과적이지만 신경학적 부작용이 적고 지연성 운동장애의 위험을 낮추는 장점을 지닌다(Correll & Shenk, 2009; Crespo-Facorro et al., 2011; Friedman, 2012).

보다 자주 사용되는 비전형성 항정신병 약물로는 **클로자핀**(상품명 클로자릴), **리스페리돈**(상품명 리스페달), **올란자핀**(상품명 지프렉사) 등이 있다(Hatta et al., 2009). 여름 캠프에서 정신증을 처음 경험했던 로리 실러는 클로자핀을 복용하면서 목소리가 약화되는 것을 경험했다.

> **'나'** 목소리가 점차 부드러워졌다.
>
> 마치 뇌가 안으로부터 빠져나오는 것 같았다. 머리가 끈적거리는 것들로 꽉 차서 녹아 내린 고무나 자동차 기름같이 느껴졌다. 이제 끈적거리는 것은 사라지고 뇌만 남았다. 느리지만 명확히 사고하기 시작했다.
>
> 그리고 목소리는? 목소리는 점점 부드러워졌다. 목소리가 점점 부드러워졌다고? 정말 점점 부드러워졌다! 목소리가 두개골을 빠져나와 주위를 배회하다가 안으로 들어갔다가 다시 밖으로 나왔다. 목소리의 강도가 확실이 약해졌다.
>
> 그냥 일어난 일일 뿐이다. 이제 해방되었다. 평화를 찾게 해달라고 기도했었는데, 마침내 기도의 응답을 받았다. 살고 싶다. 살고 싶다.
>
> — Schiller & Bennett, 1994

시간이 지남에 따라 목소리가 배경에 묻히더니 사라졌다. 로리는 목소리 없이 스스로의 힘으로 삶을 설계하는 법을 배워야 했다. 그녀는 병원을 나와 모험을 시작했다. 사회복지시설에 들어가서 독립적인 삶을 향해 나아가기 시작했다. 로리는 3년 반을 복지시설에서 보냈고 지금은 독립해 살고 있다.

항정신병 약물은 조현병의 증상을 통제하지만, 치료제는 아니다(Walker & Tessner, 2008). 만성 조현병 환자들은 급성기 증상이 완화되더라도 항정신병 약물의 용량을 대개 유지한다. 그러나 많은 환자가 약을 계속 먹는데도 재발한다. 만약 약을 중단하게 되면 재발 위험은 훨씬 커진다. 그러나 모든 조현병 환자가 독립적으로 살기 위해서 항정신병 약물이 필요한 것은 아니다(Jobe & harrow, 2010). 불행히도 어떤 환자들이 약을 계속 먹지 않고도 잘 관리될 수 있는지 아직은 예측할 수 없다. 진실 / 거짓

진실 또는 거짓

많은 조현병 환자를 관리하고 치료할 수 있는 약물이 현재 존재한다.

거짓 항정신병 약물은 조현병의 증상을 통제해 주지만 치료하지는 못한다.

항정신병 약물은 심각한 부작용의 위험이 있다. 부작용으로는 갑작스런 심장병으로 인한 사망, 체중 증가, 심장병과 뇌졸중 위험과 관련된 신진대사 장애와 같이 심각한 의학적 합병증이 포함된다(Abbott, 2010; Morrato et al, 2010; Stroup et al., 2011). 게다가 비전형성 항정신

병 약물인 클로자핀은 백혈구의 공급에 이상을 일으키는 치명적인 장애를 초래할 위험이 있다. 이러한 심각한 부작용 때문에 약을 복용하는 환자들은 정기적으로 혈액 검진을 받아야 한다. 결국 의사들은 치료를 통한 이득과 부작용 사이에 균형을 추구하며 어려운 선택을 해 나가고 있다(Friedman, 2005; Zhao, 2008).

항정신병 약물이 주는 이익이 무엇이든지 간에 약만으로는 조현병 환자들의 다차원적인 욕구를 충족시킬 수 없다. 정신과 약물은 증상을 개선시킬 수는 있지만, 환자의 사회적 기능이나 삶의 질, 음성 증상의 치료 등에는 효과가 그리 크지 않다(Friedman, 2012; Turkington & Morrison, 2012; Tandon, Nasrallah, & Keshavan, 2009). 따라서 약물치료와 함께 심리치료나 재활치료, 인지 훈련(기억과 주의력), 사회기술 훈련(타인의 얼굴에 나타난 정서에 초점을 두는 치료 등이 포함됨), 조현병 환자가 지역사회의 욕구에 적응하도록 도와주는 사회적 서비스 등이 추가되어야 한다(Guo et al., 2010; Hooker et al., 2012; LeVine, 2012; Patela et al., 2011; Wykes et al., 2011). 항정신병 약물과 의학적 관리, 심리치료, 가족치료, 사회기술 훈련, 위기 개입, 재활 서비스, 주거 및 기타 사회 서비스 등 광범위한 개입이 포괄적인 치료 모델 내에서 활용되어야 한다. 또한 치료 프로그램은 병원과 지역사회를 연계함으로써 치료가 지속될 수 있도록 한다.

치료에 있어 사회문화적 요인 연구자들은 정신과 약물에 대한 반응과 용량 수준이 인종에 따라 다르다고 밝혔다(USDHHS, 1999). 예를 들어 아시아계와 히스패닉계 미국인은 유럽계 미국인에 비해 적은 용량의 약물을 복용한다. 또한 아시아계 미국인은 같은 용량의 약물에 대해 부작용을 더 많이 보이는 경향이 있다. 인종에 따라 조현병 환자를 관리하는 방법에도 차이가 있다. 예를 들어, 한 연구에서 아프리카계 미국인 환자들은 유럽계 미국인 환자들에 비해 차세대 비전형성 항정신병 약물을 복용할 가능성이 적은 것으로 나타났다(Kuno & Rothbard, 2002).

치료에 대한 가족들의 참여 또한 인종에 따라 다를 수 있다. 26명의 아시아계 미국인 환자와 26명의 비라틴계 백인 미국인 환자를 대상으로 한 연구에서 아시아계 미국인 환자의 가족들이 치료 프로그램에 더 자주 참여하였디(Lin ct al., 1991). 일례로 아시아계 미국인 환자들은 약물 평가 회기 때 가족과 함께 방문할 가능성이 더 높았다. 아시아계 미국인 가족들의 높은 참여율은 아시아 문화에서 가족 책임감이 상대적으로 더 강함을 반영하는 것일 수 있다. 비라틴계 백인 미국인들은 개인주의와 자기책임을 강조하는 경향이 크다.

조현병 환자와 가족, 나아가 지역사회 간의 연결을 유지하는 것은 아프리카와 같은 지역뿐만 아니라 아시아 문화에서도 문화적 전통 중 하나이다. 예를 들어 중국에서 심각한 정신장애를 앓게 되면 가족 및 직장과 강한 지지적 관계를 유지하는데, 이는 환자가 지역사회에 재통합될 수 있도록 도와준다(Liberman, 1994). 아프리카 조현병 치료 센터에서 환자는 지역사회 중심의 생활방식 덕분에 가족과 지역사회 구성원들로부터 강한 지지를 받는데, 이는 성공적인 관리를 위한 중요한 요소이다(Peltzer & Machleidt, 1992).

정신역동적 치료 Freud는 전통적인 정신분석이 조현병 치료에는 잘 맞지 않는다고 생각했다. 조현병 환자가 공상의 세계로 철수하기 때문에 환자와 정신분석가가 유의미한 관계를 형성하기 어렵다. Freud는 다음과 같이 기록했다. "고전적인 정신분석 기술은 다른 것으로 대체되어야 한다. 그러나 대체물을 찾을 수 있을지는 모르겠다"(Arieti, 1974, p. 532).

Harry Stack Sullivan이나 Frieda Fromm-Reichmann 같은 정신분석가들은 조현병 치료에 정신분석적 기법을 활용했다. 그러나 조현병 치료에 있어 정신분석적 또는 정신역동적 치료법이 효과적이라는 사실은 증명되지 못했다. 취약성-스트레스 모델에 기초하여 변형된 정신역동적 치료법이 유망한 결과를 나타내기도 했는데, 환자가 스트레스에 대처하도록 도와주며 타인의 비판을 다루는 법과 같은 사회적 기술 훈련이 포함되어 있다(Bustillo et al., 2011; Hogarty et al., 1997).

학습에 기초한 치료 행동치료사조차도 잘못된 학습이 조현병을 일으킨다고 믿지는 않지만, 학습에 기초한(learning-based) 개입은 환자의 행동을 수정해 줄 뿐만 아니라, 지역사회에 보다 효과적으로 적응하도록 돕는 행동을 개발해 준다. 치료 방법은 다음을 포함한다.

1. 행동에 대한 선택적 강화. 적절한 행동에는 주의를 주어 강화시키고 기괴한 언어에는 주의를 주지 않아 소거한다.
2. 토큰 경제. 입원환자가 적절한 행동을 하면 플라스틱 칩과 같은 토큰을 상으로 준다. 토큰은 원하는 상품이나 특권과 같은 실제 보상물과 교환할 수 있다.

3. 사회기술 훈련. 코칭이나 모델링, 행동 시연, 피드백 주기 등을 활용해 의사소통 기술과 여러 적절한 사회 행동을 교육한다.

토큰 경제가 입원환자들의 바람직한 행동을 증가시키지만, 최근 수년간 정신병원에서 토큰 경제에 대한 선호도가 상당히 줄었다(Dickerson, Tenhula, & Green-Paden, 2005). 문제는 이 방법이 많은 시간과 직원을 필요로 한다는 점이다. 토큰 경제를 성공적으로 활용하기 위해서는 관리자의 강력한 지지와 훈련된 치료팀장, 포괄적인 직원 트레이닝, 지속적인 질적 통제 등이 갖춰져야 하는데, 현실적으로 한계가 있다.

사회기술 훈련 프로그램은 사회적 및 직업적 기술을 획득하도록 돕는다. 조현병 환자들은 지역사회에서 지내는 데 필요한 기초적인 사회기술(자기주장, 면담 기술, 의사소통 기술)에 결함이 있는 경우가 많다. 사회기술 훈련은 사회적 기술과 전반적 사회 기능의 수준을 개선시킨다(Addington, Piskulic, & Marshall, 2010; Hooley, 2010; Kurtz & Mueser, 2008). 그러나 사회기술 훈련은 환자가 퇴원한 후 재발률을 줄이는 데는 효과가 그리 크지 않다.

사회기술 훈련의 기본 모델에는 집단 역할 연기 훈련이 포함되어 있다. 참여자들은 새로 만난 사람과 대화를 시작하거나 유지하는 것과 같은 기술을 연습하고 치료사와 다른 집단 구성원들로부터 피드백과 강화를 받는다. 첫 단계에서는 낯선 사람에게 버스 방향을 물어보는 것과 같은 목표 행동을 시연하는 리허설을 할 수 있다. 치료사와 집단 구성원들은 노력을 칭찬해 주고 건설적 피드백을 준다. 역할 연기는 모델링(바람직한 행동을 하는 치료사나 집단의 다른 구성원들을 관찰하는 것), 방향 지시(바람직한 행동을 위한 방향을 구체적으로 지시), 조성(목표 행동에 근접했을 때 강화하는 것), 코칭(언어적 또는 비언어적 자극을 통해 역할 연기에서 바람직한 행동을 보이도록 함) 등의 기법과 함께 사용하면 효과가 증대된다. 참여자들이 병동이나 지역사회와 같은 일상생활에서 행동을 연습할 수 있도록 숙제를 내기도 한다. 숙제는 훈련을 일반화하고 다른 장면으로까지 확산되게 하려는 목적을 갖는다. 훈련은 상점이나 레스토랑, 학교, 다른 일상적인 장면에서 진행될 수도 있다.

약물치료에 덧붙여 조현병 치료에 널리 쓰이는 학습이론에 기초한 또 다른 접근 방식으로는 인지행동치료가 있다(Rector & Beck, 2012). 수많은 연구가 인지행동치료가 환각을 줄일 뿐만 아니라, 망상적 사고 감소(망상적 신념에 대안적인 설명을 제공함), 음성 증상 감소(동기부족, 무감동), 지역사회의 삶에 적응하기 어렵도록 만드는 여러 문제행동의 수정에 효과적임을 증명하였다(Coltheart, Langdon, & McKay, 2011; Grant et al., 2012; Keuhn, 2011b; Lincoln et al., 2012; Ruddle, Mason, & Wykes, 2011; Sivec & Montesano, 2012; Snavely & Chessick, 2011; Turkington & Morrison, 2012). 인지행동치료가 환자로 하여금 적응적인 기술을 발전시킬 수 있도록 돕는다는 사실은 심리사회적 재활이 조현병 치료의 일환으로 중요한 역할을 한다는 사실을 반영한다.

심리사회적 재활 조현병 환자들은 대개 사회적 및 직업적 기능 발휘에 어려움을 겪으며 주의와 기억력 같은 기초적인 인지 기능을 활용해 수행하는 작업에 어려움을 경험한다. 이런 문제들로 인해 지역사회에 적응하는 데 한계를 느끼게 되는데, 외현상 정신증적 행동이 없을 때에도 그러하다. 최근 연구에 따르면 인지재활훈련은 조현병 환자들의 기초 인지 기능(주의력 및 기억력)을 강화시켜 주는 것으로 나타났다(Minzenberg & Carter, 2012; Moritz et al., 2011; Wykes et al., 2011).

클럽하우스라고도 불리는 자조모임과 재활센터가 조현병 환자들이 사회에서 자리를 찾도록 도와주기 위해 생

기술 계발. 조현병 환자는 사회기술 훈련 집단에 참여함으로써 거주하는 지역에서 독립적인 생활을 영위하는 데 필요한 직업적 · 사회적 기술을 계발할 수 있다.

겨났다. 많은 센터는 비전문가나 환자가 직접 설립했는데, 이는 정신보건 기관이 상응하는 서비스를 제공하지 못했기 때문이다. 자조모임은 집은 아니다. 자조모임은 멤버들에게 사회적 지지를 제공하고 교육적 기회와 유급 직장을 찾도록 도와주는 자급자족 형태의 공동체이다.

여러 서비스를 제공하는 재활센터는 대개 직장과 교육적 기회뿐만 아니라 주거도 제공한다. 이들 센터에서는 돈 관리방법, 가족 갈등을 해소하는 방법, 친구관계를 발전시키는 방법, 버스 타는 법, 요리하는 법, 쇼핑하는 법 등을 교육한다.

가족 개입 프로그램 가족 갈등과 가족과의 부정적인 상호작용은 조현병 환자에게 스트레스를 제공하며 정신증 삽화의 재발 위험성을 증가시킨다. 연구자들과 임상가들은 조현병 가족들과 함께 작업함으로써 치료에 대한 부담에 대처하도록 돕는 한편, 좀 더 협조적이면서 덜 대립적인 방식으로 서로 관계를 맺도록 도와준다. 가족 개입 프로그램의 요소는 다양하지만 대개 공통된 요인으로 구성되는데, 일상생활의 관리, 조현병에 대한 가족 교육, 의사소통 개선, 효과적인 문제 해결 능력과 대처 기술의 증진 등이 포함된다. 구조화된 가족 개입 프로그램은 가족들 간에 갈등을 줄이고 조현병 환자의 사회 기능을 개선시켜 주며 재발률을 낮출 수 있다(Addington, Piskuli, & Marshall, 2010; Guo et al., 2010; Patterson & Leeuwenkamp, 2008). 그러나 효과는 상대적으로 크지 않으며, 재활이 재발을 막아 주는 것인지, 아니면 단지 지연시키는 것인지는 아직 명확하지 않다.

요약하면 하나의 치료적 접근만으로는 조현병 환자들의 욕구를 모두 충족해 주지 못한다. 조현병을 평생 지속되는 장애로 보는 관점은 항정신병 약물과 가족치료, 지지치료나 인지행동치료, 직업 훈련, 주거 및 여러 사회 서비스 등과 같은 개입이 장기적으로 통합되어 이뤄져야 한다고 강조한다. 환자가 사회에 최대한 적응하도록 하기 위해서는 이러한 개입이 포괄적인 치료 모델하에서 조화롭게 통합되어야 한다.

기타 조현병 스펙트럼 장애

> **11.9** 조현병 스펙트럼 장애의 일반적 특성을 서술한다.

DSM-5는 조현병 스펙트럼 장애에 여러 정신장애를 포함하고 있다. 경미하게는 혼란된 사고, 특이한 사고, 조현형 성격장애와 관련된 타인과의 관계 형성의 어려움(12장에서 논의했다) 등에서부터 보다 심각하게는 단기정신증적 장애, 조현양상장애, 조현정동장애, 망상장애와 같은 정신장애가 포함되었다.

단기정신증적 장애

일부 단기정신증적 삽화는 조현병으로 발전하지 않는다. 단기정신증적 장애(brief psychotic disorder)는 정신증이 하루에서 한 달간 지속되며 망상, 환각, 와해된 언어, 와해된 행동, 긴장성 행동 중 1개 이상을 보여야 한다. 증상이 사라지면 환자의 병전 기능은 완전히 회복된다. 단기정신증적 장애는 사랑하는 사람의 죽음이나 전쟁에서 강한 충격에 노출되는 것과 같은 심각한 스트레스와 관련되는 경우가 많다. 여성들의 경우 출산 후 이 장애를 경험하기도 한다.

조현양상장애

조현양상장애(schizophreniform disorder)는 조현병과 동일한 이상행동을 보이지만 지속기간이 1~6개월이다. 따라서 지속기간이 조현병으로 진단 내리기는 아직 충분하지 않을 때 진단된다. 어떤 환자는 치료가 잘 되지만 어떤 환자는 증상이 6개월 이상 지속되어 조현병이나 조현정동장애와 같은 다른 유형의 정신증으로 진단명이 바뀌기도 한다. 그러나 진단의 타당성에 대해서는 아직 분명하지 않다. 최근에 정신증을 보이기 시작한 환자들을 특정한 정신증으로 진단하기 위해서는 그 정신증으로 진단할 수 있는 명확한 정보가 추가된 후에 결정하는 것이 적절하다.

망상장애

아마 우리들 대부분도 다른 사람의 동기를 의심해 본 적이 있을 것이다. 때로는 다른 사람이 내게 앙심을 품었다고 느끼거나 뒤에서 나에 대해 이야기하고 있다고 생각될 때가 있다. 그러나 이런 편집증적 생각은 노골적인 망상의 형태를 띠지는 않는다. 망상장애(delusional disorder)는 망상적 신념을 지속적으로 명확하게 갖고 있는 사람들에게 진단을 내리는데, 대개 편집증적 주제와 관련된다(Sammons, 2005b). 망상장애는 드물지만 10,000명당 약 20명이 평생에 한 번은 경험하는 장애이다(APA, 2013).

망상장애에서 나타나는 망상적 믿음은 기괴할 수도 있고(예: 외계인이 자신의 머리에 전극을 심었다고 믿음), 배우자의 외도를 의심하거나 타인들이 자신을 박해한다거나 유명인사에게 사랑을 받고 있다는 것과 같이 그럴듯해 보이는 것도 있다. 믿음이 확실히 그럴듯하면 증거가 없다고 결론 내리기에 앞서 그 믿음을 심도 있게 조사하여 확인하는 단계를 거치기도 한다. 망상을 제외하면, 환자의 행동은 특별히 기괴하거나 이상하게 보이지 않는다. 다음은 이에 대한 사례이다.

청부 살인 업자: 망상장애 사례

우체국에서 근무하는 42세의 기혼 남성이 누군가 자신을 청부 살인하려 한다고 주장한다는 이유로 아내의 손에 이끌려 병원에 왔다. 그는 의사에게 약 4개월 전에 상사가 그에게 소포를 부당하게 취급했다고 비난하면서 일이 시작되었다고 말했다. 상사가 공식적인 청문회를 면제해 주었지만, 그는 격노했고 창피를 당했다고 느꼈다. 동료들이 자신을 피하기 시작했고 그가 옆에서 걸으면 마치 그를 보고 싶지 않은 듯 외면한다고 말했다. 실제로 들은 적은 없지만, 동료들이 자기에 대해 뒷담화를 하는 것 같다는 생각도 하였다. 상사가 그를 청부 살인하려 하기 때문에 동료들이 그를 피한다고 믿었고 이 확신은 점점 강해졌다. 그는 큰 하얀색 자동차 여러 대가 그의 집이 위치한 거리로 돌진하는 것을 보았다고 말했다. 차 안에 청부 살인 업자들이 있었고 자기와 동행하지 않고서는 집을 떠나지 않을 것이라고 믿었다. 자기의 생명이 위험하다고 말하는 것 외에는 면담 중에 보인 사고나 행동은 지극히 정상으로 보였다. 환각은 없었으며 자기의 생명이 위험에 처했다는 특이한 믿음에 확신을 갖고 있었다. 청부 살인 업자가 그의 생명을 노리고 있는 것에 대한 증거가 없고(따라서 피해망상으로 여겨졌다) 조현병 진단에 필요한 명확한 다른 정신증적 증상이 없었기 때문에 진단은 '망상장애, 피해망상 유형'이 가장 적절한 것 같았다.

— Spitzer et al., 1994, pp. 177-179

청부 살인 업자들이 그를 쫓고 있다는 폴슨 씨의 망상적 신념은 병원에서 항정신병 약물치료를시작한 뒤 약 3주 후에 증상이 완화되었다. 그러나 청부 살인의 피해자였다는 그의 믿음은 여전히 남아 있었다. 입원한 지 한 달 후 그는 다음과 같이 말했다. "내 상사가 청부 살인을 취소한 것 같아요. 이제는 다른 사람들 모르게 날 죽일 수는 없을 테니까요"(Spitzer et al., 1994, p. 179).

망상은 조현병에서도 자주 나타나지만, 망상장애는 조현병과는 다르다. 망상장애 환자는 혼란되거나 와해된 사고를 보이지 않고, 환각 또한 현저하지 않다. 조현병에서 나타나는 망상은 와해된 사고와 지각, 행동과 함께 나타난다. 망상장애에서 나타나는 망상은 비정상적임을 보여 주는 유일한 징후이다.

DSM-5에 기술된 망상장애의 여러 유형이 표 11.2에 나타나 있다. 다른 정신장애와 마찬가지로 망상장애도 항정신병 약물에 반응할 때가 많다(Morimoto et al., 2002; Sammons, 2005b). 그러나 망상이 일단 만들어지면 망상에 대한 염려가 수년에 걸쳐 회복과 악화를 반복하며 망상을 유지하기도 한다. 어떤 경우에는 망상이 한때 완전히 사라졌다가 다시 재발하기도 한다. 가끔은 장

누군가 당신을 쫓고 있습니까? 망상장애 환자들은 현실을 혼동하며 편집증적 공상을 만든다.

더 자세히 살펴보기

애정망상

애정망상 또는 색광증(erotomania)은 드물게 나타나는 망상장애로 자신이 누군가에게 사랑을 받고 있다고 믿는데, 망상의 대상은 대개 유명하거나 사회적 지위가 높은 사람들이다. 그러나 실제로는 자기를 사랑한다고 믿는 사람과 존재하지 않는 덧없는 관계를 맺고 있다. 애정망상 환자들은 실직상태이거나 사회적으로 소외된 경우가 많다(Kennedy et al., 2002). 한때는 애정망상이 여성에게 많이 나타난다고 생각했으나 최근의 보고에 따르면 남성에게서도 드물지 않은 것 같다. 애정망상을 가진 여성도 그들의 관심이 거절당했을 때 폭력적이 될 수 있지만, 남성은 자신들의 일방적인 바람을 추구하기 위해 위협을 가하거나 폭력을 행사할 가능성이 더 크다(Goldstein, 1986). 항정신병 약물이 망상의 강도를 낮추지만 제거하지는 못하는 것 같다(Kelly, Kennedy, & Shanley, 2000). 아울러 심리치료가 망상장애에 효과적이라는 증거도 없다. 따라서 예후는 비관적이며 망상장애 환자들은 수년간 그들의 애인을 괴롭힌다. 정신보건 전문가들은 애정망상을 가진 환자를 치료할 때 폭력의 가능성을 인지해야 한다. 다음은 망상장애 환자의 사례이다. 진실 / 거짓

진실 또는 거짓

어떤 사람들은 유명인사가 자기를 사랑한다는 망상을 갖고 있다.

진실 유명인사가 자기를 사랑한다는 망상을 갖는 사람들이 있다. 이들은 '망상장애, 애정망상 유형'으로 진단받는다.

애정망상의 세 가지 사례

A씨는 35세 남성으로 미국의 전 대통령의 딸에게 사랑을 갈구하며 구혼하였다. 그는 여자의 사랑을 얻기 위해 반복해서 여성을 괴롭혀 체포되었지만, 실제로 그와 여자는 서로 전혀 모르는 사이였다. 여자를 괴롭히지 말라는 법원의 경고를 거부하였고 감옥에서 그녀에게 수없이 전화했다. 이후 그는 정신과 시설로 옮겨졌다. 그러나 여전히 자기와 그녀가 서로 사랑한다고 믿고 있다.

B씨는 유명한 팝송 가수를 괴롭히지 말라는 법원의 명령을 어겨 체포되었다. 44세 농부인 B씨는 그 가수가 있는 곳이면 어디든 따라가며 낭만적인 말로 그녀를 끊임없이 괴롭혔다. 결국 정신과 병동에 입원했지만 그녀가 지금도 그를 기다리고 있다고 믿고 있다.

C씨는 32세 기업가로 유명한 여성 변호사와 우연히 만난 이후 그녀가 자기를 사랑하게 됐다고 믿었다. 그는 그녀에게 계속 전화하고 꽃과 편지를 보냈으며 사랑한다고 말했다. 그녀는 계속 거절했고 결국 법원에 그를 고소했다. 그러나 그는 그녀가 방해물을 놓음으로써 그의 사랑을 시험하는 것이라고 생각했다. 그는 자신의 아내와 사업을 버렸고 그의 기능도 감퇴되었다. 여자가 계속 거절하자 위협하는 편지를 보내기 시작했고 결국 정신과에 입원했다.

— Goldstein, 1986, p. 802

애가 완전히 사라지는 사례도 있다.

조현정동장애

조현정동장애(schizoaffective disorder)는 조현병과 관련된 정신증적 행동들(예: 환각과 망상)과 함께 주요한 기분장애(주요 우울증 삽화나 조증 삽화)가 나타나기 때문에 증상이 '뒤범벅(mixed bag)'된 것으로 불리기도 한다. 장애의 한 시점에 주요한 기분장애가 나타나지 않는 상태에서 망상이나 환각이 적어도 2주 동안 나타나야 한다(바로 이 점이 정신증적 증상을 갖는 기분장애와 구별된다). 장애의 평생 유병률은 일반 인구에서 약 0.3% 이다(APA, 2013).

조현병과 마찬가지로 조현정동장애 또한 만성적인 경과를 밟는 경향이 있고 성인기에 이르러 여러 요구에 적응하는 데 지속적인 어려움을 보인다. 아울러 조현정동장애의 정신증적 증상 역시 항정신병 약물에 반응하는 경우가 많다(Glick et al., 2009; Díaz-Marsá et al., 2009). 조현정동장애와 조현병은 유전적 특성을 공유하는 것 같다(Bramon & Sham, 2001). 질병을 일으키는 유전자가 동일한데도 왜 한 장애만 발생시키는지에 대해서는 계속 연구되어야 한다.

표 11.2
망상의 유형

유형	설명
애정망상	다른 누군가가, 대개 배우나 정치인과 같이 사회적 지위가 높은 사람이 자기를 사랑한다고 믿는 망상적 신념. 색광증(erotomania)이라 불리기도 한다
과대망상	자신의 가치와 중요성, 권력, 지식, 신분에 대해 고양된 신념을 갖는 것. 또는 자신이 신이나 유명인사와 특별한 관계라고 믿는 신념. 스스로가 신비로운 정화(淨化)의 힘을 갖고 있다고 믿는 광신교 지도자들이 이 유형의 망상장애로 진단될 수 있다.
질투망상	정당한 이유 없이 배우자의 부정을 확신하는 망상. 환자는 침대 시트 위의 얼룩과 같은 증거를 부정의 단서로 오인할 수 있다.
박해망상	가장 자주 나타나는 유형으로, 음모가 있다, 자기를 쫓는다, 속인다, 엿보고 있다, 독극물이 있다, 마약으로 마비시킨다, 헐뜯는다, 학대한다 등과 같은 신념을 갖는다. 환자는 그들을 학대하는 사람들에 대해 계속해서 법적인 조치를 취하거나 심지어는 폭력을 행사하기도 한다.
신체망상	자신의 신체나 의학적 상태와 관련된 망상. 환자는 자기 몸에서 나쁜 냄새가 난다거나 몸 안의 기생충이 자기를 먹고 있다고 믿을 수 있다.
혼합망상	1개 이상의 망상 유형이 2개 이상의 지배적인 신념으로 나타난다.

11 요약

조현병

11.1 용어 조현병에 대해 정의한다.

조현병은 현실의 붕괴를 경험하는 급성기 삽화가 나타나며, 망상, 환각, 비논리적인 사고, 지리멸렬한 언어, 기괴한 행동 등의 증상을 보인다. 성인 인구의 약 1%가 이 장애에 걸린다.

11.2 조현병의 발전 과정을 서술한다.

조현병은 보통 청소년기 후기나 성인기 초기에 발병한다. 갑자기 발병할 수도 있고 서서히 발병할 수도 있다. 서서히 발병하면 전구기가 나타나는데, 전구기는 증상이 발병하기 전에 선행되어 나타나며 서서히 악화가 진행된다. 급성기 삽화는 평생에 걸쳐 종종 나타날 수 있으며 환각과 망상과 같은 명확한 정신증적 증상이 나타난다. 급성기 삽화 사이사이에 기능 수준이 전구기 수준으로 회복되는 잔류기가 나타나기도 하지만, 인지 기능과 정서기능, 사회적 기능에서는 여전히 손상을 보인다.

11.3 조현병의 핵심 증상을 서술한다.

조현병에서 나타나는 보다 현저한 특성으로는 지각적 왜곡(환각)과 정서적 손상(무감동 또는 부적절한 정서)뿐만 아니라 사고 내용의 장애(망상)와 사고 형태의 장애(사고장애)가 포함된다. 아울러 외부 세계의 자극에 대한 주의를 조절하는 뇌 기능에 이상이 발생한다.

11.4 조현병에 대한 정신역동적 이론과 학습 이론을 서술한다.

전통적인 정신역동적 이론에 따르면, 조현병은 유아기 초기에 해당하는 심리적 상태로 퇴행하는 것으로, 이드의 작용으로 인해 기괴하고 사회적으로 손상된 행동이 나타나게 되며 환각과 망상이 발생한다. 학습 이론가들은 조현병의 일부 증상이 사회적 강화물의 부족 때문에 발생한다고 제안한다. 사회적 강화물이 부족하면 사회적 환경으로부터 점차 빠져

나와 내적인 공상의 세계에 점점 더 주의를 기울이게 된다. 입원해 있는 환자들의 일부 행동은 모델링과 선택적 강화로 설명하기도 한다. 정신역동적 모델과 학습에 기초한 모델을 다룬 연구는 조현병의 발병을 설명하는 데 제한점이 있다.

11.5 조현병의 생물학적 기제를 서술한다.

조현병의 유전적 소인을 지지하는 증거는 조현병의 가족 패턴 연구와 쌍둥이 연구, 입양 연구들로부터 나왔다. 병이 유전되는 방식은 아직 잘 모른다. 대다수 연구자는 신경전달물질인 도파민이 조현병의 증상, 특히 현저한 증상에 있어서 중요한 역할을 한다고 믿는다. 바이러스 또한 관련이 있을 수 있으나, 바이러스에 대한 명확한 증거가 아직은 부족하다. 아울러 뇌의 구조 및 기능의 이상이 조현병과 관련된다는 증거들도 보고되고 있다.

11.6 조현병의 가족 요인의 역할을 서술한다.

의사소통의 문제와 표출정서와 같은 가족 요인이 스트레스원(原)으로 작용해 조현병 유전자를 가지고 태어난 사람들에게 조현병의 발병 및 재발의 위험을 높일 수 있다.

11.7 조현병 발생에 취약성-스트레스 모델을 적용한다.

취약성-스트레스 모델은 조현병이 유전적 소인과 환경적 스트레스(예: 가족 갈등, 아동 학대, 정서 박탈, 지지적인 인물의 상실, 생애 초기의 뇌 외상)의 상호작용으로 발생한다는 입장을 취한다.

11.8 조현병 치료에 사용되는 방법을 평가한다.

현재 사용되고 있는 치료적 접근은 다차원적으로 이루어지고 있으며 약물학적 접근과 심리사회적 접근을 통합하는 경향이 있다. 항정신병 약물은 치료제는 아니지만, 장애의 명확한 증상을 통제해 주고 입원의 필요성과 재발을 감소시켜 준다. 토큰 경제와 사회기술 훈련과 같은 심리사회적 개입방법은 조현병 환자들이 적응적인 행동을 발전시킬 수 있도록 도와준다. 심리사회적 재활은 환자가 지역사회에서 직업적 기능과 사회적 역할을 보다 성공적으로 수행할 수 있도록 도와준다. 가족 개입 프로그램은 치료에 대한 가족의 부담을 덜 수 있도록 도와주며 보다 명확히 의사소통하면서 환자를 도울 수 있는 방법을 알려 준다.

기타 조현병 스펙트럼 장애

11.9 조현병 스펙트럼 장애의 일반적 특성을 서술한다.

조현병 스펙트럼 장애에는 조현형 성격장애(성격장애로 12장에서 논의한다)와 단기정신증적 장애(정신증이 한 달 이하로 지속되고 중요한 스트레스에 대한 반응일 수 있다), 조현양상장애(조현병과 증상은 유사하지만 1개월~6개월 동안 지속된다), 조현정동장애(정신증적 증상과 기분장애가 동시에 발생한다), 망상장애(망상이 손상된 사고나 행동의 유일한 징후이다) 등이 포함된다.

비판적 사고 질문

이번 장에서 배운 것을 기초로 다음의 질문에 답해 보라.

- 조현병은 아마도 정신장애나 심리장애 중에 기능이 가장 저하되는 장애일 것이다. 무엇 때문에 그러한가?
- 아는 사람 중에 조현병으로 진단받은 사람이 있는가? 질병의 발병에 대한 단서를 제공해 주는 정보, 즉 환자의 가족력과 가족관계, 스트레스를 주는 인생 사건에 관해 어떤 정보를 갖고 있는가?
- 취약성-스트레스 모델은 조현병의 발병을 어떻게 설명하고 있는가? 이 모델을 지지하는 증거는 무엇인가?
- 유전의 위험은 어떠하며 항정신병 약물의 효과는 무엇인가? 왜 약물만으로는 조현병을 치료하기에 충분하지 않은가? 조현병 환자들이 항정신병 약물치료를 반드시 받아야 한다고 생각하는가? 그 이유는 무엇인가?

핵심 용어

긴장증(catatonia)
내적 표현형(endophenotypes)
단기정신증적 장애(brief psychotic disorder)
도파민 가설(dopamine hypothesis)
망상장애(delusional disorder)
사고장애(thought disorder)
색정망상(erotomania)
양성 증상(positive symptoms)
음성 증상(negative symptoms)
잔류기(residual phase)
전구기(prodromal phase)

조현병(schizophrenia)
조현양상장애(schizophreniform disorder)
조현정동장애(schizoaffective disorder)
지연성 운동장애(tardive dyskinesia)
환각(hallucinations)

성격장애와 충동조절장애

12

12

학습 목표

12.1 성격장애의 개념을 정의한다.
12.2 성격장애의 세 가지 주요 영역을 살펴본다.
12.3 기이하고 독특한 특징을 가진 성격장애의 주요 특징을 살펴본다.
12.4 극적이고 정서적이며 예측하기 힘든 특징을 가진 성격장애의 주요 특징을 살펴본다.
12.5 불안과 공포행동을 특징으로 하는 성격장애의 주요 특성을 살펴본다.
12.6 성격장애의 분류와 관련된 문제를 평가한다.
12.7 성격장애를 이해하기 위해 필요한 주요 이론적 관점을 설명한다—정신역동, 학습, 인지, 가족, 생물학적, 사회문화적 관점
12.8 성격장애를 치료하는 데 사용되는 방법을 평가한다.
12.9 충동조절장애의 개념을 정의하고 몇 가지 주요 유형의 특징을 설명한다.

진실 또는 거짓

T□ F□ 조현성 성격장애를 가진 사람은 사람보다 동물에게 더 깊은 감정을 가진다.
T□ F□ 사이코패스라고 불리는 사람은 정신병환자이다.
T□ F□ 반사회성 성격장애자는 법에 위촉되는 행동을 반드시 한다.
T□ F□ 최근의 연구에 따르면 사이코패스 살인자의 가장 잘 알려진 이미지를 '냉혈한' 킬러로 설명한다.
T□ F□ 영화《아라비아의 로렌스》에서 아돌프 히틀러, 메릴린 먼로까지에 이르는 많은 역사 속 인물들이 경계성 성격장애를 가지고 있었다.
T□ F□ 경계성 성격장애자는 누구와 결혼할지 결정하는 것도 부모의 의견을 따르는 것처럼 스스로 독립적인 결정을 내리는 것을 힘들어한다.
T□ F□ 오랜 시간의 노력에도 불구하고 심리치료가 성격장애자에게 도움이 된다는 증거는 여전히 부족하다.
T□ F□ 병적 도벽이나 충동적인 도벽은 항상 가난해서 일어나는 것이다.

'나' '나의 어두운 장소'

그녀는 인터넷 게시판에 자신에 대한 글을 쓰면서, 낯선 사람과 그녀의 개인적인 고민을 나누고, 그녀가 얼마나 깊은 고통을 받는지 다른 사람이 알아주길 원했다. 그녀는 대개 신체의 일부인 자신의 팔이나 다리를 스스로 자르고자 하는 욕구를 경험하는 '어두운 장소'에 들어갔던 때가 있다고 적었다. 그녀는 자신을 잘라 내고 끊어 내려는 것이 경계성 성격장애 또는 BPD의 증상임을 후에 알게 되었다. 그녀는 스스로를 잘라 내고자 하는 이런 충동에서 도망치거나 숨을 수 없었고, 충동을 통제하는 것에 무력감을 느꼈다. 그녀는 어렸을 때 이후로 자신이 우울감에 대해 어떻게 맞서고, 8세 때부터 어떻게 스스로의 몸을 잘라 내려 했는지 이야기했다. 자신의 몸을 잘라 내는 것은 잠깐의 편안함을 가져다 주었고, 부정적인 감정을 잊게 해 주었다. 이상하게도 이러한 행동은 그녀가 편안함을 느낄 수 있고 그녀 내부에서 느껴지는 깊은 고통을 차단시키는 방법이 되었다. 현재 청소년이 된 그녀는 감정적 고통을 완화할 다른 방법을 반드시 찾아야 함을 깨달았지만, 이는 상당한 작업과 치료를 요하는 긴 과정이 될 것임을 깨달았다.

출처: 온라인 서포트 사이트 *New york city voices*에 익명으로 게시된 글을 재구성함.

위의 예시에 나온 사람처럼 경계성 성격장애자들은 심각한 우울에 빠지기도 하고 감정적 고통에서 빠져나오기 위한 잘못된 시도로 자기를 손상시키기도 한다. 그러나 이러한 문제는 우울보다 더 심각하다. 이 사람들은 임상가가 **성격장애**라고 부르는 완고하고, 유연하지 못하며, 부적응적인 행동 패턴을 보이곤 한다. 이러한

행동 패턴은 한 사람의 심리적 적응과 다른 사람들과의 관계에 있어서 문제를 갖게 되는 성격 특징의 부적응적인 표현이다.

우리 모두는 특별한 행동 양식과 다른 사람들과 관계 맺는 방식을 가진다. 우리 중 몇몇은 정돈된 방식을 취하기도 하고 다른 사람들은 허술한 방식을 취하기도 한다. 어떤 사람은 혼자 있는 상태를 추구하기도 하고 다른 사람과 어울리는 것을 좋아하기도 한다. 어떤 사람은 추종자가 되기를 바라기도 하고 어떤 사람은 리더가 되기를 바라기도 한다. 어떤 사람은 다른 사람에게 거절당하는 것에 면역되어 있기도 하고 또 다른 사람은 거절당하는 것이 두려워 사회적 관계를 시작하기 어려워하기도 한다. 행동 패턴이 부자연스럽고 부적응적이 되어서 중요한 사람을 곤란하게 만들거나 사회적이고 직업적인 기능을 손상시킬 때 이러한 문제는 성격장애로 구분할 수 있다.

12.1 성격장애의 개념을 정의한다.

이 장의 후반부에서는 행동의 부적응적 패턴의 문제를 가지고 있는 또 다른 장애인 충동조절장애에 대해서도 얘기할 것이다. 도벽 장애나 간헐적 폭발장애와 같은 충동조절장애는 부적응적 행동으로 인해 나쁜 결과를 초래할 수 있는 충동을 통제하지 못해서 생기는 장애이다. 일반적으로 성격장애와 충동조절장애가 가지고 있는 문제는 이러한 사람들은 자신이 가진 문제가 자신의 삶을 얼마나 심각하게 망가트리고 있는지 잘 인식하지 못한다는 점이다.

그동안은 (**병리적 도박 문제**라고 불리던) 도박 문제가 충동조절장애의 한 형태로 DSM에서 인식되어 왔다. 이것은 도박을 하고 싶은 충동을 통제하는 데 어려움을 가지는 문제라고 보았다. 그러나 충동적 도박과 중독장애가 더 관련이 깊다는 사실이 밝혀지면서 DSM-5에서는 **도박장애**라고 불리는 중독장애군으로 들어가게 되었다(8장에서 설명하고 있다).

성격장애의 유형

> 30세가 되면 우리의 대부분은 성격이 석고와 같이 되어서 다시 부드러워지지 않을 것이다.
>
> — William James

성격장애(personality disorders)는 행동이 과도하게 완고하거나 부적응적인 패턴을 보이고, 지나치게 의심이 많거나, 과도하게 감정적이거나 충동적인 것과 같이 성격 특성이 과도하게 극단의 모습을 보이는 것과 관련된다(Clark, 2009). 이러한 문제는 청소년기나 성인 초기에 발견되며, 성인기 전반에 걸쳐 문제가 지속되어 더 깊이 뿌리내리게 되므로 변화하기 어렵다. 성격장애의 경고 사인은 품행장애나 우울, 불안, 미성숙과 같은 문제행동을 통해 아동기에 나타나기도 한다. 일반적으로 6~10% 정도가 성격장애를 가진다고 보고되고 있다(Samuels, 2011).

성격장애를 가진 사람은 자신의 행동이 얼마나 삶을 피폐하게 만들고 있는지를 인식하지 못하는 경우가 많다. 이 사람은 자신이 가진 문제를 거울에 비춰 보지 못하고 다른 사람을 비난하는 경우가 많다. 욕실 거울에서 당신을 바라보고 있는 사람을 잠시 생각해 보자. 그 사람은 어떻게 생겼는가? 그 사람의 특성이나 행동 특징을 어떻게 설명하겠는가? 이러한 특징은 이 사람의 행동이나 다른 사람과 관계하는 방식에 어떻게 영향을 미치는가? 이 사람은 수줍음을 타는 성격인가 아니면 활발한 성격인가? 이 사람은 신뢰할 만하고 양심적인가 아니면 느슨하고 의지하지 못할 사람인가? 불안한가 아니면 평온한가? 이 사람만이 가지는 독특한 특징은 무엇인가? 이 사람의 행동은 장소에 따라 그리고 시간에 따라 일관적인가?

먼저 **성격**이라고 부르는 단어의 의미에 대해서 생각해 보자. 심리학자들은 **성격**을 우리가 갖고 있는 독특하고 행동을 일관성 있게 만드는 뚜렷한 심리학적 특징과 행동 특성이라고 설명한다. 어떠한 사람도 완전히 똑같지 않으며 일란성 쌍둥이조차 다르다. 우리는 사람들과 관계하고 더 넓게는 세상과 관계를 맺는 데 있어서 뚜렷한 방식을 갖는다. 그러나 성격장애를 가진 사람들은 과장되거나 극단의 성격을 가지고 있어서 집, 학교, 직장이나 자신이 살고 있는 지역사회에서 효과적으로 기능하지 못하고 고통을 겪는다.

이처럼 행동의 결과가 자신을 파괴시키지만 성격장애를 가진 사람은 전형적으로 스스로 변화할 필요가 없다고 생각한다. 정신역동적 용어를 사용하면, DSM에서는 성격장애를 가진 사람이 **자아동질적**(ego syntonic), 즉 자신의 본능적인 부분을 특징으로 인식하는 경향이 있다고 본다. 결과적으로 성격장애를 가진 사람은 이런 문제를 스스로 해결하기보다는 다른 사람이 정신건강 전문의에게 의뢰하는 경우가 많다. 반대로 불안장애(5장)나 우울장애(7장)를 가진 사람들은 **자아이질적인**(ego dystonic) 특징을 행동으로 보여 주는 경우가 많다. 이런 사람들은 행동을 정체성의 일부로 보지 않고 이러한 행동으로 인한 고통을 완화시키기 위해 스스로 도움을 구하는 경우가 많다. 유명한 초기 심리학자 William James에 따르면 성격 특징은 30세 이후에 더 견고해지지는 않는다고 하였으나, 성격장애자들에게서 발견되는 극단의 성격 특징은 시간이 갈수록 더 심해지는 경향이 있다.

DSM 성격장애는 다음의 세 가지 군집으로 나눌 수 있다.

> **12.2** 성격장애의 세 가지 주요 영역을 살펴본다.

군집 A: 이상하고 기괴한 성격의 사람들. 이 군집에는 편집성, 조현성, 조현형 성격장애가 포함된다.

군집 B: 극단적으로 드라마틱하고 감정적이거나 변덕스러운 행동을 하는 사람들. 이 그룹에는 반사회적, 경계선, 연극성, 자기애성 성격장애가 포함된다.

군집 C: 자주 불안하거나 두려워하는 사람들. 이 군집에는 회피성, 의존성, 강박성 성격장애가 포함된다.

이 장에서 설명할 성격장애에 대한 개관을 표 12.1에서 살펴볼 수 있다. 성격장애를 가진 사람들은 종종 다른 심리적 진단을 받을 수도 있다. 예를 들어, 경계성 성격장애인 사람들은 주요 우울증 진단도 함께 받을 수 있다.

표 12.1
성격장애의 개관

장애	인구 중 평생 유병률(대략)	설명
이상하거나 별난 행동이 특징인 성격장애		
편집성 성격장애	표집 중 2.3~4.4%	(노골적인 편집성 망상은 없는) 다른 사람의 동기에 대해 몸에 밴 의심
조현성 성격장애	표집 중 3.1~4.9%	사회적 무관심과 얕거나 무딘 감정
조현형 성격장애	4.6%(미국 표집을 기준으로)	지속적으로 어려운 친밀한 사회적 관계 형성, (명백한 정신증적 특징은 없는)이상하거나 특이한 신념과 행동
극적이고 감정적이며 변덕스러운 특징이 나타나는 성격장애		
반사회성 성격장애	남성에게 6% 이상, 여성에게 1%	만성적인 반사회적 행동, 다른 사람에게 냉담하게 대함, 무책임한 행동, 잘못된 행동에 대한 죄책감의 결여
경계성 성격장애	1.6~5.9%	왔다 갔다 하는 기분과 다른 사람들과의 격렬한 관계, 일정하지 못한 자기상, 충동통제의 결여
연극성 성격장애	1.8%	지나치게 극적이고 감정적인 행동, 관심의 중심이 되고자 하는 요구, 격려, 칭찬, 동조에 대한 과도한 요구
자기애성 성격장애	표집 중 1~6.2% 미만	자신에 대한 웅대한 감각, 존경에 대한 과도한 요구
불안한 또는 두려워하는 행동이 특징인 성격장애		
회피성 성격장애	2.4% 정도	거부에 대한 두려움으로 인해 사회적 관계에 대해 지속적으로 회피함.
의존성 성격장애	1% 이하	다른 사람에 대한 과도한 의존과 독립적인 결정의 어려움.
강박성 성격장애	표집 중 2.1~7.9%	순종과 완벽에 대한 지나친 요구, 다른 사람과 연관되는 것에 융통성 없는 방법 사용, 디테일에 대한 과도한 주의 집중

출처: APA, 2013; Cale & Lilienfeld, 2002; Kessler et al., 1994.

이상하고 기괴한 행동을 하는 성격장애

> **12.3** 기이하고 독특한 특징을 가진 성격장애의 주요 특징을 살펴본다.

이 성격장애 집단에는 편집성, 조현성, 조현형 성격장애가 포함된다. 이러한 사람들은 사회적 관계를 발달시키지 못하며 관심을 가지지도 않는다. 편집성 성격장애와 조현성 성격장애에 대해서 생각해 보자.

편집성 성격장애 편집성 성격장애(paranoid personality disorder)의 특징은 늘 의심을 한다는 것이다. 이 사람들은 다른 사람의 행동이 매우 위협적이고 속이는 행동이라고 판단하는 경향이 있으며, 다른 사람들을 과도하게 믿지 못해 관계를 맺기 어려워한다. 매우 의심이 많은 동료이자 슈퍼바이저가 될지라도 일반적으로는 자신의 일을 유지하기도 한다.

다음의 예는 편집성 성격장애를 가진 사람이 전형적으로 가지는 의심과 다른 사람에게 얘기하지 못하는 특성을 보여 준다.

> **편집성 성격장애 사례**
>
> 85세의 퇴직한 회사원은 자신과 아내의 보건의료요구(health care needs)를 결정하기 위해 사회복지사에게 상담을 받았다. 그는 정신질환으로 치료를 받은 기록이 없었다. 그는 좋은 건강상태를 가지고 있었고, 정신적으로 기민해 보였다. 그는 결혼한 지 60년이 되었고, 그가 지금까지 정말 믿을 수 있는 오직 한 사람은 그의 아내뿐이다. 그는 다른 사람들을 늘 의심했다. 그는 아내를 제외한 누구에게도 개인정보를 공개하지 않았으며, 다른 사람들이 그의 이익을 가지려 한다고 믿었다. 그는 다른 지인의 도움을 거절했는데 그들의 동기가 의심스러웠기 때문이다. 전화통화를 할 때, 그는 전화를 건 사람이 가진 업무의 본질(nature of the caller's business)을 자신이 결정할 때까지 자신의 이름을 가르쳐 주는 것을 거부했다. 그는 은퇴한 20년 동안 그의 시간 대부분을 언제나 '유용한 작업'을 하는 데 소비했다. 그는 상당히 많은 시간을 투자자산을 감시하기 위해 사용했는데, 월말 보고에서 오류가 생겼을 때, 그의 투자 중개인이 사기거래를 숨기려고 시도한다는 의심이 들면 투자 중개인과 언쟁을 하곤 했다.
>
> — Spitzer et al., 1994, pp. 211-213.

편집성 성격장애를 가진 사람은 현실적인 비판이나 자신이 상상해서 만들어 낸 비판에 과도하게 민감해 아주 작은 비판에도 공격적이 된다. 이 사람들은 자신이 학대당했다고 느끼면 계속 화를 내고 억울해한다. 개인적인 정보는 자신을 반대하거나 비판할 때 이용될 수 있다고 생각하기 때문에 다른 사람에게 자신의 비밀 얘기를 하지 않으려고 한다. 우정과 사회적 관계의 진실성과 신실함에 대해 의문을 품는다. 다른 사람들의 미소나 힐끔 쳐다보는 것도 다 의심의 눈초리로 바라본다. 결과적으로 친구가 거의 없고 친밀한 관계를 만들지 못한다. 이 사람들은 친밀한 관계를 맺게 되면 증거가 없더라도 배신에 대해 의심을 한다. 또한 이들은 마치 해를 끼치려는 사람은 찾아내야만 하는 것처럼 극도로 바짝 긴장한 상태로 살아간다. 이들은 체포되고 다른 사람이 차갑고, 냉담하고, 교활하며, 악하고, 비인간적이라고 말할 때조차도 자신의 나쁜 행동을 비난하려고 하지 않는다. 이 사람들은 굉장히 논쟁적이 되고 자신을 학대했다고 믿는 사람들에 대해 지속적으로 소송을 제기하기도 한다.

임상가들은 편집성 성격장애를 진단하는 데 있어서 문화적이고 사회정치적인 맥락을 고려할 필요가 있다고 말한다. 예를 들어, 이민자나 종교적 소수 집단, 정치적 난민 또는 다른 문화권의 사람들은 조심스럽고 방어적일 수 있다. 그러나 이런 행동은 다수의 집단이 사용하는 언어, 관습, 규칙, 법률에 친숙하지 않고 역사적으로 무시당하고 억압한 데서 생긴 것일 수 있으므로 이러한 행동을 편집성 성격장애로 혼동해서는 안 된다.

편집성 성격장애를 가진 사람들이 과장되고 증거가 없는 의심을 가지기는 하지만, 편집성 조현병 환자가 가지는 이상한 사고 패턴과 같은 뚜렷한 편집성 환상을 보지는 않는다(예: FBI가 자신을 쫓아오고 있다는 것). 이 사람들은 거의 치료를 받고 다른 사람에게 자신의 문제를 보여 주려고 하지 않는다. 편집성 성격장애는 일반인들 중 2.3~4.4% 정도 차지한다고 보고되어 있다. 이 문제로 정신건강 치료를 받는 사람은 여자보다 남자가 더 많은 편이다.

조현성 성격장애 조현성 성격장애(schizoid personality disorder)의 가장 큰 특징은 사회적 고립이다. 혼자 있거나 기이하다고 묘사되는 이 사람들은 사회적 관계에 내한 흥미가 부족하다. 이 사람들의 정서는 항상 피상적이고 희미하지만 조현병의 수준 정도는 아니다(11장 참조). 간혹 이 장애를 가진 사람들은 강한 분노, 기쁨, 슬

조현성 성격장애. 감정을 표현하는 것, 특히 낯선 사람들 사이에서 이를 준비하는 것은 이상할 것이 없으나, 조현성 성격장애를 가진 사람들은 거의 감정을 표현하지 않고 거리를 두며, 냉담하다. 그러나 조현성 성격장애를 가진 사람의 감정은 조현병을 가진 사람들의 그 감정보다 얄팍하거나 무디지 않다.

픔을 느끼는 경우도 있다. 이 사람들은 다른 사람들에게서 거리를 두거나 소외되어 있다. 얼굴은 거의 감정을 표현하지 않으며 사회적인 미소나 고개 끄덕임도 거의 보여 주지 않는다. 비판이나 칭찬에 무감각하고 타인에 대한 생각보다는 추상적인 생각으로 가득 차 있다. 다른 사람들과 떨어져 있는 것을 좋아하지만 조현병 환자보다는 현실과 잘 접촉하는 편이다. 이 장애를 가진 남자들은 데이트나 결혼을 하지 않는 경우가 많다. 여자들은 로맨틱한 관계를 수동적으로 받아들이고 결혼을 하지만, 관계를 잘 시작하지 못하고 배우자에게 강한 애정을 갖지 못한다.

조현성 성격장애자들이 보여 주는 외부의 모습과 내적인 삶 가운데 불일치가 있다(Akhtar, 2003). 예를 들어, 이 사람들은 거의 섹스에 관심을 두지 않지만, 숨어서 훔쳐보는 관음장애적 소망을 가지거나 포르노에 빠져들기도 한다. 그러나 사람들에게 가지는 사회적 거리나 소외감은 다소 피상적이다. 이 사람들은 격렬하게 예민하며, 다른 사람에게 깊이 호기심을 가지고, 자신들이 표현할 수 없는 사랑을 소망한다. 어떤 경우에는 이러한 예민함이 사람보다는 동물을 향한 깊은 감정으로 나타나기도 한다. 진실 / 거짓

조현형 성격장애

조현형 성격장애(schizotypal personality disorder)를 가진

진실 또는 거짓

조현성 성격장애를 가진 사람은 사람보다 동물에게 더 깊은 감정을 느낄 것이다.

진실 조현성 성격장애를 가진 사람은 사람에 대해서는 아주 적은 관심을 보이거나 또는 아예 관심이 없지만, 동물에 대해서는 강한 감정을 발달시킨다.

사람은 다른 사람과 친밀한 관계를 맺는 데 있어 지속적으로 어려움을 가지고 특별하거나 이상해 보이는 행동, 매너리즘, 사고 패턴을 보여 주지만 조현병 진단을 받기에는 충분하지 않은('현실을 깨트리는' 수준은 아닌) 정도이다.

조현형 성격장애자들은 자기에 대한 일관성 있는 감각이 부족하다. 왜곡된 자기개념을 가지거나 자기지시가 부족하다(예: 자신이 인생에서 어디로 가고 있는지 모른다). 또한 공감 능력이 부족하고 자신의 행동이 다른 사람에게 어떤 영향을 미치는지 이해하지 못하며, 다른 사람의 행동이나 동기를 잘못 해석한다. 이 사람들은 사회적인 상황, 아주 익숙한 사람들과 같이 있을 때조차 매우 불안해한다. 친밀한 관계 또는 어떤 관계든지 이를 맺는 데 어려움을 느끼며, 이러한 점은 다른 문화권, 싱가포르에 사는 중국인들에게서조차 발견된다(Guoa et al., 2010). 이 환자들이 보이는 사회적 불안은 다른 사람들에게서 거절당하거나 부정적으로 평가받을 것에 대한 두려움보다는 편집성 사고와 연결되어 있다(예: 다른 사람들이 나를 해칠 것 같은 두려움). 이들은 종종 주요 우울증이나 불안장애와 같이 정서장애를 함께 겪으며 자살 사고가 높아지기도 한다(Lentz et al., 2010).

조현형 성격장애자들은 죽은 가족이 방에 함께 있는 것과 같이 특이한 감각이나 환상을 경험한다. 그러나 그 사람이 실제로 거기 있지 않다는 점을 깨닫는다. 이 사람들은 다른 사람들이 생각하는 부분에 대해서 지나치게 의심이 많거나 편집성인 생각을 가질 수 있다. 다른 사람이 뒤에서 내 얘기를 하고 있다고 믿는 것과 같이 **관계사고**[1]를 발달시키기도 한다. 그들은 자신이 '육감(예: 미래를 예언할 수 있다는 감각)'을 가지고 있다고 믿거나 다른 사람이 자신의 감정을 알 수 있다고 믿는 **미신적 사고**를 가지기도 한다. 또 특이한 의미를 단어에 갖다 붙이기도 한다. 이들이 하는 말은 모호하거나 이상할 정도로 추상적이지만, 조현병 환자처럼 일관성이 없거나 연결성

[1] 다른 사람들의 말과 행동이 자신과 관계가 있다고 느끼는 강박관념적 피해망상

이 없지는 않다. 이 사람들은 단정하지 못하고 이상한 옷을 입거나 다른 사람 앞에서 자기 자신에게 말을 하는 것처럼 이상한 행동을 하기도 한다. 이들의 사고 과정 또한 이상하고 모호하며, 비유적이고, 고정된 사고이기도 하다. 얼굴에는 거의 감정이 표현되지 않는다. 다른 사람에게 미소를 짓거나 고개를 끄덕이는 행동도 잘하지 못한다. 아니면 이상한 시점에서 비웃거나 미소 짓거나 크게 웃기도 한다. 이들은 사회적으로 철수되어 있고 소외되었으며, 어떤 경우에는 친밀한 친구가 거의 없다. 친숙하지 않은 사람과 함께 있을 때는 굉장히 불안해하기도 한다. 다음의 예에서 조현형 성격장애자들이 자주 보여 주는 사회적 소외나 환상을 살펴볼 수 있다.

12.4 극적이고 정서적이며 예측하기 힘든 특징을 가진 성격장애의 주요 특징을 살펴본다.

조나단: 조현형 성격장애 사례

27세의 자동차 수리공인 조나단은 친구가 거의 없고, 다른 사람들과 사회활동을 하는 것보다 공상 과학 소설을 읽는 것을 좋아한다. 그는 대화에 거의 참여하지 않는다. 가끔씩 그는 자신의 생각을 잊은 것 같아서 그가 차를 수리할 때, 그의 동료가 주의 집중을 위해 휘파람을 불어 주어야만 한다. 그는 보통 '괴상한' 표정을 짓는다. 아마 그의 가장 특이한 행동은 가끔씩 돌아가신 어머니가 그의 곁에 서 있다는 느낌을 경험한 것일 것이다. 이러한 환상은 그를 안심시키고, 이 출현(어머니가 나타나는 것)을 기대했다. 조나단은 그것이 진짜가 아님을 깨달았다. 그는 다시는 그 유령을 만지려고 접근하지 않았으며 그가 가까이 하면 사라진다는 것을 알았다. 그녀의 존재를 느낀다는 것으로 충분하다고, 그는 말했다.

— 저자의 파일에서

조현형 성격장애자들은 여성보다는 남성에게서 약간 더 많이 나타나며, 일반적으로 약 4.6% 정도로 나타난다(APA, 2013). 또한 코카서인이나 히스패닉계열 미국인보다 아프리칸 미국인에게서 더 높게 나타난다(Chavira et al., 2003). 그러나 임상가들은 부두교나 그러한 미신을 믿는 것과 같은 종교적 신념이나 문화적으로 결정된 신념을 반영하는 어떤 특정 행동 패턴에 조현형 성격장애라는 이름을 붙이지 않도록 주의해야 한다고 강조한다.

11장에서 논의했듯이, 조현형 성격장애는 DSM-5에서 조현병 스펙트럼의 일부로 설명되고 있다. 조현병과 조현형 성격장애는 유전적 기초가 비슷하다(Chemerinski et al., 2012). 게다가 뇌 영상 연구에서도 조현형 성격장애자에게서 발견되는 뇌의 이상이 조현병 환자에게서 발견되는 것과 비슷하다고 결론 내리고 있다(Dickey et al., 2006, 2007). 조현병 환자가 보이는 유전적 성향이 인생의 스트레스적인 사건 경험과 같이 다른 요인에 의해서 결정될 수 있다는 점을 고려할 필요가 있다. 그러나 상대적으로 조현형 성격장애로 진단받는 사람들이 조현병이나 다른 정신증으로 발전하는 경우는 거의 없다는 점을 인식하는 것도 매우 중요하다(APA, 2013).

드라마틱하고 감정적이거나 변덕스러운 행동을 하는 성격장애

이 성격장애 집단에는 반사회적, 경계선, 연극성, 자기애성 성격장애가 포함된다. 이러한 사람들은 극단적이고, 예측 불가하며, 자기중심적인 행동 패턴을 보여 준다. 관계를 만들고 유지하는 데 어려움을 겪으며 반사회적 행동을 나타낸다.

반사회성 성격장애 반사회성 성격장애(antisocial personality disorder)를 가진 사람들은 타인의 권리를 침해하거나, 사회규범이나 관습을 따르지 않으며, 어떤 경우에는 법을 어기기도 하는 행동을 보인다. 타인의 권리를 침해하고 자신을 위해 다른 사람을 이용하는 것에 대해서 신경 쓰지 않고 냉담하며 무관심하다. 여기서의 의미는 다

반사회성 성격장애. 연쇄 살인마 테드 번디는 그의 사형집행 전에 여기에 짧게 소개된 어떠한 감정이나 후회 없이 살인했을 뿐만 아니라, 반사회성 성격장애를 가진 사람들에게 나타나는 피상적인 매력의 일부를 보여 주었다.

른 사람들을 피한다는 의미의 일상적인 '반사회적'이라는 의미가 아니라는 점을 알아야 한다.

이들은 충동적이고 다른 사람들의 헌신에 부응하지 못한다(Swann et al., 2009). 그러나 피상적인 매력을 보여주기도 하며 적어도 평균 수준의 지능을 갖고 있다. 어떤 경우에는 두려운 상황에 마주하는 데 있어서 불안을 느끼지 못하고, 범법행위에 대한 죄책감이나 후회를 거의 느끼지 않는다(Goldsten et al., 2006; Kiehl, 2006). 처벌은 행동에 거의 또는 전혀 영향을 미치지 않는다. 부모님이나 다른 사람이 자신의 행동에 대해 벌을 주어도 계속해서 무책임하고 충동적인 삶을 살아간다.

반사회성 성격장애는 여성보다는 남성에게서 더 많이 나타나며, 여성에게서는 약 1%, 남성에게서는 거의 6%로 나타난다(Cale & Lilienfeld, 2002; Kessler et al., 1994; **그림 12.1**). 이 진단은 18세 이상에게만 내린다. 그러나 반사회적 행동 패턴은 아동기나 청소년기에 나타나서 성인기까지 이어질 수 있다(예: Blonigen et al., 2006; Lahey et al., 2005). 반사회적 행동은 15세 전에 **품행장애**(13장에서 논의될 예정)로 나타난다. 반사회적 행동의 초기 형태는 무단결석, 가출, 학교 폭력, 무기 사용, 성폭행이나 성희롱, 타인이나 동물에게 물리적 폭력 행세, 손괴나 방화, 거짓말, 도둑질, 도벽, 피습 등으로 나타난다.

임상가들은 **사이코패스**, **소시오패스**와 같은 단어를 반사회성 성격장애자들을 언급할 때 사용한다. 이 사람들은 비도덕적이고, 반사회적이며, 충동적인 행동을 하고

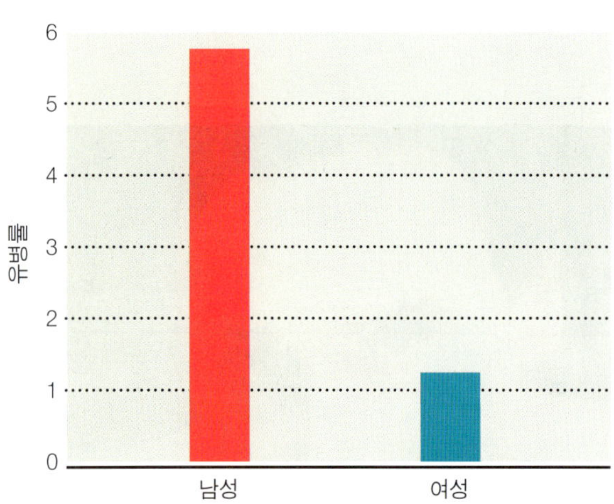

그림 12.1 성차에 따른 반사회성 성격장애의 평생 유병률. 반사회성 성격장애는 일반적으로 여성에 비해 남성에게서 5배 이상 많이 나타난다. 그러나 이 장애의 유병률은 최근 몇 년간 여성에게서 급격히 상승하고 있다.

출처: National Comorbidity Survey(Kessler et al., 1994).

후회나 수치심을 느끼지 않는 사람들이다. 어떤 임상가들은 이런 용어를 **반사회성 성격장애**와 바꿔가면서 사용하기도 한다. 사이코패스라는 단어의 근원은 어떤 사람의 심리적 기능이 병리적이라는 생각에 초점을 맞추고 있다. 소시오패스의 근원은 그 사람의 사회적 일탈행동에 초점을 맞춘다. 진실 / 거짓

진실 또는 거짓

우리가 사이코패스라고 부르는 사람들은 정신병이다.

거짓 우리가 사이코패스라고 부르는 사람들은 정신병적 인격을 가지고 있다. 그들은 아마 반사회성 성격장애로 진단될 것이나, 정신병(조현병처럼, 현실과 동떨어지는 것으로 나타나는)으로 고통받지는 않는다.

반사회적 행동이나 범죄행동은 시간이 지나고 나이가 듦에 따라서 줄어드는 경향이 있으며, 40세 정도가 되면 사라지기도 한다. 그러나 반사회성 성격장애가 가지는 특징인 자기중심성, 속임수, 공감 결여, 죄책감이나 후회 결여, 타인에게 냉담함 등은 줄어들지 않는다. 이런 특성은 나이가 들어도 상대적으로 계속 진행되는 편이다(Harpur & Hare, 1994).

이 장에서는 반사회성 성격장애에 많은 초점을 맞출 것이다. 역사적으로 이 장애는 학자들과 연구자들에 의해서 가장 많이 연구가 진행되어 왔다.

사회문화적 요인과 반사회성 성격장애 반사회성 성격장애는 모든 종교와 윤리 집단에 걸쳐서 나타난다. 그러나 이 장애는 낮은 사회경제 계층에서 가장 많이 나타난다. 반사회성 성격장애자들은 이런 행동이 꾸준히 일을 하거나 승진하지 못하도록 만들기 때문에 직업적으로 문제가 생길 수 있다는 게 하나의 설명이다. 낮은 사회경제 수준을 가진 사람들은 반사회성 성격장애 행동을 가진 부모의 행동을 더 따라하게 된다. 그러나 이러한 진단은 생존 전략으로서 반사회적 행동을 해야 하는 억압을 많이 당하는 계층에는 적용될 수 없다(APA, 2013).

반사회적 행동과 범죄

우리는 반사회적 행동을 범죄행동과 동의어로 생각하는 경향이 있다. 반사회적 행동장애가 범죄율 증가와 관련이 높지만(Kosson, Lorenz, Newman, 2006), 모든 범죄가 반사회적 성격과 연관되지는 않으며, 모든 반사회성 성격장애자가 범죄자가 되는 것도 아니다. 많은 반사회

성 성격장애자는 비록 다른 사람에게 냉담하거나 관심이 없는 듯한 태도를 보이지만 법을 따르고 직업에서 성공하기도 한다. 진실 / 거짓

진실 또는 거짓

반사회성 성격장애를 가진 사람들은 법과 반드시 충돌한다.

거짓 모든 범죄자들이 정신병 증세를 보이지 않으며 모든 성격장애를 가진 사람들이 범죄자가 되지도 않는다.

연구자들은 반사회성 성격장애를 두 가지 다소 독립적인 차원으로 바라보기 시작했다. 첫 번째는 **성격 차원**이다. 이 차원은 피상적인 매력, 자기중심성, 공감 결여, 냉담하고 후회하지 않으면서 타인을 이용하는 것, 다른 사람의 감정이나 복지를 무시하는 것 등으로 구성된다. 이러한 사이코패스적 성격은 이런 특징을 보이지만 법을 어기지 않는 사람에게만 적용된다.

두 번째 차원은 **행동 차원**이다. 이 차원은 법과 관련된 문제가 자주 일어나며, 직장을 자주 그만두고, 불안정한 관계를 맺는 것과 같이 일반적으로 불안정하고 반사회적인 생활양식을 특징으로 보여 준다. 이러한 두 차원은 완전히 분리되어 있는 것이 아니므로 많은 반사회성 성격장애자는 이 두 가지 특성 모두를 가지고 있다.

어떤 사람들은 이 장애를 가지고 있기 때문에가 아니라 범죄행동을 통해 환경이나 하위 문화적으로 보상을 받을 수 있도록 길들여졌기 때문에, 범죄자가 되거나 비행을 저지른다는 점을 주시해야 한다. 대부분의 사회에서는 범죄행동이 비행이기는 하지만 어떤 하위 문화권에서는 일반적일 수 있다. 또한 반사회적 행동장애자들이 자주 보이는 후회하지 않는 특징도 모든 범죄자에게 나타나는 것은 아니다. 어떤 범죄자는 자신의 행동과 판단을 후회하며, 가석방 위원회는 선고를 내리거나 가석방을 결정할 때 이런 뉘우치는 말이나 행동을 고려하기도 한다.

범죄자는 모두 사이코패스라는 일반적인 생각과 다르게, 감옥 수감자의 반 정도만이 반사회적 행동장애로 진단받는다(Robins, Locke, Reiger, 1991). 게다가 반사회성 성격장애자 중 소수만이 법에 저촉되는 행동을 한다. (나 행히도!) 훨씬 더 적은 숫자만이 《양들의 침묵》이라는 영화에서 나온 유명한 사이코패스 살인자의 전형적인 모습을 보여 준다.

반사회적 성격의 프로파일 반사회적 성격이나 사이코패스는 사회적 규범을 따르지 못하는 것, 무책임함, 장기 목표나 계획이 없음, 충동적 행동, 완전히 법을 어기는 행동, 폭력, 만성적인 무직, 결혼 문제, 뉘우침이나 공감의 결여, 약물 남용이나 알코올 문제, 진실 그리고 타인의 감정이나 욕구를 무시하는 것 등의 다양한 특성을 가진다. 1941년 초판이 출간된 책에서, Hervey Cleckley (1976)는 사이코패스 또는 반사회적 성격을 자기중심적이고, 무책임하며, 충동적이고, 다른 사람의 욕구에 둔감한 것으로 정의하였으며, 범죄자뿐만 아니라 의사, 변호사, 정치가, 사업가 등 많은 존경받는 인물 가운데서도 나타난다고 보았다.

사이코패스 특징에 대한 최근의 연구에서는 기본적인 네 가지 특징으로 그룹을 나누었다(Neumann & Hare, 2008). (1) 피상성, 과장, 속임과 같은 **대인관계적 요인**, (2) 뉘우침과 공감 결여, 잘못된 행동에 대한 책임감 부족 등의 **정서적 요인**, (3) 충동성, 목표 부족 등의 **생활양식 요인**, (4) 행동 통제 부족, 반사회적 행동 등의 **반사회적 요인**.

반사회성 성격장애자들에게 일반적으로 나타나는 무책임한 특성은 반복적이고 설명할 수 없이 일을 계속 하지 않고, 다른 직장으로 옮길 기회가 없이 직장에서 짤리거나, 무직 상태가 지속되는 것과 같은 문제로 연결된다. 이런 무책임한 특징은 반복적으로 빚을 갚지 못하거나, 아이의 양육비를 지급하지 못하고, 가족이나 다른 사람에게 경제적인 부분을 의지하는 등의 재정적 문제로 연결되기도 한다. 반사회성 성격장애의 주요 임상적 특징은 표 12.2에서 살펴볼 수 있다. 모든 예시에서 이런 행

범죄성 혹은 반사회성 성격장애? 많은 교도소의 죄수들은 반사회성 성격장애 진단을 받을 수 있다. 그러나 사람들은 병적인 성격만으로 범죄나 비행을 저지르는 것이 아니며, 그들이 자라온 환경이나 범죄행동에 대한 보상과 격려를 받는 문화에 노출되었기 때문이다.

표 12.2
반사회성 성격장애의 주요 특징

특징	예시
사회적 역할, 규범 또는 법률에 적응하는 것을 실패	재산 파괴(destruction), 불법적인 직업, 절도 또는 다른 사람을 괴롭히는 것과 같은 체포될 수 있는 범죄행동에 연관되는 것.
분노 또는 적대적 행동	대상이 자신의 아이나 배우자임에도 지속적으로 행하는 신체적 대응, 다른 사람과의 싸움 또는 폭행.
책임감 있는 행동의 결여	계속되는 결근이나 지각, 일을 할 수 있음에도 벌이가 되는 직업을 찾는 것을 실패하기 때문에 지속적으로 직업을 유지하지 못함. 자녀 양육의 책임을 지지 못하거나 부채를 갚지 못하는 등, 재정적 의무를 지키지 못함. 안정적인 일부일처 관계를 만들거나 유지하지 못함.
충동적 행동	충동적으로 행동하고 미리 계획하거나 결과를 고려하는 것을 실패함. 어떤 명확한 직업적 기회나 목표 없이 방황함.
진실성의 결여	계속되는 거짓말, 다른 사람을 속임 또는 개인의 이익이나 즐거움을 위해 가명을 사용함.
무모한 행동	과속으로 운전하거나 음주 운전을 하는 것처럼 누군가의 안전이나 다른 사람들의 안전에 대해 과도한 위험을 감수함.
악행에 대한 양심의 가책 결여	누군가의 행동으로 인한 다른 사람에게 가해지는 피해에 대해 양심의 가책이나 관심이 결여, 또는 다른사람의 피해에 대해 합리화함.

동들이 모두 나타나는 것은 아니다. 다음의 예시는 이러한 반사회적 특징의 수많은 예 중 하나이다.

'뒤틀린 자매': 반사회성 행동의 사례

19세의 남성이 코카인 중독 상태로 구급차에 실려 병원 응급실로 이송되었다. 그는 '뒤틀린 자매'라고 정면에 적힌 티셔츠를 입고 있었고 펑크 스타일의 머리 모양을 하고 있었다. 그의 어머니가 전화를 받았고, 비틀거리는 소리로 통화에 혼란을 주었다. 의사는 어머니가 병원에 오도록 잘 구슬려야 했다. 그녀는 나중에 의사에게 아들이 가게 물건을 훔치고, 음주 운전을 함으로써 체포된 적이 있다고 이야기했다. 그녀는 비록 정확한 증거는 없었지만 ,아마 그가 약을 했을 거라고 추측했다. 그녀는 그가 학교에서는 꽤 행실이 좋고, 농구팀 멤버로서 주목받는 선수가 된 적이 있다고 믿고 있었다.

아들이 그녀에게 거짓말을 하고 있었음이 드러났다. 사실, 그는 고등학교를 마치지 못했고, 농구팀에서도 활동하지 않았다. 그 날(병원에 실려온 날)이 지나고, 그의 머리는 멀쩡해졌고, 환자는 의사에게 대부분을 과장해서 말했다. 그의 약물과 알코올 사용은 13세 때부터 시작되었으며 17세가 되었을 때, 그는 규칙적으로 항정신성 물질, 알코올, 각성제, 마리화나, 코카인을 사용하고 있었다. 그러나 최근 그는 코카인을 더 선호한다. 그와 친구들은 과도한 약물과 알코올 사용에 빠져들었다. 때때로 그들은 각각의 맥주잔에 서로 다른 약물을 넣어서 마시기도 한다. 그는 그의 약물 습관을 위해 주차된 차에서 오디오를 훔치고 어머니의 돈을 훔쳤는데, 그는 이를 (부분적으로) '로빈 후드'—많이 가진 자의 것만 훔친다—태도로 정당화시켰다.

— Spitzer et al., 1994, pp. 81-83

비록 이 예가 반사회성 성격장애를 연상시키는 예이기는 하나, 면접자가 비행행동(거짓말, 도둑질, 무단결석)이 15세 이전에 시작된 것인지를 판단할 수는 없기 때문에 임시로 진단을 내린 것이다.

경계성 성격장애 경계성 성격장애(borderline personality disorder, BPD)는 깊은 공허함을 느끼고, 불안정한 자기 이미지를 가지며, 격변하고 불안정한 관계를 맺으며, 극

더 자세히 살펴보기

'차가운 피': 정신병적인 살인자의 마음을 들여다보기

우리가 정신병적인 살인자에 대해 가지고 있는 유명한 이미지는 '차가운 피를 가진' 살인자로 살인을 계산하고 미리 계획해서 실행하는 사람이다. 그러나 이 이미지에 대한 증거는 충분한가?

캐나다인 조사자들은 125명의 수감된 살인자를 표본으로 정신병을 가진 범죄자에 의해 일어난 살인과 정신병이 아닌 범죄자에 의해 일어난 살인을 비교하였다(Woodworth & porter, 2002). 그들은 정신병이 있는 범죄자가 벌인 살인은 냉혈한 살인에 대한 분석과 맞을 것이고, 반면에 정신병이 없는 범죄자가 벌인 살인은 '우발적 범죄'의 분석과 맞을 것이라 예상했다. (충동적인, '뜨거운 머리', 도발적인 행동에 대한 분노 반응)

표집은 두 개의 캐나다 연방 정부 기관으로 나타났는데, 하나는 브리티시 컬럼비아, 다른 하나는 노바 스코샤였다. 조사자들은 범죄자를 정신병으로 분류할 때, 널리 사용되고 잘 검증된 정신이상 척도를 사용하였다. 결과는 정신병을 가진 범죄자들이 냉혈한 살인에 더 기여한다는 가설을 지지하였다—어떤 감정적 촉발 요인이 없는 약물 소지, 돈, 섹스 또는 복수와 같은 목표로 동기화된 국제적인 행동—90% 이상(93%)의 살인이 정신병을 가진 범죄자가 이 분석에 들어맞도록 나타났고, 48%의 살인은 정신병이 아닌 범죄자들이 저질렀다.

흥미롭게도 정신병을 가진 냉혈한 살인자에 대한 이미지는 정신병적 성격은 보통 충동적이며, 드러난 행동이라는 오랫동안 받아들여진 믿음과 일치하지 않았다. 조사자들은 정신병을 가진 범죄자들이 아마 살인처럼 극단적인 행동과 같은 행위의 충동을 제약함으로써 선택적 충동과 연관되어 있을 것이라고 추측했다. 높은 지분을 포함한(예: 유죄 판결로 무기징역을 받은) 정신병을 가진 범죄자는 아마 그들의 행동이 나타났을 때, 더 계산적인 역할을 고를 것이다. 진실 / 거짓

진실 또는 거짓

최근의 연구 결과는 정신병적 살인자의 이미지가 '냉혈한' 살인자임을 나타낸다.

진실　캐나다인 조사자들은 살인으로 수감된 정신병적 살인자들이 다른 수감된 살인자들보다 냉혈한 살인에 더 기여한다고 밝혔다.

적인 기분 변화가 있고, 충동적이며, 부정적 감정을 조절하지 못하고, 자기 파괴적 행동을 하며, 동시에 자살 사고를 가지는 등의 특징을 갖고 있다(Gratz et al., 2010; Krause-Utz et al., 2013; Salzer et al., 2013; Soloff & Chiappetta, 2012).

경계성 성격장애자들은 자신의 정체성, 즉 가치, 목표, 진로, 어떤 경우엔 성적 정체성까지도 확신하지 못하는 경향이 있다. 이와 같이 자기 이미지나 정체성이 불안정함으로써 공허감과 권태로움으로 괴로워하게 된다. 이 사람들은 혼자 있는 것을 견디지 못하고 버려졌다는 감정을 피하기 위해서 절망적인 시도를 한다. 또한 버려짐에 대한 두려움으로 인해 다른 사람과의 개인적 관계에 매달리고 지지를 요구함에 따라 사람들이 떠나가도록 만든다. 거절은 그들을 다시 분노하게 만들고, 관계에 더 큰 부담감을 느끼도록 만든다. 타인에 대한 감정은 강렬하고 극변한다. (자신의 욕구를 충족시켜 주면) 그 사람을 극찬하고, (자신을 피한다고 느끼면) 그 사람을 경멸한다. 이 사람들은 타인을 완전히 선하거나 악하다고 보는 경향이 있으며, 타인에 대한 평가를 극과 극으로 갑자기 바꾼다. 결과적으로 이 사람들은 짧고 강렬한 관계를 맺으며 이 파트너와 저 파트너를 바꾸기도 한다. 자신이 이상화했던 사람과 관계가 끝나거나 그 사

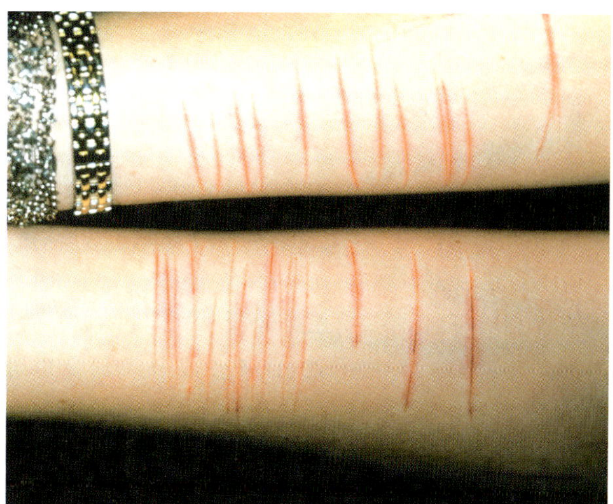

자해. 경계성 성격장애를 가진 사람은 아마도 깊은 감정적인 고통으로부터 도망치거나 이를 차단하기 위한 일시적인 수단으로 자해하는 것처럼 스스로를 잘라 내는 충동적인 행동을 하게 된다.

람이 자신의 욕구를 채워 주지 않으면 그 사람을 경멸하기 시작한다.

경계성 성격장애자들은 1.6~5.9% 정도 나타난다(APA, 2013; Kernberg & Michels, 2009; Paris, 2010). 남성보다 여성들이 이 진단을 더 많이 받지만, 이러한 성차가 남성과 여성의 장애율을 진단하고 판단하는 데 있어서의 차이를 반영한 것인지는 아직 밝혀지지 않았다. 이 장애는 백인 유러피안 미국인이나 아프리칸 미국인보다는 라틴계 미국인에게서 더 자주 나타난다(Chavira et al., 2003). 앞으로 윤리적 문화 차이에 대한 연구가 더 진행될 필요가 있다. 경계성 성격장애로 묘사되는 특징들은 영화 《아라비아의 로렌스》, 메릴린 먼로, 아돌프 히틀러, 철학자 쇠렌 키르케고르 등에게서 나타난다. 진실 / 거짓

진실 또는 거짓

역사 속의 많은 주요한 인물들, 영화 《아라비아의 로렌스》부터 아돌프 히틀러와 심지어 메릴린 먼로까지 경계성 성격장애의 징후를 보였다.

진실 많은 주요한 공인들이 경계성 성격장애와 연관된 개인적 특질을 나타내었다.

경계성 성격장애라는 용어는 원래 신경증과 정신증의 경계에 있는 행동을 하는 사람들을 묘사하기 위해서 사용되었다. 경계성 성격장애자는 스트레스를 받을 때는 정신증적 행동을 하기도 하지만 평상시에는 정신증을 가지고 있는 사람보다는 현실과 더 잘 접촉한다. 대체로 이 사람들은 대부분의 신경증 환자보다는 더 심각하게 손상되어 있지만, 정신증 환자만큼 제대로 기능을 못하지는 않는다.

경계성 성격장애의 주요 특징 중 하나는 정서조절에 어려움을 겪는 것이다(Baer et al., 2012). 이들은 분노와 짜증에서 우울과 불안으로 급변하는 기분 변화를 보여준다(Weissman, 2011). 강렬한 정서적 고통과 분노 폭발로 종종 이어지는 만성적인 분노의 감정으로 고통스러워한다(Ferraz et al., 2009). 공허한 감정과 수치심이 일반적으로 나타나며, 지속적으로 부정적인 자기 이미지를 가지고 있다(Gunderson, 2011). 앞으로를 위해 전반적인 행동 계획을 세우는 능력이 부족하며, 결과를 생각하지 않고 충동적으로 행동한다(Gvirts et al., 2012; Millon, 2011). 이들은 다른 사람들과 싸우고 물건을 부수기도 하고, 아주 작은 거절의 표시나 이유가 없는 상황에서도 분노한다. 남편에게 이렇게 얘기하기도 한다.

'나' 달걀 껍데기 위를 걷기

그들은 거부의 징조를 조금도 보이지 않거나 모든 것에 아무 이유 없이 갑자기 분노할 것이다.

어느 여성이 표현하기를, 경계선 (성격장애를 가진) 사람과 함께 산다는 것은 달걀 껍데기 위를 걷는 것과 같은 것이다(Mason & kreger, 1998). 그녀는 경계성 성격장애인 남편이 '쾌활한 지킬'과 '무서운 하이드'라는 두 명의 인격과 살고 있다고 묘사하며 1분간은 천국이지만 그 이후는 지옥이라고 말했다. 그는 매 순간(moment's notice) 폭발했는데, 그녀가 너무 빠르거나 바로 이야기했기 때문에, 아니면 잘못된 톤으로 이야기했거나, 심지어 잘못된 표정을 지었기 때문이다. 어떤 것이든 그가 감정적인 장광설에 빠져들게 할 수 있었다. 우리는 경계성 성격장애의 분노가 깊은 감정적 고통을 줄 수 있음을 알아야 한다. 이는(분노는) 버림받음, 거부, 다른 사람을 다치게 하려는 욕구에 대한 뿌리 깊은 두려움을 가려줄 것이다. 왜냐하면 그들은 스스로를 상처 입히거나 다른 사람에 의해 학대받기 때문이다.

경계성 성격장애자들은 만난 지 얼마 안 된 사람과 눈이 맞아서 함께 달아나는 것과 같이 충동적인 행동을 자주 한다. 충동적이고 예측할 수 없는 행동은 종종 자기파괴적이며, 자해(손목 긋기 등)로 연결되기도 하고, 자살 시늉을 하거나 실제로 자살을 시도하기도 한다. 특히 거절당할 것 같은 불안이 급증할 때 이런 행동을 보인다(Gunderson, 2011; Leichsenring et al., 2011; Welch et al., 2008). 손목 긋기, 약물 남용, 분노로 달려들기와 같은 부적응적 행동은 강한 부정적 감정을 통제하기 위해 나오는 것이다(Baer et al., 2012). 경계성 성격장애 환자 네 명 중 세 명은 자살 시도를 하며, 열 명 중 한 명은 자살을 한다.

경계성 성격장애를 가진 여성들은 손목 긋기나 다른 형태의 자해 등을 통해 마음 내적으로 향하는 분노를 보여 주는 경향이 있다. 경계성 성격장애를 가진 남성들은 더 외적으로 분노를 표현하는 경향이 있다(Schmahl & Bremner, 2006). 자살 시도와 자살 시도가 아닌 자해는 고통스러운 감정으로부터 피하고 싶어 하는 욕구에서 비롯된다. 진실 / 거짓

경계성 성격장애자들은 그 사인이 청소년기에 자주 나타나지만 항상 성인 초기에 진단받는다(Gunderson, 2011). 충동적 행동은 알코올 문제, 도박 문제, 약물 남용,

진실 또는 거짓

경계성 성격장애를 가진 남성은 그들의 공격적인 행동에서 자기 주도적인 경향이 있고, 반대로 여성은 피상적인 분노를 보이는 경향이 있다.

거짓 경계성 성격장애를 가진 남성은 그들의 공격적인 충동을 자신에게 향하도록 하는 경향이 있고, 반면에 일반적으로 여성은 더 피상적으로 그들의 공격적 행동이 가해진다.

안전하지 않은 성관계, 난폭 운전, 폭식증, 가게 물건훔치기 등으로 나타난다. 이 장의 초반부에 설명한 스스로 손목 긋기와 같은 충동적 자해행동은 손목에 흠집 내기나 팔에 담배 자국을 남기기 등과 함께 나타날 수 있다. 다음의 대화는 이런 행동을 설명하고 있다.

내담자: 난 그런 분노에 빠져 있어요. 무슨 일이 있었냐면요…. 느낄 수가 없어요. 불안에 공격을 받았어요. 너무 긴장되고 담배를 많이 피웠죠. 그래서 나에게 일어난 일은 내가 폭발하게 된 거예요. 눈물이 흐르고 나를 해치고 무엇이든지… 이런 모든 복잡한 감정을 어떻게 다루면 좋을지 난 모르겠어요.

상담자: 그런 '폭발'이 일어난 가장 최근의 예는 뭐죠?

내담자: 몇 달 전에 집에 혼자 있었어요. 난 정말 무서웠어요! 남자 친구에게 연락했지만 받지 않았어요. 그 사람을 어디서도 찾을 수가 없었죠. 내 친구들은 그날 밤 다 바빴고 나는 얘기할 사람이 없었어요…. 점점더 긴장되고 점점 더 짜증이 났어요. 마침내 뱅! 난 담배를 꺼내서 불을 피우고 내 팔에 쑤셔 넣었죠. 내가 왜그랬는지 정말 모르겠어요. 뭔가 극적인 감정을 느낀 것 같아요.

— Stone, 1980, p. 400

자해는 때때로 분노의 표현이기도 하며 다른 사람들을 조정하기 위한 것이기도 하다. 이런 행동은 특히 스트레스를 받는 시기에 '무감각'한 자기보고식 감정에 대응하기 위한 시도일 수 있다. 경계성 성격장애자들은 가족이나 타인과 고통스러운 관계를 맺을 때가 많다(Gratz et al., 2008; Johnson et al., 2006). 이들은 대부분 부모님을 잃거나 부모님이 이혼하시거나, 심하게 처벌을 받거나 학대를 당하거나, 부모에게 무시당하거나 제대로 된 양육을 받지 못하거나 가정 폭력을 목격하는 등의 고통스러운 어린 시절을 보낸 경험이 있다. 이들은 적대감에 가득 차서 관계를 바라보거나, 다른 사람의 뜻을 거절과 떠나 버리는 것으로 받아들이기도 한다. 또한 심리치료 장면에서도 작업하기 어렵게 만들기도 한다(Silk, 2008). 이 사람들은 심리치료사로부터 엄청난 지지를 요구하고, 매 시간 이들을 만나기 원하며, 지지를 받기 위해 자살 시도를 하고, 미성숙하게 심리치료에 빠지기도 한다. 다른 사람에 대한 감정처럼 치료사에 대한 감정은 이상화와 분노를 왔다 갔다 한다. 정신분석학자들은 이러한 감정의 급격한 변화를 **분리**(splitting)의 표시 또는 자기 자신과 타인의 경험의 긍정적인 면과 부정적인 면을 통합하지 못하는 문제의 표시로 해석한다.

경계성 성격장애자들은 자신이 처음에 이상화한 사람에게 절박하게 매달리지만, 그 상대(치료사, 연인, 가족 구성원, 친한 친구)가 자신을 거절하거나 자신의 정서적 욕구를 충족시켜 주지 못한다고 생각하면 급격하게 그 사람을 경멸한다. 정서적 지지를 얻기 위한 절박한 시도로 인해 다른 사람들에게 비이성적인 요구를 하게 되고, 그 사람들을 떠나가게 만들고, 스스로 거절당했다는 인식을 만들고, 다른 이들이 '자신을 위해서 거기에 있어 주지' 않을 것이라고 스스로 믿게 만든다는 점은 참으로 불행한 모순이다. 거절당했다는 인식은 이처럼 분노와 분노와 연결된다(Berenson et al., 2011).

한 가지 다행인 점은 자살 사고, 격변하는 감정, 자해, 충동성과 같은 많은 특징이 해가 가면서 개선되는 경향이 있다는 점이다(Bateman, 2012; Gunderson et al., 2011). 연구자들은 또한 나이가 들어감에 따라서 충동성이 '소진되는' 경향이 있다고 밝혔다(Stevenson, Meares, & Comerford, 2003).

연극성 성격장애 **연극성 성격장애**(histrionic personality disorder)를 가진 사람들은 관심의 중심이 되기 위해 보이는 극단의 정서 표현과 극한의 욕구 표현을 큰 특징으로 가진다. 이 용어는 '배우'를 의미하는 라틴어 *histrio*에서 기원한 것이다. 이 사람들은 극적이고 감정적인 경향이 있으나 감정이 매우 얕고 과장되어 있으며 변덕스럽다. 이 장애는 원래 '히스테리 성격장애'로 불렸다. 다음의 예는 연극성 성격장애자가 보여 주는 과도하게 극적인 행동을 보여 주고 있다.

히스테리를 연극성이란 단어로 대체한 것은 히스테리('자궁'을 의미)의 의미가 변화한 것과 연결되어 있으며, 연극성이란 단어의 사용은 성격장애가 여성과 복잡하게 연결되어 있다는 생각으로부터 전문가들이 벗어나게 해 주는 데 의미가 있다. 어떤 구조화된 면접을 통한 연구에서는 남성과 여성 사이에 비슷한 공존율을 보여 주기도

했지만(APA, 2013), 이 장애는 대부분 남성보다는 여성에게 더 많이 진단된다(Fowler, 2007). 임상 현장에서의 성차가 실제로 장애의 비율 차이를 반영할지라도, 진단 시에 편견, 보이지 않는 요인이 존재할 가능성이 있다.

마셀라: 연극성 성격장애 사례

마셀라는 36세이며, 매력적이나, 꽉 조이는 바지나 하이힐을 신은 과도하게 부자연스러운 여성이다. 그녀의 머리는 그녀가 10대였을 때 유행했던 종류의 새집 머리였다. 그녀의 사회생활은 관계에서 다른 관계로, 위기에서 위기로 이리저리 튀어 다니는 것 같았다. 마셀라가 심리학자의 도움을 요청하게 된 때는, 그녀의 17세 된 딸인 낸시가 자신의 손목을 그어 병원에 입원하게 된 때였다. 낸시는 마셀라와 마셀라의 최근 남자 친구인 모리스와 함께 살았고 그 아파트에서는 늘 말다툼이 있었다. 마셀라는 극적인 국면으로 접어든 분쟁(말다툼)을 회상했고, 그녀가 손을 흔들자, 그녀의 팔찌에 달린 금속들이 짤그랑 거리는 소리를 냈고, 그녀는 자신의 가슴을 움켜쥐었다. 낸시는 그 집에서 사는 것이 어려웠다. 비싼 취향을 가진 낸시는 '언제나 관심을 구하려 하고', '그녀의 젊음을 과시하는' 방법으로 모리스와 시시덕거리고 있었기 때문이다. 마셀라는 그녀 스스로 딸을 맹목적으로 사랑하는 어머니로 보았고, 자신의 딸과 경쟁할 만한 모든 가능성을 거부했다고 보았다.

마셀라는 회기의 일부에만 왔으며, 회기가 진행되는 동안 기본적으로 그녀의 기분을 환기시키거나 그녀의 딸과 자신에게 가해지는 압력을 제거하도록 결정을 내리는 것에 격려를 받았다. 각 회기가 끝날 때, 그녀는 "내 기분이 많이 좋아졌어요."라고 말하며, 심리학자에게 실컷 칭찬을 해주었다. '치료'가 끝날 때, 그녀는 심리학자의 손을 잡고 사랑스럽게 손을 쥐어짰다. 그녀는 "정말 고맙습니다, 박사님"이라 말하며, 그녀는 도망갈 길(exit)을 만들었다.

— 저자의 파일에서

정상을 넘어서? 화려하거나 터무니없는 차림을 한 모든 사람이 연극성 성격장애를 가진 것은 아니다. 어떤 다른 특징이 연극성 성격장애를 가진 사람을 나타낼 수 있을까?

연극성 성격장애자들은 슬픈 사건에 대해 과도하게 기분이 나빠지며, 기쁜 일이 있을 때에도 극도로 과장된 기쁨을 표현한다. 이들은 피를 보고 기절하거나 약간의 실례에도 얼굴을 붉힌다. 이들은 관심받고 싶은 욕구를 다른 사람들이 채워 주기를 요구하고, 이에 다른 사람들이 욕구를 충족시켜 주지 못하면 희생자가 된 것처럼 연기한다. 또한 자기중심적이며 만족을 지연시키는 것을 참지 못한다. 자신이 원할 때 바로 그것을 하기 원한다. 일상적인 일이 돌아가면 금방 참지 못하고 새로운 것과 자극을 갈구한다. 이들은 유행에 금방 빠져든다. 이 사람들이 자신의 매력을 피력할 때 다른 사람들은 이들이 잘난 체한다거나 연기를 하고 있다고 볼 수 있다. 이들은 추파를 던지거나 유혹하기도 하지만 친밀한 관계를 발전시키거나 다른 사람들에게 깊은 감정을 느끼기에는 스스로 너무 감추고 있는 경향이 있다. 결과적으로 관계는 폭풍우 같고 매우 만족스럽지 못하게 된다. 다른 사람들의 관심을 끌기 위해 외적인 모습을 변화시키기도 한다. 남자들은 극단적으로 '마초적인' 옷을 입고 그렇게 행동하기도 하며, 여자들은 매우 주름 장식이 많고 여성스러운 옷을 입기도 한다. 반짝반짝 빛나는 것으로 실제 모습을 가린다.

연극성 성격장애자들은 전문적인 모델이나 배우들이 스포트라이트를 받을 수 있기 때문에 이런 직업에 매력을 느낀다. 외적인 성공에도 불구하고 이들은 자존감이 부족하고 다른 사람들에게 자신의 가치를 알리기 위해 애쓴다. 이들이 물러나게 되거나 주목받는 자리를 잃게 된다면 곧 우울한 내적 의심이 나타난다.

자기애성 성격장애 나르키소스(Narkissos)는 그리스 신화에 나오는 잘생긴 청년으로 연못에서 자신의 그림자와 사랑에 빠진다. 과도한 자기애를 가진 사람이었기 때문에 신은 그를 수선화(나르시소스)라고 알려진 꽃으로 만들었다.

자기애성 성격장애(narcissistic personality disorder)를 가진 사람은 자기 자신에 대해서 부풀려지고 과대한 생각을 가지고 있으며 자신에 대한 찬양을 극도로 갈구한다. 이들은 자신의 성취에 대해서 떠벌리고 다니며 다른 사람이 자신을 칭찬해 주기를 기대한다. 다른 사람의 칭찬이 평범하면 자신의 특별한 부분을 알아주기를 바라고 자신을 계속 칭송해 주는 것을 즐긴다. 이들은 자기에게 빠져 있으며 타인을 공감하는 능력이 부족하다. 자기애성 성격장애자는 관심의 중심이 되고 싶어 하는 연극성 성격장애자의 특징을 공유하지만 연극성 성격장애자보다는 타인으로부터 더 부풀려진 시선을 받으며 덜 극단적으로 과장하는 경향이 있다. 경계성 성격장애자와 비교해 보아도 사고나 행동이 더 잘 조직화되어 있다. 그들은 직업에서 더 성공적이며 직위나 권력에 있어서 더 좋은 위치에 올라간다. 또한 사람들과의 관계도 경계성 성격장애자보다 더 안정적인 경향을 보인다.

자기애성 성격장애로 진단받는 사람의 반 이상이 남성이기는 하지만 일반적인 인구 비율의 성차가 존재하기 때문인지 알 수는 없다. 자기애성 성격장애의 어느 정도는 불안정한 상태에 대한 건강한 적응, 비판이나 실패로부터의 피난처, 성공을 향한 동기를 표현하는 것일 수 있다. 이런 관점에서 자기 관심은 성공과 행복을 촉진시키기도 한다. 자기애성 성격장애의 더 극적인 예에서는 관계와 경력까지도 촉진한다.

자기애성 성격장애자는 성공과 권력, 이상적인 사랑, 위대함과 아름다움에 대한 인정에 대한 환상으로 가득 차 있다. 연극성 성격장애자처럼 모델, 배우, 정치가와 같은 직업을 찬양한다. 자신의 성취와 능력을 과장하는 경향이 있기는 하지만 이들은 자신의 직업에서 꽤 많이 성공하기도 한다. 그러나 자신보다 더 성공한 것처럼 보이는 사람들을 질투한다. 만족되지 않는 야망으로 인해 끊임없이 일하는데, 그들은 돈이 아니라 성공과 함께 오는 과찬을 갈구하면서 성공으로 달려간다.

자기애성 성격장애자들은 아주 약간의 거절이나 비판의 표시에도 극도로 예민하다. 이러한 **자기애적 상처**는 아주 오래된 심리적 상처를 다시 건드리기 때문에 매우 깊다. 아주 사소한 평가도 이 사람들을 나락으로 떨어뜨릴 수 있다. 다음의 예에 나오는 스테파니라는 여자는 남편의 비판으로 인해 오래된 부적절함의 상처에 노출되었다. 게다가 고통을 없애기도 전에 남편의 힐책은 상처에 더 큰 아픔을 주었다.

'나' 상처에 소금 뿌리기

그녀는 "공을 봐"라고 자신에게 말했다.[테니스 경기 도중], '구석으로 가서, 쳐내고, 끝낸다.' … 소중한 몇 분 동안 그녀는 운동선수들이 소중히 여기는, 모든 것이 함께 움직이고 실수가 없는 때인 '구역'에 있었다.

그녀의 백핸드로 강한 역회전이 돌아올 때, 그녀는 비밀스럽게 웃었고, 마약으로 상기된 상태(illicit high)를 즐겼으며, 남편인 더그가 오늘 그녀가 얼마나 잘 쳤는지 알아챌지 궁금했다. 그녀는 뛰어들었고 강하게 들어가고, 라켓의 테두리로 볼을 받아 내고, 코트 바깥으로 공을 날려 보냈다. 더그는 코트 멀리에서 야단쳤다. "넌 이 회전을 절대 읽지 못해." "절대" 스테파니는 이를 되풀이했고, 갑자기 그녀는 자기 내부의 타이어가 터지는 기분을 느꼈다. 고통은 그녀에게로 밀려오고, 그녀의 가슴 한가운데를 진정시켰다….“나는 이 게임을 절대 잘할 수 없어.” 그녀는 비참하게 생각했고, 날아오는 세 개의 공을 네트로 쳐 보냈다. 잠깐의 의기양양함이 사라진 후 어리석은 희망으로 대체되었다. 스테파니는 그녀의 목구멍으로 넘어가는 눈물을 삼켰고, 뒤에서 스스로 정신을 차렸다(a mental kick) "넌 어린애 같아."그녀는 자신에게 중얼거리며 짐을 싸 집에 가려고 준비했다. "너 다시 내게서 도망치는 거야?" 더그가 외쳤다. 그는 그저 놀리는 것뿐이었고, 그녀가 다시 연습으로 돌아가게 하려고 했으나, 그의 말은 방금 생긴 염증에 소금을 뿌리는 것 같았다. 이날 더 이상 테니스 연습은 없었다.

출처: Hotchkiss, 2002.

자기애성 성격장애자들이 다른 사람에게 요구하는 것, 공감하지 못하는 모습, 관심을 보이지 못하는 모습으로 인해 대인관계는 늘 문제가 생긴다. 이들은 자신을 늘 칭찬해 줄 사람을 찾는다. 자신이 피상적으로 매력을 보이고 친절하지만 사람들에 대한 관심은 항상 한쪽 면만 있다. 자신의 관심을 채워 주고 자신이 중요하다는 것을 알려 줄 사람을 찾는다. 자신은 다른 사람을 이용할 자격이 있다고 생각한다. 이들은 힘과 자율성에 대한 욕구가 강하기 때문에, 연인관계에서도 진실한 관계를 맺기보다는 게임을 하는 듯한 관계를 유지한다(Campbell, Foster,

& Finkel, 2002). 섹스 파트너를 자신의 기쁨을 위한 또는 자존감을 높이기 위한 도구로 여긴다. 빌의 예에서 이런 내용을 살펴볼 수 있다.

빌: 자기애적 성격장애 사례

대부분의 사람들이 지지하는 35세의 투자 은행가인 빌은 어떤 확실한 매력이 있었다. 그는 밝고 명료했으며, 매력적이었다. 그는 유머에 대해 예민한 감각을 소유하고 있어서 사교 모임에서 사람들은 그에게 끌렸다. 그는 언제나 스스로 관심의 중심에 있을 수 있는 장소에 있었다. 대화의 주제는 늘 그의 '거래', 그가 만난 '부자이고 유명한' 사람, 그의 책략으로 이긴 경쟁자였다. 그의 다음 프로젝트는 언제나 크고 이전보다 더 대담했다. 빌은 청중을 사랑했다. 그의 얼굴은 다른 사람들이 그의 업무 성공에 대해 칭찬하거나 감탄할 때마다 빛났고, (업무 성공에 대한 이야기는) 언제나 사실보다 부풀려졌다. 그러나 대화가 다른 사람에게로 옮겨질 때, 그는 관심을 잃었고, 스스로에게 술을 마시면서 자동응답기를 켜 놨다고 변명했다. 파티를 주최할 때, 그는 손님들에게 늦게까지 있다 가라고, 만약 일찍 나선다면 상처받을 것이라고 주장했다. 그는 친구들의 욕구에 대해 무관심하고 인식하지도 못했다.

몇 년이 지나도록 유지하는 극소수의 친구들은 빌을 자신만의 언어로 받아들였다. 그들은 그가 자신의 자아를 높이거나(fed) 냉정해지고, 분리될 필요가 있음을 깨달았다.

빌은 또한 (자신에게) 열렬한 찬양을 보이고 그의 요구를 만족시켜 줄 여성과의 로맨틱한 관계도 가졌다—한동안은. 그러나 그들은 늘 한쪽의 일방적인 관계에서 지쳤고, 빌이 약속하는 것에 대한 그의 무능력함이나 그들을 향해서 느끼는 깊은 감정으로 인해 실망했다. 열렬한 추종자들로부터의 지속적인 관심에 대한 그의 요구는 그의 이기심에서 나온 것이 아니라, 불충분함과 낮은 자존감으로부터 나온 근원적인 감정을 떨쳐내고자 하는 요구에서 나온 것이었다. 그의 친구들은 빌이 다른 사람들로부터 매우 많은 관심과 추종을 필요로 하고, 그의 많은 업적은 그의 내면의 의심이 하는 불평을 만족시키지 않는다고 생각했다.

— 저자의 파일에서

불안과 두려움이 행동에 드러나는 성격장애

이 성격장애 그룹에는 회피성, 의존성, 강박성 성격장애가 포함된다. 각각의 특징은 다르지만 모두 두려움과 불안이라는 특성을 공유한다.

12.5 불안과 공포 행동을 특징으로 하는 성격장애의 주요 특성을 살펴본다.

회피성 성격장애 **회피성 성격장애**(avoidant personality disorder)를 가진 사람은 거절당하고 비판을 받는 것을 너무 두려워해서 수용받고 있다고 아주 안심시켜 주기 전에는 관계를 시작하지 못한다. 결과적으로 가족 외에는 거의 친밀한 관계가 없다. 또한 거절에 대한 두려움 때문에 단체로 하는 직업이나 여가 활동을 꺼리고, 혼자 책상에 앉아 점심 먹는 것을 더 좋아한다. 완전히 수용받는다는 느낌이 없으면 직장에서 가는 야유회나 파티에 참여하지 않는다. 이 장애는 남성과 여성에게서 비슷하게 나타나며 전체 중에서 2.4% 정도가 이 진단을 받는다(APA, 2013).

사회적으로 완전히 철수되어 있는 조현성 성격장애자와는 다르게, 이들은 다른 사람에게서 관심받거나 따뜻한 시선을 받는 것에 관심이 있다. 그러나 거절에 대한 두려움으로 인해 애정과 수용에 대한 자신의 욕구를 충족시키지 못한다. 사회적 상황에서 이들은 벽을 마주하고 다른 사람들과 대화하지 못한다. 사람들 앞에서 창피당하는 것을 두려워하고, 다른 사람들이 자신을 보고 있다는 생각으로 인해 얼굴이 빨개지고 울거나 신경질적으로 행동한다. 자신의 일상생활을 유지하며 새로운 것을 시도하는 데 있어서 생기는 위험이나 새로운 것을 시도하려는 노력을 과장해서 생각하는 경향이 있다. 너무 늦게 운전해서 오면 비용이 많이 든다는 이유로 한 시간 정도 거리에서 열리는 파티에 참석하기를 거절할 수도 있다. 다음의 예를 살펴보자.

해롤드: 회피성 성격장애 사례

24세의 회계 사무원인 해롤드는 여성과의 데이트 경험이 거의 없었고, 가족의 소개로 여성들과 만났다. 그는 여성에게 접근할 만큼의 자신감을 느껴 본 적이 없었다. 자신의 주변에서 일하는 22세의 비서 스테이시가 수줍어하는 그에게 다가갔고 그에게 일이 끝나고 데이트를 하자고 얘기했다. 처음에 해롤드는 거절했고, 약간의 변명을 댔지만, 스테이시가 한 주 뒤에 다시 물어보자 해롤드는 동의했으며, 그녀가 그를 원한다면 그녀는 반드시 그를 좋아할 것이라고 생각했다. 관계는 빠르게 발전되었으며, 곧 그들은 거의 매일 밤 데이트를 했다. 그러나 관계는 경직되어 있었다. 해롤드는 그녀의 목소리에서 약간의 망설임이라도 느

회피성 성격? 회피성 성격을 가진 사람들은 보통 거절에 대한 두려움 때문에 스스로를 보호한다.

꺼지면 관심이 없는 것으로 해석했다. 그는 계속해서 그녀가 그를 걱정하고 있다는 안심을 느끼려고 했고, 모든 단어와 몸짓을 그녀의 감정에 대한 증거로 평가했다. 만약 스테이시가 피곤하거나 아파서 그를 볼 수 없다고 한다면, 그는 그녀가 그를 거부하고 있다고 생각하고, 더 많은 안심을 가지려고 했다. 몇 달이 지난 후, 스테이시는 더 이상 해롤드의 심한 잔소리를 받아 줄 수 없다고 결정하고 관계는 끝났다. 해롤드는 스테이시가 진심으로 그를 걱정하지 않았다고 생각했다.

— 저자의 파일에서

회피성 성격장애는 사회불안장애와 함께 나타나는 경우가 많다(Friborg et al., 2013). 두 장애는 공통의 유전적 요인을 포함하고 있을 가능성이 있다(Reichborn-Kjennerud et al., 2008). 진단적으로는 그렇지 않을지라도, 회피성 성격장애는 사회불안장애의 더 심각한 형태일 수도 있다. 만약 그렇다면 회피성 성격장애자에게 인지행동치료와 같이 사회불안장애를 치료하는 데 효과적이라고 증명된 기법을 적용해 볼 수 있다(Cowley, 2008). 그렇긴 하지만, DSM에서는 두 장애를 구분된 장애로 분류하고 있다.

의존성 성격장애 의존성 성격장애(dependent personality disorder)는 다른 사람의 보호와 관심을 받기를 과도하게 요구하는 사람들이다. 이들은 과도하게 수동적이고 관계에 매달리며 분리를 극도로 두려워한다. 스스로 무엇인가를 해 내는 것을 어려워하며, 아주 작은 결정조차도 다른 사람의 조언을 필요로 한다. 이 문제를 가진 아동이나 청소년은 옷을 고르고, 음식을 먹고, 학교나 대학교에 가고, 친구들을 사귀는 문제에서조차도 부모님에게 의지한다. 성인들은 중요한 결정도 다른 사람이 하도록 맡긴다. 이들은 너무 의존적이어서 부모님에게 결혼할 사람을 골라 달라고 의지하기도 한다. 매튜의 예를 살펴보자.

매튜: 의존성 성격장애 사례

34세의 회계사인 매튜는 어머니와 함께 살고 있었으며, 여자 친구와 관계가 끝났을 때 돌봐주기를 원했다. 어머니는 그의 여자 친구가 다른 인종이라고 결혼을 반대했는데, '피는 물보다 진하기' 때문이다. 매튜는 어머니의 소원에 동의했고, 관계를 정리했다. 그러나 어머니가 자신의 결혼에 대한 권한을 너무 많이 가지고 있었기 때문에 매튜는 자신과 어머니에게 화가 났다. 그는 어머니를 '바지를 입은' 횡포하는 여성이라고 묘사했으며, 그녀의 방식을 받아들이는 데 익숙했다. 매튜는 어머니에 대한 분노를 어머니가 그에게 가장 최선이 무엇인지 알고 있을 것이라는 생각으로 대체했다.

직장에서 매튜의 위치는 자신의 재능과 교육 수준에 대해 사람들이 기대하는 것보다 몇 단계 아래 수준이었다. 몇 번인가 그는 그에게 다른 사람을 지도하고 독립적인 결정을 내리도록 요구하는 책임감이 늘어나는 것을 피하기 위해 승진을 거절했다. 그는 어릴 때부터 친한 두 명의 친구와 가까운 관계를 유지했고 그중 한 명과 일하는 날마다 점심을 함께 먹었다. 어느 날 그의 친구가 오늘은 아프다고 연락하자, 매튜는 상실감을 느꼈다. 매튜는 대학을 간 일 년을 제외하고 집 안에서 그의 모든 삶을 살았다. 그는 향수병 때문에 집으로 다시 돌아왔다.

— Spitzer et al., 1994, pp. 179-180

결혼 후에도 이들은 어디서 살고, 어떤 이웃과 사귀고, 아이들을 어떻게 키우고, 어떤 일을 하고, 예산을 어떻게 운영하고, 어디로 휴가를 가야 할지와 같이 모든 결정을 내릴 때 배우자에게 의존한다. 매튜와 같이 의존성 성격장애자들은 책임의 자리에 서는 것을 피한다. 그들은 변화와 승진 기회, 자신의 잠재력을 개발해 줄 일도 거절한다. 과도하게 비판받는 것에 민감하며, 거절과 버려짐을 두려워하는 마음으로 압도되어 있다. 친밀한 관계가 끝나 버리기나 삶을 혼자서 살아가게 될 가능성에 대해서 매우 괴로워하고 있을 수 있다. 자신에 대한 이상한 말에 동조하고 다른 사람을 기쁘게 하기 위해서 자신을 평가절하하기도 한다. 진실 / 거짓

진실 또는 거짓

의존성 성격장애를 가진 사람은 독립적인 결정을 내리는 것에 매우 많은 어려움이 있어서, 그들의 부모가 결혼할 사람을 결정하도록 한다.

진실 우리 문화권에서 의존성 성격장애를 가진 사람은 결정을 내리는 데 있어 다른 사람에게 매우 의존적이므로 그들은 부모가 결혼할 사람을 결정하도록 한다.

더 논의하기 전에 의존이라는 것이 문화에 따라서 다르게 측정될 수 있다는 점을 생각해 봐야 한다. 중매 결혼은 어떤 전통 문화권에서는 일반적인데, 이런 문화권의 사람들은 자신이 누구와 결혼할지를 부모님이 결정한다고 해서 의존성 성격장애로 볼 수는 없다. 비슷하게, 굉장히 특이한 어떤 문화권에서는 여성이 많은 삶의 결정을 내리는 데 있어서 아주 사소한 매일매일의 결정까지도 자신의 아버지와 남편의 의견을 따르도록 되어 있다.

그러나 문화의 역할을 고려하기 위해서 우리 사회 너머를 바라볼 필요는 없다. 우리 문화권에서는 여성이 남성보다 더 자주 의존성 성격장애로 진단받고 있다(APA, 2013). 버림받는 것을 두려워하면서 자신을 속이고, 학대하며, 돈을 다 탕진해 버리는 남편을 참아 주는 여성이 이 진단을 자주 받는다. 기본적으로 부적절하고 무기력한 감정으로 인해 이들은 효과적인 행동을 하지 못한다. 이런 악순환 속에서 이들의 수동성으로 인해 학대를 더 받게 되며, 더 부적절하고 무기력하다고 느끼게 된다. 이런 패턴을 가진 여성들은 우리 사회에서 종종 의존적인 역할을 하도록 사회화되어 있기 때문에 이들에게 이 진단을 적용하는 것에 대한 논란이 있으며, 부당하게 '피해자를 비난하는 것'으로 보이기도 한다. 일반적으로 여성은 수동적이고, 얌전하며, 공손해야 한다는 사회적 압력을 남성보다 더 많이 느낄 뿐만 아니라 동시대에 더 큰 스트레스를 가지고 살아간다. 그러므로 여성의 의존적 행동은 근본적인 성격장애라기보다는 문화적 영향을 반영하는 것일 수도 있다.

의존성 성격장애는 우울장애, 사회공포증 그리고 고혈압, 심혈관 질환, 위장장애와 같은 신체적 문제 등의 다른 심리적 장애와 연관되어 있다(Bornstein, 1999; Samuels, 2011; Schuster et al., 2010). 또한 의존성 성격장애는 정신분석 이론에서 말하는 '구강기' 행동 문제인 담배, 섭식장애, 알코올 문제와도 연관이 있다(Bornstein, 1999). 정신분석 이론에서는 의존적인 행동이 태어난 아이의 전적인 의존 그리고 입을 수단으로(젖 빨기) 배를 채우기를 원하는 아기의 욕구와 관련이 있다고 본다. 음식은 사랑을 상징하게 될 수 있고, 의존성 성격장애자는 상징적으로 사랑을 받기 위해 음식을 과도하게 먹는다. 이들은 종종 자신의 문제를 정서적인 원인보다는 신체적인 원인으로 돌리며, 심리학자나 상담자에게보다는 의사에게 도움과 조언을 구한다.

강박성 성격장애 **강박성 성격장애**(obsessive-compulsive personality disorder)를 가진 사람들은 과도하게 질서정연하고, 완벽주의적이며, 완고하고, 모호함을 견디기 어려워하며, 감정을 표현하기 어려워하고, 일하는 데 있어서 굉장히 꼼꼼한 성격을 가진다. 이 장애는 2.1~7.9% 정도 존재하며(APA, 2013), 여성보다 남성에게서 약 두 배 정도 더 많이 나타난다. 강박장애와 다르게 강박성 성격장애자는 완전한 강박사고나 강박행동을 반드시 경험하는 것은 아니다. 만약 그러한 것을 경험한다면 두 개의 진단을 함께 받는 것이 적절하다.

강박성 성격장애자는 정시에 일을 마칠 수 없는 수준으로 완벽하게 해야 한다는 욕구에 사로잡혀 있다. 불가피하게 이들의 노력은 기대에 못 미치고 그래서 다시 열심히 일을 한다. 다른 경우에는 자신의 일에 우선순위를

"모든 것에는 자리가 있으며, 모든 것이 그 자리에 있는가?" 강박성 성격장애를 가진 사람이 이 격언을 만들었을 것이다. 이와 같은 많은 사람이 그들의 환경에서 질서정연에 대해 과도한 요구를 한다. 이 Red library #2의 로리 시몬의 사진이 보여 주듯이 말이다.

어떻게 매길지 심사숙고하느라 일을 아예 시작하지 못하기도 한다. 다른 사람들이 사소하다고 생각하는 세부사항에 초점을 맞춘다. 격언에 있는 것처럼 이들은 나무를 보느라 숲을 보지 못한다. 이러한 완고함으로 인해 사회적 관계도 망가진다. 이들은 타협하지 않고 자신의 방식을 고수하려고 한다. 일에 대한 열성으로 계속 참여하거나 즐기고 사회적 활동을 하며 여가활동도 한다. 이 사람들은 돈에 인색한 경향이 있다. 이들은 결정을 내리기 어려워하고, 잘못된 결정을 내릴지 모른다는 두려움 때문에 결정 내리기를 연기하거나 피한다. 도덕이나 윤리적 문제에 있어서도 융통성이 없고 과도하게 완고하며, 관계를 형성하는 데 있어서도 과도하게 형식적이고, 감정을 표현하기 어려워하는 경향이 있다. 편안하게 즐거운 활동을 하는 것이 어렵고 다양하게 바뀌는 일에 대한 지출에 걱정이 많다. 다음의 예를 살펴보자.

제리: 강박성 성격장애 사례

34세의 시스템 분석가인 제리는 완벽하고, 대개 사소한 것에 관심을 가졌으며 그의 행동에 있어 엄격했다. 제리는 그래픽 아티스트인 마샤와 결혼했다. 그는 그들의 자유 시간을 시간 단위로 계획해야 함을 주장했고, 예정된 것에서 그들이 벗어나게 될 때 무력감을 느끼게 되었다. 그는 다른 차들이 그의 차를 긁지 않음을 확인할 수 있는 적당한 주차 공간을 찾기 위해 계속해서 주차장을 돌았다. 그는 칠한 지 일 년이 넘은 아파트를 가지는 것을 거부했는데 그가 색을 고를 수 없기 때문이다. 그는 서가의 모든 책을 알파벳순으로 정렬했고 모든 책이 적절한 장소에 있어야 한다고 주장했다.

제리는 절대 휴식을 취하지 않는 것 같았다. 휴가 일 때조차도, 그는 그가 남겨 놓고 온 일에 대한 생각과 실직에 대한 두려움으로 인해 신경이 쓰였다. 그는 사람들이 해변에 누워 있을 수 있고 모든 걱정을 여름 하늘(air)에 날려 버릴 수 있다는 것을 이해하지 못했다. 그는 무언가가 언제나 잘못될 수 있는데, 어떻게 사람들이 (이를) 놓아 버릴 수 있을까? 라고 생각했다.

— 저자의 파일에서

성격장애를 분류하는 데 있어서의 어려움

DSM 분류 체계를 사용하여 성격장애를 분류하는 데 있어서 몇 가지 문제가 있다. 임상가와 연구자들이 이러한 행동 패턴을 어떻게 분류하고 진단하는지에 대해서 생각해 보고자 한다.

> **12.6** 성격장애의 분류와 관련된 문제를 평가한다.

성격장애—범주인가 아니면 차원인가? 성격장애는 특별한 증상이나 행동 특징들로 구분되는 심리적 장애의 뚜렷한 범주로 볼 수 있는가? 아니면 일반적인 사람들에게서도 발견되는 일반적인 성격 차원의 다양성 중에서 극단에 있는 사람들로 봐야 할 것인가? DSM은 이상행동 패턴을 특별한 진단기준에 근거해서 특수 진단 범주로 분류하기 위해 범주 모델을 받아들이고 있다.

반사회성 성격장애를 예로 생각해 보자. 반사회성 성격장애가 되기 위해서 그 사람은 표 12.2에 있는 임상적 특징들의 모습을 보여 주어야 한다. 그러나 이 표에서 일곱 개 특징 중 몇 개에 해당해야 반사회성 성격장애로 진단받을 수 있는가? 진단 매뉴얼에 따르면 그 답은 세 개 이상이다. 왜 세 개인가? 기본적으로 이러한 결정은 DSM의 저자들 간의 동의로 결정된다. 어떤 사람은 진단기준 중 두 개를 굉장히 많이 나타낼 수 있지만, 이 경우에는 반사회성 성격장애로 진단되지 않는다. 반면, 이 특징 중 세 가지를 조금 나타낸 사람은 진단적 범주를 적용할 때 반사회성 성격장애로 진단된다. 범주를 적용해서 선을 긋는 문제는 DSM 체계 전체에 문제를 일으키고 있으며, 이 체계가 너무 강하게 임의적인 컷오프나 진단기준에 의존하고 있다는 비판을 많이 받아 왔다.

범주 모델의 또 다른 문제는 성격장애와 다른 진단 범주(예: 우울장애, 불안장애)에 있는 많은 특징이 일반적인 사람에게서도 어느 정도는 발견된다는 점이다. 이와 같이 이런 특징의 일반적인 범위와 이상한 범위를 구분하는 것은 어려울 수 있다(Skodol & Bender, 2009). 예를 들어, 반사회성 성격장애자들은 미리 계획하는 것을 어려워하고, 충동적인 행동을 하며, 자신의 목적을 위해 거짓말을 한다. 그러나 반사회성 성격장애가 아닌 많은 사람도 이러한 행동을 하기도 한다.

성격장애의 차원 모델이 DSM의 전통적인 범주 모델에 대한 대안으로 제시되었다(예: Ferraz et al., 2009; Widiger, Livesley, & Clark, 2009). 차원 모델은 성격장애를 일반적인 사람들에게서 발견되는 성격 특성의 연속선상에서 부적응적이고 극단에 있는 특징으로 설명한다.

3장에서 성격장애 진단의 차원적 접근을 제안한 심리학자 Thomas Widiger에 대해서 얘기했었다. Widiger

와 동료들은 성격장애가 성격의 5요인 모델('Big Five'라고 불리는 모델)에서 말하는 성격의 기본적 다섯 가지 특징의 극단의 값을 대표할 수 있다고 제안했다. (1) **신경증** 또는 **정서적 불안정**, (2) **외향성**, (3) **경험에 대한 개방성**, (4) **친화성** 또는 **친절함**, (5) **성실성**(Widiger, 2008; Widiger & Mullins-Sweatt, 2009). 차원 모델에서 반사회성 성격장애 같은 것은 성실성과 친화성이 극도로 낮은 수준을 보이는 특징을 가진 사람들로 볼 수 있다(Lowe & Widiger, 2008). 이런 사람들은 목적이 없고 신뢰할 수 없으며, 다른 사람을 속이고 부당하게 이용한다. 비슷한 방법으로, 다른 성격장애도 빅 파이브 차원에서 극단의 값을 갖는 사람들로 설명할 수 있다. 성격장애에 있는 차원과 빅 파이브 성격 특징들 간의 연관성에 대한 많은 연구가 나오고 있다(예: Miller et al,, 2012; Samuel & Widiger, 2008; Tackett et al., 2008). 차원 모델의 한 가지 제한점은 한 가지 특징이 임상적으로 의미가 있을 만큼이 되기 위해 어느 정도 심해야 하는지를 결정하는 성격 차원에서의 컷오프 점수에 대한 명확한 가이드라인을 제시하기 어렵다는 점이다(Skodol, 2012).

차원 또는 분류? 논쟁의 중점은 성격장애를 일반 인구특성과 (비교했을 때) 나타난 성격 특성의 극단적인 변화로 개념화해야 하는지, 아니면 이상행동의 또 다른 범주로 개념화해야 하는지의 여부이다.

DSM-5 개발자들은 다음의 DSM-5.1을 준비하기 위해서 성격을 얼마나 잘 진단할 수 있는지를 현재 살펴보고 있다. 부분적으로는 범주를 적용하고 부분적으로는 차원을 적용하는 하이브리드 차원-범주 모델을 포함하여 몇 가지 대안 모델이 고려되고 있다. 차원 모델은 빅 파이브 성격 특징에 기반하고 있다. 제안된 계획에 따르면, 성격장애는 극단의 병리적인 특징(차원적 접근)의 점수와 함께 특별한 장애의 구체적 진단기준을 제시하는 방식으로 진행될 예정이다. 이 하이브리드 모델은 구체적 진단기준에 근거한 의학적 병을 진단하는 방법(예: 생체조직 검사를 통해 암세포 찾기, 감염 질병 증상 찾기)과 연속적인 차원에서 극단의 값을 측정하는 방법(예: 고혈압 측정을 통해 고혈압 진단하기)과 일관되게 진행하는 것이다. 측정과 진단에 있어서 차원적 개념을 적용하면, 특별한 질병이 있는지 없는지를 단지 네/아니요를 통해 양분되게 진단하는 것과 다르게 병리적인 특징의 극단값의 정도에 근거해서 심각성을 판단할 수 있다는 장점이 있다.

차원 모델을 지지하는 많은 사람은 지금 고려하고 있는 하이브리드 모델이 차원 구조에서 역기능적인 성격을 찾아내는 데 충분하지 않다고 생각한다. 이들은 차원 모델을 기각할 것을 주장한다. DSM이 범주 모델로 가야 할지, 차원 모델로 가야 할지, 하이브리드 모델로 가야 할지에 대한 논의를 계속 펼치면서, 분류를 위한 여러 모델의 유용성과 타당성이 증거를 기반으로 확인되길 희망한다.

성격장애를 다른 임상적 증상과 구분하는 문제 한 가지 계속되는 문제는 성격장애가 다른 임상적 증상과 완전히 구분되지 않는다는 점이다. 예를 들어, 임상가들은 강박장애와 강박성 성격장애를 구분하는 데 어려움을 가진다. 성격장애는 일반적으로 폐해가 더 지속적인 반면 임상적 증상은 때에 따라 따르다고 본다. 그러나 성격장애의 특징이 상황에 따라 변화하면서 다르게 나타나기도 하며, 다른 임상적 증상들(예: 기분저하)은 더 만성적이거나 덜 만성적이기도 하다.

진단 간의 오버랩 성격장애 간에는 오버랩이 많이 존재한다. 성격장애 진단을 받은 대부분의 사람이 하나 이상의 진단을 받았다(Skodol, 2012; Zimmerman et al., 2005). 어떤 성격장애는 뚜렷한 특징을 가지고 있지만,

많은 성격장애는 대인관계에서 문제를 보이는 것과 같은 공통된 특징을 가진다. 예를 들어, 한 사람이 반사회성 성격장애와 경계성 성격장애 진단을 함께 받을 수 있다(예: 충동성, 불안정한 관계 패턴). 의존성 성격장애인 사람(독립적으로 결정 내리고 어떤 활동을 시작하지 못함)은 회피성 성격장애(극도의 사회적 불안과 비판에 굉장히 예민함)도 함께 나타날 수 있다.

다른 성격장애들 간의 **공존장애**는 꽤 일반적이다(Grant et al., 2005b). DSM 체계 내에서 특정한 성격장애는 다른 성격장애와 서로 명확하게 구분되지 않을 수 있다. 어떤 성격장애는 실제로 구분된 장애가 아닐 수 있으며, 다른 성격장애의 하위 유형이거나 다양한 유형일 수도 있다.

정상적 행동과 이상적 행동을 구분하는 데 있어서의 어려움 성격장애 진단에 있어서의 또 다른 문제점은 이 성격 특징이 적게 나타난다면 대부분의 정상적인 사람에게서도 나타나는 행동이라는 점이다(Warner et al., 2004). 가끔 의심을 많이 한다고 해서 편집성 성격장애라고 볼 수도 없고, 자신의 중요성을 과장하는 경향이 있다고 해서 자기애성 성격장애라고 볼 수도 없다. 회피성 성격장애가 아니더라도 창피당하거나 거절당할 것에 대한 두려움 때문에 사회적 관계를 피할 수도 있으며, 강박성 성격장애가 아니더라도 자신의 일에 대해서 매우 심사숙고할 수 있다. 이런 장애의 특징은 일반적인 성격 특징들이기 때문에 이런 패턴이 한 개인의 기능을 방해하거나 중요한 사람들을 곤란에 빠트릴 정도로 심각할 때 진단을 내릴 수 있다. 어떤 성격 특징이 부적응적이고 성격장애 진단을 내릴 정도로 심각한 수준이 어느 정도인지를 결정하는 데에는 아직 더 많은 증거가 필요하다.

진단적 라벨을 설명하는 데 있어서의 혼동 진단적 라벨을 설명에 적용하는 데 있어서 혼동하지 말아야 하지만, 실제 장면에서는 그 구분이 때때로 모호하다. 만약 진단적 라벨을 설명하는데 혼동이 있다면 순환 논법의 모순에 빠질 수 있다. 예를 들어, 다음 문장의 논리는 무엇이 잘못되었는가?

1. 존의 행동은 반사회적이다.
2. 그러므로 존은 반사회성 성격장애이다.
3. 존은 반사회성 성격장애이므로 존의 행동은 반사회적이다.

(a) 행동을 진단을 내리는 데 사용하고, 그러고 나서 (b) 그 행동을 설명하는 데 진단을 사용하기 때문에, 위의 문장은 순환 논법의 모순으로 볼 수 있다. 평상시 말하는 데 있어서도 이런 순환 논법의 죄책감에 빠질 수 있다. 다음의 문장을 생각해 보자. "존은 정시에 출근하지 않는다. 그러므로 존은 게으르다. 존은 게으르므로 정시에 출근하지 않는다." 이러한 라벨은 일상적인 대화에서는 가능할 수 있지만, 과학적 엄격함을 가지고 있지는 않다. 게으름과 같은 구성 요인이 과학적 엄격함을 가지기 위해서는 게으름의 원인을 이해하고 게으름을 유지하도록 하는 요인이 무엇인지를 알 필요가 있다. 행동에 붙인 라벨을 행동의 원인으로 혼동해서는 안 된다.

게다가 문제행동을 보이는 사람들을 성격장애로 라벨링 하는 것은 행동의 사회적 환경적 맥락을 간과하는 것이다. 어떤 특정 성별이나 문화권에서 더 많이 강하게 나타날 수 있는 트라우마 사건의 영향은 부적응적 행동을 설명하는 중요한 요인이 될 수 있다. 그러나 성격장애의 개념적 토대는 문화적 차이, 사회적 불평등, 성별 혹은 문화적 집단 간의 권력 차이 등을 고려하지 않는다. 예를 들어, 성격장애로 진단받는 많은 여성은 어린 시절 신체적이고 성적인 학대를 받은 적이 있다. 사람들이 학대에 대응하는 방법은 학대적 관계에 놓여 있는 역기능적 사회 요인에 반응하기보다는 자신의 성격에서 문제를 일으키는 식으로 진행된다.

성격장애는 비효과적이고 자기 패배적인 일반적인 패턴에 편리하게 이름을 붙이는 것이다. 그러나 그렇게 붙인 라벨이 행동을 설명하지는 못한다. 아직도 과학적 설명으로 중요한 한걸음을 더 나아가기 위해서는 정확한 묘사를 하는 체계가 발달되어야 한다. 신뢰할 만한 진단 범주를 만들기 위해서는 인과관계와 치료법에 대한 타당한 연구가 더 쌓여야 한다.

성차별적 편견 어떤 성격장애의 구성은 성차별적 편견의 영향을 받는다. 진단적 기준은 전형적인 남성적 행동보다는 전형적인 여성의 행동을 병리적으로 더 자주 진단하는 것으로 보인다. 연극성 성격장애의 예를 살펴보면, 여성적 성격장애의 전형적인 모습을 묘사하고 있는 듯하다. 변덕이 심하고, 감정적이며, 피상적이고, 유혹적이며, 관심을 추구하는 모습.

그러나 여성적인 전형이 진단적인 정신장애에 부합된다면, '마초 남성'과 같은 남성적인 전형을 반영하는 진단적 범주도 있어야 하지 않은가? 굉장히 남성적인 특징은 어떤 남성에게는 사회적 기능이나 직업적 기능에 심각한 문제와 손해를 일으킬 수 있다고 주장할 수도 있다. 예를 들어, 굉장히 남성적인 사람들은 싸움에 잘 휘말리며, 여성 상사와 일하는 데 어려움을 경험한다. 그러나 '마초 남성'의 전형에 해당하는 성격장애는 현재 없다.

의존성 성격장애는 성격장애라는 이름이 붙음으로써 의존적인 역할로 사회화된 여성을 낙인찍고 있지는 않은가? 임상가들이 연극성 또는 의존성 성격장애의 패턴이 여성에게 더 자주 나타난다고 보거나 또는 여성이 남성보다 이러한 행동 패턴에 더 잘 사회화된다고 보기 때문에, 여성이 이런 진단을 받을 위험이 더 높을 수 있다.

어떤 성격장애는 병리적인 문제보다는 사회적 기대 때문에 남성 또는 여성에게 더 진단되기 쉬울 수 있지 않은가? 임상가들은 여성과 남성이 똑같은 증상을 보여 주어도, 여성을 연극성 성격장애로 그리고 남성을 반사회성 성격장애로 인지하는 편견을 가지는 경향이 있다(Garb, 1997). 성적인 편견에 대한 추가적인 증거들이 경계성 성격장애 진단에 대한 연구에서도 발견되고 있다. 연구자들은 311명의 심리학자, 사회복지사, 정신과 의사에게 가상의 사례 예시를 제공했다(Becker & Lamb, 1994). 이 사례의 반은 여성이라는 점을 표시한 뒤 제공하였고, 반은 남성인지를 표시하지 않고 제시하였다. 임상가들은 여성이 경계성 성격장애를 가진 것으로 더 많이 판단하였다.

DSM에서의 성격장애 분류가 성에 대한 편견이 있는가 그렇지 않은가? 성격장애의 특징에 좀 더 균형을 맞추어야 하는가? 당신은 어떻게 생각하는가? 당신의 태도를 생각해 보길 바란다. 여성을 '의존적이고 연극적인' 것으로, 남성을 '자기애적이고 반사회적인' 것으로 생각하고 있지는 않은가?

이론적 관점

이 장에서는 성격장애에 대한 이론적 관점을 생각해 보고자 한다. 성격장애에 대한 많은 이론적 설명이 정신분석 모델에서 유래했다. 전통적인 정신분석 모델과 현대 정신분석 모델의 관점에서 성격장애를 살펴보고자 한다.

12.7 성격장애를 이해하기 위해 필요한 주요 이론적 관점을 설명한다—정신역동, 학습, 인지, 가족, 생물학적, 사회문화적 관점

정신분석적 관점

전통적인 Freud 이론은 오이디푸스 콤플렉스에서 생겨나는 문제를 성격장애를 포함하는 이상행동 문제의 근원으로 보고 있다. Freud는 일반적으로 아이들이 다른 성의 부모에 대한 근친상간의 소망을 저버리고 같은 성의 부모를 닮아 가기로 하면서 오이디푸스 콤플렉스를 해결한다고 믿었다. 결과적으로 아이들은 부모의 도덕적 원칙을 초자아라는 성격의 구조 형태로 통합시킨다. 많은 요인이 적절한 정체성 성립을 방해하고 정상적인 발달 과정에서 벗어나게 하며 아이들이 도덕적 제약을 발달시키는 것을 방해함으로써 죄책감이나 후회하는 마음이 드는 것을 방해해서 아이들이 반사회적 행동을 하도록 만든다. Freud의 도덕 발달에 대한 생각은 주로 남성의 발달에 초점을 맞추고 있어서, 여성의 도덕적 발달을 설명하는 데 실패했다는 비판을 받고 있다.

최근의 정신분석 이론은 주로 더 어린 시기인 오이디푸스 이전 시기, 즉 18개월~3세의 시기에 초점을 맞추고 있다. 이 시기는 유아가 부모로부터 분리되어 정체성을 만들어 가는 시기이다. 이 이론은 자기에 대한 감각의 발달에 초점을 맞춰서 자기애성 성격장애나 경계성 성격장애와 같은 장애를 설명하고 있다.

HANS KOHUT 현대 정신분석 이론의 개념의 주요 이론가 중 한 명인 Hans Kohut은 자기심리학이라고 불리는 이론을 개발하였는데, 자기에 대한 응집력 있는 감각의 발달 과정에 초점을 맞추고 있다. Freud는 오이디푸스 콤플렉스를 해결하는 것이 성인의 성격으로 발달하는 데 가장 중심이 된다고 생각했다. Kohut은 자기가 어떻게 발달해 나가는지가 가장 중요한 문제라고 주장하면서, 한 사람이 자존감, 가치, 응집력 있고 현실적인 자기에 대한 감각이 고양되고 자기애적인 성격과 다르게 발달시켜 나가는지 아닌지가 중요하다고 보아 Freud의 의견에 동조하지 않았다(Anderson, 2003; Goldberg, 2003).

Kohut(1966)은 자기애성 성격장애자들이 깊은 부적절감을 감추기 위해서 자기에 대한 중요성을 내세워서 강조한다고 보았다. 자기애성 성격장애자들의 자존감은 끊임없는 칭찬과 관심으로 흘러넘치게 해야 하고 그렇지 않으면 말라 버리는 저수지 같다. 과대 자기에 대한 감각은 자기애성 성격장애자로 하여금 쓸모없다는 느낌을 감추도록 돕는다. 실패하거나 실망하는 일이 있으면 이러

한 느낌에 노출되고 우울의 상태로 빠져들게 된다. 이러한 절망에 방어하기 위해서 사람들은 실망과 실패의 중요성을 축소시키려고 한다.

자기애성 성격장애자들은 실망하는 일로부터 보호받지 못하거나 자신에 대한 확신, 찬양, 찬미를 받지 못할 때 분노할 수 있다. 아무리 좋은 의도일지라도 아주 작은 비판이 가해질 때 분노할 수 있다. 이들은 분노와 수치심을 차가운 무관심을 보이며 숨길 수 있다. 이들은 치료사가 더 현실적인 자기개념을 가지도록 돕기 위해서 그들의 고양된 자기 이미지를 꺾을 때 분노하기 때문에 매우 어려운 내담자가 될 수 있다.

Kohut에게 초기 아동기는 **건강한 자기애**의 일반적인 단계이다. 세상이 자기중심으로 돌기 때문에 유아는 힘이 있다고 느낀다. 또한 유아는 일반적으로 자신의 부모를 이상적으로 자신에게 힘이 되어 주는 사람으로 인식하고 부모와 하나가 되고 부모의 힘을 공유하기를 원한다. 공감적인 부모는 아이에게 어떤 것이 가능한지 느끼게 해주고 자존감을 잘 키워 나가도록 해주면서 아이의 부풀려진 지각을 반영해 준다(예: 아이에게 얼마나 훌륭하고 소중한지를 말해 준다). 그러나 공감적인 부모도 때에 따라서는 비판을 하기도 하고 아이의 과도한 자존감을 꺾어 버리기도 한다. 그렇지 않으면 아이들은 자신을 바라보는 이상화된 관점을 알아차리는 데 실패할 것이다. 점차적으로 비현실적인 기대는 줄어들고 자기 자신과 다른 사람에 대한 더 현실적인 평가로 바뀌어 나간다. 청소년기가 되면 아동기의 이상화는 부모, 교사, 친구들에 대한 현실적인 존중으로 바뀐다. 성인기가 되면 이런 생각은 내적인 이상, 가치, 목표로 발달해 나간다.

그러나 부모의 공감과 지지가 부족하면 **병리적 자기애**의 단계로 들어가게 된다. 부모로부터 칭찬받지 못한 아이들은 견고한 자존감을 발달시키지 못한다. 이들은 손상된 자기개념을 발달시키고 사랑받고 칭찬받을 수 없다고 느끼게 된다. 병리적 자기애는 인지하고 있는 부적절감을 숨기는 자기 완벽주의의 과대한 허울의 구조와 연관된다. 그러나 이러한 허울은 항상 산산조각나기 직전이며 지속적으로 자신이 특별하고 훌륭하다는 확신을 하면서 스스로 강화해야 한다. 이러한 모습은 사람들로 하여금 사회적이거나 직업적인 목표를 달성하지 못해서 오는 자존감에 대한 고통스러운 타격에 취약하게 만든다.

이론에 대한 Kohut의 접근에 따르면 자기애성 성격장애를 가진 내담자에게 자신의 과대 자기 이미지를 표현할 최초의 기회를 주고 심리치료사를 이상화하도록 한다. 그러나 시간이 지나면서 심리치료사는 이 사람들에게 자신의 자기애의 어린 시절의 근원을 탐색하도록 하고 내담자와 심리치료사 모두에게 있는 불완전함을 부드럽게 찾아 나가면서 내담자로 하여금 자기와 타인에 대한 더 현실적인 이미지를 가질 수 있도록 돕는다.

OTTO KERNBERG 주요 정신분석학자인 Otto Kernberg(1975)는 자기와 타인에 대한 이미지에 있어서 일관성과 통합성을 발달시키는 것을 초기 아동기에 실패하면 경계성 성격장애로 발달할 수 있다고 보았다. 이 관점에서 경계성 성격장애자들은 자기와 타인에게 있는 모순적인(긍정적이고 부정적인) 요소들을 완전하고 안정적인 전체로 통합할 수 없다. 자신의 인생 가운데 있는 중요한 사람들을 때때로는 사랑하고 때때로는 거절하는 사람으로 바라보지 못하고, 순수한 이상화와 극도의 증오 사이에서 왔다 갔다 한다. 이와 같이 다른 사람을 바라보는 데 있어서 극단적으로 왔다 갔다 하는 모습을 '항상 좋거나', '항상 나쁜' 것으로 개념화하는 것으로 보았으며 이를 **분열**(splitting)이라고 보았다.

Kernberg는 30대의 한 여성이 이런 방식으로 자신을 대하는 태도가 왔다 갔다 했다고 말한다. 그 여성은 한 회기에서는 그가 가장 훌륭한 심리치료사이고 자신의 모든 문제가 해결된 것 같다고 말했다. 그러나 몇 회기 후에 그에게 대항하는 태도로 돌변해서 그가 냉정하고 조정하려고 하며 치료에 만족하지 못해서 치료를 그만둘 것이라고 그를 비난했다(Sass에서, 1982).

Kernberg의 관점에 따르면 아무리 훌륭한 부모일지라도 부모는 예외 없이 아이의 모든 욕구를 충족시켜 줄 수 없다. 그러므로 유아는 '좋은 엄마'가 자신이 원하는 것을 주지 않고 좌절시키는 '나쁜 엄마'라는 것을 알게 되면서 양육자에 대한 다른 이미지를 조화시키는 초기 발달 단계에 직면한다. 이러한 반대되는 이미지를 현실적이고 통합되며 안정적인 부모에 대한 이미지로 조화시키는 것에 실패하면 이 아이는 심리성적 단계의 오이디푸스 이전 시기에 심리적으로 고착되게 된다. 결과적으로 성인이 되면 이 사람은 심리치료사나 다른 사람들에 대한 태도를 이상화에서 평가절하로 급속도로 변화시키게 된다.

MARGARET MAHLER 영향력 있는 현대 정신분석학자 중 한 명인 Margaret Mahler는 경계성 성격장애를 어린 시절 엄마와의 분리와 연결해서 설명했다. Mahler와 동료들(Mahler & Kaplan, 1977; Mahler, Pine, & Bergman, 1975)은 생후 1년간 유아가 엄마와 공생적인 애착을 발달시킨다고 보았다. 공생 또는 상호 의존은 '함께 살아간다'는 의미의 그리스 기원의 생물학적 단어이다. 심리학에서 공생은 아이의 정체성이 엄마의 정체성과 혼합되어 하나로 되어 있는 상태이다. 일반적으로 아이는 점차적으로 자신의 정체성과 자기감을 엄마로부터 구분해 나간다. 분리-개별화 과정은 엄마로부터 심리적이고 생물학적인 정체성을 분리해 나가며(분리) 자기 정체성을 정의하는 특징을 인식해 나가는(개별화) 발달 단계이다. 분리-개별화는 폭풍우 같은 과정이다. 아이는 더 독립하려는 것과 엄마에게 재결합하려는 것처럼 더 가까이 다가가거나 '그 그늘에 들어가려는 것' 사이에서 흔들거린다. 엄마는 아이가 독립해 나가지 못하게 하거나 너무 빨리 아이를 독립하도록 압력을 가하면서 정상적인 분리-개별화를 방해하기도 한다. 다른 사람들에게 양가적으로 반응하고 사랑과 증오 사이를 왔다 갔다 하는 경계성 성격장애 경향성이 있는 사람들은 분리-개별화 과정 동안에 일어나는 어린 시절의 극단적 양가성을 연상시킨다. 경계성 성격장애는 이러한 발달 단계의 도전을 이겨 내는 데 실패하면서 생기는 것이다.

정신분석 이론은 여러 종류의 성격장애의 발달을 이해하는 데 많은 정보를 제공해 준다. 그러나 이 이론의 제한점은 실제 아동에 대한 관찰보다는 성인의 행동과 회상하는 생각에서 나온 유추에 대부분 의존하고 있다는 점이다. 또한 일반적인 아동의 경험을 성인의 이상행동과 비교하는 것이 타당한 것인지에 대해서 의문을 가질 수 있다. 예를 들어, 성인의 경계성 성격장애에서 보여 주는 양가성은 분리-개별화 기간에 보여 주는 아이의 친밀함과 분리에 대한 혼란이 있다고 하더라도 오직 피상적인 관계에만 관련될 수 있다.

분리-개별화. 정신역동 이론에서 영향력 있는 학자인 Margaret Mahler에 의하면 어린아이들은 분리 개별화 단계를 겪는데, 이 단계는 그들이 자신의 어머니의 정체성으로부터 자신의 정체성을 차별화하는 것을 배우는 단계이다. 그녀는 이 발달적 도전을 성공적으로 끝내는(master) 것에 실패한다면 경계성 성격장애로 나아갈 수 있다고 믿었다.

아동기의 학대와 이후의 성격장애의 발달을 연결시켜 본다면, 아동기에 양육자와 친밀한 애착관계를 만드는 데 실패하는 것이 성격장애의 발달에 중요한 역할을 한다고 볼 수 있다. 이 장의 후반부에서 학대와 성격장애 간의 관련성을 더 논의할 것이다.

학습 이론적 관점

학습 이론가들은 성격장애보다는 부적응적 행동에 초점을 둔다. 이들은 성격장애와 연관된 부적응적 행동과 이를 유지시키는 강화물에 대한 학습 역사와 환경 요인을 찾아내는 데 관심을 가진다.

학습 이론가들은 아동기 경험이 성격장애를 구성하는 타인과 관련된 부적응적 행동 패턴을 형성한다고 설명한다. 예를 들어, 자신의 생각을 말하거나 환경을 탐색하는 것에 대해 계속 반대를 받은 아이들은 의존적 행동 패턴을 발달시킨다. 과도한 부모의 훈육은 강박적 행동을 만들어 낸다. 심리학자 Theodore Millon(1981)은 부모가 아주 작은 잘못에 대해서도 행동을 엄격하게 통제하고 처벌했던 집에서 자란 아이들은 융통성이 없고 완벽주의적인 기준을 발달시킨다고 보았다. 이러한 아이들이 성장해 감에 따라 부모의 비난이나 처벌을 피하기 위한 방법으로 학교 장면이나 운동 장면과 같이 자신이 뛰어난 공간에서 스스로를 성장시키고 애쓰게 된다. 그러나 발달의 어떤 장면에서는 과도한 긴장 때문에 스스로 잘 균형을 잡지 못한다. 이와 같이 이 아이들은 자발성을 억누르고 위험을 피하게 된다. 또한 처벌이나 비난을 피하기 위해 완벽주의적 요구를 키워 나가며 강박적 성격 패턴을 보이는 행동을 하게 된다.

Millon은 연극성 성격장애가 부모의 관심과 같은 사회적 강화물, 특히 변덕스럽게 제공되는 강화물이 아동의 외모와 연결되고 다른 사람에게 연기하는 경향과 연결되는 경험을 아동기에 했을 때 생겨난다고 보았다. 비일관적인 관심은 아이들로 하여금 인정받고 있다는 느낌을 받지 못하도록 만들며 끊임없이 그러한 관심을 갈구하게 만든다. 연극성 성격장애자들은 극적이고, 감정적이며,

관심을 추구하는 부모를 본받아서 정체성을 만들어 가기도 한다. 과도한 형제간의 경쟁은 다른 사람으로부터 관심받기 위해 연기하도록 만들기도 한다.

사회인지 이론은 반사회적 행동의 근원을 설명할 때 강화의 역할을 강조한다. Ullmann과 Krasner(1975)는 초기의 연구에서 반사회성 성격장애자들이 다른 사람들을 잠재적인 강화자로 대하는 것을 배우지 못했다고 설명했다. 대부분의 아이는 다른 사람들이 좋은 행동에는 칭찬해 주고 나쁜 행동에는 벌을 주기 때문에 그 사람들을 강화해 주는 상대로 알게 된다. 강화와 처벌은 아이에게 앞으로 보상받을 기회가 있는 행동은 최대화하고, 벌을 받을 가능성이 있는 행동은 최소화하도록 만들어 준다. 결과적으로 아이는 중요한 타인, 부모나 교사의 요구에 민감해지고, 자신의 행동을 그에 맞춰서 조절하는 방법을 배우면서 사회의 기대에 적응해 나간다. 어떻게 행동하고, 어떻게 말하며, 어떻게 옷을 입고, 어떻게 다른 사람들로부터 칭찬과 인정(사회적 강화)을 받는지를 배워 나간다.

반대로 반사회성 성격장애자들은 초기의 학습 경험에 일관성과 예측성이 부족했기 때문에 이러한 방식으로 사회화될 수 없다. 이들은 '옳은 일'을 하는 데 가끔 보상받기도 했지만 대부분은 그렇지 못했다. 이들은 아무 때나 오는 거친 신체적 폭력을 받아 왔을 수 있다. 아동기에 자신의 행동과 강화 사이에 연관성을 찾지 못했기 때문에 성인이 되어도 다른 사람의 기대에 큰 가치를 두지 않게 된다. Ullmann과 Krasner의 관점이 반사회성 성격장애의 몇몇 특징을 설명하고 있지만, 반사회적 성격의 '매력적인' 유형의 발달에 대해서는 적절하게 설명하지 못한다. 이 그룹에 있는 사람들은 다른 사람의 사회적 단서를 잘 읽어 내고 자신의 이익을 위해 사람들을 잘 이용한다. 이 장애를 가진 어떤 사람들은 자신의 일에 있어서 꽤 성공하기도 하고 다른 성격장애자들보다 일하는 습관이 더 성실하고 신뢰할 만하기도 하다(Mullins-Sweatt et al., 2010). 그러나 Paul Babiak와 David가 최근의 책, 『양복을 입은 뱀(화이트칼라 사이코패스)』에서 설명한 것처럼, 사업에서 높은 위치에 있는 성격장애자들은 사업장에서 다른 사람들을 통제하고 간교한 속임수를 쓰며 조종하고 다른 사람에게 피해를 입힌다. 그리고 이러한 사람들의 숫자가 감옥이나 사회에 있는 숫자보다 더 많다(Babiak & Hare, 2006).

사회인지 이론가 Albert Bandura는 반사회적 행동의 공통 요인인 공격적 행동에 있어서 관찰학습의 역할을 연구했다. 예전 연구에서 Bandura와 동료들(예: Bandura, Ross, & Ross, 1963)은 아이가 다른 사람의 행동을 관찰하면서 공격적인 기술을 포함한 다양한 기술을 학습한다고 보았다. 공격성에 노출되는 것은 폭력적인 텔레비전 프로그램을 보거나 공격적인 행동을 하는 부모를 관찰하면서 이루어진다. 그러나 Bandura는 아동과 성인이 기계적인 방식으로 공격적 행동을 하게 된다고 생각하지는 않았다. 사람들은 벌을 받기보다는 보상을 받을 것이라고 생각하거나 자극받지 않는다면 공격적 행동을 항상 모방하지는 않는다고 보았다. 아이들은 공격적으로 행동하면서 제멋대로 자기 길을 가는 폭력 역할 모델을 모방할 가능성이 가장 많다. 또, 아이들은 속임수, 폭력, 거짓말과 같은 반사회적 행동이 다른 사람을 비난하고 조종하는 것을 피하도록 돕는다고 생각하면, 이러한 행동을 받아들일 수 있다.

사회인지 심리학자들은 성격장애를 가진 사람들이 다른 사람들의 얼굴 표정에서 감정을 '읽는 데' 어려움을 가지고 있다고 보았다(Kosson et al., 2002). 그리고 사람들의 말이나 표현에서 감정, 특히 두려움의 감정을 찾아내지 못한다고 보았다(Blair et al., 2002). 반사회적 청소년들은 적대적인 인지적 편견을 가지고 있으며, 다른 사람들의 행동을 위협하는 것으로 잘못 해석한다(Dodge et al., 2002). 아마도 부모와 지역사회에서의 경험 때문에 이 청소년들은 다른 사람들이 실제는 그렇지 않을 때에도 자신을 아프게 할 의도를 가지고 있다고 추측한다. 해

반사회성 성격장애의 근원은 무엇인가? 반사회적 성격이 발달한 젊은이들은 그들의 초기 학습 경험에서 다른 아이들이 자신의 행동을 보상과 처벌에 연결하도록 도와주는 예측 가능성과 일관성이 결여되었기 때문에 주로 '비사회적'인가? 아니면, 그들은 매우 '사회적'이지만, 다른 반사회적 또래의 행동을 모방하여 사회화되었나? 조직 폭력배의 패거리나 범죄 행위가 얼마만큼 반사회성 성격장애와 중복되어 있을까?

결중심치료라고 불리는 치료 방법은 반사회적 아동과 청소년들이 갈등 상황을 공격적으로 반응해야 하는 위협으로 인식하기보다는 해결해야 하는 문제로 재개념화하도록 돕는다(Kazdin & Whitley, 2003). 아이들은 사회적 직면에 대해 비폭력적으로 해결해 나가는 방법을 배우고, 과학자처럼 가장 좋은 방법을 시도해 본다. 생물학적 관점 부분에서 반사회성 성격장애자들이 왜 처벌받는 경험으로부터 학습에 실패할 수 있는지에 대해 설명하는 심리학적 편견을 살펴볼 수 있을 것이다.

정신분석적 접근과 마찬가지로 성격장애에 대한 학습이론적 관점도 대체로 한계를 가지고 있다. 이 이론은 성격장애 발달의 전조가 되는 가족의 상호작용을 관찰하기보다는 이론에 근거하고 있다. 정신분석과 학습 이론가들이 제안한 아동기의 경험이 실제로 특정한 성격장애의 발달을 이끌 것인지에 대한 연구가 더 많이 이루어질 필요가 있다.

가족 관점

많은 이론가는 가족관계에서 생겨나는 폐해가 성격장애의 발달을 일으킨다고 보았다. 정신분석적 관점과 같이 경계성 성격장애자가 다른 심리적 장애자들이 인식하는 것보다 자신의 부모를 통제하고 보살펴 주지 않는 사람으로 더 인식하고 있다고 연구자는 말하고 있다(Zweig-Frank & Paris, 1991). 경계성 성격장애자에게 초기 기억을 회상하도록 해보면, 다른 사람보다 중요한 타자를 더 악하고 나쁜 사람으로 그리고 있다는 것을 볼 수 있다. 이 사람들은 부모와 가까운 사람을 자신에게 상처를 주고 자신을 보호하지 못한 사람으로 설명한다(Nigg et al., 1992).

연구자는 아동의 신체적 혹은 성적 학대 또는 무시당한 경험을 경계성 성격장애와 같은 성격장애의 발달과 연관시킨다(예: Golier et al., 2003; McLean & Gallop, 2003). 아마도 이 장애를 가진 사람이 보여 주는 '분열'은 부모나 양육자의 예측할 수 없고 거친 행동에 대응하는 방법으로 배운 기능일 것이다.

정신분석 이론과 같이 가족의 과보호나 권위주의('내가 그렇게 말했으니 그렇게 해'라는 식의 부모의 스타일)와 같은 가족 요인은 의존성 성격장애의 특징의 발달에 영향을 미친다고 본다(Bornstein, 1992). 거절당할지 모른다는 극도의 두려움이 연결되어 있을 수 있다. 이런 두려움은 아마도 어린 시절 부모가 무시하고 거절했거나 죽었기 때문에 부모와 애착을 잘 형성하지 못해서 생겨난 것일 수 있다. 그리고 이러한 사람은 다른 사람에게서 버림받을 수 있다는 만성적인 두려움을 가지게 되며, 의존성 성격장애자로 변해 간다. 이론가들은 또한 강박성 성격장애가 강력하게 도덕적이고 완고하며 기대하는 역할이나 행동에서 조금만 벗어나는 것도 허용하지 않는 가정 환경에서 생겨날 수 있다고 보았다(예: Oldham, 1994).

연구자들은 경계성 성격장애와 마찬가지로 아동기의 학대, 부모의 무시, 부모의 양육 부족이 성인기 반사회성 성격장애의 발달에 중요한 위험 요인이 된다고 보았다(Johnson et al., 2006; Lobbestael & Arntz, 2009). 정신분석 이론과 학습 이론에 대한 초기의 유용한 관점에서 McCords(McCord & McCord, 1964)는 부모의 거절과 무시가 반사회성 성격장애의 발달에 영향을 미친다는 점에 초점을 두었다. 아이들은 보통 부모의 행동과 가치에

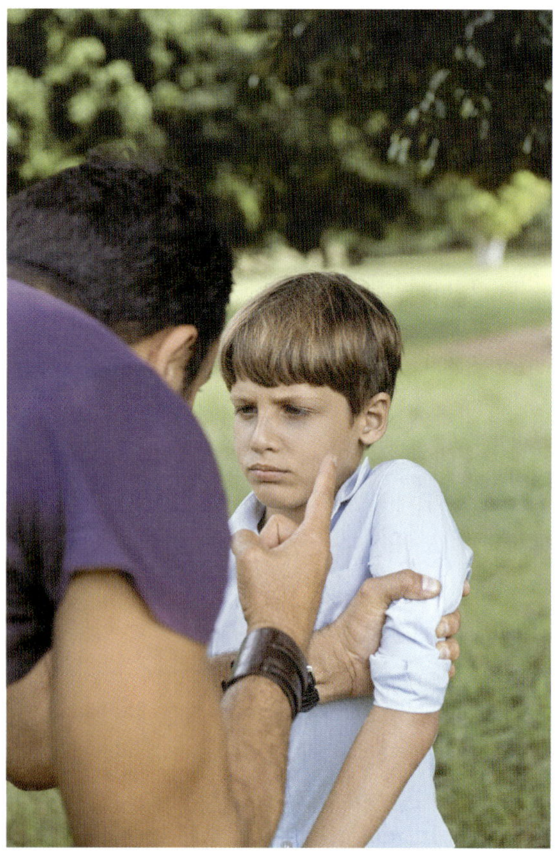

아동 학대. 아동 학대와 방치는 경계성 성격장애를 포함한 성격장애를 가진 사람에게서 눈에 띄게 나타난다. 어떤 감정적 결과가 아동 학대와 방치에 연관되어 있을까?

협조하면서 인정을 받고, 순종하지 않으면서 못마땅한 시선을 받는다고 보았다. 아이들은 벗어나려고 시도할 때 부모의 사랑을 잃을지도 모른다는 점에 대해서 두려워한다. 불안은 아이가 반사회적 행동을 하지 않도록 막아 주는 표시이다. 점차로 아이는 부모를 동일시하고 양심의 형태로 이러한 사회적 통제를 내면화한다. 부모가 아이들에게 사랑을 보여 주지 않을 때 이러한 동일시는 나타나지 않는다. 아이들은 어차피 가지지 못했기 때문에 부모의 사랑을 잃는 것을 두려워하지 않는다. 반사회적인 행동과 범죄행동을 막을 수 있는 불안은 존재하지 않는다.

부모에 의해서 거절당하거나 무시당한 아이들은 다른 사람에게 애착을 느끼는 따뜻한 감정을 키워 나가지 못할 수 있다. 이들은 다른 사람의 감정과 욕구에 공감하는 능력이 부족한 대신 무관심한 태도를 발달시켜 나간다. 아니면 아마도 사랑하는 관계를 만들고 싶다는 소망은 있지만 진실된 감정을 경험하는 능력이 부족할 것이다.

비록 가족 요인이 반사회성 성격장애에 적용될 수 있지만, 무시당한 많은 아이들이 이후에 반사회적이거나 다른 이상행동을 보이지 않기도 한다. 어떤 요인이 아이들로 하여금 반사회적 성격이나 다른 이상행동을 하도록 만들고 어떤 요인은 그렇지 않도록 만드는지에 대해 설명할 수 있는 연구가 앞으로 더 필요할 것이다.

생물학적 관점

성격장애의 생물학적 관점에 대해서는 배울 것이 아주 많다. 연구자 대부분의 관심은 반사회성 성격장애와 이 장애의 성격 특징에 초점을 맞추고 있으며 논의할 내용이 매우 많다.

유전적 요인 반사회적, 자기애성, 편집성, 경계성 성격장애와 같은 유형의 발달에 있어서 유전 요인은 중요한 역할을 한다는 증거들이 있다(Gunderson, 2011; Kendler et al., 2008; Meier et al., 2011; Raine, 2008). 반사회적, 조현형, 경계성 성격장애와 같은 사람의 부모와 형제는 일반적인 범주에 속하기보다는 이런 장애로 진단될 가능성이 많다(APA, 2013; Battaglia et al., 1995). 유전 요인은 또한 냉혈하고, 반사회적이며, 충동적이고, 무책임한 정신병리적 성격의 성격 특질 발달에 연관되어 있을 수 있다(Larsson, Andershed, & Lichtenstein, 2006; Van Hulle et al., 2009). 또, 연구자는 경계성 성격장애와 연관된 특정한 염색체에서 유전적 요인을 발견했다고 보고한다(Distel et al., 2008a, b).

비록 성격장애와 연관된 성격 특질에 유전적 요인이 관련 있다는 증거가 있기는 하나, 환경 요인 또한 중요한 역할을 하고 있다는 점을 인식하는 것이 중요하다(Hopwood et al., 2011). 예를 들어, 역기능적이고 문제가 많은 가정 환경에서 자라는 것과 같은 환경의 영향에 노출되면 반사회적 또는 경계성 성격장애와 같은 성격장애를 가질 가능성이 높아진다.

특정 성격장애와 연관된 성격 특질이 유전 요인과 생활 경험의 상호작용을 나타낼 수 있다는 점도 중요하다(Gabbard, 2005). 이러한 개념에 따라 연구자는 특정한 유전 요인이 성인기 남성의 반사회적 행동과 연관되는데 오직 어린 시절에 학대당한 경우에만 해당된다는 점을 밝혔다(Caspi et al., 2002).

정서적 민감성의 부족 유명한 이론가 Hervey Cleckley(1976)에 따르면 반사회성 성격장애자는 많은 사람이 불안을 느끼는 스트레스 상황에서도 평정을 유지할 수 있다. 위협을 느끼는 상황에서 불안을 느끼지 않는다는 점을 통해 반사회성 성격장애자가 반사회적 행동을 하지 않도록 하는 데 처벌을 주는 것은 소용이 없다는 점을 설명할 수 있다. 우리 대부분은 잡혀가서 벌 받는 것에 대한 두려움 때문에 반사회적 행동을 충분히 제어할 수 있다. 그러나 반사회성 성격장애자들은 잡혀가서 벌 받는 것에 대한 불안이나 공포를 거의 경험하지 못하기 때문에 처벌받을 수 있는 행동을 자주 억제하지 못한다.

사람들은 불안해질 때 손바닥에서 땀이 나기 시작한다. 이러한 전기 피부 반응(GSR)이라 불리는 피부의 반응은 자율 신경계(ANS)의 교감 반응이 활성화되는 표시이다. Hare(1965)는 초기 연구에서 반사회성 성격장애자들이 고통스러운 자극을 통제할 때 일반사람들보다 GSR 수준이 낮게 나타난다고 밝혔다. 명백하게 이들은 앞으로 올 고통을 생각할 때 거의 불안을 경험하지 않는다.

반사회성 성격장애자가 더 약한 GSR 반응을 보인다는 연구 결과는 정신병리적 또는 반사회성 성격장애자의 심리적 반응 수준이 낮다는 점을 보여 준 많은 연구에서 반복되었다(예: Fung et al., 2005; Lorber, 2004). 이러한 정서적 민감성의 부족은 처벌의 위협이 반사회적 행동을 줄이는 데 거의 영향을 미치지 않는 이유에 대해 설명해 줄 수 있다. 반사회성 성격장애자의 ANS가 위협 자극에는 반응하지 않는다는 점을 생각해 볼 수 있다.

자극 갈망 모델 또 다른 연구자들은 반사회성 성격장애자가 보여 주는 정서적 반응의 결핍을 각성의 극치에 가는 데 필요한 자극 수준의 개념으로 설명했다. 각성의 최적의 수준은 당신이 가장 좋다고 느끼고 기능이 가장 효율적이라고 느끼는 각성의 정도이다.

반사회적 또는 정신병리적 성격장애자들은 자극에 대한 갈망을 극대화하는 경향이 있다(Arnett et al., 1997). 아마도 이들은 각성의 최적의 상태에 이르기 위해 필요로 하는 자극 수준이 일반적인 사람보다는 더 높을 것이다. 즉, 자신의 흥미와 기능을 정상적으로 유지하기 위해 일반적인 사람보다 더 많은 자극을 필요로 한다.

높은 수준의 자극을 필요로 한다는 점은 왜 반사회성 성격장애자가 더 쉽게 지루해하고 위험할 수 있는 활동, 마약이나 알코올과 같은 것에 취하고 오토바이를 타며 스카이다이빙을 하고 큰 돈을 거는 도박을 하며 위험한 성적 경험을 갈구하는지를 설명할 수 있다. 자극에 대해 일반인보다 더 높은 수준을 원한다는 것이 직접적으로 반사회적이거나 범죄행동을 유발하는 것은 아니다. 우주 비행사, 군인, 경찰관, 소방관도 어느 정도는 이런 특징을 가지고 있다. 그러나 지루함의 위협과 일상적인 것을 참지 못하는 것은 어떤 자극 추구자들에게는 범죄나 무모한 행동에 뛰어들도록 영향을 미칠 수 있다.

두뇌 이상 뇌 영상은 경계성 성격장애자와 반사회성 성격장애자들이 정서를 조절하고 충동적인 행동, 특히 공격적 행동을 제어하는 것과 연관된 뇌 부분에서 역기능을 발견하도록 해주었다(Calzada-Reyes et al., 2012; Carrasco et al., 2012; Gunderson, 2011; Siegle, 2008).

가장 직접적으로 연관되어 있는 뇌 영역은 전전두 피질(전두엽의 앞쪽에 위치)과 대뇌변연계의 가장 안쪽 뇌 구조이다. 전전두 피질은 충동행동을 통제하고 행동의 합의를 조절하며 문제를 해결하는 부분이다. 이 부분은 일종의 '긴급 브레이크'로서 폭력적이거나 공격적인 행동이 표현되는 충동을 막아 준다(Raine, 2008). 대뇌변연계는 정서적 반응을 일으키고 새로운 기억을 형성하는 것과 연관된다.

연구자들은 대뇌의 신경망이 어떻게 성격장애와 연관되는지를 연구하고 있다. 이러한 연구는 성격장애를 더 잘 이해하도록 돕고, 더 효과적인 치료로 이끌어 줄 것이다. 뇌 영상 기법과 연관된 최근의 연구는 반사회성 성격장애자의 뇌에서 대뇌변연계의 공포를 느끼는 부분인 편도체와 행동의 결과를 조절하는 책임을 가진 뇌 부분인 전전두 피질에서 다른 점을 발견하였다. 이러한 이상한 점은 경계성 성격장애자나 반사회성 성격장애자에게서 발견할 수 있는 충동조절의 어려움을 설명해 줄 수 있을 것이다. 경계성 성격장애의 경우에는 강한 부정적 감정에 직면할 때 전전두 피질이 충동행동을 멈추도록 하는데 실패한다는 흥미로운 결과가 있다(Silbersweig et al., 2008).

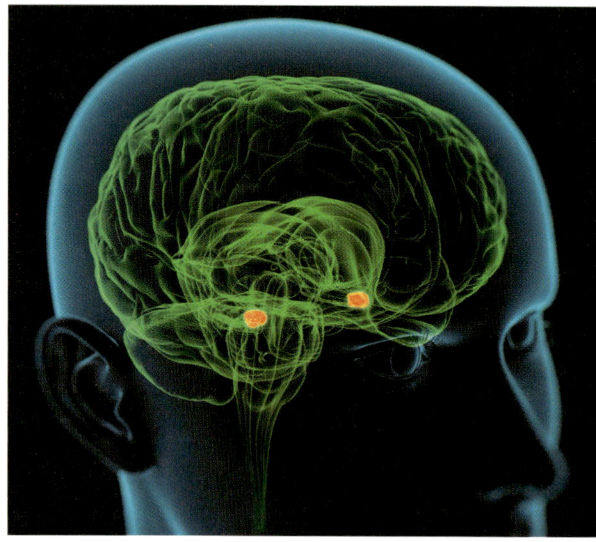

뇌의 회로. 뇌 회로와 뇌의 사고 중심인 전두피질, 변연계 사이의 이상은 경계성 성격장애와 반사회성 성격장애를 가진 사람의 충동조절 문제에 영향을 미칠 것이다. 변연계는 감정적 처리 규제와 기억 형성에 관련된 뇌의 원초적인 부분이다. 화를 유발하는 것과 관련된 변연계의 일부인 편도체는 밝게 표시된 이곳이다. (각 뇌 측면에 하나씩 있다.)

사회문화적 관점

사회적 조건은 성격장애의 발달에 영향을 미친다. 반사회성 성격장애는 낮은 사회경제 계급에서 주로 나타나며, 사회적 약자인 가족에 의해서 받는 스트레스 요인은 반사회적 행동 패턴을 만들어 낸다. 많은 도심지역 사람들은 알코올, 마약 남용, 10대 임신, 붕괴되고 무너진 가정과 같은 사회적 문제로 괴로움을 당한다. 이러한 스트레스 요인은 아동 학대, 무시와 연관되며, 아이에게 낮은 자존감을 만들어 주고 분노와 분개하는 감정을 키워 줄 수 있다. 무시와 학대는 공감 능력의 부족으로 연결되며 다른 사람의 복지에 냉담하게 되면서 반사회적 성격이

설문지

감각 추구 척도

당신은 자극을 갈망하거나 감각을 추구하는가? 당신은 책을 읽거나 텔레비전을 보는 것으로 만족하는가? 아니면 큰 파도를 타거나 사막의 모래언덕을 당신의 오토바이로 달리는 것으로 만족하는가? 심리학자인 Marvin Zuckerman(2007)은 감각 추구라는 용어를 사용하여 각성과 지속적인 자극을 강하게 필요로 하는 사람들을 설명하였다. 그들은 강하게 스릴과 모험을 추구하고 정해진 것에 쉽게 지루해한다. 비록 몇몇 자극 추종자들은 약물 중독이나 법과 관련해 문제를 가지고 있으나, 이들이 감각 추구행동을 하는 데에는 많은 제한이 있다. 그러므로 감각 추구는 그 자체만으로 범죄적이거나 반사회적임을 예언하지 않는다.

다음의 질문은 당신이 감각 추구자인지 결정할 수 있도록 도와줄 수 있다. 각각의 질문에 당신을 가장 잘 묘사하는 A 또는 B를 골라라. 그리고 당신의 대답을 이 장의 마지막에 나온 KEY와 비교해 보라.

1. ______ a. 나는 밤에 마을에 나가는 것을 좋아한다.
   ______ b. 나는 집에서 조용한 저녁을 보내는 것을 좋아한다.
2. ______ a. 나는 무서운 놀이기구를 좋아한다.
   ______ b. 나는 무서운 놀이기구를 피한다.
3. ______ a. 나는 스릴 있는 경험에 목마른 사람이다.
   ______ b. 나는 차분하고 조용한 활동을 좋아하는 사람이다.
4. ______ a. 나는 스카이다이빙을 해본 적이 있거나 스카이다이빙을 하러 가는 것을 좋아한다.
   ______ b. 스카이다이빙은 나랑 맞지 않는다.
5. ______ a. 보통 나는 매번 내 삶에서 약간의 흥분을 자극하는 것을 좋아한다.
   ______ b. 나는 부드럽고 조용한 것을 유지하는 걸 좋아한다.
6. ______ a. 여행을 갈 때, 나는 계획된 일정을 따르는 것을 선호한다.
   ______ b. 여행을 갈 때, 나는 어떤 정해진 계획 없이 가는 것을 좋아한다.
7. ______ a. 나는 기본적으로 습관적인 생물이다(a creature of habit)
   ______ b. 나는 틀에 박힌 일에 쉽게 지루함을 느낀다.
8. ______ a. 나는 사실 무엇이든 도전한다.
   ______ b. 나는 모두 가능하다면 실수할 상황을 피한다.
9. ______ a. 나는 화려한 파티를 즐긴다.
   ______ b. 나는 친구와 나가거나 집에서 쉬는 것을 좋아한다.
10. ______ a. 나는 당신이 삶을 가득 채우고 살 것이라 믿는다.
    ______ b. 나는 꾸준하고 느린 것을 좋아한다.
11. ______ a. 나는 아주 추울 때 밖에 나가는 것을 좋아하고, 내 피부에 맞서는 느낌의 활발한 날씨를 좋아한다.
    ______ b. 나는 아주 추울 때 집 안에 있는 것을 좋아한다.
12. ______ a. 나는 평온하고 평화로움을 선호하는 종류의 사람이다.
    ______ b. 나는 살아 있음을 느끼기 위한 높은 수준의 자극을 필요로 하는 사람이다.

만들어진다.

또한 가난한 아이들은 이웃의 마약 거래와 같은 비행 역할 모델에 노출된다. 학교생활에 부적응하면서 더 큰 사회로 나가는 것에 대해 좌절하고 멀어져 가며 반사회적 행동을 하게 된다. 반사회적 문제를 다루기 위해서는 사회 정의를 바로잡고 사회적 조건을 향상시키려는 시도가 필요하다.

다른 문화권에서의 성격장애 비율에 대해 알려진 정보는 거의 없다. 이런 관점에서 세계건강기구(WHO)와 미국 알코올, 마약 남용, 정신건강기관(ADAMHA)이 함께 진행한 프로그램이 있다. 이 프로그램의 목표는 전 세계적인 정신의학 진단에 사용되는 진단 도구를 개발하고 표준화하는 것이었다. 그 결과 국제 성격장애 조사(IPDE)라 불리는 성격장애 진단을 위한 반구조화된 면

함께 연결 짓기

반사회성 성격장애 발달의 다요인 경로

본문을 통해 우리는 심리적 장애가 심리학적, 사회적, 생물학적 요인이 복잡하게 연결된 결과라고 보는 관점인 이상행동의 다요인 모델의 가치를 지지하게 되었다. 성격장애에 대한 우리의 이해에도 예외가 없다. 아동 학대, 소홀하고 가혹한 부모에 대한 기억과 자기-신뢰보다는 사회적 상호작용에 대한 두려움을 증가시키는 경험을 배우는 것은 아마 반사회성 성격장애 같은 성격장애 발달을 보여 줄 것이다. 공격적 행동 모델링의 효과 같은 사회-인지적 요인과 다른 사람의 행동을 위협으로 오해하는 인지적 편향 또한 성격장애로 진단된 사람들과 관계를 맺는 비적응적인 방법의 발달에 영향을 준다.

다른 생물학적 요인은 구체적으로 반사회성 성격장애가 포함하는 위협 증거에 대한 감정적 반응, 자극에 대한 과도한 추구, 뇌의 이상을 강조하는 것과 연관되어 있다. 가난과 붕괴된 집에서 사는 것, 범죄에 연관된 이웃과 같은 사회문화적 요인들은 아동 학대와 방임에 대한 더 큰 가능성과 연관되어 있으며 반사회적 성격을 대표하는 지속적인 분노와 다른 사람에 대한 공감의 부족이 그다음 단계가 된다.

어떻게 이런 요인들이 연결되어 있을까? 일반적으로 우리는 반사회적 성격의 사례 중 가혹하거나 처벌적인 부모처럼, 특정 성격장애의 발달에 대한 공통적인 주제를 찾는다, 그러나 우리는 요인들의 다른 조합과, 이에 영향을 주는 인과관계의 경로를 따라야 한다. 예를 들어, 반사회성 성격장애를 가진 몇몇 사람이 경제적으로 부족하고 일정한 부모가 없는 상황에서 자랐다. (반사회성 성격장애를 가진)다른 사람들은 중산층에서 자랐으나, 태만하고 가혹한 양육 환경에서 자랐다. 임상가는 어떻게 개인의 발달사가 그 또는 그녀의 다른 사람과 관계를 맺는 방법을 만드는지 평가할 필요가 있다.

그림 12.2는 다요인 모델에 기반을 둔 반사회성 성격장애의 발달을 끌어내는 가능성 있는 인과관계를 설명하고 있다. 그러나 이는 같은 결과로 이어지는 인과관계의 다양한 가능성 중 하나일 뿐이다. 이 인과관계에 따르면 나쁜 양육과 모델링은 아이의 나쁜 사회화로 이끄는 가족에게 영향을 미치나, 아이가 반사회성 성격장애를 가지게 될 여부는 장애에 대한 위험 가능성을 증가시키는 특정 취약 위험 요인의 존재에 달려 있다.

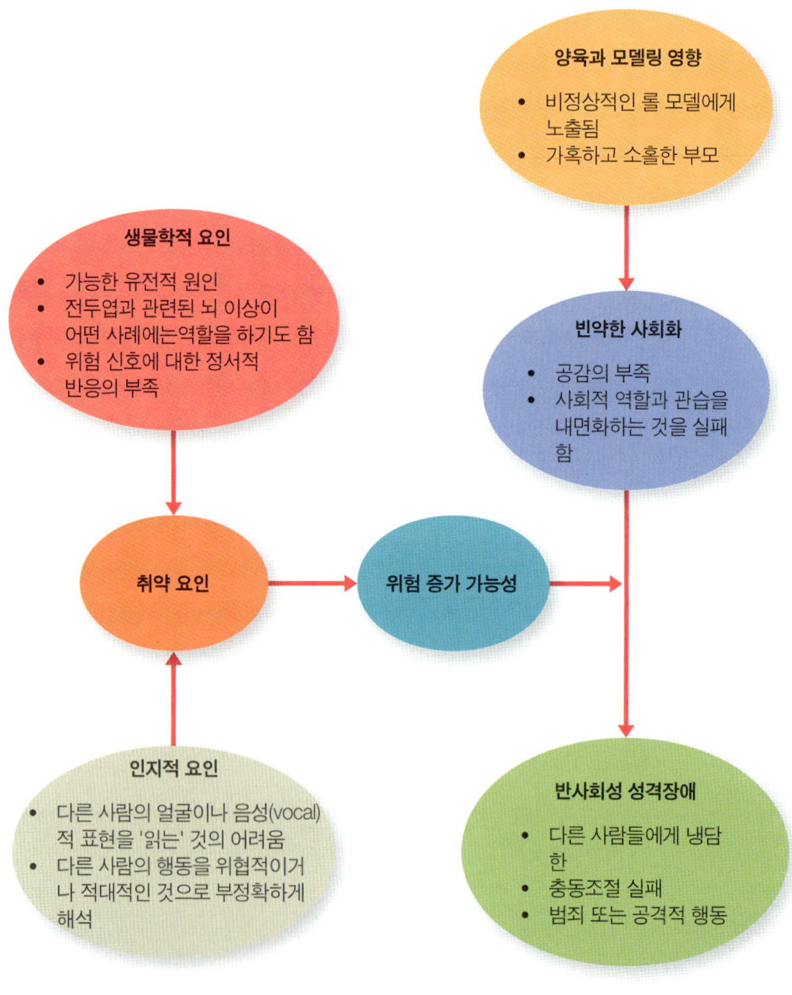

그림 12.2 반사회성 성격장애의 다요인 모델.

접 프로토콜을 개발했다(Loranger et al., 1994). IPDE는 11개국의 정신과 의사와 임상심리학자들에 의해서 파일럿으로 시행되었다(인도, 스위스, 네덜란드, 영국, 룩셈부르크, 독일, 케냐, 노르웨이, 일본, 오스트리아, 미국). 이 면접 프로토콜은 다른 문화권과 언어권에서 표집된 사람들에게 신뢰롭고 타당하게 성격장애를 진단하였다. 비록 다른 나라에서 특정 성격장애의 비율을 측정하는데는 더 많은 연구가 진행되어야겠지만, 이 연구에서는 경계성 성격장애와 의존성 성격장애가 가장 많이 진단되었다. 아마도 이런 성격장애와 연관된 특성이 전 세계적으로 공통된 성격 문제의 차원을 반영하고 있을 것이다.

성격장애의 치료

12.8 성격장애를 치료하는 데 사용되는 방법을 평가한다.

사람들의 성격이 특정한 나이까지 '석고처럼 굳어가는' 것처럼 보인다고 얘기한 유명한 심리학자 William James의 말을 인용하면서 이 장을 시작하고자 한다. James의 관점은 전형적으로 변화하기를 거부하는 많은 성격장애자에게 적용될 수 있다.

성격장애자는 항상 자신의 행동, 부적응적이고 자기 패배적인 행동조차도 자신의 천성적인 부분으로 생각한다. 불행하고 고통스러울 때조차도 이들은 자신의 행동이 그 원인이 된다고 받아들이고 싶어 하지 않는다. 연극성 성격장애의 특징을 갖고 있다고 살펴본 마셀라처럼 자신의 문제에 대해서 다른 사람을 비난하며, 자신이 아니라 그 사람들이 변해야 한다고 믿는다. 이처럼 이들은 항상 스스로 도움을 청하지 않는다. 그렇지 않으면, 다른 사람이 간곡히 요구할 경우 마지못해 치료를 받기도 하는데 치료 회기에 빠지거나 치료사에게 협조하지 않는다. 이 사람들은 도움을 받고 싶을지라도 보통 불안이나 우울에 휩싸여서, 자신의 문제 원인을 더 깊이 탐색하기보다는 안심하기 위해서 빨리 치료를 종결한다. 이런 장애에도 불구하고 성격장애자의 치료 효과를 증명하는 연구가 있으며, 그중 몇 가지 치료 접근을 다음에 설명할 것이다(예: Abbass et al., 2008; Muran et al., 2010; Paris, 2012).

정신분석적 접근

정신분석적 접근에서는 성격장애자들이 자기 패배적 행동 패턴의 원인을 알고 다른 사람과 관계하는 더 적응적인 방법을 배우도록 돕는다. 그러나 성격장애자, 특히 경계성 성격장애와 자기애성 성격장애자들은 종종 치료사에게 특별한 도전이 된다. 예를 들어, 경계성 성격장애자는 치료사와도 굉장히 극변하는 관계를 맺는데, 어떤 때는 치료사를 이상화하고, 어떤 때는 치료사가 자신을 돌보지 않는다고 비난한다.

정신분석에 근거한 치료의 구조화된 형태를 성격장애 치료에 활용하면 긍정적인 결과를 얻을 수 있다(예: Clarkin et al., 2007; Gunderson, 2011; Paris, 2008). 이 치료는 내담자로 하여금 자신의 행동이 가까운 관계에서 어떤 문제를 일으키는지 깨닫도록 도와준다. 치료사는 전통적인 정신분석 이론보다 더 직접적이고 직면적인 접근을 통해서 내담자의 방어에 접근한다. 정신분석 치료사는 경계성 성격장애자가 가까운 사람과의 관계에서 자신과 타인의 감정 반응을 더 잘 이해하도록 돕는다(Bateman & Fonagy, 2009).

인지행동적 접근

인지행동치료사는 내담자의 성격구조보다는 내담자의 부적응적 행동과 역기능적 사고 패턴을 변화시키는 데 초점을 둔다. 이들은 내담자가 더 적응적인 행동을 하도록 돕기 위해 모델링과 강화와 같은 행동적 기법을 사용한다. 예를 들어, 내담자가 다른 사람에 의해 강화받을 수 있는 행동을 배울 때 새로운 행동은 계속 잘 유지될 수 있다.

성격장애를 치료하는 데 있을 수 있는 어려움에도 불구하고, Aaron Beck(예: Beck et al., 2003)과 Marsha Linehan(예: Linehan et al., 2006)은 인지행동적 기법을 사용해서 치료 효과가 있었다고 보고한다. Beck의 접근에서는 내담자에게 자신이 완전히 결함이 있고 나쁘며 쓸모없다고 생각하는 것과 같은 왜곡된 사고를 인식하고 수정하도록 돕는 데 초점을 맞춘다. Linehan의 **변증법적 행동치료**(DBT)는, 특히 경계성 성격장애자를 돕도록 만들어진 치료이다. DBT는 인지행동치료와 불교의 마음챙김 명상(6장에서 논의됨)을 통합하여 경계성 성격장애자들이 강한 부정적 감정을 수용하고 이겨 내도록 도우며 다른 사람과 관계하는 더 적응적인 방법을 배우도록 돕는다. DBT는 경계성 성격장애자를 치료하는 데 지속적으로 좋은 효과를 보여 주고 있다(예: Kliem, Kröger, & Kosfelder, 2010; Neacsiu, Rizvi, & Linehan, 2011; Pasieczny & Connor, 2011; Pistorello et al., 2012). **진실 / 거짓**

진실 또는 거짓

다년간의 노력에도 불구하고, 심리치료가 경계성 성격장애를 가진 사람들을 도와줄 수 있다는 증거는 여전히 부족하다.

거짓 정신분석적 치료, 인지행동치료, DBT를 포함한 경계성 성격장애를 위한 치료 중 몇몇 방법은 치료적 효과를 나타내었다.

변증법이라는 용어는 고전 철학으로부터 나온 것이며, 자신의 의견의 정과 반을 모두 고려하여 합이라는 합리적 결과를 도출하도록 하는 것이다. DBT에 적용하면, 이 접근은 **수용**과 **변화**에 대한 반대나 반박을 조정하는 시도를 한다. DBT 치료사는 경계성 성격장애자에게 아주 부드럽게 적응적 행동으로 그들의 행동이 변화하도록 격려하면서 그들이 가진 감정을 타당화해 주고 수용할 필요가 있다고 본다. 치료사는 이 사람들의 감정과 행동이 삶에서 어떻게 문제를 야기시키는지 깨닫도록 해주며, 이 사람들에게 다른 사람들과 관계하는 대안적인 방법을 배워 나가도록 도와준다. 변화를 위한 수용과 부드러운 격려 사이에서의 긴장이 이 접근을 구성하고 있다.

DBT는 내담자가 다른 사람들과 관계하는 방법을 향상하고 문제 해결 기술을 발달시키며 복잡한 감정을 다루는 더 적응적인 방법을 배워 나가도록 돕기 위해 행동 기법을 사용한다. 이러한 인지행동적 기법은 내담자가 자신의 복잡한 감정을 수용하고 참아 내도록 돕기 위해서, 자신의 감정을 조절하고 마음챙김 기법을 배우도록 돕는 데 초점을 맞춘다(4장 참조). 경계성 성격장애자는 약간의 거절 표시에도 과도하게 민감하기 때문에 치료사는 내담자가 조종하려고 하거나 굉장히 요구적일 때조차도 수용과 지지를 보여 준다.

자주 법원 명령을 받는 어떤 반사회적 청소년은 다양한 행동적 치료가 포함된 주거형 양육 프로그램에 참여한다. 이 프로그램은 이들에게 주어지는 엄격한 규칙과 명확한 보상을 포함하고 있다. 이는 친사회적 행동을 하면 나중에 특혜를 받을 수 있는 플라스틱 칩과 같은 토큰을 주는 방식의 **토큰 경제학**에 의존한 프로그램이다. 이 프로그램 참가자들은 향상된 행동을 종종 보여 주기도 하지만, 이러한 프로그램이 반사회적 청소년을 성인이 될 때까지 지속적으로 반사회적 행동을 하지 않도록 도울 수 있는지는 명확하지가 않다.

'나' '나는 겁쟁이로 죽을 수 없습니다.'

2011년에 68세가 되고, 유명한 심리학자이며, 경계성 성격장애의 주요한 치료법인 변증법적 행동치료(DBT)의 개발자인 Marsha Linehan은 친구, 가족, 전문가 동료들 앞에 어두운 비밀—그녀 또한 경계성 성격장애로 고통받았다는—을 공개하기 위해 서 있었다. 그녀는 마침내 밝히게 된 이유를 설명하며 시작했다. "많은 사람이 내가 앞으로 나오길 바랐고, 나는 그저—글쎄, 난 이걸 해야 해. 나는 그들에게 빚을 졌어. 나는 겁쟁이로 죽을 수 없어."라고 생각했습니다.(carey에서의 발표, 2011)

그녀의 팔에 있는 색이 바랜 화상 자국, 상처, 채찍 자국은 그녀가 17세 때 정신과 입원기간부터 가지고 온 개인적인 고통을 증명하는 것이었다. 그녀는 은둔 생활에 들어갔으며, 계속해서 자신의 손목에 담뱃불을 지지고, 머리를 치고, 그녀의 팔과 몸의 다른 부위에 자해를 했다. 그녀는 전기 충격요법을 받았으나 어느 것도 그녀의 깊은 내면의 고통을 낫게 하지 않는 것 같았다. 그녀는 26개월간 입원했으며 병원에서 가장 방해되는 환자 중 하나였다. 뒤돌아보며, 그녀는 리포터에게 이야기했다. "나는 지옥에 있었어요…. 그리고 난 맹세했죠. 여기서 나갈 때 나는 다른 사람이 되어 돌아올 거야." 이건 쉬운 길은 아니었다. 후에 자살 시도와 다른 입원 기간이 있었다. 그녀는 결국 가톨릭 신앙에 의지해 그녀의 인생을 궤도(track)에 올려놓는 내면의 힘을 찾았다. 그 후 보험 회사에 취직했으며, 대학 수업을 듣고, 마침내 임상심리학 박사 과정을 마쳤다. 그리고 주요 연구원과 임상가로 경력이 구분되었고, DBT의 개발을 통해 자살 사고와 BPD의 내면의 고통으로 몸부림치는 많은 사람에게 도움을 제공했다. 그녀의 삶을 되돌아보며, 그녀는 지금 아주 행복한 사람이라고 상담자에게 말했다. 그녀는 "예"라고 계속해서 말했고 여전히 기복이 있다. "… 그러나 나는 더 이상 또 다른 어떤 것을 생각하지 않는다."

생물학적 접근

직접적으로 성격장애를 치료하는 약물치료는 없다. 그러나 항우울제나 항불안제는 때때로 성격장애자의 우울과 불안을 치료하는 데 도움이 된다. 신경전달물질의 활동은 경계성 성격장애자가 보여 주는 공격적 행동에도 영향을 미친다. 세로토닌이라는 신경전달물질은 충동적 공격성을 포함해서 충동적인 행동에 브레이크를 걸도록 돕는다(Carver, Johnson, & Joormann, 2008; Seo, Patrick, & Kennealy, 2008). 선택적 세로토닌 억제제(SSRI) 계열의 항우울제(예: 프로작)는 세포들 간의 시냅스 연결에 있어서 세로토닌의 역할을 증가시키고 화와 분노를 조절하도록 돕는다. 그러나 아직까지 항우울제 치료가 경계성 성격장애를 치료하는 데 있어서 플라시보 효과 이상의 어떤 추가적 효과를 가져오는지에 대한 근거는 없다(Gunderson, 2011). A형 정신병 약물(11장에서 논의함)은 경계성 성격장애자에게 있는 공격적이고 자기 파괴적인 행동을 통제하는 데 어느 정도 효과가 있지만, 그 효과는 그다지 크지 않으며 이러한 약물은 심각한 부작용을 가져오기도 한다(Gunderson, 2011). 게다가 약물만으로는 경계성 성격장애자의 부적응적 지속적인 행동 패턴을 수정할 수 없다.

경계성 성격장애자에 대한 연구는 앞으로도 많이 진행되어야 한다. 스스로 치료에 오지 않으려고 하고 자기 패배적이고 피해를 주는 행동에 대해 통찰하려고 하지 않는 사람을 모집하는 것은 매우 어려운 일이다. 이런 사람들을 돕고자 하는 최근의 노력은 다음과 같은 2행시를 떠오르게 한다.

> 그는 자신의 의지에 반대해서 따르네.
> 그렇지만 자신의 견해는 여전히 남아 있네.
>
> — Samuel Butler, *Hudibras*

충동조절장애

> **12.9** 충동조절장애의 개념을 정의하고 몇 가지 주요 유형의 특징을 설명한다.

경계성 성격장애자들은 충동을 조절하는 데 자주 어려움을 겪는다. 그러나 충동조절 문제는 성격장애자에게만 나타나는 것은 아니다. DSM은 충동적인 행동을 통제하고 제어하는 데 어려움을 겪는 사람들을 **충동조절장애**(impulse-control disorders)라고 부르는 정신장애 범주로 포함하고 있다.

세일하는 제품들 때문에 당신의 돈을 다 써 버린 적이 있는가? 감당할 수 없을 정도로 내기를 걸어 본 적이 있는가? 냉정함을 유지해야 한다는 것을 알고 있으면서도 냉정함을 잃고 어떤 사람에게 소리를 질러 본 적이 있는가? 우리는 때때로 유혹의 사막에 빠져 버리거나 화가 나서 나쁜 말을 뱉어 버리기도 하지만, 보통은 이런 충동적 행동을 통제한다. 그러나 충동조절장애자는 나쁜 충동, 기분, 욕구를 통제하는 데 어려움을 겪는다. 이들은 충동적인 행동을 하기 전에 긴장과 각성 상태가 매우 높아지며, 행동을 하고 나서는 편안하고 안심되는 경험을 한다. 이 사람들은 기분장애와 같은 다른 심리적 장애를 가지고 있는데, 이러한 이유 때문에 이 장애를 기분장애의 더 넓은 범주에 포함해야 한다고 의문을 제기하는 연구자들도 있다.

DSM-5에서 충동조절장애는 파괴적이고 충동조절 문제가 있는 품행장애의 더 넓은 범주로 분류하고 있다. 충동적 인터넷 사용과 충동적 쇼핑과 같은 다른 충동조절 문제는 현재 다음 버전의 진단기준에 포함하려 고려하고 있다. 여기서는 충동조절장애의 세 가지 유형인 **병적 도벽**, **간헐적 폭발장애**, **병적 방화**에 대해서 살펴보고자 한다.

병적 도벽

그리스어로 **도둑**(kleptes)이라는 단어와 '미친', '광란'이라는 의미의 **마니아**(mania)에서 기원한 **병적 도벽**(Kleptomania)은 충동적으로 훔치는 행동을 반복하는 것을 말한다. 훔친 물건은 일반적으로 그 사람에게 거의 가치가 없거나 필요 없는 것이다. 이들은 훔친 물건을 다른 사람에게 주거나 몰래 돌려주거나 버리거나 집에 그냥 숨겨둔다. 대부분의 경우에 병적 도벽이 있는 사람들은 훔친 물건을 살 수 있을 정도의 경제적 여유가 있다. 부자들조차도 충동적으로 훔치는 행동을 한다. 이러한 도둑은 명백하게 분노나 복수를 위해 훔치는 행동을 하는 것이 아니다. 이런 범죄는 전형적으로 순간적인 충동에 의해서 나타나며 계획 없이 생기고 때때로 잡혀가기도 한다.

가게물건을 훔치는 것은 일반적으로 일어나는 것이지만, 병적 도벽은 충동적으로 훔치는 패턴이 일어나는 것을 말한다. 병적 도벽은 전체 인구 중 1% 미만으로 나타나지만 약 3:1 정도 비율로 여성에게서 더 자주 나타난다(APA, 2013; Shoenfeld & Dannon, 2012). 병적 도벽을 이해하도록 도와줄 수 있는 과학적 증거는 거의 없다. 병적 도벽에서 보여 주는 제어할 수 없고 반복적인 패턴은 강박장애와도 공통된 특징을 보인다. 그러나 여기에는 중요한 구분선이 있다. 강박장애를 경험하는 사람은 강박적 행동을 할 때 불안으로부터 일시적인 안정감을 경험한다. 반면에 병적 도벽을 경험하는 사람은 강박적인 도벽행동을 할 때 굉장히 기쁜 흥분이나 만족감을 경험한다. 또 다른 차이점은 강박장애에서 나타나는 강박성은 잠재적으로 나타날 불행한 결과를 피하기 위해서(가스 폭발을 피하기 위해서 가스 밸브를 반복적으로 체크하는 것처럼) 수행되는 것인 반면, 병적 도박은 그 자체로 끝이 나는 경향이 있다. 진실 / 거짓

진실 또는 거짓

도벽 또는 충동적 절도는 보통 가난이 동기가 된다.

거짓 도벽을 가진 사람들은 일반적으로 그들에게 별로 의미가 없는, 그들이 살 필요가 없는 것들을 훔친다.

다른 형태에서는 물질 사용과 기분장애와 더 공통점이 있을 수 있으나, 어떤 형태의 병적 도벽은 대체로 강박장애와 비슷할 수 있다(Grant, 2006). 아마도 절도에 대한 황홀감은 우울감을 피하기 위한 시도로 나타날 수 있다. 하위 유형을 더 잘 이해하게 되면 더 효과적인 치료적 접근을 잘 찾아 나갈 수 있다. 현재 상태에서는 독립된 연구가 몇몇 사례에 제한되어 있다.

전통적인 정신분석 공식은 병적 도벽을 여성에게 있는 무의식적 남근 선망과 남성에게 있는 무의식적 거세 불안에 대응하는 방어기제로 본다. 전통적 정신분석 이론은 병적 도벽을 하는 사람들이 (여성의 경우) 명백한 상실에 대응하기 위한 방식으로 또는 (남성의 경우) 페니스의 상실에 대한 위협에 대응하기 위한 방식으로 남근의 대상(페니스의 상징)을 훔친다고 본다(Fenichel, 1945). 이러한 무의식적 과정에 대한 근거가 부족하기 때문에, 이론적 생각이 도움을 줄 수 있는지는 확실하지 않다.

병적 도벽의 치료에 대한 공식적인 연구는 거의 없다(Grant, 2006; Kohn & Antonucci, 2002). 다음의 사례 예시에서 병적 도벽을 치료하는 행동적 접근을 살펴볼 수 있다.

'아기 신발' 도벽 사례

환자는 14년 전부터 매일 물건을 슬쩍하는 56세의 여성이다. 비록 그녀의 전리품이 그녀에게 분명한 의미는 없었지만, 그녀의 훔치고자 하는 강박적인 충동은 절도의 다른 유형인 도벽으로 구분되는 진단기준에 적합했다. 그녀의 가족에게는 신발을 줄 만한 아기가 없었음에도, 전형적인 전리품은 한 켤레의 아기 신발로 구성되어 있었다. 훔치고자 하는 충동은 그녀가 저항하는 데 무력감을 느낄 만큼 매우 강했다. 그녀는 치료사에게 도벽행동으로부터 그녀를 보호하기 위해 '사슬로 묶일' 수 있길 바란다고 말했다(Glover, 1985, p. 213).

내재적 민감화라고 불리는 그녀의 치료는 회피 자극을 상상하는 것과 원하지 않는 행동을 연합하는 것을 포함한다. 치료사는 이 여성에게 물건을 훔치는 동안 불쾌한 기분과 구토를 상상하도록 지시했다. 그녀는 자신이 슈퍼마켓에 있다고 마음속에 그리고, 그녀가 훔치려고 물건에 접근하면, 다른 손님들의 찌푸리는 시선을 받을 때 그녀는 도벽을 제거하려는 시도로 구역질과 불쾌함이 오도록 지시받았다. 이제 그녀는 스스로 (훔칠)물건과 결과적으로 느껴지는 편안함을 구역질로 대체하여 상상했다.

이후 회기에서는 물건에 접근할 때 구역질을 상상했으나, 도벽이 없어지기보다는 그녀가 돌아설 때 구토감이 사라져 버렸다. 그녀는 숙제로 일주일 내내 상상의 장면을 연습하도록 지시받았다. 그녀는 치료 프로그램 동안 도벽행동이 사라졌다고 보고했다. 그녀는 치료의 종결과 19개월의 후속 평가(19-mounth follow-up evaluation) 사이에서 오직 한 번의 도벽 사례만을 보고하였다.

— Glover, 1985

치료가 효과적이었는가? 아마도 그렇다. 그러나 통제되지 않은 사례 연구에서는 원인과 결과의 관계를 확신할 수 없다. 예를 들어, 내담자의 동기가 삶을 변화시키는 것처럼 치료 그 자체가 행동의 변화에 영향을 미친 것인지 아니면 다른 변인이 영향을 미친 것인지 알 수 없다. 치료의 효과를 측정하기 위해서는 통제된 연구가 필요하다.

간헐적 폭발장애

격노(rage). 이 단어는 Homer가 트로이 전쟁에 대해서 쓴『일리아드』에서 처음 사용한 단어이자 전체 작품의 주제이기도 한 단어이다. 약 B.C.E. 750년에 쓰여졌다고 알려진 Homer의 시는 전쟁, 죽음, 파괴를 이끈 억제되지 않은 분노로서 비극적 결말을 기록하고 있다.

사람들은 격노와 폭력적 행동에 대한 인간의 수용이

아주 오랜 옛날부터 시작된 것이라고 생각해 왔다. 격노는 DSM에서 정신이나 심리적 장애를 진단하는 데 사용하는 기준이 아니다. 그러나 격노는 종종 **간헐적 폭발장애**(intermittent explosive disorder, IED)라는 특징으로 나타난다. 이것은 반복적으로 충동적이고 통제할 수 없는 격노를 보여서 다른 사람들에게 피해를 입히거나 재산을 파괴하는 특징을 지니는 충동조절장애의 한 유형이다(Coccaro, 2010).

IDE를 가진 사람은 갑자기 통제감을 잃고 때리거나 다른 사람을 때리려고 하거나 물건을 던지는 등의 행동을 보인다. IED를 가진 한 사람은 폭발적 격노를 보이고 손에 닿는 모든 물건, 휴대전화, 키보드, 리모컨, 탁자, 벽 등을 때리는 행동을 한다. 아주 작은 화나게 하는 자극이나 욕도 이 사람들에게 갑자기 그 상황에서 발산하는 공격적 행동을 하도록 만들 수 있다. IED가 있는 사람들은 전형적으로 폭력행동을 시도하고 그 후에 오는 평안한 감각을 경험한다. 그들은 자신의 행동을 정당화시키고 자신의 행동이 야기하는 피해에 대해서 순수하게 후회하거나 유감을 표시하기도 한다. 운전자 폭행이나 가정 폭력도 때때로 IED 사례에서 나타난다. 초기의 연구는 IED가 거의 조건이 없다고 얘기했지만, 최근의 연구는 많은 정신장애와 유사하다고 밝히고 있다(Coccaro, 2012; Tamam, Eroğlu, & Paltaci, 2011).

IED에 관한 최근의 연구는 대부분 생물학적 관점, 특히 신경전달물질 세로토닌의 역할에 초점을 맞추고 있다. 이 장의 초반부에 세로토닌이 IED와 연관된 충동적 공격행동을 포함하여 충동적 행동에 브레이크를 걸 수 있다는 점을 적었다. 이 영역의 연구는 이제 막 시작하는 단계이기는 하지만 IED를 가진 사람들의 뇌에서 세로토닌의 전달에 불규칙성이 발견되고 있다(Coccaro, Lee, & Kavoussi, 2010). 이 관점을 지지하면서 프로작과 같이 세로토닌의 활동성을 증가시키는 항우울제와 함께 치료하는 것이 IED와 연관된 충동적 공격성을 치료하는 데 도움이 된다는 점을 알 수 있다(Coccaro & McCloskey, 2010). 충동적 행동을 조절하는 뇌의 부분인 전전두 피질의 기능 또한 손상되어 있다. 분노조절 훈련 형태의 심리적 치료는 IED를 가진 사람들이 공격성의 충동적 행동을 폭발시키는 분노를 더 잘 통제하고 행동하기 전에 멈춰서 생각하도록 도와줄 수 있다.

분노와 격노는 종종 심리적 장애의 형태로 나타나지만 DSM은 분노장애라는 범주를 만들지 않았다. 474~475쪽의 '이상심리학에 대해 비판적으로 사고하기'에서 콜로라도 대학의 Jerry Deffenbacher는 DSM이 분노장애 범주를 포함시켜야 할지에 대한 논란이 있는 질문을 던지고 있다.

병적 방화

병적 방화(pyromania)는 '불'을 의미하는 라틴어 *pyr*과 '미친' 또는 '광란'을 의미하는 *mania*라는 단어에서 나온 말로, 참을 수 없이 화가 날 때 충동적으로 불을 지르는 행동을 반복하는 것을 말한다. 아주 적은 비율의 방화범들이 병적 방화로 진단받는다. 불을 지르는 가장 일반적인 동기는 심리적 장애보다는 분노나 복수일 것이다(Grant & Odlaug, 2011). 불법으로 보험 합의를 이끌기 위해서 불을 지르는 실패한 사업가의 예에서처럼, 재정적 이득을 위해 방화를 저지르는 예도 있다. 의도적인 방화는 **품행장애**를 가진 젊은이들 사이에서 나타난다(심리적 장애는 아동과 청소년에게 영향을 미친다. 13장 참조). 품행장애와 관련된 방화는 반사회적이고 의도적으로 잔인하거나 해를 끼치는 행동의 큰 패턴에 들어간다.

병적 방화는 드문 장애여서 왜 그렇게 이해할 수 있는 자료가 없는지 알 수 있다. 병적 방화를 가진 사람들은 불을 지를 때 심리적 평안함과 안정감을 느끼고, 자신이 가지고 있는 강한 소방 도구로 불꽃 속에 들어가서 불을 끄면서 자신에게 중요한 권한이 부여되는 감정을 느낄 수 있다. 또, 방화를 한 사람은 불이 나는 것을 보거나 불을 끄려는 노력에 참여하면서 매우 큰 흥분을 경험할 수 있다. 병적 방화의 근원은 잘 알려져 있지 않으나 유아 초기부터 불에 대한 병적인 환상을 가졌을 가능성이 있다(Lejoyeux & Germain, 2012). 충동적 방화로 정신병원에 오게 된 여대생에 대한 예시를 살펴보자.

'나' '내 어휘의 일부'

화재는 취학 전에 내 어휘의 일부가 되었다…. 매년 여름, 나는 화재의 계절이 시작되는 가을을 기다렸다…. 나는 버림받은 듯하고 외롭거나 지루함을 느꼈는데, 이는 화재가 발생하기 전 불안감이나 감정적 각성을 불러일으켰다. 나는 나 또는 다른 사람들이 일으킨 파괴 같은 난장판을 보고 싶었다…. (화재가 진압되고) 나는 슬픔과 고통을 느꼈고 다른 화재가 일어나길 바라는 욕구를 느꼈다.

출처: Wheaton, 2001, Lejoyeux & Germain, 2012, p. 139.

이상심리학에 대해 비판적으로 사고하기

@Issue: 분노장애와 DSM: 그 모든 분노는 어디로 갔을까? – Jerry Deffenbacher

만약 당신이 4장을 기억한다면, 증거는 만성적 분노와 심각한 건강상 문제(관상동맥 심장 질환을 포함한)를 연결한다. 또한 분노는 부모 학대, 친밀한 연인 폭행을 포함한 폭력적 행동, 공격적인 (위험하기까지 한) 운전, 업무상 문제, 그리고 자신에 대한 부정적 감정과 같은 문제행동의 범위에 기여한다(예: Dahlen, Edwards, Tubre, & Zyphur, 2012: Shorey, Cornelius, & Idema, 2011; Spector, 2011). 또한 분노는 '붉은 깃발'을 가져오는데, 이는 물질 남용에 대한 성공적인 치료 후 재발에 대한 더 큰 위험과 심리치료의 형편없는 결과 둘 모두를 예언한다(Patterson et al., 2008). 그러나 분노는 불가피한 문제이다. 그 정도가 가볍고 적당하고 건설적으로 표현된다면, 분노는 스스로 자립하고, 한계를 적절하게 설정하고, 대인관계 문제를 해결하는 개인의 노력을 모방하는 것처럼, 긍정적인 결과로 나올 수 있다. 문제는 분노가 너무 강하거나 적절하지 못하게 표현되었을 때 일어나는데, 개인의 스트레스 수치(예: 당황함, 죄책감, 자기 비난), 부정적인 신체적 결과(예: 자신과 타인에 대한 상해), 법적, 재정적 문제(예: 폭행이나 평화를 어지럽혀 체포됨, 법적 청구서, 재정적 손실), 교육적 문제(예: 대학에서 제적됨), 직업 문제(예: 실직), 대인간 문제(예: 관계가 손실되거나 종료됨), 제 기능을 하지 못하는 역할행동(예: 학대하거나 역기능적인 양육)과 같은 많은 부정적인 결과를 가져온다.

분노에 많은 부정적인 결과가 연결되어 있고, 분노에 대한 사람들의 생각은 이상행동 패턴의 분류에서 이색적이지만, 이는 그렇지 않다. 분노에 대한 진실은 보통 주요 우울장애, 양극성 장애, 외상후 스트레스 장애, 반사회성, 경계성 성격장애와 같은 성격장애가 포함된 우리가 찾는 특정 심리적 장애에 대한 임상적 프로파일의 일부이다. 그러나 분노는 이러한 장애의 필수적인 진단적 특징이 아니다. 분노를 동반한 문제를 보여 주는 진단을 받은 몇몇 사람들이 있지만 많지 않다. 다른 사람에게 충동적인 공격행동으로 심각한 개인적 손해를 가지거나, 재산에 문제가 생기는 결과를 가진 사람들은 아마 IED 진단을 받을 것이다. IED는 충동조절장애의 하나로서, 이는 충동을 통제하는 능력이 약해지는 사람이다. IED에서 통제되지 않은 분노행동은 도발이나 촉발 스트레스 요인에 비해서 크게 나타난다. 강렬한 분노가 보통 IED와 연관되어 있음에도 불구하고, 이 진단은 분노 그 자체가 아닌, 공격적 충동 억제를 실패하는 것에 기초를 두고 있다. 더 나아가 IED는 임상가들이 그들의 사례에서 보기에 대부분의 분노와 연관된 정신건강 문제를 설명할 만큼 충분히 퍼져 있지 않다.

간단히 말해 DSM 체계에는 분노를 기본으로 하는 질병이 없다(즉, 분노장애는 주요한 특징이고 진단을 내리는 데 반드시 있어야 하는 것이다). 분노장애의 공백을 두 가지 주요한 부정적 감정을 포함하는—불안과 우울—넓은 범위의 장애의 공백과 비교해 보자. 물론 불안은 공황장애, 공포증, 강박 불안장애, 일반적 불안장애와 같은 불안장애의 주요한 특징이다. 우울은 주요 우울장애와 기분저하증과 같은 다양한 기분장애의 주요요소이다. DSM 체계에서 분노장애의 부재는 이와 같은 문제들이 존재하지 않는다는 뜻이 아니다. 사람들은 분노 관련 문제에 고통받고, 몇몇 사례에서 이 문제들은 다른 사람들에게 상당한 고통을 가져다준다.

나는 분노장애가 DSM 체계에 포함되어야 한다는 다른 분야의 사람들과 함께 주장했다(예: Deffenbacher, 2003). 내가 제안한 의견에서 역기능적 분노는 네 가지 유형의 유발 사건으로 개념화된다. (a) 운전과 같은 특정 상황, (b) 직장에서나 집에서의 문제 같은 다양한 유형의 상황, (c) 관계가 깨지는 것 같은 식별 가능한 사회심리학적 스트레스 요인, (d) 명확하지 않은 유발 요인인 빠르고 순간적으로 샘솟는 분노. 우리는 이 의견을 가지고 상응하는 분노장애를 네 가지 유형으로 개념화할 수 있다. (a) 상황적 분노장애, (b) 일반적 분노장애, (c) 분노와 관련된 조절장애, (d) 분노 발작. (조절장애는 식별 가능한 스트레스 원에 대한 비적응적 행동을 포함함을 기억하라.) 비적응적인 분노는 공격적 행동과 연관이 있을 것이기 때문에 우리는 각각의 분노장애를 주의의 눈에 띄는 공격의 존재의 관점에서 상세히 설명할 수 있다. 이 진단적 관점은 분노 관련 문제를 가진 사람들의 고통과 아픔을 합당시키는 데 도움을 줄 것이고 이 문제를 다루는 의료 서비스의 보험 상환에 대한 관점을 제공할 것이며, 그들의 원인과 치료에 대한 연구의 많은 요구에 투자할 것이다.

모든 전문가가 진단체계가 분노장애를 포함하도록 확장되어야 한다는 것에 동의하지는 않는다. 이 장애를 DSM 체계에 추가시키는 몇몇 주장은 분노로 인한 공격적이고 폭력적인 행동이 정신질환의 용어로 규정되고, 진단적 체계의 우산(umbrella) 아래에 이러한 행동이 들어가 있는 것은 폭력적 행동을 저지른 사람들이 그들의 행동에 완전히 책임지지 않는 경우가 나타나는 것을 아마 용납할 것이다. (이와) 연관된 우려에는 분노장애를 진단하는 것은 친밀한 관계에서의 폭력을 없애려는 노력을 강조할지도 모른다는 점이다. 현 상태에서, 많은 사람들의 삶에 분노가 부정적인 영향을 끼침에도 불구하고 DSM-5는 분노장애를 포함하지 않았다. 진단 매뉴얼이 미래의 버전에는 분노 관

(다음 쪽에 계속)

련 장애를 포함하도록 확장될 것인지는 두고 봐야 알 일이다.

이 주제에 대해 비판적으로 사고하며, 다음의 질문에 답해 보라.

- 심각한 분노 문제가 있는 누군가를 알고 있는가? 그 또는 그녀의 행동이 정상이 아니라고 생각되는가? 정신적 또는 심리적 장애의 유형으로 이러한 문제를 진단에 대한 법적, 도덕적, 윤리적 결과는 무엇인가?
- 만약 분노 관계 문제를 가진 사람이 분노 제거를 위해 치료에 들어간다면 보험회사는 불안이나 우울 치료에 버금가는 비율로 치료를 변상하도록 요구해야 하나? 만약 그렇다면, 왜 그런가? 만약 그렇지 않다면, 왜 그렇지 않은가?
- 분노 상태의 누군가에게 폭력적으로 대항하며 행동하는 사람은 그 또는 그녀의 행동에 전적으로 책임을 져야 하나? 왜 그런가? 또는 그렇지 않은가?

Jerry L. Deffenbacher 박사[ABPP(전문 심리학의 미국 위원회)]는 존경받는 교수이자 콜로라도 주립대학 심리학과의 임상수련 위원장을 역임했다. 그는 꾸준히 대규모의 이상심리학 학부 수업을 가르치고 있다. 그가 어떻게 분노 관계 문제에 관심을 가지게 되었는지에 대해 말하면서 임상 슈퍼비전을 해 왔던 지난 25년 동안 알게 된 것에 대해 설명했다. 대학원생들은 분노하는 환자들을 다루는 데 도움이 필요했으나 그는 분노를 치료하는 것에 대해 자신 또한 아는 것이 거의 없음을 깨달았다. 그와 학생들이 과학적 문헌을 조사할 때, 이에 대한 지침을 거의 찾지 못했다. 그는 분노 문제가 있는 사람을 도와주는 것에 대해 호기심을 가지게 되었고, 현재까지 문제적 분노의 연구에 집중하고 있다.

병적 방화의 치료는 인지행동치료와 연관될 수 있으며, 그 사람에게 방화를 일으키고자 하는 자신의 생각과 상황적 단서를 찾도록 하고 이를 막기 위한 대응 전략을 사용하도록 연습시킬 수 있다. 그러나 이 또한 치료 효과에 대한 통제된 연구가 부족하다.

요약

성격장애의 유형

12.1 성격장애의 개념을 정의한다

성격장애는 한 사람의 사회적 또는 직업적 역할에 손상을 입힐 정도로 개인적인 곤란을 겪는 부적응적이거나 완고한 성격 특징의 패턴이다. 성격장애를 가진 사람들은 보통 스스로를 변화시켜야 한다는 욕구를 인식하고 있지 않다.

12.2 성격장애의 세 가지 주요 영역을 살펴본다.

성격장애의 세 가지 주요 범주는 다음의 특징들로 묶일 수 있다. (1) 기이하고 별난 행동, (2) 극적이고 정서적이며 예측하기 힘든 행동, (3) 불안하고 두려운 행동

12.3 기이하고 별난 특징을 가진 성격장애의 주요 특징을 살펴본다.

기이하고 별난 행동을 하는 성격장애는 편집성 성격장애, 조현성 성격장애, 조현형 성격장애를 포함한다. 편집성 성격장애자는 늘 의심하고 다른 사람을 신뢰하지 못해서 관계에서 어려움을 겪는다. 그러나 조현병 환자가 보이는 명백한 편집증적 환상을 가지고 있지는 않다. 조현성 성격장애는 사회적 관계에 거의 흥미가 없고 감정 표현을 거의 하지 않으며 거리감과 소외감을 보여 주는 장애이다. 조현형 성격장애자는 생각이나 태도, 행동에 있어서 기이하고 별난 모습을 가지고 있으나 조현병에서 보여 주는 수준은 아니다.

12.4 극적이고 정서적이며 예측하기 힘든 특징을 가진 성격장애의 주요 특징을 살펴본다.

극적이고 정서적이며 예측하기 힘든 행동을 보이는 성격장애는 반사회성 성격장애, 경계성 성격장애, 자기애성 성격장애, 연극성 성격장애를 포함한다. 반사회성 성격장애는 사

회적 규범을 어기고 다른 사람의 권리를 침해하며 자신의 잘못에 대해서 후회하지 않는 행동을 지속적으로 보여 주는 사람이다. 경계성 성격장애는 자기 이미지, 관계, 기분의 불안정함을 보여 준다. 경계성 성격장애자는 종종 충동적이고, 때때로 자기 파괴적인 행동을 한다. 연극성 성격장애자는 굉장히 극적이고 정서적으로 행동한다. 자기애성 성격장애자는 자기에 대해 과대하고 고양된 감각을 지니고, 연극성 성격장애자와 마찬가지로 사람들의 관심의 중심에 서기를 원한다.

12.5 불안과 공포행동을 특징으로 하는 성격장애의 주요 특성을 살펴본다.

불안하고 두려운 행동을 하는 성격장애는 반사회성 성격장애, 의존성 성격장애, 강박성 성격장애를 포함한다. 의존성 성격장애는 거절과 비판을 너무 무서워해서 자신이 수용받을 거라는 강한 확신이 없으면 관계를 시작하지 못한다. 의존성 성격장애는 다른 사람에게 굉장히 의존하고 독립적으로 행동하는 것을 굉장히 어려워하거나 아주 작은 결정을 스스로 내리는 것을 힘들어한다. 강박성 성격장애자는 질서, 완벽주의, 완고함, 세밀한 부분에 대한 과도한 주의와 같이 다양한 특징을 가진다. 그러나 강박장애가 보이는 것과 같은 실제 강박행동이나 침투적 사고를 갖고 있지는 않다.

12.6 성격장애의 분류와 관련된 문제를 평가한다.

범주 간의 겹치는 문제, 정상행동과 이상행동의 다양성 사이에서 구분하는 것의 어려움, 라벨로 설명을 하는 혼동, 성차별적 편견 등 성격장애의 분류와 관련해서 다양한 논란과 문제들이 있다.

이론적 관점

12.7 성격장애를 이해하기 위해 필요한 주요 이론적 관점을 설명한다—정신역동, 학습, 인지, 가족, 생물학적, 사회문화적 관점

초기 Freud 이론가들은 정상 성격의 발달과 이상 성격의 발달을 설명하는 데 있어서 오이디푸스 갈등의 풀리지 않은 문제에 초점을 둔다. 최근의 정신분석 이론가들은 오이디푸스 이전 시기에 초점을 맞춰서 자기애성 성격장애와 경계성 성격장애의 발달과 같은 성격장애의 발달을 설명한다. 학습 이론가들은 성격장애를 성격 특징이라기보다는 부적응적 행동 패턴의 관점에서 설명한다. 학습 이론가들은 초기의 학습 경험을 확인하고 성격장애의 발달 및 유지와 관련된 강화 패턴을 찾아낸다. 반사회성 성격장애는 사회적 단서를 나쁜 의지를 일으키는 것으로 더 해석한다. 이러한 인지적 편견으로 인해 동료와의 관계에서 대립을 경험한다.

많은 이론가는 성격장애의 발달에 있어서 문제가 있는 가족관계가 중요한 역할을 한다고 본다. 예를 들어, 이론가들은 반사회성 성격장애가 부모의 거절이나 무시 그리고 부모의 반사회적 행동을 모델링하는 것과 연관된다고 말한다. 반사회적 성격에 대한 생물학적 설명은 물리적으로 위협하는 자극에 대해 정서적 반응의 역할이 부족하다는 점, 반사회성 성격장애자들이 자극의 극치를 유지하기 위해 ANS 활동이 줄어들고 더 높은 수준의 자극을 필요로 한다는 점에 초점을 맞춘다. 사회문화 이론가들은 가난, 도심의 문제, 마약 남용이 가족의 문제를 일으키고 가족을 깨뜨리며 아이가 사회에 적응적인 성격을 발달시키는 데 필요한 양육을 받지 못하도록 만든다는 점에 초점을 두고 있다. 사회문화 이론가들은 이러한 요인이 성격장애, 특히 반사회성 성격장애의 발달에 중요하다고 본다.

성격장애의 치료

12.8 성격장애를 치료하는 데 사용되는 방법을 평가한다.

치료사들은 성격장애자들이 자기 패배적인 행동 패턴을 인식하고 다른 사람들과 관계하는 데 필요한 더 적응적인 방법을 배우도록 돕는다. 성격장애자들과 치료적 작업을 하는 데 어려움이 있음에도 불구하고 상대적으로 단기 정신분석치료와 DBT와 인지치료를 포함하는 인지행동치료를 활용한 경우 효과가 있었다.

충동조절장애

12.9 충동조절장애의 개념을 정의하고 몇 가지 주요 유형의 특징을 설명한다.

충동조절장애에는 자신 또는 타인에게 해로운 결과를 일으키는 행동을 하고 싶은 충동을 통제하는데 반복적으로 실패하는 특징을 가지고 있다. 이 장애의 영향을 받는 사람들은 행동하기 바로 전에 긴장과 자극 수준이 올라가고 행동을 저지르고 나면 안심이 되고 편안해지는 경험을 한다. 병적 도벽은 보통 자신에게 별로 가치가 없는 물건을 훔치는 충동으로 설명할 수 있다. 간헐적 폭발장애(IED)는 충동적인 공격성을 보이고 뇌에서 세로토닌의 전달에 불규칙성을 보이는 장애이다. 병적 방화 또는 충동적 방화는 거의 이해할 수 있는 자료가 없으나 불을 내고 불을 끄는 소방관들을 통제하고 싶으며 그들을 돕고 싶어 하는 욕구에 의해서 동기화될 수 있다.

비판적 사고 질문

이번 장에서 배운 것을 기초로 다음의 질문에 답해 보라.

- 정신병리적 행동은 정신증적 행동과 어떻게 다른가? 영화나 텔레비전 쇼에서 이 구분이 때때로 혼동되지는 않는가?
- 어떤 성격장애는 성차를 기반으로 한 사회적 기대 때문에 남성 또는 여성에게 더 많이 진단되지는 않는가? 당신은 여자는 '의존적이거나 연극적이고', 남자는 '자기애적이거나 반사회적이라고' 생각한 적은 없는가? 임상가들과 연구자들에게 이러한 문제와 연관해서 어떤 문제가 제기될 수 있는가?
- 사람들과의 관계를 맺는 데 있어서 큰 어려움을 가지는 성격 특징이나 행동을 가진 사람을 본 적이 있는가? 당신은 이 장에서 얘기한 어떤 성격장애가 그 사람에게 적용될 수 있다고 보는가? 이 사람은 정신건강 전문가의 도움을 받고 있는가? 만약 그렇다면 결과는 어떠한가? 만약 아니라면 왜 그러한가?
- 심리치료사가 성격장애자를 치료하는 데 있어서 어떤 어려움이 있겠는가? 만약 당신이 심리치료사라면 이러한 어려움을 어떻게 극복해 나가겠는가?

핵심 용어

간헐적 폭발장애(intermittent explosive disorder)
강박성 성격장애(obsessive-compulsive personality disorder)
경계성 성격장애(borderline personality disorder, BPD)
반사회성 성격장애(antisocial personality disorder)
병적 도벽(kleptomania)
병적 방화(pyromania)
분열(splitting)
성격장애(personality disorders)
연극성 성격장애(histrionic personality disorder)
의존성 성격장애(dependent personality disorder)
자기애성 성격장애(narcissistic personality disorder)
자아동질적(ego syntonic)
자아이질적(ego dystonic)
조현성 성격장애(schizoid personality disorder)
조현형 성격장애(schizotypal personality disorder)
충동조절장애(impulse-control disorders)
편집성 성격장애(paranoid personality disorder)
회피성 성격장애(avoidant personality disorder)

감각 추구 척도 답

어떤 적용할 수 있는 기준이 있지는 않지만 다음의 답은 감각 추구와 연상되는 것이다. 이 지시에 대해 더 많은 답을 적었다면 감각 추구 욕구가 더 강하다고 볼 수 있다.

1. A　2. A　3. A　4. A　5. A　6. B

7. B　8. A　9. A　10. A　11. A　12. B

13 아동기와 청소년기의 이상행동

13

학습 목표

13.1 비정상을 결정짓는 문화적 신념의 역할과 아동기와 청소년기의 정상적 · 비정상적 행동의 차이를 설명한다.

13.2 아동 학대의 영향을 서술한다.

13.3 자폐 스펙트럼 장애의 핵심 특징과 이를 이해하고 치료하는 방법에 대해 서술한다.

13.4 지적 장애의 핵심 특징과 원인을 서술한다.

13.5 학습장애의 유형과 학습장애를 이해하고 치료하는 방법에 대해 확인한다.

13.6 의사소통장애의 개념을 정의하고, 하위 유형에 대해 정의한다.

13.7 주의력결핍 과잉행동장애, 적대적 반항장애, 품행장애의 핵심 특징을 서술한다.

13.8 ADHD의 유형을 설명하고 치료 방법에 대해 서술한다.

13.9 아동기와 청소년기에 나타나는 불안과 우울의 핵심 특징에 대해 서술한다.

13.10 청소년기 자살의 위험 요인에 대해 확인한다.

13.11 배설장애의 핵심 특징을 설명하고 야뇨증의 치료 방법에 대해 서술한다.

진실 또는 거짓

T□ F□ 아동에게 정상으로 여겨지는 많은 행동 패턴이 성인에게는 비정상으로 여겨질 수 있다.

T□ F□ 불안장애와 기분장애는 여아보다 남아에게 더 흔히 발병한다.

T□ F□ '몽둥이와 돌'이 아니더라도 얼마든지 아동들에게 손상을 줄 수 있다.

T□ F□ 아동기 백신은 자폐증을 유발한다.

T□ F□ 전 미국 부통령은 산수에 어려움이 있어서 재정상의 잔고를 계산할 수 없었다.

T□ F□ 억제제는 과활동적인 아동을 진정시키는 데 종종 도움이 된다.

T□ F□ 학교 적응의 어려움, 문제행동 및 신체적 불편감은 아동기 우울 증상의 징후일 수 있다.

T□ F□ 자살은 불행하게도 사춘기 시기의 어린 10대들 사이에서 꽤 흔한 일이다.

T□ F□ 고전적 조건형성의 원리는 야뇨증의 치료에 적용된다.

자폐증 여성인 도나 윌리엄스는 자폐아로 살아간다는 것이 어떤 것인지 회고하였다. 그녀는 자신의 회고록『그 어디에도 아무도 없었다(Nobody Nowhere)』의 발췌문에서 세상과 동떨어지고 싶어 한 자신의 욕구에 대해 언급했다. 세 살 무렵 도나의 부모는 영양실조를 염려하여 그녀를 의사에게 데리고 갔다.

'나' '내가 창조한 나만의 세계'

"저의 부모님은 제가 백혈병에 걸렸다고 생각해서 혈액 검사를 의뢰했어요. 의사가 제 귓불에서 피를 조금 뽑길래 협조했어요. 저는 의사가 준 다채로운 종이 바퀴에 흥미를 느꼈어요. 저는 청력 검사도 받았는데, 제가 지시를 모두 따라 하긴 했지만 청각장애인처럼 보였기 때문이죠. 제 부모님이 뒤에 서서 갑자기 큰 소리를 냈지만 저는 눈 한 번 깜빡하지 않았어요. '세상'은 그냥 저에겐 들어오지 않았어요. 주변 세상에 대해 알게 되면 될수록 저는 더 두려워졌어요. 할아버지, 할머니, 아버지와 린다 이모를 제외한 다른 모든 사람이 저의 적이었고, 저에게 관심을 보이는 것 그 자체가 두려웠어요."

또한 도나는 사람들이 어떻게 사물처럼 여겨졌는지, 공

포에 취약한 그녀를 보호하기 위해 사물이 어떻게 존재했는지 회상하였다.

"저는 색깔 털실과 뜨개질 조각을 모아서 그 구멍에 손가락을 넣으면 안심하고 잠이 들 수 있었어요. 제가 제일 좋아하는 존재는 사물이었고, 그런 사물(혹은 그들 같은 사물)은 제가 싫어하는 사물(다른 사람)로부터 저를 보호해 주었어요.

이런 상징을 유지하고 다루기 위한 저의 습관은 소중한 물건을 잃어버리거나 혹은 그것을 빼앗겼을 때 저를 침범할 수 있는 나쁜 사람에 대항하는 마법의 주문과도 같은 거예요. 제 전략은 정신이상이나 환상의 결과가 아니라 취약함에 대한 극도의 공포로 인해 단련된 해롭지 않은 상상일 뿐이에요.

사람들은 항상 저에게 친구가 없다고 말했지만 실제로 저의 세상엔 친구들로 가득했죠. 그들은 다른 아이들보다 훨씬 더 멋지고 의지할 수 있고 예측 가능한 진실하고 믿을 수 있는 존재들이었어요. 저 자신이나 대상, 동물과 자연을 통제할 필요가 없는 제가 창조한 세계 속에 그들은 그냥 존재하는 거죠."

— Williams, 1992, pp. 5, 6, 9

자폐증과 지적 장애(과거 아동기 및 청소년기 심리장애)는 대체로 독특한 측면이 있는데, 그중 자폐증이 가장 그러하다. 이 장애들은 대처 능력이 미숙한 연령대에 영향을 미친다. 자폐증과 지적 장애(예전에는 정신지체)로 불린 몇몇 장애는 아동의 성장을 방해한다. 기분장애와 불안장애를 포함한 아동 및 청소년기의 몇몇 심리장애의 증상은 성인기까지 지속된다. 분리불안장애, ADHD와 같은 아동기 특유의 장애는 성인기보다는 청소년기에서 차별적으로 나타난다.

아동기와 청소년기의 정상적, 비정상적 행동

> **13.1** 비정상을 결정짓는 문화적 신념의 역할과 아동기와 청소년기의 정상적 · 비정상적 행동의 차이를 설명한다.

아동의 행동이 비정상인지의 여부를 결정하는 것은 특정 문화권에서 특정 연령대의 아동이 어떤 행동을 하는 것이 정상인가에 대한 우리의 기대에 달려 있다. 우리는 아동의 행동이 발달적, 문화적 규준에서 벗어나 있는지 고려할 필요가 있다. 예를 들어, 7세 지미가 과잉행동인지의 여부를 결정하는 것은 같은 연령과 문화적 배경을 가진 아동에게 적절하다고 여겨지는 행동 유형에 달려 있다(Drabick & Kendall, 2010; Kendall & Drabick, 2010).

아동이 학교에 입학할 시점에 많은 문제가 처음으로 발견된다. 이런 문제가 더 일찍 나타났을지라도, 이를 너그럽게 바라보았거나 가정에서 '문제'로 여기지 않았을 수 있다. 때로는 입학이 발병 원인이 되기도 한다. 하지만 9개월경 낯선 사람에 대해 갖는 강렬한 공포처럼 특정 연령대에서는 사회적으로 용인될 수 있는 행동이라 할지라도 연령이 증가하면 용납될 수 없다는 점 또한 명심하라.

낯선 사람에 대한 강한 두려움, 방광 조절의 어려움과 같이 우리가 성인에게서 비정상이라고 생각할 수 있는 많은 행동 패턴은 특정 연령대의 아동에게는 매우 정상적인 것이다. 의사가 발달 규준을 제대로 고려하지 못했을 때 많은 아동이 오진될 수 있다. 연구자는 거의 100만 명의 미국 아동이 유치원에서 ADHD로 잘못 진단되며, 이들이 단지 학급에서 가장 어린(따라서 가장 덜 성숙한) 아동이었기 때문에 약물치료를 받았을 것이라고 추정했다("Nearly One Million", 2010). 선임 연구원 Todd Edler에 따르면 "한 아이가 예의 없이 행동하고 부주의하며 자리에 앉아 있지 못한다면, 이는 단순히 그 아이가 5세이고 다른 아이는 6세이기 때문일 수 있다." **진실 / 거짓**

> **진실 또는 거짓**
>
> 아동에게 정상으로 여겨지는 많은 행동 패턴이 성인에게는 비정상으로 여겨질 수 있다.
>
> **진실** 낯선 이에 대한 강렬한 두려움, 방광 조절의 어려움과 같이 성인에서는 비정상으로 간주될 수 있는 많은 행동 패턴이 특정 연령대의 아동에서는 매우 정상적일 수 있다.

아동기 및 청소년기에 영향을 미치는 다양한 심리장애는 DSM-5에서 **신경발달장애**(neurodevelopmental disorders)로 분류된다. 이 장애들은 아동의 심리적, 인지적, 사회적 혹은 정서적 발달에 영향을 미치는 뇌 기능이나 발달의 손상을 포함한다. 우리가 이 장에서 논의할 다음의 장애들이 신경발달장애에 포함된다.

- 자폐 스펙트럼 장애
- 지적 장애
- 특정학습장애
- 의사소통장애

- 주의력결핍 및 과잉행동장애

우리는 이 장에서 파괴적 행동장애(반항성 장애와 품행장애), 불안 및 우울과 연관된 문제, 배설장애를 포함한 아동기 및 청소년기에 영향을 미치는 다른 장애에 대해서도 살펴볼 것이다.

정상과 비정상에 대한 문화적 신념

문화적 신념은 우리가 특정 행동을 정상 또는 비정상으로 결정하는 데 도움을 준다. 아동은 자신의 행동에 비정상이라는 꼬리표를 거의 붙이지 않기 때문에, 정상의 정의는 주로 아동의 행동을 문화적 렌즈를 통해 어떻게 거르는지에 따라 결정된다(Callanan & Waxman, 2013; Norbury & Sparks, 2013). 아동의 행동을 일탈로 간주하는 기준과 허용할 수 없거나 비정상이라고 분류하는 행동 유형은 문화마다 다르다. 예컨대, 한 연구에서 미국과 태국 부모에게 '과잉 통제'(예: 수줍음과 공포)의 문제가 있는 아동 한 명과 '과소 통제'(예: 반항적이고 호전적인)의 문제가 있는 아동 한 명, 즉 아동 두 명을 묘사한 삽화를 보여 주었다. 태국 부모는 미국 부모보다 두 종류의 문제가 덜 심각하고 염려되는 것으로 평가했다(Weisz et al., 1988). 또한 태국 부모는 삽화 속의 아이가 별다른 치료 없이도 시간이 지나면 개선될 것이라고 평가했다. 이러한 관점은 아동 행동의 차이를 충분히 용인하고 당연히 변화될 것이라고 생각하는 전통적인 태국 불교신자의 신념과 가치에 내재되어 있다.

비정상에 대한 정의와 마찬가지로 치료 기법 또한 아동에 따라 상이하다. 아동은 자신의 감정을 말로 표현하는 언어적 기술이나 치료 동안 앉아 있는 데 요구되는 주의력이 부족할 수 있다. 치료 기법은 아동의 인지적, 신체적, 사회적 및 정서적 발달 수준에 적합해야 한다. 예를 들어, 정신역동치료사는 놀이치료 기술을 발전시켜 왔는데, 이는 아동이 인형이나 꼭두각시 놀이와 같은 활동을 통해 가족 갈등을 상징적으로 드러내는 것이다. 또한 그들의 기저에 깔린 감정을 그림에 반영할 것이라는 신념에 근거하여 아동에게 재료를 주고 그림을 그리도록 한다.

아동치료는 다른 형태의 치료 기법과 마찬가지로 세심한 문화적 체계 내에서 이루어질 필요가 있다. 치료사는 효과적인 치료적 관계를 수립하기 위해 아동의 문화적 배경과 사회적, 언어적 욕구의 개입을 조정해야 한다.

아동과 청소년의 정신건강 문제 유병률

미국의 아동과 청소년에서 정신건강 문제는 얼마나 자주 발생하는가? 불행하게도 매우 매우 자주 발생한다. 지난 한 해 동안 10명 중 약 4명의 청소년(40.3%)이 진단 가능한 정신장애를 경험했다(Kessler et al., 2012). 약 4명 중 1명(23.4%)이 현재도 영향을 받고 있으며, 약 10명 중 1명의 아동은 발달을 손상시키기에 충분히 심각한 정도의 정신장애로 고통받는다("A Children's Mental Illness 'Crisis,'" 2001). 성인의 많은 심리장애는 아동기에 처음 나타

이 문제가 얼마나 심각할까? 태국 부모는 미국 부모보다 자녀의 공격적인 행동에 대해 덜 심각하게 여길 수 있다. 태국 불교신자의 가치관은 아동의 행동에서의 차이를 충분히 용인하고 시간이 지남에 따라 더 좋게 변할 것이라고 생각한다.

"아빠, 저는 정상적인 아동기를 겪고 있는 건가요?"

출처: © Lee Lorenz/The New Yorker Collection/www.cartoonbank.com

난다(Cohen, 2011).

6세~17세 연령의 아동에서 가장 흔하게 진단되는 심리장애는 학습장애(11.5%)와 주의력결핍 및 과잉행동장애(8.8%)이다(Blanchard, Gurka, & Blackman, 2006). 청소년으로 범위를 한정할 경우, 불안장애가 가장 흔히 진단되는 장애 중 1위로 나타났다(Kessler et al., 2012). 12~17세 미국 청소년 연령의 국가적 확률표본(national probability sample)을 기반으로 한 전화 조사 결과에서 볼 수 있듯이 우울증은 매우 흔하다. 이 조사를 통해 남자 아동의 7%와 여자 아동의 14%가 이전 6개월 동안 주요 우울장애로 고통받았음이 확인되었다(Kilpatrick et al., 2003).

13.2 아동 학대의 영향을 서술한다.

아동기 심리장애의 유병률에도 불구하고, 심리장애를 가진 대다수의 아동은 그들이 필요로 하는 치료를 받지 못한다. 최근 한 연구에서, 진단 가능한 정신장애를 지닌 청소년의 약 1/3만이 치료를 받은 것으로 나타났다(Merikangas et al., 2011). **내재화** 문제(특히 불안과 우울)를 가진 아동은 **외재화** 문제(행동화하거나 공격적인 행동을 포함하는 문제)를 가진 아동보다 치료받지 못할 위험성이 높다.

아동기 장애의 위험 요인

유전적 취약성, 환경적 스트레스 요인(예: 빈민가에서 사는 것), 가족 요인(예: 일관성 없거나 엄격한 훈육, 방임 혹은 신체적 · 성적 학대)을 포함한 많은 요인은 발달장애의 위험을 증가시키는 데 기여한다(예: Goodnight et al., 2012). 우울한 부모의 아동 또한 심리장애를 발달시킬 위험성이 더 높다. 그 이유는 부모의 우울증이 가족 스트레스 수준을 증가시킬 가능성이 있기 때문이다(Essex et al., 2006; Weissman et al., 2006).

인종과 성별은 또 다른 특징적 요인이다. 여전히 불분명한 이유로 소수민족 아동에서 ADHD와 불안장애 및 우울장애와 같은 문제가 발달할 위험성이 더 높다(Anderson & Mayes, 2010; Miller, Nigg, & Miller, 2009). 자폐증에서 배설장애와 과잉행동에 이르기까지 남아에서 많은 아동기 장애가 나타날 가능성이 더 높다. 불안과 우울 또한 비교적 여아보다 남아에서 더 자주 발생한다. 그러나 불안장애와 기분장애는 청소년기에 접어들면 여아에게서 더 흔하고 이러한 패턴은 성인기까지 지속된다(USDHHS, 1999). **진실 / 거짓**

진실 또는 거짓

불안장애와 기분장애는 여아보다 남아에게 더 흔히 발병한다.

진실 하지만 청소년기에 시작된 불안과 기분장애는 여성에게 더 흔하다.

신체적, 성적 학대와 방임은 우울, 물질 남용, 불안장애, ADHD, 외상후 스트레스 장애(PTSD), 품행장애와 같은 광범위한 아동기 및 성인기 심리장애와 관련된다(예: Arseneault et al., 2011; Cannon et al., 2011; Nanni, Uher, & Danese, 2012; Nauert, 2011a; Sugaya et al., 2012). (아동기 성적 학대에 의한 영향은 10장 참조) 신체적 학대나 방임으로 볼 정도는 아니더라도 엉덩이 때리기, 찰싹 때리기, 밀치기와 같은 약한 형태의 신체적 처벌도 성인기 불안 및 기분장애의 위험을 증가시킬 수 있다(Afifi et al., 2012).

신체적 학대 혹은 방임을 당한 아동은 흔히 또래관계와 다른 사람과의 애착을 건강하게 형성하는 데 어려움을 겪는다. 그들은 공감 능력이 부족하거나 다른 사람의 행복에 대한 걱정이나 양심을 발달시키지 못한다. 그들은 행동화를 통해 자신의 삶에서 경험한 학대를 반영할 수 있다. 예컨대, 동물을 고문하거나 죽이기, 불 지르기, 작거나 연약한 아동 괴롭히기 등이 있다. 방임 및 학대의 또 다른 일반적인 심리적 효과는 낮은 자존감, 우울, 야뇨증이나 엄지손가락을 빠는 것과 같은 미성숙한 행동, 자살 시도 및 자살 사고, 좋지 못한 학교 성적, 행동 문제, 집을 벗어난 외부 세계에 대한 탐색행동의 실패를 포함한다. 아동 학대의 행동적, 정서적 결과는 종종 성인기로 확장된다(Miller-Perrin et al., 2009).

놀이치료. 놀이치료에서 아동은 인형으로 그들의 가족 내에서 발생한 갈등을 상징적으로 반영하는 연극을 상연할 수 있다.

아동에 대한 성적, 신체적 학대는 별개의 문제로 보기 어렵다. 최근 미국을 포함한 21개 국가에서 행해진 국제적 연구 결과, 8%의 남성과 20%의 여성이 18세 이전에 성적 학대로 고통받았다는 것을 보여 준다(Pereda et al., 2009). 게다가 매년 150만 명 이상의 미국 아동이 아동학대나 방임의 피해자이다(Gershater-Molkoa, Lutzker, & Sherman, 2002). 또한 비극적이게도 매년 1,000명에서 2,000명의 미국 아동들이 학대나 방임의 결과로 사망하는데, 이러한 비율은 영국, 프랑스, 캐나다 혹은 일본과 비교해 볼 때 두 배 이상이다(인구에 따른 비율)(Koch, 2009). 이런 숫자만큼이나 끔찍하게도 대부분의 아동 학대는 공개적으로 밝혀지지 않는 측면 때문에 간과되는 경향이 있다.

신체적 학대에 대한 염려는 당연하지만 우리는 부모가 아이에게 행하는 꾸지람, 비하, 욕설과 같은 언어적 학대의 정서적 결과에 대해서도 결코 간과해서는 안 된다. 그렇다. '몽둥이와 돌'은 뼈를 부러뜨릴 수 있지만, 언어는 정서를 광범위하게 손상시킬 수 있다(Teicher et al., 2006). 게다가 배우자 학대나 가정 폭력에 노출된 아동은 심각한 행동적, 정서적 문제를 나타낼 수 있다(Evans, Davies, & DiLillo, 2008). 진실 / 거짓

진실 또는 거짓

'몽둥이와 돌'이 아니더라도 얼마든지 아동에게 손상을 줄 수 있다.

진실 언어적 학대는 정서에 광범위한 손상을 일으킬 가능성이 있다.

지금부터 아동 및 청소년기에 나타날 수 있는 구체적인 심리장애에 대해 알아보자. 우리는 각 장애의 특징, 원인, 치료 기법에 대해 살펴볼 것이다. 이에 앞서, 표 13.1을 통해 각 장애에 대해 간략히 살펴보자.

자폐증과 자폐 스펙트럼 장애

13.3 자폐 스펙트럼 장애의 핵심 특징과 이를 이해하고 치료하는 방법에 대해 서술한다.

자폐증은 아동기의 가장 심각한 행동장애 중 하나로 만성적이고 평생 지속되는 장애이다. 자폐아를 세상으로부터 분리시키는 간극을 메우려는 부모의 노력에도 불구하고, 자폐아들은 피터처럼 세상 속에서 완전히 혼자인 것처럼 보인다.

자폐증 사례

피터는 예상했던 시기에 열심히 젖을 빨고 앉고 걸었어요. 그렇지만 어떤 행동은 우리를 조금 걱정스럽게 했어요. 그는 어떤 것도 전혀 입에 넣지 않았죠. 손가락도, 장난감도, 그 어떤 것도.

더 걱정스러운 것은 피터가 우리를 쳐다보거나 웃지 않고, 게다가 기저귀를 찰 시기에 보여야 할 주된 놀이를 하지 않았다는 사실이었어요. 그는 좀처럼 웃지 않았고 웃더라도 우리에게는 재밌어 보이지 않는 것을 보고 웃었죠. 피터는 제게 안기기보다는 무릎에 뻣뻣하게 앉아 있었죠. 제가 그를 흔들 때조차도 말이죠. 그러나 아이들마다 서로 다르니까 저희들도 피터를 그냥 지켜보았죠. 피터가 8개월 정도 되었을 때 제 동생이 방문해서는 "피터는 그 어떤 것에도 사회적 본능이 전혀 없다."라고 말했는데, 우리는 그 말을 유쾌하게 받아들였어요. 피터가 첫째 아이긴 했지만, 혼자는 아니었어요. 저는 집 앞에 있는 아기 놀이터에 피터를 자주 데려갔고, 초등학생들이 지나가다가 멈추어서 그와 놀아 주었죠. 피터 역시 그들을 모른 체하지 않았어요.

2년 후, 키티가 태어났는데 개성이 강한 아이였죠. 둘째 아이의 행동이 피터의 독특한 면을 더욱 두드러지게 했어요. 늦은 밤 수유하기 위해 키티에게 가면, 키티는 온몸으로 저를 반겼는데, 이러한 반응이 큰 아이와는 너무나 달랐고, 그러한 차이를 인식한 순간 너무나 오싹해졌어요.

피터는 세 살이 될 때까지도 옹알이가 언어로 바뀌지 않았어요. 혼자서 반복적인 놀이를 했는데, 매일 바구니를 채울 만큼 많은 종이를 길고 가는 조각으로 갈기갈기 찢었어요. 그는 통조림 병뚜껑을 돌렸고 우리가 주의를 전환시키려고 하면 화를 냈어요. 피터의 눈길을 끌 수 있을 때라곤 그저 아이가 제 안경에 비친 상에 시선을 옮길 때 정도뿐이었죠….

피터는 교외 근처로 가는 걸 좋아하지 않았어요. 모래놀이통에 모래를 넣어 두어야 된다는 보편적 규칙을 무시했기 때문에 아이들은 그를 비난했죠. 그는 슬프고 외로운 모습으로 다녔고 한 번도 가지고 논 적이 없는 비행기 장난감을 항상 가지고 다녔어요. 저는 그때까지도 우리 삶을 온통 지배하는, 그러니까 모든 대화와 식사 자리에 등장할 단어에 대해 들어 보지 못했어요. 그 단어는 바로 자폐증이었죠.

— Eberhardy, 1967

표 13.1

아동기 및 청소년기 심리장애 개요

장애의 유형	기술	주요 유형/추정 유병률 (알려진 경우)	특징
자폐 스펙트럼 장애	자폐 관련 장애의 범위는 장애의 심각도에 따라 달라진다.	• 1~2%	• 기능적 장애들, 타인과 관련하여 확연히 드러나는 결함, 언어와 인지 기능의 장애, 제한된 관심과 활동의 범위
지적 장애	인지적, 사회적 발달의 광범위한 지연	• 가벼운 정도부터 심각한 수준에 이르기까지 심각도에 따라 다름(전체의 약 1%)	• 낮은 IQ와 부족한 적응 기능에 기초하여 진단함
특정 학습장애	적어도 평균 수준의 지능과 학습 기회에 노출된 상황에서 나타나는 특수 학습 능력의 결함	• 산술, 쓰기, 읽기 또는 집행 기능의 결함. 읽기 · 쓰기 · 수학 장애는 학령기 아동의 5~10%	• 수학장애는 기본적인 수학이나 산술연산을 이해하는 것에 어려움을 느낌 • 쓰기표현장애는 극도로 부족한 쓰기 능력 • 읽기장애는 단어를 인식하거나 글을 이해하는 것에 어려움을 느낌 • 집행 기능 장애는 계획 및 조직하는 능력이 부족
의사소통장애	언어의 이해나 사용의 어려움	• 언어장애 • 음성 조음장애(과거 음운장애) • 아동기 발병 유창성 장애(말더듬)(1%) • 사회적(실용적)의사소통장애	• 음성언어 사용이나 이해의 어려움 • 분명한 발음으로 말하는 것의 어려움 • 중단 없이 유창하게 말하는 것의 어려움 • 사회적 상황에서 다른 사람과 의사소통하는 하는 것에 문제가 있음
주의력결핍/과잉행동장애	일반적으로 다른 사람에게 지장을 주거나 사회적 적응을 방해하는 행동 양식	• 주의력결핍 과잉행동장애(7~9%) • 품행장애(남성 12%,여성 7%) • 적대적 반항장애(1~11%)	• ADHD: 충동성, 부주의 및 과잉행동의 문제 • 품행장애: 사회적 규범과 타인의 권리를 침해하는 반사회적 행동 • 적대적 반항장애: 비순응적이고 부정적, 반항적인 행동 양식
불안과 우울 장애	아동과 청소년에게 영향을 미치는 정서적 장애	• 분리불안장애(4~5%) • 특정공포증 • 사회공포증 • 범불안장애 • 주요 우울장애(아동기 5%에서 청소년기 20%까지 상승) • 양극성 장애	• 불안과 우울은 성인과 아동에게서 종종 유사한 모습을 보이지만 일부에서는 차이가 있다. • 아동은 분리불안의 형태로 학교 공포증을 경험할 수 있다. • 우울한 아동은 그들의 감정을 표현하지 않고 행동 문제나 신체적 불편감, 가면 우울 등의 양상을 보일 수 있다.
배설장애	기질적 요인으로는 설명할 수 없는 지속적인 배뇨와 배변의 제어 문제	• 유뇨증(배뇨 제어의 문제)(5세 아동의 5~10%) • 유분증(배변 통제의 문제)(5세 아동의 1%)	• 유뇨증: 야간 발병 유뇨증(야뇨증)의 형태가 많다. • 유분증: 대부분 주간에 발생한다.

출처: APA,2013; CDC, 2009, 2012; Frick & Silverthorn, 2001; Galanter, 2013; Kaper, Alderson, & Hude, 2012; Loeber et al., 2009; Masi, Mucci, & Millipiedi, 2001; Nock et al., 2006; Rhode et al., 2013; Shear et al., 2006; Wingert, 2000; Yeargin-Allsopp et al., 2003.

자폐 스펙트럼 장애의 진단기준 DSM-5

A. 다양한 맥락에 걸쳐 나타나는 사회적 의사소통과 상호작용에서의 지속적인 결함으로 현재 또는 과거력 상 다음과 같은 특징으로 나타난다(예들은 실례이며 증상을 총망라하는 것은 아님, 본문 참조).

1. 사회적·정서적 상호작용에서의 결함. 이러한 결함의 예는 비정상적인 사회적 접근, 정상적으로 대화하지 못하는 것에서부터 다른 사람과의 관심사나 감정 공유가 저하되어 있는 것, 사회적 상호작용을 시작하지 못하거나 그에 반응하지 못하는 것에 이르기까지 다양하다.
2. 사회적 상호작용을 위해 사용되는 비언어적 의사소통 행동에서의 결함. 이러한 결함의 예는 언어적·비언어적 의사소통을 잘 통합하지 못하는 것에서부터 눈 맞춤과 몸짓 언어에서의 이상, 혹은 몸짓 이해와 사용에서의 결함, 표정이나 비언어적 의사소통의 완전한 결여에 이르기까지 다양하다.
3. 관계를 발전시키고 유지하며 이해하는 데 있어서의 결함. 이러한 결함의 예는 다양한 사회적 맥락에 맞게 행동을 조정하는 것에 대한 어려움에서부터 상상놀이를 공유하거나 친구를 사귀는 것에서의 어려움, 또래에 대한 관심 부족에 이르기까지 다양하다.

B. 제한적이고 반복적 행동, 관심 혹은 활동. 이것은 현재 또는 과거에 다음과 같이 최소 두 가지 방식으로 나타난다(예는 실제 사례이며 증상을 총망라하는 것은 아님, 본문 참조).

1. 상동적이거나 반복적인 움직임, 물건 사용 혹은 말하기(예: 단순한 운동 상동증, 장난감을 한 줄로 정렬하거나 물건을 뒤집는 행동, 반향어, 기이한 어구).
2. 동일성에 대한 고집, 일상적인 것에 대한 융통성 없는 집착 혹은 의례적인 언어나 비언어적 행동 양상(예: 작은 변화에 대한 심한 괴로움, 이행의 어려움, 경직된 사고 패턴, 의례화된 인사, 매일 똑같은 길을 걷거나 동일한 음식을 먹으려는 욕구).
3. 강도나 초점에서 비정상적으로 극도로 제한되고 고정된 흥미(예: 특이한 물건에 대한 강한 애착이나 집착, 과도하게 제한되어 있거나 고집스러운 흥미)
4. 감각적 자극에 대한 과잉 혹은 과소 반응, 주위의 감각 영역에 대한 특이한 관심(예: 고통이나 온도에 대한 명백한 무관심, 특정한 소리나 감촉에 대한 부정적 반응, 특정한 물건을 만지거나 냄새 맡기, 빛이나 물건의 움직임에 대한 시각적 매료)

C. 증상은 초기 발달 단계에서 나타난다(하지만 사회적 요구가 제한된 능력을 넘어서기 전까지는 증상이 완전히 나타나지 않거나, 추후 학습된 책략에 의해 감춰질 수 있다).

D. 증상은 현재 기능의 사회적, 직업적, 다른 중요한 영역에서 임상적으로 의미 있는 손상을 야기한다.

E. 이러한 장해는 지적 장애(지적 발달장애)나 전반적 발달 지연으로 더 잘 설명되지 않는다. 지적 장애와 자폐 스펙트럼 장애는 자주 동반된다. 자폐 스펙트럼 장애와 지적 장애로 공병진단을 받기 위해서는 사회적 의사소통이 전반적인 발달 수준보다 저하되어야 한다.

주: DSM-IV의 진단기준에서 자폐장애, 아스퍼거 장애 혹은 달리 분류되지 않는 전반적 발달장애로 진단받은 경우, 자폐 스펙트럼 장애 진단이 내려져야 한다. 사회적 의사소통의 뚜렷한 결함이 있으나 자폐 스펙트럼 장애의 다른 진단 항목을 만족하지 않는 경우에는 사회적(실용적) 의사소통장애로 진단해야 한다.

자폐증이라는 단어는 그리스어로 '자기'를 의미하는 *autos*에서 파생되었다. 스위스 정신과 의사 Eugen Bleuler는 조현병을 가진 사람들의 독특한 사고방식을 지칭하기 위해 1906년에 처음으로 이 용어를 사용하였다. 자폐적 사고는 외적인 사건이 어떤 이유에서 자기와 관련 있다고 믿으며 자기가 우주의 중심이라고 보는 경향성이다. 1943년 또 다른 정신과 의사 Leo Kanner는 그들만의 개인적인 세계에 살고 있는 것처럼 다른 사람을 공감할 수 없는 것으로 보이는 정신적 문제가 있는 아동을 '초기 유아자폐증'으로 진단했다. 지적 장애가 있는 아동과 다르게 이들은 외부 세계의 모든 정보를 차단하고 '병적으로 혼자 있음'을 보여 준다(Kanner, 1943).

이전에 자폐장애라고 불렸던 자폐증은 DSM-5에서 **자폐 스펙트럼 장애**(autism spectrum disorder)라는 광범위한 진단범주에 속하며, 이 범주는 심각성이 다양한 자폐 관련 장애를 포함한다. DSM-5는 제한되거나 고정된 흥미, 반복적인 행동, 의사소통과 사회적 상호작용에서의 지속적인 결함을 보이는 여러 가지 공통적 행동에 근거하여 자폐스펙트럼을 식별한다(DSM-5 글상자 참조). 임상가들은 자폐 스펙트럼 장애를 심각도 수준에 따라 경도, 중증도, 고도로 구분해야 한다. 장애가 더 심각할수록 필요한 지원 수준도 더 커진다.

아스퍼거 장애와 소아기 붕괴성 장애라는 진단 용어는 DSM 이전 버전에서 자폐 스펙트럼 장애 내의 독특한 장애를 설명하기 위해 사용되었지만, 현재는 자폐 스펙트럼 장애 진단기준을 충족한다면 자폐 스펙트럼 장애의 유형으로 분류된다. 아스퍼거 장애는 비정상적인 행동 패턴과 관련 있는데, 이것은 사회적 미숙함, 상동적 혹은 반복적인 행동을 수반하지만 자폐 스펙트럼 장애의 더 심각한 유형과 관련된 상당한 인지적 혹은 언어적 결함은 없다(Rausch, Johnson, & Casanova, 2008). 고전적 자폐증 유형의 아동은 지적 능력, 언어 능력, 자기 스스로 돌보기 기술에서 심각한 결함을 보이지만, 아스퍼거 장애를 가진 아동은 그렇지 않다(Harmon, 2012). 그들은 5, 6세 경 신문을 읽는 것과 유사한 언어 능력을 가질 수 있고, 주간 고속도로나 진공청소기와 같이 한정되어 있거나 잘 알려지지 않은 주제에 대해 강박적인 흥미와 지식을 발달시킬 수 있다(Osborne, 2002; Wallis, 2009).

DSM 이전 버전에서 소아기 붕괴성 장애는 사회적이거나 적응적 기능, 대소변 통제, 놀이 혹은 운동 기술과 같은 영역에서 이전에 획득한 기술에 대한 현저한 상실을 보이는 아동에게 적용하기 위해 사용되었다. 또한 이 아동은 손상된 사회적 상호작용이나 의사소통, 한정되고 상동적이며 반복적인 행동을 보인다. 소아기 붕괴성 장애는 남아에서 더 흔하게 나타나는 희귀병이다.

자폐 스펙트럼 장애는 얼마나 흔한가?

자폐 스펙트럼 장애의 유병률은 지난 20년 동안 점점 증가하는 것으로 보고되었다. 2013년, 정부 연구원들은 자폐 스펙트럼 장애의 일부 유형이 전체 아동 중 100만 명 이상, 즉 미국 내 아동 50명 중 1명(2%)에게서 발병한다고 보고했다. 이는 2007년의 86명 중 1명에서 증가한 것이다(Blumberg et al., 2013; "U.S. Autism", 2013). 이 추정치는 신중하게 사례를 진단한 것이 아니라, 부모를 대상으로 실시한 전국 전화조사에 근거한 것이다. 하지만 국가 공무원들은 이 추정치가 몇몇 자폐증 유형으로 고통받고 있는 미국 가족 비율을 반영한다고 본다.

이러한 급증의 원인이 무엇인지는 여전히 불분명하다. 하지만 전문가들은 이러한 추세가 지역사회 의료 서비스 전문가들 사이에서 이 질병에 관한 관심이 더 커지고 진단이 더 숙련되었기 때문이라고 추측한다(Kim et al., 2011; Kuehn, 2012). 게다가 자폐증 및 관련 장애가 크게 증가한 것은 아스퍼거와 다른 유형의 자폐 스펙트럼 장애가 급증한 것을 통해 설명할 수 있다(Charman, 2011). 자폐 스펙트럼 장애에 대한 새로운 진단기준이 DSM-5에서 도입되었는데, 이것이 또한 보고된 자폐증 비율에 영향을 미쳤을지도 모른다(Carey, 2012b). 일부 아스퍼거 장애 아동의 부모는 그들의 자녀가 자폐 스펙트럼 장애의 DSM-5 진단기준을 충족하지 못하고 어쩌면 필요한 치료 서비스를 받지 못하거나 이러한 서비스에 대해 환급받을 수 없을지도 모른다고 염려한다(Carey, 2012b; Mestel, 2012).

과학자들은 다른 요인들, 예컨대 태아기 혹은 유아기 결함이나 환경적인 요인(예: 환경적 독소에의 노출)들이 자폐증 비율 증가에 기여하는지 연구하고 있다(Newman, 2011; Weintraub, 2011). 11장에서 살펴보았듯이, 연구자들은 아동의 자폐증과 조현병에 대한 위험성 증가가 나이 든 아버지와 관련 있다고 말한다(그러나 이상하게도 나이 든 어머니와는 관계가 없다)(Kong et al., 2012). 오늘날 부부는 (이른 출산보다는) 임신을 미루는 경향이 있기 때문에, 나이 든 남성의 정자에서 흔히 나타나는 무선적인 유전적 돌연변이(random genetic mutations)가 이러한 관련성을 설명할 수 있으며, 이는 자폐증 비율의 순수한 증가에 기여한다고 가정할 수 있다(Carey, 2012). (그럼에도 불구하고 나이 든 남성의 자녀에서 나타나는 위험성은 40대 이상인 아버지의 약 2%

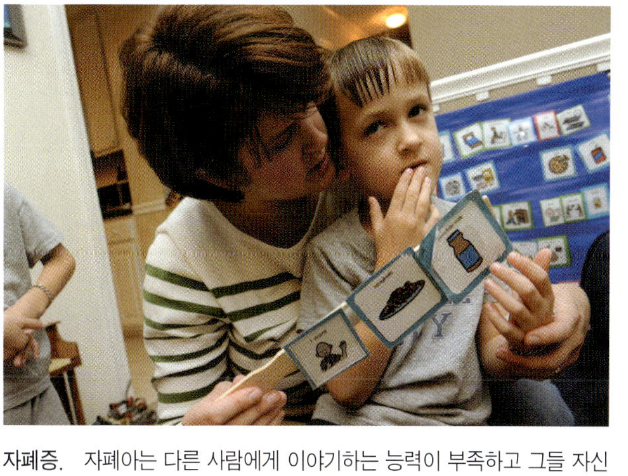

자폐증. 자폐아는 다른 사람에게 이야기하는 능력이 부족하고 그들 자신의 개인적인 세계에서 살아가는 것처럼 보인다.

정도로 비교적 낮은 수치이다.)

자폐증 가능성을 증가시키는 위험 요인으로 지목되고 있는 또 하나의 문제는 광범위하게 사용되고 있는 MMR 백신(홍역, 볼거리, 풍진)에 포함된 화학 보존료로부터의 오염 가능성으로, 자폐아 부모들 사이에서는 널리 퍼져 있는 걱정거리이다. 하지만 연구자들은 자폐증과 아동기 백신 사용 간의 관련성을 찾지는 못했다(Fombonne, 2008; Weintraub, 2011). **진실 / 거짓**

진실 또는 거짓

아동기 백신은 자폐증을 유발한다.

거짓 연구자들은 자폐증과 아동기 백신 간의 어떠한 관련성도 찾지 못했다.

자폐증은 여아보다 남아에게서 거의 5배 더 흔하다(CDC, 2012). 이 장애의 징후(비언어적 의사소통의 부족)는 12~18개월경 처음 관찰될 수 있다(Ingersoll, 2011; Norton, 2012). 자폐아 부모는 그들의 아동이 초기 유아기 동안에는 순한 아기였다고 종종 말한다. 이것은 대개 그들이 많은 것을 요구하지 않았다는 것을 의미한다. 하지만 발달하면서 포옹, 입맞춤과 같은 스킨십을 거부하기 시작한다. 그들의 언어 발달은 규준보다 늦게 시작된다. 다른 사람의 얼굴을 보지 않는 것과 같은 사회적 무관심의 징후는 출생 후부터 시작된다. 이 장애는 2, 3세경에 확실하게 진단될 수 있지만 평균적인 자폐아동은 6세경까지 진단을 받지 못한다. 진단이 미루어지면 불이익이 따를 수 있는데, 그 이유는 일반적으로 조기에 진단을 받고 치료할수록 예후가 더 좋기 때문이다.

자폐증의 특징

아마도 자폐증의 가장 가슴 아픈 특징은 아동이 전적으로 혼자라는 것이다. 다른 특징으로는 사회적 기술, 언어, 의사소통에서의 심각한 결함, 의례적이거나 상동적인 행동 등이 있다. 자폐아동은 또한 말이 없으며, 만일 언어 능력이 약간 있다 할지라도 기이한 사용을 특징으로 할 것이다. 예컨대 **반향언어**(아동이 자신이 들은 것을 높고 단조로운 소리로 앵무새처럼 흉내 내는 것), 대명사 역전('나' 대신 '당신' 혹은 '그'를 사용하는 것), 아동에 대해 상세하게 알고 있는 사람에게만 의미를 가지는 단어를 사용하는 것, 마치 질문을 하는 것처럼 문장의 끝에서 목소리를 올리는 경향성 등이 이러한 언어의 기이한 사용과 관련된다. 비언어적 의사소통은 손상되거나 결여될 수 있다. 예를 들면 자폐아는 눈 맞춤을 피하고 얼굴 표정을 드러내지 않는다. 관심을 끌기 위해 노력하는 어른에 대해 약간의 반응을 보인다 하더라도 매우 더디게 반응한다. 자폐아동은 다른 사람에 대해 반응을 보이지 않지만 종종 강력한 정서를 나타내는데, 특히 분노, 슬픔, 두려움 같은 강력한 부적 정서에 대해서 그러하다.

자폐증의 초기 특징 중 하나는 반복적이고 목적이 없는 상동적인 움직임으로 끝없이 빙글빙글 도는 것, 박수 치는 것 혹은 무릎 옆으로 팔을 앞뒤로 흔드는 것 등이 있다(Leekam, Prior, & Uljarevic, 2011). 심지어 일부 자폐아동은 고통스러워 울면서도 자해한다. 머리를 때리고, 얼굴을 치고, 손이나 어깨를 깨물고 머리카락을 뽑을 수 있으며, 갑작스럽게 짜증내거나 공황상태에 빠질 수 있다. 자폐증의 또 다른 특징은 환경적인 변화를 아주 싫어하는 것인데, 이는 **동일성 보존**이라 불리는 특징이다. 자폐아는 익숙한 대상이 평상시의 위치에서 조금만 움직이더라도 계속 울거나 짜증을 부리고 매일 똑같은 음식을 먹으려고 고집한다.

자폐아는 의례화된 행동을 고수한다. 5세인 자폐증 릴리의 교사는 매일 아침 "좋은 아침이야, 릴리, 나는 널 만나게 돼서 정말, 정말 기뻐."라고 맞이해야만 했다(Diamond, Baldwin, & Diamond, 1963). 릴리는 안부인사에 대답하지 않았지만 교사가 한 번이라도 빠뜨리면 소리를 질렀다.

도나 윌리엄스의 아동기 경험으로 이 단원을 시작했는데, 자폐아는 그녀처럼 사람들을 위협적인 존재라고 생각한다. 고기능 자폐 증상을 보이는 청년의 아동기를 소개한 다음의 글에서 동일성과 반복적이고 상동적인 행동을 수행하기 위한 욕구가 드러난다. 사람들은 그에게 위협적인 존재인데 왜냐하면 그들은 항상 똑같지 않고 서로 잘 맞지 않는 부분으로 되어 있기 때문이다.

'나' **"저는 그들의 의도를 모르겠어요."**

저는 반복을 매우 좋아했어요. 제가 불을 켤 때마다 무엇이 일어날지 알았죠. 스위치를 켜면 불이 켜졌어요. 그것은 저에게 놀라운 안전감을 주었는데, 왜냐하면 매번 똑같았기 때문이죠. 때때로 스위치가 두 개 있었는데, 그건 훨씬 더 좋았어요. 저는 어떤 전등과 스위치가 연결되어 있는지 궁금해하기를 정말 좋아했어요. 심지어 제가 그걸 알고 있더라도, 반복적으로 하는 것은 아주 신나는 일이었어요. 항상 똑같았죠.

사람들은 절 괴롭혀요. 저는 그들의 의도나 그들이 저에게 무슨 짓을 할지 몰랐어요. 그들은 항상 똑같지 않은데 저에게는 그들에 대한 방어수단이 전혀 없어요. 심지어 저에게 항상 좋은 사람도 가끔 다를 수 있죠. 사람들과 저는 뭔가 맞지 않아요. 심지어 그들을 많이 봤음에도 불구하고, 그들은 여전히 따로따로였고 그들과 저는 아무것도 연결되어 있지 않았어요.

— Barron & Barron, 2002, pp. 20–21

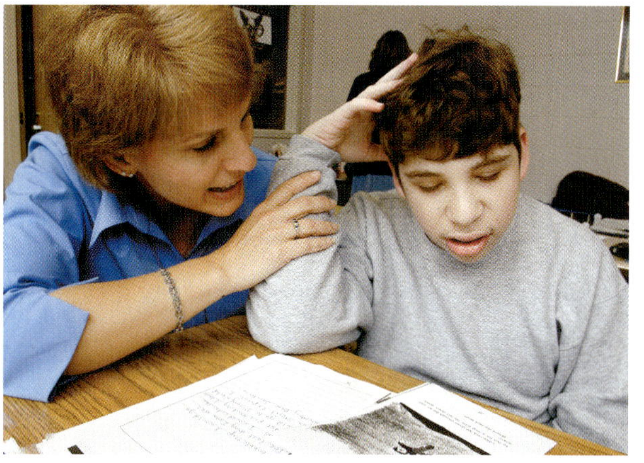

접촉하기. 자폐아와 함께 작업하는 데 있어 주요한 치료적 과업 중 하나는 대인관계 접촉을 하는 것이다. 행동치료사는 적응적인 사회적 행동을 증가시키기 위해 강화인을 사용한다. 예를 들면 치료사에 대해 관심을 가지는 것, 다른 아동과 어울리는 것 등이 있다. 행동치료사는 또한 자해행동을 억제하기 위해서 처벌을 사용할 수 있다.

자폐아는 구별되는 자기개념이 부족한 것으로 보이는데, 이것은 독특한 개인으로서 그들 자신에게 갖는 감각이다. 특이한 행동에도 불구하고 그들은 종종 매우 매력적이고 '지적인 인상'을 가진다. 하지만 표준화된 검사 점수로 측정하면, 그들의 지적 발달은 평균보다 훨씬 아래로 뒤처져 있는 경향이 있다(Matson & Shoemaker, 2009). 일부 자폐아동이 평균 IQ를 가지고 있지만, 대다수가 지적 장애의 증거를 보여 준다(Mefford, Batshaw, & Hoffman, 2012). 심지어 지적 장애가 없더라도 정서를 인지하는 것, 상징 놀이에 참여하는 것, 개념적으로 문제를 해결하는 것과 같은 상징화 능력을 획득하는 데 어려움을 가진다. 그들은 다른 사람과의 상호작용을 요구하는 과제를 수행하는 데 어려움을 보인다. 자폐아에게 표준화된 지능검사를 실시하는 것이 어렵기 때문에 자폐증과 지능의 관계는 불분명하다. 검사를 실시하기 위해서는 협력이 필요한데, 이는 자폐아에게 매우 부족한 기술이다. 기껏해야 우리는 지적 능력을 추정할 수 있을 뿐이다.

자폐증에 대한 이론적 관점

자폐아의 무관심이 자녀와 따뜻한 관계를 맺는 능력이 부족한, 차갑고 무심한 부모에 대한 반응이라는 신념은 일찍부터 그리고 지금도 여전히 의심되고 있다.

심리학자 O. Ivar Lovaas와 동료들(1979)은 자폐증에 대한 인지적 학습 관점을 제안했다. 그들은 자폐아가 한 번에 한 가지 자극만 처리하도록 제한하는 지각적인 결함을 가진다고 제안한다. 결과적으로 그들은 고전적 조건형성에 의해 천천히 학습한다(자극 연합). 학습 이론의 관점에서 아동은 음식과 포옹과 같은 일차 강화물과의 연합을 통해 그들의 초기 양육자에 대해 애착을 가지게 된다. 하지만 자폐아는 음식이나 포옹에 주의를 기울이지 않고 그것을 부모와 연결하지 않는다.

자폐아는 다양한 감각으로부터의 정보를 통합하는 데 어려움을 가진다(Russo et al., 2010). 때로 자폐아동은 자극에 지나치게 민감한 것처럼 보이지만 또 다른 때에는 너무 둔감해서 관찰자는 그들에게 청각장애가 있는지 궁금해할지도 모른다. 지각적 · 인지적 결함은 사회규칙을 이해하고 적용하는 능력과 정보를 사용하는 능력을 약화시키는 것으로 보인다.

우리는 자폐증의 원인이 무엇인지 아직 모르지만, 뇌의 이상(아마도 뇌 회로의 발달에 비정상적인 연결을 야기하는 태내기 영향)을 포함하여 신경학적 기반을 시사하는 증거가 증가하고 있다(Norton, 2012; Russo et al., 2010; Valasquez-Manoff, 2012; Weintraub, 2011; Wolff et al., 2012). 이러한 가설의 증거는 뇌 영상 연구로부터 직접적으로 얻어지는데, 연구 결과 뇌 조직의 손실을 포함하는 구조적 손상과 뇌세포 연결망의 복잡한 회로에서의 기능부전이 발견되었다(예: Cortese et al., 2012; Ecker et al., 2013; Hazlett et al., 2011; Uddin et al., 2011).

과학자들은 유전적 요소(현재 알려지지 않은)와 아마도 특정한 독소, 바이러스 혹은 태내기 영향을 포함하는 환경적 영향의 결합으로 자폐아의 뇌가 비정상적으로 발달한다고 가정한다(Dawson, 2013; Halmayer et al., 2011; Szatmari et al., 2011). 심지어 우리는 자폐 증상이 나타나기 전 이를 계속 발달시키는 유아의 비정상적인 뇌 발달에 대한 증거를 관찰할 수 있다(Wolff et al., 2012). 최근 증거는 자폐 스펙트럼 장애의 더 큰 위험성을 특정한 태내기 위험 요소와 관련짓는데, 이는 임신 중 유행성 감기 혹은 오래 지속된 열병을 포함한다(Atladóttir et al., 2012). 이러한 요소는 태아의 뇌 발달에 악영향을 준다.

또한 최근 증거에 따르면 자폐아는 언어와 사회행동을 담당하는 뇌 영역이 다른 아동보다 매우 느리게 성장한다고 시사한다(Hua et al., 2011). 수석 연구원 Xua Hua는 "자폐아의 뇌는 생의 결정적 시기에 더 천천히 발달하기 때문입니다. 이러한 아동은 개인 정체성을 확립하고 사회적 상호관계를 발달시키고 정서적 기술을 세련되게 하기 위해 고군분투하면서 힘든 시간을 보낼 수 있습니다."라고 설명했다("Autistic Brains Develop More Slowly", 2011). 뇌의 발달 지연은 청소년기까지 지속될 수 있다.

단 하나의 개별 유전자가 아닌, 다양한 유전자가 자폐증에 대한 민감성을 결정하는 데 관련된다(Nauert, 2011; State et al., 2011). 원인이 되는 유전자를 찾기 위해 전 세계의 연구소에서 연구가 진행되고 있다(예: Dennis et al., 2012; Michaelson et al., 2012; Sakai et al., 2011; Santini et al., 2012). 과학자들은 자폐증과 관련된 유전자와 그것이 뇌 기능에 미치는 영향을 찾기 시작했다(예: Leblond et al., 2012; Neale et al., 2012; O'Roak et al., 2012). 예를 들면 한 연구팀은 적어도 일부 자폐증과 관련되는 세 가지 유전자의 돌연변이를 발견했다(Carey, 2012; Sanders et al., 2012).

자폐증 치료

비록 자폐증을 위한 치유법은 없지만, 학습 원리를 아동의 환경에 적용시키기 위한 집중적인 행동 프로그램은 자폐아의 학습과 언어 기술, 사회적으로 적응적인 행동을 상당히 향상시킨다(Eikeseth et al., 2012; Ingersoll, 2011; Reichow et al., 2011). 이러한 학습에 기반한 접근은 일반적으로 **응용 행동 분석**이나 ABA 치료 모델로 불린다. 비교할 만한 결과를 가져오는 다른 치료 접근법은 없다. 치료사와 환자들은 조작적 조건화 방법을 사용하면서, 다른 사람에게 주의를 기울이는 능력을 향상하고 다른 아동과 어울리고 학업 능력을 개발시키고 자해를 감소시키거나 없애기 위해서 체계적으로 보상과 가벼운 처벌을 사용한다.

가장 널리 사용되는 행동치료 프로그램은 매우 집중적이고 조직화되어 있으며, 집단으로 혹은 개별적으로 제공할 수 있다. 한 고전적 연구에서 UCLA의 심리학자 O. Ivar Lovaas는 최소 2년간 매주 40시간 이상 일대일 행동치료를 받은 자폐아에게서 나타난 인상적인 치료 결과를 설명하였다(Lovaas, 1987). 후속 연구는 언어 발달, 지적 기능, 사회적 기능과 다른 적응적 행동에 관한 집중적 행동치료를 장기간 받은 자폐아에게서 긍정적인 결과를 보여 준다(Eikeseth et al., 2012; Virues-Ortega, 2010). 치료가 일찍 시작(5세 이전)되고 집중적일수록 결과가 더 좋은 경향이 있다(Vismara & Rogers, 2010).

또한 자폐 증상을 가진 유아는 조기 훈련을 받는데, 이는 모방 기술을 개발하고 사회적 상호작용을 위한 토대를 마련하는 데 기여하는 것에 초점을 맞춘다(Kuehn, 2011; Landa et al., 2011). 불행하게도, 집중적인 일대일 치료는 비용이 매우 많이 들고 공적 보조금을 받는 프로그램을 찾는 부모는 긴 대기자 명단이 처리되기를 기다릴 수밖에 없다.

생물의학적 치료는 자폐아의 분노발작 행동, 공격성, 자해행동, 상동적 행동과 같은 혼란스러운 행동을 통제하기 위해서 항정신성 약물을 사용하는 데 국한된다(McDougle et al., 2005). 최근 연구자들은 아동의 혼란스러운 행동에 대해 부모가 어떻게 반응해야 하는지 가르치는 훈련 프로그램을 치료에 포함할 때 항정신성 약물이 더 효과적이라는 사실을 발견하였다(Scahill et al., 2012). 비록 약물이 자폐아의 인지적 발달과 언어 발달에 지속적인 향상을 가져오는 것은 아니지만, 약물은 언어 발달을 촉진하는 역할을 할 수 있다(Beversdorf et al., 2011).

일반적으로 자폐증의 특징은 성인기에도 어느 정도 계속되지만 일부 자폐아는 학위를 받고 독립적으로 기능한다. 또 다른 일부는 평생 동안 계속적인 치료, 심지어 보호시설의 보호를 필요로 한다. 이 장애를 극복할 수 있는 사례는 적은 것으로 보인다. 2013년에 실시된 한 연구는 이전에 자폐증으로 진단받은 아동을 유년기 말 혹은 청소년기에 평가했을 때, 비록 소수이긴 하지만 상당수의 아동에서 증상이 나타나지 않는다는 사실을 보여 주었다(Carey, 2013; Fein et al., 2013). 비록 이러한 결과들이 자폐아와 그 가족들에게 희망을 주더라도, 우리는 단지 소수 집단만이 향상을 보였다는 점을 유념해야 한다.

더 자세히 살펴보기

자폐아의 의사소통을 돕는 애플리케이션

사실상 거의 모든 것을 위한 휴대전화 앱이 있는데, 밝혀진 바에 따르면 자폐아가 의사소통할 수 있도록 돕는 앱도 있다. 한 예로 iMean™은 미카엘 베르크만의 발명품으로, 그의 아들은 자폐증을 앓았다("iPad App Helps Autistic", 2010). 이 애플리케이션은 아이폰을 단어 예측 특징을 가지는 큰 키보드 버튼으로 바꾼다. 많은 자폐아들은 표준 키보드나 전화기 디스플레이에서 타자를 치는 데 필요한 미세한 운동통제가 부족하다. 이 애플리케이션의 큰 문자 디스플레이는 사용자가 특정한 문자를 가리키고, 디스플레이 화면에서 완전한 단어를 예측한 것을 볼 수 있게 한다. 자폐아는 점차 의사소통 기술을 쌓게 되어 남에게 의존하지 않을 수 있게 된다. 후에 출시된 버전은 음성 인식 기능까지도 포함한다.

아이패드는 자폐아가 외부 세상과 소통하고 교육 프로그램을 이용할 수 있는 또 다른 방법이다. 9세 된 자폐아를 둔 부모는 그의 아들이 아이패드에 반응하는 것에 깜짝 놀랐다(Kendrick, 2010). 그는 곧 그 장치를 다루게 되었고 약간의 연습만으로도 철자를 나열하고 숫자를 세는 게임과 영상 같은 다양한 종류의 교육 도구들을 다루기 시작했다. 아이패드와 같은 전자 기기는 자폐아를 가르치고 그들에게 다가가는 획기적인 새로운 방법이다.

자폐증을 돕기 위한 애플리케이션. iMean™의 창설자, 미카엘 베르크만은 추상적 사고를 구현하기 위해 문자판을 사용하는 그의 아들 다니엘과 함께 아이패드를 들어 개발된 애플리케이션을 보여 주고 있다.

지적 장애

13.4 지적 장애의 핵심 특징과 원인을 서술한다.

지적 장애(intellectual disability, ID)는 일반 인구의 약 1%에 해당된다. 이 장애는 지적 발달장애(intellectual developmental disorder, IDD)라고도 불린다. 지적 장애의 초기 특징은 지적 발달에서의 일반적인 결함이다. 이전에는 정신지체라고 불렸던 지적 장애는 지적 기능과 적응행동에서의 광범위하고 다양한 한계나 결함을 가지는 사람에게 적용되는 진단 용어이다(예: 개념 부족과 사회적 · 실용적 기술의 부족). 지적 장애를 가진 아동은 추론과 문제 해결 능력, 추상적 사고 능력, 판단, 학업 수행에서 결함을 나타내는 경향이 있다.

지적 장애는 아동 발달에서 18세 이전에 시작되고 평생 지속된다. 그러나 많은 지적 장애 아동은 시간이 지남에 따라 향상되는데, 특히 지지, 지도, 풍부한 교육 기회를 제공받을 때 그러하다. 빈곤한 환경에서 자란 지적 장애아는 개선되지 못하거나 더 악화될 가능성이 높다.

지적 장애는 낮은 IQ 점수와 적응기능의 손상에 근거하여 진단된다. 적응기능의 손상은 18세 이전에 발생하며, 독립 기능과 사회적 책임에 대한 예상된 기준을 충족시키는 데 있어 상당한 손상을 초래하는 것이다. 이러한 손상은 일상생활의 흔한 과제를 수행하는 데 있어 어려움을 수반할 수 있는데, 이는 세 개 영역에서 특정한 문화적 환경에 속한 동일한 연령대에 요구되는 것이다. (1) 개념적(언어 사용, 읽기, 쓰기, 수학, 추론과 관련된 능력), (2) 사회적(다른 사람의 경험에 대한 관심, 다른 사람과 효과적으로 의사소통하는 능력, 우정을 쌓는 능력과 관련된 기술), (3) 실용적(개인적 보살핌 욕구를 충족시키는 능력, 직장 업무를 수행하는 능력, 학교 과제와 직장 과업을 조직화하는 능력). 비록 DSM 이전 판에서는 정신지체를 진단하기 위해 70보다 낮은 IQ 점수를 요구

표 13.2
지적 장애 수준(이전에는 정신지체라고 불림), IQ 점수의 일반적 범위, 적응적 행동의 유형

심각도/ IQ 점수 범위	학령전기(0~5세) 성숙과 발달	학령기(6~21세) 훈련과 교육	성인(21세 이상) 사회적, 직업적 적절성
경도/50~70	무심히 관찰하면 흔히 지적 장애가 있는 것으로 알아챌 수 없으나, 걷기, 먹기, 말하기가 대부분의 아동보다 느리다.	특수 교육을 통해 3~6학년 수준의 읽기와 산수를 훌륭히 해낼 수 있으며 실용적 기술을 획득할 수 있다. 사회적으로 적합한 방향으로 교육할 수 있다.	자기유지를 할 수 있게 하는 사회적, 직업적 기술을 대개 달성할 수 있다. 특이한 사회적 혹은 경제적 스트레스를 받을 때 지도와 지지가 가끔 필요할 수 있다.
중증도/35~49	운동 발달과 특히 언어에서 뚜렷한 지연이 있으며, 다양한 자조 활동 훈련의 효과가 있다.	간단한 의사소통, 건강과 안전에 대한 기본적인 습관, 손으로 하는 간단한 기술을 배울 수 있다. 기능적 읽기나 산수에서 진전이 없다.	안전한 조건에서 간단한 작업을 수행할 수 있고, 간단한 레크리에이션에 참여할 수 있다. 익숙한 곳으로 혼자 여행을 갈 수 있다. 자기유지의 어려움이 있다.
고도/20~34	운동 발달에서의 뚜렷한 지연이 있으며, 의사소통 기술이 거의 없거나 전혀 없고, 기본적인 자조 훈련의 효과가 있다.	특정 장애를 제외하고는 대개 걸을 수 있으며, 언어를 이해하고 대답하고, 체계적인 습관 훈련이 유용할 수 있다.	매일 틀에 박힌 일상과 반복적인 활동을 따를 수 있으며, 보호 환경 속에서 계속적인 지시와 감독이 필요하다.
최고도/20 이하	전체적인 지적 장애를 보이며 감각운동 영역 기능의 발전 가능성이 아주 낮고, 돌봄이 필요하다.	모든 발달 영역에서의 명백한 지연, 기본적인 정서적 반응을 보임, 다리 사용에 대한 숙련된 훈련의 효과가 있다.	걸을 수 있으며 돌봄이 필요할 수 있다. 원시적 언어 능력을 가질 수 있다. 대개 정기적인 신체적 활동이 효과적일 수 있다. 자기유지를 할 수 없다.

출처: *Essentials of Psychology*(6th ed.) by S. A. Rathus. Copyright © 2001. Brooks/Cole, an imprint of the Wadsworth Group, a division of Thomson Learning, now Cengage Learning의 허락하에 인용함.

하였으나, DSM-5는 지적 장애를 진단하기 위해 특정한 IQ 점수를 정하지 않았다.

심각도 수준은 아동의 적응적 기능이나 능력에 따라 결정되는데, 이는 학교와 가정에서 직면하는 상황에 대해 기대 가능한 요구를 만족시킨다. 대부분의 지적 장애아(약 85%)는 경도 범위로 분류되며, 이들은 대개 기초적인 수행 요구를 충족시킬 수 있다. 예를 들면 간단한 구절을 읽도록 학습하는 것이 포함된다. 약간의 지도와 지지가 필요하긴 하지만 이들은 성인과 같이 일반적으로 독립적인 기능을 수행할 수 있다. 표 13.2는 지적 장애의 다양한 수준과 관련된 결함과 능력에 대해 기술한 것이다.

지적 장애의 원인

지적 장애의 원인은 생물학적 요인, 심리사회적 요인 혹은 이러한 요인의 조합을 포함한다. 생물학적 원인은 염색체와 유전적 장애, 전염병, 임신 중 어머니의 알코올 사용이 있다. 심리사회적 원인은 빈곤한 가정 환경에의 노출을 포함하는데, 이는 아동기 동안 다양한 지적 자극의 결핍을 이끄는 것으로 가정된다.

다운 증후군과 다른 염색체 이상 지적 장애의 원인으로 자주 확인되는 것은 **다운 증후군**(Down syndrome)이다. 이것은 21번째 염색체가 2개인 일반인보다 염색체가 하나 더 있는 것으로 특징지을 수 있으며, 정상적인 46개의 총염색체보다 1개 더 많은 47개 염색체를 나타낸다(Einfeld & Brown, 2010; Mefford, Batshaw, & Hoffman, 2012). 다운 증후군은 800명의 신생아 중 약 1명꼴로 발생한다. 보통 정자 혹은 난자에서 21번째 염색체 쌍이 정상적으로 분리되지 못했을 때 나타나며 이것이 하나의 여분 염색체를 발생시킨다. 염색체 이상은 부모의 연령이 증가함에 따라 발생할 가능성이 높다. 따라서 30대 중반 이상의 예비부부는 다운 증후군과 다른 유전적 기형을 발견하기 위해 태아기 유전자 검사를 종종 받는다. 다운 증후군의 90% 사례는 어머니의 난자에 의한 것이었고, 10%는 아버지의 정자에 기인하는 것으로 기술된다(Genetic Science Learning Center, 2012).

다운 증후군을 나타내는 사람들은 독특한 신체 특징으로 구분된다. 둥근 얼굴, 넓고 평평한 코, 작고 아래로 처진 눈가 피부 주름(눈이 비스듬히 기울었다는 인상을 준다). 튀어나온 혀, 작고 네모난 손과 짧은 손가락, 구부러진 다섯 번째 손가락, 불균형적으로 작은 팔과 다리는 다운 증후군의 특징이다. 지적 장애 아동의 대부분은 심장 기형, 호흡곤란과 같은 신체적 문제로 고통받고 있다. 다운 증후군 환자의 평균적인 기대 수명은 겨우 49세이다(Yang, Rasmussen, & Friedman, 2002). 다운 증후군 아동은 생의 말년에 기억상실로 고통받으며 치매의 한 형태를 보여 주는 어린아이와 같은 정서를 나타낸다. 불행하게도 아직껏 다운 증후군을 위한 치료법은 존재하지 않는다. 그러나 과학자들은 21번 염색체에 영향을 받는 유전자에 대해 더 많은 것을 알게 된다면 이들의 뇌 기능을 향상시킬 수 있는 방법 또한 찾을 수 있을 것이라 기대한다(Einfeld & Brown, 2010).

성취하기 위한 노력. 대부분의 다운 증후군 아동은 학습 기회나 격려가 제공되면 기본적인 학업 기술을 배울 수 있다.

다운 증후군 아동은 학습과 발달에서 다양한 결함을 겪는다(Sanchez et al., 2012). 이들은 균형 잡힌 동작을 할 수 없고 적당한 근육 탄력이 부족한 경향이 있는데, 이는 신체적 과업을 수행하고 다른 아동처럼 노는 것을 어렵게 한다. 다운 증후군 아동은 특히 언어적으로 표현되는 정보에서 기억 결함을 가지는데 이는 학교에서의 학습을 어렵게 한다. 또한 그들은 교사의 지시를 따르고 생각이나 욕구를 분명하게 말로 표현하는 것을 어려워한다. 만약에 그들이 적절한 학교 교육과 격려를 받는다면 장애에도 불구하고 대부분은 읽고 쓰고 간단한 연산을 수행하도록 학습할 수 있다.

비록 다운 증후군보다 흔하진 않지만 성염색체의 염색체 기형도 지적 장애를 초래한다. 예를 들면 클라인펠터 증후군과 터너 증후군이 있다. **클라인펠터 증후군**은 남성에게서 발생하며 X 염색체가 하나 더 존재하는 것이 특징인데, 이것은 XY가 아닌 XXY 염색체 패턴을 야기한다. 클라인펠터 증후군의 유병률 추정치는 1,000명 남아 출생당 1~2명이다(Morris et al., 2008). 이들은 적절한 이차 성징을 발달시키는 데 실패한다. 이로 인해 고환이 작고 발육이 불완전하며 정자 생산이 적고, 가슴이 커지고 근육이 잘 발달하지 않으며 불임이 된다. 흔히 지적 장애와 학습장애가 동반된다. 클라인펠터 증후군을 가진 남성은 불임 검사를 할 때까지 그들이 그러한 상태인지 알지 못한다.

터너 증후군은 여성에게서만 발생하며 정상의 경우 2개인 X 염색체가 1개밖에 없는 것(혹은 두 번째 X 염색체가 단지 부분적으로 있다)이 특징이다(Hong, Dunkin, & Reiss, 2011). 터너 증후군을 가진 소녀는 외부 생식기는 정상적으로 발달하지만 에스트로겐이 적게 생산되기 때문에 난소는 잘 발달하지 못한다. 그들은 일반적으로 단신이고 불임이며, 내분비와 심혈관 문제를 가진다. 또한 경도 수준의 지적 장애 징후를 보이는 경향이 있으며, 특히 수학, 과학과 관련된 능력에서 그러하다.

취약 X 증후군과 다른 유전적 기형 과학자들은 지적 장애의 여러 가지 유전적 원인을 찾고 있다. 유전적 원인으로 가장 흔하게 나타나는 것은 **취약 X 증후군**(Fragile X syndrome)으로, 이것은 대략 1,000~1,500명의 남성 중

1명, 2,000~2,500명의 여성 중 1명에게서 발생한다(Hall et al., 2008; Maher, 2007). 이 증후군은 다운 증후군에 이어 두 번째로 흔한 지적 장애 유형이다. 이 장애는 취약하게 보이는 X 염색체 영역에서 한 유전자의 돌연변이로 인해 발생한다(Kim et al., 2011; Muddashetty et al., 2011; Seltzer et al., 2012).

취약 X 증후군의 영향은 경도 수준의 학습장애에서부터 말하거나 기능하는 것이 거의 불가능한 극심한 지적 장애에 이르기까지 다양하다. 여성은 정상적으로 2개의 X 염색체를 가지지만 남성은 하나만 가진다. 2개의 염색체 중 하나에서 유전자 결함이 나타나면, 대개 좀 더 가벼운 유형의 지적 장애에 영향을 미치고 여성이 2개의 X 염색체를 가지는 경우 이 장애로 인한 위험 가능성이 보다 낮아질 가능성이 있다. 이는 보통 이 장애가 왜 여성보다 남성에게 더 심각한 영향을 미치는지 설명할 수 있다. 그러나 돌연변이는 항상 발현되진 않는다. 많은 남성과 여성은 취약 X 돌연변이를 가지고 있지만 어떠한 임상적 징후도 보이지 않는다. 이런 경우 그들의 자녀에게 증후군이 유전될 가능성이 있다.

유전자 검사를 통해 취약 X 증후군의 원인이 되는 유전적 결함을 찾을 수 있다. 현재까지 이 증후군에 대한 치료 방법은 없지만, 유전자 연구는 이 장애의 분자 수준에서의 원인을 찾는 데 중점을 두고 있으며 이는 언젠가 효과적인 치료법으로 이어질 수 있을 것으로 기대된다(Bar-Nur, Caspi, & Benvenisty, 2012; Healy, Rush, & Ocain, 2011; Jacquemont et al., 2011).

페닐케톤뇨증(Phenylketonuria)은 신생아 1,000~1,500당 약 1명에게서 발생하는 유전적 장애이다(Widaman, 2009). 아미노산 페닐알라닌을 신진대사시키는 것을 방해하는 열성 유전자가 원인이며, 이것은 많은 음식물에서 발견된다. 그 결과 페닐알라닌과 이것의 파생물인 페닐피루브산이 신체에 축적되는데, 이들 물질은 중추 신경계 손상의 원인이 되며 고도 지적 장애를 초래한다. 페닐케톤뇨증은 신생아의 혈액이나 소변 샘플을 분석함으로써 발견될 수 있다. 비록 페닐케톤뇨증을 위한 치료 방법은 없지만 만약 이 장애를 가진 아동이 출생하자마자 즉시 페닐알라닌이 낮은 식단으로 바꾼다면 정상적으로 발달하거나 손상을 덜 입을 수 있다. 이러한 아동은 영양 손실을 메꾸기 위해 단백질 보충식을 필요로 한다.

오늘날 다양한 태내기 검사는 염색체 기형과 유전적 장애를 찾을 수 있도록 해 준다. 양수검사는 보통 임신 14~15주경 실시되며 양수 샘플은 태아가 위치한 양막에서 주사기로 뽑아낸다. 태아의 세포는 양수에서 분리되어 배양조직에서 성장 가능한데, 다운 증후군을 포함한 장애를 위해 이러한 검사를 시행한다. 혈액 검사는 다른 장애의 유무를 찾기 위해 사용된다.

태내기 요인 일부 지적 장애는 임신 중 모체의 감염이나 물질 남용으로 인해 야기된다. 예를 들면, 어머니의 풍진은 태아에게 전달되고, 지적 장애를 유발하는 뇌손상의 원인이 될 수 있으며 자폐증의 원인으로도 작용할 수 있다. 비록 어머니가 가벼운 증상 혹은 어떠한 증상도 경험하지 않더라도 태아에 심각한 영향을 미칠 수 있다. 아동의 지능 발달 지연을 야기하는 모체의 또 다른 감염으로는 매독, 거대세포 바이러스, 음부포진 등이 있다.

임신 중 매독 검사와 임신 전 풍진에 대한 면역력을 기르는 광범위한 프로그램은 이러한 감염이 아동에게 전달될 위험성을 감소시킨다. 대부분의 아동은 출산 중에 산도에서 단순 헤르페스 바이러스와 접촉함으로써 어머니에 의해 음부포진에 걸리게 된다. 따라서 제왕절개 수술을 통한 출산은 출산 중 바이러스 감염을 예방할 수 있다.

어머니가 임신 중 섭취한 약은 태반을 거쳐 전달된다. 몇몇 약물은 심각한 기형출산과 지적 장애를 초래한다. 어머니가 임신 중 알코올을 섭취한 경우 아동은 흔히 지적 장애의 주된 원인 중 하나인 (8장에서 소개했던) 태아 알코올 증후군을 지니고 태어난다.

산소부족, 두부손상과 같은 출산 합병증은 지적 장애를 포함하여 아동의 신경학적 장애에 대한 위험성을 증가시킨다. 조산 또한 아동의 지적 장애와 다른 발달상의 문제에 대한 위험성을 높인다. 유아기와 아동기 초기 동안의 뇌 감염(뇌염, 뇌수막염 등)과 트라우마는 지적 장애와 다른 건강상의 문제를 야기한다. 납 등의 페인트 칩과 같은 독소를 섭취한 아동은 지적 장애를 유발하는 뇌손상으로 고통받을 수 있다.

문화-가족성 원인 지적 장애 환자의 대다수는 그 정도가 경미하여 명백한 생물학적 원인이나 뚜렷한 신체적 특징을 보이지 않는다. 이런 경우 환자는 일반적으로 빈곤한 가정이나 지적 활동이 결핍된 사회·문화적 환경에서 자랐거나 방임과 학대로 고통받았을 가능성이 있다.

빈곤한 가정에서 자란 아동은 장난감, 책 혹은 성인과 지적 활동을 함께 할 기회가 결핍되었을 가능성이 있다. 결과적으로, 이들은 적절한 언어 능력을 습득하지 못하거나 학습에 대한 동기를 부여받지 못했을 것이다. 경제적인 부담은 부모가 자녀에게 책을 읽어 주고, 자녀와 긴 대화를 나누고, 자녀를 창의적인 놀이나 활동에 참여시키는데 시간을 할애하는 것을 어렵게 만들 수 있다. 빈곤한 가정에서 성장한 아동은 하루 대부분을 텔레비전을 시청하는 데 보낼 수 있다. 이들의 부모 또한 대부분 가난하게 자라서 자녀가 읽기 능력이나 의사소통 능력을 발달시키는 데 필요한 도움을 주지 못할 수 있다. 가난과 지적 발달 결핍의 악순환은 세대에 걸쳐서 반복된다.

이러한 유형의 지적 장애를 지닌 아동은 풍부한 학습을 받을 때 극적으로 향상될 수 있는데, 특히 나이가 어릴수록 그렇다. Head Start와 같은 사회적 프로그램은 이러한 유형의 지적 장애의 위험에 처해 있는 많은 아동이 정상 범위의 기능을 수행할 수 있도록 고안되었다.

치료 및 개입

지적 장애를 지닌 아동에게 필요한 서비스는 정신지체의 유형과 정도에 따라 다양하다. 경도 지적 장애 아동은 적절한 훈련을 통해 6학년 수준의 수행을 보일 수 있다. 이들은 직업 기술을 습득하여 의미 있는 일거리를 통해 약간이나마 스스로를 지원할 수 있다. 이런 아동의 다수는 정규수업을 이수한다. 그러나 심각한 지적 장애를 지닌 아동은 그룹 홈과 같은 지역사회 내의 주거형 보호시설에서의 보호와 재활교육이 필요하다. 시설에서의 재활교육은 흔히 파괴적이고 공격적인 행동을 통제하는 것을 기반으로 하는데, 이러한 문제는 환자의 지적 장애 심각도 때문만은 아니다. 중등도 수준의 지적 장애를 지닌 아동의 사례를 살펴보자.

지적 장애 사례(중등도 수준)

어머니는 더 이상은 못 견디겠다면서 응급실 의사에게 그녀의 15세 된 아들을 입원시켜 달라고 애원했다. 그녀의 아들은 IQ 45인 다운 증후군이었는데, 8세부터 보호시설과 집을 오가면서 지냈다. 어머니가 병원을 방문할 때마다 아들은 집으로 데려가 달라고 애원했다. 매년 재활교육이 끝나면 어머니는 아들을 집으로 데리고 갔지만 그의 행동을 통제할 수는 없었다. 분노를 표출하는 동안 그는 접시를 깨고 가구를 부순다. 바닥에 놓인 빗자루를 반복적으로 치는 것을 어머니가 막으려고 옥신각신할 때면 그는 어머니의 팔과 어깨를 때리면서 공격적인 행위를 드러내곤 하였다.

— Spitzer et al., 1989, pp. 338-340

교육자는 때때로 지적 장애를 지닌 아동이 정규수업을 이수해야 한다거나 특별한 교육과정을 받아야 한다는 주장에 반대한다. 경미한 지적 장애를 지닌 몇몇 아동은 정규수업을 이수할 때 성취도가 높았지만, 다른 아동은 그렇지 않아서 정규수업을 힘들어하고 친구들과 관계를 맺지 못한다. 지적 장애 환자를 돌보는 여러 기관에 공공연하게 존재하는 악행에 일반 대중이 분노하였고, 이로 인해 심각한 지적 장애 환자의 탈시설화에 대한 움직임이 존재한다. 1975년 회의에서 통과된 발달장애 지원 및 권리장전 법률은 정신지체 환자가 최소 제한적(the least-restrictive) 치료 장면에서 적절한 치료를 받을 수 있도록 권리를 보장한다. 지적 장애 환자를 위한 시설은 전국적으로 이 법안이 통과된 바로 다음 해에 거의 2/3로 감소했다. 지역사회에서 기능할 수 있는 지적 장애 환자는 대규모 시설에서 제공하는 서비스보다 덜 제한적인 보살핌을 받을 수 있는 권리를 지닌다. 이들 중 다수는 시설 밖에서 생활할 수 있으며, 보호감독을 받는 그룹 홈에서 지내고 있다. 일반적으로 공동주택에 거주하는 경우, 가정이라는 책임감을 공유하고, 훈련 프로그램이나 보호 작업장과 같은 의미 있는 활동에 매일 참여하도록 권장 받는다. 다른 이들은 가족과 함께 살고 구조화된 일일 프로그램에 참석한다. 지적 장애를 지닌 성인은 종종 바깥 일에 종사하며 개인 소유의 아파트에서 살거나 경도 지적 장애 환자와 아파트를 공유한다. 정신과 시설에 있는 정신장애 환자를 지역사회에 무더기로 복귀시키는 것이 엄청난 사회적 문제를 야기하고 미국의 노숙자를 팽창시키겠지만, 지적 장애 환자의 탈시설화는 대체로 성공적이며 큰 가치를 지닌다(Hemmings, 2010; Lemay 2009).

지적 장애 환자에게는 불안장애, 우울증, 행동 문제와 같은 다른 정신장애가 동반될 가능성이 높다(McGillivray & Kershaw, 2013; Rojahnet et al., 2012). 불행하게도, 지적 장애 환자의 정서적 삶은 문헌에서 큰 주목을 받지 못하고 있다(예: Lucas-Carrasco & Salvador-Carulla, 2012; Vos et al., 2012). 많은 전문가는 심지어 지적 장애 환자가 심리적 문제의 영향으로부터 대체로 벗어나 있거나 심리치료로부터 효과를 보기 위해 필요한 언어 능력이 결여되어 있을 것이라는 (잘못된) 가정을 한다. 하지만 우울증과 다른 정서적 문제처럼 지적 장애 환자도 심리치료의 효과를 볼 수 있다는 증거가 있다(McGillivray & Kershaw, 2013; Prout & Browning, 2011).

지적 장애 환자는 종종 지역사회에 적응하며 살아가기 위해 심리적 도움을 필요로 한다(McKenzie, 2011). 이들 중 다수는 친구를 사귀는 데 어려움을 겪어서 사회적으로 고립된다. 지적 장애 환자는 비난과 조롱의 대상이 되기 때문에 자존감과 관련된 문제 또한 흔하게 나타난다. 심리 상담에서 환자의 개인위생, 일, 사회적 관계 등의 기술을 습득하는 것은 행동치료를 통해 가능하다. 구조화된 행동기법은 심각한 지적 장애 환자가 양치질, 혼자 옷 입기, 머리 빗기와 같은 기본적인 위생행동을 익히도록 가르치는 데 사용된다. 다른 행동치료 기법으로는 타인과 효과적으로 관계를 맺는 능력을 향상시키는 사회기술 훈련과 행동화를 하지 않고 갈등을 효과적으로 처리하는 방법을 개발하는 분노조절 훈련 등이 있다.

학습장애

13.5 학습장애의 유형과 학습장애를 이해하고 치료하는 방법에 대해 확인한다.

넬슨 록펠러는 뉴욕 주의 주지사이자 미국의 부통령이었다. 그는 총명했고 교육을 잘 받은 사람이었다. 하지만 훌륭한 선생님이 그를 가르쳤음에도 불구하고 그는 항상 글을 읽는 것에 애를 먹었다. 록펠러는 **난독증**(dyslexia)을 겪었는데, 난독증은 '나쁜'을 뜻하는 그리스어 *dys*-와 '단어'를 뜻하는 *lexikon*에서 유래되었다. 난독증은 **학습장애**(learning disorder 또는 learning disability)의 가장 흔한 유형으로 아마 학습장애의 80%가 여기에 해당될 것이다. 난독증 환자는 평균적인 지능을 보유하고 있음에도 읽는 데 어려움을 겪는다. 진실 / 거짓

진실 또는 거짓

전 미국 부통령은 산수에 어려움이 있어서 재정상의 잔고를 계산할 수 없었다.

거짓 넬슨 록펠러는 1970년대 포드 정부의 부통령으로, 난독증으로 읽기에 어려움은 있었지만 산수에는 문제가 없었다.

학습장애는 성인기까지 영향을 미치는 만성적 장애이다. 학습장애 아동은 자신의 연령과 지능에 비해 낮은 학업수행을 보이므로, 교사나 가족들은 아동이 학업에 실패한 것으로 간주한다. 이들이 낮은 자존감을 비롯한 여타 심리학적 문제들을 나타낸다는 점은 어떤 면에서 당연한 것이라 할 수 있다. 이들은 또한 주의력결핍 및 과잉행동장애의 발병 가능성이 높다.

DSM-5는 읽기, 쓰기, 산수, 연산 및 집행 기능 능력의 상당한 결함을 포함하는 다양한 유형의 학습장애를 아우르기 위한 단일 진단을 **특정 학습장애**로 명명한다. 이러한 결함은 아동의 학업수행에 심각한 영향을 미치며, 학교를 다니는 내내 나타나지만, 제한시간이 정해진 시험을 치르는 상황과 같이 학업적 요구가 아동의 능력을 초과할 때 비로소 두드러지게 관찰된다. 또한 일반적인 지능 발달의 지체(지적 장애)나 신경학적 또는 기타 의학적 상태로 인한 학습의 결함보다 학습장애로 설명하는 것이 보다 타당할 때 진단된다. 연구자는 이들의 학업적, 사회적, 직업적 기능을 방해하는 것이 하나의 학습 결함인지 혹은 이 장애에서 흔히 나타나는 특정 결함의 조합인지에 대해 구분할 필요가 있다.

읽기 문제 읽기 문제와 같은 특정 학습장애를 지닌 아동은 기본적인 읽기 능력에 있어서 지속적인 어려움을 보인다. DSM-5에서는 **난독증**이라는 용어를 더 이상 사용하지 않지만, 여전히 교육자, 의사, 연구자들은 읽기 능력의 결함을 묘사하는 용어로 널리 사용한다.

난독증 아동은 기본적인 단어의 이해나 인식 또는 자신이 읽은 것을 이해하는 것에 어려움을 느끼며, 글을 아주 느리게 혹은 더듬거리며 읽는다. 난독증은 4%의 학령기 아동에게서 나타나며 여아보다 남아에게 더 흔히 나타난다(Rutter et al., 2004). 또한 난독증이 있는 남아는 여아보다 교실에서 더 파괴적인 행동을 보이기 때문에 행동 발달 사항에 이러한 문제가 기재될 가능성이 높다.

난독증 아동은 읽기가 매우 느리며 글을 읽는 동안 단어를 왜곡, 생략, 대체하기도 한다. 이들은 단어와 단어의 조합을 이해하는 것과 단어를 똑바로 발음하는 데 문제가 있다(Meyler et al., 2008). 또한 난독증 아동은 문자를 거꾸로 읽거나(예: *w*와 *m*을 혼동하는 것) 단어를 좌우로 뒤집어서 보기도 한다(예: *b*와 *d*). 간혹 6세에 아동이 난독증으로 발견될 때도 있으나, 대개의 경우 2학년이 되는 7세경에 주로 발견된다. 난독증 아동과 청소년에서 우울, 낮은 자존감, 주의력결핍 및 과잉행동장애와 같은 문제가 발생할 가능성 또한 높다.

난독증의 비율은 모국어에 따라 다르다. 영어권과 불어권 국가에서 더 높게 나타나는데, 이 언어들은 서로 다

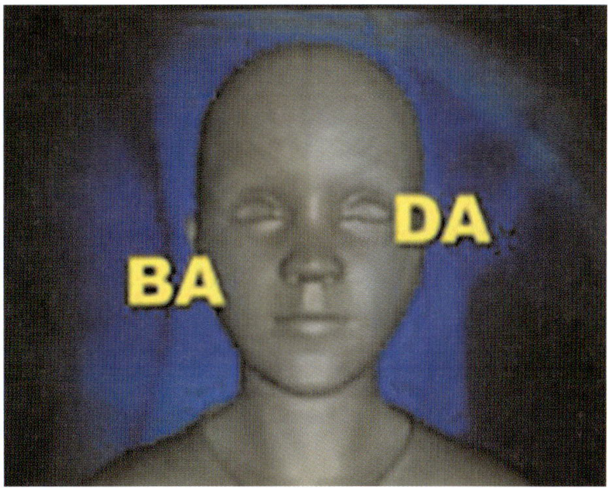

말소리의 구분. 난독증 아동은 기본적인 말소리(예: '바', '다' 혹은 알파벳에서 이러한 소리가 나는 특정 단어)를 구분하거나 그 소리를 글자와 연결하는 것을 힘들어한다.

른 철자의 단어가 같은 소리로 발음될 수 있다(예: toe와 tow는 같은 o 발음으로 들린다). 이탈리아에서는 난독증 비율이 낮은데, 이는 단어 조합에 따라 같은 발음으로 읽히는 단어가 다른 나라에 비해 적기 때문이다(Paulesu et al., 2001).

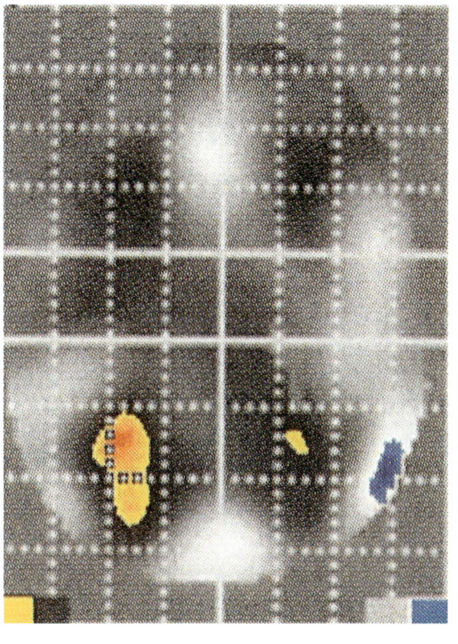

난독증이 있는 성인의 뇌 영상 연구. 뇌영상은 읽기 과제를 하는 동안 좌반구의 '읽기 시스템'에서 강한 활성화(노란색 부분)를 보이며, 이 영역은 난독증이 아닌 독자의 정상적인 읽기 능력과 관계가 있다. 반면 읽기 훈련을 한 난독증 독자는 우반구(파란색 부분)에 더 많이 의존한다. 따라서 훈련을 통해 읽기 능력을 습득한 난독증 독자는 다른 일반 독자와는 다른 뇌 내 회로에 의지한다. 실험을 통해 활성화되는 뇌 영역이 서로 다르다는 것을 밝힘으로써 과학자들은 난독증의 신경학적 근거가 더 많이 밝혀질 것으로 기대하고 있다.

쓰기 문제 이 결함은 글을 잘 읽거나 쓸 때, 혹은 의미전달이 명확하고 잘 조직화된 문장과 단락을 구성할 때 철자, 문법, 구두점 등의 문제가 나타나는 것이 특징이다. 심각한 쓰기 문제는 7세경(2학년)에 나타나지만 경미한 경우, 10세(5학년)가 되어서야 드러나기도 한다.

산수 및 수리적 추론 기술의 문제 아동은 덧셈, 뺄셈과 같은 산수 연산자를 이해하는 데 문제가 있으며, 연산과정이나 구구단을 학습하고 수리적 추론을 하는 데 어려움을 겪을 수 있다. 이러한 문제는 빠르면 1학년(6세)경에 나타날 수 있으나, 보통 2학년 혹은 3학년에 이르러서야 나타난다.

집행 기능의 문제 집행 기능은 고등 정신 능력의 총체로, 특정 작업이나 과제를 해결하는 데 필요한 것을 조직화하고 계획하고 조정하는 능력이다. 많은 아동이 계획하고 조직하는 등의 작업을 수행하는 것을 힘들어하나, 집행 기능에 결함이 있는 아동은 학업 관련 활동을 조직하고 조정하는 데 더욱 현저하고 지속적인 어려움을 겪는다. 이들은 학업을 따라가지 못해 종종 뒤처지며, 숙제를 해내지 못하거나 제 시간에 완료하기 위한 계획 세우기에 실패한다.

학습장애의 이해와 치료

학습장애에 대한 다양한 연구는 주로 난독증에 관한 것인데, 이는 난독증을 중심으로 뇌의 이상이 시각과 청각의 정보처리에 어떠한 영향을 미치는지에 관한 증거가 알려져 있기 때문이다(Golden, 2008; Nicolson & Fawcett, 2008). 난독증을 보이는 사람은 특정 문자와 그에 해당하는 소리를 연결하는 데 어려움을 갖는다(예: *f*, *ph*, *gh*를 보면서 마음속으로는 *f* 발음으로 말하거나 듣는다). 또한 이들은 'ba'나 'da' 같은 소리를 구분하는 데 어려움을 겪는다. 학습장애는 유전적 영향 때문이라는 증거가 발견되고 있다(Gabrieli, 2009; Paracchini et al., 2008).

연구자들은 난독증이 유전적 영향을 많이 받는 유형과 환경적 영향을 많이 받는 유형 두 가지로 분류될 수 있다고 추측한다(Morris, 2003; Shaywitz et al., 2003). 유전적 영향이 큰 난독증은 글을 읽을 때 동반되는 소리를 처리하기 위해 사용하는 뇌 신경회로의 결함과 연관되어 나타난다(Shaywitz, Mody, & Shaywitz, 2006). 유전적인 유형의 난독증 아동은 느리게 읽는 현상이 지속되더라도 이를 보완하는 방법을 배워야 한다. 환경적인 유형의 난독증을 지닌 사람은 뇌 내 신경회로는 그대로이나, 글의 독해 전략보다는 기억에 의존하여 글을 읽으려고 한다. 후자는 교육에서 소외된 가정 배경을 가진 아동에게서 더 흔히 나타나며, 만성적인 읽기 장애와 더욱 밀접히 연관된다(Kersting, 2003).

뇌 내 회로의 손상과 감각 정보(시각과 청각)의 처리와의 관련성은 아동이 자신의 감각 능력을 조절하는 데 도움이 되는 치료 프로그램의 발전으로 이어진다. 치료사는 각 아동의 장애와 교육적 요구에 따른 특정 전략을 설계할 필요가 있다. 예를 들어, 시각적 정보보다 청각적 정보가 학습에 더 효과적인 아동은 글로 작성된 도구 대신 녹음된 자료를 사용하는 등 언어를 이용하여 가르쳐야 한다. 또 다른 개입 방법은 산수와 읽기 능력과 같이 기본적인 학업 수행에 필요한 능력을 습득하는 데 도움이 되도록 아동의 학습 능력 평가와 전략을 수립하는 데 초점을 둔다(Solis et al., 2012). 또한 언어 전문가는 난독증 아동이 언어의 구조와 단어의 사용에 대해 확실히 이해하도록 돕는다.

의사소통장애

의사소통장애(communication disorders)는 언어의 이해와 사용이나 말을 유창하고 명확하게 하는 것에 대한 지속적인 어려움을 의미한다. 말과 언어는 일상생활의 중요한 요소이므로, 이 장애는 개인이 학교, 직장, 사회적 상황에서 성공적으로 기능하는 것을 방해한다. 의사소통장애의 주요 유형에 대해 살펴보자.

> **13.6** 의사소통장애의 개념을 정의하고, 하위 유형에 대해 정의한다.

언어장애

언어장애(language disorder)는 구어를 구사하거나 이해하는 능력의 손상을 의미한다. 늦은 어휘 발달, 잘못된 시제 사용, 단어 회상의 어려움, 연령에 비해 적절한 길이와 복잡한 정도의 문장 구사 실패 문제 등과 같은 특수한 손상이 이에 해당한다. 또한 이 장애를 지닌 아동은 자신이 구사한 말(speech)과 복합적으로 관련된 발화음 상에서 장애를 겪을 수도 있다.

언어장애가 있는 아동은 또한 단어나 문장을 이해하는 데 어려움이 있을 가능성이 있다. 어떤 경우, 아동은 양의 다름을 표현하는 단어[규모가 큰(large), 크기가 큰(big), 양이 많은(huge)]나, 공간에 관한 용어[가까운(near), 먼(far)], 혹은 문장 유형['~와 달리(unlike)'로 시작하는 문장] 등 특정 유형의 단어 이해에 어려움을 겪는다. 또 다른 경우, 아동은 간단한 단어나 문장 자체를 이해하는 데 어려움을 겪는다.

언어발음 장애

발음을 명확하게 하거나 유창하게 말하는 데에 문제가 생길 수 있다. **언어발음 장애**(speech sound disorder, 과거 음성학적 장애라 불림)는 구강의 발음 기제나 뇌의 신경학적 손상으로 인해 명확한 말소리를 표현하는 데 어려움을 겪는 것을 말한다. 이 장애를 가진 아동은 말할 때 특정 소리를 빠뜨리거나 생략하거나 혹은 다른 소리로 대체한다. 특히, *ch*, *f*, *l*, *r*, *sh*, *th* 발음에 대해 장애를 갖는 경우가 많으며, 대부분의 아동은 학령기 초기에 도달하면 이들 발음을 정확하게 한다. 발화음 장애 아동의 말소리는 마치 '아기가 말하는 것(baby talk)처럼' 들린다.

증상이 심한 아동은 유치원에 다닐 동안에도 *b*, *m*, *t*, *d*, *n*, *h* 같은 소리를 제대로 발음하지 못한다. 언어치료가 발화음 장애의 치료에 도움이 되며, 증상이 경미한 경우 8세 정도가 되면 대부분 문제가 사라진다.

언어의 유창성에 문제가 있는 것을 특징으로 하는 지속적인 말더듬은 DSM-5에서 의사소통장애로 분류되며, **아동기에 발병하는 유창성 장애**(childhood-onset fluency disorder)로도 불린다. 이들은 말을 하는 적절한 타이밍에 정확하고 유창하게 말하는 데 어려움이 있으며 주로 2~7세경에 나타난다. 이 장애는 다음의 특성 중 하나 혹은 그 이상의 증상을 특징으로 한다. (a) 소리와 음절의 반복, (b) 특정 소리가 연장되는 현상, (c) 부적절한 소리의 감탄사, (d) 하나의 단어를 두 개의 음절로 분리하여 읽는 것, (e) 말의 끊김, (f) 둘러 말하기(문제가 되는 단어를 피하기 위해 다른 단어로 대체하는 것), (g) 말을 할 때 과도한 신체적 긴장을 보이는 것, (h) 단음절 전체 단어의 반복(예: "마-마-마-만나서 반가워요").

더 자세히 살펴보기

서번트 증후군

다음을 시도해 보시오.

1. 달력을 보지 않고 2079년 3월 15일이 무슨 요일인지 계산하시오.
2. 1부터 10억 사이의 소수(prime number)를 나열하시오. (힌트: 이것은 1, 2, 3, 5, 7, 11, 13, 17로 시작함.)
3. 당신이 아침에 커피를 마시며 읽었던 신문기사를 그대로 외워 보시오.
4. 베토벤 《9번 교향곡》의 제1 바이올린의 모든 음을 정확하게 불러보시오.

포기했는가? 극소수의 사람만이 이러한 문제를 풀 수 있기 때문에 실망할 필요는 없다. 역설적이게도, 이 문제를 풀 확률이 가장 높은 사람은 자폐증이나 지적 장애 혹은 둘 다를 앓는 사람이다. 심한 지적 결함이 있지만 이런 주목할 만한 정신적 능력이 있을 때 이를 **'서번트 증후군'**이라 한다. 이들은 보통 '서번트'라 불린다(이 용어는 '앎'이라는 뜻의 프랑스어 savior에서 유래하였다). 서번트 증후군인 사람은 달력의 날짜 계산이나 희귀한 음악적 재능과 같이, 일반적인 지적 능력에 비해 특정 부분에 국한된 정신적 기술에서 뛰어난 능력을 발휘한다. 이들은 빠른 속도로 달력 날짜를 계산해 낼 수 있다. 한 젊은 남성은 '1996년 10월 23일은 무슨 요일인가?'와 같은 질문에 단 몇 초 만에 대답한다(Thioux et al., 2006). 말은 잘하지 못해도 아주 어린 시절부터 그림에 특출난 재능을 발휘하는 사례도 있다(Selfe, 2011).

서번트의 또 다른 사례로, 시각장애인임에도 불구하고 어떠한 복잡한 곡도 따라 연주할 수 있으며 외국어로 된 긴 구절을 음절 하나 틀리지 않고 그대로 반복할 수 있다. 또, 시간 경과를 정확히 알아맞히는 사람, 방금 읽은 신문의 내용을 모두 기억하는 사람, 방금 읽은 책을 거꾸로 말할 수 있는 사람도 있다(Tradgold, 1914, Treffert, 1988에서 인용).

서번트 증후군은 여성보다 남성에게서 6배 정도 더 자주 나타난다. 서번트 증후군을 가진 사람의 특별한 능력은 갑자기 나타났다가 사라지기도 한다.

서번트 증후군을 설명하기 위해 많은 이론이 제안되었지만, 연구자 간 합의는 아직 이루어지지 않았다. 한 이론은 서번트 증후군을 지닌 사람에게 지적 장애와 특수한 기억 능력, 이 두 종류의 요인이 유전된다고 주장한다. 또 다른 이론은 이들의 뇌에 함께 발화하는 특별한 신경회로가 있으며, 이 회로가 너무 좁아서 수의 관계를 지각하는 것 같은 구체적이고 제한된 작업만 수행할 수 있다고 주장한다(Treffert, 1988). 또한 서번트의 능력을 강화하고 연습할 기회를 제공하는 환경이 이런 흔치 않은 능력이 더욱 발달할 수 있도록 자극을 준다는 견해도 있다. 여러 주장이 존재하지만 여전히 서번트 증후군은 신비로 남아 있다.

서번트 증후군. 시각장애인 자폐증 서번트 증후군 음악가인 레슬리 램크는 음악교육을 받은 적이 없음에도 자신이 들어 본 음악을 똑같이 연주하고, 작곡도 한다. 그는 14세에 차이코프스키 1번 피아노 협주곡 전곡을 한 번 듣고 다음 날 실수 없이 연주했다.

말더듬은 여성보다 남성에게서 3배 정도 더 흔히 나타난다. 다행인 점은 말더듬이 있는 대부분의 아동의 80% 이상이 아무런 치료 없이도 보통 16세 이전에 증상을 극복한다는 것이다.

말더듬의 구체적인 원인은 아직 연구 중이나, 말을 할 때 사용되는 근육을 조절하는 유전자가 미치는 영향 등과 같은 유전적 요소가 중요한 역할을 한다는 점이 확인되었다(Fibiger et al., 2010). 최근 과학자들은 특정 유전자의 돌연변이가 지속적인 말더듬과 관련된다는 점을 밝혀냈다(Kang et al., 2010).

말더듬은 또한 정서적인 요소도 갖고 있다. 말더듬이 있는 아동은 스트레스나 도전적인 상황에 직면했을 때 화를 내고 흥분하는 등 말을 더듬지 않는 아동에 비해 더 감정적으로 반응하는 경향이 있다(Karrass et al.,

더 자세히 살펴보기

난독증 아동의 뇌 훈련

최근 연구 결과, 교정 독서치료가 난독증 아동의 뇌 기능의 개선에 효과적임이 밝혀졌다(Meyler et al., 2008). 훈련을 받기 전 뇌 영상 측정에서, 난독증 아동 집단은 난독증이 없는 통제 집단 아동에 비해 단어의 소리 해독과 그 단어를 문장으로 조합하는 것을 전담하는 대뇌 피질 영역이 덜 활동적이었다(Meyler et al., 2008) 그러나 100시간의 집중적인 교정 훈련 후, 난독증 아동의 동일 뇌 영역에서 신경 활동 증가가 나타났다. 이러한 신경 활동은 다음 해에는 더욱 강화되었으며 난독증이 없는 아동과의 뇌 활동에서의 차이가 사라졌다(그림 13.1 참조).

연구자 중 한 명인 카네기 멜론 대학의 마르셀은 이 연구에서 교정 훈련이 뇌의 기능을 실제로 어떻게 변화시키는지 그 증거를 확인할 수 있다고 한다. 그는 "모든 형태의 교육은 뇌를 훈련시키는 것입니다. 읽기에 문제를 보이는 사람은 글을 읽을 때 특정 뇌 영역이 잘 활동하지 않을 수도 있는데, 교정치료가 그 부분을 최대로 활용할 수 있게 도와줍니다." 마르셀 교수가 언급했듯이, 이 연구는 '잘 읽지 못하는 사람도 뇌를 잘 발달시킬 수 있다.'는 함의점이 있다("Remedial Instruction", 2008에서 인용).

단계 1(치료 전)에서 비난독증(좌)과 난독증(우)의 차이

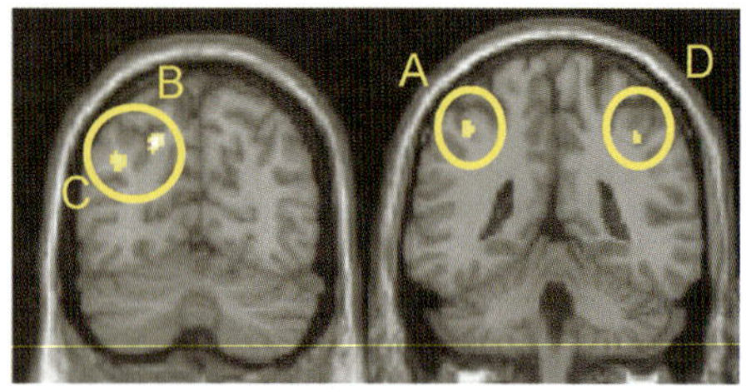

단계 3(1년 후)에서 비난독증(좌)과 난독증(우)의 차이

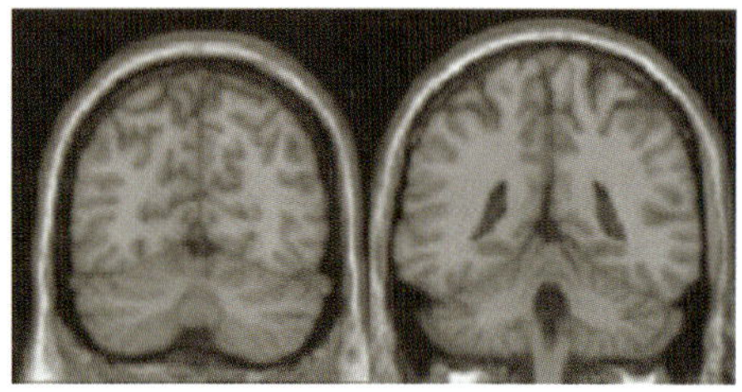

A = 좌측 하정두, B = 좌측 상두정
C= 좌측 각회, D = 우측 하정두

그림 13.1 난독증 아동과 비난독증 아동의 뇌 활성화 차이. 여기서 우리는 글을 잘 읽는 아동과 그렇지 않은 아동 사이의 뇌 활성화의 뚜렷한 차이를 볼 수 있다(노란색으로 표시한 부분). 그림의 좌측이 우뇌, 우측이 좌뇌를 나타낸다. 두 집단 간의 이러한 차이는 읽기 교정 훈련 직후와 1년 후 추수평가(아래 그림)에서 대부분 사라졌음을 확인할 수 있다.

출처: Marcel Just of Carnegie Mellon University.

2006). 이들은 또한 타인이 자신을 어떻게 평가하는지에 대해 사회불안을 갖는 경향이 있다(Kraaimaat, Vanryckeghem, & Van Dam-Baggen, 2002). 말더듬은 말하는 것에 대한 불안 혹은 말하는 상황에서의 부끄러움을 회피하기 위한 수단으로 나타나기도 한다.

사회적(실용적) 의사소통장애

사회적(실용적) 의사소통장애[social(pragmatic) communication disorder]는 DSM-5에 새롭게 포함된 장애이다. 이 진단은 아동이 학교, 집 혹은 일상적인 상황에서 언어적, 비언어적으로 타인과 의사소통하는 것에 지속적이고 현저한 어려움을 보일 때 적용된다. 이들은 대화를 계속 끌어가기 힘들어하며, 또래 집단에 있을 때도 계속 침묵한다. 또한 말하는 것이나 쓰는 것 둘 다 습득하고 사용하는 데 어려움을 겪는다. 이러한 문제를 겪는 아동은 일반적으로 낮은 언어 수준이나 지능을 보이지 않음에도 불구하고 타인과 의사소통하는 것에 어려움을 호소할 수 있다. 이러한 의사소통 결함은 아동이 사회적 상호작용에 참여하는 것을 방해하고 나아가 학교생활이나 직업 활동에 부정적인 영향을 미친다.

의사소통장애의 치료는 일반적으로 말을 천천히 하기, 호흡 조절하기, 복잡한 단어와 문장을 점진적으로 익혀 나가기 등 특별한 언어나 음성치료 혹은 유창성 훈련을 통해 이루어진다(NIDCD, 2010). 말더듬 치료는 말을 해

야 하는 상황에서 말을 더듬지 않을까에 대한 불안과 관련된 심리상담도 포함한다.

행동 문제: 주의력결핍 과잉행동장애, 적대적 반항장애, 품행장애

13.7 주의력결핍 과잉행동장애, 적대적 반항장애, 품행장애의 핵심 특징을 서술한다.

DSM-IV에서는 이 세 가지 장애를 파괴적 행동장애의 범주로 분류했다. 현재 DSM-5에서는 이 장애들이 각기 다른 진단범주로 분류되지만 이들 장애 간에는 연관성이 있다. 세 장애 모두 집, 학교, 놀이터에서 아동의 기능을 심각하게 방해하는 문제행동을 수반하기 때문이다. 이 장애는 사회적으로 혼란을 야기할 수 있으며, 이 장애로 진단된 아동은 다른 아동에 비해 타인에게 더 자주 분노를 표출한다. 세 장애 간의 공병률 또한 매우 높다.

주의력결핍 과잉행동장애(ADHD)

많은 부모가 자신의 자녀들이 정신없이 뛰어다니고 하고 싶은 대로 행동하기 때문에 조심성이 없다고 생각한다. 특히 어린 시절에 보이는 부주의는 충분히 정상적이다. 그러나 **주의력결핍 과잉행동장애**(attention-deficit/hyperactivity disorder, ADHD)는 아동의 발달 수준보다 더 부적절한 부주의와 과잉행동, 충동성을 보이는 경우를 말한다.

미국 아동과 청소년의 7~9%가 ADHD를 앓고 있다(Galanter, 2013; Kasper, Alderson,& Hude, 2012; Smith, 2011). 최근 몇 년간 아동의 가벼운 부주의 또는 과잉 활동이 ADHD로 진단되는 경우가 급격히 증가했다. 현재 600만 명 이상의 4~17세 아동이 ADHD로 진단받는다(Schwarz & Cohen, 2013). ADHD 진단의 증가로 인해 많은 아동이 ADHD에 대한 약물치료를 지나치게 받고 있다는 우려가 제기된다(512~513쪽 '이상심리학에 대해 비판적으로 사고하기' 참조). ADHD로 진단된 아동의 2/3는 주의 집중을 향상시키는 데 도움이 되는 흥분제를 처방받는다(Aleccia, 2011; Kratochvil, 2012).

ADHD는 여아에 비해 남아가 2배에서 9배 이상 더 많이 진단받으며, 유럽계 미국 아동보다 흑인이나 히스패닉계 아동이 이 장애로 진단받을 가능성이 더 적다(Schneider & Eisenberg, 2006). ADHD는 주로 초등학교 때 처음으로 진단되며 주의력과 과잉행동 또는 충동성의 문제는 아동이 학교에 적응하는 것을 어렵게 만든다. 그러나 ADHD의 부주의, 과잉행동, 충동성은 12세 이전에 언제든지 발생할 수 있다. ADHD는 특히 학습장애, 품행장애, 불안과 우울장애, 의사소통장애 등 다른 장애와 함께 나타나기도 한다(Bauchner, 2011; Larson et al., 2011; Stein, 2011).

부주의뿐만 아니라 ADHD는 몇 분 이상 앉아 있을 수 있는 능력의 부재, 따돌림, 짜증, 분노 그리고 처벌을 통한 행동 교정의 실패를 포함한다. ADHD의 몇몇 사례는 기본적으로 주의력 문제에 한정되어 나타나는 반면, 주로 과잉행동과 충동성을 포함하는 경우도 있으며, 때로는 모든 특징이 복합적으로 나타나는 경우도 있다.

ADHD 아동은 학교 장면에서 큰 어려움을 겪는다. 아동은 가만히 앉아 있지 못하고, 자리에서 몸부림을 치고 엉덩이를 들썩거리며, 다른 아동이 하는 게임에 끼어들기도 하며 분노가 폭발하면 도로를 보지도 않고 달려 나가는 등 위험한 행동을 보일 수 있다. 이들은 부모나 교사를 절망에 빠지게 한다.

연령에 걸맞는 '정상적인' 과잉행동의 끝과 병적인 과잉행동의 시작은 어디인가? 많은 아동이 '과잉'이라고 불리기 때문에, 과잉행동의 정도를 제대로 평가하는 것은 매우 중요하다. ADHD 진단에 비판적인 학자들은 진단이 아동을 다루기 힘든 혹은 마음에 병이 있는 아픈 아이라는 낙인을 찍을 뿐이라 주장한다. 대부분의 아동, 특히

주의력결핍 과잉행동장애. ADHD는 여아보다 남아에게 더 흔히 나타나며 주의의 어려움, 차분하지 못함, 충동성, 과도한 운동(끊임없이 달리기 혹은 기어오르기), 짜증 등의 행동을 특징으로 한다.

표 13.3
주의력결핍 과잉행동장애(ADHD)의 주요 특징

문제행동	특정한 행동 양식
주의력 부재	• 숙제를 할 때 부주의로 인해 세심한 주의를 기울이지 못하고 자꾸 틀린다. • 학업이나 놀이에 지속적인 주의를 기울이기 힘들다. • 누군가가 한 말에 주의를 기울이지 않는다. • 지시를 따르거나 숙제를 끝맺는 데에 실패한다. • 일이나 다른 활동을 조직화하는 것이 어렵다. • 지속적인 주의를 요구하는 일이나 활동을 멀리한다. • 학업에 필요한 물건을 잃어버린다(예: 연필, 책, 숙제, 장난감 등). • 쉽게 산만해지고, 하루하루 해야 할 일들을 자주 잊는다.
과잉행동	• 자리에 앉아 있을 때 손이나 발을 계속 꼼지락거린다. • 교실처럼 계속 앉아 있기가 요구되는 상황에서 자리를 이탈한다. • 끊임없이 뛰어다니거나 기어오른다. • 조용히 노는 것이 힘들다.
충동성	• 자주 교실 밖으로 나간다. • 게임이나 기타 활동에서 자신의 차례를 기다리지 못한다.

남아는 학령기 초기에 매우 활동적이다. 진단을 지지하는 이들은, 정상적인 과잉행동과 ADHD 간에 질적인 차이가 있다고 말한다. 정상적인 과잉행동 아동은 목표가 정해지면 자신의 행동을 자발적으로 조절한다. 그러나 ADHD 아동은 과잉행동의 목표가 없고 부모나 교사의 요구에도 자신의 행동을 조절할 수 없다. 대부분의 아동은 가만히 앉아서 자신이 원할 때 집중할 수 있지만 과잉행동 아동은 그렇지 않다.

ADHD 아동의 지능은 평균에서 평균 상이지만, 낮은 학업 성취를 보인다. 아동은 교실에서 파괴적으로 행동하며, 특히 남아의 경우 다툼이 잦다. 이들은 지시를 따르거나 기억하는 것, 자신에게 할당된 일을 제대로 해내지 못한다. ADHD로 진단되지 않은 아동에 비해 학습장애를 보일 확률이 높고 유급되거나 특수학급으로 이동할 가능성이 높다. 초등학생 때의 부주의는 청소년기나 초기 성인기에 낮은 교육적 성과로 이어지며 이로 인해 초기 성인기까지 고등학교를 마치지 못할 수도 있다(Gau, 2011; Pingault et al., 2011). ADHD 아동은 작업기억(과제수행을 위해 그에 대한 정보를 마음속에 새기는 것)의 문제를 보이며, 이는 눈앞에 주어진 과제에 주의를 기울이는 것을 어렵게 한다(Kasper, Alderson, & Hudec, 2012).

ADHD 아동은 기분장애, 불안장애, 가족 문제를 함께 나타낼 가능성이 더 높다. 연구자들은 ADHD 남아가 타인의 기분을 공감하거나 인식하는 능력이 부족하다는 것을 발견했다(Braaten & Rosén, 2000). 그러므로 ADHD 아동이 학급 친구들과 잘 지내지 못하는 것은 어쩌면 당연할지도 모른다(Hoza et al., 2005). 또한 또래에 비해 청소년기와 초기 성인기에 약물 문제를 일으킬 확률이 더 높고, 직업을 계속 유지하기가 어려우며 높은 학력에 도달하기 힘들다. 또한 게으르고 반사회적인 행동을 보이며 기분장애나 불안장애를 보이기 쉬우며, 젊은 여성인 경우 섭식장애를 나타내기 쉽다(Biederman et al., 2010, 2010b; Klein et al., 2012; Kuriyan et al., 2013; Lee et al., 2011; Sibley et al., 2011).

ADHD 증상은 나이가 들면서 감소하나, 청소년기와 성인기에도 경미하게 지속된다. ADHD는 미국 성인의 약 4%에게 삶의 어느 순간에든 영향을 미친다(Kessler et al., 2006). 성인 ADHD는 방을 뛰어다니는 대신 산만한 사고를 하고 부주의한 경향이 높으며, 집중하지 못하고 작업기억의 문제를 보인다(Finke et al., 2011; Gonzalez-Gadea et al., 2013; Smith, 2012).

이론적 접근 ADHD의 발달에 유전이 중요한 역할을 한다는 연구 결과가 누적되었다(Beauchaine et al., 2010; Chang et al., 2013; Stergiakouli et al., 2012; Williams et al., 2012). 장애에 대한 유전적 기여도와 일관되게, 연구자들은 일란성 쌍둥이가 이란성 쌍둥이보다 ADHD에 대해 높은 유전적 일치율을 보인다는 것을 발견했다(Burt, 2009; Waldman & Gizera, 2006).

13.8 ADHD의 유형을 설명하고 치료 방법에 대해 서술한다.

그러나 유전자만 ADHD에 영향을 미치는 것은 아니다. ADHD의 발달에는 환경적 요소의 영향도 있으며, 유전적 요소와 환경적 요소의 상호작용을 함께 고려해야 한다. ADHD와 관련된 환경적 요소는 임신 중 스트레스와 산모의 흡연, 가족 구성원 간의 높은 갈등 수준, 자녀의 잘못에 대한 부모의 미숙한 대처 기술 등이 있다. 최근 연구자들은 ADHD 증상(특히, 과잉행동과 부주의)을 아동의 납에 대한 노출과 연결 짓는다(Goodlad, Marcus, & Fulton, 2013). 과학자들은 또한 ADHD와 관련된 특정 유전자를 찾고 있으며 환경적 요인과 유전적 민감성이 어떻게 상호작용하는지에 대해 연구하고 있다(Pennington et al., 2009). 예를 들면, 어떤 유전변이는 ADHD에 대한 취약성을 높이는데, 이는 비일관적인 양육을 하는 가정에서만 나타난다(Martel et al., 2011).

최근의 견해는 ADHD를 뇌의 집행조절 기능이 제대로 작동하지 않아서 발생한 것으로 보는데, 집행조절 기능은 주의 과정과 목표지향행동을 체계적으로 완수하는 데 필요한 충동적 행동의 통제를 포함한다(Casey & Durston, 2006; Winstanley, Eagle, & Robbins, 2006). 다수의 뇌 영상 연구에서 ADHD 아동은 주의력 조절과 충동통제에 관여하는 뇌의 일부분(특히, 전전두 피질)이 느리게 혹은 비정상적으로 발달하였는데, 이러한 사실은 최근의 견해를 지지한다(예: Hart et al., 2013; Ivanov et al., 2010; Klein, 2011; Nakao et al., 2011; Shaw et al., 2011)(그림 13.2 참조). 연구자는 또한 ADHD를 지닌 취학 전 아동을 대상으로 비정상적인 뇌 발달의 징후를 발견했다(Mahone et al., 2011). 이러한 뇌 이상은 아동이 추후 학교에서 맞닥뜨리게 될 주의력 문제와 학업 문제를 야기하는 원인이 된다.

치료 ADHD 아동을 진정시키고 주의력을 높이는 데 도움이 되는 많은 약물이 실제로는 흥분제라는 사실을 이해하기 어려울 수 있다. 리탈린은 가장 널리 사용되고, 콘서타는 효과가 오랫동안 지속된다. 그러나 만약 흥분제가 주의 과정과 충동통제를 조절하는 전전두 피질을 활성화한다는 사실을 우리가 알고 있다면, 흥분제 사용을 이상하게 여기지 않을 것이다. 진실 / 거짓

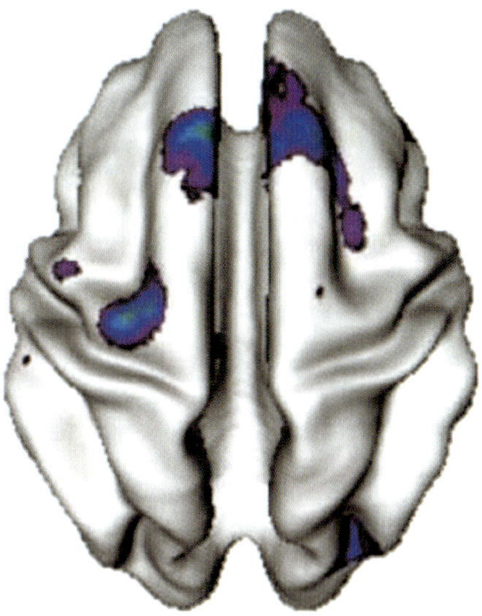

그림 13.2 위 그림은 ADHD 아동의 뇌를 MRI로 촬영한 것으로, 주의 과정과 운동 활동성을 조절하는 전전두 피질(파란색, 보라색 부분)이 다른 아동에 비해 얇은 것을 볼 수 있다. 그림의 윗부분이 뇌의 앞면임을 명심하라.

출처: National Institute of Mental Health, Image Library. http://infocenter.nimh.nih.gov/il/public_il/image_details.cfm?id=291

진실 또는 거짓

억제제는 과활동적인 아동을 진정시키는 데 종종 도움이 된다.

거짓 흔히 ADHD 아동에게 리탈린과 같은 흥분제를 처방한다. 흥분제는 아동을 진정시키고 집중력을 향상시키는 역설적 효과를 지닌다.

흥분제는 파괴적 행동, 과잉행동을 감소시키고 ADHD 아동의 주의력을 증가시킨다(Chronis, Jones, & Raggi, 2006; Van der Oord et al., 2008). 흥분제는 3~5세 사이의 취학 전 아동에게도 사용하는데, 흥분제 사용에 대한 비판이 없는 것은 아니지만 흥분제는 많은 ADHD 아동을 진정시키고 일과 학업에 대한 집중력을 향상시킨다.

흥분제가 산만함을 감소시키고 집중력을 향상시키지만, 흥분제로 인한 증상 개선이 학업적 성과로 이어질 수 있는지는 확실치 않다(Stein et al., 2003). 다른 정신과 약물과 마찬가지로 흥분제 사용을 중단했을 때 증상이 재발될 가능성이 높다. 또한, 효과의 범위는 다음의 사례처럼 제한적이다.

가만히 앉아 있는 것이 어려운 에디: ADHD 사례

9세 에디는 학교에서 문제아다. 에디의 선생님은 에디가 너무 산만해서 다른 학생들이 수업에 집중할 수 없다고 불평한다. 에디는 가만히 앉아 있는 것이 어렵다. 그는 교실을 돌아다니고 다른 일을 하고 있는 친구에게 말을 거는 등 끊임없이 움직인다. 그는 유별난 행동 때문에 여러 차례 정학을 당했는데, 최근에는 형광등을 휘두르기도 했다.

에디의 엄마는 그가 걸음마를 배울 때부터 이런 문제가 있었다고 한다. 에디는 잠을 잘 자지 않고 항상 가족보다 먼저 일어나서 아래층으로 내려가 거실과 부엌에 있는 물건을 망가뜨렸다. 그는 하루 종일 산만하고 요구하는 것이 많다. 에디는 4세 때 집 밖으로 나가서 차도 위를 돌아다니다가 보행자에 의해 구출된 적도 있었다.

심리검사에서 에디의 학업성취도는 평균이었지만 주의력은 '측정 불가능한' 것으로 나타났다. 에디는 집중력을 요하는 텔레비전, 게임, 장난감에 흥미가 없다. 그는 친구에게 인기가 없고 혼자서 자전거를 타거나 강아지와 노는 것을 좋아하며, 집과 학교에서 반항적이고, 부모와 친구의 돈을 조금씩 훔쳤다.

에디는 소량의 메틸페니데이트(리탈린)를 처방받았지만, 반항적 행동과 절도행위에 효과가 없어서 치료를 중단하였다. 그러나 약물은 에디의 산만함을 감소시키고 집중력을 향상시킨 것으로 보인다.

— Spitzer et al., 1989, pp. 315-317

또한 흥분제는 부작용이 있다. 식욕감퇴, 불면증과 같은 단기 부작용은 복용량을 낮추면 며칠 안에 줄어들거나 사라지지만, 신체적 발달이 느려질 수 있다(DeNoon, 2006). 다행히도, 흥분제를 복용하는 아동은 늦게나마 또래의 신장과 비슷해진다.

스트라테라는 ADHD 치료를 위해 최초로 허가된 비흥분제로, 통상적으로 **아토목세틴**이라고 부른다. 스트라테라는 **선택적 노르에피네프린 재흡수 억제제**로 흥분제와 다른 방식으로 작용하는데, 화학물질의 재흡수를 방해함으로써 신경전달물질의 이용도를 향상시킨다. 약물이 정확히 어떤 방식으로 ADHD에 작용하는지 알 수 없지만, 노르에피네프린의 이용도가 증가되면 주의력과 충동행동을 조절하는 뇌 기능이 향상될 수 있다. 스트라테라가 리탈린만큼 효과적이지 않지만, 플라시보 효과보다는 ADHD 치료에 더 효과적이다(Newcorn et al., 2008).

약물치료가 효과적일지라도 약물만으로 새로운 기술을 가르칠 수 없기 때문에, 아동의 적응행동을 발달시키기 위한 심리학적 개입이 필요하다. 예를 들어, 행동수정 프로그램은 부모와 교사가 바람직한 행동에 대해 유관강화를 사용하도록 교육(예: 아동이 조용히 앉아 있으면 교사가 칭찬을 함)하는데, 이는 인지수정 프로그램(예: 학업 문제를 해결하는 과정에서 아동이 스스로에게 조용히 이야기하는 것을 훈련시킴)과 병행하여 실시할 수 있다. 인지행동치료사는 ADHD 아동에게 충동적으로 화를 표출하거나 공격적으로 행동하기 전에 '멈추어 생각하기(stop and think)'를 가르친다. 흥분제만큼은 아니지만 인지행동치료도 ADHD에 효과적이다(Fabiano et al., 2009; Toplak et al., 2008).

일부는 약물치료를 단독으로 실시할 때, 일부는 인지행동기법을 단독으로 실시할 때, 또 다른 일부는 약물과 인지행동기법을 병행할 때 치료에 더 잘 반응한다(Pelham et al., 2005). 성인 ADHD의 경우 인지행동기법을 병행하는 것보다 약물치료를 단독으로 실시하는 것이 더 효과적일 수 있다(Safren et al., 2010). 최근 연구에 따르면, 성인 ADHD에게 조직적이고 계획적인 시간관리 기술을 교육하는 인지행동치료가 효과적이다(Solanto et al., 2010).

품행장애

품행장애(conduct disorder, CD)에서도 파괴적 행동이 나타지만, 중요한 점에서 ADHD와 다르다. ADHD 아동은 문자 그대로 자신의 행동을 통제할 수 없지만, 품행장애 아동은 어떤 목적을 위해 타인의 권리와 사회적 규범을 침해하는 반사회적 행동을 보인다. ADHD 아동은 짜증을 내며 성질을 부리지만, 품행장애 아동은 의도적으로 공격적이고 잔인한 행동을 한다. 이들은 대개 타인에게 공격적인데, 다른 아동을 괴롭히고 협박하거나 몸싸움을 벌인다. 반사회성 성인처럼 많은 품행장애 아동은 냉담하고 자신의 악행에 대해 죄책감이나 회한을 느끼지 않는다. 이들은 자신이 원하는 것을 얻기 위해 타인을 속이고 절도, 물품파괴, 방화, 주택 무단침입을 일삼으며, 나이가 들면 성폭행, 무장 강도, 살인과 같은 중범죄를 저지르기도 한다. 이들은 학교에서 부정행위를 저지르고 이를 숨기기 위해 거짓말을 한다. 또한 흔히 약물 남용에 빠지고 이른 나이에 성생활을 시작한다.

놀랍게도 품행장애는 남아의 12%, 여아의 7%에게 나타나는 흔한 문제이다(Nock et al., 2006). 품행장애는 여성보다 남성에게 더 흔하게 나타나며, 성별에 따라 다소 다른 양상으로 나타난다. 남아의 경우 품행장애는 절도, 싸움, 공공기물 파손 등의 형태로 나타나지만 여아는 거짓말, 무단결석, 가출, 물질 사용, 성매매로 나타난다. 품행장애 아동은 흔히 ADHD, 주요 우울장애, 물질 사용장애 등을 함께 보인다(Conner & Lochman, 2010). 유년기의 품행장애는 반사회성 행동과 연결되며, 성인이 된 후 반사회성 성격장애로 발전할 가능성이 있다(Burke, Waldman, & Lahey, 2010; Olino, Seeley, & Lewinsohn, 2010).

일반적으로 품행장애는 11.6세(중앙값)에 발병하지만 더 이르거나 늦은 나이에 나타날 수도 있다(Nock et al., 2006). 품행장애는 전형적인 만성장애이다. 품행장애는 반사회성 행동과 밀접하게 연관되어 있지만, 흔히 냉담함(무정하고, 사납고, 잔혹해지는 것)과 메마른 감정 등의 성향도 지닌다.

반항성 장애(ODD). 반항성 장애 아동은 부모, 교사 등 권위자의 지시에 대해 부정적이고 반항적인 행동을 보인다. 이들은 악의를 가지고 타인에게 악의적인 행동을 하지만, 일반적으로 품행장애에서 볼 수 있는 학대, 공격성, 일탈행동 등은 나타나지 않는다.

반항성 장애

품행장애와 **반항성 장애**(oppositional defiant disorder, ODD)는 '품행 문제'라는 점에서 공통점이 있다. 두 장애는 서로 관련이 있지만, 반항성 장애는 단지 품행장애의 경미한 형태가 아니라 별개의 진단범주로 분류된다. 반항성 장애는 품행 문제 등의 비행문제가 덜 나타나지만, 품행장애는 무단결석, 절도, 거짓말, 공격성 등의 명백한 비행행동을 나타낸다. 반항성 장애는 일반적으로 품행장애보다 이른 나이에 발병하며, 반항성 장애 아동의 소수는 품행장애로 발전할 수 있다(Burke & Loeber, 2010).

반항성 장애 아동은 매우 부정적이고 반항적이다. 이들은 흔히 부모, 교사와 논쟁하고, 지시를 거절함으로써 권위자에게 반항한다. 이들은 의도적으로 타인을 귀찮게 하고, 쉽게 분노를 보이거나 짜증을 내고, 타인의 실수를 비난하고, 타인을 원망하고, 타인에게 악의적으로 행동하며, 쉽게 화를 내는 경향이 있고, 종종 짜증을 낸다. 또한 이들은 악의적인 방식으로 타인에게 행동하여, 그들이 잘못을 했다고 느끼게 만든다. 일반적으로 반항성 장애는 8세 이전에 발병하며, 시간이 지날수록 점진적으로 발전한다. 일반적으로 반항성 장애는 가정에서 처음 나타나지만, 학교와 같은 다른 장면으로 확대된다.

반항성 장애는 아동에게 흔히 나타나는 질병 중 하나이다. 아동과 청소년의 1~11%가 반항성 장애를 겪고 있는 것으로 추정된다(APA, 2013). 반항성 장애는 12세 이전에는 여자아이보다 남자아이에게 더 흔하지만, 청소년과 성인에게 성차가 존재하는지는 명확하지 않다(APA, 2013). 품행장애는 반항성 장애와 달리 모든 연령대에서 여성보다 남성에게 더 흔하다.

반항성 장애와 품행장애에 대한 이론적 관점 반항성 장애의 원인은 잘 알려져 있지 않다. 몇몇 이론가는 반항성을 '까다로운 기질을 지닌 아동'의 일반적인 표출 방식이라 생각하고(Rey, 1993), 다른 이론가는 부모와 자녀 사이의 미해결 갈등이나 매우 엄격한 부모의 통제가 장애의 핵심이라고 생각한다. 정신역동 이론가는 부모와 자녀의 갈등이 배변 훈련 이외의 장면에서 나타날 때 반항성 장애를 항문기 고착의 징후로 여긴다. 나머지 갈등은 부모의 기대에 대항하는 반항의 형태로 표현된다.

학습 이론가는 반항적 행동이 부모가 부적절한 강화 전략을 사용하여 발생한 것으로 여긴다. 이 이론에 따르면 자녀가 부모의 지시를 따르지 않을 때 부모가 자녀에게 원하는 것을 제공함으로써 반항적 행동을 강화하는 패턴이 생긴다.

가족 요인 또한 품행장애의 발달에 영향을 미친다. 일반적으로 반항성 장애는 자녀가 올바른 행동을 했을 때 부모가 긍정적인 강화를 제공하지 않거나 엄격하고 일관성 없는 방식으로 자녀를 교육하는 등의 잘못된 양육행동 때문에 발생한다(Berkout, Young, & Gross, 2011). 품행장애 아동의 가족 간 상호작용은 부정적이고 강압적인 특징을 보인다. 품행장애 아동은 종종 요구가 많고 부모와 가족 구성원에게 순종적이지 않다. 이에 가족 구성원은 부적절하거나 엄격한 방식으로 대응하는데, 고함을 지르기나 물리적 수단을 이용하기도 한다. 일반적으로 품행장애 아동에 대한 부모의 공격성은 밀치고, 꼬집고, 손바닥을 때리고, 엉덩이를 때리고, 주먹으로 때리고, 발로 차는 형태로 나타난다. 이러한 사실을 통해 부모의 반사회적 행동에 대한 대리학습이 아동의 반사회적 품행 문제를 야기할 수 있음을 추측해 볼 수 있다. 몇몇 품행장애 아동은 성인이 되어 반사회성 성격장애로 발전한다(Burke, Waldman, & Lahey, 2010).

품행장애는 흔히 부모의 부부갈등 때문에 나타난다. 부모가 자녀를 강압적인 방식으로 교육하고, 자녀가 부모의 잘못된 행동을 모방하게 되면 품행장애가 나타날 위험성이 커진다(Kilgore et al., 2000). 엄격한 교육과 대리학습의 결여와 같은 잘못된 양육행동은 자녀가 타인의 감정을 공감하기 힘들게 만들고, 품행장애 아동에게 관찰할 수 있는 파괴적 행동을 제대로 통제하지 못하게 만든다.

품행장애, 반항성 장애와 같은 파괴적 행동장애 아동은 사회적 정보를 편향된 방식으로 처리하는 경향이 있다(Crozier et al., 2008). 예를 들어, 이들은 타인이 자신을 해악으로 여긴다는 잘못된 가정을 할 수 있고, 흔히 자신이 곤경에 빠지면 재빠르게 타인의 탓으로 돌린다. 또한 증거가 명백히 있음에도 타인이 자신을 부당하게 대우한다고 생각하는 경향이 있다. 이들은 타인이 대안을 찾는 능력이 부족한 것으로 여기며, 사회적 갈등에 비폭력적으로 대응하는 것을 인지 기능이 결여된 것으로 간주한다.

다른 심리장애와 마찬가지로, 품행장애의 발달을 이해하기 위해 유전과 환경의 상호작용에 관심을 가져야 한다(Jian et al., 2011; Kendler, Aggen, & Patrick, 2013; Lahey et al., 2011). 예를 들어, 이른 나이에 신체적 학대를 경험하고 엄격한 훈육을 받으면 품행장애에 대한 취약성이 높아질 수 있는데, 이는 특정 유전 특성을 지닌 아동에게만 나타난다(Dodge, 2009). 유전 요인은 반항성 장애의 발달에도 영향을 미칠 수 있다.

치료적 접근 행동기반 부모교육 프로그램은 자녀의 공격성과 파괴적 · 반항적 행동을 감소시키고, 적응적 행동을 향상시킬 수 있도록 부모에게 도움을 제공한다. 몇 가지 치료 목표가 있는데, 첫째 부모가 일관적인 규칙과 효과적인 교육 전략을 사용할 수 있도록 도움을 주어야 한다. 둘째, 자녀가 바람직한 행동을 했을 때 보상, 칭찬과 같은 긍정적 강화를 제공할 수 있도록 도움을 주어야 한다. 셋째, 부모가 자녀와 긍정적인 소통을 할 수 있도록 도움을 주어야 한다(Rajwan, Chacko, & Moeller, 2012). 즉, 부모는 자녀의 파괴적 행동에 대처하는 방법과 자녀에게 관심을 기울이고 자녀가 올바른 행동을 했을 때 칭찬하는 방법을 배워야 한다. 분노조절 훈련은 분노와 공격성 문제를 지닌 아동을 치료하는 데 도움을 준다(Sukhodolsky et al., 2005).

다음 사례는 반항성 장애 아동의 행동치료에 부모가 개입하는 것을 보여 준다.

빌리: 반항성 장애 사례

일곱 살의 초등학교 2학년인 빌리가 부모와 함께 방문하였다. 빌리는 아버지가 해군이어서 가족이 이사를 왔다. 아버지가 그를 돌볼 때에는 별다른 행동을 하지 않았지만, 어머니가 지시할 때 그는 어머니에게 고함을 지르고 말을 듣지 않았다. 빌리의 어머니는 그를 통제하는 것 때문에 스트레스를 받고 있었는데, 특히 남편이 출항했을 때 더 힘들었다.

빌리는 1학년 때 집과 학교에서 문제를 보이기 시작했다. 빌리는 집과 학교에서 규칙을 어기고 무시했다. 그는 자신이 해야 할 집안일을 미루고, 종종 여동생에게 고함을 지르고 폭력을 행사했다. 그가 말썽을 피우면 부모는 빌리가 방이나 마당에서 놀지 못하도록 규제하고, 장난감을 치우고, 체벌을 가했다. 그러나 부모는 이런 방법을 일관성 없이 사용했다. 빌리는 집 근처 철로 위에서 놀기도 했으며, 자동차에 돌을 던져서 경찰서에 2번이나 붙들려 가기도 했다.

가정 관찰을 통해 빌리의 어머니가 종종 빌리에게 부당한 지시를 하는 것을 발견할 수 있었다. 어머니는 빌리와 최소한으로 소통하였으며 그에게 언어적 칭찬, 신체접촉, 미소, 긍정적 표현(표정, 몸짓 등)을 하지 않았다. 어머니는 빌리가 잘못된 행동을 할 때만 관심을 기울였다. 빌리가 순종적이지 않을 때, 어머니는 그에게 고함을 지르고 지시를 따르도록 강요했지만 빌리는 웃으면서 도망갔다.

빌리의 부모는 그의 행동이 잘못된 지시, 올바른 행동에 대한 강화의 부재, 잘못된 행동에 대한 일관적인 제재의 결여로 인해 발생한 것임을 알게 되었다. 빌리의 부모는 강화, 처벌, 타임아웃(소거)의 올바른 사용법을 배웠고, 그의 문제 행동을 도표로 만들어서 어떤 행동을 치료하고 어떤 행동을 유지할지 결정하였다. 부모는 또한 올바른 행동을 어떻게 강화하고, 잘못된 행동을 처벌할 때 타임아웃을 어떻게 사용하는지 배웠다. 빌리의 어머니는 그의 파괴적 행동으로 인한 고통을 완화하기 위해 이완 훈련을 실시했으며, 이완 반응을 강화하기 위해 바이오피드백을 사용하였다.

15일간의 기저선 기간 동안, 빌리는 하루에 4번 정도 지시에 순응하지 않았다. 치료를 시작하자마자 빌리의 문제 행동은 급감하여 2일에 1회 정도 나타났다. 추적 자료에 따르면 빌리의 문제행동이 하루 1회 정도 나타나 적정치가 유지되고 있음을 알 수 있다. 학교에서 일어나는 문제행동도 직접적으로 치료하진 않았지만 다소 개선되었다.

— Kaplan, 1986, pp. 227-230

품행장애 아동은 때때로 기숙형 치료 프로그램에 참가하는데, 이 프로그램에는 명확한 보상과 가벼운 처벌(예: 특권회수)에 관한 규칙이 세워져 있다. 많은 품행장애 아동은 공격행동과 분노조절 문제를 지니고 있는데, 이 프로그램을 통해 공격행동을 행하지 않고 갈등을 해결하는 기술을 배울 수 있다(Webster-Stratton, Reid, & Hammond, 2001).

인지행동치료는 공격적인 아동에게 사회적 갈등을 폭력으로 해결해야 할 문제가 아니라 다른 방식으로 해결할 수 있는 문제로 인식하도록 가르친다. 공격적인 아동은 충동행동을 억제하고 분노를 조절하기 위해 자기대화를 실시하는 법을 배우고, 사회적 갈등을 비폭력적인 방법으로 해결하는 방법을 배운다.

아동기 불안과 우울증

13.9 아동기와 청소년기에 나타나는 불안과 우울의 핵심 특징에 대해 서술한다.

불안과 공포는 아동기는 물론 성인에게 흔히 볼 수 있는 일반적인 특징이다. 일반적으로 아동은 어둠과 작은 동물을 두려워하는데, 시간이 지나면서 자연스럽게 사라진다. 그러나 불안이 과도하여 학업과 사회적 기능에 지장을 줄 때 비정상적이라고 말한다. 아동도 성인처럼 공포증, 범불안장애, 강박장애, 외상후 스트레스 장애와 같은 불안 관련 문제로 고통받을 수 있다.

불안장애는 청소년에게 가장 흔하게 나타나는 심리장애로(Kessler et al., 2012), 흔히 우울증과 함께 나타난다(Garber & Weersing, 2010). 불안장애와 우울증은 소수민족 아동에게 더 흔하게 발생하는데, 어떤 스트레스 요인이 소수민족 아동을 불안장애와 우울증에 더 취약하게 만드는지 연구할 필요가 있다(Anderson & Mayes, 2010).

아동기 불안은 이를 인식하지 못하거나 오진하기 쉬운데, 그 이유 중 하나는 발달상 당연히 느낄 수 있는 공포, 걱정, 부끄러움과 불안장애에서 나타나는 극심한 형태의 불안을 구별하는 것이 어렵기 때문이다(Emslie, 2008). 정확한 진단을 내리기 어려운 또 다른 이유는 불안 수준이 높은 많은 아동이 두통, 복통과 같은 신체적 증상만 호소하기 때문이다. 아동은 자신의 감정을 '걱정', '공포' 등의 단어로 표현하지 못할 수도 있다. 혹은 두려움의 대상이나 상황을 회피하는 경향으로 인해 증상이 위장된(masked) 것일 수도 있다. 예를 들어, 사회공포증을 지닌 아동은 다른 아동과 사회적 상호작용을 해야 하는 상황을 회피한다. 불안장애는 효과적으로 치료가 가능하며, 아동기 불안장애는 추후 불안장애, 우울증, 약물 남용에 대한 위험성을 증대시키기 때문에 불안장애를 제때 발견하지 못하는 것은 불행한 일이다(Emslie, 2008). 다음으로 유아기에 흔히 나타나는 분리불안장애에 대해 알

사회불안. 사회불안을 지닌 아동은 과도하게 부끄러워하고 사회적 상황을 회피하는 경향이 있으며, 다른 아동과 어울리는 것을 어려워한다.

아보자.

분리불안장애

유아가 양육자와 떨어졌을 때 불안을 느끼는 것은 정상이다. 저명한 애착이론가 Mary Ainsworth(1989)는 애착행동의 발달을 연대순으로 기록하여 분리불안이 일반적으로 생후 1년 동안 나타난다는 것을 발견했다. 안정애착은 아동이 주변 환경을 탐색할 수 있는 분위기를 형성하여 점차 양육자로부터 독립하도록 만든다. 어머니와의 강한 애착은 삶에서 경험하는 스트레스 사건의 완충제 역할을 한다. 안정애착에 비해 불안정 애착을 형성한 유아는 불안과 같은 문제행동을 보일 가능성이 크다(Dallarie & Weinraub, 2007).

양육자나 애착 대상에 대한 불안이 지속적이고 과도하게 나타나거나 아동의 발달 수준에 비해 부적절할 때 **분리불안장애**(separation anxiety disorder)로 진단한다. 즉, 3세 아동은 불안으로 인한 구역질과 구토 증상이 없는 상태로 유치원에 입학해야 한다. 유사하게, 6세 아동은 끔찍한 사건이 자신과 부모에게 일어날 것이라는 두려움을 지니지 않는 상황에서 초등학교에 입학해야 한다. 분리불안장애 아동은 부모에게 매달리며, 집에서 부모를 따라다니는 경향이 있다. 이들은 죽음에 대해 걱정하며, 자신이 잠들 때까지 누군가 옆에 있어 주기를 바란다. 분리불안장애의 다른 특징으로 부모와 떨어져야 하는 상황이 다가오면 아동은 악몽, 복통, 구역질, 구토 등의 증상을 보이고, 부모가 떠나려고 할 때 가지 말라고 애원하거나 성질을 부린다. 분리불안장애 아동은 부모와 떨어져 있을 때, 부모에게 어떤 일이 일어날 것 같은 두려움 때문에 등교를 거부하기도 한다.

분리불안장애의 유병률은 4~5%로 추정되며, 12세 이하 아동에게 가장 흔히 나타나는 불안장애이다(APA, 2013; Shear et al., 2006). 이 장애는 여자아이에게 더 흔하게 나타나며, 종종 등교거부로 이어지며, 사회불안장애와 함께 나타나기도 한다(Ferdinand et al., 2006). 분리불안장애는 성인기까지 지속될 수 있는데, 이런 경우 자녀와 배우자에게 나쁜 일이 생기지 않을까 과도한 걱정을 보이고, 가족 구성원 그 누구와도 분리되는 것을 어려워한다.

과거에는 분리불안장애를 학교 공포증으로 여겼다. 하지만 분리불안장애는 취학 전 연령에서도 나타날 수 있다. 어린 아동의 등교거부는 분리불안으로 보는 견해가 일반적이다. 그러나 청소년기의 등교거부는 흔히 학업, 사회적 불안과 연관되어 있으므로 분리불안장애로 보기 어렵다.

분리불안장애는 흔히 병, 친척이나 애완동물의 죽음, 전학이나 이사와 같은 스트레스성 생활 사건 이후에 발병한다. 다음에 할머니의 죽음으로 인해 분리불안장애를 나타낸 앨리슨의 사례를 제시하였다.

앨리슨의 죽음에 대한 공포

앨리슨의 할머니는 그녀가 7세 때 사망하였다. 앨리슨의 부모는 그녀가 관에 누워 있는 할머니를 볼 수 있도록 허락하였다. 앨리슨은 아버지의 팔을 붙잡고 머뭇거리면서 할머니를 흘낏흘낏 보다가 아버지에게 밖으로 데려가 달라고 말했다. 앨리슨의 5세 된 여동생은 별다른 어려움 없이 돌아가신 할머니를 자세히 쳐다보았다.

앨리슨은 이때부터 2~3년 동안 죽음에 대해 걱정했고, 할머니의 죽음은 "나도 죽을까요?", "사람은 모두 죽는 거예요?" 등의 수많은 질문을 낳았다. 앨리슨의 부모는 "할머니는 너무 나이가 많으셨고, 심장 질환을 앓고 있으셨단다. 너는 매우 어리고 건강하단다. 죽음에 대한 생각을 해야 할 나이가 되려면 정말 많은 시간이 남아 있단다."라는 말로 앨리슨을 안심시키려고 시도했다.

앨리슨은 집에 혼자 있을 수 없게 되었다. 그녀는 부모 중 한 명이나 동생을 자신이 가는 모든 곳에 데리고 갔다. 또한, 앨리슨은 며칠 동안 할머니에 관한 악몽을 꾸었는데, 부모와 같은 방에서 잘 때도 그러했다. 다행히, 그녀의 두려움은 학교 적응에까지 영향을 미치지는 않았다. 앨리슨의 교사는 그녀가 가끔씩 할머니에 대해서 말하긴 하지만, 학업수행은 완전히 정상적이라고 보고했다.

앨리슨의 부모는 그녀에게 할머니의 죽음을 극복할 수 있는 시간을 주었다. 그 후 엘리슨은 점차적으로 죽음에 대해 말하는 빈도가 줄어들었고, 3개월이 지난 후에는 혼자 방에 있을 수 있게 되었다. 하지만 그녀는 계속해서 부모의 침실에서 자기를 원했다. 때문에 부모는 앨리슨과 '약속을 했다.' 앨리슨의 부모는 그녀가 학년이 끝날 때(한 달 후)에는 자신의 침대로 돌아가는 것에 동의한다면, 그때까지 부모와 함께 잘 수 있다고 말했다. 또한 앨리슨의 부모는 첫 한 달 동안은 그녀가 잠들 때까지 옆에 있어 주었다. 이런 식으로 앨리슨은 점차 불안을 극복해 나갔다.

— 저자의 파일에서

아동기 불안에 대한 이해와 치료

아동기 불안의 이론적 접근은 성인기 불안장애와 어느 정도 비슷하다. 정신분석 이론가는 아동기 불안과 공포가 성인기와 마찬가지로 무의식적 갈등을 상징한다고 주장한다. 인지 이론가는 인지적 오류에 관심을 가진다. 불안장애를 겪고 있는 아동은 성인기 불안장애에서 나타나는 인지적 왜곡의 유형을 보이는 경향이 있는데, 그 예로 사회적 상황을 위험한 것으로 해석하고 나쁜 일이 일어날 것이라고 생각한다(Eldar et al., 2012; Micco et al., 2013; Muris & Field, 2013). 또한, 이들은 부정적인 자기 대화를 하는 경향이 있다(Kendall & Treadwell, 2007). 최악의 경우는 자존감이 낮은 아동의 불안장애인데, 낮은 자존감이 두려워하는 활동에 대한 회피를 부추긴다. 부정적 기대가 교실이나 운동장에서의 수행을 손상시킨다는 점에서 부정적 기대 또한 불안을 증대시킨다.

학습 이론가는 일반화된 불안이 거절이나 실패에 대한 두려움에 기인한다고 주장한다. 무능함이나 거절에 대한 잠재된 두려움은 대부분의 사회적 상호작용과 사회적 성취로 일반화된다. 유전 요인도 분리불안, 특정 공포증과 같은 아동기 불안장애의 원인이다(Bolton et al., 2006).

불안장애의 원인이 무엇이든 간에, 불안장애를 겪는 아동은 공포 자극에 대한 노출과 이완 훈련과 같이 성인의 불안장애를 치료하는데 쓰이는 인지행동 기법의 효과를 똑같이 얻을 수 있다(Rapee, Schniering, & Hudson, 2009)(5장 참조). 인지적 기법은 아동이 불안유발 사고를 발견하고 이를 합리적인 사고로 변화시킬 수 있도록 돕는다. 인지행동치료는 아동기와 청소년기의 다양한 불안장애를 치료하는 데 효과적이다(예: Chorpita et al., 2011; Franklin et al., 2011, 2012; Lebowitz & Omer, 2013; Manassis, 2013; Reynolds et al., 2012).

플루복사민(신약 루복스), 세트랄린(졸로프트), 플루옥세틴(프로작)과 같은 선택적 세로토닌 재흡수 억제제(SSRIs) 종류의 항우울제는 아동기 및 청소년기 불안장애에 효과적이다(Beidel et al., 2007). 최근에 실시한 대규모 연구에서는 분리불안장애, 범불안장애, 사회공포증을 진단받은 아동 488명을 인지행동치료 집단, 항우울제(졸로프트) 집단, 인지행동치료와 항우울제를 병행한 집단, 플라시보 집단에 무선적으로 배정하였다. 인지행동치료와 약물치료가 플라시보 효과보다 더 효과적이었지만, 가장 효과가 높은 것은 인지행동치료와 약물치료를 병행하는 것이었다(Walkup et al., 2008). 인지행동치료를 받은 아동이 약물치료를 받은 아동보다 불면증, 피로, 진정제 투여, 초조함이 덜했다. 이러한 부작용 때문에 부모는 아동에게 약물치료를 하는 것을 꺼린다.

아동기 우울증

우리는 아마도 아동기를 인생에서 가장 행복한 시기로 생각할 것이다. 대다수의 아동은 부모로부터 보호받으며 성인의 책임감으로부터 자유롭다. 노인의 관점에서 본다면 아동의 신체는 고무로 만들어서 고통이 없을 것처럼 보일 것이다. 이들은 분명히 무한한 에너지를 지녔다. 그러나 많은 아동과 청소년은 주요 우울장애, 양극성 장애 등의 기분장애로 고통받는다. 주요 우울장애는 5세~12.9세 아동의 약 5%, 13세~17.9세 청소년의 20% 이상에서 나타날 정도로 기분장애 중에서 가장 흔하다(Rohde et al., 2013). 드물기는 하지만 취학 전 아동에게 주요 우울장애가 나타나기도 한다. 여자아이가 아동기나 청소년기에 첫 주요 우울 삽화를 경험할 가능성은 더 높지만 재발성 삽화를 경험할 가능성에 있어서는 성차가 없다(Rohde et al., 2013).

성인의 우울증처럼 아동과 청소년의 우울증은 일반적으로 절망감, 왜곡된 사고 패턴과 부정적 사건에 대해 자

이 아이가 우울증이라고 보기엔 너무 어려 보이는가? 우리는 아동기가 인생에서 가장 행복하고 걱정이 없는 시기라고 생각하지만, 실제로 나이 든 아동과 청소년 사이에서 우울증은 꽤 흔하다. 우울증을 겪고 있는 아동은 슬픔과 흥미의 감소를 호소한다. 이들 중 다수는 타인에게 우울한 것처럼 보이더라도 자신의 우울한 감정에 대해 인식하지 못한다. 우울증은 품행이나 학교 관련 문제, 신체적 불평, 과행동성 등의 문제로 위장될 수 있다.

신을 비난하는 경향, 낮은 자존감과 능력에 대한 낮은 자신감을 지닌다. 이들은 슬픔과 울음, 무관심, 불면증, 피로를 호소한다. 이들은 식욕과 체중의 감소를 경험하지만 일반적으로 체중과 식욕의 증가는 나타나지 않는다(Cole et al., 2012). 이들은 또한 자살 사고를 경험하거나 심지어 자살을 시도할 수도 있다.

아동기 우울증은 등교거부, 부모의 죽음에 대한 두려움, 부모에게 매달리기 등과 같은 독특한 특징을 지닌다. 또한 우울 증상과 무관해 보이는 행동으로 위장될 수도 있다. 아동이 인식하지 못한 우울증으로 인해 품행 및 학업 문제, 신체적 불평, 과행동성이 생겨날 수 있다. 청소년에게는 공격적이고 성적인 행동이 우울증의 증상일 수 있다.

우울증을 겪고 있는 아동과 청소년은 타인이 보기에는 슬픈 것처럼 보일지라도 실제로 슬픈 감정을 표현하지 못해 자신이 우울증이라고 말하지 못할 수도 있다. 이는 부분적으로 인지 발달상의 문제이다. 아동은 일반적으로 내적인 감정 상태를 7세가 될 때까지 인식할 수 없으므로 아동은 우울증과 같이 부정적인 감정 상태를 인지할 수 없다. 몇몇 아동은 적어도 우울증의 초기 단계에서 슬퍼하기보다는 지루해하고 짜증을 낸다. **진실 / 거짓**

진실 또는 거짓

학교 적응의 어려움, 문제행동, 신체적 불편감은 아동기 우울의 징후일 수 있다.

진실 아동이 실제로 우울하더라도 그것이 진짜 우울한 정서임을 느끼지 못하거나 표현하기 어려워한다. 우울은 종종 품행 문제, 학업 문제, 신체적 불편감의 형태로 위장되어 나타난다.

상대적으로 친구가 적은 아동은 우울증 가능성이 매우 높다(Schwartz et al., 2008). 아동기 후기 또래 집단으로부터의 고립은 청소년기 초기의 우울증을 예측한다(Witvliet et al., 2010). 일반적으로 우울증을 겪는 아동은 학업 능력, 운동 능력 및 친구를 사귀는 데 필요한 사회적 기술이 부족하다. 이들은 학업에 집중하는 것이 힘들고 기억이 손상되어 진학하는 데 어려움을 겪는다. 또한 자신의 감정을 마음에 담아두고 있어서 부모가 문제를 인식하고 도움을 주는 것을 방해한다. 이들은 부정적인 감정을 분노, 시무룩함, 조급함으로 표현하기 때문에 부모와 갈등을 겪으며, 이로 인해 우울증이 악화되고 지속된다.

아동기와 청소년기의 주요 우울 삽화는 1년 이상 지속될 수 있으며 추후 재발할 수 있다. 아동기 우울증은 단독으로 발병하는 일이 거의 없다. 일반적으로 우울증을 겪는 아동은 불안장애, 품행장애, 반항성 장애, 여자아이의 경우 섭식장애 등의 다른 중요한 심리적 문제를 동반할 수 있다(예: Small et al., 2000). 우울증을 겪고 있는 청소년의 상당수(20~40%)가 추후 양극성 장애로 발전하였다(USDHHS, 1999).

아동기 우울의 이해와 치료

아동기의 우울과 자살 문제는 주로 가족 문제 및 가족 갈등과 관련이 깊다. 부부 간 갈등 및 실직 문제 등과 같이 스트레스를 유발하는 생활 사건에 노출된 아동 및 청소년은 우울의 위험을 정면으로 맞닥뜨린다(Rudolph, Kurlakowsky, & Conley, 2001). 연인과의 이별, 친구와의 다툼 등과 같은 스트레스 유발 사건은 청소년의 자기가치감, 숙달감, 바람직성을 무너뜨리며 우울에 대한 취약성을 가진 청소년은 우울 삽화를 겪을 수도 있다(Hammen, 2009). 여성의 경우, 사춘기 이후에 섭식행위의 어려움과 신체에 대한 불만족은 청소년기 주요 우울장애로의 발전을 예측하는 요인이다(Stice et al., 2000).

부정적 사고 유형은 아동이 성숙해지고 인지 능력이 발달하면서 나타난다(Garber, Keiley, & Martin, 2002). 성인에서처럼 우울한 아동과 청소년은 다음과 같은 왜곡된 사고 양상을 보인다.

- 최악의 상황을 가정하기(비관주의)
- 부정적 사건의 결과를 파국적으로 해석하기
- 부적절한 상황임에도 실망감과 부정적인 결과에 대해 스스로를 책망하기
- 자신의 성과를 가치절하하고 사건의 부정적인 측면에만 집중하기

연구자들은 다른 문화권에서도 우울한 아동이 왜곡된 사고를 보임을 밝혔다. 예를 들어, 582명의 홍콩 중학생을 대상으로 한 연구는 우울감이 성취를 스스로 절하하고 실패와 단점을 과하게 부풀리는 등의 왜곡된 사고 양상과 연관되어 있음을 보여 주었다(Leung & Poon, 2001). 유럽의 연구자들은 자신의 잘못이 아님에도 스스로를 비난하고 자신의 문제에 대해 (지나칠 정도로 마음속으로) 곱씹으며 과하게 문제를 부풀리는 등, 청소년이 보이는 몇몇 사고 양상과 우울을 연관지어 설명하였다(Garnefski, Kraaij, & Spinhoven, 2001).

인지적 요인과 우울 간에 관련성이 있더라도, 어떤 것이 선행하는지는 알 수 없다. 즉, 우울한 사고방식으로 인해 아동이 우울해질 수도 있고, 반대로 우울이 왜곡되고 부정적인 사고를 초래할 수도 있다. 어떠한 경우든, 우울과 사고 양상은 상호 간에 관련성을 가진다.

청소년기 여성의 경우, 남성보다 더 높은 수준의 우울 증상을 보이는 경향이 있는데, 이는 성인에게 나타나는 우울증의 성차를 반영한다(Stewert et al., 2004). 지나치게 생각이 많으면서 수동적인 (반복적이고 강박적인) 대처 방식을 취하는 청소년기 여성은 우울증으로 발전하는 데 있어 대단히 큰 위험 요인을 가진다.

아동과 청소년기의 우울치료에는 인지행동치료가 효과적이다(Brunwasser, Gillham, & Kim, 2009; Chorpita et al., 2011). 최근 연구에서 인지행동치료를 받은 우울 청소년의 75%가 치료 말기에 더 이상 우울 징후를 보이지 않았다(Weisz et al., 2009). 인지행동치료에는 사회기술 훈련(예: 대화를 시작하고 친구를 사귀는 방법), 문제해결 기술 훈련, 봉사활동 자주하기 그리고 우울한 생각에 맞서기 등이 있다. 또, 가족치료가 갈등 해결과 관계 재정립에 효과가 있어서 가족 구성원이 서로에게 더욱 지지적이게 된다.

리튬은 양극성 장애의 조증 삽화를 겪는 아동의 치료제로 사용된다. 리튬의 효과에 대해선 의문이지만(NIHM, 2008). 플루옥세틴(프로작)과 같은 선택적 세로토닌 재흡수 억제제 유형의 항우울제는 효과가 입증되었다(March et al., 2004). 인지행동치료와 약물치료를 병행하는 것이 치료의 효과를 극대화시킨다(March & Vitiello, 2009). 그러나 흥분제, 항우울제와 같은 정신약물은 아동기 정신병리에 광범위하게 사용되고 있다는 비판이 제기되고 있으며, 이에 대해 512~513쪽 '이상심리학에 대해 비판적으로 사고하기'에서 다룰 것이다.

아동기와 청소년기의 자살 문제

13.10 청소년기 자살의 위험 요인에 대해 확인한다.

자살 문제는 아동기와 청소년 초기에는 드물지만, 청소년 후기와 성인기 초기에 자주 나타난다(Pelkonen & Marttunen, 2003). 대학생의 경우 자살로 인한 사망률이 교통사고 다음으로 큰 비율을 차지하며(Rawe & Kingsbury, 2006), 15~24세의 연령 집단에서는 자살로 인한 사망률이 사고와 살해로 인한 사망률 다음으로 큰 비율을 차지한다(NIMH, 2003; Winerman, 2004). 이 연령대의 약 0.01%가 자살로 목숨을 잃는다. 그러나 이러한 공식적인 통계에는 단순히 창문에서 실수로 떨어져서 죽는 것과 같은 사고 또한 자살로 포함되기도 한다. 진실 / 거짓

진실 또는 거짓

자살은 불행하게도 사춘기 시기의 어린 10대들 사이에서 꽤 흔한 일이다.

거짓 실제로 아동기와 청소년기 자살은 매우 드물다. 하지만 연령이 증가함에 따라 자살에 이르는 위험도 또한 높아진다.

아동과 청소년의 자살은 그들이 주체하지 못한 감정 분출의 해방구 역할을 한다는 지배적인 관점이 있으나, 대부분 이들은 죽기 전 자살징후를 보인다(Bongar, 2002). 자살 계획에 대해 이야기하는 이들은 누군가 그들을 도와줬으면 하는 마음을 지니고 있다. 불행히도 부모는 자녀가 자살에 대해 이야기할 때, 이를 심각하게 받아들이지 않는다.

연령이 증가할수록 다음과 같은 위험 요인이 자살에 관여한다(Dervic, Brent & Oquendo, 2008; Fergusson & Woodward, 2002; NIMH, 2003; Pelkonen & Marttunen, 2003).

- 성별 요인. 남아에 비해 여아의 자살 시도가 3배 더 많다. 그러나 남아가 여아에 비해 자살로 인해 사망할 확률은 더 높은데, 이는 권총과 같이 자살 시도에 사용하는 방법이 여아에 비해 더 치명적이기 때문이다.
- 지리적 요인. 인구가 적은 지역의 청소년들이 자살을 시도할 확률이 더 높다. 미국 서부 지역 농촌에 거주하는 청소년들의 자살률이 가장 높다.
- 인종적 요인. 아프리카계, 아시아계 그리고 라틴 아메리카계 미국인 아동의 자살률이 백인 아동에 비해 30~60% 정도 낮다. 7장에서 언급했듯이 미국 내 가장 높은 자살률은 본토박이 미국인 청소년과 성인기 초기 남성이다(Meyers, 2007).
- 우울과 무기력감 요인. 우울은 성인과 마찬가지로 청소년 자살의 지배적인 요인이며, 특히 무기력감과 낮은 자존감과 결합될 때 영향력이 커진다.
- 이전의 자살 시도 행동 요인. 이전에 자살 시도를 해본 청소년의 1/4은 또다시 자살을 시도한다. 자살을 시도한 청소년의 80% 이상은 자살을 시도하기 전

이상심리학에 대해 비판적으로 사고하기

@Issue: 우리는 아이들에게 과도한 처방을 하고 있지는 않은가?

ADHD, 우울장애 그리고 기타 심리장애를 치료하기 위해 사용되는 정신약물의 최근 사용 증가 추세는 가히 폭발적이다.

약 300만 명에 이르는 미국 아동들이 정서 혹은 행동 문제로 정신약물을 처방받았으며(Simpson et al., 2008), 약물처방을 받은 아동의 90%는 ADHD 관련 약물을 복용하였다. ADHD 치료에 쓰이는 흥분제의 사용은 1980년대 이후 약 20배가량 늘어났다(Sroufe, 2012). 오늘날 미국 아동과 청소년의 5%가 흥분제 약물을 처방받는다(Smith, 2012; Zuvekas & vitiello, 2012).

청소년의 항우울제 사용 역시 ADHD 약물과 비슷하다. 12세~19세 청소년의 5%는 항우울제를, 6%는 ADHD 약물을 처방받는다(Sharpe, 2012). 항우울제는 우울, 공황장애, 섭식장애의 치료에 주로 쓰이며, 점점 많은 청소년이 기분안정제(항경련제), 항불안제, 수면제, 항정신병 약물 등의 정신약물을 처방받는다(Olfson et al., 2012).

과잉행동의 통제에 사용하는 항정신병 약물, 리탈린, 다른 흥분제에 대한 두 가지 논란이 있다. 성인의 조현병 치료에 사용하는 리스페달, 자이프렉사(11장 참조) 등의 항정신병 약물은 ADHD 치료에 많이 사용되나, 실상 그렇게 사용하도록 승인이 된 상태가 아니다. 이 약물은 신진대사장애, 틱장애, 지연성 운동장애(11장 참조) 등 심각한 부작용을 일으킬 수 있다. 이러한 강력한 항정신병 약물은 또한 공격적 행동, 양극성 장애와 같은 청소년의 행동 문제 치료에도 사용된다(Olfson et al., 2012). (514~515쪽 '양극성 장애 아동' 논의 참조.)

강력한 정신약물치료를 받는 아동의 문제에 있어서 학자들은 가족 갈등 등 노력과 시간이 많이 드는 치료적 요인을 찾기보다는 문제행동을 '빠르게 고칠 수 있는' 것만 찾는다는 비판을 제기한다. 한 소아과 의사가 이 문제에 관해 1996년에 밝힌 비판이 오늘날에도 회자된다. "부모와 교사가 아이를 앉혀 놓고 이야기를 하는 것은 시간이 많이 든다. 그러나 약을 처방받는 데는 시간이 더 적게 든다."(Hancock, 1996, p. 52). 아이가 조용히 책상에 앉아서 공부를 하지 않고 있다면, 화학적인 해결책을 찾으려고만 하는 압박이 강해진다. 부정적인 감정의 조절을 위해 강력한 정신약물을 사용하는 데 익숙한 아이는 다른 방식으로 그것을 통제하는 방법을 찾지 않으려 할 것이다(Sharpe, 2012).

논쟁에서 두 가지 측면이 명확히 도출되었다. 학자들은 우리가 리탈린과 같은 정신약물을 남용한다고 주장한다. 그들은 리탈린이 체중 감소와 불면을 유발하는 등 잠재적 부작용의 위험을 지적하였으며, 이러한 강력한 정신약물이 뇌 발달에 어떠한 영향을 주는지 알 수 없다며 우려를 표명했다(예: Geller, 2006; Stambor, 2006). 우리는 ADHD 약물이 아동과 청소년의 심혈관 문제를 일으킬 수 있는 가능성을 배제할 수 없다(Kratochvil, 2012; Vitiello et al., 2012).

흥분제의 영향은 매우 제한적이다. 흥분제가 아동이 무언가에 집중하는 능력을 일시적으로 향상시킬 수는 있지만, 그 효과는 시간이 지날수록 떨어질 것이며, 더 이상 나은 학업 수행을 이끌어 내지 못할 것이다(Sroufe, 2012). ADHD 연구자인 심리학자 L. Alan Sroufe는 아동의 행동 문제의 수정을 위해 약물에만 시선을 고정하는 것은 근시안적이라고 지적한다. "아동의 행동 문제가 약물로 치료될 것이라는 환상은 우리가 찾아야만 하는 복잡한 해결책을 찾는 것을 방해한다"(Sroufe, 2012, p. 6에서 인용). Sroufe가 지적했듯이, 약물에만 의존한 채로는 우리가 접하는 모든 행동 문제에 대한 실질적인 해결책을 찾는 것은 불가능하다. 학자들은 인지행동치료와 같은 대안이 이러한 문제의 해결에 도움이 되지만 약물처방에 비해 여전히 많이 사용되지 않는 실정이다.

이 논쟁의 또 다른 측면에서, 약물치료의 지지자들은 ADHD와 우울치료에서의 약물 사용의 치료적 이점에 대해 언급한다. 흥분제는 과잉행동 아동을 진정시키고 집중력을 향상시키는 데 도움을 주며, 항우울제는 불안과 우울을 방지한다. 그러나 여전히 아동에 대한 정신약물 사용의 장기적 효과와 안전성에 대한 증거는 부족하다.

이 논쟁의 논점을 더욱 흐리는 것은 항우울제 약물로 치료를 받은 청소년과 청년에게 자살의 위험성이 소폭 상승한다는 식품의약청(FDA)의 경고문이다. 이러한 위험의 증가는 25세 이하 청소년에게 적용되는 사항이다(Stone et al., 2009). 그러나 위험의 정도가 낮더라도 치료 제공자와 가족 구성원은 청소년의 자살행동 징후를 세심히 살펴봐야 한다(Reeves & Ladner, 2009). 또한 임상가들은 항우울제 치료를 받은 청소년이 자살에 대한 사고, 가족 갈등, 약물 남용과 같은 자살의 위험 요인이 근처에 도사리고 있는지 살펴봐야 한다(Brent et al., 2009). 식품의약청의 경고문은 청소년에게 항우울제를 처방하는 횟수를 줄이는 효과를 보였다(Clarke et al., 2012).

수백만 명의 아동이 정신약물을 복용했을 뿐만 아니라, 160만 명의 아동이 두 가지 이상의 약물을 함께 복용하며, 심지어 한 번에 세 가지 이상의 약물을 함께 복용하기도 한다. 예를 들어,

(다음 쪽에 계속)

다수의 아동이 ADHD 치료제인 흥분제와 기분장애 치료제인 항우울제 혹은 기분안정제를 복용한다. 그러나 두 가지 이상의 약물을 함께 복용했을 때의 효과에 대한 근거가 거의 없으며 세 가지 이상의 약물을 동시에 사용하였을 경우 역시 그러하다(Harris, 2006). 아동 정신약물의 권위자인 정신의학자 Daniel Safer는 "어느 누구도 이러한 약물을 동시에 사용하는 것에 대한 이점을 밝히지 못했다."라고 하였다(Harris, 2006, p. A28에서 인용).

두 관점 모두 약물만으로 아동과 청소년 문제를 치료할 수 없다는 점에는 동의한다. 학업 문제, 가족 문제, 낮은 자존감의 문제를 가진 아동은 약물치료 이외의 치료(혹은 약물치료와의 결합)가 분명 필요하다. 치료를 위한 약물은 문제행동을 적응적인 행동으로 바꾸기 위한 심리학적인 개입을 보조하기 위해 사용되어야 한다. 약물치료는 다른 치료들이 효과가 없을 때 이차적으로 고려해야 하며, 비약물치료와 약물치료를 함께 병행하는 것이 효과적일 수 있다.

이 문제에 대해 비판적으로 생각해 보았다면, 다음의 질문에 답해 보라.

- 아동기 장애의 치료에서 흥분제와 항우울제를 사용하는 것이 왜 논란이 되는가?
- 국가별 비교연구에서, 타 국가들은 미국에 비해 아동기 장애에 대한 약물처방이 적은 편이다. 이 사실이 갖는 함의는 무엇인가?

아동에게 약물처방을 해야 할까? 아동의 정신약물 복용은 최근 몇 년 간 급증했다. 주변에 약물치료를 통해 좋아진 아동이 있는가? 이러한 약물의 사용이 갖는 문제점은 무엇인가? 다른 대안이 있는가?

자살에 대해 얘기한다. 자살 시도 경험이 있는 10대는 위험한 무기를 소지하며, 죽음과 자살 계획에 대해 이야기하고, 위험한 행동에 관여한다.

- **성적 학대 경험 요인.** 오스트레일리아 연구에서 어릴 적 성적 학대 경험이 있는 청소년의 자살률이 청소년 평균 자살률에 비해 10배 더 높다고 밝혀졌다(Plunkett et al., 2001). 또한, 성적 학대 경험이 있는 청소년의 1/3은 자살 시도를 해보았지만, 그렇지 않은 집단은 자살 시도가 없었다.
- **가족 문제 요인.** 가족 문제는 청소년의 자살 시도와 자살 사망률을 높인다. 가족관계의 불안정성과 갈등, 신체적 · 성적 학대, 사별 혹은 이혼으로 인한 부모 상실, 부모-자녀 간 의사소통의 부재 등이 주요 문제이다.
- **스트레스를 주는 생활 사건 요인.** 많은 청소년의 자살에는 이성친구와의 이별, 원치 않은 임신, 체포, 학교 문제, 전학 혹은 중요한 시험 등의 스트레스 혹은 외상 사건이 선행한다.
- **물질 남용 요인.** 가족의 중독 문제 혹은 청소년 자신의 물질 남용은 자살의 요인이다.
- **사회적 전염 요인.** 사회적 이목을 끄는 일이 있을 때, 청소년은 집단적 자살을 시도하기도 한다. 청소년은 자살을 마치 저항을 위한 용감한 죽음과 같이 낭만적으로 생각한다. 자살한 청소년에게는 자살이나 자살 시도를 한 사촌, 친구, 부모 혹은 친척 어른이 주변에 있다. 가족 구성원이나 학급 친구의 자살은 청소년에게 스트레스 상황에 대한 대처 혹은 타인을 곤혹스럽게 만드는 방법으로 '진지하게' 고려할 수 있는 대안으로 작용한다. 타인의 자살은 청소년이 자신의 어려움 또한 자살을 통해서만 극복될 '운명'이라고 생각하게 만든다. 청소년 자살 문제는 대학 입시와 같이 성적에 대한 압박이 지나치게 강할 때, 많은 청소년에게서 집단으로 일어날 수도 있다. 팸의 사례를 살펴보자.

팸, 킴 그리고 브라이언

팸은 손목을 그어 자살 시도를 했던 이력으로 입원치료를 받은 적이 있는 아리따운 17세 소녀이다. "저는 [뉴욕 교외의 상위 중산층 동네]로 이사 가기 전에는 밝은 성격을 가진 사람이었어요. 선생님도 저를 좋아해 주셨고요. 졸업 앨범이 있다면, 저는 가장 뛰어난 아이처럼 보일 거예요. 이사를 하고 나서 정말 놀랐어요. 모두들 밝은 성격이거나 그러려고 노력하는 사람들뿐이었어요. 순식간에 전 입시를 준비하는 평범한 여학생이 되었어요."라고 상담자에게 털어놓았다.

"선생님은 제게 잘해 주셨지만, 제가 더 이상 특별하지 않다는 사실이 견디기 힘들었어요. 우린 모두 대학에 지원했어요. 고등학생의 90%가 대학을 지원한다는 사실을 아시나요? 4년제 말이에요. 그리고 우리는 이 학교 학생의 몇 명만이 갈 수 있다고 알고 있거나 의심하고 있어요. 그러니까, 이 학교에서 예일 대학교, 프린스턴 대학교, 웰즐리 대학교에 갈 학생이 30명도 안 된다고요, 말이 돼요? 차라리 유타 대학교에 지원하는 편이 낫다고 해요."

"킴은 브라운 대학교 우선선발에서 탈락했어요. 킴은 심지어 반에서 1등이에요. 믿을 수 없었어요. 킴의 아버지가 찾아갔고, 그녀의 SAT 점수가 1,500점이란 걸 확인했어요. 킴은 한동안 넋이 나갔어요. 학교도 결석하더니, 그렇게, 그냥 갑자기, 우리 곁을 떠났어요. 그렇게, 그렇게, 가 버렸어요. 그 이후에 브라이언도 코넬 대학교에서 떨어졌어요. 며칠 후에, 그도 떠났어요. 그리고 저는 '학교성적, SAT 점수 모두 저 아이들이 나보다 나은데, 나에게 브라운 대학교나 코넬 대학교를 지원할 수 있는 기회가 오긴 오는 걸까?'라는 생각이 들었어요."

— 저자의 파일에서

이상심리학에 대해 비판적으로 사고하기

@Issue: 양극성 장애 아동

누군가 클레어의 침실 문을 노크하였다. 6세 클레어는 그녀가 가장 좋아하는 웹사이트인 *jibjab*에서 구피 비디오를 보고 있었다(Egan, 2008). 그녀는 장난감과 다른 무거운 물체를 이용해 문에 장애물을 설치했다. "오빠면 문 열지 마세요."라고 그녀는 이야기했다. 그녀는 자신이 지나치게 심술궂은지는 신경 쓰지 않으며, 단지 오빠를 믿지 못하는 것이라고 이야기했다. 클레어가 말하길, 그녀의 오빠는 항상 무서운 방법으로 그녀를 향해 뛰어들어오곤 했다.

그녀의 오빠인 10세 제임스는 2년 전 양극성 장애 판정을 받았다. 양극성 장애를 나타내는 다른 아이들처럼, 공격적인 행동에 대한 과거력과 폭발적인 분노에 대한 삽화를 겪었다. 그는 엄마의 관심을 얻기 위해 손을 잡기도 하였으나, 이내 갑작스럽게 분노를 폭발시켰고 엄마로부터 도망을 다니다가 다시 곁으로 돌아와서는 엄마를 껴안고 매달리기까지 했다. 10여 년 전에는, 제임스와 같은 증상을 보이는 아동을 ADHD(주의력결핍 과잉행동장애) 혹은 ODD(반항성 장애)로 진단하였다. 1990년대에 와서 많은 전문가가 제임스와 같은 아이들을 양극성 장애로 진단하기 시작했으며, 그 이전에는 양극성 장애를 아동에게 적용하지 않았었다. 아동기 양극성 장애 발병에 대한 진단은 최근 몇 년 사이에 폭발적으로 증가했으며, 그에 따라 성인 양극성 장애의 치료에 사용되는 항정신병 약물, 항경련성 약물 그리고 리튬을 사용하게 되었다.

2000년대 초반까지, 미국 아동과 청소년의 1%는 양극성 장애 진단을 받았으며, 그 비율은 1990년대에 비해 40배나 증가하였다(Holden, 2008; Moreno et al., 2007). 비판론자들은 실제 장애 유병률의 증가는 없으나, 단지 정신건강 서비스 제공자가 이전에 ADHD와 CD(품행장애)로 진단했던 아동을 양극성 장애로 재진단하는 경향이 늘어났다고 간주한다(Holtmann, Bölte, & Poustka, 2008).

과도한 진단에 대한 중대한 관심은 양극성 장애 진단을 받은 대부분의 아동(80%)이 진단기준에 부합하지 않았다는 NIMH에서 진행된 연구의 발견에서 출발한다(Carey, 2012; Egan, 2008). 반면, 양극성 장애가 정신건강 전문가들이 생각하는 것에 비해 아동에게서 더 흔히 나타난다고 주장하는 학자들도 있으며, 이들은 수년간 간과했던 장애를 지금에야 깨닫게 된 것이라고 말한다.

비판론자들은 양극성 장애의 치료제로 막대한 이익을 취하는 제약회사가 의사에게 신약을 처방하도록 함으로써 과도한 진단을 부추겼다고 주장한다(Holden, 2008). 워싱턴 대학의 정신의학 교수인 Jack McClellan은 "양극성 장애의 치료는 첫째도 약물, 둘째도 약물, 셋째도 약물이다. 그러나 아동에게 행동 문제가 있다면, 행동치료를 가장 처음으로 고려해야 한다."라고 언급했다(Carey, 2010, p. A17에서 인용).

양극성 장애는 명확한 조증과 우울증 삽화 기간의 존재로 특징지을 수 있으며, 전문가들은 진단을 내리기 이전에 기분 스펙트럼상의 조증과 우울증 삽화가 명확히 끝난 시기를 입증할 필요가 있다. 아동기와 청소년기 양극성 장애의 과잉 진단에 대한 이러한 우려는 양극성 장애의 명확한 징후를 보이는 아동에 한해서만 진단을 내리도록 DSM-5의 변화를 촉발하였다.

(다음 쪽에 계속)

DSM-5에서는 **기분조절곤란 장애**(disruptive mood dysregulation disorder, DMDD)라는 새로운 진단명을 소개하였으며, 이 장애는 극도의 짜증과 심각하고 빈번한 감정의 폭발(제임스의 사례에서 보았듯이)을 보이나 기분의 변화, 과장된 자신감, 언어촉박(pressured speech), 혹은 양극성 장애와 관련된 다른 조증의 특징을 보이지는 않는 아동에게 진단된다.

DMDD로 진단받은 아동은 느닷없이 화내는 경향이 있으며, 강렬하고 지속적인 분노 반응을 보인다. 이들의 빈번한 감정의 폭발은 상황에 적절하지 않게 발현되며, 사람이나 사물에 대한 물리적 공격성의 표출이나 분노의 언어적 표현을 동반한다(Axelson, 2013). DMDD로 진단되기 위해서는, 1년 이내에 일주일 동안 세 번 이상의 빈번한 행동적 폭발을 보여야 한다.

DMDD는 빈번한 짜증내기와 같이 아동기에 볼 수 있는 흔한 행동을 병적으로 본다는 우려로 인해 대체로 논란이 되는 진단이다. 이러한 우려는 단지 1%의 학령기 아동이 이 장애의 진단기준을 만족한다는 최근 연구 결과처럼, 다소 과장되었다(Copeland et al., 2013). 그러나 우리는 폭발적 분노가 ADHD, CD, ODD, 심지어 양극성 장애와 같은 장애의 징후임을 인지해야 한다. 어찌됐든, 새로운 장애인 DMDD가 임상 실제장면에서 얼마나 역할을 할지는 앞으로 두고봐야 할 일이다(Carey, 2012b).

왜 아동이 양극성 장애 혹은 ADHD와 같은 다른 장애로 진단되는지의 여부가 중요한가? 가장 중요한 이유는 진단이 치료 방법을 좌우하기 때문이다. ADHD의 치료에 사용되는 약물, 특히 리탈린과 흥분제는 조증 삽화를 촉발하거나 악화시키며, 반면 리튬과 같은 양극성 장애의 치료에 사용되는 약물이 ADHD 치료 중에 사용된다면 매우 부적절하며 잠재적인 위험을 내포한다.

어린 아동에게 성인 양극성 장애 환자가 복용하는 강력한 항정신병 약물을 치료제로 사용하는 것과 관련된 잠재적 위험은 여전히 논란의 중심이다. 비록 리스페달(통칭 리스페리돈)과 같은 항정신병 약물이 이례적으로 공격성이나 폭발적 분노를 약화시키는 경우도 있지만, 이 약물은 심각한 체중 증가(보통 7% 이상)와 당뇨, 심장 질환을 초래하는 신진대사의 변화와 연관된다(Correll et al., 2009; Varley & McClellan). 리튬이나 간질 치료에 사용되는 진정제와 같은 약물은 심각한 부작용과 더불어 합병증의 위험을 동반한다. 어느 누구도 이러한 약물의 장기적인 복용의 효과가 아동과 청소년의 뇌 발달에 어떠한 영향을 주는지 확실히 알지 못한다(Kumra et al., 2008).

또 다른 의문은 빈번한 짜증을 보이는 아동이 이제는 새로운 진단기준인 DMDD가 생김으로써 그에 따라 약물치료를 받게 되었다는 점에 기인한다. 많은 전문가는 DMDD 진단의 도입이 아동에 대해 과도한 약물치료를 양산할 것이라고 믿으며, 아동 스스로 부정적인 정서를 조절하는 방법을 학습하는 능력과 적응적인 행동을 학습하는 능력을 얻을 수 있게 도와주기보다는 단지 폭발적 행동을 통제하는 약물을 찾는 데만 혈안이 되도록 만들 것이라 믿는다.

분명, 양극성 장애 진단을 받은 아동은 그들 스스로와 가족에게 어려움을 가중시키는 심각한 행동 문제를 보인다. 연구는 지속되고 있기에, 우리는 이러한 '양극성 장애 아동'에 대한 명확한 개념화와 치료를 하는 방법에 대해 계속 알아갈 것이다.

이 문제에 대해 비판적으로 생각해 보고, 다음 질문에 답해 보라.

- 당신은 최근 수년간 양극성 장애 진단을 받은 아동이 급증하고 있다는 설명에 동의하는가?
- 양극성 장애 진단에 이르는 행동 문제를 보이는 아동이 강력한 정신의학적 약물을 치료받는 것이 좋을지, 혹은 다른 형태의 치료를 받는 것이 좋을지 설명해 보라.

당신은 이러한 비극적인 사례를 통해 파국적 사고가 어떤 역할을 하는지 살펴보았다. 성인의 경우와 마찬가지로, 청소년도 자신이 처한 스트레스 상황에 대해 능동적으로 문제 해결 전략을 사용하지 못하는 경우 자살에 이르렀다. 그들은 자신이 느끼는 실패나 스트레스에 대한 돌파구가 없다고 생각한다. 성인의 경우처럼, 청소년의 자살 문제에 대한 개입은 그들이 왜곡된 사고에 도전하고, 당면한 문제와 스트레스 요인에 대처할 수 있는 대체 전략을 발전시키는 데 도움이 된다. 학교-기반 기술 훈련과 같은 적용 가능한 자살 예방 프로그램이 개발되었지만, 아직 그 효과에 대한 검증이 필요하다(Gould et al., 2003).

배설장애

13.11 배설장애의 핵심 특징을 설명하고 야뇨증의 치료 방법에 대해 서술한다.

태아와 갓 태어난 아기는 배설물을 반사적으로 배출한다. 아동이 자라면서 배변 훈련을 학습함에 따라 반사적 배출을 억제하는 방향으로 배뇨조절 및 장 운동과 같은 능력이 발달한다. 그러나 몇몇 아동의 경우, 배설조절의 문제가 **유뇨증**과 **유분증**의 형태로 지속되는데 이는 장기기관의 문제에 의한 것이 아니다.

유뇨증

유뇨증(enuresis)은 '내부(in)'를 의미하는 그리스어 *en*-과 '소변(urine)'을 의미하는 그리스어 *ouron*의 합성어이다. 유뇨증인 아동은 배뇨의 조절이 원활하게 이루어질 것으로 기대되는 정상적인 연령임에도 불구하고 조절에 실패한다. 배뇨조절이 완전히 이루어지는 연령에 대해서는 임상가마다 의견이 분분하다.

DSM-5에서 유뇨증으로 진단하기 위해서는 아동이 5세 이상이거나 그에 상응하는 발달 수준을 가짐과 동시에 다음 기준을 만족해야 한다.

- 이불이나 옷에 (의도적이든 불수의적이든) 반복적으로 소변을 보는 경우
- 3달 내에 일주일에 2회 이상 소변을 실수하거나 심각한 장해와 기능 손상을 초래하는 경우
- 의학적 혹은 신체기관의 장애로 인한 것이 아니거나 혹은 약물 사용으로 인해 발생한 것이 아닌 경우

다른 많은 발달장애와 마찬가지로, 유뇨증은 남아에게 더 흔히 나타난다. 야뇨증은 600만 명이 넘는 미국의 6세 이상 아동이 겪고 있으며(Lim, 2003), 약 5~10%의 5세 아동이 유뇨증의 진단기준을 충족한다(APA, 2013). 이 장애는 청소년기 이전에 대체로 사라지나 1%의 경우 성인기까지 지속된다.

유뇨증은 특히 연령이 제법 있는 아동에게 극심한 장해를 초래한다(Butler, 2004). 증상은 잠든 동안에만 발생하기도, 깨어 있는 동안에만 발생하기도, 혹은 잘 때와 깨어 있을 때 모두 발생하기도 한다. 자는 동안에만 일어나는 유뇨증이 가장 흔한 유형이며, 이를 **야뇨증**(bed-wetting)이라 한다. 야간에 방광을 통제하는 것이 낮보다 훨씬 어렵다. 야간 수면 동안, 아동이 방광의 압박을 느낀다면 반드시 일어난 후 화장실에 가서 소변을 보는 학습을 하여야 한다. 이러한 '훈련'을 받는 나이가 어릴수록 아동은 야뇨증을 더 자주 보인다. 낮에 배뇨훈련을 받은 아동이 야뇨증을 1년 정도 보이는 것은 지극히 정상이다. 야뇨증은 수면의 가장 깊은 단계 동안 일어나며 이는 신경계의 미성숙을 의미한다. 유뇨증의 진단은 적어도 5세 이상인 아동이 밤 혹은 낮에 소변을 침대나 옷에 보는 행위가 반복될 때 내려진다.

소변경보기. 소변경보기 방법은 야뇨증의 치료에 널리 쓰인다. 이 방법에 고전적 조건형성의 원리가 어떻게 적용되는가?

이론적 관점 유뇨증에 대한 정신역동적 관점은 아동이 부모의 강압적인 배변 훈련에 대한 적개심의 표현을 나타낸 것이라고 설명한다. 또한 유뇨증은 형제의 출생 혹은 학교 입학이나 부모 및 친척의 죽음과 같은 스트레스 요인이나 생활의 변화에 대한 반응의 일환으로 퇴행을 나타내는 것일 수도 있다. 학습 이론가는 유뇨증이 부모가 너무 이른 시기에 아동에게 배변 훈련을 가르칠 때 흔히 발생한다고 지적하며, 생애 초기의 실패 경험이 방광을 통제하는 것에 대한 불안과 연관될 것이라고 이들은 생각한다. 이에 따라 아동에게 제대로 된 배뇨활동의 억제보다는 오히려 조건화된 불안이 형성된다.

유뇨증 중에서도 가장 흔히 나타나는 형태는 **일차성 유뇨증**(primary enuresis)으로, 이 장애는 여태껏 밤에 한 번도 소변 조절 문제가 없었던 아동에게서 야뇨증이 나타나는 것이 특징이다. 일차성 유뇨증은 유전적 문제를 토대로 한 성숙의 지연이 그 원인이다(Mast & Smith, 2012; Wei et al., 2010). 유뇨증의 유전적 기제를 완벽히 알진 못하지만, 이에 대한 한 가지 가능성은 대뇌 피질의 배설과 관련된 운동 통제의 발달 속도를 조절하는 유전자에 문제가 있음을 제기한다. 유전적 요인이 일차성 유뇨증의 진행에 영향을 주는 것과 마찬가지로, 환경적 및 행동적 요인 역시 일차성 유뇨증의 발달 및 경과에 지대한 영향을 미친다. 유뇨증의 또 다른 형태인 **이차성 유뇨증**은 명백히 유전적 소인으로 인한 것이 아니며 배뇨조절을 완전히 획득한 이후에 야뇨증과 같은 증상이 이따금 나타나는 것이 특징이다.

치료 유뇨증은 아동이 성장함에 따라 자연적으로 사라

진다. 유뇨증이 지속되어 부모나 아동에게 극심한 장해를 초래할 경우, 행동적 기법이 효과적이다. 이 기법은 아동의 방광이 가득 찼을 때 잠에서 깨도록 조건형성하는 것이다. 1930년대 심리학자인 O. Hobart Mowrer가 고안한 소변경보기를 사용하는 것이 그 예이다.

방광에 긴장을 느껴 잠에서 깨는 다른 아동과 달리 야뇨증인 아동은 잠에서 깨지 않는 것이 문제이다(Butler, 2004). 결과적으로 아동은 침대에 소변을 보게 된다. Mowrer는 아동이 잠들기 전 잠자리에 축축함에 반응하는 소변경보기를 깔아놓을 것을 권장한다. 경보기의 센서는 아동이 자는 동안 소변을 보게 되면 울리며, 아동을 잠에서 깨운다(Lim, 2003). 이 과정이 몇 번 반복되면, 아동은 경보가 울리기 전에 방광의 긴장을 느껴 잠에서 깨는 것을 학습한다. 이는 고전적 조건형성의 원리를 따른 것으로, 방광의 긴장과 자극(경보)이 연합되는 것이다. 방광의 긴장(조건 자극)은 경보(무조건 자극)가 이끌어내는 반응과 똑같은 반응(잠에서 깨기-조건 반응)과 연합된다. **진실 / 거짓**

진실 또는 거짓

고전적 조건형성의 원리가 야뇨증의 치료에 적용되었다.

진실 소변경보기의 사용은 배뇨조절에 문제가 있는 아동이 방광의 긴장을 느낄 때 잠에서 깨도록 조건형성하도록 도와준다. 이 방략에서 무조건 자극과 조건 자극은 각각 무엇인가?

소변경보기, 약물치료와 같은 유뇨증의 치료는 효과적이다(Houts, 2010). 대뇌 배뇨조절 체계에 영향을 미치는 선택적 세로토닌 재흡수 억제제(SSRI) 유형의 **플루복사민**(fluvoxamine)처럼, 특정 정신의학 약물 또한 도움이 된다. 소변경보기는 다양한 치료 가운데 단연 가장 높은 치료율과 가장 낮은 재발률을 자랑한다(Glazener, Evans, & Peto, 2000; Thiedke, 2003). 약물치료의 높은 재발률은 약물치료의 개입이 지난 이후에도 행동 변화가 지속될 수 있는 새로운 기술이나 적응적인 행동을 습득하도록 약물이 도와주진 못한다는 사실을 시사한다.

유분증

유분증(encopresis)이라는 용어는 그리스어 *en*-과 '대변(feces)'을 의미하는 *kopros*에서 유래한 합성어이다. 유분증은 배변운동의 조절이 잘 되지 않는 상태를 의미하며 신체기관 자체의 문제로 인해 발생하는 것이 아니다. 아동은 실제 연령이 적어도 만 4세 이상이어야 하며, 지적 손상이 있는 경우 정신연령이 적어도 만 4세 이상이어야 한다. 5세 아동의 약 1%가 유분증을 겪고 있다(APA, 2013). 유뇨증과 마찬가지로, 유분증도 남아에게서 더 흔히 나타난다. 배변은 수의적이거나 불수의적일 수 있으며 변비를 앓고 있는 경우를 제외하고는 기관 자체의 문제로 인한 것이 아니어야 한다. 모순되고 불완전한 배변 훈련과 동생의 출생, 학교 입학 등과 같은 심리사회적 스트레스 요인이 유분증의 취약 요인으로 꼽힌다.

유뇨증과 달리 유분증은 밤보다는 낮 동안 더 잘 일어난다. 이 때문에 유분증은 아동을 더욱 당혹스럽게 한다. 학급 친구는 배설을 한 아동을 피하거나 비웃는다. 대변은 심한 악취가 나기 때문에, 선생님도 이를 어떻게 대처해야 할지 몰라 혼란스러워한다. 부모 또한 반복되는 배설에 참지 못하고 아동에게 스스로 조절을 잘할 것을 요구하는 횟수가 늘어나며 조절에 실패할 시 강한 처벌을 내린다. 결과적으로 아동은 배설한 속옷을 숨기고, 학급 친구로부터 거리를 두게 되며, 꾀병인 척하여 집에서 나가지 않으려 한다. 아동의 배설에 대한 불안 수준은 점차 높아진다. 자율 신경계의 교감 신경 발화로 인해 발생한 불안이 배변운동을 촉진하기 때문에, 아동은 배설을 조절하기 더욱 힘들어진다. 당연하게도 배설 문제를 가진 아동은 그렇지 않은 아동에 비해 더 많은 정서 및 행동 문제를 지닌다(Joinson et al., 2006).

배설이 불수의적이라면, 이는 조절 곤란한 설사의 원인이 되는 변비, 분변매복(fecal impaction), 대변보유(retention)와 관련이 있다. 변비는 특정 장소에서 대변을 보는 것에 대한 두려움, 반항적 행동의 일반적 양상에 대한 두려움 등과 같이 심리적 요인 혹은 질병이나 약물과의 합병과 같은 생리적 요인과 관련된다. 때때로 아동은 의도적으로 유분증 증상을 보이기도 한다.

배설은 아동이 문제를 일으킨 후 부모가 그에 대해 가혹한 처벌을 가했을 때 혹은 아동이 극심한 스트레스와 불안을 겪고 있을 때 나타난다. 가혹한 처벌은 아동이 배설에 집중하도록 한다. 아동은 배설에 대해 심사숙고하며, 그에 따라 불안 수준이 높아져 배설에 대한 자기조절 능력이 손상된다.

행동치료 기법이 유분증의 치료에 도움이 된다(Loening-Baucke, 2002). 치료는 아동이 배설의 자기조절에 성공했을 때 칭찬과 같은 부모의 보상을 주고 지속적인 배설 문제에 대해서는 약한 처벌을 내리도록 설계된다(예: 적절히 장이 긴장되는 어떤 상황을 떠올리게 하거나 아동 스스로 속옷을 갈아입게 하는 것 등). 유분증이 지속된다면, 가능성 있는 원인을 밝히고 적절한 치료를 진행하기 위한 철저한 약물치료와 심리적 개입이 필요하다.

13 요약

아동기와 청소년기의 정상적, 비정상적 행동

13.1 비정상을 결정짓는 문화적 신념의 역할과 아동기와 청소년기의 정상적 · 비정상적 행동의 차이를 설명한다.

1장에서 살펴보았던 일반적인 정상과 비정상행동의 구분 기준에 더하여, 아동과 청소년의 행동이 발달 및 규범적 기준에서 벗어났는지를 결정할 때 아동의 연령과 문화적 배경을 고려하여야 한다. 또한 어떤 행동이 특정 문화권에서 비정상적으로 받아들여지는지를 결정할 때 문화적 규준을 고려하여야 한다.

13.2 아동 학대의 영향을 서술한다.

아동 학대는 죽음에 이를 수도 있는 물리적인 상해부터 건강한 애착 형성의 어려움, 낮은 자존감, 자살 사고(thinking), 우울, 외부 세계 탐색의 실패, 기타 다른 문제 등과 같은 정서적 문제라는 결과에 이르기까지 그 범위가 넓다. 아동 학대와 방치가 정서 및 행동에 미치는 영향은 성인기에도 지속된다.

자폐증과 자폐 스펙트럼 장애

13.3 자폐 스펙트럼 장애의 핵심 특징과 이를 이해하고 치료하는 방법에 대해 서술한다.

자폐 스펙트럼 장애를 가진 아동은 타인으로부터 동떨어지거나 철저히 혼자인 세계에 갇혀 있는 것처럼 보이며 사회적 상호작용과 대인관계의 발전 및 유지 능력의 결함, 반복적이고 제한된 운동 및 행동, 제한되고 고정된 관심사, 단조로움과 루틴을 유지하기 위한 노력, 반복적인 언어 사용, 반향언어, 대명사 반전, 특이한 언어 사용과 같은 기이한 언어습관을 보인다. 자폐증의 원인은 아직 밝혀지지 않았지만, 유전적 요인과 뇌의 이상 그리고 아직 밝혀지지 않은 환경적 요인의 결합 등이 주요 요인으로 부상하고 있다. 단기 행동치료가 자폐 환자의 학업과 사회적 기능을 개선하는 데 도움을 줄 수 있다.

지적 장애

13.4 지적 장애의 핵심 특징과 원인을 서술한다.

지적 장애(ID)는 지적 및 적응적 능력의 심대한 손상이 특징이다. 지적 능력의 손상 여부는 지능검사와 기타 기능의 측정을 통해 평가할 수 있다. 다수의 사례는 경도 범위에 속한다. 다운 증후군과 같은 염색체의 이상, 취약 X 증후군과 페닐케톤뇨증과 같은 유전적 문제로 인한 장애, 모계의 질병과 알코올 사용과 같은 태아기 요인, 교육 기회가 부족한 가정이나 사회적 환경과 연관된 가정 및 문화적 요인 등이 지적 장애의 원인이다.

학습장애

13.5 학습장애의 유형과 학습장애를 이해하고 치료하는 방법에 대해 확인한다.

학습장애는 읽기, 쓰기, 수학 혹은 실행 기능의 발달 등 특정 능력의 결손이 특징이다. 학습장애의 원인이 밝혀지진 않았으나 시각적/청각적 정보를 처리하고 이해하기 어렵게 만드는 뇌의 역기능과 연관될 것이다. 학습장애의 치료는 특정 능력의 결손을 개선하기 위한 노력에 초점을 둔다.

의사소통장애

13.6 의사소통장애의 개념을 정의하고, 하위 유형에 대해 정의한다.

의사소통장애는 언어 이해와 사용의 기능적 손상이 특징이다. 의사소통장애의 유형에는 언어장애, 발화음 장애, 어린 시기에 발병하는 유창성 장애(말 더듬기), 사회적(실용성) 의사소통장애가 있다.

행동 문제: 주의력결핍 과잉행동장애, 반항성 장애, 품행장애

13.7 주의력결핍 과잉행동장애, 적대적 반항장애, 품행장애의 핵심 특징을 서술한다.

주의력결핍 과잉행동장애(ADHD)는 충동성, 부주의, 과활동성이 특징이다. 품행장애를 가진 아동은 의도적으로 반사회적인 행동을 한다. 반항성 장애를 가진 아동은 부정적이거나 반항적인 행동을 보이나 품행장애의 특징인 범죄 성향이나 반사회적인 행동을 보이지는 않는다. 그러나 반항성 장애는 품행장애로 발전할 수도 있다.

13.8 ADHD의 유형을 설명하고 치료 방법에 대해 서술한다.

일반적으로 알려진 ADHD의 요인은 비일관적이고 양호하지 않은 부모의 양육 태도와 같이 뇌의 집행 통제 기능에 영향을 미치는 유전적 요인과 환경적 요인의 상호작용에 초점을 두었다. 흥분제는 ADHD 아동의 과잉 활동을 줄이고 집중력을 높이는 데 효과적이나 경험적으로 밝혀졌을 뿐, 학술적으로 정립된 사실은 아니다. 행동치료는 ADHD 아동이 학교에 적응을 잘하도록 도와준다. 또한 행동치료는 품행장애 아동과 적대적 반항장애 아동의 행동수정에도 효과적이다.

아동기 불안과 우울증

13.9 아동기와 청소년기에 나타나는 불안과 우울의 핵심 특징에 대해 서술한다.

아동기와 청소년기의 불안장애에는 특정공포증, 사회공포증, 범불안장애 등이 있다. 또한 아동기에는 부모와 떨어진 상황에서 불안을 느끼는 분리불안장애를 경험하기도 한다. 부정적인 결과 예측, 부정적인 혼잣말, 모호한 상황을 위협으로 해석하는 것과 같은 인지적 편향은 성인과 마찬가지로 아동기와 청소년기에 나타나는 불안장애에서 우세하게 나타난다.

우울한 어린 아동은 자신이 겪는 느낌이 우울이라는 사실을 잘 인지하지 못한다. 우울은 품행장애와 같은 모습으로 겉보기와는 달리 위장된 형태로 나타난다. 또한 우울한 아동은 성인 우울에서 나타나는 비관주의와 왜곡된 사고와 같은 인지적 편향을 보인다. 드물기는 하지만 아동기 자살도 발생할 수 있으며, 자살에 대한 위험은 늘 아동의 근처에 도사리고 있다.

13.10 청소년기 자살의 위험 요인에 대해 확인한다.

청소년기 자살의 위험 요인에는 성별, 연령, 지리적 요인, 인종, 우울, 과거 자살 행동, 건강하지 않은 가족관계, 스트레스, 물질 남용, 사회적 확산 등이 있다.

배설장애

13.11 배설장애의 핵심 특징을 설명하고 야뇨증의 치료 방법에 대해 서술한다.

배설장애는 방광(유뇨증)과 장 운동(유분증)의 조절 기능 손상 문제이며 신체기관상의 문제로 인한 것이 아니어야 한다. 두 장애 모두 남아에게서 더 흔하게 나타난다. 아동이 방광의 긴장을 느끼면 잠에서 깨어 화장실로 가도록 조건형성하는 소변경보기를 사용하는 방법이 현재까지 밝혀진 야뇨증의 치료 중 가장 효과적이다.

비판적 사고 질문

이번 장에서 배운 것을 기초로 다음의 질문에 답해 보라.

- 당신은 지적 장애를 가진 아동이 일반 학교에 다녀야 한다고 생각하는가? 왜 그렇게 생각하며, 그렇지 않다면 왜 그런가?
- 당신은 학습장애를 가진 사람에게 대학수학능력시험(SAT)을 치를 때 시험시간을 더 주는 것과 같은 특별한 배려를 제공해야 한다고 생각하는가? 왜 그렇게 생각하며, 그렇지 않다면 왜 그런가?
- 당신이 ADHD인 자녀의 부모라면 리탈린(Ritalin)과 같은 흥분제를 아이에게 줄 것인가? 왜 그렇게 생각하며, 그렇지 않다면 왜 그런가?
- 당신은 주변에서 심리치료를 받는 아동을 본 적이 있는가? 아동이 어떤 치료를 받았는가? 그 결과는 어떠한가?

핵심 용어

난독증(dyslexia)
다운 증후군(Down syndrome)
발화음 장애(speech sound disorder)
분리불안장애(separation anxiety disorder)
사회적(실용성) 의사소통장애[social (pragmatic) communication disorder]
신경발달장애(neurodevelopmenetal disorders)
아동기 발병 유창성 장애(말더듬증)(childhood-onset fluency disorder)
언어장애(language disorder)
유뇨증(enuresis)
유분증(encopresis)
의사소통장애(communication disorders)
자폐 스펙트럼 장애(autism spectrum disorder)
적대적 반항장애(oppositional defiant disorder)
주의력결핍 과잉행동장애(attention-deficit/hyperactivity disorder)
지적 장애(intellectual disability)
취약 X 증후군(Fragile X syndrome)
페닐케톤뇨증(phenylketonuria, PKU)
품행장애(conduct disorder)
학습장애(learning disorder)

14 신경인지장애와 노화 관련 장애

14

학습 목표

14.1 신경인지장애의 개념과 장애의 세 가지 유형을 이해한다.
14.2 섬망의 주요 특성과 원인을 이해한다.
14.3 주요 신경인지장애의 주요 특성과 원인을 이해한다.
14.4 경도 신경인지장애의 주요 특성을 이해한다.
14.5 알츠하이머병과 주요 특성과 원인을 이해하고 현재 사용되고 있는 치료 방법을 평가한다.
14.6 주요 신경인지장애의 기타 유형을 살펴본다.
14.7 노화와 관련된 다른 심리학적 질환을 살펴본다.

진실 또는 거짓

T□ F□ 치매는 정상적인 노화 과정이다.
T□ F□ 경도인지장애(mild cognitive impairment, MCI)로 발전하는 노인들은 대부분 10~20년 이내에 알츠하이머병으로 발전한다.
T□ F□ 나이 들면서 건망증을 보이는 사람들은 알츠하이머병 초기일 수 있다.
T□ F□ 다행히도 알츠하이머병의 발전을 막거나 때로는 치료도 가능한 약물이 현재 나와 있다.
T□ F□ 한 의과 대학생은 자전거 사고가 있기 몇 주 전에 결혼한 아내를 알아보지 못했다.
T□ F□ 유명한 가수이자 작가는 알코올 중독으로 오진된 채 올바른 진단이 내려질 때까지 수년간을 정신병원에서 보냈다.
T□ F□ 어떤 치매는 광우병과 관련이 있다.
T□ F□ 불안장애는 노인들에게서 가장 흔하게 나타나는 심리장애로, 우울증보다 흔하다.

"건강한 육체에 건강한 정신을 갖기 위해서는 대가를 치러야 한다."

쥬베날, 로마 시인, BC 55~127년

'나' '지금 이 순간이 마지막으로 주어진 최고의 시간이다'

"알츠하이머병은 천천히 진행되어 마음을 파괴하고 지루하고도 조용한 죽음에 이르게 하여 생명을 앗아간다. 기억력은 서서히 손상되어 이름도 없는 불확실한 세계에서 환자를 방황하게 만든다. 어제는 사라지고 아주 오래전 일만 기억하게 된다. 결국 침묵 속으로 빠져들고 돌봐 주는 사람에게 의존하여 지내게 된다. 먹고 목욕하기 위해서는 누군가의 도움이 필요하다. 병 말기에는 말이 없어지고 몸이 떨리며 그저 마지막 절차만을 기다리게 된다. 흔한 질병들 중에도 죽음에 이를 수밖에 없는 병은 꽤 많다.

집에 혼자 있는데 집 어딘가에서 물 흐르는 소리가 들렸다. 나는 욕실에 간 기억이 없다. 누가 물을 틀어 놨을까?

글 쓰는 것이 어려워진다. 한 페이지를 채우기 전에 단어가 고갈된다. 가장 큰 어려움은 타이핑의 정확도가 급격하게 떨어지는 것이다. 몇 개 단어들은 맞춤법 확인을 해도 수정조차 되지 않는다.

이 병에 굴복당하고 싶지 않지만, 어쩔 도리가 없다. 글을 쓰려고 앉으면 단어가 떠오르지만 단어들은 매혹적인 춤을 추며 사라지고 단어의 의미와 골자도 빠르게 사라진다. 물론 이런 일이 낯선 것은 아니다. 이런 일을 여러 차례 경험했었다. 그러나 예전에는 단어를 인출할 수는 있었는데, 지금은 안 된다.

이제 많은 날들을 눈물로 보낸다. 어느 날 아침에 잠에서 깼는데 눈가가 젖어 있었다. 나는 엉엉 울면서 표현할 길 없는 감정에 휩싸였다. 책을 읽거나 연필과 펜을 쥐고 쓰는 것이 어렵다. 예전에는 분명하고 민첩했는데 지금은 불분명하고 모든 것이 불확실하다. 단어가 제대로 떠올라도 철자가 순서에 맞게 떠오르지 않을 때가 종종 있다. 단어의 의미가 명확해질 때까지 각 알파벳 철자들 속에서 의미를 해독하는 데 소중한 시간을 소모한다. 진행이 느려서 시간을 허비하게 된다. 몇 달 전에는 쓰기에 전혀 문제가 없었다. 철자를 정확하게 쓰기 위해 주의를 기울여야 했지만 가끔은…

예전보다 언어가 소실되었음을 알고 있다. 단어가 왜곡되는 것을 지켜보는 것이 고통스러워서 무언가를 쓰는 것이 두렵다. 통제할 수 없는 질병의 파괴적인 힘이 느껴진다.

지금 이 순간이 마지막으로 주어진 최고의 시간이다."

— DeBaggio, 2002

'건강한 육체에 건강한 마음'을 갖는 것은 건강하고 행복한 삶을 위한 오래된 처방전이다. 그러나 뇌에 질병이 생기거나 손상되면 몸과 마음 모두 건전하지 못하게 된다. 사고나 뇌졸중으로 뇌가 손상되면 인지 기능과 사회적 기능, 직업적 기능이 빠르고 심각하게 악화된다. 알츠하이머병같이 증상이 점진적이면서도 지속적으로 악화되는 경우에는 정신 기능이 좀 더 천천히 악화되지만 결국에는 도움 없이는 살아갈 수 없는 상태에까지 이르게 된다. 슬프게도 이 병에 걸린 사람들에게는 하루하루가 그들에게 마지막으로 주어진 최고의 시간일 수 있다.

이 장에서는 신경인지장애라고 부르는 여러 심리장애에 초점을 맞출 것이다. 이 질병은 사고로 인해 나타날 수도 있고 뇌에 영향을 주는 질병에 의해 나타날 수도 있다. 알츠하이머병을 포함해 이런 질병들은 주로 노인들에게서 나타난다. 다른 신경인지장애는 비단 노인뿐만 아니라 다양한 연령대에서도 발생한다(Ganguli et al., 2012). 다양한 종류의 신경인지장애를 먼저 논의한 후, 성인기 후반기에 나타날 수 있는 다른 심리적 질병을 다룰 것이다.

신경인지장애

14.1 신경인지장애의 개념과 장애의 세 가지 유형을 이해한다.

신경인지장애(neurocognitive disorders)는 환자의 인지 기능이 병전과 비교해 확연하게 변화했는지에 기초해 진단된다. 정신과적 분류진단체계 제5판(DSM-5)이 나오기 전까지는 **인지장애**(cognitive disorders)라고 불렸으나, DSM-5에서는 명칭의 개념을 확장시켜 사고와 기억, 주의와 같은 인지 기능이 특정한 뇌 영역이나 신경 경로, 신경네트워크와 밀접하게 관련되어 있다는 점을 보다 잘 반영하였다(Ganguli et al., 2012). 신경인지장애는 심리적인 문제로 인한 것은 아니며, 뇌의 기능에 영향을 주는 신체적 질병이나 의학적 질병, 약물 남용 및 금단으로 인해 나타난다. 어떤 경우에는 장애의 원인이 명확하지만 또 어떤 경우에는 명확하지 않을 수도 있다. 비록 신경인지장애가 생물학적인 원인에 의해 나타나기는 하지만, 심리적 요인이나 환경적 요인 또한 증상의 여파와 범위, 그리고 환자의 대처 능력을 결정하는 데 중요한 역할을 한다.

사고, 추론, 저장, 기억 등의 인지 기능을 수행하는 능력은 뇌의 기능에 달려 있다. 뇌가 손상을 입거나 사고나 질병, 독성물질에 노출되거나 약물 남용으로 인해 뇌의 기능이 손상되면 신경인지장애가 나타난다. 손상된 뇌 영역이 넓을수록 기능의 손상 정도는 보다 심각하고 광범위해진다. 뇌손상의 범위와 부위에 따라 장애의 범위와 심각도가 결정된다. 많은 뇌 구조물이 특정한 기능을 수행하기 때문에 어느 영역이 손상되었는지는 매우 중요하다. 예를 들면, 측두엽이 손상되면 기억력과 주의력에 문제가 생기는 반면, 후두엽이 손상되면 시공간적 기능에 장애가 나타난다. 좋은 예로 훌륭한 음악가이자 교사였지만 얼굴을 포함해 물체를 시각적으로 인지할 수 없었던 유명한 P 박사의 사례가 있다.

신경학자인 Oliver Sacks(1985)는 그의 저서 『아내를 모

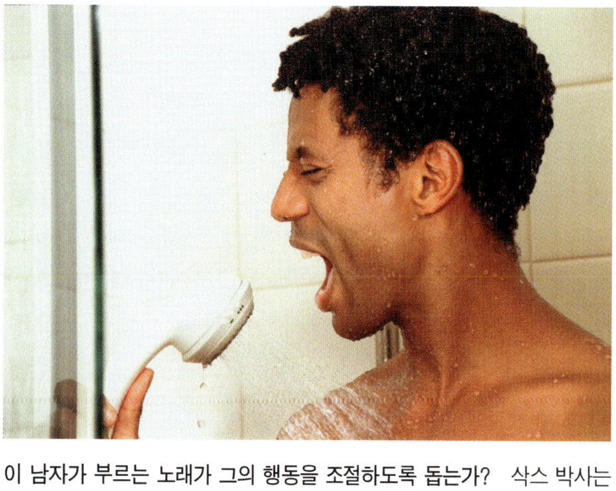

이 남자가 부르는 노래가 그의 행동을 조절하도록 돕는가? 삭스 박사는 한 사례 연구에서 뇌종양으로 인해 시각적 자극을 처리하는 능력이 손상된 'P 박사'의 사례를 논의했다.

자로 착각한 남자』에서 P 박사가 음악학교에서 어떻게 학생들의 얼굴을 분별할 수 없었는지를 자세히 설명했다. 그러나 P 박사는 학생들이 말할 때 그 학생의 목소리는 즉각적으로 인지할 수 있었다. 박사는 시각적으로 얼굴을 분별할 수 없었을 뿐만 아니라 때로는 존재하지 않는 얼굴을 지각하기도 했다. 그는 마치 아이들에게 하듯이 소화전이나 주차 요금계를 토닥거렸다. 또 가구에 붙어 있는 둥근 손잡이에게 다정하게 말을 걸기도 했다. P 박사와 동료들은 그의 이런 이상한 행동을 장난으로 치부했고, 결국 박사의 이상한 행동은 널리 알려지게 되었다. 그러나 그의 음악적 재능은 여전하였고 건강도 전반적으로 좋았기 때문에 그의 잘못된 자각에 대해 큰 걱정은 하지 않았던 것 같다.

3년 후 박사는 신경학적 검사를 받으러 병원을 방문했다. 안과의사는 박사의 눈이 건강하지만 시각적 자극을 해석하는 데 문제가 있음을 발견하였다. 의사는 신경학자인 Sacks 박사에게 P 박사의 치료를 의뢰했다. Sacks 박사와 대화할 때 P 박사의 눈의 초점은 Sacks 박사의 얼굴 부위 여기저기에 부자연스럽게 고정되었다. 눈의 초점이 코에 갔다가 오른쪽 귀로, 턱으로 이동했지만 얼굴 부위를 의미 있는 방식으로 연결시키지 못했다. 박사는 검사를 마치고 신발을 신으려고 했을 때 발을 신발 속에 잘 넣지 못했다. 떠날 준비를 할 때 P 박사는 모자를 찾으려고 두리번거렸는데 Sacks 박사는 그때의 상황을 이렇게 기술하고 있다.

> "P 박사는 손을 뻗어 그의 아내의 손을 잡고 그것을 들어 올려 쓰려 했다. 아내를 모자로 착각한 것이 분명했다. 그의 아내는 그런 일에 익숙해진 것처럼 보였다. (Sacks, 1985, p. 10)

P 박사의 이상한 행동이 우스울 수도 있지만, 시각의 손상은 비극적이었다. P 박사는 정육면체와 같은 추상적인 도형의 형태와 모양은 분별할 수 있었지만 자기 가족과 자신의 얼굴을 더 이상 인식할 수 없었다. 특정 얼굴의 일부 부위는 인지할 수도 있었다. 예를 들면 아인슈타인의 유별난 머리카락과 콧수염을 보고 아인슈타인의 사진임을 인식하였고, 자기 형의 사각 턱과 큰 이빨을 보고 형임을 알아보았다. 그러나 얼굴의 한 부위를 보고 사람을 알아보지 못했고 전체 얼굴의 패턴을 떠올리지 못했다.

Sacks 박사는 마지막 검사에서 이렇게 묘사했다.

> 초봄인데 아직도 춥다. 나는 소파에 코트와 장갑을 던졌다.
>
> "이게 뭐죠?" 내가 장갑을 들어 올리며 물었다.
>
> 그는 "좀 봐도 되겠습니까?"라고 물으며 장갑을 가져가서는 마치 기하학적인 도형을 관찰하듯이 장갑을 조사하기 시작했다.
>
> 마침내 그가 입을 떼었다. "연속된 표면이 맞물려 있네요." 그는 주저하면서 "이게 암호라면 바깥 주머니가 다섯 개 있는 것 같군요."라고 말했다.
>
> "네. 묘사를 해주셨는데요 이것이 무엇인지 말씀해 보세요." 내가 조심스럽게 말했다.
>
> "뭘 담는 건가요?"
>
> "네 맞아요. 무엇을 담는 걸까요?"라고 내가 말했다.
>
> P 박사는 웃으면서 다음과 같이 대답했다. "내용물을 담겠죠. 담을 수 있는 건 많아요. 동전지갑일 수도 있고 또…"
>
> 나는 박사의 말을 중간에 끊었다. "많이 보던 것은 아닌가요? 신체의 일부를 담거나 신체의 일부에 딱 맞을 거라는 생각이 드시나요?"
>
> 그의 얼굴빛이 알아차린 것 같지 않았다.
>
> 어린아이조차도 "연속된 표면이 맞물려 있어요"라고 말하지는 않는다. 유아라 하더라도 장갑을 보고 장갑임을 금방 알아차리고 익숙한 것임을 알게 되며 손을 넣어 본다. P 박사에게는 친숙하게 보이는 물건이 전혀 없었다. 시각적으로 그는 생명 없는 추상적인 세계에서 길을 잃었다. (Sacks, 1985, p. 13)

이후에 P 박사는 우연히 장갑을 껴 보고는 "맙소사, 장갑이네요."라고 소리칠지도 모른다(Sacks, 1985, p. 13). 박사는 전체적인 형태를 인지하지는 못했지만 촉각적 정보는 즉각적으로 인식할 수 있었다. 즉, P 박사는 시각적 지식이 손상되었는데, 이러한 증상을 시각적 **실인증**(agnosia)이라고 부른다. 실인증은 '지식 없는'이라는 의미의 그리스어에서 유래하였다. P 박사의 음악적 재능과 언어적 능력은 여전히 정상이었다. 그는 혼자 옷 입고 샤워하고 음식을 먹을 수도 있었는데, 식사 노래나 옷 입기 노래를 부름으로써 이러한 행동을 스스로 조절할 수 있었다. 그러나 옷을 입고 있는 동안 옷 입기 노래가 중단되면 사고의 흐름을 잃고 아내가 정리해 놓은 옷뿐만 아니라 자신의 몸마저 인식할 수 없었다. 노래가 멈추면 세상을 감지하는 능력도 멈춰 버렸다. 후에 Sacks 박사는 시각 정보를 처리하는 P 박사의 뇌 영역에 큰 암세포가 있음을 알게 되었다. P 박사는 자신의 장애를 정확하게 인식하지 못했고, 삶의 의미와 목적을 불어넣는 음악으로 시각적으로 텅 빈 자신의 세계를 채웠다.

P 박사의 사례는 특이한 증상으로 그리 흔하지는 않지만, 심리 기능이 정상적인 뇌에 달려 있음을 잘 보여 준다. 아울러 이 사례는 변화가 느리게 진행되어 거의 눈에 띄지 않을 때 사람들이 신체나 기질적 질병에 어떻게 적응하는지도 잘 보여 준다. P 박사의 시각적 문제가 음악적 재능이 없거나 사회적 지지를 덜 받는 사람에게서 나타났다면 문제가 좀 더 악화되었을 것이다. P 박사의 비극적인 사례는 심리적 요인과 환경적 요인이 증상의 파급력과 심각도뿐만 아니라 개인의 대처 능력까지 결정하는 것임을 보여 준다.

신경인지장애를 앓는 사람들은 먹고 화장실에 가고 씻는 것과 같은 기본적인 욕구를 채우기 위해 다른 누군가가 절대적으로 필요하다. 어떤 환자들은 일상의 욕구를 채우기 위해 도움이 필요하기는 하지만 일부 일들은 독립적으로 수행할 수 있을 정도로 기능한다. P 박사에게 나타났던 인지장애인 **실인증**은 **치매**에서 자주 나타나는 증상이다. 치매는 정신 기능을 폭넓게 악화시키는 심각한 신경인지장애이다.

DSM-5는 인지 기능 장애를 새롭게 분류하고 세 가지 질병 유형—섬망, 주요 신경인지장애, 경도 신경인지장애—로 나누었다. 표 14.1에 DSM-5에서 분류한 세 가지 유형의 신경인지장애에 대한 개관이 소개되어 있다.

섬망

섬망이라는 단어는 '~로부터 떨어져'를 의미하는 라틴어 *de*-와 '선' 또는 '고랑'을 의미하는 *lira*에서 유래한다. 즉, 지각과 인지행동이 선이나 규준에서 벗어남을 의미한다. **섬망**(delirium)은 주의 집중이 어렵고 분명하고도 일관성 있게 이야기하기가 어려우며 환경에 대한 지남력에 문제가 있는 극도의 심적 혼란 상태이다(표 14.2 참조). 섬망을 앓고 있는 사람들은 관련 없는 자극에 주의를 기울이지 않거나 새로운 과제로 주의를 전환하는 것이 어렵다. 환자는 흥분해 이야기하지만 말에 내용이 거의 없다. 시간에 대한 지남력 장애(지금이 며칠이고 무슨 요일이고 몇 시인지를 모름)와 장소에 대한 지남력 장애(자기가 있는 곳이 어디인지 모름)는 흔히 발생한다. 사람에 대한 지남력 장애(자기가 누구이고 다른 사람이 누구인지를 모름)는 드물다. 섬망이 발생하는 동안 무서운 환청을 경험할 수 있으며, 특히 환시가 나타날 수 있다. 증상의 심각도는 하루 동안 요동하는 경향이 있다(APA, 2013).

감각 자극을 잘못 해석하는 지각장애(예: 시계 알람을 화재경보기로 착각)나 환각(예: 마치 침대에 전기가 지나가는 것과 같은 느낌)이 자주 나타난다. 신체 움직임이 갑작스럽게 느려져서 마치 조현병의 긴장성 유형같이 보일 때도 있다. 초조함과 무감각 상태가 빠르게 번갈아 나타나기도 한다. 초조함이 나타나면 불면증이나 안절부절못한다거나 쓸데없는 행동, 예를 들어 침대의 나사를 뺀다거나 존재하지도 않는 물체를 치는 것과 같은 행동을 한다. 초조함은 환자가 계속 깨어 있으려고 애쓰는 행동과 번갈아 나타날 수 있다.

망상의 원인은 다양하다. 뇌손상이나 저혈당증과 같은 신진대사 장애로 인해 나타날 수도 있고 심각한 감염이나 심장질병과 같은 의학적 상태로 인해 나타나기도 한다. 또 약물 남용이나 금단으로 인한 것일 수도 있고 전해질 불균형, 간질장애, 비타민 B 결핍, 두부 손상, 뇌졸중, 파킨슨병, 뇌염, 간질환, 신장질환 등의 문제가 원인이 되기도 한다(Oldenbeuvign et al., 2011; Torpy, Burke, & Glass, 2010).

섬망의 발병률은 전체 인구의 약 1~2%로 추정되지만 85세 이상의 노인에서는 14%이다(Inouye, 2006). 섬망은 입원환자들에서 자주 나타나는데, 특히 외과수술을 받고 입원해 있는 노인 환자에게서 많이 발생한다(Choi et al., 2012; Day et al., 2012). 노인의 15~50%가 큰 수술 후에 섬망을 경험한다(Marcantonio, 2012).

섬망은 독성물질(예: 독버섯) 섭취 후에 발생할 수도 있고 약물의 부작용이나 마약 및 알코올 중독 동안 나타날 수도 있다. 젊은 사람들에게 나타나는 섬망은 정신활성(psychoactive) 약물, 특히 술을 갑작스럽게 중단한 이후에 나타나는 경우가 가장 흔하다. 그러나 노인들의 경우에는 생명을 위협하는 의학적 상태의 징후인 경우가 종종 있다(Inouye, 2006).

만성 알코올 중독 환자가 술을 갑자기 끊으면 **진전섬망**(delirium tremens, DT)이라고 불리는 섬망을 경험할 수 있다. 진전섬망의 급성기에는 '벌레가 벽이나 피부를 타고 내려온다'와 같은 거칠고 소름 끼치는 환각 때문에 공포를 느낄 수 있다. 진전섬망은 한 주 이상 지속될 수 있으며 환자를 주의 깊게 모니터링하면서 진정제를 처치하고 주변 사람들의 지지를 활용함으로써 병원에서 가장 잘 치료할 수 있다. 원인이 다양하지만 정확한 원인을 알

표 14.1
신경인지장애 개관

장애 유형	하위 유형	전체인구당 평생 발병률	비고	관련된 특성
섬망	• 일반적인 의학적 상태로 발생한 섬망 • 물질 중독으로 인한 섬망 • 물질 금단으로 인한 섬망 • 약물로 유발된 섬망	전체 인구의 약 1~2%, 노인 인구에서 발병률은 보다 높음	집중을 방해하고 일관성 있게 말을 표현하지 못하는 극도의 심적 혼란 상태	• 관련 없는 자극을 여과하거나 주의를 전환하는 것을 어려워함, 의미가 거의 없는 말을 쏟아 냄. • 시간과 장소에 대한 지남력 상실, 환청이나 기타 지각적 왜곡을 경험. • 운동이 느려지거나 초조함과 멍한 상태가 번갈아 나타남. • 심적 상태가 명확할 때와 상태가 혼란스러울 때가 번갈아 나타남.
주요 신경인지장애	(아래에 설명)	65세까지 약 1~2%, 80세까지 30%로 증가함.	정신 기능의 심각한 악화	• 알츠하이머병으로 인한 치매와 같이 대부분 회복 불가능하고 서서히 진행됨. • 인지 기능의 상당한 감퇴
경도 신경인지장애	(아래에 설명)	65세까지 약 2~10%, 85세까지 약 5~25%.	시간의 경과에 따라 인지 기능이 다소 감소, 경도인지장애(MCI)라고도 함.	• 인지 감퇴에 대한 호소가 인지 기능 검사에서 확인되어야 함. • 이 장애를 경험하는 사람들은 독립적으로 기능할 수 있으나, 과거에는 쉽게 수행할 수 있었던 검사를 잘 수행하지 못함. • 대부분은 아니지만 알츠하이머병으로 진행되는 경우도 있음.
주요 신경인지장애 및 경도 신경인지장애의 하위 유형	• 신경인지장애의 원인 ▪ 알츠하이머병 ▪ 외상성 두부 손상 ▪ 파킨슨병 ▪ HIV 감염 ▪ 헌팅턴병 ▪ 광우병 • 혈관성 신경인지장애 • 전두측두엽 신경인지장애 • 물질 또는 약물로 인하여 유발된 신경인지장애 • 루이소체 신경인지장애	기저하는 상태에 따라 다양함.	다양한 신체 증상과 뇌 기능에 영향을 주는 장애들로 인해 인지 기능이 감퇴.	• 인지 감퇴의 수준은 경미한 것에서 심각한 것까지 다양함. • 뇌 기능 이상이 발생한 원인에 따라 치료가 달라짐.

출처: APA, 2000, 2013; Herbert et al., 2003.

표 14.2
섬망의 특징

영역	심각도		
	경미한	**다소 심한**	**심한**
정서	불안	두려움	공포(panic)
인지 및 지각	혼란, 빠른 사고 흐름	지남력 상실, 망상	의미 없는 웅얼거림, 생생한 환청
행동	떨림	근육 경련	간질
자율적인 행동	비정상적으로 빠른 심장박동	발한	열

출처: Freemon(1981), p. 82.

수 없는 경우가 많다.

원인이 무엇이든 간에 섬망은 뇌 활동이 광범위하게 손상된 것과 관련이 있으며, 특정한 신경전달물질의 불균형으로 인해 발생할 가능성이 크다. 그 결과 환자는 입력되는 정보를 처리할 수 없게 되어 전반적인 혼란 상태에 빠지게 된다(Inouye, 2006). 환자는 분명하게 생각하거나 말할 수 없고 주변 환경을 이해하지 못할 수 있다. 섬망은 갑자기 발생할 수도 있는데, 이때 간질이나 뇌손상이 일어날 수도 있다. 섬망이 수 시간이나 수 일에 걸쳐 점차적으로 발생할 수도 있는데, 이때 감염이나 열, 대사장애가 발생할 수 있다. 섬망이 나타나는 동안 환자의 심적 상태는 명확한 시기(명료기)와 혼란스럽고 지남력을 상실한 시기가 번갈아 나타나는데, 명료기는 주로 아침에 나타난다. 망상은 저녁까지 점차적으로 악화되었다가 불면증을 동반한다.

치매나 다른 주요 신경인지장애에서 정신 기능이 점차적으로 악화되는 것과 달리, 섬망은 수 시간에서 며칠 내에 갑자기 발생하고 주의 및 인식 기능이 보다 명확하게 손상된다(Wong et al., 2010). 또한 치매가 대개 만성화된 점진적 경과를 보이는 것과 달리, 섬망은 장애를 일으킨 의학적 원인이나 약물 관련 요인을 제거하면 빠르게 사라지는 경향이 있다. 정신과 약물이 증상을 완화하는 데 사용될 수 있다(Torpy, Burke, & Glass, 2010). 그러나 장애를 일으킨 요인이 지속되거나 증상이 악화되면 신체장애나 혼수상태, 심지어 사망에까지 이를 수 있다(Inouye, 2006).

주요 신경인지장애

14.3 주요 신경인지장애의 주요 특성과 원인을 이해한다.

주요 신경인지장애(major neurocognitive disorder, 보통 치매라고 불림)는 정신 기능이 심각하게 감퇴하거나 악화되는 것이 주요 특징이다. 기억력이나 사고 처리 과정, 주의력, 판단력이 심각하게 손상되고 표 14.3에 제시된 것과 같은 인지장애가 나타난다. 주요 신경인지장애, 즉 치매의 원인은 다양하지만 가장 빈번한 원인은 알츠하이머병(alzheimer's disease, AD)이라 부르는 뇌 노화장애이다. 다른 원인으로는 피크병 (pick's disease)과 같은 뇌 질환과 뇌수막염, HIV 감염, 뇌염과 같이 뇌 기능에 영향을 주는 장애나 감염 등이 있다. 어떤 경우에는 치매가 멈추거나 회복될 수 있는데, 특정한 유형의 종양이나 간질, 대사장애, 치료 가능한 감염, 우울증이나 약물 남용으로 나타난 치매의 경우가 특히 그러하다. 그러나 안타깝게도 알츠하이머병을 포함해 대부분 점진적으로 증상이 악화되며 치료 불가능한 경과를 밟는다.

세균으로 인해 발생한 치매의 한 형태가 정신장애의 의료 모델을 발전시키는 데 역사적으로 중요한 역할을 하였다. 이 형태의 치매는 **진행성 마비**(general paresis; 이완을 의미하는 그리스어 *parienai*에서 유래했다) 또는 가장 부정적인 의미로 뇌의 '이완(relaxation)'이라고 부른다. 이 치매는 박테리아균을 통해 성적으로 전염되는 매독 말기에서 나타나는 **신경매독**(neurosyphilis)에서 발생했다. 이러한 형태의 치매와 신체적 질병과의 관계는 19

표 14.3
치매와 관련된 인지 기능의 손상

인지 기능 손상의 유형	특징	세부 사항
실어증	언어를 이해하거나 표현하는 능력이 손상됨.	여러 유형의 실어증이 있다. 감각 또는 수용 실어증의 경우, 글이나 말을 이해하기는 어렵지만 말을 표현하는 능력은 유지된다. 운동 실어증의 경우에는 말을 표현하는 능력은 손상되지만 이해할 수는 있다. 또 친숙한 물체의 이름을 기억하기 어렵거나 단어의 순서를 뒤죽박죽으로 섞는다.
실행증	운동 기능에 이상이 없음에도 하고자 하는 운동을 수행하는 능력이 손상됨.	신발 끈이나 단추를 어떻게 묶는지 묘사할 수는 있으나 스스로 묶기 어렵다. 이러한 장애는 팔이나 손의 문제로 나타나는 것이 아니다. 자신의 머리를 빗는 것과 같이 물체를 사용해 어떤 행동을 하는 시늉을 하는 것이 어렵다.
실인증	감각체계에 이상이 없음에도 물체를 인식할 수 없음.	실인증은 특정한 감각 채널에 문제를 보인다. 시각 실인증 환자들은 포크를 그림으로 제시하면 인식하지 못한다. 환자의 시각적 체계에는 이상이 없으며 물건을 손으로 만져 보면 물체를 인식할 수 있다. 청각 실인증은 소리를 인식하는 능력이 손상되어 있다. 촉각 실인증은 열쇠나 동전과 같은 물체를 손에 쥐거나 만졌을 때 그 물체를 인식할 수 없다.
실행 기능의 장애	계획, 조직화, 일의 순서에 따라 하는 활동, 추상적 사고를 요하는 활동이 손상됨.	예산과 스케줄을 관리했던 사무실 매니저가 사무실에서 일어나는 여러 일들을 더 이상 관리할 수 없게 되며 새로운 요구사항에도 적응하지 못하게 된다. 국어 교사가 시나 글의 의미를 파악하는 능력을 잃게 된다.

세기에 발견되었는데, 의료 모델을 공고히 하는 동시에, 이상행동이 결국은 기질적인 요인 때문에 나타난다는 가설에 힘을 실어 주었다.

한때는 정신과 병동 입원환자의 30% 이상이 진행성 마비로 인한 것이었다. 그러나 감염을 치료하는 항생제의 발견과 발달에 힘입어 매독 말기와 진행성 마비의 발병률이 크게 감소하였다. 치료의 효과는 항생제가 존재하는지, 뇌손상의 정도가 어떠한지에 달려 있다. 조직 손상이 광범위한 경우, 항생제는 감염을 방지하고 추가 손상을 막음으로써 지적 기능을 일부 개선하였다. 그러나 항생제만으로 병전 기능 수준을 회복하기는 역부족이었다.

기억력 손상은 알츠하이머병의 주요 특징이지만, 다른 주요 신경인지장애에서도 심각한 언어 사용 손상과 같은 다양한 유형의 인지 손상이 나타날 수 있다. 손상의 유형은 어떤 기능을 맡은 뇌 영역이 손상되었는지에 따라 다를 수 있다. 하지만 치매라는 용어가 더 이상 진단명으로 사용되지는 않지만 노인들의 인지장애를 설명하기 위해 여전히 널리 사용되고 있다. 그렇지만 다른 유형의 인지 손상을 보이는 젊은 환자들에게 이 용어를 사용하는 것은 문제로 지적되어 왔다. DSM-5 연구자들 또한 치매라는 용어가 낙인을 초래하는 경멸적인 용어라고 생각했다. 그래서 DSM-5 진단편람에서는 주요 신경인지장애라는 보다 기술적인(descriptive) 용어로 바꾸었다. 경멸적인 용어였던 정신지체를 지적 장애로 바꾼 것과 같은 시도이다. 치매라는 용어가 특히 노인들에 나타나는 여러 인지장애를 기술하는 데 지금도 두루 사용되고 있기 때문에 우리도 그 용어를 계속 사용하겠다.

치매는 대개 80세 이후에 발병한다. 65세 이후에 나타나면 후기 발병 치매 또는 **노인성 치매**(senile dementias)라고 부른다. 65세 이전에 시작되면 조기 발병 또는 **초로기 치매**(presenile dementias)라고 부른다. 치매 발병 위험이 노년기에 높아지지만 치매는 정상적인 노화의 결과는 아니다. 치매는 알츠하이머병과 같은 퇴행성 뇌 질환

의 징후이다. 진실 / 거짓

진실 또는 거짓

치매는 정상적인 노화 과정이다.

거짓 치매는 정상적인 노화 과정이 아니다. 뇌 기능에 영향을 주는 질병으로 인한 것이다.

경도 신경인지장애

14.4 경도 신경인지장애의 주요 특성을 이해한다.

경도 신경인지장애(mild neurocognitive disorder)는 DSM-5에서 새롭게 포함된 장애로 경미하거나 완만한 인지 기능의 감퇴를 경험하는 사람들에게 진단된다. 인지 기능의 감퇴는 주요 신경인지장애의 진단을 충족할 만큼 충분하지 않아야 한다. 인지 기능에 대한 걱정이 자신이나 자신을 아는 타인, 전문가에게 인지되어야 하며 이러한 걱정은 기억력이나 주의력, 문제 해결 능력을 평가하는 인지 기능 검사에서 나타나야 한다.

경도 신경인지장애는 경도인지장애(mild cognitive impairment, MCI)로 널리 알려진 임상적 증후군의 새로운 이름이다. 경도 신경인지장애 환자들은 독립적으로 기능할 수 있고 집이나 직장에서 일상생활 활동을 수행할 수 있지만, 전에는 쉽게 할 수 있었던 과제를 완료하는 데 보다 많은 노력을 기울여야 한다. 때로는 독립적으로 일을 행하기 위해 보완하는 방법을 활용하기도 하는데, 예를 들면 직무에서 맡은 일을 다른 사람에게 맡긴다거나 느린 기억력을 보상하기 위해 전기 장치를 사용하는 것이 그것이다. 그러나 경도인지장애와 정상적인 노화로 인한 인지 능력의 감퇴를 감별하는 기준점을 정하는 것은 쉽지 않은데, 특히 이름을 기억하는 능력과 산수 능력의 변화가 그러하다.

경미한 인지 기능의 손상은 알츠하이머병과 같이 신경 퇴화 질병의 초기 단계에 나타나거나, 외상성 두부 손상과 HIV 감염, 약물 남용 관련 뇌 장애, 당뇨병 등과 같이 뇌에 영향을 미치는 다른 장애의 초기 단계에 나타난다. 예를 들면 알츠하이머병은 시간이 지남에 따라 점차적으로 악화되는데, 많은 환자가 알츠하이머병의 증상이 완전히 나타나기 수년 전부터 경도 신경인지장애에서 나타나는 기억 문제를 보인다(Buchhave et al., 2012; Malek-Ahmadi et al., 2012; Sperling et al., 2011; Steenhuysen, 2011). 그러나 중요한 것은 경도 신경인지장애를 보이는 사람들 중 상당수가 알츠하이머병으로 발전하지는 않는다는 것이다. 진실 / 거짓

진실 또는 거짓

경도인지장애를 앓는 노인들은 대부분 5~10년 내에 알츠하이머병으로 발전한다.

거짓 일부 노인들은 불행히도 알츠하이머병으로 발전하지만 대부분은 그렇지 않다.

경도인지장애가 DSM-5에 새롭게 포함된 것은 여러 이유에서 중요하다. 첫째, 경도인지장애 환자 사례 가운데 증상이 진행되기 전에 조기 개입이 필요한 환자를 감별하는 것이 중요하다. 조기 개입은 약물이나 인지 훈련으로 이뤄질 수 있는데, 이런 조치는 인지 기능이 심각하게 손상된 후에는 효과가 없다. 둘째, 경도인지장애 진단이 가능하게 되면 인지 기능의 손상이 경미한 수준에서 심각한 수준으로 진행되는 것을 막는 방법을 찾는 임상 연구에 참여할 수 있는 자원자를 구할 수 있게 된다.

주요 신경인지장애와 경도 신경인지장애의 하위 유형

이제부터는 인지 기능의 손상 수준이 경미한 경도 신경인지장애에서부터 심각하게 손상되는 주요 신경인지장애에 이르기까지 여러 하위 유형을 살펴보겠다. 알츠하이머병이 인지 기능 손상을 일으키는 가장 현저한 원인이기 때문에 먼저 이 병을 살펴보겠다.

알츠하이머병으로 인한 신경인지장애

14.5 알츠하이머병과 주요 특성과 원인을 이해하고 현재 사용되고 있는 치료 방법을 평가한다.

알츠하이머병(Alzheimer's disease, AD)은 점차적으로 진행되는 회복 불가능한 퇴행성 뇌 기능 장애로, 기억력과 판단 및 추론 능력을 포함해 여러 인지 기능의 감퇴를 특징으로 한다. 이 병에 걸릴 위험은 나이가 들면서 급격하게 증가한다(Querfurth & LaFerla, 2010). 환자의 99% 이상이 65세 이상에서 발생한다(Alzheimer's Society, 2008). 65세 노인 8명 중 약 1명이, 85세 노인 3명 중 1명이 이 병에 걸린다—약 470만 명의 미국인이 이 병을 앓고 있다

(Hebert et al., 2013). 노령화가 지속되면 2050년까지 현재의 두 배 이상인 1,380만 명으로 늘어날 것으로 예상된다(Herbert et al., 2013). 일반 인구에서 치매 환자의 절반 이상이 알츠하이머병이다. 좀 더 젊은 나이에 이 병에 걸리면 보다 심각한 장애를 보이는 것 같다. 진실 / 거짓

진실 또는 거짓

나이가 들면서 가끔씩 건망증을 보이면 알츠하이머병의 초기 단계일지도 모른다.

거짓 가끔씩 기억나지 않거나 건망증을 보이는 것은 정상적인 노화 과정이다.

알츠하이머병은 대부분 65세 이상에서 발병하고, 보통 70대 말~80대에 발병한다(그림 14.1 참조). 남성보다 여성의 발병률이 높은데, 여성이 남성보다 더 오래 사는 경향이 있기 때문이지도 모르겠다. 알츠하이머병이 노화와 밀접하게 관련되기는 하지만, 뇌 기능 퇴화의 결과이지 정상적인 노화 과정은 아니다.

알츠하이머병에 걸리면 기억력, 언어 능력, 문제 해결 능력 등이 점차적으로 퇴화되거나 손상된다. 중년기에 가끔씩 기억이 안 난다든지 건망증을 보이는 것(예: 안경을 어디에 두었는지 기억이 안 나는 것)은 정상이며 알츠하이머병의 징후는 아니다. 중년기를 지난 사람들(나이가 그리 많지 않은 우리들 중 일부도)도 예전에는 잘 기억했던 사람의 이름이 기억이 안 난다든가, 한때 알고 지냈던 사람의 이름이 기억이 안 난다고 호소한다.

열쇠를 어디에 두었는지 잊는 것은 정상적인 현상이다. 그러나 자신의 집을 기억하지 못하는 것은 정상적이지 않다. 다음 사례는 이른 나이에 알츠하이머병에 걸린 한 여성의 경험으로, 이 여성의 기억력이 어떻게 손상되기 시작했는지를 보여 준다. 남편의 사무실에서 집으로 운전하고 가면서 일어났던 사건을 기술하고 있다.

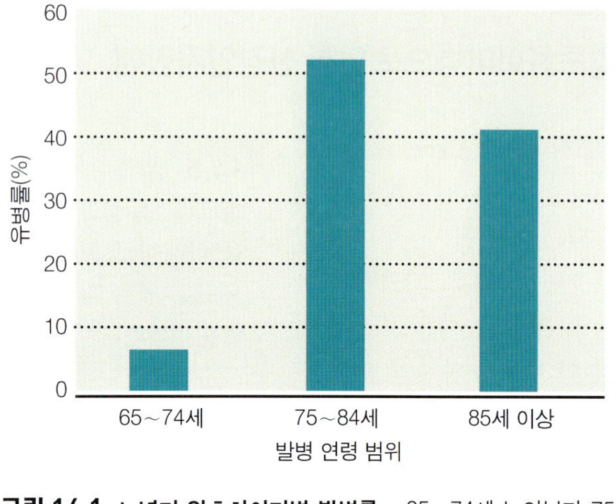

그림 14.1 노년기 알츠하이머병 발병률. 65~74세 노인보다 75세 이상의 노인들이 알츠하이머병에 걸릴 위험이 훨씬 높다.

출처: Hebert et al., 2003.

'미로에서 살기'

길을 잃다니 절망적이었다. 집에 가는 길이 기억나지 않았다. 두려워서 몸이 떨렸고 눈물을 주체할 수 없었다. 무슨 일이 일어났던 걸까?

몇 미터 앞에 공원 파출소가 있었다. 몸을 떨면서 눈물을 닦고 숨을 깊게 내쉬면서 안정을 찾으려고 애썼다. 경비원이 미소를 지으면서 무엇을 도와줄지를 물었다.

"길을 잃은 것 같아요"라고 나는 말을 떼었다.

"어디로 가셔야 합니까?" 경비원이 상냥하게 물었다.

내가 사는 곳의 거리명이 기억나지 않은 것을 깨닫자 차가운 한기가 몸을 휘감았다. 눈물이 뺨을 타고 흘러내렸다. 어디로 가야 하는지 기억나지 않았다.

기억을 뒤져도 기억이 없다는 것을 깨닫자 공포가 또다시 나를 덮쳤다. 그때 갑자기 손자들을 데리고 이 공원에 왔던 것이 기억났다. 여기서 비교적 가까운 곳에 살고 있음에 틀림없다.

"여기에서 가장 가까운 동네가 어디인가요?" 나는 떨리는 목소리로 물었다.

경비원이 머리를 긁적이며 기억을 떠올렸다.

"가장 가까운 올랜도(Orlando) 마을은 파인 힐즈(Pine Hills)입니다." 그가 말했다.

"맞아요." 나는 감사하며 외쳤다. 내가 사는 동네 이름이 드디어 떠올랐다.

나는 경비원이 알려 준 정확한 방향으로 주의 깊게 운전하여 갔고 교차로를 찾았다…. 그리고 마침내 동네 어귀가 눈에 들어왔다.

집에 도착하자 안도의 눈물이 줄줄 흘러내렸다. 나는 어두운 안방에 들어가 두 손으로 몸을 꽉 감싼 채 침대 위에서 몸을 웅크리고 앉아 있었다.

출처: McGowin, 1993.

인지 기능의 손상이 보다 심각하고 여러 기능으로 확대되어 있으면 알츠하이머병을 의심하게 되는데, 이 경우 일상적으로 수행해야 하는 일이나 사회적인 역할을 수행하는 능력에까지 영향을 미치게 된다. 병이 점점 진행되면서 환자들은 주차장이나 가게에서, 심지어는 자기

알츠하이머병. 로널드 레이건 전 미국 대통령을 포함해 알츠하이머병에 걸린 유명인사들이 많다. 사진은 레이건 전 대통령과 그의 아내 낸시가 알츠하이머병으로 진단받은 뒤 처음으로 공개 석상에서 모습을 드러냈을 때다. 레이건 전 대통령은 2004년 6월 이 병으로 사망했다.

의 집에서도 길을 잃을 수 있다. 한 알츠하이머병 환자의 아내는 이 병이 남편에게 어떤 영향을 미쳤는지를 다음과 같이 기술했다. "치료하지 않으면 알츠하이머병은 남편의 원래 모습을 빼앗아간다. 리차드가 자동차 문을 찾을 수 없어 차 주위를 여러 번 왔다 갔다 하는 것을 보는 것이 고통스럽다"(Morrow, 1998). 병이 진행됨에 따라 초조감이나 여기저기 헤매는 행동, 우울, 공격적인 행동들이 으레 나타날 수 있다.

알츠하이머병 환자들은 자신의 정신 기능이 빠져나감을 느끼지만 그 이유를 모를 때 우울해지거나 혼란스러워하거나 심지어 망상을 가질 수도 있다. 환자들은 환청 및 다른 정신증적 증상을 경험하기도 한다. 혼란과 두려움에 휩싸여서 사랑하는 사람이 자신을 배신했다거나 자신의 돈을 강탈했다거나 자신을 돌보지 않는다는 의심망상에 빠질 수 있다. 사랑하는 사람의 이름을 잊거나 알아보지 못할 수 있다. 심지어는 자기 이름을 잊어버릴 수도 있다.

알츠하이머병은 1907년 독일 의학자인 Alois Alzheimer(1864~1915)가 처음 기술했다. 그는 심각한 치매를 앓았던 56세 여성을 부검하면서 질병에서 나타나는 두 가지 특징적인 징후를 발견했는데, 현재 잘 알려져 있는 플라크(베타 아밀로이드를 구성하는 섬유 단백질 조각이 축적된 것)와 엉킨 신경섬유다발(타우 단백질 섬유다발이 꼬인 것)이 그것이다(Carrillo et al., 2012; Han et al., 2012)(**그림 14.2** 참조). **그림 14.2**의 오른쪽 사진에서 어두운 음영으로 처리된 부분은 알츠하이머병으로 인하여 뇌 활동이 저하된 것을 나타낸다.

진단 여러 의학적 및 심리적 상태에서도 종종 알츠하이머병과 유사한 증상이 나타나는데, 예를 들어 심한 우

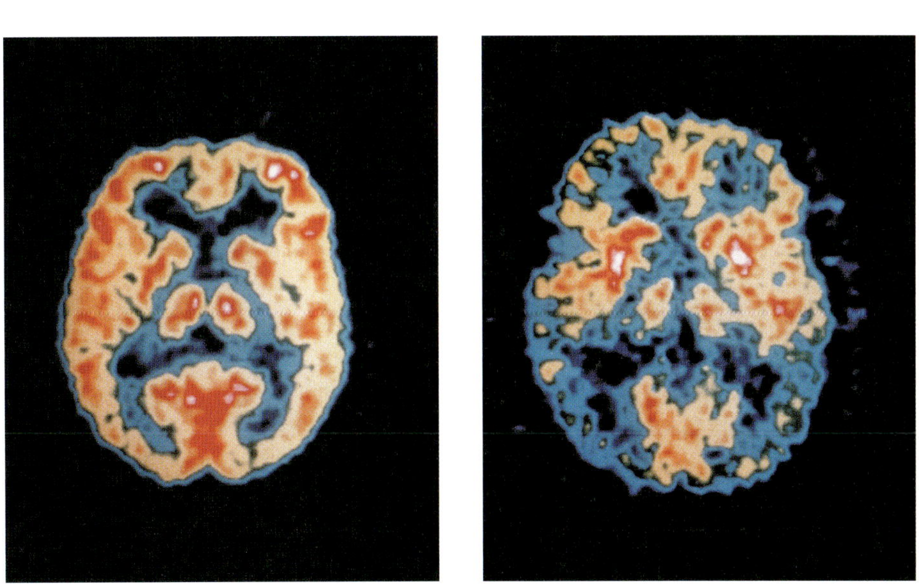

그림 14.2 건강한 노인의 뇌(왼쪽)와 알츠하이머병 환자의 뇌(오른쪽)의 PET 영상. 오른쪽 사진에서 짙은 색을 띠는 광범위한 부위가 알츠하이머병으로 인한 신경학적 변화가 뇌 기능을 얼마나 변화시키는지를 보여 준다.

출처: Friedland, R. P., Case Western Reserve University, courtesy of *Clinical Neuroimaging*. Copyright ©1988 by John Wiley and Sons, Inc.

울증으로 인한 기억력 손상이 그렇다. 따라서 오진할 수도 있는데, 특히 병의 초기 단계에서 그럴 위험이 있기 때문에 의사는 이 지독한 병을 진단할 때 주의해야 한다. 2012년에 뇌를 스캔하는 새로운 기술이 나왔는데, 이 기술은 이 질병에서 나타나는 플라크를 확인하는 것을 가능하게 함으로써 임상적인 증상(기억력 장해)과 함께 뇌 스캔을 처음으로 진단에 활용할 수 있게 하였다(Kolata, 2012). 뇌 스캔 기술을 활용해 경도인지장애 환자가 알츠하이머병으로 발전할 가능성이 큰지를 예측하는 것도 곧 가능해질 것이다(Bohnen et al., 2011; Chen et al., 2011; Jack et al., 2011; McEvoy et al., 2011).

알츠하이머병의 증상 알츠하이머병 초기에는 특정적인 기억력 장애와 미세한 성격 변화가 나타난다. 우선 환자들은 돈 관리에 어려움을 겪거나 최근에 일어난 사건이나 전화번호, 우편번호, 손자들의 이름을 기억하는 것을 어려워할 수 있다. 한때 수백만 달러를 관리했던 기업의 관리가 쉬운 산수 문제를 풀 수 없게 될 수도 있다. 성격에도 미세한 변화가 나타날 수 있는데, 밖에 나가기를 좋아했던 사람이 밖에 나가지 않거나 점잖았던 사람이 성격이 급해지기도 한다. 초기 단계에서 환자들은 대개 깔끔하고 단정하며 협조적이고 사회적으로 적절하게 행동한다.

일부 환자는 자신의 장애를 인식하지 못한다. 어떤 환자는 장애를 부인하기도 한다. 자신의 장애가 스트레스나 피곤과 같은 다른 원인에 의한 것이라고 치부한다. 병을 부인하면 지적인 능력의 감퇴를 인식하는 것으로부터 자신을 보호할 수 있다. 그렇게 하지 않으면 자신의 정신 기능이 빠져나가고 있다는 것을 인식하게 되어 우울해질 수 있다.

심각한(moderately severe) 알츠하이머병 단계에 이르면 환자들은 일상적인 활동을 수행할 때 도움을 받아야 한다. 적절한 옷을 고를 수 없게 되고 집 주소나 가족들의 이름을 기억해 내지 못할 수 있다. 운전할 때 멈춤 신호에서 멈추지 못하거나 브레이크를 밟아야 할 때 액셀을 밟는 것과 같은 실수가 시작된다. 화장실에 가거나 목욕하는 것도 어려울 수 있다. 거울에 비친 자신의 모습을 인식할 때 종종 실수를 하기도 한다. 더 이상 완벽한 문장으로 말할 수 없게 되며, 단지 몇 개의 단어만으로 말할 수 있다.

운동 기능과 협응 기능 또한 점점 쇠퇴한다. 심각한 단계에 이른 환자들의 걸음걸이는 짧고 느릴 수 있다. 옆에서 도와주더라도 더 이상 자신의 이름을 서명할 수 없게 된다. 칼과 포크를 사용하는 데 어려움을 보일 수도 있다. 불안(agitation)은 이 단계에서 나타나는 가장 두드러진 특징인데, 환자는 통제할 수 없는 환경과 싸워야 한다는 위협감으로 인해 밖으로 드러나는(acting out) 행동을 보일 수 있다. 왔다 갔다 하거나 안절부절못하기도 하고, 소리지르거나 던지거나 때리는 것과 같은 공격적인 행동을 보일 수도 있다. 초조함 때문에 정처 없이 돌아다니기도 하는데 길을 찾아 다시 돌아오지 못하기도 한다.

환자는 혼잣말을 하기 시작하거나 환시나 편집증적 망상을 경험하기도 한다. 누군가가 자신에게 해를 입히려 한다거나 자기 물건을 훔치려 한다거나 배우자가 바람이 났다고 믿기도 한다. 어떤 환자들은 자신의 배우자가 실제로 다른 사람이라고 생각하기도 한다.

가장 심각한 단계에 이르면 환자의 인지 기능은 더 이상 손쓸 수 없을 정도로 감퇴한다. 말하는 능력이나 신체 운동을 통제하는 능력을 잃을 수 있다. 화를 참지 못할 수 있고 대화하거나 걷거나 단정히 앉아 있지 못한다. 화장실에 가거나 밥을 먹을 때 도움을 받아야 한다. 병의 말기에는 발작이나 혼수상태에 빠질 수 있으며 결국 사망에 이른다.

알츠하이머병은 병에 걸린 환자뿐만 아니라 가족 전체에게도 영향을 미친다. 사랑하는 사람이 서서히 악화되는 것을 무력하게 지켜봐야 하는 가족들은 '결코 끝나지 않는 장례식'에 참석한 것 같다고 말한다(Aronson, 1988). 여기저기 돌아다니거나 공격적이거나 파괴적인 행동, 자제하지 못하는 행동, 소리 지르는 행동, 밤에 깨

이름을 아나요? 알츠하이머병은 환자의 가족들도 황폐화시킨다. 대개 배우자가 일상생활을 도와준다. 이 남자는 수년간 아내를 돌보았는데, 그는 자기가 아내를 안아 주거나 키스하면 아내가 자기의 이름을 더 잘 중얼거린다고 믿는다.

어 있는 것과 같은 환자의 증상으로 인해 가족들은 큰 스트레스를 받는다. 병이 어느 정도 진행되어 성격이나 행동의 변화가 꽤 심각해진 환자와 함께 사는 것은 낯선 사람과 사는 것과 비슷하다. 환자를 돌봐 주는 가족이 돌봐 주지 않는 가족들에 비해 건강에 문제가 더 많고 스트레스 호르몬 수치가 더 높은 것도 놀랄 만한 것이 아니다(Vitaliano, Zhang, & Scanlan, 2003). 대개 가족 중에 성인이 된 딸이 환자를 간호하게 되는데, 이들은 대개 중년 여성으로, 자녀의 양육과 알츠하이머병을 앓는 부모를 간호하는 것 사이에서 샌드위치가 된 것처럼 느끼기도 한다.

원인 아직까지 정확한 원인은 알려지지 않았지만, 알츠하이머병 환자의 뇌에서 강철 울 섬유 같은 플라크와 엉킨 신경섬유가 만들어지는 과정을 이해하면 단서를 찾을지도 모른다. 아직까지는 플라크와 엉킨 섬유가 기억력 감퇴 및 여러 증상과 관련이 있는지, 아니면 단지 이 질병의 증상에 불과한 것인지에 대해서는 잘 모른다("Alzheimer's Disease", 2011; Herrup, 2010).

과학자들은 뇌에서 시냅스—신경세포 사이에 있는 아주 작은 틈으로 신경세포는 이곳에서 신호를 주고받는다—가 상실되는 것에 초점을 맞춰 알츠하이머병과 관련된 기제를 탐색하고 있다(Hongpaisan, Sun, & Alkon, 2011; "Gene Linked, 2013"). 이 병의 생물학적 기제를 더 잘 이해하게 되면 병을 치료하거나 예방까지도 가능한 치료 방법이 나올 것으로 기대된다("New Therapies", 2011; Orešič et al., 2011).

과학자들은 알츠하이머병과 관련된 수많은 유전자를 규명함으로써 언젠가는 유전자의 영향을 상쇄할 수 있는 방법을 찾을 수 있을 것이라는 희망을 주고 있다(Braskie et al., 2011; Naj et al., 2011; Pottier et al., 2012; Ramanan et al., 2012). 유전자가 어떻게 결합하느냐에 따라 질병의 유형이 달라질 수 있다. 어떤 유형의 알츠하이머병은 베타 아밀로이드(beta amyloid)를 만들거나 아밀로이드 플라크와 엉킨 신경섬유를 비정상적으로 형성하는 특정한 유전자와 관련되어 있다(Bookheimer & Burggren, 2009; Harold et al., 2009). ApoE4라고 불리는 유전자를 가진 사람들은 일반인에 비해 알츠하이머병이 발병할 위험이 세 배 이상 높다("Alzheimer's Risk Gene", 2011).

환경적인 요인 또한 병의 발병과 관련될 수 있다(Sotiropoulos et al., 2011; "Stress May Increase", 2011). 어떤 환경적인 요인들이 관련되어 있는지는 아직 잘 모르지만, 스트레스가 한 잠재 요인인 것으로 알려져 있다. 과학자들은 유전자와 환경적인 요인이 질병 발달에 어떻게 상호작용하는지 더 잘 이해하기 위해 지금도 애쓰고 있다.

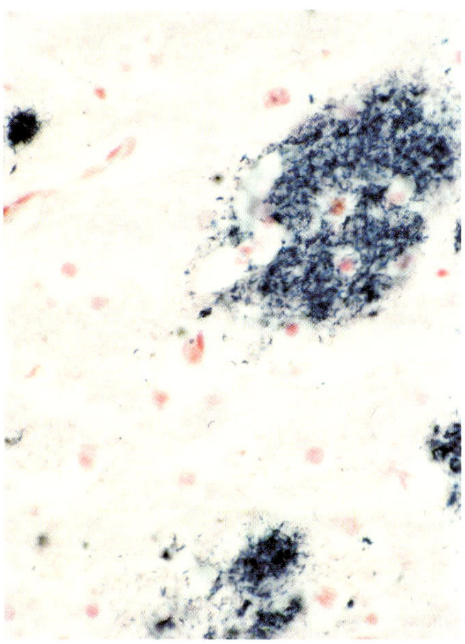

알츠하이머병과 연관된 플라크. 알츠하이머병에서는 뇌의 신경 조직이 퇴화하거나 베타 아밀로이드 단백질 조각들로 만들어진 강철 울 섬유와 같은 플라크가 형성되는데, 파랗게 염색된 부분이 대뇌 피질 단면에서 나타나는 부분이다.

치료와 예방 현재까지 나와 있는 알츠하이머병 약물은 인지적 감퇴 속도를 둔화시키고 인지 기능을 개선시키는 정도로만 작용한다. 아직까지 치료제는 없다. 도네페질[donepezil, 상품명 아리셉트(Aricept)]은 신경전달물질인 아세틸콜린의 수준을 증가시킨다. 알츠하이머병 환자는 아세틸콜린 수준이 낮은데, 아마도 아세틸콜린을 생산하는 뇌 영역의 세포들이 죽었기 때문인 것으로 판단된다. 그러나 증상이 보통에서 심각한 수준에 있는 환자들의 경우 약으로 인지 기능을 개선시키는 효과는 그리 크지 않다(Howard et al., 2012; Kuehn, 2012). 또 다른 약인 메만틴(memantine, 상품명 Axura)은 알츠하이머병 환자에게서 비정상적으로 높은 수준을 보이는 신경전달물질인 글루타메이트(glutamate)를 억제한다(Rettner, 2011). 글루타메이트 수준이 높으면 뇌세포가 손상될 수 있다. 불행히도 최근 연구 결과, 증상이 경미한 알츠하이머병 환자들에게 이 약물을 처치했을 때 그 효과가 플라시보를 처치했을 때와 큰 차이가 없었다(Schneider et al., 2011). 항정신병 약물 또한 환자들의 공격적이거나 초조한 행동을 통제하기 위해 사용될 수 있는데, 이 약물은 부작용의 위험이 있다(Corbett & Ballard, 2012; Devanand et al., 2012). 진실 / 거짓

진실 또는 거짓

다행히 알츠하이머병의 진행을 막거나 어떤 경우에는 치료까지도 가능한 약물이 현재 존재한다.

거짓 활발한 연구를 통해 그런 약을 개발하려고 노력 중에 있지만 병의 진행을 막거나 치료의 희망을 줄 수 있는 약은 현재까지는 없다. 현재 나와 있는 약은 인지적 감퇴율을 늦출 수 있을 뿐이다.

뇌에 있는 염증이 알츠하이머병의 발병에 중요한 역할을 하는 것 같다. 이에 연구자들은 통증 완화제인 **아이부프로펜**(ibuprofen, 상품명 아드빌)과 같은 항염증 약물이 질병을 예방할 수 있는지를 연구하고 있다. 의학 전문가들은 이런 약이 알츠하이머병의 위험을 낮추거나 발병을 늦추는지 명확해지기 전까지는 이 약물을 폭넓게 사용하지 말라고 경고한다(Rogers, 2009). 불행히도 알츠하이머병의 발병을 예방하거나 늦출 수 있는 약은 없다(Kolata, 2010). 과학자들은 알츠하이머병을 일으키는 생물학적 과정이 증상이 나타나기 20여 년 전부터 시작될 것으로 추측하고 있다(Bateman et al., 2012). 이에 따라 연구자들은 질병의 말기보다 초기 단계를 표적으로 하는 약물의 개발에 더 많은 노력을 기울이고 있다(Buchhave et al., 2012; Selkoe, 2012; Sperling et al., 2011b).

인지 기능이 활성되도록 자극하는 활동들, 예를 들면 퍼즐을 풀거나 신문을 읽거나 단어 게임을 하는 등의 활동은 다소 경미한 수준의 알츠하이머병 환자의 인지 기능을 개선시킬 수 있다(Woods et al., 2012). 또한 환자는 기억력 훈련 프로그램을 통해 남아 있는 인지 능력을 최적으로 사용할 수 있다. 이 파괴적인 질병을 예방하는 효과적인 백신이 언젠가 개발되기를 희망한다(Michaud et al, 2013; Winblad et al., 2012). 규칙적인 운동 프로그램을 지속하고, 동물성 지방은 낮고 야채와 생선이 풍부한 건강한 식단을 유지하는 것과 같은 생활방식이 질병을 예방한다는 증거가 있다(Buchman et al., 2012; Nisbett et al., 2012; Walsh, 2011). 식단이나 운동과 같은 생활방식 요인과 알츠하이머병에 대한 위험 간의 관계에 대해 좀 더 충분한 연구가 이뤄져야 한다. 2013년에 발표된 고무적인 연구 결과에 따르면, 중년 성인기에 운동을 하는 것이 노년기에 치매 발병률을 낮췄다(DeFina et al., 2013). 이 연구는 관찰 연구 방법을 사용해서 인과관계를 살펴볼 수는 없었지만, 운동 프로그램이 치매를 예방하는 데 도움이 됨을 시사하였다. 정신적으로 도전이 되는 과제를 완수하는 것과 같은 규칙적인 정신 활동이 알츠하이머병을 늦추거나 예방할 수 있는지를 검증하는 연구 또한 필요하다.

혈관성 신경인지장애

14.6 주요 신경인지장애의 기타 유형을 살펴본다.

뇌는 다른 신체 조직처럼 혈관을 통해 산소와 포도당을 공급받고 노폐물을 실어 나른다. 뇌졸중은 **뇌혈관 발작**(cerebrovascular accident, CVA)이라고 부르기도 하는데, 대개 뇌동맥이 막혀 혈액이 응고되어 혈액 순환이 타격을 받음으로써 혈액 공급이 멈춰 뇌 일부가 손상될 때 발생한다(Adler, 2004). 뇌 영역이 손상되거나 파괴되면 운동이나 언어, 인지 기능에 장애가 생긴다. 어떤 경우는 사망할 수도 있다.

혈관성 신경인지장애[vascular neurocognitive disorder; 과거에는 혈관성 신경인지장애(vascular dementia)나 **다발경색치매**(multi-infarct dementia)로 불림]는 주요 또는 경도 신경인지장애의 형태로 뇌에 영향을 주는 대뇌혈관 문제 (뇌졸중)로 인해 발생한다. 혈관성 신경인지장애는 알츠하이머병에 이어 두 번째로 흔한 치매 유형으로, 노년기에 가장 자주 발생하지만 알츠하이머병에 비해 보다 이른 나이에 발병한다. 여자보다 남자에게서 더 자주 나타나고, 치매 환자 5명 중 약 1명이 이 병으로 진단받는다. 개별 뇌졸중은 **실어증**(aphasia)과 같은 중요한 인지 기능을 손상시키지만, 대개 치매와 연합된 전반적인 인지 기능의 감퇴로까지 이어지지는 않는다. 혈관성 신경인지장애는 시간을 달리해서 여러 차례 발생하는 다발적인 뇌졸중으로 인해 나타나며, 그 결과 여러 심적 기능에 축적된(cumulative) 영향을 미친다.

혈관성 신경인지장애의 증상은 알츠하이머병에서 나타나는 증상과 유사한데, 기억력 및 언어 능력의 손상과 초조함, 정서 불안정, 자신의 기본적 욕구를 돌보는 기능의 손상 등을 포함한다. 그러나 알츠하이머병이 부지불식간에 발생하여 심적 기능을 서서히 손상시키는 반면, 혈관성 신경인지장애는 갑작스럽게 발생하여 계단식으로 인지 기능이 감퇴된다. 이는 추가적인 뇌졸중이 발생함으로써 인지 기능이 급격히 감퇴되는 것과 관련된다.

더 자세히 살펴보기

페이스북 모방하기: 신경과학자들은 알츠하이머병 환자들의 뇌 네트워크를 연구하고 있다.

유명한 소셜 네트워킹 사이트인 페이스북은 개인 간에 공통된 친구나 관심사에 따라 개인을 연결하여 친구 네트워크를 형성해 준다. 사람들 사이에 공통된 링크는 '허브'라고 불린다("이봐요, 우리는 애완견 미용사가 같은데, 애완견 산책 그룹에 들어올래요?"). 이 경우, 애완견 미용사는 두 명 이상의 사람을 함께 이어 주는 허브이다. 결국에는 동일한 애완견 미용사의 다른 고객들을 만날 수도 있다. 페이스북 허브는 커뮤니케이션을 보다 빠르고 신뢰롭게 해 준다.

스탠퍼드 의과 대학의 신경과학자들은 뇌에서 서로 연결된 신경세포의 네트워크나 허브를 찾아 알츠하이머병 환자와 건강한 일반인을 비교하였다(Cogner, 2008a, 2008b; Supekar et al., 2008). 기능적 자기공명영상(fMRI)을 촬영한 결과, 알츠하이머병 환자의 신경 네트워크는 연결성이 떨어지는 것으로 나타났다. 사실 알츠하이머병 환자의 뇌에는 활동하는 허브 수가 적었다. 허브나 뇌의 연결 지점이 손상된 것은 알츠하이머병 환자가 보이는 기억 감퇴와 혼란을 설명해 줄 수 있다(그림 14.3). 그 결과, 뇌의 신경세포들은 활동하는 네트워크에 밀접하게 연결되어 있지 않아서 서로 커뮤니케이션 하기가 더 어려워진다.

이러한 신경 네트워크 분석은 알츠하이머병 환자들과 건강한 일반인을 약 75% 수준에서 정확하게 구분할 수 있는 것으로 나타났다. 이러한 연구는 알츠하이머병의 초기 단계와 다른 뇌 질환을 분별해 주는 새로운 진단 도구의 개발을 향한 첫걸음일 수 있다.

그림 14.3 페이스북에서 당신의 뇌. 페이스북은 공유하고 있는 지인이나 관심 패턴에 기초해 공통된 링크나 허브를 생성함으로써 사람들을 연결해 준다. 신경과학자들은 알츠하이머병 환자들의 뇌에서 허브나 신경세포 간의 연결 네트워크가 덜 발달되어 있다는 것을 발견했다. 이러한 연구 결과는 기억과 사고 과정에서 나타나는 인지적 손상을 설명해 준다.

출처: www.thetechbrief.com/.../facebook_network_31.jpg

혈관성 신경인지장애 환자의 일부 인지 기능은 질병 초기에는 비교적 손상되지 않아서 어떤 기능은 유지되고 어떤 기능은 상당히 감퇴하는 양상을 보이는데, 이는 다발성 뇌졸중으로 인해 뇌의 어느 영역이 손상되었느냐에 달려 있다.

전두측두엽 신경인지장애

이 신경인지장애는 대뇌 피질 중 전두엽과 측두엽 조직이 악화(두께가 얇아지거나 부피가 줄어듦)되는 것을 특징으로 한다. 대개 알츠하이머병과 유사한 점진적인 치매 증상을 보인다. 기억력이 손상되고 점잖은 태도가 없

설문지

노화에 대한 나의 태도 평가하기

노년기에 대해 어떻게 생각하고 있습니까? 노인들이 젊은이들과 행동 패턴이나 외모에서 본질적으로 다르다고 생각합니까, 아니면 단지 좀 더 성숙한 것뿐이라고 생각합니까? 노화에 대한 당신의 태도를 정확히 평가하기 위해서 다음 항목을 읽고 진실 또는 거짓에 표시하세요. 실시를 마친 뒤 이 장의 맨 끝에 있는 답안을 보세요.

	진실	거짓
1. 60세까지 대부분의 부부는 성적 관계에 만족하는 능력을 잃는다.	_____	_____
2. 노인은 빨리 은퇴하고 싶어 한다.	_____	_____
3. 나이가 들면서 사람은 점점 외부로 주의가 향하고 자기 자신에 대해서는 덜 관심을 기울인다.	_____	_____
4. 나이가 들어감에 따라 변화하는 환경에 잘 적응하지 못하게 된다.	_____	_____
5. 삶에 대한 전반적인 만족감은 나이가 들면서 감소한다.	_____	_____
6. 나이가 들어감에 따라 점점 동질적으로 변해 가기 때문에 모든 노인은 여러 측면에서 서로 비슷해지는 경향이 있다.	_____	_____
7. 노인에게 안정된 친밀한 관계를 갖는 것은 더 이상 그리 중요하지 않다.	_____	_____
8. 노인은 청년과 중년 성인에 비해 다양한 심리학적 질환에 더 취약하다.	_____	_____
9. 대부분의 노인은 상당한 기간 동안 우울하다.	_____	_____
10. 나이가 들어감에 따라 교회에 더 많이 다니게 된다.	_____	_____
11. 노인 근로자의 작업 능력은 젊은 성인보다 대개 덜 효율적이다.	_____	_____
12. 대부분의 노인은 새로운 기술을 습득할 수 없다.	_____	_____
13. 젊은이에 비해 노인은 현재나 미래보다 과거에 대해 더 많이 생각하는 경향이 있다.	_____	_____
14. 인생 말년에 노인들은 대부분 혼자 살 수 없으며 요양원이나 유사 시설에 거주해야 한다.	_____	_____

출처: Nevid & Rathus(2013). *Psychology and the challenges of life: Adjustment and modern life*(12th ed), p. 484. Hoboken, NJ: John Wiley and Sons. 허락하에 인용함.

어지며 파렴치한 성적 행동과 같은 사회적으로 부적절한 행동이 나타날 수 있다. 본래 이 치매는 환자의 뇌에서 나타나는 비정상적인 구조인 피크소체(Pick's bodies)를 발견한 의사의 이름을 따서 **피크병**(Pick's disease)으로 알려졌다. 알츠하이머병에서 발견되는 신경섬유 엉킴과 플라크가 부검에서 나타나지 않으면서 피크소체가 신경세포에서 발견되면 이 병으로 진단한다. 피크병은 전체 치매의 약 6~12%를 차지하는 것으로 알려졌다(Kertesz, 2006). 알츠하이머병과 달리 노년기보다는 대개 중년기에 시작되고, 때로는 20대의 젊은 성인에게서도 나타난다. 70세가 넘으면 발병할 위험이 감소한다. 여성보다 남성에서 더 자주 발생한다. 가족력이 있는 경우가 종종 있으며 유전적 요인에 대한 증거도 존재한다.

외상성 뇌손상으로 인한 신경인지장애

보통 사고나 폭행으로 인해 뇌조직이 부딪히거나 잘려 두부가 손상되면 뇌가 손상될 수 있는데 때로는 매우 심각할 수 있다. 외상성 뇌손상으로 인한 점진적 치매는 한 차례의 충격이나 두부 손상으로 인한 것이라기보다 다발적인 두부 손상으로 인한 것일 가능성이 크다(시합 동안 머리를 여러 번 맞는 권투 선수의 경우처럼)(McCrea et al., 2003). 미식축구 선수는 경기장에서 반복적으로 두부 손상을 입기 때문에 즉각적으로 그리고 장기적으로 뇌가 손상될 위험이 높아질 수 있다. 미국프로풋볼 연맹(National Football League, NFL)이 2009년에 수행한 유명한 연구에 따르면, 은퇴한 미식축구 선수들 가운데 치매와 상당한 기억력의 문제를 호소하는 비율이 일반 인구에서 보고된 비율보다 훨씬 높은 것으로 나타났다 (Schwarz, 2009). 보다 최근에는 UCLA 연구자들이 5명의 은퇴한 NFL 선수들을 대상으로 뇌 영상 사진을 촬영하였는데, 연구 결과 알츠하이머병과 관련되는 비정상적인 뇌 단백질 소견이 나타났다(Small et al., 2013).

뇌손상의 위험이 여러 차례 두부 손상을 경험했을 때 더 커지지만 한 차례의 두부 손상만으로도 심리적인 효과가 나타나 신경인지장애로 이어질 수 있다. 손상 정도가 심각하다면 신체장애나 사망에 이를 수 있다. 외상성 두부 손상 이후에 나타나는 성격적인 변화는 손상 부위와 범위에 따라 다양하다. 예를 들어 전두엽이 손상되면 기분 및 성격의 변동과 관련된 다양한 정서적 변화가 나타난다.

기억상실증(amnesia)은 머리를 부딪히거나 전기적 충격을 받거나 외과 수술을 받는 것과 같은 외상성 사건 이후에 자주 나타난다. 두부 손상을 입으면 사고 직후에 발생한 사건을 기억하지 못할 수 있다. 자동차 사고를 경험한 뒤 자동차를 탄 후에 발생한 모든 일을 기억하지 못할 수 있다. 경기 중에 머리를 부딪혀 기억상실증에 걸린 축구선수가 라커룸에서 나온 뒤에 있었던 일을 전혀 기억하지 못할 수 있다. 어떤 경우에는 먼 과거 일은 기억하지만 최근의 사건은 기억하지 못한다. 예를 들면 바로 어젯밤의 일보다 어렸을 때의 일을 기억할 가능성이 더 크다. 다음의 사례를 살펴보자.

치매를 향해 가는가? 미국프로풋볼연맹은 은퇴한 축구 선수가 알츠하이머병이나 다른 기억 관련 장애로 진단받을 확률이 일반 인구보다 훨씬 높다고 밝혔다. 경기장에서 머리를 수차례 부딪히는 것은 치매나 다른 유형의 인지 손상을 향해 다가가는 것이다.

저 여자 누구예요? 기억상실증 사례

한 의과대학 학생이 오토바이에서 떨어져 병원에 급히 실려왔다. 깨어났을 때 그의 부모님이 입원실에서 그와 함께 있었다. 부모님이 그에게 일어난 일을 설명하고 있을 때 갑자기 문이 열리고 몇 주 전에 그와 결혼한 그의 아내가 당황한 모습으로 입원실에 들어와서는 그의 침대로 올라가 그를 안으며 심각하게 다치지 않아 정말 다행이라고 말했다. 그녀의 사랑과 안심한 마음을 전한 뒤 몇 분 후, 그의 아내가 입원실을 떠나자 그가 엄마에게 물었다. "저 여자 누구예요?" 진실 / 거짓

— Freemon, 1981, p. 96

진실 또는 거짓

오토바이 사고 후 의과대학 학생은 몇 주 전에 결혼한 아내를 알아보지 못했다.

진실 사고 후 그는 부모님은 기억했지만 몇 주를 함께 지낸 아내는 알아보지 못했다.

의과대학 학생에게서 손상된 장기 기억은 사고에 대한 것뿐만 아니라 아내를 만나 결혼하기 전으로까지 거슬러 올라간다. 사고 후 나타나는 기억상실증이 대개 그러하듯이 이 학생도 기억력을 완전히 회복하였다.

기억상실증에는 두 가지 유형이 있는데 **역행성 기억상실증**(retrograde amnesia, 과거의 사건이나 개인 정보를 기억하지 못하는 것)과 **진행성 기억상실증**(anterograde amnesia, 새로운 기억을 형성하거나 저장하는 데 어려움을 겪는 것)이 그것이다. 라커룸을 떠난 이후에 일어난 모든 일을 기억하지 못하는 축구 선수는 역행성 기억상실증이다. 그러나 일부 환자들은 새로운 기억을 형성할 수 없기 때문에 사실상 정보가 '한쪽 귀로 들어가 다른 쪽 귀로 나온다.'고 표현하기도 한다. 이 환자들이 보이는 증상은 진행성 기억상실증이다. 새로운 기억을 형성하지 못하는 문제는 5분이나 10분 전에 자신이 만났던 사람의 이름을 기억하지 못하거나 알아보지 못하는 식으로 나타날 수 있다. 일련의 숫자들을 거꾸로 따라 하는 것과 같은 즉각적 회상 기억은 기억상실증에서는 손상되지 않는 것 같다. 그러나 일련의 숫자를 여러 차례 반복해서 들려

주어도 나중에 기억할 가능성은 크지 않다.

이름의 첫 글자를 따 H.M.이라고 알려진 의학적으로 유명한 한 간질 환자의 사례가 있다. 그는 간질 발작을 통제하기 위해 외과적 수술을 시행한 후 진행성 기억상실증에 걸렸다(Carey, 2009). 수술 후 그는 새로운 정보를 전혀 학습할 수 없었다. 가게를 갈 때마다 마치 처음 가는 것처럼 행동했다. 새로운 사람을 여러 번 만났지만 그 사람을 만났다는 것을 전혀 기억하지 못했다. 그의 말을 인용한 글에 따르면 그는 "내가 즐거워했든, 슬퍼했든, 하루하루는 외톨이로 존재한다."라고 표현했다.

기억상실증에 걸리면 장소나 시간에 대한 지남력의 손상(내가 지금 어디에 있는지, 지금이 몇 년도 몇 월 며칠인지를 모르는 것)이 자기에 대한 지남력의 손상(자기 이름을 모르는 것)보다 더 자주 나타난다. 환자는 자신의 기억력이 손상되었다는 것을 인식하지 못하거나 기억력에 문제가 있다는 증거가 있어도 자신의 문제를 부인하려고 한다. 환자는 기억의 빈 공간을 상상의 사건으로 채우려 하기도 한다. 때로는 기억력의 문제를 인정하기도 하지만 문제에 대해 무관심한 것처럼 보이면서 정서적으로 느끼지 못한다.

기억상실증 환자는 기억력에 심각한 손상이 있어도 지능은 평균 수준에서 유지되는 경향이 있는 반면, 알츠하이머병과 같은 점진적 치매는 기억력과 지능이 모두 악화된다. 기억력 손상의 원인을 잘 치료하면 이 문제는 치료가 가능하기 때문에 기억력 문제의 원인을 조기에 발견하고 진단하는 것이 매우 중요하다.

두부 손상 외에 기억상실증의 다른 원인으로는 뇌수술, **저산소증**(hypoxia, 뇌에 갑작스런 산소 공급의 부족), 뇌 감염이나 뇌 질환, **뇌경색**(infarction, 뇌혈관의 경색), 정신성 약물의 남용(술이 가장 흔함) 등이 포함된다.

물질 및 약물로 유발된 신경인지장애

정신활성 물질 및 약물을 남용하거나 중단하면 여러 방식으로 뇌 기능이 손상되고 경도 또는 주요 신경인지장애가 발생할 수 있다. 가장 흔히 나타나는 사례는 **코르사코프 증후군**(Korsakoff's syndrome)으로, 비타민 B1(티아민)이 결핍되어 뇌가 손상되면서 회복 불가능한 기억력 손상이 나타난다. 이 증후군은 만성 알코올 중독이 원인이며, 알코올 중독자들은 영양 섭취에 소홀해 비타민 B1을 충분히 섭취하지 않을 수도 있고, 간이 술에 찌들어 비타민 B1을 효율적으로 대사하지 못할 수도 있다. 기억력 손상은 술을 중단한 뒤 1년 후까지도 지속된다. 그러나 이 증후군이 만성 알코올 중독 환자에게만 나타나는 것은 아니다. 전쟁 포로처럼 박탈된 기간 동안 티아민이 결핍되어 이 증후군이 나타난 바 있다.

코르사코프 증후군 환자들은 과거 경험에 대해 기억 못하는 부분(gap)이 있고 새로운 정보를 학습하는 데 어려움을 느낀다. 기억력 손실에도 불구하고 환자의 지능 수준은 유지된다. 종종 피상적인 친절함을 보이기도 하지만 통찰력은 부족하다. 기억의 간극을 메우기 위해 스스로 만들어 낸 이야기와 실제 사건을 잘 구별하지 못하기도 한다. 때로는 지남력을 잃고 혼란을 겪기도 하며 점점 보호자의 돌봄을 필요로 하게 된다.

코르사코프 증후군 환자에서 **베르니케병**(Wernicke's disease)이 급성으로 나타나기도 한다. 베르니케병은 알코올 중독 환자가 가장 흔하게 경험하는 티아민 결핍으로 인해 발생하는 또 다른 뇌 질환이다(Charness, 2009). 베르니케병은 혼란과 지남력 상실, **운동 실조증**(ataxia, 걷는 동안 균형을 유지하는 데 어려움), 눈 운동을 통제하는 근육의 마비 등의 증상을 보인다. 이러한 증상들은 저절로 회복될 수도 있으나 코르사코프 증후군과 공존하기도 하고 기억력 감퇴를 동반하기도 한다. 그러나 베르니케병은 비타민 B1을 적절히 처방해 신속히 치료하면 코르사코프 증후군으로 발전하지 않을 수 있다.

루이소체 신경인지장애

루이소체 신경인지장애는 점진적 치매에서 가장 자주 나타나는 유형 중 하나이다(NINDS, 2012). 노년기 치매의 약 10%를 차지한다. 알츠하이머병와 파킨슨병에서 나타나는 증상들이 모두 발생한다. **루이소체**(Lewy bodies)는 뇌의 여러 영역에 걸쳐 세포핵 내에 비정상적인 단백질이 축적된 것으로, 기억력과 운동 통제와 관련된 신경 경로를 손상시킨다. 이 장애의 특징적인 증상으로는 알츠하이머병과 유사한 상당한 인지 감퇴, 경계와 주의의 변동, 졸음, 허공을 응시하는 행동, 반복적인 환시와 경직된 신체 움직임, 파킨슨병에서 나타나는 뻣뻣해진 근육 등이다. 환자는 우울증에 빠질 수도 있다. 질병은 대개 50~85세에 발병하는데, 불행히도 치료제는 없다. 또 루이소체가 왜 뇌세포에 축적되는지에 대해서도 아직 알지 못한다.

파킨슨병으로 인한 신경인지장애

파킨슨병(Parkinson's disease)은 서서히 진행되는 신경학적 질환으로, 50만~100만 명의 미국인에게 발생하는데 정확한 원인은 아직 알려져 있지 않다. 전 헤비급 챔피언인 권투선수 무하마드 알리(Muhammad Ali)와 배우 마이클 J. 폭스(Michael J. Fox)가 파킨슨병 진단을 받았다. 이 병은 여성과 남성에게 비슷하게 나타나며 50~69세에 가장 많이 발생하고 65세 이상 노인의 1% 이상에서 발병한다. 치매가 자주 동반되는데 환자의 거의 80%가 병이 진행됨에 따라 결국 치매로 발전하는 것으로 추정된다(Shulman, 2010).

파킨슨병은 떨림이나 진전, 경직성, 자세 불안정(자세가 앞으로 쏠려 있음), 신체 움직임에 대한 통제 결여 등을 특징으로 한다. 환자는 떨림이나 진정을 단지 짧은 시간 동안만 통제할 수 있다. 어떤 환자는 전혀 걷지 못하고, 어떤 환자는 구부정한 자세로 힘겹게 걷는다. 어떤 환자는 자발적인 신체 운동에 어려움을 보이고 손가락 통제와 같은 미세한 운동을 잘 조절하지 못하며 반사 기능이 약화된다. 마치 가면을 쓴 것처럼 무표정한 얼굴을 보이기도 하는데, 이는 얼굴 근육을 통제하는 뇌 조직의 손상을 명확히 반영하는 증상이다. 특히, 연속적으로 이어지는 복잡한 운동(예: 서명하기)에 어려움을 보인다. 파킨슨병 환자들은 두 가지 운동을 동시에 수행하기 어렵다(예: 걸으면서 지갑에 손을 뻗는 것).

파킨슨병의 사례에서 나타나는 운동 감퇴

58세의 한 남자가 숙박비를 지불하기 위해 호텔 로비를 걸어가고 있었다. 그는 지갑을 꺼내기 위해 웃옷 주머니에 손을 넣었다. 그 순간 그는 걸음을 멈추고 로비에서 움직이지 않은 채 낯선 사람들 앞에 서 있었다. 그는 움직임이 멈췄다는 것을 인식하고 프런트로 다시 걸어가려고 했다. 그러나 그의 손은 여전히 주머니 안에 있는 상태였다. 마치 프런트 앞에서 무기를 꺼낼 것만 같은 사람의 자세였다.

— Knight, Godfrey, & Shelton, 1988

심각한 운동 결함에도 불구하고 인지 기능은 질병의 초기 단계에서는 유지되는 것 같다. 치매는 주로 파킨슨병이 심각한 수준이나 후기 단계에 도달했을 때 나타난다. 파킨슨병에 동반되는 치매의 주 증상은 사고 과정이 느려지고 추상적인 사고 능력에 결함이 생기며 일련의 행동을 계획하거나 조직화하는 능력에 문제를 보이며 기억을 인출하는 데 어려움이 있다. 이 질병에서 나타나는 인지 기능의 손상은 알츠하이머병에 비해 심각하지 않다. 파킨슨병 환자들은 종종 사회적으로 철수되거나 우울해지는데, 아마도 병에 대처하기 위한 욕구에서 비롯된 것이거나 이 병에 기저하는 뇌손상으로 인한 것일 수 있다.

파킨슨병은 신체 운동을 조절하는 뇌 영역인 흑질(substantia nigra)의 도파민 생성 신경세포를 파괴한다(Sahin & Kirik, 2012). 질병의 원인은 아직 알려지지 않았지만 유전적 소인과 특정한 독성물질에 대한 노출과 같은 환경적 요인 간의 상호작용에 인한 것으로 추정하고 있다(Dai et al., 2012; Yang et al., 2009). 한 전문가에 따르면 "도파민은 자동차 엔진 오일과 같다…. 오일이 있으면 자동차는 부드럽게 달린다. 그러나 오일이 없으면 자동차는 멈춘다"(Carroll, 2004, p. F5에서 인용함).

원인이 무엇이든지 간에 이 질병의 증상—통제할 수 없는 진전, 떨림, 근육 경직, 보행의 어려움—은 뇌에서 도파민의 양이 감소한 것과 관련된다(Sahin & Kirik, 2012). 1970년대 도파민 수준을 증가시키는 엘도파(L-dopa)의 시판은 파킨슨병 환자에게 희망을 가져다 주었다. 엘도파는 뇌에서 도파민으로 합성된다(Devos, Moreau, & Detee, 2009). 엘도파는 파킨슨병의 치료 약물은 아니지만 증상을 조절하고 진행 속도를 늦춘다. 그러나 수년간의 치료 후 엘도파는 효과가 사라지기 시작하고 병은 계속 진행된다. 여러 다른 약들이 실험 중에 있어서 치료제 개발에 대한 희망을 갖게 하고 있다. 아울러 유전 연구를 통해 언젠가는 파킨슨병에 대한 효과적인 유전 치료의 길이 열릴 것으로 기대되고 있으며, 깊은

파킨슨병과의 전쟁. 배우 마이클 제이 폭스는 파킨슨병과 싸우고 있으며, 이 퇴행적인 뇌 질환을 보다 효과적으로 치료하는 치료법을 발견하기 위해 연구비가 필요하다는 국가적인 관심을 불러일으켰다.

뇌 부위를 전기적으로 자극하는 방법 또한 계속 실험 중에 있어서 희망을 갖게 한다(Razai et al., 2011; Weaver et al., 2009). 심부뇌자극술 (deep brain stimulation)은 일부 파킨슨병 환자들에게 있어 진전을 멈추는 효과가 있는 것으로 보고되었다(Schuepbach et al., 2013; Tanner, 2013).

헌팅턴병으로 인한 신경인지장애

헌팅턴병(Huntington's disease)은 헌팅턴 무도증(Huntington's chorea)으로도 알려졌는데, 신경학자 George Huntington에 의해 1872년에 처음 알려졌나. 헌팅턴병에 이환되면 몸 움직임과 자세를 조절하는 뇌 영역인 기저핵(basal ganglia)의 기능이 점차 퇴화한다.

이 병에서 가장 현저하게 나타나는 신체 증상은 얼굴(찡그림)과 목, 사지, 몸통에서 나타나는 불수의적인 경련성 움직임이다. 이러한 증상은 파킨슨병에서 움직임이 감소하는 것과 정반대되는 것이다. 불수의적 운동을 **무도병**(choreiform)이라고 이름 붙였는데, 이 단어는 '춤추다'는 뜻의 그리스어 *chorea*에서 유래했다. 병의 초기 단계에서는 흔히 불안정한 기분, 무감동, 불안, 우울감 등이 나타났다가 사라지기를 반복한다. 병이 진행됨에 따라 편집증이 나타나거나 자살 사고를 지닌 우울증에 빠질 수 있다. 병의 초기 단계에는 기억을 인출하는 데 어려움을 보이다가 후에 치매로 발전할 수 있다. 결국 신체 통제 기능을 잃게 되고 발병 후 15~20년 내에 사망한다("Huntington's Disease Advance", 2011).

헌팅턴병은 만 명의 미국인 중 약 1명이 걸리며 총 3만 명이 이 질환을 앓고 있다("A Step Toward Controlling", 2011). 대개 30~45세의 한창인 나이에 시작된다. "This land is your land"로 많은 이들에게 사랑 받았던 포크가수 우디 거스리도 이 병의 희생자가 되었다. 그는 헌팅턴병으로 22년을 투병하다가 1967년에 생을 마감했다. 이 질환에서 나타나는 이상한 경련성 움직임 때문에 거스리는 다른 많은 헌팅턴병 환자들처럼 알코올 중독으로 오진되었다. 진단이 바로 잡히기 전까지 그는 정신병원에서 수년을 보냈다. 진실 / 거짓

헌팅턴병은 단일 유전자의 유전적 결함에서 비롯된다(Chung et al., 2011). 유전적 결함으로 인해 비정상적인 단백질이 뇌 신경세포에 축적된다(Biglan et al., 2012; Tsunemi et al., 2012). 질병은 부모에게서 아들과 딸에게로 유전된다. 부모가 헌팅턴병을 앓고 있을 경우 자녀에게 유전될 확률은 50%에 이른다. 이 유전자를 물려받은 사람은 결국 병에 걸리게 된다. 치료제나 효과적인 치료법은 아직 없지만, 유전적인 결함의 효과를 차단하려는 시도가 있어 왔으며 이러한 노력은 치료법에 대한 기대를 높이고 있다(Aronin & Moore, 2012; Olson et al., 2011; Song et al., 2011; Zwilling et al., 2011).

헌팅턴병을 일으키는 유전자를 갖고 있는지는 유전검사를 통해 알 수 있다. 헌팅턴병을 앓는 부모가 있는 사람이 유전검사를 받는 것의 여부는 541~542쪽의 '이상심리학에 대해 비판적으로 사고하기'에서 보듯이 논쟁이 될 수 있고 당사자에게도 가슴 아픈 일이다.

> **진실 또는 거짓**
>
> 유명한 포크 가수이자 싱어송라이터가 알코올 중독으로 오진되어 진단이 바로 잡히기 전까지 수년을 정신병원에서 보냈다.
>
> **진실** 이 가수는 우디 거스리이며 헌팅턴병이 수년간 잘못된 진단을 받았다.

HIV 바이러스 감염으로 인한 신경인지장애

에이즈의 원인인 인간면역결핍 바이러스(HIV)는 중추신경계를 침범해 경도 또는 주요 신경인지장애를 일으킨다. HIV 감염은 망각, 주의 집중의 손상, 문제 해결 능력의 감퇴 등 주요 인지 기능에 영향을 미친다. 에이즈가 아직 완전히 발현하지 않은 HIV 감염 환자들에게 치매는 거의 나타나지 않는다. HIV 감염 질병에서 나타나는 치매의 주요 행동 특성은 무감동과 사회적 철수이다. 에이즈가 진행됨에 따라 치매는 더 심각해지며 망상이나 지남력 장애, 기억 및 사고 과정에서의 감퇴, 섬망이 나타날 수 있다. 질병의 말기에 나타나는 치매는 진행된 알츠하이머병 환자에게서 나타나는 심각한 증상과 유사하다.

프리온병으로 인한 신경인지장애

프리온은 체세포에서 정상적으로 발견되는 단백질 분자이다. 그러나 프리온병에 걸리면 비정상적인 프리온 덩어리가 형성되고 전염되어서 다른 프리온 분자들까지 비정상적인 전염성 물질로 바꿔 놓는다. 프리온병으로 인해 비정상적인 프리온 분자가 뇌에 퍼지면 뇌가 손상될 수 있다. 프리온병으로 가장 널리 알려진 사례가 **크로이츠펠**

트-야콥병(Creutzfeldt-Jakob disease)이다. 이 병은 드물지만 심각한 뇌 질환이다. 이 병은 뇌에 스펀지 구멍과 같은 작은 구멍을 만드는 특징을 갖는다. 뇌가 손상되어 대개 치매(주요 신경인지장애)가 발생한다. 이 질환의 증상은 대개 50대 말에 시작된다. 치료제는 없으며 증상이 발병하고 수개월 내에 사망한다. 대부분의 크로이츠펠트-야콥병은 명확한 원인이 없으나 유전적 원인을 가진 것으로 추정되는 사례가 드물게 관찰되었다(부모로부터 비정상적인 프리온이 유전됨). 크로이츠펠트-야콥병의 변종은 감염된 소고기를 먹어 전염되는 치명적인 질병인 광우병(mad-cow disease)과 관련이 있다. **진실 / 거짓**

진실 또는 거짓

어떤 치매는 광우병과 관련된다.

진실 어떤 치매는 인간 광우병으로 인해 발생한다.

이상심리학에 대해 비판적으로 사고하기

@Issue: 여러분 안에 잠재되어 있는 질병의 위험을 알고 싶으십니까?

최근까지도 소아 헌팅턴병 환자들은 증상이 나타난 후에야(대개 중년기에 이르러서야) 비로소 이 병이 자신에게 유전되었다는 사실을 알 수 있었다. 현재는 유전검사가 가능해져 후에 질병으로 발전할 가능성이 있는 사람들을 탐지할 수 있게 되었다. 결국 유전공학을 통해 결함 있는 유전자나 유전자의 영향을 개선시킬 수 있는 방법이 발견될 것이다. 그러나 아직은 치료법이나 이 병을 조절할 수 있는 방법이 개발되지 않았기 때문에 유전이 의심되는 일부 개인들은 유전자 검사를 원하지 않는다. 유명한 사례로, 널리 알려진 포크 가수이자 헌팅턴병으로 사망한 우디 거스리의 아들인 포크 가수 아를로 거스리를 꼽을 수 있다. 아를로는 자신에게 병이 유전되었는지 알고 싶어 하지 않았고 유전자 검사도 받지 않았다. 다행스럽게도 그는 아버지의 운명을 따르지 않았다.

당신이 아를로라면 헌팅턴병이 당신에게 유전되었는지 알고 싶겠는가? 아니면 그냥 모른 채 최선을 다해 삶을 살아가는 편을 택하겠는가?

알츠하이머병이라면 어떨까? 당신이 알츠하이머병이나 이 병의 위험을 높이는 유전자를 갖고 있는지 알고 싶겠는가? 새로운 뇌 촬영 기술 덕분에 알츠하이머병을 진단할 수 있게 되었지만 자기가 알츠하이머병을 갖고 있는지를 알게 되면 정서적으로 고통스러울 수 있다. 효과적인 치료법이나 병의 경과를 늦추는 방법이 없는 상황에서 아는 것이 중요한가? 뇌 촬영 결과에서 알츠하이머병에 걸릴 위험이 있음을 알게 된 사람들도 장기간병보험에는 가입하지 않는 위험을 감수한다(Kolata, 2012). 그러나 검사를 받는 것에 찬성하는 쪽에서는 검사 정보를 통해 불확실성이 제거될 수 있고 최대한의 준비를 할 수 있으며, 치료나 예방을 꾀하는 치료 프로그램 연구에 참여할 수 있는 사람들을 가려낼 수 있다고 주장한다. 최근 연구에 의하면 대부분의 사람들은 알츠하이머병 유전자를 갖고 있는지 여부를 알고 싶어 하지 않는 것으로 나타났다(Miller, 2012).

이러한 질문에 비판적으로 생각함에 있어서 아는 것이 무지한 것보다 항상 나은가와 같은 일반적인 가정에 대해 생각해 보아야 한다. 병의 영향을 저지하거나 줄일 수 있다면 아는 것은 중요하다. 그러나 알게 되어도 건강상에 이득이 없다면 어떨까? 모르는 것이 아는 것보다 나을까? 유전자 검사를 받을지를 결

당신이라면 알고 싶어 할까? 포크 가수 아를로 거스리는 알고 싶지 않다고 했다. 만약 당신도 아를로의 처지에 놓인다면 당신은 알고 싶어 할까?

(다음 쪽에 계속)

정하는 것은 개인의 선택이다. 그러나 유전병의 위험을 갖고 있을지도 모르는 사람들이 자녀를 낳을 것인지를 결정하기에 앞서 윤리적 또는 도덕적 책임감을 갖고 유전자 검사를 받아야 하는지에 대해서는 논쟁이 분분하다. 이 주제에 대해 비판적으로 생각해 보기 위해 몇 가지 질문을 하겠다. 유전적 위험을 갖고 있는 사람들은 부모가 되기 전에 유전검사를 받아야 하는가? 나아가 잠재적으로 병의 유전자를 갖고 있는 것으로 판명된 사람들은 아이를 낳아서는 안 되는가? 이 질문에 대한 시각은 기독교인과 정통 유대교인, 불교도, 이슬람교도에 따라 어떻게 다를까?

유전은 파킨슨병과 알츠하이머병과 같이 이 장에서 논의했던 많은 질병에서 중요한 역할을 한다. 또한 테이삭스병(Tay-Sachs disease)과 같은 여러 신체 질병에서도 유전은 관련이 있다. 더 많은 지식이 쌓일수록, 사람들이 여러 상이한 질병의 위험에 있는지를 결정하는 능력이 좋아질수록, 보험회사는 아이를 기다리고 있는 부모들에게 유전자 검사를 요구할 것이다. 유전자가 고통스런 질병을 일으킴을 알게 되는 것이 사회에 미칠 파장은 클 것이다.

이 주제에 대해 비판적으로 사고하면서 다음의 질문에 답해 보라.

- 사람들은 유전자에 이상이 있는지를 알기 위해 검사를 받아야 하는가?
- 건강보험에 들거나 직장에 들어가는 조건으로 여러 다양한 질병에 걸릴 상대적인 위험성을 알려 줘야 하는가?

노화와 관련된 심리장애

14.7 노화와 관련된 다른 심리학적 질환을 살펴본다.

나이가 들어감에 따라 신체에 많은 변화가 생긴다. 칼슘 대사의 변화로 뼈가 약해져서 낙상할 경우 뼈가 부러질 위험이 높아진다. 피부 탄력이 줄어들고 주름과 골이 늘어간다. 감각이 덜 예리해져서 시각과 청각의 정확도가 떨어진다. 노인들은 운전을 할 때나 지능검사를 받을 때에도 자극에 반응하는 데 더 많은 시간이 필요하다(반응 시간이라 불림). 일례로 노인 운전자들은 교통 신호와 다른 자동차에 반응하는 데 더 많은 시간이 필요하다. 또 나이가 들어감에 따라 면역체계가 덜 효과적으로 기능해서 질병에 더 취약해진다.

인지 기능 또한 변화한다. 노년기에 기억력이 감퇴하거나 지능검사에서 전반적인 인지 기능이 감소하는 것은 정상적인 현상이다. 웩슬러 성인 지능 척도(Wechsler Adult Intelligence Scale)의 동작성 하위검사와 같이 시간이 제한된 항목(3장 참조)에서 감퇴가 가장 크게 나타난다. 어휘나 축적된 지식을 저장하는 능력은 잘 보존되며 시간이 흐름에 따라 실제로 좋아질 수도 있다. 그러나 나이가 들어가면서 기억력은 감퇴되고, 특히 이름이나 최근의 사건에 대한 기억력이 저하된다. 사회적 상황에서 어떤 사람의 이름을 잊어버려 때로 당황하기도 하지만 대부분의 경우 인지적 감퇴가 사회적 또는 직업적 역할을 수행하는 능력을 심각하게 방해하지는 않는다. 지식이나 삶의 경험을 늘림으로써 어느 정도는 인지 기능의 감퇴를 상쇄할 수 있다.

중요한 점은 치매가 정상적인 노화의 결과는 아니라는 것이다. 치매는 오히려 퇴화하는 뇌 질환의 신호이다. 신경학적인 손상인지, 신경심리학적인 감퇴인지를 선별 검사(screening)하면 정상적인 노화와 치매를 감별할 수 있다. 일반적으로 지적 기능의 감퇴가 치매에서는 좀 더 빠르고 심각하게 나타난다.

노인 5명 중 약 1명이 치매를 포함해 불안장애와 기분장애와 같은 심리적 장애를 경험한다(karel, Gatz, & Smyer, 2012). 여기에서는 여러 심리적 장애에 초점을 둘 것이며, 노인들에게 가장 자주 나타나는 심리장애인 불안장애부터 시작하겠다.

나이가 들면 무엇이 변화하는가? 변화가 기분에 어떤 영향을 미치는가? 나이가 들면 인지 기능과 신체 기능이 감퇴하지만, 여러 활동에 적극적으로 참여하는 노인들은 자신의 삶에 매우 만족할 수 있다.

불안장애와 노화

불안장애가 어느 연령대에서도 나타날 수 있지만, 노년기 발병률은 노년기 이전 발병률보다 낮다. 그러나 불안장애는 노년기에 가장 자주 발생하는 심리장애로, 오히려 우울증보다 많다. 55세 이상의 성인 10명 중 약 1명이 불안장애로 진단된다(USDHHS, 1999). 노인 여성이 남성에 비해 불안장애를 경험할 가능성이 더 크다(Bryant, Jackson, & Ames, 2008) 진실 / 거짓

진실 또는 거짓

불안장애는 노인들에게서 가장 많이 발생하는 심리장애로 우울증보다 발병률이 높다.

진실 불안과 관련된 문제는 노인들에게 가장 많이 나타나는 심리장애이다.

노년기에 가장 자주 발생하는 불안장애는 범불안장애(generalized anxiety disorder, GAD)와 공포증(panic disorders)이다. 공황장애(panic disorder)도 발병률이 이들 장애보다 낮기는 하지만 노인 100명 중 약 1명이 경험하는 장애이다(Chou, 2010). 노년기에 나타나는 광장공포증(agoraphobia)은 대부분 최근의 사건 때문에 발생하는 경우가 많고 배우자나 친한 친구의 죽음으로 인한 사회적 지원체계의 상실과 관련되곤 한다. 몸이 허약한 노인들이 길에서 넘어질지 모른다는 두려움을 갖는 것은 현실적인데, 집 밖으로 나가기를 거부한다는 이유로 이들을 광장공포증으로 오진할 수도 있다. 범불안장애는 자신의 삶을 통제할 수 없다고 지각할 때 나타나는데, 몸이 병약하거나 친구와 사랑하는 사람을 잃거나 경제적 기회가 줄어드는 노인들에게 이러한 사고가 나타날 수 있다. 사회불안장애(사회공포증)는 노인의 2~5%에게 나타나지만 노년기의 삶의 질에 중요한 영향을 미치는 것 같지는 않다(Chou, 2009).

벤조디아제핀(발륨 등)과 같은 항불안제가 노년기의 불안을 치료하는 데 자주 사용된다. 인지행동치료와 같은 심리치료는 노인의 불안을 치료하는 데 효과가 있는 것으로 나타났으며, 부작용이나 남용의 위험도 없다(Mohlman, 2012; Stanley et al., 2009; Zou et al., 2012).

우울과 노화

우울증은 많은 노인이 경험하는 문제로, 특히 과거에 우울증을 경험했던 사람들에게서 자주 나타난다(Reppermund et al., 2011). 많은 노인들에게 우울증은 종종 평생에 걸쳐 나타나기도 한다.

광장공포증인가, 지지가 필요해서인가? 일부 노인들은 길에서 넘어질지도 모른다는 현실적인 두려움 때문에 자신의 집 밖을 나가기를 거부한다. 그들에게 필요한 것은 치료가 아니라 사회적 지지이다.

대략 1~5%의 노인들이 현재(current) 주요 우울 삽화를 경험한다(Fiske, Wetherell, & Gatz, 2009; Luijendijk et al., 2008). 훨씬 많게는 노인 3명 중 약 1명이 진단기준을 충족하지는 않지만 삶의 질을 상당히 저해하는 수준의 우울 증상을 경험한다(Meeks et al., 2011). 요양원에 있는 노인들처럼 일부 노인 집단에서 우울증 발병률이 더 높다. 젊은 성인에 비해 노인이 주요 우울장애를 경험할 가능성은 적지만, 자살은 노인, 특히 백인 노인 남성들에게서 더 빈번하다(Bruce et al., 2004; Eddleston, 2006).

피부색은 노인들에게 특히 힘겨운 스트레스원으로 작용한다. 한 연구에서는 미국의 북동쪽에 위치한 두 곳의 대도시 센터에서 노인 시민 프로그램에 참여하고 있는 아프리카계 미국 노인 127명을 대상으로 인종 관련 스트레스와 삶의 만족도, 건강에 대한 걱정을 평가했다(Utsey et al., 2002). 연구 결과, 남성 노인들이 제도화되고 집단화된 인종 차별을 경험한다고 보고한 확률이 여성에 비해 높은 것으로 나타났다. 이 결과에 대해 연구자들은 아

프리카계 미국 남성들이 전통적으로 사회의 인종주의와 탄압을 더 가혹히 경험했기 때문에 놀랄 만한 것이 아니라고 논평했다. 나아가 연구자들은 제도화된 인종 차별 스트레스가 심리적 안녕을 낮춘다고 밝혔다. 이 연구에서 많은 노인 남성들은 청년기와 중년기 동안 제도화된 인종 차별(주택, 교육, 고용, 건강관리, 공공정책 등에서 정부 비준하에 존재하는 차별)을 경험했다고 보고했다. 이 연구는 아프리카계 미국 노인이 경험하는 인종 관련 스트레스와 정신건강 간의 관계를 보여 주는 많은 연구를 이끌어 냈다.

또 다른 연구자들은 이민한 노인을 대상으로 문화적응에 따른 스트레스를 조사했다. 연구 결과, 연구에 참여한 멕시코계 미국 노인들은 미국 사회에 약간 동화된 사람이 매우 잘 동화되었거나 완전히 동화된 사람보다 우울증 발병률이 높았다(Zamanian et al., 1992).

우울증은 알츠하이머병, 파킨슨병, 뇌졸중 등의 뇌 질환을 앓고 있는 환자에게서 자주 나타나며, 나타나는 방식은 다양하다(Even & Weintraub, 2012; Jasinska-Myga et al., 2010; Richard et al., 2012). 파킨슨병의 경우, 병을 극복하는 과정에서뿐만 아니라 질병의 원인이 되는 뇌의 생물학적 변화로 인해 우울증이 나타날 수 있다.

노년기 우울증. 많은 노인들이 임상적인 우울증과 싸우고 있다. 어떤 요인이 노년기 우울증을 일으킬까?

사회적 지지는 스트레스, 사별, 질병 등으로 인한 충격을 완충해 주는 역할을 함으로써 우울증에 대한 위험을 낮춰줄 수 있다. 사회적 지지는 신체장애 때문에 힘겨워하는 노인들에게 특히 중요하다. 자원봉사자나 종교 기관이 삶의 의미와 목적을 불러일으키고 노인에게 필요한 사회적 통로를 제공해 줄 수 있다.

노인은 삶의 변화에 대처하면서 경험하는 스트레스—은퇴, 신체적 질병, 양로원 · 요양원 거주, 배우자 · 형제자매 · 친구 · 지인의 죽음—때문에 우울증에 특히 취약할 수 있다. 은퇴는 자발적이든 강요에 의한 것이든 역할 정체성을 잃게 만든다. 친척이나 친구의 죽음 앞에서 슬퍼하며 늙어 가는 자신의 모습과 사회적 지지원이 줄어든 상황을 상기하게 된다. 노인은 스스로 새로운 우정을 쌓거나 인생의 새로운 목표를 찾을 능력이 없다고 느낄 수 있다. 알츠하이머병 환자를 지속적으로 부양해야 하는 그 가족들은 과거에 우울증에 취약한 적이 없었다 해도 우울증을 경험할 수 있다(Mittelman et al., 2004).

노년기에 우울증이 많이 나타남에도 불구하고 의료인들은 우울증을 종종 인식하지 못하거나 적절히 치료하지 못하곤 한다. 의료인들은 중년기나 청년기에 비해 노년기의 우울증을 덜 인지할 가능성이 큰데, 이는 노인이 불평하는 신체 질병에 좀 더 초점을 두기 때문이기도 하고, 노인의 우울증이 신체 질병이나 수면 문제에 종종 가려지기 때문이기도 하다.

항불안제나 인지행동치료, 관계중심 심리치료(interpersonal psychotherapy) 등 노년기 우울증을 효과적으로 치료할 수 있는 방법들이 있는 것은 반가운 일이다(Calati et al., 2013; Reynolds et al., 2011; Sheline et al., 2012; Scogin & Shah, 2012; Unützer & Park, 2012). 연구에 따르면, 심리치료나 정신과 약물이 노인들에게는 적절치 않다는 생각은 잘못된 신념이다. 게다가 기억 문제가 노년기 우울증과 동반되는 경우가 흔한데, 이때 우울증을 치료하면 기억 문제도 해결될 수 있다.

수면장애와 노화

수면장애, 특히 불면증은 노인에게 흔하게 나타난다. 노인의 약 50% 이상이 수면 문제가 있다고 보고한다(Vitiello, 2009). 노년기 불면증은 우울증보다 더 많이 발생한다. 노년기 수면장애는 우울증, 치매, 불안장애 등의 정신장애뿐만 아니라 의학적 질병과도 연관되는 경우가 많다. 외로움, 배우자의 죽음 이후 혼자 잠들기 어려움 등의 심리적 요인이 수면장애와 관련되는 경우가 많다. 불면에 대한 과도한 걱정이나 잠을 통제할 수 없다는 절망감과 무기력감과 같은 역기능적 사고 또한 노년기 수면 장애를 일으키는 또 다른 원인이다.

수면 약물이 노년기 불면증을 치료하기 위해 자주 사용되지만 장기간 사용하면 젊은 성인들에서처럼 의존과 금단 증상이 나타날 수 있다. 다행히도 9장에서 기술했던 것과 유사한 행동적 접근이 약물 남용 같은 부작용 없이 노년기 불면증을 치료하는 데 효과적이며, 약물보다 우수하지는 않지만 약물만큼 좋은 치료 효과를 보인다 (Bélanger, LeBlanc, & Morin, 2011; Bootzin & Epstein, 2011; Buysse et al., 2011). 노인들도 젊은 성인들처럼 행동치료를 통해 효과를 볼 수 있다.

14 요약

신경인지장애

14.1 신경인지장애의 개념과 장애의 세 가지 유형을 이해한다.

신경인지장애는 사고나 기억의 문제를 보이는 장애로, 인지 기능의 현저한 감퇴를 특징으로 한다. 신체 질병이나 의학적 상태, 약물 남용 및 금단으로 인해 뇌 기능에 문제가 발생할 수 있다. DSM-5에 명시된 세 가지 주요한 유형으로는 섬망, 주요 신경인지장애, 경도 신경인지장애가 있다.

14.2 섬망의 주요 특성과 원인을 이해한다.

섬망은 주의 손상, 지남력 상실, 지리멸렬한 사고, 두서 없는 언어 사용, 의식 수준의 감소, 지각적 문제 등의 증상을 특징으로 하는 장애이다. 섬망은 술을 끊었을 때 가장 많이 나타나지만, 입원 후, 특히 큰 수술 후에도 나타날 수 있다.

14.3 주요 신경인지장애의 주요 특성과 원인을 이해한다.

주요 신경인지장애(치매)는 중대한 인지 감퇴나 손상을 보이는데, 기억력 손상, 판단력 이상, 성격 변화, 문제 해결 능력이나 추상적인 사고 능력과 같은 상위 인지 기능의 장해로 나타난다. 치매는 노화의 정상적인 결과물이 아니며, 퇴행성 뇌 질환의 신호이다. 알츠하이머병과 피크병, 뇌 감염을 포함해 주요 신경인지장애의 원인은 다양하다.

14.4 경도 신경인지장애의 주요 특성을 이해한다.

과거에는 경도인지장애라고 불린 경도 신경인지장애는 인지 기능의 경미한 손상이 특징이다. 환자들은 기능할 수는 있으나 기능하기 위해서는 인지적 감퇴를 보상해 주는 보상적 전략을 사용해 많은 노력을 기울여야 한다.

14.5 알츠하이머병과 주요 특성과 원인을 이해하고 현재 사용되고 있는 치료 방법을 평가한다.

알츠하이머병은 기억과 인지 기능의 점진적인 손상과 성격 및 자기 관리 능력의 악화가 점진적으로 진행되는 뇌 질환이다. 치료제나 효과적인 치료 방법은 아직 없으며, 현재까지는 약물치료가 어느 정도 효과를 보일 뿐이다. 연구에 따르면 유전적인 요인과 뇌의 신경전달물질, 특히 아세틸콜린의 불균형이 주요 원인으로 제기되고 있다.

14.6 주요 신경인지장애의 기타 유형을 살펴본다.

혈관성 질병이나 피크병, 파킨슨병, 헌팅턴병, 프리온병, HIV 감염, 두부 손상을 포함해 다른 의학적 상태들이 신경인지장애와 관련될 수 있다.

노화와 관련된 심리장애

14.7 노화와 관련된 다른 심리학적 질환을 살펴본다.

범불안장애와 공포증은 노년기에 가장 자주 발생하는 불안장애이다. 다양한 수준의 우울증이 노년기에 자주 나타나며 기억력 문제가 동반될 수 있는데, 우울증이 사라지면 기억력도 좋아진다. 우울증은 회복될 수 없는 점진적인 기억력 손상과도 관련된다. 불면증과 같은 수면 문제 또한 노년기에 자주 나타난다.

비판적 사고 질문

이번 장에서 배운 것을 기초로 다음의 질문에 답해 보라.

- 나이가 들면 노망이 드는가? 그렇게 생각한다면 그 이유는 무엇인가?
- 우울증은 왜 노인에게서 흔히 나타난다고 생각하나? 우울증은 우리 사회의 노인에게 부여하는 역할 기대를 어떤 식으로 낮추는가? 우리 사회는 노인에게 어떤 방식으로

보다 의미 있는 사회적 역할을 부여할 수 있겠는가?

- 뇌진탕이나 두부 손상으로 이어질 수 있는 신체적인 접촉이 잦은 운동경기를 아이들에게 허용해야 할까? 찬성하거나 반대하는 이유는 무엇인가? 이런 운동경기에 참여하는 아이들을 보호하기 위해 사전에 어떤 준비가 필요한가?
- 아는 사람 중에 알츠하이머병에 걸린 사람이 있는가? 그 사람의 행동은 어떤 영향을 미쳤는가? 환자와 그 가족들을 돕기 위해 어떤 조치가 행해졌나? 더 많은 조치가 있을 수 있거나 있어야 한다고 생각하는가? 이에 대해 설명하시오.

핵심 용어

경도 신경인지장애(mild neurocognitive disorder)
기억상실증(Amnesia)
노인성 치매(senile dementias)
뇌경색(infarction)
뇌혈관 발작(cerebrovascular accident, CVA)
루이소체(Lewy bodies)
베르니케병(Wernicke's disease)
섬망(delirium)
신경인지장애(neurocognitive disorders)
실어증(aphasia)
실인증(agnosia)
실조증(ataxia)
알츠하이머병(Alzheimer's disease, AD)
역행성 기억상실증(retrograde amnesia)
저산소증(hypoxia)
주요 신경인지장애(major neurocognitive disorder)
진행성 기억상실증(anterograde amnesia)
진행성마비(general paresis)
초로성 치매(presenile dementias)
코르사코프 증후군(Korsakoff's syndrome)
파킨슨병(Parkinson's disease)
피크병(Pick's disease)
헌팅턴병(Huntington's disease)
혈관성 신경인지장애(vascular neurocognitive disorder)

노화 태도 척도 채점지

1. **거짓**. 건강한 부부는 대부분 70, 80대가 되어서도 성적 활동에 만족한다.
2. **거짓**. 너무 일반적인 기술이다. 직업에 만족하는 사람들은 은퇴에 대해 불안감을 덜 느낀다.
3. **거짓**. 노인들은 자신의 문제, 즉 신체 기능과 감정에 대해 더 많이 걱정하는 경향이 있다.
4. **거짓**. 적응력은 성인기 내내 안정적으로 지속된다.
5. **거짓**. 노화 자체가 삶의 만족도를 현저하게 저하시키지는 않는다. 물론 배우자의 죽음과 같은 상실이나 질병에 대해 부정적으로 반응할 수는 있다.
6. **거짓**. 노인들에게서 전반적인 경향성이 나타날 것으로 예상할 수도 있지만 젊은이들에게도 이것은 마찬가지다. 노인들도 젊은이와 마찬가지로 서로 다른 성격이나 행동 패턴을 지니고 있다.
7. **거짓**. 안정적인 친밀한 관계를 형성하는 노인들이 삶에 더 만족한다.
8. **거짓**. 여러 심리학적 질병은 어떤 연령대에서도 나타나기 쉽다.
9. **거짓**. 소수만이 우울증에 걸린다.
10. **거짓**. 사실 교회에 나가는 노인이 줄고 있으나 종교적인 신념을 말로 표현하는 경우는 감소하지 않았다.
11. **거짓**. 노인의 경우 반응 시간이 증가하고 전반적인 학습 능력이 다소 떨어질 수 있지만, 익숙한 일을 수행하는 데는 거의 또는 전혀 어려움을 보이지 않는다. 대부분의 일에서 경험과 동기가 나이보다 중요하다.
12. **거짓**. 학습 시간이 약간 더 길어질 뿐이다.
13. **거짓**. 노인이 젊은이에 비해 과거에 대해 더 많이 생각하지는 않는다. 나이에 상관없이 사람들은 시간이 있으면 몽상하는 데 더 많은 시간을 보낸다.
14. **거짓**. 노인의 10% 미만이 기관의 보살핌을 필요로 한다.

15 이상심리학과 법규

15

학습 목표

15.1 치료감호(민사적 감금)와 형사적 감금의 차이를 설명한다.

15.2 위험성을 예측하는 정신건강 전문가의 능력을 평가한다.

15.3 정신병 환자의 권리를 확립하는 법원의 주요 판례를 알아본다.

15.4 치료사의 경고 의무를 정의하고 이것이 치료사에게 드리우는 딜레마를 평가한다.

15.5 정신이상 사유의 무죄주장의 역사를 구체적인 판례를 인용하면서 기술한다.

15.6 미국 법률 협회(ALI)에서 정신이상 사유 무죄주장의 법률적 기준을 결정하기 위해 제안한 지침을 기술한다.

15.7 형사적 감금의 기간을 결정하는 법적 근거를 기술한다.

15.8 재판받을 능력을 판단하는 법적 근거를 기술한다.

진실 또는 거짓

T□ F□ 이상하거나 기이한 행동을 한다는 이유로 사람들을 정신의료 기관에 가둘 수 있다.

T□ F□ 정신장애로 진단받은 대다수 사람들은 폭력 범죄를 저지른다.

T□ F□ 정신병원에 있는 환자들에게 병원 내에서 전반적인 시설 관리를 하도록 요구할 수 있다.

T□ F□ 심리치료사는 어느 환자가 구체적인 사람을 지목해서 살해하겠다고 위협할지라도 환자의 비밀보장 의무를 위반해서는 안 된다.

T□ F□ 미국의 대통령을 암살하려던 시도를 수백만의 시청자들이 텔레비전으로 봤지만, 암살 미수범은 법정 무죄판결을 받았다.

T□ F□ 정신이상 사유의 무죄주장(insanity defense)은 재판에서 빈번하게 사용되며, 대개 성공한다.

T□ F□ 정신이상 사유로 인해 무죄로 판명된 사람들은 그들이 만약에 유죄로 판명되었더라면 수감되었을 감옥에서의 기간보다 몇 년 더 긴 기간 동안 정신병동에 감금된다.

T□ F□ 피고가 재판을 받기에 적합하다고 여겨지는데도, 범죄에 대해서는 정신 이상의 사유로 무죄판결을 받을 수 있다.

'나' '직사거리'

애리조나 주 여성 연방하원의원인 가브리엘 기퍼즈는 2011년 1월의 어느 화창한 날 슈퍼마켓 밖에서 지지자들을 맞이하고 있었다. 한 총잡이가 그녀의 뒤쪽으로 접근했다. 그녀는 아무런 경고도 듣지 못했고 공격자를 보지도 못했다. 직사거리에서 머리에 관통상을 당해서, 기퍼즈는 치명적인 상처를 입었지만, 기적적으로 살아남았다. 비극적이게도, 이 총격으로 6명이 사망했고 13명이 다쳤다. 중환자 시설에서 머무른 후, 재활 시설에 들어가서 지금도 이어지고 있는 길고도 고된 재활 과정을 시작했다. 그런데도, 그녀는 하원에 복귀해서 동료들의 환대를 받을 수 있었고 2012년 민주당 전당대회에서 국기에 대한 맹세를 이끌었다. 이후에 그녀는 회복에 집중하고자 의원직을 사임했으나, 장래 어느날 공직에 복귀하겠노라고 약속했다.

그러나 총격 혐의자인, 22세의 제러드 로프너는 어떤가? 로프너가 다녔던 전문대학의 동료 학생들은 그를 '골치 아픈 젊은이'로 아무도 그의 곁에 앉으려 하지 않았다고 말했다(Lipton, Savage, & Shane, 2011). 그의 행동이 어찌나 소란스러웠던지 급우들은 혹시 그가 환각제를 복용했는지 궁금해할 정도였다. 대중매체에 등장한 로프너의 초상은 사회로부터 점점 더 소외되어 가며 이상하고 기괴한 생각과 행동을 보이는 화가 나고 문제가 심한 젊은이의 그것이었다. 소셜 미디어 사이트에 로프너가 게재한 일련의 짤막한 비디오는 횡설수설하고 앞뒤가 안 맞는 것들이었다. 그 비디오에서 그는 자신이 "새로운 통화의 재무장관"이 된다고, 그리고 "영문법 구조"를 통제한다고 말했다. 세뇌에 관한 언급이 있었고 자신이 마인드 컨트롤을 하는 힘을 지녔다는 믿음이 있었다.

지방법원에 모습을 드러내기 전에 로프너는 재판을 받을 능력이 없는 상태라 여겨졌고 그의 정신적 능력을 더 평가하기 위해 연방 시설에 구금되었다. 그의 변호사조차도 그에 대해서 '심각하게 정신적으로 문제가 있는 사람'이라고 말했다("Ariz. Shooting Spree Suspect", 2011). 우리는 로프너가 총격을 가할 때의 정신 상태에 대한 공식적인 결정을 전혀 가진 바 없는데, 왜냐하면 그가 나중에 그 혐의에 대해 유죄라고 답변했기 때문이다.

그리고 2012년 콜로라도 주 오로라시에서 극장 학살극을 벌여 12명이 사망하고 58명이 다치게 한 24세의 총격 혐의자인 제임스 홈스는 어떤가? 전하는 바에 따르면 홈스는 대학에 다니는 동안 콜로라도 대학교 정신과 의사로부터 치료를 받았었다. 총격 이후 그가 처음으로 법정에 출두할 때, 그는 어리둥절한 듯 보였으며 오렌지빛의 빛나는 머리를 기르고 있었다. 이 글을 쓰는 시점의 그의 정신 상태는 여전히 미확인 상태다.

애리조나와 콜로라도에서의 비극적 사건(그리고 버지니아 공대와 코네티컷 주 뉴타운의 샌드 훅 초등학교에서의 대량 학살극과 같은 다른 비극적 사건들에서)은 이상행동과 법 사이의 접점을 강조한다. 폭력 범죄, 심지어 극악무도한 범죄로 기소된 누군가가 있는데, 만약 그의 행동을 봤을 때 그가 소송 절차조차도 이해하지 못할 만큼 정신적으로 적합하지 못한 것 같다면 사회는 어떻게 해야 하는가? 피고가 소송 절차를 이해할 수 있고 성공할 만한 변론을 갖추었는데, 혐의를 받고 있는 범죄 행위가 정신적 결함 혹은 정신질환의 산물일 수 있다고 여겨질 때는 어떻게 해야 하는가? 끔찍한 범죄를 저지른 누군가가 '정신이상의 사유로 인한 무죄'로 판결되어야 하는가? 사회는 정신적인 장애가 있는 사람이 범죄를 저질렀을 때 어떻게 처리해야 하는가? 이들은 감옥에 구금됨으로써 처벌받아야 하는가 아니면 정신병원에서 치료를 받아야 하는가?

이 장에서 우리는 정신이상을 사유로 한 무죄주장을, 미국 법의 역사 안에서 논의할 것이고 이 사용에 대한 바탕이 되는 법적 도덕적 논쟁을 논의할 것이다. 또한 우리는 정신질환자의 법적 권리를 검토하고 환자가 제3자에 대해 드러낸 위협을 경고해 주는 것이 정신건강 치료 제공자의 법적 의무에 해당하는지를 검토한다. 우리는 개인의 권리와 사회의 권리 간의 균형을 어떻게 맞출 것인가 하는 일반적인 논점에 관한 질문을 다룰 것이다. 정신적인 문제가 분명히 있는 사람들도 치료를 거부할 권리가 있는가? 정신의료 기관은 항정신병 약물 혹은 기타 약물을 환자의 의사에 반해서 투여할 수 있는가? 파괴적인 혹은 폭력적인 행위 이력을 가진 정신질환자는 정신병동에 무기한 유치되어야 하는가 아니면 일단 그들의 상태가 안정화되면 공동체 내 주거 공간에서 감독하에 지낼 수 있도록 해주어야 하는가? 심각한 정신적 장애가 있는 사람이 법을 위반했을 때, 이들에게 사회는 범죄 사법제도로 대응해야 하는가 아니면 정신건강제도로 대응해야 하는가?

치료감호(civil commitment) 혹은 정신병 감호(psychiatric commitment)의 개념에서부터 설명하자면, 정신적으로 문제가 있다고 여겨지고 그 자신 혹은 타인에게 위

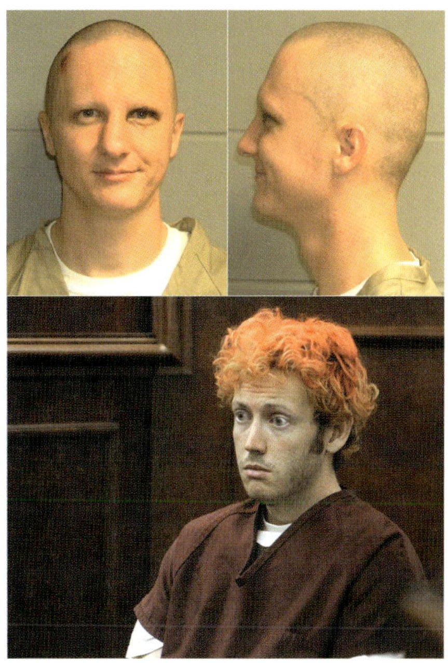

제러드 로프너(위)와 제임스 홈스(아래). 처벌이냐 치료냐 아니면 둘 모두냐? 심각한 장애를 앓고 있는데 끔찍한 범죄를 저지른 사람들에 대해서 무엇을 해야 하는가?

험하다고 간주되는 사람은 이러한 이유로 감호제도에 의해 비자발적으로 정신병동에 수용된다. 치료감호제도는 개인의 권리와 사회의 권리 사이에서 섬세하게 초점을 맞추어 경계선을 나누어야 한다.

치료감호와 환자의 권리

> **15.1** 치료감호(민사적 감금)와 형사적 감금의 차이를 설명한다.

사람들을 자신들의 의사에 반해서 정신의료 기관에 합법적으로 수감하는 것을 **치료감호**(civil commitment)[또는 정신병 감호(psychiatric commitment)라고도 한다]라고 한다. 치료감호를 통해서 정신적으로 문제가 있고 자기 자신 혹은 타인에게 위협이 된다고 판단되는 개인은 자신을 치료해 주고 자신과 타인의 안전을 확실히 하도록 돕는 정신병동에 비자발적으로 가둘 수 있다.

치료감호는 자발적 입원(voluntary hospitalization)과는 구분되어야 하는데, 자발적 입원인 경우에 개인은 자발적으로 정신의료 기관에서 치료를 구하며, 본인이 원할 때 적절하게 통지하면 퇴원할 수 있다. 그러나 이런 경우라 할지라도 자발적인 환자가 자신의 안녕 혹은 타인에게 위협을 야기한다고 판단되면, 병원 직원들은 환자의 법적 지위를 자발에서 비자발로 바꾸도록 법원에 신청서를 제출할 수도 있다.

또한 우리는 치료감호(민사적 감금)를 **형사적 감금**(criminal commitment)과 구별할 필요가 있는데, 형사적 감금에서는 정신이상의 사유로 무죄판결을 받은 개인을 치료하기 위해 정신의료 기관에 입원시킨다. 형사적 감금에서는 피고의 불법 행위의 원인이 정신장애 혹은 정신 결함 때문이라고 판결이 나고, 피고는 감옥에 투옥되는 것이 아니라 치료를 받을 수 있는 정신의료 병원에 감금된다.

정신의료 기관에서 치료감호를 하려면 통상적으로 친척 혹은 전문가가 법원에 신청서를 제출해야 하며, 이 신청서가 있어야 정신병 심사관이 그 사람을 감정할 권한을 얻게 된다. 최종적으로, 판사는 정신병적인 증거를 토대로 개인의 치료감호 여부를 결정한다. 치료감호에 들어가면 일반적으로 법률은 주기적인 법률 심리와 환자의 비자발적 상태에 관한 면허장 갱신을 요구한다. 이런 법 절차는 사람들이 정신의료 병원에 무기한적으로 '창고처럼 보관'되는 일이 없도록 하기 위해서다. 병원 관계자들은 지속적인 입원 치료가 필요하다는 것을 실제적으로 보여 주어야만 한다.

법률적 보호장치는 감호 절차에서 개인의 시민권을 보호한다. 예를 들면, 피고인은 적법한 소송 절차에 대한 권리 그리고 변호사의 도움을 받을 권리가 있다. 그러나 개인이 명백하고 당장에라도 일을 벌일 듯한 위협을 자신 혹은 타인에게 보인다고 여겨지면, 법원은 감호에 대한 공식 심리가 열릴 때까지 즉각 병원에 입원시키도록 명령할 수도 있다. 이러한 긴급 지휘권은 구체적 기간, 통상 72시간으로 제한된다(Failer, 2002; Strachen, 2008). 만약 이 시간 내에 공식적인 감호 신청서가 법원에 제출되지 않으면 그 사람은 풀려날 권리가 있다.

정신의료 감호를 위한 기준은 지난 세대에 걸쳐 엄격해져 왔으며, 감호 절차의 대상이 되는 개인의 권리는 더 엄격하게 지켜지고 있다. 과거에는 정신병이라는 이유로 사람들을 더 많이 제한하였다. 사람들은 그들이 위협적이라는 확실한 증거 없이도 수감되곤 했다. 실제로, 1979년 미 대법원이 '애딩턴 대 텍사스(Addington v. Texas)' 사건에서 개인을 비자발적으로 병원에 수용하려면, 그들이 정신적으로 문제가 있는 것으로 판단되어야 하고 또한 그들 자신과 타인에게 분명하고 현존하는 위협을 보여 준다고 판단되어야 한다고 판시한 이후에야 변화가 시작됐다. 이제는 사람들을 기이하거나 별난 행동을 한다고 해서 가둘 수 없다. 진실 / 거짓

> **진실 또는 거짓**
>
> 사람들을 이상하거나(odd) 기이한(eccentric) 행동을 한다는 이유로 정신의료 기관에 가둘 수 있다.
>
> **거짓** 사람들은 자신들이 기이한 행동을 한다고 해서 구금될 수 없다. 미 대법원은 정신병원 시설에 구금되려면 정신장애가 있다고 판단되어야 하고, 자신 혹은 타인에게 명백하고 현존하는 위험을 나타낸다고 판단되어야 한다고 결정했다.

현행의 엄격한 보호감호 법률이 개인의 권리를 보호한다고 주장하는 이는 거의 없을 것이다. 오히려, 정신의료 체계에 대한 일부 비판가들은 이 체계가 치료라는 이름으로 개인의 자유를 박탈하고, 그러한 자유의 상실은 자유 사회에서 정당화될 수 없다는 이유로 정신의료 감호의 폐지를 요청해 왔다. 아마도 보호감호 법령에 대해 가장 강경하고 줄기차게 비판한 사람은 2012년 사망한 정신과 의사 Thomas Szasz일 것이다(Szasz, 1970, 2003a, 2003b, 2007). Szasz는 정신질환(mental illness)이 사회적

일탈에 대하여 사회가 정신질환이라는 낙인을 찍기 위해 만들어 낸 개념이라 주장했다. Szasz의 견해에 따르면, 사람들은 자신들이 사회적으로 일탈했거나 혹은 파괴적이라고 인식되는 행위로 인해 그들의 자유를 박탈당해서는 안 된다. Szasz는 비자발적인 병원 수용을 보호시설의 노예제도에 비유했다(Szasz, 2003b). Szasz에 따르면, 법을 위반한 사람은 범죄 행위에 대해 기소되어야지, 정신병동에 가둬서는 안 된다. 치료감호가 일부 개인들이 폭력적으로 행동하는 것을 막아 줄 수는 있을지라도, 범죄를 저지르지 않는 수많은 무고한 사람들에게는 그들의 기본권인 자유를 박탈하는 폭력이다.

> 정신질환자들은 위험할 거라고 우리는 말한다. 그는 자신 혹은 다른 누군가에게 해를 입힐지도 모른다. 그러나 우리, 사회는, 위험하다. 우리는 그의 좋은 이름과 그의 자유를 빼앗고, 그를 '치료'라는 이름의 고문에 종속시킨다.
>
> —Szasz, 1970.

> 오로지 특정한 범죄를 저지르고 기소된 개인만이 투옥된다는 것은 영미법의 기본 원칙이다. 다른 사람들의 생명, 자유 그리고 자산에 대한 권리를 존중하는 사람들은 그들 자신의 삶, 자유 그리고 재산에 대한 양도 불가능한 권리를 지니고 있다.
>
> —Szasz, 2003a

기관의 정신의학에 대한 공격적인 Szasz의 반대 입장 그리고 치료감호에 대한 그의 비난은 정신건강 체계 속의 남용에 관심을 집중하고 있다. 치료감호를 경험한 많은 사람은 이 제도를 비난한다.

Szasz는 비자발적 병원 수용 그리고 강요된 치료의 형태로 이루어지는 강제적인 정신병 치료에 대한 법적, 윤리적 그리고 도덕적 기반에 의문을 제기하도록 수많은 전문가를 효과적으로 설득했다. 그러나 헌신적이고 사려 깊은 많은 전문가도 치료감호의 폐지에 대해서는 선을 그었다. 그들은 개인이 자살 위협을 하거나, 타인에게 해를 끼치려고 할 때에 혹은 그들의 행동이 너무도 혼란스러워서 그들이 자신의 기본적 필요사항조차 만족시키지 못할 때에는 자신에게 최선의 이익이라고 판단되는 행동을 해서는 안 될 것이라고 주장했다(McMillan, 2003; Sayers, 2003). 미국, 캐나다를 포함하는 대다수의 국가들은 위험하고, 정신적으로 문제가 있는 사람들을 감호하는 법을 갖고 있다(Appelbaum, 2003). 그렇지만, 우리가 '이상심리학에 대해 비판적으로 사고하기'에서 논의하듯이, 치료감호의 문제는 끊임없이 논쟁을 불러일으키고 있다.

위험성을 예측하기

15.2 위험성을 예측하는 정신건강 전문가의 능력을 평가한다.

정신건강 전문가는 환자가 비자발적으로 병원에 감호되어야 할지 혹은 비자발적인 감호를 계속 유지해야 할지를 결정하는 법적 절차의 일부로 흔히 환자가 자기 자신 혹은 남들에게 위험할지 위험하지 않을지 판단해 달라는 요청을 받는다. 그러나 위험성을 예측할 때 전문가의 판단은 얼마나 정확할까? 전문가는 자신이 정확하게 예측할 수 있게 해주는 특별한 기술 혹은 임상적 지혜를 지니고 있을까? 아니면 그들의 예측이 비전문가의 예측보다 별반 나을 것이 없는가? 진실 / 거짓

진실 또는 거짓

정신장애를 진단받은 대부분의 사람은 폭력 범죄를 저지른다.

거짓 사실상, 정신장애인들 중 소수만이 폭력 범죄를 저지른다.

안타깝게도, 자신들의 임상적 판단에 의존하는 심리학자와 여타 정신건강 전문가들은 자신들이 치료하는 사람들의 위험성을 예측하는 데 있어서는 별로 정확하지 않다. 정신건강 전문가들은 위험성을 과대 예측하는 경향—즉, 위험하지 않을 때에도 위험하다고 꼬리표를 붙이는 경향이 있다. 임상가들은 위험한 행동에 대한 잠재성을 예측함에 있어서 지나치다 싶을 만큼 조심하는 경향이 있는데, 이는 아마도 그들이 예측 실패가 과대 예측보다 더 심각한 결과를 초래한다고 믿기 때문인지도 모른다. 그렇지만, 위험성에 대한 과대 예측은 많은 사람의 자유를 빼앗는다. Szasz와 기타 비평가들에 따르면, 소수의 법 위반을 막기 위해서 다수를 감호조치하는 것은 헌법상의 기본 원칙을 위반하는 일종의 예방 구금이다(Szasz, 2007).

선도적인 전문가 조직인 미국 심리학회(American Psychological Association, APA)(1978)와 미국 정신의학회(American Psychiatric Association, APA)(1998)는 두 협회 모두가 각각 심리학자 혹은 정신과 의사 누구도 폭력 행위를 신뢰할 만한 수준으로 예측하기 어렵다는 공식적인 성명을 내 놓았다. 이 분야의 선도적 권위자인 버지니

위험성 예측. 정신건강 전문가들과 학교 관리자들은 2007년 버지니아 공대에서 살인의 광란을 계속한 인물인, 조승희에게서 폭력이 임박했다는 징후를 알아챘어야만 했던 것일까? 어떤 사실이 있고 난 후에 그 사람의 이전 행동의 파편을 모아서 2007년의 임박한 폭력 행위의 징후라고 하는 것이 쉽다. 그러나 폭력 행위가 일어나기 전에 예측하는 것은 훨씬 더 어려운 과제이며, 심지어 전문가들에게도 마찬가지이다.

아 대학교의 John Monahan은 "폭력을 예견할라치면, 우리의 마법 유리 구슬이 끔찍하게도 뿌옇다."라고 말했다(Rosenthal, 1993).

임상가들의 예측은 대개 과거 폭력 행위에 바탕을 둔 예측보다도 덜 정확하다(Odeh, Zeiss, & Huss, 2006). 기본적으로, 임상가들은 일반인보다 폭력을 예측할 수 있는 특별한 지식 혹은 능력을 더 지니고 있지 않다. 실제로, 한 개인의 폭력적인 과거 행동과 관련된 정보를 제공받은 비전문가가 오로지 임상적 면접에만 기초해서 예측하는 임상가들보다 향후 그 개인의 잠재적 가능성을 더 정확하게 예측할지 모른다(Mossman, 1994). 불행히도, 과거의 폭력 이력이 향후의 폭력을 예측하는 최선의 요소임에도, 병원 관계자들은 범죄 자료에 대한 접근이 허락되지 않거나 혹은 기록을 찾아낼 시간과 자원이 부족할지도 모른다. 예측이 어려운 문제는 일부 사람들에 의해 보호감호의 결정 기준으로서의 위험성 기준을 포기하는 근거로 인용되어 왔다.

이상심리학에 대해 비판적으로 사고하기

@Issue: '웨스트 96번가의 야만스런 남자'를 어찌할 것인가?

래리 호그의 사례는 사회가 정신질환의 노숙인들을 어떻게 다루어야 할지에 대한 문제를 다룬다. 우리는 호그—'웨스트 96번가의 야만스런 남자'—에 대해서 과거 1990년대에 처음 알게 되었다. 호그는 맨해튼의 부촌인 어퍼웨스트사이드(Upper West Side)의 골목길과 출입구에 거주하는 베트남 참전 출신의 노숙인이었다. 그는 겨울에 맨발로 다녔고, 쓰레기통을 뒤져서 먹을 것을 얻었으며, 중얼중얼 혼잣말을 했다. 그는 신문에 이웃주민들을 공포에 떨게 만드는 인물로 기술되었는데, 특히 크랙(역자 주: 코카인을 흡입하는 방법의 일종)을 태울 때면 폭력적으로 되었다. 한 번은 여학생을 통학 버스 앞으로 밀어서 체포되었다(Shapiro, 1992). (기적적으로 소녀는 다치지 않았다.)

호그는 주립 정신병원과 교도소에 무려 40차례 이상을 드나들었다. 그는 2009년에 퀸스 정신병원에서 탈출하여 맨해튼의 웨스트 96번가로 되돌아옴으로써 다시 신문에 등장했는데, 그저 모습을 다시 드러낸 것만으로도 거주민들을 놀라게 만들었다. 한 거주민이 기자에게 "사람들은 서로를 불렀어요… '그가 돌아왔어'라고 말하면서요. 아무도 그 이후 17년간 그가 누구냐고 물을 필요도 없었지요."라고 말했다("Wild Man", 2009).

호그에 있어서, 형사사법 제도, 사회복지 그리고 정신건강 시스템은 회전문과 다름 없었다. 전형적으로, 호그는 병원에 머무는 잠시 동안 상태가 호전되어 풀려나곤 했지만, 정신치료 약물 대신 크랙(마약)으로 되돌아갈 뿐이었다. 그의 행동은 그다음 더 악화되곤 했다. 많은 사람들에게 래리 호그는 시스템 속의 숱한 틈새(crack: 크랙)를 나타내는 국가적 상징이 되었다.

2008년에, 잔인한 살인사건이 발생하면서 다시 한 번 정신건강 시스템의 틈새(crack)에 관해 대중의 관심이 쏠렸다. 사건은 뉴욕에서 벌어졌지만, 어디에서도 벌어질 수 있는 일이었다. 희생자이자 정신과 의사였던 캐스린 포기 박사는 그녀의 사무실에서 잔인하게 살해된 채 발견되었다. 그녀는 정육점 칼과 23cm 칼에 15번 찔렸다. 용의자인, 데이빗 타로프는 39세로, 곧 체포되었고 재판받기 위해 구금되었다. 타로프는 그의 공소장 심리 중에 불안하고 정신적 장애가 있는 듯 보였다. 경찰은 동영상을 제공했다. 타로프는 살해된 의사의 사무실 동료를 해치려고 왔는데, 이 동료는 수년간 그를 치료했던 또 다른 정신과 의사였다. 경찰의 심문에 타로프는 포기 박사를 해하려는 의도는 없었으며 처음에는 그녀가 사무실에 있는 것도 깨닫지 못했다고 말했다. 나중에 용의자의 형제가 약간의 배후 사정을 제공해 주었

(다음 쪽에 계속)

다. 그는 그의 형제를 돕고자 수년간 노력해 왔다고 기자에게 말했다. 그는 수년에 걸쳐서 수없이 병동에 수용되었다가 풀려났다. 타로프의 이웃은 그를 때때로 기괴한 반응을 보이는 '똘아이'라고 설명했다.

사회는 호그나 타로프와 같은 사람들로부터 스스로를 지킬 권리를 갖고 있지 않은가? 그리고 그 행동이 정신적 장애가 있는 듯 혹은 일탈적인 듯 보이지만 남들을 위협하거나 해를 준 적은 없는, 예를 들면 횡설수설 혼잣말로 중얼거리며 복도의 어두운 구석 그리고 보도의 난방 통풍구 위에서 잠을 자지만, 정신치료는 거부하는 사람들에 대해서는 어떤가?

사회는 분명히 정신장애가 있는 행동으로 남들에게 신체적 상해를 유발하거나 혹은 해를 입히겠다고 위협하는 사람들로부터 스스로를 보호할 권리가 있다. 이는 마치 인정 있는 사회가 스스로를 살필 수 없는 사람들을 보살펴 줄 책임이 있는 것처럼 명백해 보인다. 그러나 Thomas Szasz 같은 정신건강 체계를 비판하는 사람들은 자유로운 사회의 바로 그 본질에 의해서, 사람들은 설사 자신의 결정이 자신에 대한 최선의 건강 혹은 복지 이익에 부합되지 않는다 할지라도 스스로 결정할 자유를 가져야 한다고 주장한다. Szasz는 만약 그들이 남에게 해를 주거나 해를 주겠다고 위협한다면, 형사적 사법체계의 대상이 되는 것이지, 보호감호의 대상이 아니라고 주장한다.

이제, 이 논쟁을 확장해 보자. 사회가 만약, 자살하겠다고 협박하는 어떤 사람의 경우처럼 각 사람들을 그 자신으로부터 지켜야 할 의무를 갖는다면 다른 방식으로 스스로에게 해로운 행동을 하는 사람, 즉 담배를 태우거나, 술을 과도하게 마시거나, 비만이 되어 가는 사람들도 보호해야 하는 비슷한 의무를 갖지 않는가?

그리고 폭력 범죄를 저지르는 정신질환자는 어떤가? 이런 경우는 감사하게도 상대적으로 드물어서 정신장애를 지닌 사람들 중 극소수만이 폭력적인 범죄를 저지른다. 나중에 이 장에서 우리는 범죄를 저지른 정신질환자가 책임이 있는지 어떤지에 대한 중요한 문제에 대해 살펴볼 것이다. 여기서는 어떻게 개인의 권리와 사회의 권리 사이의 균형을 맞출 것인가 하는 좀 더 일반적인 문제들을 논의하고 이 문제에 대해 비판적으로 사고하도록 만드는 여러 가지 질문을 제공할 것이다.

이 문제에 대해 비판적으로 사고하면서, 다음의 질문에 답하라.

- 자유로운 사회에서 사는 사람들은 비위생적인 상태로 거리 위에서 살 권리를 가지고 있는가?
- 명백하게 정신질환을 앓고 있는 사람들은 치료를 거부할 권리를 갖고 있는가?
- 과거에 파괴적이거나 폭력적인 행위를 한 전력이 있는 정신질환자들은 병원에 무기한 수용되어야 하는가 아니면, 일단 그들의 상태가 안정되면, 지역 공동체의 주거지에서 감독하에 살도록 허락되어야 하는가?
- 정신적으로 문제가 있는 사람들은 그들이 법을 위반하지 않는 한 간섭받지 않을 권리가 있는가? 아니면 당신은 정신과 의사인 E. Fuller Torrey와 변호사 Mary Zdanowicz(1999)가 "… 심각한 정신질환으로 인해 뇌 기능이 심각하게 손상된 개인에게는 정신적으로 문제가 있는 상태로 남아 있을 권리를 지킨다는 것은 생각이 없는(mindless) 것이다."라고 한 말에 동의하는가?
- 심각하게 정신질환을 앓는 사람이 법을 위반했을 때, 사회는 그들에게 형사사법 체계로 대응해야 하는가 아니면 정신건강체계로 대응해야 하는가?

'웨스트 96번가의 야만스런 남자' 이른바 웨스트 96번가의 야만인이라 불렸던 래리 호그는 정신건강 체계, 형사사법 체계 그리고 사회복지 체계의 틈새(crack)에 대한 상징이 되었다.

사후 인지 문제 폭력 사건이 발생하고 난 후에 폭력 성향을 인지하는 것(post hoc, 사후)이 미리 예측하는 것보다 쉽다. 종종 모든 일이 지난 뒤에야 사정을 다 알게 된다고들 한다. 뒷북치기처럼 폭력 행위가 이미 저질러지고 난 뒤에 이전 행동의 조각을 끌어모아 폭력의 증거를 만드는 것은 쉽다. 그러나 그 실상 이전에 폭력을 예측하는 것은 더 어려운 과제다.

일반적인 것에서 구체적인 것으로 뛰어넘는 문제 폭력 성향에 대한 일반화된 개념은 구체적인 폭력 행위를 예측하지 못할 것이다. 폭력에 대한 '일반적인 성향'을 갖고 있는 사람은 절대 그 성향에 따라서 행동하지 않는다. 반사회적 인격장애와 같은 공격적이고 위험한 행동과 관련된 진단도 마찬가지로 개인이 저지르는 구체적인 폭력행동을 예측하는 충분한 토대가 되지 못한다.

위험성을 정의하는 문제 위험성 예측에서 어려운 한 가지는 어떤 형태의 행위가 폭력적이거나 혹은 위험한지에 대한 합의가 부족하다는 점이다. 대다수의 사람은 살인, 강간 그리고 폭행과 같은 것이 범죄라는 데 동의할 것이다. 다른 행동들—예를 들어 무모한 운전, 자신의 배우자 혹은 자녀들을 거칠게 비난하는 것, 재산을 손괴하는 것, 약물을 파는 것, 선술집에서 사람들 사이를 밀치고 들어가는 것, 혹은 차를 훔치는 행동에 폭력적이거나 위험하다고 꼬리표를 붙이는데 대해서는, 전문가 사이에서조차도 합의가 덜 이루어졌다. 또한, 담배가 사망과 질병을 유발한다는 지식이 널리 퍼져 있음에도 불구하고, 담배를 생산하고 시장에 유통시키는 기업 소유주와 경영자들의 행동을 고려해 보라. 분명히, 어떤 행위가 위험하다고 간주되느냐의 판단은 주어진 사회적 맥락 내에서의 도덕적 · 정치적 판단과 관련이 있다.

기저율 문제 위험성 예측은 살인, 폭행 혹은 자살과 같은 폭력 행위가 비록 신문에서는 정기적으로 이런 사건을 선정적으로 다루지만, 일반적인 사람들 속에서는 아주 드물다는 사실로 인해 예측이 곤란하다. 발생 빈도가 드문—예를 들어 지진과 같은 사건 또한 언제 어디서 발생할지와 관련해서 어느 정도의 정확성을 갖고 예측하기는 힘들다.

발생 빈도가 적거나 드물게 발생하는 사건에 대해 예측하는 상대적인 어려움은 **기저율 문제**(base-rate problem)로 알려져 있다. 이 문제에 대한 예로 자살률 예측을 살펴보자. 주어진 연도의 자살률이 임상 인구의 약 1% 정도의 낮은 기저율을 가지고 있다면, 이 인구 중의 어떤 한 사람이 자살을 하리라는 예측이 맞을 가능성은 매우 적다. 만약 당신이 이 인구에 속한 어떤 사람이 주어진 해에 자살을 하지 않을 것이라 예측한다면, 이번엔 당신이 99% 확률로 맞을 것이다. 그러나 만약 당신이 모든 건에 대해서 자살이 발생하지 않을 것이라 예측한다면, 사실상 당신의 거의 모든 예측이 옳은 것처럼 보일 수 있다 해도, 자살이 실제로 발생한 상대적으로 드문 경우에는 당신의 예측이 틀릴 것이다. 따라서 100명 중에서 자살이 발생할 것 같은 1명을 예측한다는 것은 까다롭다. 임상가들이 예측을 할 때 그들은 허위 **부정**(false negative)—즉, 폭력 행위가 발생하지 않으리라 예측했으나 발생한다—과 허위 **긍정**(false positive)—폭력 행위가 발생하리라 예측했으나 발생하지 않는다—의 상대적 위험을 따져 본다. 임상가들은 종종 의도적으로 지나치다 싶을 정도로 허위 긍정을 하고 위험성을 과대 예측한다. 그들의 시각에서 볼 때 지나치다 싶을 만큼 조심하는 것이 잃을 것이 없는 상황인 것처럼 보일 것이다. 그러나 이러한 예측 관행으로 인해 실제로 자기 자신 혹은 타인에 대해 폭력적인 행위를 하지 않았을 사람이 의료 기관에 감호되는 결과로 이어지고, 그럼으로써 그들의 자유를 부정하는 결과로 이어진다.

직접적인 폭력의 위협을 드러내지는 않을 것 같다는 점 정말로 위험한 사람이 자신을 평가하고 있는 정신건강 전문가 혹은 자기 자신의 치료사에게 자신의 폭력적 의도를 얼마나 밝힐 것 같은가? 치료를 받고 있는 환자는 치료사에게 예를 들어 "다음 주 수요일 아침에 아무개를 살해할 것이다."와 같은 분명한 위협을 알려 주지는 않을 것이다. 위협은 마치 "나는 정말 ~ 때문에 넌더리가 난다. 그녀를 죽일 수도 있어." 혹은 "맹세컨대 그가 나를 살인으로 몰아가고 있어."처럼 훨씬 더 모호하고 불특정할 것이다. 이런 경우에서 치료사는 적대적인 몸짓과 분명히 드러나지 않는 위협으로부터 위험성을 추론해 내어야 한다. 모호하고, 간접적인 폭력의 위협은 구체적이고 직접적인 위협보다 훨씬 덜 신뢰할 만한 지표다.

병원에서의 행동을 통해 공동체에서의 행동을 예측하는 것의 어려움 정신건강 전문가들이 위험성에 대한 장기간의 예측을 할 때 그들은 단서가 부족하다. 이들은 환자가 퇴원한 이후 위험하게 될지 아닌지에 대한 예측에서 종종 오류를 범한다. 이들이 틀리는 이유 중 하나는 환자의 행동을 예측할 때 흔히 병원 안에서의 행동을 기준으로 삼는다는 점이다. 그러나 폭력적인 혹은 위험한 행동은 상황마다 구체적으로 다를 것이다. 정신병원과 같은 구조적 환경에 적응할 수 있는 모범적인 환자라도 지역사회의 독립적인 생활에서 오는 압박은 견딜 수 없을 수도 있다. 우리는 임상가들이 환자에 대해 예측할 때 정신병원의 통제된 상황보다는 환자가 그 이전에 지역사회에서 지낼 때의 행동을 바탕으로 한다면 보다 더 정확하리라고 기대할 수 있다.

전체적으로, 비록 위험성을 예측하는 임상가들은 오직 운에만 바탕을 둔 예측보다야 월등히 낫지만, 종종 부정확하다(Kaplan, 2000). 비록 그들의 유리 구슬이 뿌옇기는 하겠지만, 의료기관 환경에서 근무하는 정신건강 전문가들은 계속적으로—환자의 폭력 잠재성에 대한 전반적인 판단을 기초로 누가 범죄를 저지를지, 누구를 퇴원시켜야 할지를 결정하기 위한—예측을 해 달라는 요청을 받는다(McNiel, Gregory, Lam, Binder, & Sullivan, 2003). 임상가들이 오로지 그들의 임상적 판단에만 의지하도록 기대하기보다 조사관들은 폭력 위험을 산정하는 데 지침이 되어 줄 좀 더 객관적인 검사 방법과 폭력 비율 척도와 같은 보다 나은 의사결정 도구들을 개발하고 있다(예: McNiel et al, 2003; Yang, Wong, & Coid, 2010).

이러한 노력은 임상가들이 폭력 행위의 가능성을 예측하는 능력을 개선하는 데 도움을 주고 있는데, 최소한 단기 예측과 관련해서는 더욱 그렇다(McNiel et al., 2003; Mills, Kroner & Morgan, 2011). 임상가들은 단 하나의 요소를 바탕으로 예측하는 것보다는 과거의 폭력 행위의 증거를 포함한, 복합적인 요소를 바탕으로 예측할 때 더 성공적이다. 여전히 미래의 폭력 행위를 예측한다는 것은 어려우며 현재로서 활용 가능한 방법은 완벽함과는 거리가 멀다고 해도 과언이 아니다(Yang et al., 2010). 당연하게도 폭력을 예측할 때 임상가들이 서로 동의하지 않을 때보다 서로서로 동의할 때 그 정확도가 일반적으로 더 높다(McNiel, Lam, & Binder, 2000). 정확성은 또한 임상가들이 위험성에 대한 단기 예측을 할 때 그 정확도가 더 높은 경향이 있다(Mills et al., 2011).

폭력과 심각한 정신장애 위험성 예측 도구 개발이 중요하다는 것은 일반 사람들에 비해 심각한 정신장애, 예를 들어 조현병을 앓는 사람들 중에서 폭력 위험이 증가했다는 증거에 의해 강조된다(예: Douglas, Guy, & Hart, 2009; Fazel et al., 2009). 그러나 우리가 또한 주목해야 할 것은 심각한 정신장애를 앓는 사람이 사회에서 차지하는 폭력 범죄의 비중은 상대적으로 매우 적어서 약 4% 정도라는 점이다(Appelbaum, 2006; Carey & Hartocollis, 2013). 일반 대중이 정신적인 문제가 있는 사람을 위험하다고 여기는 것은 언론에서 크게 보도한 몇몇 사례에 의해 한쪽으로 치우친 관심 때문에 과장된 것이다. 대중매체가 심각한 정신장애를 앓는 사람들이 저지른 몇몇 폭력 사례를 보도함으로써 고정관념이 강화되고, 더 나아가 전반적으로 정신질환자들을 낙인찍게 만든다(Kuehn, 2012).

증거에 대해 조금 더 깊이 파고들어 가 보면 조현병 환자 중에서 폭력 행위의 위험이 늘어난 것과 연관된 요소들이 드러난다(Elbogen & Johnson, 2009). 한 가지를 말하면, 조현병 환자 중 알코올 또는 다른 약물까지 남용하는 사람의 폭력 범죄의 위험은 일반인에 비해 4~5배 정도 더 높다(Fazel et al., 2009; Volavka & Swanson, 2010). 다른 한 가지는 피해망상과 반사회적 행위와 같은 몇몇 증상이 조현병 환자의 높은 폭력 위험도와 연관이 있다(Bo, Abu-Akel, Kongerslev, Haahrc, & Simonsen, 2011; Harris & Lurigio, 2007; Swanson et al., 2006). 그것은 심각한 정신장애를 앓는 심지어 치료조차 받지 않은 환자 중의 작은 일부만이 범죄 행위를 저지른다는 것을 의미한다(Torrey, 2011).

조현병 환자 중의 폭력 행위 위험은 명령환각(command hallucination)—즉 스스로를 혹은 남들을 해치도록 명령을 내리는 소리—을 앓는 사람에게서 훨씬 높았다(McNiel et al., 2000). 폭력을 저지를 잠재적 위험 또한 심각한 정신장애를 앓는 사람 중 경제적으로 고통을 받고 있는 이웃과 살고 있는 사람들이 높았다(Appelbaum, 2006). 폭력적으로 행동하는 정신질환자들의 위험이 늘어난 것을 언급했으니까, 우리는 또한 심각한 정신장애를 앓는 사람들이 실제적으로 폭력 범죄의 희생자가 될 가능성이 일반 사람들보다 더 높은 상황에 놓여 있다는 사실도 지적하자(Teplin, McClelland, Abram, & Weiner, 2005).

560~561쪽의 '더 자세히 살펴보기'에서 분석하듯, 위험성 예측의 문제는 치료사가 자신의 환자들이 타인에 대해 위협하는 그 위협의 심각성을 평가해야 할 때 발생한다. 치료사들은 경고 의무(duty to warn)—즉 이러한 위협의 대상이 된 사람에게 경고해 주어야 하는 법적 의무—를 갖는가? 경고 의무는 이상행동의 문제에 대해 사

표 15.1
정신건강과 법

판례	논점
Durham 대 미합중국, 1954	정신이상 사유로 인한 무죄주장(insanity defense)
Wyatt 대 Stickney, 1972	최소 치료 기준
O'Connor 대 Donaldson, 1975	환자의 권리
Jackson 대 인디애나 주, 1972	재판을 받는 데 대한 적합성
Tarasoff 대 캘리포니아 대학의 Regents, 1976	경고 의무
Rogers 대 Okin, 1979	치료를 거부할 권리
Youngberg 대 Romeo, 1982	덜 제한적인 조건에서 구금될 권리
Jones 대 미합중국, 1983	형사적 감금(criminal commitment)의 기간
Medina 대 캘리포니아, 1992	정신적 적합성 판단에 대한 입증 책임
Sell 대 미합중국, 2003	정신장애를 앓는 피고인에 대한 강제적 약물 투여

회가 대응할 때 발생하는 숱한 법적 논점 중 하나이다. 이어지는 절에서 우리는 정신질환자의 권리인 정신이상 사유의 무죄주장 권리 그리고 치료를 거부할 정신질환자의 권리와 같은 주요 법적 논점을 논의한다. 표 15.1은 이러한 논점에 대한 우리의 논의를 뒷받침하는 주목할 만한 법원 판례의 목록이다.

환자의 권리

우리는 정신적으로 문제가 있고 자기 자신 또는 남에게 위협을 가한다고 판단되는 사람을 사회가 본인의 의사에 반해 병원에 수용할 권리에 관한 논점을 숙고해 보았다. 그러나 구금 후에는 어떻게 되는가? 본인의 의사에 반해 구금된 환자들은 치료를 거부하거나 혹은 요구할 권리를 갖는가? 혹은 사회는 그들을 치료하지 않고 정신병원 시설에 그저 무기한 가둬둘 수 있는가? 동전의 반대쪽까지 함께 숙고해 보자. 본인의 의사에 반해 구금된 많은 사람들은 치료를 거부하는가? 그러한 논점—법원의 주목할 만한 판례에 의해서 공공의 빛 속으로 불려 나온 논점—은 환자의 권리(patients' rights)라는 보호막 아래로 들어간다. 일반적으로 말해서 정신건강 체계 속에서의 남용(abuse)의 역사는『뻐꾸기 둥지 위로 날아간 새』와 같은 유명한 책과 영화에서 강조되었듯, 치료의 기준을 엄격하게 하고 환자의 권리를 보호하기 위한 법적 보장을 채택하는 것으로 이어졌다.

치료를 할 권리 우리는 치료를 위해 사람들을 받아들인 정신건강 기관이 그 사람들에게 치료를 제공할 것으로

정신병 환자의 권리는 무엇인가? 잭 니콜슨 주연의《뻐꾸기 둥지 위로 날아간 새》와 같은 대중적인 책과 영화들은 정신병원에서 발생하는 수많은 남용을 강조했다. 최근에는 치료의 기준을 엄격하게 하고 법적 지침을 채택함으로써 정신병원에서 환자의 더 나은 권리보호로 이어지고 있다.

15.3 정신병 환자의 권리를 확립하는 법원의 주요 판례를 알아본다.

추정한다. 1972년의 주목할 만한 연방법원 판례인 'Wyatt 대 Stickney' 사건에 대한 판례가 있고 나서야 연방법원은 병원으로부터 제공받을 최소 치료 기준을 제정했다. 이 사건은 앨라배마 주의 정신건강 국장인 Stickney를 상대로 정신지체인 Ricky Wyatt와 터스쿨루사 카운티 소재의 주립 병원과 학교에 있는 다른 환자들을 대표한 집단 소송이었다.

앨라배마의 연방 지방법원은 병원이 Wyatt와 다른 환자들에게 치료를 제공하지 않았고, 병원에서의 생활 조건이 불충분하고 비인간적이라고 보았다. 법정은 병원 기숙사를 거주자들의 사생활이 전혀 없는 '가축우리 같은' 구조라고 기술했다. 화장실은 칸막이가 없었고, 환자들은 조잡한 옷을 입고 있었고, 병동은 더럽고 붐볐으며, 부엌은 비위생적이고 음식은 기준 미달이었다. 게다가 병원 관계자의 수는 부족했고 잘 훈련되어 있지 않았다. Wyatt 대 Stickney 사건은 기관 시설을 유지 보수하기 위한 작업을 수행하도록 요구받지 않을 권리를 포함한 확실한 환자의 권리를 확립했다. 법원은 정신병원은 반드시 최소한으로 다음을 제공하도록 판시했다('Wyatt 대 Stickney' 사건, 1972).

1. 인간적인 정신적 신체적 환경
2. 충분한 치료를 수행하기에 충분한 숫자의 자격이 있는 직원
3. 개인별로 맞춘 치료 계획 **진실 / 거짓**

진실 또는 거짓

정신병원에 수용된 환자들은 시설 내에서 일반적인 유지 보수를 하도록 요구받을 수도 있다.

거짓 앨라배마의 Wyatt 대 Stickney의 사건은 정신병원 시설을 유지 보수하기 위한 작업을 수행하도록 요구받지 않을 권리를 포함하는 어떤 권리들을 확립했다.

법원은 국가가 비자발적으로 정신병원에 가둔 사람들에게 충분한 치료를 제공할 의무가 있음을 확립했다. 법원은 나아가서 치료를 위해 사람들을 본인의 의사에 반해 병원에 수용하고 난 다음에 치료를 제공하지 않는 것은 정당한 법적 절차에 대한 그들의 권리를 침해하는 것이라고 판결했다.

표 15.2는 기관에 수용된 환자들에게 법원의 판결에 의거해서 승인된 일부 권리의 목록이다. 비록 법원의 판결이 앨라배마 주에만 국한되지만, 다른 많은 주들이 자신들의 정신건강 기준을 개정해서 비자발적으로 구금된 환자들이 기본권을 거부당하지 않도록 했다.

O'Connor 대 Donaldson 1975년 Kenneth Donaldson의 사건은 환자의 권리에 관한 또 하나의 획기적인 사건이다. 플로리다의 주립 병원에 입원했던 Donaldson은 그가 자기 자신이나 남들에게 아무런 심각한 위협을 드러내지 않았음에도 불구하고, 14년 동안 치료도 받지 못한 채 비자발적으로 구금되었다는 이유로 2명의 병원 의사를 고소했다. Donaldson은 원래 그에게 망상 증세가 있다고 인지한 그의 부친이 제출한 신청서를 바탕으로 구금되었다. Donaldson은 구금된 동안 아무런 치료도 받은 바가 없고, 기본적인 권리와 직업 훈련이 거부되었을 뿐만 아니라, 거듭된 그의 방면 요청 또한 거부되었다. 결국 그는 병원을 고소하겠다고 위협하고서야 풀려났다. 풀려나자 Donaldson은 그의 의사들을 고소했고 병원의 관리자인 O'connor로부터의 38,500달러의 보상금 지급 판정을 받았다. 이 사건은 결국 미 대법원까지 갔다.

법정 증언은 병원 직원들이 Donaldson이 위험하리라는 인식을 하지 못했음에도 불구하고, 그를 풀어 주는 것은 거부해 왔다고 밝혔다. 병원 의사들은 자신들이 Donaldson은 사회생활에 성공적으로 적응할 것 같지 않다고 믿었기 때문에 그를 계속 병원에 둘 필요가 있었다고 주장했다. 의사들은 항정신병 약을 처방했으나, Donaldson이 자신의 크리스천 사이언스 신앙 때문에 복용을 거부했다. 그 결과로 그는 개호처분 간호만 받았다.

Kenneth Donaldson. Donaldson이 미 대법원의 결정문을 가리키는데, 이 결정문은 정신장애가 있지만 위험하지는 않다고 여겨지는 사람들이 만약 공동체에서 안전하게 삶을 영위할 수 있다면 그들은 자신들의 의사에 반해서 구금될 수 없다고 판결했다.

표 15.2

Wyatt 대 Stickney 사건에서 환자의 권리 장전의 일부 목록

1. 환자는 사생활권 그리고 품위 있게 대우받을 권리를 갖는다.
2. 환자는 구금될 때 제공하려고 의도되었던 목적에 부합하게 제공될 수 있는 최소한의 제한적인 조건 아래에서 대우받아야 할 것이다.
3. 환자는 특별한 규제가 적용되지 않는다면 방문권 및 전화 특전을 가져야 할 것이다.
4. 환자는 과도하거나 불필요한 약물을 거부할 권리가 있다. 덧붙여서, 약물은 처벌의 형태로 사용되어서는 안 된다.
5. 환자는 자신의 행동이 자신 혹은 남에게 위협을 드리울 것 같은 상황이고, 덜 제한적인 속박은 실현 가능할 것 같지 않은 비상 상황을 제외하고는 속박하거나 고립된 상태로 두어서는 안 된다.
6. 환자는 고지에 의한 동의권을 보호받지 않고서는 실험적 연구 대상이 되어서는 안 된다.
7. 환자는 잠재적으로 위험하거나 흔치않은 치료법, 예를 들어 뇌 절제술, 전기 충격 혹은 혐오 치료법과 같은 치료를 거부할 권리를 갖는다.
8. 위험하거나 치료 프로그램에 부적절한 경우가 아니면, 환자는 자신의 의복을 입고 소유물을 지닐 권리가 있다.
9. 환자는 정기적으로 운동하고 야외에서 시간을 보낼 기회에 대한 권리가 있다.
10. 환자는 이성과 교류할 적합한 기회에 대한 권리를 갖는다.
11. 환자는 인정적이고 품위 있는 삶의 조건에 대한 권리를 갖는다.
12. 한 방에는 6명을 초과하는 인원을 수용할 수 없으며, 사생활권의 느낌을 주기 위한 가림막 혹은 커튼이 반드시 설치되어야 한다.
13. 사생활권을 제공하기 위해 별도로 분리된 화장실을 갖추고, 한 화장실은 6명 이내의 인원이 공유해야 한다.
14. 환자는 영양학적으로 균형 잡힌 식단에 대한 권리가 있다.
15. 환자는 시설의 유지 보수를 위해 수행되는 작업을 하도록 요구받아서는 안 된다.

1975년 대법원은 'O'connor 대 Donaldson' 사건에서 "정신질환만으로는 국가가 사람을 그의 의지에 반해서 가두고 단순히 관찰만 하는 무기한의 구금 상태로 두는 것을 정당화시킬 수 없다."라고 판시했다. 만약 다른 사람에게 위험하지 않고 자유롭게 안전히 살 수 있다면 그러한 사람들을 비자발적으로 구금하는 헌법적 근거는 없다. 이 판결은 위험하다고 간주되지 않는 정신질환자를 다룬다. 똑같은 헌법적 권리가 위험하다고 판단되어 구금된 사람들에게도 적용될 수 있을지는 아직 분명하지 않다.

'O'connor 대 Donaldson' 사건 판결문에서 대법원은 보다 넓은 논점인 환자의 치료받을 권리는 다루지 않았다. 판결문은 국가가 비자발적으로 구금된 위험하지 않은 사람을 기관이 치료해야 할 의무를 직접적으로 강제하지 않는데, 왜냐하면 기관이 치료하는 대신 풀어 주는 선택을 할 수도 있기 때문이다.

대법원은 사회가 공격적이라고 인지된 개인으로부터 스스로를 지키기 위한 권리라고 하는 보다 넓은 논점을 다루었다. 법원의 견해를 전하면서 Potter Stewart 판사는 다음과 같이 썼다.

국가는 국민들이 행동 방식이 다른 사람들에게 노출되지 않도록 지키기 위해서 해롭지 않은 정신질환자를 가둬도 될까? 국가가 공공의 불편함을 피하기 위해서 신체적으로 흉하거나 사회적으로 괴짜인 모든 사람을 감금할 수 있는지 물어보는 게 나을 것이다. 한낱 사회적인 편협성이나 반감은 사람의 신체적 자유를 박탈할 수 있는 헌법적 정당성을 부여하지 못한다.

> **15.4** 치료사의 경고 의무를 정의하고 이것이 치료사에게 드리우는 딜레마를 평가한다.

Youngberg 대 Romeo 1982년도 'Youngberg 대 Romeo' 사건에서 미국 대법원은 환자의 치료받을 권리라는 논점을 보다 더 직접적으로 다루었다. 그렇기는 하지만 Wyatt 대 Stickney 사건에서 확립된 환자의 권리기준에서 한발 물러선 듯 보인다. 33세의 남자로 말을 하지 못하거나 스스로를 보살피지 못할 정도로 심각한 지체장애자인 Nicholas Romeo는 펜실베이니아 주립 병원과 학교에 익숙해져 자활 능력이 결여되었다. 주립 병원에 있는 동안 그는 자신의 폭력 행위로 스스로 상처를 주고 자주 구속장치(restraint)에 속박된 전력이 있다. 이 사건은 환자의 모친이 제기했는데, 그녀는 병원이 그녀의 아들이 다치는 것을 막지 못한 과실과 충분한 치료를 제공하지 않으면서 일상적으로 장기간의 신체 구속장치를 사용한 잘못에 대한 혐의를 주장했다.

대법원은 Nicholas와 같이 비자발적으로 구금된 환자는 그러는 것이 합당한 때에는 언제나 신체적 구속장치에서 벗어나는 것과 같은 덜 제한적인 조건으로 갇힐 권리를 갖는다고 판결했다. 법원은 기관에 구금된 환자에게 최소한의 합리적이고 안전한 훈련을 제공하여 환자들이 신체적 구속장치를 하더라도 그 범위 안에서는 자유롭게 기능해야 한다고 믿었다. 합리성이란 법원이 여기기에 자격을 갖춘 전문가의 판단을 기초로 결정되어야 한다. 연방법원은 기관시설의 내부적 운영에 간섭해서는 안 된다. 왜냐하면 법원이 보기에 '그러한 결정을 내리는 데는 판사 혹은 배심원이 적합한 전문가보다 더 우수하다고 생각할 이유가 없기 때문'이었다. 법원은 적합한 전문가의 판단이 전문적인 실행 기준과 동떨어질 때 추후에 비판해야 한다. 그러나 대법원은 구금된 환자가 마침내 병원 밖으로 나가 독립적으로 살아가는 것이 가능하도록 할 수 있게 훈련을 받을 권리라고 하는 보다 넓은 논점은 다루지 않았다.

심각한 심리적 장애를 앓으면서 공동체에 거주하는 사람이 정신치료 서비스를 받을 수 있느냐(그리고 국가가 이 서비스를 제공할 의무가 있느냐) 하는 관련 논점이 주 그리고 연방 차원에서 모두 법원에서 계속해서 논쟁 중이다.

치료를 거부할 권리 다음과 같은 시나리오를 살펴보자. 시민 존이라는 한 사람이 비자발적으로 치료를 목적으로 정신병원에 수용되었다. 병원 직원은 존이 망상성 분열병이라는 정신병으로 고통을 받고 있으며, 항정신병 약물로 치료되어야 한다고 결정한다. 그러나 존은 치료를 따르지 않겠다고 결심한다. 그는 병원이 자신의 의사에 반해 자신을 치료할 권리가 없다고 주장한다. 병원에서는 의료진의 판단에 따라 그들을 치료하지 못한다면 비자발적으로 그들을 가두어 두는 것이 아무런 의미가 없으므로 치료권한에 대한 법원의 명령을 청한다.

존과 같은 비자발적인 환자는 치료를 거부할 권리가 있는가? 만약 있다고 한다면, 이 권리는 국가가 사람을 치료하려고 정신병원 기관에 비자발적으로 가둬 둘 권리와 상충되는가? 궁금해지는 또 한 가지는 비자발적으로 병원에 수용될 정도의 사람이 과연 어떤 치료가 자신의 이익에 최고로 부합하는지를 결정할 수 있을 만큼 적합한 상태인가 아닌가 하는 점이다.

구금된 환자들이 정신치료 약물을 거부할 권리는 1979년, 'Rogers 대 Okin' 사건에서 시험대에 올랐는데, 이 사건에서 연방 매사추세츠 지방법원은 보스턴 주립병원에 대해 비상 상황—예를 들면 환자의 행동이 자신 혹은 남에게 심각한 위험을 드리우는 상황—을 제외하고는 구금된 환자에게 강제로 약물을 투여하는 것을 금하도록 명령을 내렸다.

비록 법령과 규정이 각 주마다 다르겠지만, 병원에 수용된 환자가 약물을 거부하는 사례는 흔히 가장 먼저 독립 검토 위원회 앞으로 보내진다. 위원회가 환자에 반하는 판결을 내리면, 이 사건은 판사 앞으로 보내게 되고, 판사는 환자가 강제적으로 약물을 복용해야 할지에 대한 최종 결정을 내린다(Rolon & Jones, 2008). 실제로, 상대적으로 적은 수의 환자인 약 10% 정도만이 약물을 거부한다. 더욱이, 검토 절차에 이르는 대다수의 거절 건은 결국 기각된다. 법적 논점과 이상행동에 관한 우리의 논의는 이제 정신이상 사유로 인한 무죄주장과 관련한 논쟁으로 향한다.

정신이상 사유로 인한 무죄주장

15.5 정신이상 사유의 무죄주장의 역사를 구체적인 판례를 인용하면서 기술한다.

2011년 하원의원 Gabby Giffords의 총격 사건은 세상의 주목을 끌었던 또 다른 총격 사건을 상기시키는데, 미합중국의 대통령인 로널드 레이건이 1981년 3월에 워싱턴 D.C.의 호텔 밖에서 총격을 받은 것이다. 수백만의 미국인들이 텔레비전 화면을 통해 그 총격을 목격했지만, 공격자인 25세의 떠돌이 존 힝클리는 정신이상 사유로 인한 무죄판결을 받았고 정신병원에 구금되었는데, 그는 그 총격 이후 이 글을 쓰는 현재까지 30년이 넘도록 그곳에 있다. 진실 / 거짓

진실 또는 거짓

미국의 대통령을 암살하려던 시도를 수백만의 시청자들이 텔레비전으로 봤지만, 암살 미수범은 법정 무죄판결을 받았다.

진실 존 힝클리의 레이건 대통령에 대한 암살 시도를 수백만 명의 텔레비전 시청자가 목격했지만 그는 재판정에서 '정신이상의 사유로 인한 무죄' 판결을 받았다.

더 자세히 살펴보기

경고 의무

치료사가 직면하는 가장 힘든 딜레마는 제3자가 해를 입지 않도록 지켜줄 수 있을지도 모를 비밀정보를 공개하느냐 마느냐 하는 것이다. 환자가 한 위협이 진짜인지 아닌지를 판단하는 것이 힘든 한 부분이다. 다른 힘든 부분은 의뢰인이 심리치료 중 누설하는 정보는 일반적으로 면책특권정보(privileged communication)로 보호받는 것으로, 비밀보장 의무에 대한 권리를 수반한다. 그러나 이 권리가 절대적인 것은 아니다. 주 법원은 치료사가 특정한 조건, 예를 들면 어느 개인이 남에게 심각한 위협을 드리운다는 명백하고 또 주목하지 않을 수 없는 증거가 있는 경우에는 비밀보장 의무를 위반해야 할 의무가 있다고 확정했다.

'Tarasoff 대 캘리포니아 대학의 Regent' 사건에서 1976년 캘리포니아 법정 판결은 치료사의 **경고 의무**(duty to warn)에 대한 법적 기초를 확립했다(Jones, 2003). 1969년 버클리 소재 캘리포니아대학의 대학원생인 인도 태생의 포르제닛 포달은 젊은 아가씨인 타티아나 타라소프에게 향한 구애가 퇴짜를 맞자 우울해졌다. 포달은 학생 건강 시설에서 심리학자와 함께 심리치료에 들어갔고 그는 타라소프가 방학을 마치고 돌아오면 그녀를 살해할 의도임을 심리학자에게 알렸다. 포달의 폭력 잠재성을 염려한 심리학자는 먼저 동료들과 상의했으며 그다음에는 대학 경찰에게 포달이 위험하다고 통지하며 그를 정신병 치료 시설에 데리고 갈 것을 권고했다.

대학 경찰은 포달을 면담했다. 그들은 그가 이성적이라 믿었고 그가 타라소프에게서 멀리 떨어지겠다고 약속하자 그를 풀어 주었다. 포달은 그다음 심리학자와의 치료를 끝내고 곧 타라소프를 살해했다. 포달은 살인보다는 경미한 선고인 고의적 살인이라는 유죄판결을 받았는데, 그 근거는 그가 약해진 정신 능력과 망상성 분열병을 앓았다는 세 명의 심리학자의 증언이었다. 캘리포니아 법 아래에서는, 그의 정신 능력이 약해졌다는 것으로 인해 살인 판결에 필요한 악의(malice)를 증명할 수 없었다. 복역 후 포달은 인도로 돌아갔고, 들리는 바에 따르면 그곳에서 새 삶을 살았다고 한다(Schwitzgebel & Schwitzgebel, 1980).

타라소프의 부모는 대학교에 소송을 냈다. 그들은 대학 건강 센터가 포달로부터 제기된 위협을 타라소프에게 알려 주어야 할 책임을 다하지 못했다고 주장했다. 캘리포니아 대법원은 부모의 의견에 동의했다. 법원은 의뢰인이 또 다른 사람에게 심각한 위협을 드리운다고 믿을 근거를 가지고 있는 치료사라면 그저 경찰에 알릴 것이 아니라, 잠재적인 희생자에게 경고해 줄 의무가 있다고 판결했다. 이 판결은 치료사에게 자신의 환자가 타인에 대한 위협을 만들어 냄으로써 폭력의 잠재성을 보일 때 경고 의무를 부과한다. 진실 / 거짓

진실 또는 거짓

치료사는 심지어 환자가 구체적인 사람을 향한 살해 위협을 해도 환자와의 비밀보장 의무를 위반해서는 안 된다.

거짓 치료사는 실제로 일부 주의 법률에 따라 자신의 환자에 의해서 사람들에 대한 폭력의 위협이 있으면 환자 비밀보장 의무에도 불구하고 그들에게 경고해 주어야 할 의무가 있다.

이 판결은 목표가 된 피해자의 권리가 비밀보장 권리보다 더 중하다고 인정했다. 타라소프의 사건에서 치료사는 그저 비밀보장 의무를 위반할 권리를 갖고 잠재적 피해자에게 위험을 경고하는 것만이 아니라, 그러한 비밀을 잠재적 피해자에게 법에 따라 알려 줄 의무를 진다.

경고 의무는 임상가들에게 윤리적 · 실무적 딜레마를 드리운다. 타라소프의 사건에서 치료사는 자신의 환자가 폭력적인 의도를 품고 있을 거라는 단순한 의혹을 근거로 비밀보장 의무를 위반함으로써 자신의 개인적 이익과 남들의 개인적 이익을 지켜야 한다는 의무감이 들지도 모른다. 환자의 위협은 실행되는 일이 거의 없기 때문에, 타라소프 판결은 그러한 드문 사례를 막기 위해서 수많은 환자의 비밀보장 권리를 부정할지도 모른다. 비록 일부 임상가들이 타라소프 사건에 대해 '과대 반응'해서 충분한 근거 없이도 비밀보장권을 위반한다고 할지라도, 소수 희생자의 잠재적 위험의 이익이 비밀보장권을 잃게 될 지 모를 다수의 이익보다 더 무겁다는 주장이 있을 수 있다.

타라소프 사건의 표준에 적용되는 또 다른 문제점은 치료사 측에서 위험성을 예측할 특별한 능력이 부족하다는 점이다. 그럼에도 불구하고, 타라소프 판결은 치료사로 하여금 자신의 환자가 밝힌 내용이 타인을 해하려는 일촉즉발의 의도를 나타내는 것인지 아닌지 판단할 의무를 지우고 있다(VanderCreek & Knapp, 2001). 타라소프 사건에서 위협은 명백했다. 그러나 대부분의 사건에서는 위협이 그렇게 뚜렷하지 않다. 치료사가 폭력 행위가 발생하기 전에 환자가 위험했다는 것을 '알았어야만 했는데 몰랐는지'를 판단할 명확한 기준이 없다. 치료사가 자신의 경고 의무를 완수하기 위해 사용할 기준을 구체화시키는 지침이 없는 경우에는 자신의 최선의 임상적 판단에 의지해야 한다.

윤리적인 문제는 스스로의 HIV 감염 상태를 숨긴 채 자신의 성 파트너를 위험에 빠뜨리는 HIV 감염 환자들을 치료사가 치료

(다음 쪽에 계속)

할 때 더욱 복잡해진다. 치료사는 자신의 경고 의무와 환자의 비밀을 지켜야 하는 윤리적 책임 사이의 균형을 맞춰야 한다. 현재로서 심리학자는 치료사가 이 딜레마를 해결하기 위해 따를 수 있는 명확한 전문적 기준이 부족하다(Huprich, Fuller, & Schneider,2003). 심리학자는 주의 법률을 준수해야 하는데, 주의 법률 안에서 그들은 환자의 HIV 상태에 대한 비밀보장에 필요한 요건과 관련해서 실무를 수행하고, 비밀보장 의무를 위반할 수도 있는 몇몇 예외 조항에 대해 알게 된다(Barnett, 2010).

타라소프 판결과 경고 의무를 명령하는 법률의 시행으로 인해 타라소프 규정하에서 자신들의 법적 책임과 환자에 대한 임상적 책임을 충족하고자 노력하는 임상가는 많은 걱정을 하게 되었다. 타라소프 결정이 비록 잠재적 희생자를 보호하기 위한 것임에도 불구하고, 다음의 상황들에서 보는 것처럼, 임상 실무에 적용되었을 때는 본의 아니게 폭력의 위험을 증가시킬 수 있다(Weiner, 2003).

1. 환자가 치료사에게 비밀을 털어놓지 않으려 할 수도 있는데, 이는 치료사가 환자의 폭력에 대한 감지를 둔화시킴으로써 돕는 것을 더욱 어렵게 만든다.
2. 잠재적으로 폭력적인 사람이, 치료사에게 밝힌 비밀이 드러날까 두려워 치료를 받으러 올 가능성이 더 적을 수 있다.
3. 치료사가 법적인 문제를 피하려고 폭력적 경향에 대해 덜 캐물을지도 모른다. 치료사는 환자에게 잠재적 폭력성에 대해 묻는 것을 기피할 수도 있고, 폭력적 성향이 있다고 믿어지는 환자의 치료를 기피할 수도 있다.

타라소프 사건은 캘리포니아에서 일어났으며, 그 판결은 해당 주에만 적용된다. 다른 주에서는 다른 법령을 가지고 있다(Pabian, Welfel, & Beebe, 2009). 언급되었듯, 치료사는 자신이 근무하는 주의 구체적인 경고 의무법을 알고 있어야만 한다. 일부 주에서는 치료사들이 제3자에게 경고해 주기 위해 비밀보장 의무를 위반하는 것은 허락하지만, 치료사에게 그렇게 해야 한다는 의무를 부과하지는 않는다. 그러나 대부분의 주에서는 환자가 구체적인 사람을 위협하고 그 폭력의 위협이 임박했을 때 처럼 어떤 상황에서는 치료사에게 경고 의무(혹은 때로는 보호 의무라고도 불리는 의무)를 부과한다(미국 심리협회, 2012). 그러나 다른 주에서는 환자가 무작위로 사람들을 죽이겠다고 위협했을 때라든가, 목표가 된 사람을 특정하지 않은 채 누군가를 해치겠다고 위협하는 경우처럼, 명백히 식별 가능한 희생자가 없을 때에도 경고 의무가 법적인 의무로 부과된다(미국심리학회, 2011). 서로 다른 주의 법률은 경찰서에 보고서를 제출한다든가 혹은 환자를 병원에 수용함으로써 폭력의 잠재적 행위를 막기 위한 조치를 취한다든가 하는 것처럼, 경고 의무의 필요에 어떻게 부합해야 하는지를 구체화한다.

치료사는 자신이 근무하는 주의 법률을 준수해야 할 의무가 있지만, 그들은 또한 법적 문제가 일어났을 때 환자에 대한 기본적인 치료상의 책임을 놓쳐서는 안 된다. 그들은 경고 의무 조항 아래에서 자신들의 책임을 충족할 의무와 환자가 폭력적인 위협을 불러일으키는 화와 분노의 감정을 해소하도록 도와야 할 필요성 사이에서 균형을 맞추어야만 한다.

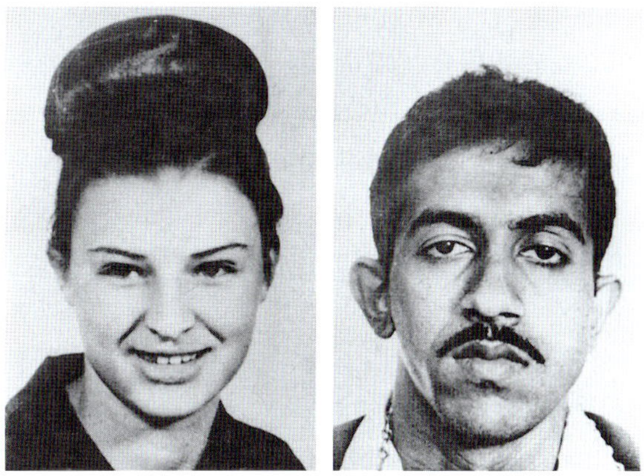

타티아나 타라소프와 포르제닛 포달. 타라소프의 살인범인 포달은 거절당한 구혼자로 대학 건강 센터에서 자신의 치료사에게 그녀에 대한 위협을 했다. 포달은 이어서 고의적 살인 판결을 받았다. 타라소프의 부모가 대학을 상대로 제기한 소송은 치료사들이 자신의 환자에 의해 제기된 제3자에 대한 위협을 그들에게 경고해 줄 의무가 있다고 확정한 이정표적인 법원 판결로 이어졌다.

3월의 추운 날 총격이 울렸을 때, 비밀수사국 요원들은 대통령을 둘러싸고 인간 방패를 형성했다. 한 명은 그를 대기 중인 리무진에 밀어 넣었고, 리무진은 병원으로 달렸다. 대통령은 부상을 입었지만, 다행히 회복했다. 언론 담당 비서관인 제임스 브래디는 유탄에 맞아 척추가 부서졌고 신체 일부분이 마비되었다. 연방 요원들이 잡은 총잡이는 존 힝클리였다.

힝클리가 호텔 방에 남긴 편지 내용 중의 일부를 다음에 복사해 두었는데, 그는 대통령을 암살함으로써 젊은 여배우인 조디 포스터에게 깊은 감명을 남기려는 소원이 있었다. 힝클리는 포스터를 만난 적이 없지만, 그녀에게 완전히 반해 있었다.

힝클리의 재판에서 살상 총탄을 쐈느냐 하는 질문은 아예 없었고, 검사는 합리적인 의혹(reasonable doubt)을 넘어서 힝클리가 자신의 행동을 조절할 수 있고 그 행동이 잘못되었다는 것을 인정할 능력이 있느냐 하는 점을 증명해 보여야 하는 짐을 짊어졌다. 피고 측 변호인은 힝클리를 자신이 대통령을 살해한 결과로 포스터와 '마법의 조합'을 달성할 수 있으리라는 망상에 시달린 부적합한 조현병 환자로 나타내는 증거들을 제시했다. 배심원은 피고측 변호인의 손을 들어 주었고 힝클리를 **정신이상의 사유로 인한 무죄**라고 판결했다. 그는 연방 정신병원 시설인 워싱턴의 성 엘리자베스 병원에 구금되었으며 이후로 줄곧 그곳에 있다.

시간을 2005년으로 가 보자. 연방 판사는 50세였던 당시의 힝클리가 한 번에 3, 4일씩 그의 부모로부터 감독을 받도록 고향 방문을 허용하는 결정을 내렸다. 2009년이 되자 연방법원은 그의 체류기간을 한 번 방문에 9일까지 늘렸고 병원 밖에서 시간을 보낼 기회를 더 주어서 심지어 그는 운전면허까지 따게 되었다. 이 책이 당신의 손에 들려져 있을 무렵이면 아마도 힝클리는 완전히 풀려나 있을지도 모른다. 그의 의사들은 그의 정신병 상태(정신병과 우울증의 결합)가 이제 '완치되었다'고 주장했다.

극악무도한 범죄를 저지르고도 정신이상의 사유로 인해 무죄판결을 받은 힝클리 혹은 다른 사람들이 어느날 완전히 풀려나도록 허가받을 수 있다는 생각은 많은 사람을 불안하게 한다. 그는 정신병원에서 치료받는 대신 감옥에 수감되면 안 되는 거였던가? 사회는 범죄를 저지른 정신이상자를 어떻게 다루어야 할 것인가? 그렇다면 다시, 힝클리가 유죄를 선고받았다면, 그는 이미 석방 혹은 가석방되었을까?

정신이상 사유로 인한 무죄주장(insanity defense)의 사용에 대한 인식은 사실과 한참 다른 경향이 있다. 정신이상 무죄주장이 광범위하게 그리고 자주 성공적으로 사용된다고 믿는 일반적 인식과는 반대로, 실제로는 드물게 사용되며 일반적으로 성공적이지 못하다. 실제, 흉악 범죄의 약 1% 정도에서 적용되며 이런 사건들 중 극히 일부분인 아마 15~25% 정도만이 무죄판결을 얻어 낸다(Lilienfeld & Arkowitz, 2011). 따라서 정신이상 사유로 인한 무죄주장은 드물고, 이로 인한 무죄판결은 훨씬 더 드물다. **진실 / 거짓**

'나' '당신의 마음속을 들여다보아 주세요'

사랑하는 조디에게,

내가 레이건 대통령을 해치려고 시도하다가 분명히 내가 죽을 가능성이 있습니다. 바로 그 이유 때문에 나는 지금 당신에게 이 편지를 쓰고 있습니다.

당신이 이제 충분히 알다시피 나는 당신을 매우 사랑합니다. 지난 7개월 동안 나에 대한 당신의 관심이 생겨나길 바라는 실낱 같은 희망으로 나는 수십 편의 시, 편지 그리고 사랑의 메시지를 당신에게 남겼습니다….

조디, 내가 당신의 마음을 얻고 내 남은 여생을 당신과 함께 살 수 있다면, 완전히 잊혀져 살든 아무튼 뭐가 됐든 그렇게 된다면, 나는 곧 레이건 대통령을 해치겠다는 생각을 단념하겠습니다.

내가 이 시도를 하는 이유는 당신을 감동시키는 것을 더 이상 미룰 수 없기 때문임을 당신에게 고백합니다. 나는 분명히 밝히는데, 내가 이 모든 것을 당신을 위해서 행한다는 것을 당신에게 이해시키기 위해 지금 무언가를 하게 되었습니다!

나의 자유와 그리고 어쩌면 내 목숨을 희생함으로써, 나는 나에 대한 당신의 마음을 바꿀 수 있기를 바랍니다. 나는 힐튼 호텔로 출발하기 겨우 1시간 전에 이 편지를 쓰고 있습니다. 조디, 나는 당신에게 제발 당신의 마음속을 들여다보아 달라고, 그리고 최소한, 이 역사적인 행동으로 인해 당신의 존경과 사랑을 얻을 기회를 나에게 달라고 부탁하고 있습니다.

출처: Linder, 2004, "The John Hinckley Trial."

—1981년 3월 31일에 존 힝클리가
로널드 레이건 대통령에 대한 암살기도 직전
여배우 조디 포스터에게 쓴 편지

진실 또는 거짓

정신이상 사유로 인한 무죄주장은 수많은 재판에서 사용되며, 통상 성공적이다.

거짓 정신이상을 사유로 하는 무죄주장은 흉악 사건 재판에서 거의 사용되지 않으며, 이 방어를 근거로 한 무죄판결은 더욱 드물다.

일반 대중은 또한 정신이상 사유로 무죄판결을 받은 피고들이 정신건강 기관에 구금되지 않고 석방되는 비율을 과대평가하면서도 정신건강 기관에 구금되는 사람들의 수용 기간에 대해서는 과소평가한다(Silver, Cirincione, & Steadman, 1994). 정신이상 사유를 기초로 범죄에 대해서 무죄판결을 받은 사람은 그렇지 않고서 감옥에 수감되었을 경우보다 훨씬 더 오랜 기간 동안 정신병원에 구금된다(Lymburner & Roesch, 1999). 최종 결론은 정신이상 사유로 인한 무죄주장 방어권을 바꾸거나 혹은 폐지한다면 몇몇 명백한 남용의 사례를 막을 수는 있겠지만, 그렇다고 해서 일반 국민들을 더 널리 보호해 주는 것은 아닐 것이다.

힝클리 사건의 후유증

힝클리 평결은 국민들의 격렬한 항의로 이어졌으며, 많은 사람들이 정신이상 사유 무죄주장의 폐지를 요구했다. 반대 주장 중 하나는 일단 피고 측 변호인이 정신이상의 사유를 뒷받침하는 증거를 제출하면, 연방 검사는 **합리적 의혹을 넘어서**(beyond a reasonable doubt) 피고가 제정신이라는 것을 증명할 책임을 지게 된다는 사실에 집중했다. 어떤 사람이 지금 제정신인지 아닌지를 증명해 보이는 것도 정말로 어려울 수 있다. 그렇다면 어떤 사람이 범죄 행위를 저지를 때 제정신이었음을 증명하는 데 따르는 어려움을 상상해 보라.

힝클리 평결의 후유증 속에서 연방 정부와 많은 주에서는 법령을 개정해 입증 책임을 바꾸어서 피고 측 변호인이 정신이상을 증명하도록 했다. 심지어 미국정신의학회도 공식 성명을 내고 피고인이 자신의 행위를 통제할 수 있는지 없는지에 대한 의견을 내놓기 위한 증인으로 정신병 전문가들이 불려 나가서는 안 된다고 말했다. 학회의 견해로 볼 때, 정신과 의사들은 이러한 법정 증언을 제공하도록 하는 의료적 판단에 대한 훈련을 받지 않았다.

힝클리 무죄판결 이후로, 수많은 주에서 새로운 형태의 평결을 채택했는데, 바로 **유죄이지만 정신장애인**(guilty-but-mentally-ill, GBMI) 평결이다. GBMI 평결은 배심원에게 피고가 정신적으로 문제가 있지만 그 정신장애가 그 피고가 저지른 범죄의 원인은 아니라는 판결을 내릴 수 있는 선택권을 준다. GBMI 법령에 의거해서 유죄판결을 받은 사람들은 감옥에 수감되지만 수감 중 치료를 받는다.

GBMI 평결은 상당한 논쟁을 촉발시켰다. 비록 이 평결이 NGRI(정신이상 사유의 무죄, not guilty by reason of insanity) 평결의 수를 줄일 의도였지만 그러지 못했다(Melville & Naimark, 2002; Slovenko, 2009). 결국, GBMI 평결은 그 효용성을 입증하는 데 실패한 사회적 실험으로 널리 인식되고 있다(Palmer & Hazelrigg, 2000). 비판가들은 이 평결이 그저 유죄판결을 받은 피고들에게 또한 정신장애가 있다는 낙인을 씌우는 데 불과하다고 주장한다. 오늘날에는 절반에 못 미치는 주에서 GMBI 평결을 용인한다(Kutys & Esterman, 2009).

정신이상 사유 무죄주장의 법적 근거

비록 힝클리 및 기타 유명했던 정신이상 사유의 평결에 대한 국민들의 분노가 정신이상 사유로 인한 무죄주장에 대한 재검토로 이어졌지만, 사회는 오랫동안 자유에 대한 책임을 판단하는 근거로서 자유의지 원칙을 유지해 왔다. 자유의지 원칙은 범죄의 책임에도 적용되듯, 사람들이 범죄를 저지르는 그 시점에 자신의 행동을 통제하고 있었다고 판단될 경우에만 그 범죄에 대해 유죄라고 여겨질 수 있다고 주문한다. 법원은 합리적인 의혹을 넘어서 어느 피고가 범죄를 저질렀다고 판단만 하는 것이 아니라, 유죄를 판단할 때 그 개인의 심리상태 또한 고려해야만 한다. 따라서 법원은 어떤 범죄가 저질러졌는지 아닌지만 판결하지 않고 그 피고가 도덕적으로 책임이 있는지 그리고 처벌을 받아야 하는지에 대해서도 판결해

정신이상 사유로 인한 무죄. 그는 대통령을 저격했을 때 정신이상이었는가? 존 힝클리는 1981년 로널드 레이건 대통령에 대해 암살을 기도했으나 정신이상 사유로 무죄를 선고받았다. 힝클리 평결에 대한 국민들의 분노는 여러 주에서 정신이상 주장에 대한 재검토로 이어졌다.

야 한다. 정신이상 사유로 인한 무죄주장은 범죄 행위가 손상된 정신 상태에서 유래했고, 자유의지에 의한 것이 아닐 때는 그 개인은 처벌받을 것이 아니라 내재된 정신장애에 대한 치료를 받아야 한다는 믿음을 바탕으로 한다. 정신이상 사유의 무죄주장은 오랜 법률적 역사를 갖고 있다.

근대의 세 가지 주요 판결들이 정신이상 사유의 무죄주장과 관련이 있다. 그 첫 번째 판결이 1834년 오하이오 사건이었는데, 이 사건에서는 사람들이 저항이 불가능한 충동 때문에 범죄 행위를 저지르도록 강제되었다면 그 사람들은 책임이 없다고 판결하였다.

정신이상 사유에 의한 무죄주장의 두 번째 주요 법적 시험은 맥노튼(M'Naghten) 규칙이라 불리는 1843년 영국에서 있었던 Daniel M'Naghten이라는 스코틀랜드인의 사건에 기초를 두는데, 그는 영국의 수상 Robert Peel 경을 암살하려고 하였다. 대신, 그는 Peel이라고 착각한 Peel의 비서를 살해했다. M'Naghten은 하느님의 음성이 그에게 Peel을 죽이라 명령하셨다고 주장했다. 영국 법정은 M'Naghten이 "마음의 질병으로부터 그가 하고 있는 행동의 본질 그리고 특성(quality)도 모를 정도로 혹은 그가 알았다 해도 그가 잘못된 것을 하고 있다는 것을 모를 정도로, 이성이 결여된 상태로 고생해" 왔다고 밝히면서 정신이상을 근거로 무죄판결했다. 맥노튼 규칙은 사람들이 정신장애 혹은 정신 결함으로 인해서 그들이 자신들의 행동에 대한 지식이 전혀 없거나 혹은 옳고 그른 것을 분간할 수 없다면 범죄의 책임을 지지 않는다고 여긴다.

현대의 정신이상으로 인한 무죄주장에 대한 토대를 놓는 데 기여한 세 번째 주요 사건은 1954년의 Durham 대 미합중국 사건이었다. 이 사건의 평결은 "피소된[사람]은 그의 불법적 행위가 만약 정신장애 혹은 정신적 결함의 결과라면 범죄의 책임을 질 수 없다.'는 것이었다. Durham 규칙하에서, 배심원들은 피고가 정신장애 혹은 결함을 앓고 있는지의 여부뿐만 아니라 그의 정신 상태가 그 범죄 행위와 인과관계로 연결되어 있는지의 여부 또한 판단해야 한다. 미 항소법원은 범죄 의도가 범죄 책임의 전제 조건임을 인정했다.

> 서구 세계의 법적 그리고 도덕적 전통은, 그들 자신의 자유의지 그리고 악의적 의도로… 법을 위반하는 행위를 저지른 사람은, 그러한 행위에 대한 범죄의 책임을 져야 할 것이다. 우리의 전통은 또한 그러한 행위들이 정신질환 혹은 장애에서 비롯되거나 혹은 그 결과물인 경우… 도덕적으로 비난해서는 안 되고, 따라서 범죄의 책임을 물을 수 없음을 주문한다.

Durham 규칙의 목적은 시대에 뒤떨어진 이전의 법적 정신이상의 두 가지 기준, 즉 저항할 수 없는 충동(irresistible impulse) 규칙과 옳고-그름(right-wrong) 원칙을 배격하기 위한 것이었다. 법원은 정신질환이란 옳고 그름을 인지하는 능력보다 더 넓은 개념이기 때문에 옳고 그름 검증은 시대에 뒤떨어진 것이라고 주장했다. 정신이상 사유의 법적 근거는 이렇듯 논리적 사고력의 결핍처럼, 정신장애의 어느 한 가지 특징으로만 판단되어서는 안 될 것이다. 법원이 저항할 수 없는 충동 검증을 부정한 이유는 법원이 어떤 특정한 경우에서 '정신질환 혹은 장애'로부터 발생하는 범죄 행위가 급작스럽고, 저항할 수 없는 충동과 같은 방식이 아닌 냉정하고 계산된 방식으로 일어날 수 있음을 인정했기 때문이다. 피고는 그들이 범죄 행위를 저지르고 있었던 것이지, 저항할 수 없는 충동에 의해 그렇게 하도록 내몰린 것이 아님을 어쩌면 알고 있었을 것이다(Sokolove, 2003).

15.6 미국 법률협회(ALI)에서 정신이상 사유 무죄주장의 법률적 기준을 결정하기 위해 제안한 지침을 기술한다.

그러나 Durham 규칙은 정신질환(mental disease) 혹은 정신적 결함(mental defect)과 같은 용어의 정확한 정의가 결여되는 등의 여러 이유로 인해서 적용이 불가능하다고 판명되었다. 법원은 혼란스러워했는데, 예를 들면 인격장애(예: 반사회적 인격장애)가 '질환'이냐 아니냐 하는 것 등이다. 또한, 배심원들은 개인의 '정신질환'이 범죄 행위에 인과관계로 연결되어 있는지에 대한 결론을 이끌어 내는 것이 어렵다는 사실을 깨달았다. 명백하고 정확한 용어의 정의 없이는, 배심원들은 전문 정신과 의사의 증언에 의존하게 된다. 수많은 경우에서 평결은 단순히 전문가 증인의 증언을 반복하는 수준에 불과했다.

1972년에 이르러 Durham 규칙은 많은 사법관할 구역에서 정신이상 사유의 법적 바탕을 정의한 미국 법률 협회(ALI)에서 제정한 법률 지침서로 대체되었다(Van Susteren, 2002). 본질적으로 맥노튼 규칙과 저항할 수 없는 충동 원칙을 결합한 이 지침서는 다음의 조항을 포함한다(미국 법률 협회, 1962).

1. 정신질환 혹은 장애의 결과로서 범죄 행위가 발생했을 때, 만약 그 사람이 자신의 행동의 범죄성(불법성)을 제대로 인식할 혹은 그의 행동을 법적 필요사항에 맞출 근본적인 능력(capacity)이 결여되었다면 그러한 행동에 대해 그 사람에게 책임을 물을 수 없다.
2. … '정신질환 혹은 정신적 결함'이라는 용어에 반복적 범죄 행위 혹은 여타의 반사회적 행위만으로 드러나는 비정상(abnormality)은 포함하지 않는다.

첫 번째 지침은 정신이상 사유의 맥노튼(M'Naghten) 검증(옳고 그름을 제대로 인식하지 못하는 것)과 저항할 수 없는 충동 검증(자신의 행동을 법적 필요사항에 맞추지 못하는 것)의 측면을 포함한다. 두 번째 지침은 반복적인 범죄 행위(약물 거래와 같은 유형)는 그 사람을 범죄의 책임에서 구제해 줄 수 있을 정신질환 혹은 정신장애로 확립되기에는 그 자체로서 충분치 않다고 주장한다. 비록 많은 법률 전문가들이 미국 법률 협회의 지침이 이전의 검증보다 한결 발전했다고 믿지만, 평범한 시민으로 구성된 배심원이 피고의 정신 상태에 대해서 심지어는 전문가의 증언을 바탕으로, 특히 전문가들이 서로 의견이 분분한 사건에서 복잡한 판단을 내릴 수 있을지에 대한 의문은 여전히 남는다(Sadoff, 2011). 미국 법률 협회의 지침하에서, 배심원들은 피고인이 자신의 행위가 법에 맞는지를 인식하는 혹은 법에 맞출 수 있는 **근본적인 능력**(substantial capacity)이 결여되어 있는지 아닌지를 판단해야만 한다. 법적 검증에 근본적인 능력이라는 용어를 더함으로써, 미국 법률협회(ALI) 지침은 피고는 정신이상의 사유에 의한 무죄라고 하는 법적 검증을 충족하고자 자신들의 행동을 완전히 통제할 수 없게 되지 않아도 된다는 것을 암시하면서, 정신이상 사유의 무죄 주장의 법적 기준을 확대한다.

미국의 사법 체계하에서 배심원들은 그저 범죄 행위뿐만 아니라 범죄의 책임성을 판단하는 복잡한 문제를 고심해서 다루어야만 한다. 그러나 정신이상의 사유에 의해 성공적으로 무죄판결을 받는 사람에 대해서는 어떠한가? 그들은 자신이 형벌 기관에 투옥되었다면 틀림없이 정신치료 기간에 구금되었을 것처럼, 정해진 선고기간 동안 정신치료 기관에 구금되어야 할까? 아니면, 그들의 구금 기간이 정해지지 않은 것이어서 그들의 방면이 그들의 정신 상태에 달려 있어야 할까? 이러한 질문에 대한 법적 바탕은 Michael Jones라는 이름의 남자의 사건에서 정해졌다.

형사적 감금 기간 결정하기

15.7 형사적 감금의 기간을 결정하는 법적 근거를 기술한다.

감금 기간이 정해진 것과 정해지지 않은 것에 대한 논점은 Michael Jones(Jones 대 미합중국)의 사건에서 다루어졌는데, Jones는 1975년 워싱턴 D.C.의 백화점에서 재킷을 훔치려다가 체포되어 좀도둑질로 기소되었다. Jones는 처음에는 공립 정신병원인 성 엘리자베스 병원(이 글을 쓰는 현재 존 힝클리가 감금되어 있는 바로 그 병원)에 구금되었다. Jones는 망상성 조현병을 앓는 것으로 진단되었고, 약 6개월 후 그가 재판을 받을 수 있다고 판단될 때까지 병원에 수용되었다. Jones는 정신 사유로 인한 무죄를 주장하는 항변서를 제출했고 법원은 이의제기 없이 이를 받아들여 성 엘리자베스 병원에 구금시켰다. Jones는 그 범죄로 인해 1년형을 받았지만, 정작 석방에 대한 Jones의 반복적인 시도는 차후의 법원 심리에서 계속 거부되었다.

미 대법원은 결국 Jones가 병원에 구금되고 7년이 지나서야 항소심을 열었고 1983년에 결정을 하였다. 그러나 대법원은 Jones의 항소에 반하는 판결을 내렸고 그가 병원에 있어야 한다는 하급 법원의 판결을 지지하였다. 대법원은 그렇게 함으로써, 정신이상의 사유로 무죄판결을 받은 사람들은 치료감호(civilly committed)되는 사람들과는 '다른 처우를 받아야 하는 특별한 부류에 해당한다'는 원칙을 확립했다(Morris, 2002). 그들은 치료감호의 경우에서 보통으로 적용되는 것보다는 덜 엄중한 수준의 위험성 입증 기준하에서 정해진 기간 없이 정신병원에 구금될 것이다. 이렇듯 정신이상 사유로 무죄판결을 받은 사람은 자신이 유죄로 판결되었더라면 선고받았을 징역형보다 더 오랫동안 정신병원에 갇히게 될 수도 있다. 진실 / 거짓

진실 또는 거짓

정신이상 사유로 인해 무죄로 판명된 사람들은 그들이 만약에 유죄로 판명되었더라면 감옥에 수감되었을 기간보다 여러 해 더 긴 기간 동안 정신병원에 감금될 수도 있다.

진실 정신이상 사유로 무죄판결을 받은 사람들은 감옥에 갔더라면 갇혀 있을 기간보다 더 오랫동안 정신병원에 감금될 수 있다.

다른 무엇보다도 Jones 대 미합중국 사건에서의 대법원 판결에 따르면 특정한 범죄에 대해서 법률이 제공하는 일상적이고 관례적인 선고는 형사적 감금과는 관계가

없다. 대법원의 말을 인용하면,

> 정신이상의 사유로 무죄판결을 받은 사람을 구금하는 것의 기저를 이루는 다른 고려사항… 그는 유죄판결을 받지 않았으므로 처벌받지 않아야 할 것이다. 그를 감금하는 여부는 계속되는 그의 질환 그리고 위험성에 달려 있다. 범행의 심각성과 회복에 필요한 기간의 길이 사이에는 필요한 상관관계가 없다.

대법원 판결은 형사적으로 감금된 사람이 "제정신을 회복하거나 혹은 더 이상 사회에 위험하지 않은 상태가 될 때까지 정신병원 기간에" 구금되어야 한다고 본다. Michael Jones의 경우에서처럼 정신이상 사유로 무죄판결을 받은 사람은 자신이 징역형을 선고받았을 때보다 훨씬 더 오랜 기간 구금될 수 있다. 만약 그들의 '정신 상태'가 개선된다면 그들은 또한 감옥에 투옥되었을 때보다 빠르게 석방될 수도 있다. 그러나 빠른 석방에 대한 국민들의 분노로 인해, 특히 주요 사건인 경우 조기 석방이 어려울 수도 있다.

형사적 감금의 기간이 정해져 있지 않다는 것은 여러 가지 질문을 불러일으킨다. Michael Jones 같은 사람처럼 상대적으로 경미한, 좀도둑질 같은 범죄에 대해서 정해진 기간 없이 혹은 죽을 때까지 자유를 부정하는 것이 합리적일까? 다른 한편으로, 극악무도한 범죄를 저지른 사람이 정신이상의 사유로 무죄판결을 받고 그다음엔 전문가에 의해서 사회에 복귀해도 좋겠다고 간주되면 그들을 조기에 풀어 주는 것은 공정한가?

Jones 대 미합중국 사건에 대한 대법원의 판결은 우리에게 형사적 감금 선고(sentence of commitment)와 법률적 선고(legal sentence)의 개념을 분리해야 한다고 암시하는 듯 하다. 법률적 선고는 처벌이 범죄에 맞아야 한다는 원칙에 기초한다. 즉 범죄가 중할수록 처벌의 기간도 길다. 그러나 형사적 감금(criminal commitment)에서는 정신이상의 사유로 무죄판결을 받은 사람은 법의 시각으로 봐서는 죄가 없으며, 그들의 구금되는 기간은 그들의 정신 상태에 따라 결정된다.

정신이상 사유의 무죄에 대한 관점

정신이상 방어는 배심원들에게 특별한 부담을 준다. 범죄의 책임성에 접근할 때, 배심원단은 피고가 범죄를 저질렀느냐 하는 것뿐만 아니라 그 시점의 피고의 정신 상태까지 판단해야만 한다. Durham 결정을 거부하면서 법원은 정신과 의사와 다른 전문가 증인들에게 그들이 피고인의 행위가 **정신질환** 혹은 **정신적 결함**의 산물인지를 판단해야 하는 책임에서 벗어나게 해주었다. 그러나 배심원이 정신건강 전문가들보다 피고의 정신 상태를 더 잘 평가할 수 있다고 추정하는 것이 합리적일까? 특히, 배심원은 서로 상충되는 전문가 증인의 증언을 평가할 수 있는가? 배심원단의 책무는 피고인이 **범죄를 저지르던 바로 그 시점**에 정신적으로 무력화된 상태였는지를 결정하는 권한까지 더해지면서 더욱 힘들어졌다. 법정에서의 피고가 보이는 행동은 범죄를 저지르는 동안의 그/그녀의 행동과는 거의 닮지 않았을 것이다.

정신적인 문제의 존재를 부정하는 Thomas Szasz와 기타 사람들은 정신이상 사유의 무죄에 대해 또 하나의 이의를 제기했다. 정신적인 문제가 존재하지 않는다면, 정신이상 방어는 그 근거가 없게 된다. Szasz는 정신이상 방어가 사람들에게서 자신들의 행동에 대한 책임성을 벗겨 내기 때문에 궁극적으로 모멸적이라고 주장한다. Szasz는 법을 위반한 사람은 범죄자이므로, 기소되어 합당한 선고를 받아야 한다고 주장한다. 정신이상의 이유로 피고를 무죄판결하는 것은 피고인을 인간이 아닌 것으로 취급하고, 그들을 인간의 특질인 자유 선택, 자기결정 그리고 개인의 책임 같은 기본적인 것을 지니지 못한 불행한 존재로 취급하는 것이다. Szasz는 우리가 저마다 우리의 행위에 대한 책임과 잘못에 대한 책임을 져야 한다고 주장한다.

Szasz는 무죄주장 방어가 역사적으로 특히 잔인무도하거나 혹은 사회 고위층을 대상으로 저질러졌을 때 적용되어 왔다고 주장한다. 사회적으로 낮은 계층의 사람이 더 높은 지위의 사람을 대상으로 범죄를 저지를 때, Szasz는 정신이상 사유의 무죄주장은 그 범죄의 동기가 되었을지 모를 사회적 병폐에 대한 관심에 주의를 기울이지 못하도록 한다고 주장한다. Szasz의 견해에도 불구하고, 정신이상 방어는 덜 충격적인 수많은 범죄 혹은 비슷한 계층의 사람들에 관련된 사례에서도 적용된다.

그렇다면, 어떻게 정신이상 사유의 무죄주장을 평가할 것인가? 이 방어권을 폐지하는 것은 정신장애 혹은 결함으로 인해 스스로를 통제하는 능력이 손상되었을 때 저지른 범죄 행위에 대해서는 그 사람에게 책임이 없다고 여기는 수백 년간의 법적 전통을 뒤집는 것이 될 것이다.

한 예를 가정해 보자. 시민 존은 범죄를 저지르는데,

살인과 같은 극악무도한 범죄라고 치자. 그는 희생자가 그를 암살하려고 했다는 망상에 사로잡혀 이런 짓을 저질렀다고 가정해 보자. 피고는 텔레비전에서 흘러나온 목소리가 자신에게 암살을 준비 중인 사람의 정체를 알려 주고 자신에게 그 자신과 다른 잠재적 희생자들을 지키기 위해 그를 죽이도록 명령했다고 주장한다. 이와 비슷한 사건은 다행히 드물다. 정신장애를 가진 극소수의 사람들, 나아가 정신병의 특징을 지닌 극소수의 사람들이, 폭력 범죄를 저지르는데, 살인을 저지르는 사람은 더 극소수다.

정신이상을 사유로 한 무죄주장에 대한 판결에 도달하면서, 배심원들은 그 법이 시민 존과 같은 사건에는 특별한 표준을 적용해야 할 것인지 아닌지 혹은 범죄 책임성에 대한 하나의 표준이 모두에 적용되어야 할지 어떨지를 살펴보아야만 한다. 법률 입안자들이 몇몇 사건에서 정신이상 방어의 적법성을 내세운다면, 그들은 일반 시민들로 구성된 배심원단이 해석하고 적용할 수 있도록 해줄 정신이상 방어의 기준을 여전히 필요로 한다. 힝클리 평결에 대한 격렬한 분노는 정신이상 사유의 무죄주장과 관련한 논점이 여전히 정립되지 않았으며 앞으로도 오랫동안 계속 그러리라는 사실을 암시한다.

재판받을 능력

15.8 재판받을 능력을 판단하는 법적 근거를 기술한다.

법률의 기본 규칙은 범죄로 기소된 사람이 자신에게 제기된 기소의 내용과 진행 절차를 반드시 이해할 수 있어야 하고 스스로를 위한 변호에 동참할 수 있어야 한다는 것이다. **재판받을 능력**(competency to stand trial)이란 개념은 정신이상 사유의 무죄주장과 혼동되어서는 안 된다. 피고는 재판을 받을 수 있을 정도로 적합하다고 여겨지지만 그럼에도 범죄에 대해서는 정신이상의 사유로 무죄판결을 받을 수 있다. 예를 들어, 명백하게 망상에 사로잡힌 사람이 재판의 진행 과정을 이해하고 변호사와 상의도 할 수 있지만 그럼에도 정신이상의 사유로 무죄판결을 받을 수도 있다. 다른 한편으로, 어떤 사람은 특정 시점에는 재판을 받을 수 없는 상태이지만 나중에 능력(competency)이 회복되었을 때 재판을 받을 수도 있다(Zapf & Roesch, 2011). 실직 중인 그리고 정신병원에 입원했던 이력이 있는, 정신장애를 앓는 피고는 이런 특징이 없는 피고보다 더 재판을 받기에 부적합하다고 판단될 가능성이 높다(Pirelli, Gottdiener, & Zapf, 2011). 진실 / 거짓

진실 또는 거짓

피고가 재판을 받기에 적합하다고 여겨지는데도, 범죄에 대해서는 정신이상의 사유로 무죄판결을 받을 수 있다.

진실 그렇다. 피고는 재판을 받기에 적합하다고 여겨지고 나서 그다음 정신이상의 사유로 무죄판결을 받을 수 있다.

사람들은 정신이상 사유로 인한 무죄 평결이라는 사유보다는 재판을 받을 수 있을 정도의 정신적 적합성이 결여되어 있다는 사유로 정신병원 시설에 구금될 가능성이 훨씬 더 높다(Roesch, Zapf, & Hart, 2010). 재판을 받기에 부적합하다고 선언된 사람들은 일반적으로 그들이 재판에 적합하다고 여겨질 때까지 혹은 적합성을 회복할 가망이 없다고 판단될 때까지 정신병원 시설에 구금된다. 그러나 남용이 일어날 수 있는데, 피고가 재판을 기다리면서 무한정 감금될 때 그렇다. 1972년, 미 대법원은 Jackson 대 인디애나 주의 사건에서 치료를 통해서 피고의 적합성을 회복할 수 있을지 없을지를 판단하는데 소요될 기간보다 더 오랫동안 피고를 정신병원에 구금할 수 없다고 판결했다. Jackson의 사건에서는 정신병 검사관들은 반드시 피고가 예측 가능한 미래의 어느 시점 전에 치료를 통해서 적합성을 되찾을 상당한 가능성이 존재하는지를 판단해야만 한다(Hubbard, Zapf, & Ronan,

재판을 받기에 적합하지 못함. 플로리다의 올란도에서 한 차례의 일급살인과 다섯 차례의 살인미수 혐의로 기소된 Jason Rodrigues, 사진은 적합성 심리 도중 그의 국선 변호인과 상담하는 장면 촬영. Rodrigues가 현재로서는 재판을 받기에 적합하지 않다고 증언한 세 명의 정신과 의사와 심리학자의 증언을 들은 후, 판사는 그를 치료 목적의 주립 정신병원에 입소하도록 명령했다.

2003). 만약, 치료를 통해서도 그 사람이 적합해질 수 없으면, 그 사람은 풀려나거나 치료감호를 향한 절차로 구금된다. 그러나 Jackson 사건의 기준을 준수하는 것은 몇몇 주에서 피고가 영구히 적합성을 상실했다고 여겨지는 것을 인정하기까지 최소한의 치료 기간(예: 5년)을 두는 경우처럼 일관성이 없다(Morris, 2002).

1992년 미 대법원의 Medina 대 Califonia 사건 판결은 재판을 받을 수 있을 정도의 적합성에 대한 입증 책임은 주가 아니라 피고에게 있다고 여겼다. 그다음에 2003년에 미 대법원은 Sell 대 미합중국 사건에서 정신적으로 문제가 있는 피고인이 최소한 어떤 제한된 환경에서라도 재판을 받을 수 있도록 만들기 위해서 강제적으로 약을 투약할 수 있다고 여겼다(Bassman, 2005). 이 결정은 만약에 의학적으로 적절하고 재판의 공정성을 위태롭게 하는 부작용을 유발하지 않는다고 간주되면 피고에게 비자발적인 약물 투여를 허용한다는 것이었다(Heilbrun & Kramer, 2005). Sell 결정의 효과는 아마도 정신적으로 재판에 부적합하다는 이유로 재판이 연기되었던 수많은 피고들을 재판에 세우는 것이 될 것이다.

우리는 이상행동이 우리 중 고작 일부에게만 영향을 준다고 생각하는 대중적인 인식에도 불구하고, 실제로는 이상행동이 이런저런 방식으로 우리 모두에게 영향을 준다는 사실을 주목하며 이 책을 열었다. 이제 우리는 만약 우리가 이상행동의 원인, 치료 그리고 방지책에 대한 연구를 발전시키도록 다같이 노력한다면, 아마도 우리는 이상행동이 우리 사회에 전체적으로 드리우고 있는 다면적인 도전을 잘 처리해 나갈 수 있을 것이라 제안하면서 끝맺고자 한다.

15 요약

치료감호와 환자의 권리

15.1 치료감호(민사적 감금)와 형사적 감금의 차이를 설명한다.

사람들이 정신병 치료시설에 자신들의 의지에 반해서 놓여지는 법적 절차를 치료감호(civil commitment) 혹은 정신병감호(psychiatric commitment)라고 한다. 치료감호란 정신장애를 앓으면서 자신과 타인에게 위협을 드리운다고 간주되는 사람들에게 치료를 제공하는 것을 목적으로 한다. 이와 대조적으로, 형사적 감금은 정신이상의 사유로 인해 무죄 판결을 받은 사람을 정신병원 시설에서 치료하기 위해 수용하는 것과 관련이 있다. 자발적인 병원 입원인 경우, 사람들은 정신병원 시설에서 자발적으로 치료를 구하고 법원이 달리 판결하지 않으면 자진해서 떠날 수도 있다.

15.2 위험성을 예측하는 정신건강 전문가의 능력을 평가한다.

사람들이 비자발적으로 정신병원 시설에 수용되려면 위험하다는 판단이 필수임에도 불구하고, 정신건강 전문가들은 위험성을 예측하는 특별한 능력을 보여 주지 못한다. 위험성 예측의 실패를 설명하는 요소로는 다음과 같은 것들이 있는데, (a) 이미 일이 벌어지고 난 후에(사후에) 폭력 성향을 인식하는 것이 예측하는 것보다 더 쉽다. (b) 폭력 성향의 일반화된 개념은 구체적인 폭력 행위를 예측하지 못할 것이다. (c) 폭력성 혹은 위험성의 정의에 대한 합의가 부족하다. (d) 기저율 문제로 인해서 발생 확률이 드문 사건을 예측하는 것이 힘들다. (e) 잠재적 폭력 행위자들이 직접적으로 그들의 폭력 의도를 드러낼 것 같지 않다. (f) 병원에서의 행동을 기반으로 한 예측은 공동체 상황으로 일반화될 수 없다.

15.3 정신병 환자의 권리를 확립하는 법원의 주요 판례를 알아본다.

Wyatt 대 Stickney 사건에서 앨라배마 법원은 치료의 최소 기준을 부과했다. O'Connor 대 Donaldson의 사건에서 미 대법원은 위험하지 않은 정신질환자들은 그들이 만약 공동체에서 안전하게 삶을 영위할 수 있다면 자신의 의지에 반해서 정신병원 시설에 구금될 수 없다고 판결했다. Youngberg 대 Romeo 사건에서 대법원은 비자발적으로 구금된 환자들은 덜 제한적인 형태의 치료를 받을 권리와 그들이 잘 지낼 수 있도록 돕는 훈련을 받을 권리가 있다고 판결했다. 매사추세츠에서 있었던 Rogers 대 Okin의 사건과 같은 법원 판결은 환자들은 비상 상황을 제외하고는 약물을 거부할 권리가 있다고 확립했다.

15.4 치료사의 경고 의무를 정의하고 이것이 치료사에게 드리우는 딜레마를 평가한다.

환자가 치료사에게 누설하는 정도가 일반적으로 비밀보장권을 수반하지만, 타라소프 판결은 치료사들이 자신들의 환자가 제3자에 대해서 제기한 위협을 제3자에게 경고해 줄 의무가 있다고 여겼다. 이 판결은 치료사들이 미래의 위험성을 예측할 아무런 특별한 능력을 가지고 있지 않음에도 불구하고 자신들의 환자가 다른 사람들에 대해서 악의적 의도를 갖고 있고, 그리고 그 의도를 실행에 옮길 것 같다는 판단에 따라서 비밀유지의무를 깨야 할 지 말아야 할 지를 판단해야 하는 윤리적이고 실무적인 딜레마를 드리운다.

정신이상 사유로 인한 무죄주장 방어

15.5 정신이상 사유의 무죄주장의 역사를 구체적인 판례를 인용하면서 기술한다.

세 건의 판결들이 정신이상 방어에 대한 법적 선례를 확립했다. 1834년에 오하이오 법원은 정신이상 방어의 기준으로 저항할 수 없는 충동 원칙을 적용했다. 1843년 영국 사건을 바탕으로 한 맥노튼(M'Naghten) 규칙은 자신의 행동의 잘못(wrongfulness)을 분간하지 못하는 것을 법적인 정신이상 방어의 기준으로 다뤘다. Durham 규칙은 1964년 미국의 사건에 바탕을 두고 있는데, 이 판결에서 범죄자의 행동이 '정신질환 혹은 정신적 결함'의 결과라면 그 사람에게 법적 책임을 물을 수 없다고 여겼다.

15.6 미국 법률 협회(ALI)에서 정신이상 사유 무죄주장의 법률적 기준을 결정하기 위해 제안한 지침을 기술한다.

이들 지침은 미국 법률 협회에서 옳고 그름의 차이를 알아내지 못하는 맥나탄 규칙과 정신질환 혹은 결함으로 인해서 법률적 요건에 맞게 행동할 수 없는 저항할 수 없는 충동의 원칙을 결합해서 개발한 일련의 기준들이다.

15.7 형사적 감금의 기간을 결정하는 법적 근거를 기술한다.

형사적 감금의 기간을 결정하는 법적 근거는 형사적으로 감금된 사람들은 정해지지 않은 기간 동안 병원에 수용될 것이며, 나중에 석방되는 것은 그들의 정신 상태에 대한 판단에 달렸다고 본다.

15.8 재판받을 능력을 판단하는 법적 근거를 기술한다.

범죄로 기소되었지만 자신들에게 적용된 기소 내용을 이해하지 못하거나 혹은 스스로를 변호하는 데 도움이 되지 못하는 사람들은 재판을 받을 만큼 적합하지 않다고 판결될 수 있고 정신병원 시설에 구금될 수 있다. Jackson 대 인디애나 주의 사건에서 미대법원은 재판을 받기에 부적합하다고 판결받은 사람이 정신병원 시설에 구금될 수 있는 시간의 길이에 대한 제한을 두었다.

비판적 사고 질문

이번 장에서 배운 것을 기초로 다음의 질문에 답해 보라.

- 당신은 혼자 중얼중얼대고, 판지 상자에서 살면서 도심의 거리를 방황하는 정신병 환자들이 자신들의 의사에 반해서 병원에 수용되어야 한다고 생각하는가? 왜 혹은 아니라면 왜?
- 만약에 당신이 어떤 사람이 그 혹은 그녀 자신에게 혹은 남들에게 위험한 상태인지 평가해 달라는 요청을 받는다면, 당신은 어떤 기준을 판단의 근거로 삼을 것인가? 판단을 하려면 당신은 어떤 증거를 필요로 하는가?
- 당신은 치료사의 환자가 남들에 대한 위협을 하면 비밀보장 의무를 위반해야 할 의무가 있다고 믿는가? 왜 혹은 아니라면 왜? 경고 의무에 대해서 치료사는 어떤 염려를 제기했는가? 당신은 그들의 염려가 정당하다고 믿는가?
- 당신은 정신이상 사유로 인한 무죄주장 평결이 폐지되어야 한다고 믿는가 아니면 다른 유형의 평결, 유죄—그러나 정신적으로 장애가 있는—평결 같은 것으로 대체되어야 한다고 믿는가? 왜 혹은 아니라면 왜?

핵심 용어

경고 의무(duty to warn)
재판받을 능력(competency to stand trial)
정신이상을 사유로 한 무죄주장(insanity defense)
치료감호(civil commitment)
형사적 감금(criminal commitment)

참고 문헌

A

A children's mental illness "crisis": Report: 1 in 10 children suffers enough to impair development. (2001, January 3). *MSNBC.com*. Retrieved from http://www.msnbc.com/news/510934.asp

A step toward controlling Huntington's disease? Potential new way of blocking activity of gene that causes HD. (2011, June 23). *ScienceDaily*. Retrieved from http://www.sciencedaily.com

Abbey, A., Zawackia, T., Bucka, O., Clinton, A. M., & McAuslan, P. (2004). Sexual assault and alcohol consumption: What do we know about their relationship and what types of research are still needed? *Aggression and Violent Behavior, 9,* 271–303. doi:10.1016/S1359-1789(03) 00011-9

Abela, J. R. Z., Stolow, D., Mineka, S., Yao, S., Zhu, X. Z., & Hankin, B. L. (2011). Cognitive vulnerability to depressive symptoms in adolescents in urban and rural Hunan, China: A multiwave longitudinal study. *Journal of Abnormal Psychology, 120,* 765–778. doi:10.1037/a0025295escents

Abraham, K. (1948). The first pregenital stage of the libido. In D. Bryan & A. Strachey (Eds.), *Selected papers of Karl Abraham, M.D.* London: The Hogarth Press. (Original work published 1916.)

Abramowitz, J. S. (2008). Cognitive-behavioral therapy for OCD. *Clinical Psychology Review, 21,* 683–703.

Abramowitz, J. S., & Braddock, A. E. (2008). *Psychological treatment of health anxiety and hypochondriasis: A biopsychosocial approach.* Toronto, CA: Hogrefe & Huber.

Abramowitz, J. S., & Braddock, A. E. (2011). *Hypochondriasis and health anxiety. Advances in psychotherapy—evidence-based practice.* Cambridge, MA: Hogrefe Publishing.

Abramowitz, J. S., Olatunji, B. O., & Deacon, B. J. (2008). Health anxiety, hypochondriasis, and the anxiety disorders. *Behavior Therapy, 38,* 86–94. doi:10.1016/ j.beth.2006.05.001

Abramson, L. T., Seligman, M. E. P., & Teasdale, J. D. (1978). Learned helplessness in humans: Critique and reformulation. *Journal of Abnormal Psychology, 87,* 49–74.

Achenbach, T. M., & Dumenci, L. (2001). Levent advances in empirically based assessment: Revised cross-informant syndromes and new DSM-oriented scales for the CBCL, YSR, and TRF: Comment on Lengua, Sadowski, Friedrich, and Fisher (2001). *Journal of Consulting and Clinical Psychology,* 69, 699–702. doi:10.1037/0022-006X.69.4.699

Adam, M. B., McGuire, J. K., Walsh, M., Basta, J., & LeCroy, C. (2005). Acculturation as a predictor of the onset of sexual intercourse among Hispanic and white teens. *Archives of Pediatrics & Adolescent Medicine, 159,* 261–265.

Addington, J., Piskulic, D., & Marshall, C. (2010). Psychosocial treatments for schizophrenia. *Current Directions in Psychological Science, 19,* 260–263. doi:10.1177/0963721410377743

Addis, M. E. (2008). Gender and depression in men. *Clinical Psychology: Science and Practice, 15,* 153–168. doi:10.1111/j.1468-2850.2008.00125.x

Addolorato, G., Leggio, L., Abenavoli, L., Gasbarrini, G., & on behalf of the Alcoholism Treatment Study Group. (2005). Neurobiochemical and clinical aspects of craving in alcohol addiction: A review. *Addictive Behaviors, 30,* 1209–1224. doi:10.1016/j.addbeh.2004.12.011

Adelson, R. (2006, January). Cultural factors in alcohol abuse. *Monitor on Psychology, 37*(1), 32.

Adler, J. (2004, March 8). The war on strokes. *Newsweek,* 42–48.

Adriano, F., Spoletini, I., Caltagirone, C., & Spalletta, G. (2010). Updated meta-analyses reveal thalamus volume reduction in patients with first-episode and chronic schizophrenia. *Schizophrenia Research, 123,* 1–14.

Afifi, T. O., Asmundson, G. J. G., Taylor, S., & Jang, K. L. (2010). The role of genes and environment on trauma exposure and posttraumatic stress disorder symptoms: A review of twin studies. *Clinical Psychology Review,* 30, 101–112. doi:10.1016/j.cpr.2009.10.002

Afifi, T. O., Mota, N. P., Dasiewicz, P., MacMillan, H. L., & Sareen, J. (2012). Physical punishment and mental disorders: Results from a nationally representative US sample. *Pediatrics,* published online ahead of print July 2, 2012, doi:10.1542/peds.2011-2947 doi: 10.1542/peds.2011-2947

Agren, T., Engman, J, Frick, A., Björkstrand, J., Larsson, E.-M., Furmark, T., & Fredrikson, M. (2012). Disruption of reconsolidation erases a fear memory trace in the human amygdala. *Science, 337,* 1550. doi:http://dx.doi.org/10.1126/science.1223006

Aguilera, A., & Muñoz, R. F. (2011). Text messaging as an adjunct to CBT in low-income populations: A usability and feasibility pilot study. *Professional Psychology: Research and Practice, 42,* 472–478. doi: 10.1037/a0025499

Ainsworth, M. D. S. (1989). Attachments beyond infancy. *American Psychologist, 44,* 709–716.

Akhtar, S. (1988). Four culture-bound psychiatric syndromes in India. *The International Journal of Social Psychiatry, 34,* 70–74.

Akiskal, H. S., & Benazzi, F. (2006). The *DSM-IV* and *ICD-10* categories of recurrent [major] depressive and bipolar II disorders: Evidence that they lie on a dimensional spectrum. *Journal of Affective Disorders, 92,* 45–54.

Alarcón, R. D., Becker, A. E., Lewis-Fernández, R., Like, R. C., Desai, P., Foulks, E., et al. (2009). Issues for *DSM-V*: The role of culture in psychiatric diagnosis. *The Journal of Nervous and Mental Disease, 197,* 559–660. doi:10.1097/NMD.0b013e3181b0cbff

Albarracín, D., Durantini, M. R., & Ear, A. (2006). Empirical and theoretical conclusions of an analysis of outcomes of HIV-prevention interventions. *Current Directions in Psychological Science, 15,* 73–78.

Albert, M. S., Dickson, D., Dubois, B., Feldman, H. H., Fox, N. C., Gamst, A., . . . Phelps, C. H. (2011). The diagnosis of mild cognitive impairment due to Alzheimer's disease: Recommendations from the National Institute on Aging and Alzheimer's Association workgroup. *Alzheimers Dementia, 7,* 70.

Aldrich, M. S. (1992). Narcolepsy. *Neurology, 42* (7, Suppl. 6), 34–43.

Aleccia, J. (2011, December 17). Lingering shortage of ADHD drugs unravels lives. *MSNBC.com*. Retrieved from *http://vitals.msnbc.msn.com/_news/2011/12/15/9472468-lingering-shortage-of-adhd-drugs-unravels-lives*

Alexander, B., Warner-Schmidt, J., Eriksson, T., Tamminga, C., Arango-Llievano, M., Ghose, S., . . . Kaplitt, M. G. (2010). Reversal of depressed behaviors in mice by p11 gene therapy in the nucleus accumbens. *Science Translational Medicine, 2,* 54ra76. doi:1s0.1126/scitranslmed.3001079

Alexander, G. C., Gallagher, S. A., Mascola, A., Moloney, R. M., & Stafford, R. S. (2011). Increasing off-label use of antipsychotic medications in the United States, 1995–2008. *Pharmacoepidemiology and Drug Safety, 173,* 271. doi: 10.1002/pds.2082

Ali, M., Farooq, N., Bhatti, M. A., & Kuroiwa, C. (2012). Assessment of prevalence and determinants of posttraumatic stress disorder in survivors of earthquake in Pakistan using Davidson Trauma Scale. *Journal of Affective Disorders, 136,* 238–243.

Allderidge, P. (1979). Hospitals, madhouses and asylums: Cycles in the care of the insane. *British Journal of Psychiatry, 134,* 1476–1478.

Allen, D. N., Thaler, N. S., Ringdahl, E. N., Barney, S. J., & Mayfield, J. (2011). Comprehensive trail making test performance in children and adolescents with traumatic brain injury. *Psychological Assessment,* in press. doi:10.1037/a0026263

Allen, D. N., Thaler, N. S., Ringdahl, E. N., Barney, S. J., & Mayfield, J. (2011). Comprehensive trail making test performance in children and adolescents with traumatic brain injury. *Psychological Assessment, 24,* 556–564. doi: 10.1037/a0026263

Allgulander, C., Dahl, A. A., Austin, C., Morris, P. L. P., Sogaard, J. A., Fayyad, R., . . . Clary, C. M. (2004). Efficacy of sertraline in a 12-week trial for generalized anxiety disorder. *American Journal of Psychiatry, 161,* 1642–1649.

Alloy, L. B., Abramson, L. Y., Urosevic, S., Bender, R. E., & Wagner, C. A. (2009). Longitudinal predictors of bipolar spectrum disorders: A behavioral approach system perspective. *Clinical Psychology: Science and Practice, 16,* 206–226. doi:10.1111/j.1468-2850.2009.01160.x

Alloy, L. B., Abramson, L. Y., Urosevic, S., Walshaw, P. D., Nusslock, R., & Neeren, A. M. (2005). The psychosocial context of bipolar disorder: Environmental, cognitive, and developmental risk factors. *Clinical Psychology Review, 25,* 1043–1075.

Allsop, D. J., Copeland, J., Norberg, M. M., Fu, S., Molnar, A., Lewis, J., & Budney, A. J. (2012). Quantifying the clinical significance of cannabis withdrawal. *PLoS ONE, 7*(9), e44864. doi:10.1371/journal.pone.0044864

Althof, S. E. (2012). Psychological interventions for delayed ejaculation/orgasm. *International Journal of Impotence Research, 24,* 131–136. doi:10.1038/ijir.2012.2.

Althof, S. E., Berner, M. M., Goldstein, I., Claes, H. I. M., Cappelleri, J. C., Bushmakin, A. G., . . . Schnetzler, G. (2010). Interrelationship of sildenafil treatment effects on the physiological and psychosocial aspects of erectile dysfunction of mixed or organic

etiology. *Journal of Sexual Medicine, 7*, 3170–3178.
Althouse, R. (2010). Jails are nation's largest institutions for mentally ill. *National Psychologist, 19*(6), 1, 5.
Alvarez, P., Puente, V. M., Blasco, M. J., Salgado, P., Merino, A., & Bulbena, A. (2012). Concurrent Koro and Cotard syndromes in a Spanish male patient with a psychotic depression and cerebrovascular disease. *Psychopathology, 45*, 126–129. doi: 10.1159/000329739
Alzheimer's Association website, *www.alz.org*
Alzheimer's Disease: Are plaques and tangles a symptom, not the cause? (2011, January 11). *ScienceDaily.* Retrieved from http://www.sciencedaily.com/releases/2010/12/101214181932.htm.
Alzheimer's risk gene disrupts brain's wiring 50 years before disease hits. (2011, May 16). *ScienceDaily*. Retrieved from *http://www.sciencedaily.com.*
Alzheimer's Society (2008, October). *Genetics and dementia.* Retrieved from *http://alzheimers.org.uk/site/scripts/ documents_info.php?documentID=*
American Heart Association. (2009). Heart disease and stroke statistics 2009 update: A report from the American Heart Association Statistics Committee and Stroke Statistics Subcommittee. *Circulation, 119*, e21–e181. doi:10.1161/CIRCULATIONAHA.108.191261
American Law Institute. (1962). *Model penal code: Proposed official draft.* Philadelphia, PA: Author.
American Psychiatric Association. (1998). *Fact sheet: Violence and mental illness.* Washington, DC: Author.
American Psychiatric Association. (2000). *DSM-IV-TR: Diagnostic and statistical manual of mental disorders* (4th ed., Text Revision). Washington, DC: Author.
American Psychiatric Association. (2013). *DSM-5: Diagnostic and statistical manual of mental disorders* (5th ed.). Washington, DC: Author.
American Psychological Association (2010). *Stress in America 2011: Executive summary.* Retrieved from http://www.apa.org/news/press/releases/stress-exec-summary.pdf. Page 8.
American Psychological Association (2012, Winter). Dealing with threatening client encounters. *Good practice.* Retrieved from www.apa.org.
American Psychological Association. (1978). Report of the task force on the role of psychology in the criminal justice system. *American Psychologist, 33*, 1099–1113.
American Psychological Association. (2002). Ethical principles of psychologists and code of conduct. *American Psychologist, 57*, 1060–1073.
American Psychological Association. (2007a, October 24). *Stress in America Survey.* Retrieved from http://74.125.45.104/search?q=cache:UAeL3kDHQdoJ:apahelpcenter.mediaroom.com/file.php/138/Stress%2Bin%2BAmerica%2BREPORT%2BFINAL.doc+Stress+in+America+Survey&hl=en&ct=clnk&cd=1&gl=us
American Psychological Association. (2007b, October 25). *Stress a major health problem in the U.S., warns APA.* Retrieved from http://www.apa.org/releases/stressproblem.html
American Psychological Association. (2010). *Stress in America 2011: Executive summary.* Retrieved from http://www.apa.org/news/press/releases/stress-exec-summary.pdf. Page 8.
American Psychological Association. (2011). *A matter of law: Psychologists' duty to protect.* http://www.apapracticecentral.org/business/legal/professional/secure/duty-protect.aspx
American Psychological Association. (2012, Winter). Dealing with threatening client encounters. *Good practice.* Retrieved from www.apa.org
Amir, N., Beard, C., Burns, M., & Bomyea, J. (2009). Attention modification program in individuals with generalized anxiety disorder. *Journal of Abnormal Psychology, 118*, 28–33. doi:10.1037/a0012589
Amstadter, A. B., Broman-Fulks, J., Zinzowa, H., Ruggiero, K. J., & Cercone, J. (2009). Internet-based interventions for traumatic stress-related mental health problems: A review and suggestion for future research. *Clinical Psychology Review, 29*, 410–420. doi:10.1016/j.cpr.2009.04.001
Andero, R., Heldt, S. A., Ye, K., Liu, X., Armario, A., & Ressler, K. J. (2011). Effect of 7,8-Dihydroxyflavone, a small-molecule TrkB agonist, on emotional learning. *American Journal of Psychiatry, 168*, 163–172. doi:10.1176/appi.ajp.2010.10030326
Anderson, E. M., & Lambert, M. J. (2001). A survival analysis of clinically significant change in outpatient psychotherapy. *Journal of Clinical Psychology, 57*, 875–888.
Anderson, E. R., & Mayes, L. C. (2010). Race/ethnicity and internalizing disorders in youth: A review. *Clinical Psychology Review, 30*, 338–348. doi: 10.1016/j.cpr.2009.12.008
Anderson, J. W., Liu, C., & Kryscio, R. J. (2008). Blood pressure response to transcendental meditation: A meta-analysis. *American Journal of Hypertension, 21*, 310–316.
Anderson, S. W., & Booker, M. B., Jr. (2006). Cognitive behavioral therapy versus psychosurgery for refractory obsessive-compulsive disorder. *Journal of Neuropsychiatry & Clinical Neurosciences, 18*, 129.
Andersson, E., Enander, J., Andrén, P., Hedman, E., Ljótsson, B., Hursti, T., et al.. . . Rück, C. (2012). Internet-based cognitive behaviour therapy for obsessive–compulsive disorder: A randomized controlled trial. *Psychological Medicine, 11*, 1–11.
Ang, R. P., Rescorla, L. A., Achenbach, T. M., Ooi, Y. P., Fung, D. S. S., & Woo, B. (2011). Examining the Criterion validity of CBCL and TRF problem scales and items in a large Singapore Sample. *Child Psychiatry & Human Development, 43*, 70–86. doi: 10.1007/s10578-011-0253-2
Angier, N. (2009, October 26). A molecule of motivation, dopamine excels at its task. *The New York Times.* Retrieved from www.nytimes.com
Anson, M., Veale, D., & de Silva, P. (2012). Social-evaluative versus self-evaluative appearance concerns in body dysmorphic disorder. *Behaviour Research and Therapy, 50*, 753–760.
Anton, R. F. (2008). Naltrexone for the management of alcohol dependence. *New England Journal of Medicine, 359*, 715–721.
Anton, R. F., Myrick, H., Wright, T. M., Latham, P. K., Baros, A. M., Waid, L. R., . . . Randall, P. K. (2011). Gabapentin combined with naltrexone for the treatment of alcohol dependence. *American Journal of Psychiatry, 168*, 709–717.
Antoni, M. H. (2012). Psychosocial intervention effects on adaptation, disease course and biobehavioral processes in cancer. *Brain, Behavior, and Immunity*, May 22. Epub ahead of print.
Antoni, M. H. (in press). Psychosocial intervention effects on adaptation, disease course and biobehavioral processes in cancer. *Brain, Behavior, and Immunity.*
Antony, M. M., Ledley, D. R., Liss, A., & Swinson, R. P. (2006). Responses to symptom induction exercises in panic disorder. *Behaviour Research and Therapy, 44*, 85–98.
Antunez, C., Boada, M., Gonzalez-Perez, A., Gayan, J., Ramirez-Lorca, R., Marín, J. , . . . Ruiz, A. (2011). The membrane-spanning 4-domains, subfamily A (MS4A) gene cluster contains a common variant associated with Alzheimer's disease. *Genome Medicine, 31*, 33.
APA Task Force on Evidence-Based Practice. (2006). Evidence-based practice in psychology. *American Psychologist, 61*, 271–285.
Apopolinario, J. C., Bacaltchuk, J., Sichieri, R., Claudino, A. M., Godoy-Matos, A., Morgan, C., et al. (2003). A randomized, double-blind, placebo-controlled study of sibutramine in the treatment of binge-eating disorder. *Archives of General Psychiatry, 60*, 1109–1116.
Appelbaum, P. S. (2003). Dangerous persons, moral panic, and the uses of psychiatry. *Psychiatric Services, 54*, 441–442.
Appelbaum, P. S. (2006). Violence and mental disorders: Data and public policy. *American Journal of Psychiatry, 163*, 1319–1321.
Arango, C., Rapado-Castro, M., Reig, S., Castro-Fornieles, J., González-Pinto, A., Otero, S., . . . Desco, M. (2012). Progressive brain changes in children and adolescents with first-episode psychosis. *Archives of General Psychiatry*, 69, 16–26. doi:10.1001/archgenpsychiatry.2011.150
Arbisi, P. A., Ben-Porath, Y., S., & McNulty, J. A. (2002). A comparison of MMPI-2 validity in African American and Caucasian psychiatric inpatients. *Psychological Assessment, 14*, 3–15.
Arcelus, J., Mitchell, A. J., Wales, J., & Nielsen, S. 2011). Mortality rates in patients with anorexia nervosa and other eating disorders: A meta-analysis of 36 studies. *Archives of General Psychiatry, 68*, 724.
Arch, J. J., Ayers, C. R., Baker, A., Almklov, E., Dean, D. J., & Craske, M. G. (2013). Randomized clinical trial of adapted mindfulness based stress reduction versus group cognitive behavioral therapy for heterogeneous anxiety disorders. *Behaviour Research and Therapy, 51*, 185–196.
Arguedas, D., Stevenson, R., J., & Langdon, R. (2012). Source monitoring and olfactory hallucinations in schizophrenia. *Journal of Abnormal Psychology, 121*, 936–943. doi: 10.1037/a0027174
Ariz. shooting spree suspect incompetent for trial. (2011, May 25). *MSNBC.com.* Retrieved from *http://www.msnbc.msn.com/id/43165830/ns/us_news-crime_and_courts/*
Armfield, J. M. (2006). Cognitive vulnerability: A model of the etiology of fear. *Clinical Psychology Review, 26*, 746–768.
Arnold, P. D., Sicard, T., Burroughs, E., Richter, M. A., & Kennedy, J. L. (2006). Glutamate transporter gene slc1a1 associated with obsessive-compulsive disorder. *Archives of General Psychiatry, 63*, 769–776.
Aronin, N., & Moore, M. (2012). Hunting down Huntingtin. *New England Journal of Medicine, 367*, 1753–1754. doi:10.1056/NEJMcibr1209595
Aronson, M. K. (1988). Patients and families: Impact and long-term-management implications. In M. K. Aronson (Ed.), *Understanding Alzheimer's disease* (pp. 74–78). New York: Charles Scribners and Sons.
Arseneault, L., Cannon, M., Fisher, H. L., Polanczyk, G., Moffitt, T E., & Caspi, A. (2011). Childhood trauma and children's emerging psychotic symptoms: a genetically sensitive longitudinal cohort study. *American Journal of Psychiatry, 168*, 65–72.
As Valentine's Day approaches. (2012, February 7). *ScienceDaily.* Retrieved from http://www.sciencedaily.com/releases/2012/02/120207121928.htm
Asbridge, M., Hayden, J. A., & Cartwright, J. L. (2012). Acute cannabis consumption and motor vehicle collision risk: Systematic review of observational studies and meta-analysis. *British Medical Journal, 344*, e536.
Atladóttir, H. O., Henriksen, T. B., Schendel, D. E., & Parner, E. T. (2012). Autism after infection, febrile episodes, and antibiotic use during pregnancy: An exploratory study. *Pediatrics*, doi:10.1542/peds.2012-1107
Aurora, R. N., Zak, R. S., Maganti, R. K., Auerbach, S. H., Casey, K. R., Chowdhuri, S., . . . Standards of Practice Committee, American Academy of Sleep Medicine (2010). Best practice guide for the treatment of REM sleep behavior disorder (RBD). *Journal of Clinical Sleep Medicine, 6*, 85–95.
Autistic brains develop more slowly than healthy brains, researchers say. (2011, October 20). *ScienceDaily.* Retrieved from www.sciencedaily.com
Autistic brains develop more slowly than healthy brains, researchers say. (2011, October 20). ScienceDaily. Retrieved from *ScienceDaily*, 000
Axelson, D. (2013). Taking disruptive mood dysregulation disorder out for a test drive. *American Journal of Psychiatry,170*, 136–139. 10.1176/appi.ajp.2012.12111434

Ayers, J. W., Hofstetter, C. R., Usita, P., Irvin, V. L., Kang, S., Hovell, M. F. (2009). Sorting out the competing effects of acculturation, immigrant stress, and social support on depression: A report on Korean women in California. *The Journal of Nervous and Mental Disease, 197,* 742–747. doi:10.1097/NMD.0b013e3181b96e9e

Azrin, N. H., & Peterson, A. L. (1989). Reduction of an eye tick by controlled blinking. *Behavior Therapy, 20,* 467–473.

B

Bäckström T., Andreen, L., Birzniece, V., Björn, I., Johansson, I. M., Nordenstam-Haghjo, M., Nyberg, S., . . Zhu, D. (2003). The role of hormones and hormonal treatments in premenstrual syndrome. *CNS Drugs, 17*(5), 325–342.

Baer, L., & Blais, M. A. (2010). *Handbook of clinical rating scales and assessment in psychiatry and mental health* (3rd ed.). Totowa, NJ: Human Press.

Baer, R. A., Peters, J. R., Eisenlohr-Moula, T. A., Geiger, P. J., & Sauer, S. E. (2012). Emotion-related cognitive processes in borderline personality disorder: A review of the empirical literature. *Clinical Psychology Review, 32* (5), 359–369.

Baer, R. A., Peters, J. R., Eisenlohr-Moula, T. A., Geiger, P. J., & Sauer, S. E. (2012). Emotion-related cognitive processes in borderline personality disorder: A review of the empirical literature. *Clinical Psychology Review, 32,* 359–369. doi: 10.1016/j.cpr.2012.03.00

Baer, R. A., Peters, J. R., Eisenlohr-Moula, T. A., Geiger, P. J., & Sauer, S. E. (2012). Emotion-related cognitive processes in borderline personality disorder: A review of the empirical literature. *Clinical Psychology Review,* in press

Bailar, J. C., III. (2001). The powerful placebo and the wizard of Oz. *New England Journal of Medicine, 344,* 1630–1632.

Bailey, D. S. (2003, November). The "Sylvia Plath" effect. *Monitor on Psychology, 34* (10), 42–43.

Bailey, J. M. (1999). Homosexuality and mental illness. *Archives of General Psychiatry, 56,* 883–884.

Bailine, S., Fink, M., Knapp, R., Petrides G., Husain, M. M., Rasmussen, K., . . . Kellner, C. H. (2010). Electroconvulsive therapy is equally effective in unipolar and bipolar depression. *Acta Psychiatrica Scandinavica, 121,* 431–436.

Baker, J. H., Maes, H. H., Lissner, L., Aggen, S. H., Lichtenstein, P., & Kendler, K. S. (2009). Genetic risk factors for disordered eating in adolescent males and females. *Journal of Abnormal Psychology, 118,* 576–578. doi: 10.1037/a0016314

Baller, E. B., Wei, S.-M., Kohn, P. D., Rubinow, D. R., Alarcón, G., Schmidt, P. J., . . . Berman, K. F. (2013). Abnormalities of dorsolateral prefrontal function in women with premenstrual dysphoric disorder: A multimodal neuroimaging study. *American Journal of Psychiatry, 170,* 305.

Ballie, R. (2002, January). Kay Redfield Jamison receives $500,000 "genius award." *Monitor on Psychology.* Retrieved from http://www.apa.org/monitor/jan02/redfield.html

Bandura, A. (1986). *Social foundations of thought and action: A social-cognitive theory.* Englewood Cliffs, NJ: Prentice Hall.

Bandura, A. (2004). Swimming against the mainstream: The early years from chilly tributary to transformative mainstream. *Behaviour Research and Therapy, 42,* 613–630.

Bandura, A. (2006). Toward a psychology of human agency. *Perspectives on Psychological Science, 1,* 164–180.

Bandura, A., Taylor, C. B., Williams, S. L., Medford, I. N., & Barchas, J. D. (1985). Catecholamine secretion as a function of perceived coping self-efficacy. *Journal of Consulting and Clinical Psychology, 53,* 406–414.

Baranzini, S. E., Mudge, J., van Velkinburgh, J C., Khankhanian, P., Khrebtukova, I., Miller, N. A., . . . Kingsmore, S. F. (2010). Genome, epigenome and RNA sequences of monozygotic twins discordant for multiple sclerosis. *Nature, 464,* 1351. doi:10.1038/nature08990

Barbaree, H. E., & Blanchard, R. (2008) Sexual deviance over the lifespan. In D. R. Laws & W. T. O'Donohue (Eds.), *Sexual deviance: Theory, assessment, and treatment* (pp. 37–60). New York: Guilford Press.

Barch, D. M. (2013). The CAINS: Theoretical and practical advances in the assessment of negative symptoms in schizophrenia. *American Journal of Psychiatry, 170,* 133–135. 0.1176/appi.ajp.2012.12101329

Barnett, J. (2010, August 12). *Is there a duty to warn when working with HIV-positive clients?* (American Psychological Association, Division of Psychotherapy, Div. 29). Retrieved from http://www.divisionofpsychotherapy.org/ask-the-ethicist-hiv/

Bar-Nur, O., Caspi, I., & Benvenisty, N. (2012). Molecular analysis of FMR1 reactivation in fragile-X induced pluripotent stem cells and their neuronal derivatives. *Journal of Molecular Cell Biology, 4,* 180–183. doi: 10.1093/jmcb/mjs007

Barr, B., Taylor-Robinson, D., Scott-Samuel, A., McKee, M., & Stuckler, D. (2012). Suicides associated with the 2008-10 economic recession in England: Time trend analysis. *British Medical Journal, 345,* e5142. doi: 10.1136/bmj.e5142.

Barron, J., & Barron, S. (2002). *There's a boy in here.* Arlington, TX: Future Horizons.

Barsky, A. J., & Ahern, D. K. (2004). Cognitive behavior therapy for hypochondriasis. A randomized controlled trial. *Journal of the American Medical Association, 291,* 1464–1470.

Barsky, A. J., Ahern, D. K., Bailey, E. D., Saintfort, R., Liu, E. B., & Peekna, H. M. (2001). Hypochondriacal patients' appraisal of health and physical risks. *American Journal of Psychiatry, 158,* 783–787.

Barsky, A. J., Orav, E. J., & Bates, D. W. (2005). Somatization increases medical utilization and costs independent of psychiatric and medical comorbidity. *Archives of General Psychiatry, 62,* 903–910.

Barsky, A. J., Wool, C., Barnett, M. C., & Cleary, P. D. (1994). Histories of childhood trauma in adult hypochondriacal patients. *American Journal of Psychiatry, 151,* 397–401.

Bartholow, B. D., & Heinz, A. (2006). Alcohol and aggression without consumption alcohol cues, aggressive thoughts, and hostile perception bias. *Psychological Science, 17,* 30–37.

Bassett, A. S., Scherer, S. W., & Brzustowicz, L. M. (2010). Copy number variations in schizophrenia: Critical review and new perspectives on concepts of genetics and disease. *American Journal of Psychiatry, 167,* 899–914. *doi: 10.1176/appi.ajp.2009.09071016*

Bassman, R. (2005). Mental illness and the freedom to refuse treatment: Privilege or right. *Professional Psychology: Research and Practice, 36,* 488–497.

Bateman, A. W. (2012). Treating borderline personality disorder in clinical practice. *American Journal of Psychiatry, 169,* 560–563. 10.1176/appi.ajp.2012.12030341

Bateman, R. J., Xiong, C., Benzinger, T. L. S., Fagan, A. M., Goate, A., Fox, N. C., . . . John C. Morris, J. C. (2012). Clinical and biomarker changes in dominantly inherited Alzheimer's disease. *New England Journal of Medicine, 367,* 795–804. doi.org/10.1056/NEJMoa1202753

Bauchner, H. (2011). A snapshot of children with ADHD. *Journal Watch Medicine.* Retrieved from http://general-medicine.jwatch.org/cgi/content/full/2011/317/4?q=etoc_jwgenmed

Baucoma, K. J. W., Sevier, M., Eldridge, K. A., Doss, B. D., & Christensen, A. (2011). Observed communication in couples two years after integrative and traditional behavioral couple therapy: outcome and link with five-year follow-up. *Journal of Consulting and Clinical Psychology, 79,* 565–576. doi:10.1037/a0025121

Bauer, S., Okon, E., Meermann, R., & Kordy, H. (2012). Technology-enhanced maintenance of treatment gains in eating disorders: Efficacy of an intervention delivered via text messaging. *Journal of Consulting and Clinical Psychology, 80,* 700–706. doi: 10.1037/a0028030

Baxter, L. R., Jr. (2003). Basal ganglia systems in ritualistic social displays: Reptiles and humans; function and illness. *Physiology and Behavior, 79,* 451–460.

Beals, J., Novins, D. K., Whitesell, N. R., Spicer, P., Mitchell, C. M., & Manson, S. M. (2005). Prevalence of mental disorders and utilization of mental health services in two American Indian reservation populations: Mental health disparities in a national context. *American Journal of Psychiatry, 162,* 1723–1732.

Beard, C., Weisberg, R. B., & Amir, N. (2011). Combined cognitive bias modification treatment for social anxiety disorder: A pilot trial. *Depression and Anxiety, 28,* 981–988. doi: 10.1002/da.20873

Beauchaine, T. P. Hinshaw, S. P., & Pang, K. L. (2010). Comorbidity of attention-deficit/hyperactivity disorder and early-onset conduct disorder: biological, environmental, and developmental mechanisms. *Clinical Psychology: Science and Practice, 17,* 327–336. doi: 10.1111/j.1468-2850.2010.01224.x

Beauvais, F. (1998). American Indians and alcohol. *Alcohol Health and Research World, 22,* 253–259.

Beck, A. T. (2005). The current state of cognitive therapy: A 40-year retrospective. *Archives of General Psychiatry, 62,* 953–959

Beck, A. T. (2005). The current state of cognitive therapy: A 40-year retrospective. *Archives of General PsychiatryArch. Gen. Psychiatry, 62,*: 953–959. [CrossRef]

Beck, A. T., & Alford, B. A. (2009). *Depression: Causes and treatment* (2nd ed.). Baltimore: University of Pennsylvania Press.

Beck, A. T., Brown, G., Steer, R. A., Eidelson, J. I., & Riskind, J. H. (1987). Differentiating anxiety and depression: A test of the cognitive content-specificity hypothesis. *Journal of Abnormal Psychology, 96,* 179–183.

Beck, A. T., & Dozois, D. J. A. (2011). Cognitive therapy: Current status and future directions. *Annual Review of Medicine, 62,* 397–409. doi:10.1146/annurev-med-052209-100032

Beck, A. T., Rush, A. J., Shaw, B. F., & Emery, G. (1979). *Cognitive therapy of depression.* New York: Guilford Press.

Beck A. T., & Weishaar, M. E. (2011). Cognitive therapy. In R. J. Corsini & D. Wedding (Eds.) (9th ed.), *Current psychotherapies.* Belmont, CA: Brooks/Cole.

Beck, A. T., & Young, J. E. (1985). Depression. In D. H.Barlow (Ed.), *Clinical handbook of psychological disorders* (pp. 206–244). New York: Guilford Press.

Becker, B., Scheele, D., Moessner, R., Maier, W., & Hurlemann, R. (2013). deciphering the neural signature of conversion blindness. *American Journal of Psychiatry, 170,* 121–122. 10.1176/appi.ajp.2012.12070905

Becker, C. B., Bull, S., Schaumberg, K., Cauble, A., & Franco, A. (2008). Effectiveness of peer-led eating disorders prevention: A replication trial. *Journal of Consulting and Clinical Psychology, 76,* 347–354.

Beck, M. (2012, December 11). Scientists try to unravel the riddle of too much sleep. *Wall Street Journal,* pp. D1, D2.

Beesdo, K., Lau, J. Y. F., Guyer, A. E., McClure-Tone, E. B., Monk, C. S., Nelson, E. E., . . . Pine, D. S. (2009). Common and distinct amygdala-function perturbations in depressed vs. anxious adolescents. *Archives of General Psychiatry, 66,* 275–285.

Beevers, C. G., Wells, T. T., & Miller, I. W. (2007). Predicting response to depression treatment: The role of negative cognition. *Journal of Consulting and Clinical Psychology, 75,* 422–431

Behrman, A. (2002). *Electroboy: A memoir of mania.* New York: Random House.

Beidel, D. C., Turner, S. M., Sallee, F. R., Ammerman, R. T., Crosby, L. A., & Pathak, S. (2007). SET-C versus fluoxetine in the treatment of childhood social phobia. *Journal of American Academy of Child and Adolescent Psychiatry, 46,* 1622–1632.

Beitman, B. D., Goldfried, M. R., & Norcross, J. C. (1989). The movement toward integrating the psychotherapies: An overview. *American Journal of Psychiatry, 146,* 138–147.

Bélanger, L., LeBlanc, M., & Morin, C. M. (2011). Cognitive behavioral therapy for insomnia in older adults. *Cognitive and Behavioral Practice, 68,* 991–998. doi:10.1016/j.cbpra.2010.10.003

Belkin, L. (2005, May 22). Can you catch obsessive-compulsive disorder? *The New York Times.* Retrieved from http://www.nytimes.com

Bell, B. T., & Dittmar, H. (2011). Does media type matter? The role of identification in adolescent girls' media consumption and the impact of different thin-ideal media on body image. *Sex Roles, 65,* 478–490. doi: 10.1007/s11199-011-9964-x

Belluck, P. (2010, December 15). With Alzheimer's patients growing in number, Congress endorses a national plan. *The New York Times,* p. A2

Belmaker, R. H., & Agam, G. (2008). Major depressive disorder. *New England Journal of Medicine, 35,* 55–68.

Benazon, N. R. (2000). Predicting negative spousal attitudes toward depressed persons: A test of Coyne's interpersonal model. *Journal of Abnormal Psychology, 109,* 500–554.

Bender, R. E., & Alloy, L. B. (2011). Life stress and kindling in bipolar disorder: Review of the evidence and Integration with emerging biopsychosocial theories. *Clinical Psychology Review, 31,* 383–398. doi:10.1016/j.cpr.2011.01.004

Bennett, D. (1985). Rogers: More intuition in therapy. *APA Monitor, 16,* 3.

Bennett, D., Sharpe, M., Freeman, C., & Carson, A. (2004). Anorexia nervosa among female secondary school students in Ghana. *British Journal of Psychiatry, 185,* 312–317.

Benowitz, N. L. Nicotine addiction. (2010). *New England Journal of Medicine, 362,* 2295–2303.

Benson, P. J., Beedie, S. A., Shephard, E., Giegling, I., Rujescu, D., & St. Clair, D. (2012). Simple viewing tests can detect eye movement abnormalities that distinguish schizophrenia cases from controls with exceptional accuracy. *Biological Psychiatry, 72,* 716. doi: 10.1016/j.biopsych.2012.04.019

Berenson, K., R., Downey, G., Rafaeli, E., Coifman, K. G., & Paquin, N. L. (2011). The rejection–rage contingency in borderline personality disorder. *Journal of Abnormal Psychology, 120,* 681–690. doi: 10.1037/a0023335

Berkel, S., Marshall, C. R., Weiss, B., Howe, J., Roeth, R., Moog, U., Endris, V., . . . Rappold, G. A. (2010). Mutations in the SHANK2 synaptic scaffolding gene in autism spectrum disorder and mental retardation. *Nature, 42,* 489–491. doi:10.1038/ng.589 DOI: 10.1038/ng.589

Berkout, O. V., Young, J. N, & Gross, A. M. (2011). Mean girls and bad boys: Recent research on gender differences in conduct disorder. *Aggression and Violent Behavior,* 16, 503–511. doi:10.1016/j.avb.2011.06.001

Berle, D., Starcevic, V., Hannan, A., Milicevica, D., Lamplugh, C., & Fenech, P. (2008). Cognitive factors in panic disorder, agoraphobic avoidance and agoraphobia. *Behaviour Research and Therapy, 46,* 282–291.

Bernal, M., Haro, J. M., Bernert, S., Brugha, T., de Graaf, R., Bruffaerts, R., . . . Alonso, J . (2007). Risk factors for suicidality in Europe: Results from the ESEMED study. *Journal of Affective Disorders, 101,* 27–34.

Bernstein, D. M., & Loftus, E. F. (2009). The consequences of false memories for food preferences and choices. *Perspectives on Psychological Science, 4,* 135–139. doi: 10.1111/j.1745-6924.2009.01113

Bernstein, E. M., & Putnam, F. W. (1986). Development, reliability, and validity of a dissociation scale. *Journal of Nervous and Mental Disease,174,* 727–735.

Bersamin, M. M., Paschall, M. J., Saltz, R. F., & Zamboanga, B. L. (2012). Young adults and casual sex: the relevance of college drinking settings. *Journal of Sex Research,* 49, 274–281. doi: 10.1080/00224499.2010.548012

Beshai, S., Dobson, K. S., Bockting, C. L. H., & Quigley, L. (2011). Relapse and recurrence prevention in depression: Current research and future prospects. *Clinical Psychology Review, 31,* 1349–1360.

Beversdorf, D. Q., Saklayen, S., Higgins, K. F., Bodner, K. E., Kanne, S. M., & Christ, S. E. (2011). Effect of propranolol on word fluency in autism. *Cognitive and Behavioral Neurology, 24,* 11–17. doi: 10.1097/WNN.0b013e318204d20e

Bhatia, M. S., Jhanjee, A., & Kumar, P. (2011). Culture bound syndromes- a cross-sectional study from India. *European Psychiatry, 26,* 448.

Biederman, J., Petty, C. R., Monuteaux, M. C., Fried, R., Byrne, D., Mirto, T.,Faraone, S. V. (2010). Adult psychiatric outcomes of girls with attention deficit hyperactivity disorder: 11-year follow-up in a longitudinal case-control study. *American Journal of Psychiatry, 167,* 409–417. doi: 10.1176/ appi.ajp.2009.09050736

Biederman, J., Petty, C. R., Monuteaux, M. C., Fried, R., Byrne, D., Mirto, T., & Faraone, S.V. (2010b). Adult psychiatric outcomes of girls with attention deficit hyperactivity disorder: 11-year follow-up in a longitudinal case-control study. *Archives of General Psychiatry, 167,* 409–417.

Bien-Ly, N., Gillespie, A., K., Walker, D., Yoon, S. Y., & Huang, Y. (2012). Reducing human apolipoprotein e levels attenuates age-dependent A**b** Accumulation in mutant human amyloid precursor protein transgenic mice. *The Journal of Neuroscience, 32,* 4803–4811. doi:10.1523/JNEUROSCI.0033-12.2012

Bigal, M. E., Serrano, D., Reed, M., & Lipton, R. B. (2008). Chronic migraine in the population: Burden, diagnosis, and satisfaction with treatment. *Neurology, 71,* 559.

Biglan, K. M., Dorsey, E. R., Evans, R. V. V. , Ross, C. A., Hersch, S., . . . Kieburtz, K. (2012). Plasma 8-hydroxy-2¿-deoxyguanosine levels in Huntington Disease and healthy controls treated with coenzyme Q10. *Journal of Huntington's Disease,* in press. doi:10.3233/JHD-2012-120007

Billieux, J., Lagrange, G., Van der Linden, M., Lançon, C., Adida, M., & Jeanningros, R. (2012). Investigation of impulsivity in a sample of treatment-seeking pathological gamblers: A multidimensional perspective. *Psychiatry Research, 198*(2), 291–296.

Billieux, J., Lagrange, G., Van der Linden, M., Lançon, C., Adida, M., & Jeanningros, R. (2012). Investigation of impulsivity in a sample of treatment-seeking pathological gamblers: A multidimensional perspective. *Psychiatry Research,* in press.

Birnbaum, M. H., Martin, H., & Thomann, K. (1996). Visual function in multiple personality disorder. *Journal of the American Optometric Association, 67,* 327–334.

Bjornsson, A., Dyck, I., Moitra, E., Stout, R. L., Weisberg, R. B.,Keller, M. B., & Phillips, K. A. (2011). The clinical course of body dysmorphic disorder in the Harvard/Brown Anxiety Research Project (HARP). *Journal of Nervous & Mental Disease, 199,* 55–57. doi: 10.1097/NMD.0b013e31820448f7

Bjornsson, A. S. (2011). Beyond the "psychological placebo": Specifying the nonspecific in psychotherapy. *Clinical Psychology: Science and Practice, 18,* 113–118. doi: 10.1111/j.1468-2850.2011.01242.x

Blair, K., Geraci, M., Devido, J., McCaffrey, D., Chen, G., Ng, M. V. P., Hollon, N., . . . Pine, D. S. (2008). Neural response to self- and other referential praise and criticism in generalized social phobia. *Archives of General Psychiatry, 165,* 1176–1184.

Blais, M. A., Holdwick, D. J., Jr., McLean, R. Y., Otto, M. W., Pollack, M. H., & Hilsenroth, M. J. (2003). Exploring the psychometric properties and construct validity of the MCMI-III anxiety and avoidant personality scales. *Journal of Personality Assessment, 81,* 237–241.

Blanchard, E. B., & Hickling, E. J. (2004). *After the crash: Psychological assessment and treatment of survivors of motor vehicle accidents* (2nd ed.). Washington, DC: American Psychological Association.

Blanchard, L. T., Gurka, M. J., & Blackman, J. A. (2006). Emotional, developmental, and behavioral health of American children and their families: A report from the 2003 National Survey of Children's Health. *Pediatrics, 117,* 1202–1212.

Blanco, C., Heimberg, R. G., Schneier, F. R., Fresco, D. M., Chen, H., Turk, C. L., Liebowitz, M. R. (2010). A placebo-controlled trial of phenelzine, cognitive behavioral group therapy, and their combination for social anxiety disorder. *Archives of General Psychiatry, 7,* 286–295.

Blanco, C., Okuda, M., Wright, C., Hasin, D. S., Grant, B. F., Liu, S. M., & Olfson, M. (2008). Mental health of college students and their non–college-attending peers: Results from the National Epidemiologic Study on Alcohol and Related Conditions. *Archives of General Psychiatry, 65,* 1429–1437.

Blankers, M., Koeter, M. W. J., & Schippers, G. M. (2011). Internet therapy versus internet self-help versus no treatment for problematic alcohol use: A randomized controlled trial. *Journal of Consulting and Clinical Psychology, 79,* 330–341. doi:10.1037/a0023498

Blatt, S. J., Zuroff, D. C., Bondi, C. M., Sanislow, C. A., & Pilkonis, P. (1998). When and how perfectionism impedes the brief treatment of depression: Further analyses of the National Institute of Mental Health Treatment of Depression Collaborative Research Program. *Journal of Consulting and Clinical Psychology, 66,* 423–428.

Blier, P., & Blondeau, C. (2011). Neurobiological bases and clinical aspects of the use of aripiprazole in treatment-resistant major depressive disorder. *Journal of Affective Disorders, 128,* S3-S10. doi:10.1016/S0165-0327(11)70003-9

Blomsted, P., Sjöberg, R. L., Hansson, M., Bodlund, O., & Hariz, M. I. (2011). Deep brain stimulation in the treatment of depression. *Acta Psychiatrica Scandinavica, 123,* 4–11. doi:10.1111/j.1600-0447.2010.01625.x

Blum, H. P. (2010). Object relations in clinical psychoanalysis. *International Journal of Psychoanalysis, 91,* 973–976.

Bohnen, N. I., Djang, D. S. W., Herholz, K., Anzai, Y., & Minoshima, S. (2011). Effectiveness and safety of 18F-FDG PET in the evaluation of dementia: A review of the recent literature. *Journal of Nuclear Medicine, 53,* 59. doi: 10.2967/jnumed.111.096578

Bolton, D., Eley, T. C., O'Connor, T. G., Perrin, S., Rabe-Hesketh, S., Rijsdijk, F., et al. (2006). Prevalence and genetic and environmental influences on anxiety disorders in 6-year-old twins. *Psychological Medicine, 36,* 335–344.

Bolton, J. M., Cox, B. J., Afifi, T. O., Enns, M. W., Bienvenu, O. J., & Sareen, J. (2008). Anxiety disorders and risk for suicide attempts: Findings from the Baltimore Epidemiologic Catchment Area follow-up study. *Depression and Anxiety, 25,* 477.

Bolton, J. M., Pagura, J., Enns, M. W., Grant, B., & Sareen, J. (2010). A population-based longitudinal study of risk factors for suicide attempts in major depressive disorder. *Journal of Psychiatric Research.* Retrieved from http://www.ncbi.nlm.nih.gov/pubmed/20122697

Bolton, P., Bass, J., Neugebauer, R., Verdeli, H., Clougherty, K. F., Wickramaratne, P., Speelman, L., . . . Weissman, M. (2003). Group interpersonal psychotherapy for depression in rural Uganda: A randomized controlled trial. *Journal of the American Medical Association, 289,* 3117–3124.

Bonanno, G. A., Galea, S., Bucciarelli, A., & Vlahov, D. (2006). Psychological resilience after disaster: New York City in the aftermath of the September 11th terrorist attack. *Psychological Science, 17,* 181–186.

Bongaarts, J., Pelletier, F., & Gerland, P. (2010a). How many more AIDS deaths? *The Lancet, 375,* 103–104. doi:10.1016/S0140-6736(09)61756-6

Bongar, B. (2002). *The suicidal patient: Clinical and legal standards of care* (2nd ed.). Washington, DC: American Psychological Association.

Boodman, S. G. (2012). *Docs: Antipsychotics often prescribed for 'problems of living.'"* Retrieved from http://vitals.msnbc.msn.com/_news/2012/03/18/10724080-docs-

antipsychotics-often-prescribed-for-problems-of-living
Bookheimer, S., & Burggren, A. (2009). APOE-4 genotype and neurophysiological vulnerability to Alzheimer's and cognitive aging. *Annual Review of Clinical Psychology, 5,* 343–362.
Boot, E., Kant, S. G., Otter, M., Cohen, D., Nabanizadeh, A., & Baas, R. W. J. (2012). Overexpression of Chromosome 15q11-q13 gene products: a risk factor for schizophrenia and associated Psychoses? *American Journal of Psychiatry,* 169, 96–97. 10.1176/appi.ajp.2011.11091382
Bootzin, R. R., & Epstein, D. R. (2011). Understanding and treating insomnia. *Annual Review of Clinical Psychology, 7,* 435–458. doi: 10.1146/annurev.clinpsy.3.022806.091516
Borgs, L., Beukelaers, P., Vandenbosch, R., Belachew, S., Nguyen, L., & Malgrange, B. (2009). Cell "circadian" cycle: New role for mammalian core clock genes. *Cell Cycle, 8* (6), 832–837.
Borgwardt, S., McGuire, P., & Fusar-Poli, P. (2011). Gray matters! — Mapping the transition to psychosis. *Schizophrenia Research, 133,* 63–67.
Borjesson, M., & Dahlof, B. (2005). Physical activity has a key role in hypertension therapy. *Lakartidningen, 102,* 123–124, 126, 128–129.
Borkovec, T. D., Newman, M. G., Pincus, A. L., & Lytle, R. (2002). A component analysis of cognitive-behavioral therapy for generalized anxiety disorder and role of interpersonal problems. *Journal of Consulting and Clinical Psychology, 70,* 288–298.
Bo, S., Abu-Akel, A., Kongerslev, M., Haahrc, U. H., & Simonsen, E. (2011). Risk factors for violence among patients with schizophrenia. *Clinical Psychology Review, 31,* 711–726. doi:10.1016/j.cpr.2011.03.002
Boskind-White, M., & White, W. C. (1983). *Bulimarexia: The binge–purge cycle.* New York: W. W. Norton.
Bossong, M. G., Jansma, J. M., van Hell, H. H., Jager, G., Oudman, E., Saliasi, E., . . . Ramsey, N. F. (2012). Effects of 9-tetrahydrocannabinol on human working memory function. *Biological Psychiatry, 71,* 693.
Bousman, C. A., Twamley, E. W., Vella, L., Gale, M., Norman, S. B., Judd, B., . . Heaton, R. K. (2011). Homelessness and neuropsychological impairment: Preliminary analysis of adults entering outpatient psychiatric treatment. *Journal of Nervous & Mental Disease, 198,* 790–794. doi: 10.1097/NMD.0b013e3181f97dff
Braaten, E. B., & Rosén, L. E. (2000). Self-regulation of affect in attention deficit–hyperactivity disorder (ADHD) and non-ADHD boys: Differences in empathic responding. *Journal of Consulting and Clinical Psychology, 68,* 313–321.
Bradford, A., & Meston, C. M. (2010). Behavior and symptom change among women treated with placebo for sexual dysfunction. *The Journal of Sexual Medicine, 8,* 191–201. doi: 10.1111/j.1743-6109.2010.02007.x
Bradshaw, J. (2010, May/June). Oregon governor vetoes RxP. *The National Psychologist,* p. 6.
Brain imaging study of preschoolers with ADHD detects brain differences linked to symptoms. (2011, June 10). *ScienceDaily.* Retrieved from http://www.sciencedaily.com/
Brain scans show meditation changes minds, increases attention. (2007, June 25). *University of Wisconsin-Madison News.* Retrieved from http://www.news.wisc.edu/13890
Brand, B. L., Classen, C. C., McNary, S. W., & Zaveri, P. (2009). A review of dissociative disorders treatment studies: Collapse box. *The Journal of Nervous and Mental Disease, 197,* 646–654. doi:10.1097/NMD.0b013e3181b3afaa
Brand, B. L., Lanius, R., Vermetten, E., Loewenstein, R. J., & Spiegel, D. (2012a). Where are we going? an update on assessment, treatment, and neurobiological research in dissociative disorders as we move toward the DSM-5. *Journal of Trauma & Dissociation, 13,* 9–31. doi:10.1080/15299732.2011.620687
Brand, B. L., Myrick, A. C., Loewenstein, R. J., Classen, C. C., Lanius, R., McNary, S. W., . . . Putnam, F. (2012b). A survey of practices and recommended treatment interventions among expert therapists treating patients with dissociative identity disorder and dissociative disorder not otherwise specified. *Psychological Trauma: Theory, Research, Practice, and Policy, 4,* 490–500. doi:10.1037/a0026487
Brannan, M. E., & Petrie, T. A. (2011). Psychological well-being and the body dissatisfaction- bulimic symptomatology relationship: An examination of moderators. *Eating Behaviors, 12,* 233–241. doi:10.1016/j.eatbeh.2011.06.002
Brannigan, G. G., & Decker, S. L. (2006). The Bender-Gestalt II. *American Journal of Orthopsychiatry, 76,* 10–12.
Braskie, M. N., Jahanshad, N., Stein, J. L., Barysheva, M., McMahon, K. L, de Zubicaray, G. I., . . . Thompson, P. M. (2011). Common Alzheimer's disease risk variant within the CLU gene affects white matter microstructure in young adults. *Journal of Neuroscience, 31,* 6764. doi: 10.1523/JNEUROSCI.5794-10.2011
Bray, G. A. (2012). Diet and exercise for weight loss. *Journal of the American Medical Association, 307,* 2641–2642. doi:10.1001/jama.2012.7263
Brefczynski Lewis, J. A., Lutz, A., Schaefer, H. S., Levinson, D. B., & Davidson, R. J. (2007). Neural correlates of attentional expertise in long-term meditation practitioners. *Proceedings of the National Academy of Sciences, 104,* 11483–11488.
Brent, D. A., Emslie, G. J., Clarke, G. N., Asarnow, J., Spirito, A., Ritz, L., et al. (2009). Predictors of spontaneous and systematically assessed suicidal adverse events in the Treatment of SSRI-Resistant Depression in Adolescents (TORDIA) Study. *American Journal of Psychiatry, 166,* 418–426. doi: 10.1176/appi.ajp.2008.08070976
Brent, D., Emslie, G., Clarke, G., Wagner, K. D., Asarnow, J. R., Keller, M., . . . Zelazny, J. (2008). Switching to another SSRI or to venlafaxine with or without cognitive behavioral therapy for adolescents with SSRI-resistant depression: The TORDIA randomized controlled trial. *Journal of the American Medical Association, 299,* 901–913.
Breslau, J., Aguilar-Gaxiola, S., Kendler, K. S., Su, M., Williams, D., & Kessler, R. C. (2006). Specifying race-ethnic differences in risk for psychiatric disorder in a USA national sample. *Psychological Medicine, 36,* 57–68.
Breslau, J., Kendler, K. S., Su, M., Gaxiola-Aguilar, S., & Kessler, R. C. (2005). Lifetime risk and persistence of psychiatric disorders across ethnic groups in the United States. *Psychological Medicine, 35,* 317–327.
Bricker, J. B., Peterson, A. V., Jr., Andersen, M. R., Rajana, K. B., Leroux, B. G., & Sarasona, I. G. (2006). Childhood friends who smoke: Do they influence adolescents to make smoking transitions? *Addictive Behaviors, 31,* 889–900.
Brien, S. E., Ronksley, P. E., Turner, B. J., Mukamal, K. J., & Ghali, W. A. (2011). Effect of alcohol consumption on biological markers associated with risk of coronary heart disease: Systematic review and meta-analysis of interventional studies. *British Medical Journal, 342,* d636. doi:10.1136/bmj.d636
Briken, P., Hill, A., & Berner, W. (2011). Pharmacotherapy of sexual offenders and men who are at risk of sexual offending. In D. P. Boer et al. (Eds.). *International Perspectives on the Assessment and Treatment of Sexual Offenders: Theory, Practice, and Research* (pp. 419–431). Hoboken, NJ: Wiley.
Briken, P., Hill, A., & Berner, W. (2011). Pharmacotherapy of sexual offenders and men who are at risk of sexual offending. In D. P. Boer, R., Eher, L. A. Craig, M. H. Miner, & P. Pfafflin (Eds.). *International perspectives on the assessment and treatment of sexual offenders: Theory, practice, and research* (pp. 419–431). Hoboken, NJ: Wiley.
Britton, J. C., Gold, A. L., Feczko, E. J., Rauch, S. L., Williams, D., & Wright, C. I. (2007). D-cycloserine inhibits amygdala responses during repeated presentations of faces. *CNS Spectrum, 12,* 600–605.
Brody, G. H., Beach, S. R. H., Philibert, R. A., Chen, Y.-F., Lei, M.-K., Murry, V. M., & Brown, A. C.. (2009). Parenting moderates a genetic vulnerability factor in longitudinal increases in youths' substance use. *Journal of Consulting and Clinical Psychology, 77,* 1–11. doi:2283, 35400018793225.0010
Brody, J. E. (2009, November 3). A breathing technique offers help for people with asthma. *The New York Times,* p. D7.
Brooks, S., & Kushida, C. (2002). Behavioral parasomnias. *Current Psychiatric Reports, 4,* 363–368.
Brothers, B. M., Yang, H.-C., Strunk, D. R., & Andersen, B. L. (2011). Cancer patients with major depressive disorder: Testing a biobehavioral/cognitive behavior intervention. *Journal of Consulting and Clinical Psychology.* Advance online publication. doi:10.1037/a0022566
Brown, A. S., & Patterson, P. H. (2012). (Eds.). *The origins of schizophrenia.* New York: Columbia University.
Brown, M. J. (2006). Hypertension and ethnic group. *British Medical Journal, 332,* 833–836.
Bruce, M. L., Ten Have, T. R., Reynolds, C. F., III, Katz, I. I., Schulberg, H. C., Mulsant, B. H., Brown, G. K., et al. (2004). Reducing suicidal ideation and depressive symptoms in depressed older primary care patients: A randomized controlled trial. Journal of the American Medical Association, 291, 1081–1091.
Bruch, H. (1973). *Eating disorders: Obesity, anorexia and the person within.* New York: Basic Books.
Brunet, A., Orr, S. P., Tremblay, J., Robertson, K., Nader, K., & Pitman R. K. (2007). Effect of post-retrieval propranolol on psychophysiologic responding during subsequent script-driven traumatic imagery in post-traumatic stress disorder. *Journal of Psychiatric Research, 42,* 503–506.
Brunwasser, S. M., Gillham, J. E., & Kim, E. S. A. (2009). A meta-analytic review of the Penn Resiliency Program's effect on depressive symptoms. *Journal of Consulting and Clinical Psychology, 77,* 1042–1054.
Bryant, C., Jackson, H., & Ames, D. (2008). The prevalence of anxiety in older adults: Methodological issues and a review of the literature. *Journal of Affective Disorders, 109,* 233–250.
Bryant, R. A., Moulds, M. L., Guthrie, R. M., Dang, S. T., & Nixon, R. D. V. (2003). Imaginal exposure alone and imaginal exposure with cognitive restructuring in treatment of posttraumatic stress disorder. *Journal of Consulting and Clinical Psychology, 71,* 706–712.
Bryant, R., & Das, P. (2012). The neural circuitry of conversion disorder and its recovery. *Journal of Abnormal Psychology, 121,* 289–296. doi:10.1037/a0025076
Buchert, R., Thomasius, R., Wilke, F., Petersen, K., Nebeling, B., Obrocki, J., . . . Clausen, M. (2004). A voxel-based PET investigation of the long-term effects of "ecstasy" consumption on brain serotonin transporters. *American Journal of Psychiatry, 161,* 1181–1189.
Buchhave, P., Minthon, L., Zetterberg, H., Wallin, A. K., Blennow, K., & Hansson, O. (2012). Cerebrospinal fluid levels of b-Amyloid 1–42, but not of tau, are fully changed already 5 to 10 years before the onset of Alzheimer dementia. *Archives of General Psychiatry, 69,* 98–106. doi:10.1001/archgenpsychiatry.2011.155
Buchman, A. S., Boyle, P. A., Yu, L., Shah, R. C., Wilson, R., S., & Bennett, D. A. (2012). Total daily physical activity and the risk of AD and cognitive decline in older adults. *Neurology,* in press. doi: 10.1212/WNL.0b013e3182535d35
Buddie, A. M., & Testa, M. (2005). Rates and predictors of sexual aggression among students and nonstudents. *Journal of Interpersonal Violence, 20,* 713–724.
Buhlmann, U., Marques, L. M., & Wilhelm, S. (2012). Traumatic experiences in individuals with body dysmorphic disorder. *Journal of Nervous and Mental Disease, 200,* 95–98. doi: 10.1097/NMD.0b013e31823f6775
Building a better antipsychotic drug by treating schizophrenia's cause: How drugs act on dopamine-producing neurons. (2011, August 27). *ScienceDaily.* Retrieved from http://www.sciencedaily.com/
Bulik, C. M., Marcus, M. D., Zerwas, S., Levine, M. D., & La Via, M. (2012). The changing "weightscape" of bulimia nervosa. *American Journal of Psychiatry,*

169, 1031–1036. 10.1176/appi.ajp.2012.12010147

Bulik, C. M.,Thornton, L., Poyastro, Pinheiro A., Plotnicov, K., Klump, K. L., Brandt, H., et al. (2008). Suicide attempts in anorexia nervosa. *Psychosomatic Medicine, 70,* 378.

Bullmore, E. (2012). The future of functional MRI in clinical medicine. *NeuroImage, 62,* 1267–1271. doi: 10.1016/j.neuroimage.2012.01.026

Bulmash, E. L., Moller, H. J., Kayumov, L., Shen, J., Wang, X., & Shapiro, C. M. (2006). Psychomotor disturbance in depression: Assessment using a driving simulator paradigm. *Journal of Affective Disorders, 93,* 213–218.

Bunde, J., & Suls, J. (2006). A quantitative analysis of the relationship between the Cook-Medley Hostility Scale and traditional coronary artery disease risk factors. *Health Psychology, 25,* 493–500.

Burcusa, S. L., & Iacono, W. G. (2007). Risk for recurrence in depression. *Clinical Psychology Review, 27,* 959–985.

Buriel, R., Calzada, S., & Vasquez, R. (1982). The relationship of traditional Mexican American culture to adjustment and delinquency among three generations of Mexican American male adolescents. *Hispanic Journal of Behavioral Science, 4,* 41–55.

Burke, J. D., Waldman, I., & Lahey, B. B. (2010). Predictive validity of childhood oppositional defiant disorder and conduct disorder: Implications for the DSM-V. *Journal of Abnormal Psychology, 119,* 739–751. doi: 10.1037/a0019708

Burke, J. & Loeber, R. (2010). Oppositional defiant disorder and the explanation of the comorbidity between behavioral disorders and depression. *Clinical Psychology: Science and Practice, 17,* 319–326. doi: 10.1111/j.1468

Burns, D. D. (1980). *Feeling good: The new mood therapy.* New York: Morris.

Burrow-Sanchez, J. J, & Wrona, M. (2012). Comparing culturally accommodated versus standard group CBT for Latino adolescents with substance use disorders: A pilot study. *Cultural Diversity and Ethnic Minority Psychology, 18,* 373–383. doi: 10.1037/a0029439

Burrow-Sanchez, J. J., & Wrona, M. (2012). Comparing culturally accommodated versus standard group CBT for Latino adolescents with substance use disorders: A pilot study. *Cultural Diversity and Ethnic Minority Psychology, 18,* 373–383. doi: 10.1037/a0029439

Burt, A. (2009). Rethinking environmental contributions to child and adolescent psychopathology: A meta-analysis of shared environmental influences. *Psychological Bulletin, 135,* 608–637. doi: 10.1037/a0015702

Burton, N., & Lane, R. C. (2001). The relational treatment of dissociative identity disorder. *Clinical Psychology Review, 21,* 301–320.

Busscher, B., Spinhoven, P., van Gerwen, L. J., & de Geus, E. J. C. (2013).Anxiety sensitivity moderates the relationship of changes in physiological arousal with flight anxiety during in vivo exposure therapy. *Behaviour Research and Therapy, 51,* 98–105

Busscher et al., 2013; Ho et al., 2011; Naragon-Gainey, 2010; Wheaton et al., 2012 (Author to add complete citation)

Butcher, J. N. (2011). *A beginner's guide to the MMPI-2* (3rd ed.). Washington, DC: American Psychological Association.

Butler, A. C., Chapman, J. E., Forman, E. M., & Beck, A. T. (2006). The empirical status of cognitive-behavioral therapy: A review of meta-analyses. *Clinical Psychology Review, 26,* 17–33.

Butler, L. D., Duran, R. E. F., Jasiukaitus, P., Koopman, C., & Spiegel, D. (1996). Hypnotizability and traumatic experience: A diathesis-stress model of dissociative symptomatology. *American Journal of Psychiatry, 153*(Suppl. 7), 42–63.

Butler, R. J. (2004). Childhood nocturnal enuresis: Developing a conceptual framework. *Clinical Psychology Review, 24,* 909–931.

Buvat, J., et al. (2010). Endocrine aspects of male sexual dysfunctions. *Journal of Sexual Medicine, 7,* 1627–1656.Colangelo, J. J., & Keefe-Cooperman, K. (2012). Understanding the impact of childhood sexual abuse on women's sexuality. *Journal of Mental Health Counseling, 34,* 14–37.

Buvat, J., Maggi, M., Gooren, L., Guay, A.T., Kaufman, J., Morgentaler, A., . . . Zitzmann, M. (2010). Endocrine aspects of male sexual dysfunctions. *Journal of Sexual Medicine, 7,* 1627–1656.

Buysse, D. J., Germain, A., Moul, D. E., Franzen, P. L., Brar, L. K., Fletcher, M. E., . . . Monk, T. H.. (2011). Efficacy of brief behavioral treatment for chronic insomnia in older adults. Archives *of Internal Medicine, 171,* 887–895.

Buysse, D. J., Germain, A., Moul, D. E., Franzen, P. L., Brar, L. K., Fletcher, M. E., . . Monk, T. H. (2011). Efficacy of brief behavioral treatment for chronic insomnia in older adults. *Archives of Internal Medicine.* Retrieved from http://dx.doi.org/10.1001/archinternmed.2010.535)

Byrne, S. M., Fursland, A., Allen, K. L., & Watson, H. (2011). The effectiveness of enhanced cognitive behavioural therapy for eating disorders: An open trial. *Behaviour Research and Therapy, 49,* 219–226. doi:10.1016/j.brat.2011.01.006 |

C

Cable, N., & Sacker, A. (2007). The role of adolescent social disinhibition expectancies in moderating the relationship between psychological distress and alcohol use and misuse. *Addictive Behaviors, 32,* 282–295.

Caetano, R. (1987). Acculturation and drinking patterns among U.S. Hispanics. *British Journal of Addiction, 82,* 789–799.

Cai, D., Pearce, K, Chen, S., & Glanzman.D. L. (2011). Protein kinase M maintains long-term sensitization and long-term facilitation in aplysia. *Journal of Neuroscience, 31,* 6421–6431. doi:10.1523/JNEUROSCI.4744-10.2011

Cain, S. (2011, June 25). Shyness: Evolutionary tactic? *The New York Times.* Retrieved from http://www.nytimes.com

Calabrese, J. R., & Kemp, D. E. (2008). Bipolar drug development: Are we getting closer to the real world? *Archives of General Psychiatry, 165,* 1234–1236.

Calati, R., Signorelli, M. S., Balestri, M., Marsano, A., De Ronchi, D., Aguglia, E., & Serretti, A. (2013). Antidepressants in elderly: Metaregression of double-blind, randomized clinical trials. *Journal of Affective Disorders, 147,* 1–8.

Callanan, M., & Waxman, S. (2013). Commentary on special section: Deficit or difference? Interpreting diverse developmental paths. *Developmental Psychology, 49,* 80–83. doi: 10.1037/a0029741.

Calzada-Reyes, A., Alvarez-Amador, A., Galán-García, L., Valdés-Sosa, M. (2012). Electroencephalographic abnormalities in antisocial personality disorder. *Journal of Forensic and Legal Medicine, 19,* 29–34. doi:10.1016/j.jflm.2011.10.002

Cambron, M. J., Acitelli, L. K., & Pettit, J. W. (2009). Explaining gender differences in depression: An interpersonal contingent self-esteem perspective. *Sex Roles, 61,* 751–894. doi:10.1007/s11199-009-9616-6

Cameron, N. (1963). *Personality development and psychopathology: A dynamic approach.* Boston: Houghton Mifflin.

Campbell, T. (2000). First person account: Falling on the pavement. *Schizophrenia Bulletin, 26,* 507–509.

Campos-Rodriguez, F., et al. (2012). Cardiovascular mortality in women with obstructive sleep apnea with or without continuous positive airway pressure treatment: A cohort study. *Annals of Internal Medicine, 156,* 115.

Campos-Rodriguez, F., Martinez-Garcia, M. A., de la Cruz-Moron, I., Almeida-Gonzalez, C. Catalan-Serra, P., & Montserrat, J. M. (2012). Cardiovascular mortality in women with obstructive sleep apnea with or without continuous positive airway pressure treatment: A cohort study. *Annals of Internal Medicine, 156,* 115.

Can traumatic memories be erased? (2011, April 28). *ScienceDaily.* Retrieved from http://www.sciencedaily.com/releases/2011/04/110427154315.htm

Cannon, C. P. (2011). High-density lipoprotein cholesterol as the Holy Grail. *Journal of the American Medical Association, 306,* 2153–2155. doi:10.1001/jama.2011.1687

Cannon, M., Fisher, H. L., Polanczyk, G., Moffitt, T. E., & Caspi, A. (2011). Childhood trauma and children's emerging psychotic symptoms: A genetically sensitive longitudinal cohort study. *American Journal of Psychiatry, 168,* 65–72.

Cardeña, E., & Carlson, E. (2011). Acute stress disorder revisited. *Annual Review of Clinical Psychology, 7,* 245–267. doi:10.1146/annurev-clinpsy-032210-104502

Carey, B. (2005, October 18). Can brain scans see depression? *The New York Times.* Retrieved from http://www.nytimes.com

Carey, B. (2009, December 3). Dissection begins on famous brain. *The New York Times,* A27.

Carey, B. (2009, November 26). Surgery for mental ills offers both hope and risk. *The New York Times.* Retrieved from http://www.nytimes.com/2009/11/27/health/research/27brain.html?_r=1&scp=1&sq=psychosurgery&st=cse

Carey, B. (2010, February 10). Revising book on disorders of the mind. *The New York Times.* Retrieved from www.nytimes.com

Carey, B. (2011). Expert on mental illness reveals her own fight. *The New York Times,* pp. A1, A17.

Carey, B. (2012, April 4). Scientists link gene mutation to autism risk. *The New York Times.* Retrieved from nytimes.com

Carey, B. (2012, December 11). A tense compromise on defining disorders. *The New York Times,* pp. D1, D6.

Carey, B. (2012a, January 19). New autism definition may exclude many, study suggests. *The New York Times.* Retrieved from www.nytimes.com

Carey, B. (2012b, August 23). Study finds risk of autsim linked to older fathers. *The New York Times.* Retrieved from *www.nytimes.com*

Carey, B. (2013, January 16). Some with autism diagnosis can overcome symptoms, study finds. *The New York Times.* Retrieved from nytimes.com

Carey, B., & Hartocollis, A. (2013, January 16). Warning signs of violent acts often unclear. *The New York Times,* pp. A1, A15.

Carey, M. P., Carey, K. B., Maisto, S. A., Gordon, C. M., Schroder, K. E. E., & Vanable, P. A. (2004). Reducing HIV-risk behavior among adults receiving outpatient psychiatric treatment: Results from a randomized controlled trial. *Journal of Consulting and Clinical Psychology, 72,* 252–268.

Carey, T. A. (2011). Exposure and reorganization: The what and how of effective psychotherapy. *Clinical Psychology Review, 31,* 236–248.doi:10.1016/j.cpr.2010.04.004

Carlbring, P., & Smit, F. (2008). Randomized trial of internet-delivered self-help with telephone support for pathological gamblers. *Journal of Consulting and Clinical Psychology, 76,* 1090–1094.

Carlbring, P., Hägglund, M., Luthström, A., Dahlin, M., Kadowaki, A., Vernmark, K., & Andersson, G. (2013). Internet-based behavioral activation and acceptance-based treatment for depression: A randomized controlled trial. *Journal of Affective Disorders,* in press

Carlbring, P., Maurin, L, Törngren, C., Linna, E., Eriksson, T., Sparthan, E., . . . Andersson, G. (2011). Individually-tailored, Internet-based treatment for anxiety disorders: A randomized controlled trial. *Behaviour Research and Therapy, 49,* 18–24. doi:10.1016/j.brat.2010.10.002

Carney, R. M., Freedland, K. E., Rubin, E. H., Rich, M. W., Steinmeyer, B. C., & Harris, W. S. (2009). Omega-3 augmentation of sertraline in treatment of depression in patients with coronary heart disease: A randomized controlled trial. *Journal of the American Medical Association, 302,* 1651–1657. Retrieved from http://jama.ama-assn.org/cgi/content/abstract/302/15/1651

Carpenter, S. (2013, January). Awakening to sleep. *Monitor on Psychology, 44,* pp.

40–45.

Carrasco, J. L., Tajima-Pozo, K., Díaz-Marsá, M., Casado, A., López-Ibor, J. J, Arrazola, J. Yus, M. (2012). Microstructural white matter damage at orbitofrontal areas in borderline personality disorder. *Journal of Affective Disorders, 139*, 149–153. http://dx.doi.org/10.1016/j.jad.2011.12.019

Carrillo, M. C., Blennow, K., Soares, H., Lewczuk, P., Mattsson, N., Oberoi, P., Umek, R., . . . Zetterberg, H. (2012). Global standardization measurement of cerebral spinal fluid for Alzheimer's disease: An update from the Alzheimer's Association Global Biomarkers Consortium. *Alzheimer's & Dementia*, in press. doi: 10.1016/j.jalz.2012.11.003

Carroll, L. (2003, November 4). Fetal brains suffer badly from effects of alcohol. *The New York Times Online*. Retrieved from http://www.nytimes.com

Carroll., L. (2004, February 10). Parkinson's research focuses on links to genes and toxins. *The New York Times, p.* F5.

Carson, R. C., Hollon. S. D., & Shelton, R. C. (2010). Depressive realism and clinical depression. *Behaviour Research and Therapy, 48,* 257–265. doi:10.1016/j.brat.2009.11.011

Carter, J. C., McFarlane, T. L., Bewell, C., Olmsted, M. P., Woodside, D. B., Kaplan, A. S., Crosby, R. D. (2009). Maintenance treatment for anorexia nervosa: A comparison of cognitive behavior therapy and treatment as usual. *International Journal of Eating Disorders, 42,* 202–207. doi: 10.1002/eat.20591

Carter, J. S., & Garber, J. (2011). Predictors of the first onset of a major depressive episode and changes in depressive symptoms across adolescence: Stress and negative cognitions. *Journal of Abnormal Psychology, 120,* 779–796. doi:10.1037/a0025441

Carvalho, J., & Nobre, P. (2010). Gender issues and sexual desire: The role of emotional and relationship variables. *Journal of Sexual Medicine, 7,* 2469–2478.

Carver, C. S., Johnson, S. L., & Joormann, J. (2008). Serotonergic function, two-mode models of self-regulation, and vulnerability to depression: What depression has in common with impulsive aggression. *Psychological Bulletin, 134,* 912–943.

Carver, C. S., Johnson, S. L., & Joormann, J. (2009). Two-mode models of self-regulation as a tool for conceptualizing effects of the serotonin system in normal behavior and diverse disorders. *Current Directions in Psychological Science, 18,* 195–199. doi:10.1111/j. 1467-8721.2009.01635.x

Carver, C. S., Scheier, M. F., & Segerstrom, S. C. (2010). Optimism. Clinical Psychology Review, 30, 879–889. doi:10.1016/j.cpr.2010.01.006

Casey, B. J., & Durston, S. (2006). From behavior to cognition to the brain and back: What have we learned from functional imaging studies of attention deficit hyperactivity disorder? *American Journal of Psychiatry, 163,* 957–960.

Casey, L. M., Oei, T. P. S., & Newcombe, P. A. (2004). An integrated cognitive model of panic disorder: The role of positive and negative cognitions. *Clinical Psychology Review 24,* 529–555.

Casey, P., Maracy, M., Kelly, B. D., Lehtinend, V., Ayuso-Mateose, J.-L., Dalgard, O. S., & Dowrick, C. (2006). Can adjustment disorder and depressive episode be distinguished? Results from ODIN. *Journal of Affective Disorders, 92,* 291–297.

Castellini, G., Lo Sauro, C., Mannucci, E., Ravaldi, C., Rotella, C. M., Faravelli, C., . . . Ricca, V. (2011). Diagnostic crossover and outcome predictors in eating disorders according to DSM-IV and DSM-V proposed criteria: A 6-year follow-up study. *Psychosomatic Medicine, 73,* 270–279. *http://dx.doi.org/10.1097/PSY.0b013e31820a1838)*

Centers for Disease Control. (2008). Smoking-attributable mortality, years of potential life lost, and productivity losses—United States, 2000–2004. *Morbidity and Mortality Weekly Report, 57*(45), 1226–1228.

Centers for Disease Control. (2009). Obesity and overweight. *FastStats*. Retrieved from http://www.cdc.gov/nchs/fastats/overwt.htm

Centers for Disease Control. (2009). *Suicide: Facts at a glance, summer 2009.* National Center for Injury Prevention and Control. Retrieved from www.cdc.gov/injury/wisqars/index.html

Centers for Disease Control and Prevention (CDC). (2009a). Cigarette smoking among adults and trends in smoking cessation: United States, 2008. *Morbidity and Mortality Weekly Report, 58,* 1227–1232.

Centers for Disease Control and Prevention. (2011) Vital signs: Prevalence, treatment, and control of hypertension—United States, 1999–2002 and 2005–2008. *Morbidity and Mortality Weekly Report, Journal of the American Medical Association, 305*, 1531–1534.

Centers for Disease Control and Prevention (2011, December 14). Centers for Disease Control and Prevention. The National Intimate Partner and Sexual Violence Survey (NISVS). Retrieved from//www.cdc.gov/ViolencePrevention/NISVS/index.html (Accessed July 16, 2012).

Centers for Disease Control and Prevention (CDC). (2011, July). Overweight and obese. Retrieved from *http://www.cdc.gov/obesity/data/adult.html*

Centers for Disease Control and Prevention (CDCP). (2011a). Prevalence of coronary heart disease —United States, 2006–2010. *Morbidity and Mortality Weekly Report, Journal of the American Medical Association, 306,* 2084–2086.

Centers for Disease Control and Prevention (CDC). (2011b). Vital signs: current cigarette smoking among adults aged ≥18 years—United States, 2005–2010. *Morbidity and Mortality Weekly Report, 60,* 1207–1212.

Centers for Disease Control and Prevention (2012, March 29). *CDC estimates 1 in 88 children in United States has been identified as having an autism spectrum disorder.* Retrieved from *http://www.cdc.gov/media/releases/2012/p0329_autism_disorder.html*

Centers for Diseaase Control and Prevention (CDC). (2012a). Vital signs: Binge drinking prevalence, frequency, and intensity among adults—United States, 2010. *Morbidity and Mortality Weekly Report, Journal of the American Medical Association, 307,* 908–910.

Ceron-Litvoc, D., Soares, B. G., Geddes, J., Litvoc, J., & de Lima, M. S. (2009). Comparison of carbamazepine and lithium in treatment of bipolar disorder: A systematic review of randomized controlled trials. *Human Psychopharmacology: Clinical and Experimental Human, 24,* 19–28. doi:10.1002/hup.990

Ceskova, E., Prikryl, R., & Kasparek, T. (2011). Suicides in males after the first episode of schizophrenia. *Journal of Nervous & Mental Disease, 199,* 62–64. doi: 10.1097/NMD.0b013e31820448e4

Chang, Z., Lichtenstein, P., Asherson, P. J., & Larsson, H. (2013). Developmental twin study of attention problems: High heritabilities throughout development. *JAMA Psychiatry,70,* 311–318. doi:10.1001/jamapsychiatry.2013.287.

Chantix unsuitable for first-line smoking cessation use, study finds. (2011, November 2). *ScienceDaily*. Retrieved from http://www.sciencedaily.com/

Charman, T. (2011). The highs and lows of counting autism. *American Journal of Psychiatry,* 168, 873–875. doi: 10.1176/appi.ajp.2011.11060897

Charness, M. E. (2009). Functional connectivity in Wernicke encephalopathy. *JournalWatch Neurology*. Retrieved from http://neurology.jwatch.org/cgi/content/full/2009/623/4?q=etoc_jwneuro

Chartier, I. S., & Provencher, M. D. (2013). Behavioural activation for depression: Efficacy, effectiveness and dissemination. *Journal of Affective Disorders, 145,* 292–299

Chasson, G. S., Buhlmann, U., Tolin, D. F., Rao, S. R., Reese, H. E., Rowley, T., . . . Wilhelm, S. (2010). Need for speed: Evaluating slopes of OCD recovery in behavior therapy enhanced with d-cycloserine. *Behaviour Research and Therapy, 48,* 675–679. doi:10.1016/j.brat.2010.03.007

Chemerinski, E., Byne, W., Kolaitis, J. C., Glanton, C. F., Canfield, E. L., Newmark, R. E. . . . Hazlett, E. A. (2012). Larger putamen size in antipsychotic-naïve individuals with schizotypal personality disorder. *Schizophrenia Research, 43,* 158–164. doi: 10.1016/j.schres.2012.11.00

Chemerinski, E., Byne, W., Kolaitis, J. C., Glanton, C. F., Canfield, E. L., Newmark, R. E. . . . Hazlett, E. A. (2012). Larger putamen size in antipsychotic-naïve individuals with schizotypal personality disorder. *Schizophrenia Research,* in press.

Chen, J., Rathore, S. S., Radford, M. J., Wang, Y., & Krumholz, H. M. (2001). Racial differences in the use of cardiac catheterization after acute myocardial infarction. *The New England Journal of Medicine, 344,* 1443–1449.

Chen, W. Y., Rosner, B., Hankinson, S. E., Colditz, G. A., & Willett, W. C. (2011). Moderate alcohol consumption during adult life, drinking patterns, and breast cancer risk. *Journal of the American Medical Association, 306,* 1884–1890.

Chen, Y., Wolk, D. A., Reddin, J. S., Korczykowski, M., Martinez, P. M., Musiek, E. S., . . . Detre, J. A. (2011). Voxel-level comparison of arterial spin-labeled perfusion MRI and FDG-PET in Alzheimer disease. *Neurology, 77,* 1977–1985. doi: 10.1212/WNL.0b013e31823a0ef7

Chernyak, Y., & Lowe, M. R. (2010). Motivations for dieting: Drive for thinness is different from drive for objective thinness. *Journal of Abnormal Psychology, 119,* 276–281. doi: 10.1037/a0018398

Cheung, F. M. (1991). The use of mental health services by ethnic minorities. In H. F. Myers et al. (Eds.), *Ethnic minority perspectives on clinical training and services in psychology* (pp. 23–31). Washington, DC: American Psychological Association.

Cheung, F. M., Kwong, J. Y. Y., & Zhang, J. (2003). Clinical validation of the Chinese Personality Assessment Inventory. *Psychological Assessment, 15,* 89–100.

Chida, Y., & Steptoe, A. (2009). The association of anger and hostility with future coronary heart disease: A meta-analytic review of prospective evidence. *Journal of the American College of Cardiology 53,* 936–946. doi:10.1016/ j.jacc.2008.11.044

Chiesa, A., & Serretti, A. (2011). Mindfulness based cognitive therapy for psychiatric disorders: A systematic review and meta-analysis. *Psychiatry Research, 187,* 441–453.

Childress, A. R., Ehrman, R. N., Wang, Z., Li, Y., Sciortino, N., Hakun, J., . . . O'Brien, C. P. (2008). Prelude to passion: Limbic activation by "unseen" drug and sexual cues. *PLoS ONE, 3*(1), e1506. Retrieved from http://www.plosone.org/article/info:doi/10.1371/journal.pone.0001506

Chioqueta, A.P., & Stiles, T.C. (2007). Dimensions of the Dysfunctional Attitude Scale and the Automatic Thoughts Questionnaire as cognitive vulnerability factors in the development of suicide ideation. *Behavioral and Cognitive Psychotherapy, 35,* 579–589.

Choi, I., Zou, J., Titov, N., Dar, B. F., Li, S., Johnston, L., . . . Hunt, C. (2012). Culturally attuned Internet treatment for depression amongst Chinese Australians: A randomised controlled trial. *Journal of Affective Disorders, 136,* 459–468.

Choi, S.-H., Lee, H., Chung, T.-S., Park, K.-M., Jung, Y. C., Kim, S. I., . . . Kim, J.-J. (2012). Neural network functional connectivity during and after an episode of delirium. *American Journal of Psychiatry, 169,* 498–507. 10.1176/appi.ajp.2012.1106097

Chorpita, B. F., Daleiden, E. L., Ebesutani, C., Young, J., Becker, K. D., Nakamura, B. J., . . . Starace, N. (2011). Evidence-based treatments for children and adolescents: An updated review of indicators of efficacy and effectiveness. *Clinical Psychology: Science and Practice, 18,* 154–172. doi: 10.1111/j.1468-2850.2011.01247.x

Chou, K.-L. (2009). Social anxiety disorder in older adults: Evidence from the National Epidemiologic Survey on Alcohol and Related Conditions. *Journal of Affective Disorders, 119,* 76–83.

Chou, K.-L. (2010). Panic disorder in older adults: Evidence from the National Epidemiologic Survey on Alcohol and Related Conditions. *International Journal of Geriatric Psychiatry,* in press. doi: 10.1002/gps.2424

Chou, T., Asnaani, A., & Hofmann, S. G. (2012). Perception of racial discrimination and psychopathology across three U.S. ethnic minority groups. *Cultural Diversity and Ethnic Minority Psychology, 18,* 74–81. doi: 10.1037/a0025432

Choy, Y., Fyer, A. J., & Lipsitz, J. D. (2007). Treatment of specific phobia in adults. *Clinical Psychology Review, 27,* 266–286.

Chronis, A. M., Jones, H. A., & Raggi, V. L. (2006). Evidence-based psychosocial treatments for children and adolescents with attention-deficit/hyperactivity disorder. *Clinical Psychology Review, 26,* 486–502.

Chu, J. A. (2011a). *Falling apart: dissociation and the dissociative disorders. Rebuilding shattered lives: Treating complex PTSD and dissociative disorders* (2nd ed). Hoboken: John Wiley & Sons.

Chu, J. A. (2011a). Falling apart: Dissociation and the dissociative disorders. In J. A. Chu (Ed.), *Rebuilding shattered lives: Treating complex PTSD and dissociative disorders* (2nd ed., pp. 41–64). Hoboken: John Wiley & Sons.

Chu, J. A. (2011b). *The rational treatment of dissociative identity disorder. Rebuilding shattered lives: Treating complex PTSD and dissociative disorders* (2nd ed). Hoboken: John Wiley & Sons.

Chu, J. A. (2011b). The rational treatment of dissociative identity disorder. In J. A. Chu (Ed.), *Rebuilding shattered lives: Treating complex PTSD and dissociative disorders* (2nd ed., pp. 205–227). Hoboken: John Wiley & Sons.

Chung, D. W., Rudnicki, D. D., Yu, L., & Margolis, R. L. (2011). A natural antisense transcript at the Huntington's disease repeat locus regulates HTT expression. *Human Molecular Genetics, 20,* 3467–3477. doi: 10.1093/hmg/ddr263

Chung, R. - H., Ma, D., Wang, K., Hedges, D. J., Jaworski, M. M., Gilbert, J. R., . . . Martin, E. R. (2011). An X-chromosome-wide association study in autism families identifies TBL1X as a novel autism spectrum disorder candidate gene in males. *Molecular Autism, 4,* 18.

Chung, T., & Maisto, S. A. (2006). Relapse to alcohol and other drug use in treated adolescents: Review and reconsideration of relapse as a change point in clinical course. *Clinical Psychology Review, 26,* 149–161.

Clark, D. M. (1986). A cognitive approach to panic. *Behaviour Research and Therapy, 24,* 461–470.

Clark, L. (2012). Epidemiology and phenomenology of pathological gambling. In J. E. Grant & M. N. Potenza (Eds.), *The Oxford handbook of impulse control disorders* (pp. 94–116). New York: Oxford University Press.

Clark, R. (2006). Perceived racism and vascular reactivity in Black college women: Moderating effects of seeking social support. *Health Psychology, 25,* 20–25.

Clarke., G., Dickerson, J., Gullion, C. M., & Debar, L. L. (2012). Trends in youth antidepressant dispensing and refill limits, 2000 through 2009. *Journal of Child and Adolescent Psychopharmacology, 22,* 11–20.

Clay, R. A. (2001, January). Bringing psychology to cardiac care. *Monitor on Psychology, 32*(1), 46–49.

Clay, R. A. (2012, February). Improving disorder classification, worldwide. *Monitor on Psychology, 43*(2), 40

Clifford, D. B., Fagan, A. M., Holtzman, D. M., Morris J. C., Teshome M., Shah, A. R., Kauwe, J. S., et al. (2009). CSF biomarkers of Alzheimer disease in HIV-associated neurologic disease. *Neurology, 73,* 1982. *Clinical and Health Psychology, 10,* 5–21.

Cloud, J. (2010, January 6). Why your DNA isn't your destiny. *Time Magazine.* Retrieved from *http://www.time.com/time/magazine/article/0,9171,1952313-1,00.html*

Clough, B. A., & Casey, L. M. (2011). Technological adjuncts to enhance current psychotherapy practices: A review. *Clinical Psychology Review, 31,* 279–292. doi:10.1016/j.cpr.2010.12.008

Coccaro, E. F. (2010). A family history study of intermittent explosive disorder. *Journal of Psychiatric Research, 44,* 1101–1105.

Coccaro, E. F. (2012). Intermittent explosive disorder as a disorder of impulsive aggression for DSM-5. *American Journal of Psychiatry, 169,* 577–588. 10.1176/appi.ajp.2012.11081259

Coccaro, E. F., & McCloskey, M. S. (2010). Intermittent explosive disorder: Clinical aspects. In E. Aboujaoude & L. M. Koran (Eds.), *Impulse control disorders* (pp. 221–232). Cambridge, UK: Cambridge University Press.

Coccaro, E. F., Lee, R., & Kavoussi, R. J. (2010). Aggression, suicidality, and intermittent explosive disorder: Serotonergic correlates in personality disorder and healthy control subjects. *Neuropsychopharmacology, 35,* 435–444. doi:10.1038/npp.2009.148

Cochran, S. D., Sullivan, J. G., & Mays, V. M. (2003). Prevalence of mental disorders, psychological distress, and mental health services use among lesbian, gay, and bisexual adults in the United States. *Journal of Consulting and Clinical Psychology, 71,* 53–61.

Cochran, S. V., & Rabinowitz, F. E. (2003). Gender-sensitive recommendations for assessment and treatment of depression in men. *Professional Psychology: Research and Practice, 34,* 132–140.

Coelho, C. M., Waters, A. M., Hine, T. J., & Wallis, G. (2009). The use of virtual reality in acrophobia research and treatment. *Journal of Anxiety Disorders, 23,* 563–574. doi:10.1016/j.janxdis.2009.01.014

Coffey, S. F., Schumacher, J. A., Baschnagel, J. S., Hawk, L. W., & Holloman, G. (2011). Impulsivity and risk-taking in borderline personality disorder with and without substance use disorders. *Personality Disorders: Theory, Research, and Treatment, 2,* 128–141. doi:10.1037/a0020574

Cohen, H., Kaplan, Z., Kotler, M., Kouperman, I., Moisa, R., & Grisaru, N. (2004). Repetitive transcranial magnetic stimulation of the right dorsolateral prefrontal cortex in posttraumatic stress disorder: A double-blind, placebo-controlled study. *American Journal of Psychiatry, 161,* 515–524.

Cohen, J. (2012). The many states of HIV in America. *Science, 6091,* 168–171. doi: 10.1126/science.337.6091.168

Cohen, P. (2011). Abuse in childhood and the risk for psychotic symptoms in later life. *American Journal of Psychiatry, 168,* 7–8. doi: 10.1176/appi.ajp.2010.10101513

Cohen, S., Doyle, W. J., Alper, C. M., Janicki-Deverts, D., & Turner, R. B. (2009). Sleep habits and susceptibility to the common cold. *Archives of Internal Medicine, 169,* 62–66. doi: 10.1001/archinternmed.2008.505

Cohen, S., Doyle, W. J., Turner, R., Alper, C. M., & Skoner, D. P. (2003). Sociability and susceptibility to the common cold. *Psychological Science, 14,* 389–395.

Cohen, S., Janicki-Deverts, D., & Miller, G. E. (2007). Psychological stress and disease. *Journal of the American Medical Association, 298,* 1685–1687. doi:10.1001/jama.298.14.1685.

Cohen, S., Janicki-Deverts, D., Doyle, W. J., Miller, G. E., Frank, E., Rabin, B. S., . . . Turner, R. B. (2012). Chronic stress, glucocorticoid receptor resistance, inflammation, and disease risk. *PNAS, 109,* 5995–5999. doi: 10.1073/pnas.1118355109

Cohen, S., Janicki-Deverts, D., Doyle, W. J., Miller, G. E., Frank, E., Rabin, B. S., . . . Turner, R. B. (2012). Chronic stress, glucocorticoid receptor resistance, inflammation, and disease risk. *Proceedings of the National Academy of Sciences of the United States of America.109,* 5995–5999. doi:10.1073/pnas.1118355109

Cohen, S., Kozlovsky, N ., Matar, M. A., Kaplan, Z., Zohar, J., & Cohen, H. (2012). Post-exposure sleep deprivation facilitates correctly timed interactions between glucocorticoid and adrenergic systems, which attenuate traumatic stress responses. *Neuropsychopharmacology, 37,* 2388–2404.| doi:10.1038/npp.2012.94

Coila, B. (2009). *What is epigenetics*? Retrieved from *http://bridget-coila.suite101.com/what-is-epigenetics-a104553*

Colangelo, J. J., & Keefe-Cooperman, K. (2012). Understanding the impact of childhood sexual abuse on women's sexuality. *Journal of Mental Health Counseling, 34,* 14–37.

Colditz, G. A., Wolin, K. Y., & Gehlert, S. (2012). Applying what we know to accelerate cancer prevention. *Science Translational Medicine, 4,* 127. doi: 10.1126/scitranslmed.3003218

Coldwell, C. M., & Bender, W. S. (2007). The effectiveness of assertive community treatment for homeless populations with severe mental illness: A meta-analysis. *American Journal of Psychiatry, 164,* 393–399.

Cole, D. A., Cho, S.-J., Martin, N. C., Youngstrom, E. A., March, J. S., Findling, R. L., . . . Maxwell, M. A. (2012). Are increased weight and appetite useful indicators of depression in children and adolescents? *Journal of Abnormal Psychology, 121,* 838–851. doi: 10.1037/a0028175

Coleman, M. J., Krastoshevsky, O., Tu, X., Mendell, N. R., & Levy, D. L. (2012). The effects of perceptual encoding on the magnitude of object working memory impairment in schizophrenia. *Schizophrenia Research, 139,* 60–65. doi: 10.1016/j.schres.2012.05.003 in press.

Coltheart, M., Langdon, R., & McKay, R. (2011). Delusional belief. *Annual Review of Psychology, 62,* 271–298. doi: 10.1146/annurev.psych.121208.131622

Comas-Diaz, L. (2011a). Multicultural psychotherapies. In R. J. Corsini & D. Wedding (Eds.) (9th ed.), *Current psychotherapies* (pp. 536–567). Belmont, CA: Brooks/Cole.

Comas-Diaz, L. (2011b). *Multicultural care: A clinician's guide to cultural competence.* Washington, D.C.: American Psychological Association.

Comparelli, A., Corigliano, V., De Carolis, A., Mancinelli, I., Trovini, G., Ottavi, G., . . . Girardi, P. (2013).Emotion recognition impairment is present early and is stable throughout the course of schizophrenia. *Schizophrenia Research, 143,* 65–69.

Compton, W. M., Grant, B. F., Colliver, J. D., Glantz, M. D., & Stinson, F. S. (2004). Prevalence of marijuana use disorders in the United States: 1991–1992 and 2001–2002. *Journal of the American Medical Association, 291,* 2114–2121.

Compton, W., Conway, K. P., Stinson, F. S., Colliver, J. D., & Grant, B. F. (2005). Prevalence and comorbidity of DSM-IV antisocial syndromes and specific drug use disorders in the United States: Results from the National Epidemiologic Survey on Alcohol and Related Conditions. *Journal of Clinical Psychiatry, 66,* 676–685.

Conger, K. (2008a, June 26). Facebook concepts indicate brains of Alzheimer's patients aren't as networked, Stanford study shows. *Stanford University School of Medicine News Release.* Retrieved from http://med.stanford.edu/news_releases/2008/june/alzheimers21.html

Conger, K. (2008b, July 9). Taking a page from Facebook: Researchers track brain networks in Alzheimer's. *Stanford University School of Medicine News Release.* Retrieved from http://med.stanford.edu/mcr/2008/alzheimers-0709.html

Conner, B. T., & Lochman, J. E. (2010). Comorbid conduct disorder and substance use disorders. *Clinical Psychology: Science and Practice, 17,* 337–349. doi: 10.1111/j.1468-2850.2010.01225.x

Conway, K. P., Compton, W., Stinson, F. S., & Grant, B. F. (2006). Lifetime comorbidity of DSM-IV mood and anxiety disorders and specific drug use disorders: Results from the National Epidemiologic Survey on Alcohol and Related Conditions. *Journal of Clinical Psychiatry, 67,* 247–257.

Cook, J. M., Biyanova, T., & Coyne, J. C. (2009). Comparative case study of diffusion of eye movement desensitization and reprocessing in two clinical settings: Empirically supported treatment status is not enough. *Journal of Consulting and Clinical Psychology, 40,* 518–524. doi:10.1037/a0015144

Coons, P. M. (1986). Treatment progress in 20 patients with multiple personality

disorder. *The Journal of Nervous and Mental Disease, 174,* 715–721.
Cooper, A., Scherer, C. R., Boies, S. C., & Gordon, B. L. (1999). Sexuality on the Internet: From sexual exploration to pathological expression. *Professional Psychology: Research & Practice, 30* (2), 154–164.
Copeland, W. E., Angold, A., Costello, E. J., & Egger, H. (2013). Prevalence, comorbidity, and correlates of DSM-5 proposed disruptive mood dysregulation disorder. *American Journal of Psychiatry, 170,* 173–179.
Corbett, A., & Ballard, C. (2012). Antipsychotics and mortality in dementia. *American Journal of Psychiatry, 169,* 7–9. doi: 10.1176/appi.ajp.2011.11101488
Corbett, J., Saccone, N. L., Foroud, T., Goate, A., Edenberg, H., Nurnberger, J., . . . Rice, J. P. (2005). Sex adjusted and age adjusted genome screen for nested alcohol dependence diagnoses. *Psychiatric Genetics, 15,* 25–30.
Coronado, S. F., & Peake, T. H. (1992). Culturally sensitive therapy: Sensitive principles. *Journal of College Student Psychotherapy, 7,* 63–72.
Cororve, M. B., & Gleaves, D. H. (2001). Body dysmorphic disorder: A review of conceptualizations, assessment, and treatment strategies. *Clinical Psychology Review, 21,* 949–970.
Correll, C. U., Manu, P., Olshanskiy, V., Napolitano, B., Kane, J. M., & Malhotra, A. K. (2009). Cardiometabolic risk of second-generation antipsychotic medications during first-time use in children and adolescents. *Journal of the American Medical Association, 302,* 1765–1773. doi: 10.1001/ jama.2009.1549
Cortese, S., Kelly, C., Chabernaud, C., Proal, E., Di Martino, A., Milham, M. P., & Castellanos, F. X. (2012). Toward systems neuroscience of ADHD: A meta-analysis of 55 fMRI studies. *American Journal of Psychiatry, 169,* 1038–1055. 10.1176/appi.ajp.2012.11101521
Cortina, L. M., & Kubiak, S. P. (2006). Gender and posttraumatic stress: Sexual violence as an explanation for women's increased risk. *Journal of Abnormal Psychology, 115,* 753–759.
Coryell, W. (2011). The search for improved antidepressant strategies: Is bigger better? *American Journal of Psychiatry, 168,* 664–666. doi: 10.1176/appi.ajp.2011.11030510
Coryell, W., Pine, D., Fyer, A., & Klein, D. (2006). Anxiety responses to CO*2* inhalation in subjects at high risk for panic disorder. *Journal of Affective Disorders, 92,* 63–70.
Costello, D. M., Swendsen, J., Rose, J. S., & Dierkera, L. C. (2008). Risk and protective factors associated with trajectories of depressed mood from adolescence to early adulthood. *Journal of Consulting and Clinical Psychology, 76,* 173–183.
Costello, E. J., Compton, S. N., Keele, G., & Angold, A. (2003). Relationships between poverty and psychopathology: A natural experiment. *Journal of the American Medical Association, 290,* 2023–2029.
Costin, C. (1997). *Your dieting daughter: Is she dying for attention?* New York: Brunner/Mazel.
Cowley, G. (2001, February 12). New ways to stay clean. *Newsweek,* pp. 45–47.
Cox, B. J., MacPherson, P. S., & Enns, M. W. (2005). Psychiatric correlates of childhood shyness in a nationally representative sample. Behavior Research and Therapy, 43, 1019–1027.
Coyne, J. C. (1976). Toward an interactional description of depression. *Psychiatry, 39,* 14–27.
Cramer, P. (2000). Defense mechanisms in psychology today: Further processes for adaptation. *American Psychologist, 55,* 637–646.
Craske, M. G., Roy-Byrne, P. P., Stein, M. B., Sullivan, G., Sherbourne, C., & Bystritsky, A. (2009). Treatment for anxiety disorders: Efficacy to effectiveness to implementation. *Behaviour Research and Therapy, 47,* 931–937. doi:10.1016/j.brat.2009.07.012
Creed, F., & Barsky, A. (2004). A systematic review of the epidemiology of somatisation disorder and hypochondriasis. *Journal of Psychosomatic Research, 56,* 391–408.
Crespo-Facorro, B. , Pérez-Iglesias, R-O., Mata, I., Ramirez-Bonilla, M., Martínez-Garcia, O., Pardo-Garcia, G. . . . Vázquez-Barquero, J. L. (2011). Effectiveness of haloperidol, risperidone and olanzapine in the treatment of first-episode non-affective psychosis: results of a randomized, flexible-dose, open-label 1-year follow-up comparison. *Journal of Psychopharmacology, 219,* 225–233. doi: 10.1177/0269881110388332
Critic calls American Psychiatric Association approval of DSM-V "a sad day for psychiatry." (2012, December 3). Retrieved from healthnewsreview.org
Crits-Christoph, P., Gibbons, M. B. C., Hamilton, J., Ring-Kurtz, S., & Gallop, R. (2011). The dependability of alliance assessments: The alliance–outcome correlation is larger than you might think. *Journal of Consulting and Clinical Psychology, 79,* 267–278. doi: 10.1037/a0023668
Croghan, I. T., Hurt, R. D., Dakhil, S. R., Croghan, G. A., Sloan, J. A., Novotny, P. J., . . . Loprinzi, C. L. (2007). Randomized comparison of a nicotine inhaler and bupropion for smoking cessation and relapse prevention. *Mayo Clinic Proceedings, 82,* 186–195.
Cross-Disorder Group of the Psychiatric Genomics Consortium (2013, February 28). Identification of risk loci with shared effects on five major psychiatric disorders: a genome-wide analysis. *The Lancet, Early Online Publication.* Retrieved from http://press.thelancet.com/psychiatricdisorders.pdf
Crouse, K., & Pennington, B. (2012, November 13). Panic attack leads to hospital on way to golfer's first victory. *The New York Times,* pp. A1, A3.
Crow, S. J., Mitchell, J. E., Crosby, R. D., Swanson, S. A., Wonderlich, S., & Lancaster, K. (2009a). The cost effectiveness of cognitive behavioral therapy for bulimia nervosa delivered via telemedicine versus face-to-face. *Behaviour Research and Therapy, 47,* 451–453. doi: 10.1016/j.brat.2009.02.006
Crow, S. J., Peterson, C. B., Swanson, S. A., Raymond, N. C., Specker, S., Eckert, E. D., & Mitchell, J. E. (2009b). Increased mortality in bulimia nervosa and other eating disorders. *American Journal of Psychiatry, 166,* 1342–1346. doi:10.1176/appi.ajp.2009.09020247
Crowell, S. E., Beauchaine, T. P., McCauley, E., Smith, C. V., Vasilev, C. A., & Stevens, A. (2008). Parent-child interactions, peripheral serotonin, and self-inflicted injury in adolescents. *Journal of Consulting and Clinical Psychology, 76,* 15–21.
Crozier, J. C., Dodge, K. A., Fontaine, R. G., Lansford, J. E., Bates, J. E., Pettit, G. S., et al. (2008). Social information processing and cardiac predictors of adolescent antisocial behavior. *Journal of Abnormal Psychology, 117,* 253–267.
Cryan, J. F., & O'Leary, O. F. (2010). A glutamate pathway to faster-acting antidepressants? *Science, 329,* 913–914. doi: 10.1126/science.1194313
Csordas, T. J., Storck, M. J., & Strauss, M. (2008). Diagnosis and distress in Navajo healing. *Journal of Mental and Nervous Disease, 196,* 585–596.
Cuijpers, P., Clignet, F., van Meijel, B., van Straten, A., Lid, J., & Andersson, G. (2011). Psychological treatment of depression in inpatients: A systematic review and meta-analysis. *Clinical Psychology Review, 31,* 353–360. doi:10.1016/j.cpr.2011.01.002
Cuijpers, P., Li, J., Hofmann, S. J., & Andersson, G. (2010). Self-reported versus clinician-rated symptoms of depression as outcome measures in psychotherapy research on depression: A meta-analysis. *Clinical Psychology Review, 30,* 768–778.
Cuijpers, P., Muñoz, R. F, Clarke, G. N., & Lewinsohn, P M. (2009). Psychoeducational treatment and prevention of depression: The "Coping with Depression" course thirty years later. *Clinical Psychology Review, 29,* 449–458. doi:10.1016/j.cpr.2009.04.005
Cuijpers, P., van Straten, A., Schuurmans, J., van Oppen, P., Hollon, S. D., & Andersson, G. (2010). Psychotherapy for chronic major depression and dysthymia: A meta-analysis. *Clinical Psychology Review, 30,* 51–62. doi:10.1016/j.cpr.2009.09.003
Cukor, J., Spitalnick, J., Difede, J., Rizzo, A., & Rothbaum, B. O. (2009). Emerging treatments for PTSD. *Clinical Psychology Review, 29,* 715–726.
Cunningham, J. A., & Breslin, F. C. (2004). Only one in three people with alcohol abuse or dependence ever seek treatment. *Addictive Behaviors, 29,* 221–223.
Curb, J. D., & Marcus, E. B. (1991). Body fat and obesity in Japanese-Americans. *American Journal of Clinical Nutrition, 53,* 1552S–1555S.
Cuttler, C., & Grafa, P. (2009). Checking-in on the memory deficit and meta-memory deficit theories of compulsive checking. *Clinical Psychology Review, 29,* 393–409.

D

Dahl, M. (2008, August 6). *Shock therapy makes a quiet comeback.* Retrieved from http://www.msnbc.msn.com/id/26044935/
Dahlen, E. R., Edwards, B. D., Tubre, T., Zyphur, M. J., & Warren, C. (2012). Taking a look behind the wheel: An investigation into personality predictors of aggressive driving. *Accident Analysis and Prevention, 45,* 1–9
Dai, Y.B., Tan, X.J., Wu, W.F., Warner, M., & Gustafsson, J.A. (2012). Liver X receptor protects dopaminergic neurons in a mouse model of Parkinson disease. *Proceedings of the National Academy of Sciences, 109,* 13112. doi:10.1073/pnas.1210833109
Dale, K. Y., Berg, R., Elden, A., Ødegård, A., & Holte A. (2009). Testing the diagnosis of dissociative identity disorder through measures of dissociation, absorption, hypnotizability and PTSD: A Norwegian pilot study. *Journal of Trauma and Dissociation, 10,* 102–112. doi:10.1080/15299730802488478
Dalenberg, C. J., Brand, B. L., Gleaves, D. H., Dorahy, M. J., Loewenstein, R. J., Cardeña, E., . . . Spiegel, D. (2012). Evaluation of the evidence for the trauma and fantasy models of dissociation. *Psychological Bulletin, 138,* 550–588. doi:10.1037/a0027447
Dallaire, D. H., & Weinraub, M. (2007). Infant-mother attachment security and children's anxiety and aggression at first grade. *Journal of Applied Developmental Psychology, 28,* 477–492.
Dalley, S. E., Buunk, A. P., & Umit, T. (2009). Female body dissatisfaction after exposure to overweight and thin media images: The role of body mass index and neuroticism. *Personality and Individual Differences, 45,* 47–51. doi: 10.1016/j.paid.2009.01.044
Dannon, P. N., Lowengrub, K., Aizer, A., & Kotler, M. (2006). Pathological gambling: Comorbid psychiatric diagnoses in patients and their families. *Israel Journal of Psychiatry and Related Sciences, 43,* 88–92.
Dao, T. K., & Prevatt, F. (2006). A psychometric evaluation of the Rorschach Comprehensive System's Perceptual Thinking Index. *Journal of Personality Assessment, 86,* 180–189.
Dauvilliers, Y., Arnulf, I., & Mignot, E. (2007). Narcolepsy with cataplexy. *The Lancet, 369,* 499–511.
David, D., & Szentagotaia, A. (2006). Cognitions in cognitive-behavioral psychotherapies: Toward an integrative model. *Clinical Psychology Review, 26,* 284–298.
Davies, M., Gilston, J., & Rogers, P. (2012). Examining the relationship between male rape myth acceptance, female rape myth acceptance, victim blame, homophobia, gender roles, and ambivalent sexism. *Journal of Interpersonal Violence,* 27, 2807–2823.
Davis, M., Ressler, K., Rothbaum, B. O., & Richardson, R. (2006). Effects of D-cycloserine on extinction: Translation from preclinical to clinical work. *Biological Psychiatry, 60,* 369–375.
Davis, S. R., & Braunstein, G. D. (2012). Efficacy and safety of testosterone in

the management of hypoactive sexual desire disorder in menopausal women. *The Journal of Sexual Medicine, 9*, 1134–1148

Davis, S. R., Davison, S. L., Donath, S., & Bell, R. J. (2005). Circulating androgen levels and self-reported sexual function in women. *Journal of the American Medical Association, 294,* 91–96.

Davis, S. R., Moreau, M., Kroll, R., Bouchard, C., Panay, N., Gass, M., . . . the APHRODITE Study Team (2008). Testosterone for low libido in postmenopausal women not taking estrogen. *New England Journal of Medicine,* 359, 2005–2017.

Davis, T. E. III, May, A., & Whiting, S. E. (2011). Evidence-based treatment of anxiety and phobia in children and adolescents: current status and effects on the emotional response. *Clinical Psychology Review, 31,* 592–602. doi:10.1016/j.cpr.2011.01.001

Dawe, S., Rees, V. W., Mattick, R., Sitharthan, T., & Heather, N. (2002). Efficacy of moderation-oriented cue exposure for problem drinkers: A randomized controlled trial. *Journal of Consulting and Clinical Psychology, 70,* 1045–1050.

Dawson, G. (2013). Dramatic increase in autism prevalence parallels explosion of research into its biology and causes. *JAMA Psychiatry, 70*, 9. doi:10.1001/jamapsychiatry.2013.488.

Day, H. R., Perencevich, E. N., Harris, A. D., Gruber- Baldini, A. L., Himelhoch, S. S., Brown, C. H., . . Morgan, D. J. (2012). The association between contact precautions and delirium at a tertiary care center. *Infection Control and Hospital Epidemiology, 33*, 34–39.

de Gonzalez, A. B., Hartge, P., Cerhan, J. R., Flint, A. R., Hannan, L., MacInnis, R. J., . . . Thun, M. J. (2011). Mass index and mortality among 1.46 million white adults. *New England Journal of Medicine, 363*, 2211–2219.

de Kleine, R. A., Hendriks, G.-J., Kusters, W. J. C., Broekman, T. G., & van Minnen, A. (2012). A randomized placebo-controlled trial of d-cycloserine to enhance exposure therapy for posttraumatic stress disorder. *Biological Psychiatry, 71*, 962–968. doi: 10.1016/j.biopsych.2012.02.033Volume

De La Cancela, V., & Guzman, L. P. (1991). Latino mental health service needs: Implications for training psychologists. In H. F. Myers et al. (Eds.), *Ethnic minority perspectives on clinical training and services in psychology* (pp. 59–64). Washington, DC: American Psychological Association.

De Leon, P. (2012, March/April). An impressive evolution. *The National Psychologist,* p. 5.

de Win, M. M. L., Jager, G., Booij, J., Reneman, L., Schilt, T., Lavini, C., . . . van den Brink, W. (2008). Sustained effects of ecstasy on the human brain: A prospective neuroimaging study in novel users. *Brain, 131,* 2936.

DeAngelis, T. (2012a, March). Practicing distance therapy, legally and ethically. *Monitor on Psychology, 43*(3), 52.

DeAngelis, T. (2012b). A second life for practice? *Monitor on Psychology, 43*(3), 48.

Dear, B. F., Titov, N., Schwencke, G., Andrews, G., Johnston, L., Craske, M. G., & McEvoy, P. (2011). An open trial of a brief transdiagnostic internet treatment for anxiety and depression. *Behaviour Research and Therapy, 49,* 830–837. doi:10.1016/j.brat.2011.09.007 |

Deas, S., Power, K., Collin, P., Yellowlees, A., & Grierson, D. (2011). The relationship between disordered eating, perceived parenting, and perfectionistic schemas. *Cognitive Therapy and Research, 35*, 414–424. doi: 10.1007/s10608-010-9319-x

DeFina, L. F., Willis, B. L., Radford, N. B., Gao, A., Leonard, D., Haskell, W. L., . . . Berry, J. D. (2013). The association between midlife cardiorespiratory fitness levels and later-life dementia: A cohort study. *Annals of Internal Medicine, 158,* 162-16

Degabriele, R., & Lagopoulos, J. (2009). A review of EEG and ERP studies in bipolar disorder. *Acta Neuropsychiatrica, 21,* 58–66. doi:10.1111/j.1601-5215.2009.00359.x

Del Boca, F. K., Darkes, J., Greenbaum, P. E., & Goldman, M. S. (2004). Up close and personal: Temporal variability in the drinking of individual college students during their first year. *Journal of Consulting and Clinical Psychology, 72,* 155–164.

Delahanty, D. L. (2011a). Toward the predeployment detection of risk for PTSD. *American Journal of Psychiatry, 168*, 9–11. doi: 10.1176/appi.ajp.2010.10101519

Delahanty, D .L. (2011b, November). Injury severity and posttraumatic stress. *Clinician's Research Digest*, p. 3.

Delgado, M. Y., Updegraff, K. A., Roosa, M. W., & Umaña-Taylor, A. J. (2010). Discrimination and Mexican-origin adolescents' adjustment: the moderating roles of adolescents', mothers', and fathers' cultural orientations and values. *Journal of Youth and Adolescence, 40*, 125–139. doi: 10.1007/s10964-009-9467-z

Dempster, E. L., Pidsley, R., Schalkwyk, L. C., Owens, S., Georgiades, A., Kane, F., ... Mill, J. (2011). Disease-associated epigenetic changes in monozygotic twins discordant for schizophrenia and bipolar disorder. *Human Molecular Genetics, 43,* 969–976. doi: 10.1093/hmg/ddr416

Denizet-Lewis, B. (2006, June 25). An anti-addiction pill? *The New York Times Magazine,* pp. 48–53.

Dennis, E. L., Jahanshad, N., Rudie, J. D., Brown, J. A., Johnson, K., McMahon, K. . . . Thompson, P. (2012). Altered structural brain connectivity in healthy carriers of the autism risk gene, CNTNAP2. *Brain Connectivity, 1*, 447–459. doi: 10.1089/brain.2011.0064

Denollet, J., & Pedersen, S. S. (2009). Anger, depression, and anxiety in cardiac patients: The complexity of individual differences in psychological risk. *Journal of the American College of Cardiology, 53,* 947–949. doi:10.1016/ j.jacc.2008.12.006

DeNoon, D. (2006, May 1). Do ADHD drugs stunt kids' growth? *WebMD Medical News*. Retrieved from http://www.webmd.com/content/article/121/114370Reviewed

Denson, T. F., Spanovic, M., & Miller, N. (2009). Cognitive appraisals and emotions predict cortisol and immune responses: A meta-analysis of acute laboratory social stressors and emotion inductions. *Psychological Bulletin, 135,* 823–853. doi:10.1037/a0016909

Denys, D., Mantione, M., Figee, M., van den Munckhof, P., Koerselman, F., Westenberg, H., . . . Schuurman, R. (2010). Deep brain stimulation of the nucleus accumbens for treatment-refractory obsessive-compulsive disorder. *Archives of General Psychiatry, 67*, 1061–1068. doi:10.1001/archgenpsychiatry.2010.122

Depression ups risk of complications following heart attack, study suggests. *ScienceDaily*. Retrieved from http://www.sciencedaily.com/releases/2008/07/080701194736.htm

Dervic, K., Brent, D. A., & Oquendo, M. A. (2008). Completed suicide in childhood. *Psychiatric Clinics of North America, 31*, 271–291.

Devan, G. S. (1987). Koro and schizophrenia in Singapore. *British Journal of Psychiatry, 150,* 106–107.

Devanand, D. P., Mintzer, J., Schultz, S. K., Andrews, H. F., Sultzer, D. L., de la Pena, D., Gupta, S, . . . Levin, B. (2012). Relapse risk after discontinuation of risperidone in Alzheimer's disease. *New England Journal of Medicine, 367*, 1497.

Devos, D., Moreau, C., & Destée, A. (2009). Levodopa for Parkinson's disease. *New England Journal of Medicine, 360,* 935–936.

Di Iorio, C. R., Watkins, T. J., Dietrich, M. S., Cao, A., Blackford, J. U., Rogers, B., . . . Cowan, R. L. (2011). Evidence for chronically altered serotonin function in the cerebral cortex of female 3,4-methylenedioxymethamphetamine polydrug users. *Archives of General Psychiatry, 69*, 399–409. doi:10.1001/archgenpsychiatry.2011.156

Diamond, M. (2011). Developmental, sexual and reproductive neuroendocrinology: Historical, clinical and ethical considerations. *Frontiers in Neuroendocrinology, 32*, 255–263.

Diamond, S., Baldwin, R., & Diamond, R. (1963). *Inhibition and choice.* New York: Harper & Row.

Dick, D. M. (2011). Gene-environment interaction in psychological traits and disorders. *Annual Review of Clinical Psychology, 7*, 383–409. doi: 10.1146/annurev-clinpsy-032210-104518

Dickel, D. E., Veenstra-VanderWeele, J., Cox, N. J., Wu, A., Fischer, D. J., Van Etten-Lee, M., Himle, J. A., . . . Hanna, G. L. (2006). Association testing of the positional and functional candidate gene SLC1A1/EAAC1 in early-onset obsessive-compulsive disorder. *Archives of General Psychiatry, 63*, 778–785.

DiClemente, C. (2011). Project MATCH. In J. C. Norcross, G. R. VandenBos, & D. K. Freedheim (Eds.) (2011). *History of psychotherapy: Continuity and change* (2nd ed.). (pp. 395–401). Washington, DC: American Psychological Association.

DiMauro, J., Domingues, J., Fernandez, G., & Tolina, D. F. (2012). Long-term effectiveness of CBT for anxiety disorders in an adult outpatient clinic sample: A follow-up study. *Behaviour Research and Therapy, 51*, 82–86. doi: 10.1016/j.brat.2012.10.00

Dimeff, L.A., Paves, A. P., Skutch J.M., & Woodcock E.A. (2011). Shifting paradigms in clinical psychology: How innovative technologies are shaping treatment delivery. In D. H. Barlow (Ed.), *The Oxford handbook of clinical psychology* (pp. 618–648). New York: Oxford University Press.

Dimidjian, S., Barrera, M. Jr., Martell, C., Muñoz, R. F., & Lewinsohn, P. M. (2011). The origins and current status of behavioral activation treatments for depression. *Annual Review of Clinical Psychology, 7*, 1–38. doi:10.1146/annurev-clinpsy-032210-104535

Dishion, T. J., & Owen, L. D. (2002). A longitudinal analysis of friendships and substance use: Bidirectional influence from adolescence to adulthood. *Developmental Psychology, 38,* 480–491.

Dixon-Gordon, K. L., Chapman, A. L., Lovasz, N., & Walters, K. (2011). Too upset to think: The interplay of borderline personality features, negative emotions, and social problem solving in the laboratory. *Personality Disorders: Theory, Research, and Treatment,* 2, 243–260. doi:10.1037/a0021799

Djoussé, L., Driver, J. A., & Gaziano, J. M. (2009). Relation between modifiable lifestyle factors and lifetime risk of heart failure. *Journal of the American Medical Association, 302,* 394–400.

Dobbs, D. (2010). Schizophrenia appears during adolescence. But where does one begin and the other end? *Nature, 468*, 154–156. doi:10.1038/468154a

Dobson, K. S., Hollon, S. D., Dimidjian, S., Schmaling, K. B., Kohlenberg, R. J., Gallop, R. J., . . . Jacobson, N. S. (2008). Randomized trial of behavioral activation, cognitive therapy, and antidepressant medication in the prevention of relapse and recurrence in major depression. *Journal of Consulting and Clinical Psychology, 76*, 468–477. doi:10.1037/ 0022-006X.76.3.468

Dodge, K. A. (2009). Mechanisms of gene–environment interaction effects in the development of conduct disorder. *Perspectives on Psychological Science, 4*, 408–414. doi: 10.1111/j.1745-6924.2009.01147.x

Dodick, D. W., & Gargus, J. J. (2008). Why migraines strike. *Scientific American*. Retrieved from http://www.sciam.com/article.cfm?id=whymigraines-strike&page=5

Dohrenwend, B. P. (2006). Inventorying stressful life events as risk factors for psychopathology: Toward resolution of the problem of intracategory variability. *Psychological Bulletin, 132,* 477–495.

Dohrenwend, B. P., Turner, J. B., Turse, N. A., Adams, B. G., Koenen, K. C., & Marshall, R. (2006). The psychological risks of Vietnam for U.S. veterans: A revisit with new data and methods. *Science, 313,* 979–982.

Dolan, D. C., Taylor, D. J., Bramoweth, A. D., & Rosenthal, L. D. (2010). Cognitive behavioral therapy of insomnia: A clinical case series study of patients with comorbid disorders and using hypnotic medications. *Behavior*

Research and Therapy, 48, 321–327. doi:10.1016/j.brat.2009.12.004

Donaldson, S. I., Csikszentmihalyi, M., & Nakamura, J. (Eds.). (2011). *Applied positive psychology: Improving everyday life, health, schools, work, and society. Series in applied psychology*. New York: Routledge/Taylor & Francis Group.

Donegan, E., & Dugas, M. J. (2012). Generalized anxiety disorder: A comparison of symptom change in adults receiving cognitive-behavioral therapy or applied relaxation. Journal of Consulting and Clinical Psychology, 80, 490–496. doi: 10.1037/a0028132

Dong, L., Bilbao, A., Laucht, M., Henriksson, R., Yakovlev, T., Ridinger, M., . . .Schuman, G. (2011). Effects of the circadian rhythm gene period 1 (Per1) on psychosocial stress–induced alcohol drinking. *American Journal of Psychiatry, 168,* 1090–1098. doi:org/10.1176/appi.ajp.2011.10111579

Dong, L., Bilbao, A., Laucht, M., Henriksson, R., Yakovlev, T., Ridinger, M., Desrivieres, S. , . . .Schuman, G. (2011). Effects of the circadian rhythm gene period 1 (Per1) on psychosocial stress–induced alcohol drinking. *American Journal of Psychiatry, 168,* 1090–1098. doi: org/10.1176/appi.ajp.2011.10111579

Donovan, J. E., Molina, B. S. G., & Kelly, T. M. (2009). Alcohol outcome expectancies as socially shared and socialized beliefs. *Psychology of Addictive Behaviors, 23,* 248–259. doi:10.1037/a0015061

Doran, N., Schweizer, C. A., & Myers, M. G. (2011). Do expectancies for reinforcement from smoking change after smoking initiation? *Psychology of Addictive Behaviors, 25,* 101–107. doi: 10.1037/a0020361

Dougall, A. L., & Baum, A. (2001). Stress, health, and illness. In A. Baum, T. A. Revenson, & J. E. Singer (Eds.), *Handbook of health psychology* (pp. 339–348). Mahwah, NJ: Erlbaum.

Douglas, K. S., Guy, L. S., & Hart, S. D. (2009). Psychosis as a risk factor for violence to others: A meta-analysis. *Psychological Bulletin, 135,* 679–706. doi:10.1037/a0016311

Drabick, D. A. G. (2009). Can a developmental psychopathology perspective facilitate a paradigm shift toward a mixed categorical-dimensional classification system? *Clinical Psychology: Science and Practice, 16,* 41–49. doi:10.1111/j.1468-2850.2009.01141.x

Drabick, D. A. G., & Kendall, P. C. (2010). Developmental psychopathology and the diagnosis of mental health problems among youth. *Clinical Psychology: Science and Practice, 17,* 272–280. doi: 10.1111/j.1468-2850.2010.01219.x

Drieling, T., van Calker, D., & Hecht, H. (2006). Stress, personality and depressive symptoms in a 6.5 year follow-up of subjects at familial risk for affective disorders and controls. *Journal of Affective Disorders, 91,* 195–203.

Driessen, E., Cuijpers, P., de Maat, S. C. M., Abbass, A. A., de Jonghe, F., & Dekker, J. J. M. (2010). The efficacy of short-term psychodynamic psychotherapy for depression: A meta-analysis. *Clinical Psychology Review, 30,* 25–36. doi:10.1016/j.cpr.2009.08.010

Dubovsky, S. (2006, February 12). An update on the neurobiology of addiction. *Journal Watch Psychiatry*. Retrieved from http://psychiatry.jwatch.org/cgi/content/full/2006/222/7?q=etoc

Dubovsky, S. (2008, March 24). Venlafaxine vs. SSRIs: A meta-analysis. *Journal Watch Psychiatry*. Retrieved from http://psychiatry.jwatch.org/cgi/content/full/2008/324/2

Dubovsky, S. (2010, October 18). Epigenetics — A mechanism for the impact of experience on inheritance? *Journal Watch Psychiatry*. Retrieved from *http://psychiatry.jwatch.org/cgi/content/full/2010/1018/1*

Dubovsky, S. (2011, June 13). Varenicline: No harm, but little benefit. *Journal Watch Psychiatry*. Retrieved from http://psychiatry.jwatch.org/cgi/content/full/2011/613/5

Dubovsky, S. (2012, January 13). How well are we treating depression? *Journal Watch Psychiatry*. Retrieved from *http://psychiatry.jwatch.org/cgi/content/full/2012/113/2?q=etoc_jwpsych*

Ducci, F., Kaakinen, M., Pouta, A., Hartikainen, A.-L., Veijola, J., Isohanni, M., . . . Ekelund, J. (2011). TTC12-ANKK1-DRD2 and CHRNA5-CHRNA3-CHRNB4 influence different pathways leading to smoking behavior from adolescence to mid-adulthood. *Biological Psychiatry, 69,* 650–660. doi: 10.1016/j.biopsych.2010.09.055

Duke, L. A., Allen, R. N., Rozee, P., & Bommaritto, M. (2008). The sensitivity and specificity of flashbacks and nightmares to trauma. *Journal of Anxiety Disorders, 22,* 319–327.

Duke, P., & Hochman, G. (1992). *A brilliant madness.* New York: Bantam Dell.

Duman, R. S., & Aghajanian, G. K. (2012). Synaptic dysfunction in depression: Potential therapeutic targets. *Science, 338* (6103), 68–72.

Duran, B., Oetzel, J., Lucero, J., Jiang, Y., Novins, D. K., Manson, S., et alBeals, J. (2005). Obstacles for rural American Indians seeking alcohol, drug, or mental health treatment. *Journal of Consulting and Clinical Psychology, 73,* 819–829.

Durham, R. C., Higgins, C., Chambers, J. A., Swan, J. S., & Dow, M. G. T. (2012). Long-term outcome of eight clinical trials of CBT for anxiety disorders: Symptom profile of sustained recovery and treatment-resistant groups. *Journal of Affective Disorders, 136,* 875–881.

Duric, V., Banasr, M., Licznerski, P., Schmidt, H. D., Stockmeier, C. A., Simen, A. S., Newton, S. S., & Duman, R. S. (2010). A negative regulator of MAP kinase causes depressive behavior. *Nature Medicine, 16,* 1328–1332.doi: 10.1038/nm.2219

Durkheim, E. (1958). *Suicide.* (J. A. Spaulding & G. Simpson, Trans.). New York: Free Press. (Original work published 1897.)

Dutra, L., Stathopoulou, G., Basden, S. L., Leyro, T. M., Powers, M. B., & Otto, M. W. (2008). A meta-analytic review of psychosocial interventions for substance use disorders. *American Journal of Psychiatry, 165,* 179–187.

Dzokoto, V. A., & Adams, G. (2005). Understanding genital-shrinking epidemics in West Africa: Koro, juju, or mass psychogenic illness? *Culture, Medicine and Psychiatry, 29,* 53–78.

E

Eagly, A. H., Eaton, A., Rose, S. M., Riger, S., & McHugh, M. C. (2012). Feminism and psychology: Analysis of a half-century of research on women and gender. *American Psychologist, 67,* 211–230. doi: 10.1037/a0027260

Eardley, I., Donatucci, C., Corbin, J., El-Meliegy, A, Hatzimouratidis, K., McVary, K., . . . Lee, S. W. (2011). Pharmacotherapy for erectile dysfunction. *Journal of Sexual Medicine, 7,* 524–540.

Eaton, W. W., Shao, H., Nestadt, G., Lee, B. H., Bienvenu, O. J., & Zandi, P. (2008). Population-based study of first onset and chronicity in major depressive disorder. *Archives of General Psychiatry, 65,* 513–520.

Eberhardy, F. (1967). The view from "the couch." *Journal of Child Psychological Psychiatry, 8,* 257–263.

Ebmeier, K. P., Donaghey, C., & Steele, J. D. (2006). Recent developments and current controversies in depression. *The Lancet, 367,* 153–167.

Ecker, C., Ginestet, C., Feng, Y., Johnston, P., Lombardo, M. V., Lai, M.-C., . . . MRC AIMS Consortium. (2013). Brain surface anatomy in adults with autism: the relationship between surface area, cortical thickness, and autistic symptoms. *JAMA Psychiatry, 70,* 59–70. doi:10.1001/jamapsychiatry.2013.265.

Eddleston, M. (2006). Physical vulnerability and fatal self-harm in the elderly. *British Journal of Psychiatry, 189,* 278–279.

Eddy, K. T., Hennessey, M., & Thompson-Brenner, H. (2007). Eating pathology in East African women: The role of media exposure and globalization. *The Journal of Nervous and Mental Disease, 195,* 196–202.

Edman, J. L., & Johnson, R. C. (1999). Filipino American and Caucasian American beliefs about the causes and treatment of mental problems. *Cultural Diversity and Ethnic Minority Psychology, 5,* 380–386.

Egan, J. (2008, September 14). The bipolar puzzle. *The New York Times Magazine,* pp. 66, 75, 94–97.

Ehlers, A., Bisson, J., Clark, D. M., Creamer, M., Pilling, S., Richards, D., Yule, W. (2010). Do all psychological treatments really work the same in posttraumatic stress disorder? *Clinical Psychology Review, 30,* 269–276. doi:10.1016/j.cpr.2009.12.001

Ehlkes, T., Michie, P. T., & Schall, U. (2012). Brain imaging correlates of emerging schizophrenia. *Neuropsychiatry, 2,* 147–154. doi:10.2217/npy.12.13

Ehrenreich, B., Righter, B., Rocke, D.A., Dixon, L., & Himelhoch, S. (2011). Are mobile phones and handheld computers being used to enhance delivery of psychiatric treatment? A systematic review. *Journal of Nervous and Mental Disease, 199,* 886–891. doi: 10.1097/NMD.0b013e3182349e90

Eichstedt, J. A., & Arnold, S. L. (2001). Childhood-onset obsessive-compulsive disorder. A tic-related subtype of OCD? *Clinical Psychology Review, 21,* 137–157.

Eikeseth, S., Klintwall, L., Jahr, E., & Karlsson, P. (2012). Outcome for children with autism receiving early and intensive behavioral intervention in mainstream preschool and kindergarten settings. *Research in Autism Spectrum Disorders, 6,* 829–835. doi:10.1016/j.rasd.2011.09.002

Einfeld, S. L,. & Brown, R. (2010). Down syndrome—new prospects for an ancient disorder. *Journal of the American Medical Association, 303,* 2525–2526.

Ekinci, O., Albayrak, Y., & Ekinci, A. (2012). Cognitive insight and its relationship with symptoms in deficit and nondeficit schizophrenia. *Journal of Nervous and Mental Disease, 200, 44–50.* doi: 10.1097/NMD.0b013e31823e66af

Elbogen, E. B., & Johnson, S. C. (2009). The intricate link between violence and mental disorder: Results from the National Epidemiologic Survey on Alcohol and Related Conditions. *Archives of General Psychiatry, 66,* 152–161.

Eldar, S., Apter, A., Lotan, D., Edgar, K. P., Naim, R., Fox, N. A . . . Bar-Haim, Y. (2012). Attention bias modification treatment for pediatric anxiety disorders: A randomized controlled trial. *American Journal of Psychiatry, 169,* 213–230. doi: 10.1176/appi.ajp.2011.11060886

Elder, T. E. (2010). The importance of relative standards in ADHD diagnoses: Evidence based on exact birth dates. *Journal of Health Economics, 29,* 641–656. doi: 10.1016/j.jhealeco.2010.06.003

Ellason, J. W., & Ross, C. A. (1997). Two-year follow-up of inpatients with dissociative identity disorder. *American Journal of Psychiatry, 154,* 832–839.

Ellin, A. (2012, August 13). Binge eating among men steps out of the shadows. *The New York Times*. Retrieved from *www.nytimes.com*

Ellis, A. (1977). The basic clinical theory of rational-emotive therapy. In A. Ellis & R. Grieger (Eds.), *Handbook of rational-emotive therapy* (pp. 3–34). New York: Springer.

Ellis, A. (1993). Reflections on rational-emotive therapy. *Journal of Consulting and Clinical Psychology, 61,* 199–201.

Ellis, A. (2001). *Overcoming destructive beliefs, feelings, and behaviors: New directions for rational emotive behavior therapy*. Amherst, NY: Prometheus Books.

Ellis, A. (2011). Rational emotive behavior therapy. In R. J. Corsini & D. Wedding (Eds.), (9th ed.), *Current psychotherapies* (pp. 196–234). Belmont, CA: Brooks/Cole.

Ellis, A., & Ellis, D. J. (2011). *Rational emotive behavior therapy. Theories of psychotherapy*. Washington, DC: American Psychological Association.

Elwood, L. S., Hahn, K. S., Olatunji, B. O., & Williams, N. L. (2009). Cognitive vulnerabilities to the development of PTSD: A review of four vulnerabilities and the proposal of an integrative vulnerability model. *Clinical Psychology Review, 29,*

87–100. doi:10.1016/j.cpr.2008.10.002
Emslie, G. J. (2008). Pediatric anxiety—underrecognized and undertreated. *New England Journal of Medicine, 359,* 2835–2836.
Eonta, A., M., Christon, L. M., Hourigan, S. E., Ravindran, N., Vrana, S. R., & Southam-Gerow, M. (2011). Using everyday technology to enhance evidence-based treatments. *Professional Psychology: Research and Practice, 42,* 513–520. doi: 10.1037/a0025825
Epperson, C. N. (2013). Premenstrual dysphoric disorder and the brain. *American Journal of Psychiatry, 170,* 248–252. 10.1176/appi.ajp.2012.1212155
Epping-Jordan, J. E., Compas, B. E., & Howell, D. C. (1994). Predictors of cancer progression in young adult men and women. *Health Psychology, 13,* 539–547.
Erdleyi, M. H. (2010). The ups and downs of memory. *American Psychologist, 65,* 622–633. doi:10.1037/a0020440
Esman, A. H. (2011). Charcot, Freud, and the treatment of "nervous disorders." *Journal of Nervous & Mental Disease, 199,* 828–829. doi: 10.1097/NMD.0b013e3182348cf9
Essau, C. A., Lewinsohn, P. M., Seeley, J. R., & Sasagawa, S. (2010). Gender differences in the developmental course of depression. *Journal of Affective Disorders, 127,* 185–190 doi:10.1016/j.jad.2010.05.016 |
Essex, M. J., Kraemer, H. C., Armstrong, J. M., Boyce, W. T., Goldsmith, H. H., Klein, M. H., et al. (2006). Exploring risk factors for the emergence of children's mental health problems. *Archives of General Psychiatry, 63,* 1246–1256.
Etkin, A., Prater, K. E., Schatzberg, A. F., Menon, V., & Greicius, M. D. (2009). Disrupted amygdalar subregion functional connectivity and evidence of a compensatory network in generalized anxiety disorder. *Archives of General Psychiatry, 66,* 1361–1372.
Evans, S. E., Davies, C., & DiLillo, D. (2008). Exposure to domestic violence: A meta-analysis of child and adolescent outcomes. *Aggression and Violent Behavior, 13,* 131–140.
Even, C., & Weintraub, D. (2012). Is depression in Parkinson's Disease (PD) a specific entity? *Journal of Affective Disorders, 139,* 103–112. *http://dx.doi.org/10.1016/j.jad.2011.07.002*
Evraire, L. E., & Dozois, D. J. A. (2011). An integrative model of excessive reassurance seeking and negative feedback seeking in the development and maintenance of depression. *Clinical Psychology Review, 31,* 1291–1303. doi:10.1016/j.cpr.2011.07.014 |
Exner, J. E., Jr. (2002). Early development of the Rorschach test. *Academy of Clinical Psychology Bulletin, 8,* 9–24.
Eye movements and the search for biomarkers for schizophrenia. (2012, October 29). *ScienceDaily.* Retrieved from http://www.sciencedaily.com/releases/2012/10/121029081833.htm

F

Fabiano, G. A., Pelham, W. E., Jr., Coles, E. K., Gnagy, E. M., Chronis-Tuscano, A., & O'Connor, B. C. (2009). A meta-analysis of behavioral treatments for attention- deficit/hyperactivity disorder. *Clinical Psychology Review, 29,* 129–140. doi:10.1016/j.cpr.2008.11.001
Fabrega, H., Jr. (1990). Hispanic mental health research: A case for cultural psychiatry. *Journal of Behavioral Sciences, 12,* 339–365.
Faedda, G. L., Becker, I., Baroni, A., Tondo, L., Aspland, E., & Koukopoulos, A. (2009). The origins of electroconvulsive therapy: Prof. Bini's first report on ECT. *Journal of Affective Disorders, 120,* 12–15. doi: 10.1016/j.jad.2009.01.023
Failer, J. L. (2002). *Who qualifies for rights? Homelessness, mental illness, and civil commitment.* Ithaca, NY: Cornell University Press.
Fairburn, C. G., Cooper, Z., Doll, H. A., O'Connor, M. E., Bohn, K., Hawker, D. M., et al. (2009). Transdiagnostic cognitive-behavioral therapy for patients with eating disorders: A two-site trial with 60-week follow-up. *American Journal of Psychiatry, 166,* 311–319. doi:10.1176/appi.ajp.2008. 08040608
Fairburn, C. G., Stice, E., Cooper, Z., Doll, H. A., Norman, P. A., & O'Connor, E. E. (2003). Understanding persistence in bulimia nervosa: A 5-year naturalistic study. *Journal of Consulting and Clinical Psychology, 71,* 103–109.
Fals-Stewart, W. (2003). The occurrence of partner physical aggression on days of alcohol consumption: A longitudinal diary study. *Journal of Consulting and Clinical Psychology, 71,* 41–52.
Fan, Y., Tang, Y., Lu, Q., Feng, S., Yu, Q., Sui, D., . . . Song, L. (2009). Dynamic changes in salivary cortisol and secretory immunoglobulin A response to acute stress. *Stress and Health, 25,* 189–194. doi:10.1002/smi.1239
Farr, C. B. (1994). Benjamin Rush and American psychiatry. *American Journal of Psychiatry, 151* (Suppl.), 65–73.
Farrell, A. D., & White, K. S. (1998). Peer influences and drug use among urban adolescents: Family structure and parent/adolescent relationship as protective factors. *Journal of Consulting and Clinical Psychology, 66,* 248–258.
Fazel, S., Långström, N., Hjern, A., Grann, M., & Lichtenstein, P. (2009). Schizophrenia, substance abuse, and violent crime. *Journal of the American Medical Association, 301,* 2016–2023.
Fein, D., Barton, M., Eigsti, I.-M., Kelley, E., Naigles, L, Schultz, R. T., . . . Tyson, K. (2013). Optimal outcome in individuals with a history of autism. *Journal of Child Psychology and Psychiatry, 54,* 195–205.
Feldman, H. S., Jones, K. L., Lindsay, S., Slymen, D., Klonoff-Cohen, H., Kao, K., . . . Chambers, C. (2012). Prenatal alcohol exposure patterns and alcohol-related birth defects and growth deficiencies: A prospective study. *Alcoholism: Clinical and Experimental Research, 36,* 670–676. doi: 10.1111/j.1530-0277.2011.01664.x
Feldman, M. D. (2003). Foreword. In J. Gregory (Ed.), *Sickened: The memoir of a Munchausen by proxy childhood* (pp. v–ix). New York: Bantam.
Ferdinand, K. C., & Ferdinand, D. P. (2009). Cardiovascular disease disparities: Racial/ethnic factors and potential solutions. *Current Cardiovascular Risk Reports, 3,* 187–193. doi:10.1007/s12170-009-0030-y
Ferdinand, R. F., Bongersa, I. L., van der Ende, J., van Gastela, W., Tick, N., Utens, E., et al. (2006). Distinctions between separation anxiety and social anxiety in children and adolescents. *Behaviour Research and Therapy, 44,* 1523–1535.
Fergusson, D. M., & Woodward, L. J. (2002). Mental health, educational, and social role outcomes of adolescents with depression. *Archives of General Psychiatry, 59,* 225–231.
Fernandez, E. (2013). *Treatments for anger in specific populations: Theory, application, and outcome.* New York: Oxford University Press.
Ferrarelli, F., Sarasso, S., Guller, Y., Riedner, B. A., Peterson, M. J., Bellesi, M., . . . Tononi, G. (2012). Reduced natural oscillatory frequency of frontal thalamocortical circuits in schizophrenia. *Archives of General Psychiatry, 69,* 766–774. doi:10.1001/archgenpsychiatry.2012.147
Ferri, M., Amato, L., & Davoli, M. (2006). Alcoholics Anonymous and other 12-step programmes for alcohol dependence. *The Cochrane Database of Systematic Reviews, 3.* Retrieved from http://dx.doi.org/10.1002/14651858.CD005032.pub2
Feusner, J. D., Townsend, J., Bystritsky, A., & Bookheimer, S. (2007). Visual information processing of faces in body dysmorphic disorder. *Archives of General Psychiatry, 64,* 1417–1425.
Fibiger, S., Hjelmborg, V. B., Fagnani, C., &, Skytthe, A. (2010). Genetic epidemiological relations between stuttering, cluttering and specific language impairment. *Proceedings. 6th World Congress On Fluency Disorders, 5th–8th August, 2009, Rio de Janeiro, Brazil.* Retrieved from *http://www.theifa.org/IFA2009*
Fichter, M. M., Quadflieg, N., Nisslmüller, K., Lindner, S., Osen, B., Huber, T., & Wünsch-Leiteritz, W. (2012). Does iinternet-based prevention reduce the risk of relapse for anorexia nervosa? *Behaviour Research and Therapy, 50,* 180–190,
Field, A. P. (2006). Is conditioning a useful framework for understanding the development and treatment of phobias? *Clinical Psychology Review, 26,* 857–875.
Fieve, R. R. (1975). *Moodswings: The third revolution in psychiatry.* New York: Morrow.
Finke, K., Schwarzkopf, W., Müller, U., Frodl, T., Müller, H. J., Schneider, W. X., . . . Hennig-Fast, K. (2011). Disentangling the adult attention-deficit hyperactivity disorder endophenotype: Parametric measurement of attention. *Journal of Abnormal Psychology, 120,* 890–901. doi: 10.1037/a0024944
First, M. (2006). Beyond clinical utility: Broadening the *DSM-V* research appendix to include alternative diagnostic constructs. *American Journal of Psychiatry, 163,* 1679–1681.
Fisher, A. D., Bandini, E., Casale, H., & Maggi, M. (2011). Paraphilic disorders: Diagnosis and treatment. In M. Maggi (Ed.). *Hormonal therapy for male sexual dysfunction* (pp. 94–110). Hoboken, NJ: Wiley.
Fisher, H. L., Cohen-Woods, S., Hosang, G. M., Korszun, A., Owen, M., Craddock, N., Craig, I. W., ... Uher, R. (2013). Interaction between specific forms of childhood maltreatment and the serotonin transporter gene (5-HTT) in recurrent depressive disorder. *Journal of Affective Disorders, 145,* 136–141.
Fisher, P. L., & Wells, A. (2005). How effective are cognitive and behavioral treatments for obsessive–compulsive disorder? A clinical significance analysis. *Behaviour Research and Therapy, 43,* 1543–1558.
Fiske, A., Wetherell, J. L, & Gatz, M. (2009). Depression in older adults. *Annual Review of Clinical Psychology, 5,* 363–389. doi:10.1146/annurev.clinpsy.032408.153621
Fitzgerald, P. B., Brown, T. L., Marston, N. A. U., Daskalakis, J., de Castella, A., & Kulkarni, J. (2003). Transcranial magnetic stimulation in the treatment of depression: A double-blind, placebo-controlled trial. *Archives of General Psychiatry, 60,* 1002–1008.
Fitzgerald, P. B., Hoy, K. E., Herring, S. E., McQueen, S., Peachey, A. V. J., Segrave, R. A., Maller, J . . . Daskalakis, Z. J. (2012). A double blind randomized trial of unilateral left and bilateral prefrontal cortex transcranial magnetic stimulation in treatment resistant major depression. *Journal of Affective Disorders, 139,* 193–198. Retrieved from http://dx.doi.org/10.1016/j.jad.2012.02.017
Flagel, S. B., Clark, J. J., Robinson, T. E., Mayo, L., Czuj, A., Willuhn, I., . . . Akil, H. (2011). A selective role for dopamine in stimulus–reward learning. *Nature, 469,* 53–57. doi:10.1038/nature09588
Flegal, K. M., Carroll, M. D., Kit, B. K., & Ogden, C. L. (2012). Prevalence of obesity and trends in the distribution of body mass index among US adults, 1999–2010. *Journal of the American Medical Association, 307,* 491–497. doi: 10.1001/jama.2012.39
Flegal, K. M., Carroll, M. D., Kit, B. K., & Ogden, C. L. (2012). Prevalence of obesity and trends in the distribution of body mass index among US Adults, 1999–2010. *Journal of the American Medical Association,* in press. doi: 10.1001/jama.2012.39
Flegal, K. M., Graubard, B.I., Williamson, D. F., & Gail, M. H. (2005). Excess deaths associated with underweight, overweight, and obesity. *Journal of the American Medical Association, 293,* 1861–1867.
Flegal, K. M., Kit, B., Orpana, H., & Graubard, B. I. (2013). Association of all-cause mortality with overweight and obesity using standard body mass index categories: A systematic review and meta-analysis. *Journal of the American Medical Association, 309,* 71–82. doi:10.1001/jama.2012.113905.
Florian, C., Vecsey, C. G., Halassa, M. M., Haydon, P. G., & Abel, T. (2011). Astrocyte-derived adenosine and a1 receptor activity contribute to sleep loss-induced deficits in hippocampal synaptic plasticity and memory in mice. *Journal*

of Neuroscience, 31, 6956.

Foley, E., Baillie, A., Huxter, M., Price, M., & Sinclair, E. (2010). Mindfulness-based cognitive therapy for individuals whose lives have been affected by cancer: A randomized controlled trial. *Journal of Consulting and Clinical Psychology, 78*, 72–79. doi:10.1037/a0017566

Folsom, D. P., Hawthorne, W., Lindamer, L., Gilmer, T., Bailey, A., Golshan, S., Garcia, P., et al. (2005). Prevalence and risk factors for homelessness and utilization of mental health services among 10,340 patients with serious mental illness in a large public mental health system. *American Journal of Psychiatry, 162*, 370–376.

Fombonne, E. (2008). Thimerosal disappears but autism remains. *Archives of General Psychiatry, 65*, 15–16.

Fontaine, K. R., Redden, D. T., Wang, C., Westfall, A. O., & Allison, D. B. (2003). Years of life lost due to obesity. *Journal of the American Medical Association, 289*, 187–193.

Foote, B., Smolin, Y., Kaplan, M., Legatt, M. E., & Lipschitz, D. (2005). Prevalence of dissociative disorders in psychiatric outpatients.*American Journal of Psychiatry, 163*, 623–629.

Foote, B., Smolin, Y., Neft, D. I., & Lipschitz, D. (2008). Dissociative disorders and suicidality in psychiatric outpatients. *American Journal of Psychiatry, 163*, 23–629.

Foran, H. M., & O'Leary, K. D. (2008). Alcohol and intimate partner violence: A meta-analytic review. *Clinical Psychology Review, 28*, 1222–1234.

Forgas, J. P. (2008). Affect and cognition. *Perspectives on Psychological Science, 3*(2), 94–101.

Forgeard, M. J. C., & Seligman, M. E. P. (2012). Seeing the glass half full: A review of the causes and consequences of optimism. *Pratiques Psychologiques, 18*, 107–120. http://dx.doi.org/10.1016/j.prps.2012.02.002

Forgeard, M. J. C., & Seligman, M. E. P. (2012). Seeing the glass half full: A review of the causes and consequences of optimism. *Pratiques Psychologiques, 18*, 107–120. doi:10.1016/j.prps.2012.02.002

Forgeard, M. J. C., Haigh, E. A. P., Beck, A. T., Davidson, R. J., Henn, F. A., Maier, S. F., . . . Seligman, M. (2012). Beyond depression: Toward a process-based approach to research, diagnosis, and treatment. *Clinical Psychology: Science and Practice, 18*, 275–299. doI; 10.1111/j.1468-2850.2011.01259.x

Forman, E. M., Chapman, J. E., Herbert, J. D., Goetter, E. M., Yuen, E. K., & Moitra, E. M. (2012). Using session by session measurement to compare mechanisms of action for acceptance and commitment therapy and cognitive therapy. *Behavior Therapy, 43*, 341-54.

Fouquereau, E., Fernandez, A., Mullet, E., & Sorum, P. C. (2003). Stress and the urge to drink. *Addictive Behaviors, 28*, 669–685.

Fournier, J. C., DeRubeis, R. J., Hollon, S. D., Dimidjian, S., Amsterdam, J. D., Shelton, R. C., & Fawcett, J. (2010). Antidepressant drug effects and depression severity: A patient-level meta-analysis. *Journal of the American Medical Association, 303*, 47–53.

Fournier, J. C., DeRubeis, R. J., Shelton, R. C., Hollon, S. D., Amsterdam, J. D., & Gallop, R. (2009). Prediction of response to medication and cognitive therapy in the treatment of moderate to severe depression. *Journal of Consulting and Clinical Psychology, 77*, 775–787. doi:10.1037/a0015401

Fowler, K. A., O'Donohue, W., & Lillienfeld, S. O. (2007). Introduction: Personality disorders in perspective. In W. O'Donohue, W., & Lillienfeld, S. O. (Eds.), *Personality disorders: Toward the DSM-V.* Los Angeles: Sage Publications.

Foxhall, K. (2001, March). Study finds marital stress can triple women's risk of recurrent coronary event. *Monitor on Psychology, 32*(3), 14.

Frahm, S., Ślimak, M. A., Ferrarese, L., Santos-Torres, J., Antolin-Fontes, B., Auer,S ., . . . Ibañez-Tallon, I. (2011). Aversion to nicotine is regulated by the balanced activity of b4 and a5 nicotinic receptor subunits in the medial habenula. *Neuron, 70*, 522–535. doi: 10.1016/j.neuron.2011.04.013

Frances, A. J., & Widiger, T. (2012). Psychiatric diagnosis: Lessons from the DSM-IV Past and cautions for the DSM-5 Future. *Annual Review of Clinical Psychology, 8*, 109–130. doi: 10.1146/annurev-clinpsy-032511-143102

Frank E., Kupfer, D. J., Thase, M. E., Mallinger, A. G., Swartz, H. A., Fagiolini, A. M. (2005). Two-year outcomes for interpersonal and social rhythm therapy in individuals with bipolar I disorder. *Archives of General Psychiatry, 62*, 996–1004.

Frank, E., & Kupfer, D. J. (2003). Progress in therapy of mood disorders: Scientific support. *American Journal of Psychiatry, 160*, 1207–1208.

Frank, R. G., & Glied, S. A. (2006). *Better but not well: Mental health policy in the United States since 1950.* Baltimore, MD: Johns Hopkins University Press.

Franklin, M. E., & Foa, E. B. (2011). Treatment of obsessive compulsive disorder. *Annual Review of Clinical Psychology, 7*, 229–243. doi:10.1146/annurev-clinpsy-032210-104533x

Franklin, M. E., Abramowitz, J. S., Bux, D. A., Jr., Zoellner, L. A., & Feeny, N. C. (2002). Cognitive–behavioral therapy with and without medication in the treatment of obsessive–compulsive disorder. *Professional Psychology: Research and Practice, 33*, 162–168.

Franklin, M. E., Freeman, J. B., & March, J. S. (2012). Cognitive behavior therapy for pediatric obsessive-compulsive disorder—reply. JAMA. 2012;307(6):560–561. doi: 10.1001/jama.2012.109

Franklin, M. E., Sapyta, J, Freeman, J. B., Khanna, M., Compton, S, Almirall, D., . . . March, J. S. (2011). Cognitive behavior therapy augmentation of pharmacotherapy in pediatric obsessive-compulsive disorder: The Pediatric OCD Treatment Study II (POTS II) Randomized Controlled Trial. *The Journal of the American Medical Association, 306*, 1224. doi: 10.1001/jama.2011.1344

Franklin, T. B., Russig, H., Weiss, I. C., Gräff, J., Linder, N., Michalon, A., . . . Mansuy, I. M. (2011). Epigenetic transmission of the impact of early stress across generations. *Biological Psychiatry, 68*, 408–415.

Franklin, T., Wang, Z., Suh, J. J., Hazan, R., Cruz, J., Li, Y., Goldman, M., . . . Childress, A. R. (2011). Effects of varenicline on smoking cue–triggered neural and craving responses. *Archives of General Psychiatry, 68*, 516–526. doi:10.1001/archgenpsychiatry.2010.190

Franko, D. L., & Keel, P. K. (2006). Suicidality in eating disorders: Occurrence, correlates, and clinical implications. *Clinical Psychology Review, 26*, 769–782.

Franko, D. L., Thompson-Brenner, H., Thompson, D. R., Boisseau, C., Davis, A., Forbush, K., . . . Wilson, G. T. (2012). Racial/ethnic differences in adults in randomized clinical trials of binge eating disorder. *Journal of Consulting and Clinical Psychology, 80*, 186–195.

Frans, E. M., Sandin, S., Reichenberg, A., Lichtenstein, P., Långström, N., Hultman, C., M. (2008). Advancing paternal age and bipolar disorder. *Archives of General Psychiatry, 65*, 1034–1040.

Frattaroli, J. (2006). Experimental disclosure and its moderators: A meta-analysis. *Psychological Bulletin, 132*, 823–865.

Frauenglass, S., Routh, D. K., Pantin, H. M., & Mason, C. A. (1997). Family support decreases influence of deviant peers on Hispanic adolescents' substance use. *Journal of Clinical Child Psychology, 26*, 15–23.

Fredrickson, B. L., Tugade, M. M., Waugh, C. E., & Larkin, G. R. (2003). What good are positive emotions in crises? A prospective study of resilience and emotions following the terrorist attacks on the United States on September 11th, 2001. *Journal of Personality and Social Psychology, 84*, 365–376.

Free, C., Robertson, S., Whittaker, R., Edwards, P., Zhou, W., Rodgers, A., . . . Roberts, I. (2011). Smoking cessation support delivered via mobile phone text messaging (txt2stop): A single-blind, randomised trial. *Lancet, 378*, 49–55. doi: http://dx.doi.org/10.1016/S0140-6736(11)60701-0

Freedman, D. H. (2011, February). How to fix the obesity crisis. *Scientific American*. Retrieved from *http://www.scientificamerican.com/article.cfm?id=how-to-fix-the-obesity-crisis*

Freedman, R. (2012). Brain development and schizophrenia *American Journal of Psychiatry, 169*, 1019–1021. 10.1176/appi.ajp.2012.12081017

Freeman, M. P. (2011, December 21). The menstrual cycle and mood: Premenstrual dysphoric disorder. *Journal Watch Women's Health*. Retrieved from *http://womens-health.jwatch.org/cgi/content/full/2011/1221/1?q=etoc_jwwomen*

Freemon, F. R. (1981). *Organic mental disease.* Jamaica, NY: Spectrum.

Freud, S. (1957). Mourning and melancholia. In J. Rickman (Ed.), *A general selection from the works of Sigmund Freud.* Garden City, NY: Doubleday. (Original work published 1917.)

Freud, S. (1964). New introductory lectures. In *Standard edition of the complete psychological works of Sigmund Freud* (Vol. 22). London: Hogarth Press. (Original work published 1933)

Friborg, O., Martinussen, M., Kaiser, S., Øvergårda, K. T., & Rosenvinge, J. H. (2013). Comorbidity of personality disorders in anxiety disorders: A meta-analysis of 30 years of research. *Journal of Affective Disorders, 45*, 143–155.

Frick, P. J., & Silverthorn, P. (2001). Psychopathology in children and adolescents. In H. E. Adams (Ed.), *Comprehensive handbook of psychopathology* (3rd ed., pp. 879–919). New York: Plenum Press.

Friedman, BR. A. (2012, September 25). A call for caution on antipsychotic drugs. *The New York Times, Science Times*, p. D6.

Friedman, M. A., Detweiler-Bedell, J. B., Leventhal, H. E., Horne, R., Keitner, G. I., & Miller, I. W. (2004). Combined psychotherapy and pharmacotherapy for the treatment of major depressive disorder. *Clinical Psychology: Science and Practice, 11*, 47–68.

Friedman, R. A. (2006). The changing face of teenage drug abuse—the trend toward prescription drugs. *New England Journal of Medicine, 354*, 1448–1450.

Friedman, R. C., & Downey, J. I. (2008) Sexual differentiation of behavior: The foundation of a developmental model of psychosexuality. *Journal of the American Psychoanalytic Association, 56*(1), 147–175.

Friedman, S. H. (2009). Postpartum mood disorders: Genetic progress and treatment paradigms. *American Journal of Psychiatry, 166*, 1201–1204. doi:10.1176/appi.ajp.2009 .09081185

Friedmann, P. D. (2013). Alcohol use in adults. *New England Journal of Medicine, 368*, 365–373. doi: 10.1056/NEJMcp1204714

From Hagen & Carouba, 2002 (to be added by author)

Frost, R. O., Steketee, G., & Tolin, D. F. (2012). Diagnosis and assessment of hoarding disorder. *Annual Review of Clinical Psychology, 8*, 219–242.

Frye, M. A. (2011). Bipolar disorder—A focus on depression. *New England Journal of Medicine, 364*, 51–59.

Fuertes, J. N., & Brobst, K. (2002). Clients' ratings of counselor multicultural competency. *Cultural Diversity and Ethnic Minority Psychology, 8*, 214–223.

Fullerton, C. A., Busch, A. B., Normand, S. L., McGuire, T. G., & Epstein, A. M.. (2011). Ten-year trends in quality of care and spending for depression: 1996 through 2005. *Archives of General Psychiatry, 68*, 1218–1226.

Fulton, J. J., Marcus, D. K., & Merkey, T. (2011). Irrational health beliefs and health anxiety. *Journal of Clinical Psychology, 67*, 527–538. doi: 10.1002/jclp.20769

Furr, J. M., Comer, J. S., Edmunds, J. M., & Kendall, P. C. (2010). Disasters and youth: A meta-analytic examination of posttraumatic stress. *Journal of Consulting and Clinical Psychology, 78*, 765–780. doi: 10.1037/a0021482

Fusar-Poli, P., Deste, G., Smieskova, R., Barlati, S., Yung, A. R., Howes, O., Stieglitz, R.-D . . . Borgwardt, S. (2012). Cognitive functioning in prodromal psychosis: A meta-analysis. *Archives of General Psychiatry, 69*, 562–571.

doi:10.1001/archgenpsychiatry.2011.1592

G

Géonet, M., De Sutter, P., Zech, E. (2012). Cognitive factors in women hypoactive sexual desire disorder. *Sexologies*, in press.
Gabb, J., Sonderegger, L., Scherrer, S., & Ehlert, U. (2006). Psychoneuroendocrine effects of cognitive-behavioral stress management in a naturalistic setting—A randomized controlled trial. *Psychoneuroendocrinology, 31,* 428–438.
Gabbard, G. O. (2012). Clinical challenges in the Internet era. *American Journal of Psychiatry, 169,* 460–463. doi:10.1176/appi.ajp.2011.11101591
Gabert-Quillen, C. A., Fallon, W., & Delahanty, D. L. (2011). PTSD after traumatic injury: An investigation of the impact of injury severity and peritraumatic moderators. *Journal of Health Psychology, 16,* 678–687.
Gabrieli, J. D. E. (2009). Dyslexia: A new synergy between education and cognitive neuroscience. *Science, 325,* 280–283. doi: 10.1126/science.1171999
Galanter,C. A., (2013). Limited support for the efficacy of nonpharmacological treatments for the core symptoms of ADHD. *American Journal of Psychiatry,* 170, 241–244. 10.1176/appi.ajp.2012.12121561
Galea, S., Nandi, A., & Vlahov, D. (2005). The epidemiology of post-traumatic stress disorder after disasters. *Epidemiologic Reviews, 27,* 78–91.
Galliher, R. V., Jones, M. D., & Dahl, A. (2011). Concurrent and longitudinal effects of ethnic identity and experiences of discrimination on psychosocial adjustment of Navajo adolescents. *Developmental Psychology, 47,* 509–526. doi:10.1037/a0021061
Ganguli, M., Blacker, D., Blazer, D. G., Grant, I., Jeste, D. V., Paulsen, J. S., . . . The Neurocognitive Disorders Work Group of the American Psychiatric Association's (APA) DSM5 Task Force (2012). Classification of neurocognitive disorders in DSM-5: A work in progress. *American Journal of Geriatric Psychiatry,19,* 205–210.
Garb, H. N. (2007). Computer-administered interviews and rating scales. *Psychological Assessment, 19,* 4–13.
Garb, H. N., Wood, J. M., Lilienfeld, S. O, & Nezworski, M. T. (2005). Roots of the Rorschach controversy. *Clinical Psychology Review, 25,* 97–118.
Garb, H. N., Wood, J. M., Lilienfeld, S. O., & Nezworski, M.T. (2002). Effective use of projective techniques in clinical practice: Let the data help with selection and interpretation. *Professional Psychology: Research and Practice, 33,* 454–463.
Garber, J. & Weersing, V. R. (2010). Comorbidity of anxiety and depression in youth: Implications for treatment and prevention. *Clinical Psychology: Science and Practice, 17,* 293–306. doi:10.1111/j.1468-2850.2010.01221.x
Garber, J., Keiley, M. K., & Martin, N. C. (2002). Developmental trajectories of adolescents' depressive symptoms: Predictors of change. *Journal of Consulting & Clinical Psychology, 70,* 79–95.
Garlow, S. J., Purselle, D., & Heninger, M. (2005). Ethnic differences in patterns of suicide across the life cycle. *American Journal of Psychiatry, 162,* 319–323.
Garnefski, N., Kraaij, V., & Spinhoven, P. (2001). De relatie tussen cognitieve copingstrategieen en symptomen van depressie, angst en suiecidaliteit. *Gedrag & Gezondheid: Tijdschrift voor Psychologie & Gezondheid, 29,* 148–158.
Gartlehner, G., Gaynes, B. N., Hansen, R. A., Thieda, P., DeVeaugh-Geiss, A., Krebs, E. E., . . . Lohr, K. N. (2008). Comparative benefits and harms of second-generation antidepressants: Background paper for the American College of Physicians. *Annals of Internal Medicine, 149,* 734–750.
Garza, D., Murphy, M., Tseng, L. J., Riordan, H. J., & Chatterjee, A. (2011). A double-blind randomized placebo-controlled pilot study of neuropsychiatric adverse events in abstinent smokers treated with varenicline or placebo. *Biological Psychiatry, 69,* 1075–1082.
Gau, S., S.-F. (2011). Childhood trajectories of inattention symptoms predicting educational attainment in young adults. *American Journal of Psychiatry,* 168, 1131–1133. doi: 10.1176/appi.ajp.2011.11091328
Geddes, J.R.,Stroup,S., & Lieberman, J.A. (2011). Comparative efficacy and effectiveness in the drug treatment of schizophrenia. In D. R. Weinberg & P. Harrison (Eds.), *Schizophrenia* (pp. 525–539). Hoboken, NJ: Wiley-Blackwell.
Gehar, D. R. (2009). *Mastering competencies in family therapy*. Belmont, CA: Brooks/Cole.
Geipert, N. (2007, January). Don't be mad: More research links hostility to coronary risk. *Monitor on Psychology, 38*(1), 50–51.
Geller, B. (2006, October 16). Early use of methylphenidate: The jury on neuronal effects is still out. *Journal Watch Psychiatry*. Retrieved from http://psychiatry.jwatch.org/cgi/content/full/2006/1016/2
Gelman, D. (1994, April 18). The mystery of suicide. *Newsweek*, pp. 44–49.
Gene linked to Alzheimer's. (2013). *Nature, 493,* 454–455. doi:10.1038/493454d
Genetic Science Learning Center, University of Utah (2012). *Down syndrome*. Retrieved from *http://learn.genetics.utah.edu/content/disorders/whataregd/down*
George, M. S., Anton, R. F., Bloomer, C., Teneback, C., Drobes, D. J., Lorberbaum, J. P., . . . Vincent, D. J.. (2001). Activation of prefrontal cortex and anterior thalamus in alcoholic subjects on exposure to alcohol-specific cues. *Archives of General Psychiatry, 58,* 345–352.
George, M. S., Lisanby, S. H., Avery, D., McDonald, W. M., Durkalski,V., Pavlicova, M., Anderson, B., . . Sackeim, H. A. (2010). Daily left prefrontal transcranial magnetic stimulation therapy for major depressive disorder: A sham-controlled randomized trial. *Archives of General Psychiatry, 67,* 507–516.
Gershater-Molkoa, R. M., Lutzker, J. R., & Sherman, J. A. (2002). Intervention in child neglect: An applied behavioral perspective. *Aggression and Violent Behavior, 7,* 103–124.
Gershon, E. S., & Rieder, R. O. (1992). Major disorders of mind and brain. *Scientific American, 267*(3), 128.
Gibbons, M. B. C, Crits-Christoph, P., Barber, J. P., Wiltsey Stirman, S., Gallop, R., Goldstein, L. A., Ring-Kurtz, S. (2009). Unique and common mechanisms of change across cognitive and dynamic psychotherapies. *Journal of Consulting and Clinical Psychology, 94,* 801–813. doi: 10.1037/a0016596
Gibbons, P. (2001). The relationship between eating disorder and socioeconomic status: It's not what you think. *Nutrition Noteworthy, 4* (1), 1–5.
Gibbons, R. D., Hur, K., Brown, C. H., Davis, J. M., & Mann, J. J. (2012). Benefits from antidepressants: Synthesis of 6-week patient-level outcomes from double-blind placebo-controlled randomized trials of fluoxetine and venlafaxine. *Archives of General Psychiatry, 69,* 572–579. doi:10.1001/archgenpsychiatry.2011.2044
Giddens, A. (2006). *Sociology* (5th ed.). Cambridge, UK: Polity.
Gil, K. M., Williams, D. A., Keefe, F. J., & Beckham, J. C. (1990). The relationship of negative thoughts to pain and psychological distress. *Behavior Therapy, 21,* 349–362.
Gilbert, S. C. (2003). Eating disorders in women of color. *Clinical Psychology: Science and Practice, 10,* 444–455.
Giordano, S. (2005). *Understanding eating disorders: Conceptual and ethical issues in the treatment of anorexia and bulimia nervosa*. Melbourne, Australia: Oxford University Press.
Girgenti, M. J., LoTurco, J. J., & Maher, B. J. (2012). 1ZNF804a regulates expression of the schizophrenia-associated genes PRSS16, COMT, PDE4B, and DRD2. *PLoS ONE,* e32404. doi:10.1371/journal.pone.0032404
Glaser, R., Kiecolt-Glaser, J. K., Speicher, C. E., & Holliday, J. E. (1985). Stress, loneliness, and changes in herpes virus latency. *Journal of Behavioral Medicine, 8,* 249–260.
Glassman, A. H., Bigger, T., Jr., & Gaffney, M. (2009). Psychiatric characteristics associated with long-term mortality among 361 patients having an acute coronary syndrome and major depression: Seven-year follow-up of SADHART participants. *Archives of General Psychiatry, 66,* 1022.
Glazener, C. M., Evans, J. H., & Peto, R. E. (2000). Tricyclic and related drugs for nocturnal enuresis in children. *Cochrane Database Systems Review, 3,* CD002117.
Gleaves, D. H. (1996). The sociocognitive model of dissociative identity disorder: A reexamination of the evidence. *Psychological Bulletin, 120,* 42–59.
Gleaves, D. H., Smith, S. M., Butler, L. D., & Spiegel, D. (2004). False and recovered memories in the laboratory and clinic: A review of experimental and clinical evidence. *Clinical Psychology: Science and Practice, 11,* 3–28.
Gloster, A. T., Wittchen, H.-U., Einsle, F., Lang, T., Helbig-Lang, S., Fydrich, T., . . . Aroltn,V. (2011). Psychological treatment for panic disorder with agoraphobia: a randomized controlled trial to examine the role of therapist-guided exposure in situ in CBT. *Journal of Consulting and Clinical Psychology, 79,* 406–420. doi:10.1037/a0023584
Goddard, A. W., Mason, G. F., Almai, A., Rothman, D. L., Behar, K. L., . . . Krystal, J. H. (2001). Reductions in occipital cortex GABA levels in panic disorder detected with 1h-magnetic spectroscopy. *Archives of General Psychiatry, 58,* 556–561.
Goel, N., Banks, S., Mignot, E., & Dinges, D. R. (2010). DQB1*0602 predicts interindividual differences in physiologic sleep, sleepiness, and fatigue. *Neurology, 75,* 1509–1519.
Goenjian, A. K., Noble, E. P., Walling, D. P., Goenjian, H. A., Karayan, I. S., Ritchie, T., & Bailey, J. N. (2008). Heritabilities of symptoms of posttraumatic stress disorder, anxiety, and depression in earthquake exposed Armenian families. *Psychiatric Genetics, 18,* 261–266.
Gold, J. M. (2011). Imaging emotion in schizophrenia: Not finding feelings in all the right places. *American Journal of Psychiatry, 168,* 237–239.
Gold, R., Butler, P., Revheim, N., Leitman, D. I., Hansen, J. A., Gur, R. C., . . . Javitt, D. C. (2012). Auditory emotion recognition impairments in schizophrenia: Relationship to acoustic features and cognition. *American Journal of Psychiatry, 169,* 424–432. 10.1176/appi.ajp.2011.11081230
Goldberg, J. F., Gerstein, R. K., Wenze, S. J., Welker, T. M., & Beck, A. T. (2008). Dysfunctional attitudes and cognitive schemas in bipolar manic and unipolar depressed outpatients: Implications for cognitively based psychotherapeutics. *The Journal of Nervous and Mental Disease, 196,* 207–210.
Golden, G. S. (2008). Review of "Dyslexia, learning, and the brain." *New England Journal of Medicine, 359,* 2737.
Goldfried, M. R. (2012). On entering and remaining in psychotherapy. *Clinical Psychology: Science and Practice, 19,* 125–128. doi: 10.1111/j.1468-2850.2012.01278.x
Goldman, D., (2011). Molecular etiologies of schizophrenia: Are we almost there yet? *American Journal of Psychiatry, 168,* 879–881. doi: 10.1176/appi.ajp.2011.11050694
Goleman, D. (1995, June 21). "Virtual reality" conquers fear of heights. *The New York Times*, p. C11.
Gonda, X., Pompili, M., Serafini, G., Montebovi, F., Campi, S., Dome, P., . . . Rihmer, Z. (2012). Suicidal behavior in bipolar disorder: Epidemiology, characteristics and major risk factors. *Journal of Affective Disorders, 143,* 16–26.
Gone, J. P., & Trimble, J. E. (2012). American Indian and Alaska Native mental health: Diverse perspectives on enduring disparities. *Annual Review of Clinical Psychology, 8,* 131–160.
González, H. M., Vega, W. A., Williams, D. R., Tarraf, W., West, B. T., & Neighbors, H. W. (2010). Depression care in the United States: Too little for too few. *Archives of General Psychiatry, 67,* 37–46.

González-Isasi, A., Echeburúa, E., Mosquera, F., Ibáñez, B., Aizpuru, F., & González-Pinto, A. (2010). Long-term efficacy of a psychological intervention program for patients with refractory bipolar disorder: A pilot study. *Psychiatry Research, 176,* 161–165.

Gonzales, N. A., Dumka, L. E., Millsap, R. E., Gottschall, A., McClain, D. B., Wong, J. J., . . .Yeong. S. (2012). Randomized trial of a broad preventive intervention for Mexican American adolescents. *Journal of Consulting and Clinical Psychology, 80,* 1–16. doi: 10.1037/a0026063

Gonzalez-Gadea, M. L., Baez, S., Torralva, T., Castellanos, F. X., Rattazzi, A., Bein, V., . . . Ibanez, A. (2013). Cognitive variability in adults with ADHD and AS: Disentangling the roles of executive functions and social cognition. *Research in Developmental Disabilities, 34,* 817–830.

Gooding, P., & Tarrier, N. (2009). A systematic review and meta-analysis of cognitive-behavioural interventions to reduce problem gambling: Hedging our bets? *Behaviour Research and Therapy, 47,* 592–560. doi:10.1016/j.brat.2009.04.002

Goodlad, J. K., Marcus, D. K., & Fulton, J. J. (2013). Lead and attention-deficit/hyperactivity disorder (ADHD) symptoms: a meta-analysis. *Clinical Psychology Review*, in press

Goodnight, J. A., Lahey, B. B., Van Hulle, C. A., Rodgers, J., L., Rathouz, P. J., Waldman, I. D., & D'Onofrio, B. M. (2012). A quasi-experimental analysis of the influence of neighborhood disadvantage on child and adolescent conduct problems. *Journal of Abnormal Psychology, 121,* 95–108. doi: 10.1037/a0025078

Gordon, J. L., Ditto, B., Lavoie, K. L., Pelletier, R., Campbell, T. S., Arsenault, A., . . . Bacon, S. L. (2011). The effect of major depression on postexercise cardiovascular recovery. *Psychophysiology, 48,* 1605–1610. doi: 10.1111/j.1469-8986.2011.01232.x.

Gormally, J., Sipps, G., Raphael, R., Edwin, D., & Varvil-Weld, D. (1981). The relationship between maladaptive cognitions and social anxiety. *Journal of Consulting and Clinical Psychology, 49,* 300–301.

Gorman, C. (2003, October 20). How to eat smarter. *Time,* pp. 48–59.

Gorman, C. (2012, January). Five hidden dangers of obesity: Excess weight can harm health in ways that may come as a surprise. *Scientific American.* Retrieved from *https://www.scientificamerican.com/article.cfm?id=five-hidden-dangers-of-obesity*

Gothold, J. J. (2009). Peeling the onion: Understanding layers of treatment. *Annals of the New York Academy of Sciences, 1159,* 301–312.

Gottesman, I. I., Laursen, T. M., Bertelsen, A., & Mortensen, P. B. (2010). Severe mental disorders in offspring with 2 psychiatrically ill parents. *Archives of General Psychiatry, 67,* 252–257.

Gottlieb, J. D., Romeo, K. H., Penn, D. L., Mueser, K. T., & Chiko, B. P. (2013). Web-based cognitive–behavioral therapy for auditory hallucinations in persons with psychosis: A pilot study. *Schizophrenia Research, 145,* 82–87.

Goudriaan, A. E., Oosterlaan, J., de Beurs, E., & van den Brink, W. (2006). Neurocognitive functions in pathological gambling: A comparison with alcohol dependence, Tourette syndrome and normal controls. *Addiction, 101,* 534–547.

Gouin, J.-P., Glaser, R., Malarkey, W. B., Beversdorf, D., & Kiecolt-Glaser, J. (2012). Chronic stress, daily stressors, and circulating inflammatory markers. *Health Psychology, 31,* 264–268. doi: 10.1037/a0025536

Gould, F., Clarke, J., Heim, C., Harvey, P. D., Majer, M., & Nemeroff, C. B. (2012). The effects of child abuse and neglect on cognitive functioning in adulthood. *Journal of Psychiatric Research, 46,* 500–506.

Gould, M. S., Greenberg, T., Velting, D. M., & Shaffer, D. (2003). Youth suicide risk and preventive interventions: A review of the past 10 years. *Journal of the American Academy of Child and Adolescent Psychiatry, 42,* 386–405.

Grace, A. A. (2010). Ventral hippocampus, interneurons, and schizophrenia: A new understanding of the pathophysiology of schizophrenia and its implications for treatment and prevention. *Current Directions in Psychological Science, 19, 232–237. doi: 10.1177/0963721410378032*

Graham, J. R. (2011). *MMPI-2: Assessing personality and psychopathology* (5th ed.). New York: Oxford University Press.

Granata, A. R., Pugni, V., Rochira, V., Zirilli, L., & Carani, C. (2012). Hormonal regulation of male sexual desire: The role of testosterone, estrogen, prolactin, oxytocin, and others. In M. Maggi (Ed.). *Hormonal therapy for male sexual dysfunction* (pp. 72–82). Hoboken, NJ: Wiley.

Grant, A., Fathalli, G,. Rouleau, G., Joober, R., Flores, C. (2012). Association between schizophrenia and genetic variation in DCC: A case–control study. *Schizophrenia Research, 137,* 26–31.

Grant, B. F., Harford, T. C., Muthen, B. O., Yi, H. Y., Hasin, D. S., & Stinson, F. S. (2006). *DSM-IV* alcohol dependence and abuse: Further evidence of validity in the general population. *Drug and Alcohol Dependence, 86,* 154–166.

Grant, B. F., Hasin, D. S., Blanco, C., Stinson, F. S., Chou, S. P., Goldstein, R. B., Huang, B. (2006a). The epidemiology of social anxiety disorder in the United States: Results from the National Epidemiologic Survey on Alcohol and Related Conditions. *Journal of Clinical Psychiatry, 66,* 1351–1361.

Grant, B. F., Hasin, D. S., Stinson, F. S., Dawson, D. A., Goldstein, R. B., Smith, S., . . . Saha, T. D. (2006b). The epidemiology of DSM-IV panic disorder and agoraphobia in the United States: Results from the National Epidemiologic Survey on Alcohol and Related Conditions. *Journal of Clinical Psychiatry, 67,* 363–374.

Grant, B. F., Hasin, D. S., Stinson, F. S., Dawson, D. A., Ruan, W.J., Goldstein, R. B., et al. (2005). Prevalence, correlates, co-morbidity, and comparative disability of DSM-IV generalized anxiety disorder in the USA: results from the National Epidemiologic Survey on Alcohol and Related Conditions. *Psychological Medicine, 35,* 1747–1759.

Grant, B. F., Stinson, F. S., Dawson, D. A., Chou, P., Ruan, W. J., & Pickering, R. P. (2004). Co-occurrence of 12-month alcohol and drug use disorders and personality disorders in the United States: Results from the National Epidemiologic Survey on Alcohol and Related Conditions. *Archives of General Psychiatry, 61,* 361–368.

Grant, J. E., & Odlaug, B. L. (2009). Asessment and treatment of pyromania. In J. E. Grant & M. N. Potenza (Eds.), *The Oxford handbook of impulse control disorders* (pp. 353–359). Oxford, UK: Oxford University Press.

Grant, J. E., Odlaug, B. L., & Kim, S. W. (2012). Assessment and treatment of kleptomnia. In J. E. Grant & M. N. Potenza (Eds.), *The Oxford handbook of impulse control disorders* (pp. 334–343). New York: Oxford University Press.

Grant, J. E., Williams, K. A., & Kim, S. W. (2006). Update on pathological gambling. *Current Psychiatry Reports, 8,* 53–58.

Grant, P. M., Huh, G. A., Perivoliotis, D., Stolar, N. M., & Beck, A. T. (2012). Randomized trial to evaluate the efficacy of cognitive therapy for low-functioning patients with schizophrenia. *Archives of General Psychiatry, 69,* 121–127. doi:10.1001/archgenpsychiatry.2011.129

Gray, M. J., & Acierno, R. (2002) Posttraumatic stress disorder. In M. Hersen (Ed.), *Clinical behavior therapy: Adults and children* (pp. 106–124). New York: John Wiley & Sons.

Gray-Little, B., & Hafdahl, A. R. (2000). Factors influencing racial comparisons of self-esteem: A quantitative review. *Psychological Bulletin, 126,* 26–54.

Green, B. A., Carnes, S., & Carnes, P. J. (2012). Cybersex addiction patterns in a clinical sample of homosexual, heterosexual, and bisexual men and women. *Sexual Addiction and Compulsivity, 19*(1–2), 77–98.

Green, M. F., & Horan, W. P. (2010). Social cognition in schizophrenia. *Current Directions in Psychological Science, 19,* 243–248. doi:10.1177/0963721410377600

Greene, B. (2009). The use and abuse of religious beliefs in dividing and conquering between socially marginalized groups: The same sex marriage debate. *American Psychologist, 64* (8), 698–709.

Greene, B. A. (1990). Sturdy bridges: The role of African American mothers in the socialization of African American children. *Women & Therapy, 10,* 205–225.

Greene, B. A. (1993a). African American women. In L. Comas-Diaz & B. Greene (Eds.), *Women of color and mental health* (pp. 13–25). New York: Guilford Press.

Greene, B. A. (1993b, Spring). Psychotherapy with African American women: The integration of feminist and psychodynamic approaches. *Journal of Training and Practice in Professional Psychology, 7,* 49–66.

Greene, R. L., Robin, R. W., Albaugh, B., Caldwell, A., & Goldman, D. (2003). Use of the MMPI-2 in American Indians: II. Empirical correlates. *Psychological Assessment, 5,* 360–369.

Greenwood, A. (2006, April 25). Natural killer cells power immune system response to cancer. *NCI Cancer Bulletin, 3* (17). Retrieved from http://www.cancer.gov/ncicancerbulletin/NCI_Cancer_Bulletin_042506/page4

Greenwood, T. A., Lazzeroni, L. C., Murray, S. S., Cadenhead, K. S., Calkins, M. E., Dobie, D. J., Braff, D. L. (2011). Analysis of 94 candidate genes and 12 endophenotypes for schizophrenia from the consortium on the genetics of schizophrenia. *American Journal of Psychiatry, 168,* 930–946.

Gregory, J. (2003). *Sickened: The memoir of a Münchausen by proxy childhood.* New York: Bantam.

Grilo, C. M., Crosby, R. D., Wilson, G. T., & Masheb, R. (2012). 12-month follow-up of fluoxetine and cognitive behavioral therapy for binge eating disorder. *Journal of Consulting and Clinical Psychology, 80,* 1108–1113. doi: 10.1037/a0030061

Grilo, C. M., Hrabosky, J. I., White, M. A., Allison, K. C., Stunkard, A. J., & Masheb, R. M. (2008). Overvaluation of shape and weight in binge eating disorder and overweight controls: Refinement of a diagnostic construct. *Journal of Abnormal Psychology, 117,* 414–419.

Grilo, C. M., Masheb, R. M., & Crosby, R. D. (2012). Predictors and moderators of response to cognitive behavioral therapy and medication for the treatment of binge eating disorder. *Journal of Consulting and Clinical Psychology, 80,* 897–906. doi: 10.1037/a0027001

Grilo, C. M., Masheb, R. M., Wilson, G. T., Gueorguieva, R., & White, M. A. (2011). A cognitive–behavioral therapy, behavioral weight loss, and sequential treatment for obese patients with binge-eating disorder: A randomized controlled trial. *Journal of Consulting and Clinical Psychology, 79,* 675–685. doi: 10.1037/a0025049

Grob, G. N. (1983). *Mental illness and American society, 1875–1940.* Princeton, NJ: Princeton University Press.

Grob, G. N. (1994). *The mad among us: A history of the care of America's mentally ill.* New York: Free Press.

Grob, G. N. (2009). *Mental institutions in America: Social policy to 1875*: Piscataway, NJ: Transaction Publishers Rutgers—The State University of New Jersey

Gropalis, M., Bleichhardt, G., Witthöft, M., & Hiller, W. (2012). Hypochondriasis, somatoform disorders, and anxiety disorders: Sociodemographic variables, general psychopathology, and naturalistic treatment effects. *Journal of Nervous & Mental Disease, 200,* 406–412.

Grossman, L. (2003, January 20). Can Freud get his job back? *Time,* pp. 48–51.

Grothe, K. B., Dutton, G. R., Jones, G. N., Bodenlos, J., Ancona, M., & Brantley, P. J. (2005). Validation of the Beck Depression Inventory-II in a low-income African American sample of medical outpatients. *Psychological Assessment, 17,* 110–114.

Guan, F., Wei, W., Feng, J., Zhang, C., Xing, B., Zhang, H., . . . Li, S. (2012). Association study of a new schizophrenia susceptibility locus of 10q24.32–33 in a Han Chinese population. *Schizophrenia Research, 138,* 63–68.

Guastella, A. J., Richardson, R., Lovibond, P. F., Rapee, R. M., Gaston, J. E., Mitchell, P., & Dadds, M. R. (2008). A randomised controlled trial of D-cycloserine enhancement of exposure therapy for social anxiety disorder. *Biological Psychiatry, 63,* 544–549.

Guillaume, F., Guillem, F., Tiberghien, G., & Stip. E. (2012). ERP investigation of study-test background mismatch during face recognition in schizophrenia. *Schizophrenia Research, 134,* 101–109.

Guller, Y., Ferrarelli, F., Shackman, A. J., Sarasso, S., Peterson, M. J.., Langheim, F. J., . . . Postle, B. R. (2012). Probing thalamic integrity in schizophrenia using concurrent transcranial magnetic stimulation and functional magnetic resonance imaging. *Archives of General Psychiatry, 69,* 662–671. doi:10.1001/archgenpsychiatry.2012.23

Gunderson, J. G. (2011). Borderline personality disorder. *New England Journal of Medicine, 364,* 2037–2042.

Gunderson, J. G., Stout, R. L., McGlashan, T. H., Shea, M. T., Morey, L. C., Grilo, C. M, . . Skodol, A. E. (2012). Ten-year course of borderline personality disorder: psychopathology and function from the Collaborative Longitudinal Personality Disorders Study. *Archives of General Psychiatry, 68,* 827–837.

Gunn, R. L., & Smith, G. T. (2010). Risk factors for elementary school drinking: Pubertal status, personality, and alcohol expectancies concurrently predict fifth grade alcohol consumption. *Psychology of Addictive Behaviors, 24,* 617–627. doi:10.1037/a0020334

Gunter, R. W., & Whittal, M. L. (2010). Dissemination of cognitive-behavioral treatments for anxiety disorders: Overcoming barriers and improving patient access. *Clinical Psychology Review, 30,* 194–202. doi:10.1016/ j.cpr.2009.11.001

Guo, X., Zhai, J., Liu, Z., Fang, M., Wang, B., Wang, C., . . . Zhao, J. (2010). Effect of antipsychotic medication alone vs combined with psychosocial intervention on outcomes of early-stage schizophrenia: A randomized, 1-year study. *Archives of General Psychiatry, 67,* 895–904. *doi:10.1001/archgenpsychiatry.2010.105*

Guoa, M. E., Collinson, S. L., Subramaniam, M., & Chong. S. A (2010). Gender differences in schizotypal personality in a Chinese population. *Personality and Individual Differences, 50,* 404–408. doi:10.1016/j.paid.2010.11.005

Gvirts, H. Z., Harari, H., Braw, Y., Shefet, D., Shamay-Tsoory, S. G. & Levkovitz, Y. (2012). Executive functioning among patients with borderline personality disorder (BPD) and their relatives. *Journal of Affective Disorders, 143,* 261–264.

H

Hölzel, L, Härter,. M, Reese, C., & Kriston, L. (2011). Risk factors for chronic depression—A systematic review. *Journal of Affective Disorders, 129,* 1–13.

Hadjistavropoulos, H. D.,Thompson, M., Ivanov, M., Drost, C., Butz, C., Klein, B., . . . Austin, D. W. (2011). Considerations in the development of a therapist-assisted internet cognitive behavior therapy service. *Professional Psychology: Research and Practice, 42,* 463–471. doi: 10.1037/a0026176

Haedt-Matt, A. A., & Keel, P. K. (2011). Revisiting the affect regulation model of binge eating: A meta-analysis of studies using ecological momentary assessment. *Psychological Bulletin, 137,* 660–681. doi: 10.1037/a0023660

Hagen, S., & Carouba, M.(2002). Women at Ground Zero: Stories of courage and compassion. Indianapolis, IN: Alpha.

Hahn, B., Hollingworth, A., Robinson, B. M., Kaiser, S. T., Leonard, C. J., Beck, V. M., . . . Gold, J. M. (2012). Control of working memory content in schizophrenia. *Schizophrenia Research, 134,* 70–75.

Halbreich, U., O'Brien, S., Eriksson, E., Bäckström, T., Yonkers, K.A., & Freeman, E.W. (2006). Are there differential symptom profiles that improve in response to different pharmacological treatments of premenstrual syndrome/premenstrual dysphoric disorder? *CNS Drugs, 20,* 523–547.

Hall, G. C. N., Hong, J. J., Zane, N. W. S., & Meyer, O. L. (2011). Culturally competent treatments for Asian Americans: The relevance of mindfulness and acceptance-based psychotherapies. *Clinical Psychology: Science and Practice, 18,* 215–231. doi:10.1111/j.1468-2850.2011.01253.x

Hall, H. I., Song, R., Rhodes, P., Prejean, J., An, Q., Lee, L. M., et al. (2008). Estimation of HIV incidence in the United States. *Journal of the American Medical Association, 300,* 520–529.

Hallmayer, J., Cleveland, S., Torres, A., Phillips, J., Cohen, B., Torigoe, T., . . . Risch, N. (2011). Genetic heritability and shared environmental factors among twin pairs with autism. *Archives of General Psychiatry, 68,* 1095–1102. doi:10.1001/archgenpsychiatry.2011.76

Ham, L. S., & Hope, D. A. (2003). College students and problematic drinking: A review of the literature. *Clinical Psychology Review, 23,* 719–759.

Hamel, M., Shafer, T. W., & Erdberg, P. (2003). A study of nonpatient preadolescent Rorschach protocols. *Journal of Personality Assessment, 75,* 280–294.

Hamilton, K. E., Wershler, J. L., Macrodimitris, S. D., Backs-Dermott, B. J., Ching, L. E., & Mothersill, K. J. (2012). Exploring the effectiveness of a mixed-diagnosis group cognitive behavioral therapy intervention across diverse populations. *Cognitive and Behavioral Practice, 19,* 472–482.

Hamilton, S. P. (2008). Schizophrenia candidate genes: Are we really coming up blank? *American Journal of Psychiatry, 165,* 420–423.

Hammen, C. (2009). Adolescent depression: Stressful interpersonal contexts and risk for recurrence. *Current Directions in Psychological Science, 18,* 200–204. doi: 10.1111/j.1467-8721.2009.01636.x

Hampton, T. (2012). Effects of ECT. *Journal of the American Medical Association, 307,* 1790–1790. doi:10.1001/jama.2012.3723

Hamre, K. (2013). Obesity: Multiple factors contribute. *Nature, 493,* 480. doi:10.1038/493480c

Han, J., Kesner, P., Metna-Laurent, M., Duan, T., Xu, L., Georges, G., Koehl, M., . . . Ren, W. (2012). Acute cannabinoids impair working memory through astroglial CB1 receptor modulation of hippocampal LTD. *Cell, 148*(5), 1039–1050. doi:10.1016/j.cell.2012.01.037

Han, J.-H., Kushner, S. A., Yiu, A. P., Hsiang, H.-L., Buch,T., Waisman, A., et al. (2009). Selective erasure of a fear memory. *Science, 323,* 1492–1496. doi: 10.1126/science.1164139

Han, S. D., Gruhl, J., Beckett, L., Dodge, H. H., Stricker, H. H., . . . Mungas, D. (2012). Beta amyloid, tau, neuroimaging, and cognition: sequence modeling of biomarkers for Alzheimer's Disease. *Brain Imaging and Behavior, 6,* 610–620.

Hancock, L. (1996, March 18). Mother's little helper. *Newsweek*, pp. 51–56.

Hans, E., & Hiller, W. (2013). Effectiveness of and dropout from outpatient cognitive behavioral therapy for adult unipolar depression: A meta-analysis of nonrandomized effectiveness studies. *Journal of Consulting and Clinical Psychology, 81,* 75–88. doi: 10.1037/a0031080

Hansen, N. B., Lambert, M. J., & Forman, E. M. (2002). The psychotherapy dose-response effect and its implications for treatment delivery services. *Clinical Psychology: Science and Practice, 9,* 329–343.

Hansen, N. D., Randazzo, K. V., Schwartz, A., Marshall, M., Kalis, D., Frazier, ER., . . . Norvig, G. et al. (2006). Do we practice what we preach? An exploratory survey of multicultural psychotherapy competencies. *Professional Psychology: Research and Practice, 37,* 66–74.

Hardy, J., & Low, N. C. (2011). Genes and environment in psychiatry: Winner's curse or cure? *Archives of General Psychiatry, 68,* 455–456.

Hariri, A. R., Mattay, V. S., Tessitore, A., Kolachana, B., Fera, F., Goldman, D. (2002). Serotonin transporter genetic variation and the response of the human amygdala. *Science, 19,* 400–403.

Harkin, B., & Kessler, K. (2011). The role of working memory in compulsive checking and OCD: A systematic classification of 58 experimental findings. *Clinical Psychology Review, 31,* 1004–1021. doi:10.1016/j.cpr.2011.06.004

Harkness, K. L., Alavi, N., Monroe, S. M., Slavich, G. M., Gotlib, I. H., & Bagby, R. M. (2010). Gender differences in life events prior to onset of major depressive disorder: The moderating effect of age. *Journal of Abnormal Psychology, 119,* 791–803. doi: 10.1037/a0020629

Harmon, A. (2012, April 8). The autism wars. *The New York Times,* p. SR3.

Harold, D., Abraham, R., Hollingworth, P., Sims, R., Gerrish, A., Hamshere, M. L., et al. (2009). Genome-wide association study identifies variants at CLU and PICALM associated with Alzheimer's disease. *Nature Genetics.* Retrieved from http://www.nature.com/ng/journal/vaop/ncurrent/abs/ng.440.html

Harris, A., & Lurigio, A. J. (2007). Mental illness and violence: A brief review of research and assessment strategies. *Aggression and Violent Behavior, 12,* 542–551.

Harris, E., & Younggren, J. N. (2011). Risk management in the digital world. *Professional Psychology: Research and Practice, 42,* 412–418. doi: 10.1037/a0025139

Harris, G. (2006, November 23). Proof is scant on psychiatric drug mix for young. *The New York Times,* pp. A1, A28.

Harris, J. et al. (2012). A randomized controlled trial of intensive sleep retraining (ISR): A brief conditioning treatment for chronic insomnia. *Sleep*, in press, *35,* 49.

Harris, J., Lack, L., Kemp, K., Wright, H., & Bootzin, R. (2012). A randomized controlled trial of intensive sleep retraining (ISR): A brief conditioning treatment for chronic insomnia. *Sleep, 35,* 49–60. doi: 10.5665/sleep.1584

Harrison, B. J., Soriano-Mas, C., Pujol, J., Ortiz, H., Lopez-Sola, M., Hernandez-Ribas, Deus, J., Cardoner, N. (2009). Altered corticostriatal functional connectivity in obsessive-compulsive disorder. *Archives of General Psychiatry, 66,* 1189–1200.

Harrow, M., & Jobe T. (2007). Factors involved in outcome and recovery in schizophrenia patients not on antipsychotic medications: A 15-year multi-follow-up study. *Journal of Nervous and Mental Disease, 195,* 406–414.

Hart, H., Radua, J., Nakao, T., Mataix-Cols, D., & Rubia, K. (2013). Meta-analysis of functional magnetic resonance imaging studies of inhibition and attention in attention-deficit/hyperactivity disorder. *JAMA Psychiatry, 70,* 185–198. doi:10.1001/jamapsychiatry.2013.277.

Hart, L. M., Granillo, M. T., Jorm, A. F., & Paxton, S. J. (2011). Unmet need for treatment in the eating disorders: A systematic review of eating disorder specific treatment seeking among community cases. *Clinical Psychology Review, 31,* 727–735. doi:10.1016/j.cpr.2011.03.004

Hartz, S. M., Short, S. E., Saccone, N. L., Culverhouse, R., Chen, L, Schwantes-An, T.-H., . . . Bierut, L. J. (2012). Increased genetic vulnerability to smoking at CHRNA5 in early-onset smokers. *Archives of General Psychiatry, 69,* 854–860. doi:10.1001/archgenpsychiatry.2012.124

Harvey, A. G., & Tang, N. K. Y (2012). (Mis)perception of sleep in insomnia: A puzzle and a resolution. *Psychological Bulletin, 138,* 77–101. doi: 10.1037/a0025730

Harvey, P. D. (2010). Cognitive functioning and disability in schizophrenia. *Current Directions in Psychological Science, 19,* 249–254. doi:10.1177/0963721410378033

Hasin, D. S., Goodwin, R. D., Stinson, F. S., & Grant, B. F. (2005). Epidemiology of major depressive disorder: Results from the National Epidemiologic Survey on Alcoholism and Related Conditions. *Archives of General Psychiatry, 62,* 1097–1106.

Hasin, D., Hatzenbuehler, M. L., Keyes, K., & Ogburn, E. (2006). Substance use disorders: *Diagnostic and Statistical Manual of Mental Disorders*, fourth edition (DSM-IV) and *International Classification of Diseases*, tenth edition (ICD-10). *Addiction, 101* (Suppl. 1), 59–75.

Hassija, C. M., & Gray, M. J. (2010). Are cognitive techniques and interventions necessary? A case for the utility of cognitive approaches in the treatment of PTSD. *Clinical Psychology: Science and Practice, 17,* 112–127. doi:10.1111/j.1468–2850.2010.01201.x

Havermans, R. C., & Jansen, A. T. M. (2003). Increasing the efficacy of cue exposure treatment in preventing relapse of addictive behavior. *Addictive Behaviors, 28,* 989–994.

Hawton, K., Casañas i Comabella, C., Haw, C., & Saunders, K. (2013). Risk factors for suicide in individuals with depression: A systematic *review. Journal of Affective Disorders, 47,* 17–28.

Hayes, B. (2001). *Sleep demons: An insomniac's memoir.* New York: Washington Square Press.

Hayes, S. C., Muto, T., & Masuda, A. (2011). Seeking cultural competence from the ground up. *Clinical Psychology: Science and Practice, 18,* 232–237. doi: 10.1111/j.1468-2850.2011.01254.x

Haynos, A. F., & Fruzzetti, A. E. (2011). Anorexia nervosa as a disorder of emotion dysregulation: Evidence and treatment implications. *Clinical Psychology: Science and Practice, 18,* 183–202. doi: 10.1111/j.1468-2850.2011.01250.x

Hays, P. A. (2009). Integrating evidenced-based practice, cognitive–behavior therapy, and multicultural therapy: Ten steps for culturally competent practice. *Professional Psychology: Research and Practice, 40,* 354–360.

Hazlett, H. C., Poe, M. D., Gerig, G., Styner, M., Chappell, C., Gimpel Smith, R., . . . Piven, J. (2011). Early brain overgrowth in autism associated with an increase in cortical surface area before age 2 years. *Archives of General Psychiatry, 68,* 467–476. doi:10.1001/archgenpsychiatry.2011.39

Healy, A., Rush, R., & Ocain, T. (2011). Fragile X syndrome: An update on developing treatment modalities. *ACS Chemical Neuroscience, 2,* 402–410. doi: 10.1021/cn200019zdoi : 10.1021/cn200019z

Hebert, L. E., Scherr, P. A., Bienias, J. L., Bennett, D. A., & Evans, D. A. (2003). Alzheimer's disease in the U.S. population: Prevalence estimates using the 2000 census. *Archives of Neurology, 60,* 1119–1122.

Heilbrun, K., & Kramer, G. M. (2005). Involuntary medication, trial competence, and clinical dilemmas: Implications of Sell v. United States for psychological practice. *Professional Psychology: Research and Practice, 36,* 459–466.

Heinemann, L. A. J., Minh, T. D., Filonenko, A., & Uhl-Hochgräber, K. (2010). Explorative evaluation of the impact of severe premenstrual disorders on work absenteeism and productivity. *Women's Health Issues, 20,* 58–65. doi:10.1016/j.whi.2009.09.005

Heinrichs, M., Wagner, D., Schoch, W., Soravia, L. M., Hellhammer, D. H., & Ehlert, U. (2005). Predicting posttraumatic stress symptoms from pretraumatic risk factors: A 2-year prospective follow-up study in firefighters. *American Journal of Psychiatry, 162,* 2276–2286.

Hemmings, C. (2010). Service use and outcomes. In N. Bouras (Ed.), *Mental health services for adults with intellectual disability: Strategies and solutions* (pp. 75–88). New York: Psychology Press.

Hendrick, B. (2011), Use of antidepressants on the rise in the U.S.. (2011, October 19). *WebMD Health.* Retrieved from http://www.webmd.com/depression/news/20111019/use-of-antidepressants-on-the-rise-in-the-us

Hendrick, B. (2011, October 19). Use of antidepressants on the rise in the U.S. *WebMD Health.* Retrieved from http://www.webmd.com/depression/news/20111019/use-of-antidepressants-on-the-rise-in-the-us

Henig, R. M. (2012, September 30). Valium's contribution to our new normal. *The New York Times Sunday Review,* p. 9.

Henin, A., Micco, J. A., Wozniak, J., Briesch, J. M., Narayan, A. J., & Hirshfeld-Becker, D. R. (2009). Neurocognitive functioning in bipolar disorder. *Clinical Psychology: Science and Practice, 16,* 231–250. doi:10.1111/j.1468-2850.2009.01162.x

Henriques, G., Wenzel, A., Brown, G. K., & Beck, A. T. (2005). Suicide attempters' reaction to survival as a risk factor for eventual suicide. *American Journal of Psychiatry, 162,* 2180–2182.

Henry, K. L., McDonald, J. N., Oetting, E. R., Silk Walker, P., Walker, R. D., & Beauvais, F. (2011). Age of onset of first alcohol intoxication and subsequent alcohol use among urban American Indian adolescents. *Psychology of Addictive Behaviors, 25,* 48–56. doi: 10.1037/a0021710

Henry, M., Pascual-Leone, A., & Cole, J. (2003). *Electromagnetic stimulation shows promise for treatment-resistant depression.* Retrieved from http://www.healthyplace.com/communities/depression/treatment/tms/index.asp

Henslee, A. M., & Coffey, S. F. (2010). Exposure therapy for posttraumatic stress disorder in a residential substance use treatment facility. *Professional Psychology: Research and Practice, 41,* 34–40.

Herbst, N., Voderholzer, U., Stelzer, N., Knaevelsrud, C., Hertenstein, E., Schlegl, S., . . . Külza, A. K. (2012). The potential of telemental health applications for obsessive-compulsive disorder. *Clinical Psychology Review, 32,* 454–466.

Herrup, K. (2010). Reimagining Alzheimer's Disease—an age-based hypothesis. *Journal of Neuroscience, 30,* 16755-16762. doi: 10.1523/jneurosci.4521-10.2010

Heymsfield, S., B., & Cefalu, W. T. (2013). Does body mass index adequately convey a patient's mortality risk? *Journal of the American Medical Association, 309,* 87–88. doi:10.1001/jama.2012.185445.

Higgins, S. T. (2006). Extending contingency management to the treatment of methamphetamine use disorders. *American Journal of Psychiatry, 163,* 1870–1872.

Higgins, S. T., Heil, S. H., & Lussier, J. P. (2004). Clinical implications of reinforcement as a determinant of substance use disorders. *Annual Review of Psychology, 55,* 431–461.

Hildebrandt, T., Alfano, L., Tricamo, M., & Pfaff, D. W. (2010). Conceptualizing the role of estrogens and serotonin in the development and maintenance of bulimia nervosa. *Clinical Psychology Review, 30,* 655–668. doi: 0.1016/j.cpr.2010.04.011

Hill, M., J., & Bray, N. J. (2012). Evidence that schizophrenia risk variation in the ZNF804A gene exerts its effects during fetal brain development. *American Journal of Psychiatry, 169,* 1301–1308. 10.1176/appi.ajp.2012.11121845

Hingson, R. W., Zha, W., & Weitzmanet, E. R. (2009). Magnitude of and trends in alcohol-related mortality and morbidity among U.S. college students ages 18 to 24, 1998–2005. *Journal of Studies on Alcohol and Drugs, 16,* 12–20. doi:10.1146/annurev.publhealth.26.021304.144652

Hinton, D. E., Park, L., Hsia, C., Hofmann, S., & Pollack, M. H. (2009). Anxiety disorder presentations in Asian populations: A review. *CNS Neuroscience & Therapeutics, 15,* 295–303. doi: 10.1111/j.1755-5949.2009.00095.x

Hirschfeld, R. M. A. (2011). Deep brain stimulation for treatment-resistant depression. *American Journal of Psychiatry, 168,* 455–456. doi: 10.1176/appi.ajp.2011.11020231

Hirshfeld-Becker, D. R., Masek, B., Henin, A., Blakely, L. R., Pollock-Wurman, R., McQuade, J., . . . Biederman, J. (2010). Cognitive behavioral therapy for 4- to 7-year-old children with anxiety disorders: A randomized clinical trial. *Journal of Consulting and Clinical Psychology, 78,* 498–510. doi: 10.1037/a0019055

Hitti, M. (2006, March 6). Eating disorders may run in families. Retrieved from http://psychologytoday.webmd.com/content/article/119/113378?src=rss_psychtoday

Ho, M.-H. R., Auerbach, R. P., Jun, H. L., Abela, J. R. Z., Zhu, X., & Yao, S. (2011). Understanding anxiety sensitivity in the development of anxious and depressive symptoms. *Cognitive Therapy and Research, 35,* 232–240. doi: 10.1007/s10608-009-9280-8

Hodgins, D. C., Schopflocher, D. P., el-Guebaly, N., Casey, D. M., Smith, G. J., . . . Wood, R. T. (2010). The association between childhood maltreatment and gambling problems in a community sample of adult men and women. *Psychology of Addictive Behaviors, 24,* 548–554. doi: 10.1037/a0019946

Hodgins, D. C., Schopflocher, D. P., el-Guebaly, N., Casey, D. M., Smith, G. J., Williams, R. J., & Wood, R. T. (2010). The association between childhood maltreatment and gambling problems in a community sample of adult men and women. *Psychology of Addictive Behaviors, 24,* 548–554. doi:10.1037/a0019946

Hodgins, D., C., Stea, J. N., & Grant, J. E. (2011). Gambling disorders. *The Lancet, 378,* 1874–1884. doi: 10.1016/S0140-6736(10)62185-X

Hoeft, F., Walter, E., Lightbody, A. A., Hazlett, H. C., Chang, C., Piven, J., . . Reiss, A. L. (2011). Neuroanatomical differences in toddler boys with Fragile X Syndrome and idiopathic autism. *Archives of General Psychiatry, 68,* 295–305. doi:10.1001/archgenpsychiatry.2010.153

Hoffmann et al., 2004

Hofmann, S. G. (2008). Cognitive processes during fear acquisition and extinction in animals and humans: Implications for exposure therapy of anxiety disorders. *Clinical Psychology Review, 28,* 200–211.

Hofmann, S. G., Asmundson, G. J. G., & Beck, A. T. (2011). The science of cognitive therapy. *Behavior Therapy,* in press.

Hofmann, S. G., Asnaani, A., Vonk, I. J. J., Sawyer, A. T., & Fang, A. (2012). The efficacy of cognitive behavioral therapy: a review of meta-analyses. *Cognitive Therapy and Research, 36,,* 427–440. doi: 10.1007/s10608-012-9476-1

Hofmann, S. G., Meuret, A. E., Smits, J. A. J., Simon, N. M., Pollack, M. H., Eisenmenger, K., . . . Otto, M. W. (2006). Augmentation of exposure therapy with D-cycloserine for social anxiety disorder. *Archives of General Psychiatry, 63,* 298–304.

Hofmann, S. G., Moscovitch, D. A., Kim, H. J., & Taylor, A. N. (2004). Changes in self-perception during treatment of social phobia. *Journal of Consulting and Clinical Psychology, 72,* 588–596.

Holahan, C. J., Moos, R. H., Holahan, C. K., Brennan, P. L., & Schutte, K. K. (2005). Stress generation, avoidance coping, and depressive symptoms: A 10-year model. *Journal of Consulting and Clinical Psychology, 73,* 658–666.

Holbrook, T. L., Galarneau, M. R., Dye, J. L., Quinn, K., & Dougherty, A. L. (2010). Morphine use after combat injury in Iraq and post-traumatic stress disorder. *New England Journal of Medicine, 362,* 110–117.

Holden, C. (2008a). Bipolar disorder: Poles apart. *Science, 321,* 193–195.

Holder-Perkins, V., & Wise, T. N. (2002). Somatization disorder. In K. A. Phillips (Ed.), *Somatoform and factitious disorders. Review of Psychiatry* (Vol. 20, pp. 1–26). Washington, DC: American Psychiatric Association.

Holland, A. J., Sicotte, N., & Treasure, J. (1988). Anorexia nervosa: Evidence of a genetic basis. *Journal of Psychosomatic Research, 32,* 561–571.

Holley, A. B., et al. (2011). Efficacy of an adjustable oral appliance and comparison with continuous positive airway pressure for the treatment of obstructive sleep apnea syndrome. *Chest, 140,* 1511.

Holley, A. B., Lettieri, C. J., & Shah, A. A. (2011). Efficacy of an adjustable oral appliance and comparison with continuous positive airway pressure for the treatment of obstructive sleep apnea syndrome. *Chest, 140,* 1511.

Hollingshead, A. B., & Redlich, F. C. (1958). *Social class and mental illness: Community study.* New York: Wiley.

Hollingworth, P., Harold, D., Sims, R., Gerrish, A., Lambert, J.-C., Carrasquillo, M. M., . . . Williams J. (2011). Common variants at ABCA7, MS4A6A/MS4A4E, EPHA1, CD33 and CD2AP are associated with Alzheimer's disease. *Nature Genetics, 43,* 429.

Hollon, S. D., & Ponniah, K. (2010). A review of empirically supported psychological therapies for mood disorders in adults. *Depression and Anxiety, 27,* 891–932.

Hollon, S.D., Kendall, P.C. (1980), Cognitive self-statements in depression:

Development of an automatic thoughts questionnaire. *Cognitive Therapy and Research, 4,* 383–395.

Holma, K. M., Melartin, T. K., Haukka, J., Holma, I. A. K., Sokero, T. P., & Isometsä, E. T. (2010). Incidence and predictors of suicide attempts in DSM–IV major depressive disorder: A five-year prospective study. *American Journal of Psychiatry, 167,* 801–808.

Holroyd, K. A. (2002). Assessment and psychological management of recurrent headache disorders. *Journal of Consulting and Clinical Psychology, 70,* 656–677.

Holtgraves, T. (2009). Gambling, gambling activities, and problem gambling. *Psychology of Addictive Behaviors, 23,* 295–302. doi:10.1037/a0014181

Holtmann, M., Bölte, S., & Poustka, F. (2008). Rapid increase in rates of bipolar diagnosis in youth: "True" bipolarity or misdiagnosed severe disruptive behavior disorders? *Archives of General Psychiatry, 65,* 477.

Holtz, J. L. (2011). *Applied clinical neuropsychology.* New York: Springer.

Holtzheimer, P. E., Kelley, M. E., Gross, R. E., Filkowski, M. M., Garlow, S. J., Barrocas, A., . . . Mayberg, H. S. (2012). Subcallosal cingulate deep brain stimulation for treatment-resistant unipolar and bipolar depression. *Archives of General Psychiatry, 69,* 150–158. doi:10.1001/archgenpsychiatry.2011.1456

Homer, B. D., Solomon, T. M., Moeller, R. W., Mascia, A., DeRaleau, L., & Halkitis, P. N. (2008). Methamphetamine abuse and impairment of social functioning: A review of the underlying neurophysiological causes and behavioral implications. *Psychological Bulletin, 134,* 301–310.

Hong, D. S., Dunkin, B., & Reiss, A. L. (2011). Psychosocial functioning and social cognitive processing in girls with Turner syndrome. *Journal of Developmental & Behavioral Pediatrics, 7,* 512–520.

Hongpaisan, J., Sun, M.-K., & Alkon, D. L. (2011). PKC e activation prevents synaptic loss, A✪ elevation, and cognitive deficits in Alzheimer's Disease transgenic mice. *Journal of Neuroscience, 31,* 630–643. doi: 10.1523/JNEUROSCI.5209-10.2011

Hooker, C. I., Bruce, L., Fisher, M., Verosky, S. C., Miyakawa, A., & Vinogradov, S. (2012). Neural activity during emotion recognition after combined cognitive plus social cognitive training in schizophrenia. *Schizophrenia Research, 39,* 53–59. doi: 10.1016/j.schres.2012.05.009

Hooley, J. M. (2010). Social factors in schizophrenia. *Current Directions in Psychological Science, 19,* 238–242. doi:10.1177/0963721410377597

Hopkin, M. (2008, May 5). Fat cell numbers stay constant through adult life. *Nature News.* doi:10.1038/ news.2008.800

Hopko, D. R., Armento, M. E. A., Robertson, S. M. C., Ryba, M. M., Carvalho, J. P., Colman, L. K., . . . Lejuez, C. W. (2011). Brief behavioral activation and problem-solving therapy for depressed breast cancer patients: Randomized trial. *Journal of Consulting and Clinical Psychology, 79,* 834–849. doi:10.1037/a0025450

Hopwood, C. J., Donnellan, M. B., Blonigen, D. M., Krueger, R. F., McGue, M., Iacono, W. G., & Burt, S. A. (2011). Genetic and environmental influences on personality trait stability and growth during the transition to adulthood: A three-wave longitudinal study. *Journal of Personality and Social Psychology, 100,* 545–556. doi: 10.1037/a0022409.

Hor, H., Bartesaghi, L, Kutalik, Z., Vicário, J. L., de Andrés, C., Pfister, C., . . . & Peraita-Adrados, R. (2011). A missense mutation in myelin oligodendrocyte glycoprotein as a cause of familial narcolepsy with cataplexy. *American Journal of Human Genetics, 89,* 474–479. doi: 10.1016/j.ajhg.2011.08.007

Houghton, S., Curran, J., & Ekers, D. (2011). Behavioural activation in the treatment of depression. *Mental Health Practice, 14,* 18–23.

Houry, D. (2004). Suicidal patients in the emergency department: Who is at greatest risk? *Annals of Emergency Medicine, 43,* 731–732.

Houts, A. C. (2010). Behavioral treatment for enuresis. In J. R. Weisz & A. E. Kazdin (Eds.) (2nd ed), *Evidence-based psychotherapies for children and adolescents* (pp. 359–374). New York: Guilford Press.

Houts, F. W., Taller, I., Tucker, D. E., & Berlin, F. S. (2011). Sexual dysfunction. In R. Balon (Ed.). *Beyond the brain-body connection. Advances in Psychosomatic Medicine, Vol. 31,* 149–163. Basel: Karger.

Howard, R., McShane, R., Lindesay, J., Ritchie, C., Baldwin, A., Barber, R., . . . Phillips, P. (2012). Donepezil and memantine for moderate-to-severe Alzheimer's Disease. *New England Journal of Medicine, 66,* 893–903.

Howell, E. F. (2011). *Understanding and treating dissociative identity disorder: A rational approach.* New York: Routledge/Taylor & Francis.

Howes, O. D., Kambeitz, J., Kim, E., Stahl, D., Slifstein, M., Abi-Dargham, A., & Kapur, S. (2012). The nature of dopamine dysfunction in schizophrenia and what this means for treatment: Meta-analysis of imaging studies. *Archives of General Psychiatry, 69,* 776–786. doi:10.1001/archgenpsychiatry.2012.169

Hoza, B., Mrug, S., Gerdes, A. C., Hinshaw, S. P., Bukowski, W. M., Gold, J. A., et al. (2005). What aspects of peer relationships are impaired in children with attention-deficit/hyperactivity disorder? *Journal of Consulting and Clinical Psychology, 73,* 411–423.

Hrobjartsson, A., & Gotzsche, P. C. (2001). Is the placebo powerless? An analysis of clinical trials comparing placebo with no treatment. *New England Journal of Medicine, 344,* 1594–1602.

Hu, M.-C., Davies, M., & Kandel, D. B. (2006). Epidemiology and correlates of daily smoking and nicotine dependence among young adults in the United States. *American Journal of Public Health, 96,* 299–308.

Hua, X., Thompson, P. M., Leow, A. D., Madsen, S. K., Caplan, R., Alger, J. R., . . Levitt, J. G. (2011). Brain growth rate abnormalities visualized in adolescents with autism. *Human Brain Mapping.* Retrieved from *http://onlinelibrary.wiley.com/doi/10.1002/hbm.21441/abstract*

Hubbard, K. L., Zapf, P. A., & Ronan, K. A. (2003). Competency restoration: An examination of the differences between defendants predicted restorable and not restorable to competency. *Law and Human Behavior, 27,* 127–139.

Hudson, J. I., Lalonde, J. K., Berry, J. M., Pindyck, L. J., Bulik, C. M., Crow, S. J., et al. (2006). Binge-eating disorder as a distinct familial phenotype in obese individuals. *Archives of General Psychiatry, 63,* 313–319.

Huffman, J. C., Smith, F. A., Blais, M. A., Taylor, A. M., Januzzi, J. L., & Fricchione, G. L. (2008). Pre-existing major depression predicts in-hospital cardiac complications after acute myocardial infarction. *Psychosomatics, 49,* 309–316. doi:10.1176/appi.psy.49.4.309

Hulshoff Pol, H. E., van Baal, G. C., M., Schnack, H. G., Brans, R. G. H., van der Schot, A C., Brouwer, R. M., . . . Kahn, R. S. (2012). Overlapping and segregating structural brain abnormalities in twins with schizophrenia or bipolar disorder. *Archives of General Psychiatry, 69,* 349–359. doi:10.1001/archgenpsychiatry.2011.1615

Humphrey, L. L. (1986). Family dynamics in bulimia. In S. C. Feinstein et al. (Eds.), *Adolescent psychiatry* (pp. 315–332). Chicago: University of Chicago Press.

Hunnicutt-Ferguson, K., Hoxha, D., & Gollan, J. (2012). Exploring sudden gains in behavioral activation therapy for Major Depressive Disorder. *Behaviour Research and Therapy, 50,* 223–230.

Hunsley, J., & Bailey, J. M. (2001). Whither the Rorschach? An analysis of the evidence. *Psychological Assessment, 13,* 472–485.

Hunter, E. C. M., Phillips, M. L., Chalder, T., Sierra, M., & David, A. S. (2003). Depersonalisation disorder: A cognitive– behavioural conceptualization. *Behaviour Research and Therapy, 41,* 1451–1467.

Huntington's Disease advance: Overactive protein triggers a chain reaction that causes brain nerve cells to die. (2011, February 23). *ScienceDaily.* Retrieved from http://www.sciencedaily.com/

Huprich, S. K., Fuller, K. M., & Schneider, R. B. (2003). Divergent ethical perspectives on the duty-to-warn principle with HIV patients. *Ethics & Behavior, 13,* 263–278.

Hurlburt, G., & Gade, E. (1984). Personality differences between Native American and Caucasian women alcoholics: Implications for alcoholism counseling. *White Cloud Journal, 3,* 35–39.

Huynh, Q.-L., Devos, T., & Dunbar, C. M. (2012). The psychological costs of painless but recurring experiences of racial discrimination. *Cultural Diversity and Ethnic Minority Psychology, 18,* 26–34. doi: 10.1037/a0026601

Hwang, W.-C. (2006). The psychotherapy adaptation and modification framework: Application to Asian Americans. *American Psychologist, 61,* 702–715.

Hwang, W.-C. (2011). Cultural adaptations: A complex interplay between clinical and cultural issues. *Clinical Psychology: Science and Practice, 18,* 238–241. doi: 10.1111/j.1468-2850.2011.01255.

Hyde, J. S., Mezulis, A. H., & Abramson, L. Y. (2008). The ABCs of depression: Integrating affective, biological, and cognitive models to explain the emergence of the gender difference in depression. *Psychological Review, 115,* 291–313.

Hyman, S. E. (2011). The meaning of the Human Genome Project for neuropsychiatric disorders. *Science, 331,* 1026. doi: 10.1126/science.1203544

I

I. D. R. Laws & W. T. O'Donohue (Eds.). *Sexual deviance: Theory, assessment, and treatment* (pp. 61–75). New York: Guilford Press.

Ibarra-Rovillard, M. S., & Kuiper, N. A. (2011). Social support and social negativity findings in depression: perceived responsiveness to basic psychological needs. *Clinical Psychology Review, 31,* 342–352. doi:10.1016/j.cpr.2011.01.005 in El Salvador.

Ilgen, M. A., Wilbourne, P. L., Moos, B. S., & Moos, R. H. (2008). Problem-free drinking over 16 years among individuals with alcohol use disorders. *Drug and Alcohol Dependence, 92,* 116.

Imel, Z. E., Malterer, M. B., McKay, K. M., & Wampold, B. E. (2008). A meta-analysis of psychotherapy and medication in unipolar depression and dysthymia. *Journal of Affective Disorders, 110,* 197–206.

Ingersoll, B. (2011). Recent advances in early identification and treatment of autism. *Current Directions in Psychological Science, 20,* 335–339. doi: 10.1177/0963721411418470

Ingram, R. E., & Siegle, G. J. (2001). Cognition and clinical science: From revolution to evolution. In K. S. Dobson (Ed.), *Handbook of cognitive-behavioral therapies* (2nd ed., pp. 111–137). New York: Guilford Press.

Inouye, S. K. (2006). Delirium in older persons. *New England Journal of Medicine, 354,* 1157–1165.

Insel, T.R. (2010). Rethinking schizophrenia. *Nature, 468,* 187–193.

iPad App helps autistic teen communicate. (2010, April 7). *Globe Newswire.* Retrieved from *http://www.globenewswire.com/newsroom/news.html?d=188282*

Irish, L., Kobayashi, I., & Delahanty, D. L. (2010). Long-term physical consequences of childhood sexual abuse: A meta-analytic review. *Journal of Pediatric Psychology, 35,* 450–461.

Ishak, W. w., Bokarius, A., Jeffrey, J. K., Davis, M. C., & Bakhta, Y. (2010). Disorders of orgasm in women: A literature review of etiology and current treatments. *Journal of Sexual Medicine, 7,* 3254–3268. doi: 10.1111/j.1743-6109.2010.01928.x.

Ivanov, I., Bansal, R., Hao, X., Zhu, H., Kellendonk, C., Miller, L. . . . Peterson, B. S. (2010). Morphological abnormalities of the thalamus in youths with attention deficit hyperactivity disorder. *American Journal of Psychiatry, 167,* 397–408.

Izard, C. E., Krauthamer-Ewing, S., Woodburn, E. M., Finlon, K. J., & Rosen, J. (2009). Emotion–cognition interplay in motivating and guiding plans and actions: Commentary on McClure-Tone's socioemotional functioning in bipolar disorder. *Clinical Psychology: Science and Practice, 16,* 114–120. doi:10.1111/j.1468-2850.2009.01151.x

J

Jablensky, A. V., Morgan, V., Zubrick, S. R., Bower, C., & Yellachich, L.-A. (2005). Pregnancy, delivery, and neonatal complications in a population cohort of women with schizophrenia and major affective disorders. *American Journal of Psychiatry, 162,* 79–91.

Jablensky, A., Sartorius, N., Ernberg, G., & Anker, M. (1992). Schizophrenia: Manifestations, incidence and course in different cultures: A World Health Organization ten-country study. *Psychological Medicine, 20* (Monograph Suppl.), 1–97.

Jack, C. R., Jr., Albert, M. S., Knopman, D. S., McKhann, G. M., Sperling, R. A., Carrillo, M. C., . . . Phelps, C. H. (2011). Introduction to the recommendations from the National Institute on Aging and the Alzheimer's Association workgroup on diagnostic guidelines for Alzheimer's disease. *Alzheimers Dementia, 7,* 257–262.

Jackson, L. C., & Greene, B. A. (Eds.). (2000). *Psychotherapy with African American women: Innovations in psychodynamic perspectives and practice.* New York: Guilford Press.

Jacob, T., Waterman, B., Heath, A., True, W., Bucholz, K. K., Haber, R., . . . Fu, Q. (2003). Genetic and environmental effects on offspring alcoholism: New insights using an offspring-of-twins design. *Archives of General Psychiatry, 60,* 1265–1272.

Jacobi, C., Hayward, C., de Zwaan, M., Kraemer, H. C., & Agras, W. S. (2004). Coming to terms with risk factors for eating disorders: Application of risk terminology and suggestions for a general taxonomy. *Psychological Bulletin, 130,* 19–65.

Jacquemont, S., Curie, A., des Portes, V., Torrioli, M. G., Berry-Kravis, E., Hagerman, R. J., . . . Gomez-Mancilla, B. (2011). Epigenetic modification of the FMR1 Gene in Fragile X Syndrome is associated with differential response to the mGluR5 antagonist AFQ056. *Science Translational Medicine, 3,* 64. doi: 10.1126/scitranslmed.3001708

Jamison, K. R. (1995). *An unquiet mind.* New York: Knopf.

Japuntich, S. J., Piper, M. E., Leventhal, A. M., Bolt, D. M., & Baker, T. B. (2011). The effect of five smoking cessation pharmacotherapies on smoking cessation milestones. *Journal of Consulting and Clinical Psychology, 79,* 34–42. doi: 10.1037/a0022154

Jasinska-Myga, B., et al. (2010). Depression in Parkinson's disease. *Canadian Journal of Neurological Sciences, 37,* 61.

Jayaram-Lindström, N., Hammarberg, A., Beck, O., & Franck, J. (2008). Naltrexone for the treatment of amphetamine dependence: A randomized, placebo-controlled trial. *American Journal of Psychiatry, 165,* 1442–1448.

Jefferson, D. J. (2005, August 8). America's most dangerous drug. *Newsweek,* pp. 41–48.

Jemal, A., Siegel, R., Ward, E., Murray, T., Xu, J., & Thun, M. J. (2007). Cancer statistics, 2007. *CA: A Cancer Journal for Clinicians, 57,* 43–66.

Jemmott, J. B., Borysenko, J. Z., Borysenko, M., McClelland, D. C., Chapman, R., Meyer, D., & Benson, H. (1983). Academic stress, power motivation, and decrease in secretion rate of salivary secretory immunoglobulin A. *Lancet, 1,* 1400–1402.

Jenkins, C. D. (1988). Epidemiology of cardiovascular diseases. *Journal of Consulting and Clinical Psychology, 56,* 324–332.

Jenkins, P. E., Hoste, R. R., Meyer, C., & Blissett, M. M. (2011). Eating disorders and quality of life: A review of the literature. *Clinical Psychology Review, 31,* 113–121. doi:10.1016/j.cpr.2010.08.003

Jha, P., Ramasundarahettige, C., Landsman, V., Rostron, B., Thun, M., Anderson, R. N., McAfee, T., & Peto, R. (2013). 21st-century hazards of smoking and benefits of cessation in the United States. *New England Journal of Medicine, 368,* 341–350. doi:10.1056/NEJMsa1211128

Jia, Z., Huang, X., Wu, Q., Zhang, T., Lui, S., Zhang, J., Amatya, N., . . . Gong, Q. (2010). High-field magnetic resonance imaging of suicidality in patients with major depressive disorder. *American Journal of Psychiatry, 167,* 1381–1390. doi: 10.1176/appi.ajp.2010.09101513)

Jian, X.-Q., Wang, K.-S., Wu, T.-J., Hillhouse, J. J., & Mullersman, J. E. (2011). Association of ADAM10 and CAMK2A polymorphisms with conduct disorder: Evidence from family-based studies. *Journal of Abnormal Child Psychology, 39,* 773–782. doi:10.1007/s10802-011-9524-4

Jiang, H., & Chess, L. (2006). Regulation of immune responses by T cells. *New England Journal of Medicine, 354,* 1166–1176.

Jobe, T. H., & Harrow, M. (2010). Schizophrenia course, long-term outcome, recovery, and prognosis. *Current Directions in Psychological Science, 19,* 220–225. doi: 10.1177/0963721410378034

Joe, S., Baser, E., Breeden, G., Neighbors, H. W., & Jackson, J. S. (2006). Prevalence of and risk factors for lifetime suicide attempts among Blacks in the United States. *Journal of the American Medical Association, 296,* 2112–2123.

Johansson, A., Sundbom, E., Höjerback, T., & Bodlund, O. (2010). A five-year follow-up study of Swedish adults with gender identity disorder. *Archives of Sexual Behavior, 39,* 1429–1437. doi: 10.1007/s10508-009-9551-1

Johnson, D. B., Oyama, N., LeMarchand, L., & Wilkens, L. (2004). Native Hawaiians mortality, morbidity, and lifestyle: Comparing data from 1982, 1990, and 2000. *Pacific Health Dialog, 11,* 120–130.

Johnson, S. L., Murray, G., Fredrickson, B., Youngstrom, E. A., Hinshaw, S., Bass, J. M., . . . Salloum, I. (2011). Creativity and bipolar disorder: Touched by fire or burning with questions? *Clinical Psychology Review, 32,* 1–12. doi:10.1016/j.cpr.2011.10.001

Johnston, C., Mash, E. J., Miller, N., & Ninowski, J. E. (2012). Parenting in adults with attention-deficit/hyperactivity disorder (ADHD*). Clinical Psychology Review, 32,* 215–228.

Johnston, L. D., O'Malley, P. M., Bachman, J. G., & Schulenberg, J. E. (2010a). *Marijuana use is rising; ecstasy use is beginning to rise; and alcohol use is declining among U.S. Teens.* University of Michigan News Service: Ann Arbor, MI. Retrieved from http://www.monitoringthefuture.org.

Johnston, L. D., O'Malley, P. M., Bachman, J. G., & Schulenberg, J. E. (December 19, 2012). *The rise in teen marijuana use stalls, synthetic marijuana use levels, and use of 'bath salts' is very low.* University of Michigan News Service: Ann Arbor, MI. Retrieved from http://www.monitoringthefuture.org

Joiner, T. E., Conwell, Y., Fitzpatrick, K. K., Witte, T. K., Schmidt, N. B., Berlim, M. T., . . . Rudd, M. D. (2005). Four studies on how past and current suicidality relate even when "everything but the kitchen sink" is covaried. *Journal of Abnormal Psychology, 114,* 291–303.

Joinson, C., Heron, J., Butler, U., von Gontard, A., & the Avon Longitudinal Study of Parents and Children Study Team. (2006). Psychological differences between children with and without soiling problems. *Pediatrics, 117,* 1575–1584.

Jokela, M., Keltikangas-Jarvinen, L., Kivimaki, M., Puttonen, S., Elovainio, M., Rontu R., & Lehtimaki, T. (2007). Serotonin receptor 2A gene and the influence of childhood maternal nurturance on adulthood depressive symptoms. *Archives of General Psychiatry, 64,* 356–360.

Jones, C. (2003). Tightropes and tragedies: 25 years of Tarasoff. *Medicine, Science, and the Law, 43,* 13–22.

Jones, E. (1953). *The life and work of Sigmund Freud.* New York: Basic Books.

Jones, M. P. (2006). The role of psychosocial factors in peptic ulcer disease: Beyond Helicobacter pylori and NSAIDs. *Journal of Psychosomatic Research, 60,* 407–412.

Joormann, J., & Levens,S. M., & Gotlib, I. H. (2011). Depression and rumination are associated with difficulties manipulating emotional material in working memory. *Psychological Science, 22,* 979–983. doi: 10.1177/0956797611415539

Jordan, K., Fromberger, P., Stolpmann, G., & Muller, J. L. (2011). The role of testosterone in sexuality and paraphilia—A neurobiological approach. *Sexual Medicine, 8*(11), 3008–3029.

Jorge, R. E., Moser, D. J., Acion, L., & Robinson, R. G. (2008). Treatment of vascular depression using repetitive transcranial magnetic stimulation. *Archives of General Psychiatry, 65,* 268–276.

Jung, J., Forbes, G. B., & Lee, Y.-J. (2009). Body dissatisfaction and disordered eating among early adolescents from Korea and the US. *Sex Roles, 61,* 42–54. doi: 10.1007/s11199-009-9609-5

Just, N., Abramson, L. Y., & Alloy, L. B. (2001). Remitted depression studies as tests of the cognitive vulnerability hypotheses of depression onset: A critique and conceptual analysis. *Clinical Psychology Review, 21,* 63–83.

K

Kafka, M. P. (2010). The DSM diagnostic criteria for fetishism. *Archives of Sexual Behavior,* DOI: 10.1007/s10508-009-9558-7.

Kahn, M. W. (1982). Cultural clash and psychopathology in three aboriginal cultures. *Academic Psychology Bulletin, 4,* 553–561.

Kaiser Family Foundation (2012). HIV/AIDS: The state of the epidemic after 3 decades: *Journal of the American Medical Association, 308,* 330–330. doi:10.1001/jama.2012.8700

Kalibatseva, Z., & Leong, F. T. L. (2011). Depression among Asian Americans: Review and Recommendations. *Depression Research and Treatment.* Retrieved from http://www.hindawi.com/journals/drt/2011/320902/

Kamphuis, J. H., & Noordhof, A. (2009). On categorical diagnoses in *DSM-V*: Cutting dimensions at useful points? *Psychological Assessment, 21,* 294–301. doi:10.1037/a0016697

Kandel, D. B. (2003). Does marijuana use cause the use of other drugs? *Journal of the American Medical Association, 289,* 482–483.

Kang, C., Riazuddin, S., Mundorff, J., Krasnewich, D., Friedman, P., Mullikin, J. C., & Drayna, D. (2010). Mutations in the lysosomal enzyme–targeting pathway and persistent stuttering. *New England Journal of Medicine, 362,* 677–685. doi: 10.1056/NEJMoa0902630

Kangas, M., Henry, J. L, & Bryant, R. A. (2005). The relationship between acute stress disorder and posttraumatic stress disorder following cancer. *Journal of Consulting and Clinical Psychology, 73,* 360–364.

Kanner, L. (1943). Autistic disturbances of affective content. *Nervous Child, 2,* 217–240.

Kanter, J. W., Manos, R. C., Bowe, W. M., Baruch, D. E., Busch, A. M., & Rusch, L. C. (2010). What is behavioral activation?: A review of the empirical literature. *Clinical Psychology Review, 30,* 608–620. doi:10.1016/j.cpr.2010.04.001

Kaplan, R. M. (2000). Two pathways to prevention. *American Psychologist, 55,* 382–396.

Kaplan, S. J. (1986). *The private practice of behavior therapy: A guide for behavioral practitioners.* New York: Plenum Press.

Kapur S. (2009). Schizophrenia. *Lancet, 374,* 635–645. doi:10.1016/S0140-6736(09)60995-8., T.R. (2010). Rethinking schizophrenia. *Nature, 468,* 187–193.

Kapur, V., K., & Weaver, E. M. (2012). Filling in the pieces of the sleep apnea–hypertension puzzle. *Journal of the American Medical Association, 307,* 2197–2198. doi:10.1001/jama.2012.5039 [Editorial].

Kapur, V., K., & Weaver, E. M. (2012). Filling in the pieces of the sleep apnea–hypertension puzzle. *Journal of the American Medical Association, 307*, 2197–2198. doi:10.1001/jama.2012.5039 [Editorial]

Karatzias, T., Power, K., Brown, K., McGoldrick, T., Begum, M., Young, J., . . . Adams, S., (2011). A controlled comparison of the effectiveness and efficiency of two psychological therapies for posttraumatic stress disorder: Eye movement desensitization and reprocessing vs. emotional freedom techniques. *Journal of Nervous & Mental Disease, 199*, 372–378. doi: 10.1097/NMD.0b013e31821cd262

Karel, M. J., Gatz, M., & Smyer, M. A. (2012). Aging and mental health in the decade ahead: What psychologists need to know. *American Psychologist, 67*, 184–198. doi: 10.1037/a0025393

Karg, K., Burmeister, M., Shedden, K., & Sen, S. (2011). The serotonin transporter promoter variant (5-httlpr), stress, and depression meta-analysis revisited: Evidence of genetic moderation. *Archives of General Psychiatry, 68*, 444–454. doi:10.1001/archgenpsychiatry.2010.189

Karlsgodt, K. H., Sun, D., & Cannon, T. D. (2010). Structural and functional brain abnormalities in schizophrenia. *Current Directions in Psychological Science, 19*, 226–231.

Karrass, J., Walden, T. A., Conturea, E. G., Graham, C. G., Arnold, H. S., Hartfield, K. N., et al. (2006). Relation of emotional reactivity and regulation to childhood stuttering. *Journal of Communication Disorders, 39*, 402–423.

Karver, M. S., Handelsman, J. B., Fields, S., & Bickman, L. (2006). Meta-analysis of therapeutic relationship variables in youth and family therapy: The evidence for different relationship variables in the child and adolescent treatment outcome literature. *Clinical Psychology Review, 26*, 50–65.

Kaslow, N. J., Thompson, M. P., Okun, A., Price, A., Young, S., Bender, M., . . . Parker, R. (2002). Risk and protective factors for suicidal behavior in abused African American women. *Journal of Consulting and Clinical Psychology, 70*, 311–319.

Kasper, L. J., Alderson, R. M., & Hude, K. L. (2012). Moderators of working memory deficits in children with attention-deficit/hyperactivity disorder (ADHD): A meta-analytic review. *Clinical Psychology Review, 32*, 605–617. doi: 10.1016/j.cpr.2012.07.001

Kasper, L. J., Alderson, R. M., & Hude, K. L. (2012). Moderators of working memory deficits in children with attention-deficit/hyperactivity disorder (ADHD): A meta-analytic review. Clinical Psychology Review, in press http://dx.doi.org/10.1016/j.cpr.2012.07.001

Kasper, L. J., Alderson, R. M., & Hudec, K. L. (2012). Moderators of working memory deficits in children with attention-deficit/hyperactivity disorder (ADHD): A meta-analytic review. *Clinical Psychology Review, 32*, 605–617.

Katon, W. J. (2006). Panic disorder. *New England Journal of Medicine, 354*, 2360–2367.

Katsiaficas, D., Suárez-Orozco, C., Sirin, S. R., & Gupta, T. (2013). Mediators of the relationship between acculturative stress and internalization symptoms for immigrant origin youth. *Cultural Diversity and Ethnic Minority Psychology, 19*, 27–37. doi: 10.1037/a0031094

Kaunitz, A. M. (2011, November 3). Alcohol and breast cancer risk. *Journal Watch Women's Health*. Retrieved from *http://womens-health.jwatch.org/cgi/content/full/2011/1103/1?q=etoc_jwwomen*

Kay, A. B. (2006). Natural killer T cells and asthma. *New England Journal of Medicine, 354*, 1186–1188.

Kaye, W., (2009). Eating disorders: Hope despite mortal risk. *American Journal of Psychiatry, 166*, 139–1311. doi: 10.1176/ appi.ajp.2009.09101424

Kazdin, A. E. (2003). *Research design in clinical psychology* (4th ed.). Boston: Allyn & Bacon.

Kazdin, A. E., & Blasé, S. L. (2011). Rebooting psychotherapy research and practice to reduce the burden of mental illness. *Perspectives on Psychological Science, 6*, 21–37. doi: 10.1177/1745691610393527

Keeley, J. W., DeLao, C. S., & Kirk, C. L. (2013). The commutative property in comorbid diagnosis. Does A + B = B + A? *Clinical Psychological Science, 1*, 16–29. doi: 10.1177/2167702612455742

Keeley, M. L., Storch, E. A., Merlo, L. J., & Geffken, G. R. (2008). Clinical predictors of response to cognitive-behavioral therapy for obsessive-compulsive disorder. *Clinical Psychology Review, 28*, 118–130.

Kellner, C. H., Fink, M., Knapp, R., Petrides, G., Husain, M., Rummans, T., . . . Malur, C. (2005). Relief of expressed suicidal intent by ECT: A Consortium for Research in ECT Study. *American Journal of Psychiatry, 162*, 977–982.

Kellner, C. H., Greenberg, R. M., Murrough, J. W., Bryson, E. O., Briggs, M. C. & Pasculli, R. M. (2012). ECT in treatment-resistant depression. *American Journal of Psychiatry, 169*, 1238–1244. doi:10.1176/appi.ajp.2012.12050648

Kellner, C. H., Knapp, R. G., Petrides, G., Rummans, T. A., Husain, M. M., Rasmussen, K.,. . . Fink, M. (2006). Continuation electroconvulsive therapy vs. pharmacotherapy for relapse prevention in major depression. *Archives of General Psychiatry, 63*, 1337–1344.

Kemeny, M. E. (2003). The psychobiology of stress. *Current Directions in Psychological Science, 12*, 124–129.

Kempton, M. J., Stahl, D., Williams, S. C. R., & DeLisi, L. E. (2010). Progressive lateral ventricular enlargement in schizophrenia: A meta-analysis of longitudinal MRI studies. *Schizophrenia Research, 120*, 54–62.

Kendall, P. C., & Drabick, D. A. G. (2010). Problems for the book of problems? Diagnosing mental health disorders among youth. *Clinical Psychology: Science and Practice, 17*, 265–271. doi:10.1111/j.1468-2850.2010.01218.x

Kendall, P. C., & Treadwell, K. (2007). The role of self-statements as a mediator in treatment for anxiety-disordered youth. *Journal of Consulting and Clinical Psychology, 75*, 380–389.

Kendler, K. S. (2005). "A gene for. . .": The nature of gene action in psychiatric disorders. *American Journal of Psychiatry, 162*, 1243–1252.

Kendler, K. S. (2010). Advances in our understanding of genetic risk factors for autism spectrum disorders. *American Journal of Psychiatry, 167*, 1291–1293. doi: 10.1176/appi.ajp.2010.10081160

Kendler, K. S., & Gardner, C. O. (2010). Dependent stressful life events and prior depressive episodes in the prediction of major depression: The problem of causal inference in psychiatric epidemiology. *Archives of General Psychiatry, 67*, 1120–1127. doi:10.1001/archgenpsychiatry.2010.136

Kendler, K. S., & Prescott, C. A. (1999). A population-based twin study of lifetime major depression in men and women. *Archives of General Psychiatry, 56*, 39–44.

Kendler, K. S., Aggen, S. H., & Patrick, C. J. (2013). Familial influences on conduct disorder reflect 2 genetic factors and 1 shared environmental factor. *JAMA Psychiatry, 70*, 78–86. doi:10.1001/jamapsychiatry.2013.267.

Kendler, K. S., Aggen, S. H., Czajkowski, N., Røysamb, E., Tambs, K., Torgersen, S., . . . Reichborn-Kjennerud, T. (2008). The structure of genetic and environmental risk factors for DSM-V personality disorders: A multivariate twin study. *Archives of General Psychiatry, 65*, 1438–1446.

Kendler, K. S., Aggen, S. H., Knudsen, G. P., Røysamb, E., Neale, M. C., & Reichborn-Kjennerud, T. (2011ab). The structure of genetic and environmental risk factors for syndromal and subsyndromal common DSM-IV Aaxis I and Aall Aaxis II Disorders. *American Journal of Psychiatry, 168*, 29–34.

Kendler, K. S., Aggen, S. H., Knudsen, G. P., Røysamb, E., Neale, M. C., & Reichborn-Kjennerud, T. (2011b). The structure of genetic and environmental risk factors for syndromal and subsyndromal common DSM-IV Axis I and All Axis II Disorders. *American Journal of Psychiatry, 168*, 29–34.

Kendler, K. S., Eaves, L. J., Loken, E. K., Pedersen, N. L., Middeldorp, C. M., Reynolds, C., . . . Gardner, C. O. (2011a). The impact of environmental experiences on symptoms of anxiety and depression across the life span. *Psychological Science, 22*, 1343–1352. doi: 10.1177/0956797611417255

Kendler, K. S., et al. (1991). The genetic epidemiology of bulimia nervosa. *American Journal of Psychiatry, 148*, 1627–1637.

Kendler, K. S., Hettema, J. M., Butera, F., Gardner, C. O., & Prescott, C. A. (2003). Life event dimensions of loss, humiliation, entrapment, and danger in the prediction of onsets of major depression and generalized anxiety. *Archives of General Psychiatry, 60*, 789–796.

Kendler, K. S., Kuhn, J., & Prescott, C. A. (2004). The interrelationship of neuroticism, sex, and stressful life events in the prediction of episodes of major depression. *American Journal of Psychiatry, 161*, 631–636.

Kendler, K. S., Myers, J., &, Reichborn-Kjennerud, T. (2011). Borderline personality disorder traits and their relationship with dimensions of normative personality: A web-based cohort and twin study. *Acta Psychiatrica Scandinavica, 123*, 349–359.

Kendler, K. S., Neale, M. C., Kessler, R. C., Heath, A. C., & Eaves, L. J. (1993). The lifetime history of major depression in women: Reliability of diagnosis and heritability. *Archives of General Psychiatry, 50*, 863–870.

Kendler, K. S., Sundquist, K., Ohlsson, H., Palmér, K., Maes, H., Winkleby, M. A., & Sundquist, J. (2012). Genetic and familial environmental influences on the risk for drug abuse: A National Swedish Adoption Study. *Archives of General Psychiatry, 69*, 690–697. doi:10.1001/archgenpsychiatry.2011.2112

Kendrick, J. (2010, August 12). *iPad may help communication for autistic children*. Retrieved from *http://gigaom.com/mobile/ipad-is-reaching-autistic-children/*

Kenga, S.-L., Smoski, M. J., & Robins, C. J. (2011). Effects of mindfulness on psychological health: A review of empirical studies. *Clinical Psychology Review, 31*, 1041–1056. doi:10.1016/j.cpr.2011.04.006

Kennedy, S. H, Lam, R. W., Parikh, S. V., Patten, S. B., & Ravindran, A. V. (2009). Introduction: Canadian Network for Mood and Anxiety Treatments (CANMAT) Clinical guidelines for the management of major depressive disorder in adults. *Journal of Affective Disorders, 117* (Suppl. 1), S1–S2. doi:10.1016/j.jad.2009.06.043

Kennedy, S. H., Giacobbe, P., Rizvi, S. J., Placenza, F. M., Nishikawa, Y., Mayberg, H.S., . . . Lozano, A. M. (2011). Deep brain stimulation for treatment-resistant depression: Follow-up after 3 to 6 years. *American Journal of Psychiatry, 168*, 502–510. doi: 10.1176/appi.ajp.2010.10081187

Kennedy, S. H., Milev, R., Giacobbe, P., Ramasubbu, R., Lam, R. W., Parikh, S. V., . . . Ravindran, A. V. (2009). Canadian Network for Mood and Anxiety Treatments (CANMAT) clinical guidelines for the management of major depressive disorder in adults: IV. Neurostimulation therapies. *Journal of Affective Disorders, 117* (Suppl. 1), S44–S53. doi:10.1016/j.jad.2009.06.039

Kennedy, S. H., Young, A. H., & Blier, P. (2011). Strategies to achieve clinical effectiveness: Refining existing therapies and pursuing emerging targets. *Journal of Affective Disorders, 132*, S21–S28. doi:10.1016/j.jad.2011.03.048

Kent, A., & Waller, G. (2000). Childhood emotional abuse and eating psychopathology. *Clinical Psychology Review, 20*, 887–903.

Kéri, S., Beniczky, S., & Kelemen, O. (2010). Suppression of the P50 evoked response and Neuregulin 1-Induced AKT phosphorylation in first-episode schizophrenia. *American Journal of Psychiatry,167*, 444–450. doi: 10.1176/appi.ajp.2009.09050723

Kersting, K. (2003, November). Study shows two types of reading disability. *Monitor on Psychology*. Retrieved from http://www.apa.org/monitor/nov03/study.html

Kertesz, A. (2006). Progress in clinical neurosciences: Frontotemporal dementia-

Pick's disease. *Canadian Journal of Neurological Sciences, 33,* 143–148.

Keshavan, M. S., Nasrallah, H. A., & Tandon, R. (2011). Schizophrenia, "Just the Facts" 6. Moving ahead with the schizophrenia concept: From the elephant to the mouse. *Schizophrenia Research, 127,* 3–13

Keshtkar, M., Ghanizadeh, A., & Firoozabadi, A. (2012). Repetitive transcranial magnetic stimulation versus electroconvulsive therapy for the treatment of major depressive disorder, a randomized controlled clinical trial. *Journal of ECT, 27,* 310.

Kessler, R. C., Adler, L., Barkley, R., Biederman, J., Conners, C. K., . . . Zaslavsky, A. M . (2006). The prevalence and correlates of adult ADHD in the United States: Results from the National Comorbidity Survey Replication. *American Journal of Psychiatry, 163,* 716–723.

Kessler, R. C., Aguilar-Gaxiola, S., Alonso, J., Chatterji, S., Lee, S., Ormel, J., . . . Wang, S. (2009). The global burden of mental disorders: An update from the WHO World Mental Health (WMH) surveys. *Epidemiologia e Psichiatria Sociale 18,* 23–33.

Kessler, R. C., Avenevoli, S., Costello, E. J., Georgiades, K., Green, J. G., Gruber, M. J., . . . Merikangas, K. R. (2012). Prevalence, persistence, and sociodemographic correlates of DSM-IV disorders in the National Comorbidity Survey Replication Adolescent Supplement. *Archives of General Psychiatry, 69,* 372–380. doi:10.1001/archgenpsychiatry.2011.160

Kessler, R. C., Berglund, P. A., Demler, O., Jin, R., & Walters, E. E. (2005). Lifetime prevalence and age-of-onset distributions of DSM-IV disorders in the National Comorbidity Survey Replication (NCS-R). *Archives of General Psychiatry, 62,* 593–602.

Kessler, R. C., Borges, G., & Walters, E. E. (1999). Prevalence of and risk factors for lifetime suicide attempts in the National Comorbidity Survey. *Archives of General Psychiatry, 56,* 617–626.

Kessler, R. C., Chiu, W. T., Demler, O., & Walters, E. E. (2005). Prevalence, severity, and comorbidity of 12-month DSM-IV disorders in the National Comorbidity Survey Replication. *Archives of General Psychiatry, 62,* 617–627.

Kessler, R. C., Coccaro, E. F., Fava, M., & McLaughlin, K. A. (2012). The phenomenology and epidemiology of intermittent explosive disorder. In J. E. Grant & M. N. Potenza, *The Oxford handbook of impulse control disorders* (pp. 149–164). New York: Oxford University Press.

Kessler, R. C., Demler O., Frank, R. G., Olfson, M., Pincus, H. A., Walters, E. E., . . . Zaslavsky, A. M.et al. (2005). Prevalence and treatment of mental disorders, 1990 to 2003. *New England Journal of Medicine, 352,* 2515–2523.

Kessler, R. C., Sonnega, A., Bromet, E., Hughes, M., & Nelson, C. B. (1995). Posttraumatic stress disorder in the National Comorbidity Survey. *Archives of General Psychiatry, 52,* 1048–1060.

Khanna, M. S., & Kendall, P. C. (2010). Computer-assisted cognitive behavioral therapy for child anxiety: Results of a randomized clinical trial. *Journal of Consulting and Clinical Psychology, 78,* 737–745. doi: 10.1037/a0019739

Khoo, J., Piantadosi, C., Duncan, R., Worthley, S. G., Jenkins, A., Noakes, M., . . . Wittert, G. A. (2011). Comparing effects of a low-energy diet and a high-protein low-fat diet on sexual and endothelial function, urinary tract symptoms, and inflammation in obese diabetic men. *The Journal of Sexual Medicine, 8,* 2868–2875.

Kiecolt-Glaser, J. K. (2009). Psychoneuroimmunology: Psychology's gateway to the biomedical future. *Perspectives on Psychological Science, 4,* 367–369. doi:10.1111/j.1745-6924.2009.01139.x

Kiecolt-Glaser, J. K., McGuire, L., Robles, T. F., & Glaser, R. (2002). Psychoneuroimmunology and psychosomatic medicine: Back to the future. *Psychosomatic Medicine, 64,* 15–28.

Kiecolt-Glaser, J. K., Speicher, C. E., Holliday, J. E., & Glaser, R. (1984). Stress and the transformation of lymphocytes in Epstein-Barr virus. *Journal of Behavioral Medicine, 7,* 1–12.

Kieseppä, T., Eerola, M., Mäntylä, R., Neuvonen, T., Poutanen, V.-P., Luoma, K., . . . Isometsä, E. (2010). Major depressive disorder and white matter abnormalities: A diffusion tensor imaging study with tract-based spatial statistics. *Journal of Affective Disorders, 120,* 240–244. doi:10.1016/j.jad.2009.04.023

Kieseppä, T., Partonen, T., Haukka, J., Kaprio, J., & Lönnqvist, J. (2004). High concordance of bipolar I disorder in a nationwide sample of twins. *American Journal of Psychiatry, 161,* 1814–1821.

Kiesner, J. (2009). Physical characteristics of the menstrual cycle and premenstrual depressive symptoms. *Psychological Science, 20,* 763–770.

Kilgore, K., Snyder, J., & Lentz, C. (2000). The contribution of parental discipline, parental monitoring, and school risk to early-onset conduct problems in African American boys and girls. *Developmental Psychology, 36,* 835–845.

Kilpatrick, D. G., Ruggiero, K. J., Acierno, R., Saunders, B. E., Resnick, H. S., & Best, C. L. (2003). Violence and risk of PTSD, major depression, substance abuse/dependence, and comorbidity: Results from the National Survey of Adolescents. *Journal of Consulting & Clinical Psychology, 71,* 692–700.

Kilts, C. D., Gross, R. E., Ely, T. D., & Drexler, K. P. G. (2004). The neural correlates of cue-induced craving in cocaine-dependent women. *American Journal of Psychiatry, 161,* 233–241.

Kim, J. Y., Liu, C. Y., Zhang, F., Duan, X., Wen, Z., Song, J., . . Ming, G.-L. (2012). Interplay between DISC1 and GABA signaling regulates neurogenesis in mice and risk for schizophrenia. *Cell, 148,* 1051. doi: 10.1016/j.cell.2011.12.037

Kim, J., Park, S., & Blake, R. (2011). Perception of biological motion in schizophrenia and healthy individuals: A behavioral and fMRI study. *PLoS ONE, 6,* e19971. doi: 10.1371/journal.pone.0019971

Kim, K.-H., Lee, S.-M., Paik, J.-W., & Kim, N.-S. (2011). The effects of continuous antidepressant treatment during the first 6 months on relapse or recurrence of depression. *Journal of Affective Disorders, 132,* 121–129.

Kim, Y. S., Leventhal, B. L., Koh, Y.-J., Fombonne, E., Laska, E., Lim, E.-C., . . . Grinker, R. R. (2011). Prevalence of autism spectrum disorders in a total population sample. *American Journal of Psychiatry, 168,* 904–912.

Kindt, M., Soeter, M., & Vervliet, B. (2009). Beyond extinction: Erasing human fear responses and preventing the return of fear. *Nature Neuroscience, 12,* 256–258. doi:10.1038/nn.2271

Kinetz, E. (2006, September 26). Is hysteria real? Brain images say yes. *The New York Times,* pp. F1, F4.

King, D. E., Mainous, A. G., III, & Geesey, M. E. (2008). Adopting moderate alcohol consumption in middle age: Subsequent cardiovascular events. *American Journal of Medicine, 121,* 201–206.

King, D. L., Haagsma, M. C., Delfabbro, P. H., Gradisar, M., & Griffiths, M. D. (2013). Toward a consensus definition of pathological video-gaming: A systematic review of psychometric assessment tools. *Clinical Psychology Review, 33,* 331–342

King, M. (2008). A systematic review of mental disorder, suicide, and deliberate self harm inlesbian, gay and bisexual people. *BMC Psychiatry, 8.* Retrieved from http://www.biomedcentral.com/1471-244X/8/70.

King, S., St-Hilaire, A., & Heidkamp, D. (2010). Prenatal factors in schizophrenia. *Current Directions in Psychological Science, 19,* 209–213. doi: 10.1177/0963721410378360

Kingsberg, S. (2010). Hypoactive sexual desire disorder: When is low sexual desire a disorder? *Journal of Sexual Medicine, 7,* 2907–2908.

Kinoshita, Y., Chen, J., Rapee, R. M., Bogels, S., Schneier, F. R., Choy, Y., et al. (2008). Cross-cultural study of conviction subtype taijin kyofu: Proposal and reliability of Nagoya-Osaka diagnostic criteria for social anxiety disorder. *The Journal of Nervous and Mental Disease, 196,* 307–313.

Kirisci, L., Vanyukov, M., & Tarter, R. (2005). Detection of youth at high risk for substance use disorders: A longitudinal study. *Psychology of Addictive Behaviors, 19,* 243–252.

Kirkbride, J. B., Jones, P. B., Ullrich, S., & Coid, J. W. (2012). Social deprivation, inequality, and the neighborhood-level incidence of psychotic syndromes in East London. *Schizophrenia Bulletin,* in press. doi: 10.1093/schbul/sbs151

Kleiman, M. A. R., Caulkins, J. P., & Hawken, A. (2012, April 21–22). Rethinking the war on drugs. *The Wall Street Journal,* p. C1.

Klein, D. F. (1994). "Klein's suffocation theory of panic": Reply. *Archives of General Psychiatry, 51,* 506.

Klein, R. G. (2011). Thinning of the cerebral cortex during development: A dimension of ADHD. *American Journal of Psychiatry, 168,* 111–113. doi: 10.1176/appi.ajp.2010.10111679

Klein, R. G., Mannuzza, S., Olazagasti, M. A. R., Roizen, E., Hutchison, J. A., Lashua, E. C., & Castellanos, F. X. (2012). Clinical and functional outcome of childhood attention-deficit/hyperactivity disorder 33 years later. *Archives of General Psychiatry,69,*1295-1303. doi:10.1001/archgenpsychiatry.2012.271

Kleinman, A. (1987). Anthropology and psychiatry: The role of culture in cross-cultural research on illness. *British Journal of Psychiatry, 151,* 447–454.

Kliem, S., Kröger, C., & Kosfelder, J. (2010). Dialectical behavior therapy for borderline personality disorder: A meta-analysis using mixed-effects modeling. *Journal of Consulting and Clinical Psychology, 78,* 936–951. doi: 10.1037/a0021015

Kluger, J. (2001, June 18). How to manage teen drinking (the smart way). *Time,* pp. 42–44.

Knapp, M., Romeo, R., Mogg, A., Eranti, S., Pluck, G., Purvis, R., . . . McLoughlin, D. M. (2008). Cost-effectiveness of transcranial magnetic stimulation vs. electroconvulsive therapy for severe depression: A multi-centre randomised controlled trial. *Journal of Affective Disorders, 109,* 273–285.

Knekt, P., Lindfors, O., Laaksonen, M. A., Renlund, C., Haaramo, P., Härkänen, T., . . . the Helsinki Psychotherapy Study Group. (2011). Quasi-experimental study on the effectiveness of psychoanalysis, long-term and short-term psychotherapy on psychiatric symptoms, work ability and functional capacity during a 5-year follow-up. *Journal of Affective Disorders, 132,* 37–47. doi:10.1016/j.jad.2011.01.014

Knight, R. G., Godfrey, H. P. D., & Shelton, E. J. (1988). The psychological deficits associated with Parkinson's disease. *Clinical Psychology Review, 8,* 391–410.

Knoblauch, S. (2009). From self psychology to selves in relationship: A radical process of micro and macro expansion in conceptual experience. In W. Coburn & N. Vanderhide (Eds.), *Self and systems: Annals of the New York Academy of Sciences, 1159,* 262–278.

Knoll, J. L., & Hazelwood, R. R. (2009). Becoming the victim: Beyond sadism in serial sexual murderers. *Aggression and Violent Behavior, 14,* 106–114.

Kobasa, S. C. (1979). Stressful life events, personality, and health: An inquiry into hardiness. *Journal of Personality and Social Psychology, 37,* 1–11.

Kobasa, S. C., Maddi, S. R., & Kahn, S. (1982). Hardiness and health: A prospective study. *Journal of Personality and Social Psychology, 42,* 168–177.

Koch, W. (2009, October 20). Abuse report: 10,440 kids died 2001–2007. *USA Today,* p. 3A.

Koehler, N., Holze, S., Gansera, L., Rebmann, U., Roth, S., Scholz, H. J., . . . Braehler, E. (2012). Erectile dysfunction after radical prostatectomy: the impact of nerve-sparing status and surgical approach. *International Journal of Impotence Research,* doi:10.1038/ijir.2012.8.

Koenen, K. C., Stellman, J. M., & Stellman, S. D. (2003). Risk factors for course of posttraumatic stress disorder among Vietnam veterans: A 14-year follow-up of American Legionnaires. *Journal of Consulting and Clinical Psychology, 71,* 980–986.

Koh, H. K., & Sebelius, K. G. (2012). Ending the tobacco epidemic. *Journal of the American Medical Association, 308,* 767–768. doi:10.1001/jama.2012.9741

Kohli, M. A., Lucae, S., Saemann, P. G., Schmidt, M. V., Demirkan, A., Hek, K., . . . Ripke, S. (2011). The neuronal transporter gene SLC6A15 confers risk to major depression. *Neuron, 70,* 252–265. doi: 10.1016/j.neuron.2011.04.005

Kohli, M. A., Salyakina, D., Pfennig, A., Lucae, S., Horstmann, S., Menke, A., . . . Binder, E. B. (2010). Association of genetic variants in the neurotrophic receptor–encoding gene NTRK2 and a lifetime history of suicide attempts in depressed patients. *Archives of General Psychiatry, 67,* 348–359.

Kok, B. C., Herrell, R. K., Thomas, J. L., & Hoge, C. (2012). Posttraumatic stress disorder associated with combat service in Iraq or Afghanistan: Reconciling prevalence differences between studies. *Journal of Nervous & Mental Disease, 200,* 444–450. doi: 10.1097/NMD.0b013e3182532312

Kolata, G. (2010, August 28). Years later, no magic bullet against Alzheimer's Disease. *The New York Times.* Retrieved from http://www.nytimes.com/2010/08/29/health/research/29prevent.html?pagewanted=2&_r=

Kolata, G. (2012, November 16). For Alzheimer's patients, detection advances outpace treatment options. *The New York Times,* pp. A1, A24.

Kolata, G. (2013, March 1). 5 disorders share genetic risk factors, study finds. *The New York Times,* p. A11.

Kõlves, K., Ide, N., & De Leo, D. (2010). Suicidal ideation and behaviour in the aftermath of marital separation: Gender differences. *Journal of Affective Disorders, 120,* 48–53. doi:10.1016/j.jad.2009.04.019

Kong, A., Frigge, M. L., Masson, G., Besenbacher, S., Sulem, P., Magnusson, G., . . Stefansson, K. (2012). Rate of de novo mutations and the importance of father's age to disease risk. *Nature, 488,* 471–475. doi:10.1038/nature11396

Kong, L., Bachmann, S., Thomann, P. A., Essig, M., & Schröder, J. (2012). Neurological soft signs and gray matter changes: A longitudinal analysis in first-episode schizophrenia. *Schizophrenia Research, 134,* 27–32.

Kornfeld, B. D., Bair-Merritt, M. H., Frosch, E., & Solomon, B. S. (2012). Postpartum depression and intimate partner violence in urban mothers: Co-occurrence and child health care utilization. *The Journal of Pediatrics, 161* (2), 348–353.

Kornfeld, B. D., Bair-Merritt, M. H., Frosch, E., & Solomon, B. S. (2012). Postpartum depression and intimate partner violence in urban mothers: Co-occurrence and child health care utilization. *The Journal of Pediatrics, 161,* 348–353. doi: 10.1016/j.jpeds.2012.01.047

Koster, E. H. W., De Lissnyder, E., Derakshan, N., & De Raedt, R. (2011). Understanding depressive rumination from a cognitive science perspective: The impaired disengagement hypothesis. *Clinical Psychology Review, 31,*138–145. doi:10.1016/j.cpr.2010.08.005

Kouyoumdjian, H., Zamboanga, B. L., & Hansen, D. J. (2003). Barriers to community mental health services for Latinos: Treatment considerations. *Clinical Psychology: Science and Practice, 10,* 394–422.

Kraaimaat, F. W., Vanryckeghem, M., & Van Dam-Baggen, R. (2002). Stuttering and social anxiety. *Journal of Fluency Disorders, 27,* 319–330.

Krakauer, S. Y. (2001). *Treating dissociative identity disorder: The power of the collective heart.* Philadelphia: Brunner-Routledge.

Krantz, D. S., Contrada, R. J., Hills, D. R., & Friedler, E. (1988). Environmental stress and bio-behavioral antecedents of coronary heart disease. *Journal of Consulting and Clinical Psychology, 56,* 333–341.

Krantz, M. J., & Mehler, P. S. (2004). Treating opioid dependence: Growing implications for primary care. *Archives of Internal Medicine, 164,* 277–288.

Kranzler, H. R. (2006). Evidence-based treatments for alcohol dependence: New results and new questions. *Journal of the American Medical Association, 295,* 2075–2076.

Kratochvil, C. J. (2012). ADHD pharmacotherapy: rates of stimulant use and cardiovascular risk. *American Journal of Psychiatry, 169,* 112–114. doi: 10.1176/appi.ajp.2011.11111703

Krause-Utz, A., Sobanski, E., Alm, B., Valerius, G., Kleindienst, N., Bohus, M., . . Schmahl, D. (2013). Impulsivity in relation to stress in patients with borderline personality disorder with and without co-occurring attention-deficit/hyperactivity disorder: an exploratory study. *Journal of Nervous & Mental Disease, 201,* 116–123. doi: 10.1097/NMD.0b013e31827f6462

Kring, A. M., & Caponigro, J. M. (2010). Emotion in schizophrenia: Where feeling meets thinking. *Current Directions in Psychological Science, 19,* 255–259. doi:10.1177/0963721410377599

Kring, A. M., Gur, R. E., Blanchard, J. J., Horan, W. P., & Reise, S. P. (2013). The Clinical Assessment Interview for Negative Symptoms (CAINS): Final development and validation. *American Journal of Psychiatry,170,* 165–172. 10.1176/appi.ajp.2012.12010109

Kroenke, K. (2009). Efficacy of treatment for somatoform disorders: A review of randomized controlled trials. *Psychosomatic Medicine, 69,* 881–888.

Kronmüller, K.-T., Backenstrass, M., Victor, D., Postelnicu, L., Schenkenbach, C., Joesta, K., . . . Mundt, C. (2011). Quality of marital relationship and depression: Results of a 10-year prospective follow-up study. *Journal of Affective Disorders, 128,* 64–71. doi:10.1016/j.jad.2010.06.026

Kronmüller, K.-T., Backenstrass, M., Victor, D., Postelnicu, L., Schenkenbach, C., Joesta, K., Fiedler, P., & Mundt, C. (2011). Quality of marital relationship and depression: Results of a 10-year prospective follow-up study. *Journal of Affective Disorders, 128,* 64–71. doi:10.1016/j.jad.2010.06.026

Kubiszyn, T., Tom, W., Meyer, G. J., Finn, S. E., Eyde, L. D., Kay, G. G., et al. (2000). Empirical support for psychological assessment in clinical health care settings. *Professional Psychology: Research and Practice, 31,* 119–130.

Kubota, M., Miyata, J., Sasamoto, A., Sugihara, G., Yoshida, H., Kawada, R., . . Murai, T. (2013). Thalamocortical disconnection in the orbitofrontal region associated with cortical thinning in schizophrenia. *JAMA Psychiatry, 70,* 12–21. doi:10.1001/archgenpsychiatry.2012.1023

Kuehn, B. M. (2011). Antidepressant use increases. *Journal of the American Medical Association, 306,* 2207. doi: 10.1001/jama.2011.1697

Kuehn, B. M. (2011). Autism intervention. *Journal of the American Medical Association, 305,* 348. doi: 10.1001/jama.2010.1963

Kuehn, B. M. (2011b). Cognitive therapy may aid patients with schizophrenia. *Journal of the American Medical Association, 306,* 1749. doi: 10.1001/jama.2011.1553

Kuehn, B. M. (2011b). Mobile PTSD care. *Journal of the American Medical Association, 306,* 815. doi: 10.1001/jama.2011.1198

Kuehn, B. M. (2012). Data on autism prevalence, trajectories illuminate socioeconomic disparities. *Journal of the American Medical Association, 307,* 2137–2138. doi:10.1001/jama.2012.3916

Kuehn, B. M. (2012). Evidence suggests complex links between violence and schizophrenia. *Journal of the American Medical Association, 308,* 658–659. doi:10.1001/jama.2012.9364

Kuehn, B. M. (2012). Marijuana use starting in youth linked to IQ loss. *Journal of the American Medical Association, 308,*1196. doi:10.1001/2012.jama.12205.

Kuehn, B. M. (2012).Challenge to Alzheimer drug. *Journal of the American Medical Association, 308,* 2557. doi:10.1001/jama.2012.156122.

Kuehn, B. M. (2013). Teen perceptions of marijuana risks shift: Use of alcohol, illicit drugs, and tobacco declines. *Journal of the American Medical Association,* 309, 429–430. doi:10.1001/jama.2012.211240.

Kumra, S., Oberstar, J. V., Sikich, L., Findling, R. L., McClellan, J. M., et al. (2008). Efficacy and tolerability of second-generation antipsychotics in children and adolescents with schizophrenia. *Schizophrenia Bulletin, 34,* 60–71.

Kuriyan, A. B., Pelham Jr., W. E., Molina, B. S. G., Waschbusch, D. A., Gnagy, E. M., Sibley, M. H., . . . Yu, J. (2013). Young adult educational and vocational outcomes of children diagnosed with ADHD. *Journal of Abnormal Child Psychology, 41,* 27–41.

Kutys, J., & Esterman, J. (2009, November). Guilty but Mentally Ill (GBMI) vs. Not Guilty by Reason of Insanity (NGRI): An annotated bibliography. *The Jury Expert, 21*(6). Retrieved from http://www.astcweb.org/public/publication/article.cfm/1/21/6/An-annotated-bibliography-of-theGBMI-&-NGRI-pleas

L

López, I., Rivera, R., Ramirez, R., Guarnaccia, P. J., Canino, G., & Bird, H. R. (2009). Ataques de nervios and their psychiatric correlates in Puerto Rican children from two different contexts. *The Journal of Nervous and Mental Disease, 297,* 923–929. doi: 10.1097/NMD.0b013e3181c2997d

López, S. R., Barrio, C., Kopelowicz, A., & Vega, W. A. (2012). From documenting to eliminating disparities in mental health care for Latinos. *American Psychologist, 67,* 511–523. doi: 10.1037/a0029737

Labbe, C. (2011, March 7). Most teens with eating disorders go without treatment. *NIMH Science Update.* Retrieved from *http://www.nimh.nih.gov/science-news/2011/most-teens-with-eating-disorders-go-without-treatment.shtml?WT.mc_id=rss*

Labonté, B., Suderman, M., Maussion, G., Navaro, L., Yerko, V., Mahar, I., . . . Turecki, G. (2012). Genome-wide epigenetic regulation by early-life trauma. *Archives of General Psychiatry, 69,* 722–731. doi:10.1001/archgenpsychiatry.2011.2287

LaFromboise, T. D., Albright, K., & Harris, A. (2010) Patterns of hopelessness among American Indian adolescents: relationships by levels of acculturation and residence. Cultural Diversity and Ethnic Minority Psychology, 16, 68–76. doi: 10.1037/a0016181.

LaGrange, B., Cole, D. A., Jacquez, F., Ciesla, J., Dallaire, D., Pineda, A., . . . Felton, J. (2011). Disentangling the prospective relations between maladaptive cognitions and depressive symptoms. *Journal of Abnormal Psychology, 120,* 511–527. doi:10.1037/a0024685

LaGrange, B., Cole, D. A., Jacquez, F., Ciesla, J., Dallaire, D., Pineda, A., Truss, A., . . . Felton, J. (2011). Disentangling the prospective relations between maladaptive cognitions and depressive symptoms. *Journal of Abnormal Psychology, 120,* 511–527. doi: 10.1037/a0024685

Lahey, B. B., Rathouz, P. J., Lee, S. S., Chronis-Tuscano, A., Pelham, W. E., Waldman, I.D., Irwin D., . . . Cook, E. H. (2011). Interactions between early parenting and a polymorphism of the child's dopamine transporter gene in predicting future child conduct disorder symptoms. *Journal of Abnormal Psychology, 120,* 33–45. doi: 10.1037/a0021133

Lam, R. W., Levitt, A. J., Levitan, R. D., Enns, M. W., Morehouse, R., Michalak, E. E., & Tam, E. M. (2006). The Can-SAD Study: A randomized controlled trial of the effectiveness of light therapy and fluoxetine in patients with winter seasonal affective disorder. *American Journal of Psychiatry, 163,* 805–811.

Lamberg, L. (2003). Advances in eating disorders offer food for thought. *Journal of the American Medical Association, 290,* 1437–1442.

Lamberg, L. (2006). Rx for obesity: Eat less, exercise more, and–maybe–get more sleep. *Journal of the American Medical Association, 295,* 2341–2344.

Lampard, A. M., Byrne, S. M., McLean, N, & Fursland, A. (2011) An evaluation of the enhanced cognitive-behavioural model of bulimia nervosa. *Behaviour Research and Therapy, 49,* 529–535. doi:10.1016/j.brat.2011.06.002

Lancee, J., van den Bout, J., van Straten, A., & Spoormaker, V. I. (2012). Internet-delivered or mailed self-help treatment for insomnia? A randomized waiting-list controlled trial. *Behaviour Research and Therapy, 50*, 22–29.

Landa, R. J., Holman, K. C., O'Neill, A. H., & Stuart, E. A. (2011). Intervention targeting development of socially synchronous engagement in toddlers with autism spectrum disorder: a randomized controlled trial. *Journal of Child Psychology and Psychiatry, 52*, 13–21. doi: 10.1111/j.1469-7610.2010.02288.x

Lane, R. F., Raines, S. M., Steele, J. W., Ehrlich, M. E., Lah, J. A., Small, S., A., . . . Gandy S. (2010). Diabetes-associated SorCS1 regulates Alzheimer's amyloid-**b** metabolism: Evidence for involvement of SorL1 and the Retromer Complex. *Journal of Neuroscience, 30*, 39. doi: 10.1523/JNEUROSCI.3872-10.2010

Lange, N., DuBray, M. B., Lee, J. E., Froimowitz, M. P., Froehlich, A., Adluru, N. . . Lainhart, J. E. (2010). Atypical diffusion tensor hemispheric asymmetry in autism. *Autism Research, 3*, 350–358. doi: 10.1002/aur.162

Langstrom, N. (2010). The DSM diagnostic criteria for exhibitionism, voyeurism, and frotteurism. *Archives of Sexual Behavior, 39*, 317–324. doi: 10.1007/s10508-009-9577-4.

Langstrom, N. (2010). The DSM diagnostic criteria for exhibitionism, voyeurism, and frotteurism. *Archives of Sexual Behavior*. doi: 10.1007/s10508-009-9577-4.

Larson, K., Russ, S. A., Kahn, R. S., & Halfon, N. (2011). Patterns of comorbidity, functioning, and service use for US children with ADHD, 2007. *Pediatrics, 127*, 462–470.

Lau, J. Y. F., & Eley, T. C. (2010). The genetics of mood disorders. *Annual Review of Clinical Psychology, 6*, 313–337. doi 10.1146/annurev.clinpsy.121208.131308

Lauzon, N. M., Bechard, M., Ahmad, T., & Laviolette, S. R. (2012). Supra-normal stimulation of dopamine D1 receptors in the prelimbic cortex blocks behavioral expression of both aversive and rewarding associative memories through a cyclic-AMP-dependent signaling pathway. *Neuropharmacology, 67*,104. doi:10.1016/j.neuropharm.2012.10.029

Lazarus, R. S., & Folkman, S. (1984). *Stress, appraisal, and coping*. New York: Springer.

Le Meyer, O., Zane, N., Cho, Y., II, & Takeuchi, D. T. (2009). Use of specialty mental health services by Asian Americans with psychiatric disorders. *Journal of Consulting and Clinical Psychology, 94*, 1000–1005. doi: 10.1037/a0017065

Lear, M. S. (1988, July 3). Mad malady. *The New York Times*, pp. 21–22.

Leblond, C. S., Heinrich, J., Delorme, R., Proepper, C., Betancur, C., Huguet, G., . . . Bourgeron, T. (2012). Genetic and functional analyses of SHANK2 mutations suggest a multiple hit model of autism spectrum disorders. *PLoS Genetics, 8*, e1002521. doi: 10.1371/journal.pgen.1002521

Lebowitz, E. R., & Omer, H. (2013). *Treating childhood and adolescent anxiety: A guide for caregivers*. Hoboken, NJ: John Wiley

Lee, B., K., Glass, T. A., James, B., D., Bandeen-Roche, K., & Schwartz, B. S. (2011). Neighborhood psychosocial environment, Apolipoprotein E genotype, and cognitive function in older adults. *Archives of General Psychiatry, 68*, 314–321. doi:10.1001/archgenpsychiatry.2011.6

Lee, D. T. S., Yip, A., Chiu, H., Leung, T., & Chung, T. (2001). A psychiatric epidemiological study of postpartum Chinese women. *American Journal of Psychiatry, 158*, 220–226.

Lee, H.-J., Woo, H. G., Greenwood, T. A., Kripke, D. F., & Kelsoe, J. R. (2013). A genome-wide association study of seasonal pattern mania identifies NF1A as a possible susceptibility gene for bipolar disorder. *Journal of Affective Disorders, 145*, 200–207.

Lee, J., & Hahm, H. C. (2010). Acculturation and sexual risk behaviors among Latina adolescents transitioning to young adulthood. *Journal of Youth and Adolescence, 39*, 1573–6601.

Lee, S. S., Humphreys, K. L., Flory, K., Liu, R, & Glass, K. (2011). Prospective association of childhood attention-deficit/hyperactivity disorder (ADHD) and substance use and abuse/dependence: A meta-analytic review. *Clinical Psychology Review, 31*, 328–341. doi:10.1016/j.cpr.2011.01.006

Leekam, S. R., Prior, M. R., & Uljarevic, M. (2011). Restricted and repetitive behaviors in autism spectrum disorders: A review of research in the last decade. *Psychological Bulletin, 137*, 562–593. doi: 10.1037/a0023341

Lefley, H. P. (1990). Culture and chronic mental illness. *Hospital and Community Psychiatry, 41*, 277–286.

Lehmann, M.I., & Herkenham, M. (2011). Environmental enrichment confers stress resiliency to social defeat through an infralimbic cortex-dependent neuroanatomical pathway. *Journal of Neuroscience, 31*, 6159–6173.

Lehne, G. K. (2009). Phenomenology of paraphilia: Lovemap theory. In F. M. Saleh et al.(Eds.), *Sex offenders: Identification, risk assessment, treatment, and legal issue* (pp. 12– 26). New York: Oxford University Press.

Leibenluft, E., & Yonkers, K. A. (2010). The ties that bind: Maternal-infant interactions and the neural circuitry of postpartum depression. *American Journal of Psychiatry, 167*, 1294–1296. doi:10.1176/appi.ajp.2010.10081159

Leiblum, S. R. (2010b). Introduction and overview: clinical perspectives on and treatment for sexual desire disorders. In S. R. Leiblum (Ed.), *Treating sexual desire disorders: A clinical casebook*. New York: Guilford Press.

Leiblum, S. R. (Ed.) (2010a). *Treating sexual desire disorders: A clinical casebook*. New York: Guilford Press.

Leichsenring, F. Leibling, E., Kruse, J., New, A. S., & Leweke, F. (2011). Borderline personality disorder. *Lancet, 377*, 74–84.

Leichsenring, F., & Rabung, S. (2008). Effectiveness of long-term psychodynamic psychotherapy. *Journal of the American Medical Association, 300*, 1551.

Leiner, A. S., Kearns, M. C., Jackson, J. L., Astin, M. C., & Rothbaum, B. O. (2012). Avoidant coping and treatment outcome in rape-related posttraumatic stress disorder. *Journal of Consulting and Clinical Psychology, 80*, 317–321. doi: 10.1037/a0026814

Lejoyeux, M. & Germain, C. (2012). Pyromania: Phenomenology and epidemiology. In J. E. Grant & M. N. Potenza, *The Oxford handbook of impulse control disorders* (pp. 135–148). New York: Oxford University Press.

Lemay, R. A. (2009). Deinstitutionalization of people with developmental disabilities: A review of the literature. *Canadian Journal of Community Mental Health, 28*(1), 000.

Lentz, V., Robinson, J., & Bolton, J. M. (2010). Childhood adversity, mental disorder comorbidity, and suicidal behavior in schizotypal personality disorder. *Journal of Nervous and Mental Disease, 198*, 795–801. doi: 10.1097/NMD.0b013e3181f9804c

Leocani, L., Locatelli, M., Bellodi, L., Fornara, C., Hénin, M., Magnani, G., . . . Comi, G. (2001). Abnormal pattern of cortical activation associated with voluntary movement in obsessive-compulsive disorder: An EEG study. *American Journal of Psychiatry, 158*, 140–142.

Leong, F. T. L., & Kalibatseva, Z. (2011). Effective psychotherapy for Asian Americans: From cultural accommodation to cultural congruence. *Clinical Psychology: Science and Practice, 18*, 242–245, doi: 10.1111/j.1468-2850.2011.01256.x

Lerner, B. H. (2011). Drunk driving, distracted driving, moralism, and public health. *New England Journal of Medicine*. Retrieved from *http://healthpolicyandreform.nejm.org/?p=15251&query=home*

Lester, K., Resick, P. A., Young-Xu, Y., & Artz, C. (2010). Impact of race on early treatment termination and outcomes in posttraumatic stress disorder treatment. *Journal of Consulting and Clinical Psychology, 78*, 480–489. doi.org/10.1037/a0019551

Leue, A., Borchard, B., & Hoyer, J. (2004). Mental disorders in a forensic sample of sexual offenders. *European Psychiatry, 19*, 123–130.

Leung, P. W. L., & Poon, M. W. L. (2001). Dysfunctional schemas and cognitive distortions in psychopathology: A test of the specificity hypothesis. *Journal of Child Psychology & Psychiatry & Allied Disciplines, 42*, 755–765.

LeVine, E. S. (2012). Facilitating recovery for people with serious mental illness employing a psychobiosocial model of care. *Professional Psychology: Research and Practice, 43*, 58–64. doi: 10.1037/a0026889

Levine, E. S., & Schmelkin, L. P. (2006). The move to prescribe: A change in paradigm? *Professional Psychology: Research and Practice, 37*, 205–209.

Levine, S. B. (2012). Problematic sexual excesses. *Neuropsychiatry, 2*(1), 69–79.

Levinson, D. F., Duan, J., Oh, S., Wang, K., Sanders, A. R., Shi, J., Zhang, N., . . . Gejman, P. V. (2011). Copy number variants in schizophrenia: confirmation of five previous findings and new evidence for 3q29 microdeletions and VIPR2 duplications. *American Journal of Psychiatry, 168*, 302–316. doi: 10.1176/appi.ajp.2010.10060876

Levy, D. (2012). Combating the epidemic of heart disease. *Journal of the American Medical Association, 308*, 2624–2625. doi:10.1001/jama.2012.164971.

Levy, K. N., & Scala, J. W. (2012). Transference, transference interpretations, and transference-focused psychotherapies. *Psychotherapy, 49*, 391–403.

Lewinsohn, P. M. (1974). A behavioral approach to depression. In R. J. Friedman & M. M. Katz (Eds.), *The psychology of depression: Contemporary theory and research*. Washington, DC: Winston-Wiley.

Lewis, R. W., Fugl-Meyer, K. S., Corona, G., Hayes, R. D., Laumann, E. O., Moreira, E. D., Jr., . . . Segraves, T. (2010). Definitions/epidemiology/risk factors for sexual dysfunction. *Journal of Sexual Medicine, 7*, 1598–1607.

Li, D., Morris, J. S., Liu, J., Hassan, M. M., Day, R. S., Bondy, M. L., & Abbruzzese, J. L. (2009). Body mass index and risk, age of onset, and survival in patients with pancreatic cancer. *Journal of the American Medical Association, 301*, 2553–2562.

Li, J., Zhou, G., Ji, W., Feng, G., Zhao, Q., Liu, J., . . . Shi, Y. (2011). Common variants in the BCL9 gene conferring risk of schizophrenia. *Archives of General Psychiatry, 68*, 232–240. doi:10.1001/archgenpsychiatry.2011.1

Lichta, R. W. (2010). A new BALANCE in bipolar I disorder. *The Lancet, 375*, 350–352. doi:10.1016/S0140-6736(09)61970-X

Lichtenstein, P., Carlström, E., Råstam, M., Gillberg, C., & Anckarsäter, H. (2010). The genetics of autism spectrum disorders and related neuropsychiatric disorders in childhood. *American Journal of Psychiatry, 167*, 1357–1363.

Lichtman, J. H., Bigger, J. T., Jr., Blumenthal, J. A., Frasure-Smith, N., Kaufmann, P. G., Lespérance, F., . . . Froelicher, E. S. (2008). Depression and coronary heart disease. Recommendations for screening, referral, and treatment. *Circulation, 118*, 1–8.

Lieberman, J. S. A. (2010). Psychiatric care shortage: What the future holds. *Medscape Psychiatry and Mental Health*. Retrieved from www.medscape.com

Liebowitz, M. R., Gelenberg, A. J., & Munjack, D. (2005). Venlafaxine extended release vs. placebo and paroxetine in social anxiety disorder. *Archives of General Psychiatry, 62*, 190–198.

Liebowitz, M. R., Stein, M. B., Tancer, M., Carpenter, D., Oakes, R., & Pitts, C. D. (2002). A randomized, double-blind, fixed-dose comparison of paroxetine and placebo in treatment of generalized social anxiety disorder. *Journal of Clinical Psychiatry, 63*, 66–74.

Lilienfeld, S. O., Fowler, K. A., & Lohr, J. M. (2003). And the band played on: Science, pseudoscience, and the Rorschach Inkblot Method. *The Clinical Psychologist, 56* (1), 6–7.

Lilienfeld, S., & Arkowitz, H. (2011, Jan/Feb). The insanity verdict on trial. *Scientific American Mind, 6*, 64–65.

Lim, J., & Dinges, D. F. (2010). A meta-analysis of the impact of short-term sleep deprivation on cognitive variables. *Psychological Bulletin, 136,* 375–389. doi: 10.1037/a0018883

Lim, S. (2003, September 2). *Beating the bed-wetting blues.* Retrieved from http://www.msnbc.com/news/954846.asp

Lin, P.-Y., Mischoulon, D., Freeman, M. P., Matsuoka, Y., Hibbeln, J., Belmaker, R. H., & Su,K.-P. (2012). Are omega-3 fatty acids antidepressants or just mood-improving agents? The effect depends upon diagnosis, supplement preparation, and severity of depression. *Molecular Psychiatry, 17,* 1161.

Lincoln, A. (1841/1953). To John T. Stuart. In R. P. Basler, M. D. Pratt, & L. A. Dunlap (Eds.), *The collected works of Abraham Lincoln* (Vol. 1, p. 230). New Brunswick, NJ: Rutgers University Press.

Lincoln, T. M., Ziegler, M., Mehl, S., Kesting, M.-L-., Lüllmann, E., Westermann, S., . . . Rief, W. (2012). Moving from efficacy to effectiveness in cognitive behavioral therapy for psychosis: A randomized clinical practice trial. *Journal of Consulting and Clinical Psychology, 80,* 674–686. doi: 10.1037/a0028665

Linder, D. (2004). *The John Hinckley trial* [Hinckley's communications with Jodie Foster]. Retrieved from http://www.law.umkc.edu/faculty/projects/ftrials/hinckley/hinckleytrial.html

Ling, W., Casadonte, P., Bigelow, G., Kampman, K. M., Patkar, A., Bailey, G. L., . . . Beebe, K. L. (2011). Buprenorphine implants for treatment of opioid dependence: A randomized controlled trial. *Journal of the American Medical Association, 304,* 1576–1583.

Lipsman, N., Neimat, J. S., & Lozano, A. M. (2007). Deep brain stimulation for treatment-refractory obsessive-compulsive disorder: The search for a valid target. *Neurosurgery, 61,* 1–13.

Lipton, E., Savage, C., & Shane, S. (2011, January 9). Arizona suspect's recent acts offer hints of alienation. *The New York Times.* Retrieved from *http://www.nytimes.com/2011/01/09/us/politics/09shooter.html?pagewanted=all*

Liu, R. T., & Alloy, L B. (2010). Stress generation in depression: A systematic review of the empirical literature and recommendations for future study. *Clinical Psychology Review, 30,* 582–593.

Lo, C. S. L, Ho, S. M. Y., & Hollon, S. D. (2008). The effects of rumination and negative cognitive styles on depression: A mediation analysis. *Behaviour Research and Therapy, 46,* 487–495.

Loeber, R., Burke, J. D., Lahey, B. B., Winters, A., & Zera, M. (2000). Oppositional defiant and conduct disorder: A review of the past 10 years. *Journal of the American Academy of Child and Adolescent Psychiatry, 39,* 1468–1484.

Loening-Baucke, V. (2002). Encopresis. *Current Opinions in Pediatrics, 14,* 570–575.

Loftus, E. F. (1996). The myth of repressed memory and the realities of science. *Clinical Psychology: Science and Practice, 3,* 356–365.

Logan, J., Hall, J., & Karch, D. (2011). Suicide categories by patterns of known risk factors: A latent class analysis. *Archives of General Psychiatry, 68,* 935–941. doi:10.1001/archgenpsychiatry.2011.85

Lohr, J. M, Lilienfeld, S. O., & Rosen, G. M. (2012). Anxiety and its treatment: Promoting science–based practice. *Journal of Anxiety Disorders, 26,* 719–727. doi: 10.1016/j.janxdis.2012.06.007 in press

Lohr, J. M, Lilienfeld, S. O., & Rosen, G. M. (2012). Anxiety and its treatment: Promoting science–based practice. *Journal of Anxiety Disorders. 26,* 719–727. doi: 10.1016/j.janxdis.2012.06.007. Epub 2012 Jul 13.

Lohr, J. M. (2011). What is (and what is not) the meaning of evidence-based psychosocial intervention? *Clinical Psychology: Science and Practice, 18,* 100–104. doi: 10.1111/j.1468-2850.2011.01240.x

Lonsdorf, T. B., Weike, A. I., Nikamo, P., Schalling, M., Hamm, A. O., & Öhman, A. (2009). Genetic gating of human fear learning and extinction: Possible implications for gene-environment interaction in anxiety disorder. *Psychological Science, 20,* 198–206. doi:10.1111/j.1467-9280.2009.02280.x

LoPiccolo, J. (2011). Most difficult to treat: Sexual desire disorders. *PsycCRITIQUES, 56,* in press.

Lorenzetti, V., Allen, N. B., Whittle, S., & Yücel, M. (2010). Amygdala volumes in a sample of current depressed and remitted depressed patients and healthy controls. *Journal of Affective Disorders, 120,* 112–119. doi:10.1016/j.jad.2009.04.021

Lothane, Z. (2006). Freud's legacy—is it still with us? *Psychoanalytic Psychology, 23,* 285–301.

Lovaas, O. I. (1987). Behavioral treatment and normal educational and intellectual functioning in young autistic children. *Journal of Consulting and Clinical Psychology, 55,* 3–9.

Lovaas, O. I., Koegel, R. L., & Schreibman, L. (1979). Stimulus overselectivity in autism: A review of the research. *Psychological Bulletin, 86,* 1236–1254.

Love, S., & Spillantini, M. G. (2011). Unpicking frontotemporal lobar degeneration. *Brain, 134,* 2453–2455. doi: 10.1093/brain/awr176

Low, C. A., Stanton, A. L., & Danoff-Burg, S. (2006). Expressive disclosure and benefit finding among breast cancer patients: Mechanisms for positive health effects. *Health Psychology, 25,* 181–189.

Lowe, S. R., Chan, C. S., & Rhodes, J. E. (2010). Pre-hurricane perceived social support protects against psychological distress: A longitudinal analysis of low-income mothers. *Journal of Consulting and Clinical Psychology, 78,* 551–560. doi: 10.1037/a0018317

Lu, H.-Y., & Hou, H.-Y. (2009). Testing a model of the predictors and consequences of body dissatisfaction. *Body Image, 6,* 19–23.

Lubell, S. (2004, February 19). On therapist's couch, a jolt of virtual reality. *The New York Times,* p. G5.

Lucas-Carrasco, R., & Salvador-Carulla, L. (2012). Life satisfaction in persons with intellectual disabilities. *Research in Developmental Disabilities, 33,* 1103–1109.

Luczak, S. E., Glatt, S. J., & Wall, T. J. (2006). Meta-analyses of ALDH2 and ADH1B with alcohol dependence in Asians. *Psychological Bulletin, 132,* 607–621.

Lue, T. F., Giuliano, F., Montorsi, F., Rosen, R. C., Andersson, K. E., Althof, S., . . . Wagner, G (2010). Summary of the recommendations on sexual dysfunctions in men. *Journal of Sexual Medicine, 7,* 6–23.

Luijendijk, H. J., van den Berg, J. F., Marieke, J. H. J., Dekker, M. D., van Tuijl, H. R., Otte, W., et al. (2008). Incidence and recurrence of late-life depression. Archives of General Psychiatry, 65, 1394–1401.

Luppa, M., Sikorski, C., Luck, T., Ehreke, L., Konnopka, A., Wiese, B., . . .Riedel-Heller, S. G. (2012). Age- and gender-specific prevalence of depression in latest-life – Systematic review and meta-analysis. *Journal of Affective Disorders, 136,* 212–221.

Lupski, J. R. (2007). Structural variation in the human genome. *New England Journal of Medicine, 356,* 1169–1171.

Lymburner, J. A., & Roech, R. (1999). The insanity defense: Five years of research (1993–1997). *International Journal of Law and Psychiatry, 22,* 213–240.

Lynch, F. L., Dickerson, J. F., Clarke, G., Vitiello, B., Porta, G., Wagner, K. D., . . . Brent, D. (2011). Incremental cost-effectiveness of combined therapy vs medication only for youth with selective serotonin reuptake inhibitor–resistant depression: Treatment of SSRI-l. *Archives of General Psychiatry, 68,* 253–262. doi:10.1001/archgenpsychiatry.2011.9

M

Macey, P. M., Kumar, R., Woo, M. A., Valladares, E. M., Yan-Go, F. L., & Harper, R. M. (2008). Brain structural changes in obstructive sleep apnea. *Sleep, 31,* 967.

MacKillop, J., McGeary, J. E., & Ray, L. A. (2010). Genetic influences on addiction: Alcoholism as an exemplar. In D. Ross, P. Collins, & D. Spurrett (Eds.), *What is addiction?* (pp. 53–98).Cambridge, MA: MIT Press.

MacLaren, V. V., Best, L. A., Dixon, M. J., & Harrigan, K. A. (2011). Problem gambling and the five factor model in university students. *Personality and Individual Differences, 50,* 335–338. doi:10.1016/j.paid.2010.10.011

MacLaren, V. V., Fugelsang, J. A., Harrigan, K. A., & Dixon, M. J. (2011). The personality of pathological gamblers: A meta-analysis. *Clinical Psychology Review, 31,* 1057–1067. doi:10.1016/j.cpr.2011.02.002

Madsen, H.Ø., Dam, H., & Hageman I. (2011). Seasonal affective disorder. *Ugeskr Laeger, 173,* 3013–3016.

Maggi, M. (2012). *Hormonal therapy for male sexual dysfunction.* Hoboken, NJ: Wiley.

Maher, B. (2007). Fragile X fixed in mice. *Nature News.* Retrieved from http://www.nature.com/news/2007/191207/full/news.2007.386.html

Maher, W. B., & Maher, B. A. (1985). Psychopathology. I. From ancient times to the eighteenth century. In G. A. Kimble & K. Schlesinger (Eds.), *Topics in the history of psychology* (Vol. 2, pp. 251–294). Hillsdale, NJ: Erlbaum.

Mahon, P. B., Payne, J. L., MacKinnon, D. F., Mondimore, F. M., Goes, F. S., Schweizer, B., . . . Potash, J. B. (2009). Genome-wide linkage and follow-up association study of postpartum mood symptoms. *American Journal of Psychiatry, 166,* 1229–1237. doi:10.1176/appi.ajp.2009 .09030417

Mahone, E., M., Crocetti, D., Ranta, M. E., Gaddis, A., Cataldo, M., Slifer, K. J., . . . Mostofsky, H. (2011). A preliminary neuroimaging study of preschool children with ADHD. *The Clinical Neuropsychologist, 25,* 1009–1028. doi: 10.1080/13854046.2011.580784

Maier, S. F., & Seligman, M. E. P. (1976). Learned helplessness: Theory and evidence. *Journal of Experimental Psychology (General), 105,* 3–46.

Maikovich-Fong, A. K., & Jaffee, S. R. (2010). Sex differences in childhood sexual abuse characteristics and victims' emotional and behavioral problems: findings from a national sample of youth. *Child Abuse and Neglect, 34,* 429–437.

Maina, G., Rosso, G., & Bogetto, F. (2009). Brief dynamic therapy combined with pharmacotherapy in the treatment of major depressive disorder: Long-term results. *Journal of Affective Disorders, 114,* 200–207. doi:10.1016/j.jad.2008.07.010

Majority of US adolescents with severe mental disorders have never received treatment for their conditions, study finds. (2011, January 18). *ScienceDaily.* Retrieved from *http://www.sciencedaily.com-/*

Maldonado, J. R., Butler, L. D., & Spiegel, D. (1998). Treatments for dissociative disorders. In P. E. Nathan & J. M. Gorman (Eds.), *A guide to treatments that work* (pp. 423–446). New York: Oxford University Press.

Male eating disorders on rise, experts say. (2004, May 12). Retrieved from http://www.cnn.com/2004/HEALTH/diet.fitness/05/12/male.eating.disorder.ap/index.html

Malek-Ahmadi, M., Davis, K., Belden, C., Jacobson, S., & Sabbagh, M. N. (2012). Informant-reported cognitive symptoms that predict amnestic mild cognitive impairment. *BMC Geriatrics,* 12, 3.

Malhotra, D., McCarthy, S., Michaelson, J. J., Vacic, V., Burdick, K. E., Yoon, S., . . . Sebat, J. (2011). High frequencies of de novo CNVs in bipolar disorder and schizophrenia. *Neuron, 72,* 951. doi: 10.1016/j.neuron.2011.11.007

Malinauskas, B. M., Raedeke, T. D., Aeby, V. G., Smith, J. L., & Dallas, M. B. (2006). Dieting practices, weight perceptions, and body composition: A comparison of normal weight, overweight, and obese college females. *Nutrition Journal, 5,* 11.

Mammarella, N., Fairfield, B., De Leonardis, V., Carretti, B., Borella, E., Frisullo, E., & Di Domenico, A. (2012). Is there an affective working memory deficit in patients with chronic schizophrenia? *Schizophrenia Research, 138,* 99–101.

Manassis, K. (2013). Empirically supported psychosocial treatments. In C. A. Essau & T. H. Ollendick (Eds.), *The Wiley-Blackwell handbook of the treatment of childhood and adolescent anxiety* (pp. 207–228). Hoboken, NJ: John Wiley.

Manicavasgar, V., Parker, G., & Perich, T. (2011). Mindfulness-based cognitive therapy vs cognitive behaviour therapy as a treatment for non-melancholic depression. *Journal of Affective Disorders, 130,* 138–144. doi:10.1016/j.jad.2010.09.027

Manicavasgar, V., Parker, G., & Perich, T. (2011). Mindfulness-based cognitive therapy vs cognitive behaviour therapy as a treatment for non-melancholic depression. *Journal of Affective Disorders, 130,* 138–144. doi:10.1016/j.jad.2010.09

Manne, S., Winkel, G., Zaider, T., Rubin, S., Hernandez, E., & Bergman, C. (2010). Therapy processes and outcomes of psychological interventions for women diagnosed with gynecological cancers: A test of the generic process model of psychotherapy. *Journal of Consulting and Clinical Psychology, 78,* 236–248. doi: 10.1037/a0018223

Marcantonio, E. R. (2012). Postoperative delirium: A 76-year-old woman with delirium following surgery. *Journal of the American Medical Association, 308,* 73–81. doi:10.1001/jama.2012.6857

March, J. S., & Vitiello, B. (2009). Clinical messages from the Treatment for Adolescents with Depression Study (TADS). *American Journal of Psychiatry,166,* 1118–1123. doi:10.1176/appi.ajp.2009.08101606

March, J., Silva, S., Petrycki, S., Curry, J., Wells, K., Fairbank, J. . . . Treatment for Adolescents with Depression Study (TADS) team. (2009). Fluoxetine, cognitive-behavioral therapy, and their combination for adolescents with depression: Treatment for Adolescents with Depression Study (TADS) randomized controlled trial. *Journal of the American Medical Association, 292,* 807–820.

Marin, J. M., Agusti, A., Villar, I., Forner, M., Nieto, D., Carrizo, S. J., . . . Jelic, S. (2012). Association between treated and untreated obstructive sleep apnea and risk of hypertension. *Journal of the American Medical Association, 307,* 2169–2176. doi:10.1001/jama.2012.

Marion, I. J. (2005, December). The neurobiology of cocaine addiction. *Science Practice Perspectives, National Institute on Drug Abuse, 3*(1), 25–31.

Markowitz, J. C., Kocsis, J. H., Christos, P., Bleiberg, K., & Carlin, A. (2008). Pilot study of interpersonal psychotherapy versus supportive psychotherapy for dysthymic patients with secondary alcohol abuse or dependence. *The Journal of Nervous and Mental Disease, 196,* 468–474.

Marlatt, G. A. (1978). Craving for alcohol, loss of control, and relapse: A cognitive-behavioral analysis. In P. E. Nathan, G. A. Marlatt, & T. Loberg (Eds.), *Alcoholism: New directions in behavioral research and treatment* (pp. 271–314). New York: Plenum Press.

Marlatt, G. A., & Gordon, J. R. (1985). *Relapse prevention: Maintenance strategies in the treatment of addictive behaviors.* New York: Guilford Press.

Marques, L., LeBlanc, N., Weingarden, H., Greenberg, J. L, Traeger, L. N., Keshaviah, A., & Wilhelm, S. (2011). Body dysmorphic symptoms: Phenomenology and ethnicity. *Body Image, 8,* 1673–1678.

Marshal, M. P. (2003). For better or for worse? The effects of alcohol use on marital functioning. *Clinical Psychology Review, 23,* 959–997.

Mart, E. G. (2003). Munchausen's syndrome by proxy reconsidered. *Child Maltreatment: Journal of the American Professional Society of the Abuse of Children, 8,* 72–73.

Martel, M. M., Nikolas, M., Jernigan, K., Friderici, K., Waldman, I., & Nigg, J. T. (2011). The Dopamine receptor D4 gene (DRD4) moderates family environmental effects on ADHD. *Journal Of Abnormal Child Psychology, 39,* 1–10. doi: 10.1007/s10802-010-9439-5

Martin, J. P. (1998, February 27). The insanity defense: A closer look. *The Washington Post.* Retrieved from http://www.washingtonpost.com/wp-srv/local/longterm/aron/qa227.htm

Martinez, D., Greene, K., Broft, A., Kumar, D., Liu, F., Narendran, R., . . . Kleber, H. D. (2009). Lower level of endogenous dopamine in patients with cocaine dependence: Findings from pet imaging of D2/D3 receptors following acute dopamine depletion export. *American Journal of Psychiatry, 166,* 1170–1177. doi:10.1176/appi.ajp.2009.08121801

Martins, J. G., Bentsen, H., & Puri, B. K. (2012). Eicosapentaenoic acid appears to be the key omega-3 fatty acid component associated with efficacy in major depressive disorder: A critique of Bloch and Hannestad and updated meta-analysis. *Molecular Psychiatry, 17,* 1144.

Martins, R. K., & McNeil, D. W. (2009). Review of motivational interviewing in promoting health behaviors. *Clinical Psychology Review, 29,* 283–293. doi:10.1016/j.cpr.2009.02.001

Marx, R. F., & Didziulis, V. (2009, March 1). A life, interrupted. *The New York Times,* pp. CY1, CY7

Maser, J. D., Normal, S. B., Zisook, S., Everall, I. P., Stein, M. R., Schettler, P. J., et al. (2009). Psychiatry nosology is ready for a paradigm shift in *DSM-V. Clinical Psychology: Science and Practice, 16,* 24–40. doi:10.1111/j.1468-2850.2009.01140

Masheb, R. M., Grilo, C. M., & Rolls, B. J. (2011). A randomized controlled trial for obesity and binge eating disorder: Low-energy-density dietary counseling and cognitive-behavioral therapy. *Behaviour Research and Therapy, 49,* 821–829. doi:10.1016/j.brat.2011.09.006

Masi, G., Mucci, M., & Millepiedi, S. (2001). Separation anxiety disorder in children and adolescents: Epidemiology, diagnosis, and management. *CNS Drugs, 15* (2), 93–104.

Mason, B. J., Crean, R., Goodell, V., Light, J. M., Quello, S., Shadan, F., . . . Rao, S. (2012). A proof-of-concept randomized controlled study of gabapentin: Effects on cannabis use, withdrawal and executive function deficits in cannabis-dependent adults. *Neuropsychopharmacology, 37,* 1689–1698. doi: 10.1038/npp.2012.37:1689.

Mason, B. J., et al. (2012). . A proof-of-concept randomized controlled study of gabapentin: Effects on cannabis use, withdrawal and executive function deficits in cannabis-dependent adults. *Neuropsychopharmacology,* in press, 37:1689.

Mast, R. C., & Smith, A. B. (2012). Elimination disorders: Enuresis and encopresis. In W. M. Klykyo, & J. K. (Eds.), *Clinical child psychiatry* (pp. 305–328). New York: Wiley Interscience.

Mata, J., Thompson, R. J., Jaeggi, S. M., Buschkuehl, M., Jonides, J., & Gotlib, I. H. (2012). Walk on the bright side: Physical activity and affect in major depressive disorder. *Journal of Abnormal Psychology, 121,* 297–308. doi:10.1037/a0023533

Mata, J., Thompson, R. J., Jaeggi, S. M., Buschkuehl, M., Jonides, J., & Gotlib, I. H. (2012). Walk on the bright side: Physical activity and affect in major depressive disorder. *Journal of Abnormal Psychology, 121,* 297–308. doi: 10.1037/a0023533

Mataix-Cols, D., Frost, R. O., Pertusa, A., Clark, L. A., Saxena, S., Leckman, J. F.,. . . Wilhelm, S. (2010). Hoarding disorder: a new diagnosis for DSM-V? *Depression and Anxiety, 27,* 556–572. doi:10.1002/da.20693

Matson, J. J., & Shoemaker, M. (2009). Intellectual disability and its relationship to autism spectrum disorders. *Research in Developmental Disabilities, 30,* 1107–1114. doi: 10.1016/j.ridd.2009.06.003

Mauri, L. (2012). Why we still need randomized trials to compare effectiveness. *New England Journal of Medicine, 366,* 1538–1540. [Editorial]

McAnulty, R. D. (Ed.). (2012). *Sex in college: The things they don't write home about* (pp. 263–288). Santa Barbara, CA: ABC-CLIO.

McCain, N. L., Gray, D. P., Elswick, R. K., Jr., Robins, J. W., Tuck, I., Walter, J. M., . . . Ketchum, J. M.(2008). A randomized clinical trial of alternative stress management interventions in persons with HIV infection. *Journal of Consulting and Clinical Psychology, 76,* 431–441.

McClellan, J., & King, M.-C. (2010). Genomic analysis of mental illness: A changing landscape. *Journal of the American Medical Association, 303,* 2523–2524.

McClintock, S. M., Husain, M. M., Wisniewski, S. R., Nierenberg, A. A., Stewart, J. W., Trivedi, M. H., . . . Rush, J. (2011). Residual symptoms in depressed outpatients who respond by 50% but do not remit to antidepressant medication. *Journal of Clinical Psychopharmacology, 31,* 180. doi:10.1097/JCP.0b013e31820ebd2c

McClure-Tone, E. B. (2009). Socioemotional functioning in bipolar disorder versus typical development: Behavioral and neural differences. *Clinical Psychology: Science and Practice, 16,* 98–113. doi:10.1111/j.1468-2850.2009.01150.x

McCord, C. E., Elliott, T. R., Wendel, M. L., Brossart, D. F., Cano, M. A., Gonzalez, G., . . . Burdine, J. (2011). Community capacity and teleconference counseling in rural Texas. *Professional Psychology: Research and Practice, 42,* 521–527. doi: 10.1037/a0025296

McCrea, M., Guskiewicz, K. M., Marshall, S. W., Barr, W., Randolph, C., Cantu, R. C. et al. (2003). Acute effects and recovery time following concussion in collegiate football players: The NCAA Concussion Study. *Journal of the American Medical Association, 290,* 2556–2563

McDermott, J. F. (2001). Emily Dickinson revisited: A study of periodicity in her work. *American Journal of Psychiatry, 158,* 686–690.

McDougle, C. J., Scahill, L., Aman, M. G., McCracken, J. T., Tierney, E., Davies, M., et al. (2005). Risperidone for the core symptom domains of autism. *American Journal of Psychiatry, 162,* 1142–1148.

McEvoy, L. K., Holland, D., Hagler, D. J., Fennema-Notestine, C., Brewer, J. B., & Dale, A. M. (2011). Mild Cognitive impairment: Baseline and longitudinal structural MR imaging measures improve predictive prognosis. *Radiology, 43,* 561–564. doi: 10.1148/radiol.11101975

McEvoy, P. M, Nathan, P., Rapee, R. M., & Campbell, B. N. C. (2012). Cognitive behavioural group therapy for social phobia: Evidence of transportability to community clinics. *Behaviour Research and Therapy, 50,* 258–265.

McEvoy, P. M. (2008). Effectiveness of cognitive behavioural group therapy for social phobia in a community clinic: A benchmarking study. *Behaviour Research and Therapy, 45,* 3030–3040.

McGillivray, J. A., & Kershaw, M. M. (2013). The impact of staff initiated referral and intervention protocols on symptoms of depression in people with mild intellectual disability. *Research in Developmental Disabilities, 34,*730–738.

McGowin, D. F. (1993). *Living in the Labyrinth: A personal journey through the maze of Alzheimer's.* New York: Dell.

McGrane, D., & Carr, A. (2002). Young women at risk for eating disorders: Perceived family dysfunction and parental psychological problems. *Journal of Contemporary Family Therapy, 24,* 385–395.

McGrath, R. E. (2010). Prescriptive authority for psychologists. *Annual Review of Clinical Psychology, 6,* 21–47. doi:10.1146/annurev-clinpsy-090209-151448

McIlroy, A. (2010, September 6). Scientists link genetic 'typos' to schizophrenia. *Globe and Mail.* http://www.theglobeandmail.com/life/health/scientists-link-genetic-typos-to-schizophrenia/article1687069/

McIntyre, R. S., Liauw, S., & Taylor, V. H. (2011). Aripiprazole in the treatment of anxiety, major depressive disorder, and bipolar depression/disorder. *Journal of Affective Disorders, 128,* S29–S36.

McKee, B. (2003, September 4). As suburbs grow, so do waistlines. *The New York Times,* pp. F1, F 13.

McKellar, J., Stewart, E., & Humphreys, K. (2003). Alcoholics Anonymous involvement and positive alcohol-related outcomes: Cause, consequence, or just a correlate? A prospective 2-year study of 2,319 alcohol-dependent men. *Journal of Consulting and Clinical Psychology, 71,* 302–308.

McKenzie, K. (2011). Providing services in the United Kingdom to people with an intellectual disability who present behaviour which challenges: A review of the literature. *Research in Developmental Disabilities,* 32, 395– 403. doi:10.1016/j.ridd.2010.12.001

McLawsen, J. E., Scalora, M. J., & Darrow, C. (2012). Civilly committed sex offenders: A description and interstate comparison of populations. *Psychology, Public Policy, and Law, 18,* 453–476. doi: 10.1037/a0026116

McLean, C. P., & Anderson, E. R. (2009). Brave men and timid women? A review of the gender differences in fear and anxiety. *Clinical Psychology Review, 29,* 496–505. doi:10.1016/j.cpr.2009.05.003

McMillan, J. R. (2003). Dangerousness, mental disorder, and responsibility. *Journal of Medical Ethics, 29,* 232–235.

McMillan, W., Stice, E., & Rohde, P. (2011). High- and low-level dissonance-based eating disorder prevention programs with young women with body image concerns: An experimental trial. *Journal of Consulting and Clinical Psychology, 79,* 129–134. doi: 10.1037/a0022143

McNally, R. J., & Geraerts, E. (2009). A new solution to the recovered memory debate. *Perspectives on Psychological Science, 4,* 126–134. doi:10.1111/j.1745-6924.2009.01112.x

McNiel, D. E., Gregory, A. L., Lam, J. N., Binder, R. L., & Sullivan, G. R. (2003). Utility of decision support tools for assessing acute risk of violence. *Journal of Consulting and Clinical Psychology, 71,* 945–953.

McNiel, D. E., Lam, J. N., & Binder, R. L. (2000). Relevance of interrater agreement to violence risk assessment. *Journal of Consulting and Clinical Psychology, 68,* 1111–1115.

McNulty, J. K., & Fincham, F. D. (2012). Beyond positive psychology? Toward a contextual view of psychological processes and well-being. *American Psychologist, 67,* 101–110.

Mead, M. (1935). *Sex and temperament in three primitive societies.* New York: Dell.

Mechelli, A., Riecher-Rössler, A., Meisenzahl, E. M., Tognin, S., Wood, S. J., Borgwardt, S. J., . . . McGuire, P. (2011). Neuroanatomical abnormalities that predate the onset of psychosis: A multicenter study. *Archives of General Psychiatry, 68,* 489–495. doi:10.1001/archgenpsychiatry.2011.42

Medda, P., Perugi, G., Zanello, S., Ciuffa, M., & Cassano, G. B. (2009). Response to ECT in bipolar I, bipolar II and unipolar depression. *Journal of Affective Disorders, 118,* 55–59. doi:10.1111/j.1399-5618.2009.00702.x

Meeks, T. W., Vahia, I. V., Lavretsky, H., Kulkarni, G., & Jeste, D. V. (2011). A tune in "a minor" can "b major": A review of epidemiology, illness course, and public health implications of subthreshold depression in older adults. *Journal of Affective Disorders, 129,* 126.

Meeter, M., Murre, J. M. J., Janssen, S. M. J., Birkenhager, T., & van den Broek, W. W. (2011). Retrograde amnesia after electroconvulsive therapy: A temporary effect? *Journal of Affective Disorders, 132,* 216–222. doi:10.1016/j.jad.2011.02.026

Meeter, M., Murre, J. M. J., Janssen, S. M. J., Birkenhager, T., & van den Broek, W.W.(2011). Retrograde amnesia after electroconvulsive therapy: A temporary effect? *Journal of Affective Disorders, 132,* 216–222. doi:10.1016/j.jad.2011.02.026

Mefford, H. C., Batshaw, M. L., & Hoffman, E. P. (2012). Genomics, intellectual disability, and autism. *New England Journal of Medicine, 366,* 733–743.

Mehta, D., Gonik, M., Klengel, T., Rex-Haffner, M., Menke, A., Rubelt, J., ...Binder, E. B. (2011). Using polymorphisms in FKBP5 to define biologically distinct subtypes of posttraumatic stress disorder: Evidence from endocrine and gene expression studies. *Archives of General Psychiatry, 68,* 901.

Mehta, V., De, A., & Balachandran, C. (2009). Dhat syndrome: a reappraisal. *Indian Journal of Dermatology, 54,* 89–90.

Meier, M. H., Caspi, A., Ambler, A., Harrington, H., Houts, R., Keefe, S. J., . . . Moffitt, T. E.. (2012). Persistent cannabis users show neuropsychological decline from childhood to midlife. *Proceedings of the National Academy of Sciences, 109*(40), E2657–E2664..

Meier, M. H., Caspi,A., Ambler, A., Harrington, H., Houts, R., Keefe, R. S., E., . . . Moffitt, T. E. (2012). Persistent cannabis users show neuropsychological decline from childhood to midlife. *Proceedings of the National Academy of Sciences, 109,* E2657-E2664.

Meier, M. H., Slutske, W. S., Heath, A. C., & Martin, N. G. (2011). Sex differences in the genetic and environmental influences on childhood conduct disorder and adult antisocial behavior. *Journal of Abnormal Psychology, 120,* 377–388. doi: 10.1037/a0022303

Melas, P. A., Rogdaki, M., Osby, U., Schalling, M., Lavebratt, C., & Ekstrom, T. J. (2012). Epigenetic aberrations in leukocytes of patients with schizophrenia: aAssociation of global DNA methylation with antipsychotic drug treatment and disease onset. *The FASEB Journal, 6,* 2712–2718 . doi: 10.1096/fj.11-202069

Melville, J. D., & Naimark, D. (2002). Punishing the insane: The verdict of guilty but mentally ill. *Journal of the American Academy of Psychiatry and the Law, 30,* 553–555.

Mendez, J. L. (2005). Conceptualizing sociocultural factors within clinical and research contexts. *Clinical Psychology: Science and Practice, 12,* 434–437.

Menon, C. V., & Harter, S. L. (2012). Examining the impact of acculturative stress on body image disturbance among Hispanic college students. *Cultural Diversity and Ethnic Minority Psychology, 18,* 239–246. doi: 10.1037/a0028638

Mercer, K. B., Orcutt, H. K., Quinn, J. F., Fitzgerald, C. A., Conneely, K. N., Barfield, R. T. . . . Ressler, K. J. (2012). Acute and posttraumatic stress symptoms in a prospective gene x environment study of a university campus shooting. *Archives of General Psychiatry, 69*(1), 89–97. Retrieved from http://dx.doi.org/10.1001/archgenpsychiatry.2011.109

Mercer, K. B., Orcutt, H. K., Quinn, J. F., Fitzgerald, C. A., Conneely, K. N., Barfield, R. T., . . . Ressler, K. J. (2011). Acute and posttraumatic stress symptoms in a prospective gene x environment study of a university campus shooting. *Archives of General Psychiatry, 69,* 89–97. doi: 10.1001/archgenpsychiatry.2011.109

Merckelbach, H., Arntz, A., & de Jong, P. (1991). Conditioning experiences in spider phobics. *Behaviour Research and Therapy, 29,* 301–304.

Merckelbach, H., de Jong, P. J., Muris, P., & van den Hout, M. A. (1996). The etiology of specific phobias: A review. *Clinical Psychology Review, 16,* 337–361.

Merikangas, K. R., & Pato, M. (2009). Recent developments in the epidemiology of bipolar disorder in adults and children: Magnitude, correlates, and future directions. *Clinical Psychology: Science and Practice, 16,* 121–133. doi:10.1111/j.1468-2850.2009.01152.x

Merikangas, K. R., Akiskal, H. S., Angst, J., Greenberg, P. E., Hirschfeld, R. M. A. , Petukhova, M., &. Kessler, R. C. (2007). Lifetime and 12-month prevalence of bipolar spectrum disorder in the National Comorbidity Survey Replication *Archives of General Psychiatry,* 64, 543–552. doi:10.1001/archpsyc.64.5.543.

Merikangas, K. R., He, J.-P., Burstein, M., Swendsen, J., Avenevoli, S., Case, B.,. . . Olfson, M. (2011). Service utilization for lifetime mental disorders in U.S. adolescents: Results of the National Comorbidity Survey–Adolescent Supplement (NCS-A). *Journal of the American Academy of Child & Adolescent Psychiatry, 50,* 32–45. doi: 10.1016/j.jaac.2010.10.006

Merikangas, K. R., Jin, R., He, J.-P., Kessler, R. C., Lee, S., Sampson, N. A., . . . Zarkov, Z. (2011). Prevalence and correlates of bipolar spectrum disorder in the World Mental Health Survey Initiative. *Archives of General Psychiatry, 68,* 241–251. doi:10.1001/archgenpsychiatry.2011.

Merrick, E. L, & Reif, S. (2010). Services in an era of managed care. In B. L. Levin & . A. Becker (Eds.), *A public health perspective of women's mental health.* New York: Springer.

Merwin, R. M. (2011). Anorexia nervosa as a disorder of emotion regulation: theory, evidence, and treatment implications. *Clinical Psychology: Science and Practice, 18,* 208–214. doi: 10.1111/j.1468-2850.2011.01252.

Messer, S. B. (2001). Empirically supported treatments: What's a nonbehaviorist to do? In B. D. Slife & R. N. Williams (Eds.), *Critical issues in psychotherapy: Translating new ideas into practice* (pp. 3–19). Thousand Oaks, CA: Sage.

Mestel, R. (2012, December 9). *Changes to the psychiatrists' bible, DSM: Some reactions.* Retrieved from latimes.com

Meuret, A. E., Rosenfield, D., Wilhelm, F. H., Zhou, E., Conrad, A., Ritza, T., & Roth, W. T. (2011). Do unexpected panic attacks occur spontaneously? *Biological Psychiatry, 70,* 985–991. doi: 10.1016/j.biopsych.2011.05.027

Meyer, G. J. (2001). To the final special section in the special series on the utility of the Rorschach for clinical assessment. *Psychological Assessment, 13,* 419–422.

Meyer, G. J., Finn, S. E., Eyde, L. D., Kay, G. F., Moreland, K. L., Dies, R. R., et al. (2001). Psychological testing and psychological assessment: A review of evidence and issues. *American Psychologist, 56,* 128–165.

Meyer, I. H. (2003). Prejudice, social stress, and mental health in lesbian, gay, and bisexual populations: Conceptual issues and research evidence. *Psychological Bulletin, 129,* 674–697.

Meyers, L (2007, February). "A struggle for hope." *Monitor on Psychology, 38*(2), 30–31.

Meyler, A., Keller, T. A., Cherkassky, V. L., Gabrieli, J. D. E., & Just, M. A. (2008). Modifying the brain activation of poor readers during sentence comprehension with extended remedial instruction: A longitudinal study of neuroplasticity. *Neuropsychologia, 46,* 2580–2592.

Micco, J. A., Hirshfeld-Becker, D. R., Henin, A., & Ehrenreich-May, J. (2013). Content specificity of threat interpretation in anxious and non-clinical children. *Cognitive Therapy and Research, 37,* 78–88.

Michaelson, J. J., Shi, Y., Gujral, M., Zheng, H., Malhotra, D., Jin, X., Jian, M., . . . Sebat, J. (2012). Whole-genome sequencing in autism identifies hot spots for de novo germline mutation. *Cell,151,* 1431. doi:10.1016/j.cell.2012.11.019

Michal, M., Wiltink, J., Subic-Wrana, C., Zwerenz, R., Tuin, I., Lichy, M., . . . Beutel, M. E. (2009). Prevalence, correlates, and predictors of depersonalization experiences in the German general population. *The Journal of Nervous and Mental Disease, 197,* 499–506. doi:10.1097/NMD.0b013e3181aacd94

Michaud, J.-P., Hallé, M., Lampron, A., Thériault, P., Préfontaine, P., Filali, M., . . . Rivest, S. (2013). Toll-like receptor 4 stimulation with the detoxified ligand monophosphoryl lipid A improves Alzheimer's disease-related pathology. *PNAS,* in press. doi: 10.1073/pnas.1215165110

Miklowitz, D. J., & Johnson, S. L. (2009). Social and familial factors in the course of bipolar disorder: Basic processes and relevant interventions. *Clinical Psychology: Science and Practice, 16,* 281–296. doi:10.1111/j.1468-2850.2009.01166.x

Miklowitz, D. J., Otto, M. W., Frank, E., Reilly-Harrington, N. A., Wisniewski, S. R., Kogan, J. N., . . . Sachs, G. S. (2007). Psychosocial treatments for bipolar depression: A 1-year randomized trial from the systematic treatment enhancement program. *Archives of General Psychiatry, 64,* 419–426.

Milad, R. R., & Quirk, G. J. (2002). Neurons in medial prefrontal cortex signal memory for fear extinction. *Nature 420,* 70–74.

Miller, E. (1987). Hysteria: Its nature and explanation. *British Journal of Clinical Psychology, 26,* 163–173.

Miller, G. (2011). Predicting the psychological risks of war. *Science, 333,* 520–

521. doi: 10.1126/science.333.6042.520
Miller, G. (2012). How to talk about Alzheimer's risk. *Science, 792*. Retrieved from *http://www.sciencemag.org/content/337/6096/792.summary*
Miller, J. D., Morse, J. Q., Nolf, K., Stepp, S. D., & Pilkonis, P. A. (2012). Can DSM-IV borderline personality disorder be diagnosed via dimensional personality traits? Implications for the DSM-5 personality disorder proposal. *Journal of Abnormal Psychology, 121*, 944–950. doi: 10.1037/a0027410
Miller, M., & Hemenway, D. (2008). Guns and suicide in the United States. *New England Journal of Medicine, 359*, 989–991.
Miller, M., Azrael, D., & Hemenway, D. (2004). The epidemiology of case fatality rates for suicide in the northeast. *Annals of Emergency Medicine, 43*, 723–730.
Miller, T. W., Nigg, J. T., & Miller, R. L (2009). Attention deficit hyperactivity disorder in African American children: What can be concluded from the past ten years? *Clinical Psychology Review, 29*, 77–86. doi: 10.1016/j.cpr.2008.10.001
Miller, W. R., & Hester, R. K. (1986). Inpatient alcoholism treatment: Who benefits? *American Psychologist, 41*, 794–805.
Miller, W. R., & Rollnick, S. (2002). *Motivational interviewing: Preparing people to change*. New York: Guilford Press.
Miller-Perrin, C. L., Perrin, R. D., & Kocur, K. L. (2009). Parental physical and psychological aggression: Psychological symptoms in young adults. *Child Abuse & Neglect, 33*, 1–11. doi: 10.1016/S0145-2134(97)00009-4
Millon, T. (1982). *Millon Clinical Multiaxial Inventory manual* (3rd ed.). Minneapolis: National Computer Systems.
Millon, T. (2011). *Disorders of personality: Introducing a DSM/ICD spectrum from normal to abnormal* (3rd ed.). Hoboken, NJ: Wiley.
Mills, J. F., Kroner, D. F., & Morgan, R. (2011). *Clinician's guide to violence risk assessment*. New York: Guilford Press.
Mills, K. L., Teesson, M., Back, S. E., Brady, K. T., Baker, A. L., Hopwood, S. . . . Ewer, P. L. (2012). Integrated exposure-based therapy for co-occurring posttraumatic stress disorder and substance dependence: A randomized controlled trial. *Journal of the American Medical Association, 308*, 690–699. doi:10.1001/jama.2012.9071
Mills, P. D., Watts, B. V., Huh, T. J. W., Boar, S., & Kemp, J. (2013). Helping elderly patients to avoid suicide: A review of case reports from a national veterans affairs database. *Journal of Nervous & Mental Disease, 201*, 12–16. doi: 10.1097/NMD.0b013e31827ab29c
Milrod, B., Leon, A. C., Busch, F., Rudden, M., Schwalberg, M., Clarkin, J., Aronson, A., . . . Shear, M. K. (2007). A randomized controlled clinical trial of psychoanalytic psychotherapy for panic disorder. *American Journal of Psychiatry, 164*, 265–272.
Minarik, M. L., & Ahrens, A. H. (1996). Relations of eating and symptoms of depression and anxiety to the dimensions of perfectionism among undergraduate women. *Cognitive Research & Therapy, 20*, 155–169.
Miner, M. M. (2011). Erectile dysfunction and cardiovascular disease: A harbinger for cardiovascular events. *Journal of Sexual Medicine*, Virtual Issue Number 2.
Minerd, J., & Jasmer, R. (2006, April). *Forty winks or more to make a healthier America*. Retrieved from http://www.medpagetoday.com/PrimaryCare/SleepDisorders/tb/3009
Ming, D. L., & Burmeister, M. (2009). New insights into the genetics of addiction. *Nature Reviews Genetics, 10*, 225–231. doi:10.1038/nrg2536
Minuchin, S., Rosman, B. L., & Baker, L. (1978). *Psychosomatic families: Anorexia nervosa in context*. Cambridge, MA: Harvard University Press.
Minzenberg, M., J., & Carter, C. S. (2012). Developing treatments for impaired cognition in schizophrenia. *Trends in Cognitivey Sciences, 16*, 35–42. doi:10.1016/j.tics.2011.11.017
Miranda, R., Reynolds, E., Ray, L., Justus, A., Knopik, V. S., McGeary, J., & Meyerson, L. A. (2012). Preliminary evidence for a gene-environment interaction in predicting alcohol use disorders in adolescents. *Alcoholism: Clinical and Experimental Research, 37*, 325–331. doi: 10.1111/j.1530-0277.2012.01897
Mischel, W., & Brooks, D. (2011). The news from psychological science: A conversation between David Brooks and Walter Mischel. *Perspectives on Psychological Science, 6*, 515–520, doi:10.1177/1745691611425013
Mitchell, C. M., Beals, J., & The Pathways of Choice Team. (2006). The development of alcohol use and outcome expectancies among American Indian young adults: A growth mixture model. *Addictive Behaviors, 31*, 1–14.
Mitchell, J. M., O'Neil, J. P., Janabi, M., Marks, S. M., Jagust, W. J., & Fields, H. L. (2012). Alcohol consumption induces endogenous opioid release in the human orbitofrontal cortex and nucleus accumbens. *Science Translational Medicine, 4*, 116ra6. doi: 10.1126/scitranslmed.3002902
Mitchell, S. L., Teno, J. M., Kiely, D. K., Shaffer, M. L., Jones, R. N., Prigerson, H. G., Hamel, M. B. (2009). The clinical course of advanced dementia. *New England Journal of Medicine, 361*, 1529–1531.
Mitka, M. (2011). Strategies sought for reducing cost, improving efficiency of clinical research. *Journal of the American Medical Association, 306*, 364–365. doi: 10.1001/jama.2011.1018
Mitka, M. (2012). Heart disease and stroke deaths fall, but some fear a reverse in the trend. *Journal of the American Medical Association, 307*, 550–552. doi: 10.1001/jama.2012.86
Mitte, K. (2005). Meta-analysis of cognitive-behavioral treatments for generalized anxiety disorder: A comparison with pharmacotherapy. *Psychological Bulletin, 131*, 785–795.
Mittelman, M. S., Roth, D. L., Coon, D. W., & Haley, W. E. (2004). Sustained benefit of supportive intervention for depressive symptoms in caregivers of patients with Alzheimer's disease. *American Journal of Psychiatry, 161*, 850–856.
MMWR. Prevalence of obesity among persons aged 20–79 years, by sex—Canada, 2007–2009, and United States, 2007–2008. (2011b). *Morbidity and Mortality Weekly Report, 60*, 1135.
Modestin, J. (1992). Multiple personality disorder in Switzerland. *American Journal of Psychiatry, 149*, 88–92.
Moerman, D. E. (2011). Meaningful placebos—controlling the uncontrollable. *New England Journal of Medicine, 365*, 171–172.
Moffitt, T. E., Caspi, A., & Rutter, M. (2006). Measured gene-environment interactions in psychopathology concepts, research strategies, and implications for research, intervention, and public understanding of genetics. *Perspectives on Psychological Science, 1*, 5–27.
Mohee, A., & Eardley, I. (2011). Medical therapy for premature ejaculation. *Therapeutic Advances in Urology, 3*, 211–222.
Mohlman, J. (2012). A community based survey of older adults' preferences for treatment of anxiety. *Psychology and Aging, 27*, 1182–1190. doi:10.1037/a0023126
Mokdad, A. H., Marks, J. S., Stroup, D. F., & Gerberding, J. L. (2004). Actual causes of death in the United States, 2000. *Journal of the American Medical Association, 291*, 1238, 1241.
Monk, C. S., Telzer, E. H., Mogg, K., Bradley, B. P., Mai, X., Louro, H. M. C., Chen, G., . . . Pine, D. S. (2008). Amygdala and ventrolateral prefrontal cortex activation to masked angry faces in children and adolescents with generalized anxiety disorder. *Archives of General Psychiatry, 65*, 568–576.
Monroe, S. M., & Reid, M. W. (2008). Gene-environment interactions in depression research: Genetic polymorphisms and life-stress polyprocedures. *Psychological Science, 19*, 947–956.
Monroe, S. M., & Reid, M. W. (2009). Life stress and major depression. *Current Directions in Psychological Science, 18*, 68–72. doi:10.1111/j.1467-8721.2009.01611.x
Monroe, S. M., Slavich, G. M., Torres, L. D., & Gotlib, I. H. (2007). Major life events and major chronic difficulties are differentially associated with history of major depressive episodes. *Journal of Abnormal Psychology, 116*, 116–124.
Montgomery, P., & Richardson, A. J. (2008). Omega-3 fatty acids for bipolar disorder. *Cochrane Database of Systematic Reviews, 2*. doi:10.1002/14651858.CD005169.pub2
Monti, P. M., Binkoff, J. A., Abrams, D. B., Zwick, W. R., Nirenberg, T. D., & Liepman, M. R. (1987). Reactivity of alcoholics and nonalcoholics to drinking cues. *Journal of Abnormal Psychology, 96*, 122–126.
Montorsi, F., Adaikan, G., Becher, E., Giuliano, F., Khoury, S., Lue, T. F., . . . Wasserman M. (2010). Summary of the recommendations on sexual dysfunctions in men. *Journal of Sexual Medicine, 7*, 572–588. doi: 10.1111/j.1743-6109.2010.02062.x.
Monuteaux, M. C., Mick, E., Faraone, S. V., & Biederman, J. (2010). The influence of sex on the course and psychiatric correlates of ADHD from childhood to adolescence: A longitudinal study. *Journal of Child Psychology and Psychiatry, 51*, 233–241. doi: 10.1111/j.1469-7610.2009.02152.x
Mooney, M., White, T., & Hatsukami, D. (2004). The blind spot in the nicotine replacement therapy literature: Assessment of the double-blind in clinical trials. *Addictive Behaviors, 29*, 673–684.
Moore, T. J., Furberg, C. D., Glenmullen, J., Maltsberger, J. T, & Singh, S. (2011). Suicidal behavior and depression in smoking cessation treatments. *PLoS ONE, 6*, e27016. doi: 10.1371/journal.pone.0027016and
Moos, R. H., & Moos, B. S. (2004). Long-term influence of duration and frequency of participation in Alcoholics Anonymous on individuals with alcohol use disorders. *Journal of Consulting and Clinical Psychology, 72*, 81–90.
Moos, R. H., & Moos, B. S. (2005). Paths of entry into Alcoholics Anonymous: Consequences for participation and remission. *Alcoholism: Clinical and Experimental Research, 29*, 1858–1868.
Mor, N., & Winquist, J. (2002). Self-focused attention and negative affect: A meta-analysis. *Psychological Bulletin, 128*, 638–662.
Mora, L. E., Nevid, J., & Chaplin, W. T. (2008). Psychologist treatment recommendations for Internet-based therapeutic interventions. *Computers in Human Behavior, 24*, 3052–3062.
Moran, M. (2013). DSM-5 updates: Depressive, anxiety, and OCD criteria. *Psychiatric News, 48*(4), 22–43. doi:10.1176/appi.pn.2013.2b39
Morbidity and Mortality Weekly Report. (2012a). Vital Signs: Binge drinking prevalence, frequency, and intensity among adults—United States, 2010. *Journal of the American Medical Association, 307*, 908–910.
More than 3,000 survivors of the World Trade Center attacks experience long-term post-traumatic stress disorder. (2011, January 7). *ScienceDaily*. Retrieved from http://www.sciencedaily.com-/
Morehouse, R., MacQueen, G., & Kennedy, S. H. (2011). Barriers to achieving treatment goals: A focus on sleep disturbance and sexual dysfunction. *Journal of Affective Disorders, 132* (Suppl. 1), S14–S20. doi:10.1016/j.jad.2011.03.047
Moreno, C., Laje, G., Blanco, C., Jiang, H., Schmidt, A. B., & Olfson, M. (2007). National trends in the outpatient diagnosis and treatment of bipolar disorder in youth. *Archives of General Psychiatry, 64*, 1032–1039.
Moretz, M. W., & McKay, D. (2009). The role of perfectionism in obsessive–compulsive symptoms: "Not just right" experiences and checking compulsions. *Journal of Anxiety Disorders, 23*, 640–644. doi:10.1016/ j.janxdis.2009.01.015
Morey, R. A., Gold, A. L., LaBar, K. S., Beall, S. K., Brown, V. M., Haswell, C., C., . . . for the Mid-Atlantic MIRECC Workgroup. (2012). Amygdala volume changes in posttraumatic stress disorder in a large case-controlled veterans group. Archives of General Psychiatry, 69, 1169–1178 doi: 10.1001/

archgenpsychiatry.2012.50
Morgenthaler, T. I., Kapur, V. K., Brown, T., Swick, T. J., Alessi, C., Aurora, N., et al. (2007). Practice parameters for the treatment of narcolepsy and other hypersomnias of central origin. *Sleep, 30,* 1705.
Morin, C. M., Vallières, A., Guay, B., Ivers, H., Savard, J., Mérette, C., et al. (2009). Cognitive behavioral therapy, singly and combined with medication, for persistent insomnia: A randomized controlled trial. *Journal of the American Medical Association, 301,* 2005–2015.
Moritz, S.,. Kerstan, A., Veckenstedt, R., Randjbar, S., Vitzthum, F., Schmidt, C., Heise, M., & Woodward, T. S. (2011). Further evidence for the effectiveness of a metacognitive group training in schizophrenia. *Behaviour Research and Therapy, 49,* 151–157. doi:10.1016/j.brat.2010.11.010 | How
Morley, T. E., & Moran, G. (2011). The origins of cognitive vulnerability in early childhood: Mechanisms linking early attachment to later depression. *Clinical Psychology Review, 31,* 1071–1082. doi:10.1016/j.cpr.2011.06.006
Morris M.E., Kathawala Q., Leen T.K., Gorenstein E.E., Guilak F., Labhard M., Deleeuw W. (2010). Mobile therapy: Case study evaluations of a cell phone application for emotional self-awareness. *Journal of Medical Internet Research, 12,* e10.
Morris, B. R. (2003, July 8). Two types of brain problems are found to cause dyslexia. *The New York Times,* p. F5.
Morris, G. H. (2002). Commentary: Punishing the unpunishable—the abuse of psychiatry to confine those we love to hate. *Journal of the American Academy of Psychiatry and the Law, 30,* 556–562.
Morris, J. K., Alberman, E., Scott, C., & Jacobs, P. (2008). Is the prevalence of Klinefelter syndrome increasing? *European Journal of Human Genetics, 16,* 163.
Morris, M. C., Ciesla, J. A., & Garber, J. (2008). A prospective study of the cognitive-stress model of depressive symptoms in adolescents. *Journal of Abnormal Psychology, 117,* 719–734.
Morrison, T., Waller, G., & Lawson, R. A. (2006). Attributional style in the eating disorders. *The Journal of Nervous and Mental Disease, 194,* 303–305.
Morrow, D. J. (1998, March 5). Stumble on the road to market. *The New York Times,* p. D1, D4.
Mossman, D. (1994). Assessing predictions of violence: Being accurate about accuracy. *Journal of Consulting and Clinical Psychology, 62,* 783–792.
Motzkin, J. C., Newman, J. P., Kiehl, K. A., & Koenigs, M. (2011). Reduced prefrontal connectivity in psychopathy. *Journal of Neuroscience, 31,* 17348-17357. doi: 10.1523/JNEUROSCI.4215-11.2011
Moulds, M. L., & Nixon, R. D. (2006). In vivo flooding for anxiety disorders: Proposing its utility in the treatment of posttraumatic stress disorder. *Journal of Anxiety Disorder, 20,* 498–509.
Mowrer, O. H. (1960). *Learning theory and behavior.* New York: Wiley.
Muñoz, R. F., Beardslee, W. R., & Leykin, Y. (2012). Major depression can be prevented. *American Psychologist, 67,* 285–295. doi: 10.1037/a0027666
Muddashetty, R. S., Nalavadi, V. C., Gross, C., Yao, X., Xing, L., Laur, O., . . . Bassell, G. (2011). Reversible inhibition of PSD-95 mRNA translation by miR-125a, FMRP phosphorylation and mGluR signaling. *Molecular Cell, 42,* 673–688. doi: 10.1016/j.molcel.2011.05.00
Mueller, K., Jech, R., & Schroeter, M. L. (2013). Deep-brain stimulation for Parkinson's disease. *New England Journal of Medicine, 368,* 482–484. doi:10.1056/NEJMc1214078
Mukherjee, S. (2012, April 22). Post-Prozac nation. *The New York Times*, pp. 48–54.
Mulder, R. T., Frampton, C. M. A., Luty, S. E., & Joyce, P. R. (2009). Eighteen months of drug treatment for depression: Predicting relapse and recovery. *Journal of Affective Disorders, 114,* 263–270.
Mullins-Sweatt, S. N., Glover, N. G., Derefinko, K. J., Miller, J. D., & Widiger, T. A. (2010). The search for the successful psychopath. *Journal of Research in Personality, 44,* 554–558. doi:10.1016/j.jrp.2010.05.010
Munsch, S., Meyer, A. H., & Biedert, E. (2012). Efficacy and predictors of long-term treatment success for cognitive-behavioral treatment and behavioral weight-loss-treatment in overweight individuals with binge eating disorder. *Behaviour Research and Therapy, 50,* 775–785.
Muran, J. C., Eubanks-Carter, C., & Safran, J. D. (2010). A relational approach the treatment of personality dysfunction. In J. J. Magnavita (Ed.), *Evidence-based treatment of personality dysfunction: Principles, methods, and processes* (pp. 167–192). Washington, DC: American Psychological Association.
Muraven, M. (2005). Self-focused attention and the self-regulation of attention: Implications for personality and pathology. *Journal of Social and Clinical Psychology, 24,* 382–400.
Muris, P., & Field, A. (2013). Information processing biases. In C. A. Essau & T. H. Ollendick (Eds.), *The Wiley-Blackwell handbook of the treatment of childhood and adolescent anxiety* (pp. 141–156). Hoboken, NJ: John Wiley
Murphy, M. L. M., Slavich, G. M., Rohleder, N., & Miller, G. E. (2013). Targeted rejection triggers differential pro- and anti-inflammatory gene expression in adolescents as a function of social status. *Clinical Psychological Science, 1,* 30–40. doi: 10.1177/2167702612455743
Murphy, W. D., & Page, I. J. (2012). Exhibitionism: Psychopathology and theory. I. D. R. Laws & W. T. O'Donohue (Eds.). *Sexual deviance: Theory, assessment, and treatment* (pp. 61–75). New York: Guilford Press.
Murray, S. B., Rieger, E., Karlov, L. , & Touyz, S. W. (2013). Masculinity and femininity in the divergence of male body image concerns. *Journal of Eating Disorders, 1,* 11. doi: 10.1186/2050-2974-1–11
Must, A., Kõks, S., Vasar, E., Tasa, G., Lang, A., Maron, E., and Väli, M. (2009). Common variations in 4p locus are related to male completed suicide. *NeuroMolecular Medicine, 11,* 13–19. doi:10.1007/s12017-008-8056-8
Myers, N.L. (2011). Update: Schizophrenia across cultures. *Current Psychiatry Reports, 13,* 305–311.
Myers, T. A., & Crowther, J. H. (2009). Social comparison as a predictor of body dissatisfaction: A meta-analytic review. *Journal of Abnormal Psychology, 118,* 683–698.
Myrick, H., Anton, R. F., Li, X., Henderson, S., Randall, P. K., & Voronin, K. (2008). Effect of naltrexone and ondansetron on alcohol cue–induced activation of the ventral striatum in alcohol-dependent people. *Archives of General Psychiatry, 65,* 466–475.

N

Naggiar, S. (2012, September 24). *'Broken heart' syndrome can be triggered by stress, grief.* Retrieved from http://vitals.nbcnews.com/_news/2012/09/24/14072649-broken-heart-syndrome-can-be-triggered-by-stress-grief?lite
Naggiar, S. (2012, September 24). Broken heart syndrome, is not like a heart attack. Retrieved from http://vitals.nbcnews.com/_news/2012/09/24/14072649-broken-heart-syndrome-can-be-triggered-by-stress-grief?lite
Naglieri, J. A., Drasgow, F., Schmit, M., Handler, L., Prifitera, A., Margolis, A., Velasquez, R. (2004). Psychological testing on the Internet: New problems, old issues. *American Psychologist, 59,* 150–162.
Naj, A. C., Jun, G., Beecham, G. W., Wang, L. S., Vardarajan, B. N., Buros, J., Gallins, P. J., . . . Schellenberg, G. D. (2011). Common variants at MS4A4/MS4A6E, CD2AP, CD33 and EPHA1 are associated with late-onset Alzheimer's disease. *Nature Genetics, 43,* 436–441. doi: 10.1038/ng.801
Nakao, T., Radua, J., Rubia, K., & Mataix-Cols, D. (2011). Gray matter volume abnormalities in ADHD: Voxel-based meta-analysis exploring the effects of age and stimulant medication. *American Journal of Psychiatry, 168*, 1154–1163. doi: 10.1176/appi.ajp.2011.11020281
Nanni, V., Uher, R., & Danese, A. (2012). Childhood maltreatment predicts unfavorable course of illness and treatment outcome in depression: a meta-analysis. *American Journal of Psychiatry, 169,* 141–151. doi: 10.1176/appi.ajp.2011.11020335
Naragon-Gainey, K. (2010). Meta-analysis of the relations of anxiety sensitivity to the depressive and anxiety disorders. *Psychological Bulletin, 136,* 128–150. doi: 10.1037/a0018055.
Narod, S. A. (2011). Alcohol and risk of breast cancer. *Journal of the American Medical Association, 306,* 1920–1921. doi: 10.1001/jama.2011.1589
National Center for Health Statistics. (2012a). *Health, United States, 2012: In brief.* Hyattsville, MD.
National Center for Health Statistics. (2012b). *Health, United States, 2011: With special feature on socioeconomic status and health.* Hyattsville, MD.
National Institute of Mental Health (NIMH). (2003b, December 23). *Suicide facts.* Retrieved from http://www.nimh.nih.gov/research/suifact.cfm
National Institute of Mental Health (NIMH). (2008). *Bipolar disorder in children and teens: A parent's guide.* U.S. Department of Health and Human Services. NIH Publication 08-3679. Bethesda, MD: Author.
National Institute of Mental Health (NIMH). (2008, October 22). *Social phobia patients have heightened reactions to negative comments.* Retrieved from http://www.nimh.nih.gov/science-news/2008/social-phobiapatients-have-heightened-reactions-to-negative-comments.shtml
National Institute of Mental Health (NIMH). (2009). *Schizophrenia.* Bethesda, MD: Author.
National Institute of Neurological Disorders and Stroke (NINDS). (2012, May 16). *NINDS Dementia With Lewy Bodies information page.* Retrieved from *http://www.ninds.nih.gov/disorders/dementiawithlewybodies/dementiawithlewybodies.htm*
National Institute on Deafness and Other Communication Disorders (NIDCD). (2010). *Stuttering.* Retrieved from *http://www.nidcd.nih.gov/health/voice/pages/stutter.aspx*
National Institutes of Health (NIH). (2002). Mimicking brain's "all clear" quells fear in rats. *NIH News Release.* Retrieved from http://www.nimh.nih.gov/science-news/2002/mimicking-brains-all-clear-quells-fear-in-rats.shtml
National Institutes of Health (NIH). (2003). *HIV/AIDS, severe mental illness and homelessness.* Retrieved from http://grants.nih.gov/grants/guide/pa-files/PA-04–024.html.
National Institutes of Health (NIH). (2011, June 9). *Stress-defeating effects of exercise traced to emotional brain circuit* (2011, June 9). Retrieved from http://www.nimh .nih.gov/science-news/2011/stress-defeating-effects-of-exercise-traced-to-emotional-brain-circuit.shtml?WT.mc_id=rss
National Strategy for Suicide Prevention. (2001, May). *National strategy for suicide prevention: Goals and objectives for action: Summary. A joint effort of SAMHS, CDC, NIH, and HRSA.* Washington, DC: Author.
Nauert, R. (2011a). Childhood exposure to trauma ups physical, mental health risks. *PsychCentral.* Retrieved from *http://psychcentral.com/news/2011/06/09/childhood-exposure-to-trauma-ups-physical-mental-health-risks/26799.html*
Nauert, R. (2011b, June 11). Numerous genetic factors tied to autism. *PsychCentral.* Retrieved from http://psychcentral.com/news/2011/06/09/numerous-genetic-factors-tied-to-autism/26801.html
Navarro, P., García-Estevea, L., Ascaso, C., Aguado, J., Gelabert, E., & Martín-Santos, R. (2008). Non-psychotic psychiatric disorders after childbirth: Prevalence and comorbidity in a community sample. *Journal of Affective Disorders, 109,* 171–176.

Neacsiu, A. D., Rizvi, S. L., & Linehan, M. M. (2010). Dialectical behavior therapy skills use as a mediator and outcome of treatment for borderline personality disorder. *Behaviour Research and Therapy, 48,* 832–839. doi:10.1016/j.brat.2010.05.017

Neale, B. M., Kou, Y., Liu, L., Ma'ayan, A., Samocha, K. E., Sabo, A., . . . Daly, M. J. (2012). Patterns and rates of exonic de novo mutations in autism spectrum disorders. *Nature, 485,* 242–245. doi: 10.1038/nature11011. press. doi: 10.1038/nature11011

Nearly one million children in U.S. potentially misdiagnosed with ADHD, study finds. (2010, August 17). *ScienceDaily.* Retrieved from *www.sciencedaily.*

Negy, C. & Woods, D. J. (1993). Mexican- and Anglo-American differences on the Psychological Screening Inventory. *Journal of Personality Assessment, 60,* 543–555.

Negy, C. (under review). Psychosocial adjustment of U.S. – deported Salvadorans transitioning to life in El Salvador.

Negy, C., & Snyder, D. K. (1997). Ethnicity and acculturation: Assessing Mexican American couples' relationships using the Marital Satisfaction Inventory—Revised. *Psychological Assessment, 9,* 414–421.

Negy, C., & Snyder, D. K. (2004). A research note on male chauvinism and Mexican Americans. *Psychology and Education, 41,* 22–27.

Negy, C., & Woods, D. J. (1992). A note on the relationship between acculturation and socioeconomic status. *Hispanic Journal of Behavioral Sciences, 14,* 248–251.

Negy, C., & Woods, D. J. (1992). Mexican Americans' performance on the Psychological Screening Inventory as a function of acculturation. *Journal of Clinical Psychology, 48,* 315–319.

Negy, C., & Woods, D. J. (1992). The importance of acculturation in understanding research with Hispanic-Americans. *Hispanic Journal of Behavioral Sciences, 14,* 224–247.

Negy, C., & Woods, D. J. (1992a). Mexican Americans' performance on the Psychological Screening Inventory as a function of acculturation. *Journal of Clinical Psychology, 48,* 315–319.

Negy, C., & Woods, D. J. (1992b). A note on the relationship between acculturation and socioeconomic status. *Hispanic Journal of Behavioral Sciences, 14,* 248–251.

Negy, C., & Woods, D. J. (1993). Mexican- and Anglo-American differences on the Psychological Screening Inventory. *Journal of Personality Assessment, 60,* 543–555.

Negy, C., Hammons, M. E., Reig-Ferrer, A., & Carper, T. M. (2010). The importance of addressing acculturative stress in marital therapy with Hispanic immigrant women. *International Journal of Clinical and Health Psychology, 10,* 5–21.

Negy, C., Schwartz, S., & Reig-Ferrer, A. (2009). Violated expectations and acculturative stress among U.S. Hispanic immigrants. *Cultural Diversity and Ethnic Minority Psychology, 15,* 255–264. doi:10.1037/a0015109

Negy, C., Snyder, D. K., & Diaz-Loving, R. (2004). A cross-national comparison of Mexican and Mexican American couples using the Marital Satisfaction Inventory-Revised (Spanish Version). *Assessment, 11,* 49–56.

Neighbors, C., Lee, C. M., Atkins, D. C., Lewis, M. A., Kaysen, D., Mittmann, A., . . . Larimer, M. A. (2012). A randomized controlled trial of event-specific prevention strategies for reducing problematic drinking associated with 21st birthday celebrations. *Journal of Consulting and Clinical Psychology, 80,* 850–862. doi: 10.1037/a0029480

Neighbors, H. W., Caldwell, C., Williams, D. R., Nesse, R., Taylor, R. J., Bullard, K. M., . . . Jackson, J. S.et al. (2007). Race, ethnicity, and the use of services for mental disorders: Results from the National Survey of American Life. *Archives of General Psychiatry, 64,* 485–494.

Nelson, J. C., Mankoski, R., Baker, R. A., Carlson, B. X., Eudicone, J., M. Pikalov, A., Berman, R. M. (2010). Effects of aripiprazole adjunctive to standard antidepressant treatment on the core symptoms of depression: A post-hoc, pooled analysis of two large, placebo-controlled studies. *Journal of Affective Disorders, 120,* 133–140. doi:10.1016/j.jad.2009.06.026

Nemeroff, C., Entsuah, R., Benattia, I., Demitrack, M., Sloan, D., & Thase, M. (2008). Comprehensive analysis of remission (COMPARE) with venlafaxine versus SSRIs. *Biological Psychiatry, 63,* 424–434.

Nes, R. B., Czajkowski, N. O., Røysamb, E., Ørstavik, R. E., Tambs, K., & Reichborn-Kjennerud, T. (2012). Major depression and life satisfaction: A population-based twin study. *Journal of Affective Disorders, 144* (1–2), 51–58. doi:10.1016/j.jad.2012.05.060

Nestler, E. J. (2011, December 1). Epigenetics offers new clues to mental illness. (2011, December 1). *Scientific American.* Retrieved from http://www.scientificamerican.com/article.cfm?id=hidden-switches-in-the-mind

Nestoriuc, Y., & Martin, A. (2007). Efficacy of biofeedback for migraine: A meta-analysis. *Radiology Source, 128,* 111–127.

Nettle, D. (2001). *Strong imagination: Madness, creativity, and human nature.* New York: Oxford University Press.

Neugebauer, R. (1979). Medieval and early modern theories of mental illness. *Archives of General Psychiatry, 36,* 477–484.

Nevid, J. S., & Javier, R. A. (1997). Preliminary investigation of a culturally specific smoking cessation intervention for Hispanic smokers. *American Journal of Health Promotion, 11,* 198–207.

Nevid, J. S., & Rathus, S. A. (2013). *Psychology and the challenges of life: Adjustment and growth* (12th ed.). New York: Wiley.

Nevid, J. S., Javier, R. A., & Moulton, J. (1996). Factors predicting participant attrition in a community-based culturally specific smoking cessation program for Hispanic smokers. *Health Psychology, 15,* 226–229.

New therapies for prevention and treatment of Alzheimer's Disease identified. (2011, January 11). *ScienceDaily.* Retrieved from *http://www.sciencedaily.com*

Newcorn, J. H., Kratochvil, C. J., Allen, A. J., Casat, C. D., Ruff, D. D., Moore, R. J., Michelson, D., et al. (2008). Atomoxetine and osmotically released methylphenidate for the treatment of attention deficit hyperactivity disorder: Acute comparison and differential response. *American Journal of Psychiatry, 165,* 721–730. doi: 10.1176/appi.ajp.2007.05091676

Newman, D. (2011). Special issue on neuroscience: The autism enigma. *Nature, 479,* 21. doi:10.1038/479021a

Newman, M. G., & Llera, S. J. (2011). A novel theory of experiential avoidance in generalized anxiety disorder: A review and synthesis of research supporting a contrast avoidance model of worry. *Clinical Psychology Review, 31,* 371–382. doi:10.1016/j.cpr.2011.01.008

Newman, M. G., Castonguay, L. F., Borkovec, T. D., Fisher, A. J., Boswell, J. F., Szkodny, L. E., . . . Nordberg, S. S. (2011). Randomized controlled trial of cognitive-behavioral therapy for generalized anxiety disorder with integrated techniques from emotion-focused and interpersonal therapies. *Journal of Consulting and Clinical Psychology, 79,* 171–181. doi:10.1037/a0022489

Newman, M. G., Szkodny, L. E., Llera, S. J., & Przeworski, A. (2011b). A review of technology-assisted self-help and minimal contact therapies for drug and alcohol abuse and smoking addiction: Is human contact necessary for therapeutic efficacy? *Clinical Psychology Review, 31,* 178–186. doi:10.1016/j.cpr.2010.10.002

Newman, M. G., Szkodny, L. E., Llera, S. J., & Przeworski, A. (2011ba). A review of technology-assisted self-help and minimal contact therapies for anxiety and depression: Is human contact necessary for therapeutic efficacy? *Clinical Psychology Review, 31,* 89–103.

Nicolson, R. I., & Fawcett, A. J. (2008). *Dyslexia, learning, and the brain.* Cambridge, MA: MIT Press.

Nielsen, S. F., Hjorthøj, C. R., Erlangsen, A., & Nordentoft, M. (2011). Psychiatric disorders and mortality among people in homeless shelters in Denmark: A nationwide register-based cohort study. *The Lancet, 377,* 2205–2214. doi:10.1016/S0140-6736(11)60747-2.

Nierenberg, A. A., Friedman, E. S., Bowden, C. L., Sylvia, L. G., Thase, M. E., . . . Calabrese, J. R. (2013). Lithium Treatment Moderate-Dose Use Study (LiTMUS) for bipolar disorder: a randomized comparative effectiveness trial of optimized personalized treatment with and without lithium. *American Journal of Psychiatry, 170,* 102–110. 10.1176/appi.ajp.2012.12060751

Nisbett, R. E.,Aronson, J., Blair, C.,Dickens, W., Flynn, J., Halpern, D. E., & Turkheimer, E. (2012). Intelligence: New findings and theoretical developments. *American Psychologist, 67,* 130–159. doi: 10.1037/a0026699

Nitschke, J. B., Sarinopoulos, I., Oathes, D. J., Johnstone, T., Whalen, P. J., Davidson, R. J., & Kalin, N. H. (2009). Anticipatory activation in the amygdala and anterior cingulate in generalized anxiety disorder and prediction of treatment response. *American Journal of Psychiatry, 166,* 302–310. doi:10.1176/appi.ajp.2008.0710168

Nivoli, A. M. A., Colom, F., Murru, A., Pacchiarotti, I., Castro-Loli, P., González-Pinto, A., . . . Vieta, E. (2011). New treatment guidelines for acute bipolar depression: A systematic review. *Journal of Affective Disorders, 129,* 14–26. doi:10.1016/j.jad.2010.05.018

Noaghiul, S., & Hibbeln, J. R. (2003). Cross-national comparisons of seafood consumption and rates of bipolar disorders. *American Journal of Psychiatry, 160,* 2222–2227.

Nock, M. K., Kazdin, A. E., Hiripi, E., & Kessler, R. C. (2006). Prevalence, subtypes, and correlates of DSM-IV conduct disorder in the National Comorbidity Survey Replication. *Psychological Medicine, 36,* 699–710.

Nolen-Hoeksema, S. (2008). It is not what you have; it is what you do with it: Support for Addis's gendered responding framework. *Clinical Psychology: Science and Practice, 15,* 178–181.

Nolen-Hoeksema, S. (2012). Emotion regulation and psychopathology: The role of gender. *Annual Review of Clinical Psychology, 8,* 161–187. doi: 10.1146/annurev-clinpsy-032511-143109

Nolen-Hoeksema, S., Morrow, J., & Fredrickson, B. L. (1993). Response styles and the duration of episodes of depressed mood. *Journal of Abnormal Psychology, 102,* 20–28.

Nolen-Hoeksema, S., Wisco, B. E., & Lyubomirsky, S. (2008). Rethinking rumination. *Perspectives on Psychological Science, 3,* 400–424.

Norbury, C. R., & Sparks, A. (2013). Difference or disorder? Cultural issues in understanding neurodevelopmental disorders. *Developmental Psychology, 49,* 45–58. doi: 10.1037/a0027446

Norcross, J. C., & Beutler, L. (2011). Integrative psychotherapies. In R. J. Corsini & D. Wedding (Eds.) (9th ed.), *Current psychotherapies* (9th ed., (pp. 502–535). Belmont, CA: Brooks/Cole.

Norcross, J. C., & Karpiak, C. P. (2012). Clinical psychologists in the 2010s: 50 years of the APA Division of Clinical Psychology. *Clinical Psychology: Science and Practice, 19,* 1–12. doi:10.1111/j.1468-2850.2012.01269

Norcross, J.C., & Beutler,L. (2011). Integrative psychotherapies. In R. J. Corsini & D. Wedding (Eds.) (9th ed.), *Current psychotherapies.* Belmont, CA: Brooks/Cole.

Normandi, E. E., & Roark, L. (1998). *It's not about food: Change your mind; change your life; end your obsession with food and weight.* New York: Berkley.

Norris, F. N., Murphy, A. D., Baker, C. K., Perilla, J. L., Rodriguez, F. G., & Rodriguez, J. D. J. G. (2003). Epidemiology of trauma and posttraumatic stress disorder in Mexico. *Journal of Abnormal Psychology, 112,* 646–656.

North, C. S., Oliver, J., & Pandya, A. (2012). Examining a comprehensive model of disaster-related posttraumatic stress disorder in systematically studied survivors of 10 disasters. *American Journal of Public Health, 102,* e40.

Norton, E. (2012). Rewiring the autistic brain. *Science*. Retrieved from *http://news.sciencemag.org/sciencenow/2012/09/rewiring-the-autistic-brain.html?ref=hp*

Ntouros, E., Ntoumanis, A., Bozikas, V. P., Donias, S., Giouzepas, I., & Garyfalos, G. (2010). Koro-like symptoms in two Greek men. *BMJ Case Reports*. Retrieved from *http://casereports.bmj.com/content/2010/bcr.08.2008.0679.abstract*

Nurnberg, H. G., Hensley, P. L., Heiman, J. R., Croft, H. A., Debattista, C., & Paine, S. (2008). Sildenafil treatment of women with antidepressant-associated sexual dysfunction: A randomized controlled trial. *Journal of the American Medical Association, 300,* 395–404.

Nusslock, R., Harmon-Jones, E., Alloy, L. B., Urosevic, S., Goldstein, K., & Abramson, L. Y. (2012). Elevated left mid-frontal cortical activity prospectively predicts conversion to bipolar I disorder. *Journal of Abnormal Psychology, 121,* 592–601. doi: 10.1037/a0028973

O

O'Connor, A. (2011, December 15). Regular marijuana use by high school students hits new peak, report finds. *The New York Times*, p.A20.

O'Connor, M. J., & Paley, B. (2006). The relationship of prenatal alcohol exposure and the postnatal environment to child depressive symptoms. *Journal of Pediatric Psychology, 31,* 50–64.

O'Connor, A. (2012). Sleep apnea is linked to a higher risk of cancer. *The New York Times*, pp. D5.

O'Roak, B. J., Vives, L., Girirajan, S., Karakoc, E., Krumm, N., Coe, B. P. . . . Eichler, E. E. (2012). Sporadic autism exomes reveal a highly interconnected protein network of de novo mutations. *Nature*, 246–250. doi: 10.1038/nature10989.

O. Hobart Mowrer (1960)

Odeh, M. S., Zeiss, R. A., & Huss, M. T. (2006). Cues they use: Clinicians' endorsement of risk cues in predictions of dangerousness. *Behavioral Sciences & the Law, 24,* 147–156.

Oestergaard, S., & Møldrup, C. (2011). Optimal duration of combined psychotherapy and pharmacotherapy for patients with moderate and severe depression: A meta-analysis. *Journal of Affective Disorders, 131*, 24–36. doi:10.1016/j.jad.2010.08.014

Ohayon M.M., & Schenck, C. H. (1997). Violent behaviour during sleep. *Journal of Clinical Psychiatry, 58*, 369–376.

Ohayon, M. M., Dauvilliers, Y., & Reynolds, C. F. (2012). Operational definitions and algorithms for excessive sleepiness in the general population: Implications for DSM-5 NOSOLOGY. *Archives of General Psychiatry, 69*, 71–79. doi:10.1001/archgenpsychiatry.2011.1240.

Ohayon, M. M., Mahowald, M. W., Dauvilliers, Y., Krystal, A. D., & Leger, D. (2012). Prevalence and comorbidity of nocturnal wandering in the US adult general population. *Neurology, 78*, 1583. doi: 10.1212/WNL.0b013e3182563

Okie, S. (2010). A flood of opioids, a rising tide of deaths. *New England Journal of Medicine, 363,* 1981–1985.

Okuda, M., Balán, I., Petry, N. M., Oquendo, M., & Blanco, C. (2009). Cognitive-behavioral therapy for pathological gambling: Cultural considerations. *American Journal of Psychiatry, 166,* 1325–1330.

Oldenbeuving, A. W., de Kort, P. L., Jansen, B. P., Algra, A., Kappelle, L. J., & Roks G. (2011). Delirium in the acute phase after stroke: Incidence, risk factors, and outcome. *Neurology*, 76, 993–999.

Olff, M., Langeland, W., Draijer, N., & Gersons, B. P. R. (2007). Gender differences in posttraumatic stress disorder. *Psychological Bulletin, 133,* 183–204.

Olfson, M., & Marcus, S. C. (2010). National trends in outpatient psychotherapy. *American Journal of Psychiatry, 167,* 1456–1463. doi: 10.1176/appi.ajp.2010.10040570

Olfson, M., Blanco, C., Liu, S.-M., Wang, S., & Correll, C. U. (2012). National trends in the office-based treatment of children, adolescents, and adults with antipsychotics. *Archives of General Psychiatry, 69*, 1247–1256. doi:10.1001/archgenpsychiatry.2012.647

Olfson, M., Gameroff, M. J., Marcus, S. C., Greenberg T., & Shaffer, D. (2005). Emergency treatment of young people following deliberate self-harm. *Archives of General Psychiatry, 62,* 1122–1128.

Olino, T. M., Seeley, J. R., & Lewinsohn, P. M. (2010). Conduct disorder and psychosocial outcomes at age 30: Early adult psychopathology as a potential mediator. *Journal of Abnormal Child Psychology, 38*, 1139–1149. doi: 10.1007/s10802-010-9427-9

Olivardia, R., Pope, H. G., Jr., Borowiecki, J. J., III, & Cohane, G. H. (2004). Biceps and body image: The relationship between muscularity and self-esteem, depression, and eating disorder symptoms. *Psychology of Men & Masculinity, 5,* 112–120.

Ollendick, T., Allen, B., Benoit, K., & Cowart, M. (2011). The tripartite model of fear in children with specific phobias: Assessing concordance and discordance using the behavioral approach test. *Behaviour Research and Therapy, 49*, 459–465. doi:10.1016/j.brat.2011.04.00

Olson, M. B., Krantz, D. S., Kelsey, S. F., Pepine, C. J., Sopko, G., Handberg, E., . . . Merz, C. N. B. (2006). Hostility scores are associated with increased risk of cardiovascular events in women undergoing coronary angiography: A report from the NHLBI-sponsored WISE Study. *Psychosomatic Medicine, 67*, 546–552.

Olson, S. D., Kambal, A., Pollock, K., Mitchell, G.-M., Stewart, H., Kalomoiris, S., Cary,W., . . . Nolta, J. A. (2011). Examination of mesenchymal stem cell-mediated RNAi transfer to Huntington's disease affected neuronal cells for reduction of huntingtin. *Molecular and Cellular Neuroscience, 49*, 271–281. n press. doi: 10.1016/j.mcn.2011.12.001

Olson, S. E. (1997). *Becoming one: A story of triumph over multiple personality disorder.* Pasadena, CA: Trilogy Books.

Oquendo, M. A., Hastings, R. S., Huang, Y., Simpson, N., Ogden, R. T., Hu, X.-Z.,. . . Parsey, R. V. (2007). Brain serotonin transporter binding in depressed patients with bipolar disorder using positron emission tomography. *Archives of General Psychiatry, 64,* 201–208.

Orchowski, L. M., Mastroleo, N. R., & Borsari, B. (2012). Correlates of alcohol-related sex among college students. *Psychology of Addictive Behaviors, 26,* 782-90. doi: 10.1037/a0027840.

Orešič, M., Hyötyläinen, T., Herukka, S.-K., Sysi-Aho, M., Mattila, I., Seppänan-Laakso, T., Julkunen, V., . . . Soininen, H. (2011). Metabolome in progression to Alzheimer's disease. *Translational Psychiatry, 1*, e57.

Oren, E., & Solomon, R. (2012). EMDR therapy: An overview of its development and mechanisms of action. *European Review of Applied Psychology. 62,* 197–203.

O'Roak, B. J., Vives, L., Girirajan, S., Karakoc, E., Krumm, N., Coe, B. Pâ€¦ . Eichler, E. E. (2012). Sporadic autism exomes reveal a highly interconnected protein network of de novo mutations. *Nature*, 246–250. doi: 10.1038/nature10989.

Ortega, A. N., Rosenheck, R., Alegría, M., & Desai, R. A. (2000). Acculturation and the lifetime risk of psychiatric and substance use disorders among Hispanics. *Journal of Nervous & Mental Disease, 188,* 728–735.

Orth-Gomér, K., Wamala, S. P., Horsten, M., Schenck-Gustafsson, K., Schneiderman, N., & Mittleman, M. A. (2000). Marital stress worsens prognosis in women with coronary heart disease: The Stockholm Female Coronary Risk Study. *Journal of the American Medical Association, 284,* 3008–3014.

Osborn, I. (1998). *The hidden epidemic of obsessive-compulsive disorder.* New York: Random House.

Osborne, L. (2002). *American normal: The hidden world of Asperger syndrome.* Katlenburg-Lindau, Germany: Copernicus Books.

Ota, V., K., Gadelha, A., Assunção, I. B., Santoro, M. L., Christofolini, D. M., Bellucco, T. T. . .. Jackowski, A. P. (2013). ZDHHC8 gene may play a role in cortical volumes of patients with schizophrenia. *Schizophrenia Research, 145,* 33–35.

Öst, L. G. (2008). Efficacy of the third wave of behavioral therapies: A systematic review and meta-analysis. *Behaviour Research and Therapy, 46,* 296–321.

Otto, M. W. (2006, September 1). Three types of treatment for depression: A comparison. *Journal Watch Psychiatry.* Retrieved from http://psychiatry.jwatch.org/cgi/content/full/2006/901/2

Otto, M. W., & Deveney C. (2005). Cognitive-behavioral therapy and the treatment of panic disorder: Efficacy and strategies. *Journal of Clinical Psychiatry, 66*(Suppl. 4), 28–32.

Overmier, J. B. L., & Seligman, M. E. P. (1967). Effect of inescapable shock upon subsequent escape and avoidance learning. *Journal of Comparative and Physiological Psychology, 63,* 28–33.

Oyserman, D. (2008). Racial-ethnic self-schemas: Multidimensional identity-based motivation. *Journal of Research in Personality, 42,* 1186–1198.

Ozer, E. J., & Weiss, D. S. (2004). Who develops posttraumatic stress disorder? *Current Directions in Psychological Science, 13,* 169–172.

Ozer, E. J., Best, S. R., Lipsey, T. L., & Weiss, D. S. (2003). Predictors of posttraumatic stress disorder and symptoms in adults: A meta-analysis. *Psychological Bulletin, 129,* 52–73.

P

Pabian, Y. L., Welfel, E., & Beebe, R. S. (2009). Psychologists' knowledge of their states' laws pertaining to Tarasoff-type situations. *Professional Psychology, 40,* 8–14. doi:10.1037/a0014784

Pacemaker for brain may ease mental illness. (2008, November 12). Retrieved from http://www.msnbc.msn.com/id/27684083/

Palmer, C. A., & Hazelrigg, M. (2000). The guilty but mentally ill verdict: A review and conceptual analysis of intent and impact. *Journal of the American Academy of Psychiatry and the Law, 28,* 47–54.

Pampaloni, I., Sivakumaran, T., Hawley, C. J., Al Allaq, A., Farrow, J., Nelson, S., & Fineberg, N. A. (2009). High-dose selective serotonin reuptake inhibitors in OCD: A systematic retrospective case notes survey. *Journal of Psychopharmacology.* Retrieved from http://jop.sagepub.com/cgi/content/abstract/0269881109104850v1

Pan, D., Huey, S. J., Jr., & Hernandez, D. (2011). Culturally adapted versus standard exposure treatment for phobic Asian Americans: Treatment efficacy, moderators, and predictors. *Cultural Diversity and Ethnic Minority Psychology, 17,* 11–22. doi: 10.1037/a0022534

Panek, R. (2002, November 24). Hmm, what did you mean by all that, Dr. Freud? *The New York Times,* p. AR36.

Paracchini, S., Steer, C. D., Buckingham, L.-L., Morris, A. P., Ring, S., Scerri, T., et al. (2008). Association of the KIAA0319 dyslexia susceptibility gene with reading skills in the general population. *American Journal of Psychiatry, 165,* 1576–1584.

Paris, J. (2010). Estimating the prevalence of personality disorders in the community. *Journal of Personality Disorders, 24,* 405–411.

Paris, J. (2012). The outcome of borderline personality disorder: Good for most but not all patients. *American Journal of Psychiatry, 169,* 445–446. 10.1176/appi.ajp.2012.12010092

Parish, B.S., & Yutsy, S. H. (2011). Somatoform disorders. In R.E. Hales, S. C. Yudofksy, & G.O. Gabbard, *Essentials of psychiatry* (3rd ed., pp. 229–254).

Arlington, VA: American Psychiatric Publishing.
Parker, G., Gibson, N. A., Brotchie, H., Heruc, G., Rees, A.-M., & Hadzi-Pavlovic, D. (2006). Omega-3 fatty acids and mood disorders. *American Journal of Psychiatry, 163,* 969–978.
Parloff, R. (2003, February 3). Is fat the next tobacco? *Fortune,* pp. 51–54.
Parmet, S, Lynm, C., & Golub, R. M. (2011). Obsessive-compulsive disorder. *Journal of the American Medical Association, 305,* 1926. doi:10.1001/ jama.305.18.1926
Parsons, T. D., & Rizzo, A. A. (2008). Affective outcomes of virtual reality exposure therapy for anxiety and specific phobias: A meta-analysis. *Journal of Behavior Therapy and Experimental Psychiatry, 39,* 250–261.
Parto, J. A., Evans, M. K., & Zonderman, A. B. (2011). Symptoms of posttraumatic stress disorder among urban residents. *Journal of Nervous and Mental Disease, 199,* 436–439. doi: 10.1097/NMD.0b013e3182214154
Pasieczny, N., & Connor, J. (2011). The effectiveness of dialectical behaviour therapy in routine public mental health settings: An Australian controlled trial. *Behaviour Research and Therapy, 49,* 4–10. doi:10.1016/j.brat.2010.09.006
Patela, A., Knapp, M., Romeo, R., Reeder, C., Matthiasson, P., Everitt, B., . . Wykes, T. (2011). Cognitive remediation therapy in schizophrenia: Cost-effectiveness analysis. *Schizophrenia Research, 120,* 217–224.
Patrick, M. E., & Schulenberg, J. E. (2011). How trajectories of reasons for alcohol use relate to trajectories of binge drinking: National panel data spanning late adolescence to early adulthood. *Developmental Psychology, 47,* 311–317.
Paulesu, E., Demonet, J. F., Fazio, F., McCrory, E., Chanoine, V., Brunswick, N., et al. (2001). Dyslexia: Cultural diversity and biological unity. *Science, 291,* 2165–2167.
Payne, J. L. (2007). Antidepressant use in the postpartum period: Practical considerations. *American Journal of Psychiatry, 164,* 1329–1332. doi:10.1176/ appi.ajp.2007.07030390
Pelham, W. E., Burrows-MacLean, L., Gnagy, E. M., Fabiano, G. A., Coles, E. K., Tresco, K. E., et al. (2005). Transdermal methylphenidate, behavioral, and combined treatment for children with ADHD. *Experimental and Clinical Psychopharmacology, 13,* 111–126.
Pelkonen, M., & Marttunen, M. (2003). Child and adolescent suicide: Epidemiology, risk factors, and approaches to prevention. *Paediatric Drugs, 5,* 243–265.
Peng, H., Zheng, H., Li, L., Liu, J., Zhang, Y., Shan, B., Zhang, L., . . . Zhang, Z. (2012). High-frequency rTMS treatment increases white matter FA in the left middle frontal gyrus in young patients with treatment-resistant depression. *Journal of Affective Disorders, 136,* 249–257.
Peng, Y., Hong, S., Qi, X., Xiao, C., Zhong, H., Ma, R. Z., & Su, B. (2010). The ADH1B Arg47His polymorphism in East Asian populations and expansion of rice domestication in history. *BMC Evolutionary Biology, 10,* 15.
Peng, Y., Hong, S., Qi, X., Xiao, C., Zhong, H., Ma, R. Z., & Su, B. (2010). The ADH1B Arg47His polymorphism in East Asian populations and expansion of rice domestication in history. *BMC Evolutionary Biology, 10,* 15. doi: 10.1186/1471-2148-10-15
Pengilly, J. W., & Dowd, E. T. (2000). Hardiness and social support as moderators of stress. *Journal of Clinical Psychology, 56,* 813–820.
Pennington, B. F., McGrath, L. M., Rosenberg, J., Barnard, H., Smith, S. D., Willcutt, E., et al. (2009). Gene environment interactions in reading disability and attention-deficit/hyperactivity disorder. *Developmental Psychology, 45,* 77–89. doi: 10.1037/a0014549
Pennington, B. F., McGrath, L. M., Rosenberg, J., Barnard, H., Smith, S. D., Willcutt, E., et al.. . . Olson, R. K. (2009). Gene environment interactions in reading disability and attention-deficit/hyperactivity disorder. *Developmental Psychology, 45,* 77–89. doi: 10.1037/a0014549
Penninx, B. W. J. H., Beekman, A. T. F., Honig, A., Deeg, D. J. H., Schoevers, R. A., van Eijk, J. T. M., & van Tilburg, W. (2000). Depression and cardiac mortality. *Archives of General Psychiatry, 58,* 221–227.
People with depression get stuck on bad thoughts, unable to turn their attention away, study suggests. (2011, June 3). *ScienceDaily.* Retrieved from http://www.sciencedaily.com/releases/2011/06/110602162828.htm
Peppard, P. E., Szklo-Coxe, M., Hla, K. M., & Young, T. (2006). Longitudinal association of sleep-related breathing disorder and depression. *Archives of Internal Medicine, 166,* 1709–1715.
Pereda, N., Guilera, G., Forns, M., & Gómez-Benito, J. (2009). The prevalence of child sexual abuse in community and student samples: A meta-analysis. *Clinical Psychology Review, 29,* 328–338. doi: 10.1016/j.cpr.2009.02.007
Perle, J. G., Langsam, L. C., & Nierenberg, B. (2011). Controversy clarified: An updated review of clinical psychology and tele-health. *Clinical Psychology Review, 31,* 1247–1258. doi:10.1016/j.cpr.2011.08.003
Perlin, M. L. (2002-2003). Things have changed: looking at non-institutional mental disability law through the sanism filter. *New York Law School Review, 535,*539 .
Perlis, R. H., Ostacher, M., Fava, M., Nierenberg, A. A., Sachs, G. S., & Rosenbaum, J. F. (2010). Assuring that double-blind is blind. *American Journal of Psychiatry, 167,* 250–252. doi:10.1176/ appi.ajp.2009.09060820.
Peterson, A. V., Jr., Leroux, B. G., Bricker, J., Kealey, K. A., Marek, P. M., Sarason, I. G., & Andersen, M. R. (2006). Nine-year prediction of adolescent smoking by number of smoking parents. *Addictive Behaviors, 31,* 788–801.
Peterson, E., & Yancy, C. W. (2009). Eliminating racial and ethnic disparities in cardiac care. *New England Journal of Medicine, 360,* 1172–1174. doi:10.1056/ NEJMp0810121
Peterson, Z. D., Voller, E. K., Polusny, M. A., & Murdoch, M. (2010). Prevalence and consequences of adult sexual assault of men: Review of empirical findings and state of the literature. *Clinical Psychology Review, 31,* 1–24. doi:10.1016/j.cpr.2010.08.
Petry, N. M., & Martin, B. (2002). Low-cost contingency management for treating cocaine- and opioid-abusing methadone patients. *Journal of Consulting and Clinical Psychology, 70,* 398–405.
Petry, N. M., Alessi, S. M., Marx, J., Austin, M., & Tardif, M. (2005). Vouchers versus prizes: Contingency management treatment of substance abusers in community settings. *Journal of Consulting and Clinical Psychology, 73,* 1005–1014.
Petry, N. M., Ammerman, Y., Bohl, J., Doersch, A., Gay, H., Kadden, R., . . . Steinberg, K. (2006). Cognitive-behavioral therapy for pathological gamblers. *Journal of Consulting and Clinical Psychology, 74,* 555–567.
Petry, N. M., Weinstock, J., Ledgerwood, D. M., & Morasco, B. (2008). A randomized trial of brief interventions for problem and pathological gamblers. *Journal of Consulting and Clinical Psychology, 76,* 318–328.
Pettinati, H. M., O'Brien, C. P., & Dundon, W. D. (2013). Current status of co-occurring mood and substance use disorders: A new therapeutic target. *American Journal of Psychiatry, 170,* 23–30. 10.1176/appi.ajp.2012.12010112
Phillips, J., & Sharpe, S. M., Matthey, S., & Charles, M. (2010). Subtypes of postnatal depression? A comparison of women with recurrent and de novo postnatal depression. *Journal of Affective Disorders, 120,* 67–75. doi:10.1016/j.jad.2009.04.011
Phillips, K. A., & Menard, W. (2006). Suicidality in body dysmorphic disorder: A prospective study. *American Journal of Psychiatry, 163,* 1280–1282.
Phillips, K. A., Albertini, R. S., & Rasmussen, S. A. (2002). A randomized placebo-controlled trial of fluoxetine in body dysmorphic disorder. *Archives of General Psychiatry, 59,* 381–388.
Phillips, K. A., Pagano, M. E., Menard, W., & Stout, R. L. (2006). A 12-month follow-up study of the course of body dysmorphic disorder. *American Journal of Psychiatry, 163,* 907–912.
Phillips, K.A., & Rogers, J. (2011). Cognitive-behavioral therapy for youth with body dysmorphic disorder: Current status and future directions. *Child and Adolescent Psychiatric Clinics of North America, 20,* 287–304.
Piasecki, T. M., Jorenby, D. E., Smith, S. S., Fiore, M. C., & Baker, T. B. (2003). Smoking withdrawal dynamics: I. Abstinence distress in lapsers and abstainers. *Journal of Consulting and Clinical Psychology, 112,* 3–13.
Piet, J., Würtzen, H., & Zachariae, R. (2012). The effect of mindfulness-based therapy on symptoms of anxiety and depression in adult cancer patients and survivors: A systematic review and meta-analysis. *Journal of Consulting and Clinical Psychology, 80,* 1007–1020. doi: 10.1037/a0028329
Pinacho, R., Villalmanzo, N., Lalonde, J., Haro, J. M., Meana, J. J., Gill, G., . . . Ramos, B. (2011). The transcription factor SP4 is reduced in postmortem cerebellum of bipolar disorder subjects: control by depolarization and lithium. *Bipolar Disorders, 13,* 474. doi:10.1111/j.1399-5618.2011.00941.x
Pingault, J. B., Tremblay, R. E., Vitaro, F., Carbonneau, R., Genolini, C., Falissard, B., . . Côté, S. M. (2011). Childhood trajectories of inattention and hyperactivity and prediction of educational attainment in early adulthood: A 16-year longitudinal population-based study. *American Journal of Psychiatry, 168,* 1164–1170.
Pirelli, G., Gottdiener, W. H., & Zapf, P. (2011). A meta-analytic review of competency to stand trial research. *Psychology, Public Policy, & Law, 17,* 1–53. doi: 10.1037/a0021713.
Pistorello, J., Fruzzetti, A. E., & MacLane, C., Gallop, R., & Iverson, K. M. (2012). Dialectical behavior therapy (DBT) applied to college students: A randomized clinical trial. *Journal of Consulting and Clinical Psychology, 80,* 982–994. doi:10.1037/
Pitman, R. K. (2006). Combat effects on mental health: The more things change, the more they remain the same. *Archives of General Psychiatry, 63,* 127–128.
Plunkett, A., O'Toole, B., Swanston, H., Oates, R. K., Shrimpton, S., & Parkinson, P. (2001). Suicide risk following child sexual abuse. *Ambulatory Pediatrics, 5,* 262–266.
PMDD proposed as new category in DSM-5 (2012, May 25). *PsychiatricNews Alert.* Retrieved from http://alert.psychiatricnews.org/2012/05/pmdd-proposed-as-new-category-in-dsm-5.html
Pogue-Geile, M. F., & Yokley, J. L. (2010). Current research on the genetic contributors to schizophrenia. *Current Directions in Psychological Science, 19,* 214–219. doi: 10.1177/0963721410378490).
Polanczyk, G., Caspi, A., Williams, B., Price, T. S., Danese, A., Sugden, K., Uher, R., Moffitt, T. E. (2009). Protective effect of CRHR1 gene variants on the development of adult depression following childhood maltreatment: Replication and extension. *Archives of General Psychiatry, 66,* 978–985. doi. 10.1001/ archgenpsychiatry.2009.114
Pole, N., Best, S. R., Metzler, T., & Marmar, C. R. (2005). Why are Hispanics at greater risk for PTSD? *Cultural Diversity and Ethnic Minority Psychology, 11,* 144–161.
Poling, J., Oliveto, A., Petry, N., Sofuoglu, M., Gonsai, K., Gonzalez, G., . . . Kosten, T. R. (2006). Six-month trial of bupropion with contingency management for cocaine dependence in a methadone-maintained population. *Archives of General Psychiatry, 63,* 219–228.
Pollack, A. (2004a, January 13). Sleep experts debate root of insomnia: Body, mind or a little of each. *The New York Times,* p. F8.
Pollack, A. (2004b, January 13). Putting a price on a good night's sleep. *The New York Times,* pp. F1, F8.

Pollan, M. (2003, October 12). The (agri)cultural contradictions of obesity. *The New York Times Magazine,* pp. 41, 48.

Polusny, M. A., Kehle, S. M., Nelson, N. W., Erbes, C. R., Arbisi, P. A., & Thuras, P. (2011). Longitudinal effects of mild traumatic brain injury and posttraumatic stress disorder comorbidity on postdeployment outcomes in national guard soldiers deployed to Iraq. *Archives of General Psychiatry, 68,* 79–89. doi:10.1001/archgenpsychiatry.2010.172

Ponseti, J., Granert, O., Jansen, O., Wolff, S., Beier, K., Neutze, J. . . . Bosinski, H. (2012). Assessment of pedophilia using hemodynamic brain response to sexual stimuli. *Archives of General Psychiatry, 69,* 187–194. doi:10.1001/archgenpsychiatry.2011.130

Postuma, R. B., Lang, A. E., Gagnon, J. F., Pelletier, A., & Montplaisir, J. Y. (2012). How does parkinsonism start? Prodromal parkinsonism motor changes in idiopathic REM sleep behaviour disorder. *Brain, 135,* 1860–1870.

Potkin, S. G., Guffanti, G., Lakatos, A., Turner, J. A., Kruggel, F., Fallon, J. H., . . . Alzheimer's Disease Neuroimaging Initiative. (2009, August 7). Hippocampal atrophy as a quantitative trait in a genome-wide association study identifying novel susceptibility genes for Alzheimer's Disease. *PLos One.* Retrieved from http://www.plosone.org/article/info:doi/10.1371/journal.pone.0006501;jsessionid=8C9F392B696757818A7FF8EC8D7016EE

Pottier, C., Hannequin, D., Coutant, S., Rovelet-Lecrux, A., Wallon, D., Rousseau, S., . . . Campion, D. (2012). High frequency of potentially pathogenic SORL1 mutations in autosomal dominant early-onset Alzheimer disease. *Molecular Psychiatry, 17,* 875–879. doi: 10.1038/mp.2012.15

Powers, M. P., Halpern, J. M, Ferenschak, M. P., Gillihan, S. J., & Foa, E. B. (2010). A meta-analytic review of prolonged exposure for posttraumatic stress disorder. *Clinical Psychology Review, 30,* 635–641, doi:10.1016/j.cpr.2010.04.007

Powers, M., & Emmelkamp, P. M. G. (2008). Virtual reality exposure therapy for anxiety disorders: A meta-analysis. *Journal of Anxiety Disorders, 22,* 561–569.

Pratt, L. A., & Brody, D. J. (2008, September). Depression in the United States household population, 2005–2006. *NCHS Data Brief, Number 7.* Retrieved from http://www.cdc.gov/nchs/data/databriefs/db07.htm

Pressman, S. D., & Cohen, S. (2005). Does positive affect influence health? *Psychological Bulletin, 131,* 925–971.

Price, M. (2009, December). More than shelter. *Monitor on Psychology, 40*(11), 59–62.

Prochaska, J. O., & Norcross, J. C. (2010). *Systems of psychotherapy* (7th ed.). Belmont, CA: Brooks/Cole.

Prout, H. T., & Browning, B. K. (2011). Psychotherapy with persons with intellectual disabilities: a review of effectiveness research. *Advances in Mental Health and Intellectual Disabilities, 5,* 53–59. doi: 59.910.1108/20441281111180673

Psychiatric GWAS Consortium Bipolar Disorder Working Group. (2011). Large-scale genome-wide association analysis of bipolar disorder identifies a new susceptibility locus near ODZ4. *Nature Genetics, 43,* 977–983. doi: 10.1038/ng.943

Pulkki-Raback, L., Kivimaki, M., Ahola, K., Joutsenniemi, K., Elovainio, M., Rossi, H., . . . Virtanen, M. (2012). Living alone and antidepressant medication use: A prospective study in a working-age population. *BMC Public Health, 12,* 236. doi:10.1186/1471-2458-12-236

Pumariega, A. J. (1986). Acculturation and eating attitudes in adolescent girls. *Journal of the American Academy of Child Psychiatry, 25,* 276–279.

Purkis, H. M., Lester, K. J., & Field, A. P. (2011). But what about the Empress of Racnoss? The allocation of attention to spiders and doctor who in a visual search task is predicted by fear and expertise. *Emotion, 11,* 1484–1488.

Pyszczynski, T., & Greenberg, J. (1987). Self-regulatory preservation and the depressive self-focusing style: A self-awareness theory of reactive depression. *Psychological Bulletin, 102,* 122–138.

Q

Quan, M., Lee, S.-H., Kubicki, M., Kikinis, Z., Rathi, Y., Seidman, L. J., Mesholam-Gately, R. I., ... Levitt,J. J. (2013). White matter tract abnormalities between rostral middle frontal gyrus, inferior frontal gyrus and striatum in first-episode schizophrenia. *Schizophrenia Research, 145,* 1–10.

Queen's man arraigned in therapist's slaying. (2008, February 17). MSNBC.com. =Retrieved from http://www.msnbc.msn.com/id/23199458/ns/us_news-crime_and_courts/t/queens-man-arraigned-therapists-killing/#.UPctQyeoOpU

Quello, S. B., Brady, K. T., & Sonne, S. C. (2005). Mood disorders and substance abuse disorders: A complex comorbidity. *Science & Practice Perspectives, 3,* 13–24.

Quenqua, D. (2012, May 22). Drugs help tailor alcoholism. treatment. *The New York Times,* pp. D1, D 6.

Querfurth, H. W., & LaFerla, F. M. (2010). Alzheimer's Disease. *New England Journal of Medicine, 362,* 329–344.

Quinn, S. (1987). *A mind of her own: The life of Karen Horney.* New York: Summit Books.

R

Rabasca, L. (2000, March). Listening instead of preaching. *Monitor on Psychology, 31* (3), pp. 50–51.

Rabin, R. C. (2009, June 16). Alcohol's good for you? Some scientists doubt it. *The New York Times,* pp. D1, D6.

Rabin, R. C. (2011, December 15). Nearly 1 in 5 women in U.S. survey say they have been sexually assaulted. *The New York Times,* p. A32.

Rabinowitz, J., Levine, S. Z., Garibaldi, G., Bugarski-Kirola, D., Berardo, C. G., & Kapur, S. (2012). Negative symptoms have greater impact on functioning than positive symptoms in schizophrenia: Analysis of CATIE data. *Schizophrenia Research, 137,* 147–150.

Rachman, S., & DeSilva, P. (2009). *Obsessive-compulsive disorder* (4th ed.). Oxford, UK: Oxford University Press.

Rachman, S. (2000). Joseph Wolpe (1915–1997). *American Psychologist, 55,* 431.

Rachman, S. (2009). Psychological treatment of anxiety: The evolution of behavior therapy and cognitive behavior therapy. *Annual Review of Clinical Psychology, 5,* 97–119. doi:10.1146/annurev.clinpsy.032408.153635

Racine, S. E., Burt, S. A., Iacono, W. G., McGue, M., & Klump, K. L. (2011). Dietary restraint moderates genetic risk for binge eating. *Journal of Abnormal Psychology, 120,* 119–128. doi: 10.1037/a0020895

Radel, M., Vallejo, R. L., Iwata, N., Aragon, R., Long, J. C., Virkkunen, M., & Goldman, D. (2005). Haplotype based localization of an alcohol dependence gene to the 5q34{gamma} aminobutyric acid type A gene cluster. *Archives of General Psychiatry, 62,* 47–55.

Ragsdale, K., Porter, J. R., Zamboanga, B. L., St. Lawrence, J. S., Read-Wahidi, R., & White, A. (2012). High-risk drinking among female college drinkers at two reporting intervals: Comparing Spring Break to the 30 days prior. *Sexuality Research and Social Policy, 9*(1), 31–40.

Rajwan, E., Chacko, A., & Moeller, M. (2012). Nonpharmacological interventions for preschool ADHD: State of the evidence and implications for practice. *Professional Psychology: Research and Practice, 43,* 520–526. doi: 10.1037/a0028812

Ramanan, V. K., Kim, S., Holohan, K., Shen, L., Nho, K., Risacher, S. L., . . . Aisen, P. S. (2012). Genome-wide pathway analysis of memory impairment in the Alzheimer's Disease Neuroimaging Initiative (ADNI) cohort implicates gene candidates, canonical pathways, and networks. *Brain Imaging and Behavior, 6,* 634–648.

Rapee, R. M., Gaston, J. E., & Abbott, M. J. (2009). Testing the efficacy of theoretically derived improvements in the treatment of social phobia. *Journal of Consulting and Clinical Psychology, 77,* 317–327. doi:10.1037/a0014800

Rapee, R. M., Kennedy, S. J., Ingram, M., Edwards, S. L., & Sweeney, L. (2010). Altering the trajectory of anxiety in at-risk young children. *American Journal of Psychiatry, 167,* 1518–1525.

Rapee, R. M., Schniering, C. A., & Hudson, J. L. (2009). Anxiety disorders during childhood and adolescence: Origins and treatment. *Annual Review of Clinical Psychology, 5,* 311–341. doi: 10.1146/annurev. clinpsy.032408 .153628

Rapgay, L., Bystritsky, A., Dafter, R. E., & Spearman, M. (2011). New strategies for combining mindfulness with integrative CBT for the treatment of GAD. *Journal of Rational-Emotive & Cognitive-Behavior Therapy, 29,* 92–119.

Raskin, N. J., Rogers, C. R., & Witty, M. C. (2011). Person-centered therapy. In R. J. Corsini & D. Wedding (Eds.) (9th ed.), *Current psychotherapies* (pp. 148–195). Belmont, CA: Brooks/Cole.

Rasmussen, K. M., Negy, C., Carlson, R., & Burns, J. M. (1997). Suicide ideation and acculturation among low socioeconomic status Mexican American adolescents. *Journal of Early Adolescence, 17,* 390–407.

Rate of patients in psychiatric hospitals has fallen to level of 1850. (2012, December 8). *Allgov.com.* Retrieved from http://www.allgov.com/news/controversies/rate-of-patients-in-psychiatric-hospitals-has-fallen-to-level-of-1850-121228?news=846605

Rathus, S. A. (2001). *Essentials of psychology* (6th ed.). Belmont, CA: Wadsworth.

Rattue, P. (2012, May 21). Adolescents are still smoking, but percentages have dropped. *Medical News Today.* Retrieved from *www.medicalnewstoday.com/articles/245646.php*

Rausch, J. L., Johnson, M. E., & Casanova. M. F. (2008). *Asperger's disorder.* New York: Informa Healthcare.

Rawe, J., & Kingsbury, K. (2006, May 22). When colleges go on suicide watch. *Time,* pp. 62–63.

Ray, R. A. (2012). Clinical neuroscience of addiction: Applications to psychological science and practice. *Clinical Psychology: Science and Practice, 19,* 154–166. doi:10 .1111/j.1468-2850.2012.01280.

Raya, S., Nizamie, S. H., Akhtar, S., Praharaj, S. K., Mishra, B. R., & Zia-ul-Haq, M. (2011). Efficacy of adjunctive high frequency repetitive transcranial magnetic stimulation of left prefrontal cortex in depression: A randomized sham controlled study. *Journal of Affective Disorders, 128,* 153–159.

Reas, D. L., & Grilo, C. M. (2007). Timing and sequence of the onset of overweight, dieting, and binge eating in overweight patients with binge eating disorder. *International Journal of Eating Disorders, 40,* 165–170.

Reck, C., Stehle, E., Reinig, K., & Mundt, C. (2009). Maternity blues as a predictor of DSM-IV depression and anxiety disorders in the first three months postpartum. *Journal of Affective Disorders, 113,* 77–87. doi:10.1016/j.jad.2008.05.003

Rector, N. A., & Beck, A. T. (2012). Cognitive behavioral therapy for schizophrenia: An empirical review. *New England Journal of Medicine, 189,* 278–287.

Redd, W. H., & Jacobsen, P. (2001). Behavioral intervention in comprehensive cancer care. In A. Baum, T. A. Revenson, & J. E. Singer (Eds.), *Handbook of health psychology* (pp. 757–776). Mahwah, NJ: Erlbaum.

Reeves, G. M., Nijjar, G. V., Langenberg, P., Johnson, M. A., Khabazghazvini, B., Sleemi, A., . . . Postolache, T. T. (2012). Improvement in depression scores after 1 hour of light therapy treatment in patients with seasonal affective disorder. *Journal of Nervous and Mental Disease, 200,* 51–55. doi: 10.1097/

NMD.0b013e31823e56ca
Reeves, R. R., & Ladner, M. E. (2009). Antidepressant-induced suicidality: Implications for clinical practice. *Southern Medical Journal, 102,* 713–718. doi: 10.1097/SMJ.0b013e3181a918bd
Reger, G. M., Holloway, K. M, Candy, C., Rothbaum, B. O. Difede, J., Rizzo, A. A., & Gahm, G. A. (2011). Effectiveness of virtual reality exposure therapy for active duty soldiers in a military mental health clinic. *Journal of Traumatic Stress, 24,* 93–96.
Rehm, L. P. (2008). How far have we come in teletherapy? Comment on "telephone-administered psychotherapy." *Clinical Psychology: Science and Practice, 15,* 259–261.
Rehm, L. P. (2010). *Depression: Advances in psychotherapy—Evidence-based practice.* Cambridge, MA: Hogrefe Publishing.
Rehman, U. S., Gollan, J., & Mortimer, A. R. (2008). The marital context of depression: Research, limitations, and new directions. *Clinical Psychology Review, 28,* 179–198.
Reichow, B., Doehring, P.,Cicchetti, D. V., & Volkmar, F. R. (Eds.). (2011). *Evidence-based practices and treatments for children with autism.* New York: Springer.
Reifler, B. V. (2006). Play it again, Sam—Depression is recurring. *New England Journal of Medicine, 354,* 1189–1190.
Reinberg, S. (2009, January 12). Lack of sleep linked to common cold. *WashingtonPost.com.* Retrieved from http://www.washingtonpost.com/wp-dyn/content/article/2009/01/12/AR2009011202090.html
Reisner, A. D. (1994). Multiple personality disorder diagnosis: A house of cards? *American Journal of Psychiatry, 151,* 629.
Reitan, R. M., & Wolfson, D. (2012). Detection of malingering and invalid test results using the Halstead–Reitan Battery. In C. R. Reynolds & A. M. Horton, *Detection of malingering during head injury litigation* (pp. 241–272). New York: Springer.
Reitan, R. M., & Wolfson, D. (2012). Detection of malingering and invalid test results using the Halstead–Reitan Battery. In C. R. Reynolds & A. M. Horton, *Detection of malingering during head injury litigation* (pp. 241–272). New York: Springer.
Remedial instruction rewires dyslexic brains, provides lasting results, study shows. (2008, August 7). *ScienceDaily.* Retrieved from http://www.sciencedaily.com/releases/2008/08/080805124056.htm
Remington, G., Agid, O., Foussias, G., Hahn, M., Rao, N., & Sinyor, M. (2013). Clozapine's role in the treatment of first-episode schizophrenia. *American Journal of Psychiatry, 170,* 146–151. 10.1176/appi.ajp.2012.12060778
Renfrey, G. S. (1992). Cognitive-behavior therapy and the Native American client. *Behavior Therapy, 23,* 321–340.
Reppermund, S,. Brodaty, H., Crawford, J. D., Kochan, N. A., Slavin, M. J., Trollor, J. N., Draper, B., & Sachdev, P. S. (2011). The relationship of current depressive symptoms and past depression with cognitive impairment and instrumental activities of daily living in an elderly population: The Sydney Memory and Ageing Study. *Journal of Psychiatric Research, 45,* 1600–1607. doi:10.1016/j.jpsychires.2011.08.001
Resick, P. A., Williams, L. F., Suvak, M. K., Monson, C. M., & Gradus, J. L. (2012). Long-term outcomes of cognitive–behavioral treatments for posttraumatic stress disorder among female rape survivors. *Journal of Consulting and Clinical Psychology, 80,* 201–210. doi: 10.1037/a0026602
Restifo, K., Harkavy-Friedman, J. M., & Shrout, P. E. (2009). Suicidal behavior in schizophrenia: A test of the demoralization hypothesis. *The Journal of Nervous and Mental Disease, 197,* 147–153. doi:10.1097/NMD .0b013e318199f452
Rettner, R. (2011, April 10). Popular drug for mild Alzheimer's largely a flop. *MSNBC.com.* Retrieved from *http://www.msnbc.msn.com/id/42540787/ns/health-alzheimers_disease/*
Reuven-Magril, O., Dar, R., & Liberman, N. (2008). Illusion of control and behavioral control attempts in obsessive-compulsive disorder. *Journal of Abnormal Psychology, 117,* 334–341.
Rey, J. M. (1993). Oppositional defiant disorder. *American Journal of Psychiatry, 150,* 1769–1778.
Reynolds, C. F., III, Butters, M. A., Lopez, O., Pollock, B. G., Dew, M. A., Mulsant, B. H., . . . DeKosky, S. T. (2011). Maintenance treatment of depression in old age: a randomized, double-blind, placebo-controlled evaluation of the efficacy and safety of donepezil combined with antidepressant pharmacotherapy. *Archives of General Psychiatry, 68,* 51–60. doi:10.1001/archgenpsychiatry.2010.184
Reynolds, E. H. (2012). Hysteria, conversion and functional disorders: a neurological contribution to classification issues. *British Journal of Psychiatry, 201,* 253–254.
Reynolds, S., Wilson, C., Austin, J., & Hooper, L. (2012). Effects of psychotherapy for anxiety in children and adolescents: A meta analytic review. *Clinical Psychology Review, 32,* 251–262. doi: 10.1016/j.cpr.2012.01.005
Rezai, A. R., Leehey, M. A., Ojemann, S. G., Flaherty, A. W., Eskandar, E. N., Kostyk, S. K., . . . Feigin. A. (2011). AAV2-GAD gene therapy for advanced Parkinson's disease: A double-blind, sham-surgery controlled, randomised trial. *Lancet Neurology, 10,* 309–319. doi:10.1016/S1474-4422(11)70039-4
Ribisl, K. M., Cruz, T. B., Rohrbach, L. A., Ribisl, K. M., Baezconde-Garbanati, L., Chen, X. . . . Johnson, C. A. (2000). English language use as a risk factor for smoking initiation among Hispanic and Asian American adolescents: Evidence for mediation by tobacco-related beliefs and social norms. *Health Psychology, 19,* 403–410.
Ricciardelli, L. A., & McCabe, M. P. (2004). A biopsychosocial model of disordered eating and the pursuit of muscularity in adolescent boys. *Psychological Bulletin, 130,* 179–205.
Richard, E., Reitz, C., Honig, L.H., Schupf, N., Tang, M.X., Manly, J. J., . . Luchsinger, J. A.. (2012). Late-life depression, mild cognitive impairment, and dementia. *Archives of Neurology,* in press.
Richards, D. (2011). Prevalence and clinical course of depression: A review. *Clinical Psychology Review, 31,* 1117–11125. doi:10.1016/j.cpr.2011.07.004
Richards, D., & Richardson, T. (2012). Computer-based psychological treatments for depression: A systematic review and meta-analysis. *Clinical Psychology Review, 32,* 329–342.
Rief, W., & Sharpe, M. (2004). Somatoform disorders—new approaches to classification, conceptualization, and treatment. *Journal of Psychosomatic Research, 56,* 387–390.
Rief, W., Nestoriuc, Y., Weiss, S., Welzel, E., Barsky, A. J., & Hofmann, S. G. (2009). Meta-analysis of the placebo response in antidepressant trials. *Journal of Affective Disorders, 118,* 1–8. doi:10.1016/j.jad.2009.01.029
Rieger, E., Van Buren, D. J., Bishop, M., Tanofsky-Kraff, M., Welch, R., & Wilfley, D. E. (2010). An eating disorder-specific model of interpersonal psychotherapy (IPT-ED): Causal pathways and treatment implications. *Clinical Psychology Review, 30*(4), 400–410. doi: 10.1016/j.cpr.2010.02.001
Risch, N., Herrell, R., Lehner, T., Liang, K.-Y., Eaves, L., Hoh, J., . . . Merikangas, K. R. (2009). Interaction between the serotonin transporter gene (5-httlpr), stressful life events, and risk of depression: A meta-analysis. *Journal of the American Medical Association, 301,* 2462–2471.
Riso, L. P., duToit, P. L., Blandino, J. A., Penna, S., Dacey, S., Duin, J. S., . . . Ulmer, C. S. (2003). Cognitive aspects of chronic depression. *Journal of Abnormal Psychology, 112,* 72–80.
Roberts, R. E. (2008). Persistence and change in symptoms of insomnia among adolescents. *Sleep, 31,* 177.
Robin, R. W., Greene, R. L., Albaugh, B., Caldwell, A., & Goldman, D. (2003). Use of the MMPI-2 in American Indians: I. Comparability of the MMPI-2 between two tribes and with the MMPI-2 normative group. *Psychological Assessment, 15,* 351–359.
Robinson, J. A., Sareen, J., Cox, B. J., & Bolton, J. M. (2009). Correlates of self-medication for anxiety disorders: Results from the National Epidemiologic Survey on Alcohol and Related Conditions. *The Journal of Nervous and Mental Disease, 297,* 873–878. doi:10.1097/NMD.0b013e3181c299c2
Rodgers, R. F., Salès, P., & Chabrol, H. (2010). Psychological functioning, media pressure and body dissatisfaction among college women. *European Review of Applied Psychology, 60*(2), 89–95. doi: 10.1016/j.erap.2009.10.001
Rodriguez, J., Umaña-Taylor, A., Smith, E. P., & Johnson, D. J. (2009). Cultural processes in parenting and youth outcomes: Examining a model of racial-ethnic socialization and identity in diverse populations. *Cultural Diversity and Ethnic Minority Psychology, 15,* 106–111. doi:10.1037/a0015510
Roesch, R., Zapf, P. A., & Hart, S. D. (2010). *Forensic psychology and law.* Hoboken, NJ: Wiley.
Rogan, A. (1986, Fall). Recovery from alcoholism: Issues for black and Native American alcoholics. *Alcohol Health and Research World, 10,* 42–44.
Roger, V. L. (2009). Lifestyle and cardiovascular health: Individual and societal choices. *Journal of the American Medical Association, 302,* 437–439.
Rogers, J. (2009, August 5). Alzheimer disease and inflammation: More epidemiology, more questions. *JournalWatch Neurology.* Retrieved from http://neurology.jwatch.org/cgi/content/full/2009/804/3?q=etoc_jwneuro
Rohan, K. J., Sigmon, S. T., & Dorhofer, D. M. (2003). Cognitive–behavioral factors in seasonal affective disorder. *Journal of Consulting and Clinical Psychology, 71,* 22–30.
Rohde, P., Lewinsohn, P. M., Klein, D. N., Seeley, J. R., & Gau, J. M. (2013). Key characteristics of major depressive disorder occurring in childhood, adolescence, emerging adulthood, and adulthood. *Clinical Psychological Science,* in press, doi: 10.1177/2167702612457599
Rojahn, J., Zaja, R. H., Turygin, N., Moore, L., & van Ingen, D. J. (2012). Functions of maladaptive behavior in intellectual and developmental disabilities: Behavior categories and topographies. *Research in Developmental Disabilities, 33,* 2020–2027.
Roll, J. M., Petry, N. M., Stitzer, M. L., Brecht, M. L., Peirce, J. M., McCann, M. J., . . . Kellogg, S. (2006). Contingency management for the treatment of methamphetamine use disorders. *American Journal of Psychiatry, 163,* 1993–1999.
Rolon, Y. M., & Jones, J. C. W. (2008). Right to refuse treatment. *Journal of the American Academy of Psychiatry and the Law, 36,* 252–255.
Ronksley, P. E., Brien, S. E., Turner, B. J., Mukamal, K. J., & Ghali, W. A. (2011). Association of alcohol consumption with selected cardiovascular disease outcomes: A systematic review and meta-analysis. *British Medical Journal, 342,* 671. doi:10.1136/bmj.d671
Rosenberg, T. (2012, September 30). A sruge in new treatment for veterans' trauma. *The New York Times Sunday Review,* p. 7.
Rosenheck, R. (2012). Homelessness, housing, and mental illness. *American Journal of Psychiatry, 169,* 225–226. doi:10.1176/appi.ajp.2011.11081217.
Rosenthal, E. (1993, April 9). Who will turn violent? Hospitals have to guess. *The New York Times,* pp. A1, C12.
Ross, C. A., & Ness, L. (2010). Symptom patterns in dissociative identity disorder patients and the general population. *Journal of Trauma & Dissociation, 11,* 458–468.
Ross, C. A., Miller, S. D., Reagor, P., Bjornson, L., Fraser, G. A., & Anderson, G.

(1990). Structured interview data on 102 cases of multiple personality disorder from four centers. *American Journal of Psychiatry, 147,* 596–601.
Ross, C. A., Norton, G. R., & Wozney, K. (1989). Multiple personality disorder: An analysis of 236 cases. *Canadian Journal of Psychiatry, 34,* 413–418.
Rosso, G., Martini, B., & Maina, G. (2012). Brief dynamic therapy and depression severity: A single-blind, randomized study. *Journal of Affective Disorders,* 19, S0165-0327. doi: 10.1016/j.jad.2012.10.017.
Roth, T., Soubrane, C., & Titeux, L., & Walsh, J. K., on behalf of the Zoladult Study Group (2006). Efficacy and safety of zolpidem-MR: A double-blind, placebo-controlled study in adults with primary insomnia. *Sleep Medicine, 7,* 397–406.
Rothbaum, B. O., Hodges, L., Anderson, P. L., Price, L., & Smith, S. (2002). Twelve-month follow-up of virtual reality and standard exposure therapies for the fear of flying. *Journal of Consulting and Clinical Psychology, 70,* 428–432.
Rotter, J. B. (1966). Generalized expectancies for internal vs. external control of reinforcement. *Psychological Monographs, 1,* 210–609.
Rougeta, B. W., & Aubry, J.-M. (2007). Efficacy of psychoeducational approaches on bipolar disorders: A review of the literature. *Journal of Affective Disorders, 98,* 11–27.
Rowland, D., McMahon, C. G., Abdo, C., Chen, J., Jannini, E., Waldinger, M. D., & Ahn, T. Y. (2010). Disorders of orgasm and ejaculation in men. *Journal of Sexual Medicine,* 7,1668–1686.
Roy-Byrne, P. (2007, January 2). Behavioral treatment for chronic insomnia. Retrieved from http://psychiatry.jwatch.org/cgi/content/full/2006/1229/3?qetoc
Roy-Byrne, P., Craske, M. G., Sullivan, G., Rose, R. D., Edlund, M. J., Lang, A. J., . . . Sherbourne, C. D. (2010). Delivery of evidence-based treatment for multiple anxiety disorders in primary care: A randomized controlled trial. *Journal of the American Medical Association, 303,* 1921–1928.
Rozin, P., Bauer, R., & Catanese, D. (2003). Food and life, pleasure and worry, among American college students: Gender differences and regional similarities. *Journal of Personality and Social Psychology, 85,* 132–141.
Rubinstein, S., & Caballero, B. (2000). Is Miss America an undernourished role model? *Journal of the American Medical Association, 283,* 1569.
Ruddle, A, Mason, O., & Wykes, T. (2011). A review of hearing voices groups: Evidence and mechanisms of change. *Clinical Psychology Review, 31,* 757–766. doi:10.1016/j.cpr.2011.03.010
Rudolph, K. D., Kurlakowsky, K. D., & Conley, C. S. (2001). Developmental and social-contextual origins of depressive control-related beliefs and behavior. *Cognitive Therapy & Research, 25,* 447–475.
Rush, A. J., Trivedi, M. H., Stewart, J. W., Nierenberg, A. A., Fava, M., Kurian, B. T. . . . Wisniewski, S. R. (2011). Combining medications to enhance depression outcomes (CO-MED): acute and long-term outcomes of a single-blind randomized study. *American Journal of Psychiatry, 168,* 689–701.
Russo, N., Foxe, J. J., Brandwein, A. B., Altschuler, T., Gomes, H., & Molholm, S. (2010). Multisensory processing in children with autism: High-density electrical mapping of auditory-somatosensory integration. *Autism Research, 3,* 253–267.
Rutledge, P. C., Park, A., & Sher, K. J. (2008). 21st birthday drinking: Extremely extreme. *Journal of Consulting and Clinical Psychology, 76,* 517–523.
Rutter, M., Caspi, A., Fergusson, D., Horwood, L. J., Goodman, R., Maughan, B., et al. (2004). Sex differences in developmental reading disability: New findings from 4 epidemiological studies. *Journal of the American Medical Association, 291,* 2007–2012.
Ryder, A. G., Yang, J., Zhu, X., Yao, S., Yi, J., Heine, S. J., et al. (2008). The cultural shaping of depression: Somatic symptoms in China, psychological symptoms in North America? *Journal of Abnormal Psychology, 117,* 300–313.
Rye, D. B., Bliwise, D. L., Parker, K., Trotti, L. M., Saini, P., Fairley, J., . . . Jenkins, A. (2012). Modulation of vigilance in the primary hypersomnias by endogenous enhancement of GABAA receptors. *Science Translational Medicine, 4,* 161ra151. doi: 10.1126/scitranslmed.3004685
Rylands, A. J., McKie, S., Elliott, R., Deakin, J. F. W., & Tarrier, N. (2011). A functional magnetic resonance imaging paradigm of expressed emotion in schizophrenia. *Journal of Nervous & Mental Disease, 199,* 25–29. doi: 10.1097/NMD.0b013e3182043b87

S

Sánchez-Morla, E. M., Santos, J. L., Aparicio, A., García-Jiménez, M. A, Soria, C., Arango, C. (2013). Neuropsychological correlates of P50 sensory gating in patients with schizophrenia. Schizophrenia Research, 143, 102–106
Sánchez-Ortuño, M. M., & Edinger, J. D. (2010). A penny for your thoughts: Patterns of sleep-related beliefs, insomnia symptoms and treatment outcome. *Behavior Research and Therapy, 48,* 125–133. doi: 10.1016/j.brat.2009.10.003
Séguin, M., Boyer, R., Lesage, A., McGirr, A., Suissa, A., Tousignant, M., & Turecki, G. (2010). Suicide and gambling: Psychopathology and treatment-seeking. *Psychology of Addictive Behaviors, 24,* 541–547. doi: 10.1037/a0019041
Sackeim, H. A., Haskett, R. F., Mulsant, B. H., Thase, M. E., Mann, J. J., Pettinati, H. M., . . . Prudic, J. (2001). Continuation pharmacotherapy in the prevention of relapse following electroconvulsive therapy. *Journal of the American Medical Association, 285,* 1299–1307.
Sacks, F. M., Bray, G. A., Carey, V. J., Smith, S. R., Ryan, D. H., Anton, S. D., McManus, K., et al. (2009). Comparison of weight-loss diets with different compositions of fat, protein, and carbohydrates. *New England Journal of Medicine, 360,* 859–873.
Sacks, O. (1985). *The man who mistook his wife for a hat and other clinical tales.* New York: Summit.
Sadoff, R. L. (2011). Expert psychiatric testimony. In R. L. Sadoff, J. A. Baird, S. M. Bertoglia, E. Valenti, & D. L. Vanderpool (Eds.), *Ethical issues in forensic psychiatry: Minimizing harm* (pp. 97–110). Hoboken, NJ: Wiley-Blackwell.
Safford, S. M. (2008). Gender and depression in men: Extending beyond depression and extending beyond gender. *Clinical Psychology: Science and Practice, 15,* 169–173.
Safren, S. A., Sprich, S., Mimiaga, M. J., Surman, C., Knouse, L., Groves, M., . . . Otto, M. W. (2010). Cognitive behavioral therapy vs relaxation with educational support for medication-treated adults with ADHD and persistent symptoms: A randomized controlled trial. *Journal of the American Medical Association,* 304, 875–880. doi:10.1001/jama.2010.1192
Sahin, G., & Kirik, D. (2012). Efficacy of L-DOPA therapy in Parkinson's disease. In J. P. F. D'Mello (Ed.), *Amino acids in human nutrition and health* (pp. 454–463). Oxfordshire, UK: Cabi.
Sakai, Y., Shaw, C. A., Dawson, B. C., Dugas, D. V., Al-Mohtaseb, Z., Hill, D. E., . . . Zoghbi, H. Y. (2011). Protein interactome reveals converging molecular pathways among autism disorders. *Science Translational Medicine, 3,* 86. doi: 10.1126/scitranslmed.3002166
Salekin, R. T., Ziegler, T. A., Larrea, M. A., Anthony, V. L., et al. (2003). Predicting dangerousness with two Millon Adolescent Clinical Inventory psychopathy scales: The importance of egocentric and callous traits. *Journal of Personality Assessment, 80,* 154–163.
Salgado de Snyder, V. N. (1987). Factors associated with acculturative stress and depressive symptomatology among married Mexican immigrant women. *Psychology of Women Quarterly, 11,* 475–488.
Salgado de Snyder, V. N., Cervantes, R. C., & Padilla, A. M. (1990). Gender and ethnic differences in psychosocial stress and generalized distress among Hispanics. *Sex Roles, 22,* 441–453.
Salkovskis, P. M., & Clark, D. M. (1993). Panic disorder and hypochondriasis. Special issue: Panic, cognitions and sensations. *Advances in Behaviour Research and Therapy, 15,* 23–48.
Salkovskis, P. M., Thorpe, S. J., Wahl, K., Wroe, A. L., & Forrester, E. (2003). Neutralizing increases discomfort associated with obsessional thoughts: An experimental study with obsessional patients. *Journal of Abnormal Psychology, 112,* 709–715.
Salzer, S., Streeck, U., Jaeger, U., Masuhr, O., Warwas, J., Leichsenring, F., . . . Leibing, E. (2013). Patterns of interpersonal problems in borderline personality disorder. *Journal of Nervous & Mental Disease, 201,* 94–98. doi: 10.1097/NMD.0b013e3182532b59
Samuels, J. (2011). Personality disorders: Epidemiology and public health issues. *International Journal of Psychiatry, 23,* 223–233. doi:10.3109/09540261.2011.588200
Sanchez, M. M., Heyn, S. N., Das, D., Moghadam, S., Martin, K. J., & Salehi, A. (2012). Neurobiological elements of cognitive dysfunction in Down Syndrome: Exploring the role of APP. *Biological Psychiatry, 71,* 403. doi:10.1016/j.biopsych.2011.08.016
Sanchez-Hucles, J. (2000). *The first session with African Americans: A step by step guide.* San Francisco: Jossey Bass.
Sanders Thompson, V. L., Bazile, A., & Akbar, M. (2004). African Americans' perceptions of psychotherapy and psychotherapists. *Professional Psychology: Research and Practice, 35,* 19–26.
Sanders, B., & Green, J. A. (1995). The factor structure of the Dissociative Experiences Scale in college students. *Progress in the Dissociative Disorders, 7,* 23–27.
Sanders, L. (2006, June 18). Heartache. *The New York Times,* pp. 27–28.
Sanders, S. J., Ercan-Sencicek, A. g., Hus, V., Luo, R., Murtha, M. T., Moreno-De-Luca, D. . . . State, M. W. (2011). Multiple recurrent de novo cnvs, including duplications of the 7q11.23 Williams Syndrome region, are strongly associated with autism. *Neuron, 70,* 863–885. doi: 10.1016/j.neuron.2011.05.002
Sanders, S. J., Murtha, M. T., Gupta, A. R., Murdoch, J. D., Raubeson, M. J., Willsey, A. J., . . . State, M. W. (2012). De novo mutations revealed by whole-exome sequencing are strongly associated with autism. *Nature, 485,* 237–241. doi: 10.1038/nature10945.
Santini, E., Huynh, T. N., MacAskill, A. F., Carter, A. G., Pierre, P., Ruggero, D., . . . Klann, E. (2012). Exaggerated translation causes synaptic and behavioural aberrations associated with autism. *Nature, 493,* 411–415. doi: 10.1038/nature11782
Sar, V., Yargic, L. I., & Tutkun, H. (1996). Structured interview data on 35 cases of dissociative identity disorder in Turkey. *American Journal of Psychiatry, 153,* 1329–1333.
Sareen, J., Afifi, T. O., McMillan, K. A., & Asmundson, G. J. G. (2011). Relationship between household income and mental disorders: Findings from a population-based longitudinal study. *Archives of General Psychiatry, 68,* 419. doi: 10.1001/archgenpsychiatry.2011.15
Satcher, D. (2000). Mental health: A report of the Surgeon General—executive summary. *Professional Psychology: Research and Practice, 31,* 5–13.
Saulny, S. (2011, March 24). Census data presents rise in multiracial population of youths. *The New York Times.* Retrieved from nytimes.com.
Saulsmana, L. M. (2011).Depression, Anxiety, and the MCMI–III: Construct validity and diagnostic efficiency. *Journal of Personality Assessment, 93,* 76–83. doi: 10.1080/00223891.2010.528481
Savage, C. (2012, January 7). U.S. to expand its definition of rape in statistics. *The*

New York Times. Retrieved from www.nytimes.com

Savic, I., Garcia-Falgueras, A., & Swaab, D. F. (2010). Sexual differentiation of the human brain in relation to gender identity and sexual orientation. In I. Savic (Ed.). *Sex differences in the human brain, Their underpinnings and implications: Progress in Brain Research, 186* (pp. 41–64). New York: Elsevier.

Sawyer, A. M., Gooneratne, N. S., Marcus, C. L., Ofer, D., Richards, K. C., & Weaver, T. E. (2011). A systematic review of CPAP adherence across age groups: Clinical and empiric insights for developing CPAP adherence interventions. *Sleep Medicine Reviews, 15,* 343. doi: 10.1016/j.smrv.2011.01.003

Sayers, G. M. (2003). Psychiatry and the control of dangerousness: A comment. *Journal of Medical Ethics, 29,* 235–236.

Scahill, L., McDougle, C. J., Aman, M. G., Johnson, C., Handen, B., Bearss, K., . . . Vitiello, B. (2012). Effects of risperidone and parent training on adaptive functioning in children with pervasive developmental disorders and serious behavioral problems. *Journal of the American Academy of Child & Adolescent Psychiatry, 51,* 136. doi: 10.1016/j.jaac.2011.11.010

Scheier, M. F., & Carver, C. S. (1985). Optimism, coping, and health: Assessment and implications of generalized outcome expectancies. *Health Psychology, 4,* 219–247.

Schizophrenia Psychiatric Genome-Wide Association Study (GWAS) Consortium. (2011). Genome-wide association study identifies five new schizophrenia loci. *Nature Genetics, 43,* 969–976. doi: 10.1038/ng.940.

Schmidt, N. B., & Keough, M. E. (2010). Treatment of panic. *Annual Review of Clinical Psychology, 6,* 241–256. doi:10.1146/annurev.clinpsy.121208.131317

Schmidt, N. B., Richey, J. A., Buckner, J. D., & Timpano, K. R. (2009). Attention training for generalized social anxiety disorder. *Journal of Abnormal Psychology, 118,* 5–14. doi:10.1037/a0013643

Schneck, C. D., Miklowitz, D. J., Calabrese, J. R., Allen, M. H., Thomas, M. R., Wisniewski, S. R., . . . Sachs, G. S. (2004). Phenomenology of rapid-cycling bipolar disorder: Data from the first 500 participants in the systematic treatment enhancement program. *American Journal of Psychiatry, 161,* 1902–1908.

Schneck, C. D., Miklowitz, D. J., Miyahara, S., Araga, M., Wisniewski, S., Gyulai, L., ... Sachs, G. S. (2008). The prospective course of rapid-cycling bipolar disorder: Findings from the STEP-BD. *American Journal of Psychiatry, 165,* 370–377.

Schneider, H., & Eisenberg, D. (2006). Who receives a diagnosis of attention-deficit/hyperactivity disorder in the United States elementary school population? *Pediatrics, 117,* e601–e609.

Schneider, L. S., Dagerman, K. S., Higgins, J.P., & McShane, R. (2011). Lack of evidence for the efficacy of memantine in mild Alzheimer disease. *Archives of Neurology, 68,* 991–998.

Schneider, R. H., Grim, C. E., Rainforth, M. V., Kotchen, T., Nidich, S. I., Gaylord-King, C., . . . Alexander, C. N. (in press). Stress reduction in the secondary prevention of cardiovascular disease: randomized, controlled trial of transcendental meditation and health education in Blacks. *Circulation: Cardiovascular Quality and Outcomes.* doi:10.1161/CIRCOUTCOMES.112.967406

Schneider, R. H., Grim, C. E., Rainforth, M. V., Kotchen, T., Nidich, S. I., Gaylord-King, C., . . . Alexander, C. N. (2012). Stress reduction in the secondary prevention of cardiovascular disease: Randomized, controlled trial of transcendental meditation and health education in Blacks. *Circulation: Cardiovascular Quality and Outcomes, 5,* 750–758. doi: 10.1161/CIRCOUTCOMES.112.967406.

Schneier, F. R. (2006). Social anxiety disorder. *New England Journal of Medicine, 355,* 1029–1036.

Schneier, F. R., Neria, Y., Pavlicova, M., Hembree, E., Suh, E. J., Amsel, L., . . . Marshall, R. D. (2012). Combined prolonged exposure therapy and paroxetine for PTSD related to the World Trade Center attack: A randomized controlled trial. *American Journal of Psychiatry, 169,* 80–88. doi:10.1176/appi.ajp.2011.11020321

Schniering, C. A., & Rapee, R. M. (2004). The relationship between automatic thoughts and negative emotions in children and adolescents: A test of the cognitive content-specificity hypothesis. *Journal of Abnormal Psychology, 113,* 464–470.

Schoenman, T. J. (1984). The mentally ill witch in textbooks of abnormal psychology: Current status and implications of a fallacy. *Professional Psychiatry, 15,* 299–314.

Schreier, H. M. C., & Chen, E. (2008). Prospective associations between coping and health among youth with asthma. *Journal of Consulting and Clinical Psychology, 76,* 790–798.

Schreier, H., & Ricci, L. R. (2002). Follow-up of a case of Münchausen by proxy syndrome. *Journal of the American Academy of Child and Adolescent Psychiatry, 41,* 1395–1396.

Schroeder, S. A. (2013). New evidence that cigarette smoking remains the most important health hazard. *New England Journal of Medicine, 368,* 389–390. doi: 10.1056/NEJMe1213751

Schuepbach, W.M.M., Rau, J., Knudsen, K., Volkmann, J., Krack, P., Timmermann, L., Hälbig, T. D., . . . EARLYSTIM Study Group. Neurostimulation for Parkinson's Disease with early motor complications. *New England Journal of Medicine, 368,* 610–622. doi:10.1056/NEJMoa1205158

Schultz, L. T., & Heimberg, R. G. (2008). Attentional focus in social anxiety disorder: Potential for interactive processes. *Clinical Psychology Review, 28,* 1206–1221.

Schulze, T. G., Ohlraun, S., Czerski, P. M., Schumacher, J., Kassem, L., Deschner, M., . . . Rietschel, M. (2005). Genotype-phenotype studies in bipolar disorder showing association between the DAOA/G30 locus and persecutory delusions: A first step toward a molecular genetic classification of psychiatric phenotypes. *American Journal of Psychiatry, 162,* 2101–2108.

Schwartz, D. R., & Carney, C. E. (2012). Mediators of cognitive-behavioral therapy for insomnia: A review of randomized controlled trials and secondary analysis studies. *Clinical Psychology Review, 32,* 664–675. *http://dx.doi.org/10.1016/j.cpr.2012.06.006*

Schwartz, D., Gorman, A. H., Duong, M. T., & Nakamoto, J. (2008). Peer relationships and academic achievement as interacting predictors of depressive symptoms during middle childhood. *Journal of Abnormal Psychology, 117,* 289–299.

Schwartz, R. P., Highfield, D. A., Jaffe, J. H., Brady, J. V., Butler, C. B., Rouse, C. A., . . . Battjes, R. J. . (2006). A randomized controlled trial of interim methadone maintenance. *Archives of General Psychiatry, 63,* 102–109.

Schwarz, A. (2009, October 23). N.F.L. data reinforces dementia links. Retrieved from *www.nytimes.com*

Schwarz, A., & Cohen, S. (2013, April 1). More diagnoses of hyperactivity in new C.D.C. data. *The New York Times,* pp. A1 A 11.

Schweitzer, I., Maguire, K., & Ng, C. (2009). Sexual side-effects of contemporary antidepressants: Review. *Australian and New Zealand Journal of Psychiatry, 43,* 795–808. doi:10.1080/00048670903107575

Schwitzgebel, R. L., & Schwitzgebel, R. K. (1980). *Law and psychological practice.* New York: Wiley.

ScienceDaily, 2011 (AU to add complete citation)

Scientists discover migraine gene. (2003, January 21). Retrieved from http://www.msnbc.comScott-Sheldon, L. A., Kalichman, S. C., Carey, M. P., & Fielder, R. L. (2008). Stress management interventions for HIV+ adults: A meta-analysis of randomized controlled trials, 1989 to 2006. *Health Psychology, 27,* 129–139.

Scogin, F., & Shah, A. (Eds.). (2012). *Making evidence-based psychological treatments work with older adults.* Washington, DC: American Psychological Association.

Scroppo, J. C., Drob, S. L., Weinberger, J. L., & Eagle, P. (1998). Identifying dissociative identity disorder: A self-report and projective study. *Journal of Abnormal Psychology, 107,* 272–284.

Sedlmeier, P., Eberth, J., Schwarz, M., Zimmermann, D., Haarig, F., Jaeger, S., . . . Kunze, S. (2012). The psychological effects of meditation: A meta-analysis. *Psychological Bulletin, 138,* 1139–1171. doi:10.1037/a0028168

Seedat, S., Scott, K. M., Angermeyer, M. C., Berglund, P., Bromet, E. J., Brugha, T. S., . . . Kessler, R. C. (2009). Cross-national associations between gender and mental disorders in the World Health Organization World Mental Health Surveys. *Archives of General Psychiatry, 66,* 785–795.

Segal, Z. V., Bieling, P., Young, T., MacQueen, G., Cooke, R. Martin, L., . . . Levitan, R. D. (2010). Antidepressant monotherapy vs sequential pharmacotherapy and mindfulness-based cognitive therapy, or placebo, for relapse prophylaxis in recurrent depression. *Archives of General Psychiatry, 67,* 1256–1264.

Segerstrom, S. C., & Miller, G. E. (2004). Psychological stress and the human immune system: A meta-analytic study of 30 years of inquiry. *Psychological Bulletin, 130,* 601–630.

Selfe, L. (2011). *Nadia revisited: A longitudinal study of an autistic savant. Essays in developmental psychology series.* New York, NY: Psychology Press.

Seligman, M. E. P. (1973). Fall into helplessness. *Psychology Today, 7,* 43–48.

Seligman, M. E. P. (1975). *Helplessness: On depression, development, and death.* San Francisco: Freeman.

Seligman, M. E. P. (1991). *Learned optimism.* New York: Knopf.

Seligman, M. E. P., & Maier, S. F. (1967). Failure to escape traumatic shock. *Journal of Experimental Psychology, 74,* 1–9.

Seligman, M. E. P., Steen, T. A., Park, N., & Peterson, C. (2005). Positive psychology progress: Empirical validation of interventions. *American Psychologist, 60,* 410–421.

Selkoe, D. J. (2012). Preventing Alzheimer's Disease. *Science, 337,* 1488–1492 doi: 10.1126/science.1228541

Seltzer, M. M., Baker, M. W., Hong, J. Maenner, M., Greenberg, J., & Mandel, D. (2012). Prevalence of CGG expansions of the FMR1 gene in a US population-based sample. *American Journal of Medical Genetics Part B: Neuropsychiatric Genetics, 159B,* 589. doi:10.1002/ajmg.b.32065

Selye, H. (1976). *The stress of life* (Rev. ed.). New York: McGraw-Hill.

Serrano-Blanco, A., Gabarron, E., Garcia-Bayo, I., Soler- Vila, M., Caramés, E., Peñarrubia-Maria, M. T., . . . Haro, J. M. (2006). Effectiveness and cost-effectiveness of antidepressant treatment in primary health care: A six-month randomised study comparing fluoxetine to imipramine. *Journal of Affective Disorders, 91,* 153–163.

Serretti, A., & Mandelli, L. (2008). The genetics of bipolar disorder: Genome "hot regions," genes, new potential candidates and future directions. *Molecular Psychiatry, 13,* 742.

Seshadri, S., Fitzpatrick, A. L., Ikram, A., DeStefano, A. L., Gudnason, V., Boada, M., . . . EADI1 Consortium. (2010). Genome-wide analysis of genetic loci associated with Alzheimer Disease. *Journal of the American Medical Association, 303,* 1832–1840.

Seto, M. C., Lalumière, M L., Harris, G. T., & Chivers, M. (2012). The sexual responses of sexual sadists. *Journal of Abnormal Psychology, 121,* 739–753. doi: 10.1037/a0028714

Settles, I . H., Navarrete, C. D., Pagano, S. J., Abdou, C. M., & Sidanius, J. (2010). Racial identity and depression among African American women. *Cultural Diversity and Ethnic Minority Psychology, 16,* 248–255. doi:10.1037/a0016442

Shadish, W. R., Matt, G. E., Navarro, A. M., & Phillips, G. (2000). The effects of psychological therapies under clinically representative conditions: A meta-analysis. *Psychological Bulletin, 126,* 512–529.

Shaffer, H. J., & Martin, R. (2011). Disordered gambling: Etiology, trajectory, and clinical considerations. *Annual Review of Clinical Psychology, 7,* 483–510. doi:10.1146/annurev-clinpsy-040510-143928

Shafti, S S. (2010). Olanzapine vs. lithium in management of acute mania. *Journal of Affective Disorders, 122,* 273–276. doi:10.1016/j.jad.2009.08.013

Shalev, A. Y., & Freedman, S. (2005). PTSD following terrorist attacks. *American Journal of Psychiatry, 162,* 1188–1191.

Shapiro, E. (1992, August 22). Fear returns to sidewalks of West 96th Street. *The New York Times,* pp. B3–B4.

Shapiro, F. (2001). *Eye movement desensitization and reprocessing: Basic principles, protocols and procedures* (2nd ed.). New York: Guilford Press.

Shapiro, J. R., C. Bauer, S., Andrews, E., Pisetsky, E., Bulik-Sullivan, B., Hamer, R. M., & Bulik, C. M. (2010). Mobile therapy: Use of text-messaging in the treatment of bulimia nervosa. *International Journal of Eating Disorders, 43,* 513–519.

Sharp, T. A. (2006). New molecule to brighten the mood. *Science, 311,* 45–46.

Sharpe, K. (2012, June 300-July 1). The medication generation. *Wall Street Journal,* pp. C1, C2.

Sharpless, B. A., & Barber, J. P. (2011). A clinician's guide to PTSD treatments for returning veterans. *Professional Psychology: Research and Practice, 42,* 8–15. doi:10.1037/a0022351

Shaw, H., Ramirez, L., Trost, A., Randall, P., & Stice, E. (2004). Body image and eating disturbances across ethnic groups: More similarities than differences. *Psychology of Addictive Behaviors, 18,* 12–18.

Shaw, P., Gilliam, M., Liverpool, M., Weddle, C., Malek, M., Sharp, W., . . . Giedd, J. (2011). Cortical development in typically developing children with symptoms of hyperactivity and impulsivity: support for a dimensional view of attention deficit hyperactivity disorder. *American Journal of Psychiatry, 168,* 143–151.

Shaw, R., Cohen, F., Doyle, B., & Pelesky, J. (1985). The impact of denial and repressive style on information gain and rehabilitation outcomes in myocardial infarction patients. *Psychosomatic Medicine, 47,* 262–275.

Shaywitz, S. E., Shaywitz, B. A., Fulbright, R. K., Skudlarski, P., Mencl, W. E., et al. (2003). Neural systems for compensation and persistence: Young adult outcome of childhood reading disability. *Biological Psychiatry, 54,* 25–33.

Shear, K., Jin, R., Ruscio, A. M., Walters, E. E., & Kessler, R. C. (2006). Prevalence and correlates of estimated DSM-IV child and adult separation anxiety disorder in the National Comorbidity Survey Replication. *American Journal of Psychiatry 163,* 1074–1083.

Shedler, J. (2010). The efficacy of psychodynamic psychotherapy. *American Psychologist*, 65, 98–109. doi: 10.1037/a0018378.

Shedler, J., Beck, A., Fonagy, P., Gabbard, G. O., Gunderson, J. G., . . . Westen, D. (2010). Personality disorders in *DSM-5*. *American Journal of Psychiatry, 167,* 1027–1028.

Shedler, J., Beck, A., Fonagy, P., Gabbard, G. O., Gunderson, J. G., . . .(2010). Personality disorders in DSM-5. *American Journal of Psychiatry,*167, 1027–1028.

Sheehan, D. V., & Mao, C. G. (2003). Paroxetine treatment of generalized anxiety disorder. *Psychopharmacology Bulletin, 37*(Suppl. 1), 64–75.

Sheline, Y. I., Disabato, B. M., Hranilovich, J., Morris, C., D'Angelo, G., Pieper, C., . . . Doraiswamy, P. M., (2012). Treatment course with antidepressant therapy in late-life depression. *American Journal of Psychiatry, 169,* 1185–1193. doi: 10.1176/appi.ajp.2012.12010122.

Sher, L. (2005). Suicide and alcoholism. *Nordic Journal of Psychiatry, 59,* 152.

Sheridan, M. S. (2003). The deceit continues: An updated literature review of Münchausen syndrome by proxy. *Child Abuse and Neglect, 27,* 431–451.

Shields, A. E., Lerman, C., & Sullivan, P. (2005). The use of race variables in genetic studies of complex traits and the goal of reducing health disparities: A transdisciplinary perspective. *American Psychologist, 60,* 77–103.

Shields, D. C., Asaad, W., Eskandar, E. N., Jain, F. A., Cosgrove, G. R., Flaherty, A. W., et al.. . . Dougherty, D. D. (2008). Prospective assessment of stereotactic ablative surgery for intractable major depression. *Biological Psychiatry, 64,* 449.

Shinozaki, G., Romanowicz, M., Passov, V., Rundell, J., Mrazek, D., & Kung, S. (2013). State dependent gene–environment interaction: Serotonin transporter gene–child abuse interaction associated with suicide attempt history among depressed psychiatric inpatients. *Journal of Affective Disorders, 147,* 373–378.

Shneidman, E. (1985). *Definition of suicide.* New York: Wiley.

Shneidman, E. (2005). Prediction of suicide revisited: A brief methodological note. *Suicide & Life-Threatening Behavior, 35,* 1–2.

Shoenfeld, N., & Dannon, P. N. (2012). Phenomenology and epidemiology of kleptomania. In J. E. Grant & M. N. Potenza, *The Oxford handbook of impulse control disorders* (pp. 135–134). New York: Oxford University Press.

Shore, J. H., Savin, D., Orton, H., Beals, J., & Manson, S. M. (2007). Diagnostic reliability of telepsychiatry in American Indian veterans. *American Journal of Psychiatry, 164,* 115–118.

Shorey, R., Cornelius, T. L., & Idema, C. (2011). Trait anger as a mediator of difficulties with emotion regulation and female-perpetrated psychological aggression. *Violence and Victims, 26,* 271–282.

Shulman, J. M. (2010, March 3). Incidence and risk for dementia in Parkinson disease. *JournalWatch Psychiatry.* Retrieved from http://neurology.jwatch.org/cgi/content/full/2010/302/2?q=etoc_jwneuro

Shute, N., Locy, T., & Pasternak, D. (2000, March 6). The perils of pills. *U.S. News & World Report,* pp. 44–50.

Sibley, M. H., Pelham, W. E., Molina, B. S., G., Gnagy, E. M., Waschbusch, D. A., Biswas, A., Karch, K.M.(2011). The delinquency outcomes of boys with ADHD with and without comorbidity. *Journal of Abnormal Child Psychology, 39,* 21–32. doi: 10.1007/s10802-010-9443-9.

Siddique, J., Chung, J. Y., Brown, C. H., & Miranda, J. (2012). Comparative effectiveness of medication versus cognitive-behavioral therapy in a randomized controlled trial of low-income young minority women with depression. *Journal of Consulting and Clinical Psychology, 80,* 995–1006. doi:10.1037/a0030452

Siegel, J. M. (2004). Hypocretin (orexin): Role in normal behavior and neuropathology. *Annual Review of Psychology, 55,* 125–148.

Sierra, M., Gomez, J., Molina, J. J., Luque, R., Munoz, J. F., & David, A. S. (2006). Depersonalization in psychiatric patients: A transcultural study. *The Journal of Nervous and Mental Disease, 194,* 356–361.

Sierra, M., Medford, N, Wyatt, G., & Davis, A. S. (2012). Depersonalization disorder and anxiety: A special relationship? *Psychiatry Research, 197,* 123–127.

Silver, E., Cirincione, C., & Steadman, H. J. (1994). Demythologizing inaccurate perceptions of the insanity defense. *Law and Human Behavior, 18,* 63–70.

Simeon, D., Guralnik, O., Hazlett, E. A., Spiegel-Cohen, J., Hollander, E., & Buchsbaum, M. S. (2000). Feeling unreal: A PET study of depersonalization disorder. *American Journal of Psychiatry, 157,* 1782–1788.

Simeon, D., Guralnik, O., Schmeidler, J., &, Knutelska, M. (2004). Fluoxetine therapy in depersonalisation disorder: Randomised controlled trial. *British Journal of Psychiatry, 185,* 31–36.

Simon, G. E., Fleck, M., Lucas, R., & Bushnell, D. M. (2004). Prevalence and predictors of depression treatment in an international primary care study. *American Journal of Psychiatry, 161,* 1626–1634.

Simpson, G. A., Cohen, R. A., Pastor, P. N., & Reuben, C. A. (2008). Use of mental health services in the past 12 months by children aged 4–17 years: United States, 2005–2006. *CHS Data Brief,* Number 8. Retrieved from http://www.cdc.gov/nchs/data/datab

Simpson, H. B., Foa, E. B., Liebowitz, M. R., Ledley, D. R., Huppert, J. D., & Cahill, S. (2008). A randomized, controlled trial of cognitive-behavioral therapy for augmenting pharmacotherapy in obsessive-compulsive disorder. *American Journal of Psychiatry, 165,* 621–630.

Singh, G. (1985). Dhat syndrome revisited. *Indian Journal of Psychiatry, 27,* 119–122.

Singh, R., Sandhu, J., Kaur, B., Juren, T., Steward, W. P., Segerbäck, D., & Farmer, P. B. (2009). Evaluation of the DNA damaging potential of cannabis cigarette smoke by the determination of acetaldehyde derived n2-ethyl-2-deoxyguanosine adducts. *Chemical Research in Toxicology, 22,* 1181–1188. doi:10.1021/tx900106y

Sivec, H. J., & Montesano, V. L. (2012). Cognitive behavioral therapy for psychosis in clinical practice. *Psychotherapy, 49,* 258–270. doi: 10.1037/a0028256.

Sixel-Döring, F., Trautmann, E., Mollenhauer, B., & Trenkwalder, C. (2011). Associated factors for REM sleep behavior disorder in Parkinson disease. *Neurology, 77,* 1048–1054.

Skodol, A. E.(2012). Personality disorders in DSM-5. *Annual Review of Clinical Psychology, 8,* 317–344. doi:10.1146/annurev-clinpsy-032511-143131.

Skoog, G., & Skoog, I. (1999). A 40-year follow-up of patients with obsessive-compulsive disorder. *Archives of General Psychiatry, 56,* 121–127.

Skritskaya, N. A., Carson-Woing, A. R., Moeller, J. R., Shen, S., Barsky, A. J., & Fallo, B. A. (2012). A clinician-administered severity rating scale for illness anxiety: Development, reliability and validity of the H-YBOCS-M. *Depression and Anxiety, 29,* 652–664.

Sleep problems cost billions. (2012, November 1). *ScienceDaily.com.* Retrieved from http://www.sciencedaily.com/releases/2012/11/121101110514.htm.

Sloan, D. M., Marx, B. P., & Epstein, E. M. (2005). Further examination of the exposure model underlying the efficacy of written emotional disclosure. *Journal of Consulting and Clinical Psychology, 73,* 549–554.

Sloan, D. M., Marx, B. P., Epstein, E. M., & Lexington, J. M. (2007). Does altering the writing instructions influence outcome associated with written disclosure? *Behavior Therapy, 38,* 155–168.

Slovenko, R. (2009). *Psychiatry in law/Law in psychiatry* (2nd ed.). New York: Routledge /Taylor & Francis Group.

Slutske, W. S. (2005). Alcohol use disorders among US college students and their non-college-attending peers. *Archives of General Psychiatry, 62,* 321–327.

Slutske, W. S., Zhu, G., Meier, M. H., & Martin, N. G. (2010). Genetic and environmental influences on disordered gambling in men and women. *Archives of General Psychiatry, 67,* 624–630.

Slutske, W. S., Zhu, G., Meier, M. H., & Martin, N. G. (2011). Disordered gambling as defined by the Diagnostic and Statistical Manual of Mental Disorders and the South Oaks Gambling Screen: Evidence for a common etiologic structure. *Journal of Abnormal Psychology, 120,* 743–751. doi:10.1037/a0022879

Slutske, W.S. (2006). Natural recovery and treatment-seeking in pathological gambling: Results of two US national surveys. *American Journal of Psychiatry, 163,* 297–302. See abstract in PubMed

Small, D. M., Simons, A. D., Yovanoff, P., Silva, S. G., Lewis, C. C., Murakami, J. L., et al. (2008). Depressed adolescents and comorbid psychiatric disorders: Are there differences in the presentation of depression? *Journal of Abnormal Child Psychology, 36,* 1015–1028.

Small, G. W., Kepe, V., Siddarth, P., Ercoli, L. M., Merrill, D. A., Donoghue, N., . . . Barrio, J. R. (2013). PET scanning of brain tau in retired National Football League Players: Preliminary findings. *The American Journal of Geriatric Psychiatry, 21,* 138–144.

Small, K. S., Hedman, A. K., Grundberg, E., Nica, A. C., Thorleifsson, G., Kong, A., . . . McCarthy, M. I. (2011). Identification of an imprinted master trans

regulator at the KLF14 locus related to multiple metabolic phenotypes. *Nature Genetics, 43*, 561–564. doi : 10.1038/ng.833.
Smink, F. R., E., van Hoeken, D., & Hoek, H. W. (2012). Epidemiology of eating disorders: Incidence, prevalence and mortality rates. *Current Psychiatry Reports, 14*, 406–414. doi: 10.1007/s11920-012-0282-y.
Smith, A. E. M., Msetfi, R. M., & Golding, L. (2010). Client self rated adult attachment patterns and the therapeutic alliance: A systematic review. *Clinical Psychology Review, 30*, 326–337. doi: 10.1016/ j.cpr.2009.12.007
Smith, B. J. (2012, June). Inappropriate prescribing. *Monitor on Psychology, 43*, 36–40.
Smith, B. L. (2011,July/August). ADHD among preschoolers. *Monitor on Psychology*, pp. 50–52.
Smith, B. L. (2012, March). Bringing life into focus *Monitor on Psychology, 43*, 62.
Smith, C. O, Levine, D. W., Smith, E. P., Dumas, J., & Prinz, R. J. (2009). A developmental perspective of the relationship of racial–ethnic identity to self-construct, achievement, and behavior in African American children. *Cultural Diversity and Ethnic Minority Psychology, 15*, 145–157. doi: 10.1037/a0015538
Smith, D. B. (2009, Autumn). The doctor is in. *The American Scholar*. Retrieved from http://www.theamericanscholar.org/the-doctor-is-in
Smith, G. N., Ehmann, T. S., Flynn, S. W., MacEwan, G. W., Tee, K., Kopala, L. C., . . . Honer, W. G. (2011). The Assessment of Symptom Severity and Functional Impairment with *DSM-IV* Axis V. Psychiatric Services 2011. doi:10.1176/appi.ps.62.4.411
Smith, G. T. (2005). On construct validity: Issues of method and measurement. *Psychological Assessment, 17*, 396–408.
Smith, L. A., Cornelius, V. R., Azorin, J. M., Perugic, G., Vietad, E., Younge, A. H., & Bowden, C. L. (2010). Valproate for the treatment of acute bipolar depression: Systematic review and meta-analysis. *Journal of Affective Disorders, 122*, 1–9. doi:10.1016/j.jad.2009.10.033
Smith, M. L., & Glass, G. V. (1977). Meta-analysis of psychotherapy outcome studies. *American Psychologist, 32*, 752–760.
Smith, M. L., Glass, G. V., & Miller, T. I. (1980). *The benefits of psychotherapy*. Baltimore: Johns Hopkins University Press.
Smith, M. T., & Perlis, M. L. (2006). Who is a candidate for cognitive-behavioral therapy for insomnia? *Health Psychology, 25*, 15–19.
Smith, T. K. (2003, February). We've got to stop eating like this. *Fortune*, pp. 58–70.
Smoller, E. S. (1997). *I can't remember: Family stories of Alzheimer's disease*. Philadelphia, PA: Temple University Press.
Smoller, J. W., Paulus, M. P., Fagerness, J. A., Purcell, S., Yamaki, L. H., Hirshfeld-Becker, D., . . . Stein, M. B. (2008). Influence of RGS2 on anxiety-related temperament, personality, and brain function. *Archives of General Psychiatry, 65*, 298–308.
Snavely, A., & Chessick, C. (2011). CBT for psychosis: a symptom-based approach. *American Journal of Psychiatry, 168*, 1226–1227. 10.1176/appi.ajp.2011.11050682
Snowden, L. (2012, October). Health and mental health policies' role in better understanding and closing African American-White American disparities in treatment access and quality of care. *American Psychologist, 67*, 524–531.
Snowden, L. R. (2012). Health and mental health policies' role in better understanding and closing African American–White American disparities in treatment access and quality of care. *American Psychologist, 67*, 524–531. doi:10.1037/a0030054
Snyder, C. R., & Lopez, S. J. (2007). *Positive psychology: The science and practical explorations of human strength*. Thousand Oaks, CA: Sage Publications.
Sobell, M. B., & Sobell, L. C. (1973a). Alcoholics treated by individualized behavior therapy: One-year treatment outcome. *Behaviour Research and Therapy, 11*, 599–618.
Sobell, M. B., & Sobell, L. C. (1973b). Individualized behavior therapy for alcoholics. *Behavior Therapy, 4*, 49–72.
Sobell, M. B., & Sobell, L. C. (1984). The aftermath of heresy: A response to Pendery et al.'s (1982) critique of "Individualized behavior therapy for alcoholics." *Behaviour Research and Therapy, 22*, 413–440.
Sobot, V., Ivanovic-Kovacevic, S., Markovic, J., Misic-Pavkov, G., & Novovic, Z. (2012). Role of sexual abuse in development of conversion disorder: Case report. *European Review for Medical and Pharmacological Sciences,16*, 276–279.
Sockol, L. E., Epperson, C. N., & Barber, J. P. (2011). A meta-analysis of treatments for perinatal depression. *Clinical Psychology Review, 31*, 839–849. doi:10.1016/j.cpr.2011.03.009
Sokolove, M. (2003, November 16). Should John Hinckley go free? *The New York Times Magazine*, 54–57.
Solanto, M. V., Marks, D. J., Wasserstein, J., Mitchell, K., Abikoff, H., Ma, J., . . . Kofman, M. D. (2010). Efficacy of meta-cognitive therapy for adult ADHD. *American Journal of Psychiatry, 167*, 958–968.
Solis, M., Ciullo, S., Vaughn, S., Pyle, N., Hassaram, B., & Leroux, A. (2012). Reading comprehension interventions for middle school students with learning disabilities: A synthesis of 30 years of research. *Journal of Learning Disabilities, 45*, 327–340. doi: 10.1177/0022219411402691
Soloff, P. H., & Chiappetta, L. (2012). Prospective predictors of suicidal behavior in borderline personality disorder at 6-year follow-up. *American Journal of Psychiatry, 169*, 484–490. 10.1176/appi.ajp.2011.11091378
Solomon, D. A., Keller, M. B., Leon, A. C., Mueller, T. I., Lavori, P. W., Shea, M. T., . . . Endicott, J. (2000). Multiple recurrences of major depressive disorder. *American Journal of Psychiatry, 157*, 229–233.
Song, W., Chen, J., Petrilli, A., Liot, G. , Klinglmayr, E., Zhou, Y., . . . Bossy-Wetzel, E. (2011). Mutant huntingtin binds the mitochondrial fission GTPase dynamin-related protein-1 and increases its enzymatic activity. *Nature Medicine, 17*, 377–382. doi: 10.1038/nm.231
Sotiropoulos, I., Catania, C., Pinto, L. G., Silva, R., Pollerberg, G. E., Takashima, A., . . . Almeida, O. F. X. (2011). Stress acts cumulatively to precipitate Alzheimer's Disease-like tau pathology and cognitive deficits. *Journal of Neuroscience, 31*, 7840–7847. doi: 10.1523/JNEUROSCI.0730-11.2011
Spack, N. P. (2013). Management of transgenderism. *Journal of the American Medical Association*, 309, 478–484. doi:10.1001/jama.2012.165234.
Spanos, N. P. (1994). Multiple identity enactments and multiple personality disorder: A sociocognitive perspective. *Psychological Bulletin, 116*, 143–165.
Spatola, C. M. A., Scaini, S., Pesenti-Gritti, P., Medland, S. E., Moruzzi, S., Ogliari, A., . . . Battaglia, M. (2011). Gene–environment interactions in panic disorder and CO2 sensitivity: Effects of events occurring early in life. *American Journal of Medical Genetics Part B: Neuropsychiatric Genetics, 156*, 79–88. doi:10.1002/ajmg.b.31144
Spector, P. (2011). The relationship of personality to counterproductive work behavior (CWB): An integration of perspectives. *Human Resource Management Review, 21*, 342–352
Spence, S. H., Donovan, C. L., March, S., Gamble, A., Anderson, R. E., Prosser, S., . . Kenardy, J. (2011). A randomized controlled trial of online versus clinic-based CBT for adolescent anxiety. *Journal of Consulting and Clinical Psychology, 79*, 629–642. doi: 10.1037/a0024512
Spencer, D. J. (1983). Psychiatric dilemmas in Australian aborigines. *International Journal of Social Psychiatry, 29*, 208–214.
Sperling, R. A., Aisen, P. S., Beckett, L. A., Bennett, D. A., Craft, S., Fagan, A. M., . . . Phelps, C. H. (2011). Toward defining the preclinical stages of Alzheimer's disease: Recommendations from the National Institute on Aging and the Alzheimer's Association workgroup. *Alzheimers Dementia, 7*, 280.
Sperling, R. A., Jack, C. R., Jr., & Aisen, P. S. (2011b). Testing the right target and right drug at the right stage. *Science Translational Medicine, 3*, 111. doi: 10.1126/scitranslmed.3002609
Spiegel, D. (2006). Recognizing traumatic dissociation. *American Journal of Psychiatry, 163*, 566–568.
Spiegel, D. (2009). Coming apart: Trauma and the fragmentation of the self. In D. Gordon (Ed.), *Cerebrum 2009: Emerging ideas in brain science* (pp. 111). Washington, DC: Dana Press.
Spielmans, G.I., Berman, M. I.& Usitalo, A. N. (2011). Psychotherapy versus second-generation antidepressants in the treatment of depression: a meta-analysis. *Journal of Nervous and Mental Disease, 199*, 142–149. doi: 10.1097/NMD.0b013e31820caefb
Spijker, S., Van Zanten, J. S., De Jong, S., Penninx, B. W., van Dyck, R., Zitman, F. G., Smit, J. H., . . . Hoogendijk, W. J. (2011). Stimulated gene expression profiles as a blood marker of major depressive disorder. *Biological Psychiatry, 68*, 179–186.
Spillane, N. S., & Smith, G. T. (2009). On the pursuit of sound science for the betterment of the American Indian community: Reply to Beals et al. (2009). *Psychological Bulletin, 135*, 344–346. doi:10.1037/a0014997
Spitzer, R. L., et al. (1994). *DSM-IV case book* (4th ed.). Washington, DC: American Psychiatric Press.
Spitzer, R. L., Gibbon, M., Skodol, A. E., Williams, J. B. W., & First, M. B. (1989). *DSM-III-R casebook*. Washington, DC: American Psychiatric Press.
Spitzer, R. L., Gibbon, M., Skodol, A. E., Williams, J. B. W., & First, M. B. (1994). *DSM-IV case book* (4th ed.). Washington, DC: American Psychiatric Press.
Sprenger, T. (2011, April 5). Weather and migraine. *Journal Watch Neurology*. Retrieved from *http://neurology.jwatch.org/*
Squeglia, L. M., Sorg, S. F., Schweinsburg, A. D., Wetherill, R. R., Pulido, C., & Tapert, S. F. (2012). Binge drinking differentially affects adolescent male and female brain morphometry. *Psychopharmacology, 220*, 529–539
Sroufe, L. A. (2012, January 28). Ritalin gone wrong. *The New York Times Review*. Retrieved from *www.nytimes.com*
Staddon, J. E. R., & Cerutti, D. T. (2003). Operant conditioning. *Annual Review of Psychology, 4*, 115–144.
Staekenborg, S. S., Su, T., van Straaten, E. C. W., Lane, R., Scheltens, P., Barkhof, F., van der Flier, W. M. (2009). Behavioural and psychological symptoms in vascular dementia: Differences between small and large vessel disease. *Journal of Neurology, Neurosurgery & Psychiatry*, in press. doi: 10.1136/jnnp.2009.187500
Stambor, (2006, October). Psychologist calls for more research on adolescents' brains. *Monitor on Psychology, 37* (9), 16.
Stanley, M. A., Wilson, N. L., Novy, D. M., Rhoades, H. M., Wagener, P. D., Greisinger, A. J. (2009). Cognitive behavior therapy for generalized anxiety disorder among older adults in primary care: A randomized clinical trial. *Journal of the American Medical Association, 301*, 1460–1467.
Starcevic, V., Portman, M., & Beck, A. T. (2012). Generalized anxiety disorder: Between neglect and an epidemic. *Journal of Nervous and Mental Disease, 200*, 664–667. doi:10.1097/NMD.0b013e318263f947
Starkman, M. N. (2006). The terrorist attack of September 11 2001 as psychological toxin: Increase in suicide attempts. *Journal of Nervous and Mental Disease, 194*, 547–550.
Starkstein, S. E., Jorge, R., Mizrahi, R., & Robinson, R. G. (2005).The construct of minor and major depression in Alzheimer's disease. *American Journal of Psychiatry, 62*, 2086–2093.

Starr, L. R., & Davila, J. (2008). Excessive reassurance seeking, depression, and interpersonal rejection: A meta-analytic review. *Journal of Abnormal Psychology, 117,* 762–775.

State, M. W., et al. (2011). Multiple recurrent de novo cnvs, including duplications of the 7q11.23 Williams Syndrome region, are strongly associated with autism. *Neuron, 70,* 863–885. doi: 10.1016/j.neuron.2011.05.002

Steele J. D., Christmas, D., Eljamel, M. S., & Matthews, K. (2008). Anterior cingulotomy for major depression: Clinical outcome and relationship to lesion characteristics. *Biological Psychiatry, 63,* 670.

Steenhuysen, J. (2011, April 19). New Alzheimer's guidelines tap precursors to the disease. *MSNBC.com.* Retrieved from *http://www.msnbc.msn.com/id/42653936/ns/health-alzheimers_disease/*

Stein, A. L., Trana, G. Q., Lund, L. M., Haji, U., Dashevsky, B. A., & Baker, D. G. (2005). Correlates for posttraumatic stress disorder in Gulf War veterans: A retrospective study of main and moderating effects. *Journal of Anxiety Disorders, 19,* 861–876.

Stein, M. A., Sarampote, C. S., Waldman, I. D., Robb, A. S., Conlon, C., Pearl, P. L., et al. (2003). A dose-response study of OROS methylphenidate in children with attention-deficit/hyperactivity disorder. *Pediatrics, 112,* 404–413.

Stein, M. B., & Stein, D. J. (2008). Social anxiety disorder. *The Lancet, 371,* 1115–1125.

Stein, M. T. (2011, March 23). Most ADHD is complex. *Journal Watch Pediatrics and Adolescent Medicine.* Retrieved from *http://pediatrics.jwatch.org/*

Stein, M. T. (2012). No safe pattern of alcohol consumption during pregnancy. *Journal Watch Pediatrics and Adolescent Medicine.* Retrieved from *http://pediatrics.jwatch.org/cgi/content/full/2012/229/2?q=etoc_jwpeds*

Steinfeldt, M., & Steinfeldt, J. A. (2012). Athletic identity and conformity to masculine norms among college football players. *Journal of Applied Sport Psychology, 24,* 115–128.

Steketee, R.O. Frost, D.F., Tolin, J. Rasmussen, & T.A. Brown, (2010). Waitlist-controlled trial of cognitive behavior therapy for hoarding disorder. *Depression and Anxiety, 27,* 476–484.

Stergiakouli, E., Hamshere, M., Holmans, P., Langley, K., Zaharieva, I., Hawi, Z., . . . Thapar, A. (2012). Investigating the contribution of common genetic variants to the risk and pathogenesis of ADHD. *American Journal of Psychiatry, 169,* 186–194. doi: 10.1176/appi.ajp.2011.11040551

Stewart, R. E., & Chambless, D. L. (2009). Cognitive–behavioral therapy for adult anxiety disorders in clinical practice: A meta-analysis of effectiveness studies. *Journal of Consulting and Clinical Psychology, 77,* 595–606. doi: 10.1037/a0016032

Stewart, S. E., Platko, J., Fagerness, J., Birns, J., Jenike, E., Smoller, J. W., . . . Pauls, D. L. (2007). A genetic family-based association study of olig2 in obsessive-compulsive disorder. *Archives of General Psychiatry, 64,* 209–214.

Stewart, S. M., Kennard, B. D., Lee, P. W. H., Hughes, C. W., Mayes, T. L., Emslie, G. J., et al. (2004). A cross-cultural investigation of cognitions and depressive symptoms in adolescents. *Journal of Abnormal Psychology, 113,* 248–257.

Stewart, W. F., Ricci, J. A., Chee, E., Hahn, S. R., & Morganstein, D. (2003). Cost of lost productive work time among US workers with depression. *Journal of the American Medical Association, 289,* 3135–3141.

Stice, E., et al. (2000). Body-image and eating disturbances predict onset of depression among female adolescents: A longitudinal study. *Journal of Abnormal Psychology, 109,* 438–444.

Stice, E., Presnell, K., Gau, J., & Shaw, H. (2007). Testing mediators of intervention effects in randomized controlled trials: An evaluation of two eating disorder prevention programs. *Journal of Consulting and Clinical Psychology, 75,* 20–32.

Stice, E., Rohde, P., Gau, J. M., & Wade, E. (2010). Efficacy trial of a brief cognitive–behavioral depression prevention program for high-risk adolescents: Effects at 1- and 2-year follow-up. *Journal of Consulting and Clinical Psychology, 78,* 856–867. doi: 10.1037/a0020544

Stice, E., Rohde, P., Gau, J., & Shaw, H. (2009). An effectiveness trial of a dissonance-based eating disorder prevention program for high-risk adolescent girls. *Journal of Consulting and Clinical Psychology, 94,* 825–834. doi: 10.1037/a0016132

Stice, E., Rohde, P., Shaw, H., & Gau, J. (2011). An effectiveness trial of a selected dissonance-based eating disorder prevention program for female high school students: Long-term effects. *Journal of Consulting and Clinical Psychology, 79,* 500–508. doi: 10.1037/a0024351

Stoltenborgh, M., van IJzendoorn, M. H., Euser, E. M., & Bakermans-Kranenburg, M. J. (2011). A global perspective on child sexual abuse: meta-analysis of prevalence around the world. *Child Maltreatment, 16,* 79–101. doi: 10.1177/1077559511403920

Stone J., Smyth R., Carson, A., Lewis, S., Prescott, R., Warlow, C., & Sharpe, M. (2006). La belle indifférence in conversion symptoms and hysteria: Systematic review. *British Journal of Psychiatry, 188,* 204–209.

Stone, J., Smyth, R., Carson, A., Lewis, S., Prescott, R., Warlow, C., & Sharpe, M. (2005). Systematic review of misdiagnosis of conversion symptoms and "hysteria." *British Medical Journal, 331,* 989.

Stone, M., Laughren, T., Jones, M. L., Levenson, M., Holland, P. C., Hughes, A., et al. (2009). Risk of suicidality in clinical trials of antidepressants in adults: Analysis of proprietary data submitted to US Food and Drug Administration. *British Medical Journal, 339,* 2880. doi: 10.1136/bmj.b2880

Stout-Shaffer, S., & Page, G. (2008). Effects of relaxation training on physiological and psychological measures of distress and quality of life in HIV-seropositive subjects. *Brain, Behavior, and Immunity, 22*(4, Suppl. 1), 8.

Strachen, E. (2008). Civil commitment evaluations. In R. Jackson (Ed.), *Learning forensic assessment* (pp. 509–535). New York: Routledge/Taylor & Francis Group.

Strasser, A. A., Kaufmann, V., Jepson, C., Perkins, K. A., Pickworth, W. B., & Wileyto, E. P. (2005). Effects of different nicotine replacement therapies on postcessation psychological responses. *Addictive Behaviors, 30,* 9–17.

Strauss, G. P., Sandt, A. T., Catalano, L. T., & Allen, D. N. (2012). Negative symptoms and depression predict lower psychological well-being in individuals with schizophrenia. *Comprehensive Psychiatry, 53,*1137-44. doi: 10.1016/j.comppsych.2012.05.009.

Stress may increase risk for Alzheimer's disease. (2011, May 26). *ScienceDaily.* Retrieved from *http://www.sciencedaily.com-/*

Stricker, G. (2003). Is this the right book at the wrong time? *Contemporary Psychology, 48,* 726–728.

Striegel-Moore, R. H., Dohm, F. A., Kraemer, H. C., Taylor, C. B., Daniels, S. D., Crawford, P. B., et al. (2003). Eating disorders in white and black women. *American Journal of Psychiatry, 160,* 1326–1331.

Striegel-Moore, R. H., Wilson, G. T., DeBar, L., Perrin, N., Lynch, F., Rosselli, F., . . Kraemer, H. (2010). Cognitive behavioral guided self-help for the treatment of recurrent binge eating. *Journal of Consulting and Clinical Psychology, 78,* 312–321.

Strike, P. C., Magid, K., Whitehead, D. L., Brydon, L., Bhattacharyya, M. R., & Steptoe, A. (2006). Pathophysiological processes underlying emotional triggering of acute cardiac events. *Proceedings of the National Academy of Sciences.* Retrieved from http://www.pnas.org/cgi/content/abstract/103/11/4322

Strobbe, M. (2010, November 10). 1 in 10 kids in U.S. has ADHD, new study says. *MSNBC.com.* Retrieved from http://today.msnbc.msn.com/id/44190936/ns/today-today_health/t/us-kids-has-adhd-study-finds/

Stroebe, M., Stroebe, W., & Abakoumkin, G. (2005). The broken heart: Suicidal ideation in bereavement. *American Journal of Psychiatry, 162,* 2178–2180.

Stroud, C. B., Davila, J., & Moyer, A. (2008). The relationship between stress and depression in first onsets versus recurrences: A meta-analytic review. *Journal of Abnormal Psychology, 117,* 206–213.

Stroup, T. S., McEvoy, J. P., Ring, K. D., Hamer, R. H., LaVange, L. M., Swartz, M. S., . . . Schizophrenia Trials Network. (2011). A randomized trial examining the effectiveness of switching from olanzapine, quetiapine, or risperidone to aripiprazole to reduce metabolic risk: comparison of antipsychotics for metabolic problems (CAMP). *American Journal of Psychiatry, 168,* 947–956. doi: 10.1176/Appi.Ajp.2011.10111609

Stuart, R. B. (2004). Twelve practical suggestions for achieving multicultural competence. *Professional Psychology: Research and Practice, 35,* 3–9.

Substance Abuse and Mental Health Services Administration (SAMHSA) (2012). *National Survey on Drug Use and Health, 2010 and 2011.* Center for Behavioral Health Statistics and Quality Retrieved from www.samhsa.gov

Substance Abuse and Mental Health Services Administration (SAMHSA) Office of Applied Studies. (2007). *Results from the 2007 National Survey on Drug Use and Health: National findings.* Rockville, MD: SAMHSA Office of Applied Studies.

Substance Abuse and Mental Health Services Administration (SAMSHA). (2010a). *Results from the 2008 National Survey on Drug Use and Health: National Findings, Updated 2010.* Retrieved from *http://oas.samhsa.gov/NSDUH/2K8NSDUH/tabs/toc.htm*

Substance Abuse and Mental Health Services Administration. (SAMHSA) (2010b). *Results from the 2009 National Survey on Drug Use And Health: National Findings* (Office of Applied Studies, NSDUH Series H-38A, HHS Publication No. SMA 10-4586). Rockville, MD: Author.

Sudak, D. M. (2011). Combining CBT and medication: An evidence-based approach. Hoboken, NJ: John Wiley & Sons Inc.

Sue, D. W. (2010). *Microaggressions in everyday life: Race, gender and sexual orientation.* New York: John Wiley and Sons.

Sue, S., Yan Cheng, J. K., Saad, C. S., & Chu, J. P. (2012). Asian American mental health: A call to action. *American Psychologist, 67,* 532–544. doi:10.1037/a0028900

Sue, S., Zane, N., Hall, G. C. N., & Berger, L. K. (2009). The case for cultural competency in psychotherapeutic interventions. *Annual Review of Psychology, 60,* 525–548.

Sugaya, L., Hasin, D. S., Olfson, M., Lin, K. H., Grant, B. F., & Blanco, C. (2012). Child physical abuse and adult mental health: A national study. *Journal of Traumatic Stress, 25,* 384–392. doi: 10.1002/jts.21719.

Suinn, R. M. (2001). The terrible twos—anger and anxiety: Hazardous to your health. *American Psychologist, 56,* 27–36.

Sukhodolsky, D. G., Golub, A., Stone, E. C., & Orban, L. (2005). Dismantling anger control training for children: A randomized pilot study of social problem-solving versus social skills training components. *Behavior Therapy, 36,* 15–23.

Sullivan, D., Pinsonneault, J. K., Papp, A. C., Zhu, H., Lemeshow, S., Mash, D.C., & Sadee, W. (2013). Dopamine transporter DAT and receptor DRD2 variants affect risk of lethal cocaine abuse: a gene–gene–environment interaction. *Translational Psychiatry, 3,* e222. doi: 10.1038/tp.2012.146

Sulloway, F. (1983). *Freud: Biologist of the mind.* New York: Basic Books.

Sunderland, M., Wong, N., Hilvert-Bruce, Z., & Andrews, G. (2012). Investigating trajectories of change in psychological distress amongst patients with depression and generalised anxiety disorder treated with internet cognitive behavioural therapy. *Behaviour Research and Therapy, 50,* 374–380.

Supekar, K., Menon, V., Rubin, D., Musen, M., & Greicius, M. D. (2008). Network analysis of intrinsic functional brain connectivity in Alzheimer's disease. *PLoS Computational Biology, 4* (6), e1000100. doi: 10.1371/ journal.pcbi.1000100

Suppes, T. (2011). Is there a role for antidepressants in the treatment of Bipolar II depression? *American Journal of Psychiatry, 167*, 738–740. doi:10.1176/appi.ajp.2010.10040590

Suppes, T., Datto, C., Minkwitz, M., Nordenhem, A., Walker, C., & Darko, D. (2010). Effectiveness of the extended release formulation of quetiapine as monotherapy for the treatment of acute bipolar depression. *Journal of Affective Disorders, 121*, 106–115. doi:10.1016/j.jad.2009.10.007

Suppes, T., Vieta, E., Liu, S., Brecher, M., & Paulsson, B. (2009). Maintenance treatment for patients with bipolar I disorder: Results from a North American study of quetiapine in combination with lithium or divalproex (Trial 127). *American Journal of Psychiatry, 166*, 476–488. doi:10.1176/appi.ajp.2008.08020189

Sutker, P. B., Davis, J., M., Uddo, M., & Ditta, S. R. (1995). War zone stress, personal resources, and PTSD in Persian Gulf War returnees. *Journal of Abnormal Psychology, 104*, 444–452.

Swann, A. C., Lafer, B., Perugi, G., Frye, M. A., Bauer, M., Bahk, W.-M., . . Suppes, T. (2013). Bipolar mixed states: An International Society for Bipolar Disorders Task Force Report of Symptom Structure, Course of Illness, and Diagnosis. *American Journal of Psychiatry, 170*, 31–42. 10.1176/appi.ajp.2012.12030301

Swanson, J. W., Swartz, M. S., Van Dorn, R. A., Elbogen, E. B., Wagner, R., Rosenheck, R. A. . . . Lieberman, J. A. (2006). A national study of violent behavior in persons with schizophrenia. *Archives of General Psychiatry, 63*, 490–499.

Swanson, S. A., Crow, S. J., LeGrange, D., Swendsen, J., & Merikangas, K. R. (2011). Prevalence and correlates of eating disorders in adolescents: Results from the National Comorbidity Survey Replication Adolescent Supplement. *Archives of General Psychiatry.* Online ahead of print March 7, 2011.

Swendsen, J., Ben-Zeev, D., & Granholm, E. (2010). Real-time electronic ambulatory monitoring of substance use and symptom expression in schizophrenia. *American Journal of Psychiatry, 168*, 202–209. doi:10.1176/appi.ajp.2010.10030463

Szasz, T. (1970). *Ideology and insanity: Essays on the psychiatric dehumanization of man.* New York: Doubleday Anchor.

Szasz, T. (2003a). Psychiatry and the control of dangerousness: On the apotropaic function of the term "mental illness." *Journal of Medical Ethics, 29*, 227–230.

Szasz, T. (2003b). Response to: "Comments on psychiatry and the control of dangerousness: On the apotropaic function of the term 'mental illness.'" *Journal of Medical Ethics, 29*, 237.

Szasz, T. (2007). *Coercion as cure: A critical history of psychiatry.* New Brunswick, NJ: Transaction.

Szasz, T. S. (2011). *The myth of mental illness: Foundations of a theory of personal conduct.* New York: HarperCollins.

Szatmari, P. (2011). Is autism, at least in part, a disorder of fetal programming? *Archives of General Psychiatry, 68*, 1091–1092. doi:10.1001/archgenpsychiatry.2011.99

Szeszko, P. R., Christian, C., MacMaster, F., Lencz, T., Mirza, Y., Taormina, P., Easter, P., . . . Rosenberg, D. R. (2008). Gray matter structural alterations in psychotropic drug-naive pediatric obsessive-compulsive disorder: An optimized voxel-based morphometry study. *American Journal of Psychiatry, 16*, 1299–1307.

T

Taft, C. T., Watkins, L. E., Stafford, J., Street, A. E., & Monson, C. M. (2011). Posttraumatic stress disorder and intimate relationship problems: A meta-analysis. *Journal of Consulting and Clinical Psychology, 79*, 22–33. doi:10.1037/a0022196

Tamam, L., Eroğlu, M. Z., & Paltacı, O. (2011). Intermittent explosive disorder. *Current Approaches in Psychiatry,* 3, 387–425doi: 10.5455/cap.20110318

Tamminga, C. A. (2011). When is polypharmacy an advantage? *American Journal of Psychiatry, 68*, 663. doi: 10.1176/appi.ajp.2011.11050695

Tan, H. M., Tong, S. F., & Ho, C. C. K. (2012). Men's health: Sexual dysfunction, physical, and psychological health—Is there a link? *Journal of Sexual Medicine, 9*, 663–671.

Tandon, R., Nasrallah, H. A., & Keshavan, M. S. (2010). Schizophrenia, "just the facts": 5. Treatment and prevention. past, present, and future. *Schizophrenia Research, 122*, 1–23. doi:10.1016/j.schres.2010.05.025

Tanguay, P. E. (2011). Autism in *DSM-5. American Journal of Psychiatry, 168*, 1142–1144. doi:10.1176/appi.ajp.2011.11071024

Tanner, C. M. (2013). A second honeymoon for Parkinson's Disease? *New England Journal of Medicine, 368*, 675–676. doi 10.1056/NEJMe121491313

Tapert, S. F., Brown, G. G., Baratta, M. V., & Brown, S. A. (2004). fMRI BOLD response to alcohol stimuli in alcohol dependent young women. *Addictive Behaviors, 29*, 33–50.

Tarquinio, C., Rydberg, J. A., & Oren, E. U. (2012). Recent advances in EMDR research and practice (Eye movement desensitization and reprocessing therapy). *European Review of Applied Psychology, 62*, 191.

Tarquinio, C., Rydberg, J. A., & Oren, E. U. (in press). Recent advances in EMDR research and practice (Eye movement desensitization and reprocessing therapy). *European Review of Applied Psychology. 62*, 191.

Tatarsky, A., & Kellogg, S. (2010). Integrative harm reduction psychotherapy: A case of substance use, multiple trauma, and suicidality. *Journal of Clinical Psychology, Special Issue: Harm Reduction in Psychotherapy, 66*, 123–135. doi:10.1002/jclp.20666

Tauber, E., Miller-Fleming, L., Mason, R. P., Kwan, W., Clapp, J., Butler, N. J., . . . Giorgini, F. (2010). Functional gene expression profiling in yeast implicates translational dysfunction in mutant Huntingtin toxicity. *Journal of Biological Chemistry, 286*, 410. doi: 10.1074/jbc.M110.101527

Taubes, G. (2012). Unraveling the obesity-cancer connection. *Science, 335*, 28–32. doi: 10.1126/science.335.6064.28

Tavares, H. (2012). Assessment and treatment of pathologial gambling. In J. E. Grant & M. N. Potenza (Eds.), *The Oxford handbook of impulse control disorders* (pp. 279–312). New York: Oxford University Press.

Tavernise, S. (2012, December 11).Obesity in young is seen as falling in several cities. *The New York Times.* Retrieved from nytimes.com.

Taylor, C. B., & Luce, K. H. (2003). Computer- and Internet-based psychotherapy interventions. *Current Directions in Psychological Science, 12*, 18–22.

Taylor, K. L., Lamdan, R. M., Siegel, J. E., Shelby, R., Moran-Klimi, K., & Hrywna, M. (2003). Psychological adjustment among African American breast cancer patients: One-year follow-up results of a randomized psychoeducational group intervention. *Health Psychology, 22*, 316–323.

Taylor, M. K., Pietrobon, R., Taverniers, J., Leon, M. R., & Fern, B. F. (2013). Relationships of hardiness to physical and mental health status in military men: a test of mediated effects, *Journal of Behavioral Medicine, 36*, 1–9.

Taylor, S. (2011). Etiology of obsessions and compulsions: A meta-analysis and narrative review of twin studies. *Clinical Psychology Review, 31*, 1361–1372. doi:10.1016/j.cpr.2011.09.008

Taylor, S., & Jang, K. L. (2011). Biopsychosocial etiology of obsessions and compulsions: An integrated behavioral–genetic and cognitive–behavioral analysis. *Journal of Abnormal Psychology, 120*, 174–186. doi:10.1037/a0021403

Teachman, B. A., Marker, C. D., & Clerkin, E. M. (2010). Catastrophic misinterpretations as a predictor of symptom change during treatment for panic disorder. *Journal of Consulting and Clinical Psychology, 78*, 964–973. doi:10.1037/a0021067

Teicher, M. H., Samson, J. A., Polcari, A., & McGreenery, C. E. (2006). Sticks, stones, and hurtful words: Relative effects of various forms of childhood maltreatment. *American Journal of Psychiatry, 163*, 993–1000.

Teplin, L. A., McClelland, G. M., Abram, K. M., & Weiner, D. A. (2005). Crime victimization in adults with severe mental illness: Comparison with the National Crime Victimization Survey. *Archives of General Psychiatry, 62*, 911–921.

The McKnight Investigators. (2003). Risk factors for the onset of eating disorders in adolescent girls: Results of the McKnight Longitudinal Risk Factor Study. *American Journal of Psychiatry, 160*, 248–254.

The National Center For Health Statistics. Prevalence of current depression among persons aged ≥12 years, by age group and sex—United States, National Health and Nutrition Examination Survey, 2007–2010. *Journal of the American Medical Association, 307*, 1576.

Therapy and hypochondriacs often make poor mix, study says. (2004, March 25). *The New York Times,* p. A19.

Thibaut, F. (2011). Pharmacological treatment of sex offenders. *Sexologies, 20*, 166–168. doi:10.1016/j.sexol.2011.02.003

Thiedke, C. C. (2003). Nocturnal enuresis. *American Family Physician, 67*, 1509–1510.

Thioux, M., Stark, D. E., Klaiman, C., & Schultz, R. (2006). The day of the week when you were born in 700 ms: Calendar computation in an autistic savant. *Journal of Experimental Psychology: Human Perception and Performance, 32*, 1155–1168.

Thompson, M. A., Aberg, J. A., Hoy, J. E., Telenti, A., Benson, C., Cahn, P., . . . Volberding, P. A. (2012). Antiretroviral treatment of adult HIV infection: 2012 recommendations of the International Antiviral Society–USA Panel. *Journal of the American Medical Association, 308*, 387–402. doi:10.1001/jama.2012.7961

Thompson, P. M., Hayashi, K. M., Simon, S. L., Geaga, J. A., Hong, M. S., Sui, Y., . . . London, E. D. (2004). Structural abnormalities in the brains of human subjects who use methamphetamine. *Journal of Neuroscience, 30*, 6028–6036.

Thompson, T. (1995). *The beast: A journey through depression.* New York: Putnam.

Thomson, A. B., & Page, L. A. (2007). Psychotherapies for hypochondriasis. *Cochrane Database System Review, 4*, 1–35.

Thorpy, M. (2008). Brain structure in obstructive sleep apnea. *Journal Watch Neurology.* Retrieved from http://neurology.jwatch.org/cgi/content/full/2008/1007/4

Thun, M. J., Carter, B. D., Feskanich, D., Freedman, N. D., Prentice, R., Lopez, A. D., . . . Gapstur, S. M. (2013). 50-year trends in smoking-related mortality in the United States. *New England Journal of Medicine, 368*, 351–364. doi: 10.1056/NEJMsa1211127

Tiggemann, M., Martins, Y., & Kirkbride, A. (2007). Oh to be lean and muscular: Body image ideals in gay and heterosexual men. *Psychology of Men & Masculinity, 8*, 15–24.

Tindle, H. A., Chang, Y.-F., Kuller, L. H., Manson, J. E., Robinson, J. G., Rosal, M. C., . . . Matthews, K. A. (2009). Optimism, cynical hostility, and incident coronary heart disease and mortality in the women's health initiative. *Circulation, 120*, 656–662. doi:10.1161/CIRCULATIONAHA.108.82

Tobacco use in the USA. (2010, September 18). *The Lancet, 376*, 930. doi:10.1016/S0140-6736(10)61433-

Tohen, M., Zarate, C. A., Hennen, J., Khalsa, H.-M. K., Strakowski, S. M., Gebre-Medhin, P., . . . Baldessarini, R. J. (2003). The McLean-Harvard First-Episode Mania Study: Prediction of recovery and first recurrence. *American Journal of Psychiatry, 160*, 2099–2107.

Tolin, D. F., & Foa, E. B. (2006). Sex differences in trauma and posttraumatic stress disorder: A quantitative review of 25 years of research. *Psychological Bulletin, 132*, 959–992.

Tolin, D. F., (2010). Is cognitive–behavioral therapy more effective than other therapies? A meta-analytic review. *Clinical Psychology Review, 30,* 710–720. doi:10.1016/j.cpr.2010.05.003

Tolin, D. F., Stevens, M. C., Nave, A., Villavicencio, A. L., & Morrison, S. (2012). Neural mechanisms of cognitive behavioral therapy response in hoarding disorder: A pilot study. *Journal of Obsessive-Compulsive and Related Disorders, 1,* 180–188.

Tomb, E., Rafanelli, C., Grandi, S., Guidi, J. & Fava. G .A. (2012). Clinical configuration of cyclothymic disturbances. *Journal of Affective Disorders, 139,* 244–249. *http://dx.doi.org/10.1016/j.jad.2012.01.014*

Toomey, R., Lyons, M. J., Eisen, S. A., Xian, H., Chantarujikapong, S., Seidman, L. J., . . . Tsuang, M. T. (2003). A twin study of the neuropsychological consequences of stimulant abuse. *Archives of General Psychiatry, 60,* 303–310.

Toplak, M. E., Connors, L., Shuster, J., Knezevic, B., & Parks, S. (2008). Review of cognitive, cognitive-behavioral, and neural-based interventions for attention-deficit/hyperactivity disorder (ADHD). *Clinical Psychology Review, 28,* 801–820.

Torpy, J. M., Burke, A., E., & Golub, R. M. (2011). Generalized anxiety disorder. *Journal of the American Medical Association, 305,* 522. doi:10.1001/jama.305.5.522

Torres, L, Driscoll, M. W., & Voell, M. (2012). Discrimination, acculturation, acculturative stress, and Latino psychological distress: A moderated mediational model. *Cultural Diversity and Ethnic Minority Psychology, 18,* 17–25. doi:10.1037/a0026710

Torrey, E. F. (2011). The association of stigma with violence [Letter]. *American Journal of Psychiatry, 168,* 325. doi:10.1176/appi.ajp.2011.10121710.

Torrey, E. F. (2011). The association of stigma with violence. *American Journal of Psychiatry, 168,* 325. [Letter] doi: 10.1176/appi.ajp.2011.10121710

Torrey, E. F., & Zdanowicz, M. (1999, May 28). A right to mental illness? *PsychLaws.Org*. Retrieved from http://www.psychlaws.org/GeneralResources/article14.htm

Town, J. M., Diener, M. J., Abbass, A., Leichsenring, F., Driessen, E., & Rabung, S. (2012). A meta-analysis of psychodynamic psychotherapy outcomes: Evaluating the effects of research-specific procedures. *Psychotherapy, 49,* 276–290. doi: 10.1037/a0029564

Towner, B. (2009, March). 50 and still a doll. *AARP Bulletin, 50,* p. 35.

Treanor, M. (2011). The potential impact of mindfulness on exposure and extinction learning in anxiety disorders. *Clinical Psychology Review, 31,* 617–625. doi:10.1016/j.cpr.2011.02.003

Treffert, D. A. (1988). The idiot savant: A review of the syndrome. *American Journal of Psychiatry, 145,* 563–572.

Trimble, J. E. (1991). The mental health service and training needs of American Indians. In H. F. Myers et al. (Eds.), *Ethnic minority perspectives on clinical training and services in psychology* (pp. 43–48). Washington, DC: American Psychological Association.

Tseng, W., Mo, K. M., Li, L. S., Chen, G. Q., Ou, L. W., & Zheng, H. B. (1992). Koro epidemics in Guangdong, China: A questionnaire survey. *The Journal of Nervous and Mental Disease, 180,* 117–123.

Tsunemi, T., Ashe, T. D., Morrison, B. E., Soriano, K. R., Au, J., Vázquez Roque, R. A., . . La Spada, A. R. (2012). PGC-1✽ rescues Huntington's Disease proteotoxicity by preventing oxidative stress and promoting TFEB function. *Science Translational Medicine, 4,* 142ra97. doi: 10.1126/scitranslmed.3003799.

Turkington, D., & Morrison, A. P. (2012). Cognitive therapy for negative symptoms of schizophrenia. *Archives of General Psychiatry,69,* 119–120. doi:10.1001/archgenpsychiatry.2011.141

Turner, S. M., & Beidel, D. C. (1989). Social phobia: Clinical syndrome, diagnosis, and comorbidity. *Clinical Psychology Review, 9,* 3–18.

U

U.S. Department of Health and Human Services, Substance Abuse and Mental Health Services Administration, Center for Mental Health Services, National Institutes of Health, National Institute of Mental Health. (1999). *Mental Health: A Report of the Surgeon General.* Rockville, MD: Author.

U.S. Department of Health and Human Services, Substance Abuse and Mental Health Services Administration, Center for Mental Health Services, National Institutes of Health, National Institute of Mental Health. (2001). *Mental health: Culture, race, and ethnicity: A supplement to mental health: A report of the Surgeon General—Executive summary.* Rockville, MD: Author.

Uddin, L. Q., Menon, V., Young, C. B., Ryali, S., Chen, T., Khouzam, A., . . . Hardan A. Y. (2011). Multivariate searchlight classification of structural magnetic resonance imaging in children and adolescents with autism. *Biological Psychiatry, 70,* 833–841. doi: 10.1016/j.biopsych.2011.07.014

Uher, R., & Perroud, N. (2010). Probing the genome to understand suicide. *American Journal of Psychiatry, 167,* 1425–1427. doi:10.1176/appi.ajp.2010.10081227

Uhl, G. R., & Grow, R. W. (2004). The burden of complex genetics in brain disorders. *Archives of General Psychiatry, 61,* 223–229.

UK ECT Review Group. (2003). Efficacy and safety of electroconvulsive therapy in depressive disorders: A systematic review and meta-analysis. *Lancet, 361,* 799–808.

Uliaszek, A. A., Zinbarg, R. E., Mineka, S., Craske, M. G., Griffith, J. W., Sutton, J. M., . . . Hammen, C. (2012). A longitudinal examination of stress generation in depressive and anxiety disorders. *Journal of Abnormal Psychology, 121,* 4–15. doi:10.1037/a0025835

Unützer, J., & Park, M. (2012). Older adults with severe, treatment-resistant depression. *Journal of the American Medical Association, 308,* 909–918. doi:10.1001/2012.jama.10690

Urbanoski, K. A., & Kelly, J. F. (2012). Understanding genetic risk for substance use and addiction: A guide for non-geneticists. *Clinical Psychology Review, 32,* 60–70. doi:10.1016/j.cpr.2011.11.002 |

Ursu, S., Kring, A. M., Gard, M. G., Minzenberg, M. J., Yoon, J. H., Ragland, J. D., . . Carter, C. S. (2011). Prefrontal cortical deficits and impaired cognition-emotion interactions in schizophrenia. *American Journal of Psychiatry, 168,* 276–285

Utsey, S. O., Chae, M. H., Brown, C. F., & Kelly, D. (2002). Effect of ethnic group membership on ethnic identity, race-related stress, and quality of life. *Cultural Diversity and Ethnic Minority Psychology, 8,* 366–377.

V

Vázquez, F. L., Torres, A., Blanco, V., Díaz, O., & Otero, P., & Hermida, E. (2012). Comparison of relaxation training with a cognitive-behavioural intervention for indicated prevention of depression in university students: A randomized controlled trial. *Journal of Psychiatric Research, in press.*

Vázquez, F. L., Torres, A., Blanco, V., Díaz, O., & Otero, P., & Hermida, E. (2012). Comparison of relaxation training with a cognitive-behavioural intervention for indicated prevention of depression in university students: A randomized controlled trial. *Journal of Psychiatric Research, 46,* 1456–1463. doi: 10.1016/j.jpsychires.2012.08.007

Vøllestad, J., Sivertsen, B., & Nielsen, G. H. (2011). Mindfulness-based mindfulness-based stress reduction for patients with anxiety disorders: Evaluation in a randomized controlled trial. *Behaviour Research and Therapy, 49,* 281–288. doi:10.1016/j.brat.2011.01.007

Vacic, V., McCarthy, S., Malhotra, D., Murray, F., Chou, H.-H., Peoples, A., . . . Sebat, J. (2011). Duplications of the neuropeptide receptor gene VIPR2 confer significant risk for schizophrenia. *Nature, 471,* 499–503. doi: 10.1038/nature0988

Valasquez-Manoff, M. (2012, August 26). An immune disorder at the root of autism. *The New York Times, Sunday Review*, pp. 1, 12.

Valenti, O., Cifelli, P., Gill, K. M, & Grace, A. A. (2011). Antipsychotic drugs rapidly induce dopamine neuron depolarization block in a developmental rat model of schizophrenia. *Journal of Neuroscience, 31,* 12330-12338. doi: 10.1523/JNEUROSCI.2808-11.2011

Van Allen, J., & Roberts, M. C. (2011). Critical incidents in the marriage of psychology and technology: A discussion of potential ethical issues in practice, education, and policy. *Professional Psychology: Research and Practice, 42,* 433–439. doi: 10.1037/a0025278

van den Hout, M. A., Engelhard, I. M., Rijkeboer, M. M., Koekebakker, J., Hornsveld, H., Leer, A. . . . Aksea, N. (2011). EMDR: Eye movements superior to beeps in taxing working memory and reducing vividness of recollections. *Behaviour Research and Therapy, 49,* 92–98. doi:10.1016/j.brat.2010.11.00

van der Kloet, D., Giesbrecht, T., Lynn, S. J., Merckelbach, H., & de Zutter, A. (2012). Sleep normalization and decrease in dissociative experiences: Evaluation in an inpatient sample. *Journal of Abnormal Psychology, 12,* 140–150. doi:10.1037/a0024781

van der Loos, M. L. M., Mulder, P. G., Hartong, E. G., Blom, M. B., Vergouwen, A. C., de Keyzer, H. J., . . . Nolen, W. A. (2009). Efficacy and safety of lamotrigine as add-on treatment to lithium in bipolar depression: A multicenter, double-blind, placebo-controlled trial. *Clinical Psychiatry, 70,* 223–231.

Van der Oord, S., Prins, P. J. M., Oosterlaan, J., & Emmelkamp, P. M. G. (2008). Efficacy of methylphenidate, psychosocial treatments and their combination in school-aged children with ADHD: A meta-analysis. *Clinical Psychology Review, 28,* 783–800.

van der Waerden, J. E., B., Hoefnagels, C., & Hosman, C. M. (2011). Psychosocial preventive interventions to reduce depressive symptoms in low-SES women at risk: A meta-analysis. *Journal of Affective Disorders, 128,* 10–23. doi:10.1016/j.jad.2010.02.137

van Lankveld, J. J., Granot, M., Willibrord, C. M., Schultz, W., Binik, Y. M., Wesselmann, U. , . . Achtrari, C. (2010). Women's sexual pain disorders. *Journal of Sexual Medicine, 7,* 615–631.

van Lankveld, J. J., Granot, M., Weijmar Schultz, W. C., Binik, Y. M., Wesselmann, U., Pukall, C. F., . . . Achtrari, C. (2010). Women's sexual pain disorders. *Journal of Sexual Medicine, 7,* 615–631. doi: 10.1111/j.1743-6109.2009.01631.x.

Van Meter, A. R., Youngstrom, E. A., & Findling, R. L. (2012). Cyclothymic disorder: A critical review, in press. *Clinical Psychology Review*, *32*, 229–243. doi: 10.1016/j.cpr.2012.02.001

Van Meter, A. R., Youngstrom, E. A., & Findling, R. L. (2012). Cyclothymic disorder: A critical review. *Clinical Psychology Review, 32*(4), 229–243.

Van Susteren, L. (2002). The insanity defense, continued [Editorial]. *The Journal of the American Academy of Psychiatry and the Law, 30,* 474–475.

van Tol, M.-J., van der Wee, N. J. A., van den Heuvel, O. A., Nielen, M. M. A., Demenescu, L. R., Aleman, A., . . . Veltman, D. J. (2010). Regional brain volume in depression and anxiety disorders. *Archives of General Psychiatry, 67,* 1002–1011. doi:10.1001/archgenpsychiatry.2010.121

van Veelen, N. M., J., Vink, M., Ramsey, N. F. , & Kahn, R. S. (2010). Left dorsolateral prefrontal cortex dysfunction in medication-naive schizophrenia. *Schizophrenia Research, 123,* 22–29.

van Zessen, R., Phillips, J. L., Budygin, E. A., & Stuber, G. D. (2012). Activation of VTA GABA neurons disrupts reward consumption. *Neuron, 73,* 1184–1194.

doi:10.1016/j.neuron.2012.02.016
VanderCreek, L., & Knapp, S. (2001). *Tarasoff and beyond: Legal and clinical considerations in the treatment of life-endangering patients.* Sarasota, FL: Professional Resource Press.
Vanderkam, L. (2003). *Barbie and fat as a feminist issue.* Retrieved from http://www.shethinks.org/articles/an00208.cfm
Varley, C. K., & McClellan, J. (2009). Implications of marked weight gain associated with atypical antipsychotic medications in children and adolescents. *Journal of the American Medical Association, 302,* 1811.
Vasey, M. W., Vilensky, M. R., Heath, J. H., Harbaugh, C. N., Buffington, A. G., & Fazio, R. H. (2012). It was as big as my head, I swear! *Journal of Anxiety Disorders, 26,* 20. doi:10.1016/j.janxdis.2011.08.009
Vaziri-Bozorg, S. M ., Ghasemi-Esfe, A.R., Khalilzadeh, O., Sotoudeh, H., Rokni-Yazdi, H.,. . . Shakiba, M. (2012). Antidepressant effects of magnetic resonance imaging—based stimulation on major depressive disorder: a double-blind randomized clinical trial. *Brain Imaging and Behavior, 6,* 70–76. doi: 10.1007/s11682-011-9143-2
Vega, W. A., Kolody, B., Aguilar-Gaxiola, S., Alderete, E., Catalano, R., Caraveo-Anduaga, J. (1998). Lifetime prevalence of DSM-III-R psychiatric disorders among urban and rural Mexican Americans in California. *Archives of General Psychiatry, 55,* 771–778.
Vega, W. A., Rodriguez, M. A., & Ang, A. (2010). Addressing stigma of depression in Latino primary care patients. *General Hospital Psychiatry, 32*(2), 182–191. doi: 10.1016/j.genhosppsych.2009.10.008
Veilleux, J. C., Colvin, P. J., Anderson, J., York, C., & Heinz, A. J. (2010). A review of opioid dependence treatment: Pharmacological and psychosocial interventions to treat opioid addiction. *Clinical Psychology Review, 30,* 155–166. doi:10.1016/j.cpr.2009.10.006
Vellante, M., Larøi, F., Cella, M., Raballo, A., Petretto, D. R., & Preti, A. (2012). Hallucination-like experiences in the nonclinical population. *Journal of Nervous and Mental Disease, 200,* 310–315. doi: 10.1097/NMD.0b013e31824cb2ba
Venner, K. L., Greenfield, B. L., Vicuña, B., Muñoz, R., Bhatt, S., & O'Keefe, V. (2012). "I'm not one of them": Barriers to help-seeking among American Indians with alcohol dependence. *Cultural Diversity and Ethnic Minority Psychology, 18,* 352–362. doi: 10.1037/a0029757
Vermetten E., Schmah, C., Lindner, S., Loewenstein, R. J., & Bremner, J. D. (2006). Hippocampal and amygdalar volumes in dissociative identity disorder. *American Journal of Psychiatry, 163,* 630–636.
Vickers, K., & McNallly, R. J. (2005). Respiratory symptoms and panic in the National Comorbidity Survey: A test of Klein's suffocation false alarm theory. *Behaviour Research and Therapy, 43,* 1011–1018.
Viguera, A. C., Tondo, L., Koukopoulos, A. E., Reginaldi, D., Lepri, B., & Baldessarini, R. J. (2011). Episodes of mood disorders in 2,252 pregnancies and postpartum periods. *American Journal of Psychiatry, 168,* 1179–1185. doi:10.1176/appi.ajp.2011.11010148
Vincent, N., & Walsh, K. (2013). Hyperarousal, sleep scheduling, and time awake in bed as mediators of outcome in computerized cognitive-behavioral therapy (cCBT) for insomnia. *Behaviour Research and Therapy,* 5, 161–166. doi: 10.1016/j.brat.2012.12.003.
Virués-Ortega, J. (2010). Applied behavior analytic intervention for autism in early childhood: Meta-analysis, meta-regression and dose–response meta-analysis of multiple outcomes. *Clinical Psychology Review, 30,* 387–399. doi: 10.1016/j.cpr.2010.01.008
Vismara, L. A., & Rogers, S. J. (2010). Behavioral treatments in autism spectrum disorder: what do we know? *Annual Review of Clinical Psychology, 6,* 447–468. doi: 10.1146/annurev.clinpsy.121208.131151
Visser, S. N., Bitsko, R. H., Danielson, M. L, & Perou, R. (2010). Increasing prevalence of parent-reported attention-deficit/hyperactivity disorder among children —United States, 2003 and 2007. *Morbidity and Mortality Weekly (MMWR), 59,* 1439–1443.
Vital signs: Binge drinking among high school students and adults—United States, 2009. (2010). *Morbidity and Mortality Weekly Report, Journal of the American Medical Association, 304,* 2474–2478.
Vitaliano, P. P., Zhang, J., & Scanlan, J. M. (2003). Is caregiving hazardous to one's physical health? A meta-analysis. *Psychological Bulletin, 129,* 946–972.
Vitiello, B., Elliott, G. R., Swanson, J. M., Arnold, L. E., Hechtman, L., Abikoff, H., . . Gibbons, R. (2012). Blood pressure and heart rate over 10 years in the multimodal treatment study of children with ADHD. *American Journal of Psychiatry, 169,* 167–177. 10.1176/appi.ajp.2011.10111705
Vitiello, M. V. (2009). Recent advances in understanding sleep and sleep disturbances in older adults: Growing older does not mean sleeping poorly. *Current Directions in Psychological Science, 18,* 316–320. doi: 10.1111/ j.1467-8721.2009.01659.x
Voelker, R. (2012). Asthma forecast: Why heat, humidity trigger symptoms. *Journal of the American Medical Association, 308,* 20–20. doi:10.1001/jama.2012.7533 Text Size
Voineagu, I., Wang, X., Johnston, J., Lowe, J. K., Tian, Y., Horvath, S., . . . Geschwind, D. H. (2011). Transcriptomic analysis of autistic brain reveals convergent molecular pathology. *Nature, 474,* 380–384. doi:10.1038/nature10110
Volavka, J. & Swanson, J. (2010). Violent behavior in mental illness: The role of substance abuse. *Journal of the American Medical Association, 304,* 563–564. doi:10.1001/jama.2010.1097
Volkow, N. D. (2006). Map of human genome opens new opportunities for drug abuse research. *NIDA Notes, 20(4),* 3.
Vorstenbosch, V., Antony, M. M., Koerner, N., & Boivin, M. (2011). Assessing dog fear: Evaluating the psychometric properties of the Dog Phobia Questionnaire. *Journal of Behavior Therapy and Experimental Psychiatry, 43,* 780–786.
Voruganti, L. N. P., & Awad, A. G. (2007). Role of dopamine in pleasure, reward and subjective responses to drugs. In M. S. Ritsner & A. G. Awad (Eds.), *Quality of life impairment in schizophrenia, mood and anxiety disorders* (pp. 21–31). Netherlands: Springer.
Vos, P., De Cock, P., Munde, V., Petry, K., Van Den Noortgate, W., & Maes, B. (2012). The tell-tale: What do heart rate; skin temperature and skin conductance reveal about emotions of people with severe and profound intellectual disabilities? *Research in Developmental Disabilities, 33,* 1117–1127.

W

Wade, T. D., & Tiggemann, M. (2013). The role of perfectionism in body dissatisfaction. *Journal of Eating Disorders, 1,* 2. doi: 10.1186/2050-2974-1-2
Wadsworth, M. E., & Achenbach, T. M. (2005). Explaining the link between low socioeconomic status and psychopathology: Testing two mechanisms of the social causation hypothesis. *Journal of Consulting and Clinical Psychology, 73,* 1146–1153.
Wagner, B, Schulz, W., & Knaevelsrud, C. (2011). Efficacy of an Internet-based intervention for posttraumatic stress disorder in Iraq: A pilot study. *Psychiatry Research, 195,* 85–88. doi:10.1016/j.psychres.2011.07.026
Wainwright, N. W. J., & Surtees, P. G. (2002). Childhood adversity, gender and depression over the life-course. *Journal of Affective Disorders, 72,* 33–44.
Waldinger, M. D. (2011). The management of premature ejaculation. *Current Clinical Urology, Part 5,* 709–720.
Waldman, I. D., & Gizera, I. R. (2006). The genetics of attention deficit hyperactivity disorder. *Clinical Psychology Review, 26,* 396–432.
Walker, E., Shapiro, D., Esterberg, M. & Trotman, H. (2010). Neurodevelopment and schizophrenia: Broadening the focus. *Psychological Science, 19,* 204–208. doi: 10.1177/0963721410377744
Walkup, J. T., Albano, A. M., Piacentini, J., Birmaher, B., Compton, S. N., Sherrill, J. T., et al. (2008). Cognitive behavioral therapy, sertraline, or a combination in childhood anxiety. *New England Journal of Medicine, 359,* 2753–2766.
Waller, H., Garety, P. A., Jolley, S., Fornells-Ambrojo, M., Kuipers, E., Onwumere, J., Emsley, T. C., . . . Craig, T. (2012). Low intensity cognitive behavioural therapy for psychosis: A pilot study. *Journal of Behavior Therapy and Experimental Psychiatry, 44,* 98–104. doi: 10.1016/j.jbtep.2012.07.013
Waller, N. G., & Ross, C. A. (1997). The prevalence of biometric structure of pathological dissociation in the general population: Taxometric and behavior genetic findings. *Journal of Abnormal Psychology, 106,* 499–510.
Wallis, C. (2009, November 3). A powerful identity, a vanishing diagnosis. *The New York Times,* pp. D1, D4.
Walsh, B. T., et al. (2000). Fluoxetine for bulimia nervosa following poor response to psychotherapy. *American Journal of Psychiatry, 157,* 1332–1334.
Walsh, B. T., Fairburn, C. G., Mickley, D., Sysko, R., & Parides, M. K. (2004). Treatment of bulimia nervosa in a primary care setting. *American Journal of Psychiatry, 161,* 556–561.
Walsh, B. T., Kaplan, A. S., Attia, E., Olmsted, M., Parides, M., Carter, J. C., et al. (2006). Fluoxetine after weight restoration in anorexia nervosa: A randomized controlled trial. *Journal of the American Medical Association, 295,* 2605–2612.
Walsh, R. (2011). Lifestyle and mental health. *American Psychologist, 66,* 579–592. doi:10.1037/a0021769
Walters, J. T., R., Corvin, A., Owen, M. J., Williams, H., Dragovic, M., . . . Donohoe, G., Psychosis susceptibility gene ZNF804A and cognitive performance in schizophrenia. *Archives of General Psychiatry, 67,* 692–700. doi:10.1001/archgenpsychiatry.2010.81
Wampold, B. E. (2001). *The great psychotherapy debate: Models, methods, and findings.* Mahwah, NJ: Erlbaum.
Wampold, B. E., Stephanie, L. B., Laska, K. M., Del Re, A. C., Baardseth, T. P., Flűckiger,C., Minamic, T., . . . Gunn, W. (2011). Evidence-based treatments for depression and anxiety versus treatment-as-usual: A meta-analysis of direct comparisons. *Clinical Psychology Review, 31,* 1304–1312. doi:10.1016/j.cpr.2011.07.012
Wang, L., Hermens, D.F., Hickie, I.B., & Lagopoulos J. (2012).. A systematic review of resting-state functional-MRI studies in major depression. *Journal of Affective Disorders, 142,* 6–12.
Wang, P. S., Lane, M., Olfson, M., Pincus, H. A., Wells, K. B., & Kessler, R. C. (2005). Twelve-month use of mental health services in the United States: Results from the National Comorbidity Survey Replication. *Archives of General Psychiatry, 62,* 590–592.
Wang, S. S. (2011, April 19). New guidelines for spotting Alzheimer's. *The Wall Street Journal,* p. D4.
Wang, Z., Byrne, N. M., Kenardy, J. A., & Hills, A. P. (2005). Corresponding influences of ethnicity and socioeconomic status on the body dissatisfaction and eating behaviour of Australian children and adolescents. *Eating Behaviors, 6,* 23–33.
Wartik, N. (2000, June 25). Depression comes out of hiding. *The New York Times,* pp. MH1, MH4.
Watkins, K. E., Hunter, S. B., Hepner, K. A., Paddock, S. M., de la Cruz, E.,

Zhou, A. J., & Gilmore, J. (2011). An effectiveness trial of group cognitive behavioral therapy for patients with persistent depressive symptoms in substance abuse treatment. *American Journal of Psychiatry, 68,* 577–584. doi:10.1001/archgenpsychiatry.2011.53

Watson, J. B., & Rayner, R. (1920). Conditioned emotional reactions. *Journal of Experimental Psychology, 3,* 1–14.

Weaver, F. W., Follett, K., Stern, M., Hur, K., Harris, C., Marks, W. J., Jr., et al. (2009). Bilateral deep brain stimulation vs. best medical therapy for patients with advanced Parkinson disease: A randomized controlled trial. *Journal of the American Medical Association, 301,* 63–73.

Weber, L. (2013, January 23). Go ahead, hit the snooze button. *Wall Street Journal,* pp. B1, B8.

Webster-Stratton, C., Reid, J., & Hammond, M. (2001). Social skills and problem-solving training for children with early-onset conduct problems: Who benefits? *Journal of Child Psychology & Psychiatry & Allied Disciplines, 42,* 943–952.

Wechsler, D. (1975). Intelligence defined and undefined: A relativistic appraisal. *American Psychologist, 30,* 135–139.

Wechsler, H., & Nelson, T. F. (2008). What we have learned from the Harvard School of Public Health College Alcohol Study: Focusing attention on college student alcohol consumption and the environmental conditions that promote it. *Journal of Studies on Alcohol and Drugs, 69,* 481.

Weck, F., Bleichhardt, G., Witthöft, M., & Hiller, W. (2011). Explicit and implicit anxiety: Differences between patients with hypochondriasis, patients with anxiety disorders, and healthy controls. *Cognitive Therapy and Research, 35,* 317–325. doi:10.1007/s10608-010-9303-5

Weed, W. S. (2003, December 14). Questions for Raymond Damadian: Scanscam? *The New York Times.* Retrieved from www.nytimes.com

Weems, C. F., Hayward, C., Killen, J., & Taylor, C. B. (2002). A longitudinal investigation of anxiety sensitivity in adolescence. *Journal of Abnormal Psychology, 111,* 471–477.

Weems, C. F., Pina, A. A., Costa, N. M., Watts, S. E., Taylor, L. K., & Cannon, M. F. (2007). Predisaster trait anxiety and negative affect predict posttraumatic stress in youths after Hurricane Katrina. *Journal of Consulting and Clinical Psychology, 75,* 154–159.

Wei, C.-C., Wan, L., Lin, W.-Y., & Tsai, F.-J. (2010). Rs 6313 polymorphism in 5-hydroxytryptamine receptor 2A gene association with polysymptomatic primary nocturnal enuresis. *Journal of Clinical Laboratory Analysis, 24,* 371–375. doi: 10.1002/jcla.20386

Weiner, I. B., Spielberger, C. D., & Abeles, N. (2003). Once more around the park: Correcting misinformation about Rorschach assessment. *The Clinical Psychologist, 56,* 8–9.

Weiner, J. R. (2003). Tarasoff warnings resulting in criminal charges: Two case reports. *The Journal of the American Academy of Psychiatry and the Law, 31,* 239–241.

Weintraub, K. (2011). The prevalence puzzle: Autism counts. *Nature, 479,* 22–24. doi:10.1038/479022a

Weir, K. (2012, December). Big kids. *Monitor on Psychology, 43,* pp.58–63

Weir, K. (2012, June). The roots of mental illness. *Monitor on Psychology, 43,* 30–33.

Weiss, R. D., & Mirin, S. M. (1987). *Cocaine.* Washington, DC: American Psychiatric Press.

Weissman, A. N., & Beck, A. T. (1978). *Development and validation of the Dysfunctional Attitudes Scale: A preliminary investigation.* Paper Presented at the Annual Meeting of the American Educational Research Association, Toronto, Ontario, CA.

Weissman, M. M. (2007). Cognitive therapy and interpersonal psychotherapy: 30 years later. *American Journal of Psychiatry, 164,* 693–696.

Weissman, M. M. (2011). Can epidemiology translate into understanding major depression with borderline personality disorder? *American Journal of Psychiatry, 168,* 231–233. doi: 10.1176/appi.ajp.2010.10121737

Weissman, M. M., Bruce, M. L., Leaf, P. J., Florio, L. P., & Holzer, C. (1991). Affective disorders. In L. N. Robins & D. A. Regier (Eds.), *Psychiatric disorders in America: The Epidemiologic Catchment Area Study* (pp. 53–80). New York: Free Press.

Weissman, M. M., Markowitz, J. C., & Klerman, G. L. (2000). *Comprehensive guide to interpersonal psychotherapy.* New York: Basic Books.

Weissman, M. M., Pilowsky, D. J., Wickramaratne, P. J., Talati, A., Wisniewski, S. R., Fava, C.W., et al. (2006). Remissions in maternal depression and child psychopathology: A STAR*D-child report. *Journal of the American Medical Association, 295,* 1389–1398.

Weisstaub, N. V., Zhou, M., Lira, A., Lambe, E., González-Maeso, J., Hornung, J. P., . . . Gingrich, J. A. (2006). Cortical 5-HT2A receptor signaling modulates anxiety-like behaviors in mice. *Science, 313,* 536–540.

Weisz, J. R., Southam-Gerow, M. A., Gordis, E. B., Connor-Smith, J. K., Chu, B. C., Langer, D. A., et al. (2009). Cognitive–behavioral therapy versus usual clinical care for youth depression: An initial test of transportability to community clinics and clinicians. *Journal of Consulting and Clinical Psychology, 77,* 383–396. doi: 10.1037/ a0013877

Weisz, J. R., Suwanlert, S., Chaiyasit, W., Weiss, B., Walter, B. R., & Anderson, W. W. (1988). Thai and American perspectives on over- and undercontrolled child behavior problems: Exploring the threshold model among parents, teachers, and psychologists. *Journal of Consulting and Clinical Psychology, 56,* 601–609.

Wells, K. B., & Miranda, J. (2006). Promise of interventions and services research: Can it transform practice? *Clinical Psychology: Science and Practice, 13,* 99–104.

Welte, G. M., Barnes, G. M., Tidwell, M. C. O., & Hoffman, J. H. (2008). The prevalence of problem gambling among U.S. adolescents and young adults: Results from a national survey. *Journal of Gambling Studies, 24,* 119–133.

Wenzel, A., Finstroma, N., Jordan, J., & Brendle, J. R. (2005). Memory and interpretation of visual representations of threat in socially anxious and nonanxious individuals. *Behaviour Research and Therapy, 43,* 1029–1044.

Wessell, R., & Edwards, C. (2010). Biological and psychological interventions: Trends in substance use disorders intervention research. *Addictive Behaviors, 35,* 1083–1088. doi:10.1016/j.addbeh.2010.07.009

Westen, D., & Gabbard, G. O. (2002). Developments in cognitive neuroscience: 1. Conflict, compromise, and connectionism. *Journal of the American Psychoanalytic Association, 50,* 53–98.

Wexler, B. E., Gottschalk, C. H., Fulbright, R. K., Prohovnik, I., Lacadie, C. M., Rounsaville, B. J., & Gore, J. C. (2001). Functional magnetic resonance imaging of cocaine craving. *American Journal of Psychiatry, 158,* 86–95.

Wheaton, M. G., Deacon, B. J., McGrath, P. B., Berman, N. C., & Abramowitz, J. S. (2012). Dimensions of anxiety sensitivity in the anxiety disorders: Evaluation of the ASI-3. *Journal of Anxiety Disorders, 26,* 401–408. *http://dx.doi.org/10.1016/j.janxdis.2012.01.002*

Wheaton, S (2001). Personal accounts: Memoirs of a compulsive firesetter. Psychiatric Service, 62, 1035–1036.

Whittal, M. L, Robichaud, M., Thordarson, D. S., & McLean, P. D. (2008). Group and individual treatment of obsessive-compulsive disorder using cognitive therapy and exposure plus response prevention: A 2-year follow-up of two randomized trials. *Journal of Consulting and Clinical Psychology, 76,* 1003–1014.

Whitten, L. (2009). Receptor complexes link dopamine to long-term neuronal effects. *NIDA Notes, 22* (4), 15–16.

Whooley, M. A., de Jonge, P., Vittinghoff, E., Otte, C., Moos, R., Carney, R. M., . . . Browner, W. S. (2008). Depressive symptoms, health behaviors, and risk of cardiovascular events in patients with coronary heart disease. *Journal of the American Medical Association, 300,* 2379–2388.

Whooley, M. A., Kiefe, C. I., Chesney, M. A., Markovitz, J. H., Matthews, K., & Hulley, S. B. (2002). Depressive symptoms, unemployment, and loss of income: The CARDIA Study. *Archives of Internal Medicine, 162,* 2614–2620.

Wicks, S., Hjern, A, & Dalman, C. (2010). Social risk or genetic liability for psychosis? A study of children born in Sweden and reared by adoptive parents. *American Journal of Psychiatry, 167,* 1240–1246. *http://dx.doi.org/10.1176/appi.ajp.2010.09010114*

Widaman, K. F. (2009). Phenylketonuria in children and mothers: Genes, environments, behavior. *Current Directions in Psychological Science, 18,* 48–52. doi: 10.1111/j.1467-8721.2009.01604.x

Widiger, T. A., & Simonsen, E. (2005). Alternative dimensional models of personality disorder: Finding a common ground. *Journal of Personality Disorders, 19,* 110–130.

Wierck, K., Van Caenegem, E., Elaut, E., Dedecker, D., Van de Peer, F., Toye, K., . . . Sjoen, G. (2011). Quality of life and sexual health after sex reassignment surgery in transsexual men. *Journal of Sexual Medicine, 8,* 3379–3388.

Wierman, M. E., Nappi, R. E., Avis, N., Davis, S. R., Labrie, F., Rosner, W., & Shifren, J. L. (2010). Endocrine aspects of women's sexual function. *Journal of Sexual Medicine, 7,* 561–585.

Wierman, M. E., Rossella, E., Nappi, E., Avis, N., Davis, S. R., Labrie, F., Rosner, W., . . . Shifren, J. L. (2010). Endocrine aspects of women's sexual function. *Journal of Sexual Medicine, 7,* 561–585. doi:10.1111/j.1743-6109.2009.01629.x

Wijeysundera H.C., Machado M, Farahati, F., Wang, X., Witteman, W., van der Velde, G. . . . Capewell, S. (2010). Association of temporal trends in risk factors and treatment uptake with coronary heart disease mortality, 1994–2005. *Journal of the American Medical Association, 303,* 1841–1847.

Wilbur, C. B. (1986). Psychoanalysis and multiple personality disorder. In B. G. Braun (Ed.), *Treatment of multiple personality disorder* (pp. 6–28). Washington, DC: American Psychiatric Press.

Wilcox, H. C., Storr, C. L., & Breslau, N. (2009). Posttraumatic stress disorder and suicide attempts in a community sample of urban American young adults. *Archives of General Psychiatry, 66,* 305–311.

Wild Man brings back bad memories. (2009, June 4). *West Side Spirit,* p. 4.

Williams, D. (1992). *Nobody nowhere: The extraordinary autobiography of an autistic.* New York: Times Books.

Williams, N. M., Franke, B., Mick, E., Anney, R. J. L., Freitag, C. M., Gill, M., . . Faraone, S. V. (2012). Genome-wide analysis of copy number variants in attention deficit hyperactivity disorder: the role of rare variants and duplications at 15q13.3. *American Journal of Psychiatry, 169,* 195–204. doi: 10.1176/appi.ajp.2011.11060822

Williams, R. B., Marchuk, D. A., Gadde, K. M., Barefoot, J. C., Grichnik, K., Helms, M. J., et al.. . . Siegler, I. C. (2003). Serotonin-related gene polymorphisms and central nervous system serotonin function. *Neuropsychopharmacology, 28,* 533–541.

Wilson, D. (2011, April 13). As generics near, makers tweak erectile drugs. *The New York Times.* Retrieved from *www.nytimes.com*

Wilson, G. T., Grilo, C. M., & Vitousek, K. (2007). Psychological treatments for eating disorders. *American Psychologist, 62,* 199–216.

Wilson, G. T., Wilfley, D. E., Agras, W. S., & Bryson, S. W. (2010). Psychological treatments of binge eating disorder. *Archives of General Psychiatry, 67,* 94–101.

Wilson, K. A., & Hayward, C. (2006). Unique contributions of anxiety sensitivity to avoidance: A prospective study in adolescents. *Behaviour Research and Therapy, 44,* 601–609.

Winblad, B., Andreasen, N., Minthon, L., Floesser, A., Imbert, G., Dumortier, T., Maguire, R. P., . . Graf, A. (2012). Safety, tolerability, and antibody response of active Aß immunotherapy with CAD106 in patients with Alzheimer's disease: Randomised, double-blind, placebo-controlled, first-in-human study. *The Lancet Neurology, 11,* 597–604. doi: 10.1016/S1474-4422(12)70140-0

Winerip, M. (1998, January 4). Binge nights. *The New York Times,* 4A (Education Section), pp. 28–31, 42.

Winerman, L. (2004, May). Panel stresses youth suicide prevention. *Monitor on Psychology, 35* (5), 18.

Wingert, P. (2000, December 4). No more "afternoon nasties." *Newsweek,* p. 59.

Winstanley, C. A., Eagle, D. M., & Robbins, T. W. (2006). Behavioral models of impulsivity in relation to ADHD: Translation between clinical and preclinical studies. *Clinical Psychology Review, 26,* 379–395.

Wipfli, B., Landers, D., Nagoshi, C., & Ringenbach, S. (2010). An examination of serotonin and psychological variables in the relationship between exercise and mental health. *Scandinavian Journal of Medicine & Science in Sports, 21* (3), 474–481. doi:10.1111/j.1600-0838.2009.01049

Witkiewicz, K., & Marlatt, G. A. (2004). Relapse prevention for alcohol and drug problems: That was Zen, this is Tao. *American Psychologist, 59,* 224–235.

Witte, T. K., Timmons, K. A., Fink, E., Smith, A. R., & Joiner, T. E. (2009). Do major depressive disorder and dysthymic disorder confer differential risk for suicide? *Journal of Affective Disorders, 115,* 69–78. doi:10.1016/j.jad.2008.09.003

Wittstein, I. S., Thiemann, D. R., Lima, J. A. C., Baughman, K. L., Schulman, S. P., Gerstenblith, G., . . . Champion, H. C. (2006). Neurohumoral features of myocardial stunning due to sudden emotional stress. *New England Journal of Medicine, 352,* 539–548.

Witvliet, M., Brendgen, M., van Lier, P. A. C., Koot, H. M., & Vitaro, F. (2010). Early adolescent depressive symptoms: Prediction from clique isolation, loneliness, and perceived social acceptance. *Journal of Abnormal Child Psychology, 38,* 1045–1056. doi: 10.1007/s10802-010-9426-

Wolf, N. J., & Hopko, D. R. (2008). Psychosocial and pharmacological interventions for depressed adults in primary care: A critical review. *Clinical Psychology Review, 28,* 131–136.

Wolff, J. J., Gu, H., Gerig, G., Elison, J. T., Styner, M., Gouttard, S., . . . the IBIS. (2012). Network differences in white matter fiber tract development present from 6 to 24 months in infants with autism. *American Journal of Psychiatry, 169,* 589–600. 10.1176/appi.ajp.2011.11091447

Wolitzky, D. L. (2011). Psychoanalytic theories of psychotherapy. In J. C. Norcross, G. R. VandenBos, & D. K. Freedheim (Eds.), *History of psychotherapy: Continuity and change* (2nd ed.) (pp. 65–100). Washington, DC: American Psychological Association.

Wolitzky, D. L. (2011). Psychoanalytic theories of psychotherapy. In J. C. Norcross, G. R. VandenBos, & D. K. Freedheim (Eds.), *History of psychotherapy: Continuity and change* (2nd ed.,) (pp. 65–100). Washington, DC: American Psychological Association.

Wolpe, J. (1958). *Psychotherapy by reciprocal inhibition.* Palo Alto, CA: Stanford University Press

Wolpe, J., & Lazarus, A. A. (1966). *Behavior therapy techniques.* New York: Pergamon Press.

Women more at risk of mental illness than men (2012, January 20). *MSNBC.com.* Retrieved from http://www.msnbc.msn.com/id/46056751/ns/health-mental_health/#.TxiBj29Q6Ag.

Wong, C. L., Holroyd-Leduc, J., Simel, D. L., & Straus, S. E. (2010). Does this patient have delirium? *Journal of the American Medical Association,* 304, 779–786. doi:10.1001/jama.2010.118

Wong, C. L., Holroyd-Leduc, J., Simel, D. L., & Straus, S. E. (2010). Does this patient have delirium? Value of bedside instruments. *Journal of the American Medical Association, 304,* 779–786.

Wong, P. W. C., Fu, K.-W., Chan, K. Y. K., Chan, W. S. C., Liu, P. M. Y., Law, Y.-W., & Yip, P. S. F. (2012). Effectiveness of a universal school-based programme for preventing depression in Chinese adolescents: A quasi-experimental pilot study. *Journal of Affective Disorders, 142,* 106–114.

Woods, B., Spector, A. E., Prendergast, L., & Orrell, M. (2012). Cognitive stimulation to improve cognitive functioning in people with dementia. *The Cochrane Review,* published online. doi: 10.1002/14651858.CD005562

Woodward, N. D., Karbasforoushan, H., & Heckers, S. (2012). Thalamocortical dysconnectivity in schizophrenia. *American Journal of Psychiatry, 169,* 1092–1099.

Woody, G. E., Poole, S. A., Subramaniam, G., Dugosh, K., Bogenschutz, M., Abbott, P., . . . Fudala, P. (2008). Extended vs. short-term buprenorphine-naloxone for treatment of opioid-addicted youth: Randomized trial. *Journal of the American Medical Association, 300,* 2003 2011.

Wu, L.-T., Woody, G. E., Yang, C., Pan, J.-J., & Blazer, D. G. (2011). Racial/ethnic variations in substance-related disorders among adolescents in the United States. *Archives of General Psychiatry, 68,* 1176–1185. doi:10.1001/archgenpsychiatry.2011.120

Wu, R., Baob, J., Zhang, C., Deng, J., & Long, C. (2006). Comparison of sleep condition and sleep-related psychological activity after cognitive-behavior and pharmacological therapy for chronic insomnia. *Psychotherapy and Psychosomatics, 75,* 220–228.

Wykes, T., Huddy, V., Cellard, C., McGurk, S. R., & Czobor, P. (2011). A meta-analysis of cognitive remediation for schizophrenia: Methodology and effect sizes. *American Journal of Psychiatry, 168, 472–485.* doi: 10.1176/appi.ajp.2010.10060855

X

Xiao, L., Han, J., & Han, J. (2011). The adjustment of new recruits to military life in the Chinese Army: The longitudinal predictive power of MMPI-2. *Journal of Career Assessment, 19,* 392–404.

Xie, P., Kranzler, H. R., Poling, J., Stein, M. B., Anton, R. F., Brady, K., Weiss, R. D., Gelernter, J. (2009). Interactive effect of stressful life events and the serotonin transporter 5-httlpr genotype on posttraumatic stress disorder diagnosis in 2 independent populations. *Archives of General Psychiatry, 66,* 1201–1209.

Xiong P., Zeng, Y., Zhu, Z., Tan, D., Xu, F., Lu, J., Wan, J., & Ma, M. (2010). Reduced NGF serum levels and abnormal P300 event-related potential in first episode schizophrenia. *Schizophrenia Research, 119,* 34–39.

Y

Yücel, M., Solowij, N., Respondek, C., Whittle, S., Fornito, A., Pantelis, C., . . . Lubman, D. I. (2008). Regional brain abnormalities associated with long-term heavy cannabis use. *Archives of General Psychiatry, 65,* 694–701.

Yaccino, S. (2012, December 20). Arrests in a freshman's drinking death reflect a tougher approach. *The New York Times.* Retrieved from *www.nytimes.com.*

Yager, J. (2003, December 23). Is there something fishy about bipolar disorder? *Journal Watch Psychiatry.* Retrieved from http://psychiatry.jwatch.org/cgi/content/full/2003/1223/5?q=etoc

Yager, J. (2008, May 23). Attempted suicides in anorexia nervosa. *Journal Watch Psychiatry.* Retrieved from http://psychiatry.jwatch.org/cgi/content/full/2008/523/2

Yager, J. (2011). Eating disorders over 6 years: *DSM-IV* and *DSM-V* perspectives. *Journal Watch Psychiatry.* Retrieved from http://psychiatry.jwatch.org/cgi/content/full/2011/228/2?q=etoc_jwpsych

Yager, J. (2011, August 29). Genetics of psychosocial stress–induced alcohol consumption. *Journal Watch Psychiatry.* Retrieved from *http://psychiatry.jwatch.org*

Yager, J. (2011, January 10). Real-time study of substance use and psychotic symptoms. *Journal WatchPsychiatry.* Retrieved from http://psychiatry.jwatch.org/cgi/content/full/2011/110/3 press.

Yang, M., Wong, S. C. P.W, & Coid, J. (2010). The efficacy of violence prediction: A meta-analytic comparison of nine risk assessment tools. *Psychological Bulletin, 136,* 740–746.

Yang, Q., Rasmussen, S. A., & Friedman, J. M. (2002). Mortality associated with Down's syndrome in the USA from 1983 to 1997: A population-based study. *The Lancet, 359,* 1019–1025.

Yang, Q., She, H., Gearing, M., Colla, E., Lee, M., Shacka, J. J., & Mao, Z. (2009). Regulation of neuronal survival factor MEF2D by chaperone-mediated autophagy. *Science, 323,* 124 – 127. doi: 10.1126/science.1166088

Yanovski, S. Z., & Yanovski, J. A. (2011). Obesity prevalence in the United States — up, down, or sideways? *New England Journal of Medicine, 364,* 987–989. http://healthpolicyandreform.nejm.org/?p=13941&query=home

Yates, P. M., Hucker, S. J., & Kingston,, D. A. (2008). Sexual sadism: Psychopathology and theory. In D. R. Laws & W. T. O'Donohue (Eds), *Sexual deviance: Theory, assessment, and treatment* (2nd ed., pp. 213–230). New York: Guilford Press.

Yatham, L. N. (2011). A clinical review of aripiprazole in bipolar depression and maintenance therapy of bipolar disorder. *Journal of Affective Disorders, 128,* S21–S28.

Yeargin-Allsopp, M., Rice, C., Karapurkan, T., Doernberg, N., Boyle, C., & Murphy, C. (2003). Prevalence of autism in a US metropolitan area. *Journal of the American Medical Association, 289,* 49–55.

Yeh, C. J. (2003). Age, acculturation, cultural adjustment, and mental health symptoms of Chinese, Korean, and Japanese immigrant youths. *Cultural Diversity and Ethnic Minority Psychology, 9,* 34–48.

Yeung, A., Howarth, S., Chan, R., Sonawalla, S., Nierenberg, A. A., & Fava, M. (2002). Use of the Chinese version of the Beck Depression Inventory for screening depression in primary care. *Journal of Nervous & Mental Disease, 190,* 94–99.

Young, E. A., McFatter, R., & Clopton, J. R. (2001). Family functioning, peer influence, and media influence as predictors of bulimic behavior. *Eating Behaviors, 2,* 323–337.

Youngstrom, E. A. (2009). Definitional issues in bipolar disorder across the life cycle. *Clinical Psychology: Science and Practice, 16,* 140–160. doi:10.1111/j.1468-2850.2009.01154.x

Young-Wolff, K. C., Enoch, M.-A., & Prescott, C. A. (2011). The influence of gene–environment interactions on alcohol consumption and alcohol use disorders: A comprehensive review. *Clinical Psychology Review, 31,* 800–816. doi:10.1016/j.cpr.2011.03.005

Yuen, E. K., Goetter, E. M., Herbert, J. D., & Forman, E. M. (2012). Challenges and opportunities in Internet-mediated telemental health. *Professional Psychology: Research and Practice, 43,* 1–8. doi: 10.1037/a0025524

Z

Zamanian, K., Thackrey, M., Starrett, R.A. & Brown, L.G. et al. (1992). Acculturation and depression in Mexican-American elderly. *Gerontologist, 11,* 109–121.

Zamanian, K., Thackreyb, M., Starretta, R. A., Browna, L. G., Lassmanc, D. K., & Blanchard, A. (1992). Acculturation and depression in Mexican-American elderly. *Gerontologist, 11,* 109–121.

Zanarini, M. C., Frankenburg, F. R., Reich, D. B., & Fitzmaurice, G. (2012). Attainment and stability of sustained symptomatic remission and recovery among patients with borderline personality disorder and Axis II comparison subjects: a 16-year prospective follow-up study. *American Journal of Psychiatry, 169*, 476–483.

Zanarini, M. C., Skodol, A. E., Bender, D., Dolan, R., Sanislow, C., Schaefer, E., . . . Gunderson, J. G. (2000). The Collaborative Longitudinal Personality Disorders Study: Reliability of Axis I and II diagnoses. *Journal of Personality Disorders, 14*, 291–299.

Zane, N., & Sue, S. (1991). Culturally responsive mental health services for Asian Americans: Treatment and training issues. In H. F. Myers et al. (Eds.), *Ethnic minority perspectives on clinical training and services in psychology* (pp. 49–58). Washington, DC: American Psychological Association.

Zapf, P. A., & Roesch, R. (2011). Future directions in the restoration of competency to stand trial. *Current Directions in Psychological Science, 20*, 43–47. doi:10.1177/0963721410396798

Zavos, H. M. S., Gregory, A. M., & Eley, T. C. (2012). Longitudinal genetic analysis of anxiety sensitivity. *Developmental Psychology, 48*, 204–212. doi:10.1037/a0024996

Zebenholzer, K., Rudel, E., Frantal, S., Brannath, W., Schmidt, K., & Wöber-Bingöl, C., (2011). Migraine and weather: A prospective diary-based analysis. *Cephalalgia, 31*, 391.

Zebenholzer, K., Rudel, E., Frantal, S., Brannath, W., Schmidt, K., Wöber-Bingöl, C., & Wöber, C.. (2011). Migraine and weather: A prospective diary based analysis. *Cephalalgia, 31*, 391.

Zhang, T.-Y., & Meaney, M. J. (2010). Epigenetics and the environmental regulation of the genome and its function. *Annual Review of Psychology, 61*, 439–466. doi: 10.1146/annurev.psych.60.110707.163625Vol. 61: 439–466

Zhao, Y. L., Tan, S. P., Yang, F., Wang, L., Feng, W., Chan, R. C. K., & Zou, Y. Z. (2011). Dysfunction in different phases of working memory in schizophrenia: Evidence from ERP recordings. *Schizophrenia Research, 133*, 112–119.

Zhou, X., Dere, J., Zhu, X., Yao, S., Chentsova-Dutton, Y. E., & Ryder, A. J. (2011). Anxiety symptom presentations in Han Chinese and Euro-Canadian outpatients: Is distress always somatized in China? *Journal of Affective Disorders, 135*, 111–114.

Zickler, P. (2006) Smoking decreases key enzyme throughout body: Research findings. *NIDA Notes, 19*. Retrieved from www.drugabuse.gov

Ziermans, T. B., Schothorst, P. F., Sprong, M., Magnée, M. J. C. M., van Engeland, H., & Kemner, C. (2012). Reduced prepulse inhibition as an early vulnerability marker of the psychosis prodrome in adolescence. *Schizophrenia Research, 134*, 10–15.

Zimmermann, P., Brückl, T., Nocon, A., Pfister, H., Binder, E. B., . . . Ising, M. (2011). Interaction of FKBP5 gene variants and adverse life events in predicting depression onset: Results from a 10-year prospective community study. *American Journal of Psychiatry, 168*, 1107–1116. doi: 10.1176/appi.ajp.2011.10111577

Zivanovic, O., & Nedic, A. (2012). Kraepelin's concept of manic-depressive insanity: One hundred years. *Journal of Affective Disorders, 137*, 15–24.

Zlomuzica, A., Silva, M. D. S., Huston, J., & Dere, E. (2007). NMDA receptor modulation by D-cycloserine promotes episodic-like memory in mice. *Psychopharmacology*. Retrieved from http://lib.bioinfo.pl/pmid:17497136

Zou, J. B., Dear, B. F., Titov, N., Lorian, C. N., Johnston, L., Spence, J., . . . Sachdev, P. (2012). Brief Internet-delivered cognitive behavioral therapy for anxiety in older adults: A feasibility trial. *Journal of Anxiety Disorders, 26*, 650–655.

Zou, Y.-F., Wang, F., Feng, X.-L., Li, W.-F., Tian, Y.-H., Tao, J.-H., . . . Huang, F. (2012). Association of DRD2 gene polymorphisms with mood disorders: A meta-analysis. *Journal of Affective Disorders, 136*, 229–237.

Zuroff, D. C., & Blatt, S. (2006). Therapeutic relationship in the brief treatment of depression: Contributions to clinical improvement and enhanced adaptive capacities. *Journal of Consulting and Clinical Psychology, 74*, 130 140.

Zuvekas, S. H., & Vitiello, B. (2012). Stimulant medication use in children: A 12-year perspective. *American Journal of Psychiatry, 169*, 160–166.

Zvolensky, M. J., & Eifert, G. H. (2001). A review of psychological factors/processes affecting anxious responding during voluntary hyperventilation and inhalations of carbon dioxide-enriched air. *Clinical Psychology Review, 21*, 375–400.

Zvolensky, M. J., Kotov, R., Antipova, A. V., & Schmidt, N. B. (2005). Diathesis stress model for panic-related distress: A test in a Russian epidemiological sample. *Behaviour Research and Therapy, 43*, 521–532.

Zwilling, D., Huang, S.-Y., Sathyasaikumar, K. V., Notarangelo, F. M., Guidetti, P., Wu, H.-Q., Lee, J., . . . Muchowski, P. J. (2011). Kynurenine 3-monooxygenase inhibition in blood ameliorates neurodegeneration. *Cell, 145*, 863–874. doi: 10.1016/j.cell.2011.05.02

찾아보기

[ㄱ]

[ㄴ]

[ㄷ]

[ㄹ]

[ㅁ]

[ㅂ]

[ㅅ]

[ㅇ]

[ㅈ]

[ㅊ]

[ㅋ]

[ㅌ]

[ㅍ]

[ㅎ]

[기타]

역자 소개

▣ 신성만

현재 한동대학교 상담심리학과 및 심리학 대학원 교수로 재직 중이다. 미국 위스콘신대학교에서 심리학 석사학위를, 보스턴 대학교에서 재활상담학 박사학위를 받고 심리치료 전문가로 일했으며, 하버드의과대학 캠브리지병원 정신과에서 연구원으로 일했다. 미국심리학회, 미국상담학회, 한국상담학회, 한국심리학회, 한국가족상담협회 등에서 활동하면서 한국중독상담학회 학회장을 맡고 있다. (공)역서로 『동기강화상담(2, 3판)』, 『행동중독』, 『정신재활』, 『실존치료』 등이 있다.

▣ 권선중

현재 침례신학대학교 상담심리학과에 교수로 재직 중이다. 충남대학교 심리학과에서 학사학위를 받고 동 대학원에서 응용심리 전공으로 석·박사학위를 받았다. (사)한국심리학회 총무이사, 중독상담학회 부회장, '한국심리학회지: 중독' 편집장으로 활동하고 있다. 2011년 (사)한국심리학회로부터 '김재일 소장학자상'을 수상했고, 2011년부터 2014년까지 4년 연속 한국연구재단 '신진연구자지원사업'에 선정되어 중독 관련 연구를 수행한 바 있다.

▣ 송원영

현재 건양대학교 심리상담치료학과 교수로 재직 중이다. 연세대학교에서 임상심리학 전공으로 박사학위를 받았으며, 서울아산병원, 신촌세브란스병원 등에서 재직하였다. 임상심리전문가 및 정신보건임상심리사 1급을 소지하고 있다. 주로 청소년 상담 및 성범죄자 심리치료 분야에서 연구와 치료를 하고 있다.

▣ 임영진

현재 대구대학교 심리학과 교수로 재직 중이다. 서울대학교 대학원에서 임상·상담심리학 전공으로 석사학위와 박사학위를 받았으며 삼성서울병원에서 임상심리 수련과정을 수료하였으며 임상심리전문가와 정신보건임상심리사(1급) 자격을 취득하였다. 『심리검사의 이론과 실제』, 『성격강점검사』 등의 저서와 『긍정심리학』, 『인생을 향유하기』 등의 역서를 출간한 바 있다.

▣ 장문선

현재 경북대학교 심리학과 교수로 재직 중이다. 경북대학교에서 박사학위를 받았으며 대동병원에서 임상심리학자로 일한 경험이 있다. 임상심리학회, 건강심리학회, 중독심리학회 등에서 활동하고 있으며 임상심리전문가, 정신보건임상심리사 1급등의 자격을 소지하고 있다. 저서 또는 역서로는 『일상생활의 심리학』, 『성격심리학』, 『영화와 심리학』, 『심리학의 세계』 등이 있다

▣ 정여주

현재 한국교원대학교 교육학과 상담심리전공 교수로 재직 중이다. 서울대학교 교육학과 상담전공에서 교육학 박사를 받았으며 플로리다 주립대에서 방문 연구원으로 일한 경험이 있다. 현재는 한국아동청소년상담학회와 한국중독상담학회에서 이사로 활동하고 있으며 상담심리전문가, 1급 전문상담사, 중독심리전문가 등의 자격을 소지하고 있다. 저서 또는 역서로는 『청소년상담학개론』, 『특수아상담』, 『인터넷 중독』, 『학교에서의 동기강화상담』 등이 있다.

▣ 조현주

현재 영남대학교 심리학과에 상담교수로 재직 중이다. 고려대학교에서 상담 및 임상전공으로 박사학위를 받았고, 중앙대학교병원 및 천안순천향대학교 병원에서 임상심리수련감독자를 역임하였다. 임상심리전문가, 상담심리전문가 1급, 인지행동치료전문가, 명상치유전문가 자격증을 소지하고 있고, 이와 관련한 학회에서 활동중이다. 역서로는 『자비중심치료』, 『주의력 강화와 정서관리』, 『목표성취를 위한 8단계 프로그램』 등이 있다.

▣ 최윤경

현재 계명대학교 심리학과에 교수로 재직 중이다. 고려대학교(임상심리학 전공)에서 석사 및 박사학위를 받았으며 고려대학교 의료원에서 임상심리전문가로 일한 경험이 있다. 한국임상심리학회, 한국인지행동치료학회 및 한국트라우마스트레스학회에서 활동하고 있으며, 임상심리전문가, 인지행동치료전문가, 정신보건임상심리사(1급) 등의 자격을 소지하고 있다. (공)저서로 『재난과 외상의 심리적 응급처치』, (공)역서로 『트라우마의 치유』, 『정서중심인지치료』 등이 있다.

이상심리학, 제9판

Abnormal Psychology in a Changing World, 9/E

발 행 일 | 2016년 3월 7일 초판 1쇄 발행
저 자 | Jeffrey S. Nevid · Spencer A. Rathus · Beverly Greene
역 자 | 신성만 · 권선중 · 송원영 · 임영진 장문선 · 정여주 · 조현주 · 최윤경
발 행 인 | 구본하
발 행 처 | 도서출판 **박학사**
주 소 | 서울시 마포구 월드컵북로5길 33 동아빌딩 2층
전 화 | (02)3142-3764~5
팩 스 | (02)3142-3766
웹사이트 | www.pakhaksa.co.kr
등록번호 | 제10-2230호

정가 35,000원 ISBN 978-89-98521-48-6